中国艺术年鉴

2018 + 上

喻剑南　主编
中国艺术研究院《中国艺术年鉴》编辑部　编

文化艺术出版社
Culture and Art Publishing House

图书在版编目（CIP）数据

中国艺术年鉴. 2018 / 喻剑南主编. — 北京：文化艺术出版社，
2020.12
ISBN 978-7-5039-7011-5

Ⅰ. ①中… Ⅱ. ①喻… Ⅲ. ①艺术—中国—2018—年鉴
Ⅳ. ①J12-54

中国版本图书馆CIP数据核字（2020）第228729号

中国艺术年鉴 · 2018

主　　编　喻剑南
责任编辑　梁一红　魏　硕　董　斌　廖小芳　李　特　刘锐桢
责任校对　邓　运
书籍设计　李　鹏　赵　矗
出版发行　文化艺术出版社
地　　址　北京市东城区东四八条52号（100700）
网　　址　www.caaph.com
电子信箱　s@caaph.com
电　　话　（010）84057666（总编室）　84057667（办公室）
　　　　　（010）84057696—84057699（发行部）
传　　真　（010）84057660（总编室）　84057670（办公室）
　　　　　（010）84057690（发行部）
经　　销　新华书店
印　　刷　鑫艺佳利（天津）印刷有限公司
版　　次　2021年10月第1版
印　　次　2021年10月第1次印刷
开　　本　880毫米×1230毫米　1/16
印　　张　74.75
字　　数　2077千字
书　　号　ISBN 978-7-5039-7011-5
定　　价　480.00元（上下册）

《中国艺术年鉴·2018》
编辑机构人员

主　编

喻剑南

执行主编

吴　昊

分卷主编（按内文卷本顺序排序）

高　苹

张乃锋

王　畔

陈　乾

杜　蕾

张啸涛

周进生

顾骁瑾

丛玲玲

傅　秋

《中国艺术年鉴·2018》编辑说明

一、《中国艺术年鉴》是一部艺术门类较为齐全的综合性专业年鉴。本年鉴在中国艺术研究院领导下，由《中国艺术年鉴》编辑部主持编纂。年鉴旨在以文化强国的艺术发展要求与艺术本体规律为辑选尺度，侧重艺术创作，立足学术考量，汇集中国各艺术门类、各艺术工作领域的创作、表演和展览等重要信息，记录和凸显符合艺术规律、对艺术创作健康发展具有推动作用和借鉴价值的优秀作品、工作亮点和热议话题，简明立体地呈现年度艺术工作领域的发展状况与全局轮廓。

二、本年鉴主要记述的时间范围为2017年1月1日至12月末。其中涉及跨年评奖、研讨等内容的条目，遵从活动起始发生日，记述于本卷。

三、从《中国艺术年鉴•2013年卷》开始，各分卷不再收录涉及理论研究、学术研讨和艺术教育等部分的内容，此部分内容收录于《中国艺术年鉴》编辑部编纂的《中国艺术学年鉴》中。

四、本年鉴使用的语体文、记述体，文字力求言简意赅、直陈其事。全书分为上、下两册，共计10个分卷，分别为总类卷、戏曲卷、话剧卷、音乐卷、舞蹈卷、电影卷、电视艺术卷、美术卷、摄影卷、艺术设计卷。最后配有主题词索引，包括人名、机构、作品3类索引项，2500余个索引词。

往期《中国艺术年鉴》中所包含的歌剧卷、音乐剧卷和工艺美术卷内容，在2017年度年鉴中并入音乐卷和艺术设计卷中。

五、本年鉴采用卷目—栏目—类目—条目的层级结构。各卷目下设栏目依次为："年度述评""文件（文献）辑录""专题""作品""纪事""大事记"等。"年度述评"是以专论的形式，从不同角度对年度艺术发展的诸多方面做出视野开阔、数据翔实的论述，观照该年度的文化艺术领域的现象与热点、政策与导向、创作与作品、活动与交流、研究与学术、趋势与对策等多方面内容，着力开展深度的研究性梳理、总结概括和学术评估，研判艺术发展趋势与走向，突显艺术追求的主流价值取向，并提出有学术价值和艺术价值的思考与建议，从历史和理论角度为当代中国文化艺术发展作宏观把脉；"文件（文献）辑录"，辑录年度内文化艺术主管部门和艺术团体发布的与艺术工作相关的法规、规划、公告、通知等文件以及重要文章、讲话；"专题"，针对年度中的某些重要艺术活动、现象、话题，选编若干篇与此相关的媒体报道、采访、评论文章，对其进行全面展现；"作品"，辑录年度内各艺术门类有影响的新作或佳作；"纪事"，简要记录年度内艺术展演、评比、会议、产业、交流等类活动信息；“大事记”是按照时间顺序对一年中各艺术门类所发生事件的罗列。

各栏目下设类目，类目是若干相关条目的归类总称，根据各卷、各栏目所载条目的具体情况设置。

六、本年鉴本着客观记录与学术评述相结合、全面反映与重点突出相协调、活动情况与反响评价相兼顾的编辑思路，以文章和条目为基本载体。其中的文章体主要体现在各分卷的“年度述评”和“专题”（非常设栏目）部分，其余栏目均为条目体。

七、本年鉴在沿用《中国艺术年鉴•2017》编纂体例的基础上，为了实现理论性、学术性、针对性的有机统一，各分卷增加了“年度述评”部分的比重，力求对本年度艺术现状进行分析论辩并回答相关门类发展面临的突出问题。

八、本年鉴的组稿方式有特约稿件、重要主流报刊信息转载和摘录三个渠道。其中，各分卷本的“年度述评”部分的组稿方式主要采取特约稿件，所约的撰稿者主要为相关门类的专家、学者，所收录半数以上稿件为课题组以团队形式协作完成；“文件辑录”“专题”“作品”“纪事”的大部分信息均来源于各大报纸期刊、公开出版物及相关网站等国内主流媒体和出版物，且在转载和摘录的过程中，根据本年鉴的编纂要求进行了必要的修订。

九、本年鉴中各级别“文学艺术界联合会”除在正文中作为活动指导单位、主办方、承办方等出现时使用全称外，其余则使用简称“文联”。

2017 年，中国共产党第十九次全国代表大会召开，从中央到地方也出台了一系列管理及扶持政策，实现了各级文化行政部门对文化资源的动态化、科学化管理，激发了广大文艺工作者的创作热情，这更加要求文艺工作者要有文化担当。在文艺创作方面，除了组织推进大型精品力作，大力推进地方文艺创作的繁荣，同时在习近平总书记重要讲话精神指引下，广大文艺家和文艺工作者不断提升思想道德修养和文学艺术素养，高扬社会主义核心价值观旗帜，努力创作优秀作品，为繁荣社会主义文艺事业作出了新贡献。基于此，本年鉴力图宏观系统地对 2017 年度各艺术门类发展状况作出全景概览，总结 2017 年度的艺术成果和宝贵经验，为社会各界了解中国艺术发展趋向提供资讯，以飨读者。

《中国艺术年鉴》编辑部

2020 年 5 月 30 日

中国艺术年鉴

2018 + 总目录

上册目录

总类卷……1

分卷主编：高莘

管理……127

纪事……149

戏曲卷……179

分卷主编：张乃锋

话剧卷……309

分卷主编：王胖

音乐卷……391

分卷主编：陈乾

中国艺术年鉴·2018

总类卷

分卷主编：高 苹

特载

《中国共产党第十九次全国代表大会上的报告》关于“坚定文化自信，推动社会主义文化繁荣兴盛”的论述

◎ 习近平

文化是一个国家、一个民族的灵魂。文化兴国运兴，文化强民族强。没有高度的文化自信，没有文化的繁荣兴盛，就没有中华民族伟大复兴。要坚持中国特色社会主义文化发展道路，激发全民族文化创新创造活力，建设社会主义文化强国。

中国特色社会主义文化，源自于中华民族五千多年文明历史所孕育的中华优秀传统文化，熔铸于党领导人民在革命、建设、改革中创造的革命文化和社会主义先进文化，植根于中国特色社会主义伟大实践。发展中国特色社会主义文化，就是以马克思主义为指导，坚守中华文化立场，立足当代中国现实，结合当今时代条件，发展面向现代化、面向世界、面向未来的，民族的科学的大众的社会主义文化，推动社会主义精神文明和物质文明协调发展。要坚持为人民服务、为社会主义服务，坚持百花齐放、百家争鸣，坚持创造性转化、创新性发展，不断铸就中华文化新辉煌。

（一）牢牢掌握意识形态工作领导权。意识形态决定文化前进方向和发展道路。必须推进马克思主义中国化时代化大众化，建设具有强大凝聚力和引领力的社会主义意识形态，使全体人民在理想信念、价值理念、道德观念上紧紧团结在一起。要加强理论武装，推动新时代中国特色社会主义思想深入人心。深化马克思主义理论研究和建设，加快构建中国特色哲学社会科学，加强中国特色新型智库建设。坚持正确舆论导向，高度重视传播手段建设和创新，提高新闻舆论传播力、引导力、影响力、公信力。加强互联网内容建设，建立网络综合治理体系，营造清朗的网络空间。落实意识形态工作责任制，加强阵地建设和管理，注意区分政治原则问题、思想认识问题、学术观点问题，旗帜鲜明反对和抵制各种错误观点。

（二）培育和践行社会主义核心价值观。社会主义核心价值观是当代中国精神的集中体现，凝结着全体人民共同的价值追求。要以培养担当民族复兴大任的时代新人为着眼点，强化教育引导、实践养成、制度保障，发挥社会主义核心价值观对国民教育、精神文明创建、精神文化产品创作生产传播的引领作用，把社会主义核心价值观融入社会发展各方面，转化为人们的情感认同和行为习惯。坚持全民行动、干部带头，从家庭做起，从娃娃抓起。深入挖掘中华优秀传统文化蕴含的思想观念、人文精神、道德规范，结合时代要求继承创新，让中华文化展现出永久魅力和时代风采。

（三）加强思想道德建设。人民有信仰，国家有力量，民族有希望。要提高人民思想觉悟、道德水准、文明素养，提高全社会文明程度。广泛开展理想信念教育，深化中国特色社会主义和中国梦宣传教育，弘扬民族精神和时代精神，加强爱国主义、集体主义、社会主义教育，引导人们树立正确的历史观、民族观、国家观、文化观。深入实施公民道德建设工程，推进社会公德、职业道德、家庭美德、个人品德建设，激励人们向上向善、孝老爱亲，忠于祖国、忠于人民。加强和改进思想政治工作，深化群众性精神文明创建活动。弘扬科学精神，普及科学知识，开展移风易俗、弘扬时代新风行动，抵制腐朽落后文化侵蚀。推进诚信建设和志愿服务制度化，强化社会责任意识、规则意识、奉献意识。

（四）繁荣发展社会主义文艺。社会主义文艺是人民的文艺，必须坚持以人民为中心的创作导向，在深入生活、扎根人民中进行无愧于时代的文艺创造。要繁荣文艺创作，坚持思想精深、艺术精湛、制作精良相统一，加强现实题材创作，不断推出讴歌党、讴歌祖国、讴歌人民、讴歌英雄的精品力作。发扬学术民主、艺术民主，提升文艺原创力，推动文艺创新。倡导讲品位、讲格调、讲责任，抵制低

俗、庸俗、媚俗。加强文艺队伍建设，造就一大批德艺双馨名家大师，培育一大批高水平创作人才。

（五）推动文化事业和文化产业发展。满足人民过上美好生活的新期待，必须提供丰富的精神食粮。要深化文化体制改革，完善文化管理体制，加快构建把社会效益放在首位、社会效益和经济效益相统一的体制机制。完善公共文化服务体系，深入实施文化惠民工程，丰富群众性文化活动。加强文物保护利用和文化遗产保护传承。健全现代文化产业体系和市场体系，创新生产经营机制，完善文化经济政策，培育新型文化业态。广泛开展全民健身活动，加快推进体育强国建设，筹办好北京冬奥会、冬残奥会。加强中外人文交流，以我为主、兼收并蓄。推进国际传播能力建设，讲好中国故事，展现真实、立体、全面的中国，提高国家文化软实力。

同志们！中国共产党从成立之日起，既是中国先进文化的积极引领者和践行者，又是中华优秀传统文化的忠实传承者和弘扬者。当代中国共产党人和中国人民应该而且一定能够担负起新的文化使命，在实践创造中进行文化创造，在历史进步中实现文化进步！

（节选自习近平《中国共产党第十九次全国代表大会上的报告》）

信息来源：新华社北京 10 月 27 日电

文件辑录

【《文化部“一带一路”文化发展行动计划（2016—2020年）》（文外发〔2016〕40号），2016年12月29日】

为深入贯彻十八大和十八届三中、四中、五中、六中全会精神，深入贯彻习近平总书记系列重要讲话精神，落实经国务院授权，由国家发展改革委、外交部、商务部联合发布的《推动共建丝绸之路经济带和21世纪海上丝绸之路的愿景与行动》（以下简称《愿景与行动》），加强与“一带一路”沿线国家和地区的文明互鉴与民心相通，切实推动文化交流、文化传播、文化贸易创新发展，特制定本行动计划。

一、指导思想与基本原则

（一）指导思想

高举中国特色社会主义伟大旗帜，以邓小平理论、“三个代表”重要思想和科学发展观为指导，深入贯彻落实习近平总书记系列重要讲话精神，坚持社会主义先进文化前进方向，认真贯彻落实《愿景与行动》的整体部署，助推“一带一路”沿线国家和地区积极参与文化交流与合作，传承丝路精神，促进文明互鉴，实现亲诚惠容、民心相通，推动中华文化“走出去”，扩大中华文化的国际影响力，为实现《愿景与行动》总体目标和全面推进“一带一路”建设，夯实民意基础。

（二）基本原则

政府主导，开放包容。坚持文化对外开放战略布局，发挥政府引领统筹作用，加强与“一带一路”沿线国家和地区政府间文化交流，着力建立长效合作机制，充分发挥国内各省区市优势，鼓励社会力量积极参与、共同建设。

交融互鉴，创新发展。秉承和而不同、互鉴互惠的理念，尊重“一带一路”沿线国家和地区人民的精神创造和文化传统，以创新为动力，充分运用互联网思维和新科技手段，推动“一带一路”多元文化深度融合。

市场引导，互利共赢。兼顾各方利益和关切，遵循国际规则和市场规律，充分发挥市场在资源配置中的重要作用，调动各方积极性，将文化与外交、经贸密切结合，形成文化交流、文化传播、文化贸易协调发展态势，实现互利共赢。

二、发展目标

准确把握“一带一路”倡议精神，全方位提升我国文化领域开放水平，秉承立足周边、辐射“一带一路”、面向全球的合作理念，构建文化交融的命运共同体。着力实现以下目标：

——文化交流合作机制逐步完善。与“一带一路”沿线国家和地区政府、民间文化交流合作机制进一步健全，部际、部省等工作机制进一步完善。形成政府统筹、社会参与、市场运作的整体发展机制和跨地区、跨部门、跨行业的文化交流合作协调发展态势。

——文化交流合作平台基本形成。加快在“一带一路”沿线国家和地区设立中国文化中心，形成布局合理、功能完备的设施网络。以“一带一路”为主题的各类艺术节、博览会、交易会、论坛、公共信息服务等平台建设逐步实现规范化和常态化。

——文化交流合作品牌效应充分显现。打造文化交流合作知名品牌，继续扩大“欢乐春节”品牌在沿线国家的影响，充分发挥“丝绸之路文化之旅”“丝绸之路文化使者”等重大文化交流品牌活动的载体作用。

——文化产业及对外文化贸易渐成规模。面向“一带一路”国际文化市场的文化产业发展格局初步形成，文化企业规模不断壮大，文化贸易渠道持续拓展，服务体系建设初见成效。

三、重点任务

（一）健全"一带一路"文化交流合作机制

积极与"一带一路"沿线国家和地区签署政府间文件，深化人文合作委员会、文化联委会等合作机制，为"一带一路"文化发展提供有效保障。加强上海合作组织成员国文化部长会晤、中国—中东欧国家文化部长会议、中阿文化部长论坛、中国与东盟"10+1"文化部长会议等高级别文化磋商。推动与沿线国家和地区建立非物质文化遗产交流与合作机制。与沿线国家和地区建立文化遗产保护和世界遗产申报等方面的长效合作机制。支持国家艺术基金与沿线国家和地区的同类机构建立合作机制。

完善部省合作机制，鼓励各省区市在文化交流、遗产保护、文艺创作、文化旅游等领域开展区域性合作。发挥海外侨胞以及港澳台地区的独特优势，积极搭建港澳台与"一带一路"沿线国家和地区文化交流平台。充分考虑和包含以妈祖文化为代表的海洋文化，构建21世纪海上丝绸之路文化纽带。引导和扶持社会力量参与"一带一路"文化交流与合作。

专栏1 "一带一路"文化交流合作机制建设

1."一带一路"国际交流机制建设计划

积极贯彻落实我国与"一带一路"沿线国家和地区签订的文化合作（含文化遗产保护）协定、年度执行计划、谅解备忘录等政府间文件，加强我国与"一带一路"沿线国家和地区文化交流与合作机制化发展，推动成立"丝绸之路国际剧院联盟""丝绸之路国际图书馆联盟""丝绸之路国际博物馆联盟""丝绸之路国际美术馆联盟""丝绸之路国际艺术节联盟""丝绸之路国际艺术院校联盟"等，与"一带一路"沿线地区组织和重点国家逐步建立城际文化交流合作机制。

2."一带一路"国内合作机制建设计划

建立"一带一路"部省对口合作机制，共同研究制定中长期合作规划，在项目审批、资金、人才、技术等方面予以支持，建立对口项目合作机制和目标任务考核机制，研究提出绩效评估办法。

（二）完善"一带一路"文化交流合作平台

优先推动"一带一路"沿线国家和地区的中国文化中心建设，完善沿线国家和地区的中心布局。着力打造以"一带一路"为主题的国际艺术节、博览会、艺术公园等国际交流合作平台。鼓励和支持各类综合性国际论坛、交易会等设立"一带一路"文化交流板块。逐步建立"丝绸之路"文化数据库，打造公共数字文化支撑平台。

专栏2 "一带一路"文化交流合作平台建设

3."一带一路"沿线国家中国文化中心建设计划

落实《海外中国文化中心发展规划（2012—2020年）》，优先在缅甸、马来西亚、印度尼西亚、越南、匈牙利、罗马尼亚、保加利亚、哈萨克斯坦、白俄罗斯、塞尔维亚、拉脱维亚、土库曼斯坦、以色列等"一带一路"沿线国家设立中国文化中心。

4."一带一路"文化交流合作平台建设计划

将"中国新疆国际民族舞蹈节""丝绸之路国际艺术节""海上丝绸之路国际艺术节""丝绸之路（敦煌）国际文化博览会""厦门国际海洋周""中国海洋文化节"等活动打造成国际交流合作平台，建设"海上丝绸之路（泉州）艺术公园"和"中阿友谊雕塑园"等重点项目平台。

鼓励中国—亚欧博览会、中国—阿拉伯国家博览会、中国—东盟博览会、中国西部国际博览会、中国（深圳）国际文化产业博览交易会、中国西部文化产业博览会等综合性平台设立"一带一路"文化交流板块。

（三）打造"一带一路"文化交流品牌

在"一带一路"沿线国家和地区打造"欢乐春节""丝绸之路文化之旅"等重点交流品牌以及互办文化节（年、季、周、日）等活动，扩大文化交流规模。

与"一带一路"沿线国家和地区共同遴选"丝绸之路文化使者"，通过智库学者、汉学家、翻译家交流对话和青年人才培养，促进思想文化交流。推动中外文化经典作品互译和推广。

积极探索与“一带一路”沿线国家和地区开展同源共享的非物质文化遗产的联合保护、研究、人员培训、项目交流和联合申报。加大“一带一路”文化遗产保护力度，促进与沿线国家和地区在考古研究、文物修复、文物展览、人员培训、博物馆交流、世界遗产申报与管理等方面开展国际合作。鼓励地方和社会力量参与文化遗产领域的对外交流与合作。

繁荣“一带一路”主题文化艺术生产，倡导与沿线国家和地区的艺术人才和文化机构联合创作、共同推介，搭建展示平台，提升艺术人才的专业水准和综合素质，为丝路主题艺术创作储备人才资源。

专栏 3 “一带一路”文化交流品牌建设

5.“丝绸之路文化之旅”计划

打造“丝绸之路文化之旅”品牌，到 2020 年，实现与“一带一路”沿线国家和地区文化交流规模达 3 万人次、1000 家中外文化机构、200 名专家和 100 项大型文化年（节、季、周、日）活动。联合沿线国家和地区共同开发丝绸之路文化旅游精品线路及相关文创产品。邀请“一带一路”沿线国家和地区知名艺术家来华举行“意会中国”采风创作活动，推动沿线国家的国家级艺术院团及代表性舞台艺术作品开展交流互访，形成品牌活动。

6.“丝绸之路文化使者”计划

开展与“一带一路”沿线国家和地区的智库交流与合作，举办青年汉学家、翻译家研修活动，邀请 800 名著名智库学者、汉学家、翻译家来华交流、研修。实施“一带一路”中国文化译介人才发展计划。与周边国家举办文化论坛。与沿线国家和地区合办代表国家水准和民族特色的优秀艺术家互访、文化艺术人才培训和青少年交流活动。培养 150 名国际青年文物修复和博物馆管理人才。

7.“一带一路”艺术创作扶持计划

支持与“一带一路”沿线国家和地区文化机构在戏剧、音乐、舞蹈、美术等领域开展联合创作，在国内“一带一路”沿线区域实施“中华优秀传统艺术传承发展计划”，通过国家艺术基金对“一带一路”主题艺术创作优秀项目予以支持。

8.“一带一路”文化遗产长廊建设计划

与“一带一路”沿线国家和地区共同实施考古合作、文物科技保护与修复、人员培训等项目，实施文物保护援助工程。举办以“丝绸之路文化遗产”为主题的研讨交流活动。推进海上丝绸之路申遗以及世界文化遗产“丝绸之路：长安—天山廊道的路网”扩展项目。

（四）推动“一带一路”文化产业繁荣发展

建立和完善文化产业国际合作机制，加快国内“丝绸之路文化产业带”建设。以文化旅游、演艺娱乐、工艺美术、创意设计、数字文化为重点领域，支持“一带一路”沿线地区根据地域特色和民族特点实施特色文化产业项目，加强与“一带一路”国家在文化资源数字化保护与开发中的合作，积极利用“一带一路”文化交流合作平台推介文化创意产品，推动动漫游戏产业面向“一带一路”国家发展。顺应“互联网 +”发展趋势，推进互联网与文化产业融合发展，鼓励和引导社会资本投入“丝绸之路文化产业带”建设。持续推进藏羌彝文化产业走廊建设。

专栏 4 “一带一路”文化产业发展

9.“丝绸之路文化产业带”建设计划

鼓励国内“一带一路”沿线文化企业跨区域经营，实现文化旅游互为目的地和客源地，建设具有代表性的特色文化产品生产和销售基地。运用文化产业项目服务平台，加强对丝绸之路文化产业重点项目征集发布、宣传推介、融资洽谈、对接落地等全方位服务。将国内“一带一路”沿线区域符合条件的城市纳入扩大文化消费试点范围，逐步建立促进文化消费的长效机制。

10. 动漫游戏产业“一带一路”国际合作行动计划

发挥动漫游戏产业在文化产业国际合作中的先导作用，面向“一带一路”各国，聚焦重点，广泛开展。搭建交流合作平台、开展交流推广活动，促进互联互通，构建产业生态体系。发挥中国动漫游戏产业创新能力强、产业规模大的优势，培育重点企业，实施重点项目，开展国际产能合作，实现中国动漫游戏产业与沿线国家合作规模显著扩展、水平显著提升，为青少年民心相通发挥独特作用。

11.“一带一路”文博产业繁荣计划

推进“互联网 + 中华文明”及“文物带你看中国”项目，提高“一带一路”文化遗产与旅游、影视、出版、动漫、游戏、建筑、设计等产业结合度，促进文物资源、新技术和创意人才等产业要素的国际流通。

（五）促进“一带一路”文化贸易合作

围绕演艺、电影、电视、广播、音乐、动漫、游戏、游艺、数字文化、创意设计、文化科技装备、艺术品及授权产品等领域，开拓完善国际合作渠道。推广民族文化品牌，鼓励文化企业在“一带一路”沿线国家和地区投资。鼓励国有企业及社会资本参与“一带一路”文化贸易，依托国家对外文化贸易基地，推动骨干和中小文化企业的联动整合、融合创新，带动文化生产与消费良性互动。

专栏 5 “一带一路”文化贸易合作

12.“一带一路”文化贸易拓展计划

扶持外向型骨干文化企业与“一带一路”沿线国家和地区文化企业围绕重点领域开展项目合作。开展 1000 人次文化贸易职业经理人、创意策划人和经营管理人才的交流互访。在国内举办的国际文化会展推出“一带一路”专馆或专区，支持国内文化企业到“一带一路”沿线国家和地区参加知名文化会展。

四、保障措施

（一）组织保障

运用好对外文化工作部际联席会议机制，在文化部“一带一路”工作领导小组指导下，根据本规划明确职责分工，制定实施方案，强化督促检查，形成工作合力。

（二）政策法规保障

签署和落实国际间政府文化合作协定，全面落实国家文化、外交和贸易政策，加强文化领域知识产权保护。建立和完善文化事业、文化产业和对外文化贸易的相关法律法规体系，引导企业自觉遵守国际法律和贸易规则。

（三）资金保障

完善财政投入机制，设立文化部“一带一路”文化交流专项资金。鼓励社会力量参与，引导社会资本投入“一带一路”文化发展建设。鼓励政策性、商业性金融机构发挥优势，探索支持“一带一路”文化发展建设的有效模式，为“一带一路”文化项目提供多元化金融服务。

（四）人才保障

培养一支政治坚定、业务精通、外语娴熟、纪律严明、作风过硬的文化外交人才队伍。加大非通用语人才储备，引导文化艺术专业技术人才和复合型经营管理人才投身于“一带一路”文化工作。有针对性地开展“一带一路”文化交流培训工作，加强“一带一路”文化人才队伍建设，提升人才队伍的素质和能力。

（五）评估落实

建立“一带一路”文化发展重点项目库，定期对落实情况进行检查、评估、总结，宣传推广先进经验和有效做法。

文化部

2016 年 12 月 29 日

信息来源：新华网

【中共中央办公厅　国务院办公厅《关于实施中华优秀传统文化传承发展工程的意见》，2017 年 1 月 25 日】

文化是民族的血脉，是人民的精神家园。文化自信是更基本、更深层、更持久的力量。中华文化独一无二的理念、智慧、气度、神韵，增添了中国人民和中华民族内心深处的自信和自豪。为建设社会主义文化强国，增强国家文化软实力，实现中华民族伟大复兴的中国梦，现就实施中华优秀传统文化传承发展工程提出如下意见。

一、重要意义和总体要求

1. 重要意义。中华文化源远流长、灿烂辉煌。在 5000 多年文明发展中孕育的中华优秀传统文化，积淀着中华民族最深沉的精神追求，代表着中华民族独特的精神标识，是中华民族生生不息、发展壮大的丰厚滋养，是中国特色社会主义植根的文化沃土，是当代中国发展的突出优势，对延续和发展中华文明、促进人类文明进步，发挥着重要作用。

中国共产党在领导人民进行革命、建设、改革伟大实践中，自觉肩负起传承发展中华优秀传统文化的历史责任，是中华优秀传统文化的忠实继承者、弘扬者和建设者。党的十八大以来，在以习近平同志为核心的党中央领导下，各级党委和政府更加自觉、更加主动推动中华优秀传统文化的传承与发展，开展了一系列富有创新、富有成效的工作，有力增强了中华优秀传统文化的凝聚力、影响力、创造力。同时要看到，随着我国经济社会深刻变革、对外开放日益扩大、互联网技术和新媒体快速发展，各种思想文化交流交融交锋更加频繁，迫切需要深化对中华优秀传统文化重要性的认识，进一步增强文化自觉和文化自信；迫切需要深入挖掘中华优秀传统文化价值内涵，进一步激发中华优秀传统文化的生机与活力；迫切需要加强政策支持，着力构建中华优秀传统文化传承发展体系。实施中华优秀传统文化传承发展工程，是建设社会主义文化强国的重大战略任务，对于传承中华文脉、全面提升人民群众文化素养、维护国家文化安全、增强国家文化软实力、推进国家治理体系和治理能力现代化，具有重要意义。

2. 指导思想。高举中国特色社会主义伟大旗帜，全面贯彻党的十八大和十八届三中、四中、五中、六中全会精神，坚持以马克思列宁主义、毛泽东思想、邓小平理论、“三个代表”重要思想、科学发展观为指导，深入贯彻习近平总书记系列重要讲话精神和治国理政新理念新思想新战略，紧紧围绕实现中华民族伟大复兴的中国梦，深入贯彻新发展理念，坚持以人民为中心的工作导向，坚持以社会主义核心价值观为引领，坚持创造性转化、创新性发展，坚守中华文化立场、传承中华文化基因，不忘本来、吸收外来、面向未来，汲取中国智慧、弘扬中国精神、传播中国价值，不断增强中华优秀传统文化的生命力和影响力，创造中华文化新辉煌。

3. 基本原则

——牢牢把握社会主义先进文化前进方向。坚持中国特色社会主义文化发展道路，立足于巩固马克思主义在意识形态领域的指导地位、巩固全党全国人民团结奋斗的共同思想基础，弘扬社会主义核心价值观，培育民族精神和时代精神，解决现实问题、助推社会发展。

——坚持以人民为中心的工作导向。坚持为了人民、依靠人民、共建共享，注重文化熏陶和实践养成，把跨越时空的思想理念、价值标准、审美风范转化为人们的精神追求和行为习惯，不断增强人民群众的文化参与感、获得感和认同感，形成向上向善的社会风尚。

——坚持创造性转化和创新性发展。坚持辩证唯物主义和历史唯物主义，秉持客观、科学、礼敬的态度，取其精华、去其糟粕，扬弃继承、转化创新，不复古泥古，不简单否定，不断赋予新的时代内涵和现代表达形式，不断补充、拓展、完善，使中华民族最基本的文化基因与当代文化相适应、与现代社会相协调。

——坚持交流互鉴、开放包容。以我为主、为我所用，取长补短、择善而从，既不简单拿来，也不盲目排外，吸收借鉴国外优秀文明成果，积极参与世界文化的对话交流，不断丰富和发展中华文化。

——坚持统筹协调、形成合力。加强党的领导，充分发挥政府主导作用和市场积极作用，鼓励和引导社会力量广泛参与，推动形成有利于传承发展中华优秀传统文化的体制机制和社会环境。

4. 总体目标。到 2025 年，中华优秀传统文化传承发展体系基本形成，研究阐发、教育普及、保护传承、创新发展、传播交流等方面协同推进并取得重要成果，具有中国特色、中国风格、中国气派的文化产品更加丰富，文化自觉和文化自信显著增强，国家文化软实力的根基更为坚实，中华文化的国际影响力明显提升。

二、主要内容

5. 核心思想理念。中华民族和中国人民在修齐治平、尊时守位、知常达变、开物成务、建功立业过程中培育和形成的基本思想理念，如革故鼎新、与时俱进的思想，脚踏实地、实事求是的思想，惠民利民、安民富民的思想，道法自然、天人合一的思想等，可以为人们认识和改造世界提供有益启迪，可以为治国理政提供有益借鉴。传承发展中华优秀传统文化，就要大力弘扬讲仁爱、重民本、守诚信、崇正义、尚和合、求大同等核心思想理念。

6. 中华传统美德。中华优秀传统文化蕴含着丰富的道德理念和规范，如天下兴亡、匹夫有责的担当意识，精忠报国、振兴中华的爱国情怀，崇德向善、见贤思齐的社会风尚，孝悌忠信、礼义廉耻的荣辱观念，体现着评判是非曲直的价值标准，潜移默化地影响着中国人的行为方式。传承发展中华优秀传统文化，就要大力弘扬自强不息、敬业乐群、扶危济困、见义勇为、孝老爱亲等中华传统美德。

7. 中华人文精神。中华优秀传统文化积淀着多样、珍贵的精神财富，如求同存异、和而不同的处世方法，文以载道、以文化人的教化思想，形神兼备、情景交融的美学追求，俭约自守、中和泰和的生活理念等，是中国人民思想观念、风俗习惯、生活方式、情感样式的集中表达，滋养了独特丰富的文学艺术、科学技术、人文学术，至今仍然具有深刻影响。传承发展中华优秀传统文化，就要大力弘扬有利于促进社会和谐、鼓励人们向上向善的思想文化内容。

三、重点任务

8. 深入阐发文化精髓。加强中华文化研究阐释工作，深入研究阐释中华文化的历史渊源、发展脉络、基本走向，深刻阐明中华优秀传统文化是发展当代中国马克思主义的丰厚滋养，深刻阐明传承发展中华优秀传统文化是建设中国特色社会主义事业的实践之需，深刻阐明丰富多彩的多民族文化是中华文化的基本构成，深刻阐明中华文明是在与其他文明不断交流互鉴中丰富发展的，着力构建有中国底蕴、中国特色的思想体系、学术体系和话语体系。加强党史国史及相关档案编修，做好地方史志编纂工作，巩固中华文明探源成果，正确反映中华民族文明史，推出一批研究成果。实施中华文化资源普查工程，构建准确权威、开放共享的中华文化资源公共数据平台。建立国家文物登录制度。建设国家文献战略储备库、革命文物资源目录和大数据库。实施国家古籍保护工程，完善国家珍贵古籍名录和全国古籍重点保护单位评定制度，加强中华文化典籍整理编纂出版工作。完善非物质文化遗产、馆藏革命文物普查建档制度。

9. 贯穿国民教育始终。围绕立德树人根本任务，遵循学生认知规律和教育教学规律，按照一体化、分学段、有序推进的原则，把中华优秀传统文化全方位融入思想道德教育、文化知识教育、艺术体育教育、社会实践教育各环节，贯穿于启蒙教育、基础教育、职业教育、高等教育、继续教育各领域。以幼儿、小学、中学教材为重点，构建中华文化课程和教材体系。编写中华文化幼儿读物，开展“少年传承中华传统美德”系列教育活动，创作系列绘本、童谣、儿歌、动画等。修订中小学道德与法治、语文、历史等课程教材。推动高校开设中华优秀传统文化必修课，在哲学社会科学及相关学科专业和课程中增加中华优秀传统文化的内容。加强中华优秀传统文化相关学科建设，重视保护和发展具有重要文化价值和传承意义的"绝学"、冷门学科。推进职业院校民族文化传承与创新示范专业点建设。丰富拓展校园文化，推进戏曲、书法、高雅艺术、传统体育等进校园，实施中华经典诵读工程，开设中华文化公开课，抓好传统文化教育成果展示活动。研究制定国民语言教育大纲，开展好国民语言教育。加强面向全体教师的中华文化教育培训，全面提升师资队伍水平。

10. 保护传承文化遗产。坚持保护为主、抢救第一、合理利用、加强管理的方针，做好文物保护工作，抢救保护濒危文物，实施馆藏文物修复计划，加强新型城镇化和新农村建设中的文物保护。加强历史文化名城名镇名村、历史文化街区、名人故居保护和城市特色风貌管理，实施中国传统村落保护工程，做好传统民居、历史建筑、革命文化纪念地、农业遗产、工业遗产保护工作。规划建设一批国家文化公园，成为中华文化重要标识。推进地名文化遗产保护。实施非物质文化遗产传承发展工程，进一步完善非物质文化遗产保护制度。实施传统工艺振兴计划。大力推广和规范使用国家通用语言文字，保护传承方言文化。开展少数民族特色文化保护工作，加强少数民族语言文字和经典文献的保护和传播，做好少数民族经典文献和汉族经典文献互译出版工作。实施中华民族音乐传承出版工程、中国民间文学大系出版工程。推动民族传统体育项目的整理研究和保护传承。

11. 滋养文艺创作。善于从中华文化资源宝库中提炼题材、获取灵感、汲取养分，把中华优秀传统文化的有益思想、艺术价值与时代特点和要求相结合，运用丰富多样的艺术形式进行当代表达，推出一大批底蕴深厚、涵育人心的优秀文艺作品。科学编制重大革命和历史题材、现实题材、爱国主义题材、青少年题材等专项创作规划，提高创作生产组织化程度，彰显中华文化的精神内涵和审美风范。加强对中华诗词、音乐舞蹈、书法绘画、曲艺杂技和历史文化纪录片、动画片、出版物等的扶持。实施戏曲振兴工程，做好戏曲"像音像"工作，挖掘整理优秀传统剧目，推进数字化保存和传播。实施网络文艺创作传播计划，推动网络文学、网络音乐、网络剧、微电影等传承发展中华优秀传统文化。实施中国经典民间故事动漫创作工程、中华文化电视传播工程，组织创作生产一批传承中华文化基因、具有大众亲和力的动画片、纪录片和节目栏目。大力加强文艺评论，改革完善文艺评奖，建立有中国特色的文艺研究评论体系，倡导中华美学精神，推动美学、美德、美文相结合。

12. 融入生产生活。注重实践与养成、需求与供给、形式与内容相结合，把中华优秀传统文化内涵更好更多地融入生产生活各方面。深入挖掘城市历史文化价值，提炼精选一批凸显文化特色的经典性元素和标志性符号，纳入城镇化建设、城市规划设计，合理应用于城市雕塑、广场园林等公共空间，避免千篇一律、千城一面。挖掘整理传统建筑文化，鼓励建筑设计继承创新，推进城市修补、生态修复工作，延续城市文脉。加强"美丽乡村"文化建设，发掘和保护一批处处有历史、步步有文化的小镇和村庄。用中华优秀传统文化的精髓涵养企业精神，培育现代企业文化。实施中华老字号保护发展工程，支持一批文化特色浓、品牌信誉高、有市场竞争力的中华老字号做精做强。深入开展"我们的节日"主题活动，实施中国传统节日振兴工程，丰富春节、元宵、清明、端午、七夕、中秋、重阳等传统节日文化内涵，形成新的节日习俗。加强对传统历法、节气、生肖和饮食、医药等的研究阐释、活态利用，使其有益的文化价值深度嵌入百姓生活。实施中华节庆礼仪服装服饰计划，设计制作展现中华民族独特文化魅力的系列服装服饰。大力发展文化旅游，充分利用历史文化资源优势，规划设计推出一批专题研学旅游线路，引导游客在文化旅游中感知中华文化。推动休闲生活与传统文化融合发展，培育符合现代人需求的传统休闲文化。发展传统体育，抢救濒危传统体育项目，把传统体育项目纳入全民健身工程。

13. 加大宣传教育力度。综合运用报纸、书刊、电台、电视台、互联网站等各类载体，融通多媒体资源，统筹宣传、文化、文物等各方力量，创新表达方式，大力彰显中华文化魅力。实施中华文化新媒体传播工程。充分发挥图书馆、文化馆、博物馆、群艺馆、美术馆等公共文化机构在传承发展中华优秀传统文化中的作用。编纂出版系列文化经典。加强革命文物工作，实施革命文物保护利用工程，做好革命遗址、遗迹、烈士纪念设施的保护和利用。推动红色旅游持续健康发展。深入开展"爱我中华”主题教育活动，充分利用重大历史事件和中华历史名人纪念活动、国家公祭仪式、烈士纪念日，充分利用各类爱国主义教育基地、历史遗迹等，展示爱国主义深刻内涵，培育爱国主义精神。加强国民礼仪教育。加大对国家重要礼仪的普及教育与宣传力度，在国家重大节庆活动中体现仪式感、庄重感、荣誉感，彰显中华传统礼仪文化的时代价值，树立文明古国、礼仪之邦的良好形象。研究提出承接传统习俗、符合现代文明要求的社会礼仪、服装服饰、文明用语规范，建立健全各类公共场所和网络公共空间的礼仪、礼节、礼貌规范，推动形成良好的言行举止和礼让宽容的社会风尚。把优秀传统文化思想理念体现在社会规范中，与制定市民公约、乡规民约、学生守则、行业规章、团体章程相结合。弘扬孝敬文化、慈善文化、诚信文化等，开展节俭养德全民行动和学雷锋志愿服务。广泛开展文明家庭创建活动，挖掘和整理家训、家书文化，用优良的家风家教培育青少年。挖掘和保护乡土文化资源，建设新乡贤文化，培育和扶持乡村文化骨干，提升乡土文化内涵，形成良性乡村文化生态，让子孙后代记得住乡愁。加强港澳台中华文化普及和交流，积极举办以中华文化为主题的青少年夏令营、冬令营以及诵读和书写中华经典等交流活动，鼓励港澳台艺术家参与国家在海外举办的感知中国、中国文化年（节）、欢乐春节等品牌活动，增强国家认同、民族认同、文化认同。

14. 推动中外文化交流互鉴。加强对外文化交流合作，创新人文交流方式，丰富文化交流内容，不断提高文化交流水平。充分运用海外中国文化中心、孔子学院，文化节展、文物展览、博览会、书展、电影节、体育活动、旅游推介和各类品牌活动，助推中华优秀传统文化的国际传播。支持中华医药、中华烹饪、中华武术、中华典籍、中国文物、中国园林、中国节日等中华传统文化代表性项目走出去。积极宣传推介戏曲、民乐、书法、国画等我国优秀传统文化艺术，让国外民众在审美过程中获得愉悦、感受魅力。加强“一带一路”沿线国家文化交流合作。鼓励发展对外文化贸易，让更多体现中华文化特色、具有较强竞争力的文化产品走向国际市场。探索中华文化国际传播与交流新模式，综合运用大众传播、群体传播、人际传播等方式，构建全方位、多层次、宽领域的中华文化传播格局。推进国际汉学交流和中外智库合作，加强中国出版物国际推广与传播，扶持汉学家和海外出版机构翻译出版中国图书，通过华侨华人、文化体育名人、各方面出境人员，依托我国驻外机构、中资企业、与我友好合作机构和世界各地的中餐馆等，讲好中国故事、传播好中国声音、阐释好中国特色、展示好中国形象。

四、组织实施和保障措施

15. 加强组织领导。各级党委和政府要从坚定文化自信、坚持和发展中国特色社会主义、实现中华民族伟大复兴的高度，切实把中华优秀传统文化传承发展工作摆上重要日程，加强宏观指导，提高组织化程度，纳入经济社会发展总体规划，纳入考核评价体系，纳入各级党校、行政学院教学的重要内容。各级党委宣传部门要发挥综合协调作用，整合各类资源，调动各方力量，推动形成党委统一领导、党政群协同推进、有关部门各负其责、全社会共同参与的中华优秀传统文化传承发展工作新格局。各有关部门和群团组织要按照责任分工，制定实施方案，完善工作机制，把各项任务落到实处。

16. 加强政策保障。加强中华优秀传统文化传承发展相关扶持政策的制定与实施，注重政策措施的系统性、协同性、操作性。加大中央和地方各级财政支持力度，同时统筹整合现有相关资金，支持中华优秀传统文化传承发展重点项目。制定和完善惠及中华优秀传统文化传承发展工程项目的金融支持政策。加大对国家重要文化和自然遗产、国家级非物质文化遗产等珍贵遗产资源保护利用设施建设的支持力度。建立中华优秀传统文化传承发展相关领域和部门合作共建机制。制定文物保护和非物质文化遗产保护专项规划。制定和完善历史文化名城名镇名村和历史文化街区保护的相关政策。完善相关奖励、补贴政策，落实税收优惠政策，引导和鼓励企业、社会组织及个人捐赠或共建相关文化项目。建立健全中华优秀传统文化传承发展重大项目首席专家制度，培养造就一批人民喜爱、有国际影响的中华文化代表人物。完善中华优秀传统文化传承发展的激励表彰制度，对为中华优秀传统文化传承发展和传播交流作出贡献、建立功勋、享有声誉的杰出海内外人士按规定授予功勋荣誉或进行表彰奖励。有关部门要研究出台入学、住房保障等方面的倾斜政策和措施，用以倡导和鼓励自强不息、敬业乐群、扶正扬善、扶危济困、见义勇为、孝老爱亲等传统美德。

17. 加强文化法治环境建设。修订文物保护法。制定文化产业促进法、公共图书馆法等相关法律，对中华优秀传统文化传承发展有关工作作出制度性安排。在教育、科技、卫生、体育、城乡建设、互联网、交通、旅游、语言文字等领域相关法律法规的制定修订中，增加中华优秀传统文化传承发展内容。加大涉及保护传承弘扬中华优秀传统文化法律法规施行力度，加强对法律法规实施情况的监督检查。充分发挥各行政主管部门在传承发展中华优秀传统文化中的重要作用，建立完善联动机制，严厉打击违法经营行为。加强法治宣传教育，增强全社会依法传承发展中华优秀传统文化的自觉意识，形成礼敬守护和传承发展中华优秀传统文化的良好法治环境。各地要根据本地传统文化传承保护的现状，制定完善地方性法规和政府规章。

18. 充分调动全社会积极性创造性。传承发展中华优秀传统文化是全体中华儿女的共同责任。坚持全党动手、全社会参与，把中华优秀传统文化传承发展的各项任务落实到农村、企业、社区、机关、学校等城乡基层。各类文化单位机构、各级文化阵地平台，都要担负起守护、传播和弘扬中华优秀传统文化的职责。各类企业和社会组织要积极参与文化资源的开发、保护与利用，生产丰富多样、社会价值和市场价值相统一、人民喜闻乐见的优质文化产品，扩大中高端文化产品和服务的供给。充分尊重工人、农民、知识分子的主体地位，发挥领导干部的带头作用，发挥公众人物的示范作用，发挥青少年的生力军作用，发挥先进模范的表率作用，发挥非公有制经济组织和社会组织从业人员的积极作用，发挥文化志愿者、文化辅导员、文艺骨干、文化经营者的重要作用，形成人人传承发展中华优秀传统文化的生动局面。

中共中央办公厅、国务院办公厅
2017 年 1 月 25 日
信息来源：中国政府网

【文化部“十三五”时期文化发展改革规划，2017 年 2 月 23 日】

为全面贯彻党的十八大和十八届三中、四中、五中、六中全会精神，进一步加快文化发展改革，建设社会主义文化强国，根据《中华人民共和国国民经济和社会发展第十三个五年规划纲要》和《国家“十三五”时期文化发展改革规划纲要》，编制本规划。

序 言

“十二五”时期，我国文化建设全面快速发展，中国特色社会主义文化发展道路不断巩固拓展。各级党委政府高度重视、社会各界和人民群众积极参与文化建设，文化事业和文化产业发展的各项基础不断夯实，文化建设在引领当代价值、提升公众素养、提高生活质量、推动经济发展、优化社会氛围、塑造国家形象等方面的作用明显增强。艺术创作生产繁荣活跃，公共文化服务体系建设取得重大进展，公共文化服务网络更加完善，文物保护状况明显改善，非物质文化遗产保护传承体系不断健全，文化产业对国民经济贡献持续加大，文化市场监管能力有较大提高，中华文化国际影响力进一步提升，国家文化软实力不断增强。

“十三五”时期是全面建成小康社会的决胜阶段，是促进文化繁荣发展的关键时期，也是建设社会主义文化强国的重要时期。从国内看，经济发展进入新常态，文化在稳增长、促改革、调结构、惠民生方面将发挥更加重要的作用。中国特色新型工业化、信息化、城镇化、农业现代化同步发展，“一

带一路”建设、京津冀协同发展和长江经济带建设等国家重大战略相继实施，文化建设空间更加广阔。居民可支配收入和闲暇时间进一步增多，多样化多层次的精神文化需求更加旺盛。高新科技的广泛应用催生了文化生产、传播、消费方式的深刻变革。同时，文化建设的水平和质量离全面建成小康社会还存在一定差距，迫切需要补齐短板、兜好底线，提高区域、城乡文化发展的均衡性和协调性，提高国民素质和社会文明程度。从国际看，世界多极化、经济全球化、文化多样化、社会信息化深入发展，文化在国际交往中的地位和作用更加凸显，中华文化的国际影响力持续扩大。同时，世界范围内各种思想文化交流交融交锋更加频繁，综合国力竞争更加激烈，文化安全形势更加复杂，提高国家文化软实力、增强国际话语权的任务日趋紧迫。综合判断，文化面临重大发展机遇，也面临诸多挑战。在新的历史起点上，必须以新发展理念引领文化建设，全面提高文化发展的质量和效益，推动社会主义文化大发展大繁荣。

一、指导思想和基本原则

（一）指导思想

高举中国特色社会主义伟大旗帜，全面贯彻党的十八大和十八届三中、四中、五中、六中全会精神，以马克思列宁主义、毛泽东思想、邓小平理论、“三个代表”重要思想、科学发展观为指导，深入学习贯彻习近平总书记系列重要讲话精神和治国理政新理念新思想新战略，切实增强政治意识、大局意识、核心意识、看齐意识，紧紧围绕统筹推进“五位一体”总体布局和协调推进“四个全面”战略布局，牢固树立和贯彻落实创新、协调、绿色、开放、共享的发展理念，推进社会主义文化强国建设，进一步坚定文化自信，增强文化自觉，全面完成文化小康建设各项任务，为实现“两个一百年”奋斗目标、实现中华民族伟大复兴的中国梦提供强大的价值引领力、文化凝聚力、精神推动力。

（二）基本原则

1. 坚持正确方向。坚持党对文化工作的领导，牢牢把握社会主义先进文化前进方向，贯彻“二为”方向、“双百”方针，把中国梦和社会主义核心价值观贯穿到文化建设各领域各环节，坚持把社会效益放在首位、社会效益和经济效益相统一。

2. 坚持以人为本。坚持以人民为中心的发展思想和工作导向，发挥人民主体作用，坚持共建共享，努力利民惠民，着力提高人民群众文化参与度，提升国民素质和社会文明程度，促进人的全面发展。

3. 坚持改革创新。积极探索有利于解放和发展文化生产力的新举措、新途径，全方位推进文化创新，深化文化体制改革，推进文化领域供给侧结构性改革，激发全民族文化创造活力。

4. 坚持科学发展。加快转变文化发展方式，促进城乡、区域文化协调发展，推动文化与其他领域融合发展，努力实现更高质量、更有效率、更加公平、更可持续的发展。

5. 坚持传承弘扬。把弘扬优秀传统文化与发展现实文化有机统一起来，在继承中发展，在发展中继承，实现中华优秀传统文化创造性转化和创新性发展。

6. 坚持开放包容。构建全方位、多层次、宽领域文化对外开放格局，吸收借鉴人类优秀文明成果，讲好中国故事、阐释中国道路、体现中国精神、展示中国形象，推动中华文化走向世界。

二、发展目标和主要指标

（一）发展目标

到2020年，社会主义文化强国建设取得重要进展，国家文化软实力进一步提高。中国梦的引领凝聚作用进一步增强，社会主义核心价值观更加深入人心，人民群众精神文化生活更加丰富，文化参与的广度和深度不断拓展，国民素质和社会文明程度显著提高。文学艺术繁荣发展，无愧于民族、无愧于时代的文艺精品不断涌现，中华优秀传统文化传承体系基本形成，现代公共文化服务体系基本建成，现代文化产业体系和现代文化市场体系更加完善，文化产业成为国民经济支柱性产业。对外文化交流体系逐步建立，中华文化影响力持续扩大。国家文化安全得到有效维护。区域文化发展格局更加优化，文化治理体系和治理能力现代化水平显著提升。

（二）主要指标

——“十三五”期间，重点推出50部左右体现时代文化成就、代表国家文化形象的舞台艺术优秀作品。实现名家传戏1000人次，扶持100部舞台艺术剧本创作。国家艺术基金立项资助项目达到4000项。

——到“十三五”期末，县级公共图书馆、文化馆和乡镇（街道）综合文化站设施建设基本达标，基本实现每个行政村（社区）都建有综合性文化服务中心，贫困地区县县有流动文化车。

——到“十三五”期末，全国人均拥有公共图书馆（含分馆）藏量达到1册，全国公共图书馆年流通人次达到8亿，文化馆（站）年服务人次达到8亿，博物馆年服务人次达到8亿。

——到“十三五”期末，全国重点文物保护单位有保护范围、有保护标志、有记录档案、有保管机构的“四有”工作完成率达到100%，全国重点文物保护单位和省级重点文物保护单位重大文物保护工程合格率达到100%。

——到“十三五”期末，对非物质文化遗产传承人群开展研修研习培训达到10万人次。

——“十三五”期间，以文化产业成为国民经济支柱性产业为目标，支持实施一批具有示范带动效应的重点文化产业项目，培育一批集聚功能和辐射作用明显的国家级文化产业园区，打造3至5个市场化、专业化、国际化的重点文化产业展会。

——到“十三五”期末，基于文化市场技术监管与服务平台的文化市场信用信息数据库涵盖全国90%以上的文化市场经营主体，文化市场技术监管与服务平台在全国区县级文化行政部门和文化市场综合执法机构应用率达到95%以上。

——到“十三五”期末，海外中国文化中心总数达到50个。

三、繁荣艺术创作生产

坚持“二为”方向、“双百”方针，深入贯彻习近平总书记关于文艺工作的重要讲话精神，贯彻落实《中共中央关于繁荣发展社会主义文艺的意见》，坚持以人民为中心的创作导向，把创作生产优秀作品作为文艺工作的中心环节，努力创作生产更多传播当代中国价值观念、体现中华文化精神、反映中国人审美追求，思想精深、艺术精湛、制作精良的文艺精品。

（一）把握正确的创作导向。聚焦中国梦时代主题，以中华优秀传统文化为根脉，以创新为动力，大力弘扬社会主义核心价值观，唱响爱国主义主旋律。持续开展“深入生活、扎根人民”主题实践活动，建立健全长效机制。围绕重大节庆纪念活动，开展主题创作和展演展览活动。

（二）创作生产优秀文艺作品。实施精品战略，把握发展态势，尊重艺术创作规律，加强艺术创作规划和资源统筹。抓好现实题材、爱国主义题材、重大革命和历史题材、青少年题材、军事题材等的创作生产，合理集聚和有效配置资源打造精品，努力攀登艺术高峰。推动传统戏曲和民族歌剧传承发展，培育有利于民族艺术活起来、传下去、出精品、出名家的良好环境。扶持剧本创作，解决优秀剧本不足问题。扶持西部及少数民族地区艺术发展，鼓励东西部艺术交流。发挥国家艺术基金引导作用。推动舞台艺术和美术领域作品量质齐升。

（三）完善文艺评价激励机制。充分发挥文艺评奖的导向激励作用，进一步完善评奖机制。把遵循社会主义先进文化前进方向和人民满意作为最高标准，把群众评价、专家评价和市场检验统一起来。建立获奖作品跟踪考核机制，推动获奖作品面向公众多演出。开展积极健康的文艺批评，加强文艺评论阵地建设、理论研究和成果推广。

（四）加强优秀作品的传播推广。发挥中国艺术节等重大艺术活动的示范引导作用，扩大优秀艺术作品的知名度和观众覆盖面。发展网络文艺。创新艺术传播渠道，促进优秀文艺作品多渠道传输、多平台展示、多终端推送。支持建设综合性剧目排练中心，鼓励有条件的国有排练场所向民营院团开放。

加强对剧场、演艺区发展的支持和引导，统筹艺术产品的创作生产与剧场资源的整合利用。探索剧场建设、运营、管理的科学模式，研究制定剧场运营管理规范。提升美术馆专业化建设水平，使优秀美术成果惠及更多群众。

（五）提升文化艺术科研水平。以重大理论和现实问题为主攻方向，坚持基础研究和应用研究并重，加强全国艺术科学研究规划及项目管理，推出一批高质量的文化艺术研究成果。加大对全国艺术研究院所建设的指导和支持，努力将中国艺术研究院建设成我国文化艺术领域的高端智库。

专栏1　艺术创作生产

国家舞台艺术精品创作扶持工程：制定中长期文艺创作规划，评选发布年度全国舞台艺术重点创作剧目名录和国家舞台艺术精品创作工程重点扶持剧目，推出50部左右舞台艺术优秀作品，加强宣传推广，推动开展交流演出。

国家艺术基金项目：面向社会进行项目申报和项目实施，在舞台艺术创作、美术创作、艺术传播交流推广、艺术人才培养、新兴艺术门类创作等方面实施4000项资助项目，进一步健全管理制度，完善资助机制，提高资助质量。

戏曲振兴工程：开展戏曲剧种普查。实施“名家传戏”，组织京剧、昆曲和地方戏名家传授经典折子戏1000人次。实施中国戏曲“像音像”工程。录制昆曲传统折子戏，抢救、保护戏曲文献资料。加大对国家级非物质文化遗产保护名录中传统戏剧项目的扶持力度。推动戏曲进校园、进农村、进基层，将地方戏曲演出纳入基本公共文化服务目录，支持戏曲艺术表演团体到各级各类学校演出。组织中国京剧艺术节、中国昆剧艺术节、全国基层院团戏曲会演等展演活动。加强戏曲艺术专业人才培养。

剧本扶持工程：通过征集新创、整理改编、买断移植，扶持100部舞台艺术剧本创作。实施戏曲剧本孵化计划。

民族音乐舞蹈杂技扶持工程：扶持重点民族音乐、舞蹈、杂技艺术院团，组织重点剧（节）目创作、展演，开展民间乐种和民族舞蹈样式普查，抢救保护传统民族音乐舞蹈资源。

民族歌剧传承发展工程：制定并实施民族歌剧重点剧目创作计划和遴选指导制度，推动原创民族歌剧的创作和经典民族歌剧的复排。办好中国歌剧节等活动，打造展示传播平台。加强民族歌剧人才培养和理论研究。

“深入生活、扎根人民”主题实践活动：制定支持文艺工作者长期深入生活的政策措施，建立健全长效保障和激励机制。组织文化系统艺术单位深入城乡基层开展采风创作、结对帮扶、慰问演出等活动。

国家美术发展和收藏工程：加强重大题材美术创作，推出一批优秀主题性美术作品。加强对当代美术创作的引导。完成全国美术馆藏品普查。加大国家美术收藏力度，对国家重点美术馆实施的捐赠性收藏项目予以奖励扶持。加强国家美术藏品的保护修复和研究推广，推出150个左右美术馆馆藏精品展览。推进美术馆和画院专业化建设。

四、构建现代公共文化服务体系

坚持政府主导、社会参与、重心下移、共建共享，以基本公共文化服务标准化均等化为突破口，立足人民群众基本文化需求，构建体现时代发展趋势、符合文化发展规律、具有中国特色的现代公共文化服务体系。

（一）全面推进基本公共文化服务标准化均等化。以县为基本单位，全面落实国家基本公共文化服务指导标准和地方实施标准。健全公共文化设施运行管理和服务标准体系，规范各级各类公共文化机构服务项目和流程。以标准化促进均等化，填平补齐公共文化资源，推动区域间、城乡间公共文化服务均衡协调发展。开发和提供适合老年人、未成年人、残疾人、农民工、农村留守妇女儿童、生活困难群众等群体的基本公共文化产品和服务。

（二）完善公共文化设施网络。以公共图书馆、文化馆、博物馆、乡镇（街道）综合文化站、村（社区）综合性文化服务中心为重点，以流动文化设施和数字文化设施为补充，统筹规划，均衡配置，推动各级公共文化设施基本达到国家建设标准。采取盘活存量、调整置换、集中利用等方式，着力推进乡镇（街道）和村（社区）综合性文化服务中心建设。加强贫困地区的流动服务点建设，配备流动文化服务设备器材，实现流动服务常态化。

（三）加大贫困地区公共文化服务体系建设力度。与国家扶贫攻坚战略相结合，加强对中西部地区特别是老少边穷地区公共文化建设的帮扶。加大资金、项目、政策的倾斜力度，补齐公共文化服务短板。盘活贫困地区文化资源，大力推动文化惠民。将公共文化帮扶纳入行业扶贫、东西部扶贫协作和定点扶贫工作内容，通过对口支援、合作共建、区域文化联动等形式，建立与扶贫开发工作重点县的结对帮扶机制。深入实施文化扶贫项目，动员社会力量积极参与，实现“一县一策”、精准扶贫。

（四）提高公共文化服务效能。创新公共文化管理体制和运行机制，完善公共文化服务体系建设协调机制，推动基层党委和政府统筹实施各类重大文化工程和项目。建立健全县级文化馆、图书馆总分馆制。深入推进公共图书馆、博物馆、文化馆（站）、美术馆等公共文化设施免费开放，提升免费开放服务水平，提高群众文化参与程度。建立健全基层公共文化服务监督评价机制，开展常态化的公共文化服务效能评估。建立群众文化需求反馈机制，推广“菜单式”服务模式。丰富公共文化产品供给，拓宽供给渠道。推动公共数字文化建设，加快数字图书馆、文化馆、博物馆、美术馆建设，统筹实施重大公共数字文化建设工程，加强数字产品和服务的开发，提高优质资源供给能力。建立以效能为导向的评价激励机制，研究制定公众参与度和群众满意度指标。深入开展艺术普及活动。繁荣群众文艺，完善扶持机制，搭建展示平台。

（五）推动公共文化服务社会化发展。促进公共文化服务项目化管理、市场化运作、社会化参与。建立健全政府购买公共文化服务工作机制。培育文化类社会组织。运用政府与社会资本合作、公益创投等多种模式，支持企业、社会组织和个人提供公共文化设施、产品和服务，推动有条件的公共文化设施社会化运营。鼓励和引导社会力量在符合条件的情况下结合历史街区和传统村落建设等兴办公共文化项目。推进文化志愿服务，建立和完善文化志愿者注册招募、服务记录、管理评价和激励保障机制，提高文化志愿服务规范化、专业化和社会化水平。

（六）全面加强边境地区文化建设。以边境县为主体，以县、乡、村三级为重点，以公共文化服务体系建设为主要方面，全面加强边境地区文化建设，推动文化稳边、固边、兴边。加强边境地区公共文化设施建设，改造提升设施条件，增加多层次、多语种文化产品供给，加强网络建设和数字资源建设。鼓励文艺工作者深入边境地区开展采风创作和慰问演出，丰富边民文化生活。加大文化人才、文化科教支边力度，加强人才培训。挖掘和保护边境特色文化资源，扶持特色文化产业发展。建立边境地区文化市场执法协作机制，加大违法案件查办力度，维护文化安全。支持边境地区与周边国家和地区开展形式多样、内容丰富的文化交流与合作，发展文化边贸。

专栏2　现代公共文化服务体系建设

国家级文化设施建设工程：实施国家美术馆、中国工艺美术馆（中国非物质文化遗产馆）、“平安故宫”、国家图书馆国家文献战略储备库等重大文化设施建设，推动中国国家画院扩建、中央芭蕾舞团业务用房扩建、中国交响乐团团址重建等项目，形成比较完备的国家级文化设施网络。

贫困地区公共文化服务体系建设项目：为贫困地区每个县配备流动文化车。加大中央财政支持力度，对贫困地区村级文化设施建设给予支持，推动普遍建立村级综合性文化服务中心。为贫困地区村级综合性文化服务中心配备设备。

基层综合性文化服务中心建设项目：在乡镇（街道）和村（社区）统筹建设综合性文化服务中心，配套建设文体广场、文化活动室、简易戏台并配备阅报栏（屏）、文化器材（含灯光音响设备和部分乐器）、广播器材和体育健身设施等。

公共数字文化建设项目：统筹实施全国文化信息资源共享工程、数字图书馆推广工程和公共电子阅览室建设计划，完善国家公共文化数字支撑平台，建设国家基本公共数字文化资源库，资源总量达到3500百万兆字节（TB）以上。

全民文化艺术普及项目：发挥各级文艺院团、艺术院校作用，开展面向基层、面向学校的公益性演出。推动在高等院校和中小学普及艺术教育，持续推进高雅艺术进校园。依托公共文化机构开展形式多样的公益性艺术培训，规范引导社会艺术水平考级健康发展。制定繁荣群众文艺发展规划，创作推出更多优秀群众文艺作品。

特殊群体文化产品扶持计划：组织实施面向老年人、未成年人、残疾人、农民工、农村留守妇女儿童等特殊群体的文化活动，开展特殊群体优秀文化产品征集推广，培育一批特殊群体文化服务品牌。推进文化系统老年大学规范化建设。

全国文化志愿服务行动计划：每年实施100个左右具有示范意义的志愿服务项目，培育文化志愿服务品牌。实施“阳光工程”——中西部地区农村文化志愿服务行动计划。建立健全各级文化志愿服务组织，壮大文化志愿者队伍，加强分级分类管理和培训。

边境地区文化建设工程：加强边境县公共文化设施建设。建设边疆万里数字文化长廊，基本实现边境地区公共数字文化网络全覆盖。实施边疆博物馆提升工程。实施“春雨工程”，开展文化志愿者边疆行活动。支持边境地区建设具有富民效应和示范效应的文化产业园区基地，鼓励发展传统工艺和文化旅游，支持搭建外向型展会平台，开展原创动漫边疆推广工作。实施文化睦邻工程，积极开展跨境文化交流和贸易合作。

五、加强文物保护利用

全面贯彻“保护为主、抢救第一、合理利用、加强管理”的文物工作方针，坚持立足于保、保用结合，切实加大文物保护力度，深入挖掘和系统阐发文物所蕴含的文化内涵和时代价值，推进文物合理适度利用，使文物保护成果更多惠及人民群众，推动中华优秀传统文化创造性转化和创新性发展，努力走出一条符合国情的文物保护利用之路。

（一）加强文物保护。推动文物保护由抢救性保护为主向抢救性与预防性保护并重转变，由注重文物本体保护向文物本体与周边环境、文化生态的整体保护转变。健全国家文物登录制度，建立国家文物资源总目录和大数据库，推进文物信息资源社会共享。加强不可移动文物保护，对存在重大险情的各级文物保护单位及时开展抢救性保护，加强文物日常养护、岁修、巡查和监测。加强革命文物保护，实施革命旧址保护修缮三年行动计划和馆藏革命文物修复计划。加强城乡建设中的文物保护，保护历史文化名城、街区、村镇和传统村落的整体格局和历史风貌。加强大遗址保护和国家考古遗址公园建设，开展大遗址数字化展示监测试点。加强考古发掘和整理研究工作。开展水下文物考古调查，基本掌握水下文物的分布和保存状况。加强世界文化遗产保护管理工作，推进海上丝绸之路保护与申遗工作。加强可移动文物保护，实施馆藏珍贵文物修复工程。严格文物执法，强化文物督察。实施文物平安工程，提升文物安全监管能力。

（二）推进博物馆建设。贯彻实施《博物馆条例》，提高博物馆公共服务水平。优化博物馆布局，提升彰显国家名片和地方形象的博物馆的综合实力，建设具有行业和地域特色的专题博物馆，发展智慧博物馆。加强革命老区、民族地区、边疆地区、贫困地区博物馆建设。积极支持引导非国有博物馆的发展。健全文物陈列展览交流平台，建立国家一级博物馆与基层博物馆借展、联展、巡展合作机制。加强文教结合，完善博物馆青少年教育功能，定期开展博物馆中小学教育活动。实施经济社会发展变迁物证征藏工程，征集新中国成立以来反映经济社会发展的重要实物，记录时代发展，丰富藏品门类。

（三）拓展文物利用。发挥文物资源在文化传承中的重要作用，丰富城乡文化内涵，彰显地域文化特色，发展有历史记忆、地域特色、民族特点的美丽城镇、美丽乡村。发挥文物资源在促进地区经济社会发展中的作用，培育一批文物旅游品牌。大力开发文博创意产品，进一步拓展文物利用综合效益。开展文物经营主体信用评估，规范文物经营活动，鼓励民间合法收藏文物。强化文物进出境协同监管，加大打击文物走私力度。

专栏3　文物保护利用

国家记忆工程：依托文物建筑、文化典籍、国家档案等，通过体现中华优秀传统文化、革命文化和社会主义先进文化的代表性文物，分类分批实施国家历史、文化、艺术、科学记忆工程及国家记忆数字化保存行动计划，体现中华民族最深层的精神追求，建立全民共识的国家精神标识。

“互联网＋中华文明”行动计划：依托互联网，建立文物信息资源共享机制，开展文物价值挖掘、文物数字化展示利用，推动与教育、文创、动漫、游戏、工业设计、旅游等领域的跨界融合，围绕文明源流、国学经典、传统美德、艺术欣赏、乡土民俗、红色记忆等主题，进行创作、创新、创造，形成一批具有广泛影响和普遍示范效应的优秀文化产品和服务，让文物可见、可感、可亲，讲好中国故事，传播中国声音。

“考古中国”研究与大遗址保护工程：对古文化遗址有重点地进行系统考古发掘整理和有效保护，深化重大专题研究。推进良渚、二里头、殷墟、景德镇御窑厂等遗址保护项目。开展西沙群岛、南沙群岛及沿海重点海域水下文化遗产调查和水下考古发掘保护项目，划定一批水下文化遗产保护区。

文物保护展示重点工程：加强长城保护，开展一批抢险加固、保护修缮、设施建设和综合展示项目，新建一批长城保护展示示范区。加强革命文物保护展示，加强近现代代表性建筑保护展示，加强古建筑和传统村落保护、西部地区石窟、海上丝绸之路沿线文物保护，加强西藏、四省（青海、四川、云南、甘肃）藏区和新疆文物保护，做好冬奥会区域文物保护展示。

中华古籍保护计划：建立完善的古籍普查、修复、保存、宣传、利用工作机制，通过微缩复制、数字化和善本再造等方式，实现古籍的再生性保护，开展古籍专题展览展示交流活动。开展中华传统文化百部经典编纂工作。

民国时期文献保护计划：通过文献普查、海内外文献征集、整理出版、数字化加工整合、举办文献展览以及文献的保护技术研究等工作，有效抢救与保护民国时期文献。

曲阜优秀传统文化传承发展示范区和甘肃华夏文明传承创新区建设：支持山东推进实施曲阜国家级文化产业示范园区、孔子博物馆、尼山圣境等重点项目，建设优秀传统文化传承发展示范区。支持甘肃以华夏文明传承创新区为平台推进文化建设。

六、提高非物质文化遗产保护传承水平

坚持“保护为主、抢救第一、合理利用、传承发展”的工作方针，进一步完善非物质文化遗产保护制度，以人的培养为核心，以融入现代生活为导向，切实加强能力建设，提高保护传承水平，推动非物质文化遗产保护事业深入发展。

（一）推进非物质文化遗产项目保护。编制国家级非物质文化遗产代表性项目保护规划，加强国家级非物质文化遗产代表性项目保护。实施非物质文化遗产记录工程。探索非物质文化遗产整体性保护，推进国家级文化生态保护实验区建设。积极申报联合国教科文组织非物质文化遗产名录，与周边国家联合申报、联合保护同源共享的非物质文化遗产。

（二）增强非物质文化遗产传承活力。加大对非物质文化遗产代表性传承人的扶持力度，加强传承人梯队建设。实施中国非物质文化遗产传承人群研修研习培训计划，帮助非物质文化遗产传承人群提高学习和传承能力，增强传承后劲。推动非物质文化遗产传承与现代教育体系深度融合。

（三）振兴传统工艺。实施中国传统工艺振兴计划，促进传统工艺走进现代生活、现代设计走进传统工艺，提升传统工艺产品的整体品质，培育形成具有民族特色的知名品牌，发挥传统工艺对城乡就业的促进作用，提高中国传统工艺保护、传承和发展水平。

（四）加强宣传展示与交流。办好中国非物质文化遗产博览会、中国成都国际非物质文化遗产节、文化和自然遗产日，以及传统节日文化活动，支持各地举办具有区域特色的非物质文化遗产展览展示活动。鼓励图书馆、文化馆、博物馆等公共文化机构和非物质文化遗产展示馆、传习所开展非物质文化遗产宣传展示活动。推动非物质文化遗产领域的国际交流与合作。

专栏 4　非物质文化遗产保护传承

中国传统工艺振兴计划：制定人才培育、行业扶持、市场拓展、技术攻关、理论研究、普及教育、交流合作等多个方面的政策措施，发掘和运用传统工艺所包含的文化元素和工艺理念，丰富传统工艺的题材和产品品种，提升设计与制作水平，提高产品品质，培育知名品牌，使传统工艺在现代生活中得到新的广泛应用。

中国非物质文化遗产传承人群研修研习培训计划：委托高校、企业和相关单位，组织非物质文化遗产传承人群参加研修、研习和培训，累计培训 10 万人次。

非物质文化遗产记录工程：按照统一的标准规范，对国家级非物质文化遗产代表性项目的内容与表现形式、流变过程、核心技艺和传承实践情况进行全面、真实、系统的记录，对其中部分濒危项目和代表性传承人抓紧实施抢救性记录，并加强对记录成果的传播和利用。

文化生态保护区建设工程：组织开展国家级文化生态保护实验区建设评估。在文化生态保护区增设一批非物质文化遗产传习中心、传习点。以规划为引领，突出特色，推进文化生态保护区建设。统筹规划，新设立一批国家级文化生态保护实验区。

国家非物质文化遗产保护利用设施建设工程：以国家级非物质文化遗产代表性项目为依托，根据非物质文化遗产项目分布状况，统筹建设一批传统表演艺术类、传统技艺类、传统民俗活动类非物质文化遗产项目保护利用设施。

民族民间文化典藏与传播工程：完成“村落文化志”系列丛书，建成中国传统皮影、木偶艺术音像资源库，辑成中国传统表演艺术基本动作、中国传统乐器、中国传统文化特征色彩数字化典藏，建设民族民间文化资源汇集管理平台。

七、推动文化产业成为国民经济支柱性产业

落实供给侧结构性改革战略部署，完善现代文化产业体系，着力发展骨干文化企业和创意文化产业，培育新型文化业态，促进文化资源与文化产业有机融合，形成新的增长点、增长极和增长带，全面提升文化产业发展的质量和效益。

（一）推动文化产业结构优化升级。加快发展动漫、游戏、创意设计、网络文化等新型文化业态，继续引导上网服务营业场所、游戏游艺场所、歌舞娱乐等行业转型升级，全面提高管理服务水平，推动“互联网 +”对传统文化产业领域的整合。落实国家战略性新兴产业发展的部署，加快发展以文化创意为核心，依托数字技术进行创作、生产、传播和服务的数字文化产业，培育形成文化产业发展新亮点。推动中国（深圳）国际文化产业博览交易会、中国西部文化产业博览会、中国（义乌）文化产品交易会、中国国际网络文化博览会、中国国际动漫游戏博览会等重点文化产业展会市场化、国际化、专业化发展。支持原创动漫创作生产和宣传推广，培育民族动漫创意和品牌，持续推动手机（移动终端）动漫等标准制定和推广。加强文化产业关键共性技术研发、商业模式创新。推进文化创意和设计服务与实体经济深度融合，催生新技术、新工艺、新产品，满足新需求。推进文化产业与制造、建筑、设计、信息、旅游、农业、体育、健康等相关产业融合发展，增加文化含量和产业附加值，把文化资源转化为产业优势和市场优势。

（二）优化区域文化产业发展布局。实施差异化的区域文化产业发展战略，推动形成文化产业优势互补、联动发展的布局体系。引导各地根据资源禀赋和功能定位，走特色化、差异化发展之路。围绕“一带一路”建设、京津冀协同发展、长江经济带建设，加强重点文化产业带建设。支持中心城市和城

市群发挥技术、人才、资金密集优势，形成若干带动区域产业发展的增长极。支持中小城市、小城镇和农村打造特色文化产业群。加大对中西部地区、少数民族地区、贫困地区、革命老区特色文化产业发展的支持力度。推进国家文化产业创新实验区、国家动漫产业综合示范园建设，形成面向区域和行业发展的协同创新中心。

（三）培育健全各类市场主体。营造各类文化企业一视同仁、公平竞争的发展环境，推动形成不同所有制文化企业共同发展、大中小微文化企业相互促进的文化产业格局。培育一批核心竞争力强的骨干文化企业，鼓励各类文化企业以资本为纽带进行联合重组，推动跨地区跨行业跨所有制并购重组，提高文化产业规模化、集约化、专业化水平。加强文化产业园区（基地）的规划建设和管理，严格命名标准，完善退出机制，进一步完善国家级文化产业示范园区创建工作，提升国家级文化产业园区（基地）的引领示范效应。推动文化产业发展与“大众创业、万众创新”紧密结合，加强文化企业孵化器、公共服务平台、众创空间建设，扶持文化产业领域创新创业，支持“专、精、特、新”中小微文化企业发展。培育和扶持一批知名文化品牌，以品牌带动全产业链发展。

（四）扩大和引导文化消费。从供需两端发力，以创新供给带动需求扩展，努力实现更高层次的供需平衡。着力扩大文化产品和服务有效供给，改善消费条件，营造消费环境，推动建立扩大和引导文化消费的长效机制。鼓励文化文物单位和社会力量开发文化创意产品，满足多样化消费需求。充分激发市场活力和社会创新创造能力，引导文化企业提供个性化、多样化的文化产品和服务，培育新的文化消费增长点。建设文化消费服务平台。支持各地采取各种措施促进文化消费。加强宣传推广，倡导文化消费理念，提升文化消费水平。

（五）鼓励和引导社会资本进入文化产业。加快建设完善文化产业投融资体系，会同有关部门落实鼓励和引导社会资本进入文化领域的各项政策措施，为文化产业发展持续提供动力。进一步拓宽社会投资的领域和范围，鼓励社会资本进入文化企业孵化器、文化众创空间、文化资源保护开发等新兴领域。深化文化金融合作，发挥财政政策、金融政策、产业政策的协同效应，为社会资本进入文化产业提供金融支持。落实以奖代补、基金注入等重要政策，以推广文化领域的政府与社会资本合作模式为抓手，扶持引导社会投资进入文化领域。用好国家投资政策，将文化领域纳入投资政策工具支持范围。

专栏 5　文化产业发展

促进文化消费计划：扩大试点范围，总结评估试点情况，研究提出扩大文化消费的政策措施。对文化消费数据进行分析利用，发布文化消费指数，引导文化企业扩大文化产品和服务的有效供给，提升消费者文化消费意愿，逐步建立扩大和引导文化消费的长效机制。

文化创意产品扶持计划：落实推动文化创意产品开发的政策措施，加强示范引导、搭建平台、展示推广，调动博物馆、图书馆、美术馆等文化文物单位和创意设计机构等社会力量积极性，创作生产弘扬中华优秀文化、适应市场需要、满足现代消费需求的优秀文化创意产品。

特色文化产业发展工程：支持规划实施一批特色文化产业项目，支持地方建设一批特色文化小镇，培育特色文化企业、产品和品牌。持续推进丝绸之路文化产业带、藏羌彝文化产业走廊建设，支持在边疆、革命老区和少数民族地区建设具有富民效应和示范效应的文化产业集聚区。

数字文化产业发展计划：推动优秀文化内容数字化转化和创新，加强数字文化创意内容创作与供给。提升数字文化创意技术与装备水平。建设数字文化产业双创平台，构建数字文化产业创新生态体系。推进数字文化与相关产业融合发展。

文化金融创新工程：鼓励金融机构针对文化产业特点创新产品和服务，推广无形资产评估和质押融资，逐步健全文化企业征信体系、融资风险补偿机制和信用担保体系。建立文化企业上市资源储备库，支持文化企业利用资本市场上市融资、再融资和并购重组，扩大文化企业债券融资规模。鼓励文化产业类投资基金发展。支持各地建立文化金融服务中心。创建文化与金融合作示范区。

文化产业公共服务平台建设工程：建设和完善项目服务平台、文化消费服务平台、人才培养平台、文化产业园区基地平台等子平台，提高文化产业领域公共服务水平。制定文化企业品牌建设行动计划，推动建设一批文化产业品牌实验室，支持和规范有关机构发布相关文化产业品牌排行榜。

八、完善现代文化市场体系

建立统一开放、竞争有序、诚信守法、监管有力的现代文化市场体系，健全以内容监管为重点、信用监管为核心的文化市场事中事后监管体系，推动文化市场成为满足人民群众多样化精神文化需求的主渠道。

（一）完善多层次的文化产品市场。推动文化产品供给侧结构性改革，加强内容建设，丰富产品供给。鼓励文化企业加快创新、丰富业态、改造装备、改善服务环境、提供公共服务，支持行业协会举办创新设计大赛和群众性赛事活动。引导企业开发面向大众、适合不同年龄层次的文化产品，提供差异化服务。加强网络文化内容建设，引导市场主体提供弘扬社会主义核心价值观、体现中国精神的网络文化产品。

（二）建立完备高效的文化要素市场。加强人才、资本、技术、信息、产权和中介服务市场建设，促进文化要素在健康有序的市场环境中高效流转，提高文化资源配置效率，增强文化市场内生动力。建立统一的市场准入退出制度。推动各行业建立较为完备的政策法规、标准规范、人才培训、数据信息等服务平台，为行业发展提供优质公共服务和行政指导。消除地区壁垒，促进区域协作和市场一体化建设。消除行业壁垒，鼓励多种经营和业态融合，支持大中城市建设文化娱乐综合体。

（三）构建以信用管理为核心的监管体系。以文化市场信用信息数据库建设为基础，以信息公开为监督约束手段，以警示名单和黑名单为基本制度，以协会开展信用评价、分类评定为辅助，构建守信激励、失信惩戒和协同监管机制。建设文化市场信用信息系统，实现部门之间、区域之间信息交互共享。定期公布文化市场违法违规经营主体和文化产品黑名单、警示名单，对文化市场经营主体实行分级分类管理。加强行业信用评级制度建设及信用信息应用，开展文化市场经营场所分类评级，培育文化市场信用服务机构，发挥协会在文化市场信用体系建设中的积极作用。

（四）提升文化市场综合执法能力。基本完成深化文化市场综合执法改革任务，建强文化市场执法机构和队伍，提高全国综合执法队伍专业化、规范化、信息化水平。建立文化市场信息报送和反馈系统，建成高效的文化市场执法指挥平台。制定文化市场综合执法规范化标准，完善综合执法协作机制。针对突出问题开展专项整治，加强重大案件督查督办。加强文化市场执法人员的准入、演练、操练和动态管理。加强以案件为导向的执法培训，提高综合执法队伍执法办案能力。推进全国文化市场技术监管与服务平台全面应用，提高文化市场管理与执法信息化水平。

专栏 6　现代文化市场体系建设

文化市场信用体系建设工程：完善文化市场信用信息数据库，涵盖全国 90% 以上的文化市场经营主体。建立文化市场信用管理规章制度，指导协会开展行业标准及规范建设。与其他部门建立信用信息交互共享及联合惩戒机制，向管理部门和公众提供便捷及时的文化市场信用信息服务。

网络文化市场建设工程：支持国产优秀网络文化产品生产创作，拓展优秀网络文化产品传播渠道和落地空间。完善网络文化内容监管体系，构建全网筛查、全国协作、标准统一、步调一致的网络文化市场执法机制，防控含有禁止内容的网络文化产品传播，净化网络文化环境。鼓励传统文化市场与网络文化市场优势互补、融合发展。

文化市场综合执法能力提升工程：健全文化市场综合执法协作机制，加强京津冀、江浙沪、西藏及四省藏区等区域执法协作。全面实施以“随机抽取检查对象、随机抽取执法人员、向社会公开检查结果”为主要内容的“双随机一公开”制度。制定文化市场安全生产工作规范，提升公共突发事件防范处置能力。推进中西部地区文化市场综合执法能力提升行动计划，推广综合执法以案施训和师资巡讲活动。推动地方落实综合执法队伍能力建设及工作经费。

全国文化市场技术监管与服务平台建设和推广工程：建成支撑文化市场宏观决策、市场准入、综合执法、动态监管和公共服务等核心应用的文化市场技术监管系统，形成统一的信息共享平台、信用服务平台、业务关联平台、应用集成平台和技术支撑平台，推动平台在全国区县文化行政部门和文化市场综合执法机构应用率达到95%。

九、提高文化开放水平

坚持政府统筹、社会参与、官民并举、市场运作，统筹对外文化交流、传播和贸易，创新方式方法，有效传播当代中国价值观念，讲述好中国故事，阐释好中国特色，展示中华文化独特魅力，提升国际话语权，全面提高国家文化软实力。

（一）积极开展文化外交。大力发展与世界各国和国际组织的政府间文化交流，构建畅通的政府间文化交流合作机制。以重要外事活动为契机，积极开展对外文化交流，充分展示中华文化精粹。按照品牌化、本土化、市场化的发展方向，支持在各大洲举办中国文化年（节）等大型文化交流活动，持续提升“欢乐春节”等品牌的影响力。加大商签防止盗窃、盗掘和非法进出境文化财产政府间双边协定的工作力度，构建稳定、多维的政府间文物合作网络。推出一批具有中国内涵、国际表达、创意融合的对外文物展览，拓展文物出展国家和地区，引进一批高水平文物展览。加大对发展中国家尤其是周边国家的文化援助力度，统筹开展文物援外工程。

（二）加强国际汉学交流和中外智库合作。促进中外智库交流与合作，大力推动国际汉学和中国研究的发展，培养一批具有发展潜力的青年汉学家、翻译家。举办高端国际文化论坛，畅通中华文化和价值理念的传播渠道。积极参与国际文化事务，建立国际文化专家队伍，支持民间智库和社会组织在文化类公约框架下为政府间委员会提供咨询。推进对外文化传播网络和新媒体平台建设。积极借鉴国外优秀文化成果。

（三）加强与“一带一路”沿线国家文化交流与合作。制定实施文化部“一带一路”文化发展行动计划。围绕“一带一路”建设，积极搭建各类文化交流平台。推进与“一带一路”沿线国家的项目援助和专业交流，鼓励丰富多样的民间文化交流，发挥妈祖文化等民间文化的积极作用，促进民心相通，夯实民意基础。推进动漫游戏产业“一带一路”国际合作。拓展与“一带一路”沿线国家的文物保护与考古合作，建设“一带一路”文化遗产长廊。

（四）推进海外中国文化中心建设与发展。继续加快推进海外中国文化中心建设。鼓励地方政府、中资机构等参与中国文化中心建设，多模式建设布局科学、功能完善、规模适宜的海外中国文化中心，筹建中国文化中心总部。为中国文化中心提供高质量项目资源，开展国情宣介、思想交流、文化展示、信息服务等活动，使中国文化中心成为中华文化传播的综合服务平台。

（五）大力发展对外文化贸易。构建国际文化贸易合作体系，建立健全双边、多边政府间文化贸易对话与合作机制。积极参与国际文化贸易规则制定。搭建国家文化贸易服务平台，发挥国家对外文化贸易基地示范作用。引导文化企业和社会资本境外投资，拓展海外文化市场，扩大境外优质文化资产规模。提升民族文化品牌内涵，突出“中国创造”理念，建设核心文化产品资源库。

（六）深化对港澳台地区文化工作。以传承和弘扬中华优秀传统文化为重心，搭建形式多样的文化交流平台，提升对港澳台地区文化交流水平。加强面向港澳台青少年的文化交流，促进民族认同、文化认同、国家认同。加强与港澳台地区文物交流，推动港澳台同胞共享中华优秀文化遗产。与港澳特区政府定期签署内地与港澳特区文化合作执行计划，将港澳文化活动纳入国家文化交流平台。把握大势，稳妥推进两岸文化交流合作，推动两岸文化交流机制化进程。

专栏7　对外文化交流与贸易

对外文化交流机制化合作网络建设工程：积极参与中俄、中美、中英、中欧、中法、中印尼人文交流机制，完善高级别政府间文化政策对话及文化机构间合作机制，与全球600家重点文化艺术机构、国际知名艺术节建立长期合作关系。

中外思想交流与传播能力建设工程：举办“汉学与当代中国”座谈会、青年汉学家研修计划、中外文化翻译合作研修计划。建设对外传播云平台和中华文化译研网，完成涵盖世界各主要语言的译介平台建设，实现中国文化网浏览量突破 10 亿人次。

对外文化交流品牌拓展工程：“欢乐春节”形成 10 个子品牌，与 30 个重点国家和地区的相关机构建立长期合作机制，文化援助品牌项目与各国社会公益项目有机结合。

“一带一路”文化交流与合作工程：推动陕西西安丝绸之路国际艺术节、福建泉州海上丝绸之路国际艺术节、丝绸之路（敦煌）国际文化博览会、中国新疆国际民族舞蹈节等品牌活动建设，创建丝绸之路剧院联盟，建设福建泉州海上丝绸之路艺术公园、宁夏银川中阿友谊雕塑艺术园等文化交流基地。

海外中国文化中心建设与发展工程：海外中国文化中心全球布局达到 50 个，建设包含 300—500 个项目的中国文化中心动态资源库。加强中国文化中心多模式发展力度，鼓励和引导地方政府、中资机构等参与建设和管理。

对外文化贸易促进工程：培育一批具有国际竞争力的外向型文化企业，形成一批具有核心竞争力的文化产品，打造一批具有国际影响力的文化品牌，搭建具有较强辐射力的国际文化交易平台。

港澳台中华文化弘扬工程：加强与港澳台思想文化界的深度交流，打造港澳台青少年艺术节、青年文化论坛、青年文化产业交流营，推动优秀文化产品进入港澳台基层社区。

十、提升文化科技支撑水平

深入实施科技带动战略，加强文化科技原始创新、集成创新和引进消化吸收再创新，着力增强自主创新能力，有效提升文化领域技术装备水平，促进科学技术在文化领域的应用与推广，推动文化与科技融合向纵深发展。

（一）优化文化科技创新发展环境。探索跨部门、跨地区的文化科技融合工作机制，支持社会力量参与文化创新活动。培育文化科技融合示范型载体，培养文化科技复合型人才，加强文化科技创新成果宣传和推广，进一步激发文化领域创新创造的活力。

（二）提升文化行业标准化水平。健全标准化工作机制，加快文化行业标准和国家标准的制定修订，积极参与国际标准制定。增强文化行业标准化意识，提升标准化应用水平，构建较为完善的文化行业标准规范体系。

（三）加强文化领域关键共性技术研发。围绕文化发展重大需求，运用数字技术、网络技术、智能技术、材料技术、虚拟现实技术，提升文化科技自主创新能力和技术研发水平。支持数字文化资源开发关键技术研究与应用，加快文化艺术展演展陈虚拟化、协同化、数字化步伐，加强文化领域重要装备、工艺、系统、技术平台等相关研究。

（四）促进文化科技成果转化应用。完善文化科技成果转化机制，发挥企业主体作用，加强技术转移和科技项目成果应用，促进科技成果转化为文化生产力。建立健全舞台设备质量检测体系，提高文化科技装备国产化水平。

专栏 8　文化科技融合发展

文化创新引领工程：培育 70 项左右国家文化创新工程项目，出版中国文化创新年度报告。培养文化创新人才。开展文化创新成果宣传、示范和推广活动。发挥艺术院校和艺术科研院所在推动文化创新方面的作用。

“互联网 + 文化”工程：加强“互联网 + 文化”顶层设计，制定相关系列规划。加强有关互联网技术应用于文化领域的关键技术攻关。支持形成共享机制。开设艺术教育网络课堂，加大网上开放艺术学研究成果力度。

文化大数据工程：开展数字文化艺术资源发展状况调查，制定发展规划，建立多部门协调机制，成立专家咨询委员会，完成数字文化资源共享目录清单，制定文化大数据服务标准规范，推动建立综合服务平台。

文化标准化工程：重点加强舞台安全领域标准制定与实施，健全舞台设备质量检测体系，制定数字图书馆建设与服务、社会艺术水平考级管理等标准不少于40项，使文化行业标准总数超过110项。积极参与国际标准化工作，清理妨碍创新的行业标准。

文化装备系统提升工程：重点提升公共文化机构以及舞台演艺、动漫、游戏、非遗保护等领域的技术装备系统水平。支持一批技术创新项目，建立专家咨询委员会，支持举办技术装备系统展示应用活动，促进文化相关领域国家重大科研设施和科研仪器开放共享。

成果转化应用工程：完善文化科技成果统计和成果转化服务制度，落实成果奖励政策，发布文化科技成果目录清单。建设文化部工程技术研究中心及产学研用相结合的技术联盟，五年内累计新认定20至30家文化部重点实验室。支持开展文化科技成果推广和展示活动。

文化部电子政务和网络安全项目：整合业务系统，统一技术支撑，推进数据共享和业务协同，逐步实现电子政务平台、网络媒体平台和数据交换平台的同步发展，持续开展等级保护和分级保护工作，加强系统安全监测，提升安全管理和保障能力。

十一、深化文化体制机制改革

深入推进文化体制改革，建立健全党委领导、政府管理、行业自律、社会监督、企事业单位依法运营的文化体制机制。

（一）完善文化管理体制。深化文化行政部门职能转变，建立健全行政权力和责任清单制度。继续深入推进行政审批制度改革，加强事中事后监管，促进简政放权、放管结合、优化服务“三管齐下”。深入推进政府管理与服务创新，综合运用法律、行政、经济、科技等手段提高管理效能。深化文化市场综合执法改革，逐步形成权责明确、监督有效、保障有力的文化市场综合执法管理体制，推进文化领域跨部门、跨行业综合执法。按照政企分开、政事分开原则，推动文化行政部门与其所属的文化企事业单位进一步理顺关系，依法赋予企事业单位更多的法人自主权。

（二）推进文化事业单位改革。深化文化事业单位人事、收入分配、社会保障、经费保障等制度改革，创新管理运行机制，积极探索政事分开、管办分离的有效形式。推动公共图书馆、博物馆、文化馆等建立事业单位法人治理结构，吸纳有关方面代表、专业人士、各界群众参与管理，健全决策、执行和监督机制。推动保留事业体制院团内部机制改革。完善绩效评估考核，结合文化单位特点制定科学的绩效指标体系，适当引入第三方评估，加强评估结果的公开和运用。

（三）建立健全有文化特色的现代企业制度。加快国有文化企业公司制股份制改造，形成体现文化企业特点、符合现代企业制度要求的资产组织形式和经营管理模式。完善社会效益和经济效益综合考核评价指标体系，确保国有文化企业把社会效益放在首位、实现社会效益和经济效益相统一。进一步深化国有文艺院团体制改革，通过政府购买服务、原创剧目补贴等方式扶持转制院团的艺术创作生产。

（四）培育和规范文化类社会组织。加强对业务主管的文化类行业协会、基金会、民办非企业单位等社会组织的引导、扶持和管理，促进规范有序发展。积极发挥行业组织在行业自律、行业管理、行业交流等方面的重要作用。厘清文化行政部门与所属行业协会的职能边界，积极稳妥推进文化行业协会与行政机关脱钩。加大政府向文化类社会组织购买服务力度，将适合由社会组织提供的公共文化服务事项交由社会组织承担。

十二、加强文化人才队伍建设

加快各类文化人才成长步伐，实现人才队伍总量稳步增长、结构更加合理、活力不断增强、效能充分发挥，培养造就一支政治坚定、业务精湛、作风优良、党和人民放心的文化人才队伍，为文化发展改革提供坚强的人才保障和广泛的智力支持。

（一）健全文化人才发展体制机制。完善党管人才工作格局，实行人才工作目标责任考核。完善人才政策体系，健全人才培养开发、评价发现、选拔任用、流动配置、激励保障机制。充分发挥用人主体在人才培养、吸引和使用中的主导作用，完善事业单位岗位管理。健全文化特殊人才评价机制。加快推进职称制度改革。加大对西部文化人才的培养支持力度。进一步完善“三先”表彰工作，及时表彰深入生活、扎根人民的优秀文化工作者。

（二）培养造就高层次领军人物。发挥政府的导向和扶持作用，培养一批德艺双馨、成就突出、影响广泛的高层次文化人才。加强新型文化智库建设。实施国家“千人计划”文化艺术人才项目和海外高层次文化人才引进计划。开展文化部优秀专家选拔扶持工作。举办高层次文化人才国情研修班。加强艺术研究院所专业人员队伍建设，培养学术带头人和研究骨干。探索建立专家学术休假制度、学术（艺术）助手制度和师承制度等高层次人才培养制度。

（三）着力培养青年拔尖人才。在文化艺术领域培养一批青年学术技术带头人，形成高层次领军人物的重要后备力量。利用国家公派留学计划选派有发展潜力的优秀学者、中青年艺术家到国外著名院校或文化机构留学。继续组织实施文化产业创业创意人才扶持计划，加强对设计、音乐、传统工艺等重点领域创业创意人才的选拔、培养和展示推广，有效激发文化产业领域创新创业活力。支持符合条件的文化单位设立博士后科研工作站，加快培养复合型文化产业人才和科技人才。

（四）加强基层文化人才队伍建设。继续实施全国基层文化队伍培训计划，以专职文化队伍、业余文化骨干、文化志愿者为重点，完善基层文化队伍培训体系，统筹推进分级分类分层培训。加大西部地区基层文化人才培养力度，实施“三区”人才支持计划文化工作者专项，加快边远贫困地区、边疆民族地区和革命老区文化人才队伍建设。大力开展网络远程培训。加强文化技能人才培养，引导职业院校根据基层需求设置专业和课程。加强非公有制领域文化人才工作。

（五）拓展文化人才培养途径。与教育部门加强合作，加大对非物质文化遗产学历教育的支持力度，推动设置文化产业管理硕士专业学位，推动将公共文化服务专业人才培养纳入国民教育体系，支持高校设立文化科技交叉学科和专业。加强文化系统艺术职业院校建设。加强艺术教育人才培训，提升人才培养质量。在全国艺术院校推动民族文化传承创新示范专业点建设。

（六）健全文化人才培训体系。按照分级负责、分类管理的工作原则，进一步完善组织调训、干部培训、在职教育、挂职实践和远程培训相结合的工作格局。依托党校、行政学院、干部学院、高等学校、职业院校、重点大型企业和各级各类教学点，扎实开展初任培训、任职培训、岗位培训、专题培训、业务培训。进一步加强全国文化干部远程培训平台、全国文化干部培训基地以及师资库、教材库建设。强化培训质量管理，改进和完善培训考核评价机制，着力打造优秀培训品牌和特色培训项目。

专栏 9　文化人才队伍建设

全国省、地、县文化厅局长轮训工程：举办省（区、市）文化厅（局）长、地市文化局长、县市文化局长培训班，每年累计培训 850 人，五年内把各省（区、市）文化厅（局）长、各地市文化局长和各县级文化局一把手轮训一遍。

新型文化智库建设计划：整合高等院校、研究机构等力量，培育和扶持一批具有较大影响力的服务文化领域的高端智库。发挥文化艺术科研单位的智库作用，实施 150 项文化艺术应用对策研究及相关基础研究项目。

海外高层次文化人才引进计划：支持一批海外高层次文化人才回国（来华）工作，分层次、有计划地引进一批学术专家、文化艺术领军人才和优秀经营管理人才。

国家艺术基金人才资助项目：资助 1000 名 40 周岁以下青年艺术人才开展创作活动，资助 500 个急需紧缺的高端艺术专业人才、文艺理论人才和复合型经营管理人才培养项目。

“三区”人才支持计划文化工作者专项：每年选派 1.9 万名优秀文化工作者到边远贫困地区、边疆民族地区和革命老区工作或提供服务，每年为“三区”培养1500名急需紧缺的文化工作者。

专业艺术人才培训计划：实施戏曲艺术人才培养“千人计划”，培训1000名戏曲编剧、导演、作曲、舞台美术、评论专业中青年人才。培训美术专业人才1500人次，基本实现国有美术馆馆长轮训目标。提升西部及少数民族地区艺术创作水平，培训100名紧缺人才。面向全社会开展戏剧、舞蹈、杂技等专业人才培训。

全国基层文化队伍培训计划：对全国县级图书馆馆长、文化馆馆长和乡镇文化站站长进行系统轮训。加强基层文艺人才培训。举办示范性培训班和远程培训，开展公共文化巡讲，组织编写第二批全国基层文化队伍培训教材。

文化经营管理人才培养计划：实施全国文艺院团长培训计划。培训全国演艺企业经营管理人才1500人次。开展全国文化产业项目管理职业经理人培训、全国重点文化企业品牌建设与管理培训，培养数字文化产业人才、文化金融人才。

文化科技人才培养计划：通过项目带动和平台建设，吸引和培养10至20名有重要影响的技术专家、1000名中青年科技骨干，凝聚一批优秀文化科技团队。推动在10个以上艺术职业院校和相关高校设立文化科技专业。

文化技能人才培养计划：建立文化技能人才资源信息库和公共服务网站，推动用人单位、院校和培训机构参与文化技能人才培养。加强文化行业职业技能鉴定单位和定点培训单位建设。

十三、保障措施

加大文化发展改革的政策和法治保障力度，进一步落实各项政策措施，有效发挥引导、扶持、激励、规范作用，营造良好的制度环境，确保各项工作顺利推进。

（一）加强文化财政保障。进一步健全文化财政保障机制，加大政府投入力度。按照基本公共文化服务标准，推动落实基层提供基本公共服务所必需的资金。将购买公共文化服务资金纳入各级政府财政预算。加大政府性基金与一般公共预算的统筹力度，通过政府购买、项目补贴、定向资助、贷款贴息等多种手段引导和激励社会力量参与文化建设，建立政府、社会、市场共同参与的多元文化投入机制。科学划分各级政府文化事权与支出责任，推动各级财政转移支付不断向精准投入转变。推动财政进一步优化完善转移支付机制，重点向贫困地区、革命老区、民族地区、边疆地区倾斜。建立健全财政资金监督管理机制，建立文化财政资金绩效评价结果与预算安排挂钩制度，提高资金使用效益。进一步夯实文化统计基础，提升文化统计服务能力。

（二）落实文化经济政策。落实国有经营性文化单位转企改制扶持政策。推动将文化用地纳入城乡发展规划、土地利用总体规划，在国家土地政策许可范围内，优先保证重要公益性文化设施和文化产业设施、项目用地。进一步完善文化税收政策体系，推动落实关于社会捐赠的税前扣除政策。推动落实有利于文化内容创意生产、非物质文化遗产生产性保护、小微文化企业发展的税收优惠政策。加大已有支持对外文化贸易各项优惠政策的落实力度。完善《文化产品和服务出口指导目录》，加大对国家文化出口重点企业和项目扶持力度。简化文化出口行政审批流程，加强对外文化贸易公共信息服务。

（三）健全文化法律制度。积极推进文化产业促进法、公共图书馆法、故宫保护条例、古籍保护条例、文化市场综合执法管理条例等重点立法项目进程，修订《文物保护法》《营业性演出管理条例》《互联网上网服务营业场所管理条例》《娱乐场所管理条例》，贯彻《公共文化服务保障法》《博物馆条例》《非物质文化遗产法》。建立健全重大决策合法性审查工作制度。推动文化部直属事业单位、地方文化行政部门普遍建立法律顾问制度。完善文化法制专家委员会制度。

（四）加强文化领域知识产权保护。建立健全知识产权保护机制，提升文化领域知识产权运用效益，发挥知识产权对文化创新发展的驱动作用。强化文化领域知识产权意识，营造良好发展环境，激发文化创造活力。开展文化领域知识产权统计工作，对文化资源的知识产权状况进行确权、登记、评估。构建知识产权信息咨询服务和交易平台，提升文化领域的知识产权管理能力和运用水平。支持文化企业开展涉外知识产权维权工作。

（五）建立健全文化安全工作机制。加强国家文化安全保障能力建设，建立健全文化安全监测预警和危机处置机制，提升危机应对能力，研究制定危机应对预案和程序，加快处置、有效化解危害文化安全的重大或突发事件。

十四、组织实施

各级文化行政部门要充分认识《文化部“十三五”时期文化发展改革规划》的重大意义，积极推动各级党委和政府把文化建设摆在全局工作重要位置，纳入经济社会发展全局，列入各级政府效能和领导干部政绩考核体系，做到文化建设与经济建设、政治建设、社会建设以及生态文明建设同部署、同落实。文化文物系统各单位、各部门要认真贯彻本规划，结合实际制定实施方案和年度执行计划。要明确重大工程和重大项目的责任主体和实施进度，对规划实施情况进行动态监测和跟踪分析，加强年度检查和考核评价，适时引入第三方评估，强化评估结果的运用。要重视对评估结果的科学运用，及时发现并解决问题，确保规划取得实效。

文化部

2017 年 2 月 23 日

信息来源：文化部官网

【文化部“十三五”时期文化产业发展规划，2017 年 4 月 19 日】

为全面贯彻落实党的十八大和十八届三中、四中、五中、六中全会精神，推动文化产业成为国民经济支柱性产业，建设社会主义文化强国，根据《中华人民共和国国民经济和社会发展第十三个五年规划纲要》《国家“十三五”时期文化发展改革规划纲要》和《文化部“十三五”时期文化发展改革规划》，编制本规划。

前言：准确把握文化产业发展新态势

发展文化产业是满足人民群众多样化精神文化需求、提高人民群众生活品质和幸福感的重要途径，是推动中华优秀传统文化创造性转化和创新性发展、使中国梦和社会主义核心价值观深入人心的重要载体，是推动中华文化走向世界、提升国家文化软实力的重要渠道，是培育经济发展新动能、推动经济社会转型升级、促进创新创业的重要动力。

“十二五”以来特别是党的十八大以来，在以习近平同志为核心的党中央坚强领导下，在各级党委政府大力推动和社会各界共同努力下，我国文化产业蓬勃发展、成效显著，文化产业总量规模稳步提升，文化领域创新创业日趋活跃，社会力量投资文化产业热情高涨，文化产品和服务更加丰富，新兴和特色文化产业都呈现良好发展势头，文化企业、文化产品和服务走出去加快步伐，文化产业在稳增长、促改革、调结构、惠民生等方面做出积极贡献，为“十三五”时期推动文化产业成为国民经济支柱性产业奠定了坚实基础。

“十三五”时期是我国全面建成小康社会的决胜阶段，也是推动文化产业成为国民经济支柱性产业的决定性阶段。世界经济正处于新旧增长动能转换的关键时期，新一轮科技革命和产业变革蓄势待发，我国经济发展进入速度变化、结构优化和动力转换的新常态，在创新、协调、绿色、开放、共享的发展理念指引下，供给侧结构性改革全面推进，中国特色新型工业化、信息化、城镇化、农业现代化同步发展，“一带一路”建设、京津冀协同发展和长江经济带发展等国家重大战略深入实施，“文化 +”“互联网 +”相互交融，文化产业发展空间更加广阔。但也应该看到，我国文化产业的整体规模还不够大，创新创意能力和竞争力还不强，结构布局还需优化，文化产品和服务有效供给不足，高端人才相对短缺，政策和市场环境有待完善。

综合判断，我国文化产业发展正处于可以大有作为的重要战略机遇期，也面临着不少困难和问题。站在新的历史起点上，面对新形势新要求，要进一步坚定文化自信，增强文化自觉，坚持创新驱动，推动文化产业转型升级、提质增效，实现文化产业成为国民经济支柱性产业的战略目标。

一、树立贯彻新理念，明确发展新要求

（一）指导思想

高举中国特色社会主义伟大旗帜，全面贯彻党的十八大和十八届三中、四中、五中、六中全会精神，以邓小平理论、“三个代表”重要思想、科学发展观为指导，深入贯彻习近平总书记系列重要讲话精神和治国理政新理念新思想新战略，紧紧围绕统筹推进“五位一体”总体布局和协调推进“四个全面”战略布局，牢固树立和贯彻落实创新、协调、绿色、开放、共享的发展理念，适应把握引领经济发展新常态，坚持社会主义先进文化前进方向，坚持把社会效益放在首位、社会效益和经济效益相统一，以推进供给侧结构性改革为主线，不断解放和发展文化生产力，促进文化产业转型升级，提高文化产业发展质量和效益，满足多样化文化消费需求，培育和弘扬社会主义核心价值观，维护国家文化安全，建设社会主义文化强国，为实现“两个一百年”奋斗目标、实现中华民族伟大复兴的中国梦提供有力支撑和持续动力。

（二）基本原则

1. 坚持正确导向。以社会主义核心价值观为引领，始终把社会效益放在首位，坚定文化自信，传承中华文明，鼓励和引导创作生产内容健康向上、群众喜闻乐见的精品力作，努力实现中华优秀传统文化的创造性转化和创新性发展。

2. 坚持以人为本。坚持以人民为中心的发展思想，鼓励人民群众广泛参与，满足人民群众多样化精神文化需求，提高人民群众生活品质和获得感。

3. 坚持企业主体。尊重文化企业的市场主体地位，进一步简政放权、放管结合、优化服务，充分发挥市场在文化资源配置中的积极作用，更好发挥政府引导、调控和服务职能，建立健全现代文化市场体系，营造各类文化市场主体公平竞争的发展环境。

4. 坚持创新驱动。以文化创意、科技创新为引领，提升文化内容原创能力，推动文化产业产品、技术、业态、模式、管理创新，推动文化产业与“大众创业、万众创新”紧密结合，充分激发全社会文化创造活力。

5. 坚持跨界融合。推进“文化 +”和“互联网 +”战略，促进文化产业与文化事业、文化产业不同门类、文化产业与相关产业的深度融合，进一步拓展文化产业发展空间，为国民经济和社会转型升级注入文化活力。

6. 坚持统筹协调。统筹城乡、区域文化产业发展，立足各地特色文化资源和功能定位，发挥比较优势，明确发展重点，推动不同地区文化产业多样化、差异化发展，形成优势互补、相互协调、联动发展的布局体系。

（三）主要目标

到 2020 年，文化产业整体实力和竞争力明显增强，培育形成一批新的增长点、增长极和增长带，全面提升文化产业发展的质量和效益，文化产业成为国民经济支柱性产业。

现代文化产业体系和现代文化市场体系更加完善，文化产业结构布局不断优化，文化市场的积极作用进一步发挥，文化产品和服务供给能力显著提升，城乡居民文化消费持续增长，文化创造活力明显增强，文化产业吸纳就业能力进一步彰显，文化产业对相关产业的带动和提升作用充分发挥。

“十三五”期间，培育一批具有核心竞争力的文化企业，打造一批具有较强影响力的文化产品和品

牌，支持实施一批具有较强带动作用的重点文化产业项目，创建一批具有显著示范效应的国家级文化产业园区，确定一批国家文化消费试点城市，打造3至5个市场化、专业化、国际化的重点文化产业展会，支持建设50个左右文化金融服务中心，培训各类文化产业人才超过5000人次。

二、推进供给侧结构性改革，推动转型升级提质增效

落实供给侧结构性改革战略部署，优化文化产业结构布局，着力发展骨干文化企业和创意文化产业，培育新型文化业态，推动文化产业转型升级、提质增效，构建结构合理、门类齐全、科技含量高、富有创意、竞争力强的现代文化产业体系。

（一）推进“文化+”“互联网+”，促进结构优化升级

推进“文化+”和“互联网+”战略，促进互联网等高新科技在文化创作、生产、传播、消费等各环节的应用，推动文化产业与制造、建筑、设计、信息、旅游、农业、体育、健康等相关产业融合发展。

1. 培育新型业态。加快发展以文化创意内容为核心，依托数字技术进行创作、生产、传播和服务的数字文化产业，培育形成文化产业发展新亮点。提升动漫、游戏、创意设计、网络文化等新兴文化产业发展水平，大力培育基于大数据、云计算、物联网、人工智能等新技术的新型文化业态，形成文化产业新的增长点。

2. 促进转型升级。促进高新科技在演艺、娱乐、文化旅游、工艺美术等传统文化行业中的应用，推进传统文化行业在内容创作、传播方式和表现手段等方面创新，推动线上线下融合发展，提升传统文化行业发展活力。推动优秀传统文化资源数字化进程，积极促进共享和利用。继续引导上网服务、游戏游艺、歌舞娱乐等行业转型升级，全面提高管理服务水平。推动重点文化产业展会转型升级，提升市场化、专业化、国际化发展水平。

3. 推动融合发展。推动文化创意和设计服务与装备制造业和消费品工业深度融合，提升产品附加价值。鼓励合理利用工业遗产发展文化产业。鼓励文化与建筑、地产等行业结合，注重文化建设与人居环境相协调，以文化创意为引领，加强文化传承与创新，建设有文化内涵的特色城镇，提升城市公共空间、文化街区、艺术园区等人文空间规划设计品质。促进文化产业与旅游业深度融合，以文化提升旅游的内涵，以旅游扩大文化的传播和消费。推动文化产业与农业有机结合，合理开发农业文化遗产，支持发展集农耕体验、田园观光、教育展示、文化创意于一体的特色农业。支持发展体育竞赛表演、电子竞技等新业态，鼓励地方依托当地自然人文资源举办特色体育活动。推动文化产业与健康养老产业结合。支持开发承载中医药文化的创意产品。

专栏1　文化产业结构优化升级

数字文化产业创新发展：落实国家战略性新兴产业发展部署，出台推动数字文化产业创新发展的指导意见。推动优秀文化内容数字化转化和创新，丰富数字文化创意内容创作与供给。提升数字文化创意技术与装备水平。支持数字文化产业双创平台建设，构建数字文化产业创新生态体系，推进数字文化与相关产业融合发展。

上网服务行业转型升级：鼓励、引导上网服务场所与公共服务相结合，建立上网服务场所参与公共服务的长效机制。推进农村、乡镇上网服务场所改善经营环境，丰富服务功能。推动上网服务场所环境服务分级评定工作，完善分级评定标准，加强结果应用，探索建立场所分类定级管理制度。指导全国行业协会加大对上网服务场所的培训力度，开展跨界培训、主题性培训工作。

文化娱乐行业转型升级：实施全国阳光娱乐行动计划，开展阳光娱乐惠民活动，指导行业积极探索建立阳光娱乐消费长效机制。加强文化娱乐价值引导和内容审核。引导企业开发智能化、技能化、健身化、具有教育功能的娱乐设备。指导行业协会举办游戏游艺竞技赛事。开展娱乐场所环境服务评定工作，加强结果应用。加强行业交流培训。

重点文化产业展会转型升级：推动中国（深圳）国际文化产业博览交易会、中国西部文化产业博览会、中国（义乌）文化产品交易会、中国国际网络文化博览会、中国国际动漫游戏博览会等重点文化产业展会转型升级。

（二）以“三大战略”为引领，优化发展布局

以国家区域发展总体战略为基础，以“一带一路”建设、京津冀协同发展、长江经济带发展为引领，引导各地根据资源禀赋和功能定位，走特色化、差异化发展之路，充分发挥文化产业在脱贫攻坚战略中的积极作用，推动形成文化产业优势互补、相互协调、联动发展的布局体系。

1. 加强文化产业区域布局。围绕“一带一路”建设、京津冀协同发展、长江经济带发展等国家战略，加强重点文化产业带建设，建立和完善区域文化产业发展协调联动机制，实现互惠共赢。支持我国“一带一路”沿线地区特别是西部地区、边疆地区、民族地区文化产业发展，建立和完善文化产业国际交流合作机制。围绕京津冀文化产业协同发展，搭建区域性公共服务平台，探索建立跨区域协同创新体制机制。发挥长江经济带在区域文化产业发展中的引领作用，推进长江经济带城市群文化产业业态创新和差异化发展。以地方和民族特色文化资源与旅游等产业深度融合为抓手，持续推动藏羌彝文化产业走廊建设。充分发挥文化产业在推动东北老工业基地转型升级中的作用，培育东北地区经济发展增长点。加强海峡两岸及内地与港澳文化产业交流与合作。

2. 统筹城乡文化产业发展。推动文化产业发展融入新型城镇化建设，延续城市历史文脉，保护乡村原始风貌、自然生态，承载文化记忆和乡愁。支持中心城市和城市群发挥创意、技术、人才、资金密集优势，积极推动产城融合发展，形成若干带动区域协同发展的增长极。鼓励中小城市、小城镇和农村充分挖掘特色文化资源，积极发展县域特色文化产业，打造特色文化产业群，促进城镇居民、农业转移人口和农民就业增收。支持各地建设一批文化特点鲜明和主导产业突出的特色文化小（城）镇、特色文化街区、特色文化乡村。

3. 特色产业助力脱贫攻坚。加大对中西部地区、少数民族地区、贫困地区、革命老区特色文化产业发展的支持力度，发挥文化产业在脱贫攻坚战略中的积极作用。依托各地民族特色文化、红色文化、乡土文化和非物质文化遗产，大力发展贫困人口参与并受益的民族手工艺品、民间演出、乡村文化旅游等。加快民族文化产业发展，推动具有竞争潜力的少数民族文化产品进入国内国际市场，促进特色文化产业发展与民族文化传承、群众就业增收、生态环境保护、特色民居保护等融合。支持建设一批辐射带动贫困人口就业增收的文化产业项目。

专栏 2　优化文化产业布局

丝绸之路文化产业带建设：鼓励国内“一带一路”沿线文化企业跨区域经营，实现文化旅游互为目的地和客源地，建设具有代表性的特色文化产品生产和销售基地。运用文化部文化产业项目服务平台，加强对区域内文化产业项目征集发布、宣传推介、融资洽谈、对接落地等全方位服务。将国内“一带一路”沿线区域符合条件的城市纳入扩大文化消费试点范围，逐步建立促进文化消费的长效机制。

京津冀文化产业协同发展：坚持优势互补、共建共享、统一开放的原则，编制出台京津冀文化产业协同发展规划纲要，建立工作协调机制，搭建协同发展平台，重视产业链分工协作，促进人才、技术、资金和资源等要素合理流动，推动三地文化企业、文化产业园区及文化产业项目的沟通对接，实现互利共赢。

长江经济带文化产业发展：加强对长江经济带文化产业发展的规划指导，深挖长江流域文化内涵，支持依托中心城市和城市群，打造一批主业突出的文化产业园区和若干文化产业集群平台，促进长江经济带文化产业交流合作。

特色文化产业发展工程：支持规划实施一批特色文化产业项目，支持地方建设一批特色文化小（城）镇，培育特色文化企业、产品和品牌。支持在边疆地区、贫困地区、革命老区和少数民族地区建设具有富民效应和示范效应的文化产业集聚区。

藏羌彝文化产业走廊建设：加快推进藏羌彝文化产业走廊建设，引导实施一批文化资源有效保护与产业转化项目，培育各具特色的民族文化产业产品和品牌，打造藏羌彝文化旅游带，促进文化产业与民族文化传承保护、生态、旅游融合发展。

（三）培育壮大各类市场主体，增强发展内生动力

进一步完善文化市场准入和退出机制，培育和壮大各类文化市场主体，鼓励各类市场主体公平竞争、优胜劣汰，推动形成不同所有制文化企业共同发展、大中小微文化企业相互促进的文化产业格局。

1. 培育骨干文化企业。培育一批核心竞争力强的骨干文化企业，鼓励产业关联度高的文化企业以资本为纽带联合重组，推动跨地区跨行业跨所有制并购重组，提高文化产业规模化、集约化、专业化水平。充分发挥国有文化企业在实现社会效益和经济效益相统一中的示范作用，推动建立健全有文化特色的现代企业制度，完善法人治理结构，推进公司制、股份制改革。鼓励和引导非公有制文化企业发展，引导非公有资本有序进入、规范经营，营造公平参与市场竞争、同等受到法律保护的环境。加强对国家文化产业示范基地的规范管理，进一步提升其示范、带动和辐射作用。

2. 支持中小微文化企业发展。推动文化产业发展与“大众创业、万众创新”紧密结合，扶持文化领域创新创业，支持“专、精、特、新”中小微文化企业发展。鼓励社会各方面参与文化领域创新创业。支持文化企业孵化器、众创空间、公共服务平台建设，为文化领域创新创业和中小微文化企业发展提供生产经营场地和信息咨询、投融资、知识产权等各项服务。鼓励互联网创业平台、交易平台等新型创业载体发展，拓宽中小微文化企业创业发展渠道。

加强对中小微文化企业经营管理的培训和辅导。

3. 完善文化产业园区建设。加强对各级各类文化产业园区的规范管理，突出文化内涵、主导业态，引导特色发展、融合发展、创新发展，防止盲目投入和低水平、同质化建设。进一步完善国家级文化产业示范园区创建工作，提升国家级文化产业园区的引领示范效应。推进国家文化产业创新实验区、国家动漫产业综合示范园建设，形成面向区域和行业发展的协同创新中心。严格国家级文化产业园区命名标准，建立文化产业园区评价指标体系和评估机制，强化动态管理，完善退出机制。支持地方合理规划建设特色文化产业园区。

专栏3　文化市场主体培育

中小微文化企业扶持：加大对中小微文化企业和文化领域创业者的扶持力度，进一步完善和落实支持中小微文化企业发展的政策措施，解决中小微文化企业发展困难，营造良好发展环境。

国家级文化产业示范园区创建：在全国确定一批具有一定产业集聚效应和特色的文化产业园区，通过规划管理和创建，形成一批社会效益和经济效益显著、发展特色鲜明、创新能力突出、产业集聚度高、配套服务完善的国家级文化产业示范园区。

国家文化产业创新实验区建设：完善国家文化产业创新实验区建设的顶层设计，促进产业融合和协同创新，显著提升区域文化产业创新发展水平和辐射带动能力，推进北京全国文化中心建设，服务京津冀文化产业协同发展。支持在区域内积极探索文化产业政策落地方式方法和举措创新。

（四）扩大有效供给，更好满足需求

扎实推进文化领域供给侧结构性改革，以创新供给带动需求扩展，创新文化产品和服务供给方式，优化文化产品和服务供给结构，提升文化产品和服务供给质量，扩大文化产品和服务的有效供给，满足人民群众日益增长、不断升级和个性化的精神文化需求。

1. 加强对文化产品创作生产的引导。牢固树立以人民为中心的创作生产导向，坚持“二为”方向和“双百”方针，坚持创造性转化、创新性发展，引导文化产业工作者和文化企业坚定文化自信，自觉培育和弘扬社会主义核心价值观，着力提升文化产品的内涵和质量。鼓励深入发掘中华优秀传统文化，弘扬以爱国主义为核心的民族精神和以改革创新为核心的时代精神，培育精品意识，推出一批思想性、艺术性、观赏性相统一，体现中华文化精髓、反映中国人审美追求、传播当代中国价值观念、符合世界进步潮流的文化精品。坚持把价值取向、艺术水准、受众反应、社会影响等作为主要指标，建立健全科学合理的文化产品评价体系。

2. 推动文化创意产品开发。系统梳理传统文化资源，推动文化资源活起来，以中华美学精神引领创意设计，把传统元素与时尚元素、民族特色与世界潮流结合起来，创作生产更多优秀原创文化创意产品，扩大中高端文化供给。鼓励文化文物单位和社会力量深度合作，创作生产传承优秀传统文化、适应市场需要、满足现代消费需求的优秀文化创意产品。利用现代科技手段，推动文化内容形式、传播手段创新，提高文化创意产品原创能力和营销水平，加强数字文化创意内容创作与供给。

3. 创新文化产品和服务供给方式。大力开发适宜互联网、移动终端等载体的数字文化产品，促进优秀文化产品多渠道传输、多平台展示、多终端推送。引导文化企业提供个性化、分众化的文化产品和服务。积极推广政府向社会力量购买文化服务模式。积极推动众创、众包、众扶、众筹，鼓励企业采用个性定制、精准营销、社群共生、网络共享等模式提供文化产品和服务。

4. 加强文化品牌建设。鼓励和引导文化企业提升品牌培育意识及知识产权创造、运用、保护和管理能力，积极培育拥有较高知名度和美誉度的文化企业品牌和文化产品品牌。实施文化企业品牌建设行动计划，显著提升文化品牌公共服务水平。加快文化品牌智库建设，推动建设一批文化品牌实验室，支持和规范有关机构研究发布相关文化产业品牌排行榜。

5. 振兴传统工艺。鼓励传统工艺从业者、企业、行业组织和相关单位坚守工匠精神，加强质量意识、精品意识、品牌意识和市场意识，改进设计、改善材料、改良制作，全面提高传统工艺产品的整体品质和市场竞争力。鼓励和支持个人及相关单位激发创造活力，立足优秀传统文化，结合现代生活需求，丰富传统工艺的题材和产品品种，使传统工艺在现代生活中得到新的广泛应用。鼓励有条件的个人、单位和地方注册产品商标，培育有民族或地方特色的传统工艺知名品牌。鼓励各地搭建平台，将传统工艺品的设计、生产与文化创意产品开发、文化旅游等有机结合。

专栏 4　扩大文化产品和服务有效供给

文化创意产品扶持计划：落实推动文化文物单位文化创意产品开发的政策措施，加强示范引领、平台搭建、展示推广，广泛调动博物馆、美术馆、图书馆等文化文物单位和社会力量参与文化创意产品开发的积极性。稳步推进试点工作，鼓励大胆探索创新。

文化企业品牌建设行动计划：依托文化部文化产业公共服务平台，建设文化品牌服务平台，加强文化品牌宣传，加快文化品牌数据库建设。培育一批具有较强影响力和竞争力的品牌文化企业，打造系列文化品牌和服务。加强文化企业品牌管理人才培养。

文化产业创业创意人才扶持计划：面向全国征集优秀设计、音乐等创意作品和人才，并予以扶持，建设文化产业创业创意人才库。依托重点文化产业展会、全国"大众创业、万众创新"活动周等平台，加强对优秀作品和人才的宣传推介，促进市场对接和成果转化。

（五）扩大和引导文化消费，拓展发展空间

适应和引领个性化、多样化的文化消费发展趋势，稳步推进引导城乡居民扩大文化消费试点工作，改善文化消费条件，释放文化消费需求，挖掘文化消费潜力，建立扩大和引导文化消费的长效机制。

1. 改善文化消费条件。加强文化消费场所建设，推动区域文化中心、文化街区、文化广场、小剧场、文艺演出院线等文化消费基础设施建设。支持大中城市建设文化娱乐综合体，鼓励把文化消费嵌入各类消费场所。鼓励社会力量通过政府购买服务、政府和社会资本合作等方式，参与文化设施的建设和运营，加强文化消费项目的拓展和创新。鼓励企业、机关、学校的文化设施通过合理方式面向社会开放。开发文化消费服务平台和文化消费信息数据库平台，完善文化消费综合信息服务，加强文化消费监测分析。积极开发新型文化消费金融支持和服务模式，创新文化消费信贷产品，进一步提高文化消费便利化水平。

2. 释放文化消费需求。充分发挥国家文化消费试点城市典型示范和辐射带动作用，以点带面，形成若干行之有效、可持续和可复制推广的促进文化消费模式。鼓励各地结合举办已有各类节庆、展览等活动，形成一批主题鲜明的文化消费活动品牌，营造积极健康的文化消费氛围。通过政府购买、税费补贴、积分奖励等多种手段，激发群众文化消费意愿，培育文化消费习惯，提高城乡居民文化消费能力。鼓励在商业演出中安排一定数量的低价场次或门票。鼓励网络文化运营商开发更多低收费业务和优质产品，促进数字文化消费。积极培育和发展农村文化消费市场。

专栏 5　扩大和引导文化消费

促进文化消费计划：扩大试点范围，总结评估试点情况，形成若干行之有效、可持续和可复制推广的促进文化消费模式，研究提出扩大文化消费的政策措施。对文化消费数据进行分析利用，发布文化消费指数，引导文化企业扩大文化产品和服务的有效供给，逐步建立促进文化消费的长效机制。

（六）健全投融资体系，激发投资活力

进一步拓宽社会资本投资的领域和范围，激发社会投资活力，健全多层次、多元化、多渠道的文化产业投融资体系，完善金融支持文化产业发展的相关机制，着力解决金融服务有效供给与文化产业发展实际需求间的矛盾。

1. 拓宽社会资本进入领域。积极推广文化领域政府和社会资本合作模式。鼓励社会资本参与文艺院团等国有文化单位转企改制、公共文化设施的建设和运营、非物质文化遗产的保护和利用，参与重大文化项目和设施建设。用好各类型政府投资工具支持文化产业。会同有关部门落实鼓励和引导社会资本进入文化领域的各项政策措施，社会资本投资符合国家重点扶持方向的文化行业门类和领域，可给予扶持。

2. 创新融资方式。创新文化产业融资模式，推动文化资源与金融资本有效对接。鼓励金融机构加大产品和服务创新力度，开发适合文化企业特点的文化金融产品。积极探索文化资产管理、文化产业融资租赁、文化保险等业务创新。鼓励发展文化金融专营机构、特色支行、文化类小额贷款公司等专业化机构。支持符合条件的文化企业直接融资，进一步扩大文化企业上市融资、并购重组和债券融资规模。大力发展文化产业股权融资。引导面向文化领域的互联网金融业务规范发展。

3. 优化融资服务。开展文化与金融合作示范区创建工作。支持各地建立文化金融服务中心。积极推进文化企业无形资产评估、确权、登记、托管、流转服务。鼓励金融机构针对文化产业特点创新产品和服务，推广无形资产评估、流转和抵质押融资，完善文化企业信用评价体系、融资风险补偿机制和融资信用担保体系。完善文化产业金融服务中介机构，建立文化产业融资担保、保险、版权质押等投融资服务体系，构建多层次文化企业投融资风险补偿分担机制。

专栏 6　健全投融资体系

文化金融创新工程：鼓励金融机构针对文化产业特点创新产品和服务，推广无形资产评估和质押融资，逐步健全文化企业信用评价体系、融资风险补偿机制和融资信用担保体系。支持文化企业利用资本市场上市融资、再融资和并购重组，研究设计“文创债”，扩大文化企业债券融资规模。

文化领域政府和社会资本合作（PPP）示范：推广实施文化领域政府和社会资本合作模式，征集适宜采用政府和社会资本合作（PPP）模式的文化项目。科学选择运营模式，认真做好评估论证，择优选择社会资本，加强项目的全生命周期监管，切实推进政府和社会资本合作（PPP）项目示范工作，形成一批可复制、可推广的示范案例，助推更多项目落地实施。

文化与金融合作示范区创建：选择部分文化产业发展成熟、金融服务基础较好的地区创建文化与金融合作示范区，发挥地方政府主体作用，探索建立文化、金融、财政等多部门沟通协作机制，引导和促进金融机构创新金融产品和服务模式，搭建文化与金融合作服务平台，优化文化与金融合作政策环境。

（七）加强科技创新与转化，提供发展支撑

建立健全以企业为主体、市场为导向、产学研相结合的文化技术创新体系，加强文化产业领域重大科技创新，着力推进新一代信息技术在文化产业领域的集成与应用。

1. 增强文化科技创新能力。围绕文化产业发展重大需求，运用数字、互联网、移动互联网、新材料、人工智能、虚拟现实、增强现实等技术，提升文化科技自主创新能力和技术研发水平。支持数字文化资源开发关键技术研究与应用，加快文化产品数字化、协同化步伐，加强文化领域重要装备、工艺、系统、技术平台等相关研究。加快文化行业标准和国家标准的制定修订，积极参与国际标准制定。增强文化行业标准化意识，提升标准化应用水平，构建文化行业标准规范体系。探索建立文化部工程技术研究中心，支持建立文化科技创新联盟及区域性文化科技协同创新平台，认定和建设一批文化部重点实验室。

2. 促进文化科技成果转化。完善文化科技成果转化机制，发挥企业主体作用，加强技术转移和科技项目成果应用，促进科技成果转化为文化生产力。建立健全舞台设备质量检测体系，提高文化科技装备国产化水平。完善文化科技成果统计，强化成果转化服务。

（八）完善现代文化市场体系，优化发展环境

进一步完善文化产品和要素市场建设，加强文化产品流通体系建设，建立健全文化市场监管体系，深化文化市场综合执法改革，加强知识产权保护利用，规范市场秩序，维护文化安全，加快构建统一开放、竞争有序、诚信守法、监管有力的现代文化市场体系。

1. 完善文化产品和要素市场。加快文化产品市场建设，加强内容建设，发展基于互联网的新型文化市场业态，丰富产品供给。鼓励各类企业依法从事传播渠道建设，支持发展电子票务、演出院线等现代流通组织形式，建立互联互通、安全高效的文化产品流通体系。发挥各类信息网络设施和平台的文化传播作用，提升文化产品传播数字化、网络化水平。消除地区和行业壁垒，建立统一的市场准入退出制度，促进文化要素在健康有序的市场环境中高效流转，提高文化资源配置效率。加强人才、技术、信息、产权和中介服务市场建设，支持版权代理、文化经纪、评估鉴定、担保、推介等文化中介机构发展。

2. 健全文化市场监管体系。以文化市场信用信息数据库建设为基础，以信息公开为监督约束手段，以警示名单和黑名单为基本制度，以行业协会开展信用评价、分类评定为辅助，构建守信激励、失信惩戒和协同监管机制。积极探索适合新技术、新业态、新模式特点的监管方式，既要有利于营造公平竞争的环境，激发创新创造活力，又要审慎有效、防范风险。以网络音乐、网络游戏、网络动漫、网络表演等市场为重点，开展“双随机一公开”抽查，及时向社会公开随机抽查事项、程序和结果。加强网络表演市场日常巡查，加强对网络表演者的信用约束，指导行业协会加强内部监督和行业自律。加强文化市场安全生产监督检查，明确文化市场安全生产职责。加强以案件为导向的执法培训，提高综合执法队伍执法办案能力。针对突出问题开展专项整治，加强重大案件督查督办。严查文化市场禁止内容，规范文化市场秩序，净化文化市场环境，维护国家文化安全和意识形态安全。

3. 深化文化市场综合执法改革。建设文化市场综合执法法律法规支撑体系，形成责权明确、监督有效、保障有力的文化市场综合执法管理体系，建设一支政治坚定、行为规范、业务精通、作风过硬的文化市场综合执法队伍。进一步整合文化市场执法权，加快实现跨部门、跨行业综合执法。制定文化市场综合执法规范化标准，提高全国综合执法队伍专业化、规范化水平。加强文化市场综合执法区域交流协作，实施中西部地区文化市场综合执法能力提升行动计划，完善综合执法协作机制。

4. 加强知识产权保护与利用。推动完善适应文化产业发展要求的知识产权法律制度，健全知识产权侵权查处机制，加大知识产权保护力度。重点加强网络文化知识产权保护制度建设，有效应对互联网等新技术发展的挑战。完善文化产权交易体系，引导文化产权交易场所规范发展。进一步推动对文化创意作品及形象的专利申请、商标注册、软件著作权保护，加大对文化市场主体在知识产权确权登记环节的扶持力度。

专栏 7 完善现代文化市场体系

完善网络文化内容监管体系：加强网络文化市场事中事后监管，完善监管模式，构建全网筛查、全国协作、标准统一、步调一致的网络文化市场执法机制，严禁含有法律法规禁止内容的网络文化产品传播，不断净化和规范网络文化环境，营造清朗网络文化空间。加强网络文化市场日常巡查，全面实施“双随机一公开”。针对网络文化市场突出问题开展专项整治，加强重大案件督查督办。

健全文化市场信用体系：完善文化市场信用信息数据库，涵盖全国 90% 以上的文化市场经营主体。定期公布文化市场违法违规经营主体和文化产品黑名单、警示名单，对文化市场经营主体实行分级分类管理。建立文化市场信用管理规章制度，指导行业协会开展行业标准及规范建设。健全文化市场信用评价体系，与其他部门建立信用信息交互共享及联合惩戒机制，向管理部门和公众提供便捷及时的文化市场信用信息服务。

（九）坚持开放发展，深度融入国际分工合作

按照国家构建开放型经济体制的总体要求，深度参与国际文化产业分工协作，研究制定和落实对外文化贸易相关政策措施，加快我国优秀文化产品、服务和文化企业走出去步伐，提升我国文化产业国际竞争力，构建互利共赢的文化产业国际交流合作新格局。

1. 培育文化企业国际合作竞争优势。培育一批具有国际竞争力的外向型文化企业，形成一批具有核心竞争力的文化产品和服务，打造一批具有国际影响力的文化品牌。鼓励各类所有制企业发挥自身优势，深度参与国际文化产业分工协作，全面提升在全球价值链中的地位。在优势领域加强国际标准制定和推广，抢占国际文化产业制高点。鼓励各类企业和资本通过新设、收购、合作等方式，在境外开展文化产业投资合作，建设国际营销网络，扩大境外优质文化资产规模。大力发展文化服务外包。提升民族文化品牌内涵，突出“中国创造”理念。配合商务部制定发布国家文化出口重点企业和重点项目名录，为入选企业和项目在市场开拓、技术创新、海关通关、金融服务等方面创造有利条件。

2. 搭建文化产品和服务走出去平台和渠道。深入发挥国家对外文化贸易基地作用，辐射和带动更多文化企业及其产品和服务走出去。鼓励文化企业参加国际重要文化展会，提升国内展会的国际化水平。鼓励文化企业借助电子商务等新模式新渠道拓展国际业务。借助“欢乐春节”活动等大型对外文化交流品牌，向世界展示推介我国优秀文化产品和服务。加强对外文化贸易公共信息服务，向文化企业发布海外文化市场信息。

3. 拓展文化产业国际交流合作新空间。坚持走出去和引进来相结合，吸引外商投资我国法律法规许可的文化产业领域，推动文化产业领域有序开放，提升引进外资质量和水平。建立健全双边、多边政府间文化贸易对话与合作机制，积极参与国际文化贸易规则制定，不断增加国际话语权。鼓励文化企业与国外有实力的文化机构进行合作，学习先进技术和管理经验，不断提升我国文化产业面向国际市场的综合能力。配合“一带一路”建设、京津冀协同发展和长江经济带发展等重大战略，推动沿线城市积极开展对外文化贸易，扩大沿边地区与周边国家和地区的文化贸易往来，发挥各地自贸区开展文化贸易的优势和潜力，引导中西部地区文化贸易发展，形成全方位对外文化贸易格局。

专栏 8 国际文化产业分工合作

动漫游戏产业“一带一路”国际合作行动计划：发挥动漫游戏产业在文化产业国际合作中的先导作用，面向“一带一路”沿线各国，聚焦重点，广泛开展。搭建交流合作平台、开展交流推广活动，促进互联互通，构建产业生态体系。发挥中国动漫游戏产业比较优势，培育重点企业，实施重点项目，开展国际产能合作，实现中国动漫游戏产业与沿线国家合作规模显著扩展、水平显著提升，促进互利共赢，为青少年民心相通发挥独特作用。

三、坚持创新驱动，促进重点行业全面发展

落实创新驱动发展战略，促进演艺、娱乐、动漫、游戏、创意设计、网络文化、文化旅游、艺术品、工艺美术、文化会展、文化装备制造等行业全面协调发展，以重点行业的跨越式发展助推文化产业成为国民经济支柱性产业。

（一）演艺业

“十三五”期间，打造一批深受人民群众喜爱、久演不衰的精品剧目，支持建设10家左右全国性或跨区域的文艺演出院线，大幅提升城乡居民演艺消费规模。通过政府购买服务、原创剧目补贴、以奖代补等方式，扶持演艺企业创作生产，增强面向市场服务群众的能力。加强舞美设计、舞台布景创意和舞台技术装备创新，丰富舞台艺术表现形式。鼓励演艺企业创作开发体现中华优秀文化、展示当代中国形象、面向国际市场的演艺精品。探索科学的剧场建设和运营模式，加快推进以演出剧场为中心的演艺产业链建设，建立布局合理、场团合一、创作生产与市场销售为一体的演出产品经营机制。加快演艺基础设施建设改造和文艺演出院线建设。培育旅游演艺市场，丰富旅游演艺产品。鼓励建立规范透明票务系统，提供优质便民服务。

（二）娱乐业

“十三五”期间，推动娱乐业自主创新，显著提升娱乐场所品牌化、标准化、规范化水平和服务质量。推动娱乐场所标准化建设。鼓励娱乐场所跨区域连锁经营，鼓励连锁场所入驻城市文化娱乐综合体。引导和扶持各种竞技比赛与游戏游艺行业融合发展。推动娱乐场所品牌建设，打造具有较大产业规模和较强竞争力的娱乐业品牌。鼓励企业开发拥有自主知识产权的娱乐设备和拥有自主知识产权、内容健康的娱乐产品。科学规划、适度发展科技含量高、富有中国文化特色的主题公园。支持高科技娱乐企业发展，积极开发具有民族特色、健康向上和技术先进的新型娱乐方式，创新娱乐业态。探索对娱乐场所开展环境服务分级评定。促进娱乐业与休闲产业结合。

（三）动漫业

到2020年，预计动漫产业产值达到2500亿元左右，动漫创意和产品质量大幅提升，培育一批在国际上具有较强竞争力和影响力的国产动漫品牌和骨干动漫企业，打造3—5个具有广泛影响力的动漫展会。加强产业顶层设计，构建产业生态体系，推进动漫产业提质升级。提升动漫产品质量，扶持内容健康向上、富有创意的优秀原创动漫产品的创作、生产、传播和消费。培育民族动漫创意和品牌，加大对优秀动漫创意人才的扶持力度。推广手机（移动终端）动漫行业标准，鼓励面向新媒体渠道的动漫创作。加强动漫关键技术研发和动漫公共素材库项目建设。探索建设培育动漫品牌授权市场，促进动漫与实体经济的深度融合，引导促进动漫会展发展，活跃动漫消费市场。

（四）游戏业

到2020年，预计游戏业市场规模达到3000亿元左右，培育一批具有较强品牌影响力和国际竞争力的骨干游戏企业，创作生产一批内容健康向上、富有民族特色的游戏精品。推进游戏产业结构升级，推动网络游戏、电子游戏等游戏门类协调发展，促进移动游戏、电子竞技、游戏直播、虚拟现实游戏等新业态发展。制定游戏内容开发指引，鼓励游戏创意研发，建立有力的游戏评价奖惩体系。鼓励研发具有自主知识产权的网络游戏技术、电子游戏软硬件设备，鼓励游戏游艺设备生产企业积极引入体感、多维特效、虚拟现实、增强现实等先进技术。鼓励游戏游艺场所积极应用新设备、改造服务环境、创新经营模式。推动游戏与教育、医疗、环保、科普等领域相结合，加快研发适应不同年龄、性别、职业用户群体，益智化、健身化、技能化的游戏产品，为不同用户人群提供多样化的游戏消费选择。

（五）创意设计业

“十三五”期间，培育3—5家国内外知名的领军创意设计企业和一批具有较强竞争力的中小微创意设计企业，全面提升创意设计业发展水平，充分发挥创意设计对国民经济相关产业的支撑作用。树立注重创意创新、淡化行业界限、强调交互融合的大设计理念，营造创意设计氛围，不断提高创意设

计能力。推动民族文化元素与现代设计有机结合，形成有中国文化特色的创意设计发展路径。促进创意设计与现代生产生活和消费需求对接，拓展大众消费市场，探索个性化定制服务。培育具有地方特色的创意设计企业。支持创意设计推广、品牌展示活动。

（六）网络文化业

到2020年，推动形成内涵丰富、技术先进、链条完整的网络文化业态发展格局，进一步增强网络文化的核心竞争力。提高网络音乐、网络动漫、网络演出、网络表演、网络艺术品等网络文化产品的原创能力和文化品位，发展健康向上的网络文化。鼓励文化内容与网络技术结合，不断创新文化业态，丰富文化表现形式。支持制作适合互联网和移动互联网传播的精品佳作，促进优秀传统文化和当代文化精品网络传播。深化互联网上网服务行业转型升级。鼓励和引导上网服务场所与电子竞技、游戏游艺、网络教育、电子商务等领域的跨界融合，发挥上网服务场所的区位优势、场地优势和技术优势，增加行业发展后劲。

（七）文化旅游业

到2020年，文化与旅游双向深度融合，促进休闲娱乐消费的作用更加明显，培育5—10个品牌效应突出的特色文化旅游功能区，支持建设一批有历史、地域、民族特色和文化内涵的旅游休闲街区、特色小（城）镇、旅游度假区，培育一批文化旅游精品和品牌。鼓励文化创意、演艺、工艺美术、非物质文化遗产等与旅游资源整合，开发具有地域特色和民族风情的旅游演艺精品和旅游商品。提升文化旅游产品开发和服务设计水平，促进发展参与式、体验式等新型业态。支持开发集文化创意、旅游休闲、康体养生等主题于一体的文化旅游综合体。扶持旅游与文化创意产品开发、数字文化产业相融合。推进区域文化旅游一体化发展，支持培育一批跨区域特色文化旅游功能区。支持民族特色文化旅游繁荣发展，支持设计开发民族文化体验项目，促进文化生态旅游融合。

（八）艺术品业

到2020年，中国艺术品市场交易总额保持在全球前列，形成2—3家具有世界影响的艺术品产业集聚区，积极构建艺术原创、学术评价、艺术品市场互为推进的艺术品业发展体系。加强艺术品市场监管力度，建立健全集艺术品评估、鉴定、拍卖、展示、保险等服务于一体的艺术品交易全产业链。支持多种艺术形式、艺术风格、艺术流派创新发展，鼓励创作更多思想性、艺术性、观赏性俱佳的艺术品。加强艺术品市场需求和消费趋势预测研究，促进艺术创作与市场需求对接、与生活结合。推动画廊业健康发展，培育诚信画廊，扶持经纪代理制画廊等市场主体，引导、培育和建设艺术品一级市场。鼓励原创新媒体艺术发展。鼓励开发艺术衍生品和艺术授权产品，培育艺术品市场新增长点。

（九）工艺美术业

“十三五”期间，培育一批具有较高知名度和广泛影响力的工艺美术品牌，建设一批工艺美术产业集聚区或基地，坚持保护传承和创新发展相结合，促进工艺美术业全面发展。促进工艺美术与现代设计、现代生活相结合，提升工艺美术产品的整体品质。推进3D打印、互联网等新技术与工艺美术的融合发展，促进新工艺、新材料、新设备和新模式的运用。加强对各类小微特色工艺美术企业和个体创业者的扶持，支持个体创作者、工作室、合作社、协作体和产业联盟等特色组织发展。

（十）文化会展业

“十三五”期间，打造3—5个市场化、专业化、国际化的重点文化产业展会，培育知名品牌展会，充分发挥示范和带动作用。提升会展业精细化服务能力，健全会展服务产业链，加强专业化分工，促进产业链上下游之间的协同合作。优化会展业布局，鼓励产业特色鲜明、区域特点显著的文化展会发展。采取文化展会差异化发展战略，促进综合性和专业化展会有机协调。加强对地方文化展会和节庆活动的规范和引导。

（十一）文化装备制造业

“十三五”期间，培育一批骨干文化装备企业，构建完善的文化装备研发、设计、制造、安装、租赁、销售产业链。适应沉浸体验、智能交互、软硬件结合等发展趋势，促进文化装备技术研发和升级改造，加强标准、内容和技术装备的协同创新。鼓励研发具有自主知识产权、引领新型文化消费的可穿戴设备、智能硬件、沉浸式体验平台、应用软件及辅助工具。加快新型灯光、音响、机械、视效、特效、智能展示等研发应用，提升艺术展演展陈数字化、智能化、网络化水平。支持文物和艺术品展陈、保护、修复设备产业化及应用示范。推动文化装备制造技术标准走出去。

四、提升治理能力，完善发展保障体系

加快推进文化治理体系和治理能力现代化，创新文化产业发展的体制机制，进一步完善文化产业政策法规体系，加快文化产业促进法立法进程，落实完善文化经济政策，强化人才支撑，优化公共服务，加强统计应用，全面营造有利于文化产业发展的良好环境。

（一）创新体制机制

坚持党委领导、政府管理、行业自律、社会监督、企业依法运营，建立健全文化产业管理体制和运行机制。深化文化行政部门职能转变，深入推进行政审批制度改革，加强事中事后监管，促进简政放权、放管结合、优化服务。健全国有文化资产管理体制机制。推动文化企业建立健全有文化特色的现代企业制度，完善社会效益和经济效益综合考核评价指标体系。加强博物馆、美术馆、图书馆等文化文物单位运行体制机制改革创新，推进文化创意产品开发。推进文化产业领域行业组织建设，健全内部管理制度，积极发挥行业组织在行业自律、行业管理、行业交流等方面的重要作用。推动文化产业发展与文化安全工作有机结合，通过提升文化产业整体实力和竞争力、加强文化市场建设，提升国家文化安全保障能力，有效维护国家文化安全。

（二）推进法治建设

加快制定出台文化产业促进法，把行之有效的文化经济政策法定化，健全促进社会效益和经济效益有机统一的制度规范。推动出台《文化市场综合行政执法管理条例》，修订《营业性演出管理条例》《互联网上网服务营业场所管理条例》《娱乐场所管理条例》等。建立健全重大决策合法性审查和公平竞争审查工作制度。加强互联网文化管理法规制度建设。深化文化市场综合行政执法改革，全面落实行政执法责任制。

（三）完善经济政策

结合文化产业发展实际需要，加大政策创新和执行力度，进一步推动完善文化经济政策体系，加强对政策落实情况的评估督导。创新政府投入方式，逐步引入市场化运作模式，加大对具有较好市场前景、战略性、先导性的文化产业创新创业项目支持力度。争取各类财政资金、基金加大对文化产业的支持力度，提高资金使用效益。鼓励文化产业类投资基金发展，综合运用设立基金、阶段参股、风险补助和投资保障等方式吸引社会资本投入文化产业。研究出台文化产业专项债券发行指引。推动将文化用地纳入城乡发展规划、土地利用总体规划，在国家土地政策许可范围内，优先保证重要文化产业设施、项目用地。鼓励将城市转型中退出的工业用地根据相关规划优先用于发展文化产业。鼓励将旧厂房、仓库改造成文化创意场所，推动落实在五年内继续按原用途和土地权利类型使用土地的过渡期政策。持续推动落实经营性文化事业单位转制为企业、支持文化创意和设计服务发展、支持动漫产业发展、发展对外文化贸易、支持小微文化企业发展等税收优惠政策。

（四）强化人才支撑

以产业发展为导向，以高端内容创作、创意设计、经营管理、投资运营、数字文化、文化金融等人才为重点，加强对文化产业人才的培养和扶持，为文化产业发展提供强有力的人才支撑。针对文化产业发展重点领域，办好各类人才培训班、研修班。推动文化产业相关学科专业建设，鼓励有条件的高等学校、中等职业学校和其他教育机构等开设文化产业相关专业和课程。发挥高校院所、培训机构、文化企业、园区基地、众创空间、孵化器等各自优势，推进产学研用合作培养人才。鼓励有条件的地

区出台文化产业高端人才引进政策。鼓励通过“走出去、请进来”的方式，加强与各国文化产业界的交流合作，培养国际化人才。加强文化产业领域智库建设，鼓励各地结合实际建设文化产业专业智库，发挥好文化产业研究和咨询机构、文化产业专家委员会等在理论创新、智力支持、督查指导和项目评审等方面的作用。

（五）优化公共服务

持续推进文化部文化产业公共服务平台建设，增强综合信息服务、项目宣传推介、公共技术支撑、投融资服务、资源共享、统计分析等功能。鼓励和支持各地建设文化产业服务、孵化平台，促进文化企业创新，降低创业成本。建立支撑文化市场宏观决策、市场准入、综合执法、动态监管等核心应用的文化市场技术监管系统，形成统一的信息共享平台、信用服务平台、业务关联平台、应用集成平台和技术支撑平台。建设文化消费服务平台，引导文化企业扩大文化产品和服务的有效供给。

（六）加强统计应用

加强与统计部门沟通合作，建立部门间文化产业数据共享机制。开展文化产业数据调查工作，推动各地文化行政部门建立数据统计机制。建设文化产业数据统计平台，设立数据监测点，采取多种手段丰富数据来源，逐步建立文化系统文化产业数据调查机制。加强对文化产业数据的分析研究，做好数据应用工作，提升文化产业工作决策科学化水平。

（七）抓好组织实施

各级文化行政部门要充分认识“十三五”时期文化产业发展的重要意义，积极推动各级党委和政府把文化产业发展摆在重要位置，在党委和政府的领导下，立足地方实际，把握产业发展规律，突出地方特色，认真抓好《文化部“十三五”时期文化产业发展规划》的组织实施，加强对规划落实情况的监督检查。要认真履行职责，加强与发展改革、财政、税务、金融、教育、科技、工业和信息化、国土资源、商务、旅游、统计等部门的沟通协调，争取各项政策对文化产业发展的支持，确保各项任务措施落到实处。

文化部

2017 年 4 月 19 日

信息来源：文化部官网

【关于深化群众性精神文明创建活动的指导意见，2017 年 4 月】

社会主义精神文明是中国特色社会主义的重要特征，是实现“两个一百年”奋斗目标、实现中华民族伟大复兴中国梦的重要内容和重要保证。群众性精神文明创建活动是人民群众群策群力、共建共享、改造社会、建设美好生活的创举，是提升国民素质和社会文明程度的有效途径，是把社会主义精神文明建设的任务要求落实到城乡基层的重要载体和有力抓手。为深化群众性精神文明创建活动，提出如下指导性意见。

一、牢固树立物质文明和精神文明协调发展的战略方针

1. 新时期社会主义精神文明建设取得历史性成就。改革开放以来，我们党创造性地提出了建设社会主义精神文明的战略任务，确立了物质文明建设和精神文明建设“两手抓、两手都要硬”的战略方针，把精神文明建设贯穿改革开放全过程，纳入社会主义现代化建设总体布局，全面展开精神文明建设各项工作，取得了重大成就，为社会主义物质文明建设提供了有力的思想指导、精神支撑和智力支持，为经济社会发展创造了良好的精神文化条件。

党的十八大以来，以习近平同志为核心的党中央高度重视精神文明建设，提出一系列新思想新观

点新要求，作出一系列重要部署，为加强新形势下精神文明建设提供了重要指导和基本遵循，有力推动了两个文明协调发展。广泛开展中国特色社会主义和中国梦宣传教育，大力培育和践行社会主义核心价值观，扎实推进思想道德建设，积极弘扬以爱国主义为核心的民族精神和以改革创新为核心的时代精神，深入开展群众性精神文明创建活动，学习宣传各类先进典型，着力丰富群众精神文化生活，国民素质和社会文明程度明显提升，精神文明建设取得了新的伟大成就，为全面推进党和国家事业发展作出了重要贡献。改革开放以来特别是党的十八大以来的生动实践充分证明，只有物质文明建设和精神文明建设都搞好，国家物质力量和精神力量都增强，全国各族人民物质生活和精神生活都改善，中国特色社会主义事业才能顺利推向前进。社会主义物质文明和社会主义精神文明两手抓、两手硬，始终是党和国家的战略目标、战略方针。

2. 精神文明建设面临新的形势。面对决胜全面建成小康社会，进而实现社会主义现代化和中华民族伟大复兴的历史使命，精神文明建设地位更加重要、任务更加繁重。改革开放以来我国经济实力、科技实力和综合国力显著提升，为精神文明建设奠定了雄厚物质基础；广大人民群众对美好生活的向往，为精神文明建设提供了强劲内生动力；互联网等新技术新媒介日新月异，为精神文明建设拓展了广阔发展空间，精神文明建设面临新的历史机遇。同时要清醒认识到，在国际国内形势发生重大而深刻变化的时代条件下，面对各种思想文化交流交融交锋的复杂局面，马克思主义指导思想面临多样化社会思潮的挑战，社会主义核心价值观面临市场逐利性的挑战，传统教育引导方式面临网络新媒体的挑战，精神文明建设面临新形势新课题。

当前，精神文明建设领域还存在一些不容忽视的问题。一些人包括少数党员干部信仰缺失、价值观扭曲，深受拜金主义、享乐主义、极端个人主义的侵蚀；一些领域和一些地方道德失范、诚信缺失，人际关系缺乏信任感，违背社会公德、职业道德、家庭美德、个人品德等现象时有发生；封建迷信、铺张浪费甚至黄赌毒等不良现象、不良风气、不良习俗还在一定范围禁而不绝；一些地方环境脏乱差，不遵守基本公共秩序、不遵守基本文明行为准则的现象还比较普遍；精神文化产品创作生产还存在着有数量缺质量的问题，公共文化服务体系还不完善；工作中适应时代要求、群众期待的创新还不够，吸引力感染力有待提高；一些地方和部门精神文明建设工作不力，存在薄弱环节，精神文明建设和物质文明建设发展明显不协调，等等。这些问题必须引起全党全社会高度重视。要以辩证的、全面的、协调的观点正确处理两个文明的关系，切实加强社会主义精神文明建设，深入开展群众性精神文明创建活动。

3. 指导思想。高举中国特色社会主义伟大旗帜，坚持以马克思列宁主义、毛泽东思想、邓小平理论、“三个代表”重要思想、科学发展观为指导，深入贯彻习近平总书记系列重要讲话精神和治国理政新理念新思想新战略，增强政治意识、大局意识、核心意识、看齐意识，紧紧围绕统筹推进“五位一体”总体布局和协调推进“四个全面”战略布局，牢固树立和贯彻新发展理念，坚持以人民为中心的发展思想，以培育和践行社会主义核心价值观为根本，加强思想道德建设，弘扬中华优秀传统文化和传统美德，弘扬革命文化和社会主义先进文化，深化群众性精神文明创建活动，培育社会文明新风，全面提高国民素质和社会文明程度，着力构筑中国精神、中国价值、中国力量，巩固马克思主义在意识形态领域的指导地位，巩固全党全国各族人民团结奋斗的共同思想基础，为实现“两个一百年”奋斗目标、实现中华民族伟大复兴的中国梦，提供坚强思想保证、强大精神动力、丰润道德滋养、良好文化条件。

4. 重要原则

——必须坚持以马克思主义为指导，深入贯彻落实习近平总书记系列重要讲话精神和治国理政新理念新思想新战略，坚持正确的政治方向，始终把培育和践行社会主义核心价值观作为群众性精神文明创建活动的灵魂工程和根本任务。

——必须坚持社会主义物质文明和社会主义精神文明两手抓、两手都要硬，促进物质文明与精神文明协调发展。

——必须坚持以人民为中心的发展思想，牢固树立依靠人民、为了人民的思想理念，增进人民福祉，促进人的全面发展，动员人人参与，实现共建共享。

——必须坚持依法治国与以德治国相结合，实现法律和道德相辅相成、法治和德治相得益彰。

——必须坚持重在建设、立破并举，强化问题导向，补齐工作短板，贵在坚持、久久为功、务求实效。

——必须坚持改革创新，不忘本来、吸收外来、面向未来，站在时代前沿、引领风气之先、充满生机活力。

5. 目标要求。实现“两个一百年”奋斗目标、实现中华民族伟大复兴的中国梦更加深入人心，道路自信、理论自信、制度自信、文化自信更加坚定；社会主义核心价值观日益成为全体人民的共同价值追求、百姓日用而不觉的行为准则；爱国主义、集体主义、社会主义思想广泛弘扬，中华民族的归属感、认同感和凝聚力、向心力不断增强；人民思想道德素质、科学文化素质和健康素质明显提高，为实现人的全面发展创造更好条件；以优良党风政风带动形成良好社风民风，向上向善、诚信互助的社会风尚更加浓厚；精神文化产品创作生产更加活跃繁荣，人民享有健康丰富的精神文化生活；城乡环境面貌、社会公共秩序、公共服务水平、居民生活质量明显改善，社会文明程度显著提高。

二、坚持用社会主义核心价值观引领群众性精神文明创建活动

6. 以培育和践行社会主义核心价值观为根本。核心价值观是最持久最深层的精神力量。要倡导富强民主文明和谐，倡导自由平等公正法治，倡导爱国敬业诚信友善，把培育和践行社会主义核心价值观作为群众性精神文明创建活动的根本任务，在贯穿结合融入上下功夫，在落细落小落实上下功夫，把核心价值观融入经济社会发展实践，渗透到人们日常生产生活，通过教育引导、舆论宣传、文化熏陶、实践养成、制度保障等，使社会主义核心价值观内化为人们的坚定信念、外化为人们的自觉行动。

7. 加强理想信念教育。人民有信仰，民族有希望，国家有力量。要把理想信念教育作为群众性精神文明创建活动的中心环节，让理想信念的明灯永远在全国各族人民心中闪亮。习近平总书记系列重要讲话是中国特色社会主义理论体系最新成果，是指导具有许多新的历史特点伟大斗争的最鲜活的马克思主义，彰显了马克思主义强大的真理力量和实践力量，是坚定理想信念的鲜活教材。要引导广大干部群众坚持读原著、学原文、悟原理，把握讲话的鲜明主题和思想体系，把握贯穿其中的治国理政新理念新思想新战略，把握讲话体现的马克思主义立场观点方法，做到学而信、学而用、学而行，用讲话精神统一思想、凝聚共识。共产主义远大理想和中国特色社会主义共同理想，是中国共产党人的精神支柱和政治灵魂。全党同志必须把对马克思主义的信仰、对社会主义和共产主义的信念作为毕生追求，在改造客观世界的同时不断改造主观世界，解决好世界观、人生观、价值观这个“总开关”问题，不断增强政治定力，坚定中国特色社会主义道路自信、理论自信、制度自信、文化自信，自觉成为共产主义远大理想和中国特色社会主义共同理想的坚定信仰者和忠实实践者，自觉在思想上政治上行动上同以习近平同志为核心的党中央保持高度一致。领导干部特别是高级干部要发挥示范引领作用，坚守真理、坚守正道、坚守原则、坚守规矩，明大德、严公德、守私德，重品行、正操守、养心性，做到以信念、人格、实干立身，以实际行动让党员和群众感受到理想信念的强大力量。在全体人民中深入开展中国特色社会主义和中国梦宣传教育，开展正确世界观、人生观、价值观和道德观教育，开展近现代史、党史、国情、改革开放成就和形势政策教育，加强和改进思想政治工作，用中国特色社会主义的共同理想凝聚起团结奋斗的强大精神力量。

8. 加强爱国主义教育。爱国主义是中华民族精神的核心，爱国主义精神是中华民族的精神基因，实现中华民族伟大复兴的中国梦是当代中国爱国主义的鲜明主题。要大力弘扬爱国主义精神，把爱国主义教育作为永恒主题，坚持爱国主义和社会主义相统一，维护祖国统一和民族团结，尊重和传承中

华民族历史和文化，坚持立足民族又面向世界。要把爱国主义教育贯穿国民教育和精神文明建设全过程，充分利用我国改革发展的伟大成就、重大历史事件纪念活动、爱国主义教育基地、中华民族传统节庆、国家公祭仪式等来增强人民的爱国情怀和国家意识。要健全和规范必要的礼仪制度，组织开展形式多样的纪念庆典活动，增强人们对国家和民族的认同感和归属感。要运用艺术形式和新媒体，生动传播爱国主义精神，唱响爱国主义主旋律，让爱国主义成为每一个中国人的坚定信念和精神依靠。

9. 加强公民道德建设。实施公民道德建设工程，持续深化社会公德、职业道德、家庭美德、个人品德建设，弘扬真善美，贬斥假恶丑，激发人们形成善良的道德意愿和道德情感，培育正确的道德判断和道德责任，提高道德实践能力尤其是自觉践行能力，向往和追求讲道德、尊道德、守道德的生活。大力倡导文明礼貌、助人为乐、爱护公物、保护环境、遵纪守法的社会公德，大力倡导爱岗敬业、诚实守信、办事公道、服务群众、奉献社会的职业道德，大力倡导尊老爱幼、男女平等、夫妻和睦、勤俭持家、邻里团结的家庭美德，大力倡导爱国奉献、明礼守法、厚德仁爱、正直善良、勤劳勇敢的个人品德，鼓励人们在社会上做一个好公民，在岗位上做一个好员工，在家庭里做一个好成员。

10. 弘扬中华优秀传统文化。优秀传统文化是我们民族的“根”和“魂”。要深入挖掘和阐发讲仁爱、重民本、守诚信、崇正义、尚和合、求大同的时代价值。实施好中华优秀传统文化传承发展工程，做好中华典籍整理、文化遗产保护等工作，实现中华优秀传统文化的创造性转化和创新性发展，增强做中国人的骨气和底气。以“我们的节日”为主题，利用春节、元宵、清明、端午、中秋、重阳等重要传统节日以及其他少数民族传统节日，开展丰富多彩、积极健康的民俗文化活动，引导人们在辞旧迎新、慎终追远、缅怀先贤、阖家团圆、孝老敬老中弘扬文明新风。要继承我们党带领人民进行革命和建设形成的革命精神，发扬革命传统，传承红色基因，不忘初心，继续前进。

11. 加强诚信建设。诚信是核心价值观和道德建设的重要内容，也是发展完善社会主义市场经济的重要基石。加快推进政务诚信、商务诚信、社会诚信和司法公信建设，提高全社会诚信水平。大力弘扬中华民族重信守诺的传统美德，大力普及与市场经济和现代治理相适应的诚信理念、规则意识、契约精神，培育现代诚信文化。加快建立覆盖全社会的征信体系，健全信用信息管理制度，推动各个部门信用信息的共建共享。健全多部门、跨地区、跨行业的守信联合激励和失信联合惩戒的联动机制，增加守信红利、提高失信代价。注重发挥行业、单位、街区、市场等各类主体的作用，开展诚信行业、诚信单位、诚信示范街区、诚信经营示范店等主题实践活动，制定诚信公约，加强行业自律，推动形成不愿失信、不能失信、不敢失信的社会环境。

12. 建设社会主义法治文化。贯彻落实全面依法治国战略举措，深入开展全民普法教育，弘扬社会主义法治精神，把社会主义核心价值观融入社会主义法治建设全过程，引导全民自觉守法、遇事找法、解决问题靠法，自觉履行法定义务，依法维护自身权益，增强全社会学法尊法守法用法意识，使全体人民成为社会主义法治的忠实崇尚者、自觉遵守者、坚定捍卫者。把法治教育纳入精神文明创建内容，广泛开展群众性法治文化活动，在全社会形成良好法治氛围和法治习惯，树立守法光荣、违法可耻的社会风尚。

13. 发挥先进典型的示范引领作用。榜样的力量是无穷的。重视发挥先进典型对践行核心价值观、弘扬时代新风尚的示范引领作用。在发动基层群众分层推选道德模范、时代楷模、最美人物、身边好人，广泛推出各行各业先进人物的基础上，突出表彰宣传作出重大贡献、群众认可度高、社会影响力大的先进典型，形成群星灿烂与七星共明的先进群体格局。广泛开展形式多样的学习宣传活动，激发人们的思想认同、情感共鸣和效仿意愿。关心关爱先进模范人物，旗帜鲜明捍卫英雄模范，营造崇德向善、见贤思齐、德行天下的浓厚氛围。

三、推动群众性精神文明创建活动向纵深发展

14. 深入开展创建文明城市、文明村镇、文明单位、文明家庭、文明校园活动。各类创建活动都要

突出思想道德内涵，坚持创建为民惠民，不断扩大覆盖面，增强实效性，有力推动社会文明进步，提升城乡居民的获得感和幸福感。要推动人们在为家庭谋幸福、为他人送温暖、为社会作贡献的过程中提高精神境界、培育文明风尚。

文明城市创建要贯彻落实以人为核心的新型城镇化战略，加强市民文明素质教育引导，着力提高城市规划建设管理水平，保护城市历史文化和特色风貌，打造美丽整洁的生活环境、规范有序的社会秩序、便捷高效的公共服务，提升市民综合素质、城市文明程度和群众生活质量，推进建设宜居宜业、富有活力、各具特色、文明和谐的现代化城市。全国文明城市要巩固创建成果，保持创建常态，切实发挥示范带动作用。创建工作要从省会城市、地级城市、直辖市城区向县级市和县延伸，努力构建全面覆盖大中小城市的创建格局。积极发挥文明城市测评体系的导向作用，改进测评方法，完善测评程序，确保测评结果的公正性、公信力。

文明村镇创建要以美丽乡村建设为主题，突出抓好乡风民风、人居环境和文化生活建设。着力提高农民素质，培养有文化、懂技术、善经营、会管理、适应现代农业发展的新型农民。发挥农村优秀基层干部、乡村教师、退伍军人、文化能人、返乡创业人士等新乡贤作用，传播文明理念，涵育文明乡风。大力开展移风易俗，倡导科学文明卫生的生活方式，破除陈规陋习。加强村容村貌整治和农村环境保护，全面推进农村垃圾污水治理工作，守护绿水青山。大力发展休闲农业和乡村旅游，拓展农业多种功能，促进农民就业增收。顺应农村群众的新期待，以农村群众的获得感为标准，力争到“十三五”期末，全国县级及县级以上文明村和文明乡镇占比达到50%左右。

文明单位创建要着力提高员工素质，涵养职业操守，培育职业精神，完善规章制度，树立行业新风。重点推动与群众生活关系密切的窗口行业的文明创建工作，开展具有行业特色、职业特点、工作特性的创建活动，自觉承担社会责任，着力树立良好形象，确保提供文明优质服务。要顺应经济结构、社会组织、就业方式的深刻变动，推动文明单位创建覆盖到新经济组织和社会组织。

文明家庭创建要更加注重家庭、注重家教、注重家风，促进家庭和睦，促进亲人相亲相爱，孝老爱幼，少有所教，老有所养，使千千万万个家庭成为国家发展、民族进步、社会和谐的重要基点，成为人们梦想启航的地方。以“家和万事兴”为主题传承良好家风和家训，重视做好家庭教育。要推动形成爱国爱家、相亲相爱、向上向善、共建共享的社会主义家庭文明新风尚，以良好家风支撑起好的社会风气。

文明校园创建要全面贯彻党的教育方针，坚持立德树人，以社会主义核心价值观引领知识教育，强化教书育人、管理育人、环境育人，培养德智体美全面发展的社会主义事业建设者和接班人。加强大学生思想政治教育和未成年人思想道德建设，改进高等学校思想政治工作和中小学校思想品德教育，构建符合青少年成长特点和规律的德育体系，提升思想政治教育亲和力和针对性。加强师德师风建设，引导广大教师学为人师、行为世范，做学生锤炼品格、学习知识、创新思维、奉献祖国的引路人。开展形式多样、健康向上、格调高雅的校园文化活动，弘扬良好校训校风，开展文明班级、文明宿舍创建，形成良好育人氛围。

15. 深化学雷锋志愿服务。大力倡导雷锋精神，弘扬奉献、友爱、互助、进步的志愿精神，进一步推动学雷锋志愿服务活动持续深入发展，引导激励人们把积极参与学雷锋志愿服务作为一种生活方式和生活习惯，使“我为人人、人人为我”蔚为风气。以关爱他人、奉献社会为重点，广泛开展重大活动、扶贫救灾、敬老救孤、恤病助残、文化支教、环境保护、健身指导等志愿服务活动。支持和发展各类志愿服务组织尤其是专业性强的志愿服务组织，健全完善褒奖激励等制度，以制度化促进经常化持久化。

16. 推进文明社会风尚行动。围绕讲文明、有公德、守秩序、树新风，广泛开展文明社会风尚行动，大力普及工作生活、社会交往、人际关系、公共场所等方面的文明礼仪规范，引导人们自觉遵守公共秩序和规则，建立和谐清新人际关系，抵制不良庸俗习气，倡导文明，礼仪新风，养成良好行为习惯。在全社会大力倡导尊重劳动、尊重创造，使勤奋劳动、勇于创造、艰苦奋斗成为人们的生活追求。强化质量第一意识，培育“工匠精神”。广泛倡导“绿水青山就是金山银山”，着力培养人们的生态文明、绿色环保、节俭节约、社会责任意识。要在全社会倡导合理消费，力戒奢侈浪费，制止奢靡之风。大力开展文明交通行动，普及文明交通常识，增强文明交通意识，克服各种交通陋习。大力开展文明旅游行动，加强宣传教育、规范约束和社会监督，强化文明出游意识，有效治理旅游不文明行为，提升公民旅游文明素质。加强对文艺观演、体育观赛等的文明引导，制止不文明言行。在推进新型城镇化进程中，要加强对新市民和进城务工人员的服务管理与教育引导，使他们学习掌握适应现代城市生活的必要行为规范。

17. 开展各类精神文明共建活动。开展城乡共建活动，加大以城带乡、城乡统筹力度，推动公共服务设施向农村延伸，公共服务产品向农村覆盖，城市现代文明向农村辐射，促进城乡发展一体化。开展区域共建活动，以国家区域发展整体战略为基础，打造一批沿海沿江沿交通干线的“文明走廊”“文明交通线”“文明示范带”。开展文明单位结对帮扶活动，动员文明单位履行社会责任，支援贫困乡村，助力脱贫攻坚。开展军民共建精神文明活动，巩固发展军政军民团结。

四、提升全民科学教育文化素质和健康素质

18. 提高全民科学素质。扎实推进全民科学素质行动计划，实施《中国公民科学素质基准》，普及科学知识、弘扬科学精神、传播科学思想、倡导科学方法。着力提高青少年的科学兴趣、创新意识、学习实践能力，提高领导干部和公务员的科学意识和决策水平，提高城镇劳动者和广大农民的科学生产生活能力，以重点人群科学素质的提高带动全民科学素质整体水平跨越提升，推动形成崇尚科学的社会氛围和健康文明的生活方式。加强科技馆、科技活动中心、青少年科技活动站等阵地和设施建设，推动优质科普资源开发开放。开展科学世界观和无神论教育，反对封建迷信和邪教，抵制愚昧落后。

19. 提升国民教育水平。全面实施素质教育，深化教育领域综合改革，着力提高教育质量，培养学生社会责任感、创新精神、实践能力。办好学前教育，均衡发展九年义务教育，基本普及高中阶段教育，加快发展现代职业教育，推动高等教育内涵式发展，积极发展继续教育，完善终身教育体系，建设学习型社会。大力促进教育公平，合理配置教育资源，重点向农村、边远、贫困、民族地区倾斜，让每个孩子都能成为有用之才。积极推动全民阅读，引导人们养成阅读习惯。

20. 丰富群众文化生活。坚持为人民服务、为社会主义服务的方向，坚持百花齐放、百家争鸣的方针，实施文艺创作精品工程，扶持优秀文化作品创作生产，推出更多思想精深、艺术精湛、制作精良的优秀文化产品，繁荣发展文学艺术、新闻出版、广播影视事业。推进基本公共文化服务标准化、均等化，建立完善覆盖城乡、便捷高效、保基本促公平的现代公共文化服务体系。坚持把社会效益放在首位、社会效益和经济效益相统一，积极培育新型文化业态，扩大和引导文化消费，推动文化产业成为国民经济支柱性产业。广泛开展群众文化活动，维护好实现好群众文化权益，不断满足人民群众日益增长的精神文化需求，丰富人民精神世界，增强人民精神力量。深入开展“扫黄打非”，加强文化市场监管，提高文化综合执法能力。

21. 促进人民身心健康。健康是促进人的全面发展的必然要求，是社会文明进步的基础。大力推进健康中国建设，加强全民健康教育，普及公共卫生知识和健康科学知识，提倡健康生活，优化健康服务，完善健康保障，建设健康环境，发展健康产业，着力提高人民群众健康水平。加强人文关怀和心理疏导，培育自尊自信、理性平和、积极向上的社会心态。深入实施全民健身国家战略，推进全民健身活动，发展体育运动，增强人民体质。

五、营造精神文明建设的良好社会环境

22. 丰富精神文明建设载体。加强新闻传播能力建设，推进传统媒体与新兴媒体深度融合，牢牢把握正确舆论导向，弘扬主旋律，传播正能量，大力宣传精神文明建设先进经验和有效做法，加强对社

会普遍关注的道德热点问题的引导，有力抨击背离主流价值的错误言行和丑恶现象，切实发挥新闻舆论团结人民、鼓舞士气，成风化人、凝心聚力的作用。重视运用文学戏剧、影视音乐、戏曲曲艺等文艺形式启迪思想、温润心灵、陶冶人生，用社会主义核心价值观引领精神文化产品创作生产，潜移默化向社会传递主流价值，感染影响人们的价值选择和价值判断。公益广告是传播核心价值观、倡导文明新风的有效载体，要突出主题，注重创意，健全机制，加大刊播展示力度。

23. 加强网上精神文明建设。坚持正能量是总要求、管得住是硬道理，依法加强网络空间治理，加强网络内容建设，做强网上正面宣传，发展积极向上的网络文化。实施网德工程，深入开展争做中国好网民活动，倡导文明办网、文明上网，强化网络运营主体的社会责任，引导人们提升网络文明素养，净化网络环境，让网络空间清朗起来。适应信息传播方式和人们接受习惯的深刻变化，积极运用微博、微信、手机客户端等新媒体传播文明理念、推进实际工作。开展网络公益活动，让公益精神弥漫网络空间。

24. 拓展精神文明建设阵地。与经济社会发展水平相适应，加快图书馆、博物馆、科技馆、文化馆、美术馆、革命历史纪念馆等文化设施建设，继续推动公共文化设施向社会免费开放，切实提高使用效率。以综合性、适用性为原则，大力推进城乡基层宣传文化阵地建设，完善村（社区）公共文化服务中心，推进乡村学校少年宫建设。加快公共数字文化建设，用互联网等新技术手段满足基层文化需要和群众文化需求。

25. 用法治思维和法治方式推进精神文明创建。把精神文明建设要求融入法律法规、政策制度和社会治理、行业管理之中，把社会主义核心价值观贯穿立法司法执法各个环节，发挥法律法规对维护良好社会秩序、树立文明社会风尚、培育和谐人际关系的保障作用。认真总结工作经验，把那些符合实际、成效明显、群众认可并被实践证明的规律性做法上升为法律法规。建立法律法规和重大公共政策的道德风险评估机制，防止具体法规政策与社会主义核心价值观相背离。加强司法机关、行政执法机关的文明创建和执法规范化建设，提高司法公信力，进一步规范行政执法，努力让人民群众在每一项执法活动、每一起案件办理中都能感受到社会公平正义。发挥法治在解决道德领域突出问题中的作用，依法惩处严重突破道德底线的失德失信行为和社会丑恶现象，避免极端个别事件对社会公序良俗带来负面冲击。发挥市民公约、乡规民约、学生守则、行业规范、职业规则、团体章程等社会规范在社会治理中的积极作用。

26. 对外展示文明中国良好形象。国民素质和社会文明程度是国家文化软实力与综合国力的重要标志。要结合国家重大外交战略、“一带一路”建设，加强国际传播能力建设，讲好中国故事，阐释好中国价值，积极推进中华文化走出去，树立中国文明进步、开放自信、亲切友善、负责任的大国形象，增进国际社会对中华文明的认识和理解，增强中华文明和中华民族的国际影响力。在赴境外留学、经商、从业、旅游人员中开展争当“文明使者”活动。

六、加强党对群众性精神文明创建活动的领导

27. 强化党委主体责任。各级党委要切实承担起精神文明建设的主体责任，党委主要负责同志是第一责任人。要坚持“两手抓、两手都要硬”的战略方针，把精神文明建设纳入经济社会发展总体规划，列为各级领导班子和领导干部政绩考核的重要内容。进一步完善党委统一领导、党政齐抓共管、文明委组织协调、有关部门各负其责、全社会积极参与的领导体制和工作机制。发挥文明委及其办事机构的重要作用，加强对精神文明建设和群众性创建活动、学雷锋志愿服务活动的规划指导、协调督促。发挥基层党组织的战斗堡垒作用，加强对群众的教育引导，在服务群众中凝聚群众，勇于同各种歪风邪气作斗争。广大共产党员要在精神文明建设中发挥模范表率作用。党员干部尤其是高级干部必须带头践行社会主义核心价值观，继承和发扬党的优良传统和作风，弘扬中华民族传统美德，讲修养、讲道德、讲诚信、讲廉耻，自觉远离低级趣味，养成共产党员的高风亮节，形成良好的政治文化。按

照政治坚定、业务精湛、心系人民、作风过硬的要求，建设高素质、接地气的精神文明建设工作队伍。精神文明建设重心在基层、困难在基层。要加强基层队伍建设，充实工作力量，为更好开展工作创造条件、提供保障。

28. 动员社会力量广泛参与。工会、共青团、妇联、残联、关工委和文联、作协、科协等人民团体，要发挥各自优势，组织动员所联系群众积极参与精神文明创建活动。发挥民主党派、工商联、无党派人士、社会公众人物的作用，发挥行业协会、社会团体、基金会等各种社会组织的作用，共同参与精神文明建设。

29. 加大经费投入。完善和落实文化经济政策，形成对精神文明建设多渠道投入的体制，为精神文明建设提供强有力的物质保障。中央财政加大对中西部欠发达地区、少数民族地区和革命老区的精神文明建设重大设施、重点项目的支持力度。运用财政、税收、金融等经济手段支持精神文明建设事业。鼓励社会力量对精神文明建设提供财力物力支持。

30. 加强工作创新。加强对群众性精神文明创建活动的理论研究和实践总结，积极借鉴人类文明有益成果，深化对工作特点和规律的认识，尊重人民群众的主体地位和首创精神，推动内容形式、方法手段、渠道载体、体制机制创新，防止和克服形式主义，更好地体现时代性、把握规律性、富于创造性，不断增强群众性精神文明创建活动的针对性有效性和吸引力感染力。

中央精神文明建设指导委员会
2017 年 4 月
信息来源：人民网

【国家“十三五”时期文化发展改革规划纲要，2017 年 5 月 7 日】

2017 年 5 月，中共中央办公厅、国务院办公厅印发了《国家“十三五”时期文化发展改革规划纲要》，并发出通知，要求各地区各部门结合实际认真贯彻落实。为深入贯彻落实党的十八大和十八届三中、四中、五中、六中全会精神，加快文化发展改革，建设社会主义文化强国，根据《中共中央关于制定国民经济和社会发展第十三个五年规划的建议》和《中华人民共和国国民经济和社会发展第十三个五年规划纲要》，编制本规划纲要。

序 言

文化是民族的血脉，是人民的精神家园，是国家强盛的重要支撑。坚持“两手抓、两手都要硬”，推动物质文明和精神文明协调发展，繁荣发展社会主义先进文化，是党和国家的战略方针。

“十二五”时期我国文化建设取得显著成就，《国家“十二五”时期文化改革发展规划纲要》确定的各项任务顺利完成。特别是党的十八大以来，以习近平同志为核心的党中央团结带领全党全国各族人民，开辟了治国理政新境界，开创了中国特色社会主义事业新局面，社会主义文化建设进一步呈现出繁荣发展的生动景象。中国特色社会主义理论体系最新成果的学习宣传教育不断加强，中华民族伟大复兴的中国梦和社会主义核心价值观深入人心，主旋律更响亮、正能量更强劲。文化体制改革进一步深化，文化事业文化产业持续健康发展，文艺创作日益繁荣，中华优秀传统文化广为弘扬，人民群众精神文化生活更加丰富多彩。文化走出去步伐加快，国际传播能力大幅提高，中华文化国际影响力进一步提升。我们比历史上任何时期都更接近实现中华民族伟大复兴的目标，更有信心和能力铸就中华文化新的辉煌。

“十三五”时期是全面建成小康社会决胜阶段，也是促进文化繁荣发展关键时期。在新的历史起点上，夺取中国特色社会主义新胜利，赢得具有许多新的历史特点的伟大斗争，必须充分发挥文化引领风尚、教育人民、服务社会、推动发展的作用。全面建成小康社会，迫切需要补齐文化发展短板、实现文化小康，丰富人们精神文化生活，提高国民素质和社会文明程度。适应把握引领经济发展新常态，推动改革全面深化，促进社会和谐稳定，迫切需要牢固树立和贯彻落实创新、协调、绿色、开放、共享的发展理念，增进社会共识、营造良好氛围，激发全民族创造活力。高新技术发展日新月异，社会信息化持续推进，互联网影响广泛而深刻，迫切需要拓展文化发展新领域，发展壮大网上主流舆论阵地，更好运用先进技术发展和传播先进文化。世界多极化、经济全球化、文化多样化、社会信息化深入发展，综合国力竞争日趋激烈，迫切需要提高文化开放水平，广泛参与世界文明对话，增强国际话语权，展示中华文化独特魅力，增强国家文化软实力。面对新形势新要求，要进一步坚定文化自信，增强文化自觉，奋力开创中国特色社会主义文化建设新局面，为做好党和国家各项工作提供强大的价值引领力、文化凝聚力和精神推动力。

一、总体要求

（一）牢牢把握文化发展改革的指导思想

高举中国特色社会主义伟大旗帜，全面贯彻党的十八大和十八届三中、四中、五中、六中全会精神，以马克思列宁主义、毛泽东思想、邓小平理论、“三个代表”重要思想、科学发展观为指导，深入学习贯彻习近平总书记系列重要讲话精神和治国理政新理念新思想新战略，切实增强政治意识、大局意识、核心意识、看齐意识，紧紧围绕统筹推进“五位一体”总体布局和协调推进“四个全面”战略布局，坚持以社会主义核心价值观为引领，坚持社会主义先进文化前进方向，坚持中国特色社会主义文化发展道路，坚持依法治国和以德治国相结合，坚持以人民为中心的发展思想和工作导向，坚持把社会效益放在首位、社会效益和经济效益相统一，全面推进文化发展改革，全面完成文化小康建设各项任务，建设社会主义文化强国，更好地构筑中国精神、中国价值、中国力量、中国贡献，为实现“两个一百年”奋斗目标、实现中华民族伟大复兴的中国梦奠定更加坚实的思想文化基础。

（二）把新发展理念贯穿于文化发展改革全过程

——坚持创新发展。适应社会主义市场经济和高新技术发展要求，体现文化例外要求，加大改革力度，全面推进文化内容形式、方法手段、载体渠道、体制机制、政策法规等创新，激发动力、增强活力、释放潜力，推动出精品出人才出效益。

——坚持协调发展。统筹城乡、区域文化发展，统筹文化发展、改革和管理，正确处理政府与市场、国有与民营、对内与对外等重要关系，促进文化事业全面繁荣、文化产业更好发展、优秀传统文化传承弘扬。

——坚持绿色发展。尊重规律，增加优秀精神文化产品和优质文化服务供给，净化社会文化环境，提升文化产业发展质量和效益，推动形成绿色发展方式和生活方式。

——坚持开放发展。推动中华文化走出去，提高国际传播能力，更好发出中国声音、展现中国精神、提出中国主张，借鉴吸收世界有益文化成果，深化不同文明交流互鉴。

——坚持共享发展。面向基层，贴近群众、依靠群众、服务群众，保障人民基本文化权益，满足人民群众日益增长的精神文化需求，提高群众文化参与度和获得感。

（三）全面实现文化发展改革的目标任务

——马克思主义中国化最新成果广泛普及，中国梦引领凝聚作用进一步增强，富强民主文明和谐、自由平等公正法治、爱国敬业诚信友善的社会主义核心价值观更加深入人心，国民思想道德素质、科学文化素质和社会文明程度显著提高。

——精神文化产品创作生产更加活跃繁荣，哲学社会科学创新发展能力不断提升，文化精品不断涌现，网络文化健康发展，社会精神文化生活丰富多彩。

——现代传播体系逐步建立，传统媒体与新兴媒体融合发展取得阶段性成果，形成一批新型主流媒体和主流媒体集团，网络空间更加清朗，社会舆论积极向上。

——现代公共文化服务体系基本建成，基本公共文化服务标准化、均等化水平稳步提高，体现地方和民族特色的文化设施网络基本形成，公共文化供给与群众文化需求有效匹配。

——现代文化产业体系和现代文化市场体系更加完善，文化市场的积极作用进一步发挥，做优做强做大一批文化企业和文化品牌，文化整体实力和竞争力明显增强，“十三五”末文化产业成为国民经济支柱性产业。

——中华优秀传统文化传承体系基本形成，中华民族文化基因与当代文化相适应、与现代社会相协调，实现传统文化创造性转化和创新性发展。

——文化开放格局日益完善，中华文化影响力持续扩大，中国故事、中国声音广泛传播，良好国家形象全面展示，国家文化软实力和国际话语权进一步增强，促进世界文化多样化发展。

——文化宏观管理体制改革不断深化，微观运行机制进一步健全，文化法治建设深入推进，中国特色社会主义文化制度更加成熟更加定型。

二、加强思想理论建设

坚持用马克思列宁主义、毛泽东思想、邓小平理论、“三个代表”重要思想、科学发展观和习近平总书记系列重要讲话精神武装全党、教育人民、推动实践，不断巩固马克思主义在意识形态领域的指导地位，增强广大干部群众中国特色社会主义道路自信、理论自信、制度自信、文化自信。

（一）深化中国特色社会主义理论体系的学习研究宣传。把深入学习宣传贯彻习近平总书记系列重要讲话精神和治国理政新理念新思想新战略作为重中之重，深化中国特色社会主义和中国梦的学习宣传教育。继续编辑出版《习近平谈治国理政》、修订出版《习近平总书记系列重要讲话读本》等。结合“学党章党规、学系列讲话，做合格党员”学习教育深化理论宣传。深入实施马克思主义理论研究和建设工程规划纲要。抓好马克思主义哲学和党史国史、社会主义发展史的学习研究。发展中国特色社会主义政治经济学。坚持和创新党内学习制度，制定党委（党组）中心组学习规则。组织开展面向基层群众的对象化、互动化的理论宣讲。加强对各种社会思潮的辨析和引导，出版一批通俗理论读物。深入实施高校思想政治理论课建设体系创新计划。加强青少年理想信念教育。

专栏1　理论工作“四大平台”建设

马克思主义理论研究和建设工程：开展重大现实问题、重大理论问题、重大实践经验总结的课题研究，体现时代性、实践性，突出本土化、当代化，深化党中央治国理政新理念新思想新战略的研究阐释，推出一批优秀成果。加快推进工程重点教材建设。

中国特色社会主义理论体系研究中心建设：做实做强一批国家级研究中心，带动各地研究中心壮大发展。

马克思主义学院建设：扶持一批全国重点马克思主义学院，加强马克思主义理论学科建设和骨干人才培养，办好高校思想政治理论课。

报刊网络理论宣传阵地建设：重点建设扶持一批党报理论版和党刊，打造一批有影响力的全国重点理论网站（频道）。

（二）繁荣发展哲学社会科学。坚持马克思主义立场观点方法，按照立足中国、借鉴国外，挖掘历史、把握当代，关怀人类、面向未来的思路，着力构建中国特色哲学社会科学。建立健全哲学社会科学管理体制，加强哲学社会科学创新平台、研究基地、传播中心建设。加强话语体系建设，注重以我为主设置议题，积极开展中国哲学社会科学国际学术研讨活动。举办当代中国马克思主义论坛系列理论研讨会。加强对各类讲座论坛、社科机构的引导和管理。发挥国家哲学社会科学基金示范引导作用，强化考核评价工作。充分发挥中国特色新型智库作用，形成定位明晰、特色鲜明、规模适度、布局合理、能进能出的中国特色新型智库体系。扶持哲学社会科学优秀著作出版。编写哲学社会科学普及读本。

专栏 2　哲学社会科学创新工程

哲学社会科学学科体系建设：统筹基础学科、应用学科、新兴学科建设，发展交叉学科，扶持具有重要文化价值和传承意义的“绝学”、冷门学科，建设一批重点研究基地。

哲学社会科学话语体系建设：以党中央治国理政新理念新思想新战略研究为重点，开展当代中国话语体系建设研究，完善工作机制，加强专题研讨，注重推广研究成果。

哲学社会科学科研体制机制创新：健全课题立项、招标或委托制度，加强管理，探索建立科研成果的短期和中长期评价机制，完善优秀科研成果发布和转化机制。

哲学社会科学协同创新平台建设：加强社科院、高校、党校、行政学院以及政府部门之间的项目合作和人才交流，推动跨部门跨区域跨学科协同创新。

专栏 3　中国特色新型智库建设工程

国家高端智库建设：重点扶持一批国家亟须、特色鲜明、制度创新、引领发展的专业化高端智库。加强社科院、党校、行政学院、高校、企业等智库建设。

（三）加强意识形态领域管理。落实党委（党组）意识形态工作责任制，建立健全考核、督查、问责机制。推动各级党校、行政学院和干部学院开设意识形态工作课程和讲座。坚持党管宣传、党管意识形态、党管媒体，落实属地管理、分级负责和谁主管谁负责的原则，加强意识形态阵地管理，建立健全网络意识形态工作机制，维护国家意识形态安全。

三、提高舆论引导水平

牢牢坚持党性原则、坚持马克思主义新闻观、坚持正确舆论导向、坚持正面宣传为主，把政治方向摆在第一位，高举旗帜、引领导向，围绕中心、服务大局，团结人民、鼓舞士气，成风化人、凝心聚力，澄清谬误、明辨是非，联结中外、沟通世界，加快构建现代传播体系，健全舆情引导机制，强化媒体社会责任，发展壮大主流媒体，切实提高新闻舆论传播力、引导力、影响力、公信力。

（一）做强做大主流舆论。适应分众化、差异化传播趋势，加快构建主流舆论矩阵。加强党报党刊、通讯社、电台电视台等重点新闻媒体建设，提高宣传报道专业化水平。加强和改进正面宣传，做亮党中央治国理政新理念新思想新战略重大主题宣传，做活经济宣传，做好热点引导。综合运用微博、微信、移动新闻客户端等传播方式，拓展主流舆论传播空间。建立和完善民意调查等制度。做好重大突发事件新闻报道和权威信息发布，把握舆论引导的时度效。加强和改进舆论监督，发挥舆论监督建设性作用。

（二）推动媒体融合发展。扶持重点主流媒体创新思路，推动融合发展尽快从相“加”迈向相“融”，形成新型传播模式。支持党报党刊、通讯社、电台电视台建设统一指挥调度的融媒体中心、全媒体采编平台等“中央厨房”，重构新闻采编生产流程，生产全媒体产品。明确不同类型、不同层级媒体定位，统筹推进媒体结构调整和融合发展，打造一批新型主流媒体和媒体集团。

（三）发展壮大网上舆论阵地。遵循网络传播规律，强化互联网思维，加快网络媒体发展。加强重点新闻网站和政府网站建设。加强移动互联网建设和生态治理。强化网站主体责任，健全网站分级分层管理体制。加强教育引导，进一步提升网民网络文明素养。将新闻网站采编人员纳入新闻记者证制度统一管理，纳入新闻采编人员职业资格制度，健全职称评价体系。统筹推进网络舆论引导、网络文化建设、网络文明传播、网络公益活动，增亮网络底色、激发网络正气。

专栏 4　网络舆论阵地建设工程

网络传播体系建设：加强重点新闻网站、网络广播电视台等主流网站集群传播能力建设，发展移动互联网“微传播”体系。支持符合条件的网站上市。

新兴网络媒体培育：扶持一批主流媒体所属网站和新媒体，加大对国有资本和社会力量投资互联网文化领域的引导和规范。

网络内容建设工程：推动中国特色社会主义理论创新成果和各种优秀精神文化产品网上传播，推动网络文化产品创作生产，推动主流媒体开展网络信息服务。

政务新媒体建设：规范党政机关、人民团体、国有企事业单位等开办政务新媒体账号或客户端，加强内容建设与管理。

网络评论体系建设：推进网络评论理论、学科、教材阵地建设，提升网络作品创作质量。

网络人才队伍建设：制定实施网络文化重点领域人才培养计划，加强网络应急、网宣、网评、网管、网研等方面队伍建设，引导和发挥网民的积极性。

（四）规范传播秩序。规范地方媒体、行业媒体管理。规范推进电台电视台实质性合并，健全节目退出机制。建设视听新媒体集成播控平台。开展视听类智能终端设备入网认证工作。制定互联网分类管理办法。完善互联网法律法规，将现行新闻出版法律法规延伸覆盖到网络媒体管理。完善网站新闻来源许可机制，加强新闻信息采编转载资质管理，规范商业网站转载行为和网络转载版权秩序。建立完善网络版权使用机制。实行新闻采编专业人员职业资格制度，加强职务行为信息管理。加强互联网信息搜索引擎、即时通信工具、移动新闻客户端等管理，明确微博、微信等的运营主体对所传播内容的主体责任。加大对新闻界突出问题治理力度。严厉打击网络谣言、有害信息、虚假新闻、新闻敲诈和假媒体假记者。

专栏 5　舆论引导能力提升工程

重点媒体融合发展：支持中央和省级主要媒体拓展新技术新应用，完善基础设施和硬件系统，创新内容生产与信息服务，加快重点项目建设。

主流媒体内容建设：加强重点栏目、节目建设，加大创新创优力度，推出一批名记者、名编辑、名主持、名评论员，完善首席记者、首席编辑等制度，培养全媒记者和全媒编辑，完善原创新闻作品版权保护和有偿使用制度。

新闻发布制度建设：推动各级党政机关完善信息发布制度，健全政策解读机制。

新闻人才培养：建立健全部校共建新闻教育机制，推进地方党委宣传部门与高校共建新闻学院。做好新闻传播人才教育培养和国际传播后备人才培养工作。

舆论传播能力评估机制建设：科学设置绩效评价指标，引入第三方评价，搭建传播能力建设评估平台，建立全媒体传播效果评价体系。

行业自律和社会监督制度建设：健全工作机制，发挥新闻道德委员会作用，完善媒体社会责任报告制度。

四、培育和践行社会主义核心价值观

把社会主义核心价值观融入经济社会发展各领域、贯穿社会生活全过程，加强教育引导、舆论宣传、文化熏陶、实践养成和制度保障，注重通过法律和政策向社会传导正确价值取向，推动社会主义核心价值观宣传教育落细落小落实，不断增强价值观自信，巩固全党全国各族人民团结奋斗的共同思想基础。

（一）推进社会主义核心价值观学习实践具体化系统化。加强对社会主义核心价值观的研究阐释和宣传普及，充分运用各类媒体、文艺作品、公益广告和群众性文化活动等开展主题宣传。强化实践养成，注重典型示范，开展文化培育，精心设计开展多样化的人民群众喜闻乐见的活动。修订和实施爱国主义教育实施纲要，丰富教育内容、创新教育载体，增强中华民族归属感、认同感、尊严感、荣誉感和命运共同体意识。把社会主义核心价值观纳入国民教育体系，增强学生爱国精神、社会责任感和实践创新能力。发扬红色传统、传承红色基因，用好革命历史类纪念设施、遗址和各类爱国主义教育示范基地等红色资源。弘扬社会主义法治精神，把社会主义核心价值观融入法治建设，推动公正文明执法司法，彰显社会主流价值。推动社会治理体现社会主义核心价值观要求，强化公共政策的价值导向，探索建立重大公共政策道德风险评估和纠偏机制。

专栏 6　社会主义核心价值观主题教育实践活动

社会主义核心价值观主题教育活动：开展爱国主义、革命传统、法治、诚信等主题教育，增强国家意识、法治意识、道德意识、社会责任意识、生态文明意识，推动社会主义核心价值观学习实践从个人层面向国家、社会层面延伸。

“爱我中华”主题教育活动：围绕“七一”“八一”“十一”等重大纪念日，开展主题活动，弘扬爱国主义精神。加强国防教育，推进国防文化、军旅文化和边塞文化建设。

学雷锋志愿服务活动：完善志愿服务登记、培训和政策法规保障等机制，推动志愿服务活动制度化、常态化。每年命名一批全国学雷锋活动示范点和岗位学雷锋标兵。

“图说我们的价值观”“讲文明树新风”等公益广告宣传活动：完善配套措施，加大创作刊播力度，强化各类媒体、社会媒介和广告发布者做公益广告的责任。

红色旅游活动：加强精品线路建设，丰富展陈内容，发挥全国爱国主义教育示范基地、全国红色旅游经典景区等的作用，增强教育活动吸引力、感染力。

“我们的节日”主题活动：运用春节、清明节、端午节、中秋节、重阳节等民族传统节日，传承民族文化、凝聚价值共识。

规范守则教育实践活动：修订完善市民公约、乡规民约、学生守则、行业规章、职业规则、团体章程，开展专题教育实践，强化人们的准则意识、律己意识。

平安中国建设活动：实施“七五”普法规划，组织“国家宪法日”“全民国家安全教育日”等主题活动，开展公正文明执法活动。

民族团结进步创建活动：在机关、企业、社区、乡镇、学校、宗教活动场所等开展创建活动，命名示范单位，宣传民族团结进步模范，维护民族团结，反对民族分裂。

（二）加强和改进群众性思想政治工作。加强对社会热点难点问题的应对解读，合理引导社会预期，组织开展理论宣讲和形势政策教育，设计有特色有实效的活动载体。推动基层党组织、基层单位、城乡社区有针对性地加强思想政治工作，创新新经济组织和新社会组织的思想政治工作方式。加强青少年思想政治工作。加强高校思想政治建设。持续深入推进“基层工作加强年”活动。健全人文关怀和心理疏导机制，培育自尊自信、理性平和、积极向上的社会心态。

专栏 7　群众性思想政治工作

基层宣讲：加强基层讲堂建设，开设理论政策大讲坛，面向群众开展宣讲，解疑释惑、化解矛盾。

通俗理论读物出版：编写出版《理论热点面对面》等通俗理论读物，开展优秀通俗理论读物推荐活动。

送温暖、献爱心活动：把解决思想问题和解决实际问题结合起来，广泛开展扶贫赈灾、慈善资助、支教助学、义务献血等活动。

网络公益活动：鼓励网民互助，规范网络捐赠，推动有条件的地方和网站组建公益联盟。

社会心理服务：建立健全社会心理监测和服务机制，加强心理危机预警和干预，做好对重点人群的心理疏导。建立社会心理预期数据库。

（三）深入推进公民道德建设。加强社会公德、职业道德、家庭美德、个人品德教育。发挥党员干部的模范带头作用。举办中国公民道德论坛。礼敬英雄人物，加强对全国重大典型和道德模范、时代楷模的学习宣传，广泛推出“最美人物”、善行义举和身边好人。建立健全先进模范发挥作用的长效机制。弘扬中华传统美德，创新发展乡贤文化，开展孝敬教育、勤劳节俭教育、文明礼仪教育。加强社会诚信建设，推进诚信建设制度化。弘扬劳动最光荣、劳动者最伟大的观念，加强企业文化建设，培育创新创业精神。

专栏8 公民道德建设工程

道德模范评选表彰和宣传学习：每两年评选表彰一届全国道德模范。开展“道德模范在身边”宣传学习活动。开展道德模范“传帮带”活动。建立帮扶礼遇制度。做好道德模范管理服务工作。

公众人物“重品行、树形象、做榜样”活动：加强社会责任教育，引导企业界以及文艺、体育、教育、科技界名人等强化自身修养、投身公益事业、引领社会风尚。

未成年人思想道德建设：完善学校、家庭、社会三结合教育网络，开展主题教育实践活动，加强校外活动场所建设及使用管理，丰富优秀少儿文化产品供给。每三年评选表彰一届全国未成年人思想道德建设工作先进城市。

新乡贤文化建设：以乡情为纽带，以优秀基层干部、道德模范、身边好人的嘉言懿行为示范引领，培育新型农民，涵育文明乡风。

孝敬文化建设：发扬中华传统美德，弘扬中华孝道，强化孝敬父母、尊敬长辈的社会风尚。

节俭养德全民行动：倡导绿色低碳生活方式，积极开展健康有益的各类活动。

推进诚信社会、诚信中国建设：建设全国信用信息共享平台和国家企业信用信息公示系统，建立健全覆盖全社会的征信系统，完善守信激励和失信惩戒机制，开展道德领域突出问题专项教育和治理。

（四）深化拓展群众性精神文明创建活动。广泛开展群众性精神文明创建活动，修订完善各类创建测评体系。加强和改进文明城市创建管理，培育城市精神。加强农村精神文明建设。加强文明行业文明单位创建。培育优良家风家教，传承优良校风校训。针对群众反映强烈的突出问题，开展专项文明行动。完善文化科技卫生“三下乡”长效机制。倡导文明健康生活方式。制定国家礼仪规程。实施全民文明礼仪教育养成行动，培育文明行为习惯。规范升国旗仪式、成人仪式、入党入团入队仪式等礼仪制度。广泛开展军民警民共建精神文明活动。落实党和国家有关政策规定，加强对各类评比活动的规范管理。

专栏9 精神文明创建工程

文明城市创建：每三年评选表彰一届全国文明城市，每年组织对部分全国文明城市和提名城市进行暗访督查和测评考核。扩大县级文明城市创建活动覆盖面。

文明村镇创建：推进美丽乡村建设示范工程，深化文明村镇创建活动。“十三五”末全国县级及以上文明村和乡镇占比达到50%以上。

文明单位创建：每三年评选表彰一届全国文明单位，在各行各业特别是窗口单位选树一批创建标兵。

文明家庭创建：开展创建全国文明家庭、“五好家庭”、星级文明户和寻找“最美家庭”等活动。加强家庭家风建设，开展党员干部家庭建设专题教育。

文明校园创建：健全工作机制，开展文明校园创建活动，提高师生道德和文明礼仪水平，增强民主法治观念，改善校园文化环境。

专栏10 精神文明专项行动

文明旅游行动：加强文明出境游和国内游宣传教育、规范约束和社会监督，加强景区景点文明建设，加强导游培训和规范约束，建立游客不文明行为记录制度。

文明交通行动：完善交通安全宣传教育体系，整治交通违法行为，曝光不文明现象，引导人们文明出行。

文明办网、文明上网行动：实施网德工程，推行网站信用等级评价和网上实名制。引导广大青年争当“中国好网民”。引导网民善意、阳光、理性跟帖和评论。开展网络文明传播行动，加强中国文明网建设。

文明使者行动：在乡村、社区遴选文明使者，开展形式多样的文明传播活动。

五、繁荣文化产品创作生产

深入贯彻《中共中央关于繁荣发展社会主义文艺的意见》，着力扶持优秀文化产品创作生产，推出更多传播当代中国价值观念、体现中华文化精神、反映中国人审美追求的精品力作。

（一）把握正确创作导向。牢固树立以人民为中心的创作导向，坚持“二为”方向和“双百”方针，努力为人民抒写、抒情、抒怀。抓好中国梦和爱国主义主题文艺创作，讲好国家民族宏大故事，讲好百姓身边日常故事。建立支持文艺工作者长期深入生活扎根基层的长效保障机制。

（二）推动文化内容形式创新。加强规划指导，加大对具有示范性、引领性作用原创精品的扶持力度。抓好文学、剧本、作曲等基础性环节，支持戏剧、电影、电视、音乐、舞蹈、美术、摄影、书法、曲艺、杂技等艺术门类创新发展，鼓励戏曲流派创新，推动交响乐、歌剧、芭蕾舞等艺术品种的中国化、民族化。推进高雅艺术进校园活动。发挥国家艺术基金、国家出版基金的积极作用。

（三）发展网络文艺。加强网络文化产品创作生产，推动网络文学、网络剧、微电影等新兴文艺类型繁荣有序发展。推动传统文艺与网络文艺创新性融合，促进优秀作品多渠道传输、多平台展示、多终端推送。培养优秀的网络文艺创作、生产、传播和评论人才。健全网络文艺思潮研究分析机制，加大对网络文艺引导力度。

（四）完善评价激励机制。建立健全科学合理的文化产品评价体系，把价值取向、艺术水准、受众反应、社会影响等作为主要指标，合理设置反映市场接受程度的量化指标。建立健全中国特色的收视率调查系统。深化全国性文艺评奖制度改革。引导和规范出版物推荐活动。加强马克思主义文艺理论与评论建设，培养高素质评论队伍。

（五）加强版权保护。全面实施国家知识产权战略，以版权保护促进文化创新。完善版权相关法律法规、行政执法体制和社会服务体系，推进国家版权监管平台建设，依法打击侵权盗版行为，保护版权权利人利益。建立健全信息网络传播权长效保护机制，推进软件正版化工作。推进原创文化作品的版权保护，规范网络使用。完善版权运用的市场机制，推动版权贸易规范化。发展版权产业，形成全产业链的版权开发经营模式。

专栏 11　文化精品创作生产

精神文明建设“五个一工程”：推动电影（含动画片）、电视剧（含动画片、电视纪录片）、戏剧、歌曲、图书、广播剧等优秀精神文化产品创作生产。

国家重大出版工程：统筹主题出版和重大出版项目，做好党和国家领导人重要著作出版，实施“三个一百”原创出版计划和学术出版奖励计划，编纂出版《中国大百科全书》（第三版）、《中国历代绘画大系》等，建设“中国社会科学词条库”。

中国当代文学艺术创作工程：重点扶持一批现实题材、中国梦题材、爱国主义题材、重大革命和历史题材、少儿题材、军事题材等文艺精品创作项目，推动出版和展演展映展播展示。

经典再造推广工程：做好优秀经典作品重拍、重排、重演、重版，以现代手法和元素激活和重塑经典。

网络文艺精品创作和传播工程：扶持优秀网络原创作品，支持优秀作品网络传播。扶持一批重点文艺网站。

国家舞台艺术精品创作工程：扶持重点剧目创作，推出一批优秀舞台艺术作品，支持优秀保留剧目复排演出。

国家影视精品工程：扶持一批优秀广播电视节目、影视剧、纪录片、动画片等创作生产。

优秀剧本扶持工程：实施影视、舞台等剧本孵化计划，组织作家、编剧采风，建立网上剧本交易平台，完善定制、采购、众筹等机制，支持创作改编和排演推广。

传统戏曲振兴工程：开展全国地方戏曲剧种普查，逐一制定保护传承方案，扶持建设若干戏曲中心，形成文化艺术“大码头”。实施“名家传戏——戏曲名家收徒传艺”计划。实施“像音像”工程。

支持地方戏建设排演场所，盘活用好现有剧场资源。将符合条件的地方戏曲纳入非物质文化遗产名录，实施抢救性记录和保存。

国家美术发展和收藏工程：实施当代美术创作引导计划、全国美术馆和画院专业建设提升计划、国家美术收藏计划，实施国家美术作品收藏和捐赠奖励项目。

马克思主义文艺理论与评论建设工程：编好用好马克思主义文艺理论教材，发挥文艺评论组织、研究机构、高校的积极作用，办好重点文艺评论报刊、网站和栏目，资助优秀文艺评论成果。

六、加快现代公共文化服务体系建设

坚持政府主导、社会参与、重心下移、共建共享，坚持缺什么补什么，注重有用、适用、综合、配套，统筹建设、使用与管理，加快构建普惠性、保基本、均等化、可持续的现代公共文化服务体系。

（一）完善公共文化服务网络。鼓励各地按照国家基本公共文化服务指导标准，自主制定富有特色的地方实施办法，健全各级各类公共文化基础设施。立足实际，注重实效，做好公共文化馆、图书馆、博物馆、美术馆、乡镇（街道）综合文化站、村（社区）综合性文化服务中心等的规划建设。提高广播电视播出机构的制播能力和发射（监测）台、卫星地球站、直播卫星平台的承载能力。建设国家和地方应急广播体系。探索农村电影放映长效机制。鼓励社会力量投资或捐助公共文化设施设备。

（二）推动基层公共文化设施资源共建共享。统筹公共文化设施网络和重点文化惠民工程，避免重复建设。整合宣传文化、党员教育、科普普法、体育健身等资源，建设乡镇（街道）、村（社区）的综合文化服务设施。合理利用历史街区、民宅村落、闲置厂房等，兴办公共文化项目。以县级图书馆、文化馆为中心推进总分馆制。推进公共文化设施免费开放。

专栏 12　公共文化服务重大工程

国家级重大文化设施建设：推动国家美术馆、中国工艺美术馆、“平安故宫”、中国国家画院、国家图书馆国家文献战略储备库、国家自然博物馆、中国新闻博物馆、中国民族博物馆等重大文化设施建设项目，推动国家级文艺院团重点建设项目。

基层综合文化服务中心建设：推动中心建设，使其基本具备读书看报、文体活动、公共数字文化服务、广播、电影电视放映、村史收集展陈等功能，并配套建设室外活动场地。发挥中心作用，增强对基层群众特别是青少年的吸引力。

广播电视节目无线数字化覆盖：改造全国现有大中功率无线骨干发射台站设备，进行小功率补点建设，实现模拟发射向数字发射转换。

数字广播电视户户通：推进有线电视网络建设和数字化双向化改造，推进直播卫星和地面数字广播电视入户接收，基本实现数字广播电视户户通。

全民阅读：开展“书香中国”系列活动，打造“中国好书”推荐平台。扶持实体书店发展。鼓励兴建各类公共阅读场所，完善全民阅读基础设施。实施儿童阅读促进计划、盲文出版项目。

（三）创新公共文化服务运行机制。推动各级政府购买公共文化服务。鼓励社会组织和企业参与公共文化设施运营和产品服务供给。建立“按需制单、百姓点单”模式，明确由基层选定为主的公共文化服务项目，健全配送网络。推进数字图书馆、文化馆、博物馆建设。开发和提供适合老年人、未成年人、农民工、残疾人等群体的基本公共文化产品和服务。完善公共文化考核评价，探索建立第三方评价机制。

（四）推动老少边贫地区公共文化跨越发展。与国家脱贫攻坚战略相结合，实施一批公共文化设施建设项目。加强少数民族语言频率频道和涉农节目建设。为贫困地区配备或更新多功能流动文化服务车。支持少数民族电影事业发展。加大文化扶贫力度，建立健全“结对子、种文化”工作机制。

专栏 13　老少边贫地区公共文化建设

文化基础设施标准化建设：全面加强公共文化馆（站）、图书馆、博物馆、广播电视播出机构和发射（监测）台达标建设。

贫困地区村级综合文化服务中心建设扶持工程：通过盘活存量、调整置换、集中利用和新建等方式，在贫困地区普遍建成村级综合性文化设施，因地制宜配置保障基本文化需求、群众需要的有关场地和设施器材。

少数民族新闻出版东风工程：加强国家民文出版基地建设，支持民族文字媒体发展，提升译制出版和印制发行能力，扩大数字出版和出版物赠阅。

边境和民族地区广播电视节目覆盖能力建设：加强广西、云南、吉林、辽宁等边境地区的广播电视覆盖，让当地群众收听收看高质量境内广播电视节目。

边远贫困地区、边疆民族地区和革命老区文化人才支持计划：每年选派一批文化工作者到“三区”工作服务。每年为“三区”培养一批文化工作者。支持贫困地区设立财政补贴的基层公共文化服务岗位。

七、完善现代文化市场体系和现代文化产业体系

加快发展文化产业，促进产业结构优化升级，提高规模化集约化专业化水平，促进文化产品和要素在全国范围内合理流动，促进文化资源与文化产业有机融合，扩大和引导文化消费，提高文化产业发展质量和效益。

（一）发展壮大文化市场主体。发展骨干文化企业，推动产业关联度高、业务相近的国有文化企业联合重组，推动跨所有制并购重组。以党报党刊所属非时政类报刊、实力雄厚的行业报刊为龙头整合报刊资源，对长期经营困难的新闻出版单位实行关停并转。降低社会资本准入门槛，鼓励和引导非公有制文化企业发展。支持“专、精、特、新”中小微文化企业发展。

专栏 14　骨干文化企业培育工程

文化领军企业培育：加快培育一批主业突出、核心竞争力强、市场占有率高的综合性文化企业集团，力争若干家进入世界同行业前列。

广电网络资源整合：加快全国有线电视网络整合和智能化建设，建立互联互通、安全可控的全国性数字化文化传播渠道。

出版发行资源整合：打造一批新型出版发行机构和出版传媒集团，建设聚合出版发行资源的互联网发行平台。

知名文化品牌建设：鼓励打造知名文化品牌，扶持老字号企业扩大品牌影响力，加强商标品牌的培育和保护。

（二）推进文化市场建设。着力构建统一开放、竞争有序的现代文化市场体系，完善文化市场准入和退出机制。加快文化产品市场建设，发展基于互联网的新型文化市场业态，发展电子票务、电影院线、演出院线、网络书店等现代流通组织形式。健全文化要素市场，完善文化资产评估体系。创新文化投融资体制，推动文化资源与金融资本有效对接。鼓励有条件的国有文化企业利用资本市场发展壮大，推动资产证券化。加强文化消费场所建设，开发新型文化消费金融服务模式。发展文化旅游，扩大休闲娱乐消费。培育和发展农村文化市场。加强城乡出版物发行网点建设。规范出版物市场价格行为。加强文化行业组织建设，发展文化中介服务。规范文化产业统计。加强文化市场管理，深入开展“扫黄打非”。

专栏 15　文化市场建设

重点文化会展：办好中国（深圳）国际文化产业博览交易会、中国国际动漫节、北京国际广播电影电视设备展览会、北京国际图书博览会、上海国际电影电视节、上海国际艺术节等重点会展。

重点文化产权交易所：办好重点文化产权交易所，推动文化企业国有资产入场交易，开展电视剧等进场交易试点。

文化消费促进和引导：开展促进文化消费试点。鼓励为困难群众等提供适当消费补贴。支持大中城市建设文化娱乐综合体，支持艺术街区、特色书店和小剧场等建设，鼓励把文化消费嵌入各类消费场所。

全国文化市场技术监管与服务平台：建立互联网及其服务场所、娱乐场所以及文化产品经营活动等监管系统，加强大数据资源建设，完善文化市场信用制度。

（三）优化文化产业结构布局。加快发展网络视听、移动多媒体、数字出版、动漫游戏、创意设计、3D和巨幕电影等新兴产业，推动出版发行、影视制作、工艺美术、印刷复制、广告服务、文化娱乐等传统产业转型升级，鼓励演出、娱乐、艺术品展览等传统业态实现线上线下融合。开发文化创意产品，扩大中高端文化供给，推动现代服务业发展。围绕“一带一路”建设、京津冀协同发展、长江经济带发展等国家战略，加强重点文化产业带建设。发掘城市文化资源，推进城市文化中心建设。支持中西部地区、民族地区、贫困地区发展特色文化产业。

专栏16　重大文化产业工程

电影繁荣发展：全面提高电影质量，做大做强电影市场，推动电影票房和银幕总数稳定增长。推动有条件的乡镇建设数字影院，加强电影衍生品和后产品开发。

出版融合发展：优化出版资源和要素，推动传统和新兴出版在内容、技术应用、平台终端等方面共享融通。

广播电视繁荣发展：全面提升广播电视节目制作和传播水平，扶持电视剧、电视动画、纪录片、有线网络等产业加快发展，形成视听内容生产传播新优势。

音乐产业发展：释放音乐创作活力，建设现代音乐产业综合体系，推动音乐产业与其他产业融合发展。

“文化+”行动：推动文化创意与相关产业有机融合，增加文化含量和产业附加值，把文化资源优势转化为产业和市场优势。

“互联网+”行动：创新网络文化产品和服务，引导支持网络文化产业基地建设。建设中国文化（出版广电）大数据产业平台。

文化产业集聚区建设：结合主体功能区规划布局，依托中心城市和城市群，打造若干文化产业集聚平台，形成内容创新、文化科技创新、文化金融服务创新中心。

文化产业园区规范引导：统筹推进各级各类文化产业园区（基地）建设，严格认定标准，建立退出机制。加强国家广告产业园区建设。

（四）强化文化科技支撑。落实中央财政科技计划管理改革的有关要求，通过优化整合后的科技计划（专项、基金等），支持符合条件的文化科技项目。运用云计算、人工智能、物联网等科技成果，催生新型文化业态。加强虚拟现实技术的研发与运用。推动“三网融合”。制定文化产业领域技术标准，深入推进国家文化科技创新工程。依托国家级文化和科技融合示范基地，加强文化科技企业创新能力建设，提高文化核心技术装备制造水平。加强文化资源的数字化采集、保存和应用。

专栏17　文化科技创新工程

宽带广电建设：加快建设下一代广播电视网，开发智能电视操作系统和融合终端，发展“电视+语音+互联网+智能家居+智慧城市”等综合业务。

广播影视数字化提升：推进广播电视台数字化建设，建设影院信息化管理与服务体系和电影市场技术监管体系，加强电视和电影前沿技术研究应用。

数字出版创新：建立国家知识服务平台，搭建新闻出版内容生产与分销等平台。支持发展绿色印刷、纳米印刷。

艺术呈现技术提升：加快新型灯光、音响、机械、视效、特效、智能展示等研发应用，提升艺术展演展陈数字化、智能化、网络化水平。

八、传承弘扬中华优秀传统文化

坚守中华文化立场，坚持客观科学礼敬的态度，扬弃继承、转化创新，推动中华文化现代化，让中华优秀传统文化拥有更多的传承载体、传播渠道和传习人群，增强做中国人的骨气和底气。

（一）加强中华优秀传统文化研究挖掘和创新发展。系统梳理中华文化的历史渊源、发展脉络、时代影响，阐明中华文化的独特创造、价值理念。厘清中华优秀传统文化的内涵，改造陈旧的表现形式，赋予新的时代内涵和现代表达形式。加强中华优秀传统文化典籍整理和出版，推进文化典籍资源数字化。推动文博单位开发相关文化创意产品。

（二）开展中华优秀传统文化普及。完善中华优秀传统文化教育，加强中华文化基因校园传承。推动中华优秀传统文化图书音像版权资源共享。加强戏曲保护与传承。普及中华诗词、音乐舞蹈、书法绘画等，举办经典诵读、国学讲堂、文化讲坛、专题展览等活动。鼓励媒体开办主题专栏、节目。利用互联网，推动中华优秀传统文化网络传播。加强语言文字研究和信息化开发应用，大力推广和规范使用国家通用语言文字，科学保护各民族语言文字。

（三）加强文化遗产保护。大力强化全社会文物保护意识，加强世界文化遗产、文物保护单位、大遗址、国家考古遗址公园、重要工业遗址、历史文化名城名镇名村和非物质文化遗产等珍贵遗产资源保护，推动遗产资源合理利用。加强馆藏文物保护和修复。建立健全国家文物督察制度，完善文物登录制度。规范文物流通市场，加大非法流失海外中国文物追索力度。加强考古发掘和整理研究。健全非物质文化遗产保护制度。加强国家级文化生态保护实验区建设，支持非物质文化遗产展览、展示、传习场所建设。推进非物质文化遗产生产性保护。

专栏 18　文化遗产保护工程

国家珍贵文化和自然遗产保护利用：加强国家文化和自然遗产保护利用设施建设、重大文物保护维修，改善基础设施条件。

重点文物保护：实施长城、大遗址、世界文化遗产、文物保护单位等重大文物保护维修，开展水下文化遗产保护，进行国有可移动文物抢救性修复。

考古与大遗址保护：对古代遗址有重点地进行系统考古发掘整理和有效保护，深化重大专题研究。推进重要遗产保护项目。开展重点海域专项调查和水下考古发掘保护项目，划定一批水下文物保护区。

南海水下文化遗产保护：建设水下考古中心南海基地，开展南海水下文化遗产考古调查和抢救性保护。

传统村落保护利用：编制总体规划，完善基础设施，对国家和省级重点文物保护单位集中连片的传统村落进行整体保护利用。

文物数字资源共享：加快文物藏品数字化保藏，推进数字故宫、数字敦煌、数字丝绸之路和中国人民抗日战争数字博物馆建设。

非物质文化遗产保护与传承：对国家级非物质文化遗产代表性传承人实行抢救性记录，实施传承人群研修研习培训计划，加强非物质文化遗产保护利用设施建设。

（四）传承振兴民族民间文化。加强对民间文学、民俗文化、民间音乐舞蹈戏曲、少数民族史诗的研究整理，对濒危技艺、珍贵实物资料进行抢救性保护。扶持民族民间文化社团组织发展。规范和支持非国有博物馆建设。把民族民间文化元素融入新型城镇化和新农村建设，发展有历史记忆、地域特色、民族特点的美丽城镇、美丽乡村。打造一批民间文化艺术之乡。

（五）保护和发展传统工艺。加强对中国传统工艺的传承保护和开发创新，挖掘技术与文化双重价值。推动传统工艺走进现代生活，运用现代设计改进传统工艺，促进传统工艺提高品质、形成品牌、带动就业。

专栏 19　中华文化传承工程

中华文化资源数据库建设：统筹规划、加强协调，推动全国文化遗产、古籍资源、少数民族文化资源、民间口头文学、老唱片、电影档案等文化资源数字化建设，搭建文化数据共享平台。

中国古代典籍整理：实施中华古籍保护计划，编修《国家珍贵古籍名录》，推进基础性古籍、散失海外中华古籍、出土文献、古代社会档案等整理出版，统筹推进古籍整理出版数字化。基本完成古籍普查工作，推出300种国家重点古籍整理出版项目。

中国近现代典籍整理：实施民国时期文献保护计划。分期分类梳理近现代重要典籍文献，编纂《复兴文库》。

史志编修：加强中国共产党史、中华人民共和国史编修，加强地方史编写和边疆历史地理研究。完成省、市、县三级地方志书出版工作。开展旧志整理和部分有条件的镇志、村志编纂。

文化经典普及：编纂出版《中华传统文化百部经典》等著作，拍摄《记住乡愁》《中华文化基因》等系列历史文化专题纪录片。

历史文化记录：实施国家记忆计划。抓紧历史文化记录和保护，重点做好影像记录、口述历史、记忆整理等项目。

国家文化公园建设：依托长城、大运河、黄帝陵、孔府、卢沟桥等重大历史文化遗产，规划建设一批国家文化公园，形成中华文化重要标识。

中华优秀传统文化进校园：将中华优秀传统文化教育融入课程和教材体系，提升教育师资水平，分学段有序推进。推进戏曲进校园。

中华优秀传统文化教育基地建设：发挥历史文化名城、名镇、名街、名村、名人故居以及名战场等的作用，推动主题特色公园建设，推出专题游览路线，形成若干教育基地。

中华民族音乐传承出版：搜集整理民族传统音乐曲谱，完成对珍贵录音录像资料的数字化保护，建设民族音乐资源库，支持民族音乐创新出版传播方式。

民族民间文化典藏与传播：建设传统表演艺术基本动作、传统乐器声学资源和传统文化特征色彩的数字化典藏，建立中国皮影、木偶等艺术音像资源库。

传统工艺振兴：制定传统工艺振兴目录，扶持一批传统工艺项目，建设一批传统工艺工作站，推动形成一批具有民族特色的知名品牌。

九、提高文化开放水平

推动中华文化走出去，统筹对外文化交流、传播和贸易，创新方式方法，讲述好中国故事，阐释好中国特色，让全世界都能听到听清听懂中国声音，不断增强中国国际话语权，使当代中国形象在世界上不断树立和闪亮起来。

（一）加强国际传播能力建设。提升重点媒体国际传播能力，加强项目实施效果评估。建设国家新闻发布平台。推动理论创新、学术创新和表达创新，把话语体系建设研究成果转化为外宣工作资源，在国际上推动形成正确的中国观。

（二）扩大文化交流合作。用好中外人文交流机制，深化政府间文化交流。加强与“一带一路”沿线国家文化交流合作。推进国际汉学交流和中外智库合作。支持民间力量参与对外文化交流，发挥海外侨胞的积极作用。鼓励社会组织、中资机构等参与海外中国文化中心、孔子学院建设。扩大与海外青少年文化交流。加强与港澳台文化交流合作，共同弘扬中华文化。

（三）发展对外文化贸易和投资。培育对外文化贸易主体，鼓励和引导各种所有制文化企业参与文化产品和服务出口，加大内容创新力度，打造外向型骨干文化企业。稳定传统优势文化产品出口，利用跨境电子商务、市场采购贸易等新兴贸易方式，提高数字文化产品的国际市场竞争力，推动文化装备制造技术标准走出去。支持中华医药、中华烹饪、中国园林、中国武术等走出去。大力发展文化服务外包。鼓励各类企业在境外开展文化投资合作，建设国际营销网络，扩大境外优质文化资产规模。支持文化企业参加重要国际性文化节展。

（四）吸收借鉴国外优秀文化成果。统筹引进来和走出去，以我为主、为我所用，积极吸收借鉴国外有益文化成果、先进经营管理理念和有益做法经验。吸引外商投资我国法律法规许可的文化产业领域，推动文化产业领域有序开放，提升引进外资质量和水平。鼓励文化单位同国外有实力的文化机构进行项目合作，学习先进制作技术和管理经验。开展知识产权保护国际合作。

十、推进文化体制改革创新

遵循社会主义精神文明建设规律，把握文化创作生产传播特点，进一步发挥市场在文化资源配置中的积极作用，加强制度创新，构建确保把社会效益放在首位、社会效益和经济效益相统一的体制机制，调动全社会参与文化发展改革的积极性、主动性、创造性。

（一）全面深化文化体制改革。正确处理党委、政府、市场、社会之间的关系，建立健全党委领导、政府管理、行业自律、社会监督、企事业单位依法运营的文化体制机制。加大供给侧结构性改革力度，增强文化产品和服务有效供给。深化公益性文化事业单位改革，强化社会服务功能。推动国有文化企业加快完善文化生产经营机制，提高市场开发和营销能力。引导非公有资本有序进入、规范经营，鼓励社会各方面参与文化创业。科学区分文化建设项目类型，可以产业化、市场化方式运作的以产业化、市场化方式运作。推广政府和社会资本合作（PPP）模式，允许社会资本参与图书馆、文化馆、博物馆、剧院等公共文化设施建设和运营。加强文化领域重要基础性制度研究和评估，进一步完善体制机制。

（二）完善文化管理体制。加快文化立法进程，强化文化法治保障，全面推进依法行政。抓好公共文化服务保障法、网络安全法、电影产业促进法等法律的实施。深化文化行政管理体制改革，推动政府职能转变，赋予文化企事业单位更多的法人自主权。健全互联网管理领导体制，加强互联网文化管理法规制度建设，完善有关管理工作联动机制。健全国有文化资产管理体制机制。深化文化市场综合行政执法改革，理顺执法机构与有关行政管理部门之间的关系，全面落实行政执法责任制。推进文化类社会组织和行业自律建设，深化文联、作协、记协改革。

专栏 20　文化法律制度建设

法律建设：制定文化产业促进法、公共图书馆法等，修订著作权法、文物保护法等。

行政法规建设：制定全民阅读促进条例、未成年人网络保护条例、文化市场综合行政执法管理条例、志愿服务条例等，修订电影管理条例、互联网上网服务营业场所管理条例、印刷业管理条例等。

部门规章建设：修订互联网新闻信息服务管理规定等。

（三）深化文化事业单位改革。分类推进文化事业单位改革，进一步明确不同单位的功能定位。深化人事、收入分配、社会保障、经费保障等制度改革，加强绩效评估考核。推动公共文化馆、图书馆、博物馆、美术馆等建立事业单位法人治理结构。加大对党报党刊、通讯社、电台电视台、时政类报刊社、公益性出版社等主流媒体扶持力度，加强内部管理，严格实行采编与经营分开，规范经营活动。在坚持出版权、播出权特许经营前提下，允许制作和出版、制作和播出分开。

（四）建立健全有文化特色的现代企业制度。加快国有文化企业公司制股份制改造，科学设置内部组织结构，强化经营管理。深化内部改革。完善社会效益和经济效益综合考核评价指标体系，建立健全社会效益的具体评价标准，建立考核结果与薪酬分配挂钩的绩效考核制度。推动党政部门逐步与所属文化企业脱钩，理顺主管主办单位与出资人机构关系。

专栏 21　文化体制机制建设

国有文化资产监管：建立健全党委和政府监管有机结合、宣传部门有效主导的管理模式和工作机制，推动实现管人管事管资产管导向相统一。健全国有文化资产监督管理基础制度和管理办法。

综合考核评价指标体系建设：制定新闻网站、出版发行、影视、演艺等不同类别国有文化企业考核评价办法，明确社会效益指标考核权重占 50% 以上。

新闻出版传媒企业特殊管理股试点：在从事互联网新闻信息服务、网络出版、信息网络传播视听节目服务等须取得行政许可业务的互联网企业，以及按规定转制的重要国有传媒企业开展试点，推动特殊管理股制度成为新闻出版传媒领域一项重要制度安排。

文化事业单位内部改革：推动公共文化馆、图书馆、博物馆、美术馆等建立理事会制度。推动新闻媒体建立健全对采编和经营活动的不同管理制度和考核办法。规范广播电台、电视台制播分离改革。

国有文化企业内部组织结构建设：完善法人治理结构，实行党委成员以双向进入、交叉任职的方式进入董事会、监事会和经营管理层，建立健全编辑委员会、艺术委员会等专门机构。

国有文化企业干部人才管理：完善国有文化企业管理人员分类分层管理制度、经济效益和社会效益综合考核制度。开展国有控股上市文化企业股权激励试点。开展国有文化企业职业经理人制度试点。

文化类社会组织培育：加强对文化领域行业组织建设的指导，深化协会、商会等改革，健全内部管理制度。

十一、加强文化人才队伍建设

坚持党管干部、党管人才，突出抓好思想政治建设，全面提高能力素质，加快培养造就一支政治坚定、业务精湛、作风优良、党和人民放心的文化人才队伍。

（一）加强思想政治建设和职业道德建设。选好配强宣传思想文化单位领导班子，做到讲政治、强党性、敢担当、勇创新、严律己。大力加强马克思主义新闻观、文艺观教育，开展分层分类培训。深入开展“深入生活、扎根人民”“走基层、转作风、改文风”等主题实践活动。

（二）培养造就高层次人才。加强领军人才建设，建立健全重大文化项目首席专家制度，培养集聚一批有深厚马克思主义理论素养、学贯中西的思想家和理论家，造就一批人民喜爱、有国际影响的学术大家、艺术大师和民族文化代表人物。加强新闻出版传媒领域高层次人才培养。实施中国特色新型智库高端人才培养计划，壮大公共政策研究和决策咨询队伍。加强文化产业投资运营、文化企业管理、媒体融合发展、网络信息服务等方面复合型人才、紧缺人才培养，多渠道引进海外优秀文化人才。

（三）加强基层宣传文化人才队伍建设。推动解决基层宣传文化单位人员配备、基本待遇、工作条件等方面的实际问题，表彰长期坚守基层、业绩突出的先进工作者，建强基层宣传文化队伍。打造专兼结合的基层工作队伍，扶持民间文艺社团、业余队伍，培养乡土文化能人、民族民间文化传承人和各类文化活动骨干。强化职业院校文化艺术类专业建设，鼓励民间艺人、技艺大师到职业院校兼职任教。深入推进服务农民、服务基层文化建设先进集体创建活动。加强西部及边疆地区基层文化人才队伍建设。大力发展文化志愿者队伍，鼓励社会各方面人士提供公共文化服务、参与基层文化活动。

专栏 22　文化人才队伍建设

文化名家暨“四个一批”人才工程：遴选扶持一批哲学社会科学、新闻出版、广播影视、文化艺术和文物保护、文化经营管理、文化科技等方面高层次人才，培养造就一批有较大影响的领军人才和学术带头人。

地方县级和城乡基层宣传思想文化队伍建设：加强县级宣传文化部门领导班子和重要阵地干部管理。大规模开展基层队伍教育培训，健全培训工作机制，开展全员培训。配齐配好乡镇、村和街道、社区宣传文化工作人员，加大专业技术人才培养力度，支持民间文化人才队伍发展。推进东西部地区培训工作交流合作、对口支持。

国家文化荣誉制度：按照党和国家功勋荣誉表彰制度要求，建立健全国家级文化荣誉称号，表彰奖励有杰出贡献的文化工作者。

十二、完善和落实文化经济政策

加大政策创新和执行力度，进一步健全文化经济政策体系，增强针对性、拓展覆盖面，更好地发挥引导激励和兜底保障作用，为坚持把社会效益放在首位、社会效益和经济效益相统一提供强有力的支撑。

（一）加强财政保障。完善公共财政文化投入机制，多渠道筹措资金支持文化发展改革。合理划分各级政府在文化领域的财政事权和支出责任，明确地方主体责任。进一步完善转移支付体制，加大中央和省级财政转移支付力度，重点向革命老区、民族地区、边疆地区、贫困地区倾斜，落实对国家在贫困地区安排的公益性文化建设项目取消县以下（含县）以及西部地区集中连片特困地区地市级配套资金的政策。加大政府性基金与一般公共预算的统筹力度。中央和省级财政继续设立宣传文化发展专项资金，整合设立中央补助地方公共文化服务体系建设专项资金。加大政府向社会力量购买公共文化服务的力度。中央和地方设立文艺创作专项资金或基金。创新文化产业发展专项资金管理模式，提高资金使用效益。加大文化企业国有资本经营预算投入，补充企业资本金。省属重点文化企业，经省级政府批准，2020年底前可免缴国有资本收益。建立财政文化预算安排与资金绩效评价结果挂钩制度。通过政府购买服务、原创剧目补贴、以奖代补等方式，着力扶持文艺院团发展改革。

（二）落实和完善文化税收政策。落实经营性文化事业单位转制为企业以及支持文化创意和设计服务、电影、动漫、出版发行等文化企业发展的相关政策，落实支持社会组织、机构、个人捐赠和兴办公益性文化事业的相关政策。研究非物质文化遗产项目经营等方面的税收优惠政策。按照财税体制改革的总体要求，结合文化产业发展的实际需要，完善相关政策，加强对政策执行情况的评估督察，推动文化企业把社会效益放在首位、更好实现社会效益和经济效益有机统一。

（三）发展文化金融。鼓励金融机构开发适合文化企业特点的文化金融产品。支持符合条件的文化企业直接融资，支持上市文化企业利用资本市场并购重组。规范引导面向文化领域的互联网金融业务发展。完善文化金融中介服务体系，促进文化金融对接。探索开展无形资产抵押、质押贷款业务。鼓励开发文化消费信贷产品。

（四）健全文化贸易促进政策。简化文化出口行政审批流程，清理规范出口环节经营性服务和收费，推进文化贸易投资外汇管理便利化，提高海关通关便利化。加强对外文化贸易公共信息服务，分领域、分国别发布国外文化市场动态和文化产业政策信息。支持开展涉外知识产权维权工作。

（五）加强文化建设用地保障。将文化用地纳入城乡规划、土地利用总体规划，在国家土地政策许可范围内，优先保证重要公益性文化设施和文化产业设施、项目用地。修改城市用地分类与规划建设用地标准，完善文化设施用地类型，增加建设用地混合使用要求，保障文化事业文化产业发展。新建、改建、扩建居民住宅区，按照国家有关规定规划和建设相应的文化体育设施。鼓励将城市转型中退出的工业用地根据相关规划优先用于发展文化产业。

十三、组织实施

各级党委和政府要从全局和战略高度，充分认识“十三五”时期文化发展改革的重要意义，把本规划纲要提出的目标任务纳入经济社会发展全局，作为评价地区发展水平、衡量发展质量和考核领导干部工作业绩的重要内容，切实加强组织领导，抓好贯彻实施，力戒形式主义。要牢牢把握文化发展改革的正确方向，坚持和完善党委统一领导、党政齐抓共管、宣传部门组织协调、有关部门分工负责、社会力量积极参与的工作体制和工作格局，形成推动文化建设的强大合力。

中央网信办、文化部、新闻出版广电总局要根据本规划纲要，抓紧制定本领域的专项规划，报中央文化体制改革和发展工作领导小组批准后实施。国家发展改革委、财政部、国土资源部、商务部、税务总局等要按照职责分工，切实落实有关政策，做好各项重点工程的实施和保障。中央文史馆、国务院参事室等相关部门要积极发挥作用。各地要结合实际，编制好本地区文化发展改革规划。各地区各有关部门要加强对本规划纲要实施情况的跟踪分析和监督检查，推动各项任务措施落到实处。

中共中央办公厅、国务院办公厅

2017 年 5 月 7 日

信息来源：中国政府网

【关于加强文化领域行业组织建设的指导意见，2017 年 5 月 11 日】

2017 年 5 月，中共中央办公厅、国务院办公厅印发《关于加强文化领域行业组织建设的指导意见》，并发出通知，要求各地区各部门结合实际认真贯彻落实。

《关于加强文化领域行业组织建设的指导意见》主要内容如下。

为深入贯彻落实中央关于深化文化体制改革和创新社会治理体制的有关部署要求，推动文化领域行业组织健康有序发展，现提出如下指导意见。

一、重要性和紧迫性

改革开放以来特别是近年来，随着文化体制改革全面推进和社会体制改革不断深化，文化艺术、新闻出版、广播影视、网络文化等领域涌现出一大批行业组织，在提供决策咨询、服务行业发展、规范市场秩序、扩大对外交往等方面发挥了积极作用。同时也要看到，文化领域行业组织总体发展不够、活力不足，还不能适应文化事业、文化产业迅速发展的要求；一些行业组织党的建设缺失，党的领导弱化，有的职能定位不清晰、内部治理不规范，没有很好地发挥应有作用；一些"山寨社团""离岸社团"四处敛财、屡禁不绝，侵害了社会公众权益，亟待加以解决。

当前，我国文化改革发展进入新阶段，文化领域行业组织建设面临着新的形势和任务要求。落实全面深化改革的总目标，推进国家治理体系和治理能力现代化，需要加强和改进党对文化领域行业组织的领导，创新行业组织管理体制和运行机制，提高文化管理效能。协同推进文化建设与社会建设，激发全社会文化创造活力，需要在行业组织建设大框架下，把握文化建设特点和规律，引导文化领域行业组织更好地发挥自身功能和独特优势。把文化领域各方面企事业单位和广大文化工作者联系起来，汇聚起繁荣发展社会主义先进文化的合力，需要补齐行业组织发展的短板，推动行业组织全面加强自身能力建设。各地区各部门必须从全局和战略高度，充分认识加强文化领域行业组织建设的重要意义，增强做好工作的责任感和使命感。

二、总体要求

全面贯彻党的十八大和十八届二中、三中、四中、五中全会精神，以邓小平理论、"三个代表"重要思想、科学发展观为指导，深入学习贯彻习近平总书记系列重要讲话精神，紧紧围绕统筹推进"五位一体"总体布局和协调推进"四个全面"战略布局，牢固树立和落实新发展理念，坚持中国特色社会主义文化发展道路，坚持文化自信，坚持把社会效益放在首位，一手抓积极引导发展、一手抓严格依法管理，着力健全党委统一领导、政府有效监管、分级负责、协调配合的行业组织管理体制机制，构建结构合理、富有活力、服务高效、治理完备的行业组织体系，引导行业组织更好地服务文化企事业单位、服务广大文化工作者、服务行业发展、丰富群众文化生活，促进社会主义文化繁荣发展。

切实加强党对文化领域行业组织的政治领导、思想领导、组织领导，以社会主义核心价值观为引领，确保正确发展方向。落实社会组织、行业组织改革有关部署，体现文化例外要求，区别对待、分类施策，加强制度设计，推进改革创新，激发行业组织内在活力和发展动力。依法依规，健全准入退出机制，放管服并重，完善扶持措施，强化事中事后监管，尊重行业组织主体地位，优化行业组织发展环境。加强行业组织自身能力建设，提升自治水平和自我发展能力，在服务会员发展、规范行业秩序、开展行业自律、制定团体标准、维护会员权益、调解贸易纠纷等方面发挥积极作用。

三、明确职能定位

当好桥梁纽带，畅通党委、政府与市场、社会之间的联系。文化领域行业组织要牢固树立政治意识、大局意识、核心意识、看齐意识，认真学习贯彻党中央精神，落实党中央、国务院关于文化改革发展的决策部署，及时向全行业传递党和政府的声音。适应深化行政体制改革要求，做好政府有关职能转变的承接工作，参与制定政策法规、行业规划、行业标准和技术规范，根据相关管理规定和授权开展资质认证、人才评价、等级评定等工作。做好参谋助手，向党委和政府反映行业组织的重大事项、行业发展情况和行业诉求，为科学决策提供咨询服务。

强化社会责任，体现价值引领和文化担当。把社会主义核心价值观要求贯穿到行业组织运行管理的各方面和全过程，推进企业文化建设，引导会员单位和从业人员自觉践行社会主义核心价值观。坚持以人民为中心的发展思想和工作导向，团结广大文化工作者，推进文化创新，推出更多精品力作，唱响主旋律、传播正能量。发挥文化领域资源优势，组织开展公益性文化活动和文化志愿服务，丰富群众文化生活，坚定文化自信，增强文化自觉。

服务会员单位和广大文化工作者，促进文化事业全面繁荣、文化产业快速发展、优秀传统文化传承弘扬。支持大众创业、万众创新，推动文化产业发展方式转变。搭建综合服务平台，回应会员关切，维护会员合法权益。根据授权发布行业信息和发展报告。加强理论和实践研究，组织培训、交流、研讨、咨询等活动。参与行业新技术新产品鉴定及推广，受政府委托或根据市场和行业发展需要举办、承办以及参与国内外文化展会。组织开展对外文化交流和文化贸易促进活动，推动中华文化走出去。全国性行业组织在对外行业性谈判和交涉中要发挥积极作用，主动参与相关国际规则和技术标准制定。

推进行业自律与诚信建设，规范行业发展秩序。制定有文化特色的行规行约，把牢方向导向，规范会员单位和从业人员行为。把诚信自律建设内容纳入行业组织章程，制定诚信守则，建立失信惩戒机制。建立健全行业道德规范和职业道德准则，强化道德调节，激励向上向善。推动文化产品和服务合理定价，抵制侵权盗版、假冒欺诈、价格虚高，维护公平竞争秩序。新闻出版传媒领域的行业组织，可探索建立道德委员会。网络文化领域的行业组织，应积极参与网络空间治理，推动净化网络环境。

四、做好培育发展工作

加大培育力度，优化布局结构。全面加强文化艺术、新闻出版、广播影视、网络文化等领域行业组织建设，进一步深化改革、加快发展，扶持和打造一批具有代表性、排头兵地位的文化领域行业组织。积极发展公共文化、创意设计、文化科技、文化贸易、网络文艺、动漫游戏、休闲娱乐、传统工艺、广告会展、艺术品经营等方面的行业组织。推动有条件的省（自治区、直辖市）组建文化产业协会（促进会）。鼓励民办图书馆、博物馆、美术馆等社会服务机构成立行业组织。条件成熟的地方性行业组织可申请成立区域性行业组织，同一领域行业组织可申请成立联合性组织。

推动文化领域行业组织扩大覆盖面，提升服务能力。图书馆、文化馆、博物馆、美术馆等方面的行业组织，要积极发展社会服务机构会员。新闻出版、广播影视等领域行业组织，要适应传统媒体和新兴媒体融合发展新形势，向新媒体领域拓展。网络文化领域行业组织要注重吸纳有代表性的会员单位和人士，提高社会影响力。文化产业协会（促进会）要广泛发展多领域、多业态、多种所有制的会员，发挥上市文化公司的行业带头作用，吸纳支柱型、领军型、特色型文化单位广泛参与。加强行业组织服务创新能力建设。鼓励政治性强、有实力的行业组织丰富服务模式，充分利用移动互联网平台和渠道，扩大影响力。

完善扶持行业组织发展的政策措施。加快政府职能转变，厘清行政机关和行业组织的职能边界，适合由行业组织提供的事务性管理工作及公共服务，可通过竞争性方式交由行业组织承担。将适宜委托行业组织承担的服务事项纳入政府购买服务范围，加强信息公开和绩效管理，充分发挥各级宣传文化、民政等相关专项资金引导作用。符合条件的行业组织可按规定享受税收优惠政策。鼓励社会力量支持和资助行业组织发展。鼓励各类人才到行业组织创业就业。

五、加强自身建设

按照应建尽建的原则，推动党组织全覆盖、党的工作全覆盖。凡有三名以上正式党员的行业组织，都要成立党的组织；不足三名的，可本着行业相近和地域相近的原则联合建立党组织；暂不具备组建条件的，可通过选派党建工作指导员、联络员或建立工会、共青团组织等途径开展党的工作，条件成熟时及时建立党组织。按照一方隶属、参加多重组织生活原则，组织暂未转移组织关系的党员参加行业组织党组织活动，探索建立“功能型”“复合式”等党组织。创新党组织活动内容和方式，鼓励党组织结合行业组织特点和职工群众需求开展活动，增强凝聚力、吸引力、影响力。行业组织党组织要自觉接受上级党组织的领导，及时学习传达贯彻中央精神，认真组织开展“学党章党规、学系列讲话，做合格党员”学习教育。严明党的政治纪律、组织纪律、廉洁纪律、群众纪律、工作纪律、生活纪律，加强对党员的教育、管理、监督和服务。

充分发挥党组织的政治核心作用，推动行业组织党组织建设与内部法人治理结构相衔接。建立健全行业组织党组织参与行业组织重大问题决策等制度机制，善于通过党组织会议和会员（代表）大会、理事会等，把党的意志主张转化为行业组织的决策行动。鼓励党组织负责人和行业组织负责人双向进入、交叉任职，提倡党员行业组织负责人担任党组织书记。

加强分类指导，建立健全行业组织法人治理结构。设立结构合理、规模适中的理事会及常务理事会，严格按规定换届选举。全国性行业组织要完善会员（代表）大会、理事会、监事（会）制度。规范行业组织负责人任职资格。

加强内部管理制度建设。科学设置行业组织内设部门和分支（代表）机构，不得在分支（代表）机构下再设分支（代表）机构，不得设立地域性分支机构。建立健全财务、审计和资产管理制度。行业组织不得强制文化单位或个人入会、摊派会费、派捐索捐、强拉赞助，不得从事行政性中介活动，不得擅自编印、发行内部报刊。加强对自办网站和“两微一端”等网上平台的管理。建立重大事项、重要活动等方面的信息公开制度，接受会员、新闻媒体和社会公众监督。

六、强化规范管理

进一步明确文化领域行业组织成立的条件和程序。行业组织名称应当与其宗旨、业务范围、成员分布、活动地域相一致，准确反映其特征。严格规范全国性行业组织的成立，加强规划指导，压缩总量、控制数量、提高质量，要从成立的必要性、发起人的代表性、会员的广泛性等方面认真加以审核，由文化、新闻出版广电、网信等部门提出意见，征求党委宣传部门意见，按国家有关规定报批。活动地域跨省（自治区、直辖市）的行业组织比照全国性行业组织从严审批。对于跨行业、业务宽泛、不易界定的行业组织，按照明确、清晰、聚焦主业的原则，加强名称审核、业务范围审定，同时听取利益相关方和管理部门意见，严格加以控制。新闻网站、商业网站、企业网站等各类网站以及“两微一端”运营机构不得自行成立有相对固定组织机构的联盟、协会等全国性合作组织。

建立健全文化领域行业组织综合管理体系。推动各地区各有关部门各司其职、协调配合、分级管理，对行业组织统一登记、依法监管、做好服务。落实行业协会商会与行政机关脱钩总体方案，精心组织试点工作，稳妥有序推进改革，引导和推动行业组织成为政社分开、依法自治、权责明确的法人主体。对于承担特殊职能、涉及意识形态安全和文化安全，确需实行业务主管单位和登记管理机关双重管理的行业组织，业务主管单位要全面负起管理责任，做好行业组织成立登记、变更登记、注销登记前的审查，监督指导行业组织依法依章程开展活动。建立健全行业组织评估标准，完善退出机制。规范行业组织涉外合作与涉外交往活动，不得与危害我国国家安全和利益的境外组织或个人合作，依法管理境外行业组织在境内的活动。

依法处理文化领域行业组织违法违规行为。宣传文化、民政部门会同有关部门对行业组织违反社会组织管理相关规定的行为及时进行整治。组织开展多部门联合执法，打击行业组织违法行为，依法取缔未经登记、擅自以行业组织名义活动的非法组织，依法取缔非法编印的内部报刊，依法追究相关责任人的法律责任。建立行业组织“异常名录”和“黑名单”。各类媒体对行业组织开展的活动进行报道前，应加强甄别，确认该组织的合法性，验证其是否具有民政、公安部门制发的登记证书或有关部门批准的有效文件，不得对“山寨社团”“离岸社团”和非法在境内开展文化活动的境外组织进行宣传报道。网信部门指导有关部门督促域名注册管理和服务机构等做好域名注册，关闭有关非法网站。

严格党政领导干部在文化领域行业组织兼职。现职和不担任现职但未办理退（离）休手续的党政领导干部，不得在行业协会商会兼任职务，一般也不得在其他行业组织兼任职务，确因工作需要兼职的，须根据相关规定按干部管理权限从严审批，所兼任的行业组织业务须与本职业务工作相关。党政领导干部退（离）休后，本人无其他兼职，确因工作需要到行业组织兼职的，须根据相关规定按干部管理权限审批或备案，兼职期间要发挥好政治把关、经验指导、业务传授等方面的作用。兼职不得领取薪酬和获取其他额外利益，确属需要的工作经费，要从严控制，不得超过规定标准和实际支出。党政领导干部未经批准不得发起成立行业组织。

七、组织实施

各级党委和政府要高度重视文化领域行业组织建设工作，切实加强组织领导，抓紧制定具体实施方案，推动行业组织健康有序发展。中央文化体制改革和发展工作领导小组要加强统筹指导，建立部际会商工作机制，对文化领域行业组织建设的重大问题进行研究部署，细化责任分工，明确时间进展，狠抓任务落实。宣传部门、民政部门牵头协调，民政部门加大登记审查、监督检查、执法查处力度，宣传、文化、新闻出版广电、网信等部门加强政策和业务指导并履行相关行业监管责任，发展改革、财政、税务、外事、公安等部门按职能分工做好监管和服务工作，审计机关依法进行审计监督。党委组织部门、党建工作机构要加强对行业组织党组织建设工作的管理和指导，脱钩的行业组织党组织按照中央有关工作部署归口管理，未脱钩的行业组织的党建工作由业务主管单位加强领导。

集中开展文化领域行业组织专项治理活动。中央网信办、文化部、新闻出版广电总局等部门要对全国性和跨省（自治区、直辖市）的文化领域行业组织进行摸底自查，对不具有全国性和行业代表性的以及长期不开展活动的“僵尸”组织，进行整合、调整，该更名的更名，该注销的注销，民政部等部门配合做好有关工作。其他中央和国家机关、群团组织也要对其主办、主管、联系、挂靠的文化领域行业组织进行自查自纠，对长期疏于管理的予以整顿。各省（自治区、直辖市）要结合自身实际开展专项治理。治理工作完成后，将合规的文化领域行业组织信息在统一平台上公布列示。

严格工作纪律和要求，认真执行国家有关政策法规和行业管理规定，重大问题及时请示报告，重大改革举措严格按照有关要求和程序报批。

中共中央办公厅、国务院办公厅
2017 年 5 月 11 日
信息来源：中国政府网

【“十三五”时期繁荣群众文艺发展规划，2017 年 5 月 11 日】

2017 年 5 月，为深入贯彻习近平总书记关于文艺工作的重要讲话精神和《中共中央关于繁荣发展社会主义文艺的意见》，文化部发布《“十三五”时期繁荣群众文艺发展规划》。

为深入贯彻习近平总书记关于文艺工作的重要讲话精神，根据《中共中央关于繁荣发展社会主义

文艺的意见》《中共中央办公厅、国务院办公厅关于实施中华优秀传统文化传承发展工程的意见》《国家"十三五"时期文化发展改革规划纲要》和《文化部"十三五"时期文化发展改革规划》相关要求，结合群众文艺工作实际，制定本规划。

一、总体要求

（一）指导思想

全面贯彻党的十八大和十八届三中、四中、五中、六中全会精神，深入贯彻习近平总书记系列重要讲话精神和治国理政新理念新思想新战略，紧紧围绕中央关于繁荣发展社会主义文艺和构建现代公共文化服务体系的战略部署，坚持社会主义先进文化前进方向，全面贯彻"二为"方向和"双百"方针，坚持以人民为中心的工作导向，坚持以社会主义核心价值观为引领，坚持创造性转化和创新性发展，坚定文化自信，以创作生产优秀作品为中心环节，以丰富人民群众精神文化生活、保障人民群众基本文化权益为出发点和落脚点，激发人民创造活力，繁荣群众文艺，维护国家文化安全，不断提升国民素质和社会文明程度，为构建现代公共文化服务体系和建设社会主义文化强国提供有力支撑。

（二）基本原则

坚持正确导向。以社会主义核心价值观为引领，创作生产人民群众喜闻乐见的优秀作品，组织提供人民群众乐于便于参与的文化服务和活动。从做好意识形态工作的高度出发，弘扬主旋律，传递正能量，巩固社会主义群众文艺阵地，推动人民群众精神文化生活不断迈上新台阶。

坚持群众主体。发扬党的群众文艺工作的优良传统，充分尊重人民群众主体地位和首创精神，以基层群众为服务对象和表现主体，坚持重心下移，完善扶持机制，引导群众自我表现、自我教育、自我服务，不断提升广大人民群众的获得感和幸福感。

鼓励社会参与。加大政府购买服务力度，培育和壮大群众文艺力量，吸引社会力量参与群众文艺创作和群众文艺活动，鼓励和支持公民、法人和社会组织通过资助项目、赞助活动、提供设施、捐赠产品等方式参与群众文艺工作。

坚持普及与提高相结合。发挥公共文化服务体系支撑作用，大力普及文艺知识，广泛开展群众文艺活动，以优秀的文艺成果丰富公共文化服务的内涵，不断提高全民文化艺术素养。

坚持继承和创新相结合。立足于传承和弘扬中华优秀传统文化，古为今用，推陈出新，加强创造性转化和创新性发展；丰富和拓展群众文艺题材、体裁、内容、形式和手法，使群众文艺更加符合时代进步潮流，更好弘扬中华美学精神。

（三）发展目标

到2020年，群众文艺工作网络进一步完善，创作生产机制更加健全，影响力进一步增强，广大人民群众参与的主动性和积极性明显提高，审美能力和艺术素养显著提升，基本形成群众创造活力迸发、优秀作品不断涌现、人才队伍日益壮大、文艺活动蓬勃开展的群众文艺繁荣发展新格局。

二、重点任务

（一）推出优秀群众文艺作品

1. 组织创作优秀群众文艺作品。组织聚焦中国梦、弘扬社会主义核心价值观、体现中国精神的群众文艺创作。继续开展中国文化艺术政府奖——群星奖的评奖工作，发挥国家级文艺评奖的示范、引领作用，带动全国群众文艺创作，推出一批优秀群众文艺作品。依托各类全国性文艺评奖项目和国家艺术基金资助项目，鼓励群众文艺作品积极参与和申报，形成优秀群众文艺作品的集群效应。加强优秀群众文艺作品创作工作，各省（区、市）围绕重大节庆和纪念日活动，组织开展主题性群众文艺创作；因地制宜，制定群众音乐、舞蹈、戏剧、曲艺、美术、书法、摄影、文学等专项创作计划，集中力量、集聚资源，推出一批反映时代风貌和基层群众生活的优秀群众文艺作品。

2. 激发群众文艺原创活力。坚持思想性、群众性、艺术性、公益性相统一，突出地域特色和民族特色，突出群众文艺创作贴近群众、生动鲜活、短小精悍的优势和特点，着力增强群众文艺作品的吸引力和感染力。省级、地市级文化馆确定年度选题和重点创作任务，每年推出一定数量、代表当地群众文艺创作水准的原创作品。坚持从实际出发，尊重群众意愿，推出更多易于推广、易于普及的群众文艺作品，让群众易学、易演。加强少数民族群众文艺作品创作，提升少数民族地区群众文艺创作水平。加强优秀群众文艺原创作品征集。

3. 加强对优秀文艺作品的传承创新。深入挖掘和提炼优秀传统文化中的有益思想和艺术价值，对优秀传统民间音乐、舞蹈、戏剧、曲艺作品等进行改编和艺术提升，并注入新的时代精神和创作元素。实施优秀舞台艺术作品移植改编计划，鼓励各地文化馆（站）移植改编优秀文艺作品，开展惠民演出。

专栏 1　优秀群众文艺作品创作提升

中国文化艺术政府奖——群星奖评奖。开展两届群星奖评奖工作，评选出 40 个获奖作品，发挥群星奖示范带动作用，推动优秀群众文艺作品创作。

优秀舞台艺术作品移植改编计划。在获得著作权使用许可的前提下，组织各地对专业文艺院团优秀作品和群星奖获奖作品进行移植改编，推出 100 个优秀舞台艺术作品，提供给基层公共文化单位演出。

网络群众文艺作品征集与传播计划。依托公共数字文化工程，通过网络组织征集、传播优秀网络群众文艺作品，推出 1000 部原创网络文学、网络音乐、网络动漫等作品。

（二）广泛开展群众文艺活动

4. 搭建群众文艺交流展示平台。组织开展群星奖获奖作品及优秀作品全国巡演，鼓励各省（区、市）开展各地巡演和省际交流巡演。开展区域性群众文艺交流展示活动，组织各级各类文艺汇演和城乡群众文化活动。推动群众文艺作品供需对接，实现优秀群众文艺作品有效传播。依托对外文化交流项目和海外中国文化中心，推动优秀群众文艺作品“走出去”，向世界讲好中国故事。

5. 打造群众文艺活动品牌。充分发挥群众文艺机构的骨干作用，利用当地特色文化资源，开展经常性群众文化活动，培育参与度高、影响面广、深受群众喜爱的品牌活动。创新群众文艺品牌活动形式和组织方式，提升活动内涵，吸引群众特别是青年人踊跃参与。充分发挥“中国民间文化艺术之乡”在群众文艺发展中的示范带动作用，形成各具特色的民间文化艺术活动品牌。按照“精品、惠民、节俭、可持续”的要求，办好中国老年合唱节、中国少年儿童合唱节、中国农民歌会、送欢乐下基层等示范性活动，带动各地群众文化活动蓬勃开展，坚决防止出现强迫命令、走过场、盲目追求“高大上”等脱离实际、脱离群众的问题。开展线上线下相结合的惠民文化服务。

6. 积极开展艺术普及活动。各级公共文化机构将开展艺术普及活动作为免费开放的重要内容，纳入基本服务项目，常年举办公益性艺术讲座、展览和培训活动。开展“戏曲进乡村”活动，普及推广戏曲艺术，丰富基层群众精神文化生活。开展“高雅艺术进校园”“戏曲进校园”活动，让广大学生接受艺术熏陶，提升艺术鉴赏能力。

7. 扶持和引导群众自办文化活动。依托传统节日，组织群众开展各项节庆文化活动。充分发挥群众主体性、积极性和创造性，引导广场舞、合唱、街舞等群众文艺活动健康、规范、有序开展。鼓励和扶持业余文艺团队自发开展活动。发挥文化大院、文化中心户、文化带头人的积极作用，推动开展社区、乡村、学校、企业、军营群众文化活动。

专栏 2　群众文艺示范性活动

优秀群众文艺作品推广活动。开展群星奖获奖作品及优秀作品巡演活动，并将其纳入各级政府购买公共文化服务范围，让广大群众共享优秀文化成果。探索群众文艺“走出去”路径，向海外推介优秀群众文艺作品，讲好中国故事。

“中国民间文化艺术之乡”建设。组织开展“中国民间文化艺术之乡”评审命名，加强建设管理，推动“中国民间文化艺术之乡”依托本地特色民间文艺资源，广泛开展群众文艺普及推广活动，带动基层群众文艺发展。

“戏曲进乡村”活动。对属于国家贫困地区范围的乡镇，每乡镇每两个月配送一场以地方戏为主的演出，解决农民看戏难的问题，形成政府、市场、社会协同推动农村文化建设的良好局面。

“永远的辉煌”——中国老年合唱节。每年举办一届，集中展现全国老年群众合唱活动的丰硕成果，吸引全国各地优秀老年合唱团参与。

中国少年儿童合唱节。每年举办一届，着眼于培养未成年人艺术素养，提高合唱水平，吸引全国各地优秀少儿合唱团参与。

“百姓大舞台”网络群众文化品牌活动。依托国家数字文化网、文化共享工程·中国文化网络电视等新媒体平台，将全国地方特色突出、区域影响力强、普惠效果好的群众舞台艺术演出、培训交流、展览展示品牌活动，进行优质资源采集和网络直播、展播及线上线下互动服务。建设特色网络群众文艺资源，纳入公共数字文化工程资源库。

广场舞普及推广行动。各级文化行政部门和各级文化馆，组织创作适于推广的优秀广场舞作品，举办广场舞编创人员培训班，加强对各地广场舞团队带头人的培训，开展广场舞普及推广活动，为基层提供交流平台和展示机会，培育一批有导向性、示范性的广场舞活动品牌。

（三）完善群众文艺工作机制

8. 发挥群众文艺机构引领作用。各级文化馆（站）、基层综合性文化服务中心等公共文化机构将繁荣群众文艺作为基本职能和重要任务，加强与基层文联、作协的沟通合作，统筹组织本地区群众文艺工作，发挥引领作用。有条件的文化馆可设立群众文艺创作室（中心），开展创作活动，承担区域内群众文艺创作规划、指导等工作，逐步形成分工明确、上下衔接的群众文艺工作网络。在有条件的社区、乡村、学校、企业、军营等建立群众文艺创作基地，加强群众文艺创作辅导。发挥文化馆协会、群众文化学会等行业组织在群众文艺作品创作、活动开展、经验交流、理论研究等方面的积极作用，将中国文化馆年会打造成为群众文艺交流展示研讨的平台。

9. 健全群众文艺创作机制。各级文化行政部门结合年度重大活动和中心工作，指导各级文化馆（站）开展群众文艺创作，在创作过程中注重发挥基层文联、作协作用。建立群众文艺创作人员采风机制，实现采风常态化。建立群众文艺作品提升机制，为新创作的作品搭建演出展示平台，加强交流研讨，帮助作品打磨、提升。

10. 建立专业文艺帮扶机制。依托“结对子、种文化”工作机制，通过“深入生活、扎根人民”主题实践活动，建立专业文艺指导帮扶群众文艺的有效机制，引导专业文艺院团、艺术院校、文联、作协对基层公共文化机构和群众文艺团队结对帮扶。推动各级艺术院团全面建立基层联系点制度，长期开展定点服务，培养和提升基层群众文艺人才，辅导群众艺术创作。

11. 加强群众文艺宣传推广。充分发挥中央和地方新闻媒体的作用，设置群众文艺专题栏目，为优秀群众文艺作品和人才提供展示平台。积极探索和运用新媒体，创新传播方式和手段，不断提高群众文艺品牌活动和优秀群众文艺作品的影响力。依托国家数字文化网和中国文化网络电视平台，借助微博、微信、移动客户端等载体，推动优秀群众文艺作品广泛有效传播。

12. 运用现代科技推动群众文艺工作。探索“互联网＋群众文艺”创作与传播新模式，制定并实施网络群众文艺创作和传播计划。鼓励有条件的群众文化活动场馆、创作演出团队采用现代科技手段，增强群众文艺作品的表现力和感染力。鼓励各级文化馆（站）业务骨干、群文工作者运用网络创作传播优秀作品。鼓励行业组织、互联网企业等社会力量搭建各类网络群众文艺展示平台，引导群众文艺网络社群健康发展。

专栏3　群众文艺工作机制建设

群众文艺创作采风计划。建立群众文艺创作人员采风机制，将采风与下基层辅导相结合，保证省级、地市级文化馆群众文艺创作人员每年都有不少于15天的采风时间，建立采风联系点，定期进行采风成果交流汇报，支持采风人员创作相关作品并进行展示。

专业文艺机构帮扶计划。开展专业文艺院团、艺术院校对基层公共文化机构、群众文艺团队结对帮扶活动。鼓励和支持有条件的县级文化馆及乡镇文化站建立与专业艺术机构的联系制度，开展艺术辅导，提升群众文艺工作水平。

群众文艺网络管理服务平台建设。以国家公共文化数字支撑平台为依托，搭建群众文艺网络管理服务平台，对群众文艺机构、队伍、作品及品牌项目等进行综合智能管理，建立群众文艺作品、活动项目、人才等资源库，实现群众文艺资源共建共享，有效对接群众需求，提升群众文艺资源的传播效率。

中国文化馆年会。通过每年一届的中国文化馆年会，为群众文艺作品交流展示、理论研讨提供平台，推动群众文艺繁荣发展。

（四）培育和壮大群众文艺力量

13. 健全群众文艺人才队伍。各级文化行政部门按照文化馆功能、任务和服务人口规模，合理设置群众文艺工作岗位，配备相应专业人员，建立科学合理的群众文艺工作评价考核和激励机制。建立群众文艺专家库，加强群众文艺理论研究和评论工作，提高群众文艺专业化水平。

14. 加强群众文艺骨干力量建设。加强群众文艺骨干队伍培训，促进艺术普及活动质量和水平提高。以各级文化馆（站）业务人员为主，吸收基层文联、作协创作人员和业余文艺社团骨干和业余文艺爱好者参与，建立群众文艺人才信息库。以国家级、省级群众文艺评奖、项目申报、重大活动为依托，推出一批群众文艺领军人才、一批群众文艺创作骨干。创新群众文艺人才引进机制，在有条件的文化馆（站）探索建立艺术家工作室。将群众文艺创作人才培养纳入全国基层文化队伍培训计划，逐步形成一支门类较为齐全的群众文艺创作队伍。

15. 加强基层群众文艺团队建设。根据群众文艺特点，积极发展群众音乐、舞蹈、戏剧、曲艺、美术、书法、摄影、文学等群众文艺团队。加强各级文化馆馆办文艺团队建设，引导管理规范、具备一定规模的群众文艺团队登记为文化类社会组织。发挥文化馆（站）培训和辅导功能，做好由文化馆（站）指导的群众业余文艺团队的管理和培训工作，扩大群众文艺团队规模，通过星级评定等措施，促进规范发展。结合社区文化、村镇文化、企业文化、校园文化、军营文化建设，培育积极健康、丰富多样的群众文艺团队。各级文化行政部门建立群众文艺团队信息库，加大对各类群众文艺团队的扶持力度，加强内容指导和队伍建设。鼓励各地对优秀群众文艺团队予以表彰奖励。

16. 发展和壮大群众文艺志愿者队伍。各级文化馆（站）建立文化志愿服务机制，鼓励和动员专家学者、专业艺术工作者参加群众文艺工作，通过教学帮带，提升群众文艺工作水平。加强基层群众文艺志愿者队伍建设，建立注册招募、服务记录、管理评价、教育培训机制。继续开展文化志愿服务品牌活动，推进“春雨工程”——全国文化志愿者边疆行活动、“大地情深”——国家艺术院团志愿服务走基层活动、“阳光工程”——中西部农村文化志愿服务行动计划，发挥品牌活动示范引导作用。会同中国文联文艺志愿服务中心开展文艺家志愿服务活动。

17. 加强群众文艺行业组织建设。认真落实中办国办《关于加强文化领域行业组织建设的指导意见》，支持中国文化馆协会、中国群众文化学会等规范发展。鼓励各地因地制宜发展群众文艺行业组织，引导其更好地参与群众文艺工作，助力群众文艺繁荣发展。

专栏 4　群众文艺人才队伍建设

群众文艺骨干培训计划。依托全国基层文化队伍培训计划，加大对群众文艺人才队伍的培训力度，“十三五”期间，对全国各级文化馆馆长、乡镇（街道）文化站站长进行系统轮训，对群众文艺创作、表演骨干人员进行专题培训。

优秀群众文艺团队扶持计划。通过加强技能培训、搭建交流平台、评选示范团队等形式，培养一批长期活跃在基层、深受群众喜爱的优秀团队。到 2020 年，培育优秀群众文艺团队 1000 个，文化馆馆办文艺团队 1 万个，经常开展活动的群众业余文艺团队 50 万个。

文化志愿者服务计划。推动各地开展以“大舞台”“大讲堂”“大展台”为主要形式的文化志愿服务活动，继续开展“春雨工程”——全国文化志愿者边疆行活动、“大地情深”——国家艺术院团志愿服务走基层活动、“阳光工程”——中西部农村文化志愿服务行动计划，加大对基层群众文艺创作辅导、技能培训和活动支持，配合开展文艺家志愿服务活动。

全民艺术普及技能提升计划。依据《国家基本公共文化服务指导标准》、文化馆（站）基本服务项目和内容，通过业务培训、技能比武及交流展示等形式，提升群众文艺工作者业务水平和服务能力；依托各级文化馆（站）、公共图书馆和基层综合性文化服务中心，通过集中办班、基层辅导、远程培训等多种形式，组织开展面向不同群体的文化艺术知识普及和培训服务。

（五）加强群众文艺阵地建设管理

18. 完善群众文艺工作网络。牢固树立阵地意识，各级文化馆（站）要用社会主义先进文化引领群众文艺健康发展。围绕构建现代公共文化服务体系，加快各级文化馆（站）、基层综合性文化服务中心、文化广场、文化大院等群众文艺阵地建设，建立覆盖全国的群众文艺设施阵地网络。制定和完善群众文化机构管理办法和业务规范，明确各级群众文化机构的功能定位、职责范围和重点任务，确保群众文艺健康发展。加强数字文化馆建设，搭建群众文艺创作和培训的数字化平台。推动各地办好群众文艺期刊、网站和栏目，提供交流展示平台，拓展传播渠道。

19. 加强群众文艺阵地规范管理。按照属地管理和“谁主管、谁负责”的原则，加强对各类群众文艺讲座、论坛、沙龙、读书会、演出展览、广场文化活动等的引导和管理，建立“一会一报”“一事一报”制度。加强文化市场综合执法，强化对社会力量主办的群众文艺报刊、出版物、网站等群众文艺阵地的管理。

20. 加强群众文艺内容管理。建立健全群众文艺作品和群众文化活动评价机制，把握正确导向，坚持弘扬社会主义核心价值观，旗帜鲜明地表达党的文艺立场、文艺方针。做好重点选题和热点敏感问题创作的审核把关，开展严肃的群众文艺批评，讴歌真善美，贬斥假恶丑，抵制庸俗低俗媚俗，营造积极健康、宽松和谐的群众文艺生态环境。

三、保障措施

（一）加强组织领导

各级文化行政部门切实加强对群众文艺工作的组织领导，将繁荣发展群众文艺纳入地方“十三五”文化发展规划，纳入繁荣发展社会主义文艺总体安排，纳入构建现代公共文化服务体系整体部署，纳入意识形态工作责任制，加强政治引领、把关。省级文化行政部门根据本规划制定实施方案，作为本地繁荣发展社会主义文艺工作的重点任务加以推进。地市和县级文化行政部门因地制宜制定年度工作计划，提出具体措施加以落实。

（二）加强经费支持

依托国家艺术基金等现有专项资金和基金渠道，鼓励有条件的地方设立繁荣群众文艺专项资金或群众文艺创作基金，支持开展面向基层的群众文艺项目及文艺活动，扶持重点作品创作。将优秀群众文艺演出和展示活动纳入各级政府购买公共文化服务范围，支持优秀群众文艺作品传播推广和惠民演出。加强群众文艺资金管理，制定经费使用管理制度或办法，提高资金使用效益，坚决防止发生侵害群众利益、浪费国家财产的问题。

（三）加强资源整合

依托县级文化馆总分馆制建设，加强城乡群众文艺资源整合和互联互通。加强与文联、作协、工会、共青团、妇联等团体和军队系统的群众文艺资源整合。促进群众文艺与旅游、体育项目相结合，打造一批具有地域特色、符合市场需求的群众文艺项目，促进群众文艺与旅游、体育等相关产业相结合。

（四）营造良好环境

按照中央关于文艺评奖改革精神，加强和改进群众文艺评奖工作，切实提高评奖的公信力和影响力。充分发挥全国服务农民、服务基层文化建设先进集体表彰机制的作用，引领各级文化馆（站）加强群众文艺工作。落实国家关于公益性文化单位改革的政策要求，支持文化馆（站）开展群众文艺工作。鼓励和引导各类业余文艺社团、民营剧团、文化类社会组织等社会力量积极参与群众文艺工作。加大对优秀群众文艺作品和人才的宣传力度，完善群众文艺人才激励机制，依法保护群众文艺作品知识产权，扩大群众文艺影响力和吸引力。

（五）强化责任落实

各级文化行政部门承担规划落实的主体责任。省级文化行政部门应将本规划与贯彻公共文化服务保障法和公共文化服务示范区创建工作有机结合，建立规划实施的监督检查机制，将规划实施情况作为对文化馆（站）绩效考核和评估定级的重要参考依据。省级文化行政部门每年向文化部报告规划实施情况，并负责对地市级、县级文化行政部门贯彻落实情况进行督促检查。文化部适时组织抽查，推动规划落实。

文化部

2017 年 5 月 11 日

信息来源：文化部官网

【文化部“十三五”时期艺术创作规划（文艺发〔2017〕14 号），2017 年 6 月 28 日】

为贯彻落实习近平总书记关于文艺工作的重要讲话精神和《中共中央关于繁荣发展社会主义文艺的意见》精神，促进文艺繁荣发展，编制本规划。

一、指导思想

全面贯彻党的十八大和十八届三中、四中、五中、六中全会精神，深入学习贯彻习近平总书记系列重要讲话精神特别是在文艺工作座谈会和中国文联十大、中国作协九大开幕式上的重要讲话精神，坚持为人民服务、为社会主义服务，坚持百花齐放、百家争鸣，坚定文化自信，坚持以人民为中心的创作导向，以培育和弘扬社会主义核心价值观为根本任务，以中华优秀传统文化为根脉，勇攀艺术高峰，为实现“两个一百年”奋斗目标、实现中华民族伟大复兴的中国梦提供强大的价值引导力、文化凝聚力、精神推动力。

二、基本原则

——弘扬主旋律，传递正能量。坚持党对文艺工作的领导，牢牢把握社会主义先进文化前进方向，把中国梦和社会主义核心价值观贯穿到艺术创作各环节。

——坚定文化自信，振奋民族精神。坚守中华文化立场，传承中华文化基因；坚持不忘本来、吸收外来、面向未来，创作更多具有鲜明中国特色、中国风格、中国气派的艺术作品。

——坚持服务人民，积极歌颂人民。把满足人民精神文化需求作为文艺和文艺工作的出发点和落脚点，把人民作为文艺表现的主体、作为文艺审美的鉴赏家和评判者，为人民抒写、为人民抒情、为人民抒怀，生动展现人民创造历史的伟大进程。

——坚持继承创新，推动艺术发展。树立精品意识，坚持思想性、艺术性、观赏性相统一，把创新精神贯穿于艺术创作生产全过程，提高文艺原创能力。推动观念和手段相结合、内容和形式相融合、各种艺术要素和技术要素相辉映，提升作品精神高度、文化内涵和艺术价值，不断增强艺术表现力。

——坚持德艺双馨，引领社会风尚。牢记文化责任和社会担当，牢记以文化人、以文育人的职责，始终把社会效益放在首位，崇德尚艺，传递向善向上的价值观，成为时代风气的先觉者、先行者、先倡者。

三、发展目标和主要指标

（一）发展目标

到2020年，艺术生产机制更加健全，艺术创作更加繁荣，艺术评价体系更加完善，艺术人才队伍更加壮大，优秀文艺作品不断涌现，人民群众精神文化生活不断迈上新台阶。

（二）主要指标

——重点推出50部左右思想精深、艺术精湛、制作精良的舞台艺术作品。扶持100部舞台艺术剧本创作。

——实现全国文艺院团领导干部轮训。培训1000名戏曲编剧、导演、音乐、舞台美术、评论等骨干人才。

——推出100件左右优秀主题性美术作品和150个左右美术馆馆藏精品展览。扶持建立2—3家国家美术藏品修复示范中心。

——国家艺术基金立项资助项目达到4000项左右。

四、创作主题

聚焦中国梦的时代主题，培育和弘扬社会主义核心价值观，唱响爱国主义主旋律，传承和弘扬中华优秀传统文化，讲好中国故事，传播中国声音，塑造中国形象，弘扬中国精神，凝聚中国力量。

——重点扶持现实题材、爱国主义题材、重大革命和历史题材、青少年题材、军事题材等创作生产。

——重点支持反映改革开放和社会主义现代化建设的伟大实践，特别是以“全面建成小康社会、全面深化改革、全面依法治国、全面从严治党”“强军梦”“一带一路”“京津冀协同发展”“长江经济带”“扶贫攻坚”“西部开发”“东北振兴”“中部崛起”“东部率先”等国民经济和社会发展重大战略为主题的创作选题。

——重点围绕党的十九大、建军90周年、香港回归20周年、改革开放40周年、新中国成立70周年、澳门回归20周年、全面建成小康社会、抗战胜利75周年、长征胜利85周年、建党100周年等重大时间节点以及反映党史国史军史上的重大事件、重要人物，开展艺术创作。

五、重点任务

（一）建设深入生活、扎根人民常态化的工作机制。引导广大文艺工作者牢固树立走入生活、贴近人民的创作态度，增强提炼生活的创作能力，推动“深入生活、扎根人民”主题实践活动常态化开展，使广大文艺工作者向人民学习、为人民服务、接受人民检验，推动深入生活、扎根人民成为艺术创作的基础环节和必由之路。

专栏1　持续开展“深入生活、扎根人民”主题实践活动

“深入生活、扎根人民”主题实践活动：组织广大文艺工作者围绕重点艺术作品创作到生活一线采风；建立基层联系点，开展定点深入生活、“结对子、种文化”等帮扶基层工作。加强组织引导，制定和完善开展主题实践活动常态化的机制，从政策、经费、艺术指标和绩效考核等方面为主题实践活动提供支持和保障。确定主题实践活动的重点创作目标和详细计划，落实人员、经费、时间和成果要求。通过动员、引导、示范、表彰等手段，树立和宣传活动典型，带动更多的文艺工作者自觉投身到活动中来。

（二）创作生产优秀文艺作品。实施精品战略，把握发展态势，尊重艺术创作规律，加大对艺术创作生产的组织引导，合理集聚和有效配置资源，组织实施重大工程项目，加大对具有示范性、引领性作用的原创精品的扶持力度，推出更多无愧于民族、无愧于时代的优秀作品。

专栏 2　扶持精品创作

国家舞台艺术精品创作扶持工程：集中力量、集聚资源，出精品、攀高峰，力争到 2020 年推出 50 部左右优秀舞台艺术作品。坚持统筹协调、上下联动，努力形成策划一批、创作一批、演出一批的优秀作品创作生产机制。每年发布“全国舞台艺术重点创作剧目名录”，并从中遴选“国家舞台艺术精品创作扶持工程重点扶持剧目”。组织专家对重点扶持剧目跟踪指导、考核评估，加强宣传推广，开展交流演出 .

国家艺术基金资助项目：在舞台艺术创作、美术创作、艺术传播交流推广、艺术人才培养、新兴艺术门类创作等方面，资助项目 4000 项左右，进一步健全管理制度，完善资助机制，提高资助质量。

民族歌剧传承发展工程：制定并实施民族歌剧重点剧目创作计划和遴选指导制度，扶持重点民族歌剧创作和经典民族歌剧复排；举办民族歌剧培训班和传习班，积极培养民族歌剧艺术人才；举办中国民族歌剧创作座谈会，加强理论评论建设；加大宣传推广力度，打造民族歌剧展示传播平台，办好优秀民族歌剧展演、中国歌剧节等重大艺术活动。

剧本扶持工程：扶持一度创作，提升艺术原创水平。通过征集新创、整理改编、买断移植，扶持戏曲、话剧、儿童剧、歌剧、音乐剧、舞剧等 100 部舞台艺术剧本创作。开展戏曲剧本孵化计划，资助原创大戏和小戏剧本各 150 部，扶持戏曲企业剧目创作生产。

重大题材美术创作工程：公布选题方案，遴选优秀美术家参与创作并推出 100 件左右优秀主题性美术作品。围绕庆祝新中国成立 70 周年和庆祝中国共产党成立 100 周年，举办展览活动，将新创作的优秀作品与馆藏经典作品共同展示。

国家美术发展和收藏工程：实施全国美术馆发展扶持计划，开展美术馆专业人才培训，完成 1500 人次培训任务，基本实现国有美术馆馆长轮训目标。提升画院创作研究能力，培养扶持画院专业创作人才 200 人左右。完成全国美术馆藏品普查。实施国家美术作品收藏和捐赠奖励项目。加强国家美术藏品的保护修复和研究推广，扶持建立 2—3 家国家美术藏品保护和修复示范中心，推出 150 个左右美术馆馆藏精品展览。

（三）传承和弘扬中华优秀传统文化。坚持“创造性转化、创新性发展”，坚持在扬弃继承中大力推动中华优秀传统文化转化创新，激发中华优秀传统文化的时代活力，用中华优秀传统文化滋养艺术创作，将传统文化融入艺术创造之中，创作更多体现中华文化精髓、反映中国人审美追求、传播当代中国价值观念又符合世界进步潮流的优秀作品。

专栏 3　弘扬中华优秀传统文化

戏曲振兴工程：完成全国地方戏曲剧种普查，摸清戏曲家底，实现动态化管理。培育戏曲人才，开展“名家传戏——当代戏曲名家收徒传艺工程”，组织京剧、昆曲和地方戏名家传授经典折子戏。传承戏曲经典，实施中国京剧“像音像”工程，录制 350 部京剧剧目，启动中国戏曲“像音像”工程；开展优秀昆曲传统折子戏录制工作，抢救、保护戏曲文献资料。鼓励戏曲创作，实施剧本扶持工程和戏曲剧本孵化计划，从创作源头入手，推动优秀剧目创作。开展示范性戏曲活动，组织京剧、昆剧、越剧、黄梅戏、评剧、豫剧等艺术节庆及全国基层院团戏曲会演等展演展示活动；举办“名家传戏”成果汇报演出，展示培养成果。推动戏曲进校园、进农村、进基层，将地方戏曲演出纳入基本公共文化服务目录，支持戏曲艺术表演团体到各级各类学校演出。加大对国家级非物质文化遗产保护名录中传统戏剧项目的扶持力度。培育有利于戏曲活起来、传下去、出精品、出名家的良好环境。

民族音乐舞蹈杂技扶持工程：引导艺术院团和艺术家深入基层，学习和传承民间乐种和民族舞蹈；抢救保护珍贵传统乐谱，开展民间乐种和民族舞蹈样式普查，建设民族音乐舞蹈数据库；扶持重点音乐、舞蹈、杂技艺术院团，组织开展音乐、舞蹈、杂技作品的创作、征集和展演，推出一批优秀作品和人才。

（四）完善评价激励机制。建立健全科学合理的文艺作品评价体系，把遵循社会主义先进文化前进方向和人民满意作为最高标准，把群众评价、专家评价和市场检验统一起来。充分发挥文艺评奖的导向激励作用，进一步改革和完善评奖机制。建立获奖作品跟踪考核机制，推动获奖作品面向公众多演出。加强文艺理论和评论工作，运用历史的、人民的、艺术的、美学的观点评判和鉴赏文艺作品，褒优贬劣，激浊扬清，更加有效地引导创作、推出精品、提高审美、引领风尚。

专栏4　健全文艺评价机制

中国文化艺术政府奖——文华奖：开展第十五届、第十六届文华奖评选工作。制定《文华奖章程》，完善评奖办法，科学设立奖项，健全评奖机制。坚持公平公正公开，严格标准、严格程序，严肃评奖纪律，提高公信力和权威性。推动获奖作品和艺术家面向基层、服务人民。

艺术评论体系构建和引导计划：加强文艺评论阵地建设、队伍建设、实践开展和成果推广。扩大与重点媒体特别是新兴媒体的合作，办好各类评论人才培训班，大力开展“一剧一评”等多种形式的评论活动，发挥评论对创作的促进作用。

（五）举办重大艺术活动。发挥重大艺术活动的示范引导作用，为优秀作品的演出、展示、提高搭建良好平台。举办第十一届、第十二届中国艺术节。继续举办全国舞台艺术优秀剧目展演、国家艺术院团演出季、全国基层院团戏曲会演、全国民营艺术院团优秀剧目展演、中国京剧艺术节、中国昆剧艺术节、中国越剧艺术节、中国（安庆）黄梅戏艺术节、中国评剧艺术节、中国豫剧艺术节、全国小剧场戏剧优秀剧目展演、全国曲艺木偶皮影优秀剧（节）目展演、全国优秀舞蹈节目展演、全国声乐展演、中国歌剧节、全国优秀民族歌剧展演、中国民族器乐民间乐种组合展演、中国西部交响乐周、全国优秀杂技节目展演、中国诗歌节、全国美术作品展览、中国设计大展、全国美术馆馆藏精品展出季等重大展演展览活动。

（六）加强优秀作品的传播推广。通过政府购买服务方式，大力开展“文化下乡”“文化迎春，艺术为民”“高雅艺术进校园”等公益性演出活动。创新艺术传播渠道，促进优秀文艺作品多渠道传播、多平台展示、多终端推送。扩大和引导文化消费，让更多的观众共享艺术发展的最新成果。

（七）加强艺术人才队伍建设。深化马克思主义文艺观学习教育，引导文艺工作者打牢世界观、人生观、价值观的根底，提高学养、涵养、修养。多措并举，形成有步骤、有层次、系统化的人才培养机制，培养造就文艺领军人物和高素质文艺人才，建设一支德艺双馨、专业均衡、结构合理、数量宏大的人才队伍。尊重艺术家的创造性劳动，鼓励创新创造，深化人才发展体制机制改革，做好对新的文艺组织和新的文艺群体的团结、引导、服务工作，完善人才评价、流动、激励机制，为全面提升艺术创作水平提供有力的人才支持。

专栏5　培养艺术人才

名家传戏——当代戏曲名家收徒传艺工程：以“一带二”的方式，由老一代表演艺术家向青年演员传授表演精粹，“传艺、传神、传德”，培训戏曲青年表演人才1000人次。

戏曲艺术人才培养“千人计划”：举办戏曲编剧、导演、音乐、舞台美术、评论等专业人才培训班，培养1000名具有扎实戏曲创作能力的骨干创作人才。

全国文艺院团长培训班：完成全国文艺院团长轮训。文化部举办示范培训班培训约2400人，各地文化行政部门结合实际完成培训约1.9万人。

西部及少数民族地区艺术创作提升计划：针对西部12个省份及新疆生产建设兵团，确定一批重点剧目，组织专家协助开展剧目的修改、打磨、提高。选拔100名青年创作人才到国家艺术院团进行驻团实践，提高西部及少数民族地区创作能力，促进西部艺术资源开发，推动全国艺术创作协调发展。

六、保障措施

（一）加强组织领导。各级文化行政部门切实加强对艺术创作的组织领导，把艺术创作纳入重点工作任务，纳入考核评价体系。履行好意识形态工作责任，把好政治导向关。

（二）加大资金保障。各级文化行政部门要加大对艺术创作的经费支持，用好各类专项资金和艺术基金。创新资金投入方式，提高资金使用效率，健全政府采购、项目补贴、贷款贴息、税收减免等制度。鼓励和引导社会力量参与文艺创作和公益性演出。

（三）强化任务落实。各级文化行政部门、文化部直属艺术机构要充分认识本规划的意义，结合本地、本单位实际制定实施方案和执行计划；明确重大工程和重大项目的责任主体和实施进度，对规划实施情况进行跟踪分析、检查评估，推动各项任务措施落到实处。

文化部

2017 年 6 月 28 日

信息来源：文化部官网

【文化部办公厅关于印发《中国文化艺术政府奖动漫奖评奖办法》的通知，办产发〔2017〕10 号，2017 年 9 月 30 日】

各省、自治区、直辖市文化厅（局），新疆生产建设兵团文化广播电视局：

为贯彻落实中共中央办公厅、国务院办公厅《关于全国性文艺评奖制度改革的意见》（厅字〔2015〕27 号）和中央宣传部印发的《全国性文艺评奖改革方案》（中宣发〔2015〕34 号），加强和改进中国文化艺术政府奖动漫奖评奖管理，严格评奖标准和程序，切实提高评奖公信力和影响力，我部制定了《中国文化艺术政府奖动漫奖评奖办法》，现印发给你们，请认真贯彻执行。

特此通知。

文化部办公厅

2017 年 9 月 30 日

中国文化艺术政府奖动漫奖评奖办法

一、总则

第一条　中国文化艺术政府奖动漫奖（以下简称“动漫奖”）是文化部为繁荣动漫作品创作、培养动漫优秀人才、扩大中国动漫国际影响力、推动动漫产业发展而设立的国家动漫政府奖。

第二条　动漫奖评奖以习近平总书记系列重要讲话精神特别是关于文艺工作重要讲话精神为指导，坚持“二为”方向和“双百”方针，坚持以人民为中心的工作导向，坚持以社会主义核心价值观为引领，坚持思想性、艺术性、观赏性相统一，坚持把社会效益放在首位，努力实现社会效益与经济效益有机统一，坚持公平、公正、公开、透明的原则，严格标准、严格程序，突出公信力和权威性，树立精品意识，充分发挥对动漫产业发展的导向作用。

第三条　动漫奖每三年评选一次。

二、奖项设置

第四条　动漫奖设 6 个分项，评奖数量共 20 个。分别为：最佳动漫作品 11 个、最佳动漫创作者或团队 3 个、最佳动漫教育机构 2 个、最佳动漫国际市场开拓 1 个、最佳动漫技术 1 个、最佳动漫形象 2 个。

三、评奖对象

第五条　动漫奖评奖对象为：在评奖年之前三年内在我国依法播映、出版、演出、传播并具有明确著作权属的我国动漫作品、技术、形象，以及在此期间取得优秀业绩的我国动漫创作者或团队、动漫企业、教育机构。

动漫作品包括漫画、动画、网络动漫（含手机动漫）、动漫舞台剧（节）目等。

第六条　动漫奖往届获奖作品（或对象）不得重复申报同一奖项。

四、评奖标准

第七条　最佳动漫作品的评奖标准为：

（一）聚焦中国梦的时代主题，培育和弘扬社会主义核心价值观，唱响爱国主义主旋律，坚持以人民为中心的创作导向，坚持把社会效益放在首位，努力实现社会效益和经济效益的有机统一；

（二）鼓励原创，思想内容健康向上，体现时代文化成就、代表国家艺术形象，思想精深、艺术精湛、制作精良，人民群众喜闻乐见；

（三）传承和弘扬中华优秀传统文化，体现民族精神、民族风格和民族特色；

（四）充分发挥动漫艺术的特点，运用动漫语言、动漫手法来讲好中国故事，具有较强的艺术感染力；

（五）艺术表现创意新颖，角色造型和场景设计独具魅力，故事情节引人入胜，人物个性鲜明生动；

（六）拥有自主知识产权，不涉及侵犯其他权利人在境内外的著作权、商标权、专利权、名称权等项权利及其衍生的权利；

（七）取得较好市场业绩，市场占有率较高，社会效益与经济效益相统一；

（八）创作团队中无有劣迹人员。

第八条　最佳动漫创作者或团队的评奖标准为：

（一）拥护中国共产党的领导和社会主义制度，遵纪守法，德艺双馨，秉持职业操守，具有良好的社会声誉；

（二）坚持正确政治导向，践行和弘扬社会主义核心价值观；

（三）深入生活、扎根人民，深受人民群众喜爱，具有较高的动漫艺术创作成就，创作完成的动漫作品在市场上具一定影响力；

（四）在同行业中处于领先地位；

（五）成员中无有劣迹从业人员。

第九条　最佳动漫教育机构的评奖标准为：

（一）获得国家级或省级动漫相关教学成果奖项，拥有优秀动漫专业教师队伍和一批动漫类专业优秀毕业生；

（二）在动漫教育教学改革创新和培养复合型、创新型人才方面取得显著成效，具有良好的社会声誉和社会影响力。

第十条　最佳动漫国际市场开拓的评奖标准为：

（一）符合第七条的基本要求；

（二）面向海外市场的出口、授权等业绩表现突出，具备一定的国际品牌影响力。

第十一条　最佳动漫技术的评奖标准为：

（一）取得国家相关部门颁发的知识产权证书；

（二）具备专有性、创新性，在动漫某一专项技术领域处于领先地位。

第十二条　最佳动漫形象的评奖标准为：

（一）符合第七条第一、二、三款的基本要求；

（二）已经注册相关知识产权或商标，具有较强的动漫形象品牌影响力；

（三）与相关产业融合发展，衍生产品市场表现突出，深受群众欢迎。

第十三条　在各奖项的评选中，鼓励动漫内容与形式的融合创新，鼓励动漫与文学、游戏、影视、音乐等各类内容形式交叉融合，鼓励动漫与传统文化表现形式相融合，鼓励动漫与新技术、新业态、新模式、新媒体有机融合，鼓励动漫与实体经济相融合。

五、评奖机构

第十四条　文化部设动漫奖评奖工作领导小组，下设办公室负责日常工作。办公室设在文化部文化产业司。

第十五条　动漫奖评奖坚持专家评委和群众评委相结合，注重评委的代表性和权威性。专家评委按照统筹兼顾、门类均衡的原则产生。群众评委由动漫爱好者、动漫传播机构、工青妇等群众组织代表等组成。

六、评奖程序

第十六条　动漫奖评奖分为申报、评选两个阶段。

（一）申报

各省、自治区、直辖市文化厅（局），新疆生产建设兵团文化广播电视局负责本地区动漫奖申报工作。中央和国家机关有关部委所属单位经上级主管部门推荐后直接向文化部申报。文化部直属单位直接申报。

（二）评选

动漫奖评选按奖项分项分类，由评委会议以观看作品样片、查阅申报材料、评议讨论等方式，评选出规定数量的入选名单。

第十七条　动漫奖评奖结果向社会公示，公示期为 7 天。

七、奖励和推广

第十八条　文化部对动漫奖获奖作品、创作者或团队、单位颁发获奖证书和奖金。

第十九条　动漫奖充分发挥文艺评论的作用，通过召开作品研讨会、评议会等形式，积极向各类传播机构推荐，充分听取群众意见，加大对获奖作品、创作者或团队、单位的宣传力度，扩大影响力和辐射面。

第二十条　通过新闻媒体、网络新媒体、动漫会展等渠道，利用视频网站、手机动漫等传播形式，对动漫奖获奖作品进行宣传，加强网络展示，持续扩大社会影响。

八、评奖纪律与监督

第二十一条　动漫奖评奖严格执行《关于全国性文艺评奖制度改革的意见》等文件规定，规范评奖程序，严肃评奖纪律，坚决杜绝暗箱操作、利益交换现象，确保评奖工作风清气正。评委和评奖工作人员不得接受参评单位、个人的宴请和请托，不得接受赠送的任何形式的财物礼品，不得借参加参评作品或个人研讨会之机收取高额报酬，不得徇私舞弊。有上述行为者，一经查实，将严肃追究双方当事人的责任，取消有关作品、创作者（团队）、单位的评奖资格、所获奖项，并将有关违纪违法问题线索及时移送纪检部门处理。

第二十二条　动漫奖评奖严格执行评委回避、保密等制度。

第二十三条　参评单位和个人应按要求如实提交申报材料，不得弄虚作假。如有不实或违规现象，一经查实，将视情节轻重给予通报批评，取消申报资格、参评资格直至所获奖项等处罚。

第二十四条　动漫奖评奖工作接受社会监督、舆论监督、群众监督，在评奖过程中接受相关纪检监察机构监督。

九、附则

第二十五条　动漫奖评奖经费由文化部从国家财政申请专项经费予以保障，列入财政预算管理。

第二十六条　本办法自印发之日起生效，由文化部文化产业司负责组织实施。每届动漫奖评奖根据本办法制定具体工作方案。

信息来源：文化部官网

【文化部关于公布第一批国家级文化产业示范园区创建资格名单的通知（文产函〔2017〕1029号），2017年10月10日】

各省、自治区、直辖市文化厅（局），新疆生产建设兵团文化广播电视局：

为贯彻落实《国家“十三五”时期文化发展改革规划纲要》和《文化部“十三五”时期文化发展改革规划》，加强对文化产业园区的规范引导，根据《文化部办公厅关于进一步完善国家级文化产业示范园区创建工作的通知》（办产函〔2016〕320号），文化部开展了国家级文化产业示范园区创建申报工作。在省（区、市）人民政府和文化行政部门推荐、地市（区）人民政府和文化行政部门积极申报的基础上，经专家评审、实地考察和公示，现将第一批国家级文化产业示范园区创建资格名单公布如下（按行政区划顺序）：

河北　“21世纪避暑山庄”文化旅游产业园区

吉林　吉林省东北亚文化创意科技园

浙江　杭州市白马湖生态创意城

江西　景德镇市陶溪川文创街区

山东　台儿庄古城文化产业园

湖南　湘潭昭山文化产业园

广东　广州北京路文化核心区

重庆　重庆市南滨路文化产业园

云南　建水紫陶文化产业园区

甘肃　兰州创意文化产业园

请上述园区所在地省（区、市）文化行政部门做好创建工作的督导，突出创建过程，定期评估创建效果，确保创建工作落到实处、取得实效，并及时向文化部反馈创建工作进展和创建期间重大事项。地市（区）人民政府作为创建主体，要进一步完善相应工作机制，加强对创建工作的组织领导和统筹推进，对本地区创建园区给予相应保障措施，协调解决相关重大问题，确保创建成功。

希望各创建主体和创建园区珍惜创建资格，科学制定规划，确保按要求、按进度、高质量完成示范园区创建各项任务，为推动当地乃至全国文化产业发展发挥示范引领作用。

特此通知。

文化部文化产业司

2017年10月10日

信息来源：文化部官网

【文化部办公厅关于启动2018年度内地与港澳文化交流重点项目申报工作的通知（办港澳台函〔2017〕238号），2017年10月30日】

各省、自治区、直辖市文化厅（局），本部各直属单位：

根据文化部《对港澳文化交流重点项目扶持办法（试行）》，现面向你地、你单位征集2018年度内地与港澳文化交流重点项目。现就征集相关事宜通知如下：

一、重点方向

2018年度内地与港澳文化交流重点项目应突出体现以下三个重点方向：

（一）加强港澳青少年文化培育

1. 开展各类文化实习、实践、考察等活动。组织港澳青少年来内地进行有实质内容的同辈交流、研习考察、参与公益文化活动等。

2. 开展各类文化交流、培训、体验等活动。面向港澳各大、中、小学校园和青年社团，举办主题鲜明的文化夏令营、工作坊、大师班等活动。

3. 开展文化领域专业交流与合作。与港澳文化界青年专业人士和团体开展联合创作、展演、研讨，邀请港澳青年艺术团体来内地采风、交流等活动。

（二）促进内地与港澳文化机构间深度合作

1. 与港澳主要文化机构、平台在舞台艺术、视觉艺术、文化创意等领域开展专业交流，推动内地与港澳在内容创作、节目制作与推广、人才培养等方面长效务实合作。

2. 推动内地优秀文化内容，特别是具有创新性，能体现当代中国文化面貌和价值理念的项目，进入港澳主流文化场馆和知名艺术节平台。

3. 邀请港澳具有代表性的优秀艺术团体来内地重要艺术节等文化活动平台和院线进行演出。

（三）深入港澳基层的文化交流

结合春节、元宵、中秋、国庆等节庆，深入港澳基层社区进行文化交流。支持爱国爱港、爱国爱澳社团开展文化活动，向其提供所需文化内容，帮助其提升文化力量和水平。通过与爱国爱港、爱国爱澳社团开展文化联欢、联谊等活动，增进和谐社会氛围，增强情感联系。

二、申报项目及方式

申报项目应材料齐全、方案完备、可操作性强。内容丰富、形式多样，符合多个重点方向及后续性强的项目将获优先考虑。

2018年度重点项目实行网上申报。申报路径：文化部政府门户网站首页（www.mcprc.gov.cn）—在线办事—办事大厅—内地与港澳文化交流重点项目申报管理系统（下称“申报系统”），或直接输入网址 http：//117.107.193.39/admin/login.jsp。申报时间为本通知公布之日起至2017年12月15日，逾期申报系统将关闭。文化部直属单位于12月15日前直接将申报项目在网上提交至文化部。各省（区、市）文化厅（局）应于12月16日至31日之间通过申报系统完成对本地区申报项目初审并择优推荐项目提交文化部。

请各地、各单位高度重视，积极申报，鼓励社会力量参加开展对港澳务实有效的文化交流。申报要求、材料、相关工作流程及联系方式等信息参见附件。

特此通知。

附件：

1.2018年度内地与港澳文化交流重点项目申报、管理和验收说明（略）

2. 内地与港澳文化交流重点项目申报表（略）

3. 内地与港澳文化交流重点项目验收表（略）

4.2018 年度内地与港澳文化交流重点项目申报函（模版）（略）

5. 项目内地共同举办方同意申报书（略）

文化部办公厅

2017 年 10 月 30 日

信息来源：文化部官网

专题

一带一路

【概况】

“一带一路”是我国当前对外开放的宏大构想，是中华文化走出去的重要路径。“一带一路”文化发展论坛是文化领域落实“一带一路”建设的一项具体举措。

2017 年 5 月 18 日，以“文明互鉴，创新发展”为主题的 2017“一带一路”文化发展论坛在广东省深圳市举行。经文化部批准，中国文化传媒集团、深圳市委宣传部、深圳市文体旅游局、深圳文博会组委会办公室在第十三届深圳文博会期间主办了本次“一带一路”文化发展论坛。

论坛期间，“一带一路”沿线国家代表、国家相关部门领导、地方政府文化官员、企业家、专家学者等 300 余人出席此次论坛。专家们一致认为，“一带一路”倡议得到世界许多国家的认同，“一带一路”建设须本着“亲诚惠容”的原则，“亲诚惠容”必须文化先行；和平、合作、包容、互相学习以及互惠互利的精神，正是通过丝绸之路得到延续，这为推动“一带一路”建设提供了重要启示。

【2017“一带一路”文化发展论坛】

2017 年 5 月 18 日，经文化部批准，中国文化传媒集团、中共深圳市委宣传部、深圳市文体旅游局、深圳文博会组委会办公室在第十三届深圳文博会期间主办的“一带一路”文化发展论坛在广东省深圳市举行。

论坛以“文明互鉴，创新发展”为主题。论坛期间，国务院参事王京生与穆沙希德·侯赛因、张国祚、尼古拉·瓦西列斯库·里尔克等中外专家、学者分别发表主旨演讲。大家认为，“一带一路”倡议得到世界许多国家的认同，“一带一路”建设须本着“亲诚惠容”的原则，“亲诚惠容”必须文化先行；和平、合作、包容、互相学习以及互惠互利的精神，正是通过丝绸之路得到延续，这为推动“一带一路”建设提供了重要启示。

中国动漫集团原监事会主席徐世丕主持举行了论坛圆桌会议，林优娜、马德仁、狄伯杰、刘强、王跃军、韩望喜、李凤亮等近 20 名中外嘉宾，围绕“一带一路”文化产业合作机遇与方向、互联网平台在“一带一路”建设中如何发挥更大作用、“一带一路”建设中艺术与传统文化交流与合作等议题提出各自的见解。大家表示，在“一带一路”建设的总体规划下，中国文化产业发展前景广阔，各有关部门应抓住这个战略性机遇，汇聚各种社会资源、携手有识之士，共同开创中国经济与文化发展新模式。

中国文化传媒集团总经理刘强介绍，为积极推动“一带一路”建设，中国文化传媒集团近年来做了许多扎实有效的工作。如，先后组织多家中央媒体完成了“梦想丝路”甘肃行、陕西行大型采访活动；在亚欧非多个国家举办中外文化传媒论坛、“视觉中国洲际行”系列活动以及中国国家展等多项大型活动，为文化交流、文化贸易搭建了良好平台。

【专家发言摘录】

与会专家一致认为，在此背景下举办“一带一路”文化发展论坛，为推动中华文化走出去、促进国际间的文化发展与交流拓展了新的空间。《中国文化报》2017 年 5 月 22 日特别刊发参与论坛的部分中外专家观点。

“一带一路”：中国开放的新阶段、新境界与新格局

◎ 王京生（中华人民共和国国务院参事）

历史悠久的丝绸之路，是中华文明走向世界的历程，是中国从陆路和海路接纳世界的手臂。如今，人们还对在东西方文明交往历史星空中处于重要地位的丝绸之路产生无限的遐想。毫无疑问，今天的“一带一路”倡议，既是对这份文明遗产的继承，更是在新的历史条件下构建和讲述的新故事。而刚刚在北京闭幕的“一带一路”国际合作高峰论坛，就是这个新故事的精彩主题阐述。

相比古代的丝绸之路，“一带一路”已经不是中国人在面对外部陌生世界时，舟车劳顿、小心翼翼的探索，而是对整个世界了然于胸的顶层设计，是大国和平发展的自觉选择。如果将它与十一届三中全会后的改革开放历程相联系、相比较，就会发现，这个倡议从提出到实践，昭示着中国的改革开放事业，尤其是对外开放，正在跨入一个新阶段，开辟一个新境界，展开一个新格局。

“一带一路”是中国对外开放的新阶段

回顾中国开放的伟大历程，我们可以将它大致划分为两个阶段：一是以打开国门、设立经济特区为标志，中国沿海—内陆的梯度开放阶段；二是以“一带一路”倡议的提出与实施为标志的全方位开放，以国内经济各大板块对接世界经济的新阶段。比较这两个阶段，会发现两者既有内在的联系和历史的延续性，也有相对清晰的差别，主要体现在三个方面：

第一，从梯度开放到全方位开放的转变。

所谓梯度开放就是以经济特区的率先开放为引领，带动沿海省份的开放，再以沿海开放和经济的活跃，拉动广大的中部和西部地区形成有重点有步骤的开放格局。这一阶段从十一届三中全会确定对外开放发展目标开始，其战略重点是打开国门，主要是向西方发达国家与地区学习。具体来说就是邓小平同志提出的四个窗口：技术的窗口、管理的窗口、知识的窗口、对外政策的窗口。其重心一方面是引进国外先进思想、先进管理、先进技术、先进工艺，冲破中国当时僵化保守的计划经济体制；同时利用中国的廉价劳动力，搞出口加工，通过中外合资、外商投资等形式，向国际市场出口廉价的产品，使中国继“亚洲四小龙”之后很快成为世界工厂。当时无论是进口还是出口，主要瞄准的是欧美国家、日本及“亚洲四小龙”等发达经济体，技术、投资从对方那里来，出口也以之为主要匹配市场，但现在这种情况有了重大转变。

2008 年以来，国际经济持续动荡，欧美发达经济体历经金融海啸、欧债危机等冲击，经济复苏缓慢，市场相对饱和，全球贸易陷入衰退，这对中国的出口型经济造成很大冲击。在后一阶段，中国的对外开放事业所面临的国际环境已与之前完全不同，比如中国在 2010 年左右已跃居全球第二大经济体，成为世界进出口贸易额最大的国家。因此，能否在这样的语境下开创对外开放的新局，事关中国未来的国运。而“一带一路”的提出与实施，可以说正是中国因应这一全新的国际环境，走出了新局，一方面继续向西方学习先进技术，继续重视欧美市场；另一方面则要开拓更广阔的全球市场，把改革开放的成功经验与民族复兴结合起来，深根固柢、谋求发展。这是中国根据自己国力做出的非常重要的判断，是中国结合自身经济形势和比较优势，寻求走向世界的独特之路。

所谓全方位的开放，正如国家发布的《推动共建丝绸之路经济带和 21 世纪海上丝绸之路的愿景与行动》所言，“推进‘一带一路’建设，中国将充分发挥国内各地区比较优势，实行更加积极主动的开放战略，加强东中西互动合作，全面提升开放型经济水平”。用习近平总书记的话讲，就是“陆上、海上、天上、网上”四位一体的联通。即以中国境内各区域有特色的经济板块，通过发达的交通、信息，直接对应“一带一路”沿线国家和地区，各尽所能，各展风采，各据优势，又相互配合地与世界经济相联结相融合。以对外的全方位开放，对应国内的全方位开放，沿海、中部、西部都有各自开放的重

点和方向。

第二，从短缺经济向外溢型经济的转变。

“短缺经济”是匈牙利著名经济学家科尔奈提出的概念，用于描述和揭示传统社会主义国家的某种社会经济现象，如产品尤其是生活消费品的匮乏。长期以来，中国就是短缺经济的大国。而改革开放后商品经济迅速发展，时至今日，中国不仅告别了短缺经济，而且迎来商品极大丰富的时代。中国已经跃居世界工业生产能力的首位，不仅产能、产值巨大，而且技术、装备、资金、人才储备的丰裕程度也居于世界前列，由此也形成了与中国改革开放前一阶段主要依托外来投资不同的经济形态——外溢型经济。而“一带一路”的提出和实施，无疑正是呼应这一经济形态的转换，它既是中国经济发展逻辑的内在延伸，也契合了中国经济发展的外在需求：充裕的资金、产能、产品，强大的基础设施建设能力，使中国走出去具有得天独厚的优势。中国提出设立亚洲基础设施投资银行，之所以在短时间内得到几十个国家的积极回应，正是国际社会搭乘中国经济列车、分享中国经济发展红利这一现实需求的集中反映。大量的数据也说明了这一点，据统计，2014 年至 2016 年，中国同“一带一路”沿线国家贸易总额超过 3 万亿美元；中国对“一带一路”沿线国家投资累计超过 500 亿美元；中国企业已经在 20 多个国家建设 56 个经贸合作区，为有关国家创造近 11 亿美元税收和 18 万个就业岗位。

第三，从全球化的参与者到积极推动者的转变。

中国关于“一带一路”的倡议、关于人类命运共同体的表述、关于开展“大众创业、万众创新”的行动等，先后被写入联合国的有关决议，直接彰显了这些主张和行为的正确性，得到国际社会的广泛认可，强化了我们的话语权，表明中国的角色正从全球化的参与者转变为推动者。

随着冷战的结束，人类社会在 20 世纪 90 年代后迎来了历史上最壮阔的一波全球化浪潮。而中国恰好在这一时期确立了社会主义市场经济体制，极大地推动了改革开放的不断深入发展，并于 2001 年正式加入 WTO，成为全球化的参与者和后来居上者——全球化极为充分地激发了中国的比较优势，中国的经济地位和综合国力也于此时期达到一个新的高峰，从而成为这一波全球化的最大受益者之一。然而，由于全球化本身可能导致的不可预料的结果，尤其是在金融海啸和欧债危机之后，目前的全球化进程面临着非常复杂的局面，其中就有现在很多人都在谈论的“逆全球化”动向。全球贸易领域保护主义的兴起，英国的退欧，美国特朗普的当选等，都是这一新动向的体现。事实上，从人类的发展历史和未来趋势看，全球化是一个不可逆的不以人的意志为转移的历史进程。正是基于这一点，习近平总书记站在历史与面向未来的高度提出“一带一路”倡议。在欧美发达国家对全球化问题有所后退的背景下，中国恰逢其时提出“一带一路”，接过话语权，成为全球化和自由贸易的倡导者，继续推进新的全球化进程。而这是最重要的软实力，标志着中国不仅成为当下全球化的积极推动者，而且也驱动中国的对外开放进入一个新的发展阶段。

“一带一路”是中国对外开放的新境界

第一，“一带一路”是中国走和平发展之路的行动宣示。国强必霸、国强必武似乎是大国崛起的普遍逻辑，过去时代兴起的列强，无一不走过这条路，即通过殖民去掠夺资源、抢占市场。因此，当中国宣布要和平崛起时，无论是国际政治界、外交界还是学术界，质疑的声音都很大。南海局势的紧张、美国的“亚太再平衡”战略与此都不无关系，而我们之所以钩沉出丝绸之路，将其升华为“一带一路”倡议，就是要让世界明白，一直以来中国是通过和平通商、互利共赢，共享贸易繁荣，使世界人民得到好处的，古代丝绸之路是这样，21 世纪的“一带一路”更是其中的杰出代表。这就是我们曾提出的“中国崛起例外论”。

“丝绸之路”是 2000 多年前亚欧大陆人民探索出的连接亚欧非几大文明的贸易和人文交流之路，作为中国最早从陆路和海上接纳世界的手臂，它见证了中华文明走向世界的历程。自古以来在“一带一路”沿线虽然也有冲突，甚至有局部的战争，但总的来讲，正如习近平总书记所说的，古丝绸之路开拓的事业之所以名垂青史，“是因为使用的不是战马和长矛，而是驼队和善意”。因此“一带一路”是和平之路，是友谊之路，是贸易兴盛之路，也是多样文化共同发展之路。

在中国目前的十大贸易国中，除了美国、澳大利亚和巴西，其余七个均在亚欧两大洲，这说明亚欧加强贸易和文化往来对于全球和平共荣具有重大价值和深远意义。而今天我们提出“一带一路”的用意就是中国要走自己历史上走过的辉煌之路，在“丝绸之路”精神指引下实现和平崛起，而不是对其他国家和地区造成威胁。口说无凭，眼见为实，着眼天下，立足共赢。巨额的资金投入，诚恳地推动一个项目一个项目的落实，让世界看到了中国人的“言必信、行必果”，看到了中国崛起的正能量及带给世界的希望。因此我们说，“一带一路”是以行动宣示中国和平崛起的一个标志。

第二，“一带一路”是中国推进全球化和自由贸易的责任宣示。如上所言，20多年来中国已从全球化的参与者转变为全球化的积极推动者，之所以如此，不仅在于中国从全球化中获益，更在于中国认识到全球化尤其是自由贸易对于促进世界共同繁荣的根本性意义。因此，在目前出现“逆全球化”动向的情况下，中国成为全球化和自由贸易的积极推动者和坚决维护者，其标志就是“一带一路”。

在北京举行的“一带一路”国际合作高峰论坛有近30位外国领导人参加圆桌峰会，1200名中外各界代表参加高级别会议。这说明，除了直接涉及者，有更多的国家与地区愿意加入到“一带一路”中来，也说明以“一带一路”为代表的全球化进程和自由贸易的强大生命活力。尽管“一带一路”的实施范围与路线在沿线部分国家的战略中也有不协调之处，甚至某些“一带一路”沿线国家与中国还存在领土争端，他们却并没有对“一带一路”表示反感或反对。相反，不论是沿线的发展中国家，还是发达国家，都对“一带一路”的提出和实施表示欢迎。而中国作为“一带一路”的主推者，所宣示的中国推动全球化和自由贸易的决心和意志，也正获得世界各国越来越多的认同和支持。

第三，“一带一路”是中国致力于构建人类命运共同体的情怀宣示。表面看来，“一带一路”是个经济全球化和自由贸易的命题，但事实上并非完全如此，因为其实质或最终目标，不是一个单纯的关于全球经济的战略构想，而是通过经济把世界有机联系起来，构建人类命运共同体。正如习近平总书记2016年9月3日在二十国集团工商峰会开幕式主旨演讲中指出，“我提出‘一带一路’倡议，旨在同沿线各国分享中国发展机遇，实现共同繁荣”。“一带一路”倡议是发展的倡议、合作的倡议、开放的倡议，强调的是共商、共建、共享的平等互利方式，追求的是沿线各国政策沟通、设施联通、贸易畅通、资金融通、民心相通，抓住的是发展这个最大公约数，为的是沿线各国实现共同繁荣，以打造命运共同体和利益共同体为合作目标，使之成为沿线各国人民共同的梦想。“一带一路”所追求的不仅是一国复兴之命运，更是人类的共有价值。中国古语云，“不谋全局者，不足谋一隅”，用在“一带一路”上，就是“不谋未来者，不足谋当下”。“一带一路”集中表现了走向和平崛起的中国的大情怀，也呈现了致力于民族复兴的中国构建人类命运共同体的高境界。

“一带一路”是中国对外开放的新格局

第一，是空间的博大。“一带一路”建设植根于丝绸之路的历史土壤，重点是面向亚欧非大陆及沿海岛屿，同时向所有愿意加入的国家和地区开放，区域极其博大，在全球200多个国家和地区中，“一带一路”所涉及的国家近70个，约占其中的1/3，涉及人口44亿，占世界总人口一半以上。一头是活跃的东亚经济圈，一头是发达的欧洲经济圈，中间广大腹地国家经济发展潜力巨大。其中“丝绸之路经济带”重点打通的路线是，中国经中亚、俄罗斯至欧洲（波罗的海），中国经中亚、西亚至波斯湾、地中海，中国至东南亚、南亚、印度洋。“21世纪海上丝绸之路”重点方向是从中国沿海港口过南海到印度洋，延伸到欧洲；从中国沿海港口过南海到南太平洋。

第二，是内容的博大。它不但包括贸易、投资、交通等经济领域，还涵盖政治、社会、文化等方方面面，如政治上的求同存异、社会的和谐稳定和文化的多元共存等。共建“一带一路”顺应了世界多极化、经济全球化、文化多样化、社会信息化的时代潮流，符合国际社会的根本利益，彰显了人类社会共同理想和美好追求，是国际合作以及全球治理新模式的积极探索，将为世界和平发展增添新的正能量。

第三，是共同利益的博大。习近平总书记说：“‘一带一路’追求的是百花齐放的大利，不是一枝独秀的小利”，“中国的发展得益于国际社会，也愿为国际社会提供更多公共产品”。也就是说，“一带一路”首先由中国倡导提出并积极推动，但这并不表明它仅仅代表了中国的国家利益，而是旨在促进经济要素的有序自由流动、资源的高效配置和市场深度的融合，推动沿线各国实现经济政策协调，开展更大范围、更高水平、更深层次的区域合作，共同打造开放、包容、均衡、普惠的区域经济合作框架，就是要将中国机遇变为世界机遇，也即通过致力于亚欧非及附近海洋的互联互通，推动沿线国家发展战略的对接和耦合，发掘区域内市场的潜力，促进投资和消费，创造需求和就业，增进沿线各国人民福祉。正如第 71 届联合国大会主席彼得·汤姆森评价，“一带一路”倡议是中国基于全球共同繁荣的理念提出的，与联合国提出的 2030 年可持续发展议程的目标一致、理念相通，是一个共赢的倡议。孔子说：“己欲立而立人，己欲达而达人。”而这恰是中国提出“一带一路”倡议的精神实质，是互联互通、合作共赢的思想解读，集中体现了中国传统文化思想境界的博大。

第四，是视野的博大。一战前夕，著名英国地缘政治学家麦金德将目光投向辽阔的欧亚大陆，第一次区分了陆权与海权的观念，认为随着陆上交通工具的发展，欧亚大陆的“心脏地带”成为最重要的战略地区，并提出了著名的世界岛理论：“谁控制了世界岛（即亚欧大陆），谁就能控制整个世界。”就中国而言，“一带一路”的提出当然不是为了“控制整个世界”，而是实现与沿线国家的战略对接、政策协调和优势互补，在某种意义上是以回归传统陆权的方式形成对近代以来处于强势的海权的对冲。由于中国巨大的国际贸易量，由于中国 90% 以上的国际贸易要通过海上运输，并严重依赖 4 条海上运输生命线，因此也面对了巨大的航路风险。因此，“一带一路”并举，既重新开辟欧亚大陆这一传统的贸易主通道，规避可能出现的海上风险，也通过加强与沿线发展中国家的投资、贸易往来，有效回避与发达国家和地区的贸易摩擦。如果仍是坚持固有市场，就很容易产生摩擦。老子说：“天之道，利而不害，圣人之道，为而不争。”这是最好的趋利避害。

建设“一带一路”要注意的几个问题

“一带一路”建设是一项长期宏伟的系统工程，如何在实施过程中确保“行千里而不劳者”？

第一，必须保持战略定力。“一带一路”并不是中国自己的事情，而是一个涉及全球范围内众多国家和民族的事情。基于国际风云的瞬息万变，在“一带一路”建设过程之中，必然有很多的风险和潜在的对抗因素，有些现在没表现出来，但是随时随地都可能爆发。这里既有经济、文化的因素，也有政治、宗教、种族的因素，都有可能对“一带一路”的实施和全球化的发展造成冲击。但全球化是世界未来发展的大趋势，是构建人类命运共同体的必由之路，也是我们最终追寻的目标之一。我们必须保持定力，不畏浮云遮眼。同时，也要按经济规律办事，不能一哄而上、拍脑袋决策，要投资与效益并重。面对不断变化的世界，咬定青山不放松。

第二，必须确保建设重点。“21 世纪海上丝绸之路”重点方向，是从中国沿海港口过南海到印度洋，再延伸到欧洲，其战略重点如南海，以及“丝绸之路经济带”，中国经中亚、俄罗斯至欧洲（波罗的海）；中国经中亚、西亚至波斯湾、地中海；中国至东南亚、南亚、印度洋等重点和节点，必须深根固柢，确保不能出问题。

第三，“兴于贸易，成于文化”，必须打好文化流动这张牌。“一带一路”建设最终是以文化论输赢的，而这个“文化论输赢”不是说中国自己独大，而是尊重、包容各国的文化多样性和国家文化主权，促进各民族国家文化的自由流动和创新。联合国教科文组织总干事伊琳娜·博科娃指出，“一带一路”倡议承载着多重信息：“这是包含着交流、多样性和跨文化对话的多重信息，也关乎着繁荣与发展。这些在当下仍然有着重要的意义。我们应当教导人们从内心珍惜各民族和各个国家的不同文化，通过对文化遗产的保护和对多元文化的支持来防止暴力极端主义的蔓延。”

以历史的眼光观察，丝绸之路对沿线各国的贸易往来和经济贡献是巨大的，但相对于经济的贡献，它对文化的贡献更加伟大，它促进了东西方乃至世界的文化交流，使人类相互沟通了解，并在交流碰撞中产生出奇异而丰硕的成果，使世界的和平友谊、平等互惠在这条道路上实现持久发展。文化的空前流动，必造就更伟大的文明。这是古丝绸之路给我们的启发，也是结论。

一个民族，只有文化体现出比物质和资本更强大的力量，才能造就更大的文明进步。文化是创造力的源泉，文化的土壤越深厚，创新的大树越茁壮。文化并不是一成不变的，人类文化的发展史就是一个不断吸收并转换文化元素、扩大文化流动的“创造的过程”。因而流动性是文化的一个重要品性，只有流动的文化才是活的文化，才是最有生命力的文化。只有承认文化的流动性，才能涤荡腐朽的文化观，才能实现文化的创新，才能树立文化自信，才能促进世界文明的和谐相处。

流动的文化需要更为广阔的空间来展露其勃勃的生机与活力。文化的流动性决定了它只有在创新、交流中才会有更大的发展。古丝绸之路给我们的另一个启发是，考察一种文化是否有活力，是否有发展的可能性，关键就是看它流动的能力、空间和程度，如果它不再与他种文化相碰撞相流通，不再有大面积的流动，那么它就可能停滞甚至死亡。

第三点启发是，真正的文化自信是包容，而不是孤芳自赏。大唐气象之所以彪炳千秋，为世界景仰，就是它最没有华夷之辨，胡食、胡器、胡乐、胡旋、胡俗竞相开放于世界之都长安，其恣肆纵横、包容天下的气概，使得我们的文化更加雄浑深厚。“文化因多样性而可爱，不因单一性而高贵”。无论是古代的丝绸之路，还是今天的“一带一路”，都是各种文明互相借鉴的地方，一方面它推动了东西方的文化交流，另一方面也保护了文化的多样性，使各个国家、民族的文化都得到滋养和发展，并因此而具有更多的创造性。这就是今天“一带一路”更为重要的意义所在。

第四，“一带一路”是否成功，一大关键是中国的产品包括公共产品的质量。一个民族的文明体现在各个方面，如民族精神、科学技术、法律制度、文化艺术等，但器物（产品）也十分重要。中国历史上开辟的丝绸之路，为什么受到世界的重视和欢迎？就是因为我们的瓷器、丝绸等产品的质量过硬，它们的精美和先进赢得了世界的尊重。人家愿意买你的东西，买了你的东西还说你好，并敬慕你的文明和人民，很大程度上是因为产品。“一带一路”建设中，如果中国提供的产品质量不过硬，不仅港口、铁路白建了，参与制定的规则、制度、机构失效了，而且还会带来不好的名声，弄不好还招致骂名。所以决定因素是质量，“一国产品之质量，乃一国国民之素质；一国产品之信誉，乃一国国民之尊严”。解决质量问题是推动“一带一路”有效实施的关键，是中华民族走向复兴的本质内容之一，是实现中国梦的一个重要途径。中国要迈向质量时代，要以质量赢得世界的尊重，离不开工匠精神、创新精神、企业家精神这三大精神的支撑。因此，要大力提倡三大精神，抓住质量不放，才能够确保“一带一路”成功实施。

“一带一路”是关于互联互通的宏大构想

◎ 穆沙希德·侯赛因（巴基斯坦参议院国防委员会主席、中巴经济走廊巴方特使）

近年来，人们可喜地看到，亚洲正在崛起。中国是独特的大国，不仅仅因为中国悠久的历史和灿烂的文化，还因为中国拥有伟大的领导者。中国的和平崛起彰显了中国的实力，也彰显了亚洲人民的实力。

2017 年 5 月 14 日至 15 日在北京举办的“一带一路”国际合作高峰论坛是空前的盛事，联合国教科文组织及多国政府首脑、意见领袖等国际组织和个人都应邀出席。此次峰会向我们展示了一点，那就是中国已经将“一带一路”进行体制上的全球化，如今“一带一路”属于全人类。

习近平主席提出的“一带一路”倡议，已成为重要的外交合作机制，有利于 21 世纪各个国家的发展。巴基斯坦是"一带一路"中重要的国家之一，瓜达尔港是海上和陆上丝绸之路的交汇点。中巴经济走廊是一个跨越了不同领域的庞大工程，超越了政府、政党和机构的概念，向我们展示了"一带一路"的强大魅力。

中国和巴基斯坦有着良好的合作关系，作为中巴经济走廊巴方特使，我对此感触颇深："一带一路"是一个非常新的、非常独特的倡议，它是关于合作走廊、关于文化、关于互联互通的宏大构想。

在"一带一路"建设过程中，我们面临着非常多的困难和挑战，首先是软实力，这点需要靠文化来实现。如何让世界更快速地进步和发展起来？亚洲知道答案，那就是合作，而不是对峙，我们要一起创造更美好的明天，为子孙后代创造更好的生存环境，打下代代和平的基础。

世上无难事，只要肯登攀。中国和各国开展合作，需要克服一个又一个困难和障碍，在这个过程中，包容是至关重要的，如果没有人、没有国家被排除在外，那又如何能对峙得起来呢？如今，日本也有意加入亚洲基础设施投资银行，我希望印度也参与进来，在这里我们不能再让冷战思维、冲突思维横行，我们必须团结在一起，这是合作的基础。在这个合作中，没有人是输家，所有的人都是赢家，所有的人都会受益，亚洲、非洲及第三世界的其他国家，有很多人还在贫穷中挣扎，我们必须合作，解决贫穷带来的巨大问题。

文化先行　亲诚惠容

◎ 张国祚（湖南大学中国文化软实力研究中心主任）

2013 年，习近平主席在访问哈萨克斯坦和印度尼西亚时，分别提出了建设"丝绸之路经济带"和"21 世纪海上丝绸之路"的合作倡议，"一带一路"伟大构想被完整地提出来。"一带一路"倡议，是人类合作的新模式，也是世界发展的新理念。

这一伟大构想的巨大魅力，在刚刚结束的"一带一路"国际合作高峰论坛上得到充分体现。包括 29 位外国元首和政府首脑在内的来自 130 多个国家和 70 多个国际组织约 1500 名代表齐聚北京，正如刚刚从北京赶过来的巴基斯坦参议院国防委员会侯赛因主席所说，峰会盛况空前、影响巨大。

"一带一路"构想引来这么多国家的政治家、经济家进行深度探讨，这是为什么？答案是"一带一路"所体现出来的"丝路精神"。这个"精神"概括起来有四句话：和平合作、开放包容、互学互鉴、互利共赢。这四句话值得我们深思。

和平合作，没有和平就没有合作；开放包容，没有开放意愿何谈包容？没有包容之心又何谈开放？这么多国家，无论是政治制度、文化、历史还是宗教信仰都存在差异，大家一起来共建"一带一路"，必须要有包容心；各个国家都有自己的历史、文化，只有互学互鉴，才能取长补短，互利共赢。

习近平主席讲得非常好，"一带一路"建设不是中国一家的独奏，而是沿线国家的合唱。"一带一路"虽然是中国最先提出来的，辐射的却是所有沿线国家。我们共同创造财富，共同造福世界人民，这样的倡议怎能不受欢迎？北京的盛会怎能不盛况空前？

"一带一路"让我们大家牵起手来，也带来了思考：怎样把"一带一路"的构想落实得更好？构建得更完善？文化先行，亲诚惠容，这是我们应该遵循的思路。

"一带一路"归纳起来有"五通"，没有哪一"通"能离开文化先行。政策沟通，只有靠语言、文化、思想、政策交流才能够实现真正沟通，文化必须先行；设施联通，包括语言的相互翻译、交流，没有文化不行；贸易畅通，要洽谈生意，没有文化交流肯定也不可以；资金融通，亦是如此；民心相通让彼此相互信任、交朋友、做生意，前提条件同样离不开文化。习近平主席很善于讲故事，通过讲一些中国和到访国的小故事，来传达相互之间的友谊，非常受欢迎，讲故事体现的正是民心相通。

光讲"文化先行"还不够，我们还要遵循"亲诚惠容"的原则。"亲"是亲切、亲情、亲爱、亲戚，要让跟我们合作的国家感觉到中国是亲切的，也是非常愿意和大家交朋友的，表达的是一种文化的情感；“诚”是真诚、诚实，相互间以诚相待，互相信任，才能交朋友、做生意，表达的是一种文化的品德；“惠”是实惠，“一带一路”不仅是让中国一家发展，而且是让所有加入国家都共同得到实惠，互利共赢，表达的是一种文化的实践成果；“容”是包容、宽容、相容，表达的是一种文化的心胸。

当今世界，南南合作、南北合作面临各种矛盾和冲突，在这样的国际形势下，习近平主席给出新方案。“一带一路”倡议是推动中国发展与国际合作的伟大构想。如今我们有了这样的成果，吸引了这么多的朋友，让我们相信：只要做到“亲诚惠容”，“一带一路”倡议就能深得人心、四邻皆喜，不断扩大影响、壮大实效、结出硕果。“世上无难事，只要肯登攀”，只要所有国家共同努力，“一带一路”肯定会建设得更好，它必将给世界带来更多更大的福祉！

加强合作，实现文化相连和互利共赢

◎ 尼古拉·瓦西列斯库·里尔克（罗马尼亚中国工商协会主席、社会民主党副秘书长）

中国提出的“一带一路”倡议非常有远见，可以确保“一带一路”沿线国家之间的交流与合作。罗马尼亚作为连接中西方国家的一座桥梁，虽与中国相隔数千公里，但双方在文化交流上有着悠久的历史。和平、合作、包容、互相学习、互惠互利的精神，通过丝绸之路代代相传到今天。

“一带一路”可以进一步促进沿线各国在通信、机场等基础设施方面的建设。中东欧国家是中国的重要投资地，更是“一带一路”建设的主要参与国，所以这个倡议的提出，对于中东欧国家而言，既是机遇，也是挑战。

2012 年，中国领导人首次在华沙提出了“16+1 合作”机制，成为中国同中东欧国家深化传统友谊、扩大合作共享的新平台。随着这个机制的深入人心，中东欧国家非常愿意拥抱“一带一路”，支持“一带一路”，我们愿和中国一同促进“一带一路”的建设与合作，创造更美好的未来。

我们和中国的合作伙伴关系，需要双方的共同努力，选择大家认可的合作方式加以维护。现在，我们需要更紧密地参与进来，制定更好的谈判框架，力求为欧盟和其他国家带来更多实惠。

2016 年 9 月，中国贸促会组织了“中东欧国家经济文化论坛”，使中国和欧洲企业之间得以进行更多的合作与投资，它和“一带一路”一起，可以发挥更大的作用。2017 年 3 月，中国贸促会又组织举办了“罗马尼亚经济贸易文化周”，进一步促进了中国和罗马尼亚等中东欧国家在经济、技术、文化等方面的交流。

对于这些活动，罗马尼亚一直非常支持。我们也有很好的机会成为能源中心，为中国提供更多的投资机会。罗马尼亚拥有非常好的加工能力和能源处理设施，比如炼油厂，我们总炼油能力达到 500 万吨，我们希望我们这些资源在“一带一路”框架下发挥更大作用。

中国和罗马尼亚一直保持密切的友好关系，现在有很多中国的公司来罗马尼亚投资。我们现在的基础设施建设进展缓慢，“一带一路”给我们带来了很多机会。

虽然受到一些融资因素的影响，但我们有亚投行的支持，也吸引了欧盟的一些成员国，还有中亚、中东欧国家、金砖五国、澳大利亚、新西兰等国家的参与。电子产品、石油天然气、医药医疗等行业都是“一带一路”沿线国家集中的重点行业，我们希望更多中国企业直接过来投资，并将投资重点放在 IT、外包、能源等基础设施上来。

从文化的角度来看，我们也要采取重要措施，促进罗马尼亚和中国在文化方面的交流。罗马尼亚有很多孔子学院，一些孔子学院和教育机构开始开展中文教学，还有一些出版商也出版了两个国家的刊物，罗马尼亚的年轻人现在也来中国留学，这种文化的交流对于我们未来的发展都是有益的，如果我们能够把更多的资源投资在这些方面，局面将是非常可观的。

除此之外，罗马尼亚和中国还有很多方面的合作。比如预防心肌梗塞等疾病的特殊细胞的研究，就是由两国的研究者共同完成的。在航空方面，罗马尼亚的飞行员跟中国航空协会达成了合作。

罗马尼亚非常支持中国和欧盟之间的合作关系，我们也希望中国能建立更多的合作项目，改善我们双边的关系。在农业、铁路、港口等项目上，中国现在已经成为标杆，我们要互相学习，一起创新，共同发展，这些都是持久的双边关系的重要组成因素。

习近平主席提出的“一带一路”建设构想，为中国和欧洲国家的合作提供了历史性机遇。在经济全球化的背景下，我们希望两国借助“一带一路”平台，继续加强友好往来，兼顾双方利益与发展方向，遵循国际规则和市场规律，为实现文化相连、互利共赢的良好局面奠定基础。

原载《中国文化报》2017 年 5 月 22 日

【文化部党组中心组学习习近平总书记在“一带一路”国际合作高峰论坛讲话精神】

2017 年 5 月 19 日，文化部党组中心组集中学习习近平总书记在“一带一路”国际合作高峰论坛重要讲话精神。文化部党组书记、部长雒树刚主持会议，党组成员项兆伦、董伟、丁伟、单霁翔、刘玉珠、迟耀云、于群出席学习会，并谈了学习体会。

雒树刚表示，“一带一路”国际合作高峰论坛是党的十九大之前举办的重大外交活动。2013 年，习近平总书记提出“一带一路”倡议。4 年来，倡议得到国际社会广泛响应和支持、合作，取得了明显的阶段性成果。在这个关键时刻，举办“一带一路”国际合作高峰论坛，意义重大。第一是进一步凝聚国际共识。通过论坛进一步向世界宣示我们的政策、主张与理念，取得了国际话语权，得到了国际社会广泛认同。第二是进一步对接“一带一路”各项规划。通过论坛，各国广泛且深入地探讨、阐述各自的意见，特别是在政策沟通、设施联通、贸易畅通、资金融通、民心相通等方面，把中国的主张与国外的需求和期待进行对接，使合作有更高的契合度。第三是为党的十九大的召开营造了良好的国际环境。党的十九大召开是一件大事，需要良好的国内和国际环境，论坛用短短两天，使世界的主张和我们的理念进行了充分交流，在相互的沟通中，让世界进一步了解中国特色社会主义道路、理论、制度和文化。

雒树刚表示，通过学习习近平总书记在论坛上的讲话，第一是领会到习近平总书记深刻阐述的丝路精神，即“和平合作、开放包容、互学互鉴、互利共赢”；第二是学习了习近平总书记所阐述的“一带一路”的核心内容，即促进基础设施建设和互联互通，对接各国政策和发展战略，深化务实合作，促进协调联动发展，实现共同繁荣；第三是梳理了“一带一路”实施 4 年来取得的成效；第四是明确了“一带一路”的构想，那就是建成和平之路、繁荣之路、开放之路、创新之路、文明之路。

雒树刚要求，文化部系统广大党员干部认真学习习近平总书记在“一带一路”国际合作高峰论坛上关于文化建设，特别是对外文化合作方面的重要论述。他指出，习近平总书记在讲话中对对外文化交流与合作做了深入阐述，同时也提出明确要求，文化部要很好地学习贯彻。

在此次论坛召开期间，文化部参与并圆满完成了多个文化项目，如《千年之约》晚会演出、伴宴交响音乐会演奏、“美丽的越南摄影展”、外方团长配偶参观故宫等，均得到了在场嘉宾和社会舆论的一致称赞。此外，文化部还与国外签署了 5 项文化合作协议，并组织文化部长会谈等，成果丰硕。雒树刚表示，文化部圆满完成了中央交与的任务，下一步文化部要认真学习贯彻习近平总书记关于“一带一路”倡议的重要讲话，特别是在对外文化交流方面，要创新合作模式，打造新的合作平台，推动对外文化交流，服务“一带一路”建设。

董伟、丁伟、单霁翔结合参加论坛相关工作也交流了学习感受。大家认为，文化工作应继续秉持大局意识、责任意识和创新意识，更好配合国家重大政治活动，同时要创新合作模式，推动务实项目，切实发挥文化在“一带一路”建设中的特殊作用。

文化部各司局、相关直属单位负责同志出席了学习会。

【观点】

扮演好文化企业“带路人”和文化贸易“推动者”的双重角色

◎ 联文

《文化部“一带一路”文化发展行动计划（2016—2020 年）》提出，要推动“一带一路”文化产业繁荣发展、促进“一带一路”文化贸易合作，多个专项计划备受关注。

专项计划促进“一带一路”文化产业合作

在文化产业领域，文化部配套推出 3 个专项计划，即“丝绸之路文化产业带”建设计划、动漫游戏产业“一带一路”国际合作行动计划、“一带一路”文博产业繁荣计划。

首先，加快国内“丝绸之路文化产业带”建设，鼓励国内文化企业跨区域经营，实现文化旅游互为目的地和客源地，建设有代表性的特色文化产品生产和销售基地。运用文化产业项目服务平台，加强对丝绸之路文化产业重点项目征集发布、宣传推介、融资洽谈、对接落地等全方位服务。将国内“一带一路”沿线区域符合条件的城市纳入扩大文化消费试点范围，逐步建立促进文化消费的长效机制。

其次，发挥动漫游戏产业在“一带一路”文化产业国际合作中的先导作用。目前，中国与沙特阿拉伯联合制作的首部动画片《孔小西与哈基姆》已于 2017 年 2 月 22 日登上沙特电视荧屏，实现了中国动漫在沙特从无到有的突破。该片共 26 集，以中沙儿童友谊为主题，融入了中国美食、服饰、功夫等元素，版权已成功转让给 22 个阿拉伯国家的发行商。

再次，实施“一带一路”文博产业繁荣计划，推进“互联网 + 中华文明”及“文物带你看中国”项目，促进文物资源、新技术和创意人才等产业要素的国际流通。

推动与沿线国家文化贸易往来

推动文化贸易是开展中外文化交流与合作中不可或缺的重要内容，文化部将贯彻落实党中央、国务院关于构建开放型经济新体制的要求，扮演好文化企业“带路人”和文化贸易“推动者”的双重角色，从以下三方面推动文化贸易合作：

一是政府宏观推动。一方面，文化部将大力改善文化贸易发展环境，拓展对外文化贸易渠道，推进双边、多边政府间文化贸易合作机制建设，积极参与国际文化贸易规则制定，引导国内外行业间、企业间交流与合作，促进文化贸易发展方式和经营模式与国际接轨；另一方面，持续做好文化贸易公共服务，加强统筹规划指导、投资信息共享、重点项目整合和贸易统计分析，针对文化贸易核心领域，完善学术研究、品牌策略、法律援助、信息服务、投融资、云服务等支撑机制，搭建公共服务平台。同时，还将以数字创意产业和文化装备产业为重点领域，加强人才交流与培训，推动我国与“一带一路”沿线国家的文化贸易往来。

二是发挥基地的平台作用。国家对外文化贸易基地是探索对外文化贸易发展路径的重要平台，文化部将继续引导和推动北京、上海和深圳三个基地更好地发挥先行先试和带动服务作用，拓展与“一带一路”沿线国家的合作平台和渠道，努力形成规模效应。比如，支持上海国家对外文化贸易基地开展文化装备“一带一路”巡回推介和“一带一路”中外动漫游戏创意人才联合培训，支持深圳国家对外文化贸易基地带领动漫游戏、新媒体、文化装备和文化投资领域优秀企业前往“一带一路”国家开展项目推介和洽谈会。

三是品牌助力发展。近年来，品牌活动和大型展会逐步成为促进文化贸易发展的重要平台，如中国对外文化集团“欢乐春节”活动期间在莫斯科中国文化中心举办直属文博机构文创精品和授权展示推介会，深圳文博会设立“一带一路·国际馆”专馆等。

“互联网+文化”通向沿线各国

文化科技融合是文化发展的关键动力，“互联网+文化”正是文化科技融合的一个重要体现。目前我国移动互联网普及程度已是全世界领先，因此，开展“一带一路”文化交流与合作除了保持传统的人际交流方式之外，也要努力尝试借助互联网、移动终端让中国文化搭乘“互联网+”的快车，四通八达驶向“一带一路”沿线各国。为此，文化部做了以下几方面工作：

一是主办世界互联网文化论坛。2016年11月，第三届世界互联网大会在浙江省举办，大会期间，文化部主办了互联网文化论坛，以“文明互鉴和网络文化建设”为主题，邀请了16位国内外高级文化官员、互联网和文化业界代表，包括多位来自“一带一路”沿线国家的重要嘉宾。该论坛全程图文直播，通过国际互联网向海外分享了有关中国互联网文化发展的经验和最新动态。

二是进一步加强文化传播新媒体平台的整体建设。2016年6月底，中国文化外宣旗舰网——中国文化网（中英文版）正式上线，PC版和移动版同时开通，并在“脸书”“推特”“优兔”等海外社交媒体开通“中国文化”账号。

此外，2017年3月16日，国际电信联盟正式发布手机（移动终端）动漫国际标准，这一标准由中国自主原创、主导制定，是我国文化领域首个国际技术标准，在国际电信联盟和国际“互联网+文化”的领域中发出“中国声音”，展现了文化自信，将激励和推动中国文化与科技融合发展的成果更多更好地走向世界，参与全球治理，开展国际合作，促进共同发展，融入全球产业链。

原载《中国文化报》2017年5月16日

五大联盟：推动“一带一路”文化交流合作机制化

◎ 张婷

近年来，我国与“一带一路”沿线国家间的文化交流与合作机制日益完善。目前，文化部正在积极推动与“一带一路”相关国家的文化机构共同建立5个合作联盟，即丝绸之路国际剧院联盟、丝绸之路国际图书馆联盟、丝绸之路国际博物馆联盟、丝绸之路国际美术馆联盟和丝绸之路国际艺术节联盟。

丝绸之路国际剧院联盟于2016年10月由中国对外文化集团公司牵头成立。联盟以开放、包容、共商、共建、共享为行动纲领，把加强信息沟通与合作，推动优质文化资源互换、共享、合作开发作为努力方向，为文化创造与文化交流搭建了一个世界性舞台。至今，该联盟成员单位已覆盖“一带一路”沿线23个国家及2个国际组织，包含国外43家、国内27家共计70家主流剧院、文化机构、知名演出团体。其中既有英国伦敦南岸艺术中心、广州大剧院这样的艺术殿堂，又有匈牙利布达佩斯艺术宫、乌克兰国家大剧院、西班牙马德里皇家剧院这样的综合性文化艺术中心，还有俄罗斯圣彼得堡国家卡贝拉音乐厅、立陶宛国家话剧院这样的专业性剧院，也有法国国立剧院联盟、欧盟“一带一路”欧中文化旅游委员会等机构组织。联盟还纳入了一些正在发展中的剧院，并与海外中国文化中心展开全面合作。

丝绸之路国际博物馆联盟成立仪式在2017年5月18日国际博物馆日中国主场城市活动期间举办。联盟由中国博物馆协会丝绸之路沿线博物馆专业委员会，联合国际丝绸之路研究联盟和丝绸之路国际博物馆友好联盟等组织共同发起。该联盟的成立旨在加强与“一带一路”沿线地区国家博物馆的合作，致力于探索与丝绸之路沿线国家开展信息共享、联合研究、专业人才交流、人才培养等工作，加强与相关国际机构组织之间的合作等。作为联盟成立后的首项重要学术研讨活动，“一带一路”国际博物馆合作学术研讨会同期召开。

丝绸之路国际艺术节联盟于 2015 年 10 月由上海国际艺术节中心牵头成立，包括上海国际艺术节、匈牙利布达佩斯之春艺术节等 16 个国家的 20 个艺术节。

丝绸之路国际图书馆联盟、丝绸之路国际美术馆联盟等相关工作分别由国家图书馆、中国美术馆等单位牵头负责。

文化部“一带一路”建设工作领导小组有关负责人表示，这些联盟的建立和健全为机制化推动“一带一路”文化交流与合作提供坚实保障。如剧院联盟和博物馆联盟的成立，将使“走出去”的演出和展览项目延伸到更多国家，影响更多人群，使资源得到更为充分的利用。艺术节联盟的成立，使中外艺术机构实现资源和信息共享，更加有效地推动演出项目的流通，使文化交流更有针对性。

原载《中国文化报》2017 年 5 月 15 日

文化交流文明互鉴：促进“一带一路”民心相通

◎ 王立元、宋佳烜、屈菡、薛帅、程佳

在与全球共享“一带一路”建设成果的同时，中国与各国人民之间的友谊得到了广泛提升。蓬勃开展的文化交流与合作，进一步促进了“一带一路”沿线国家民心相通。截至 2016 年底，中国已经和“一带一路”沿线的 60 多个国家签订了政府间文化交流合作协定。

2017 年 5 月 14 日，世界目光聚焦中国北京，29 位外国元首、政府首脑及联合国秘书长等 3 位重要国际组织负责人出席“一带一路”国际合作高峰论坛领导人圆桌峰会等活动。本报特对我国与部分国家近年的文化交流情况进行报道，以飨读者。

哈萨克斯坦

哈萨克斯坦是中国“一带一路”建设的重要伙伴国家，同时也是丝绸之路经济带从中国向西延伸的第一站。习近平主席 2013 年访问哈萨克斯坦，在纳扎尔巴耶夫大学发表演讲时倡议共同建设“丝绸之路经济带”。2014 年底，哈萨克斯坦与中国签署《“丝绸之路经济带”建设谅解备忘录》；2016 年，两国正式签署了丝绸之路经济带建设与“光明之路”新经济政策对接合作规划。近年来，两国多次互办大型文化活动，互派文艺团组访演，开展专业领域人员交流，促进了两国间的文化互鉴。此后，双方还将共同推进互设文化中心的进程。

哈萨克斯坦与中俄两国共同主办了“2015 丝绸之路国际文化论坛”；两国在音乐领域的交流也不断增多，“‘光明丝绸之路上的相遇’——中哈联合音乐会”在北京举办，献礼两国建交 25 周年；中国爱乐乐团在哈萨克斯坦成功巡演，深受哈萨克斯坦民众喜爱；“丝路新颜暨领区共建丝绸之路经济带成果图片展”等展览举办；2014 年，中国与哈萨克斯坦、吉尔吉斯斯坦联合申报的“长安—天山廊道的路网”正式进入世界文化遗产名录；哈萨克斯坦积极参与“青年汉学家研修计划”“汉语桥”等活动，与中方共同举办“中国武术文化节暨哈萨克斯坦武术大赛”等；哈萨克斯坦相关部门积极参与丝绸之路新疆文化创意产业博览会，与有关企业签署影视制作合作协议……这些都充分证明了两国在文化领域拥有良好的交流与合作空间。

乌兹别克斯坦

2016 年 6 月，习近平主席在乌兹别克斯坦最高会议立法院发表演讲时，对“一带一路”三年来的成果进行了概括性评述，并表示，中乌双方要携手构建多层级、宽领域、全方位的互利合作新格局，推动中乌友好合作写下新的历史篇章。对于中乌人文交流，习近平提出，要精心打造中乌民心相通工程，通过深化文化、教育、旅游、考古、地方合作提升中乌作为丝绸之路古国的自豪感和自信心。

“一带一路”重大倡议提出以来，中乌文化交流与合作登上了一个新的台阶。两国多次互派文艺团组访演，开展专业领域人员交流。2016 年，上海合作组织成员国文化部长第十三次会晤在乌兹别克斯坦首都塔什干举行，其间，文化部还支持中国国家画院与乌兹别克斯坦国家艺术科学院在乌兹别克斯坦共同举办展览；近年来，中乌演出团体相互交流日益增加；中国国家文物局、中国社会科学院、中国西北大学等单位积极同乌方开展联合考古和古迹修复工作，为恢复丝绸之路历史风貌做出了重要贡献；乌兹别克斯坦积极加入中国与“一带一路”沿线国家在人文领域的组织、联盟。

近年来，乌兹别克斯坦进一步加强与改善汉语教学工作，相继在塔什干国立东方学院、世界语言大学以及中小学校开设汉语系或汉语课堂，“汉语热”已成为中乌友好交往的重要桥梁。

巴基斯坦

巴基斯坦是最早积极对接“一带一路”建设的国家之一，作为全天候战略合作伙伴，中巴两国在“一带一路”建设方面紧密合作。近年来，随着丝绸之路经济带和中巴经济走廊建设的不断推进，双方在艺术家、汉语教学、广播影视等方面的交流越来越活跃。

“一带一路”伊斯兰风情文化国际摄影优秀作品展、“中国故事 2016”图片展、庆祝中华人民共和国成立 67 周年中巴艺术联展等一系列展览的举办，增进了两国民众对彼此的了解；“魅力中国多彩新疆”文化周、“爱尚中华·国乐盛典”音乐会等演出在巴基斯坦举行，展现了中国传统、民族文化的独特魅力；“基于社区的非物质文化遗产清单制定培训班”和“一带一路”中巴教育座谈会等活动的举办，以及由巴基斯坦文化、艺术、体育界高级官员和知名人士组成的文化精英团的成功访华，博物馆、图书馆等领域高层管理人员培训交流的频繁举行，增进了两国人文交流在专业领域的对口合作。

2017 年 4 月，巴基斯坦中国文化中心启用仪式在伊斯兰堡举行，中心将继续通过多种形式，向巴基斯坦人民介绍中国的文化和历史，展示中国人民对巴基斯坦的美好情谊。

俄罗斯

近年来，在“一带一路”倡议被俄罗斯社会各界广泛理解、认同和支持的背景下，中俄两国文化交流的规模、层次、水平不断提升，成果丰硕，形势喜人。

每年在黑龙江省举办的集文化贸易与文化交流于一体的中俄文化大集活动，是中俄两国在边境毗邻地区跨境同期共同举办的大型文化交流活动。中俄文化论坛自 2013 年起在两国轮流举办，两国文化界人士交流学术、沟通思想、增进了解、培养感情，促进了两国在文化政策、文化理念、公共文化服务、文化产业等各个领域的深度交流与合作。

目前，俄罗斯多家剧院加入了丝绸之路国际剧院联盟，为陆续开启的丝绸之路博物馆、图书馆等联盟邀请俄罗斯相关机构加入奠定了良好基础。与丝绸之路文化相关的展览、演出、论坛、交易会、体育和艺术赛事在俄罗斯也广泛展开。特别是 2015 年在莫斯科举办的第二届“丝绸之路国际文化论坛”，成为“一带一路”主题下中俄民间交流的成功典范。

白俄罗斯

白俄罗斯高度重视与中国就推进“一带一路”建设开展合作。2016 年 9 月，中白两国政府签署了《中华人民共和国政府与白俄罗斯政府共同推进“一带一路”建设的措施清单》，清单涵盖了交通物流、贸易投资、金融、能源、信息通信、人文等领域的相关措施或项目。

2016 年 12 月，白俄罗斯中国文化中心揭牌仪式在明斯克举行，这是两国文化交流的标志性事件。据悉，白俄罗斯也将在北京设立白俄罗斯文化中心，两国互设文化中心有助于扩大人文领域的友好关系和交流。

2017 年是中国与白俄罗斯建交 25 周年。4 月，白俄罗斯国家美术馆馆长佛拉基米尔·普罗科普佐夫的油画作品《父母的故土》正式捐赠给中国美术馆。5 月，来自白俄罗斯的经典芭蕾舞剧《天鹅湖》作为第十七届“相约北京”艺术节的闭幕压轴大戏亮相北京。

希腊

2016年7月，希腊国家通讯社雅通社发表了《希腊在“一带一路”建设中具有至关重要的作用》一文，表明了希腊对“一带一路”重大倡议的积极态度。2016年10月，中欧文明对话会在希腊首都雅典举行，中国、希腊、意大利等国的10多位学者和政府官员在会上探讨了在当前人类面临的诸多挑战面前，加强中欧文明对话的必要性和应采取的措施。

2017年4月，中国—希腊文化交流与文化产业合作年启动仪式在希腊雅典拜占庭博物馆举行，“2022，北京欢迎你”冬奥主题互动展览同时揭幕，展览内容由“奥林匹克：从雅典到北京”“北京冬奥，冰雪之美”两部分组成。

由中国和希腊共同倡议发起的“文明古国论坛”日前在雅典举行，来自世界10个文明古国的代表共同探讨人类原创型文明给当代社会带来的有益启示，推动古老文化焕发出新的时代活力。

匈牙利

2010年，匈牙利政府提出“向东开放”政策，该政策涵盖经济、外交等各个领域，其中最重要的一点就是进一步加强同中国的关系。中国“一带一路”倡议与匈方政策不仅在地理意义上有所重叠，其发展愿景更是高度契合，二者相辅相成，将两国及沿线国家和地区紧密地联结在一起。

2015年6月，中国同匈牙利签署《中华人民共和国政府和匈牙利政府关于共同推进丝绸之路经济带和21世纪海上丝绸之路建设的谅解备忘录》，这是中国同欧洲国家签署的第一个此类合作文件。

2017年4月，匈牙利舞剧《茜茜公主》在北京天桥艺术中心上演，第十七届“相约北京”艺术节由此拉开大幕。“中国电影展2017”近期在布达佩斯举行，其间放映了《功夫瑜伽》《大唐玄奘》《湄公河行动》《北京遇上西雅图之不二情书》《山河故人》5部优秀中国影片。近日，中国—中东欧研究院成立暨揭牌仪式在匈牙利科学院举行，这是中国首家在欧洲独立注册运营的研究型智库机构。研究院将以学术合作与智库交流的方式推进中国与中东欧国家间的合作，推动中东欧乃至整个欧洲对中国—中东欧国家合作、“一带一路”重大倡议以及中国发展、中国道路、中国形象的认识与了解。

捷克

捷克地处欧洲中心，是中东欧开放的前沿窗口，也是中东欧发展指数最高的国家之一，更是“一带一路”的重要沿线国家。2015年底，中捷双方签署了关于共同推进“一带一路”建设的政府间谅解备忘录，为交流合作开辟了更加广阔的空间。作为首批和中方签署“一带一路”合作备忘录的国家，捷克也是中国落实“一带一路”合作的样板。

当前，中捷人文交流活力迸发。2015年4月，上海举办“捷克周”活动，集中展示捷克在旅游、高科技、投资等方面的优势，并奉上了一台捷克当代艺术与设计大型联展。2016年的“京津冀捷克日”活动，在北京、天津和河北三地举办了多场活动。

2017年2月至12月，捷克驻华大使馆、捷中友好合作协会以及捷克驻成都总领事馆合作举办“一带一路捷克年”系列活动，除了在北京举行活动，还会在四川、陕西、浙江进行，而这些地区都是丝绸之路上的重要省份，活动的重点是对捷克的传统产品、文化以及旅游进行宣传。

2017年4月，“一带一路”与中捷文明交流互鉴论坛在布拉格举行。捷克文化艺术和智库专家、“一带一路”研究专家、汉学家、翻译家及捷克主流媒体代表等各界人士出席。

印度尼西亚

近年，中印两国文化往来频繁。2015年、2016年，中国文化部连续组派艺术团赴泗水、巴厘岛、日惹、三宝垄和雅加达参加“欢乐春节”活动。作为“2014中国—东盟文化交流年”的重点活动，2014年8月，中国文化部组派大型舞台剧《太极图》以及《多彩中华》两台各具特色的艺术作品赴印尼举办“东盟最佳表演艺术—中国主宾国”展演活动。2015年7月，中国驻印尼使馆与印尼伊斯兰教士联合会合作，策划组织了“郑和与印尼穆斯林文化传播”巡回讲座。2016 年 4 月，中国爱乐乐团赴印尼举行“海上丝绸之路”巡演，大型舞剧《丝海梦寻》赴印尼访演。2016 年 5 月，中国及印尼电影界人士倡导组织的“谢飞电影大师讲堂及获奖电影展映活动”在雅加达、巴厘岛举行。2016 年 11 月，中央芭蕾舞团赴印尼演出芭蕾舞剧《大红灯笼高高挂》。

印尼多次组派艺术团参加了中国文化部举办的亚洲艺术节。印尼文旅部还多次应邀参加了由中国文化部主办的中国—东盟文化论坛。2014 年 4 月，印尼教育与文化部政府代表团和艺术团来华参加“2014 中国—东盟文化交流年”开幕系列活动。

老挝

2011 年，为庆祝中老建交 50 周年，中国文化部支持并协助中国驻老挝使馆于 4 月 21 日至 27 日在万象市老挝国家文化宫成功举办纪念中老建交 50 周年图片展，老挝的多位政府高级官员出席了展览开幕式。2011 年 10 月，中国文化部组派中国残疾人艺术团赴老挝举办庆祝中老建交 50 周年专场演出。2014 年 1 月，云南省委宣传部、老挝新闻文化旅游部和中国驻老挝使馆在老挝万象国家会议中心联合主办“中老情·合家欢——2014 春节联欢晚会”。2016 年 1 月，老挝“欢乐春节”庙会在老挝首都万象市举行。

为搭建中老文化交流的窗口和平台，2014 年 11 月 3 日，中共中央政治局委员、中央书记处书记、中宣部部长刘奇葆与老挝人民革命党中央政治局委员、政府副总理潘坎出席老挝中国文化中心揭牌仪式并共同为中心揭牌。

菲律宾

菲律宾是东盟国家中最早与中国签订文化协定的国家之一。自 1979 年两国政府签订文化合作协定后，两年或三年期的文化交流执行计划从未间断过。迄今为止共签署了 13 个双年度文化执行计划。

近年来，中菲文化交流活动蓬勃开展。2014 年 9 月，菲文委组派官员和专家参加由中国文化部主办的第九届中国—东盟文化论坛。2015 年 3 月，中国文化部组派吉林艺术团赴菲律宾参加“欢乐春节”活动。2015 年 8 月，菲文委组派官员和专家参加由中国文化部主办的“10+3”文化人力资源开发合作研讨班。2015 年 9 月，菲文委应邀组派官员和专家参加由中国文化部主办的第十届中国—东盟文化论坛。2016 年 2 月，中国组派深圳艺术学校艺术团赴菲律宾参加“欢乐春节”活动。2016 年 9 月，菲文委和相关院校负责人来华参加中国文化部主办的第十一届中国—东盟文化论坛。2016 年 10 月，中国文化部组派中央芭蕾舞团赴菲律宾演出芭蕾舞剧《大红灯笼高高挂》，获得一致好评。2017 年 2 月，中国文化部组派福建省泉州市艺术团赴菲律宾参加“欢乐春节”活动。

越南

2017 年 5 月 11 日，习近平主席在北京人民大会堂同越南国家主席陈大光举行会谈。两国元首夫妇共同观看了“中国摄影家眼中的越南”摄影展。

中越两国文化交流源远流长，文化领域交流渠道比较畅通，进展顺利。2008 年 5 月，中越建立全面战略合作伙伴关系以来，双方在文化领域的交流与合作呈现良好态势。

中越两国政府文化主管部门高层领导保持互访频繁，有力推动了两国文化关系的发展。两国举办的文化交流活动日益增多，中国连续派出艺术团参加越方举办的顺化国际艺术节和国际杂技比赛等活动，越方也连续派出代表、作品参加中国举办的各类文化艺术节、创作营、国际会议等活动，如亚洲艺术节、亚洲文化部长论坛、中国—东盟文化论坛、“10+3”文化人力资源开发合作研讨班等。2013 年 5 月，河南省艺术团应邀赴越南海防参加越南国家旅游年开幕式，并在河内、下龙湾和胡志明市等地巡演。2016 年 9 月，越南文体旅部组派高级别代表团来华出席首届丝绸之路（敦煌）国际文化博览会。在中国与东盟文化合作方面，越方也发挥了积极作用。

2015 年 11 月 15 日，中越关于互设文化中心的协定在两国领导人的见证下正式签署。

柬埔寨

2011年至2013年，中国文化部为柬埔寨代培了一批杂技学员，于2013年9月结业归国。2013年是中柬建交55周年，两国文化部门以此为契机，共同举办了一系列纪念、庆祝和文化交流活动。2014年4月，曾在中国接受培训的柬埔寨杂技团部分演员应邀到中国北京参加“2014中国—东盟文化交流年”开幕演出。2014年12月，柬埔寨派艺术团赴缅甸参加了“2014中国—东盟文化交流年”闭幕活动。此外，在我国首都博物馆举办的“高棉的微笑——柬埔寨吴哥文物与艺术展”是中国举办的第一个柬埔寨文物展览。2015年4月，该展又在广东省博物馆展出，7月在陕西省历史博物馆展出。

2014年，中国文化部支持昆明新知集团在柬埔寨开设金边中国文化之家。国务委员杨洁篪于2014年12月访柬期间和柬埔寨王国副首相兼外交国际合作大臣贺南洪为金边中国文化之家揭牌。在中国文化部、云南省委宣传部及中国驻柬使馆的共同支持下，金边中国文化之家举办了丰富多彩的文化活动，有力地传播了中华文化。2016年，经报国务院批准，该文化之家升级为金边中国文化中心，习近平主席于10月访柬期间与洪森首相共同揭牌成立。金边中国文化中心是由部、省、企合作共建、共管的海外中国文化中心。

马来西亚

中国和马来西亚友谊深厚，两国文化相近、相通，两国文化交流逐年增多，日趋活跃。马华裔占其总人口近1/4，经济实力较强，对中华文化有着较深的认同和归属感，对开展两国文化交流热情很高。

近年来，在中马文化合作协定框架下，两国一直签署三年一度的文化交流执行计划，在高层互访、展览、演出等方面保持不间断交流与合作。马方多次参加中国文化部主办的亚洲艺术节、中国东盟文化论坛和“10+3”文化人力资源开发合作研讨班等活动。

2014年是中马建交40周年，也是双方商定的“中马友好交流年”。2014年11月，中国文化部组派广西艺术团赴马来西亚举办以“美丽中国·美丽广西”为主题的中国文化周。2015年春节期间，中国多个艺术团应马来西亚当地邀请访问马来西亚，举办“欢乐春节”活动。2015年5月至6月，中国国际文化交流中心组派大型舞台剧《太极图》赴马来西亚吉隆坡举办了1场公益演出和2场商业演出。2015年8月，中国印象系列创意团队与马方项目公司就在马来西亚举办实景演出《印象马六甲》项目签署合作协议。中国文化部邀请马方派团来华参加于2015年9月和11月在华举办的第十届中国—东盟文化论坛和第十四届亚洲艺术节。2016年9月，马方派员来华出席第十一届中国—东盟文化论坛。

蒙古国

2010年揭牌的乌兰巴托中国文化中心是继韩国、日本之后中国在亚洲设立的第三个文化中心，同时也是在与中国领土接壤的国家中第一个设立的中国文化中心。

乌兰巴托中国文化中心揭牌以来，在常态化开展展览、演出、讲座、艺术培训等工作的同时，积极配合国家外交大局，精心打造“欢乐春节”“纪念汤显祖和莎士比亚”品牌活动，积极走进蒙古国大中学校开展青少年交流活动，已成为蒙古国民众了解中国文化的一个新窗口。

中蒙间文化交流活动频繁。2013年10月，为配合蒙古国总理访华，蒙古国驻华使馆在北京国家大剧院举办蒙古国专场文艺演出。2014年6月2日至6日，作为中蒙建交65周年系列友好交流活动的一环，中国儿童艺术剧院《伊索寓言》剧组赴乌兰巴托演出2场，取得圆满成功。2014年8月20日至24日，配合习近平主席对蒙古的访问，中国文化部举办了“中国文化周”暨“丝路拾珍——中国敦煌文化艺术展”开幕式活动。2016年5月9日，蒙古国家马头琴乐团来华参加了由文化部外联局与国家大剧院共同主办的2016年“世界音乐博览—发现亚洲之美”系列文化交流活动开幕演出。

缅甸

2013年12月，中国成功实施了援缅第27届东南亚运动会开闭幕式技术支持合作项目。

2014年6月，缅总统吴登盛访华期间，中缅两国文化部关于互设文化中心的谅解备忘录在两国领导人见证下签署。2015年9月4日，缅甸总统吴登盛来华出席中国人民抗日战争暨世界反法西斯战争胜利70周年纪念活动期间，《中华人民共和国和缅甸联邦共和国政府关于互设文化中心的协定》正式签署。随后，中国文化部启动了在缅设立文化中心的选址工作。

2014年9月，广东省艺术团在缅甸举办“中国—东盟文化交流周”活动；12月，“中国—东盟文化交流年”闭幕活动在缅甸首都内比都举办。2016年春节期间，中国驻缅甸使馆策划并支持举办了“开门过大年”迎新春招待会、“缅中友好音乐会”等系列春节庆祝活动；3月，中缅画家联合写生活动在缅甸启动，该活动由“缅甸行”“中国行”“中缅画家联合写生创作成果展”三部分组成。2017年春节，中国驻缅甸使馆策划组织了系列“欢乐春节”活动，效果良好。

斯里兰卡

斯里兰卡是我国在南亚地区重点开展文化交流的国家之一。中斯于1979年8月15日签订文化合作协定，2005年8月30日重新签署文化合作协定。

近年来，在两国政府文化部门的推动下，中斯文化交流发展顺利，在文学、艺术、广播影视、佛教、教育、体育等各方面的交流与合作全面展开。斯里兰卡多次派团参加由中国文化部主办的亚洲艺术节和亚洲文化部长论坛，显示了斯方参与区域文化合作的积极态度。

2014年1月，中国驻斯使馆举办“欢乐春节——中斯大联欢”活动，山西省歌舞剧院“黄河情韵”演出团一行32人赴斯参加相关活动。2015年2月5日至10日，中国文化部组派甘肃艺术团一行32人赴斯里兰卡举办“欢乐春节”活动。2016年9月19日至22日，斯里兰卡代表团赴甘肃参加首届丝绸之路（敦煌）国际文化博览会。

两国民间文化交流也日益活跃并保持良好的发展势头，重庆杂技艺术团、四川省德阳市杂技团等艺术团体先后访斯里兰卡进行演出并获得成功。两国之间已逐步形成了政府交流与民间交流并举的新局面。

阿根廷

“一带一路”重大倡议不仅为阿根廷的经济发展提供了重要机遇，也为两国间的文化交流创造了重要机遇。

围绕“2016中拉文化交流年”和2017年庆祝中阿建交45周年，中国10多个文化团体先后造访阿根廷，阿根廷探戈舞团和音乐团体也来到中国演出。这些活动拓宽了两国文化交流的深度和广度，“中国布袋戏慈善公演”为当地人所津津乐道，花果山传统布袋戏团走入位于布宜诺斯艾利斯省的洛马斯德萨莫拉市，为当地近千名贫困儿童及其老师、家长带去了布袋戏《大闹天际》——本剧系戏团根据《西游记》中的“大闹天宫”故事改编，全程西班牙语对白。

中阿远隔重洋，文化迥异，但图书独有的人文魅力和精神力量让两国彼此相连。在2017年4月27日开幕的布宜诺斯艾利斯国际书展中，由中国12家出版单位组成的代表团带去300多种500多册图书，其中半数以上是西文版。从孔孟老庄等中国古代文化经典，到《骆驼祥子》《生命的呐喊》等现代著作；从实用的汉语教材，到西藏天路的旅行游记，每一本书都承载着独特的中国文化。

智利

“‘一带一路’国际合作高峰论坛的召开及其成果对南美地区意义重大，中国是包括智利在内的多个南美国家的全球第一大贸易伙伴，与南美大陆的互联互通将为双边经贸往来提供更多便利”，智利驻华大使贺乔治如是说。作为第一个同中国建交的南美国家，智利同时也是第一个同中国签署双边自由贸易协定的拉美国家。

随着“一带一路”倡议在拉美的普及与深化，被誉为“天涯之国”的智利与中国的文化交流和合作也异彩纷呈：“中国公园”、2015智利“中国文化年”、“2016中拉文化交流年”……文化带动两国关系健康发展，两国人民交往密切。“文化交往是贸易合作的基础，语言则是文化交往的载体，”贺乔治说，“我常对智利的年轻人说，掌握汉语将为你打开更多机会的大门。”

2016年11月，习近平主席对智利进行国事访问之际，中拉媒体领袖峰会、中智经济社会发展高端研讨会、“中国主题图书展销月”等系列文化活动在智利举行，旨在推动中智两国在新闻文化出版等多领域的交流和互动。

2017年是中智两国建交47周年，作为2017中智两国文化交流的重头戏——BAFOCHI智利芭蕾民族舞蹈团中国巡演，将于5月27日至6月26日分别在广州、北京、上海、郑州等地上演，增进中智两国人民的互相了解。

肯尼亚

肯尼亚地处东非赤道附近。蒙内铁路连接肯尼亚首都内罗毕与东非第一大港蒙巴萨，同时也是肯尼亚百年以来新建的第一条铁路，是“一带一路”落地的重要项目。作为肯尼亚2030年远景规划的重点工程，蒙内铁路通车后，当地物流成本可以降低40%，对促进肯尼亚及周边东非国家经济合作与文化交流、发展国际贸易和国际合作具有重要意义。

在肯尼亚，除了这条铁路外，还有一条促使中肯民心相通的“坚固桥梁”：中非文化人士互访计划。肯尼亚文化艺术人士多次参与该计划，如2016年，肯尼亚画家帕特里克斯·阿多尤与来自乍得、赤道几内亚等国的非洲画家一起参加了“2016年中非文化人士互访计划——非洲画家来华客座创作成都驻留艺术交流”项目，在40多天时间里深入四川的城市街头、名胜古迹、乡村古镇、艺术聚落、高原冰川、藏羌民居，体验百姓生活，集中采风创作。

埃塞俄比亚

2017年1月，投资42亿美元、全长470英里的吉亚铁路（从吉布地通往内陆国家埃塞俄比亚首都亚的斯亚贝巴）启用，取代了法国人建设的已有100年历史的铁路。由中国公司建成的非洲最大水电站——吉布3水电站，不仅让埃塞俄比亚彻底告别了缺电时代，而且将该国发电能力提升了一倍。

随着硬件设施的逐步健全与完善，中埃两国文化互动也日益频繁。2017年3月28日，埃塞俄比亚亚的斯亚贝巴大学中文图书角启用，首批开放中文图书1046册、音像制品612套，涵盖中文教材、汉语水平考试辅导书、文化读物、经典名著等类别。图书角不仅为亚的斯亚贝巴大学师生和埃塞俄比亚社会学习汉语、了解中国文化提供了第一手的资源，还为中埃两国教育交流提供了有益思路。亚的斯亚贝巴大学副校长表示，中文图书角的设立，有助于提升该校汉语教学质量，有利于更好地开展与中国有关的学术研究。

中国驻埃塞俄比亚大使腊翊凡表示，在“一带一路”重大倡议框架下，两国政府已在文化合作方面达成一致，接下来将召开一系列相关会议，寻求在旅游产业方面的合作新机遇。

土耳其

中土同为发展中大国和重要新兴国家，两国各领域共同利益广泛。2015年底，两国元首在安塔利亚共同见证关于共同推进“一带一路”建设谅解备忘录的签署，习近平主席强调，双方应该扩大人文交流，夯实中土友好民意基础。2017年4月，国务院副总理刘延东访问土耳其时，再次表示人文交流与合作是中土关系的重要组成部分。

虽然受到了土耳其政变影响，近年来，中土两国文化交流与合作仍在不断深化。中土两国以“欢乐春节”“诺露兹节”等大型品牌文化活动为平台，大力加强文化交流，推动两国民众对彼此的了解；土耳其汉学家、翻译家积极参与“汉学与当代中国”“青年汉学家研修计划”“中外文学出版翻译研修班”“中外影视译制合作高级研修班”等，成为两国人文交流的重要使者和纽带；土耳其国际学术与文化研究基金会增设汉语与汉学研究机构，加大汉学研究力度；《习近平谈治国理政》等一系列介绍中国的书籍在土耳其发行，受到土耳其民众喜爱；“花开敦煌”“云纹——中土共同的文化遗产”等展览在土耳其举办，献礼中土建交45周年；“土耳其和中国共同的文化遗产——茶”等活动举办，以丝路文化遗产为纽带的文化交流活动不断升温；“一带一路”中土合作论坛暨第二届中国学会议在安卡拉召开，来自土耳其智库、高校的22位学者与中国社会科学院的4位专家就各自研究题目发表了精彩演讲，并将出版论文集。

意大利

中意两国建交47年来，务实合作，向着全方位对接、高水平互补、可持续共赢的方向不断拓展。在2004年建立全面战略伙伴关系后，中意两国关系更是进入了全面发展的快车道。2017年2月，意大利共和国总统塞尔焦·马塔雷拉访问中国时，特别提及文化合作。他说：“在文化领域，我们的合作也同样表现得非常积极和重要。这一趋势非常符合两国一个特别的共同点，那就是：中国和意大利都是尊重文化和艺术遗产、尊重他们伟大的数千年文明传统的国家。”

2017年2月22日，中意文化合作机制第一次会议在中国国家博物馆召开，故宫博物院、国家博物馆、国家大剧院和意大利斯卡拉歌剧院、威尼斯双年展等近40家文化艺术机构与平台的代表参会。中意双方围绕舞台艺术、电影、博物馆与文化遗产保护、可持续性旅游、当代艺术和创意设计等议题展开热烈探讨。同时，故宫博物院还与意大利文化遗产、活动和旅游部就合作举办展览、共同开展历史研究、共同开展文物保护修复研究签署了三项合作协议。“‘一带一路’倡议给意大利经济发展带来很大机遇，也给双方提供了进行更大范围合作的重要机会”，意大利总理真蒂洛尼2017年5月10日接受中国媒体联合采访时这样说。

瑞士

2017年1月，习近平主席访问瑞士期间，中瑞双方签署了中瑞文化合作协定。根据协定，中国将在瑞士伯尔尼设置中国文化中心。

2017年1月9日，中国主题图书全球新年展销月在瑞士日内瓦拉开帷幕。此次图书展销月集中展示《习近平谈治国理政》等中国主题图书，包括德文、法文、英文等多个语种，涵盖中国政治、经济、社会、文化多方面，包括当代中国政治、经济及国际热点问题研究，“一带一路”建设；中国传统文化、文物古迹和风景名胜；中国古代文学精品译作，以及具有中华民族特色的艺术类图书等。此后不久，瑞士首家中国图书中心在苏黎世大学揭幕。该中心由中国国际图书贸易集团公司与瑞士苏黎世大学图书馆联合建立，为瑞士读者阅读中国图书、了解中国资讯提供了极大方便。

中央歌剧院曾两次在瑞士上演精彩歌剧。继2014年在瑞士日内瓦万国宫成功上演交响音乐会之后，又于2016年10月29日和30日晚在瑞士日内瓦BFM大剧院上演普契尼世界经典歌剧名篇《图兰朵》，给瑞士观众留下了难忘记忆。

波兰

近几年，中波文化交流发展势头良好，两国间达成的文化交流项目得到落实。

2015年11月，中国国务院总理李克强在苏州出席第四次中国—中东欧国家领导人会晤时宣布，将人文交流纳入推进“16+1”合作框架，将2016年定为“16+1”人文交流年，这是2012年“16+1”合作机制在波兰华沙建立以来的又一重要举措。作为人文交流年的重要活动之一，2016年“中国—中东欧国家艺术合作论坛”于2016年5月在北京举行，波兰等中东欧派出代表、艺术家参与了系列活动。

2017年1月16日，由中国文化部和中国驻波兰大使馆主办的“欢乐春节——波兰行”在华沙国家大剧院拉开帷幕。此次演出一改京剧只演不讲的传统，将演、展、讲紧密结合，将演员化装从“后台”搬到“前台”，向波兰观众展现京剧演员化装的全过程，并将各式京剧服装、京剧乐器公开展出，将一场传统的舞台演出变为一次文化体验。

此外，作为“中国当代艺术欧洲行”项目的重要内容，由中国对外文化交流协会与波兰美术家协会华沙分会主办的“中国当代青年艺术展”在波兰举行。展览遴选了 6 名活跃在中国当代艺术前沿的青年艺术家参展，作品类型涉及多媒体影像、雕塑、出版物和装置艺术等。

塞尔维亚

2016 年 6 月 17 日，习近平主席同塞尔维亚总统尼科利奇共同出席贝尔格莱德中国文化中心奠基仪式。

贝尔格莱德中国文化中心位于塞尔维亚中国驻南联盟被炸使馆旧址之上，建成后，将成为西巴尔干地区首家中国文化中心，见证用鲜血和生命铸就的中塞友谊。贝尔格莱德市市长宣布将中国文化中心外的道路命名为“孔子大街”，广场命名为“中塞友谊广场”，彰显两国人文交流的密切发展。

2017 年 1 月，由文化部组派的金小凤·云南声音艺术团在塞尔维亚首都贝尔格莱德进行了“2017 欢乐春节”专场演出，演员们以精彩的歌舞表演与当地民众一起庆祝中国鸡年的到来。晚会“歌、舞、乐”应有尽有，来自傣、景颇、彝、佤、藏、阿昌等多个民族的数首经典民间原生态歌曲与乐曲为贝城观众带来不一样的视听享受，展现出中国少数民族的文化魅力。

西班牙

西班牙马德里中国文化中心 2013 年 12 月正式投入运行。2016 年 9 月，由文化部和福建省政府牵头组织，马德里中国文化中心与福建省文化厅共同举办的西班牙“福建文化展示月”系列活动举行。该活动围绕“丝路闽韵”的主题精心组织，包括福建传统文艺专场演出、传统工艺精品展、“奋笔吉书”书法艺术展、“忘不了的乡愁”——八闽古村落古民居摄影展、《福建文化记忆》宣传片展播等系列活动。特别是传统工艺精品展，汇集了福建 18 位艺术家的近 50 件佳作，其中 13 件作品展出后捐赠给西班牙马德里中国文化中心永久收藏。

作为建设 21 世纪海上丝绸之路的核心区，福建长期以来与包括西班牙在内的“海丝”沿线国家有着紧密的经贸合作关系。

斐济

坐落在南太平洋的岛国斐济是名副其实的“袖珍国”，中国同样欢迎其参与“一带一路”建设并共享成果。2014 年 11 月，习近平主席对斐济进行了国事访问，中国和斐济宣布建立相互尊重、共同发展的战略伙伴关系，两国关系迈进了新的发展阶段。

中斐之间的文化交流是两国关系长远发展的基础。2015 年 12 月，斐济中国文化中心成立，极大促进了两国间的人文交流和文化合作，通过举办针对本地民众的文化活动如综艺演出、艺术展览、汉语培训、烹调技艺培训、免费放映电影等，加强了斐济人民对中国文化的了解。连续两年，中心与斐济邮政有限公司联袂发行了 2016 猴年、2017 鸡年纪念邮票，实现了社会效益和经济效益的双丰收。2017 年春节期间，中心首次在斐济举办以中国春节为主题的系列庆祝活动。

原载《中国文化报》2017 年 5 月 15 日

主动融入：各省创新推动“一带一路”文化建设与交流

福建：文化引领海丝核心区建设

◎ 黄国勇

福建发布的《福建省“十三五”文化改革发展专项规划》中，以重点篇幅专门描述海丝文化建设，提出努力以文化引领海丝核心区建设，研究编制《21 世纪海上丝绸之路核心区文化发展专项规划》。海丝文化建设被提到了前所未有的高度。

作为海上丝绸之路重要起点和发祥地，福建海丝文化资源与文化遗存丰富、多元、深厚、交融的特征明显，极具文化保护与文化传播价值。近年来，福建深入挖掘海丝文化资源，全力打造海丝文化品牌，通过创排文艺精品、加强文化遗产保护、组织文博展览，并积极组织赴海内外展演、展出，打响福建文化品牌，提升福建文化软实力，为建设“21 世纪海上丝绸之路”核心区做出了积极贡献。

2014 年 5 月 20 日，亚信峰会专场文艺晚会在上海举行，福建精选的根据《丝海箫音》片段改编的舞蹈节目《丝路梦寻·海》精彩亮相。随后，福建对《丝海箫音》进行新创排演，将舞剧定名为《丝海梦寻》。2015 年以来，《丝海梦寻》先后赴联合国总部、联合国教科文组织总部、欧盟机构总部，以及马来西亚、印尼等地演出近 60 场，反响热烈。

早在 2013 年，福建就联合上海、广东等海丝沿线 7 个省区市的 45 家博物馆，举办了反映海上丝绸之路历史文化的馆藏文物精品展，并组织相关图片展赴巴西、英国、澳大利亚等 18 个国家的 20 个城市展览，观展人数已逾 160 万人次。

精彩纷呈的海丝文艺活动在福建各地轮番上演。在泉州，“中国海上丝绸之路”高峰论坛、新世纪丝绸之路经济论坛及新丝绸之路华媒万里行系列活动、首届海上丝绸之路国际艺术节、第三届阿拉伯艺术节——中阿非物质文化遗产大展、“中国人眼中的阿拉伯”摄影展等活动相继举行；在福州，海上丝绸之路专家研讨会、中国（福州）郑和开洋节举办；在厦门，“南洋文化节”举行；在莆田，世界妈祖文化论坛等活动颇受欢迎。

福建还重点整合闽南文化、客家文化、妈祖文化等多元特色文化资源，积极开展“走出去”交流活动。泉州启动“东亚文化之都·2014 泉州活动年”，厦门建设东盟文化艺术交流中心并举办“海丝”东盟文化艺术展，莆田举办“同谒妈祖，共佑海丝”等文化节庆活动。同时，福建加快“海上丝绸之路数字文化长廊”建设，重点建设海丝文化资源库、海丝文化资源建设协作网和海丝文化资源服务协同网、海丝文化展示平台和网上文化商贸平台。

福建以落实部省合作项目为引领，积极组织全省院团参加“一带一路”沿线国家演出活动，推动对外文化交流合作。福建分别组派省歌舞剧院民族乐团赴安道尔和西班牙、福建杂技木偶艺术团赴泰国、厦门市艺术团赴新西兰参加“欢乐春节”活动；组织艺术团 2016 年在马德里中国文化中心举办“福建文化展示月”系列活动；组派福建省杂技团、图书馆小组赴几内亚、加纳和津巴布韦访演，探讨图书馆交流合作事宜；落实“中非文化合作伙伴计划”，福建艺术团赴埃塞俄比亚、塞内加尔访演；落实国家艺术基金资助项目，福建与中国艺术研究院合作，分别组派木偶戏赴柬埔寨、印尼、澳大利亚开展“中国福建木偶戏在亚太地区的传播交流推广”活动。

福建积极推动非遗项目“走出去”，2015 年以来先后在美国、法国、西班牙、意大利、埃及等 20 多个国家展示展演。同时，福建高度重视“海丝”申遗工作，继世界文化与自然双重遗产武夷山和世界文化遗产土楼申报成功之后，鼓浪屿、古泉州（刺桐）史迹分别作为我国 2017 年、2018 年世界文化遗产申报项目。

上海：“一带一路”文化交流合作机制化

◎ 洪伟成

2016 年，上海市文广局出台了“一带一路”文化建设三年行动计划，建立起沿线国家和地区艺术节、电影节、美术馆、博物馆、音乐创演五大合作机制，分别由中国上海国际艺术节中心、上海国际影视节中心、中华艺术宫、上海博物馆和上海“世界音乐季”组委会作为牵头单位，开展五大机制的组建和推进工作。

2016 年第 18 届中国上海国际艺术节期间，举办了“一带一路”文化艺术论坛，聚焦建设促进区域文化多样性和艺术创造力的多边合作机制。演出交易会设“一带一路”专区，30个沿线国家的60个艺术节参加本届交易会。上海国际艺术节与印度文化关系委员会、乌兹别克斯坦东方旋律国际音乐节分别签订了合作备忘录。艺术节合作机制也促成了项目落地。“扶持青年艺术家计划”委约作品舞剧《青衣》受邀在匈牙利“布达佩斯之春”艺术节献演。此后，“扶青计划”委约的影像戏曲音乐作品《斩断》受邀参加“布达佩斯之秋”艺术节、印度德里艺术节演出；联合委约的谭盾作曲《女书》受邀于2018年将赴捷克“布拉格之春”音乐节演出。

2016年，“一带一路”沿线相关国家电影节代表共同签订了“一带一路”电影节战略合作协议，其中包括上海国际电影节、爱沙尼亚“黑色之夜”电影节和埃及开罗电影节3家国际A类电影节。美术馆、博物馆则注重合作搭建“一带一路”联络网。截至2016年11月，中华艺术宫已向18个国家驻华使领馆、艺术机构等传递了合作愿景，基本覆盖中亚、东南亚、南亚、中东欧以及西欧、北非地区；与匈牙利国家博物馆等16家艺术机构签署了合作备忘录；引进了“一带一路”世界艺术巡礼系列展。上海博物馆与埃及国立博物馆签署了两馆友好交流合作备忘录，牵头建立起“一带一路”博物馆合作机制的新平台。2016年6月至2017年2月，上海博物馆已在意大利罗马威尼斯宫国立博物馆举办了“上海博物馆藏中国古代瓷器珍品：10—19世纪”展览。

“我们欣喜地看到，上海与‘一带一路’沿线国家的文化交流正越来越频繁，内容越来越丰富，规模越来越扩大，影响也越来越广泛。”上海市文广局国际交流处处长应明达表示。2016年9月6日，“一带一路音乐创演联盟”签约仪式在沪举行，以色列、哈萨克斯坦、波兰等国家和地区的艺术家受邀加入。

上海积极参与文化部“丝绸之路文化之旅”系列活动，多渠道开展与沿线国家的文化交流及贸易合作。2016年，上海绛州鼓乐团赴开罗参加埃及国际鼓乐节，这也是“2016中埃文化年”的重要活动。上海音乐学院举办“2016丝绸之路音乐学院院长论坛”，邀请“一带一路”沿线11个国家的音乐学院院长共同探讨音乐教育与发展。由中国对外文化集团公司倡议建立的“丝绸之路国际剧院联盟”在上海启动，大宁剧院正式签约成为联盟首家国内成员单位。

纪录片《海上丝绸之路》是受国家新闻出版广电总局委托，由上海、广东和福建三地合作摄制的项目，2016年5月陆续在国内播出，下半年在新加坡全片播出；澳大利亚广播公司、美国中文电视台播出了部分内容。这部宣传“一带一路”沿线国家和地区历史、风俗及人民友好交往的纪录片，今后将作为“一带一路”重要外宣项目进行推广。

上海市文广局副局长贝兆健表示，文化的交流与沟通，有助于夯实“一带一路”建设的民心基础。上海将进一步利用2017年上海国际电影节、中国上海国际艺术节等平台，使“一带一路”合作机制常态化，促成更多项目落地，吸引更多国家有关机构加入，还将配合文化部做好首届“中东欧国家文化季”演出活动，做好2017哈萨克斯坦阿斯塔纳世博会“中国国家馆日官方仪式演出”和“上海周专场演出”活动。

浙江：讲述西子湖畔的丝绸故事

◎ 徐继宏

“真是太美了！”走进浙江省杭州市的中国丝绸博物馆，不管是外国友人还是国内游客，都会被幽雅的环境和丝绸的美丽感染，情不自禁地发出这样的感慨。

中国丝绸博物馆自2011年起就启动了收藏、记录当代服装与纺织时尚的工作。2016年，随着新馆改扩建工程的完工，中国丝绸博物馆又把打造“互联网＋丝绸文明（丝绸之路）”、参与“一带一路”文博产业繁荣计划提上议事日程，从教育和文创两方面开展了中华丝绸文明价值挖掘及传播服务示范等工作，发起并建立了国际丝绸之路研究联盟，以丝绸文化遗产为核心进行研究、传承、创新和推广，为国际同行特别是丝路沿线国家提供共享、交流、合作的研究平台。

近两年，从大型展览和学术会议，到文化交流合作机制建设和文化产业建设，中国丝绸博物馆以丝绸为纽带，以时尚为元素，架起了“一带一路”的文化桥梁。

“我是研究丝绸的学者，从业30多年，一直有个丝绸复兴梦。我每年都在全国两会上提一些建议，很多与文化遗产保护有关，与丝绸、丝绸之路有关。”在全国人大代表、中国丝绸博物馆馆长赵丰心目中，中国丝绸博物馆更应该把讲好丝绸故事、传承丝绸文化、打造丝绸品牌作为己任，努力为国家“一带一路”建设架起文化沟通的桥梁。

中国丝绸博物馆先后参与了丝绸之路沿线遗产的保护及其他相关世界遗产的保护，还承担了赴俄罗斯、德国、土耳其等10多个国家的中国文化中心举办丝绸展览的工作。此外，《敦煌丝绸艺术全集》出版和敦煌丝绸修复项目、马圈湾出土汉代丝绸研究项目、俄罗斯北高加索地区出土丝绸研究项目，使中国丝绸博物馆在国际舞台频频亮相出彩。

2016年9月22日，在国际丝绸之路研究联盟第一次年会上，来自15个国家30家机构的专家学者对中国丝绸博物馆在丝绸之路纺织文化遗产保护与传承方面做出的贡献给予充分肯定，并形成了加强丝绸之路研究的共识。

“丝路之夜：从丝绸到跨文化对话”系列活动是中国丝绸博物馆一个新的尝试。从2011年的“发现”、2012年的“穿越”、2013年的“新生”、2014年的“筑梦”到2016年的“化蝶”，从“蛹”的挣扎到破“茧”化“蝶”，再到嫩翅试飞，中国丝绸博物馆历经了风雨洗礼，完成了从小到大、从弱到强的嬗变。如今，“丝博之夜”已成为中国丝绸博物馆的主打品牌，2017年开始，每个周末免费向社会公众开放，正吸引着众多中外游客和国际友人走近丝绸，走近丝绸之路，走近“一带一路”。

陕西：“一带一路”，文化先行

◎ 任学武、秦毅

“搭建人文交流平台，加快西安文化中心建设。”不久前，《陕西省“一带一路”建设2017年行动计划》出台，陕西将建立“五大中心”，助力“一带一路”建设。陕西正在借助自身在文化方面的资源优势，成为跨越千年而依旧亮丽的“丝路起点”。

2100多年前，张骞奉汉武帝之命从长安出发，出使西域，开辟出一条横贯东西、连接欧亚的丝绸之路。2013年，国家提出构建“一带一路”倡议后，陕西省文化厅积极响应，在第一时间提出“丝绸之路经济带文化先行”理念，策划并推出包括“从长安到罗马”在内的一系列文化活动，以及与丝路沿线国家的文化交流项目。

丝绸之路国际艺术节是陕西推动“一带一路”建设的具体举措和实施载体，是全国有关丝路文化的国家级综合性艺术盛会，也是设立国家级奖项的综合性国际艺术节，从2014年9月到现在，已成功举办三届。

“2016年9月举办的第三届丝绸之路国际艺术节上，共有80个‘一带一路’沿线和关联国家（地区）、国内23个省区市参加相关活动，各类演出200多场，包含舞台艺术、美术展览、文化论坛、惠民巡演、国际现代艺术周、国际儿童戏剧周、动漫创意文化周、长安诗歌周等板块，同时还举办了文化部青年汉学家研修计划，艺术节国际性、持续性等特点进一步彰显。”陕西省文化厅厅长刘宽忍表示，经过几年的努力，丝绸之路国际艺术节影响力越来越大，参与国家（地区）的积极性越来越高，它已成为弘扬丝路精神、增进文化交往的重要国际文化交流平台，利于促进“一带一路”沿线国家人文合作、文化相融和民心相通。

作为建设在隋唐丝绸之路起点上的民营文化产业集团，大唐西市围绕“一带一路”，发挥民间公共外交作用，不断形成丝路文化的国际品牌。2015年，大唐西市在香港举办相关论坛，促进民间跨区域合作。作为民办国家一级博物馆，大唐西市博物馆创新文化“请进来”和“走出去”模式，与丝路沿线国家10余家博物馆签署共建姊妹友好馆合作协议。国际古迹遗址理事会前主席米歇尔·佩赛特在为大唐西市题词时这样写道：大唐西市是丝绸之路的起点。它不仅是中国的，也是世界的。大唐西市博物馆为中国文化遗产保护提供了一个成功的范例。

作为古代丝绸之路的起点，陕西曾是东西方文明交汇的纽带和桥梁。如今，陕西因“一带一路”重大倡议迎来新的发展契机，依托深厚的文化底蕴，陕西在传承创新中打造文化交流平台，打开民心相通之门。

广西：面向东盟高扬丝路风帆

◎ 宾阳

辽阔的北部湾将广西与东盟紧紧相连。早在西汉时期，广西壮族自治区合浦县就是古代“海上丝绸之路”的始发港之一，从这里可到印度、斯里兰卡等地。如今在国家“一带一路”重大倡议下，中国与东盟各国经济文化合作与交流正迎来新的时代。

近年来，广西高度重视“海丝”遗珍合浦汉墓群的保护。秉承“以原址保护为主”的原则，自2012年起，北海市相继启动禁山、四方岭、金鸡岭等多个汉墓群重点保护区环境整治工程，开始修复汉墓群密集区及缓冲区的本体环境。在此之前，2008年合浦汉代文化博物馆建成开放，正在建设的广西海上丝绸之路汉文化博物馆也将于2018年建成并投入使用。与此同时，北海市把合浦汉墓群文物保护纳入城市建设的总盘子，高规格、高水平地推进墓葬保护及区域环境整治工程。2016年10月，《合浦汉墓群总体保护规划》通过国家文物局审批实施，对汉墓群的本体保护、展览展示、安全防控等方面做了统一规划。按照规划，合浦县将在汉墓群保护区建设合浦汉文化博物馆、海上丝绸之路汉文化遗址保护馆等“两馆三公园”项目。

研究与保护互相促进。为此，广西文化部门做了大量的工作：探寻汉代合浦港口遗址，基本确定了汉代合浦城址的布局及其年代、性质；整理合浦汉墓出土文物，认定一批与古代海上丝绸之路密切关联的“舶来品”文物；开展有关申遗课题研究，进行合浦在海上丝绸之路的历史地位、海上丝绸之路·北海史迹遗产点真实性和完整性等专题研究。来自“一带一路”沿线国家的130余名考古专家也曾齐聚合浦，就汉代海上丝绸之路考古与汉文化交流进行研讨。学者们充分肯定了广西对合浦汉墓群保护和研究的成果。

随着“海丝”申遗的推进，广西高度重视，多措并举。广西文化厅厅长黄宇表示，自治区党委、政府把海上丝绸之路·北海史迹保护申遗作为广西贯彻落实“一带一路”倡议、参与“一带一路”建设、落实中央赋予广西21世纪海上丝绸之路与丝绸之路经济带有机衔接的重要门户定位的重要举措来抓，将海上丝绸之路·北海史迹的申遗工作列入《广西参与建设丝绸之路经济带和21世纪海上丝绸之路的思路与行动》文件和有关建设工作方案，北海史迹有关建设项目列入自治区层面统筹推进的重大项目，进行重点部署。自治区党委书记彭清华、自治区政府主席陈武先后考察了北海史迹保护和利用工作，多次对保护利用及申遗工作做出重要指示。

在文化交流与合作方面，广西充分发挥东盟桥头堡的优势，顺势而为。最近几年，广西在办好“中国—东盟”文化论坛、东盟文化周等大型文化活动的基础上，陆续推出了“一带一路”文化走东盟之“三月三文化丝路行”“文化走亲东盟行”等活动，把“文化走出去”活动与文化慰侨相结合，传播中华文化，讲好广西故事，为搭建“中国—东盟”文化交流与合作平台做出了表率。

重庆：长江与伏尔加河的对话

◎ 侯文斌

白俄罗斯艺术家眼中的重庆山水是什么颜色？也许是朱红，抑或是柠檬黄……重庆著名的夔门、白帝城、大足石刻等景观，通过西方绘画直观的艺术表现形式，在油画布上呈现出了不同的艺术美感。重庆市举办的“一带一路·共建繁荣”系列文化交流活动，邀请白俄罗斯10位艺术家前往重庆龚滩、钓鱼城等地采风创作，并在重庆美术馆举行写生油画作品展。这些作品的创作过程，正是文化交流的生动写照，并促成了重庆美术馆与白俄罗斯文化联盟达成了进一步的合作共识。

据了解，重庆市文化委员会近年来充分发挥重庆作为“一带一路”和“长江经济带”重要节点的区位、物流、政策和资源优势，着力推进与“一带一路”沿线国家的文化交流与合作。

在重庆市委、市政府安排下，2014年，重庆芭蕾舞团为来渝参加首届“长江与伏尔加河流域地区领导人会议”的400多名中外嘉宾演出原创芭蕾舞剧《追寻香格里拉》。2016年，先后两次派出文化代表团参加俄罗斯经济文化重镇航天城萨马拉举办的首届“伏尔加联欢”国际艺术节，并在萨马拉州立图书馆开设“重庆之窗”，率先在文化领域实现了“长江与伏尔加河的对话”。

与此同时，重庆市文化委员会主要负责人率文化代表团出访俄罗斯、白俄罗斯，拜访两国10余家主要文化机构，签订文化合作协议5份，促成了俄罗斯莫斯科柴可夫斯基音乐学院附中与重庆艺术学校，俄罗斯叶利钦总统图书馆、白俄罗斯明斯克州立图书馆与重庆图书馆，俄罗斯AIF公司与重庆演艺集团，白俄罗斯文化联盟与重庆美术馆等重点文化机构建立友好合作关系。目前，实现了叶利钦总统图书馆与重庆图书馆共办二战胜利70周年历史图片展；重庆图书馆派员参加叶利钦总统图书馆国际版权会议并做大会发言；莫斯科柴可夫斯基音乐学院附中校长来渝访问并举办大师班；白俄罗斯文化联盟10名知名画家到重庆采风作画、举办作品展等文化交流活动。

2017年，重庆在“中俄媒体交流年”框架下，实现重庆图书馆与叶利钦总统图书馆共同拍摄《看图书，知文化》（暂定名）系列电视专题片，重庆与俄罗斯友城沃罗涅日开展媒体交流互访，重庆电影企业与白俄罗斯企业开展影视制作项目等活动。

此外，在文化部指导支持下，重庆市文化委员会结合中新（重庆）战略性互联互通示范项目建设，与新加坡中国文化中心签订了年度合作协议。2017年春节期间，派出文化交流团参加“春到河畔迎新年”和中国驻新加坡使馆新春招待会等活动。以“山水之都，魅力重庆”为主题的系列美术、音乐、服饰、电影、中医、旅游、文化讲座等类别的7批次文化交流活动走进狮城。

黑龙江：全方位推进对俄文化交流

◎ 张建友

自2013年国家提出“一带一路”倡议后，黑龙江省积极跟进，根据总体设计，提出“利用满洲里至绥芬河铁路通道，打造一条起自黑龙江通达俄罗斯和欧洲腹地的新‘丝绸之路’”的目标，制定了《“中蒙俄经济走廊”黑龙江陆海丝绸之路经济带建设规划》。黑龙江省文化厅依托地缘优势和独特的地方文化资源，根据《规划》开展了一系列对俄文化交流工作。如中俄文化大集是黑龙江省与俄阿穆尔州成功建立的人文合作机制，自2010年至今，已经成功举办了7届，受到中俄嘉宾、客商的充分肯定和广大民众的热烈欢迎。

黑龙江省文化系统坚持以优秀的本土文化产品为载体，将对俄文化交流与城市形象宣传有机结合，不断拓展对俄文化交流的平台和渠道，有效推进了各地对俄文化交流向全方位、多领域、深层次发展，形成了良好的发展态势。哈尔滨依托对俄合作中心城市的优势，先后与俄罗斯艺术团体开展交流演出等项目。牡丹江市邀请了俄罗斯海参崴经济与服务大学艺术团来演出，该市文化中心已与俄海参崴国立经济与服务大学艺术团签订了交流互访合作协议，推进双方文化交流工作的常态化机制。抚远市经常邀请俄罗斯那乃族演员与该市赫哲族演员同台表演赫哲族原生态节目。伊春市积极与其友好城市俄罗斯比罗比詹市开展文化往来，2016年邀请俄比罗比詹市文化代表团来伊春参加“第四届中国伊春（东北亚）森林产品博览会”以及两市缔结友好城市五周年“伊春日”文化节等系列活动，深化了两市间的交往与友谊。

黑龙江通过深化文化交流，成功举办了中俄青年友好交流年、中国俄罗斯文学合作交流会、中俄主流媒体大型联合采访等双边文化活动和黑龙江国际文化周等多边活动，积极推进中东铁路建筑群整体保护，强化科技教育合作，支持科研院所、高等院校、企业研发机构扩大对俄科技交流合作，举办了中俄大学校长论坛，在黑龙江大学设立了中俄学院和中俄联合研究生院，在哈尔滨恢复设立格拉祖诺夫音乐学院，并积极推进与俄罗斯合办哈尔滨音乐学院、哈尔滨国际油画交易中心等项目建设。同时，加强旅游合作，成功举办了中俄国际自驾车集结赛、中俄旅游节等活动。通过一系列的文化活动，构建了“文化 + 教育”“文化 + 科技”“文化 + 体育”“文化 + 旅游”等全方位对俄文化交流合作的格局。

原载《中国文化报》2017 年 5 月 15 日

海外中国文化中心：丝路窗口文化桥梁

◎ 陈璐

作为中国派驻海外的官方文化机构、开展文化外交的重要窗口和桥梁，海外中国文化中心在介绍中华文化、增进理解互信、开展交流合作方面日益发挥着十分重要的作用。记者从文化部获悉，到 2017 年底，全球中国文化中心将达到 36 个。截至 2016 年底，在“一带一路”沿线国家设立的中国文化中心已有 11 个，计划到 2020 年，将在“一带一路”沿线国家再建 13 个中国文化中心。“一带一路”国际合作高峰论坛期间，中国将与土耳其、阿根廷、突尼斯 3 个国家签署互设文化中心的协议。

在“一带一路”建设的大背景下，这些已建成或正在筹建的海外中国文化中心，如同一个个各具特色的丝路文化窗口，不断探索新的合作与发展模式，传播中华文化、增进中外情谊，为实现“一带一路”民心相通的目标做出贡献。

以主题活动扩大“一带一路”影响

“一带一路”倡议提出以来，各海外中国文化中心积极策划、实施相关主题活动，亮点频出、效果显著。

2017 年泰国是“一带一路”沿线重要国家。4 月 27 日至 5 月 1 日，作为文化部中外文化交流中心为推动“一带一路”相关主题创作而推出的品牌项目，《与民乐经典近距离》艺境室内乐团专场音乐会在曼谷中国文化中心等地举办。音乐会上演奏了丝路题材的原创作品《茶马》《沙海艺境》，以及前泰国国王作曲的《雨丝》和泰国经典歌曲《水灯歌》改编作品，引起广泛共鸣。2017 年 1 月，在曼谷中国文化中心举办的“泰国艺术家眼中的海上丝路”展览，体现了中国、泰国以及中亚、欧洲、非洲等多种文化的融合。

2017 年 2 月 7 日至 3 月 6 日，“欢乐春节——丝路新颜 2016”图片展在韩国首尔中国文化中心展出，60 幅摄影作品向观众讲述了发生在“一带一路”沿线的故事，让韩国民众了解了中国丝路沿线地区的发展面貌，领略了中国民俗文化的魅力。2017 年 4 月至 6 月，该中心举办“丝路：文明互鉴的见证——敦煌艺术文献展”，通过敦煌粉本、敦煌壁画艺术拓片、莫高窟旧影、朝圣敦煌和视频影像 5 个类别共 45 件作品，全方位展示了敦煌艺术文献成果。据首尔中国文化中心主任史瑞琳介绍，希望此次展览为韩国民众提供近距离接触和深入了解敦煌文化的机会，提升他们对“一带一路”倡议的认同。

2017 年 3 月，第二届“丝路书艺 · 三国书法笔会”分别在埃及的开罗中国文化中心和开罗意大利文化中心举办。来自中国、意大利、埃及、波兰等国家的 10 余位著名书法艺术家汇聚一堂，用书法艺术连接丝绸之路上的三大古老文明。4 月，由开罗中国文化中心下属的阿拉伯翻译家与汉学家联谊会同新世界出版社共同发起的“中阿互译项目”签约启动，为双方在文化、新闻、出版领域的交流合作搭建了平台，也为“一带一路”倡议在阿拉伯世界顺利推进贡献了力量。

一年多来，法国的巴黎中国文化中心围绕“一带一路”举办了演出、展览、论坛等形式多样的活动。5 月举办的“丝路长 · 宴四方——中国饮食器物设计文化展”，向观众介绍了中国悠久的饮食文化和深厚的手工制作技艺传统。2017 年春节期间举办的“丝绸之路摄影展”，也借助中心法国学员拍摄的作品，传递了古丝绸之路的文化多样性及“一带一路”的勃勃生机。

此外，由毛里求斯中国文化中心、北京市青年联合会联合毛里求斯青年体育部、文化艺术部等当地机构于4月举办的“丝路脉动”海上丝绸之路画展，通过当代艺术形式讲述中国故事，传播“一带一路”的深刻内涵。2017年3月24日至4月10日，作为“丝绸之路文化行”世界巡展的重要一站，由西班牙的马德里中国文化中心、上海国际文化学会、上海市对外文化交流协会等联合举办的“丝绸之路文化行——‘爱的密码’中国新水墨艺术展”及相关交流活动，成为对丝路文明之旅的延续和拓展。2017年3月29日至4月5日，由德国柏林中国文化中心主办的“大风敦煌——张卫平中国画作品展”，其对中西文化融通的艺术呈现亦成为对“一带一路”倡议的巧妙呼应……

值得一提的是，各中心在举办相关活动时，依托品牌项目和部省合作机制，充分利用国内文化资源，与丝路相关省区市有效协作。如巴黎中国文化中心举办的《永恒中国——魅力甘肃》纪录片放映活动、“蜀风墨韵·锦绣非遗”展览、“至美新疆，光影成韵——朱家莹摄影展”，马耳他中国文化中心与云南省文化厅合作举办的“美丽云南”云南画院画家作品展，新加坡中国文化中心与广州美术学院主办的“岭南画学——广州美术学院教师中国画作品展”等活动，均对外展示了中国丝绸之路沿线区域所蕴藏的文化宝藏和人民的精神风貌。

以思想交流推动多元文明互鉴

讲座、研讨会是海外中国文化中心促进中外思想交流的重要活动形式，有助于在海外推广、阐释“一带一路”倡议。通过邀请国内外知名专家学者进行专业评析、探讨，可以增进当地民众对“一带一路”的理解和认同，汇聚共识。马耳他文化艺术委员会主席阿尔伯特·马绍尔在听过马耳他中国文化中心举办的《敦煌和丝绸之路的文化融合》讲座后，发自肺腑地表示，“一带一路”倡导的经济互通、文明互鉴必将造福沿线国家和人民。

巴黎中国文化中心的丝路主题讲座精彩纷呈。“魅力中国·多彩新疆——中国新疆文化周”期间举办的“丝绸之路秘境考古发现”讲座，为听众带来新疆的历史风貌和古丝绸之路丰富的考古成果；中国敦煌研究院院长王旭东的“人类的敦煌共同守望”主题讲座，呈现了敦煌的历史文化遗产；法国吉美国立亚洲艺术博物馆前馆长雅克·吉耶斯的“敦煌莫高窟”讲座、巴黎第八大学中国研究和传播国际中心主任皮埃尔·皮卡尔的“丝绸之路经济带”讲座，则通过展示龟兹、和田等地的历史故事和艺术特色，剖析了“一带一路”倡议可为全球化做出的贡献。

2017年4月14日，毛里求斯中国文化中心与甘地学院合作举办“思路脉动——中毛青年艺术家对话”主题论坛，甘地学院美术系的师生及当地艺术家等100多人参加了研讨。中国青年艺术家围绕“海上丝路的中国艺术文脉”等主题发言，激发了毛里求斯听众的极大兴趣。4月18日，毛里求斯中国文化中心又邀请察哈尔学会代表团一行举办以“一带一路，对毛文化工作的机遇与挑战”为主题的座谈会，国内专家与中心工作人员畅所欲言，对未来工作提出宝贵建议。

2017年4月26日，众多韩国敦煌学专家、传统文化爱好者齐聚首尔中国文化中心，参加“敦煌艺术与精神”讲座。此次活动是首尔中国文化中心重点打造的“一带一路”系列活动之一，与“丝路：文明互鉴的见证”——敦煌艺术文献展同期举办，吸引韩国听众踊跃参加。

2017年5月20日，应莫斯科中国文化中心邀请，新疆文物考古研究所所长于志勇在俄罗斯国立图书馆东方文献中心举办了题为“汉代新疆与丝绸之路”的专题讲座。讲座引用的文献和考古资料翔实、生动，让俄罗斯汉学家、学生及各界友好人士耳目一新。

以窗口效应传扬丝绸之路精神

共商、共建、共享是“一带一路”建设的重要原则，各海外中国文化中心通过各种方式，充分发挥窗口作用，积极对外介绍“一带一路”在促进文化交流和商贸往来等方面的历史地位和现实意义，倡导不同文明间的对话与交融，让“和平合作、开放包容、互学互鉴、互利共赢”的丝绸之路精神在新的历史时期绽放出耀眼光芒。驻在国主流社会对此做出积极回应，双边和多边文化交流持续升温，“一带一路”朋友圈不断扩容。

马耳他中国文化中心充分利用外事活动契机，向出席活动的马耳他政要、知名人士和外国驻马使节介绍“一带一路”倡议，阐释丝路精神。2016 年 9 月，中国驻马耳他共和国大使馆举办的国庆招待会上，“丝路新颜”图片展汇聚了人气、发挥了效用。2017 年 1 月亮相中国驻马耳他共和国大使馆春节招待会的“中马建交 45 周年图片展”和图书展台，吸引了嘉宾的目光。2017 年 4 月 9 日，由中国驻马耳他共和国大使馆主办、马耳他中国文化中心承办的“庆祝中马建交 45 周年钢琴音乐会”，通过节目编排凸显丝路元素，中马两位艺术家四手联弹，演绎了曲目《丝绸之路》。2017 年 5 月举办的“中马建交 45 周年图片展”暨“灵感中国”艺术展等一系列活动，响应了“一带一路”国际合作高峰论坛精神，彰显了“一带一路”机遇下中马更为美好的未来。

巴黎中国文化中心主任严振全日前在接受法国外交杂志专访时，详细介绍了中心近年来围绕“一带一路”开展的文化活动，并表示，文化是实施“一带一路”建设的“润滑剂”，文化交流在“一带一路”建设中的独特作用不断彰显。通过参与中心举办的各类文化活动，法国民众对丝绸之路的悠久文化及风土人情有了切实体验，对“一带一路”倡议有了更深刻的理解。

2017 年 4 月 10 日，斐济中国文化中心举办“2016 中斐文化交流年会”，邀请斐济艺术委员会、斐济博物馆、南太平洋大学代表参加。中国驻斐济大使张平表示，中国政府倡导的“一带一路”，不仅有道路、桥梁等“设施联通”，也包含文化交往、人员交流等“民心相通”，希望相关机构充分抓住“一带一路”带来的历史性机遇，积极投身中斐文化交流与合作。

2017 年 4 月 24 日，中国驻巴基斯坦使馆文化参赞兼巴基斯坦中国文化中心主任游翼拜会巴基斯坦省际联络部部长里亚兹·侯赛因·皮尔扎达，就推动中巴两国在文化、体育、教育等方面的合作与交流交换了意见。游翼特别提出，希望双方在“一带一路”倡议和中巴经济走廊建设的大背景下，进一步加强在人文领域的深入交流与合作。

持续推进的“一带一路”建设为文化交流提供了更加广阔的舞台，包括尼泊尔中国文化中心、新西兰中国文化中心、悉尼中国文化中心、布鲁塞尔中国文化中心、海牙中国文化中心等在内的各海外中国文化中心，除参与和举办一系列富含丝路元素的活动外，也在履行中心职能的过程中，不断呼应着“一带一路”重大倡议目标，弘扬丝路精神，为中外文化交流注入更多活力。

原载《中国文化报》2017 年 5 月 16 日

塑造共同记忆　做好通心工程——专家学者谈“一带一路”民心相通

◎ 屈菡

民心相通是“一带一路”建设的社会根基。为量化“一带一路”沿线国家互联互通的水平与进展，北京大学海洋研究院、国务院发展研究中心、国家信息中心等单位联合开展相关研究，推出“五通”指数。该指数结合各国的基本现状与发展态势，对比分析了“一带一路”沿线国家的政治、经济、文化等方面与中国的联通情况。测算结果显示，“五通”中，民心相通的分数相对较高。

沿线国家民心相通“良好”

根据测算结果，该课题组将“一带一路”沿线国家互联互通的发展现状分为顺畅型（40 分及以上）、良好型（30 分至 40 分）、潜力型（20 分至 30 分）、薄弱型（20 分及以下）四个等级。

2016 年，“一带一路”沿线国家“五通”指数的平均得分为 51.4 分，互联互通总体水平从 2015 年潜力型步入良好型等级。其中，俄罗斯继续蝉联“五通”指数榜首（51.4 分），东帝汶最低（28.94 分），显现出各国互联互通水平的不平衡。各一级指标得分差异情况如下：政策沟通 10.39 分、设施联通 8.71 分、贸易畅通 10.32 分、资金融通 10.36 分、民心相通 11.59 分，可以看出，五个一级指标得分较为平均，其中民心相通的分数相对较高。在民心相通上，“一带一路”沿线国家总体处于良好型等级，有31个国家处于顺畅型等级，占比49.21%，是2015年（6个）的5倍。

“作为一项沟通多元文明、众多族群和国家的合作倡议，‘一带一路’能否获得成功，从根本上取决于能否跨越藩篱，搭建民心相通的桥梁和纽带，特别是能否建立起纵横交织的社会交流网络，以互联互通的社会网络替代界限分明的民族国家支撑起‘一带一路’的区域合作架构。”北京大学信息管理系教授、北京大学海洋研究院信息研究中心主任王继民表示，要高度重视文化交流、青年交流、学者交流和民间交流的重要性，积极推动城市间人文交流，从软性外交中获得持续不断的动力，消除硬实力带来的顾虑；要发挥好华人华侨的作用，多渠道、多层次培养友华力量，使之成为促进经贸往来的“催化剂”、化解疑虑的“黏合剂”。

跨文化交流是通心工程

“跨文化交流的本质就是通心工程。”中央党校国际战略研究院教授赵磊表示，要加强提炼和阐释，拓展对外传播平台和载体，把当代中国价值观念贯穿于国际交流和传播的方方面面，在输出精英文化之前，要长期、耐心地做好大众文化、流行文化的传播与铺垫，要使中华民族最基本的文化基因与当代文化相适应、与现代社会相协调，把跨越时空、超越国度、富有永恒魅力、具有当代价值的文化精神弘扬开来，把继承传统优秀文化又弘扬时代精神、立足本国又面向世界的当代中国文化创新成果传播出去。

“要重视目标受众的需求与互动。文化交流是读心、暖心、通心的工程，也是打造经济红利与文化精品的过程。中国与国际社会的互动要从物理反应上升到化学反应——不仅要实现硬联通，更要实现软联通。”赵磊说，2000多年前，出现了举世瞩目的丝绸之路，但这条路不是修出来的，而是一步步走出来的，这说明那个时候的中国拥有这些沿线国家需要的东西：有形的产品和无形的产品，如文化、思想、理念、制度和价值等。

他还提出，要增强文化资源产业化与国际化的能力。中国的文化资源很丰富，关键是要通过资源的整合与转化，严丝合缝地对接国际需求，在“必需品”上做文章，美国的“三片文化”（薯片、芯片、影片）以及“双H战略”（以好莱坞为代表的休闲娱乐+以哈佛大学为代表的优质教育）值得借鉴。

塑造共同记忆反击“一带一路”威胁论

“随着‘一带一路’建设的推进，海外不断制造出诸如‘一带一路’威胁论、‘中国威胁论’等论调，概括起来有如下几种：过剩产能威胁论、地缘政治冲突论、文明冲突论等。海外炒作的这些威胁论反过来提醒我们，‘一带一路’要超越国家利益层面，扎实推进民心相通。”中国人民大学国际事务研究所所长王义桅表示，“一带一路”建设的民心相通之道，不只是加强相互了解，更在于创造共同的历史记忆、共同的身份、共同的辉煌。

王义桅建议，中国考古学者、历史学家、语言学家应帮助沿线国家阐释其历史，告别西方殖民遗产和中心论情结，文化艺术工作者要走进“一带一路”沿线国家，帮助他们唤醒丝绸之路历史记忆，塑造共同回忆，比如敦煌莫高窟的经验就可以用来帮助沿线国家保护、修复其历史文物。

上海市人民政府参事、上海图书馆原馆长吴建中认为，要实现民心相通，必须把文化合作和交流放在重要位置，“一带一路”不仅与经济发展有关，其文化价值和意义更为深远，在推进“一带一路”建设中，要文化先行，通过促进不同文化和民族之间的相互尊重和认同，共同构筑人类命运共同体。

原载《中国文化报》2017年5月16日

文化贸易：切实联通“一带一路”的重要纽带

◎ 李嘉珊

世界上本没有路。古丝绸之路通过贸易连接起亚欧非人类文明，商人把各自所在国家的文化随着他们带往异国的香料种子一起沿途播撒，时间久了，走的人多了，也便成了路。今天，当我们推进“一带一路”建设之时，离不开文化的传播与文明的对话，文化贸易成为切实有效联通“一带一路”的重要纽带。

伴随中国整体经济实力的增强，中国已经成为全球最大的文化产品出口国，“一带一路”沿线国家必然是中国开展国际贸易的重要区域。作为打开“文化围城”、实现民心相通的“金钥匙”，文化产品与服务的对外贸易将迎来优化升级和提质增效的新机遇。

第一，中国文化贸易结构将进一步优化。文化贸易是文化经济增长的重要引擎，随着中国经济结构转型和产业升级的加快，文化贸易将在整体对外贸易中占有更加重要的地位，文化服务贸易的比重将随着文化服务经济的发展不断增大，涵盖影视、出版、演艺内容的文化服务在商业存在、境外消费、跨境交付以及自然人流动等模式上均会有良性发展，同时，文化贸易中的文化制造业比较优势将进一步显现，为文化贸易结构的优化提供坚实保障。

第二，“一带一路”沿线国家对与中国开展文化贸易的需求将呈现爆发式增长。随着中国对“一带一路”沿线国家投资、贸易的增长以及中国取得的巨大成就，这些国家对中国文化的好奇心持续增强、对中国人民的生活方式等方面的兴趣会持续提升，对中国图书、电影、电视节目、演艺、动漫、网络游戏、创意设计等文化产品和服务的需求也将呈现爆发性增长。“一带一路”沿线国家作为中国文化贸易对象国的重要性显著上升，例如，近 10 年来中东欧国家文化服务进口需求增长较快，2012 年文化服务进口总额达 67 亿美元，其中视听和交互媒体服务占进口总量的 60%，而中国的文化服务进口在中东欧国家不足 1 亿美元。中东欧国家普遍重视文化产业发展，又地处连接欧亚的枢纽位置，加之中国与中东欧国家形成的“16+1”合作机制也将成为“一带一路”倡议融入欧洲经济圈的重要接口、中欧四大伙伴关系落地的优先区域和中欧合作新增长极，因此，中东欧或将成为中国对外文化贸易的先发腹地。未来，中国在对外文化贸易地理方向上将更加注重谋篇全局，精耕细作新兴文化市场，积极探索潜在文化市场。

第三，中国参与文化贸易的主体将更加多元。截至目前，已有 80 多家中央企业在“一带一路”沿线国家设立了分支机构，国有企业是当前中国企业“一带一路”建设的先行者和主力军，而应对文化贸易壁垒更加灵活的民营企业也不断参与其中。同时，中阿文化部长论坛、中国与东盟“10+1”文化部长会议等政府层面的机制保障助推了国际文化合作机制的完善，也吸引了越来越多包括行业协会在内的社会组织、文化中介机构以及个人等相关主体加入文化贸易行列。此外，中国已在 11 个“一带一路”沿线国家设立的中国文化中心，也将作为连接中国与“一带一路”沿线国家的主体，在文化贸易中发挥更好的平台作用。

第四，“一带一路”建设将通过“需求—供给传导机制”倒逼中国国内文化市场的发展升级。随着“一带一路”沿线国家文化市场与中国文化市场更紧密的联通，中国强大的文化消费需求将逐步外溢到“一带一路”沿线国家，中国文化产品与服务必将更多地参与国际竞争，通过“需求—供给传导机制”倒逼国内文化产业供给侧深化改革，文化市场同步完善，从而催生出高品质的文化产品与服务。

第五，中国文化贸易载体将紧随消费科技的进步而变化。目前，传统载体仍占有较大比重，但其重要性和市场份额将逐步降低，越来越多的科技型文化产品与服务将成为市场潮流，“一带一路”沿线国家的年青一代也将逐渐成为消费主体，科技娱乐、文化装备、网络游戏与网络节目的版权交易等将成为热点，中国文化贸易载体紧随消费科技的进步而发展，培育面向未来文化市场的强大驱动力。

第六，文化投资将为文化贸易注入持久动力。中国对外文化投资的步伐不断加快，逐步覆盖图书出版、影视、演艺、动漫游戏等领域；投资方式日益多元，设立海外分公司、跨国并购和签署合作协议等都成为企业对外文化投资的重要方式；投资主体也更加多样，不仅局限于文化企业本身，更多实行多角化经营的公司将文化产业视为重要进军领域，制造业、地产、金融等领域的规模企业将凭借其雄厚的经济实力和资金储备更多地参与到对外文化投资当中。目前，中国对“一带一路”沿线国家非金融类直接投资超过500亿美元，并在20个沿线国家建设的56个境外经贸合作区累计投资超过185亿美元。

值得注意的是，“一带一路”沿线国家文化产业的发展大多起步较晚，发展速度缓慢，挑战与机遇并存，中国与“一带一路”沿线国家的文化产业合作需要建立各方共同建设、共担风险、共享收益的利益共同体，需要借助市场力量，最大限度地促进生产要素有序流动、资源高效配置，文化市场才能深度融合。“一带一路”建设注定是一场全球性、高水平、深层次的伟业，在这条和平之路、繁荣之路、开放之路、创新之路、文明之路上，文化贸易必将发挥其独特优势，切实联通“一带一路”。“无论相隔多远，只要我们勇敢迈出第一步，坚持相向而行，就能走出一条相遇相知、共同发展之路，走向幸福安宁和谐美好的远方。”

原载《中国文化报》2017年5月16日

文化部“十三五”时期文化科技创新规划

概 述

文化科技创新是国家科技创新的重要组成部分，是社会主义文化强国建设的关键支撑力量。随着新一轮科技革命和产业变革孕育兴起，信息网络、大数据、智能制造等高新技术广泛渗透到创作、生产、传播、消费的各个层面和环节，加速了文化生产方式变革，成为文化发展的重要引擎和不竭动力。目前我国文化建设的科技基础仍然薄弱，自主创新能力还不够强，文化科技体制机制与文化发展的要求不相适应，必须加快文化科技创新体系建设。

为贯彻《国家创新驱动发展战略纲要》《国家“十三五”时期文化发展改革规划纲要》及《文化部“十三五”时期文化发展改革规划》，文化部2017年4月26日印发了《文化部“十三五”时期文化科技创新规划》。

【《文化部“十三五”时期文化科技创新规划》专家解读】

文化科技创新规划将促使文化行业进入“跃变时代”

◎ 傅才武

近日，《文化部“十三五”时期文化科技创新规划》(以下简称《规划》)公布，提出了“十三五”文化科技创新发展的目标。作为配套国家上位规划的专项规划，《规划》对贯彻落实《国家创新驱动发展战略规划》《国家“十三五”时期文化发展改革规划纲要》和《文化部“十三五”时期文化发展改革规划》，并对我国文化行业和文化机构提供方向指示和路径指引，都具有重要的价值和意义。

展示文化发展改革的方向引领价值

当今世界，以移动互联网、大数据和人工智能为代表的高科技浪潮对社会经济文化结构形成强大冲击，来势之猛是以往历史上四次科技革命和三次产业革命所无法比拟的。这次科技革命标志着包括文化生产力在内的整个社会生产力“跃变时代”的来临。

进入21世纪，高新科技的广泛应用催生了文化生产、传播、消费及管理方式的深刻变革。移动互联网、物联网、大数据、云计算、人工智能、虚拟现实、新能源、新材料等一系列重大技术创新，既给文化行业带来了前所未有的强大动力和广阔空间，同时也提出了严峻的挑战。数字科技和人工智能的发展，不仅颠覆了传统文化部门创新发展的“技术轨迹”和政策路径，而且对整个文化行业及社会结构产生了颠覆性的影响。

数字信息技术通过建立传统文化行业与其他行业之间的数字共享技术平台，赋予国家和社会打破文化行业壁垒，重塑文化行业的生产方式、分配方式、传播方式、消费方式和组织运营方式的能力，其结果是使国家文化行业整体结构得以重塑，并推动以“类型技术”为基础的传统“小文化行业”转变为以数字生产、数字传播和数字消费为基础的“大文化传媒行业”。

《规划》的出台，本身即是对这一宏大背景的深刻认识和总体把握，也是国家对文化行业受到高新科技强烈冲击的系统回应。相对于其他“十三五”上位文化规划的原则引导，《规划》的首要价值在于明确提出了文化科技创新的重大命题，并指明我国文化行业“十三五”发展改革的具体方向和行动策略，显示出明确的方向引领价值。

明确推进文化科技创新发展的政策路径

第一，总结提炼文化科技融合发展的本质特征，实现对文化科技创新链条的全覆盖。《规划》总结概括了文化科技创新的基本特征，并内化为《规划》的指导原则：坚持和弘扬社会主义核心价值观，深度融入文化建设的主战场和科技发展的大舞台；以文化创意引发科技创新，以科技创新支撑文化创意；推动大众创业万众创新，实现文化生产与文化消费的良性互动。文化科技如何实现创新发展？其最佳的路径就是与社会、经济及老百姓的文化消费需求融合发展，即“人文与科技相互融合，艺术与技术相互提升，创新与创意相互激发，共创与共享相互促进”。《规划》突破了专项规划的局限，从规划内容和政策路径上体现为与大众创业、万众创新、众创空间建设相结合，文化、科技与经济相结合，科技与创新相结合。《规划》明确要进一步加强文化部门与科技部门联系机制，文化行政部门要加强与宣传、发展改革、财政、科技、教育、工信等部门对接，鼓励跨部门、跨区域联合推动文化科技工作。《规划》提出要设立文化科技类扶持基金，推广知识产权和股权质押贷款，鼓励开发创新型文化保险产品等，这些都是以前科技规划不曾提到的创新性举措。

第二，吸纳实践的经验模式，规划建立一批新的创新基地，形成推动文化科技创新的综合载体。《规划》提出要“建设一批突破型、引领型、平台型的国家文化创新研究中心、文化部重点实验室。探索建立文化部工程技术研究中心，支持建立文化科技创新联盟及区域性文化科技协同创新平台”。文化部自2009年起，开始在全国布局设立国家文化创新研究中心、文化部重点实验室的政策，经过几年的实践探索，被证明是有效的管理模式，此次《规划》的编制，吸纳了实践中的经验成果。

第三，深入把握“文化—科技”与人的主体性之间的关系，规划设立有利于文化科技创新的激励机制。作为人类社会的“双翼”，科技与文化都是人类社会不可或缺的规范性力量。《规划》把对文化与科技关系的认识和把握建立在“人的主体性”之上，隐含了文化科技融合创新与人的主体性激发相一致的基本前提。

从这一意义上说，推进文化科技的创新发展，必须发挥人的主体性和积极作用。根据新制度经济学的观点，这种积极性和主动性是由科学有效的体制和机制来激发的。《规划》特别提出“加强协同创新”“建立政策保障体系”的制度激励系统，强调要“发挥市场和政府在资源配置中的各自优势，科技创新与制度创新双轮驱动，加快建设以企业为主体的技术创新体系”。这些都是围绕优化社会环境、激励科技工作者积极性的制度设计。

文化科技创新是我国“十三五”文化发展改革的关键动力。《规划》提出“信息网络、大数据、智能制造等高新技术广泛渗透到创作、生产、传播、消费的各个层面和环节，加速了文化生产方式变革，成为文化发展的重要引擎和不竭动力”，同时也指出“目前我国文化建设的科技基础仍然薄弱，自主创新能力还不够强，文化科技体制机制与文化发展的要求不相适应”，高新科技为文化行业发展提供无限可能性与文化行业科技创新能力薄弱之间的落差，应该引起政府、全社会特别是文化行业的高度重视。21世纪前10年，数字信息技术在文化行业的应用似乎进展缓慢。进入第二个10年以后，移动互联网和大数据技术席卷传统媒体，使新兴文化业态在数字信息技术的催发下茁壮成长并成为社会文化消费的主流。十八大确立了建设文化强国和科技强国的国家战略目标，如何抓住新一轮数字信息技术革命的机会，提升整个大文化传媒行业的发展格局，是这个时代赋予我们的历史性任务。如何发挥文化科技推动文化产业转型升级、拓展公共文化服务发展新空间、增添文化发展新动能，也应是当前文化行业“文化自觉”的重要内涵。

作者系武汉大学国家文化发展研究院院长、教授

描绘文化科技创新发展蓝图

◎ 蒋伟

日前，在战略研究的基础上历时两年编制的《文化部“十三五”时期文化科技创新规划》(以下简称《规划》)正式出炉。《规划》描绘出未来5年我国文化科技创新发展的蓝图。

《规划》全文内容丰富，从指导思想、基本原则、目标等方面提出了要求，从协同创新、研发攻关、成果应用、区域统筹、人才培养、重点工程、优化文化科技管理体制等方面进行了系统部署。这样一份重要的战略性文件，亮点颇多。

深入实施创新驱动发展战略。与以往文化科技规划不同，《规划》首次以文化科技创新规划命名。《规划》在编制过程中，坚持了“文化创新驱动的着力点是加强文化与科技融合”“文化科技创新在文化创新发展中占有核心地位”“提升自主创新能力”“发挥文化科技的引擎牵引功能”等创新发展理念，始终贯彻了“创新是引领发展的第一动力”思想。这是一个高起点的规划。

突出创新全链条的顶层设计。科技与文化的结合、科技与创新的结合，始终贯穿于《规划》的全文。《规划》突出了整个创新链条全过程的相互衔接，布局了文化科技基础性研究、文化领域共性关键技术与战略性前沿技术研究、文化行业标准化建设、科技成果转化应用、文化服务与文化产业发展等主要创新环节，彰显了创新全链条的协调性与系统性。

坚持文化科技服务于国家文化软实力提升。《规划》最显著的特征，是关注点不仅仅为文化科技本身的改革和发展，更加关乎了文化建设大需求、科技发展大舞台。“艺术与技术相互提升”“将文化创意与科技创新作为文化创造的基本要素”“突出文化科技服务人民”“全面推进科技融入文化领域”“坚定文化自信，增强文化自觉”等一些基本原则，在《规划》中被首次明确，体现了国家战略意图和新时期国家文化科技发展的本质要求。

提出建设高效协同的文化科技创新体系。《规划》把建设文化科技创新体系为目标作为重要的指导思想，从强化文化企业创新主体地位、支持高校科研院所协同，布局重点实验室、工程技术中心、社会服务组织、协同创新平台等文化科技创新载体，完善技术创新体系、文化行业标准体系等多方面提出了总体要求。努力促进各类创新主体协同互动，努力促进创新要素顺畅流动与有效配置，努力形成创新驱动发展的实践载体、制度安排和环境保障，是本《规划》的一大亮点。

聚焦文化创新发展的主战场。《规划》围绕文化建设重大需求，坚定推进面向公共文化服务、文化产业、文化市场、文化遗产保护传承、对外文化交流与贸易等文化创新发展主战场的重要技术研发、集成应用和转化示范，注重科技创新的前沿性和引领性，注重以创新技术、创新业态、创新内容和创新模式支撑与牵引文化创新发展方式的变革，紧密对接了《国家“十三五”时期文化发展改革规划纲要》和《文化部“十三五”时期文化发展改革规划》的相关部署与要求。

系统部署六大重点工程。《规划》结合“十三五”时期文化科技创新发展的新趋势与新期待，部署了一批重点工程，包括文化创新工程、文化科技重点研发、文化大数据、文化装备系统提升、文化标准化、文化科技成果转化6项工程。重点工程是实施《规划》的重中之重，这批重点工程的实施必将为文化创新发展带来显著的协同效应、聚集效应、提升效应以及优化配置效应。

作者系国家文化科技创新工程总体专家组成员、中国传媒大学教授

推进文化科技创新助力现代公共文化建设

◎ 申晓娟

中国人民在历史上曾经创造出辉煌的科学技术成就，为世界科技进步做出过突出贡献。在新的历史时期，党中央、国务院将创新驱动作为党和国家事业发展的优先战略。十八届三中全会将“创新”

列为“十三五”时期五大发展理念之首，提出“必须把创新摆在国家发展全局的核心位置”。2016年5月，中共中央、国务院发布《国家创新驱动发展战略纲要》，提出到2020年进入创新型国家行列、2030年进入创新型国家前列、2050年建成世界科技创新强国的宏伟目标。毋庸置疑，科技创新将在中华民族伟大复兴的历史征程中发挥重要作用。

实施创新驱动战略，文化与科技是相互涵养、相互支撑、相互促进的一体两翼。如何使科技创新为文化发展提供重要引擎和不竭动力，实现两翼联动，近日发布的《文化部“十三五”时期文化科技创新规划》(以下简称《规划》)做出了顶层设计。《规划》以坚持价值引领、需求导向、创造为本和民生为先为基本原则，围绕引领人文与科学相互融合、推动艺术与技术相互提升、促进创新与创意相互激发、实现共创与共享相互促进部署了五方面主要任务和六项重点工程，令人振奋。

特别是2015年1月中办、国办联合发布《关于加快构建现代公共文化服务体系的意见》，要求“推进公共文化服务与科技融合发展”“围绕公共文化服务体系建设的重大科技需求，发挥文化与科技相互促进的作用”。此次发布的《规划》，立足科技创新视角，对于推动传统文化事业转型升级、加快构建现代公共文化服务体系给出了实现路径。

一是以现代科技的创新应用拓展公共文化发展空间。《规划》指出，要“全面推进科技融入文化领域”。“十一五”以来，文化部先后组织实施全国文化信息资源共享工程、数字图书馆推广工程、公共电子阅览室建设计划等公共数字文化惠民工程，通过互联网、移动通信网、广播电视网等现代信息网络延伸公共文化服务范围。现代高新尖科技的快速发展在公共文化服务领域已经并将持续产生积极有益的影响。为此，《规划》提出探索建立文化单位与科技企业、科研机构的协同创新关系，推进先进技术应用于文化领域。这一部署对于公共文化机构利用高新技术及装备拓展服务空间，推出更多紧随时代脉动、深入社会生活、契合公众需要的公共文化服务产品是重要的理念创新。

二是以关键领域的技术攻关突破公共文化发展瓶颈。加快构建现代公共文化服务体系，在强调保基本、促公平的基础上，更加突出效能导向，对服务的专业化、精细化发展提出了新的要求。公共文化资源的分布式采集、语义挖掘、可视化揭示、关联分析、长期保存，以及公共文化活动的协同规划、交互管理、动态监控与社会化评价等，都需要通过技术研发实现新的突破，必须深入研究社会公众获得、接受、享有、参与公共文化服务方式、渠道、载体的快速变化，立足于破解当前公共文化服务面临的突出矛盾，推进关键领域技术攻关，否则就将落后于社会公众快速变化、增长的公共文化需求和期待。对此，《规划》部署了一系列旨在聚焦文化建设重大需求、加强研发攻关、布局文化科技基础性研究、突破共性关键技术的任务与工程项目。

三是以文化行业标准化建设促进公共文化服务均衡发展。现代公共文化服务体系建设的关键是补齐短板，实现均衡发展。以图书馆领域为例，国家标准化管理委员会和文化部在文献书目加工、数字资源建设、古籍保护与修复、缩微复制技术等领域制定出台了一系列国家标准和行业标准，以标准推进关键技术的应用、服务规范的形成、设施设备的配备、文献资源的揭示与保护，这对于推动各级各类公共图书馆，特别是基层公共图书馆事业的现代化转型发展发挥了重要的引领作用。此次《规划》又专门部署实施文化标准化工程，提出要推进文化行业重点领域标准制定修订工作，构建较为完善的标准规范体系，必将推动以标准化促进公共文化服务的普惠均等，以规范化提升公共文化服务的专业水平。

四是以文化科技信息资源的共建共享推动创新成果转化利用。《规划》提出加强文化科技成果的转化利用，特别强调要“突出文化科技服务人民，让广大群众享有更多更好的文化产品”。文化科技创新成果同时也是一种重要的公共文化资源，根据《规划》部署，现代公共文化服务体系以“公共性”为基本原则，通过建立“文化科技成果信息系统”“国家文化科技公共服务平台”和“文化科技数据库”等途径，推动建立跨区域、跨部门、跨层级的服务机制，实现文化科技创新成果乃至公共文化资源的共建、共知与共享，这不仅有利于公共文化机构在资源充分共享的基础上实现协同服务，同时也将为其他科研机构、社会组织基于这些成果实现继承创新创造了条件，从而使文化科技创新体系更好地服务于经济社会发展。

作者系国家图书馆研究院副院长、全国图书馆标准化技术委员会秘书长

发挥科技在公共文化服务中的支撑与提升作用

◎ 罗云川

科技创新既是文化发展的手段与路径，亦是当今科技日新月异、创新无处不在的时代文化标识。文化科技创新通过在文化中融入科技元素，以科技为支撑和载体，促进中华优秀文化的进一步传承、弘扬与发展。近日，《文化部“十三五”时期文化科技创新规划》（以下简称《规划》）出台，推动国家科技创新在文化领域的应用实践，为“十三五”时期文化建设中的科技创新明确方向、设定目标、开列任务、划出重点，并为以政府为主导的公共文化服务进一步夯实基础、优化体系、提升服务提供了科技之匙、创新之径。

科技在公共文化服务体系中的地位与作用日益增强。公共文化服务自2005年党的十六届五中全会首次提出以来，已经走过了近12年历程。经过“十一五”期间的大规模基础设施建设，进入“十二五”特别是党的十八大以来，公共文化服务逐步从以铺摊建点的建设为主阶段转向以均等化为目标、强调服务效能的应用为主的新阶段，打通公共文化服务“最后一公里”、提高公共文化服务在基层的便利可及性与互动针对性成为新时期公共文化服务的难点和重点，而科技则在其中发挥了不可替代甚至关键性作用。

2015年1月，中共中央办公厅，国务院办公厅出台《关于加快构建现代公共文化服务体系的意见》，并用整章专门论述“推进公共文化服务与科技融合发展”，表明科技在公共文化服务体系现代化构建中的重要地位。2017年3月，《中华人民共和国公共文化服务保障法》正式实施，其中第十一条明确“国家鼓励和支持发挥科技在公共文化服务中的作用”，使科技与公共文化服务的联姻上升到了法律保障的高度。

科技在公共文化服务中的作用正日益显现。近年来，文化部组织实施的国家文化创新工程、国家文化科技提升计划等文化与科技融合项目，对公共文化服务中的共性与关键问题进行专题攻关，如农村地区的公共文化资源传播、云环境下的数字资源整合汇聚等，为公共文化服务的现代化转型进行探索、提供样本。由中央财政专项资金支持的文化共享工程、数字图书馆推广工程、公共电子阅览室建设计划三大公共数字文化工程，在技术平台构建、数字资源整合利用、基层数字服务推广等方面持续发力，并推出了边疆万里数字文化长廊、数字文化馆、中国文化网络电视等创新项目，这些项目充分运用互联网特别是移动互联网、引入云计算、注重交互体验，增强了服务能力、提升了服务效果。

“十三五”时期公共文化服务领域科技创新的突破重点。在《规划》中，明确了“十三五”时期要加强协同创新、研发攻关、成果应用、区域统筹和人才培养五大任务，提出了文化创新、文化科技重点研发、文化大数据、文化装备系统提升、文化标准化和文化科技成果转化六大重点工程，对文化领域科技创新的重点内容、实现路径、依托载体、环境营造等给出了系统设计与清晰阐释。在《规划》的指导下，“十三五”时期公共文化服务的科技创新应力求在五个方面取得突破：

一是公共文化服务中科技类标准的制定与实施。首先，文化馆数字化系列标准亟待制定，相较于已开展10余年、较为成熟的数字图书馆建设，数字文化馆建设刚刚开展两年，相关标准尚未形成；其次，图书馆、文化馆、美术馆、博物馆等各类公共文化机构数字资源与技术平台的打通标准需要建立；再次，公共文化数据资源的开放标准、对接标准需要制定；最后，公共文化数字化网络化服务和管理的相关标准需要完善健全。

二是全国公共文化云平台的构建与各类各级系统的互联互通。在已开展建设的公共文化数字支撑平台国家级平台和省级平台基础上，对接各公共文化机构已有系统和网络运营商平台，加载汇聚已建和新建数字文化资源与专题文化应用，逐步形成全国共享的公共文化行业云。各地应在行业标准的指导下，有序开发、综合利用、开放共享，避免盲目投资和重复建设。

三是新型公共文化装备系统的研制与应用。新型公共文化装备系统应具备开放性、互动性、可更新性和环境适用性。开放性要求装备系统能够加载各类公共文化机构和商业类资源与应用；互动性要求装备系统具有良好的用户体验和互操作能力；可更新性要求装备系统能够软硬件分离，在不更换硬件的情况下，方便更新数字资源、丰富服务功能；环境适用性要求装备系统应适合公共文化服务开展场景的环境条件，例如在贫困偏远地区部署的装备系统，需要便于移动、易于维护、对电力温度等适应度高。

四是公共文化大数据的采集、分析与精准服务。《规划》从建立统筹机制、组织重大项目、加强服务规范和建立服务载体四个方面对“文化大数据工程”进行了规划。在此基础上，公共文化服务大数据应基于海量数据开展公共文化服务用户画像的分析，进而对不同群体进行针对性资源配置、提供个性化服务，特别是面向贫困地区为开展精准扶贫提供数据决策支持。

五是公共文化领域科技人才的引进与培养。基于对公共文化领域传统工作性质的理解，我国各级公共文化单位的人员以文化艺术类专业人员为主体，科技类人员普遍缺乏。文化与科技的融合离不开科技类人才在文化领域的加盟与融入。一方面，公共文化单位应引进吸收具有科技专业背景的人员加入其中；另一方面，加大文化科技创新人才的培养力度，强化激励引导，为文化领域科技创新型人才的培育与成长营造有利环境。

探索协同创新的新机制，形成多方联动新格局。在《规划》中，协同创新被摆在突出位置进行了重点阐述。在公共文化服务领域，政府、公共文化机构、企业、高校科研院所、社会公众等多元主体参与其中，协同的重要性更加凸显。传统模式下，高校科研人员关注所发表的文章、取得的科研成果，企业关注参与公共文化建设所能获取的利润，社会公众关注已有的公共文化服务是否为其所需，在各环节链条没有打通、各主体缺乏协同的情况下，科研成果难以转化为实际应用，企业缺乏提升服务质量的动力，社会公众的需求无法在产品和服务的初始环节被吸收采纳。

《规划》对此给出了协同创新的实践路径。在协同创新的参与者方面，提出要强化文化企业创新主体地位，支持高校科研院所参与文化科技创新，促进国际合作和推进文化科技领域大众创新创业。在协同创新的平台载体方面，提出建设国家文化创新研究中心、文化部重点实验室、文化部工程技术研究中心等文化科技协同创新平台。公共文化服务应以协同创新平台为依托，使公共文化机构、企业、高校科研院所、社会公众等各类主体参与进来，通过多元主体的协同联动，打通公共文化服务从研究、设计、组织到提供、反馈进而持续优化的链条，探索形成高效联动的公共文化服务新模式，整体提升公共文化服务效能。

作者系文化部全国公共文化发展中心副主任
以上四篇信息来源：《中国文化报》2017 年 5 月 8 日

管理

【全国宣传部长会议】

2017年1月3日，“全国宣传部长会议”在北京举行。中共中央政治局常委、中央书记处书记刘云山出席会议并讲话，强调要深入贯彻落实以习近平同志为核心的党中央各项决策部署，牢固树立政治意识、大局意识、核心意识、看齐意识，以高度政治责任感做好宣传思想工作，为迎接党的十九大胜利召开提供有力思想舆论保证。

刘云山指出，新形势新任务对宣传思想工作提出新要求。要树立高度的文化自信，坚持正确政治方向、舆论导向、价值取向。要突出坚持和发展中国特色社会主义、实现中华民族伟大复兴中国梦这一主题，突出迎接宣传贯彻党的十九大这条主线，突出稳中求进工作总基调，多做坚定信心、凝聚共识、鼓舞士气的工作，更好汇聚团结奋进的强大正能量。

刘云山指出，做好2017年宣传思想工作，要在整体推进中重点发力。要深化习近平总书记系列重要讲话精神学习研究宣传，加强对治国理政新理念新思想新战略宣传阐释，更好用党的理论创新成果武装头脑、指导实践。要充分展示党的十八大以来各项事业取得的成就和经验，深入宣传以新发展理念引领经济发展新常态的生动实践，宣传深化供给侧结构性改革的进展成效，积极做好热点问题舆论引导。要持续推进社会主义核心价值观建设，注重家庭家教家风，发挥法治保障作用，强化良好政治文化对主流价值的引领。要坚持把社会效益放在首位，深化文化体制改革，加快文化事业文化产业发展，推出更多优秀文化产品。要切实做好对外宣传工作，加强对外传播能力建设，提升讲好中国故事的能力，增强我国国际话语权。

刘云山强调，宣传思想战线要按照全面从严治党要求，加强自身党的建设，讲政治、强党性、敢担当、勇创新、严律己，推动宣传思想工作队伍强起来。各级党委要坚持党管宣传、党管意识形态，落实意识形态工作责任制，掌握工作领导权主导权。

中共中央政治局委员、中宣部部长刘奇葆主持会议并作工作部署，强调要全面贯彻中央精神，为党的十九大胜利召开营造良好的理论氛围、舆论氛围、文化氛围、社会氛围。要坚持用习近平总书记系列重要讲话精神武装全党、教育人民，为党的十九大召开做好思想理论准备；牢牢掌握意识形态工作主动权，巩固和发展主流意识形态；着力提高新闻舆论传播力引导力影响力公信力，凝聚推进改革发展的强大正能量；突出抓好引领和融入，持续推进社会主义核心价值观建设；聚焦聚力精品创作生产，推进社会主义文艺繁荣发展；全面推进文化改革发展，加快文化小康建设步伐；加强改进对外宣传，提升中国话语国际影响力。要落实全面从严治党要求，建强领导班子和干部队伍。

中共中央政治局委员、国务院副总理刘延东出席会议。

【2017年全国文化厅局长会议】

2017年1月3日至4日，“2017年全国文化厅局长会议”在北京举行。此次会议与全国宣传部长会议套开，部分与会代表列席全国宣传部长会议。会议的主题是深入贯彻党的十八大和十八届三中、四中、五中、六中全会精神，深入学习贯彻习近平总书记系列重要讲话精神，深入贯彻中央关于文化建设的重大决策和2017年全国宣传部长会议精神，总结2016年文化工作，部署2017年重点任务。文化部党组书记、部长雒树刚作工作报告，党组副书记、副部长杨志今主持会议，党组成员项兆伦、董伟、丁伟、单霁翔、刘玉珠、迟耀云、于群出席会议。

雒树刚系统梳理了党的十八大以来习近平总书记关于文化建设的重要论述，以及文化系统贯彻落实中央部署开展的工作，对2016年文化工作进行了总结，也指出了目前文化改革发展存在的问题、困难和挑战，部署了2017年文化工作。为做好2017年各项工作，雒树刚提出四点要求：一要牢固树立“四个意识”，切实履行全面从严治党主体责任；二要认清文化发展新形势新挑战，加大改革攻坚力度；三要严守安全红线，强化预防监管；四要坚持稳中求进，加强统筹协调，推动各项任务落到实处。

会议期间还举行了2016年度文化部优秀专家座谈会，并为优秀专家颁证。

【2017年文化工作要点】

（根据文化部党组书记、部长雒树刚在2017年全国文化厅局长会议上的工作报告摘编）

深入贯彻落实习近平总书记关于文艺工作的重要讲话精神，大力繁荣艺术创作生产

习近平总书记在中国文联十大、中国作协九大开幕式上发表重要讲话，进一步明确了我国文艺发展的方向、主题、任务，对文艺工作者提出了新的更高要求。这与2014年文艺工作座谈会重要讲话一脉相承，是推动文艺繁荣发展的又一部纲领性文件。我们必须认真学习、全面领会习近平总书记关于文艺工作的重要讲话精神，并融会贯通到艺术创作实践中，引导广大文艺工作者坚守艺术理想，勇于创新创造，引领社会风尚，攀登艺术高峰。要更加有效地引导创作、推出精品。要紧紧围绕迎接党的十九大胜利召开，庆祝建军90周年、香港回归祖国20周年等重要时间节点，组织好重大文艺演出活动。继续实施好国家舞台艺术精品创作扶持工程、重大题材美术创作工程、民族歌剧传承发展工程等重大项目。健全文艺工作者深入生活、扎根人民长效保障机制。全面推动戏曲传承发展政策贯彻落实。优化创作生产和成果展示平台。加强艺术理论研究和文艺评论。

深入贯彻落实《中华人民共和国公共文化服务保障法》，推动公共文化服务体系建设再上新台阶

《中华人民共和国公共文化服务保障法》（以下简称公共文化服务保障法）将于2017年3月1日起施行。要大力宣传贯彻公共文化服务保障法，并与落实中央相关政策结合起来。强化国家指导标准和地方实施标准执行，推进基层综合性文化服务中心建设，加大政府购买公共文化服务力度，实施好重点文化惠民工程。深化国家公共文化服务体系示范区创建，巩固创建成果，推广先进经验。全面推进公共文化服务效能建设，深化公共文化机构法人治理结构改革，推进县级公共图书馆文化馆总分馆制建设，充分利用新技术发展数字公共文化服务，建立公共文化服务效能监督和评价机制。要重视群众文艺工作，制定繁荣群众文艺发展规划。要对接群众需求，丰富公共文化产品和服务供给，使人民群众更加便捷地享受基本公共文化服务，增强文化获得感。

深入贯彻落实中央关于保护弘扬中华优秀传统文化的新部署，加大文化遗产保护利用力度

贯彻落实《国务院关于进一步加强文物工作的指导意见》和全国文物工作会议精神，全面推动《国家文物事业发展“十三五”规划》实施，努力推动文物保护由抢救性保护为主向抢救性与预防性保护并重转变，由注重文物本体保护向注重文物本体与周边环境、文化生态的整体保护转变。要通过多种形式，增强地方各级党委政府的文物保护责任意识。启动第八批全国重点文物保护单位评审。实施中华优秀传统文化传承工程等重大工程，推进一批重大文化遗产保护项目，推动传统村落保护利用和大遗址保护。加强博物馆服务能力和服务质量建设，加大改革力度，推动让文物资源“活”起来落到实处。研究制定支持非国有博物馆发展的指导意见。稳步推进世界文化遗产申报和保护。严格文物执法，加大惩处力度。加大珍贵古籍保护力度，推进古籍普查，加强典籍整理，促进转化利用。继续开展清史纂修，要坚持质量第一，加快进度。

认真履行《保护非物质文化遗产公约》，贯彻落实《中华人民共和国非物质文化遗产法》，进一步加强能力建设，提高非遗保护传承水平，增强传承活力。出台并实施《中国传统工艺振兴计划》。制定加强能力建设提高非遗保护传承水平的指导意见。继续实施中国非物质文化遗产传承人群研修研习培训计划。推动对非遗代表性传承人的抢救性记录，增补一批国家级非遗项目代表性传承人。建立非物

质文化遗产项目绩效评估机制。加强国家级文化生态保护实验区建设，制定国家级文化生态保护区管理办法。办好第六届中国成都国际非物质文化遗产节。

积极应对文化市场发展新形势，不断提高文化市场管理水平

密切关注文化市场新动向，加强内容监管，强化价值导向。建立文化市场主体评价管理体系，健全文化市场信用监管制度。按照场所阳光、内容健康、服务规范、业态丰富、受众多样、形象正面的目标，深入推进上网服务行业和文化娱乐行业转型升级。落实进一步深化综合执法改革的意见，各地要完善文化市场管理领导体制，建立执法协作机制，不断提高综合执法水平。切实发挥全国文化市场技术监管与服务平台的重要作用，为文化市场繁荣有序提供有力保障。

深刻把握文化产业面临的新机遇新要求，进一步提升文化产业发展质量和效益

加大工作力度、建立有效机制，推动已有政策落实落细，出台更多配套政策，优化文化产业发展环境。着力增加文化产品和服务有效供给，积极推进扩大文化消费试点，开展文化消费提升行动。有序推动文化文物单位文化创意产品开发。大力发展数字文化产业，制定推动数字文化产业创新发展的指导意见和动漫游戏产业“一带一路”国际合作行动计划，积极推动手机（移动终端）动漫标准成为国际标准。加强各类文化产业园区建设，建立健全动态管理评估机制。切实发挥各类财政专项资金、产业基金的引导促进作用，继续深化文化金融合作，推广政府与社会资本合作模式，引导社会资本进入文化产业。加强重点文化产业带建设，发展特色文化产业，制定发布京津冀文化产业协同发展规划纲要。

努力开创新渠道、新平台，进一步增强对外和对港澳台文化交流的创造力和感召力

全面深化与“一带一路”沿线国家的文化交流合作，完善机制，提升影响力。努力推进政府间文化交流、社会和民间文化交流、文化贸易。加强品牌建设，着力打造一批具有世界影响力的文化交流项目，策划实施好“欢乐春节”文化活动，不断提升质量和效益。深化中外思想文化交流，办好汉学家翻译家品牌活动。加强与国际组织的合作，提升我国在国际文化事务中的话语权。认真总结文化中心已有模式和经验，加快推进海外文化阵地建设与发展，努力办出特色、办出水平。推进缅甸、拉脱维亚、摩洛哥、以色列、保加利亚、罗马尼亚等国家中国文化中心的筹建和揭牌启用。大力推动中国文化网等网络和新媒体传播平台建设，提升对外传播能力。贯彻落实《国务院关于加快发展对外文化贸易的意见》，不断探索发展对外文化贸易的新模式。坚持以文化人、以文建信、以文聚心，继续深化对港澳台文化交流合作。精心筹备庆祝香港回归20周年系列文化活动。

大力推动“十三五”规划贯彻实施，确保规划确定的各项文化任务落到实处

党中央、国务院高度重视“十三五”规划的实施。中共中央办公厅、国务院办公厅印发《关于建立健全国家“十三五”规划纲要实施机制的意见》，首次确定开展年度评估的工作机制，明确将《纲要》实施情况纳入各级领导干部考核评价体系。《纲要》年度执行情况将在每年两会期间提交全国人大审议。要按照中央要求，落实好《纲要》涉及文化部的30多项任务和项目。要建立和完善文化部“十三五”规划实施机制，把规划实施切实纳入各领域发展计划、年度工作安排和重要议事日程。制定出台文化部“十三五”规划实施方案和年度执行计划，明确目标指标、责任主体、任务分工和进度安排。加强对规划实施的督查，推动重大工程项目实施、重大政策落地。要加强对规划实施的评估，组织好专项评估和年度评估，及时发现问题，采取有效措施。

全力做好各项基础工作，为文化建设提供有力保障

着力完善政策法规体系。抓紧起草文化产业促进法，力争形成各方基本认可、较为成熟的草案报送立法机关。加快公共图书馆法立法进程。制定文化市场综合行政执法管理条例、故宫文化遗产保护条例、古籍保护条例等行政法规。积极推动地方人大制定出台公共文化服务保障法配套法规。不断完

善文化各领域政策。加强知识产权保护。

继续深化文化体制改革。要按时保质完成列入中央全面深化改革领导小组、中央文化体制改革和发展工作领导小组工作要点的重点改革任务。继续深化文化系统行政审批制度改革。做好信息公开工作，建设权威、便捷的政府信息发布平台。把握正确舆论导向，完善新闻发布制度，把握时、度、效，做好新闻宣传，加强舆情监测。分类推进事业单位改革。开展国有演艺企业社会效益评价考核试点工作。

加大财政保障力度。推动文化财政投入保持在较高水平，完善绩效评价指标体系，不断提高资金使用效益。加强政策、项目、资金引导，推动文化精准扶贫、精准脱贫。做好对口支援新疆和西藏等文化建设工作。坚持抓安全、抓质量、抓进度、抓廉政，推进文化设施建设。编制公共美术馆和专业剧场建设标准。

加强人才队伍建设。按照《党政领导干部选拔任用工作条例》，切实加强领导班子和各级干部队伍建设。继续轮训全国省地县文化厅局长。继续实施“三区”人才计划文化工作者专项、“千人计划”文化艺术人才项目等项目，推动引进海外高层次人才。开展全国文艺院团长轮训等各级各类培训，着力培养各领域紧缺人才，努力提升文化市场执法队伍和基层文化队伍的整体素质。加强与艺术院校沟通合作，实现艺术人才培养和需求的有效对接。

【回顾 2016 年文化工作成果】

（根据文化部党组书记、部长雒树刚在 2017 年全国文化厅局长会议上的工作报告摘编）

党的建设

文化部专门编辑《习近平关于文化工作重要论述摘编》作为部系统“两学一做”学习教育的重要内容。六中全会召开后，文化部举办多期培训班。广大党员干部对全面从严治党的认识不断深化，“四个意识”不断增强。全系统深入贯彻中央八项规定精神，进一步细化完善、严格落实财务管理、公务接待、会议活动、文件简报、出国出境等方面相关制度，取得明显成效。

艺术创作生产

坚持以人民为中心的创作导向，把创作优秀作品作为中心环节，艺术创作生产成果累累。通过制定规划明确创作方向，通过修订评奖办法完善艺术评价机制，通过实施国家舞台艺术精品创作扶持等工程推动重点剧目创作，通过专项资金和艺术基金扶持艺术创作和人才培养，通过设立专栏、主题研讨等方式加强文艺批评，有力激发了文艺工作者的创作热情，推出了更多优秀作品。北京、江苏等地的艺术基金也有力资助了一批优秀作品的创作。聚焦中国梦主题，结合庆祝中国共产党成立 95 周年、红军长征胜利 80 周年等重大时间节点开展创作演出，弘扬主旋律。

第十一届中国艺术节评出了文华奖和群星奖，充分反映了文艺工作

攀登艺术高峰的不懈追求和群众文艺创作的积极成果。戏曲传承发展政策落实初见成效，20 多个省份出台实施意见，实施了当代戏曲名家收徒传艺等工程，开展了戏曲进校园等活动。复排、新创了一批民族歌剧剧目。“深入生活、扎根人民”扎实推进，许多文艺院团设立了创作基地，文艺院团下基层数量多、效果好。

公共文化服务体系建设

加强基层综合性文化服务中心建设，推进公共文化机构法人治理结构试点。开展了乡镇综合文化站服务效能专项抽查。努力推动公共文化资源向老少边穷地区倾斜，实施了贫困地区百县万村综合性文化服务中心示范工程、村文化活动室设备购置项目、流动文化车工程、送戏下乡项目、中西部农村

文化志愿服务行动计划，15 个省份制定了贯彻落实贫困地区公共文化服务体系建设规划纲要的方案。制定出台关于推进县级公共图书馆文化馆总分馆制建设的政策文件。

文物保护利用

文物保护力度加大，预防性保护项目全面实施，长城、革命文物、大遗址、藏区文物等重点文物保护和传统村落保护利用切实加强，馆藏文物修复继续推进。完成为期四年的第一次全国可移动文物普查。文博机构积极利用文物资源开发文创产品取得良好经济效益和社会效益。花山岩画文化景观成功申遗，海上丝绸之路申遗工作全面推进。文物执法和安全监管力度不断加大，特别是文物法人违法案件专项整治行动和重大案件曝光形成声势。古籍保护取得新进展，国务院公布第五批国家珍贵古籍名录和全国古籍重点保护单位，1400 余家古籍收藏单位完成近 200 万条书目数据的采集。

非物质文化遗产保护传承

深入推进传统工艺振兴，研究制定《中国传统工艺振兴计划》。以传统工艺为重点的非遗传承人群研修研习培训计划稳步实施，全年累计培训近 1 万人次。建立非遗代表性项目和文化生态保护实验区保护建设情况评估制度，相关评估报告区别情况向社会公布或向各地通报。"二十四节气"成功申遗。举办了第四届中国非物质文化遗产博览会。

文化市场培育和监管

构建文化市场信用监管总体框架，黑名单制度在 9 个地区试点，文化部发布 8 批黑名单。修订了《艺术品经营管理办法》，出台网络表演和网络游戏运营规范，制定了强化文化活动政治导向管理的文件。深入推进上网服务行业转型升级，80% 以上场所做到了敞亮整洁，大中城市 30% 以上场所实现转型升级，行业整体形象、社会评价大为改观。出台《文化部关于推动文化娱乐行业转型升级的意见》，鼓励这些场所参与公共文化服务。以随机抽查方式对全国网络游戏运营单位进行全面监管。全国共办结案件 4.7 万余件。全国文化市场技术监管与服务平台业务应用系统地区覆盖率达 97%。

文化产业发展

扩大文化消费试点工作逐步推进，第一批第一次 26 个试点城市因地施策，有效拓展了居民文化消费空间。国务院办公厅转发文化部等部门的《关于推动文化文物单位文化创意产品开发的若干意见》，试点单位积极开发文创产品。数字创意产业被列为"十三五"时期国家战略性新兴产业。手机动漫标准有望成为首个由中国制定的文化领域国际技术标准。文化旅游基础设施建设正式成为国家专项建设基金的投资方向，文化领域政府和社会资本合作模式、文化与金融合作示范区创建工作深入推进。一手抓创建，一手抓规范，文化产业园区的管理得到切实加强。文化产业公共服务平台不断完善，深圳文博会、义乌文交会等展会成功举办。文化产业统计机制逐步建立。

对外和对港澳台文化交流

深化与"一带一路"沿线国家交流合作，制定了文化部"一带一路"文化发展行动计划，举办了首届丝绸之路（敦煌）国际文化博览会。成功举办了系列双边、多边文化年（节）活动。中外人文交流机制更加完善，高层次人文交流活动和汉学家翻译家项目等深化了交流内涵，促进了深层对话。"相约北京"等主场文化交流活动成功举办，G20 杭州峰会文艺演出受到好评。"东亚文化之都"品牌影响持续扩大。海外文化阵地建设有序推进，部省共建文化中心意见出台，中共六大会址常设展览馆开馆，瑞典、希腊、柬埔寨、荷兰、白俄罗斯 5 国中国文化中心启用或揭牌。纪念汤显祖和莎士比亚逝世 400 周年主题活动在海外中国文化中心和国内有关城市举办。联合商务部等部门出台了开拓海外文化市场行动计划。对港澳台文化交流深入开展，与澳门签署了 2016—2018 年文化交流与合作执行计划，逐步落实与香港交流合作计划，开展了系列对台文化交流活动。

文化工作的宏观管理

文化部“十三五”规划即将出台。各专项规划和各地“十三五”规划编制工作基本完成，有的已经印发。文化体制改革重点任务落实有力。中央全面深化改革领导小组工作要点中由文化部牵头的四项任务、中央文化体制改革和发展工作领导小组工作要点中由文化部牵头的八项任务全面完成。制定了国有演艺企业社会效益评价考核试点办法。文化法治建设步伐明显加快。《中华人民共和国公共文化服务保障法》已由十二届全国人大常委会第25次会议于2016年12月25日表决通过。这是文化立法的重大突破。公共图书馆法即将报国务院常务会议审议。文化产业促进法草案稿已形成。《中华人民共和国文物保护法》修订正在研究推进。各地立法取得新进展。文化安全工作机制初步建立。

文化建设各项保障工作

人才队伍建设力度加大，文化投入稳中有增。2016年文化部落实年初部门预算54.81亿元，与上年持平。其中，一般公共预算比上年同口径增长8.27%。落实中央补助地方文化专项资金61.27亿元，比上年增长28.15%。各地对文化建设的投入也逐步增加。财政资金管理的科学化、规范化水平进一步提升。国家美术馆、“平安故宫”、国图文献资源战略储备库等国家级重大文化设施建设和地方文化设施建设积极推进。进一步健全对口支援工作机制，加强对新疆和西藏等地区文化建设的援助，召开了第五次全国文化援藏工作会议。

文化与科技融合取得新成效，艺术科研和艺术教育稳步推进。新闻宣传工作更加主动。信息工作服务决策的作用更加突出。安全生产工作狠抓落实，全系统安全生产形势总体良好。

【全国文化市场管理工作会议】

2017年1月9日至11日，“全国文化市场管理工作会议”在北京举行。会议总结2016年文化市场管理工作，根据2017年全国文化厅局长会议精神对文化市场重点工作做出安排。文化部副部长项兆伦出席会议并讲话。

会议认为，2016年文化市场工作围绕促进行业健康发展，确保市场规范有序，既注重执法监管，又注重行业引导；既注重督查落实，又注重对新情况及时研究制定相应政策；既注重贯彻落实统一要求，又注重因地因行业因主体施策，制度建设、转型升级、执法监管等方面工作都取得新进展。

会议提出，一是要建立健全适应简政放权和扩大开放新形势的文化市场监管制度，不断提高文化市场监管法治化水平，形成包括准入制度、行政检查与执法、信用监管、行业引导与企业自律、信息网络、政策法规体系六个主要方面的市场监管制度基本框架。二是要一着不让地加强内容和经营行为管理，加强对突出问题的专项治理，确保正确的价值观引领和主导文化产品供给，确保正常的市场秩序。运用举报监督、巡查抽查、查办大案要案、及早介入、及时引导处置等手段，加强内容和经营行为管理。加强对文化产品和服务内容的价值引导，确保文化产品供给导向正确。加强对演出市场的高票价和恶性炒作、网络文化活动中的“三俗”行为和内容，以及农村演出市场的专项治理。三是要深入推进行业转型升级，促进更多企业和场所健康规范发展。上网服务业要以城乡结合、县城乡镇为重点，文化娱乐行业要大力推动歌舞娱乐和游戏游艺场所转型升级。四是要密切关注新业态、新主体和新群体，引导健康发展，扩大积极因素。五是要加强能力建设，不断改进工作方法，着重提高把握正确导向的能力、依法治理的能力和掌握情况的能力。

本次会议还对2016年度全国文化市场十大案件和重大案件办案单位、中西部地区文化市场综合执法能力提升三年（2014—2016）行动计划先进单位进行了表扬。

【中华人民共和国文化部2016年文化发展统计公报】

2016年，全国文化系统全面贯彻党的十八大和十八届三中、四中、五中、六中全会精神，深入学习贯彻习近平总书记系列重要讲话精神，紧紧围绕"五位一体"总体布局和"四个全面"战略布局，坚持社会主义先进文化前进方向，坚持以人民为中心的工作导向，攻坚克难，开拓创新，文化发展改革不断取得新的进展，"十三五"时期各项任务开局顺利，为建设社会主义文化强国奠定了坚实的文化基础。

一、机构和人员

2016年末，纳入统计范围的全国各类文化（文物）单位31.06万个，比上年末增加1.15万个；从业人员234.81万人，增加5.37万人。其中，各级文化文物部门所属单位66029个，增加319个；从业人员66.10万人，增加1.56万人。

二、艺术创作演出

2016年，全国艺术院团继续深入开展"深入生活、扎根人民"主题实践活动，加强创作规划引导，促进精品创作。全年原创首演剧目1423个。扎实推进《关于支持戏曲传承发展的若干政策》，实施戏曲振兴工程，开展"名家传戏——当代戏曲名家收徒传艺"工程，扶持了100名京剧、地方戏表演艺术家向200名青年演员传授经典折子戏。成功举办第十一届中国艺术节，全面落实"精品、惠民、节俭、可持续"的办节原则，实现了"艺术的盛会、人民的节日"的办节宗旨，共汇聚67台参评参演剧目和1000余件美术作品，观众达40万人次。国家艺术基金2016年共有966个项目获得立项资助，较2015年增长了32.7%，资助资金总额7.3亿元。

年末全国共有艺术表演团体12301个，比上年末增加1514个，从业人员33.27万人，增加3.08万人。其中各级文化部门所属的艺术表演团体2031个，占16.5%，从业人员11.52万人，占34.6%。

全年全国艺术表演团体共演出230.60万场，比上年增长9.4%，其中赴农村演出151.60万场，增长9.0%，赴农村演出场次占总演出场次的65.7%；国内观众11.81亿人次，增长23.3%，其中农村观众6.21亿人次，比上年增长6.2%；总收入311.23亿元，比上年增长20.8%，其中演出收入130.86亿元，增长39.3%。

全年全国文化部门所属艺术表演团体共组织政府采购公益演出13.90万场，观众1.17亿人次。利用流动舞台车演出11.31万场次，观众10381万人次。中央直属院团全年开展公益性演出1335场，其中赴老少边穷地区演出241场，面向老红军、留守儿童等演出132场，社会效益有力彰显。

年末全国共有艺术表演场馆2285个，观众座席数168.93万个。全年艺术演出19.09万场次，增长39.5%；艺术演出观众3098万人次，增长8.6%。其中各级文化部门所属艺术表演场馆1265个，全年共举行艺术演出6.81万场次，增长25.0%，艺术演出观众2589万人次，增长8.4%。

年末全国国有美术馆462个，比上年末增加44个，从业人员4597人，增加502人。全年共举办展览6146次，比上年增长16.8%，参观人次3237万，增长4.8%。

三、公共文化服务体系

2016年，文化部继续深入贯彻落实中共中央办公厅、国务院办公厅《关于加快构建现代公共文化服务体系的意见》，完善顶层设计，切实推进基本公共文化服务标准化均等化。制定《文化志愿服务管理办法》《文化馆管理办法》《各级公共图书馆业务规范》《各级文化馆业务规范》和《关于推进县级文化馆、图书馆总分馆制建设的指导意见》，不断提升公共文化服务能力和水平。

（一）公共图书馆

年末全国共有公共图书馆3153个，比上年末增加14个。其中少儿图书馆122个，增加9个。年末全国公共图书馆从业人员57208人，比上年末增加786人。其中具有高级职称的人员6153人，占10.8%；具有中级职称的人员18699人，占32.7%。

年末全国公共图书馆实际使用房屋建筑面积 1424.26 万平方米，比上年末增长 9.4%；图书总藏量 90163 万册，增长 7.5%；电子图书 88798 万册，增长 6.9%；阅览室座席数 98.60 万个，增长 8.3%；计算机 21.16 万台，供读者使用的电子阅览终端 13.49 万台，增长 6.5%。

年末全国平均每万人公共图书馆建筑面积 103.0 平方米，比上年末增加 8.3 平方米；全国人均图书藏量 0.65 册，增加 0.04 册；全年全国人均购书费 1.56 元，比上年增加 0.13 元。

全年全国公共图书馆发放借书证 5593 万个；总流通人次 66037 万，增长 12.1%；书刊文献外借册次 54725 万，增长 7.5%；外借人次 24892 万，增长 7.8%。全年共为读者举办各种活动 140033 次，增长 22.3%；参加人次 7138 万，增长 20.8%。

（二）群众文化机构

年末全国共有群众文化机构 44497 个，比上年末增加 206 个。其中乡镇综合文化站 34240 个。年末全国群众文化机构从业人员 182030 人，比上年末增加 8531 人。其中具有高级职称的人员 6026 人，占 3.3%；具有中级职称的人员 17133 人，占 9.4%。

年末全国群众文化机构实际使用房屋建筑面积 3991.01 万平方米，比上年末增长 3.7%；藏书 2.74 亿册，增长 4.4%；计算机 37.73 万台，增长 4.4%；对公众开放的阅览室 117.63 万平方米，增长 7.7%。年末全国平均每万人群众文化设施建筑面积 288.64 平方米，比上年末提高 8.69 平方米。

全年全国群众文化机构共组织开展各类文化活动 183.97 万场次，比上年增长 10.6%；服务人次 57896 万，增长 5.6%。

年末全国群众文化机构共有馆办文艺团体 7779 个，演出 14.76 万场，观众 8555 万人次。由文化馆（站）指导的群众业余文艺团体 39.84 万个，馆办老年大学 857 个。

四、文化市场

2016 年，中央办公厅、国务院办公厅印发《关于进一步深化文化市场综合执法改革的意见》，文化市场综合执法改革进一步深化。出台《艺术品经营管理办法》，建立明示担保、尽职调查、信用监管等制度，促进公开透明交易。出台《文化部关于推动文化娱乐行业转型升级的意见》，推动文化娱乐行业建设场所阳光、内容健康、服务规范、业态丰富、受众多样、形象正面的现代文化消费场所。出台《文化部关于规范网络游戏运营加强事中事后监管工作的通知》和《网络表演经营活动管理办法》，新兴文化市场进一步规范。加强制度设计，构建以“三名单两机制”（黑名单、警示名单和红名单及守信激励、失信惩戒机制）为核心的文化市场信用体系。

年末全国文化市场经营单位 24.27 万家，比上年末增加 1.10 万家；从业人员 160.90 万人，增加 4.43 万人。

五、文化产业与文化科技

2016 年，文化部联合有关部门，在深入开展调研论证、征求意见的基础上，形成《文化产业促进法草案（征求意见稿）》。联合财政部印发《关于开展引导城乡居民扩大文化消费试点工作的通知》，公布 26 个国家文化消费试点城市名单。推动国务院办公厅转发文化部等部门《关于推动文化文物单位文化创意产品开发的若干意见》，在体制机制和支持政策方面实现创新和突破。

配合财政部组织中央财政文化产业发展专项资金等重大项目申报评审，共推荐 385 个项目，支持金额 7.17 亿元。推动将文化类项目纳入财政部 PPP 示范项目以奖代补和国家发展改革委基础设施建设 PPP 模式推广前期工作专项补助支持范围，共有 31 个文化类项目获得以奖代补资金 1.62 亿元，拉动投资 358 亿元。推动将文化旅游基础设施作为投资方向纳入专项建设基金申报范围，截至 2016 年末，审核通过的专项建设基金支持文化领域资金总额超过 130 亿元，预计可以拉动文化旅游领域约 1000 亿元的社会投资。

制定《关于进一步完善国家级文化产业示范园区创建工作方案》，年末全国共有 10 个国家级文化产业示范园区、10 个国家级文化产业试验园区和 335 个国家文化产业示范基地。

2016 年，起草完成《文化部“十三五”时期文化科技创新规划》，明确提出“十三五”时期文化科技创新工作的基本思路、主要任务、重点工程及保障措施。深化文化标准化工作改革，《文化馆服务标准》等 4 项标准成为国家标准，发布《流动图书车载装置通用技术条件》等 5 项推荐性行业标准。

六、文化遗产保护

2016 年，国家文物局印发《关于促进文物合理利用的若干意见》，推动相关部门联合印发《“互联网 + 中华文明”三年行动计划》，多措并举让文物活起来。编制《国家文物事业发展“十三五”规划》和大遗址保护等专项规划。出台《关于加强革命文物工作的通知》，开展革命旧址维修保护三年行动计划，启动“长征——红色记忆”工程，实施馆藏革命文物保护修复计划，开展红军长征遗迹保护展示和环境整治工程。“平安故宫工程”故宫北院区建设项目、地下文物库房改造、世界文化遗产监测等 7 个项目稳步推进。启动“考古中国”等重大考古专项、川渝石窟保护工程和万里茶道文物资源保护研究工程。广西左江花山岩画文化景观成功申遗，中国世界遗产总数达到 50 项。文物援外工作和境外合作考古项目稳步推进。启动文物法人违法案件专项整治三年行动，严肃查处了一批法人违法案件。发布《文物拍卖管理办法》《文物拍卖标的审核办法》，规范文物拍卖经营行为。完成第一次全国可移动文物普查工作，共普查全国可移动文物 10815 万件 / 套。年末全国共有文物机构 8954 个，比上年末增加 278 个。其中，文物保护管理机构 3318 个，占 37.1%，博物馆 4109 个，占 45.9%。年末全国文物机构从业人员 15.15 万人，比上年末增加 0.54 万人。其中高级职称 8473 人，占 5.6%，中级职称 18943 人，占 12.5%。

年末全国文物机构拥有文物藏品 4455.91 万件，比上年末增加 317.05 万件，增长 7.6%。其中，博物馆文物藏品 3329.38 万件，占文物藏品总量的 74.7%；文物商店文物藏品 69.97 万件，占 1.6%。文物藏品中，一级文物 10.98 万件，占 0.2%；二级文物 76.47 万件，占 1.7%；三级文物 363.16 万件，占 8.2%。

全年全国文物机构共安排基本陈列 12203 个，比上年增长 12.4%；举办临时展览 12420 个，比上年增长 5.2%；接待观众 101269 万人次，比上年增长 9.5%。其中未成年人 26298 万人次，增长 6.7%，占参观总人数的 26.0%。博物馆接待观众 85062 万人次，增长 8.9%，占文物机构接待观众的 84.0%。

2016 年，文化部全面开展《非物质文化遗产法》贯彻落实情况检查，启动建立非遗代表性项目和文化生态保护试验区保护建设情况评估制度，相关评估报告向社会公布。加强对传承人的保护和扶持，累计安排对 570 余名国家级非遗代表性传承人开展了抢救性记录，国家级项目传承人补助经费由 1 万元增长到 2 万元，各级代表性传承人的评定工作稳步开展。深入推进传统工艺振兴，会同工业和信息化部、财政部起草《中国传统工艺振兴计划》。以传统工艺为重点的非遗传承人群研修研习培训计划稳步实施，57 所高校参与举办研修研习培训 180 余期，加上相关延伸培训，全年累计培训近 1 万人次，有效提高了传承能力，增强了传承后劲。依托具有较强设计能力的企业、高校和相关单位到传统工艺项目集中地设立多个工作站，在帮助当地解决工艺难题、带动增收脱贫等方面初见成效。与泰、英、韩、南非、日本等国的非遗交流活动成功举办。“二十四节气”成功入选联合国教科文组织人类非物质文化遗产代表作名录，至此，我国入选联合国教科文组织非遗名录项目达 39 个。重大时间节点的宣传展示活动丰富多彩，第四届中国非物质文化遗产博览会更加注重体现非遗的实践性，传承人群研培成果展、传统工艺大赛、民歌大赛等成为新的亮点。截至 2016 年末，国务院共公布了 1372 个国家级非物质文化遗产代表性项目，文化部共认定了 1986 名国家级非物质文化遗产项目代表性传承人。

年末全国共有非物质文化遗产保护机构 2635 个，从业人员 18463 人。全年全国非物质文化遗产保护机构共举办展览 18887 次，比上年增长 11.5%，接待观众 3593 万人次，比上年增长 9.0%；举办演出 42149 场，比上年增长 7.6%，观众 3903 万人次，比上年降低 1.4%；举办民俗活动 14561 次，比上年增长 7.3%，观众 4619 万人次，比上年增长 24.3%；举办培训班 23704 次，比上年增长 15.1%，培训人数 158 万人次，比上年增长 4.6%。

七、对外和对港澳台文化交流

2016 年，文化部服务国家“一带一路”战略，出台《“一带一路”文化发展行动计划（2016—2020 年）》。23 个国家文化部长或代表受邀出席丝绸之路文博会文化部长圆桌会议并通过了《敦煌宣言》，与沿线国家开展交流的机制化水平不断提升。

海外文化阵地和品牌建设不断加强，中共六大会址常设展览馆、瑞典斯德哥尔摩文化中心、希腊雅典文化中心、白俄罗斯明斯克文化中心、柬埔寨金边文化中心等启用或揭牌，全球中国文化中心总数达到 30 个。推进海外中国文化中心多模式发展，部省共建文化中心的机制不断完善。2016 年“欢乐春节”在全球 140 个国家 470 座城市举办 2100 多项活动，品牌化、本土化、市场化水平不断提升。在 20 个国家举办“中华文化讲堂”，开展 40 余场形式各异的中华文化宣介展示活动，以文化方式讲好中国故事，受到各国民众热烈欢迎。举办中拉文化交流年，覆盖约 30 个拉美和加勒比国家，直接受众近千万人。举办中埃文化年、中加文化交流年、中卡文化年（卡塔尔）、俄罗斯中国文化节、非洲文化聚焦等活动，完成 G20 杭州峰会文艺演出任务。“东亚文化之都”“相约北京”联欢活动等品牌活动的影响持续扩大。

不断巩固和完善内地与港澳文化合作长效机制，签署《内地与澳门 2016—2018 年文化交流与合作执行计划》，推进内地与香港文化交流与合作执行计划的落实。组织故宫博物院等内地近 60 家单位参加香港国际授权展“中国内地馆”。开启两岸文化交流新模式，促成流落海外的北齐佛首造像由台湾回归，组织“情系青春——两岸青年八闽行”等活动促进青少年文化认同。

八、文化资金投入

2016 年，中央财政通过继续实施“三馆一站”免费开放、非物质文化遗产保护、公共数字文化建设、地市级公共文化设施建设等文化项目，共落实中央补助地方专项资金 61.03 亿元，比上年增长 27.7%。

全年全国文化事业费 770.69 亿元，比上年增加 87.72 亿元，增长 12.8%；全国人均文化事业费 55.74 元，比上年增加 6.06 元，增长 12.2%。

文化事业费占财政总支出的比重为 0.41%，比重比上年提高 0.02 个百分点。

全国文化事业费中，县以上文化单位 371.00 亿元，占 48.1%，比重比上年降低了 3.6 个百分点；县及县以下文化单位 399.68 亿元，占 51.9%，比重比上年提高了 3.6 个百分点。东部地区文化单位文化事业费 333.62 亿元，占 43.3%，比重提高了 1.2 个百分点；中部地区文化单位 184.80 亿元，占 24.0%，比重下降了 0.1 个百分点；西部地区文化单位 218.17 亿元，占 28.3%，比重下降了 0.1 个百分点。

据财政部统计，2016 年全国财政支出中，文化体育传媒经费 3165 亿元，比上年增长 2.9%，占财政支出的 1.68%，比重比上年下降 0.07 个百分点。

文化部财务司
原载《中国文化报》2017 年 5 月 15 日

【国家艺术基金 2017 年度项目评审报告】

经国家艺术基金理事会审定、公示，国家艺术基金 2017 年度立项资助项目 1002 项，立项率约 14.1%，现就申报评审情况报告如下。

一、项目申报

2016年11月7日，国家艺术基金发布《国家艺术基金（一般项目）2017年度舞台艺术创作资助项目申报指南》《国家艺术基金（一般项目）2017年度青年艺术创作人才资助项目申报指南》《国家艺术基金（一般项目）2017年度传播交流推广资助项目申报指南》《国家艺术基金（一般项目）2017年度艺术人才培养资助项目申报指南》。2016年11月7日至2017年1月7日，面向社会受理项目申报。

在申报受理期内，共有4910个机构和个人作为申报主体，申报了7128个项目，申请资助资金总额约76亿元。经国家艺术基金管理中心组织力量集中审核，512个项目不符合申报条件，不予受理；6616个项目符合申报条件，予以受理。审核通过率为92.8%，与2016年度基本持平。

申报项目分类统计：

（一）申报项目类型

总体来看，2017年度“舞台艺术创作”“青年艺术创作人才”“传播交流推广”“艺术人才培养”4类项目的申报总量，与2016年度相比，增加了1160项，同比增长了19.4%。舞台艺术创作项目2433项，占申报总量的34.1%，其中，大型舞台剧和作品项目966项，较上一年度减少140项；小型剧（节）目和作品项目1467项，较上一年度增加了78项，增幅约6%。青年艺术创作人才项目2538项，较上一年度增加936项，增幅约58%；传播交流推广项目1226项，较上一年度增加122项，增幅11.1%；艺术人才培养项目931项，较上一年度增加164项，增幅21.4%。

大型舞台剧和作品项目申报数量较上一年度有所减少，主要是不具备营业性演出资质的艺术单位、机构受到了限制。为保证国家艺术基金资助的舞台艺术创作项目更好地面向社会、服务群众，2017年度申报指南对申报大型舞台剧和作品项目的单位，提出了需要提交营业性演出许可证的资质要求，这也是促进相关机构、单位进一步规范管理、守法经营的具体措施。

青年艺术创作人才项目申报数量增幅最大，约为58%。目前国家艺术基金青年艺术创作人才项目的申报工作已经逐渐摆脱自发状态，各类艺术高等院校、艺术表演团体、艺术创作单位、艺术研究院（所）、文化馆、美术馆、博物馆、美术家协会、画院、创作中心（室）等艺术机构、单位，有组织地指导、动员和支持青年艺术工作者申报项目，一些地方和单位还出台了支持青年艺术家开展创作的政策措施。

与2016年度相比，传播交流推广项目申报数量增加122项，增幅为11.1%；艺术人才培养项目申报数量增加164项，增幅为21.4%。落实《中共中央关于繁荣发展社会主义文艺的意见》关于要大力发展网络文艺的精神，国家艺术基金在2016年度设立的传统艺术形式与现代科技手段相结合的传播交流推广项目基础上，进一步明确内容，将网络演出、网络音乐等网络文艺传播交流推广项目纳入2017年度的申报资助范围，旨在鼓励艺术机构、单位探索互联网运用和创新，推动科技和艺术的互动融合，借助新技术、新渠道、新平台开展艺术传播交流推广活动。此类项目申报155项。另外，在2017年度艺术人才培养项目申报指南中，增加了对网络文艺人才培养项目的资助。网络文艺创作人才、经营管理人才和理论评论人才项目共申报38项。

（二）申报主体类型

1. 国有单位、机构仍是申报艺术基金资助项目的骨干和主力

在4910个申报主体中，机构申报主体2372个，艺术家个人申报主体2538个，分别占申报主体总量的48.3%和51.7%。机构提交申报项目4590项，占申报项目总量的64.4%。其中，国有机构申报项目3562项，占申报项目总量的50%；非国有机构申报项目1028项，占申报项目总量的14.4%。

与2016年度相比，国有单位、机构申报项目数量增加295项；非国有单位、机构申报项目数量减少了71项。2017年度申报指南对申报主体资质、申报项目条件要求更加规范。大部分国有单位、机构成立早、发展时间长，资质完善、资源充足、管理规范、经验丰富，提高要求对这些主体的影响不大。比较而言，各类民营文化企业、民办非企业类文化艺术机构和非国有社会团体文化机构应注重提

升经营管理水平，规范人员聘任、财务管理，尽快完善相应资质。

2. 艺术家个人申报艺术基金的积极性较高

2017年度青年艺术创作人才项目申报2538项，占年度申报总量的35.6%。与2016年度相比，同比增加936项，增幅约58%，较2015年度和2014年度分别增长75%、204%。持续大幅增长表明，艺术基金在青年艺术工作者中的影响力不断扩大，有效激发了广大青年的创作热情，也反映出青年人才希望获得社会支持的迫切性。

（三）申报项目分布

2017年度，申报主体分布广泛。国内各省（区、市）、新疆生产建设兵团和部队系统（含武警），以及中央部委办局直属部门都有机构和个人申报了艺术基金。申报量依次为：北京市765项，江苏省463项，河北省452项，山东省417项，广西壮族自治区351项，山西省305项，四川省292项，吉林省290项，云南省259项，辽宁省255项，浙江省250项，安徽省249项，河南省247项，陕西省219项，湖南省216项，内蒙古自治区203项，广东省199项，上海市170项，江西省164项，湖北省160项，贵州省153项，重庆市150项，宁夏回族自治区139项，天津市112项，新疆维吾尔自治区109项，黑龙江省108项，中直文艺单位105项，甘肃省101项，福建省99项，青海省33项，新疆生产建设兵团27项，部队系统（含武警）22项，西藏自治区22项，海南省22项。

二、专家库建设与专家培训

根据2017年评审工作需要，管理中心继续坚持“大比例使用专家”，对初评、复评专家库进行了遴选扩充。从中直艺术单位、机构和各省区文化厅（局）推荐的专家中，遴选增补了备选专家，新增了网络文艺和新媒体方向的专家，努力确保专家的更新率。在此基础上，为不断巩固提高评审工作的专业化、科学化水平，确保能够更科学、更合理地匹配申报项目与评审专家，对信息不全或不够准确的专家逐一进行电话核实，及时更新专家信息，并对专家所擅长的艺术领域、所从事的专业方向进一步细化。

根据“先培训，后评审”的要求，在项目初评工作开始前，国家艺术基金于2月21日举行了2017年度专家大会。文化部党组书记、部长雒树刚出席会议并做讲话，提出艺术基金要把学习贯彻习近平总书记系列重要讲话精神贯穿基金工作各方面、全过程；坚持以更高的标准和更严的要求不断提升艺术基金管理运营水平；加强国家艺术基金与地方文化厅（局）和艺术基金的沟通协作，完善艺术基金工作体系；参与艺术基金评审工作的专家要以责任感、使命感切实履行好艺术基金专家职责四方面意见要求。国家艺术基金理事会理事长蔡武主持会议，财政部党组成员、副部长、国家艺术基金理事会副理事长余蔚平，国家艺术基金理事会副理事长、秘书长赵少华，国家艺术基金理事会理事张和平、张雅芳、赵雯、诸迪、韩子勇、叶雁林等在北京主会场参加了会议。国家艺术基金专家库专家，文化部、财政部相关司局及责任处室负责同志，各省（区、市）和部队系统文化厅（局）主要领导、分管领导、责任处室和艺术基金委托管理机构负责同志约6000人分别在北京主会场和各地分会场参加了会议。

为进一步强化专家培训，在项目复评工作期间，管理中心集中召开了4次专家见面会。蔡武和赵少华出席见面会，就复评工作要坚持导向正确、坚持标准严格、注重项目的必要性和可行性、适度兼顾平衡和要坚持公平公正、清正廉洁等提出明确要求，并为复评专家颁发聘书。同时，为帮助复评专家准确理解评审指南的要求，管理中心在每个评审组正式评审前，安排增加召集人沟通环节，通过发挥召集人作用，进一步明确评审标准和评审要求，并就评审专家提出的问题进行集中讨论，解疑释惑，确保专家对艺术基金的工作要求理解到位、心中有数地参与评审工作。

三、初评工作

项目审核工作完成后，按照“于法周延、于事简便”的要求，和“专家评审、择优立项、公平公正、公开透明”的原则，管理中心结合4个指南、5个大类、89个小类申报项目所涉及的具体申报数量和地域分布情况，借鉴过去3年评审工作经验，对参评项目做了更科学、合理、细致的分类，将6616个通过审核的项目分成167个项目组。

2月21日，按照“同行评审、同类同量、地域回避、单位法人回避、项目负责人联系人回避、项目主创回避、推荐人（青年艺术创作人才项目）及授课教师（艺术人才培养项目）回避、双向匿名”的原则，管理中心在监督部门的监督下，通过信息化管理系统现场随机抽取了1350位初评专家，形成167个专家评审组。管理中心还邀请了国家艺术基金理事会理事长蔡武，副理事长、秘书长赵少华与《中国文化报》、《中国艺术报》、《文艺报》、人民网、光明网等新闻媒体代表，现场见证了专家抽取工作。随机选取的初评专家中共有1271位专家同意参加初评，较2016年同类项目评审专家人数增加了79人，参评专家数提高6.6%。其中，大型舞台剧和作品项目、传播交流推广项目、艺术人才培养项目等资助额度较高的大型项目，参评专家人数达到每组11位，体现了艺术基金大比例使用专家、追求科学公正、充分发扬艺术民主的特点。

2月22日至3月5日，进行了为期12天的网上初评，共有1230位初评专家按时提交了评审结果，提交率96.9%，与2016年基本持平。评审系统自动汇总全国各地初评专家独立分散的网上评审排序结果，经严格复核后，共有1883个项目进入复评，初评通过率约为28.5%。

四、复评工作

（一）项目分组情况

4月5日至4月26日，国家艺术基金管理中心开展了2017年度资助项目复评工作。复评为会议评审，1883个复评项目按项目类型和艺术门类共分52组，包括大型舞台剧和作品12组，230项；小型剧（节）目和作品12组，384项；青年艺术创作人才15组，678项；传播交流推广7组，329项；艺术人才培养6组，262项。其中，涉及资助金额较大的大型舞台剧和作品、传播交流推广和艺术人才培养项目共821项的申报单位做了现场答辩。

（二）复评专家情况

2016年度复评专家遴选工作，按照“单位法人回避，项目负责人联系人回避，项目主创回避，文化厅（局）相关领导回避，推荐人（青年艺术创作人才项目）及授课教师（艺术人才培养项目）回避”的原则，在管理中心监督部工作人员监督下，3月24日和4月5日，通过信息化管理系统分别抽取一、二阶段的复评专家，共354位艺术专家、管理专家和财务专家参加了复评工作。其中，197位2016年没有担任复评专家，更新率达到55%。从复评专家的分布情况看，中央直属单位与30个省（区、市）、新疆生产建设兵团、部队系统（含武警）都有专家参评。其中，中央直属单位专家103人，占评审专家总人数的29%，地方专家251人，占评审专家总人数的71%。与2016年相比，来自地方的专家比例有所上升。

（三）第三方监督情况

2017年，管理中心继续坚持内部监督和外部监督结合的方式，保证复评工作的透明度。复评期间，管理中心除监督部工作人员全程现场监督外，从专家库中遴选部分资深媒体人担任项目评审监督专家，对项目复评工作进行全程监督。4位来自《光明日报》《中国文化报》《文艺报》等媒体的监督专家，对评审过程中申报主体权利保障、评审专家纪律遵守、评议过程公平公正、管理中心评审流程等进行全面监督。为保证评审的严肃性，在2017年的项目复评中继续采取了统一保管专家通讯工具等措施。

（四）复评结果汇总和复核

5月2日至3日，管理中心安排工作人员统一拆封、逐一录入每位专家的项目评审排序，统计复评结果，监督部工作人员全程监督。根据《国家艺术基金“十三五”时期资助规划》和在审核、初评、复评中进一步掌握的情况，管理中心对专家评审结果做了复核。

五、资助项目分类统计

根据《国家艺术基金“十三五”时期资助规划》和2017年度资助项目资助资金情况，按照“突出导向、控制数量、提高质量、加强管理”的工作思路，确定2017年度资助项目的立项率为14.1%，与上一年度相比提高了约0.8%。

（一）各项目类型立项情况

大型舞台剧和作品，申报966项，进入复评230项，立项资助135项，立项率14%；小型剧（节）目和作品，申报1467项，进入复评384项，立项资助198项，立项率13.5%；青年艺术创作人才，申报2538项，进入复评678项，立项资助348项，立项率13.7%；传播交流推广，申报1226项，进入复评329项，立项资助181项，立项率14.8%；艺术人才培养，申报931项，进入复评262项，立项资助140项，立项率15%。

（二）各类申报主体立项情况

从各类申报主体的申报量、立项量和立项率看，国有机构申报3562项，立项资助577项，立项率约16.2%，略高于平均值；非国有机构申报1028项，立项资助77项，立项率约7.5%，低于平均值，但较上一年度提高了约1.5%。

国有机构申报量和立项率较高，反映了国有机构经验丰富、资源充足，实力强，保障好，队伍更为整齐，一直是艺术创作的主力军。非国有机构的立项率有所提高，主要表现为其项目设计的创新性强，市场适应性好，发展势头趋好。下一步，管理中心将开展有针对性的申报动员和指导辅导工作，帮助申报单位进一步提高认识、提升能力，促进各类艺术单位、机构之间均衡发展，共同提高。

（三）各地区（系统）立项情况

从各地区（系统）申报量和立项量看，各地区间的立项差距逐步缩小。53%地区的立项项目数量在20项至50项之间，覆盖了东部和中部大部分地区，以及艺术发展情况较好的部分西部地区。说明经过4年的申报、评审，特别是艺术基金对近年来资助项目实施监督和结项验收工作的推动，各地区、系统对“基金制管理、项目化运作”的理解和运用更加深化，对项目申报工作的重视程度进一步提高。

江苏、广东、辽宁等省（区、市），由于文化行政部门高度重视，加大了工作力度，艺术机构、单位和艺术家个人的申报量和立项量在全国的位次都有明显前移。个别省份虽申报量较大，但存在项目同质化、一般化问题，创意水平不高，特色不够鲜明，设计深度不够，前期准备不足，给立项量和立项率带来了影响，反映出对项目申报和辅导工作还需进一步重视和加强，更好挖掘当地文化艺术资源，组织策划创意项目。下一步，艺术基金将继续完善地方工作体系建设，加强对申报工作的指导。

（四）大型舞台剧和作品项目立项情况

大型舞台剧和作品立项135项，立项率14%。其中，京剧、昆曲、地方戏曲、民族舞剧、民族歌剧、民族管弦乐等传统艺术形式获得资助项目数量为70项，占新创作项目的52%，契合了对于传统民族文化艺术的支持。

为鼓励曲艺作品创作，2017年将曲艺中篇从小型剧（节）目和作品资助项目调整为大型舞台剧和作品项目，并适当提高了资助资金额度。但申报情况并不理想，下一步将采取有效措施扩大宣传，推动对曲艺作品创作的扶持。

（五）小型剧（节）目和作品项目立项情况

小型剧（节）目和作品立项198项，立项率约13.5%。从2017年的申报情况看，基层艺术单位、机构申报此类项目的积极性很高，占该类申报项目的74%，较2016年度比重增加了10%。与2016年相比，独幕剧的质量水平有所提高，得到了评审专家的积极评价。这反映了基层文艺院团注重发挥贴近实际、贴近生活、贴近群众的优势，做好小型剧（节）目和作品创作工作，更好地为基层群众服务。

（六）青年艺术创作人才项目立项情况

2017年度，青年艺术创作人才项目立项348项，立项率13.7%。从2017年的申报情况看，青年艺术创作者申报此类项目的积极性很高，较上一年度申报项目数量增长58%。其中，美术、工艺美术申报数量仍然较多，项目质量较好。音乐作曲、戏剧编剧申报项目数量较上一年度分别增加了99项、71项，其中，戏曲和话剧青年编剧提交的代表作品具有一定艺术水准，反映出创作者较大的艺术潜力。

（七）传播交流推广项目立项情况

传播交流推广项目的立项量为181项，立项率约14.8%。传统艺术形式与现代科技手段相结合开展的项目是第二年申报，项目质量进一步提高，主要表现为高校依托其资源、人才和科研成果的综合优势，与专业艺术院团深度合作，发挥科技创新优势，运用互联网、新媒体等现代科技手段对我国传统艺术形式开展数字化保护和网络化传播推广活动。

（八）艺术人才培养项目立项情况

艺术人才培养项目的立项量为140项，立项率约15%，比上一年度增加了41项，增幅近40%。2017年度加大了对戏曲和网络文艺人才培养的资助力度。另据统计，在立项资助项目中，84个项目由高等院校承担，占该类项目总量的60%。专业艺术院校承担的项目占比较高，说明艺术基金引导社会资源投入艺术活动的作用得到进一步发挥，专业艺术院校在人才培养方面的优势在项目申报和评审中得以体现。艺术基金将继续发挥引导作用，进一步鼓励专业艺术院校与文艺院团合作，促进理论和实践有机结合，不断提高人才培养的质量水平。

六、项目关键词检索

通过对1002个立项项目进行关键词检索、分析，2017年的立项项目紧扣申报指南要求，坚持艺术创作的正确导向，聚焦中华民族伟大复兴中国梦主题，坚持了以人民为中心的创作导向，在培育践行社会主义核心价值观、传承弘扬中华优秀传统文化方面等进行了积极探索，特别是在体现中华文化精髓、反映中国审美追求、传播当代中国价值观念、符合世界进步潮流方面有新突破、新亮点。

关键词一："中国梦"，以中华民族伟大复兴中国梦为主题的项目84项，反映改革开放和社会主义现代化建设的伟大实践，全面展示中国特色社会主义发展前景，着力书写人们寻梦理想和追梦奋斗。其中，大型舞台剧和作品9项，小型剧（节）目和作品10项，青年艺术创作人才36项，传播交流推广29项。青年艺术创作人才项目在此类中占比最高，为43%。

关键词二："社会主义核心价值观"，以践行和弘扬社会主义核心价值观为题材的项目96项，在社会生活、重大历史事件、重要历史人物和当代人物中挖掘题材，彰显信仰之美、崇高之美，传播向上向善价值观。其中，大型舞台剧和作品30项，小型剧（节）目和作品30项，青年艺术创作人才24项，传播交流推广12项。

关键词三："爱国主义"，以爱国主义主旋律为主题的项目53项，生动体现民族精神，反映各族人民大团结，维护祖国统一，海外儿女心向祖国的心路历程。其中，大型舞台剧和作品17项，小型剧（节）目和作品12项，青年艺术创作人才12项，传播交流推广12项。大型舞台剧和作品在此类项目中占比最高，为32%。

关键词四："中华优秀传统文化"，以传承和弘扬中华优秀传统文化为目标的项目408项，这些项目围绕民族民间艺术、少数民族文艺和非物质文化遗产，探索进行创造性转化和创新性发展。其中，大型舞台剧和作品57项，小型剧（节）目和作品69项，青年艺术创作人才131项，传播交流推广80项，艺术人才培养71项。这类项目的内容丰富，对传统文化艺术门类的覆盖面广，包括京剧、昆曲、地方戏曲、木偶戏、皮影戏、民族舞蹈、民族音乐、中国画、书法、篆刻、艺术设计和工艺美术等传统艺术门类的创作生产、展览展示、人才培养等内容。

关键词五："重大现实题材"，以展现我国国民经济和社会发展重大战略为主题、题材的项目

168 项，主要包括“全面建成小康社会、全面深化改革、全面依法治国、全面从严治党”和“一带一路”“京津冀一体化”“长江经济带”“美丽中国”“精准扶贫”“强军梦”“西部大开发”“泛珠三角区域”“东北地区等老工业基地”“航空航天”“高铁建设”“南水北调”“西气东输”等。其中，大型舞台剧和作品 21 项，小型剧（节）目和作品 23 项，青年艺术创作人才 81 项，传播交流推广 32 项，艺术人才培养 11 项。青年艺术创作人才在此类项目中占比最高，为 48%。

关键词六：“重大节庆纪念活动”，以纪念我国、我党、我军发展过程中重要历史时刻为主题的项目 46 项。这些项目主要围绕新中国成立 70 周年、建军 90 周年、改革开放 40 周年、香港回归 20 周年、澳门回归 20 周年以及第 24 届冬奥会等重大活动开展创作。其中，大型舞台剧和作品 12 项，小型剧（节）目和作品 13 项，青年艺术创作人才 11 项，传播交流推广 10 项。小型剧（节）目和作品在此类项目中占比最高，为 28%。

关键词七：“戏曲”，此类项目 161 项。其中，大型舞台剧和作品 45 项，小型剧（节）目和作品 37 项，青年艺术创作人才 13 项，传播交流推广 36 项，艺术人才培养 30 项。为落实国务院办公厅《关于支持戏曲传承发展的若干政策》，2017 年度艺术基金继续加强对戏曲的支持力度。资助项目涉及京剧、昆曲、豫剧、秦腔、评剧、河北梆子、越剧、晋剧、黄梅戏、花鼓戏、川剧、藏剧等 50 多个戏曲剧种。包括对戏曲剧本创作、剧目生产创排、演出传播推广、戏曲艺术表演传承人才培养的立项资助，内容丰富，形式多样。

七、项目评审特点

（一）艺术基金发挥引导示范作用更加明显

《国家艺术基金年度资助项目申报指南》是指导项目申报的重要规范性文件，也是发挥艺术基金宏观调控作用的重要手段。4 年来，艺术基金不断修订资助项目申报指南，完善资助体系，始终坚持正确的政治方向和以人民为中心的工作导向，坚持以社会主义核心价值观为引领，自觉引导广大文艺工作者弘扬主旋律、积聚正能量、创作好作品，满足人民群众的文化需求。从 2017 年度资助项目申报情况看，艺术单位、机构和艺术家谋划项目、安排工作、组织创作的计划性进一步提高，项目申报方向更加明确，重点突出，项目申报质量得到有效提升。

2017 年 3 月，《国家艺术基金“十三五”时期资助规划》发布，为“十三五”时期国家艺术基金工作指明了方向，管理中心下一步将继续积极引导各地方文化厅（局）和各类艺术单位、机构研究制定切实可行的项目申报规划，努力做到申报一批、储备一批、谋划一批，更好地发挥国家艺术基金对艺术事业发展的宏观调控作用。

（二）评审标准更加清晰，程序更加严谨

根据《国家艺术基金章程》《国家艺术基金“十三五”时期资助规划》《国家艺术基金资助项目申报指南》的要求，管理中心结合近年项目评审和实施过程中积累的经验和发现的问题，在项目评审前进一步修订完善了《国家艺术基金资助项目评审指南》，就不同类型项目有针对性地提出评审要求，明确评审重点，并对以往实践中出现的一些概念不清晰、界线易模糊的问题提出了较为明确的意见，便于专家在评审过程中加以甄别、准确判定。

为保证评审专家准确理解评审指南，进一步强化专家培训，在初评前召开专家大会，雒树刚出席并作讲话；复评期间又召开了 4 次比较集中的专家见面会，蔡武和赵少华出席会议，对评审工作再次提出要求。2017 年还新增安排了各评审组专家进行人评前沟通环节，进一步明确评审标准和评审要求。

同时，2017 年继续采用两轮审核、两轮评审的工作流程，在复评结束后，根据 2014 年度、2015 年度资助项目监督实施和结项验收情况，对资助项目进行逐一复核，发现个别申报单位存在已获得资助项目验收不合格、项目内容超范围和内容复杂难以把握等情况，报理事会同意后，决定不予以立项

资助。

（三）广大艺术单位、机构和艺术家对基金制管理模式适应性进一步增强，参与度持续上升

4年来，艺术基金积极探索基金制、项目化管理模式，遵循艺术规律，不断细化评审标准，严格评审程序，调整申报、评审节奏，尤其在总结近年项目管理实践的基础上，对申报主体资质、申报项目条件和申报材料的充分性不断提出规范、细致的新要求。在这种情况下，项目申报数量仍然呈现持续上升趋势。2017年的评审专家一致反映，大部分参评项目申报质量有进一步提升。这体现出申报主体对《艺术基金资助项目申报指南》的理解更加深入、准确，艺术单位、机构实行基金制、项目制管理运行的能力进一步增强，策划创意和编制项目实施计划的能力有了较大提升，项目论证更为准确翔实，佐证材料更加丰富完整。

参评单位对项目评审工作高度重视、精心准备。部分省区市文化厅（局）还特别组织复评模拟答辩，帮助参评单位熟悉流程、提升信心。部分中直文艺单位的主要负责同志和许多知名艺术家积极到场、参加答辩，体现了对艺术基金工作的理解和支持。

信息来源：国家艺术基金官网 2017年6月26日

【全国文化厅局长座谈会】

2017年7月3日，“2017年全国文化厅局长座谈会”在北京举行。会议全面贯彻落实党的十八大和十八届三中、四中、五中、六中全会精神，深入学习贯彻习近平总书记系列重要讲话精神和治国理政新理念新思想新战略，总结2017年上半年工作，部署下一阶段重点任务。文化部党组书记、部长雒树刚出席会议并讲话，部党组副书记、副部长杨志今，部党组成员董伟、丁伟、单霁翔、刘玉珠、迟耀云、于群出席会议并结合分管工作讲话。

雒树刚总结2017年上半年工作时指出，按照年初制定的工作要点，党的建设、艺术创作生产、公共文化服务体系建设、文物保护、非物质文化遗产保护传承、文化市场培育监管、文化产业、对外和对港澳台文化交流、“十三五”规划发布实施、文化体制改革、文化建设保障等各领域工作有序开展、成效显著。同时，上半年工作存在重点工作推进不平衡，对新情况调研不够，改革创新意识有待进一步提高，担当意识还不够强等问题和薄弱环节。

雒树刚对下一阶段的重点工作进行部署。他要求，要全力做好迎接宣传贯彻党的十九大各项工作。要以高度的政治自觉，贯彻中央关于迎接宣传贯彻十九大的总体部署，组织好主题文艺创作展演、群众文化活动、对外和对港澳台文化交流活动，开展文化市场专项保障行动、净化舆论环境专项整治，发挥好公共文化服务窗口单位的积极作用。发挥好《中国文化报》等媒体平台的作用，增强文化舆论工作的针对性和实效性，营造良好舆论氛围。十九大召开之后，要及时部署、积极推动，形成全系统学习宣传贯彻十九大精神的热潮。

雒树刚强调，要继续推动艺术创作生产出精品、攀高峰，这是文艺工作的首要任务；大力宣传贯彻《公共文化服务保障法》，把宣传贯彻这部法律作为开启公共文化服务新篇章的重要契机；要把确保文物安全作为提升保护利用水平的重中之重；要强化非物质文化遗产保护传承能力建设，推动出台关于进一步加强非物质文化遗产保护工作的意见；要努力提升文化市场监管水平，推动出台文化市场综合执法管理条例；要推动文化产业提质增效，加快文化产业促进法立法，实施数字文化内容创新发展等工程；要围绕服务大局进一步提升中华文化凝聚力、影响力；要推动“十三五”规划贯彻实施，进一步完善规划实施机制，推进重大工程和重大项目落地见效；要持续推动“两学一做”学习教育常态化制度化，要坚持党建工作与业务工作两手抓、两加强，要将全面从严治党“两个责任”落到实处。

为做好下一阶段各项工作，雒树刚提出三点要求：一是旗帜鲜明讲政治，必须增强“四个意识”，自觉在思想上政治上行动上同以习近平同志为核心的党中央保持高度一致；二是履职尽责敢担当，立足岗位、尽职尽责，努力创造经得住实践、人民和历史检验的工作业绩；三是锲而不舍抓落实，领导干部要以上率下，坚持问题导向，跳出惯性思维，加强指导和督察。

为使总结工作更具针对性、部署工作更有指导性，会上，杨志今、董伟、丁伟、单霁翔、刘玉珠、迟耀云、于群结合分管工作进行针对性总结和部署，使与会代表深入了解文化系统上半年重点工作任务进展情况，清晰明确下半年重点工作任务安排。

杨志今在作会议总结时说，这次会议既是党的十八大和十八届三中、四中、五中、六中全会精神的深入学习会，习近平总书记系列重要讲话精神和治国理政新理念新思想新战略的深入学习会，也是文化发展改革工作思路、方法的交流分享会，迎接党的十九大召开的动员部署会。就深入贯彻落实好会议精神，他要求，用系统思维把握全局，进一步提升服务大局的意识和能力；用底线思维谋主动，进一步筑牢安全运行的防火墙；用创新思维促发展，进一步增强文化发展改革的内生动力；用精准思维抓落实，进一步推动文化发展改革举措落地生根见成效。他强调，要按照中央的部署和要求，进一步推进全面从严治党，落实党建工作责任制，持续推动“两学一做”学习教育常态化制度化，进一步加强党风廉政建设。

与会代表一致认为，这次会议主题鲜明、时间紧凑、内容丰富、形式新颖，取得了统一思想、凝聚共识、总结经验、明确任务、振奋精神、坚定信心的成果。通过会议形式的创新，代表们明确了下半年重点工作任务安排，表示要更加扎实地工作，以优异成绩迎接十九大。

大会交流发言环节，打破以往兼顾地域平衡、面面俱到的发言模式，四川省、广东省、北京市、浙江省、江苏省、山东省等地围绕重点主题发言，通过突出展示重点地区、重点领域开展文化工作的积极成效，为单位之间加强学习、借鉴互通提供平台，树立榜样。

各省区市文化厅（局）、新疆生产建设兵团文化广播电视局和各计划单列市文化局主要负责同志，文化部机关各司局主要负责同志，驻部纪检组负责同志，各直属单位党政主要负责同志，国家文物局负责同志参加会议。

【中国—阿拉伯国家剧院高层论坛·北京站】

2017 年 9 月 3 日，“中国—阿拉伯国家剧院高层论坛·北京站”活动在北京天桥艺术中心举行，13 位来自阿尔及利亚、埃及、黎巴嫩、摩洛哥、苏丹、突尼斯、约旦等阿拉伯国家的剧院高层管理人员参与活动。

中国国家话剧院、北京天桥艺术中心、广州大剧院、山东省会大剧院、青海大剧院和德州大剧院的管理负责人与阿拉伯国家的剧院管理者，分享各自剧院的管理、发展经验，探讨中国与阿拉伯国家剧院在“一带一路”倡议框架下互办艺术节、演出季等活动，以及增进青少年相互了解和交流等。

阿拉伯国家剧院高层受邀访华，参加由文化部主办、中国对外文化集团公司承办、中演演出院线发展有限责任公司执行的“意会中国——阿拉伯剧院负责人访华交流活动”，是中国文化部的一项国家级文化交流品牌，自 2009 年创办至今已连续举办八届，领域逐渐由最初的绘画雕塑拓展至音乐舞蹈和剧院管理。该项目旨在通过推动中国与阿拉伯国家乃至“一带一路”沿线国家的文化交流与合作，不断增进中国人民与“一带一路”沿线各国人民的相互了解，实现“民心相通”。

除了参加在北京天桥艺术中心的论坛，阿拉伯国家剧院高层管理人员还访问中国国家大剧院，并赴西安参加“丝绸之路国际艺术节”开幕式和“中国—阿拉伯国家剧院高层论坛·西安站”等活动。

【第三届中国—中东欧国家文化合作部长论坛】

2017年9月22日，“第三届中国—中东欧国家文化合作部长论坛”在浙江省杭州市举行。中国与阿尔巴尼亚、波黑、保加利亚、克罗地亚、捷克、爱沙尼亚、匈牙利、拉脱维亚、立陶宛、马其顿、黑山、波兰、罗马尼亚、塞尔维亚、斯洛伐克、斯洛文尼亚17国政府文化代表团出席论坛。

论坛上，各国代表团围绕论坛主题“文化・交流・合作・共享”发言。中国文化部部长雒树刚在主旨发言中积极评价16+1文化交流与合作5年来取得的成果：平台建设稳步推进，合作领域不断拓展；机构合作方兴未艾，互联互通初见成效；交流项目异彩纷呈，官民并举渐成常态；交流模式不断创新，深度融合成果丰硕；青年交流蓬勃开展，传统友谊薪火相传。他强调，正是中国—中东欧国家文化合作部长论坛的成功举办，使得“16+1”文化交流与合作日益密切，也让我们充分体会到，文化交流与合作是发展中国与中东欧各国文化、促进中国与中东欧国家各领域合作、打造人类文明共同体最基本、最积极、最持久的力量。

论坛与会各国代表团通过《中国—中东欧国家文化合作杭州宣言》《中国—中东欧国家2018—2019年文化合作计划》，共同签署《中华人民共和国文化部和中东欧国家文化主管部门关于在马其顿共和国设立中国—中东欧国家文化合作协调中心的谅解备忘录》。论坛结束后，雒树刚与匈牙利人力资源部部长鲍洛格・佐尔坦、立陶宛文化部部长丽安娜・鲁奥基特－约松、马其顿文化部部长罗贝尔特・阿拉乔佐夫斯基代表17国出席新闻发布会，向中外媒体介绍了本届论坛情况、论坛成果及对未来合作的展望。

论坛期间，各国代表团出席了“第11届杭州文化创意产业博览会”开幕式，参观了杭州市图书馆、浙江音乐学院、中国丝绸博物馆等，并见证了“中国—中东欧国家艺术创作与研究中心”揭牌和“中国—中东欧国家音乐院校联盟”成立签字仪式。

【中国文化馆年会】

2017年11月29日至12月1日，“中国文化馆年会”在安徽省马鞍山市举行，包括工作论坛、主题论坛、文化艺术博览会以及群众文化活动四大板块。

本届年会由文化部作为指导单位，中国文化馆协会、安徽省马鞍山市人民政府主办，文化部全国公共文化发展中心、安徽省文化厅协办。论坛主题聚焦现代公共文化服务体系建设，紧扣文化体制改革重点任务，包括“公共文化机构法人治理结构建设”“公共文化云服务与大数据应用”“文化共享直播・百姓大舞台：文化馆的供给侧改革创新”“繁荣群众文艺广场舞普及推广在行动”“全民艺术普及慕课建设——互联网时代文化馆业务形态变革”“文化艺术扶贫：思路、方法与途径”等议题。群众文化展演展示活动包括群星奖获奖作品巡演活动、文化馆志愿服务项目风采展示、全国优秀群众文化活动品牌风采展示、广场舞普及与推广活动等。另外，云服务、互联网＋助力文化艺术博览会，展出国家公共文化服务云，百姓大舞台网络群众文化品牌，数字文化集成展，数字文化资源、平台及设备展，马鞍山市数字文化馆等专题展，汇聚国内数字文化技术、资源、平台、服务等众多供应商，充分展示全国数字文化发展的最新技术成果与服务趋势。

纪事

【第十四届中国文化产业新年论坛】

2017年1月7日至8日，以“文创＋时代：审美驱动与产业创新”为主题的第十四届中国文化产业新年论坛在北京大学举办。中国文化产业新年论坛于2003年创办，由北京大学发起，文化部、国家新闻出版广电总局作为支持单位。

本届论坛由北京大学文化产业研究院、国家文化产业创新与发展研究基地、北京市海淀区委宣传部等承办。北京大学文化产业研究院院长叶朗、上海社会科学院文化产业研究中心主任花建、韩国外国语大学教授李永求等与会嘉宾围绕文化科技融合与创新、文化创意与供给侧结构性改革、文化遗址与空间升级与再造等话题发表主题演讲并交流讨论。

本届论坛还专设4场主题对话会以及专题发表会。4场主题对话会分别围绕“文化传承与文化创新”“中国智造与创新设计”“两岸文创项目创新与交流合作”“智库对话2017”展开。在专题发表会上，来自相关领域的数位新锐学者从文化生产与区域开发、文化消费下的价值转换、文化城市中的空间再造、审美经济与工匠精神4个角度，对时下热门的文化产业议题进行了探讨。

【北京大学艺术学院建院（系）20周年大会暨面向未来的艺术教育主题论坛】

2017年1月8日，“北京大学艺术学院建院（系）20周年大会暨面向未来的艺术教育主题论坛”在北京举行。

与会者追溯了北京大学由蔡元培校长积极推动美育和艺术教育，开创北大艺术学科和艺术教育传统以来的百年艺术教育发展史，及其为引领和推动我国文化艺术事业做出的巨大贡献，回顾了北京大学艺术学院的办学历程，对学院建院以来在培育各类艺术人才、艺术学研究、社会服务和文化传承创新等方面取得的成绩给予充分肯定，并对学院以“中国思想，艺术未来”为核心，进一步弘扬北大艺术教育精神、传统，推动面向未来的艺术学科建设和人才培养，积极探索我国艺术教育的改革和发展道路寄予厚望。

会上，北京大学艺术学院院友会揭牌。在“面向未来的艺术教育”主题论坛上，叶朗、范迪安、侯光明、郭磊、吴为山、庞井君、胡智锋、张敢等专家学者先后发表主题演讲，共同探讨了中国艺术教育的未来发展道路。活动当天还举办了“面向未来的艺术创意、创新、创业”——艺术学院首届院友论坛和“百年游艺，廿载臻美”——艺术学院20周年展演等活动。

【中埃文化年】

2017年1月19日，“2016中埃文化年”闭幕式在广州大剧院举行。中国国家主席习近平和埃及总统塞西分别致贺信，对中埃文化年的成功举办表示热烈祝贺。

中国文化部部长雒树刚、埃及文化部部长黑勒米·纳姆纳姆宣读了两国元首的贺信，之后与广东省人民政府代省长马兴瑞共同擂响大鼓，宣布“2016中埃文化年”闭幕。广州各界群众、外国驻华使节等1600多人一同观看了由400余名中埃艺术家联袂献上的闭幕式演出。

当晚的演出在舞蹈《南国雄狮·鼓舞岭南》中拉开帷幕。舞蹈《法老之舞》和民乐合奏《春江花月夜》呈现了中埃两国悠久的历史文化，舞蹈《扎尔舞》《安东尼与克莉奥帕特拉》表现出埃及舞蹈艺术家的精湛技艺，杂技《生命》扣人心弦，《胡桃夹子》选段《东方舞》轻盈活泼，《埃及民族舞》和《雨打芭蕉》充满了浓郁的民族风情。在埃及指挥家执棒下，埃及钢琴家和深圳交响乐团演奏了《阿齐兹·莎万：b小调钢琴协奏曲》。最后，中埃两国艺术家共同演唱的《阿依达》选段《凯旋》引起全场共鸣，掌声雷动。

“2016中埃文化年”于2016年1月在埃及卢克索开幕。这是中国与阿拉伯国家举办的首个文化年，呈现出嘉宾出席层次高、活动项目数量多、内容涉及领域全、省市覆盖范围广、思想对话程度深、交流宣传效果佳的显著特点。“2016中埃文化年”的执行项目100余项，地点覆盖两国25个重要省市，两国互访人员总数达912人，活动直接受众超2000万人次，为夯实两国共建“一带一路”的民意基础，促进民心相通，进一步推动我国与相关国家和地区在各领域的友好交流与合作创造了有利条件和良好氛围。

在广州期间，雒树刚一行还赴黄埔区图书馆总馆、分馆，南海神庙、中共三大会址、国民党“一大”旧址、镇海楼与广州明城墙等国家重点文物保护单位进行了调研。

【第二批文化部重点实验室】

2017年1月，为完善文化科技体系建设，促进文化与科技融合，文化部公布了第二批文化部重点实验室名单。

此次入选的12家重点实验室分别是“书画保护”“沉浸式交互动漫”“公共文化服务大数据应用”“传统工艺与材料研究”“文化品牌评测技术”“建筑文化遗产传承信息技术”“互动媒体设计与装备服务创新”“古陶瓷多元信息提取技术及应用”“木印版画材料与技术研究”“丝绸文化传承与产品设计数字化技术”“沉浸式媒体技术”和“数字舞台设计与服务”。

文化部文化科技司相关负责人表示，希望各实验室按照《文化部重点实验室管理办法（暂行）》的有关规定，紧密围绕文化行业的科技需求，积极开展工作，努力建设成为组织高水平科学研究、聚集和培养优秀文化科技人才、开展学术交流的文化科技基地。

【第45届香港艺术节】

2017年2月16日，“第45届香港艺术节”开幕式在香港文化中心举行。

香港艺术节于1973年正式揭幕，于每年二三月期间举行。2017年香港艺术节跨入第45届，主题为“此时此地”，为时1个月，超过1700名来自世界各地及香港本地的艺术家为市民献上180场演出，包括16部新作及世界首演作品、14个亚洲首演作品、48场大型声光装置的免费演出《声光颂》及3场香港艺术节45周年特别节目《炫舞场2.0》等。

为庆祝香港回归祖国20周年，主办方还特意准备了3项节目：歌特柴尔与玻鲁桑伊斯坦堡爱乐乐团的两场音乐会、旧金山歌剧院与香港艺术节联合制作的《红楼梦》及英国装置艺术家莱尔·利的《声光颂》。

主办方还举办超过300项外展活动如“青少年之友”体验活动等，力图将艺术带到社区的不同角落。

【国家艺术基金2017年度专家大会】

2017年2月21日，国家艺术基金举办2017年度专家大会。

文化部部长雒树刚出席会议并讲话。国家艺术基金理事会理事长蔡武主持会议。财政部副部长、国家艺术基金理事会副理事长余蔚平，全国人大外事委员会副主任委员、国家艺术基金理事会副理事长、秘书长赵少华等出席会议。

雒树刚对国家艺术基金成立3年来的工作给予充分肯定。他指出，国家艺术基金成立以来，文艺方向把得准、工作基础打得牢、专家资源用得好、改革创新跟得上，逐步形成了既遵循基金管理一般规律，又具有文化特别是国家艺术基金自身特点的工作模式，为推动出精品、出人才、出高峰做出了贡献。

雒树刚强调，要认真学习、全面贯彻习近平总书记关于文艺工作的重要讲话精神，始终坚持党对文艺工作的领导，始终坚持艺术创作的正确导向，始终坚持弘扬社会主义核心价值观，始终坚持以人民为中心的工作导向，始终坚持把社会效益放在首位，努力将其贯彻落实到国家艺术基金工作的各个方面、各个环节，引导广大文艺工作者坚定文化自信，坚守艺术理想，勇于创新创造，引领社会风尚，攀登艺术高峰。

雒树刚指出，国家艺术基金作为推动艺术繁荣发展的新平台、新机制，在总体上仍然处于开创期、探索期，要坚持以更高的标准和更严的要求，不断完善资助体系、监督机制，提高项目实施质量，加大成果运用力度，逐步提升基金管理运营水平。要加强国家艺术基金与地方文化厅局的沟通协作，完善基金工作体系。他希望参与国家艺术基金评审工作的专家增强责任感、使命感，进一步提高履职能力，加强自律，切实履行好艺术基金专家职责。

蔡武总结国家艺术基金成立 3 年来的工作，并结合 2017 年度项目申报情况对评审工作作了部署。

国家艺术基金专家库专家，文化部、财政部相关司局负责同志，各省区市文化厅局负责同志，国家艺术基金委托管理机构负责同志等，分别在北京主会场和各地分会场参加会议。

【中意文化合作机制第一次会议】

2017 年 2 月 22 日，“中意文化合作机制第一次会议”在中国国家博物馆举行，文化部副部长丁伟和意方机制协调人、意大利前副总理弗朗切斯科·鲁泰利出席会议并致辞。丁伟对中意文化合作机制提出了三点倡议：一是着眼中意关系大局，加强政策沟通，发挥好中意文化合作机制的政策对话平台作用；二是鼓励两国文化艺术机构间开展多渠道交流和全方位合作，发挥好中意文化合作机制的项目孵化器作用；三是多措并举，吸引普通民众成为中意文化合作的参与者、受益者和推动者，发挥好中意文化合作机制的民心凝聚作用。弗朗切斯科·鲁泰利在致辞中高度评价中意两国共同成立文化合作机制，认为此举为两国文化交流开创了新的合作模式，必将极大促进中意友好关系的发展。两国诸多重要的文化艺术机构参与，充分显示了双方开展文化交流的极大热情和强烈意愿。中国故宫博物院、国家博物馆、国家大剧院和意大利斯卡拉歌剧院、威尼斯双年展等近 40 家文化艺术机构与平台的代表参会。中意双方围绕舞台艺术、电影、博物馆与文化遗产保护、可持续性旅游、当代艺术和创意设计等议题展开探讨。同时，中国故宫博物院还与意大利文化遗产、活动和旅游部就合作举办展览、共同开展历史研究、共同开展文物保护修复研究签署了三项合作协议。

【全国舞台艺术优秀剧目展演】

2017 年 2 月 27 日至 3 月 31 日，“全国舞台艺术优秀剧目展演”在梅兰芳大剧院等北京 9 家剧场举行，总计演出 37 场。本次展演由文化部主办，文化部艺术司与北京市文化局承办，北京市演出有限责任公司协办。展演汇聚了第十五届文华大奖获奖剧目和国家舞台艺术精品创作扶持工程重点扶持剧目。

2 月 27 日，开幕演出中国评剧院有限责任公司创作的评剧《母亲》在北京中国评剧大剧院举行。演出前举行了简短而隆重的开幕仪式。文化部部长雒树刚致辞并宣布展演开幕。中宣部副部长景俊海、北京市副市长王宁等出席并观看演出。文化部副部长董伟主持开幕仪式。

当晚演出的评剧《母亲》，2016 年 4 月入选 2016 年度国家舞台艺术精品创作扶持工程重点扶持剧目，并荣获第十五届文华大奖。该剧讲述了抗战时期北京市密云区的大脚母亲邓玉芬的感人故事，浓墨重彩地书写出万众一心、保家卫国的英雄画卷。

本届展演参演剧目包括豫剧《焦裕禄》、评剧《母亲》、淮剧《小镇》、京剧《西安事变》《康熙大帝》、话剧《兵者·国之大事》《麻醉师》、歌剧《大汉苏武》、民族舞剧《沙湾往事》、芭蕾舞剧《八女投江》10 台第十五届文华大奖获奖剧目以及京剧《西安事变》、评剧《母亲》《红高粱》、湘剧《月亮粑粑》、晋剧《于成龙》、话剧《北京法源寺》《从湘江到遵义》、儿童剧《红缨》、音乐剧《烽火·冼星海》、舞剧《家》10 台 2016 年度国家舞台艺术精品创作扶持工程重点扶持剧目，共 18 台剧目，其中《西安事变》《母亲》为重复剧目。

【文化部文化体制改革工作领导小组会议】

2017 年 2 月 27 日，文化部在北京举办“文化体制改革工作领导小组会议”。会议深入学习贯彻习近平总书记系列重要讲话精神，全面落实中央有关改革决策部署，审议《2017 年文化系统体制改革工作要点》，安排 2017 年改革重点工作。文化部党组书记、部长雒树刚出席会议并讲话，部党组副书记、副部长杨志今主持会议，部党组成员、副部长项兆伦对《2017 年文化系统体制改革工作要点》起草情况作了说明，部党组成员单霁翔、迟耀云、于群出席会议。

雒树刚在会上传达了习近平总书记在中央全面深化改革领导小组第三十次、第三十一次、第三十二次会议上的重要讲话精神，传达了刘奇葆、刘延东同志在中央文化体制改革和发展工作领导小组第十三次会议上的讲话精神，强调要认真学习贯彻总书记重要讲话精神，全面贯彻落实中央改革决策部署。

文化部文化体制改革工作领导小组成员及办公室成员参加会议。会议原则通过了《2017 年文化系统体制改革工作要点》。

【中国文联第十届全国委员会第二次会议】

2017 年 2 月 27 日至 28 日，中国文学艺术界联合会第十届全国委员会第二次会议在北京举办。会议深入学习贯彻党的十八大和十八届三中、四中、五中、六中全会精神，深入学习贯彻习近平总书记在文艺工作座谈会和中国文联十大、中国作协九大开幕式上重要讲话精神，系统总结 2016 年工作，全面部署 2017 年工作，努力推进文联深化改革，团结引领广大文艺工作者坚定文化自信，深入开展主题文艺实践，为繁荣发展社会主义文艺事业，为筑就中华民族伟大复兴时代的文艺高峰做出新的更大贡献。

【2017 年文化部对港澳台文化工作会议】

2017 年 3 月 4 日至 5 日，“2017 年文化部对港澳台文化工作会议”在北京举行。会议任务是，全面贯彻落实党的十八大和十八届三中、四中、五中、六中全会精神，深入学习贯彻习近平总书记系列重要讲话精神，按照中央部署，统一思想，凝聚共识，创新发展，稳中求进推动 2017 年对港澳台文化工作。文化部副部长丁伟出席会议并讲话。

【文化部第一期全国文艺院团长培训班】

2017 年 3 月 17 日，“文化部第一期全国文艺院团长培训班”在北京中央文化管理干部学院举行开班式，来自中央与全国各省市县文艺院团的主要负责人 190 余位参加培训。

文化部部长雒树刚高度重视文艺创作生产工作，早在 2016 年文化部文艺工作者系列培训班举办期间就作出专门指示，要求对全国文艺院团长进行培训，责成文化部人事司牵头负责，抓紧开展调查研究，尽快制定培训方案，并对教学安排、授课师资等提出明确要求，强调培训应围绕文艺创作和院团经营管理两大方面内容展开。文化部副部长董伟出席开班式并致辞。他表示，对全国文艺院团长进行轮训，旨在学习贯彻落实习近平总书记系列重要讲话特别是在文艺工作座谈会和中国文联十大、中国作协九大开幕式上的重要讲话精神，学习贯彻落实《中共中央关于繁荣发展社会主义文艺的意见》等一系列重要文件精神，学习贯彻落实文化部党组关于文艺繁荣发展的一系列部署，学习贯彻落实《文化部“十三五”时期文化发展改革规划》特别是其中的文艺创作规划，全面提升全国文艺院团长的思想政治水平、业务素质、履职能力和创新意识，为我国文艺事业的繁荣发展提供更有力的智力支持与人才保障。

本次培训除设专题讲座、座谈研讨等内容外，还安排了“工作坊”教学新模式，旨在引导学员进一步树立问题导向，围绕培训主题有针对性地深入研讨。同时，培训班还组织安排学员到北京地区多家优秀文艺院团现场教学，推动工作交流与经验分享。全国文艺院团长培训班计划每年举办三期，其中国有院团两期、民营院团一期，每期学员约 200 名。

【中国文联第十一、十二期全国中青年文艺人才高级研修班】

2017 年 3 月 23 日，由中国文学艺术界联合会主办、中国文学艺术界联合会文艺研修院承办、各全国文艺家协会协办的“中国文联第十一、十二期全国中青年文艺人才高级研修班”在北京开班。

中国文联第十一期全国中青年文艺人才（编导）高级研修班学员共 38 人，来自全国 26 个省区市，涵盖 5 个艺术门类。中国文联第十二期全国中青年文艺人才高级研修班学员共 36 人，来自全国 28 个省区市，涵盖 12 个艺术门类。两期研修班综合采用专题讲座、座谈研讨、现场观摩、案例教学、学员论坛、学员艺术沙龙、创作工作坊等多样化的研修方式，将知识讲授与创作实践结合。

【陕西省艺术研究院揭牌】

2017 年 3 月 26 日，陕西省艺术研究院揭牌仪式在陕西省美术博物馆举行。陕西省艺术研究院原名陕西省艺术研究所，是陕西省唯一的省级综合性艺术科研机构。成立 65 年来，陕西省艺术研究院不断开展艺术科研、艺术创作、非遗保护、学术交流等工作，为陕西省文化艺术的发展做出了巨大贡献。揭牌仪式上，陕西省艺术研究院为肖云儒、孙豹隐、李星等专家学者颁发了特聘研究员证书；为陕西省图书馆等 6 家省内图书馆赠送了陕西省艺术研究院艺术科研成果——《西安鼓乐大典》《原生态陕西民间文艺精华音像系列》《中国民族民间文艺集成志书》等。陕西省艺术研究院 65 周年优秀成果展同时举办，展览展出了陕西省艺术研究院 60 多年来在戏剧、音乐、美术、非遗保护等多个领域的科研、创作成果。

【第四届全国省、自治区、直辖市、较大城市文化（群艺）馆馆长联席会议暨中国文化馆协会一届五次常务理事会】

2017 年 3 月 30 日，由文化部全国公共文化发展中心、中国文化馆协会主办的“第四届全国省、自治区、直辖市、较大城市文化（群艺）馆馆长联席会议暨中国文化馆协会一届五次常务理事会”在吉林省长春市举行。

会上，文化部公共文化司有关负责人总结了近年来公共文化领域改革的一系列政策和举措，明确了 2017 年重点工作任务。文化部全国公共文化发展中心对 2017 年文化馆信息化建设与服务推广工作进行了部署。会议期间，还举办了文化馆协会联络员工作培训班。

会议要求，文化馆系统在2017年以“百姓大舞台”项目为重点，探索建立以资源建设为核心、信息技术为支撑、网络直播为主渠道的“互联网＋群众文化活动”服务供给新模式；以“欢跃四季”品牌活动为抓手，提升文化馆广场舞创作与普及水平；以全民艺术普及专业技能培训为抓手，助力文化馆人才队伍建设；以理论研究为依托，推动文化馆行业标准化、规范化等。

【第35届中国洛阳牡丹文化节】

2017年4月10日至5月5日，由文化部与河南省人民政府共同主办的“第35届中国洛阳牡丹文化节”在河南省洛阳市举办。

本届牡丹文化节以“相约千年帝都　共享国色天香”为主题，在文化交流、赏花旅游、经贸会展、体育休闲等方面，精心策划了一系列内容丰富、形式多样的活动。开幕式晚会以牡丹为线索和主题，遵循现代、时尚、节俭原则，分河洛文化、丝路文化、工业文化、城市文化四大篇章。

作为公共文化服务体系示范区建设的一部分，本届牡丹文化节策划组织了多项文化活动，包括开幕式演出、优秀剧目展演月、广场文化月、牡丹歌曲大家唱、河洛文化大集等活动，让游客在观赏、游玩中深化对洛阳历史文化的认识。

自1983年以来，洛阳已举办34届牡丹文化节，品牌形象日益凸显。洛阳已建成市区及周边、南部山区3个牡丹种植带，形成了9个色系、10种花型、1200多个品种，种植面积14000公顷。

【文化部2017年全国文化产业工作会议暨全国文化产业工作培训班】

2017年4月19日至21日，“文化部2017年全国文化产业工作会议暨全国文化产业工作培训班”在江苏省苏州市举办。会议旨在全面贯彻党的十八大和十八届三中、四中、五中、六中全会精神，深入学习贯彻习近平总书记系列重要讲话精神和治国理政新理念新思想新战略，聚焦落实“十三五”时期文化领域相关规划和文化部关于2017年文化产业工作系列部署，并围绕重点工作进行政策解读和培训。文化部部长助理于群出席会议并讲话，并对苏州市重点文化产业项目进行调研。

于群指出，党的十八大以来，以习近平同志为核心的党中央高度重视文化工作，习近平总书记对文化工作发表一系列重要讲话，为文化产业工作指明了前进方向，提供了根本遵循。2016年全国文化系统较好完成了全年文化产业工作的主要目标、任务，实现了“十三五”良好开局。2017年，文化产业工作要继续深入推进“两学一做”学习教育常态化制度化，牢固树立“四个意识”，特别是核心意识、看齐意识，坚决贯彻落实党中央、国务院决策部署，坚持稳中求进工作总基调，以贯彻新发展理念为引领，推进文化领域供给侧结构性改革，坚持正确导向，坚持把社会效益放在首位、社会效益和经济效益相统一，积极培育和弘扬社会主义核心价值观，坚持创新驱动，积极主动作为，深化各项工作，推动文化产业转型升级、提质增效，推动文化产业工作再上台阶，以优异成绩迎接党的十九大胜利召开。

于群围绕抓顶层设计、试点创建、政策保障、基础建设4个方面，对推进文化产业法治化进程等14项重点工作进行了部署，并要求进一步提高认识、主动作为、狠抓落实，确保各项工作有力有序有效推进。会议发布了《文化部“十三五”时期文化产业发展规划》《文化部关于推动数字文化产业创新发展的指导意见》等重要文件。江苏省等6个地方文化部门代表围绕相关重点工作做了经验交流发言。

各省区市文化厅（局）相关负责人、文化部直属企业负责人、部分文化部文化产业专家委员会委员和部分国家级文化产业园区、文化与金融合作单位等的代表参加会议。

【2017 东亚文化之都·中国长沙活动年】

2017 年 4 月 19 日，“2017 东亚文化之都·中国长沙活动年”开幕式暨文艺演出在湖南省长沙市人民会堂举行。“2017 东亚文化之都·中国长沙活动年”以“东亚文都快乐长沙”为主题，将通过“读山”“听水”“亲洲”“恋城”4 个篇章，开展涵盖文化、教育、体育、旅游、经贸等领域的活动。

“东亚文化之都”是中日韩领导人会议人文领域重要成果，是中日韩文化合作的旗舰品牌，自 2013 年启动评选以来，中国的泉州、青岛、宁波、长沙，日本的京都、韩国大邱共 12 座城市获此殊荣。

【巴基斯坦中国文化中心揭牌】

2017 年 4 月 25 日，巴基斯坦中国文化中心启用仪式在伊斯兰堡举行。来自辽宁歌舞剧院民乐团的 20 名乐手表演了中国传统音乐会，表演节目有《龙舞丰年》《新月牙五更》《百鸟朝凤》以及《美丽的国土》等。巴基斯坦中国文化中心先后承办了庆祝中巴建交 65 周年大型文艺演出、中巴艺术联展等文化活动，已成为向巴基斯坦人民展示中国文化和中国形象的重要窗口。2015 年 4 月 20 日，中国国家主席习近平和巴基斯坦总理谢里夫在伊斯兰堡为巴基斯坦中国文化中心揭牌。

【中国与希腊文化交流与文化产业合作年启动】

2017 年 4 月 27 日，中国与希腊文化交流与文化产业合作年在雅典启动。中共中央政治局委员、中央书记处书记、中宣部部长刘奇葆和希腊副总理德拉加萨基斯，中希两国政府部门代表、文化和新闻界嘉宾近 200 人出席启动仪式。

启动仪式后，来宾共同参观和欣赏了“2022，北京欢迎你”冬奥会主题互动展、“中国故事——中国杭州传统工艺创新展”及中希两国传统音乐表演等。

由中国外文局与北京冬奥组委新闻宣传部主办的冬奥会主题展，分为“奥林匹克：从雅典到北京”和“2022，北京欢迎你”两部分。展览回顾了奥运精神在中希两国的传递和交融历程，介绍了 2022 年北京冬奥会的筹备情况，勾勒了冰雪运动的图景。

由中国文化部和杭州市委宣传部主办的“中国故事——中国杭州传统工艺创新展”，以铜、木、丝、纸、瓷五种传统材质为基础，以工艺研究和创作设计为脉络，呈现传统工艺的创新性发展，展现中国人的生活方式和时代精神。整个展览优雅清新，具有浓郁的中国韵味。

在启动仪式上，双方还签署了《中华人民共和国国家新闻出版广电总局与希腊共和国文化体育部关于电影合作拍摄的协议》和《中华人民共和国国家新闻出版广电总局与希腊共和国文化体育部关于‘中希经典和现代图书互译出版项目’的合作备忘录》。

【第十三届中国（深圳）国际文化产业博览交易会】

2017 年 5 月 11 日至 15 日，“第十三届中国（深圳）国际文化产业博览交易会”举行。本届深圳文博会以“文牵一带，博汇丝路”为主题，坚持走质量型、内涵式发展之路，在办展规模、质量、效益和影响力等方面取得了明显成效，展会的市场化、专业化和国际化水平进一步提升。据统计，本届深圳文博会成交 2240.848 亿元，同比增长 10.28%。其中，合同成交 2064.348 亿元，零售及拍卖成交 176.500 亿元。总参观人数 666.106 万人次，同比增长 13.46%；专业观众人数 118.286 万人次，同比增长 10.58%。

本届展会在主会场——深圳会展中心设有文化产业综合馆及 8 个专业馆，总展位面积 10.5 万平方米；共有国内 2302 个政府组团、企业和机构参展，其中海外参展单位 117 个；共设立了 68 家分会场，比上届增加 2 家。

为迎接党的十九大胜利召开，本届展会设立了党的十八大以来文化产业发展成就展区，利用触摸屏、3D 投影、人体感应互动等新技术，全面展现党中央推动文化改革发展的重大决策部署及取得的成就。同时，展会深入贯彻落实“一带一路”倡议，举办了数十项以“一带一路”为主题的文化项目展演、论坛、洽谈、签约等配套活动，设立的“一带一路·国际馆”及配套活动增进了我国与“一带一路”沿线国家和地区的文化产业合作和文化交流。

【第 57 届威尼斯国际艺术双年展中国馆展览】

2017 年 5 月 11 日，“第 57 届威尼斯国际艺术双年展中国馆展览”在意大利水城威尼斯的军械库和处女花园拉开帷幕。中国驻意大利大使馆公使衔参赞郑璇、文化参赞许蓉，中国对外文化集团副总经理阎东、此次双年展中国馆策展人邱志杰、艺术家以及国内外艺术界和媒体人士等 300 余人出席开幕式。

2017 年 9 月，中国以主宾国身份参加巴西库里提巴双年展国家馆的系列活动。为此，库里提巴双年展组委会主席路易斯安娜、总干事路易斯以及策展人特蕾莎专程出席了此次中国馆的开幕式并观看了展览。

本届威尼斯国际艺术双年展总策展人克里斯汀·马赛尔确定的主题为“艺术永生”，旨在“为艺术家而设计”的一届双年展，她将艺术家置于第一线，为艺术家的自我表达提供机会。而以“不息”为题的中国馆，通过由“艺术家为艺术家而策划”的展览，展示了中国智慧的深刻内涵。它以当代和民间紧密互动的方式，阐释中国文化和艺术永生的奥秘。中国馆就意象而言，以“山·海”与“古·今”两个相互流变、转换的“阴·阳”构造整个展览叙事。《愚公移山》和《精卫填海》这两个耳熟能详的故事，构成“山”与“海”对应的意象；李嵩的《骷髅幻戏图》和马远的《十二水图》两幅宋代古画，共同成为展览的“引文”，以此展现中华民族独特的“不息”精神。就展品而言，一位汲取大海能量的当代艺术家汤南南与另一位汲取“神话”能量的当代艺术家邬建安，一位皮影雕刻民间工艺大师汪天稳与另一位汇集苏绣艺术传承脉络的民间工艺大师姚惠芬，对这两个故事、两幅宋画展开了一场“跨越千年”的合作，为展览空间的叙事注入了更多活力和可能。

此外，一场题为《不息——移山填海》的多媒体皮影表演，引发观众阵阵喝彩。传统的碗碗腔皮影、实时录像和动画 VJ、自动机械表演等，将有着两千年历史的皮影带入了崭新的境界。来自陕西省华县的皮影传承人与中国馆的艺术家、策展人和工作团队，连同在威尼斯艺术学院学习的中国留学生志愿者们，都纷纷投入表演。

第 57 届威尼斯国际艺术双年展中国馆展览由中国文化部支持，中国对外文化集团公司主办，上海明当代美术馆和北京时代美术馆协办。本届威尼斯国际艺术双年展结束后，中国馆展览将于 2018 年春节期间在上海明当代美术馆和北京时代美术馆展出。

【多彩印度文化节】

2017 年 5 月 15 日至 26 日，由中国文学艺术界联合会、印度驻华大使馆、印度文化关系委员会主办的“多彩印度文化节”在北京和南京多地举办。文化节包括印度佛教遗产摄影展、5 部当下最受欢迎的印度电影集中展映以及印度优秀艺术家和舞者参演的歌舞演出。印度电影展映于 5 月 19 日至 23 日在北京金鸡百花影城、22 日至 23 日在江苏艺术剧场、24 日至 26 日在南京艺术学院电影馆放映；印度歌舞演出于5月20日在北京未来剧院、5月25日在南京人民大会堂举办。作为系列活动的组成部分，此次展览于5月22日至26日移师江苏省现代美术馆展出。

2016年，中国文联在接待印度文化关系委员会代表团访华期间与印方正式签署了“合作备忘录”，以推动中印两国在文化艺术领域的交流与合作。根据双方达成的协议，中印互办艺术节：2017年5月在华举办印度文化节，2017年11月在印举办“今日中国”艺术周。“多彩印度文化节”即是落实双方合作协议而举办的一次重要交流活动。

【新全球化语境下艺术理论与批评格局的重构——第一届全国艺术类学术期刊主编高峰论坛】

2017年5月23日，由北京师范大学与中国文艺评论家协会联合主办、北京师范大学艺术与传媒学院等承办的“新全球化语境下艺术理论与批评格局的重构——第一届全国艺术类学术期刊主编高峰论坛”在北京举行。论坛邀请专家来自50余家全国主要艺术类学术期刊和评论大报，涵盖了艺术理论、影视、戏剧、传媒、美术、设计、书法、音乐和舞蹈全部艺术门类，为期刊之间、期刊与高校之间、期刊与作者之间提供对话与研讨的平台。

论坛开幕式上，陈光巨、庞井君、胡智锋、张德祥等主、承办方负责人致辞。主论坛上，《中国艺术报》社长向云驹、《中央音乐学院学报》主编王次炤、《当代电影》主编皇甫宜川和《美术》主编尚辉分别做主题发言。此后还举办了不同学科的三个分论坛。与会专家高度肯定了此次论坛的重要意义，并围绕艺术理论与批评在新全球化语境下的格局重构，学术期刊如何促进艺术学学科发展和艺术理论建设，学术期刊与新媒介条件下的艺术批评，学术期刊与高校艺术研究与教学的关系，学术期刊的生存、发展与提升等诸多议题展开深入讨论，探讨我国艺术理论与批评发展的新理念与新路径，以推动学术期刊和行业报刊更好地促进我国艺术理论与批评的发展。

【“白俄罗斯文化日”活动】

2017年5月30日，“白俄罗斯文化日”活动开幕式在北京国家大剧院举行。中国文化部部长雒树刚、白俄罗斯文化部部长鲍里斯・斯维特洛夫出席开幕式并致辞。白俄罗斯驻华大使鲁德等多国驻华使节、中外嘉宾出席活动。

雒树刚指出，2017年是中国与白俄罗斯建交25周年。25年来，中白两国各领域的交流合作日益密切，双边关系不断深化，已建立相互信任、合作共赢的全面战略伙伴关系。不同国家、不同文化构成了丰富多彩的世界。希望不断发展中国与其他国家的文化交流，在各国人民之间搭建起理解和友谊的桥梁，打造人类命运共同体，开启人类社会更加美好的未来。

鲍里斯・斯维特洛夫表示，文化交流与合作能够促进不同人群、民族间建立和发展友谊，并为其他领域的合作发展打下坚实基础。近年来，中白两国文化联系不断加强，互办“文化日”活动是两国的优良传统，此次在中国举办“白俄罗斯文化日”是两国人民文化生活领域的标志性事件。

当晚，中外嘉宾一同观看了由白俄罗斯国家模范歌剧和芭蕾舞大剧院表演的芭蕾舞剧《天鹅湖》。此版《天鹅湖》由艺术总监尤里・特罗扬与编导亚历山德拉・季霍米罗娃共同创作，在传统版本基础上加入了白俄罗斯芭蕾的个性化演绎。

此次在华举办“白俄罗斯文化日”是中白两国文化领域的重要活动。当天，“非线性现实——白俄罗斯版画、水彩和素描作品展”在清华大学艺术博物馆举行。

“白俄罗斯文化日”活动由中国文化部和白俄罗斯文化部共同主办，中国对外文化集团公司承办，白俄罗斯共和国驻华大使馆协办。

【第二届中国—中东欧国家文化创意产业论坛暨第十一届国际服务贸易论坛】

2017 年 5 月 30 日，作为 2017 北京国际服务贸易交易会的重要活动之一，“第二届中国—中东欧国家文化创意产业论坛暨第十一届国际服务贸易论坛”在北京国家会议中心举办。文化部副部长丁伟、北京市副市长王宁等出席论坛并致辞。

丁伟在致辞中表示，文化产业合作是实现“一带一路”民心相通的一把金钥匙。“一带一路”倡议为中国对外文化贸易带来了优化升级、提质增效的新机遇，中国与“一带一路”建设参与国的文化产业合作有着广阔前景和无限可能。中国—中东欧国家“16+1”合作机制下的中国—中东欧国家文化创意产业论坛，已成为凝聚与服务中国与“一带一路”建设参与国，特别是与中东欧国家开展文化产业合作的长效机制。

本届论坛以“行动起来：‘16+1’文化产业合作新起点”为主题，来自中国与中东欧 16 个国家的近百名官员、文化界人士、文化企业代表围绕“创意产业让文化遗产活起来”和“京津冀与中东欧国家文化贸易创新合作”等话题展开交流，共商合作前景。论坛期间签署了《中国与中东欧国家文化贸易学术合作研究备忘录》，发布了《中国演艺市场发展蓝皮书》和《首都文化贸易发展报告（2008—2017）》。

首届中国—中东欧国家文化创意产业论坛于 2016 年 5 月在塞尔维亚举办。本届论坛由国家文化贸易学术研究平台发起，文化部外联局主办，北京第二外国语大学国家文化发展国际战略研究院、首都对外文化贸易研究基地承办。

【第二届佛教文化与科技创新研讨会】

2017 年 6 月 19 日，由中华炎黄文化研究会、北京师范大学人文宗教高等研究院主办，中艺金像科技股份有限公司、北京潭龙安邦文化有限公司承办的“第二届佛教文化与科技创新研讨会”在北京举办，并现场发布了金版康熙御笔《金刚经》。

研讨会上，与会学者解读和分享了《金刚经》的内涵，同时就科技创新推动佛教文化传承等议题进行了探讨。金版康熙御笔《金刚经》采用黄金纳米影像印制技术，以纯度为 99.9% 的千足金制作而成，这一影像印制技术抗氧化、不褪色，可长时间保存，有望成为佛教文化和黄金工艺创新科技结合的传世珍品。中国佛教图书文物馆、首都图书馆、潭柘寺、北京市博物馆文化研究所等文化机构获赠此经收藏。

据了解，这是继 2016 年第一届研讨会推出金版乾隆御书《心经》之后，佛教文化与科技创新融合的又一举措，也是中华炎黄文化研究会文化事业与文化产业“双轮驱动”模式的又一次探索与实践。

【第十届中日韩文化产业论坛】

2017 年 6 月 28 日至 29 日，“第十届中日韩文化产业论坛”在日本东京举行。论坛期间，三方一致认为，中日韩文化产业论坛是落实 2015 年第六次中日韩领导人会议共识的积极举措，也是新时期三国合作时代发展的现实需要。论坛重启作为新的开始，为新时期文化产业合作面临的新课题做出新思考，探索新思路。

三方强调，论坛是政府间沟通协商的机制，也是推动三国产业合作的平台，要致力于支持和服务三国文化产业合作，多倾听企业的声音，积极探讨如何营造有利于文化产业合作的政策环境，提供有利于产业合作的支持与服务方式。

三国代表坦诚深入地探讨了中日韩文化产业合作的具体举措，共同签署《第十届中日韩文化产业论坛共同宣言》，并一致同意，下一届中日韩文化产业论坛在中国举办。

本届论坛主办方日本经济产业省将论坛与日本国内最大的文化内容产业展会“2017 年东京文化内容展”结合举办，同时安排政府间工作会议和公开研讨两部分内容，并专门邀请三国企业参会、参展，并为其提供商务洽谈与对接的服务。中方由国家对外文化贸易基地（上海）组织了包括广电、文化娱乐、游戏、版权、文化贸易平台在内的 30 多家企业和机构参加。

中日韩文化产业论坛创办于 2002 年 1 月，由中国文化部、日本经济产业省、韩国文化体育观光部牵头，每年在中日韩三国轮流举办，旨在建立三国文化产业合作机制，深化务实合作，促进地区稳定繁荣。2009 年 9 月，第八届中日韩文化产业论坛举办后一度中断，2016 年 6 月在韩国正式重启。

【第十五届文华大奖获奖剧目广东巡演】

2017 年 6 月，由广东省文化厅主办，各相关地级市文广新局（文体旅游局）和部分剧院承办的“第十五届文华大奖获奖剧目广东巡演”启动。

文华奖评选三年一届，由文化部主办，其中的文华大奖是我国舞台艺术领域的政府最高奖。本次活动汇聚了多部 2016 年刚刚获得第十五届文华大奖的优秀剧目。巡演剧目题材厚重，聚焦生活，形式多样，包括评剧、话剧、舞剧等多种艺术形式，汇聚了王平等一批国内优秀演员，体现了当今我国舞台艺术创作的最新风貌和成果。

作为本次活动的首演剧目，大型原创评剧《母亲》于 2017 年 6 月 27 日、28 日在广东粤剧艺术中心连演两场。此外，广东省还将引进另一台获奖话剧《麻醉师》，于 8 月至 9 月期间来粤演出约 10 场。

为更好地把艺术惠民、服务基层落到实处，让更多观众走进剧场体验戏剧的魅力，充分发挥优秀作品的社会效益，包括广东省获奖舞剧《沙湾往事》在内的有关剧目还将到深圳、佛山、河源、中山、江门等地进行演出，实行低票价惠民演出。

【2017 年国家艺术院团演出季】

2017 年 8 月至 10 月中旬，“2017 年国家艺术院团演出季”在北京举行。

9 月 8 日，“2017 年国家艺术院团演出季”在北京中国国家话剧院剧场开幕。文化部部长雒树刚致开幕词，文化部副部长董伟主持开幕式，中宣部、财政部、国家民委等相关部委负责同志出席并观看开幕演出——中国国家话剧院创排的话剧《谷文昌》。

文化部直属的中国国家京剧院、中国国家话剧院、中国歌剧舞剧院、中国东方演艺集团有限公司、中国交响乐团、中国儿童艺术剧院、中央歌剧院、中央芭蕾舞团、中央民族乐团以及国家民委直属的中央民族歌舞团 10 家国家艺术院团，在 50 多天的时间里在北京推出 20 台剧目共 42 场演出，集中展示国家艺术院团深入贯彻落实习近平总书记关于文艺工作的重要讲话精神、迎接党的十九大胜利召开的最新创作成果和良好精神面貌，充分体现国家艺术院团“深入生活、扎根人民”主题实践活动的最新成果。

此次演出季较往届规模更显集中，除展示包括现代京剧《横空出世》、话剧《谷文昌》、民族歌剧《玛纳斯》、芭蕾舞剧《敦煌》以及中国交响乐团迎接党的十九大召开专场交响音乐会 5 部重点主题创作作品外，还有歌剧《林徽因》、音乐剧《小公主》、成长戏剧《山羊不吃天堂草》、大型民族器乐剧《玄奘西行》、京剧《徐母传》、音乐剧《我们的爱情故事》、舞乐剧《中国故事・十二生肖》等。其中，开幕剧国家话剧院话剧《谷文昌》根据真人真事创作而来，导演先后 8 次赴当地进行艺术采风，剧本进行修改、加工、打磨 23 次，在国家话剧院演出 6 场。国家话剧院带来的另一个作品是他们第一次涉足的音乐剧《你若离开，我便浪迹天涯》，这部音乐剧关注了当代的孤寡老人，当代的家庭，通过音乐剧的形式呼唤三代人的亲情再现，同时也是为培养青年艺术家而进行创作的作品。

此次演出季加大了惠民力度，将50%的票价定位在80元以下，开通了票台、网络、手机等各种购票模式，开展了形式多样的抢票活动，以便满足群众观演需求。其中，中国儿童艺术剧院开展公益活动，在教师节前后邀请教育一线的老师走进剧场，并邀请太阳村服刑子女的孩子们现场感受戏剧的魅力。此外，此次演出季一半以上的院团开设了新媒体直播、鉴赏、互动等渠道，加强了与观众的交流，让舞台艺术更好地惠及大众，让广大群众共享国家艺术院团的艺术发展成果。

【第十届中国国际青年艺术周】

2017年8月12日至29日，由中国对外文化交流协会和中国对外文化集团公司共同主办的“第十届中国国际青年艺术周”举办。艺术周以北京为主会场，分会场包括上海、广州、济南等全国12座城市；艺术形式涵盖音乐会、戏曲、音乐剧等；除演出之外还有展览、论坛、艺术教育与培养等多种形式的艺术活动，包括“虚拟车间——互动媒体艺术展”“国际青少年手写手绘明信片优秀作品展”“为祖国山河立传——青年山水画家名山写生展”等。

艺术周的开幕式音乐会于8月12日晚在北京天桥艺术中心上演，打击乐演奏家李飚和他的打击乐团演出了《身体打击乐》《鼓诗》《旭日东升》等作品。艺术周闭幕演出邀请香港京昆艺术家邓宛霞举办专场演出，演出昆曲《白蛇传·游湖》、京剧《平贵别窑》等曲目。在“丝绸之路国际剧院联盟”板块中，主办方与乌克兰、白俄罗斯、立陶宛、罗马尼亚4国的成员单位在演出、艺术教育等方面进行了合作。

【第四届丝绸之路国际艺术节】

2017年9月7日至21日，由文化部、陕西省人民政府联合主办的“第四届丝绸之路国际艺术节”在陕西省西安市举办，来自106个国家和地区的艺术家参与演出。艺术节在举办文艺演出、美术展览、文化论坛、惠民巡演的同时，还将举办国际现代艺术周、国际创意动漫周、国际儿童戏剧周以及国际青年汉学家研修班等活动。

2014年，党中央、国务院批准设立了丝绸之路国际艺术节，由文化部、陕西省人民政府共同主办，陕西省文化厅承办，每年举办一届，永久落户陕西省。3年来，参与的国家和地区从第一届的30个、第二届的62个，增长到第三届的80个，再到2017年的上百个，其国际影响力与日俱增，在促进“一带一路”建设和丝路沿线国家文化交流与合作等方面发挥着越来越重要的作用。

【中华社会文化发展基金会国学公益基金成立仪式暨国学公益基金项目发布会】

2017年9月8日，“中华社会文化发展基金会国学公益基金成立仪式暨国学公益基金项目发布会”在陕西省西安市举行，百余名来自全国各地的国学研究专家、学者和企业家参加了会议。在成立仪式上，基金首批公益支持项目公布，其中包括开展丝绸之路起点城市——西安及丝绸之路沿线文物及文化遗产保护，开展非遗文化小镇建设，开展国学成语故事千集少儿古装剧展演等多项内容。

【第12届中国—东盟文化论坛】

2017年9月11日，“第12届中国—东盟文化论坛”在广西壮族自治区南宁市开幕，论坛主题为

“中国—东盟传统艺术传承与发展”。

中国—东盟艺术教育校长圆桌会于9月11日举行，与会的各国艺术教育院校校长、教育专家、行业管理专家等围绕“传统艺术传承与发展”等议题展开讨论。

中国—东盟（南宁）戏剧周于9月6日至12日举办。戏剧周以“丝路起航新时代，戏海扬帆新征程”为主题，主会场设在南宁，北海、钦州、防城港、百色等相关巡演城市及东盟相关国家设分会场。活动坚持“演、研、展、赛＋大联欢晚会”的4+1模式，包括中国—东盟优秀剧目展演、中国—东盟艺术大赛、中国—东盟学术研讨会、中国—东盟青年电影展映、中国—东盟（南宁）戏剧周大联欢晚会等9项活动。9月11日晚，论坛组会邀请与会嘉宾观看中国—东盟（南宁）戏剧周大联欢晚会。

中国—东盟（南宁）戏曲演唱会于9月5日至10日在南宁市举办，以“丰富文化交流，传承民族经典”为主题，邀请中国（南宁）戏曲名家和新生代演员及传承人、东盟国家戏曲名家、广西戏曲票友同台演唱。

互动交流活动共有两场，分别是9月11日在广西民族博物馆进行的广西非物质文化遗产展演，以及9月12日上午在广西艺术学院开展的特色传统艺术主题互动交流活动。

自2006年以来，中国—东盟文化论坛在广西壮族自治区已成功举办11届。经过11年的悉心耕耘，中国—东盟文化论坛已发展成为在中国和东盟地区有一定国际影响力的省部级专业论坛。

【第十二届中国北京国际文化创意产业博览会】

2017年9月11日至13日，由文化部、国家新闻出版广电总局、北京市人民政府主办的“第十二届中国北京国际文化创意产业博览会”在北京举行。

博览会以“文化科技融合传承创新发展”为主题。据不完全统计，本届文博会期间，共签署文化创意产业的产品交易、艺术品交易、银企合作等协议总金额977.28亿元人民币。本届文博会签约、成交呈现四大特点：一是影视文化制作、版权项目交易活跃，签约金额371亿元人民币，占比37.9%；二是落户园区的文化产业合作项目478亿元人民币，占比49%；三是文化与科技、金融等融合的项目金额171亿元人民币，占比17.5%；四是落实“一带一路”国家战略，文化走出去项目增加，文化贸易签约金额138亿元人民币，占比14%。

与往届相比，本届文博会高端化、专业化、市场化、国际化特色更加明显。共有来自海内外文化创意产业界及相关业界的近200万人次参与了展览会、推介交易、论坛会议、创意活动及分会场百余场次活动。其中包括4个国际组织、63个国家和地区的86个境外代表团组；全国23个省区市组团全面参与文博会。设在中国国际展览中心的文博会主展场，3天接待以业界专业人士为主的各界观众约15万人次；文博会主题报告会和6场论坛，有142位包括国际组织高层负责人、国家产业主管部门的权威人士和国内外业界知名专家、学者和企业家到会演讲，2500位业界专业人士到会交流；以文化创意产业投融资、文化产品交易、产业合作为主要内容的65场项目推介交易签约活动，吸引了海内外1.5万位客商到会洽谈交易。

创办于2006年的北京文博会是发挥北京作为全国文化中心、科技创新中心和国际交往中心的优势而搭建的国家级文化产业平台。前11届北京文博会共吸引100多个国际组织、国家和地区的565个代表团组、14342名境外专业人士参加，国内31个省区市及港澳台地区均组团参加；共举办活动1267场次，展览总面积202万平方米，参与的各界人士达到1093万人次，达成合作意向、协议及交易总金额7861.05亿元。

【2017 青年汉学家研修班（北京）】

2017 年 9 月 11 日至 31 日，由文化部、中国社会科学院联合主办，中外文化交流中心承办的“2017 青年汉学家研修班（北京）”在北京中国国家图书馆举行。来自美国、澳大利亚、英国、加拿大、智利、阿尔巴尼亚、埃及、埃塞俄比亚、印度、意大利等 26 个国家的 27 位青年汉学家参加研修。

学员在北京接受为期 3 天的集中授课，并赴中国社会科学院、中国艺术研究院、北京语言大学开展专题研讨和交流，之后前往江西省进行中国传统文化和中国乡村考察。学员的研修方向涉及中国文学、历史、哲学、艺术、语言、政治、当代社会、国际关系、教育学等诸多领域，研修成果汇编出版。

自 2014 年起实施的青年汉学家研修计划旨在搭建一个支持海外青年汉学家开展汉学研究的平台，为其学术研究提供便利和实质性帮助，支持其与中国本土优秀的学术、文化、教育领域的机构、团体、企业和学者开展交流和合作研究项目，帮助其提升学术水平和国际影响力。

2017 年，青年汉学家研修分别在北京、上海、西安和郑州各设立一期研修班。其中，北京班侧重中国政治、文化和经济研究，上海班侧重中国经济、社会和文化研究，西安班侧重“一带一路”和中国政治、文化研究，郑州班侧重中国历史、文化和共同遗产研究，来自 58 个国家的 113 位学员参加了研修。

【图书馆文化创意产品开发培训班】

2017 年 9 月 12 日至 14 日，“图书馆文化创意产品开发培训班”在北京国家图书馆举行，在 12 日举办的图书馆文化创意产品开发培训班开班仪式上，宣布全国图书馆文化创意产品开发联盟成立。

图书馆文化创意产品开发培训班邀请文化部文化产业司企业发展处负责人、知名文创设计师，以及国家图书馆、中国国家博物馆、恭王府博物馆等文创经营负责人授课，并赴故宫博物院现场教学。

全国图书馆文化创意产品开发联盟是由文化部推动并指导，全国图书馆文创试点单位自愿参加组成的非营利性行业联盟。该联盟以弘扬中华优秀传统文化为目的，以引领和推动行业文创产业发展为宗旨，为图书馆界文创起步晚、规模小、资源较为分散、品牌效应不强等问题提供解决方案，指导各成员通过文创研发、营销渠道、人才培养等资源的共建共享，提高图书馆文创研发整体水平，实现图书馆文创产品文化价值与实用价值的有效统一，满足广大人民群众不断升级和个性化的物质和精神文化需求。

本次联盟成立大会被纳入 2017 年全国大众创业万众创新活动周，充分展现了双创活动周“双创促升级，壮大新动能”主题，成为启迪创意、展示和转化创新创业成果的重要平台。

【当代北京文艺的“变”与“不变”：2017·北京文艺论坛暨北京文艺评论 2017 年度推优活动成果发布会】

2017 年 9 月 14 日至 15 日，由北京市文学艺术界联合会主办、北京市文学艺术界联合会研究部和北京文艺评论家协会承办的“当代北京文艺的‘变’与‘不变’：2017·北京文艺论坛暨北京文艺评论 2017 年度推优活动成果发布会”在北京举行。来自文学、戏剧、美术、书法、摄影、音乐、舞蹈、民间文艺、曲艺、杂技、电视、电影 12 个艺术门类的文艺评论家和文艺创作者，北京文艺评论 2017 年度推优活动获奖作者代表以及北京各区文联代表等近百人参加会议。

本届论坛共设置 4 场，分别从“时代变迁与文艺价值”“美学演进与艺术实践”“荧屏生态与文化传播”“传统资源与现代性转化”4 个角度，紧扣当下文艺现状，研讨北京文艺变革与坚守方面的新问题。

与会专家表示，文艺的价值和艺术规律不因时代而不同，文艺的本质不因社会发展而改变。在任何时代，文艺的健康发展都离不开文艺评论。北京市文联充分发挥拥有多种艺术门类的优势，十余年来精心打造了“北京文艺论坛”这一首都文艺评论的品牌项目，积极倡导并推动跨学科、跨专业的理论研讨，为文艺的发展和繁荣营造了良好的学术交流氛围。

此外，会议对北京文艺评论 2017 年度推优活动获奖作者进行了表彰。2017 年，北京市文联启动了“北京文艺评论 2017 年度推优活动”，评选、推介北京地区的优秀文艺评论著作和文章。

【金砖国家文化节】

2017 年 9 月 15 日至 22 日，“金砖国家文化节”在福建省厦门市举行。国家主席习近平出席金砖国家文化节启动仪式暨文化图片展。

金砖国家文化节以“文明相融、民心相通”为主题，邀请来自金砖五国的 210 多位艺术家，在厦门艺术剧院、鼓浪屿音乐厅、厦门美术馆等场馆举办剧场演出、户外演出、艺术大师课、主题展览和金砖国家电影展映等 30 余场相关活动。

本次文化节有三个突出特点：一是水平高，中国的中央芭蕾舞团、中国歌剧舞剧院与巴西的黑天鹅民族舞蹈团、俄罗斯的马林斯基剧院、印度的阿比提舞蹈学院和南非约翰内斯堡芭蕾舞团等，都是各国具有代表性的艺术团体，为观众带来丰富艺术体验；二是突出合作、深化友谊，所有演出、展览均由五国艺术家联合呈现，充分展现金砖国家相互交流的良好愿望，艺术家通过合作增进理解和友谊；三是公益性，文化节所有活动免费向市民开放，不仅为金砖国家领导人厦门会晤营造氛围，也为厦门提供城市文化滋养。

人文交流是金砖国家合作三大支柱之一。2015 年，首届金砖国家文化部长会议在俄罗斯召开，通过了《金砖国家政府间文化合作协定》，为金砖国家开展文化方面合作奠定了基础。2017 年 7 月，第二届金砖国家文化部长会议在天津召开，五国代表签署《落实〈金砖国家政府间文化合作协定〉行动计划（2017—2021 年）》，推动金砖国家文化领域务实合作进入新阶段；会议期间还成立了金砖国家图书馆联盟、博物馆联盟、美术馆联盟和青少年儿童戏剧联盟，开启金砖国家文化机构的常态化合作模式。

【百年巨匠——四十三位文学艺术大师作品展】

2017 年 9 月 16 日至 26 日，由中国文学艺术界联合会、国家新闻出版广电总局、中国艺术研究院、中央电视台、中国国家博物馆、中共北京市委宣传部共同主办，中国文学艺术基金会、中央新影集团、百年艺尊（北京）文化传播有限公司、北京银谷艺术馆承办的“百年巨匠——四十三位文学艺术大师作品展”在中国国家博物馆举行，之后在上海、山东、广东等地巡展。

文化部原部长、国家艺术基金理事长蔡武，中国文联党组成员、副主席、中国文学艺术基金会理事长左中一，国家博物馆馆长吕章申，中国艺术研究院院长连辑，中央电视台副台长魏地春，以及余俊生、金越、高峰、杨京岛等主承办单位代表、百年巨匠家属代表及文艺界知名人士出席了展览开幕式。开幕式由中国文学艺术基金会副理事长兼秘书长向云驹主持。蔡武，吕章申，连辑，老艺术家蓝天野，中国民生银行董事长洪琦在开幕式上致辞。

“百年巨匠——四十三位文学艺术大师作品展”全面展示、介绍、宣传《百年巨匠》6 大篇章、43 位巨匠的艺术成就和人生历程。此次展览不仅是艺术作品展，也是综合的文献回顾展：90 余件展品包括书画作品、出版物、手稿、照片、道具等实物，以及《百年巨匠》纪录片、宣传片及巨匠生前影像资料等；鲁迅的《自题小像》、齐白石的《松鹤旭日图》《花草工虫册》、徐悲鸿与齐白石合作的《芋叶双鸡图》、蒋兆和的《杜甫》《鸭绿江边》、张大千的《华山云海图》、吴冠中的《长江万里图》、石鲁的

《春满秦岭》《收高粱》、黄胄的《草原逐戏图》、梅兰芳与程砚秋合作的书画册页，以及刘天华使用的二胡、琵琶指甲、黑胶唱片等众多作品、实物与文献，将43位巨匠的生平、历史、创作、生活融为一体，呈现一位位有血有肉的巨匠形象，让观者更为立体地了解这些文艺大师，亦是大型人物传记纪录片《百年巨匠》的视觉延伸和全新呈现。

百集大型系列人物传记纪录片《百年巨匠》是国内第一部大规模、全方位拍摄制作的关于20世纪画坛巨匠、艺苑大师、文坛泰斗的大型系列人物传记纪录片。2016年，《百年巨匠》正式立项为中宣部、国务院新闻办组织实施的“纪录中国”传播工程项目，并立项为中央电视台重大主题主线宣传暨重点选题。该纪录片分为美术篇、书法篇、京剧篇、话剧篇、音乐篇、文学篇，以110集的规模拍摄43位20世纪中国文艺领域的杰出代表。这43位文化艺术巨匠的艺术成就、人生经历、精神高度，充分彰显了中华民族文化在当代所能达到的高度。

在开幕式上，《百年巨匠》精品集主编、中央美术学院院长范迪安与山东出版传媒股份公司副总经理王长春代表主承办方，向中国国家博物馆赠送23册《百年巨匠精品集》。《百年巨匠》纪录片历经五载创作拍摄，已全部制作完成，于2017年及2018年上半年陆续与广大观众见面。纪录片《百年巨匠》之《梅兰芳篇》《关山月篇》于2017年9月16日起在央视九套、十套等全国14个电视频道同期播出。

【2017中国（安阳）国际汉字大会】

2017年9月19日至22日，由中国人民对外友好协会、河南省人民政府主办的“2017中国（安阳）国际汉字大会”在河南省安阳市举行。

本届汉字大会以“汉字与世界”为主题，专业性、国际性、学术性、实践性特点鲜明，推出特色展览、主题论坛、文博机构考察、汉学家进校园讲汉字故事等10余项特色活动，包括国际书法名家作品邀请展、汉字文化传播奖颁奖、“字酷”文字艺术设计展、“汉字国际传播”主题论坛、中日韩共用汉字辞典编撰专题研讨会、“汉字”巡展与汉字文化传播专题研讨会、2017“甲骨文杯”国际学生“我与汉字”演讲比赛等。其中，国际书法名家作品邀请展荟萃美国、日本、韩国等10余个国家和地区180多位当代书法名家的作品。系列论坛和研讨会吸引了俄罗斯、德国、印度等国家的汉学家参与。

【第二届丝绸之路（敦煌）国际文博会】

2017年9月20日至21日，由甘肃省人民政府、文化部、国家新闻出版广电总局、国家旅游局、中国贸易促进会共同主办的“第二届丝绸之路（敦煌）国际文化博览会”举行。

第二届敦煌文博会秉承“和平合作、开放包容、互学互鉴、互利共赢”的丝路精神，设计了“论、展、演、创、贸、游”六大主体活动。论坛方面，采用“1+4”的形式，即1个高级别论坛、4个分论坛，邀请中外官员和专家学者为“一带一路”建设、构建人类命运共同体贡献智慧；文化系列展览方面，全面展示丝绸之路悠久的文化积淀，如第二届敦煌文博会文化年展设置了20个专题展览，共征集来自国内外的各类展品3500余件；文艺演出方面，推出国外演出2项、国内演出8项、中外合作演出3项，共13项，演出档期从9月18日延续至10月10日；文化创意方面，突出文化的再造与创新，融合多民族文化，彰显文化的创造力和想象力；文化贸易方面，积极推动国际合作与交流，加快推进文化贸易合作发展，来自俄罗斯、韩国等20个国家和国内20个省区市的500余家知名文化企业开展项目推介、产品交易、艺术品拍卖等活动；文化旅游方面，集中展示丝路沿线国家和地区的旅游资源，推介精品旅游线路，积极推动沿线国家和地区强化共同开发文化旅游的联动优势，拓展文化和旅游融合发展的广度和深度。

来自51个国家、3个国际组织的135位外宾和国内的66位嘉宾出席会议，参展人数和中外新闻记者有 2100 多人。

【2017 年度国家社科基金艺术学项目立项名单公布】

2017 年 9 月 22 日，2017 年度国家社科基金艺术学项目已完成受理申报、通讯初评、会议评审、网上公示等程序，经全国艺术科学规划领导小组批准，将立项课题名单予以公布。

本年度国家社科基金艺术学项目共立项 249 项，其中，重点项目 8 项，一般项目 167 项，青年项目 52 项，西部项目 22 项。

【2017 第十二届全国艺术院校院（校）长高峰论坛】

2017 年 9 月 23 日，由中国文化传媒集团、新疆艺术学院主办，《艺术市场》杂志社股份有限公司、《艺术教育》杂志社承办的“2017 第十二届全国艺术院校院（校）长高峰论坛”在乌鲁木齐市新疆艺术学院举办。中国文艺评论家协会主席仲呈祥，中国文化传媒集团董事长兼党委书记、中国文化报社社长刘承萱，中国文化传媒集团副总经理、《艺术教育》杂志社总编代柳梅等出席。来自中央美术学院、中央音乐学院、中国戏曲学院、北京电影学院、西安美术学院、南京艺术学院等全国 50 余所艺术院校的 100 余位院（校）长、教授、专家参加本届论坛。

本届论坛以“艺术教育界深入学习习近平总书记系列重要讲话精神”“丝绸之路艺术教育”“‘一带一路’背景下的艺术教育”“‘双一流’建设中的高等艺术院校”“坚定社会主义核心价值观，弘扬中华优秀传统文化”“中西部艺术学学科建设”六大议题为切入点，探索我国艺术教育发展趋势和路径，为推动艺术教育工作向更高层次、更高水平发展献计献策。

论坛期间，仲呈祥、云南省政协教科文卫体委员会副主任吴卫民分别就文化自信与文化引领、艺术教育的人才培养模式作主题报告。中国戏曲学院院长巴图、杭州师范大学校长杜卫等在主论坛作主旨发言。

【第十五届亚洲艺术节】

2017 年 9 月 23 日至 10 月 23 日，“第十五届亚洲艺术节”在浙江省宁波市举办。中国文化部部长雒树刚，泰国副总理塔纳萨·巴迪玛巴功，中共浙江省委副书记、宁波市委书记唐一军出席 9 月 23 日举行的开幕式并致辞。泰国文化部部长威拉·洛朴乍纳叻、老挝新闻文化旅游部部长波显坎·冯达拉、柬埔寨文化艺术部国务秘书索姆·索坤、缅甸宗教事务与文化部副常务秘书吴昂山乌、越南文化体育与旅游部副部长郑氏水等一同出席开幕式。浙江省副省长成岳冲主持开幕式。

本届亚洲艺术节以“海丝古港　亚洲新梦”为主题，包括开幕演出《亚细亚和谐之声》音乐会、文化论坛、表演艺术、视觉艺术 4 个板块数十项活动。本届亚洲艺术节汇聚了各国致力于促进亚洲文化艺术传播与发展的艺术家和机构，协同中央美术学院、中央音乐学院、中国对外文化集团公司等中国艺术院校与机构，推出亚洲艺术邀请展、亚洲优秀剧目展演、亚洲演艺合作论坛和亚洲演艺联盟等多项活动。

2017 年 9 月 24 日，本届艺术节的演艺合作论坛在浙江省宁波市举办。来自中国、韩国、泰国、菲律宾、马来西亚、印度等国的 10 余位业界嘉宾参加了活动。论坛主题为“演艺亚洲　合作共赢”，所邀请的嘉宾来自各国演艺领域的行业组织、文化艺术基金会、知名艺术节及剧场、文化艺术中心等机构。论坛上，与会嘉宾分别就自己在国际演艺交流合作方面的经验做了主旨发言，共同探讨亚洲演艺领域未来合作空间及发展前景。论坛上，中国演出行业协会提出成立亚洲演艺合作联盟的倡议，得到各国与会嘉宾的响应。

亚洲艺术节是经中国国务院批准的中国首个区域性国际艺术节，于1998年开启举办。据不完全统计，来自亚洲30多个国家和地区的300余个艺术团组、1000余万名观众参加了历届艺术节活动。

【2017中国（曲阜）国际孔子文化节系列活动】

9月20日至21日，在山东省曲阜市举行第八届世界儒学大会。

9月25日至28日，在济宁市圣都国际会议中心举办联合国教科文组织全民教育国际研讨会，会议以“孔子思想与全民教育”为主题，交流全民教育工作经验，探讨全民教育发展问题。

9月26日至28日，在曲阜市香格里拉酒店举行中国研学旅游推广联盟成立大会，大会主题为“走近孔子，感悟中国”。

9月26日至28日，在济宁市圣都国际会议中心举行世界500强跨国公司高管“东方圣城行”活动。

9月27日晚，在山东省曲阜市孔子文化会展中心剧场举办2017中国（曲阜）国际孔子文化节开幕式暨第十二届“联合国教科文组织孔子教育奖”颁奖典礼。开幕式上宣读了“联合国教科文组织孔子教育奖”“少年孔子奖”获奖名单，向获奖代表颁奖并赠送孔子像。

9月27日至28日，第八届世界儒学大会青年博士论坛在孔子研究院举行。

9月27日至28日，在济宁市圣都国际会议中心举行海内外知名儒商“东方圣城行”活动，通过举办经济合作恳谈会、项目对接和组织嘉宾进行投资考察，促进济宁市新旧动能转换，经济社会发展。

9月27日至28日，在济宁市香港大厦举办济宁数字创意发展峰会等活动。

9月27日至29日，在曲阜阙里宾舍举行“两岸台商孔孟故里行”活动。

9月28日上午，丁酉年祭孔大典在曲阜孔庙举行，包括开城、开庙、乐舞告祭、恭读祭文等仪式。

【第八届世界儒学大会】

2017年9月20日至21日，由文化部、山东省人民政府主办的“第八届世界儒学大会”在山东省曲阜市举行。全国人大常委会副委员长王胜俊，文化部部长雒树刚，山东省委书记刘家义和山东省委常委、宣传部部长孙守刚等出席大会相关活动。

9月21日，雒树刚在出席大会并发表主旨演讲时表示，世界儒学大会逐渐成为国际儒学研究与交流的重要平台，为传承弘扬中华优秀传统文化、推动不同文化之间对话交流发挥了积极作用。此次会议聚焦“儒家思想与人类命运”主题，探讨挖掘儒家思想当代价值，造福人类世界共同命运，很有现实针对性。孔子创立的儒家学说以及在此基础上形成的儒家文化，是中华优秀传统文化的重要组成部分。要全面认识儒家文化的重要地位和独特价值，充分发挥儒家文化在中外文化交流中的独特作用，以儒家文化为重要内容展示中华文化魅力，以儒家文化为纽带促进世界各国民心相通，以儒家“和合”文化推动人类命运共同体建设。

大会期间，来自34个国家和地区、100多个儒学研究机构与学术团体的600多位专家学者围绕大会主题，以及“儒家话语下的宗教与信仰”“儒家伦理与人类的共同价值”“儒家思想与个体价值”“礼乐文明与当代社会的价值重构”“传统文化传承发展的现代路径”5个分论题进行了深入交流。

本届儒学大会开设“儒学与乡村建设”“少儿读经利弊得失之检讨”“儒学与中医药文化”3个专题论坛，并授予台湾东海大学教授蔡仁厚、武汉大学教授郭齐勇2017年度“世界儒学研究杰出人物”纪念牌。

【中国主宾国系列展览亮相巴西库里蒂巴双年展】

2017年9月30日至2018年2月25日举行的“2017巴西库里蒂巴双年展”，由中国作为主宾国，以规模宏大的系列展览，首次在南美大陆集中呈现中国当代艺术。此次中国主宾国系列展览由中国文化部、中国驻巴西大使馆和中国驻圣保罗总领馆举办，中国对外文化集团公司实施，包括“脉动——中国当代艺术展”“青春叙事——中国当代青年艺术展”和“天际线——中国当代建筑展”，分别在巴西奥斯卡·尼迈耶博物馆、城市艺术博物馆和巴拉那州州长宫（伊瓜苏宫）展出。

其中，“脉动——中国当代艺术展”作为“2017库里蒂巴双年展”中国主展览，在世界建筑巨匠奥斯卡·尼迈耶设计的奥斯卡·尼迈耶博物馆展出。该展挑选了当今中国具有代表性的38位艺术家的102幅（组）作品，作品种类有摄影、影像、综合材料装置、架上绘画、雕塑、3D打印和素描等。年龄层跨越20世纪40年代至90年代，同时有两位自闭症患者参展，以响应世界自闭症日对弱势群体的关爱。中国美术馆馆长吴为山的雕塑作品《孔子》也应库里蒂巴市政府邀请参与此次双年展“脉动——中国当代艺术展”，此件作品由库里蒂巴市市长亲自选定，将矗立于巴拉那州州长宫、奥斯卡尼迈耶美术馆和议会大厦三座建筑物环抱的中心环岛，并于展览结束后捐赠库里蒂巴市，该广场还将被命名为“中国广场”，以作为两国友谊的见证。

“青春叙事——中国当代青年艺术展”展出国内具有代表性的26位青年艺术家的53件（组）作品，涵盖油画、雕塑、装置、影像等多个艺术类型，概括性地反映了中国当代青年艺术家的创作面貌。“天际线——中国当代建筑展”则介绍了中国当代建筑中具有代表性的80个项目，以轻快现代的风格展示中国进入21世纪以来的新建筑成就和城市面貌。

巴西库里蒂巴双年展创始于1993年，是拉丁美洲最具影响力的国际双年展之一，在半年展期中，在全市百余处场地举办各类相关活动并在巴西境内外巡展，吸引数十万专业人士、艺术爱好者和众多国际媒体的目光。本次巴西库里蒂巴双年展的主题是“对跖（Antipodes）——纷繁视象（Profusion of Image）”是地理学上的术语，这是为了比喻地理上相距遥远的两点。位于东亚的中国和位于南美的巴西，在地理上正是两个相对的端点。

【第十九届中国上海国际艺术节】

2017年10月20日至11月19日，“第十九届中国上海国际艺术节”举行。本届艺术节集中展示党的十八大以来文化艺术发展的成果。

10月20日开幕演出《启航》，是由上海国际艺术节中心委约上海爱乐乐团驻团作曲家龚天鹏创作的大型交响合唱作品，演绎了中国共产党带领中国这艘巨轮穿过激流险滩，乘风破浪驶向广阔海洋的壮丽篇章。乐团特意用96人的演奏员大编制和96人的合唱阵容，歌颂中国共产党成立96年来走过的光辉历程。

开幕式当天，“丝绸之路国际艺术节联盟”成立，来自“一带一路”沿线32个国家和地区的124个艺术节机构携手加入该联盟。联盟将全面推进“一带一路”沿线及全球艺术节、艺术机构的机制化合作进程，提高“一带一路”沿线国家的文化创新能力。

本届上海国际艺术节共展演45台剧（节）目，其中境外25台、境内20台；举办10项展（博）览活动；“艺术天空”推出46台94场演出；艺术教育活动包括55项110场；扶持青年艺术家计划暨青年艺术创想周共委约9部作品，开展31项邀约展演活动；邀请450多家国内外机构参加演出交易会，并举行10场论坛活动；设置无锡、宁波、合肥3个分会场，举办喜剧节、魔术节、水乡音乐节、互动戏剧节等7个“节中节”。艺术节还策划了“从石库门到天安门”上海美术作品展及诗歌朗诵会等活动。

机构

【中国节日文化研究中心成立】

2017 年 6 月 8 日，根据中共中央办公厅、国务院办公厅《关于实施中华优秀传统文化传承发展工程的意见》(中办发〔2017〕5 号)和中央文明办《关于 2017 年广泛开展“我们的节日”主题活动的通知》(文明办〔2017〕1 号)的要求，结合中国民协组织开展“我们的节日”专项工作的实际，经中国民协分党组研究决定同意，中国民协分党组发文同意在北京师范大学成立中国节日文化研究中心。

作为中国民协节日文化研究的专门研究机构，中国节日文化研究中心以研究中国各民族传统节日文化及相关民俗文化为主，配合中国民协组织开展的节日文化活动，将节日文化和民俗活态文化遗产结合起来，宣传展示中国节日文化传承、保护和文化内涵发掘工作成果。

[中国节日文化研究中心组织机构]

主任：

萧放	北京师范大学教授

副主任：

黄涛	温州大学教授
韦苏文	中国民间文艺家协会副主席、广西民间文艺家协会主席
索南多杰	中国民间文艺家协会副主席、青海省民间文艺家协会常务副主席

秘书长：

侯仰军	中国民间文艺家协会国内联络部主任

学术委员：

巴莫曲布嫫	中国社会科学院研究员
王霄冰	中山大学教授
韦苏文	中国民间文艺家协会副主席、广西民间文艺家协会主席
田兆元	华东师范大学教授
刘晓峰	清华大学教授
色音	中国社会科学院研究员
张勃	北京联合大学研究员
宋颖	中国社会科学院助理研究员
陈连山	北京大学教授
林继富	中央民族大学教授
邹明华	中国社会科学院副研究员
侯仰军	中国民间文艺家协会国内联络部主任
索南多杰	中国民间文艺家协会副主席、青海省民间文艺家协会常务副主席
黄涛	温州大学教授
萧放	北京师范大学教授

【昆仑文化研究院成立】

2017年8月17日，昆仑文化研究院在青海省格尔木市成立，该院对昆仑文化与吐谷浑、昆仑玉路与丝绸之路、古羌族历史与昆仑文化、西王母与上古神话等课题进行更加深入、系统的研究。

昆仑文化研究院特聘20余名国内知名的非物质文化遗产、昆仑文化、民族史学、人类学、宗教学等领域的专家致力于昆仑文化的进一步研究，在具体工作中实施一些课题、项目，通过研究院本身与海内外学者、学术界以及社会各界的合作，真正为昆仑文化的研究发展做出贡献。下一步，昆仑文化研究院积极完成《昆仑文化概论》等6部学术专著。

【中国文艺评论传播联盟成立】

2017年9月26日，中国文艺评论传播联盟在北京发起成立。中国文艺评论传播联盟由《中国文艺评论》、中国文艺评论网、《光明日报》文艺部、光明网、中央人民广播电台文艺之声、《中国艺术报》、《文艺报》、《中国社会科学报》、《人民政协报》、《中国文化报》、中国文联出版社、生活·读书·新知三联书店、雅昌艺术网以及中国文艺评论、艺评中国等微信公众号近60家单位共同发起。

活动由中国文艺评论家协会、中国文联文艺评论中心主办，《中国文艺评论》杂志、中国文艺评论网、光明网共同承办。仲呈祥、庞井君、杨谷等有关方面负责人以及部分发起单位代表出席成立仪式。

同期，第二届“啄木鸟杯”中国文艺评论年度推优发布大会举办。王评章、厉震林、叶康宁、江东、江腊生、何小平、岳凯华、胡疆锋、傅守祥、蔡家园10位作者的著作，丁晓平等30位作者的文章获得推优。中国文艺评论网新版同期上线。

【清华大学文化经济研究院成立】

2017年10月10日，清华大学文化经济研究院成立仪式在清华大学举行。文化经济院以“经济赋能文化，文化促进经济”为宗旨，是由清华大学经管学院、美术学院及新闻学院共同创建的跨学科交叉科研机构。原中共中央政治局常委、国务院副总理李岚清同志赠送亲自篆刻的印章以示鼓励。仪式开始前，清华大学党委书记陈旭会见了与会嘉宾，副校长兼教务长杨斌参加会见。

【中国艺术研究院艺术与人文高等研究院成立】

2017年12月16日，中国艺术研究院艺术与人文高等研究院成立大会暨揭牌仪式在北京举行。文化部党组副书记、副部长杨志今出席并讲话。中国艺术研究院名誉院长王文章、中国艺术研究院院长连辑、中国国家博物馆馆长吕章申、中央文史研究馆副馆长冯远、敦和基金会执行理事长陈越光等出席。杨志今代表文化部向中国艺术研究院艺术与人文高等研究院的成立表示祝贺。他说，当前，中国特色社会主义已进入新时代，与新时代相呼应，文化建设需要有新的思路、新的开拓、新的发展，需要有人文社会科学各学科领域专家学者和艺术家的积极参与。希望研究院通过有效整合中国艺术研究院的内外资源，重点研究艺术与人文领域具有普遍性的基本问题、重大问题，推进艺术与人文领域的学术研究和创新；希望研究院能举非常之事、结非常之果、成非常之功，既能开出好颜色，又流清香润汗青。中国艺术研究院终身研究员、中国艺术研究院中国文化研究所所长刘梦溪出任艺术与人文高等研究院院长。陈方正、林祥雄、李零、章新胜、王石、陈越光、陈嘉映、陈平原、白谦慎、王学典、黄一农、梁治平、赵汀阳、郑永年、任剑涛、余世存16位学者、艺术家受聘为艺术与人文高等研究院高级研究员。

出版

【《2016中国艺术发展报告》出版发布】

2017年5月25日，由中国文学艺术界联合会组织编写的《2016中国艺术发展报告》在北京发布。本报告为年度行业发展报告，是由中国文联及所属各全国文艺家协会组织约百位专家学者编撰，对中国艺术年度总体发展状况以及戏剧、电影、音乐、美术、曲艺、舞蹈、民间文艺、摄影等艺术门类年度发展状况进行总结、分析和思考的综合性研究报告。自2012年以来，《中国艺术发展报告》已连续出版5部，是中国文联展示最新成果、透视艺术现象、分析存在问题、把握发展规律、彰显文化价值、促进文艺繁荣的重要窗口和平台。《2016中国艺术发展报告》在保持既往结构、体例的基础上，努力在扩大视野、突出重点、分析研判等方面创新突破，以期更好把握和反映2016年中国艺术发展全貌。

陈振濂、王一川等与会专家学者在研读《2016中国艺术发展报告》的基础上，深入研讨重大主题与现实题材文艺创作、文化自信、科学与艺术等热点问题。专家普遍认为，在中国文艺繁荣发展、在文艺筑牢“高原”的基础上筑就更多“高峰”的历史进程中，客观、理性、科学地盘点、分析年度艺术发展现状和趋势，意义重大。

【中共中央办公厅印发《中国文联深化改革方案》】

2017年3月，中共中央办公厅印发了《中国文联深化改革方案》(以下简称《方案》)。《方案》强调，文联是党领导的文艺界人民团体，是党和政府联系文艺工作者的桥梁纽带，是繁荣发展社会主义文艺事业的重要力量。面对新形势新任务，文联组织必须直面问题，自我革新，顺势而为，勇于担当，通过全面深化改革，加快转型，创新发展。

《方案》从三个方面提出了40多项具体改革措施：第一，优化文联组织的基本职能：一是着力强化团结引导职能；二是着力强化联络协调职能；三是着力强化服务管理职能。第二，改革调整文联及所属文艺家协会机构设置和人员配备。第三，改革文联及所属文艺家协会运行机制。

《方案》要求，要加强宣传引导，坚持循序渐进，强化督促检查，及时总结推广好的经验和做法，确保改革取得实实在在的效果。地方各级党委要高度重视文联改革，加强领导，做好统筹协调、组织实施和督促检查工作，积极推动文联改革。

【《百年巨匠》国际版启动】

2017年1月21日，“纪录片《百年巨匠》国际宣传片启动仪式”在北京举行。

全国政协外事委员会副主任、国家艺术基金理事会理事长、《百年巨匠》总顾问蔡武，全国政协教科文卫体委员会副主任、中国文学艺术基金会理事长、《百年巨匠》总顾问胡振民等出席启动仪式。《百年巨匠》国际版是中宣部、国务院新闻办组织实施的“纪录中国”传播工程项目，国际版分为英语、西班牙语、阿拉伯语、俄语、法语等8种语言，拍摄鲁迅、冼星海、梅兰芳、焦菊隐、林风眠、张大千、吴作人、徐悲鸿、刘海粟、启功等10位蜚声世界的艺术巨匠。启动仪式上，张艺谋、莫言分别担任《百年巨匠》国际宣传片总导演、《百年巨匠》国际版总撰稿。《百年巨匠》国际版取材于百集大型系列人物传记纪录片《百年巨匠》。该纪录片由中国艺术研究院、中央电视台、中央新影集团等联合摄制，聚焦43位20世纪中国画坛巨匠、艺苑大师和文坛泰斗。

【《习近平关于社会主义文化建设论述摘编》出版发行】

2017年10月，由中共中央文献研究室编辑的《习近平关于社会主义文化建设论述摘编》一书，由中央文献出版社出版，在全国发行。

党的十八大以来，以习近平同志为核心的党中央高度重视社会主义文化建设，牢牢掌握意识形态工作领导权、管理权、话语权，大力培育和践行社会主义核心价值观，提高全民族思想道德水平，推动文化事业全面繁荣和文化产业快速发展，为实现中华民族伟大复兴的中国梦提供思想保证、精神力量、道德滋养。认真学习贯彻习近平同志关于社会主义文化建设的重要论述，对于巩固马克思主义在意识形态领域的指导地位，巩固全党全国人民团结奋斗的共同思想基础，坚定文化自信，发展社会主义精神文明，加快建设社会主义文化强国，实现“两个一百年”奋斗目标、实现中华民族伟大复兴的中国梦，具有十分重要的指导意义。

《习近平关于社会主义文化建设论述摘编》共分8个专题：坚定文化自信，建设社会主义文化强国；坚持以马克思主义为指导，牢牢掌握意识形态工作领导权、管理权、话语权；高度重视理论建设，加快构建中国特色哲学社会科学；培育和践行社会主义核心价值观；提高全民族思想道德水平；坚持以人民为中心的创作导向；推动文化事业全面繁荣和文化产业快速发展；提高国家文化软实力，讲好中国故事。书中收入361段论述，摘自习近平同志2012年11月15日至2017年7月26日期间的讲话、报告、演讲、指示、批示、贺信等70多篇重要文献。其中许多论述是第一次公开发表。

《习近平关于社会主义文化建设论述摘编》与此前已经出版的《习近平关于社会主义经济建设论述摘编》《习近平关于社会主义政治建设论述摘编》《习近平关于社会主义社会建设论述摘编》《习近平关于社会主义生态文明建设论述摘编》和《习近平关于协调推进“四个全面”战略布局论述摘编》《习近平关于全面建成小康社会论述摘编》《习近平关于全面深化改革论述摘编》《习近平关于全面依法治国论述摘编》《习近平关于全面从严治党论述摘编》，为全党深入系统学习习近平同志关于统筹推进“五位一体”总体布局和协调推进“四个全面”战略布局的新理念新思想新战略提供了一个完整系列。

大事记

1月，《文化部“一带一路”文化发展行动计划（2016—2020年）》出台。

1月，中共中央办公厅、国务院办公厅发布《关于实施中华优秀传统文化传承发展工程的意见》。

1月，《文化部“十三五”时期文化发展改革规划》发布。

1月，文化部公布“第二批文化部重点实验室”。

1月3日，全国宣传部长会议在北京举行。

1月3日至4日，“2017年全国文化厅局长会议”在北京举行。

1月5日，“不忘初心继续前进，学习贯彻习近平总书记系列重要讲话精神、促进艺术事业健康发展——国家艺术基金运行三周年座谈会”在北京举行。

1月7日至8日，“第十四届中国文化产业新年论坛”在北京大学举行。

1月8日，“北京大学艺术学院建院（系）20周年大会暨面向未来的艺术教育主题论坛”在北京举行。

1月9日至11日，“全国文化市场管理工作会议”在北京举行。

1月11日，“2016中华文化人物”颁授典礼在深圳举行。

1月14日，语言学家、国家语言文字工作委员会原研究员周有光在北京逝世，享年112岁。

1月15日，联合国海陆丝绸之路城市联盟项目科教、文化与传播委员会在北京揭牌成立。

1月18日，国家级格萨尔文化生态保护实验区落户青海果洛。

1月19日，“2016中埃文化年”闭幕式在广州大剧院举行。

1月22日，中国艺术研究院原副院长、终身研究员冯其庸因病在北京逝世，享年93岁。

1月23日，客家文化（闽西）生态保护实验区设立。

2月11日，商务印书馆举办120周年纪念日。

2月16日，第45届香港艺术节开幕式在香港文化中心举行。

2月21日，国家艺术基金举行2017年度专家大会。

2月23日，联合国教科文组织亚太地区非物质文化遗产国际培训中心在北京举行管理委员会第六次会议。

2月27日，文化部文化体制改革工作领导小组会议在北京举行。

2月27日至28日，中国文联第十届全国委员会第二次会议在北京举行。

2月27日至3月31日，“全国舞台艺术优秀剧目展演”在梅兰芳大剧院等北京9个剧场举行。

3月，中共中央办公厅印发《中国文联深化改革方案》。

3月4日至5日，“2017年文化部对港澳台文化工作会议”在北京举行。

3月17日，“文化部第一期全国文艺院团长培训班”在北京中央文化管理干部学院举行开班式。

3月23日，“中国文联第十一、十二期全国中青年文艺人才高级研修班”在北京开班。

3月26日，陕西省艺术研究院揭牌仪式在陕西省美术博物馆举行。

3月30日，“第四届全国省、自治区、直辖市、较大城市文化（群艺）馆馆长联席会议暨中国文化馆协会一届五次常务理事会”在吉林省长春市举行。

4月，中央精神文明建设指导委员会印发《关于深化群众性精神文明创建活动的指导意见》。

4月10日至5月5日，“第35届中国洛阳牡丹文化节”在河南省洛阳市举行。

4月12日，“京华流彩 海峡传情——2017年北京市文联第十七届京味文化之旅”活动开幕。

4月13日至16日，“2017中国—东盟博览会文化展”在广西壮族自治区南宁市举办。

4月14日，“美丽草原我的家——德国·中国内蒙古文化年”在柏林中国文化中心开幕。

4月17日，“一带一路”青年创意与遗产论坛在湖南长沙岳麓书院开幕。

4月17日，“《保护非物质文化遗产公约》中国师资培训履约班”在江苏省苏州市开班。

4月19日，《文化部“十三五”时期文化产业发展规划》印发。

4月19日至21日，“文化部2017年全国文化产业工作会议暨全国文化产业工作培训班”在江苏省苏州市举办。

4月19日，“2017东亚文化之都·中国长沙活动年”开幕式暨文艺演出在湖南省长沙市举行。

4月20日，“2016—2017年度文化产业创业创意人才扶持计划第四期培训班”在江苏省苏州市开班。

4月21日至23日，“第六届中国苏州文化创意设计产业交易博览会”在江苏省苏州市举行。

4月25日，巴基斯坦中国文化中心启用仪式在伊斯兰堡举行。

4月27日，“中国与希腊文化交流与文化产业合作年”在雅典启动。

5月，文化部发布《“十三五”时期繁荣群众文艺发展规划》。

5月，中共中央办公厅、国务院办公厅印发《关于加强文化领域行业组织建设的指导意见》。

5月，《中华人民共和国文化部2016年文化发展统计公报》发布。

5月，中共中央办公厅、国务院办公厅印发《国家“十三五”时期文化发展改革规划纲要》。

5月8日，“2017年文化管理人才国际交流与合作计划——演艺创作国际大师班”在北京开班。

5月9日，“2017年非洲法语国家文化多样性部长级官员研讨班”在北京开班。

5月11日至15日，“第十三届中国（深圳）国际文化产业博览交易会”举行。

5月11日，“第57届威尼斯国际艺术双年展中国馆展览”在意大利威尼斯开幕。

5月12日，“2017年全国非物质文化遗产保护工作会议”在北京举行。

5月15日至26日，“多彩印度文化节”在北京和南京等地举办。

5月17日，“第25届亚洲及大洋洲地区国家图书馆馆长会议”在中国国家图书馆开幕。

5月18日，第十三届深圳文博会期间主办的“一带一路”文化发展论坛在广东省深圳市举行。

5月18日，《中国文化走出去年度研究报告》（2016卷）编撰工作会在北京举行。

5月19日，文化部党组中心组集中学习习近平总书记在“一带一路”国际合作高峰论坛上的重要讲话精神。

5月23日，“新全球化语境下艺术理论与批评格局的重构——第一届全国艺术类学术期刊主编高峰论坛”在北京举行。

5月25日，《2016中国艺术发展报告》在北京出版发布。

5月30日，“第二届中国—中东欧国家文化创意产业论坛暨第十一届国际服务贸易论坛”在北京国家会议中心举办。

6月，“第十五届文华大奖获奖剧目广东巡演”启动。

6月10日，“第六届中国成都国际非物质文化遗产节”开幕。

6月19日，“第二届佛教文化与科技创新研讨会”在北京举办。

6月20日，《北京蓝皮书·北京文化发展报告（2016—2017）》发布会在北京举行。

6月22日至26日，“第八届中俄文化大集”在中俄两国同时举办。

6月26日至29日，“温馨之约——中国传统哲学与当代文化发展论坛及系列讲座”活动在澳门举办。

6月28日至29日，“第十届中日韩文化产业论坛”在日本东京举行。

7月3日，“2017年全国文化厅局长座谈会”在北京举行。

7月5日，考古学家、故宫博物院原院长、故宫博物院学术委员会副主任委员张忠培因病在北京逝世，享年83岁。

7月26日，“《中国非物质文化遗产大辞典》编撰开题专家论证会”在北京举行。

7月27日，“国家级文化生态保护实验区建设工作座谈会”在青海省黄南藏族自治州举行。

8月1日至4日，“全国数字文化馆建设培训班”在宁夏举行。

8月至10月中旬，“2017年国家艺术院团演出季”举行。

8月12日至29日，“第十届中国国际青年艺术周”举办。

8月17日，昆仑文化研究院在青海省格尔木市成立。

8月23日，“2017阿拉伯国家非遗传承与保护研修班”和“2017非洲英语国家非遗保护研修班”在北京开班。

9月1日，“中国艺术新视界”——国家艺术基金青年艺术创作人才（美术、书法、摄影、工艺美术）滚动资助作品巡展杭州站在中国美术学院美术馆开幕。

9月3日，“中国—阿拉伯国家剧院高层论坛·北京站”活动在北京举行。

9月7日至21日，“第四届丝绸之路国际艺术节”在陕西省西安市举办。

9月8日，“中华社会文化发展基金会国学公益基金成立仪式暨国学公益基金项目”发布会在陕西省西安市举行。

9月11日，“第12届中国—东盟文化论坛”在广西壮族自治区南宁市举行。

9月11日至13日，“第十二届中国北京国际文化创意产业博览会”在北京举行。

9月11日至31日，“2017青年汉学家研修班（北京）”在中国国家图书馆举办。

9月12日至14日，“图书馆文化创意产品开发培训班”在中国国家图书馆举办。

9月14日至15日，“当代北京文艺的‘变’与‘不变’：2017·北京文艺论坛暨北京文艺评论2017年度推优活动成果发布会”在北京举行。

9月15日至22日，“金砖国家文化节”在福建省厦门市举办。

9月16日至26日，“百年巨匠——四十三位文学艺术大师作品展”在中国国家博物馆举办。

9月19日至22日，“2017中国（安阳）国际汉字大会”在河南省安阳市举行。

9月20日至21日，“第二届丝绸之路（敦煌）国际文化博览会”举办。

9月20日至29日，“2017中国（曲阜）国际孔子文化节”举办。

9月21日，“第九届浙江·中国非遗博览会”在浙江省杭州市开幕。

9月22日，“第三届中国—中东欧国家文化合作部长论坛”在浙江省杭州市举行。

9月23日，“2017第十二届全国艺术院校院（校）长高峰论坛”在乌鲁木齐市新疆艺术学院举办。

9月23日至10月23日，“第十五届亚洲艺术节”在浙江省宁波市举办。

9月26日，中国文艺评论传播联盟在北京成立。

9月30日至2018年2月25日，中国主宾国系列展览亮相巴西库里蒂巴双年展。

10月，《习近平关于社会主义文化建设论述摘编》出版发行。

10月5日，“第16届中国吴桥国际杂技艺术节”各奖项在河北省石家庄市揭晓。

10月9日，“全国古籍保护工作部际联席会议”在北京举行。

10月10日，清华大学文化经济研究院成立仪式在清华大学举行。

10月12日，“第七届中国（无锡）国际文化艺术产业博览交易会”在江苏省无锡市举行。

10月13日至17日，“第二届长江非物质文化遗产大展”在湖北省武汉市举行。

10月14日至28日，“学院本色2017——美术学院学生作品展”在清华大学举行。

10月20日至11月19日，“第十九届中国上海国际艺术节”举行。

11月8日至12日，“第二届隆里国际新媒体艺术节”在贵州省举行。

11月10日至13日，第三届“口述历史在中国”国际研讨会在中国传媒大学举办。

11月14日，“第十三届广东省艺术节”在广州市开幕。

11月18日至19日，“2017数字艺术产业高峰论坛”在湖北省武汉市举办。

11月20日，“一带一路”（南宁）动漫游戏产业合作发展论坛举办。

11月23日，索非亚中国文化中心揭牌仪式在保加利亚首都索非亚举行。

11月24日，“中法高级别人文交流机制第四次会议”举行。

11月24日，国家艺术基金2018年度资助项目评审专家大会在北京举行。

11月26日，特拉维夫中国文化中心在以色列特拉维夫揭牌。

11月26日，“第三届中国传统村落·黔东南峰会”在贵州省雷山县举行。

11月28日，“2017亚洲文化合作论坛”在中国香港举行。

12月1日至3日，“第二届世界妈祖文化论坛暨第十九届中国·湄洲妈祖文化旅游节”在福建省莆田市举行。

12月4日至5日，“文化部推进文化产业园区建设和企业发展工作会议”在湖南省长沙市举行。

12月5日，“中英艺术创意产业论坛”举办“中英高级别人文交流机制第五次会议”在爱丁堡举行。

12月12日，“2017广州文化产业交易会”在广州大剧院开幕。

12月12日至13日，“2017中国网络文化产业年会”在湖北省武汉市举行。

12月14日至15日，“2017北京文创产业投融资年会暨文化金融合作峰会”在北京举行。

12月20日，“中国文艺评论家协会主席团一届七次会议”举行。

12月20日至21日，“第三届中国文艺评论年会”在北京举行。

12月22日，纪念中国首批世界文化遗产列入《世界遗产名录》30年座谈会在故宫博物院举行。

中国艺术年鉴·2018

戏曲卷

分卷主编：张乃锋

年度述评

一年一度一回新——2017年中国戏曲年度发展研究报告

◎ 王馗

2016年与2017年的跨年之交，江苏省昆剧院排演的《临川四梦·汤显祖》和北方昆曲剧院排演的《汤显祖与临川四梦》同时上演，南北呼应，结束了将近一个年度的对汤显祖逝世400周年的纪念活动。而“继往开来：汤显祖文化高层论坛”（南京，2016年12月31日—2017年1月1日）则通过理性的学术研讨，正式开启了2017年中国戏曲的发展序幕。这种心意暗通的策划，既体现了昆曲界对于良好戏曲发展态势的期待：“莫让作为中国传统文化符号的汤显祖先生远离人们的视线”①，也体现了戏曲界在优秀传统文化复兴的时代背景中对于戏曲艺术持续良性发展的期待。事实上，2017年度中国戏曲在国家政策扶持下，通过艺术推广与实践发展，持续走向自信建设，这是戏曲恢复生机的重要征兆。

一、政策与导向

戏曲作为中华优秀传统文化的重要组成部分，在中国共产党领导的社会主义文化建设中始终占有重要位置。尤其是十八大以来对于中国戏曲的政策扶持得到了极大的推进，持续不断地为戏曲注入生存活力，是当前戏曲作为“民族艺术”“传统艺术”“国家艺术”的重要目标。在政府主导、社会参与、专业引领、多元发展的前进道路上，戏曲以更加明确的文化自信实践着传统保护与现代创造。2017年10月，党的十九大报告更加明确地提出“坚定文化自信，推动社会主义文化繁荣兴盛”，把中国特色社会主义文化同中国特色社会主义道路、中国特色社会主义理论体系、中国特色社会主义制度一道写入党章，这更加有利于认清戏曲文化是中国特色社会主义文化的重要内容。2017年11月21日，习近平总书记给内蒙古自治区苏尼特右旗乌兰牧骑的队员们回信，特别勉励他们扎根基层、服务群众，创作优秀作品，永做草原上的“红色文艺轻骑兵”，中国戏曲的表演团体在艺术实践中走着同样的道路，在千百年来的发展历史上，戏曲艺术家们已经将作品与艺术融入中国人的生活礼俗中，始终立足于基层民众的审美需求，孜孜不倦地进行文化宣教、艺术熏染，由此而成为民族文化的典型代表。戏曲永葆文化自信和艺术使命的理想最终是借助于广泛散布在基层社区的戏曲表演团体和相关艺术组织实现的。

2017年度关于戏曲的扶持意见和相关政策不断地推进着戏曲的发展，其共同目标在于夯实戏曲的文化自信、生态基础和基层活力。

2017年1月25日，中共中央办公厅、国务院办公厅联合印发《关于实施中华优秀传统文化传承发展工程的意见》（以下简称《意见》），首次以中央文件形式专题阐述中华优秀传统文化传承发展工作，特别强调，“随着我国经济社会深刻变革、对外开放日益扩大、互联网技术和新媒体快速发展，各种思想文化交流交融交锋更加频繁，迫切需要深化对中华优秀传统文化重要性的认识，进一步增强文化自觉和文化自信；迫切需要深入挖掘中华优秀传统文化价值内涵，进一步激发中华优秀传统文化的生机与活力；迫切需要加强政策支持，着力构建中华优秀传统文化传承发展体系”。三个“迫切”表达了对包括戏曲在内的优秀传统文化所面临的生存压力、所承载的文化责任和所面对的发展机遇的重视，特别提出这一工程“对于传承中华文脉、全面提升人民群众文化素养、维护国家文

① 王晓映：《“汤莎会”落幕，汤先生莫走远》，《新华日报》2017年1月2日。

化安全、增强国家文化软实力、推进国家治理体系和治理能力现代化”具有重要意义。《意见》强调将优秀传统文化“贯穿国民教育始终”，对目前文化部正在进行的“实施戏曲振兴工程，做好戏曲‘像音像’工作，挖掘整理优秀传统剧目，推进数字化保存和传播”“积极宣传推介戏曲、民乐、书法、国画等我国优秀传统文化艺术，让国外民众在审美过程中获得愉悦、感受魅力”等，予以高度肯定。中共中央办公厅、国务院办公厅联合印发《国家“十三五”时期文化发展改革规划纲要》（5月7日），强调“继续开展优秀基层戏曲院团奖励工作，对符合条件的县级以下（含县级）转企改制国有艺术表演团体和民营戏曲艺术表演团体给予资金支持”，同时鼓励“优秀基层戏曲院团奖励”的文化企业。

2017年2月23日，文化部公布《文化部“十三五”时期文化发展改革规划》，量化发展指标，明确在“十三五”期间，通过国家舞台艺术精品创作扶持工程、国家艺术基金项目、戏曲振兴工程、剧本扶持工程、人才队伍建设（具体包括“三区”人才支持计划、文化工作者专项计划、专业艺术人才培训计划、全国基层文化队伍培训计划、文化经营管理人才培养计划等）等具体措施，推进包括戏曲在内的文艺创作迈向新阶段，这也是对《意见》的切实回应。在规划中同时强调的“实施精品战略，把握发展态势，尊重艺术创作规律，加强艺术创作规划和资源统筹。抓好现实题材、爱国主义题材、重大革命和历史题材、青少年题材、军事题材等的创作生产，合理集聚和有效配置资源，打造精品，努力攀登艺术高峰”，成为各省文化主管部门进行艺术管理的重要指导方针。

需要说明的是，该规划提出的戏曲振兴工程中所涉及的“开展戏曲剧种普查”活动已经圆满结束，文化部在2017年12月26日召开新闻发布会，公布普查成果。此次普查由中国艺术研究院戏曲研究所协同全国戏曲研究院所共同发布《中国戏曲剧种认定标准》作为依据，以国家统计局《全国文化文物统计报表制度》（国统制〔2011〕102号）为报表统计依据，福建省艺术研究院具体承担协调组织工作。截至2015年8月31日，全国现存剧种348个，分布区域在两个省区市以上的剧种48个，分布区域仅限于一个省区市的剧种300个。同时，全国参加普查的戏曲演出团体10278个，其中国办团体1524个，民营团体（含民间班社）8754个；有241个剧种拥有国办团体，其中120个剧种仅有一个国办团体；有107个剧种无国办团体，仅有民营团体或民间班社（70个剧种仅有民间班社）。这是迄今为止，首次以明确的“剧种”概念标准来进行的剧种统计。戏曲普查数据及最终呈现的戏曲现状，将在未来的戏曲传承发展工作中持续发挥作用。此外，文化部公布第五批国家级非物质文化遗产代表性项目代表性传承人推荐名单（12月29日），总计1113人，其中传统戏剧类国家级传承人总计176位。到目前为止，传统戏剧类国家级非遗传承人总计787位，在总计3099位国家级传承人中，占25%，显示出戏曲传承人、戏曲团队、戏曲剧种仍然是戏曲传承发展的重要指标。

而戏曲振兴工程包含的“名家传戏”“戏曲‘像音像’工程”“昆曲传统折子戏录制”“地方戏文献资料抢救保护工程”等工作，剧本扶持工程包含的以戏曲剧本孵化计划为中心的“征集新创”“整理改编”“买断移植”等工作，以及相关人才扶持、剧目推介演出等工作，已经在国家层面实现常态化运行。5月7日，中共中央办公厅、国务院办公厅发布的《国家“十三五”时期文化发展改革规划纲要》（以下简称《纲要》），在“繁荣文化产品创作生产”一节中，特别提出要“着力扶持优秀文化产品创作生产，推出更多传播当代中国价值观念、体现中华文化精神、反映中国人审美追求的精品力作”。其中，文化精品创作生产特别针对“国家舞台艺术精品创作工程”“优秀剧本扶持工程”“传统戏曲振兴工程”进行专项扶持。而在“传承弘扬中华优秀传统文化”一节中，《纲要》也特别提出要“加强中华优秀传统文化研究挖掘和创新发展；开展中华优秀传统文化普及；加强文化遗产保护”等常态化业务，其中涉及的“中华文化资源数据库建设”“中华优秀传统文化进校园”（特别强调“推进戏曲进校园”）纳入文化部年度工作计划，将连续加以推动。8月7日，《文化部办公厅关于公布“中华优秀传统艺术传承发展计划”2017年度戏曲专项扶持入选项目名单的通知》中，2017年度“名家传戏——当代戏曲名家收徒传艺”工程入选名单涉及京剧类21位名家、昆曲类4位名家、地方戏曲类45个剧种75位名家。“昆曲传统折子戏录制”项目，2017年将资助全国昆曲院团整理和录制100出传统折子戏。“地方戏曲院团文献、资料数字化影像化保存”项目以每个项目10万元经费补贴的规模，总计资助北京市河北梆子剧团、吉林省松原满族新城戏传承保护中心、苏州市滑稽剧团、赣南艺术创作研究所、海口市琼剧演艺有限公司、广西柳州市艺术剧院、云南省花灯剧院、甘肃省陇剧院、青海省平弦艺术保护传承中心、四川省艺术研究院与四川文艺音像出版社有限公司等单位的10个项目。

2017年4月28日，中共中央宣传部、文化部、财政部联合印发《关于戏曲进乡村的实施方案》（文公共发〔2017〕11号），以“着眼于保障农民的基本文化权益”“促进戏曲艺术在农村地区的传播普及和传承发展，促进文化资源向基层倾斜，增强广大农民群众对公共文化服务的获得感”为指导思想，强调在“坚持导向，服务大局”“政府主导，社会参与”“因地制宜，分类提供”“整合资源，提升效能”的基本原则下，把戏曲进乡村纳入公共文化服务体系建设，纳入政府购买公共文化服务的范围，有针对性地统筹资源，提升戏曲进乡村的质量和水平。其目标是“2020年，在全国范围实现戏曲进乡村制度化、常态化、普及化”，“形成政府、市场、社会协同推动农村文化建设的良好局面”。具体形式包括组织观看戏曲作品、促进戏曲艺术普及、培育农村戏曲团队。在最后一项形式上特别强调“支持农村地区小剧团、戏曲社团和戏曲表演队等多种类型的业余戏曲表演团队发展，增强农村戏曲传承发展的自我服务能力，让农民多渠道、多途径参与戏曲体验，享受戏曲服务”。

2017年5月27日，中共中央宣传部、文化部、教育部、财政部联合印发《关于新形势下加强戏曲教育工作的意见》（文科技发〔2017〕13号），总体要求“力争在‘十三五’期间，基本建立主要剧种与院校戏曲专业相对应、戏曲人才需求和戏曲教育培养相平衡、职前教育和职后教育相衔接、学校教育与戏曲艺术表演团体传习相结合的戏曲人才培养体系，健全戏曲专业优秀后备人才早期发现、选拔和培养机制及戏曲教育质量评估督查制度，统筹艺术院校戏曲专业教学和展示活动，着力支持基层戏曲院团发展，加强地方戏人才培养，推动形成符合戏曲艺术人才培育规律、适应戏曲行业发展需要的戏曲教育新模式，为戏曲传承发展提供有力的人才支撑”。在优化戏曲专业结构布局、完善戏曲人才培养体系、创新戏曲人才培养模式、鼓励院团深度参与实践教学、积极推进招生与用人一体化、建立健全戏曲教育质量评价机制、搭建平台展示教育教学成果七个方面，均提出了相应的要求。7月31日，中共中央宣传部、教育部、财政部、文化部联合印发《关于戏曲进校园的实施意见》（中宣发〔2017〕26号），强调“以立德树人为根本任务，坚守中华文化立场，传承中华文化基因，加强戏曲通识普及教育，增进学生对戏曲艺术的了解和体验，引领学生树立正确的审美观念、陶冶高尚的道德情操、培育深厚的民族情感，促进学生全面发展，营造戏曲传承发展的良好环境”，总体目标是通过组织观看戏曲作品、开展戏曲教育活动、加强戏曲社团建设等主要形式培养中小学生的民族自豪感和文化自信。2018年，争取实现全国所有大中小学每个学生每年免费欣赏1场优秀戏曲演出；2020年，戏曲进校园实现常态化、机制化、普及化，基本实现全覆盖。9月24日，文化部办公厅颁布《文化部办公厅关于进一步做好戏曲进校园工作的通知》（办艺函〔2017〕215号），全面部署戏曲进校园工作。

事实上，从2015年以来，国家各级文化主管部门通过常态化的政策，全方位扶持戏曲，拓展戏曲的影响力，形成了准确合理的工作导向。较长时间以来，中国戏曲缺失市场涵养、生态涵养和文化涵养，导致众多剧种及其表演团队在体制改革过程中迅速失去良性的演出市场，并在各自的文化生态环境中趋于边缘，甚至在整体文化格局中丧失了对其文化品格的充分认同。十八大以来对于戏曲的各项利好政策有效地针对这一状况进行调整，重新提升了戏曲在文化建设中的地位。例如对于戏曲生态环境的维护，各项政策从潜在观众的培养，到社团组织、基层演出，再到调动各级戏曲表演团体深入社区人群，都进行了恰当的指导，在实践中推动着相关工作切实有效地展开。而戏曲专业水准的提升，则通过以“戏曲振兴工程”为主体的各项工作加以推进。

当然，也需要看到当前政策仍存在着进一步深入拓展的空间，对于戏曲院团体制改革的深化和对于戏曲专业性特点的体认应是戏曲政策下一步发展的重点。例如，2017年6月2日，四川省文化厅举办了川剧振兴35周年座谈会，对35年来川剧艺术的保护工作进行了全面总结。值得注意的是，川剧这个影响力超过1亿人的大剧种，在20世纪80年代仅四川就有二三百个剧团，而现在川剧能够常年演出的团队不超过5个。2017年谭鑫培诞生170周年之际，文化界与戏曲界深入梳理了谭派艺术百余年的发展历程及由谭派分化衍生出的众多京剧生行流派，进一步明确了戏曲艺术能否源远流长地推进和创造，很大程度上取决于戏曲艺术中"人"的因素，而不断延续的演职员队伍和戏曲团队才是戏曲流派发展的根本性基础。川剧演出团体35年间的萎缩凋零与谭派百余年间的传承衍生，恰好成为戏曲发展变化的一个缩影，有力地提示着戏曲专业化发展所必须面对的艺术规律。振兴不是口号，而是真切的实践，尤其是利好的戏曲政策必须落实在具体而有成效的工作中，在专业院团建设、戏曲专业人才培养、戏曲精品创作中发挥出切实的作用。

在2017年度地方政府扶持戏曲的举措中，广东省对于粤剧的保护政策将为该省乃至全国其他地区保护戏曲遗产起到了更多示范性的作用。5月8日，广东省人民政府第十二届98次常务会议审议通过的《广东省粤剧保护传承规定》（粤府令第236号），总计28条，全面涉及粤剧相关的人、剧团、生态的全面维护和扶持，并特别提出该规定主要适用于本省行政区域内粤剧的保护、传承、发展与传播；省和相关市、县（区）人民政府应当加强对粤剧保护传承工作的组织和领导，并将其纳入本级国民经济和社会发展规划。这项地方规定是粤剧在2006年被列入首批国家级非物质文化遗产名录及2009年被列入"人类非物质文化遗产代表作"名录以后，地方政府有效推动戏曲政策真正落实、推进戏曲遗产全面保护的一项重要法规，为粤剧的全面传承提供了保障。将戏曲剧种的保护与发展纳入相关省市县（区）的国民经济和社会发展规划中，通过指标量化的方式来严格监督戏曲艺术遗产的存续与扩容，是《广东省粤剧保护传承规定》在实践中为中国戏曲提出的重要命题。

二、展演活动与创作作品

在国家大力扶持戏曲艺术的各项举措中，交流展示戏曲艺术精品，扩大优秀代表性艺术团体的社会认知度，加强优秀人才的舞台创造，由此促进社会各界更加全面地认识和接纳戏曲艺术，使之更加自信地驻足于现代审美领域，是近年来戏曲发展的重要经验。

文化部利用2017年度的国家文化展演平台，着力荟萃戏曲精品，推动了戏曲艺术的广泛交流。"全国舞台艺术优秀剧目展演"（2月27日—3月31日）荟萃18台剧目37场演出，集中展示"第十五届文华大奖"获奖剧目和2016年度"国家舞台艺术精品创作扶持工程"重点扶持剧目，该项活动借助北京市剧院运营服务平台"政府搭台，市场运作，院团剧场观众三方受惠"的良性循环方式，取得了较好的社会效益。"第八届中国京剧艺术节"（5月11—29日）入选的29台京剧剧目集中展示了近三年来京剧艺术创作的成果，其中现代戏17台，占比近60%，另有新编历史剧10台，整理改编传统戏4台（含祝贺演出2台），体现出现代戏、整理改编传统戏和新编历史剧"三并举"剧目创演原则在现时代的发展状况，特别是此次京剧节专门设立的武戏折子戏展示板块，引发了社会的强烈关注，显示出对京剧文武并重、行当齐备的完整艺术生态的呼唤。"第二届全国基层院团戏曲会演"（7月3—29日）荟萃了29个省区市和新疆生产建设兵团总计33个剧种[①]的32台节目（28台大戏中，现代戏22台，占79%），显示出基层院团创作现代戏的热情。"2017全国地方戏曲南方会演"（9月19日—10月12日）

---

① 淮剧、辽剧、蒙古戏、评剧、眉户戏、川剧、秦腔、新疆曲子剧、闽剧、沪剧、茂腔、琼剧、豫剧、襄阳花鼓戏、黄梅戏、吉剧、婺剧、长沙花鼓戏、京剧、贵州花灯戏、龙江剧、粤剧、壮剧、赣剧、蒲剧、锡剧、淮海戏、柳琴戏、四平调、渔鼓戏、两夹弦、彝剧、云南花灯戏。

共有全国南方片区16个省市区共计15个地方戏曲剧种的17个地方院团参演，展示的17台优秀剧目[①]大多是近年的优秀新创作品。"第19届上海国际艺术节"（10月20日—11月19日）展演45台剧目，其中戏曲有京剧、昆曲、秦腔、湘剧、曲剧、壮剧、贵州花灯戏等剧目8部[②]，都是近五年来比较成功的新创作品。"全国曲艺、木偶剧、皮影戏优秀剧（节）目展演"（11月10—15日）涵盖60多个木偶皮影[③]和曲艺剧节目，共有8场演出，参演作品总计82部。

由文化部艺术司、北京市文化局共同主办的"2017年全国小剧场戏剧优秀剧目展演"（9月1—30日）集中展示9部小剧场戏曲作品[④]，这是艺术司2011年、2013年举办的两届全国小剧场戏剧优秀剧目展演的延续，小剧场观众的年轻化与观众群体的非行业性成为重要的现象，正如徐健所说"小剧场戏曲已经成为时下小剧场戏剧演出市场（特别是北京）上重要的戏剧类型和不可忽视的创作力量，且从艺术层面不断充实着小剧场戏剧的内涵和外延"[⑤]。借助小剧场戏曲的探索形式，展现戏曲青年人才的创造力，是当前小剧场戏曲努力的方向。

此外，由中国文学艺术界联合会、中国戏剧家协会等机构主办的第28届中国戏剧"梅花奖"（5月8—22日）剧目展演评选[⑥]，有50位戏剧演员进入初评，15位演员最终获得"梅花奖"。由中国文学艺术界联合会、中国戏剧家协会主办的"第十五届中国戏剧节"（6月18日—7月5日）荟萃了21个省市区27个院团的28场演出，其中包括20个戏曲剧种的24部作品[⑦]，在开幕式上，京剧表演艺术家尚长荣、吕剧表演艺术家郎咸芬获得"中国文联终身成就戏剧家"荣誉称号。

各省区的戏曲展演活动亦各有千秋，特别是跨省区的戏曲展演尤为引人注目。江苏省戏曲现代戏研究会主办的"全省基层院团优秀戏曲现代戏交流展演"（8月22日—9月6日）第一次充分展示区县级基层剧团的戏曲现代戏创作，共有11台剧目参演。江苏省文化厅主办的第三届"精彩江苏艺术展演月"（9月8日—10月9日）期间，共有27台江苏省文华奖参评剧节目、6台省内外祝贺剧目、6台政府采购惠民国内外剧目和12个美术展览参加活动。与此同时，江苏省文化厅组织了第三届江苏省文华奖评选，8部获奖作品中，有7部来自市县基层院团，其中3部来自县级剧团。江西省人民政府、中

---

① 湖北省戏曲艺术剧院黄梅戏《妹娃要过河》、西藏自治区拉萨市城关区雪民间藏戏艺术团藏戏《卓娃桑姆》、四川省川剧院川剧《双八郎》、重庆市川剧院川剧《李亚仙》、广西壮族自治区戏剧院壮剧《牵云崖》、厦门市金莲升高甲剧团高甲戏《大稻埕》、江苏省常州市锡剧院锡剧《夕照青果巷》、河南豫剧院三团豫剧《焦裕禄》、广东粤剧院粤剧《白蛇传·情》、安庆市黄梅戏艺术剧院黄梅戏《大清名相》、贵州省花灯剧院有限责任公司花灯戏《盐道》、云南省玉溪滇剧传承保护展演中心滇剧《水莽草》、江西省莲花县采茶剧团有限责任公司采茶戏《将军还乡》、湖南省花鼓戏保护传承中心湖南花鼓戏《桃花烟雨》、上海滑稽剧团有限公司滑稽戏《皇帝勿急急太监》、浙江省绍兴小百花越剧团越剧《屈原》、武汉楚剧院楚剧《万里茶道》。

② 浙江昆剧团昆剧《十五贯》、河南省曲剧团曲剧《阿Q与孔乙己》、北京京剧院京剧《大宅门》、西安秦腔剧院《易俗社》、湖南省湘剧院湘剧《月亮粑粑》、广西戏剧院壮剧团壮剧《冯子材》、上海京剧院《浴火黎明》、贵州省花灯剧院花灯戏《月照枫林渡》。

③ 其中参演的木偶皮影形态包括晋江掌中木偶、泉州提线木偶、漳州布袋木偶、扬州木偶、湖南木偶皮影、四川大木偶、广东木偶、广西木偶、平阳木偶、江西木偶、上海木偶、唐山皮影、泰山皮影、腾冲皮影、深圳龙岗皮影、昌黎皮影等。

④ 京剧《惜·姣》《浮士德》《谁共白头吟》，昆曲《望乡》《椅子》，河北梆子《牺牲》，越剧《心比天高》，章回鼓书《古城暗战》，实验戏曲《三生》。

⑤ 徐健：《从"探路"到"扩路"——从2017年全国小剧场戏剧优秀剧目展演说起》，《艺术评论》2017年第11期。

⑥ 粤剧《新搜书院》、闽剧《兰花赋》、秦腔折子戏《别窑》《宋江杀惜》《西京故事》、秦腔《春江月》《卧虎令》、越剧《心比天高》、京剧《范进中举》、黄梅戏《罗帕记》、粤剧《白蛇传·情》、徽剧《惊魂记》、河北梆子《徐策》、豫剧《白蛇传》、越剧《一钱太守》、扬剧《花旦当家》、昆剧《紫钗记》。

⑦ 秦腔《王贵与李香香》《大秦文公》、晋剧《于成龙》、评剧《红高粱》、粤剧《红的归来》、闽剧《双蝶扇》、沪剧《邓世昌》、漫瀚剧《凤祥楼》、昆剧《白罗衫》、扬剧《不破之城》、越剧《屈原》《潘玉良》、川剧《铎声阵阵》、京剧《庄妃》《伏生》《大梦长歌》、黄梅戏《大清名相》、淮剧《菜籽花开》、湖南花鼓戏《桃花烟雨》、高甲戏《大稻埕》、碗碗腔《李十三》、河北梆子《牺牲》、贵州花灯戏《盐道》、山东梆子《官箴碑》。

国人民对外友好协会、中国戏剧家协会主办的首届“汤显祖国际戏剧节”（9月24日—10月底）持续提升汤显祖戏曲文化品牌的社会效应，推进优秀传统文化的展示和传承。福建省文化厅主办的福建省“第九届青年演员比赛（决赛）”（10月11—17日）共有超过30家艺术院团和高校的167名演员参加决赛，戏剧组共有来自闽剧、莆仙戏、梨园戏、高甲戏、歌仔戏（芗剧）福建五大地方剧种在内的12个剧种及话剧、木偶、南音等类别的优秀选手参赛。云南“第十四届新剧目展演”（11月7—23日）演出了京剧、滇剧、花灯、话剧、白剧、歌剧、舞剧、音乐剧、舞蹈诗、交响乐、民族音乐会等29台剧目。河南省文化厅、中国艺术报社主办的“唱响新时代——河南稀有剧种北京公益展演周”（11月17—23日）展示了范县四平调、沁阳怀梆、陕州蒲剧、永城柳琴戏、内乡宛梆、太康道情戏、清丰柳子戏、商丘四平调、平舆丝弦道、安阳淮调10个剧种的优秀剧目。这些是河南李树建戏曲艺术中心主办的全省珍稀剧种展演活动中遴选出的代表性作品，这些富于特色的河南小剧种剧目通过在北京的集中展演，弘扬了地方艺术，向省外观众呈现了河南乡土戏曲的魅力。

2017年度的展演活动普遍将传统及新编剧目的展演与公益推广、专业团队与基层院团、戏曲演出与文化展陈结合起来，比较充分地深化了戏曲的基层认同感，提高了全民参与度。省级艺术节秉持着“艺术的盛会，人民的节日”这一宗旨，努力推动包括戏曲在内的艺术在社区的普及，取得了很大的成效。中共山西省委宣传部、山西省文化厅等主办的“第一届山西艺术节”（8月17日—9月26日）荟萃55台优秀舞台节目的104场演出，京剧、晋剧等代表性剧种的新创作品显得尤为突出。陕西省人民政府主办的“第八届陕西省艺术节”（9月15日—10月5日），总计29部剧目参评陕西省“文华奖”。广东省文化厅主办“第十三届广东省艺术节”（11月14—28日），参评参演剧目达37台之多，其中的戏曲涵盖了粤剧、潮剧、广东汉剧、山歌剧、雷剧、西秦戏、采茶戏、京剧8个剧种。这些艺术节成为相关省区近年特别是近三年来优秀戏曲成果的重要展示平台。

除此之外，以特定主办单位、特定剧种、特定区域、特定主题、特定戏剧形态等为中心，展示相关省区的戏曲院团及其优秀剧目，成为戏曲深度交流的重要方式。四川省文化厅、南充市人民政府、国际木偶联会亚洲太平洋委员会主办的“第二届南充国际木偶艺术周”（6月1—6日）荟萃了来自国内外的46支艺术团队，共演出150余场，国内重要的木偶皮影形式在这里得到了集中展示①。香港“2017中国戏曲节”（6月13日—8月13日）荟萃婺剧、粤剧、京剧、川剧、秦腔、越剧、昆剧的重要代表性院团，展示传统经典剧目。河南省宣传部、文化厅、河南中华豫剧文化促进会共同主办“中国豫剧优秀剧目北京展演月”（8月7日—9月7日）活动，包括台湾地区在内的全国多个豫剧优秀演出团体的25台豫剧优秀剧目参演。安徽省文化厅、安庆市人民政府主办的“2017年安庆‘十一’黄梅戏展演周”（9月28日—10月8日），根据十一黄金周特点，突出黄梅戏传承主题，将文化与旅游、商贸相结合，展现安徽、湖北、陕西和台湾等地及新加坡黄梅戏剧团的10多台优秀剧目，相关展演活动十分成功。广西壮族自治区文化厅、南宁市人民政府主办的2017年“中国—东盟（南宁）戏剧周”（9月6—12日）荟萃中国和10个东盟国家24个优秀院团的42场优秀剧目②，通过演出、研讨、展览、比赛等形式，综合展示中国和东盟传统戏剧的艺术风采，借助中国—东盟戏剧合作交流机制，打造优秀艺术推介平台。由陕西、天津、浙江等9省区市文化厅（局）联合主办的“中国秦腔优秀剧目会演”（10月8日—11月8日）集中展示了秦腔、阿宫腔、眉户戏、绍剧、西秦戏、河北梆子等具有声腔渊源的

---

① 国内艺术团分别来自上海、福建、黑龙江、湖南、湖北、广东、天津等地，具体木偶皮影形式有四川大木偶、广西木偶、广东木偶、唐山皮影、湖南木偶皮影、扬州木偶、海陆丰皮影、海宁皮影、昌黎县皮影、泰安皮影、成都木偶、如皋木偶、漳州木偶、台湾木偶、锦州木偶、大连木偶、资中县木偶等。

② 展演戏曲有青海省藏剧团《松赞干布》、福建晋江市高甲柯派表演艺术中心《骑驴探亲》《贵妃醉酒》《公子游》、福建晋江市掌中木偶艺术保护传承中心《大名府》《虎趣》、广东粤剧院《白蛇传·情》、广州粤剧院《审死官》《红鬃烈马》《一把存忠剑》、杭州越剧传习院《忠言》、太原市实验晋剧团有限责任公司《晋剧绝技绝活专场》、南宁市戏剧院邕剧《玄奘西行》、南派粤剧《南派粤剧经典折子戏专场》等。

剧种的23部优秀剧目，陕西相关区县剧团和甘肃、乌鲁木齐、青海等省区剧团都参加了会演，极大地凝聚了秦腔艺术队伍，促进了不同省区市演出团队的交流与沟通。河南省文化厅、安阳市人民政府主办的“首届晋冀鲁豫传统戏剧展演”（11月17—25日）包含了山西、河北、山东、河南四省9个剧团的18场演出，豫剧、大锣戏、淮调、上党梆子、锣鼓杂戏、四股弦、平调、武安落子、五音戏、柳子戏等剧种的传统经典大戏在此集中展示。

上述展演活动在推出人才、推出作品的传统目标基础上，进一步增进了戏曲剧种的文化认同，特别是在国家平台和跨区域展演中，众多剧种尝试在更加广阔的文化空间内寻求发展机遇和市场定位。在北京演出行业协会、道略演艺产业研究中心等机构针对140家营业性演出场所进行的统计中，明显可以看到2017年度北京演出市场不断趋于活跃的态势，各门类戏剧演出总场次24557场，比2016年同比增长0.5%，其中戏曲演出2164场，比2016年同比增长8.3%，票房0.81亿元，比2016年同比上升15.7%，北京地区戏曲观众的培养初见成效。而在这些戏曲演出中，外来的进京演出集中展示出京外戏曲剧种及其优秀代表性院团的艺术魅力和文化品位，这进一步说明，只有在不断的展示演出和流动传播过程中，戏曲艺术才能更好地争取观众，推动自身的深入普及。显然，这些展演更多地呈现出了近五年来众多戏曲剧种的优秀力作，尤其是2017年的原创作品鲜明地呈示出当前戏曲艺术创作的水准和品质。

5月15日，文化部公布2017年度国家舞台艺术精品创作扶持工程评审结果，“全国舞台艺术重点创作剧目”入选戏曲11部，分别是京剧《党的女儿》《狄青》《庄妃》、昆曲《邯郸记》、评剧《安娥》、拉场戏《海伦往事》、婺剧《宫锦袍》、闽剧《双蝶扇》、赣剧《邯郸记》、豫剧《九品巡检暴式昭》、粤剧《还金记》，其中京剧《党的女儿》、昆曲《邯郸记》、婺剧《宫锦袍》、闽剧《双蝶扇》入选2017年度“国家舞台艺术精品创作扶持工程重点扶持剧目”。6月5日，文化部办公厅公布“2016年度戏曲剧本孵化计划”，确定了原创大戏一类和二类作品各8部，原创大戏一类作品包括北京曲剧《花落花又开》、京剧《颜真卿》《长乐未央》《园殇》《光之谷》、上党梆子《太行娘亲》、淮剧《送你过江》、粤剧《岭南人家》；原创大戏二类作品包括甬剧《周信芳》、泗州戏《哥哥莫要过河来》、闽剧《黄勉斋》、采茶戏《并蒂莲花》、山东梆子《百鸟朝凤》、栾川靠山吼《靠山吼》、苗族花灯戏《泥巴县令》、藏戏《智美更登》。6月28日，国家艺术基金公布了2017年度资助项目，135项“大型舞台剧和作品创作资助项目”中，戏曲类27个剧种44部作品[①]入选；198项“小型舞台剧（节）目和作品创作资助项目”中，小戏曲36部作品入选，成为2017年度获得资助立项的原创作品。11月28日，文化部艺术司公布2017年度剧本扶持工程“整理改编剧目”项目，总计有京剧《拜月记》《大明英烈》、昆曲《唐明皇秋夜梧桐雨》、川剧《梅女》、庐剧《小妹儿吵嫁》、莆仙戏《踏伞之后》、平讲戏《马匹卜驳妻》、赣剧《西域行》、高安采茶戏《孙成打酒》等10部作品。

第十四届精神文明建设“五个一工程”（2014—2017）评选中，入选10部戏剧作品，其中包括5部戏曲作品：京剧《西安事变》、河北梆子《李保国》、评剧《母亲》、赣南采茶戏《永远的歌谣》、高甲戏《大稻埕》。这说明在各类型舞台艺术创作中，戏曲仍然居于主体位置。5部入选作品中，京剧《西安事变》、评剧《母亲》在2016年中国艺术节上获得“文华大奖”，前者聚焦现代革命历史上重要的“西安事变”，用史诗性的现实手法展示抗日民族统一战线形成的历史细节，呈现中华民族在面临外

① 京剧《光之谷》《苍生》《长乐未央》《老倔头和他的儿女们》，昆剧《乌石记》，评剧《藏地彩虹》《德孝碑》，沪剧《敦煌女儿樊锦诗》，河北梆子《李保国》《春秋笔》《绨衣天子》，闽剧《银筝断》，粤剧《花笺记》《八和会馆》，川剧《铎声阵阵》《江姐》，婺剧《白兔记》，吕剧《板桥县令》《山东汉子》，晋剧《雄关娘子》《关公》，曲剧《药香》，豫剧《天下清德》《戈壁母亲》《韩愈》，蒲剧《风雨鹳雀楼》，上党梆子《太行娘亲》，锡剧《独角兽之夜》《大风歌》，长沙花鼓戏《长辈》《甜甜的梦》《明月初心》《甜酒谣》，山东梆子《孟母》，淮剧《送你过江》，绍剧《蓝衫师爷》，楚剧《乡里乡亲》，黄梅戏《邓稼先》《槐花谣》，壮剧《百色起义》，秦腔《关中晓月》，玉溪花灯戏《山茶花红》，满族新城戏《神鼓传奇》，黔剧《湄水长歌》。

侮之际的民族大义；后者以抗日战争期间北京密云的革命母亲邓玉芬为原型，以歌咏抒情的风格书写一个普通中国母亲的抗日情怀与觉醒意识。河北梆子《李保国》用朴实的艺术风格集中表现优秀共产党员李保国的先进事迹，通过“把李保国变成农民”“把农民变成李保国”的转变，展现改革开放三十多年来普通党员知识分子对国家民族“新史诗”的创造，塑造了一个“太行山上新愚公”的典型形象。赣南采茶戏《永远的歌谣》创造性地将赣南民歌《苏区干部好作风》转化为舞台形象，剧中第一次国内革命战争期间的苏区基层干部李龙槐临危受命，挺身而出为百姓解决粮荒，最终用革命的信誉和个人的生命为处于困境的群众求得生机，凸显一个普通人将党性与人性相融、个人利益让位于群众需要，在残酷的斗争实践中成长为平民英雄的真实心路历程。高甲戏《大稻埕》集合了海峡两岸优秀的创作力量，展现一百多年前海峡两岸民众反抗日本侵略的历史，通过剧中人林天来父子小家庭变迁的过程，凸显中国抗日大历史在普通人内心引发的波澜，展示了华夏子孙的民族尊严和傲岸风骨。

上述几部优秀作品与京剧《浴火黎明》《春秋二胥》《青衣》、昆曲《春江花月夜》等近年声誉鹊起、2017年表现格外抢眼的优秀之作及入选“文华奖”初评、国家舞台艺术精品创作扶持工程等重要扶持项目、国家和地方重要展演中的众多作品，共同成为十八大以来戏曲艺术从高原向高峰迈进的阶段性成果。与一切优秀的艺术作品一样，这些作品充分立足于剧种个性，完美呈现出创作主体的艺术风格，最大限度地规避图解式宣传的误区，同时充分发挥戏曲艺术的规律，最大限度地展示题材所蕴含的精神主题，最终呈现细腻感人的艺术形象，创造独特的艺术场面。可以说，这些作品延续了中国戏曲千百年来承担社会主流价值的责任，但同时又能贴近时代生活特点、贴近人民审美需求、贴近人性的丰富深刻，它们的出现使戏曲艺术从传统意蕴中自然衍生出了现代意识和时代精神。

2017年度上演的原创作品中，有几部显示出不俗的艺术水准。上党梆子《太行娘亲》在传统的“赵氏孤儿”母题基础上，创造性地将故事置换成抗日战争时期的革命题材，展示两代娘亲在日本侵略者的残暴侵略面前不断觉醒，为救护八路军孤儿而毅然舍弃生命的大义，展示了党的军队与人民群众亲如一家的深厚情谊与共抗外侮的民族精神。该剧在相近题材的推陈出新上尤见匠心，上党梆子的音乐和剧种的表演特长得到重点凸显，形象地刻画了在抗日战争最焦灼的时段，普通人革命斗志的激发形成与民族意识的萌芽成长。秦腔《王贵与李香香》是在李季同名长诗基础上改编而成的，作品将诗歌的文学意境和西北风情创新性地转化为舞台视觉形象，整个演出在诗歌演唱中嵌入秦腔的表演场面，使古老的秦腔艺术行云流水般地贯穿全剧，借助秦腔与现代合唱队的结合开拓传统戏曲的现代审美视野，它的成功标志着以柳萍、李小雄为代表的宁夏秦腔剧院“现代秦腔三部曲”艺术探索的最终完成。江苏省淮剧团的《小城》、盐城市淮剧团的《送你过江》首演之后均获得了普遍的赞誉。前者是剧作家徐新华、导演卢昂与淮剧优秀领军艺术家陈澄、陈明矿继续合作的新创作品，全剧聚焦小城中普通人的心灵幽微，展示现代生活中道德观念的悸动与守正；后者是剧作家陈明与盐城淮剧团努力突破传统风格的革新之作，剧作展示1949年百万雄师过大江前夕，普通江村百姓在个人情感和生命与家国大义之间的徘徊与选择，凸显普通人迎来民族新生时的生命升华。这两部作品显示了淮剧获得第十一届文华大奖之后，淮剧创作者不骄不躁，持续砥砺奋进，为淮剧艺术的辉煌不断探索的可贵艺术追求。上述作品还有继续提升的艺术空间，但它们所显示的独特艺术构思和良好艺术水准令人难忘，剧中弥漫的浓郁剧种风格和地域特色及贯注其中的新异艺术观念使之显得与众不同，蕴藏着进一步打磨艺术精品的无限潜力。

三、现象与热点

在2017年度的戏曲发展中，以“现实题材”为核心的现代戏创作成为人们关注的突出现象，这不仅缘于“中国京剧节”“全国基层院团戏曲展演”等国家层面的大型活动中，现代戏剧目比例超过七成，而且缘于近五年来中国戏曲创作中现代戏作品的不断增加。国家艺术基金自2014年起，即将重大革命历史题材、现实题材作品的创作和展览、演出列为年度资助重点，至今已经资助立项1196项，其中现实题材项目总计978项，资助资金约5.8亿元，而戏曲的现实题材创作京、昆类总计22部、地方戏总计642部。由此可见，众多的戏曲艺术团队正用饱满的艺术热情，积极面对丰富复杂的现实生活，努力以自己的创作实践展现戏曲反映时代、艺术服务人民的责任担当。同时也要看到，现实题材创作虽然数量较多，但打造出的艺术精品明显不足，为数不少的现实题材作品呈现重宣讲轻艺术、重即时轻长远、重投排轻艺术规律的创作倾向。不能用符合戏曲艺术规律的方法来驾驭和表现题材，不能用长期的艺术打磨与市场检验来创作人民喜闻乐见的艺术品，不能让现实题材在舞台上成功地成为人们的“情感认同和行为习惯”，这是现实题材戏曲作品的最大弱点。如果不严把艺术质量关，让不合格的现实题材作品轻率投排、即时宣传，然后在短时间内迅速消泯，很容易造成人力、物力和创作热情的浪费，甚至消减剧种的艺术积累和剧团的艺术优势。

综观2017年全国戏曲传承发展的艺术实际，可以说“精准发展”与“分类指导”成为本年度突出的实践方向。所谓“精准发展”，即戏曲院团在面临生存与发展、传承与创新的永恒命题时，根据所处文化生态的实际需求，探索符合自身发展规律的实践路径。所谓“分类指导”，即文化主管部门在面对所属戏曲生态、剧种个性、剧团特点而采取行之有效的方针措施。对于任何一个剧种的不同传承群体，或者一个区域的不同剧种剧团，传承与创新共存，传统与现代相依。在拥有国办团体的241个剧种中，仅有一个国办团体传承的剧种就有120个，而另有107个剧种并无国办团体，这意味着227个剧种必须借助非物质文化遗产保护理念来长期推进艺术遗产的挖掘、整理和保护。事实上，这些剧种是近五年“传统戏剧类”非遗保护的直接受益者，借助非遗保护政策和经费扶持，立足传统修复和遗产抢救已经成为这些剧种恢复活力的重要举措，而且在这些需要保护的剧种中仍然有不少一直保持着稳定而旺盛的创作活力，例如梨园戏、瓯剧、北京曲剧、唱剧等，都能按照剧种特点创作在全国具有影响力的新创作品。而在120个有1个以上国办团体的剧种中，虽然不乏像川剧、北路梆子这类艺术急遽衰落的剧种，但整体上在相关地域文化格局中处于创作前沿，应该说，当前能够承载现代戏创作任务的剧种也基本包括在其中。尤其是2017年在相关剧种中体现出来的艺术发展经验，构成了戏曲实践者尊重规律、寻求自我发展的重要方向。

（一）传统的多元发展路径

粤剧是近百年来奉行创新发展的典型剧种，众多粤剧艺术院团进行了大量的新戏探索，尤其是现代戏创作成就非常突出。2017年出现的“传统例戏现象”，充分展现了粤剧从业者挖掘传统优势的文化自信。2017年3月30日，由佛山市文化广电新闻出版局、佛山电台主办的“佛山韵律·和风鸣畅2017佛山戏曲季”重头戏《香花山大贺寿》首演，有108位演职人员，包括22位国家一级演员（其中15位“梅花奖”获得者）参演。作为传统例戏的重要代表，《香花山大贺寿》重现了内地中断半个世纪的粤剧传统功架程式和南派武功套路，这与香港地区在迎接香港回归20周年庆典活动中以八和会馆演出《香花山大贺寿》的场面相映成趣，彰显了粤、港两地对于粤剧传统的尊奉与传承。而由中共广州市委宣传部、广州市文化广电新闻出版局、广东粤剧促进会、广州市振兴粤剧基金会主办资助的《粤剧表演艺术大全》也于2017年度正式立项，该学术工程最大限度地调动粤剧界的力量，通过文、图、音频、视频集于一体的规范记录，将以例戏、排场、十大行当、唱念锣鼓、化妆服饰等为代表的粤剧表演艺术全面精准地加以著录。这种对传统的修复整理进一步增强了粤剧界创新的动力，从近年来《梦·红船》《白蛇传·情》《虎将马超》《还金记》等作品的创作演出可以看出，粤剧传统已经成了艺术创新的重要手段，并且在新创作品中展现出了具有现代冲击力的艺术魅力，像《梦·红船》的“高台照镜”、《白蛇传·情》的“水袖打出手”等表演，都在传统基础上形成了新的艺术拓展。

京剧是在发展过程中恪守传统的重要剧种，特别是近年来京剧“像音像”工程的推进，使京剧的剧目传统在中青年优秀演员的展演中大规模地得到记录保存。“武戏”的振兴是2017年京剧领域备受关注的艺术现象，北京文化艺术基金2016年度资助项目“京津冀地区武功武戏表演人才培训展演”汇集了京、津、冀三地15个院团及院校的武生、武旦、武花脸、武丑等多个行当的青年演员。同时，北京京剧院举办的第四届青年京剧演员（北京）擂台邀请赛也将京津冀武戏武功展演和叶派武丑展演纳入其中。特别是中国京剧节专设武戏展演，显示了京剧界对于武戏传统的高度重视。除此之外，由中国京剧艺术基金会与福建省京剧院、吉林省京剧院、黑龙江省京剧院、沈阳京剧院、上海京剧院、中国戏曲学院、上海戏剧学院附属戏曲学校等单位共同推进的“京剧艺术传承与保护工程——挖掘抢救整理传统剧目”，以专项资金资助的方式，倡导老艺术家传授、整理和加工排演传统剧目。《南界关》《目连僧救母：滑油山・游六殿》《朝金顶》《赠绨袍》等剧目挖掘的同时伴随着审慎的整理，显示了京剧人在继承传统时始终不废现代观照的创作态度。

值得注意的是，以李宝春领衔的台北新剧团用“新老戏”的理念辩证地探寻京剧“新”与“老”的艺术尺度，他们在大陆巡演的《长生殿》《赵匡胤》《宝莲神灯》三部大戏均立足于传统的题材和表演，但又在传统戏的结构和韵律中融入现代创新的内容与视角，体现出强烈的当代文化审美观念。《长生殿》直接搬用梅派经典《贵妃醉酒》，《赵匡胤》是《打窦瑶》《送京娘》《斩黄袍》三出传统戏的整合，而《宝莲神灯》更是中国人非常熟悉的表现题材，其间的《二堂舍子》尤其脍炙人口。李宝春和台北新剧团对于“新老戏”的创作，与台湾地区魏海敏、吴兴国等人的创作及不同省区京剧人的创造一样，为京剧艺术的现代传承发展做了有益的尝试。这是让京剧乃至中国戏曲不断现代化的重要途径，弥足珍贵。

“尚长荣三部曲”2017年度在上海、北京的传承演出中引发了重要的理论话题：如何珍视京剧在当代形成的艺术传统。尚长荣最具代表性的新编京剧《曹操与杨修》《贞观盛事》《廉吏于成龙》是改革开放以后京剧在思想和艺术上不断寻求突破的代表性作品，特别是《曹操与杨修》，被誉为“新时期以来中国戏曲的里程碑”，其创新的力度和达到的艺术高度都堪称当代戏曲典范。上海京剧院启动的“尚长荣三部曲”传承计划，通过年轻一代演员对三部作品的传承，说明当代优秀作品同样具备传承价值。这三部戏经过青年演员的演绎，已经从尚长荣的“人保戏”过渡到其他演员的“戏保人”，三部戏已然成为京剧艺术规范的重要载体。

另外，晋剧《富贵图》从1989年首演至今，仅山西省晋剧院的演出就达到2165场，该剧目前已有北路梆子、豫剧、蒲剧、黄梅戏、昆曲、京剧、祁剧等多个剧种移植搬演，2017年8月25日举行了2000场纪念演出。该剧核心的表演场面来源于蒲剧《烤火下山》，20世纪80年代后期，曲润海在参考蒲剧名家王秀兰表演的折子戏的基础上，根据旧本进行了重新编创，经由张智、王晓萍、陈转英、陈红等青年演员的成功演绎，以“修旧如旧”的艺术面貌呈现在舞台上，成为晋剧常演剧目。该剧拓展了蒲剧等传统折子戏的表演范式，同时也在人物形象、人物关系的走向上展现出鲜明的现代品质，常常被人误以为是晋剧经典老戏，说明该剧在遵循梆子戏艺术传统和创作规律发展方向方面是取得了巨大成功的。

从以上粤剧、京剧、晋剧对于“传统”继承发展的多元化实践可以看到，所谓的继承“传统”并非一成不变地对于“老”“旧”的复原，传统不仅会在一代代戏曲传承人身上焕发出艺术的活力，还会因一代代戏曲创作者特点的变化而形成新的规范和新的艺术拓展，甚至将成功的新创演变为新的“传统”。应该说，传承传统本身就具有现代意义。

（二）戏曲传承发展中的“上海经验”“江苏经验”和“盐城现象”

上海是戏曲传承和创作的重镇，也是南北戏曲荟萃的渊薮，上海现存剧种中的京剧、昆曲、沪剧、越剧、淮剧五个剧种，各有渊源，各具活力，各有相对稳定的观众群和艺术生态，各有特色鲜明的创作经验。近年来，上海文化主管部门推动“一戏一格”“一剧一品”“一团一策”的发展路径，为这些剧种的代表性院团寻找各具规律的艺术道路创造了条件。所谓“一戏一格”，就是在戏曲传承发展中按照剧种自身的文化品格来确保剧种发展方向；所谓“一剧一品”，就是在创作作品中按照题材自身的艺术内涵来确立剧目整体品位；所谓“一团一策”，就是在创作团队建设中按照团队的艺术传统来确定剧团的发展规划。

2017年，上海戏曲艺术中心以“东方之韵·上海戏曲艺术中心经典剧目晋京展演”为题，携沪剧《雷雨》、全本昆剧《长生殿》及传承版京剧《曹操与杨修》到北京展演，汇集三家院团老、中、青三代演员，8朵“梅花”，12朵“白玉兰”，形成观演热潮。与此同时，上海戏剧学院越剧本科班20名学员进京举办毕业汇报演出，他们通过《红楼梦》《梁山伯与祝英台》《家》《花中君子》四部越剧经典名作，很好地展现了上海越剧舞台“第十代”演员的风采。而上海淮剧团在2017年度推出的原创淮剧《半纸春光》《武训先生》延续并拓展了“都市新淮剧”的创作理念。前者取材于郁达夫的小说，选取海派文学中的工业题材来展现底层工人和小知识分子的生存状态；后者则选取近代历史中引人注目的“武训题材”，用反观乡土的创作理念，重新提升武训在“行乞办学”中的现代价值和人文关怀。两部作品都立足上海淮剧的艺术生态，呈现了与江苏观众和老一辈淮剧人印象中迥然不同的新型淮剧样式。

上述艺术实践显示了上海戏曲人立足于剧种、剧团实际，以高度的文化自信和艺术自觉积极推进戏曲发展的努力方向。这些剧种的传承者清醒地认识到自己所处的文化环境和剧种自身的艺术生态，从实际出发制定创作规划，因此他们的创造是多向性的，不同的戏曲院团的艺术路径不尽相同，有的始终保持古典品质的现代观照，如上海昆剧团；有的在经典传承与现代创造两个领域同时着手，二者并行不悖，如上海京剧院；有的以积极的创造热情持续推进具有鲜明上海地域特色和剧种个性的新创作，如上海沪剧院、上海越剧院、上海淮剧团。上海戏剧学院越剧本科教育中探索出来的教学传承道路也是值得充分肯定的，他们结合学校体系化教学，让剧院名家与高校教师共同形成一个更有成效的教学团队，统一制订人才培养计划，统一安排教学实践规划，甚至做到一人一计划，让个体化的口传法则提升到体系化教育的层面，让学校的教学资源与上海越剧院的艺术格局得以完美结合，盘活了越剧教育，也盘活了越剧院的人才与剧目资源。这就避免了一般剧种传承教育中出现的刻板模仿、机械复制、有传承无创造、有师承无艺术、有保护无成果、有个体传承无集体呈现之类现象。应当说，与剧种保护、剧团发展、剧目政策制定紧密联系的“上海经验”，是戏曲良性传承发展的重要内容。

2017年度江苏戏曲界出现的“江苏经验”和“盐城现象”显示出了省区戏曲生态环境有序发展的大好形势。江苏是戏曲大省，区域内剧种繁多，从人类非物质文化遗产代表作昆曲、京剧，到区域性剧种淮剧、扬剧、锡剧等，再到只有局部影响力的苏剧、淮海戏、童子戏等，既各自独立又彼此影响，在区域文化背景下形成一种自然的艺术生态。针对这种局面，按照戏曲剧种的文化品质进行分类发展势在必行。江苏戏曲文化生态的良性发展最突出地体现在剧种新生剧团的强势发展上，昆山当代昆剧院是传统七大昆曲院团之外新成立的现代剧院，剧院在2017年度除了酝酿《顾炎武》《梧桐雨》等新创作品外，重点部署了“昆曲回家——大师传承版”《牡丹亭》展演活动（10月4—15日），汇聚全国各大昆曲院团55位重量级昆曲表演艺术家连续演出以传统折子戏串联而成的《牡丹亭》，活动以参与名家多、涉及院团多、演出场次多而引起业内外瞩目，掀起一个昆曲演出的热潮。以“当代”为基础，回望经典，让经典存活在当代生活中，成为新成立的昆山当代昆剧院的创作理念。而“镇江现代扬剧北京展演周”（10月20—24日）则集中展示了近年来镇江创排的《花旦当家》《完节堂1937》《红船》三部现代扬剧，以张扬镇江历史文化为特点，结合镇江扬剧的“金派”特色，形成了与其他扬剧艺术团体迥然有别的艺术风格，不但成功恢复了镇江扬剧的表演团体，而且以“现代扬剧”为标榜，形成了自己的文化品牌。这些新院团的建立与优秀剧目的推出，更多地依傍于江苏的戏曲文化资源，袁连成、徐新华、罗周等优秀剧作家的介入是其中十分重要的环节，剧作家与新生艺术团队的密切合作有力推动了戏曲的现代性创造。

江苏戏曲最受人瞩目的成绩在于现代戏创作，其中最突出的表现是在盐城形成了现代戏的剧作家团队，引领着淮剧、淮海戏、扬剧等剧种的现代戏创作，陈明、徐新华、袁连成等优秀剧作家堪称其中的代表。他们的作品不仅活跃在江苏的戏曲舞台上，而且已经开始向省外输出，这种由剧作家和剧团共创剧种辉煌的“盐城现象”反映了当前中国戏曲现代戏创作的一种趋势，相关作品所达到的高度已得到戏曲界的普遍认同。2017年，由江苏省文化厅主办的“第三届精彩江苏艺术展演月”（9月8

日—10 月 9 日），基层院团的艺术创作活力备受赞誉。展演同时组织了第三届江苏省“文华奖”评选，8 部获奖作品中，有 7 部来自市县基层院团，其中 3 部来自县级剧团。涟水县淮剧团创作演出的《留守村长留守鹅》、常州市武进区锡剧团创演的《玉兰花开》等作品以浓郁的乡土气息感染着广大观众，佳作纷呈的展演显示了现代戏创作多元风格并存的大好艺术局面。

此外，在 2017 年度的国家展演活动中，“全国曲艺、木偶剧、皮影戏优秀剧（节）目展演”（11 月 10—15 日）落户晋江，这与闽南地区对泉州提线木偶戏、泉州布袋戏、漳州布袋戏高水准的传承创造密切相关，也与福建保留着木偶戏多元艺术形态的现状密切相关。自从“福建木偶戏传承人培养计划”2012 年入选联合国教科文组织“保护非物质文化遗产优秀实践名册”以来，福建木偶戏传承发展的文化自信力得到保护和增强，形成中国木偶戏的“闽南经验”。这一经验在传承发展的实践中突出了中国戏曲的木偶戏传统，同时将这一独特艺术形态在传统与现代交融过程中所取得的艺术成就加以彰显，为同类非物质文化遗产保护工作的顺利开展树立了典范。

通过以上“精准发展”与“分类指导”并行的具体而多元的艺术实践，重新回头审视广受关注的现代戏创作、武戏展演、例戏恢复等戏曲现象，可以清楚地看到当前戏曲发展的困境与生机。在近千年的中国戏曲发展史中，传承和创新中点滴积累的实践正是艺术更新发展不可或缺的要素，如果没有充分的文化自信，这些处于发展过程中的创作实践，很可能因其老旧而被不当抛弃，或因其新异而遭刻意贬责，最终都不能形成良性的艺术累积。不可否认的是，戏曲在追随时代发展过程中，无论是传统遗产，还是现代创造，都面临着现代性的发现、整理、创造、总结和传续，戏曲现代化仍然任重道远。所谓戏曲现代化，是用戏曲传承有序且不断拓展的艺术表现手段深刻展现现代情感体验内容，积极引领当代精神生活，让戏曲作品鲜明地彰显当代中国在传承文化传统、追求现代理念时所体现的民族精神、民族个性和民族风采。为利于戏曲长效发展，戏曲现代戏创作中形成的优秀力作更应该得到体系化的总结。

四、戏曲使命与趋势对策

2017 年，由中国艺术研究院主持编撰的《昆曲艺术大典》获得第四届中国出版政府奖，这部 149 册的集成式百科大典以该院戏曲研究所的科研力量为主体，广泛团结海内外昆曲研究力量，经过 12 年的编撰，最终圆满实现了预期的目标。整部大典最大限度地呈现了昆曲在数百年间所形成的各种类型的艺术遗产，同时也充分展示了中国艺术研究院作为昆曲艺术传承保护单位的学术和艺术实力。而由江西省艺术研究院举办的“弋阳腔传统曲牌抢救性录音活动”（8 月 16—30 日）在南昌顺利开展，此项活动邀请的艺术传承人主要是 1953 年创办的江西省赣剧团弋阳腔演员训练班及赣二班的学员，总计 23 位，依准的曲谱主要是 1959 年江西省戏曲学校根据弋阳腔老艺人现场演唱记谱整理的《江西弋阳腔曲谱》（油印本）及 2014 年据此出版的《弋阳腔传统曲牌》（陈汝陶编），通过老艺人的声音传承展示了清末尚在传承的弋阳腔曲牌风貌。对昆曲和弋阳腔的学术整理经验，可成为 348 个中国戏曲剧种艺术遗产全面保护的重要参考。显然，对每一个戏曲剧种的艺术遗产和艺术体系进行梳理总结，无论是在十多年的非遗保护工作还是在数十年间的戏曲挖掘整理研究工作中，都没有得到全面而深入的推进，这是令人遗憾的。

事实上，当前中国戏曲普遍面临传统品质退化、现代创作底气不足、艺术生态失衡、演出市场萎缩的困境，急需理论引领，而戏曲实践中的许多探索尽管不乏理论价值，却还不能很好地实现对戏曲艺术实践的理论总结，有效引领未来的戏曲发展。中国艺术研究院戏曲研究所、《文艺研究》杂志社、中山大学中文系、中国非物质文化遗产研究中心共同主办的“纪念王季思、董每戡诞辰 110 周年暨传统戏曲的历史、现状与未来学术研讨会”（6 月 16—18 日）上，与会者通过对老一辈戏曲学者学术业绩的总结，从文本文献、舞台艺术两个不同路径出发，多元观照戏曲的学术实践，进一步倡导理论联系实际的学风。在“2017 年度国家社科基金艺术学重大项目”最后确立的 9 项课题中，南京大学傅谨的“中国戏曲表演美学体系研究”（17ZD01）、上海戏剧学院孙惠柱的“艺术人才培养模式研究”（17ZD08）两个重大项目形成对戏曲实践领域重点关注问题的回应，这正是老一辈戏曲理论家们一直致力推动的学术方向。

正如十九大报告所指出的，在现阶段我国社会的主要矛盾是人民日益增长的美好生活需要和不平衡不充分的发展之间的矛盾，中国戏曲艺术同样面临着这样的矛盾。有了各项利好政策的保驾护航，中国戏曲完全有机会也有理由取得更好的成就，这就要求包括348个剧种在内的戏曲艺术体系得到全面的总结和理论性建构，戏曲艺术传统得到完整的存续，戏曲艺术创造得到与时俱进的拓展。当前戏曲剧种在不同文化区域中发展得不平衡，主要原因在于部分地方文化主管部门对于戏曲的自信力普遍不足，戏曲艺术团队发展定位普遍不明确，戏曲艺术传承者在传承与创作中成效不足，由此形成有政策而少对策、有扶持而缺精准、有创作而少精品、有传承而少活力等问题。特别是作为戏曲传承和发展核心基础的戏曲表演院团，在不同体制中形成了条件的巨大差别，客观上阻碍了戏曲的精准传承和精准创作。因此，当前中国戏曲发展急需解决以下几个问题。

第一，戏曲发展需要深入彰显“专业化”传承发展的理念。戏曲是专业化程度极高的传统艺术，上千年的戏曲发展基本上是通过专业艺人严格的专业传承与专业创作得以实现的。在当前戏曲的传承、发展、推广及整理、挖掘等各项工作中，戏曲专业人员与团队始终是最基础、最重要的力量。有关部门需要在近年颁布的一系列戏曲政策基础上，进一步针对戏曲表演院团的实际状况，出台关于加强戏曲院团建设的国家政策，以此理顺不同体制下院团的基本建设思路和发展方向，有效实现对戏曲院团的分类指导和分类扶持。有必要借鉴戏曲发展的“上海经验”“江苏经验”，针对具体省区、具体剧种、具体院团，出台行之有效的地方性戏曲保护法规，保障演出团体的戏曲专业化程度，避免戏曲艺术水准的下滑与剧种特色的失落。

第二，戏曲发展仍然需要“现代性”探索方向。戏曲的现代化虽然是中国社会现代化时期出现的话题，但是现代化的实践却是戏曲发展的内在动力，这不但体现在戏曲艺术本体需要成功延续，形成包括现代戏在内的全新艺术体系，而且也体现在大量传统艺术遗产需要在当代艺术语境中得到现代视角的观照，进而实现审美的现代转化。从20世纪50年代开始，党和国家文化主管部门就极其重视中国戏曲的现代化发展问题，在兼顾传统戏整理改编和新编历史剧创作的同时，将“现代戏”创作视为戏曲实践的重要组成部分，以之生动记录和张扬现代中国的革命文化和社会主义先进文化，同时实现中国戏曲表演体系在当代的延伸。作为现代戏的重要组成部分，现实题材创作聚焦当代生活和当代情感，格外关注社会各行业群体的喜怒哀乐，有意将创作重点设置在当代价值判断和时代政策引导上。现实题材创作的挑战性在于让作品更加契合戏曲现代化的使命，相较于近千年的戏曲艺术积累，创作实践不过百年的现实题材创作面临着更多的艺术困境。例如，对于现实题材中人物的塑造不能完全依照传统的提纯了的二元化范型进行，也不能完全走向高大全的简单化表现，而是要创设富于生活质感的典型形象；在展现现实生活时，不能完全套用传统程式技法，也不能完全没有依傍地照搬生活实际，而是要创造可以驾驭现代生活的表演范式。唯其如此，现实题材创作才能最终接通现实生活的审美化再现与中国戏曲的艺术体系。合理推进戏曲现代化的历史进程，这正是现实题材创作的责任所在。因此，在中华优秀传统文化体系的建设中，需要旗帜鲜明地将现代戏艺术体系的建设纳入其中，不但在研究领域倡导现代戏创作研究，还要在实践领域进行相关的艺术总结。尽全力维护和弘扬近百年的现代戏艺术体系，这也是当前戏曲承担展示社会主义文化“新史诗”的题中应有之义。

第三，少数民族戏曲需要倾斜性的政策扶持和大力推进。全国政协于2017年12月7日下午在北京召开第76次双周协商座谈会，与会者围绕“少数民族戏剧的传承与发展”问题建言献策。全国政协主席俞正声主持会议并讲话，委员们一致认为少数民族戏剧是中华文化的重要组成部分，要以习近平新时代中国特色社会主义思想和党的十九大精神为指导，传承、发展好少数民族戏剧。中国戏曲中有30个左右的少数民族戏曲剧种是独具特色的民族文化载体，由于少数民族地区大多处于中西部欠发达地区，一些少数民族还属于跨境民族，因此少数民族剧种的发展状态关乎中华民族文化安全，应由国家文化主管部门和相关省区共同推动少数民族戏曲政策的出台，推进少数民族戏曲剧种的长效发展。

综上所述，在政府主管部门相关政策的合理指导下，经过广大艺术工作者的共同努力，中国戏曲在 2017 年出现了繁荣兴盛的可喜局面，也给下一步的工作提出了更高的要求。“斟别酒，问东君，一年一度一回新。看百花，飘舞茵。”民族文化复兴的崭新时代呼唤着戏曲艺术的不断发展，已有的硕果属于过往，举头四顾，东风遍吹，大地回春，戏曲艺术的宽广苑囿里，一个百花齐放、舞茵焕采的时代正在到来。

王馗　中国艺术研究院戏曲研究所所长、研究员

戏曲盘点：2017年繁荣下冷思考

◎ 张之薇

年终戏剧盘点，戏曲的“不在场”一直是我的困惑，看着媒体人热热闹闹地总结一年的戏剧市场，原创话剧、引进戏剧、歌剧、音乐剧，甚至儿童剧一一罗列，却唯独看不见戏曲的身影。作为中国最本土的戏剧，戏曲不热闹吗？显然不是。2017年5月在南京举行的第八届中国京剧节，7月在宁夏举行的第十五届中国戏剧节，还有7月在北京举行的全国基层院团戏曲会演，9月在武汉举行的全国地方戏曲南方会演，国家政府层面的戏剧节和戏曲会演热热闹闹撑起了2017年全国戏曲的主要演出。而地方政府举办的戏剧节也同样不示弱。在北京，比较有影响力的是“北京市剧院运营服务平台”优秀剧目展演、国家大剧院十周年戏曲邀请展纷纷集聚了全国院团的优秀精品剧目，还有河南地方政府牵头在京举办的河南豫剧优秀剧目展演、河南稀有剧种展演。而在江西省抚州市、山西省太原市、陕西省西安市、浙江省宁波市等地全年不同时间都有大大小小的戏剧节举办。而这些被冠以戏剧节、艺术节、文化周等名目的展演，其实戏曲都是当之无愧的主角。可以说，戏曲的演出市场达到前所未有的繁荣。在这种现实下，我们的戏剧年终盘点又怎能让戏曲缺席呢？

一、现代戏繁荣冷思考

不得不承认，今天的戏曲创作是繁荣的。但是，也不得不承认，今天的戏曲繁荣是“打了鸡血”的繁荣。也就是说，它的繁荣不是自然生长的，而是外力给予的。这个外力就是国家政策。自从2015年国务院出台《关于支持戏曲传承发展的若干政策》之后，相继又有各种关于戏曲的政策出台，而2017年初中共中央办公厅、国务院办公厅印发《关于实施中华优秀传统文化传承发展工程的意见》将戏曲等传统艺术的传承、创新、转化等一系列关键词纳入工程，之后关于“戏曲进乡村”“戏曲进校园”的政策相继出台，除此之外，“十三五”重大工程项目的“传统戏曲传承与传统工艺振兴”等一系列相关政策的出台，其中涉及戏曲人才培育、数字化影像化保存。政策利好，资金注入，国家扶持，对于长久以来处于窘困状态下的戏曲院团，尤其是基层戏曲院团，无疑是春天来了。然而，事实是政策催生出的作品，离精品还有巨大距离。

从第八届中国京剧节参演剧目来看，现代戏比例依旧是最高的，在31台演出中有17台，占比近60%，而且据说在京剧节的选拔中，对现代戏参演剧目是以绿灯放行的标准零筛选入围的。新编历史剧则有10台参演，剩下的4台是整理改编传统戏（含祝贺演出）。如此看来，对现代戏明显的倾斜应该是目前戏曲创作的主导。那么，京剧节上的现代戏创作又怎么样呢？除了江苏大剧院根据叶兆言小说改编的《青衣》、四川省成都京剧研究院根据巴金的小说《家》改编的《落梅吟》、湖北省武汉京剧院根据万方的小说《万箭穿心》改编的《美丽人生》之外，大多参演的现代戏为红色题材或是讴歌好干部的紧跟时势之作，如《江姐》《党的女儿》《温世仁》《向农》《在路上》《脚印》《东极英雄》等。并不是说现代戏创作不好，而是假如现代戏成为政治的宣教品、成为政策的传声筒，成为简单而赤裸的应时之作，那么现代戏其实就与戏曲艺术关系不大了。其实在中国京剧节的诸多现代戏中，所暴露的问题正是当前中国现代戏创作的普遍问题：首先是图解政策，过于趋势趋时，“红色题材”“精准扶贫”“反腐倡廉”一跃成为这个时代现代戏的主流；其次是对英雄人物的描写过于概念化、公式化、模式化，对人性的突破有限；而在舞台呈现上，现代戏俨然成为“创新”的实验田，非戏曲化的歌舞，如民族舞、集体舞，甚至体操、街舞等被塞入戏曲舞台；在一些作品中，甚至让英文歌曲、戴着头套的外国人等也大胆乱入，而LED的随意滥用早已不新鲜。假如，我们是在更为基层的地方会演中看到这些姑且可以原谅，但是我们是在国家层面三年一度的中国京剧节上，这足以说明当前现代戏创作意识的草率和创新观念的混乱。

而与中国京剧节这样单一大剧种的戏剧节不同，2017年7月在京举办的第二届全国基层院团戏曲会演则是对覆盖全国的戏曲基层丰富地方剧种的检验，结果是，同样现代戏占比显著，在涉及33个地方剧种的28台大戏中，现代戏达到22台，占比79%。这透露出一个信息：之所以出现现代戏创作的蜂拥而上，一定与国家导向和扶持资金紧密相连。但是，如果鼓励现代戏，却对基层地方剧种在现代文明的冲刷下丧失了自己的特色熟视无睹，那么，我们鼓励它又有什么意义呢？如果鼓励现代戏，却纵容现代戏表现现代生活丧失了起码的艺术追求，那么我们鼓励它又有什么意义呢？我们鼓励现代戏，却不懂得在保护剧种艺术规律的前提下，对其表演进行现代化转化，那么我们鼓励它又有什么意义呢？观察基层院团各个剧种的戏曲创作再一次说明我们的戏曲创作同质化倾向有多么严重，以及每一个剧种艺术特色的流失有多么严重！当然在这次基层院团戏曲会演上也有惊喜，就我所看到的剧目中，如蒙古剧《黑缎子坎肩》，云南小戏组合的现代小戏《喝三秒》，让我看到了剧种的个性、地域的风情，以及这些基层院团对自己剧种民族特色的坚守；而新疆曲子戏《戈壁花开》和川剧《鸣凤》给我的则是另一番惊喜，体现在现代戏创作观念上对“人”的突破以及导演在现代戏中“戏曲化”的自觉创造。

二、传承迫在眉睫

虽然在2017年的各大戏剧节、艺术节上，现代戏当仁不让拥有主导位置，但是2017年“传承”这个词的意义则同样举足轻重，各个剧种似乎都意识到传承迫在眉睫、箭在弦上。从年初，“金声玉振——钱振荣个人专场”就曾吸引我跑到了南京，只为一睹蔡正仁亲授钱振荣的《撞钟·分宫》。“蔡皇”的崇祯乃大官生典范，早已在舞台上穷尽了江山易代之际人的巨大悲悯。一个皇帝，同时也是一个人在绝境中的焦灼与无奈，那种无人可用、人去楼空的强烈孤寂和别子殉国前的巨大沉痛，在昆曲中几成绝响。而“金声玉振——钱振荣个人专场”，钱振荣重现了“那一个”最接近普通人的崇祯，这不仅是《撞钟·分宫》昆曲折子的传承，也是大官生这一昆曲行当的承继。

而作为昆曲重镇的上海昆剧团，更是于2015年推出“昆曲学馆制”，并立下了三年传承100出经典折子戏的目标，到2017年已进入第三个年头。“学馆制”的核心是“口传心授”式传承，这是符合戏曲这种活态艺术规律的。在一定程度上“学馆制”抛弃了新中国成立以来戏校的传承机制，而让戏曲传承回归到一对一教授，其目的是让昆曲经典做到一丝不苟地精准传递。2017年，《百花赠剑》(由张洵澎、岳美缇传授)、《沉江》(由柯军传授)、《戏叔别兄》(由梁谷音、计镇华传授)、《乔醋》(由蔡正仁、张静娴传授)、《狮吼记》(由岳美缇、张静娴传授)在8月的上海汇报亮相，博得喝彩，而《狮吼记》更是以《梳妆》《游春》《跪池》《三怕》串折“全本”的方式出现。

这一年，戏曲界更大规模的传承还在继续。6月上海戏剧学院首届越剧本科班毕业展演亮相北京长安大戏院，他们带来了“上越”经典《梁山伯与祝英台》《红楼梦》《花中君子》《家》。作为学生毕业公演之所以被如此郑重提及，还是因为传承。如何打造良好的传承机制，也是上海越剧院始终思考的问题。历时十年，由上海越剧院与上海戏剧学院联合打造，再次说明了上海越剧院对剧目与人才代继传承的重视。而这种院校与院团互助互惠，以学助演、以演带学的模式，无疑是具有战略意义的。这群青春的面孔不仅学到了越剧经典剧目，同时也创作了自己的当代越剧《十二角色》。从模仿到创造，戏曲的传承就是这样，没有捷径。

这边厢是青春逼人的气息，那边厢是昆曲耄耋名家和老中青四代的昆山齐聚。10月，恰逢最年轻的昆剧团——昆山当代昆剧院成立两周年之际，在昆山一场名为“昆曲回家”的活动正在进行。为什么叫“昆曲回家”？因为600多年前，在昆山西郊（今为巴城镇）有一座名叫“玉山草堂”的园林，在这里顾坚、顾瑛、杨维桢、高则诚等文人常常把酒唱和，他们的文化沙龙对昆山腔催生起了直接的作用。而今天，让昆曲回到原点，让昆曲人寻根问祖，还是通过传承。大师传承版《牡丹亭》8天连演，汇聚55位昆曲名家，既有上海“昆大班”、江苏“继字辈”、浙江“世字辈”等国宝级大师，也有上海“昆二班”、中生代名家、新生代新星，最年长的是82岁、很少登台的苏州昆旦代表柳继雁老师，最年轻的是25岁的年轻演员刘煜。10月的昆山，600年前的昆曲，在用400年前汤显祖笔下的人物向当代人叙说：传承迫在眉睫。

2017年的传承还不止于此。11月上海昆剧团携全本《长生殿》十年之后再次登陆北京，同样体现了传承的力量。这部首演于2007年的作品，由蔡正仁、张静娴率领上海昆剧团五班三代老中青共同演绎了唐明皇与杨贵妃的爱情与家国悲剧，在十年之后更加尊重昆曲的规制。同月，上海京剧院携保留剧目《曹操与杨修》(传承版）于北京亮相，这部创作于30年前的新编戏，用激活传统、触及灵魂的方法，验证了经典的意义。经典就是经过时间的淘洗，它依旧有撼动人心的魅力。而2017年，北方昆曲剧院建院60周年纪念和北京京剧院纪念谭鑫培诞辰170周年、谭富英诞辰111周年的活动，同样掀起京、昆剧界戏迷热潮，几乎一票难求。而狂热的原因恐怕还是戏曲角儿的号召力和传统老戏的巨大魅力。

三、武戏重振与抢救

2017年戏曲界还有一个极具悲情的话题不得不提，它就是武戏。长期以来，京剧界不争的事实是武戏大面积萎缩，武戏演员被边缘化，很多本来很有功底的武戏演员沦为龙套，或无戏可演。2017年4月，叶派武丑剧目《酒丐》复排后火爆上演，引起了人们对京剧武戏的关注和警醒。紧接着第八届中国京剧节上，武戏折子戏专场被特设为一板块，22出武戏折子戏集中亮相，掀起京剧节上的热潮。这些武戏中有重新恢复上演的剧目，如《雁荡山》《虹桥赠珠》等；也有骨子老戏，如《青石山》《收关胜》等；也有“戏改”前的老版复排戏《三岔口》；也有冷门戏《朝金顶》。就在人们为常年看不到的武戏重现舞台而拍手叫好时，一名武丑演员在表演《三盗九龙杯》中“云里翻”的时候负伤，让武戏的话题迅速发酵。武戏的现状是什么样子的？武戏的工架技艺对于京剧演员和京剧的未来意味着什么？重振武戏，应该有何举措？武戏演员培养的艰难与待遇的微薄，以及成才后高危的表演和对武戏不被重视的矛盾等，都成为戏曲界，以及京剧界人士的争论话题。

在一定程度上，这更加促进了戏曲界人对武戏的挖掘抢救和研讨。6月的北京，“桃李芬芳”缅怀武生名家王金璐先生京剧艺术教育生涯专场演出又连演三天，武戏是主角，王金璐的弟子纷纷助阵。8月，上海“京武会”汇演，全国近30名武戏演员汇聚于沪，上演了12出武戏骨子老戏。武戏专场的演出在京沪两地交相上演，如火如荼。

2017年的戏曲，武戏绝对是一个耀眼的关键词。但是，相信每一个戏曲人都不希望看到这种耀眼如昙花一现，稍纵即逝。就像武戏演员的培养、成才是一个漫长的过程一样，对武戏的重视抢救挖掘也绝不能是头脑发热一两天的事情。对武戏的振兴，需要解决“练”和“演”的问题，而现状是这两者都出现了问题。重视武戏需要从对武戏演员的重视开始。谁都知道戏曲演员苦，武戏演员又是戏曲演员中最苦的，而他们所得到的回报又是最低的，这形成了巨大的反差，谁还愿意练功？其次，演的机会太少，愈发导致武工萎缩。武戏断裂、武戏人才不被重视，直接影响到京剧剧目传承，造成京剧演员对武工打基础不以为然的观念，最终其实影响的是京剧未来的发展，而不仅仅只是武戏半壁江山的问题。

四、小剧场戏曲与戏曲电影应该怎么走？

2017年的戏曲，你方唱罢我登场，宛如流水席。小剧场戏曲和戏曲电影也在2017年上了热搜榜。近几年小剧场戏曲持续升温，有目共睹。正是因为它的自由和包容，吸引了更多年轻人走进剧场并走近戏曲。这一年，无论是北京的2017全国小剧场戏剧优秀剧目展演，第四届当代小剧场戏曲艺术节，还是第三届上海小剧场戏曲节，都集结了全国的众多表演团体。假如以2000年的小剧场京剧《马前泼水》为起点，到今天我们欣喜地看到已经有更多的地方剧种涉足“小剧场”中来。剧种的多样、题材的多样、创新手段的多样，让我们在“小剧场”这个神奇的空间中，看到了戏曲的年轻生命力。但是，我认为小剧场戏曲还是要明确一个创作观念的问题，不要让“创新”的急迫遮蔽了戏曲表演的本质。随着小剧场戏曲创作的繁荣，我们发现真正的经典还是少之又少。2017 年，在我心中的小剧场戏曲竟然还是《马前泼水》(2000)、《惜·姣》(2013)，而在上海据说收获一致好评的更是一出梨园戏的传统老戏《吕蒙正》。我们能够发现，小剧场戏曲终究还是戏曲，它所有的革新与探索都不能以失去戏曲的表演本质、观赏属性、歌舞化为代价。

戏曲电影，在 2017 年大有井喷之势。2017 年 3 月由刘冰鉴导演的戏曲电影《定军山》正式首映，由谭门第七代传人谭正岩主演。紧接着 4 月里，又有十部戏曲电影集中亮相。而 4 月的北京国际电影节、6 月的上海国际电影节都纷纷设立戏曲电影单元，全国各地地方剧种也纷纷出品或者计划出品自己剧种的戏曲电影。这似乎都预示着戏曲电影的又一个黄金时代要来了。但是我们真的做好准备了吗？面对求写实、影像化的电影语言和求写意、舞台化的戏曲语言，我们该如何协调处理它们的关系呢？究竟哪一个是主体？我们的戏曲电影应该向什么方向发展？依旧是每一个创作者需要思考的问题。

2017 年的戏曲，真的好热。年尾，又一个让戏曲人振奋的消息是文化部发布《全国地方戏曲剧种普查成果》，至此历时两年牵动全国戏曲人的剧种普查工作告一段落，最终宣布目前我们共有 348 个剧种。这是一个听着还不错的结果，但是不意味着我们可以高枕无忧了。

张之薇　中国艺术研究院戏曲研究所、副研究员

回顾与探索中开拓前行——2017年小剧场戏曲盘点

◎ 李小菊

2017年，小剧场戏曲创作持续稳定发展。本文通过对2017年各小剧场戏曲节（包括戏剧节）上演出情况的深入梳理，从展演作品的创作时间、剧种分布、主创人员构成和题材内容、艺术成就等角度进行盘点，总结2017年度小剧场戏曲创作和演出的特点、成就与问题，同时回顾21世纪以来小剧场戏曲18年的发展历程，并对未来小剧场戏曲发展进行了展望。

一、品牌化展演为小剧场戏曲创作演出搭建重要平台

继2011年、2013年之后，2017年由文化部艺术司主办的全国小剧场戏剧展演（9月1—30日，北京）再度举办，这是国家平台层面的展演，参演的21部剧目中，戏曲类有9部，具体有京剧4部：《网子》（北京风雷京剧团）、《浮士德》（国家京剧院）、《谁共白头吟》（北京戏曲艺术职业学院）、《惜·姣》（北京京剧院），昆曲3部：《椅子》（上海昆剧团）、《三生》（中国戏曲学院）、《望乡》（北方昆曲剧院），其他剧种两部分别是北京曲剧《老张的哲学》（北京市曲剧团）、越剧《心比天高》（杭州越剧传习院），其中《网子》实际上是一部"京剧味的话剧"，是用话剧的形式来表演京剧题材，是"话剧的壳，京剧的魂"。

从历届全国展演的数量上来看，2011年的"全国小剧场话剧优秀剧目展"当然不会有小剧场戏曲，2013年"全国小剧场戏剧优秀剧目展"，从单一的话剧扩展到戏剧，小剧场戏曲自然包含在内，其中展演的25台剧目中，有3台小剧场戏曲[①]，占八分之一。2017年度的"全国小剧场戏剧优秀剧目展"，戏曲剧目份额明显大幅度增加。诚如徐健所说："小剧场戏曲已经成为时下小剧场戏剧演出市场（特别是北京）上重要的戏剧类型和不可忽视的创作力量。"[②]当代小剧场戏曲从小剧场话剧而来，全国展演中小剧场戏曲从无到有，从份额的八分之一到三分之一，这说明了小剧场戏曲近年来迅猛的发展势头和强劲的生产力不容小视，也说明小剧场戏曲的发展越来越受到国家层面的重视。

事实上，当代小剧场戏曲滥觞于2000年的小剧场京剧《马前泼水》，据李震荣的不完全统计[③]，2000—2010年创作的小剧场戏曲共有23部，其中不乏名家名剧，如京剧《马前泼水》（2000）、昆曲《偶人记》（2002）、昆曲《伤逝》（2003）、京剧《穆桂英》（2003）、越剧《第一次的亲密接触》（2003）、多剧种《还魂三叠》（2010）等，包括柯军的系列实验昆曲创作等。虽然小剧场话剧自1982年的开山之作《绝对信号》到2010年前后已有将近30年的发展历程，其成就与经验值得总结，但当代小剧场戏曲至此也有整整10年的历史，同样是值得梳理和回顾的，因此，2011年的全国性展演没有小剧场戏曲参演，还是令人深感遗憾的。

2010年之后，当代小剧场戏曲经过十年积淀，迎来了一次创作高峰，新创剧目如雨后春笋般不断涌现。于是，2014年，北京首届当代小剧场戏曲艺术节应运而生，2015年上海小剧场戏曲节也紧随其后创办。自此，北京与上海南北两地遥相响应，成为小剧场戏曲创作演出的重要阵地。2014年北京首

① 这三部剧目是：山东柳子戏《选民老冤蛋》、京剧《浮生六记》、黄梅戏音乐剧《贵妇还乡》。

② 徐健：《从"探路"到"扩路"——从2017年全国小剧场戏剧优秀剧目展演说起》，《艺术评论》2017年第11期。

③ 李震荣：《小剧场戏曲发展研究》，硕士学位论文，中国戏曲学院，2016年。

届当代小剧场戏曲艺术节举办，参演剧目 13 台[①]，2015 年 12 台[②]，2016 年 20 台[③]；2015 年首届上海小剧场戏曲节剧目 8 台[④]，2016 年 12 台[⑤]。

2017 年北京举办的第四届当代小剧场戏曲艺术节（10 月 26 日—2018 年 1 月 7 日）参演的 19 台剧目中，有 2 部台湾地区作品《蝴蝶效应》和京剧《聂隐娘》，1 部香港作品粤剧《霸王别姬》，北京京剧院 3 部：《马前泼水》《惜·姣》《季子挂剑》，北方昆曲剧院 3 部：《琵琶记》《玉簪记》《屠岸贾》，越剧 2 部：南京市越剧团的《织造府·又见青溪》、上海越剧院的《洞君娶妻》，地方剧种参演的有淮剧《孔乙己》、湘剧《武松之踵》、河北梆子《喜荣归》、滇剧《粉·待》各 1 部，跨界舞台剧 1 部《不负如来不负卿》，以及戏剧节保留剧目繁星出品的戏曲舞台元素剧《一夜一生》[⑥]。

北京小剧场戏曲的蓬勃发展，与繁星戏剧村的创建有着密不可分的关系，甚至可以说，正是繁星戏剧村的成立，促进了北京小剧场戏曲创作持续、稳定的发展，为全国小剧场戏曲创作提供机会和阵地。繁星戏剧村创建于 2009 年，是一个“场制合一”的演出场所，在小剧场话剧当道的情况下，其创始人樊星认为“没有中国传统戏曲的表演也是一种缺憾”，敏锐地捕捉住小剧场戏曲的市场潜力，于 2014 年开始举办“当代小剧场戏曲艺术节”，开创了全国小剧场戏曲集中汇演模式。创办 4 年来，共有 40 多个院团 60 余部作品参演，演出场次近 300 场，观众数万人，其中 75% 是年轻观众。[⑦] 作为一个民营企业，繁星戏剧村注重市场化运作，在引领戏曲观众文化消费方面起到了非常好的示范作用，成为当前北京为数不多的能够盈利的小剧场。[⑧]2016 年和 2017 年，当代小剧场戏曲艺术节受到北京文化艺术基金的资助，政府支持为小剧场戏曲和繁星戏剧村提供了更大的资金保障，展演也加大了公益惠民的力度，促进了北京小剧场戏曲的繁荣。

第三届上海小剧场戏曲节（12 月 10—23 日）的 9 部剧目中，除了与北京四个展演重复的剧目[⑨]，还有上海京剧院的《草芥》、福建省梨园戏传承中心的《吕蒙正》、河南豫剧院三团与河南省沼君艺术发展中心联合出品的豫剧《伤逝》、福建省芳华越剧团的《潇潇春雨》、柳州市艺术剧院出品的彩调《空村》。

此外，2017 年“北京故事”优秀小剧场剧目展演精选作品巡演的 7 部作品中只有一部戏曲作品京剧《碾玉观音》。

---

① 它们分别是：京剧《惜·姣》、《浮生六记》（北京京剧院）、《琼林宴》（天津京剧院）、《杀子》（上海戏剧学院）、《青春谢幕》（台湾国光剧团）、《霸王别姬》（中央戏剧学院），京剧实验剧《来自地球的你》（中国戏曲学院），昆曲《319》（江苏昆剧院）、《一旦三梦》（繁星戏剧村），黄梅戏《天仙配》（湖北地方戏曲剧院），豫剧《朱莉小姐》（中国戏曲学院），实验剧《倾国》、《一夜一生》（繁星戏剧村）。

② 它们分别是：京剧《三岔口 2015》《洛阳宫》《马前泼水》《馒头山》，昆曲《四声猿翠香梦》，京昆剧《荼蘼花开》，戏曲元素舞台剧《网子》，豫剧《伤逝》，河北梆子《陈三两》，秦腔《清风亭》《倾国》，戏曲儿童剧《玩具星球奇遇记》。

③ 它们分别是：实验戏《追梦人》、戏曲舞台剧《网子》、昆曲《狮吼记》、评剧《周仁献嫂》、昆曲《长生殿·梧桐雨》、柳子戏《陆游休妻》、京剧《荼蘼花开》、国粹幽默剧《河东狮吼》、昆曲《怜香伴》、河北梆子《喜荣归》、京剧《卖鬼狂想》、昆曲《望乡》、实验昆剧《三生》、粤剧《浮世三生梦》、藏戏《图兰朵》、小剧场戏剧《皆大欢喜》、京剧《吴起》、波普京剧《马伯司氏》、戏曲儿童剧《玩具星球奇遇记》、实验剧《大话四梦》。

④ 它们分别是：上海京剧院的《十两金》、折子《京·探》，上海昆剧团的《夫的人》，上海越剧院的《情殇马嵬》《登楼追魂》（越剧《唐明皇和杨贵妃》中的两折），福建梨园戏实验剧团《御碑亭》以及《碾玉观音》《青春谢幕》等。

⑤ 它们分别是：编剧高源申报的《十两金》（原名《买父》）、京剧女老生王珮瑜申报的《白蛇·水月》两部委约剧目和上海昆剧团《夫的人》、上海越剧院《情殇马嵬》、上海京剧院《京·探》、北京京剧院《碾玉观音》、台湾国光剧团《青春谢幕》、福建省梨园戏实验剧团《御碑亭》等。

⑥ 原定展演的保留剧目《三岔口 2017》因出国演出，未在北京演出。

⑦ 参见樊星《传统戏曲艺术如何引领当代文化消费——当代小剧场戏曲艺术节的价值与意义》，《艺术评论》2017 年第 12 期。

⑧ 参见王维砚《小剧场：叫好叫座仍难盈利》，《工人日报》2017 年 8 月 2 日。

⑨ 它们分别是：《孔乙己》《椅子》《谁共白头吟》《洞君娶妻》。

不难看出，北京和上海两地的小剧场戏曲节已经成为小剧场戏曲创作的重要品牌，是促进全国小剧场戏曲创作的重要动力和展示机会，每年的小剧场戏曲节已经成为关心戏曲发展的人们共同期盼的重要戏曲演出活动。

作为当代戏曲探索与创新的重要力量，小剧场戏曲发展态势一直很强劲，小剧场戏曲旺盛的生产力和创造力需要得到更多的重视和扶持。鉴于丰厚而浩瀚的传统戏曲文化、全国 348 个剧种的丰富资源，以及当代戏曲从内容到形式表现现代生活的创新和发展的需要，乃至振兴地方戏曲和中华文化伟大复兴的需要，强烈呼吁文化部等相关部委能够举办一次专门的、全国性的“当代小剧场戏曲艺术节”，汇集当代小剧场戏曲将近 20 年优秀剧目的创作与积累，回顾成就的同时鼓励原创，召唤更多的戏曲从业人员和戏曲剧种加入戏曲实验创新的行列。

二、2017 年小剧场戏曲创作演出的时间和空间维度考察

（一）创作及展演时间考察：创排新剧目的同时回顾优秀经典小剧场戏曲剧目

当代小剧场戏曲走过 18 年历程，产生了许多非常优秀、影响非常大的剧目。首届当代小剧场戏曲艺术节由于没有先例，演出剧目全是新创剧目。从第二届开始，该艺术节就不特别强调新编原创，而是强调展演剧目的新，开始邀请过去创作的优秀剧目参展。2017 年，这种优秀剧目回顾的特点更加明显，这些剧目有：

京剧《马前泼水》，创作于 2000 年，张曼君导演，盛和煜和张曼君编剧，该剧是当代小剧场京剧也是当代小剧场戏曲的开山之作，影响非常深远，参加过 2015 年北京第二届当代小剧场戏曲节展演。

越剧《心比天高》，创作于 2006 年，参加过 2017 年全国展演。

豫剧《伤逝》，创作于 2008 年，参加过 2015 年北京第二届展演。

京剧《惜·姣》，创作于 2013 年，北京京剧院李卓群编导的“人鬼情”三部曲第一部，是 2014 年首届北京小剧场戏曲节参展剧目，2017 年又参演，这同样是一部非常优秀的作品。

戏曲元素舞台剧《一夜一生》，创作于 2014 年，繁星出品，历届北京展演保留剧目。

京剧《三岔口》，创作于 2015 年，繁星出品，北京 2015—2017 展演保留剧目。

京剧《碾玉观音》，创作于 2015 年，是李卓群“人鬼情”三部曲之一。

河北梆子《喜荣归》，创作于 2015 年，连续三年参加北京展演，并且参加了 2016 年上海展演。

越剧《洞君娶妻》，本是 2016 年第二届上海小剧场戏曲节参演剧目，因故未能成行。

与北京不同的是，上海小剧场戏曲节由于主办单位是上海文化艺术中心，没有太多市场和经济压力，而且以戏曲艺术的探索创新为目的，因此强调剧目要新创，2017 年度上海小剧场戏曲节邀请的以往剧目有豫剧《伤逝》。

回顾经典剧目不但会受到老观众的喜爱，增加小剧场戏曲的号召力，而且会为小剧场戏曲的创作起到很好的示范意义，使青年戏曲主创学习其创作经验。繁星出品的保留剧目每年不断演出，体现出繁星戏剧村“场制合一”即剧场和制作创作为一体的特点，也是减少投入成本、取得市场效益的途径。

2017 年北京和上海演出的其他小剧场戏曲作品，均未在各小剧场戏曲艺术节上演出过，可视为新创剧目，下文将详细论述。

（二）小剧场戏曲空间维度考察：北京与上海的阵地意义，地方剧种的开拓与成就

北京、上海、香港和台湾一直是小剧场戏曲创作的重要阵地。近两年以来，小剧场戏曲参演剧目剧种的横向开拓成就可喜。2017 年度北京展演中有 3 部北京京剧院作品、3 部北方昆曲剧院的作品、1 部北京河北梆子剧团作品；上海昆剧团参加了三届小剧场戏曲节，2017 年的剧目是改编西方名著《椅子》；上海京剧院 2017 年没有参加；上海淮剧团的《孔乙己》参加了北京和上海两地展演。京、沪两个小剧场戏曲节初创时立足当地、带动当地小剧场戏曲发展的立意非常明显，北京是以京剧小剧场戏曲创作带动了昆曲和河北梆子小剧场戏曲作品的创作，上海则是京、昆两剧种齐头并进，昆曲的小剧

场戏曲创作更活跃一些，这大概是因为上海昆剧团的青年演员有小剧场戏曲创作的历史和传统，他们在2003年就创作出小剧场昆曲《伤逝》，此后历届上海小剧场戏曲节都有新创剧目。

2017年度越剧的小剧场戏曲创作演出特别引人注目，全国四大越剧院团均带作品参加：上海越剧艺术传习所（即上海越剧院）的《洞君娶妻》、南京市越剧团的《织造府·又见青溪》、福建省芳华越剧团《潇潇春雨》和杭州越剧院的《心比天高》，这4部作品均富有探索性和创新性，已经与此前小剧场戏曲节上越剧创作略显迟滞的气象大为不同。2015年首届上海小剧场戏曲节就有上海越剧院的《情殇马嵬》《登楼追魂》参演，但这两出戏只是新创大戏《唐明皇和杨贵妃》中的两折而已，实际上算不上是小剧场戏曲作品。2016年北京小剧场戏曲节浙江小百花越剧团参演，但演出的都是折子戏。对比之下，2017年小剧场越剧创作的繁荣就显而易见了。

近年来一直进行小剧场戏曲创作的曾静萍，2017年又携梨园戏《吕蒙正》参加上海艺术节，至此，曾静萍和福建省梨园戏实验剧团已有5个小剧场戏曲作品①。此外，还有湖南湘剧《武松之踵》、云南滇剧《粉·待》、广西壮族自治区柳州市艺术剧院的彩调《空村》。需要指出的是，2017年度上海小剧场戏曲节上的新剧种、新作品比较多；而北京的参演戏曲剧种有7个，与上一年持平，但是除京、昆、越之外，其他参演剧目的剧种均不同。这说明，当前进行小剧场戏曲创作的剧种在不断积累、拓展和增加，这对各个剧种的艺术探索和创新发展是非常有益的。

综观四年来小剧场戏曲创作涉及的地域，除了北京的京剧和昆曲，上海的昆曲、京剧、越剧和淮剧，还有天津京剧、安徽黄梅戏、河北梆子、四川川剧、陕西秦腔、山东柳子戏和山东梆子、江苏昆曲和越剧、西藏藏戏、福建梨园戏和越剧、广东粤剧、浙江越剧、河南豫剧、云南滇剧、广西彩调、香港的昆曲、粤剧和台湾地区的京剧、豫剧、歌仔戏等17个剧种，全国有19个省市区的剧团创作了小剧场戏曲，占全国34个行政区的二分之一强。

从剧种剧目数量来看，京剧、昆曲、梨园戏都是历史比较悠久的剧种，最传统，但是小剧场戏曲作品数量最多，这说明，最传统的剧种实验探索创新的意愿比较强烈。2017年小剧场越剧参演剧目猛增至4部，态势喜人。从地域分布来看，北京、上海、台湾和香港是小剧场戏曲剧种最丰富的地域；沿海地区的省份山东、江苏、浙江、福建、广西等地小剧场戏曲创作相对活跃；河南、安徽、四川、湖北、陕西等戏曲文化比较发达的地方也有小剧场戏曲创作；湖南、云南、西藏也有小剧场戏曲创作，这是因为主创人员的原因，下节将详细论述。

需要说明的一点是，除了这些参加小剧场戏曲节的剧种，还有许多参与申报但没有获批的剧种剧目，据报道，2015年第一届上海小剧场戏曲节收到申报剧目32个，剧种有京剧、昆曲、越剧、沪剧、淮剧、评剧、川剧、粤剧、绍剧、梨园戏、歌仔戏共11个，有上海、台湾、北京、四川、香港、福建、天津、江苏、浙江9个省市区参加。2017年上海小剧场戏曲艺术节组委会共收到申报剧目39台，剧种有15个，除了参演的剧目剧种，还有黄梅戏、评剧、锡剧、山东梆子、瓯剧、海歌采茶剧、喱剧等。北京当代小剧场戏曲艺术节和全国小剧场戏剧优秀剧目展演收到的申报剧目、剧种应该也不少。这一方面说明小剧场戏曲的观念已经逐渐被人们接受，另一方面，这些国家层面、北京和上海两地的小剧场戏曲（戏剧）节面向全国征集小剧场戏曲作品的作法，也是对小剧场戏曲的创作的普及、宣传和鼓励。

三、2017年小剧场戏曲主创人员考察

维系小剧场戏曲穿越空间维度在观念上共同创作、在地点上一年一度聚合于北京和上海的纽带和力量，是人，是一批呼唤小剧场戏曲创作的领头人、召集人，是具体进行创作的编剧、导演、演员等主创人员。当代小剧场戏曲的发展证明，小剧场戏曲创作既需要成就突出的领军人物，也需要观念前

① 它们分别是：《御碑亭》《刘智远》《朱文》《朱买臣》《吕蒙正》。

卫的青年主创人员，领军人物引导着青年主创人员的创作。2000年小剧场京剧《马前泼水》的编剧、导演是盛和煜、张曼君，他们在戏剧艺术上的成就和造诣有目共睹，《马前泼水》的成功探索与创新，以及高质量的艺术水准，树立了当代小剧场戏曲创作的标杆。在他们的影响之下，创作该剧的北京京剧院，成为当代小剧场戏曲创作的重镇和高地。青年编导李卓群和导演白爱莲就是凭借小剧场京剧创作成为当代小剧场戏曲新的青年领军人物。导演白爱莲一直在进行小剧场京剧创作，此前她曾参与小剧场戏曲《马前泼水》《偶人记》的创排，后又独立导演了小剧场京剧《浮生六记》《倾国》《明朝那点事儿——审头刺汤》等作品，2017年度她的《季子挂剑》参加北京展演，颇受好评。凭借“人鬼情”小剧场京剧三部曲一举成名的编导李卓群，近两年的精力已经放在大戏创作上（如京剧《大宅门》），2017年没有推出新的小剧场京剧，不过2018年她将携《好汉武松》，与前辈张曼君联手，重回小剧场京剧创作。

中国戏曲学院副院长、著名导演周龙则是小剧场戏曲创作的另一个执大旗者，他不但积极创作小剧场戏曲作品，其《三岔口》系列已经成为小剧场戏曲创作的经典之作，而且周龙与繁星戏曲村形成了良好的合作关系。在他的影响和带领之下，中国戏曲学院师生成为小剧场戏曲创作的生力军，如颜全毅的《还魂三叠》（2010）、谢柏梁的《一旦三梦》（2014）、王绍军的豫剧《朱丽小姐》（2014）等都是该院老师创作的小剧场戏曲剧目；2016年参加当代小剧场戏曲节的粤剧《浮世三生梦》、藏戏《图兰朵》、昆曲《三生》等编剧、导演、演员等主创人员都是该院在校本科生、研究生。该院学生毕业之后工作单位遍布全国各地，因此也带动了当地小剧场戏曲创作，如2017年度的湘剧《武松之踵》导演李小龙、编剧向晓青就是该院毕业生。而他们的小剧场戏曲创作，开拓了小剧场戏曲的另一个无比广阔的新天地，即对地方戏曲剧种的实验探索，他们的作品几乎都成为该剧种的第一部小剧场戏曲作品，如粤剧、藏戏、湘剧，这是非常有意义的。他们的这种创作，也吸引了一些地方戏曲院团与他们合作进行小剧场戏曲创作，如云南省滇剧院就邀请周龙为他们导演了小剧场滇剧《粉·待》，该剧的执笔编剧张莘嘉也毕业于中国戏曲学院，这同样是第一部小剧场滇剧。

青年演员也是推动和践行小剧场戏曲创作的重要力量，可以说，小剧场戏曲为戏曲院团里压力巨大的青年演员提供了展现自我风采、张扬自我个性的平台。如上海昆剧团的沈昳丽早在2003年就与她的同学黎安、吴双以及青年编剧张静创作了小剧场实验昆剧《伤逝》，这是第一部小剧场昆曲，也是上海昆剧团“昆三班”的一次华丽亮相，在大腕云集的上海昆剧团，他们以自己的创作证明了自己的存在和实力，这也是青年演员积极进行小剧场戏曲创作的原因之一。2017年度沈昳丽推出的小剧场昆剧是《椅子》，改编自外国荒诞派戏剧作品。从改编中国现代小说题材到改编西方荒诞派戏剧作品，沈昳丽的小剧场戏曲作品一直在努力对昆曲创作题材类型和艺术创新进行有益尝试。再如北京京剧院的青年演员谭正岩，是京剧谭派艺术第七代传人、著名京剧表演艺术家谭元寿的后人，长期以来一直生活在祖、父辈的光环和阴影里，正是由于主演小剧场京剧《浮生六记》，谭正岩才有了第一个完全属于自己的剧目。上海京剧院青年老生演员王珮瑜也是小剧场京剧的积极参与者，虽然被誉为“京剧第一女老生”，但由于京剧女老生排新戏太难，因此少有新作。她的小剧场京剧《十两金》、京昆合演剧《春水渡》为上海第一、二届小剧场戏曲节委约剧目，《春水渡》更是王珮瑜独立制作的第一部剧目，成为她实践自己表演理念和创作理念的自创新剧。

“青春”是当前小剧场戏曲在“实验”“先锋”“前卫”等特点之外的另一个重要标签，许多剧团开始重视通过创排小剧场戏曲培养和推介自己的青年编剧、导演人才和优秀的青年演员。湖南省湘剧院的《武松之踵》就是一出完全由青年人担纲的小剧场戏曲，得到了剧院的大力支持，导演李小龙曾任湘剧《月亮粑粑》的副导演，协助著名导演张曼君的工作，这为他的迅速成长提供了很高的起点，他还独立导演过湘剧《马陵道》等剧。《武松之踵》是2017年度比较优秀的新创剧目。

通过小剧场戏曲创作这一途径、借助小剧场戏曲艺术节这样的平台，志同道合的青年编剧、导演、演员等主创人员同声相呼，同气相求，抱团取暖，共同成长，已经成为小剧场戏曲创作一种非常普遍而可喜的现象。王珮瑜在创作《春水渡》的时候，以自己的角色定位和创作理念为核心，邀请中国戏曲学院青年女编剧胡叠、天津京剧院的导演马千、上海京剧院的青年作曲配器林源等多年好友为主创人员，并且邀请同为坤生的上海昆剧团女小生胡维露饰演许仙与自己饰演的法海合作演出，创作出“双坤生”合演的“京昆跨界剧”。北京京剧院的导演白爱莲也一直与江苏青年编剧周广伟合作，《季子挂剑》是二人继《浮生六记》后合作的第二部小剧场京剧。

近年来，著名梨园戏演员曾静萍的小剧场戏曲创作特别引人注目。她在梨园戏表演艺术方面已经登峰造极，而她的小剧场戏曲创作使她在梨园戏的普及化和观众特别是青年观众的培养方面取得新的成绩。2017 年的《吕蒙正》与上一届上海小剧场戏曲节所演的《朱文》《刘智远》《朱买臣》一样都是梨园戏传统剧目，这已与曾静萍的第一部小剧场戏曲作品《御碑亭》的新编原创、实验追求和当代意识有了明显质的不同，是小剧场戏曲“先锋实验”特征之外空间概念上的“小”和演员数量上的“少”，而这与传统折子戏的演出特点相通。梨园戏一方面表演艺术个性鲜明，另一方面却因囿于东南一隅而不为人知，一身绝技的曾静萍以新编原创剧目《御碑亭》踏入小剧场戏曲创作的行列，然后又回归传统，借助挖掘恢复传统折子戏，通过北京和上海的小剧场艺术节平台，大力推介梨园戏，真是用心良苦。曾静萍还“演而优则导”，是福建芳华越剧团小剧场越剧《潇潇春雨》的导演，参加了 2017 年上海小剧场戏曲节。

综上可见，北京京剧院的三位女性导演，以当代女性视角审视传统题材，用当代意识对古代人物再解读，立足京剧艺术而注重当代表达，从《马前泼水》到李卓群的“人鬼情”三部曲均是如此，白爱莲则比较偏重于原创题材的京剧化的表达，在传统京剧的现代化方面贡献突出。中国戏曲学院师生的教育背景影响着他们的创作，戏曲基本理论和表演培训以及多剧种教学的特点，是他们对戏曲剧种进行小剧场实验的资源，但是像颜全毅《还魂三叠》和周龙《三岔口》那样跨作品、跨剧种、以现代意识表现人文关怀的先锋实验精神，在他们后来创作的小剧场戏曲作品里没有得到延续，而且学生作品往往是一众同学临时聚合，作品的有效期限不能保证，而一个剧目的打磨是需要经历时间的磨砺的，实验的内容和理念是需要不断修正和巩固的。剧团里的小剧场戏曲探索者，比较丰富的表演经验是他们的长处，但是探索实验性质的创新作品的观众培养、前途命运都不敢保证。这其实都是关乎小剧场戏曲实验作品的持久性和生命力的问题，说到底，还是需要国家、政府、地方和院团要为小剧场戏曲提供足够的生存空间和生命营养，不但要有资金的支持，还要有展示的平台。不过，张曼君的小剧场作品实验探索、大剧场作品运用和深化实验成果的做法，值得学习和借鉴，而支撑这种创作理念的，是一以贯之的实验精神、创新意识和现代品格。①

当前我国小剧场戏曲主创人员总体缺失的，是理论素养和国际视野。在这方面做得比较好的，是柯军及他的“新概念昆曲”作品，用“最先锋”的态度对待“最传统”的昆曲遗产，从昆曲传统、昆曲遗产中拿出一点点进行先锋前卫的实验，从拿一折进行实验的《夜奔》(2004)，到把这种实验成果谨慎地运用和体现在新编大剧创作里，如《临川四梦汤显祖》(2006)，再到拿数折进行跨文化戏剧创作的“汤莎会”《邯郸梦》(2016)，理念日益成熟，作品也逐渐被认可。昆曲的创新非常艰难，实验昆曲的命运更坎坷，柯军之所以十几年如一日地坚持新概念昆曲的创作与演出，既与他的创新精神和国际视野有关，更与他和香港荣念曾的合作有关。荣念曾是一位具有前卫的戏剧创作理念和广阔的国际视野的戏剧导演，他曾参加过第一届当代中国小剧场戏曲节。据悉，繁星戏剧村将于 2018 年举办的第五届当代小剧场戏曲节，会加深与国际上的合作，这对当前小剧场戏曲创作会有积极的推动和启示意义。

四、2017 年小剧场戏曲演出与创作题材内容和艺术成就分析

综观 2017 年度小剧场戏曲节，无论是以往剧目回顾，还是新创剧目展示，从题材来源和剧目内容

① 参见李小菊《小剧场戏曲——立足传统，独辟蹊径》,《人民日报》2017 年 1 月 20 日。

来看，大体可分为整理改编和新编原创两类，改编从题材来源上又可分为整理改编移植传统戏、电影小说等其他文艺形式和改编外国名著三类，新编原创剧目又可分为古代题材和现代题材，下文在对各类剧目的归类分析的基础上，总结2017年呈现出比较突出的一些特征。

（一）小剧场戏曲

2017年度北京、上海两地的小剧场戏曲节，已经没有传统折子戏和地方传统小戏的演出了。北京的前三届小剧场戏曲节都有传统折子戏参加，如首届的京剧《琼林宴》、黄梅戏《天仙配》，第二届的昆曲《长生殿·梧桐雨》，第三届的越剧折子戏专场等，主要是主办方为了满足老观众的观看需求，担心全部都是新创实验剧目会失去传统戏观众，但是2017年没有。而上海从第二届开始有传统折子戏和地方小戏演出，如楚剧传统经典剧目《刘崇景打妻》《推车赶会》，2017年也没有。

这种情况的出现，是一种可喜的现象。首先，这说明了小剧场戏曲创作的繁荣；其次，说明小剧场戏曲经过这几年的普及和观众的培养，这种新的创作形式已经被观众所接受；最后，也是最重要的一点，这种现象说明，当代小剧场戏曲创作人员和主办方，已经从观念、概念和创作理念上厘清了传统折子戏、地方小戏与现代意义上的当代小剧场戏曲的区别，当代小剧场戏曲创作个性已经得到认可。尽管有学者总结过二者之间千丝万缕的联系，但是，以实验、探索、创新为主的当代小剧场戏曲，与传统折子戏和地方传统小戏是两个完全不同的概念，这是应该特别说明的。从这个意义上来说，梨园戏《吕蒙正》及《朱买臣》《朱文》《刘智远》应该属于恢复挖掘的传统戏，而非新创当代小剧场戏曲作品，但是《御碑亭》无论从创作理念、思想意识还是舞台表演上都属于当代小剧场戏曲新创作品。如果把传统折子戏和地方小戏算作小剧场戏曲，那么小剧场戏曲的外延就会无边无际，其实验、探索的鲜明特征也会淹没丧失，其“当代性”意义就会缺失。

（二）改编传统戏

先锋实验性较强的有台湾的《蝴蝶效应》和香港的粤剧《霸王别姬》；富有先锋创新意识的湘剧《武松之踵》，以及创作手法相对稳妥的昆曲《琵琶记》《玉簪记》《屠岸贾》。还有小剧场戏曲经典作品《马前泼水》《惜·姣》和繁星戏剧村保留剧目《三岔口2017》和河北梆子《喜荣归》。

台湾与香港的小剧场戏曲创作，实验性质非常强，《蝴蝶效应》是台湾著名豫剧演员王海玲的女儿刘建帼编剧、导演并参与演出的一部实验戏曲，作品怀着对梁祝悲剧深深的惋惜，以当下比较流行的穿越剧的方式，探讨避免二人悲剧的种种可能，艺术上力图打破不同戏曲剧种和艺术形式的边界，体现多元文化的跨界混融，剧中不但有歌仔戏与黄梅调，还有新编音乐和流行RAP，而演唱现代音乐的演员（即刘建帼）则跳出于戏里戏外、穿梭于古代现代，时时表现出一种旁观者的观察和富有当代意识的思考。这种无所顾忌的跨界实验，其实是当前小剧场戏曲比较缺失的。

湘剧《武松之踵》移植改编自京剧传统折子戏《狮子楼》，对武松杀嫂的故事进行再解读和再创造，在人物形象的重新塑造、心理活动的戏曲化呈现方面取得了可喜的成就，恢复传统跷功以表现潘金莲的轻浮，服装设计也有亮点，是一部比较优秀的作品。

（三）改编外国名著

京剧《草芥》改编自欧·亨利的短篇小说《警察与赞美诗》，昆曲《椅子》改编自荒诞派戏剧之父、法国剧作家尤金·尤涅斯库的同名代表作，这两部作品都来自上海。上海的戏曲创作有改编外国名著的传统，如创作《草芥》的上海京剧院有《王子复仇记》（改编自莎士比亚《哈姆雷特》），创作《椅子》的上海昆剧团有《血手记》（改编自莎士比亚的《麦克白》），影响都比较大，因此上海的小剧场戏曲创作也明显受到影响，喜欢改编外国名著。此外，第一届上海小剧场戏曲节上的《夫的人》同样改编自莎士比亚的《麦克白》。其他还有国家京剧院改编的歌德的名著《浮士德》，用流行音乐中B-box的方式以人声口技表现京剧锣鼓点，比较新奇，也很和谐。越剧《心比天高》改编自易卜生的《海达·高布乐》。其实湘剧《武松之踵》的剧名也借用了古希腊神话“阿喀琉斯之踵”的典故。借鉴西方现代戏剧理论和演剧手段，将外国作品中国化、戏曲化、剧种化，是当前戏曲改编外国名著的主要方式，小剧场戏曲如何通过借鉴西方戏剧理论实现其实验探索的品格，是需要创作者深入思考的问题。

（四）新创剧目

1. 古代题材：京剧《季子挂剑》、滇剧《粉・待》《洞君娶妻》。京剧《季子挂剑》是一部“纯爷们儿”的戏，这为北京京剧院女性导演的小剧场京剧创作注入一股强劲的阳刚之气。三个男人一台戏，作品重点表现英雄相惜、知己难觅和诚信守诺美德的弘扬，舞台简约又不无变化，唱腔表演能遵循京剧规律。滇剧《粉・待》改变滇剧传统配器，用古筝和鼓为主奏乐器，虽然有创意，但是这种改变也许云南的滇剧观众能够发现，对于北京等外地观众来说则容易造成误解。小剧场戏曲创作最困难的创新当属唱腔和音乐，还是需要特别慎重。《马前泼水》的经验值得借鉴，该剧聘请著名京剧作曲朱绍玉创作音乐，大段的独唱、对唱痛快淋漓，即使是看惯传统京剧的观众也会得到极大的满足，非常成功。《浮生六记》也请朱绍玉作音乐创作顾问，《惜・姣》的音乐设计同样是非常著名的京剧作曲家谢振强，可以说，唱腔和音乐的成功是这些剧目获得成功的关键和根本保证。

2. 现代题材：跨界融合剧《不负如来不负卿》、越剧《织造府・又见青溪》和《潇潇春雨》、淮剧《孔乙己》以及豫剧《伤逝》。其中后三部作品均为改编其他文艺形式，而鲁迅作品改编占了两部；《不负如来不负卿》是纪念徐锡麟、秋瑾的革命历史题材，《织造府・又见青溪》是“穿越剧”。广西彩调《空村》是反映现实农村生活的作品，这是历届小剧场戏曲节上的第一部农村题材剧。北京和上海两地的小剧场戏曲节上，仅此 5 部现代题材作品，而反映农村题材的作品只有 1 部。

由此可见，改编传统戏、改编外国作品是历年来小剧场戏曲创作的重要类型，而现代题材、现实题材、农村题材是当前小剧场戏曲创作的短板。这种固化的题材类型和创作思维，其实与主旋律戏曲创作所产生的问题是异形同质的，也是与当代小剧场戏曲探索实验的品格和宗旨相悖离的。这让我们无比怀念 2010 年之前的那些小剧场实验作品：现代题材的《伤逝》、当代题材的网恋故事越剧《第一次的亲密接触》，它们触及最当下的现实，触摸到年轻人的灵魂，甚至让我们怀念艺术表达上无所顾忌的京剧《穆桂英》以及一角一腔的多剧种《还魂三叠》。小剧场戏曲创作，不能只靠改造，更重要的是要创造。改造相对容易，创造则更艰难、更具挑战性，但也更有意义。而小剧场戏曲的实验品格，恰恰体现在它的创造性上。从这个意义上来说，当前的小剧场戏曲创作人员是需要认真反省和加倍努力的。

当创新和发展成为戏曲在新的历史时期的使命和共识，小剧场戏曲的实验探索精神日渐被人们所重视。当代小剧场戏曲 18 年的发展历程，也以创作实践进行了概念和内涵的自我框定。京剧、昆曲等传统深厚的剧种创新实验的意愿其实更强烈，小剧场创作为这些剧种的现代化进程注入强劲的动力，但是仍然任重道远。地方剧种的小剧场戏曲创作拓展了戏曲实验的疆土，带动传统戏曲走向现代化，但需要进一步普及、深化和强化。传统戏曲的现代转化仍然是当前戏曲创作的重要使命，戏曲表现现代生活的探索仍然有太多未知领域，小剧场戏曲不能仅仅满足于对传统题材的改造上，现实题材是小剧场戏曲可以探索表现、施展拳脚的广阔天地。小剧场戏曲在观念和技术上要大胆创新但也要符合戏曲规律，借鉴西方但是一定要融会贯通。当代小剧场戏曲是新生事物，是现代戏曲强烈的改革创新的呼唤。当代小剧场戏曲创作，应该有“从心所欲”的胆魄和勇气，但是又要做到对中国戏曲美学原则“不逾矩”，看似门槛很低，实则要求很高。期待未来有更多戏曲界的领军人物投身小剧场戏曲创作，以成熟的戏曲经验和先锋的戏剧理念引领未来小剧场戏曲发展；期待小剧场戏曲从剧本创作到舞台呈现能更加突出实验性和创新性，充分发挥从探索实验到引领创作的功能；戏曲理论界也要摆脱对小剧场戏曲的担心和偏见，加强对小剧场戏曲的理论研究以正确引导，而政府主管部门则要给小剧场戏曲创作更大的空间、自由和扶持，可喜的是，这些情况近两年已经得到很好的改善。在当前党和国家大力扶持戏曲、振兴戏曲的大好形势下，小剧场戏曲应该珍惜机会，抓住机遇，实现自我的快速发展和艺术突破，体现出自身的价值和意义。当代小剧场戏曲，明天会更好！

李小菊 中国艺术研究院戏曲研究所、副研究员

文件辑录

【中宣部、文化部、财政部联合印发《关于戏曲进乡村的实施方案》的通知】

各省、自治区、直辖市党委宣传部、文化厅（局）、财政厅（局），新疆生产建设兵团党委宣传部、文化广播电视局、财务局：

现将《关于戏曲进乡村的实施方案》印发给你们，请结合实际认真贯彻执行。

特此通知。

中共中央宣传部

文化部

财政部

2017 年 4 月 28 日

关于戏曲进乡村的实施方案

为贯彻落实中共中央办公厅、国务院办公厅印发的《关于实施中华优秀传统文化传承发展工程的意见》和国务院办公厅印发的《关于支持戏曲传承发展的若干政策》有关精神，充分发挥戏曲在传承中华优秀传统文化、丰富群众精神文化生活、提升基层公共文化服务体系建设水平中的积极作用，现就戏曲进乡村制定如下实施方案。

一、总体要求

（一）指导思想

全面贯彻党的十八大和十八届三中、四中、五中、六中全会精神，深入学习贯彻习近平总书记系列重要讲话精神和治国理政新理念新思想新战略，坚持以人民为中心，以社会主义核心价值观为引领，着眼于保障农民的基本文化权益，以县为基本单位，组织各级各类戏曲演出团体深入农村基层，为农民提供戏曲等多种形式的文艺演出，促进戏曲艺术在农村地区的传播普及和传承发展，促进文化资源向基层倾斜，增强广大农民群众对公共文化服务的获得感。

（二）基本原则

1. 坚持导向，服务大局。坚持社会主义先进文化前进方向，通过戏曲进乡村，宣传党的理论路线和方针政策，弘扬中华优秀传统文化，促进社会主义新农村建设，增强农民对中华文化的热爱，培育文明乡风，建设美丽乡村。

2. 政府主导，社会参与。发挥县级人民政府的主体作用，把戏曲进乡村纳入公共文化服务体系建设，纳入政府购买公共文化服务的范围。鼓励和吸引各级各类戏曲院团和相关社会团体参与服务。

3. 因地制宜，分类提供。坚持实事求是，根据不同地区的自然条件、经济发展水平、人口分布、文化特点等，合理安排演出场地和场次，有针对性地提供符合老年人、妇女、儿童等不同群体需求的戏曲节目，让广大农民真正受益。

4. 整合资源，提升效能。以基层综合性文化服务中心为平台，注重各级各类戏曲资源的统筹和整合，建立和完善群众需求反馈机制，加强活动过程管理和绩效考核评价，提高戏曲进乡村工作的质量和水平。

（三）工作目标

2017 年，广泛动员部署，各省（区、市）试点开展戏曲进乡村，重点在贫困地区、国家公共文化服务体系示范区创建城市等地方先行先试；2018 年，总结推广试点经验，在更大范围推动戏曲进乡村工作蓬勃开展；2020 年，在全国范围实现戏曲进乡村制度化、常态化、普及化。通过戏曲进乡村，增加农村公共文化服务总量，解决农民看戏难的问题，形成政府、市场、社会协同推动农村文化建设的良好局面。

二、主要内容

（一）时间安排

各地根据县域内开展群众文化活动的整体安排和农民的观赏习惯，合理安排演出时间。尽量安排在重要传统节日、节假日和重大节庆活动期间，错开农忙、自然灾害和当地举办其他重大活动的时段。

（二）参与对象

1. 全国农村地区的农民群众。

2. 全国各级各类戏曲艺术表演团体（含划转为保留演出职能的非物质文化遗产传承保护中心、艺术院校演出团队、优秀民营戏曲艺术表演团体、公共文化机构文艺队等，以下统称戏曲艺术表演团体）。

3. 戏曲艺术专业人员（含艺术专家、表演人才、研究人员、非遗传承人和志愿者等）。

4. 其他相关的社会团体和人才资源。

（三）主要形式

1. 组织观看戏曲作品。根据农民需求，结合农村实际和当地农民文化需求特点，选择优秀、经典、适合农民观看的戏曲艺术作品，坚持多措并举，原则上以戏曲艺术表演团体进乡村演出为主，可以是整台演出，也可以是名段集萃。同时，结合各类公益演出、文化惠民活动，以及通过互联网和多媒体观看经典剧目等多种形式进行。当地农民有观看其他文艺演出需求的，也可以提供以地方小戏为主的多种形式的文艺演出，历届群星奖参赛和获奖作品均可纳入服务项目。演出依托基层综合性文化服务中心的文体广场和其他具备条件的公共服务设施场地，就近为群众开展服务。在村落密集的地区，鼓励“联村演出”。偏远分散的小型村落，可采取小分队形式灵活安排。

2. 促进戏曲艺术普及。根据当地文化特点和农民群众的欣赏习惯，广泛开展形式多样的戏曲鉴赏、戏曲知识讲座以及名家进乡村等活动，加强戏曲艺术在农村的传播和普及。有条件的文化馆（站）等公共文化机构，要把戏曲艺术普及纳入日常服务项目，举办戏曲培训，开展戏曲排演观摩、角色和行当体验互动等活动；聘请戏曲专家、非遗传承人和知名戏曲票友作为文化志愿者深入乡村讲解戏曲知识，开展戏曲辅导；统筹建设优秀戏曲数字资源库，通过文化信息资源共享工程基层服务点，为群众提供日常的数字戏曲服务。

3. 培育农村戏曲团队。支持农村地区小剧团、戏曲社团和戏曲表演队等多种类型的业余戏曲表演团队发展，增强农村戏曲传承发展的自主服务能力，让农民多渠道、多途径参与戏曲体验，享受戏曲服务。鼓励戏曲艺术表演团体与农村戏曲团队开展“结对子、种文化”活动，对农村文艺人才进行传帮带，帮助他们提高创作水平和表演能力，带动当地群众文化活动开展。同时，结合“阳光工程”“春雨工程”和“大地情深”等文化志愿服务活动，培育戏曲志愿者队伍。

三、组织管理

（一）相关部门职责

中共中央宣传部、文化部、财政部指导和支持各地开展戏曲进乡村工作。各省（区、市）宣传、文化、财政部门要加强对本地工作的指导和协调，共同推进落实。

党委宣传部门负责宏观指导和统筹协调，加大宣传力度，营造良好社会舆论氛围。

文化行政部门负责戏曲进乡村的规划实施和组织管理，做好各项工作的部署、落实和反馈，注意与非物质文化遗产传承保护、戏曲进校园等搞好衔接，避免重复安排和资源浪费。

财政部门通过现有资金渠道对戏曲进乡村给予积极支持。

（二）做好剧（节）目目录认定

各地宣传文化部门通过文化馆（站）等公共文化机构，采取问卷调查、直接访问、网上征求意见等方式，了解农民的实际需求，以此为依据，聘请相关专家和人员组成评审工作组，按照“思想性、艺术性、教育性和观赏性”原则，研究确定年度戏曲进乡村的剧（节）目目录，每年可根据实际情况作适当调整。认定的目录于上年度 11 月 30 日前通过网站向社会公布。

（三）确定服务主体

把戏曲进乡村纳入各级政府向社会力量购买公共文化服务的范围。根据“自下而上、以需定供”的原则，对照采购需求清单，采用公开招标、邀请招标、竞争性谈判、竞争性磋商、单一来源等方式，确定承接主体。承接主体不分所有制性质，考虑到就近服务和降低成本等因素，服务主体以县域戏曲艺术表演团体为骨干，国家、省、市戏曲艺术表演团体，以及其他相关的社会团体等为补充。

（四）抓好组织实施

由省、市宣传文化部门制定本地可操作的工作方案，明确开展活动的目标任务、内容方式、时间步骤和经费投入等，提出工作要求。县级宣传文化部门按照省、市安排，结合当地实际，科学制定全县的活动方案，根据公布的剧（节）目目录，合理确定年度活动开展的规模数量、承接条件、购买方式、配送方式等，指导文化馆（站）、基层综合性文化服务中心等公共文化机构具体组织实施。同时，加强对实施情况的动态管理和监测，每年年底对本地活动开展情况进行考核，并将考核结果与预算安排、收入分配和人员奖惩等挂钩。

四、保障措施

（一）加强组织领导

各地宣传、文化、财政部门要充分认识戏曲进乡村的重要意义，将其作为保障农民基本文化权益的具体举措，摆上重要日程，抓好工作落地。要把社会效益放在首位，将导向意识贯穿到工作全过程，把服务群众与教育引导群众结合起来，用先进文化占领农村文化阵地。

（二）落实经费保障

地方各级财政按照各地基本公共文化服务实施标准支持开展戏曲进乡村。中央财政通过现有资金渠道对国家级贫困县和集中连片特困地区予以适当补助。同时，充分发挥政府投入的带动作用，落实社会力量参与公共文化服务的各项优惠政策，引导社会资金支持戏曲进乡村工作开展。

（三）确保活动安全

戏曲进乡村活动规模大、范围广，参与人员多，各地要树立“安全第一”的思想，严格遵守重要文化活动的审批程序，加强安全教育，完善管理制度，特别是在组织群众观看演出过程中，活动组织方要增强安全意识，做好安全预案，确保活动顺利实施和观众安全观演。

（四）扩大宣传推广

加大对活动的宣传推介力度，充分利用报刊、广播电视和网络等各种宣传媒介，采取多种方式，广泛宣传活动开展的重要意义、重点演出、成功经验和群众反响，不断扩大活动的社会影响，吸引更多群众参与。

【中宣部 文化部 教育部 财政部关于新形势下加强戏曲教育工作的意见】

各省、自治区、直辖市党委宣传部、文化厅（局）、教育厅（教委）、财政厅（局），新疆生产建设兵团党委宣传部、文化广播电视局、教育局、财务局：

为贯彻落实中共中央办公厅、国务院办公厅《关于实施中华优秀传统文化传承发展工程的意见》和国务院办公厅《关于支持戏曲传承发展若干政策的通知》精神，夯实戏曲艺术传承发展基础，加强学校戏曲专业人才培养，健全学校教育与院团传习相结合的人才培养体系，现提出以下意见：

一、总体要求

戏曲教育工作必须认真贯彻党的十八大和十八届三中、四中、五中、六中全会精神，坚持以邓小平理论、“三个代表”重要思想、科学发展观为指导，深入学习贯彻习近平总书记系列重要讲话精神和治国理政新理念新思想新战略，坚持以社会主义核心价值观为引领，牢牢把握社会主义先进文化前进方向，以培养德艺双馨的戏曲专业人才为目标，注重职业道德与职业精神培育，力争在“十三五”期间，基本建立主要剧种与院校戏曲专业相对应、戏曲人才需求和戏曲教育培养相平衡、职前教育和职后教育相衔接、学校教育与戏曲艺术表演团体传习相结合的戏曲人才培养体系，健全戏曲专业优秀后备人才早期发现、选拔和培养机制及戏曲教育质量评估督查制度，统筹艺术院校戏曲专业教学和展示活动，着力支持基层戏曲院团发展，加强地方戏人才培养，推动形成符合戏曲艺术人才培育规律、适应戏曲行业发展需要的戏曲教育新模式，为戏曲传承发展提供有力的人才支撑。

二、主要任务

（一）优化戏曲专业结构布局。各级文化、教育行政部门要以全国地方戏曲剧种普查数据为基础，以列入国家级非物质文化遗产代表性项目名录中的戏曲项目为重点，结合本地区戏曲艺术传承发展规划，指导艺术院校，特别是中等艺术职业学校结合自身优势与基层戏曲院团需求设置戏曲专业。建立健全以戏曲行业需求为导向的专业结构动态调整机制，加强地方戏人才培养。

（二）完善戏曲人才培养体系。巩固提高戏曲中等职业教育基础性地位，尊重戏曲早期专业型教育独特规律，以培养戏曲表演人才为重点，加大生源保障力度。创新发展戏曲高等职业教育，以提高戏曲人才的艺术和技能水准为重点，强化戏曲教育的职业优势。做精戏曲本科、研究生教育，促进戏曲教育产学研用深度融合，加强戏曲青年拔尖人才和戏曲创作人才、经营管理人才的培养，不断提升高层次戏曲教育领域的艺术研究与创新能力。重视戏曲从业人员职业规划，积极推进戏曲从业人员继续教育，构建戏曲专业人才终身学习机制，提高戏曲人才队伍整体素质。支持戏曲院校帮扶群众戏曲工作，提高群众文艺戏曲工作者创作和表演水平。

（三）创新戏曲人才培养模式。充分发挥戏曲院团育人的重要主体作用，鼓励校团共建实训基地。开展名家传戏活动，将传统的口传心授和现代戏曲教育相结合，完善戏曲表演专业教学标准，制订专业核心课程标准，编写并推广使用优秀戏曲教材。鼓励戏曲名家、非物质文化遗产传承人、戏曲表演类民间艺人在有条件的艺术院校成立大师工作室。推行订单培养，促进专业与职业、课程内容与职业标准、教学过程与戏曲创作表演过程对接。推广“剧目驱动教学”、“演学结合”、现代学徒制等人才培养模式，促进不同剧种、不同地区戏曲人才培养之间的合作交流，加强戏曲教育资源整合，推进协同创新，提高人才培养的效率和效益。

（四）鼓励院团深度参与实践教学。研究制定促进艺术院校与戏曲院团，特别是与基层戏曲院团合作办学有关制度和激励政策。依据《职业院校表演艺术类专业顶岗实习标准》，院团与有关院校共同制定戏曲专业实施性实习方案，确保实习岗位与所学专业对口。鼓励学生参与院团演出及“戏曲进校园”“戏曲进社区”“戏曲进乡村”活动。院校与院团应根据国家有关规定，为实习学生投保实习责任保险，共同做好实习安全、劳动保障、支付合理报酬等工作，切实维护学生的合法权益。

（五）积极推进招生与用人一体化。各地文化、教育行政部门要根据戏曲事业发展的需求研究编制戏曲人才需求报告，指导院校制定戏曲人才培养规划和年度计划，力争做到以需定产、供需平衡。艺术院校根据戏曲院团，特别是基层戏曲院团需求，适度扩大中高职贯通培养招生规模，与合作戏曲院团共同研制招生与用人方案，改革考核方式、内容和录取办法，提高生源质量。支持艺术院校与戏曲院团联合培养濒危剧种人才。各级教育行政部门要为艺术院校招收普通中小学生入学，特别是地方戏考生提供便利。

（六）建立健全戏曲教育质量评价机制。制定戏曲专业教学、教师资格、实训基地等方面的标准；

健全评估制度，完善戏曲专业办学水平评估指标体系。择优推出30个戏曲专业人才优质培养单位，遴选一批戏曲人才培养基地和示范专业点，通报表扬100名优秀戏曲专业专兼职教师，全面提升各地戏曲教育教学质量。

（七）搭建平台展示教育教学成果。办好全国青少年戏曲教育教学成果展示、全国职业院校技能大赛戏曲赛项等活动。创新戏曲专业教学交流形式，开展戏曲教学名师、戏曲行当、戏曲流派、地方剧种等专题交流学习活动。通过展示交流活动，发现、选拔一批优秀戏曲专业人才，文化部吸纳进入文化部戏曲后备人才库，优先推荐进入戏曲院团就业。

三、保障措施

（一）加强组织协调。各级宣传部门及文化、教育行政部门要切实承担起发展戏曲教育的主要责任，将戏曲教育纳入发展规划，制定配套政策措施，抓好具体实施，建立督导制度，做好政策落地工作。推动戏曲院团与艺术院校，特别是基层戏曲院团与地方戏人才培养对接。积极发挥全国文化艺术职业教育教学指导委员会在职业院校戏曲专业设置、专业教学标准及课程教材建设、人才培养质量评价等方面的指导作用。鼓励戏曲院团与艺术院校共同组建戏曲教育联盟，积极发挥行业协会、专业学会、基金会等各类社会组织在戏曲教育中的作用。

（二）加大支持力度。各级宣传部门及文化、教育、财政行政部门要加强与发展改革委等相关部门的沟通协调，推动加大对戏曲教育扶持，拓宽经费筹措渠道，引导社会力量加大对戏曲教育的投入、捐赠。对通过符合条件的公益性社会团体或者县级以上人民政府及其部门，向戏曲教育的捐赠，按税法规定在所得税税前扣除。落实中等职业教育戏曲表演专业学生免学费政策。地方各级财政、教育等部门应根据本地区经济社会发展水平、职业教育发展规划、专业办学成本、财力状况等因素，科学合理确定职业院校戏曲专业生均拨款标准。

（三）健全师资队伍。建立健全戏曲专业教师资格标准和专业标准。鼓励相关院校聘用（聘任）戏曲名家、非物质文化遗产传承人和优秀演员担任兼职教师，支持相关院校通过多种方式吸收社会优秀人才参与戏曲教育，建设专兼结合的高素质专业教师队伍。

中宣部　文化部　教育部　财政部

2017年5月27日

【中宣部、教育部、财政部、文化部联合发布《关于戏曲进校园的实施意见》（中宣发〔2017〕26号）】

戏曲是表现和传承中华优秀传统文化的重要载体。为贯彻《中共中央关于繁荣发展社会主义文艺的意见》精神，落实《国务院办公厅印发关于支持戏曲传承发展若干政策的通知》《国务院办公厅关于全面加强和改进学校美育工作的意见》要求，弘扬中华优秀传统文化，增强文化自信，促进戏曲传承发展，现就戏曲进校园的实施提出以下意见。

一、总体要求

（一）指导思想

全面贯彻党的十八大和十八届三中、四中、五中、六中全会精神，深入贯彻习近平总书记系列重要讲话精神，全面落实党的教育方针，以立德树人为根本任务，坚守中华文化立场、传承中华文化基因，加强戏曲通识普及教育，增进学生对戏曲艺术的了解和体验，引领学生树立正确的审美观念、陶冶高尚的道德情操、培育深厚的民族情感，促进学生全面发展，营造戏曲传承发展的良好环境。

（二）基本原则

坚持先进文化，严把导向。弘扬和践行社会主义核心价值观，严把思想价值导向，严把艺术质量，促进学生身心健康发展，增进学生对中华文化的热爱。

坚持育人为本，面向全体。遵循美育特点和学生成长规律，以美育人、以文化人，让每个学生都享有戏曲教育的机会，成为戏曲进校园的受益者。

坚持因地制宜，多措并举。立足各地实际，注重戏曲门类丰富性，考虑地区差异，鼓励多种形式和特色发展，自主探索多样化的模式，形成典型引领带动整体推进的生动局面。

坚持统筹协调，形成合力。明确分级管理、地方为主、政府统筹，鼓励社会参与，整合多种资源，完善支持政策，形成戏曲进校园的合力。同时，遵循教育教学和人才培养规律，统筹开展戏曲进校园和高雅艺术进校园等其他美育教育活动。

（三）总体目标

2017 年，在试点基础上，有条件的省区市大中小学以及中央部委所属高校争取实现所有学生免费欣赏 1 场优秀戏曲演出。

2018 年，戏曲进校园活动蓬勃开展，戏曲教育丰富多样，争取实现全国所有大中小学每个学生每年免费欣赏 1 场优秀戏曲演出。

2020 年，戏曲进校园实现常态化、机制化、普及化，基本实现全覆盖。

二、主要内容

（一）时间安排

具体时间由各地、各校自行确定，应与课堂教学、课外活动及学生综合实践活动有机结合。

（二）参与对象

1. 全国大中小学的在校学生。

2. 全国各级各类戏曲艺术表演团体（含划转为保留演出职能的非物质文化遗产传承保护中心、艺术院校演出团队和优秀民营戏曲艺术表演团体，以下统称“戏曲艺术表演团体”）。

3. 戏曲艺术专业人员（含艺术专家、表演人才、研究人员、非遗传承人和志愿者等）。

4. 其他相关的社会团体和人才资源。

（三）主要形式

1. 组织观看戏曲作品

结合学校教育实际及不同年龄段学生身心特点，选择优秀、经典、适合学生观看的戏曲艺术作品，坚持多措并举，原则上以组织戏曲艺术表演团体进校园演出和组织学生走进剧场现场观看为主，同时结合各类公益演出、戏曲进乡村等文化惠民活动和戏曲文化讲座，以及通过互联网和多媒体观看经典剧目、戏曲动漫等多种形式进行。戏曲演出要同讲解、示范等形式结合起来，加强普及教育。

2. 开展戏曲教育活动

各地宣传、教育、文化部门要广泛开展形式多样的学校戏曲教育活动。各级各类学校要贴近校园生活，充实艺术教育课堂，根据学生认知水平和心理特点，积极探索创新具有时代特征、校园特色和学生特点的戏曲教育形式，如戏曲名家进校园、戏曲展演展示、戏曲赏析（讲座）等群体性活动，形成本地本校的特色和传统。各级戏曲艺术表演团体、文化（艺术）馆等要举办学生戏曲活动，开展戏曲排演观摩、角色和行当体验互动等活动，激发学生对戏曲艺术的兴趣爱好。

3. 加强戏曲社团建设

支持学校建立多种类型的戏曲兴趣小组、学校戏曲社团、戏曲工作坊和戏曲传承基地等，让学生多种途径和渠道广泛参与戏曲体验、学习和实践。鼓励戏曲艺术表演团体与大中小学戏曲社团开展“结对子、种文化”活动，邀请戏曲艺术专业人员深入学校讲解戏曲知识，开展戏曲辅导等活动。鼓励学校聘请戏曲专家、非遗传承人和知名戏曲票友等担任学校兼职艺术教师。

三、组织管理

（一）管理机构职责

中央宣传部、教育部、财政部、文化部指导和支持各地开展戏曲进校园工作。

各省（区、市）建立宣传部门牵头，教育、财政、文化等部门参与的戏曲进校园工作组织和协调机制，参与部门各负其责，协调推进工作的具体落实。

宣传部门负责宏观指导和统筹协调，加大宣传支持力度，营造良好社会舆论氛围。

教育部门负责规划实施和组织管理，确定进校园的戏曲剧（节）目和需求数量，组织指导学校参加和开展活动。

财政部门负责研究完善支持政策，做好戏曲进校园相关资金投入工作，加强资金监管。

文化部门负责审查、推荐剧（节）目，审核戏曲艺术表演团体参演资格，对表演团体进行业务指导和组织管理。

（二）剧（节）目目录认定

各地宣传部门会同教育、文化等部门每三年认定一次戏曲进校园的剧（节）目目录。根据本地实际情况，聘请相关专家和人员组成剧（节）目目录认定委员会，按照“思想性、艺术性、教育性和观赏性”原则，研究确定适合进校园的戏曲门类及相应剧（节）目，并形成目录菜单。兼顾学生年龄阶段特点，对应不同学段的学生确定观看剧（节）目目录。认定的剧（节）目目录于上年度 11 月 30 日前通过网站向社会公布。

（三）戏曲表演团体资格审核

戏曲艺术表演团体和相关社会团体等的资格由各地文化部门依据相关办法每三年审定一次。文化部门于上年度 12 月 10 日前通过网站发布评审公告。凡符合申报条件的团体，按公告要求报名参加戏曲进校园的资质统一评审。文化部门聘请艺术及教育专家对团体资质进行评审，确定获得戏曲进校园资格的团体名单，并于上年度 12 月 30 日前通过网站向社会公布。凡取得戏曲进校园资格的团体，需严格按照审定和公布的剧（节）目目录进行演出和提供相关服务。

（四）组织实施

各级宣传部门会同教育、财政、文化部门根据公布的剧（节）目目录和表演团体资格名单，结合财力状况和学校需求数量，统筹制定当年戏曲进校园计划并组织实施。教育部门要指导各级各类学校制定工作方案和计划，组织学生观看戏曲演出并开展相应教育活动。文化部门要指导各级各类戏曲艺术表演团体和相关社会资源根据教育需求，落实所承担的任务，确保质量，并听取广大学校和学生的意见建议，不断提高水平。

四、工作要求

（一）加强组织领导

各地宣传、教育、财政和文化部门要充分认识戏曲进校园的重大意义，把其作为传承发展优秀传统文化、弘扬社会主义核心价值观、实现立德树人根本任务的重要途径，摆上重要位置。要健全领导机制，成立活动领导小组，建立管理制度，明确工作目标，结合实际制定实施和评价办法，切实抓紧抓好。相关部门要统筹调动社会各方力量，加强跨部门、跨层级协作，合理推进戏曲进校园。

（二）多渠道筹集资金

充分调动政府、学校、社会、个人等各方积极性，多方汇聚资源，共同支持戏曲进校园。各级财政要根据财政事权和支出责任划分，统筹考虑政府、市场、社会多方力量，统筹相关经费渠道，积极支持戏曲进校园。大中小学要结合实际，统筹利用各种资源，合理支持开展戏曲教育、戏曲社团建设活动。高雅艺术进校园活动也要适当增加戏曲等演出的场次。积极发挥市场机制作用，引导和鼓励企业、社会团体、个人参与和社会资本投入，形成合力。要加强资金使用管理，强化监督检查和绩效评价，切实提高资金使用效益。

（三）完善安全制度

要牢固树立“安全第一”的指导思想，加强安全教育和管理工作，建立健全安全管理制度。特别是在组织学生观看演出、讲座和参加相关活动的过程中，学校、表演团体和场馆等各参与方要提高安全意识，认真做好安全预案，严格安全程序，切实保障戏曲进校园的顺利实施和学生的安全。

（四）重视考评和宣传

各级宣传文化部门要将戏曲进校园纳入年度工作要点。各级教育部门要将戏曲进校园列入学校艺术教育年度工作内容，将学生参与戏曲实践活动作为学校美育实践活动的重要组成部分。要大力宣传戏曲进校园的价值理念、育人功能和先进经验做法，在广大学生中掀起看戏曲、爱戏曲的热潮，在全社会营造关心、支持戏曲进校园的良好氛围和舆论环境。

中宣部　教育部　财政部　文化部
2017 年 7 月 31 日

【文化部办公厅关于进一步做好戏曲进校园工作的通知（办艺函〔2017〕215 号）】

各省、自治区、直辖市文化厅（局），新疆生产建设兵团文化广播电视局：

2017 年 7 月 31 日，中宣部、教育部、财政部、文化部 4 部门联合印发《中共中央宣传部等印发〈关于戏曲进校园的实施意见〉的通知》（中宣发〔2017〕26 号），对戏曲进校园的指导思想、基本原则、总体目标、时间安排、参与对象、主要形式、组织管理等提出了要求，并明确了宣传、教育、财政、文化系统的工作任务。为做好文化系统承担的工作任务，进一步推动戏曲进校园工作规范、有序开展，现就有关事项通知如下：

一、高度重视戏曲进校园工作

《中共中央关于繁荣发展社会主义文艺的意见》、国务院办公厅《关于支持戏曲传承发展的若干政策》等文件都对推动戏曲进校园提出了明确要求。2016 年 12 月，中宣部文艺局、文化部艺术司、教育部体卫艺司在武汉召开了全国戏曲进校园经验交流会，部署全面推动戏曲进校园工作。各省级文化行政部门要把戏曲进校园提上议事日程、摆上当前工作重要位置。要充分认识戏曲进校园对于传承发展戏曲艺术的重要意义，充分认识戏曲进校园为戏曲艺术表演团体特别是基层院团带来的发展机遇，提前谋划，认真准备，充分动员，抓紧落实。各地在推动戏曲进校园时，省级层面要有总体方案，有年度计划，有专人负责，有考核评价。

二、积极推动并参与建立省级戏曲进校园工作组织和协调机制

中宣发〔2017〕26 号文件强调指出，各省（区、市）要建立宣传部门牵头，教育、财政、文化等部门参与的戏曲进校园工作组织和协调机制，参与部门各负其责，协调推进工作的具体落实。各省级文化行政部门要加强省级层面统筹安排，积极推动建立戏曲进校园工作组织和协调机制，并完成好文化部门承担的各项任务。

三、加强业务指导和组织管理

根据中宣发〔2017〕26 号文件要求，进校园的剧（节）目和戏曲表演团体实行目录认定和资格审核。各省级文化行政部门要配合省级党委宣传部门严肃认真做好戏曲进校园剧（节）目目录认定工作，加强业务指导，严把剧（节）目的内容质量关；要认真做好进校园的戏曲艺术表演团体和相关社会团

体资格审核工作，加强组织管理，制定统一标准，做到公开透明。

四、加强宣传和沟通

要及时通过新闻媒体宣传报道戏曲进校园过程中涌现出的典型院团、典型人物、典型做法等，营造良好社会氛围；要建立信息沟通机制，及时报送落实和进展情况，加强沟通交流；要认真总结本省（区、市）文化系统戏曲进校园工作，注重数据和实例，突出本地特点和创新做法。

请于2018年1月底前，将2017年本省（区、市）文化系统戏曲进校园工作情况总结报送文化部艺术司。

联系人及电话：略

电子邮箱：略

特此通知。

文化部办公厅

2017年9月24日

【广东省粤剧保护传承规定】

2017年4月1日，经广东省人民政府第十二届98次常务会议审议通过《广东省粤剧保护传承规定》，自2017年7月1日起施行。

广东省粤剧保护传承规定

第一条　为了加强对粤剧的保护与传承，根据《中华人民共和国非物质文化遗产法》和《广东省非物质文化遗产条例》等法律、法规，结合本省实际，制定本规定。

第二条　本规定适用于本省行政区域内粤剧的保护、传承、发展与传播。

第三条　本规定所称的保护传承对象，包括下列具有历史、美学、艺术价值的粤剧传统文化表现形式以及相关的实物和场所：

（一）粤剧的代表性剧目、唱腔音乐、传统表演艺术、舞台美术、剧本乐谱等；

（二）与粤剧密切相关的乐器、服装、道具、舞台、化妆原料等制作技艺；

（三）与粤剧密切相关的历史档案、文献资料、器具实物、场所设施；

（四）粤剧特有的传统习俗、信俗；

（五）与粤剧密切相关的其他保护传承对象。

第四条　粤剧保护传承应当注重其真实性、整体性和传承性，坚持保护、传承与发展并重原则。

第五条　省和相关市、县（区）人民政府文化主管部门负责本行政区域内的粤剧保护传承工作，其他有关部门在各自职责范围内做好粤剧保护传承工作。

本规定所称相关市、县（区），是指粤剧流传分布的市、县（区）。

第六条　省和相关市、县（区）人民政府应当加强对粤剧保护传承工作的组织和领导，并将其纳入本级国民经济和社会发展规划。

省和相关市、县（区）人民政府文化主管部门应当结合本地实际情况，制定粤剧保护专项规划并报本级人民政府批准后组织实施。

第七条　省和相关市、县（区）人民政府文化主管部门应当组织对本行政区域的粤剧资源状况进行调查，建立粤剧资料档案和相关数据库。除依法应当保密的外，粤剧资料档案及相关数据信息应当向社会公开。

调查粤剧资源，应当收集属于粤剧组成部分的历史文献和代表性实物，整理调查工作中取得的资料，并予以妥善保存，防止损毁、流失。

鼓励公民、法人和其他组织向文化主管部门提供粤剧资源信息，文化主管部门应当予以核查并将核查结果告知提供者。

第八条 省人民政府文化主管部门应当根据粤剧资源调查情况建立公布全省粤剧资源保护清单。相关市、县（区）人民政府文化主管部门可以根据实际情况建立公布本行政区域内的粤剧资源保护清单。保护清单确定的具体办法由省人民政府文化主管部门另行制定。

第九条 省和相关市、县（区）人民政府文化主管部门应当将符合条件的粤剧项目列入本级非物质文化遗产代表性项目名录，并认定粤剧保护单位和代表性传承人。认定程序按照法律、法规规定执行。

第十条 省和相关市、县（区）人民政府文化主管部门应当建立粤剧代表性传承人的储备名单，粤剧代表性传承人的储备人选参照非物质文化遗产代表性项目的代表性传承人认定程序执行。

第十一条 省和相关市、县（区）人民政府应当在年度财政预算中统筹安排文化遗产保护、文化产业资金，落实粤剧保护传承保障经费。粤剧保护传承保障经费用于下列项目：

（一）粤剧资源调查以及粤剧相关珍贵档案、资料、口述历史、民间档案文献、实物的征集、抢救和保护；

（二）挖掘整理、修改提升和复排演出传统粤剧代表性剧目、折子戏；

（三）培养和引进粤剧人才；

（四）粤剧研究、宣传、教育；

（五）建设和维护粤剧演出、展示的场所、设施；

（六）举办粤剧重大活动和开展粤剧国际、地区交流；

（七）按照国家和省规定奖励在粤剧保护传承、理论研究等方面有突出贡献的单位和个人；

（八）法律、法规规定的粤剧保护传承的其他事项。

第十二条 省和相关市、县（区）人民政府文化主管部门应当组织开展粤剧经典传统剧目抢救、粤剧名家从艺生涯口述历史和粤剧存续状况资料的挖掘、收集和整理，复排演出粤剧经典传统剧目。

第十三条 省和相关市、县（区）人民政府及其文化主管部门可以通过公开征集、买断移植等方式扶持整理改编和新编原创的优秀粤剧剧本。

第十四条 省和相关市、县（区）人民政府及其文化主管部门应当加强粤剧保护传承工作队伍的建设，通过培养、培训、引进等多种方式，完善粤剧保护、传承、传播等各类专业人才的培养和保障机制。

第十五条 省和相关市、县（区）人民政府文化主管部门可以认定粤剧研究基地，推动粤剧保护传承理论研究。

鼓励支持粤剧研究基地与粤剧保护单位和代表性传承人合作开展学术交流和理论研究。

第十六条 省和相关市、县（区）人民政府及其文化主管部门应当保护修缮具有历史价值的粤剧演出场所、设施，根据需要建设粤剧专题展示场所、设施。

第十七条 省和相关市、县（区）人民政府及其文化主管部门可以结合节庆文化活动、当地民俗活动等，组织在商贸中心（集市）、旅游景点、特色街区（乡镇）等集中展示展演粤剧艺术。

第十八条 省和相关市、县（区）人民政府文化主管部门可以采取政府购买的方式开展以下活动：

（一）征集、购买优秀粤剧剧本；

（二）组织粤剧优秀传统剧目惠民演出；

（三）扶持粤剧社会组织、粤剧演出团体或者群众性粤剧团体的公益性演出；

（四）开展粤剧理论研究；

（五）粤剧保护传承的其他公益性活动。

第十九条　公民、法人和其他组织用于粤剧保护传承的捐赠，符合法律法规规定的，可以依法享受税收优惠。

第二十条　鼓励支持公民、法人和其他组织依法设立粤剧营业性演出团体，成立粤剧社会组织、私伙局等，建设粤剧展示、传习场所，从事粤剧保护传承。

鼓励支持公民、法人和其他组织通过捐赠、捐助等方式参与粤剧保护传承。

鼓励支持粤剧代表性传承人、名家设立粤剧传习所、工作室等，开展带徒授艺等传习活动。

第二十一条　有关主管部门应当依法保障粤剧营业性演出团体、粤剧社会组织、粤剧保护单位和粤剧代表性传承人的合法权益，指导有关单位和个人依法维护其著作权、商标权、专利权等知识产权。

第二十二条　粤剧营业性演出团体、粤剧社会组织应当依法开展活动，不得侵犯其他权利人的知识产权。

第二十三条　省和相关市、县（区）人民政府及其文化主管部门和报刊、广播电视、互联网等媒体，应当通过专题专栏等方式普及、宣传、推广粤剧艺术。

第二十四条　省和相关市、县（区）人民政府及其教育主管部门应当支持学校因地制宜开展粤剧普及教育活动。

有关艺术院校应当系统开展粤剧艺术的教学研究活动。

第二十五条　粤剧营业性演出团体、粤剧社会组织侵犯他人知识产权的，由相关主管部门依法查处。

第二十六条　人民政府文化主管部门和其他有关部门的工作人员违反本规定，在粤剧保护传承工作中玩忽职守、滥用职权、徇私舞弊的，依法给予处分。

第二十七条　本省行政区域内其他地方戏剧的保护与传承可以参照本规定执行。

第二十八条　本规定自 2017 年 7 月 1 日起施行。

专题

第八届中国京剧艺术节

【概况】

2017年5月11日至29日，由文化部、江苏省人民政府和南京市人民政府主办的“第八届中国京剧艺术节”在江苏省南京市举行。来自全国24个省区市34个京剧表演团体的29台剧目、5台武戏折子戏专场和3台祝贺演出剧目参加了艺术节演出。京剧艺术节开幕演出剧目为江苏大剧院制作的京剧《青衣》，闭幕演出剧目为江苏省演艺集团京剧院演出的《向农》。

中国京剧艺术节是我国规模最大、水平最高的京剧艺术盛会。本届京剧节上，参演剧目坚持整理改编传统戏、新编历史剧和现代戏剧目“三并举”原则，占比近60%。同时，京剧节开设了武戏折子戏展示板块，旨在振兴京剧武戏，扶植濒危行当，改变“文强武弱”局面。此外，本届京剧节除开展“一剧一评”外，还组织专家对京剧传承发展的重大问题进行探讨，为京剧创作实践提供理论指导。

艺术节还坚持“精品、惠民、节俭、可持续”的办节方针，突出“京剧艺术的盛会、人民群众的节日”的主题；坚持“低票价”惠民原则。

【参演剧目】

（一）优秀剧目展演入选名单（以行政区划为序）

序号	剧目	演出单位
1	《西安事变》	国家京剧院
2	《党的女儿》	北京京剧院
3	《大钊先生》	北京市京昆文化艺术团有限公司
4	《狄青》	天津京剧院
5	《墙头马上》	天津市青年京剧团
6	《奚啸伯》	河北省石家庄市京剧团
7	《脚印》	河北省廊坊市百花戏剧艺术团、大厂评剧歌舞团
8	《陈廷敬》	山西省京剧院有限责任公司
9	《青天道》 （原名:《青天海瑞》）	沈阳演艺集团·沈阳京剧院
10	《奇女无容》	黑龙江省京剧院
11	《浴火黎明》	上海京剧院
12	《青衣》	江苏大剧院
13	《向农》	江苏省演艺集团京剧院
14	《大明城墙》	南京市京剧团有限公司
15	《东极英雄》	浙江京昆艺术中心(浙江京剧团)
16	《赵武灵王》	福建京剧院
17	《生死愿》	江西京剧团有限责任公司

续表

序号	剧目	演出单位
18	《邓恩铭》	济南市京剧院
19	《烟台解放》	烟台市京剧院
20	《在路上》	湖北省京剧院
21	《美丽人生》	武汉市京剧院
22	《辛追》	湖南省京剧保护传承中心
23	《油茶御史》	广西壮族自治区戏剧院
24	《大梦长歌》	重庆市京剧团有限责任公司
25	《落梅吟》	成都市京剧研究院
26	《天道行》	云南省京剧院
27	《温世仁》	甘肃省京剧团有限责任公司
28	《庄妃》	宁夏演艺集团京剧院有限公司
29	《江姐》（青春版）	中国戏曲学院

（二）祝贺演出剧目（以行政区划为序）

序号	剧目	演出单位
1	《秦香莲》	天津市青年京剧团
2	《对角——陈少云、魏海敏经典双出》	上海京剧院
3	《抗倭将军戚继光》	安徽省徽京剧院

（三）武戏折子戏入选名单（以行政区划为序）

序号	剧目	演员	演出单位
1	《红桃山》	宋云飞	国家京剧院
2	《挡马》	王浩	国家京剧院
3	《劫魏营》	田磊	国家京剧院
4	《雁荡山》	詹磊	北京京剧院
5	《三盗九龙杯》	石晓亮	天津市青年京剧团
		范玉	贵州京剧院有限责任公司
6	《战冀州》	王大兴	天津京剧院
7	《青石山》	程雨嫣	天津京剧院
8	《雁荡山》	常东	沈阳演艺集团 · 沈阳京剧院
9	《甘宁百骑劫魏营》	杨程	大连京剧院
10	《三盗令》	杨雪斌 王鹏飞	吉林省戏曲剧院京剧院
11	《林冲夜奔》	赵宏运	上海京剧院
12	《打瓜园》	郝杰	上海京剧院
13	《虹桥赠珠》	杨燕	江苏省演艺集团京剧院
14	《诈历城》	崔宝玉	浙江京昆艺术中心 （浙江京剧团）

续表

序号	剧目	演员	演出单位
15	《武松打虎》	李哲	福建京剧院
16	《八大锤》	宋柏珑	山东省京剧院
17	《金翅大鹏》	张峰	河南省京剧艺术中心
18	《泗州城》	杨帆	湖北省京剧院
19	《三战张月娥》	方佳欢	武汉市京剧院
20	《扈家庄》	林子琪	重庆市京剧团有限责任公司
21	《八大锤》	白梦飞	重庆市京剧团有限责任公司
22	《白水滩》	马红光 杨炳旭	贵州京剧院有限责任公司
23	《朝金顶》	杨瑞宇	中国戏曲学院
24	《收关胜》	解天一	中国戏曲学院

【观点】京剧节后的思考——有感于第八届中国京剧艺术节

◎ 安葵

第八届中国京剧艺术节已经落下帷幕，但锣鼓声似乎依然在耳边鸣响，许多精彩的场面和表演似乎还在眼前。这场三年一届的盛大艺术活动在博得许多喝彩的同时，也引人思考许多问题。

一、努力寻求突破与超越：在传承与发展中前行

本届中国京剧艺术节于 2017 年 5 月在江苏省南京市举行。参演剧目 29 台，另有 3 台祝贺演出的剧目，5 台武戏折子戏展览演出。如何评估这一届京剧艺术节取得的成绩？因为时间安排，笔者只看了其中的一部分，因此不能做整体的评估，但就看过的剧目，总的印象是，各个院团都在认真进行创作，并且在艺术上努力寻求突破、超越。

突破和超越是艺术创作的永恒动力，没有这种动力艺术创作就会停滞不前；但突破和超越又是很艰巨繁难的。

比如现代戏创作，多年来人们常说超过“样板戏”的作品不多。这个问题怎么看？我认为“样板戏”是一个复杂的艺术现象。它是许多艺术家用多年时间精心创作、打磨出来的，又因为曾有“四人帮”的插手和利用，增添许多复杂因素。因此，在打倒“四人帮”后的一段时间，“样板戏”曾被厌弃和批判，一些“文革”中受迫害的老同志，一听到“样板戏”就想起了被批斗的情景，所以坚决反对上演这些剧目。但随着时间的流转，人们渐渐把这些作品与“四人帮”的关系在一定程度上有所剥离，而主要关注它们艺术本身的成就。《红灯记》《沙家浜》《智取威虎山》的演出一般都很受欢迎。有人称之为“红色经典”，虽然这未必恰当，但对这些作品的成就予以肯定，并作为今天创作的借鉴是应该的。同时也应该看到，这些作品具有时代的局限性，特别是不能再认为它们是必须仿效的“样板”，走不出固定的模式。

从这次京剧节上的一些作品中，我们欣喜地看到创作者超越“样板戏”的努力。比如上海京剧院的《浴火黎明》。在《红灯记》《沙家浜》《智取威虎山》等作品中有一些描写对敌斗争的精彩关目，如“赴宴斗鸠山”“茶馆”“百鸡宴”等，这是这些作品使人念念不忘的原因之一。以致在后来的一些革命历史题材作品中，常常看到这些关目的影子。实际上，革命年代斗争的环境是十分复杂多样的，《浴火

黎明》描写了一个没有叛变，但因为领导叛变而陷于绝望、动摇中的人物范文华，这就增加了被敌人逮捕的革命者斗争的艰难性。在“亮节”“较量”等关目中都展现了不同于《红灯记》等作品的斗争环境和斗争方式。邵华、许志烨等既要与敌人进行针锋相对的斗争，又要用巧妙的方式鼓励范文华坚定起来，避免革命力量遭到更大的损失。“红岩”烈士们在自己将要牺牲的时刻，想到的是让后代记住历史的经验教训，总结出“狱中八条”，这也是作品中英雄人物思想境界的新的提升。

再如武汉市京剧院的《美丽人生》。作品的主人公李美丽是一个有些俗气的城市女人，由于她的冲动带来家庭的重大变故之后，她决定做挑工来支撑这个家庭。但她辛辛苦苦抚养成人的儿子却不能谅解她，同她断绝关系，这对她是更大的打击。经过一番内心的煎熬之后，李美丽决心坚强地活下去。演员刘子薇细腻地表现出人物五味杂陈的内心情感。传统戏善于表现人生况味，《美丽人生》表现了一个普通人、一个“小人物”的人生况味，这对现代戏创作来说，是一种新的开拓。

成都市京剧研究院的《落梅吟》，是根据巴金的小说《家》改编创作的。“五四”以来的新文学创作反映了从封建社会到现代社会转变时期的社会生活，体现了新的思想观念和创作观念，这些观念进入京剧作品中必然推动京剧艺术内容和形式的发展变化。《落梅吟》中的觉新、梅芬和瑞珏都是性格比较复杂的人物，他们之间的关系也是不同于传统剧目的复杂关系。觉新是旧伦理观念的牺牲者，他的行为又牺牲了别人。他忘不了梅芬，但对瑞珏的爱也不是虚情假意。创作者对他有批判也有同情。梅芬深陷感情的痛苦之中而无力解脱。作品对封建社会和封建伦理道德的批判要比描写古代社会的作品更容易为今天的观众所理解，但表演起来难度更大。成都京剧院的一批年轻演员以自己的理解塑造出这个年代的这样一些人物，拓展了京剧艺术的表现力。

在传统戏改编和历史剧创作中同样可以看到新的追求。以前新的创作多侧重在思想内容方面，而近年的创作则既重视思想内容，同时也重视发挥表演艺术的长处，努力使两者结合起来。

重庆市京剧团的《大梦长歌》，描写了南宋爱国词人辛弃疾悲壮的一生。生逢国家存亡之秋，辛弃疾本想杀敌报国，“了却君王天下事，赢得生前身后名”，但他事业没有成功，理想没有实现，这是他人生的悲剧。剧作在这悲剧中表现了词人的爱国情怀、崇高理想和坚定意志。“国家不幸诗家幸”（赵翼语），正因为辛弃疾有这样痛苦的经历，他才写出了那么多具有豪放风格的感人作品。《大梦长歌》以辛弃疾的【破阵子】“醉里挑灯看剑”贯穿全篇，写成一部文武结合的戏，充分发挥了京剧行当和流派的优长。

表现文人的戏难写、难演，辛弃疾的一生为创作者提供了运用文武结合方法的基础。前半部小生演员李恒通过演唱和武打表现了青年辛弃疾的锐气，后半部奚派老生张军强的演唱则很好地表现了历尽沧桑而内心依然炽热的老年辛弃疾的精神状态。这个戏数年前他们演出过，这次是又一次修改加工。在座谈会上，特邀来的编剧杨书棠和导演欧阳明都说，在创作中他们一直感觉这个戏“到不了底”，他们要一直努力搞下去。这也表现了京剧人对待创作的执着态度。

云南省京剧院的《天道行》，是根据传统剧目改编的作品。由叶少兰先生亲自编剧（与张志高合作）、导演，由叶派小生朱福担纲演出。朱福的唱腔刚劲挺拔，极具魅力，表演也非常精致。“水牢摸印”一场有很多优美的身段。他们在传承——传承剧目，传承唱腔，传承表演，传承流派；在传承中又有新的创造。这部作品对于传统戏如何在继承的基础上创新发展提供了新的经验；同时对新编剧目也有启示意义：新编剧目大多只注意故事情节，很少有像“水牢摸印”这样情节性并不强、但能充分发挥表演特长的关目。

黑龙江省京剧院的《奇女无容》，是一出新编的历史故事剧。赵王（赵武灵王）这一人物史有所载，然而剧作中的故事全是虚构的。作品表现了奇女无容的爱国情怀，并对赵王的以貌取人和不守信用有所批判，但作品沿袭了《杨排风》《辕门斩子》等传统戏的美学原则，发挥了传奇性、民间性的特点，使观众在轻松愉快的欣赏中去品味作品的思想内涵。导演特别发挥了武戏的特长，并把唐（韵笙）派武戏“驱车战将”的表演方式融入这部戏的表演之中。

二、执着的坚守与奋进：向边疆地区京剧人致敬

值得注意的是这一届京剧艺术节，甘肃、云南、重庆、广西、宁夏、成都、黑龙江等边疆地区的京剧院团都有剧目参演。因为分两组观摩，笔者只看了云南省京剧院的《天道行》、重庆市京剧团的《大梦长歌》、成都市京剧研究院的《落梅吟》和黑龙江省京剧院的《奇女无容》，甘肃、广西、宁夏的戏没有看到。但从前面简略的分析中可以看到，边疆地区京剧人所做的贡献是不可忽视的。

参加京剧节的观摩使我想起两件事情，一件是2005年文化部曾组织专家对京剧院团进行考核评估。我被分到西北、华北一组。亲眼看到西北地区京剧院团条件之艰苦。他们在破旧的排练场练功，有的排练场冬无暖气、夏无空调。前辈留下的戏衣、道具，有些是很有价值的，但无严密的库房保存。演职员的工资收入与内地大城市也相差很多。后来我也到这些地方去过，院团的条件逐步有所改善，但与内地大城市仍无法相比。就是在这样的条件下，这些院团的京剧人依然坚持传承发展京剧艺术，坚持为群众创作演出。

第二件事情是，2001年第三届中国京剧艺术节也是在江苏省南京市举行。其间中国戏曲学会曾召开纪念毛泽东“百花齐放，推陈出新”题词50周年学术研讨会。那时我担任中国戏曲学会的秘书长，具体负责研讨会的组织工作，多位老一辈戏剧家在会上回顾了戏曲改革的曲折历程，认真总结“推陈出新”进程中的经验教训，与会学者撰写了多篇有价值的学术论文；同时，对戏曲艺术如何继承发展也有激烈的争论，而且这一争论十几年来都没有停止。

回顾这段历史，可以看到，理论上的研究讨论是重要的，它可以给创作者以启示；但更重要的是艺术实践。很多事情说起来容易，做起来难。艺术实践必须与当地的具体条件结合。有的理论在逻辑上是成立的，但与实践不相合，只有不断进行实践探索才能使戏曲艺术实现创造性的继承和创新性的发展。十几年来，国家院团、内地大城市的院团做出了自己的努力，而边疆地区的京剧院团所做出的努力和取得的成就也是有目共睹的。

历届中国京剧艺术节和中国艺术节都有边疆地区的京剧院团参加。即以最近几年看：2014年第七届中国京剧艺术节，边疆地区京剧院团参演的剧目有：甘肃省京剧团《草原曼巴》、陕西省京剧院《铜牛记》、重庆市京剧团《金锁记》、黑龙江省京剧院《月照塞北》、云南省京剧院《红烛魂》、广西壮族自治区京剧团《独钓寒江雪》、吉林省京剧团《杨靖宇》、贵州省京剧院《黔人端菜》、青海省京剧团《七个月零四天》。

2016年第十一届中国艺术节共有5台京剧参演，其中有3台是边疆地区的：贵州省京剧院《黔人端菜》、青海省京剧团《七个月零四天》、宁夏京剧院《庄妃》。

这些院团在创作演出中贯彻了“三并举”的剧目政策，对京剧艺术的继承与发展做出了积极的有意义的探索。这些院团不仅立足本地为群众服务，而且胸怀京剧传承发展的大目标，一步一个脚印地前进。他们的创新探索既与本地的具体条件相结合，又是全国的京剧艺术发展的重要组成部分。

京剧曾被称为“国剧”，“文革”前全国各省市自治区都有京剧院团。“文革”中遭到严重破坏，“文革”后艰难复苏，但随后又受到市场经济和外来文化的冲击，加以某些认识上的偏颇和措施上的失误，使京剧的园地越来越缩小。边疆地区的这些院团在文化部和当地主管领导的支持下（有的被作为非遗项目“保护”），不仅生存了下来，而且取得了显著的成绩，这是令人欣慰的。如果把京剧比作一座大厦，那么它需要有很多柱子支撑。没有边疆地区这些京剧院团的支撑，京剧艺术的大厦就会倾斜甚至倒塌的。所以在政策上应该向边疆地区的京剧院团有更大的倾斜。

困扰边疆地区京剧院团的问题很多，其中一个很大的问题是培养人才和留住人才（内地的一些经济欠发达地区的剧团也面临同样的问题）。这些院团的演员一旦成名，引起人们的关注，就可能被“挖”走。这个问题当然也不能一概而论，人往高处走，是难以阻挡的。有的演员到了大剧院，排演了高质量的剧目（他们在原来的团里，不容易排出这样的戏），为京剧艺术做出了贡献，也是应该鼓励的，但另一个不争的事实是，有些有苗头的演员被“挖”到大院团以后却闲置在那里。特别是这些边

疆地区院团本来力量就弱，骨干人才再被挖走，创作演出的力量必然进一步削弱。所以我认为，必须正视这一问题，为“挖角儿”设置更高的门槛，同时要给原剧团高额的补偿。

从普遍意义上来讲，评论应该是客观公正的，但当我们了解到许多院团的困难处境时还忍心用大剧院的标准指责他们吗？那样是不是有失客观？当然，以爱护的态度，指出他们艺术上存在的不足，帮助他们提高，是完全必要的，许多专家同行也是这样做的。

笔者也高兴地看到，党和国家对边疆地区的文艺工作支持的力度不断加大，边疆地区京剧院团的条件不断改善。同时有很多艺术家对边疆地区的院团给予了大力的支持。就笔者知道的情况如叶少兰先生，对云南省京剧院就倾注了很多心血。云南省京剧院原来在传承关（鹔鹴）派旦角艺术上独具特色，现在也成为传承叶派小生艺术的一块重要基地。翁国生任团长的浙江省京剧团常年与青海省京剧团结对子，帮助青海省京剧团提高创作演出的水平。天津、上海的戏曲学校和中国戏曲学院等单位为边疆地区的京剧院团培养青年人才。还有一些原来在这些院团工作的艺术家，离开院团后，还经常帮助自己的“母团”进行创作，这也是值得称赞的。

我们有充分的理由，向边疆地区的京剧人致以崇高的敬意！祝愿边疆地区的京剧院团不断发展壮大，与内地的、大城市的院团一起，为祖国的文化艺术事业做出新的更大的贡献！

三、京剧事业的“顶层设计”与具体规划

现在京剧艺术创作已得到较大的重视，各地、各院团每年要制定剧目创作规划，这对京剧艺术事业的发展是很重要的；同时我认为，现在还应该重视京剧艺术事业的全面发展，应该制定京剧艺术事业全面的规划。

艺术创作是艺术事业的一个重要部分，但要保证艺术创作可持续的发展提高，必须有艺术事业全面发展做基础。艺术事业包括硬件设施、整体布局和人才培养。

前面讲到的边疆地区京剧院团需要加大支持力度是整体布局的一个部分，内地省份的一些京剧院团，如河南、湖南、陕西、山西等省的京剧院团，也面临许多困难。还有地县级的京剧院团，都应予以关注。在保证“生存”的基础上再求发挥地域的风格特点。

京剧是发展成熟的戏曲剧种，行当齐全，文武兼备，流派纷呈，但现在行当、流派的发展都不均衡。因此表演人才的培养需要有整体的规划。这一届京剧节有武戏折子戏展演，成为亮点之一，武戏专场是很受观众追捧的演出。这一安排也推动了各院团对武戏的重视。这也说明，“顶层设计”是具有重要作用的。

从创作主体方面看，演员的培养有各地的艺校作为基地，得到初步保证，而编剧、导演、音乐、舞美等方面人才的培养，则更需要加强。从国家院团到地方院团，都很少“养”自己的编剧和导演。当年翁偶虹、范钧宏等老一辈京剧作家不但文学修养高，而且胸中有舞台，熟悉本剧院的演员，创作时就考虑到如何发挥演员表演的特长。从外面“买”来的剧本很难做到这一点。当前在竞争的机制下，各地都愿意请已经成名的、有把握的创作人员担纲，这样作品的“趋同化”状况的出现，就不可避免。青年创作人才如何脱颖而出，需要有体制、机制的保证。近年在文化部和国家艺术基金项目的支持下，每年有多个培训班在举办，这对有关专业人员业务的提高是有好处的，但从长远看，还必须有更长期的培养计划，包括让青年创作人才到生活中去，到实践一线去，进行生活的和艺术的积累。

连续举办八届京剧艺术节，创作演出了很多剧目。有专家提出，应该选择历年创作的优秀剧目进行加工，复排演出，从而不断积累保留剧目。这是一个很好的建议。我们也应该认真总结八届京剧艺术节积累的经验，蹄疾步稳，不断把京剧艺术事业推向前进。

安葵　中国艺术研究院戏曲研究所研究员

原载《艺术评论》2017 年第 7 期

【观点】兰叶春葳蕤 欣欣此生意——第八届中国京剧艺术节观剧随感

◎ 陈迎宪

五月金陵，繁花似锦，春色撩人。而更让人感动、感慨的，是在古城遮天蔽日的梧桐树荫下，到处飘扬着的“第八届中国京剧节”的彩旗，到处悬挂、张贴着有关京剧节演出的大幅宣传海报，那些创意灵动精美可爱的京剧节文创产品随处可见，让人感觉仿佛走进了京剧艺术的海洋……

2017年5月11日至29日，第八届中国京剧艺术节期间，来自全国34个京剧院团的29台参演剧目，3台祝贺演出，5台武戏折子戏，共计37台剧目，为南京的观众献上了六十余场京剧演出。生旦净丑、唱念做打、皮黄铿锵，京腔京韵，不仅震撼在石头城大大小小的诸多剧场，更飘荡在秦淮河畔，回荡在紫金山下，回响在书声琅琅的大学校园，共鸣在郊县城乡接合部的文化中心……带给人们关于民族瑰宝——京剧艺术发展的诸多感悟。

一、谁说京剧没有观众？

五月上旬，刚刚立夏的金陵，却仿佛已是盛夏。将近二十天的时间中，各个演出场所都是人头攒动，众声喧哗。很多演出常常是一票难求。笔者曾经数次步行前往剧场，沿途就不断有持款求票的观众。演出中，掌声、叫好声此起彼伏，每场演出结束，演员都要多次谢幕，都有戏迷拥到台口请求演员返场加唱。热情的南京市民对于京剧艺术有着特别的情怀。当年，四大徽班进京，就是由距此仅为百里的扬州出发。2001年，南京曾承办过第三届京剧节，并在当时创造了参演剧目数量、演出上座率等多项第一。16年之后的今天，京剧节再度在南京举办，南京的观众怎不因此有着满腔的自豪和无比的热情？更何况，这是我国规模最大、水平最高的京剧艺术盛会，是三年来中国京剧艺术发展、院团建设、剧目创作的集中展示和检阅！演出团体来自全国各地，名角名家名团，都拿出了自己的看家本领，在这里一展芳华，谁不想先睹为快？不仅仅是南京的观众，更有多少京剧戏迷，从祖国的大江南北，自费赶奔到此，每天赶场，在这里站脚助威，为家乡的院团，为自己心仪的演员，为新创作的剧目，为精彩纷呈的武戏，为久演不衰的传统技艺……笔者就有这样的朋友，请了长假，在这里坚持、坚守，为每一天的演出兴奋，为每一个精彩瞬间感动……

校园里的演出，青年学生是最热情的观众，而演出后的交流，青年学子的感言自有见地……有着二百多年历史的京剧艺术，承载着数千年中华民族的智慧和情感，是中华民族的辉煌创造，更是中华民族情感、智慧的独特呈现。谁说京剧没有观众？谁说青年人不爱京剧？关键是要有好戏。艺术源于生活高于生活，只要有对生活的独特发现和感悟，有京剧技艺的精彩传承和独特呈现，何愁没有观众？

二、传统文化“创造性转化、创新性发展”的可贵探索

现代戏的剧目创作是本届京剧节的一大亮点。现代戏是中国戏曲融入当代社会的重要标志，是传统戏曲现代转型中“创造性转化、创新性发展”宝贵的艺术探索和经验积累。参演的29台大戏中有17台京剧现代戏，占比近60%。这些剧作关注现实、贴近民生，追怀先烈，不仅题材多样，而且以彰显流派、名家荟萃显示出京剧艺术拥抱时代、拥抱生活的可贵进步。《浴火黎明》在革命历史题材创作中别具意蕴。“从该剧看出编剧的功力、导演的潜力、演员的魅力、剧院的实力、领导的魄力和海派的活力。”中国戏曲学院导演系教授裴福林以“六个力”给予该剧高度评价。剧作突破了以往的写法，塑造了一位因上级背叛而迷失、彷徨的共产党员范文华，刻画了他在历经磨难后坚定信仰、淬火成钢的心路历程。剧作将“狱中八条”的产生过程有机融入剧情，对红岩英烈的内心世界进行了深度开掘，表现了革命斗争的复杂性和艰苦性，带给人们很强的现实感悟，使剧作成为一首“激动人心的正气歌，永恒飘扬在人性心灵上空的信仰之歌”。山东省济南市京剧院演出的《邓恩铭》，再现了中共一大年轻

代表之一邓恩铭短暂的革命生涯。剧作者在极有限的素材中努力开掘，以洗练诗化的戏曲舞台呈现表达了对这位党的早期领导人的由衷敬意和缅怀。《大钊先生》力求在深沉厚重中展现李大钊先生的独特人生、情感魅力和人生境界，给人们以信仰和精神洗礼。特别要提到的是，此剧的创作团体是本届京剧艺术节中参演的唯一民营剧团——北京市京昆文化艺术团。他们没有选择适合走市场的爱情故事戏、民俗风情戏，而是选择创作具有重大意义的革命历史题材剧目。他们以此向革命先烈致敬、向京剧致敬、向传统致敬，也由此显示出剧团在发展和定位上的追求。紧扣时代反腐主题的《在路上》，由湖北省京剧院演出。剧作大气厚重，可以说是京剧舞台上的《人民的名义》。尤为可贵的是，剧作没有停留在此类题材常常会出现的说教和事件中，而是深入开掘人物内心，以“你给百姓一粒种，万斛粮仓堆起来。你给百姓一滴水，万顷清波涌出来。你给百姓一捧土，万仞高山垒起来。你给百姓一片云，万朵彩霞升起来”的感人情怀，展现人物的情感和思想动力，显得真诚可信。剧作以浑厚挚情的艺术呈现，克服了这类剧作有可能会出现的干瘪概念问题。这部戏在剧本、导演、表演、演唱、音乐、舞美、灯光等所有环节的高水准和谐统一，尤其是几位主演的演唱和表演，既是饱满的流派演唱，又是丰满的人物个性刻画，充分显示着京剧艺术“一棵菜”的完整景致，显示出湖北京剧院的整体艺术实力，在京剧现实题材创作方面留下有益的启示。由湖北省武汉京剧院演出的《美丽人生》，在现实题材创作中别具一格。多年来，把现代戏创作当做“院团突围之路”的武汉京剧院院长刘子微，陆续排演了《生活秀》《水上灯》《美丽人生》等现代戏。在这些作品中，她以女性视角和细腻的表现塑造了一个个坚强、独立、具有现代意识的女性形象，并在创作中运用湖北武汉方言，使剧作充满了生活气息和地域特色，受到了当地观众的欢迎。《美丽人生》改编自著名作家方方的小说《万箭穿心》，同样是表现平民百姓对美好生活的向往和追求，但增加了主人公对生活命运的反思，开掘出新意。与此同时，在形式上引入音乐剧和歌队样式而又不离京剧艺术传统本体。一根戏曲演员所不离身的板带，成为全场演员须臾不离的支撑。无论主演还是群众演员，一根根板带在手，幻化出各种形体、舞出各样队形、展现出坎坷人生和难言的人生况味。舞台总体呈现的戏曲写意性与剧中人物心理开掘有机融合，展现了剧作的生活厚度和广度，也由此拓展了京剧舞台的表现力，开拓、丰富了京剧艺术表现当代人物的手段和技艺。主演刘子微和关栋天都是极为优秀的京剧名家，他们声情并茂的演唱更为舞台增色。由此，剧作成为武汉京剧院追求“汉派京剧”的完满呈现。由浙江京剧团（浙江京昆艺术中心）创作演出的《东极英雄》，以武戏呈现，创作者怀着对家乡父老的敬意，对战争的反思，将“二战”中浙江东极岛渔民冒死自发抢救英军战俘的珍贵史实打捞出来，搬上京剧舞台，让它成为“二战”史上一个不可淹没的艺术作品。更为可贵的是，在主创团队看来，选对题材只是第一步，要创作出让观众信服的作品必须“深入生活、扎根人民”。为此，作为团长和导演的翁国生三次登上东极岛，四次到舟山群岛采风，和当年亲历里斯本丸号沉船营救的老渔民交流，顶着烈日和海风中，在尖利的岩石上跋涉……整部戏的大部分前期创作可以说是编导人员坐在东极岛的礁石上，面对大海完成的。也正是这种严谨的创作态度，让《东极英雄》看哭了当年亲历沉船营救的老渔民，也感动了越剧一统天下的浙江观众，获得了社会效益和经济效益的双丰收。浙江京剧团擅长武戏，多年来自觉以传承南派武戏为己任，并已经形成了武戏传承和现代戏创作的传统和风格。他们通过面向青少年观众的校园剧《藏羚羊》《少年中国梦》、表现红军丰功伟绩的革命战争题材的《大渡河》、新编传统戏《飞虎将军》等各具特色的诸多剧目，赢得并培养了众多观众，在水乡江南为京剧武戏和现代戏开拓出一片广阔天地！

三、豪气冲天的武戏

本届京剧节最大的亮点和热点，完全出乎人们意外：既不是最有实力的国家院团，也不是当下最负盛名的名家名角，既不是人们极为期待的最新创作的现代戏，也不是满功满调的新编历史剧，却是本届京剧节新设的武戏折子戏专场。真正是一票难求！剧场里座无虚席，人满为患，甚至有观众整场站着或坐在过道水泥地上，其人气之高令人慨叹！

武戏是京剧艺术的重要组成部分，但这些年来，京剧武戏逐渐萎缩，武生人才青黄不接，京剧剧目文强武弱的局面日盛一日。为改变这种状况，2004 年第四届中国京剧节期间，主办者特别推出全国武戏擂台赛，来自全国 16 个院团、院校的九百多位武生演员以 26 出折子戏参加比武打擂。由此推出了田磊、奚中路、王立军、王平、严庆谷等一批优秀武生演员。至今已是十三年过去了，而武生武戏日渐萎缩现状依然。中国京剧艺术基金会的老艺术家们对此甚为担忧，他们向本届京剧节提出了举办武戏展演的建议。主办者从谏如流，并委托中国京剧艺术基金会具体予以动员组织遴选。由此，本届京剧节专门设立武戏折子戏展示板块，扶植濒危行当，增加武戏演出分量，为武生、武旦提供更多的登台机会，尤其让青年武戏演员得到了充分锻炼，也由此带动京剧艺术文武兼备、全面发展。在全国 16 个演出团体积极参与的武戏专场（共计 5 场 22 台折子戏）中，基本涵盖了武生、武净、武旦、武丑各个行当。人们看到了重新恢复上演的剧目，如《雁荡山》《虹桥赠珠》；也看到了纯粹的骨子老戏，如《青石山》《收关胜》《夜奔》《白水滩》等；看到了整理改编的剧目，如《劫魏营》；也看到了新中国成立以来的新戏剧目，如《挡马》《三盗令》；还看到了兼容南派风格又不失北派风韵的武戏，如《金翅大鹏》《诈历城》；还有许久不演的冷门戏，如国家京剧院的《劫魏营》和中国戏曲学院的《朝金顶》。此外，还有常见剧目不同版本的演出，如根据“戏改”前的老版复排的《三岔口》；有相同戏码不同派别的演法，如重庆京剧团的《八大锤》和山东京剧院的《八大锤》；如同为《红桃山》的武汉京剧院版（又叫《三战张月娥》）和国家京剧院版。这些展演剧目以高超的技艺和造型与韵律之美，展现出当前全国京剧院团和院校武戏的最好水平。

武戏专场也暴露出了目前武戏的诸多问题。“院团普遍存在武戏演员水平参差不齐的现象。某些京剧院团的武戏不仅在主演身上存在仓促上阵、功力萎缩的情况，在龙套演员身上也严重存在着高矮胖瘦、年轻年老不均衡的现象，导致一些戏整体舞台风貌不尽如人意。看得出，武戏演员练功不勤、排练不精、配置不足，是目前大多数京剧院团的现状。”中国艺术研究院戏曲研究所张之薇对这种现状表示担忧：“武戏与文戏相比，有一最大的区别，就是武戏常常是群戏场面。这就决定了武戏不单单是主演的唱做念打，它还蕴含着一整套特有的规制，比如，武戏的把子、档子、调度甚至是曲牌等等，它必须是一台综合的、协作的艺术表演，这客观上加大了一台戏完成的难度。……一台好看的武戏，主演与配演需要水准相当，主演与档子需要严丝合缝，主演与龙套演员同样需要密切配合，所以，戏曲行话‘一棵菜’精神用在武戏上更是必需的。京剧是角儿的艺术，但是在武戏方面，光有主角的精彩恐怕离真正漂亮的武戏还尚远。”而武戏行当发展也不均衡，在展演的剧目中，武生、武旦戏码相对较多，武丑次之，武净戏目最少，纯粹以武净为主角的仅有《收关胜》一出。这样的展演比例折射出当前武戏演员行当的不均衡，这将导致更多的武戏失传。随之而来的，失去的不仅仅只是剧目，还有附着于剧目上的形式。

问题的关键在于对武戏的认识。许多人甚至包括一些京剧业内人士，仅仅只把武戏看成技艺，看成“玩意”，对武戏的理解就是开打，就是超出常人功夫的技术性欣赏，甚至是杂技的绝活。张之薇指出“诸多的武戏表演，仅仅是制造热闹的气氛，而对技术之外，涉及人物、内心等与戏有关的东西甚少关心，这直接导致了武戏只有武，而失去了内容的依托、人物的支撑、环境的表现，成了单薄的花把式”，这样怎么可能成为一名优秀的武戏演员呢。

相对而言，武戏演员也是一个高危行业。此次演出期间，天津青年京剧团和贵州京剧院演出《三盗九龙杯》时，出现了一名武丑演员现场负伤的事故，这又一次提醒人们，对武戏演员各种完备的保护、优待、善后措施势在必行。曾经有过体校科学训练经历、武丑出身的中国戏曲学院副院长冉常建对此特别指出，武戏演员学习期间练功的高难度、高强度及危险系数和社会上对武戏的不重视、武戏演员的被边缘化，形成极大的反差。要加强对武生演员训练的科学性研究和保护性康复训练，以降低训练和演出中的危险系数，延长武戏演员的艺术生命，让他们在有限的艺术生命中最大化地发挥其艺术能力，是亟待解决的问题。

张之薇建议，让武戏重振起来，常演是最关键的。没有上演的机会，没有勤练功的动力，武戏演员功力的萎缩是很迅速的，更何况戏曲界还有“百练不如一演”的行话。应当给予武戏足够的展示平台，让那些进入剧团不得已沦为龙套的演员重新站在台心，让武戏演员重拾自信。应该设立国家层面的武戏会演、展演、巡演，且要求每一届演出的剧目不能重复，以形成长效机制，带动整个京剧界对武戏剧目的重视、传承与发展。

本届京剧节期间，除了武戏专场，还有两台武戏让人们眼前一亮，一台是前面已经提到的《东极英雄》，另一台是天津京剧院的《狄青》。编剧刘连群是一位资深京剧人，宝刀不老，由剧院的旧作《狄青风雪夺征衣》改编为一台武生新戏。舞台上不仅展示技艺、技巧、技术，更是由武艺刻画人物，抒发情怀，展现担当，以完整的人物塑造和舞台呈现，整体展示了天津京剧院的武生实力和艺术特色，同时体现了武戏发展的新态势。

四、可贵的“老四团”精神

本届京剧节，共有甘肃、云南、重庆、广西、宁夏、成都、黑龙江、江西等西部老少边省区京剧院团的八部剧作参演。这些演出团体虽然地处边远，但依然坚持着“三并举”方针，拓宽着题材领域，继承发展着京剧的流派艺术。重庆京剧团的《大梦长歌》，把奚派和其他流派艺术融入人物的创造，形象丰满地塑造了爱国词人辛弃疾。地处革命老区的江西省京剧团，以真人真事为原型，以《生死愿》为题，倾情展现底层百姓心中厚重的大爱。全剧伴以清纯的江西民歌，革命老区江西竹林的清新淳朴之风扑面而来。整部戏的演唱完全由老旦支撑，激情饱满，感人至深。云南省京剧院的《天道行》根据传统剧目改编，主演朱福不仅传承发展了叶派的小生唱腔，而且表演非常出彩。甘肃省京剧团创作了表现西部大开发伟业的《温世仁》，剧中洋溢着浓郁的西部风情和对未来西部的美好向往。成都市京剧研究院的《落梅吟》改编自巴金的文学名著《家》，作为成都本土戏剧，从对话、音乐到细节都植入了较多的四川元素，焕发着浓郁的“川味儿”，具有鲜明的地域风格。黑龙江省京剧院的《奇女无容》，充分体现了东北特色和民间风格。边远地区院团对京剧艺术的发展有着强烈的责任感和使命感，艺术探索的步伐也迈得很扎实。正是边远地区京剧院团的不懈坚持和努力，使得京剧能够保持全国性大剧种的地位。因此，老专家安葵特别指出，我们应该怀着崇敬之心向坚守在边疆艰苦条件下的这些京剧人致敬。

是的，边远省区的京剧院团值得特别敬重。在这次演出期间，几乎所有院团道具装卸都是请搬运工进行的，只有宁夏京剧团，全团不分老少，自己动手，装卸搬运道具。而他们搬的坦然、运的麻利。这是他们的老传统、老规矩！这是“老四团”的传统，老四团的精神！宁夏京剧团的前身，是中国京剧院四团。1958 年 8 月，为庆祝宁夏回族自治区的成立，四团得到通知，成建制全体支边。仅仅一个月时间，1958 年 9 月 19 日，农历戊戌年八月初七日晚，中国京剧院四团乘坐的专列开出北京前门火车站，起程赴宁夏支援大西北的建设。全团人马，连家属并全部家当，甚至连花盆、煤球一起上了火车。而那时的宁夏火车站连站台都没有，行李就卸在铁轨旁的土地上。“老四团”不乏名角，老生李鸣盛、花脸郭元汾、武旦班世超，身轻如燕、翻跌出色，之后出国演出以《闹龙宫》片段荣获世界青年联欢节金奖和“国际猴”美誉的张正武，出手称绝的女武生俞鉴，京剧大师程砚秋先生的嫡传弟子王吟秋，还有后来出演方海珍的李丽芳等。但就是他们，到了宁夏，人人开荒种地植树脱坯盖房……他们在宁夏开拓出京剧艺术的一片灿烂。而今，他们还在为京剧艺术把关坐镇，他们的风范也溶入新一辈京剧人的血脉。这次，宁夏京剧团创作演出了《庄妃》，阵容整齐、台风严谨，连说明书都是精心设计的，还特别附有一套六张系着鲜艳的中国结、以剧中人物为内容的精巧的书签。因为“我们要送戏到校园，要让年轻的大学生了解并逐渐喜欢京剧”，饰演庄妃的演员刘京——宁夏京剧院院长如是说。

多么可贵可敬的老四团精神！这也是中国京剧精神！同样是从西部走出来的京剧表演艺术家陈霖苍，在这次京剧节上执导了江苏省京剧院的现代戏《向农》，该剧表现一个基层村支书最后时刻的生命升华。他说，现代戏很难搞，但是，一定要搞，只要努力，应该会有突破……他要将自己大半辈子的艺术积淀，奉献给中国京剧艺术的进步。

边远地区院团不仅以自己的奋力拼搏将中国京剧艺术之花绽放在祖国辽阔的边陲大地，更为中国京剧艺术耕耘出一派充满生机的艺术生态。他们是中国京剧艺术生态链上不可缺位、不可忽视的末端神经和血脉，在这样的意义上，理应给予更多的关心、关注和扶植。

五、京剧“角”的艺术

本届京剧节另一个强烈的感受就是：京剧是“角”的艺术。每场演出之后，观众都会迫不及待地奔向舞台，去占领最佳位置，近距离感受他们心仪演员的俊美，近距离把自己发自心底的对演员的喜爱和对乐队的赞叹倾情表达。要求返场的掌声更是经久不绝……是的，京剧是“角”的艺术。在这里，云集了于魁智、李胜素、王蓉蓉、王平、孟广禄、杜镇杰、张建国等久负盛名的京剧名家。经过多年的历练，他们已经成为京剧舞台上稳稳的台柱子！他们伴随着京剧和时代的发展一起成长成熟。

25年前，王蓉蓉就主演了现代戏《党的女儿》。而今，她再度担任此剧主演。但这一次亮相中国京剧艺术节的《党的女儿》相当于一次全新创作。多年的磨砺使她对剧作、对京剧表演程式和流派都有了更深的认识。她的演唱韵味浓郁、咬字清晰、动情动心，使得人物形象丰满感人。此次演出《党的女儿》，上座率高达100%，每次谢幕时间都长达十多分钟，足以证明观众对于剧作的认可，对演员的喜爱。

张建国也是当前颇有盛名的演员。他在第八届中国京剧艺术节上不仅主演了新编现代戏《奚啸伯》，还首次担任该剧导演。作为奚派传人，张建国不仅努力在表演中尽可能地传达出人物的精气神，更以自己对京剧艺术的认识和理解，弘扬戏曲的写意原则，以风雪中的一把大笤帚，挥扫出历史烟云，挥扫出人物性格，用写意性、抒情性手法，突出戏曲思维所强调的“诗化”，进而诗意地再现奚啸伯这位艺术大家的神韵。

在这里，人们还看到了一批优秀中青年演员在京剧节期间竞相登台，各展英姿。他们不仅有着好嗓子、好扮相、好身段、好技艺，更有着对京剧艺术的执着追求，有着“戏比天大”的自觉担当。2017年5月22日，《大钊先生》在南京理工大学礼堂如期演出，饰演李大钊先生的北京京剧院优秀演员张建锋格外投入。很少有人知道，这一天，正是第28届“梅花奖”揭晓之日，这是全国文艺评奖改革后第一次评选，也是竞争最激烈的一届，“梅花奖”名额由原来的30名压缩到15名，因此，其含金量可想而知。为此，主办方特别组织获奖者“红毯秀”，张建锋本应该也在红毯秀的队伍里，他是此次获奖者中唯一的一位京剧演员，按得票数排名，他为第二位。然而，张建锋淡定地站在了演出的舞台上，他以自己出色的表演，向革命英烈李大钊先生致敬，向哺育培养了他的京剧艺术致敬，向广大的观众致敬！面对这样的演员，观众又怎能不为之叫好呢？

由中国戏曲学院演出的《江姐》（青春版）别具一格。江姐这一角色分别由四位程派新人饰演。当舞台上四位年轻、坚毅的江姐形象犹如四朵红梅绽放在京剧舞台上时，京剧艺术的青春气息扑面而来。舞台上这批年轻的京剧新人，以对历史、对先辈的真诚崇敬，用京剧程派艺术表现出这份诚挚的感动和礼赞。虽然剧作反映的那一页历史已经过去，甚至剧作家和京剧《江姐》的原导演也都已辞世，但它启示着人们，薪尽火传，经典依然展示着其艺术感染力！

京剧观众是可爱的，他们是那么宽容。很多剧目，应该说还很不成熟，不够完整，但他们也报以热烈的回应。这样的戏，就是行内所称之的“人保戏”。他们陶醉在角色醉人的行腔里，陶醉在鼓师的鼓点中，陶醉于历史久远激越的西皮、二黄……在这里，人们是那么强烈地感受到京剧艺术的魅力，感受到京剧艺术所独有的形式美，感受到京剧艺术的博大精深，感受着京剧艺术形式独立于剧作的相对性……这是一份何等丰厚的京剧艺术传统，京剧艺术财富！它似乎在提醒和呼唤着编导人员，创作出更有内涵，更具时代精神，更具文学意蕴的优秀剧作，让优秀的演员据此大显身手，也由此培养出更多的优秀演员！

六、京剧剧作的生命力

本届京剧节的剧作文本，有一个较为突出的情况，就是改编的现代戏作品。改编自文学作品的有《美丽人生》（改编自方方的小说《万箭穿心》）、《青衣》（改编自毕飞宇的同名小说）、《落梅吟》（改编自巴金的《家》）；而《江姐》《党的女儿》则是在歌剧的基础上改编而成。我以为，这是京剧剧本创作不可多得的进步。这样的改编，某种意义上说，是站在前人的肩膀上，有了一个更高的起点，而从另一角度说，拓展了题材领域，也丰富了剧作者的知识结构和认知视角，给作品注入新的元素，带来新的生命力。

从本届京剧节剧目看，历史剧创作依然相对比较成熟，文本基础厚重，内涵深邃。如福建京剧院的《赵武灵王》，山西京剧院的《陈廷敬》。前者更为成熟，剧本结构严谨，故事构思巧妙。剧作取材于真实的历史，赵武灵王（前340—前295），嬴姓赵氏，名雍，战国中后期赵国君主。死后谥号武灵。这是一位有着非常才华和卓越贡献的国君。他15岁即位时，魏惠主联合楚、秦、燕、齐组成五国联军，妄图以参加赵肃侯会葬为名，趁赵新君年幼发兵入侵。赵雍在相国肥义的辅助下，处惊不乱，镇定退走五国之兵。随后，他又推行了以“胡服骑射”为代表的一系列治国举措，帅军亲征，收复失地，吞并中山国，使赵国很快成为当时的超级强国。然而，就是这样的一代霸主，竟在鼎盛之年（46岁）禅位于年幼太子，由此引起了一系列事件，肥义被杀，赵章被诛，而英雄一世的赵雍竟被幽禁于沙丘宫内活活饿死。然而对于作者郑怀兴来说，历史剧首先是艺术作品，而不是历史教科书。因此，作者必须找到当代情感，找到自己的情感与历史人物情感的契合点。要在历史的缝隙中寻找与挖掘，今情必须真诚，古事不能歪曲。他特别指出，对历史要有敬畏之心，要熟悉史实，消化史实。从史实到虚构，是由高粱酿造成酒的过程。由此，剧作中出现了那匹大红马，无论作为意象还是形象，都可谓是神来之笔，既使戏带上了些许神秘色彩，又对人物形象刻画、情感的宣泄和戏剧情节的发展起到了推波助澜的作用。整个剧作的内涵、立意都由此得到升华和拓展。导演刘作玉的舞台呈现，恢宏大气、厚重深沉、古朴典雅，让观众感受到了一种“沉而不压、悲而不惨”的艺术感受。让观众得到审美享受和愉悦的同时，引发对社会的思考和人生的启迪。剧作的生命力来自哪里？正如作者所追求的：“写历史剧不是写历史上发生过的故事，也不是编造一个离奇的吸引人的故事，而是要用思想的灵光去激活古老的题材，使之本属于历史的东西，化成也属于当代的，属于你个人的。这不是把思想强加于题材，而是自然生成的。”郑怀兴在这里说的是历史剧创作，但现实题材创作又何尝不是如此呢？这就是剧作的思想、立意。剧作者对时代感受要深，对人物理解要深，进而才能为京剧提供坚实的文本依据。就目前的剧目创作水准看，相当一些剧作文本需要较大的调整提升，有的剧本有立意没形象，或有情节而无细节，或有细节而无生活逻辑和思想逻辑依据，更不要说诗意、意境。因而文本是疲弱的，也即没有生命力的。在当今，我们的京剧舞台不乏大制作，不乏好演员，然而，京剧的困境其病根在于“精美的形式缺少强大的新的文化作支撑”。而中国京剧的未来，依然是要以丰富灵动的艺术程式塑造出鲜活的具有时代质感的人物形象。对此，我们热切地期盼着！

七、关于京剧音乐和京剧剧种建设

作为戏曲，音乐是其最重要的元素和体现。京剧音乐更是如此。我不懂音乐，我只是作为一个观众去感受感知音乐，能够打动我的就是好的。因此，也有很多疑问和困惑：当我每每听到剧场里恢宏的京剧交响乐，总会有点被感动；但我在剧场里听到观众返场要求的，多是传统老唱段时，我就会想，为什么？当听到剧中的主演在演出后感叹唱的太高太累时，会为这些演员感到心疼，京剧的音乐是不是也应该和壮美的大自然一样，有高山激流，也有浅滩低谷，声若洪钟、响彻云霄固然很是让人振奋，但浅吟低唱气若游丝是不是也别有意蕴？而新中国成立以来，特别是新时期以来，中国京剧的新剧目创作也是蔚为壮观，但为什么很少成为保留剧目，更少有成为经典唱段的？在此提出，希望有方家答疑解惑，不吝赐教。

人们都在探寻京剧的未来。京剧已被列入“人类非物质文化遗产名录”。但其实，无论和南戏、元杂剧、秦腔、昆曲等相比，或和外国的歌剧、芭蕾舞剧相比，京剧都还是一个年轻的剧种，因为年轻，就有后发优势，汲取其他剧种的优长，丰富壮大自己。而这发展又是螺旋形的，要在不断对自身的反省和认知中，探寻规律，不断提高自知自觉。这些天中，在一戏一评之时，常常听到关于剧目建设和剧种建设，关于流派、行当的讨论，这都是向京剧的发展规律靠近，都是对京剧艺术的新的文化自觉，而在这其中，新的艺术理念、艺术元素就在悄悄滋生，京剧艺术的新形态、新因子都在酝酿孕育，人们都在期盼着……

行文至此，想起在去南京参加中国京剧节临行之际，我去看望中国剧协老主席，九十六岁高龄的刘厚生老人。得知我第二天就出发，老人仿佛老小孩一般流露出他的羡慕和向往。他很认真地对我说：“把我中国的眼睛带去吧！”好一双清澈的眼睛！又是多么可爱，多有诗意的愿望！老人一辈子所作所为都是为中华民族戏剧艺术的弘扬光大，他所希望看到的，不正是中国京剧充满朝气的青春律动，满园春色吗？

是的，我们看见了，我们感受到了，在祖国辽阔的土地上，中国京剧艺术的百花园里，兰叶春葳蕤，欣欣此生意。

陈迎宪　文化部文化科技司原副巡视员

原载《艺术评论》2017年第7期

【研讨会】现代京剧的发展与瞻望学术研讨会

2017年6月14日，由中国艺术研究院戏曲研究所主办，京剧研究中心承办的“现代京剧的发展与瞻望学术研讨会”在中国艺术研究院举行。来自中国艺术研究院戏曲研究所、中国艺术研究院梅兰芳纪念馆、中国戏曲学院、中国京剧艺术基金会等单位和来自《光明日报》《中国戏剧》《艺术评论》《中国艺术时空》等媒体的近20位专家学者参加了会议。专家们主要围绕第八届中国京剧艺术节的创作演出及京剧艺术传承与发展展开了深入研讨。第八届中国京剧艺术节于5月11日至29日在江苏省南京市举行，本届京剧节秉承“京剧艺术的盛会，人民群众的节日”的宗旨，坚持现代戏、新编历史剧、整理改编传统戏“三并举”，演出62场，其中参演剧目29台、武戏折子戏专场5台、祝贺演出剧目3台，集中展现了近年来京剧艺术继承与创新发展的最新成果。

第十五届中国戏剧节

【概况】

2017年6月18日至7月5日，由中国文学艺术界联合会、中国戏剧家协会主办，宁夏回族自治区文化厅、宁夏文学艺术界联合会、银川市人民政府、石嘴山市人民政府、吴忠市人民政府承办的“第十五届中国戏剧节”在宁夏回族自治区银川市举行，这是中国戏剧节首次在少数民族地区举办。

中国戏剧节是一项全国性戏剧展演活动，每两年举办一次，以展示近年来戏剧创作的重要成果。本届戏剧节以“艺术的盛会、人民的节日”为主题，来自全国27个艺术团体和单位创排的28台剧目陆续展演，包括昆剧、京剧、越剧、豫剧、黄梅戏、晋剧、评剧、川剧、秦腔、粤剧等22个剧种。宁夏创排的秦腔《王贵与李香香》亮相开幕演出。

开幕式上举行了2017年“中国文联终身成就戏剧家”表彰仪式。“中国文联终身成就戏剧家”是中国文联、中国戏剧家协会为表彰、奖励在戏剧艺术上取得突出成就、德艺双馨，长期以来为中国戏剧事业繁荣发展作出杰出贡献，具有良好的社会影响力、代表性和示范性的75周岁以上老艺术家而设立的最高荣誉。最终，京剧表演艺术家尚长荣、吕剧表演艺术家郎咸芬获此殊荣。

戏剧节期间，还举办了国际传统戏剧论坛首次会议，来自瑞士、瑞典、希腊、亚美尼亚、阿塞拜疆、孟加拉、古巴、格鲁吉亚、印度、斯里兰卡、印度尼西亚、新加坡、日本等十余个国家和地区的30余位戏剧界代表与会，对传统戏剧的国际交流、合作机制，保护与传承经验进行了深入探讨。

【参演剧目】

第十五届中国戏剧节参演剧目（按演出日程排序）

参演剧目	演出单位
秦腔现代剧《王贵与李香香》	宁夏演艺集团秦腔剧院
舞剧《花儿》	宁夏演艺集团歌舞剧院
新编历史晋剧《于成龙》	太原市晋剧艺术研究院
评剧《红高粱》	天津评剧院
粤剧《红的归来》	广州粤剧院红豆粤剧团
闽剧《双蝶扇》	福建省实验闽剧院
沪剧《邓世昌》	上海沪剧艺术传习所
漫瀚剧《凤祥楼》	包头市漫瀚剧艺术剧院
京剧新编历史剧《伏生》	国家京剧院
昆剧《白罗衫》	江苏省苏州昆剧院
扬剧《史可法——不破之城》	扬州市扬剧研究所
越剧《屈原》	绍兴市柯桥区小百花越剧艺术传习中心
原创越剧《潘玉良》	北京市西城区第一文化馆 北京小百花越剧团

续表

参演剧目	演出单位
川剧《铎声阵阵》	四川省川剧院
京剧《庄妃》	宁夏演艺集团京剧院有限公司
黄梅戏《大清名相》	安庆市黄梅戏艺术剧院
淮剧《菜籽花开》	盐城市淮剧团
花鼓戏《桃花烟雨》	湖南省花鼓戏保护传承中心
高甲戏《大稻埕》	厦门市金莲升高甲剧团
儿童剧《菲亚，飞呀！》	宁夏话剧艺术发展有限公司
新编秦腔碗碗腔历史剧《李十三》	陕西省戏曲研究院
河北梆子《牺牲》	河北艺术职业学院
大型花灯剧《盐道》	贵州省花灯剧院
京剧《大梦长歌》	重庆市京剧团
秦腔《大秦文公》	天水市西秦腔研究院
原创话剧《大清相国》	上海话剧艺术中心
山东梆子《官箴碑》	泰安市山东梆子艺术研究院
京剧现代戏《向农》	江苏省演艺集团京剧院

【综述】第十五届中国戏剧节剧目展演述评

◎ 马珊珊

本届戏剧节是自 1988 年中国戏剧节创始以来，首次在少数民族地区举办，也是首次在宁夏举办。解析本届戏剧节诸多优秀佳作，可以梳理为以下五个方面。

一、导向鲜明，勇于艺术创新，努力实现思想性和艺术性的有机统一

近年来，全国各级各类艺术院团，广大艺术工作者深入领悟贯彻落实习近平总书记关于文化建设的系列讲话精神，沐浴着党中央、国务院出台的《中共中央关于繁荣发展社会主义文艺建设的意见》《关于实施中华优秀传统文化传承发展工程的意见》《关于支持戏曲传承发展的若干政策》等一系列好政策，以弘扬社会主义核心价值观为统领，坚持以人民为中心的创作导向，坚定文化自信，以中国精神为灵魂、把创作优秀作品作为中心环节。本届戏剧节 27 台展演剧目不仅从不同角度体现了塑造好中国形象、讲好中国故事，实现"中国梦"时代主题，而且在创作观念与方法、戏剧叙事模式、艺术表现形式等方面也做出了大胆的尝试和创新性探索，敢于大胆地横向借鉴、充盈和丰富艺术表现手段，勇于艺术创新，坚守艺术理想。

宁夏演艺集团秦腔剧院创作演出的秦腔现代戏《王贵与李香香》，是由李季著名长篇叙事诗《王贵与李香香》改编而成。该剧生动地还原了 20 世纪 30 年代陕北农村一种颇为真实的生存状态，借助对那个时代普通民众内心的淳朴、真诚和对美好生活的向往与追求的开掘，唱响了"革命是个好东西""咱们闹革命，革命也为了咱自己"的时代主题。思想性积极丰赡，艺术性可圈可点，观赏性很接地气。作为本届戏剧节开幕式大戏，对传统和现代如何接轨问题，进行了非常有意义的探索。

天津评剧院演出的评剧《红高粱》，主创人员根据戏曲的创作规律和戏曲观众的审美欣赏习惯，凸显红高粱精神的艺术样式和表现手段，将原始生命的自由精神和顽强的抗日精神融合起来，使得这台

抗战题材作品与众不同。该剧突破了评剧这个地方戏曲剧种自身的局限，借助现代剧场艺术来凸显戏曲美学精神，使思想性与艺术性相得益彰，吸引老观众的回归和新观众的加盟，使这出评剧不再是传统意义上的评剧，而是在更开阔更开放更自由的大戏剧观的理念下打造出的现代评剧。

上海沪剧艺术传习所创作演出的沪剧《邓世昌》，描述了邓世昌的悲怆精神和英勇就义的爱国主义精神。该剧一改以女声、女腔为主的沪剧传统，启用男性生行，表现重大历史题材，不仅在舞台上成功塑造了邓世昌、刘步蟾、李鸿章、丁汝昌的艺术形象，而且对剧种的开拓，行当的深挖产生了积极的作用，这种思想性与艺术性出色的和谐统一，成为观众热捧的关键因素。

陕西省戏曲研究院创作演出的新编秦腔碗碗腔历史剧《李十三》，不仅是一部具有深刻的思想内涵和丰厚的文化底蕴的好戏，而且在艺术形式上运用秦腔和碗碗腔相融合，皮影与戏曲相结合的新尝试，写出了著名戏剧家李芳桂（即李十三）为民写戏，为事立言，以身殉戏的感人故事。在今天的时代背景下，彰显出广大文艺工作者为实现中华民族伟大复兴所担负的历史使命和责任。

任何一部作品其思想性和艺术性都是不可分割的，要想击中现代观众的心，好的艺术观念是不容忽视的，直击灵魂，写活生生的人、个体的人、普通的人，无论任何艺术表现形式都是必要的，但让高尚道德、集体主义、无我的奉献回归到个体的觉醒、私我的情感、人性的焦灼上才是最佳的良药，实现思想性与艺术性的有机统一。

二、关注现实，塑造了一系列有时代内涵、有生命质感、有民族气节、有精神追求的艺术形象

现实题材因为所反映的生活为观众熟悉，容易引起共鸣，但往往难以写好，难以获得观众的叫好，也是困扰当下创作的一大难题。艺术家们为了更好地表现真实的一面，多年来一直进行着不懈的探索与实践。本届戏剧节上这个重大的课题有了一些新的突破，许多剧目都自觉地从简单的配合任务和图解政策的模式中解放出来，多艺术形式呈现出发展中的社会现实生活，浓墨重彩地塑造出一系列有时代内涵、有生命质感、有民族气节、有精神追求的艺术形象。

河南豫剧三团创作演出的豫剧《全家福》以独特新颖的构思和视角，描写了一位副市长利用职权贪污腐败给自身和家庭带来的危害。写贪官很真实，既写他的功，又写他的过，很多生活气息和鲜活的细节，准确到位，朴实浅显，生动而不矫情，是一部具有现实意义，反腐倡廉的好戏。

江苏省盐城市淮剧团，长期坚持为农民写戏、为农民演戏，坚持“三小”（小人物、小事件、小制作）的创作思路和“还戏于民”的服务理念，为探索现代戏创作做出积极贡献。该剧团此次创作演出的淮剧《菜籽花开》，通过农民企业家、十大道德模范顾双成“认女”这件事，展开矛盾冲突，揭示复杂情感，展示仁爱之心、友善之心，呼唤人性美，传递人间大爱。在艺术呈现上则对淮剧音乐唱腔进行创新，一改淮剧唱腔拖沓的习惯，吸收当地民歌小调和锡剧、沪剧、越剧等艺术特色，积极为当代观众的审美需求服务。

以“精准扶贫”为主题的湖南花鼓戏《桃花烟雨》，由湖南省花鼓戏保护传承中心创作演出。该剧通过一组组小人物，如石青峰与龙伲珍、寡妇麻丽花和光棍麻长贵、阿雀和阿牛等人的命运时时伴随着扶贫过程而发生着跌宕起伏的变化，生动鲜活，接地气，有温度。用苗族的音乐作为山歌体、花鼓戏作为烘托人物情绪的曲牌体相互补充、相得益彰。用一个个对子戏构成了全剧，将观众的视线集中到了演员表演本身，充分展现了湖南花鼓戏以现实题材、以小见大，风趣幽默、活泼火辣的特色。

红线女是一位家喻户晓、德艺双馨的粤剧表演艺术家，她创建了广州红豆粤剧团，为粤剧传承发展做出了卓有成效的贡献。粤剧《红的归来》是由广州粤剧院创作演出的。该剧讲述了 20 世纪 50 年代，红线女舍去香港的丰厚条件，怀着对故土的思念、对艺术的追求，选择回归祖国参加新中国阅兵仪式这一感人故事。该剧唱腔设计抓住了红线女唱腔的精髓，别具一格，匠心独具，为展示主题思想，揭示人物内心波澜，起到了烘托、渲染的作用。

花灯戏是贵州最普及、最受欢迎的剧种。用歌舞演故事是它的特色与本质。由贵州省花灯剧院创

作演出的贵州大型花灯剧《盐道》，通过女主人公田景花丧夫、失女、倾家荡产换来霸王滩的水路平安的坎坷经历，歌颂了有担当、有追求、有温度、有美德的中国传统女性形象，非常具有代表性，地域风情浓郁，剧种特色鲜明，演出阵容整齐，对乌江文化的挖掘和展示具有时代意义。

江苏省演艺集团京剧院创作演出的京剧现代戏《向农》，讲述了南方基层某村支书向农被查出身患绝症，在生命最后九十天决定放弃治疗，舍生忘死、带领乡亲们脱贫致富的故事。这是一出典型的心理剧，发挥了京剧唱、念、做、打、舞等表演艺术手段，展现了主人公亲民、无私的公仆情怀，塑造出一个平实、真实的致富带头人的形象。全剧于演绎中提炼奉献精神，在歌颂中彰显社会正气，是一部弘扬时代主旋律的作品。

四川省川剧院创作演出的川剧《铎声阵阵》，讲述了在川北的嘉陵江边李林四代铎人所经历的传奇命运和李氏家族的文化兴衰。该剧剧种特色鲜明，尤其是崔光丽饰演的葛来凤从少女出嫁一直演到白发丛生，承受着两代人传奇般的变化所带来的痛苦煎熬，惟妙惟肖，给观众留下了深刻印象。阵阵铎声，连缀起一个家族的起始兴落，展示出民族文化苦涩的精神气脉。

总之，这些现代题材的剧目既有内容，也有思想，更有精神，不仅讲述了属于这个时代的民族故事，还赋予了时代理性，让高深的精神转化为艺术的形象，让个体的思想联通时代的使命，引领观众在传统审美中感受息息相关的时代情怀。

三、传承发展，新编历史剧、整理改编传统戏剧佳作迭出，异彩纷呈

新编历史剧和整理改编传统戏的创作是国家繁荣戏曲的重要举措，也是让戏曲承载传统、打通当下的重要类型。处理好历史真实与艺术真实的辩证关系，赋予时代感，解决好“古为今用”的问题，是创作新编历史剧面临的首要课题。

太原市晋剧艺术研究院创作演出的晋剧《于成龙》，编剧以当代的视角去俯瞰历史故事，以对今天现实的感悟去描写心仪的人物。把智慧与诗情相结合，紧紧抓住于成龙为民请命，除暴安良，不计得失，不畏生死，一心为国为民的责任心和使命感，赞扬他“两袖清风苦亦乐”“尚留清白在人间”的高尚品德，以及“君子进退亦怀忧”“布衣亦可为国谋”的纯洁心灵与仁爱之心，突出平民化，人性化。这是一部主旋律作品，具有积极的现实意义。

“一纸书来只为墙，让他三尺又何妨？长城万里今犹在，不见当年秦始皇。”关于“六尺巷”的典故，已经有很多剧作家写过，多数是在两家的关系上着手，在“让与不让”上做文章，但安庆市黄梅戏艺术剧院创作演出的黄梅戏《大清名相》，将“让与不让”升华到儒家文化传承下的官员形象，表现出张廷玉为官为人之道，使得老题材在思想内涵方面具有了当下的精神，引人深思。张廷玉清廉为官，从严治家，在当下，具有现实意义和教育意义。

扬剧《史可法——不破之城》是由扬州市扬剧研究所创作演出的，这部戏描写的是民族英雄史可法在清军围城的险境中，敌我实力悬殊的危难中，秉怀忠义、誓死不屈、正气凛然的大无畏精神。导演的手法简练，戏剧段落设计简约，唱腔设计动听，演员表演有激情。该戏让我们看到扬剧艺术研究所突出的戏曲风格特点。

宁夏演艺集团京剧院有限公司创作演出的京剧《庄妃》，讲述了庄妃与多尔衮之间权欲与情爱的生死演绎，塑造了庄妃胸怀天下，顺“天”而治，满汉共处，一统华夏的典型形象。通过京剧唱念做舞，展示了清代历史上杰出女政治家皇太后的人格魅力和人生经历。有戏而不戏说，写情而不溺情，讲理而不生涩，剧种特色很明显，体现了国家统一，民族团结的宏大主题。该戏表明宁夏京剧院的整体表演水平有了突破性的提升。

国家京剧院新编历史京剧《伏生》，是根据秦朝大儒伏生的故事创编，舞台上的伏生在儒家学说遭遇劫难之时，以个人的牺牲，换得珍典的绵延存续。这种个体无法逃脱的“社会宿命”正是驱使他“卫道”的最初动机。作为国家级艺术院团，国家京剧院肩负着传承弘扬中华优秀传统文化的重任，以

向上、向善的价值内蕴引导、启发观众，让戏曲艺术瑰宝润物无声地实现成教化、助人伦的社会功能，以艺术作品建构现代人的精神文化家园，也是该剧引发诸多共鸣和探讨的原因。

福建省实验闽剧院创作演出的闽剧《双蝶扇》，讲述了女主人公林梦卿和书生陈子霖、当地乡绅吴玉山的爱情、婚姻取舍纠结故事，人物刻画鲜活、饱满、有血有肉，深刻阐释了人生真、善、美的真谛。无论从剧本、演员、音乐、唱腔、舞美还是观赏性上都得到专家和观众的肯定。正如在戏剧节剧目点评会上专家这样评价："这台戏的意义在哪呢？在于该戏回到了戏曲本体。这体现了中国古典戏曲艺术的本质特征，传递出一种高度自由感的浪漫精神。这部戏的综合性在形式上，抒情性在现象上，虚拟性在以情为真，人物情感、形象飘逸而出，使整台演出取得非常好的戏剧效果。"

本届戏剧节唯一一部话剧，是由上海话剧艺术中心创作演出的话剧《大清相国》。这是一出描写反腐清官形象的历史题材话剧，讲述康熙王朝名臣陈廷敬官场风云五十载，最终功成名就，全身而退的故事。塑造了以陈廷敬为主要代表的清朝大臣群相，反映一个特定历史境遇中官场人物的人格、道德和行为的艰难选择。将前人提出的风清、气正、道德、自守的精神带到现代人面前，给观众留下了对历史、对现实的种种思考，借古喻今，弘扬正气，值得称颂。

传统剧目的整理改编则需要对传统剧目取其精华、弃其糟粕，使之更适应时代审美和时代精神。由江苏省苏州昆剧院创作演出的昆剧新版《白罗衫》显然卓尔不群，给当代观众带来了一台与众不同而又充盈人性、温暖人心的佳作。彰显昆曲活态传承之路，粉墨登场，还生发出一种展示昆曲艺术薪火相传的积极意义。文化是民族的血脉，是人民的精神家园。戏曲文化是一条流动的河，它从"过去"经"现在"流向"未来"。从文化哲学的角度来看，一种戏曲传承之所以能够"传"，就在于要具有向未来成长的潜力或"可能性"。该剧舞台调度轻灵、流畅，舞美灯光不搞大制作，飘逸着中国戏曲美学特征和戏曲情境，是在创新中传承的典型例子。

本届戏剧节的新编历史剧和整理改编传统戏，无论从题材的开拓上还是从戏曲表演的传承上，都力图秉承弘扬中华传统文化的方向，充分体现了戏剧艺术工作者对优秀传统文化的创造性转化，创新性发展所作出的努力，体现着为人民创作、为时代创作、为民族文化创作的精神追求。

四、重心下移，基层院团乘势而为，进一步激活了戏剧艺术生命力

走向民间、服务群众，是戏曲艺术创作生产、繁荣发展的内在要求。重心下移、面向基层也是本届戏剧节的一大特点。戏剧节上既有国有院团，又有民营院团；既有国家级院团，又有地方性院团；既有名家名角，又推出了一批新秀，上下联动，使艺术创作常新，艺术生命常青。

绍兴市柯桥区小百花越剧艺术传习中心推出的新编越剧《屈原》，描述战国时期楚国左徒屈原为振兴楚国之伟业，在国内力求革新除弊，又力主"联合抗秦"，彰显出一位具有炽烈爱国情怀和非凡治国理政才干的政治家、文学家的形象。二度"梅花奖"得主吴凤花的演唱出色，吴素英、张琳、于伟萍等一批优秀演员珠联璧合，借越剧所赋予的形式美和演员所传递出的精神气韵映照出屈原崇高的人格美，让观众久久沉浸其中。

被文化部命名为"天下第一团"的包头市漫瀚剧团创作演出的漫瀚剧《凤祥楼》，成功塑造了一个"暗战"于狼群之中，忍辱负重，积极支持配合八路军大青山游击队打击日寇的民族英雄形象，唱响了一曲响遏行云的英雄颂歌。整台戏人物形象鲜活生动厚实，地域风情浓郁，民族特色飘逸，演员表演激情充沛，贴近生活，好听好看，被戏剧节剧目点评专家称为："是一台有筋骨、有道德、有温度的好戏。"

高甲戏是福建省的地方戏，方言演唱，观众很难听得懂，完全凭借舞台两边的字幕才能看懂。然而，由厦门市金莲升高甲剧团创作演出的高甲戏《大稻埕》却让观众点赞。剧作匠心独运，充分发挥剧种的个性和特点，唱腔、音乐、舞美都能恰当地与剧情配合得丝丝入扣，形成合力，迸发出极强的艺术感染力，唱响了一曲高扬 1895 年台湾人民抗日保国英勇壮举的慷慨之歌，表达了一种时代的自觉

和呼唤，阐释了浓郁的家园情怀和民族情怀，具有积极的现实意义。

山东省泰安市山东梆子艺术研究院创作演出的山东梆子《官箴碑》，是一台以反腐倡廉为主题的剧目，全剧紧扣“官箴碑”展开，主题鲜明、故事易懂、表演精彩。正如戏剧节专家点评该剧：“这是一台地市级剧团的大作为，是一部‘吃饭’戏，我们不要苛望走得更高，但是一定要走得更远，戏曲守住本体很重要。”

天水市西秦腔研究院有幸争取到参加这次展演的机会，他们珍惜这次机会，重视这次展演，倾尽全力，精益求精，打造出了一台本土题材秦腔《大秦文公》。该戏描写嬴硕在治国理政方面的矛盾冲突，在权与利方面的观点冲突，形象地阐释了秦王朝时期的治国的大政方针——依法治国，大出天下，忧我邦民，民为邦本，体恤百姓的方针理念，以其在选拔人才方面新的理念，继位者要以德为重，不以长幼为序。主题立意深刻，演员表演很有激情，人物刻画性格鲜明，本土题材突出，具有很强的现实意义。

来自首都北京的北京小百花越剧团，是本届戏剧节唯一一家民营院团，全团演员都是业余演员，因为爱好和信念凝聚在一起。20 年来，他们不惜牺牲休息时间，拍戏演戏，坚守在北京舞台上，先后推出了越剧《红丝错》《红楼梦》《黄道婆》等优秀剧目，一些剧目还在中央电视台戏曲频道“九州大戏台”栏目播出。本届戏剧节展演的越剧《潘玉良》，舞台上的演员们表演唯美、唱腔优雅，把潘玉良的传奇人生比较全面地勾勒和表现出来，赢得了专家和观众的一致称赞。

河北艺术职业学院创作演出的河北梆子《牺牲》，是一部独树一帜的红色题材作品，取材于杨开慧在狱中牺牲前的心路历程，全剧主题是“选择”：选择信仰将要牺牲生命，选择背叛可以继续活着。在特定环境“牢房”，几乎没有布景和道具可以借力，要表演生死抉择这样厚重的主题，对演员的表演是极大的挑战。女主角彭蕙蘅用织毛衣的节奏变化来表达内心情绪的变化，并做得非常准确，让观众静静地看，深深地思索，彰显了信仰的力量。

宁夏话剧艺术发展有限公司创作演出的儿童剧《菲亚，飞呀！》，是本届戏剧节唯一一台儿童剧，也是该团首部原创儿童剧，其创作团队均为宁夏本土人员。该剧讲述了一只鸭子流落到天鹅湖，被天鹅妈妈收养，当长大后发现自己是一只与众不同的鸭子后的所思、所想、所做、所为，为实现梦想“展翅飞翔”的艰辛努力和奋斗历程。该剧剧情设置合理，舞台呈现唯美，演员表演精湛，是一部传播正能量，弘扬主旋律，体现时代精神，追求真善美的儿童剧励志好戏。

“出人”“出戏”是繁荣发展艺术创作的终极目标。本届戏剧节的 27 台展演剧目的主要演员大多由“中国戏剧梅花奖”演员担纲，一批艺术家和各剧种的领军人物在他们新的作品中不仅展示了深厚的艺术功力以及他们所承载和呈现的剧种艺术魅力，还带动了一批新秀涌现出来，呈现出中国戏剧艺术的新老传承、繁荣兴盛。小剧团、高水平，在戏剧创作中如何活用并拓展传统技法手段，基层院团用自己的实践做了答复，他们的创造必然成为戏剧表演艺术体系的重要组成部分，进一步激活戏剧艺术生命力。

五、加强评论，还戏于民，不断推出立得住、叫得响、传得开、留得下的优秀作品

加强舞台艺术评论，对于引导创作、多出精品、提升审美、引领风尚具有不可替代的重要作用。在第十五届中国戏剧节北京新闻发布会上，中国剧协分党组书记、驻会副主席季国平说：“中国戏剧节自 1988 年创始以来就是全国各地各院团创作作品、新剧目展示和加工提高的平台，就把评论和评奖作为戏剧节内容并驾齐驱，除了展示它的成就，同时也是专家对剧目把脉提高的过程，得到了社会各界的广泛认同。”本届戏剧节是中央实行文艺评奖改革之后首次举办的戏剧节，为更好发挥艺术评论对戏剧创作的引导作用，进一步加强了剧目评论环节，一方面，通过评论搭建起全国各地戏剧工作的交流平台，不断提升创作水平；另一方面，通过评论引发对剧目的思考，助推戏剧健康发展，出精品、攀高峰，不断推出立得住、叫得响、留得下、传得开的优秀作品。为此，戏剧节期间，22 位全国知名专

家、学者组成 2 个专家评论组进行了 8 场点评会。专家们不辞辛苦进剧场观看剧目，望闻问切、把脉会诊，发现不足、沟通互动、对症下药，再通过剧目点评会集体“会诊”，逐个点评、分析、评价、提建议，点评会上溢美之词鲜有，专家们在各自领域纷纷建言献策，为剧目修改提升实实在在的“开方抓药”。各院团负责人、各剧目主创人员、主要演员非常珍惜这一机会和平台，在剧目点评会上认真聆听、仔细记录每一位专家的意见建议，纷纷表示，感谢第十五届中国戏剧节组委会举办的“专家点评会”，非常有价值和意义，受益匪浅，在收获了多方专家的真言实策之后，对剧目的修改提升更有信心和底气，对院团的发展更有希望。

还戏于民，也是本届戏剧节的一大亮点。戏剧节期间，采取 20 元、40 元、60 元惠民低票价，还组织劳动模范、家庭困难户、中小学生、武警战士等特殊群体戏迷统一观看演出，场场演出一票难求。18 天 27 场剧目轮番登场，让宁夏广大观众走进剧场集中观看了各地最优秀的剧目，欣赏到中国戏曲丰富多彩的剧种，让戏曲走进普通百姓生活，让越来越多的人关注戏曲发展，关心戏曲未来。诚然，本届戏剧节作为阶段性艺术成果，大部分作品虽然具备了优秀剧目的特征和可以修改提升的艺术潜质，但我们还要清醒地认识到，各院团还普遍存在着编剧、导演短缺，作品有数量缺质量，有高原缺高峰等问题，这些问题是制约当前戏剧创作发展的瓶颈，也是艺术工作今后不断改变和努力的方向。

马珊珊　宁夏回族自治区文化厅艺术处

原载《民族艺林》2017 年第 3 期

全国基层院团戏曲会演

【概况】

2017年7月3日至29日，由中宣部、文化部主办的“2017年全国基层院团戏曲会演”在北京举行。本次会演汇集来自29个省区市和新疆生产建设兵团的32台剧（节）目，参演单位主体是县级院团；为鼓励小戏创作，展现小戏贴近现代生活、反映人民心声的特点，会演首次安排了4台小戏组台参演；28台大戏中，现代戏22台，占比近80%；参演剧节目涵盖33个剧种；所有参演剧节目以惠民票价，让人民群众共享戏曲艺术传承发展的成果；会演期间邀请戏剧专家召开剧目评议会，加强艺术评论，提升剧目质量，引导创作方向，还组织各地创作人员进京观摩交流，并召开基层戏曲院团艺术创作专题研讨会。

【参演剧目】

2017年全国基层院团戏曲会演入选剧节目名单（按行政区划排序）

一、大戏（共28台）

序号	剧名	剧种	类型	演出单位
1	《大钊先生》	京剧	现代戏	北京市京昆文化艺术团有限公司
2	《回杯记》	评剧	传统戏	天津市宝坻区双馨评剧艺术团
3	《小英雄雨来》	评剧	现代戏	河北省唐山市丰润区评剧团
4	《樱桃花开》	蒲剧	现代戏	山西省侯马市蒲剧团
5	《黑缎子坎肩》	蒙古剧	传统戏	内蒙古乌审旗乌兰牧骑
6	《养女情》	辽剧	现代戏	辽宁省盖州市辽剧团
7	《粘豆包》	吉剧	现代戏	吉林省农安县黄龙戏传承保护中心
8	《百米河边》	龙江剧	现代戏	黑龙江省大庆市林甸县龙江剧艺术中心
9	《51把钥匙》	沪剧	现代戏	上海勤苑沪剧团
10	《留守村长留守鹅》	淮剧	现代戏	江苏省涟水县淮剧团
11	《英王徐策》	婺剧	新编历史剧	浙江省东阳市婺剧演出有限公司
12	《青山鉴》	黄梅戏	现代戏	安徽省桐城市黄梅戏剧团
13	《苏秦还乡》	闽剧	传统戏	福建省长乐市大众闽剧团
14	《斧头将军》	赣剧	现代戏	江西省上饶县信河赣剧演艺有限公司
15	《秧歌乡的故事》	茂腔	现代戏	山东省胶州市茂腔秧歌艺术传承保护中心
16	《燕振昌》	豫剧	现代戏	河南省许昌万里豫剧院
17	《长山壮歌》	襄阳花鼓戏	现代戏	湖北省襄阳市花鼓戏剧团
18	《一辈传一辈》	长沙花鼓戏	现代戏	湖南省株洲市攸县花鼓戏保护传承中心

续表

序号	剧名	剧种	类型	演出单位
19	《户部黎公》	粤剧	新编历史剧	广东省廉江市新自力粤剧有限公司 廉江市剑清粤剧团
20	《父爱如山》	琼剧	现代戏	海南省定安县琼剧团
21	《第一书记》	壮剧	现代戏	广西德保县马骨胡艺术中心
22	《鸣凤》	川剧	现代戏	重庆市三峡川剧团
23	《布衣张澜》	川剧	现代戏	四川省庞氏文化传播有限公司
24	《渭水医魂》	秦腔	新编历史剧	甘肃省渭源县渭河源演艺有限责任公司
25	《尕布龙》	秦腔	现代戏	青海省西宁艺术剧院有限公司
26	《丁香花开》	眉户剧	现代戏	宁夏固原宁红艺术剧院有限公司
27	《戈壁花开》	新疆曲子戏	现代戏	新疆昌吉回族自治州艺术剧院
28	《我的娘 · 我的根》	豫剧	现代戏	石河子市艺术剧院豫剧团

二、小戏组台（共 4 台）

序号	名称		剧种	演出单位
1	江苏省小戏组台	《稻草人》	锡剧	江苏省溧阳市锡剧团
		《今天老师来家访》	锡剧	江苏省江阴市锡剧团、江阴市文化馆
		《贴春联》	淮海戏	江苏省响水县淮海剧团
		《公鸡做媒》	淮海戏	江苏省响水县淮海剧团
2	山东省小戏组台	《父女赶船》	柳琴戏	滕州市柳琴戏研究保护中心
		《两条项链》	四平调	金乡县金诚四平调剧团有限责任公司
		《村里有个烂筐子》	渔鼓戏	滨州市沾化区非物质文化遗产保护传承中心
		《退彩礼》	两夹弦	菏泽市定陶区两夹弦非遗保护传承中心
3	贵州省小戏组台	《读书时代》	贵州花灯戏	贵州省印江县文化馆
		《就嘟凯》	贵州花灯戏	贵州省印江县文化馆
		《拜年》	贵州花灯戏	贵州省思南县文化馆
		《石林人家》	贵州花灯戏	贵州省思南县文化馆
4	云南省小戏组台	《喝三秒》	彝剧	楚雄彝族自治州民族艺术剧院
		《回家》	云南花灯戏	红河州开远市文化馆
		《千里送鹅毛》	云南花灯戏	宣威市花灯剧非物质文化遗产保护传承和展演中心

【观点】2017 年全国基层院团戏曲会演回眸

◎ 景俊美

为贯彻落实习近平总书记系列重要讲话特别是关于文艺工作的重要讲话精神，进一步展示基层院团传承发展戏曲艺术、服务基层人民群众的良好精神风貌和优秀作品，由中宣部、文化部主办的 2017 年全国基层院团戏曲会演 7 月 3 日在北京开幕。会演历时近一个月，一直持续到 7 月 29 日，集中展演了来自全国29个省区市和新疆生产建设兵团的32台剧（节）目。这次会演是继去年全国基层院团戏曲会演之后的又一次对全国基层院团剧目水平、传承情况的大检阅，也是各基层院团展示自我、交流学习、不断提高的高规格平台。为有效引导和促进艺术创作，会演期间主办方诚邀文化艺术界专家对剧目、剧种以及唱腔、表演等方面进行及时点评，以“一剧一评”的方式问诊把脉基层院团戏曲传承现状，为提升剧目质量、引导创作方向做出了积极而有益的探索。综述此次会演的整体情况，呈现出一些新的特点值得艺术界持续关注。

一、深入反映现代人的生活与情感，创新性突出

2017年全国基层院团戏曲会演在继承传统、表现传统剧目的同时，更加注重将戏曲的传统表现方式与现代生活进行融合，注重描绘当代生活，表现当代人的酸甜苦辣与心路历程，拓展了戏曲的表现空间。初步统计，此次基层院团戏曲会演一共32台，除了4台小戏外，28台大戏中，现代戏的总占比为80%，一共22场。其中，长安大戏院共演出5场，5场全部是现代戏，占比为100%；民族文化宫大剧院共演出5台大戏，6场小戏，大戏全部是现代戏，占比也是100%；梅兰芳大剧院共演出9场，6场是现代戏，占比是66.7%；全国地方戏演出中心（中国评剧大剧院）共演出9场，7场是现代戏，占比为77.8%。其中以实有其人、真人真事为题材的戏有《尕布龙》《燕振昌》《第一书记》《百米河边》《51把钥匙》《丁香花开》《樱桃花开》《留守村长留守鹅》等，以近现代著名人物事迹为题材的有《斧头将军》《长山壮歌》《大钊先生》等。这样的比例结构，体现了基层院团扎根基层、关注现实的艺术取向。会演中的多数剧目，不仅能够表现正剧、历史剧的厚重与凝练，将传统戏曲长于塑造人物的长处与现代精神结合，而且敢于将触角深入到当代人的生活与情感中，反映在这个价值观混乱、思想多元化的时代，不同思潮、不同价值取向之间的论争，在思想价值与艺术表现上呈现出敢于突破、敢于实践的勇气。如以家庭伦理为题材的琼剧《父爱如山》，从一位残障的底层父亲与上中学的儿子之间的关系入手，探讨在现代社会中青少年的成长与教育问题，触摸到社会现实的酸甜苦辣，这样的故事比较贴近人的内心，不隔、不做、不假。安徽省桐城市黄梅戏剧团带来的现代黄梅戏《青山鉴》，着力于新时代年轻人山村建设的人生理想，别开生面地展示了舞台上的网络聊天。文本结构疏密得当，戏曲化程度较高，舞台空灵，整体风格淡雅清新。

纵观此次戏曲会演的整体风貌，表现出基层院团在进行艺术创作时，在艺术手法上能够借鉴影视、话剧、音乐剧等其他艺术形式，艺术的创新与开拓精神突出。比如上海勤苑沪剧团创排的沪剧《51把钥匙》，就是一部叙事手法新颖、舞台呈现别致的现实题材现代戏。该剧将一个在中国还处于起步阶段的家庭医生题材搬上舞台，直面了现实中的很多难题，而且新意迭出，并具有一定的时代引领作用。剧中艺术的现实性、哲理性与抒情性并行不悖、互相衬托，共同构成一个充满象征意味的诗意整体。山东省胶州市茂腔秧歌艺术传承保护中心推出的茂腔《秧歌乡的故事》，巧妙地将当地的两项国家级非物质文化遗产项目茂腔和胶州秧歌进行了艺术嫁接，以轻喜剧的形式，讲述了一个充满着家长里短和日常纠葛的黄昏恋故事。内容虽很简约，但真情可贵，艺术的精细性和生活的质朴感可贵，观之会随着主人公的命运起伏亦喜亦悲。

二、逐渐向戏曲本体回归，突出了艺术的核心价值

所谓“本体”，指的是事物的本质或本源。用海德格尔的话来说，是事物一般的“在性”。具体到戏曲艺术的本体，指的是戏曲在时代变迁中所能保持其所“是”的艺术特性。因此，一部好的戏曲剧目，对戏曲本体的坚守与回归是首要前提。用王评章先生的话来说，即是要用戏曲的思维、剧种的思维结构全篇，要用行当和程式去提炼艺术的类型，进而“充满了可以随类赋形、重新展开的丰富可能性，充满了可以理解、诠释过去和现在的种种心理、情感类型经验的丰富可能性”①。历史地看，戏曲本

① 王评章：《戏曲本体的尊严与力量——王评章戏剧评论集》，海天出版社2017年版。

体不是一种单纯的理论探索，而是与实践交织与共的存在。

比如以革命先烈为题材的原创现代京剧《大钊先生》，便是一部充分尊重戏曲本体又十分出彩的现实题材现代戏。如果说戏曲是角的艺术，《大钊先生》中的角那是真叫“角”，无论是张建峰饰演的李大钊、姜亦珊饰演的赵纫兰，还是刘明哲饰演的汪若白、曹阳阳饰演的王禄好，甚至只有一场戏的“老狱卒”（陈俊杰饰演）、戏份不多的刘督查（侯连英饰演），都十分传神地表现出人物的精气神和气质特色，这种高标准的艺术气质，呈现出表演精神的高雅性。作为现代戏，京剧《大钊先生》在戏曲化方面做了很多有益的探索。从编、导、演、音、舞、道等方面，我们可以捕捉到那份通博而不拘隘的匠心。像“大钊先生”“帽子”“烟袋杆”“肉”以及“窝头”等字眼，表面上看只是一句台词、一个道具，但是因为艺术化的处理，它们已经不再只是一句台词或道具，而是一种提炼了的艺术符号。比如“大钊先生”，从剧本名字由《李大钊》到《大钊先生》的改变，到剧中不同人物在内心深处由衷地敬佩而吐出来的“大钊先生”，不同的维度、不同的呈现，深藏着不同的艺术蕴藉。一个“大钊先生”，既塑造了不同人物的不同纬度及其性格深处的复杂性，又真切自然地铺陈了李大钊同志的人格精神和人格魅力。“帽子”“烟袋杆”“窝头”也是如此，从接受到拒绝，从“办案证物”、尚方宝剑到人物标识，从糊口充饥、同道志趣到情感寄托，这些一语双关、一物多用的艺术处理是绝妙的，又是“戏曲化”的，更是舞台上光彩亮丽的符号提炼。

余秋雨在《中国戏剧史》中对中国传统戏曲曾给予了相对客观的评价：“戏剧的主旨和故事很容易被大家看清，而它的真正精微处，不在主旨，而在形态；不在故事，而在韵致；不在剧本，而在声腔和表演。”[①] 由闽剧传统戏《苏秦假不第》改编而就的闽剧《苏秦还乡》，就是在对戏曲本体和剧种特征的深入了解和深刻解读上而建构起来的艺术范本。首先，该剧一改历史正剧正面铺陈的大排场，没有浓墨重彩于苏秦的智谋与雄略，也未在苏秦是如何面对秦王、如何以雄辩之才赢得六国的信任方面过多用力，相反，主创主要将笔墨集中于苏秦两次还乡时鲜明的人物对比和内在的情绪张力之上，捕捉了生活本有的那种鲜活状态，还原了日常生活的丰厚质地。表演上，该剧照顾了小生、丑儿、青衣、老旦、白须老生、花旦、麻须老生、青须老生、小旦等不同的戏曲行当，并十分精彩地立定了人物精神。剧中小生苏秦（何祖龙饰演）、青衣周氏（徐赛华饰演）的唱、演俱佳，堪比昆曲一步一科的细腻。苏母老旦、苏父白须老生的打诨插科，使得剧目鲜活立体。特别是苏秦“三弟”苏代（李燕发饰演）这一人物的设立，更是将人物、行当和程式的美发挥到了一种艺术的极致。行当上他是丑，人性上他是善，职业上他是农，表演上他是“人物”。除了剧情安排他自始至终的良善、正义与温情外，第五场“偷银”一出，几乎全靠做功，全靠表演来支撑戏的可看性。闽剧讲究生活细节中的情趣性和“小科套”的表演幽默，在这里得到充分表现。

三、舞台呈现丰富多样，导演与戏曲关系日渐多元

纵观戏曲史发展历程，戏曲创演关系发生了多次重心转移的历史变革。近年来，在当代戏曲变革历史的小宇宙中，一度从以演员为中心，发展到以编剧为中心，再到当下以导演为中心的微妙变化。梳理近年来举办的戏剧节、京剧节、评剧节、豫剧节或戏曲汇演、中国艺术节等，一位导演同时上两个、三个甚至多个剧目的现象并不鲜见，这也曾引起评论界的热议、热评。比如此次基层院团戏曲会演中，重庆市三峡川剧团带来的川剧《鸣凤》就是一个艺术典型。该剧由著名导演查明哲先生执导，突出而强烈的导演手段，深邃前瞻的现代戏剧理念，舞台呈现灵动精致、唯美诗意，是一个充满了隐喻的艺术呈现。但是知名导演的数量和精力毕竟是有限的，从一个剧种、剧目的长期发展来看，还是要从剧团本身着手，对方言、唱腔、演员和地域文化有深入了解和深刻懂得的内部人的培养。因为只有这样的人士，他对文本的掌控、对剧种的尊重以及对演员的熟悉才是从内部生发出来的，在这样的

① 余秋雨：《中国戏剧史・新版自序》，长江文艺出版社 2019 年版。

前提下排演出来的戏才能是独特的“这一个”。与各大团队纷纷邀请知名导演操刀新创作品相比，此次基层院团整体上遵循了内部消化、内部驾驭的编导规则。舞台处理依据题材与剧种特色的不同而呈现出风格不同的艺术样式。

传统戏曲的审美特征，首先在于“假象会意，自由时空”[①]。任何需要立定的戏曲作品，必须是在对传统文化精神和戏曲艺术固有特征深深懂得和充分尊重的前提下完成。此次基层院团戏曲会演中，婺剧《英王徐策》是一台新排的老戏，角色多、阵容大，文武兼备，行当齐全，是一台有意味的好戏。全剧紧紧围绕“灭薛”“保薛”展开叙事，塑造了徐策义薄云天的艺术形象。该剧编、导功力深厚，艺术手法高明，舞台处理简洁大气，灯光、舞美、化妆及剧情节奏都化作了舞台艺术语言为剧情服务，这是对剧种、剧目深入了解之后的驾轻就熟。演员表演与之相得益彰，剧中的徐策由两位演员分别饰演，无论是前段的隐忍悲痛，还是后段的“跑城”，都得到了充分的展现和抒发。其他演员的表演也很到位，演员与演员之间的内心戏交流细腻、准确，有力推动了剧情的发展，更充分展示了这个团的整体实力。特别是“跑城”一场，做派令人叫绝。

正如思想需要文字来承载，艺术则需要技术以表达。作为“天下第一团”，辽宁省盖州市辽剧团去年参演基层院团戏曲会演的剧目是传统戏《龙凤镜》《三战张月娥》，令首都观众过耳、过目之后，久久难以忘怀。今年，该团带来的是一部以普通人的悲欢离合来书写民生现实的“弃婴”题材现代戏——《养女情》。这是一部较好地将传统艺术融入当代生活，有诚意、善探索、饱蕴浓郁生活气息的民间戏，戏剧冲突、情感渲染以及剧种特色都很突出。该剧在厚德、大义的基础上，流荡着浓郁的亲情、爱情与人情的温暖，舞台呈现十分统一，并洋溢着鲜明的地域特色。剧中，影戏的融入和调度给人一种全新的观感，使得该剧呈现出一种编、导、演的和谐圆融。结尾处父女二重唱“三十里的高山，五十里的水”一段，很感人抓心，做足了戏的情感，也升华了艺术的品质。

此外，由廉江市新自力粤剧有限公司和廉江市剑清粤剧团带来的新编大型古装粤剧《户部黎公》是一部“一剧两制”发展模式下打造出来的戏剧作品。该剧编、导出自一人，是一部以现代人的眼光回望历史、展现历史的全新舞台呈现。编导梁郁南在驾驭这一文本时，以充分戏曲化的舞台处理展示了粤剧的艺术魅力。剧中的人物饱蕴积极而昂扬的现代意识，不过其现代化并未减损戏曲的魅力，反而在每一个重要的关节点上，均以对戏曲本体的充分回归和程式呈现展现了戏曲长于抒情的优势。特别是夫妻对唱和话别，主创设计得很细腻，演员的表演更是深深打动了观众的内心。甚至包括兵的出场与退场都构思了很好的动作，仪式感强。几个贪官，因为身份、性格之别又有不同，既同构，又互补。因为节奏处理得稳帖，所以一部慷慨的正剧不让人觉得累，戏曲的从容美也就较好地得以呈现。

四、几点思考

此次戏曲会演在题材、编导及舞台呈现上的探索，取得了大家有目共睹的成就，值得肯定与褒奖，但也存在问题值得深思。

一是导向性、艺术性与现代性之间的平衡问题。塑造正面人物形象，反映主流价值观念，引领良好社会风气是戏曲的一项主要功能，但是如何选择人物事迹，如何选择表现的角度，如何选择恰当的艺术手法，使主人公的塑造更符合生活逻辑与艺术逻辑，是需要认真思考的。

二是现代戏面临一些亟需解决的普遍性问题。现代戏有其与生俱来的一些艺术困难，比如因为它反映的生活距离我们很近，主创在进行艺术加工时，不容易跳出、站高、拉长，这是一个必须面对和解决的现实问题。除了现代戏与现实生活的距离过近，不易跳出生活本身做更加深刻、更加艺术化的处理外，有些剧目存在因为缺少艺术的支点，从业人员在进行艺术创作时容易走弯、跑偏，容易陷入一种自我复制、自说自话的艺术怪圈等问题，这些是需要引起戏曲界的高度重视的。

---

① 张厚载：《我的中国旧戏观》，《新青年》1918年第5卷第4号。

三是创演关系的融洽问题需要予以审视。一个好的艺术文本，是应该更多突出戏曲的文学性还是演员的表演，或者践行导演的艺术理念，这是需要反复琢磨的问题。或者说如何使各要素圆融共生同筑一个和谐统一的整体，是一个需要不断探索的艺术难题。

鉴于往而有资于当下，警于今则得益于未来。人间的万象真理，越是探究似乎越是混沌的，倘使我们能够在混沌中觅得一丝烛照灵魂的光明，这样的探寻似乎更加显得可爱而娇妍。荣格说过：谁向外看，他就在梦中；谁向内看，他就会醒来。这句话对于从事舞台艺术特别是传统戏曲艺术创作的人来说，有很好的借鉴意义。戏曲艺术是关于人类的存在方式与生存质量的一种独特表达，在充分尊重舞台假定性的前提下，主创们的才思妙想多是在尊重艺术规律的前提下获得。比如戏曲表演讲究“移步不换形”，讲究“大身段守家门，小动作出人物”，这样的讲究至今受用。

景俊美　北京市社会科学院副研究员
原载《戏剧文学》2017 年第 10 期

全国地方戏曲南方会演

【概况】

2017年9月19日至10月12日，由中宣部文艺局、文化部艺术司主办，中共湖北省委宣传部、湖北省文化厅、武汉市人民政府、湖北省演艺集团承办的“全国地方戏曲南方会演”在湖北省武汉市举行。本次会演汇集湖北、上海、江苏、浙江、安徽、福建、江西、河南、湖南、广东、广西、重庆、四川、贵州、云南、西藏16个省区市的17个戏曲院团。参演的17台剧目涵盖豫剧、越剧、黄梅戏、高甲戏、川剧、藏戏等15个剧种，包括整理改编传统戏、新编历史剧、新编现代戏，展现了地方戏曲多样的形态样式和丰富的题材内容。会演期间，还邀请专家进行剧目观摩、交流，以提升剧目质量，引导创作方向。

【参演剧目】

全国地方戏曲南方会演入选剧目名单

序号	省份	参演院团	剧种	参演剧目
1	上海	上海滑稽剧团有限公司	滑稽戏	《皇帝勿急急太监》
2	江苏	常州市锡剧院	锡剧	《夕照青果巷》
3	浙江	绍兴市柯桥区小百花越剧艺术传习中心(绍兴小百花越剧团)	越剧	《屈原》
4	安徽	安庆市黄梅戏艺术剧院	黄梅戏	《大清名相》
5	福建	厦门市金莲升高甲剧团	高甲戏	《大稻埕》
6	江西	莲花县采茶剧团有限责任公司	采茶戏	《将军还乡》
7	河南	河南豫剧院三团	豫剧	《焦裕禄》
8	湖南	湖南省花鼓戏保护传承中心	湖南花鼓戏	《桃花烟雨》
9	广东	广东粤剧院	粤剧	《白蛇传·情》
10	广西	广西壮族自治区戏剧院	壮剧	《牵云崖》
11	重庆	重庆市川剧院	川剧	《李亚仙》
12	四川	四川省川剧院	川剧	《双八郎》
13	贵州	贵州省花灯剧院有限责任公司	花灯戏	《盐道》
14	云南	玉溪滇剧传承保护展演中心	滇剧	《水莽草》
15	西藏	拉萨市城关区雪民间藏戏艺术团	藏戏	《卓娃桑姆》
16	湖北	湖北省戏曲艺术剧院有限责任公司	黄梅戏	《妹娃要过河》
17	湖北	武汉楚剧院有限责任公司	楚剧	《万里茶道》

【综述】全国地方戏曲南方会演述评

◎ 赓续华

金秋时节，景色宜人的江城武汉迎来了戏曲艺术的盛会——全国地方戏曲南方会演。来自全国16个省市自治区的15个剧种17台大戏，34场演出，给“双节”中的武汉观众带来丰富的戏曲大餐。六个剧场同时开锣，14朵“梅花”竞相绽放。这是党的十八大以来，戏曲创造性转化和创新性发展的成果展现。武汉为全国戏曲优秀作品的展示推广交流搭建了一个大舞台。党的十八大以来，传统文化受到了前所未有的重视与关怀。惠风和畅，知时好雨，润物无声。党中央、国务院发布了一系列有关文件，支持戏曲传承发展，繁荣发展社会主义文艺。振兴戏曲已成为中华民族伟大复兴的重要组成部分。这些利好政策的出台，极大地调动了广大艺术工作者的创作热情，戏曲发展根深叶茂，硕果累累。

此次入围全国地方戏曲南方会演的剧目是近年来戏曲创作中的佼佼者。譬如，在第十一届中国艺术节荣获文华大奖的豫剧《焦裕禄》，在第九届中国艺术节上荣获文华特别大奖的川剧《李亚仙》，刚刚斩获中宣部“五个一工程”奖的高甲戏《大稻埕》，曾入选中国戏剧节、中国黄梅戏艺术节、中国越剧艺术节的滇剧《水莽草》、黄梅戏《妹娃要过河》《大清名相》、越剧《屈原》、花灯戏《盐道》、湖南花鼓戏《桃花烟雨》以及新鲜出炉的江西采茶戏《将军还乡》等。可以说，都是经过观众面试、市场验收、深得厚爱的作品。在题材上或反映社会热点，或聚焦时代精神，或彰显传统风范；践行戏曲创作“三并举”的方针，在“二创”原则指导下，无论是优秀传统戏、新编历史剧还是现代戏，都体现出时代的审美韵致。参加会演的艺术团体既有全国地方戏重点院团，也有来自基层的县、市级剧团。17台剧目皆内容精到，艺术精湛，制作精良，形式丰富，风格多样，蔚然大观。

作为开幕大戏，《妹娃要过河》尽释真善美永恒的魅力。两位“梅花奖”演员杨俊和詹春尧，把妹娃与阿龙的生死恋演绎得酣畅淋漓，如歌如诗。藏戏《卓娃桑姆》将观众带入雪域高原，美丽的传奇故事涌动着夫妻之情，母子之爱，打动人心。高入云霄的演唱诉说着惩恶扬善，法相庄严。作为八大藏剧经典剧目之一，《卓娃桑姆》是藏族人民献给武汉人民的一条美丽多情的哈达。川剧《李亚仙》可谓晶莹剔透的艺术品，圆润耐看。评论家王评章赞美《李亚仙》一枝独秀，梅花大奖获得者沈铁梅的表演出神入化，演唱行云流水。在表演艺术上无愧前人，可以传之后代。铁梅对艺术精益求精、一丝不苟的精神值得在戏剧界推崇。豫剧《焦裕禄》，既真实又深刻。编剧创作角度新，立意远，思考深。有高度，有筋骨，有温度。观众看一遍感动一次，境界上升一步。焦裕禄是共产党干部的楷模，是做人的典范。他心系百姓冷暖，不顾个人安危的担当精神，散发着强烈的社会意义。“梅花奖”演员贾文龙的表演动情走心，尤其是他的演唱，深情动人，演员角色已然合二为一，这一艺术形象已成为观众心底最美好的焦裕禄。高甲戏《大稻埕》将一段鲜为人知的台湾人民反抗日本侵略统治的历史搬上舞台，价值非凡。主演吴晶晶曾获“梅花奖”，此次跨行当反串小生，成功塑造了抗日义士的形象。广东粤剧《白蛇传·情》，对经典作品做了创造性转化和创新性发展。主创者不求超越，但求别致。将白娘子与许仙的至情至爱进行到底。以精致唯美的浪漫情怀，给武汉观众一个惊喜。新科梅花曾小敏，集花旦、青衣、武旦于一身，融唱念做打为一体，其表演形神兼备，美不胜收。特别是水袖打出手，令人叹为观止。滇剧《水莽草》清新隽永，其淡雅与流畅，不是传统，胜似传统。好听耐看的玉溪滇剧，首登武汉大码头，就受到热情好客观众的追捧。针砭时弊、强烈观照现实的反腐倡廉佳作《大清名相》，得到观众的认同与喜欢。湖南花鼓戏《桃花烟雨》以精准扶贫为时代考题，交出了圆满的答卷。该剧塑造了栩栩如生的扶贫队长和有血有肉的湘西人。他们对幸福生活的渴望以及不畏艰难的努力，深深感染了观众。江西采茶戏《将军还乡》以朴质大方的风格，彰显了简约朴实的力量。甘祖昌半生戎马半生农民，他解甲归田的理由很简单，不想浪费国家资源，要自食其力。此举不仅传奇，而且品高志远，令人高山仰止。采茶戏亲民，甘祖昌的扮演者胡爱萍、龚全珍的扮演者古萍唱得清新甜美，洗耳润心。甘将军用平凡的生活书写了不平凡的人生境界。上海滑稽戏《皇帝勿急急太监》带给观众别样的审美情趣。在社会热点“相亲”一角，演绎了叫人啼笑皆非的浮世众生相。呼唤重真情、尚大义、讲究感恩孝道的美德。越剧《屈原》，把楚国先贤推上前台，让观众重温“路漫漫其修远兮，吾将上下而求索”的伟大理想追求。感受屈原心系众生、情牵社稷的赤子之心。二度梅花奖获得者吴凤花成功塑造了屈原的艺术形象，将屈原高洁如兰的品质与决不同流合污的性格灌满舞台，唱响全场。楚剧《万里茶道》让观众追随着主人公的脚步去丈量万里茶道的文化底蕴。一群有情有义、勇于开拓的汉口人鲜活灵动。浓郁的乡土气息和楚腔楚调，传递着楚文化的博大精深。“梅花奖”演员夏青玲唱做俱佳，扮相优美，很有台缘。花灯戏《盐道》与《万里茶道》有异曲同工之妙，“梅花奖”演员邵志庆塑造的女掌门，独擎家业，道义担肩，活出自己人生精彩。锡剧《夕照青果巷》、壮剧《牵云崖》、川剧《双八郎》也都各具特色。

纵观全国地方戏曲南方会演，从剧目的舞台呈现中不难发现，艺术家和主创者的文化自信逐步加强，尊重传统，经世致用的理念深入人心，古为今用，推陈出新已成为创作的准则。不忘本来才能开辟未来，善于继承才能更好创新。

本次全国地方戏曲南方会演由中宣部文艺局、文化部艺术司主办，中共湖北省委宣传部、湖北省文化厅、武汉人民政府、湖北省演艺集团承办。会演的成功举办离不开广大观众的积极参与，剧场满，人气旺，让人看到武汉独有的戏曲优势与戏曲市场。一百多年前，湖北就走出了京剧大师谭鑫培、余三胜等，为京剧承前启后，继往开来，影响深远。楚地人民自古就好乐尚艺，曾侯乙编钟的完整出土面世即是佐证。今天，深得荆楚传统文化浸润的武汉人民又张开双臂，热情拥抱来自他乡的艺术家和他们的演出，艺术家在武汉这片热土上觅到知音。武汉正逐渐成为戏曲的大观园，角来角往，有戏有聚。在艺术的交流中，随着招牌剧目经典演出和优秀艺术家的呼之欲出，武汉这个戏曲大码头雄风重振。届时，武汉三镇，京评越豫黄，川粤秦晋梆，你方唱罢我登场，共创戏曲的美丽辉煌。

赓续华 《中国戏剧》原主编

原载《中国戏剧》2017年第10期

作品

北路梆子

【北路梆子《平城赋》】

2017年2月24日、25日，由山西省大同市北路梆子剧种传习中心创作的北路梆子新编历史剧《平城赋》在山西省太原市青年宫演艺中心上演。该剧由石玉昆、李红梅导演，王卫中编剧，张彩平领衔主演。该剧讲述了北魏王朝冯太后的传奇一生，再现了冯太后勇于担当，平内乱、整朝纲，推行新政，使国家逐步繁荣昌盛，同时也把民族大融合推向了全新的历史高度。

淮剧

【淮剧《武训先生》】

2017 年 5 月 22 日，由上海淮剧团创排的新编淮剧《武训先生》在上海东方艺术中心首演。该剧由罗怀臻编剧，韩剑英导演，武训由梁伟平饰演。剧目讲述武训因不识字，三年帮工分文未得。因此，他悟出朴素的道理：穷人若想不被欺负，必须读书识字。他决定乞讨筹钱为穷人办学。通过从自发到自觉地行乞兴学的经历，刻画出一个笃诚于信念，以殉道的精神投身民间教育的“一代奇丐”形象。

【淮剧《留守村长留守鹅》】

2017 年 7 月 2 日、3 日，由江苏省涟水县淮剧团创排的淮剧现代戏《留守村长留守鹅》作为 2017 年全国基层院团戏曲会演的开幕演出在北京中国评剧大剧院上演。该剧由袁连成编剧，蒋宏贵导演，殷金龙、陈丽娜、许晴主演。剧目塑造了苏北一位把“吃亏是福”当成生活习惯的普通村干部形象。村里的青壮年男人都进城打工了，村长带领留守妇女们养鹅致富。当面对商标侵权官司时，村长陆二黑敢于担当，为民解难，最终使南方公司老板重新审视这个苏北村干部与一群淳朴的留守女人。

【淮剧《送你过江》】

2017 年 10 月 30 日、31 日，由江苏省盐城市淮剧团原创现代淮剧《送你过江》在全国地方戏演出中心上演。该剧由陈明编剧，胡宗琪导演，程红、梁锦忠、王雷等联袂出演。剧目在“渡江决战”背景下，以芦荻港女村长江常秀和渡江部队教导员郭逸夫的命运跌宕为主线，演绎了一个女人和两个男人的英雄情怀与情感抉择。

【淮剧《小城》】

2017 年 12 月 8 日，由江苏省淮剧团创排的现代淮剧《小城》在江苏省盐城市文化艺术中心首演。该剧为淮剧《小镇》的姊妹篇，徐新华编剧，卢昂导演，陈澄、陈明矿主演。剧目讲述小城里首屈一指的眼科医生肖悦华的儿子肇事逃逸，将一位老人撞伤失明。在面对治好老人的眼睛，老人将指认出肇事者，儿子锒铛入狱；不治好老人的眼睛，儿子得以幸免，老人陷入失明的黑暗之中，这样两难的抉择时，最终所作出的正确选择。

黄梅戏

【黄梅戏《不越雷池》】

2017年2月23日、24日，由安徽省黄梅戏剧院排演的黄梅戏《不越雷池》在北京国家大剧院上演。该剧由李建平导演，王晓马编剧，余顺饰演沈镐、赵媛媛饰演丽娘。剧述明清鼎革之际，安徽望江人沈镐年近天命才以博学鸿儒赢得进士功名。在近二十载的为官生涯中，沈镐与夫人丽娘不论顺境、逆境，不论遇到何种诱惑与陷阱，始终坚守底线，哪怕是感叹“蜀道难难于上青天，青天尚可越，做清官比蜀道更要难万分”，依然不改初衷。

【黄梅戏《太白醉》】

2017年2月28日、3月1日，由马鞍山四季戏曲剧院创排的黄梅戏《太白醉》在国家大剧院上演。该剧由黄新德任艺术总监，杨康导演，徐志远作曲，吴琼领衔主演，通过李白青年、中年、老年三个不同人生阶段在安徽当涂发生的鲜为人知的传奇故事，表现“诗仙、酒仙、谪仙”的家国情怀。

【黄梅戏《凤鸣宏村》】

2017年3月4日、5日，由马鞍山市艺术剧院排演的黄梅戏《凤鸣宏村》在国家大剧院上演。该剧由余治淮编剧，孙虹江导演，仝婷、查子竹主演。剧目根据一个真实的故事改编，讲述一位600年前的徽州女人胡重，以其聪慧、大度、坚忍等高尚品德，带领大家修建一条被称为世界文化遗产的宏村水系工程，体现了中华民族勤劳勇敢、自强不息的伟大民族精神。

晋剧

【晋剧《日升昌票号》】

2017年1月22日，由山西省晋剧院创排的晋剧《日升昌票号》在太原市山西大剧院首演。该剧由王辉、马肇录、梁培卿共同编剧，杨学军执导，岳永明担任音乐唱腔设计，任新宁配器、指挥，孙红丽饰演雷履泰。剧目以山西平遥日升昌票号的创立史实为素材，讲述了清道光年间，平遥西裕成颜料行大掌柜雷履泰顺应时代潮流，首创票号，开启“汇通天下”之先河的故事。

京剧

【京剧《青衣》】

2017 年 2 月 21 日，由江苏大剧院与江苏省演艺集团联合制作的现代京剧《青衣》在国家大剧院上演。该剧由张曼君执导，杨蓉编剧，李亦洁饰演筱燕秋。剧目改编自毕飞宇的同名小说，塑造了一个“戏痴”筱燕秋的艺术形象。该剧将月宫中凌云而舞的嫦娥、舞台上光彩照人的青衣和现实中平凡生活的筱燕秋形象以戏曲表演的形式呈现，展示了以筱燕秋为代表的现代女性进退失据、无所适从的生存困境和她们困兽犹斗、寻求自赎之路的心灵历程以及与命运抗争的决心与勇气。

【京剧《清贫之方志敏》】

2017 年 3 月 10 日，由青岛市京剧院有限公司推出的原创京剧《清贫之方志敏》在山东省青岛市首演。该剧由贾璐编剧，徐培成导演，朱维英担任音乐设计，沈鹏飞担任唱腔设计，青岛市京剧院青年演员苏旭、刘佳、王馨仪主演。剧中设置了一个女记者陈晓燕，她从方志敏被捕就开始密切关注着这一重大事件，跟踪采访。随着深入采访，她对方志敏从怀疑逐步发展到理解、同情、崇敬，并且主动把方志敏在狱中写给党中央的密信传递出去。通过陈晓燕的眼睛，逐渐让观众认识了一个具有坚定信仰的共产党人的崇高风范和坚贞不屈的英雄气概。

【京剧《脚印》】

2017 年 3 月 13 日、14 日，由河北省廊坊市百花戏剧艺术团、大厂评剧歌舞团联合演出的新编反腐题材现代京剧《脚印》在北京长安大戏院上演。该剧由兰万玲编剧，张笠媛主演。剧目取材于“新中国反贪第一大案”，讲述了中华人民共和国成立初期大贪污犯刘敬山被执行枪决及其生前生后的故事。全剧情节围绕刘敬山妻子蘩惠兰的命运主线展开，挖掘她的人生历程，展现了腐败给社会造成的恶劣影响，及其给家人带来的无法弥补的磨难。

【京剧《在路上》】

2017 年 5 月 15 日、16 日，由湖北省京剧院创排的现代京剧《在路上》在江苏省南京市紫金大戏院上演。该剧由姜朝皋编剧，曹其敬、李杰导演，朱绍玉作曲，万晓慧、王小蝉、裴咏杰主演。剧目讲述新上任的女纪委书记，在调查一件违规发放扶贫款的举报中，发现了一桩早已结案的人命案疑点重重。她凭一位纪检干部的警觉，敏锐觉察到这案件背后深藏着官场腐败的重大嫌疑，于是决心突破障碍，重新立案调查，最终为党清污，为民除害。

【京剧《大宅门》】

2017 年 6 月 17 日，由北京京剧院、北京大宅门影业有限公司和北京市厚阳文化传播有限公司三方联合出品的京剧《大宅门》在北京天桥艺术中心大剧院首演。该剧由李卓群编剧，郭宝昌、李卓群联合执导。剧目截取电视连续剧《大宅门》济南府花魁杨九红和百草厅少爷白景琦相遇相恋的一段人生惨遇为主线。

【京剧《孙尚香》】

2017 年 7 月 2 日，由湖北省实验京剧团（宜昌市京剧团）创排的新编历史京剧《孙尚香》在湖北省宜昌市滨江剧场上演。该剧由范莎侠编剧，石玉昆、王亮亮导演，李元元、黄炳强、魏积军、陈幼玲主演。剧目取材于古典名著《三国演义》，全剧以吴蜀联盟存废为背景，以孙尚香、刘备的爱情故事为基础，以战争与和平为矛盾冲突焦点，表现了人性美、家园美、爱情美等美好情操，讴歌了舍生取义、铸剑为犁、化干戈为玉帛等高贵品格与美好憧憬。

【京剧《狼牙山》】

2017 年 7 月 31 日，由北京京剧院制作的新编京剧现代戏《狼牙山》在北京长安大戏院首演。该剧以狼牙山五壮士的感人事迹为蓝本，由杨舒棠、杨斌编剧，王青导演，张建峰、王雪清、孟宪腾、詹磊等担纲主演。

【京剧《董仲舒》】

2017 年 8 月 2 日，由河北省衡水市人民政府、景县人民政府及国家京剧院联合出品的新编历史京剧《董仲舒》在北京梅兰芳大剧院首演。该剧由颜全毅编剧，周龙导演，张建国主演。剧目通过董仲舒对于“真儒”和“官儒”为官从政之道的两难选择，及其对“为民求真”坚定选择上的执着追求，诠释了大儒董仲舒的政治思想与理想抱负。

【京剧《谢瑶环》】

2017 年 8 月 23 日，国家京剧院复排剧目《谢瑶环》在全国地方戏演出中心首演。《谢瑶环》为国家京剧院经典保留剧目，是 1961 年田汉先生根据《女巡按》改写的历史剧，1962 年由著名京剧表演艺术家杜近芳先生首演。此次国家京剧院复排该剧，由杜近芳、叶少兰担任艺术指导，吕昆山担任复排导演，青年演员付佳、张兵担纲主演。

【京剧《徐母传》】

2017 年 9 月 22 日、23 日，由国家京剧院复排的新编传统京剧《徐母传》在梅兰芳大剧院上演。该剧取材于小说《三国演义》，是根据《徐母骂曹》《程昱赚书》《曹营见母》《徐母训子》等多个与徐母和徐庶人物相关的老戏剧本提炼改编而成，还参考了传统京剧《徐庶走马荐诸葛》《三顾茅庐》等的剧情，是首次将过去仅作为折子戏或保留唱段、念白的徐母题材剧目改编扩充为剧情完整、人物生动的老旦行当唱功戏。该剧由王晶华担任复排艺术指导，王威良担任复排导演，青年老旦演员张兰饰演徐母。

【京剧《大面》】

2017年9月27日，由浙江京剧团创排的古装京剧《大面》在杭州剧院首演。《大面》根据北齐名将“兰陵王”的传奇故事改编，主要讲述了北齐名将“兰陵王”（高长恭），在生父被杀、生母被夺的环境下忍辱负重、浴火重生的传奇故事。由罗怀臻编剧，翁国生导演并领衔主演，毛懋、毛毅、罗戎征、王文俊等联合主演。《大面》是浙江京剧团创演的“悲情京剧三部曲”压轴之作，前两部分别是根据古希腊著名悲剧《俄狄浦斯王》改编的京剧《王者俄狄》和讲述残唐时期传奇人物“十三太保”李存孝悲剧人生的《飞虎将军》。

【京剧《横空出世》】

2017年9月29日，国家京剧院创排的现代京剧《横空出世》在梅兰芳大剧院首演。该剧是第一部以京剧形式反映“两弹一星”题材的现代京剧，描绘了在艰苦的环境下，广大科技工作者和人民解放军扎根戈壁的一段隐姓埋名、献身国防的如歌岁月。由王伯男、李美妮、兰宁远编剧，吴晓江导演，杜喆、魏积军、刘魁魁等主演。

【京剧《花漫一碗泉》】

2017年12月19日，由宁夏演艺集团京剧院创排的现代京剧《花漫一碗泉》在宁夏回族自治区银川市首演。该剧由贾璐编剧，张曼君任总导演，刘京饰演玉兰。剧目讲述农家女子玉兰如何成长为“治沙女杰”，并依靠辛勤劳作最终实现了“人进沙退”的故事。

【京剧《蝶恋花》】

2017年12月28日、29日，国家京剧院2017年重点复排剧目现代京剧《蝶恋花》在梅兰芳大剧院上演。该剧取名自毛泽东诗词《蝶恋花·答李淑一》，是国家京剧院1977年创编的一台现代京剧，由戴英禄、邹忆青、范钧宏编剧，郑亦秋导演，关雅浓、张復任作曲和唱腔设计，李维康领衔主演。剧目讲述毛泽东的妻子、革命烈士杨开慧在大革命失败后，坚持同国民党反动派作地下斗争，最后英勇就义的故事。此次复排由李维康任总导演，任凤坡任导演，王润菁、郭霄饰演杨开慧，魏积军、杨威饰演缪老爹。

昆曲

【昆曲《春江花月夜》】

2017年3月17日、18日，由上海张军昆曲艺术中心、上海昆剧团、江苏省演艺集团昆剧院和昆山当代昆剧院联手打造的当代原创昆曲《春江花月夜》在北京天桥艺术中心上演。该剧由罗周编剧，李小平导演，张军、余彬主演。剧目取材于唐代诗人张若虚的传世名篇，通过27岁的探花郎张若虚与女子辛夷在16岁、26岁、66岁3次穿越时空的相见，传递出不同的人生感悟，表达了“爱与时间”的宏大主题。

【昆剧《罗密欧与朱丽叶》】

2017年6月28日，云集了国家京剧院、北京京剧院、上海京剧院、天津京剧院、陕西省京剧院五大京剧院团青年演员的昆剧版《罗密欧与朱丽叶》在北京长安大戏院上演。该剧由陈超编剧、导演，周雪华任唱腔设计，杨楠、张鑫等主演。昆剧版《罗密欧与朱丽叶》并非对原作原封不动地照搬，而是借用了它的核，将其移植并演变为发生在中国的爱情故事，并用中国传统词牌的唯美诗句予以诠释。

【昆剧《钟楼记》】

2017年11月29日，由浙江昆剧团和浙江婺剧团联合创排的新编昆剧《钟楼记》在杭州剧院首演。该剧根据法国文学家雨果的名著《巴黎圣母院》改编，由陈兴武、徐青子编剧，石玉昆执导，浙昆的胡娉和浙婺的陈丽俐饰演女主角梅腊朵，浙昆的项卫东饰演男主角莫铎，浙昆的鲍晨饰演反派角色傅偌鲁。该剧文本改编以尊重原著为主旨，让其“魂”忠于雨果，而“形”以中国戏曲包装，并吸收加入一些东方艺术的元素。

评剧

【评剧《柳毅传书》】

2017年3月18日、19日，由黑龙江省评剧艺术中心复排的评剧《柳毅传书》在黑龙江省歌舞剧院音乐厅上演。剧目讲述淮阴秀才柳毅仗义传书，搭救洞庭龙女三娘，最终三娘化身成人，二人终结良缘的故事。该剧在20世纪50年代由哈尔滨市评剧院首演，为评剧表演艺术家刘小楼、喜彩苓的代表剧目。此次复排由周连生、赵丹红担纲导演，陈冰心、李鹏主演。

【评剧《藏地彩虹》】

2017年12月3日，由中国评剧院创作的现代评剧《藏地彩虹》在全国地方戏演出中心首演。该剧由张明媛编剧，熊源伟、方彤彤导演，王平、郑岚饰演方丹。剧目根据北京榜样——北京安贞医院小儿心内科顾虹医生、北京援藏医疗队以及其他行业援藏干部的先进事迹创作而成。

祁剧

【祁剧《目连救母》】

2017 年 3 月 20 日、22 日，由湖南省艺术研究所、湖南省祁剧保护传承中心联合整理改编的传统祁剧《目连救母》在北京戏曲艺术职业学院剧场上演。该剧由刘锡林、仇荣华联合执导，肖笑波领衔主演。剧目摈弃封建糟粕，淡化宗教色彩，提炼出“行孝劝善”的主题。主人公傅罗卜在其母亲刘青提违誓破戒、被打入十八层地狱之后，克服一切困难，不惜牺牲自己、矢志救母，体现了中华民族倡导行孝劝善、父慈母爱的美德。

秦腔

【秦腔《家园》】

2017年1月10日、11日，由陕西省文化厅出品，陕西省渭南市秦腔剧团创排，渭南市澄城县剧团、户县群星剧团等基层院团联合制作的秦腔现代戏《家园》在北京梅兰芳大剧院上演。该剧由谢艳春、屈曌洁编剧，张平导演，赵超峰、党美丽、胡香串、张佐群等担纲主演。剧目以2010年发生在陕西省安康市紫阳县的真实事件为素材，讲述了特大泥石流吞噬了一座村庄后，陕西启动避灾移民工程，干部带领村民重建家园的故事。

【秦腔《胭脂》】

2017年6月16日、18日，由西安秦腔剧院复排的经典剧目秦腔《胭脂》阔别舞台40年后在西安易俗大剧院上演。该剧脱胎于同名经典越剧，故事取材自《聊斋志异》，通过一个平反冤狱的故事，穿插青年男女真挚而纯洁的爱情，有力抨击了主观断案、草菅人命的封建官僚行为。20世纪70年代，易俗社根据同名越剧剧本排演了秦腔版本，由王芷华、张咏华、王保易、吴西民、毛文德、任慧中、张锦华、高志贤等老一辈表演艺术家联袂演出，成为秦腔经典剧目。

【秦腔《王贵与李香香》】

2017年6月18日，由宁夏演艺集团秦腔剧院创排的秦腔现代剧《王贵与李香香》作为第十五届中国戏剧节的开幕演出在银川市宁夏大剧院上演。该剧根据李季所著的红色革命长诗《王贵与李香香》改编，刘锦云编剧，张曼君导演，柳萍饰演李香香、李小雄饰演王贵。剧目以一对红色恋人的爱情故事为线索，展现了“三边”人民的革命历程，揭示出个人命运与革命大业血肉相连的必然因果。

上党梆子

【上党梆子《太行娘亲》】

2017年7月19日，由山西省晋城市上党梆子剧院创排的新编上党梆子现代戏《太行娘亲》在山西省晋城市歌舞剧院琚颐睦剧场倾情首演。该剧由李莉、张裕编剧，王青执导，陈素琴领衔主演。剧目讲述抗日战争时期，太行母亲赵氏与梨花，婆媳两代人舍弃亲生骨肉，救护八路军后代的感人故事。

锡剧

【锡剧《卿卿如晤》】

2017 年 4 月 13 日，由常州市锡剧院创排的现代锡剧《卿卿如晤》在江苏省常州大剧院首演。该剧由罗周、刘兴尧编剧，童薇薇执导，孙薇饰演陈意映，许君峰饰演林觉民。剧目以黄花岗七十二烈士之一林觉民的《与妻书》为基础，从林觉民爱妻陈意映的独特视角，阐释了一个革命者的献身精神和民族大义。

越调

【越调《老子》】

2017 年 3 月 10 日、11 日，由河南省越调艺术保护传承中心创作演出的越调《老子》亮相北京长安大戏院。该剧由孟华编剧，李利宏导演，申小梅主演，全剧以老子撰写《道德经》为主线，撷取了老子一生中的多个片段，凭借喜剧的感染力，刻画了老子淡泊名利、“圣人无常心，以百姓心为心”的形象。

越剧

【越剧《清风亭》】

2017年11月3日，由杭州越剧院创排的新编越剧《清风亭》在浙江省宁波市逸夫剧院首演。该剧移植于河北梆子《清风亭》，由石惠兰、吴玲珠、徐铭、梅秀文等主演，讲述以卖豆腐为生的老人张元秀夫妇在清风亭拾得一名婴儿，取名张继保，张继保长大后被生母带走，后得中状元路过清风亭小憩，张元秀夫妇前往相认，不料张继保忘恩负义，将张老夫妇当成乞丐，二老悲愤已极，相继碰死在亭前，张继保也被雷击而死。

粤剧

【粤剧《浴火凤凰》】

2017 年 10 月 30 日，由广东省东莞长安戏剧曲艺协会粤剧团创排的现代粤剧《浴火凤凰》在北京梅兰芳大剧院上演。该剧以抗日名将叶挺及其夫人李秀文一生的真实故事改编，由卫中、黎嘉飞编剧，王佳纳、梁钧强导演，黄汉杰饰演叶挺，黄小圆饰演李秀文。

纪事

国家资助项目

【文化部办公厅公布2016年度戏曲剧本孵化计划专家评审结果】

2017年2月20日，根据《文化部办公厅关于开展2016年度戏曲剧本孵化计划项目申报工作的通知》（办艺函〔2016〕373号）精神，经各省（区、市）文化厅（局）及有关单位申报推荐，戏曲剧本孵化计划项目主办方组织专家认真评审，文化部办公厅公布2016年度戏曲剧本孵化计划第一次专家评审结果。其中，大戏项目30部，小戏项目29部。6月5日，文化部办公厅公布2016年度戏曲剧本孵化计划第二次专家评审结果。其中，原创大戏项目一类作品8部，原创大戏项目二类作品8部。

【文化部艺术司公布2017年度国家舞台艺术精品创作扶持工程评审结果】

2017年5月15日，文化部艺术司公布2017年度国家舞台艺术精品创作扶持工程评审结果。共有25部剧目入选"全国舞台艺术重点创作剧目"，戏曲剧目11部，分别是京剧《党的女儿》《狄青》《庄妃》、昆曲《邯郸记》、评剧《安娥》、拉场戏《海伦往事》、婺剧《宫锦袍》、闽剧《双蝶扇》、赣剧《邯郸记》、豫剧《九品巡检暴式昭》、粤剧《还金记》；共有10部剧目入选"国家舞台艺术精品创作扶持工程重点扶持剧目"，戏曲剧目4部，分别是京剧《党的女儿》、昆曲《邯郸记》、婺剧《宫锦袍》、闽剧《双蝶扇》。

【国家艺术基金管理中心公布2017年度资助项目】

2017年6月28日，国家艺术基金管理中心经国家艺术基金专家严格评审，并报国家艺术基金理事会批准，对《国家艺术基金2017年度资助项目立项名单》予以公示。《国家艺术基金2017年度资助项目立项名单》，共计1002项。"大型舞台剧和作品创作资助项目"135项，其中戏曲类共27个剧种44部作品，分别是京剧《光之谷》《苍生》《长乐未央》《老倔头和他的儿女们》、昆剧《乌石记》、评剧《藏地彩虹》《德孝碑》、沪剧《敦煌女儿樊锦诗》、河北梆子《李保国》《春秋笔》《绨衣天子》、闽剧《银筝断》、粤剧《花笺记》《八和会馆》、川剧《铎声阵阵》《江姐》、婺剧《白兔记》、吕剧《板桥县令》《山东汉子》、晋剧《雄关娘子》《关公》、曲剧《药香》、豫剧《天下清德》《戈壁母亲》《韩愈》、蒲剧《风雨鹳雀楼》、上党梆子《太行娘亲》、锡剧《独角兽之夜》《大风歌》、长沙花鼓戏《长辈》《甜甜的梦》《明月初心》《甜酒谣》、山东梆子《孟母》、淮剧《送你过江》、绍剧《蓝衫师爷》、楚剧《乡里乡亲》、黄梅戏《邓稼先》《槐花谣》、壮剧《百色起义》、秦腔《关中晓月》、玉溪花灯戏《山茶花红》、满族新城戏《神鼓传奇》、黔剧《湄水长歌》。"小型舞台剧（节）目和作品创作资助项目"198项，其中小戏曲36部作品入选。传播交流推广资助项目（181项）、艺术人才培养资助项目（140项）、青年艺术创作人才资助项目（348人）也都有戏曲类资助项目入选。

【文化部办公厅公布"中华优秀传统艺术传承发展计划"2017年度戏曲专项扶持入选项目名单】

2017年8月7日，文化部办公厅公布"中华优秀传统艺术传承发展计划"2017年度戏曲专项扶持入选项目名单。2017年度“名家传戏——当代戏曲名家收徒传艺”工程入选名单，共有京剧类名家21名，传艺学生41名；昆曲类名家4名，传艺学生8名；地方戏曲类名家75名，传艺学生160名。2017年度昆曲传统折子戏录制项目入选名单，共有100部昆曲折子戏入选。2017年度地方戏曲剧种文献、资料数字化影像化保存项目入选名单，共有10个项目入选。

【文化部艺术司公布2017年度剧本扶持工程项目入选名单】

2017年11月28日，根据《文化部办公厅关于开展2017年度剧本扶持工程申报工作的通知》(办艺函〔2017〕180号)，经各省（区、市）文化厅（局）及有关单位申报推荐，文化部艺术司组织专家评选，经公示后确定了2017年度剧本扶持工程“征集新创剧本”和“整理改编剧本”入选名单。“征集新创剧本”共10部，其中京剧剧本2部、地方戏曲剧本5部、话剧剧本2部、儿童剧剧本1部。“整理改编剧目”共10部。

展演・评奖

【2017 粤戏越精彩——广东省优秀地方戏曲剧种汇演】

2017 年 1 月 7 日至 9 日，由广东省文化厅主办，广东省艺术研究所承办，广东粤剧院、广东省舞台美术研究会协办的“2017 粤戏越精彩——全省优秀地方戏曲剧种汇演暨学术研讨会”在广东粤剧艺术中心举行。本次“粤戏越精彩”共分 3 天 4 场演出，参演剧节目共 29 个。这 29 个剧节目是在“2016 粤戏越精彩”三个片区 70 个剧节目中，经专家和观众集体评议、精心挑选而出，涵盖了粤剧、潮剧、汉剧、雷剧、山歌剧、采茶戏、白字戏、正字戏、西秦戏、花朝戏、乐昌花鼓戏等广东目前仅存的 11 个地方戏曲剧种。粤剧有《游园惊梦》《昭君塞上曲》《白猿取桃》，其他剧种有潮剧《闹钗》《相梁》，广东汉剧《百里奚认妻》《宇宙锋》，西秦戏《凤鸣岐山・返西岐》，白字戏《秦香莲》选段，雷剧《贵妃醉酒》《闯寺・拷蛤》，采茶戏《试妻》，花鼓戏《打鞭进城》，正字戏《昊天塔・五台山会兄》等。

【第二届国家大剧院黄梅戏艺术周】

2017 年 2 月 23 日至 3 月 11 日，由国家大剧院主办的“第二届黄梅戏艺术周”在北京国家大剧院上演。在为期 17 天的时间里，有安徽省黄梅戏剧院《不越雷池》、“高贵的家园”《唐诗宋词》黄梅音乐演唱会、马鞍山四季戏曲剧院《太白醉》、马鞍山市艺术剧院《凤鸣宏村》、再芬黄梅艺术剧院《徽州女人》《女驸马》等 6 台剧节目共 12 场陆续登场亮相。

【全国舞台艺术优秀剧目展演】

2017 年 2 月 27 日至 3 月 31 日，由文化部主办，文化部艺术司与北京市文化局共同承办，北京市演出有限责任公司协办的“全国舞台艺术优秀剧目展演”在北京举行。共有 10 台第十五届文华大奖获奖剧目和 10 台 2016 年度国家舞台艺术精品创作扶持工程重点扶持剧目在北京 9 家剧场集中亮相，共演出 37 场。其中戏曲剧目包括豫剧《焦裕禄》、评剧《母亲》《红高粱》、淮剧《小镇》、京剧《西安事变》《康熙大帝》、湘剧《月亮粑粑》、晋剧《于成龙》。

【国家京剧院 2017 年“致春天”系列演出】

2017 年 2 月 28 日至 3 月 19 日，国家京剧院 2017 年“致春天”系列演出在梅兰芳大剧院举行，现代戏《西安事变》《党的女儿》《红灯记》，新编历史剧《大漠苏武》《安国夫人》《武则天轶事》，传统京剧《柳荫记》《锁麟囊》《勘玉钏》《秦香莲》《乾坤福寿镜》《宝莲灯》《野猪林》《寿州救驾》《李逵探母》，折子戏《昭君出塞》《对花枪》等共 18 场演出轮番登场。

【第四届青年京剧演员（北京）擂台邀请赛】

2017 年 3 月 19 日至 4 月 7 日，“第四届青年京剧演员（北京）擂台邀请赛”在北京长安大戏院举行。此项邀请赛作为北京京剧院独有的京剧演出品牌项目至今已举办三届。本届邀请赛北京京剧院联合北京市京剧昆曲振兴协会、中国人民大学国剧研究中心、武汉京剧院、天津市青年京剧团共同举办。此次赛事共有20场演出，其中武戏达到10场，包括5场京津冀武戏武功展演以及3场叶派武丑展演和2场武戏折子戏展演，形成“文武并重”“百花齐放”的局面。除了武戏比例大幅增加以外，本届擂台邀请赛还严格控制参赛演员年龄段限制在35岁以下。

【第27届上海白玉兰戏剧表演艺术奖获奖演员名单揭晓暨颁奖晚会】

2017年4月7日，“第27届上海白玉兰戏剧表演艺术奖获奖演员名单揭晓暨颁奖晚会”在上海大剧院隆重举行。本届白玉兰戏剧奖以“在人民中间生根开花”为题，颁奖晚会上揭晓了本届白玉兰戏剧奖获奖名单。主要有“上海白玉兰戏剧表演艺术奖主角奖”获奖演员10名，“上海白玉兰戏剧表演艺术奖配角奖”获奖演员5名，“上海白玉兰戏剧表演艺术奖新人主角奖”获奖演员2名，“上海白玉兰戏剧表演艺术奖新人配角奖”获奖演员3名，“上海白玉兰戏剧表演艺术奖集体奖”获奖剧组2名。获奖名单如下：

“上海白玉兰戏剧表演艺术奖终身成就奖”获奖者

傅全香　徐玉兰　王文娟

“上海白玉兰戏剧表演艺术奖特殊贡献奖”获奖者

谢涛

“上海白玉兰戏剧表演艺术奖特别奖”获奖剧组

《北京法源寺》剧组

上海白玉兰戏剧表演艺术奖主角奖

姓名	参评单位	申报剧目	扮演角色
马小宁	南京市话剧团有限公司	话剧《民生巷11号》	马国庆
王洪玲	北京市河北梆子剧团	河北梆子《北国佳人》	刘喜奎
李宏	天津京剧院	京剧《赤桑镇》	吴妙贞
		京剧《遇皇后·打龙袍》	李后
李小雄	宁夏演艺集团秦腔剧院有限公司	秦腔《狗儿爷涅槃》	狗儿爷
杨亚男	上海京剧院	京剧《铁弓缘》	陈秀英
陈飞	绍兴小百花越剧团	越剧《情探》	敫桂英
林为林	浙江京昆艺术中心	昆剧《大将军韩信》	韩信
顾卫英	北方昆曲剧院	昆剧《李清照》	李清照
舒桐	中国戏曲学院	京剧《黑旋风》	李逵
蓝天	上海昆剧团	昆剧《邯郸记》	卢生

主角奖提名奖

姓名	参评单位	申报剧目	扮演角色
杨少彭	北京京剧院	京剧《杨家将》	杨继业　寇准
陈麟	上海京剧院	京剧《马超》	马超
梁锦忠	盐城市淮剧团	淮剧《半车老师》	田半车
马丁	安庆市黄梅戏艺术剧院	黄梅戏《大清名相》	张廷玉

续表

姓名	参评单位	申报剧目	扮演角色
朱冰贞	北方昆曲剧院	昆剧《牡丹亭》	杜丽娘
章金刚	浙江绍剧艺术研究院	绍剧《龙虎斗》	赵匡胤

上海白玉兰戏剧表演艺术奖配角奖

姓名	参评单位	申报剧目	扮演角色
王英会	北京市河北梆子剧团	河北梆子《北国佳人》	曹锟
朱杰	上海话剧艺术中心有限公司	话剧《玻璃动物园》	劳拉·温菲尔德
杨钦锋	浙江绍剧艺术研究院	绍剧《火焰山》	红孩儿
范晓枫	上海芭蕾舞团	芭蕾舞剧《哈姆雷特》	乔特露德
常小川	南京市话剧团有限公司	话剧《民生巷11号》	小川

配角奖提名奖

姓名	参评单位	申报剧目	扮演角色
梁忠威	太原市晋剧艺术研究院	晋剧《于成龙》	邹克忠
丁美婷	上海话剧艺术中心有限公司	话剧《大清相国》	赫舍里月媛

上海白玉兰戏剧表演艺术奖新人主角奖

姓名	参评单位	申报剧目	扮演角色
卫立	上海昆剧团	昆剧《南柯梦记》	淳于棼
王浩爽	浙江绍剧艺术研究院	绍剧《火焰山》	孙悟空

上海白玉兰戏剧表演艺术奖新人配角奖

姓名	参评单位	申报剧目	扮演角色
朱丹贤	浙江绍剧艺术研究院	绍剧《火焰山》	猪八戒
曹杨	上海话剧艺术中心有限公司	话剧《异乡人》	关渡苏阳
蒋珂	上海昆剧团	昆剧《南柯梦记》	瑶芳

新人配角奖提名奖

姓名	参评单位	申报剧目	扮演角色
杨馥菱	中国福利会儿童艺术剧院	儿童剧《泰坦尼克号》	鼠宝

“上海白玉兰戏剧表演艺术奖集体奖”获奖剧组

参评单位	申报剧目
中国福利会儿童艺术剧院	儿童剧《泰坦尼克号》剧组
河北沧州小凤霞评剧团	评剧《紫花丁》剧组

【纪念谭鑫培诞辰 170 周年展演活动】

2017 年 4 月 23 日，由中共武汉市委宣传部、武汉市文化局、武汉市文学艺术界联合会、江夏区人民政府联合举办的“纪念京剧一代宗师谭鑫培诞辰 170 周年京剧经典展演活动”在谭鑫培故乡湖北省武汉市江夏区开幕。24 日至 26 日，在武汉剧院举办经典展演活动，27 日在武汉大学举办名家名段演唱会。此次纪念展演剧节目包括北京京剧院传统戏《龙凤呈祥》、青年演员“浓妆靓彩演唱会”和京津沪汉“名家经典演唱会”。北京京剧院谭孝曾、赵葆秀、闫桂祥、王蓉蓉、杜镇杰、迟小秋、李宏图、朱强、陈少杰、张慧芳、胡文阁等名家，以及谭正岩、杨少彭等新秀悉数登场。叶少兰、孟广禄、陈少云、王平等京剧名家也特邀联袂出演。

【第十五届江浙沪闽经典越剧大展演】

2017 年 5 月 6 日至 6 月 12 日，由浙江省文化厅、中共绍兴市委宣传部、绍兴市文化广电新闻出版局主办的“第十五届江浙沪闽经典越剧大展演”在浙江省绍兴市举行。浙江小百花越剧团、上海越剧院、福建省芳华越剧团、南京市越剧团、浙江越剧团、杭州越剧院、绍兴小百花越剧团等 10 多家国内越剧院团在展演期间演出剧目 30 余场。钱惠丽、吴凤花、李敏、方亚芬、萧雅、王志萍、徐铭、吴素英、王滨梅、陈晓红、华渭强、黄慧等越剧名家在展演中亮相。开幕演出中，90 岁的越剧表演艺术家王文娟携众弟子献上《千里共婵娟》全明星版王（文娟）派越剧专场。

【第 28 届中国戏剧奖·梅花表演奖暨第 22 届中国戏剧奖·曹禺剧本奖揭晓】

2017 年 5 月 8 日至 23 日，由中国文学艺术界联合会、中国戏剧家协会、中共广州市委、广州市人民政府主办，广州市文化广电新闻出版局承办“第 28 届中国戏剧奖·梅花表演奖终评竞演”在广东省广州市举行。本届梅花奖是全国文艺评奖改革后第一次评选，“梅花奖”名额由原来的 30 名压缩到 15 名。经各省市自治区、中直院团推介和层层选拔，共有 50 名戏剧演员进入初评。经过初评后，共有 16 名戏剧演员进入广州终评，最后评选出 15 名“梅花奖”获奖演员。5 月 22 日晚，此次终评竞演活动闭幕式在广州大剧院举行。闭幕式上揭晓了 15 名“梅花奖”获奖演员名单。本届与以往相比，男演员表现尤为突出。演出剧目则既有新创剧目，又有整理改编的传统戏。同时，闭幕式还揭晓了第 22 届中国戏剧奖·曹禺剧本奖获奖名单，5 部作品获奖。

第 28 届中国戏剧奖·梅花表演奖获奖名单

姓名	单位	参演剧目
汪育殊	安徽省徽京剧院	徽剧《惊魂记》
张建峰	北京京剧院	京剧《范进中举》
张琳	绍兴市柯桥区小百花越剧艺术传习中心	越剧《一钱太守》
苏春梅	广州粤剧院有限公司	粤剧《搜书院》
周妤俊	杭州越剧传习院	越剧《心比天高》
赵旭	军委政治工作部话剧团	话剧《从湘江到遵义》
王少华	河北梆子剧院	河北梆子《徐策》
曾小敏	广东粤剧院	粤剧《白蛇传·情》
韦小兵	宁夏演艺集团秦腔剧院	秦腔《卧虎令》

续表

姓名	单位	参演剧目
程丞	湖北省戏曲艺术剧院	黄梅戏《罗帕记》
沈昳丽	上海昆剧团	昆剧《紫钗记》
叶红	湖南省花鼓戏戏剧院	花鼓戏《刘海戏金蟾》
袁丫丫	天水市西秦腔研究院	秦腔《春江月》
吴则文	福州闽剧艺术传承发展中心	闽剧《兰花赋》
龚莉莉	江苏省镇江市艺术创作研究中心	扬剧《花旦当家》

第 22 届中国戏剧奖·曹禺剧本奖获奖名单

剧目	作者
	戏曲(按得票多少排序)
秦腔《狗儿爷涅槃》	刘锦云(宁夏剧协推荐)
高甲戏《大稻埕》	曾学文(福建省剧协推荐)
黄梅戏《大清贤相》	余青峰、屈曌洁(《剧本》推荐)
	歌剧
《星海》	王勇(咏之)、郭雪(中国歌剧舞剧院推荐)
	话剧
《小平小道》	邵钧林、杜尔冰(中央军委政治工作部宣传局推荐)

【第二届南充国际木偶艺术周】

2017 年 6 月 1 日至 6 日，由四川省文化厅、南充市人民政府、国际木偶联会亚洲太平洋委员会主办“第二届南充国际木偶艺术周”在四川省南充市举行。本届艺术周以“弘扬传统艺术 促进共融发展”为主题，共有来自全世界 20 个国家和地区的 46 支代表团的 700 余名艺术家云集南充，共演出 150 余场剧目。国内重要的木偶皮影形式，如四川大木偶、广西木偶、广东木偶、唐山皮影、湖南木偶皮影、扬州木偶、海陆丰皮影、海宁皮影、昌黎县皮影、泰安皮影、成都木偶、如皋木偶、漳州木偶、台湾木偶、锦州木偶、大连木偶、资中县木偶等在艺术周得到了集中展示。

【桃李芬芳——缅怀武生名家王金璐先生京剧艺术教育生涯专场纪念演出】

2017 年 6 月 2 日至 4 日，由中国戏曲学院主办的“桃李芬芳——缅怀武生名家王金璐先生京剧艺术教育生涯专场纪念演出”在北京长安大戏院举行。王金璐先生长子、77 岁高龄的王展云携来自北京京剧院、天津市青年京剧团、沈阳京剧院、唐山市京剧团及中央戏剧学院的先生亲传弟子董玉杰、白少华、赵永伟、常东、张宏伟、王雪清，以及再传弟子王磊、魏学雷、詹磊等演出了《长坂坡·汉津口》《挑华车》《捉拿左青龙》等剧目。中国戏曲学院京剧系本科生主演的《八大锤》《神亭岭》《镇潭州》也在系列演出中进行了展示。

【2017 中国戏曲节】

2017 年 6 月 13 日至 8 月 13 日，为庆贺香港回归祖国和香港特别行政区成立二十周年，由香港特别行政区政府康乐及文化事务署主办的“2017 中国戏曲节”在香港举行。本届戏曲节汇集了京剧、粤剧、昆剧、越剧、婺剧、川剧，以及陕西秦腔、碗碗腔、眉户及关中道情等剧种。北京京剧院、中国国家京剧院一团、香港八和会馆、上海越剧院一团、苏州昆剧院、浙江婺剧艺术研究院、重庆市川剧院、陕西省戏曲研究院等院团携各自经典剧目参演。

【北方昆曲剧院建院 60 周年系列活动】

2017 年 6 月 15 日至 27 日，北方昆曲剧院举办纪念建院 60 周年系列展演活动，全国 7 个昆曲院团参与此次展演活动。此次系列展演包括：6 月 15 日至 18 日，北昆学员班演出；6 月 19 日，北昆折子戏专场和昆曲《牡丹亭》演出；6 月 20 日，浙江永嘉昆剧团折子戏专场、上海昆剧团《湖楼》演出和江苏苏州昆剧院折子戏专场；6 月 22 日，“昆曲荣耀——北方昆曲剧院建院 60 周年庆典晚会”，昆曲名家张洵澎、梁谷音、石小梅、汪世瑜和其他剧种名家叶少兰、李维康、沈铁梅、李树建、刘玉玲、吴文月等演出各自代表剧目；6 月 23 日，江苏昆山当代昆剧院折子戏专场和江苏省演艺集团昆剧院折子戏专场；6 月 24 日，湖南昆剧团折子戏专场和浙江京昆艺术中心折子戏专场；6 月 26 日至 27 日，北昆文华大奖剧目《红楼梦》第 100 场专场演出。

北方昆曲剧院成立于 1957 年，是长江以北唯一的昆曲院团，艺术风格独具特色。60 年来，北昆涌现了韩世昌、白云生、侯永奎、马祥麟、侯玉山、沈盘生、白玉珍、魏庆林等众多昆曲名家，留下了《思凡》《刺虎》《春香闹学》《金不换》《夜奔》《刀会》《麒麟阁》《昭君出塞》《棋盘会》等一大批经典保留剧目。新时期以来，北昆复排演出的剧目《李慧娘》《西厢记》《牡丹亭》《桃花扇》独具北昆风格，深受欢迎。

【第六届中国京剧优秀青年演员研究生班毕业公演】

2017 年 7 月 2 日至 11 日，“第六届中国京剧优秀青年演员研究生班（以下简称“青研班”）毕业公演”在北京长安大戏院举行。“青研班”由中宣部指导，文化部、北京市主办，中国戏曲学院承办。第六届“青研班”于 2014 年 3 月开班。3 年来，中国戏曲学院邀请了 80 余名表演艺术家、理论家为“青研班”学员传授京剧剧目 500 余出（含传统剧目、新编剧目和折子戏），讲授 20 余门文化理论课，举办 30 余次专题讲座，在全国各地组织教学汇报演出 100 余场。此次毕业公演由来自 15 个院团、院校的 47 名第六届“青研班”学员参演，每名学员根据自己所应工的行当和流派特点，选择其在“青研班”学习的剧目进行演出。其中，北京京剧院魏学雷演出剧目《火烧百凉楼》是鲜见舞台多年的传统武戏，由中国戏曲学院教授马玉璋挖掘整理并排演。

【第三届上海（浦东）沪剧艺术节】

2017 年 7 月 20 日，由中共上海市浦东新区委宣传部、上海市浦东新区文化广播影视管理局、上海广播电视台公益媒体群、上海市戏剧家协会、上海市群众艺术馆、上海沪剧院共同主办的“上海的声音”——第三届上海（浦东）沪剧艺术节在上海开幕。本届沪剧节汇集了来自上海的沪剧专业和民营院团，以及苏州、无锡、常州、南京等地的沪剧团队和爱好者共同参与。沪剧节期间，恰逢沪剧表演艺术家、“申曲皇后”王雅琴诞辰 100 周年，沪剧表演艺术家、沪剧“王派”创始人王盘声逝世一周年纪念，开幕演出以“向大师致敬”开篇。来自上海各家沪剧院团演员合作演绎了“两王”的代表剧目，包括《孟丽君》《碧落黄泉》《陆雅臣卖娘子》《黄浦怒潮》《第二次握手》等经典唱段。7月27日，艺术节闭幕式以“千人同唱 用上海声音喜迎党的十九大”为主题，一些经典唱段《母子岭·手拿一朵红玫瑰》《金沙江畔·找水》《朵朵红云·永远跟党走》《红灯记·粥棚接头》《星星之火·启发杨桂英》《打起背包走天下》《卜算子·咏梅》《回望·生死临界点》《红灯记·做人要做这样的人》等亮相闭幕式。

【第四届中国豫剧节】

2017年8月4日至9月11日，由文化部艺术司、中共河南省委宣传部、河南省文化厅河南中华豫剧文化促进会共同主办，河南豫剧院承办，河南省人民政府驻京办等协办，全国各豫剧院团参与的“第四届中国豫剧节”在河南、北京两地举行。本届豫剧节以“喜迎十九大——豫剧的盛会，人民的节日”为宗旨。与前三届不同，本届中国豫剧节选拔部分剧目到北京展演，还组织部分剧目开展全国巡演。本届中国豫剧节有29台剧目参演，在北京共演出25场，在河南郑州演出5场。李树建、汪荃珍、王海玲、孟祥礼、王惠、贾文龙等豫剧名家，以及吴素真、郑娟等青年豫剧演员登台献艺。展演期间，主办方还邀请在戏曲界艺术家、评论家及豫剧院团长、戏曲爱好者前来观摩，并在演出结束后举办“一剧一评”评议会，对剧目艺术质量进行分析，为豫剧的繁荣发展建言献策。

【2017年全国小剧场戏剧优秀剧目展演】

2017年9月1日至30日，由文化部艺术司、北京市文化局共同主办，宽友（北京）文化交流有限公司承办的“2017年全国小剧场戏剧优秀剧目展演”在北京举行。共有21部剧目在国家话剧院小剧场、国话先锋剧场、北京人民艺术剧院实验剧场、北京9剧场、繁星戏剧村、剧空间剧场陆续上演，其中小剧场话剧12部、戏曲9部。9部戏曲分别是京剧《惜·姣》、实验京剧《浮士德》、京剧《谁共白头吟》、昆曲《望乡》、实验昆剧《椅子》、河北梆子《牺牲》、越剧《心比天高》、章回鼓书《古城暗战》、实验戏曲《三生》。展演期间，还举办了小剧场戏剧创作发展研讨会和开展了多种形式的公益活动。

【菊苑流芳——第三届辽吉黑蒙四省区地方戏曲优秀剧目展演】

2017年9月5日，由黑龙江省文化厅、辽宁省文化厅、吉林省文化厅和内蒙古自治区文化厅联合主办的“菊苑流芳——第三届辽吉黑蒙四省区地方戏曲优秀剧目展演”在黑龙江省哈尔滨市举行。为期10天的展演，共有来自四省区的10台剧目参加展演，包括辽宁省沈阳评剧团的评剧《宝玉和黛玉》、吉林省戏曲剧院的吉剧《宝贝回家》、内蒙古民族艺术剧院的情景歌舞剧《草原上的乌兰牧骑》，以及黑龙江省的7台剧目，有以黑龙江省龙江剧艺术中心龙江剧《松江魂》为代表的龙江剧五台、黑龙江省评剧院的评剧《千里沃野》以及海伦市北派二人转传承保护中心的拉场戏《海伦往事》等剧目。

【纪念谭鑫培诞辰170周年、谭富英诞辰111周年流派经典精品剧目系列展演】

2017年9月8日至18日，由北京京剧院主办的“历史辉煌·今日精彩”纪念谭鑫培诞辰170周年、谭富英诞辰111周年流派经典精品剧目系列展演活动在北京长安大戏院举行。为期11天的系列展演活动，先后上演《定军山》《阳平关》《桑园会》《翠屏山》等一批经典剧目，举办了老中青老生流派专场、再传弟子专场。谭鑫培是京剧史上第一个老生流派——谭派的创始人，行内有“无腔不学谭”之说。自1863年谭鑫培随父亲谭志道在京城“广和成”搭班演戏算起，谭门七代从事同一戏种、同一行当且一脉相承，堪称一部“浓缩的中国京剧史”。为配合此次纪念活动，9月21日，由北京京剧院、中国戏曲学院主办，中国戏曲学院戏曲研究所承办的“谭鑫培与京剧的辉煌学术研讨会”在北京举行。

【“昆曲回家”——大师传承版《牡丹亭》】

2017年10月4日，由中共昆山市委、昆山市人民政府主办，中共昆山市委宣传部、昆山市文化广电新闻出版局承办，昆山当代昆剧院实施、昆山阳澄湖文商旅集团协办的“昆曲回家”——大师传承版《牡丹亭》在江苏省昆山当代昆剧院剧场开演。此次演出，聚集了江苏省演艺集团昆剧院、上海昆剧团、江苏省苏州昆剧院、浙江昆剧团、北方昆曲剧院、湖南省昆剧团、浙江永嘉昆剧团、昆山当代昆剧院8家昆剧院团的55位名家，还有北京、香港、台湾等地京昆表演团体选派的艺术家出演。他们当中10余位是年近耄耋的昆曲国宝级艺术家，还有众多活跃于海峡两岸戏曲舞台的中生代昆曲名家，以及当红的青春昆曲偶像。55位昆曲艺术家中，最年长的是82岁高龄的柳继雁，最年轻的是25岁的刘煜，其中有19人21次摘得中国戏剧最高奖“梅花奖”。在为期半个月中，来自海峡两岸的26位杜丽娘、11位柳梦梅、6位春香、4位判官、4位陈最良、2位杜母，为观众带来四轮八场的大师传承版《牡丹亭》。

【中国秦腔优秀剧目会演】

2017年10月8日，由陕西省文化厅、天津市文化广播影视局、浙江省文化厅、甘肃省文化厅、山西省文化厅等九省区市文化厅局联合主办的“中国秦腔优秀剧目会演”在陕西省西安市开幕。除开闭幕演出，共有24台剧目参加此次会演，它们分别来自陕西、浙江、广东、山西、甘肃、青海、天津、宁夏、新疆九地的20余家专业院团，汇聚秦腔、绍剧、河北梆子等多个剧种，不乏经典剧目。其中，传统戏有阿宫腔《王魁负义》、秦腔《狸猫换太子》《火焰驹》《三滴血》《铡美案》《游龟山》、河北梆子《穆柯寨辕门斩子》，新编历史戏有绍剧《于谦·两袖清风》、秦腔《金麒麟》《大秦文公》《杨门女将》《大刀王怀女》《三请樊梨花》，现代戏有眉户剧《山妹》《雷雨》《父亲》、秦腔《蒙汉游击队》《民乐情》《尕布龙》《八月十五月儿圆》。

【中国少儿戏曲小梅花20年汇报演出】

2017年10月13日至14日，由中国文学艺术界联合会、中国戏剧家协会等共同主办的“梅花蓓蕾向阳开——迎接党的十九大胜利召开中国少儿戏曲小梅花20年汇报演出”在北京梅兰芳大剧院举行。演出集合了来自京剧、昆曲、豫剧、评剧、越剧、黄梅戏、沪剧、晋剧、蒲剧、锡剧、粤剧11个剧种的23个节目，活动旨在响应国家关于支持戏曲传承发展，戏曲进校园方针政策，挖掘储备后继人才，积累观众基础。本次汇报演出的一大亮点是：个人节目注重传承传统，集体节目强调原创性。如京剧《上天台》的表演者王文瑞是往届小梅花的获得者，如今在北京戏曲艺术职业学院任教，与他同台演出的高子天、姜子元是他的学生，也是近两年摘得小梅花的选手，师徒传承，体现薪火相传。而由浙江嵊州小梅花培训基地带来的集体节目《越韵古诗：梅兰竹菊》，将越剧与中国古典诗词两种不同的传统艺术形式跨界混搭，适合小孩子演唱，让观众体验传统戏曲与古诗词相得益彰、水乳交融的艺术魅力。

“中国少儿戏曲小梅花荟萃”是由中国戏剧家协会举办的全国性、高规格的少儿戏曲艺术活动，创办20年来，培养出了一大批戏曲艺术新秀。其中，“中国少儿戏曲小梅花荟萃”集体项目评审创设于

2016年，是根据戏曲教育和普及现状而推出的创新举措。

【全国花鼓戏优秀剧目展演】

2017年10月14日至23日，由文化部艺术司、中共湖南省委宣传部和湖南省文化厅联合主办的“全国花鼓戏优秀剧目展演”在湖南省长沙市举行。此次展演是全国首次大规模组织的花鼓戏专题汇演，活动期间有来自湖南、陕西、湖北的20余个花鼓戏精品剧（节）目亮相湖南戏曲演出中心和长沙实验剧场。展演活动分开幕式、花鼓戏优秀剧目展演、花鼓戏小戏专场、专家剧目点评、闭幕式暨湘音湘韵湘情——花鼓戏经典唱段演唱会5个板块，共9台演出。开幕式为湖南省花鼓戏保护传承中心演出的现代花鼓戏《桃花烟雨》。展演期间，共有包括湖南省花鼓戏保护传承中心的《刘海戏金蟾》、陕西商洛花鼓戏剧团的《带灯》、湖北花鼓戏艺术研究院的《秦香莲》、湖南邵阳花鼓戏剧团的《儿大女大》等4台大戏，湖南花鼓戏经典小戏专场，包括《讨学钱》《补锅》《送表妹》等；湖南花鼓流派（路子）小戏专场，包括长沙花鼓戏《书房调叔》、邵阳花鼓戏《打鸟》、衡州花鼓戏《打铁》、岳阳花鼓戏《补背褡》、零陵花鼓戏《双盘花》、常德花鼓戏《打芦花》等；湖南花鼓现代小戏专场，包括岳阳花鼓戏《补票》、株洲花鼓戏《五朵村花》、长沙花鼓戏《补课》、桃江花鼓戏《乡长打工》、娄底花鼓戏《乡里乡亲》（片段）等。闭幕式为湘音湘韵湘情——花鼓戏经典唱段演唱会，由从传统花鼓戏和现代花鼓戏经典剧目中精选的15个唱段组成。

【江苏·镇江现代扬剧北京展演周】

2017年10月20日至24日，由中国戏曲现代戏研究会、江苏省戏曲现代戏研究会、镇江市人民政府主办，中共镇江市委宣传部、镇江市文化广电新闻出版局、镇江市文化广电产业集团承办的“江苏·镇江现代扬剧北京展演周”在北京上演。展演的三台剧目分别是扬剧原创剧目《花旦当家》《完节堂1937》《红船》。

【2017年北京金秋优秀剧目展演】

2017年10月25日至12月10日，由北京市文化局举办的“2017年北京金秋优秀剧目展演”在北京各大剧场上演。参展作品涵盖戏曲、话剧、舞剧、曲艺、儿童剧、杂技、音乐会等不同艺术形式，共有23台剧目，其中参展的戏曲剧目有11台，分别是北京京剧院的京剧《狼牙山》《党的女儿》，北京京剧院与北京市厚阳文化传播有限公司联合制作的京剧《大宅门》，北方昆曲剧院的昆曲《汤显祖与临川四梦》，北京戏曲艺术职业学院的京剧《玉堂春》，中国评剧院的评剧《金沙江畔》，北京市河北梆子剧团的河北梆子《春秋笔》，北京市曲剧团的北京曲剧《方珍珠》，北京市京昆文化艺术团的京剧《大钊先生》，北京凌空评剧团的评剧《潮白人家》，河北省河北梆子剧院的河北梆子《李保国》。

【2017当代小剧场戏曲艺术节】

2017年10月26日至2018年1月7日，由北京市西城区文化委员会、北京戏剧家协会、北京天艺同歌国际文化艺术有限公司共同主办的“2017当代小剧场戏曲艺术节”在繁星戏剧村举行。本届艺术节主题为“蝶”，汇聚11个剧种，19部剧目，共计70场演出，包括台湾奇巧剧团的《蝴蝶效应》，台湾辜公亮文教基金会的《聂隐娘》，香港西九文化区戏曲中心的《霸王别姬》，北京京剧院的《马前泼水》《惜·姣》《不负如来不负卿》《季子挂剑》，北方昆曲剧院的《琵琶记》《玉簪记》《屠岸贾》，南京越剧院的《织造府·又见青溪》，上海淮剧团的《孔乙己》，湖南省湘剧院的《武松之踵》，北京市河北梆子剧团的《喜荣归》，上海越剧院的《洞君娶妻》，云南省滇剧院的《粉·待》，繁星戏剧村的《三岔口 2017》《一夜一生》等剧目。艺术节期间还举办了海峡两岸戏曲艺术家对小剧场戏曲发展的对谈，小剧场京剧与昆曲新势力对话，小剧场戏曲研究者综合性论坛，行业内知名专家、从业者对小剧场戏曲新作品研讨等不同形式的学术论坛。此外，艺术节还举办了“对戏国际当代艺术展”，意在继承传统的基础上进行文化创新，与世界发起新的对话，试图从新的视角来重读戏剧和讨论戏剧与当代艺术的跨界对话。展览中汇集了 17 位国际艺术家的作品，作品的媒介涵盖了戏曲动画、戏曲音乐、视频影像、舞台装置、纸本、油画、丝网版画。

【第 31 届田汉戏剧奖揭晓】

2017 年 11 月 1 日至 2 日，“第 31 届田汉戏剧奖评奖活动”在上海举行。经评委会评审，由全国近二十家戏剧专业期刊推荐的 25 个剧本、30 篇论文，分获各等奖项。在本届田汉奖评奖活动期间，为加强全国戏剧期刊的联系，推动国内戏剧刊物的发展，繁荣戏剧事业，全国 15 家专业期刊共同发起成立了全国戏剧期刊联盟，由《上海戏剧》《戏剧艺术》《上海艺术评论》三家期刊主办。

获奖名单：

剧本一等奖

作品名	作者	推荐期刊
《焦裕禄》(话剧)	陈鹏 黄河	《东方艺术》
《信仰》(话剧)	曹敬辉	《剧影月报》
《凤凰》(话剧)	李宝群 王宏 肖力	《戏文》
《大明四臣相》(话剧)	刘艳卉 陆军	《上海戏剧》
《南门客栈》(话剧)	何苦 陈晓峰 王阿木	《戏剧文学》
《瀚海流芳》(戏曲)	王靖	《剧作家》
《秦岭深处》(话剧)	阿莹	《当代戏剧》
《生命》(芗剧)	姚溪山	《福建艺术》

剧本二等奖

作品名	作者	推荐期刊
《镶金玉雕》(京剧)	史凤鸣 王春波	《人文天下》
《荀爷》(话剧)	王超	《剧影月报》
《筑梦》(甬剧)	王晓菁 王俭	《戏文》
《碰瓷》(话剧)	张军	《影剧新作》
《成兆才》(话剧)	孙德民	《大舞台》
《椅子》(昆剧)	俞霞婷	《上海戏剧》
《鱼水情深》(歌剧)	刘峻	《新戏剧》
《春去春又来》(吉剧)	王怀宇 张庆东	《戏剧文学》
《乐羊子》(戏曲)	曾荣玲	《广东艺术》
《暗香》(戏曲)	贺长山	《大舞台》
《五羊商人》(戏曲)	尹洪波	《广东艺术》

剧本三等奖

作品名	作者	推荐期刊
《好一朵山茶花》(小戏)	邹定华	《影剧新作》
《仁字碑》(话剧)	王秋林	《人文天下》
《职场游戏》(话剧)	高长顺 王建平 童铁英	《剧作家》
《我要我的阳光》(小戏)	林静	《当代戏剧》
《天下父母》(戏曲)	李学庭	《东方艺术》
《心锁凝魂》(话剧)	王新良	《大舞台》

评论一等奖

文章名	作者	推荐期刊
《南海十三郎:一生都是暗示——舞台剧〈南海十三郎〉观后》	吴韩娴	《上海戏剧》
《戏剧文本分析》	李春荣	《新戏剧》
《福建传统经典折子戏展演的启示》	王馗	《福建艺术》
《论舞台空间与灯光设计中视觉隐喻的写意精神——以现代京剧〈浴火黎明〉为例》	伊天夫	《戏剧艺术》
《传统戏曲艺术的浴火重生——陕西省戏曲艺术数字化发展现状及应对策略》	孙昭	《当代戏剧》
《中国文艺学理论转向下的莎士比亚话剧演出》	孙艳娜	《戏剧艺术》
《我们只剩下身体了吗——对青年戏剧的忧思》	王明端	《上海艺术评论》
《新元素与莎士比亚式思考的兼容——莎士比亚〈驯悍记〉人物造型设计中国化实践》	潘建华 钱亚平	《戏剧文学》
《"原创"的迷思应该打破》	张之薇	《东方艺术》
《以生命理性莪痛历史——读〈秋之白华〉与〈春闺残梦〉》	刘恩平	《上海艺术评论》

评论二等奖

文章名	作者	推荐期刊
《"西潮东渐"与"守正创新"——对近十年外国戏剧引进潮的思考》	徐健	《戏剧艺术》
《现实题材戏剧创作的新标杆——从话剧剧本〈人民的名义〉谈起》	李璇	《剧影月报》
《2015年北京戏剧艺术回望永恒问题框架里的逐渐变奏》	陈鸿莉 贾颖	《剧作家》
《文化危机与人性困局——邹静之话剧作品的人文解读》	罗馨儿	《戏剧艺术》
《守"鱼"抑或守"渔"?——也谈戏曲传承的保守主义》	郑荣健	《上海艺术评论》
《大河意象的诗化表达——歌剧〈星海〉的叙事艺术呈现》	杨舟贤	《戏剧文学》
《港台先锋戏剧形式与内容探析》	齐丽梅	《大舞台》
《摔不起的公德——话剧〈碰瓷〉当下社会基层群体的道德救赎》	陈燕华	《影剧新作》
《兰之猗猗 扬扬其香——原创当代舞剧〈兰〉创作随想》	邱晓晨	《人文天下》
《岭南才子柳梦梅》	周松芳	《广东艺术》
《道是有情却无情——评剧〈孝庄长歌〉舞台印象》	郑永为	《东方艺术》
《剧种史写作的互文性意识——从〈潮剧史〉得到的启迪》	董上德	《广东艺术》
《梦里不知身是客——评京剧〈驯悍记〉》	张琼	《上海戏剧》

评论三等奖

文章名	作者	推荐期刊
《陶文化之精神信仰——评现代锡剧〈紫砂梦〉的人文主义情怀》	管若松	《剧影月报》
《拓宽黄梅戏音乐的表现力》	徐代泉	《新戏剧》
《无需完美但求推进——京剧〈西安事变〉的结构与表演谈》	孙红侠	《新戏剧》
《对鄱阳赣剧发展的几点思考》	许爱珠 石天忠	《影剧新作》
《不忘初心信仰永恒——评山东省话剧院话剧〈家事〉》	赵峰	《人文天下》
《韩国原创音乐剧商演模式启示》	李大武	《剧作家》
《当童话剧遇上芭蕾舞剧》	李季	《当代戏剧》

【全国曲艺、木偶剧、皮影戏优秀剧（节）目展演】

2017年11月10日至15日，由文化部、福建省人民政府主办，文化部艺术司、福建省文化厅、晋江市人民政府承办的“全国曲艺、木偶剧、皮影戏优秀剧（节）目展演”在福建省晋江市举行。来自全国76家演出团队的82部作品在8个专场中亮相，其中曲艺类62部、木偶剧类12部、皮影戏类8部，涵盖27个省区市的60多个艺术品种。主办方还邀请专家、学者举行研讨会，就全国曲艺、木偶剧、皮影戏创作演出现状进行研讨。

【东方之韵·上海戏曲艺术中心经典剧目晋京展演】

2017年11月15日至21日，“东方之韵·上海戏曲艺术中心经典剧目晋京展演”在北京举行。与以往不同，此次展演的剧目并非近年来创排的新剧目，而是历经数十年打磨留下的经典代表之作。上海戏曲艺术中心旗下上海京剧院、上海昆剧团、上海沪剧院携传承版《曹操与杨修》、全本《长生殿》及传世经典《雷雨》分别在长安大戏院、国家大剧院、梅兰芳大剧院上演。为配合此次展演，11月22日，“经典戏曲在新时代的传承和传播专家研讨会”在北京举行，与会专家就经典戏曲在当下的传承与传播进行了研讨。

【唱响新时代——河南稀有剧种北京公益展演周】

2017年11月17日至23日，由河南省文化厅、中国艺术报社主办，河南李树建戏曲艺术中心、梅兰芳大剧院承办的“唱响新时代——河南稀有剧种北京公益展演周”在北京梅兰芳大剧院上演。展演周期间，来自河南9个稀有剧种的10场戏陆续上演，分别是清丰柳子戏《孝子张清丰》、安阳淮调《西门豹治邺》、范县四平调的《石磨的婚事》、沁阳怀梆艺术保护传承中心的《大破天门阵》、内乡县宛梆艺术传承保护中心的《铜台关》、商丘市梁园区四平调艺术研究中心的《小包公》、太康县道情艺术保护传承中心的《张廷秀私访》、三门峡市陕州区蒲剧保护传承中心的《孙安动本》、永城市的柳琴戏《王三善与苏三》、平舆县的丝弦道《德孝情》。演出后还组织了专家的“一戏一评”活动。

【首届晋冀鲁豫传统戏剧展演】

2017年11月17日至25日，由河南省文化厅、安阳市人民政府主办，河南省非物质文化遗产保护中心、河南省文化艺术研究院、安阳市文化广电新闻出版局承办，山西省文化厅、山东省文化厅、河北省文化厅协办的“首届晋冀鲁豫传统戏剧展演”活动在河南省安阳市举行。此次展演活动主要邀请流布于晋冀鲁豫四省交界处的剧种参加展演，并以国家级非物质文化遗产项目为主，共有来自河南、山西、河北、山东9个院团演出各地传统戏剧18场24个剧目。参演剧目各具特色，既有雄壮激烈的《无佞府》《闯幽州》《金水桥》《忠保国》等大戏，又有充满生活气息、诙谐讽刺的《王小赶脚》《墙头记》《姊妹崖》等民间小戏。展演期间，文化部非遗司以及四省非遗处还组织召开了首届晋冀鲁豫传统戏剧保护工作座谈会，交流探讨新时期传统戏剧保护、传承和发展路径。

【新时代·新气象——第三届湖北地方戏曲艺术节】

2017年11月23日至12月3日，由湖北省文化厅主办的“新时代·新气象——第三届湖北地方戏曲艺术节”在湖北省武汉市举行。艺术节期间共举办了剧种展示、剧目展演、湖北戏曲剧种图片展和“一剧一评”4项活动。湖北省拥有的京剧、汉剧、楚剧、荆州花鼓戏、黄梅戏等32个剧种36台大戏和54出小戏折子戏在湖北的17个市州进行了集中展示。

【2017安徽省优秀现代小戏会演】

2017年11月28日至12月1日，由安徽省文化厅主办，宿州市文广新旅局承办的“2017安徽省优秀现代小戏会演”在安徽省宿州市举行。本次会演为期4天，黄梅戏《桃花谣》《雨中的阳光》、淮北梆子戏《唐三彩》、坠子戏《套路》、泗州戏《过生日》、嗨子戏《竞标》、庐剧《生日》、皖南花鼓戏《金剪刀》等34个现代小戏和黄梅戏《闹黄府》、徽剧《拾玉镯》、目连戏《淘气包》和庐剧《锅台县令》等7个传统剧目，共11个剧种41个剧目参加了此次会演。

【戏曲·呼吸2017第三届上海小剧场戏曲节】

2017年12月10日至23日，由上海戏曲艺术中心主办的“戏曲·呼吸2017第三届上海小剧场戏曲节”在上海周信芳戏剧空间举行。共有9部作品参加展演，其中正式入围剧目6部，特邀剧目2部，祝贺演出剧目1部，涵盖7个剧种。淮剧、豫剧、彩调等剧种是第一次亮相上海小剧场戏曲节。9部参演作品分别是上海淮剧团的《孔乙己》、上海京剧院的《草芥》、上海昆剧团的《椅子》、上海越剧院的《洞君娶妻》、福建省梨园戏传承中心的《吕蒙正》、北京戏曲艺术职业学院的京剧《谁共白头吟》、河南豫剧院三团与河南省沼君艺术发展中心联合出品的豫剧《伤逝》、福建省芳华越剧团的《潇潇春雨》、柳州市艺术剧院的彩调《空村》。

会议 · 论坛

【《京剧艺术传承与保护工程——老艺术家谈戏说艺》成果座谈会】

2017 年 2 月 22 日，由中国京剧艺术基金会主办的“《京剧艺术传承与保护工程——老艺术家谈戏说艺》成果座谈会”在全国政协文史馆举行。杜近芳、迟金声、刘长瑜、叶少兰、谢锐青、于魁智、张建国、王蓉蓉、胡文阁、朱强等京剧名家出席座谈会，并对这一工程给予充分肯定。《京剧艺术传承与保护工程——老艺术家谈戏说艺》于 2011 年启动，历经 6 年，在北京、上海、天津、武汉、南京、宁夏、浙江、辽宁、河北等地抢救性录制了 149 位老艺术家的口述艺术经验专题片，并结集出版了丛书《谈戏说艺——百位名家口述百年京剧传承史》。这些老艺术家包括各行当、流派的表演艺术家和卓有成就的鼓师、琴师、教育家、研究家、编剧、导演、舞台美术师等。专题片中，老艺术家们从不同角度重现了 20 世纪 30 年代至 60 年代的京剧艺术，呈现出一部鲜活的影像京剧史。6 年间，先后有 30 多位老艺术家在录制完成后辞世，也使得该工程留下的音像资料更加珍贵。座谈会上，中国京剧艺术基金会向全国京剧院团、艺术院校、公共图书馆的代表赠送了《京剧艺术传承与保护工程——老艺术家谈戏说艺》大型音像出版物。

【首届盛京戏曲论坛】

2017 年 3 月 31 日，由沈阳市艺术研究所、沈阳评剧研究中心、沈阳演艺集团等单位主办的“首届盛京戏曲论坛”在辽宁省沈阳市举行。本届论坛的主题是评剧《孝庄长歌》的艺术特色以及对评剧创新发展的启示。中国艺术研究院名誉院长王文章、中国文艺评论家协会主席仲呈祥与毛时安、薛若琳、赓续华、安志强等 20 余位戏曲界专家学者参加论坛。与会专家围绕如何将评剧《孝庄长歌》打磨加工为精品力作，以及评剧的当代创新与发展方向、突破路径等进行了讨论。

“盛京戏曲论坛”是在国家振兴戏曲艺术、传承传统文化的大背景下，沈阳市发展戏曲的举措之一。它是一个面向全国的理论平台，是一个制度化、常态化的戏曲艺术交流活动，将分为剧目专题研讨、戏曲理论研讨、青年论坛等多个板块。

【全国京剧文丑中青年高端人才研习班】

2017 年 4 月 11 日，由中国戏曲学院主办的“全国京剧文丑中青年高端人才研习班”在北京开班。研习班邀请中国戏曲学院教授钮骠、国家京剧院京剧名家寇春华和郑岩、北京京剧院京剧名家黄德华、上海昆剧院昆剧名家刘异龙、上海京剧院萧润年、湖北京剧院朱世慧 7 位文丑表演艺术家作为评审专家和专业导师，最终选定 11 个院团（院校）的 20 位丑角演员入选研习班。研习班于 2017 年安排两个阶段教学，采取学院与院团联合教学的方式，学员在导师的教授下，研习文丑行当代表剧目，同时完成在各自院团的演出实践，使教学与院团的人才建设、剧目建设相结合。中国戏曲学院将派出相关专家对学习情况和教学成果进行考核验收，并将组织成绩优秀的学员于 2018 年下半年在北京举行京剧文丑大汇演。

【山西戏曲“新流派”创造经验研讨会】

2017年4月27日至28日，由中国艺术研究院戏曲研究所、山西省戏剧研究所联合主办的山西戏曲“新流派”创造经验研讨会在北京中国艺术研究院举行。20余位专家学者分别以王爱爱、宋转转、武俊英、张爱珍四位流派创造者为对象，研讨了山西戏曲新流派的艺术特色及形成的原因。研讨会旨在深入发掘艺术家与时代、地方、剧种、团队及演员群体的关系，共同探讨“流派艺术”形成的原因，为中国戏曲的长效发展提供理论基础。

【梅香玖传——梅葆玖先生逝世周年纪念展暨学术研讨会】

2017年4月28日，由北京市和江苏省泰州市两地梅兰芳纪念馆共同主办的“梅香玖传——梅葆玖先生逝世周年纪念展暨学术研讨会”在北京梅兰芳纪念馆开幕。梅葆玖是当代著名京剧表演艺术家、梅派嫡系传人，生前为梅兰芳纪念馆名誉馆长。纪念展览主要分为三个部分，围绕舞台风采、生活爱好、中外文化交流等方面展示了梅葆玖先生的艺术人生，同时陈列展出梅先生的演出戏服和部分收藏品。同时，京剧表演体系的理论构建无法回避梅兰芳表演体系的理论研究，这也是纪念梅葆玖先生更为本质的问题。数十位戏曲专家学者、梅派弟子参加了此次研讨会。

【京剧流派的传承与创新——第七届京剧学国际学术研讨会】

2017年5月19日至21日，由中国戏曲学院主办的“京剧流派的传承与创新——第七届京剧学国际学术研讨会”在北京举行，来自海内外的戏曲专家学者、表演艺术家、院团管理者及京剧爱好者100余人参加了会议。会议期间，与会专家学者以大会主题发言、分组讨论的形式，就20世纪50年代之后的京剧新流派、京剧流派与音乐、京剧旦行各流派的形成与特色、从谭鑫培到京剧生行各流派等议题展开了深入研讨。会议共收到论文近70篇，内容涵盖流派的美学范畴、流派的文化内涵、流派传承与角色塑造、地域文化对京剧流派形成的影响等理论探讨；对梅派、程派、谭派等具体流派特色的分析及其传承路径的梳理；对1949年以后出现的具有个人鲜明风格京剧表演艺术家艺术成就的研究；提出“重流派、弃宗派与讲学派”“京剧流派的理论与实践”“流派传承与剧目建设”“流派传承、风格出新、剧目创作应三并举”等流派传承与创新的具体对策。

【纪念王季思、董每戡诞辰110周年暨传统戏曲的历史、现状与未来学术研讨会】

2017年6月16日至18日，由中山大学中国非物质文化遗产研究中心、中山大学中文系、中国艺术研究院戏曲研究所、《文艺研究》杂志社共同主办的“纪念王季思、董每戡诞辰110周年暨传统戏曲的历史、现状与未来学术研讨会”在广州市中山大学举行。来自哈佛大学、悉尼大学、中山大学、中国艺术研究院、中国人民大学、北京师范大学、四川大学、东南大学、山西师范大学、华东师范大学、陕西师范大学、中国传媒大学、上海戏剧学院等55家学术机构的130余名专家学者应邀参加此次研讨会。与会代表共提交文章103篇，其中学术论文100篇，纪念性杂文3篇。研讨会期间共设主题演讲三场，演讲内容涉及戏剧观念与认知的讨论、地方声腔与剧种形态的考证和溯源、戏曲文献探究、曲本的文化解读和戏曲作家创作问题等；分组讨论为四组，共计十二场，代表们针对“戏曲文学与文献研究”“戏曲演出形态研究”“戏曲传播与接受研究”“地方剧种与演剧习俗研究”和“戏曲传承与编创实践研究”等议题进行了交流和讨论。

【文化部 2016 年戏曲艺术人才培养“千人计划”高级研修班结业】

2017 年 6 月 17 日，由文化部主办、文化部艺术司和中国戏曲学院承办的文化部 2016 年戏曲艺术人才培养“千人计划”高级研修班结业仪式在中国戏曲学院举行。为切实解决戏曲创作骨干人才不足问题，提升我国戏曲人才的综合素质及专业实践能力，提高戏曲艺术整体创作水平，文化部于“十三五”期间实施戏曲艺术人才培养“千人计划”。2016 年至 2020 年，该计划每年举办一期戏曲编剧、导演、作曲、舞美等专业人才高级研修班，计划培养 1000 名戏曲创作骨干力量。

2016 年 7 月 15 日，第一期戏曲艺术人才培养“千人计划”高级研修班在中国戏曲学院正式开班，129 名学员来自全国 22 个省区市，涵盖 24 个剧种。文化部艺术司、中国戏曲学院为高研班设置 137 门课程，配置专家 86 名，既有理论名家，又有一线创作人员，部分专业还邀请国际知名学者授课。课程设置则是采用综合理论课程与专业实践课程相结合。一年来，编剧班学员共创作大中小型剧目 50 余部，4 部作品入围文化部 2016 年“剧本扶持工程”，3 部作品获得 2016 年度国家艺术基金项目扶持。导演班学员共参与创作大、中、小型作品 60 余部，其中徐孟珂导演的京剧《党的女儿》入选 2017 年国家舞台艺术精品创作扶持工程重点扶持剧目。作曲班学员担负了 80 余部大戏或小戏的作曲工作。舞美班学员担负了 30 余部大戏、小戏的服装、造型设计。

【另一个梅兰芳——梅兰芳绘画展暨梅兰芳绘画与表演艺术学术研讨会】

2017 年 7 月 3 日至 4 日，由梅兰芳纪念馆主办的“另一个梅兰芳——梅兰芳绘画展暨梅兰芳绘画与表演艺术学术研讨会”在梅兰芳纪念馆举行。相关领导、梅氏宗亲以及戏曲、美术研究专家、学者等 60 多人出席开幕式。本次展览围绕着梅兰芳的绘画艺术，分别展出了梅兰芳绘画珍品、梅兰芳师友作品及梅兰芳绘画文房四宝，将作为绘画研习者的“另一个梅兰芳”展示在大家面前。研讨会上，受邀出席的 20 多位来自美术、戏曲界专家、学者以“梅兰芳绘画与表演艺术”为主题进行了交流。

【文化部 2017 年戏曲艺术人才培养“千人计划”高级研修班开班】

2017 年 7 月 9 日，由文化部主办，文化部艺术司、中国戏曲学院承办的文化部 2017 年戏曲艺术人才培养“千人计划”高级研修班在北京中国戏曲学院开班。215 名学员共进行为期 29 天的集中培训。在 2016 年高研班基础上，2017 年增设戏曲评论班，共有编剧、导演、作曲、舞美、评论 5 个专业，学员来自 29 个省区市和部分高校，专业方向涵盖 30 多个剧种。此次高研班聘请国内外近百名知名专家授课，采取理论讲授、辅导创作、作品点评、观摩研讨、参观学习等多种形式进行教学，引导学员树立“深入生活、扎根人民”的创作理念。高研班为每位学员配备导师，实行导师制和远程网络教学。在校集中培训后，学员返回各自单位开展业务实践，并在学习结束后举办成果展示汇报和专家点评，检验培训效果。

【2017 西湖 · 盛京戏曲论坛】

2017 年 8 月 4 日至 5 日，以“传统戏曲的当代转化”为主题的“2017 西湖 · 盛京戏曲论坛”在辽宁省沈阳市举行。来自全国各地的青年戏剧评论家与沈阳当地的戏曲艺术家近百人就中国戏曲的“创造性转化、创新性发展”等话题进行了研讨。“2017 西湖 · 盛京戏曲论坛”由中国青年文艺评论家“西湖论坛”组委会与“盛京戏曲论坛”组委会联合主办，中国文艺评论（浙江）基地与沈阳市艺术研究所承办，旨在聚合新一代青年戏剧评论精英，优化戏曲发展生态，传播民族美学精髓，助力东北戏曲发展。本届论坛由“传统戏曲的现代转化”“流派与当代传承机制”“地域题材的戏曲表达”3个板块组成，由中国戏剧家协会副主席、剧作家罗怀臻担任学术主持。论坛期间，还推举2018西湖·盛京戏曲论坛学术委员会，并开展了相关调研活动。

中国青年文艺评论家“西湖论坛”成立于2015年，是中国文艺评论家协会与浙江省文学艺术界联合会创办的常设性机构和全国性品牌活动。盛京戏曲论坛创立于2016年，是沈阳市传承发展戏曲的重要平台，致力于打造面向全国的戏曲理论研究和戏曲艺术交流平台。

【马金凤从艺90周年暨马派艺术研讨会】

2017年9月3日，豫剧马派创始人马金凤从艺90周年暨马派艺术研讨会在中国戏曲学院举行。来自文化部、中国戏剧家协会、河南省、洛阳市的有关领导和数十位专家学者参加此次研讨会。研讨会上，专家就豫剧表演流派形成的条件与特征，马派在豫剧六大流派中的地位与作用，马派艺术形成的社会、艺术条件，马派“帅旦”的形成及其对豫剧行当发展的贡献，豫剧流派与中原文化的关系，豫剧新流派形成的特质界定，豫剧流派人才的培养模式等进行了研讨。

马金凤，原名崔金妮，山东曹县人。她3岁随父学习，7岁登台演出，艺名“七岁红”。9岁被开封马姓戏班班主收为义女，遂更名马金凤，学习豫剧祥符调。在学戏生涯中，她兼收并蓄，博采众长，融豪放高亢的豫东调与委婉回转的豫西调之长，形成了独具特色的马派豫剧风格。她的代表剧目“一挂两花”——《穆桂英挂帅》《花打朝》《对花枪》，曾红遍大江南北。

【中国戏曲现代戏研究会第29届年会】

2017年9月25日至26日，由中国戏曲现代戏研究会、河南省文化厅联合主办，河南豫剧院、河南豫剧院三团承办的“中国戏曲现代戏研究会第29届年会”在河南省郑州市举行。中国戏曲现代戏研究会40多个团体会员代表，以及来自全国的戏曲专家和省戏曲现代戏研究会的代表近百人参加。会议期间，代表们以“勇攀高峰：豫剧《焦裕禄》艺术成就研讨会”为主题，围绕《焦裕禄》为代表的现代戏优秀剧目所取得的成就，以及如何积极推动新形势下戏曲现代戏的进一步繁荣发展进行了交流与讨论。本次年会中，豫剧《焦裕禄》、评剧《母亲》同时被授予“中国戏曲现代戏突出贡献剧目”荣誉称号。

【梅兰芳纪念馆藏戏曲文献脸谱展开幕式暨梅兰芳与传统文化学术研讨会】

2017年10月24日，“梅兰芳纪念馆藏戏曲文献脸谱展开幕式暨梅兰芳与传统文化学术研讨会”在梅兰芳纪念馆举行。展览展出了梅兰芳缀玉轩所藏珍贵手抄剧本和戏曲脸谱。开幕式后，来自中国艺术研究院、中国社会科学院、清华大学、中山大学、华东师范大学、中国人民大学、北京外国语大学、武汉大学、台湾大学、江苏师范大学、扬州大学、泉州师范学院等高等院校和研究机构的近20位专家学者围绕“梅兰芳与传统文化”的主题进行了研讨。梅兰芳纪念馆成立梅兰芳研究中心以来，牵头和实施梅兰芳戏曲表演理论体系工程，组织开展了梅兰芳藏戏曲珍本丛刊、梅兰芳纪念馆藏文献文物总目、梅兰芳在世界等研究项目。此次展览与学术研讨会是梅兰芳对京剧艺术、传统文化传承与保护的形象展示，也是梅兰芳纪念馆项目整理、研究的一个阶段汇报。

【戏曲实践经验及理论之融合研讨会暨中国戏曲表演学会年会、戏曲名家演唱会】

2017年11月9日至14日，为了纪念香港回归20周年，由中国艺术研究院戏曲研究所、港澳非物质文化遗产发展研究会、中国戏曲表演学会、香港中文大学文化及宗教研究系主办的“戏曲实践经验及理论之融合研讨会暨中国戏曲表演学会年会、戏曲名家演唱会”在香港中文大学和澳门旅游学院举行。研讨会旨在为戏曲传承提出切实可行的建议，并推动港澳与内地戏曲的协同发展。近40位戏曲理论家、评论家、表演艺术家、教育家在观看了11个剧种13位戏曲表演艺术家的演出后，进行了相关研讨。

【中国戏曲在亚洲的传播学术研讨会】

2017年11月18日至19日，由北京外国语大学国际中国文化研究院、世界亚洲研究信息中心和比较文明与人文交流高等研究院联合主办的“中国戏曲在亚洲的传播学术研讨会”在北京外国语大学举行。来自中国人民大学、中国传媒大学、中国艺术研究院、梅兰芳纪念馆、中国戏曲学院、中央戏剧学院、中央民族大学、北京语言大学、武汉大学、东南大学、上海戏剧学院、广州大学、福建师范大学等近20所高校和科研机构的30多位专家学者，就“中国戏曲在亚洲各国的传播现状”“华语戏曲在东南亚的本土化与中国化”“亚洲各国对中国戏曲的研究”“亚洲各国对中国戏曲的改编”“中国戏曲在亚洲传播的文献资料研究”五个议题进行了研讨。

【纪念林芝芳诞辰一百周年座谈会】

2017年12月1日，由福建省戏剧家协会、福州市文化广电新闻出版局共同主办的“纪念林芝芳诞辰一百周年座谈会”在福建省福州市举行。林芝芳是20世纪闽剧界的一面旗帜，在数十年中主演了《窦氏女》《嘉桂岭》《珍珠衫》《红裙记》《凤仪亭》等百余部作品，塑造了三巧儿、貂蝉、花木兰、柳氏、李小环等众多艺术形象，赢得了广大观众喜爱，被誉为“福州之梅博士”“旦角通才”“闽剧后四大名旦之一”。

【新时代青年戏曲导演学术研讨会】

2017年12月2日，由中国戏曲学院、中国戏曲导演学会主办，中国戏曲学院导演系承办的“新时代青年戏曲导演学术研讨会”在北京商务会馆举行。30余位全国一线导演、专家、学者、青年导演参加了此次研讨会。研讨会对新时代的青年戏曲导演的培养、青年导演所肩负的责任等进行了探讨和总结。

【全国政协座谈会探讨少数民族戏剧的传承与发展】

2017年12月7日，全国政协在北京举办第76次双周协商座谈会，围绕少数民族戏剧的传承与发展建言献策。全国政协主席俞正声主持会议并讲话。全国政协委员吴江、侯露、王全书、龙倩、曹育民、田青、乌恩、李羚、艾克拜尔·米吉提、杨承志、袁慧琴、郭瓦·加毛吉、张建国、聂震宁，以及专家学者王馗、谭志湘在座谈会上发言。

委员们认为，少数民族戏剧是中华文化的重要组成部分，以习近平同志为核心的党中央高度重视少数民族戏剧的传承与发展，出台了一系列保护扶持政策和措施，取得了明显成效。要以习近平新时代中国特色社会主义思想和党的十九大精神为指导，传承好、发展好少数民族戏剧，让它在祖国文艺百花园中绽放出更加绚丽的光彩。

针对少数民族戏剧传承与发展中存在的问题，与会委员建议，一要高度重视。要充分认识少数民族戏剧对于传承民族文化、增进“五个认同”、促进民族团结的重要意义。要准确把握少数民族戏剧种类繁多、形式多样、民族特色强、受众面小等特点，研究制定少数民族戏剧发展方针、特殊政策和办法。二要加大支持力度。在准确评估的基础上明确以“传承民族文化、为基层服务”为重点，分类指导，制定促进少数民族戏剧发展的政策。地方政府对少数民族戏剧要“一团一策”，加大资金支持。加大政府购买公共文化服务的力度，鼓励少数民族剧团到基层演出。民族地区要依据民族区域自治法，制定有利于少数民族戏剧传承与发展的政策措施。三要坚持正确的方法。按照民族文化传承和群众喜闻乐见的原则，鼓励发展便于深入基层、贴近群众的小戏、折子戏等戏剧形式，对少数民族戏剧人才特别是传承和创作人才实行特殊政策，制定有利于业余剧团发展的办法。

此外，委员们还就重视少数民族戏剧会演、设立少数民族戏剧发展专项资金、加强少数民族戏剧调查研究等提出意见和建议。

【第二届全国豫剧院团长工作交流会】

2017年12月12日至15日，由中共河南省委宣传部、河南省文化厅、河南省文学艺术界联合会、中华豫剧文化促进会主办，河南豫剧院、河南省文化艺术研究院、河南省戏剧家协会承办的“第二届全国豫剧院团长工作交流会”在河南省郑州市举行。来自全国12个省（市）的124个院团，其中包括19个民营院团，共计239名院团长代表齐聚郑州。此次会议以“畅想新时代、共筑大豫剧”为主题，旨在加强河南省与其他兄弟省区市及基层各院团的文化合作与交流，研讨“戏曲进校园”等公共文化系列政策的落实举措，学习宣传贯彻党的十九大精神，进一步传承和保护豫剧艺术。交流会期间还举办了以“致敬经典、再谋发展”为主题的河南豫剧艺术成果展，“致敬经典、绽放青春——中国豫剧精彩折子戏展演”等系列活动。

【全国地方戏曲剧种普查成果发布】

2017年12月26日，文化部举行新闻发布会，公布全国地方戏曲剧种普查成果。成果显示，截至2015年8月31日，全国有348个剧种，其中分布区域在2个省区市以上（含）的剧种48个，分布区域仅限1个省区市的剧种300个。全国参加本次普查的戏曲演出团体共有10278个，其中国办团体1524个、民营团体（含民间班社）8754个。348个剧种中，共241个剧种拥有国办团体，其中120个剧种仅有1个国办团体；共107个剧种无国办团体，仅有民营团体或民间班社，其中70个剧种仅有民间班社。

本次普查以《中国戏曲志》《中国戏曲音乐集成》为基本参照，以中国艺术研究院发布的《中国戏曲剧种认定标准》为剧种认定依据，以国家统计局《全国文化文物统计报表制度》为报表统计依据，制定了普查的剧种标准、分类标准、数据标准、图片标准、统计标准等，设计了普查数据表，全套表格由《戏曲剧种数据表》《演出团体数据表》《人才情况数据表》等13个分表组成。全国普查办还制定了普查工作规程及工作标准，开发建设了全国地方戏曲剧种普查信息平台，用于普查基础数据的录入、报送、审核、管理、查询检索等。此外，还组建了由58名戏曲研究、数据统计方面专家组成的全国地方戏曲剧种普查工作专家咨询委员会，对普查工作提供全方位的专业指导。

此次普查的剧种认定标准为：具有“以歌舞演故事”这一中国戏曲的主要特征；舞台语言采用本

民族和本地方言或本地官话；在声腔音乐和伴奏形式上具有个性鲜明的民族或地域特色；在表演上分行当或形成角色类型，具有相对成熟的表演形态和技术规范；服装、扮相、道具具有历史形成的规制；创作和演出了一定数量的保留剧目；有本地专业或业余演出团体和演职人员，具有相对稳定的传承机制，在本地区具有较为广泛的影响力；剧种名称具有某一地区的广泛群众基础，在社会中具有特定的文化认同。

【2017少数民族文学戏剧改编培训班】

2017年12月27日至2018年1月2日，由中国艺术研究院戏曲研究所与《民族文学》杂志社共同主办的“2017少数民族文学戏剧改编培训班”在北京开班。来自云南、贵州、青海等10多个省区的20位作家、编剧参加培训。为期7天的培训中，主办方邀请连辑、仲呈祥、武丹丹、郭小男、王安葵、常剑均、曲六乙、宋宝珍、黎继德、张曼君、谭志湘、李悦、赓续华、周传家14位专家、学者、编剧为学员授课，学员还围绕“文学原创与戏剧编剧的关系”等话题进行了研讨。

人物纪念

【京剧表演艺术家黄孝慈逝世】

2017年1月9日，京剧表演艺术家黄孝慈因病在江苏南京逝世，享年74岁。

黄孝慈（1943—2017），1943年5月生，1960年毕业于中国戏剧学院，后进入江苏省京剧院，工青衣、花旦，曾拜京剧表演艺术家杜近芳为师。她扮相俊美、嗓音甜润，表演不拘一格，博众家之长，在近50年的舞台生涯中，形成自己的表演风格。生前曾担任江苏艺术剧院艺术指导委员会委员，中国戏剧家协会会员，江苏省戏剧家协会副主席。曾因在京剧《骆驼祥子》中塑造了虎妞形象，获得中国戏剧"梅花奖"、中国戏剧节表演奖等奖项。

【滑稽戏表演艺术家吴双艺逝世】

2017年1月15日，滑稽戏表演艺术家吴双艺因病在上海逝世，享年90岁。

吴双艺（1927—2017），祖籍浙江省宁波市，1948年拜姚慕双、周柏春为师学艺，1949年10月与师兄弟组成"双字第一班"。1950年他加入蜜蜂滑稽剧团，开始演滑稽戏。1960年蜜蜂滑稽剧团划入上海人民艺术剧院建制，定名为上海人民艺术剧院滑稽剧团。吴双艺曾任上海滑稽剧团艺术委员会副主任。吴双艺从艺期间主演过《满园春色》《性命交关》《甜酸苦辣》《不是冤家不碰头》等众多大型滑稽戏，塑造了不同层次、不同性格、不同时代、不同国籍的人物。演出之余，吴双艺还撰写大量滑稽表演研究文章，如《滑稽表演的默契》《滑稽杂忆录》《独脚戏的出新》《观众越是欢迎头脑越要清醒》《演员与角色并存的表演特色》《浅谈滑稽戏的表演特征》等。

【京剧表演艺术家赵炳啸逝世】

2017年1月24日，京剧表演艺术家赵炳啸因病在北京逝世，享年100岁。

赵炳啸（1917—2017），生于1917年4月，幼年受家庭影响接触京剧，曾先后师承桂锡九、张焕亭、张星洲等名角。1939年，经桂锡九引荐，正式拜入金少山门下，学习金派花脸，并得传授《白良关》《连环套》《探阴山》《法门寺》等剧目。新中国成立后，赵炳啸加入中国京剧院，参与了大批新编历史戏和现代戏的创排演出，其中包括《三打祝家庄》《猎虎记》《安源大罢工》《洪湖赤卫队》等。1959年调入荀慧生剧团，后并入北京京剧院，先后参加编排了《小刀会》《贾巫云》《逼上梁山》《司马迁》《火焚纪信》等新编历史剧和现代戏。"文革"后，长期与荀慧生、梅葆玖、叶盛章、李宗义、李慧芳、孙毓敏、李元春、李韵秋合作，整理上演了大量传统戏。

【京剧表演艺术家方小亚逝世】

2017年1月25日，京剧表演艺术家方小亚因病在上海逝世，享年70岁。

方小亚（1947—2017），1947年生于山东，工京剧武旦、刀马旦，上海京剧院一级演员。1966年，毕业于上海市戏曲学校，在校期间师承松雪芳习武旦，后又受杨畹农和魏莲芳的指导。艺术上能文善武，富于创新，善于刻画人物，代表剧目有《八仙过海》《青石山》《活捉》《盘丝洞》等。

【京剧表演艺术家马增寿逝世】

2017年1月31日，京剧表演艺术家马增寿因病在北京逝世，享年77岁。

马增寿（1940—2017），1940年8月生于北京，1960年毕业于北京戏曲学校，师从丑角表演艺术家郭元祥。曾因塑造了《女起解》中的崇公道，《宰相刘罗锅》中的六王爷，现代京剧《箭杆河边》中的二赖子，样板戏《杜鹃山》中的毒蛇胆等角色，为观众所熟知。

【越剧表演艺术家范瑞娟逝世】

2017年2月17日，越剧表演艺术家、越剧“范派”艺术创始人范瑞娟因病在上海逝世，享年93岁。

范瑞娟（1924—2017），别名范竹山，1924年1月生于浙江省绍兴市嵊县黄泽镇。1935年4月18日，范瑞娟入龙凤舞台科班学戏，工小生，后随姚水娟挂头牌的越升舞台到上海演出。1945年，范瑞娟携手袁雪芬在九星大戏院首次演出《梁祝哀史》，首创越剧“弦下调”，为越剧剧种发展作出了重要贡献，并形成了独树一帜的“范派”表演艺术。1953年，范瑞娟在第一部国产彩色电影《梁山伯与祝英台》中成功饰演梁山伯一角。范瑞娟表演稳健大方、质朴无华，具有阳刚之美，在越剧改革中发挥了重要作用，取得了卓越的艺术成就。

【越剧表演艺术家徐玉兰逝世】

2017年4月19日，越剧表演艺术家、越剧“徐派”艺术创始人徐玉兰因病在上海逝世，享年96岁。

徐玉兰（1921—2017），生于1921年，祖籍浙江新登。1933年，入新登东安舞台科班学花旦，后改老生。1939年，她与吴月奎等组建兴华越剧社。1941年，改唱小生，与施银花搭档。1947年9月，组玉兰剧团。1948年开始与王文娟合作。她的代表作有《北地王》《西厢记》《春香传》《红楼梦》《追鱼》《西园记》等。2017年4月7日，徐玉兰荣获第27届上海白玉兰戏剧表演艺术奖终身成就奖。

【秦腔表演艺术家肖玉玲逝世】

2017年4月21日，秦腔表演艺术家肖玉玲因病在陕西省西安市逝世，享年79岁。

肖玉玲（1938—2017），秦腔闺门旦，秦腔“肖”（玉玲）派艺术创始人，国家一级演员，秦腔表演艺术家终身成就奖获得者。从艺60余年，在秦腔闺门旦行当中独树一帜，塑造了《玉堂春》中的苏三、《探窑》中的王宝钏、《红珊瑚》中的珊妹、《孟丽君》中的孟丽君等艺术形象。早在1958年，肖玉玲就主演了秦腔史上第一部电影《火焰驹》，因成功塑造了黄桂英这一角色，而蜚声剧坛。

【京剧表演艺术家厉慧森逝世】

2017年6月30日，京剧表演艺术家、一代名丑厉慧森因病在重庆逝世，享年90岁。

厉慧森（1927—2017），1927年12月生，满族，祖籍北京，生于上海。原厉家班班主、著名琴师厉彦芝之子，自幼学戏，工丑角，1934年进入其父在上海协助“更新舞台”演出而形成的“更新童伶班”，后随着厉氏“慧”字科收徒渐多，更名为“童伶厉家班”，并于1936年正式定名“厉家班”。

1938年因抗日战争，厉家班自芜湖经武汉溯江入四川，巡演于云南、贵州、四川三省，于1942年在昆明更名为“斌良国剧社”，再经辗转在重庆“一川大戏院”扎下班营，此时已形成“厉家五虎”（厉慧良、厉慧斌、厉慧敏、厉慧兰、厉慧森）、“慧氏三杰”（陈慧君、陈慧霖、邢慧山）等领衔主演的局面。1956年厉家班整体转为国营建制进入重庆市京剧团。厉慧森长期担任剧团主要丑角演员兼导演，主张老戏新演，强调丑角的表演艺术要净化、美化。厉慧森一生在京剧舞台共演出剧目200多出，塑造了汤勤、蒋干、教师爷等人物形象。新中国成立后又陆续演出了葛麻、老艄翁、芝麻官、徐九经以及现代戏刁德一、栾平、特派员等角色。晚年还一直致力于厉家班历史的梳理记录，著有《京剧厉家班小史》一书。

【京剧表演艺术家宋宝罗逝世】

2017年9月2日，京剧表演艺术家宋宝罗因病在浙江省杭州市逝世，享年101岁。

宋宝罗（1916—2017），1916年出生，工老生。北京人，久居杭州。七岁登台，轰动北京，被称为“神童”，15岁自组戏班，20岁后，不时和梅兰芳、程砚秋、金少山、周信芳等大牌名角同台演出，名声大振。新中国成立后在浙江京剧院工作。其代表剧目有“三斩一碰”、《佘太君抗婚辞朝》《斩郑文》《朱耷卖画》《张松献地图》《刘伯温辞朝》等。

【川剧表演艺术家杨淑英逝世】

2017年9月8日，川剧表演艺术家杨淑英因病在四川省成都市逝世，享年89岁。

杨淑英（1928—2017），1928年7月出生，四川自贡人，曾在成都市实验川剧团、成都市川剧二团、联合团、成都市川剧院、成都市川剧艺术研究所工作，曾担任成都市川剧院副院长、成都市川剧艺术研究所顾问和全国政协委员。杨淑英曾用艺名佩环，幼年学过杂技和曲艺，14岁拜师川剧男旦钟琼瑶，并向师母白卉娟学艺，后在川南、川中一带搭班演出，演技日趋成熟后以《斩四姑》一剧在自贡正式登台。她文武兼备，唱做俱佳，长于花旦和刀马旦。擅长高腔、胡琴戏，所唱高腔曲牌【香罗带】尤富韵味，自成一格，有“杨香罗”之称。

【越剧表演艺术家傅全香逝世】

2017年10月24日，越剧表演艺术家傅全香因病在上海逝世，享年94岁。

傅全香（1923—2017），原名孙泉香，1923年8月出生于浙江省嵊县，1933年入四季春科班学习花旦，1940年以《恒娘》一剧声誉鹊起，1943年在“四季春”挂头牌，20世纪40年代成为名震沪上的“越剧十姐妹”之一，50年代初期，在《十八相送》和《织锦记》中首开定腔定谱先例。她广泛借鉴京昆和评弹的唱法，在程派“真声假一点，假声真一点”的理论中汲取营养，形成自己的特色：嗓音明亮宽广，细腻传神，唱腔俏丽多变，表演富于激情，创立了越剧“傅派”。2017年4月7日，荣获第27届上海白玉兰戏剧表演艺术奖终身成就奖。代表剧目有《梁山伯与祝英台》《孔雀东南飞》《人比黄花瘦》《情探》《李娃传》《杜十娘》《江姐》等。

【京剧表演艺术家包畹蓉逝世】

2017年10月26日，京剧表演艺术家，京剧服装设计、收藏家包畹蓉因病在上海逝世，享年90岁。

包畹蓉（1927—2017），出身于浙江省湖州市的名门望族，自幼耳濡目染，喜欢京剧、书画。15岁时，拜荀慧生门下，后来又拜京剧名伶黄桂秋、王遥卿为师，学经典京剧100余出。2013年6月29日，包畹蓉荣获中国戏曲表演学会颁发的“终身成就奖”。唱戏之余，在老师黄桂秋和母亲顾蕴玉的指点下，包畹蓉还设计制作戏服，因为他懂戏善画，新中国成立前许多名角都请他设计演出行头，并得到京剧界许多名人的好评。此外，他收藏有众多京剧行头，生、旦、净、丑，各种戏服一应俱全，其中又以旦角戏服的收藏最为丰富，梅派的华贵、程派的清越、尚派的刚强、荀派的活泼戏装，均在他的藏品中一显风采。上海奉贤区特开设有“龙腾阁——包畹蓉京剧服饰艺术馆”。

【越剧表演艺术家薛莺逝世】

2017年11月2日，越剧表演艺术家薛莺因病在浙江省杭州市逝世，享年89岁。

薛莺（1928—2017），1928年3月出生，浙江上虞人，艺名筱傅全香，国家一级演员，曾任浙江越剧团副团长、浙江政协委员、浙江人大代表。1938年在上海春风舞台科班学艺，工花旦。1942年被傅全香收为弟子，为傅派最早传人。曾因《庵堂认母》中饰演王志贞而享誉剧坛。

【沪剧表演艺术家小筱月珍逝世】

2017年11月16日，沪剧表演艺术家小筱月珍因病在上海逝世，享年97岁。

小筱月珍（1920—2017），原名黄素珍，1920年生于苏州，因家境贫困，9岁随父到上海，1934年经人介绍拜沪剧前辈琴师杨鸿声为师学唱申曲，并加入由前辈名家沈桂英、沈筱英母女组织的申曲班社“桂英社”。1936年加入由筱文滨、筱月珍领衔的“文月社”。20世纪40年代初与丁是娥、汪秀英、顾月珍一起被誉为沪剧“四小名旦”。“文革”后与王雅琴、王盘声等筹建新艺华沪剧团，并担任副团长。代表剧目有《秦香莲》《祥林嫂》《赵一曼》《欺嫂失妻》《雷雨》等。

【评剧表演艺术家筱玉霜逝世】

2017年11月27日，评剧表演艺术家筱玉霜因病在北京逝世，享年82岁。

筱玉霜（1935—2017），原名龚玉珍，父亲龚万才是评剧史上著名的鼓师，曾先后为白玉霜和筱白玉霜司鼓。她从小被评剧名家白玉霜收为养女，与筱白玉霜姊妹相称。20世纪50年代参与筹建中国评剧院，成为剧院最早的一批主演之一。“文革”后，成为仅存的中国评剧院初建时期的主演，陆续演出了《张羽煮海》（演琼莲公主）、《乾坤带》（演银屏公主）、《花为媒》（演李月娥）、《御河桥》、《红罗衫》、《李娃传》、《珍珠衫》、《梅玉配》、《郑巧娇》、《马寡妇开店》、《大脚夫人》等剧。

【戏曲理论家贾志刚逝世】

2017年12月20日，戏曲理论家贾志刚因病在北京逝世，享年63岁。

贾志刚（1954—2017），1954年4月生于北京，祖籍辽宁省沈阳市，1983年毕业于北京广播学院文艺系编导专业，获学士学位；1988年毕业于中国艺术研究院研究生部，获文学硕士学位；1993年毕业于中国艺术研究院研究生部，获文学博士学位，先后师从阿甲、黄克保、沈达人等学术大家。曾任中国艺术研究院戏曲研究所所长、中国戏曲导演学会会长。在数十年的研究历程中，贾志刚在戏曲表导演理论、近代戏曲、戏曲社会学、戏曲美学、戏曲批评等诸多领域有所建树，并有《迈向现代的古老戏剧》《戏曲体验论》《昆曲表演艺术论》《论戏曲表演的性质》《戏剧理论与批评》等系列个人专著和多篇学术论文行世，为当代戏曲研究的推进作出了重要贡献，他个人也因此而成为中国戏曲研究的中坚力量和代表人物之一。在担任中国艺术研究院戏曲研究所领导期间，他先后主持完成了《中国近代戏曲史》《当代昆曲导演艺术论》等重要课题，填补了前海戏曲史论研究的空白。

出版

【《中国瓯剧音乐大典》首发式】

2017 年 3 月 20 日，“《中国瓯剧音乐大典》首发式暨李子敏从艺 70 周年学术研讨会”在浙江省温州市瓯剧艺术研究院举行。《中国瓯剧音乐大典》一套三卷共 264 万字，由温州市文广新局组织，温州市文化馆、市瓯剧艺术研究院、市非遗保护中心具体实施编撰，中国戏剧出版社出版发行，瓯剧国家级非遗传承人、瓯剧第一任专职作曲李子敏担任该书主编。温州是南戏的故乡，作为中国戏曲史上第一种成熟的戏曲形式，南戏的剧本形式、音乐体制、脚色体制以及具有写意特征的舞台表演程式都为我国后世的戏曲形式打下了坚实基础。而瓯剧是流传于温州，具有 400 年历史的多声腔古老地方剧种，可以说是南戏直接的传承形式。《中国瓯剧音乐大典》全书收录了瓯剧古往今来的 2500 多支曲牌板式，梳理了以瓯剧为代表的多声腔剧种的文脉沿革。同时，该书收录了瓯剧中的高腔、昆腔、乱弹腔、徽调（皮簧腔）、滩簧、时调 6 种腔调以及文武场乐曲、八仙等，还选录了新中国成立后至 2014 年，瓯剧创作、移植、改编的传统大戏、小戏与现代大戏、小戏的优秀唱腔、唱段，是温州历史上规模最大、范围最广、史料最全、收录曲目最多的一次对瓯剧音乐曲谱的整理编撰。

【《20 世纪中国戏剧史》新书发布会】

2017 年 6 月 13 日，由中国社会科学出版社出版、傅谨著《20 世纪中国戏剧史》新书发布会在北京举行。该书总计 120 万字，以 1949 年为节点将 20 世纪中国戏剧分上、下两段，以时间为经系统梳理 20 世纪的戏剧发展，记录历史事件，阐述戏剧与时政、经济、文化的互动，展示了中国戏剧百年的演进过程和内在脉络。全书立足于现代性与本土化，从政治、艺术、娱乐 3 个不同层面，阐释 20 世纪戏剧发展过程中传统与现代、本土与西化、政治与艺术、演出与市场等多重对立统一的特点演变，探讨中国现代戏剧艺术发展的基本特征与规律、成就与教训、传承与发展等重大问题，并提供新的整合方案、思考路径及理论向度。

机构

【中国戏曲“像音像”工程上海基地揭牌】

2017年4月21日，中国戏曲“像音像”工程上海基地揭牌仪式在上海京剧院举行。中国戏曲“像音像”工程是响应国务院办公厅《关于支持戏曲传承发展的若干政策》的要求，选取当代戏曲名家及其代表性剧目，采取先在舞台取像，后在录音室录音，再由演员给自己音配像的方式，运用现代科技手段，通过最新的影像处理技术，使一代戏曲艺术家们在艺术的巅峰时刻留下完美的影像资料。作为“像音像”工程上海基地的首部作品，由史依弘主演的京剧《贩马记》已在后期制作中。2017年，上海京剧院还与上影集团合作，录制《失·空·斩》《黑旋风李逵》《佛手橘》《铁笼山》等剧目，此后还将录制《群英会》《梅妃》《战宛城》等剧目。上海京剧院奚中路、史依弘、李军、安平、严庆谷、王珮瑜、金喜全等中生代艺术家都被列入“像音像”工程的拍摄计划中。

【浙江戏曲联盟成立】

2017年7月9日，“浙江戏曲联盟成立大会”在浙江省温岭市举行，来自浙江省的73家戏曲院团、剧场和相关文化机构的负责人出席大会。浙江戏曲联盟以戏曲演出为核心，由浙江小百花越剧团、浙江越剧团、浙江京剧团、浙江昆剧团、杭州剧院等73家单位联合组建，包括剧团、剧场、文化公司、基层文化站等多种形态。该联盟在浙江省文化厅艺术处的直接指导下，整合全省戏曲资源与剧场资源，加快建设传统戏曲产业发展体系，力争创建“内容+剧场+互联网”的现代戏曲演出互助合作机制和协作平台。此外，联盟还邀请上海大剧院、安徽再芬黄梅艺术剧院、上海百视通公司作为特邀理事单位。未来，联盟将与上海大剧院达成长期合作伙伴关系，百视通将有效扩大浙江戏曲联盟在江浙沪皖一带的社会影响力，而再芬黄梅艺术剧院则会成为未来几年里浙江戏曲院团的重要合作对象。

【中国演出行业协会戏曲演艺委员会成立】

2017年12月16日，“中国演出行业协会戏曲演艺委员会”在北京成立。戏曲演艺委员会由国家京剧院、中国评剧院、北方昆曲剧院、天津京剧院等30家单位发起成立，旨在建立推动戏曲产业化发展平台，打通戏曲表演团体、演出经营团体、推广传播机构、衍生服务机构之间的沟通、合作渠道，盘活戏曲演艺优质资源、挖掘存量资源，推动戏曲市场化、产业化发展，优化各级政府对戏曲行业投入资金、资源的使用效率。

中国演出行业协会是由文化部主管的国家一级社会团体，是演出经营主体和演出从业人员自愿结成的全国性、行业性、非营利性社会组织。

【中国秦腔教育联盟成立】

2017年12月22日，由60余家秦腔教育单位和秦腔院团集体组成的“中国秦腔教育联盟”在陕西省西安市成立。中国秦腔教育联盟由陕西艺术职业学院发起，由陕西省戏曲研究院、西安秦腔剧院、西安市艺术学校、宁夏秦剧院、西宁市非遗传承中心、甘肃省秦剧院、甘肃文理学院、新疆建设兵团秦剧院、新疆乌鲁木齐秦剧院、中国秦腔网站、大秦之腔北京青年研习社等省内外12家单位共同倡议，由53家秦腔教育单位和秦腔院团集体签约加盟组成。中国秦腔教育联盟的成立，旨在通过盘活国内尤其是西北地区秦腔教育资源，为各秦腔表演团体、人才培养院校及相关秦腔研究机构，搭建一个相互融通、相互借鉴、相互帮助的平台，实现各秦腔教育单位资源共享和优势互补，探索秦腔人才培养院团融合、校企合作新模式，形成合力，为整个西北地区的秦腔艺术事业多出人才、多出好作品提供有力支撑和保障。

大事记

1月7日至9日，“2017粤戏越精彩——全省优秀地方戏曲剧种汇演暨学术研讨会”在广东粤剧艺术中心举行。

1月9日，京剧表演艺术家黄孝慈因病在江苏南京病逝，享年74岁。

1月10日、11日，秦腔现代戏《家园》在北京梅兰芳大剧院上演。

1月15日，滑稽戏表演艺术家吴双艺因病在上海逝世，享年90岁。

1月22日，晋剧《日升昌票号》在太原市山西大剧院首演。

1月24日，京剧表演艺术家赵炳啸因病在北京逝世，享年100岁。

1月25日，京剧表演艺术家方小亚因病在上海逝世，享年70岁。

1月31日，京剧表演艺术家马增寿因病在北京逝世，享年77岁。

2月17日，越剧表演艺术家范瑞娟因病在上海逝世，享年93岁。

2月20日，文化部办公厅公布2016年度戏曲剧本孵化计划第一次专家评审结果。

2月21日，现代京剧《青衣》亮相国家大剧院。

2月22日，“《京剧艺术传承与保护工程——老艺术家谈戏说艺》成果座谈会”在全国政协文史馆举行。

2月23日至3月11日，“第二届黄梅戏艺术周”在北京国家大剧院上演。

2月24日、25日，北路梆子新编历史剧《平城赋》在山西省太原市青年宫演艺中心上演。

2月27日至3月31日，“全国舞台艺术优秀剧目展演”在北京举行。

2月28日至3月19日，国家京剧院2017年“致春天”系列演出在梅兰芳大剧院举行。

3月4日、5日，黄梅戏《凤鸣宏村》在国家大剧院上演。

3月10日，京剧《清贫之方志敏》在山东省青岛市首演。

3月10日、11日，越调《老子》亮相北京长安大戏院。

3月13日、14日，现代京剧《脚印》在北京长安大戏院上演。

3月17日、18日，原创昆曲《春江花月夜》在北京天桥艺术中心上演。

3月18日、19日，评剧《柳毅传书》在黑龙江省歌舞剧院音乐厅上演。

3月19日至4月7日，“第四届青年京剧演员（北京）擂台邀请赛”在北京长安大戏院举行。

3月20日、22日，传统祁剧《目连救母》在北京戏曲艺术职业学院剧场上演。

3月20日，“《中国瓯剧音乐大典》首发式暨李子敏从艺70周年学术研讨会”在浙江省温州市瓯剧艺术研究院举行。

3月31日，“首届盛京戏曲论坛”在辽宁省沈阳市举行。

4月11日，“全国京剧文丑中青年高端人才研习班”在北京开班。

4月19日，越剧表演艺术家徐玉兰因病在上海逝世，享年96岁。

4月21日，秦腔表演艺术家肖玉玲因病在陕西省西安市逝世，享年79岁。

4月21日，中国戏曲“像音像”工程上海基地揭牌仪式在上海京剧院举行。

4月23日，“纪念京剧一代宗师谭鑫培诞辰170周年京剧经典展演活动”在湖北省武汉市江夏区开幕。

4月27日至28日，山西戏曲“新流派”创造经验研讨会在北京中国艺术研究院举行。

4月28日，“梅香玖传——梅葆玖先生逝世周年纪念展暨学术研讨会”在北京梅兰芳纪念馆开幕。

5月6日至6月12日，“第十五届江浙沪闽经典越剧大展演”在浙江省绍兴市举行。

5 月 11 日至 29 日，“第八届中国京剧艺术节”在江苏省南京市举行。

5 月 15 日，文化部艺术司公布 2017 年度国家舞台艺术精品创作扶持工程评审结果。

5 月 19 日至 21 日，“京剧流派的传承与创新——第七届京剧学国际学术研讨会”在北京举行。

5 月 22 日，淮剧《武训先生》在上海东方艺术中心首演。

5 月 22 日，第 28 届中国戏剧奖・梅花表演奖、第 22 届中国戏剧奖・曹禺剧本奖揭晓。

5 月 27 日，中共中央宣传部、文化部、教育部、财政部联合印发《关于新形势下加强戏曲教育工作的意见》。

6 月 1 日至 6 日，“第二届南充国际木偶艺术周”在四川省南充市举行。

6 月 2 日至 4 日，“桃李芬芳——缅怀武生名家王金璐先生京剧艺术教育生涯专场纪念演出”在北京长安大戏院举行。

6 月 5 日，文化部办公厅公布 2016 年度戏曲剧本孵化计划第二次专家评审结果。

6 月 7 日，中共中央宣传部、文化部、财政部联合印发《关于戏曲进乡村的实施方案》。

6 月 13 日，傅谨著《20 世纪中国戏剧史》新书发布会在北京举行。

6 月 13 日至 8 月 13 日，“2017 中国戏曲节”在香港举行。

6 月 14 日，“现代京剧的发展与瞻望学术研讨会”在北京中国艺术研究院举行。

6 月 16 日至 18 日，“纪念王季思、董每戡诞辰 110 周年暨传统戏曲的历史、现状与未来学术研讨会”在广州市中山大学举行。

6 月 15 日至 27 日，北方昆曲剧院举办纪念建院 60 周年系列展演活动。

6 月 16 日、18 日，秦腔《胭脂》在西安易俗大剧院上演。

6 月 17 日，文化部 2016 年戏曲艺术人才培养“千人计划”高级研修班结业仪式在中国戏曲学院举行。

6 月 17 日，京剧《大宅门》在北京天桥艺术中心大剧院首演。

6 月 18 日，秦腔现代剧《王贵与李香香》在银川市宁夏大剧院上演。

6 月 18 日至 7 月 5 日，“第十五届中国戏剧节”在宁夏回族自治区银川市举行。

6 月 28 日，昆剧版《罗密欧与朱丽叶》在北京长安大戏院上演。

6 月 30 日，京剧表演艺术家厉慧森因病在重庆逝世，享年 90 岁。

7 月 2 日，历史京剧《孙尚香》在湖北省宜昌市滨江剧场上演。

7 月 2 日、3 日，淮剧现代戏《留守村长留守鹅》在北京中国评剧大剧院上演。

7 月 2 日至 11 日，“第六届中国京剧优秀青年演员研究生班毕业公演”在北京长安大戏院举行。

7 月 2 日至 29 日，“2017 年全国基层院团戏曲会演”在北京举行。

7 月 3 日至 4 日，“另一个梅兰芳——梅兰芳绘画展暨梅兰芳绘画与表演艺术学术研讨会”在梅兰芳纪念馆开幕。

7 月 9 日，文化部 2017 年戏曲艺术人才培养“千人计划”高级研修班在北京中国戏曲学院开班。

7 月 9 日，“浙江戏曲联盟成立大会”在浙江省温岭市举行。

7 月 19 日，上党梆子现代戏《太行娘亲》在山西省晋城市歌舞剧院琚颐睦剧场倾情首演。

7 月 20 日，“上海的声音”——第三届上海（浦东）沪剧艺术节在上海开幕。

7 月 31 日，中宣部、教育部、财政部、文化部联合发布《关于戏曲进校园的实施意见》。

7 月 31 日，京剧现代戏《狼牙山》在北京长安大戏院首演。

8 月 2 日，历史京剧《董仲舒》在北京梅兰芳大剧院首演。

8 月 4 日至 5 日，“2017 西湖・盛京戏曲论坛”在辽宁省沈阳市举行。

8 月 4 日至 9 月 11 日，“第四届中国豫剧节”在河南、北京两地举行。

8 月 7 日，文化部办公厅公布“中华优秀传统艺术传承发展计划”2017 年度戏曲专项扶持入选项目名单。

8月23日，国家京剧院复排剧目《谢瑶环》在全国地方戏演出中心首演。

9月1日至30日，“2017年全国小剧场戏剧优秀剧目展演”在北京举行。

9月2日，京剧表演艺术家宋宝罗因病在浙江杭州逝世，享年101岁。

9月3日，豫剧马派创始人马金凤从艺90周年暨马派艺术研讨会在中国戏曲学院举行。

9月5日，“菊苑流芳——第三届辽吉黑蒙四省区地方戏曲优秀剧目展演”在黑龙江省哈尔滨市举行。

9月8日，川剧表演艺术家杨淑英因病在四川省成都市逝世，享年89岁。

9月8日至18日，“历史辉煌·今日精彩”纪念谭鑫培诞辰170周年、谭富英诞辰111周年流派经典精品剧目系列展演活动在北京长安大戏院举行。

9月19日至10月12日，“全国地方戏曲南方会演”在湖北省武汉市拉开帷幕。

9月22日、23日，新编传统京剧《徐母传》在梅兰芳大剧院上演。

9月24日，文化部办公厅发布《文化部办公厅关于进一步做好戏曲进校园工作的通知》。

9月25日至26日，“中国戏曲现代戏研究会第29届年会”在河南省郑州市举行。

9月27日，古装京剧《大面》在杭州剧院首演。

9月29日，现代京剧《横空出世》在梅兰芳大剧院首演。

10月4日，“昆曲回家”——大师传承版《牡丹亭》在江苏省昆山当代昆剧院剧场开演。

10月8日，“中国秦腔优秀剧目会演”在陕西省西安市开幕。

10月13日至14日，“梅花蓓蕾向阳开——迎接党的十九大胜利召开中国少儿戏曲小梅花20年汇报演出”在北京梅兰芳大剧院举行。

10月14日至23日，“全国花鼓戏优秀剧目展演”在湖南省长沙市举行。

10月20日至24日，“江苏·镇江现代扬剧北京展演周”在北京上演。

10月24日，越剧表演艺术家傅全香因病在上海逝世，享年94岁。

10月24日，“梅兰芳纪念馆藏戏曲文献脸谱展开幕式暨梅兰芳与传统文化学术研讨会”在梅兰芳纪念馆举行。

10月25日至12月10日，“2017年北京金秋优秀剧目展演”在北京各大剧场上演。

10月26日，京剧表演艺术家包畹蓉因病在上海逝世，享年90岁。

10月26日至2018年1月7日，“2017当代小剧场戏曲艺术节”在北京繁星戏剧村举行。

10月30日，现代粤剧《浴火凤凰》在北京梅兰芳大剧院上演。

10月30日、31日，现代淮剧《送你过江》在全国地方戏演出中心上演。

11月2日，越剧表演艺术家薛莺因病在浙江省杭州市逝世，享年89岁。

11月1日至2日，“第31届田汉戏剧奖评奖活动”在上海举行。

11月3日，越剧《清风亭》在浙江省宁波市逸夫剧院首演。

11月9日至14日，“戏曲实践经验及理论之融合研讨会暨中国戏曲表演学会年会、戏曲名家演唱会”在香港中文大学和澳门旅游学院举行。

11月10日至15日，“全国曲艺、木偶剧、皮影戏优秀剧（节）目展演”在福建省晋江市举行。

11月15日至21日，“东方之韵·上海戏曲艺术中心经典剧目晋京展演”在北京举行。

11月16日，沪剧表演艺术家小筱月珍因病在上海逝世，享年97岁。

11月17日至23日，“唱响新时代——河南稀有剧种北京公益展演周”在梅兰芳大剧院上演。

11月17日至25日，“首届晋冀鲁豫传统戏剧展演”活动在河南省安阳市举行。

11月18日至19日，“中国戏曲在亚洲的传播学术研讨会”在北京外国语大学举行。

11月23日至12月3日，“新时代·新气象——第三届湖北地方戏曲艺术节”在湖北省武汉市举行。

11 月 27 日，评剧表演艺术家筱玉霜因病在北京逝世，享年 82 岁。

11 月 28 日，文化部艺术司公布 2017 年度剧本扶持工程项目入选名单。

11 月 28 日至 12 月 1 日，“2017 安徽省优秀现代小戏会演”在安徽省宿州市举行。

11 月 29 日，新编昆剧《钟楼记》在杭州剧院首演。

12 月 1 日，“纪念林芝芳诞辰一百周年座谈会”在福建省福州市举行。

12 月 2 日，“新时代青年戏曲导演学术研讨会”在北京商务会馆举行。

12 月 3 日，现代评剧《藏地彩虹》在全国地方戏演出中心首演。

12 月 7 日，全国政协召开双周协商座谈会，围绕少数民族戏剧的传承与发展建言献策。

12 月 8 日，现代淮剧《小城》在江苏省盐城市文化艺术中心首演。

12 月 10 日至 23 日，“戏曲 · 呼吸 2017 第三届上海小剧场戏曲节”在上海周信芳戏剧空间举行。

12 月 12 日至 15 日，“第二届全国豫剧院团长工作交流会”在河南省郑州市举行。

12 月 16 日，“中国演出行业协会戏曲演艺委员会”在北京成立。

12 月 19 日，现代京剧《花漫一碗泉》在宁夏回族自治区银川市首演。

12 月 22 日，“中国秦腔教育联盟”在陕西省西安市成立。

12 月 26 日，文化部公布全国地方戏曲剧种普查成果。

12 月 27 日至 2018 年 1 月 2 日，“2017 少数民族文学戏剧改编培训班”在北京开班。

12 月 28 日、29 日，现代京剧《蝶恋花》在梅兰芳大剧院上演。

中国艺术年鉴 · 2018

话剧卷

分卷主编：王畔

年度述评

2017年中国话剧艺术发展研究报告

◎ 宋宝珍

2017年，是中国当代政治文化史上的重要年份。10月，中国共产党第十九次全国代表大会胜利召开，党的十九大报告立意高远、思想深刻，对于新时代中国特色的社会主义发展做出了新部署、新规划，提出了新任务、新目标。十九大报告对于社会主义文化事业高度重视，话剧事业作为文化事业的重要组成部分，面临新机遇，必须开拓新局面。

据北京市文化局、北京演出行业协会统计，2017年北京市营业性演出场次共计24557场。其中戏剧演出12091场，占总演出场次的49.2%；话剧、儿童剧演出场次8763场，实现票房收入4.46亿元，占所有演出票房的26%。其中，话剧演出共4915场，占演出总场次的20%，比2016年增长7.8%；吸引观众190.3万人次，比2016年增长7.03%。[①]一系列数字说明，中国话剧正进入良好的发展期。

一

谈到话剧，人们往往以为它是迎合知识分子的小众艺术，其实经过艺术家们的不懈努力，它已经成为广大民众特别是青年观众喜闻乐见的公众艺术。2017年度，北京人民艺术剧院的《窝头会馆》演出前，有观众排队达十几个小时准备购票，当戏票售罄时，观众情绪激动，不肯离去。国家话剧院的新剧目《兰陵王》演出时，也出现了人头攒动、一票难求的局面。这虽然是具体的小事例，却反映了话剧在当代观众心中重要的文化位置。

2017年，中国话剧迎来了创始以来的110年华诞，中国艺术研究院话剧研究所申报的国家艺术基金巡展项目——“中国话剧诞生110周年纪念展”正式立项并开始实施，7月28日至8月16日，为期20天的“历史回放　舞台辉煌——中国话剧诞生110周年纪念展”在国家大剧院水下长廊东侧展厅举行。1200平方米的展墙、9部影像播放器、8个展柜、10个舞台模型、数十套戏剧服装、三处戏剧场景还原，形象地展现了中国话剧的历史成就。11月11日至21日，话剧研究所与云南省文化厅在云南美术馆联合举办第2站巡展。11月20日至12月10日，话剧研究所与重庆市话剧院在国泰剧院联合举办第3站巡展。

2017年，中国话剧各种演出活动丰富、频繁，例如，中国国家话剧院举办的“第三届中国原创剧目展演”，北京人民艺术剧院举办的“北京人民艺术剧院建院65周年纪念演出”，北京市文学艺术界联合会举办的“北京青年戏剧节”，北京戏剧家协会举办的“金刺猬大学生戏剧节”，北京喜剧院举办的“北京喜剧艺术节”，文化部艺术司与北京市文化局举办的“全国小剧场戏剧优秀剧目展演”，文化乌镇股份有限公司举办的“乌镇戏剧节”，中国儿童艺术剧院举办的“中国儿童戏剧节”，上海文广演艺等机构举办的“上海国际喜剧节”，北京东城区政府举办的“东城故事原创剧目展演暨戏剧进基层活动”，年末北京东城区政府、北京市文化局等举办的“全国话剧优秀新剧目展演季”等，掀起了一波又一波的话剧演出热潮。长年不断的巡演、展演，不仅锻炼了话剧队伍，强化了创作演出实力，而且扩大了社会影响，丰富了人民大众的文化生活。

与时代同进、与人民同心、与观众共同创造一直是话剧的重要特性。纵观2017年的大剧场话剧演出，不难发现，经典保留剧目、其他剧种或国外移植剧目、原创新剧目以三足鼎立的方式构成演出

① 参见中国新闻网（http：//www.chinanews.com/yl/2018/01-09/8419734.shtml）。

格局。

在原创剧目中，历史剧占有重要比重，一方面说明话剧艺术家对于传统题材的重视，另一方面也说明在现实题材的开拓创新方面，很多人还是感觉到了一定的难度。笼统地讲，取材于历史文献和历史传说的话剧主要有：北京人民艺术剧院根据传统戏曲《四进士》创作改编的反映明代士子的《大讼师》和重新排演的田汉编剧的《关汉卿》、中国国家话剧院演出的反映北齐时代传奇人物的《兰陵王》、山西省话剧院演出的反映甲午海战的《甲午祭》、山东省话剧院演出的反映孙子军事思想的《兵·道》、河北省话剧院演出的反映京张铁路的设计建造者的民族智慧的《詹天佑》、贵州省话剧团与浙江话剧团联合制作的反映明代哲学家王阳明人生遭际和心学观念的《此心光明》等。

7月，罗怀臻编剧、王晓鹰导演的《兰陵王》由国家话剧院演出。剧中，9岁的兰陵王目睹了叔父弑君篡位、而母亲投身新王怀抱的惊悸场面。篡位之王为了防止侄子复仇，将其送到宫廷戏班饰演旦角，为了生存，兰陵王只能曲意逢迎，他的女性姿容成为保护自己的假面，而假面戴得久了便形成自我认同，母亲本来是为了救下儿子性命才苟且偷生，看到柔弱妖娆的儿子十分心痛，哀其不幸，怒其不争。在密室宗庙之中，母亲拿出先王的狰狞凶暴的大面，让兰陵王戴上。戴上大面的兰陵王凶神附体，性情暴戾，在战场上所向无敌。假面再次遮蔽了他的真性情，他对待深爱他的母亲和恋人也是残酷无情。最后母亲用金簪刺向自己的心脏，用心血击碎了兰陵王的魔咒，让他与假面分离。此剧透视人性、饱含哲思、蕴含辩证，兰陵王的本我与可人儿、大面之间的伪装与伪化、阻抗与挣扎的心理动机与外在行动逻辑清晰，如流水般顺势展开却形成抓牢人心的张力。《兰陵王》具有魔幻现实主义的特点，其故事产生自上古传统戏曲，以此为题材创作新剧，本身就是对于传统的吸纳，也是导演王晓鹰所倡导的“中国意象现代表达”的新尝试，他巧用傩戏面具、参军戏的滑稽扮演，化用戏曲的手势身段，形成独创的象征性、表现性、风格化的中国当代舞台语汇，在整体调度上不疾不徐，感人深挚。最后满台红色，令观众想到每一个生命都是诞生于血泊之中，每一次成功也是血染征程，被血色妆成的面容必须清洗干净，而母亲的心血孕育了兰陵王的新生。《兰陵王》所传达的审美意识是传统的但不是保守的，是现代的也是民族的。

8月1日，适逢中国人民解放军建军90周年，山东省话剧院在历山剧院演出李书圣编剧、卢昂导演的历史剧《兵·道》。此剧站在当今的文化立场，反观古人的智慧谋略，表现了春秋时期伟大的军事思想家孙武的“无敌战神”形象。剧中，孙武善于用兵，运筹帷幄，决胜千里，但是他目睹了太多战争的残酷：恩人相杀、兄弟相残、草菅人命、奸淫掳掠，造成了种种人间惨象，因此他秉承仁德之心，强调不唯战、不惧战，以战止战，战为下策，不战而屈人之兵，方为上策。孙武戎马一生，伐楚时他制止杀降，征越时运用智谋，制止杀戮。该剧通过孙武、伍子胥、如心和阖闾、夫差等一系列人物形象的刻画塑造，表现中国古代军事家的艰难人生、坎坷境遇，以及对于苍生的悲悯之情。此剧在导演方面也颇得传统艺术神韵，比如以十八勇士代表千军万马，以一角湖水代表山川大地，在写意与写实、表现与再现之间，舞台调度转换自如、气韵生动。

12月，贵州省话剧团和浙江话剧团联合演出了李宝群编剧、宫晓东导演的《此心光明》。此剧以叙事体的方式，用场景说明和导演手段，保持剧情与观众的间离。它反映了儒学思想家、心学创立者王阳明一生颠沛流离、求知悟道的艰难行迹和忧患心曲。王阳明自幼就有强烈的求知欲，家人寄希望于他考取功名，然而在混乱无序的科举考试中，他却名落孙山。别人以考不中秀才为耻，他却以考不中秀才而动心为耻。新婚之夜他离家在寺院与智者坐而论道；风雨之夕，他端坐竹林格物致知直到冻馁晕倒。王阳明总算科考及第，入京为官，却因仗义执言得罪宦官险些丧命。流放夜郎途中，他设计逃过追杀，在贵州龙场却面临野兽病魔、命悬一线。王阳明龙场悟道，相信人人皆可成圣贤。好不容易再度为官，却遭遇宁王叛乱，兵少将寡，几无抗敌之力，可是王阳明仅凭自身智谋，实施了空城计、反间计、攻心计，硬是转败为胜，活捉宁王。然而小皇帝玩心大起，愣是率十万大军御驾亲征，所到之处滥杀无辜，玩了一出表演性质的捉拿宁王的闹剧。王阳明的一腔雄才大略无处施展，竟落得个抑郁而终的惨淡结局。此剧除王阳明之外，其他演员都是跳进跳出，陌生化的效果也被广泛使用，演员当场说出舞台提示，当场制造风雨雷电等效果。此剧因叙事线索繁多且不时间断，在一定程度上削弱了戏剧的张力以及剧情对于观众的代入感。

从近年来的历史剧题材来看，大多为古代名臣或著名文人的事迹，创作者希望从这些人物的经历和行为中反映出中华民族祖先坚韧、英勇的精神品格和忧国忧民的社会责任感。这种出发点是好的，但在具体的情节安排和人性深度的开掘上却鲜有突破。在导演舞台表现手法日益成熟的条件下，灯光音效的配合与舞台调度的灵活性相结合，使历史剧的舞台效果越来越场面宏大、意象纷繁，但这与文本内涵的欠缺仍然形成矛盾。另外，改编自戏曲的话剧作品虽然经过了话剧表演、导演的转化，但在主题思想上仍有不尽如人意之处，值得创作者和研究者深思。

二

自习近平总书记文艺工作座谈会讲话发表以来，深入生活、扎根人民，努力从现实生活中开掘有表现力和生命质感的创作资源，已经成为话剧工作者的共识；在创作过程中，则是努力探讨话剧民族化、现代化的发展路径。

2017 年现实题材的话剧主要有：中国国家话剧院演出的反映新中国成立初期福建省东山岛的县委书记造福一方的《谷文昌》，辽宁人民艺术剧院演出的反映基层党支部书记带领百姓共同致富的《干字碑》，云南省话剧院演出的反映云南独龙族基层党组织带领当地百姓修路致富的《独龙天路》、反映全面从严治党过程中对腐败分子予以打击的《生死倒计时》，安徽省话剧院演出的反映农村妇女艰难曲折的人生遭际及悲剧结局的《淮河新娘》，山西省大同市歌舞剧院演出的反映农村调解员心系百姓、一心为公的《热泉》，上海话剧艺术中心演出的反映家庭伦理和情感纠葛的《家客》，河北省承德话剧团演出的反映民国时期民间评剧艺人坎坷人生与艺术追求的《成兆才》，中国福利会儿童艺术剧院演出的反映农民工孩子内心向往的《蓝蝴蝶》，重庆话剧院演出的反映当地市井民情的《河街茶馆》，中国儿童艺术剧院演出的反映进城务工的农村少年成长经历的《山羊不吃天堂草》，鞍山市艺术剧院演出的反映拖欠农民工工资问题的《大雪》等。

尽管现实题材戏剧在反映现代社会的广度、开掘时代人生的深度方面还存在着明显不足，但是脱离大众、囿于城市的创作倾向，已经开始向关注社会、反映现实、服务大众的创作方向转变，这一转变是积极的，也是值得肯定的。比如河北剧作家孙德民就长期在燕赵大地上往来奔波，和很多农民兄弟结下了深厚友谊。而国家话剧院的年轻导演白皓天为了创作一部关于西藏的话剧，曾经不畏艰苦，20 多次深入藏区；为了导演好话剧《谷文昌》，他也是跑遍了谷文昌工作生活过的福建东山地区。

冯静等人编剧、白皓天导演、国家话剧院演出的《谷文昌》，以现实主义的艺术手法，结合现代舞台技术手段，展现了真实、生动、质朴、感人的英模形象。谷文昌在新中国成立初期任职福建东山县委书记，他以坚定的理想信念为党工作，以淳朴真挚的情感关怀百姓，以苦干实干的精神造福一方。他将国民党留下的贫困不堪、人心涣散的烂摊子，建设成欣欣向荣的理想家园。戏剧有些场面生动、鲜明，令人感动，比如当一群渔民百姓要拜关帝庙时，民兵持枪阻拦，发生肢体冲突。谷文昌跟众人一起跪了下来，他嘴里念念有词，祭奠那些解放战争中牺牲的烈士。他还将那些丈夫、儿子被国民党抓走、自身被定性为反动家属的贫弱渔民，更改为“兵灾家属”，给予他们抚恤和照顾。本剧主人公形象比较立体，在一定程度上打破了理念性的叙事逻辑，破除了罗列性的事件铺排，透过主人公与家庭、同事、乡民的关系，在平凡的日常工作和生活中，反映其为人的良善，其作风的优良，其做事的踏实，其精神的高尚。在英模题材的戏剧创作中，实为其中的佼佼者，也是值得肯定的优秀之作。

喻荣军编剧、周小倩导演、上海话剧艺术中心演出的三幕剧话剧《家客》，每一幕开场时，都会出现一个男青年带着摇滚味道的歌声，点明三位老人人生境遇之所以改变的时间节点 1976 年：“时代变迁风云变幻，巨人陨落天塌地陷，把过去的一切全抛掉，把未来的一切都过完。”《家客》的叙事时空存在于过去、现在、未来之间。第一重叙事：马时途因在1976年的地震中遗失公款而坐牢，他和莫桑晚这对怨偶度过平淡的一生。第二重叙事：1976年地震后他回到上海只是为了离开，此后他的妻子莫桑晚与文化局局长夏满天生活在一起。第三重叙事：他不曾回过上海，而是隐姓埋名40载，病入膏肓之后突然闯入莫桑晚的家中，而夏满天既可能是个放不下架子的退休官员，也可能是个唱口水歌、跳广场舞的街边大爷。还有一重叙事，马时途根本不曾去过唐山。《家客》的戏剧情节并不复杂，但胜在复线叙事和开放结构上，它探讨着真实与想象、此地与他乡、厮守与离开等多种人生意绪。如果戏剧是人类灵魂的实验室，那么此剧探讨和表现的恰是一种人生的多样可能。这种拼接式的场面，多角度叙事逻辑，增强了戏剧的层次感和艺术的表现力，也充实了戏剧的层次和肌理。《家客》探讨的是现代人的自我放逐情绪、不满足感和存在焦虑，这些显然是现代意识的表征。

孙德民编剧、王延松导演、河北省承德话剧团演出的《成兆才》，表现草根艺术家命运的起伏跌宕。在清末民初，人称“落子”的评剧被人贱视，庆春班在天津被砸了场子，重整旗鼓的成兆才再次登台，却传来他丧妻失子的噩耗，他忍痛演完了喜剧，晕倒于戏台。戏班苦苦挣扎，迎来命运转机，师兄姚金花却嫉妒心起，罢演离去，军阀野蛮砸场子，太监枪逼娶丫头，成兆才满心委屈，苦水独吞。为写《杨三姐告状》他茶饭不思，妻子却恋上了他徒弟，最后他只能告老还乡。很显然，孙德民把自己的一世戏缘、此间情殇倾注在成兆才身上，他是将自己的心脏装进了剧中人的皮囊，因此在成兆才的喜怒哀乐里，观众能体会出孙德民的笑颜泪光。导演王延松对此剧的调动，舞台色彩、意象呈现，既不失旧中国的时代感，又保有现代的审美性，有效吸取了戏曲表现手法之“一桌二椅”功能，以大衣箱的不同摆放、堆叠，形成结构化的整体装置、塑形，展现场上场下、离乱人生的真实情景。

李宝群编剧、查明哲导演、安徽省话剧院演出的《淮河新娘》时间跨度很大，从晚清、辛亥革命、国民革命、抗日战争解放战争直到“后新时期”，90多岁的河妹子依然站在淮河边守望，虽然她已走向人生边缘，但是灵魂已经与这片苍天厚土融为一体。此剧虽然没有人为设置的大悬念，但是在主人公河妹子身上却体现了强烈的命运感和中华女性的坚韧个性。戏剧把宏大历史作为背景，用来衬托草根性的族群生的无奈、死的英勇、活的坚定。那条亘古长流的淮河，那棵历经沧桑的老银杏树，那个把自己等成了一尊雕像的女人，都具有象征性和隐喻性。只是此剧在整体节奏上，情节变化形成了同频效应，外在的历史流程在一定程度上遮蔽了剧中人的内在特征。

王俭编剧、李伯男导演、宁波话剧艺术中心演出的《大江东去》挖掘了历史题材的当代意义，突出了宁波商人的时代特点——草根的生命力和儒商的大气魄。当“经商不为政”的传统观念遇上民族危亡的大境遇时，商人们绝不是苟活混世，而是毫不犹豫地凿船沉江，堵住航道，让日本侵略者无法快速推进，以毁家纾难的方式，参与全民族的决死抗战。在这部话剧里，船和人的关系十分紧密。船是牟利致富的工具，也是承载梦想的方舟；船是联结未来的枢纽，更是实现愿望的工具。全剧主线清晰，买船、行船、停船、护船、沉船，构成了求索奋争、向死而生的悲壮情境，船业帝国始终面临的被剿灭的命运玄机，牵制着戏剧的张力。而一龙、梅英、秋生三个人志向不同却荣辱与共的情爱关系，则构成戏剧情境的内在动力。戏剧通过一个商人家庭打开时代窗口，通过一世情感纠葛反映国势危殆时的爱恨情仇，在个体命运的跌宕起伏中，显现历史对人的影响和作用。

孙浩编剧、宋国锋导演、鞍山市艺术剧院演出的《大雪》讲述了一个现代人人格成长、精神净化和心灵救赎的故事。一个被市场经济麻木了身心的公司老板于景旗，在躲债途中误入深山，邂逅了莲花山下的一户农家，善良的老夫妻和他们的养女热情地接待他。他逐渐发现，这家的养女小雪身患白血病，两位老人正拼命攒钱想要给小雪治病，老夫妻的儿子为救妹妹辍学打工，却被黑心老板拖欠工钱。于景旗还发现，被他拖欠工资的农民工也包括小雪的哥哥，而小雪正是他离弃多年的亲生女儿，而他当年因外遇而辜负的妻子已经离世。欠债老板和农民之间，通过一系列的心灵碰撞和情感交流，灵魂的坚冰逐渐融化，人性的力量逐渐回归。最终，于景旗在这些淳朴的农民身上收获了久违的温情和感动，他承认自己遇到困境就想一走了之的企图，他保证要直面现实，将拖欠的农民工工资悉数发还。剧尾，小雪发病，危在旦夕，在漫天大雪中，于景旗背上小雪和村民一起赶路，他准备不惜一切代价，拯救小雪，也拯救自己。此剧剧情的巧合虽然显得太过戏剧性，悬念的破解也显得过早，但编剧对于人性转变的描述是值得肯定的，雪的象征意味在导演的处理下也与情节结构有机融合。小雪的一曲动人民歌是剧中亮点，那美好的声音不但是于景旗年轻时的美好记忆，更牵引着他向着一种人性的光明复归。

2017 年的儿童新剧目《山羊不吃天堂草》是冯俐根据曹文轩的小说改编的富有创新探索意向的儿童剧，由查明哲导演，中国儿童艺术剧院演出。原小说比较写实，剧本淡化了一些具体的时代背景和生活场景，表现了 20 世纪八九十年代，小木匠明子、师傅三和尚以及小伙伴黑罐儿进城务工的经历。全剧从明子被人举报，进了派出所后一言不发开始，逐渐展现他的生活镜像，打开他的内心世界。明子的现实经历形成了剧本的显性叙事，也是主题叙事；关于山羊遭遇的回忆作为一条隐性叙事，烘托主题；与紫薇的交往，对金钱的渴望，莫名的打击和挫伤，逐渐成熟和刚强的少年心理，成为前面两条线索的补充与延伸。这些线索相互交织，使得戏剧的内涵丰满起来。此剧总体叙事风格有意识流的特点，时空变化自由灵活，心理空间得以较为充分的展现。在舞台形象画面中，数块条形投影、山羊的拟人化呈现，增强了整个故事的寓言性和象征性，山羊、天堂草、金钱、欲望、友情、活路、纠结、选择等营造的舞台意象，超越了一般的现实层面的拟态反应，从而成为戏剧的意象符号，凸显了隐喻化的表意功能。

近年来，向孩子们介绍世界名著已经成为儿童艺术工作者的共识，中国儿童艺术剧院曾经将《李尔王》改编成儿童剧，上海的中国福利会儿童艺术剧院也将《泰坦尼克号》《巴黎圣母院》等进行富有童趣的改编，他们保留原剧的基本框架，对故事的基本要素进行了寓言化的重新编码，让网络时代的孩子们的童年增加了对名著的新鲜感。比如《泰坦尼克号》中的杰克和罗斯就变成了猫鼠关系，他们在敌对中追打，在了解中宽容，在灾难中互助，最后，划着一个大海碗做的救生船，驶向新生活的彼岸。改编之后，泰坦尼克触冰沉没的成人式的沉痛感，已经让位于一个以动物为主人公的寓言故事的有趣再现，而互帮互助的感人场面则会令小观众获得美好的心灵体验。

现实主义一直是中国话剧的主要风格，关注现实，反映现实，一直是话剧创作者坚持的艺术趋向。20 世纪二三十年代，中国话剧在现实主义风格追求中产生的大量作品至今仍被奉为经典。但时代毕竟不同了，当下的现实比起几十年前复杂得多，人们的思维倾向不再是简单的因果互联、惩恶扬善，而是开始客观地正视人性的不确定性和不可控性。现代性焦虑的加深导致的人性异化不是简单的道德说教能够扭转的，在电视剧和电影已经在年代戏、都市剧中将现实反映得极其丰满的情况下，舞台上的现实主义究竟还要怎样寻找独立特征，是摆在话剧创作者面前的重大课题。

三

要总结 2017 年的话剧，就不能不提到小剧场戏剧。近年来，北京中、小剧场数量不断增多，风格多样的小剧场剧目吸引了大量观众。据统计，北京十多家小剧场如北京大学百年纪念讲堂多功能厅、菊隐剧场、蜂巢剧场、国话先锋剧场、国家大剧院小剧场、蓬蒿剧场等上座率超过 80%。9 月，“2017 年全国小剧场戏剧优秀剧目展演”在北京举办，21 部参演作品于 9 月 1 日至 30 日在国家话剧院小剧场、国话先锋剧场、北京人民艺术剧院实验剧场、北京 9 剧场、繁星戏剧村、剧空间剧场陆续上演。这些作品中，小剧场话剧有 12 部，戏曲有 9 部。它们题材广泛、内容丰富，反映了近年来小剧场戏剧创作发展的整体水平，展现了小剧场戏剧工作者积极探索、勇于创新的不懈追求，呈现出小剧场戏剧蓬勃发展的态势。主要话剧剧目有反映时光流转、亲情相守的《幸福年》，探讨爱情家庭伦理的《秘而不宣的日常生活》，关爱社会底层的《两只蚂蚁在路上》，讲述 40 年跨国恋情的《收信快乐》等。

近年来，在中、小剧场活跃着广大青年话剧创作者，各种以中、小剧场为主的戏剧节成为这些年轻人创作的重要依托。在北京青年戏剧节、金刺猬大学生戏剧节、南锣鼓巷戏剧节上，大量青年创作群体和观众群体显示着各自的艺术特色。

小剧场由于空间小、灵活性高，观演关系多变，作品往往不像大剧场作品那样循规蹈矩。许多风格多样、题材新颖、话题性强的作品对北京话剧市场的丰富性和多元性形成了补充力量。一些民间创作者既没有专业院团那样的资金支持，又没有特定的创作要求，因此更具批判精神和创作活力。

1 月 4 日，以赵淼为代表的三拓旗剧社制作的赴“法国阿维尼翁戏剧节”巡演剧目《吾爱至斯》在国家大剧院小剧场上演，并组织了专家论证会，这是一个没有语言的肢体剧，演员以肢体动作和简单道具，表现了老龄化社会的人们的无奈遭遇，以及一对老夫妻相濡以沫、不离不弃的人间温情。

2017 年跨年度的演出，是赵淼为国家话剧院导演的黄维若编剧的《罗刹国》，这也是颇有赵淼特色的肢体剧，它表现了一个诡异的灾变故事：中土之人马骥乘机出游，不幸遭遇空难，所幸顺水漂流，来到了一座海岛，见到一群人不像人、鬼不像鬼的东西，此地便是罗刹国。戏剧以空的舞台、幽暗的光源，展示亦真亦幻的戏剧空间，以一个 1.5 米高、由两人操纵的皮影人充当大鬼，以传统中式服装、头戴傩戏面具的歌队成员，用戏曲身段扮演罗刹国的鬼魅。马骥要想活下去，就得像罗刹国的魑魅魍魉一样。在像人一样死去，还是像鬼一样活着的极端选择中，马骥选择了后者。罗刹国里并不都是鬼，马骥是人，目小红是人，他们是并未完全变异、只能靠面具掩饰的人。剧中还有一个半人半鬼的人物，一身红衣的周通判在一群玄色衣装的鬼魅中间显得很扎眼，他的伪装不在面上，而在心上。他一直小心翼翼地讨好上司目夷大人，竭尽谦卑顺从之能事，可是却从没有一天放弃过取而代之的野心。他是人中之“鬼”。剧中还有一个鬼中之“人”——皮里皮敦，在认定马骥是她的丈夫之后，她就无怨无悔地追随他，直至为他而死。

1 月，由李宝群编剧、王根导演、北京哲腾文化公司出品的《两只蚂蚁在路上》在国话先锋剧场演出。这是李宝群自 2012 年创作《两个底层人的夜生活》、2014 年创作《两只蚂蚁的地下室》之后的又一部力作，也是小剧场话剧“底层人”三部曲的收官之作。剧中的男女主人公罗大海和刘素素是一对离异的出租车司机，离婚前他们换开一辆出租车，离异后他们各开一辆出租车，变换的是家庭关系，不变的是“的哥”“的姐”的社会定位。他们在雾霾、拥堵、人群、嘈杂中奔突，在大街小巷中揽活儿；抬眼是与己无关的人生百态和满目繁华，低头是独自神伤的情感失落和家庭牵挂。他们的人生里满含现代社会的焦虑、彷徨、奋争、梦想，也蕴蓄小胡同里世俗生活的即视感和祸福相依的辩证法。此剧的舞美设计保持了简洁、鲜明、虚实结合的特点。舞台上两扇房屋内景的时断时合，在实景中显现出家庭的现实属性；而两把沙发椅子的交错挪移，两个印有“TAXI”的气球的飘动，便写意化、符号化地表现了出租车的功能。导演充分利用了舞台的假定性，舞台调度自由灵动。以投影仪显现的标志性站牌，象征性地表现了罗大海和刘素素不断变化的行踪，而两辆出租车的同时在场，实际上是相隔甚远的并置时空。剧中一男一女两个配角演员，分饰了各种社会人等，移步换形之间，增加了表演的生动性、趣味性。

5 月，由索健编剧，姜均、李衪磊导演的历史剧《李鸿章对话伊藤博文》在北京西区剧场上演。该剧以晚清名臣李鸿章所处时代为依托，以大清帝国的日益衰落与近代日本的崛起、称霸为背景，用重要历史事件为创作素材，围绕李鸿章和伊藤博文不同时期的几次对话展开叙事。剧本通过李鸿章、伊藤博文，以及逝去的曾国藩之间的对话与交谈，引发李鸿章对为官之道的疑问。踌躇满志又无可奈何的李鸿章与春风得意、野心勃勃的伊藤博文形成鲜明对比，导演和演员将一些台词处理为与观众对话，增强了观演互动性。创作团队本以为这样的作品只能吸引少部分观众，但却意外获得了较多观众的认可。

6 月，在国家大剧院小剧场上演了由孟京辉导演的《你好，忧愁》，此为黄湘丽表演的独角戏。该剧根据法国小说改编，讲述一个少女与她的放荡父亲的非主流生活，父亲每半年就换个女友，遇到安娜后，安娜严肃的生活态度，让颓废叛逆的少女感到不适。她设计让父亲的前女友与自己的男友在一起，以此激起父亲对旧爱的占有欲。安娜受不了情感的背叛，驾车坠入山崖。在死亡面前，这对父女心生悔悟。此剧有意尝试表现性、非日常化的形体表演，探索视觉印象的心理反应效果，如女演员往身上倒酸奶，把水倒在地上，满嘴吞吐着的葡萄，令人产生恶心的心理反应。

9月，蔺永钧编剧、罗军导演、天津人民艺术剧院的小剧场话剧《子曰》在北京繁星戏剧村上演。此剧表现孔子的生平与思想。作为鲁国大司寇，孔子智定齐鲁之盟，收回失地，遵守礼制，削夺私家兵权，指挥平乱，屡建奇功，却终因国王的软弱游移功亏一篑。孔子脱离宫廷政治，周游列国，困顿辛劳，一命呜呼。朝闻道，夕死可矣。戏剧的整体设计较好，学生拜谒孔子的首尾照应，增强了戏剧的仪式感，演出以一种舒缓有节奏的步态与略带朗诵体的台词，表现有古典韵律的戏剧意趣。

9月，何旭、闫一婷编剧，顾雷导演的《结伴关系》在北京隆福剧场上演。该剧讨论了当代社会的男女关系，表达了创作者对于婚姻、生育问题的观点。结婚狂柳青青向男友杨健求婚遭拒，貌合神离的颜瑟和李见微夫妇为生育问题起了争论，他们一同住进了中年男人林森的结伴公寓，相约只做朋友，暂时冷冻关系，重新思考。一个叫汤拉拉的年轻女孩突然出现，她原来是林森从未谋面的女儿。林森当年与女友纯洁美好的恋情被长辈无情地打击，致使他们分手后，拉拉的母亲一直说自己是被强奸怀孕，拉拉为此对林森怀有恨意。在一番闹剧之后，林森说出了当年与女友的故事，在一阵粉色的樱花雨下，拉拉体会到了作为一个爱情结晶的幸福。导演对于舞台呈现的处理颇有新意，多层幕布使舞台空间灵动活跃，结尾高潮的樱花雨和石榴，传达出爱情与生育和谐相融的美好。

9月，何雨繁编剧、导演的《澡堂》经过三年多的打磨终于被搬上舞台。剧中，一个清末开张的北京旧式澡堂，经历了数十年的风雨，在家家都有了洗浴设备后客人越来越少，又面临胡同改造，即将拆除。而从前那些澡堂里的常客，无论是学校的老师，还是街头的混混，也在这几十年中经历了各种浮沉。这个戏在整体结构和人物设置上有意模仿《茶馆》，但时代不同了，每个人物在几十年中随着社会环境的变化，面临的人生和道德上的选择也不同。富二代赵德东一直希望摆脱父亲的影响自力更生，却最终还是走上父辈的道路。原本正直无私的石老师因家境艰难，在校外讲课，却被人告发又被学校开除，最终他做了那个导致澡堂关门的罪魁祸首。澡堂除了作为一种传统市井文化颇有亲切感外，更多了洗净人心的寓意。澡堂的经营者胡氏父子日复一日认真烧水，用心经营，胡小军在父亲去世后，仍苦苦支撑。何雨繁作为一个建筑系出身的戏剧创作者，在把握结构和安排人物上能力较强。演员虽然都是年轻人，其中也不乏非职业演员，但也将不同年龄的角色诠释得可圈可点。

12月，王甦编剧、韩清导演、北京桂湘文化艺术发展股份有限公司出品的小剧场戏剧《海上花开》在北京隆福剧场上演。此剧以当代青年为表现对象，展现他们的创业经历和人生追求。北京海淀的中关村是一个充满了梦想和机遇的地方，毕业后的北京小伙子江海，不愿接受母亲安排的出国留学。母亲一怒之下断了其经济来源，江海就靠出租海淀的房子过着优哉游哉的日子。外地来京打拼、遭遇失恋的女白领樊花，坚韧、腼腆、不善言辞的IT男高上天，到处求职、撒娇装嫩的姑娘林开颜，住进了江海的三居室，这两男两女有差异、有争执、有沟通、有关爱，外地青年的拼搏精神感染了北京青年，而北京青年的淡定、从容对精神紧张的外地青年也起到了安抚作用。随着交往的加深，高上天和樊花互生好感，江海与长他几岁的林开颜喜结连理。IT男和江海合作，以游戏设计创出了一片天地，在林开颜的奶茶店开张之日，4人又聚在了一起。此剧有现实观照，有青春气息，反映了时代青年的人生梦想和探索精神。

四

2017年，也是中外戏剧交流频繁、从各个方面给人以启迪的戏剧不断出现的年份。据北京市文化局、北京演出行业协会统计，2017年国外团体来京演出1301场，在北京演出主体场次分布中占5%，观众数量90.7万人次，票房收入1.98亿元。[①]2016年，在纪念莎士比亚逝世400周年的国际潮流下，

① 参见中国新闻网（http://www.chinanews.com/yl/2018/01-09/8419734.shtml）。

国家大剧院制作了《哈姆雷特》《仲夏夜之梦》《李尔王》等几部莎士比亚戏剧，2017年陆续上演。一些小剧场如蓬蒿剧场、鼓楼西剧场、剧空间剧场、西区剧场等多次上演改编、制作的国外戏剧作品。另外，“林兆华戏剧邀请展”上，几部超级长剧颇受关注，其中有俄罗斯导演列夫·朵金的《兄弟姐妹》(8小时)、波兰导演克里斯蒂安·陆帕根据史铁生小说改编的《酗酒者莫非》(6小时)、法国导演朱力安·戈斯兰根据拉美文学名著改编的《2666》(12小时)。

3月，“2017第四届天津曹禺国际戏剧节暨第七届林兆华戏剧邀请展”开台大戏——俄罗斯著名导演列夫·朵金的史诗戏剧《兄弟姐妹》在天津大剧院歌剧厅隆重上演。此剧号称8小时，从下午2点演到晚上10点，若去掉中间吃饭、休息时间，实际长度6小时。上下两部分各有两幕。此剧首演于1985年，改编自苏联作家费·阿勃拉莫夫写于20世纪五六十年代的长篇小说《普利亚斯林一家》，反映了“二战”时期和战后集体农庄生活中，农民的艰苦处境、复杂人性和心灵怆痛。

“兄弟姐妹”是“二战”时期斯大林讲话当中对全体国民的一个称谓，在剧中也指贝卡什诺村里的众多百姓。导演朵金具有他的创作谋略和艺术秘诀，那就是关注人、表现人，用戏剧无形的解剖刀拨开历史的迷雾，划开现象的表皮，让观众看到时代风云中人性的本来面目和复杂肌理。朵金的舞台设计和处理也很让人称道，舞台上两根与台口等宽、不断开合的长木杆，形成人们进出农庄、牧场、广场、庭院的通道，演员通过它从台口上下，从前排观众席中穿越而行。由此造成观众被卷入事件之中、而不仅仅是观者的演出效果。舞台正中不断升降、倾斜的原木达成的大木板，时而是影像播放的载体，时而是农家房屋的斜顶，时而是木屋内的墙壁，时而是阁楼的地板，时而是农家院的围栏，时而是运送粮食的车辆，当舞台的灯光投射其上时，它沉实而笨重、缓慢而僵硬的挪动，与戏剧的情节节奏、人们的心理情绪，产生微妙的对应和互动，它是戏剧最鲜明而独特的意象符号。

4月，北京鼓楼西剧场制作并上演了美国尼洛·克鲁斯编剧、胡开奇翻译、陈洁导演的戏剧《烟草花》。《烟草花》的叙事线索实际上有两条：一是手工卷烟家庭作坊里枯燥乏味的日常情形，另一条是朗读者和他朗读的小说《安娜·卡列尼娜》在人们心中所引起的不同反应。爱情幻象是他们超越庸常现实的精神动力，也是他们弥补残缺人生的黏合剂。他们甘愿延续旧有的工作生活模式，不愿接受现代工业文明的洗礼，因此整个剧情都带着一种挽歌式的调子。对于现实是沉溺还是高蹈，对于命运是顺应还是改变，对于时潮是追随还是疏离，戏剧并没有为观众提供一个明确的答案。剧中的每一个人，母亲，两个女儿，丈夫和丈夫的弟弟，还有一位女婿，他们各自有自己的心性情感和忧郁隐衷，与其说他们在选择和坚持旧有的生活，不如说那种自我封闭的生活已经把他们塑造成了这副样子。那一声枪响，打死了朗读者，也击碎了他们内心一个原本虚幻的梦。

5月，卢克·帕西瓦尔导演、俄罗斯圣彼得堡波罗的海之家剧院演出的改编本莎剧《麦克白》在北京世纪剧院上演，卢克导演的戏剧，演员不是低沉呓语就是尖声呼叫，经常将对白独白化，即演员喃喃自语，彼此并不交流。舞台上横斜摆放着各种吊杆，最后竖立起来，变成了逼近麦克白的森林。戏里面有几个女人穿了肉色衣服表演女巫，又不止三个。通篇叙事打乱了原来莎剧的模式，似乎是人性欲望的寓言和麦克白对往事的回忆和心理的剖白。

6月，波兰导演格热戈日·亚日那执导的萨拉·凯恩作品《4: 48精神崩溃》在中国人民大学如论讲堂演出。1999年2月，寒冷的凌晨，萨拉·凯恩从噩梦中醒来，在偷生与求死的挣扎中，完成了在绝望中自我倾诉的死亡笔记，此后不久她便自杀身亡。演出把独角戏变成了女主人公的心灵对话。舞台的天幕是精神病院常见的一面绿色的墙，墙上有一排方形的镜子，镜子下是一排洗手池。一个可推移的高大金属架直立在舞台上。女演员的形体和声音的自控力很强，表现了一个精神崩溃的抑郁症患者，奇特的感觉，痛苦的心理，挣扎的身体，破碎的记忆，断裂的思绪。演出对原来的文本进行了梳理和整合，使得情绪表达有了情节化内涵。

6月，波兰戏剧导演克里斯蒂安·陆帕为中国演员执导的话剧《酗酒者莫非》在天津大剧院首演。这部话剧根据史铁生的作品《关于一部以电影作舞台背景的戏剧之设想》改编，导演陆帕还融入了史铁生的散文《我与地坛》《合欢树》和《宿命》等片段，在5个小时的演出中，以电影屏幕为舞台背景，通过“酗酒者”的视角讲述了个体的孤独，周围人的误解，以及现实的无奈。而舞台上“莫非”和“青年莫非”也常坐着轮椅出场，会让观众不禁联想到史铁生本人。“两轮演出后，文学界、文化界、戏剧界对这部作品的两极化评价，显示了不同领域的接受者对于戏剧的不同期待和要求。论争无关是非对错，重要的是中国话剧与国际导演合作模式的建立所产生的影响力。”[①] 或许是因为自2014年开始，陆帕导演先后携《假面·玛丽莲》《伐木》和《英雄广场》三部另类戏剧来中国演出的缘故，他在中国引人关注。他对卡尔·荣格心理学感兴趣，其戏剧演出时间长，节奏缓慢，让人不断争议，不看又觉得丧失了参与热门话题的权利，这就是陆帕既神秘又不可思议的魅力。他的作品演出时间以“漫长”著称，这次的《酗酒者莫非》也不例外。因为王学兵扮演了莫非，李龙吟也参与演出，一部大师级的外国导演导了一部中国剧，这本身就获得了观众热切的心理预期。

11月，北京人民艺术剧院实验剧场演出了《她弥留之际》，俄罗斯普图什金娜编剧，王斑导演，龚丽君、王斑、夏立言、白荟演出。剧中，老姑娘和病母生活在一起，母亲感觉自己随时都可能死去，最遗憾的是女儿没有嫁出去。一天，一个前去与小女友约会的中年男人误闯她家，女儿灵机一动，把他请进家门，让他冒充男友安慰母亲。男人在这个家里找到了温暖，而“小野猫”女友与他逐渐疏远。母亲看到女儿有了男友，又唠叨着要是有一个孙女就死而无憾了。女儿雇了一个附近超市的姑娘来冒充自己的私生女，老太太一高兴，就把全部的珠宝给了女孩。女儿觉得对得起妈妈了，就把男人赶走了，而此时男人已经对这个家庭产生依恋。新年夜，母亲吵着让女儿去请男友回家过年，女儿也后悔自己没能留住男人。那个拿着珠宝下楼摔伤了腿的姑娘回来了，她的父母都是酒鬼，只有在这个家庭她才感到温馨，她愿意一直充当老人的外孙女。远赴他乡的男人怀念家的温暖，他毅然回归，这个家庭终于三代同堂了。这是一个略带感伤的喜剧，最终却是圆满的结局。此剧的情节设计和戏剧结构可以看出编剧技巧的高妙。

12月，在鼓楼西剧场，过士行导演将瑞典著名戏剧家英格玛·伯格曼的经典作品《婚姻情境》呈现在中国舞台上。这部据说曾在20世纪70年代引发了北欧离婚潮的作品此次在北京获得了相当多的好评。伯格曼的多次婚姻经历虽不能说是一种常态生活，但确实为他的创作提供了丰富的源泉。他对于夫妻关系中那些微妙的矛盾、复杂的心理、变化的情绪的洞察，使他的台词极富戏剧张力。玛丽安和约翰的关系从表面平静到暗流涌动，再到矛盾爆发，最终归于解脱，全部在7场对话中展现，却丝毫不令人感到厌倦。过士行导演表示，该剧在表演的处理上借鉴了波兰导演陆帕的风格，但并没有过分占据时间。演员的表演颇为出色，既留足了动机和反应的空间，又保持了较为接近真实情感的心理节奏。

五

2017年的中国话剧，在历史剧、现实题材戏剧、儿童剧、小剧场戏剧、中外戏剧交流中，显然取得了可喜的成绩，但也存在着不足和遗憾，对此我们不仅应当保持清醒的认知，而且应当努力克服困难，争取新的进步和更大的成绩。如何解决艺术资金的增多和艺术效益的强化，如何调整话剧创作数量的增多和艺术质量的不足，如何尊重艺术规律，发挥话剧艺术本体的特点和美学品质，这些问题仍然是话剧工作者需要思考和解答的现实命题。

近年来，无论是国家艺术基金，还是北京市文化艺术基金，抑或是上海市舞台艺术精品创作计划，甚至各省市对舞台艺术的扶持、资助、推进，都呈现出力度逐年加大、品类持续增多的趋势，这些资助对于话剧艺术的促进作用也是比较明显的。其突出表现是，以前话剧演出较少的西南、西北地区，如今在数量、质量上都已呈现上升趋势，国营院团与民营剧团在艺术上彼此互动、相辅相成，使得戏

① 谷海慧：《2017年话剧盘点》，《文艺报》2018年1月15日。

剧文化生态明显改善，一些基础实力较好的话剧院团创作动力增强，新创剧目增多，这都是不容抹杀的成绩。话剧艺术的发展需要良好的文化生态，需要经验的不断积累和美学内涵的反复积淀，对此我们既要有雄心，更要有耐心，因为“罗马不是一天建成的”，话剧艺术的经典作品的出现也不可能是一蹴而就的事情。

随着各级政府对于舞台艺术的扶持和资助力度的加大，一个现实问题随之而来，即各项艺术基金的实施目的，到底在于锦上添花、助推艺术精品的出现，还是雪中送炭、调整艺术发展的不平衡？如果两者兼顾，那么又如何掌握相对发达和不够发达的区域、国家院团与新文艺团体、本土戏剧与外来演出、大小剧场之间的总体平衡？这也是需要认真探讨和研究的问题。

每到年末，必有各种艺术门类的总结与盘点，话剧艺术也概莫能外。但是徐健在《北京青年报》上发表的批评性文章却颇为引人关注。此文不仅是闹闹哄哄的演出市场的冷思考，也是一位青年媒体人的敏锐洞察。他指出，“尽管观念早已开放，但是实践的方向却日趋保守；现实生活为人性解读提供了足够广阔的空间，但是创作内容的视角依旧狭窄；尽管培育起了市场化的环境，但是实际运作中有悖于市场规律、艺术规律的现象比比皆是；尽管一些陈旧创作观念已经得到纠正，但是概念化、模式化、主题先行的创作思维时有显现。造成这些现象的原因很多，其中之一是滋养话剧审美气质、人文涵养的精神资源的匮乏，这种内在资源的枯竭恰恰是当下中国话剧面临的最大‘危机’”[①]。此文从话剧艺术精神的萎缩、人文内涵和人性开掘的弱化、舞台表现形式的繁杂浮华等方面，揭示话剧发展现状中存在的问题。依本人愚见，话剧艺术发展还应当注意解决如下问题：

其一，在艺术思想上，还存在着思维能力不足、创新活力不够、探索意识欠缺的问题。一些创作者满足于眼睛向上看，琢磨上级领导的喜好、倾向、热点，热衷于表现当下的、局部的、表面的现实，而不是深入生活、扎根人民，思考新时代中国特色社会主义历史时期的本质属性，思考在这样一个时代民族文化的真正价值所在。在改革开放初期，话剧艺术曾一度走在思想解放的前沿位置，而今其思想价值在各个艺术门类当中已鲜有深刻的启迪意义。习近平总书记提出，艺术作品应当努力做到“思想精深、艺术精湛、制作精良”，对思想性的重视理应成为话剧工作者的共识。目前一些话剧创作还存在精神内涵弱化、思想深度不够、人性反思不足、艺术个性模糊的问题。

其二，在话剧创作上还存在主题近似、题材狭窄的问题。话剧艺术工作者应当打破自我束缚，在深入生活的前提下，动手动脚寻找素材，身入心入体验生活，增强艺术想象力和表现力，走向艺术创作的广阔天地。从 2017 年话剧的创作剧目看，比较突出的两类题材是历史剧和英模剧。历史剧往往出现罗列史实、缺乏戏剧张力的问题；英模剧因为在舞台上表达外在的、局部的、一般的生活流程，而欠缺对于人物内在心灵的开掘、对于生活细节的刻画、对于戏剧情境的创构。习近平总书记在给乌兰牧骑的回信中指出，人民需要艺术，艺术也需要人民，要创作出“接地气、传得开、留得下的优秀作品”，这就要求话剧工作者要具备能力和才华，创造出具有经典性、深刻性、持久性的戏剧艺术。

其三，在艺术取向上有同质化、平庸化趋势。一些人本着项目思维而不是艺术思维的态度对待舞台艺术。项目思维本身不是贬义词，事实证明，欧美的音乐剧项目，在集中了各种优势资源以后，往往能够创造出不错的艺术产品并获得优异的演出效益。但是急功近利的项目思维应当摒弃，因为专以营利为目的的创作，会导致狗熊掰玉米式的资源浪掷和价值空虚。艺术是人类精神关注其中的产物，艺术思维要求创作者应当具有真诚的姿态、人文的情怀、审美的品格、精神的诉求，而不是把生活素材或创作积累进行稀释、淡化、分解、虚化，或者像完成工业产品那样在生产线上同质复制，以数量取胜；而应当潜下心来，对创作素材进行反复提炼、加工、完善，以艺术的原创性和典型性反映历史的、全局的、长远的艺术价值，发挥话剧艺术的思想引领和美育作用。

其四，作为真人演给真人看的艺术，话剧演出还存在表演实力不足的问题。虽然话剧市场的活跃、

---

① 徐健：《中国话剧危机出现了新变种》，《北京青年报》2018 年 1 月 19 日。

影响力的扩大，使得一些影视明星回归了话剧舞台，但是，影视表演和舞台表演是有很大区别的。某些话剧演员以表演需要生活化为借口，忽视自身舞台基本功的训练，身体的表现力和艺术性不足，台词功底不扎实，不讲究吐字发声的精准、行腔步韵的规矩和人物情绪的延续；还有人不从角色出发，只顾及个人的形象魅力。这都是对话剧艺术本体特征的不重视甚至是对其美学内涵的损害。每每看到西方著名剧团的演出，评论界必是一片赞誉之声，除了剧目的优势外，演员表演的成功也是关键的因素。话剧不像戏曲那样具有程式化表演模式，它只靠形体和语言塑造艺术形象，如果表演功力不够，艺术效果就很难达成。

2017 年中国话剧艺术走过了 110 年的发展历程，如今院团众多，创作增量，演出红火，影响力增强，已经具备了比较坚实的发展基础和艺术实力，在历史进入新时代之后，在文化自信不断强化，话剧艺术不断发展的过程中，中国话剧工作者会不忘初心，牢记使命，补足短板，再接再厉，争取更大的成绩。

（中国艺术研究院话剧研究所助理研究员陈雪、中国艺术研究院研究生院博士生王津京对本文写作提供了资料帮助，在此深表谢意。）

宋宝珍　中国艺术研究院话剧研究所所长、研究员

在现实描写中体现诗意表达

——2017 年话剧创作演出综述

◎ 刘平

2017 年的话剧创作与舞台演出很红火，各种展演一个接一个，中国戏剧家协会举办的“第十五届中国戏剧节”，中国国家话剧院举办的“第三届中国原创剧目展演”，北京人民艺术剧院举办的“2017 首都剧场精品剧目邀请展演”，中国儿童艺术剧院举办的“第七届中国儿童戏剧节”，北京东城区举办的“南锣鼓巷戏剧展演季”，还有“2017 北京青年戏剧节”，“2017 金刺猬大学生戏剧节”，以及上海和全国各地举办的各种戏剧展演活动等，真可谓好戏连台，美不胜收。2017 年适逢中国话剧诞生 110 周年，北京市东城区人民政府与中国话剧协会联合举办“纪念中国话剧诞生 110 周年暨戏剧东城 10 周年——全国话剧优秀新剧目展演季”，上演全国各话剧院团创作的 21 台剧目，其中国营话剧院团 17 台、民营话剧社团 4 台。这些演出，不仅丰富了北京乃至全国的话剧舞台，而且在艺术上也呈现出多样的风格追求。

一、原创话剧的诗意追求

话剧创作的诗意追求，是中国话剧创作的理想与奋斗目标，但能否实现却不是每个戏都能达到的，因为它需要编剧和导演的默契，编剧提供坚实的剧本基础，导演需要具有驾驭舞台艺术创造的能力。2017 年的话剧舞台上出现了几台令人惊喜的剧目，如《〈富春山居图〉传奇》《秋水山庄》《再见徽因》等。

《〈富春山居图〉传奇》（编剧汪浩，导演李伯男，上海话剧艺术中心）的故事写元朝山水画大师黄公望，古稀之年结庐富春江畔，倾其全部心血完成名画《富春山居图》，引无数达官显贵、文人骚客为之痴迷，为它沉醉。该剧通过这幅名画在历代风雨中跌宕起伏的命运，写出了人的命运与民族情感。导演李伯男运用传统戏曲艺术的表现手法，在舞台上营造出诗中画、画中诗的写意美的艺术意境。整个演出用画面讲述画中的故事，演员演画中的人物，舞美体现着画中的意蕴，音乐延伸着画中的含义，灯光透视着画中的灵魂。全剧讲述《富春山居图》在历史中所经历的风雨变迁，其演绎过程和舞台上所呈现的，似乎就是一幅大写意的中国传统水墨画，简约中展示着坚韧的风骨，唯美中蕴含着浓浓的诗情，质朴中体现着文化人的精神气质，“留白”处给人以更多的思考空间，真可谓画里乾坤，烛照人心。该剧的舞台呈现具有简洁、大气、空灵、美感且有诗的意蕴，竹叶、梅花的运用，雕栏、团扇的造型，夸张的冷月，都非常恰当地为该剧的演出营造了简约、诗意的意境，表达出中华古典文化的审美意蕴——淡雅悠然、飘逸空灵。如剧中描写吴间卿一家逃难时出现的那几束光柱，像圆柱子，又像画轴，表达的却是人物的心理幻象——对画的痴迷，对美的向往，展现的是人物“家中诸物皆弃，唯《富春山居图》寸步不离”的真实心态。此时的情景，人、物合一，情、美融合，这种情景所达到的意境美，可以说是舞台艺术创作所追求的最高境界，美妙至极，令人陶醉！

《秋水山庄》（编剧龚应恬，导演李伯男，浙江话剧团）描写民国时期一对佳人才子的爱情凄美故事。沈秋水（原名沈慧芝）是上海滩名妓，史量才是报界翘楚，两个人走到一起成就了收购《申报》后的如日中天，然而令人称道的爱情却并非如平静的春水，在涟漪迭起之中不断涌起道道波澜。导演李伯男通过多时空的运用，以人物的心理线索设置场景，人物情感的浓情蜜意，情爱绵绵。尤其是对沈秋水与史量才的爱情描写，导演以“碎片化”的形式，通过男女主人公的回忆与朋友们的记忆，在深入开掘这对郎才女貌佳偶心灵深处的痛苦与纠葛的过程中，在表达爱情的无奈之中体现出爱的美好与纯情，在复杂的社会环境中展示出一种纯粹的人格力量。导演以现实主义创作方法为基础，以散文化的舞台表现手法，在虚实之间体现写实与写意的结合，以简约、大气的手法创造出具有浓郁诗化意象的演出形式，在展示人物多重心理矛盾与情感纠葛中突出人物的心灵美，使整个演出具有了写意性的美学意蕴和行云流水般的韵律美。剧中人在陶醉，观众也在被感动之中留下了深深的记忆。

《再见徽因》（编剧赵潋，导演李伯男，浙江话剧团）通过对林徽因与徐志摩、梁思成、金岳霖等人的情感纠葛的描写，表达了剧中人物的复杂情感与高尚人格。导演李伯男在舞台二度创作中，对林徽因和她周围的每个人物心理的开掘，揭示出语言和行动背后涌动着的“欲说还休”的浓浓情感，给观众一种美好的、纯情的印象——爱一个人不是以得到、占有为目的，更不是以伤害对方作为失败的报复，而是从心里为对方发出由衷的赞美和美好的祝福。这种在爱中生发出来的友谊和在友谊中延伸出来的爱，真挚、纯洁、高尚，可望而不可即，却令人永远向往、回味和怀念。

二、话剧民族化的探索与实验

中国话剧是舶来品，它能在中华大地上生根、开花、结果，就在于它始终走着一条话剧民族化的道路，即与中国的传统戏曲相结合所创造出来的、有别于国外话剧风格的、写实与写意相结合的舞台艺术形式。因此，话剧民族化就成为几代中国话剧人的追求目标。2017 年度出现的《大讼师》《邯郸记》《你是我的孤独》《红水衣》等话剧就体现了这样的舞台艺术追求。

《大讼师》（编剧郭启宏，导演蓝天野，北京人民艺术剧院）取材于传统戏曲《四进士》，经历了从戏曲到话剧的转换，更是一次全新创作模式的尝试，也是继续探索北京人民艺术剧院话剧民族化的一次实验过程。从舞台演出效果看，编剧郭启宏和导演蓝天野的“探索”与“实验”收到了很好的艺术效果。导演在舞台二度创作过程中，有意把话剧的“写实”和戏曲的“写意”手法相结合，以“写实”的手法刻画人物，以“写意”的手法调整戏剧节奏，使整个演出如行云流水，又不拖泥带水。有些不重要的场子就用“语言”一笔带过，既避免了场次的过于琐碎，又给演员提供了施展表演才能的机会。如宋士杰带着干女儿杨素贞去官府衙门告状，无辜被打了四十大板，下得堂来，正遇着干儿子杨春，他支使杨春去拦轿告状。没有一会儿工夫，杨春就“健步如飞”地跑上台，向宋士杰讲述他“拦轿告状”的经过。在此期间，舞台上并没有出现按院大人的轿子，所有的“过程”——杨春如何“呈状”？按院大人如何问话？都是在杨春与宋士杰的“对话”中完成的。这样处理，既避免了“写实”的烦琐，又以“简洁”的手法增加了讲述故事的趣味性，展示了演员的语言魅力。它既是戏曲的，又是话剧的。宋士杰领着杨素贞去告状，只是在舞台上走了一个“圆场”就“到”了府衙。杨素贞呈状子时以双手举过头顶；宋士杰在大堂上见府衙大人下跪时不是面朝府衙大人，而是面朝着观众，这些也是“借鉴”戏曲的一些表现手法，用得恰到好处。以“写实”的手法刻画人物使人物形象更真实、更鲜明。如“柳林卖妹”中对杨清性格的刻画，宋士杰在客栈“偷看”二公差的包袱时的描写，府衙大人顾读手捧田伦书信时的情景描写，非常细腻、传神，从人物的外部动作观众可以洞见人物内心的变化。剧中用河南坠子“串”起全剧，是编剧、导演的一个精彩的创造。他是一个“叙述人”，冷眼旁观讲述人间的悲欢离合，既起到“间离效果”的作用，又有“画龙点睛”的效果，同时，也间接参与塑造人物。如该剧快结束时，妻子万氏听说宋士杰在公堂上挨了打，问宋士杰，“以后再遇到这样的事，你不要管了”。宋士杰没有回答“是”，也没有回答“不是”，而是借助河南坠子唱出了自己的心愿：“以后啊……‘一人一马一杆枪，二郎担山撵太阳’……”给观众留下无限想象的余地，感受到了宋士杰性格坚韧与人生信念的执着。

《邯郸记》（广州话剧艺术中心）的成功在于导演王筱頔对汤显祖及其作品的重新解读。《邯郸记》是汤显祖“临川四梦”中的最后一梦，也是最接近作者汤显祖生平经历的一部，既是写自己生平，却又将故事设定成“黄粱一梦”。历史上的解读多认为这是汤显祖对现世及官场的抨击，甚至愤懑之中还带着消极。但王筱頔却不这么认为，她说："如果汤公只想表达胸中愤慨，为何不退隐之后第一梦就写《邯郸记》？那应当是他胸臆最难平的时候。"她认为，"愤世嫉俗的解读未免太狭隘，汤公其实早已经以超脱的心态俯视官场，又何以值得再愤懑？人生只有自己能度自己。"王筱頔在舞台上创作的《邯郸记》是一部"源自经典，却又不完全照搬经典"的全新的作品。为了表达对这部作品的深刻理解，体现出"人生只有自己能度自己"的深刻意蕴，导演把原剧中的吕洞宾换成了清远道人，因为汤显祖的号亦称"清远道人"。在舞台呈现方面，导演运用了很多戏曲元素，使整个表演如行云流水，充盈着诗情画意的美感，同时在台词上下功夫，既能体现汤显祖剧中原词如诗般的美韵，又能呈现出现代诗意，以此拉近经典名剧与今天观众的审美距离，令观赏者感到情趣盎然。该剧的创作为话剧民族化的探讨与实验提供了新的思考与舞台实践。

《红水衣》(编剧王元平，导演李伯男，甘肃省话剧院）通过对《水浒传》中历史人物的重新解读，以普通人的视角去俯视原著中那些被神话了的英雄好汉，从对剧中杨雄、石秀和潘巧云等人物的心理开掘与情感探讨，到对人物性格的揭示和对人物形象的重塑，为人们提供了一种新的视角与思考空间。该剧的结尾，石秀尽管拒绝潘巧云的爱情，却珍藏了潘巧云的"红水衣"若有所思地离去。这一笔是表导演对历史人物的重新认识，也给观众留下了思考。李伯男导演在戏中对话剧民族化的追求与体现，无疑是今天话剧创作的一个值得重视的话题。

《你是我的孤独》(编剧喻荣军，导演周小倩，上海话剧艺术中心）是一台以歌手王洛宾的歌为素材创作的音乐戏剧，随着一首首歌曲的吟唱，创作者所探寻的是音乐背后发生的人生故事，是与行吟歌手一次次灵魂的对话。诗人（歌手）不断地吟唱带给人们无限的欢乐，而他却一直游走于"孤独的"情感长河之中，跋涉于对爱的寻觅之中。他唱着《在那遥远的地方》去追忆那位美丽、善良的藏族姑娘卓玛；他唱着《掀起你的盖头来》是对爱妻永生的怀念。20年的牢狱之灾，几次面对死亡，可他的那种热情激荡的情感从来没有被束缚住，一直在自己的心灵中自由地飞翔、激情地歌唱，那首热烈的《青春舞曲》正是他对一去不复返的青春小鸟的赞美。他唱着《高高的白杨》为的是应和三毛的《橄榄树》，但阴错阳差始终错过，他只有轻吟《等待》祈盼着下一世的重逢。导演周小倩以开放的舞台设计诠释这部作品，以音乐为"灵魂"勾勒出诗人（歌手）的心灵轨迹，唱出诗人的情感波涛。整个演出恣意、开放，人物的上下场是随着诗人的情感的起伏为需要，以雕刻人物形象为宗旨，没有半点儿的多余，简洁、朴实、和谐、流畅，形成一种流动的韵律美。

值得一提的还有北京曲剧团演出的话剧《怀清台》(编剧李德胜，导演梧桐）。该剧是小剧场实验戏剧，是一部非现实主义风格的历史悲剧，演绎秦朝时期中国第一个女企业家巴清（巴寡妇）与秦始皇之间关于长生不老丹的一段政经悲史，是一部融历史底蕴与当代思悟于一体的有关"运"与"脉"的作品。该剧取材于司马迁《史记·货殖列传》中关于古代涪陵（今重庆彭水）巴寡妇清的记载，讲述了"重农耕、重军功、重吏治"的秦始皇，在垂老之时追求长生不老，驱逐涪陵工商业人士迁往南阳耕种，寡妇清为了保护本地工商业发展，从咸阳宫到琅琊台，冒死求谏秦始皇，以炼制长生不老仙丹的承诺求得生机。然而，为虚无的"长生不老"，秦始皇等到鬓发霜白，炼丹百姓亦逃不脱离乡背井和割舍生命的悲惨结局。导演梧桐在该剧的舞台呈现方面进行话剧民族化的探索与追求，剧中十几个角色全部由戏曲演员扮演，荒诞风格的服装设计和怪异的脸谱造型，比较恰切地映衬了剧中人物的虚无、荒诞的思想与人生追求。在演出过程中，戏曲打击乐全程贯穿，以快慢强弱的节奏与诗意化的语言相融合，烘托出人物复杂的心理变化及其在强权压迫下的悲苦心情。

《她弥留之际》和《收信快乐》则给人以另一种启示，即艺术家如何运用艺术的思维把简单的事件开掘出深意，演绎出人间真情。

《她弥留之际》(编剧俄罗斯普图什金娜，导演王斑，北京人民艺术剧院）细腻地描绘了一个关于"爱"的谎言。其突出的特点是：把"谎言"写成了"真实"，或在"谎言"中体现出了"真实"。编剧实在高明，她让剧中的几个毫无关系的陌生人在"误会"中发生了联系，产生了爱情，滋生了亲情，而且让观众看了不觉得虚假，说明她对生活的深刻了解。不然，她不可能把“谎言”写出生动的细节和动人的情感来，而且还让人相信，觉得好看好玩又有艺术趣味。尤其是剧中的年轻姑娘金娜的举动，她莫名其妙地得到苏菲亚老太太赠送的珠宝，原以为老太太想孙女心切，实际她心里明白，她把珠宝送给金娜之时就没有想得到回报。结果是，金娜拿走了珠宝后居然又回来了，而且把珠宝也如数奉还。这一笔写出人性的纯真，着实令人感到温暖。

《收信快乐》（编剧单承矩，导演陈大联，福建人民艺术剧院）的导演陈大联的高明之处在于把一个“普通”“乏味”的故事变成了“有趣”的演出。该剧没有什么大的舞台动作，也没有什么激烈的矛盾冲突和复杂的情节。舞台上的男女主人公读了40多封信，在一封封来信中“读”出了两个普通人（不是夫妻）几十年人生道路、情感发展和生活状态，“读”出了真情，“读”出了“爱”意，让观众领略到那种超越世俗的相互关爱。该剧的创作，真正是以小见大，在普通中现惊奇，在平凡中见深刻。

《家丑外扬》（编剧苏联A. 盖利曼，导演顾威，北京人民艺术剧院）讲述了一对夫妻——丈夫安德烈·戈鲁别夫和妻子娜塔莎·戈鲁别娃之间由于儿子的受伤残疾而发生的抱怨、争执乃至相互揭短，将全部家丑外扬于公众的故事。该剧结构严谨，故事吸引人，体现了导演的艺术功力，演员的表演凸显了话剧艺术的魅力。

三、历史剧创作的现实表达

有人说，任何历史都是当代史，这话有一定的道理。当我们去讲述历史时一定会有自己的观念融入其中，通过历史人物的口表达自己的一些情感，“借古人块垒，浇今人心绪”，或许这就是历史剧创作的当代性吧！正因为如此，历史才会具有鲜活的生命力，历史剧才会有吸引今天观众欣赏的艺术魅力。正是基于这样的考量，2017年度出现的、以历史人物为题材的话剧《大清相国》《天下粮田》《大江东去》《甲午祭》等剧的创作是具有深刻的当代意义的。

《大清相国》（编剧洪靖惠，导演王晓鹰，上海话剧艺术中心）以当代的视角去描写历史事件与历史人物，深入开掘历史上反腐题材的深刻含义，以做人、为官、忠君、爱国为切入点，通过对陈廷敬等人物的描写，揭示了人性的复杂以及官场的黑暗。在塑造人物形象的过程中揭示了道德、人格在人生、仕途中的重要作用。该剧以细腻的笔法塑造了以陈廷敬为代表的清官形象，他聪明有才，智慧能干，却因直爽敢言，惹怒官场权贵，屡遭打压，但他意志坚定，不屈不挠，不卑不亢。他徜徉于官场几十年而不倒，就在于不忘初心，不弃理想，尽管他也常常感到无奈与痛苦，但始终保持着洁身自好的品格。该剧写出了他的复杂性格——忠心与良心，友情与爱情，铁面无私与人性善良的矛盾，使这个人物非常鲜明、生动、活灵活现。同时，该剧还以陈廷敬、张汧、郑恒、高士奇四位好友不同的人生道路，为观众提供了如何选择生活道路的思考。

《天下粮田》（编剧高锋，导演钟海，天津人民艺术剧院）从事关国计民生的粮田入手，通过廉吏刘统勋与以讷亲为首的贪腐集团之间的尖锐矛盾冲突，折射出人性的善恶忠奸。刘统勋因妄议皇庄废弛而被贬为庶民，但他不卑不亢，坚持以法护田，以律治田，命寄沃野，血洒田畴，最终得到乾隆皇帝的赏识，击败了盘踞朝廷中枢的“铁帽子王”讷亲的贪腐集团，保住了大清国的耕地红线，为今天的现实提供了警示。

《大江东去》（编剧王俭，导演李伯男，宁波市演艺集团）通过对甬商的创业道路、人生历程的描写，展示了他们精明的商业智慧和高尚的道德操守，以及在民族利益面前所展现出来的坚毅的人格与爱国情怀。剧中通过对年青一代甬商洪一龙等人物性格的细腻刻画，以人物的品格表达出深厚的文化内涵，展现其在经商活动中的坚韧力量，尤其是在日寇以势压人的蛮横挤压下的不屈不挠和果敢的出击与抗争，体现着中华民族坚毅、顽强的抗争精神，令人敬佩，给人鼓舞。

《甲午祭》（编剧卫中，导演吴晓江，山西省话剧院）展示了一幅19世纪晚期东亚局势图，通过对李鸿章这位晚清政府“裱糊匠”经历的描写，回顾了清政府对日外交及甲午战败的全过程，探寻了其战败的原因——落后必挨打，弱国无外交，腐败须铲除，变革须彻底。在反思历史的过程中，也描写了中国人在耻辱中觉醒奋发的激情，中华民族只有自强才是唯一出路。

《子曰》（编剧蔺永钧，导演罗军，天津人民艺术剧院）在描写孔子的人生经历过程中表达他的思想的形成与影响。孔子一生有着强烈的理想追求——治理国家，造福人民。他任鲁国大司寇时，实施了一系列的治国措施，遵守礼仪，削夺私家兵权，指挥平乱，收复失地，屡建奇功，但终因顽固势力强大和国王的软弱而功亏一篑。他无奈周游列国，寻找发挥自己才干的机会，终生劳顿困苦而不悔。演员的激情表演，演出了孔子的真性情。

《遥远的乡土》（编剧步川，导演傅勇凡，江西省话剧团）描写历史人物余墨林的敢于担当、克己牺牲的凛然正气。他在朝为官时为挽救部下，宁愿丢官而自己一人担责；回乡务农仍胸怀天下，造福乡民，其无私精神与浩然正气令人钦佩。

《韩文公》（编剧刘永来，导演杨昕巍，广东省话剧院）写韩愈被贬潮州刺史，但他仍然以爱民忠君之心，为民排忧解难，整饬歪风邪气，铲除奸恶势力，兴学育人，发展水利农耕，实现了“君子居其位，则思死其官”的心愿。

《铁血道钉》（编剧李新华，导演龙俊杰，佛山艺术剧院）通过描写詹天佑1905年修建中国第一条京张铁路的故事，赞扬了詹天佑“实业救国，铁路兴邦”的雄心壮志，实现民族复兴大业的伟大理想，以及冲破外国势力种种打压、阻挠的顽强毅力。该剧的演出有激情，充满正气，充分展现了中国人的爱国情怀与自强不息的奋斗精神。

《兰陵王》（编剧罗怀臻，导演王晓鹰，国家话剧院）描写权力与人性的矛盾与较量，给人以警醒。

《成兆才》（编剧孙德民，导演王延松，河北省承德话剧团）通过民间艺人成兆才曲折艰难的成长历程和对民族文化的坚守和发扬精神，鞭挞了黑暗旧社会的丑恶现象。

值得称道的是《赵一曼》（编剧董妮，导演姬沛，四川人民艺术剧院）的创作，通过革命者赵一曼真实的人生经历与成长过程，写出了一个知识分子成长为一个革命者的精神追求，写活了一个母亲、妻子的饱满的精神世界，写出了赵一曼一心为国家兴旺、为民族解放、为人民自由而甘愿奉献的英雄气概。赵一曼的事迹不仅震慑敌胆，而且鼓舞后人。

四、现实题材的审美突围

描写现实题材的话剧作品很多，但质量上乘者并不多，这一直是近年来话剧创作的一个瓶颈。其原因：一是现实题材的话剧难写，没有艺术功力的人很难从现实中提炼出生活的实质，讲不好故事，平铺直叙地描摹生活，人物形象不鲜明，语言没趣味，缺少艺术的吸引力。二是一些以先进模范人物为素材创作的戏，多是唱颂歌，讲好人好事，不敢写矛盾，人物形象不突出，戏立不起来。这种现状在2017年的创作中多少有了一些改变，如《干字碑》《铁杆庄稼》《人民的名义》《雨夜》等。

《干字碑》（编剧黑纪文，导演宋国锋，辽宁人民艺术剧院）根据丹东凤城市大梨树村原党支部书记毛丰美的先进事迹创作。该剧值得称道的一是写了矛盾，二是舞台形式新颖。毛丰美为发展农村经济砍树被人举报，被公安局抓走，由此看到了一个想做好事也是一件不容易的事。舞台表现形式比较新颖，编剧从不同的角度去描写主人公的事迹，通过与毛丰美交往密切的人的回忆为这个人物“塑像”，有县委书记、车奶奶、曹主任、老犟牛、毛妻等，从毛丰美死后讲起，形式比较鲜活。但对毛丰美内心矛盾的描写仍然不够丰富，表现与家人的矛盾只有不顾家、不管孩子等。

《铁杆庄稼》（编导王志洪，宁夏话剧团）情感真挚，把精准扶贫的理念融进人物形象的塑造中，让观众看到了一种生活真实与情感真实。如剧中描写沟底村的支部书记段冬林为改变村里的贫穷面貌，组织村民外出打工，可是村里的老人们没人照顾。他与赵天贵商量办一个小食堂，但没有钱，他以假结婚的理由从父亲段老抠手里“骗”到6万元。结果被父亲发现，父子俩顿时起了冲突。段冬林的计划被打乱，独自苦恼不堪。是他的母亲偷偷地把“存折”交给他。此时此刻，人们才真正看到了“爱”

的实质——它是“自私的”，又是“无私的”。舞台上所涌动的浓浓亲情令人动容。

《人民的名义》（编剧阿笨，导演王晓鹰，国家话剧院）是一出描写“反腐”题材的戏，但创作者没有对贪官们的贪腐事实与案件过多地着墨，而聚焦的是贪腐者与反贪者之间的情感纠结与人格较量。剧中写检察官侯亮平临危受命，赴汉东省调查一个重大贪腐案件，历经诸多磨难和种种障碍，经历了情感方面的纠结与斗争，终将昔日恩师和学长等一批贪腐官员送上了人民的审判台，讴歌了反腐斗士的坚定信念和无畏勇气，弘扬了正义战胜邪恶的民族正气。

《家客》（编剧喻荣军，导演周小倩，上海话剧艺术中心）在亦真亦幻的描摹中讲出了生活的真谛，揭示出人生的哲理。剧中以马识途的人生轨迹为主，通过他“从唐山回到了上海”，“没有从唐山回到上海”以及“从唐山回到上海后走了”三种不同的可能性，分别展示了三段不同的生活状态。该剧以生活化的语言，鲜活的人物，在平静的生活中掀起一道道情感的波澜，给人以诸多的人生感悟。该剧由老艺术家张先衡、许承先、宋忆宁主演，更增添了生活的味道，凸显了话剧艺术的魅力。

《雨夜》（编剧李宝群，导演吴晓江，沈阳话剧团）通过一次同学聚会写出了每个人的人生道路与生活追求，写出了人在现实社会中的各种异化现象，有些事件看似平常却也触目惊心。有的人的变是自身原因，有些则是身不由己，有些是身陷其中而不自知，归根结底还是为名和利所累，在金钱利益面前失去了自我，这是人生的大可悲。

《薪火》（编剧、导演潘龙吟，重庆三峡歌舞剧院）围绕“三农”问题描写四川天坑村改变贫穷面貌的故事，情感真挚，内容接地气，写出了脱贫致富之路上人们的复杂心态，以及无私奉献、甘愿牺牲的豪情壮志，塑造了田景秀等人物的鲜明形象。更重要的是写出了扶贫工作的实质——不只是给钱，更需要给思路。语言通俗、幽默、感人，有情趣。

《你若离开，我便浪迹天涯……》（编剧、导演赵淼，国家话剧院）是一部关注中国当下普通老百姓家庭生活的音乐剧。剧中通过一家三代人讲述自己和家人的故事，意在唤起更多年轻人关照老人、关注家庭，学会宽容、理解与爱。“一家人一扇窗，爱是温暖光亮。一个人去远航，家就是避风港。”动听的歌声和优美的舞步使该剧的演出具有浓郁的艺术趣味。

《谷文昌》（编剧冯静等，导演白皓天，国家话剧院）中塑造的是敢作敢为的人民公仆的形象。面对东山县的贫穷与落后，谷文昌心急如焚，他以对党的忠诚为思想基础，以苦干实干的精神为老百姓谋福利，发动群众带头植树阻挡风沙的侵害，把被国民党抓走的充军的家属改为“兵灾家属”，调动了这些人建设社会主义的积极性。剧作通过这些事件塑造了一个真实、质朴、敢于担当的共产党人的生动形象，突出了谷文昌坚定的党性和充满人性的崇高的人格力量，在老百姓心中树起了一座不朽的丰碑。

《情陷阿克塞》（编剧、导演王宝社，武警文工团）是一出喜剧，描写边疆部队的官兵与战士的关系，以及连长与妻子的矛盾，把严肃的人生问题以喜剧的形式呈现，在机趣、诙谐、幽默中体现出严肃认真的创作态度，让观众在艺术审美的愉悦中思考着人生道路的选择与生活态度的表达。

还有，《麻将·闺蜜》（哈尔滨话剧院）写不同的人生追求在家庭、婚姻中引发的种种矛盾，展示了生活的复杂。《大雪》（鞍山市艺术剧院）描写人格成长、心灵救赎的故事，都具有一定的艺术特色。

五、民营话剧的发展

就 2017 年话剧创作与舞台演出而言，民营话剧创作不如往年红火，但也出现了令人欣喜的一些作品，如《海上花开》《结伴关系》《留取丹心》《皇城根下》《我爱我房》《广陵散》《呐》《秋梦》等。

《海上花开》（编剧王甦，导演韩清，北京桂湘文化艺术发展股份公司）是一部由青年人创作、献给年轻观众的“青春剧”，写四个追逐“梦想”的年轻人自主创业的故事。江海不满于妈妈安排的“前程”，放弃出国留学的机会，想按着自己的意愿去干想干的事。妈妈一气之下断了他的生活费，他便利用妈妈的一套房子偷偷出租。他的“豪爽”与“仗义”终于收获了一片真情与爱情。剧中还描写了几个年轻房客的情感经历，樊花是金融界的女斗士，为了支持男友而放弃出国，结果被甩了。一厢情愿的梦想破灭，樊花重新认识了自己，后与靠自己打拼的高上天走到了一起。林开颜没有多高的学历，靠着勤奋去追求人生的“梦想”，与江海一起开了“海上花开”咖啡店，走上自谋生路的创业之路。剧中人即使在遭受命运的打击和人生挫折时，也没有失去信心，既没有对社会的牢骚满腹的怨气，也没有对人生的消极颓废的怒气，依然乐观地寻找着自己的成长之路。该剧生活气息浓厚，处处显示着青春的饱满和阳光的灿烂情绪，令人赏心悦目且深受鼓舞。

《一双眼睛两条河》（编剧童道明，导演赵三强，北京鼓楼西剧场）是一部描写人的心灵情感的话剧，具有诗意的底蕴。剧中通过描写两个素昧平生的人——音乐爱好者白露与诗歌评论家黄雨的偶然相识与交往，写出了两个纯真至善的人的倾情交流。剧中没有惊心动魄的事件，没有强烈的矛盾冲突，但人性的纯真与现实的复杂、理想的美好与人生的无奈却使这个戏充满了内在张力。该剧在表面的平静中蕴藏着内心的汹涌波涛，而人物的主观理智又使这情感波涛化为涓涓细流，观众在这波澜不惊与和风细雨中似乎感受到了生活的本真，在遗憾与无奈中依然使自己干涩已久的心田获得了些许滋润。

《广陵散》（编剧唐凌，导演周龙，北京市演出有限责任公司）是一出有着浓郁审美意蕴的戏，有散文诗般的美感。该剧以历史上“竹林七贤”的故事创作，舞台呈现通过写意手法演绎出深刻的主题，对读书人命运的思考具有相当的深度。剧中以群体形象，探讨中国文人的人生选择和人格精神。他们坚守理想、崇尚自然、淡泊名利、脱俗飘逸、抒浩然之气，尽显魏晋之风骨。主人翁嵇康作为一代名士和文坛领袖是儒雅的典范与文人良知的象征，他刚正不阿，赴死之际从容弹奏一曲《广陵散》，以生命彰显人性，在升华其人格的同时，更是在精神层面深刻地定义了死亡的意义与人生价值。该剧在继承话剧民族化思想精髓的基础上，努力将戏曲美学融入话剧创作之中，探索话剧表演艺术与戏曲表演艺术的最佳契合点，形成了一种独特的美学风格。

《致命咖啡》（编剧向远方，导演王凌云，上海安可艺术团）是一部以“瘾藏者”为题材创作的音乐剧，以爱情的力量拯救“瘾藏者”，是该剧的中心主旨。当剧中人张然吸毒的事实暴露后，有嫉妒者的幸灾乐祸、“落井下石”，有同事们恨铁不成钢的埋怨，有旁观者的笑话与揶揄，更有小题大做的打击报复。而他的恋人赵冰冰却是另一种态度，她决心用执着的爱去挽救张然，召唤他“回家”，给他悔过自新、重新站起来的精神力量。“给他最后一次的希望，在悬崖边伸出双手，给他走出阴霾的力量，重新开始，面对伤疤。”这歌声唱出了赵冰冰的心声，唱出了她对张然的希望，更唱出了她心里的坚韧与力量。该剧以音乐剧的形式呈现在舞台上，表演活泼，歌声优美，音乐动听，给人以艺术的享受。观众在欣赏艺术美的过程中也情不自禁地思考着很多问题，尤其对那些“瘾藏者”如何滑向悬崖、走向深渊的思考。

《我是余欢水》（编剧王甦，繁星戏剧村出品）根据长篇小说《如果没有明天》改编。余欢水是一个生活在社会底层的小人物，猥琐、懦弱、胆小，是一个“怂到家了”的软蛋，在公司不受人待见，在家里也没有地位，岳父母看不起，妻子带着孩子离开了他。在一次体检中，余欢水被检查出患了“胰腺癌”。他感到自己的生命进入了倒计时，但他还想实现很多人生的梦想，过过甜美的生活。于是，他与“临终关怀中心”发生了关系，闹出了很多哭笑不得的事情。他敢于与恶意“碰瓷”的不良行为进行搏斗，因此而成为受“表彰”的“大英雄”，但他依然得不到应有的尊重，因为他是个穷光蛋。只有一件事让他兴奋了，他的“癌症”是被误诊的。该剧是一部轻松的生活喜剧，舞台演出生活气息浓郁，演出了一个身处底层的小人物的苦辣酸甜。

《汇贤坊》（上海现代人剧社）写上海一个老城区“汇贤坊”石库门弄堂拆迁的故事，写出了普通市民的复杂心态，是一出非常接地气的演出。舞台设计非常精致逼真，该剧的演出改变了民营戏剧制作粗糙的不足。

《结伴关系》《呐》和《秋梦》的可贵之处则在于，编剧的剧本创作和导演的舞台呈现都具有探索、创新的艺术追求。《结伴关系》[编剧何旭、闫一婷，导演顾雷，结伴之家文化产业发展（北京）有限公司]反映当下的婚恋生活状态，探讨解决发生在爱情、婚姻、家庭中的种种矛盾的另一种思路。剧中以超脱婚姻、家庭的视角反思婚姻、家庭的种种矛盾与问题。整个舞台演出节奏流畅，舞美设计简洁、大气，通过几块洁白幕布的拉动，形成不同的表演空间，具有写意性的诗意美感。导演顾雷的舞台呈现有创新。

《呐》(武汉江湖戏班戏剧工作室演出)改编自鲁迅先生的小说集《呐喊》。它秉承了鲁迅先生的精神，直面当下，直面社会现实，淋漓地、彻骨地反思问题，并试图找到解决的可能。大胆的想象，恣意的表演，处处显示着青春的、动态的活力。导演郎剑飞的天马行空，舞台呈现如行云流水，流淌着生活的诗意，人生的哲理。“赵太爷”一场，用民间艺人说书人讲述阿Q对赵太爷的态度与看法，形象地描述了赵太爷的行为举止。“鸡飞狗跳”一场表演的形象化，以肢体语言表达生活的本真，演员的表演非常形象。结尾“集体朗诵”《〈呐喊〉自序》，让观众感受到没有动作的“表演”，传递着不一样的精神，使鲁迅原作的精神主旨通过语言的“塑造”深入每个人的脑海，给人的印象极其深刻。

《秋梦》(导演李唅)的实验性是以“梦境”反观现实，以“梦境”映照现实，以“梦境”的视角探索现实中人们的“心灵”真实。剧中描写一对在现实中相互怨恨、发誓老死不相往来的同母异父的姐弟，但他们在自己无法控制的“梦境”里却是另一番情景——一种斩不断理还乱的情结，由亲情与血缘所形成的无法挣脱的关系，一种无法忘怀的感情。现实中的恨，在梦里却“互相关心着”；现实中不自知的很多事情，在梦中明白了。姐弟俩的“反目”，是因为姐姐外出打工，干什么都不成功，非但没挣到钱，还常常跟父母要钱，跟弟弟要钱，而且“不还”，实际是无力偿还。久而久之，家人都疏远她。但弟弟的态度却不同，尽管他认为，如果是亲姐就不会这样对我，可“她毕竟是我姐”。他心里这样想，可感情上却依然难以接受这样的“姐”。想忘却不能，想接近又不愿。心里的一切纠结——一种真实的心态，在梦中出现了。他爱姐姐，又恨姐姐。然而无论他怎样的“恨”，却始终不能忘怀。在爱与恨的交融中，他发现“恨”，其实也是“爱”的另一种表现形式。正因为“恨”才激发起他对“姐”的关心，“你在那边过得还好吗?”同样，姐姐也没有忘怀弟弟，虽然因为自己的“不能干”，出来“奔”没有挣到钱，还给家人丢了面子，也伤害了弟弟。她想解释，可是没有人相信，索性就吵架，互不相让，直到干脆不愿理睬。可是，她无论如何无法抹去对弟弟的情感。她在梦中才发现，对弟弟的“爱”不是用金钱来衡量的——金钱既无法代替亲情，也无法割断亲情。因此，她常常在“梦”里“关心着”弟弟。正是这样的“梦境”，拉近了姐弟俩在现实中的情感隔阂，从彼此走进对方的“梦”里，逐步发展到现实中的和解。舞美的设计非常巧妙，用“物化”的形式表现人的情感，表达人的心灵情境。舞台设计是大小两个房间，弟弟坐在床上自言自语，述说着自己的“梦”；姐姐活动在另一个稍大些的房间，也在独自述说着一切。表现“梦境”交叉的时候，是姐弟俩的语言的“交叉”——他们会同时回忆起同一件事，两个生活在不同空间的人像是在“对话”，实际上不过是“梦里”的“所想”而已。当姐弟俩的情感逐步接近时，两个“房间”也一步步接近、交合，最后合二而一——即弟弟的“小房间”融入姐姐的“大房间”，暗示着他们的“心灵”接近与现实中的行动接近。该剧用虚无的梦境、情感的暗示、语言的交叉(类似于“隔空对话”或“无线交流”)的手段，反映了人物的真实的情感和现实世界的一种真实的生活形态，很有艺术的意味。

《婚姻情境》(编剧英国英格玛·伯格曼，导演过士行，北京鼓楼西剧场出品)是非常有生活深度的戏。写家庭、婚姻从夫妻的性生活入手，“寻找婚姻的灵魂”，在寻找中发现性生活在两性婚姻中的重要。约翰和玛丽安是一对登上《妇女时尚世界》的模范夫妻。多年来他们“几乎不吵架”。然而突然有一天，这座中产阶级高知家庭的城堡轰然倒塌。原来“不吵架”的背后是“我想要甩掉你已经足足想了四年”。于是，他们分居，离婚，与不同的情人恋爱、再婚，却永远也找不到“理想的”伴侣。在一个晴朗的午后，他们分别避开自己在法律意义上的伴侣，又一次幽会在一起。作者试图通过自己对家庭、婚姻的认识与理解，以“寓言式”的笔墨写出婚姻生活的实质和家庭生活的现状，细腻、深刻、有寓意。

六、儿童剧的成长

中国儿童艺术剧院主办的“第七届中国儿童戏剧节”，与往年一样好戏连台，其特点从剧作的主题到舞台演出都非常鲜明。

（一）以“成长”为主题的创作。儿童剧创作，不只是给孩子们欢乐，还应该引导孩子们成长，或者为孩子们的成长提供不同的道路参考与借鉴。2017年度就出现了几部以“成长”为主题的儿童剧，如《山羊不吃天堂草》《戴“星星”的孩子》等。这些作品不仅让孩子们感受到了“娱乐”，更让他们认识了“成长”的概念，初步体悟到“成长”的意义。

《山羊不吃天堂草》（编剧冯俐，中国儿童艺术剧院演出）聚焦当代少年儿童的心灵成长历程，启发少年儿童对人生的思索。少年明子一直不明白，“山羊为什么宁可饿死也不吃天堂草”？带着这样的“疑问”，他跟随师傅三和尚和师兄黑罐去外面的世界闯荡谋生，在生活的艰辛和世态炎凉中被一步步逼到了人性抉择的悬崖边。在经历了“骗雇主的工程款”的“心灵搏斗”中，在经受了一次次“灵魂”的拷问中，明子渐渐地“悟”出了“山羊不吃天堂草”的人格隐喻，同时，他也在艰难、挫折、坎坷、磨难的现实中慢慢地“懂”得了如何“选择”人生的道路。于是，他从“跌倒处”爬起来，抖掉身上的“灰尘”，又继续上路了。作为一部“成长戏剧”，该剧从个人与社会、理想与现实的宽阔视野中去思考生活，去体悟人生的真实的含义，对于今天少年儿童“成长”来说，无疑具有积极的启发与思考作用。

《戴“星星”的孩子》（编剧邱建秀、吴旭、傅玲，导演吴旭，济南儿童艺术剧院演出）描写抗战时期一个“孩子剧团”的成长故事。写孩子们在“磨难”中成长，在艰苦岁月中的亲情和友情的体现，为“梦想”而奋斗的信心与勇气。尽管时代不同，但由于写出了孩子们在成长过程中的共同的“梦想”与亲情，一下子拉近了与今天孩子的距离。该剧生活气息浓郁，充满喜剧风格，塑造了一个个活泼、调皮、可爱的孩子形象，聪明、任性的星豆，憨厚的狗墩，秀气、乖巧的柳荫，率真的英子，淘气的小快板，爱吃零食的胖丫，他们性格各异，争强好胜，互不服气，可是一旦遇到困难又如兄弟姐妹一样亲近。而“孩子剧团”智斗日本鬼子的场面更让小观众们兴奋不已。这些生活在抗战时期的孩子们的成长经历，对今天的孩子也产生了启发作用。

《人参娃娃》（编剧王纪厚、刘喜廷，导演刘喜廷，辽宁儿童艺术剧院演出）描写孩子们在与恶势力抗争中成长。该剧是30多年前的剧目，今天演出依然受到孩子们喜欢。

即兴喜剧《谎言！卡布奇诺》（导演赵自强，台湾如果儿童剧团），是一台令人惊奇又有着浓郁的艺术趣味的剧目。该剧是以意大利著名剧作家哥尔多尼的喜剧《一仆二主》为蓝本创作。但是，如何把一个“成人剧”改编为“儿童剧”？从中亦可以看到该剧编导演的智慧与创造的才能。剧中主人翁卡布奇诺是一个聪明、勤劳的人，同时也是一个能言善辩、足智多谋，甚至有些狡猾的普通人。因为吃不饱饭，他外出打工，想多赚钱同时找了两份工作。于是，他便成了佛林嘟嘟和他的恋人拉希娜两个人的仆人。而拉希娜的父亲帕斯达老爷不喜欢佛林嘟嘟，反对女儿嫁给他。于是，拉希娜在女仆妮斯的帮助下逃离家庭，去寻找恋人佛林嘟嘟。想不到两个人住的是同一个饭店。这让卡布奇诺犯了难。为了不被两个主人发现自己的真相，他东躲西藏，欺上瞒下，左右逢源，却欲盖弥彰，不断露出很多马脚，闹出许多笑话，令人忍俊不禁。戏也就在这种阴错阳差的情境中推进、发展。正是因为卡布奇诺的关系，拉希娜才知道了佛林嘟嘟的消息。她最终说服了父亲，与佛林嘟嘟团聚，如愿以偿，皆大欢喜。演出由演员丰富的肢体语言，融入杂耍和舞蹈动作，边唱边舞，连戏曲的武打场面也借用过来，在舞台上上下翻飞，增加了可看性和趣味性。同时用优美的歌声营造出一种欢快浪漫的舞台气氛，体现出一种互相关爱的情感，洋溢着一种和谐祥瑞、积极向上的人文精神，让观众看着开心、愉悦，还有几分感动。尤其是剧中人物经受了种种波折最终达到了自己的目的时，剧场内的观众无不为他们感到高兴，连自己也感到心情舒畅！

（二）以艺术的“机巧”开启智慧“美”。如果说“寓教于乐”是儿童剧创作所需要遵循的规则，那么，以艺术创造的“机巧”开启“美”的想象，拓展智慧的表达，也应该是儿童剧创作的一个重要方面。本届儿童戏剧节演出的《量身定制》《木偶马戏团》《小吉普·变变变》等就具有这样的艺术特色。这些作品中“教”的成分不是很突出，但是，它以创作的“机巧”产生趣味，以“美”的表现传达“智慧”的灵感，不仅吸引了孩子们观看的兴趣，同时也给孩子们以启发与思考，促进他们对生活的观察与智力的开发。《量身定制》（以色列火车剧团）是一个人表演的儿童剧，是一部结合了木偶、音乐与杂耍、魔术的儿童剧。以技巧“制造”趣味，利用普通的生活用品如缝纫机、衣架、木盒子等开掘新意，在机巧中展示“表现”的新奇“美”，在“玩耍”中呈现艺术趣味，凸显“创造”的智慧，让观众在“好看”“好玩”的惊讶中享受开动脑筋进行创造的快乐。如缝纫用的盒子突然变成了一架钢琴，缝纫用的针和线又变成渔夫手中的鱼钩，缝纫机的脚踏板能够“踏”出大海的“波浪”，挂衣服架子可以模拟人的动作抬胳膊、摇头晃脑等等，这些看似平常的东西却引发了孩子们极大的好奇。演出结束后，表演者又把这些“秘密”一个个当众“解开”，“哦，原来是这样！”孩子们在恍然大悟之中感到惊讶不已。《木偶马戏团》（捷克大篷车剧团）是由两个人表演的“提线木偶剧”，表演技巧精美绝伦。狮子会张口，不吃人；白马会抬前腿，跑动如飞；木偶人会在单杠上做各种动作，非常灵活逼真。这是真正把“假的艺术”演成了“活的形象”，演出了木偶的“感情”。《小吉普·变变变》（中国儿童艺术剧院）中利用香蕉、苹果、黄瓜和海绵、毛巾、刷子、笊篱等日常生活用品“创造”出各种“形象”，具有丰富的想象力和创造智慧。《匹诺曹》（西班牙 La Baldufa 喜剧院）利用纸板和木条创造出多元化的新形象，在充满想象力的创造中尽显艺术的趣味。《皇帝的新衣》（浙江话剧团）超越文本中的故事，进行新的解读，引发孩子观赏的兴趣。《成语魔方二》以“形象”讲述成语故事，增加了观赏的趣味，也加深了对原作的理解，引发孩子阅读的兴趣。《曹文轩兄妹和小雨姐姐的开心故事会》以“故事会”的形式，请名作家进行阅读示范，了解作品创作背后的故事，增加了孩子们阅读的乐趣，深得孩子们喜爱。

七、人才是戏剧发展的动力

谈 2017 年的戏剧舞台创作现状，还有两件事值得记述：一是，2017 年 7 月 31 日，广州市文化局举办了“‘为一座城市，点亮一盏灯’——王筱頔导演艺术暨院团发展管理学术研讨会”；二是，2017 年 12 月 13 日，中国戏剧家协会《中国戏剧》杂志召开了“青年导演李伯男研讨会”。

（一）王筱頔，是一位导演，但她的作用绝不仅仅是导演几个戏，而是在她的带领下“救活”了一个团，“为一座城市，点亮一盏灯”。2007 年，王筱頔接手广州话剧团时，剧团的状况是怎样的呢？多年演不出一台像样的戏，人心涣散，缺乏干劲，管理混乱，债务缠身。一出戏演出，台上几十个演员，台下仅有 9 个观众。当时的工作人员甚至为此而默默流泪……这样的困局对于当时台前幕后的所有人来说，无疑是一种煎熬，一种痛苦。面对这样的困难，王筱頔没有退缩，毅然担负起广州话剧团的领导职务，她凭着话剧人的一种责任感和使命感，以及艺术追求的理想，决心改变剧团的这种状况。她不急不躁，给剧团开出的药方是，从抓剧目、抓管理、抓人才入手，首先确立了“以具有审美品格的优秀作品培养话剧观众”的艺术创作为宗旨，把“灵魂洗涤，精神建设”作为戏剧创作的根本和追求目标。然后是抓管理，建立健全剧团的规章制度，分配制度，明确岗位职责，多劳多得，奖惩分明。调动全团人员的积极性，增强爱团如爱家的自觉意识。几年间，剧团排演了《南越王》《威尼斯商人》《复活》《麦克白》《邯郸记》《去往何处》等戏，取得了很好的收获：一是票房，扭转了演一场赔一场的局面，增加了剧院的收益，也逐渐改善了演职员的待遇；二是收获了观众的口碑，剧院有了两万多观众的粉丝会员；三是增强了发展事业的信心，找回了戏剧人的尊严，使广州话剧团从此走上了正常的发展轨道，从开始的周末两天演戏，逐渐发展到四天，到天天有演出。

为创作剧团良好的创作环境，王筱頔在 2009 年剧院转企改制之后，顺应市场的需要和观众的审美需求，把小剧场精心打造“十三号剧院”。他们提出的口号是：“看话剧去十三号剧院。”如今，“十三号剧院”成为广州话剧的一个品牌，是一个以创作生产、演出经营优秀剧目的话剧专业场所，坚持以“艺术标准”走市场的原则，坚持以具有审美品格的戏剧作品培育广州话剧市场，培养话剧观众，培养专业队伍。“十三号剧院”为广州这个城市“点亮一盏灯，微弱的光亮吸引着人们在平庸浮躁的现实中获得片刻的宁静、优雅，在戏剧的光晕里寻求精神的高贵”。

（二）李伯男，是一位年轻导演，一直在扎扎实实地做民营话剧的小剧场创作，导演的作品有：《有多少爱可以胡来》《剩女郎》《嫁给经济适用男》《隐婚男女》《建家小业》等，产生了很大影响，尤其是受到青年观众的喜欢，得到了戏剧界的赞扬，也收到了可观的经济效益。近年来他经常为国营话剧院导演大戏，已有几十部作品。仅就 2017 年，在北京舞台上演出的李伯男导演作品就有《秋水山庄》《〈富春山居图〉传奇》《再见徽因》《大江东去》《红水衣》等，更主要的是，李伯男在舞台上的艺术追求受到了观众的赞赏和评论界的好评。这些戏当然不全是 2017 年创作的，但是这么多有艺术质量的戏剧作品集中在北京舞台上亮相，还是出乎人们的意料。有人说，2017 年是“李伯男年”，也实不为过。

从王筱頔和李伯男身上，我们又一次看到了人才的成长对于戏剧发展的重要。

刘平　中国社会科学院文学研究所研究员

"在剧场里，我们找到了真正的世界性"

——2017年国外戏剧的引进与展演

◎ 张荔

2017年3月27日世界戏剧日，伊莎贝尔·于佩尔在“给剧场让路!”的致辞中指出，“在舞台上，在剧场里，我们找到了真正的世界性”。与2016年印度导演犀利的致辞“救救地球本身，也救救戏剧”相比，2017年法国女艺术家的言辞更加温婉，但同样道出了今日世界戏剧的共性：国际化、世界性。面对全球化大趋势，在常态化的国际戏剧展演与交流中，当下中国戏剧已经融入了世界戏剧发展潮流，拥有了“真正的世界性”。

近年，我国引进国外戏剧日益频繁，中国观众视野中戏剧的世界版图日渐清晰，对引进戏剧中各种展演剧目的内在品质与美学品位的期待也不断攀升。2017年，国外纷至沓来的众多剧目充分满足了观众需求，《兄弟姐妹》《2666》《叶甫盖尼·奥涅金》和《浮士德》等多部气度不凡的宏大演出，令我国观众目睹了国际高水准的戏剧艺术，见识了世界戏剧的前沿现状与发展前景。伴随国际交流的深入，引进国际先进戏剧的同时，邀请国际知名导演艺术家协同创新，已成为近年风尚。2017年，《酗酒者莫非》《铸剑》就是这类创作中的代表，在中西融会中借助陆帕、亚日那及其创作团队，史铁生、鲁迅等中国文学家的艺术精神获得了超越本民族的世界性表达，我国文学作品在戏剧领域拥有了国际化表情。中西联合创作实现了人文精神、现实表达、美学实践上的跨文化、国际化深度交流和艺术观念的相互碰撞，这些无疑激活了我国戏剧原创机制与自身的活力，为我国戏剧健康发展提供了有益借鉴，有益于对戏剧本体的认识，促进戏剧文化生态多元良性发展。2017年，引进剧目值得关注的还有，儿童剧引进、国际青年戏剧节以及二三线城市的国际戏剧展演。这些演出与交流为更广泛的观众，尤其为未来新一代戏剧人和戏剧观众输送了戏剧的精神给养，带来了审美享受，让戏剧之花在更广博深厚的艺术疆域内成长和绽放。

一、多元并存　经典剧目独领风骚

近年，外国戏剧来华演出的数量逐年增多、规模日益壮大，众多国际性戏剧节也以各自的优势形成自身风格和品牌。其中影响力较大、具有市场号召力的主要有，“林兆华戏剧邀请展”“首都剧场精品剧目邀请展”“国家大剧院国际戏剧季”“乌镇戏剧节”“上海国际艺术节”等，这些戏剧展演和戏剧节基于各自优势与传统，在推出国内院团演出剧目的同时，还不断在世界范围内引进优秀剧目。与前几年相比，2017年的引进剧目更好地解决了戏剧界人士及观众关切和期待解决的一些问题。比如国外经典剧作与时代、与个人的关系问题；如何在适应我国观众审美需求的前提下，让国外剧目的时代内涵、人文关怀和美学形式等，与我国今天的观众接通，进而产生共鸣……针对这些问题2017年引进的经典剧目《兄弟姐妹》《浮士德》《叶甫盖尼·奥涅金》《海鸥》等舞台演出给出了答案。

“林兆华戏剧邀请展”，在我国引进戏剧的众多展演中一直拥有良好口碑，形成了相对固定的受众群。到2017年该邀请展已有七年历史，演出涵盖北京、天津、哈尔滨三地，20多部剧目，主题是“人与命运”，如天津大剧院原院长钱程所述，从列夫·朵金的《兄弟姐妹》开始，希望“每个人都可以在戏里看到自己命运的前世今生”。2017年引进剧目文本深邃厚重、形式多样，特别是，主办方以非凡的气魄引进两部长篇巨制，挑战了我国观众观看时长的固有观念和习惯。俄罗斯导演列夫·朵金导演的《兄弟姐妹》和法国导演朱利安·戈瑟兰导演的《2666》，以10到12个小时超长时间的演出让观众过足了戏瘾。这种情形在我国外国戏剧引进的历史上史无前例。此外，波兰导演格热戈日·亚日那作品《4：48 精神崩溃》、意大利导演罗密欧·卡斯特鲁奇作品《俄狄浦斯》、德国导演托马斯·奥斯特玛雅作品《玛利亚的婚后生活》也多可圈可点，他们接踵而至，不失为投向中国剧坛的一枚枚重磅炸弹，观后激起长久热议。

"林兆华戏剧邀请展"开幕大戏是俄罗斯圣彼得堡小剧院列夫·朵金导演的《兄弟姐妹》，于 3 月 4 日和 5 日在天津大剧院演出。该剧演出时长 6 小时，连同幕间休息耗时共 8 小时。《兄弟姐妹》分为上、下两部，每一部分都有两幕，全景式地展现了卫国战争后苏联农村的生存状态和人的精神境遇。上部"聚散离合"，剧情发生在 1945 年春天，叙述了战争结束后苏联北部一个集体农庄的生活。下部"十字路口"，时间是 1949 年。该剧根据俄罗斯作家费奥多尔·阿勃拉莫夫的小说《普利亚斯林一家》改编，呈现在舞台上的剧情比原著更凝练，集中聚焦时代与人性，折射时代的悲剧、民族的苦难和个体人的命运。这部雄浑厚重的作品包含了 40 多个角色，对历史与现实的反思深刻、对复杂人性的揭示与批判生动有力。永恒的人性与人道情怀使该剧的演出超越了时代和民族，在中华大地上产生震动。因为相似的历史和时代境遇、似曾相识的挣扎、煎熬，俄罗斯人的生存和精神困境，在中国观众中产生强烈共鸣和深切的反思与追问。

《兄弟姐妹》是当代俄罗斯现实主义戏剧的经典，充分体现了现实主义的艺术魅力和斯坦尼斯拉夫演剧学派的雄厚实力。剧中一系列典型生动、具体真切的人物形象和真实生活细节的精彩呈现，令观众透过苦难历史和生存困境的表象，透视生命与灵魂的真相。该剧经由集体农庄芸芸众生的群像和悲苦命运，为俄罗斯民族也为人类谱写了一部充满诗意的"戏剧史诗"。这部剧内容悲苦，却不沉闷，相反极具节奏感，流畅自如。幕与幕、每一场甚至每个细节的舞台调度，都极有章法，疏密浓淡、欢快与悲伤、点与面、个体与群像相互交织，构成了一个有机的艺术整体。

与不啻为教科书级的现实主义舞台创作《兄弟姐妹》相比，演出时长 12 小时的《2666》，则包罗万象，气象万千，也因此，对该剧的理解众说纷纭，难以定论。该剧的导演是当年只有 29 岁的法国少壮派导演朱利安·戈瑟兰。他将享誉世界的拉美文学大师罗贝托·波拉尼奥的长篇巨著《2666》搬上舞台，创造了舞台上盛况空前的戏剧马拉松。该剧的中国首演从 2017 年 7 月 15 日上午 10 点 30 分到夜里 11 点，四次幕间休息加上半小时的演后谈，总计 13 个小时。这部剧几乎严格按照小说的结构演绎，忠实于原著的五个部分，各自独立又有关联性，剧中很多场景、台词直接取自小说，相对完整地保存了小说的文学性。第一幕《文学评论家》，时长 1 小时 50 分钟，主要讲述了来自不同国度的四位文学评论家（三男一女）复杂的情感纠葛，他们相识于国际文学研讨会，都在研究一位神秘的德国作家阿琴波尔迪，却都一直未见到这位德国作家的面。第一幕的后半部分，他们听说阿琴波尔迪在墨西哥，其中三人来到了墨西哥"罪恶之城"圣特莱莎，听闻了连环杀人案，也遇见了从智利迁居此地的哲学教授阿玛尔菲塔诺，他说自己曾见过那位神秘的作家阿琴波尔迪。阿玛尔菲塔诺成为第二幕的主角。第二幕《阿玛尔菲塔诺》，时长 1 小时 10 分钟，与小说原作一样，气氛愈发诡异、怪诞，情节更加超现实。哲学教授阿玛尔菲塔诺的妻子劳拉因为迷恋住在精神病院里的诗人抛弃了丈夫和女儿，离家出走，哲学教授神经错乱。在这一部分，导演大量使用了直播视频投影，几乎所有表演都被摄像机拍下实时投放在舞台的银幕上。第三幕《法特》，时长 1 小时 40 分钟，讲述美国黑人记者法特被派往墨西哥圣特莱莎采访一场拳击比赛。他在那里从媒体同行口中听说了发生在此地的连环杀人案，决定要报道这一事件，但是困难重重，曾有记者因为报道此案而遭灭口。这一幕大量运用了实时视频投影和现场 DJ 音乐，尤其是最后，法特和女记者一起去监狱采访，视频中一路的血迹，全身是血的女性躺在地上，第三幕就此戛然而止。第四幕《罪行》，时长 2 个小时。这部分演出篇幅最长、最为黑暗，讲述了近两百个墨西哥北方女性连续被杀害的案例。这一幕同样营造了令人难以呼吸的压抑感、沉重感。舞台上直白的字幕、直击心脏的音效、闪烁的灯光营造了充满暴力的氛围，而这一幕的高潮则是墨西哥女众议员一段长时间的独白，她对当地一家媒体讲述了自己女性朋友失踪的故事。第五幕《阿琴波尔迪》，时长1小时50分钟，内容紧凑、高度浓缩，充满想象力，幽默谐趣。这一幕里，神秘的作家阿琴波尔迪终于现身。导演通过玻璃盒子空间，展现了阿琴波尔迪成长和写作生涯。这一幕用了大量富有激情的旁白讲述故事。阿琴波尔迪兄妹俩终于见面了，他知道妹妹的儿子正是圣特莱莎连环杀人案的犯罪嫌疑人克劳斯·哈斯。与小说结尾一样，剧的结尾三味冰激凌创始人的后代向阿琴波尔迪讲述了自己祖先，“永远没想到他会因为三味冰激凌的名字而载入史册”，这是“多么神秘的遗产啊”。这样，以“文学”和“暴力”为关键词，小说中表面上没有联系的五个部分，在舞台演绎中有机关联和组接。与小说一样，这部剧的时间跨度覆盖20世纪百年和21世纪初，涉及的重大历史事件有：两次世界大战、苏联和东欧社会主义国家解体、墨西哥贩毒问题和移民潮以及社会治安问题等。内容触及的领域至少有：历史、哲学、社会学、心理学、海洋植物学、数学等等，把情爱、性爱、凶杀、战争、文学研究和创作以及悬疑诸多小说元素糅成一体。该剧以大舞台和小细节的巧妙结合，步步为营地巧妙铺陈宏阔的时空，全景式世界呈现了当代世界的众生相，称之为“史诗巨制”并不为过。在小说原作里出现了近百个人物，在剧中被浓缩为67个角色，由12位演员扮演，一人分饰多角。舞台演出用丰富多彩、前卫高超的舞台手段，十个小时的演出综合了表演、演讲、手持即时摄影、玻璃镜框舞台、现场电子音乐等手法；各种技艺在舞台呈现上流畅自如、有机统一；特别是与《2666》的原作精神风貌和美学品质和谐一致，从而满足了观众的审美期待，带领观众享受一场视听盛宴，经历了一次神秘惊奇、终生难忘的剧场旅程。以第四幕为例，近一小时的现场电子音乐乐队及海量刑事案卷字幕的视听轰炸，将观众逼向身心承受的极限，尽显后现代戏剧剧场的审美特质。

小说作者波拉尼奥曾经评价自己的《2666》是一部伟大但并不完美、如激流般气势磅礴、把读者引向未知之处的小说。这个评价同样适用于朱利安·戈瑟兰导演的这部舞台剧。该剧在中国首演，除了台前幕后“行为艺术”般的观剧体验，更令观众充分领略了“后剧场戏剧”的艺术之美。就此而言，《2666》不仅仅是一场戏剧演出，也是一次极具文化意义的演出事件，一场以戏剧之名的节日狂欢。

尽管“乌镇戏剧节”比“林兆华戏剧邀请展”举办时间晚，但二者同样都形成了自身的特色、品牌，都具有巨大的号召力和影响力。以戏剧之名的节日狂欢是乌镇戏剧节举办以来一直的风格特色。与林兆华戏剧邀请展的艰难和小众化相比，乌镇戏剧节借助天时、地利、人和，不仅使旅游文化与戏剧艺术相嫁接，更以各种戏剧展演的板块策划与设计吸引了世界各地和国内院团，特别是受到众多年轻戏剧人和青年观众的青睐。2017年是乌镇戏剧节创办五年的历史节点，邀请剧目规模空前。以大戏《叶甫盖尼·奥涅金》开幕，获得了满堂彩，之后各种演出和竞演充满活力。这届戏剧节除了我国作为东道主外，囊括了来自俄罗斯、德国、英国等11个国家和地区的24部特邀剧目共计100场戏剧演出。与历届一样，先锋、多元的同时，本届推出的“佳作镇场”让戏剧节的剧目更沉实、大气。俄罗斯导演里马斯·图米纳斯的《叶甫盖尼·奥涅金》、立陶宛导演奥斯卡·科尔苏诺夫的《海鸥》获得了极佳口碑；俄裔美国导演雅娜·罗斯的《我们的班集体》、巴西导演保罗·玛瑞尔斯的《水渍》、英国导演凯蒂·米切尔的《影子（欧律狄刻说）》、英国/德国“大嘴突击队”剧团的《西方社会》等外国引进剧目，反响热烈。在板块设计上，本届戏剧节演出剧目细分为五个系列。1.经典系列，主要有《叶甫盖尼·奥涅金》和《海鸥》。2.女性系列，主要有英国的《影子（欧律狄刻说）》、巴西的《水渍》、澳大利亚的《圣女贞德》。3.影像系列，主要有美国的《黑夜黑帮黑车——影像的复仇》、德国的《生动的肖像》、黎巴嫩的《在云端》。4.肢体系列，主要作品有瑞士的《如果沉默知晓》、澳大利亚的《如果墙能说话》。5.新声线系列，主要作品有立陶宛的《我们的班集体》、英国/德国的《西方社会》等等。来自世界各地精彩纷呈的演出，在相互对话与交流中切磋技艺，增进了解。正如俄罗斯导演里马斯·图米纳斯在乌镇所言，乌镇戏剧节的宝贵之处在于自由和释放，以及善良、爱和亲近的力量。“演员就要腰上带着自杀式炸弹一样，在舞台上表演的那一刻把自己引爆——这种表达就是他自己、他对剧本的理解，连同他的时代。”

本届乌镇戏剧节，反响最强烈的演出即开幕大戏《叶甫盖尼·奥涅金》。该剧首次来华演出，深厚的艺术功力、精湛的舞台叙事和曼妙的艺术形象，令这部“幻想现实主义”经典剧作广受赞誉。整部剧忧伤、深沉，唯美而诗意，极具艺术想象力，是一部深刻呈现俄罗斯精神生活内涵的舞台杰作。该剧由瓦赫坦戈夫剧院艺术总监里马斯·图米纳斯改编并执导，2013 年 2 月 13 日首演于莫斯科，曾获得俄罗斯戏剧家协会最佳剧目奖、金面具奖、意大利“斯帕莱多戏剧节”特别奖，多次受邀赴德国、英国等多国巡演。2016 年里马斯·图米纳斯导演的《三姊妹》《马达加斯加》《思维丽亚的故事》《假面舞会》先后在我国演出，让我国观众领略了俄罗斯“幻想现实主义”舞台艺术的魅力。2017 年演出的《叶甫盖尼·奥涅金》由“俄罗斯文学之父”普希金同名长篇诗体小说改编，原作曾经深刻影响了后世的俄国作家和俄罗斯人的精神生活，被誉为“俄罗斯生活的百科全书”。在舞台创作中，里马斯·图米纳斯导演成功塑造了贵族青年奥涅金和少女塔季扬娜的艺术形象，在舞台场景和故事发展线等方面进行创新。剧中除了少量对话，多数篇幅由一位与作者普希金高度重合的叙事人来顺叙叙述；运用大量音乐和舞蹈元素延续了图米纳斯的浪漫和幻想、充沛的艺术想象力与舞台表现力。该剧融入多种艺术手段，舞台上的雪花轻盈飘逸的视觉语汇与婉转悠扬的音乐听觉语汇，共同营造了全剧的诗美意境。舞台设计上，长凳、落地镜、秋千运用灵动自如，如梦似幻，飘逸的美感以及幽默、怪诞的机趣，令普希金这部伟大的诗体小说在舞台上惊艳、唯美，格外迷人、令人沉醉。

首都剧场是我国观众观看戏剧作品的艺术殿堂，在演出北京人民艺术剧院原创剧目和国内戏剧作品的同时，近年一直有计划地邀请国际戏剧精品的演出与交流。至 2017 年“首都剧场精品剧目邀请展”已经进入了第七年，是国内引进戏剧演出的重要平台和知名品牌。2017 年适逢北京人民艺术剧院建院 65 周年，邀请展“国际单元”应邀演出的剧目比之前几年更加气势不凡、丰富多样，自 2017 年 6 月 30 日起，9 部中外经典剧目先后在首都剧场、北京人民艺术剧院实验剧场和菊隐剧场演出。应邀参加国际单元演出的有：斯洛文尼亚国家话剧院的《浮士德》、贝尔格莱德国家剧院的《茶花女》、以色列盖谢尔剧院的《我是堂吉诃德》和俄罗斯圣彼得堡亚历山德琳娜剧院的《婚事》等。其中备受关注的是《浮士德》和《我是堂吉诃德》，在演剧风格和舞台样式上，这两部戏无疑对我国戏剧创作，特别是北京人民艺术剧院演剧学派的创作构成了借鉴和补充。

国际戏剧季是国家大剧院打造的专属于戏剧的艺术品牌，创办自 2015 年。“2017 年国际戏剧季”有来自日本、德国、英国、俄罗斯、西班牙、瑞典 6 个国家 10 个剧院的 12 台戏 58 场演出，分为“东方魅力”“西方精粹”“儿童启迪”三个板块。“东西对话·精彩汇‘剧’”贯穿国际戏剧季始终，成为该届国际戏剧季的宗旨和主题。本届戏剧季应邀演出的主要有：德国纽伦堡国家剧院的两部小剧场戏剧作品《恐怖袭击》《39 级台阶》、瑞典皇家戏剧院的《命运之影》、俄罗斯契诃夫的《第十二夜》，以及日本铃木忠志率铃木利贺剧团首登国家大剧院演出的《特洛伊女人》与《酒神狄俄尼索斯》两部代表作。近年，铃木忠志以独特的东方视角，打破了戏剧创作的国界与文化的限制，以自身独特的理念进行戏剧实践。《特洛伊女人》与《酒神狄俄尼索斯》是其改编和全新诠释古希腊悲剧的舞台创作，剧中东方意味和神韵，特别是将日本传统的能剧、歌舞伎元素融入舞台表演，使两部古希腊经典作品的演绎别具特色，颇受一些剧迷推崇。

2017 年，引进外国戏剧展演中影响较大的还有“第 19 届中国上海国际艺术节”。在戏剧展演中引进国外舞台剧是上海艺术节的组成部分和亮点之一，在本届国际展演中还特别开设了“以色列文化周”。国际戏剧板块集结了两位国际戏剧大师的作品：美国戏剧家罗伯特·威尔逊以独特视觉语言自导自演《关于无的演讲》、英国戏剧家彼得·布鲁克改编自印度史诗《摩诃婆罗多》中的《战场》。同时邀请的还有波兰导演克里斯蒂安·陆帕执导的话剧《酗酒者莫非》、法国小剧场作品《盒子》、新加坡戏剧《天堂、人间、情》等名家新作。

“2017 柏林戏剧节在中国”于 2017 年 6 月在北京开幕。德语戏剧《他她它》《国家剧院的绊脚石》在北京天桥艺术中心上演。这两部戏风格迥异、各具特色。前者是柏林人民剧院赫伯特·弗里奇导演的奥地利作家康拉德·拜耳的作品；后者由德国纪录剧场导演汉斯－维尔纳·克罗辛格联合德国巴登州卡尔斯鲁厄国家剧院共同创作的纪录剧场作品。《他她它》一剧重置了人们熟悉的语言能指与所指关系，将语言作为与表演、装置、服装、音乐等平齐的声音元素，光怪陆离的舞台视觉与不知所云的舞台行为打造出一片别开生面、妙趣横生的“异次元”。

此外，北京喜剧艺术节“国际单元”和北京青年戏剧节“国际展演”等以自身的美学定位引入观念新锐、个性鲜明的戏剧作品。其中2017年北京青年戏剧节邀请了5部欧洲剧目来华演出。荷兰作品《零零零》、西班牙探索“光影戏剧”的代表作《走钢丝的人》、丹麦青年导演的《空舞优伶》、英国的《我们住在海边》，还有，挪威导演与中国演员合作的《随你去》等五部作品。展演中的《空舞优伶》，大胆挑战了观众的思维习惯，舞台上没有演员，没有舞者，没有歌手。在舞台前面和观众席里，表演者代替了上述的角色。他们引导观众进入想象的世界，探索生命的意义。英国导演艾利克斯·克里斯托弗·霍华思的作品《我们住在海边》充满了人性光芒和舞台创造力，表现了人类应有的生活态度和情感因素。通过凯蒂的眼睛，《我们住在海边》聚焦当下社会越来越被忽视的心灵交流。剧中人们所表现出来的复杂人性及人的困境也给每位观众带来省思和共鸣。挪威导演乔恩·唐布尔与中国演员合作的《随你去》是挪威剧作家埃尔内·利格雷的最新作品，中挪两国青年艺术家用故事讲述了人类最脆弱而陌生的时刻……北京青年戏剧节在剧目选择、剧场美学等方面充分显示了自身特色，创办十年来引进的剧目已经成为引进戏剧中重要分支，在青年戏剧创作、戏剧人才培养与交流等方面意义重大。

二、深度对话与交流　国际合作更上一层楼

近年引进戏剧展演及相关活动，不仅带来了优质戏剧，更有国外优秀的艺术家应邀和我国戏剧艺术家联合创作，与我国本土戏剧共同建构了当下中国戏剧的艺术格局与风貌。2017年这方面的创作与演出成绩斐然。其中陆帕、亚日那对我国文学经典作品的改编和舞台创作，以及日本导演铃木忠志在古北水镇的戏剧实践，都带来了国外戏剧人对戏剧的热爱、对生命的敬畏；特别是，他们对本民族文化艺术传统的守护、对异域文化的尊重，不仅令我国戏剧人和普通观众洞察世界戏剧发展、开阔视野，更有利于借鉴其经验、更新观念，吸收其精华，创作属于中国、更属于世界的高水准国际化戏剧作品。

在“2017年林兆华戏剧邀请展”上，陆帕执导的天津大剧院原创剧目《酗酒者莫非》首演，获得了不俗的口碑。究其原因，一方面缘于史铁生其人与作品的人文气质、人间情怀，特别是其创作对心灵的探索和精神的守护在当代中国备受敬仰；另一方面，这部戏由波兰导演陆帕亲临执导、波兰艺术家团队参与创作，在融贯中西的舞台创作与艺术呈现中，该剧颇具独特的内在品格和高超的美学品质。

舞台剧《酗酒者莫非》改编自史铁生的中篇小说《关于一部以电影做舞台背景的戏剧之设想》，舞台叙事沉稳饱满，在极具张力的戏剧节奏中张弛有度地推进，时而静默、时而激越；且多伏笔和留白，超现实、象征手段比比皆是。西方油画的质感和东方文化的禅意、酒话狂言和生命悸动，莫非的孤独恐惧和史铁生的渴望与绝望，在视听交集中撞击观众的灵魂。与其说这部戏是陆帕这位“欧陆剧场的巨人”讲述的中国故事，不如说是一部颇具象征意味的戏剧诗篇。在史铁生文本的基础上，加入的导演者陆帕的生命感悟、文化视域和精神探索，形成了这部剧的格调与格局。用爱激活生命、让“心魂”自在畅游；拯救现代人于生命的原罪与深重的困境——这是史铁生笔下莫非的典型性格，也是陆帕舞台呈现中莫非的性格魅力。残疾与爱情，是理解史铁生作品生命的初始密码，也是解密陆帕《酗酒者莫非》舞台魅力的钥匙。沿着这个密码来展示个体人的孱弱、困惑乃至人类心魂的漂泊，是史铁生作品的核心意图，也是陆帕舞台美学的旨趣。

对心灵的关切和精神的坚守体现着艺术精神的神圣性，是艺术家高贵的精神欲求和审美伦理。这些也是陆帕执导该剧最令人折服的美学诉求。在这种旨趣之下的艺术创作，往往运用“内视”与“象征”等手法对精神世界探幽。在这部剧的舞台叙事中，反思与叩问、情感与知性、实有与虚幻，孤独、恐惧、自由及其局限等始终贯穿于莫非的塑造与表演中，现实人生在艺术审美中挪移、变形，使得莫非的心魂漂泊和精神漫游更辽远、酣畅。这种表演愈充沛愈精彩，也就意味着这个人物在现实困境中

陷得愈深、走得愈远。最终，在表达人的存在与命运永恒悖论时，愈加显得触目惊心、惊心动魄，舞台表达更显幽深，布满了叙事和思想的迷宫。陆帕多次直言，“戏不能一看就明白了，那样的戏没有意思。戏是观众看戏后想明白的。看戏是想看明白，但是，是后来想明白的”……他的戏令人回味，在很大程度上源于他与史铁生一样，对内在精神领域探索极深。同时，不论东方抑或西方，现代人的生存境遇和内心生活都惊人相似，因此，不难理解在创作精神上陆帕与史铁生的神交，以及跨时空的深度对话；也不难理解史铁生内心意象被陆帕幻化为舞台形象；史铁生的命运、性情，他生命之中最隐秘的潜能也似乎被陆帕真切地感受并艺术地呈现在舞台之上。

陆帕在执导《酗酒者莫非》之前，其舞台作品已经为中国观众熟悉。2014年来华演出的《假面玛丽莲》、2015年的《伐木》和2016年的《英雄广场》三部作品风格多是高冷、沉静，但也无一不在京津沪为核心的我国戏剧圈刮起飓风。不管是否认同陆帕的剧，都无法否认他是一位哲学和文学天赋极高、艺术品位不俗、追求个性的导演艺术家。包括《酗酒者莫非》在内，他执导的舞台创作，在创造力枯萎、原创乏善可陈的当代中国剧坛一次次地产生强烈反响也是情理之中。作为跨文化联合创作，很多人担心陆帕对史铁生作品的舞台演绎会水土不服，这种担心并不多余。与此同时，从舞台呈现来看，也一定有诸多“很陆帕”的元素在排演中由于语言的障碍和文化的隔阂等被消弭在演出之中；联合创作消耗了导演者的一些既有能量也在所难免。然而，当作品呈现在观众面前后，演出激发的情感以及各种反响在观众内心的持续发酵、繁殖，无疑是演出成功的标志。尽管这部剧对中国当代戏剧界的影响与价值，尚有待时间的检验，但毋庸置疑的是，在当下全球化时代，《酗酒者莫非》的国际化联合制作，在当代中国演剧史上一定会留下他特异的印记，拥有独特的意义。

舞台剧《铸剑》是“2017年林兆华戏剧邀请展”收官之作，改编自鲁迅《故事新编》中的《铸剑》，由波兰导演格热戈日·亚日那执导，演员班底来自中国、波兰和美国，于2017年12月10日在上海首演。不同于此前亚日那导演来华演出的《殉道者》和《4:48精神崩溃》等作品的广受赞誉，《铸剑》这部鲁迅文本跨文化改编与国际化舞台呈现刮起了不小的旋风，且演出后争议激烈。之所以如此，除了鲁迅小说文本本身的因素之外，更由于波兰导演亚日那的全新解读与舞台演绎。

在众说纷纭、毁誉参半的争论中，代表性观点有“自我与他者说”“技术奴隶说”“探索意义说”等。不管认同哪种观点，可以肯定的是，观看《铸剑》不论专业人士还是普通观众都不轻松。舞台上隐晦繁复的视听语汇，足以挑战中国观众惯常的观看习惯。亚日那的《铸剑》，是鲁迅《故事新编》的“新编”。舞台演出大胆颠覆了鲁迅小说文本，剧中视觉和听觉语汇的碎片化拼贴、嫁接，人物扁平、主题拼贴杂糅消解深度，风格多元，是一部不折不扣的后现代舞台剧。在《铸剑》的舞台上，作为异域导演的亚日那，埋伏了诸多密码，经由鲁迅故事原型，中西方截然不同的文化哲学和美学认知在舞台呈现上浑然一体。特别是，鲁迅和亚日那为代表的中西方文学艺术家的精神诉求惊人的相似却又各具乾坤。尽管创作尚不完美，但瑰丽的想象、新锐的舞台创造，带来了非同寻常的剧场体验；戏的意蕴也因此在观众心中膨胀繁殖，越发迷人。好戏往往就是这样，戏的意蕴与意味如陈年老酒，凛冽的口感刺激后，仍旧令人回味和沉醉。然而，问题是，一般观者都是现场一过性观赏，无法再度进入剧场耐心地细嚼慢咽品味戏的一个个关节和细部。尤其是，该剧艰涩诗意的舞台语汇和哲学深意很容易被炫酷场面遮蔽甚至消解，从而导致该剧被误读和价值流失。这不能不说是亚日那《铸剑》这部哲理诗剧的遗憾。更遗憾的是，鲁迅文本本身的难度以及源于众多观众对鲁迅本文近乎膜拜的迷恋，令他们挑剔、贬低或无视来自异域的艺术家全新的文本解读和强劲的舞台创造力。

面对这两部西方导演对中国经典文本的解读与舞台创作，值得深思的是，有关戏剧创演的一些常识性问题似乎在当代中国还没有厘清。比如，我们看的是谁的《酗酒者莫非》《铸剑》，是原作者史铁生、鲁迅的，还是导演者陆帕、亚日那的。很多观者观念中缺少对经典改编的科学认识，对经典原作的崇拜与守护阻碍了接纳其舞台上更新与创造性发展。事实上，改编经典的过程，并不是再现原作，而是对其创新性表现与舞台转化。成功的经典文本的舞台改编，在尊重原作基础上，离不开导演等戏剧创作者的经典阐释能力与艺术创造力。正因此，在经典文本全新解读的基础上，如何将解读的内容生动化为艺术样式，建构富于想象力的舞台形象是舞台创作中的重要课题，也是经典改编的挑战性所在。对这两部作品而言，史铁生和鲁迅作品作为一度创作，已经让位于波兰导演陆帕和亚日那的舞台剧的再创造。舞台剧作为二度创作，在改编原创文本时，必然有程度不同的再创造。陆帕、亚日那的全新解读，秉承了史铁生作品和鲁迅“故事新编”的创作精神，在舞台创作中自由驰骋艺术想象力，恰恰彰显了西方导演艺术家的思想能力及其精神人格在创作中的辐射力。在他们看来，《酗酒者莫非》和《铸剑》的故事，不仅仅是中国的，更是世界的，是人类的故事。他们以西方艺术家的笔法在舞台上挥洒诗意；其文化取向、运思方式及具体的舞台策略是西方化，也是国际化的，具有世界前沿性。面对这两部极具探索性的跨文化国际化创作，亟须我国戏剧人从舞台艺术创作规律出发，对其舞台密码深度探幽，探讨其舞台创作的价值、意义与问题所在。而这也是新的时代格局下，国际联合制作对当代戏剧研究界提出的新课题，它同样呼唤学界的关注和掷地有声的学术研究与之相呼应。

三、着眼未来　进一步与国际接轨

多年以来，戏剧艺术的发展一直处于发展不平衡的状态。京、津、沪等地以其自身诸多优越性在创作、演出和戏剧市场等方面具有多种优势，引进国外院团的戏剧演出和交流也一样。近年，南宁、武汉和抚州等越来越多的城市，不断克服地理位置、人才短缺等不利因素，结合自身特色，取长补短，戏剧艺术的交流和发展逐步深入，进一步与国际接轨。

2017 年是东盟成立 50 周年，也是中国—东盟（南宁）戏剧周举办 5 周年。2013 年，在中国—东盟戏剧合作交流机制的促进下，中国—东盟（南宁）戏剧周开始启动，5 年来逐步成为广西重要的对外文化交流品牌以及享誉东南亚的艺术品牌。“2017 年中国—东盟（南宁）戏剧周”邀请了越南、新加坡等 10 个东盟国家参与，是戏剧周举办 5 年来首次实现中国和东盟 10 国济济一堂。本届戏剧周继续沿用 4+1（演、研、展、赛、大联欢）模式，并举办中国—东盟艺术院（团）长高峰论坛、中国—东盟优秀艺术家演出团联合展演，在合作深度和广度上进一步拓展。

继 2016 年举办纪念汤显祖、莎士比亚、塞万提斯逝世 400 周年后，2017 年 9 月 24 日至 10 月底，江西省抚州市再次举行“2017 首届汤显祖国际戏剧节”成为 2016 年纪念活动的延续和深化。本届戏剧节邀请英国 TNT 剧院、俄罗斯彼尔姆边疆区芭蕾舞剧团等 11 个“一带一路”沿线国家（地区）最具代表性的演出团体和院校演出，并开设“文化传承和创新国际论坛”邀请英国斯特拉福德区、西班牙阿尔卡拉市以及部分友好交流城市议长、市长，剑桥大学国王学院、莎士比亚出生地基金会、塞万提斯学院等机构的约 200 名专家和学者参加。在“三翁文化戏剧研讨会”上，围绕汤显祖、莎士比亚、塞万提斯戏剧艺术，与参会专家、学者开展热烈研讨与交流。“永恒的汤显祖和莎士比亚”主题戏剧坊，邀请英国 TNT 艺术院团的艺术家与参会的国内外戏剧家、高校学生及戏剧爱好者开展戏剧主题交流活动。

在广东，近两年的国际戏剧展演规模逐步形成。“广东国际戏剧展”创办于 2016 年，首届戏剧展演汇聚了来自中国内地和港澳台地区以及英国、法国、以色列和日本等国家的剧目，并举办了广东省首次大规模的国际戏剧交流与合作论坛。“2017 广东国际戏剧展”，精选了 12 部国内外剧目。其中契诃夫的《海鸥》和默剧《梦想剧团》为戏剧展增添国际化和多元化色彩。除广东外，由武汉人民艺术剧院、中南剧场联合承办的“中南剧场国际戏剧演出季”到 2017 年已经是第四年。“2017 年第四届中南剧场国际戏剧演出季 · 同一个世界”引进了国外剧目 15 部（现场放映作品 8 部）。主要有法国纯真剧团的《安提戈涅》、英国书屋剧院的《傲慢与偏见》、英国 TNT 剧院的《罗密欧与朱丽叶》。特别值得关注的是“小不点 · 大视界亲子剧展”，参展剧目有加拿大 Bunk Puppets 剧团的《影子梦工场》、荷兰阿奇八舞团的《俄罗斯方块》、澳大利亚 Insite Arts 剧团的《魔毯星空》等，让小观众欣赏到了国际水准的儿童剧演出。

根据2017年底北京市文化局、北京市演出行业协会发布2017年北京演出市场相关数据显示：从观众规模上看，2017年演出市场观众人数相较上年增加了4.4万人次。从演出类型上看，话剧、儿童剧演出场次最多，北京演艺市场全年儿童剧演出共计3848场，占据整个戏剧演出市场的31.8%，吸引观众145.1万人次，票房收入1.54亿元，与2016年同期相比增长了42.2%，创历史新高。而且2017年引进剧目77部，占到儿童剧大剧场票房十强榜单的一半，这在其他舞台演出类型里面是没有的现象。

事实上，在目前国内戏剧演出市场中，面向成年观众的演出已经相对稳定，而针对广大少年儿童观众的戏剧演出良莠不齐，国产儿童剧远远没有满足小观众的观赏需求。从国外引进优秀的儿童剧演出已经成为大势所趋。可喜的是，国内越来越多的剧院和戏剧邀请展已经把引进国际高水准儿童剧作为重要考量，充分认识到了引进儿童剧的前景和重大意义。国家大剧院国际戏剧季，2017年专门为小观众安排了“儿童启迪”的板块。西班牙幽默肢体剧《神奇的纸莎草》和二度赴京演出的英国儿童剧《老虎来喝下午茶》与北京的小朋友一起探寻神秘梦幻的戏剧王国，为他们童年时光插上了想象的翅膀。同时，上海、西安、武汉、广州的戏剧节中都为小朋友邀请了国外儿童剧。此外，作为本土儿童剧领域的展演活动之一，“2017西安儿童戏剧展演”以“阳光童年，快乐成长”为主题，搭建起西安与世界儿童戏剧交流和展示平台。与“2016西安儿童戏剧展演”相比，本届展演更具创新性，邀请的演出不仅给小朋友带去欢乐，也提高了小朋友的艺术鉴赏力，更启发他们善于发现和独立思考。此次展演中日本道化剧团益智剧的《三只小猪变变变》、加拿大莫图斯剧院的《猴面包树的传说》等国外儿童剧院剧目深受西安广大少年儿童欢迎。“2017西安儿童戏剧展演”打开一扇窗口，让西北儿童了解世界，也让世界了解了西北，并与北京、上海两地国际儿童戏剧节形成三足鼎立之势，同中南、南方地区遥相呼应，共同构成了演出网络，形成了中国儿童剧演出的新格局。

2017年10月承办“林兆华戏剧邀请展”“天津曹禺国际戏剧节”的天津大剧院，在经营权归属招标中失利；最终北京保利剧院管理有限公司，取代了已经经营天津大剧院5年半的驱动传媒。因为曾经邀请并上演过众多国际顶尖戏剧，天津大剧院近年备受关注和好评。但是，戏剧高端演出如何在商业化市场博弈中胜出，是剧院引进剧目时必须直面的挑战。被邀请来华演出的外国剧目的观众多为以戏剧界人士和受过高等教育的戏剧爱好者，换言之，引进国外高端演出是小众艺术，票房大多没有大众化的商业演出火爆，而且不能不受资金投入、审查等因素的影响和制约。值得欣喜的是，当对2017年中国舞台上的戏剧演出进行历史性盘点和整体性分析时，不难发现，2017年我国引进国外戏剧已经成为戏剧演出的中坚和亮色。在反思多年经验的基础上，我国引进戏剧作品的选题内容、美学形式、剧场与社会的关系等方面的考量更加科学理性，推出了众多气魄不凡、格局宏阔、形态多样的精品剧目。而且，引进戏剧的影响力并未局限于戏剧业内本身，在促进戏剧教育、当代文化和艺术发展的同时，更拉动了当地旅游经济，对人文环境的提升与优化起到了积极的促进作用。正如国家大剧院戏剧艺术总监徐晓钟针对国际戏剧引进所指出的：“首先是为我们的观众提供近距离欣赏当代舞台艺术面貌，学习吸收世界戏剧文化财富的机会。同时，提供展示国际戏剧发展状况的舞台，帮助中国的戏剧家们在坚持民族性的基础上，来探索戏剧跨文化融合的可能性。”

张荔　沈阳师范大学剧场艺术研究所教授

出了象牙之塔后

——2017年中国话剧艺术透析

◎ 张晓欧

综述

2017年是中国话剧诞生110周年，这一年，党的十九大召开，中国特色社会主义进入了新时代，而话剧创作演出与中外交流也延续了近年来积极的态势，总体上呈现了活跃与蓬勃之气象。

首先是演出场次的稳定增长。据北京市文化局、北京演出行业协会统计，2017年北京市营业性演出中，共有戏剧演出12091场，其中话剧演出4915场，同比增长7.8%。儿童剧市场火热，科普剧、历史剧等创新形式与寓教于乐相结合，受到亲子家庭欢迎，全年共演出了3848场。国家话剧院排演了《人民的名义》《兰陵王》《陶里街二十三号》，北京人民艺术剧院排演了《大讼师》《关汉卿》《结婚进行曲》《家丑外扬》。李六乙、田沁鑫、孟京辉等资深导演，分别推出新作，《李尔王》《茶馆》《聆听弘一》《狂飙》《九又二分之一爱情》等仍处于国内话剧的第一阵营。数据显示，作为上海话剧的"旗舰"，上海话剧艺术中心2017年共推出50台剧目，其中包括17台新创剧目，11台原创剧目以及33台复排剧目。全年演出共计794场，观众达29万人次左右。其中上海市内演出602场，包括进社区45场、进学校演出85场，进楼宇和商圈演出23场，下基层演出53场，近4.8万社区居民、学生、白领观众受益；国内巡演165场；境外巡演27场。多部剧目获得上海乃至国内戏剧界奖项荣誉，包括原创话剧《大清相国》、音乐剧场《你是我的孤独》、荒诞喜剧《家客》、舞台剧《惊梦》、历史话剧《商鞅》等。

与国有院团相映衬的是，越来越多的民营院团正成长为上海重要的话剧创演力量，他们积极捕捉最新鲜的生活题材，在吸引观众、宣传主流价值观方面功不可没。近几年，上海从场租补贴、创作孵化、人才培养、文化交流等8个方面对民营院团开展全面扶持。过去，民营剧团多的是老戏，创新乏力，找不到创作资金、剧本、演员，甚至进剧场都难。2017年，上海专门组织了市民营院团新创剧本评选活动，鼓励原创剧目，兼顾部分改编的剧目。对其中潜力较大的剧目，市演出行业协会邀请多位专家逐一进行"孵化"，主动为剧团出谋划策，帮助他们将其打磨为精品，一些著名的编剧、名导也参与了民营剧团的创作。《盗墓笔记》一票难求，发展为系列舞台剧本，并创造了话剧剧目连演百场票房的新高；《阿拉是中国人》参与"中国原创话剧邀请展"，在国家话剧院大剧场演出；原创话剧《汇贤坊》一票难求。几个较有影响的剧团已经开始建立起自己的保留剧目库，如成立不足3年的"椎·剧场"，是一个"80后"的剧团，专注于表演艺术的跨界探索及本土当代剧场作品的排演展示。近3年，剧团已相继推出《战》《洪水》《抄写员巴特比》《开放夫妻》《呼吸》等多部剧目。翻开老牌的现代人剧社的节目介绍，其中既有走市场的原创悬疑剧《记忆底牌》、上海特色的《四个婚礼》《亭子间嫂嫂》、网络小说改编的话剧《史上第一混乱》，也有充满社会责任感的原创话剧《国家安全》《保卫理想》。2017年11月14日至19日，上海五家民营剧团代表200余家民营院团，在北京举办"上海民营院团优秀剧目首次赴京展演活动周"，其中四部为话剧作品。

这一年，各类话剧活动红红火火，"纪念中国话剧110周年演出季""纪念中国话剧诞生110周年展演""全国话剧优秀新剧目展演季""第三届中国原创话剧邀请展"等竞相登场，但是优秀剧本的缺失、戏剧票价过高等老问题仍未有转变的迹象。从新剧目来看，主旋律题材话剧创作一枝独秀，但手法陈旧、主题先行的老毛病依旧存在，缺少突破，亟待总结与反思。

2017 年，戏剧的中外交流进一步深化，热度不减，为中国话剧的探索实践与突破前行打开了一扇“西窗”。

“林兆华戏剧邀请展”已经是第七届了，2017 年仍是好戏连台。俄罗斯导演列夫·朵金的《兄弟姐妹》、波兰导演格热戈日·亚日那的《4:48 精神崩溃》、意大利导演罗密欧·卡斯特鲁奇的《俄狄浦斯》、德国导演托马斯·奥斯特玛雅的《玛利亚的婚后生活》、法国导演朱利安·戈瑟兰的《2666》等引进剧目在观众、业界、媒体上引起热议，成为 2017 年度重要的文化事件。演出时长 8 小时的《兄弟姐妹》、演出时长 12 小时的《2666》都挑战着观众的审美与戏剧观念。而“第五届乌镇戏剧节”则引进了立陶宛导演里马斯·图米纳斯的《叶普盖尼·奥涅金》、立陶宛导演奥斯卡·科尔苏诺夫的《海鸥》、俄裔美国导演雅娜·罗斯的《我们的班集体》、巴西导演保罗·玛瑞尔斯的《水渍》、英国导演凯蒂·米切尔的《影子（欧律狄刻说）》、英国 / 德国“大嘴突击队”剧团的《西方社会》等剧目。

一南一北，两场盛宴，着实令人大开眼界。需要指出的是，这些剧目的引进，不可避免地代表着“策展人”的眼光、偏好，却未必能反映出当今世界戏剧的客观面貌与潮流，但正如一个“中超”的忠实拥护者，不会放弃一场送到家门口的“英超”，风格迥异的外国戏剧来到中国舞台，仍是一个可喜、可看、可借鉴的良机。

与紧锣密鼓的演出相比，2017 年，戏剧评论仍是不温不火。适逢中国话剧诞生 110 周年，话剧史论、史料与考证一类的研究成果不少，面向当下创作、演出、戏剧现象的高品质的批评探讨，却缺席、失语依旧，戏剧评论有时甚至沦为出品机构招之即来的吹捧者。于是，媒体报道承担了很大一部分的戏剧批评功能，其中常常掺杂着关系与利益，不时遭遇信誉危机，而互联网上的“众声喧哗”则过于碎片化、情绪化，总体来看，这两者都没有能够与创作演出形成良性互动。莱辛在《汉堡剧评》中这样写道：“要让观众去看和听，去检验和裁决。切不可低估他们的声音，切不可忽视他们的评论。”我们的剧团和创作者却听惯了赞美之词，孤芳自赏，有意无意地漏掉那些刺耳的评论，这是令人担忧的倾向。

中国话剧是 110 年前在时代变革的潮流中萌生的，草创之初，缺少剧本、缺少导演、缺少演员、缺少观众，如今，这种“四缺”的问题基本解决，随着社会的发展及艺术表现形式的多元化，新的矛盾又浮现出来，等待着更多的戏剧人去开掘、去破解。

是贵族艺术还是大众艺术？

主旋律题材话剧是一个具有中国特色的艺术现象，以往有过不少探讨，一般来说，这类作品体现了一个时代的主流精神，在提振人心、凝聚共识、表达正能量方面有其特殊的作用，也更能够得到政府的重视与褒扬，一些有代表性的作品在不同的历史情境下影响甚大。

2017 年，主旋律题材话剧仍然是各个国有院团原创的重点，国家话剧院的开年大戏《人民的名义》是一部现实主义反腐大戏，由周梅森编剧，王晓鹰导演。据介绍，该剧艺术地再现了新形势下党和国家反腐斗争的惊心动魄，为观众呈现出一场反腐高压下信念与权欲的博弈。国家话剧院的《谷文昌》是文化部庆祝十九大召开重点创作剧目，全剧讲述了谷文昌在担任福建省东山县委书记期间，对党忠诚，心系百姓，让“荒岛”变为“宝岛”的事迹。上海话剧艺术中心的大型话剧《国际歌》聚焦在中国共产党成立初期的上海，全剧通过对具有坚定革命信仰的夏若冰的形象塑造，表现了一批有志青年，怀揣中国共产党的初心，背负中华民族的希望，发动并依靠工人阶级，践行《国际歌》的题旨与要义，在危难中不畏惧、不退缩、不逃避，坚定勇敢地寻求着中国未来之道路。天津人民艺术剧院推出的大型原创航天题材话剧《九天揽月》，是向建军 90 周年献礼之作，讲述了毕业于美国密歇根大学的火箭博士郑华强，在新中国成立初期，放弃了美国丰厚的待遇，投身于中国导弹研究事业的故事。武汉人民艺术剧院的大型原创话剧《王荷波》截取了党的纪检工作奠基人王荷波革命生涯中的几个片段，再现了他从一名普通钳工历练成为伟大的无产阶级革命家的生命历程。辽宁人民艺术剧院的大戏《开炉》演绎了东北抗日战争最残酷的时期，英雄的奉天人民，在中国共产党的领导下，开展除奸、抵抗活动。宁夏演艺集团话剧院的《闽宁镇移民之歌》展现了宁夏生态移民搬迁历史工程，讲述了在移民搬迁的过程中移民群众对幸福生活的美好憧憬，表达了移民群众对中央及地方党委、政府实施生态移民这项民生工程的感恩之情。由中央军委政治工作部话剧团创作排演的叙述体话剧《从湘江到遵义》展现了湘江战役后，红军将士面临多路强敌围追堵截、内部思想不统一等困境，在迷惘、焦灼、痛苦中凭借坚定理念信念艰难探索，最终迎来中国革命伟大转折——遵义会议召开。

这些主旋律题材话剧投入巨大，不乏名编剧、名导演、名演员加盟，获得了包括国家艺术基金在内的各类资助与嘉奖，媒体也提供了相当大的篇幅进行报道，但似乎并未得到相应的观众认可与市场肯定。原因还是老问题：观念陈旧、缺乏新意、主题简单、掺水严重。一些主旋律题材话剧的“速朽”，不仅是公共资源巨大的浪费，还对戏剧生态造成破坏，并且潜在地带来了话剧创作新的危机。

为纪念中国话剧诞生110周年，文化部、中国文学艺术界联合会联合召开了座谈会。会议在回顾了中国话剧的110年历程后指出，我国的话剧事业面临新机遇，也面临新要求。一些话剧艺术工作者就聚焦现实题材创作等方面做了发言。话剧艺术家徐晓钟谈到，中国话剧110年的历程，形成了有我国历史特点的传统。他认为，当下中国话剧面临着许多重要课题，比如话剧工作者如何面对新语境下多元化文化需求的观众。“为了适应剧场‘新观众’的需要，部分戏剧的创作者和组织者着意迎合低级趣味、娱乐需求，存在着浮躁、短视、急功近利等现象。有的话剧创作缺乏生活根基，文化蕴涵缺失；有的小剧场戏剧‘快餐化’，也有某些大剧院的戏剧‘不接地气’，存在着思想不够精深、艺术不够精湛、制作不够精良的问题。”

比起一些泛泛的表态，徐晓钟的话还是比较中肯的，中国话剧面临的重要课题还可以加上一条：如何警惕贵族化与狭隘的功利主义倾向。话剧是舶来品，洋玩意儿，自其发生便具有启蒙色彩，为了落地生根，曾自觉地借镜传统戏剧，很快便成为一种新兴的大众文化。钱理群先生曾指出，中国话剧在其发展过程中一直摇摆于广场艺术和剧场艺术之间，而中国现代话剧正是在广场戏剧与剧场戏剧相互对立与渗透中得到发展的。110年过去，脱离现实生活，脱离最广大的人群所思所想，唯领导、专家口味的现象层出不穷，“投资是政府，领导是观众，获奖是目的，仓库是归宿”，这个顺口溜形象揭示了当下一些所谓大戏创作的链条。历史上，戏剧消费也曾经为少数精英阶层所独占，但在消费社会阶段，伴随着大众文化的成熟，话剧进入了寻常百姓家，作为一种精神产品，承担着传播文化、思想和价值观的重要作用。一旦孤芳自赏，成为“圈子文化”，它的贵族化倾向渐显，也就不可挽回地丧失了大多数观众，最终陷入绝境。

不时在媒体上看到这样的话：“原来主旋律话剧也可以这么好看、这么感人、这么接地气。”这真是莫大的讽刺！主旋律并非福星高照，也非洪水猛兽，问题的出现，是我们对这类题材创作的理解不够深入，进行了貌似讨巧，实则低级化、庸俗化的呈现。

2017年的“中国上海国际艺术节”上，《酗酒者莫非》应该是最受关注的一部戏剧作品，由波兰导演克里斯蒂安·陆帕根据中国作家史铁生小说改编。5个小时的演出时长，令每个人都会在这部戏里找到属于自己的共鸣，并沉浸回味其中。从某种意义上说，《酗酒者莫非》也是一部主旋律作品，它表现了现代人普遍存在的苦恼与困惑。陆帕说：“戏剧更像一个仪式。它比心理专家更能帮助我们自我了解，也更可能改变人生，我们在看戏的过程中，会有一些的新思考问题的角度。”

这便是戏剧存在的价值。

商业化只有一条路可走吗？

知乎上有一个帖子《为什么话剧票的价格这么高？》，其中写道：“作为一种大众艺术，话剧的票价怎么这么高，这样如何能大众化？而与之相比，一张电影票却要便宜得多。”

笔者大致看了一下后面的跟帖，倒是为话剧的高票价做各种各样善意说明的居多。票价这个问题过于复杂，牵涉到不同的体制、政策、规模等等，但做戏能赚钱，也无须隐瞒，开心麻花不是已经成为“中国话剧第一股”了吗？由《盗墓笔记》小说改编的话剧，第一部总票房近3500万元。第二部仅首轮演出就狂卷2000万元票房，刷新了国内话剧市场的多项票房纪录。陈佩斯的喜剧《托儿》，在全国各地连续演出达120场，票房近4000万元。一家有影响的刊物还登出了这样标题的文章：《中国话剧：资本正在到来，时代刚刚开始》。

话剧的商业化，不是什么新鲜话题，赞成也好，反对也罢，它都在那里。正方的观点是，可以促进话剧市场的繁荣，吸引更多观众，反方则认为，这样做无异于饮鸩止渴，话剧会因此沾染铜臭，变得肤浅。

中国社会正处于转型之中，简单地否定一个从前没有的做法是不明智的。不过，我们的确发现，当下戏剧生态中的某些问题，确与所谓的市场化有关。

在2017年的中国话剧舞台上，我们不缺乏主题先行、内容浅白之作，但深入内心、叩击灵魂、引人深思的力作却是稀缺品。本来，即便从戏剧史的角度看，这样的作品，同样不可多得，那些脍炙人口的经典之作，来自漫长岁月的累积。但至少我们能够感觉到，一代一代的戏剧人，他们努力的方向。

在现实中，如果说，国有剧团的天平，常常向“政治正确”的一方倾斜的话，民营机构则更多是在商言商。一些团体与从业人员对剧作的选择常常是“生意眼”。数据显示：2014年全国专业剧场演出的话剧场次中，60%以上为民营戏剧团体创作演出，2017年的数据尚未见到，但无疑为上升趋势。

民营戏剧团体没有政府的资助，家底儿要自己攒，一切依赖票房，于是，为卖座、盈利计，或走明星路线，或走“大IP”路线，对严肃的题材敬而远之。一位制作人就直言：国有院团的话剧，都“太严肃、苦大仇深。人们笑不起来。看完以后心情不舒畅”。于是，在一部号称情感喜剧的说明书上，我们看到了这样似是而非、暧昧含混的《导演的话》：“两性关系探讨了千年，到现在基本都成了隔靴搔痒的无用功。当繁育后代不再是必要的前提，两性关系似乎有了无限的可能。现代国家的崛起、自由精神的张扬、个人价值的追求，给人们享受生命之美、两性关系的愉悦提供了便利与动力。”

当剧场里充斥着迎合当下、迎合个人趣味的戏剧产品，衡量艺术的审美标准就变得混乱，许多演出，从话剧艺术的角度看毫无价值，甚至在倒退。这种因追逐利润而生的现象甚至在向一些不差钱的国有院团渗透，一些颇有成就的导演迷恋于所谓的民族化、眼花缭乱的大制作、载歌载舞，以吸引观众的眼球，已经失去了话剧应有的性质，审美上与当代世界戏剧的差距在拉大。戏剧学者丁罗男指出，“繁荣的戏剧舞台，离不开黄钟大吕般的大制作，也缺不了短小精干的舞台表达”。在他看来，当下话剧市场之“火”，明显偏重于商业类戏剧而非小剧场创作。“2017年全国小剧场戏剧优秀剧目展演”于9月在北京举办，21部参演作品中，话剧有12部，戏曲有9部。但是，数据显示，这几年，小剧场话剧的演出场次、票房收入都在持续下降。

彼得·布鲁克的最新作品《战场》于2017年11月1日在上海戏剧学院实验剧场开演，30年前，彼得·布鲁克排演了9小时的剧场史诗《摩诃婆罗多》，轰动世界剧坛。而《战场》则是截取了其中的一部分进行重新创作，全长只有70分钟。联合导演玛丽·赫莲娜在接受记者的采访时表示：“彼得希望人们去聆听某种宁静、寂静，这种宁静、寂静并不是那种强加于人的，而是大家一起分享的一种寂静。当叙事足够强的时候，人们就可以做到静下心来去聆听这样的一种寂静。”正因为如此，《战场》的风格简洁、干净，展现了一位戏剧大家返璞归真的追求。遗憾的是，中国戏剧界并不买账。一些业内人士在微信朋友圈表示：“太简单了”“大师也不过如此”等等。在话剧舞台日益综艺化、娱乐化的当下，他们忘了，一点都不酷炫华丽，恰恰是话剧艺术的本原。

相比中国电影，话剧从策划创作到宣发营销，尚未形成一套成熟的运作机制。在大众传媒发达的时代，对剧目进行广泛宣传，扩大影响、吸引观众，天经地义，但如今的话剧要靠过度包装与宣传才能收到一定的社会影响，不能不说这是一种悲哀。网上不负责任的叫卖，最终为高票价找到合理的理由，许多戏动辄上千元的票价，令许多深爱话剧的观众因为买不起票，无法走进剧场，长此以往的恶性循环、竭泽而渔，话剧的市场永远不能真正地红火起来。

“话剧热”背后蕴藏着的这些问题，需要从体制、机制上加以理顺，国家话剧院副院长王晓鹰曾表示，话剧正处于“新时期戏剧”以后又一个繁荣时期，参与戏剧创作的力量更为多元，演出的场次和观众人次也达到前所未有的数量，票房业绩更是以前难以想象的，“话剧在‘走’市场的最初过程中，可以用娱乐性的作品去探寻发展之路。但是，一定要避免泛娱乐化的现象”。上海话剧艺术中心总经理杨绍林也指出，“放眼全球，我们能非常清楚地认识到，戏剧这个行业的定位应是非营利的，就中国话剧市场现状来看，离这一步还很遥远”。希望这样的有识之士越来越多。

观看之道

英国学者尼尔·麦克格雷格的《莎士比亚的动荡世界》一书，2016 年引进中国出版，从这部有趣的书中可以了解到，在伊丽莎白时代，公共戏剧是一种全新的商业娱乐形式，观众来到剧场看戏，往往带着各种水果、点心，甚至酒精饮料，这与现代剧场的秩序完全不同。今天，中国的话剧观众都是有着体面职业和收入、高雅情趣的人，彬彬有礼的他们不会在剧场中做任何不得体的举动。但是，关于话剧，一份说明书是不够的。

2017 年北京人民艺术剧院的一些剧目引发了购票长龙，据报道，2017 年 6 月话剧《茶馆》开票时，有观众凌晨 3 时许就排队买票，开票仅 6 个小时，《茶馆》的 12 场演出票就全部售罄，680 元的最高票价一度被炒到了 3000 元。此种火爆现象还吸引了一些外媒的注意，视为中国“文化消费环境大有改善”的佐证。此外，乌镇戏剧节的一票难求，二、三线城市出现话剧热等，都是一些坊间津津乐道的新闻。

但是，必须指出，与话剧观众的增加相比，“审美准备”却不容乐观。许多年轻观众进剧场，不过是尝尝鲜，是一种缺乏持续性的行为。一些人或许只是为了发个朋友圈，获得点赞。话剧票务市场在逐渐地向二、三线城市下沉，以此寻求新的增长点，不能说是坏事，但话剧的审美，最终是不可能像某些商业电影那样，靠讨好“小镇青年”来完成的。

演后交流是很多剧团、剧场喜欢的一个做法，但有质量的交流委实有限，虽然很难判断积极参与、勇于提问的观众是否代表话剧观众的主流，但比起国外同类场合，眼下话剧观众的戏剧常识以及对戏剧的理解的确不能乐观。有业内人士表示：我们不能只“适应”、只“服从”，更不能无原则地一味“迁就”，甚至对非健康、非审美的创作倾向不做辨析、批评，一味听之任之。

2017 年，学者易中天首次担任编剧的话剧《模范监狱》在京、沪两地演出，吸引了不少观众，戏的选材、立意，都令戏剧界耳目一新，但平心而论，编剧技术上的问题很多，导演或许“慑于”名人的威力，舞台呈现循规蹈矩，缺乏新意。凡此种种，一般观众很难辨别判断，但是，除了新闻媒体一味地叫好，似乎也没有戏剧界的专业人士对此客观地加以评析。

同样的情况还发生在《铸剑》的演出，“第七届林兆华戏剧邀请展”闭幕大戏《铸剑》先后在上海、哈尔滨、北京上演。该剧改编自鲁迅的同名小说，特邀波兰导演格热戈日·亚日那与中国演员合作，著名演员史可在剧中饰演母亲莫邪，饰演国王的是波兰表演艺术家莱赫·洛托茨基。话剧《铸剑》表达了不同文化背景下，创作者对经典著作的理解，演出后，观众分歧很大，有人认为创作者误读了鲁迅的作品，看不懂，有人认为“外来的和尚”被高估了。本来这是个可以进行很好的学术探讨的案例，但无论是演后谈环节，还是后来的媒体报道，均未见到严谨、客观的评价与对观众的有效引导。

话剧 110 年，媒体上照例又热闹了一阵，但也只是热闹了一阵而已，缺少反思、无关忧患。比之于人，110 岁是罕见的高寿，但对一种艺术样式，却很年轻。不同的国度，不同的文化，造就了不同的戏剧传统，我们不必为中国话剧比古希腊戏剧迟到了两千年、比莎士比亚小了四百年而妄自菲薄，但我们跋涉于这条艰苦而神圣的戏剧之途，一页一页书写着我们自己历史的时候，却应落笔庄严、爱惜名誉与光荣，否则，到了 120 年、130 年，我们又将拿什么作为华诞之礼呢？

张晓欧　上海戏剧学院副教授

专题

中国话剧诞生 110 周年

【概述】

中国话剧诞生于1907年，已走过百余年的风雨历程。一代代话剧人为中国话剧的发展作出了杰出的贡献。一部部优秀的话剧作品在话剧史上书写了浓墨重彩的华章。2017年，为纪念中国话剧诞生110周年，戏剧学界发表了相关评论文章，本专题精选部分篇目进行呈现。

【观点】中国话剧诞生 110 周年：在沧桑巨变中焕发青春活力

◎ 田本相

今年是中国话剧诞生110周年。

20世纪初，随着国力衰弱，一些有志之士把目光转向西方，试图从中寻求疗救中国社会的药方。正是在中国人探求救国救民的过程中，西方戏剧被引进来。应当说，这是中国人的一种主动的文化选择，当然，也是一种历史的遇合。

中国话剧从诞生之日起，便与时代变革同频共振，与社会生活相伴相随。回顾中国话剧发展的110年历史，我们同时感受着这一艺术形式的沧桑巨变和青春活力。

中国话剧的诞生

谈起中国话剧的起源，人们常说它是一种“舶来品”。但这是否意味着中国人被动地接受了西方戏剧，在自足的文化形态中，硬性地植入了一种异质文化因素呢？其实不然。

最早接触西方话剧的中国人是谁？在中国内地最早接触西方戏剧的，是一些出使西洋的外交官。他们津津乐道西洋剧院建筑之华美，惊异西方艺人地位之高贵，慨叹西方戏剧布景之逼真。他们将西方戏剧的特点概括为“白而不唱”，格外看重西方戏剧的社会功能。他们以法国为例——法德战争后，法败，遂集巨款建戏馆，“盖以鼓励国人奋勇报仇之志也”。

早在1596—1604年间，《澳门圣保禄学院年报》就记载了中国学生演出西方的戏剧。在内地最早则是上海的教会学校的学生演剧。1899年，上海圣约翰书院的中国学生，编演了一出名为《官场丑史》的新戏，继之又有《六君子》《张汶祥刺马》等。

中国话剧主要是通过日本这个桥梁而引进的。在其创始期，呈现出错综复杂、多元发展的状态。主要的社团，无论在演出宗旨、艺术追求，还是演出形态上都是不同的。

偏重西方戏剧原态演出的，是在日本的中国留学生团体春柳社。创始人李叔同等人主要受到日本新剧（西方戏剧演剧形态）影响，于1907年春在东京演出了法国小仲马的名剧《茶花女》，获得中外人士称赞；不久，又演出了根据美国作家斯托夫人的小说《汤姆叔叔的小屋》改编的话剧《黑奴吁天录》。

任天知和他领导的进化团主要受日本新派剧（结合日本歌舞伎等形式的一种演出形态）的影响，时值辛亥革命前夜，演出了《血蓑衣》《安重根刺伊藤》等剧，轰动长江两岸，使文明戏乘势而起。孙中山曾对进化团给予赞扬，为其写下“是亦学校也”的题词。

随着辛亥革命的失败，为革命所鼓舞的从事新剧的人士，面对残酷的现实，有的从狂热走向消沉，有的则把戏剧作为生存手段，迎合小市民的庸俗趣味。

1913 年秋，郑正秋组织的新民社，在上海推出十本连台戏《恶家庭》，演出轰动一时，引起新剧界的震动。该剧是一部表现世俗趣味和因果报应的家庭剧。一些商人见演文明戏有利可图，于是，便一拥而上，一时间新剧团林立而起，所谓新剧目纷纷出台。

在这种虚假繁荣的背后，隐藏着深重的危机。看起来新剧从业人员增多，实际上鱼龙混杂，降低了素质。只顾赚钱，执意媚俗，使本来没有站稳脚跟的文明戏反倒失去了观众而衰落。但是，文明戏的成就也是不容否定的，它为后来的话剧扎根中国创造了条件。

“五四”新剧的成就

1919 年，五四运动后，新文学兴起；而新剧，即话剧，也在这伟大的文化运动中再度获得新生。

“五四”新剧倡导者的目标，是以西方戏剧为榜样，创建新剧。“五四”新剧成就之一，在于按照西方戏剧的样式，创建了戏剧文学。

在易卜生的《玩偶之家》的影响下，胡适首先创作了《终身大事》，于是有了社会问题剧的兴起，但是多数剧本，只见问题，不见戏剧。欧阳予倩的《泼妇》、熊佛西的《新人的生活》、白薇的《打出幽灵塔》等剧，塑造了一批出走者形象，被称为“娜拉剧”（娜拉系《玩偶之家》中出走的女性形象）。这批剧目，追求人格独立和个性解放，呈现出“五四”新剧最初的现实主义特色。

“五四”时期是一个“吸纳新潮，脱离陈套”的时代。西方“新浪漫主义”戏剧思潮也被介绍进来，成为中国剧作家乐得吸吮的“世纪末的果汁”。刚刚觉醒的中国青年，以前所未有的大胆和勇气，表达心灵的苦闷和向往。如陶晶孙的《黑衣人》《尼庵》、向培良的《暗嫩》《生之留恋和死之诱惑》、陈楚淮的《骷髅的迷恋者》等，形成一个现代派戏剧的潮流。

在戏剧文学创作上，田汉是一个杰出代表。他进行了多样的艺术探索，成为中国话剧诗化现实主义的开拓者。而由他领导的南国社，则是在中国南方推动演剧的先锋。田汉不但创作了《南归》《古潭的声音》《颤栗》等抒情悲剧，更创作了名享一时的《获虎之夜》《名优之死》。

历史剧创作也蔚然成风，如郭沫若的浪漫史剧《王昭君》《卓文君》《聂嫈》和顾一樵的英雄史剧《荆轲》《项羽》《苏武》《岳飞》等。

新的喜剧也涌现出来。丁西林的创作打破了中国传统的喜剧模式，具有英国式的基于语言技巧和行为矛盾的幽默喜剧风格，如《一只马蜂》《压迫》等。熊佛西的趣味喜剧和宋春舫、王文显的幽默喜剧也各具特色。

“五四”新剧的成就之二是现代导演制度的建立。

洪深在美国哈佛大学专攻戏剧，师从贝克。回国后，于 1923 年加入戏剧协社，任演出部主任。他的第一个不同凡响的举动，就是推出排演制度，规范演员表演。第二个不同凡响的举动，是巧废“男扮女角”的旧习。1924 年，《少奶奶的扇子》演出成功，标志着现代导演制度的胜利。

张彭春对中国话剧导演制的建立也作出过贡献。1916 年，他从美国回来，任南开新剧团的副团长。在排戏中，即推行导演制度，有计划地把欧美名剧推上舞台，如易卜生的《玩偶之家》《国民公敌》等，在当时的戏剧界名噪一时。张彭春作为一个导演，其更重要的贡献是培养出了曹禺、张平群、金焰等戏剧家。

中国话剧走向成熟

20 世纪 30 年代，是中国饱经忧患的年代。一方面是民族矛盾的激化，1931 年爆发了九一八事变；另一方面是阶级矛盾的深化，工农群众反抗资本家与地主的斗争风起云涌。

在世界左翼戏剧思潮的影响下，左翼戏剧运动兴起。先是上海艺术剧社于 1930 年提出“普罗列塔利亚戏剧”（无产阶级戏剧）的口号，并在沪首次公演了《爱与死的角逐》等剧。1930 年底，中国左翼剧作家联盟（简称剧联）在上海成立，它联合主要的戏剧组织和进步的戏剧界人士，开展声势浩大的左翼戏剧运动，在汇集起各地的戏剧人才、创作反映现实生活的戏剧、宣传抗日救亡以及将话剧引向大众等方面，发挥了重要作用。

如果说，在30年代中国话剧已经走向成熟，那么成熟的标志之一，是曹禺的三部经典：《雷雨》《日出》和《原野》。这些剧作以深邃的人文主义内涵、原创性的艺术，塑造了一系列典型形象，如蘩漪、陈白露、愫方、仇虎、金子，这些剧作成为中国话剧诗化的典范。

继之，夏衍一改概念化的创作模式，在曹禺剧作的影响下创作了《上海屋檐下》，于现实化的戏剧场面中，体现了深沉凝重、淡远隽永的诗意风格。

其他如田汉的《回春之曲》、洪深的农村三部曲《五奎桥》《香稻米》《青龙潭》，李健吾的《这不过是春天》《以身作则》等，这一批戏剧杰作标志着中国的话剧文学已经步入成熟的阶段。

30年代出现了话剧演剧的职业团体，凭着演出大戏、名剧，也靠着高超的演技来赢得观众，并以演剧的收入维持剧团的生存。其中，以中国旅行剧团最为著名。唐槐秋带领剧团辗转于上海、南京、北平、天津、香港等地，既演出根据外国名著改编的话剧，如《梅萝香》《茶花女》《少奶奶的扇子》等，也演出中国剧作家的名剧，如《雷雨》《日出》《文天祥》等。在长达十几年的演出活动中，它既扩大了话剧在全国的影响，也提高了表演的艺术水平，造就了话剧表演人才和一代话剧观众，为中国的话剧事业作出了贡献。

此外，上海业余剧人协会、上海业余实验剧团等也是这一时期的职业化的大型剧团，它们演出的话剧《罗密欧与朱丽叶》《大雷雨》《原野》《钦差大臣》等，饮誉上海。

这一时期，中国有了自己的优秀导演，如洪深、张彭春、应云卫、唐槐秋、章泯，涌现了一大批优秀的演员，如袁牧之、石挥、金山、赵丹、唐若青，舞台艺术的总体水准令人刮目相看。1937年，上海五大剧团联合公演，一位名叫亚历山大·迪安的美国戏剧家，在上海观看了演出后，对中国舞台艺术非常惊讶，他说："表演艺术的高超与导演的优良，实予我一个深刻的印象。我曾在世界各国看过不少戏剧，但我可以老实说，我在上海所见的话剧，可以列入我看过的最好的戏剧中。"

诗化现实主义的高峰

1937年"卢沟桥事变"爆发，中国人民抗日战争全面展开。在战火中，中国话剧界人士同仇敌忾，以戏剧为武器，投入了全民抗敌的历史洪流。上海沦陷后，话剧界迅速组成了13个抗日救亡演剧队，奔赴祖国各地，宣传抗日。

1937年12月31日，中华全国戏剧界抗敌协会在汉口成立。在周恩来领导下，由郭沫若主持的政治部第三厅大力推动戏剧运动，以上海救亡演剧队为基础，组成十个演剧队、四个宣传队和一个孩子剧团。其成员不但成为抗战戏剧的骨干，后来也成为新中国话剧的支柱。

全面抗战伊始，中国人创造了许多短小而通俗的演剧形式，如街头剧、茶馆剧、游行剧、活报剧、灯剧和傀儡剧等，使得戏剧同广大民众结合在一起，如著名的《好一计鞭子》（又名《三江好》《最后一计》《放下你的鞭子》）。剧作家们的创作热情高涨，创作出一批迅速反映现实的剧作：《卢沟桥》（田汉）、《卢沟桥之战》（陈白尘）、《血洒卢沟桥》（张季纯）、《八百壮士》（崔嵬、王震之）、《塞上风云》（阳翰笙）等。这些剧目极大地鼓舞了抗战的人民。

在被国民政府定为陪都后，重庆汇聚了大量戏剧人才，1938年举办第一届戏剧节，盛况空前。尤其是1941年至1945年，举办的四次雾季公演，共演出大型话剧100台以上，成为抗战大后方的戏剧盛事，其影响遍及全国，鼓舞了人民的抗敌热情。

抗战文化名城桂林也是一个戏剧活动的中心。最能代表该地区戏剧成就的是1944年2月至5月的"西南第一届戏剧展览会"，简称西南剧展，主办人有欧阳予倩、田汉、熊佛西、丁西林等，参加者有30多个艺术团体的近千人，演出了《大雷雨》《法西斯细菌》等20多部话剧，还举办了戏剧汇演、资料展览、艺术研讨等活动。

历史剧创作掀起高潮。面对日寇的侵略，剧作家必然从历史人物和历史事件中寻找民族英雄和民族传统，以“发挥其更大的力量，作民族的怒吼”。加之国民党当局专制，对抗战力量百般迫害，也迫使剧作家转向历史剧的创作，并由此促动了历史剧的兴盛。

以题材论，战国史剧和太平天国史剧为多，前者以郭沫若的《屈原》等为代表，后者以阳翰笙的《李秀成之死》、欧阳予倩的《忠王李秀成》和陈白尘的《翼王石达开》为代表。这些剧目以古喻今，借古讽今，宣传团结对敌，暴露黑暗统治，讴歌爱国主义，鞭挞投降变节，演出效果十分强烈。阿英的《碧血花》、郭沫若的《南冠草》、欧阳予倩的《桃花扇》，以南明史事为题材，弘扬爱国精神，歌颂民族气节。

中国话剧经由“五四”时期的滥觞，30年代的奔涌，到了40年代，出现了一批优秀剧作家和高水平剧作，终于缔造了中国话剧的诗化现实主义传统。

曹禺的创作在这一时期达到一个高峰。《北京人》虽然不是直接描写抗战，却透过一个曾经显赫而渐趋衰败的官宦家庭，对中国的社会作了更深入的文化思考。根据巴金小说改编的《家》，就是一部诗剧，一出洋溢青春和爱情芬芳的悲剧。40年代，夏衍的戏剧创作出现高潮，创作了《水乡吟》《离离草》《法西斯细菌》《芳草天涯》等多部话剧。他善于将平凡的现实生活戏剧化，描写普通人在特殊的时代背景下，在人生的艰难中，所显示出的细腻的心理波动、含蓄的情感状态，以及复杂的人性。

在抗战中，一位年轻的剧作家崭露头角，并显示了浓郁的诗情和雄健的笔力，他就是吴祖光。他创作了《风雪夜归人》等多部剧作。《风雪夜归人》表面上写的是爱情悲剧，实际上张扬的是人文思想，充满着浓郁的诗意。宋之的的《雾重庆》反映战时重庆的社会现实，写出渐渐消磨了热情的一群年轻人挣扎、沉沦、理想毁灭的悲剧。

在沦陷区上海，于伶坚持戏剧活动，创作了《夜上海》《长夜行》等话剧。戏剧家还改编了不少外国名剧，如李健吾将席勒的《强盗》改编为《山河怨》，将莎士比亚的《麦克白》改编为《王德明》；柯灵和师陀将高尔基的《在底层》改编为《夜店》。

红军长征前，在中央苏区即开展过“红色戏剧”运动，成立工农剧社、高尔基戏剧学校等。1935年10月，红军结束长征，进驻延安地区。在此后的抗日战争和解放战争中，戏剧不断发展。

抗日战争时期，一些倾向革命的抗敌演剧队员纷纷投奔延安，壮大了延安的戏剧力量。但由于他们不熟悉当地的生活，创作不出新剧，因此30年代末至40年代初一段时期，演大戏、演名剧便成为一时风气，排演了果戈理的《钦差大臣》、契诃夫的《求婚》，以及国内名剧《日出》《北京人》《太平天国》《法西斯细菌》《带枪的人》等。

1942年延安文艺座谈会召开后，一些戏剧工作者在深入生活基础上，创作出为群众喜闻乐见的话剧，如吴雪等人编剧的《抓壮丁》，姚仲明、陈波儿的《同志，你走错了路！》，杜峰的《李国瑞》等。

解放区的戏剧反映了现实生活，探索了戏剧的民族形式，为新中国成立后中国话剧的大发展，打下了坚实的基础。

新中国话剧的春天

中华人民共和国成立后，中国话剧的发展也随之转入新的历史时期，呈现出新的历史特点：由过去的民间团体转变为正规的政府统辖的艺术团体；由自发的存在转向有组织有规划的总体建设（如话剧院团的布局、戏剧院校的建立等）。

国家对话剧高度重视，制定了一系列方针政策，统筹规划，有计划、有步骤地进行中国话剧的建设，而话剧院团和戏剧院校的组建是其主体部分，其目标在于使话剧成为一个遍布全国的严密而完整的体系。

民间话剧团体和原有的公办戏剧团体，一律被改编为由政府统辖，并按照中央、省（自治区、直辖市）、地区（省辖市）三级设置的话剧院团。话剧院团除有自己的排练场外，相当部分的院团拥有自己的剧院设施。

同时，加强话剧人才的培养。1950 年即成立了中央戏剧学院，第一任院长为欧阳予倩。曹禺曾担任名誉院长。1956 年上海戏剧学院成立，熊佛西为首任院长。它们成为中国现代历史上前所未有的高等戏剧教育学府。

新中国的成立，给中国人民带来解放的欢乐和当家做主的幸福感，话剧也迎来了欣欣向荣的春天。在戏剧创作上，首先是歌颂民主革命的胜利，缅怀为新中国的建立而献身的革命先烈，牢记革命先烈的历史功绩，如《战斗里成长》《万水千山》《冲破黎明前的黑暗》。同时，歌唱新中国新生活也成为重要的主题，及时地创作出一些反映社会新面貌的剧本，如《刘莲英》《六号门》《龙须沟》《考验》《春风吹到诺敏河》。1956 年，举办了第一届全国话剧观摩演出会，共演出多幕剧 30 部，独幕剧 19 部，如《四十年的愿望》《明朗的天》和儿童剧《马兰花》等，代表了新中国成立初期话剧的成就。

“第四种剧本”的出现是这一时期话剧界的特殊现象。“第四种剧本”，是同“三种剧本”相比较而言的。“三种剧本”是指那些概念化地描写工农兵斗争生活的剧本，而“第四种剧本”主张写真实，敢于揭示生活中的矛盾冲突，表现人民内部矛盾，代表作有岳野的《同甘共苦》、杨履方的《布谷鸟又叫了》、海默的《洞箫横吹》等。

这一时期，在话剧创作上仍然有所突破，有所发展，涌现了一批优秀剧作。如《红色风暴》《东进序曲》《甲午海战》《胆剑篇》《茶馆》《关汉卿》等。《茶馆》不但是老舍戏剧创作的高峰，也是新中国戏剧创作中具有里程碑意义的杰作。1958 年，以田汉《关汉卿》的问世为标志，出现了一股历史剧的创作热，如郭沫若的《蔡文姬》和《武则天》、曹禺的《胆剑篇》、田汉的《文成公主》、朱祖贻的《甲午海战》等。这批历史剧，有些写得相当精彩，演出后受到观众的热烈称赞。《关汉卿》堪称田汉的绝唱，他以诗的语言、诗的情调与诗的构思，谱出了一曲关汉卿的赞歌。

北京人民艺术剧院在焦菊隐总导演的统领下，把斯坦尼体系同中国的戏曲传统结合起来，推出《龙须沟》《茶馆》等一批具有中国作风、中国气派的剧目，形成了北京人民艺术剧院演剧学派，这是新中国话剧的突出成就之一。

另外，各省市的大剧院也在演剧上形成自己的风格，如上海人民艺术剧院在黄佐临领导下形成的海派风格、以辽宁人民艺术剧院为代表的黑土地风格、天津人民艺术剧院的津味戏剧风格等。

转型中的新时期戏剧

“文革”结束后，中国进入以经济建设为中心，坚持改革开放，向着社会主义现代化进军的新时期。中国话剧在这样一个社会转型的时代背景下，在整个文化艺术产生机构性变动的条件下，虽然也历经曲折，但是总体来说，这个时期是中国话剧历史上最好的时期。

一个探索创造的热潮到来，剧作家从不同的侧面、不同的角度，迅速创作出揭批“四人帮”的一批剧作，如讽刺喜剧《枫叶红了的时候》、多幕剧《丹心谱》《于无声处》和《左邻右舍》等。在思想解放的声浪中，剧作家以其敏锐的思想触角，敢于在剧作中提出一些重大的社会课题，遂有社会问题剧的兴起，如《报春花》《救救她》《权与法》。出于对革命家的尊重和爱戴，一批歌颂他们的历史剧应运而生，如《西安事变》《陈毅出山》《转战南北》《彭大将军》等，塑造了周恩来、彭德怀、贺龙等人的崇高形象。

由于商品大潮冲击，话剧一度陷入低潮。在危机中，话剧艺术工作者起而革新，于是掀起探索剧，也可以说是实验剧的热潮。

探索剧以形式革新为先导，在内容革新上，首先是对“人”的关注，是对人的生存价值和生存意义的思考，是人性复归的张扬和呼唤。其次是追求对人的内心的透视，对人的灵魂的分析。再次是对主题的诗化、哲理化和多义性的追求。在这样的实验中，中国的舞台倾斜了，一些新剧目出现了，以《狗儿爷涅槃》和《桑树坪纪事》最具代表性，前者深刻地反映了中国农民心理的复杂性，塑造了狗儿爷的典型形象；后者在舞台艺术上有所探索。

进入新世纪，中国话剧迎来了多元发展的时代，更深刻的变动和革新悄悄到来了。

首先是话剧的举国体系变动了。民间的剧社、民营剧团、民营的剧场出现了；在演剧上，小剧场以成本低、易于组织、演出灵活多样而空前活跃。随着国家的投入和民间戏剧投资增多，城市话剧盛况空前，以北京最为典型。

这个时期，最引人瞩目的是各种戏剧节。大量西方戏剧的名团名导名剧来华演出，使话剧文化交流空前繁荣。

话剧所有领域都有所进取和顽强探索，使得话剧舞台绚丽多姿，五彩缤纷。各种题材、各种样式、各种风格的剧目展现在话剧的百花园中。儿童剧的蓬勃发展，军旅戏剧十分活跃，少数民族话剧的勃兴，历史剧也有了新的探求和新的开拓。

展望未来，我们期盼着一个新的话剧繁盛的时代到来。

田本相　中国话剧理论与历史研究会会长

节选自《光明日报》2017 年 9 月 15 日

【观点】中国话剧：110 年的回眸

◎ 宋宝珍

谈到中国话剧艺术，人们首先会想到它的现代属性，其次会想到它的现实使命。它是顺应中国社会从传统到现代的历史转型，从救亡图存的时代要求和开启民智的现实需求出发，借鉴西方戏剧经验而创造生成的舞台艺术。从 1907 年中国留日学生团体春柳社在东京演出《茶花女》和《黑奴吁天录》，到如今中国话剧屹立于民族文化之林，发挥出其他艺术不可替代的作用，它已经走过了 110 年的历史。

在话剧未生之前，中国已经拥有了源远流长的戏曲。戏曲顺应中国文化的诗学传统和抒情特点，以歌舞演故事，以写意性与程式化表演，以典型化、符号化脸谱和曲牌体、板腔体音乐模式，培养了中国观众的接受心理和欣赏习性。

20 世纪初，前辈戏剧家为何引进一种新的舞台艺术？这是否意味着原有文化系统的打破与重建？其实不然，它与民族的精神血脉紧密相连。近代社会的历史变局，决定了中国话剧的必然出现，它是民族意识走向理性自觉的文化选择，是中华文明涅槃重生的历史嬗变，也是民族自强、文化振兴的使命承担。

传统戏曲经历变革

20 世纪初，基于清政府日趋衰败，一些有志之士把目光转向西方，试图从中寻求救国药方。最早向人们介绍“象真”“写实”的西方戏剧的人是一些远赴外域的中国公使。斌椿的《乘槎笔记》、王韬的《漫游随录》、张德彝的《航海述奇》、黎庶昌的《西洋杂志》、曾纪泽的《出使英法俄国日记》等，都以笔记形式记录和传输了所见所闻的西方演剧。

在这些人眼中，印象深刻的首先是西方剧场，“规模壮阔逾于王宫”；其次是西方伶人身价之重，“直与王宫争衡”；再者是写实布景的逼真，“风雷有声”“电云有影”；此外则是戏剧对于社会的重要作用。伴随着外国列强瓜分中国的野心日益明显，晚清社会的政治危机逐渐加深，中国有识之士的民族意识、家国情怀空前增强，革命呼声日趋高涨，必须创造出一种为大众所接受、对现实有效用的舞台艺术，成为一种普遍性社会思潮。

19 世纪末 20 世纪初，当西方戏剧涌入中国之时，中国传统的戏曲也正经历着变革思潮的冲击。

1902年，梁启超提出“小说界革命”。他指出，“今日欲改良群治，必自小说界革命始”，他所说的小说包含被称为传奇的戏曲。

当时，一些戏曲界人士对古旧的剧目不足以反映社会、针砭时弊的情况甚为不满，因此掀起一股改良热潮，于是有“时事新戏”出现。戏曲改良的重要人物汪笑侬编新剧、创新声，其《党人碑》《哭祖庙》《马前泼水》《六军怒》等戏，为现实人生“呼号”，使娱乐化、消遣化的戏曲变得重要。

然而，囿于程式和规范的戏曲并不容易变革，连梅兰芳的“时事新戏”也遭受质疑。当改良戏曲难以为继时，戏剧革新的新生力量潜滋暗长。1907年秋，王钟声公开声称要以演剧为手段，“唤起沉沉之睡狮”。他表示：“中国要富强，必须革命；革命要靠宣传，宣传的办法，一是办报，二是改良戏剧。”

鉴于改良社会的急迫性，新剧的倡导者抛弃了门派众多、技艺复杂的戏曲，而选择了更具灵活性、实践性的话剧艺术作为创新的突破口。话剧不是供人欣赏的“玩意儿”，而是唤起民众、改造社会的有力武器。

由此可见，革新与改良的艺术追求，并非某人一时之想，而是戏曲、话剧界共同的向往，而话剧得以异军突起，基于它所具有的新观念、新主张、新方法。如郑正秋所言，“吾人登场演新剧，衣常人所衣，步常人所步，言常人所言，状常人所状”，因此也更易为常人所演，为常人所受。但是，早期话剧与戏曲的关系实属藕断丝连，进化团之“言论老生”“言论正声”提法，朱双云《新剧史》所概括的“生类”“旦类”，显然脱胎于戏曲行当。然而，新兴的话剧不同于戏曲，话剧对于以艺术的方式反映真实、思考人生、发挥现实作用的强调，显然不同于成熟的戏曲艺术对形式美的倚重，而是更加彰显了社会人生的参与感、在场性和现实功用。

生起新剧的火种

“五四”时期是一个“吸纳新潮，脱离陈套”的时代。如果说巴黎和会的失利让中国人被迫睁开了眼睛看世界，明白了自身的颓败处境，那么学习西方技艺以图迎头赶上，正显示为中华民族凤凰涅槃的意志和动力。

一批陆续归国的欧美留学生接受了西方进化论的思想，他们认为艺术与其他生物一样，必须不断更新、进化、蜕变、生长。他们对于戏曲接触较少，对于西方演剧颇为重视，因此，放弃旧戏的炉灶、生起新剧的火种俨然成为他们的庄严使命。

早在1918年6月，《新青年》第4卷第6号开辟为“易卜生号”。为了弘扬新戏剧，胡适主张推行写实主义的白话剧。他发表了《易卜生主义》一文认为，“易卜生的文学，易卜生的人生观，只是一个写实主义”。为了标新立异、倡导新剧，胡适把戏曲的价值刻意贬低，认为唱念做打是“野蛮”的“遗形物”，是不进化的标志，必欲去之。他主张“采用西洋最近百年来的新观念，新方法，新形式，如此才可使中国戏剧有改良进步的希望”。刘半农则批评戏曲的武打：“每见一大伙穿脏衣服的，盘着辫子的，打花脸的，裸上体的跳虫们，挤在台上打个不止，衬着极喧闹的锣鼓，总觉眼花缭乱，头昏欲晕。”他们对戏曲的看法多为后人诟病。

很多人着眼于“五四”时期“新青年派”对于传统戏曲的“矮化”“丑化”，其实真正愿意研究戏曲、为其正名的人，也多半来自新文化阵营。自称“梅党”的张厚载不是遗老而是北大学生，宋春舫、余上沅、闻一多、赵太侔等，立论都比较客观、公正。戏剧教育家张彭春认为，“虽然旧戏中有些观念不再适应时代的要求了，但是在舞台上，在精彩演出中，仍可发现有益和具有启发性的因素，这些因素不仅对中国新剧有好处，而且对世界其他地区的现代戏剧也有好处”。余上沅提出，中国的戏剧应当走写实同写意结合的路，创造出“完美的戏剧”，“我们不但不反对西洋戏剧，并且以为尽毕生之力去研究它也是值得的。但是，我以为，一定要把旧剧打入冷宫，把西洋戏剧用花马车拉进来，又是何苦”。余上沅等人倡导“国剧运动”，提出的戏剧发展设想，旨在创造一种既包含民族传统又显现时代精神，符合民众欣赏习惯和审美心理的新戏剧。

新旧剧论争有其历史的必然性，在传统文化土壤中栽种新戏剧的嫩芽，倡导者必须采取欲开一扇窗却宣称欲毁一座房的策略。当一个民族的戏剧文化体系不能适应这个时代的发展之时，改革与转型的历史契机应运而生，通过论争，传统戏曲封闭、自足、僵化的格局被打破，中国戏剧的总体面貌中，第一次出现了传统戏曲与现代戏剧——话剧相对而立之势。

话剧与戏曲也产生过良性互动：其一，现代话剧导演制的确立，直接推动了戏曲导演制的形成，对戏曲演出的完整性、综合性产生了促进作用。其二，中国自古将演戏视为贱业，非不得已必不为之。自文明戏出现，众多留学青年、知识分子参与其中，社会风气为之一变。其三，演戏的现实意义、艺术价值、社会作用被逐渐认知。其四，人们逐渐认识到，现代剧场的构造、内部的卫生、座椅的设置，都应当有必要的规矩，不似旧式茶园，台上一桌二椅，台下随心所欲。茶楼、戏园子逐渐被镜框式舞台所代替，喝茶、聊天、嗑瓜子等恶习逐渐被取缔，购票入场、对号入座、准点开戏成为规则和共识。

话剧民族化

“五四”时期的社会思潮在反封建、反传统的前提下，表现为对于现代化的渴望，明显带有西化倾向。然而这样的主张不仅在理论上失之偏颇，在实践上也容易迷失方向。有事实为证：

1920 年，汪优游投入了巨大的精力和财力，将英国萧伯纳的剧作《华伦夫人的职业》搬上上海舞台，然而演出彻底失败，与其说是商业化带来的问题，不如说西方的人物关系、情节模式、伦理价值完全不能适应中国国情。

1923 年，自美留学归来的洪深模仿奥尼尔的表现主义戏剧《琼斯皇》创作了话剧《赵阎王》，并且自导自演。洪深说，“我当时的意图是想通过导演来改变它们的一成不变的形式主义的表演方法，结果我失败了”。演出后，有人从实用社会学的角度，认为此剧是在“鼓吹裁兵”，也有人根本看不懂，干脆认为剧中人和剧作者都是“神经病”。

此后洪深为了顺应中国国情，将英国王尔德的剧作《温德米尔夫人的扇子》改编成《少奶奶的扇子》，故事背景和人物关系都做了中国化的处理，演出空前成功，这是话剧民族化的有益尝试。

20 世纪 30 年代，在左翼文化思潮的影响下，田汉发表了长文《我们的自己批判》，批判自身小资产阶级的感伤情调和颓废倾向，认为戏剧应该“不背于民众的要求”。话剧界人士深入上海工厂，成立蓝衫剧团，组织工人演剧，演出了《谁是朋友》《一致》等话剧。

1932 年，熊佛西赴河北省定县进行了长达五年的农民戏剧实验，为农民组织剧团，辅导他们的戏剧排练。农民剧团演出了《无名小卒》《狐仙庙》《牛》《过渡》等剧，“把自己塑在台上，他们打开的是自己的灵魂”。抗战时期，中国人创造了许多短小而通俗的演剧形式，如街头剧、茶馆剧、游行剧、活报剧、灯剧等，使得戏剧在广大民众中间迅速普及。

谈到中国话剧史，一个不容忽视的名字是曹禺，他的戏剧成就在现代中国首屈一指。曹禺说过，他们那一代戏剧人如果不了解民族文化，根本玩不转“舶来品”话剧。他早年在母亲怀中就接触了大量中国戏曲，少年时家里的一部《戏考》被他翻烂了。他的《雷雨》《日出》《原野》《北京人》《家》，表现的是中国社会和家庭的悲欢离合，爱恨情仇，剧中人的事理人情都显现着民族特性、时代印记和文化内涵。尽管有人认为他受到古希腊悲剧、易卜生、奥尼尔、契诃夫的影响，但是曹禺自己说，他写的是一首诗，这又暗合了中国文化传统中的诗性特征。此后，曹禺盛赞河北梆子演员裴艳玲是“国宝”，娶京剧演员李玉茹为妻，都颇能显示他对于传统戏曲艺术的欣赏和爱好。

此外，表现戏曲艺人生涯的话剧从来不乏成功案例，如田汉的《名优之死》《关汉卿》、吴祖光的《风雪夜归人》《闯江湖》、松岩的《网子》、孙德民的《成兆才》等。而传统戏曲剧目如《桃花扇》《赵氏孤儿》《霸王别姬》《荆轲刺秦》等，也在话剧舞台上被重新阐释，焕发出新的光彩。

走向大众化、普及化

抗战时期中国话剧逐渐走向大众化、普及化，为了宣传民主，鼓舞斗志，必须利用为他们所喜闻乐见的艺术形式，这几乎没有疑义。可是在如何利用的问题上，却出现了争执：一种是认为在抗战的新形势下，旧戏已经不适合反映现实生活，因此必将随着抗战的胜利而灭亡；另一种则认为话剧过于都市化、小众化，无法为广大民众所接受和理解，因此应当全盘接受旧形式——“旧瓶装新酒”。

“旧瓶装新酒”的主张是向林冰提出的，他大概很为自己发明的这个形象化比喻而得意，因此写了诸如《“旧瓶装新酒”释文》《再答“旧瓶装新酒”怀疑论者》等系列文章。易庸（廖沫沙）不同意向林冰的观点，指出“‘旧瓶装新酒’的比喻，老实说是一句不通的比喻，因为内容和形式并不和酒与瓶的关系相同，酒离开瓶还是酒，而艺术上的内容倘离开形式却等于无”“艺术上的内容与形式是血肉相关的。新的内容可以改变旧的形式，而新的酒绝不可能改变旧的瓶。酒和瓶根本是两件独立的存在物”。这场争鸣反映着戏剧人心里的内在焦虑，他们愿意在时代的风雨中植根于民族文化土壤，但是对于旧思想、旧风气对新文化、新艺术的同化作用，一直抱有审慎和警惕。文明戏衰败的前车之鉴让有志于创造现代舞台艺术新形式的人们认识到，放弃现代思想和形式创新，就意味着向封建意识和落后积习妥协，就会被旧势力、旧趣味“化”掉。

身在延安鲁迅艺术学院的张庚，于 1939 年提出了“话剧民族化与旧剧现代化”的主张。他认为话剧民族化，在内容上要关注中国的社会变革，表现中国的现实生活；在形式上要学习民族传统和艺术经验；指导思想上要面向中国百姓，实现大众化、通俗化。旧剧现代化，要“去掉旧剧中根深蒂固的毒素，要完全保存了旧剧几千年来最优美的东西，同时要把旧剧中，用成了滥调的手法重新给以新的意义，成为活的”。表面看来，这是一个“高者抑之，下者仰之”的问题，实际上却是作者试图调整艺术与传统、艺术与时代关系的努力。

肇始于内容与形式的新旧之争，最后统一于对时代文艺发展路向的基本认同。1940 年初，毛泽东的重要著作《新民主主义论》发表，文中提到，中国的新文化，应当具有新民主主义的内容和民族化的表现形式。抗战时期，戏剧大众化取得了显著成绩，以延安为中心的抗日根据地，创作演出了深受大众欢迎的秧歌剧《兄妹开荒》、新歌剧《白毛女》以及话剧《粮食》《王秀鸾》《同志，你走错了路！》等；上海“孤岛”戏剧家们在外国戏剧的本土化改编、上演方面积累了宝贵经验。田汉、欧阳予倩、老舍、洪深等人都曾利用传统艺术形式，如戏曲、弹词等创作过宣传抗日的文艺作品。这一时期现实主义话剧思想成熟、艺术精湛，出现了《家》《北京人》《屈原》《法西斯细菌》《风雪夜归人》《雾重庆》《天国春秋》《升官图》《夜上海》等一批优秀作品，体现着周扬所说的“中国作风、中国气派”。

话剧民族化的重要探索者还有焦菊隐。他说，“对从事话剧艺术的人来讲，更有一个不可推卸的历史责任，即如何实现话剧民族化的问题，我们要有中国的导演学派表演学派，使话剧更完美地表现我们民族的感情，民族的气派”，“必须植根于本民族的土壤之中，不能丢掉我们千百年来所形成的欣赏习惯，趣味”。焦菊隐、柯灵等人根据高尔基的《在底层》改编了话剧《夜店》，戏剧情景已经中国化了，但是焦菊隐认为化得不够。新中国成立后焦菊隐为北京人民艺术剧院排演《龙须沟》，有意识地要消灭演员演戏的感觉，要求他们从人物出发，进入规定情境，实现舞台上的“一片生活”。后来焦菊隐成功导演了《蔡文姬》，此剧的仪式性场面、人物表演、整体意蕴，显然吸收了传统戏曲的美学精神和表现方法。焦菊隐还创造了深具民族特色和美学风范的话剧《茶馆》，1980 年当《茶馆》走出国门，在欧洲巡演之时，被西方人誉为“东方舞台上的奇迹”。也许，他所留下的宝贵的戏剧遗产，不仅在于那些成功的话剧作品，而在于他创设了一种话剧民族化的艺术范式。

植根于民族文化土壤

改革开放以后，特别是新世纪以来，在党和政府的积极推动和支持下，话剧艺术发展迅速，也带动了艺术观念的不断进步和提升。以 20 世纪 80 年代流行的探索剧为例，它不仅意味着对于此前一段时期僵化的戏剧的摒弃，也意味着话剧的创作思想、叙事模式、表现形式的“变化”与“革新”。

1986年，北京人民艺术剧院上演了锦云编剧的话剧《狗儿爷涅槃》，此剧深刻地反映了农民心理的复杂性。在戏剧结构上，采用意识流与倒叙交叉互用的方法构置情节，用心理外化的方法突出人物的深层心理。在狗儿爷的郁闷的精神世界或曰想象空间里，时常出现地主祁永年的形象，舞台上，死去的地主祁永年，以戏曲式的飘移步态出现在狗儿爷身边。这一种心理外化、具象化的表现手法，有效地表现了剧中人情绪的恍惚和精神的困惑。

1988年，徐晓钟为中央戏剧学院学生导演了陈子度等人编剧的话剧《桑树坪纪事》。此剧以开放的视野，将写意和写实、情与理、再现与表现等交融一起，把舞蹈、歌队融入剧中。特别是导演巧妙运用了舞台上的转台，不仅使场景转换具有灵动、写意的特点，而且具象化了农村生活周而复始、循环往复的封闭形态。

新世纪以来，话剧对传统戏曲精神的融通，充分表明话剧艺术植根于民族文化土壤的必然性。其具体表现是：把曾经瞩望西方的视线收回来，回望、审辨、吸纳民族传统的文化资源。《商鞅》《李白》《蔡文姬》等话剧的持续热演，《杜甫》《苏轼》《詹天佑》等话剧对历史人物的重新书写，都表明民族文化史和心灵史对于当代话剧创作的重要意义。

尽管话剧与戏曲有过激烈交锋和对峙，但是新世纪以来，林兆华、陈薪伊、王晓鹰、查明哲、王延松、田沁鑫、李六乙等导演，都以自己的戏剧中融入了传统戏曲的表现手法为荣，并且试图从民族艺术资源里找到适合现代戏剧发展的质素。王晓鹰一直致力于“中国意象现代表达”，由他导演的莎剧《理查三世》于2012年亮相，该剧形式简洁而内涵丰富，融汇了书法、打击乐和戏曲的虚拟表演，中国韵味十足。他导演的话剧《兰陵王》，赋予传统叙事以现代阐释，揭示出兰陵王的本我与可人儿、大面之间的伪装与伪化、抗阻与挣扎的矛盾，巧妙地化用戏曲的身段、手势，形成象征性、表现性、风格化的中国当代舞台语汇。导演查明哲在话剧《中华士兵》中让吼着秦腔的中国军人在与日寇搏斗到日暮途穷时跳入滚滚黄河，表现出民族风骨和悲壮情怀；王延松启用河北梆子演员出演话剧《成兆才》，将民国时期的评剧班主塑造得既平实质朴又有身份特点。

中国话剧取材于中国的历史、现实、生活，其内容是人文情怀、文化品格、行为方式、伦理规范的反映，其形式是现代意识和民族美学精神长期融合、积淀的结果。历史上出现的优秀话剧，无一不是作者良好的民族文化素养的显现，无一不是内容与形式的完美结合的产物，无一不是中国式普遍伦理道德和社会正义的体现。

中国话剧的民族特色，不在于它多大程度地融入了传统戏曲的外在表现手法，尽管这是话剧民族化的有效途径之一，而更在于它在多大程度上契合了民族精神和美学神韵，即从骨子里流露出“中国特色”“中国气派”。

2016年11月30日，在中国文学艺术界联合会第十次全国代表大会、中国作家协会第九次全国代表大会上，习近平总书记指出，实现中华民族伟大复兴，需要物质文明极大发展，也需要精神文明极大发展。中华民族生生不息绵延发展、饱受挫折又不断浴火重生，都离不开中华文化的有力支撑。

110年的中国话剧发展史证明：没有深厚而活跃的民族艺术精神，没有深厚而扎实的传统艺术底蕴，中国话剧将难以立足，没有宽广的文化胸襟和广采博收的气度，中国话剧将难以发展。因此，话剧人应当不断努力，发扬传统文化精神、吸纳民族艺术精华，借鉴外来艺术经验，勇于探索，开拓创新，创造出无愧于时代、无愧于人民的艺术精品。

宋宝珍　中国艺术研究院话剧研究所所长、研究员

原载《光明日报》2017年10月22日

2017 首届老舍国际戏剧节

【概述】

为弘扬中国传统文化，由北京市演出有限责任公司、天桥艺术中心共同主办，中国老舍研究会、北京戏剧家协会、北京人民艺术剧院、首都剧院协办的“2017 首届老舍国际戏剧节”于 2017 年 6 月 7 日至 7 月 30 日在北京举行。戏剧节以展演为主，包含论坛、戏剧工作坊等活动。戏剧节的主旨是呼唤戏剧文学精神，把“民众情感、人文关怀、民族语言、国际视野”作为老舍国际戏剧节独树一帜的主题词。

【报道】首届老舍国际戏剧节 6 月举办 13 部经典剧目精彩上演

“2017 首届老舍国际戏剧节”于 6 月 7 日至 7 月 30 日亮相首都舞台，来自中外 13 部经典剧目，戏剧高峰论坛、剧本朗读会等多场活动陆续展开。

本届戏剧节展演了老舍先生的两部剧作：《茶馆》和《二马》。观众再次重温了多次公演并被改编成影视作品的经典巨作《茶馆》，并欣赏到充分展现出老舍先生国际视野的《二马》。

除了两部老舍先生的作品，“首届老舍国际戏剧节”还纳入了众多世界知名剧作家的作品——小仲马的《茶花女》、莫里哀的《吝啬鬼》、塞万提斯的《我是堂吉诃德》等。

除了众多知名剧作家的作品，本届戏剧节还纳入了当代作家的剧作，包括张爱玲同名小说，由王安忆编剧、许鞍华执导、焦媛主演的香港版话剧《金锁记》，吕丽萍和孙海英夫妻档联袂出演的原创话剧《独自温暖》，以林徽因的爱情生活和人生故事为视角的《再见徽因》。

首届戏剧节展演剧目风格多元，由郭宝昌原著改编的同名京剧《大宅门》，以奇特舞台空间、酷炫的装置色彩给人震撼视觉体验的《他她它》，以多元视角讲述的小剧场戏《国家剧院的绊脚石》，让首届戏剧节的内容形成百花齐放的状态。

作为戏剧节的名片，老舍先生极具文学精神的戏剧作品正是戏剧节所有弘扬以及纳入展演剧目的标准——选择国内外具有文学性、思想性、符合大众审美的戏剧作品，坚持高品质、高水准演出，彰显戏剧节的高品质。此外，老舍先生的作品不仅反映民族精神，同时还具备与国际交流的视野，充满对人类自身的博爱精神，对人性的思考探索，这些正是老舍国际戏剧节所秉承的“以国际视野关注本土文化”的理念发酵。老舍先生和北京、和戏剧的这份不解之缘，促成老舍国际戏剧节的诞生，通过经典的剧作关注中国民生、书写民众情感，让更广泛的观众群体走进戏剧节。

未来，老舍戏剧节也将持续举办，一直立足于弘扬戏剧文学精神，秉承关注本土文化、书写大众情感的理念，延续老北京深厚戏剧文化传统、展现北京文化融合的魅力、彰显首都城市的人文情怀、树立属于北京独有的戏剧文化品牌。

节选自人民网 2017 年 5 月 9 日

【报道】2017 首届老舍国际戏剧节论坛举行 畅谈戏剧可持续发展

2017 年 6 月 27 日，作为“2017 首届老舍国际戏剧节”重要活动之一的戏剧论坛在北京天桥艺术中心举行。论坛特意选在戏剧节中期进行，旨在作为承上启下的文艺浮桥，搭建起戏剧节与专家、戏剧工作者、观众们的沟通畅谈之桥。

本次论坛邀请众多戏剧专家、导演、热心观众参与其中。

“老舍与戏剧文学”倡导溯源文本　呼唤文学精神

此次论坛主题为“老舍与戏剧文学”，高度浓缩了首届老舍国际戏剧节的宗旨。在拥有深厚文化底蕴、丰富资源且融汇各类艺术形式的北京，“老舍”作为戏剧节的名片，不仅是因为老舍先生对中国现代话剧的巨大贡献，更是老舍先生作品所展现出的淳朴本色的戏剧文学精神。通过阅读经典文学文本，感受历经锤炼的精品舞台文学作品，从而更加倡导回归文学溯源的追问和思考，这是老舍戏剧节区别于其他戏剧节的根本。

针对文学本源的思索，本次论坛有四组嘉宾分别展开主题讨论，原中国老舍研究会会长关纪新、编剧过士行、中国戏曲学院主任谢伯梁、导演方旭等都从不同角度阐述了“老舍与戏剧文学”这一主题所表达的现实意义，也从不同侧面讨论了当下戏剧创作、戏剧环境等诸多问题，引人思考的同时再一次呼唤戏剧文学精神，呼唤回归戏剧本身。

热门剧目一票难求，精品活动参与火爆

本届老舍国际戏剧节为热爱戏剧、想要了解更多戏剧文化的观众提供了一次一口气重温多部经典巨作的难得机会。戏剧节演出为期已经过半，高质量与好口碑的佳作接连上演，由老舍创作、多次公演并被改编成影视作品的《茶馆》一经开票便销售一空；由老舍创作、被称为戏剧界“黑马”的话剧《二马》取得了票房与口碑的双丰收；改编自张爱玲经典剧作，王安忆编剧，许鞍华导演，焦媛主演的话剧《金锁记》开票两周后所有票品全部售罄。同时，戏剧节期间还选取了老舍经典文学作品《二马》创办了戏剧工作坊，公开招募读者和剧组举行见面会，面对面品味文学经典，分享文学戏剧的精彩舞台表演。其间还吸引了西城教委利用此次戏剧节的文学经典推广活动，开展大师经典品读，使大众接受文化熏陶，现场气氛火爆，彰显了普通观众对戏剧文学的热情和对精品文学的欣赏渴求。

演出过半，但精彩不断。戏剧节在7月还将陆续奉献更多海外经典名家剧目：《茶花女》《吝啬鬼》《国家剧院的绊脚石》《他她它》《我是堂吉诃德》《浮士德》《婚事》。无论是幽默诙谐的《吝啬鬼》，还是带有社会讽刺意味的《婚事》，让观众不用走出国门，就能欣赏到来自不同国家、不同戏剧风格的作品，感受中西方艺术理念、艺术表现形式、情感表达的差异。

精心打造老舍国际戏剧节品牌　不遗余力传承戏剧文学精神

以文学精神打动民众情感，以国际视野关注本土文化是主办方北演公司创办戏剧节的宗旨。打造2017首届老舍国际戏剧节，共同繁荣发展中国戏剧文化，更希望通过持续性的戏剧品牌的打造，使老舍戏剧节成为中国戏剧领域乃至世界的一个著名艺术节日，相信在未来也将成为更具前景和实力的原创戏剧品牌。同时积极开拓视野，吸纳国内外精品，弘扬文学精神的价值，贴近大众的情感，用国际化视野展现本土文化的魅力。

老舍国际戏剧节是中国戏剧文化与世界戏剧艺术的交流与融合，在首届的基础上，未来还将逐步增加演出剧目种类，并以不同的主题，邀约更多的顶级戏剧作品加盟。

节选自中国经济网 2017 年 6 月 28 日

【报道】2017 首届老舍国际戏剧节青少年戏剧工作坊

2017年7月16日，作为“2017首届老舍国际戏剧节”重要活动之一的青少年戏剧工作坊在北京天桥艺术中心举行。

本次青少年戏剧工作坊运用老舍唯一的经典儿童剧《宝船》中专业的戏剧表演内容，开展戏剧相关能力的学习与体验。活动中，小朋友们在讲师的带领下建立了对人物角色、故事情境、台词对白、肢体表达等基本概念的梳理，最终进行片段简单排练和演出。通过工作坊的学习体验，让青少年朋友们亲身感受到了老舍经典儿童剧《宝船》的“再创作旅程”，也让小朋友们提高了在人际、自省、语言、音乐、肢体、空间等方面的才能，在“玩”的过程中，做到了“无痕迹的教育”。

同时，通过本期戏剧工作坊的活动，让青少年朋友们深入了解老舍先生以及老舍先生的作品，解读经典，演绎经典，传承下去，推进戏剧文学精神，回归戏剧本源。

本次青少年戏剧工作坊特邀来自香港的著名青少年戏剧教育专家叶逊谦及其师资团队。本次青少年戏剧工作坊也得到了家长们的支持和认同。

节选自央广网 2017 年 7 月 18 日

【报道】首届老舍国际戏剧节剧本朗诵会在京举行

“首届老舍国际戏剧节剧本朗诵会”于 7 月 20 日在北京天桥艺术中心举行。本次朗读会意在体悟老舍语言背后的京味儿文化，感受戏剧文学中人生的酸甜苦辣。

朗诵会的所有剧本均选自老舍先生所作。北京人民艺术剧院资深老艺术家李滨老师和金鱼池社区的戏剧爱好者们一起演绎了老舍先生的经典话剧作品《龙须沟》；北京曲剧由老舍先生命名而问世，这次北京曲剧团也参加了剧本朗诵会活动，国家一级演员卢雪文、盛国生现场朗读了老舍先生创作的曲剧《正红旗下》片段，让观众再一次感受到那个特殊年代背景下人们的悲欢离合。

除此之外，年青一代的戏剧文学爱好者、来自北京 109 中学先锋剧社的学生们也深情演绎了老舍先生的散文作品《我的母亲》和话剧作品《茶馆》，学生们生动的表现得到在场观众的一致认同，也收获了满满的感动。

剧本朗诵会结束后，老舍纪念馆馆长、老舍先生的长女舒济表达了对主办方的感谢，并对本次剧本朗读会活动给予了高度肯定。她感慨老舍先生的作品可以有如此深远的影响，关注最普通百姓的生活和命运，这正是老舍先生所希望的。

节选自中国新闻网 2017 年 7 月 20 日

作品

【话剧《大酒店套房》】

北京人民艺术剧院制作出品
编剧：[美]尼尔·塞门
导演：顾威
2017年1月12日至2月2日在北京人民艺术剧院实验剧场演出
内容简介：

北京人民艺术剧院小剧场作品《大酒店套房》首演于2010年，2017年1月12日，迎来了演出的第100场。该剧共有9个角色。

分三幕，均以大酒店719室为背景，讲述了三对夫妻、情人和家庭在同一个地点发生的不同的情感冲突。其中有中年夫妻的情感危机，又有“成功人士”的内心困惑，还有青年人对婚姻的恐惧，虽然故事背景发生在20世纪60年代的美国，但其现实性又与我们时下的生活不谋而合。

【话剧《李尔王》】

国家大剧院、北京李六乙戏剧工作室联合制作出品
2017年1月20日至2月2日在国家大剧院戏剧场演出
编剧：[英]莎士比亚
导演：李六乙
内容简介：

话剧《李尔王》是国家大剧院推出的第三部莎士比亚戏剧作品，此次为首演。

该剧讲述了王被浮夸的辞藻蒙蔽了心灵，邪恶的女儿们得到了王国与财富，唯独诚实的小女儿郁郁远嫁。当她们曾经的信誓旦旦转眼之间化为不屑与厌恶时，王不得不流落荒野，在风雨交加中明白了何谓真情。只是，他已然疯了。善良的小女儿乔装回到父亲身边，以爱与宽恕唤回了父亲缥缈的理智。一场关乎手足、计谋、背叛的战争爆发了。女儿们一个个死去。黑暗中，王抱着小女儿的尸体，仰天大恸。

【话剧《时间森林》】

中国儿童艺术剧院制作出品
2017年2月11日至12日在国家大剧院戏剧场演出
编剧：王薇
导演：焦刚
内容简介：

话剧《时间森林》为中国儿童艺术剧院新创剧目，并入选为“2017年度国家舞台艺术精品创作扶持工程重点扶持剧目”。

该剧讲述了“问题”孪生兄妹唐高高与唐朵朵在时间森林里的顽皮捣蛋，以致世界失去了时间，通过在时间的失去与寻找中，引领观众思考时间对于每个人的独特意义。

【话剧《榆树下的欲望》】

麦森兄弟出品

2017 年 2 月 16 日至 19 日在国家大剧院戏剧场演出
编剧：[美] 尤金 · 奥尼尔
导演：沈亮
内容简介：

此次由演员史可等加盟的明星版话剧《榆树下的欲望》，是继 2016 年该版本在上海首演和全国多地巡演后，首次亮相北京。

该剧讲述了 19 世纪的新英格兰，76 岁高龄的卡伯特娶了年轻美貌的爱碧做第三任妻子。爱碧跟年迈的卡伯特生不出孩子，继承权眼看要落空，于是她引诱卡伯特前妻的儿子埃本同她发生关系，并生下了儿子。在利用、引诱埃本的过程中，她对埃本产生了真正的爱情。而埃本一直认为爱碧对他并无感情，只是为了生个继承人夺取农场。爱碧百般表白也不能证明自己的真心，于是忍痛杀死了亲生婴儿。她与埃本的隔阂消除了，但等待着他们的却是法律的制裁。

【话剧《阮玲玉》】

北京人民艺术剧院制作出品
2017 年 3 月 3 日至 11 日在北京人民艺术剧院首都剧场演出
编剧：锦云
导演：林兆华　任鸣
内容简介：

话剧《阮玲玉》于 1994 年首演，随即成为北京人民艺术剧院的保留经典。2013 年底，本剧在时隔近 20 年后重新上演，2017 年 3 月 3 日起，新一轮《阮玲玉》在首都剧场进行演出。

该剧将阮玲玉的短暂一生划分为若干片段，以戏剧的形式展示串联，刻画出其绚烂凄美的人生轨迹，将影响阮玲玉一生的事件化入了舞台叙事之中。

【话剧《人民的名义》】

中国国家话剧院、最高人民检察院影视中心、北京嘉会本末文化艺术创作有限公司联合出品
2017 年 3 月 8 日至 11 日在北京保利剧院演出
编剧：周梅森　阿笨
导演：王晓鹰
内容简介：

反腐题材话剧《人民的名义》此次为首演，该剧在周梅森同名小说原有人物基础上，将内容进行了再梳理。

该剧讲述了检察官侯亮平临危受命，赴汉东省调查一个重大贪腐案件，历经诸多磨难挫折和情感斗争，终将昔日恩师、学长等一批腐败官员送上了人民的审判台。该剧艺术地再现了新形势下党和国家反腐征程的惊心动魄，讴歌了反腐斗士的坚定信仰和无畏勇气，并最终揭示出党的领导干部应如何树立正确权力观的宏大政治主题，为观众呈现出一幅反腐高压下中国政治和官场生态的画卷。

【话剧《在变老之前远去》】

优戏剧工作室出品
2017 年 3 月 9 日至 11 日在国家大剧院小剧场演出

编剧：小马　赵尔

导演：邵泽辉

内容简介：

小剧场话剧《在变老之前远去》于2008年在北京人民艺术剧院小剧场首演，至2017年已经在北京、上海、成都、西安、天津、台北等城市演出100多场。

该剧讲述了主人公在30岁这一年想去改变现有生活的轨迹，希望从改变中寻找新的支点。他几乎对所有的朋友都撒谎："我要去周游世界了"，但其实却到云南梅里雪山脚下，在一所小学里当起了乡村教师。新的环境，新的生活，的确给他带来了新的体验和感悟，就连诗歌的写作也达到了前所未至的高度。32岁的时候，他准备回来了，回到城市，回到过去，开启另一段生活。但，他没有回来，却是远去了。该剧是对一个生命事件的诗意描述，一种残酷的诗意。

【话剧《危情十日》】

上海话剧艺术中心制作出品

2017年3月10日至19日在上海话剧艺术中心艺术剧院演出

编剧：[美]威廉·戈德曼

导演：[英]保罗·加林顿

内容简介：

《危情十日》原著小说 *Misery* 是美国小说家斯蒂芬·金参与世界奇幻奖的决选作品。此次是话剧《危情十日》首次登上中国话剧舞台。

该剧讲述了书迷与所崇拜的作家之间一段微妙关系。独居在科罗拉多山上的护士安妮，偶然将在风雪中发生车祸摔坏双腿的流行小说作家保罗救回家中休养，亲自细加照料。但当她知道保罗打算将她最喜爱的故事结束，另外撰写一本严肃的小说后，不禁怒火中烧，认为保罗背叛了她，于是将保罗捆绑起来加以折磨，威胁他要将原来的系列小说女主角复活，而保罗则尝试一切可能逃脱魔掌。

【话剧《商鞅》】

上海话剧艺术中心制作出品

2017年3月15日至18日在国家大剧院戏剧场演出

编剧：姚远

导演：陈薪伊

内容简介：

上海话剧戏术中心话剧《商鞅》首演于1996年，此次演出召集了21年前首演的经典阵容。

该剧讲述了战国时期大改革家商鞅的故事。全剧从他呱呱坠地一直写到他被万箭穿心，集中展示了他在短短19年时间里创下的令秦国日新月异的奇迹，刻画了一位不是君王，但有着像君王一样威严果敢性格，丰富复杂内心的改革家形象。

【话剧《家客》】

上海话剧艺术中心制作出品

2017年4月7日至16日在上海话剧艺术中心艺术剧院演出

编剧：喻荣军

导演：周小倩

内容简介：

话剧《家客》为原创剧目，此次为首演。

该剧讲述了马时途作为关键人物，通过他“从唐山回到了上海”“没有从唐山回到上海”以及“从唐山回到上海后走了”三种不同的可能性，分别展现了三段不同的生活状态。从第一幕里的回归者，到第二幕里的闯入者，再到第三幕里的神秘人物，所有的一切，都因为在 1976 年唐山发生大地震的时候他的抉择。

【话剧《丑人》】

上海话剧艺术中心制作出品

2017 年 4 月 7 日至 23 日在上海话剧艺术中心戏剧沙龙演出

编剧：[德] 马里乌斯・冯・麦因堡

导演：[美] 德米特里・特罗扬诺夫斯基

内容简介：

2007 年话剧《丑人》首演于英国皇家宫廷剧院。

该剧的故事有着强烈的荒诞与讽刺意味，公司职员莱特发明的插头申请到了特殊专利，但是他的老板却以莱特长得太丑为由拒绝让他在专利大会上发表演讲。丑陋的长相对莱特的工作、婚姻、人际关系都产生了巨大影响，因此他决定去整容。整容后的莱特不但挽回了婚姻，还收获了大量异性的崇拜、同性的羡慕，英俊的外表为他带来财富和地位，也让他的虚荣心极度膨胀。成功的整容手术影响的不只是莱特的个人命运，甚至蔓延成了一种社会风气。所有整容的人都要求整成莱特的样子，甚至为莱特做整容手术的医生也选择整成和莱特一样的脸孔。尽管所有人长成同一副模样并带来麻烦，可他们仍然享受着美貌带来的那份便利与虚荣心，没人愿意回到过去，成为那个没整容的、真实的自己。

【话剧《李白》】

北京人民艺术剧院制作出品

2017 年 4 月 12 日至 22 日在北京人民艺术剧院首都剧场演出

编剧：郭启宏

导演：苏民　唐烨

内容简介：

北京人民艺术剧院话剧《李白》首演于 1991 年，于 2017 年 4 月 14 日迎来第 200 场演出。

该剧讲述了诗人李白晚年的故事。公元 8 世纪 50 年代，唐王朝的巍巍大厦在安史乱军的马蹄声中坍塌了。诗人李白满怀爱国热忱，入了永王幕府，壮志凌云却未能洞烛其奸。不久，永王谋败身亡，李白获罪被执，诏判长流夜郎。一路冷月凄风，到了白帝城。因天下兵马大元帅郭子仪作保，李白遇赦，轻舟直放当涂。当涂的山水虽然淡泊了李白干世的热望，而平乱最后一战的召唤却又鼓荡起诗人报国的激情，他做出了骇人听闻的惊世壮举：以垂暮之年请缨从军。一叶扁舟漂流在大江月色中，诗人悄然逝去。

【话剧《大清相国》】

上海话剧艺术中心制作出品

2017年4月21日至5月7日在上海话剧艺术中心艺术剧院演出

编剧：洪靖惠

导演：王晓鹰

内容简介：

大型历史原创话剧《大清相国》为2017上海话剧艺术中心“玉兰绽香”演出季参演剧目、上海话剧艺术中心2017年原创演出季参演剧目。

该剧讲述了山西才子陈廷敬，卷入索尼、鳌拜的派系斗争，不容于顺治朝，钦定的状元位被人夺去，心爱之人成为他人之妻，更被贬离京十载。十年后康熙整顿吏治，朝中却贪腐成灾，能揪贪除贪，唯陈一人。当年的青衣少年智博奸佞，为民反贪。一代才子，两朝名臣，善始善终，善作善成。

【话剧《丁西林民国喜剧三则》】

北京人民艺术剧院制作出品

2017年5月12日至22日在北京人民艺术剧院实验剧场演出

编剧：丁西林

导演：班赞

内容简介：

小剧场话剧《丁西林民国喜剧三则》首演于2016年。

该剧选自物理学家、剧作家丁西林先生的三部喜剧短剧——《一只马蜂》《酒后》和《瞎了一只眼》。三部剧均以婚恋题材为主，以恬淡冲和、机智幽默的方式呈现了20世纪20年代人们的爱情观及婚姻观。

【话剧《大讼师》】

北京人民艺术剧院制作出品

2017年5月25日至6月7日在北京人民艺术剧院首都剧场演出

编剧：郭启宏

导演：蓝天野　韩清

内容简介：

话剧《大讼师》为北京人民艺术剧院2017首部原创话剧，此次演出献礼建院65周年。

该剧取材于我国传统戏曲《四进士》，编创之际曾参考了同名京剧、川剧、秦腔、豫剧及晋地曲艺潞安鼓书等文本共16种。讲述了明朝嘉靖年间，毛朋、田伦、顾读、刘题四位进士科举得中后，因不愿屈当奸相严嵩的门生，被严嵩打击排挤，不得授官；由于忠臣海瑞上疏皇帝，竭力荐举，始得帘外为官。四进士离京前于京城双塔寺文昌祠盟誓，一定要“奉公尽职，倘有贪赃枉法、草菅人命者，自当预备棺木一口，仰面还乡”。

【话剧《风雪夜归人》】

国家大剧院制作出品

2017年6月1日至11日在国家大剧院戏剧场演出

编剧：吴祖光

导演：任鸣

内容简介：

话剧《风雪夜归人》首演于2012年。

该剧讲述了民国时期，在风雨飘摇的大时代背景下，围绕在名伶魏莲生周围数个人物的悲欢离合。魏莲生经历过早年走红烈火烹油的繁华，也经历过最终酒阑人散的落幕时分，而他和官僚苏弘基的姨太太玉春之间的爱情故事，更是二人付出了生命代价的一阕悲歌。该剧试图借助一个浓墨重彩的爱情故事，来探讨人生永恒的真谛，表现小人物的觉醒和他们对命运永恒的叩问。

【话剧《结婚进行曲》】

北京人民艺术剧院制作出品

2017年6月12日至7月10日在北京人民艺术剧院实验剧场演出

编剧：[美]劳伦斯·兰纳

导演：任鸣

内容简介：

话剧《结婚进行曲》为北京人民艺术剧院2017年第一部小剧场新排剧目。

该剧讲述了怀特作为一位知名作家，与同为艺术家的画家女友玛丽坚持着不婚的理念，以拒绝婚姻的同居方式过着自以为的“自由”生活，直至终于无法忍受这样的生活带来的漫长瓶颈。在一番协议后，两个人决定以自己的方式寻找着突破现状的另一条出路，但经过努力尝试后却一无所获。最终，他们决定结婚，放弃以前所谓的自由，争取真正的自由。结婚进行曲响起，两人的新生活开始了。

【话剧《恐怖袭击》】

德国纽伦堡国家剧院创排

2017年6月21日至25日在国家大剧院小剧场演出

编剧：[德]费迪南·冯·席拉赫

导演：弗兰克·本克

内容简介：

话剧《恐怖袭击》是纽伦堡国家剧院在2015年初根据德国文坛明星费迪南·冯·席拉赫的同名剧作改编创排的庭审类题材作品，2017年，这部在欧洲地区已经上演百余场的作品登陆中国，在国家大剧院首演。

该剧的场景设在一个公审法庭，观众都是评审。受审的是一个空军飞行员拉尔斯·科赫，一架载有164名乘客的汉莎航空客机被疑似伊斯兰恐怖分子劫持并将撞击坐有7万观众的安联球场。为了拯救这7万观众，他用自己的战斗机击落了客机，却也令飞机上的164名乘客丧生。如今，飞行员被以谋杀罪名起诉，在场观众则成为陪审团，达成裁决结果以决定他的罪名是否成立。

【儿童剧《山羊不吃天堂草》】

中国儿童艺术剧院制作出品

2017年7月7日至12日在中国儿童剧场演出

编剧：冯俐

导演：查明哲

内容简介：

儿童剧《山羊不吃天堂草》改编自儿童文学家曹文轩同名长篇小说，被冠以中国首部“成长戏剧”，作为“第七届中国儿童戏剧节”开幕大戏此次为首演。

该剧聚焦了少年心灵成长的历程，通过表现一个孩子从农村走向城市、从家庭走向社会、从孩子走向成人的心灵成长过程，让青少年观众在艺术氛围中感同身受，进而在自我成长的道路上有所获益。

【话剧《兰陵王》】

中国国家话剧院制作出品

2017 年 7 月 11 日至 16 日在中国国家话剧院剧场演出

编剧：罗怀臻

导演：王晓鹰

内容简介：

话剧《兰陵王》作为中国话剧诞生 110 周年献礼之作，此次为首演。

该剧通过讲述一个“灵魂与面具”的现代寓言故事，体现对悲剧命运的观照，引发观众对于人性的思考，回归到向善的本心。

【话剧《威尼斯商人》】

国家大剧院、北京天街集团有限公司联合制作出品

2017 年 7 月 11 日至 30 日在北京喜剧院演出

编剧：[英] 莎士比亚

导演：陈薪伊

内容简介：

新版话剧《威尼斯商人》为北京喜剧院两周年院庆剧目。

该剧的主题以“契约精神”为主，讲述了美好的爱情、友情，宣扬了社会中勇敢、善良的正能量精神。全剧除话剧表现形式外，还加入了现场乐队、美声歌唱家，力求带领观众一同走入威尼斯。

【话剧《人间童话》】

北京人民艺术剧院制作出品

2017 年 7 月 14 日至 24 日在北京人民艺术剧院实验剧场演出

编剧：杨小雪

导演：刘小蓉

内容简介：

原创话剧《人间童话》首演于 2016 年。

该剧只有 4 个演员，他们除了扮演生活中常见的男人、女人、老人，还为一朵聪明的花、一条记性很好的鱼与一片无边无际的湖赋予了生命，通过它们的角度和口吻，站在人类社会之外，说出普通人在生活中无法说出的话——那些话或直白，或天真，却无一不充满了对于人生种种的揭示和思考。

【话剧《命运之影》】

瑞典皇家戏剧院排演

2017 年 9 月 7 日至 9 日在国家大剧院戏剧场演出

编剧：[瑞典] 拉斯 · 努列

导演：[瑞典] 艾瑞克 · 斯图博

内容简介：

话剧《命运之影》为第三届国家大剧院国际戏剧季闭幕作品，此次首次登陆国家大剧院。

该剧的核心是关于一个复杂的现代家庭，作品既是古希腊悲剧又是一部现代情景喜剧，黑暗中带着幽默，处理一些最平庸的家庭琐事又同时是生活中最深刻的问题：丈夫的疾病，妻子担忧丈夫去世之后该何去何从，孩子们无所寄托而又困惑，一个家庭被药物滥用和酒精所拖累。这是一部关于文学天才尤金 · 奥尼尔的无情肖像。

【话剧《西望长安》】

国家大剧院制作出品

2017 年 9 月 8 日在北京亦庄经济开发区博纳星辉剧场演出

编剧：老舍

导演：原瑾泓

内容简介：

话剧《西望长安》，此次为首演。

《西望长安》是老舍先生 1956 年根据真实案例创作的一部五幕剧。讲述了 20 世纪 50 年代，骗子栗晚成骗身份，骗荣誉，骗飞机票，骗生活补助费，欺骗组织，欺骗群众，骗了三年，最后，终于被抓起来了。

【话剧《家丑外扬》】

北京人民艺术剧院制作出品

2017 年 9 月 12 日至 10 月 9 日在北京人民艺术剧院实验剧场演出

编剧：[苏联] A. 盖利曼

导演：顾威

内容简介：

话剧《家丑外扬》此次为首演。这部作品创作于 1980 年，此番搬上舞台，除了将个别国内观众不易理解的俄式典故删减之外，基本保持了剧本的原貌。

该剧讲述了一对夫妻，丈夫安德列 · 戈鲁别夫、妻子娜塔莎 · 戈鲁别娃之间由于儿子的受伤残疾而发生的抱怨、争执乃至互相揭短，将全部家丑外扬于公众的故事。

【话剧《陶里街二十三号》】

中国国家话剧院制作出品

2017 年 9 月 29 日至 10 月 8 日在中国国家话剧院先锋剧场演出

编剧：厉程

导演：王婷婷

内容简介：

话剧《陶里街二十三号》为原创话剧，此次为首演。

该剧讲述了在陶里街二十三号的阁楼上，身为作家的母亲和追逐音乐梦想的女儿之间看似平静实则暗流涌动的生活。在无聊乏味的日子里，她们一次次选择通过虚构梦幻来达成自己对于现实的退让和妥协。而在一场因爱而生的矛盾之后，她们终于走上“回归真实，直面生活”的心灵之路。该剧以母女关系为基点，谈及爱、责任、勇气等诸多话题，最终发出拷问：人应该如何面对生活并从中寻找生命之意义与自由之出路。

【话剧《样式雷》】

国家大剧院制作出品

2017 年 9 月 29 日至 10 月 6 日在国家大剧院戏剧场演出

编剧：黄维若

导演：曹其敬

内容简介：

话剧《样式雷》首演于 2015 年，此次开启了第四轮演出。

该剧演绎了一段清朝末年“样式雷”家族传人雷思起、雷廷昌父子二人重修圆明园的风云往事。从千疮百孔的皇家御苑到五行八作汇聚的寻常巷陌，全景展现了清朝末年“样式雷”家族的一段“柱天踏地、匠心匠魂”的家国传奇。

【儿童剧《花神》】

中国儿童艺术剧院制作出品

2017 年 10 月 1 日在中国儿童剧场演出

编剧：郭馨阳

导演：马彦伟

内容简介：

儿童剧《花神》为中国儿童艺术剧院 2017 年首部原创“传统文化”题材儿童剧，此次为首演。

该剧讲述了梅花在百花仙子的挑选下承担了装扮寒冬的使命，然后由拒绝到接受再到成长的过程。《花神》没有像多数儿童剧设置正义与邪恶的较量，而是希望通过演绎梅花和冬天环境之间的冲突以及梅花自己内心的冲突，传递“梅花香自苦寒来”的坚韧精神。

纪事

戏剧节·展演

【第三届中国原创话剧邀请展】

2017年3月2日至6月29日，由中国国家话剧院与北京市西城区人民政府联合主办的“第三届中国原创话剧邀请展”在北京举行。本届邀请展坚持“重视原创、紧跟时代、艺术精湛、服务人民”的宗旨，强调话剧的人民性、时代性、思想性和艺术性，汇聚了中国国家话剧院、全国各大国有话剧院团、民营剧团和社区基层院团的31台剧目，包括20台大剧场剧目和11台小剧场剧目。

其中现实题材剧目包括歌颂红军长征伟大精神的《从湘江到遵义》，抒写抗日战争民族气节的《开炉》《大江东去》《宛平人家》，讴歌共产党员英雄形象的《谷文昌》《赵一曼》《麻醉师》，展现中国军人锻造军魂的《兵者，国之大事》，记录反腐斗争的《人民的名义》，表现文化大家人生历程的《狂飙》《成兆才》《启功》，贴近当代百姓生活的《长夜》《淮河新娘》《两只蚂蚁在路上》《将军里》，还有大胆探索、样式创新的《家·书》《网子》《非常悬疑》等。参演的几部历史题材作品有以戏剧的视角观照戊戌变法的《北京法源寺》、用肢体剧和皮影面具演绎聊斋故事的《罗刹国》、讲述清朝尚书刘统勋以法护田的《天下粮田》、描写清朝廉吏余墨林追求人间正道的《遥远的乡土》。

【第四届天津曹禺国际戏剧节暨第七届林兆华戏剧邀请展】

2017年3月4日，伴随着俄罗斯戏剧《兄弟姐妹》在天津大剧院的开场，由天津大剧院主办的“第四届天津曹禺国际戏剧节暨第七届林兆华戏剧邀请展”在天津大剧院开幕。本届戏剧节的主题为“每个人与他的命运”，寓意在戏剧中深省每个人的命运。

本届戏剧节历时6个月，不但延续了往届邀请国外导演的代表作和国内优秀戏剧人的作品来津演出，并为双方搭建交流平台的特色，还在剧目数量上大幅升级，总数达到20余部。其中，国外大戏以及国外导演与中国戏剧人合作的剧目达到15部，为历年最多，如列夫·朵金作品《兄弟姐妹》和朱利安·戈瑟兰作品《2666》等。国内作品方面则囊括了林兆华、林熙越的《戈多医生或者六个人寻找第十八只骆驼》，郭宝昌的《大宅门》，陈佩斯的《阳台》《托儿》，田沁鑫的《北京法源寺》及西安话剧院的《麻醉师》等。

【2017上海·静安现代戏剧谷】

2017年5月5日至22日，由上海市静安区人民政府、上海广播电视台和上海戏剧学院联合主办的“2017上海·静安现代戏剧谷”在上海举行。本届现代戏剧谷以“锦”为主题，寓意繁花似锦，以打造“国际静安，圆梦福地”的文化氛围。

本届现代戏剧谷分三大板块：“名剧展演”“壹戏剧大赏”和“市民剧场”。“名剧展演”板块集中展演18部中外作品，包括开幕大戏《狂飙》、历史话剧《大清相国》、喜剧《二马》等。“壹戏剧大赏颁奖典礼”于5月22日举行，包括年度大戏、年度最佳导演、年度最佳男/女演员、年度最佳编剧在内的等十项专业大奖揭晓。而另一重要板块——“市民剧场”，较往年展现更丰富的内容，包括大师讲坛、都市戏剧嘉年华、静安故事的原创剧目征集活动和戏剧进社区等。

【2017 第三届国家大剧院国际戏剧季】

2017 年 6 月 1 日至 9 月 9 日，“2017 第三届国家大剧院国际戏剧季”在国家大剧院举行。本届国际戏剧季由来自中国、日本、德国、英国、俄罗斯、西班牙、瑞典的 10 个剧院的团体共同汇聚，带来包括话剧《风雪夜归人》《特洛伊女人》等 12 台 58 场演出。戏剧季分设“东方魅力”“西方精粹”“儿童启迪”三个子板块，为观众开启新一轮戏剧探索之旅。

国家大剧院国际戏剧季是国家大剧院打造的艺术品牌，自 2015 年创办至今，先后呈现了 9 个国家和地区 24 个院团的 149 场精彩演出，为首都观众提供了一个观剧窗口。

【第六届“圆梦中国・春苗行动”北京市优秀少儿题材舞台剧目展演】

2017 年 6 月 1 日至 8 月 31 日，由北京市文化局主办的第六届“‘圆梦中国・春苗行动’北京市优秀少儿题材舞台剧目展演”在北京举行。本届展演在北京各大剧场演出 22 个国内外演出团体的 22 台剧目，演出内容和艺术表演形式广泛多样，艺术门类涵盖话剧、音乐剧、音乐会、木偶剧、皮影戏和小丑剧。演出团体来自中国、法国、德国、意大利、西班牙、丹麦等多个国家，演出场地包括国家大剧院、中国儿童剧场、中国木偶剧院、保利剧院等北京各大剧场，是“春苗行动”开展至今涉及演出国家最多、演出水平最高、演出场地最丰富的一届。

此外，本届“春苗行动”除了延续之前的传统——组织儿童剧创作研讨会、公益讲座等活动外，还增加了戏剧工作坊、亲子观剧团、公众号网络抢票等活动。

【2017 首都剧场精品剧目邀请展演】

2017 年 6 月 30 日，“2017 首都剧场精品剧目邀请展演”在北京人民艺术剧院首都剧场启幕，9 部中外经典剧目先后登陆北京人民艺术剧院首都剧场、实验剧场和菊隐剧场，献礼北京人民艺术剧院建院 65 周年。

应邀参加国际单元的演出作品有斯洛文尼亚国家话剧院的《浮士德》、贝尔格莱德国家剧院的《茶花女》、以色列盖谢尔剧院的《我是堂吉诃德》和俄罗斯圣彼得堡亚历山德琳娜剧院的《婚事》；国内单元的剧目有浙江话剧团有限公司的《再见徽因》，北京市演出有限责任公司的《独自温暖》，上海话剧艺术中心的《大清相国》《卡布奇诺的咸味》和《鲁镇往事》。

【第七届中国儿童戏剧节】

2017 年 7 月 7 日至 8 月 20 日，由中国儿童艺术剧院主办的“第七届中国儿童戏剧节”举行。此次戏剧节北京为主会场，济南、成都为分会场，同时还深入到广东、辽宁、河北、湖北等地，并走进新加坡和韩国进行交流演出。本届戏剧节以“点亮童心　塑造未来——共筑中国梦”为主题，涵盖优秀剧目展演、国际儿童戏剧交流以及戏剧嘉年华活动，汇聚中国、罗马尼亚、以色列、黎巴嫩、捷克、俄罗斯等 9 个国家和地区的 27 家儿童戏剧团体，共 48 部优秀剧目演出 206 场。

国内板块的剧目包括中国儿童艺术剧院的益智趣味儿童剧《小吉普・变变变》、童话剧《小蝌蚪找妈妈》《伊索寓言》《青蛙王子》《成语魔方》《小公主》等，北京丑小鸭剧团股份有限公司的《老人与海》、北京儿童艺术剧院的《你好，未来》、中国木偶剧院的《熊猫和小鼹鼠》、北京中间印象文化发展有限公司西班牙 & 中国联合制作的《我要飞，去月球》、台北如果儿童剧团的即兴喜剧《谎言！卡布奇诺》等。国外板块的剧目包括罗马尼亚坦达利卡动画剧院的黑光剧《渔夫与金鱼》、以色列火车剧团的

《量身定制》、西班牙 La Baldufa 喜剧院的多元儿童剧《匹诺曹》、黎巴嫩木偶剧团的《一千零一朵玫瑰花》、荷兰寂静舞蹈剧团的肢体剧《会飞的奶牛》、捷克大篷车剧团的提线木偶剧《木偶马戏团》，以及俄罗斯圣彼得堡市良朵夫青年剧院的童话音乐剧《绿野仙踪》等。

【第十六届金刺猬大学生戏剧节】

2017 年 8 月 5 日至 20 日，由北京戏剧家协会、朝阳区文化馆主办的“第十六届金刺猬大学生戏剧节”在北京朝阳区文化馆 9 剧场举行。本届戏剧节吸引全国各地 63 所高校的 75 个剧社参与报名，最终遴选出 14 部优秀剧目进行展演，这些展演剧目突出了大学生们的原创能力，包括四川大学欢行剧社的音乐剧《你好 · 青春》、汕头大学思凡剧社的《宫墙内的芭蕾》、中国戏曲学院他山剧社的《平庸之罪》等。本届大戏节还在线上与各大新媒体进行合作，如在“一直播”平台上延续剧目直播及幕后直播，为无法来到大戏节现场的观众提供便捷的渠道观看剧目，打破以往“戏剧只能在剧场观看”的观念。

【第四届（2017）爱慕 · 北京国际女性戏剧节】

2017 年 8 月 11 日，由北京戏剧家协会主办的“第四届（2017）爱慕 · 北京国际女性戏剧节”在北京 A33 剧场开幕。本届戏剧节以“成为幸福的创造者”为主题，由香港、北京、萨格勒布三大演出团体，为观众呈现了《期限》《舞至爱之终结》《萨拉 · 凯恩在 4.48 上书写》《带针女孩》《纯净的眼睛》等优秀戏剧作品。本届女性戏剧节旨在通过呈现多元文化背景下的生活故事，传播“爱”与“美”的理念，向幸福的创造者致敬。

【喜迎十九大 · 纪念中国话剧诞辰 110 周年全国话剧优秀剧目展演季暨华北大区优秀剧目邀请展】

2017 年 8 月 16 日，由中共天津市委宣传部、天津市文化广播影视局、中国话剧协会联合主办，天津北方演艺集团承办的“喜迎十九大 · 纪念中国话剧诞辰 110 周年全国话剧优秀剧目展演季暨华北大区优秀剧目邀请展”在天津大礼堂开幕。展演季期间来自中国国家话剧院、北京人民艺术剧院、天津人民艺术剧院等 21 家演出单位带来了 24 部剧目演出，包括天津人民艺术剧院的话剧《天下粮田》、北京人民艺术剧院的话剧《大酒店套房》、中国国家话剧院的话剧《罗刹国》、中国煤矿文工团的话剧《五脊六兽》、河北省话剧院的话剧《詹天佑》等以及北京儿童艺术剧院的儿童剧《团仔圆妞》、天津市儿童艺术剧团的儿童剧《成语故事》等。

【2017 年全国小剧场戏剧优秀剧目展演】

2017 年 9 月 1 日至 30 日，由文化部艺术司、北京市文化局共同主办的“2017 年全国小剧场戏剧优秀剧目展演”在北京举行。21 部参演作品在中国国家话剧院小剧场及先锋剧场、北京人民艺术剧院实验剧场、北京 9 剧场（行动剧场、TNT 剧场）、繁星戏剧村（壹剧场、贰剧场）、剧空间剧场陆续上演。这些作品中，小剧场话剧有 12 部，它们题材广泛、内容丰富，反映了当下小剧场戏剧创作发展的整体水平。其中，既有关注当下现实的《幸福年》《秘而不宣的日常生活》《两只蚂蚁在路上》，也有融合多种形式的创新剧目《罗刹国》《网子》《安提戈涅》，还有挖掘历史题材和经典文本的《丁西林民国喜剧三则》《南门客栈》。此外还有戏曲作品 9 部。

【第十届北京青年戏剧节】

2017年9月5日至28日，由北京市文学艺术界联合会、中国国家话剧院、北京市团市委、北京戏剧家协会、东城区文化委、北京青年戏剧工作者协会联合举办的“第十届北京青年戏剧节”在北京举行。本届青戏节在其举办十周年之际策划了包括“青年戏剧领袖计划”“行动，开始”“国际展演”“致敬大师”“剧本朗读”“海报装置展”“戏剧工作坊”“48小时V戏剧”等单元在内的8个戏剧节板块。并在北京十几家艺术空间上演60多场风格鲜明的演出，包括李凝导演的《方寸》、何雨繁导演的《澡堂》、姬沛导演的《大胆妈妈和她的孩子们》、陈明昊导演的《卡拉OK猪》以及英国导演艾利克斯·克里斯托弗·霍华思的作品《我们住在海边》、挪威导演乔恩·唐布尔与中国演员合作的作品《随你去》等。

【首届内蒙古自治区蒙古语戏剧节】

2017年9月12日，由内蒙古文化厅、内蒙古文学艺术界联合会、中共锡林郭勒盟委宣传部主办的“首届内蒙古自治区蒙古语戏剧节”在内蒙古自治区锡林浩特市开幕。戏剧节为期6天，举办14场展演，包括以鄂尔多斯蒙古族民歌改编的《黑缎子坎肩》、以我国航天神舟飞船为题材的《神舟阿木古郎》等10部蒙古剧，以“草原儿女心向党”为主题的《觉醒》《网围栏》等17部小戏小品。本届戏剧节观众达万余人次，戏剧节期间还举办了蒙古剧创作研讨会和“一剧一评”专家指导活动等。

【2017首届汤显祖国际戏剧节】

2017年9月24日至10月底，由中国人民对外友好协会、中国戏剧家协会、江西省政府联合主办的“2017首届汤显祖国际戏剧节”在江西省抚州市举行。本次戏剧节策划了多项主要活动，包括“国际戏剧交流演出活动”、“汤显祖国际戏剧节开幕式暨戏剧嘉年华活动”、第二届“文化传承和创新国际论坛”、“三翁戏剧文化研讨会”、“永恒的汤显祖和莎士比亚”主题戏剧坊等。本次戏剧节上，包括英国TNT剧团以及俄罗斯彼尔姆边疆区芭蕾舞剧团等11个“一带一路”沿线国家（地区）的演出团体、院校携剧目参加演出。

【2017广东国际戏剧展】

2017年10月10日至12月中旬，由广东省演出有限公司策划组织主办，广州大剧院参与联合主办的“2017广东国际戏剧展”在广东省广州市举行。展演场所包括广东演艺中心大剧院、广州大剧院和广州正佳演艺剧院。戏剧展精选十几部境内外戏剧作品，共上演近40场。展演作品有来自至乐汇的荒诞戏剧《破阵子》，以及由吕丽萍和孙海英联袂的明星版《独自温暖》等；引进国外名作有：经典喜剧《糊涂戏班》、百老汇复排次数最多的音乐剧之一《我，堂吉诃德》、四幕喜剧《海鸥》等。

此外，“广东国际戏剧展”主办方还邀请粤港澳戏剧机构负责人和专家等，于11月24日举办“粤港澳大湾区戏剧交流与合作座谈会”，就大湾区戏剧创作、制作、演出及营销等相关领域的交流与合作展开深入探讨。

【第七届北京喜剧艺术节】

2017年10月13日至12月17日，由北京喜剧院、北京大道文化节目制作有限公司主办，国家大剧院、北京天街集团有限公司名誉主办的“第七届北京喜剧艺术节”在北京喜剧院集中展演。本届艺术节特别策划了“喜剧有经典”“逗你没商量”“京味很地道”三大演出板块。来自中国、美国、俄罗斯、英国、丹麦五国喜剧表演艺术家的9台37场喜剧佳作陆续登场，包括俄罗斯圣彼得堡赛蒙扬奇剧团的经典剧目《瞧这一家人》、英国痴人妄语剧团的喜剧作品《高兴起来》、詹瑞文戏剧工作室的《意乱情谜》以及导演陈薪伊执导的莎翁经典喜剧《威尼斯商人》等作品。

【第五届乌镇戏剧节】

2017年10月19日至29日，由文化乌镇股份有限公司主办的“第五届乌镇戏剧节”在浙江省嘉兴市乌镇举行。由俄罗斯导演马斯·图米纳斯创作的剧目《叶普盖尼·奥涅金》作为开幕大戏进行了公演。

本届乌镇戏剧节以“明”为主题，为期10天，由“特邀剧目”“青年竞演”“古镇嘉年华”“小镇对话”等单元组成。活动举办期间，来自中国、俄罗斯、德国、英国、美国等13个国家和地区的24部特邀剧目，共计100场演出在乌镇大剧院、沈家戏园、国乐剧院等地上演，包括作为开幕大戏的剧目《叶普盖尼·奥涅金》、来自立陶宛的《海鸥》、源自中国传统故事的《风尘三侠》、改编自关汉卿著作的《窦娥》、改编自莎士比亚的《第十二夜》、来自爱尔兰的《海选哈姆雷特》、来自罗马尼亚的《小王子》等作品。

【2017第十三届上海当代戏剧节】

2017年11月16日至12月17日，由上海市文学艺术界联合会、上海文广演艺（集团）有限公司主办，上海话剧艺术中心承办，上海市戏剧家协会、上海国际舞蹈中心剧场经营管理有限公司、上海话艺文化传播有限公司协办的“2017第十三届上海当代戏剧节”在上海举行。戏剧节集中呈献了10部来自不同国家和地区的多元创意戏剧演出，包括一对一表演、互动音乐剧场、纪录剧场、默剧、舞蹈、舞台剧、舞蹈剧场、现代舞、嘻哈现代舞等不同类型的表演艺术形式。本届戏剧节的主题为“无界 Limitless”，希望打破传统剧场空间的束缚，把戏剧融入城市的社区，以及非常规的剧场空间，让上海一些日常场所也变成戏和人、观众和艺术家相遇的地方。

【纪念中国话剧诞生110周年·戏剧东城10周年——全国话剧优秀新剧目展演季】

2017年12月5日，由东城区人民政府、北京市文化局、中国话剧协会主办的“纪念中国话剧诞生110周年·戏剧东城10周年——全国话剧优秀新剧目展演季”在北京人民艺术剧院首都剧场开幕。展演季期间，22部优秀剧目在中国国家话剧院、北京人民艺术剧院首都剧场、北京天桥艺术中心等剧场上演。包括辽宁人民艺术剧院带来的《千字碑》、以王阳明传奇一生为背景的《此心光明》、讲述传奇画作辗转流离的《〈富春山居图〉传奇》、积极落实“精准扶贫”的《十八洞》、反腐题材话剧《韩文公》、反映当代城市人生活现状的《雨夜》和山区民众走出大山开创新生活的《铁杆庄稼》等作品，以及四部原创话剧，分别为《炒肝》《皇城根下》《留取丹心》《十年》。此外，本次展演季还举行了戏剧讲堂、戏剧体验活动等活动，东城区的话剧社团、话剧爱好者也走进剧院进行创作、体验活动。

会议 · 论坛

【麦戏聚 · 2017 戏剧高峰论坛】

2017 年 5 月 16 日至 17 日，由大麦演出、麦戏聚主办的“麦戏聚 · 2017 戏剧高峰论坛”在北京举行。此次高峰论坛共包含 8 场分论坛，针对八大行业热点问题进行深度对话，探讨当下中国戏剧生态及未来发展。论坛汇聚了戏剧创作者、国内剧院、出品方、版权方等 26 位资深从业人士，其 8 场分论坛主题涵盖了高校戏剧现状、舞台剧的电影改编、戏剧放映新体验、如何打造超级 IP 的剧影之路、剧场现状与未来发展、IP 泛青春化、IP 系列舞台剧的构建与延展以及传统文化和戏剧创作。

【北京电影学院戏剧戏曲学学科建设学术座谈会】

2017 年 6 月 4 日，由北京电影学院和北京戏剧家协会主办“北京电影学院戏剧戏曲学学科建设学术座谈会”在北京举行。座谈会上，与会专家普遍认为，北京电影学院建设戏剧戏曲学科，对于加强体系化教学、结构性调整、培养复合型人才具有重要意义，不仅能够完善和加强戏剧戏曲学学科的整体结构，更因戏剧与影视的学科互动与互补，对中国表演体系建设也将会产生积极的作用。北京电影学院有关负责人表示，将会吸收专家意见，充分发挥北京电影学院的学科优势，构建具备当代特点、面向未来的戏剧戏曲学学科。

【纪念中国话剧诞生 110 周年主题论坛】

2017 年 6 月 14 日至 15 日，由中国国家话剧院主办的“纪念中国话剧诞生 110 周年主题论坛”在中国国家话剧院举行。两天当中，30 余位全国戏剧界各领域专家学者，围绕“中国话剧学术研究与艺术评论”“剧目建设与原创力提升”“话剧院团管理与戏剧制作”“话剧发展的环境建设与戏剧教育”四个论题展开了深入的剖析与交流。

【2017 国际儿童戏剧合作与发展论坛】

2017 年 8 月 18 日至 20 日，由中国儿童艺术剧院、中国儿童戏剧研究会（ASSITEJ China，国际儿童青少年戏剧协会中国中心）联合举办的“2017 国际儿童戏剧合作与发展论坛”在北京举行，来自美国、俄罗斯、丹麦等 12 个国家及中国台湾地区的 60 多位儿童戏剧界专家受邀出席了此次论坛。与会代表围绕儿童戏剧合作与发展进行了讨论，大家认识到，戏剧在引导少年儿童形成健全人格、正确认识社会、实现快乐生活等方面具有独到的作用。经过讨论，达成了《国际儿童戏剧合作与发展论坛北京共识》。

【第十九届上海国际艺术节“时代的风采　艺术的魅力”好剧论坛】

2017 年 10 月 24 日，由文化部主办、上海市人民政府承办的“第十九届上海国际艺术节‘时代的风采　艺术的魅力’——好剧论坛”在上海银星皇冠假日酒店举行。与会文艺工作者及各界人士从宏观角度对舞台艺术的创作现状进行了交流分析，就如何提升优秀作品的影响力，促进文艺创作和理论发展进行了讨论。分论坛讨论中，戏剧戏曲、歌剧舞剧两个分论坛同时展开。与会嘉宾讨论了当前舞台创作中取得的成就和面临的问题，就剧目创作和制作经验进行了分享。

展览·培训

【李默然戏剧生涯展全国巡回展】

2017年5月6日至21日，为纪念中国话剧110周年，由中国戏剧家协会、中国话剧协会联合主办的“李默然戏剧生涯展”全国巡回展在中国国家话剧院剧场展厅举行。

这次巡展展出了大量的李默然生前照片、剧照，展示了李默然从1948年从事戏剧事业以来走过的路程。还有李默然从1950开始记的戏剧笔记，这些笔记详细记载了李默然参加《曙光照耀着莫斯科》《在那一边》《第二个春天》《艳阳天》《李尔王》《夕照》等话剧，《熊迹》《走在战争前面》等电影，《乔厂长上任》《光荣街十号》等电视剧的排练细节，及李默然准备角色的过程及心得体会，是研究李默然由一个只上过四年小学，如何成长为一个成功的艺术家的重要史料。继北京之后，巡展陆续在天津、沈阳、哈尔滨等城市举行。

【2017儿童戏剧教育教师培训班】

2017年5月15日，由中央文化管理干部学院、中华儿童文化艺术促进会、中国木偶艺术剧院和北京儿童艺术剧院联合主办的“2017儿童戏剧教育教师培训班”在北京人民艺术剧院菊隐剧场启动。

此次培训班汇集了7名国内外教师。课程设置和教学内容迎合戏剧教学的实际需要，采取导师授课和工作坊教学相结合的方式，争取用最短的时间提升学员面向儿童的戏剧教学水平。首期培训持续5天，考核成绩合格者由中央文化管理干部学院颁发培训结业证书。

【“儿童剧编导人才培养”项目】

2017年6月19日，北京儿童艺术剧院承办的国家艺术基金2016年度资助项目——“儿童剧编导人才培养”在中国杂技团有限公司北京市国际艺术学校开班。该项目旨在培训具有一定基础和较高创作潜力、希望从事儿童剧编导工作的青年戏剧编创人才，使其全面提升对儿童剧创作的理解，培养一批具有较高艺术素养、创新精神十足的儿童剧创作中坚力量。

参加儿童剧编导人才培养培训班的30名学员来自全国19个城市，他们用3个月的时间完成采风交流研讨、作品执导、片段排练、结业汇报等课程。课程结束后，该项目还为参加培训的学员提供作品版权服务，使作品获得更多市场开发机会。

【历史回放　舞台辉煌——中国话剧诞生110周年纪念展】

2017年7月28日至8月16日，由中国艺术研究院、中国国家话剧院、北京人民艺术剧院联合主办的“历史回放　舞台辉煌——中国话剧诞生110周年纪念展”在国家大剧院举行。

本次展览以展现话剧历史、弘扬奋斗精神、促进戏剧繁荣、普及戏剧教育为宗旨，以中国话剧自1907年诞生之初直至当今的发展过程为脉络，以大量珍贵的话剧史图片和相关文献、资料、实物，复原和展现中国话剧110年来的艺术成就，详尽地介绍了中国话剧作为一种舶来的戏剧艺术，在中国这110年间发展的历史及现状，展示话剧这门艺术来到中国后的落地生根以及几代人为其实现本土化而做出的不懈努力和大量工作，让更多的人知道话剧、了解话剧、喜欢话剧。

【2017 两岸青年戏剧人才培训扶持计划结业仪式暨汇报演出】

2017 年 12 月 1 日，由中华文化联谊会、北京市文化局主办的“2017 两岸青年戏剧人才培训扶持计划结业仪式暨汇报演出”在北京举行。本次培训扶持计划期间，来自大陆和台湾的 12 位学员于 11 月 19 日至 12 月 1 日在北京进行了集中学习和参访交流。18 位戏剧、戏曲、影视领域的一线专家、学者通过授课和工作坊训练与学员们一起分享了他们对当代戏剧创作的经验和思考。汇报演出现场，学员们进行了剧本朗读汇报演出，展示了话剧、音乐剧、戏曲等剧本的各异风格和新颖视角。

大事记

1月8日至20日，国家大剧院话剧《向上走，向下走》赴湖南、湖北进行“文化迎春、艺术为民”慰问演出。

1月12日，北京人民艺术剧院进行小剧场话剧《大酒店套房》第100场演出。

1月15日至16日，中国儿童艺术剧院在海南省海口市演出组合式儿童剧《特殊作业》。

1月22日，江苏大剧院首批引进剧目演出落幕，该演出持续2个多月。

1月30日，人偶剧《西游记》在中国儿童艺术剧院假日经典小剧场首演。

2月28日，“2017南京戏剧节”在江苏省南京市开幕，本届戏剧节一直延续至12月。

3月2日至6月29日，“第三届中国原创话剧邀请展”在北京举行。

3月4日，“第四届天津曹禺国际戏剧节暨第七届林兆华戏剧邀请展”在天津大剧院开幕。

3月25日至31日，中国儿童艺术剧院来到内蒙古自治区通辽市扎鲁特旗开展“温暖童心——优秀儿童戏剧走进内蒙古公益演出”活动。

3月29日，上海学生戏剧团及上海学生戏剧联盟成立主题活动在复旦大学举行。

4月11日至22日，中国儿童艺术剧院举办“2017青少年戏剧教育成果展演”。

4月12日，北京人民艺术剧院话剧《李白》在北京人民艺术剧院首都剧场进行第200场演出。

4月21日，“2017青少年戏剧教育成果展演研讨会”在北京东城区灯市口小学举行。

5月5日至22日，“2017上海·静安现代戏剧谷”在上海举行。

5月6日至21日，“李默然戏剧生涯展”在中国国家话剧院剧场举行。

5月8日至24日，“第14届上海市大学生话剧节”在上海举行。

5月15日至19日，“2017儿童戏剧教育教师培训班”在北京举行。

5月16日至17日，“麦戏聚·2017戏剧高峰论坛”在北京举行。

5月18日和23日，话剧《杀死一只知更鸟》分别在清华大学蒙民伟音乐厅和北京四中演出。

5月22日至26日，中国国家话剧院话剧参加“艺术为民”公益演出，走进新疆生产建设兵团。

5月22日，“第28届中国戏剧梅花奖暨第22届曹禺剧本奖”颁奖晚会在广东省广州大剧院举行。

6月1日至9月9日，“2017第三届国家大剧院国际戏剧季”在国家大剧院举行。

6月1日至8月31日，第六届“‘圆梦中国·春苗行动’北京市优秀少儿题材舞台剧目展演”在北京举行。

6月4日，“北京电影学院戏剧戏曲学学科建设学术座谈会”在北京举行。

6月7日至7月30日，“2017首届老舍国际戏剧节”在北京举行。

6月12日，北京人民艺术剧院举行65周年院庆。

6月14日至15日，“纪念中国话剧诞生110周年主题论坛”在中国国家话剧院举行。

6月16日，河南省戏剧家协会与河南省社区教育服务指导中心签约，助力戏剧进社区。

6月17日，“星星儿童剧场”——东莞市优秀本土原创儿童剧展演活动第二期在广东省东莞市文化馆实验剧场举行。

6月17日至18日，北京人民艺术剧院举办剧本朗读活动。

6月17日至21日，中国国家话剧院话剧《罗刹国》参加阿斯塔纳首届国际戏剧节展演。

6月18日至7月5日，“第十五届中国戏剧节”在宁夏回族自治区银川市举行。

6月19日，“儿童剧编导人才培养”在中国杂技团有限公司北京市国际艺术学校开班，学程历时3个月。

6月26日，“第八届南锣鼓巷戏剧节”在北京开幕。

6月30日，“2017首都剧场精品剧目邀请展演”在北京人民艺术剧院首都剧场开幕。

7月6日，金砖国家儿童戏剧联盟成立。

7月7日至8月20日，“第七届中国儿童戏剧节”举行。北京为主会场，济南、成都为分会场。

7月16日，北京喜剧院迎来开幕两周年纪念日。

7月20日至24日，中国国家话剧院排演的话剧《向上走，向下走》走进内蒙古呼伦贝尔大草原公益演出。

7月28日至8月16日，“历史回放　舞台辉煌——中国话剧诞生110周年纪念展”在国家大剧院举行。

7月28日至8月20日，“2017上海国际儿童戏剧展演”在上海举行。

7月31日，“都有一个戏剧的梦——国家大剧院戏剧演员队一周年汇报演出”在国家大剧院举行。

8月5日至20日，“第十六届金刺猬大学生戏剧节”在北京朝阳区文化馆9剧场举行。

8月11日，“第四届（2017）爱慕·北京国际女性戏剧节”在北京A33剧场开幕。

8月16日，“喜迎十九大·纪念中国话剧诞辰110周年全国话剧优秀剧目展演季暨华北大区优秀剧目邀请展”在天津大礼堂举行。

8月18日至20日，“2017国际儿童戏剧合作与发展论坛”在北京举行。

8月21日，中国国家话剧院演出的话剧《罗刹国》在2017爱丁堡边缘艺术节上获“最佳青年演出奖”。

8月31日，“2017索尔蒂中国大师班”在国家大剧院音乐厅举办公开大师课。

9月1日至30日，“2017年全国小剧场戏剧优秀剧目展演”在北京举行。

9月5日至28日，“第十届北京青年戏剧节”在北京举行。

9月6日，“2017年中国—东盟（南宁）戏剧周”在广西壮族自治区南宁市开幕。

9月8日至17日，“第四届丝绸之路国际艺术节·国际儿童戏剧周”在陕西省西安市举行。

9月12日至17日，“首届内蒙古自治区蒙古语戏剧节”在内蒙古自治区锡林浩特市开幕。

9月15日至28日，“2017杭州当代戏剧节”在浙江省杭州市举行。

9月19日至12月底，“2017第四届中南剧场国际戏剧演出季”在湖北省武汉市中南剧场举行。

9月22日，广西剧院演艺联盟在广西壮族自治区南宁市成立。

9月24日至10月底，“2017首届汤显祖国际戏剧节”在江西省抚州市举行。

10月8日至11月7日，第十届“春华秋实——艺术院校舞台艺术精品展演周”在国家大剧院举行。

10月10日至12月中旬，“2017广东国际戏剧展”在广东省广州市举行。

10月13日至12月17日，“第七届北京喜剧艺术节”在北京喜剧院集中展演。

10月17日至19日，中国儿童艺术剧院赴江西省新余市举办公益演出活动。

10月19日至29日，“第五届乌镇戏剧节”在浙江省嘉兴市乌镇举行。

10月24日，“第十九届上海国际艺术节‘时代的风采　艺术的魅力’——好剧论坛”在上海举行。

10月25日至11月30日，“2017年东城故事原创剧目展演暨戏剧进基层演出活动”在北京举行。

11月10日至12月15日，“上海国际喜剧节”在上海举行。

11月16日至12月17日，“2017第十三届上海当代戏剧节”在上海举行。

11月18日，“两岸小剧场艺术节”在台湾桃园开幕。

11月24日至12月30日，“第二届中国·银川国际青年戏剧节”在宁夏回族自治区银川市举行。

12月1日，“2017两岸青年戏剧人才培训扶持计划结业仪式暨汇报演出”在北京举行。

12月5日，“纪念中国话剧诞生110周年·戏剧东城10周年——全国话剧优秀新剧目展演季”在北京人民艺术剧院首都剧场开幕。

12月25日，中国国家话剧院举办组建16周年庆祝活动。

中国艺术年鉴·2018

音乐卷

分卷主编：陈乾

年度述评

2017年度中国音乐艺术发展研究报告

◎ 中国艺术研究院音乐研究所《2017年度中国音乐发展研究报告》课题组

2017年10月18日，中国共产党第十九次全国代表大会胜利召开。习近平总书记在十九大报告中指出："文化是一个国家、一个民族的灵魂。文化兴国运兴，文化强民族强。没有高度的文化自信，没有文化的繁荣兴盛，就没有中华民族伟大复兴。""文化自信是一个国家、一个民族发展中更基本、更深沉、更持久的力量。"纵览十九大报告，"文化"一词频频出现，达79次之多，可见党和国家对文化核心功能在全面建成小康社会进程中作用的高度重视。音乐艺术的发展状况，无疑是国家民族文化自信的重要表征之一。

回顾2017年我国音乐艺术发展轨迹，音乐创作、演出、大赛和音乐节、音乐交流以及学术研究、音乐教育、音乐产业等众多领域，呈现出不同程度的新气象和新局面，体现出广大音乐工作者对时代脉搏的准确把握，对传承弘扬中国音乐文化的高度自觉。在党的十九大精神指引下，音乐家们创作出许多体现高原和高峰的艺术作品和学术成果，形成良好的音乐生态，有力推动中华优秀传统音乐文化传承与传播。当然，回顾、梳理年度重要音乐事项并非只为记录成绩，更要反思过去中国音乐事业走过的路，总结其经验教训，为未来音乐艺术繁荣发展提供镜鉴。

一、"深耕"中的音乐创作

2017年度音乐创作与演出，国家艺术基金资助项目是重要部分。在全部获得资助的1002项艺术创作中，大型舞台剧和作品135项，其中歌剧、音乐剧、交响乐和民族管弦乐32项；小型舞台剧和作品198项，其中小歌剧2项，器乐曲（重奏曲、独奏曲、室内乐、民乐小合奏）22项；歌曲合唱类46项；传播交流推广资助项目181项中，音乐类占18项。除此之外，还有大量其他音乐作品面世。应该说，国家艺术基金的资助，在助力2017年度音乐创作与演出过程中，发挥了重要推动作用和导向意义。

（一）管弦乐、室内乐创作稳步发展

2017年度代表性管弦乐和室内乐创作，可举以下几例。国家大剧院2016—2017第四期"青年作曲家计划"展演，5月1日在国家大剧院音乐厅的"名家经典之夜"中央歌剧院音乐会中拉开帷幕。中央歌剧院交响乐团演奏了由曹胜楠的《森之图》和王阿毛的《画音藏域》。《森之图》灵感源自《山海经》中的木灵和山树神，表达了万物都有自己位置和作用，细微与整体同时存在于天地之间的理念。《画音藏域》取材于一首朴素的西藏民歌，描绘了藏区原始寺院、纯净自然山川和热情舞蹈聚会场景。

6月19日，国家艺术基金"民族室内乐青年演奏人才培养"项目"炫彩叠韵——民族室内乐音乐会"在中央音乐学院音乐厅上演。音乐会十首曲目并非全为近期所作，如谭盾的《双阙》、周龙的《空谷流水》等均是早期作品。对于演奏者而言，通过梳理和演奏出不同阶段"民族室内乐"作品，不仅有利于把握这一音乐体裁及演奏风格，对于该体裁的未来发展也具有重要意义。正如指挥家王甫建所言："民族音乐的合奏、重奏古既有之，今天怎么归类提法都可以，但传承也好，创新也好，形式自可多样，可民族音乐艺术本身所具有的历史属性、文化属性及语言属性却不可忽视，尤其是青年一代的创作和演奏群体更应深入了解和思考，在这一点上不妨回过头去看看三十多年前，当时富有激情的一代优秀青年作曲家们是如何在探索中坚持民族精神和文化底蕴的，并于今天继续努力去开创一个更新

的时代。”①

天津音乐学院青年唢呐教师王展展申报的独奏曲《大笛绞》，是一首基于民间唢呐曲改编的舞台作品。《大笛绞》以唢呐为主奏乐器，笙、打击乐为伴奏，以“慢板龙”“快板龙”为基础素材，以民间鼓吹乐特有的即兴手法发展而成。经过王展展整理、改编的《大笛绞》体现出强烈的时代特色和创新精神：音色上拥有更丰富、更灵动、更精细的表现力，与笙等伴奏乐器之间的融合度更好；速度、力度、节奏等层面对比强烈，体现出更大张力；结构上更加精练、完整，较好表现出传统音乐“起承转合”的结构特点，对传统音乐“韵味”的把握更加到位。

12 月 8 日，国家艺术基金资助项目交响乐《社戏》在浙江音乐学院首演，由浙江交响乐团组织实施，乐团艺术总监、指挥家张艺执棒。《社戏》以交响乐为载体讲述中国故事，以浙江的绍剧、越剧、婺剧三大剧种的戏曲音乐素材为基础，弘扬浙江戏曲文化，描绘出生动的社会生活图景，乐曲大气恢宏、柔美婉约，洋溢着浓郁的地域风情。该剧由三个乐章构成，第一乐章“绍剧叙事曲”中，管弦乐曲巧妙运用绍剧唱腔，用西洋乐生动演绎《三打白骨精》这一经典故事。第二乐章“越剧随想曲”，表现了脍炙人口的越剧唱腔“天上掉下个林妹妹”以及《梁祝》爱情主题。第三乐章“婺剧狂想曲”，除运用婺剧音乐素材进行变奏，还完美融合丰富的戏曲元素。作品用西方音乐样式传承和弘扬民族优秀传统文化，传递出坚定的文化自信。

5 月 8 日，在国家大剧院小剧场上演了由北京京剧院扶持的“筝戏华年——尚靖雅京剧・古筝音乐会”。该音乐会共八个节目，绝大部分是尚靖雅在艺术“深耕”中探索、尝试的作品，包含四种跨界类型：古筝演奏京剧曲牌，如《万年欢》；带有京剧元素的古筝现代作品，如《禅院钟声》《月满庭》《醉・百花亭》《冰火之舞》；用古筝伴唱京剧，如京剧《贵妃醉酒》之“海岛冰轮初转腾”选段；古筝演绎京剧声腔，如《霸王别姬》。音乐会体现出青年民乐人大胆探索的勇气、对艺术观念的更新、对时代脉搏的把握以及对传统音乐的继承创新，在很大程度上改变了观众对京剧和古筝乃至民族艺术的认知，其意义不可小觑。

中央民族乐团创作的大型民族器乐剧《玄奘西行》，是 2017 年文化部立项的重点新创剧目，由中央民族乐团团长席强总策划，驻团作曲家姜莹担任作曲、编剧和总导演，7 月在天桥艺术中心上演。该剧用民族器乐语言诠释玄奘不忘初心、不畏艰险、执着进取的精神，再现玄奘法师的西行“壮举”，契合国家的“一带一路”倡议，把用民族器乐讲中国故事的艺术实践向前推进了一大步。在音乐风格上，作品既有抒情唯美的音乐，如“佛门”“普度”“故乡”旋律，又有或紧张或舒缓的叙事音乐，如“一念”“祭天”旋律等，用民族器乐叙述故事，展示人物内心活动，突破了常规的艺术概念，是融灯光、舞美、多媒体及台词于一体的全新民族器乐艺术形式。

（二）民族歌剧成为焦点

2017 年度，除国家大剧院、上海大剧院、天津大剧院等知名剧院的年度歌剧节或音乐季演出外，还有院校体系中的歌剧创作以及三年一次的第三届中国歌剧节。11 月 30 日，“2017 中国室内歌剧创作推动计划”在中央音乐学院歌剧音乐厅拉开帷幕，作曲系主任郭文景教授担任艺术总监，谢纵天的《芈建游宫》、师郭长润的《活着》、赵宇轩的《起死》、夏琦的《都灵之马》、徐海博的《十字路口的三个死囚笼》、付莉的《传说》等六部室内歌剧作品登上舞台。这些室内歌剧涉猎广泛，既有古代历史故事，又有现代亲情演义；既有对人性的描写，又有对尼采哲学的阐释；既有黑色童话对社会的批判，又有“齐物论”哲学与现实的悖论，呈现出广泛而多元的文化态势。

12 月 16 日，由文化部、江苏省人民政府主办，文化部艺术司、江苏省文化厅承办的第三届中国歌剧节在江苏省开幕。这是党的十九大召开后举办的重要艺术活动，也是歌剧艺术的一次盛会。歌剧

---

① 王甫建：《乐海拾贝于此时——写在〈民族室内乐青年演奏人才培养〉音乐会之前》，http：//www.ccom.edu.cn/xwyhd/xxgg/201706/t20170619_43839.html，2018 年 1 月 20 日。

节期间，分别在南京、无锡、常州等地上演23台作品丰富、题材多样优秀剧目，既有《马向阳下乡记》《有爱才有家》《呦呦鹿鸣》等现实题材作品，也有《松毛岭之恋》《青春之歌》《长征》等革命题材作品，以及《木兰》《蔡文姬》《玛纳斯》等历史题材作品；既坚持以中国题材创作为主，也鼓励《白毛女》《小二黑结婚》《江姐》《洪湖赤卫队》等经典民族歌剧重现；既有中国歌剧作品，也有外国歌剧作品，引发社会热烈反响。

2017年度中国歌剧发展讨论中，“民族歌剧”仍然是焦点话题。文化部在总结歌剧《白毛女》首演70周年纪念活动成功经验的基础上，从2017年开始实施“中国民族歌剧传承发展工程”，扶持民族歌剧的创作生产、普及推广、人才培养和理论研究。这是按照习近平总书记“不忘本来、吸收外来、面向未来”的重要讲话精神，积极探索中国民族歌剧在新时代传承、发展和创新的重要举措，从国家层面凸显了民族歌剧的历史意义。诸多专家对传承“民族歌剧”的必要性，以及如何传承等问题展开讨论。中国歌剧舞剧院原副院长黄奇石认为，传承发展民族歌剧的意义在于：有利于正确认识中国歌剧的历史、有利于当代歌剧创作者科学把握歌剧艺术本质、有利于未来中国歌剧沿着正确方向健康发展。陈志音认为：“中国民族歌剧应该首先要让中国观众坐得下来、听得进去。西方技术与民族文化必须两手都硬，不能顾此失彼。”在歌剧创作中，应该从早期我国民族歌剧的经典中吸取经验，注重对民族文化和地域音乐特色的运用，应该符合中国人的审美特点。黄定山认为：“我们的民族歌剧还很年轻，我们要学习外国歌剧在音乐上的丰富表现力，但中国歌剧一定要讲中国故事，走进生活、贴近人民才是中国民族歌剧发展的方向。”李吉提以叶小纲歌剧《咏·别》为例，分析其在“对戏曲要素的多方位汲取与发挥”进行的探索与经验，认为中国戏曲更适用于表达中华文化和中国人的思想感情。各个艺术团体也着力民族歌剧创作，本届歌剧节23台剧目中有8部是民族歌剧。应该说，大力发展“民族歌剧”是坚定文化自信、坚守中华文化立场、坚持以人民为中心创作导向的举措，是合理构建中国歌剧艺术结构的重要途径。

二、繁荣的舞台演出

从国内各大剧院、音乐厅的演出汇总情况看，2017年的舞台演出依旧繁荣，除外国音乐家、音乐团体来国内演出外，我国的舞台演出无论经典作品“再现”还是新作品问世，都比以往呈现出更为活跃的景象。

（一）各类音乐会

提到音乐会演出，且不说全国其他地区，单单在北京，几乎每天都有，有时甚至每天同时上演多场，让人目不暇接：既有各剧院、音乐厅常规的音乐季演出，也有新创作品首演。2017年，时值上海大剧院建院20周年前夕，2017—2018演出季成为周年庆典序曲。本届演出季包含超过160台、近400场演出，涵盖歌剧、舞蹈、音乐、戏剧、戏曲等不同门类，充分体现出大剧院的综合性。新演出季主要分为“艺海丝路”“致敬经典”“歌剧典赏”“发现最美”“艺聚当代”五个主题板块。

6月13日，在北京音乐厅上演的、中央军委政治工作部歌舞团国家一级演员、中国音乐学院民族声乐表演专业博士研究生雷佳的第三场毕业音乐会，受到音乐各界瞩目。通过四组类别共16首作品演唱，雷佳在气息控制、情感表达、发音咬字、舞台掌控等多个方面，向观众呈现出她在导师培养下养成的深厚艺术素养和演唱功底，以及对不同音乐风格作品的娴熟掌握，赢得了在场观众和专家的高度评价。

此外，各个院团与各地卫视的新年音乐会也陆续上演。苏州民族管弦乐团于12月25日举行建团首场演出，由乐团音乐总监和首席指挥彭家鹏执棒。作为地方民族乐团，它将在以地域文化优势为基础的音乐创作和传播上，为中国民族音乐的整体建构发挥应有作用。12月29日，“新年音乐会——谭盾与中国国家交响乐团”在北京中山公园音乐堂上演，谭盾担任指挥，领衔旅德钢琴家吴韦敏、京剧青衣炼雯晴、唢呐演奏家刘雯雯及歌手谭维维，为京城观众奉上了鲍罗丁的《波罗维茨舞曲》、谭盾的

《钢琴协奏曲·青衣》、关峡的唢呐协奏曲《百鸟朝凤》、谭维维演唱的《中国故事：高腔 – 哭腔 – 水腔 – 秦腔》等一系列作品。

12 月 31 日，“神州华韵——紫禁城民族室内乐团新年音乐会”在国家大剧院小剧场上演。同日，2018 北京新年音乐会和迎钟声新年音乐会在国家大剧院音乐厅呈现。前者，由国家大剧院音乐艺术总监吕嘉执棒国家大剧院管弦乐团与合唱团，携手阎维文、吕思清、章红艳、常秋月等艺术家联袂登台。交响序曲《红旗颂》壮阔开篇之后，小提琴协奏曲《梁山伯与祝英台》、琵琶协奏曲《草原小姐妹》、柴科夫斯基《第一钢琴协奏曲》第三乐章和富有西域情调的二胡协奏曲《阿曼尼莎》等陆续上演，为观众送上新年祝福。23 时拉开的跨年音乐会，又开启了另一精彩狂欢的序幕。《刘海砍樵》、“音乐剧之父”韦伯的作品“串烧”、《女驸马》、《红楼梦》、《花木兰》等戏曲名作精彩选段，以及新年钟声之后的电影《蒂凡尼的早餐》里的著名插曲《月亮河》、配乐大师约翰·威廉姆斯的《牛仔》等，伴随观众一起开启 2018 年的精彩大幕。一大波视听盛宴让中国音乐在一片火热氛围中迎来了新的年景。

（二）音乐节和音乐赛事

各类音乐节与各项音乐赛事，依旧是国内音乐舞台的重要组成部分。5 月，一年一度的上海“MINI 音乐节”拉开帷幕。本届音乐节聚焦“室内乐”，以“浪漫主义时期的室内乐作品”为主题，三场音乐会、三场讲座让观众全方位感受室内乐魅力。音乐节期间，林肯表演艺术中心的常驻艺术团体——林肯中心室内乐协会（CMS）作为驻节演出，在联合艺术总监钢琴家吴菡（Wu Han）与大提琴家大卫·芬克尔（David Finckel）率领下，携手林肯中心室内乐协会旗下的艾舍尔弦乐四重奏、中提琴手米沙·阿莫里（Misha Amory）、小提琴手肖恩·李（Sean Lee）、小提琴手阿诺德·苏斯（Arnaud Sussmann）等 7 位艺术家，以四重奏、五重奏、六重奏、八重奏、九重奏等多种形式呈现经典室内乐作品。CMS 的艺术家们还在“MINI 音乐节”三场讲座中，为观众系统讲述了浪漫主义经典室内乐的精髓。

5 月 6 日至 27 日，国家大剧院“2017 五月音乐节”如约而至。2017 年适逢贝多芬逝世 190 周年，本届音乐节以“聆听贝多芬”为主题，六场贝多芬作品音乐会贯穿其间，为观众描绘了“乐圣”的音乐肖像。“五月音乐节”艺术总监、小提琴演奏家吕思清介绍说：“室内乐是一种非常灵活但充满趣味的演奏形式。虽然它没有交响乐那样宏大的乐团，但室内乐精致、灵巧的特性使得它可以传递很多细腻的情感。五月音乐节坚持在每年为观众带来这么多好的室内乐音乐会，对观众而言是一种潜移默化的影响，五月音乐节给观众提供了更多选择，也许第一次走进音乐厅是因为好奇，但只要让观众听到了这些作品，他们就可能在现场产生思考、对音乐产生兴趣。”① 其间，美杰中国三重奏、朱亦兵大提琴家乐团，以及指挥家郑小瑛、管风琴家沈凡秀、琵琶演奏家章红艳、钢琴家谭小棠等，陆续登上“五月音乐节”舞台一展“中国风采”。

8 月 4 日至 12 日，国家大剧院“八月合唱节”开幕，来自中国、瑞典、丹麦、西班牙 4 个国家的 6 支优秀合唱团，带来 8 场风格不同的音乐会，带领观众感受世界各地合唱艺术的无穷魅力。10 月 24 日至 29 日，中央音乐学院举办“北京国际电子音乐节”。该音乐节创立于 1994 年，自 2004 年起每年一届，至今已举办 18 届，是中国目前最具影响力的大型国际性现代音乐专业活动之一。本届主题为“听觉·视觉”，设“电子音乐会演出系列”“电子音乐大师讲学系列”“第 14 届 MUSICACOUSTICA-BEIJING 国际电子音乐作曲比赛系列”“［听觉·视觉］电子音乐主题论坛与对话空间”“电子音乐新作品交流赏听”及“国际电子音乐新技术新设备展演”六个单元。作为一个国际交流窗口，音乐节不断引入和推广电子音乐新观念、新技术，学术氛围与艺术活力不断增强。

11 月 20 日至 26 日，第 11 届中国音乐金钟奖的钢琴、声乐（民族、美声）、古筝四个组别比赛在

① 吕思清的采访发言，http：//www.chncpa.org/zxdt_331/zxdtlm/yczx_332/201704/t20170419_169625.shtml，2018 年 1 月 30 日。

广州开展，27 日揭晓新一届金钟奖得主。金钟奖素以专业性、权威性、公正性和引导性著称，赛制上不断改革，如 2017 年已不区分金、银、铜奖，统一称为“金钟奖获奖者”。从本届开始，金钟奖只保留表演奖一项，且民族器乐每届只赛一项民乐乐器，西乐比赛则是钢琴和小提琴轮换，声乐比赛只保留美声唱法和民族唱法。这些都是金钟奖含金量和品牌美誉度的彰显。

三、开放的国际音乐交流

2017 年度中国与国际的音乐交流，重点体现在“一带一路”主题作品创作及其他不同主题的对外音乐交流等方面。中央音乐学院非物质文化遗产中心于 3 月 30 日，推出“丝绸之路的音乐考察研究与创作”科研项目第二期成果——管弦乐新作品音乐会，共收录贾国平的《风越苍茫》、罗新民的《敦煌两帧》、李滨扬的《空中花园》、郝维亚的《万里行》和向民的《丝韵》五首作品。该音乐会同时纳入中国国家交响乐团《龙声华韵》系列项目。8 月 22 日晚，方岽清创作的大型交响情景音乐会《大国丝路》在澳门新濠影汇综艺馆演出。作品以古筝为主角，集中国民族器乐、西洋交响乐、舞者、舞美设计等于一体，以十大精彩纷呈的乐章展现古今丝绸之路的历史，歌颂了中华民族伟大复兴的壮举。

本领域相关系列活动还有：3 月 25 日，首届“一带一路”国际音乐季在广东省深圳市音乐厅开幕；25 日、26 日，中国音乐学院紫禁城室内乐团“四面来风”音乐国际对话与合作音乐会，分别在美国波士顿、洛杉矶上演；8 月 5 日，第二届哈尔滨中俄文化艺术交流周开幕演出暨“中俄艺术家大联欢”在哈尔滨大剧院开幕；11 月 25 日至 28 日，由中央音乐学院主办、音乐学系承办的世界音乐周 2017“一带一路”沿线国家音乐国际研讨会暨青少年世界音乐教育交流展示活动举办。

此外，诸多音乐团体及剧院也进行了国际音乐演出。例如，2017 年 9 月，在北京文化艺术基金大力支持下，北京交响乐团赴黑山首都波德戈里察、塞尔维亚共和国首都贝尔格莱德参加“第二届中国—中东欧国家（16+1）首都市长论坛”及“北京日”文化活动。2017 年 10 月底至 11 月上旬，国家大剧院管弦乐团在音乐总监吕嘉带领下，携手钢琴家张昊辰、琵琶演奏家吴蛮、小提琴家宁峰及大提琴家戈蒂耶·卡普松，再踏美国巡演征途，在芝加哥、纽约、费城、教堂山、旧金山、安娜堡各大地标性音乐厅登台亮相。中国歌剧舞剧院的舞剧《孔子》分别在美国、日本演出，舞剧《昭君出塞》在墨西哥演出，民乐团在澳洲和加拿大巡演。

纵观 2017 年度国际音乐交流创作与演出活动，无论从主题思想、组织规模还是曲目设置和演出成效上，都体现出中国音乐家的卓越艺术才华和大国崛起的中国形象。中国音乐文化“走出去”的脚步越来越快、越来越广，在总体布局上也更具战略性。

四、立足传统的音乐学术研究

2017 年度音乐学术研究及相关活动方面，多数学科在先前成果基础上不断深化拓展，总体呈现出立足传统、观照现实的发展景象；个别学科则因学术积累、梯队建设等原因，研究的深度与广度尚待完善加强。

（一）音乐学术理念向纵深拓展

音乐学术研究理念方面，关注礼俗仪式音乐历史与现状的“历史民族音乐学”，在诸多学者的研究成果中得到进一步深化拓展。伴随 2016 年中国艺术研究院音乐研究所与中国音乐家协会理论委员会、首都师范大学音乐学院等单位联合举办的“历史与田野：中国礼俗仪式音乐学术研讨会”的召开，2017 年度一批带有方法论导引意义的成果陆续发表。

郭树群的《“礼失而求诸野”学术传统的当代延伸》（《中国音乐学》第 1 期）认为，“由‘历史’伸向‘田野’”“从‘田野’探向‘历史’”的理论命题，是对“礼失而求诸野”学术传统的认知和继承，前者应体现寻求多重证据方法论的时代光彩，后者则要求得多重证据之间的有机联系，从而达到“立体释古”的研究境界。项阳的《礼俗·礼制·礼俗——中国传统礼乐体系两个节点的意义》（《中国音乐学》第 1 期），强调从华夏文明“国家”确立前后以及清雍正禁除贱籍前后两个历史节点，把握礼俗仪式用乐与礼制仪式用乐的关系，考量传统仪式用乐理念在当前国家层面意义上如何前行。张伯瑜的《论村落结构中的民间乐社》(《中国音乐学》第1期)，以流传在河北、山西、陕西、湖南土家族地区等地的音乐会社为对象，探讨这些会社在传统村落中的作用以及随着村落结构的变化所遇到的问题。这些基于丰厚田野积淀从宏观学理层面的相关阐释，对深化传统音乐功能属性与本体形态研究有积极理论参考价值。

"音乐与认同"是20世纪80年代初由美国民族音乐学者提出的理念，随后中国学者引为借鉴，运用于少数民族及汉族音乐文化研究，取得了一系列成果。《中央音乐学院学报》第2期开辟专栏，刊载杨民康的《"音乐与认同"语境下的中国少数民族音乐研究——"音乐与认同"研讨专题主持人语》及以少数民族音乐为对象的若干文论，较为集中地体现出该领域的最新学术进展。此外，关于"应用民族学""音乐人类学主体性""仪式音乐研究范式"和"民族音乐学研究领域"等学科理论问题，张伯瑜、管建华、孟凡玉、曹本冶等学者也有探讨[①]，呈现出民族音乐学方法论不断深化拓展的学术动态。

(二)传统音乐各领域研究不断深化

以各门类传统音乐为对象的专题事象研究，是本领域成果最为集中的体现，主要表现在"佛教音乐研究""少数民族音乐研究""汉族传统音乐研究""音乐类非物质文化遗产保护与研究"等方面。

2017年度佛教音乐研究，以袁静芳的《佛曲〈四季莲华乐〉研究》(《中央音乐学院学报》第1期)和《佛曲〈频伽音〉([叫街声])研究》(《星海音乐学院学报》第3期)为代表，通过对乐曲历史渊源和相关曲牌的形态对比分析，指出《莲花落》《四季莲华乐》均萌生于汉传佛教法事音乐，民间大量"叫声""叫街声"形成一个庞大的乐目家族，由《频伽音》衍变的众多佛教歌曲，反映出编创者理念的开放性和佛曲的创新性。孙云的《国家在场——佛教音声文化研究的重要维度》(《中国音乐学》第2期)、胡晓东的《佛乐传播与国家在场——以瑜伽焰口仪轨音乐为例》(《民族艺术》第1期)等，关注国家制度在佛教音乐传承中的影响；邓启耀、陈文革、杨秋悦、银卓玛等学者，则就佛教仪式音乐的人类学意义、佛教咏经梵呗的流变与影响、佛教经典的音声观念、佛乐曲牌源流等问题做了阐发。[②]

少数民族音乐研究，主要集中在西南地区彝族、瑶族、土家族、苗族、侗族等民族音乐事象的分析。邓光华的《论生态美学野下的彝族原始仪式剧:〈撮泰吉〉——兼论其仪式中的史前音乐孑遗》(《中国音乐学》第1期)，探讨了这部反映彝族先民史前生产、生活的原始仪式剧的生态美学内涵。苏毅苗的《海菜腔"曲子师傅"现象折射出的滇南彝文化传承脉络——从海菜腔传播的原点"异龙湖区域音乐文化现象"切入》(《中国音乐学》第2期)重点关注曲子师傅在"吃火草烟"民俗活动中对海菜腔的个人维护，解读该现象折射出的滇南彝文化传承脉络。刘雯和董桓的《岩洞寨与小黄寨春节鼓楼竞歌比较研究》[《黄钟(武汉音乐学院学报)》第3期]，通过对两地区鼓楼大歌的构成、竞技原则、竞歌实况、唱法、音乐形态等比较研究，探索侗族大歌的表演活力、合唱中的变与不变因素、声乐处理的简单化与复杂化现象。

还有一些研究关注内地或东南沿海地区以"大杂居与小聚居"形式存在的城市少数民族群落的音乐文化变迁，如洪艳的《论江南城市"小聚居与杂居"少数民族音乐文化的研究现状与意义》[《交响

---

① 参见张伯瑜《何为应用民族音乐学?》[《音乐艺术(上海音乐学院学报)》2017年第2期；以下所引论文，均为2017年发表成果，出版年从略]、管建华《中国音乐人类学主体性的反思与建构》[《音乐艺术(上海音乐学院学报)》第2期]、孟凡玉《仪式音乐研究的中国经验——论仪式音乐研究的"礼乐范式"和"音乐范式"》(《中国音乐学》第4期)、曹本冶《在广角视野中俯视民族音乐学(Ethnomusicology)及其研究领域》(《人民音乐》第1期)。

② 参见邓启耀《无象之相——佛教祭礼乐象的视觉人类学观想》(《中国音乐学》第2期)、陈文革《"啭歌""喉啭":佛教咏经梵呗与汉唐歌演新声》(《中央音乐学院学报》第2期)、杨秋悦《〈大日经疏〉体现的佛教音声观》(《中央音乐学院学报》第1期)、银卓玛《拉卜楞寺"道得尔"与五台山佛乐的比较研究——以拉卜楞寺〈色和〉与殊像寺[万年欢]佛曲为例》(《中央音乐学院学报》第1期)。

（西安音乐学院学报）》第1期］、温琴和祖木来提·吐尔共的《中国新疆少数民族音乐文化之变迁研究——以湖南“翦氏”维吾尔族音乐现状调查为例》（《人民音乐》第4期）等。针对少数民族音乐研究中存在的问题，赵书峰提出如下学术关注点：跨界族群音乐研究与海外音乐民族志的关系；后现代主义理论在少数民族音乐研究中的运用；历史人类学与新历史主义理论的应用；打破族群边界与跨界族群限制，开展区域性族群音乐文化史研究等。①

汉族传统音乐研究方面，各地丰富多彩的乐种、曲种、剧种音乐，依然是学者们个案研究的重点。程天健的专著《西安鼓乐概论》（文化艺术出版社），是基于作者多年实地考察、研究心得和教学实践完成的一部概论性质的教科书，涉及西安鼓乐的表演形式、器谱调拍、曲体结构、民俗应用等，并有大量关于俗字谱、鼓札子和歌章、念词讲解，是西安鼓乐研究的又一成果。齐务的《雄县杜庄刘家吹打班研究》［《交响（西安音乐学院学报）》第1期］从历史源流、乐队构成、表演场合、经济收入等方面开展个案研究，呼唤学界对民间吹打班予以更多关注。蔡际洲、向文的《长江流域“巴蜀—荆楚”音乐文化区划问题——运用音乐数据库资料进行实证性研究的尝试》（《中国音乐学》第1期），以“集成”资料数据库为基础，运用定性与定量分析相结合的方法，探讨长江流域“巴蜀—荆楚”音乐文化区划分问题。陈燕婷的《传统音乐乐感研究刍议——以南音为例》（《中央音乐学院学报》第1期）以南音乐感构成为例，探讨当前西式音乐教育大环境中培养中国传统音乐乐感的重要意义。

近年来，作为非物质文化遗产构成之一的传统音乐的保护与传承，越来越受到学界重视，2017年度出版了系列重要成果。例如，2014年起中国艺术研究院音乐研究所与山东省文化馆合作，对山东民歌展开考察研究，2017年度该项成果《山东非遗保护与传承——山东民歌复原工程（一）》出版；由文化部艺术司和中国艺术研究院音乐研究所共同编纂的《中国工尺谱集成》（文化艺术出版社），出版辽宁、江苏、陕西、北京、河北各卷；苏州大学出版社策划出版“非物质文化遗产研究与保护丛书”，包括杨和平《非遗保护与靖州苗族歌鼟研究》、朱奕亭和朱咏北《非遗保护与青山唢呐研究》、池瑾璟《非遗保护与辰州傩戏研究》、丁丽君《浙东民间吹打乐研究》等；周凯模主编的“岭南音乐文化阐释”丛书，由福建教育出版社出版，包括周凯模《岭南民俗音乐的人类学阐释》、蒋燮《岭南客家音乐的乐学阐释》、张曦《岭南潮州音乐的社会心理学阐释》、吴迪《岭南乐器的乐种学阐释》、黄日进《岭南广东音乐艺术特色阐释》、吴霜等《岭南少数民族音乐文化阐释》等；“中国仪式音乐研究丛书”之一的《无锡道教科仪音乐研究》（钱铁民、马珍媛著，全二册，文化艺术出版社）以及王珊主编的《泉州南音（弦管）集成》（第二、三册，人民出版社）、杨凤一主编的《北方昆曲珍本典故注释曲谱》等，也都陆续出版。音乐遗产领域的基础性研究与资料建设，不仅为文化遗产现状建立档案，也是未来传统音乐研究深化发展的基础。

（三）基于传统音乐史论认知的本体形态研究

传统音乐的本体形态特征，是音乐学研究的重要组成部分。鉴于中国传统音乐的悠久历史和丰富内涵，探讨其形态结构规律必然涉及现实遗存和历史渊源等问题。2017年度传统音乐本体形态方面研究，体现出较鲜明的史论结合特征，律调谱器诸领域研究不断深化，显示出传统乐律学返本开新的活力与生机。

律调理论方面，赵宋光的《由潮州重三六、粤乐乙凡调切入的自然律位探索》（《星海音乐学院学报》第4期）认为，潮州重三六、粤乐乙凡调都含有中立音音位，羽调式宫阶徵阶半升演变有可能形成含13倍或含11分变体，徵调式变宫、变徵半降演变有可能形成含13分或含11倍变体，同主音综合形成含中立三度、七度音位的四种变体调式。陈克秀的《“同均三宫”的历史渊薮与乐学遗存》（《中国音乐学》第3期），从历史渊源和现实遗存等方面，论证了黄翔鹏“同均三宫”理论的学术价值。此外，周来达的《昆曲音乐研究》和《当代戏曲音乐研究》（均由中央音乐学院出版社出版）两部文集，

① 参见赵书峰《中国少数民族音乐研究问题纵横谈》，《云南艺术学院学报》第1期。

收录了作者多年来在昆曲音乐、曲牌音乐和当代戏曲音乐本体形态方面的诸多文论，可为深化戏曲音乐形态和传统宫调理论研究提供借鉴。

工尺谱研究方面，张振涛的《记谱与韵谱》[《音乐艺术（上海音乐学院学报）》第3期］关注传统乐种中抄谱与韵唱间的“字、韵、奏”分离现象，认为其源自古代的“填词入乐”体制，从中可窥见隔离文人与乐工的知识双轨制。他的另一篇论文《俗字与俗字谱辨名》(《音乐研究》第4期)，针对学界“俗字谱”与“工尺谱”不属同一系统的说法展开辨析，认为历史上的俗字谱并非独立门户体系，其流行意在记事方便，工尺流行则意在规范草书，二者同时并举，无所先后，不相主从。以上探讨有助于深化传统音乐谱式内涵及文化功能认知。此外，王亮的专著《中国民族旋律润腔读谱方法研究》（北岳文艺出版社），在考察传统音乐读谱现状基础上，提出改造通用唱名、革新读谱理念的“润腔读谱法”，力求使读谱体现中国旋律韵味，是读谱法民族化研究的又一成果。

传统乐器研究方面，陈正生的《从邬满栋〈二人台音乐〉谈匀孔笛的传承》(《星海音乐学院学报》第2期)，认为匀孔箫笛音律同属十二律，其与目前广泛使用的十二律笛子各有所长，特点在于能转全七调，传统音乐的有效传承不能离开匀孔笛。吴学源的《中国铜簧把乌类乐器研究》(《中国音乐学》第3期)，提出应将把乌这一形制多样且涉及多民族、多地域的乐器，作为单簧类乐器之类别代称的观点，对把乌在中国的区域、民族分布情况及各自形制等作了较详细梳理。此外，阮清河、肖文朴、金红等学者，在乐器的乐调、节奏特征与民族文化属性等方面亦有阐发。①

（四）东方音乐研究再次进入学术视野

东方音乐研究作为音乐学分支之一，很早便形成一门独立学科，取得了系列重要成果。2017年度该领域再度受到关注，涉及东方音乐学科方法论特征、各民族乐种音律与审美特点等方面。

陈自明的《关于“东方音乐研究”的初步设想和建议》(《星海音乐学院学报》第2期)，明确了东方音乐的定义和范围以及研究东方音乐的必要性和可能性，提出首先从音乐人类学角度对东方音乐文化进行探讨，在结合音乐实践学习基础上点面结合、抓住重点的研究设想。俞人豪的《东方音乐研究的学术特性》[《南京艺术学院学报（音乐与表演）》第2期］认为，东方音乐研究应突出学术特性，充分重视对象特性，以历史唯物主义作为指导思想，不能简单套用美国民族音乐学理论与方法。

赵宋光的《“22sruti”的律学理解》(《音乐研究》第2期)，以现代律学手段解读印度22什鲁蒂内涵，剖析古印度各传统音阶结构的自然本质与内在联系。喻辉的《甘美兰斯连德若音阶律学原理的新发现——从苏灵笛开孔比例看东方音律中隐含的物理基础》(《中国音乐学》第2期)，提出以谐音列第七分音为核心生律音程的“七度律”理论，解释包括斯连德若音阶在内的东方音乐律制物理基础的设想。管建华的《礼俗仪式音乐价值的文化认知——从波斯—阿拉伯玛卡姆的起源“集会”仪式谈起》(《中国音乐学》第2期）则从中西方音乐文化差异角度探讨传统礼俗仪式音乐特质，认为东方与西方音乐是两种不同类型的音乐——“现实实有”音乐与“永恒客体”音乐。相关文论，还有饶文心的《中亚乐器生态区系的琉特类属》(《人民音乐》第4期)、陈国符的《北印度音乐“格拉纳”成因及其现代危机》[《南京艺术学院学报（音乐与表演）》第2期］等。

（五）中国音乐史学领域有待拓展

总体而言，2017年度中国古代音乐史研究主要集中在乐律学领域，近现代与当代音乐研究则主要集中于史料钩沉与史实梳理，音乐史学方法论及研究领域均待深化拓展。以下分述之。

1. 古代音乐史研究

2017年度中国古代音乐史学成果，主要集中在乐律理论研究方面。曾侯乙编钟音律一直是学界关

---

① 参见阮清河《略论越南外来弹拨乐器变迁的成因》[《音乐艺术（上海音乐学院学报）》第3期]、肖文朴《“乐器说话”新论——瑶族婚俗唢呐乐话的空间感与功能丛》(《民族艺术》第3期)、金红《云南德宏傣族乐器“光邦”研究》(民族出版社2017年版)。

注热点。韩宝强的《如何看待曾侯乙编钟上存在的音高误差》(《中国音乐学》第3期)，从编钟声学特性、编钟调音复杂性和人耳听觉特性角度，对曾侯乙编钟上存在诸多音高误差的现象做出解释，进一步阐述黄翔鹏“钟律”和“复合律制”等理论的创造性。亦有学者对以往曾钟音律研究进行反思，提出新见解。黄大同的《基于一钟两音的曾侯乙编钟十二音结构形态》(《中国音乐学》第4期、2018年第1期连载)认为，作为曾侯乙编钟主体的中下层甬钟和上层绹纹钮钟，是以三钟六音的“一横两纵”或“三横纵叠”组合模式构成的一对三音组为结构单元，由两对三音组结构单元相加而成的六钟十二音结构形态，由此产生相应的三音组连接规律和音高排列样式。

古代律调理论研究方面，李玫的《被误解的角调》(《中国音乐》第4期)在辨析学界相关研究基础上，指出唐宋燕乐角调的闰角属性具有移宫犯调不出均的调发展张力。庄永平的《论燕乐琵琶乐调的实质性转变》(《星海音乐学院学报》第4期)，梳理了隋唐时期围绕琵琶展开的几次燕乐宫调系统转变。律调与古谱研究方面的专著，有吴志武的《〈新定九宫大成南北词宫谱〉研究》(人民音乐出版社)、漆明镜的《魏氏乐谱：凌云阁六卷本总谱全译》(广西师范大学出版社)、吕畅的《〈律吕新书〉校点》(中央编译出版社)、徐利华的《宋代雅乐乐歌研究》(人民出版社)等。此外，孙克仁的专著《先秦乐律考拾》(中西书局)，详析了古文献中有关“均法”的记录，结合《上海博物馆藏战国楚竹书》就先秦乐律体系提出新解。李宏锋的专著《道易惟器——宋以来宫调理论变迁及与音乐实践关系研究》(上中下，台湾花木兰文化出版社)，立足传统戏曲、词曲、笙管乐等实践，探讨唐宋以来以俗乐调理论为代表的宫调应用特点、历史渊源及其与音乐实践的互动关系。这些论著对深化古代音乐形态研究，推进乐律学和音乐形态学建设均有参考价值。

古琴艺术作为古代音乐文化的突出代表，受到学者较多关注。吴安宇的《乾隆中晚期“琴乐复古思潮”研究》(《中国音乐学》第3期)，联系《四库全书》时代的政治背景和文化政策，提出乾隆中晚期的琴乐复古思潮“名为复古、实为禁锢”的观点。彭岩的《〈十一弦馆琴谱〉所载〈广陵散〉资料研究》(《中国音乐学》第1期)，认为该资料为解答《广陵散》是否绝传、嵇康是否为《广陵散》作者、《广陵散》是否有“二谱”等疑团提供了新思路。李美燕的《法国汉学家莫里斯·库朗对〈天闻阁琴谱〉之研究》(《音乐探索》第3期)，探讨了莫里斯·库朗传播古琴文化的贡献。王鹏等所著《古琴传统丝弦的恢复与制作》(中国书店)，则对古琴传统丝弦的恢复制作进行了探讨。

古代音乐其他事象研究方面，董静怡的专著《先秦南北方音乐文化分野下的〈诗经〉〈楚辞〉研究》(苏州大学出版社)，结合先秦南北方文化继替兴起的大背景，审视先秦南北音乐文化差异，追述南北方文化继替的深层原因。廖奔的《汴京市井歌唱伎艺的兴起》(《文艺研究》第6期)，对宋代兴起的小唱、嘌唱、叫果子、缠令、缠达等伎艺形式做了稽考与阐释。陈秉义的《契丹—辽音乐文化考察琐记——对铜镜、埙、大螺和毛员鼓的音乐史料考察》[《乐府新声(沈阳音乐学院学报)》第3、4期连载]，运用音乐图像学的方法考察了民间收藏中与契丹、辽有关的音乐史料。王子初的《略论西汉刘非墓出土的仿玉玻璃编磬》(《中国音乐学》第4期)、王清雷和徐长青的《海昏侯墓音乐文物首次考察述要》(《人民音乐》第8期)则对近年来出土的重要音乐文物做了研究。杜亚雄的专著《海上丝绸之路的音乐文化》(苏州大学出版社)较系统介绍了我国东南沿海各地及海上丝绸之路沿途亚、非各国的音乐文化，可为研究古代音乐文化、考察中外音乐交流提供参考。

2. 近现代与当代音乐研究

2017年度近现代与当代音乐研究成果，主要集中在史学批评与史料钩沉两方面。居其宏的《〈文艺八条〉对音乐界异化思潮的纠偏努力》(《中国音乐学》第3期)和《苏联音乐思潮与我国近现代音乐史》(《中国音乐学》第1期)、冯长春的《建国十七年关于抒情歌曲的批评与批判》(《星海音乐学院学报》第1期)等文章，以当代视野回顾、反思新中国成立早期音乐界的思想动态和经验教训；明言的专著《音乐批评学》和《20世纪中国音乐批评史》(上海音乐学院出版社)，总结了音乐批评的学科建设和20世纪音乐批评历程。

基于新材料搜集整理而展开的史实、人物考辨，是2017年度近现代音乐史成果的主要形式。宫宏宇的《清初来华天主教士与西乐东渐——西文有关徐日昇、德里格研究回顾》(《中国音乐学》第3期)，将17世纪末至今有关徐日昇、德里格与清初西乐东渐的西文论著分为三个时期，分析各时期研究人员、研究侧重点、研究方法的进程与转变。王艳丽的《战时上海租界音乐活动新探（1937—1941）》(《中国音乐学》第1期)，以本时段租界代表音乐团体为对象，探讨其活动状态及对战时上海城市音乐文化的影响。值得一提的是，《中国艺术研究院音乐研究所六十年纪念集》于2017年由文化艺术出版社出版，鉴于20世纪50年代以来音乐研究所在全国音乐学界的重要地位，该书可视为中华人民共和国成立以来音乐学术史的"浓缩版"，对相关研究有一定参考价值。

（六）作曲技术与西方音乐等领域亟待加强

作曲技术与西方音乐研究方面，2017年度赵宋光先生的两篇文章，运用律学数理方法剖析和声序进逻辑，用和声方位图上的游走线路展示序进整体，论证辟斯顿关于减七、增六和弦功能的判断，为传统和声学深化发展提供了参考。① 周勤如的《什么是调性——另一个必须由中国音乐理论家自己解答的问题》(《音乐研究》第4期）提出从形而下到形而上贯通认识调性理论，以及结合中国音乐理论研究的历史和现状对调式观念再认识的观点。姚恒璐的《奏鸣性：构建音乐作品结构的主线》(《中国音乐学》第3期）论证了随着不同时期作曲技法更新，"奏鸣性"所展现出的不同面貌和结构内涵。徐源的专著《音乐织体学纲要》(中央音乐学院出版社）对织体学学科的完善发展亦有参考价值。

西方音乐研究方面，姚亚平的《单子论与调性原理》(《星海音乐学院学报》第3期)，分析了莱布尼兹的单子论思想，试图从思维上证明哲学与音乐之间的隐秘关系。伍维曦的《卡洛林文艺复兴与中世纪"文人音乐"的渊源：兼及中世纪音乐史的性质》(《音乐探索》第2期)，以结构性史学观念考察从查理大帝时期直至诺特克·巴布鲁斯时代法兰克人音乐活动的物质与心理基础，探讨其"中世纪"特征。邓青的专著《音乐速度术语研究》(中山大学出版社)，借鉴历史语义学方法探讨常用速度术语的词源、流变及其在文学和音乐著作中的意义。

事实上，如仅从数量而论，作曲技术理论和西方音乐史类论文并不在少数，但从写作质量看，大部分尚停留在作品分析和史实描述层面，研究者难以突破语言关、文化关瓶颈而深入西方文化语境，加之缺乏强有力的理论支撑，使诸多研究描述有余学理不足。这种现象在音乐表演和音乐教育类文论同样普遍，应引起学界充分重视，使其水准得到切实有效提升。此外，音乐科技、音乐治疗、音乐心理等领域研究，亦期待学者投入更多精力，充分关注国外最新学术动态，提升学术质量。②

（七）学术会议的引领意义

2017年度音乐学各类学术会议，对深化音乐理论研究起到了积极推动作用。由西安音乐学院、中国艺术研究院音乐研究所等单位联合主办的"传统是一条河流——纪念黄翔鹏先生诞辰90周年暨逝世20周年学术研讨会"，5月6日至8日在西安音乐学院举行。与会40余位发言者从各个角度，表达了对黄翔鹏先生的深情缅怀以及乐律学等领域的新探索，《中国音乐学》《交响（西安音乐学院学报）》《音乐研究》《人民音乐》等组织专栏刊载会议文论，对全面认知黄翔鹏学术思想，反思中国音乐史与传统音乐研究有重要参照价值。③

---

① 参见赵宋光《名作和声序进数理解读——德沃夏克〈"自新世界"交响曲〉第二乐章引子四小节功能域数理解读》(《中国音乐学》第4期)、《灵敏的和弦功能感所倚蕴的数理秘骨——由辟斯顿对于减七、增六和弦的功能断言引发的和声功能理论探索》(《星海音乐学院学报》第1期)。

② 参见李小诺《音乐的认知与心理》(广西师范大学出版社2017年版，从认知心理学、语言学、认知神经科学、音乐学等视角，分析音乐认知诸环节的心理状态，力求构建音乐认知科学的基础理论框架，是2017年音乐心理学研究成果之一。

③ 参见乔建中《审时度势，重开新风——1985年春：黄翔鹏先生任职初期纪事》、刘再生《论"杨黄学派"史学思维的基本特征》、秦序《致广大而尽精微——黄翔鹏先生思想、学术特色之一》、崔宪《系古今辨名实重实践——黄翔鹏先生的治学理念、原则与方法》等。

赵宋光是当代具有广泛影响力的学者，在哲学、教育学、自然科学以及音乐美学、音乐教育、乐律学等诸多领域都有开创性贡献。2017 年 11 月 15 日，星海音乐学院“赵宋光学术思想研究中心”揭牌成立，旨在深入挖掘弘扬赵宋光学术思想，通过实体学术团队扎实开展学术传承、创新与传播。4 月 29 日，由上海音乐学院音乐研究所主办、中央音乐学院音乐学研究所等单位协办的“纪念叶纯之先生学术研讨会”在上海音乐学院举行，追思叶纯之的生平事迹，《人民音乐》《音乐艺术》登载了相关文论。① 此外，纪念朱践耳的“‘天地人和’朱践耳作品音乐会及研讨会”、纪念施光南的“施光南音乐节系列活动暨施光南音乐学术研讨会”也于 2017 年举行。

2013 年 9 月和 10 月，习近平主席分别提出建设“新丝绸之路经济带”和“21 世纪海上丝绸之路”的伟大构想。音乐学界响应国家“一带一路”倡议，从多层面、多角度积极推进。2017 年 5 月 5 日至 7 日“‘一带一路’音乐教育联盟成立大会——暨音乐学术研讨与展演”在中央音乐学院举行，旨在配合国家“一带一路”倡议，强化对“一带一路”沿线国家音乐和音乐教育研究，传播中国音乐文化。7 月 6 日至 10 日，由中国音乐史学会、石河子大学主办的“全国丝绸之路音乐研究学术论坛”在新疆维吾尔自治区石河子、哈密两个分会场举行，学者围绕“丝绸之路音乐”进行多学科、多维度对话。10 月 7 日至 10 日，由中国传统音乐学会主办、陕西师范大学音乐学院承办的“第五届区域音乐研究暨首届丝绸之路乐舞文化国际学术研讨会”举行，围绕丝绸之路各民族乐舞文化形态研究、跨文化视野中的丝绸之路乐舞文化比较研究等专题开展了广泛研讨。

为深入贯彻近年来习近平总书记关于文艺工作和哲学社会科学工作系列重要讲话精神，全面推进中国音乐理论话语体系建设，由中国艺术研究院音乐研究所倡议，联合中国音乐家协会理论委员会、浙江师范大学音乐学院、《中国音乐学》杂志社共同主办的“中国音乐理论话语体系首届学术研讨会”，11 月 4 日至 5 日在浙江师范大学音乐学院举行。会议围绕中国音乐理论话语体系的历史与现状、中国音乐理论话语体系的内涵与特征、中国音乐理论话语体系的结构与建设、中国音乐理论话语体系的应用与传播、中外音乐理论话语体系比较研究等议题，从多学科、多视角研讨中国音乐理论话语体系的内涵与建构。来自全国十多个音乐专业学会的会长、副会长、常务理事及专家云集，会议规模达百人。学者们认为，会议具有里程碑式意义，应全面、系统梳理中国音乐理论特色话语，只有将中国话语讲清楚，看到不同的不同与不及的不同，才能真正建立起民族音乐文化自信。

2017 年度举办的诸多学术会议，切中音乐学术热点，既有对具体学科微观层面的反思观照，又有对中国音乐文化宏观层面的把握和引领，各领域学者携手并进，共同为实现中华音乐文化复兴贡献智慧和力量。

五、音乐产业与流行音乐发展

随着中国经济转型升级的深入，2017 年度中国音乐产业规模持续扩大。继 2015 年国家新闻出版广电总局发布《关于大力推进我国音乐产业发展的若干意见》后，2017 年 5 月中共中央办公厅、国务院办公厅又印发《国家“十三五”时期文化发展改革规划纲要》，音乐产业被明确列入“国家重大文化产业工程”。在此利好形势下，音乐产业 2017 年度动作频频，呈现出繁荣发展势头。当然，经过前几年的数量扩张，音乐产业在 2017 年也暴露出内涵建设相对滞后的问题，现分述如下。

（一）世界流行中国风

国际唱片业协会（IFPI）在回顾 2016 年的《2017 全球音乐报告——音乐产业的年度状况》中明确指出：“流媒体已经成为增长的主要推动力。”这方面中国的表现尤其抢眼，以致报告专列一章《聚焦中国：流媒体助力中国释放潜力》。“中国是下一个伟大的全球机遇”，必将成长为全球最大的音乐

① 参见梁茂春《从〈辛弃疾〉和〈禅〉说开去——纪念叶纯之先生》、韩锺恩《传世著秋枫红——叶纯之先生的学术思想和教学实践》、宋瑾《走出音乐形式与内容关系的迷宫——叶纯之音乐美学思想探微》、汤琼《叶纯之艺术史料的搜集与研究》等。

市场，这是 IFPI 报告聚焦中国的最大理由。中国越来越成为世界音乐商品的输出地。英国政府最先行动起来，在 4 月底率音乐产业代表团访问中国，帮助英国音乐人才开拓中国市场。英国人口虽然只有六千多万，却是文化产业大国，2016 年仅音乐现场演出一项就有 350 亿元人民币的收益，远超中国的 160 亿元。紧随英国之后行动起来开发中国市场的，还有美国、德国、法国等西方国家。

IFPI 数据显示，中国音乐产业的总规模位居全球十名开外，但是在流媒体平台方面中国却弯道超车，走在世界前列。腾讯音乐、网易云音乐、阿里音乐等全面协作影视、文学、游戏、电商、动漫等产业，形成以音乐为核心的娱乐生态圈。但另一方面，在最为基础与核心的“杰出艺人”培养等环节，相比全球音乐产业巨头对中国市场这块大蛋糕的关注，我国音乐产业自身却显得准备不足。

（二）中国吹起融合风

因为前些年音乐版权保护不到位，我国音乐行业生存困难，不得不开拓周边市场。流媒体在这方面的表现尤其突出。9 月，在新加坡举办的 2017 年度亚洲音乐论坛上，以流媒体为代表的中国音乐产业从原来的配角转为主角，向世界传播中国经验。这个经验简而言之就是“融合”：打通音乐创作、录制、出版、复制、发行、传播、进出口、版权交易、演出、教育培训、音乐衍生产品等纵向产业链；连接音乐与广播、影视、动漫、游戏、网络、硬件播放设备、乐器生产、旅游等横向产业链；形成上下游相互呼应、各环节要素相互支撑的音乐产业综合体系。

音乐在拓展自身的产业链，作为网络讯息新贵的“今日头条”，则把脚伸进音乐产业领域，出资 60 亿并购 Musical.ly。其他类似的行为还有“小米”投资智能乐器开发（视感科技）及互联网在线演艺（火星数娱）、“友宝在线”并购 M-bar 等等。当然，音乐产业内部也在合作，比如腾讯音乐与中国音乐集团（CMC）合作音乐业务、太合音乐并购北京亚神音乐等等。

2016 年，国家发展改革委、住房城乡建设部、财政部联合下发《关于开展特色小镇培育工作的通知》，2017 年，“音乐小镇”迅速成为音乐界热词。在这里既有河北周窝这样的具有传统根基的音乐小镇，也有大量的低层次政商结合的新项目。虽然“音乐小镇”成效如何尚需拭目以待，但是音乐与旅游的结合却是音乐产业发展的重要路径。比如英国的音乐现场演出就带来大量旅游收入，这也是英国政府重视音乐产业并为其提供支持的重要原因。

腾讯音乐继拿下索尼音乐、华纳音乐、JVR 的独家内地版权之后，2017 年又成为环球音乐在内地的独家版权合作伙伴。腾讯音乐与阿里音乐于 9 月份达成版权转授合作协议，阿里音乐获得腾讯的音乐版权转授，腾讯也相应获得阿里独家代理的滚石、寰亚等公司的音乐版权。这对于音乐用户来说无疑是一件好事，订一个音乐流媒体平台即可享用到更多音乐作品。

另一方面，音乐产业蓬勃发展的大好形势，也难掩其自身存在的危机，最突出表现就是“作品荒”。2017 年，几乎看不到有品质有影响力的音乐产业新作品。如果说音乐艺人也是音乐产业“作品”的话，那么这一年也几乎看不到新的“人才作品”出现。IFPI 全球音乐报告在篇首致辞中说，音乐产业“这个故事的核心依然是杰出的艺人”，然而中国音乐产业的故事恰恰缺少了“杰出艺人”这一核心。虽然因为“萨德事件”韩国音乐演艺大面积退出中国市场，给中国音乐人才培养提供了稍许喘息的机会，但是这个机会不可能时间很长。从我国音乐教育、杰出艺人培养的态势看，“禁韩令”事实上并不是在给中国机会，而是在给英、美、德、法等西方国家机会。

（三）流行音乐质量亟待提升

2017 年，中国流行音乐圈依旧热闹，话题不断。首先，经过数十年娱乐文化的影响，人民大众渐渐具有了歌舞需求。但是，因为歌舞教育缺失，其水平尚处于初始自发状态，以致被冠以“土嗨”之名，在中老年群体的突出表现就是广场舞，在青少年群体则表现为蹦迪。“土嗨”延伸到歌唱领域，就诞生了“喊麦”。2017 年传播度最广的作品要数说唱《一人饮酒醉》。不是说喊麦不能登上具有强大影响力卫视的舞台，而是说这首作品在技术与艺术上并非上乘，与西方尤其黑人的经典说唱作品有云泥之别。更为紧迫的是，2017 年度流行音乐领域，几乎没有产生在影响力和品质上都突出的作品。赵雷的《成都》、王建房的《在人间》、金志文的《远走高飞》等都在努力突围，但总的来说这是缺少优秀作品的一年。音乐产业界当然可以说“明星”本身就是“作品”，但是，在音乐界没有词曲创作这个基础环节，目前的“尬热”也将难以为继。针对这些问题，未来发展中政府或可从国家层面加以调整，否则中国广阔的流行音乐市场将越来越多被外国文化占据。

在电视台音乐选秀节目持续走低的时候，流媒体的一档“中国有嘻哈”异军突起。嘻哈（Hip-Hop）音乐在世界流行音乐中属于出现较晚门类，却具有广泛影响力。从根子上说，嘻哈乐具有反主流的文化属性，在中国可以说是“卅年蛰伏无人问”，如今借助网络平台“一举成名天下知”。之前虽然一些流行歌曲也用到嘻哈音乐元素，但是作为亚文化的嘻哈、作为相对独立的嘻哈音乐人，并不广被世人所知。Hip-Hop 又被译成“说唱”，它非常重视节奏的丰富性、音韵的独特性以及语义的反叛性。“中国有嘻哈”让世人第一次集中见识到嘻哈音乐品类，用“新”“异”和综艺传播手段吸引眼球。但“中国有嘻哈”的选手表现可谓“一般”，大多是借助方言找寻音韵的独特性，缺乏对汉语音乐潜力和丰富节奏性的深入挖掘。某种意义上讲，嘻哈这种另类、时尚的音乐热，在无形中带动了“喊麦”这种更缺乏技术含量的说唱形式，致使《一人饮酒醉》这类作品大面积出现。有什么样的受众，就有什么样的音乐。

在大多数流媒体为用户提供免费低质服务的同时，几个巨型流行音乐平台已经意识到音乐品质低劣、作品青黄不接这个严重问题。巨型音乐平台意识到词曲创作的重要性，推出各自的音乐人扶持计划，如酷我音乐扶持校园乐队、今日头条扶持独立音乐人、虾米音乐“寻光计划”、QQ 音乐“巅峰 LiveHouse”、网易云音乐“石头计划”等。这些计划以新作品为核心，需要更加深耕细作，因为流行音乐作品并非作词作曲这么简单。一个音乐人要被平台看到进而帮其推出好作品，先要找到作词，再找编曲，再找歌手，再进棚录音、拍 MV，前面这些都有较大难度。

流行音乐音乐奖项方面，具有广泛公信力和指导性的音乐评奖不足。2017 年，中国音像与数字出版协会唱片工作委员会（CMIC）尝试“建立行业标准”，7 月首颁 CMA（CMIC MUSIC AWARDS）奖。阿里音乐董事长、唱工委主任委员宋柯认为，中国亟须一个不受商业力量操控、不受人气指数影响、真正具有专业水准和权威性的音乐奖项。此外，资本的涌入为流行音乐的发展提供了支持，但从创作、表演到录制，中国的流行音乐环境并没有根本改变。资金已经不再是流行音乐发展最重要的事，传播这一流行音乐最后的环节正得到越来越多的关注。

六、音乐教育应更多关注现实需求

从国家对传统音乐文化的重视以及社会民众的文化需求看，作为人才培养重镇的各音乐院系在延续传统办学模式的同时，应将目光更多投向现实，使音乐教育在当代民族文化发展中发挥更大作用。

（一）加大传统音乐比重，提升音乐师资素养

2017 年度，音乐教育在素质教育、公共文化服务方面发挥的作用值得关注。接续前几年的“传统文化复兴”系列活动，2017 年 8 月中共中央宣传部、教育部、财政部、文化部联合签发《关于戏曲进校园的实施意见》，民族传统音乐获得教育进一步关注。“意见”指出，今后几年要加强戏曲通识普及教育工作，戏曲进校园将实现常态化、机制化、普及化，基本实现大、中、小学全覆盖。这一良好举措要在现实音乐教育中落实，戏曲艺术要真正进入校园，主要还需广大一线音乐教师执行。

然而，现实普遍的音乐师资教育情况是，无论 11 所独立建制的音乐院校，还是数百个高校的音乐院系，中国戏曲课程量不仅远不能和意大利美声相比，即便是民族声乐和器乐课程，音乐院系也是参照西方音乐体系实施教育，缺少对包括戏曲在内的中国传统音乐的深入学习，绝大多数音乐教师在戏曲知识及表演方面储备不足。只有广大教师队伍的传统音乐素养得到切实提高，国家一系列音乐教育理念的贯彻实施才能获得根本保障。

令人欣喜的是，2017 年末中央音乐学院与美国巴德学院签署了《中国音乐发展计划》，合作开办

中国民族器乐表演专业学位项目。以此为标志，中国专业音乐教育由“全面输入”阶段开始迈进“部分输出”阶段。可以预见，中国在世界上经济、政治地位提高之后，接下来便是文化地位的大幅提升，中国民族音乐将跃出地平线，在世界音乐中占据一席之地。

（二）专业音乐教育应为社会提供优质服务

专业音乐教育方面，4 月 20 日，独立建制的 11 所专业音乐学院在四川音乐学院成立“中国专业音乐院校原创音乐发展联盟”，并通过相应“章程”。可以想见，在高等音乐教育由精英化向大众化转型的时代背景下，这一联盟可能继续坚守原来的精英教育立场。尽管联盟与成都市政府签订了支持成都音乐产业发展协议，传统媒体对此有不少积极解读，但是从我国高等教育的评价逻辑看，这个原创音乐发展联盟如何在音乐产业、流行音乐和社会文化服务领域发挥更大影响，是各专业音乐院校应更多思考的问题。另一方面，目前我国数百所高校中的音乐院系，大多都存在师资水平不高、经费相对较少、生源水平较低的问题，但这些音乐院系的办学模式却与专业音乐院校如出一辙，在音乐培训之外的领域缺乏广泛影响力，难以为社会大众文化需求提供更多优质服务。

2017 年 6 月底，教育部在北京举行“全国学校美育工作推进会”，提出“开展好中小学生艺术素质测评”，这给专业音乐教育带来了新契机。中小学音乐教育属于素质教育范畴，但目前的专业音乐教育即便是音乐师范专业，都基本以“音乐表演”这一培养音乐家的模式进行教学，与中小学“素质教育”要求不完全吻合。国际上很多音乐师范专业都是放在教育学院下面，与之不同的是，我国音乐师范专业虽然在教育部学科分类表中也放在“教育学”下，但现实中几乎都由音乐院系负责实施。现实音乐教育需求与大学音乐教育的错位，有关部门应给予更多关注与政策调整，使高校专业音乐教育与当代中国社会发展更相契合。

（三）提高生源质量，寻求发展契机

12 月 1 日，《教育部办公厅关于做好 2018 年普通高等学校部分特殊类型招生工作的通知》，文件明确要求“各地各高校要高度重视并切实纠正部分特殊类型招生对考生文化课成绩录取要求偏低的问题”。这对于音乐人才的培养来说是则令人振奋的消息，将大幅提升音乐考生的人文学科素养，有力推动音乐艺术教育向更高水准迈进。这些招生政策的调整，可能会对前十数年新增或急遽扩招的音乐院系生源产生影响，但只要高校顺应形势、不墨守成规，广大音乐院系在教育新政的助力下将获得更大发展空间。全国社会音乐活动中活跃着的迷笛音乐学校、北京现代音乐研修学院等均可圈可点。这些社会力量办学没有政策优待、没有财政支持，更注重与社会力量的结合，其经验值得专业音乐院校借鉴。

2017 年 5 月，上海音乐学院与有“格莱美摇篮”之称的美国伯克利音乐学院联合成立“上音—伯克利现代音乐院”，由两校校长及相关专业负责人共同担任理事成员，计划通过五到十年的建设，让上海音乐学院在当代音乐的创研中融入世界音乐前沿，实现未来中国音乐产业人才的国际性培养与储备。这是高等专业音乐学府居安思危，面对现实发展而做出的积极应对，具有较强的示范和引领意义。相比数量上占绝对多数的地方高校音乐院系生源减少、水平滑坡的窘境，尽管专业音乐学院较少这方面生存危机，但后者同样需要像哈佛大学一样，警惕“培养不出行业领袖”的危机。原因很简单，高等音乐教育院系面对危机都想改变，但是从感觉危机到寻找机制支持变革，再到找出行动路径齐心推进，是一个艰巨、复杂、漫长的过程。在当前推崇“小步快跑、及时迭代”的后工业时代，留给惯于计划经济时代思维与行为模式的音乐院系的时间已经不多。

七、余论：趋势与对策

2017 年，是中国传统文化全面走向复兴的重要一年。习近平总书记此前在多次讲话中强调，要求将中国传统文化的深层内涵讲清楚，以中国话语讲“中国故事”。中华文化复兴的重要前提之一，就是广大音乐工作者在整体认知传统文化内涵和边界的基础上，从各自领域肩负起“讲清楚”的责任，明确我们的文化特色究竟是什么，进而为社会提供正确的理念、方法和准确定位。近三年来，国家艺术基金项目成为舞台艺术创作主导，越来越多的作品注重从传统文化中汲取营养和精华，其导向意义已初步显现，对艺术发展有着很好推动作用。

另一方面，涉及传统、历史、人文的大型音乐作品要严把质量关，可考虑引进顾问制，以避免学术硬伤和对社会大众的误导。诸如某团体在涉及初唐题材创作时，不顾佛教戒律在这一阶段的严肃性，大幕拉开，高僧在聚光灯下吹箫，这应是“突吉罗”和“波逸提”之孽，高僧何以犯？伊斯兰教7世纪时在麦加诞生，传入中土有一个渐进和受容过程。初唐西域盛行的乐舞除龟兹、疏勒、高昌诸伎外，大唐帝国版图中还有安国乐和康国乐等，稍加辨析不会以数百年后才出现的伊斯兰化的“木卡姆”乐队组合置于唐初舞台。如此既犯戒又穿越实应避免，即便为“戏说”亦应有度。类似情况在当前舞台创作中还有不少，应予全面检视反思。

2017年，中国歌剧舞剧院和多个地方院团推出经典歌剧复排。先是《白毛女》后是《小二黑结婚》，演出所到之处掀起追捧热浪，形式和内容为民众喜闻乐见。作为国剧的京剧被称为“Peking Opera”。戏曲是“以歌舞演故事”（王国维语）的典范，形成程式化、独特的创腔模式，在曲牌体基础上发展出板腔体，之后两种创腔模式左右中国戏曲数百年，这是中国传统。这种传统不仅在戏曲，器乐作品中所谓板式变化体的套曲形式亦如此。板式变化体加上演唱、分出行当和角色、以程式化显现称之为板腔体，这是中国创造。

源自西方的歌剧，引入中国已近一个世纪，其间有消化吸收和融合的过程，在西体中用和中体西用间纠结。20世纪40至50年代的作曲家，在引进西方体裁形式时将中国传统与之结合，有许多经验值得深入总结。《白毛女》《小二黑结婚》这些经典歌剧的共有特征，就是很好地结合了中国历史文化大传统，无论剧本还是音乐设计，都能在借鉴的基础上秉持中国传统审美习惯，较好处理体用关系，将板腔体结构融入以为创作基石。从这种意义上讲，重排经典既是回味，也是向“传统”致敬。歌剧在中国百年，有原样引入，也有新的创造与融合。应在回视中校正前进方向，反思阶段性作品何以成为经典，其后的路径是否坚持了这种探索方向，并有怎样的推力。

对于中国音乐的国际交流，同样要考虑如何准确、客观地讲述中国故事，什么样的“中国故事”才能代表中国文化“走出去”等问题。不能为了“走出去”而粗制滥造，不能为了赢得演出数量而降低创作质量。在文化交流越来越多元的今天，更应该对上述问题做深入思考。例如，“一带一路”文化交流，在演出的城市、创作策划及演出形式上，都应做全国范围的统筹和协调，争取最大程度上体系化地传播中国文化，展现真实、立体、全面的中国，提高国家文化软实力，推动国与国间的文化交流。

非物质文化遗产保护方面，需认真贯彻《中华人民共和国非物质文化遗产法》，将传统音乐文化保护工作落到实处，法律的权威性不容削弱。在目前十大类非遗分类中，与音乐文化传统相关者有民间音乐、民间舞蹈、民间曲艺、戏曲、民间手工技艺和民俗六类。民俗中的礼俗，是多种非物质文化遗产展示的平台，此间多种传统音乐形态与民间礼俗依附共生。民间礼俗是历史大传统中国家礼制的俗化显现，本身就是“非遗”保护对象。百姓们或集于宗祠、或以庙会、或以婚姻丧纪之礼，以仪式彰显对传统、祖先、尊长的敬畏和尊崇，音乐融于仪式彰显和睦、和顺、和敬、和亲，有着民族和区域人群的凝聚力和向心力意义。而在仪式间的“留白”处，则有说唱、戏曲、歌舞等多种传统音声技艺，是诸种传统音声技艺形态的文化空间，彰显出中华礼乐文明的深远内涵。

2017年度，全国一些地方出现与全面复兴传统文化不和谐的“弦外之音”，如以“节俭”为名严禁民间礼俗仪式用吹鼓手和传统技艺。民间艺人传承着优秀传统文化，民间礼俗为其生存空间，如若禁止，乡间社会存在的多种音声技艺类非物质文化遗产将失去赖以生存的土壤。我们再下去采风，将会看到一片片传统音乐文化不毛之地的“盐碱滩”。一方面，国家刚刚公布了第五批非物质文化遗产传承人名录；另一方面，这些承载精湛技艺的各级传承人，却在某些区域面临着“饭碗”危机。非物质文化遗产法难以有效实施，个中问题值得反思，全面复兴传统文化任重道远。

习近平总书记在十九大报告中指出："全党必须牢记，为什么人的问题，是检验一个政党、一个政权性质的试金石。"早在2014年10月15日，习近平总书记发表《在文艺工作座谈会上的讲话》中，便重申"坚持以人民为中心的创作导向"。以人民为中心，就需要我们不仅立足本土文化，充分认同、尊重中国文化，建立文化自信，自觉地脚踏实地、深入人民群众，同时要有包容的心态，不泥古、不故步自封，吸收借鉴人类优秀文化经验，探索中华优秀文化在新时代的新发展形式和话语模式，只有这样才能创作出讴歌新时代、讴歌党、讴歌祖国、讴歌人民的作品，引领中国文化发展风尚、陶冶人民心灵。2017年度，中央提倡传统文化从深挖内涵讲清楚到新时代全面复兴，音乐界要认真贯彻，真抓实干，努力前行。

《2017年度中国音乐发展研究报告》课题组：
项阳　中国艺术研究院音乐研究所研究员
李宏锋　中国艺术研究院音乐研究所研究员
赵倩　中国艺术研究院曲艺研究所副研究员
张燚　海南师范大学音乐学院副教授
郭威　首都师范大学音乐学院副研究员
介翰文　中国艺术研究院研究生院硕士研究生在读

近年以来中国现当代音乐研究领域的热度和趋势[①]

◎ 项筱刚

近年来，由于时代使然、观念更新，中国现当代音乐史学界的专家、学者们的研究成果呈现出与之前迥然不同的热度、趋势。

一、现状

（一）队伍的壮大

伴随着相关音乐艺术院校、综合性大学音乐艺术专业研究生招生规模的逐步扩大，中国现当代音乐史研究的队伍规模相应地呈逐年递增之势，队伍的梯队建设亦初见端倪。

2016 年 11 月 4 日至 7 日，中国音乐史学会第十四届年会暨第九届全国高校学生中国音乐史论文评选在南京师范大学音乐学院举行。[②] 此次会议恰逢中国音乐史学会成立 30 周年及学会理事会换届选举，亦是继 1985 年该会首届年会在南京召开后再次归宁举办，故而有着特别的历史意义。此次会议共有 296 名学者出席，达历届参会人数之冠[③]，其中 128 位学者在大会上发言。[④] 在 50 篇[⑤]获奖学生论文[⑥]中，有关近现代音乐史研究的共计 19 篇，占获奖学生论文的 38%[⑦]。在向大会提交的 135 篇会议论文中，有关近现代音乐史研究的共计 57 篇，占会议提交论文的 42%[⑧]。由此可见，不论是参会学者、提交的会议论文，还是获奖论文，都呈现出绝对数字增大之势，但相比于古代音乐史研究，近现代音乐史研究的队伍仍稍显逊色。

此外，2017 年 5 月 13 日，中国近现代音乐文献研究中心在上海音乐学院揭牌成立[⑨]。作为上海音乐学院贺绿汀中国音乐高等研究院框架下的一所研究机构，该中心以中国近现代音乐文献为核心，以致力于收集、整理、研究、推广为宗旨。拥有一支涵盖老中青、高水准的研究团队，脚踏中国近现代音乐研究的富矿——上海，这是该中心有望披荆斩棘的两块基石。值得一提的是，该中心在成立之前便已初步具备了一定的基础，如上海音乐学院已然出版的《萧友梅全集》《民国时期音乐文献总目》《国立音乐院·国立音乐专科学校图鉴（1927—1941）》和一套 15 册的“音乐上海学”丛书等一批成果。

（二）研究领域的深化与拓展

1. 遭到不公正评价或被长期忽略的音乐家被重新关注

研究队伍的壮大和研究氛围的逐步宽松，使得原本遭到不公正评价或被长期忽略的音乐家被重新

① 本文中的“近年来”纯属“泛指”，既包括近几年，也可以理解为 21 世纪以来的十余年。

② 参见陈伊笛、沈思婷《帷幄古今　指引未来——中国音乐史学会第十四届年会综述》，《音乐研究》2017 年第 1 期。

③ 2014 年 11 月 14 日至 17 日，在宁波大学举办的第十三届年会共有 230 余位学者出席。参见杨艳丽《中国音乐史学会第十三届年会综述》，《人民音乐》2015 年第 5 期。

④ 第十三届年会共宣读论文 94 篇。参见杨艳丽《中国音乐史学会第十三届年会综述》，《人民音乐》2015 年第 5 期。

⑤ 第八届全国高校学生中国音乐史论文评选获奖论文共计 48 篇。

⑥ 包括博士生、硕士生和本科生三组。

⑦ 有关古代音乐史研究的获奖论文占另外的 62%。

⑧ 有关古代音乐史研究的论文占另外的 58%。

⑨《中国近现代音乐文献研究中心成立》，发布日期：2017 年 10 月 18 日，http：//www.shcmusic.edu.cn/view_0.aspx？cid=409&id=14&navindex=0.

关注成为一种可能，其中以马思聪、江文也等具备坎坷人生、多才多艺、创作等身、风格多元等共同基本特征的音乐家尤甚。

2007 年 12 月 24 日，《马思聪全集》首发式暨作品音乐会在中央音乐学院举行。这是马思聪于“文革”期间背井离乡“出走”后的一次较为“官方”的“被关注”。全集共 7 卷 9 册，历时三年，收录了音乐界众多专家的研究成果，汇集了国内外优秀演奏家们参与录音。该全集不仅使马思聪的诸优秀作品能够以一个“整体”的新面貌呈现于世人面前，更重要的是开启了音乐界重新关注“遭到不公正评价或被长期忽略的音乐家”的先河，为之后进一步研究江文也等其他音乐家奠定了夯实的基础。作为中央音乐学院师生的第一部个人全集，包括乐谱、音像出版物在内的《马思聪全集》在填补中国近现代音乐史的空白的同时，亦为之后学术界将马思聪研究进一步推向纵深提供了一种可能。就这一点而言，《马思聪全集》的出版意义已然超出了该全集的本身。

2016 年 12 月 9 日，共 6 卷 7 册的《江文也全集》首发式和研讨会在中央音乐学院举行。这是中央音乐学院及其出版社继《马思聪全集》后推出的“最复杂、最曲折、最多舛，最难办”的又一部音乐家全集，因为江文也是继马思聪后又一位“遭到不公正评价或被长期忽略的音乐家”。和马思聪一样，江文也的研究也是一步一个脚印走出来的。此次《江文也全集》的出版是在自 1990 年以来四次举办江文也学术研讨会的基础上，为江文也的研究进一步发酵埋下了伏笔。值得一提的是，不论是旅日学者，还是中国学者，都能够通过各自的研究去“真实地揭示江文也”，如“史料挖掘”“新的视角”和“深入的作品研究”等方面，从而力争实现“对全集主人的尊敬和理解”[①]。

2017 年 11 月 13 日，戴嘉枋在上海音乐学院做了题为《20 世纪中国音乐家的“立体”研究》的讲座。他在讲座中提到了两个问题令人印象深刻：“重视被‘历史想象’隐匿的历史真实”和“关注‘启蒙’与‘救亡’双主题之外的‘娱乐主题’”[②]。前一个问题意味深长。言外之意，既有的部分中国现当代音乐史研究成果存在着对历史本来面目的“误读”“遮掩”和“剪裁”。伴随着一代又一代的历史“亲历者”的驾鹤西去，今天的年轻人对“历史真实”的管窥只能依赖于既有研究成果书面上的“历史想象”。作为当下勤于笔耕的中国现当代音乐史的研究者，如果不能“重视被‘历史想象’隐匿的历史真实”，那岂不是真的实现了“致我们终将远去的历史”了吗？就第二个问题而言，毫无疑问，自本学科创建以来，“启蒙”与“救亡”一直是诸多现当代音乐史领军人物持续关注的双主题。无论是“学堂乐歌”的横空出世、还是黎锦晖“儿童歌舞音乐”的破土而出，也不论是抗日救亡音乐的波涛汹涌，还是新歌剧《白毛女》的划时代，都足显此“双主题”的主流地位和举足轻重。然而，奔腾不息的历史长河告诉我们，无论是开风气之先的“五四”时期、“默片”和“有声片”并驾齐驱之时，还是同仇敌忾的抗战时期、决定新中国命运的大决战之时，是时民众的生活其实一直也没缺少过另一个主题——“娱乐主题”。如果笔者没有误读戴嘉枋的意图的话，此“娱乐主题”无外乎两个领域——“流行音乐”和“电影音乐”。很遗憾，由于众所周知的原因，多年来学术界对这两个领域一直讳莫如深，呈现出“谈流色变”“触电危险”之窘境。关于“流行音乐”，相当一部分学者习惯戴着有色眼镜来审视，尽管认为流行音乐会导致“亡党亡国”的言论已然不复存在，但视其“不入流”“不学术”“难登大雅之堂”的观念还会在相当长的一个时间段内坚挺存在。关于“电影音乐”[③]，甚至还不及“流行音乐”那么易被人面对，因为音乐界、电影界彼此都认定这是对方的“活儿”，而非己任，从而将其定位于一个较为尴尬的“三不管地带”——谁都不管。令人欣慰的是，正如戴嘉枋所言，近年来开始关注此“娱乐主题”的学者除了孙继南、金兆钧、洛秦等前辈“开明学者”外，项筱刚、雷美琴、王思琪等一批

---

① 项筱刚：《一位真实的江文也——〈江文也全集〉首发式与研讨会综述》，《人民音乐》2017 年第 3 期。

② 《戴嘉枋教授主讲蔡元培讲堂第二十一期》，2017 年 12 月 22 日，http：//www.shcmusic.edu.cn/view_0.aspx？cid=330&id=23&navindex=0。

③ 时代发展到今天，其实应该称其为“影视音乐”更为客观些。

中青年学者亦逐步加入对此主题关注的行列，并为该主题的研究注入了一股新鲜血液。

2. 学科在领域上横向拓展

（1）香港、台湾和澳门音乐研究

令人欣慰的是，尽管有着种种悬而未决的问题和尚待逾越的鸿沟，然中国现当代音乐研究仍是在研究领域的横向拓展上取得了一些可喜的成绩，如对香港、台湾和澳门音乐的研究。

梁茂春的《香港作曲家——三十至九十年代》（1999）是到目前为止唯一的一本由“大陆的音乐学家”[①]以“旁观者”的视角撰写的有关香港“艺术音乐”[②]作曲家的学术著作。作者以“非常宽泛”的学术眼光，将包括“土生土长的香港作曲家”“从外地进入而定居香港的作曲家”“在香港生活、工作的西方作曲家”和“暂住香港而在这里谱写了重要作品的作曲家”[③]统统纳入笔下，从而为香港和内地的专家学者打开了一扇了解、认知“香港艺术音乐”的窗户。尽管作者本人亦认为“香港音乐发展的总体水平是不能令人满意的，它还需要经过一代人以至几代人的努力”[④]，然笔者依然觉得诸作曲家及其代表作品依然是是时20世纪中国音乐史不可或缺的重要部分。尤其是该著中马思聪、黎草田、叶纯之等人与香港有着千丝万缕联系的代表作，更是让人有着一种茅塞顿开的心跳体验——原来历史是这样的、而不是那样的。

作为教育部人文社科重点研究基地——中央音乐学院音乐学研究所2005年的重大项目，以汪毓和为项目负责人的《20世纪中国港澳台地区音乐发展研究》是迄今为止笔者见过的第一个贯穿着“大中国”观念的20世纪中国现当代音乐史研究的课题。该课题历时五年，课题组阵容壮观——整合了海峡两岸暨港澳台地区20位老、中、青三代学者，通过澳门、台湾、香港三个板块，聚合了每个地区的若干篇历史性叙述和专题性个案评述，呈现出个人与集体智慧相结合的成果面貌。不论是对于澳门、台湾、香港三地中的任一区域音乐史研究而言，此课题研究显然均足以堪称“破冰之旅”。众所周知，由于意识形态的原因，1949年后大陆音乐界与香港、台湾、澳门音乐界几乎鲜有直接的、官方的往来，关于此三地音乐发展自然是音信杳无，尤其是台湾音乐的发展状况更是显得遥远而神秘。难能可贵的是，课题组却大胆而前瞻地揭开了笼罩在此三地音乐界之上的神秘面纱，为之后的相关研究打开了一扇继续步入纵深的大门，虽然其作为“地区性通史性的读物”还不成熟。其中，香港学者杨汉伦的《对香港音乐话语的一点反思》、台湾学者赵琴的《推动台湾近代音乐发展的那页广播音乐史——兼谈我的音乐广播生涯与珍贵的影音档案史料保存》等文论均能够以“局内人”的身份，从“鸟瞰”和“纵览”的视角，依据“话语”与“专题”的主线，蜻蜓点水般地对香港、台湾地区音乐发展做了清晰的梳理，既增强了该课题成果的说服力，也令笔者印象颇深。

和梁茂春的《香港作曲家——三十至九十年代》一样，因为主客观多方面原因，李岩的这部有关澳门音乐历史发展的《缤纷妙响——澳门音乐》（文化艺术出版社，2005）也未能将该地区的“流行音乐”纳入作者的研究视野，如果说该著还有什么遗憾的话。作为第一部涉及澳门音乐历史发展的学术著作，该著以简约的笔法、编年史的体例，勾勒出16世纪中叶以来澳门音乐的发展概况，并通过具体而翔实的史料，阐述了一个不争的历史史实——“澳门是近代中国西洋音乐的发祥地之一，西洋音乐启迪着中国人的同时，中国本土音乐也深刻影响着西洋音乐家”[⑤]。

作为2017年度国家社科基金艺术学的重点项目，由项筱刚任项目负责人的《20世纪40—60年代香港国语时代曲研究》是迄今为止第一个研究香港国语时代曲的项目。自20世纪40年代起，国语时

---

① 梁茂春：《香港作曲家——三十至九十年代》，三联书店香港有限公司1999年版，第Ⅶ页。

② 笔者注：不包括香港流行音乐。梁茂春《香港作曲家——三十至九十年代》，三联书店香港有限公司1999年版，第Ⅳ页。

③ 梁茂春：《香港作曲家——三十至九十年代》，三联书店香港有限公司1999年版，第Ⅷ页。

④ 梁茂春：《香港作曲家——三十至九十年代》，三联书店香港有限公司1999年版，第280页。

⑤ 李岩：《缤纷妙响——澳门音乐》，文化艺术出版社2005年版，第2页。

代曲就已登上了香港音乐的历史舞台，并在50年代中后期、60年代初期形成了国语时代曲史上的高峰。改革开放后，流行音乐界出现的种种迹象表明，香港国语时代曲的影响依然存在，直至今日仍不难从中寻觅到昔日的历史痕迹。到2017年为止，香港国语时代曲已有70年的历史了，并已然让位于粤语流行曲50多年了。如此这般的时间距离足以令今天的学人能够站在一个旁观者的角度，冷静、理智地解读她。伴随着同时期大众文化的发展，香港国语时代曲也同样经历了从无足轻重到举足轻重、从如日中天到夕阳西下的历程。作为中国现当代音乐史的一个重要组成部分，香港国语时代曲已然是中国现当代音乐创作发展的一个分支。研究香港国语时代曲，不论是对研究当代中国流行音乐、香港粤语流行曲、台湾流行音乐，还是对丰富、完善中国现当代音乐史的研究，都将有着深远的意义。

（2）专题史研究

由居其宏担纲的《中国歌剧与音乐剧发展状况研究》项目，自2008年获得教育部人文社科重点研究基地重大项目立项，历时三年，并于2014年以《中国歌剧音乐剧通史》（安徽文艺出版社）的面貌公开出版，成为第一部整体性和专题性研究相结合的对我国歌剧音乐剧创作、演出、理论思潮、教学、体制改革的历史、现状及其成果、经验与教训进行系统梳理和研究分析的“大部头”，堪称“一部称得上研究中国歌剧音乐的权威之作”[①]。该丛书通过《中国歌剧音乐剧创作历史与现状研究》《中国歌剧音乐剧演出历史与现状研究》《中国歌剧音乐剧理论思潮发展与嬗变研究》《中国歌剧音乐剧生存现状与战略对策》等九部著作，创造性地搭建起中国歌剧音乐剧的史论框架，反映出以该研究团队为当今世界之歌剧音乐剧理论建设做出中国学者独特贡献的企图。尤其是由居其宏本人独立完成的《中国歌剧音乐剧创作历史与现状研究》，以纵跨整个20世纪和21世纪初叶的宏大叙事，从黎锦晖的儿童歌舞剧《麻雀与小孩》（1920）直指莫凡的歌剧《赵氏孤儿》（2011），鸟瞰包括港澳台地区在内的整个“大中国”的歌剧音乐剧创作，通过“以史带论”“史论结合”的笔触，将业内外众所周知的、学术界达成共识的、音乐界存有争议的等不同时期、不同流派、不同风格、不同作曲家的洋洋大观的作品悉数收入笔下，为该课题、中国歌剧音乐剧研究、中国现当代音乐史树立了一个稳健的不可绕行的坐标。值得一提的是，该课题旗帜鲜明地对何谓“民族歌剧”给出了一个较为清晰的定义——在音乐戏剧性展开方式上“主要运用戏曲板腔体的音乐结构和发展手法写主要人物大段成套唱腔”、在二度创作上“一般由具有民族唱法的演员扮演剧中主要角色”[②]，虽然学术界目前对何谓“民族歌剧”尚无定论。

与兄弟学科对“文革”研究的沸沸扬扬相比，音乐界对“文革”音乐的研究略显冷清，戴嘉枋便是研究“文革”音乐的一名孤独的求索者。作为音乐史学家，他将“文革”音乐的研究视为中国现当代音乐史长河中的一部“断代史”“专题史”，故其能一针见血地寻找出“文革”音乐的源头——“‘文革’音乐实际上是前面一部分音乐的自然的延续”[③]。其中，不论是“‘文革’初期红卫兵运动中的音乐”，还是地下“知青歌”，他都能分别站在“历史”和“当下”这两个不同的“视界”中去寻找历史的答案。在前者中，他认为“‘文革’初期红卫兵运动中的音乐，既敏锐、真实地反映了当时‘集体歇斯底里’的社会政治现实，也极度张扬了音乐的社会和政治宣传、教化功能，为蛊惑、煽动公众的‘集体歇斯底里’起到了巨大的造势和策应作用”[④]。在后者中，他敏锐地洞察出地下“知青歌”与今日流行歌曲的历史渊源——“‘知青歌’自弹自唱的基本形式，及其所具有的流行性、民间性、自娱性特点，正是现代流行音乐的特点；它的广泛流传，已在社会上形成了普遍接受的社会基础。从中国流行

---

① 王安国:《我国歌剧音乐剧研究的重大成果——写在〈中国歌剧音乐剧通史〉出版之际》,《人民音乐》2014年第9期。

② 居其宏:《中国歌剧音乐剧创作历史与现状研究》，安徽文艺出版社2014年版，第10页。

③ 阴默霖:《第七届钱仁康学术讲坛之戴嘉枋讲座系列二前“文革”的中国音乐概述以及“‘文革’前期的红卫兵运动中的音乐”》，2010年11月12日，中国音乐学网（http：//musicology.cn/lectures/lectures_6410.html）。

④ 易艺:《第七届钱仁康学术讲坛之戴嘉枋讲座系列三“文革”前期红卫兵运动中的音乐与“革命样板戏”音乐》，2010年11月12日，中国音乐学网（http：//musicology.cn/lectures/lectures_6409.html）。

音乐历史发展的角度来看，‘知青歌’是日后现代流行音乐的先声”[①]。尤其值得一提的是，戴嘉枋没有矫枉过正地直面“文革”音乐，而是独辟蹊径地总结出：“‘文革’音乐是有层次的，最高端是样板戏，中间部分是‘文革’后期音乐家创作的作品，剩下还有群众性的，如红卫兵歌曲等，整个架构非常完整的，从各个音乐形式、领域，极端化的为政治服务。”[②]

继《“音乐上海学”建构的理论、方法及其意义》[《音乐艺术（上海音乐学院学报）》2012年第1期]之后，洛秦于2018年通过《再论“音乐上海学”的意义》一文再度发声，通过一系列既成事实将“音乐上海学”这杆大旗举得更高。有着中国音乐史学、民族音乐学双重专业背景的洛秦，近年来借助于《城市音乐文化论：20世纪上海城市音乐文化研究》《上海城市“飞地”移民音乐研究》等研究项目和“音乐上海学丛书”（20种，上海音乐学院出版社，2017年），将关注的目光投向了近现代上海的“外侨音乐家”“民国时代曲”“工部局乐队”“西洋乐人乐事”“民间社团”和“传统音乐”等，以掷地有声的语气向世人宣告：“没有上海，也就没有今天的中国近现代音乐史；没有上海，也就没有中国音乐的现代性转型及其眼下音乐文化的大繁荣；没有上海，中国音乐更不会有如今在国际乐坛上的地位和影响。”[③]

民国流行音乐史既是中国流行音乐史的一个重要组成部分，也是中国现当代音乐史研究中一个不可缺少的支流。尽管无数实践证明——历史是无法发挥预测未来的作用的，但通过研究民国流行音乐史为今后进一步研究1949年后的港台流行音乐、中国当代流行音乐史提供强有力的判断依据却是一个不争的事实。遗憾的是，由于多方面原因，至今在现当代音乐史研究领域她依然没有受到应有的重视。就这一点而言，由项筱刚担纲的2010年度教育部社科基金项目《民国时期流行音乐研究》，不仅是对中国现当代音乐史研究的丰富和完善，也是从一个崭新的视角来重新审视中国现当代音乐史。该项目目前已然发表的几篇阶段性成果——《辛亥革命前后的音乐观念》[《黄钟（武汉音乐学院学报）》2011年第4期]、《民国时期流行音乐对1949年后香港、台湾流行音乐的影响》（《音乐研究》2013年第1期）和《新时期有关港台流行音乐及其对大陆流行音乐影响的争鸣》[《黄钟（武汉音乐学院学报）》2013年第2期]等，由于不仅对于民国流行音乐的来龙去脉做了历史研究分析，而且贯穿着“重写音乐史”的观念，重新审视了曾引起争议的诸音乐先驱及其创作、思想、现象，改变了过去研究中存在的“简单化”“绝对化”和“避重就轻”的现象。其中，尤其是《民国时期流行音乐对1949年后香港、台湾流行音乐的影响》，从民国时期流行音乐的特点、1949年后的港台流行音乐的发展、改革开放后方兴未艾的大陆流行音乐三个方面，揭示出了民国流行音乐和1949年后的港台、大陆流行音乐之间的错综复杂的历史渊源。

3. 学科在时间上纵向拓展

与上个世纪末公开出版的既有成果相比，近年来的中国现当代音乐研究在时间上已然纵向拓展了一部分，尤其是将研究时间的下限推进到了20世纪末，影响最大的当首推以高为杰为项目负责人的《20世纪80年代以来中国器乐创作研究》。

作为中央音乐学院音乐学研究所2002年度的重大项目，该项目结项成果“下卷”——“历史与思想研究”部分，由《器乐创作历史发展》（李诗原执笔）、《器乐创作争鸣》（李淑琴执笔）、《作曲家思想研究》（宋瑾执笔）三个部分组成。此“历史与思想研究”部分以“站在高山之巅”的视角对20世纪80年代以来的中国器乐创作做了一次豪情万丈、事无巨细的鸟瞰。尤其是《器乐创作历史发展》部分，通过“1980—1984：突破与崛起”“1985—1989：展开与深化”“1990—1993：反思与沉默”和

---

① 吴洁：《第七届钱仁康学术讲坛之戴嘉枋讲座系列四“革命样板戏”音乐与“文革”中期的音乐和地下“知青歌”》，2010年11月17日，中国音乐学网（http：//musicology.cn/lectures/lectures_6424.html）。

② 倪婧：《第七届钱仁康学术讲坛之戴嘉枋教授讲座五“文革”后期的音乐》，2010年11月19日，中国音乐学网（http：//musicology.cn/lectures/lectures_6436_5.html）。

③ 洛秦：《再论“音乐上海学”的意义》，《音乐艺术（上海音乐学院学报）》2018年第1期。

“1994—1999：重现与延伸”四个板块，将20世纪最后二十年中国器乐创作的历史全貌及其代表性历史人物、作品以富于纵深感的笔触跃然纸上，其中以“青年作曲家群体的崛起”和“海外中国作曲家”的内容尤甚。在前者中，李诗原认为：“80年代前期的青年作曲家毕竟是一些‘学生作曲家’，他们既缺乏纵深的历史感，又无坚实的音乐基础与充分的理论准备，故不能象中老年作曲家那样针对既有的音乐观念而有的放矢，探索与创新的冲动成为他们当时最主要的艺术契机”；在后者中，他强调：“这些旅居海外的中国大陆作曲家构成了一个阵容强大的‘海外兵团’。他们通过十年的不懈探索与追求，至90年代中期，终于使中国现代音乐在国际现代音乐舞台上占有一席之地，并使新潮音乐走向世界的发展态势进一步显现出来。也正是在这个时候，这些作曲家又不约而同地重新涉足中国大陆乐坛，这就是‘海外兵团’的卷土重来。‘海外兵团’的卷土重来给中国大陆乐坛带来了一股新鲜的空气。正是以此为契机，新潮音乐终于走出了90年代初的反思与沉默，展现出再度崛起的景象。”①

二、动态

（一）新史料

近年来，中国现当代音乐研究在原有的领域有很多突破，时不时挖掘出一些新的史料，尤以陈洪、黎锦光、叶纯之等人物研究最为突出。

与前述的对马思聪、江文也等驰名海内外的音乐大家的研究相比，学术界对陈洪的研究显然要寂静得多。令人欣慰的是，自2002年陈洪仙逝以来，几代学人不约而同地将关注的目光重新投向陈洪。除了《中国现代音乐教育的开拓者陈洪文选》（俞玉姿、李岩主编，南京师范大学出版社，2008）和中国艺术研究院2009届硕士学位论文《陈洪研究》（作者张英杰，导师李岩），以发表于上海音乐学院学报《音乐艺术》上的诸篇论文最令人瞩目。其中，既有戴鹏海、汪毓和两位驾鹤西去的前辈加以商榷的《还历史本来面目——20世纪中国音乐史上的“个案”系列之一：陈洪和他的〈战时音乐〉》（戴鹏海，《音乐艺术》2002年第3期）和《戴鹏海文章〈还历史本来面目〉读后感》（汪毓和，《音乐艺术》2002年第4期），也有对既有研究文献梳理的《陈洪文献研究综述》（朱晓红，《音乐艺术》2007年第3期），更有在史料上有突破性进展的《陈洪与国立音专——从上音档案文献看抗战前期陈洪对国立音专的贡献》（张雄，《音乐艺术》2017年第4期）和《金兰之契志同道合——略论萧友梅与陈洪的新音乐理想》（冯长春，《音乐艺术》2017年第4期）。尤其是作为2017年音乐界影响最大的纪念活动——相继在上海（5月）、南京（11月）、海丰（12月）举办的“纪念陈洪先生诞辰110周年学术研讨会”，更是将对陈洪的研究推上了一个史无前例的纪念高潮，也反映出今天的中国音乐界对其学人精神的弘扬与继承。

如果说对黎锦晖的研究已然初见成效的话，那么有关黎锦光的研究则是刚刚踏上征程。自2003年梁茂春的《黎锦光十年祭——纪念40年代流行歌曲的大师》（《音乐周报》2003年8月29日第8版）一文发表以来，陆续零星有几篇硕士学位论文和相关专题论文发表。南京艺术学院2013届、上海音乐学院2015届硕士学位论文《黎锦光歌曲创作特色研究》（作者陈玥辛，导师施咏）和《黎锦光及其歌曲创作研究》（作者李胜伶，导师洛秦）均不约而同地将笔触指向黎锦光流行歌曲“创作特色”/“创作特征”和“历史生存语境”。在前者中，作者将黎锦光的“创作特色”归纳为——“丰富多样的题材内容”“流行音乐本土化的尝试”“女性视角的运用”；在后者中，作者将作曲家的“创作特征”简化为——“民族风格”“舞曲风格”“爵士风格”三种。作为青年学生的“习作”，此种阐述虽略显稚嫩，然却不失为对黎锦光研究的一种初探。毫无疑问，不论是就史料的发掘而言，还是就“口述历史”的珍贵性而言，梁茂春的《黎锦光采访记录及相关说明》（《天津音乐学院学报》2013年第1期）在十年前的《黎锦光十年祭——纪念40年代流行歌曲的大师》基础之上，将对黎锦光的研究进一步推向纵

① 详见《20世纪80年代以来中国器乐创作研究》的结项成果。

深，令业内外人士重新认识了一个更真实、更鲜活的“民国流行音乐”的代言人，同时也使得今天的诸中青年学者对黎锦光的代表作及其同道者黎锦晖、聂耳、任光、严华、周璇等人有了一个焕然一新的认知。

2017年4月29日，由北京、上海音乐界多家单位参办的“纪念叶纯之先生学术研讨会”在上海音乐学院举行。此次会议同时向有关人士赠送了新出版的叶纯之的《音乐美学十讲》（湖南文艺出版社，2016）、《叶纯之音乐评论集》（中央音乐学院出版社，2016）等著作，并举办了“叶纯之先生作品小型音乐会”。在研讨中，与会专家、学者纷纷畅所欲言，话题多涉及叶纯之的三个方面：（1）其人——“跨界”“前瞻”“博学”“奇才”“特殊”“严谨”“低调”；（2）其文——“通俗易懂”“兼顾技术与美学”；（3）其作——“体裁众多”“良好的旋律感”“岭南音乐元素”等。其中，涉及现当代音乐史的最令人关注的当属中央音乐学院的二位学者发言：《叶纯之艺术史料的搜集与研究》①（汤琼）、《叶纯之与香港国语时代曲》②（项筱刚）。前者认为：通过对目前收集到的有关资料进行梳理和研究，试图从音乐创作、音乐理论、音乐学著述、音乐评论和社会活动等多方面对他的艺术道路和成就进行初步总结和评价。从目前的资料中可以看出，叶纯之先生不仅是我们心目中的一位著名的音乐美学家，更是一位睿智的学者、作曲家、音乐学家、翻译家、音乐评论家、音乐教育家和音乐活动家。他集音乐创作、写作、翻译和教学为一身，对上海音乐学院、对香港乃至全国的音乐事业做出了重要贡献。作为对叶纯之艺术史料研究的初步尝试，该学者希望为今后的研究提供有价值的资料和帮助，对其他研究者有所启迪。后者强调：20世纪50年代的香港国语时代曲是香港流行音乐史的一个重要阶段，也是中国流行音乐通史中不可缺少的一部分。年轻的叶纯之就是在此时大踏步地登上了香港国语时代曲的历史舞台，成为是时香港国语时代曲的重要代表人物之一。这是叶纯之音乐创作轨迹中的第一个阶段，也是一个重要的阶段。正如梁茂春、韩锺恩在最后的总结中所言：此次研讨会是音乐界对叶纯之首次全面的认知；今后的研究应抹去其“神秘”色彩，提倡“家国情怀”，持续地将叶纯之研究推向纵深③。

（二）新方法

近年来“大音乐学”的理念深入人心，在音乐史的研究中适度采用“口述历史”/人物访谈的方法蔚然成风，且在一定程度上呈现出“跨界”的趋势。

最先引起笔者关注的是电影界学者姚国强主编的《银幕写意——与中国当代电影作曲家对话》（中国电影出版社，2009）。

正如该著的内容简介所言，这是“第一部以这样简单而诚恳的方式提供了研究中国当代最优秀的电影作曲家创作理念的第一手资料”的著作。该著以史无前例的气魄，为18位“不太善于表达和总结自己的学术观点”的电影音乐作曲家了却了一桩“普遍的憾事”④。最令笔者叹为观止的是，姚国强的团队为访谈这18位作曲家做了大量的、具体的、细致的前期案头准备工作，不论是“作曲家个人基本情况分析”“个人资料总体分析”，还是“访谈大纲设计”，均堪称在“开工”之前已然令人望见了浮出水面的胜利的桅杆。尤其是该团队为18位作曲家设计的“音乐艺术创作”“音乐制作技术”和“个人素质修养”三个方面的37个问题，发前人之所未发、想前人之所未想，既帮助作曲家对自己的电影音乐创作做了一次历史的梳理，也为当代电影音乐创作研究做了一次有百利而无一害的数据采集。如叶小纲对“创作的主动性”和“电影音乐风格”的解释——“主动性就是个性。我的旋律别人是写不出来，只有我才能写成这样的旋律。所以说这就是我的主动性”⑤和“尽量把自己的音乐做得完美，尽量让大

---

① 汤琼：《叶纯之艺术史料的搜集与研究》，《音乐艺术（上海音乐学院学报）》2017年第3期。

② 项筱刚：《叶纯之与香港国语时代曲》，《音乐艺术（上海音乐学院学报）》2017年第3期。

③ 项筱刚：《纪念叶纯之先生学术研讨会近日在上海举行》，2017年5月8日，https：//mp.weixin.qq.com/s/iuesqqvN7qL9dMKrHuO2Yw。

④ 姚国强主编：《银幕写意——与中国当代电影作曲家对话》，中国电影出版社2009年版，第13页。

⑤ 姚国强主编：《银幕写意——与中国当代电影作曲家对话》，中国电影出版社2009年版，第53页。

家都能接受，能好听，能引起很多人的喜欢”①；施万春对电影音乐与“纯音乐”关系的诠释——“如果电影中音乐总是结束就会使得影片增加太多的结束感，就会破坏影片的连贯性。除去一场戏的结束音乐需要终止式外，其实很多地方都不需要这样做。音乐任何地方都可以结束，在任何句子上都可以停，只要停得相对舒服就行了”②等。

相比于电影界，音乐界的梁茂春等对刘雪庵、贺绿汀、王洛宾等人的访谈给学术界带来了一股如沐春风之感。

1980年1月23日，梁茂春与俞玉滋在北京刘雪庵的家中对其做了访谈。此次访谈两位学者能够明显感受到谈话的“时代气息”——刘雪庵详细回忆了自己的“抗战题材”的音乐创作，却对其民国时期的“时代曲”代表作避而不谈，反映出其在劫后余生后的小心翼翼和如履薄冰③。

1980年11月26日、27日、28日、12月3日，梁茂春和董团在贺绿汀上海的家中对其做了几次较全面、深入的访谈，内容涉及其历史轨迹、“纯音乐”创作、电影音乐创作、“吕贺之争”等。其中，特别是关于其电影音乐创作和“吕贺之争”的内容，皆属首次披露，不论是对20世纪中国电影音乐史研究，还是20世纪中国音乐史研究，都是一笔极其珍贵的口述历史的财富，令今天的年轻人茅塞顿开——“原来历史是这样子的”④。很显然，不论是刘雪庵，还是贺绿汀，在访谈中谈得更多的是自己的“专业音乐”创作，亦在潜移默化间流露出是时音乐界对“专业音乐”和“流行音乐”认知的厚此薄彼，尽管他们二人各自都曾涉足流行音乐 / 电影音乐创作。

2013年9月至11月，梁茂春陆续在《歌唱艺术》上发表了其与王洛宾的三封书信、对王洛宾的采访录及其研究心得。毫不夸张地说，笔者是带着欣喜若狂的心情读完上述文论的。尤其是《王洛宾采访录》（梁茂春整理，《歌唱艺术》2013年第10期）和《遥远的地方传奇多——〈王洛宾采访录〉整理后》（梁茂春整理，《歌唱艺术》2013年第11期）这两篇文章，不仅以真实、详尽的第一手资料诠释了王洛宾为何“人在笼中，歌飞天下”⑤？更令读者和研究者身临其境地感受到作者所言的“每一次对音乐家的采访，对我来说都是重要的学习过程，都是对灵魂的一次冲击、一次洗礼”⑥。

2017年11月13日，戴嘉枋在上海音乐学院所做的《20世纪中国音乐家的“立体”研究》的讲座中，强调了一个涉及“口述历史”的问题——“注意口述历史的真伪与甄别”⑦。此种情况在年长的“口述者”中更容易出现，如王洛宾对霍尔瓦特夫人的回忆⑧、黎锦光对民国流行音乐的“中国五人帮”的回忆⑨、李凌对“吕贺之争”的回忆⑩、刘雪庵对歌曲《何日君再来》的回忆⑪等。换言之，由于“年代久远”“意识形态”“道听途说”“记忆错误”等多方面原因，研究者需要通过自己更为详尽、多管齐下、深入地考证，才有可能对口述历史做出辨伪与甄别，而不是仅仅听信于某个“口述者”的一面之词。

（三）新视角

毋庸讳言，历史人物也是人。只要是“人”，就不可避免地有“多面性”。以往的音乐史研究，囿于“历史局限性”，较容易仅仅看到研究对象的“一面”，故最终“盖棺定论”相应地也容易有失偏

① 姚国强主编：《银幕写意——与中国当代电影作曲家对话》，中国电影出版社2009年版，第57页。
② 姚国强主编：《银幕写意——与中国当代电影作曲家对话》，中国电影出版社2009年版，第213页。
③ 梁茂春：《寒冬的访问——访问刘雪庵记录》，《歌唱艺术》2015年第11期。
④ 梁茂春、董团：《贺绿汀采访录》，《福建艺术》2014年5-6期、2015年1期。
⑤ 梁茂春整理：《遥远的地方传奇多——〈王洛宾采访录〉整理后》，《歌唱艺术》2013年第11期。
⑥ 梁茂春整理：《遥远的地方传奇多——〈王洛宾采访录〉整理后》，《歌唱艺术》2013年第11期。
⑦ 《戴嘉枋教授主讲蔡元培讲堂第二十一期》，2017年12月22日，http：//www.shcmusic.edu.cn/view_0.aspx？cid=330&id=23&navindex=0。
⑧ 参见梁茂春《遥远的地方传奇多——〈王洛宾采访录〉整理后》，《歌唱艺术》2013年第11期。
⑨ 参见梁茂春《黎锦光采访记录及相关说明》，《天津音乐学院学报》2013年第1期。
⑩ 据2002年10月31日笔者对李凌的访谈。
⑪ 参见梁茂春《寒冬的访问——访问刘雪庵记录》，《歌唱艺术》2015年第11期。

颇——与历史的本来面目相距甚远。可喜的是，近年来的研究开始逐步将音乐家作为一个鲜活的人来研究。换言之，就是“以人为本”——既不“神化”，也不“妖魔化”。

长期以来，几代年轻人通过教科书和1959年郑君里执导、赵丹主演的电影《聂耳》，对聂耳的印象完全停留在——“我国无产阶级革命音乐的开路先锋”和“时代号角”的代言人、20世纪中国音乐史长河中一个“高大全”的伟岸身影。然《聂耳日记》(李辉主编，大象出版社，2004)出版后，人们却“看到一个更真实的聂耳”[①]——“喜好读书”(购阅丰子恺的《音乐入门》和是时时尚读物《良友》)、“热爱音乐”(借钱买票听Heifetz的小提琴独奏音乐会、在日本听Arthur Rubinstein的钢琴独奏音乐会)、“刻苦练琴”(“打钢琴”“拉violin”)、“向往爱情”(暗恋歌舞班的异性、欣赏日本银座大街上的漂亮姑娘)、“离开明月”(“黑天使事件”)、“评价锦晖”(迥异于其公开的评论文章)等。换句话说，此《聂耳日记》的出版，彻底将我们国歌的作曲家聂耳悄然从“神坛”上拉了下来，但笔者读后非但没有觉得失落，反而觉得他的形象更加丰满、更加亲切、更加有血有肉，因为我们距离历史的本来面目愈来愈近。

曾几何时，黎锦晖被誉为我国“黄色音乐的鼻祖”早已是一个不争的事实。不论是公开出版的教科书，还是已然发表的文论，只要是涉及黎锦晖，大多仅限于其“儿童歌舞音乐”，鲜有人贸然言及其“时代曲”。即便是涉及黎锦晖的“时代曲”，一般也就是将其定性为“黄色音乐”而戛然而止。令人欣慰的是，2001年11月20日至21日在北京隆重举行的“纪念黎锦晖诞辰110周年学术研讨会”，似乎在一夜之间将黎锦晖从“黄色音乐的鼻祖”转变成了“中国流行音乐的奠基人”。学术界之所以能够在认知上发生如此之大的变化，盖因“历史是抹杀不掉的。我认为最重要的是要实事求是：离开实事求是，研究就没有价值”[②]。正如陈铭道所言，也许与会的数十名专家自己也没有意识到：他们“已经改写了历史”“而且从此以后，所有涉及黎锦晖先生的辞书、字典的条目及名人传”——“必然改写”[③]，首当其冲的则是孙继南的《黎锦晖与黎派音乐》(上海音乐学院出版社，2007)的出版。也许正因为此次“纪念黎锦晖诞辰110周年学术研讨会”开启了一扇“以人为本”研究的大门，之后民国流行音乐研究视野中的其他“黎锦晖们”的“去妖魔化”工作逐步付诸实践才有了一种可能。就这一点而言，此次研讨会是有历史意义的，是划时代的。

中国现当代音乐是一条奔腾不息的河。作为一条给养源源不断汇入的河流，有关她的研究的步伐自然也是无法停止、不可阻挡，相应的研究的热度和趋势亦是在继续发酵、难以预料。

项筱刚　中央音乐学院音乐学研究所研究员
原载《音乐研究》2019年第4期

① 李辉：《〈大象人物日记文丛〉总序》，载李辉主编《聂耳日记》，大象出版社2004年版，第2页。

② 周巍峙语。转引自李岩《冬来了，春还会远吗？——纪念黎锦晖诞辰110周年学术研讨会要点实录》，《中国音乐学》2002年第1期。

③ 李岩：《冬来了，春还会远吗？——纪念黎锦晖诞辰110周年学术研讨会要点实录》，《中国音乐学》2002年第1期。

2017 年中国歌剧发展情况纵览

◎ 游暐之

2017 年，全国各地创作演出歌剧共 334 场，其中原创歌剧首演 21 部（包括音乐会版），全年共上演原创复排 24 部，西方经典新制作 38 部。

当年首演的原创剧目，按照演出时间先后顺序如下：上海歌剧院《风在哪一个方向吹》（音乐会版），江苏省演艺集团《鉴真东渡》，旧金山歌剧院《红楼梦》（中国内地首演），湖北省歌剧舞剧院《楚庄王》，上海音乐学院《汤显祖》（音乐会版），中国歌剧舞剧院《林徽因》，宁波演艺集团《呦呦鹿鸣》，山东艺术学院《檀香刑》，国家大剧院《金沙江畔》，青岛市歌舞剧院《马向阳下乡记》，浙江歌舞剧院《青春之歌》，夷陵歌舞团《梅香》，中央歌剧院《玛纳斯》，国家大剧院《兰花花》，无锡市歌舞剧院《二泉》，自贡市歌舞曲艺演艺公司《盐神》，黔南民族师范学院《邓恩铭》，安徽大学艺术与传媒学院《包青天》（音乐会版），福建省歌舞剧院《松毛岭之恋》，上海音乐学院《贺绿汀》，江苏大剧院《拉贝日记》。

加大对“民族歌剧”扶持的意义

对于中国歌剧发展的整体业态而言，2017 年，是中国歌剧在新时期发展的一个转折点。2 月份，文化部办公厅发布“关于开展重点民族歌剧创作扶持工作的通知”，标志着“中国民族歌剧传承发展工程”正式启动。这项工程旨在促进中国民族歌剧的传承发展，由政府牵头，组织民族歌剧领域的专家，对民族歌剧的创作生产、普及推广、人才培养、理论研究等进行扶持，具体涉及作品的选题论证、剧本研讨、创作排演、加工打磨等多个环节。

“中国民族歌剧传承发展工程”的开展如同一针强心剂，大大激发了中国歌剧界整体的创作热情。2017 年，全国各地院团参与申报民族歌剧扶持工程的作品多达 150 多部，最终有 9 部作品入选，入选的基本标准和要求是：未来呈现必须是“民族歌剧”。

为什么选择“民族歌剧”进行扶持？衡量“民族歌剧”的标准又是什么？这恐怕需要简单回溯一下中国歌剧的发展历程。歌剧艺术进入中国之初，无论是诞生在国统区里的《扬子江暴风雨》还是诞生在延安解放区的《白毛女》，一度都被认为是“新歌剧”。所谓“新歌剧”，一是有别于西洋歌剧样式，二是有别于中国传统戏曲。1957 年，当时的文化部和中国剧协专门组织召开会议，讨论中国“新歌剧”的发展，会上争论的焦点，就是“新歌剧”到底是按照西洋歌剧的写作手法进行创作，还是基于中国传统戏曲、民间音乐进行创作，也就是后来常说的“土洋之争”。

会上，时任文化部戏曲改进局、艺术局局长的田汉就指出：“假如把《白毛女》作为新歌剧的开端的话，它主要还是中国的东西；当然，我们也在不同程度上接受了一些外来的东西……地方歌剧团有的把新歌剧分为两条路线，一条是《刘胡兰》的路线，更多注意学习民族传统；另一条是《草原之歌》路线，更多地学习西洋歌剧的一些表现手法，这是因为我们歌剧创作实践实在太少，其实并不能成为什么两条路线问题。据我看来，恐怕《草原之歌》也不是什么西洋路线。”

虽然在那时候尚未明确提出“民族歌剧”的概念，但是田汉所称的两条路线，以《白毛女》《刘胡兰》为代表的正是今天的“民族歌剧”。20 世纪五六十年代，是中国“民族歌剧”发展最为兴盛的时期，也是当时歌剧创作的主流，诞生了一大批具有鲜明民族艺术特征的作品，因为这类作品大多为反映革命斗争和社会主义建设的题材，因此被称为“红色经典”。

那次会议不久，中央实验歌剧院就在中央领导的提议下一分为二，成为“中央歌剧院”和“中国歌剧舞剧院”。分成两个院团后，中央歌剧院将主要演出和创作西方经典歌剧和以西洋歌剧写作方式为参照的中国歌剧；中国歌剧舞剧院则将重点放在以继承和学习中国传统戏曲、民间音乐为基石的、民族化特征鲜明的歌剧演出和创作。在当时，歌剧在中国还是一门非常年轻的艺术，人们的创作实践和经验积累都极其有限，没有人可以预料“新歌剧”将沿着什么样的轨迹发展下去，因此在实践中摸索，坚持“一土一洋”两条腿走路，齐头并进，这样的决策，即使在今天看来也是非常科学的。

改革开放之后，国门大开，西方经典歌剧作品的演出日益增加，在满足了众多歌剧爱好者欣赏需求的同时，也对中国的歌剧创作产生了极大的影响。越来越多的作曲家开始进行以西洋歌剧写作技法为范式的创作探索，作品的数量逐年增加，而“民族歌剧”形态的创作则日渐式微，全国基本只有总政歌剧团还在进行这一类型的创作，这种现象被歌剧理论家居其宏称作“民族歌剧”的“一脉单传”。

然而，改革开放之后的歌剧创作，尽管数量不少，但是演出的场次却越来越少，在社会上的影响力也远远不能和当年相比。尤其是近十几年来，很多新创作品只是演一两场就刀枪入库。造成这种现象的原因有很多，大致有这么几点：一是社会开放，文化娱乐丰富多彩，人们不再只关注和局限于某一种艺术样式；二是部分地方文化官员和院团领导者的政绩观作祟，对于不是自己任上的创作，即使有好的口碑和社会效应，也基本是冷处理；三是很多创作者过分强调自我的艺术观，导致作品越来越脱离大众的审美情趣，“高高在上”的气质，让歌剧越发曲高和寡，可望而不可即，与普罗大众渐行渐远。于是，当年一部歌剧红了一首歌，“北风吹”“洪湖水”“红梅赞”等全国传唱的局面再难重现。

2016 年，中国“民族歌剧”的开山之作《白毛女》在文化部的组织下，开展了全国十五个城市的巡演，所到之处一票难求。《白毛女》巡演的成功，其所引起的广泛关注和产生的社会影响，也让文化界开始重新审视被称为“民族歌剧”的艺术样式，其在今天生存、发展的可行性和必要性。

2017 年，中国歌剧舞剧院重新复排歌剧《小二黑结婚》。民族歌剧《小二黑结婚》根据赵树理同名小说改编，由田川、杨兰春编剧，马可、乔谷、贺飞、张佩衡作曲，首演于 1952 年，是中国民族歌剧史中，继《白毛女》之后的又一座里程碑式的作品。这部经典的作品在一度创作上不仅更加完整和歌剧化，而且对于民族性的体现也匠心独具、非常突出，有着很高的艺术成就。很多专业人士感慨，在今天依然困扰我们歌剧写作中宣叙调的问题，在歌剧《小二黑结婚》当中已经得到了很好的解决。

“一白一黑”在 21 世纪重新进入人们的视野，其所引起的关注，也让人们认识到，前辈留下了太多值得学习和借鉴的宝贵经验，如果我们不能够珍视，势必在未来的创作上还会走更多的弯路。

习近平总书记曾指出：“社会主义文艺，从本质上讲，就是人民的文艺。文艺要反映好人民心声，就要坚持为人民服务、为社会主义服务这个根本方向。”从《白毛女》开始诞生的一系列我们今天称之为“民族歌剧”的作品，天然具有“人民性”的基因，那就是“有好看的故事，有好听的音乐，有真挚的表演”。因此，文化部将“民族歌剧”的创作演出，重新提到政府层面来进行重点扶持，也正是要给广大的歌剧工作者一个明确的目标方向，那就是歌剧创作要充分体现“民族性”，要把歌剧创作的“口味”摆正，只有把民族的基因在作品中充分展现出来，才有可能引起广大观众的共鸣，中国歌剧的发展之路才会走得更顺畅。

首次入选扶持的作品成色如何

入选首届“中国民族歌剧传承发展工程”的作品一共有 9 部，从题材上来看，还是多样化的，青岛市歌舞剧院《马向阳下乡记》、武汉大学艺术学院《有爱才有家》属于现实题材，福建省歌舞剧院《松毛岭之恋》、湖南省株洲市戏剧传承中心《英·雄》属于革命历史题材，浙江歌舞剧院《青春之歌》、无锡市歌舞剧院《二泉》、自贡市歌舞曲艺演艺公司《盐神》属于红色人文题材，河南歌舞演艺集团《蔡文姬》属于历史题材，中央歌剧院《玛纳斯》属于神话题材。其中《蔡文姬》《有爱才有家》于 2016 年首演，《马向阳下乡记》《松毛岭之恋》《玛纳斯》《青春之歌》《盐神》《二泉》于 2017 年首演，这8部作品同时还参演了2017年底至2018年初的第三届中国歌剧节。

两部现实题材作品，一部喜剧、一部悲剧。《马向阳下乡记》根据同名电视连续剧改编，走的是喜歌剧的路线。导演黄定山曾经执导复排了经典喜歌剧《小二黑结婚》，同样是农村题材，同样是喜歌剧，不同的是故事发生的时间和戏剧的主题，《小二黑结婚》的排演无疑让导演黄定山可以更加准确地把握民族喜歌剧的尺度。《马向阳下乡记》由臧云飞作曲，代路、廉海平编剧，首演指挥黄炎佳，主演王传亮、丁晓君等。

这部歌剧虽然与电视剧同名，但戏剧的切入点和侧重点都有很大不同。剧中的马向阳和李春芳，一个是支援扶贫的第一书记，一个是村主任，这两个人物属于正面形象，从他们身上并不容易体现出喜歌剧的“喜感”。就如《小二黑结婚》中，最能带给人欢乐的是三仙姑和二诸葛一样，《马向阳下乡记》中，村会计和四位村姑成为最博人眼球的角色。作为现实题材，这部喜歌剧并不为“喜”而“喜”，而是“喜”得很现实，在这点上，确实得到了《小二黑结婚》的“真传”。剧中四位插科打诨的村妇，可以说从头“闹”到尾，但是她们的“闹”并非无缘无故，她们在不同阶段不同的“闹”，反映出的恰恰是乡村在脱贫路上点点滴滴的变化。村会计是这部歌剧最“讨喜”的角色，饰演村会计的演员是演曲剧的，有深厚扎实的戏曲表演功底，塑造的人物既有艺术的夸张又有生活的真实，再一次表明歌剧要向戏曲学习的必要性。

作为喜歌剧，《马向阳下乡记》既有歌剧的艺术特征，同时也具备比较鲜明的民族性和喜庆悦耳的特点。《马向阳下乡记》以西洋管弦乐队演出，其中加入了二胡、坠琴等民族乐器，来体现“山东味”。音乐上借鉴和汲取地方戏曲和民歌的音乐元素，凸显民族特色。场间叙事性的合唱段落，既解决了故事前因的交代，又为接下来的戏剧发展埋下伏笔，同时还解决了转景的空档，将戏剧有机地勾连起来。剧中，由村会计领唱的《钱啊钱》，以幽默诙谐的语言、节奏轻快的旋律，唱出了村民们对幸福生活的向往，具有很强的现实性，成为这部作品中最受欢迎的唱段。

民族歌剧《有爱才有家》，由武汉大学艺术学院创作演出，作曲王原平，编剧胡应明，导演邓德森，歌剧节演出指挥罗怡林，主演刘丹丽。该剧于2016年首演赢得好评后进行修改打磨，重装亮相第三届中国歌剧节。

歌剧《有爱才有家》是根据湖北省公安县麻豪口镇福利院原院长刘德芬的生平事迹创作。因为制作和演出团队并不是专业艺术院团，因此在推进的过程中遇到了如人财物等诸多方面的困难，最终能够完整地以歌剧的样貌立于舞台，实属不易。在歌剧节演出的时候，演出方担心观众坐不住，因此两个小时的演出没有安排中场休息。然而，就是这样一个在听觉、视觉上均不那么时尚的作品，却牢牢吸引了观众的注意力，场间不仅无人“抽签”，结束谢幕时，观众更是长达十几分钟都不愿意离开。曾经感动中国的刘德芬，也把真挚的情感留在了歌剧舞台。

歌剧《有爱才有家》属于纪实性的创作，选取了刘德芬生前在福利院工作时最具有代表性的几个真实事件，虽然时间跨度比较大，但相互之间还是能够产生自然的关联。音乐创作上，《有爱才有家》以西洋歌剧创作技法，融入湖北民歌、戏曲等多种元素，同时借鉴民族经典歌剧“板腔体”的创作精髓，最终形成了具有湖北地域特点的、中西合璧的歌剧音乐创作风格。“我有一个家，家在树荫下，夏天有绿茵，冬天挡风沙……”这首与剧名相同的主题歌，旋律优美，有着民谣式的简约淳朴，触动心灵。剧中刘德芬的几段咏叹调《一粒种子一根苗》《命运的嘱托》等也都给人留下了深刻的印象。

本剧主演刘丹丽必须要重点介绍一下。事实上，如果没有刘丹丽，也就不会有这部歌剧顺利搬上舞台。可以说，刘丹丽是以刘德芬的精神在力推这部作品，也是以刘德芬的精神，在演绎这个人物。作为两度“梅花奖”的获得者，刘丹丽塑造的人物形象不仅唱演俱佳，更是把人物的高尚灵魂彰显出来，与角色融为一体，令人难忘。

福建省歌舞剧院创作演出的民族歌剧《松毛岭之恋》，讲述的是一个催人泪下的悲情故事。剧中的阿妹是典型的闽西农家妇女的代表，善良、质朴、忠贞、坚毅。在丈夫离开，婆婆、小叔相继牺牲之后，她依然不改初衷，执着地坚守着与阿根的爱情，将红军的遗孤思红、自己和阿根的儿子思军抚养成人。这部作品以线性的戏剧结构展开，其间穿插阿根沙场血战的场景，与阿妹所在的现实时空相呼应。剧末，当阿妹得知阿根早已经牺牲的消息，走到衣柜前，打开衣柜，聚光灯照在一摞摞整齐的衣服上，具有强烈的视觉冲击和悲壮的情感效果。

歌剧《松毛岭之恋》，由卢荣昱作曲，王保卫编剧，靳苗苗导演，首演指挥张峥，主演王庆爽等。因为一度创作者均为本土艺术家，因此这部作品无论是文本还是音乐，对于地域化的风格特征都把握得比较全面。同样是"民族歌剧"，《松毛岭之恋》并没束缚在"板腔体"的音乐模式中，而是将本地音乐素材很好地融入戏剧音乐的写作中，这些音乐素材包括列入"非遗"的客家十番音乐，闽西、赣南、粤东客家金三角地区的山歌乡谣。浓郁的地域风情，优美流畅、自然淳朴的动人旋律，让这部歌剧具有了比较高的可听性。其中阿妹和阿根的爱情主题"树缠藤"——"哥是岭中长年树，妹是岭中百年藤……"，音乐写得尤其抒情、缠绵、唯美，同时又极具民族风情。

另一部革命历史题材的《英·雄》，由湖南省株洲市戏剧传承中心创作演出。虽然这部作品是在歌剧节结束之后才首演，但是因为属于2017年民族歌剧扶持工程9部中的1部，因此也在此一并介绍。

歌剧《英·雄》，作曲杜鸣，编剧张林枝，导演黄定山，首演指挥许知俊，主演王丽达、王传亮等。剧名《英·雄》取自剧中两位主人公缪伯英、何孟雄名字当中各一个字。这部歌剧属于人物纪传体，内容上更侧重于缪伯英的生平，从缪伯英进入北大求学、与何孟雄一见钟情开始，选取其人生和革命历程中的几个重要片段连缀而成，是一种多散点的散文式叙述结构，在基于史实的基础上进行了艺术虚构。

这部歌剧音乐有很浓郁的湖南韵味，运用了湘东民歌、花鼓戏的元素，尤其是花鼓戏，不仅有大量的唱段是花鼓戏的音调，也加入了很多花鼓戏特色民族乐器（如大筒、唢呐），以及花鼓戏中常用的一些打击乐器。人物的音乐形象也比较鲜明，特别是缪伯英的音乐主题，悠扬婉转动心。缪伯英在不同情境的唱段，会有不同的情绪表达，时而带着女性的柔美，时而则体现革命者的刚烈。剧中还有几段合唱也令人印象深刻，有力度、有劲道，激越雄浑又不乏动听的旋律。

《青春之歌》是歌剧舞台的宠儿，远的不说，仅近10年间，就诞生了两部同名歌剧作品——一部由北京大学歌剧研究院创作演出，一部便是2017年9月由浙江歌舞剧院创作演出的民族歌剧《青春之歌》。

浙歌版《青春之歌》，作曲吴小平，编剧赵玎玎，导演张曼君，首演指挥朱曼，主演郑培钦等。歌剧《青春之歌》依循"林道静因为反抗包办婚姻投水自杀—遇到余永泽结为夫妻—遇到卢嘉川走上革命道路"这一戏剧脉络展开，结构清晰，但是戏剧的侧重点突出的是林道静和卢嘉川的爱情。编剧在这点的把握上与小说原著有很大出入。如果仅仅从戏剧故事层面上，可以理解为是编剧对于原著的全新解读；但是杨沫写《青春之歌》，主要还是表现卢嘉川作为一名坚定的共产党人，他对于林道静在精神和信仰方面的引领，以及林道静从小知识分子成长为坚定的共产主义战士的心理、行为的变化，爱情并不是小说想要表现的重点。所以，对经典文学作品的解读，尽管不同的人会有不同的视角，但核心主题是无法改变的。这些问题还需要编剧进一步思考、修磨。

本剧音乐比较完整，整体风格是民族化的，戏曲和民间音乐元素融入其中，并且为每个人物都设计了音乐主题，以不同乐器来表现不同人物的音色。在主要人物的唱段中，运用了具有抒情、叙事功能的板腔体结构方式，让民族性更加突出。林道静、卢嘉川二人的音乐动机成为贯穿全剧的音乐双主题，序曲、幕间曲、唱段连接音乐、气氛音乐、戏剧冲突音乐，都由此动机素材发展而来，形成了本剧音乐的核心。剧中二人的咏叹调《上弦月》，文辞优美，朗朗上口，简洁动听，融抒情言志于一体，令人回味。

由无锡市歌舞剧院创作演出的民族歌剧《二泉》，讲述的是关于盲人音乐家阿炳的故事。作曲杜鸣，编剧任卫新，导演黄定山，首演主演王宏伟等。歌剧《二泉》的戏剧构成为历史真实和艺术虚构兼而有之，围绕阿炳这条人物主线，将其生平的重要片段连缀起来，少有强烈的戏剧矛盾冲突，整体气质更接近诗剧。剧中，二胡曲《二泉映月》的元素以变奏的方式贯穿始终，使观众既能捕捉到原曲的精髓，又不至于感到单调和审美疲劳。同时，作曲家还将锡剧、越剧、江南小调、苏州评弹等各种音乐元素融汇到音乐创作中，力求与戏剧情境紧密结合，营造不同的情绪氛围，比如道观中的空灵缥缈，茶馆中的市井戏谑，踟蹰街头时的辛酸悲凉……对于每个角色人物，也都赋予相应的音乐形象。

歌剧《二泉》的整体舞台呈现虚实结合。印象深刻的一个场景，阿炳贫病交加，最终失明，徘徊在舞台左前区一盏孤零零的路灯下，阿炳仰天问：天黑了，灯怎么还没亮?！此时此刻无语的路灯照在绝望的阿炳身上，更让人感到阿炳茕茕孑立的悲惨凄凉！

由河南歌舞演艺集团、河南省歌舞剧院创作演出的歌剧《蔡文姬》，是2017年度民族歌剧扶持工程中唯一的历史题材剧目亮相第三届中国歌剧节。本剧作曲关峡，编剧刘麟，导演王湖泉，歌剧节演出指挥姜金一，主演陈静、孙砾等。

歌剧《蔡文姬》围绕“文姬归汉”这一核心事件，将蔡文姬的才华与具有悲剧色彩的人生勾连在一起，通过对人性、对文化、对伦理的思考，展现了蔡文姬因为战争流落异乡的无奈，思乡思国的迫切，渴望和平安宁的心愿。剧中，蔡文姬既是旷世才女，又是一位有着家国情怀的知识女性。

以人性的视角诠释历史是这部剧比较突出的特点。剧中印象很深的一段戏，是即将归汉的文姬，与丈夫左贤王和孩子告别，尽管文姬是因为战乱被迫成为左贤王的妻子，但12年的朝夕相处，不可能没有感情，更何况二人有了血脉相牵的一双儿女。这场戏写得非常细腻，音乐也非常动听。

歌剧《蔡文姬》的音乐民族风格浓郁，河南地方戏曲的元素尤其凸显，以西洋歌剧写作技法，将地方戏曲、民歌的元素植入，给人以戏曲交响化的听觉体验。剧中蔡文姬的很多唱段都糅进了地方戏曲、民歌和西洋歌剧咏叹调的特点，一些重点唱段的旋律、韵味、技巧、乐风，都有比较协调的配合。本剧没有宣叙调，所有对白都借鉴戏曲中的道白式吟诵，尽管与整体风格比较协调，但是也会令人产生“戏曲”“歌剧”难有分界的感觉。

《盐神》由自贡市歌舞曲艺演艺有限责任公司创排演出。作曲韩万斋，编剧廖时香，歌剧节演出指挥肖超，主演陈正平、王城龙、刘为等。试演于2012年，首演于2017年。曾用名《盐神的女儿》《盐都儿女》。

本剧讲述了百年老井干枯，盐商女儿紫薇与母亲发生了观念冲突，携手锉井工梅郎白手起家打新井，与盐场的工人们同心协力、历经磨难，井穿出卤，终获成功的故事。故事的大背景置于红军长征和抗日战争时期，目的是体现普通盐工为国家、为民族无私奉献的家国情怀。编剧长于戏曲文本的写作，编写故事的能力也比较强，在戏剧结构和唱词上更多地借鉴戏曲写作手法，总体而言故事结构清晰，剧诗化的唱词兼具文学性和地域特征。

自贡市特有的《挽子歌》《盐工号子》，成为这部歌剧音乐的基石。从《挽子歌》当中能听到盐工们的精神、灵魂、倾诉以至怒吼；而从《盐工号子》当中又能听到盐工们的筋骨、力量、意志以及呐喊！本剧音乐的创作，不仅运用了川剧中独特的高腔等素材和手法，同时还学习借鉴了民族经典歌剧音乐创作中积累的宝贵经验，如剁板、急板、紧拉慢唱、重唱、重奏、合唱帮腔、特色乐器、特色和声、民歌、曲艺、器乐交响等，让作品的地域特征和民族特色充分体现出来。

《玛纳斯》是由中央歌剧院创作演出的一部歌剧作品，作曲许舒亚，编剧王晓岭，导演王延松，首演指挥杨洋，主演袁晨野、於敬人、王传越、李爽、么红等。同为“民族歌剧”，《玛纳斯》民族性的体现是具象的。因为这是一部根据柯尔克孜民族英雄玛纳斯的史诗创作的歌剧。大型叙事史诗《玛纳斯》是集普通叙事和神话叙事为一体的鸿篇巨制，如何在歌剧中呈现，撷取内容很关键。目前呈现的是一个比较独特的金字塔式的戏剧结构：人性叙事铺底、灵性叙事过渡、神性叙事登顶。

剧名主人公玛纳斯在第一场中就去世了，此后这个人物都是以梦境和神境出现。理论上来讲，这种戏剧结构也是成立的，但是主创可能忽视了一点，那就是人境、神境、梦境在剧中交错展开，这对于绝大部分对玛纳斯的故事并不了解的观众来说，就不太容易把握戏剧表现的主体，观众无法很好地理解剧情，也就很难被吸引到创作者所希望的戏剧氛围中。

《玛纳斯》的音乐，是按照西方歌剧的写作技法进行的创作，与另外8部作品相比，这部歌剧的音乐听起来似乎更洋气，其实它的民族风情还是比较浓郁的。二十余首柯尔克孜族的民歌和器乐音乐的旋律素材贯穿始终，乐队中配备了该民族的特色乐器，歌剧总体的旋律优美。其中玛纳斯的部分唱段及一些合唱段落都给人留下比较深刻的印象。

从以上分析可以看出，中国民族歌剧传承发展工程，在开局之年同时推出的 9 部作品，艺术质量上各有优长，也各有缺憾。

第一，一些作品在人物塑造上还是缺乏立体化的思考，对人物情感情绪的挖掘不够，导致人物尤其是正面人物形象单一，缺少个性，不令人信服。

第二，一些作品对于剧中核心唱段的写作，需要与剧情、人物内心更加契合，同时也要有剧诗化的表现，尽量避免歌曲与戏剧分离的状态。

第三，歌剧音乐的写作还是要从作品本身需要表达的戏剧情境出发，要根据人物的形象特征出发，不能为了“民族”而“民族”，对于经典作品的学习，要汲取其内核而非表象，要借鉴方法，而非拘泥形式，更要摒弃对经典作品的照搬照抄，同时要有符合当代审美的创新意识。

第四，歌剧属于声乐、器乐兼而有之的综合艺术，音乐的写作一定要考虑声音表现的能力和需要，特别是一些主要人物的咏叹调写作，不管是“高音”还是“低音”，要从戏剧情感的规定情境出发，都应该是人物此刻内心情感的相对准确地表达，一味地让演员飙高音的做法并不可取，也容易引起观众的审美疲劳。

第五，歌剧是音乐的戏剧，在舞台的二度呈现上，要有能够突出和优化歌唱与音乐的舞台调度、舞美设计，同时要注重戏剧的连贯性，避免过度的符号化解读。

首度入选扶持的 9 部民族歌剧，在亮相后均受到了褒贬不一的评价。我以为任何一部创作，能够引发创作者的思考和求新，能够引发观众的不同评价和议论，这样的创作就是有价值的。当然，这 9 部作品大部分是在当年完成，在如此短的时间周期内，最终都能完整地立在舞台上，已非易事。但是也存在一些问题，比如，因为要在规定时间内出戏，一些作品在进入排练场的时候，音乐还没有完全完成，边排练边创作，赶工的痕迹就比较明显。另外，很多地方院团在歌剧创作演出方面力量匮缺或不均衡，诸如没有乐队、没有合唱队、没有能够担纲歌剧演出的声乐演员，加上一些院团改制后，在财力、物力方面家底太薄，这些状况都对歌剧作品的优质呈现造成很大的制约。

民族歌剧传承发展工程对于中国歌剧整体业态的推动和促进作用是显而易见的，各地方政府宣传文化部门也因为工程的推动，开始对当地歌剧事业的发展给予一定的重视。当然，在工程的推动下，中国民族歌剧的创作最终能收获多少可以留得下来的优秀作品，还需要时间来检验。

中国民族歌剧传承发展工程，也引发了业内对于中国歌剧发展的思考和探讨。2017 年 11 月 17 日，第十九届中国上海国际艺术节歌剧论坛在上海衡山宾馆百花厅举行。论坛由文化部外联局、上海市文化广播影视管理局主办，中国上海国际艺术节中心、上海歌剧院和上海音乐学院贺绿汀中国音乐高等研究院共同承办。歌剧论坛以“歌剧抒写人民情怀”为主题，围绕歌剧在当代如何“多元融合，创新发展”这一核心话题，从编剧、作曲、导演、理论等各个角度，深入探讨歌剧发展的相关命题，寻求中国民族歌剧的未来。

论坛以“民族歌剧的过去、现在和未来”及“全球化语境中，歌剧的机遇与挑战”为主题，来自京沪的十几位歌剧创作、理论专家，作为主旨发言人，提出了对中国民族歌剧发展的新理念、新要求和新期待。这次论坛本着各抒己见、畅所欲言的原则，围绕主题，不做结论，目的就是希望通过这次论坛，能够让业界对于歌剧事业在中国的发展有更加深入的思考和探索。可以说，本次论坛，也是对中国民族歌剧传承发展工程开展的一次积极呼应。

“评剧不评奖”的歌剧节

2017 年 12 月 16 日至 2018 年 1 月 10 日，由文化部、江苏省人民政府主办的第三届中国歌剧节在江苏省举办。本届歌剧节共有参演剧目 23 部，26 天之内，先后在南京、无锡、常州、徐州、宜兴 5

个城市 8 个剧场上演，共计演出 45 场。歌剧节参演人数共计 10908 人，其中主创人员 241 人。从年龄分层看，30—60 岁为中坚力量，占比 80%。剧场观众 7 万余人，网络观看超过 26 万人次。其间还开展 11 次基层演出和艺术讲座。

本届参演的 23 部剧目中，有 8 部是 2017 年文化部“中国民族歌剧传承发展工程”剧目。其他作品中，除了中国歌剧舞剧院演出的《白毛女》《小二黑结婚》，空政文工团演出《江姐》，湖北省歌剧舞剧院演出《洪湖赤卫队》，沈阳音乐学院演出《星星之火》，江苏大剧院演出《木兰》以及上海歌剧院演出西方经典歌剧《阿依达》之外，其他作品基本都是近三年内各地院团的新创作品。江苏省作为东道主，近水楼台，除了《二泉》，还有江苏省演艺集团的《鉴真东渡》和江苏大剧院的《拉贝日记》。另外还有《呦呦鹿鸣》《楚庄王》《檀香刑》《辛夷公主》《张思德》等。

本届歌剧节最大的特色和亮点，就是至今仍为大家津津乐道的“一剧一评”。何谓“一剧一评”，就是“评剧不评奖”，除经典剧目和特邀剧目之外，其他参演剧目均组织专家和特约评论员，在头天晚上观摩，第二天进行点评。点评专家以“中国民族歌剧传承发展工程”指导委员会的专家为主，同时吸纳了在歌剧领域较有建树的其他专家、艺术家，先后共有 30 位专家及特约评论员参加“一剧一评”的工作。歌剧节期间共组织 15 场“一剧一评”座谈会。

因为没有“评奖”的负担，座谈会上，不论是院团、主创还是参加研讨的专家们，都能够轻装上阵。专家们本着“成绩说够、不足谈透”的原则，开诚布公，既充分肯定主创团队已经取得的成绩，又积极建言献策，对于专家们提出的意见和建议，各院团、主创团队也都能认真对待，表态将逐一落实。应该说，“不评奖只评剧”对于所有参演剧目在未来进一步提升起到了切实的促进作用。

在本届歌剧节上，除了前述民族歌剧传承发展工程的 8 部作品，还有几部作品得到了专家们的肯定和褒扬，也赢得了广大观众的喜爱，值得关注。

由宁波市演艺集团创作演出的民族歌剧《呦呦鹿鸣》，以真实生活为基石，艺术地再现了诺贝尔奖获得者屠呦呦一生致力于青蒿素发现的感人故事。作品以优美的旋律、动人的歌唱，塑造了一位将个人梦、科学梦与中国梦相统一的当代杰出科学家的形象。本剧作曲孟卫东，编剧咏之、郭雪，导演廖向红，首演指挥朱曼，主演吕薇等。

这部歌剧是在屠呦呦获得诺贝尔奖之后适时推出的，看起来属应景之作，但却是艺术品质和社会教化功能同时体现的一部佳作。其实，以屠呦呦的事迹为题材做歌剧并不容易。首先，作为一名科学家，屠呦呦的人生经历看起来是平凡的，没有那些可以构成紧张激烈戏剧冲突的素材。其次，屠呦呦本人还健在，当她得知《呦呦鹿鸣》的创作演出计划的时候，提出的唯一要求就是剧中所有的事件必须是真实的，绝对不能虚构。这两点对于剧作家来说，意味着要戴着真实的“镣铐”，跳出艺术的“舞蹈”。

当然，困难往往能够成为一种机遇和创新的催化剂。最终，屠呦呦真实的人生经历在歌剧《呦呦鹿鸣》中得以还原再现。然而，这种还原并非生活的照搬，而是以艺术的方式体现生活的真实。剧作家抓住屠呦呦人生中几个关键点，从出生父亲起名字、童年对中医药的朦胧认识和兴趣、高考立志学习中医、投身研制青蒿素不惜以身试药等事件逐一展开。

老年屠呦呦是贯穿全剧的核心链，剧中她既是戏剧人物又是一位讲述人，讲述自身的经历，讲述难忘的历史。舞台作品设置讲述人用以串联戏剧结构看起来似乎并无新意，但是用在这部作品中却非常恰当。正因为有这样一个“讲述人”的存在，才能自然地将每一个独立的代表性事件有机地勾连在一起，形成具有逻辑性的戏剧结构，不仅增强了作品的叙述因素，而且为现实的物理时空和虚拟的心灵时空提供了合理转换的契机，也解决了戏剧故事时间跨度长，每个相对独立的事件难以自然衔接的问题。尾声部分，老、中、青三位屠呦呦在同一个时空出现，“三人”的对话揭示出屠呦呦一生的追求，质朴的语言，体现的是崇高的精神，尤为动人。

歌剧《呦呦鹿鸣》的音乐旋律优美舒展，不以繁复和冗杂的技巧堆砌为目的。对白极少，有限的几处对白与演唱的衔接非常自然。在音乐素材的选择上，将著名的马灯调以及江浙民间音乐、民歌、戏曲元素巧妙融合，形成一种流畅的、沁人心怀的江南音乐风韵，自然无痕，赏心悦耳。而在人物心理情感矛盾尖锐和戏剧冲突发展情势白热化的瞬间，则巧妙运用戏曲“板腔体”的手法，增强了戏剧张力和节奏的变化。除了有民族性的音乐元素，民乐器运用也非常得当，箫、琵琶、二胡、埙，分别用以体现不同情境之下的情绪和情感，与管弦乐队融为一体，不生硬、不突兀。剧中几乎每一段咏叹调都朗朗上口，有的属于听一遍就会哼唱，有的即便不会唱但却让观众记忆深刻，喜欢听、愿意听。

本着真实主义的原则，剧中演员的服装和舞台美术道具，都有着很鲜明的时代特征。在简约写实的舞台氛围中，时而出现的半环形青蒿丛则让舞台多了一种写意的味道。

由湖北省歌剧舞剧院创排的歌剧《楚庄王》。作曲吴粤北，编剧李穗，导演陈蔚，指挥罗怡林，主演秦德松等。剧本初稿完成于2012年，2017年4月试演，同年10月正式首演。短短半年时间，重新亮相的《楚庄王》与试演时相比，可谓是“脱胎换骨”。无论是文本、音乐还是人物的塑造，都发生了很大的变化。

首先从文本而言，在楚庄王的人物形象塑造上更加立体丰满了，如果说试演稿中子越和樊姬两位人物有很多抢戏之处，那么首演稿就更加聚焦于楚庄王这个核心人物身上。与此同时，故事的戏剧性和逻辑性也都有进一步的加强。尽管歌剧《楚庄王》属于传统历史题材，但是舞台的二度呈现却非常具有当代性，在以星月为主体意向的主场景基础上，通过灯光、多媒体以及各种简单道具的变化，体现出不同的戏剧场景和人物心理的变化。

这部歌剧的音乐写作有着鲜明的楚文化印记，素材选自荆州、襄阳地区的民歌、戏曲，地域特征鲜明，旋律也很动听。宣叙调部分借鉴戏曲的道白腔，但是又避免过分戏曲化，度掌握得比较好。在试演之后专家们提出的配器过重，器乐压声乐的问题，经过半年的修改打磨，首演时已经得到了明显的改善。

总体而言，歌剧《楚庄王》在音乐和戏剧的歌剧化呈现上都达到了一定的专业程度。若进一步调整打磨的话，首先是文本方面，目前文本的写作文学性很强，古风古韵浓郁，唱词写作对仗工整，但是这种写法对于音乐的写作就多了一些限制，若能对个别唱段的唱词进行调整，尤其是核心人物的核心唱段，将整齐划一的唱词调整为长短句，给音乐扩展发挥的空间，或许能进一步增强情感的戏剧表现力；另外唱词偏于古风，观众聆听和理解起来也会有比较大的难度，需要在诗化的基础上做到雅俗共赏；再次是对楚庄王这个人物形象的塑造上，还需要为其增加一些丰厚的内涵，要更多地体现楚庄王作为一位伟大政治家的韬略，先抑后扬，最终的“一鸣惊人”才更让人觉得来之不易；音乐上需要将人物的核心主题进一步提炼升华，尤其应该有一段体现庄王内心的大咏叹。

由山东艺术学院创作演出的歌剧《檀香刑》，作曲李云涛，编剧莫言、李云涛，导演陈蔚，首演指挥张国勇，主演宋元明、韩蓬等。这部歌剧，在原著极为丰富的内容当中，撷取出适于歌剧表现的素材，同时，也根据创作的需要，对于故事情节、人物设置进行了改编。

歌剧《檀香刑》分为四幕，有序幕和尾声。全剧避开了原著当中那些“血腥的”、不宜在舞台上表现的“施刑”场面。戏剧素材的选择相对集中，把几个主要事件集中起来，整体比较精练。虽然主要情节仍然以“施刑”为主线，但是戏剧却围绕女主人公孙眉娘与她的亲爹、干爹、公爹之间的生死恩怨展开。本剧在三幕、四幕形成高潮，尤其是第四幕，以赵甲、小甲为代表的人物由“杀孙”转变为“护孙”，以眉娘、钱丁为代表的人物由“救孙”转变为“刺孙”，充分体现人性复杂心理，使戏剧矛盾冲突达到了顶峰。

在小说中频频出现的茂腔和高密地方戏曲元素，成为构成歌剧音乐的主要元素，融入完整的音乐当中，突出了作品在音乐上的地域特色，同时也促成了作品悲剧主题的转化和升华。在体现悲剧主题的同时，剧中还有一些色彩的调剂，比如叫花子们在“救出孙丙大英雄”的四重唱中，是轻松活泼、幽默风趣的节奏；而开场眉娘与众乡民一起打秋千同欢乐的场面，与最后悲剧形式的葬礼，又形成了强烈的情绪对比。

为了能够让戏剧完整地勾连起来，歌剧《檀香刑》中设置了一位说书人，而说书人的身份不仅是作为旁唱交代剧情，填补情节展开的缺环，有利于帮助观众对情节及其连贯发展的理解，并且这一人物还充当着原著中不易在剧中表现的非重点人物的角色，比如在第四幕开始反串袁世凯等。说书人时而剧内，时而剧外，起到了剧情的转换和承上启下的作用，颇具特色。

歌剧《檀香刑》基于原著，但是又不同于原著，而是重新构建了一个编剧自己内心的故事，在人物的塑造和主题的开掘上，与原著丰富的内涵相比都略显单薄，原因可能还是作者试图在有限的时间、空间里要讲清楚故事的观念，忙于叙事，往往会疏于内心的挖掘，这样的问题在很多创作中都存在。

《檀香刑》的舞台呈现集现代意识的当代审美和突出的地域特色于一体。通过视觉的夸张来实现。比如用两个巨大的面塑来表示钱丁府门前的守卫；悬空的人体穴位，用以体现刑罚的残酷；巨大的三寸金莲，是对于眉娘“天足”的反讽；钱丁府中仿佛万花筒一样的多边形封闭走廊，代表变化多端的人生和人性……这种当代理念的设计还体现在灯光、服装、人物造型各方面。

中外歌剧各美其美各表几支

国家大剧院自成立以来，一直是全国歌剧演出、创作方面的领跑者，其得天独厚的场团合一的优势，是很多地方院团难以企及的。第三届中国歌剧节上，国家大剧院原创歌剧《长征》参加了展演，这部作品首演于 2016 年，是为纪念中国工农红军长征胜利 80 周年而作。2017 年，国家大剧院又先后推出两部原创歌剧作品，也同样值得关注，一部是《金沙江畔》，一部是《兰花花》。

歌剧《金沙江畔》是革命历史题材，改编自同名小说和电影。作曲雷蕾，编剧冯柏铭、冯必烈，导演廖向红，首演指挥张国勇，主演王喆、王丽达、王凯、王泽南、刘珊等。剧本创作在原著的基础上，对于故事素材进行歌剧化的写作，同时强化了故事的逻辑性、合理性，背景宏大丰富，战争、牺牲、友谊、亲情、爱情……在以金明和卓玛密切相关的故事主线之下，各条辅线有机穿插其中，形成一个综合、立体、完整的戏剧结构。

《金沙江畔》总体的音乐风格有男子汉的阳刚，更多的是一种女性的柔情。合唱《北上、北上》开幕便亮相，之后在不同的场景以不同的表现方式贯穿全剧，这首合唱的音乐基调也作为男主人公金明的音乐形象，体现其坚定、勇敢、英武。卓玛在剧中无论是戏剧形象还是音乐形象都是创作者着墨最多也最用心的，卓玛的唱段都是富有藏民族风情的音乐旋律，优美动听。另外女生小合唱“月光如水”，“采薇”、卓玛与金明的对唱、重唱“一泊淡蓝的心湖”，男女声合唱“幽幽深谷”等都有不错的现场效果。

这部歌剧令人印象最为深刻的，是舞台的呈现。走进剧场，帷幕上便是滔滔翻滚的浪花和江边远近不同的山石、树木。舞台布景为写实风格，从序到尾声共有十个场次，场景设置沿着红军北上的足迹转换，地域特征、形象鲜明，场景变化丰富，转景的同时戏剧不间断进行，让整个戏剧的发展连贯、流畅。舞台调度富有层次感，疏密有致。

歌剧《兰花花》源自一首淳朴动听的陕北民歌“兰花花”。作曲张千一，编剧赵大鸣，导演陈薪伊，首演指挥张国勇，主演赵丽丽、杨琪、关致京、刘嵩虎、薛皓垠、张英席、王泽南等。《兰花花》是以作曲为中心的创作，剧本在作曲家的音乐构思之下，几度修改，用音乐全面覆盖文本、整体结构戏剧；用音乐风格“先导性”地确立戏剧风格，从而完成以音乐承载戏剧的使命。人设方面，突出了赶羊、周老爷的戏份，增加了媒婆这个角色，将骆驼子弱化成为一个爱情符号。

民歌“兰花花”的运用，更多地是以核心动机材料或精心设计的结构性戏剧情境而发挥其独特作用。全剧音乐充分吸收陕北民间音乐的特点，如“苦音”和“哭音”的大量运用外，还在交响乐队中加入了板胡、管子、大笛、锣、铙钹、小锣、小镲等特色民族乐器和打击乐，以形成更加丰富的音响场。剧中，每个人物都有比较鲜明的音乐形象，并与其他人物音乐动机有机融合。作曲家为兰花花设置了性格主线和爱情主线，分别表达其强烈的反叛精神和对爱情的浪漫追求与执着坚守。

周老爷是全剧中性格最为复杂的角色。作曲家以铜管为主导音色的三连音音型组，作为周老爷威严的动机，反衬了他内心的欲望和躁动。赶羊和兰父同样都是悲剧式人物。赶羊的音乐性格主调是伤感，兰父的音乐性格主调是郁闷。媒婆既是对戏剧的穿针引线，又有一定喜剧色彩。这部作品在语言与音乐、节拍与律动的关系上处理得不错，乐队部分与声乐部分衔接自然，比较好地起到了戏剧的烘托和推进作用。

和上述两部国家大剧院的原创作品一样，2017 年，还有几部中外作品，在题材选择、演绎方式、舞台呈现上都各有特点，同样值得关注。

2017 年 11 月 11 日至 12 日，由莫凡编剧、作曲，安徽大学艺术与传媒学院音乐舞蹈系、戏剧影视系，安徽省歌舞剧院、安徽乐团联合演出的音乐会版原创歌剧《包青天》，在安徽省合肥市大剧院连演两场。歌剧《包青天》的视角集中于以包公为代表的清廉与国法，以庞太师为代表的贪腐集团，双方不可调和的殊死斗争这条主线上，同时体现在情与法相冲突的时候，包公内心的矛盾和纠结。作品结构凝练完整，人物设置、矛盾冲突集中激烈，环环紧扣，有很强的现实观照性。

《包青天》以西方歌剧的作曲技法结合中国音乐元素，融入徽剧、庐剧、黄梅戏、安徽民歌以及河南梆子等地方民间音乐和戏曲元素，体现出非常鲜明和浓郁的地方特色，同时具有很强的交响性和戏剧性。在交响化的基调上，适时采用板鼓、民族打击乐，部分唱腔设计为戏曲板腔体结构，凸显民族性。对于剧中不同人物也都有相应的音乐形象设计。

这部歌剧的叙事性很强，因此在音乐结构方面以咏叙调为主，也即人物边叙事边抒情，唱段都具有一定的旋律性，同时也赋予主要人物在关键段落的核心咏叹调，比如包拯就有《望着这陈州》《国法如山》《夜深人静》等，同时以唢呐作为特色乐器在重要位置出现，用以表现包拯刚正不阿的形象；剧中其他主要角色如包勉、嫂娘、庞太师、包勉妻等也都有符合各自身份和性格特点的音乐主题与核心咏叹调；除了主要角色，庞太师身边的“三位弄臣”的设置可谓点睛之笔，三位的人物形象和音乐形象很有“平、庞、朋”的神韵，与戏剧紧密联系在一起，让戏剧和音乐的结构更加丰满厚实，剧中很多唱段言辞深刻犀利、发人深省。

《包青天》以音乐会版的样式初具雏形，经过进一步的修磨，希望未来还会以舞台版进行更精准的完整呈现。总之，歌剧《包青天》不论是本身的艺术价值还是其深刻的人文思想内涵，都决定了它将是一部可以并且应该长久演下去的作品。

歌剧《红楼梦》2016 年在美国首演，2017 年巡演到北京，是在中国内地的首演。《红楼梦》是中国的四大名著，在中国深入人心，但是从 20 世纪 30 年代歌剧进入中国到现在，尚未有一部名为《红楼梦》的中国歌剧作品，可见中国歌剧界对于将这部鸿篇巨制搬上歌剧舞台还是心存敬畏的。反而是我们的近邻朝鲜创作过歌剧《红楼梦》。本次《红楼梦》作曲盛宗亮，编剧黄哲伦、盛宗亮，指挥盛宗亮，导演赖声川，主演石倚洁、武赫、石琳等。

这部由旧金山歌剧院委约创作的中国题材歌剧，严格来说并不能算中国歌剧，虽然是根据中国的古典名著改编创作，但是演唱为英文，音乐的写作也是按照西方歌剧写作手法，可以说还是完全西方歌剧基因的作品。歌剧大的戏剧框架依然是放在宝、黛、钗的爱情纠葛上面，但是整体的戏剧结构却是作者全新的演绎，核心人物设置上，除了宝玉一位男性，其他全部为女性，黛玉、宝钗、贾母、王夫人、元妃、薛姨妈，一拖六的配置，但是这六位女性中独少了凤姐。剧中设置了一个和尚，全程无唱只说，是一个串场的讲述人。

全剧看下来，不得不说，这部歌剧《红楼梦》距离中国人心目中的《红楼梦》实在是太远了。在中国的舞台作品中，越剧《红楼梦》是在各方面最接近于人们对原著的想象和理解的，因而也最深入人心，并且越剧的整体戏剧结构，事件撷取，其实都是精练合理的。歌剧《红楼梦》的编剧虽然也抓住了宝黛“爱情”这条线，但是却努力想要给这条主线赋予更深刻的政治内涵，这就对戏剧最起码的逻辑性、合理性造成了困扰，如果从历史的角度来看，将一个官宦人家的内眷置于政治斗争的旋涡，显然是不合常理的；如果从当代的视角，借古喻今的话，这种设置又不具有真实的力量足以引发人们的警醒。因此，这部《红楼梦》歌剧在中国人看来是有很多荒唐之处的；而在不了解《红楼梦》原著的外国人看来，更会对中国的文化、历史、文学产生极大的误解，就这点而言，似乎也并不可取。因此，如果一定要把这部歌剧和曹雪芹的《红楼梦》挂钩，也只能算“故事新编”，所以，如果能在剧名中明确“新编”二字，那么对于中外观众来说恐怕都能够从不同的角度产生一定的认同感。

尽管对歌剧《红楼梦》的文本创作有诸多争议，但是这部歌剧的音乐还是比较成功的。作曲家没有局限于东西方音乐语言的刻意表现，而是将东西方音乐元素融合，有戏剧、有抒情，表达既细腻又不乏力度和震撼。管弦乐的配器充分发挥了大型交响乐团的表现力，从弦乐、木管，到强大爆发力的铜管与打击乐器都用上了，同时将鼓、钹交加运用，中国戏曲的锣鼓味道似有若无，突出运用了富有中国传统韵味的古琴，为的是与黛玉抚琴的剧情吻合。总体而言，这部中国题材的歌剧，以英文演唱也并无违和感，因为归根结底这还是一部西方歌剧。

“一男托六女”的声部组合，虽然契合了宝玉喜欢脂粉丛中的故事情节，但歌剧风格也难免会偏于阴柔。不仅如此，在合唱部分，女声合唱的分量也较强。不过乐队配器在铜管与打击乐器方面也有颇重的分量，这也对全剧偏向阴柔的倾向起到一定的平衡作用。歌唱形式方面包含了构成传统大歌剧的咏叹调、二重唱、三重唱、合唱，特别是宝、黛、钗的男女声（爱情）二重唱很多，这也让宝玉的戏份最重。虽然歌剧音乐总体聆感可以，但是包括核心主角宝玉在内的人物，基本上难有让人印象深刻的咏叹调，这与文本本身和音乐整体的写作手法偏于现代有很大关系。

《林徽因》是由中国歌剧舞剧院创作演出的作品，作曲金培达，编剧庄一，导演田沁鑫、王婷婷，主演陈小朵、高鹏、毋攀等。这部作品在编剧方面最突出的优长，是将视角放在了林徽因作为一位有使命担当和社会责任感的知识分子这样的形象上，剧中的林徽因是具有独立精神与自由思想的新女性，一生都在追求“永恒之美”，这样的林徽因最大的魅力在于对中华民族优秀传统文化的继承，在于对永恒的美与真相的坚守。这样的创作视角很特别，也令观众耳目一新。毕竟，在人们通常的印象中，林徽因更多地是那个吟唱着“人间四月天”的诗意女子，而林徽因一生最大的贡献，又恰恰不是那些散落人间的文学诗篇。

金培达素以歌曲和音乐剧创作见长，所以这部歌剧的创作还是有很多音乐剧音乐写作痕迹在其中，有很多动听的旋律，也有很多音乐剧化的处理。在很多唱段尤其是女主人公林徽因的唱段上，显得有些用力过猛。比较突出的表现就是几乎每一段和林徽因有关的段落，都是结束在高音区甚至超高音区。据说这部歌剧是为女高音陈小朵量身定制的，在音乐写作上也是为了更加突出陈小朵的能力，但是一部作品如果只局限在某一个或几个人的声音能力范围，都会严重影响作品的传播度。另外，从人物的音乐形象塑造上来看，不同的戏剧情景、不同的情绪环境，人物情感抒发的侧重点也会不尽相同，如果每首都是在飙高音，那么也会造成观众的听觉疲劳。这一点恐怕还需要创作者能认真思考修正。

不过，从人物传记的角度，歌剧《林徽因》确实做了非常大胆和有益的探索尝试，也对中国歌剧舞台上人物传记式的歌剧创作有诸多启发。

2017 年的中国歌剧舞台，原创开放得很烂漫，西方经典之作也同样很炫目。全国各地上演西方歌剧作品有 30 多部，有些作品是不同地方有不同版本，根据各自的条件，有引进的、自制的，还有合作的，大部分的制作是舞台版，也有一些是音乐会版。有些制作更是以其独特的艺术视角，为观众带来全新的艺术感受。国家大剧院的《特里斯坦与伊索尔德》和中国上海国际艺术节上演的《马可若普洛斯档案》，就是给人印象深刻的精良制作。

瓦格纳的《特里斯坦与伊索尔德》，对于中国的观众来说，已经不陌生了。事实上，瓦格纳是一位利用音乐来传达哲学思想的音乐家。这部作品表面看起来讲述的是爱情故事，其实却蕴含着深刻的人生哲理，欲望、爱情、忠诚、背叛、放手、看透……瓦格纳用音乐、用故事，将人性的多面相互纠缠，又一层一层揭开。

这部由国家大剧院与大都会歌剧院、波兰华沙国家歌剧院、巴登 – 巴登节日剧院联合制作的《特里斯坦与伊索尔德》，是一部令人在视觉上和内在感受上都得到满足的制作。波兰导演特雷林斯基对于这部作品有着非常深入的理解，并且能将这种理解通过舞台语汇呈现出来。舞台整体风格是后工业化时代的现代风格，黑白两色为主导，清晰幽深。每一次转景，每一个道具的运用都是作品思想内涵的表达和体现。演员的表演与舞台的设置以及戏剧本身融为一体，多媒体的运用可谓出神入化，尤其是特里斯坦、伊索尔德深陷情网不能自拔，伊索尔德的女仆画外演唱唤醒梦中的二人，此时帷幕上是幽深的三维推进、黑白组成的旋涡，现场仿佛随着翻转的旋涡一点一点陷进去，令人近乎窒息而不能自拔，那种感觉真正是不寒而栗，非常准确地解读了特、伊被毒药所引发的不伦之恋最终走向灭亡的悲剧结局。

如今在国内能够观赏优秀的西方经典制作的机会还是比较多的，类似国家大剧院版《特里斯坦与伊索尔德》这样的制作，在满足国内歌剧爱好者欣赏需求的同时，对于国内歌剧从业者也是非常好的学习和借鉴的机会。

目前国内歌剧舞台上演出的西方歌剧作品，以经典剧目居多，对于一些现当代作曲家创作的相对冷门的作品，上演的机会很少。第19届中国上海国际艺术节选择捷克作曲家雅纳切克的歌剧《马克若普洛斯档案》作为闭幕演出，也就格外引人关注。

《马克若普洛斯档案》是一部从选材到呈现都非常现代的作品，讲述的是一个具有科幻色彩的故事，传达的则是非常深刻的人生哲理，对于我们的选材、创作都很有启发。

剧情讲述的是色艺超群的歌星艾米莉亚·马尔蒂，无意中被卷到一桩历史久远且错综复杂的房产继承案中，令人不解的是，马尔蒂好像具有超能力，因为她不仅对上百年来的很多事情了如指掌，更清楚那份对遗产争夺双方而言至关重要的遗嘱放在何处。所有接触她的人都会情不自禁被她吸引，马尔蒂也尽情施展自己的魅力，让案件中相关的男士们纷纷拜倒在她的石榴裙下。正当人们被她的美貌和“超能力”弄得神魂颠倒之时，马尔蒂在一次醉酒后说出了真相，原来，她是鲁道夫二世皇帝御医的女儿，生于1585年，真名叫艾琳娜·马克若普洛斯！当年因为偷偷喝了父亲发明的长生不老药，已经活了三百三十七岁！如今，药力开始衰减，她亟须找到遗失在这幢房产中的秘密文件——父亲当年的药方，以继续维持永生……然而，最终马尔蒂决定接受死亡，因为她终于意识到，长生不老的生命是孤独无援而令人绝望的，生命的意义正在于它是有限度的。

这部作品最大的魅力在于其超现实主义的现实性，马尔蒂这个人物具有艺术的假定性，但是她的经历和她的所见所闻则具有很强的现实批判性。按照我们通常对于歌剧艺术样式的认知来判断，这样的题材做成歌剧是很难的。原因正在于这个人物的似是而非。这部歌剧的音乐自始至终处在一种绷紧的状态，尽管每个人物都有各具特点的音乐动机，但是整体气质非常统一，观剧的过程仿佛被推动着急急向前，加上剧情复杂，观众理解困难，也导致观众在观剧的过程中根本没有喘息的机会。大段大段的唱段都以“说唱”来完成，如果以传统歌剧来衡量，这部歌剧可以说是完全以宣叙调组成，而反映出来的情感也更接近于人物的现实状态，这也是这部歌剧虽然没有旋律，但依然能够吸引人的最主要原因。

纵观2017年中国歌剧事业发展的态势，可谓“东风强劲，西风稳升”，诞生了一批具有比较鲜明民族特点的中国原创歌剧作品，而西方歌剧作品的演出平稳中提升，依然受到观众热拥。

音乐剧方面，只做简要概述：全年演出共60多部音乐剧，计300多场次，其中诞生了38部中国原创作品，其中有国有院团的创作，但绝大部分来自民营院团。还有10部国外作品中国巡演，12部国外作品中文版制作，这些国外经典音乐剧作品无论是哪种制作，都是票房的保证。

中国歌剧和音乐剧是姻亲关系相近但存在形态不同的艺术，各有其发展的重点，其发展目标应该都是一致的，那就是怎样才能吸引更多的观众走进剧场。任何的舞台艺术创作，失去了观众，也就失去了生存的根脉，从这点来说，2017年的两个大事件，“中国民族歌剧传承发展工程”和“中国歌剧节”的举办，都是为了这个目的。

游暐之 《歌剧》杂志主编、上海歌剧院艺术创作室主任

中国音乐：准确把握时代脉搏

◎ 赵倩

2017 年，中国音乐的各个领域均呈现了不同程度的新气象和新局面，体现出音乐创作者和策划者们对时代脉搏的准确把握与反映，对中国传统音乐的借鉴和对中国故事写作的自觉。作曲家、演奏家和音乐理论家们，在党的十九大精神的指引下，也必将产生出更多体现高原和高峰的艺术作品，形成良好的音乐生态，推动中华优秀传统文化的传承与传播以及中华民族的伟大复兴。

音乐创作在“深耕”中

关于 2017 年度的音乐创作与演出，国家艺术基金的资助项目是其中的重要一部分。1002 项资助项目，包含大型舞台剧和作品创作资助项目，共 135 项，其中歌剧、音乐剧、交响乐、民族管弦乐作品有 32 项；小型舞台剧（节）目和作品创作资助项目，198 项，其中小歌剧 2 项，器乐曲（重奏曲、独奏曲、室内乐、民乐小合奏）22 项；歌曲合唱类 46 项；传播交流推广资助项目，共 181 项，其中音乐类 18 项。

6 月 19 日，国家艺术基金“民族室内乐青年演奏人才培养”项目“炫彩叠韵——民族室内乐音乐会”在中央音乐学院音乐厅上演。音乐会上的十首曲目并非全为近期所做，如谭盾的《双阙》、周龙的《空谷流水》等均是其早期的作品。对于演奏者而言，通过梳理和演奏出历史发展不同阶段的“民族室内乐”作品，不仅是有利于把握这一音乐体裁及演奏风格，而且对于该体裁未来发展也具有重要意义。12 月 8 日，国家艺术基金资助项目交响乐《社戏》在浙江音乐学院首演，由浙江交响乐团组织实施，乐团艺术总监、指挥家张艺执棒。《社戏》以交响乐为载体讲述中国故事，以浙江的绍剧、越剧、婺剧三大剧种的戏曲音乐素材为基础，弘扬了浙江的戏曲文化，描绘出有机的社会生活图景和中国文化意象，乐曲大气恢宏、柔美婉约，洋溢着浓郁的地域风情。

2017 年度的民乐创作还有许多亮点值得一记。此处仅举两例：其一，是 5 月 8 日在国家大剧院小剧场上演的、由北京京剧院扶持的“筝戏年华——尚靖雅古筝与京剧音乐会”。该音乐会绝大部分作品是经过尚靖雅在艺术的“深耕”中，逐渐探索、尝试的作品，音乐会体现出青年民乐人在艺术上大胆探索的勇气、对艺术观念的更新、对时代脉搏的把握以及对传统音乐的继承与创新。同时，在很大程度上改变了观众对京剧和古筝，乃至民族艺术的认知，也会让更多青年人因此喜欢上京剧和古筝艺术。其二，是中央民族乐团经过两年的创作和准备，于 7 月 7 日至 12 日在北京天桥艺术中心上演的大型民族器乐剧《玄奘西行》。该剧突破了常规的艺术概念，主要用民族器乐来叙述故事，展示人物内心活动，并加以灯光、舞美、多媒体及台词创造的一种全新的艺术形式。契合了国家的“一带一路”倡议、再现了唐代高僧玄奘法师的壮举，更重要的是，他们把用民族器乐讲中国故事的艺术实践向前推进了一大步。

11 月 20 日至 26 日，第 11 届中国音乐“金钟奖”的钢琴、声乐（民族、美声）、古筝四个组别的比赛在广州相继开展，并于 27 日揭晓新一届金钟奖得主。金钟奖素以专业性、权威性、公正性和引导性为核心特点，并且在赛制上，也在不断进行改革，如今年已不再区分金、银、铜奖，而统一称为“金钟奖获奖者”。从本届开始，金钟奖只保留表演奖一项，且民族器乐比赛每届只赛一项民乐乐器，西乐比赛则是钢琴和小提琴每届轮换，声乐比赛只保留美声唱法和民族唱法。这些均是金钟奖含金量和品牌美誉度的彰显。

民族歌剧成为焦点话题

11月30日，“2017中国室内歌剧创作推动计划”在中央音乐学院歌剧音乐厅拉开帷幕。由郭文景担任艺术总监，谢纵天的《芈建游宫》、师郭长润的《活着》、赵宇轩的《起死》、夏琦的《都灵之马》、徐海博的《十字路口的三个死囚笼》、付莉的《传说》等6部室内歌剧作品登上舞台，这些室内歌剧作品的剧本涉猎广泛，呈现出多元化的文化态势，既有古代历史故事，又有现代亲情演义；既有对人性态度的描写，又有对尼采哲学的阐释；既有通过黑色童话对社会的批判，又有“齐物论”哲学与现实的悖论。

12月16日，由文化部、江苏省人民政府主办，文化部艺术司、江苏省文化厅承办的第三届中国歌剧节在江苏开幕。这是在党的十九大召开后举办的一次重要艺术活动，也是歌剧艺术的一次盛会。歌剧节分别在南京、无锡、常州等地举办，上演23台作品丰富、题材多样优秀剧目。既有《马向阳下乡记》《有爱才有家》《呦呦鹿鸣》等现实题材作品，也有《松毛岭之恋》《青春之歌》《长征》等革命题材作品和《木兰》《蔡文姬》《玛纳斯》等历史题材作品；既坚持以中国题材创作为主，也鼓励《白毛女》《小二黑结婚》《江姐》《洪湖赤卫队》等经典民族歌剧作品的重现；既有中国歌剧作品，也有外国歌剧作品。参演艺术家有阎维文、雷佳、王宏伟、刘丹丽、孙砾等。

在2017年度中国歌剧发展的讨论中，“民族歌剧”无疑仍然是焦点话题。首先是文化部在总结歌剧《白毛女》首演70周年纪念活动成功经验的基础上，从2017年开始实施“中国民族歌剧传承发展工程”，扶持民族歌剧的创作生产、普及推广、人才培养和理论研究，这是学习习近平总书记关于“不忘本来、吸收外来、面向未来”的重要讲话精神，积极探索中国民族歌剧在新时代传承、发展和创新的举措，从国家层面上凸显了民族歌剧的重要性。诸多专家也继续对传承“民族歌剧”的必要性以及如何传承等问题，展开了学术讨论。如黄奇石认为，传承发展中国民族歌剧的意义在于：有利于正确认识中国歌剧的历史、有利于当代歌剧创作者科学地把握歌剧艺术的本质特征、有利于未来中国歌剧沿着正确方向健康地发展。陈志音则认为，“中国民族歌剧应该首先要让中国观众坐得下来、听得进去。西方技术与民族文化必须两手都硬，不能顾此失彼”。在歌剧创作中，应该从早期我国民族歌剧的经典中吸取经验，注重对民族文化和地域音乐特色的运用，应该符合中国人的审美特点。黄定山认为：“我们的民族歌剧还很年轻，我们要学习外国歌剧在音乐上的丰富表现力，但中国歌剧一定要讲中国故事，走进生活、贴近人民才是中国民族歌剧发展的方向。”李吉提以叶小纲歌剧《咏·别》为例，分析其在“对戏曲要素的多方位汲取与发挥”方面所进行的主要探索与新经验，认为中国戏曲对于歌剧创作而言，更适用于表达中华文化和中国人的思想感情。当下，各个艺术团体都在着力于民族歌剧的创作，如本届歌剧节23台剧目中就有8部是民族歌剧。应该说，大力发展“民族歌剧”，是坚定文化自信，坚守中华文化立场，坚持以人民为中心的创作导向的重要举措，是合理构建中国歌剧艺术结构的重要举措。

“一带一路”音乐的当代回响

2017年度的国际音乐交流事项，主要体现在“一带一路”主题作品的创作上及其他不同主题的对外音乐交流等。中央音乐学院非遗中心于3月30日推出的“丝绸之路的音乐考察研究与创作”科研项目的第二期成果——管弦乐新作品音乐会。贾国平的《风越苍茫》、罗新民的《敦煌两帧》、李滨扬的《空中花园》、郝维亚的《万里行》和向民的《丝韵》，5位作曲家以无限的灵感，描绘出“丝绸之路”音乐的当代回响。该音乐会同时纳入了中国国家交响乐团《龙声华韵》系列项目。

8月22日，由方岽清创作的大型交响情景音乐会《大国丝路》亮相澳门，该曲以古筝为主角，同时集合了中国民族器乐、大型西洋交响乐、唯美苍劲的舞者、璀璨夺目的声光电和绚丽多彩的舞美设计于一体，用十大精彩纷呈的乐章来展现中华民族古今丝绸之路的历史和歌颂中华民族伟大复兴的壮举。

“一带一路”为主题的音乐系列活动有：3 月 25 日，首届“一带一路”国际音乐季在广东省深圳市音乐厅开幕；3 月 25 日至 26 日，中国音乐学院紫禁城室内乐团“四面来风”——音乐国际对话与合作音乐会分别在美国波士顿、洛杉矶上演。5 月 5 日至 7 日，在北京中央音乐学院召开“一带一路”音乐教育联盟成立大会暨音乐学术研讨与展演活动。8 月 5 日，第二届哈尔滨中俄文化艺术交流周开幕演出暨“中俄艺术家大联欢”活动在哈尔滨大剧院开幕。11 月 25 日至 28 日，由中央音乐学院主办，音乐学系承办的世界音乐周 2017——“一带一路”沿线国家音乐国际研讨会暨青少年世界音乐教育交流展示活动举办。整体来看，中国在国际音乐交流上的创作与系列活动，无论是从主题思想、组织规模，还是曲（节）目设置和演出成效上，均体现出中国作为“丝绸之路”上核心国家及“一带一路”倡议发起国的大国气象以及中国音乐家的艺术才华。

赵倩　中国艺术研究院曲艺研究所副研究员
原载《中国艺术报》2017 年 12 月 29 日

2015—2017 年中国流行音乐领域热点纪事、评析及发展趋势预测

◎ 王韡

流行音乐的发展始终与传播媒介联系得最为紧密。传播媒介助力流行音乐的发展，自流行音乐诞生之日起就表现得淋漓尽致。此时期，对中国流行音乐的传播和发展起到重要意义的还属电视与网络视频媒介。中国流行音乐的强势热点或者说社会热点，都是基于这两个媒介播放推出的流行音乐类节目。即便目前的强势传播载体手机微信，其只是在助力电视与网络视频流行音乐节目的传播，但源头且具有传输意义的不在微信本身而是在电视与网络视频这两个媒介。可以说，此时期电视与网络视频播放推出的流行音乐类节目基本展现了中国流行音乐的发展现状。基于此，现对本时期中国流行音乐领域的热点进行综述、评析及发展趋势预测。

一、2015—2017 年中国流行音乐领域热点纪事

1.《我是歌手》与《歌手》节目

《我是歌手》(I am a Singer / 나는 가수다）是湖南卫视引进韩国文化广播公司（Munhwa Broadcasting Corporation，MBC）的一档歌唱竞技兼娱乐性节目，2013 年举办了第一季。经过 2013 年、2014 年的发展与积累，2015—2017 年依然保持着较高的人气。需要指出的是，由于相关原因，2017 年的《我是歌手》节目更名为《歌手》，但节目的实质性内容并没有大的变化。具体情况如下：

2015 年《我是歌手》第三季，于 2015 年 1 月 2 日至 3 月 27 日之间在湖南卫视播出。总导演为洪涛、都艳，音乐总监为梁翘柏。参加的歌手有孙楠、韩红、李健、古巨基、郑淳元（韩国）、谭维维、胡彦斌、黄丽玲、李荣浩、张靓颖、陈洁仪、李佳薇（马来西亚）、萧煌奇等。最终，歌手韩红、李健、郑淳元分获冠、亚、季军。通过此节目，异军突起的歌手有李健、郑淳元、李荣浩、黄丽玲等，推出的歌曲有《贝加尔湖畔》《模特》《给我一个理由忘记》等。

2016 年《我是歌手》第四季，于 2016 年 1 月 15 日至 4 月 8 日之间在湖南卫视播出。总导演为洪涛、都艳，音乐总监为梁翘柏。参加的歌手有李玟（美国）、李克勤、信、哈雅乐团、徐佳莹、关喆、黄致列（韩国）、赵传、苏运莹、张信哲、王晰、容祖儿、金志文、老狼等。最终，歌手李玟、张信哲、黄致列分获冠、亚、季军。通过此节目，异军突起的歌手有黄致列、王晰等，推出的歌曲有《往事只能回味》等。

2017 年《歌手》第一季，于 2017 年 1 月 21 日至 4 月 15 日之间在湖南卫视播出。总导演为都艳，音乐总监为梁翘柏。参加的歌手有迪玛希（哈萨克斯坦）、袁娅维、光良、杜丽莎（加拿大）、狮子合唱团、谭晶、林忆莲、张杰、赵雷、林志炫、侧田（美国）、李健、张碧晨、彭佳慧、梁博等。最终，歌手林忆莲、迪玛希、狮子合唱团分获冠、亚、季军。通过此节目，异军突起的歌手有迪玛希、赵雷等。推出的歌曲有《成都》《男孩》等。

2.《中国好声音》与《中国新歌声》节目

《中国好声音》是浙江卫视引进荷兰《荷兰之声》(The Voice of Holland）的一档歌唱竞技类节目，2012 年举办了第一季。2013—2017 年又连续举办了五季。需要指出的是，由于相关原因，2016 年与 2017 年的《中国好声音》节目更名为《中国新歌声》，但节目的实质性内容并没有大的变化。具体情况如下：

2015年《中国好声音》第四季，于2015年7月17日至10月16日之间在浙江卫视播出。总导演为金磊，音乐总监为李维敏，乐队总监为刘卓。歌手导师由周杰伦、庾澄庆、那英、汪峰组成。最终，歌手张磊（导师：那英）、陈梓童（导师：周杰伦）、谭轩辕（导师：庾澄庆）、贝贝（导师：汪峰）分获冠、亚、季、殿军。

2016年《中国新歌声》第一季，于2016年7月15日至10月7日之间在浙江卫视播出。总导演为金磊，音乐总监为李维敏，乐队总监为刘卓。歌手导师由周杰伦、庾澄庆、那英、汪峰组成。最终，歌手蒋敦豪（导师：汪峰）、向洋（导师：周杰伦）、汪晨蕊（导师：那英）、徐歌阳（导师：汪峰）分获冠、亚、季、殿军。

2017年《中国新歌声》第二季，于2017年7月14日至10月8日之间在浙江卫视播出。总导演为金磊，音乐总监为李维敏，乐队总监为刘卓。歌手导师由周杰伦、陈奕迅、那英、刘欢组成。最终，歌手扎西平措（导师：刘欢）、郭沁（导师：那英）、董姿彦（导师：周杰伦）、叶晓粤（导师：陈奕迅）分获冠、亚、季、殿军。

3.《中国好歌曲》节目

《中国好歌曲》是中央电视台推出的一档展现原创音乐类的节目，由《中国好声音》节目的原班人马打造，与《中国好声音》称为"姊妹"节目。但《中国好歌曲》节目的创意带有创新性，不是外国引进，2014年推出了第一季。2015年和2016年又连续推出了两季，之后该节目暂停制作。具体情况如下：

2015年《中国好歌曲》第二季，于2015年1月2日至3月13日之间在中央电视台3套播出。总导演为吴群达，音乐总监为安栋。导师由刘欢、周华健、羽泉、蔡健雅组成。最终，杭盖乐队凭借歌曲《轮回》（导师：刘欢）、苏运莹凭借歌曲《野子》（导师：蔡健雅）分获冠、亚军。通过此节目，推出的歌曲与唱作人有《野子》（苏运莹）、《侠客行》（赵牧阳）、《悟空》（戴荃）、《阿楚姑娘》（梁凡）、《会飞的野马》（裸儿）等。评出的十大金曲为《杭盖》（杭盖乐队）、《悟空》（戴荃）、《野子》（苏运莹）、《自己》（许钧）、《让你幸福》（羽田）、《侠客行》（赵牧阳）、《等风来》（刘雨潼）、《从前慢》（刘胡轶）、《至死不渝》（林二汶）、《记・念》（雷雨心）。

2016年《中国好歌曲》第三季，于2016年1月29日至4月8日之间在中央电视台3套播出。现场导演为兰顺祥，音乐总监为安栋。导师由刘欢、羽泉、陶喆、范晓萱组成。最终，山人乐队（导师：刘欢）、王兀（导师：陶喆）、AR（刘夫洋）（导师：范晓萱）、满江（导师：羽泉）、何佳乐（导师：羽泉）、曾昭玮（导师：刘欢）分获冠、亚、季、殿军以及第五、六名。评出的十大金曲为《因为你是范晓萱》（刘维）、《猪老三》（何大河）、《追》（徐苑）、《十点半的地铁》（刘锦泽）、《飞鱼》（苹果园）、《回忆》（南征北战）、《迷路了问问道》（曾昭玮）、《同日同月同星曲》（王兀）、《归来》（满江）、《晨曦》（贾巴阿叁）。

4.《蒙面歌王》与《蒙面唱将猜猜猜》节目

《蒙面歌王》（Masked King / 복면가왕）是江苏卫视引进韩国文化广播公司的一档歌唱竞技兼竞猜性质的节目，2015年举办了第一季。2016年与2017年连续举办了第二季与第三季。同时，节目更名为《蒙面唱将猜猜猜》，但节目的实质性内容并没有大的变化。具体情况如下：

2015年《蒙面歌王》第一季，于2015年7月19日至9月27日之间在江苏卫视播出。导演为车澈，音乐总监为梁翘柏。参加的歌手有孙楠、沙宝亮、许茹芸、李泉、李克勤、丁当、曹格、谭维维、黄小琥、欧弟、李春波、杨宗纬、梁咏琪、张玮、李玉刚、尚雯婕、金京浩（韩国）、董成鹏。参与节目的嘉宾有巫启贤、伊能静、李晨、戴军、李响、孙浩。最终，孙楠获得年度歌王、沙宝亮获得人气实力偶像大奖、许茹芸获得最具风格贡献大奖、李泉获得独立音乐精神大奖、李克勤获得时代音乐典范大奖。

2016年《蒙面唱将猜猜猜》第一季，于2016年9月18日至11月27日之间在江苏卫视播出，导演为车澈。参加的歌手有林宥嘉、瞿颖、张碧晨、陈晓东、许志安、黄绮珊、周蕙、金海心、塔斯肯、金志文、杨丞琳、赵传、大张伟、李嘉格、侧田、周深、王太利、品冠、孙楠、陈冰、刘美麟、郁可唯、罗中旭、杨乃文、黄雅莉、彭佳慧、李祥祥、李琦、张磊、谭晶、萨顶顶、师鹏。参与节目的嘉宾有陶晶莹、Ella（陈嘉桦）、巫启贤、大张伟、叶梓萱、马可、沈南、艾菲等。

2017年《蒙面唱将猜猜猜》第二季，于2017年9月3日至11月19日之间在江苏卫视播出。执行总导演为王晨辰，音乐总监为王笑冬。参加的歌手有李荣浩、成方圆、范玮琪、张韶涵、蔡宗强、杜淳、胡彦斌、汪苏泷、陈楚生、陶喆、周传雄、萱萱、吉克隽逸、杜德伟、苏慧伦、刘维、李慧珍、薛之谦、毕夏、黄丽玲、周笔畅、陈洁仪、陈梓童、腾格尔、雪村、霍尊、GAI（周延）、常石磊、斯琴格日乐、陈明、陈慧娴、蒋敦豪、薛之谦、谭维维、蒋瑶佳、王源、王心凌、吴克群、林丹、大张伟、郁可唯、阿鲁阿卓。参与节目的嘉宾有巫启贤、陶晶莹、Ella、大张伟、陈烁、蒋瑶佳、臧鸿飞、赵奕欢等。

5.《最美和声》节目

《最美和声》(Duets）是由北京卫视引进美国广播公司（American Broadcasting Corporation，ABC）出品的一档歌唱竞技类节目，2013年举办了第一季。2014年与2015年又连续举办了两季。其中，2015年《最美和声》第三季，于2015年5月9日至8月1日之间播出，音乐总监为刘卓。导师有杨坤、张杰、谭维维、萧敬腾组成。最终，歌手宋宇获得冠军。

6.《中国有嘻哈》节目

《中国有嘻哈》是爱奇艺公司在2017年推出的一档说唱（Hip-hop）音乐类网络节目，于2017年6月24日至9月9日之间在爱奇艺网播出。主创人员有陈伟、车澈、岑俊义、宫鹏等，主要嘉宾有张震岳、热狗（姚中仁）、潘玮柏等。最终，歌手PG One（王昊）和GAI获得冠军。这两位歌手这成为此季节目最红、产生影响力最大的歌手。

7.《明日之子》节目

《明日之子》是由腾讯公司推出的一档音乐偶像养成类节目，企鹅影视、哇唧唧哇和微博联合出品，于2017年6月10日至9月23日之间在腾讯视频网播出。参与的嘉宾有杨幂、薛之谦、华晨宇等。最终，歌手毛不易、马伯骞、赵天宇成为前三强。毛不易也通过此节目，成为此时期炙手可热的明星。他的《消愁》《像我这样的人》《感觉自己是巨星》等也成为当年产生较大影响的流行歌曲。

8.《中国之星》节目

《中国之星》是由东方卫视推出的一档歌唱竞技类节目，仅制作播出了一季。于2015年11月21日至2016年2月6日之间播出。总导演为章骊、曲清，音乐总监为梁翘柏。该节目由刘欢、林忆莲、崔健三位担任“巨星推荐人”，参加的歌手有孙楠、吉克隽逸、袁娅维、谭维维、杨乐、子曰秋野乐队、许志安、常石磊、李幸倪、齐秦、平安、央吉玛、痛仰乐队等。最终，歌手孙楠获得冠军。此节目中，由谭维维演唱的歌曲《给你一点颜色》成为亮点。这首歌曲将摇滚乐与中国陕西的华阴老腔音乐进行了结合，在当时引起了很大的轰动。

9.《跨界歌王》节目

《跨界歌王》是由北京卫视推出的非歌唱界明星跨界进行演唱竞技的节目，2016年与2017年分别推出了第一季与第二季。具体情况如下：

2016年《跨界歌王》第一季，于2016年5月28日至8月20日之间在北京卫视播出。总导演为陈伟、马宏，音乐总监为捞仔。参与竞技的明星有刘涛、王凯、秦海璐、李光洁、潘粤明、巴图、陈松伶、郭涛、胡杏儿、白百何、王祖蓝、小沈阳、王子文、姚笛。最终，刘涛、王祖蓝、小沈阳分获冠、亚、季军，王子文获最佳人气奖、李光洁最佳突破奖、秦海璐最佳表现奖。

2017年《跨界歌王》第二季，于2017年4月15日至7月8日之间在北京卫视播出。总导演为宫鹏，音乐总监为捞仔。参与竞技的明星有姚晨、陈建斌、江珊、苗圃、任嘉伦、梁译木、韩丹彤、王珞丹、于毅、高云翔、魏大勋、娄艺潇、蔡宜达、陈赫、邓萃雯、谢娜、安悦溪、周冬雨、陈丽娜、邓伦、练练（练束梅）、张继科。最终，江珊、谢娜、张继科分获冠、亚、季军。

10.《梦想的声音》节目

《梦想的声音》是由浙江卫视推出的一档歌唱竞技类节目。2016—2018年初制作播出了两季。具体情况如下：

《梦想的声音》第一季，于2016年11月4日至2017年1月13日之间在浙江卫视播出。总导演为蒋敏昊，音乐总监为黄怡、刘卓，乐队总监为刘卓。导师由张惠妹、林俊杰、萧敬腾、田馥甄、羽泉组成。讨教歌手为叶炫清、VaVa（毛衍七）、许馨文、刘凤瑶等。助力团有王滔、莫艳琳、爱地人、徐曼、科尔沁夫、陈子鸿、丁克森、袁成杰、赵泳鑫、刘惜君、杨杨等。

《梦想的声音》第二季，于2017年10月27日至2018年1月19日之间在浙江卫视播出。总导演为蒋敏昊，音乐总监为黄怡、刘卓。导师由林俊杰、林忆莲、羽泉、张靓颖组成。讨教歌手为那吾克热、周兴哲、金贵晟等。助力团有董冬冬、陈曦、许环良、陈耀川、郝雷、陈子鸿、科尔沁夫、莫艳琳、易家扬、陈建宁、刘惜君、杨杨、弦子、崔恕、崔子格、杨菲洋等。

11.《天籁之战》节目

《天籁之战》是由东方卫视推出的一档原创音乐挑战节目。2016—2018年初制作播出了两季。具体情况如下：

《天籁之战》第一季，于2016年10月16日至2017年1月1日之间在东方卫视播出。总导演为严敏、李文好、张劲，音乐总监为安栋。参与歌手有莫文蔚、费玉清、杨坤、华晨宇、曹格、张信哲、杨宗纬、叶倩文、李健、李宇春等。最终，歌手苏诗丁获得冠军、田园获得亚军、赵宥乔与吕俊哲获得季军。

《天籁之战》第二季，于2017年10月15日至2018年1月13日之间在东方卫视播出。总导演为李文好、张劲，音乐总监为安栋，声乐指导为吕忠训。参与歌手有张杰、华晨宇、杨坤、费玉清、莫文蔚、凤凰传奇、张艺兴、王嘉尔、张碧晨等。最终，歌手耿斯汉获得冠军、李光获得亚军、张梦羽与刘相松获得季军。

12.《金曲捞》节目

《金曲捞》节目，是由江苏卫视推出的一档音乐竞技类节目。2017年4月至6月之间播出。该节目的所有音乐都在QQ音乐、酷狗音乐、酷我音乐平台上线。参与歌手有汪苏泷、薛之谦、陈冰、何洁、金志文等。

二、2015—2017年中国流行音乐领域热点评析及发展趋势预测

1. 国际化突显

中国流行音乐国际化的重要标志有两个：第一，众多流行音乐类节目均引进于国外。例如：上文提及的《我是歌手》节目由湖南卫视引进于韩国、《中国好声音》节目由浙江卫视引进于荷兰、《蒙面歌王》节目由江苏卫视引进于韩国、《最美和声》节目由北京卫视引进于美国等。第二，参与节目的歌手不但涉及港台境外地区，而且还有很多国外歌手。例如：参加《我是歌手》节目的郑淳元来自韩国、李佳薇来自马来西亚、黄致列来自韩国、杜丽莎来自加拿大、迪玛希来自哈萨克斯坦，李玟和侧田为美籍华人。在一个节目中（虽不是在同一季），有来自如此众多国家的优秀歌手参与，这在中国流行音乐界还是较少出现的。尤其是出现了来自哈萨克斯坦的歌手，而且这位来自哈萨克斯坦的歌手迪玛希不但在比赛中获得了好成绩，而且产生较大影响。第三，制作方面与国际无缝连接。例如：在《我是歌手》节目中，很多歌手和制作人把一些经典老歌进行了重新改编与制作，最终产生的效果令人震撼。胡彦斌对《一言难尽》、《眼色》、《不要伤我的心》（*Don't Break My Heart*）等歌曲进行了颠覆性的改编与制作。这种水平已经比较国际化了。

2. 民族性依然

民族性在此时依然保持，很多歌手在不断尝试将中国的民族民间音乐与世界流行音乐融合，此时也有一定的成果出现。例如：在《中国之星》节目中，由谭维维演唱的歌曲《给你一点颜色》，就是将中国陕西的华阴老腔音乐与西方摇滚乐进行了结合。此歌曲一经亮相，受到了广泛的关注。

3. 草根化与大众参与化呈常态

《天籁之战》《最美和声》节目中的参赛歌手很多都是未成名的草根歌手。同时，在这些节目中这些草根参赛歌手还时常有与明星歌手进行合作演唱，这种草根歌手与明星歌手直接互动的方式在此时比较多见。另外，《我是歌手》《中国好声音》《中国之星》《跨界歌王》等节目，均不同程度的强调大众参与性，往往以大众的投票来决定歌手的胜负。

4. 媚俗化倾向严重

上文已经指出《我是歌手》《中国好声音》《中国好歌曲》《蒙面歌王》《最美和声》《中国之星》《梦想的声音》《天籁之战》等节目成为这三年主宰中国流行音乐发展的舵手。仔细观察我们就不难发现，这些节目虽分属于不同卫视来播出。但节目内容有很大的相似性，甚至其中的制作团队班底都是一套人马。例如：《中国好声音》《中国好歌曲》基本上就是一个团队来进行制作的，为此，很多人称这两个节目为“姊妹”节目。另外，很多节目中的导师安排、选手竞技等创意的本质都较为相同。这种大规模同质化的节目集中上马，必然造成流行音乐文化环境的媚俗化倾向。

5. 延续性的老牌节目影响力较之之前稍弱

《我是歌手》《中国好声音》《最美和声》等节目曾是几年前受众人数较高的流行音乐类节目。但是2015年之后，这些节目的影响力较之之前自身的影响力要弱很多。一是由于类似的节目越来越多，造成受众上的分流。二是与受众的“喜新厌旧”、审美疲劳等也有关系。

6. 逐渐强调流行音乐的艺术性

此时期的中国流行音乐追求艺术性、本体性。这从《中国好声音》《最美和声》《天籁之战》等参赛歌手的演唱实力就可发觉。虽然这些歌手来自草根，但是他们都有很强的艺术本体功底。可以说，新世纪以来脱离音乐本体的造星年代已经一去不复返了。另外，《我是歌手》《中国好声音》《中国好歌曲》等节目都采用实体乐队现场伴奏的方式，这不但是对歌手、乐手、制作人等的集体考验，又是流行音乐追求艺术性的一个直接写照和体现。

7. 产生巨大影响力的原创歌曲较少

此时期中国流行音乐的原创相对乏力。其主要原因是这些流行音乐节目都是对经典老歌进行重新编曲翻唱，造成音乐人的主要精力转入编曲、制作上。当然媒介终端与歌曲风格多样化，也势必造成受众的分流，一时间难以产生引起巨大轰动效应且流行度很高的歌曲。20世纪八九十年代，那样通过央视春晚产生一夜爆红、家喻户晓流行歌曲的时代已经远去。

8. 老牌实力派歌手卷土重来

在以上的诸多节目中，孙楠、那英、刘欢、庾澄庆、韩红等这些在20世纪就成名的歌星，此时期又成为中国流行音乐的中流砥柱。这些歌手无论在演唱竞技中、还是在作为草根歌手导师的过程中，都彰显出自身的艺术实力。可以说，这些老牌实力派歌手迎来了自己艺术事业的又一个春天。当然这与新锐歌手整体乏力、青黄不接，此时的中国流行乐坛更推崇实力派歌手来支撑这些电视节目等因素有直接的关系。

9. 流行音乐风格与演唱技巧呈多样化

此时期中国流行音乐的风格涉及主流流行、传统爵士、流行爵士、乡村民谣、城市民谣、校园民谣、拉丁、当代R&B、布鲁斯、新世纪、主流摇滚、流行摇滚、朋克、重金属、民族摇滚、“民通”、民族流行、音乐剧、B-Box、说唱、音乐评书、电子舞曲、嘻哈、阿卡贝拉等。演唱技巧方面涉及真声、假声、真假声转换、约德尔唱法、混声、轻声、气声、喊声、嘶哑声、实唱、哭腔、挤压声、颤音、高音关闭等。

10. 抖音、快手等社交软件成为传播的新途径

除了微信软件外，抖音、快手等新型的手机社交视频软件，已经成为传播流行音乐的重要载体，尤其在青少年人群中。此种状况不容小觑，今后的数年中还会呈强势发展之趋。

对于中国流行音乐未来发展的趋势预测，从宏观方面来讲，第一，流行音乐的商业化、产业化会越来越突出。这从近几年中国音乐产业报告中就不可看出，流行音乐的产业化是目前中国所有音乐类型中占据份额最大的。第二，流行音乐的科技依赖性会更强。因为直接助力流行音乐发展的传播媒介、编曲软件、录音设备等都需要科技的支撑。

总之，中国流行音乐在2015—2017年短暂的发展中，取得了一定的成绩。中国流行音乐的国际化、产业化突出，虽然原创力稍显匮乏，但是还是出现了《成都》（赵雷）、《我们不一样》（大壮）、《大王叫我来巡山》（赵英俊、贾乃亮和贾云馨）、《消愁》（毛不易）、《刚好遇见你》（李玉刚）、《野子》（苏运莹）、《给你一点颜色》（谭维维）、南山南（马頔、张磊）等热度较高的歌曲。

王韡　中国传媒大学艺术研究院副教授

2017年中国音乐热点现象述评

◎ 张璐　周轶凡

2017年，坚定文化自信的道路，聚焦社会艺术教育，推行以人为本的国民艺术素养教育，这些带有明显新时代标签的中国音乐现象显得格外令人关注。本文即从音乐热点活动、音乐学科发展、音乐文化产业市场观察等几方面进行回顾与评论。

一、活动与演出热点

2017年中国音乐界迎来许多纪念日，由此带来了一系列高品质的演出与活动，在北京、上海、广州、深圳等地掀起了一股股的音乐浪潮。同时，在今天的全球化语境下，中国音乐已发出了大国应有的声音与责任担当。在中国音乐体系建构、学术理论发展以及艺术教育现状等方面的探讨，也成为过去一年里的热点活动。

活动一：国家大剧院十周年纪念

12月22日，国家大剧院迎来了建院十周年纪念日，一年一度的"公众开放日艺术节"再度开启，当日吸引7000余位观众前来为大剧院庆生。十年来，从首部自制歌剧《图兰朵》到今天，大剧院已推出76部中外题材的自制剧目，其中原创剧目25部，演出场次高达1254场。举办艺术普及教育活动和演出10000余场，吸引观众近1900万人次，真正成为我国大众心目中的艺术殿堂。去音乐厅听一场音乐会、欣赏芭蕾舞剧已经逐步成为公众首选的享受艺术之美的娱乐形式，在娱乐选择多元化、多种形式的艺术资源大量涌现的今天，国家大剧院无疑担负起了整合高水平艺术资源、搭建高水平艺术教育平台、促进多民族艺术文化交流学习的时代责任。国家大剧院的经营模式也展现了兼容并包的时代特征，既有中国风格中国特色，也在孜孜不倦地吸收世界先进音乐剧团剧院的经营理念。如今的国家大剧院已经成为中国文化软实力的一张名片，在将有艺术内涵的中国民族艺术带向国际舞台的进程中发挥着积极的作用，同时也为国内各个级别的剧院音乐厅的发展提供了宝贵的经验借鉴。

活动二：北京国际音乐节走过20载

10月29日，以庆祝创办20周年为主题的第二十届北京国际音乐节落下了帷幕。自1998年以来，北京国际音乐节走上历史舞台，填补了中国没有顶级古典音乐节的空白。二十年后的今天，古典音乐、高雅艺术在中国文化舞台上蔚然成风，高品质的演出已成为常态。应当说，北京国际音乐节是中国古典音乐走向国际化的拓荒者与领航人。特别值得一提的是，在此次音乐节中，10月14日，一场史无前例的"交响马拉松"集中体现了中国交响乐发展以来的最新成就，在这场长达10个小时的音乐会中，观众们充分领略到中国交响乐团有目共睹的发展历程。

活动三：首届"深圳一带一路国际音乐季"开幕

3月，首届"深圳一带一路国际音乐季"举行。来自近30个国家和地区12个艺术团体的700多位中外艺术家带来了16场各具特色的精品演出。注重原创，以委约创作的形式邀请艺术家以"一带一路"概念为主题进行创作是此次"音乐季"的一大亮点，中国音乐家协会主席叶小纲历经多年创作升华的交响乐作品《长城》在音乐季闭幕演出上演。

活动四："世界音乐周2017"开幕

同样是围绕"一带一路"主题，11月，世界音乐周2017——"一带一路"沿线国家音乐国际研讨会暨青少年世界音乐教育交流展示活动在中央音乐学院开幕。旨在关注青少年群体中的传统音乐传承与世界音乐教育，始终力求拓宽国际视野，就像习近平同志在中央党校 80 年校庆时所讲：“我们不仅要了解中国的历史文化，还要睁眼看世界，了解世界上不同民族的历史文化，去其糟粕，取其精华，从中获得启发，为我所用。”

活动五：上海音乐学院建院 90 周年

11 月 27 日，上海音乐学院迎来建院 90 周年的喜庆日子，海内外校友纷纷汇集上海，参加系列活动。上海音乐学院是我国历史最悠久、学科设置最齐全、发展成就卓著的高等专业音乐学府。90 年来大师辈出，诞生了钢琴曲《牧童短笛》、小提琴协奏曲《梁山伯与祝英台》等一大批代表中国、影响世界的音乐佳作。

活动六：理论研讨会

10 月，“音乐与舞蹈学构架下的交叉学科理论研讨会”在东北师范大学与人民音乐出版社的联合举办下如期举办。本次研讨会共有来自 88 所高校的 256 名师生参加，是一次全国性音乐与舞蹈相关交叉学科的交流盛会，旨在推动音乐舞蹈理论与相关交叉学科研究态势，整合多学科领域学术资源，发现和推出一批年轻理论研究学者，培养新的学科增长点。

活动七：学术研讨会

11 月，“中国音乐理论话语体系首届学术研讨会”在浙江省金华市举行。本次会议旨在从音乐理论界实践习近平同志提出的中华传统文化“四个讲清楚”的基本要求，在百年来中西音乐文化交融的背景下，探讨中国音乐理论话语体系的建构问题。与会者围绕中国音乐理论话语体系的历史与现状、内涵与特征、结构与建设、应用与传播等角度展开讨论。

活动八：世界舞台首次响起中国交响乐团之声

8 月 20 日，上海交响乐团在音乐总监余隆的率领下，登台瑞士琉森音乐节，成为该音乐节 80 年历史上首次获邀演出的中国乐团。随后，乐团赶往奥地利蒂罗尔节日剧院夏日艺术节和格拉芬内格音乐节，并登上备受瞩目的德国汉堡易北爱乐音乐厅，所到之处均为中国乐团的首次亮相。上海交响乐团这一次的欧洲之行，堪称是一个值得载入中国交响发展史册的里程碑。

二、教育与教学热点

艺术教育的发展关乎国民素养的提升，所谓十年育树百年育人，这一沉重且具有深远意义的工作，在音乐学科的发展中始终被提及。在过去一年里，关于艺术教育的重要性及方法论研究等话题再度成为热点。

1. 学科互联，迎来新的契机与挑战

音乐不仅是简单的有规律的符号排列，它影响着我们的生活，亦会左右人类的情绪，甚至可以使用于审讯罪犯的实验。百年前，现代音乐教育家、作曲家萧友梅先生在《音乐的势力》一文中就提及：“音乐可以治病或减轻病人的痛苦，欧战时各国伤兵医院，多备有特殊的音乐，伤兵听见，可减少痛苦。”[①] 音乐能够缓解或渲染人的情绪，它独有的非美术性和非文学性的表现方式留给听者极大的想象空间，即我们熟知的来自一种感官刺激引起的其他感官感受的“同构联觉”现象。中央音乐学院周海宏教授首先对充斥在电视、广播、音乐欣赏手册等音乐普及介绍材料中试图将“音乐内容”文学化、美术化，甚至哲学化或社会学化的倾向做了批判，明确指出这种错误倾向，过度的解说严重忽略了什么是音乐表达给我们的，什么是我们赋予音乐的。[②] 但音乐究竟如何诱发和左右人的情绪？如何让生活变得多姿多彩？

2017 年 10 月，上海师范大学蒋存梅教授组织了“音乐心理学”专栏，与学者们讨论了音乐究竟是如何影响人类的心理和行为；人类的音乐能力究竟是如何演化；音乐结构组织是否具有规则；人们

---

① 郭必恒：《人与艺术》，北京师范大学出版社 2015 年版，第 100 页。
② 参见周海宏《音乐何需“懂”——重塑音乐审美观念》，《人民音乐》1998 年第 5 期。

如何对这些音乐规则（比如句法）进行加工；音乐训练是否可以提高人们的语言能力或与执行功能相关的能力；对于专业音乐训练来说，具备绝对音高能力的音乐家是否在大脑结构与功能等方面存在独特性；长期的音乐表演训练是否能对神经可塑性产生影响等问题。①

此次论坛以六篇论文展开，分别讨论了自达尔文提出的音乐才能可能经由进化而来的起源之谜，另辟蹊径地将音乐才能进行解构，再分别建构动物模型进行遗传学研究，最终确定音乐才能的进化路线②；解释了作曲中的和声调性规则是建立在音乐句法基础之上，音乐句法又是指将离散的音符元素组合成序列的规则，还指出了影响音乐句法加工的两个条件，分别是音乐结构特征——音的依存距离和音乐时间结构，和听众自身特征——听者的年龄和音乐训练程度③；还阐释了音乐对语言加工的促进作用，虽然实证依据主要来自横断研究，还需要更多的纵向追踪研究来进一步为因果关系提供证据，但最终这些研究都将促进音乐学习与音乐训练在教育与医疗领域的广泛应用④。

基于目前多视角的研究我们不难发现，虽然音乐心理学在中国作为一门兴起于20世纪中期的新兴学科，无论在研究深度和专业水平上都与欧美国家存在一定差距，但中国有不同于西方古典音乐和城市音乐的乐论思想，渗透着树人立人的品格教育的古代音乐美学思想。因此，有越来越多的中国音乐学和心理学研究者愿意打破本身的学科壁垒，探索这一尚待开发的广阔领域，尝试解读音乐，揭示乐音带给人的语言所不能传达的微妙变化。

2. 音乐课堂，改革创新

身处知识爆炸的时代，随着网络课程潮流的兴起，海量的艺术常识可以从个人数字终端上获取，诸如知乎 live、喜马拉雅 FM、豆瓣、网易云、微信视频艺术课等。但我们对于这些或付费或免费的数字艺术课程的质量保证却也有所担忧。因此，在九年义务教育中，在树立正确知识体系的关键阶段，音乐课依然是进行艺术教育的“大后方”，课堂效果、师生感受是课改的晴雨表，是对国家艺术教育课程改革最先提供有效反馈的地方。那么，如何提升基础音乐教师的教学水平、丰富教学手段、充实课堂内容、扭转学生观念，就成为一线教师和课程设计专业最关切的问题。从课程设计和学生的学习效果反馈方面切入，来自各个学校的一线音乐教师最有发言权：“关注学科综合”已成为学科痛点，综合什么，拿什么综合……音乐本身就是所有艺术门类中感性成分最多的一门艺术形式，音乐的构成要素音响本身也决定了音乐没有客观的物质材料为依托，也不具备语言文字明确的表意性，它极大地综合了人的感知力、想象力和情感表达。自21世纪初实施音乐课程改革至今，我国的基础音乐教育改革经历了从摸索到质疑，从实验到逐步明朗、修正等几个阶段，走过了一条颇为曲折的道路，至今仍有存在于基础音乐课堂中的“无中心综合”“教师不作为”“去知识化”和“滥用多媒体”的错误倾向⑤导致了音乐课内容的空洞化，以至于原初的教育理念被架空。针对此类存在基础音乐课中的问题，也为相应《国家中长期教育改革和发展规划纲要（2010—2020年）》的提出树立科学的质量观，把促进人的全面发展、适应社会需要作为衡量教育质量的根本标准，多地小学开始尝试“课本剧”教学。以一种综合性的表演模式，将教学内容融入其中，同时学生的协调分工能力得以锻炼，文学创作水平、审美和社交能力都得以提升。

3. 寻找新的学科生长点逐渐成为学科关注的热点

如今，“跨界”不仅是音乐产业中的一个热点词汇，也成为探索音乐学科创新发展模式的一个热点现象。音乐心理学、音乐教育学变得炙手可热。在音乐学的框架下，更多地采用结合艺术感受进行感性分析，心理学科范畴下的音乐心理则用科学解答了感性不能言表的音乐内在逻辑。何为绝对音高，

---

① 微信公众号“心理科学进展”音乐心理学专栏。
② 参见王天燕、冯圣中《进化音乐学的现状及挑战》,《心理科学进展》2017年第11期。
③ 参见张晶晶、杨玉芳《音乐句法加工的影响因素》,《心理科学进展》2017年第11期。
④ 参见南云《音乐学习对语言加工的促进作用》,《心理科学进展》2017年第11期。
⑤ 参见姜莱《评当前基础音乐教育中的几种非理性倾向》,《中国音乐教育》2017年第6期。

为什么有人天生具备好的乐感，音乐禀赋的遗传等问题。与此同时，艺术门类下的学科交流也从未止息，我们可以洞见，在人人都无障碍地享有音乐资源的同时，音乐传播也不再是一个技术问题的时候，音乐本身也倾向于不断挖掘自身与哲学、美学、艺术学、历史学、心理学、社会学、传播学，乃至民族学、人类学、考古学、数学、音响学、经济学等的所有关联。[①]

4. 艺术教育的拓展性发展

为迎接“一带一路”国际合作高峰论坛的举办，中央音乐学院按照教育部《推进共建“一带一路”教育行动》的要求，在教育部国际司的直接指导下，于2017年5月5日至7日成功举办了“一带一路”音乐教育联盟成立大会——暨音乐学术研讨与展演活动。“一带一路”音乐教育联盟宣告成立，来自沿线国家11所音乐学院和中国9所音乐学院的20位院长共同发出联盟宣言。[②]

2017年5月24日，在中国音乐学院举办的“中国乐派”名家讲坛第十六期上，施万春教授讲述了自己的艺术实践过程，从声乐创作与器乐创作两部分谈自己的经典音乐作品，并总结出以“音乐的人性化、可听性和雅俗共赏”为目标的创作理念。

2017年7月15日至18日，由中国音乐家协会奥尔夫专业委员会主办的2017年首届中国奥尔夫教育大会在成都市顺利举行。首届中国奥尔夫教育大会主题为“本土化的原本性艺术教育”，大会围绕着奥尔夫教育“本土化”主题，关注当前世界最前沿的艺术教育发展动态，聚焦艺术教育本土化的热点难点，试图从我国悠久的历史文化和广阔地域中，吸取民族民间文化营养，探索艺术教育新视角、新方法、新途径，更好地服务于儿童、服务于每个人的音乐成长。[③]

由中国艺术研究院音乐研究所、吉林大学艺术学院共同举办的《中国音乐年鉴》第十三届学术研讨会于2017年9月23日至25日在长春成功举办。中国艺术研究院于2017年8月7日至17日，成功展开了“中国民族乐器收集与研究”项目黑龙江之行，分别进行了黑龙江非物质文化遗产与保护中心专题讲座，考察了鄂伦春族音乐、达斡尔族音乐和鼓吹乐。

5. 音乐培训机构可待回归理性

早在国家大力倡导美育教育之前，课外市场就充斥着以各种乐器教学为主的音乐学校，虽然一些音乐学校有的存在师资队伍良莠不齐的情况，但几代家长都十分热衷于将自己的孩子送到各类艺术特长培训班中，让自己的孩子掌握音乐技能。正因家长们对于孩子艺术素养培养的热切关心，使得国内音乐教育领域多年高热不下，诸多从业者和投资机构均想从这一炙手可热的教育行业中分得一杯羹汤。但是在2017年，我们却见证了音乐教育行业的“冰火两重天”，年初，号称能让学员用一小时迅速学会钢琴的音乐培训机构“疯狂钢琴”突然宣布倒闭，据《北京晚报》文章《疯狂钢琴突然关张，数百人为学费抓狂》报道，经营六年多的“疯狂钢琴”在2017年2月7日停止经营，9月，另一家钢琴培训机构“星空琴行”也宣布暂停全国所有近60家门店的营业。

两家知名音乐培训教育机构的接连倒闭给音乐教育行业打了一针镇定剂，大量盲目的投资必定会导致行业泡沫，教育企业上市也并非无前车之鉴，虽然从2017年的统计数据看共有11家音乐教育相关企业获得投资，音乐教育依旧是音乐泛娱乐领域最大的投资方向，但给我们的警示是，教育的最高目标是培养德才兼备的人，如果完全套用运作企业以牟利为指针的思路，必将教育引向深渊。

三、热点话题

1.《国歌法》正式实施

10月1日，《中华人民共和国国歌法》(以下简称《国歌法》) 正式实施。为拥护《国歌法》的颁布、实施，保证国歌的准确性和权威性，推进国歌的规范使用和全面普及，人民音乐出版社出版了

---

① 参见韦杰《于润洋学术思想与实践对音乐传播研究的涉及并启示》，《音乐研究》2017年第5期。
② 参见许涛《在“一带一路”音乐教育联盟成立大会上的致辞》，《中央音乐学院学报》2017年第3期。
③ 参见肖素芬、唐大章《2017年首届中国奥尔夫教育大会综述》，《陕西学前师范学院学报》2017年第10期。

《中华人民共和国国歌》旋律曲谱及教学挂图。我国分别于1990年、1991年制定了《国旗法》《国徽法》。《国歌法》的出台，意味着国歌与国旗、国徽一样，有了专门的法律。以立法的形式确立起国歌的法律地位，表面上看是对知识产权的保护，实则更是捍卫国家主权以及维护国家形象。随着自媒体兴盛，充斥和转载于各网站中对民族歌曲的搞笑恶意改编，一次次挑战着公众的接受底线，拥护《国歌法》的实施，是以虔诚的态度，向那些为新中国的诞生而浴血奋战献出生命的烈士的致敬。

2.“乡”音“难”改——传统音乐去向何方？

“谭维维加入摇滚乐的华阴老腔为什么能够成为新闻焦点？央视新闻联播为什么专访流行歌手？”在2017年，西南大学音乐学院音乐主题沙龙上，院长郑茂平和中国民间音乐专家胡晓东提出了这样一个问题。[①]

此话题一经抛出，再次将民族音乐的发展传承问题提出来，看似老生常谈，实则百家争鸣，论辩锋起，常谈常新。宗白华在《中国文化的美丽精神往哪里去？》一文中谈到，“中国人是本能地找到了事物的旋律的秘密”，很早发现了宇宙旋律及生命节奏的秘密，以和平的音乐的心境爱护现实，美化现实……一个最尊重乐教、最了解音乐价值的民族没有了音乐，这就是说没有了国魂，没有了构成生命意义、文化意义的高等价值，中国精神应该往哪里去？[②]

借音乐真人秀和2016年春晚之势，起源于陕北一带的华阴老腔一夜间成为众所周知民族音乐形式，这一被喻为“黄土高坡上的摇滚”与真正的摇滚音乐融合的创作形式成为热议的话题，“火”的不是华阴老腔，“火”的是大众对民族音乐的期待与时代作品匮乏之间的冲突。华阴老腔不是“个案”，它与我们所熟知的侗族大歌、纳西古乐、云南洞经音乐等众多民间音乐一样，在与新音乐形式糅合中探索徘徊，面临着传承断代的危险。在中国，尤其是民族音乐作曲家，他们不仅身担多民族音乐文化的记录者，更应怀有借音乐艺术改造国民品格、振奋民族精神的时代情怀。

以“中国特色、中国风格、中国气派的艺术教育”为主题的2017年第十二届全国艺术院校院（校）长高峰论坛在新疆艺术学院成功举办，我们也能在学术研究中看到新思路的出现，有对民族音乐市场化、产业化的悬崖勒马，也有对音乐原生态环境的诉求，但基本上对民族音乐的阐发还是集中在以云南、贵州、四川、西藏等多民族聚集的地域。其间可以窥见，无论是对人为保护的删繁就简，还是着眼小作品发散大视角，民族音乐的生命力还是永续不断的。

当今，我们如此强调在音乐中保存中国文化，是因为民族音乐不是仅凭五声音阶、深入田野等寥寥数语可以概括的，它也不是欧洲古典音乐的二元对立。学界有人拿西方音乐的体系去肢解中国民族音乐，试图对中国民族民间音乐进行逻辑推演，笔者认为这是有失偏颇的。所谓树立文化自信，不是空洞的呼号，也不是机械地模仿复制，更不是虎头蛇尾的嫁接。正如贺绿汀先生所述，采纳有价值的西方音乐理论，中国的民族音乐当发挥民族精神，却绝不能为狭义的民族意识所束缚。[③]

上至十九大闭幕后的国家文化发展导向，下至艺术专业院校、民间公益团体及个人，齐心努力培植一个可供大众鉴赏文艺的土壤，但这块土地不是温室，我们不难发现有流于粗鄙的音乐作品混淆其中，这就需要音乐创作者、表演艺术家本着“以人为本”的艺术信仰守护民族音乐。若文艺论为牟利的手段，设法俯就市场，就很容易流为迎合大众，媚悦大众。[④]

虽然在浩如烟海的经典的民族音乐作品中，想要找到一条奉为圭臬的创作理论是不切实际的，但

---

① 参见《音乐学子“乐读”十九大精神》，凤凰新闻（https：//mbd. baiducom/newspage/data/landingsuper?context=%7B%22nid%22%3A%22news_15194649772382110855%22%7D & n_type=0 & p_from）。

② 参见宗白华《中华现代学术名著丛书：艺境》，商务印书馆2011年版，第207—210页。

③ 参见贺绿汀《音乐艺术的时代性》，载郭必恒《人与艺术》，北京师范大学出版社2015年版，第225—226页。

④ 参见鲁迅《文艺的大众化》，载郭必恒《人与艺术》，北京师范大学出版社2015年版。

那些经久不衰的中国民族音乐都是扎根于我们熟悉的本土环境，不是闭门造车的国粹主义[①]，而是对音乐艺术的追本溯源。

3. 时代先声肩负使命，中国艺术讲好中国故事

当代著名音乐家、教育家贺绿汀讲过："艺术家的作品虽然是由他个人创造出来的，然而实际上他不过是时代的代言人，或新时代的预言家。因此，一个成功的艺术家，不单要有成熟的技巧，也必须具有极其敏锐的时代感受性，能够抓住时代的中心。"[②]

恰逢十九大胜利召开，中国文联组织六位来自艺术研究院、演出院团等文化单位的十九大代表和四位知名艺术家组成宣讲团，奔赴甘肃、内蒙古、上海、广州、贵州等地对基层艺术馆和地方高校进行宣讲，解读十九大精神，讲文艺工作者的时代担当，走进基层一线文化艺术单位倾听群众对基层文艺工作的建议和心声。[③]

国家大剧院管弦乐团在音乐艺术总监、指挥大师吕嘉的率领下，携手钢琴家张昊辰、琵琶演奏家吴蛮、小提琴家宁峰及大提琴家戈蒂耶·卡普松，结束了为期 11 天美国六城市巡演，为美国观众带去了六场超过三套不同组合的中外曲目音乐会。时值国家大剧院开张运营十年庆典前夕，这个美国巡演更被正式列入中美社会与人文对话成果清单。[④]

四、音乐产业和市场热点

1. 版权市场"摸着石头过河"

再来看看当下不断升温的音乐产业市场，根据 2017 年中国传媒大学音乐与录音艺术学院发布的《中国数字音乐产业发展报告》显示，超过半数的消费者认为，使用音乐 APP 无需付费。根据国际唱片业协会发布的数据，中国数字音乐在全部音乐产业中占比高达 96.34%，居全球第一。而人均音乐消费只有 0.15 美元。[⑤]

这意味虽然近十年我国音乐产业呈现井喷式发展，音乐氛围一片向好，音乐交流百花齐放，资本投入不断汇集，行业交易热闹非凡，但由于版权意识薄弱导致的问题正在凸显，受众可以从多方音乐平台获取音乐资源。因此，中国听众始终未养成为数字资源买单的习惯，一系列的版权纷争被繁华的市场流量所掩盖。不过在 2017 年，三大唱片公司之一的环球音乐与腾讯音乐娱乐集团共同宣布，双方达成在中国大陆版权分销的战略协议，如同"背靠大树好乘凉"一般意味着腾讯音乐娱乐成为环球音乐在中国大陆地区音乐市场的独家合作伙伴，坐享国内存量市场。

想要扭转困境，唯有推陈出新，彻底打破旧有的数字音乐发展窠臼，明晰产权归属，减少产业链上对音乐发行的层层剥皮。市场寡头必然会造成恶意竞争，9 月 12 日、13 日国家版权局分别约谈了腾讯音乐、阿里音乐、网易云音乐、百度音乐四家互联网音乐服务商主要负责人以及二十余家境外音乐公司以及国际唱片业协会的主要负责人，就版权问题达成了遵守公平合理避免授予网络音乐服务商独家版权的协议。

2. 行业蛋糕不仅做大，还要求新

数字音乐的出现不仅改变了声音依靠物理媒介传播音乐的传统模式，更重要的是改变了用户欣赏和购买音乐的模式。[⑥]2017 年的《中国数字音乐产业发展报告》显示，未来几年，我国数字音乐产业

---

① 参见贺绿汀《我们对于音乐艺术所应有的认识》，载郭必恒《人与艺术》，北京师范大学出版社 2015 年版，第 40 页。

② 贺绿汀：《音乐艺术的时代性》，载郭必恒《人与艺术》，北京师范大学出版社 2015 年版，第 225 页。

③ 搜狐视频（http://tv.sohu.com/20171203/n600284400.shtml）。

④ 参见李澄《多方位多视角讲述"中国故事"——国家大剧院管弦乐团美国巡演大获成功》，《北京晨报》2017 年 11 月 14 日。

⑤ 参见赵昂《做强音乐市场需要发展衍生产业》，《工人日报》2017 年 9 月 20 日。

⑥ 参见韩韶君《数字音乐产业的观察与思考——基于流媒体音乐的分析》，《人民音乐》2017 年第 4 期。

收入模式越来越多样化，产值也不断攀升，未来的消费需求必将朝着音乐产业创新化、社交化、融合化等多元文化发展。[①]

未来音乐平台也正在以音乐为媒介，承载社交功能的转型出现。艾瑞咨询公司调查的数据显示，早在2016年中国在线音乐用户分享音乐在“音乐互动行为”方面占比超过七成，此外，67.4%的用户会进行音乐评论，有高达66.9%的用户以在关联社交平台（如微信、微博）上分享音乐作为社交手段。[②]

通过梳理2017年的数字音乐关注热点，有两家APP作为行业翘楚走在舆论的风口浪尖，分别是“网易云”音乐和“酷狗”音乐。成立于2013年的“网易云”音乐是名副其实的后起之秀，有先见之明地将平台受众定位于最活跃的学生群体，扎根于大数据时代的数据分析，致力于提供“私人订制”的音乐服务；老牌音乐平台“酷狗”则是对准“粉丝经济”，基于“平台+直播”的方式构建粉丝经济生态链条，实现百万人随时随地看直播。[③]

流媒体音乐服务之所以成为资本最青睐的艺术产业，也是因为这些音乐APP将碎片化的音乐资源整合。在“最高的品味就是个性”如此种种的商业广告助推下，根据场景向用户推荐私人订制式的音乐推送等一系列的服务，共同创造了数字音乐的繁荣景象。除了产品服务内部的升级换代，音乐产业也将合作的触角伸向视觉产品和场景消费领域。

2017年3月份网易云音乐就联合杭港地铁，推出“乐评专列：看见音乐的力量”的地铁营销，给当日乘坐地铁的乘客带去第一丝暖意，随即成为“网红”专线刷爆各大媒介网站，很多网友感叹因为收藏或喜欢相同音乐这件私密的事，而与陌生人之间唤起共鸣甚是走心。随后其与扬子江航空合作了“音乐专机”营销活动，此后还与农夫山泉联合推出了名为“乐瓶”的瓶装矿泉水。腾讯音乐娱乐在跨界合作中也做了诸多尝试，如在上海打造的“乐光”潮流地标、全民K歌自助店项目、与优衣库推出的“衣·乐人生”电台，与宝马、必胜客的跨界营销，都体现了音乐在场景消费下的积极作用。此外，2017年的中秋节，虾米音乐也推出了自己的音乐月饼礼盒，随后还与麦当劳北京合作了音乐主题旗舰店。[④]

由此可见，音乐，无论是流行音乐抑或古典音乐都在逐渐跳出“被听”的单一消费方式，努力通过打造多角度立体发展思维，让音乐不仅“可听”，还“可看”“可闻”“可感”，真正实现让音乐360度环绕人的感官世界。

与音乐合作共赢就不能不提及旅游业，也许大多数人都有在旅行途中接触民族音乐的经历，2017年5月在中央大力推动建设特色小镇的号召下，山东省即墨市这个东方城市拿下了欧洲音乐小镇的合作项目，积极打造国际民谣节、国际合唱节等高端音乐文化品牌。2017年7月份，四川省红原县雅克藏羌彝原创音乐季三天共有12.8万人参加了音乐节现场演出，票房总收入达到了517万元。[⑤]

3. 国产音乐综艺，在转型中谋求出路

2017年国内音乐节目可谓枯木逢春，选择性、综艺性不断增强，除了湖南卫视打造的《歌手2017》、北京卫视大型明星跨界音乐真人秀节目《跨界歌王》持续受到关注之外，爱奇艺打造的《中国有嘻哈》、腾讯视频推出的《明日之子》、芒果TV联合优酷承制的《2017快乐男声》三档节目也在音乐类综艺中颇为出彩，表现突出，成绩喜人。[⑥]

---

① 参见佟雪娜、朗云迪《中国数字音乐产业发展报告》，[《两岸创意经济研究报告》（2017）]，2017年版。

② 参见佟雪娜、朗云迪《中国数字音乐产业发展报告》，[《两岸创意经济研究报告》（2017）]，2017年版。

③ 参见佟雪娜、朗云迪《中国数字音乐产业发展报告》，[《两岸创意经济研究报告》（2017）]，2017年版。

④ 微信公众号：“音乐财经”《2017年中国音乐产业十大现象》，2018年1月26日。

⑤ 微信公众号：“音乐财经”《2017年中国音乐产业十大现象》，2018年1月26日。

⑥ 方雁橙：《2017年的音乐类综艺是枯木又逢春吗？》，百度（https://baijiahao.baidu.com/s?id=1584328571521339608&wfr=spider&for=pc），2017年11月17日。

网友在新浪微博官方网站上发起关于“2017年你认为最好看的音乐综艺节目”，共有5244名网民参与投票，前三名分别是《中国有嘻哈》(2451票，占比46.7%)、《天籁之战》(2136票，占比40.7%)、《快乐男声》(262票，占比5%)。往年大火的歌手占比仅有1.7%，并没有在前三中崭露头角。

从各类音乐选秀类节目可以看出，虽然唱功好的实力唱将更容易在短时间内获得较高的网络热度，却往往不能避免“红极一时”的窘境，鲜有音乐选秀翘楚转向影视，通过演唱电影和电视剧主题曲持续发展。而创作型歌手反之，在选秀节目热度退去之后更容易获得持续关注，如宋冬野、董冬冬。其次这些音乐本身的流传度较之翻唱歌曲也备受青睐，如《董小姐》《斑马斑马》《成都》《野子》等等，2017年尤为突出的要数《明日之子》播出后《消愁》一夜成名，近似于病毒式的传播让它成为播放量突破3亿的年度金曲，歌曲的创作者和演唱者毛不易也开始被大家熟知。[①]

从2013年至今，国内音乐节目由选秀逐渐完成了由演唱向创作和歌手培养的成功转型，经典歌曲的翻唱有时会限制歌手发展，创作才是艺术的生命，中国音乐市场和观众越来越期待唱功和创作水平兼备的实力音乐人为整个音乐环境增加新鲜血液。

五、音乐创作民族风格凸显

从2017年音乐创作走向可看出，越来越多的作曲家和乐评人将视角转向音乐民族性话题之上，何为音乐的民族性？一为民族特色民族风格，中华民族自古以汉族为主要民族构成，同时不断夹杂着与不同民族的交融，无论在文化习俗还是艺术风格中，都可见民族多元化的迹象，根植于民族传统创作有民族属性的音乐作品成为当下音乐创作和音乐审美的一种潮流，民族音乐始终都是增强中国音乐辨识度的艺术形式，并且在民族音乐作品中，可以得心应手地加入民族器乐、汉族以及少数民族的民族音乐元素。也有作曲家在当代的民族声乐作品中探讨“民歌新古典”的艺术特色，强调歌词必须有古典韵味，有着古典的意境与人文情怀，内容以传统文化或故事为依托，表达着一种“美的怅然”，最终追求的是一种“言有尽而意无穷”的东方审美效果。其次，在音乐旋律上以东方传统的“五声调式”为主，具有中国浓郁传统宫廷音乐风格和传统戏曲的韵味，展现出了细腻温婉、清新典雅、雍容华贵等特征。再次，在编配上，把传统民族乐器、管弦乐、电子风格有机地结合在一起。实现了传统与现代、古典与时尚、东方与西方音乐风格的交融；最后在演唱上，呈现了以民族唱法或民族唱法为主的兼容演唱方式。[②]

音乐的民族性还体现在中国古诗词艺术歌曲的现代化，从李叔同、青主、黄自、赵元任到今天，艺术歌曲所显露出的高雅艺术格调被越来越多的歌唱家和观众喜爱。艺术歌曲所要表达的更是中国文人的文化素养，是从诗词歌赋中传达出的意境和情怀。在中国古诗词艺术歌曲中，创作者和演唱者都要调整和适应汉字单音节的发音规律，以及受西方作曲理论影响下的作曲风格如何适应中国古代诗词的韵律节奏。2017年7月，在国家大剧院音乐厅唱响的“风雅颂——范曾诗词艺术歌曲廖昌永独唱音乐会”就做了这样的尝试，把观众带入了范曾的诗词妙境。同时我们也要看到，中国艺术歌曲已有百年历史，但是无论听众还是歌者都对中国艺术歌曲的发展脉络缺乏一个清晰系统的分类和梳理[③]，艺术歌曲的创作和理解也是对中国古典艺术美学格调和意蕴的审美锻炼。

结语

如今是艺术大众化的时代，艺术以浸入式的发展趋势渗透到生活生产的方方面面，艺术场域与生活环境的界限逐渐淡化，艺术植入成为一种潮流，非职业艺术家的创作反倒能跳出“学院派”的程式，

---

① 腾讯视频音乐鲜场面：《〈消愁〉〈董小姐〉〈成都〉……盘点那些因综艺节目大火的金曲》，知乎（https://zhuanlan.zhihu.com/p/29245296），2017年9月11日。

② 栾凯：《走一条“与时俱进、雅俗共赏”的民族声乐创作之路——谈“民歌新古典”的创立发展及其艺术特色》，《音乐创作》2017年第10期。

③ 《廖昌永：艺术歌曲——用音乐打捞诗歌》，《音乐创作》2017年第9期。

收获清奇趣味。当然，如今也是艺术思想领域沉浮消长，瞬息万变的时代，有传承性的传统审美趣味被多元化的艺术审美撼动，裹挟在大众化洪流之中的传统艺术形式在一点点消弭。自20世纪60年代以来，欧美掀起后现代主义的潮流，逐步抹平了艺术的精神尺度，将艺术代入杂语喧哗的时代开始[①]，艺术就已经开始在黑格尔所预言的“艺术终结”的未知道路中岌岌可危。正因这些未知，拼凑出艺术发展前所未有的广阔版图，从危机中萌生出的机遇，使今天这个时代成为艺术发展和创作的最好的时代，不忘初心、方得始终。

张璐　北京师范大学艺术与传媒学院副教授；
周轶凡　北京师范大学艺术与传媒学院艺术学系系务秘书
原载《民族艺术研究》2018年第2期

① 郭必恒：《人与艺术》，北京师范大学出版社2015年版，第62—63页。

专题

“一带一路”音乐文化主题

2017年5月14日至15日，“一带一路”国际合作高峰论坛在北京举行。自2013年习近平主席提出倡议以来，全球100多个国家和国际组织积极响应和参与，“一带一路”建设逐渐从理念转化为行动，从愿景转变为现实，建设成果丰硕。随着“一带一路”宏大发展规划的提出，相关主题文化艺术生产亦日趋繁荣，用音乐繁荣丝路文化的新法层出不穷。本专题特选2017年中国音乐界为挖掘“一带一路”传统民族音乐蕴涵，彰显当代民族文化特色而举办的相关活动，以呈现年度丝路音乐文化建构的发展样态。

2017深圳“一带一路”国际音乐季

【概况】

2017年3月25日，2017深圳“一带一路”国际音乐季在深圳音乐厅开幕。国家领导人发去贺信。贺信指出，文化艺术是沟通心灵的桥梁。深圳“一带一路”国际音乐季对促进沿线各国艺术交流，推动文明互鉴、民心互通具有重要意义。“一带一路”不是中国一家的“独奏曲”，而是各国共同参与的“交响乐”，出席音乐季的各位嘉宾应深入交流，彼此借鉴，以音乐为桥梁，为共建“一带一路”，促进人类文明进步做出新的贡献。

开幕式音乐会由中国指挥家胡咏言、西班牙指挥家大卫·吉梅内兹、阿尔巴尼亚指挥家奥涅格·阿拉比和中国指挥家林大叶先后执棒，节目融合了“一带一路”沿线国家的不同文化元素，并首演了印度西塔琴演奏家高拉夫·马祖达为音乐季创作并演奏的西塔琴协奏曲《欢庆》。

音乐季期间，由来自30个国家和地区、12个艺术团体、700多位中外艺术家，推出16场音乐会。演出涵盖了“交响名团”“中国旋律”“高贵典雅·室内乐”3个板块，兼顾古典与流行、东方与西方、传统与新锐等不同类型的优秀音乐作品。音乐季参照国际专业艺术节庆的办节模式，以委约创作的形式，以“一带一路”概念为主题进行委约。上演了由叶小纲创作的交响乐《长城》(首演)；“远去的桅杆”——吕嘉与澳门乐团音乐会、梅兰竹菊国乐六大家专场音乐会等委约专场演出。

【综述】丝路毕章　文化交响——记深圳“‘一带一路’国际音乐季”闭幕音乐会

◎ 朱依依

2017年3月25日至4月16日，首届深圳“一带一路”国际音乐季在深圳音乐厅、深圳大剧院、深圳保利剧院等多个主要文化艺术场馆举行，以“联接中外，沟通世界”为主题，充分展示和挖掘“一带一路”沿线64个国家在音乐领域的特色成果。其间，30个国家和地区的12个艺术团体以及700多位中外艺术家，带来了16场风格各异、类型多元的精品演出。平均1.4天一场的高频率排期集中展现了“一带一路”沿线国家之间的文明交汇和艺术交流，凸显了中国文化与世界文化兼容并蓄的盛世华章。

深圳“一带一路”国际音乐季由深圳市人民政府和中国音乐家协会联合主办，是一次高规格的城市文化活动，政府主导、市场运作显示了“音乐季”的专业化、国际化和社会化。深圳作为粤港澳大湾区之腹地和“海上丝绸之路”的战略要冲，率先在全国举办以“一带一路”为主题的国际音乐季，是深圳特区配合“一带一路”建设、加快建成国际化创新型城市和文化强市的重要举措，也是落实《深圳文化创新发展2020（实施方案）》、打造深圳文化新名片的一次全新创举。

此次音乐季设置了“交响名团”“中国旋律”和“高贵典雅·室内乐”三个板块，兼顾了东方与西方、古典与流行、传统与新锐等不同类型的优秀音乐作品。参与演出的包括中国国家交响乐团、深圳交响乐团、奥地利维也纳交响乐团、香港中乐团、澳门乐团等大型音乐团体。印度宝莱坞歌舞“乐舞恒河”“梅兰竹菊国乐六大家音乐会、竖琴演奏家夏维尔·德·梅斯特独奏音乐会、加拿大铜管五重奏音乐会、李高阳与波兰V0L0SI爵士乐队的国际爵士之夜”等专场音乐会，呈现了“五洲齐奏丝路华章、四海共享环球乐韵”的视听盛宴。

4月16日，在深圳保利剧院举办的闭幕音乐会更是以一个“强奏”结束了整个音乐季，为这次文化盛事留下了耐人寻味的余音。指挥胡咏言领衔中国交响乐团在闭幕音乐会中压轴出场，这一场演出中最大的亮点是由中国音乐家协会主席叶小纲创作的大型交响乐作品《长城》。这部为钢琴、声乐、民乐及交响乐队而作的作品，“基于对这个题材在新时代中的理解和感悟，以长城这一中华民族宏伟壮丽的物质与精神的象征为题材，把宏阔辽远的北国景色与我国多民族丰富的精神内涵融合在一起，热情歌颂了中华民族不屈不挠的奋斗精神，把长城这一人类最伟大的建筑工程和中华民族的精神脊梁做了高度的历史性回顾和展望，给予长城更多的人文精神和文化内涵审视，并激励今人在新世纪中奋勇拼搏”。

值得一提的是，叶小纲以及这部作品已经是深圳的“老朋友”了，深圳市在近十几年间多次邀请叶先生进行创作，以此推动深圳音乐文化的发展，《长城》就是2001年专门为深圳所作的原创曲目，时隔16年叶先生带着为“一带一路国际音乐季”重新编曲的《长城》再度亮相，无疑为这种亲密的合作关系再添佳话。

《长城》全曲共分为九段，分别冠以“序”“长城硝烟”“汉唐风采”“中原一瞥”“嘉峪关”“长城好汉”“寂寞英雄”“笑傲江山”“壮哉长城”九个标题，“虽然乐曲基本属于无标题性质，标题还是对作品内容提供了强烈的联想提示。”其中第一、五、八章加入邹航创作的诗词，由人声与乐队共同完成，更显乐曲磅礴之势。交响乐队中的民族乐器包括二胡、琵琶、笛和马头琴，可见此曲音色之丰富。

全曲由二胡引入，而后加入琵琶，男高音强势呼出“天下长城几千几百里长”，之后在全曲具有重要地位的钢琴顺势从低至高奏出音阶式旋律，呼应人声唱出的“高山峨峨、河水泱泱”之势，最终回到民乐重奏的简约主题。第二章“长城硝烟”一开始就迅速进入到另一种情绪，打击乐组成为主奏，与此同时，钢琴强力度的敲击演奏将其打击乐化，配合了整个乐章以节奏为主要表现手段的布局，使得打击乐的音色更富层次和变化，钢琴这件主要乐器也获得了更为广泛的表现力。打击乐器的使用和写作方式融会东西，既展现出西方打击乐的气势，也不乏民族打击乐的灵动。第三章“汉唐风采”中，管弦乐队全奏和钢琴独奏交替行进，铜管组的突出使人联想到盛世气派。此外，这一曲使用了唐代乐舞的音乐素材，使古老的声音现代化，恰如“一带一路”希求重新激活古老的“丝绸之路”，并赋予其新的历史含义一般。

第四章“中原一瞥”作为“回眸历史一瞬间”的连接段落，音乐再次回归到伊始的静谧，管弦乐队的弱奏和旋律的游弋营造出“印象主义”的朦胧色彩，与前两段配器风格形成了较大的对比，顺利过渡至静谧的第五章“嘉峪关”。这一章的前奏由钢琴独奏承担，随后“不经意间”引入弦乐组的弱奏，女高音跨度较大的演唱描述了嘉峪关曾经的战火纷飞，而始终在其下进行着的钢琴和弦乐组则以“平静”的声音诉说着沧桑。这曲还使用了维吾尔和西亚地区的民间音调，手鼓作为异域音乐文化符号而出现。第六章“长城好汉”集中表现了我国北方的性格特征，铜管组主奏的引入不仅用音色呈现了豪迈之势，还用旋律表达了诙谐幽默的个性，民族打击乐器的加入更是增添了这种情趣，钢琴与乐队随后奏出快速的主题与铜管主题遥相呼应。这一曲不仅汲取了蒙古族和回族的民间音调，还直接地引入了一段马头琴独奏，这一段“原汁原味”的演奏极为贴切地展现了“北方民众豪迈、潇洒机智而又幽默的精神个性及风貌”。

第七章“寂寞英雄”又一次将音乐的整体基调拉回了宁静深远之中，慢速的甘肃、陕西和山西民歌音调由弦乐组奏出，勾勒出旷远与绵长的音效，钢琴持续强奏柱式和弦，犹如英雄远去的脚步。第八章“笑傲江山”由男高音与女高音交替演唱长篇诗词，道出“不言朝晖夕霞似等闲，只道英雄笑傲千万代”的胸怀，第一部分四字一组的旋律快速行进，第二部分转向八字一组的慢速悠长，英雄忆当年的激情融化为“人生几何”的坦荡。终曲“壮哉长城”与前一段连续演奏，全曲开头在二胡声部出现的基于五声音阶的五音动机在此成为固定音型，它先由钢琴奏出，乐队叠加进来后重复这个音型，管弦乐队全奏将乐曲推向了最高潮，多调性的色彩拉大了高潮的张力。纵观全曲，“静”与“动”始终处于交替轮回之中。开篇民乐独奏的幽静被“长城硝烟”“汉唐风采”极富动力的节奏而划破，过渡段“中原一瞥”和“嘉峪关”的深沉与“长城好汉”的诙谐相得益彰。“寂寞英雄”的沉思挥洒在“笑傲江山”之飒爽、“壮哉长城”的雄壮之间。正是这种静与动的有机结合，赋予“无标题性质”的乐曲以戏剧性。此外，管弦乐队、钢琴、人声、二胡、琵琶、笛子、马头琴以及其他特性乐器的配合，成就了作品音色的丰富多元、风格的变化莫测。将不同地域、不同时代、不同类型的音乐素材融于一部作品，则是我国多元文化和谐共存的最佳写照。作曲家以长城绵延万里的特性为美学基准，构筑出“纵横驰骋于时间和空间的音响画面”，实现音乐的“一带一路”，更加体现了“一带一路”文化发展的基本原则：开放包容、交融互鉴、创新发展，立足本国实际的同时，统摄和观照全局，求同存异、兼容并蓄、和平共处、共生共荣。长城内外的沧桑变化是中华民族历史的诗篇，如同作曲家所言，“长城是关隘，是防线”也是“纽带”，在全球化进程中打破壁垒、保持个性，这是当下各个国家和地区文化发展的重要议题。

值得一提的是，钢琴家谭小棠、男高音石倚洁、女高音王威的倾力表演为本次演出增色不少。特别是此前就参与了叶小纲先生《咏·别》《临安七部》等多部作品并保持了长久合作关系的石倚洁，他在音量的控制、与乐队的音色配合上十分出色，其中文吐字之清晰可谓是当今中国歌坛的典范。此外，国家交响乐团还在“一带一路”音乐季闭幕音乐会的上半场为大众献上了俄罗斯作曲家里姆斯基·科萨科夫的交响组曲《一千零一夜》。这部作品创作于1888年，是最早涉及“一带一路”的大型交响作品，四个乐章都充斥着浓烈的中亚和中东风情。

一个多世纪以前的《一千零一夜》与今天的《长城》如同丝绸之路一般，展示、串联、融会了不同文明，突破了地域隔阂，用艺术语言继续书写历史，这也是本次“一带一路国际音乐季”的目标所在。“一带一路”旨在借用古代丝绸之路的历史符号，与沿线国家打造政治互信、经济融合、文化包容的命运共同体。“一带一路”的实践，不仅需要实体经济的支撑，更需要文化传承和智力支持，这需要从历史文化遗产的视角推进现代国家之间的互利合作。本次“‘一带一路’国际音乐季”就是用音乐编织的“丝路”，用文化构建的“交响”。

朱依依　深圳大学艺术学部音乐舞蹈学院讲师

原载《人民音乐》2017年第7期

“一带一路”音乐教育联盟成立大会

【概况】

2017 年 5 月 5 日至 7 日，为配合国家“一带一路”倡议，强化对“一带一路”沿线国家音乐和音乐教育的研究，加强与这些国家音乐教育机构的深度交流，“一带一路”音乐教育联盟成立大会——暨音乐学术研讨与展演于中央音乐学院举行。15 个国家的音乐学院院长、音乐学者、演奏家以及中国 11 所音乐学院院长和音乐学者、演奏家参会。

该次大会由 4 场院长论坛、4 场学术研讨会、5 场 11 个国家参与的音乐展演、9 个国家参与的音乐工作坊以及“一带一路”乐器展等活动组成。

中央音乐学院院长俞峰、上海音乐学院院长林在勇、中国音乐学院院长王黎光、天津音乐学院院长徐昌俊、武汉音乐学院院长胡志平、西安音乐学院院长王真、四川音乐学院院长林戈尔、沈阳音乐学院院长刘辉、星海音乐学院院长蔡乔中、新疆艺术学院院长塔来提·吐尔地、福建师范大学音乐学院院长王州；“一带一路”沿线国家：印度尼西亚梭罗艺术学院院长罗查纳·卡尔·洪，罗马尼亚布加勒斯特国立音乐大学院长戴安娜 – 阿斯内夫塔·莫斯，匈牙利李斯特音乐学院柯达伊研究所所长拉兹洛·诺尔贝特·内梅慈，吉尔吉斯斯坦国立音乐学院院长木拉贝克·本加列夫，斯洛文尼亚音乐学院院长安德列·格拉菲纳尔，乌兹别克斯坦音乐学院院长道尼尔·内马拖夫·尤诺斯维齐，印度冈德尔瓦·玛哈维蒂耶音乐学院院长马杜泼·姆达尔，哈萨克斯坦朱根诺夫国立音乐学院院长毕彼格·奴斯泼扎纳瓦，国立土耳其音乐学院院长阿南·克齐，孟加拉达卡大学副院长卡米尔·乌丁，爱沙尼亚国立表演艺术学院院长毕波·拉斯曼，越南国家音乐学院院长黎英俊，塔吉克斯坦国立音乐学院院长阿兹兹·法罗卡特等出席院长论坛并分别就音乐教育、民族音乐的相关话题展开研讨。

音乐展演包含新疆木卡姆专场音乐会，“从声音中寻觅历史”——乌兹别克斯坦、塔吉克斯坦、阿塞拜疆、吉尔吉斯斯坦、伊朗五国传统音乐专场，“从草原走向海洋”——哈萨克斯坦、越南、泰国、印度、孟加拉音乐专场等。

中央音乐学院于 2014 年设立了“丝绸之路音乐考察、研究与创作”科研课题，并在教育部国际司的直接指导下于 2016 年成立了“一带一路”音乐交流发展研究中心，该次大会就是这些学术活动的进一步延伸，是落实教育部《推进共建“一带一路”教育行动》的具体举措。会议以“一带一路”的概念为基础，以音乐文化交流为契机，建立沟通的渠道，促进“一带一路”沿线国家的音乐创作与表演发展；加强“一带一路”沿线国家音乐学院和机构之间的教学合作，为未来在音乐学院之间进行互派音乐老师和学生交换奠定基础；进一步加速对“一带一路”沿线音乐的研究。

【述评】“一带一路”音乐教育联盟成立大会回顾与展望

◎ 张伯瑜　刘红柱　赵海

2017 年 5 月 5 日至 7 日，在中华人民共和国教育部国际合作与交流司的支持下，中央音乐学院成功举办了“一带一路”音乐教育联盟成立大会——暨音乐学术研讨与展演活动。来自印度尼西亚、罗马尼亚、匈牙利、吉尔吉斯斯坦、斯洛文尼亚、乌兹别克斯坦、印度、哈萨克斯坦、土耳其、孟加拉国、爱沙尼亚、越南、塔吉克斯坦、泰国、伊朗共 15 个“一带一路”沿线国家音乐院校的院长、学者和音乐家共计62人，与来自中国各音乐学院的院长和学者36人参加了此次大会。参加会议的还有来自全国各地的青年音乐学者80余人以及特邀嘉宾。参会人数共计200余人。

此次会议是为了落实教育部《推进共建“一带一路”教育行动》的文件精神，配合国家“一带一路”倡议而举办的。“一带一路”是中国政府所倡议的促进共同发展、实现共同繁荣的合作共赢之路，是增进理解与信任、加强全方位交流的和平之路。

中央音乐学院于2014年设立了“丝绸之路音乐考察、研究与创作”科研课题，并展开了如下工作：2014年完成了中国境内的丝绸之路音乐考察；2015年访问了伊朗德黑兰大学；2016年10月，访问了哈萨克斯坦、吉尔吉斯斯坦及塔吉克斯坦音乐学院，并考察了这些国家的音乐。课题组成员还发表论文四篇，完成了敦煌音乐图像志的编撰，创作室内乐作品六部，管弦乐作品五部。并于2015年1月8日在中央音乐学院音乐厅成功举办了“丝绸之路”新作品音乐会。2017年3月30日在北京音乐厅举办了五部管弦乐作品的公演。

2016年底，教育部国际司领导来中央音乐学院考察，并建议中央音乐学院成立“一带一路”音乐交流发展研究中心。该中心成立后的第一项工作便是召开“一带一路”音乐教育联盟成立大会。

2017年5月5日，在中央音乐学院歌剧音乐厅隆重举行的开幕式上，教育部国际合作与交流司司长许涛、中央音乐学院党委书记郭淑兰为大会致辞。许涛指出，2016年教育部印发了《推进共建“一带一路”教育行动》，明确了教育要为“一带一路”建设的“五通”（政策沟通、道路联通、贸易畅通、货币流通、民心相通）提供两方面的支撑：一是促进民心相通，二是提供人才支撑。音乐教育在“促进民心相通，提供人才支撑”方面具有独特优势和重要价值。“一带一路”音乐教育联盟成立大会，就是要在音乐的领域促进交流，促进发展，促进相互理解，在不同的音乐文化间搭建起相互沟通的桥梁。教育部将继续支持音乐教育联盟的发展，助推“一带一路”沿线国家的音乐创作与表演，促进各音乐学院和机构间的教学合作，助力联盟加速对“一带一路”沿线国家的音乐研究。

郭淑兰也在致辞中强调，民心相通是基础，音乐艺术和教育在“一带一路”建设中具有独特的作用，对各国的国家富强、民族繁荣、人民幸福具有基础性和先导性作用。这次会议汇聚各方力量，为推动区域教育开放、交流、融合提供一个大契机，搭建一个大舞台，建立一个可持续的长效交流合作机制。

中央音乐学院院长俞峰和国际传统音乐学会（ICTM）秘书长斯文尼博·帕顿先生作大会主旨发言。俞峰院长以“‘一带一路’沿线国家音乐教育的独特性和合作前景”为题发言，指出，目前我们面临着现代化、全球化带来的巨大挑战，一系列问题的解决需要大家共同的智慧。通过“一带一路”音乐教育联盟为我们各自学校的发展寻找未来的光明之路，也为我们的学生寻找未来的光明之路。为此，俞峰院长倡议：以音乐文化交流为契机，建立丝路各国之间的沟通渠道，由丝路国家的音乐学院或音乐机构轮流举办“丝绸之路”国际音乐论坛。斯文尼博·帕顿就丝绸之路概念下的跨文化音乐交流的意义，以及国际传统音乐学会（ICTM）在此方面发挥的作用进行了阐释。

本次大会围绕七个板块进行，共举办了4场中外院长论坛、4场学术研讨会、6场音乐会、8个音乐工作坊，以及“一带一路”乐器展、“一带一路”图书音像制品展览、中外音乐学院院长工作会议等，共计29项活动，精彩纷呈。

在由中央音乐学院优秀音乐家组成的开幕式音乐会上，中央音乐学院院长俞峰亲自指挥新近成立不到两个月的中央音乐学院交响乐团，并携手中央音乐学院民族管弦乐团、琥珀四重奏、院弹拨乐团，以及张立萍、于红梅、章红艳教授等，向与会各国嘉宾奉献了一场精彩绝伦的音乐盛宴，充分展示了中国最高音乐学府的专业音乐教育水平，受到700名各国代表和中国观众的热烈欢迎、高度赞赏。

乌兹别克斯坦、阿塞拜疆、吉尔吉斯斯坦、塔吉克斯坦、伊朗五国音乐家参加了《从声音中寻觅历史》的演出，这场长达4个小时的音乐会充分展示了各个国家木卡姆音乐的特色和传统音乐的精华，大部分音乐作品甚至乐器都是第一次在中国展示，令有机会近距离接触中亚、西亚国家的音乐生活风貌的观众大开眼界。而由哈萨克斯坦、越南、泰国、印度和孟加拉国艺术家演出的《从草原走向海洋》音乐会，则把我们带入另一个美妙的音响和视觉世界。来自我国新疆艺术学院的艺术家们还演出了丰富多彩的新疆木卡姆专场音乐会。

在中外院长论坛上，来自国内外23所音乐学院的院长分别就“传统音乐遗产与当代音乐教育”“音乐学院及音乐人才培养模式”“丝绸之路与传统音乐”“国际交流与未来发展”等论题展开研讨。上述国家的27位中外学者在学术研讨会上探讨了“丝绸之路与音乐传播”“木卡姆音乐与历史视角”“音乐文化遗产的延续与传播”“乐种与教学研究”等论题。

大会期间举行了“一带一路”音乐教育联盟成立签署仪式，来自沿线11个国家和中国的9所音乐学院的20位院长在联盟宣言上签了字。中央音乐学院还与哈萨克斯坦朱根诺夫艺术学院举行了合作交流协议的签约仪式。此外，还举行了“一带一路主题乐器展”，将已有的中国乐器和此次会议上各国代表团赠送给中央音乐学院的乐器（共计17件）在音乐博物馆中进行陈列，展现了“一带一路”在历史上的音乐交流成果；“一带一路”沿线国家赠书仪式是由来自15个国家的代表向中央音乐学院图书馆赠送书籍和音乐光盘，共计70余册（盘），中央音乐学院出版社为这些代表赠送了该社出版的英文著作《中国民族器乐》和《音乐探索》。会议期间所举行的中国和阿塞拜疆建交25周年纪念音乐会，是由中央音乐学院和阿塞拜疆驻华大使馆联合举办的，演奏了阿塞拜疆的传统和现代音乐。

此次活动不仅得到了社会各界的广泛关注和高度赞扬，也得到参加“一带一路”音乐教育联盟大会的各国音乐学院院长、音乐学者及音乐家的高度赞誉。他们非常感谢主办方为他们提供的这次访问、交流和展示的机会，并希望今后加强联系和沟通，在不久的将来再次相聚。

这次活动的所有音乐会都由中央电视台戏曲和音乐频道全程录制，同时通过学校的视频直播网站和客户端向全国直播。新华通讯社，《光明日报》《中国日报》《中国教育报》《中国艺术报》《中国文化报》《人民音乐》《音乐生活报》《北京晨报》《北京青年报》《信报》，北京电视台，新浪网、中国网、搜狐网、优酷等媒体都对此进行了报道，在社会上引起广泛反响。

“一带一路”音乐教育联盟的成立及本次大会召开的意义在于：其一，建立丝路各国之间的沟通渠道，促进“一带一路”沿线国家的音乐创作与表演；其二，加强了“一带一路”沿线国家音乐学院和机构之间的教学和研究合作，为未来进行师生互派和交换奠定了基础，为音乐学者之间的合作研究提供了新的可能性；其三，本次会议中丰富多彩的交流活动不仅传播了中国音乐文化，让世界认识中国，而且“一带一路”音乐教育联盟的成立，更让我们能够通过学术考察、交流与研究，重新认识世界，特别是丝路沿线国家独特的音乐文化，优秀的作曲家和音乐作品，塑造出中外音乐互通、互融的新的国际交流空间和方式、方法，增进了丝路沿线国家与人民间的相互了解和认识。

张伯瑜　中央音乐学院出版社社长、博士生导师
刘红柱　中央音乐学院外事办公室
赵海　中央音乐学院院长办公室
原载《中央音乐学院学报》2017年第2期

世界音乐周2017——“一带一路”沿线国家音乐国际研讨会

【概况】

2017年11月25日至28日，世界音乐周2017——“一带一路”沿线国家音乐国际研讨会暨青少年世界音乐教育交流展示活动在中央音乐学院和中国宋庆龄青少年科技文化交流中心举行。11月25日，世界音乐周2017开幕式音乐会于中央音乐学院音乐厅举行，并以此标志着11月25日至28日为期四天的学术与音乐会活动拉开帷幕。

本次世界音乐周以“一带一路”沿线国家音乐国际研讨会暨青少年世界音乐教育交流展示活动为主旨，重点关注青少年群体中的传统音乐传承与世界音乐教育，涉及内容主要为“一带一路”沿线国家的音乐教育、教学理论、实践研究及一系列相关活动等。本届音乐周是中央音乐学院与中国宋庆龄青少年科技文化交流中心第一次合作举行国际性的音乐交流活动，是双方发挥优势共同举办的有益尝试。

【述评】丝路回响——“世界音乐周2017”综述

◎ 韩旭

“世界音乐周”是中央音乐学院创立的一个高水平的世界音乐研究和文化交流的学术活动品牌，本次是第九届。为了积极响应党的十九大报告中提出的“积极促进‘一带一路’国际合作”和“青年兴则国家兴，青年强则国家强”，重点关注“一带一路”沿线国家音乐教学的研究与交流对中国广大青少年国际视野和多元文化观的培养。“世界音乐周2017”（以下简称音乐周）由中央音乐学院音乐学系、中国宋庆龄青少年科技文化交流中心艺术中心、中央音乐学院国际交流处承办，中国音乐家协会世界民族音乐学会、中国世界民族音乐教学研究会协办。这也是中央音乐学院首次走出校园，与外单位联合主办的音乐周。

音乐周邀请了来自哈萨克斯坦、伊朗、格鲁吉亚、印度、印度尼西亚、加拿大、德国和中国的音乐家、学者、音乐表演团体，共举行5场音乐会、11场讲座、1场专题研讨会，内容丰富多彩、精彩纷呈。前来观摩的观众众多，包括来自全国各大音乐学院、北京大学等近四十所音乐学科师生和非音乐专业人士，以及东方歌舞团等专业团体。活动也吸引了媒体方面的关注：中央电视台音乐频道的《今乐坛》栏目分别在12月4日和18日进行全面报道；《人民音乐》期刊使用封三整版进行深度介绍。此外，在光明网、搜狐网、新华网、今日中国及环球网和中央音乐学院官网、中国宋庆龄青少年科技文化交流中心网站等都有相关新闻报道及活动内容介绍。这使原本只在中央音乐学院校园面向高校学生举办的活动，拓宽到整个社会的多个领域，面向更广泛的观众群体，实践了中央音乐学院作为“双一流”高校学科建设的“音乐艺术为人民服务，为社会服务”的宗旨。以下从三个方面对本届音乐周进行综述。

一、丝路之音

1. 开幕式音乐会。11月25日晚在中央音乐学院音乐厅举行的开幕式音乐会拉开了音乐周的帷幕。开幕仪式上，本次音乐周出品人、中央音乐学院院长俞峰教授和音乐周副主席、中国宋庆龄青少年科技文化交流中心副主任苏洪涛分别致辞，音乐周策划人、艺术总监、中央音乐学院音乐学系系主任安平教授主持。开幕式音乐会节目包括印度尼西亚“佳美兰”音乐与舞蹈，印度塔布拉鼓独奏、与吉他二重奏以及二胡合奏组曲，印度传统婆罗多歌舞，伊朗传统民歌与器乐曲以及唐代雅乐等，分别由中央音乐学院世界音乐实践课程的师生与印度尼西亚籍音乐舞蹈教师、印度籍音乐教师，伊朗加瓦（Javan）乐团，中国唐代雅乐复原组带来。这场音乐会是中央音乐学院近些年来“世界音乐”课程以及与“一带一路”沿线国家深度音乐文化交流成果的集中体现。音乐会按照不同国家的表演习俗和程序进行，既有原汁原味的传统音乐舞蹈表演，又有新创作的具有跨文化特性的融合乐曲，充分展现了“文化尊重—文化理解—文化融合”的跨文化教育与传播的理念和思想，让中国观众更加直观和深入地理解不同音乐文化与价值。

2. 音乐无界大爱无疆“萨伊交响乐之旅”——印度赋寻音乐会。11 月 26 日晚，在中央音乐学院演奏厅举行的印度专场音乐会的主要内容是印度“赋寻”（fusion）音乐。这场音乐会的曲目以德国作曲家赫汀（Mike Herting）创作的印度赋寻交响乐《萨伊交响曲》中印度音乐部分的表演和印度古典音乐拉格的即兴表演为主，每一位演奏家都是当今印度著名音乐大师。其中，印度笛子演奏家 Shashank 炉火纯青的演奏技术以及印度笛神秘而美妙的音色，印度滑奏吉他演奏家巴塔查里亚（Debashish Bhatta-charya）在吉他乐器上独有的东西方融合创新，南印度 70 岁高龄的演奏家马尼（Guru Karaikudi Mani）的“木里丹珈”双面鼓和其弟子、演奏家阿姆里特（Amrit）的“坎吉拉”单面鼓之间的默契对话，“格莱美”音乐奖获奖者、北印度“塔布拉”鼓演奏家 Sai Shravanam 的精彩演奏中复杂多变的节奏节拍等，都给观众留下了深刻的印象。曲作者赫汀也亲临现场，解读了自己的创作思路和技法，并通过钢琴与印度音乐家们共同演绎了一曲曲“赋寻”音乐，展现了东西方文化以及传统与现代相结合的美妙。《萨伊交响曲》表达了印度哲人萨伊（Sathya Sai Baba）大师所提倡的人类之爱，其音乐从本质上实现了跨文化解读以及与交响乐的无缝融合，用精彩表演和充满爱的音乐传递着人类的大爱，彰显了东西方相互融合和沟通的意义。

3. 美丽的多声世界——格鲁吉亚合唱音乐会。音乐周在 11 月 27 日下午在中央音乐学院演奏厅迎来了格鲁吉亚最著名的复调合唱团“Basiani”。该团一直致力于复兴和推广格鲁吉亚传统复调音乐，多次在本国、世界各地以及著名的音乐节进行演出，2013 年被授予“格鲁吉亚国家民歌合唱团”称号，成为世界上屈指可数的格鲁吉亚复调音乐演出团。本场音乐会主要展示格鲁吉亚丰富多彩的民间合唱音乐的主要类型和风格，其中既有传统多声部的歌曲，也有乡村音乐改编的歌曲，还包含一些舞蹈风格歌曲；既有节奏感强的劳动歌曲，也有抒情的爱情歌曲以及纯净的宗教歌曲等。高亢、强烈、响亮、变幻莫测的音色是其合唱的主要特色，这在被誉为格鲁吉亚民谣之冠的查库洛（Chakrulo）歌曲中，得到了淋漓尽致的体现。此外，格鲁吉亚的约德尔唱法也十分丰富多彩，技法高超；斯特拉文斯基曾在听到格鲁吉亚民间合唱之后称赞其为他听到过的世界上最美的多声部和声。在此次音乐周中，观众能聆听到这纯净的天籁之音，是一种莫大的精神享受。

4. 丝路音缘——伊朗与哈萨克斯坦音乐会。11 月 27 日晚，伊朗加瓦（Javan）乐团与哈萨克斯坦 Has Sak 乐团在中国宋庆龄青少年科技文化交流中心未来剧院的联袂演出，是音乐周举行的又一场精彩音乐会。该场音乐会的参演乐团，均来自陆上丝绸之路沿线的重要国家，他们用音乐来展示由此结下的“缘”。上半场加瓦乐团演奏的伊朗民歌《令人愉悦的春天》、民间舞曲等伊朗传统民间音乐，古老而神秘，既让观众感受到古代波斯音乐的历史感，同时又展现了传统音乐的变化；下半场 Has Sak 乐团演奏的乐曲《登高》《风山》《母亲的心》等，热情而奔放，没有添加任何流行音乐的乐器，完全用原生态的传统的乐器和唱法演绎和创造出一种全新的音乐音响风格，实现了哈萨克斯坦传统音乐与现代音乐的结合。上下半场的演出，相得益彰。用总策划安平教授的话来说：“是丝绸之路音乐的缘把人类过去和现在，把西亚和中亚紧密地联系在一起。”

5. 一路同行——闭幕式音乐会。11 月 28 晚，音乐周闭幕音乐会在中国宋庆龄青少年科技文化交流中心未来剧院完美收官。中央音乐学院党委书记赵旻和中国宋庆龄青少年科技文化交流中心主任郭新保发表闭幕式致辞。闭幕音乐会充分体现了“一带一路”的特色和对青少年世界音乐教育及交流的关注。指挥家陈冰带领的中央音乐学院少年合唱团分别采用汉语、英语以及马来语演唱歌曲，来自格鲁吉亚、哈萨克斯坦和伊朗的三支外国团体带来的合唱与乐器合奏，中国宋庆龄青少年科技文化交流中心和平天使民乐团表演的合奏，中央音乐学院附中民族管弦乐团的演奏及与著名竹笛演奏家戴亚的合奏曲《空中花园》等，无一不具有浓厚丝绸之路风格特征和精神。整场音乐会是一次中国音乐与世界其他民族音乐的深度交流和对话。

二、丝路之语

如果说音乐周的音乐会展演为世界音乐文化与中国文化的交流提供了一个大舞台的话，那么其讲座、工作坊和研讨会则是对世界音乐进行深度解读的课堂。本次音乐周更加注重音乐解读的实效性，更多以工作坊的形式呈现，即讲解的同时穿插实践表演和学习互动，让专家、台下的学生及观众、各国音乐家及其手中的乐器近距离接触，直接感受世界音乐的魅力。

音乐周共举办丝绸之路沿线国家专题音乐讲座（工作坊）4 场，其特征是均由外国音乐家以局内人的身份通过乐器演奏或演唱示范，详细地对自身音乐文化进行解读，与观众分享其对音乐的美妙感知，以深入地理解各自文化价值和意义。首先是 11 月 25 日举办的“天竺之节奏魅力——印度音乐工作坊”。印度音乐家萨利特・达斯（Sarit Das）教授结合印度塔布拉鼓的节奏语言的表演，围绕“我是谁”“一个印度人在中国”“我的梦想”三个主题进行由浅入深、生动活泼的讲解。在与中国学生的吉他即兴合奏时，他说：“音乐是世界性的语言，每个艺术家都可以通过他或她的乐器和音乐了解他人的情感或感受，我们可以用吉他和塔布拉说话。就像两个朋友可以不停歇地交流，永远不结束思绪和主题，通过旋律和节拍的语言，我们可以达到相互尊重彼此的感觉和情绪。”11 月 26 日举行的“多声世界如此美丽——格鲁吉亚音乐工作坊”，解读了格鲁吉亚民间合唱与其自然环境与人文环境特别是宗教环境的关系，展现了一幅幅美丽的民族音乐景观图；“传统音乐带我飞翔——哈萨克斯坦讲座工作坊”则向青少年学生讲述了来自哈萨克斯坦的这个年轻学生乐团，如何通过深入学习和挖掘传统音乐文化走向世界舞台的故事，引起了在场学生对传统文化与个人或集体音乐梦想之间关系的深刻思考。11 月 27 日举行的“伊朗传统音乐的声乐与乐器——伊朗音乐工作坊”，则揭开了波斯音乐神秘的面纱，使大家对从波斯到今天的伊朗乐器桑图尔、奈伊、通巴鼓、塔尔琴和伊朗传统声乐文化有了直观的感受和认识。

国内专家的 5 场专题讲座同样精彩纷呈：11 月 25 日，由徐戈及唐代礼乐复原组全体成员带来的“梦回唐乐——中国唐代雅乐工作坊”，通过对唐代礼乐的示范表演和解读，让我们看到了中国年轻人对自己的传统音乐文化的重视和复兴传统音乐文化的梦想。11 月 27 日，由中央音乐学院张伯瑜教授讲解的“‘一带一路’音乐资源及其意义”，提出和回答了“怎样从音乐角度来审视丝绸之路”的问题，并且站在学术的高度阐述了音乐视域下研究丝绸之路音乐的四个方向以及丝绸之路音乐研究的意义，为丝绸之路沿线音乐的研究者和学习者提供了宝贵的经验与方法，具有启迪之功效；沈阳音乐学院冯志莲教授的“满族太平鼓祭祖仪式音乐研究——以辽宁岫岩满族自治县为例”讲座与工作坊，通过随行非遗传承人的满族太平鼓祭祖中仪式音乐的现场示范展示，解读了其用乐布局、音乐特征、曲调个性等方面的特色。11 月 28 日，福建师范大学王州教授的讲座以“泉州南音的海外传播样式”为题，让大家对海上丝绸之路的中国起点之一——南方的泉州南音的两种海外传播方式，即扎根式传播（东南亚各国）和流动式传播（欧洲）有了进一步深入的了解。11 月 28 日，中央音乐学院作曲系李滨扬教授的“音乐创作思维中的‘空中花园’”讲座与工作坊，通过解读自己创作的竹笛与大型管弦乐队作品《空中花园》的亲身体验，结合中国竹笛青年演奏家冯天石的现场示范表演，讲述了多元文化观在其音乐创作中的重要性和必要性，使现场的师生领悟到了人类文化的浩瀚和世界音乐的作用与意义。

除上述丝绸之路国内外音乐专家讲座（工作坊）之外，音乐周的另外一个亮点是对应用民族音乐学的关注。活动特别邀请了2017《中国新歌声》中刘欢战队的亚军、华裔旅加歌手子子，与她的父亲、加拿大民族音乐学家雨苇（Randy）教授为中国的观众举办讲座和工作坊。子子的讲座“世界音乐伴我成长”，通过自身所处的多元社会和家庭生长环境，讲述了世界音乐对她产生的深厚影响。她期望通过自己的努力，将中国人的审美观、表达方式与情感，融入流行音乐之中，展现在世界舞台。雨苇教授的讲座“跟着乐器走遍天下——我们为什么要学习世界音乐”，通过亲自演奏俄罗斯、印度尼西亚、印度、埃及、日本、马来西亚、美国、越南、中国、泰国等10个国家的11件乐器，让大家跟随他的音乐和思路在世界音乐百花园中尽情地享受不同文化的美。雨苇教授认为：“每件乐器都有自己的声音、自己的美”，“每件乐器都有自己的个性”，而所谓的传统乐器现代化并不是“变得更好”，而是“变得不同”。讲座的尾声，在回答主持人安平教授提出的问题“世界音乐给你带来了什么”时，雨苇教授回答道：“世界音乐就是我的生命，她带给我全部的我的生活”，给在场师生以极大的启迪。

三、丝路之约

11月28日，音乐周以“青少年世界音乐教学”为题，举行了一场专题研讨会。会议由中央音乐学院教授、中国音乐家协会世界民族音乐研究会会长陈自明主持。参会人员从不同的角度发表对本次音乐周的音乐会与讲座的感想和认识，认为音乐周不仅为我国的音乐学者提供了一个良好的交流与学习研究世界音乐的平台，落实到青少年教育中，也是我国音乐教育体系对“多元文化”教育的一项重要实践；希望中央音乐学院“世界音乐周”进一步致力于教学平台的搭建、教学资源的共同开发与利用，帮助解决全国世界民族音乐课程教学过程中所面临的困难，推动新时代世界音乐研究与时俱进、更加落地，解决当代音乐教育中的实际问题。本次音乐周艺术总监安平教授做总结性发言，他认为，“世界音乐周”活动不仅为中央音乐学院的世界音乐专业教学与研究提供了大量的资源和机会，同时对当今世界的多元文化的音乐发展意义重大，特别是为“一带一路”沿线国家音乐文化国际交流做出了贡献。他希望音乐周将来能够坚持走出校园，寻求更多的合作伙伴，吸引更多的参与者，未来的音乐周不再只是一系列世界民族音乐专家们的工作坊、音乐会以及学术研讨，而是举办得更加全面，更加具有交互性——中央音乐学院世界音乐周将会成为我国音乐工作者和爱好者们了解世界音乐文化的最重要的窗口，成为不同国家世界音乐教育之间交流和展示的平台。

我们正处于一个多元文化共存与融合的时代，我们需要与世界各国各民族的传统文化、艺术进行交流与对话，相互尊重、和谐共存，“不仅要‘各美其美’，也要‘美人之美’”，我们只有真正做到“文化多元化”，才能使我国的文化艺术在健康、良好的环境下发展。正如中央音乐学院俞峰院长为本届音乐周的题词：“了解他人，才能真正了解自我；理解世界，才能更好理解中国。”

韩旭　中央音乐学院音乐系在读

原载《中央音乐学院学报》2018年第1期

中国民族歌剧传承发展工程

【文化部办公厅关于开展重点民族歌剧创作扶持工作的通知】(节选)

民族歌剧是我国歌剧艺术的重要组成部分。多年来,广大艺术工作者坚持"二为"方向和"双百"方针,将歌剧这一外来艺术样式与民族传统文化紧密结合,创作演出了《白毛女》《小二黑结婚》《洪湖赤卫队》《江姐》《党的女儿》等一大批经典民族歌剧作品,推动了歌剧艺术的民族化进程,形成了中国民族歌剧的优良传统,为培育和弘扬社会主义核心价值观,丰富人民群众日益增长的精神文化生活发挥了重要作用。

为贯彻落实党的十八大和十八届三中、四中、五中、六中全会精神,贯彻落实习近平总书记在文艺工作座谈会和中国文联十大、中国作协九大开幕式上的重要讲话精神,贯彻落实《中共中央关于繁荣发展社会主义文艺的意见》,促进中国民族歌剧的传承发展,文化部从2017年开始实施"中国民族歌剧传承发展工程",对民族歌剧的创作生产、普及推广、人才培养、理论研究等进行扶持。

扶持原则

坚持"二为"方向和"双百"方针,坚持以人民为中心的创作导向,培育和弘扬社会主义核心价值观,继承发扬中国民族歌剧优良传统,坚守民族文化本体,推动创作生产更多反映民族精神、时代精神和现实生活,具有中国精神、中国风格、中国气派,为广大人民群众喜闻乐见的优秀民族歌剧作品,促进民族歌剧艺术繁荣发展。

扶持条件

1. 申报剧目应为2015年至2019年已创排或计划创排的中国民族歌剧(含新创剧目和复排经典民族歌剧剧目)。已列入文化部"国家舞台艺术精品创作扶持工程""西部及少数民族地区艺术创作提升计划"的剧目,不再重复申报。

2. 申报剧目已列入本省(区、市)重点剧目创作规划,并得到省级文化行政部门和所在地文化部门的支持和保障。

3. 聚焦中国梦主题,反映民族精神、时代精神和现实生活,歌唱祖国、礼赞英雄,培育和弘扬社会主义核心价值观,唱响爱国主义主旋律。

4. 传承和弘扬中华优秀传统文化,坚守民族文化本体,汲取中国戏曲、民歌等传统艺术营养,同时,坚持洋为中用,学习和借鉴西方歌剧在创作、演出等方面的成功经验。

5. 思想性、艺术性相统一,为广大人民群众喜闻乐见,具有较强的艺术表现力和感染力。

评审和扶持方式

1. 文化部将组织民族歌剧领域的专家,对申报剧目进行遴选。入选剧目将列入文化部重点扶持民族歌剧项目。

2. 对于列入项目的剧目,文化部将组织专家,从选题论证、剧本研讨、创作排演、加工打磨等多个环节进行跟踪指导,以突出民族歌剧特色,提升艺术质量。

3. 文化部将依托全国优秀民族歌剧展演、中国歌剧节等平台,对入选剧目进行集中展示推广。

文化部办公厅
2017年2月6日

【“中国民族歌剧传承发展工程”指导委员会成立会议】

2017 年 5 月 9 日，由文化部主办的中国民族歌剧创作座谈会暨“中国民族歌剧传承发展工程”指导委员会成立会议在北京举行。

“中国民族歌剧传承发展工程”指导委员会的主要职责是指导工程顺利实施，坚持中国民族歌剧的正确创作方向，大力推动民族歌剧的继承创新、剧目创作、人才培养、理论研究和宣传推广。

领导在座谈会讲话中强调，要深入学习、全面领会习近平总书记的重要讲话精神，坚定文化自信，继承发扬中国民族歌剧优良传统，谱写中华民族新史诗。要坚持以人民为中心的创作导向，把满足中国人民精神文化需求作为出发点和落脚点，把群众喜不喜欢、满不满意、认不认可作为作品成功与否的评判标准，歌唱祖国、礼赞英雄、关注现实、加强原创，以思想精深、艺术精湛、制作精良的优秀作品，反映中国共产党和新中国走过的波澜壮阔的光辉历程，反映社会主义建设的伟大成就和人民群众的伟大实践，反映中国人民丰富多彩的现实生活，彰显中国精神、中国特色、中国风格、中国气派。要传承中华优秀传统文化，向中国戏曲、中国民族民间音乐学习；正确处理好民族歌剧与西方歌剧的关系，坚持以我为主、交流互鉴、取长补短、择善而从；坚持继承创新，体现时代特色，反映当代观众的审美需求。

领导指出，传承发展中国民族歌剧是一项长期的系统工程。要加强组织领导，充分发挥“中国民族歌剧传承发展工程”指导委员会的作用，制订民族歌剧创作规划、年度计划和人才培养计划，扶持重点民族歌剧创作和经典民族歌剧复排，加大对民族歌剧创作的投入和保障力度，充分调动广大歌剧艺术工作者的创作热情和创造活力，群策群力，共同推动中国民族歌剧事业迈上新台阶，实现新跨越。

领导就贯彻落实会议精神提出了三点要求：一是要抓好学习传达，引导广大歌剧艺术工作者充分认识繁荣发展民族歌剧的重要意义，坚定信心，凝聚共识，形成合力；二是抓好贯彻落实，把民族歌剧创作生产作为重点任务，营造良好创作环境；三是抓好创作生产，推出一批思想精深、艺术精湛、制作精良的优秀民族歌剧作品，努力谱写中华民族新史诗。

乔佩娟、郭兰英、羊鸣、仲呈祥、居其宏、黄奇石、关峡、王晓岭、黄定山 9 位专家、艺术家代表在座谈会上发言。“中国民族歌剧传承发展工程”指导委员会委员，文化部艺术司负责同志，专家、艺术家代表，部分地方文化厅（局）负责人，中直院团、国家大剧院、高等艺术学校和地方艺术院团负责人共 70 余人参加座谈会。

【座谈】中国民族歌剧创作座谈会专家、艺术家发言摘编

乔佩娟（解放军艺术学院原政委）：文化部在 2015 年组织复排歌剧《白毛女》、2016 年支持复排歌剧《小二黑结婚》后，2017 年专门设立“中国民族歌剧传承发展工程”，成立工程指导委员会，同时计划举办全国优秀民族歌剧展演、第三届中国歌剧节等活动，从中大家能感受到政府对于推动中国民族歌剧繁荣发展的坚定决心。这是贯彻落实习近平总书记在文艺工作座谈会和中国文联十大、中国作协九大开幕式上的重要讲话精神的具体举措，为中国民族歌剧在新的历史阶段繁荣发展提供了难得的机遇。

自诞生之日起，中国民族歌剧用人民群众喜闻乐见的形式，反映人民群众的生活，讴歌真善美的情感，在团结人民、引导群众方面发挥了不可替代的历史作用，在社会主义文艺发展历程中绽放着永恒的艺术魅力。今天，在实现中华民族伟大复兴的新征程中，我们应该高度重视中国民族歌剧在文艺创作中的重要地位，继承和发扬老一辈民族歌剧人的优良传统，结合新的时代发展需要，勇于创新，与时俱进，创作出更多优秀的中国民族歌剧新作，满足人民群众的精神文化需要。

回想我们的老一辈艺术家，他们始终将“人民性”放在首位。1950 年，以张庚、马可同志为首的

“鲁艺”艺术家们建立了中央戏剧学院歌剧系，目标是创造一种“表现力强、表现方法丰富，既为老百姓喜闻乐见，艺术上又比较精致的，具有中国气派的新歌剧”。作为第一届歌剧系的本科学员，我们既要学习理论课程，又要学唱地方戏、民歌，向李桂云学习河北梆子《孔雀东南飞》，向小白玉霜学习评剧《王少安赶船》，向白云生和韩世昌学习昆曲《思凡》，向郭兰英学习民歌……还要下农村体验生活。在生活和艺术的双重滋养下，我们的毕业作品《小二黑结婚》大获成功，寻找到了新歌剧表现新人物、新生活的路径，成为中国民族歌剧继《白毛女》之后的又一次艺术再发展。

“深入生活、扎根人民”，必须“深”得下去，“扎”得彻底。习近平总书记指出，文艺创作方法有一百条、一千条，但最根本、最关键、最牢靠的办法是扎根人民、扎根生活。这种踏实的创作态度，不仅是70年前《白毛女》从“小鲁艺”走向“大鲁艺”的根本动力，同样也是今天的文艺工作者突破小圈子、融入人民群众火热生活中去的重要法宝。当年田川同志他们创作《小二黑结婚》时，就曾长期生活在农村，艺术素材来自田间地头，作品内容是老百姓熟悉的，语言是老百姓自己的，老百姓自然爱看。现在我们有些文艺工作者扎不下去，采风活动蜻蜓点水，结果就是你还是你、他还是他，并不了解百姓所思所想，出来的作品自然是隔靴搔痒。

在发展中国民族歌剧的过程中，前辈艺术家始终抱有一种包容开放的心态。关于中国民族歌剧是更多向戏曲学习还是向西洋歌剧学习的问题，1962年就已经有专家明确提出“二者可以共戴一天”。我们只能就一部歌剧吸收、借鉴戏曲或西洋歌剧的经验来反映生活时，运用是否有生硬的地方、是否得当来进行评论，而不能怪罪于学习和借鉴。我们不论是学习传统还是西洋，主要是学习它们反映生活的内在规律，而不是简单地看是否“一唱到底”、是否加了“云手”“卧鱼”的动作等。

希望当代歌剧文艺工作者虚心向老一代艺术家学习，不忘初心，砥砺前行，创作出更好更多的中国当代优秀民族歌剧作品，奉献给人民。

郭兰英（歌剧表演艺术家）：作为一个歌剧演员，中心任务就是要塑造出真实、感人的人物形象。这要求演员至少做到3点。

一是全面认识、深刻理解人物形象。这就要求演员沉下心来，细致观察生活、观察人，为自己的创作积累素材。现在开展“深入生活、扎根人民”的活动，风气很好。我们既要进一步加深与人民群众的情感，也要注意留心观察老百姓日常生活中的细节，观察他们怎么走路、有什么表情、眼神是什么样，这些素材都会帮助我们正确塑造人物形象。同时，注意观察生活细节也很重要，比如在演唱《白毛女》“恨似高山仇似海”时，我把手型设计成像猴爪子一样微曲着，这是为什么呢？因为我真的跟着革命队伍在张家口爬过险峻的山，山上根本没有路，手必须牢牢地抓住岩石、树藤才能攀登。而我们有些演员没有这个经历，或者没有注意这种细节，在演唱时，手型就不会刻意保持微曲、有力的状态，就脱离了真实的人物形象。

二是把自己全身心地投入到音乐形象之中。这就要求演员在舞台上不能有“在演戏”的感觉，要表现出“我就是这个人物”。比如我在演唱《刀杀我，斧砍我》时，我就是那个羞愧难当、悲愤不已的“喜儿”，在演出时不由自主地扑通一声跪倒在地，双手搓腿，声泪俱下。虽然这不是设计好的动作，但因为是“喜儿”的，所以得到了大家的认可，其他演员在之后表演到这里时也都保留了这些动作，演出效果很好。演员要跟角色融为一体，但角色的经历演员并不一定都能有，这时就要求演员学会“移情”，通过联想自身与角色相似的经历，调动情感，帮助自己进入角色。在全身心投入的同时，演员还要注意不能情绪失控到影响演唱，这是一个“度”的问题，也有一定的演唱、表演技巧。

三是要有全面、扎实的表演功力。歌剧演员在舞台上塑造角色，可以调用的手段一是声音，二是形体，这都需要严格训练。现在的学校教育中，在声音的训练方面有科学合理的地方，但也存在批量生产的情况，没有充分考虑学生嗓音条件的个体差异，导致“千人一声”的情况。在形体训练上，更是重视程度不够，课程设置很少甚至没有，这样的演员在舞台上自然是只能唱不能动，一动就别扭。在歌剧演员的训练上，我觉得离不开中国戏曲、民歌等中国传统声乐艺术的滋养。在演唱方面，中国传统声乐艺术在呼吸、发声、咬字、润腔等方面都有很成熟的实践经验和理论成果。单说“字正腔圆”这一点，中国传统戏曲演员很少会“唱倒字”，歌剧演员却好像很难做到，搞得观众不看字幕就不知道台上在唱什么。演员不能说是作曲家写“倒”了，因为演唱本身就是一种二度创作，作曲家谱的曲子是可以微调的。“唱倒字”只能说明我们的基本功还没练到家，歌剧演员要多学几出戏、多唱一些民歌，理解传统戏曲关于字头咬紧、字腹圆润、字尾归韵、把字咬“烂”等一系列理论和方法，就能够在原有乐谱的基础上，通过揉音、波音、滑音等多种润腔方法，做到依字行腔，字真意切。在形体训练方面，歌剧演员平常练好了手眼身法步，到了台上，才能根据人物、情节的需要，自如运用传统程式动作，设计出富有戏剧化、舞蹈化的肢体语言。我反复强调歌剧演员要学戏，并不是说要把戏曲的一整套表演搬过来，歌剧舞台比戏曲舞台更加生活化，我们在戏曲中学到的东西，也会随之有变化。

总之，歌剧演员要做一个有心人，一方面留意观察生活中的细节，一方面努力从中国传统声乐艺术中汲取养分，也要学习西洋美声唱法的长处，综合在自己的舞台表演中，博采众长，创造出更真实可信的舞台艺术形象。

羊鸣（空政文工团原艺术指导）：1962年，我28岁，和志同道合的战友阎肃、姜春阳、金砂等投身于歌剧《江姐》的创作，从此和江姐这位伟大的女性、人民的英雄结缘，从此和《红梅赞》一路同行。多少次再回首，忘不了走蜀道下江南寻找《江姐》的音乐形象，忘不了在渣滓洞、白公馆、华蓥山感悟《江姐》的精神世界，忘不了《江姐》演出的每一次盛况，忘不了小女孩跳皮筋唱着《红梅赞》……

薪火传承，如今扮演江姐的演员已经历经五代，“红梅花儿开……”依然久唱不衰。虽然我已经83岁了，但作为《江姐》诞生至今的亲历者、见证者，我心欣慰，我情激荡。

回想1964年，我们去上海公演《江姐》的盛况：排着长队买票的观众，顶着大雨而不走；远路赶来只为索取一张《红梅赞》歌谱的青年，那恳切的表情至今难忘。尤其是每当剧终落幕后，观众不是跑出剧场赶车回家，而是潮水般涌向台口，争睹演员风采，掌声夹着欢呼，久久不息；在后台侧门，卸妆的演员刚一露面，等候签名的人便蜂拥而上……在武汉、广州、深圳、重庆、昆明……处处都感受到热情的观众对《江姐》的厚爱。那个时候，小孩子在里弄里跳皮筋时唱的是《红梅赞》；商店里卖的手帕印的是《红梅赞》，新产品的暖瓶上印的是江姐的形象；甚至理发店也张贴着“本店代理江姐发式”。

记得1992年初，我们歌剧研究会在北京对这一现象展开了热烈讨论，有同志认为这是“深刻的思想内涵与完美的艺术形式有效结合”的结果；有的认为“坚持革命化、民族化、群众化的审美理想，是《江姐》久演不衰、永葆艺术魅力的诀窍”；有的说“崇拜英雄是中国观众的审美追求”；有的认为“适应时代才能打动人心”；有的说《江姐》的成功证明了“文艺创作就是要坚持社会主义大方向”；有的说“没有生活瞎编不行”；有的说《江姐》之所以能有如此魅力就是因为它“有根、有情、好听、好看”。从这些分析与论述中我们受到鼓舞，得到了启迪。若问我体会最深的是什么？有两句话是重要的：一是不要忘了初心，二是不要忘了人民群众。

《江姐》产生于20世纪60年代初。当时，看了小说《红岩》后，一股创作的冲动油然而生，主创人员一拍即合。加之剧作者阎肃同志青年时代就在重庆上学，参加过反内战游行，接触过农民和农村生活，尤其是重庆解放后，目睹了渣滓洞烈士遗迹，这就给我们的《江姐》歌剧创作奠定了坚实基础。

在音乐创作上，为了突出民族化、群众化的艺术风格，我们两下四川，又去上海、浙江，学习了川剧、婺剧、越剧、沪剧、四川扬琴及清音等，前后历时近一年。怎样把其中的有用成分统一到一部反映我党领导的革命斗争的新歌剧中去，用以塑造革命的关键人物是我们面临的大问题。为此，我们采取了南北嫁接、兼容并包的办法，从南、北方戏曲和民间音乐中吸取精华和养料，以创作出动听感人、丰富多彩、耐人寻味、性格鲜明的歌剧音乐来。根据这一目标，我们曾经反复加工，甚至全部改写，仅《红梅赞》一曲就八易其稿。

《江姐》的创、演过程令我们深刻地体会到：人民需要歌剧，歌剧更离不开人民；人民创造了艺术，理所当然地应当把艺术归还奉献给人民，走自己的路，创作具有中国特色、民族风格的新歌剧，必然会受到人民的热爱。新中国成立以来的歌剧《洪湖赤卫队》《小二黑结婚》《刘三姐》《党的女儿》等不都是这样吗？

时代向前发展了，人们的审美需求、鉴赏能力都发生了很大变化。一个开放的中国，当人们步入新世纪的今天，更大胆地向国内外先进文化学习一切可以学习的东西、更大胆地冲破一切条条框框的束缚、更大胆地拓宽我们的视野都是非常必要的。我们的路子必须越走越宽，我们的创新意识必须越来越强。我想，这样的追求和努力，一定会赢得广大人民群众的赞誉，我们的民族歌剧也一定会走向世界、留给未来！

仲呈祥（中国文艺评论家协会主席）：2013 年 8 月 19 日，习近平总书记在全国宣传思想工作会议上提出的“四个讲清楚”，其中第一条便是“宣传阐释中国特色，要讲清楚每个国家和民族的历史传统、文化积淀、基本国情不同，其发展道路必然有着自己的特色”。这是大道理，也是统领整个政治、经济、社会、文化、生态领域的普遍真理。

西方歌剧传入中国之前，中华民族作为悠久的礼乐之邦早就产生了说唱艺术，繁花似锦的地方戏曲更是如著名学者王国维概括的早就在“以歌舞演故事”。京剧不就被人翻译成“北京的歌剧”吗？因此，讨论发展繁荣民族歌剧的课题，当然要学习借鉴西方歌剧积累的适合中国国情的有益经验，但首先需要坚定对中华优秀传统文化的自信，需要首先讲清楚中华民族艺术的历史传统、文化积淀、基本国情，讲清楚具有中国风格、中国气派、中国特色的歌剧发展道路——这便是中国民族歌剧的发展道路。

我不是研究中国民族歌剧的专家，我仅仅是一名喜爱民族歌剧的普通观众。在我人生的成长道路上和艺术鉴赏生涯里，优秀的民族歌剧曾给予我受益终生的宝贵精神营养和思想智慧，从被称为现代民族歌剧的开山之作的《白毛女》到家喻户晓的《江姐》，从激越昂扬的《洪湖赤卫队》到朗朗上口的《刘三姐》，还有《王贵与李香香》《小二黑结婚》《红霞》《红珊瑚》《草原之歌》……所有这些，都雄辩地印证了中国民族歌剧已经趟出了一条具有独特的历史传统、文化积淀、中国气派、中国特色的发展道路。这些优秀的民族歌剧坚定了中华文化立场，传承了中华文化基因，彰显了中华审美风范，唱出了时代的风貌，讴歌了民族精神，至今仍具有强大的艺术生命力和感染力。我们理应以高度的文化自觉和文化自信去珍惜这笔宝贵的精神财富和艺术遗产，去传承发展中国民族歌剧。

哲学家张岱年在《试论中国文化的新统》中深刻写道：“从世界文化史看，每一民族每一时代的文化，既需确定一个主导思想，又需容许不同流派的存在，才能促进文化的健康发展。”“我认为新时代的中国文化应以唯物论与辩证法为主导思想。也就是说，新时代的中国哲学，唯物论与辩证法应占主导地位，而新中国的唯物论与辩证法应是马克思主义与中国哲学中的唯物论与辩证法的优秀传统的综合。”此言极是。传承发展中国民族歌剧，应坚持与时俱进的马克思主义中国化的唯物论与辩证法，首先以唯物论的态度珍视中国民族歌剧的历史传统和文化积淀，做到“各美其美”；同时也以辩证取舍的开放眼光对西方歌剧的有益经验“见好就拿，拿来就化”，做到“美人之美”；在此基础上把两种“美”兼容整合、互补创新，进而做到“美美与共”。如此，中国民族歌剧将为人类歌剧文化艺术做出新的独特的更大贡献。

居其宏（南京艺术学院教授）：自 2015 版歌剧《白毛女》上演以来，在文化部大力倡导下，当代歌剧艺术家如何继承民族歌剧的光荣传统，并加以发展和创新，使之适应广大歌剧观众的审美需要，已成为我国舞台艺术中一个热门话题。

此前，我曾将中国歌剧创作的基本经验概括为八条，即：广纳博收的艺术胸怀；以我为主的创造意识；贴近时代的题材选择；剧、诗并茂的剧本文学；鲜明浓郁的民族风格；声乐为主的歌剧范式；旋律至上的音乐戏剧性思维、雅俗共赏的审美取向；唱演俱佳、形神兼备的表演艺术。这八条基本经验在其他类型的中国歌剧中也有较为典型的体现，但将它们体现得最全面、最彻底的，当首推民族歌剧。

回顾历史上产生的民族歌剧的代表性剧目，每一部都是全面而彻底地贯彻这八条基本经验的产物，都是这八条基本经验的主要承载者；其中任何一部剧目，缺少了这八条基本经验中任何一条或两条，都不可能在创作上达到如此巨大的艺术成就，都不可能受到各阶层观众的由衷喜爱，都不可能在中国人民的歌剧审美实践中占据如此重要的地位，并取得如此广泛久远的社会影响。甚至可以说，中国歌剧史上两次歌剧高潮的潮峰，正是民族歌剧。这是民族歌剧的骄傲，更是全面贯彻中国歌剧基本经验之铁的证明和必然收获。

更有必要特别指出，在音乐创作上，我国民族歌剧之区别西方歌剧和中国其他歌剧类型的一个主要特征，就是运用戏曲板腔体结构，创作主要人物核心咏叹调，以揭示歌剧主人公的丰富情感、复杂心理层次及其内在冲突，由此诞生了大批脍炙人口的大段成套唱腔，使之成为刻画歌剧主人公音乐形象之最重要的手段。这种为中国人、中国戏曲和中国民族歌剧所独有的音乐戏剧性思维，与西方歌剧相比，中国的正歌剧以及其他歌剧类型之以主题贯穿发展为主要手段的音乐戏剧性思维，既在音乐戏剧性展开的方式上大异其趣，又在歌剧审美的实际效果上异曲同工。

当然，民族歌剧除了将戏曲板腔体结构创造性地运用于歌剧音乐之外，同时也在宏观音乐结构和音乐戏剧性展开方式上借鉴了西方歌剧音乐的主题贯穿发展手法、乐队交响化思维以及抒情短歌、各种声部组合的重唱、合唱形式；与此同时，在歌唱和表演艺术方面，也将中国的民族唱法与西方的美声唱法、中国戏曲的写意表演美学与西方歌剧和话剧的写实表演美学有机融合起来，极大地丰富了人类歌剧艺术的表现体系。

有鉴于此，完全可以断言，我国民族歌剧上述独有的艺术特点，不仅为它在中国歌剧史上赢得了最为光芒夺目的荣耀，更是中国歌剧作曲家和歌剧表导演艺术家对于人类歌剧艺术发展的最大贡献所在。

当然，由于各种主客观条件的影响，我国民族歌剧创作，尤其是音乐创作，还存在若干不足。主要体现在：在音乐思维上，受戏曲音乐“一曲多用”思维的影响较深——某种主导性音乐语汇一经确立，便广泛用于第一女主人公，同时也在其他人物身上混用。这种不同人物之间音乐语汇的交错、混用和雷同，往往模糊了不同人物音乐符号的专有性及其个性特征差别。作曲家对板腔体结构、民族民间音乐素材和戏曲音调的运用，也因融合功夫不到家显得新意不多，给人以语言陈旧、风格陈旧的印象，音乐原创性不足。往往注重第一女主人公的性格刻画和形象塑造，男性形象的音乐刻画则相对羸弱，缺乏阳刚气质，导致音乐形象塑造的“女强男弱”现象较为普遍。在注重声乐为主、旋律至上、以咏叹调和抒情唱段写戏写人的同时，普遍忽视运用重唱和合唱等多种声部组合的声乐形式来展开戏剧性，忽视乐队和各种器乐形式丰富的戏剧性表现力，从而削弱了歌剧音乐的交响性和整体有机性。

我以为，民族歌剧的种种局限，是过去时代各种主客观因素造成的，只要当代作曲家在继承基础上不忘创新使命，完全有条件、有能力扬其长而避其短。问题的关键有两点：

从作曲技术层面说，当代作曲家在充分发挥自身已有技术优势的同时，还必须向民族歌剧前辈作曲家马可、陈紫、张锐、张敬安、羊鸣等学习，在加强民族民间音乐，尤其是我国戏曲音乐的感性经验积累和融合创新方面下大气力，真正将中国风格、中国气派及其特有的音乐表达方式和技巧融化于心，变成自己的语言、肌肤和血肉。

从创作观念层面说，务必摒弃鄙视民族歌剧或一旦涉足歌剧创作便唯西方歌剧马首是瞻的风气，牢固树立以人民为中心的创作导向和精品意识，科学对待我国民族民间音乐、民族歌剧和西方歌剧，秉持科学扬弃、取精用宏的态度，在创作中深入生活、精雕细刻，从中探索出一条基于传统而又超越传统、紧跟时代而又引领时代的新型民族歌剧音乐创新之路。

黄奇石（中国歌剧舞剧院原副院长）：学习戏曲对歌剧的民族特色的传承与发展，无论是在过去、现在和将来都是十分必要的。歌剧的民族风格与特色首先体现在音乐上。歌剧《白毛女》音乐的民族风味很浓，这是大家公认的。它的音乐主要取材于故事发生地河北的民间音乐（地方戏曲与民歌）。只要了解《白毛女》音乐创作的情况，就不难明白该剧音乐的成功是学习戏曲音乐的结果。

《白毛女》的成功，促进了新中国成立之后民族歌剧的发展与繁荣。其中很重要的一条经验，就是向戏曲学习。作曲家马可、陈紫都是其中的代表。马可作曲的“一白一黑”(《白毛女》与《小二黑》)都是学习戏曲后进行创作的成功范例。陈紫作曲的《刘胡兰》采用山西梆子素材、《春雷》采用湖南花鼓戏与民歌素材，而《窦娥冤》更是借鉴板腔体手法写歌剧最成功的典范之作。其他的几部家喻户晓的歌剧经典如《洪湖赤卫队》《红珊瑚》《江姐》等，也都无一例外地是学习戏曲并进行再创造的结果。《洪湖赤卫队》更多采用的是汉剧的素材，《红珊瑚》更多采用的是河南、安徽与沿海一带的戏曲与民歌素材。《江姐》的音乐素材取材较广，有川剧的，也有别的很多地方戏曲的。正因为学习了戏曲，这几部经典歌剧的音乐清新动听、民族风味很浓，也才能像《白毛女》一样为中国老百姓所喜闻乐见，深受广大观众所喜爱。

当代歌剧之所以难以走出困境，问题多多：不光是相当多的音乐“洋腔洋调”，其余的几个方面——剧作、表导演乃至舞美都有不足，也都有缺少向戏曲学习的问题。一是剧本问题。当代歌剧作家与戏曲作家相比，有相当大的差距，主要是不会写戏、不会安排戏剧冲突。很多歌剧，没有戏只是在那里唱，独唱、重唱，重唱中有二重唱、三重唱、四重唱……没有戏，唱再多也是白搭。二是演员功底浅。音乐学院刚毕业的学生分到剧院，一开始也都不太会演戏，只会站在钢琴边上唱咏叹调。这种情况在20世纪八九十年代是相当普遍的，现在可能好些。但是歌剧演员仍然有向戏曲学习的必要。那种认为歌剧是外来的、不必学戏曲也能演好歌剧的想法和看法都是片面的。三是导演手法繁复。当代歌剧导演的表现手法，我们看到的还是话剧的写实手法居多，歌剧与音乐结合得很好的写意手法甚少。不少导演原先是话剧导演，对音乐不太精通。有时还导致导演和作曲家各持己见、争执不下。真正把表演与音乐结合得好的导演实在不多。四是舞美。不知从什么时候起，大型晚会的大制作、大布景也传染给歌剧，形成了一种“形式大于内容”的通病。舞台堆得满满，叠屋架桥，把演员本来就有限的空间压缩得更小了。我说导演、舞美要学习戏曲，当然不是学其“一桌两凳”的简单布置，而是学习戏曲的精粹——写意、简洁、空灵，把焦点尽可能地集中在人物的表现上。

我知道，也有人不赞成歌剧向戏曲学习，担心这会导致歌剧向戏曲靠拢，甚至变成了戏曲，认为“歌剧走向戏曲是死胡同”。这种担心，实际上与“吃了牛羊肉会变成牛羊、吃了猪肉会变成猪”的想法是相类似的。错在什么地方？在于绝对化，把歌剧与戏曲这两种音乐戏剧种类当成静止的、孤立的、互不联系的，而没有把它们看成是有继承关系的、可以互相取长补短而且各自也在不断发展变化之中的。

民族歌剧曾经深受老百姓喜爱，成为新中国最具代表性的艺术新花。只要不忘初心、重整旗鼓，就可以继续前进、继续发展，搞好了甚至有大的发展，可以开创大的局面。歌剧要吸收中外音乐戏剧的营养以壮大自身，从而走向成熟、走向新的繁荣。这个过程中，歌剧向具有优秀传统与深厚积淀的戏曲学习自然是十分重要的。

未来中国歌剧的样式也一定会在不断吸收、不断变革之中，将走向更加中国式、东方式，而不是外国式、西方式。近代以来，西方的音乐戏剧搞的是纯歌剧、纯舞剧、纯交响乐，音、舞、乐三者是分离的。而以中国为代表的东方的音乐戏剧自古以来则是融合的，如同《诗经》中所谓的“载歌载舞”。戏曲表演上的“唱、念、做、打”“手、眼、身、步、法”更加发展了这种综合性。把音、舞、乐与诗、书、画熔为一炉，将会是以民族歌剧为主体的中国歌剧也是未来东方音乐戏剧的一大发展趋势。

因此，为了歌剧未来的发展，歌剧工作者必须全方位地向戏曲学习。光是会站在钢琴边上唱西洋咏叹调的演员、不会写戏的编剧、不会写中国旋律的作曲、不懂得简约和“以一当十”的导演，都不能算是合格的中国歌剧的演员、编剧与导演。

关峡（中国交响乐团团长）：何为中国民族歌剧？就是（至少是主角）用中国民族唱法演唱的，将中国的戏曲、民间音调融汇、升华、发展出的音乐戏剧，用母语以歌唱的方式讲述故事的舞台艺术样式。

何为中国民族唱法？就是从民间唱法到民间唱法糅合戏曲唱法发展到结合科学发声的唱法。

中国民族歌剧不是把意大利歌剧拿来，穿上中国衣裳，贴上中国标签，唱洋调调就行。目前中国舞台上涌现的不少意大利式的中国歌剧，舞美奢华，旋律、音乐形象和故事中人物身份间离，音乐和人物两层皮。好像用外国话来说中国事，不是用母语来写作，通篇洋腔洋调。观众预期享用的是文艺上的“中国大餐”，但吃起来却是“撒上中国佐料的西餐”味道，这样的歌剧作品只会是观众不喜欢，立不起来，传不下去。

同样，简单地把戏曲的一整套搬到歌剧舞台上的板腔体化音乐结构方式也不是中国民族歌剧发展的唯一道路。几百年来西方歌剧中的咏叹调、序曲、间奏曲，音乐主题甚至场景音乐……都让观众如痴如醉，津津乐道。这是因为它有自身的音乐结构和逻辑，有变化，有个性，音乐性质符合人物特性、特定环境和特定情境，成为艺术上的“典型人物”。而板腔体的音乐结构在美学意义上是一种复制，复制必定削弱人物个性，失去音乐个性的人物形象的塑造，很难让人物立在观众的心里。人物个性没有，主题音乐形象相应也立不起来，这样一批同质化的民族歌剧面世能让观众喜欢仅是创作者的梦想而已。

歌剧创作，从音乐、剧本结构到民族声乐这些方面是并行发展的。

歌剧是音乐的戏剧，必然要用戏剧的音乐来构成。从构成歌剧的基本要素来讲，首先是要解决好歌剧中推动情节的宣叙调的问题。中华语言有四声，外国语大多没有四声，旋律来源于词的四声。紧扣四声这个环节，宣叙调自然会有声有色。二是解决好过渡，戏剧上叫铺陈叙事，用咏叙调过渡到咏叹调。三是歌剧的声部要全，要有独唱、重唱，还要有合唱。加上前奏曲、间奏曲，主题音乐，场景音乐等，这些要素加在一起，才是歌剧进入中国 70 多年以来几代人形成共识意义上的完整的歌剧样式。

作曲家要深入学习中国民族音乐、戏曲音乐的精髓，融会贯通，而不是简单的拿来主义。在音乐创作中，绝对意义上使用纯意大利式和板腔体的音乐发展结构都是阻碍中国民族歌剧发展的障碍，要走古为今用、洋为中用、融会贯通的创新性转化、多样化发展的道路。

如何运用中国音乐素材是中国民族歌剧面临的大问题。拿歌剧《白毛女》中“小白菜”的曲调举例，全国各地都有非常好的民间曲调、戏曲音乐，唯独《白毛女》中的“小白菜”音调作为“喜儿”的主题音乐旋律能让全民族几代人喜爱它，记住了它。因为在歌剧中作曲家没有照搬河北民间的“小白菜”曲调，不是平行的移植加上纵向的和声配器，而是深度的、创新思维的音乐创作和人物形象的不断发展，才使得这个民间小调“小白菜”超越了地域，走向全国。同样后有的核心唱段“恨是高山仇是海”的音乐创作也没有复制板腔体的套路去设计音乐，而是借鉴戏曲音乐唱腔的构成规律重新创作而成的。

民族声乐的发展也制约着民族歌剧的发展。现在一些歌唱演员，音域问题不说，转几个调就糊涂了，再来点复杂的音程就找不着音、张不开嘴了，更欠缺和乐队丝丝入扣的合作能力。歌剧咏叹调的演唱是高端的声音的艺术，讲究声音张力、吐字技巧、风格体现等，每一个声音的行腔雕琢，加上融合中国戏曲的表现手法，融汇消化戏曲的唱念做打、手眼身法步等表现手段，形成新的中国唱法体系，才是中国民族歌剧演员完善自己的目标。

中国民族歌剧“去扩音化”也是大问题，现在演民族歌剧就要加“麦克”，观众听不到声乐原声，与国外交流就成了我们的短板（京剧和戏曲演唱在此方面没有问题）。国外歌剧院演出歌剧几百年来都不加“麦克”，中国民族歌剧演员没有“麦克”观众听不到声音。除了民族歌剧演员声音穿透力弱之外，还牵涉到舞台设计的问题、音乐创作的问题。因为反正有“麦”，多年来形成的民族歌剧舞美设计不考虑舞台上有效声音传播和反射等声场问题，作曲家也不考虑现场乐队和声乐平衡方面的写作问题，制约了民族歌剧整体发展和国际传播与交流。所以，综合解决好中国民族歌剧“去扩音化”问题，中国民族歌剧才能真正矗立在世界舞台。

中国民族歌剧音乐的创作要“守正创新，守本创新”。“正”就是内容释放正能量，以歌剧的艺术规律为遵循。“本”就是中华民族文化之本，创作上“以人民为中心”之根本。全方位地用包容的姿态、国际的视野、创新的思维、融合中西的方式，用歌剧的方式讲好“有骨气、有个性、有神采”的中国故事，体现中华文化精髓，抒发中华民族情怀，唱响中华民族之声，形成“有鲜明的中国特色、中国风格、中国气派”的中国民族歌剧学派，使中国民族歌剧的发展更接地气，更具当代性、世界性，拥有更多各层面观众的喜爱，在国内外产生更大的艺术影响力，走出冬季步入春天，攀登歌剧艺术的高峰，让歌剧这个艺术皇冠上的明珠更加璀璨，屹立在世界歌剧之林，努力为人民创造文化杰作，为人类贡献不朽作品。

王晓岭（原北京军区政治部战友文工团团长）：歌剧创作需要注意5个方面的问题。第一是选材。歌剧有特定的艺术规律，不是任何题材都适合歌剧表现。我认为在所有的舞台剧里面对题材要求最严格的是歌剧，其限制远远大于话剧、地方戏，甚至京剧。第二是错位。迄今为止，我们还没有找到西洋式歌剧与汉语有机结合的好办法，宣叙调一直是我们的老大难问题，当然，这个跟演员自身的艺术修养和演唱方法也有关。第三是肤浅。缺乏触及社会热点的敏锐，缺乏揭露深层次矛盾的勇气，缺乏直面人心、揭示人性的力量。在这方面话剧、影视剧做得更好。第四是脱节。不适应当今大众的欣赏习惯和现代的生活节奏，难以吸引年轻观众。观看歌剧演出的基本上是圈内人，这就说明我们的创作跟现代人的生活脱节了。第五是功利。创作心态浮躁，难以深入生活、踏踏实实搞创作。

关于对民族歌剧的再认识，我认为应该处理好3个方面的关系。一是处理好板腔体和西洋歌剧的关系。这是包括编剧、作曲、导演、表演、舞美等行当在内的系统工程。二是处理好歌剧和音乐剧的关系。歌剧创作应该积极借鉴音乐剧的当代表现方式。三是处理好歌剧和戏曲的关系，不仅是学习戏曲的唱腔，更要从根本上学习戏曲扎根沃土、贴近百姓的优良作风。

处理好这些关系是为了更好融合。对当今歌剧而言，不仅是题材体裁和技术艺术的创新，更重要的是认识和观念的创新。一切历史的都是当代的，一切传统的都是与时俱进的，过去的成功典范和经验有当时的时代背景，如今要学习和继承的是当初的创新精神，而不是照搬和重复以往的模式套路。从根本上说，只有走前人没有走过的路，才能创造无愧于伟大时代的伟大作品。

黄定山（总政歌剧团原团长）：2016年，在文化部的指导下，中国歌剧舞剧院在时隔30多年后，重排经典民族歌剧《小二黑结婚》，再次引发了社会各界对中国民族歌剧的极大热情和高度关注。我有幸担任这一版《小二黑结婚》的总导演。民族歌剧《小二黑结婚》从首演至今已有65年的历史，其艺术的生命力和影响力历久弥新，这颗璀璨的民族歌剧瑰宝仍然放射着耀眼的艺术之光。这部喜歌剧的出现，在中国民族歌剧发展史上具有里程碑意义。我们排演歌剧《小二黑结婚》，是以最诚挚的创作之心向这部中国民族歌剧的经典致敬。

排演歌剧《小二黑结婚》的过程，就是不断向经典学习的过程，向民族歌剧的典范吸取精华营养的过程。学习前辈把民族歌剧创作的根须深深地扎在民族文化的沃土之中，学习和领悟这部经典歌剧从剧本到音乐所散发出的传统民族歌剧超凡的艺术魅力和浓浓的乡土气息。其剧本和音乐的民族性、生活性、戏剧性、生动性都具有经典的示范意义，比如戏剧冲突、人物的鲜活生动、喜歌剧的创作、歌词的文学性与生动性、中国歌剧的宣叙调等，确实值得我们认真学习和研究。排演歌剧《小二黑结婚》是一次具有传承精神的排演。尊重原著、忠实原剧，是我们这次排演的基本原则。主创主演深入生活到故事主人公故事发生地的山西省左权县横岭村采风，与左权盲人演出队交流学习；歌剧《小二黑结婚》中小芹的第一位扮演者、老一辈歌剧表演艺术家、我非常尊敬的乔佩娟老师从始至终坐镇排演场，和我们一起摸爬滚打80天，对剧本、音乐、导演、舞美、表演各方面严要求、严把关；著名的老一辈歌剧表演艺术家郭兰英老师最后几天在排练场手把手地教授演员把握人物，打磨唱腔……都在力求这一版歌剧《小二黑结婚》能较完整地体现和传承它的原创精神和完整版本。

歌剧《小二黑结婚》是一部地域特色鲜明、乡土气息浓郁的传统喜歌剧。戏剧冲突层层递进、轻松明快，具有明亮轻快、诙谐生动、浪漫抒情的艺术风格。传唱最广的剧中词曲《清粼粼的水来蓝莹莹的天》就是这部戏最生动的舞台形象和主题意象。

今天的歌剧不但要好听，而且要好看。民族歌剧的发展要具有当代意识和当代审美。如何让今天的观众接受和喜爱民族歌剧，我们在歌剧《小二黑结婚》的排演和舞台呈现中探寻答案。艺术顾问乔佩娟老师和我前后 5 次对这次演出的剧本进行梳理和研究，从加快戏剧发展节奏、突出强调主要人物、贴近当代观众审美、控制演出时长等方面，认真研究、反复推敲，最终确定了这次的演出剧本。

音乐方面，经过和音乐总监关峡先生的反复研究和乐队试奏，我们下决心采用了大型民族管弦乐伴奏，以现代音乐理念重新编排、配器，既保留原汁原味的音乐风格，又融入了当代音乐元素。

这是一部具有浓郁乡土气息的喜歌剧，对演员声乐能力和表演能力提出了很高的要求，特别是如何让年轻的歌剧演员在表演方面达到塑造角色的真实感、年代感、人物感和喜歌剧的体裁感的要求，并且符合当代观众对民族歌剧表演的审美期盼，是这部喜歌剧能否成功的关键。在这方面我们是下了一番功夫的，演员们在舞台上的最后呈现可圈可点，令人欣喜。

舞台美术以再现式写实景观与影像技术相结合、以写实艺术的厚重质感与动态影像渲染相融合、以再现生活幻觉的写实空间与导演现实主义的舞台处理原则相配合，确立了本剧的舞台设计理念和再现功能，实现了我们追求的整体气质大气悠远、风景如画、乡土气息浓郁、民族歌剧的特质与当代审美融合的舞台呈现。

期望中国歌剧舞剧院重排新版民族歌剧《小二黑结婚》的演出得到广大观众的认可和喜爱。愿中国民族歌剧更加繁荣发展！

原载《中国文化报》2017 年 5 月 11 日

【座谈】“中国歌剧要走民族化之路”发言摘编

中国歌剧发展的关键，在于要与人民大众“接轨”，与民族文化传统“接轨”，与民族审美习惯“接轨”。我们只有创作出富有时代特征、民族气魄的歌剧文化，才能让中国歌剧自立于世界，有效参与世界文化交流。

要发展民族歌剧，首先要潜下心来学习和传承经典民族歌剧，其剧本和音乐的民族性、生活性、戏剧性都具有经典的示范意义；其次是要关注民族歌剧的“当代性”问题，要与当下生活“对表”，与时代精神“对接”；再次是民族歌剧要将传统模式与多样性融合。

《白毛女》是“古为今用，洋为中用”的代表；其后，板腔体歌剧的诞生是中国歌剧发展过程中又一次的探索和创新，即借鉴地方戏曲音乐板式变化，将歌剧中的主要唱段进行板腔体的演绎；近年来，歌剧创作更加贴近现代人的审美。

中国歌剧在创作上应该深植于中国的大地。歌剧创作的成功与否，不应只满足于某个唱段的好听易唱乃至家喻户晓，或过度追求音乐形式的现代性和歌剧技法的表现，更应该追求内容与形象的深刻塑造与挖掘，追求荡气回肠、催人奋进的情感共鸣，给人以思想的启迪，心灵的震撼，真善美的享受。

张江：中国的文艺要繁荣发展，必须学习借鉴世界各国人民创造的优秀文艺。这一点毋庸置疑。但如何学习借鉴？是原封不动地照抄照搬，热衷于追求所谓的“原汁原味”，还是立足民族文化传统，在消化吸收的基础上，继承发扬包括延安时期及新中国成立以来众多歌剧经典的优长和经验，努力在“民族风格”“民族气派”上下更大功夫，大力推进民族化的借鉴创新？这是目前歌剧创作实践中亟须解决的问题，值得我们深入讨论。

歌剧创作需要坚定文化自信

王祖皆：习近平总书记深刻指出，“文化自信，是更基础、更广泛、更深厚的自信，是更基本、更深沉、更持久的力量。坚定文化自信，是事关国运兴衰、事关文化安全、事关民族精神独立性的大问题。没有文化自信，不可能写出有骨气、有个性、有神采的作品”。就我了解的情况而言，歌剧领域缺乏文化自信的问题还相当突出。

伴随着经济全球化的纵深发展，世界文化交融的步伐也正在加快。然而，由于族群、传统、社会结构和意识形态的诸多差异，国家间、族群间文化交融的状况极不均衡。发展中国家迫切希望公平参与全球文化交流进程，在世界舞台上发出自己的声音，但急切心愿的背后，也特别容易出现不顾客观实际，渴望他国认可且以他人标准为准则的文化焦虑症候，其表现就是“以洋为尊”“以洋为美”“唯洋是从”。这是弱势自卑心理的反射，也是缺乏文化自信的表现。

比如在歌剧创作中，有的艺术家公开声称，我就是要写一部与西洋正歌剧一模一样的歌剧。殊不知，你模仿得再像也是别人的东西，而且是别人过去的东西。创新是艺术的生命，没有创新就没有发展和提高。文化是离不开土壤的。一切外来艺术形式，要想真正在中国落地生根，为受众所接受、欢迎，必须要接中国的地气，服中国的水土。这是老一辈歌剧工作者已经解决了的理论和实践问题，难道我们还要付出代价再走一遍老路吗？

歌剧是外来的艺术形式，随着五四新文化运动传到中国，至今还不到百年，在引入过程中，老一辈歌剧艺术工作者成功地把西洋歌剧的艺术经验和艺术手段与中国的秧歌剧、戏曲、曲艺、民歌等民族艺术结合起来，开辟了中国特色的歌剧发展道路，也创造了中国歌剧的辉煌，涌现出以《白毛女》《洪湖赤卫队》《江姐》为代表的一大批民族歌剧经典之作，唱段家喻户晓，影响遍及全国。

为了纪念歌剧《白毛女》在延安首演70周年，文化部于2015年组织复排了该剧，还组织了舞台剧在全国的巡演，所到之处受到广大观众的热烈欢迎。最近，一档电视节目《小戏骨》让6岁到12岁的“00后”小演员来演经典、学经典，用实景拍摄的民族歌剧《洪湖赤卫队》《刘三姐》《白毛女》一经播出，反响强烈，收视率居高不下。这跟儿童表演带来的新鲜感有关，也足以印证经典民族歌剧的强大生命力。这些经典民族歌剧为什么会有如此巨大的艺术魅力，并深受中国观众的喜爱呢？我认为最根本的原因是，它们都具有非常鲜明的民族特色。

因此，中国歌剧发展的关键并不在于“与国际接轨”，而在于与人民大众“接轨”，与民族文化传统“接轨”，与民族审美习惯“接轨”。只有在继承优良传统、接受人类文明精华的基础上创作出富有时代特征、民族气魄的歌剧文化，才能让中国歌剧自立于世界，才能有效参与国际文化交流，推动中华文化走向世界。

发展民族歌剧

张江：文学艺术具有鲜明的民族属性。任何一种外来艺术形式，要在本民族沃土上落地生根，首先要解决的问题就是如何与本民族实现“基因对接”。只有破解并掌握本民族文化的“密码”，创作更多符合民族审美需求，表达本民族当代特征的经典作品，外来的艺术形式才可能真正落地扎根。这个过程，说到底，就是一个艺术形式民族化的过程。当然，这个“民族”指的是中华民族。

黄定山：如何向经典致敬，如何传承民族歌剧，多元文化语境下民族歌剧发展的路径在哪里？在民族歌剧的导演实践中，我不断地思考和探寻答案。

首先是学习和传承经典民族歌剧。中国民族歌剧的发展历程中有一批经久传世的代表作品，如《白毛女》《小二黑结婚》《洪湖赤卫队》《柯山红日》《红珊瑚》《江姐》，以及新时期以来的《党的女儿》《野火春风斗古城》等。要发展民族歌剧，先要潜下心来学习和传承。学习前辈把歌剧艺术的根须深深地扎在民族文化的沃土之中，学习和领悟从剧本到音乐所散发出的超凡的艺术魅力和浓浓的乡土气息。其剧本和音乐的民族性、生活性、戏剧性、生动性都具有经典的示范意义，比如戏剧冲突、人物的鲜活、喜歌剧的创作、歌词的文学性与生动性、中国歌剧的宣叙调等，确实值得我们认真学习和研究。

其次是要关注民族歌剧的“当代性”问题。当代民族歌剧创作要从当代观众变化了的审美习惯和审美需求出发，着力表现时代的精神和主题，表现丰富的当代生活。从思想内容上说，当代歌剧创作者要与当下生活“对表”，与时代精神“对接”，着力表现今天人们的价值追求、思想观念。不能只是将歌剧的“壳”拉到当下，“核”还停留在过去。从艺术形式上说，则包含了不拘一格的音乐风格，不同的戏剧结构和独特的歌剧舞台呈现方式，其当代性、时尚性、独特性、民族性都可以纳入创作视野；要探索以音乐为主体的舞台多元化表现方式，注重视听艺术的完美结合，在坚守歌剧音乐本体的前提下，调动一切舞台艺术综合表现手段，带给观众一场听觉、视觉全方位的艺术盛宴。一句话，今天的民族歌剧不仅要“好听”，而且还要“好看”。我在导演原创歌剧《太阳雪》《导弹司令》《天下黄河》等作品时，要求剧本、音乐创作、舞美呈现和导演艺术处理都要进行民族歌剧的“当代性”探索和尝试。

最后是民族歌剧要将传统模式与多样性融合。民族歌剧的创新发展，学习和借鉴是必须的，发展与变化也是必须的，既要敬仰传统，也要创造未来。民族歌剧的展开方式应该是多样化的，传统的民族歌剧结构形式可以是“其一”，但不应是“唯一”。我们要善于吸纳学习世界歌剧和中国戏曲，从编剧、作曲、导演、表演、舞美等方面全面地探索研究，为中国民族歌剧所用。要把歌剧的表现形式放在相对独立的审美层面上来思考和探索。现代歌剧艺术的发展使形式美感愈来愈具有独立的审美意义，独特的舞台表现形式在观剧活动中有着不可替代的审美作用。疏于对民族歌剧形式的探索正在制约着中国歌剧的发展，使得鲜活生动、深刻凝重的内容得不到新颖独特的形式表现。形式的探索应当从剧本创作和音乐创作开始，导演创作要注重探索舞台空间的多维实验，使有限的舞台空间成为无限的音乐戏剧空间。演员的演唱和表演也应该依据不同风格样式作品的美学原则探索不同的演唱和表演方法，给予当代观众全方位的艺术体验和审美愉悦。

民族形式是民族歌剧的生命

张江：歌剧民族化的核心，是以民族的形式歌咏民族故事。延安时期创作的歌剧《白毛女》，为什么70多年来久唱不衰？为什么仍能得到从80岁老人到20岁青年的一致点赞？我认为，其奥秘在于：在内容上，共产党领导人民大众翻身解放的壮丽故事吸引、鼓舞了人们，但同样重要的是，在形式上，它继承创新中国戏曲传统，吸收和提升众多民族与民间艺术元素，走民族歌剧之路，因此才能取得如此轰动的效果。歌剧的民族形式是民族歌剧的生命。

游暐之：目前公认的中国第一部民族歌剧是《白毛女》，其故事取材于当地流传甚广的民间传说，在此基础上，创作者通过对普通劳动者生活和情感的提炼加工，艺术地再现了那个时代受压迫人民的爱恨情仇。而在音乐上，在保持地方戏曲和民间音乐元素鲜明特征的基础上，吸纳西方作曲方法，比如剧中出现的合唱、齐唱，比如乐队中不仅用戏曲的板胡，同时也用西方的小提琴。《白毛女》诞生时定义为“新歌剧”，这个“新”，既是指它区别于中国传统戏曲和民歌，也是指它与西方歌剧的区别，《白毛女》是“古为今用，洋为中用”的典型代表。

新中国成立之后，又诞生了一大批歌剧作品，这些作品有一个共同特征，就是借鉴地方戏曲音乐板式变化的方式，将歌剧中的主要唱段做板腔体的演绎，也就是人们常说的板腔体歌剧。板腔体歌剧的诞生同样是中国歌剧发展过程中的一种探索和创新。20世纪五六十年代，戏曲还是有着极其深厚的群众基础的，歌剧的创作，倚仗戏曲的优势展开，既弘扬了民族文化，同时又有艺术形式上的创新，可谓一举两得。那个时代诞生的歌剧作品，因其深入人心的故事和优美动听的旋律，直到今天，还有着为数不少的拥趸。

随着时代的发展进步，歌剧创作的理念和意识也都应当与时俱进。改革开放之后，人们接触和吸纳到丰富多彩的文化艺术样式。尤其是“80后”“90后”以及“00后”的年青一代，他们的视野更加开阔，审美需求也更加旺盛。人们已经不再满足于板腔体歌剧带来的艺术体验，开始追求新的艺术创作形式带来的享受。最重要的是，中国歌剧创作人才经过专业系统的学习，各方面的素养都得到了极大的提升。歌剧《原野》正是在这样的背景下应运而生。曹禺原著本身所具有的强烈戏剧冲突和悲剧性成为这部歌剧立起来的基石。音乐创作上，金湘以西方正歌剧结构，同时与中国传统戏曲、音乐元素紧密结合，以人物情感为主线，通过各具特点的咏叹调、宣叙调，力求在创作上更加贴近现代人的审美，让观众在荡气回肠的乐声中感受人物的悲情命运，令人耳目一新。做到这些，中国歌剧就真正打上了“民族化”的印记。

中国歌剧要唱响中国旋律

张江：中国歌剧当然应该是歌剧。但更重要、更根本的是，它是“中国的”歌剧。自20世纪40年代始，几代艺术家勠力探索，赓续尝试，中国歌剧已经形成了自己的优良传统，这个传统就是中国歌剧的中国旋律。轻视甚至离开这个传统，路子只能越走越窄。无论怎样花哨、“地道”，也难让中国观众买账。

韩延文：改革开放30多年来，中国歌剧迎来了百花齐放的时代，正在从高原走向高峰。中国歌剧应该是中国戏剧戏曲艺术、中国民族民间艺术与西方歌剧和音乐剧元素相融合，把古今中外的戏剧之美真正凝聚起来的一种最高形式。

都说歌剧产生于西方，那是西方歌剧的样式；我们要自信地承认，中国歌剧植根于中国传统戏曲、民歌、曲艺等艺术。中国歌剧继承中国戏曲传统的戏剧之力、写意之美、文化之根，也具有西方歌剧的体系程式、和声旋律和宏大叙事手法。不可否认，伴随着西方音乐的传入，歌剧在中国逐渐发展起来，而民族歌剧仍具有中国艺术独一无二的审美体验。国人常说“洋为中用”，其实“中为洋用”在世界艺术舞台普遍存在。中国人的演唱方式和西方人的演唱方式都具有人类最基本的演唱状态，只是语言、表达方式和文化历史不同，相互借鉴，相互融合，形成一个完美的既是中国的又是世界的艺术状态。中国民族歌剧与西方歌剧看似大相径庭，却有异曲同工之妙。

中国歌剧在创作上应该深植于中国的大地。歌剧创作的成功与否，不应只满足于某个唱段的好听易唱甚至家喻户晓，或过度追求音乐形式的现代性和歌剧技法的表现，更应该追求内容与形象的深刻塑造与挖掘，追求荡气回肠、催人奋进的情感共鸣，给人以思想的启迪，心灵的震撼，真善美的享受。注重戏剧张力和内涵的挖掘，要有冲击灵魂的精神力量，集旋律性、歌唱性、交响性、戏剧性、思想性、时代性于一体，最终形成中国歌剧独有的审美风格。

张江：我们说，中国剧唱中国人，其根据在于文艺扎根于人民，为人民服务才有更广阔的前途。中国人唱中国剧，其根据也在于，中国人的“唱”，从音乐到舞美，从唱腔到表演，都是民族的、本土的深度积累和创造。中国歌剧的形式是中华民族文化和生活的生动表现，忘记这一点，简单地照搬西洋腔、西洋调，注定没有前途。歌剧要想在中国文艺的大舞台上拥有自己的位置，必须走民族化之路。

原载中国作家网2017年5月5日

【第三届中国歌剧节】

2017年12月16日，由文化部、江苏省人民政府主办，文化部艺术司、江苏省文化厅承办的“第三届中国歌剧节”在南京开幕。第三届中国歌剧节是在党的十九大召开后举办的一次重要艺术活动，也是歌剧艺术的一次盛会。第三届歌剧节将以党的十九大精神和习近平新时代中国特色社会主义思想为指导，坚持为人民服务、为社会主义服务，坚持百花齐放、百家争鸣，坚持创造性转化、创新性发展，坚定文化自信，坚守中华文化立场，坚持以人民为中心的创作导向，集中展示近年来歌剧艺术创作和人才培养取得的优秀成果。其间，开展了优秀剧目展演、一剧一评、下基层演出、歌剧艺术公益讲座等一系列活动。

文化部从2011年开始举办中国歌剧节，前两届歌剧节分别在福建、湖北举办，相继推出了《土楼》《红河谷》《彝红》《大汉苏武》《运之河》等优秀作品，推动了优秀歌剧作品和人才涌现，促进了歌剧事业的繁荣，受到社会各界的广泛好评。

【概况】

2017年12月12日，第三届中国歌剧节新闻发布会在北京举行。发布会上，文化部艺术司就第三届中国歌剧节的相关情况进行了介绍，并表示将进一步加大民族歌剧和现实题材的创作与扶持力度。文化部将从以下几方面继续开展重点剧目的扶持工作：第一，2018年将在报送的全国民族歌剧剧目中遴选优秀剧目进行重点扶持，同时在2017年扶持的基础上继续跟踪扶持，以进一步提升其艺术质量，彰显民族歌剧展现力；第二，2018年3月份拟举办全国优秀文艺歌剧展演活动，进一步加大优秀剧目推广力度，让更多人能够了解并欣赏优秀文艺作品；第三，组织民族歌剧创作人才培训班，进一步解决专业歌剧创作人才匮乏问题；第四，加大民族歌剧的理论研究与宣传力度，进一步探索原创中国民族歌剧的创作规律与特点。

第三届歌剧节主要有以下几个特点：一是规模宏大、作品丰富。本届歌剧节的开幕演出为一台精心设计的歌剧演唱会，所有节目均从参演剧目中选取，闭幕演出剧目——歌剧《拉贝日记》，是江苏省为纪念南京大屠杀事件发生80周年专门创排的。歌剧节期间，共有来自全国各地的23台优秀剧目参演，数量为历届之最。参演剧目中，既有《马向阳下乡记》《有爱才有家》《呦呦鹿鸣》等现实题材作品，也有《松毛岭之恋》《青春之歌》《长征》等革命题材作品和《木兰》《蔡文姬》《玛纳斯》等历史题材作品；既坚持以中国题材创作为主，也鼓励《白毛女》《小二黑结婚》《江姐》《洪湖赤卫队》等经典民族歌剧作品的重现；既有中国歌剧作品，也有外国歌剧作品。参演艺术家亦是星光熠熠，指挥祖宾·梅塔、张国勇等，演员阎维文、么红、雷佳、王宏伟、刘丹丽、孙砾等均将在歌剧节期间亮相。二是突出民族歌剧创作。文化部在总结歌剧《白毛女》首演70周年纪念活动成功经验的基础上，从2017年开始实施“中国民族歌剧传承发展工程”，按照习近平总书记关于“不忘本来、吸收外来、面向未来”的重要讲话精神，积极探索中国民族歌剧在新时代传承、发展和创新的举措。文化部成立了“中国民族歌剧传承发展工程”指导委员会，召开了中国民族歌剧创作座谈会，并从全国报送的歌剧作品中，遴选出8部剧目参加本届歌剧节展演。届时，民族歌剧将一改近年来创作式微的局面，以崭新的面貌呈现在观众面前。三是突出现实题材创作。参演现实题材作品将关注的目光投向精准扶贫、科技工作者和道德模范等领域，以优美的旋律、生动的笔触、真挚的情感和富有地域特色的表现方式，刻画了一个个接地气的现实人物形象。四是进一步加强评论。按照中央关于评奖改革的有关精神，本届歌剧节不再设奖，而是采取“一剧一评”的方式，组织专家观摩演出并对每一部参演剧目进行研讨，在帮助参演剧目提升艺术质量的同时，凝聚发展共识，引导创作方向。五是坚持文化惠民。

【述评】第三届中国歌剧节的观察与思考

◎ 陈乾

歌剧是舞台艺术的瑰宝之一，同时也是衡量一个国家舞台艺术创作表演水平的重要标志。中国歌剧艺术诞生数十年来，凝聚了几代歌剧艺术家的不懈努力，在根植于我国民族传统艺术的沃土之上，以结合人民群众的生产生活为根本宗旨，诞生了一批诸如儿童歌舞剧、小调剧、秧歌剧、话剧加唱、戏曲音乐类型剧、歌舞音乐类型剧等经典的艺术形式，以及诸如《白毛女》《小二黑结婚》《江姐》《原野》《野火春风斗古城》等的歌剧佳作，并逐渐形成了具有我国特色的歌剧艺术品种。近年，在国家文化部门的支持和引导下，歌剧艺术发展迅速。为推动优秀歌剧作品和歌剧人才的不断涌现，促进歌剧事业的繁荣兴盛，中华人民共和国文化部从2011年开始举办中国歌剧节，每三年一届。2017年12月16日至2018年1月10日，由中华人民共和国文化部、江苏省人民政府主办的第三届中国歌剧节分别在主会场南京和分会场无锡、常州、徐州四地举办。

2017年12月16日，第三届中国歌剧节开幕式在江苏大剧院隆重举行。文化部领导和江苏省领导先后致辞时指出：这是党的十九大召开之后我国歌剧界的一大盛事。本届歌剧节的召开必将对中国歌剧艺术的发展产生积极的推动作用。

自2017年12月16日开幕式专场音乐会在主会场南京开幕之始，第三届中国歌剧节在为期26天活动中，于9个剧院的11个剧场展演了23台剧目，共计演出45场次。与此同时，歌剧节期间还邀请歌剧表演艺术家、歌剧理论家、剧目主创成员等，参加“一剧一评”15场、歌剧艺术讲座6场，下基层演出5场，累计剧场观众达7万余人次，网络观看超过26万人次。

本届中国歌剧节的规模、持续时间和展演剧目均为历届之最，共计展演中国题材作品14部、经典民族歌剧5部，外国歌剧1部，特邀剧目3部。（见表）这些作品中既包含《马向阳下乡记》《有爱才有家》《呦呦鹿鸣》等现实题材剧目，也有《松毛岭之恋》《青春之歌》《长征》等革命题材和《木兰》《蔡文姬》《玛纳斯》等历史题材作品；既有《白毛女》《小二黑结婚》《星星之火》等经典作品的复排展演，也有《檀香刑》《青春之歌》等经典文学名著的歌剧新阐释。

第三届中国歌剧节演出日程安排

城市	时间	剧目名称	创作演出单位	演出剧场
南京	2017年12月16日	开幕式音乐会 第三届中国歌剧节集萃	无锡歌舞剧院等	江苏大剧院
	2017年12月18日至19日	《蔡文姬》	河南歌舞演艺集团有限责任公司	江苏大剧院
	2017年12月18日至19日	《马向阳下乡记》	青岛市歌舞剧院	南京保利大剧院
	2017年12月21日至22日	《呦呦鹿鸣》	宁波市演艺集团有限公司	江苏大剧院
	2017年12月25日至26日	《小二黑结婚》	中国歌剧舞剧院	南京保利大剧院
	2017年12月27日至28日	《木兰》	中国交响乐团	江苏大剧院
	2017年12月29日至30日	《松毛岭之恋》	福建省文化厅 福建省歌舞剧院	南京保利大剧院
	2018年1月1日至2日	《白毛女》	文化部出品、中国歌剧舞剧院演出	江苏大剧院
	2018年1月2日至3日	《檀香刑》	山东艺术学院	江苏大剧院
	2018年1月4日至5日	《玛纳斯》	中央歌剧院	南京保利大剧院
	2018年1月4日至5日	《鉴真东渡》	江苏省演艺集团	南京荔枝大剧院
	2018年1月6日至7日	《长征》	国家大剧院	江苏大剧院
	2018年1月10日闭幕演出	《拉贝日记》	江苏大剧院、 江苏省交响乐团、 江苏省歌舞剧院	江苏大剧院

续表

城市	时间	剧目名称	创作演出单位	演出剧场
无锡	2017年12月19日至20日	《星星之火》	沈阳音乐学院	无锡宜兴保利大剧院
	2017年12月20日至21日	《江姐》	空政文工团	无锡市人民大会堂
	2017年12月27日至28日	《张思德》	南充市文化艺术演艺有限责任公司、四川省南充歌舞剧院、四川省交响乐团、北京草原恋青年合唱团	无锡市人民大会堂
	2018年1月5日至6日	《二泉》	江苏省文化厅、无锡市歌舞剧院有限责任公司	无锡大剧院
	2018年1月7日	《阿依达》	上海歌剧院	无锡宜兴保利大剧院
常州	2017年12月20日至21日	《辛夷公主》	重庆歌剧院、重庆交响乐团	常州保利大剧院
	2018年1月2日至3日	《楚庄王》	湖北省歌剧舞剧院	常州保利大剧院
	2018年1月3日至4日	《青春之歌》	浙江歌舞剧院有限公司	常州金色大厅
	2018年1月6日至7日	《有爱才有家》	荆州九歌文化传媒有限公司	常州保利大剧院
徐州	2017年12月27日至28日	《洪湖赤卫队》	湖北省歌剧舞剧院	徐州音乐厅
	2018年1月4日至5日	《盐神》	四川省自贡市歌舞曲艺演艺有限责任公司	徐州音乐厅

在23部展演作品中，包含年度首演剧目和全新修改提升后再次上演的优秀剧目15部，文化部扶持民族歌剧指导委员会予以指导的民族歌剧8部。本届歌剧节依旧延续近年文化部组织的多项大型国家文艺展演的惯例——“重评论、轻评奖”，并开设了“一剧一评”单元。“一剧一评”座谈会上邀请了文化部专家评论组专家乔佩娟、郭兰英、羊鸣、黄奇石、王祖皆、居其宏、冯柏铭、黄维若、刘麟、莫凡、臧云飞、沈承宙、杨双智、李元华、李小祥、赵承燕、廖向红、陈蔚、王湖泉、何兆华、周英和特约评论员王道诚、蒋力、傅显舟、游暐之、陈志音、伦兵、项筱刚、肖文礼、陈乾等。在歌剧节分项研讨环节，歌剧界专家就该届歌剧节的重点剧目进行了分析和研讨。中国文艺评论家协会主席仲呈祥、中国音乐家协会名誉主席赵季平参加了部分剧目的创作研讨座谈会。

歌剧是国家文化事业成果的展现方式之一。同时，它也是彰显一个国家综合舞台艺术实力的重要标志。在推动优秀歌剧作品和人才涌现，促进歌剧事业的繁荣兴盛方面，本届歌剧节呈现出如下几个特点：

一、立体丰满的人物塑造

人物形象是歌剧创作的重中之重，作品中人物形象塑造的成功与否直接决定着歌剧作品的艺术水准。第三届歌剧节的参演作品中，数个具有鲜明特色的人物深入人心：有知性、温柔、端庄、谦虚、内敛的科学家屠呦呦，也有有学识、有理想、有抱负、有热情的扶贫第一书记马向阳；有大爱至诚、善良坚韧的“好妈妈”刘德芬，也有深情、贤惠、隐忍、坚守爱情“独角戏”的赖阿妹……人物形象塑造的成败，要看这个人物是否有着人性的光辉，是否因此而更加立体和丰满。在艺术表现中，有关人物性格的诠释，既可以抽象，也可以具象。一个经典艺术性形象的树立，能够引起观众的共鸣和共情，甚至能够成为观众现实生活中的榜样。回首中国歌剧近百年的发展历程，在以阶级斗争为纲的年代中，文学艺术创作呈现出强烈的社会特征，女性意识是较为单一、固化，甚至是略带程式化的。但是，其与社会和政治情境结合的歌剧形象塑造，最能获得群众的喜爱流传至今，是因为这些女性形象能够真实地体现出人民意识的觉醒、社会的进步和国家命运的息息相关相契合。

改革开放以来，中国歌剧艺术家将创作热情转移到神话传说和文学佳作中去，他们将歌剧中的人物形象赋予特有现实观照，其内涵和情感也逐渐多元。第三届中国歌剧节的参演剧目中，既有现实题材作品，也有革命题材和历史题材作品。白毛女、小芹、蔡文姬、花木兰、眉娘、辛夷公主、楚庄王、玛纳斯、鉴真、阿炳、张思德等一个个立体而丰满的形象被集中呈现。他们从创作中赋予人物更加立体多面的特质，到为了创作成功的人物形象而赋予其更加多元的戏剧表达，再到艺术形象人性化的回归，最终获得崇高的美学品格。这是一个逐渐在深度和广度中摸索与实践的过程，而这些原创新作和时代经典、现实题材和文学历史中的人物，都为我们呈现出中国歌剧艺术家们正在这条道路上执着前行。

二、有血有肉的现实观照

第三届歌剧节更加突出民族歌剧和现实题材创作。在习近平新时代中国特色社会主义思想的指引下，歌剧艺术工作者坚定文化自信，坚守中华文化立场，努力创作出了一批具有中国风格中国气派的民族歌剧作品。这些优秀的民族歌剧新作，在本届歌剧节中集中亮相。这其中包含文化部“中国民族歌剧传承发展工程”9部重点扶持剧目。它们将现实题材的民族歌剧作品关注的目光投向精准扶贫、科技工作者和道德模范等领域，以优美的旋律、生动的笔触、真挚的情感和富有地域特色的表现方式，刻画了一个个接地气的现实人物形象，描绘了新时代中可歌可敬的先进人物和事迹，以过硬的艺术质量和群众的褒奖向我们传递了：歌剧创作应增强文化自信、保持文化定力。中国歌剧艺术离不开它的土壤，离不开它的受众，为最广大人民的根本利益服务，就得在本土化的过程中让外来的艺术形式“适应”中国的“水土”。《马向阳下乡记》《呦呦鹿鸣》《有爱才有家》等作品的成功，更加有力地印证了歌剧创作不能脱离时代，不能脱离群众。歌剧创作者要善于发掘在现实生活中与群众切身利益相关的事，创作出能够引起广泛共鸣的现实题材新作，得到百姓的认可，降低歌剧艺术的门槛、扩大歌剧艺术的魅力。经验一次次地告诉我们，不成功的歌剧作品往往都与观众有难以消除的距离，这种距离并不单一仅限于技术问题，更多的是题材的选择和立意的鲜活。

众所周知，改革开放以来，中国原创歌剧在创作风格性上严重失衡，歌剧行业暗存“鄙视链”一说，即西洋正歌剧加现代作曲技法位于鄙视链的顶层，导致继承民族歌剧传统的作品少之又少；在歌剧题材的选择上同样存在着“厚古薄今”的现象，神话传说、历史典故等长期占领歌剧舞台，现实题材作品寥寥无几，且质量堪忧。第三届歌剧节期间集中展示的15部歌剧作品中，有三部现实题材新作完成了首演，并引发多方好评，是当今现实题材民族歌剧创作的新收获，也是中国歌剧界在多年以来现实题材创作的首次飞跃。实践告诉我们，坚守文化立场、坚定文化自信，研究群众的审美，想方设法缩短与群众的距离是歌剧艺术生死存亡的关键问题。

三、整合调动、创作演出趋于常规化

在国家文化部门的扶持和指导下，近十年来，中国舞台上的歌剧排演已达到初步的高峰。就歌剧制作和演出而言，十八大以来，中国歌剧已逐步扭转高投入过后“刀枪入库”等因缺乏活力与创造力导致歌剧产业支撑力不足的情况。习近平总书记在十九大报告中明确指出“社会主义文艺是人民的文艺，必须坚持以人民为中心的创作向导，在深入生活、扎根人民中进行无愧于时代的文艺创造”，这一论述为歌剧创作指明了方向——在国家各级文化部门的组织和引导下，歌剧艺术家们一改往日闭门不出、埋头创作的状态，深入生活、扎根人民。田野采风令他们眼光更加开阔，歌剧创作技法有了整体性、根本性的突破。第三届歌剧节中上演了包括《盐神》《二泉》《檀香刑》《有爱才有家》《马向阳下乡记》等在内的不少作品都无一例外地呈现出歌剧艺术工作者成功地把西洋歌剧的艺术经验与地方戏曲、曲艺、民歌等艺术形式的特色结合而来的新尝试，为中国歌剧本土化发展做出了积极的探索。此外，近年来，在国家的扶持下，各项重大艺术活动与展演缤纷而至。就歌剧而言，在国家级的演出平台中，仅 2017 年就有国家艺术院团演出季、第三届歌剧节、2017 国家大剧院歌剧节等。此外，各类省级歌剧活动层出不穷，歌剧新作创排、巡演不断。

原创歌剧已初步形成了创作演出常规化、合二为一的势头。歌剧的创作承载着创作者的生命体验，令人欣喜的是，不少歌剧艺术家也已投入到歌剧导赏、歌剧普及和歌剧演出进校园的活动中，为消除创作者和受众的距离积极工作。他们在充分了解观众审美的基础上，培养观众、引导观众、调动观众，为歌剧艺术获得最广泛的受众群体而努力。

四、音乐写作与戏剧表演日趋成熟

一部好的歌剧是以歌剧的形式，来表现创作者对社会和人类命运的深刻思考。他们以歌剧思维来写歌剧，其中包括歌剧思维的结构、语言、技法和观念等方面。戏剧为骨，音乐为肉。音乐要符合戏剧的思维，戏剧要有利于音乐的发挥。好的创作不能因为唱歌而破坏了戏剧的节奏，影响信息的传达，也不能为了讲清故事而忽略歌剧的基本形式。中国歌剧要让国人喜爱，歌剧音乐的创作，尤其声乐写作部分是其中最重要的环节。音乐是歌剧的灵魂，解决一度创作问题，中国歌剧走向复兴便不是空谈。在音乐写作层面，第三届歌剧节中上演的不少剧目都向观众呈现着旋律优美动听，音乐集中贯穿，具有浓郁的生活气息和民俗风情。民族歌剧《马向阳下乡记》《呦呦鹿鸣》在音乐创作上，既吸收了胶州民歌、山东吕剧、浙江民歌、戏曲的音调作为旋律素材，又能够做到与戏曲音乐有所区别；《辛夷公主》《玛纳斯》等，在加强歌剧音乐的戏剧性方面，也使用了独特的艺术技巧。在结合中国语言特征，研究歌剧宣叙调的创作方面，是中国原创歌剧融进歌剧大家族的重要一环，也是全体歌剧艺术家们的共同课题。

近年来，在大力培养中国歌剧作曲家，加强歌剧音乐创作研究的同时，我们也欣喜地看到，第三届歌剧节中涌现出一批业务过硬、表演精湛的年轻生力军，雷佳、王传亮、於敬人、郭橙橙、薛皓垠、李爽、阮余群、牛莎莎、韩蓬、宋元明、柯绿娃、蒋宁、毋攀等，他们为中国歌剧表演艺术的发展和壮大注入了青春的活力。

结语

歌剧是一门综合性的艺术形式，其进入中国近百年以来，已取得了令人瞩目的成就。第三届中国歌剧节呈现了近年中国歌剧创演的新成果，但由此引发的思考与实践才刚刚开始。

综合本届歌剧节的参演剧目而言，中国原创歌剧在二度创作中，已经取得了相当的成绩，但在文本与音乐的一度创作中，还有很长的路要走。

笔者认为，未来的发展中，中国原创歌剧应在以下方面保持开拓精神和突破意识：1. 适当压缩不必要的场面渲染，增强对剧中人物性格的刻画；2. 摒弃主题先行意识，着重提升戏剧情节，着力于戏剧冲突的书写与渲染；3. 改善当前文学创作中辞藻僵化，不接地气，忽视情感表达的创作观念；4. 在音乐创作中，坚持歌唱性与戏剧性二者并行不悖的关系，是剧目成功的重要保障；5. 歌剧从业者，应继续加强对中、外经典歌剧作品，乃至经典音乐剧作品的学习，在提炼与研究经典作品的共性和伟大性过程中，坚持对社会思潮的观照与思考，才能创作出有温度、有态度、有深度的佳作。

达成以上五点，是歌剧艺术展现新时代，描绘新生活，抒写新史诗，进行创造性转化，创新性发展的必经之路。伟大的时代呼唤伟大的作品，中国歌剧已翻开新的篇章，我们祝愿它茁壮，并为此贡献力量！

陈乾　中国艺术研究院副研究员

【视点】互联网时代，中国歌剧如何才能叫得响留得下

◎ 李蕾　陈童

在北京大学歌剧研究院联合中国艺术研究院、中国歌剧研究会、北京大学人文学部近日举办的第二届北大歌剧论坛上，与会专家学者围绕“中国歌剧民族性的现代呈现及其创作走向”的主题展开了深入讨论。那么究竟何为“中国歌剧”？北京大学歌剧研究院院长金曼把这个业界近几年频繁使用的词汇定义为“运用歌剧思维创作，用中国的语言、音乐语言和审美意趣，承载中国人的文化精神，反映当代中国社会现象和现实生活的戏剧形式”。习近平总书记在十九大报告中提出，要坚定文化自信，推动社会主义文化繁荣兴盛。这从国家文化战略的高度阐明了中国文艺亟须回归自身精神家园的根本问题。而中国歌剧作为承载民族文化精神、展现中华美学风范、体现国家艺术水准的优质载体，在文艺事业发展中受到国家前所未有的关注与重视。但在当下这个互联网时代，中国受众的文化需求和审美取向日趋多样、富于变化，给中国歌剧的发展带来新的挑战。

中国歌剧创作者仍需在提高原创能力、挖掘民族性、提高当代性、拓展更广阔的生存空间等方面下大功夫。

1. 业界心态浮躁 剧本套路肤浅

“不只是在创作数量上，目前中国歌剧在固定观众群，剧目上演场次、票房，以及对社会主流消费人群的影响力等方面，也无法达到话剧、音乐剧、原生戏曲那样的热度。”中国歌剧舞剧院演员陈小朵一语道破了中国歌剧的痛点。上海歌剧院副院长李瑞祥坦言，歌剧可谓舞台戏剧领域的航空母舰，其创作排演是一项规模大、周期长、耗资巨、回报小的艺术工程。中国歌剧更是如此，又不像经典歌剧拥有一定的群众基础和文化积淀，所以更容易遭遇票房少、演不起，剧场几日游后便被束之高阁的窘境。再加上受功利主义的影响，有的机构枉顾艺术生产规律，为了赶节庆、迎庆典而选取一些不适合歌剧演绎的题材，在制作上采取速战速决的方式，最短甚至几天就拼凑出来。如此仓促不走心，就出现了一些粗制滥造之作。

互联网时代，可供人们选择的文艺产品数量激增，服务也便捷多样，受众对歌剧艺术性、思想性的要求自然水涨船高。要吸引观众专程买票到剧场观看歌剧，作品必须有说服力和感染力。

“打铁还需自身硬，光抱怨歌剧创排有难度、不容易，是不行的。”中国艺术研究院音乐研究所副研究员王纪宴举例说明，业界存在一种认识误区，以为歌剧以作曲为重，成败全看音乐是否优美动听，编剧只是按照作曲家的意志剪裁甚至填词造句。但实际上，歌剧是一门综合艺术，如果编剧不专业，不了解歌剧剧本的写作规律，缺乏相应的歌剧音乐感受力，剧本则容易出现音乐与故事不协调、情节与结构不清晰、形式与逻辑不通顺、形象缺乏人格魅力、内容缺乏思想深度等问题，再伟大的作曲家也救不了。音乐评论家景作人也对此深以为然，当下的歌剧作品对社会热点的追踪，大多停留在表扬好人好事上。创作因缺乏触及社会问题的敏锐和扎根人民生活的勇气，而流于肤浅、陷入套路。“这与业界出现人心浮躁、创作缺少高水平剧作家的参与等不良趋势不无关系。我国并不缺少剧作人才，问题是如何才能发现他们，使用他们，更好地调动他们的积极性。”他补充道。

2. 创作态度犹疑 风格非中非洋

有人说中国作曲家是幸福的，因为中国音乐矿藏富饶，不仅 56 个民族各有独特的音乐风格，深厚的古典戏曲和文化资源也为创作者提供了取之不尽、用之不竭的启发和灵感。然而，这些有时却成了中国歌剧音乐创作的“甜蜜负担”——由于有的创作者继承不彻底，发展不全面，态度上“徘徊”，功力上欠缺，丰富的资源在某种程度上反而成为掣肘发展脚步的阻力。提出这一观点的景作人解释说，一些作品在形式与风格上站在“民族”与“西洋”的十字路口摇摆不定，一会儿强调民族性，一会儿注重交响性，有时还会添加戏曲、话剧乃至音乐剧元素，结果形式和内容严重脱节，不伦不类，非洋

非中，成了“夹生饭”。有些作曲家懒于采风，把从西方学来的带有实验探索性的音乐符号拼凑起来。而另一些采风归来的作曲家则用“旧瓶”装“新酒”，把民间听来的民歌拆装一下，填上新词，就算自己的作品。如此生拼硬凑，投机取巧，欠缺艺术智慧和创作诚意的融合，生产出来的音乐自然不符合“中国耳朵”的审美习惯，很难在听众中产生共鸣。

“当下作曲家们面临的最大困惑就是应该借鉴什么，舍弃什么。犹豫徘徊和故作高深都是欠缺的表现。要解决中国歌剧音乐的发展难题，首先要从建立创作上的文化自信开始。”景作人分析道。沈阳音乐学院教授徐占海从采金矿的过程得到了启示：“矿工将矿石碾碎磨成粉，置入池中进行化学反应，再将液体表面浮起的金粉撇出来炼金。这个过程值得我们思考，即我们有没有把中国丰富的民族音乐矿产磨成粉，冶炼出真正属于自己的音乐，既守住了东方审美的‘流’，又体现了时代表达的‘变’。”

3. 脱离时代诉求 缺乏创新精神

歌剧虽然是舶来艺术，但在引入中国的百年间也掀起了多次文化热潮，产生过巨大的社会反响。诸如《白毛女》《小二黑结婚》《江姐》《洪湖赤卫队》《木兰诗篇》等，在当时脍炙人口、家喻户晓，成为镌刻在几代人心中的文化记忆。可是为什么今天的主流戏剧观众却对歌剧艺术尤其是中国歌剧产生了种种成见和疏离感呢？带着这样的疑问，陈小朵在现在很火的几个戏剧观众群里“潜水”多时：“从他们的交流中我发现，现在的观众普遍认为中国歌剧创作和运作思维陈旧，手段老套，缺乏创新，让人难免产生心理距离。”“在中国歌剧创作中，空间上的本土化和时间上的现代化就像硬币的两面，缺一不可。然而，现在很多从业者在进行本土化改造的同时，却忽略了对当代性的诠释。不少耗资巨大的歌剧作品以‘昙花一现’收尾，就与主创人员因循守旧的‘自闭’心理有关。换句话说，他们的想法与当下的社会生活和大众欣赏习惯脱节了，未能顺应时代发展的潮流，在作品的艺术表现手法、宏观设计思路、宣传普及方式上实现创新突破、提升现代质感，这样就很难与年轻群体产生勾连，拓展更大的市场空间。”知名词作家王晓岭进一步解释道。

文艺作品唯有经受住大众的欣赏和解读，才能真正实现其社会价值。所以，新时期的中国歌剧仍应以人民为导向，可高雅却不可高冷。歌剧人要主动走向市场，在深入了解观众所思所想的基础上，制作推广作品，普及中国歌剧。很多制作机构已经意识到了这个问题，比如，国家大剧院线上线下两手抓，一方面拍摄歌剧电影、策划歌剧音乐会，举办歌剧电影展、歌剧艺术主题展等活动，另一方面建立了“歌剧兴趣培养学校”，为中小学生提供观摩学习、欣赏排演等艺术实践机会。再比如，中国歌剧舞剧院创排的歌剧《林徽因》在开演前，将符合现代审美的宣传形象照和主题曲 MV 放到社交网络上，吸引受众的关注，惹得网友们纷纷留言询问首演时间。景作人说：“歌剧也可以是时尚的。我相信，随着社会艺术普及的深入与大众审美水平提高，中国歌剧的艺术性、思想性、创新性，以及社会反响等诉求，一定可以相逢在某处。将来的年轻人会逐渐对歌剧产生浓厚的兴趣，中国歌剧早晚会成为他们日常艺术欣赏的重要选择。当然，要做到这一点，就必须静下心来看清现在的差距，找到发展的顺畅之路，从而确立中国歌剧的风格和特点。”

李蕾 《光明日报》记者

陈童 《光明日报》通讯员

原载《光明日报》2017 年 12 月 4 日

【视点】歌剧创作的支点——中国民族歌剧学习笔记

◎ 欧阳逸冰

倘若以儿童歌舞剧《麻雀与小孩》为雏形，那么，中国现代民族歌剧艺术已有近百年的历史了。

前辈拓荒者们一代一代地用自己的智慧、才华和热忱，开辟出了鲜花与荆棘交互而生的道路，令人在繁华与落寞的交替之中思辨——

"没有观众，就没有戏剧"（萨塞语）。中国民族歌剧拿什么去培育自己的忠实观众？有观众，还得"忠实"，只能依靠民族歌剧自身的魅力。

那么，歌剧的魅力从何而来？

有人说，当然是音乐，因为歌剧是唱的艺术。君不见，一首《北风吹》跨越70多年，倾倒了几代中国观众，其旋律之亲切，在于河北民歌《小白菜》与《青阳传》的融通，其曲调之流畅在于"前三句结束音改为上行，3/4拍"，使喜悦之情跃然于音符之上；一首《清粼粼的水蓝莹莹的天》曲调明朗、愉快、舒展，至今唱起来还令人心清气爽；一首《数九寒天下大雪》热情、明快、有力，犹如寒冬中喷涌奔流的热泉；一首《洪湖水浪打浪》以那宽阔而荡然的节奏、悠扬而绮丽的曲调，回旋在观众心中长达半个世纪之久；一首《红梅赞》把刚健与优美、坚定与潇洒、现代与民间融汇得如此天衣无缝；一首《什么结子高又高》以轮回往复的民谣对答，无处不洋溢着劳动者的机趣、智慧，无处不洋溢着对生活的热爱……还有，歌剧《伤逝》中子君的独唱《一抹夕阳》、《原野》中的二重唱《大麦呀，穗穗长》、《苍原》中娜仁高娃的独唱《情歌》等。

世界著名歌剧更是如此，《费加罗的婚礼》中凯鲁比诺的《你们可知道，什么是爱情》、《唐璜》中唐璜的《打开你的窗，亲爱的》、《自由射手》中的合唱《胜利》、《伊凡·苏萨宁》中的合唱《光荣颂》等等，数不胜数，犹如珍宝馆，灿灿灼目。

果然，歌剧只是唱的艺术？

然而，德国伟大的作曲家瓦格纳却认为这是歌剧史上的一个严重错误，尽管歌剧创作者和欣赏者首要关注的是音乐，但是，音乐是歌剧艺术中的手段，戏剧才是真正的目的（见《西洋歌剧简史与名作》）。

然而，又一个"然而"，在某些创作者和欣赏者中，知道瓦格纳在《歌剧与戏剧》中的这一论辩是一回事，创作实践和欣赏实践又是另一回事。有人甚至理直气壮地说，我们歌剧演员就是会唱，不喜欢也不会戏剧表演，所以，剧本中的戏剧性行动最好少出现，甚至不出现。无疑，隐含着的就是对歌剧的戏剧性的轻视。不能不说，这种情况并非鲜见。

那么，如何理解歌剧是用音乐的手段（演唱与演奏）来实现戏剧的目的？所谓戏剧的目的，就是人，"戏剧是以人自身为目的"（谭霈生语），塑造剧中人物的艺术形象，使之在戏剧性的歌唱与表演中栩栩如生，活在观众的心灵里。"戏剧的兴趣应当集中在主要人物身上，戏剧的基本思想是在这个主要人物的命运中表现出来的"。（别林斯基语）"在戏剧艺术中，人的动机应该具有感性的丰富性，应该折射出灵魂最深沉、最多样化的运动。"（谭霈生语）歌剧创作思维的要义或许就是这样的，用音乐的方式（歌唱与演奏）去刻画人物的命运变化，去体悟并表现出人物"灵魂最深沉、最多样化的运动"。而人物命运的变化，灵魂深处的多样化运动恰恰就是最先出现的一部正待创作的歌剧的戏剧故事。

歌剧《白毛女》是中国民族歌剧真正成熟的标志，开辟了民族歌剧崭新篇章。其中，叹为经典的唱段，从《北风吹》《卖豆腐赚下了几个钱》（父女对唱，又称《红头绳》）到《刀杀我，斧砍我》《恨是高山仇是海》，再到《我是人》，精彩地生动地刻画了主人公喜儿从一个单纯、活泼、向往幸福的农村少女，到一个被侮辱被损害的奴隶，一个被推入苦难深渊、不见天日的"鬼"，再到获得解放的人的命运演变。这些歌唱乐曲在揭示喜儿命运巨大的戏剧性变化的同时，无处不在的是这个人物"灵魂最深沉、最多样化的运动"。这是歌剧《白毛女》不同于一般的"唱的艺术"的根本所在，是感动人、震撼人的主要缘由。

歌剧的唱是从戏剧人物的性格与命运出发的，又是为了表现戏剧人物的性格与命运为归宿的。

显然，瓦格纳的论辩"音乐是歌剧艺术中的手段，戏剧才是真正的目的"，在《白毛女》中得到了实实在在的证实。嗣后成功的民族歌剧，譬如《小二黑结婚》《洪湖赤卫队》《刘三姐》《江姐》《原野》《苍原》……都是这个论辩的坚实例证。

在中国歌剧史上，值得注意的一个细节是歌剧《白毛女》的创作契机："白毛女故事经多渠道传入'鲁艺'后，引起师生们的浓厚兴趣，全院上下认为这是一个很好的歌剧题材，周扬力主写成一出民族新歌剧……"（见《中国歌剧史·上》）也就是说，白毛仙姑的传说从1940年就有了，只有到了1944年后，鲁艺的师生们用歌剧的思维去检视，一触即发，确认这是"很好的歌剧题材"。

这个"很好的歌剧题材"，就是一个可供创作成歌剧的戏剧故事。也就是说，这就是歌剧《白毛女》创作的开端，是这部具有里程碑意义的民族歌剧作品横空出世的一个支点。

遍观中外歌剧史，成功的歌剧创作都是从歌剧故事的确立开始的。除了像《白毛女》这样，直接从现实生活中发现并确立戏剧故事外，还有不少是从文学名著和民间文学中挖掘出歌剧故事来，譬如《王贵与李香香》《小二黑结婚》《刘三姐》《望夫云》《阿诗玛》……直至《江姐》《伤逝》《原野》。正如莫扎特与诗人达·蓬特（脚本编剧）合作把博马舍的剧作《费加罗的婚礼》改编成同名歌剧，格林卡从普希金的剧作《鲁斯兰与柳德米拉》获取歌剧故事，里姆斯基－科萨科夫在普希金的诗作《金鸡》找到歌剧素材，穆索尔斯基则从普希金的剧作《鲍里斯·戈都诺夫》和《俄国宫廷史》中构思了歌剧故事，成功地创作了四幕歌剧《鲍里斯·戈都诺夫》。

重述这些歌剧常识，就是为了回答开篇提出的问题——中国民族歌剧足以赢得观众的魅力从何而来。

如果承认歌剧首先是戏剧，如果承认瓦格纳的这一尖锐、正确的论辩是实事求是的话，那么，一个用歌剧思维提炼出来的戏剧故事（或称戏剧文学故事）就是歌剧艺术创作的支点。

那么，魅力也就是从这个歌剧思维提炼出来的戏剧故事开始发生的。认真学习民族歌剧成功剧作的戏剧故事，我们不能不为之喟叹的是，那些以为歌剧仅仅是唱的艺术（分角色唱歌），以为戏剧文学仅仅是音乐的一块衬布，随便把一个什么故事梗概拿来就按照想象中的女高音、男高音来谱曲的做法，实在就是"盲人骑瞎马，夜半临深池"。更有甚者，如果对此提出异议，对方马上就抛过一顶帽子：你那是话剧加唱！这几乎是轻慢歌剧戏剧性的通用盾牌。为此，我们不妨探求一下，那个作为歌剧艺术创作支点的，用歌剧思维提炼出来的戏剧故事至少应该具备怎样的基本特征？

第一，单纯而有意味

譬如，一个佃户的女儿（喜儿）仅仅因为少东家黄世仁的色欲就失去了一切，包括自己的人格与生存的权利。她虽然逃出黄家的魔掌，却逃不出凄惨的命运。是抗日民主根据地的军民把她解救出来，使她重见天日。如此单纯的故事里，其深深的意味具有鲜明的时代性：旧社会把人逼成"鬼"，新社会把"鬼"变成人。

单纯不是单薄，是一滴醇酒给人的丰富感受，是一幅画面给人的无尽想象，是一声清音给人的天外遐思——这些言说不尽的意会只能用音乐去表现。

第二，激变而有深蕴

譬如，把鲁迅的名篇《伤逝》变成同名歌剧故事的关键是一个新颖独特的构建：把全剧分为春夏秋冬，贯穿全剧的整体动作是爱情的萌生、发展、逆转、消失。冬的激变无不预伏在前三个季节篇章里，而激变之后，令人往返回味前三个季节所表述的爱的柔弱，爱的孤独，爱的攀附，以及爱的花瓣在冷峻涡旋中的飘零，其深蕴无尽。

不管我们是不是认可亚却用"激变（危机）"来概括戏剧的本质，激变的确使戏剧艺术具有诱人的魅力。因为生活历经种种内外因积累之后，总是会发生激变的，激变中更加显示人物命运和性格的独特光彩，显示生活莫名的含蕴。而这用更直接，更单纯，也更具概括性的歌剧音乐去表现，才真叫妙不可言。

第三，真实而有诗意

譬如，1963年重庆版的《江姐》，干脆就请了一位诗人来当编剧，"这种引诗入戏，把歌剧当做颂歌来写的手法是这次改编的主要特点"（见《中国歌剧史·上》）。而1964年空政版的《江姐》一首主题歌《红梅赞》跨越了时间的河流，至今仍然脍炙人口的根本原因，不仅是这首歌写得好，唱得好，更是因为这首歌把整个歌剧故事中的浓郁的诗意与深刻的哲理高度形象地概括出来了。而这种浓郁的诗意与深刻的哲理是在江竹筠与沈养斋、与甫志高的戏剧冲突中升华出来的。

贺敬之说，“诗、音乐、戏剧”是歌剧的“三大要素”，“使之（歌剧）成为诗的东西……它避免生活的完全自然形态的处理，避免散文化”。当提供创作的歌剧故事具有盎然的诗意的时候，作曲家才能像雄鹰一样，让自己敏锐的目光里闪动着灵感的光泽，让浑身涌动着猎取成功的热情，让双翅拍动着穿云破雾……

一句话，所谓用歌剧思维提炼出来的戏剧故事就是饱含音乐元素的富矿，就是隐藏在故事里的充溢着各种情感的心灵在呼唤，就是使用音乐这种人类万能语言表现命运与情感的强烈渴望。当然，仅仅有一个诱人的歌剧故事远不是创作成功的全部，然而，没有这样一个诱人的歌剧故事，成功的彼岸只能在梦里相望。

为了让歌剧作曲家们腾飞起来，给他们这样一个美妙的支点吧。

欧阳逸冰　国家一级编剧，中国儿童艺术剧院原院长

原载《文艺报》2017 年 4 月 19 日

【评论】传承发展中国民族歌剧的重要意义

◎ 黄奇石

在中国特色社会主义新时代，传承发展中国民族歌剧，其意义十分重大。我认为至少有以下三个“有利于”。

其一，有利于正确认识中国歌剧的历史。70 多年来，我国歌剧艺术工作者创作演出了《白毛女》《小二黑结婚》《洪湖赤卫队》《红珊瑚》《江姐》等一大批经典民族歌剧作品，形成了中国民族歌剧的优良传统，开辟了中国歌剧繁荣发展的崭新道路。许多经典唱段脍炙人口、传唱至今。可以说，以《白毛女》为代表的中国民族歌剧为世界歌剧艺术的发展做出了重要贡献。这一段辉煌的歌剧历史和歌剧传统曾有一段时间却未能受到足够重视，也较少有人去踏踏实实地研究冼星海、聂耳、马可等中国作曲家的作品。传承民族歌剧十分必要，而且十分紧迫。

其二，有利于当代歌剧创作者科学地把握歌剧艺术的本质特征。民族性是歌剧带有根本性的艺术特征，是一种客观存在的事实。翻开世界歌剧史就不难看出，民族性是世界歌剧的共性，是普遍规律。欧洲歌剧于 16 世纪末诞生于意大利后逐渐向四周传播，先后传入并影响西欧与北欧各国，以及俄罗斯与东欧。这些国家先后产生了自己的歌剧，都具有各自的民族特征，跟意大利歌剧并不是同一种模式、同一个腔调。奥地利有莫扎特的轻歌剧，德国有瓦格纳的乐剧，法国有喜歌剧，俄罗斯有格林卡、鲍罗丁的歌剧，直至出现柴可夫斯基的歌剧高峰。欧洲各国的歌剧无不反映本民族的生活与性格特征，意大利人的热情四溢、德国人的坚韧持重、法国人的浪漫、俄罗斯人的忧郁……都淋漓尽致地反映在各自的歌剧中。由此可见，歌剧的民族性并不是我们的主观臆断，而是世界各民族歌剧的共同特征，创作《白毛女》的前辈的杰出贡献正在于他们用这一伟大的歌剧宣告中国民族歌剧的诞生，并在世界歌剧占有了一席之地。文化部于 2015 年组织开展了纪念歌剧《白毛女》在延安首演 70 周年系列活动，2017 年开始实施中国民族歌剧传承发展工程，成立工程指导委员会，召开中国民族歌剧创作座谈会，并从全国遴选优秀剧目进行重点扶持，形成一股民族歌剧的创作热潮。12 月 16 日在南京开幕的第三届中国歌剧节是党的十九大后举办的歌剧盛会，将集中展示一批民族歌剧新作。

其三，有利于未来中国歌剧沿着正确方向健康地发展。习近平总书记在十九大报告中明确提出，要“不忘本来，吸收外来，面向未来”。中国歌剧未来如何发展？无非是两条：一是继承，二是创新。有传承才能继承，有创新才能发展。包括歌剧艺术在内的艺术时空坐标是：一代有一代的艺术，这是时间，

需要创新性、现代性；同时，一个民族又有一个民族的艺术，这是空间，需要民族化与民族特色。准确地把握住艺术时空坐标，传承好民族歌剧（从艺术教育到艺术实践），是中国歌剧发展的关键。

需要指出的是，我们主张当代歌剧要传承民族歌剧乃至古典戏曲、民歌曲艺等民间艺术的优良传统，并不排斥对国外优秀歌剧艺术的学习与借鉴。洋为中用与古为今用都是不应忽视的。

有丰厚的传承与大胆的创新，我对中国歌剧未来的发展充满信心。

黄奇石　中国歌剧舞剧院原副院长

原载《中国文化报》2017 年 12 月 21 日

【评论】坚定文化自信繁荣歌剧创作

◎ 王祖皆

创新是艺术的生命，没有创新就没有发展和提高；岂不知，文化是离不开土壤的，文化离不开它的受众，要为最广大人民的根本利益服务，就得在本土化的过程中，让外来的艺术形式接中国的地气，服中国的水土。

要繁荣歌剧创作，必须坚守中华文化立场，以我为主，兼收并蓄。除了要借鉴外国经典歌剧的创作手法和经验，掌握它的技术技巧之外，还要学习并精通中国戏曲，“用歌舞讲故事”和“假定性”的表演手段，“虚拟化”的表现手法，也要熟悉中国的民族民间音乐，研究中国的腔词关系，了解前辈们经过努力探索而建立的中国歌剧传统。

习近平总书记在十九大报告中提出，要坚定文化自信，推动社会主义文化繁荣兴盛。回想起他在中国文联十大、中国作协九大开幕式上对广大文艺工作者提出的四点殷切希望，其中第一点也是要坚定文化自信，用文艺振奋民族精神。可见，坚定文化自信是一个多么迫切、多么重要的问题。我在总政歌剧团担任副团长、团长和艺术指导工作多年，既组织歌剧剧目生产又从事歌剧音乐创作，所以对歌剧界的情况还是比较熟悉和了解的。实事求是地说，缺乏文化自信的问题在现今中国歌剧界也相当突出。不尊重民族文化传统，不顾及群众审美习惯，只满足于小圈子的孤芳自赏，不按照中国语言的四声规律照搬照抄西洋宣叙调写法，“食洋不化”的现象还相当严重。

我们正处在经济全球化、文化多元化的时代，世界各种思想文化相互激荡，文化与经济和政治相互交融、相互渗透，就像《人民日报》发表过的一篇文艺评论文章中说的：伴随着经济全球化的发展，世界文化交融的步伐正在加快。然而，由于族群、传统、社会结构和意识形态的诸多差异，国家族群间文化交融的状况极不均衡。发展中国家迫切希望公平参与全球文化交流进程，在世界舞台上发出自己的声音，但急切心愿的背后，也特别易于出现不顾客观实际，渴望强国认可且以他人标准为准则的文化焦虑症候……这是弱者自卑心理的反射，也是缺乏文化自信的表现。比如前些年，不管何等人士，也不管何种唱法，大家不惜重金拼命要挤进维也纳金色大厅举办个人音乐会，以此作为“走向世界”的标志，以此作为衡量“艺术水平”的标准；再比如，有的作曲家公开声称：我就是要写一部像西洋正歌剧一样的歌剧。把“像”作为自己的艺术追求，岂不知，你模仿得再像也是别人的东西，而且是别人过去的东西。创新是艺术的生命，没有创新就没有发展和提高；岂不知，文化是离不开土壤的，文化离不开它的受众，要为最广大人民的根本利益服务，就得在本土化的过程中，让外来的艺术形式接中国的地气，服中国的水土。这是在老一辈歌剧工作者中已经解决了的理论和实践问题，难道我们还要付出沉重的代价再走一遍吗？作为有着五千年悠久历史和文化传统的文明古国，我们应该保持文化定力，坚定文化自信。

早些时候，我曾经在国家大剧院看过两遍朝鲜民族歌剧《红楼梦》，他们是以上海越剧院的《红楼梦》为蓝本创编的，服饰、布景、道具、台步、身段、手势都是地地道道的“中国制造”，真切而感人。

后来他们又创编了《梁山伯与祝英台》，这些都是我们的文化品牌，别人都在借鉴创新，难道我们不应该更用心地建设自己的民族文化品牌吗？法国前总统密特朗有一句名言可为警示：一个失去自己文化特色的民族，最终会沦为被奴役的民族。只要能在保持自己民族文化特色的基础上，推动传统文化的创造性转化和创新性发展，相信我们的文化、我们的艺术不仅能走向大众，也能走向世界，不断铸就新的辉煌。

歌剧艺术是一门最为复杂的舞台综合艺术，有人把它喻为人类艺术皇冠上的明珠。它融音乐、戏剧、文学、舞蹈、舞台美术等为一体，是衡量一个国家舞台艺术创作、表演总体水平的重要标志之一。作为外来的艺术形式，它诞生于意大利，至今已有四百多年的历史，而歌剧随着五四新文化运动传入中国还不足百年。在本土化的过程中，老一辈歌剧艺术工作者成功地把西洋歌剧的艺术经验和艺术手段与秧歌剧、戏曲、曲艺、民歌的民族传统和民族风格结合起来，开辟了中国特色的歌剧发展道路，也创造了民族歌剧的辉煌，涌现出以《白毛女》《小二黑结婚》《洪湖赤卫队》《江姐》为代表的一大批优秀的民族歌剧经典之作，唱段家喻户晓，影响遍及全国。

2015 年，为了纪念歌剧《白毛女》在延安首演 70 周年，文化部组织复排了该剧，并制作了 3D 舞台艺术片，还组织了舞台剧在全国的巡演，巡演所到之处都受到广大观众的热烈欢迎，真是一票难求，盛况空前。最近，湖南广播电视台电视剧频道《小戏骨》栏目创新传承，让 6 岁到 12 岁的“00 后”小演员来演经典、学经典，相继用实景拍摄的民族歌剧《洪湖赤卫队》《刘三姐》《白毛女》为蓝本，一经播出，反响强烈，收视率居高不下，这充分证明了经典民族歌剧的强大生命力。这些经典民族歌剧为什么会有如此巨大的艺术魅力，并深受中国观众的喜爱呢？我认为最根本的原因是：它们都具有非常强烈的时代特征，非常鲜明的民族特色，非常优良的革命传统和非常广泛的群众基础。

新时期以来，歌剧创作呈现出多元发展的良好态势，真有“井喷”之势，越来越多的创作人员和歌唱演员都积极地投身到歌剧的创作、演出中来，这是前所未有的好事、喜事。但是，作为多元发展中的重要一员，民族歌剧的创作演出还没有引起大家的足够重视，也不够活跃，明显失衡。在我们团继《党的女儿》之后又推出民族歌剧《野火春风斗古城》时，音乐学家、评论家居其宏看完演出后曾发表感言：像以前《白毛女》《江姐》《洪湖赤卫队》这样的民族歌剧，如今在新世纪几乎是一脉单传，而总政歌剧团把它继承和发展了。人家虽然是褒奖我们一脉单传，但是也有点悲凉。有的报纸甚至刊登了“中国歌剧一路向西”的文章，造成这种局面的原因是多种多样的，但是缺乏文化定力、缺乏文化自信，是其中一个非常重要的原因。

艺术是为人民的，必须坚持以人民为中心的创作导向；歌剧是为人民的，必须纠正脱离群众、脱离时代的不良倾向。为此，文化部已正式启动了“中国民族歌剧传承发展工程”，旨在改变这一现状。我们只有在继承优良传统、接受人类文明精华的基础上创作出富有时代特征、民族气魄的歌剧文化，才是我们自立于世界民族之林，讲好中国故事，向世界展示中华民族形象的基础，才是我们积极参与世界文化交流，努力开拓国际文化市场，不断推动中华文化走向世界的保障。我认为，要繁荣歌剧创作，必须坚守中华文化立场，以我为主，兼收并蓄。除了要借鉴外国经典歌剧的创作手法和经验，掌握它的技术技巧之外，还要学习并精通中国戏曲，“用歌舞讲故事”和“假定性”的表演手段，“虚拟化”的表现手法，也要熟悉中国的民族民间音乐，研究中国的腔词关系，了解前辈们经过努力探索而建立的中国歌剧传统。我们要认清中国歌剧的现实依存关系，坚信努力解决好继承、融合、创新这三个课题后，民族歌剧一定会焕发青春，绽放出新时代的光芒。

习近平总书记明确指出，我们要坚定道路自信、理论自信、制度自信、文化自信。文化是一个国家、一个民族的灵魂。文化兴国运兴，文化强民族强。习近平总书记还讲到文化自信是更基础、更广泛、更深厚的自信。我看过一本文艺专著，书中提醒我们要重新恢复文化自尊和自信，不能丧失用自己的文化艺术价值标准去评判事物的能力；艺术本具有文化的属性，时代精神与民族精神两者应相均衡，在经济全球化的过程中，要维护文化的多样性和多元性，守护住自己的精神家园。我作为一名军旅作曲家，退休不退岗，一定要以习近平总书记十九大报告精神为新的动力，在中国特色社会主义进入新时代的当下，努力争取为人民、为时代、为军队、为国家写出更好、更多的艺术精品；努力争取为坚持中国特色社会主义文化发展道路，建设社会主义文化强国尽自己的一份力量！

王祖皆　国家一级作曲，北京大学歌剧研究院研究员

原载《中国艺术报》2017 年 11 月 10 日

第十一届中国音乐“金钟奖”

【概况】

2017年11月19日至27日，由中国文学艺术界联合会、中国音乐家协会、中共广州市委、广州市人民政府共同主办，中共广州市委宣传部、广州市文化广电新闻出版局、广州市文学艺术界联合会承办的第十一届中国音乐“金钟奖”在广州举行。

11月27日，第十一届中国音乐“金钟奖”颁奖暨闭幕式音乐会在广州大剧院举行。第11届中国音乐金钟奖经过复赛、半决赛、决赛的角逐，揭晓新一届“金钟奖”得主。该届“金钟奖”古筝比赛、钢琴比赛、声乐比赛（美声、民族）4项赛事经过多轮次选拔，共有255名选手进入复赛，并于11月19日至27日展开39场角逐，最终评出“金钟奖”得主20名。

闭幕式音乐会上，该届“金钟奖”部分获奖选手演出了古筝独奏《闹元宵》、男声独唱《拉着骆驼送军粮》、女声独唱《远山》、钢琴独奏斯克里亚宾《练习曲》、男声独唱《那就是我》、男声独唱《冰凉的小手》、古筝协奏曲《云裳诉》、钢琴协奏曲《降b小调第一钢琴协奏曲》等。该届“金钟奖”评委万山红、戴玉强、迪里拜尔、王宏伟等也相继登台演唱《我身后的你》《往昔的夜晚多宁静》《金钟带我去飞翔》等曲目。闭幕式音乐会由景焕指挥广州交响乐团、星海音乐学院“星·声”合唱团共同演出。

“金钟奖”曾设终身成就奖、作品奖、表演奖和理论奖，并由多地承办分项赛事。自本届始，“金钟奖”响应国家有关部门文艺评奖制度改革要求，对奖项进行了调整，此后不再设子项和分项赛事，全部比赛将在广州举行，只保留表演赛事。民族器乐比赛每届只进行一项民乐乐器的奖项角逐，西乐比赛每届轮换进行钢琴或小提琴的奖项角逐，声乐比赛只保留美声唱法和民族唱法两种。本届“金钟奖”在赛事方面也采取了一系列革新性措施。大赛拓宽推荐评委渠道，按照评委库人员数量达到现场评委3倍数量的原则，形成了4个组别的评委库。赛事在复赛环节首次采取盲听方式进行评审，且通过调整计分规则，与选手存在师生关系的评委打分不计入最终得分等方式，最大程度地保障了赛事的公平公正。

中国音乐“金钟奖”创办于2001年，是中宣部批准设立、由中国文学艺术界联合会和中国音乐家协会共同主办的中国音乐界综合性专业大奖，是与戏剧“梅花奖”、电视“金鹰奖”、电影“金鸡奖”并列的国家级艺术大奖。2003年开始“金钟奖”永久落户广州。

【第十一届中国音乐金钟奖比赛获奖选手名单】

1. 声乐（民族）

于海洋（中央军委政治工作部宣传局选送）

郝亮亮（陕西省音乐家协会选送）

曾勇（湖南省音乐家协会选送）

孔庆学（北京音乐家协会选送）

郭芳芳（中央军委政治工作部宣传局选送）

2. 声乐（美声）

王泽南（天津音乐家协会选送）

张文沁（星海音乐学院选送）
秦侃如（中央音乐学院选送）
陈大帅（上海音乐学院选送）
王传亮（星海音乐学院选送）

3. 钢琴

陈学弘（中央音乐学院选送）
郝一雷（中央音乐学院选送）
陈小雨（中国音协钢琴学会选送）
李博文（中国音乐学院选送）
谢子薇（中央音乐学院选送）

4. 古筝

程皓如（中央音乐学院选送）
姚伊新（中国音乐学院选送）
杨雨桐（中央音乐学院选送）
赵墨佳（上海音乐学院选送）
邓翊群（上海音乐学院选送）

【观点】从“第十一届中国音乐金钟奖钢琴比赛”看中国的钢琴教育现状

◎ 朱迪

由中国文学艺术界联合会、中国音乐家协会，以及广州市人民政府等单位共同主办的“第十一届中国音乐金钟奖”于 2017 年 11 月 19 日至 27 日在广州举行，其中四年一次的钢琴比赛是国内最重要、最专业的钢琴赛事之一。经过六天紧张激烈的比赛，最终陈学弘、郝一雷、陈小雨、李博文、谢子薇五位选手荣获“金钟奖”。比赛中涌现了一批有才华、有能力的钢琴选手，其中不乏曾获得国际、国内大型比赛奖项的选手。他们当中既有已参加工作的年轻教师和在读研究生，也有大学生甚至中学生，显示出中国钢琴教育事业的蓬勃发展和进步。无论是比赛的规则要求、参赛者的选送单位和地区，还是选手的演奏曲目和水平等方面都真实地反映出中国钢琴教育的基本现状。

“中国音乐金钟奖”是获批的中国唯一常设的综合性音乐大奖。在如今各种比赛层见叠出，但规模、水准和层次良莠不齐的环境下，“金钟奖钢琴比赛”无疑是最正规且非营利的全国性专业比赛。与其他常见的比赛不同，“金钟奖钢琴比赛”在规则和运作上有不少特殊之处。例如，参赛选手不可直接报名参赛，而是由各地音乐学院、音乐家协会等单位选送，并且每个选送单位有指定的选送名额。从可以报送的单位来看，主要分为各地音乐家协会、音乐学院、中央直属各文艺院团、港澳台地区等几类。其中教学单位只有九大音乐学院，即中央、中国、上海、天津、沈阳、西安、四川、武汉、星海九所音乐学院。其他单位选送的选手也基本就读或毕业于这九所院校，可见中国的钢琴教育，特别是表演人才的培养主要依靠这九所独立设置的音乐学院及其附属中等专科学校，而综合性大学下属音乐院系或艺术学院的教育水平、规模和学生能力仍存在一定差距。由于比赛组委会分配给每所音乐学院的名额有限，不少就读于九大音乐学院或已毕业的选手由工作地或原籍地的音乐家协会等机构选拔推荐参赛，也可以说“金钟奖钢琴比赛”的直接竞争是在这些音乐学院学生之间展开的。

整个“金钟奖钢琴比赛”由录像差额复审，以复审的名额，而九所音乐学院除了有更多报送差额复审的名额外，还有可直接进入复赛的名额。其中，中央音乐学院和上海音乐学院分别有五个参加录像复审的名额和两个直送复赛名额，其余的音乐学院各三个复审名额和一个直送名额。从这点也可以看出，比赛组委会偏重于音乐学院的选手，而且对于中央音乐学院和上海音乐学院有更多侧重。这两所学校在中国近现代钢琴高等教育中起步较早，过去几十年里，在教育水平和资源等方面一直保持着较大的优势。

经过录像差额复审，最终有39名选手入选复赛。从复赛选手的选送地看，入选人数最多的地区是北京市，中央音乐学院、中国音乐学院、中国音乐家协会钢琴学会和北京音乐家协会在内的四家在京单位一共入选12位选手。进入复赛的选手人数排在第二位的是在沪的上海音乐学院和上海音乐家协会，一共入选5位选手。排在第三位的是广东省，选送单位包括星海音乐学院和广东音乐家协会，一共入选4名选手。其余地区的入围情况分别是：陕西3名，湖北、辽宁、四川、浙江、广西各2名，江苏、江西、甘肃、天津、新疆各1名。除此之外，其余省市和地区没有入选选手。如果按就读或毕业院校看，入选复赛人数最多的前三所学校排名分别是中国音乐学院、中央音乐学院和上海音乐学院，这三所音乐学院入选选手总人数达到复赛总人数的半数。总体来看，北京和上海的学生整体水平高于其他地区，发达地区高于欠发达地区，有独立音乐学院的城市高于其他城市。

这一届钢琴比赛在规则上还有一些新的变化。半决赛由原来的12名入围选手扩展到16名，决赛入围选手由6名扩展到8名。然而原来的金、银、铜奖三个“金钟奖”等级被取消，获奖人数由原来的6名缩减为5名，决赛前五名选手同获“金钟奖”，平分奖金。选手根据比赛时段分为8人一组，每组选手在每场比赛前抽签决定最终演奏顺序，同时不公布选手姓名和选送单位。而且在复赛阶段，在评委席前立起屏风，评委采用“盲听”的形式。这种“盲听”的评审方式在近几年国内的一些音乐学院招生中开始采用，但用于比赛实属罕见，这也体现出在日益激烈的钢琴比赛和升学考试环境下，大众对于公正、公平的要求在不断提高。

在曲目要求上，本届比赛也与往届有所不同。复赛曲目取消了原来两首练习曲的要求，而改为全部由选手自选。中国的钢琴教育普遍偏重技术，强调练习曲的学习，因此外国专家、学者常常评价中国钢琴学生技术好、手指灵活，然而歌唱性不足，对不同音乐风格的掌握较为薄弱。中国学生常常追求曲目的大而难，演奏的快而响，往往缺少多样的音乐表现能力，这跟中国的钢琴教育模式不无关系。在钢琴基础教学中，车尔尼的练习曲是使用最广泛的教材之一，同时中国几乎所有音乐学院的附中、本科和研究生招生考试曲目都要求包含两首练习曲。这次取消练习曲的规定让我们看到组委会希望引导选手选择更多样的音乐作品，向着钢琴作品的音乐性迈进的美好期望。在本次比赛中，我们看到除了肖邦、斯克里亚宾等人的练习曲、斯特拉文斯基的《彼得鲁什卡》、巴拉基列夫的《伊斯拉美》，以及李斯特的《b小调钢琴奏鸣曲》等常见的高技术难度作品外，也有选手凭借对莫扎特、巴赫或其他中、小型作品细腻准确地把握顺利晋级。

此外，本届比赛日程安排非常紧凑。11月21至22日的复赛分为上午、下午、晚上三个时段举行，紧接着就是23至24日的半决赛和25至26日的决赛。密集的日程安排对于选手十分具有挑战性，他们没有太多的时间去适应比赛环境和场地。由于参赛人员多，每人仅有十分钟试琴时间，而决赛选手与指挥的沟通时间仅有十分钟，与广州交响乐团的合乐时间仅有三十多分钟。个别篇幅更长的协奏曲在未能完整合乐的情况下，选手就要登台比赛。这些无疑对选手的演奏能力、对乐器和场地的适应力、体力、舞台经验、与乐队的合作能力都有极高的要求。值得庆幸的是，很多选手在试琴时抱怨的钢琴和舞台问题并没有影响优秀参赛选手的发挥，不少选手演奏的技术准确性和音乐成熟度都让人赞叹。特别是进入决赛的八位选手，无论在演奏上还是心理素质上都有很好的表现。

从最终结果看，中央音乐学院的优势明显，其全部选手均晋级半决赛，5位“金钟奖”获得者中，有4位就读或毕业于中央音乐学院或其附中。但其他音乐学院的差距也在逐渐缩小。钢琴系成立较晚的中国音乐学院入选复赛的选手最多，由该学院选送的选手，以及分别代表钢琴学会和地方“音协”的参赛选手多达8人，并有2位选手闯入决赛，1位获得“金钟奖”。此外，2016年刚刚成立的浙江音乐学院虽然未获得“金钟奖”组委会给予的选送名额，但有2位该校选手由“浙江音协”选送参赛，并且其中 1 位晋级半决赛。这些都显示出除中央、上海两所音乐学院以外，其他音乐学院的教育实力和学生素质也在迅速提升。

“金钟奖钢琴比赛”的钢琴评委和观众们普遍认为本届参赛选手的整体水平高于以往，选手水平非常接近而且各有特点，反映出中国钢琴教育水平近几年有很大提升和变化。但同时也应该看到中国钢琴教育和发展的不均衡，仍有很多地区都没有演奏人才可以选送，主要原因是当地的钢琴教育发展滞后。我国人口众多，学琴人数庞大，尽管 2016 年又先后成立了浙江音乐学院和哈尔滨音乐学院，但仅靠国内现有的十一所音乐学院仍远不能满足钢琴教育的需求，更不能解决国内整体教育资源短缺和教学水平不足的问题。但我相信，随着更多优秀的音乐人才和工作者不断加入音乐教育队伍中，渴望学习音乐、学习钢琴的学生们一定能够获得更加优质的教育，让中国的音乐教育事业更加全面均衡地发展。

朱迪　中国音乐学院钢琴系副教授
原载《钢琴艺术》2018 年第 8 期

中国音乐理论话语体系首届学术研讨会

2017年11月4日至5日，由中国艺术研究院音乐研究所、中国音乐家协会理论委员会、浙江师范大学音乐学院以及《中国音乐学》杂志社联合主办，浙江师范大学音乐学院承办的“中国音乐理论话语体系首届学术研讨会”在浙江师范大学音乐学院举行。

会议得到上海音乐出版社、《中国社会科学报》、《中国文化报》、《人民音乐》等出版媒体支持。集结了中国音乐史学会、中国传统音乐学会、少数民族音乐学会、西方音乐学会、音乐美学学会、中国律学学会、东亚音乐学会、东亚乐律学会、中国教育学会音乐教育分会、音乐心理学学会、乐府学会、音乐批评学会等10余个专业学会的近百名音乐理论研究者，围绕“中国音乐理论话语体系”主题，从多学科视角展开研讨。

【概况】

研讨会围绕“音乐话语体系构建的宏观把握、话语体系构建与音乐哲学美学、音乐结构形态与技术理论分析、中国音乐理论话语体系传承与传播、音乐话语体系的历史与未来、多民族音乐话语的跨文化比较、音乐人文话语体系多视角观照”等七个议题展开。

该次研讨会深入探讨了中国音乐理论话语体系建设的基础核心问题。理念与方法是构建“体系”的关键，与会诸学从信息载量、中国经验、多元格局、历史文脉、制度习俗、教育实践、学科交融等方面分层别类、各有侧重而又统筹规策地提出了创建思路。中国音乐理论话语体系构建之际，须从理论高度把握中国独特的音乐文化话语。而这“话语”来源于历史，它蕴含着炎黄民族的思维特点、风格和气派，承载着中国音乐文化的基因。寻根问祖，对“中国音乐理论话语”进行历史性地梳理，并对近现代学术理念、科研脉络进行回顾，方能明确中华文化的精神与精髓，从而在坚守与继承的意义上计议文化复兴与弘扬之路。研讨会上，还引申出中国音乐理论话语体系的传承与传播以及多民族音乐话语的跨文化比较等几组话题，有学者通过音乐结构形态与技术理论分析对上述议题剖证阐释。除从分支学科视角对“体系”构建分析探讨外，还有多名学者从不同视角对体系构建形成支撑。

【述评】中国音乐理论话语体系首届学术研讨会述评

◎ 郭克俭　张月

2017年11月初，“中国音乐理论话语体系首届学术研讨会”在浙江师范大学音乐学院召开。此次会议由中国艺术研究院音乐研究所、中国音乐家协会理论委员会、浙江师范大学音乐学院以及《中国音乐学》杂志社联合主办，浙江师范大学音乐学院承办。会议得到上海音乐出版社、《中国社会科学报》、《中国文化报》、《人民音乐》等出版媒体大力支持。来自中国音乐史学会、中国传统音乐学会、少数民族音乐学会、西方音乐学会、音乐美学学会、中国律学学会、东亚乐律学会、中国教育学会音乐教育分会、音乐心理学会、乐府学会、音乐论学会等10余个专业学会近百名音乐理论专家云集一堂，围绕“中国音乐理论话语体系”这一具有历史使命、时代感召与里程碑意义的主题，从多学科视角展开广泛而深刻的研讨。

本次研讨会围绕“音乐话语体系构建的宏观把握、话语体系构建与音乐哲学美学、音乐结构形态与技术理论分析、中国音乐理论话语体系传承与传播、音乐话语体系的历史与未来、多民族音乐话语的跨文化比较、音乐人文话语体系多视角观照”等七个议题展开。与会代表从古今中外、宏微里表、新旧本末等方向纵横切入思辨畅谈，为中国音乐文化的复兴与弘扬贡献智慧和力量。

一、正名顺言以成事

习近平总书记指出“中华优秀传统文化是中华民族的精神命脉，是涵养社会主义核心价值观的重要源泉，也是我们在世界文化激荡中站稳脚跟的坚实根基”，多次强调弘扬中华民族优秀文化传统。新中国成立以来，数代学人孜孜以求，中国传统音乐的研究已在史论、形态、美学、教育、民族等多个领域硕果累累。然而，当研究向纵深发展，不能再“摸着石头过河”。赵塔里木提出，构建中国特色的音乐理论话语体系，是音乐理论界适应时代进步的迫切要求，也是音乐学者应有的理论自觉，是文化自信以及责任担当的要求。整体来看，累累硕果待有机整合，具有中国特色、中国精神、中国风格的音乐理论话语体系之构建整备启动。多位代表认为会议对中国音乐理论话语的体系化规建进入有序状态具里程碑意义。

凡立言树论，须明确所设概念之内涵外延。何为“中国音乐理论话语体系”，与会代表的发言涟漪层层，他们通过分解词组、层次结构、剖析内外、比较界定等多种方式提出了不同的见解，对究竟是“中国音乐的理论话语体系”还是“中国的音乐理论话语体系”的探讨尤为热焦。

王次炤认为“中国音乐理论”这个概念给体系化建构带来了挑战，他从文本写作的角度提出两层含义：“中国音乐的理论”与“中国的音乐理论”。前者专门研究中国音乐，包括形态、历史、美学、人类、社会等，后者包括从古至今中国人多视角、多领域的音乐理论研究成果。

王耀华从思维方式、研究方法、研究对象以及研究方向等方面对会议主题概念进行界定，他认为“体系”是指用当代中国人的思维方式和研究方法，来研究中国音乐的特殊规律，以及研究中国音乐与世界上其他国家、民族音乐的共性规律，并用与这些规律相适应的中国人自己的话语对之进行准确阐释和运用。

项阳立于文化时空宏观俯视，从理论与实践两方面综合透析这一概念。他提出该“体系”是指中国音乐文化传统在历史发展进程中受诸种因素制约所成形而下（实践型）和形而上（理论型）话语系统的综合体，显归纳总结提升检验等诸种意味，涵盖本体、创作技术理论、表演、功能等诸多层面。杜亚雄立足文化根脉，分层剖析了这一概念。他认为谈话语体系，首先考虑研究对象是否为中国音乐，传统音乐研究在体系构建中应占有重要地位；其次，“理论”所指不仅限于作曲技术理论“四大件”，而是涵盖音乐理论多个各领域更宽泛的概念。与杜先生所谈有别，杨燕迪从对世界音乐理论贡献中国智慧的视角，认为该命题不是“中国音乐的理论”，而是“中国的音乐理论体系”，即在中国的、包括所有的音乐理论体系。

对于“中国音乐理论话语体系”这一概念，诸家各说尚难统一，但争鸣中其基本特征已渐清晰。正如王耀华提出的“传承性、开放性和创新性”以及王次炤总结的“层次性（多元）、关联性、整体性”等，“体系”之构建既关系学术自立，又牵涉世界立足；既强调文化传统，又注重整体发展；既要清晰中国特色音乐文化的历史脉络，也要适应现代社会并与时代契合共进。会议共识，这一命题顺应历史发展、呼应时代需求，是建构中国社会文化价值体系的重要组成部分。

二、顾往瞻今寻大道

此次研讨会，深入探讨了中国音乐理论话语体系建设的基础核心问题。理念与方法是构建“体系”的关键，与会诸学从信息载量、中国经验、多元格局、历史文脉、制度习俗、教育实践、学科交融等方面分层别类、各有侧重而又统筹规策地提出了创建思路。

赵塔里木以中华民族时空族群的信息量为基点阐述了“体系”构建的精神状态与研究理念。他认为这项极其庞杂的工程涉及五千年或更久远的音乐文化历史信息，960 万平方千米中各个音乐文化区域，56 个民族共同的音乐文化贡献。这项工作需要当下学人坚持学术自信，不忘本来、吸收外来、面向未来，在传统音乐话语资源的深入发掘、西方音乐话语资源的合理借鉴以及继承与创新的关系等方面潜心研究和实践，整合为体系化话语。

杨燕迪从当代视野、中国现实、音乐自身理论构建、当前国民日益增长的音乐艺术与文化需求提出以下问题：第一，如何反观中国古典理论传统和近现代理论资源，从中开掘和构建具有当代关联和当下指向的音乐学理论议题。第二，如何针对西学的理论建树，叩问并展开中国自身的理论探寻，不仅继续深入汲取西学养分，且在回答中国的独特问题时为世界意义上的音乐学贡献中国智慧。第三，如何打通与其他人文社科和姊妹艺术学科的藩篱，询问和探寻具有艺术学普遍意义的音乐艺术和文化问题，在回答和解决音乐自身问题的同时，影响并参与中国艺术理论的整体建构。第四，如何为众多爱乐者提供高质量、有品格的音乐知识营养，借此为提升全民文化素养，提高国民音乐意识做出音乐学界应有的贡献。

洛秦从国际学术语境下中国学术的自立与自信切入主题，兼顾局内局外观。他认为探讨“体系”须兼顾正反两方面，以借鉴和批判的立场，从中国语境、知识体系、理论思考言说音乐。“中国经验”不是一个地理概念，应体现学科意义上的研究视角、领域和范畴以及范式等学理性思考。

杨民康从民族音乐研究的多元一体分层格局和文化多样性目标着手，提出应将中国民族音乐话语体系视为“多元”“一体”的统一体，以开放、立体、兼容的眼光和态度看待和构建，并从纵向层次、横向平面和立体交叉关系等不同视角关注：民族间文化共性、交融性和异文化个性；认同文化多样性，正视并尊敬“异文化”；区别对待每种传统文化话语体系的思想、内容和表述方式等。

项阳的发言突出了接通整合、宏微相应的研究理念。他认为“体系”的建设应回归中国文化历史语境、逻辑起点加以把握方能意识到问题的存在，囊括本体、创作、表演、功能、礼·俗等多层次话语，关注在历史发展进程中诸如国家制度、民间习俗、社会功能、外来文化对其的制约和影响。

秦序从把握话语权的角度谈“体系”建设，认为艺术传统须经由“现代诠释”，才能在当前世界背景中显出自己的文化特色。构建该体系一方面需走出“西方即现代化、全球化方向”及“科学万能”“理性崇拜”误区，另一方面中国传统文化，急需深入、全面也更冷静、客观的批判继承。

韩锺恩从学科建设、话语整合、合式存在等方面对体系建立提出建议：需对相关话语进行学科范畴的类分与归属，以成全具事实关联的多学科的结构范式；在此基础上进一步整合关联的名词、术语、命题、概念、观念、范畴成结构范式；考虑话语理论体系与其表述对象音乐的合式与否并消解其可能存在的排他性。

郭克俭认为世界各地因语言方音相异而产生不尽相同的音乐音调，如果音乐学者能够从各自学科视角出发，找出其中异同，将其系统化，会对中国音乐理论建设甚至音乐事业的发展有所帮助。“体系”重在建构而非解构，需从语言入手对技术、创作、表演等方面进行理论总结，保护好中国传统音乐 DNA，深度与广度并重地加大力度、加快步伐对优秀传统文化遗产进行挖掘、整理、研究。

任方冰认为“理论话语体系”命题经历了从学术到社会政治文化层面的发展；构建“体系”有三维向度：音乐基础理论研究、音乐创作 / 表演实践，理论和作品传播；实践过程要注意理论和实践、传统与创新、中华民族多元一体的特点等几对关系。

综合考量，中国音乐理论话语体系的建构，应以中国传统音乐文化为根基，可从理论与实践两个层面着手。既要理清自古而今中国各民族音乐固有的理论话语，又要吸收中外先进的理论成果，通过文献梳理、实地考察、比较研究、跨学科分析等方法，探讨中国音乐的文化要素、历史精神和社会风貌，系统而透彻地讲清楚中国音乐理论话语内涵与“体系”的层次结构、价值意义；以理论建构为依托，建构承接中华文脉、符合中国现状、对接国际环境的音乐教育与传承、传播体系，从初级教育到高等教育、从民间文艺到官方演乐，以实践回应理论，形成多层次、多地区、多方位的体系化建设。

三、权衡中外通古今

（一）述往以为来者师

汤一介先生指出："当一个民族处在一个伟大复兴的前夜，她必须回顾自己的历史文化，从中吸取力量。反本开新。"[①]"述往以为来者师"，中国音乐理论话语体系构建之际，须从理论高度把握中国独特的音乐文化话语。而这"话语"来源于历史，它蕴含着炎黄民族的思维特点、风格和气派，承载着中国音乐文化的基因。寻根问祖，对"中国音乐理论话语"进行历史性地梳理，并对近现代学术理念、科研脉络进行回顾，方能明确中华文化的精神与精髓，从而在坚守与继承的意义上计议文化复兴与弘扬之路。

郭树群对中国音乐理论话语的历史足迹扫描归纳，点断式梳理了近当代学人对创建中国音乐理论话语的贡献。他按上古、中古、近古为别分述举证各历史时期的特色音乐理论话语，从音乐的思想、表演、活态传承、基础理论以及乐器制作等方面划分子项，进入哲学语境提出"天人合一""和而不同"在中国古代音乐理论话语体系中具有文化基因的意义。郭先生强调，应构建中国音乐理论话语的学术发展史。唯有学术发展史精当翔实，我们才会获得深究音乐理论话语深层内涵的基础，继而归纳出音乐理论语言的构成要素、结构原则、表达逻辑；掌握这些特点，所要构建的话语体系才能够呼之欲出。

郭克俭分四大板块梳理了百年来中国文化从传统走向现代的发展进程。通过回顾多位国家领导人对文艺发展的工作指示，从国家立场明确了中国音乐理论建设的精神与方向；从梁启超、陈寅恪、梁漱溟谈到费孝通、王元化，展现了文化学界思想与理念的当代价值；通过例举近代音乐理论奠基人王光祈、刘天华与当代音乐学界"泰斗"杨荫浏、黄翔鹏的理论思想成果，总结学界先贤的探索足迹与远见卓识；通过展示当代代表性学者的科研成果，体现"体系"建设已有多层面的理论储备。站在历史的肩膀上，中国音乐理论话语体系之构建更将步履高远，在构建之路上稳健迈进。

（二）"师夷长技"以自立

过去百年，在西方政治、经济强势来袭的同时，中国音乐文化受到剧烈冲击，西方音乐理论对中国音乐理论建设影响巨大，具有利弊并存的双面效应。谢嘉幸、洛秦、周青青等分别从正反两方面陈述。整体来看，西方音乐及其完整教育体系的传入对全面认识和深入分析我国民族民间音乐起到了借鉴和补充作用，中国音乐理论话语体系的探讨与思考即在国际学术语境中学习和反思西学的基础上展开，西学的积极作用应得到正视。由于观念及教育体制等原因，中国传统音乐体系的探讨与重建在一定程度上被忽视，甚至出现唯西乐是尊的"失语症"。远离中华民族音乐传统，以西方音乐理论和技法"剪裁"中国音乐的审美方式，已成为制约中国音乐向更广阔空间发展的瓶颈。

20 世纪以来西学对中国音乐文化的影响利弊较为明朗。参照历史经验，剖解当代情状，中国音乐理论话语体系构建中如何突破瓶颈，正本归源并引领时代，立足世界？我国音乐文化经历过多次民族之间、国家之间的碰撞交融。在历史流进中，不乏外来音乐"本土化"后逐渐刻入中国音乐的基因，继而成为中国音乐文化之传统的案例。

赵为民将南北朝以来燕乐音阶的历史轨迹与近现代大小调体系的发展脉络进行比较，认为二者同途而殊归。通过对中国历史上两次中外音乐文化交流高潮期基本特征的梳理，他提出建设话语体系必须强化中国音乐理论体系建设，冲破西方文化"反向格义"中国文化的观念束缚，要志在长远而不能急于求成。

杜亚雄运用语言表达的表层结构和深层结构这组概念对中西基本乐理展开比较研究，强调传统音乐的重要性。他认为语言的表层结构与深层结构分别决定句子的形式和意义，"表层结构"看似相近和

---

① 汤一介：《我们要有文化上"反本开新"的自觉》，《北京日报》2014 年 5 月 12 日。

相同的中西乐理在“深层结构”上确有很大差异，例如音高与音长。要改变目前高等音乐院校远离中华民族音乐传统，以西方音乐理论和技法来“剪裁中国音乐的审美”的状况，首先要改变基本乐理和视唱练耳的教学。

刘勇赞同杜先生观点，认为构建“体系”应先通过扎实的研究工作梳理符号、明确意义。对于中西音乐理论的关系，他认为要有清醒的认识和平和的心态，以相互尊重、相互学习的态度引导音乐文化的教育、建设和发展，避免因认识偏颇而拖慢前进的脚步。

韩启超认为塑造中国特色话语体系需有极大的开放性、包容性，以增强理论研究的实证性。要构建一个与西方音乐理论话语权平等对话的中国体系，除夯实其民族性外，还需与时代同步、与国际接轨，不断吸收借鉴世界范围内最新研究成果、范式与方法，继而强化它的世界性。

在构建中国音乐理论话语体系的途中，究竟如何对待在国内已占有广泛“市场”的西方音乐理论？以西方音乐体裁和技术理论为体的中国“新音乐”创制成为“新传统”，是否应归入中国音乐话语？音乐学家赵元任曾提出应把握中西方音乐“不同的不同”与“不及的不同”。项阳对赵先生的指引做进一步追进，他提出只有把握中国音乐创作自身话语，方能在与西方音乐的比较中认知不同的不同与不及的不同。应以20世纪初为历史节点，梳理此前从音乐本体到体裁、创作技法和表演中的话语构成，探讨如何形成这样的艺术形态和作品；然后辨析此后百年间欧洲专业音乐对中国音乐所造成的影响。

对于中国音乐理论话语体系的发展和筑建而言，近现代西学传入具有一定推动意义和参照价值。尽管现状中本末有所倒置，但在“师夷”长技、比较探索过程中，中国音乐特色话语、中国音乐文化的自身特性以及在世界文化中的专属价值与意义更为凸显。相信通过深层的辨析与反观，中国音乐理论将在国际音乐理论话语体系中找准坐标，定位立足，从容屹立于世界文化之林。

四、学科内外话体系

研讨会上，引申出中国音乐理论话语体系的传承与传播以及多民族音乐话语的跨文化比较等几组话题，有学者通过音乐结构形态与技术理论分析对上述议题剖证阐释。如此层层推展，学科内外互动联通，共同支撑中国音乐理论话语体系的构建。

王子初从出土文物、出版物、教学、专业科研机构的成立等方面梳理中国音乐考古学“话语体系”。中国音乐考古学起步较晚，但我国历史文化传统，地下文物资源极为丰富，该学科在世界上已处于领先地位，相信中国音乐考古理论话语会对中国音乐史学提供有力支撑。

中国传统音乐携有中华民族的文化基因，蕴含中国音乐文化最深层的文化标示与精神积淀。杨燕迪以1840年为界论述中国音乐两个传统：一是中国传统音乐，一是学习西方音乐技法而创作的新乐，包括学堂乐歌等“新传统”。任方冰将这两时段解读为本土固有的中国古代礼乐文明传统与洋化的传统。与会学者多强调传统音乐在中国音乐理论话语体系构建中的重要地位，反映了传统音乐在中国音乐文化中作为根脉的意义，也折射出中国传统音乐在教育、实践中尚处弱势。

谢嘉幸提出当代传统音乐传承经历了编纂民族音乐集成、重视非物质文化遗产保护、完善中华优秀传统文化教育三个阶段。撷取“大乐与天地同和，大礼与天地同节”从形而上探讨“乐”在中华文化中的本体论地位，以此立论纵观历史，探讨传统礼乐文化本质，呼吁重建当代中华礼乐文化。萧梅就中国传统音乐“乐语”系统研究——《中国传统音乐习语辞典》的编撰工作进行陈述。该辞典是建立在文献梳理与田野调查基础上、中国各族各地区音乐自身的“语料库”，按“音乐结构”“音乐旋律发展手法”“节奏、节拍”“调”“织体”“润腔、唱法、奏法”“美学”等版块分部撰写。中国传统音乐文化在历史传承中积累的习语（或乐语），是当事人主体对音乐认知和实践经验的升华，是中国音乐“民间知识体系”的源泉。对其进行系统收集和整理，有助于从文化当事人主体的主位立场加深对传统音乐文化“是什么”和“为什么”的探讨。

杨善武谈到弄清术语概念对于体系构建的基础性意义及薄弱的现状。他认为对中国音乐本质特征及规律认识，即具体实施“体系”建设的过程。中国音乐理论体系的话语构成有三个来源：历史文献表述、民间音乐用语；对音乐历史与现存实践研究的认识；外来音乐理论用语。

杨民康从中国少数民族音乐话语体系入题谈其开放性和两翼性特征。结合开放性和两翼性因素，跨界族群音乐研究可视为传统意义上少数民族音乐的横向拓展和延伸。关于中国少数民族音乐暨“异音乐文化”话语系统的内涵，应从“读解”“翻译”“语义、涵义”“传播、共享”四个层次及步骤研究分析。

李玫通过案例分析论证了加强音乐形态学建设以及音乐结构分析在文化阐释中的重大意义，提出在思考文化遗产保护这个问题时，除了关注外在性能、生态保护，还要看内容系统的保护。应注重内外兼具地理解文化，从社会学、形态学双重表述文化，注重工艺学结构研究。她以课题《西北高原汉族音乐文化区域民歌系统化综合研究》作为可操作性分析方案进一步举例论证，该研究从工艺学层面寻找音乐文化形态构成的深层结构力，建立学术性的描述语言，从而有条件对音乐文化形态进行客观描述。蒲亨建认为音乐形态学话语是联系中国音乐理论话语体系各个子学科的根。他还对杜亚雄的发言作出回应，提出中西音乐话语体系从底层相通经中层相似逐渐分化到表层相异。

周青青从音乐技术理论体系建设层面提出该体系的完整建设是构建“体系”的基础。她认为中国传统音乐有建设完整技术理论体系的音乐积淀，中国音乐学界已有一定的理论储备，音乐技术理论的系统建设需要建设者对音乐本体的重视和深入把握。

杨和平阐述了中国传统音乐表演美学理论话语体系的构建设想。在全球化时代，该体系构建的逻辑支点包括本土经验、时代诉求、美学趣向和价值选择等方面。意在确立中国传统音乐表演美学学术演进的文化契机和发生学机制；确立中国传统音乐表演美学的历史建构和理论话语体系，凝练中国传统音乐表演美学理论话语的独特文化视野。

余峰从全球视野谈中国音乐教育课程体系的重构。他认为音乐教育型塑音乐文化格局，强调中国传统音乐的知识体系需在高等教育中独立存在，其构建原则需循在知识多元基础上音乐教育独立自由生成建构；用“母语”传承，通过与全球的互动发掘“母语”思考和表达潜力；坚持中国音乐教育课程体系建构的“纯洁性和高品质”。

赵志扬在发言中谈到了中国音乐文献翻译相关问题。他以“京剧”英译为例分析坚守中国音乐理论话语表述的重要性，提出翻译应遵从中国的客观情况，学界应统一口径，自觉引领音乐话语译文规矩。

郑茂平认为构建“理论话语维度”需立足于音乐表演实践基础上。音乐表演形象主要来源于表演者具有审美选择性的整体认知和特定的记忆表象；音乐表演过程多让学生感受和理解声乐形态；音乐表演研究要注意训练学生的概念形成与表达；中国民族音乐的韵味表达方式主要在于情景交融与音心合一。

周来达以《话语权，昆曲有话说》为题强调昆曲音乐理论是个系统、完整、自成一体的科学理论，遗憾的是至今连一些常识性问题都没有讲清楚，这与其作为世界遗产的身份极不相适，研究须从理论高度把握其独有的音乐文化传统内涵。

李荣有谈到音乐图像研究在“体系”构建中的核心支柱意义。乐（表演艺术）、图（造型艺术）两大体系并存发展，相辅相成，形成多元融汇的“金石学”实证研究学术体系。冲破“学科”藩篱，将乐（舞）文献、图像、实物、民俗等四类资料汇为一体研究，是重构“体系”的最佳选择。

韩启超认为从事音乐艺术的研究者须兼具科学与艺术的双重思维。具有世界眼光，把握科技前沿，才能适应科技新时代的需要和世界音乐理论学术研究的发展趋势，提升学术研究的科技创新能力、丰富中国音乐的研究论域和研究方法。

南鸿雁考述曲艺音乐当代发展的理论构建。20世纪八九十年代，曲艺音乐研究的技术性分析有了较为完整的框架，但在世纪之交，地方传统曲艺式微的现状不利于当代曲艺基础理论框架的建立和传统曲艺理论研究的延续，当下曲艺音乐研究需提高学科独立性和理论自主性。

除从分支学科视角对“体系”构建分析探讨外，有多名学者从不同视角对体系构建形成支撑。宋瑾阐述了中国文人音乐超感性与超主体性的美学特征；徐元勇以南京师范大学音乐学院为例，谈音乐教育人才培养体系的当代建构；李宏锋以古谱译解为例，探研同均三宫理论的实践意义；黄大同以“曾体系”之说能否成立为案例，深入探讨中国音乐话语体系建设的历史分期、层次结构和逻辑起点问题；谷杰考述了古代乐律“中声说”的伦理含义与乐音本质；吴春福以曲式结构的普遍原则为例，论证了关于音乐理论普适性特征；孟凡玉陈述了仪式音乐研究的中国经验——仪式音乐研究的“礼乐范式”和“音乐范式”；林林以主体借鉴与客体乞灵为例陈述了对民族音乐现状的文化理论思考；黄中祥从哈萨克族民间巴克斯（巫师）的表演仪式引入对民间音乐渊源于原始宗教仪式的考察研究；陈瑜讲述了宗族背景下福建南音馆阁乐社的研究；林晨以“唱弦”为例考述琴乐乐语；王爱国探研吴文光琴乐“述作”说的三个向度；黄玉英、沈丹陈述对赣南采茶戏音乐与唱腔的研究；李英对广东汉剧本土性声腔特征分析；王志军探讨学术理念和方法的拓展对中国古代音乐史学研究的历史贡献；柏互玖考证大曲与套曲体音声形式之间的演化关系；刘永福以“笛上三调”为例考述历史上的中国音乐理论话语体系；钱慧结合“南京艺术学院昆曲社”传习活动谈中国音乐史教学中的“接通”探索；杨玉成以“灵动”的话语定位蒙古族传统音乐概念表述中的术语的多义性问题；侯燕谈对蒙古族长调术语体系的研究等。

结语

学者们谈到，是次“金华会议”可能像当年的“南京会议”[①]“兴城会议”[②]一样，对音乐学发展的引领意义会随时间推移越来越彰显。会议共有54名学者专家发言，涉及音乐学领域诸多重要问题。诸家所谈或由部分探向整体，或由宏观走向微观，或在历史、当代与未来之间上下贯通，或在中国与世界、汉族与少数民族、音乐与他种学科之间纵横，体现了音乐学界各个分支领域不同辐射方式和思维趋向。和而不同，殊途同归。发言学者各有其道，紧密围绕“中国音乐理论话语体系”这一主题畅谈学思，为其构建贡献智慧。在纷纭灼见中，此次研讨会所承载的学术功能与指导意义逐渐彰显，它是不同学术观点畅所欲言的对话平台，是一次成果凝聚的过程，也为中国音乐理论话语体系的构建积累了诸多有效可行的策略方案。

与会者认为，“中国音乐理论话语体系”是一个具有里程碑意义的时代命题，意义重大。建设中国音乐理论话语体系，是音乐学人数十年孜孜以求在新时代的回响。会议的成功举办将成为中国音乐理论发展史上的一个重要历史节点，也是中国音乐理论话语体系建设新征程的起点，其潜在影响力将会不断显现。

我们需冷静反思，稳步求索。毕竟体系构建之路问题重重，挑战巨大且任重道远，不会一蹴而就。在此谨呼吁学界同人携手共进，转识成智，以中国立场、国际视野、世界格局，承继传统，借时代技术，运用丰富的文化学养实践、探索、创新、发展，担起在音乐理论方面引领潮流之责，合力构建体现中华智慧的中国音乐理论话语体系，为推动中国音乐进一步发展贡献力量！

郭克俭　浙江师范大学音乐学院院长、教授
张月　中国艺术研究院助理研究员
原载《中国音乐学》2018年第1期

① 1980年首届“全国民族音乐学学术讨论会”在南京艺术学院举行。
② 1986年8月7日至13日，我国首次“中青年音乐理论家座谈会”在辽宁省兴城市举行。

作品

器乐、声乐

【交响音画《大秦岭》音乐会】

2017 年 2 月 17 日，由中国音乐家协会、中共陕西省委宣传部主办的交响音画《大秦岭》音乐会在国家大剧院举行。该作品由作曲家赵季平主持，崔炳元、韩兰魁、赵麟、杨一博等陕派作曲家组成主创团队创作而成。演出由邵恩执棒陕西爱乐乐团完成。

交响音画《大秦岭·中国脊梁》分为《云横秦岭》《栈道随想》《峪水仙踪》《佛道灵光》《山林牧歌》《五台社火》《终南诗境》《龙脉秦岭》八个章节。作品采用大型交响乐叙事、绘景、抒情的手法，刻画和表现了秦岭的绮丽风光、民风社俗、文化积淀、历史云烟及精神感召。2 月 19 日，交响音画《大秦岭》音乐会暨陕西音乐创作座谈会在北京举行。

【大型管弦乐作品《敦煌》】

2017 年 4 月 28 日，由上海交响乐团委约作曲家叶小纲创作的大型管弦乐作品《敦煌》于第 34 届上海之春国际音乐节的开幕音乐会——“敦煌：上海交响乐团委约叶小纲新作音乐会”中首演。作品由余隆执棒上海交响乐团演出。

大型管弦乐作品《敦煌》以丝绸之路的历史文化为灵感，将作为丝路重镇的敦煌莫高窟的造像、壁画等中国文化元素以交响乐的形式表达，凝结了作曲家对人文、生命和自然的思考。

【大型民族器乐剧《玄奘西行》】

2017 年 7 月 7 日至 12 日，由中央民族乐团联合中南集团推出的大型民族器乐剧《玄奘西行》在北京天桥艺术中心首演。

该剧由中央民族乐团驻团作曲家姜莹担任作曲、编剧、总导演。作品由“大乘天”“佛门”“一念”“潜关”“问路”“遇险”“极乐”“高昌”“普度”“雪山”“故乡”“祭天”“菩提”“那烂陀”“如梦”“大唐”“归一”17 个章节构成，以舞台表演和乐器演奏融合，以故事性叙事方法讲述玄奘西行故事。作品中运用了汉族、维吾尔族、哈萨克族、塔吉克族以及印度等风格特征的音乐文化元素，以展现丝绸之路沿线各民族音乐在历史的陶冶、沉淀、融合中的多元文化特质。

【大型交响诗《鲁迅》】

2017 年 9 月 25 日，由中国文学艺术界联合会指导，中共浙江省委宣传部、鲁迅文化基金会、中国音乐家协会、浙江省文化厅主办，浙江交响乐团委约创作的大型交响诗《鲁迅》全球首演在国家大剧院上演。该作由叶小纲作曲，吕嘉执棒浙江交响乐团完成了演出。作品中的主要角色由刘嵩虎、沈洋、朱慧玲、濮存昕、石倚洁、王威等担纲。

该作由鲁迅名篇《闰土》《阿 Q》《祥林嫂》《野草》《铸剑》《两地书》等组成，声乐部分的唱词均引用鲁迅作品原文，是中国第一部以人物为题材的交响诗作品。

【音乐剧场《我们的爱情故事》】

2017 年 10 月 11 日至 12 日，作为国家艺术院团演出季的参演剧目之一，由中国东方歌舞团推出的音乐剧场《我们的爱情故事》在北京天桥艺术中心首演。

音乐剧场《我们的爱情故事》由周莉亚担任总导演，刘鑫、刘磊任执行导演，徐珺蕊任编剧，洪兵任音乐总监，郭蓉任声乐指导，崔京浩等出演。作品以“爱情”为主题，创新性地采用了“音乐剧场”的表现形式，通过演绎一个爱情故事，串联起古今中外 40 余首经典爱情歌曲。

【大型交响合唱《启航》】

2017 年 10 月 20 日，“第 19 届中国上海国际艺术节”在上海大剧院拉开帷幕，开幕演出首演了大型交响合唱《启航》。该作由中国上海国际艺术节委约上海爱乐乐团青年作曲家龚天鹏创作音乐，由中国文艺评论家协会副主席、作家毛时安写就唱词，指挥家汤沐海执棒上海爱乐乐团、上海歌剧院合唱团等联合出演，廖昌永、韩蓬、许蕾担任独唱、领唱。

该作以“启航”为主题，从当代青年的视角，叙述了 1921 年中国共产党在上海诞生的场景，把年轻的中国比作一艘航船，在党的领导下创造了新的光荣与梦想，也是上海文艺工作者对党的十九大的“献礼之作”。

《启航》共五个乐章。前三个乐章《序曲》《青春咏叹》《劳工歌谣》描写了 20 世纪初中国先进分子不堪祖国被列强瓜分的耻辱，而踏上了艰难坎坷的救国之路；后两个乐章《曙色初度》《走向未来》则从当代青年的视角回顾历史、畅想未来，“中国扬帆起航，驶向复兴理想”。

【交响乐《社戏》】

2017 年 12 月 8 日，浙江交响乐团入选国家艺术基金 2017 年度大型舞台剧和作品资助项目的交响乐《社戏》在浙江省杭州市首演。《社戏》是以交响乐为载体创作的中国故事，弘扬了浙江的戏曲文化，描绘出有机的社会生活图景和中国文化意象。作品由作曲家于京君创作，以浙江戏曲音乐为主脉，吸收绍剧、越剧、婺剧这三大剧种元素，由三个乐章构成。音乐会由张艺执棒。

从 2013 年起，浙江交响乐团开始创作交响乐《浙江组画》三部曲，分别为反映浙江精神的《山・海・经》、展现浙江地域文化的《唐诗之路》、展现浙江民俗风情的《社戏》。

歌剧

【歌剧《汤显祖》】

2017年1月8日，由上海音乐学院创排的抒情歌剧《汤显祖》于北京国家大剧院上演。该剧由林在勇总策划并作词，徐坚强作曲，陆驾云编剧，王景彬担任导演。由廖昌永饰演汤显祖，周正、董芳、艾利开木等担纲主演，彭家鹏执棒上海音乐学院交响乐团、上海音乐学院合唱团等参加了演出。该剧将汤显祖一生几段重要的经历，植入其“临川四梦”(《紫钗记》《牡丹亭》《南柯记》《邯郸记》)的创作心路，以挖掘汤显祖的曲折人生、人格特征和精神气质。

【歌剧《鉴真东渡》】

2017年2月5日至6日，由中共江苏省委宣传部组织指导、江苏省演艺集团打造的歌剧《鉴真东渡》在国家大剧院上演。这是该剧继2016年12月在日本成功首演后，在国内舞台的首度上演。

歌剧《鉴真东渡》讲述了大唐高僧鉴真历经千辛万苦前往东瀛弘扬佛法的故事。主创团队由作曲家唐建平、导演邢时苗等组成，将跨越10年的东渡历史浓缩在《幻海》《愿海》《迷海》《觉海》《心海》《慧海》六个篇章中。剧中主要角色鉴真由田浩江饰演，薛皓垠饰演日本遣唐僧荣睿，女高音歌唱家柯绿娃饰演鉴真的女弟子静海，殷桂兰等也一并参与了演出。

【歌剧《拉美莫尔的露琪亚》】

2017年4月9日至12日，由导演、舞台美术家雅尼斯·科克斯领衔打造的多尼采蒂歌剧《拉美莫尔的露琪亚》于北京天桥艺术中心首演。该剧由中国国家大剧院与俄罗斯马林斯基剧院联合制作，该剧也同时作为国家大剧院歌剧节·2017的揭幕之作。歌剧《拉美莫尔的露琪亚》由女高音歌唱家维涅拉·吉玛蒂耶娃、男中音歌唱家马尔科·卡里亚担纲主演，由歌剧指挥丹尼尔·欧伦执棒国家大剧院管弦乐团、合唱团演出。该剧的另一组演出阵容由张立萍、石倚洁、张扬、田浩江等中国歌唱家组成。

【民族歌剧《楚庄王》】

2017年4月26日，由湖北省歌剧舞剧院排演的大型历史题材民族歌剧《楚庄王》在湖北省武汉市首演。该剧由李穗编剧、吴粤北作曲、陈蔚担任总导演。剧中主要人物楚庄王、樊姬和子越分别由秦德松、马娅琴和田浩等饰演。民族歌剧《楚庄王》以春秋时期诸侯争霸为历史背景，讲述楚庄王面对内忧外患忍辱负重、韬光养晦，励精图治终得宏图大展，率领楚国走上了振兴之路的故事。

【民族歌剧《林徽因》】

2017年5月11日，在国家艺术基金资助下，由中国歌剧舞剧院创作出品的民族歌剧《林徽因》于北京保利剧院首演。作为中国歌剧舞剧院2017年重点剧目，该剧主创由编剧庄一、作曲金培达、总导演田沁鑫、复排导演李利星、指挥周丹等组成。

歌剧《林徽因》分为二幕八场。该剧采用倒叙的手法，剧情由林徽因生命最后的思索展开并收尾，展现了林徽因自20世纪30年代至辞世的一段人生：从与徐志摩、梁思成的情感牵绊，再到梁、林远赴宾州攻读建筑学，从与梁思成二人发现唐代佛光寺、新中国成立后参与国徽和人民英雄纪念碑的设计到建言献策力图保护北京古城墙，以歌剧的形式展现了林徽因传奇的一生。该剧由陈小朵饰演林徽因，高鹏饰演梁思成。

【民族歌剧《红色娘子军》】

2017年6月14日至15日，由中央歌剧院、中共海南省委宣传部和海南省文学艺术界联合会共同推出的大型原创民族歌剧《红色娘子军》在国家大剧院上演。歌剧《红色娘子军》根据梁信电影剧本改编。该剧文学指导欧阳逸冰、编剧兼作曲王艳梅、作曲朱嘉禾、指挥杨洋、导演王湖泉。中央歌剧院女高音歌唱家王庆爽与中国东方演艺集团女高音尉金莹在该剧中饰演女主角吴琼花。

故事线索尊重原作，设计了贯穿始终的“木棉花”意向，在原有故事的基础上更加注重人物关系和海南本地化特色，在剧情上围绕吴琼花的成长历程，补充和修改了大量符合人物性格的细节。

【民族歌剧《金沙江畔》】

2017年7月28日，为纪念中国人民解放军建军90周年，由国家大剧院创排的民族歌剧《金沙江畔》于国家大剧院首演。该剧由雷蕾作曲，冯柏铭、冯必烈担任文学创作，张国勇指挥，廖向红导演。

民族歌剧《金沙江畔》改编自作家陈靖创作的同名小说，讲述了红军先遣团在团长金明的带领下突破敌军江防渡过金沙江，红军严明的纪律和民族政策消除了藏族姑娘卓玛对红军的误会，并赢得藏区土司桑吉的信任成功借道，使红军主力得以继续北上的故事。民族歌剧《金沙江畔》是国家大剧院继原创歌剧《方志敏》《长征》后推出的“红军三部曲”系列中的第三部。

【民族歌剧《马向阳下乡记》】

2017年8月30日，由青岛演艺集团出品、青岛歌舞剧院创排的民族歌剧《马向阳下乡记》在青岛大剧院首演。该剧是2017年文化部“中国民族歌剧传承发展工程”重点扶持剧目。该剧由代路、廉海平编剧，黄定山导演，臧云飞、任安作曲。

民族歌剧《马向阳下乡记》根据同名热播电视剧改编，全剧共六场戏时长120分钟，40多个唱段。该剧讲述了农科院助理研究员马向阳下乡担任“第一书记”，抓党建促脱贫谋发展，用歌剧的形式展现了“第一书记”马向阳带领村民脱贫致富的故事。

【英文原版歌剧《红楼梦》】

2017年9月8日，由美国旧金山歌剧院制作，北京保利剧院管理有限公司和阿姆斯特朗音乐艺术管理有限公司联合引进的歌剧《红楼梦》于北京保利剧院首演。该作由赖声川导演、盛宗亮和黄哲伦编剧、盛宗亮作曲、叶锦添担任舞美设计，歌唱家石倚洁、武赫、石琳等与杭州爱乐乐团、乌克兰第聂伯罗歌剧院合唱团合作，将这部中国古典文学名著用英文的形式进行了全新的编排。

该剧以贾宝玉、林黛玉、薛宝钗的爱情故事为主线，折射出大观园的兴衰以及明清社会的动荡。全剧唱词均为英文，音乐中加入了《阳关三叠》《无锡景》等中国音乐元素。

【民族歌剧《玛纳斯》】

2017年9月30日至10月1日，由中央歌剧院创排的大型民族原创歌剧《玛纳斯》作为文化部2017年重点剧目、文化部民族歌剧扶持工程重点剧目，以及向党的十九大献礼作品在北京天桥剧场首演。该剧由王晓岭担任编剧、许舒亚担任作曲、王延松担任导演。首演由杨洋执棒，由袁晨野、王传越、刘珊、於敬人、李爽、么红等领衔演出。

《玛纳斯》是柯尔克孜族的英雄史诗，是中国三大英雄史诗之一，也是世界非物质文化遗产。在世界范围内，尤其是“一带一路”沿线的中亚地区，目前已有俄文、乌兹别克文、哈萨克文、德文、英文、法文、土耳其文、日文等多种译文。作品讲述的是公元10世纪，柯尔克孜人被强敌环伺，英雄玛纳斯统一各部，率军远征，胜利之际被暗害。玛纳斯之妻卡妮凯抚养幼子赛麦台依成人，登汗位、娶妻、复仇，却被嫉妒的兄弟暗算，赛麦台依随妻阿依曲莱克幻化而去。玛纳斯显灵，八代子孙血脉赓续。

《玛纳斯》的歌剧结构从玛纳斯的胜利写起，融合了原史诗中第一部《玛纳斯》和第二部《赛麦台依》的主干情节，由父到子，由死到生，结合玛纳斯的“梦授”和“神授”，现实与梦境交织，人性叙事和神性叙事穿插。

【民族歌剧《兰花花》】

2017年10月1日至5日，由国家大剧院创排的民族歌剧《兰花花》于北京国家大剧院首演。作品以陕北民歌《兰花花》为素材，由作曲家张千一、编剧赵大鸣、导演陈薪伊等组成创作团队联合推出。该剧由指挥家张国勇担任指挥。剧中的兰花花、赶羊、周老爷等主要人物由国家大剧院驻院歌唱家李欣桐、关致京、扣京、刘嵩虎、王鹤翔等，联合特邀赵丽丽、杨琪、杨毅、薛皓垠、张英席等共同演出。

歌剧《兰花花》的素材源于陕北同名民歌《兰花花》，全剧依照民歌《兰花花》的歌词内容创作了全新的剧情和角色。作品讲述了一个没见过世面的农村姑娘，想追寻自己的爱情与自由，却又无法挣脱千百年来久已形成的传统礼教的束缚，最后走向凋零的故事。

【民族歌剧《盐都儿女》】

2017年10月10日，由自贡市歌舞曲艺演艺有限责任公司、四川交响乐团联合出品的大型原创民族歌剧《盐都儿女》在成都首演。作为2017年“中国民族歌剧传承发展工程”重点扶持剧目，民族歌剧《盐都儿女》通过赞颂四川劳动者历尽磨难而百折不挠、坚忍不拔的创业精神，为党的十九大献礼。

自贡有着2000余年的井盐采卤制盐历史，被誉为世界井盐之都。该剧背景设定在民国初年的自贡，讲述了围绕盐商颜家同步发生的紫薇出嫁、老井枯干两件大事展开的系列故事。为艺术地再现千年盐都的历史文化，《盐都儿女》剧本曾六易其稿，音乐创作上突出巴蜀特色，荡气回肠的盐工号子贯穿全剧。此外，还融入了川剧、自贡方言、自贡彩灯等地方元素，将民国初年四川盐工的劳动场景表现得栩栩如生。

【歌剧《法斯塔夫》】

2017年12月3日至6日，歌剧《法斯塔夫》在国家大剧院首演。该作由中国国家大剧院与维也纳国家歌剧院首次联合制作。歌剧指挥由意大利指挥家雷纳托·帕伦波担任，大卫·麦克维卡任导演，查尔兹·爱德华兹任舞美设计。剧中主要角色由罗伯特·德·坎迪亚、拉凯莱·斯塔尼西、菲利普·波里内利、朱莉娅·塞门扎托、石倚洁、安娜·玛丽亚·齐乌利等担任。

歌剧《法斯塔夫》共分三幕、六场，是威尔第 28 部歌剧的最后一部。故事发生于 1399 年至 1413 年间，以主人公胖骑士法斯塔夫自负而愚蠢的荒诞行径为故事发展主线。国家大剧院与维也纳国家歌剧院携手打造歌剧《法斯塔夫》是国家大剧院自 2009 年将歌剧《弄臣》搬上舞台后，有计划、有步骤地策划威尔第歌剧项目的又一实践。

【歌剧《蔡文姬》】

2017 年 12 月 18 日至 19 日，作为第三届中国歌剧节的参演剧目之一，由河南歌舞演艺集团创排的歌剧《蔡文姬》在江苏省南京市的江苏大剧院上演。作品由关峡作曲、刘麟编剧、王湖泉导演。

《蔡文姬》的创作自 2014 年开始，通过两条主线，表现了两个隐伏其中的主题：一是蔡文姬与左贤王从被掳匈奴到夫妻相契相知经历了 12 年的磨合，他们最终推动了汉匈两个民族的融合；二是蔡文姬与董祀的同窗情谊到一生不离不弃，自觉地担当起守护中华民族历史与文化的神圣使命。该剧入选了文化部 2017 年“中国民族歌剧传承发展工程”重点扶持剧目，在工程指导委员会专家的指导下，此次上演是修改和提升后的首演。

【歌剧《贺绿汀》】

2017 年 12 月 20 日，上海音乐学院建院 90 周年献演剧目、原创歌剧《贺绿汀》在上海首演。该剧由林在勇出品、张千一作曲、陆驾云编剧，由上海音乐学院师生担纲演出。

该剧共六幕，分别表现贺绿汀投身革命、赴上海国立音专（上海音乐学院前身）深造、刻苦钻研西洋乐理和演奏技艺、组织带领上海文艺界救亡演剧队奔赴前线、在机枪声中创作出《游击队之歌》、在鲁迅艺术学院任教的人生历程。贺绿汀（1903—1999），湖南省邵东人，作曲家、音乐理论家、音乐教育家。早年参加湖南农民运动和广州起义。先后任武昌艺术专科学校教员、明星影片公司音乐科科长、陕甘宁晋绥联防军政治部宣传队音乐教员、延安中央管弦乐团团长、华北文工团团长。一生创作了 3 部大合唱、24 首合唱曲、近百首歌曲以及 6 首钢琴曲、6 首弦乐曲和十多部电影音乐。

【歌剧《辛夷公主》】

2017 年 12 月 20 日至 21 日，由重庆市歌剧院创排的原创歌剧《辛夷公主》在江苏省常州市常州大剧院上演。该剧也是第三届中国歌剧节参演剧目，由郝维亚作曲，冯柏铭、冯必烈编剧，易立明导演，刘新禹指挥。

原创歌剧《辛夷公主》讲述了一个拯救他人、牺牲自我的传奇故事：在尼雅古国，国师孛无忌为掌握权力，欲谋害善良的辛夷公主，便制造了可怕的瘟疫，解药便是公主的手和眼。为解救百姓，公主挺身而出，献出了自己的双手、双眼。觉醒的民众制服了孛无忌，为善良的公主重塑了千万手眼。

【民族歌剧《青春之歌》】

2017 年 12 月 26 日至 27 日晚，由浙江歌舞剧院、浙江交响乐团联合出品的民族歌剧《青春之歌》在江苏省宜兴市大剧院上演，该剧也是第三届中国歌剧节参演剧目。该剧由赵玎玎编剧，吴小平、潘磊作曲，张曼君导演。

该剧改编自作家杨沫的长篇名著《青春之歌》，以主要人物之一的林道静自1931年至1935年之间的生活经历、情感体验、精神脉动、灵魂思辨为情节主线和戏剧核心，展示了在中国共产党领导下的一代知识青年的成长过程，热情地讴歌了知识青年革命青春的风采。

【民族歌剧《张思德》】

2017年12月27日，作为第三届中国歌剧节展演剧目、由四川省南充歌舞剧院和四川交响乐团创排的民族歌剧《张思德》在无锡市人民大会堂上演。该剧由唐栋任编剧，傅勇凡担任导演，石松任作曲，由吕宏伟、王庆爽担任男女主角。由司马健楠任指挥四川交响乐团歌剧团、北京草原恋合唱团、南充歌舞剧院等参加了演出。

歌剧《张思德》共分为五章，讲述了张思德在家乡积极动员伙伴参军、跟随红军长征途中艰难跋涉、前往陕北奔赴抗日战场、在延安为毛泽东当卫士、带领战友奋战炭窑不幸牺牲、毛泽东在张思德追悼会上动情发表《为人民服务》演讲等剧情。

【民族歌剧《木兰》】

2017年12月27日至28日，由江苏省文投集团策划、江苏大剧院出品、中国国家交响乐团创排的民族歌剧《木兰》在江苏大剧院首演。该剧由关峡作曲，刘麟编剧，李福祥执导，剧中主要角色由雷佳、张英席等饰演。

该剧取材于花木兰替父从军的传奇故事，在重现木兰保家卫国英雄征程的同时，细腻呈现了木兰内心深处对美好爱情的渴盼以及淡泊功名的高尚情怀，讴歌了中国人民渴望和平的美好心愿。该剧还特邀芬兰指挥家、作曲家莱夫·希尔格斯坦担任指挥，与圣彼得堡国家交响乐团、中央军委政治工作部歌舞团、中国交响乐团合唱团联合演出。

【民族歌剧《洪湖赤卫队》】

2017年12月27日，由湖北省歌舞剧院创排的歌剧《洪湖赤卫队》于徐州音乐厅上演。剧中主要角色由秦德松、马娅琴饰演。

歌剧《洪湖赤卫队》由梅少山、张敬安、杨会召、欧阳谦叔编剧，张敬安、欧阳谦叔作曲，于1959年由湖北省实验歌剧团首演于武汉，1959年10月作为湖北省向国庆十周年献礼剧目首次进京演出，后被拍成电影公映。该剧是一部反映革命斗争题材的歌剧，歌颂了毛主席的军事路线，歌颂了老一辈无产阶级革命家贺龙，歌颂了洪湖人民的英勇斗争，具有重大的政治意义。该剧至今演出3000余场，周恩来、董必武、贺龙、陈毅等老一辈党和国家领导人都欣赏过演出，并给予高度评价。

1999年，湖北省歌剧舞剧院复排公演《洪湖赤卫队》；2012年，国家大剧院版歌剧《洪湖赤卫队》，作为十八大献礼作品于国家大剧院上演；2017年，该剧作为“第三届中国歌剧节”的展演剧目再度上演。

音乐剧

【音乐剧《你若离开，我便浪迹天涯……》】

2017 年 4 月 5 日至 9 日，由中国国家话剧院和三拓旗（北京）文化传媒有限公司联合打造的音乐剧《你若离开，我便浪迹天涯……》于北京国家话剧院剧场首演。该剧是国家话剧院出品的首部音乐剧，由音乐人樊冲担任作词作曲和音乐监制。作品通过音乐、舞蹈等多种形式表现人物的情感冲突和价值追求，讲述一家三代人之间的隔阂、理解和爱，试图引发当代人对生活、家庭、情感等话题的思考，给面临分离和孤独的人以心灵慰藉。

【音乐剧《顶头锤》】

2017 年 4 月 7 日至 9 日，香港话剧团出品的音乐剧《顶头锤》在北京天桥演艺中心中剧场演出。作品由陈敢权编剧、导演，岑伟宗作词，高世章作曲，卢宜均编曲、指挥，梁仓布景设计，陈焯华灯光设计，黄智强服装设计，刘守正、王维、黄慧慈、陈熙莉等主演。

该剧是一部足球题材的作品，以香港球王李惠堂 1936 年率队参加柏林奥运会为背景创编而成的港式音乐剧。作品紧扣郑开满、林家振的球员冲突，以二人与父亲的感情交流，以及郑开满兄妹的爱情纠葛展开戏剧，穿插英皇道建设、贫民区拆迁、组队筹款参加奥运会为背景事件。球场内外，有说有唱，情节展开流畅有趣。家事国事许多事，与爱情亲情串联在一起，以歌舞戏剧再现了赛事与生活场景。

【音乐剧《酒干倘卖无》】

2017 年 5 月 5 日，由真成音乐剧文化娱乐有限公司创排的中国原创音乐剧《酒干倘卖无》于深圳首演。该剧于首演之日起，于深圳连续上演 15 场，并开启全国近百场巡演模式。

该剧由李盾担任制作人、艺术总监，并邀请《酒干倘卖无》原作曲作词者侯德健为顾问，除《妈妈再爱我一次》的导演周可和作词者梁芒等原班团队成员加盟之外，《酒干倘卖无》还邀请了百老汇导演兼编舞卓依 · 马可尼里、艾美奖得主王宗贤、舞美设计专家王晶等艺术家参与制作。剧情取材于台湾经典电影《搭错车》，讲述了父亲与女儿之间一段曲折的心路历程。

【音乐剧《黑眼睛》】

2017 年 6 月 16 日至 18 日，由国家艺术基金扶持，新疆伊犁哈萨克自治州、特克斯县融合北京及当地主创团队打造的音乐剧《黑眼睛》于北京解放军歌剧院首演。

该剧灵感来自古老的民歌《黑眼睛》，是一部哈萨克民族风情的民族音乐剧。作品取材于西汉时期西域乌孙国历史，围绕乌孙古道——古丝绸之路连接伊犁河谷与南北疆以及中亚、西亚陆路的重要通路，展现了西域少数民族的交往、融合及演进的民族风情历史画卷。整个故事以哈萨克民歌《黑眼睛》为主旋律，以《喀拉角勒哈》《加尔加尔》《阿肯阿依特斯》等民族民俗风情歌舞为衬托，通过主要人物载歌载舞方式表现人物性格、推动故事发展。作品伴奏以管弦乐队为主，民族乐器点缀其中。

【音乐剧《九层之家》】

2017年9月3日，由台湾艺术大学创排的音乐剧《九层之家》作为由中华文化联谊会、中国国家话剧院、北京市海外文化交流中心联合主办，北京国话剧场和哲腾文化承办的“2017两岸知音音乐剧大赏”首部巡演剧目在国家话剧院小剧场演出。

音乐剧《九层之家》改编自作家张维中的同名小说。故事的主人公唐育生具有一项特殊的“味觉预知能力”，每当他全神贯注地品尝一种食物，并且冥想某件事情时，经过“关键性的黄金五秒”后，他就能预知这件事情的结果是好还是坏。

作品以几道客家菜串起了整部剧的剧情，包括《粄圆之夜》《红葱头的味道》《客家小炒的一天》《九层糕的决心》《姜丝大肠的明天》等。该剧编导为林一泓。

【音乐剧《秋裤和擀面杖》】

2017年10月19日，音乐剧《秋裤和擀面杖》在北京天桥剧场首演。该剧由张文潇兼任导演和编剧。

作品讲述了23岁的年轻舞蹈演员沐馨与妈妈“约定”：先到大城市打拼，如果不成功，就回老家。沐馨满怀着对未来无限的憧憬，经历了生活的种种艰辛，却躲不过妈妈的“突击检查”，不得不想尽办法拼命掩饰。随着沐馨遭遇的步步展开，年轻人所经历的“老板欠薪”“逼婚”“礼尚往来”等社会问题和现象相继出现。

【音乐剧《雪孩子》】

2017年10月21日至22日，由北京手拉手剧团打造的音乐剧《雪孩子》在北京剧院上演4场。作品讲述了一个善良的小雪人为了帮助别人最终融化了自己的故事。该剧由赵宇导演、王堃编剧，舞蹈总监由张薇担任。

音乐剧《雪孩子》在内容上进行了深度拓展。在情节设置上，作为雪女王儿子的雪王子，带着对母亲的承诺来到小兔一家身边。当他看到大雪覆盖下的生灵面临危险时，责任感油然而生。通过与松树、翠鸟、小松鼠和小兔的相遇，雪孩子体味到了帮助别人的快乐，并且收获了真正的友谊。融化了自己的雪孩子“凤凰涅槃”，化身雪王子再次回到了雪宫殿，回到了雪女王的身边，但他带去的、大家向往的美好和善良，却永远留在了森林小伙伴们的心里。

【音乐剧《爱如星火》】

2017年11月23日，红河州歌舞团创排的音乐剧《爱如星火》于云南第十四届新剧目展演闭幕式上演。该剧由周楚栋编剧，冯佳导演，张然作曲。剧中主要角色分别由李炜鹏、杨洁、陈煜生饰演。

音乐剧《爱如星火》以解放战争中云南红河弥勒西山革命根据地的创建和起义的历史为背景，以革命英烈杨治庭为人物原型，讲述了1947年经历抗战血与火斗争的彝族阿细青年阿西，肩负中共地下党的使命，回到家乡，传播革命火种，活跃和战斗在彝族群众中，组织和开展武装斗争。

【音乐剧《紫檀》】

2017年12月13日至14日，历时4年创作的音乐剧《紫檀》在北京保利剧院上演。《紫檀》由陈蔚任导演、孟卫东作曲、钱晓天编剧。该剧于 2017 年 2 月在河北省廊坊市进行了首轮演出，修改提升后在北京保利剧院正式公演。

音乐剧《紫檀》的故事原型来源于河北省廊坊市当地手艺人的故事，以廊坊“京作”红木文化为背景，以手艺人保全民族瑰宝为主线，演绎了一代清宫名匠为保民族瑰宝付出生命的时代悲歌。该剧由根据冀中平原民歌、小调、古曲、曲艺等创作而成的 28 段音乐组成。西河大鼓作为在河北广泛流传的曲艺代表也被运用其中。

【音乐剧《石榴红了》】

2017 年 12 月 23 日，由内蒙古草原文化保护发展基金会出品，邀请百老汇创作团队制作，鄂托克前旗乌兰牧骑出演的音乐剧《石榴红了》在中央民族大学大礼堂举行首映。该剧反映延安民族学院（中央民族大学前身）诞生在延安，成长在草原，在战火纷飞中发展壮大的故事。

乌兰牧骑是草原上的“红色文艺轻骑兵”，是内蒙古独有的民族文化和红色文化符号。为了深入贯彻落实党的十九大精神和习近平总书记对乌兰牧骑事业发展的重要指示精神，内蒙古自治区政府和中央民族大学签署了关于支持推进乌兰牧骑事业发展的合作项目。

纪事

音乐节会

【第 34 届上海之春国际音乐节】

2017 年 4 月 28 日至 5 月 18 日，由上海之春国际音乐节组委会、上海市人民政府、上海市文学艺术界联合会等共同主办的“第 34 届上海之春国际音乐节”于上海开幕。

该届艺术节为期三周，由来自中国、美国、法国、波兰、瑞士、英国、俄罗斯、意大利、奥地利等 10 余个国家的乐团、音乐家、舞蹈家们轮番献演了 39 台音乐和舞蹈演出，包括开幕和闭幕音乐会、7 台新人新作演出、15 台经典荟萃演出、10 台国际交流演出、5 台舞蹈类节目、1 项论坛、1 项节中节、3 项征集活动、4 项艺术教学成果展示以及多项艺术教育展演活动。该届音乐节还推出“敦煌乐章”“丝路追梦”“魅力西南”“春江花月夜”等饱含中国元素和民族特色的表演。其中，向大师致敬板块，重新演绎周小燕生前最后一部音乐剧《一江春水》。“跨界融合”的表演，则通过传统与现代、视觉与听觉、动态与静态等多种形式诠释了音乐创作的跨界与融合。音乐节还深入一线、走向基层，在上海市多个地点开展“以人民为中心”的艺术教育系列展演。

上海之春国际音乐节起源于 1959 年的“上海市音乐舞蹈展演月”，1960 年以“上海之春”命名，2001 年改名为上海之春国际音乐节。

【“龙声华韵”——盛礼洪作品专场音乐会】

2017 年 5 月 11 日，由中国国家交响乐团主办、邵恩执棒的“龙声华韵”——盛礼洪作品专场音乐会在北京音乐厅举行。音乐会演奏了盛礼洪的第四交响曲《1937 年的记忆》，G 小调大提琴协奏曲；女高音与乐队合唱交响曲《唐诗》节选《鸟鸣涧》《澜沧江之源》，以及第一交响曲《海之歌》。

作曲家盛礼洪 1926 年出生于浙江省湖州市，1943 年进入重庆国立音乐院作曲系学习。新中国成立前夕参加筹建中央音乐学院，1969 年调入中央乐团创作组，参加钢琴协奏曲《黄河》的创作改编。主要作品有第一交响曲《海之歌》、《第二交响曲》、戏剧配乐《黑奴恨》、无伴奏合唱《明月几时有》、大合唱《巍巍青山高》、独唱《雨中岚山》、音乐电视片《江河源抒情》、舞蹈组曲《鹤》、合唱交响曲《唐诗》等。

【第十五届北京现代音乐节】

2017 年 5 月 21 日至 27 日，“第十五届北京现代音乐节”在北京举行。来自中国、中国香港、中国澳门、中国台湾、德国、法国、英国、意大利、奥地利、俄罗斯、美国、波兰、印度等国家和地区的音乐团体和个人参加了演出。该届音乐节上演的作品囊括中外经典与原创之作，邀请国际与国内多个乐团加盟，包括中央音乐学院交响乐团、天津交响乐团、法国摩登时代乐团、莫斯科当代乐团、“琥珀四重奏”等，由胡咏言、张艺、汤沐海、陈琳、陈冰、夏小汤等执棒演出。

参与演出的作曲家及演奏家包括：苏格兰作曲家詹姆斯·麦克米兰，德国作曲家奥利弗·施内勒尔、马丁·赫尔辛鲁德，意大利作曲家卢卡·昂迪纳尼，奥地利作曲家伍兹·波特雷，英国作曲家乔·卡特，澳门作曲家莫建儿，波兰钢琴演奏家亚当·科斯米埃加，印度西塔琴演奏家达伦·巴塔查亚、塔布拉鼓演奏家苏布汉卡·班纳吉，中国小提琴演奏家黄蒙拉、谢昊明，扬琴演奏家刘月宁，古琴演奏家赵家珍，打击乐演奏家胡胜男，古筝演奏家舒畅，二胡演奏家马向华、杨雪，竹笛演奏家袁非凡、李乐等。音乐节还上演了杜鸣心、陈丹布、秦文琛、张小夫、叶小纲等中国作曲家的代表作品。

北京现代音乐节创办于2002年，是由教育部、文化部支持，中央音乐学院主办的国际化大型音乐文化交流活动，以普及现代音乐、促进国内外文化、艺术交流以及为青年音乐家提供优质发展平台为主要内容。

【纪念李德伦指挥大师诞辰100周年音乐会】

2017年6月6日，由中国交响乐团主办的“纪念李德伦指挥大师诞辰100周年音乐会”在北京国家大剧院上演。汤沐海、邵恩、胡咏言、余隆、谭利华、陈燮阳、徐东晓、张国勇、李心草登台执棒音乐会，演出了李德伦指挥过的贝多芬、莫扎特、柴可夫斯基、德沃夏克等世界名曲。小提琴家吕思清、女高音歌唱家孙秀苇、男高音歌唱家李爽等参加了演出。

文化部、中国文联、中共北京市委等相关部委的领导同志和两千余名观众观看了演出。奥地利维也纳国家歌剧院进行了全球同步网络直播。演出当日举行了座谈会，叶小纲、关峡和李德伦之女李鹿，以及9位执棒音乐会的指挥家讲述往事，共同回忆李德伦为在中国普及交响乐奉献的一生。

李德伦是中国交响乐事业的奠基者和拓荒者，1917年6月6日生于北京，2001年10月19日因病逝世。他先后任北京人民艺术剧院、中央实验歌剧院指挥，中央乐团交响乐队首席指挥；他带领中央乐团举行“星期音乐会”、开办交响乐讲座，并为大量西方经典作品的中国首演执棒。

【“嘹亮军歌”——纪念中国人民解放军建军90周年音乐会暨新书发布】

2017年6月7日，由人民音乐出版社主办的“嘹亮军歌”——纪念中国人民解放军建军90周年音乐会暨新书发布在北京国家大剧院举行。《嘹亮军歌——中国人民解放军建军90周年优秀歌曲集》，由作曲家张千一担任总主编，特邀军队文艺创作专家团队参与编撰。该套丛书共收录1600余首歌曲，收录的作品涵盖了建军90年来我军各个历史时期的优秀作品和非军队音乐家创作的优秀军事题材作品，具有历史跨度长、史料收集广、涉及作品多等特点。

音乐会演出的曲目从《嘹亮军歌》一书中选取，采用独唱、重唱、合唱等多种形式，程志、王宏伟、雷佳、王丽达等与中国人民解放军合唱团上演了《中国人民解放军军歌》《人民军队忠于党》《保卫黄河》《军民团结一家亲》《跟着你》《强军战歌》等20首经典军旅歌曲。

【“龙声华韵”——《英雄的诗篇》朱践耳作品专场音乐会】

2017年6月15日，由中国交响乐团主办的“龙声华韵”——《英雄的诗篇》朱践耳作品专场音乐会暨纪念中国人民解放军建军90周年音乐会在北京音乐厅上演。音乐会由指挥家陈燮阳执棒，男高音歌唱家赵玉龙、裴磊共同演出。该次音乐会演出了朱践耳的《节日序曲》《壮士行》、交响诗《百年沧桑》和交响曲—大合唱《英雄的诗篇》。其中《百年沧桑》是迎接香港回归题材的音乐作品。《英雄的诗篇》是以毛泽东在长征前后陆续创作的六首内容各自独立的诗篇为灵感而作，首创交响曲—大合唱这一创作体裁，构建成一部完整的交响套曲，表现中国工农红军的长征壮举。

朱践耳是我国作曲家，1922年出生，毕业于莫斯科柴科夫斯基音乐学院作曲系，1975年起成为上海交响乐团驻团作曲家，创作有十部交响曲及十余部其他体裁的器乐作品。

【"元气"周家班——"菠林喇叭"音乐会】

2017年6月21日，由中国艺术研究院研究生院和中国艺术研究院音乐研究所共同主办的"元气"周家班——"菠林喇叭"音乐会在中国艺术研究院举行。该场音乐会是中国艺术研究院"非遗进校园"系列活动的首场活动，由研究生院党委书记、副院长、博士生导师李心峰担任学术主持。以第五代传承人周本祥、大班主周本鸣为代表的周家班三代九位传承人，在音乐会上演奏了《拉魂腔》《雁落沙滩》《大悲咒》《百鸟朝凤》等十余首代表性民间唢呐曲目。

音乐会由国家级非物质文化遗产"菠林喇叭"的传承者——安徽省灵璧县尹集乡菠林村周家班担纲。周家班又称周家唢呐班、周家鼓乐班、菠林喇叭，是以安徽省灵璧县尹集乡菠林村的周氏族人为乐手成员的中国民间乐班。

【第二届中国民族器乐民间乐种组合展演】

2017年7月11日至15日，由文化部、海南省人民政府主办，文化部艺术司、海南省文化广电出版体育厅、中央民族乐团承办的"第二届中国民族器乐民间乐种组合展演"在海南省海口市举行。经专家遴选，44支组合参加展演，涵盖西安鼓乐、泉州笼吹、广东音乐、江南丝竹、山西八大套、鲁西南鼓吹乐等30余个地方乐种。展演期间，共举办6场展演、1场闭幕音乐会、3场巡演和2场专题研讨会，现场观众人数超过1万人次。

该届展演呈现出四个显著特点：一是乐种多样、特色鲜明，西安鼓乐、泉州笼吹、广东音乐、江南丝竹、山西八大套等30余个地方乐种竞相登台；二是组织有力、参与踊跃，申报组合总数达175支，比第一届增长近40%；三是研讨深入、成果丰硕，专家学者围绕中国民间乐种的文化价值和传承发展进行深入交流讨论；四是创新形式、文化惠民，首次组织10余支优秀组合在海南三亚、琼海、澄迈等地进行巡演，面向基层、服务群众性突出。

【2017国家大剧院国际歌剧电影展】

2017年8月6日，由文化部和国家大剧院联合主办，百老汇影城、卢米埃影城协办的"2017国家大剧院国际歌剧电影展"开幕。

8月26日至10月31日，包括《卡门》《浮士德》《约兰卡》等中外14部歌剧电影陆续登陆北京、上海、深圳、南京、成都、广州、武汉、大连、杭州、济南全国十所城市院线。每部影片在每个城市放映2场，所有放映场次共计288场。该活动由国际5所知名剧院加盟，所展映的14部电影作品包含中国制作出品的4部，分别是《长征》《卡门》《弄臣》《爱之甘醇》，其余10部影片包括美国大都会歌剧院的《军中女郎》《魔笛》，英国皇家歌剧院的《浮士德》《艺术家生涯》等。

【2017两岸知音音乐剧大赏】

2017年9月3日，由中华文化联谊会、中国国家话剧院、北京市海外文化交流中心联合主办，北京国话剧场和哲腾文化承办的"2017两岸知音音乐剧大赏"，两岸入选剧目开启首轮巡演。

"两岸知音音乐剧大赏"是"两岸原创戏剧扶青计划"的内容之一，于2016年首次举办，旨在为两岸音乐剧领域挖掘更多创意和人才，为两岸大学院校相关专业学生提供展示原创作品的机会，搭建两岸青年戏剧人的交流平台。2017年的巡演，两岸共有13部剧目参与演出，分别是：台湾赴大陆的演出剧目，《九层之家》《Bullying》《1986》《Bluebird青岛》《22》《L.O.V.E》《雪恐龙》等；大陆赴台湾演出的剧目包括《苏赫与白马》《卓玛》《卖力回吧》《酒干倘卖无》等。

【打击·乐——“中外打击乐组合与乐队”实验音乐会】

2017年9月15日，由中国东方演艺集团有限公司中国东方歌舞团创作演出的“打击·乐”——“中外打击乐组合与乐队”实验音乐会在北京上演。此次音乐会以“中国音乐东方化，东方音乐世界化”为理念，融合中国传统民族乐器及世界特色乐器，集原创作品与经典曲目于一体，从作品呈现、乐器摆放、舞台调度等多方面展示打击乐。同时，利用人声等多种艺术手段，提高声音质感，增加艺术感染力，印度乌都鼓、非洲卡巴萨等50余种特色乐器加以展示。

【第四届中国西部交响乐周】

2017年9月12日至22日，由文化部、内蒙古自治区人民政府主办，文化部艺术司、内蒙古自治区文化厅承办的“第四届中国西部交响乐周”在内蒙古自治区呼和浩特、鄂尔多斯、包头等地举行。该届西部交响乐周要求每个乐团至少演奏一首中国原创交响乐作品，目的是鼓励西部交响乐团按照习近平总书记“认真学习借鉴世界各国人民创造的优秀文艺，坚持洋为中用、开拓创新，中西合璧、融会贯通”的要求，推出更多反映时代精神和现实生活的原创作品。

“第四届中国西部交响乐周”是内蒙古自治区成立70周年庆祝活动的重要组成部分。其间，开展了西部交响乐团展演、名家讲坛、“三进”演出、中国西部交响乐团团长联席会等一系列活动。该届中国西部交响乐周参演乐团数量为历届最多，汇集了内蒙古民族艺术剧院交响乐团、广西交响乐团、四川交响乐团、贵州歌舞剧院交响乐团、昆明聂耳交响乐团、西藏爱乐乐团、新疆爱乐乐团等11个西部省区市的13支交响乐团。

该届西部交响乐周首次设立“名家讲坛”，邀请关峡、叶小纲、王黎光、卞祖善等音乐家，从乐团管理、作曲、人才培养、指挥等方面为西部交响乐团讲课，以提升西部交响乐团的艺术创作和管理水平。

【第四届中国·西北音乐节】

2017年9月23日至27日，“第四届中国·西北音乐节”在宁夏回族自治区银川市举行，由来自全国的部分音乐家及西北五省（区）的文艺工作者在银川举办了5场音乐会和2场音乐专题讲座。活动邀请了西北五省区音乐界的专家学者对5场音乐会进行了点评，同时赴石嘴山、吴忠、中卫、固原开展了4场下基层演出。

“中国·西北音乐节”是由陕西、甘肃、宁夏、青海、新疆五省（区）党委宣传部、文学艺术界联合会和音乐家协会共同发起主办的一项西北地区音乐展演活动。音乐节由五省（区）轮流主办，每两年举办一届，自2010年在陕西省西安市举办首届音乐节以来，至今已举办三届。

【2017“蓉城之秋”成都国际音乐季】

2017年9月25日至12月8日，由四川省文化厅、成都市音乐产业发展领导小组指导，成都市文广新局、成都市文学艺术界联合会、成都市音乐产业推进办公室、四川音乐学院主办的2017“蓉城之秋”成都国际音乐季在四川省成都市举行。5场民族音乐会、6场时尚音乐活动以及8场交响音乐会组成的民族音乐周、时尚音乐周、交响音乐周三大主题音乐周贯穿始终，有500余场音乐活动在成都22

个区县范围内上演，吸引了近500万人次观看。共有来自英国、法国、美国、瑞典、意大利、丹麦、爱尔兰、荷兰、以色列、比利时、挪威、日本等国家的31支外国演出团队参与。音乐节期间有日落春浪（成都）电子音乐节、白鹿·法国古典音乐艺术节、安仁国际艺术音乐季、美国Salmagundi（萨尔曼冈迪）爵士乐团专场音乐会等。

12月8日，2017“蓉城之秋”成都国际音乐季闭幕音乐会暨“金芙蓉”音乐奖颁奖仪式举办，由中国音乐家协会主席叶小纲领衔的专家评委会评审，张鹤婷、严一萱、张宇、沈晶晶等9位选手和6个优秀作品最终获得“金芙蓉”音乐比赛金奖。

【第十届海峡两岸合唱节】

2017年9月28日至10月2日，由中国音乐家协会、台湾新竹县、福州市人民政府、台湾海峡两岸音乐交流协会主办的“第十届海峡两岸合唱节”在台湾新竹县举行。来自大陆和台湾的16支合唱团近800人演唱的60余首曲目在新竹县参加了本届合唱节的展演。

在本届合唱节期间，除了16支团队近800人的合唱展演，还举办了其他系列活动，包括在新竹县演艺厅上演的两岸少儿合唱观摩音乐会、闭幕颁奖暨特邀金奖团队联合音乐会，在苗栗县的苗北艺文中心演艺厅上演的金奖团队巡演音乐会。在两岸少儿合唱观摩音乐会上，福建“两马”童声合唱团、台湾新竹县光明小学合唱团等相继亮相。

【我们的节日——喜迎十九大·全国优秀民间欢庆锣鼓展演活动】

2017年10月10日，由中国文学艺术界联合会、中国民间文艺家协会、中共陕西省委宣传部共同主办的“我们的节日——喜迎十九大·全国优秀民间欢庆锣鼓展演”活动在陕西省洛川县举行。展演邀请了内蒙古、山东、河南等10个省份的12支队伍参加，领队和选手都是来自基层的民间文艺工作者，通过欢庆锣鼓这一最能表现群众欢乐情绪的民间文艺形式，展现了广大民间文艺家喜迎十九大的热情和姿态。

该次展演是中国民协“我们的节日”主题系列活动的重要组成部分，旨在继承民族优秀文化遗产，推动中华优秀传统文化传承和发展，以饱满的精神面貌和优异的成绩向党的十九大献礼。

【第20届北京国际音乐节】

2017年10月8日至29日，“第20届北京国际音乐节”在北京举行。音乐节在为期22天时间里，上演了29场演出，涵盖歌剧演出3部8场、交响乐演出17场、教堂音乐会1场、2场儿童音乐会以及1场漫步系列音乐会。同时推出大师班、音乐会导赏、进校园、周末家庭日、公开彩排观摩等12场公益教育活动。

10月8日、29日，由余隆指挥中国爱乐乐团亮相第20届北京国际音乐节开、闭幕音乐会。10月24日、27日，北京国际音乐节联手奥地利萨尔茨堡复活节音乐节联合制作的歌剧《女武神》上演。10月22日至26日，指挥家帕沃·雅尔维执棒德意志不来梅室内爱乐乐团演奏贝多芬九大交响全集系列演出。

【第六届琴台音乐节】

2017年10月27日至11月17日，由中共武汉市委、武汉市人民政府主办的“第六届琴台音乐节”在湖北省武汉市举行。音乐节历时22天，上演了56场演出，共有30余万名观众、320余万名网友参与。

本届音乐节以“高山流水觅知音”为主题，以打造“国际水平、国家影响、武汉特色”的汉派艺术节会精品为目标，来自世界各地的1000多名中外音乐家共同参与，上演了剧场经典音乐系列、古琴系列、群众合唱比赛、校园歌曲比赛、流行音乐展演、市民音乐沙龙等各类音乐演出与活动。开幕式演出《“我的祖国”大型民族交响音乐会》由中国广播民族乐团携手彭家鹏、龚琳娜、孙秀苇、莫华伦等参加了演出。柏林爱乐乐团在本届音乐节首次出演，英国经典音乐剧《保镖》连演8场，李云迪、吴牧野、王羽佳等先后登场，武汉汉剧院、武汉歌舞剧院、武汉爱乐乐团、武汉音乐学院等本地音乐院团体也在音乐节演出。11月17日，指挥家艾伦·吉尔伯特率领德累斯顿国家管弦乐团携手钢琴家李云迪亮相闭幕式。

【大型民族交响套曲“丝路粤韵”音乐会】

2017年11月8日，由广东民族乐团策划委约的海上丝绸之路大型民族交响套曲“丝路粤韵”音乐会合辑出版发行。作品由赵季平出任音乐会艺术总监，景建树、张坚、韩兰魁、房晓敏、张晓峰、蓝程宝等组成主创团队，指挥张列出任音乐会音乐总监，鼓乐演奏家陈佐辉、胡琴演奏家曹玉荣和琵琶演奏家缪晓铮等与广东民族团乐手共同演出。

“丝路粤韵”音乐会荣获“第二届丝绸之路国际艺术节——丝路文化贡献奖”，是唯一一台入选文化部评选的25部“国家舞台艺术精品名录”的音乐会作品，并获“第十届广东省鲁迅文艺奖”。

【同圆中国梦交响音乐会】

2017年11月29日，由中共中央宣传部主办的“同圆中国梦交响音乐会”在中央电视台综合频道黄金时段首播，综艺频道、音乐频道当晚跟播。节目以“启航新时代、同圆中国梦”为主题，艺术地展示中华儿女在以习近平同志为核心的党中央坚强领导下，同心奋进、共筑中国梦的崭新面貌。

音乐会分为“砥柱中流”“春意盎然”“初心使命”三个篇章，创作编排了22首广为流传的经典音乐作品，既有交响乐又有管弦乐，既有独唱又有合唱。中国交响乐团、中国广播民族乐团等近300人演奏，中国歌剧舞剧院合唱团等近400人参与录制。关牧村、杨洪基、阎维文、吕继宏、张也、李云迪、雷佳、韩磊、孙楠、谭维维等演唱演奏。钢琴协奏曲《黄河》、交响乐《长征》、管弦乐《红旗颂》《喜讯》、交响大合唱《我爱你中国》《新的天地》，歌曲《我和我的祖国》《不忘初心》《看山看水看中国》等相继上演。

【第三届音乐创意人才扶持项目展演】

2017年12月9日，由中国演出行业协会、中国文化娱乐行业协会主办的“第三届音乐创意人才扶持项目展演”在四川省成都市举行，10组进入项目重点扶持名单的音乐人参加了展演。

本届音乐创意人才扶持项目于2016年12月正式启动，共征集到1800多组音乐人的近4000首原创曲目，初评、复评后共有25组音乐人进入第三届音乐创意人才扶持项目名单，其中10组进入重点扶持名单。专家评委投票选出了本届扶持项目的前3名音乐人：以《四五拍》获第一名的马帮乐队，以《十点半的地铁》获第二名的刘锦泽，以《会飞的野马》获第三名的裸儿。

“觅乐行动”是本届扶持项目的主体活动，于2017年6月正式启动，在QQ音乐、酷狗音乐、酷我音乐三大平台同步推出的线上征集、展示、评选专区，累计吸引1.27亿人次参与试听和投票。

【国家大剧院建院十周年音乐会】

2017年12月22日，“国家大剧院建院十周年音乐会”于国家大剧院音乐厅举行。音乐会演绎了18部中外艺术作品，由国家大剧院音乐艺术总监吕嘉携手近30位中外知名音乐家与国家大剧院管弦乐团、合唱团共同参与了演出。

上半场由演奏家吕思清、王健、宋飞、章红艳、郎朗、马克西姆·兰多依次演出了五部经典器乐作品。下半场以德沃夏克的《狂欢节序曲》开启了回望十年音乐之旅，执棒国家大剧院管弦乐团的，是国家大剧院首任音乐艺术总监陈佐湟。歌唱家宋元明、石倚洁、孙秀苇、廖昌永、张立萍、王喆、阎维文、戴玉强、魏松，与大剧院驻院歌剧演员周晓琳、李欣桐、张心、金郑建、王冲、扣京、刘嵩虎、王海涛、王鹤翔、张扬、关致京登台，演绎了国家大剧院制作歌剧《蝙蝠》《爱之甘醇》《托斯卡》《塞维利亚理发师》《诺尔玛》中的经典唱段，还演出了国家大剧院原创歌剧《方志敏》《长征》中的精彩唱段。

会议 · 交流 · 活动

【施光南音乐创作与表演学术研讨会】

2017 年 4 月 16 日，由浙江师范大学主办的“施光南音乐创作与表演学术研讨会”在浙江师范大学举行。来自全国各地的 20 余位专家学者就施光南的音乐创作与表演展开了精彩的专题研讨。

会议第一阶段，专家学者围绕施光南的作品、创作进行讨论，从施光南声乐创作的思想理念、技法运用以及美学意义的观照等方面展开探索，阐述了施光南声乐创作的超前意识和美学意蕴，并提出，应学习施光南以人民为中心的创作导向，学习他在歌剧音乐的创作中突出旋律思维的中心地位，学习他极具中国气派和中国风韵的旋律思维，优美动人的歌唱性，对中国歌剧的发展而言，是极为必要且正当其冲的。会议第二阶段，专家学者从施光南生命历程、创作“技术含量”、作品“创造美”、历史评价等方面发言，汪申申、李岩等教授对发言进行评议，从《屈原》《伤逝》等作品分析了施光南先生创作音乐的旋律性及逻辑性。

【纪念黄翔鹏先生诞辰 90 周年暨逝世 20 周年学术研讨会】

2017 年 5 月 6 日至 7 日，由西安音乐学院、中国艺术研究院音乐研究所、武汉音乐学院、福建师范大学音乐学院联合主办，西北民族音乐研究中心承办，湖北省博物馆、中国博物馆协会乐器专业委员会协办的“纪念黄翔鹏先生诞辰 90 周年暨逝世 20 周年学术研讨会”在陕西省西安市音乐学院举行。

该次研讨会由来自北京、上海等地 16 所院校、两个研究所近 50 位专家、学者参会，共发表论文 43 篇，集中围绕中国音乐史学、传统音乐基础理论、音乐考古学、乐律学、中国传统音乐学学科建设、黄翔鹏学术贡献与其治学精神等议题展开热烈研讨，论题具体涉及其史学思想、传统音乐观、“一钟双音”的发现、“同均三宫”“唐俗乐二十八调”理论、“曲调考证”研究方法，以及黄翔鹏“系古今，辨名实，重实践”的治学精神等。

黄翔鹏是 20 世纪中国最重要的音乐学家之一。他毕生致力于中国传统音乐基础理论、中国音乐史学、乐律学、音乐考古学、音乐型态学等领域的研究，是当今中国音乐学界杰出的学者之一，也是自杨荫浏先生后该领域的学术带头人。

【中国民族歌剧创作座谈会暨“中国民族歌剧传承发展工程”指导委员会成立会议】

2017 年 5 月 9 日，由文化部主办的中国民族歌剧创作座谈会暨“中国民族歌剧传承发展工程”指导委员会成立会议在北京举行。

“中国民族歌剧传承发展工程”指导委员会的主要职责是指导工程顺利实施，坚持中国民族歌剧的正确创作方向，大力推动民族歌剧的继承创新、剧目创作、人才培养、理论研究和宣传推广。

乔佩娟、郭兰英、羊鸣、仲呈祥、居其宏、黄奇石、关峡、王晓岭、黄定山 9 位专家、艺术家代表在座谈会上发言。“中国民族歌剧传承发展工程”指导委员会委员，文化部艺术司负责同志，专家、艺术家代表，部分地方文化厅（局）负责人，中直院团、国家大剧院、高等艺术学校和地方艺术院团负责人共 70 余人参加座谈会。

【音乐学学术前沿中青年学者论坛】

2017年6月9日，由南京艺术学院音乐学院主办的“音乐学学术前沿中青年学者论坛”在江苏省南京市艺术学院开幕。来自中国艺术研究院、中央音乐学院、中国音乐学院、上海音乐学院、香港中文大学等数十所院校的百余名中青年学者、硕博士研究生参会。

该论坛以“为中青年群体提供学术平台，增强中青年群体对学科发展的敏锐以及学术活力”的宗旨，由来自全国各地的45名学者围绕“文化认同与音乐研究”“跨学科与音乐研究”“全球化与音乐研究”三大议题展开发言与探讨。学者从不同的音乐研究路径入手分别对“文化认同与音乐研究”进行了讨论；从文学、经济学、人类学以及音乐与科技的结合入手探索音乐的跨学科研究，从音乐研究的应用角度出发，探索学术研究与社会服务的关系，从全球化的视野下对音乐文化进行了研究和反思。

【第六届华乐论坛】

2017年6月21日至23日，由中国民族管弦乐学会、新绎文化集团主办的“第六届华乐论坛”在河北省廊坊市举行。本届华乐论坛集中展示、研讨“演奏家和演奏艺术”。12位获奖演奏家的演奏艺术作为核心论题，成为演奏家（弓弦、吹管）与评论家1+1研讨会的对象。6月20日，第六届华乐论坛暨“新绎杯”杰出民乐演奏家（弓弦、吹管）评选颁奖音乐会在北京音乐厅奏响。刘英、姜克美、唐俊乔、邓建栋、吴巍、于红梅、周东朝、沈诚、张维良、李光陆、戴亚、宋飞12位演奏家胜出。颁奖音乐会现场，演奏家们同台，在张列的指挥下与广东民族乐团合作演绎各自的代表作品。

第六届华乐论坛暨“新绎杯”杰出民乐演奏家（弓弦、吹管）评选自2016年10月启动，经过初评，共有30余人进入了复评。4月21日，“新绎杯”杰出民乐演奏家（弓弦、吹管）评选最终评审在北京举行。

【2017中国交响乐峰会暨中国交响乐发展基金会理事会】

2017年7月15日至17日，“2017中国交响乐峰会暨中国交响乐发展基金会理事会”在浙江省杭州市举行。活动由中国交响乐发展基金会和中共杭州市委宣传部主办，杭州文化广播电视集团和杭州爱乐乐团承办。中国交响乐发展基金会理事、交响乐团负责人、专业音乐院校及音乐传媒工作者130人参会。

2017峰会的主题是“平台”与“服务”。为期3天的会议议程主要包括“城市乐团的一份坚持与推广”“提升全民素养、助力打造名城名都”“艺术院校的职业乐团创建与发展”“艺术性与公益性并重的音乐季”，还包含“英国交响乐团管理”等讲座。

会上总结了基金会2016年推动中国交响乐普及、提高、发展的系列举措，中国交响乐发展基金会理事、国内各大交响乐团负责人及音乐院校代表百余人围绕交响乐创作、演出、普及等话题展开交流。

【《华乐大典》二期项目签约启动仪式】

2017年8月28日，中国民族管弦乐学会、上海音乐出版社联合在北京举办了《华乐大典》二期项目签约启动仪式。

2016年6月，《华乐大典》系列之《二胡卷》《笛子卷》《古筝卷》《琵琶卷》《扬琴卷》《打击乐卷》六卷由上海音乐出版社出版发行。经过筹备，中国民族管弦乐学会和上海音乐出版社在2017年启动板胡、高胡、笙、唢呐、三弦、阮这六种乐器的编纂工作。

《华乐大典》是新中国成立以来首部大型民族器乐图书典籍，不仅填补了中国器乐发展历程上的学术空白，也为传承华夏音乐文化遗产，弘扬民族器乐艺术经典奏响了历史新篇章。本着“尊重历史事实，再现历史原貌”的宗旨，《华乐大典》在内容和编排以史、曲、传、记、目等形式集中呈现近代以来民族器乐在演奏技术、作品创作、理论研究、乐器改革等方面的学术成果和代表人物，详尽记述中国民族器乐艺术的发展历程。

【《中国工尺谱集成》出版】

2017 年 9 月 6 日，由文化部艺术司、中国艺术研究院音乐研究所组织编撰，中国艺术研究院音乐研究所研究员、中央民族乐团原副团长张振涛任总主编的《中国工尺谱集成》(10 卷本）由文化艺术出版社出版。该部丛书是文化部“中国民族音乐舞蹈杂技扶持发展工程”的重点项目和“十二五”国家重点图书出版规划项目。

文化部艺术司、中国艺术研究院音乐研究所于 2010 年启动了《中国工尺谱集成》的编撰出版工作。目前《中国工尺谱集成》已完成 10 卷的编撰工作，包括《总论》(1 卷)、《北京卷》(2 卷)、《河北卷》(3 卷)、《陕西卷》(2 卷)、《江苏卷》(1 卷)、《辽宁卷》(1 卷)。

“工尺谱”是世界上最早发明的乐谱之一。唐代已出现大量手抄卷子，以后绵延不绝，明清时期开始出现印刷乐谱。

【全球音乐院校校长交流季】

2017 年 9 月 10 日，由中国音乐学院主办的“全球音乐院校校长交流季”在北京开幕。为期三天的交流季是全球范围内首次音乐院校交流活动，来自美国、英国、澳大利亚等 16 个国家的 30 余位国际知名音乐学院院长围绕“音乐学派对人类文明的贡献”“音乐教育全球化发展趋势”“音乐文化是世界和平的使者”三个论题展开深入研讨。

“全球音乐院校校长交流季”发起人为中国音乐学院院长王黎光，交流季以搭建全球音乐教育资源共享国际合作平台、加强国际间音乐院校合作交流、探索高等音乐教育人才培养的科学范式、共享音乐教育资源与成果、引领全球音乐发展潮流为宗旨，组建“全球音乐教育联盟”，建立国际顶级的音乐赛事、设立全球音乐奖、创办全球音乐院校学术期刊等，促进中外音乐交流常态化。活动依托中国资源、以中国艺术风格为基调、以中国作品为体现、以中国音乐家为载体的音乐学派“中国乐派”，以更加包容的心态接纳世界优秀文化。

【交汇与交流：中国近现代音乐史学高层论坛】

2017 年 9 月 11 日至 12 日，由上海音乐学院主办、上海音乐学院音乐学系承办、中国音乐史学会协办的“交汇与交流：中国近现代音乐史学高层论坛”在上海音乐学院学术厅举行。论坛汇集了中国、新西兰等国家和地区的近 40 名从事中国近现代音乐史研究的专家学者。为期两天的论坛并未局限于“中国近现代音乐的海外传播与影响”这一论坛主题的探究，同时还对“中国近现代音乐的史料钩沉与搜集、学科学术前沿问题研究、学科建设问题研究”等几个主要议题展开了广泛的研讨。研讨内容涉及“国立音乐院、国立音专”的相关研究、“中国近现代流行音乐发展”、“中国传统音乐在近现代历史中不断传承与嬗变及其为新音乐的创作与发展所提供的民族化因素研究”、“中国近现代音乐史学学科建设的理论思考及其相关元理论的探究”等方面。

【全国“学科传统与创新”专题论坛】

2017年9月15日，由中北大学和人民音乐出版社主办，中北大学艺术学院、《音乐研究》编辑部、太谷县人民政府、山西大学音乐学院、山西师范大学音乐学院、大同大学音乐学院、太原师范学院音乐系联合承办的全国“学科传统与创新”专题论坛在山西省太原市中北大学举行。

论坛主要通过自由发言与评议相结合的方式进行，主要针对音乐学理论的学科建设、传统音乐内涵与边界、音乐考古学、音乐史学、音乐美学、音乐评论及西方音乐史传统研究方法的应用与反思等方面的理论研究与探索进行了再认知与再思考。与会人员共同回顾和展望中国音乐学学科理论的发展历程和未来趋势，为推动我国音乐学科专业的建设与发展提供有效的理论支撑。

【晋陕蒙冀原生态民歌人才培养项目】

2017年9月15日至12月14日，国家艺术基金2017年度艺术人才培养资助项目“晋陕蒙冀原生态民歌人才培养项目”于山西戏剧职业学院举行，培训对象为晋陕蒙冀省区的30位原生态歌手。12月14日，结业汇报演出《新时代民歌传人》在山西省太原市上演。该场演出旨在向社会汇报学员学习成果，接受国家艺术基金验收。

“晋陕蒙冀原生态民歌人才培养项目”是近年国内规模较大的跨区域民歌人才培训项目。该项目在为期45天的集训中，共有42位国内外专家教师授课，其中包括国际剧协副主席、瑞典斯德哥尔摩大学聂珂玲教授，艺术家、艺术教育家张继钢，歌手龚琳娜，文艺理论家黎继德等，共计开办技能课38次、理论课23次以及5场优秀剧目观摩等。

【中国交响乐团成立阿拉善创作实践基地】

2017年9月18日，“中国交响乐团阿拉善创作实践基地”揭牌仪式在内蒙古自治区阿拉善举行。中国国家交响乐团团长关峡，阿拉善盟委书记包钢，盟委委员、宣传部部长田德志，行署副盟长徐景春等出席揭牌仪式。

揭牌仪式上签署了《中国交响乐团与阿拉善盟行署全面合作框架协议》，达成了阿拉善盟与中国交响乐团战略伙伴关系，宣告中国交响乐团阿拉善创作实践基地正式落成。中国国家交响乐团于2014年成立交响乐原创中心，至今共在重庆、云南、福建等地举行了十余次创作采风，在我国建立了六个创作基地，演出了五场汇报音乐会，逐步建立起了中国交响乐创作的全面系统化长效机制。

【首届中国—中东欧国家音乐学院院长论坛】

2017年9月21日至25日，由浙江音乐学院主办的“首届中国—中东欧国家音乐学院院长论坛”在浙江省杭州市举行。来自阿尔巴尼亚、保加利亚、克罗地亚、捷克、爱沙尼亚、匈牙利等14个中东欧国家15所音乐院校的校（院）长和专家学者参加了论坛。与会代表围绕“中国—中东欧国家音乐的传承、发展与创新”“中国—中东欧国家音乐艺术的交流与合作”两个主题，就如何在“16+1”文化合作机制的推动下，通过音乐和音乐教育的力量，使音乐尤其是民族音乐在世界范围内得到广泛发展和传播进行了深入探讨。

该届论坛得到中国和中东欧16国文化部及各国音乐院校的大力支持。论坛期间举行了2场学术论坛，17场大师课、讲座，6场音乐会，以及教学观摩和文化考察等。浙江音乐学院与中东欧各国音乐院校共同发起并成立了“中国—中东欧国家音乐院校联盟”，设立“中国—中东欧国家艺术创作与研究中心”。联盟旨在依托“16+1”文化合作机制，搭建中国与中东欧国家音乐院校之间交流与合作的桥梁，促进中国与中东欧国家音乐艺术的繁荣与发展。

【拥护《国歌法》实施暨国歌出版发布会】

2017年9月29日，为庆祝《中华人民共和国国歌法》(以下简称《国歌法》)的诞生与正式实施，向社会大众加强国歌宣传教育，人民音乐出版社与中国人民解放军军乐团、中国交响乐团联合主办的“拥护《国歌法》实施暨国歌出版发布会”在解放军军乐团军乐厅举行。

2017年9月1日，《国歌法》获十二届全国人大常委会第二十九次会议表决通过，于2017年10月1日起正式实施。国歌是《宪法》确立的国家重要象征和标志，凝结着中国共产党领导中国人民为争取民族独立、人民解放和实现国家富强、民族振兴而不屈不挠、英勇奋斗的精神，凝聚着各族人民实现中华民族伟大复兴的梦想。《国歌法》的颁布以国家立法的形式，对国歌的奏唱场合、奏唱礼仪和宣传教育等进行规范，保证了国歌奏唱和使用的严肃性与规范性，有助于维护国家尊严，提升公民的国家观念和爱国意识，弘扬以爱国主义为核心的民族精神，激励全国各族人民为实现中华民族伟大复兴的中国梦而共同奋斗。

人民音乐出版社依据1982年全国人大公报中的版本重新绘制、审校草案所附国歌旋律曲谱的标准五线谱版和简谱版；提供了草案中涉及国歌曲谱的相关名词释义和说明文件，并正式作为全国人大常委会二次审议资料。

【“中国音乐史学史”专题学术研讨会】

2017年10月20日至21日，由中国音乐史学会主办、温州大学音乐学院承办的“中国音乐史学史”专题学术研讨会在温州大学举行。来自中央音乐学院、上海音乐学院、武汉音乐学院、浙江音乐学院、西安音乐学院、南京师范大学、华侨大学、华中师范大学、台湾艺术大学等音乐专业院校与综合性大学艺术院所近百名专家学者齐聚温州大学，围绕中国音乐史学史研究开展学术交流和讨论。

会议为期两天，共进行七次专题研讨，会上以多个视角，运用不同的理念对中国音乐史学史相关论域进行了主题发言，内容涉及中国音乐史学史的概念、范畴与书写方式，音乐史学史的研究理论与方法，专题音乐史研究的发展与现状，史前音乐史、古代音乐史、近现代音乐史研究取得的成就与存在的问题等多个议题。

中国音乐史学史是关于中国音乐史学发展的历史。音乐史是客观的，但书写的音乐史是主观的，是学人通过研究、发现、阐释而形成的关于音乐发展历史的学问。研究中国音乐史学史，是探讨人们如何思考音乐、书写音乐，总结音乐史研究的方式与特点并对已有音乐史研究进行审视与批判，探寻更好地理解音乐、研究音乐、书写音乐的方式。因此，研究音乐史学史，不仅能加深我们对历史场域中音乐的理解，更好地认识中国传统乐文化，而且能提升中国音乐史研究的学术品质，促进我们构建新的中国音乐史书写理念与书写体系。

【第二届大相国寺梵乐学术研讨会】

2017年10月29日，由河南省开封市旅游委、开封市民族事务委员会指导，开封市佛教协会、大相国寺主办的“第二届大相国寺梵乐学术研讨会”在河南省开封市大相国寺举行。研讨会上，专家学者围绕如何恢复北宋时期天清寺繁塔砖雕上的20位乐僧所使用的乐器、大相国寺梵乐的音乐特征等议题展开研讨。来自中央音乐学院、中国艺术研究院、中国戏曲学院、河南大学等地的专家学者近40人参加了研讨。

大相国寺梵乐团自2002年恢复以来，乐僧队伍、演出曲目逐渐扩大，足迹遍布海内外，并出版发行音乐专辑和学术论著《大相国寺音乐及相关佛曲的研究与编译》等作。

【2017第四届音乐产业高端论坛暨《2017中国音乐产业发展报告》发布】

2017年11月3日，在国家新闻出版广电总局指导下，由中国传媒大学主办，中国传媒大学艺术学部音乐与录音艺术学院、中国音像与数字出版协会音乐产业促进工作委员会联合承办，中国移动咪咕音乐有限公司、腾讯音乐娱乐（深圳）有限公司、太平洋影音公司、亚歌文化、中国文艺评论基地联合协办的“2017第四届音乐产业高端论坛”在中国传媒大学国际交流中心举行。

论坛推出了《2017中国音乐产业发展报告》（简称《报告》），该《报告》是在国家新闻出版广电总局指导下，由中国音像与数字出版协会音乐产业促进工作委员会组织编写并发布。

《报告》指出，2016年中国音乐产业总规模达3253.22亿元，在国家、省市一系列产业政策规范、引导、扶持下，2016年音乐产业也实现了稳定的快速增长。产业结构、服务体系进一步优化，版权环境的持续改善激发原创音乐活力，技术升级、用户需求不断推动音乐产业链的重构与商业模式创新，“音乐+”融合业态成为发展新动能，“整合、重构、新生”构成了中国音乐产业发展的主旋律。

【上海音乐学院发布《“音乐与舞蹈学”国际学科评估指标》】

2017年11月27日，上海音乐学院迎来建校90周年之际，正式发布《“音乐与舞蹈学”国际学科评估指标》。上海音乐学院师生通过举办展览、学术论坛、系列音乐会等方式为母校庆生。

《“音乐与舞蹈学”国际学科评估指标》历时两年完成，对“音乐与舞蹈学”的学科机制、学科水平、学科绩效等方面进行全面客观的评估。校庆期间举办的2017上海音乐学院国际音乐院（校）长论坛上，来自英国皇家音乐学院、东京艺术大学、美国伯克利音乐学院等10余所国际知名音乐院校的相关负责人，共同就该指标体系进行讨论，并对音乐学科未来的发展趋势、改革措施和国际音乐学科的深入合作方式、艺术实践平台搭建形式等话题展开深入研讨。与会代表们认为，该指标体系对音乐院校办学水平和学科质量开展权威评价和专业评判具有重要意义，将为建立国际学科评估机制创造新机遇，也为推动全球化复合型创新人才的培养、鼓励跨学科的协同创新提供新路向。

【跨文化音乐教学方法与策略国际论坛】

2017年11月30日，由孔子学院总部、国家汉办支持，中央音乐学院主办，中央音乐学院中外音乐文化交流与体验基地及音乐孔子学院办公室承办，音乐学系协办的“跨文化音乐教学方法与策略国际论坛”系列音乐艺术交流活动在北京举行。丹麦皇家音乐学院院长贝特尔·克拉鲁普，中央音乐学院党委书记赵旻分别致辞。

中央音乐学院中外音乐文化交流与体验基地及音乐孔子学院办公室与四川音乐学院国际合作交流处进行了合作备忘录交换仪式，双方将进一步在国际交流领域的人才培养、教学及科研等多领域展开合作。由来自中央音乐学院、北京外国语大学、首都师范大学音乐学院、四川音乐学院、北京语言大学艺术学院、美国科罗拉多大学及丹麦皇家音乐学院等多位在跨文化音乐教学领域的中外专家和教师，从多视角出发，聚焦跨文化音乐教学的理论与实践，为中国音乐国际传播建言献策。

【第六届全国乐器学研讨会暨东方乐器研讨会】

2017 年 12 月 8 日至 10 日，由中国音乐学院主办、中国博物馆协会乐器专业委员会协办、中国音乐学院音乐科技系承办的“第六届全国乐器学研讨会暨东方乐器研讨会”在北京举行，来自全国的音乐高校乐器学科带头人和师生约 150 余人参会。

本届全国乐器学研讨会以“一带一路”为主题，涵盖东方乐器文化、乐器改良、乐器博物论坛、乐器组合与改良、乐器展演等板块。同时，为促进乐器科研成果转化与校企联合，还增设了乐器科技、学生论坛、圆桌讨论等对话互动板块。

全国乐器学研讨会自 2012 年起，已连续组织召开了 5 届。研讨会以整合中国乐器学研究资源，为我国乐器学学科建设和民族器乐文化的传承奠定学科基础。

人物纪念

【音乐家朴东生逝世】

2017 年 1 月 22 日，民乐指挥家、作曲家、理论家、教育家、音乐社会活动家；中国录音录像出版总社原社长、中国民族管弦乐学会会长朴东生因病在北京逝世，享年 83 岁。

朴东生曾任中央民族乐团、中国广播民族乐团、中国歌剧舞剧院民族乐团等数十家院团的客席、特聘指挥。曾先后应邀担任台湾台北市立国乐团、香港中乐团、澳门中乐团及新加坡华乐团、日本华乐团等民乐团体的客席指挥和艺术顾问。1986 年，朴东生与彭修文、秦鹏章共同发起创建了中国民族管弦乐学会。

朴东生先后创作了民乐交响诗《牡丹仙女的传说》、唢呐协奏曲《欢庆胜利》、二胡独奏曲《在草原上》、交响合唱《中华颂》等近百首民族器乐和声乐作品。出版有《中国民族管弦乐实用配器手册》《乐队指挥法》《指挥入门》《民乐指挥概论》《合奏与指挥》《指挥艺术概论》《指挥排练札记——中国民族管弦乐队的音响整合与音色调控》等专著。

【音乐家黄飞立逝世】

2017 年 2 月 20 日，指挥家、音乐教育家，中央音乐学院管弦系原系主任，中央音乐学院指挥系创建者、第一任系主任黄飞立因病于北京逝世，享年 100 岁。

黄飞立，生于 1917 年，广东番禺人。1943 年任福建音乐专科学校副教授。1951 年毕业于美国耶鲁大学音乐学院。同年回国主持创建了中央音乐学院管弦系和指挥系。历任中央音乐学院管弦系主任、指挥系主任、副教授、教授，中国音乐家协会第三、四届理事和天津音乐家协会副主席。曾担任歌剧《叶甫根尼·奥涅金》《茶花女》和舞剧《天鹅湖》《吉赛尔》《鱼美人》乐队指挥。

【音乐家严良堃逝世】

2017 年 6 月 18 日，中国共产党党员、中国交响乐团指挥家、中国合唱艺术事业的奠基人之一严良堃因病于北京逝世，享年 94 岁。

严良堃（1923—2017），中国指挥家，中国交响乐团合唱团（前为中央乐团合唱团）创办人之一，生于湖北省武昌市。曾从冼星海学指挥，自学乐理、和声。在 1938 年抗日救亡歌咏运动中开始了他的指挥生涯。严良堃也是中国专业合唱事业的奠基人之一，曾任中国音乐家协会副主席、中央乐团合唱指挥、中国音乐家协会第八届顾问、合唱指挥学会理事长。中国文联第十届荣誉委员。

【音乐编辑家周沉逝世】

2017 年 7 月 11 日，中国艺术研究院音乐研究所学者、音乐编辑家周沉女士去世，享年 92 岁。

周沉（1925—2017），广东番禺人。1945 年毕业于天津师范学校，曾在山东省德州市、天津市塘沽区任小学教员；后投奔冀中束鹿县解放区，进入“华北联合大学”学习政治、音乐，毕业后任“联大文工团”笛子演奏员，1948 年加入中国共产党。1949 年任职中央音乐学院，1979 年调入中国艺术研究院音乐研究所。

周沉任职期间，全面负责《中国音乐词典》《中国音乐词典续编》《中国大百科全书·音乐卷》等重大辞书的编辑部工作，同时协助音乐学家黄翔鹏先生处理各类事务与教学工作。周沉女士为中国音乐工具书编纂和资料建设做出了重要贡献。

【音乐家朱践耳逝世】

2017 年 8 月 15 日，作曲家、上海交响乐团驻团作曲家朱践耳因病于上海逝世，享年 95 岁。

朱践耳（1922—2017），原名朱荣实，字朴臣，安徽省泾县人。1945 年加入新四军苏中军区前线剧团。1947 年担任华东军区文工团乐队队长兼指挥。新中国成立后在上海、北京等电影制片厂任作曲。1949 年起担任过上影、北影、新影、上海歌剧院、上海交响乐团等处专职作曲。1955 年赴苏联入莫斯科柴科夫斯基音乐学院学习作曲。1960 年毕业回国，在上海实验歌剧院任作曲。1975 年调入上海交响乐团从事作曲。1985 年被选为中国音乐家协会第四届常务理事。2001 年荣获首届中国音乐“金钟奖”“终身荣誉勋章”。

朱践耳代表作有管弦乐曲《节日序曲》、民乐合奏曲《翻身的日子》、弦乐四重奏两部（其中 1 部与施咏康合作）、双簧管与钢琴《春天的歌》、钢琴曲《云南民歌五首》、无伴奏合唱套曲《绿油油的水乡》、独唱曲《远航》和《清晰的记忆》，电影创作音乐：《和平万岁》《龙须沟》《伟大的土地改革》，以及影片《烈火中永生》的配乐等，歌曲《打得好》《唱支山歌给党听》《接过雷锋的枪》《清晰的记忆》等，民乐合奏《翻身的日子》，钢琴曲《序曲第一号“告诉你”》《序曲第二号“流水”》等，交响合唱《英雄的诗篇》，交响幻想曲《纪念为真理而献身的勇士》，交响组曲《黔岭素描》，管弦乐音诗《纳西一奇》《第一交响曲》《第二交响曲》等。

机构

【上海音乐学院贺绿汀中国音乐高等研究院中国民族管弦乐研究中心成立】

2017年9月10日，上海音乐学院贺绿汀中国音乐高等研究院中国民族管弦乐研究中心举行成立仪式。上海音乐学院林在勇院长向香港中乐团艺术总监阎惠昌颁发中心主任聘书。杨燕迪副院长与钱敏华签署《上海音乐学院贺绿汀中国音乐高等研究院与香港中乐团合作备忘录》。该中心的成立，旨在传承上海音乐学院在民族管弦乐创作、表演与研究方面的传统，在新的历史时期发扬中国传统音乐文化，弘扬中华民族精神发挥应有的作用。

贺绿汀中国音乐高等研究院中国民族管弦乐研究中心主要工作包含：整理、研究与经典化建构中国民族管弦乐；开展民族管弦乐作曲、配器、民族管弦乐器的制造与标准化、民族管弦乐队建制与管理等方面的研究；中国民族管弦乐作品大系、中国民族管弦乐乐队训练教材、中国民族管弦乐基础数据库等集成出版、平台建设工作以及中国民乐传统经典与原创新作的海外推广等。

【“中国歌剧学研究中心”成立】

2017年9月12日，中国艺术研究院和北京大学歌剧研究院签署合作协议，共同成立歌剧学研究机构“中国歌剧学研究中心”。中心设置在中国艺术研究院音乐研究所，人员构成以北京大学歌剧研究院为主体。双方将共同开展歌剧史、歌剧学、中外歌剧比较、歌剧创作与表演、歌剧评论等相关研究，创建中国歌剧学基础理论体系。在此基础上，制定中国歌剧学切实可行的本科、硕士、博士阶段教学大纲，共同编写完成相关教材，并向教育部申请歌剧学博士学位招生指标，培养歌剧学理论类博士研究生专业人才。此外，双方还将共同创办歌剧学学术刊物并举办学术活动。

中国艺术研究院是文化部直属的综合性艺术研究机构，多年来形成了科研、教学、创作并重的整体格局；北京大学歌剧研究院是国内第一所专门从事歌剧研究、创作和表演的高等教学科研机构。

大事记

1 月 1 日，2017“紫燕衔春”新年民族音乐会于北京举行。

1 月 7 日，“相约民歌湖畔·共眷天下民歌”——2017 大型民歌专场演出活动在广西壮族自治区南宁市开幕。

1 月 8 日，“潇湘之春——湖南省首届原创民族器乐作品音乐会”在湖南音乐厅举行。

1 月 8 日，抒情歌剧《汤显祖》于北京国家大剧院上演。

1 月 22 日，民乐指挥家、作曲家、理论家、教育家、音乐社会活动家；原中国录音录像出版总社社长、中国民族管弦乐学会会长朴东生因病在北京逝世，享年 83 岁。

2 月 5 日至 6 日，歌剧《鉴真东渡》在国家大剧院上演。

2 月 17 日，交响音画《大秦岭》音乐会在国家大剧院举行。

2 月 20 日，指挥家、音乐教育家，中央音乐学院管弦系原系主任，中央音乐学院指挥系创建者、第一任系主任黄飞立于北京逝世，享年 100 岁。

2 月 23 日，原创音乐剧《紫檀》在河北省廊坊市首演。

2 月 26 日至 3 月 5 日，2017“中国梦”歌曲新作品交流研讨会暨边疆采风创作活动在云南省昆明市举行。

3 月 13 日至 18 日，中央音乐学院音乐家代表团访问印度。

3 月 31 日，“北京音乐厅 2017 国际古典系列演出季”启幕。

4 月 1 日至 10 日，“2017 中国（开封）清明文化节全国优秀民歌艺术展演”在河南省开封市清明上河园演出。

4 月 7 日，中国网音乐中国频道运营启动仪式暨中央音乐学院“央音”全国青少年艺术展演联合新闻发布会在北京举行。

4 月 11 日，2017 中国大学生音乐节暨中国中东欧国家文化季高校行项目在北京启动。

4 月 20 日，“中国专业音乐院校原创音乐发展联盟”在四川省成都市成立。

4 月 25 日，“纪念张韶教授诞辰 90 周年学术活动”在中央音乐学院举行。

4 月 28 日至 5 月 18 日，“第 34 届上海之春国际音乐节”在上海举行。

4 月 29 日至 30 日，“敦煌国乐——刘德海琵琶研修班暨师生音乐会”在河南省郑州市举行。

5 月 5 日至 7 日，“2017 北京音乐生活展”在北京展览馆举行。

5 月 5 日至 7 日，“一带一路”音乐教育联盟成立大会——暨音乐学术研讨与展演在北京举行。

5 月 9 日，中国民族歌剧创作座谈会暨“中国民族歌剧传承发展工程”指导委员会成立会议在北京举行。

5 月 11 日，“龙声华韵”——盛礼洪作品专场音乐会在北京音乐厅举行。

5 月 11 日，民族歌剧《林徽因》于北京保利剧院首演。

5 月 12 日至 13 日，“丝路回响”民族音乐会在北京上演。

5 月 14 日，“一带一路”国际合作高峰论坛文艺晚会《千年之约》在北京国家大剧院上演。

5 月 15 日至 21 日，“第 54 届德国克林根塔尔国际手风琴比赛”在德国柏林举行。

5 月 19 日，“为你歌唱”第七届北京合唱节暨第四届“北京之声”首都市民合唱周开幕。

5 月 19 日，“星光闪耀 百年根基”——纪念林耀基教授诞辰 80 周年音乐会在北京举行。

5 月 21 日至 27 日，“第十五届北京现代音乐节”于北京举行。

5 月 22 日，《金钟之声》音乐会在北京举行。

5月23日，百老汇音乐剧《魔法坏女巫》“名人之夜”在北京天桥艺术中心举行。

5月31日，谷建芬“新学堂歌”音乐会在国家图书馆艺术中心举行。

6月1日至4日，首届中欧三校联盟“上音·李斯特·肖邦”音乐节在上海举行。

6月1日至7日，全国优秀青年词曲作家高级研修特别培训班暨走进“中国酒都仁怀”创作采风活动在贵州省遵义市举行。

6月2日，“精气神——香港回归20周年香港中乐团大型民族交响音乐会”在天津大剧院奏响。

6月2日至4日，“中国演艺领袖高级研修班”开班。

6月6日，“纪念李德伦指挥大师诞辰100周年音乐会”在北京国家大剧院上演。

6月7日，“嘹亮军歌”——纪念中国人民解放军建军90周年音乐会暨新书发布在北京国家大剧院举行。

6月9日，“音乐学学术前沿中青年学者论坛”在江苏省南京市艺术学院开幕。

6月9日至12日，“北汽卫蓝·京演之夜”音乐季于北京开幕。

6月14日至15日，大型原创民族歌剧《红色娘子军》在国家大剧院上演。

6月15日，“龙声华韵”——《英雄的诗篇》朱践耳作品专场音乐会暨纪念中国人民解放军建军90周年音乐会在北京音乐厅上演。

6月16日至18日，音乐剧《黑眼睛》于北京解放军歌剧院首演。

6月18日，中国交响乐团指挥家、中国合唱艺术事业的奠基人之一严良堃因病于北京逝世，享年94岁。

6月21日，“元气”周家班——“菠林喇叭”音乐会在中国艺术研究院举行。

6月21日至23日，“第六届华乐论坛”在河北省廊坊市举行。

7月2日，“2017上海夏季音乐节”在上海交响乐团开幕。

7月7日至12日，大型民族器乐剧《玄奘西行》在北京天桥艺术中心首演。

7月11日，中国艺术研究院音乐研究所学者、音乐编辑家周沉女士去世，享年92岁。

7月15日至17日，“2017中国交响乐峰会暨中国交响乐发展基金会理事会”在浙江省杭州市举行。

7月18日至22日，“一带一路”（哈密）民歌艺术节在新疆维吾尔自治区哈密市伊州区举行。

7月21日，“中阿丝绸之路文化之旅——中约民族音乐对话专场音乐会”在约旦首都安曼市上演。

7月21日晚，第五届中国聂耳音乐（合唱）周玉溪分会场闭幕式暨“聂耳杯”合唱展演在聂耳大剧院举行。

7月21日，音乐剧《冰山上的来客》复排版在新疆艺术剧院上演。

7月23日至24日，“音乐中国国际艺术节”在北京举行。

7月23日至27日，“2017深圳·宝安国际手风琴艺术周闭幕式暨获奖选手音乐会”在深圳举行。

7月26日，中华青少年交响乐团在北京音乐厅上演德沃夏克《第九交响曲“自新大陆”》。

7月28日，民族歌剧《金沙江畔》于国家大剧院首演。

7月29日，2017多彩贵州文化艺术节开幕式暨黔陕冀纪念中国人民解放军建军90周年《只为人民谋幸福》主题文艺演出在贵州省贵阳市举行。

8月6日，“2017国家大剧院国际歌剧电影展”在北京开幕。

8月8日至14日，“第二届全国唢呐展演”在陕西省榆林市米脂县落下帷幕。

8月11日，“丝绸之路”中国民谣音乐节在克罗地亚普拉上演。

8月15日，作曲家、上海交响乐团驻团作曲家朱践耳因病于上海逝世，享年95岁。

8月18日至22日，“第十届上海国际青少年钢琴大赛”全国总决赛举行。

8月24日，“中国国家交响乐团2017—2018音乐季”在北京揭幕。

8月25日至26日，原创现代民族歌剧《林徽因》在北京天桥艺术中心正式公演。

8 月 26 日，中英文版大型音乐舞台剧《阿拉丁神灯》在广东省东莞市首演。

8 月 28 日，《华乐大典》二期项目签约启动仪式在北京举行。

8 月 29 日至 9 月 1 日，中国歌剧舞剧院举行歌剧《林徽因》观后专家研讨会。

8 月 29 日至 9 月 4 日，“第三届全国合唱指挥大赛”在广东省中山市举行。

8 月 30 日，民族歌剧《马向阳下乡记》在青岛大剧院首演。

9 月 3 日，上海民族乐团专场音乐会《如梦令》在东方艺术中心首演。

9 月 3 日，音乐剧《九层之家》在国家话剧院小剧场演出。

9 月 3 日，“2017 两岸知音音乐剧大赏”两岸入选剧目开启首轮巡演。

9 月 6 日，《中国工尺谱集成》（10 卷本）由文化艺术出版社出版。

9 月 8 日，“喜迎十九大唱响幸福歌”文艺扶贫歌曲创作汇报音乐会在北京民族文化宫大剧院举行。

9 月 8 日，大型交响组歌《大运河畅想》在江苏大剧院上演。

9 月 8 日，英文原版歌剧《红楼梦》在北京开启中国内地巡演首演。

9 月 9 日至 10 日，“弦歌逐梦——西部丝路之旅”音乐会在北京民族剧院上演。

9 月 10 日，“全球音乐院校校长交流季”在北京开幕。

9 月 10 日，北京民族乐团“追梦京华”民族管弦乐音乐会在北京中山音乐堂首演。

9 月 12 日，中国艺术研究院和北京大学歌剧研究院共同成立歌剧学研究机构“中国歌剧学研究中心”。

9 月 12 日至 22 日，“第四届中国西部交响乐周”在内蒙古自治区呼和浩特、鄂尔多斯、包头等地举行。

9 月 12 日至 9 月 23 日，“第二届珠海莫扎特国际青少年音乐周”广东省珠海市举行。

9 月 15 日，“黄河魂·海河情——周虹交响作品音乐会”在天津市演出。

9 月 15 日，来自晋陕蒙冀四省区的 30 位原生态民歌歌手在山西戏剧职业学院展开培训。

9 月 15 日，“打击·乐”——“中外打击乐组合与乐队”实验音乐会在北京上演。

9 月 15 日至 17 日，中央民族歌舞团大型歌舞晚会“锦绣家园”在北京民族剧院上演。

9 月 15 至 12 月 14 日，“晋陕蒙冀原生态民歌人才培养项目”于山西戏剧职业学院举行。

9 月 18 日，“中国交响乐团阿拉善创作实践基地”揭牌仪式在内蒙古阿自治区阿拉善举行。

9 月 18 日，“阳光与梦想”少儿交响合唱音乐会在国家大剧院上演。

9 月 18 日，大型交响乐《长白音画》在吉林省长春市首演。

9 月 20 日，中国国家交响乐团“音乐的色彩”室内乐音乐会在北京音乐厅上演。

9 月 21 日至 25 日，“首届中国—中东欧国家音乐学院院长论坛”在浙江省杭州市举办。

9 月 22 日，中国音乐家协会 2017 金钟之星“一带一路”民族音乐会在敦煌大剧院上演。

9 月 22 日至 23 日，继承与发展——“蒋（风之）派”二胡艺术传承系列活动在北京举行。

9 月 22 日，中央歌剧院在国家大剧院音乐厅上演了“贝多芬专场音乐会”。

9 月 23 日至 27 日，“第四届中国·西北音乐节”在宁夏回族自治区银川市举行。

9 月 25 日，大型交响诗《鲁迅》全球首演在国家大剧院音乐厅启幕。

9 月 25 日至 12 月 8 日，2017“蓉城之秋”成都国际音乐季在四川省成都市举行。

9 月 28 日，“唱响主旋律喜迎十九大”网上社会主义核心价值观主题歌曲征集传唱活动启动。

9 月 28 日至 10 月 2 日，“第十届海峡两岸合唱节”在台湾新竹县举行。

9 月 30 日至 10 月 1 日，大型民族原创歌剧《玛纳斯》在北京天桥剧场首演。

10 月 1 日至 2 日，“第六届长江国际音乐节”在长江国际音乐岛（江苏省镇江市世业洲）举行。

10 月 1 日至 5 日，中国原创民族歌剧《兰花花》在北京国家大剧院首演。

10 月 3 日，原创民族歌剧《张思德》在成都西南剧院首演。

10 月 5 日，中国交响乐团附属少年及女子合唱团在天津大剧院音乐厅唱响“金色童年”。

10月8日至29日，“第20届北京国际音乐节”在北京举行，

10月10日，“我们的节日——喜迎十九大·全国优秀民间欢庆锣鼓展演”活动在陕西省洛川县举行。

10月10日，大型原创民族歌剧《盐都儿女》在成都首演。

10月11日至12日，音乐剧场《我们的爱情故事》在北京天桥艺术中心演出。

10月15日，“心儿在歌唱——李双江师生十九男高音音乐会”在北京音乐厅举行。

10月15日，“第20届北京国际音乐节”在北京保利剧院举办两场儿童公益专场音乐会。

10月17日，“放歌潇湘·流金岁月”喜迎十九大专场音乐会在湖南音乐厅唱响。

10月19日，音乐剧《秋裤和擀面杖》在北京天桥剧场首演。

10月20日，大型交响合唱《启航》作为“第19届中国上海国际艺术节”开幕演出与观众见面。

10月21日，大型原创民族管弦乐音乐会《我的祖国》在北京国家大剧院首演。

10月21日，第十九届中国上海国际艺术节复排《天地人和》交响音乐会。

10月21日至22日，音乐剧《雪孩子》在北京剧院首演。

10月24日，“对话”系列活动的第二期在北京举行。

10月27日至11月17日，“第六届琴台音乐节”在湖北省武汉市举行。

10月29日，“第二届大相国寺梵乐学术研讨会”在河南省开封市大相国寺举行。

11月2日，《我的祖国》民族管弦乐音乐会座谈会开幕。

11月3日，“2017第四届音乐产业高端论坛”在中国传媒大学举行。

11月4日至5日，“中国音乐理论话语体系首届学术研讨会”在浙江省举行。

11月8日，海上丝绸之路大型民族交响套曲“丝路粤韵”音乐会合辑出版发行。

11月9日至10日，“2017张家界·桑植民歌节文艺演出活动”在湖南省张家界市桑植县举行。

11月10日至12日，“第四届深圳莲花山草地音乐节”上演。

11月12日，“2017第二届中德青少年音乐交流季庆典音乐会”在北京举行。

11月18日至20日，“第十八届河池铜鼓山歌艺术节”在广西壮族自治区河池市环江毛南族自治县开幕。

11月20日至27日，“第十一届中国音乐金钟奖”在广州市举行。

11月21日，“第16届西安国际音乐节”在陕西省西安市开幕。

11月23日，《大地歌谣——风情合唱音乐会》在北京国家图书馆艺术中心首演。

11月27日，上海音乐学院发布《“音乐与舞蹈学”国际学科评估指标》。

11月29日，“同圆中国梦交响音乐会”在中央电视台综合频道首播。

11月30日，“跨文化音乐教学方法与策略国际论坛”系列音乐艺术交流活动在北京举行。

12月3日，中央音乐学院与美国巴德音乐学院宣布建立新型合作伙伴关系。

12月8日，“库客音乐10周年庆典演出”在北京1919剧场举行。

12月8日，“格桑花开新时代——美丽西藏采风原创歌曲演唱会”在北京举行。

12月8日，交响乐《社戏》在浙江音乐学院音乐厅举行了全球首演。

12月8日，江苏省文化厅举行“歌唱江苏·两首好歌”新闻发布会暨版权拍卖会。

12月8日至10日，“第六届全国乐器学研讨会暨东方乐器研讨会”在北京举行。

12月9日，“2017放歌潇湘”湖南省文化馆湘女合唱团专场音乐会在湖南音乐厅举行。

12月9日，“第三届音乐创意人才扶持项目展演”在四川省成都市举行。

12月16日，“第三届中国歌剧节”在江苏省南京市开幕。

12月19日，“大型交响史诗《南越王赵佗》音乐会”在广州星海音乐厅公演。

12月22日，“国家大剧院建院十周年音乐会”于国家大剧院音乐厅举行。

中国艺术年鉴·2018

+

舞蹈卷

+

分卷主编：杜蕾

年度述评

中国舞蹈稳中求变、持续发展

——2017年度中国舞蹈艺术发展研究报告（摘编）

◎ 欧建平　金娟　刘春　廖燕飞　王宁宁

一、现象与热点

（一）宝刀不老

2017年，78岁高龄的著名舞蹈表演家陈爱莲在北京再次主演了由她编导并主演的古典舞剧《红楼梦》，并以此挑战了舞蹈的“吉尼斯世界纪录”。73岁的著名回族舞蹈编导家马文静在昆明举办了“舞魅高原——马文静舞集”，并以根据基诺族、景颇族、傣族、回族、彝族、苗族等多民族风情和素材创作出来的14个舞蹈，展示出她60年来“深入生活，扎根人民”的丰硕成果。两位古稀之年的舞蹈家既令人崇敬，又催人奋进，更让我们看到了情商与智商、使命与坚守构筑起来的舞蹈情怀！

（二）大师西去

2017年，两位在中国舞蹈界德高望重的前辈舞蹈家贾作光、盛婕相继以93岁和99岁的高龄驾鹤西去。前者作为舞蹈表演大师的精气神韵可谓空前绝后，令同辈和晚辈叹为观止，自愧弗如；而后者作为“中国新舞蹈之父”吴晓邦先生的夫人，她对吴晓邦先生的辅佐和她自身作为中国舞蹈家协会秘书长与副主席的领导职责则是独一无二的，让整个中国舞蹈界至今受益。舞界人士在哀伤中禁不住自我反省：尽管我们今天的物质条件一天比一天好，但我们在敬业精神上却远不如这些前辈先贤，因而，只有振奋精神，才能继往开来！

（三）深扎硕果

2017年，中国舞蹈家协会在国家大剧院上演了一台舞蹈家赴西藏采风与创作的晚会，受到各界观众的好评，其中的《鼓韵新生》《梦・宣》等节目尤其惊艳，充分说明了“深入生活，扎根人民”的必要性与可行性。据报道，这台晚会只是中国舞蹈家协会近年来组织采风与创作的成果之一，而各地舞蹈院团和高校在各级领导和基金的支持下，“深扎”的活动已经蔚然成风，因而，我们可以期待一批接地气、有情感、有温度、有气质的舞蹈应运而生。

（四）异军突起

2017年，中国舞蹈界在中国的民间舞和古典舞、西方的芭蕾舞和现代舞、中西合璧的当代舞这五大舞种交相辉映的同时，国标舞、街舞和广场舞这三大舞种傲然崛起，让我们中国舞蹈的百花园更加绚烂多彩、争奇斗艳，具体表现在：

第一，自国标舞进入中国30年来，中国人在国际赛事中频频为国争光，而2017年则见证了这种国际殊荣的登峰造极。广州选手何艟与单菁继2017年1月在“国际锦标赛”上夺冠之后，接连又在5月“黑池舞蹈节”和10月“英国公开赛”的业余组摩登舞中勇拔头筹，由此包揽了英国，也是世界“三大国标舞比赛”的冠军；在2017年的“黑池舞蹈节”上，中传锦绣（北京）教育科技有限公司董事长袁斌当选为世界舞蹈总会副主席，不仅为各国获奖选手颁奖、玉成中国往年获奖选手陆宁进入黑池国标舞评判的行列，而且确保了中国舞蹈演出能够登上黑池这个世界舞蹈的高端平台。在创作和表演方面，中国的国标舞者们不仅在各大赛事的“表演舞”环节中多次夺得最高奖项，而且还在国内创作了多部中国题材的国标舞剧，由此推出了纯粹“中国创造”的佳作——继北京舞蹈学院2009年在国标舞学科带头人张平编剧、新锐编导家万素导演下，率先创作演出的都市言情题材国标舞剧《长恨歌》

之后，中国国标舞总会2017年又与天津歌舞剧院联袂创作演出了首部抗日谍战题材的国标舞剧《海河红帆》，并在其中融合了芭蕾的足尖技术，由此为整部舞剧增添了新的看点和亮点。

第二，中国舞蹈家协会麾下的全国街舞联盟在学习习近平总书记在文艺座谈会上的重要讲话时，不仅召集了各路舞林高手畅谈学习体会，而且还以在开会前集体高唱《中华人民共和国国歌》的方式，表现出80后、90后体制外舞者们的爱国激情和精神面貌。

第三，在广东省江门市举办的“戴爱莲杯”广场舞全国展演上，各省区代表队云集在这位舞蹈大师的故乡激情作舞，充分展示出她当年倡导的“人人跳”活动具有的巨大的艺术魅力，而这次展演被专家们誉为“真正的‘国字号’广场舞大赛”！

（五）舞蹈外交

2017年，舞蹈在中外文化交流与传播工作中再立新功，具体表现在：

第一，杭州歌剧舞剧院的舞台剧《遇见大运河》在大运河沿岸六省两市完成近百场公益演出后，由院长兼总导演、全国人大代表崔巍率领，先后去法国尼斯国家歌剧院、巴黎议会宫大剧院、柏林海军上将宫大剧院和埃及开罗歌剧院公演4场，部分地完成了国家艺术基金“传播交流推广”项目支持的巡演旅程和中国文化“走出去”的光荣使命，进而让中国舞蹈和中国文化在欧洲和非洲这两个大陆的主流舞台上，与上层社会和各地华人亲密接触，不仅使许多外国观众想起杭州2016年举办G20峰会时的惊艳，而且使中国人、中国文化和中国形象得到了鲜活的感知与正面的展示。

第二，由青年编导家佟睿睿为上海歌舞团量身打造的舞剧《朱鹮》继2015年首演以来，到2017年底演出高达200场次。据报道，该剧在国内外经常出现场场爆满、一票难求的情形，真正实现了“既叫好又叫座”，社会效益和经济效益双丰收，因而被中国舞蹈家协会主席冯双白誉为“2017年度当之无愧的‘现象级’舞蹈事件”。

第三，受中国舞蹈家协会的派遣，由舞蹈家滕爱民以其北京城市当代舞团为班底，特邀旅法印度舞蹈家鲁克米妮联手创作，两名印度舞者加盟，共同推出了一台名为《贝玛·莲》的舞剧。该剧借助于舞蹈语言，在中国的北京、上海和印度的果阿、艾哈迈达巴德、新德里上演，为这两个东方大国架起了一座“民心相通”的友谊桥梁。

（六）科技助力

2017年，科技手段的频繁使用为舞蹈艺术的普及和中国文化“走出去”提供了前所未有的动力，而中国舞蹈家协会在这方面的工作走在了全国舞蹈行业的前列。

由于冯双白、罗斌这两任驻会领导高度重视对科技手段的运用，自2016年开始，先后在“青年人才培育计划”中增设了“一分钟舞蹈影像”和“中国舞者映像系列”，于2017年主办了包括舞蹈“宣传片”“广告片”“艺术片”“故事片”在内的“首届中国舞蹈影像展”，意在以数字化技术为先导，鼓励网络跨界创意发展，发现和培养中国舞蹈影像的创意人才，促进中外舞蹈影像交流及舞蹈与科技的同步发展。长年鼎力支持中国舞蹈家协会信息资源部学美术出身的胡耀华专攻网络直播技术，多次邀请高水平的中央电视台团队担纲拍摄与切换工作，并通过光明网的脸书（Facebook）主页进行海内外直播，由此为“第八届‘小荷风采’少儿舞蹈大赛”创造了309.6万人次的观看量和10万余次的留言、点赞、转发量，并为“第十一届中国舞蹈‘荷花奖’古典舞评奖”创造了一场有200万网民在线观看比赛的空前纪录。据统计，他们的多次海外直播已覆盖了菲律宾、印度尼西亚、埃及、英国、瑞典、美国、墨西哥等四个大陆的多个国家，确保了全球观众能够尽情观看中国舞蹈的新人新作，及时了解中国舞蹈文化的最新发展，而这种让中国文化“走出去”且“走进去”的举措对于弘扬民族文化、增强文化自信，的确功不可没，更值得各舞蹈与文化机构学习和效仿。

二、政策与导向

习近平总书记在十九大报告中，用了一个完整的段落，讲述了党中央对于繁荣社会主义文艺的战略部署，而中共中央宣传部和文化部随后组织各下属文化单位的广大干部群众进行了多轮学习和深入讨论，进而使我们更加清晰地认同“文化是一个国家、一个民族的灵魂。文化兴国运兴，文化强民族强”的至理名言，自觉提升了光荣使命感。

习近平总书记在十九大报告中，首先对文艺工作者提出了按“思想精深、艺术精湛、制作精良”的“三精原则”创造精品力作的要求；其次告诫我们要发扬学术民主、艺术民主，以便提升文艺原创力，推动文艺创新；再次倡导讲品位、讲格调、讲责任，抵制低俗、庸俗、媚俗；最后要求我们加强文艺队伍建设，造就一大批德艺双馨的名家大师，培育一大批高水平的创作人才。

这些讲话既切中要害，又暖彻人心，不仅使我们直面改革开放以来因为不适应经济转轨、体制改革导致的人心浮躁和急功近利，以及舞蹈创作既无“高原”又无“高峰”的尴尬局面，更使我们意识到，只有按照习近平总书记指出的这些艺术创作规律办事，才能在舞蹈的教学、创作、制作、表演、科研、管理等各方面做好虽烦琐不堪但缺一不可的本职工作，努力使个人的创造天分融入国家形象的塑造之中，与各级部门合力打造创作生态的“高原”，最终推出名副其实的“高峰”之作。

三、创作与作品

（一）舞台舞蹈

2017 年，由于国家艺术基金及许多省、区、市文化艺术基金和文化厅局的资金投入逐年递增，北京、上海、广州、深圳、天津、重庆等一线城市和直辖市，乃至云南、贵州、四川、青海、西藏、内蒙古、新疆、吉林、黑龙江等边远省、自治区舞蹈团体和高校的创作热情空前高涨，创作的作品数不胜数，其中的舞剧创作与演出更是风风火火。与此同时，尽管国家级的舞蹈赛事大面积减少，但中国舞蹈家协会主办的“荷花奖”一枝独秀，各地各级舞蹈赛事更是此起彼伏，继续有效地推动着全国舞蹈创作理念及方法的探索与发展，并且推出了一批出类拔萃的新人和颇有创意的新作。

这些展演和比赛活动生动地体现出我国舞蹈艺术创作、演出和培训活动在“专业”和“群文”这两个范畴里的日渐发展与日趋成熟，以及各地、各级、各舞种、各行当的舞蹈工作者们对于中国舞蹈文化的执意坚守和对于国际先进文化的大胆吸收。

与此同时，我们还看到了数十台民族舞剧、芭蕾舞剧、国标舞芭蕾舞剧、舞蹈诗、舞蹈剧场、歌舞剧、歌舞诗剧、主题歌舞晚会、民俗音画、音舞诗画、音乐舞蹈史诗等各种舞蹈作品的问世，如《侗》《杜甫》《李白》《唐寅》《大禹》《西游》《娩婳》《立夏》《敦煌》《唐卡》《尘埃》《一刻》《人·参》《心·悟》《兰花花》《花木兰》《雁丘词》《甘工鸟》《濯水谣》《库布其》《唐诗逸舞》《昭君出塞》等，可谓不胜枚举！这些取材于中国民俗风情、民间文学、音乐名曲、历史人物、革命题材的作品，主题颇为积极进取，结构大多比较完整，并能给我们讲述感人肺腑、催人奋进的故事，因而受到观众的欢迎，其中不乏舞蹈技术高难、音乐旋律动听、舞美恰到好处的精品佳作。

2017 年，我们在内地的舞台上，也看到了近年来颇受欧美主流舞台欢迎的陶身体剧场、北京当代芭蕾舞团和北京现代舞团的演出——“陶身体”推出的“数位系列”《8》与《9》，依然坚持了不讲故事的纯舞风格，让我们看到了掌门人陶冶和段妮精准的动作质感与缜密的动作逻辑；北京当代芭蕾舞团的二合一晚会取名为《燃！》，分别呈现了西班牙编导的火样激情和丹麦编导的简约流畅，让我们再次明确了创始人王媛媛“立足北京、放眼世界”的风格取向；而北京现代舞团的《十二生肖》则使我们越来越清晰地看到了现任团长与首席编导高艳津子 20 多年来“深扎中国传统文化，但刻意不用民俗符号”的创作路径。

悉心梳理 2017 年首演的、数以百计的舞蹈演出，我们可以归纳出以下的风格特征与崭新发展：

第一，许多创作者通过对非遗舞蹈及其文化生态的田野调查，提高了对传统舞蹈及其整体文化资源的感知、理解、熟悉与自信，具体表现在许多舞蹈的创作题材、动作语言、节奏类型、动律特征、风格取向和表演方式均是以具有鲜明地域性和民族性标识的优势舞蹈与文化资源为基础进行的。

第二，随着各地区域性和民族性民间舞课程建设的不断推进，越来越多的高校开始注重对各自的优势舞蹈与文化资源进行深入挖掘、系统整理和教材编写，确保了传统舞蹈通过高校的课堂得到了有效的保护与传承。

第三，这些根据传统舞蹈与文化资源创作的作品不再局限于以往占据了舞台大半边天的汉族、藏族、蒙古族、维吾尔族、朝鲜族，还出现了怒族、独龙族、傈僳族、彝族、水族、鄂伦春族、赫哲族等过去较少见到的民族，说明经济的发展、交通的便利和信息的快捷，已经给这些民族的舞蹈创作提供了更大的平台。

当然，在舞蹈创作数量可观、参与单位众多的新成绩和新发展之余，我们也清晰地看到，“思想精深、艺术精湛、制作精良”的精品舞蹈是屈指可数的，而现实题材舞蹈精品的稀缺，题材、体裁、理念与方法的大面积雷同，以及由此导致的整体平庸都是我们必须直面的事实。究其原因，原创本身的难度、创作人员的浮躁、对西方现代舞蹈理念与方法的一知半解和肆意滥用，可谓三大症结。原创本身的难度在舞蹈中体现为如何运用非文字的舞蹈语言，在纵向上反映时代精神，在横向上表现地域特色和民族特征；如何在创作中做到既源于生活，又高于生活，洞察现实题材背后的本质与规律，解决好内容与形式、个性与共性、小我与大我完美结合等经典命题；浮躁的问题既与当下创作者的急功近利有关，又与艺术经典只能产生于那些能在物欲横流的芸芸众生中安贫乐道、潜心创作者之手的永恒规律有关。因此，舞蹈创作者首先应该明白，要想创作出名副其实的“三精”作品，必须沉下心来，潜心阅读、悉心观察并用心思考，一蹴而就并持续高产是绝对不可能实现的。

此外，在以民间文学和传统舞蹈为素材的创作中，还出现了这样一种现象：故事虽然取自当地的民俗风情和传统舞蹈，但动作语言却不求甚解地生搬硬套西方现代舞的纯舞编创手法，即从传统舞蹈中提取某些缺少符号特征的动作元素，并对其进行大幅度解构和重构，美其名曰为了适合现当代审美并有所创新与发展，但使得这些作品成为既不“民族民间”，也非“现代当代”的怪胎。

（二）新媒体舞蹈

2017 年，中国新媒体舞蹈方面又有新发展，具体表现在：

第一，这方面的论文、评论发表了 115 篇，相关的教学、工作坊和交流活动也有近 10 个，展览活动近 10 个，而舞蹈类微信公众号的数量也在增多，影响力和覆盖面同步加大，因而提供了大量的信息和交流互动平台，并为许多个体创作者提供了不可多得的展示舞台。与此同时，这种形式的舞蹈表演和活动则以直播方式和网络平台加以传播，进而使得用手机屏幕作为观看终端成为某种常态，由此获取了前所未有的观众群和关注度。

第二，舞蹈评论以新媒体的方式进入学者视线，并成为焦点，足以引人反思。新媒体舞蹈教学进入更多艺术院校和普通高校的舞蹈系，并在高新科技与舞蹈教学的结合、舞蹈学理研究等方面出现显著的变化。

第三，这方面影响较大的活动当属中国舞蹈家协会主办的“第四届培青计划”推出的具有开创性的跨界合作计划“中国舞者映像系列”。具体做法是，从 2016 年的同类比赛参与者中挑选出 10 位优秀的青年导演，并资助他们拍摄了 10 位优秀的青年舞蹈家，意在“让世界看见中国舞者”。这个项目在国家大剧院的大厅中连续展映了三个月，受到各界观众的好评，不仅因为谢欣、唐诗逸、王亚彬、张翼翔、沈盈盈、宋洁、胡沈员、吴虎生、呼格吉乐图、王圳冰这 10 位被拍摄者均为近年来国内比较活跃，也是非常出色的青年舞者，而且还因为陈玉洁、汪圆清、刘一纬、岳璇、王锐、刘伟、周俊、陈博、关航宇、陈昱廷、陈楚文、李竟榕、张曦丹、张慕晗、孟梦、孔令强、刘鹤、陈文、胡庆喆、花鸣、周立恒这些导演或创作人员展现出来的创意令观众叹为观止，镜头中不仅有练功房、观众厅、博物馆、地下车库等室内环境，而且还有废墟、草原、群山、大海等户外空间，更有奔驰的火车、流动的水下舞蹈等各种活态物象，以及花样百出的拍摄角度与剪辑技术，让观众目不暇接。所有作品关注的焦点都集中在舞者的身体究竟有多少种可能性之上，而终极目的则在于探讨身体的时代意义究竟何在。值得骄傲的是，这个项目的主持人一直是中国艺术研究院舞蹈研究所的青年学者刘春副研究员，而拍摄团队中的孟梦、李竟榕、张曦丹和张慕晗都是中国艺术研究院研究生院舞蹈学系的硕士毕业生或在读生，导师则分别是特邀央视著名导演白志群和新生代的刘春。

第四，本届影像舞蹈工作坊还在北京师范大学进行了为期一周的“舞蹈影像创意实验”，吸引了全国多家艺术院校和普通高校舞蹈系的教师、学生及跨界艺术家，内容不仅涉及前沿科技的教学，而且对非遗舞蹈的影像拍摄还进行了比较深入的探讨。

第五，以先进的数字化技术记录和传承传统舞蹈已成为近年来国内舞蹈界的大趋势之一，而由中国艺术研究院前任院长王文章担任顾问，责成舞蹈研究所所长欧建平、副所长江东担任艺术指导，山东省文化馆 2015 年立项，委托山东艺术学院舞蹈学院联手传媒学院搜集、整理、研究、编辑、拍摄，并于 2017 年底结项出版的“大师引进工程”的子项目之一《山东非物质文化遗产记录工程——传统舞蹈》1 套 2 张 DVD 便是其中的典型案例，而 21 个视频舞蹈中则包括了闻名全国的“山东三大秧歌”——鼓子秧歌、胶州秧歌和海阳秧歌，以及花鞭鼓舞、商羊舞、百兽图等省级以上的传统舞蹈，由此为今后研究当地的传统舞蹈提供了弥足珍贵的视频资料。事实上，舞蹈界人士通过影像和网络等高新科技手段，记录、保存、继承和传播传统舞蹈和当代佳作，拓宽两者的演出市场，满足不同观众的多元需求，是当务之急。

（三）海外舞蹈

感谢中国经济的持续向好发展，使我们能在中国看到大批海外舞团的精彩演出。在 2017 年的这些演出中，有下列八台堪称经典或佳作，对内地舞蹈创作的观念、意识、方法和技术等多方面产生了深远的影响：俄罗斯马林斯基剧院芭蕾舞团的《睡美人》、俄罗斯米哈伊洛夫斯基剧院芭蕾舞团的《巴黎的火焰》、俄罗斯艾夫曼芭蕾舞团的《安娜·卡列尼娜》和《罗丹》、德国多特蒙德芭蕾舞团的《浮士德Ⅱ——救赎》、荷兰舞蹈剧院以“心之所往”为题举办了两台晚会以及立陶宛国家芭蕾舞团在上海、苏州、广州等地演出的当代芭蕾舞剧《安娜·卡列尼娜》。

四、活动与交流

（一）教育教学

2017 年，在国务院学位委员会的部署下，五大艺术学科“自我评估”“以评促建”，以及“双一流”的建设活动大面积铺开，各地高校对舞蹈学科建设的重视与日俱增，由此全国性和地域性的舞蹈教育教学活动此起彼伏，极大地提高了教师和学生的积极性，有效地提高了教学的质量。如，中国艺术研究院研究生院舞蹈学系主办的“2017 年度读书会”、中国艺术研究院舞蹈研究所和山东青年政治学院联合主办的“全国普通高校舞蹈专业教学研讨会”和“‘一带一路’下‘园丁杯’全国舞蹈教师教学展示与研讨——中华传统舞蹈艺术理论课堂现场展示与研讨”、北京舞蹈学院主办的“2017 年‘一带一路’民族传统舞蹈展演与学术交流系列活动”、中央民族大学主办的“第二届民族舞蹈教育教学研讨会”等。

（二）非遗保护

2017 年，包括“传统舞蹈”在内的非遗保护工程继续稳步推进，呈现出纵深发展的态势，具体表现在：

在国家级代表性传承人的申报与认定方面，文化部于 12 月 28 日公示了第五批国家级非物质文化遗产代表性传承人推荐名单（共 1113 人）。推荐名单中，传统舞蹈类国家级代表性传承人较之以往大大增加，前四批国家级代表性传承人共 177 名，此次则一次推荐了 124 名，如海阳大秧歌的盛玉宾、蚌埠花鼓灯的冯国好、安塞腰鼓的刘延河、日喀则扎什伦布寺羌姆的扎西等。这批推荐人员，在公示期 20 日后，如无异议，则可被批准为第五批传统舞蹈类的国家级代表性传承人。

在文化生态保护实验区的申报与认定方面，文化部批准了国家级藏族文化（玉树）生态保护实验区和国家级客家文化（闽西）生态保护实验区。其中，藏族文化（玉树）生态保护实验区有着极为丰富的传统舞蹈资源，如保护区内的玉树武士舞、玉树卓舞、玉树伊舞均为国家级代表性项目。可以预见，藏族文化（玉树）生态保护实验区的设立，将建立起科学有效的藏族文化遗产保护体系，并使该区域的传统舞蹈得到整体性的保护，最终实现文化生态与自然生态的整体平衡。

在传统舞蹈类非物质文化遗产的记录与保存方面，文化部继续开展了“非物质文化遗产数字化保护”和“抢救性记录工程”这两项工作。“非物质文化遗产数字化保护”是以各级非遗代表性项目为核心，利用数字技术对其进行文字、录音、照片、录像等各类载体的记录，并通过建立数据库等形式，达到非遗资源的数字化保存、管理、交换和利用。这项工作主要由中国艺术研究院中国非物质文化遗产保护中心数字化保护中心与各地文化厅、局和非物质文化遗产保护中心共同承担。中国非物质文化遗产保护中心数字化保护中心花费了大量人力、物力、财力，组织专家对包括传统舞蹈在内的所有非遗项目的数字资源采集方案，制定了编制规范、实施规范、著录规则三套推荐性行业标准，并提交全国文化艺术资源标准化技术委员会审定。

“抢救性记录工程”是一项将国家级代表性传承人掌握的丰富知识和精湛技艺，通过数字化多媒体手段进行全面、真实、系统记录的工程。这项工程主要由国家图书馆与各地文化厅、局和非物质文化遗产保护中心共同承担。随着抢救性记录工作的开展，多位国家级代表性传承人的舞蹈、生活、口述实录被完整、系统地记录下来，截至2017年底，177名传统舞蹈类的国家级代表性传承人中，已经完成65名传承人的抢救性记录工作，完成比例达36.72%。可以预见，这些工作势必为后人传承、研究、利用非遗留下宝贵的资料，因而对于构建传统舞蹈的传承体系具有重要意义。

在论文发表方面，2017年有多篇最新的研究成果，如金秋的《国家级“非遗”舞蹈的内涵和外延》、袁凌的《湖北民间舞蹈的特点及非物质文化遗产的保护和传承》、张璨的《江苏民间舞蹈传承人口述史调查及分析研究》、刘星辰的《探讨舞蹈非物质文化遗产高校的传承方式——以云南少数民族为例》，等等。

在书籍出版方面，云南艺术学院舞蹈学院的曾金华教授主编并出版的《民族艺术遗产保护与高等专业人才培养》一书堪称弥足珍贵，因为他不仅策划并收集了云南各地非遗保护传承工作及专业人才队伍的实地考察报告，而且还大量汇编了对西双版纳傣族自治州等地非遗保护的普查报告，最后并就“高等专业人才培养对策”问题，征集了多篇具有理论和实用价值的论文，而传统舞蹈则是其中的重点考察对象。

2017年在各方面领导和专家的共同努力下，传统舞蹈的保护工作取得了令人欣喜的进展。但现实情况依然棘手，例如在传统舞蹈的申报与认定方面，重复申报的问题时有发生；“重申报，轻保护”的现象仍然存在；更有一些个人或地方在申报非遗时，仅把舞蹈看成一种经济资源，因而在申报后，只注重舞蹈项目的旅游开发，而不重视对项目的保护和传承。为此，相关部门应该及时进行督查，将退出机制切实有效地施行起来。

五、研究与学术

（一）科研项目

在2017年的国家社会科学基金艺术学项目公布名单中，舞蹈类的重大项目“中国广场舞蹈与社区文化建设研究”由素以关注草根阶层、创作“民工”“抗战”题材作品闻名的东北师范大学音乐学院院长刘炼承担，充分说明了国家和舞蹈界对群众文化建设的高度重视；舞蹈类的重点课题缺项；6个一般项目中，既有关注传统舞蹈及其生态环境的“粤北瑶族长鼓舞研究”和“燕赵群文舞蹈生态环境研究”（立项单位和专家分别是华南师范大学的王海英与河北大学的孙珊珊），又有专攻史论方向的“宁夏舞蹈史”和“舞剧艺术的本性研究”（立项单位和专家分别是宁夏回族自治区民族艺术研究所的庞玉瑛和上海戏剧学院的张麟），此外还有属于新兴学科的“‘跨界训练’——舞蹈身心开发研究”和“舞动治疗研究七十年（1949—2018）”（立项单位和专家分别是上海师范大学的高娟敏和南京特殊教育师范学院的庞佳）。与此同时，我们看到了立项单位和专家的地域覆盖面广泛，确保了国家科研资源分配的公平与公正。

2017 年度国家社科基金艺术学的青年项目中，获得立项的舞蹈项目有两个，分别是北京舞蹈学院田湉的“‘民族身体’的想象性重塑——世界格局中‘中国性’舞蹈的构形研究”和四川大学雷燕的“川西‘女国文化带’少数民族舞蹈资源的采集与保护”。前者的国际化新概念和新方法令人耳目一新，而后者的地域性新视点和新题材引人入胜，让人禁不住期待它们的结项与出版。

2017 年度国家社科基金艺术学的西部项目中，有一个舞蹈类课题获得立项，它是由新疆艺术学院的古丽米娜·麦麦提申报的“‘一带一路’视野下中国乌孜别克族舞蹈与乌兹别克斯坦乌兹别克舞蹈的比较研究”。该项目对跨境民族舞蹈的比较研究颇为有趣且有益，将既能体现跨境民族舞蹈在不同国家文化生态中的基因遗传与适应性变异，又能展示中国新时期以来经济稳步发展、文化日渐繁荣带来的崭新形象，进而有效提高我们的文化自信。

（二）出版统计

作为研究工作的硕果，2017 年舞蹈方向出版再创新高——全年共出版了舞蹈学著作 81 本，较 2016 年的 73 本多了 8 本。就分类而言，这 81 本著作可分作八类：1. 中国舞蹈史 7 本，包括古代舞蹈史 2 本、现当代舞蹈史 1 本和地方区域舞蹈史 4 本，占全年总数的 8.6%；2. 民族民间舞蹈 10 本，包括非遗舞蹈 2 本和其他民间舞蹈 8 本，占全年总数的 12.3%；3. 中外舞蹈理论 24 本，包括基础理论 10 本、编导及表演等应用理论 12 本和评论 2 本，占全年总数的 30%；4. 舞蹈教育理论 9 本，占全年总数的 11%；5. 体育舞蹈和社区舞蹈 4 本，包括体育舞蹈 2 本、广场舞 1 本、钢管舞 1 本，占全年总数的 5%；6. 少儿舞蹈 15 本，占全年总数的 18.5%；7. 舞蹈鉴赏（含图册）5 本，占全年总数的 6%；8. 文集与传记 7 本，占全年总数的 8.6%。就题材而言，这 81 本著作中，内容涉外的有 7 部，分别出现在文集与传记、少儿、理论这三类中，占全年总数的 8.6%。就功能而言，这 81 本著作中，教材最多，共有 38 本，约占全年总数的 47%，由此折射出中国舞蹈教育的飞速发展。就数量而言，史书的数量多于 2016 年，但仍然赶不上理论书籍，而且全都是中国舞史。而在这些理论书籍中，基础理论与应用理论基本达到均衡。就内容而言，少儿舞蹈书籍的重复率较高，而不同类型的少儿舞蹈书籍多达 10 部，表演类教材的数量则明显高于编导和教育理论的教材。就读者而言，供专业学生使用、研究者参考的史论书籍占了大多数，而普及类的书籍大都是少儿舞蹈书籍。总体看来，理论与教材类书籍显然占据了突出的地位。

六、趋势与对策

站在中国艺术研究院这个“党和国家思想文化战线的重要阵地、国家文化艺术的综合研究机构、国家高端文化智库、国家非物质文化遗产保护与协作中心、国家对外文化交流的学术窗口和全国艺术研究系统的专业协作平台”上，我们跻身中国经济持续向好发展、“一带一路”倡议得到联合国鼎力支持和沿线国家积极参与这种国内外前所未有的大趋势中，笃信马克思主义“经济基础决定上层建筑”的基本“主题”和现代经济学“变奏”的“路径依赖理论”，并深谙“经济强势国家必定为经济弱势国家制定价值观和审美观”与“国力的竞争归根结底还是人才竞争”的硬道理，故提出以下工作建议与发展对策：

第一，在舞蹈创作方面，建立全面考察和恰当鼓励机制，发现并培养一批像杨丽萍、崔巍那样有足够天分与定力，不哗众取宠，不沽名钓誉，能沉下心来搞创作的精英人物，进而推出几部像《云南映象》那样 10 多年来既叫好又叫座的“三精”作品、像《遇见大运河》那样能在国际大舞台上“讲大运河故事，抒中国人情怀”的精品佳作来。

第二，在舞蹈研究方面，建立全面考察和恰当鼓励机制，发现并培养一批像刘青弋、王宁宁这样有足够天分与定力，不急于求成，不急功近利，能一门心思做学问的精英人物，进而推出几套像《中国舞蹈通史》《中国古代乐舞史》这样的学科重要著作。我们深信，只要全国舞蹈界的有识之士同心协力，不忘初心，不忘使命，紧紧抓住生命中的每时每刻，持之以恒，潜心钻研，继续探讨舞蹈创作和研究中现象与本质、内容与形式、个性与共性、小我与大我完美融合的经典命题，努力将个人的创造天分融入国家形象的塑造之中，并与各级各部门和所在单位合力达到创作与研究生态的“高原”之境，最终一定能在这些领域中，推出一批能够经得起时间考验的“高峰”之作，为中国乃至世界舞蹈学科的发展做出骄人的贡献！

欧建平　中国艺术研究院舞蹈研究所研究员
金娟　中国艺术研究院舞蹈研究所助理研究员
刘春　中国艺术研究院舞蹈研究所副研究员
廖燕飞　中国艺术研究院舞蹈研究所助理研究员
王宁宁　中国艺术研究院舞蹈研究所研究员

2017 中国舞蹈热点观察

◎ 杜蕾

2017 年中国舞蹈的发展，非常值得盘数的一年。随着“习近平总书记文艺工作座谈会重要讲话”和“十三五规划”精神的引领，中国舞蹈在创作、展演、评奖及交流等各方面都保持蓬勃发展、平稳上升的态势。2017 年末，党的十九大在报告中指出“文化是一个国家、一个民族的灵魂”。而回溯看来，这一年度的舞蹈似乎也早早地探到了年尾的明灯，在整体创作上，尤其在精神追问与艺术创新上，展现出值得记录的新气象。在各类活动的组织展现上，也表现出创新与完善并进的多彩局面。

舞剧创作格局变化

与 2016 年相比，2017 年并没有特别的向革命历史献礼的主题任务，但回忆历史、记忆英雄的创作却丝毫不逊以往，并以贴近民心的“一黑一红”两部舞剧作品为代表，抒写了 2017 年度不该忘却的记忆与必须抒写的回忆。南京大屠杀是我们永远难以忘记的一片黑色，舞剧《记忆深处》以史料为基础和对照，从美籍华裔作家张纯如探寻南京大屠杀真相的角度切入，结合纪录性和艺术性，以新的思路和手法进行创作和呈现；而英雄，则是人民心头永远的一抹红色，民族舞剧《草原英雄小姐妹》以广为传颂的“草原英雄小姐妹”龙梅和玉荣的英雄事迹为蓝本，将蒙古族舞蹈艺术与民族音乐及蒙古族服装、文化元素充分融入舞剧编创，以当代视角与多重空间的表现手法，生动再现了“草原小姐妹”的英雄事迹。

党在十九大报告中指出“要繁荣文艺创作，坚持思想精深、艺术精湛、制作精良相统一，加强现实题材创作，不断推出讴歌党、讴歌祖国、讴歌人民、讴歌英雄的精品力作”。按照这一重要精神，2017 年度现实题材的创作起了个好头：中央芭蕾舞团没有沿用丝路题材的套路，以现实的角度，推出芭蕾舞剧《敦煌》，把献身敦煌的艺术家们浓缩成剧中的主角：从 20 世纪 40 年代中国第一代致力于敦煌艺术保护与研究的传承者视角出发，以敦煌守护者的信念映照历史文明的“心灯”，以默默中的坚持与平凡中的伟大，展现了那份甘于坚守与奉献的“敦煌大爱”。东方身韵的委婉和西方芭蕾的极致让这部作品充满了生机，传递着我们中华民族优秀的传统文化，歌颂了几代敦煌人对中华优秀传统文化的坚守和奉献精神。

如何以国际标准舞和芭蕾舞来表现革命历史题材，如何用舞剧讲述好中国故事、为讴歌人民英雄探索新途径？首部芭蕾舞国标舞舞剧《海河红帆》成为 2017 年度舞剧形式探索的一抹亮色。该剧是天津歌舞剧院根据作家刘誉执笔电视剧《锋刃》改编的舞剧作品，以芭蕾舞和国标舞相互融会的新颖形式再现了 20 世纪 30 年代天津海河边那道不曾磨灭的红色信念与精神之光，塑造了我党地下工作者潜伏、救赎、痴爱、献身，为理想和信仰宁死不屈的英雄形象，展现了共产党员初心如磐、牢记使命的革命精神。

对于自我价值的认同感，不仅扎根生活，贴近人心，而且是十九大报告中文艺创作的新要求，即不断满足人民日益增长的美好生活需要，而创作者如何能够更好地落实到具体的文艺创作中去，也为新时期舞蹈创作者提出了更高的要求。上海歌剧院舞剧团舞剧《早春二月》以柔石的小说《二月》作为文本，强调对人物内心情感的挖掘和对故事所折射出的人性思考。“现今，我们允许艺术多元发展，完全用现代舞的方式创作《早春二月》也未尝不可。但我们必须搞清中国舞剧的现代化不等于西方现代舞化，尤其是在提倡文化自信的当下，‘中国人必须珍惜、热爱、熟悉并欣赏自己的民族文化，为之骄傲，为之沉醉，为之鼓与呼’。”[①]“在这部舞剧中，我们欣喜地看到了歌剧院舞剧团对现实题材的选用，看到了创作团队不俗的创作风格和对舞蹈本体的追求，以及看到了经过现代舞的训练，演员在技能和肢体表演方面的长足进步。总之，让人们看到了中国舞剧现代追求的可贵探索。新作品难免有不足之处，比如：作品的思想内涵挖掘不够，缺乏对人物的深度刻画，舞蹈‘隐喻体’的过度运用等。然而问题也是存在的：中国题材缺少中国式的表达现象比较突出，从中引出一个值得我们思考的问题，那就是什么是中国舞剧的现代追求？”[②]

作为国家艺术基金2016年度舞台艺术创作资助项目的现实题材民族舞剧作品《草原英雄小姐妹》在中国国家大剧院上演。“由内蒙古艺术学院编排的大型原创民族舞剧《草原英雄小姐妹》是以真实的人物事迹作为蓝本，以现实生活、现实主义和浪漫主义相结合的艺术创作精神创作的舞剧，在舞剧创作的历史上具有开拓的意义。现实主义作品创作起来非常难，因为舞蹈艺术的特性在本质上更接近于抒情诗。从这个角度看，我认为舞剧《草原英雄小姐妹》有非常鲜明的个性，选材非常好，既大胆又有意义，通过生动的艺术形象，歌颂了社会主义建设时期以爱国主义和集体主义为精神引领的英雄行为。这个英雄行为被选择出来作为舞剧艺术的表达对象，是非常好的一个选择，选材上就非常独到。”[③]

与前两年舞剧创作中丝路题材扎堆、神话题材聚众的印象相比，2017年以历史人物为创作的舞剧数量颇多。如中央歌剧院和浙江省宁波市演艺集团制作出品的民族舞剧《花木兰》，与中国传统的花木兰形象有所不同，更多的表现爱和追求和平的主题，传递无私、负责与担当，作品以“孝、忠、勇、节、爱”为主线进行串联，讲述了美丽少女花木兰成长到巾帼英雄的坎坷历程，刻画出花木兰“孝、忠、节、义”的崇高形象，表达了“爱”及“和平”的永恒主题。中国歌剧舞剧院的民族舞剧《李白》采取倒叙结构，以李白晚年被发配夜郎为切入点展开其人生回忆，选取了李白人生中的几个主要节点，分别以“月夜思”“仗剑梦”“金銮别”“九天阔”“鹏捉月”为题进行铺陈，通过他在入世与出世这一人生矛盾上的权衡和抉择，揭示李白的内心世界。在表现李白心路历程的同时，以他的家国情怀和拥抱山水的恣肆情感为依托，并对唐代的风物和舞乐进行探索，塑造出了舞台上舞剧的李白。苏州芭蕾舞团原创舞剧《唐寅》以“江南第一风流才子”唐寅的人生经历为主线，通过独特的男性视角，讲述了唐寅起起落落的人生境遇，通过他在功名与自由的两难抉择和矛盾中，去挖掘人性的复杂，向现代人呈现一位才华卓绝、性情不羁，却因多舛命运的摆布在功名仕途与自由生活间困顿徘徊的诗人。该剧让大家看到社会和家庭对唐寅的影响和塑造，如何让一直徘徊在命运与自我之间的唐伯虎成为命运的牺牲品，还原一个真实的江南才子，给世人以启示。

2017年度的地方性的舞剧创作依然立足于本地的历史传统、文化形象以及旅游推广，主要有：青海省演艺集团的民族舞剧《唐卡》、吉林省歌舞团有限责任公司的民族舞剧《人·参》、大连市委宣传部和大连市文广局的原创音乐舞蹈史诗《追梦大连》、河北演艺集团出品的舞剧《大道记忆》、四川省歌舞剧院和四川省文联出品的东方神话舞剧《长风啸》等。这些作品，以对本土历史传统的解读打造对外宣传的文化名片，虽然与以往相比也存在选题相似，形象雷同的情况，但在整体数量和题材选择上，与往年扎堆的印象相比，有减少和改观的趋势。

舞蹈作为直抒心意的肢体语言，是与世界交流与沟通的最好方式。从2017年的舞剧创作整体上看，可以说是蓬勃向上、多点开花，在国际交流方面也有突出的表现，值得记录的有：5月，中美联合制作的多媒体舞剧《春江花月夜：赛珍珠》国内巡演在南京拉开帷幕。该剧由北京华江亿动文化传媒和江苏省镇江市文化广电产业集团联合出品，由中美两国演艺界人士共同制作，30位来自不同国家的舞蹈演员通过独具个性的舞蹈来展现对东西方文化的理解。11月，由中国舞蹈家协会主办，中国文

① 郑慧慧：《从〈早春二月〉看中国舞剧的现代追求》，《上海艺术评论》2017年第2期。

② 郑慧慧：《从〈早春二月〉看中国舞剧的现代追求》，《上海艺术评论》2017年第2期。

③ 冯双白：《在舞剧创作的历史上具有开拓意义》，《中国艺术报》2017年10月23日。

学艺术基金会、印度 ShriRam 表演艺术中心、Serendipity 艺术基金、SRF 联合制作，印度编导 Rukmini Chatterjee 与中国舞蹈家滕爱民共同编创并主演的当代舞剧《贝玛·莲》首演。该剧用印度古典舞蹈与中国当代舞蹈的交织融合，诠释穿越时空、跨越国度的人类情感，寻求两种文化的共通之处。年末，舞剧《朱鹮》在上海国际舞蹈中心迎来她的 200 场纪念演出。在这三年多的时间里，鹮鹮们的足迹不止遍布了祖国河山，更是飞向世界，以作品承载了人类与自然共生共存故事的传递。

青年编导厚积薄发

每年，我们都会纠结于舞蹈创作与现实生活的问题，舞蹈创作能否针对现实问题？而这其中，个体艺术家又能有何作为？“一门艺术，如果不能在自己的艺术表述里碰触人类生存、发展的根本性问题，不能与人类文明的高度比肩，不能点亮信仰的明灯，就不足以找到自己在当代人类文明中的地位。”[①]“青年舞蹈人才培育计划”是针对最具创新潜能和发展潜力的青年舞蹈人才，给予创作扶持的专门项目，以开放的创意、专业的平台孵化和推介优质的原创作品，提供国际交流与展示的平台，自 2014 年起，成功举办 3 届。作为中国舞蹈界最具活力与创意的一项品牌活动，2017 年，第四届“青年舞蹈人才培育计划”成果展演系列活动汇集了“培青”委约编导的最新原创作品，曾莹的《归途》、巩中辉的《凉亭》、胡岩的《我》、常肖妮的《没有大象》，以及由胡沈员的《众·从·人》，查龙浩的《丧俚调》，张翼翔的《老友记》，田湉的《俑》，刘迦、曲继程的《00：00》5 部作品汇聚而成的《慢热集》。这 9 部富有创新意识的舞蹈作品涉及现代舞、街舞、古典舞、民族舞等舞种，以及与话剧等艺术门类跨界融合，呈现多元艺术创作观。青年艺术家共同创作的舞蹈剧场《两地书》汇集内地、香港当下最为活跃的青年编导及舞者，在“人与城市”的主题下，用当代艺术表达和演绎三段不一样的爱情、友情、亲情。这些不同的文化背景、知识结构和创作方式的交流与碰撞，也丰富和滋养着青年编导的成长。

“中国舞蹈十二天”自 2012 年创办推出以来，就展现出了这一品牌极大的包容性，芭蕾舞、民族舞、现代舞等不同流派的多元化舞蹈集群式呈现，为众多青年舞蹈人才提供了一方尽情舒展创意与才华的平台。第六届“中国舞蹈十二天”由辛丽丽、林怀民、山翀、金星、刘敏、罗斌六位舞坛领军人物担任导师，推出六组青年舞蹈新星的六台原创舞蹈佳作，继续为青年舞蹈人才提供着舒展创意与才华的平台。辛丽丽推荐了吴虎生、陈琪自编自演的原创作品专场《起点》，她认为“参加‘中国舞蹈十二天’，让我们看到了年轻人的能力和潜力，他们对艺术创作是尊重的、有责任感的。这个年轻的团队非常地投入和认真，正是这样的精神让作品《起点》充满了力量”。林怀民推荐了台湾青年编舞家刘冠详作品《我知道的太多了》。该作品是亚洲第一个入选欧陆年轻编舞家网络平台的作品，于 2016 年在台湾淡水云门剧场首演，荣获第十五届台新艺术奖表演艺术大奖。刘冠详将母亲临终前与他的对话和呓语收录编汇成舞蹈配乐，以极具原创性的肢体语汇和单纯的舞台元素，创造出丰富而抽象的舞台意向。山翀推荐的作品《士风》由张云峰、胡阳担任编导，易杰担任编舞，彰显出“士”这一中国传统精神文化的内涵与精髓。胡阳此次集合编、导、演于一身，要着力彰显“士不可以不弘毅，任重而道远”的“士”风精神。青年舞蹈家张娅姝出品制作并担任主演的舞剧版《九色鹿》由金星推荐，作品取材于敦煌第 257 窟壁画《九色鹿经图》，通过舞蹈肢体重新演绎九色鹿的传说，带领观众进入丝绸之路上的敦煌世界。刘敏推荐了黄佳园作品《天凉好个秋》，该作品围绕一个“女人”与“时间”之间的对话，深度挖掘人在“老、病、死”面前的种种复杂情绪。罗斌推荐的青年编舞家念云华作品《大象·一念》是中国舞蹈家协会 2016 青年舞蹈人才培育计划委约作品，演出实验性地运用多种中国传统元素，将当代行为艺术、行为装置等进行融合，传递传统与当代结合的审美。青年编导们在“中国舞蹈十二天”这个平台上，在导师们的指导下，从各自不同的经历中提取灵感，用新古典芭蕾、现代芭

---

① 冯双白：《习近平新时代中国特色社会主义思想指明了当代中国艺术的根本方向》，《中国艺术报》2017 年 10 月 25 日。

蕾和当代芭蕾的肢体语汇，以自己对舞蹈艺术的理解与掌控，在表现了普遍存在于人类生活中的抉择、离别、周转、回归与希望的同时，也让观众看到了中国青年编导和舞者们的希望与力量。

由陶冶、段妮、王好创立的陶身体剧场作为一个全职的现代舞团，自成立以来，席卷世界几十个国家、百余个艺术节，一直受到各界人士的广泛关注，他们于2017年推出了新作《9》。陶冶的“数位系列”作品始终把身体探索作为艺术发现的唯一通道，通过对身体运动极限充分理性的认识和分析，让身体在重复而充满限制的运动过程中释放出生命力，从而提炼出独特的美学和训练体系。陶身体剧场在备受关注的同时，也启发我们不断地思考：舞蹈是否应该更纯粹或者说如何让舞蹈更纯粹的系列问题。

赵梁，一位舞蹈行为艺术家，一位尝试于不同空间、环境和剧场的舞蹈创作者，他以自己独特的艺术理念形成特有的肢体语言，与不同的艺术交织碰撞，用自己的身体和行为来创作和感悟世界。赵梁工作室作品《舞术》作为第十九届中国上海国际艺术节委约的唯一舞作在上海兰心大戏院首演，这也是赵梁继“东方灵欲三部曲”之后又一全新尝试。作品通过对太极、查拳到刀枪棍剑冷兵器的交锋，身体的接触即兴，相互交融，悟者在刚与柔、阴与阳、离与合、起与止之间找到舞蹈与武术的契悟。

2017年，无论是官方的积极推进还是个体艺术家的不懈努力，都让我们看到了十年树木百年树人的沉淀与成长，在这些青年编导的作品中，也进一步关注到了他们创作的努力、创新的想象力，寻找自我，直至内心的勇气以及进一步提升的能力。

评奖机制继续转型

根据中央关于全国性文艺评奖制度改革的有关意见精神，2016年，作为已有30多年历史的全国舞蹈比赛，自第十一届起取消评奖改为展演活动。2017年，作为当下仅存的国家级常设性奖项，中国舞蹈“荷花奖”举办的“民族民间舞”和“古典舞”两个评选活动，经过调整后的奖项数额也在大幅下降，编导奖、表演奖、参赛单位的组织奖等被取消，获奖名额急剧缩减。评奖机制的转型，也带来了舞蹈创作上的新变化。“透过这些舞蹈作品，我们看到了传统的民族民间舞延续着新中国民族舞蹈建构的传统，并随着时代氛围的变化和舞蹈专业水平的提高，在身体语言的塑造力、艺术形象的创造力和舞台综合的表现力等方面，逐渐丰富其审美范式，并以此为载体与途径，追求着深刻的人文内涵和精益求精的艺术境界，展现了更富有时代感、人民性的审美现代性特征。”①

第十一届中国舞蹈“荷花奖”民族民间舞评奖经过精彩的角逐与评委现场打分，最终产生了前六位作品：《长鼓行》《生在火塘边》《长长的辫子》《银塑》《阿嘎人》《爷爷们》。中央民族大学舞蹈学院的作品《阿嘎人》展现的是藏族人民“打阿嘎”过程中丰富多彩的生活，在劳作的过程中有爱情故事，也有嬉闹场景，还有动听歌声的传唱。呼和浩特民族演艺集团民族歌舞剧院有限公司的舞蹈《爷爷们》展现了全面小康社会到来之际，老年人退休生活的新气象。爷爷们身穿蒙古族传统服饰，头戴黑墨镜和鸭舌帽，脚下迈着“流行舞”的时髦舞步，手中的拐杖时而变成马头琴，时而变成水烟袋。中国舞蹈家协会分党组书记、驻会副主席兼秘书长罗斌表示，本届“荷花奖”在题材、内容、体裁多样性上有所突破，许多作品摒弃过多的套路，回归到舞蹈本身，编导在创作的过程中深入生活，融入了自己的思考在其中，呈现出舞台上异彩纷呈的佳作精品。此次活动面向国内的视频直播平台，并由光明网平台进行国际直播，整合各自资源优势向网友普及舞蹈和美育知识，观看单场直播的观众超过了50万人次。在随后举行的第十一届中国舞蹈“荷花奖”古典舞评奖中，有32部作品脱颖而出入围到最终的评奖。其中单、双、三人舞作品20部，群舞作品12部，集结了来自北京舞蹈学院、国防大学军事文化学院、中国歌剧舞剧院、中央军委政治工作部歌舞团、西部战区陆军政治工作部战旗文工团等知名高校、院团的新作，以及来自上海歌剧院、杭州歌剧舞剧院、重庆歌舞团等活跃于舞蹈创作、表演前

① 仝妍、黄凯迪：《当代舞蹈的“新中国性”呈现——从第十一届中国舞蹈“荷花奖”民族民间舞评奖谈起》，《舞蹈》2017年第11期。

沿的地方院团的作品。

"本届'荷花奖'评奖的成功并非出现多少非常精彩和不同的创作，而是从中很少看到炫技的心态，这种改变让人看到一种潜在的觉醒，这是非常可贵的！"① "评委们在这次评奖的作品中看到了两种东西，优秀的人文品格和浩然正气的能量。编导们力求寻觅自己民族的故事和文化，每一个作品或多或少都在体现这种精神。"② 对于"荷花奖"评奖，专家学者们在指出那些"陈年旧疾"以及舞蹈教育、理论和实践等问题之时，也对此次评奖做出了欣慰的评价。

舞蹈活动纷繁丰富

2017 年的舞蹈活动梳理起来既清晰又丰富，除了国家大剧院舞蹈节、中国国际芭蕾演出季、北京舞蹈双周、中国舞蹈十二天等品牌活动热度不减，独领风骚外，还有很多事件值得记录：从昆舞艺术的发展首次拥有了专家团队的助力，到促进文化交流的舞蹈周的开展，再到契合信息社会发展的舞蹈影像展和芭蕾电影展，及古代乐舞文物特展的举办，这几个首次举行的活动和展览，让我们看到舞蹈人的与时俱进与开拓精神。

中国舞蹈家协会主办的"中国舞蹈家协会昆舞专家委员会"成立大会在中国文学艺术界联合会举行。本次成立大会宣布了"首届中国舞蹈家协会昆舞专家委员会成员名单"，白淑湘、赵汝蘅、冯双白、陈爱莲、赵青、于平担任学术顾问，罗斌担任主任，委员会成员有山翀、方元、文祯亚、江东、刘璐、茅慧、金浩、周秦、胡仲洪、施夏明、袁禾等。昆舞作为中国古典舞的重要探索之一，源于昆曲，是对昆曲表演艺术优质基因的提炼以及传承发展的成果。昆舞自创始以来伴随着民族文化日益繁荣的步伐而不断创新发展。昆舞专家委员会作为中国舞蹈家协会所属专业委员会之一，将组织开展形式多样的昆舞创作、研究、评论和学术交流活动，系统和专业地推动昆舞的发展和传播，对话传统，面向未来。

"2017 杭州国际舞蹈周"在美丽的西溪天堂艺术中心举办。首届舞蹈周包括"国际展演""X 单元""舞林圈"三大板块。在"国际展演"单元的艺术家分别来自挪威、芬兰、匈牙利、日本、中国。中国舞蹈艺术家谢欣的作品《一撇一捺》用撇和捺的联系，跳出人与人之间的相遇和记忆。作品曾被第 48 届芬兰库奥皮奥舞蹈节（北欧国家最重要的舞蹈艺术节之一）邀请。匈牙利艺术家融合街舞、武术等肢体动作编创的作品《兄弟》，试图探讨人与人之间共存而需面对的种种状态。该作品曾获匈牙利国家独立戏剧艺术节之最佳舞蹈剧场表演奖。来自芬兰编舞家兼舞者约翰娜·纽汀恩的作品《生》，采用视觉、音乐等多媒体的配合，在舞蹈中和灯光互动，营造出一个封闭的环境，展现无言的肢体力量。来自日本舞蹈大师梅田宏明的作品《叠》，同样是多媒体与舞蹈融合的创意作品，则着重展现意境之美，独特地通过灯光把观众的视觉感知推向种种未知领域。作品《天体》来自挪威，曾获挪威国家戏剧大奖最佳舞美与服装设计提名。艺术家茵格莉·菲斯达用不断移动的舞台装置、变换不定的人体关系等，创造独特的沉浸式体验。

"首届中国舞蹈影像展"在北京开幕。此次活动收到来自不同领域、不同专业参赛者的舞蹈影像作品 200 余件，经过专家学者推选，最终《生长 Genesis》《长征·九死一生》《二十四节气》《香巴拉》《幻茶谜经》《Form》《D-Attitude》《为欲望而生》《Lativ Heat up》《门》《水舞涧》《舞侠——雁未归》12 部作品入选，并按照参评作品的主题内容、表现手法、风格样式、信息传达等方式分为"舞蹈宣传片""舞蹈广告片""舞蹈艺术片""舞蹈故事片"4 个单元展出。随后在北京举办的"首届国际芭蕾电影展"推出了《天鹅湖》《罗密欧与朱丽叶》《爱丽丝梦游仙境》《吉赛尔》《小美人鱼》5 部经典芭蕾电影展出，这些世界知名芭蕾舞团的高清舞台影像作品，无论对专业舞者还是普通观众，仅仅影像的观摩，都是在体验一场丰富的视觉盛宴。

---

① 乔燕冰：《古典舞能否少点"失恋的古代小鲜肉"?》，《中国艺术报》2017 年 11 月 13 日。
② 乔燕冰：《古典舞能否少点"失恋的古代小鲜肉"?》，《中国艺术报》2017 年 11 月 13 日。

在国家大剧院举办的“唯寄歌舞寓长安——陕西古代乐舞文物特展”以周、秦、汉、唐四个重要历史时期为脉络划分，围绕陕西古代音乐、舞蹈、百戏等内容，呈现着千姿百态的珍贵乐舞文物，反映出各朝代异彩纷呈的表演艺术特征和风格。有象征礼制的编钟编磬，栩栩如生的乐舞俑，精妙绝伦的珍贵壁画，反映乐舞场面的金银器、陶瓷器等，展览的设计为观者了解中国古代乐舞艺术的发展提供了直观的参考。

整体说来，2017 年的舞蹈活动可谓多层次、多方位开花：中国文联、中国舞蹈家协会扎根藏区生活，对藏族传统果谐舞、洛谐舞、卓舞、背鼓舞等多种类型民俗舞蹈深入考察后，创作的“天域舞风——原创西藏题材舞蹈作品展演”在北京国家大剧院集中展示；“第二届中国·国际蒙古舞蹈艺术展演”在呼和浩特举行，吸引了蒙古国和俄罗斯联邦卡尔梅克共和国、伊尔库茨克州，以及中国北京、新疆、山西等省区市和内蒙古 12 个盟市的艺术团体 100 多部舞蹈作品报名参展；“舞典华章——2017 中国舞蹈年度巡礼”集结了 2017 年中国舞蹈“荷花奖”民族民间舞、古典舞两次评奖中的部分优秀参评作品在北京国家大剧院进行展演，集中回顾了优秀作品中的精彩舞段。

结语

2017 年的确是令人振奋的一年，舞剧《草原英雄小姐妹》备受好评，中芭的《敦煌》引人注目，国家大剧院舞蹈节、北京舞蹈双周等活动日渐成熟，聚集了大量人气；舞蹈评奖进一步改革，引起了一些新的变化。另外，舞蹈纪录片《傩·缘》获休斯敦国际电影节“雷米金奖”、《舞蹈高等教育事业发展蓝皮书》发布、首届“一带一路”图像乐舞重建复现研讨会等系列活动也为 2017 年的舞蹈观察提供了更多新鲜的视角。

杜蕾　中国艺术研究院《中国艺术年鉴》编辑部

专题

第十一届中国舞蹈“荷花奖”民族民间舞评奖

【概况】

2017年9月4日至6日，中国文学艺术界联合会、中国舞蹈家协会主办的第十一届中国舞蹈“荷花奖”民族民间舞评奖在四川省凉山彝族自治州西昌市举行。经过三场角逐，延边歌舞团的《长鼓行》、凉山彝族自治州歌舞团的《生在火塘边》、新疆军区政治部文工团的《长长的辫子》、四川省歌舞剧院有限责任公司的《银塑》、中央民族大学舞蹈学院的《阿嘎人》、呼和浩特民族演艺集团民族歌舞剧院有限公司的《爷爷们》从全国22个省、市、自治区的48个作品中脱颖而出，分列终评前六名。

本届“荷花奖”是全国民族民间舞蹈创作的一次集中巡礼，反映出各民族舞蹈工作者对党的十九大的深情献礼和美好祝愿。进入决赛的48个作品涵盖14个民族，作品以男女群舞居多，色彩亮丽、形式多样，展现出各民族丰富、厚重的历史文化。参评作品的主创中，既有经验丰富的知名编导，也有崭露头角的新锐编导。

本届“荷花奖”的评选制度沿用以往赛制。为更好地普及舞蹈美育知识，中国舞蹈家协会和腾讯合作开发面向国内观众的视频直播平台，并通过光明网平台进行国际直播。据统计，每个单场直播的观众超过了50万人次。视频直播还开设第二现场，由中国舞蹈家协会主席冯双白同中国少数民族文化艺术促进会副会长宝向新、四川省舞蹈家协会副主席琚渝安以及北京舞蹈学院院长郭磊在比赛间隙对节目进行现场点评，与网友互动交流。

活动期间，中国舞蹈家协会还举行了惠民演出、民族民间舞发展研讨会、作品点评会。

【获奖名单】

《长鼓行》	延边歌舞团
《生在火塘边》	凉山彝族自治州歌舞团
《长长的辫子》	新疆军区政治部文工团
《银塑》	四川省歌舞剧院有限责任公司
《阿嘎人》	中央民族大学舞蹈学院
《爷爷们》	呼和浩特民族演艺集团民族歌舞剧院有限公司

【观点】当代舞蹈的“新中国性”呈现——从第十一届中国舞蹈“荷花奖”民族民间舞评奖谈起

◎ 仝妍

2017年9月4日至6日，第十一届中国舞蹈“荷花奖”民族民间舞评奖再度绽放在四川省凉山彝族自治州州府西昌市。从350部报名作品中脱颖而出的48部作品，分3场在西昌金鹰大剧院的舞台上呈现出百花齐放、各显风流的盛大景观。透过这些舞蹈作品，我们看到了传统的民族民间舞延续着新中国民族舞蹈建构的传统，并随着时代氛围的变化和舞蹈专业水平的提高，在身体语言的塑造力、艺术形象的创造力和舞台综合的表现力等方面，逐渐丰富其审美范式，并以此为载体与途径，追求着深刻的人文内涵和精益求精的艺术境界，展现了更富有时代感、人民性的审美现代性特征。

“小荷之姿”：舞蹈评价话语的建构与艺术创新的价值追求

马克思主义生产理论启示我们，艺术生产—艺术产品—艺术消费是一个完整的艺术系统。这个系统的运转动力与保障来自一定的体制及其运行机制。新中国成立后，国家通过文化艺术整体的组织化和文艺知识分子个体的单位化，实现了对文艺界的掌控和对文艺活动的政治领导，从而为文化转型提供了组织和制度的保障。1949 年全国第一次“文代会”后，一个几乎覆盖全国的枝状分布的、金字塔式的网络化文艺组织体系迅速形成，新中国的文艺家们从此开始以“单位”为单位，在体制内获得了活动与生存的空间。相应地，“舞协”成为官方领导下的，组织舞蹈创作、安排舞蹈演出、指导舞蹈批评、出版舞蹈刊物、开展群众舞蹈活动的最高舞蹈管理机构。在新中国伊始，舞蹈家们通过思想改造，在方向上统一了认识，在体制上得到了保障，从而取得了初步繁荣的成就。

改革开放后，在文艺思想解放之际，文艺界的各类评奖或比赛纷纷推出，如在舞蹈界，1980 年文化部第一届全国舞蹈（单、双、三）比赛在辽宁省大连市举办。在当时的文艺政治语境中，“评奖”的价值标准就被明确下来，即“我们评奖的目的，就是要发挥评奖的积极作用，促进我国社会主义文学艺术的发展和繁荣……沿着为人民服务、为社会主义服务的正确轨道前进，要发挥评奖的积极作用”。（周扬《按照人民的意志和艺术科学的标准来评奖作品》，《文艺报》1981 年第 12 期）“评奖”通过制度化的形式进行文艺创作的评价，旨在引导艺术家创作的方向，即在尊重艺术创作的自律实体的同时强调社会事实。自 20 世纪 80 年代以来，全国性的舞蹈评奖比赛也出现了不少，最具代表性的主要有全国舞蹈比赛（1980）、文华艺术院校奖“桃李杯”舞蹈比赛（1985）、中国舞蹈“荷花奖”（1998）、CCTV 电视舞蹈大赛（2000）这几大全国性的赛事。从这些评奖、比赛主办方的身份中不难看出，引导中国舞蹈 30 余载权威话语的主体是官方、专家、传媒，且伴随着学术与市场的相互抗衡，国家、精英、大众等几种文化相互交融，从而建构起舞蹈评价的价值标准。可以说，这种价值标准延续了新中国对民间舞蹈艺术在政治上和文化上“合法性”的确立，并在新的时代语境中不断丰富现实主义新传统的内涵。

中国舞蹈“荷花奖”的诞生，被认为是舞蹈界“在 20 世纪实现了向‘思辨’的过渡，逐步确立了在中华民族大文化背景中应有的历史地位”；其价值评判立场是“权威性”与“专业性”（罗斌《“荷花奖”——理性的明证》，《舞蹈》1998 年第 4 期）。而这种“权威性”与“专业性”的导向，实际上是官方话语、精英话语、民俗话语、大众话语的多重融合，而融合的结果，从舞蹈艺术创作的显性看，评奖的艺术价值追求在于通过对传统元素的结构与重构，构建高于“原生形态”的形态，从而在新时代的文化语境中实现中国民间舞现代话语表达的追求。如本届中国舞蹈“荷花奖”民族民间舞评奖最终获奖的作品《生在火塘边》（凉山彝族自治州歌舞团）、《长长的辫子》（新疆军区政治部文工团）、《阿嘎人》（中央民族大学舞蹈学院）、《爷爷们》（呼和浩特民族演艺集团民族歌舞剧院有限公司），从这些作品中我们可以既感受到浓郁的生活气息，又可以享受到舞蹈艺术的肢体语言魅力。更为重要的是，这些作品的获奖印证了民族民间舞蹈创作的导向：面向传统、面向当下、面向未来，坚持民族根性，丰富文化旨意。

“百花齐放”：文化多样性与艺术对话的喧声

现代文化是以理性主义为主导精神、以现代民族国家为基本单位的文化结构，并在发展中出现了以地域为特征的本土化特点。作为多民族统一的国家，新中国新文化的建构目标是“新的人民的文艺”。在这项国家文化现代化工程的指导思想下，新中国成立后，对各民族传统文化所采取的种种激励措施，使其从边缘走进中心，逐渐汇入主流文化圈，特别是传统民族歌舞以现代表演艺术在全国范围内产生了一定的影响，为社会大众所熟知。改革开放后，改造后的各民族民间舞蹈一方面仍作为一种富有表现力的民族艺术形式在国家主流文艺话语形式中占据一席，继续出现在表演艺术的舞台上；另一方面又反哺民间，满足本地、本族人民的精神文化生活需要，获得本土认同。如杨丽萍的《云南映象》不仅引发了艺术创作、演出市场、社会文化的共同关注，其现象背后的深层根源正是“各美其美”的文化多样性。“百花齐放”需要社会的舞台，而这意味着“国家在场”的社会大舞台就是“会演”与“评奖”。“会演”是20世纪50年代开始的舞蹈文化事业走向规模化、体制化的主要方式之一；“评奖”则是20世纪80年代后舞蹈文化事业走向专业化、多样化的主要方式之一。“荷花奖”民族民间舞专场自2005年落户贵州省贵阳市花溪区，到2015年移师四川省凉山彝族自治州西昌市，10年间为中国民族民间舞蹈的传承与创新搭建了展示、交流的平台，指引了创新、前行的方向。如2009年第七届中国舞蹈“荷花奖”民族民间舞评奖活动作为中国文联“向祖国汇报——庆祝新中国成立60周年系列演出活动”之一，汇聚了全国29个省、市、自治区，31个民族的民间舞蹈节目共计300余个，可以说荟萃了新世纪头10年我国民族民间舞蹈发展最新成果，呈现出中国舞蹈文化丰富的多样性。而这种舞蹈文化的多样性，不仅是空间层面的不同地域、民族文化多样的荟萃，更是时间层面传统、现代、后现代文化多样的融合。如本届评奖获奖作品《爷爷们》，马头琴、水烟袋、骑马舞与墨镜、自拍、流行舞，生活的话语与艺术的话语共同塑造出见证了内蒙古自治区成立70年来风风雨雨的这一代人，在他们的身上，既有对传统生活的坚守，也有对现代生活的吸纳，更有对未来生活的期冀。

在文化多样性的基础上，文学艺术的文本也呈现多元化，这种多样化可以被称为“艺术对话的喧声”。不同的语言与文化只有通过互相对话与交流才能共存，而这也是文化开放格局中的生存方式。舞蹈作为身体的语言，往往被认为易于实现跨文化对话。的确如此，民族民间舞蹈的文化之根在于人、在于生活，艺术语言的表达可以在形式上超越，但是需在内容上“对话”。如在本次参评作品中，我们可以看到运用不同民族舞蹈语言对相同母题的表达——传统文化与舞蹈的“传承”，如《长鼓行》（延边歌舞团）、《银塑》（四川省歌舞剧院有限责任公司）、《长白又一春》（东北师范大学）等。这种共性的追求，体现了民族民间舞蹈的根性文化属性；而不同个性的表达，则体现出中华文化的多样化景观。

“风景独好”：民族民间舞创作的根性自觉与意义追寻

进入21世纪后，全球化内在的悖论——全球化与本土化、国际化与民族化的两难困境，始终挑战着各地借助艺术作品建构地方形象的过程。原属地方性的族群文化、区域文化不仅重拾传统文化意义，更具有了世界意义——展现中国传统文化的多样性。面对新世纪全球化与本土化、国际化与民族化的矛盾，对原初的、活态的、独具特色的地方民族、民间文化的关注，可说是反抗全球化所带来的文化同质化、普遍化后果的积极举措。因此，在从事文化研究的学者看来，当代中国艺术在全球化背景中的目标指向一种“新中国性”（New-Chineseness）的新构。（滕守尧《全球化的美学与艺术》）

民族民间舞蹈蕴含着深厚的本土文化意味。与之相对应，我们的民族民间舞蹈创作需要一种“根性自觉”，即“本根的创造性”，也就是本土化、民族化创意。贾作光先生曾说：“舞蹈语汇都应在传统的基础上有所发展，怎样发展则靠编导们动脑筋，在音乐基础上找到新的节奏，产生新的舞蹈语汇……我观察牧民骑马，提炼后，在舞蹈《牧马》中用垫步翻身勒马作为骑马动作的技巧，牧民们认可了，认为真像。”（贾作光《贾作光舞蹈艺术文集》）在本届中国舞蹈“荷花奖”的舞台上，这种“本根的创造性”闪耀着的一些亮点也引发了争议，如《拧巴·拧吧》（山东艺术学院）将胶州秧歌的动态风格、动作动律之元素“拧”进行了解构与重构，凸显出胶州地区的舞蹈文化特色与当代民族民间舞元素教学法的特色。但是，这个作品也因为“组合化”而使得作品的意义表达缺乏一定的“完整性”。这就引出了舞蹈创作另一个层面的价值追求：意义的复合性。

所谓“意义的复合性”，即艺术作品必将是呈现意义的。一般来说，所呈现的意义在观者或接受者那里越是复合的、多样的与丰富的，就越是有意思的作品；反之，如果越趋于单一，则越会由于其单一而丧失意义。从语言学的角度讲，舞蹈作品中可视的舞蹈形象为能指，而作为编导试图通过舞蹈语言表达的，隐含在舞蹈形象背后的主题、意蕴等则为所指。对于民族民间舞蹈而言，风格性的舞蹈语言在能指层面体现出根性的民族文化价值，叙事性的舞蹈表达则在所指层面凸显对“新中国性”的意义追寻——将当代舞蹈艺术重置于民族本土的文化当中加以重新创造与阐发，实现“创造性的转换”。如北京舞蹈学院参评作品《王大娘与锢漏匠》，尽管编创手法上还有些稚嫩，但是作品叙事的后现代时空观——穿越，体现出年轻一代对传统的思考与对话。

在现代舞台艺术的场域中，传统民族民间舞蹈被赋予新的、现代的文化内涵与艺术形式，从田间登上舞台，从广场进入剧场，成为构建中华民族形象文化工程的重要内容，并建构了全世界独一无二的、新型的民间舞蹈。我们可以从历史书写与艺术实践中看到，当代中国民族民间舞蹈以民族性、审美性、跨文化性等建构着自身的话语体系。而从历届中国舞蹈“荷花奖”评奖中，我们也越来越明确，舞蹈的创作与评价的标准是有着一致性的，即文化自觉的“本根的创造性”与艺术自觉的“意义的复合性”。在全球化语境中，这一双重标准既可界定为中国舞蹈属于中国，更可标注为中国舞蹈不仅仅属于中国。

仝妍　华南师范大学音乐学院副教授

原载《舞蹈》2017 年第 11 期

第十一届中国舞蹈“荷花奖”古典舞评奖

【概况】

2017年11月1日至4日，中国文学艺术界联合会、中国舞蹈家协会主办，北京舞蹈学院承办的第十一届中国舞蹈“荷花奖”古典舞评奖在北京举行。

本届评奖活动收到来自北京、上海、重庆、河南、福建、湖北、江苏、辽宁、浙江、广西、四川等25个省、自治区、直辖市以及各中直院团、院校的作品共计195部，其中单、双、三人舞作品114部，群舞作品81部。经过评审组严格的评选，共有32部作品脱颖而出入围到最终的评奖当中，其中单、双、三人舞作品20部，群舞作品12部，集结了来自北京舞蹈学院、国防大学军事文化学院、中国歌剧舞剧院、中央军委政治工作部歌舞团、西部战区陆军政治工作部战旗文工团等知名高校、院团的新作，以及来自上海歌剧院、杭州歌剧舞剧院、重庆歌舞团等活跃于舞蹈创作、表演前沿的地方院团的作品。

【获奖名单】

《墨舞流白》	北京舞蹈学院
《故国》	中央军委政治工作部歌舞团

【观点】第十一届中国舞蹈“荷花奖”古典舞评奖综述

◎ 王洁琼　袁霄

中国舞蹈“荷花奖”在创立之初，就以“出淤泥而不染”的“荷花”这一高洁形象命名，有着深刻的象征寓意，寄寓了美好的期许。2017年11月1日至4日，由中国文学艺术界联合会、中国舞蹈家协会主办，北京舞蹈学院承办的第十一届中国舞蹈“荷花奖”古典舞评奖在北京舞蹈学院举行。“荷花”形象自古作为中华文化的重要组成部分，被文人雅士赞扬，无数诗句咏唱，与古典舞中的文化内涵同源共流，一脉相承。本届评选活动自2017年6月发出通知后，收到来自北京、上海、重庆、河南、福建、湖北、江苏、辽宁、浙江、广西、四川等25个省、自治区、直辖市以及各中直院团、院校的作品共计195部。经过评审组严格评选，共有32部作品脱颖而出入围到最终的评奖当中，其中单、双、三人舞作品20部，群舞作品12部，可谓异彩纷呈，尽现“荷花”和雅之意、优雅之形和高雅之韵。

中国古典舞的创作走向与文化追求

1. 民族根性的把握

中国古典舞诞生自中华民族光华灿烂的五千年文明，正如北京舞蹈学院副院长王伟所言：“古典艺术都有共同的特点，在时间概念上一定与过去历史有关，在精神概念上一定是和国家主体文化和精神有关，在形式概念上一定和语言、习惯方式、基因传承上有关。”恰逢党的十九大闭幕之际，为贯彻落实新时期“坚持中国特色社会主义文化发展道路，激发全民族文化创新创造活力，建设社会主义文化强国”的报告精神，作品立意成为此次中国舞蹈“荷花奖”古典舞评奖的关注焦点。正如国防大学军事文化学院（原解放军艺术学院）中国古典舞学科带头人韩瑾所说：“古典舞作为中华文化一脉相承的舞种，在这个伟大的时代，如何舞出我们的气韵、气质、气度、气节和气概，舞出我们的价值观、我们的民族精神，中国古典舞责无旁贷。”这就要求中国古典舞始终与我国文化传统保持血脉联系，保持自身的民族根性。而如何寻找民族根性？从我们民族文化宝库中挖掘取之不尽的优秀宝藏，并将之呈现于舞台是当代古典舞创作者不可忽视的问题，需要创作者不断深入对民族文化的研究，以及完善的历史舞蹈研究保护体系建立。

《墨舞流白》（原名《敬以直内——书法》）是从本届评奖中涌现出来的完美融合抒情、言志、写意的佳作。书法艺术只有黑与白，笔墨纸砚，黑白相间，正由于黑白变化无常，才有了书法的气象万千。黑衣舞者既是墨，也是纸上的墨迹；白衣舞者既是笔，也是纸上的留白。笔不离墨，墨中有笔，笔墨交融，作品既表现了笔精墨妙的书法气韵，又传达了书法艺术创作主体的内心变化，展现了编导广阔而深沉的艺术思维。同时，舞蹈演员的精湛技艺与夺人眼球的表现也获得了全场的喝彩。

此外，可圈可点的作品还有来自重庆歌舞团的《丽人行》，作品节选自舞剧《杜甫》片段，再一次惊艳全场。从台前缓缓行进的一位背对观众、衣着华丽的妇人，曳地的长裙，厚重而瑰丽，两侧缓慢步入众舞女，步伐慵懒而散漫，前半段在厚重服装的限制下，舞者并不是行云流水般流动于舞台，没有动作的大起大落，反而慢出一种韵味。后半段出胯行走的步伐，流畅中突然间的一沉一顿，令人叫绝，美到极致，媚到极致。6个月如一日的训练，从队形到服饰的“讲究”，从形、神、意、听觉、视觉、感觉等各方面达到美学追求，“我们试图在作品中探讨一种美学观，追求一种统一的格调”。正如该剧编导韩真所说：“作品在舞台上呈现的时候，希望是一个流动的工艺品，像活着的文物一样存在。”中国舞蹈家协会主席冯双白在点评时提到“思想精深、艺术精湛、制作精美缺一不可，美则美矣，但略有遗憾，杜甫的《丽人行》除了‘态浓意远淑且真，肌理细腻骨肉匀’对美人的赞美外，在最后一句的‘炙手可热势绝伦，慎莫近前丞相嗔’中，则包含了很重要的批判和贬斥的思想，作为单独舞段的《丽人行》如果能够更深地考虑杜甫的诗意和词义，完整地将其呈现出来，才更为完美”。这一舞，舞出了中华女儿的气韵、气度，虽略失了一点对历史背后深意的挖掘，但仍让人体会到编导对民族根性挖掘的努力。

2. 传统的当代表达

中国古典舞来自中国传统，取材于中国古典文化。但数百上千年前形成的事物或多或少总会与当代人的审美有所隔阂，这就提出了“古典文化的当代表达”的命题。创作者对作品的创作必须立足于今人的审美向古典之美的回溯，如此创作的作品才不会因只限于传统而与当代产生断裂。正如中国舞蹈家协会主席冯双白提出的：“中国传统文化中的精妙之处，一定要通过从如今基础的擦地训练所开始构建出的整个语言体系和语言逻辑表达出来，是为了让今人心动。如果作品跟今天的人没有任何交流，那便失去了意义。”

作为创作实践者，北京舞蹈学院副教授、编导胡岩指出传统与现代的关系以及如何进行传统的当代表达：“艺术应该活在当下，传统也应该活在当下，我们创作也是活在当下。需要考虑的是如何实现当代的转化以及到底什么样的形象是可以实现当代转化；古典和现当代是不能割裂开的。中国传统文化的基本审美和精神，和我们现在的追求一脉相承，作为古典舞人，其实就是建立起古代和现代对话的一群人；如何实现传统的当代表达呢？虽然传统必然是落实于具体可感的艺术形象来体现，但不是说拿了剑、绸子，或者拿了把扇子就是古典的体现，中国古典舞对于传统的体现与解读不能流于形式的包装。”

南音是中国现存历史最悠久的音乐种类，是音乐中的“活化石”，本无舞蹈动作，然而由福建华侨大学音乐舞蹈学院带来的《南音舞韵》，不仅保留了南音古老曲种的音乐特色，还以舞蹈的加入丰富了南音这一古老曲种的表现力。《南音舞韵》的舞蹈动作来源于与南音同一风格区域的泉州地区的梨园戏，编导从音律中捕捉影响身体韵律的种种因素和韵味，演员手执琵琶、洞箫、拍板，一指一足，一招一式，一眼神一体态，尽显自古以来乐舞不分家的艺术传统。韩瑾认为这一从地方戏中提炼具有特点的动作形态、身体韵律、韵味，以实现对于传统文化的挖掘与传承方式，对于丰富古典舞的创作语言是非常有意义的，虽然没有很高的技术技巧，但能够让人感受到美感意蕴。

白纻舞曾在历史上被无数文人所描绘，“质如轻云色如银”“仙罗雾垂縠羽衣”就是对其华美服饰的描绘。“仙仙徐动何盈盈，玉腕俱凝若云行”“状似明月泛云河，体如清风动流波”“轻躯徐起何洋洋，高举两手白鹄翔”“纤腰袅袅不任衣”“如推若引流且行”……更有李白《白纻辞》中“且吟白纻停绿水，长袖拂面为君起”“扬眉转袖若雪飞，倾城独立世所稀”的描绘。舞者在“掩袖”“拂袖”“飞袖”“扬袖”间，尽显女子的妩媚柔婉，轻盈妙曼之态。由浙江音乐学院带来的白纻舞《在水一方》风神秀逸，韵致清婉。

正如王伟所说：“中国古典舞的现实逃脱不了当代性。所谓经典是超越时间和空间的价值，建构一种从古到今一脉相承的精神价值和审美价值。我们要学会在传统中生长，走向审美的现代性，而不是停止在传统中。”这两部作品实现了传统的当代表达，走向了审美的现代性。

3. 创新性的不可或缺

创新是创作永恒的论题，缺乏创新的作品只能限于老套与重复中而渐渐被大众、历史遗忘。此次评奖期间举行的中国舞蹈“荷花奖”古典舞创作研讨会，屡屡提及作品的创新问题。北京舞蹈学院教授刘岩指出，此次评奖中的许多作品的创作题材和节目色调雷同；中国舞蹈家协会分党组书记、驻会副主席兼秘书长罗斌指出，本来是千变万化的人或者是千变万化的形象，但最终的成品形态却在形式感的选择和最终的动作呈现上流于雷同；王伟也指出现在很多编导已经退化，陷于重复自己、模仿自己的怪圈之中。韩真认为这种雷同现象需要创造者们“在大同中求不同”，而罗斌则一针见血地指出缺乏创新性的原因之一是现在的舞蹈编创者缺乏形而上的思考，“任何创作都是涵盖了形而上和形而下两个层面，光揭示形而下，而且对其烂熟于心，那所有的形象在你脑海里就是一个套路，套路怎么可能有个性，怎么可能有不同的创造？”北京舞蹈学院教授金浩认为，创新还要考虑到“艺术家的积累问题”，他说：“一个优秀的成熟编导至少要具备三种能力，第一是发现生活的能力，第二是艺术想象的能力，第三是自我表述的能力。”编导沉浸于中国古典舞，并进行深入的感悟与思考，将自己的境界提升至“大艺术”“大文化”（罗斌语）之境，不忘一点一滴的积累，最大程度地发挥艺术想象力，提高表述自我的能力，并寻找属于自身的独特语言，建构立体全面的知识系统与美学系统，方可实现创新。

“昔年有狂客，号尔谪仙人，笔落惊风雨，诗成泣鬼神”。此次中国舞蹈“荷花奖”古典舞评奖终评中有两个作品都以诗人李白为题材创作。作品《月下独酌》通过醉酒与舞剑两个意象，营造诗句“我歌月徘徊，我舞影零乱”的意境，传达出诗人在人生失意中的内心苦楚与狂傲不羁的性格特点。剑是肢体的延伸，舞者在行云流水、闪转腾挪间，达到以身带剑、人剑合一的境界。选择影子为创作动机的三人舞《对影》，忽而一人，忽而三人，形在醉意中变化，以奇特的构思和浪漫的想象表现了李白诗句“对影成三人”的奇妙之境。同为对李白“对月吟诗”主题的创作，独舞《问月》则通过由苦闷、豁达而至释然的情绪转变，用肢体塑造了咏月抒怀、孤高出尘、飘逸潇洒的诗人形象。虽然这两个作品各有可取之处，但饮酒、作诗、赏月，似乎成为李白的专属标志，若每每表现李白都逃不过如此，模式化、刻板化的“李白”则必不远矣。

此次中国舞蹈“荷花奖”古典舞评奖中的《故国》这一作品，选材于南唐最后一位国君李煜，他精通书法、音律、绘画、诗文，但在政治上昏庸无能，终致亡国。《故国》表达的是亡国后李后主面对先祖时内心的愧疚、挣扎，以及极大的苦楚。除了选材的新颖之外，该剧的表演者蔡亦寒对于“李煜”形象的塑造也是可圈可点。“把这样一个痛彻心扉的独特心情表达得淋漓尽致，既是编导独辟蹊径达到的高度，也是演员完成的高度”，冯双白在点评时这样说道。这一作品不再聚焦于英雄战士、不再聚焦于丽人佳偶，而是聚焦于亡国之君的痛与哀，以题材的新颖与编导和演员高超的自我表述能力构成了一部令人赞叹的佳作。

中国古典舞教学与创作的关系探究

中国古典舞的发展必然离不开教育的支持，只有教育的良好发展，才会为中国古典舞的创作持续提供助力，而教育中的问题也必将反映在创作中。同样，好的创作会为教育提供优秀的范式，促进教育的发展。在本届中国舞蹈“荷花奖”古典舞评奖中，院校与剧团齐头并进，来自北京舞蹈学院、国防大学军事文化学院等高校带来众多新作，其中由北京舞蹈学院选送的《墨舞流白》(原名《敬以直内——书法》)更是一举夺得第十一届中国舞蹈“荷花奖”古典舞奖。此外，广西艺术学院的《共婵娟》、沈阳音乐学院舞蹈学院的《拱卒》、绵阳市艺术学校的《跷巧俏》也表现不俗，体现了教育为创作输送新活力的卓越成果。

对于中国古典舞教育问题的关注成为研讨会的另一焦点话题。王伟认为中国古典舞教学与创作一定要培养出好的演员和编导人才。尤其是培养编导的“艺术思维”，应当“在教学当中培养所有老师和学生的思维格局、学术格局和历史格局”，只有拥有了广阔的思维格局，才可能在创作时达到“观古今于须臾，抚四海于一瞬”的境界，才能实现创作作品质量的飞跃。

北京舞蹈学院刘建教授指出此次中国舞蹈“荷花奖”古典舞评奖是对创作和教育的双重检验，并提出了俄罗斯芭蕾教学的“前店后场”模式，生动明了地说明了舞蹈教育发展与舞蹈创作、表演发展相辅相成的关系。韩瑾认为传统其实已经深深烙印在了我们的骨血里，而教育者要发掘学生的这种记忆，强化传统基因，唯有由内而外地散发古典馨香的作品才会让观众有价值认同感。北京舞蹈学院古典舞系副主任郑璐提及著名的“钱学森之问”，即“大师将如何产生”，她认为中国古典舞的发展，绝对离不开“人”这一核心，而要培养优秀的“人”为中国古典舞发展所用则需要教师以正确的观念影响学生的成长，同时注重对于学生思辨思维的开发，以及培养学生的胸怀与格局。北京舞蹈学院庞丹教授认为中国古典舞教育要注重经典课程的继承，除此之外，还要放阔眼界，不要限于我国的人体文化，要从形态各异的外国传统舞蹈中学习借鉴。中国艺术研究院舞蹈研究所舞蹈学博士段妃表示，中国古典舞的发展不要局限于在本国范围内寻找灵感，而要与国际上的其他古典舞进行交流。同时，她认为教学是创作的基础和保障，教学与创作是相互检验的，在古典舞教学中要十分注意的一点是要保持教学的纯正性、纯粹性和规范性。北京舞蹈学院副教授、编导欧思维提出通过创作可以悉知学生的需求，明白更需要对哪些方面进行强化训练，进而可以更好地调整教学方向，同时要培养学生的想象力，并且注重对舞蹈动作背后的美学研究。

“灼灼荷花瑞，亭亭出水中。”中国舞蹈“荷花奖”作为中国舞蹈领域的最高奖项，肩负着引领发展中国舞蹈事业的重任，时隔四年的中国舞蹈“荷花奖”古典舞评奖活动，是对古典舞创作的阶段性检阅。我们欣喜地看到此次活动的舞台上涌现了大批优秀的舞坛新人，不仅包括编舞界的年轻的编导们，也包括谭一梅、俞佳果、苏海陆、蔡亦寒等优秀的舞蹈演员。把握民族根性，汲取传统养分，积极开拓创新，培养杰出人才，创作出禁得住时间考验的经典作品……中国古典舞征途漫漫，但我们有高屋建瓴的学科带头人、有刻苦钻研的教师、有好学不倦的莘莘学子，中国古典舞的未来，必将华光璀璨！

王洁琼 《舞蹈》杂志编辑
袁霄 中国艺术研究院研究生院研究生
原载《舞蹈》2017年第12期

【媒体视点】古典舞能否少点“失恋的古代小鲜肉”？

◎ 乔燕冰

“本届‘荷花奖’评奖的成功并非出现多少非常精彩和不同的创作，而是从中很少看到炫技的心态，这种改变让人看到一种潜在的觉醒，这是非常可贵的！”

“评委们在这次评奖的作品中看到了两种东西，优秀的人文品格和浩然正气的能量。编导们力求寻觅自己民族的故事和文化，每一个作品或多或少都在体现这种精神。”

在第十一届中国舞蹈“荷花奖”古典舞评奖收官后的作品点评会上，北京舞蹈学院副院长王伟和著名舞蹈编导刘江两位评委此言对舞蹈界有别一种意义。因为4年前的“荷花奖”古典舞评奖中，专家关于“个个‘6：20’却满场‘UFO’”的尖锐批评犹在耳畔。如今，那些把腿掰到时钟的6：20状态却沦为思想苍白的“不明飞行物”的舞者不见了，舞蹈人用4年时间，上交了一份全新的答卷。然而，在令人欣喜的成长背后，依然有“新患旧疾”困惑着舞蹈界。

接近中华民族最美好最深层的古典精神，才是古典舞创作应该有的

较于往届，此次评奖作品“题材更丰富，立意更深远”是专家评委给出的一致评价。作品既有取材于古代诗词的《白头吟》《蒹葭》《雁丘词》，也有源自中国传统文化元素创作的《拱卒》《南音舞韵》《心存汉阙》；既有传达精忠报国情怀的《忠烈英魂》，也有展现旦角“人生如戏、戏如人生”的《一戏·一生》；既有表达生态关怀的《心有翎惜》，也有展现正义降魔的《齐天大圣》……

“可是为什么有那么多‘失恋的古代小鲜肉’？”在首场评奖的嘉宾点评环节，国防大学军事文化学院舞蹈系副教授韩瑾的一句质疑，通过当晚网络直播迅速成为线上线下热议焦点。事实上，这一句调侃，虽不及12年前“荷花奖”古典舞评奖满场“深宫怨妇”引发媒体诟病、专家拍案那么强烈，却暴露了作品创作趋同化、模仿化等诸多问题。

在第一场评选的15个作品中，便出现了《纸扇书生》《墨兰谣》《雁丘词》三个持扇男子的形象，第二场中，又有了《问月》《月下独酌》两个“月下李白”。虽然这些作品中也不乏像《纸扇书生》《月下独酌》这样令评委拍手称快的作品，但从题材、道具到人物的雷同让人不免尴尬。

“创作的这种趋同化，是编导自己没有突围的意识，自己重复自己，别人再去重复，便出现了一种趋同的群体，这对于艺术创作是非常可怕的！”王伟直言不讳，“要不唯古、不仿古、不复古，我们一直在讲传统文化如何转化其当代价值，这是一个重要的历史延续课题，至今依然是个焦点问题。”王伟说。

或苍劲雄浑，或飘逸隽秀，一群黑衣白衫男子水袖劲舞，似颜筋柳骨行云流水、如铁画银钩凤舞龙飞，既淋漓尽致地展现了中国书法挥毫泼墨、力透纸背的气韵，也散发出君子敬以直内、义以方外的豪情，天地人心尽于点画笔墨之间；在静若躯壳的三个象征祖先的“人偶”面前，白衣男子用肢体语言入木三分地刻画了南唐李后主奢靡误国亡国的追悔莫及，恰似“故国不堪回首月明中”那句绝命诗的意味深长。这是从30余个作品中脱颖而出、在此次评奖中分数居于前两位的《墨舞流白》和《故国》两个作品的精彩呈现。

同样是古典的形式语言和题材，同样是靓男帅哥的男子舞，《墨舞流白》和《故国》传递的却是中国文化含蓄雅致的气质和文人执着耕耘的精神，以及讽谏劝诫的警示寓意，深刻厚重余味无穷。由此中国舞蹈家协会主席冯双白在点评中直呼，“古典舞作品中能不能少一点失恋的古代小鲜肉，少一点顾影自怜的古代小帅哥？帅则帅矣，鲜则鲜矣，流露出的悲悲切切、自怨自艾，远非我们期待的催人奋进的浩然之气。接近中华民族最美好最深层的古典精神，这才是古典舞创作应该有的”。

传统如何与当下对接？此次评奖中，也出现了《守灯人》《心有翎惜》等探索现实题材的创作尝

试，但舞蹈语言以及表现手法贫弱使其表现不尽如人意，甚至陷入是否为当代舞的属性争议。“中国古典舞的手、眼、身、法、步和形、神、劲、律等各种技巧构建起来的一套语言体系和现实题材能否挂钩？难道古典舞就无法贴近今天的人吗？”冯双白指出，这是20世纪80年代至今一直在讨论也是古典舞向前发展中必须要解决的问题。

不能停留在“你漂亮，我漂亮，你看我们多漂亮！”

再现敦煌飞天美轮美奂的《丝路天音》，尽显女子妩媚柔婉曼妙优雅的《共婵娟》，表现三国时期吴地舞蹈遗韵风姿绰约的《白纻舞·在水一方》，展现雍容华贵富丽娇艳佳人的《丽人行》，演绎微不足道却勇往直前的《拱卒》，寻求禅宗文化安宁淡泊的《禅定》……“此次评奖中的许多群舞可圈可点！”基于编排方式、结构、层次，以及思想内蕴等方面的突破，王伟殊为肯定此次部分群舞创作拓展了古典舞的创作形式，这一评价也获得诸多专家的认同。

“敦煌飞天，守着这么好的历史资源，为什么做不好？只有思想立意，不深入了解禅宗文化怎么能出精品？归根结底是文化功底不够。只有具备史学、文学、美学这三大功底我们才能突围，只有拥有好的人文学养才能做好舞蹈实践，才能拥有艺术视野与品格。”以《丝路天音》《禅定》为例，王伟表达惋惜和作为教育者的恨铁不成钢之情。

《丽人行》作为舞剧《杜甫》精彩片段已被公认为是群舞中的精品，而当其脱离戏剧语境独立成篇时，其寓意的削减和思想的贫乏令其最多只能停留于艺术精湛与制作精良了。借此，冯双白直指问题，“舞蹈界经常愿意做你漂亮，我漂亮，你看我们多漂亮！民间舞中随便来一个花扇花帽，弄一个好看的裙子就漂亮起来。现在古典舞也开始出现这样的漂亮趋势。漂亮并没有错，但是今天的时代给创作者提出了更高的审美要求，人们不会满足于形体外表的美，而是期待融入更深邃的思想和更丰富的内涵。只停留于漂亮，古典舞中蕴含的博大精深传统文化精髓在哪里？”

在研讨会上，中国舞蹈家协会分党组书记、驻会副主席罗斌更是直指“病根”：“这几十年来，我们研究的都是技术动作的那点规律性东西，细腻到连头发丝的规律都在研究。但美学层面、哲学层面、动作语意学层面的研究，我们没有上马，也就没有心得，没有上升到形而上，而是对形而下的东西轻车熟路，那么所有的形象在我们的脑中就成了套路。如此怎么可能有个性？怎么可能有不同的创造？这是我们舞蹈教育、理论和实践的大问题！”

乔燕冰 《中国艺术报》记者

原载《中国艺术报》2017年11月13日

“中国舞蹈家协会昆舞专家委员会”成立大会

【概况】

2017年6月9日，“中国舞蹈家协会昆舞专家委员会”成立大会在中国文联举行。本次成立大会由中国舞蹈家协会主办，中国舞蹈家协会名誉主席白淑湘，中国舞蹈家协会主席冯双白，中国舞蹈家协会分党组书记、驻会副主席罗斌，中国舞蹈家协会分党组副书记、副秘书长李甲芹，以及著名舞蹈艺术家赵汝蘅、赵青、陈爱莲等出席成立大会。

昆舞源于昆曲，是对昆曲表演艺术优质基因的提炼以及传承发展的成果。作为中国古典舞的重要探索之一，昆舞自创始以来伴随着民族文化日益繁荣的步伐而不断创新发展。昆舞专家委员会作为中国舞蹈家协会所属专业委员会之一，将凝聚和团结全国昆舞教育机构、社团和爱好者，组织开展形式多样的昆舞创作、研究、评论和学术交流活动，系统和专业地推动昆舞的发展和传播，对话传统，面向未来。

【首届中国舞蹈家协会昆舞专家委员会成员名单】

学术顾问：

白淑湘 赵汝蘅 冯双白 陈爱莲 赵青 于平

工作机构

主任：罗斌

常务副主任兼秘书长：马家钦

副主任：张萍 王蕾

副秘书长：唐坤 宋延

委员会成员（按姓氏笔画排序）

山翀 方元 文祯亚 江东 刘璐 茅慧 金浩 周秦 胡仲洪

施夏明 袁禾 黄素嘉 章民新 章剑华 谢建平

秘书处成员

杨超 韩波 冯笑 邓宏宇 王建纲 李微

【观点】昆舞：“昆”的活化与舞的新生——写在中国舞蹈家协会昆舞专家委员会成立之际

◎ 谢建平

中国舞蹈家协会成立昆舞专家委员会，昆舞为更多人所关注。昆舞是昆曲中的舞蹈吗？究竟何为昆舞？昆舞是一个新舞种吗？它和昆曲究竟是何关系？……诸多疑问与越来越多的关注并生。

其实，昆舞源于昆曲，是对昆曲表演艺术优质基因的提炼以及传承发展的成果，也是继“戏曲舞蹈”“汉唐舞蹈”和“敦煌舞蹈”之后产生的又一带有流派意识的中国古典舞形式。虽然昆曲历史悠久，但昆舞还是一个诞生不久的新舞种。2003年底，原创舞剧《干将莫邪》获得了巨大成功后，舞蹈诗《昆韵》的创意即在舞蹈家马家钦脑海中开始萌生，当时适逢昆曲被列入世界非物质文化遗产名录，于是该项目很快在江苏省苏州市被立项，由此催生出了建立一套昆舞语言体系的创作需求，昆舞语言体系的创化与建构也自此拉开序幕。之后十余年间，以马家钦为首的昆舞研创团队建构了一套包含昆舞本体、教学训练和理论研究在内的完整体系，又经由实践和教学的双重打磨和检验，并在诸多专家、学者的帮助和学术论证之下不断完善、发展，使其实践与理论体系日臻成熟，成为令人对传统的创新性发展成果。因此，昆舞这十年实际上就是其“四位一体”（教学、创作、科研、演出）模式不断探索、实验的过程。昆舞的创化从最初设想到变为现实，走出了一条独特的创新之路，这一切不是偶然的，既得益于积淀深厚的传统文化支撑，也有赖于与时俱进的创新精神驱动。以下拟从两个方面对昆舞的诞生意义进行阐述。

昆舞生发的两个历史来源

先说昆舞基本构建元素的历史来源。昆舞能脱胎于昆曲，关键在于化“昆”为舞，然而“化”字是需要前提条件的，这就涉及其基本构建元素的传承来源。四百多年前昆曲艺术实现了诸多艺术形式大综合的历史过程，同时也为它未来更高阶段的分化、流变埋下了伏笔。人类历史的演变规律也一次次证明，继承性的创新发展永远是社会发展的不竭动力。今天，中国古典舞的复兴已成为中国舞蹈家们的共识，其“不定时空”体系平台更为这种复兴提供了无限多样的可能性。当昆舞作为一个新兴舞种从昆曲中脱颖而出，它那梦幻般的舞姿与律动仿佛在时光倒流中重现于世的时候，那些从历史中走来的传统元素似乎又焕发出了新的生命活力，使我们感受到中国古典艺术又一个被“还原”的灵动艺术形态，看到又一次解构之后被重塑再造的现实可能，体悟到生命本体的不懈追求和创新驱动，领略到传统文化的博大胸襟与精神永恒。

再说昆舞写意性审美特征的历史来源。昆舞的生发具有其独特的审美价值：一方面得益于昆曲艺术母体的孕育，传承和延续着中国艺术的精神气质；另一方面又在创化过程中体现出自身的审美品格，在继承与创新的结合点上走出了一条新路，当之无愧地成为中国古典舞的流派之一。昆舞创化的一个很大优势，就是体现在对于昆曲精髓的直接汲取上，身段动作在表现上更接近生活的自然随意状态，不那么刻意雕琢、见棱见角，这显然与昆剧追求淡雅、柔美，以及主张含蓄、收敛的审美理念紧密关联，尤其它那高度写意性、虚拟性、象征性动态意象中所展现出的柔美、含蓄、雅纯和飘逸，将中国古典舞诗意般“意境”化的舞台呈现，提升到了一个更具特色与文化蕴涵的艺术高度，探索出了一条有别于他派的创新之路。

昆舞创新意义的两个标志

昆曲“程式化”的解构与古典舞本体的重构性回归是昆舞创新意义的两个标志。昆舞生发于昆剧，但不等同于昆曲表演艺术，姓“昆”却又超越“昆”，属于地地道道的舞蹈样式而不是“戏曲”，是一种按照舞蹈艺术特性再造、重塑并具传统审美特征的中国古典舞。昆舞在舞蹈的表现语汇上，并没有简单照搬戏曲程式化的动作套路，而是从中挖掘、提炼传统的舞蹈性元素，创化出了诸多的动态“意象”，继承了具有高度写意性与虚拟性的表演特征，扬弃了其固有模式（生、旦、净、末、丑等脚色、行当）表演套路，经过重组与整合，实现了回归舞蹈本体的创化过程。如昆舞的基本手位“背、掌、推、拉”，以及基本手势“五指莲花式”，即是从昆曲的“水袖”和“昆扇”中提炼出来的；“顺”“连”也是从昆曲中继承过来的形态特征，但昆舞中的“顺”“连”是基于舞蹈线性运动表现的需要（线条美），表演幅度相对要大。“顺”讲究的是表演上的自然状态，强调顺势而动的美学原则；“连”则讲究上、下动作之间衔接上的无间隙过渡（头、尾叠连），也是昆舞区别于其他流派的标志之一。昆舞的本体构建可用 21 字诀归纳：一是含、沉、顺、连、圆、曲、倾（形态特征）；二是上、下、平、入、推、拉、延（舞动韵律）；三是雅、纯、松、飘、轻、柔、妙（审美心境）。21 字诀虽简练但内涵丰富，由内而外的三个层面，既有区分又相互关联，可看作昆舞本体特质、审美意趣、艺术境界的有机统一。

昆舞语言构架的核心要素为“意念”“移位”“空间”和“手位”。首先，“意念”概念强调以“意”来引领肢体运动，即由意念的韵律性运动来带起身躯和肢体的舞动，即由意生象、由韵生情、由情造景、景中蕴意……这样一个由内而外的运动规律。其次，“移位”概念包括“意”的移动（起点）和人体重心的移动，有上下移、左右移、前后移，由意引领向 26 点方向（包括人体运动中的东、南、西、北、东北、东南、西南、西北 8 个方向，以及每个方向都分上、中、下位置共 24 个方位，再加上头顶和脚下 2 个方位。当然，人体是运动的，所以 24 个方位也是运动的，因此这个方位感是相对的）的“移”，它的路线又可以分为直线的移位、弧线的移位、圆周的移位、自身小圆的移位。这种以人体关节为圆心的小圆移位，我们就会产生转的技巧（如“原地平转”——以子午为圆心；“扫堂转”——以脚掌为圆心；“探海转”——以脚掌为圆心等）三点以上的移位连在一起就称之为多角形的移位。再则，“空间”概念是指放射性的 27 点位的运动空间，组成这一空间的元素是“方向”两个重叠的球体空间，放射性的 27 点位组成。27 点位是由上 8 个点位、中 8 个点位、下 8 个点位和人体头上点、脚下点和心中（意念）一点构成。其空间方向既可以舞台具象空间为固定的方向，亦可以人体运动的方向来定方向。演员表演空间方向是以人体的起始定向为方向（起始 1 点为 1 向），这对群舞多人不同起始方向的表演，更具有实用价值。最后，“手位”概念是指背掌推拉 27 点位。背掌推拉因为在意念的引领下，体现了有形背、掌和无限推、拉的辩证关系，其手位本身是动中生韵，含有意韵的运行，又含有“移”的要素和“变”的动因，即使人体其他部位不动，只有手位也能呈现出舞蹈形态的变化。这不变之中在“变”、不动之中在“动”，使舞者的上肢方位态保持在流动的状态之中。

昆舞有着独到的“意韵”引领理念与运动机制。昆舞的艺术表现可以分为前后两个过程：前一过程主要为“内化、体悟”的生发阶段；后一过程为“外化、显象”的体动阶段。两者间起中介与桥梁作用的正是“意韵”理念与运行机制。一般来讲，“心之源”内化、体悟的功力越深厚，“体之象”外化、映射的意境就越高远，而“意韵”就是保障实现这个转化途径的重要手段。所谓的“意韵”，是指昆舞动态意象生成的运动机制，贯穿于由内而外、由心而体、由神而形的复式对位运动的全部过程。其导引性的中介功能在昆舞中起着灵魂般的作用，如果说“意象”为昆舞之“体”，那么，“意韵”则为昆舞之“用”。因此，整个创化过程又可概括为：造化万象，源皈一心，意象相生，意境相成。“意象”与“意境”的关系可以用“镜中之象”“相中之色”来形容，是有限“意象”与无限“意境”的辩证统一。

昆舞是从中国传统乐舞文化根基上生发、衍伸出来的一枝新秀，是当今历史条件下中国古典舞发展、创新的生动实践。它是中国传统文化在象征意义层面的一种延续和回归，这种回归不是历史的简单重复，而是在更高层次上的综合、浓缩和提炼。就真正意义上的、传承与发展了的历史文化而言，她有望成为一种能为当代人所审美鉴赏的中国古典舞范式之一，同时也为文化的多样性保护和发展提供了可资借鉴的参考。

谢建平　江苏省文化研究院研究员

原载《中国艺术报》2017 年 7 月 19 日

作品

【舞剧《早春二月》】

2017年3月3日，上海歌剧院舞剧团创排的现代舞剧《早春二月》在上海大剧院首演。该剧改编自柔石的小说《二月》，编导王媛媛、作曲杜薇。根据文学作品改编的舞剧，编导王媛媛强调对人物内心情感的挖掘和对故事所折射出的人性思考。现场乐队伴奏以及人声合唱的加入是该作品的一大亮点。

【舞蹈诗《侗》】

2017年5月12日至13日，柳州市艺术剧院3D舞蹈诗《侗》在北京天桥艺术中心上演。该剧由张继钢导演，以“民族和谐、社会进步、人民幸福”贯穿始终，围绕人与人、人与自然、人与内心的和谐主题，分为《养根》《坡会》《思春》《月也》《踩月亮》《娃娃趣》等11幅侗族生活画卷。在舞台表现上，通过运用剧场3D艺术语言，借助高科技的手段，为观众呈现出一个立体、美丽、淳朴而自然的世外桃源。

【舞剧《花木兰》】

2017年5月17日，中央歌剧院、湖北省武汉市黄陂区政府、浙江省宁波市演艺集团共同制作出品的民族舞剧《花木兰》在北京国家大剧院首演。该剧总编导为周莉亚、韩真，词作家朱海担任编剧，国家一级作曲杜鸣担任谱曲。该剧表现了花木兰女扮男装、替父从军、完成使命，到追求爱情回归和平与自由的故事。通过舞剧的独特表达，对花木兰内心世界进行细致入微的刻画，有花木兰和卫将军的感情线、有为了一个敌军抛弃的孤儿而只身犯险，以及最后功成名就，却一心回家的性情表达。

【舞剧《海河红帆》】

2017年6月26日，根据电视连续剧《锋刃》改编的中国首部芭蕾舞国标舞舞剧《海河红帆》在天津大礼堂首演。该剧融合芭蕾舞、国标舞创作，由门文元担任总导演、编剧，曹晓明担任副总导演、艺术总监，董华兴担任执行导演。作品由“风声之声”“锋刃之刃”两幕及尾声“红帆如瀑”构成，讲述了20世纪30年代发生在天津租界的荡气回肠的谍战传奇。

【舞剧《唐寅》】

2017年9月7日，苏州芭蕾舞团原创舞剧《唐寅》在江苏省苏州文化艺术中心大剧院首演。该剧以“江南第一风流才子”唐寅的人生经历为主线，通过独特的男性视角，讲述了唐寅起起落落的人生境遇，通过他在功名与自由的两难抉择和矛盾中，去挖掘人性的复杂，向现代人呈现一位才华卓绝、性情不羁，却因多舛命运的摆布在功名仕途与自由生活间困顿徘徊的诗人。

【舞剧《记忆深处》】

2017年9月18日，江苏省演艺集团歌剧舞剧院舞剧《记忆深处》在南京首演。全剧从美籍华裔作家张纯如探寻南京大屠杀真相为主线索贯穿全剧，并以救护者拉贝和魏特琳、幸存者李秀英、日本兵东史郎等人物各分篇章齐头并举，典型事件彼此独立又相互印证。通过这些当时事件的经历者，展现南京大屠杀期间南京城发生的惨剧。主创除了江苏省演艺集团歌剧舞剧院及佟睿睿团队，还包括作曲家郭思达，编导何滔和李宏钧，国家一级舞美灯光总设计任冬生，服装设计阿宽、李予多，多媒体设计胡天骥，中央芭蕾舞团首席造型设计徐彬。张纯如由著名青年舞蹈家、国家一级演员唐诗逸出演。南京大屠杀纪念馆原馆长朱成山、著名剧作家罗怀臻分别担任历史和文学顾问。

【舞剧《敦煌》】

2017 年 9 月 20 日，中央芭蕾舞团原创芭蕾舞剧《敦煌》在北京天桥剧场首演。该剧讲述了敦煌保护者为传承和守护敦煌文明奉献青春岁月乃至在大漠坚守一生的故事。该作品再现了“敦煌人”在大漠中的执着守望和坚强的信念，歌颂了他们保护敦煌壁画艺术的奉献与牺牲精神。

【舞剧《唐卡》】

2017 年 9 月 27 日，青海省演艺集团民族舞剧《唐卡》作为 2017 青海文化旅游节的闭幕式演出剧目在青海大剧院首演。该剧以唐卡艺人虔诚并执着地传承弘扬唐卡绘画艺术为主线，把青海本土民俗、音乐、舞蹈、建筑、绘画等元素融入其中，以艺术的形式将青海这片土地所拥有的历史人文情怀，以及青海民众对纯净世界、美好生活的无限追求呈现给观众。

【舞剧《李白》】

2017 年 10 月 6 日，中国歌剧舞剧院舞剧团与马鞍山市艺术剧院联合出品的民族舞剧《李白》在北京天桥艺术中心首演。全剧为“现实”与“梦境”两种环境交错、虚实结合，采取倒叙结构，分为序、一幕、二幕、三幕、尾声五个单元，以李白晚年兵败被发配夜郎为切入点展开其人生回忆，选取了李白人生中的几个主要节点，分别以“月夜思”“仗剑梦”“金銮别”“九天阔”“鹏捉月”为题进行铺陈，通过刻画李白人生中重大事件的片段，以及他在“入世”与“出世”这个人生矛盾上的权衡和抉择，来揭示李白的内心世界。

【舞剧《井冈·井冈》】

2017 年 10 月 10 日，北京舞蹈学院与江西吉安职业技术学院联袂打造的原创舞剧《井冈·井冈》在国家大剧院第十届“春华秋实——艺术院校舞台艺术展演周”公演。全剧分为六个部分，包括序，“星火凌云”“井冈儿女”“小井长歌”“十送红军”四个篇章和尾声。在结构上，依照井冈山斗争的时间线，采取篇章式的结构方式，每幕之间以画外音的方式展示书信内容来进行衔接。在舞蹈上，汲取了江西采茶戏的动律，充分体现了井冈山的地域风格。在舞美上，实景与多媒体结合，注重细节的历史真实感。在音乐上，将江西民间音乐调式和经典民歌旋律，比如《映山红》《十送红军》《红军阿哥你慢慢走》等与交响乐编织相融。

【舞剧《人·参》】

2017 年 10 月 11 日，吉林省歌舞团有限责任公司的民族舞剧《人·参》在北京保利剧院公演。该剧讲述了一个极具吉林地域特色的爱情故事。作品采用当代舞蹈语言和思想，结合东北丰富的历史文化传统，其中，萨满祈福、挖参习俗等在剧中都有充分展现。此外，火辣辣的东北大秧歌、飞舞的绝技手绢、腾空抛飞的彩扇等东北地域独有的民间艺术，被巧妙地融入舞蹈动作中。

【赵梁工作室《舞术》】

2017年10月20日，第十九届中国上海国际艺术节委约的唯一舞作《舞术》在上海兰心大戏院首演。作品《舞术》二字各取了“舞蹈”的舞，与“武术”的术，通过对太极、查拳到刀枪棍剑冷兵器的交锋，身体的接触即兴，相互交融，悟者在刚与柔、阴与阳、离与合、起与止之间找到舞蹈与武术的契悟，将先锋的现代舞和中华武术进行了艺术跨界。

【歌舞剧《白莲》】

2017年10月28日，导演张继钢执导的新版民族歌舞剧《白莲》在广西壮族自治区柳州市首演。新版《白莲》在保持原版故事脉络的基础上，对舞蹈、舞美、服装、灯光等进行了再创作，使剧情更集中、人物更突出、画面更感人。原版《白莲》于1998年首演，是柳州文化艺术走向全国的奠基之作。

【陶身体剧场《9》】

2017年11月3日，陶身体剧场作品《9》在中国国家大剧院首演。该剧尝试通过一系列的“乱”去寻源讨本，既要从已总结的系统（圆运动体系）中找到线索呈现出一个更丰富的景观，又要把身体间的关联从中分离、重构，成为九个舞者运动过程中自我的语汇，并通过空间中相互依存的关系形成一种密码式的联结。《9》作为整合过往作品里一元、二元、多元的表达方式，在视觉上呈现出一种万象即简约的相持关系。

【舞蹈诗《阿佤人民再唱新歌》】

2017年11月12日，普洱市西盟佤族自治县民族文化工作队和云南省歌舞剧院共同创编的舞蹈诗《阿佤人民再唱新歌》首演。该剧通过对在当地传唱甚广的歌曲《阿佤人民唱新歌》进行改编，用诗一般的舞蹈语言展现佤族50余年来的发展。全篇以脱贫攻坚、农村安居房建设为背景，生动诠释了佤山的巨大变化。

【舞剧《草原英雄小姐妹》】

2017年11月14日，内蒙古艺术学院创作的民族舞剧《草原英雄小姐妹》在北京国家大剧院上演。该剧是国家艺术基金2016年度舞台艺术创作资助项目，以广为传颂的“草原英雄小姐妹”龙梅和玉荣的英雄事迹为蓝本，将蒙古族舞蹈艺术与民族音乐及蒙古族服装、文化元素充分融入舞剧编创，以当代视角与多重空间的表现手法，生动再现了“草原小姐妹”的英雄事迹。该剧由中国舞蹈家协会副主席、内蒙古艺术学院副院长赵林平编剧并兼任艺术总监，中国舞蹈家协会副主席、国家一级编剧赵明任总编导。

【舞剧《长风啸》】

2017年11月25日，四川省歌舞剧院、四川省文联出品的舞剧《长风啸》在四川省成都市首演。该剧是以民间寓意故事来折射人性冲突、人类命题，具有独特创意的原创东方舞剧，以由风化身而成的人类少年——长风为主角，讲述了一个关于自然、关于社会、关于人性的动人故事。

【舞剧《大道记忆》】

2017 年 12 月 2 日至 6 日，河北演艺集团出品，石家庄拓轩演艺有限公司创排民族舞剧《大道记忆》在河北省石家庄市人民会堂公演。该剧以历史上有着政治、经济、文化影响，具有“草原丝绸之路”之称的古商道，即张家口通往库伦一直延伸到俄罗斯的贸易运销线为创作背景。全剧分为序幕《劫后遗孤》和《大道邂逅》《大道相知》《爱的呵护》《北雁南飞》以及尾声《汇通天下》，以男女主角天歌和月灵的悲欢离合为主线，展现张库大道从战争到和平、从战道变商道的历史进程。

纪事

展演·艺术节

【国家大剧院“陕西古代乐舞文物特展”开幕】

2017年4月28日，“唯寄歌舞寓长安——陕西古代乐舞文物特展”在国家大剧院东展览厅开幕。此次展览由国家大剧院与陕西省文物局合力推出，萃集了陕西出土的乐舞文物精品近三百件，铺陈出五千年来三秦大地乐舞艺术发展历程，折射了“丝路”起点长安城兼容并包的艺术文化品格，映照出古代丝绸之路上中外文化交融的繁盛样貌。

【2017年北京大学生舞蹈节】

2017年5月17日至6月3日，中共北京市委教育工作委员会、北京市教育委员会主办，北京学生活动管理中心、北京舞蹈学院、清华大学、中国人民大学、北京交通大学共同承办的“2017年北京大学生舞蹈节”在北京举行。本届舞蹈节分为开闭幕式、市级展演、剧目展示、教学公开课、舞蹈工作坊、创意舞蹈营、户外舞蹈体验等26场各种形式的舞蹈活动。

【中国舞蹈十二天】

2017年7月5日至30日，国家大剧院与中国舞蹈家协会共同举办的第六届“中国舞蹈十二天”在北京举行。由辛丽丽、林怀民、山翀、金星、刘敏、罗斌六位舞坛领军人物担任导师，“一对一”六组青年舞蹈新星的六台各具特色的原创舞蹈佳作，分别是吴虎生、陈琪的作品《起点》，刘冠详的作品《我知道的太多了》，胡阳的作品《士风》，张娅姝的作品《九色鹿》，黄佳园的作品《天凉好个秋》，念云华的作品《大象·一念》。

【2017北京舞蹈双周】

2017年7月18日，北京雷动天下现代舞团策划，北京雷动天下现代舞团、香港城市当代舞蹈团和北京天桥艺术中心联合主办的“第十届北京舞蹈双周”在北京举行。其中，第一周“教学周”在北京演艺专修学院举行，由16位来自14个国家和地区的国际级现代舞老师们主持，从早到晚进行密集式训练课程。第二周“展演周”在北京天桥艺术中心举行，内容由“大师班”“青年舞展”“另类平台”“焦点舞台”四大板块所组成。

【2017杭州国际舞蹈周】

2017年8月1日至6日，“2017杭州国际舞蹈周”在西溪天堂艺术中心举行。舞蹈周包括“国际展演”“X单元”“舞林圈”三大板块。在“国际展演”单元，有6场国际最IN的舞蹈作品展映，艺术家分别来自挪威、芬兰、匈牙利、日本、中国。展映舞蹈作品中，有中国谢欣的《一撇一捺》、匈牙利的《兄弟》以及日本先锋艺术界的领先人物之一梅田宏明的《叠》等。

【2017 国家大剧院舞蹈节】

2017 年 9 月 13 日至 12 月 12 日，“2017 国家大剧院舞蹈节”举行。本届舞蹈节以“一舞亦世界”为主题，分为“舞动传世爱恋”“舞动当代之思”“舞动中华神韵”，在为期 91 天的时间内上演 15 台 34 场精彩舞蹈剧目。许多作品是首次在中国上演。

此次舞蹈节“舞动传世爱恋”板块中的《安娜·卡列尼娜》《睡美人》等 4 部作品均出自俄罗斯编导之手，彰显出俄罗斯舞蹈艺术的深厚传统；“舞动中华神韵”板块上演了《莲花》《草原英雄小姐妹》等中国作品，展示近年来中国舞坛蓬勃的创造力；中国台湾云门舞集的《稻禾》、陶身体剧场的《9》等现代舞作品亮相“舞动当代之思”板块，不仅作品“新”，更兼具东西方双重视角。“青年舞蹈人才培育计划成果展演”也作为院舞蹈节的重要组成部分，以当代青年舞蹈家最具创新与潜能的先锋作品，描绘中国舞蹈的未来蓝图。

【第二届中国·国际蒙古舞蹈艺术展演】

2017 年 9 月 26 日至 29 日，中蒙博览会组委会主办，内蒙古文化厅、内蒙古民族艺术剧院承办的“第二届中国·国际蒙古舞蹈艺术展演”在内蒙古自治区呼和浩特市举行。展演吸引了蒙古国和俄罗斯联邦卡尔梅克共和国、伊尔库茨克州，以及我国北京、新疆、山西等省区市和内蒙古 12 个盟市的艺术团体 100 多部舞蹈作品报名参展，经专家评审团初评、复评，47 个作品进入展演（终评），1000 多人参加展演。展演分原创蒙古舞蹈和传统蒙古舞蹈两个组别进行。

本届展演中，蒙古国国立歌舞团选送的《抖韵》、内蒙古民族艺术剧院选送的《蒙古优雅》、呼和浩特市民族演艺集团选送的《爷爷们》、蒙古国国立歌舞团选送的《锡林博格多之风》4 部作品获金奖；《我是土尔扈特》等 7 部作品获银奖；《冈根扎鲁》等 17 部作品获铜奖；蒙古国国家艺术剧院、俄罗斯联邦卡尔梅克郁金香国立歌舞团、俄罗斯联邦伊尔库茨克草原之声国立歌舞团和中国中央民族大学舞蹈学院、新疆巴音郭楞蒙古族自治州歌舞团、内蒙古民族艺术剧院 6 家单位获优秀组织奖；《抖韵》（作曲勒哈格瓦苏仍）《蒙古优雅》（作曲色·恩克巴雅尔）获优秀音乐奖；《旃檀席热》（服装设计斯日古楞）《蒙古优雅》（服装设计牧仁）获优秀服装设计奖。其中，优秀组织奖、优秀音乐奖、优秀服装设计奖均为本届艺术展演新增设的奖项。

【第三届中国国际芭蕾演出季】

2017 年 11 月 10 日，中央芭蕾舞团主办，天桥剧场、北京中芭演出有限公司承办的“第三届中国国际芭蕾演出季”在北京天桥剧场开幕。演出季持续至 2018 年 1 月 14 日。其间，俄罗斯莫斯科大剧院、中国中央芭蕾舞团、俄罗斯马林斯基剧院、法国巴黎歌剧院、俄罗斯艾夫曼芭蕾舞团、美国旧金山芭蕾舞团、俄罗斯米哈伊洛夫斯基剧院、德国柏林国家歌剧芭蕾舞团、莫斯科斯坦尼斯拉夫斯基剧院等国际名团，以及国内十大芭蕾舞团的艺术家们历史性地相聚在天桥剧场。在为期两个多月的时间内，为广大观众献上 14 台大戏、31 场演出，以及哑剧演员和小天使选拔、芭蕾大师课、芭蕾院团长论坛、演出季摄影大赛、大师面对面、公益惠民演出等丰富多彩的活动。

【第四届“青年舞蹈人才培育计划”成果展演】

2017 年 11 月 27 日至 12 月 3 日，中国舞蹈家协会主办，中国文学艺术基金会、中国文学艺术发展专项基金资助的品牌项目——第四届“青年舞蹈人才培育计划”成果展演系列活动在北京举行。

本届“培青计划”成果展演汇集了委约编导的最新原创作品，9部舞蹈作品涉及现代舞、街舞、古典舞、民族舞等舞种，以及与话剧等艺术门类跨界融合，呈现多元艺术创作观。为庆祝香港回归20周年，加强与港澳台地区的文化艺术交流，本届活动特别推出了与香港艺术节联合制作的舞蹈剧场《两地书》，作为对两地舞蹈艺术合作模式的创新与探索。

【首届中国舞蹈影像展】

2017年12月11日，中国舞蹈家协会主办、中国文学艺术界联合会舞蹈艺术中心承办的“首届中国舞蹈影像展”在北京开幕。此次活动收到来自不同领域、不同专业参赛者的舞蹈影像作品200余件，经过专家学者推选，最终有12部作品入选，并按照参评作品的主题内容、表现手法、风格样式、信息传达等方式分为“舞蹈宣传片”“舞蹈广告片”“舞蹈艺术片”“舞蹈故事片”4个单元展出。参展作品借助现代影像技术，以独特创意与个性视角，通过镜头语言实现舞蹈艺术再创造，探索精神与思想空间的无限性。作品题材丰富、风格各异，既体现了舞蹈艺术在当下多元的发展模式，也展示出中国新媒体舞蹈的发展成果。

【原创西藏题材舞蹈作品展演】

2017年12月12日，中国文学艺术界联合会、中国舞蹈家协会、西藏自治区文学艺术界联合会主办的“天域舞风——原创西藏题材舞蹈作品展演”在北京国家大剧院举行。此次展演共有11部风格各异、特色鲜明的原创西藏题材舞蹈作品，包括群舞《转山》《青稞》《阿嘎人》《梦宣》《腾》《玄音鼓舞》《鼓韵新生》，作品选段《藏马》《勇士的歌舞》《戏面人》和独舞《暖》。

中国文联、中国舞蹈家协会自2016年8月以来，积极开展系列“深入生活、扎根人民”主题实践活动，一批批舞蹈家、舞蹈编创人员等深入西藏自治区拉萨市，山南市贡嘎县、扎囊县、琼结县、泽当镇，日喀则市仁布县、定日县等地采风，对藏族传统果谐舞、洛谐舞、卓舞、背鼓舞等多种类型民俗舞蹈深入考察。此次展演是对采风活动的创作成果进行的集中展示。

【首届国际芭蕾电影展】

2017年12月14日，国家大剧院与北京百老汇电影中心联合主办的“首届国际芭蕾电影展”开幕。此次展映除了作为开幕片的芭蕾舞经典剧目《天鹅湖》以外，还将有《罗密欧与朱丽叶》《爱丽丝梦游仙境》《吉赛尔》《小美人鱼》共5部经典芭蕾电影展出。旨在为观众献上世界知名芭蕾舞团的高清舞台影像作品，以优美的艺术表达和震撼的视听体验带来芭蕾舞极致的浪漫与魅力。

【舞典华章——2017中国舞蹈年度巡礼】

2017年12月27日，中国舞蹈家协会与国家大剧院联合主办的“舞典华章——2017中国舞蹈年度巡礼”在北京国家大剧院举行。此次展演集结了2017年中国舞蹈家协会举办中国舞蹈“荷花奖”民族民间舞、古典舞两次评奖中的部分优秀参评作品。其中，呼和浩特民族演艺集团的《爷爷们》、新疆军区政治部文工团的《长长的辫子》、延边歌舞团的《长鼓行》和中央民族大学舞蹈学院的《梦宣》等涵盖了维吾尔族、蒙古族、朝鲜族和藏族特色的舞蹈亮相；中央芭蕾舞团的《阿莱城的姑娘》双人舞选段、中国歌剧舞剧院的《李白》中的独舞片段《将进酒》，这些精彩舞剧片段成为展演的一大亮点。

交流

【中国—中东欧舞蹈冬令营】

2017年1月13日至25日，中国文化部主办、文化部外联局和深圳市文体旅游局承办的2017“欢乐春节”中国—中东欧国家舞蹈冬令营活动在广东省深圳市举行。此次活动强调“跨界”“融合”，通过学习和探索，将舞蹈与媒体、环境、装置、音乐相融合，形成新的创作空间。冬令营分为3个学习阶段，课程囊括编舞、多媒体舞蹈、环境舞蹈等，最终成果以演出的形式呈现。

中国—中东欧国家舞蹈冬令营是被列入《中国—中东欧国家2016—2017年文化合作索非亚宣言》和《中国—中东欧国家合作里加纲要》等文件的重要人文交流活动，也是2017年中国—中东欧国家文化季以及“欢乐春节”活动的重要组成部分。

【歌舞剧《刘三姐》在台湾演出】

2017年2月11日，广西戏剧院携彩调歌舞剧《刘三姐》在台湾佛光山佛陀纪念馆演出。此次演出是广西戏剧院2014年版《刘三姐》首次赴台演出，该剧以经典的山歌对唱、多彩的民族舞蹈等，再现壮乡歌海的迷人风情，为当地台胞呈现了一台独具广西民族文化特色的艺术盛宴。

2014版《刘三姐》不仅延续了原剧的故事结构和经典片段，还融入现代舞美等元素，整个剧目的情节更加紧凑，舞台更加绚丽，音乐更加动听。近60年来，该剧在国内外演出达2000多场，成为我国舞台艺术的经典和优秀保留剧目。

【舞剧《大梦敦煌》在法兰克福世纪剧院上演】

2017年2月18日，中国兰州歌舞剧院的舞剧《大梦敦煌》在德国美因河畔的法兰克福世纪剧院上演，展现了中国古老的壁画历史、佛教文化和中国西北的风土人情，让观众感受到1000多年前古丝绸之路的繁荣和中西方文明的交流成果。中国兰州歌舞剧院在德国巡回演出40多天，先后到8个城市演出了17场，受到当地各界热烈欢迎和高度评价。

【中美联合制作多媒体舞剧《春江花月夜：赛珍珠》】

2017年5月5日，中美联合制作的多媒体舞剧《春江花月夜：赛珍珠》国内巡演在江苏省南京市开幕。该剧由北京华江亿动文化传媒和江苏省镇江市文化广电产业集团联合出品，由中美两国演艺界人士共同制作，30位来自不同国家的舞蹈演员通过独具个性的舞蹈来展现对东西方文化的理解。该剧引用唐代诗人张若虚的著名诗作《春江花月夜》，以春、江、花、月、夜5个篇章，对应赛珍珠的青春、旅行、创作、思念与梦想，通过中国传统的诗词意境和舞蹈艺术的国际语言，展现了这位美国女作家充满传奇的一生。

【舞剧《遇见大运河》在法国上演】

2017年6月28日，国家艺术基金资助的舞剧《遇见大运河》在法国尼斯市的欧贝哈歌剧院上演。此次演出标志着该剧的世界巡演之旅以及杭州市旅游委员会2017“最忆是杭州”全球市场营销项目——“遇见大运河，遇见杭州”的启动。作为世界运河中里程最长、工程最大的古代运河，中国大运河是中国的世界级文化名片。舞剧《遇见大运河》以舞蹈为形式载体，展示了中国大运河所经历的开凿、繁荣、被遗忘以及最后被保护的全过程。自2014年5月首演至今，《遇见大运河》剧组已走过中国大运河沿线多个省市，组织国内巡演100多场，入选浙江省文化精品扶持工程。

【第四届北京国际芭蕾舞暨编舞比赛】

2017年8月4日，国家大剧院主办、北京晓星芭蕾艺术发展基金会承办的“第四届北京国际芭蕾舞暨编舞比赛（IBCC）”在国家大剧院开幕。有106名参赛选手从初赛中脱颖而出，在国家大剧院展开激烈的半决赛、决赛角逐。

此次比赛延续了前三届古典芭蕾比赛和编舞比赛两部分设计，参赛选手的最高与最低年龄标准较之前均有所降低，以期为更多的年轻舞者提供参与契机和展示平台。此外，在古典芭蕾比赛、编舞比赛的赛制设计中，由原来的作品自定义模式改为2017年的规定作品制度，邀请迪迪·维德曼、戈尤·蒙特罗、张帝莎三位编舞家亲自编排作品，参赛选手从中进行选择，既降低了参赛者的选择压力，也便于评委进行公正客观的专业点评。

【舞剧《昭君出塞》参加墨西哥“中国文化年”闭幕演出】

2017年11月28日，中国歌剧舞剧院舞剧《昭君出塞》在墨西哥国家大剧院上演，为墨西哥“中国文化年”画上完美句号。本次闭幕演出由中墨两国文化部、中国驻墨西哥大使馆、墨西哥中国文化中心主办，中国对外文化集团公司承办。舞剧《昭君出塞》以真实历史故事为蓝本，体现中国女性自古巾帼不让须眉的风骨。

【中印艺术家携手编创舞剧《贝玛·莲》】

2017年11月29日，印度编导鲁克米尼·查特吉与中国舞蹈家滕爱民共同编创并表演的当代舞剧《贝玛·莲》在北京首演。该剧共分5个章节，通过中国当代舞蹈与印度古典舞蹈的共同演绎，诠释了人神的爱恨情仇等复杂情感，在两种文化中探索男女、阴阳的关系，寻求两种文明的共通之处。作品既带着印度舞蹈的神秘感，又彰显中国舞蹈的内涵，更拥有一种仪式感，使观众心生敬畏。

人物纪念

【舞蹈艺术家贾作光逝世】

2017 年 1 月 6 日，贾作光同志在北京逝世，享年 93 岁。

贾作光，中国共产党优秀党员、著名舞蹈艺术家、文化部艺术司副局级离休干部。1923 年 4 月 1 日生于辽宁省沈阳市，满族，1947 年 7 月参加革命，1956 年 5 月加入中国共产党。贾作光是国家一级编导、一级演员，是中国现当代舞蹈艺术的奠基人之一、蒙古族舞蹈艺术的奠基人。20 世纪 50 年代至 80 年代，他创作表演了百余部舞蹈作品，对中国民族民间舞蹈产生了深远的影响，代表作有《鄂尔多斯舞》《挤奶员舞》《雁舞》《鄂伦春舞》《马刀舞》《哈库麦》《海浪》等，受到国内外业界广泛称誉。在多年的舞蹈实践中，贾作光深入生活、扎根人民。为人民而舞，牢记人民是舞蹈艺术的母亲，是贾作光奉行一生的准则。他撰有多部重要艺术理论著作，为中国民族民间舞蹈的发展与创新作出了杰出贡献。

【舞蹈理论家叶宁逝世】

2017 年 6 月 10 日，叶宁先生因病逝世，享年 97 岁。

叶宁，女，原名叶百令，中国共产党党员，舞蹈理论家，中国古典舞学科奠基人、创始人之一。出生于 1919 年 8 月，浙江省桐庐县人。历任北京舞蹈学校中国古典舞教研组组长、研究室主任，《舞蹈论丛》主编，《中国大百科全书·音乐舞蹈卷》舞蹈编委会副主任委员，中国舞蹈家协会第一、二、五届理事和第三、四届常务理事，中国舞蹈家协会舞蹈美学学会会长。2014 年，获得第九届中国舞蹈“荷花奖”中国舞蹈艺术终身成就奖。

会议

【中国当代舞剧研究中心王亚彬舞剧创作研讨会】

2017年5月12日至13日，“中国当代舞剧研究中心王亚彬舞剧创作研讨会”在南京艺术学院举行，来自中国艺术研究院、北京舞蹈学院、南京艺术学院等校内外舞蹈界的专家、领导及嘉宾共20余人参加了研讨会，与会专家学者们围绕王亚彬舞剧创作的特点和成就进行了探讨。

【首届“一带一路”图像乐舞重建复现研讨会】

2017年9月16日，云冈石窟研究院和忻州师范学院主办的首届“一带一路”图像乐舞重建复现研讨会在山西省大同市开幕。此次活动集学术研讨与实地考察于一体，聚焦“一带一路”与古代乐舞图像，探讨“一带一路”乐舞文化的整体发展与演变脉络，努力推动古代乐舞在地方院校的重建和复现。

【2017国际创意舞蹈学术研讨暨高校展演】

2017年9月22日，北京师范大学主办的“2017国际创意舞蹈学术研讨暨高校展演”在北京举行。活动以“转换与重置”为主题，面向大中小学以及社区，将大师工作坊、论文发表、作品展演、焦点对话等活动融于一体，旨在打开中国当代艺术教育全视野，亦为舞蹈艺术教育搭建资源共享的开放式平台。活动邀请了美国南佛罗里达大学、罗格斯大学、奥克拉荷马大学、西澳表演艺术学院、韩国庆熙大学、中国台北艺术大学、中国台湾艺术大学、香港演艺学院等多所高等院校和教育机构。此次活动是北师大舞蹈系在“国际创意舞蹈研讨会”基础上的进一步拓展，由此累计完成的舞蹈学术论文已逾百篇，公演剧目23部，建立海外交流院校10余所，大陆参与院校及教育机构20余个。

【2017年“一带一路”民族传统舞蹈展演与学术交流】

2017年10月24日至27日，北京舞蹈学院主办的“2017年‘一带一路’民族传统舞蹈展演与学术交流”系列活动举行。活动邀请到了10个国家地区的艺术家、学者、舞者，就各国各民族的传统舞蹈剧目进行展演、交流、研讨。本次展演共征集到46个国内外节目，经过民族舞蹈文化研究基地学术委员会以及教学实践指导委员会的评审，共有9个节目入选。展演节目有甘肃省武威市《攻鼓子》、辽宁省海城市高跷秧歌《欢喜冤家》、越南岱依族《山望》、甘肃省文县白马藏族《池哥昼》、吉林省汪清县朝鲜族《丰收乐》、尼泊尔山区传统《婚礼舞蹈》、贵州省雷山县苗族《铜鼓舞》、韩国黄海道地区朝鲜族《康翎假面舞》、西藏自治区桑日县藏族《巴郎卓巴谐玛》，以及北京舞蹈学院中国民族民间舞系的助演剧目彝族《打歌》。

【《舞蹈高等教育事业发展蓝皮书》发布会】

2017年12月5日，北京舞蹈学院联合北京地区其他六所高等院校、校内外舞蹈及其相关领域专家学者共同编撰的《舞蹈高等教育事业发展蓝皮书》（北京 2017）发布会在北京举行。该书试图针对北京地区舞蹈高等教育领域建立一个可追踪的调研体系——从高等教育的功能入手，通过梳理 2016 年北京地区舞蹈高等教育事业的发展脉络，涵盖人才培养、科学研究、社会服务、舞蹈文化等方面，从而对传承、创新和发展中的问题发现原因、提出建议并展开专题研究。

【马文静从艺 60 年作品晚会和研讨会】

2017 年 12 月 16 日至 17 日，云南省舞蹈家协会、昆明市文学艺术界联合会、昆明舞蹈家协会主办的“马文静从艺 60 年作品晚会和研讨会”在云南艺术学院举行。晚会汇集了马文静编创的 14 个优秀作品，呈现了云南民族文化大省的独特魅力。罗斌、于平、马跃等专家观摩作品并参加研讨。

马文静是云南著名舞蹈家，曾获“云南文学艺术成就奖”，是该省“有突出贡献优秀专家”，被中国舞蹈家协会授予“中国舞蹈艺术卓越贡献舞蹈家”称号，她在少数民族舞蹈创作方面积累了众多富有时代精神、民族特色的优秀作品，为云南舞蹈事业做出了突出贡献。

大事记

1月6日，贾作光同志在北京逝世，享年93岁。

1月13日至25日，2017“欢乐春节”中国—中东欧国家舞蹈冬令营活动在广东省深圳艺术学校举行。

2月11日，歌舞剧《刘三姐》在台湾佛光山佛陀纪念馆演出。

2月18日，舞剧《大梦敦煌》在德国美因河畔的法兰克福世纪剧院上演。

3月3日，现代舞剧《早春二月》在上海大剧院首演。

4月28日，“唯寄歌舞寓长安——陕西古代乐舞文物特展”在国家大剧院东展览厅开幕。

5月5日，多媒体舞剧《春江花月夜：赛珍珠》国内巡演在江苏省南京市开幕。

5月12日至13日，柳州市艺术剧院3D舞蹈诗《侗》在北京天桥艺术中心上演。

5月12日至13日，“中国当代舞剧研究中心王亚彬舞剧创作研讨会”在南京艺术学院举行。

5月17日，民族舞剧《花木兰》在北京国家大剧院首演。

5月17日至6月3日，“2017年北京大学生舞蹈节”在北京举行。

6月9日，“中国舞蹈家协会昆舞专家委员会”成立大会在中国文联举行。

6月10日，叶宁先生因病逝世，享年97岁。

6月26日，中国首部芭蕾舞国标舞舞剧《海河红帆》在天津大礼堂首演。

6月28日，舞剧《遇见大运河》在法国尼斯市的欧贝哈歌剧院上演。

7月5日至30日，第六届“中国舞蹈十二天”在北京举行。

7月18日，“第十届北京舞蹈双周”在北京举行。

8月1日至6日，“2017杭州国际舞蹈周”在西溪天堂艺术中心举行。

8月4日，“第四届北京国际芭蕾舞暨编舞比赛（IBCC）”在国家大剧院开幕。

9月4日至6日，第十一届中国舞蹈“荷花奖”民族民间舞评奖在四川省凉山彝族自治州西昌市举行。

9月7日，舞剧《唐寅》在江苏省苏州文化艺术中心大剧院首演。

9月13日至12月12日，“2017国家大剧院舞蹈节”举行。

9月16日，“首届‘一带一路’图像乐舞重建复现研讨会”在山西省大同市开幕。

9月18日，舞剧《记忆深处》在江苏省南京市首演。

9月20日，原创芭蕾舞剧《敦煌》在北京天桥剧场首演。

9月22日，“2017国际创意舞蹈学术研讨暨高校展演”在北京举行。

9月26日至29日，第二届中国·国际蒙古舞蹈艺术展演在内蒙古自治区呼和浩特市举行。

9月27日，民族舞剧《唐卡》作为2017青海文化旅游节的闭幕式演出剧目在青海大剧院首演。

10月6日，民族舞剧《李白》在北京天桥艺术中心首演。

10月10日，原创舞剧《井冈·井冈》在国家大剧院第十届“春华秋实——艺术院校舞台艺术展演周”公演。

10月11日，民族舞剧《人·参》在北京保利剧院公演。

10月20日，第十九届中国上海国际艺术节委约的唯一舞作《舞术》在上海兰心大戏院首演。

10月24日至27日，“2017年‘一带一路’民族传统舞蹈展演与学术交流”系列活动举行。

10月28日，新版民族歌舞剧《白莲》在广西壮族自治区柳州市首演。

11月1日至4日，第十一届中国舞蹈“荷花奖”古典舞评奖在北京举行。

11月3日，陶身体剧场作品《9》在中国国家大剧院首演。

11月10日，“第三届中国国际芭蕾演出季”在北京天桥剧场开幕。

11月12日，舞蹈诗《阿佤人民再唱新歌》首演。

11月14日，民族舞剧《草原英雄小姐妹》在北京国家大剧院上演。

11月25日，舞剧《长风啸》在四川省成都市首演。

11月27日至12月3日，第四届“青年舞蹈人才培育计划”成果展演系列活动在北京举行。

11月28日，中国歌剧舞剧院舞剧《昭君出塞》在墨西哥国家大剧院上演。

11月29日，当代舞剧《贝玛·莲》在北京首演。

12月2日至6日，民族舞剧《大道记忆》在河北省石家庄市人民会堂公演。

12月11日，“首届中国舞蹈影像展”在北京开幕。

12月12日，“天域舞风——原创西藏题材舞蹈作品展演”在北京国家大剧院举行。

12月14日，“首届国际芭蕾电影展”开幕。

12月16日至17日，“马文静从艺60年作品晚会和研讨会”在云南艺术学院举行。

12月27日，“舞典华章——2017中国舞蹈年度巡礼”在北京国家大剧院举行。

中国艺术年鉴

2018 + 下

喻剑南　主编
中国艺术研究院《中国艺术年鉴》编辑部　编

文化藝術出版社
Culture and Art Publishing House

《中国艺术年鉴·2018》
编辑机构人员

中国艺术年鉴

2018 + 总目录

下册目录

电视艺术卷……673

分卷主编：张啸涛

文件辑录……993

专题……1005

纪事……1009

中国艺术年鉴·2018

电影卷

分卷主编：张啸涛

年度述评

2017年度中国电影艺术发展研究报告

◎ 丁亚平

2017年的中国电影不能概括为常态性呈现，电影市场的发展在人们的普遍预测之外，2017年热映的《战狼Ⅱ》票房达到56.83亿。电影创作和电影工业体系发生改变，电影银幕数逾50000块，电影市场具有巨大的能量和多样性，广受瞩目。相较于其他各国，中国电影在市场意义上的制度优势，也就是国有化与市场性结合的“中间层”领域的主体性作用日益突显。在电影市场平稳健康发展与电影生态发生重要改变的环境下，如何理解和把握当下的发展，怎样重视电影内容生产和市场建设联动，提升电影艺术和制作质量，积极融入电影界和学界的思考，推动中国电影的本土性和世界性的结合，推进中华文化与文明走向世界与未来，值得认真对待。

一、2017年中国电影现象的主要特点和趋势

2017年，中国电影取得了巨大的成就，全年票房达到559.11亿元，同比增长13.45%。国产电影票房301.04亿元，占总票房的53.84%，多样化的创作态势业已形成。总体来看，电影新理念新思想新战略新格局赢得了广泛认可，口碑与票房统一的本土电影创作呈平稳增长态势，与2016年电影市场上电影生产低落以及中外电影激烈交锋的情况形成鲜明对比，2017年中国电影创作出现一元主导、多元共存的生动局面。

首先，世界电影中由全球化到民族化的发展趋势，作为一种异质性的实践，在2017年电影发展的主体性意义上，已经打上了越来越深的中国的烙印。事实上，近20年来，中国无论是经济、社会，还是电影，变化都可以说是大刀阔斧的，是别人很难复制的。《战狼Ⅱ》横空出世，体现出电影民族主义持续滋长，电影的民族主义在迅速崛起，并与其他社会思潮形成较强的合流之势。2017年，《速度与激情8》以26.7亿元夺得引进片票房榜冠军，这跟以56.83亿元票房和1.6亿观影人次、创造了多项市场纪录的中国国产影片《战狼Ⅱ》相比差距很大。

其次，互联网技术向“互联网+”的电影新形态的转变和跃升是电影结构化变革的核心标志之一，中国电影生态特别是新语境下大电影对这一重大社会变革有了全面的回应与接合。基于新媒体的基本立场、观点与方法，从信息时代本体论（世界观）、认识论和思维方式、价值观、话语方式、经济社会发展方式、人的存在方式等方面对“互联网+”电影发展方式做了新的认知和把握，可以认为，信息时代和“互联网+”为中国电影实现世界电影主导权和话语权准备了技术和社会条件。

再次，中国高效率的政治经济体制大幅缩短了电影市场建设的时间，基础设施的建设和各种力量的推动，为本土化的电影创作提供了氛围和前提条件。中国的电影奖励和资助有多个路径与项目机制，在已完成的影片以及发行放映上，就包括国家电影事业发展专项资金和电影精品专项资金两项。两个专项资金使用范围不同，资助影片项目各有侧重，原则上不对同一部影片重复资助。它们都设有管理委员会，都有评选章程和评选工作细则，且力度颇大。[①] 试将中国过去的电影和强调、施行电影市场经济的优越性的当下电影两相对照，我们就可以理解为何我们有底气说，我们现在可以去主动破除电影

① 2017年12月18日，国家电影事业发展专项资金管理委员会召开第38次会议，会议报告了第37次国家电影事业发展专项资金管理委员会会议布置的工作进展情况，2017年预算执行情况和2018年至2020年三年工作规划、预算；明确了《中央级国家电影事业发展专项资金预算管理办法》修订的内容，下一步补助地方的部分项目试行“因素分配法”。作者曾受邀参加了国家电影事业发展专项资金项目评审工作。

发展上的西方中心叙事了。

最后，泛娱乐主义对于电影创作、电影思潮和电影接受等方面的影响不断加深。伴随着城市影院终端的飞速扩张，数字技术对电影制作生产和影院观影体验的提升，以及移动互联网平台的推波助澜，电影，已经成为现代生活不可或缺的一种大众娱乐和文化生活方式，而且我们有足够的资金建设一座又一座的电影文化娱乐的基础设施。建设中的泛娱乐的电影文化中心，它是实体的，也是可以借助网络信息技术的发展，以虚拟的便捷的去中心化的形式建构多维的网络互动娱乐空间，电影发布、展示、观赏和交流的重要场所随之移到了更多的地方，这也可以说是中国这个快速发展的世界互联网发展中心的一项传播优势的体现。用电影文化建设的关注和责任丰富电影文化的体验，为我们这个电影的黄金时代留下泛娱乐标志，令人忧喜参半。电影发展的成就固然不小，积累的问题却也不容忽视，脍炙人口的电影越来越少，豪华巨制的动作片缺乏内涵，喜剧片则一味凸显娱乐的商业情感效应，许多问题的转变要通过闻思也即正确观念的讨论，在认知上树立，在电影的创作实践中去贯彻。

中国电影实现了市场化意义上的改革开放。它从国有化到重新进入市场，行业公司业绩增速加快[①]；从电影基础设施建设到互联网，扩大和加快了各种电影的传播面和速度，它正以多元的信息和网络的逻辑走向世界。电影快速发展，由民族电影向世界电影转型，这是新民族国家电影发展的契机，也是其所面临的重要挑战。

二、政策、市场与导向

中国共产党第十九次全国代表大会的召开是2017年中国政治领域的重大事件。十九大召开后，全党全国人民在学习习近平新时代中国特色社会主义思想和十九大精神中形成统一认识、凝聚共识，进一步坚定理论自信、制度自信、道路自信、文化自信。2017年3月1日，《中华人民共和国电影产业促进法》开始实施，这是中国文化体制改革的一座里程碑。作为文化产业“第一法”，这部法律的立法工作启动于2003年12月31日，历经近13年立法进程，于2016年11月7日第十二届全国人大常委会第二十四次会议审议通过。

《中华人民共和国电影产业促进法》的实施，为正处在黄金年代的中国电影产业的规范有序发展提供了法律依据和保障；同时，也为中国电影类型开拓和表达中国式主流价值开拓了更为广阔的路径。它对于中国电影产业的健康发展形成新的认知视野，也具有极为重要的意义。

《中华人民共和国电影产业促进法》的立法目的在于规范电影产业发展和市场秩序，通过简政放权、加大扶持力度，提高电影整体发展的工业化和现代化的水平。该法除了总则，还就电影创作摄制、电影发行放映、电影产业支持保障、法律责任等方面，明确了资质审查程序及各级电影主管部门审查电影的权限；并对贴片广告和票房核算等做出了详细规定。该法对虚报瞒报票房收入的法律责任和处罚方式，均有严格界定和处理办法。《中华人民共和国电影产业促进法》明确，国家鼓励各种资本和社会力量以投资等方式发展电影产业，并依法予以优惠。没有《中华人民共和国电影产业促进法》，电影业的发展总是不稳固的，有时快速前行，有时陷于困惑，甚至面临倒退或倾覆。

电影创作生产是电影产业的龙头。《中华人民共和国电影产业促进法》第四条、第十二条、第十五条、第三十六条分别从导向、创新、地方责任、类型题材等方面明确做出规定，颇具指导意义。无疑地，市场发展太快在某种程度上会适得其反，注重稳健的市场发展才是中国电影可持续发展的基石。

《中华人民共和国电影产业促进法》导向鲜明，法律框架体系完整，成为独具阐释性的症候文本。

---

① 2018年3月1日和2日，华谊兄弟、光线传媒两大影视龙头公司先后发布了2017年业绩快报，两家公司的营业收入和归属于上市公司股东的净利润都分别实现了上涨。其中，华谊兄弟2017年实现营业收入38.71亿元，同比增长10.49%；归属于上市公司股东的净利润为8.28亿元，同比增长2.50%。华谊兄弟2017年影视板块是公司业绩的主要推动力。而光线传媒在业绩快报中披露，2017年实现营业收入18.70亿元，同比增长7.98%；归属于上市公司股东的净利润为8.18亿元，同比增长10.38%。

面对中国电影快速发展的市场现状，如何强化创作的意义，以好电影去理性地引导新的电影观众？对于存在一定缺陷的作品，它的意义、机理又体现在什么地方？赞美者、贬斥者怎么找到进一步思考的维度，以至提供良好的纠错和参照机制，承担真正的责任和使命？很显然，《中华人民共和国电影产业促进法》的立法宗旨，意在促进电影创作的专业化和国际化。该法明确电影的导向作用，既涉及政府如何充分发挥引导、激励作用，加大对电影产业扶持力度，又标志着中国电影发展快车进入更有序的轨道。该法在强调平等互利的基础上，鼓励通过互办电影节（展）、合作拍摄影片、选送优质国产影片参加境外的电影节（展）等方式，进一步提升、扩大中国电影的知名度和影响力，站稳脚跟，提升电影强国的国际地位。它明确规定国家应该以多种方式对“走出去”的优质电影的外语译制给予一定的资金和政策支持。外交、文化、教育等部门也应充分利用各自的对外交流渠道和资源，积极推广优秀国产影片。国家同时鼓励多主体、多形式的境外推广活动，最大限度地激发和利用社会上的活跃资源，为国产电影的境外推广发挥积极作用。“求木之长者，必固其根本；欲流之远者，必浚其泉源。”通过制定《中华人民共和国电影产业促进法》，把实践中已经推行的改革举措写入促进法，将长期以来电影产业改革发展的经验上升为一种机制和制度。

根据中华人民共和国国家统计局2018年2月28日发布的《2017年国民经济和社会发展统计公报》，2017年中国经济实力实现新跃升。中国国内生产总值占世界经济的比重达15%左右，比5年前提高3个百分点以上，稳居世界第二位。数据显示，2017年，中国国内生产总值比上年增长6.9%，总量超过80万亿元（人民币，下同），达到82.7万亿元。按年平均汇率折算超过12万亿美元。2017年中国对世界经济增长贡献率在30%左右，继续成为世界经济稳定复苏的重要引擎。

在新的经济发展环境中，新的民族国家电影快速转型并形成更为宏阔的创作格局与根本方向。不能不看到，“一带一路”的政策红利，进一步推动了电影的区域化发展。电影的发展和国家的经济发展水平与经济规模同步，“一带一路”对于中国来说，也是“中间层电影”领域发展的良机，是跨界融合、补结构性短板的好机遇，是增强新民族国家电影主体意识的重要提振点。

在全球化的趋势之下，很难坚守国家民族文化的原汁原味。在交融、消解并行开启的“中间层电影”不断有新的突破和进展的过程中，保持本民族文化特色至关重要。“中间层电影”跨文化传播中遭遇的问题同样是“文化壁垒”和“文化折扣”现象。在全球化的裹挟之下，电影市场、资本的跨境流动与扩张和对境外电影工业的仿制，在重绘世界电影的版图，进而重构着中国电影作为“中间层电影”的分享机制中是可能形成更为多样性的创作的。从一种视觉外化物的资本符号，到多样性的电影创作的内容祛魅，无疑映寓着中国电影艺术的更大发展。

三、从“中间层电影”到多样化的创作

2017年中国电影票房过亿的影片有51部（另有41部引进片），其中国产电影票房过10亿元的6部，即《战狼Ⅱ》《羞羞的铁拳》《功夫瑜伽》《西游2·伏妖篇》《芳华》《乘风破浪》，表现亮眼。2017年度票房过10亿元的影片共达16部，国外引进片中，也有不少获得了口碑和市场的高人气。但是，2017年度的本土电影中的高票房影片，较上一年还是有了较大的提升。

2017年的中国电影市场上，外国优秀电影的引入，呈现一发不可收之势。美国动作片《速度与激情8》《变形金刚5：最后的骑士》，爱情片《美女与野兽》《爱乐之城》，喜剧片《寻梦环游记》《神偷奶爸3》，英国动作片《王牌特工2：黄金圈》（与美国合拍），历史片《敦刻尔克》（与法国、荷兰、美国合拍），文艺片《至爱梵高》，其他国家如泰国的悬疑片《天才枪手》，西班牙悬疑片《看不见的客人》，印度的《摔跤吧！爸爸》[①] 等，兼具现代特征与民族风格，纷纷唱起了主角。国产商业片面对挑战，积极开启民族电影创新思维，包括主旋律电影商业化在内的本土化的创作仍然日趋丰富，以至引起轰动。

① 《摔跤吧！爸爸》在中国市场凭借高质量和良好的口碑获得了12.99亿元的票房。

2017年国产电影代表影片，当推不无主旋律特征的商业化剧情片《战狼Ⅱ》《建军大业》和《空天猎》。

创造单片票房纪录的《战狼Ⅱ》着意民族情绪的文化表达与国家形象呈现，取得了重要成功。此片是2015年4月2日上映的吴京自导自演的电影《战狼》的续篇。吴京凭借《战狼》荣获第20届华鼎奖最佳编剧奖、最佳新锐导演奖。《战狼Ⅱ》热映后，他说："中国的观众憋得太久，我们太需要在银幕上看到一个中国的超级英雄了，我只是恰好点燃了观众的爱国热情。"吴京希望他拍的是一部基调昂扬向上的影片。

此片选取撤侨的故事，运用异国情调为观众呈现一系列景观，将信仰和民族自豪感视为国家强大与否的试金石。电影表现的内容，是作为大国崛起后的中国在国际社会越来越有发言权和影响力下的红色主题的海外营救，可归为广义的主流电影。片中的吴京在非洲，五星红旗高举，就能穿越政府军与叛乱分子交战的烽火线。

影片风格带有较强的现实感，而其叙事内容则引发了争议。有人说这不是真不真实的问题，而是叙事、美学和思想问题，而恰恰是在这两个方面，论者形成了前所未有的争论。有人说，它就是好电影，好电影票房高是应该的。有论者道，无论在剧作还是价值观表达、文化形象建设上影片都还有不足，至少还可以做得更好。也有人说，作品是把"强大的祖国"拿来做个影子，它的高票房缘于档期与营销。但是，成功并不是投机，有的时候它就是需要天时地利人和。和时代并行的电影在某种意义上虽然不可复制，但是，仍然呈现出了一种与时代紧密结合的特点。

从一定意义上说，动作片的《战狼Ⅱ》是具有时政色彩的商业电影，但不能说它就是靠爱国之心才获得了这样的逆势而上的巨额票房。无论怎样，这部影片的文本、个体性经验与商业化结合的特殊表现，不经意地挑动了市场电影、民族电影与世界电影秩序，本该是一场以艺术与商业为主旨的市场行为，却激活了一些电影空间乃至社会空间隐性的问题，比如民族主义情感，民族电影的选择、国产片的未来，比如影片主题与情节设置、演员发挥、商业电影发展、艺术与社会及政治的关系等。占据天时地利人和的电影行为在电影史上虽难复制，却也并非司空见惯，只要不过于频繁或影响到公共和个人的电影认知与成规，人们一般都欣然以对。

因此，将思考的立足点放在电影作为商业类型片的双重本质，特别是其表面的市场成功背后的国产片的开放性与解放性的潜能之上，就不难看出，《战狼Ⅱ》将人们带到了一个可以称之为"中间层电影"的充满启发意味的空间。

"中间层电影"，既不是狭义的主旋律电影，也不是艺术电影、文艺性电影；它是意义充盈开放的电影类型，更是为观者去打开新的社会视野的对话性影像文本。影片不能归为浅薄化、单一类型。我们既不能说它展示、认同或省思成为抽象理性一统天下的世界，亦同样不能认为它仅仅属于无灵魂的生产工具，聚焦表现的只是一个"并不存在的真理"。从民族电影美学蕴涵上看，电影发展可行的策略，也许正是积极投身现实，在常规方式之外，参与不丧失自我立场的"中间层"的电影创作，在力争使其选择面目愈加清晰的基础上，呼唤一种和而不同的民族电影发展观与美学观。一方面，电影表现形式的取舍，不脱离民族审美主体的情感和国家、时代心理的基本趋势；另一方面，以多样性的个体体验、独立而深入的参与、美学和责任，认真考虑分布在各个阶层观众乃至世界各地的观众移情的可能，丰富民族电影，进而为世界电影发展留下无可替代的重要一笔。总之，中国电影的"中间层"身份认同的建构，既不能成为量的增殖，也要防止一成不变的定型化、刻板化，而是通过银幕形象进行一种"中间领域"的审美传递，实现新的世界主义主导下的电影的民族化发展。

《建军大业》和《战狼Ⅱ》于2017年7月27日同时在内地上映。[①]"建国三部曲"前两部为2009

---

① 在此之前的6月30日，"八一"厂的纪念红军长征胜利的影片《血战湘江》上映，也引起了关注，票房超过7000万元。该片和《建军大业》《空天猎》《战狼Ⅱ》等片一起列为2017年向建军90周年献礼的影片。

年上映的《建国大业》和2011年上映的《建党伟业》。《建军大业》和它的前作一样，上映伊始便处在媒体的聚光灯下。这样的主流电影商业化的影片，也可以说正是在如上所说的一个"中间层"的思想土壤中才得以重获生机的。

《建军大业》由导演刘伟强，总策划兼艺术总监韩三平，监制黄建新，由刘烨、朱亚文、黄志忠、王景春、欧豪、刘昊然、马天宇、张艺兴、董子健、霍建华、张天爱等主演。作为主旋律题材的电影作品，《建军大业》聚焦表现1927年中国风雨飘摇、内忧外患之际，革命先辈驰骋沙场、浴血奋战的重要篇章，努力显示出历史的纵深面貌。片中有许多的爆破场面，全是实景拍摄，没有后期电脑特效加工。在战火纷飞中中国工农红军得以建立。在影片所表现的中共一批历史英雄群像之中，刘烨饰演的毛泽东与李沁饰演的杨开慧、朱亚文饰演的周恩来与关晓彤饰演的邓颖超、霍建华饰演的蒋介石与张天爱饰演的宋美龄，三对历史人物的爱情戏激活了革命史中仿佛沉睡着的能被唤醒的情感体验，小历史和大历史互为嵌入，为战争片添加了柔情。片中的朱德是由黄志忠扮演的，他突破了固定不变的模式，显示了入乎其内出乎其外的通透。此外，王景春饰演的贺龙，身上不无江湖色彩；而朱亚文扮演的周恩来，突出了其血性的一面；欧豪在表现叶挺英勇顽强的同时，还凸显了他的"酷"和"帅"。这表明他更重视神似的追求，即在对历史人物的塑造上把握住角色内在的精神和气质。在表演过程中，年青一代显示出了一种职业演员的迅捷思维，这种表演意识，无论革命历史题材影片，抑或普通的市场电影，都有价值和意义。主创为了加深对这段历史的了解，花了一年多时间搜集资料，通过参观历史博物馆、战争纪念馆，重新了解90年前革命先驱的事迹。影片出品方请来刘伟强这样的拍过《古惑仔》《无间道》《头文字D》的香港商业片导演来执导，同时力邀一群有市场号召力的年轻明星来参演，着力探索口碑与上座率兼备的可能性，体现了电影人思考和探索主旋律电影如何深入人心的努力。

对于历史人物进行无拘无束地角色扮演是一种对历史的祛魅和对历史事实、历史人物的深入探索，但仍需对历史有敬畏之心，对成功的创作经验亦应有所汲取。这是电影不断反思之下的收获，体现了电影艺术运用的能力、勇气和审美表达的新趋求。

在2017年下半年上映的国产电影中，《空天猎》同样可以视为主旋律电影商业化的尝试，尽管它在市场上并不那么成功。《空天猎》由李晨导演，李晨、范冰冰、王千源等人领衔主演。它在暑期档推出时，受到过关注。无论过去还是现在，反映主旋律的电影作品层出不穷。但是，如何拍好一部主旋律电影？影片主创的主题表达、形象塑造、叙事路径，在作品中得到怎样的呈现？本土的明星怎样利用自己的明星影响力和号召力拍摄电影并使之成为中国电影发展的驱动力？通过《空天猎》的得与失，找寻一个因果性的解释并不那么容易。

《空天猎》着力刻画了人民空军年青一代军人群体及其情怀。导演出身于军人世家，有军人情结；军人的生活，他们的坚强、善良与勇敢，为了祖国安宁和平默默奉献与牺牲，这些都使影片主创获得了比较细致、准确的感受，影片整体群像比较生动饱满。长天寥廓，军人霸气，展示了中国军人真实而正能量的一面。新时代的军人，不仅要迎接胜利，而且要迎接失败。他们自信、骄傲，把生命融入蓝天之中，不管走到哪儿自己身后永远有一个强大的祖国。祖国让他们战胜恐惧。影片以空军实战为主要内容，时代气氛浓烈，无论前半部的集训，抑或后半部的实战，都着意显示了我国空军的铁血豪情和战斗风采，也反映出祖国安宁、人民幸福来之不易。影片讲述了我国空军在面临境外恐怖分子威胁国家利益和地区和平的严峻局势下，出动飞行精英部队反恐作战最终化解危机成功营救人质的故事。守卫祖国疆土的军人、为祖国牺牲的英雄，值得尊重。

这部影片展现出中国空军向战略空军加速转型的最新成果。片中，中国空军各种新式武器依次亮相。营救部分虽让人感觉紧张，但表现较精彩，"20姬"和"胖妞"甫一现身，即引来观众尤其是军迷的喝彩。影片主创者把国内的新锐战机一一展现，各种反恐战术运用娴熟，甚至我们普通观众很难见到的空军作战指挥所、演习靶场都得以展示。高端武器装备集中亮相是扬我国威的表现，同时也是一种军备科普。从歼7到歼8，再到歼10歼11，自主研发战斗机之路，历经几代设计师的努力。2011

年1月11日，中国第一部隐形战斗机歼20横空出世。片中，现役的歼11B、歼10B、歼10C、歼20、运20、空警500等先进装备出现在大银幕上，让人惊艳。自主研发战斗机与强大军事能力相联，才能谈得上捍卫和平的能力。和平年代仍不停加强军力的道理，寓蕴其中。

这部并非尽善尽美的电影，风格偏向平实，却引领观影者从某个角度去想象这个世界，并产生情感上的共鸣：壮哉！我中华军人。军人与战机，成为此片展示的最关键性的形象。作为军事片，战机展示，以武止戈；作为新时代的军人，以战斗守护疆土，保卫人民，这是影片的亮点；作为中国人，我们不必妄自菲薄！虽然故事情节有虚构，但在大银幕上展现中国空军敢于跨出国门，为了营救同胞勇于出击，这在凝聚中国人的磅礴力量的同时，也见证并喻示了大国崛起的担当。

如前所述，此片票房未能获得较好收获，但是，电影品位、格调与责任是电影类型和叙事的核心与关键，有这样的杀手锏才是重要的。有底牌，有独门秘技，注重制作质量，且有自己的现实关怀才有底气。这也是近年来伴着中国快速崛起的本土电影的进步所在。多样化表现，需要具有更富叙事强度和内容亮点的突破。

《芳华》由冯小刚导演，黄轩、苗苗等主演，是一部颇具鲜明艺术风格和开拓意义的电影。影片根据严歌苓小说改编，讲述了20世纪70年代部队文工团一群时值芳华的年轻人充满理想、激情，遭遇爱情和命运波折的故事。大时代的洪流滚滚向前，每个人的命运都有了簸荡。表面是怀旧，思想、情怀与人性主题才是关键。壮志凌云，那是血性男儿的热血和梦想。关于歧视、爱、伤害、友谊以至关键时刻的舍命之举，才是最扣人心弦的段落，吸引着观众的注意力。底层小人物的青春、激情、无奈、美好精神十分感人，让人止不住泪长流。四个女兵不同的命运故事和故事背后的深刻意义，在于它蕴含的人性主题。对于一部好电影说来，这远比书写大历史、纯粹展示国家如何强大、武装军队如何为国效力更具有内在的张力和打动人的力量。

特殊年代的人性的故事主线是最精彩、最刺激的叙事。战斗场景，无煽情，特别震撼，所较量的是实打实的军事战斗，和其背后的可能寓示的人性的摧折。男主人公刘峰质朴善良、乐于助人、平凡而伟大。“他平凡，他平凡到了最不起眼的程度，但是他又是具有美德的人。”这是人类和国家通往正常生活的起点，同时也是好的、有情怀的作品如何将观众引向深刻的思想层面上来的可能的最重要路径。

《芳华》一片中无疑也是融入了反思性表现的。严歌苓说：“《芳华》是一个虚构的故事，我在叙述人和我自己之间游离、变换，似乎是真的，又似乎是假的，占取了一个虚实之间的便宜，所以讲了大量的真话，也讲了很多我对当年的一些战友，尤其是何小曼（即何小萍）这样一个人物的忏悔，以及很多对青春里发生的一些现象的反思。”从农村来的何小萍屡遭文工团女兵们的歧视与排斥。影片展示并反省了人群里的对一个弱者的迫害欲的形成与走向。片中不乏主观性的段落处理，导演显现出良好的艺术感与掌控能力。

一个导演，本分还在于艺术表现方面能力的提升，应专注于人物形象的创造。电影中好的、丰富的角色创造和人物形象表现，是艺术创造水到渠成的结果，而不是概念的直接扮演。作为导演，要创造性地对待自己的作品，不要走抄袭别人的路。不妨给自己提出最难的题目，要对作品有自己的向往，使想象中的角色的魅力不断引诱着自己，这将成为激励自己不断探索的动力，对深入角色有用。影片真诚感人，与导演冯小刚知难而上敢于创新有关。在《芳华》的拍摄过程中，冯小刚的主观努力与严谨认真是极其突出的。提高想象力，“创造性地对待自己的作品”，懂得理解观众，学习体会他人的情感。在历史与人的关系处理中，情感的灌入、人性的努力发掘尤为必要。在情感与生命境遇中，将人物不安宁、无奈的内心、生命或命运感，和那种永远地面对自己的精神和情感，淋漓尽致地予以呈现。这是非常重要的。

2017年的艺术电影创作可谓集束式脱颖而出，使严肃题材在这样一个年份的市场中的地位和影响体现得更为自觉，且更具传播力。除了《芳华》，其他如《一念无明》《明月几时有》《二十二》《七十七天》《冈仁波齐》《地球：神奇的一天》《暴雪将至》《村戏》等文艺片和纪录片，也都追求历史或实际生活的真实表现，艺术表现生动、丰富，反映了艺术性与市场性结合的可能性。《一念无明》《明月几时有》《相爱相亲》《二十二》《不成问题的问题》《七十七天》《冈仁波齐》《嘉年华》《八月》《大雪冬至》《村戏》这些影片富有个人特色，着力去营造新鲜而具有个性化的世界与氛围。高艺术、高质量的艺术影片，拓宽电影表现自我反思的潜力，许多都属于中小成本制作，但却受到观众欢迎。

不消说，类型片在2017年更显现出多样化的创作趋向，这也是快速发展的电影市场和日渐高起的电影票房的联动反应。动作片《战狼Ⅱ》《非凡任务》《功夫瑜伽》《杀破狼·贪狼》《拆弹专家》《追龙》《机器之血》《追捕》《英伦对决》，视听语言和风格色调独特，重视讲述故事，着力展现场面、细节、人物关系、音乐以及视觉奇观，受到了市场的欢迎，大都成为现象级的电影。其中，《功夫瑜伽》由成龙主演，票房达17.48亿元，而《拆弹专家》4月28日首日票房4914万元（含午夜场114万元），五一档期里《拆弹专家》跃居国产电影票房首位，三天累计2.36亿元。这展现了观众的热情，也凸显了国产电影在“美学化”建构上取得的进展。这样的影片情节紧张，与其类型手法较为简洁干净不无关系。影片具有十足的港味，个性和张力兼具。导演认真拍戏，场面震撼，人物演绎、情绪渲染和情节讲述极其细腻，颇富节奏。人物斗智斗勇，枪战、追逐和爆炸场面极重细节。何况还有成龙和刘德华这样的超级巨星出演。

奇幻片《妖猫传》《西游2·伏妖篇》《悟空传》《解忧杂货店》《奇门遁甲》等，颇具类型元素，蕴含故事的丰富性、复杂性。《西游2·伏妖篇》采取魔幻喜剧片风格，这部大制作的合家欢影片于春节档推出，在内地电影市场获得了16.52亿元的票房收入。由导演陈凯歌与编剧王蕙玲联手打磨剧本的影片《妖猫传》于2017年末上映，它叙事清晰，场面宏大，画面构图完美。影片依据真实比例复现出一座恢弘的长安城，金碧辉煌的宫殿、古雅的亭台楼阁、栩栩如生的壁画展现出独特的大唐风韵。《妖猫传》作为一次类型电影元素的杂糅，悬疑、惊悚、推理、奇幻、爱情等繁多的元素演绎了一个“野史”故事，让人难以融入剧情。全片重在推翻一个人尽皆知的爱情故事，这是对观众固化思维的一种挑战。2017年岁末上映的另一部影片《解忧杂货店》改编自东野圭吾的同名小说，影片旨在找寻现代人内心流失的东西，没有利用穿越这条神秘线索将整部电影串联在情节中，却还是努力传递出对小人物生活与情感的关爱。原著是一部极具日本文化元素及符号的作品，本次采用“本土化”改编策略，偏于文艺片的松散节奏，未能真正展现解忧杂货店的神奇之处。

悬疑片《嫌疑人X的献身》[①]《记忆大师》，把冲突和情节的进展集中建立在人物的内心活动上，扣住人物心理和情感世界来展开叙事，在“本土化”的结合之下，使普通观众在观影过程中完成了一次探索谜底的刺激之旅，总体上看，在艺术上表现得游刃有余。

电影《心理罪》与《心理罪之城市之光》同样脱胎于作家雷米的网络小说，同名网络剧的粉丝也为这两部电影积累了人气。以“犯罪心理画像”为要点的两部电影在神秘的题材、紧凑的情节、刺激的影像之下为观众打造了一种前所未有的新奇刺激感。但这两部电影也因此都缺乏悬疑推理电影所必备的细节推敲和逻辑推演。相比之下，《心理罪之城市之光》的故事创作、剧情架构与影片叙事相对符合逻辑，神探方木与犯罪嫌疑人江亚之间有过一段共同的过往经历，这为故事的演进提供了内在的合理性；而《心理罪》的剧情在诡谲离奇的背后，却难摆脱“故作玄虚”之名，“犯罪心理画像”的神秘让电影《心理罪》不免成为一部游走在悬疑与玄幻之间的“模棱两可”的作品。

武侠片《绣春刀Ⅱ：修罗战场》所述故事开始于万历四十七年萨尔浒尸横遍野的战场，收束于崇祯即位、魏忠贤垮台的时刻，情节与人物表现有力，成绩可观。喜剧片《乘风破浪》虽系虚构，但父子和解的情节和人物刻画却趋于生动自然。爱情片《喜欢你》讲述了一个简单的爱情故事，在“吃货”

---

① 《嫌疑人X的献身》根据东野圭吾的同名小说改编，这部电影先后在日本、韩国被改编而登上银幕，此次观众在观影过程中不免对其进行比较，对本片也多有吐槽。

横行的年代，因美食结缘的爱情故事，成为本片吸引观众的一个噱头。尽管同样是一部“看开头、知结局”的故事，但是流畅的剪辑、轻松的节奏、小清新的色调之下，融入爱情的小情趣与小细腻，构成了爱情初期的情愫互生的美好与甜蜜。同样可归为爱情片的《春娇救志明》，突显叙事主体，故事富有内在的逻辑，同时具有一定的创新性形式，特色鲜明，在剧情的起承转合之间依然不落窠臼。

2017年度有不少IP衍生改编作品[①]，如《西游》IP、《西游2·伏妖篇》[②]、《大闹天竺》，网文IP《悟空传》《三生三世十里桃花》，话剧“开心麻花”第三部IP《羞羞的铁拳》，聚拢了高人气。《羞羞的铁拳》是“开心麻花”继《夏洛特烦恼》《驴得水》之后的又一次舞台剧的电影化，表现简练、生动，喜剧色彩夸张而丰富，夺得了2017年“十一”黄金档票房冠军。《羞羞的铁拳》作为2017年度票房成绩仅次于《战狼Ⅱ》的电影在商业上无疑是成功的。作为一个标准的商业电影，能够令观众在观影时刻得到最大限度的放松，影片中的性别互换后的刺激[③]、笑料与后半部分展现的励志、热血都戳中了观众的笑点。真正顶级的喜剧是让观众在笑完之后会感动且有所思，这就要求电影从创作到表演都秉持一个“真”字，煽情却不肉麻，能抵达观众心灵深处。《羞羞的铁拳》在这方面尚有更多的思考和进步空间。

2017年推向市场的一些影片，比较注重品牌延续，质量虽不整齐，但是不少代表作的水准都有了提高。主流电影观众群体呈明显的年轻化趋向，融合年青一代的题材选择与创新性的电影表达的作品获得了年青一代的青睐。

四、建构传播电影文明共生共存的平台

中国电影成果丰硕，许多电影人、制片投资家在电影产业中占据了重要话语权，电影生态发生新的突破和改变。国产片的内涵得以延展与更新，电影生产和电影合作态势已经发生了重大变化。国产电影的艺术和思想性虽有待成熟，但它的核心地位得到进一步加强，针对电影的新发展，业界以至学界的反应积极迅速。

2017年3月1日，文化产业“第一法”《中华人民共和国电影产业促进法》施行之前的2月17日，宣传贯彻电影产业促进法座谈会在北京举行，全国人大常委会副委员长兼秘书长王晨出席。王晨在会上强调，党中央高度重视文化立法工作，把加强文化立法作为全面推进依法治国的一项重要任务。《中华人民共和国电影产业促进法》经第十二届全国人大常委会第二十四次会议审议通过，是我国文化法治建设取得的重要进展，为我国电影产业的健康繁荣发展提供了法律保障。座谈会提出，要贯彻实施好《中华人民共和国电影产业促进法》，充分认识制定实施该法的重要意义，大力推动法律的宣传普及，抓紧完善相关制度措施，严格依法履行职责，确保《中华人民共和国电影产业促进法》得到有效实施。

4月和6月，北京和上海国际电影节分别举行。第七届北京国际电影节于4月16日至23日在北京举行，期间在北京29家影院展映影片500部左右，放映了1000多场中外佳片。本届颁奖典礼以“一带一路、聚焦中国、文化融合、面向世界”的主题，围绕“电影情怀、艺术精品、一流嘉宾、东方审美”的核心要素，用镜头表达电影情怀。最佳女主角由伊朗电影《姐姐》的主演戈拉布·阿迪娜夺得，最佳男主角则由出演了《不成问题的问题》的范伟夺得。

6月17日至25日，第二十届上海国际电影节举行。电影节自2016年11月15日起即开通线上征片，“金爵奖”“亚洲新人奖”和“国际影片展映”，均在上海国际电影节官方网站接受在线报名。6月

---

① 根据《2017腾讯娱乐白皮书》，2017年度的IP电影为65部，平均票房1.74亿元。

② 2018年春节档上映的由郑保瑞导演的《西游记·女儿国》也使用《西游》IP中常见的捉妖驱魔的情节，取得了巨大的票房成功。

③ 《羞羞的铁拳》延续了“开心麻花”一贯的风趣幽默，尽管在此之前“男女互换”已经被多次演绎，但这部已经经过话剧舞台多次打磨的作品，依然令观众眼前一亮。

25 日，上海国际电影节闭幕，“金爵奖”所有大奖全部颁出，黄渤凭借《冰之下》拿下金爵影帝，而菲律宾影片《三轮浮生》斩获最佳影片，伊朗电影《筹款风波》成最大赢家，拿下评委会大奖与最佳女演员两项大奖，波兰影片《我是杀人犯》的导演马赛·皮耶普莱兹卡获得最佳导演奖。

6 月，金砖国家电影节举行。金砖国家电影节通过举办论坛、策划议题、重温经典、回溯渊源，以电影的名义，让金砖五国的历史传统与文明经验不断向世界传递。6 月 25 日，《金砖国家电影优秀传统文化传承与青年人才创新发展共同宣言》发表。宣言倡导：不忘历史，珍惜传统；不忘根源，尊重前贤；不忘初心，珍藏记忆。五国电影人要善于从历史文化资源宝藏中提炼题材、获取灵感、汲取养分，将优秀传统文化的有益思想、艺术价值与时代特点和要求相结合，将优秀的文化传统发扬光大，让古老的文明之光穿越时空。

2017 年举办的重要电影学术论坛包括：

（1）4 月 22 日，第七届北京国际电影节主论坛之一“探寻电影之美高峰论坛——‘一带一路’电影发展与全球电影新格局”在中国电影博物馆举行。（2）举行重要影片研讨。7 月 25 日，《建军大业》学术研讨会在中国电影资料馆举行；9 月 12 日，由国家新闻出版广电总局电影局主办，中国电影艺术研究中心（中国电影资料馆）承办的“国产电影论坛”——《战狼Ⅱ》学术研讨会在北京举行。《建军大业》《战狼Ⅱ》被视为年度“主旋律 + 类型片”的代表影片。（3）8 月 24 日至 25 日，第十四届中国·北京数字电影论坛在中国电影资料馆举行。本届论坛中，多家单位的技术专家发表了自己的观点，气氛热烈。（4）11 月 27 日，第三届中国电影新力量论坛在杭州举行。本次论坛题目为“昂首新时代阔步新征程”，120 多位近年来在电影创作中卓有成就的编剧、导演、演员、制片人济济一堂、热情饱满，共议中国电影在新时代的新目标和新任务。（5）12 月 13 日，北京大学人文论坛“迎向中国电影新时代：产业升级和工业美学建构”举行。论坛聚焦如何提升作为生命线的电影质量，如何规范电影的全产业链机制，建构一种兼顾电影的技术 / 艺术、工业 / 美学特质的“工业美学”原则，如何更好地建设新时代的中国电影等议题，电影创作界、学界、业界部分人士参加了研讨。

2017 年，国家电影主管部门将该年定为“中国电影质量促进年”，着力打造多品种、多类型、多样化的电影作品，进一步提高国产影片的观众满意度，为打造和重建优质国产电影提供了契机与思考的路径。

在电影发行领域，9 月 28 日，国家新闻出版广电总局电影局向各省、自治区、直辖市新闻出版广电局，中国电影发行放映协会，各电影院线公司，各电影院下发《国家新闻出版广电总局电影局关于进一步加强影院放映技术管理的通知》，对全国电影放映质量提出要求。12 月 10 日，中国电影发行放映协会代表大会在广东省东莞市举行。国家新闻出版广电总局电影局对 2018 年发行放映工作做出五点部署：第一，要推动深化院线改革。遵循电影市场规律，尊重中国电影市场的发展实际，鼓励院线重组整合，做大做强，真正履行“四个统一”的职能，基本形成结构相对合理、规模数量合理、具有较强实力、市场充分竞争的院线格局。第二，要推动发行机制改革。第三，要推出互联网售票指导意见。第四，确定 2018 年为电影市场规范加强年。第五，要更加关注影院建设的布局问题。

2017 年 12 月 26 日，中国艺术研究院电影电视评论周开幕式暨开幕论坛举行。评论周开幕式暨开幕论坛包括启动仪式、主题论坛、文艺节目等内容。启动仪式标志着此次评论周主体活动的开幕；主题论坛邀请嘉宾围绕“新时代·讲好中国故事”进行演讲，把握中国电影的发展现状和趋势，为中国电影在新时代提升电影品质和竞争力问诊把脉，建言献策，推动中国电影进入优质时代。学术论坛除开幕论坛之外，还包括：论坛一“三方对谈：中国电影编剧的成就、困境与突围”，论坛二“青年矩阵：中国电影产业发展的新驱动”，论坛三“网络自制剧走向何方？——新媒体影视论坛”，论坛四“行业剧与社会价值观建构”，论坛五“坚定文化自信，推进学科发展——电影史学科建设研讨会暨‘中国电影艺术史研究丛书’出版座谈会”，论坛六“戏曲电影：观察与反思”，论坛七“艺术电影的诗性精神研讨会”。

2017 年电影交流活动更趋活跃，中外电影合作与对话更具深度和宽度，传播电影文明、融合现实需求的价值观念的大电影格局正在形成。这主要包括：

（1）2017 年 2 月 24 日，由中国国家新闻出版广电总局、中华人民共和国外交部主办，中国电影资料馆承办，华夏电影发行有限责任公司、电影频道节目中心协办的“中国—中东欧国家媒体年”开幕式暨“中东欧主题影展”开幕式在北京举行。童刚在开幕式上致辞。他表示，近年来，中国与中东欧 16 国在媒体领域开展了富有成效的合作。本次“中国—中东欧国家媒体年”将通过一系列媒体领域活动，进一步深化双方民众的相互了解和传统友谊，希望双方媒体以“媒体年”契机，增进交流，深化传统友谊，为中国—中东欧国家合作共赢贡献力量。“媒体年”放映了《白毛女》《五朵金花》《大闹天宫》《梁山伯与祝英台》等中国电影，以及《瓦尔特保卫萨拉热窝》《鼹鼠的故事》《好兵帅克》等中东欧国家的优秀电影。（2）中外电影展映与交流进一步加强。如：3 月 22 日、3 月 24 日，“2017 中国电影周”分别在坦桑尼亚、毛里求斯举行，同时中毛签署了电影合作备忘录。通过电影周影片放映，非洲的观众朋友加深了对中国的历史文化、风土人情以及正在积极创造“中国梦”的当下中国社会和文化的了解；当地时间 3 月 27 日，第 23 届地中海国家电影节中国主宾国开幕式在摩洛哥举行，中国影片《湄公河行动》《师父》《寻龙诀》《烈日灼心》等参加了展映；当地时间 5 月 15 日，第七届法国中国电影节在巴黎开幕。法国中国电影节为中法文化交流和中法关系增添了亮色；当地时间 5 月 19 日，中国与丹麦合作电影《烽火芳菲》在哥本哈根举行特别展映；当地时间 5 月 24 日至 28 日，德国电影回顾展在北京举行。影展由国家新闻出版广电总局主办，精选了 1980 年以来的七部德国影片，在中国电影资料馆艺术影院放映；5 月，加拿大金枫叶国际电影节联合中国电影资料馆主办的“中国印象 · 印象中国”中国经典老电影展映活动分别在温哥华昆特兰理工大学和温哥华国际电影中心举行，播放了中国影片《马路天使》《白求恩大夫》《一江春水向东流》《大撒把》《刮痧》等，活动吸引了 1000 多名观众前来观影；6 月 7 日至 18 日，哈萨克斯坦“2017 中国电影展”在哈萨克斯坦首都阿斯塔纳举行，成龙任推广大使；6 月 9 日，2017 意大利中外合拍电影展在意大利首都罗马电影之家开幕；当地时间 6 月 12 日，中国作为主宾国参加了 2017 法国安纳西国际动画电影节。（3）当地时间 5 月 3 日，《中华人民共和国政府与丹麦政府关于合作摄制电影的协议》签署仪式在北京人民大会堂举行。国务院总理李克强与丹麦首相拉斯穆森（Lars Løkke Rasmussen）共同见证了协议的签署。此前，中国已与加拿大、意大利、澳大利亚、法国、新西兰、新加坡、比利时（法语区）、英国、韩国、印度、西班牙、马耳他、荷兰、希腊、爱沙尼亚等 15 个国家签署了电影合拍协议。（4）9 月 16 日，第 42 届多伦多国际电影节中国经典默片《奋斗》（1932 年）修复版在多伦多国际电影节主场 TIFF Bell Lightbox 进行全球首映。这是中国修复版经典电影首次在世界著名电影节上举行全球首映，现场采用了钢琴配乐。（5）11 月 17 日，第三批 12 位中国动画电影人赴迪士尼学习。参访的动画电影人在学习交流过程中，积极学习迪士尼动画工作室编写故事的思维模式、用流程控制品质的创作机制以及“开放共享”的管理体制等。（6）2017 年 11 月 28 日至 12 月 3 日，第四届丝绸之路国际电影节在福建省福州市隆重举行。电影节紧扣“丝路通天下”的主题，着力体现融合、联动、共享的精神主旨。（7）当地时间 12 月 3 日至 7 日，中国电影导演代表团赴美国二十世纪福克斯电影公司访问交流。由吴京、赵小丁、赵天宇、杨磊、刘语林、卢正雨等组成的中国电影导演代表团，围绕着“技术、特效和创作”的主题，在洛杉矶的二十世纪福克斯电影公司进行了较为深入的访问交流。

2017 年电影活动与交流内容丰富，随着国内电影快速发展和中外电影交流的不断加强，中国电影发展及在电影领域的交流合作取得了更新更好的成果。但是，如何找到适合中国电影发展模式，立足中华优秀传统文化，坚持创造性转化和创新性发展，从而树立中国电影的民族风格，在全球电影中占据一席之地，仍然是中国电影由电影大国走向电影强国的过程中需要拿出更大勇气跨越的方向。

2017 年中国电影的转型发展加快，促进了电影研究与学术的发展。自艺术学升格门类后，戏剧与影视学成为一级学科，这无疑也有利于电影学学科的研究专业倾向性的增强。在电影快速发展和影视学科跃升发展的语境下，2017年中国电影理论学术及发展呈现出研究维度和涉猎面越来越广、交叉性和文化内涵越来越强的特点，电影史、电影批评和应用性评论，显出其现实与历史评价的科学性与活力，推动了领风气之先的新时代电影文明共生共荣局面的出现。

电影史研究显示出它的多向度的历史价值取向。由丁亚平主编的“中国电影艺术史研究丛书”[①]，结合产业、技术和社会思潮发展状况，指涉中国早期电影语言、类型电影的特征、电影产业的基本状况，突破传统中国电影史叙述的分期方式，着力探究了中国电影百余年的艺术演进过程，对20世纪的中国电影做出比较全面深入的描述和阐释。

由文化艺术出版社推出的这套丛书包括七种：李少白和邢祖文主编，李少白、邢祖文、陆弘石、李晋生著《中国电影艺术史（1896—1923）》，深入考察了中国电影发生的历史文化背景，系统叙述了制片机构和各片种在中国从无到有的初期实践，史料丰富、翔实，对电影史范式所做的探索和对文献所下的考订功夫，格外突出。秦喜清的《中国电影艺术史（1920—1929）》，以民族认同为主线，探讨20世纪20年代中国电影如何继承、转化中国传统文化资源，同时接受好莱坞及欧洲电影的影响，在中西文化、传统与现代的交汇格局中确立并逐步发展。本书梳理了美国侦探长片、喜剧片、爱情片对20世纪初期中国电影的广泛影响，还论述了中国传统文学、戏曲资源如何被吸纳到电影这个新的艺术样式之中。高小健的《中国电影艺术史（1930—1939）》是对中国20世纪30年代电影发展的整体概述。作者在论述中着力揭示30年代的中国电影中艺术与社会和时代的共命运和有声有色的艺术变革的特点，同时对社会、文化、经济、产业等电影相关的领域尽可能都有所观照。丁亚平在该丛书中出版了他个人独著的《中国电影艺术史（1940—1949）》和《中国当代电影艺术史（1949—2017）》，分别以断代史形式，重点研究中国20世纪40年代电影和1949年以来中国电影如何讲述与呈现不同空间的故事，表现出对特定时空的电影发展的认识和思考。著作以联系、发展、运动的历史眼光，采用了不拘一格、集众家之长的综合性研究方法，形成了一种特殊的结构和切入方式，即专题式的研究方式，以时空环境、个人特征、作品分析为主要内容，进行全方位的探索。赵卫防的《香港电影艺术史》，描述了香港电影百余年的美学与产业发展历程。在总论部分总结了香港电影港味美学的特色：港式人文理念、类型美学、极致化表现及优生态创作链。储双月的《中国历史电影艺术史》，论述了中国历史电影的产生、发展和多维方向拓展，该著注重史论结合，从历史观及其对应的创作观念在中国一个多世纪的历史发展进程中实践、位移和嬗变的角度，来梳理中国历史电影的时代特征和社会特质，进而综述中国历史电影的百年艺术发展史。

由中国电影出版社出版，饶曙光、丁亚平主编的“中国电影史工程”丛书，2017年也推出了陈一愚的《中国早期电影观众史（1896—1949）》和宫浩宇的《电影政策与中国早期电影的历史进程（1927—1937）》。前者旨在为学界提供一个中国电影观众的成长史，尤其是通过年代较早的公众舆论中有关电影观众的争鸣历史，梳理不同历史时期的公众话语表达，描述中国观众如何去认识电影的过程。后者则以1927年至1937年南京国民政府的文艺政策为论述对象，着意使之成为建构早期电影业形态的一个关键，这是学界理解早期中国电影的一个不可忽视的成果。此外，杜巧玲等人著的《中国抗战题材电影史略》[②]，论述了自1931年“九一八”事变以来的中国抗战题材电影作品。它以现当代中国历史发展和社会变迁为主线，按照时代特征和地域变化等将抗战电影归类划分，以宏观概览与个案研究相结合的方法，较为全面地梳理了自1931年“九一八”事变后，海峡两岸及香港、澳门抗战电影的发展历程。罗丽的《延展与凝视：粤剧电影发展史述评》[③]，力图把粤剧电影的发展历程全景式地勾画出来，运用历史研究的方法，以一种宏观的视角，描绘粤剧电影的发生、发展、高潮、衰落等阶段性

① “中国电影艺术史研究丛书”由丁亚平主编，文化艺术出版社2017年9月至11月出版。
② 杜巧玲等：《中国抗战题材电影史略》，中国电影出版社2017年版。
③ 罗丽：《延展与凝视：粤剧电影发展史述评》，人民出版社2017年版。

特征，让读者对粤剧电影的近百年的历程有较为完整的了解。在分阶段叙述的时候，对不同时期和地区的社会政治文化现象进行了比较充分的概括，对同时期的戏剧、电影、大众文化消费特点也作出了概括。

在期刊上发表的电影史论文也很多。代表性的有：李道新的《电影作为新兴实业——20 世纪 20 年代中国电影的复杂境遇及其观念生成》，黄望莉、杨姣的《从“仿写”到“转译”：以早期歌舞片〈人间仙子〉为例》，李镇的《戏影连环——20 世纪 20 年代上海连环戏略观》和《曲阑觅芳踪　蝶舞自不群——试论胡蝶的现代性与后现代性》，陈墨的《不约而同：1954 年三部工业题材电影研究》，薛峰的《跨媒介实践：连环戏与中国早期电影（1926—1935）》。[①] 这些史学研究，重视充分挖掘新资料，史料和论述比较丰富，充分说明无论何种电影史分析，首先应该掌握资料，即使寻求对历史重审与“重写”，也需要言之有据。

2017 年的电影史研究，通过对史料的实证寻求历史背后发生的动力，完善了当下电影研究领域的薄弱环节，完善和丰富了中国电影文化史、产业史、思想史和政治史的研究内涵，呈现出了多元化的格局。电影史归根结底不是故纸堆和“死的东西”，而是活的历史，它具有警醒和纵深的理解的意义和阐释价值。

在当代电影和现状研究方面，学界也有不少收获。如前面述及的丁亚平的《中国当代电影艺术史（1949—2017）》一书，以 80 余万字的篇幅讲述中国当代电影艺术发展。作者以历史的方法为主，辅之逻辑的方法，较好地做到史论结合；在章节的设置上，也有分有合。在每章的开头部分和结尾部分，勾勒出每段历史时期中国电影艺术的基本特点、脉络，并作出纵向和横向的历史比较，找出中国当代电影发展的最基本的规律。该著是作者在对中国电影近七十年的观察、思考基础之上，写出的一部关于 1949 年以来中国当代电影发展的通史。作者对当代中国电影的不同发展阶段都进行了较具体的分析和论证。其中既有历史风貌、重大事件的回顾与阐述，亦不乏对一个历史时期横断面的分析梳理与个案剖析。厉震林的《中国电影表演美学思潮史述：1979—2015》[②]，则根据新时期以来电影表演美学的内在发展以及逻辑，划分出若干的历史分期，明确并剖析断代的美学主体思潮，并且对重要表演美学现象进行个案研究，发现和总结中国电影表演的经验得失，以期为社会以及文化界提供一种经过历史验证的丰富的表演美学观。

除了专著以外，不少论文也值得重视。饶曙光、吴冠平的《2016 中国电影：反思与调整》[③] 是关于 2016 年的电影产业和创作情况，还对电影在周边国家的传播提出了对策及建议。丁亚平的《论全球化视域下中国电影的观念变革、作用与影响》[④] 一文视野较为开阔，关注了电影发展的一些新议题，指出在当前世界电影的新格局中，好莱坞电影的强势竞争不断增加，而中国电影如何开拓海外市场的策略以及影响世界电影发展的新态势，需要进行认真地研究。黄会林等的《中国电影在周边国家的传播现状与文化形象构建——2016 年度中国电影国际传播调研报告》[⑤]，系该团队进行的系列年度研究，作者

---

① 李道新：《电影作为新兴实业——20 世纪 20 年代中国电影的复杂境遇及其观念生成》，《当代电影》2017 年第 4 期；黄望莉、杨姣：《从“仿写”到“转译”：以早期歌舞片〈人间仙子〉为例》，《当代电影》2017 年第 4 期；李镇：《戏影连环 ——20 世纪 20 年代上海连环戏略观》，《当代电影》2017 年第 4 期；李镇：《曲阑觅芳踪　蝶舞自不群——试论胡蝶的现代性与后现代性》，《当代电影》2017 年第 10 期；陈墨：《不约而同：1954 年三部工业题材电影研究》，《当代电影》2017 年第 6 期；薛峰：《跨媒介实践：连环戏与中国早期电影（1926—1935）》，《文艺研究》2017 年第 3 期。

② 厉震林：《中国电影表演美学思潮史述：1979—2015》，中国电影出版社 2017 年版。

③ 饶曙光、吴冠平：《2016 中国电影：反思与调整》，《北京电影学院学报》2017 年第 1 期。

④ 丁亚平：《论全球化视域下中国电影的观念变革、作用与影响》，《上海大学学报》（社会科学版）2017 年第 1 期。

⑤ 黄会林等：《中国电影在周边国家的传播现状与文化形象构建——2016 年度中国电影国际传播调研报告》，《现代传播》（中国传媒大学学报）2017 年第 1 期。

认为电影在文化外交中有着不可替代的作用。2016年度"中国电影国际传播"调研项目着力于中国电影在周边国家区域中的传播效果，分析观影行为与构建我国文化形象的关系。调研发现，中国电影在周边国家的传播存在区域性差异，受访者对中国电影制作的印象高于其思想内涵；在构建中国文化的当代形象方面，电影具有更显著作用。其他相关代表性论文还包括：丁亚平的《2016年中国电影艺术的发展、挑战及趋向》，尹鸿、孙俨斌的《2016年中国电影产业备忘》，刘汉文的《2016年中国电影产业发展分析报告》，孙剑的《演进、建构与想象：制度变迁下的贺岁档之路》，饶曙光、尹鹏飞的《"拐点"论争与中国电影结构性优化》，陈旭光的《青年亚文化主体的"象征性权力"表达——论新世纪中国喜剧电影的美学嬗变与文化意义》，金丹元、田承龙的《当下中国电影的类型重组与价值取向的错位》，[①] 等等。忧患是批评的内在品格，这些文章也充满这样一种评论和批评意识，努力为电影界提供良性反馈和评论意见，以此呼应并成为时代精神的征兆与证明。

电影理论研究方面的原创成果虽然数量不算多，但直面时代发展，勇于创新，对电影理论建构和批评有新的理解，为当前理论批评提供富有深度的理论根据，仍显难能可贵。周星的《建构中国电影学派：传播视域的概念探究与其适应性》[②] 认为，在中国电影发展提升的关键时期，给予中国电影更好的认知命名是一个迫切的任务。探索建立中国电影学派，从创作和研究双重兼备的角度对中国电影的健康发展与提升具有重要意义。作者提出：（1）构建中国电影学派必须面对的难题是中国电影的国际传播力和认知度不高。（2）中国电影学派的概念是广义而非狭义。它是指中国电影卓然挺立于世界又凸显出独具一格的风貌和气质，从中可以透视出中国电影主导性优秀创作所具有的形态、风格、精神追求、价值观走向、艺术常见的表现方法。（3）中国电影学派应该是一种中国电影红火的精神内在性与凝聚的精神文化形象的传播简洁性结合，所以，中国电影学派应该成为世界电影中具有号召性的品牌称谓。（4）中国电影学派应该包括创作和理论研究两个方面，要形成一种类似于好莱坞电影、类型电影等独具特色的话语体系。张宗伟的《建构中国特色电影理论的三个关键》[③] 一文中提出：抓住"不忘本来、吸收外来、面向未来"三个关键，建构中国特色电影理论，是中国由电影大国迈向电影强国的必由之路。"不忘本来"，提醒我们用发展的马克思主义文艺理论检视中国电影理论的历史，珍惜马

① 丁亚平：《2016年中国电影艺术的发展、挑战及趋向》，《艺术评论》2017年第3期；尹鸿、孙俨斌：《2016年中国电影产业备忘》，《电影艺术》2017年第2期；刘汉文：《2016年中国电影产业发展分析报告》，《当代电影》2017年第3期；孙剑：《演进、建构与想象：制度变迁下的贺岁档之路》，《当代电影》2017年第4期；饶曙光、尹鹏飞：《"拐点"论争与中国电影结构性优化》，《浙江传媒学院学报》2017年第1期；陈旭光：《青年亚文化主体的"象征性权力"表达——论新世纪中国喜剧电影的美学嬗变与文化意义》，《电影艺术》2017年第2期；金丹元、田承龙：《当下中国电影的类型重组与价值取向的错位》，《上海大学学报》（社会科学版）2017年第3期。

② 周星：《建构中国电影学派：传播视域的概念探究与其适应性》，《现代传播》（中国传媒大学学报）2017年第11期。在此之前，电影学界曾有构建电影理论批评中国学派的相关讨论，代表论述主要有两篇：饶曙光研究员的《建构电影理论批评的中国学派》（《电影新作》2015年第5期），认为中国电影批评史上有过两个黄金时期，即20世纪30年代前期和70年代至80年代末期。文章讨论了"西方化"与"本土化"之间的关系，指出西方电影理论的引进对中国电影创作和理论批评产生过重要影响，成为中国电影的重要催化剂，以至于中国有没有真正意义上的电影理论都存在着很大分歧。文章还探讨了构建电影理论批评的中国学派所要注意的问题：1.在借鉴西方电影理论批评的思想和资源的同时必须立足于中国电影实践。2.必须从中国文化传统、中华美学传统中吸取营养和智慧。3.利用互联网重新整合资源，积极推进电影理论批评话语体系升级换代。李建强的《电影理论批评"中国学派"的构想与建设》（《民族艺术研究》2016年第1期）认为构建电影理论批评的中国学派有以下一些理由或者说依据：一是时代的机遇与挑战。这主要是指互联网和大数据。二是实践的积累和提升。这主要是指当下中国电影呈现出持续增长的繁荣景象。三是目标的导向和牵引。2020年要全面建成小康社会，2050年将达到中等发达国家经济水平。在这样的宏伟目标中，以电影为龙头的文化产业扮演着非常重要的角色。文章接着指出，无论古今中外，学派的形成有赖于师承、地域、问题三种因缘，因而学派大体上分为师承性学派、地域性学派、问题性学派三类。构建电影理论批评的中国学派也需要有这三种因缘的结合。

③ 张宗伟：《建构中国特色电影理论的三个关键》，《当代电影》2017年第8期。

克思主义文艺理论中国化的理论成果，增强“中国道路”的理论自信；“吸收外来”，要求我们科学总结改革开放以来学习西方电影理论的成功经验，提炼青出于蓝的“中国话语”；“面向未来”，促使我们融通中外，直面世界电影理论的全新语境，着力提出能够体现中国立场、中国智慧、中国价值的“中国方案”。原文泰著的《电影批评：类型，美学与文化》[①]从网络时代的概念出发，对当下的电影批评作出进一步的概念辨析和理论思辨。本书重视理论梳理和方法介绍，力图对网络时代的电影批评做出一个较为完整的思考。同时，从类型和美学的角度，对近年来华语电影作出批评，对当下华语电影的创作态势、问题以及电影批评的发展方向、症结，作出比较系统的论述。史可扬的《中国电影批评现状与对策研究》[②]一书，在对中国电影批评宏观把握和理论观照基础上，重点对中国电影批评现状和中国电影批评发展策略做深入而具体的研究。中国电影批评的现状研究，内容涉及我国的电影批评人员构成、主要的批评方法和理论资源、主要的价值立场和学术观点、电影批评对电影市场和观众的影响、电影批评人才培养现状等的梳理、调研和研究。在作者看来，中国电影批评对策研究，包含国家电影文化政策研究、电影批评的意义和地位研究、电影批评的学科基础和理论品格研究、电影批评与电影实践的关系研究、电影受众研究，一定意义上具有“策论”性质。梁明、李力的《镜头在说话：电影造型语言分析》[③]根据多年从事电影专业教学的经验以及艺术创作的实践和总结，以二十余部国内外优秀影片以及重要导演、摄影师为案例，从电影造型元素与视觉效果、电影摄影的创作技巧和方法等角度深入研究，详细剖析色彩、运动摄影、光线、空间、环境、景别、风格等影像语言的各个要素，帮助读者认识视觉语言的规律和解读影像的方法。

钟大丰的《“华语电影”与电影的“国籍”认定》[④]一文，梳理中英文语境下的“中国电影”概念的界定和使用，指出在目前的世界文化语境中，主要基于“依人”为主、兼顾“依地”的原则使用“中国电影”（Chinese Film）的概念，这更便于涵盖基于中国文化传统的各种电影文化表达，也更符合界定电影“国籍”时主要关注于影片的文化表达的主流学术视点。王志敏的《电影研究与哲学的电影学转向》[⑤]一文则认为：“语言学转向”已经成为人们用来标识西方20世纪哲学与西方传统哲学的区别与转换的一个概念；也就是说，集中关注和理解语言是20世纪西方哲学的一个显著特征，语言不再仅仅是传统哲学讨论中需要涉及的一个单纯的工具性问题，而是成为哲学反思自身传统的一个起点和基础。换言之，语言不仅被看成是传统哲学的症结所在，同时，也是哲学的进一步发展所必然面对的根本问题。由于语言与思维之间的极其紧密的关系，哲学运思的问题在很大的程度上被语言的问题所替换。张英进的《传记电影的叙事主体与客体：多层次生命写作的选择》[⑥]提出：传记电影发展迅速，但传记电影研究却相对滞后。作者于此文中首先梳理了一些概念问题，区分传记与生命写作不同词语背后的含义，然后概述英文学界传记电影研究从经典时期到后现代时期的发展，讨论类型界限、人物分类、叙事结构和明星表演等议题。文章在理论层面探究原型与再创、历史与再现、真实与虚构之间的关系，借鉴电影改编理论、民族志纪录片研究和广义的改编理论，强调改编与再创自身的文化意义；还简要分析了香港导演关锦鹏的传记片《阮玲玉》，指出建构多层次生命写作与死亡写作的新思路与新问题。此外，李洋的《中国电影的硬核现实主义及其三种变形》和《电影与记忆的工业化——贝尔纳·斯蒂格勒的电影哲学》，陈奇佳的《暴力批判：论戈达尔电影的艺术主题》，姜宇辉的《后电影状

---

① 原文泰：《电影批评：类型，美学与文化》，中国电影出版社2017年版。

② 史可扬：《中国电影批评现状与对策研究》，中国广播影视出版社2017年版。

③ 梁明、李力：《镜头在说话：电影造型语言分析》（插图修订版），北京联合出版公司2017年版。

④ 钟大丰：《“华语电影”与电影的“国籍”认定》，《电影艺术》2017年第1期。

⑤ 王志敏：《电影研究与哲学的电影学转向》，《贵州大学学报》（艺术版）2017年第1期。

⑥ 张英进：《传记电影的叙事主体与客体：多层次生命写作的选择》，《文艺研究》2017年第2期。

态：一份哲学的报告》，陈晓云的《明星的脸：当代明星文化的身体迷恋与物化崇拜》等[①]，将理论视作一种依据和基础，显示出不同范式和理路的理论探索的深入。

2017年是香港回归20年，描述、纵论香港电影百余年的美学与产业发展的论著颇具阵势，这是继2007年关注“香港电影十年”、2010年聚集“香港电影新态势”之后，又一次相对比较集中的论述。除前述赵卫防的《香港电影艺术史》以外，张建德的《香港电影：额外的维度》（第2版），饶曙光、李国聪的《东方好莱坞：香港电影思潮流变与工业图景》，赵卫防的《后融合时期香港本土电影中的“港味”》《港台青春片的美学流变及当下状态》《回归二十年香港与内地电影观察》，张燕、朱瑾烨的《大片厂制度对邵氏兄弟（香港）有限公司的影响》等。[②]应该说，每段历史都是发展中的历史，都是随着时代和社会所赋予的语境而变化着的。任何历史都是社会的历史，是在大的情境中所发生的，对香港电影的集中研究，尽可能对它进行还原，需要从现实出发，也需要具有未来意识，这样的审视就显示出了更多的学术批评意义。

2017年的电影理论与学术，纠正了目前社会以及文化界对于电影的某些认知误区，同时，还对电影创作的理论总结，提出了许多极具建设性的意见。但是，电影学科和电影批评以审美角度去思考问题的方式和体系变得越来越弱，这是需要改变的。全球化语境下中国电影能否持续健康发展，跃居为世界电影强国之一，很大程度上不仅是产业领域的问题，更是涉及艺术、文化和学术领域的问题。当下中国电影蕴藏无尽的机遇，如何直面全球政治、经济和文化的变局，并从当前实际和发展走向中总结经验，形成世界电影视域下中国电影艺术发展的有价值的思路，电影学科探究与学术研究值得重视。

五、中国电影的发展趋势与对策

在全球视野下，中国电影如何从思想、内容到表现，从个性到风格都具有鲜明的中华文化特色与普泛意义。不同的文化消费形式与电影文化相联，成为共同的诉求。在全球电影产业发展中，中国电影不断反思，及时校准观念与方向，与那些自欺欺人、投机取巧的扭曲价值观，与绑架了中国现行电影创作的拜金主义告别，转而变为新的、开放的、包含现代性的话语选择和推动海外电影传播的有效策略，是一种必然。

第一，没有创新就没有未来，创新会成为中国电影的主题，只有创新才能赢得未来。在这方面，政府管理部门加大对影视产业的支持，给影视创作更大一点空间，进一步激发文艺工作者的创作积极性。国家财政的支持力度进一步加大。从发展本土电影市场及其丰富潜能上看，政府投入或主导的力度，仍旧在隐形的呈现中，这也透露出了破除西方中心叙事的合理化存在的本质。进入21世纪以来，中国电影工业悄然发生改变，在学习好莱坞电影的工业运作模式的基础上，融合本土文化的趋向风生水起。这之中，创新是电影生产与发行的发动机。

第二，2018年的电影将保持2017年的中高速增长，但中国电影的综合实力和国际影响力在和好莱坞竞争中如何迈上新的台阶是重大而严峻的考验。2017年中国内地电影总票房为559.11亿元，北美总票房为111.2亿美元。北美电影市场这几年几乎停止增长，按中国电影市场2017年13.45%的增长

---

① 李洋：《中国电影的硬核现实主义及其三种变形》，《文艺研究》2017年第10期；李洋：《电影与记忆的工业化——贝尔纳·斯蒂格勒的电影哲学》，《上海大学学报》（社会科学版）2017年第5期；陈奇佳：《暴力批判：论戈达尔电影的艺术主题》，《戏剧》（中央戏剧学院学报）2017年第6期；姜宇辉：《后电影状态：一份哲学的报告》，《文艺研究》2017年第5期；陈晓云：《明星的脸：当代明星文化的身体迷恋与物化崇拜》，《当代电影》2017年第8期。

② ［新加坡］张建德：《香港电影：额外的维度》（第2版），苏涛译，北京大学出版社2017年版；饶曙光、李国聪：《东方好莱坞：香港电影思潮流变与工业图景》，《艺术百家》2017年第4期；赵卫防：《后融合时期香港本土电影中的“港味”》，《北京电影学院学报》2017年第4期；赵卫防：《港台青春片的美学流变及当下状态》，《电影艺术》2017年第3期；赵卫防：《回归二十年香港与内地电影观察》，《当代电影》2017年第7期；张燕、朱瑾烨：《大片厂制度对邵氏兄弟（香港）有限公司的影响》，《电影艺术》2017年第4期。

率计算，中国电影票房最迟2018年超北美。应该说，从电影业态发展来看，深入开展文化领域的对话合作，寻求不同文化之间的“最大公约数”的首要目的是防止“中间层电影”的好莱坞式的“再度神话化”，拉近电影传播与输出地域文化之间的距离，树立平等原则，秉持宽容态度，让交融和合作更加坚实。

但这有不同的选项：一是将民族国家电影、“中间层电影”的发展纳入到某种共同体的框架下来理解的倾向。克服与破除这个的办法，就是发挥民族电影美学，与区域电影结盟，寻求市场、文化的互利共通与美学选择的新型式。但是，它的问题、焦虑和担心一个也不会少：它一没有稳定的利益联系与保证。二是能否与创作上的多样性和自由发展相悖，比方说从观众角度研究戏剧性与电影的关系，在商业电影和非商业电影那里，很明显就是有区别的。三是相对于世界电影发展和好莱坞的主导，民族国家电影或“中间层电影”的区域结盟，可能会停留于远离好莱坞的想象式的抚慰之中，甚至使新的“救世主义”形成蔚然之势。认真选择并融合创造，未来是极可期待的。

第三，从电影大国迈向电影强国，认真做内容生产，鼓励题材创新、内容创新，提升影片质量，建立统一开放、公平竞争的电影市场的问题审视与路径选择，必须有法可依。为了在电影领域繁荣文艺创作、推动文艺创新，《中华人民共和国电影产业促进法》明确电影活动的指导思想和创作原则，声明尊重和保障电影创作自由，倡导电影创作人员贴近实际、贴近生活、贴近群众。就电影作品本身，《中华人民共和国电影产业促进法》确乎鼓励多出展现艺术创新成果、促进艺术进步的电影以及推动科学教育事业发展和科学技术普及的电影，并对优秀电影给予奖励，这是在当代中国文化艺术体制坐标内的带有方向性的重要导引。《中华人民共和国电影产业促进法》明确规定尊重、保障电影创作自由，保护电影知识产权，很显然是有利于进一步营造激发创作热情的制度环境的。

在当今世界，电影产业作为文化创意产业，超越了理性纯粹主义的想象性，成为有着巨大效益的直接现实。中国电影市场的快速崛起，已成为世界电影业增长和发展的焦点。国产片创作及发展带有显著的时代特点。《中华人民共和国电影产业促进法》的价值取向及核心原则，影响到中国电影人关于电影艺术的演进及多向度发展等问题的认识和概括。以新的问题意识重新讨论中国电影的市场竞争特别是内容生产与消费问题，重新将电影观念问题化，也是电影产业立法并依法管理的题中应有之义。

第四，针对数量多而质量不高的现象，主要不是继续发展数量，而是要提高质量，寻求突破与转型。国产片的“质”，永远比“量”更为重要。中国电影市场实际上是缺乏国产强片，电影在内容上如何制作、创新、营销等，特别是电影观念怎样进一步改变，是更为迫切、重大的考验。类型扎堆在爱情、青春题材领域，喜剧片更被讥为空心化，成为“笑点尴尬，剧情浮夸”的“痒痒粉”。经济环境可能对电影创作是把双刃剑，市场发展慢一点未必全是坏事。适当降温会引起质量提高的反思。

想想北京国际电影节、上海国际电影节期间展映的包括国产电影佳作在内的世界优质电影的一票难求，就不难明白：电影是一门工业，好电影才会赢得观众。这提示我们，文化艺术限定了电影家观察世界的方式，制约了他们的所思所虑即他们认为当然如此的东西。艺术真正的进步动力，来自电影的发展和电影的文化坐标，来自有着严苛检视一切的“毒”眼光的观众，乃至时代社会。

第五，任何电影的创作及其当代性都关系到电影在观众那里的接受度，主旋律作品也不例外。勇于直面现实，将主旋律概念广义化，推动以至演绎出创新性的改变，增加作品的亲和之感，使观众通过电影学习，了解历史，在观影中获得陶冶和浸染。主旋律概念获得了泛化的扩展，从最初特指重大革命历史题材和现代历史题材，向着更普泛的主流价值观拓展，主旋律电影因此在表现范围、艺术手法和人物塑造上更加灵活多样。主旋律影片的改变，是市场也是社会发展的需要。这和观众直接相关。市场化作为一种思维，聚集中心是金钱是票房是逐利，关心观众多少的背后，是狭义的商业中心主义，是眼皮底下的经济考量。这无疑已经形成了制约中国电影发展的根本力量。但归根结底，好的电影才代表着艺术和文化以至文明的根本精神和核心价值。即使是高票房，对主旋律电影创作者来说，也是天上掉下来的馅饼，做电影本身，才是旨趣所在。

回顾电影史的时候，不难发现一些电影，特别是主旋律电影作品在今天看来它的艺术价值可能已经非常有限，但在某些特定的历史背景下却受到热烈地欢迎，以至给当时的观众以审美的愉悦。这其实不能说特定历史时期存在着特定的审美标准。究其原因，从观众方面说，一是电影发展的向度和历史发展的向度未尽一致；二是时代与艺术教会了他们如何分析人物接受人物；三是电影范式的扩展、探索与接受，应该允许和鼓励。这些文化的或艺术的因素不仅在观众的选择的自觉方式和立场上表现出来，而且尤其会在观众直觉的以至意识不到的地方表现出来。建立以本土受众为支撑，我们这个时代的先进思想为中心的路径，研究根植于西方文明的外国电影和受众，兼顾不同文化语境下的全球观众所存在的语言障碍、文化障碍和审美习惯的差异情况，研究、掌握、采取具有普遍意义的行之有效的故事讲述方式、叙事规则，同时，努力以艺术与文化结合的形式，打破电影传播的障碍以至禁忌。通过电影影像主流实践，实现中国文化的通俗化、大众化的表达，打破阻隔在国家文化之间的“影响线”，值得期待。

但是，电影创作的多重矛盾和市场紧张关系是其发展的关键所在，只有重视并切实解决，才可能透过表面现象而找到解决问题的方法。据了解，从2018—2020年，政府电影管理机构，要拿出真金白银对艺术电影发行放映进行补贴，每年2000万元。原来的发行成本，据测算一部艺术片的发行成本大约是50万，它的评审资助对象主要是进入有着17条院线参加的全国艺术影院联盟的放映影片。凡评审入选的，专项资金平均一部补助20万，计划每年选100部，这是多大的推动？国产电影生产一年700部，这之中能选得出好的、名副其实的100部艺术电影吗？

不过，无论怎样，政府部门与相关机构、企业联手，稳扎稳打，将电影放映分众化，呼唤多年的艺术电影放映做了具体的实施（现在已经有17个院线参加进来了），这是好事。你不喜欢商业大片，你喜欢艺术片创新的镜头语言和人文表达，你喜欢纪录片深刻的思想内涵，现在和将来，你会越来越有地方进行选择性分众式地去观赏了。

第六，在中外合作，包括和亚洲国家（如韩国、印度等）合作中，可以寻求市场的共赢，在找到文化“最大公约数”的同时，反向性地建立以亚洲电影、“一带一路”并进而扩大到世界电影市场为导向的“中间层”的创作体系、市场化策略与传播规则。在价值观的传播与输出上，可以在不放弃表现中华文化价值的同时，重点考虑人家可能接受、大家可能接受的东西，表现东西方存在的彼此都认同的“中间层”价值观。只有这样，才能让中国电影真正“走出去”，最终达到传播我们的文化价值观和国家修辞，促进世界人民的交流与国际文化传播的目的，进而为民族电影创新表达，提升水准与质量，克服电影全球化或市场化这些范畴上的本土中心论，树立世界电影空间中的中国形象，发挥独特的作用。用国际化的叙事手法表达本土文化，将中国人民真挚的情感诉求、真实的生活风貌呈现在他国观众眼前。于一般观众而言，本国民族文化之外的文化传递是新鲜且模式性的，迥然不同的文化背景对于观众理解他国电影中的文化符号有难以逾越的鸿沟，了解输入国的历史、人物、民俗等生活状态和叙事逻辑，以解决电影受众与电影创作者之间信息传递不对等的“中间层”问题，是题中应有之义。

在推进海外拓展的过程中，离不开政府的支持与鼓励。2014年，为贯彻落实“丝绸之路经济带”和“21世纪海上丝绸之路”的构想，国家新闻出版广电总局创办以海陆丝绸之路沿线国家为主题的“丝绸之路国际电影节”，期冀以电影为纽带，推动各国间的文化互动对话，承续丝路精神与文化。国家电影机构近年来对丝路电影节有扶持的政策，同时也有一定投入（500万元），而对其他电影节等也有支持（500万元）。此外，近几年，每一年国产电影海外票房约20亿元，国家专项资金拿出2000万元给予支持、资助（按海外票房的1%给奖励和补助）。

第七，在全球化语境中，看到并把握世界电影发展的国际水平与动向，跟上美国等外国电影发展的脚步，中国不能长期安于国内电影市场挣钱，长期处于电影产业链的低端，重思电影强国发展以及参与海外电影市场竞争之道，以更加开放的国际视野、更加主动的自信姿态、更加鲜明的民族精神和审美趣味的实践，积极融入全球电影市场，在关键的电影艺术与文化核心上不能也不应落后于人。“一带一路”在中国电影“走出去”上指明了方向，制定了策略，这使中国电影有可能通过一个新的领域与路径进入亚洲电影、世界电影舞台。人们非常欣喜地看到，随着全球化态势下中国国际话语权的加强，国家文化软实力不断提升，包括中国电影在内的中国文化产生发展与延拓业已勾画出新的蓝图，现阶段需要的是中国电影人合力并举。“一带一路”是基于世界发展形势、加强国际合作、共享互利成果而做出的重大战略决策。“一带一路”横亘亚非欧三大洲，沿线国家总人口约 44 亿，占全球总人口的 63%，而约 21 万亿美元经济总量仅占全球总量的 29%。中国是大国也是强国，面对现状，中国仍有更大的潜力和发展空间。而“一带一路”沿线的重要国家，与中国的电影合作也趋于密切，在这样的合作中，需要有一种学习意识、文化意识与“中间层”的结盟意识。如中国与韩国在电影合作中通过雇佣韩国公司的电影创作人才，学习韩国电影特效技术，利用中韩文化的同源性，也可能成为中国电影同时也是韩国电影获得海外市场的重要策略。再比方说丝绸之路国际电影节对世界电影的多样性、多元化发展，以及沿线发展中国家电影产业的发展也确实是一个新的双向性的延拓契机。依托“一带一路”的背景，丝绸之路国际电影节在跨国投资、拍摄以及主创合作方面彰显出巨大的潜力，也为塑造中国及丝绸之路沿线国家的形象发挥着举足轻重的作用。纵观三届电影节的举办，参与国家与规模逐年扩大，吸引了沿线国家参加特色单元展映，寻求文化合作，表达文化主张。电影技术与媒介理论在全球范围内是相对一致的，文化的呈现却是多彩缤纷的，中国的文化属性与民族性格与各国不尽相同，这是中国电影“走出去”的重点，也是难点。开拓国际视阈，加强对各国的文化研究，熟悉各地风土人情，构建立体化、多层次的电影产业交往格局，为中国电影与中华文化的海外传播获取新的历史维度和真实理念，这样的视野与方式更具有重要的意义。

参考文献

[1] 丁亚平:《中国当代电影艺术史 （1949—2017）》，文化艺术出版社 2017 年版。

[2] 韩庆祥等:《中国道路能为世界贡献什么》，中国人民大学出版社 2017 年版。

[3] 李欧梵:《中国文化传统的六个面向》，中华书局 2017 年版。

[4] 陈思和:《中国文学中的世界性因素》，复旦大学出版社 2011 年版。

[5] 饶曙光:《中国（华语）电影发展与对外传播》，中国广播电视出版社 2013 年版。

[6] 陈旭光等:《新世纪华语电影研究：美学、产业与文化》，世界图书出版公司北京公司 2017 年版。

[7][英] 吉尔 · 布兰斯顿:《电影与文化的现代性》，闻钧、韩金鹏译，北京大学出版社 2012 年版。

丁亚平　中国艺术研究院电影电视艺术研究所长、研究员

2017年度中国电影产业发展概况[①]

◎ 支菲娜

2017年，中国电影产业在从高速度发展转向高质量发展的道路上更进一步。

2017年，大政方针为中国电影发展进一步指明方向。中国共产党第十九次全国代表大会的胜利召开，标志着全面建设社会主义现代化国家新征程的开启。“十三五”顺利开局，“五位一体”总体布局统筹推进，党中央治国理政方略渐次展开，将协调推进“四个全面”不断引向深入。习近平新时代中国特色社会主义思想为中国电影发展提供了根本遵循。

2017年，中国经济增长继续走在世界前列，为电影发展形成强大后盾。中国国内生产总值迈上80万亿元人民币的台阶，城乡新增就业1300多万人，社会养老保险已经覆盖9亿多人，全国人民朝着实现全面建成小康社会目标又迈进了一大步。世界经济复苏缓慢，中国成为拉动世界经济增长的主要动力源和稳定器。国民经济发展积累，为中国电影产业的继续繁荣营造了良好的基础环境。

2017年，供给侧改革不断推进，结构性调整持续深入，多种扶持政策促进产业转型升级。中国电影市场依法发展、规范发展，电影产业转型升级之路加快推进。更严格的市场规范与监管，助力中国电影产业更加开放、更加有序、更加公平。

2017年，电影工业体系建设水平又有提高，电影生产与发行平稳有序，电影产品在多样化方面不断创新，电影创作新力量继续大量涌现，充满活力。

2017年，9669家影院、逾5万块银幕的体量，使我国作为世界最大电影放映市场的地位牢不可撼。市场具备了更高的宽容度，多格式、多片种电影有了更为丰富、更为深广的展示空间。尤其是全国艺术电影放映联盟的规模迅速扩大，推动电影不断满足人民群众日益增长的美好生活需要。

2017年，观众对电影不再仅仅停留在社交需求和娱乐需求上，更多的人对电影有了精神性、情感性的更高要求，对电影表现家国命运、表达家国情怀有了更多共鸣。

2017年，电影批评与电影创作形成了较好的互动。更多的平台为电影创作与电影产业发展提供了建议与思考，更多的电影作者主动呼唤电影理论与电影批评的“在场”，更多的电影理论家与电影批评家、电影评论者参与到电影创作和电影产业发展中。

2017年，我们戮力同心守护中国电影的文化尊严，我们携手并进提振中国电影产业发展的国际地位，我们为世界电影产业发展贡献着中国智慧和中国方案。

一、2017年中国电影产业发展概述

2017年，中国电影产业延续2016年的发展态势，由高速增长阶段转向高质量发展阶段，正处在转变发展方式、优化产品结构、转换增长动力的攻关期。同时，电影产业的运转循环更加健康有序（见表1）。

---

① 本文数据来源：根据国家新闻出版广电总局发展研究中心统计。

表 1　2013—2017 年中国电影产业发展基本指标一览

指标＼年份	2013	2014	2015	2016	2017
故事片产量(部)	638	618	686	772	798
票房(亿元)	217.69	296.39	440.69	492.83	559.11
院线(条)	45	47	48	48	49
银幕数(块)	18195	23592	31627	41179	50776
观影人次(亿人)	6.17	8.34	12.6	13.72	16.2
平均票价(元)	35.28	35.54	34.98	35.92	34.51

（一）电影产品供应：供给侧改革不断深入

2017 年是行业主管部门和全行业共同着力打造的“电影质量促进年”。电影创新与创作活力不断释放，佳作不断。

1. 市场主体保持活力

2017 年，中国电影市场一方面仍保持既有活力，另一方面进入电影界的资本趋于冷静。全国范围内的制片领域投资主体超过 2000 家，有持续出品能力的超过 500 家。①

电影备案与立项数量比 2016 年下降 13.8%，能看出受 2016 年电影票房增速明显下降的影响。如若从 5 年发展情况来看的话波动更为明显，资本对电影市场的投入开始趋于冷静，部分游资退缩（见表 2）。

表 2　2013—2017 年中国电影剧本（梗概）备案、立项公示情况 ②　单位：部

年份	2013	2014	2015	2016	2017
剧本立项公示情况	1741	2193	2904	3811	3284
增幅	—	25.96%	32.42%	31.23%	-13.8%

电影产量仍呈繁荣趋势。近年来，我国年均生产故事影片 700 余部，位居世界第三。③ 各类电影片尤其是故事片生产变化情况波动不大（见表 3）。由于电影投入拍摄后生产周期较长，2016 年市场变化带来的影响尚未完全显现。纪录影片产量近几年呈稳中有升趋势，与国家政策倾斜、市场宽容度变化、创作者诉求和观众观影习惯变化有关。

表 3　2013—2017 年各类电影片生产情况 ④　单位：部

电影片种类/年份		2013	2014	2015	2016	2017
合计		824	758	888	944	970
故事片	故事片	638	618	686	772	798
	在总产量中的占比	77.43%	81.54%	77.36%	81.78%	82.27%

① 童刚：《共筑电影强国梦想——中国电影这 5 年》，《人民日报》2017 年 9 月 14 日。

② 数据来源：根据国家新闻出版广电总局电影局公布数据整理。

③ 童刚：《共筑电影强国梦想——中国电影这 5 年》，《人民日报》2017 年 9 月 14 日。

④ 数据来源：国家新闻出版广电总局电影局。自 2012 年起，供电视播出的数字电影生产数量并入故事片类计算。

续表

电影片种类/年份		2013	2014	2015	2016	2017
其他各类影片	动画影片	29	40	51	49	32
	纪录影片	18	25	38	32	44
	科教影片	121	52	96	67	68
	特种影片	18	23	17	24	28
	在总产量中的占比	22.57%	18.46%	22.74%	18.22%	17.73%

2. 供应品种更趋丰富

2017 年全年共上映国产影片 423 部，与 2016 年的 415 部基本持平。在行业主管部门引导下，供给侧结构性改革进一步深化，电影创作水平明显提高，电影生产能力明显增强，国产电影品质明显提升，“有数量缺质量、有‘高原’缺‘高峰’”现象明显改善。思想精深、艺术精湛、制作精良相统一的精品佳作不断涌现，观众满意度显著提高。内容方面，以《战狼Ⅱ》《建军大业》等为代表的影片开拓了主旋律电影创作及市场表现新境界。《西游 2・伏妖篇》《妖猫传》等大制作影片代表了当前中国电影工业的水平。《冈仁波齐》《七十七天》《嘉年华》等艺术影片在美学探索和题材选择上大胆实现了突破，尤其是《不成问题的问题》作为中国“新学院派”电影的代表作，广泛引起关注。

2017 年全年共上映进口影片 102 部，与 2016 年的 102 部持平。进口影片对象国更加丰富。顺应“一带一路”倡议的历史机遇，印度电影《摔跤吧！爸爸》、泰国电影《天才枪手》等沿线国家电影掀起观影热潮。西班牙电影《看不见的客人》、澳大利亚电影《雄狮》、日本电影《烟花》等影片也陆续进入中国，进一步丰富了电影放映市场，满足了大众多样化的观影需求。除代表性好莱坞大片外，《敦刻尔克》《至暗时刻》等优秀影片的上映，反映了进口市场不断提升包容度、满足人民群众日益提高的观影消费水平的努力。

3. 合拍成果更趋多样

在多边外交政策利好导向下，受中国电影市场仍较快速扩大、中国电影市场开放程度不断深入、中国电影市场日益融入世界电影市场影响，2017 年中国与境外的合拍片虽然数量略有减少（见表 4），但总体来看仍呈现繁荣趋势，质量明显提升，作品思想价值取向助力于推动构建新型国际关系，推动构建人类命运共同体。在实施共建“一带一路”倡议导向下，中国与沿线国家合作推出优秀电影，如中印合作的《功夫瑜伽》票房达 16.47 亿元。此外还有中国与哈萨克斯坦合拍片《音乐家》、中国与塞尔维亚首部合拍片《萨瓦流淌的方向》等。此外，以中国成都・金砖国家电影节的开幕片《时间去哪儿了》为起点，金砖国家电影人的合作将会日益频繁、日益深入。合作对象仍然快速增多，覆盖 21 个国家和地区，除此前多有合作的美国、英国、法国及中国香港、中国台湾地区等，2017 年中国还与哈萨克斯坦、塞尔维亚、印度、俄罗斯、巴西等国家和地区实现了合作。

表 4　2013—2017 年合拍片（含协拍片）立项和通过审查影片情况　　单位：部

年份	2013	2014	2015	2016	2017
合拍片立项	55	77	94	97	84
协拍片	—	—	—	—	2
审查通过	41	43	60	71	60
涉及合作对象国家和地区	7	12	13	17	21

（二）电影销售渠道：服务水平提升，效率有待优化

2017 年，中国电影销售渠道总体健康有序，电影销售体系不断完善。作为主要电影销售方式的网络售票市场竞争剧烈。院线服务水平进一步提升。影院建设继续快速增长。后产业销售渠道进一步扩展。

1. 售票服务：网络售票稳居主导地位

2017 年，网络售票稳居主导地位，市场前景持续上升。2017 年，网络售票占比为 82.36%，较 2016 年的 75.6% 又有较大提升。除西藏自治区以外，其他各省（区、市）的网络售票占比均在 70% 以上，上海、江苏、吉林三地网络售票占比均超过 85%。网络售票为广大观众购票提供了便利，为电影营销开辟了新途径，为扩大电影观众群发挥了积极作用。大数据分析功能为产业发展提供了有效的数据资源和决策参考。

网络售票平台市场格局变化。9 月，微影时代与猫眼电影共同组建“猫眼微影”，光线、微影、腾讯、美团点评成为猫眼微影的主要直接股东。猫眼微影与阿里旗下的淘票票两强对立格局正式形成。数据显示，猫眼微影占据 40% 左右的市场份额，淘票票占据超过 20% 的市场份额。为扩大市场占有率，淘票票着力强化自身平台属性，猫眼微影则更倾向电影产业链上下游布局。此外，京东电影票加入市场竞争。

与此同时，售票市场秩序需要进一步规范。票补问题依然存在，5 元、9.9 元秒杀票等促销活动仍时有出现。网络售票为电影销售带来便利的同时，如何促进而非破坏市场的有序发展，如何保障用户数据的隐私等问题，仍需要进一步监管和疏导。

2. 院线服务：市场渐趋成熟，面临优化整合

2017 年，跨省电影院线数量 49 条。与 2016 年相比，新增院线为安徽星空院线、新视界院线，退出院线为华夏星火，完美世界取代今典院线。万达院线继续保持票房首位，但市场份额占比小幅下降。

前十位院线排名趋于稳定。随着市场成熟度提高，院线之间虽然竞争激烈，但市场格局趋于稳定。票房前十位院线中，仅有中央数字与中影星美排名交替；浙江时代跌出票房前十位，幸福蓝海依顺序补入。

院线市场的资本运作仍较为频繁，但整体趋于理性。一方面，多家企业尝试上市。横店影视股份有限公司（603103，简称“横店影视”）、广州金逸影视传媒股份有限公司（002905，简称“金逸影视”）陆续成功登陆 A 股市场。时代院线的 IPO 首发申请则未获通过。另一方面，企业之间的资本合作不断推进。5 月，万达院线披露与博纳影业签署合作框架协议的公告，约定双方就增资扩股、院线加盟、广告合作等方面开展战略合作。年底，北京红鲤鱼数字电影院线成功获得君联资本投资机构领投、深圳光量启新公司和广幄资本跟投的 B 轮融资。

院线整合与分众发行成为大势所趋。2017 年，票房收入前 22 位院线的票房市场份额占比高达 90.61%。与之相对，另有 27 条院线的票房市场份额占比仅为 9.31%，院线资源亟待优化整合。

总的来讲，中国电影院线数量仍然偏多。除 49 条跨省院线外，还有大量省内院线和影投公司的存在。当前院线市场格局需要进一步整合，促进资源优化，改善“小散乱”局面。

3. 影院服务：建设快速增长，效率亟待提高

2017 年，城市影院建设速度保持快速增长，全国新增城市影院 1658 家，影院总数 9669 家，银幕总数达到 50776 块，超过美国和加拿大银幕数总和，稳居全球首位。其中新增银幕 9597 块，日均新增银幕 26.29 块，再创增速新高。全国县级影院银幕数已达 19000 余块，占比约为 38%（见表 5）。

表 5 2013—2017 年中国电影放映市场增长情况[①]

年份	院线数(条)	银幕数(块)	新增银幕(块)	银幕数同比增幅(%)	新增影院数(家)
2013	45	18195	5077	38.70	1048
2014	47	23592	5397	29.66	1015
2015	48	31627	8035	34.06	1042
2016	48	41179	9552	30.20	1612
2017	49	50776	9597	23.31	1658

影院建设数字化水平领先。截至 2017 年底，全国 3D 银幕总数 50829 块，同比增长 29.04%；拥有 IMAX 的影院 469 家、覆盖全国 31 个省（区、市）的 128 个城市；中国巨幕影院 258 家，覆盖全国 29 个省（区、市）的 140 个城市（见表 6）。

表 6 2017 年全国提供特种放映技术的影院 / 影厅情况

特种放映技术种类	提供服务的影院(家)/影厅(块)数量
IMAX银幕	469
中国巨幕	258
THX认证	9
RealD 6FL认证	470
LUXE影厅	32

影院放映设备技术水平不断提升。中影光峰的 ALPD 激光放映、中科极光 RGB 三色激光显示技术、飞达音响网络音频技术等自主科技创新成果保持领先水准，“中国多维声”还音系统、芜湖影星银幕等得到广泛应用。

影院建设数量虽然快速增长，但单体影院的经营效率却亟待提高。2017 年，全年票房收入在 5000 万元以上的影院数量仅为 15 家，与 2016 年的 29 家相比降幅达 48.28%。票房在 3000 万元以上的影院数量占比仅为 1.67%，票房 1000 万元以下的影院数量占比则高达 82.46%。

影院的差异化内容放映不断丰富。截至 2017 年 11 月底，已有 145 个城市的 433 家影院、579 块银幕加盟全国艺术电影放映联盟，加盟影院来自 45 条院线、85 家影院投资管理公司。2017 年，《奋斗》（1932）全片修复版、《海边的曼彻斯特》等国内外优秀文艺电影经过全国艺术电影放映联盟走上银幕。其中，影片《海边的曼彻斯特》首度采用了配额引进、分线发行、长线放映策略，上映 3 周，收获逾 700 万票房，取得了较好效果。2017 年开始，上海艺术电影联盟放映活动推广至长三角地区的南京、杭州等城市，多次举办中外电影展映交流活动，先后助力 6 部青年导演的电影在长三角大银幕上播放，放映场次超过百场。

随着影院数量的快速增长，前几年部分地区盲目扩张的隐患逐渐暴露出来，开始出现影院倒闭的现象。未来几年，盲目比拼硬件已经难以吸引观众，经营能力的提升、个性化差异化经营或将成为影院生存之道。

---

① 数据来源：国家新闻出版广电总局电影局、中国电影科学技术研究所，部分数据为笔者根据公开数据计算。

4. 后产业建设：逐步健全，进入规范轨道

电影销售二级市场——点播影院逐步走入规范化。2017 年，商聚影咖、艾米 1895、爱沐电影、木未影视、1907 光影俱乐部等点播影院发展受到行业关注。8 月，国家新闻出版广电总局电影数字节目管理中心与北京尚幕文化科技有限公司共建的“点播影院系统示范平台”正式发布，为点播影院提供供片、授权和传输等服务。8 月，国家新闻出版广电总局电影数字节目管理中心召开“DMCC 点播院线示范现场会”，帮助相关从业者了解点播院线相关的技术标准和管理规范。9 月，针对点播院线建立的影片著作权授权信息公示查询系统完成调试，面向点播院线试用。

电影工业园区建设初具规模。青岛东方影都、无锡数字基地、横店拍摄基地及长三角周边的各种拍摄景点，电影工业化体系初见端倪。国家中影数字制作基地等园区达到世界领先水平，为电影创作生产提供了有力支撑和服务保障。2017 年 8 月，国家新闻出版广电总局和江苏省政府共建无锡国家电影数字产业园，国家新闻出版广电总局电影局、江苏省新闻出版广电局与无锡市人民政府共同签署了《推动“中国电影名镇”建设联合倡议书》，无锡市人民政府、滨湖区人民政府、无锡国家数字电影产业园、中国电影名镇控股集团有限公司签订了“中国电影名镇”合作框架协议。

（三）电影产业收入：市场迎来更多理性消费

2017 年，中国电影产业规模继续保持快速增长，销售渠道更加多样，销售能力有所提升，反映出市场的不断成长和观众的不断成熟。

1. 产业发展：继续平稳提升

2017 年，全国电影票房 559.11 亿元，与 2016 年相比获得了 13.45% 的增长（见表 7）。上半年只有春节档和清明节档期的票房同比上年有所增长，其他档期均有不同程度的下降。但下半年 8 月以后，受《战狼Ⅱ》热映的强力拉动，市场迅速回暖，显示了市场的发展潜力。

观影人次方面，2017 年总人次 16.2 亿，突破了年人均逾 1 次的水平，我国城镇人口观影习惯基本形成。从各省（区、市）情况来看，北上广深仍是观影习惯较为稳固和成熟的地区，年人均观影均在 4 次左右。人次同比增幅为 18.08%，在 2016 年的高基数上实现了近 20% 的快速增长，反映出我国电影产业正在不断努力满足人民群众日益增长的美好生活需要与不平衡不充分的发展之间的矛盾。

平均票价小幅回落。其原因一是中小城镇影院建设不断成熟，这些影院本身票价不高；二是多部高票房影片是 2D 版本。

表 7　2013—2017 年电影产业收入基本指标 ①

年份	票房		人次		平均票价		单银幕票房产出	
	总额(亿元)	同比增幅	总数(亿人次)	同比增幅	票价(元)	同比增幅	票房(万元)	同比增幅
2013	217.69	27.51%	6.17	32.40%	35.28	-2.67%	119.64	-8.08%
2014	296.39	36.15%	8.34	35.17%	35.54	0.73%	125.63	5.01%
2015	440.69	48.69%	12.60	51.08%	34.98	-1.58%	139.34	10.91%
2016	492.83	11.83%	13.72	8.89%	35.92	2.70%	119.68	-14.11%
2017	559.11	13.45%	16.2	18.08%	34.51	-3.92%	110.11	-7.99%

2. 票房收入：多项指标获得新突破

2017 年，全年票房过亿元影片 95 部（不含上年复映影片），其中国产电影 54 部。票房超过 10 亿元的影片 15 部，总票房 267.7 亿元，占全年票房收入的 47.88%。

① 数据来源：根据国家新闻出版广电总局电影局公布数据整理计算。

2017 年，国产影片票房占比 53.84%，占比较上年略有下降（见表 8）。上半年一度出现国产片市场份额低至 38% 的情况。应对好莱坞等进口影片的激烈市场竞争，需要中国电影产业在日益开放的格局中不断提高能力水平。“既要以开放的姿态接纳好莱坞以及多国别的优秀影片进入中国市场，又要深入研究掌握观众迅速升级迭代的消费需要，不断增强中国电影的自身实力。”[①]

表 8　2013—2017 年国产电影和进口电影市场份额情况[②]

类别	年份	2013	2014	2015	2016	2017
国产	票房(亿元)	127.67	161.55	271.36	287.47	301.04
	票房比例	58.65%	54.51%	61.58%	58.33%	53.84%
进口	票房(亿元)	90.02	134.84	169.33	205.36	258.07
	票房比例	41.35%	45.49%	38.42%	41.67%	46.16%

从国产影片单片市场表现来看，主旋律现实题材影片《战狼Ⅱ》尽管存在一些争议，但仍以 56.83 亿元荣登票房冠军，并创造了多项票房纪录：中国电影历史最高票房纪录、中国电影单日票房纪录、全球单片单一市场观影人次纪录、全球电影票房 TOP100 唯一亚洲电影等，提升了中国电影产业、中国电影创作的信心。动作、喜剧、奇幻类型普遍受到欢迎，如《功夫瑜伽》《西游 2 · 伏妖篇》《妖猫传》，等等。观影群众兴趣更丰富，小众类型电影市场接受程度提升，文艺片获得更多关注。伪纪录电影《冈仁波齐》在与《变形金刚 5：最后的骑士》同档期竞争的情况下，依然取得了超过 1 亿元的票房；纪录片《二十二》票房近 1.7 亿元。这几部作品在艺术表现和人文关怀上都有较高诉求，它们的市场表现，一定程度上反映了观众观影需求的变化。

3. 海外销售收入：有序拓宽国际市场

2017 年，国产电影海外票房和销售收入 42.53 亿元，比上年 38.25 亿元增长 11.19%（见图 1）。

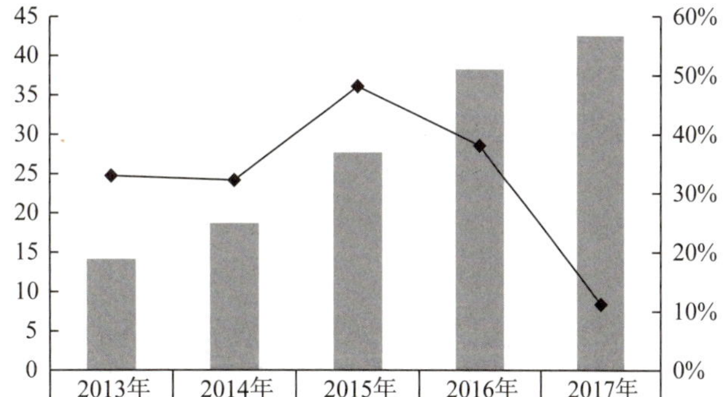

	2013年	2014年	2015年	2016年	2017年
综合收入（亿元）	14.14	18.7	27.7	38.25	42.53
增长率	33.02%	32.25%	48.13%	38.09%	11.19%

图 1　2013—2017 年中国电影海外综合收入情况[③]

自 2016 年“中国电影 · 普天同映”全球发行平台正式启动，在政府的指导和推动下，通过有计划地市场化运营，中国目前已与亚洲、欧洲、北美洲、大洋洲多国主流院线成功对接，并努力向非洲延伸，实现了多部国产新片的海外规模性发行，与此同时高度重视以新媒体为代表的多层次版权分发渠

① 童刚：《共筑电影强国梦想——中国电影这 5 年》，《人民日报》2017 年 9 月 14 日。
② 数据来源：国家新闻出版广电总局电影局。
③ 数据来源：国家新闻出版广电总局电影局。

道，品牌效应正在形成。通过实施重点影视合作译配工程，《美人鱼》《长城》等影片走出国门，登陆好莱坞影院。11 月 24 日，由中国国际电视总公司发起的“影视文化进出口企业协作体”正式成立，43 家影视机构拟抱团出海。

二、2017 年中国电影产业发展的政策环境

2017 年，中国电影产业发展获得新的历史机遇。中国共产党第十九次全国代表大会的胜利召开，描绘了我国今后 30 多年的美好发展蓝图。与电影相关的多个“十三五”规划的推出，为电影产业制定了发展进程。依法行政、简政放权，一系列促进电影产业全面深化改革的措施频频出台，保障我们加快电影强国建设之路。电影行业认真贯彻落实习近平新时代中国特色社会主义思想，清醒认识十九大作出的关于我国社会主要矛盾已经转化为人民日益增长的美好生活需要和不平衡不充分的发展之间的矛盾这一重大判断，推动电影产业继续平稳向前发展。

（一）十九大：为中国电影产业发展指明方向

2017 年 10 月 18 日至 24 日，中国共产党第十九次全国代表大会（简称党的十九大）在北京召开。党的十九大是在全面建成小康社会决胜阶段、中国特色社会主义进入新时代的关键时期召开的十分重要的大会，是在新的历史起点上开启党和国家事业新征程的一次大会。

十九大报告提出坚定文化自信，推动社会主义文化繁荣兴盛。其中对繁荣发展社会主义文艺，推动文化事业和文化产业发展作出专门要求。报告深刻阐述了文化和文化建设的重要地位和作用，深刻阐明了以什么样的态度和立场对待文化、用什么样的思路和举措发展文化、朝着什么样的方向和目标推进文化建设等重大问题，为我们坚定文化自信，推动社会主义文化繁荣兴盛提供了根本遵循，更为中国电影的未来发展进一步指明了方向。

十九大报告作出中国特色社会主义进入了新时代的重大政治论断，具有全局性、战略性的意义。新时代意味着新任务、新要求，新方位意味着新起点、新作为。报告特别指出，我国社会主要矛盾已经转化为人民日益增长的美好生活需要和不平衡不充分的发展之间的矛盾。发展文化事业和文化产业，是满足人民过上美好生活新期待的必然要求，也是激发全民族文化创新创造活力的必然要求。十九大报告作出的这一重大论断，为中国电影的未来发展提出了新任务、新要求，规划了新方向，也是中国电影未来发展的根本遵循。

（二）“十三五规划”：制定电影产业发展进程

2017 年 3 月，《“十三五”推进基本公共服务均等化规划》出台。5 月，《国家“十三五”时期文化发展改革规划纲要》出台。随后的 9 月，国家新闻出版广电总局《新闻出版广播影视“十三五”发展规划》出台。这些重要文件的出台，为电影产业发展在宏观上确定了进程，列清了任务单（见表 9）。这些文件将电影产业的发展目标定位为公共文化服务全面升级，农村电影放映服务、少数民族语电影译制服务层次全面提升；对经济的拉动作用显著增强；建立健全电影制作发行放映技术新工艺新体系，促进电影融合发展和产业战略升级。要求电影产业弘扬社会主义核心价值观，提高内容生产和创新能力；构建现代新闻出版广播影视公共服务体系，促进公共文化服务提质增效；加强科技创新，构建现代传播体系；加快构建现代新闻出版广播影视市场体系；深化新闻出版广播影视改革，健全确保把社会效益放在首位、实现社会效益和经济效益相统一的体制机制；加强国际传播能力建设，传播中国声音、展现中国精神、提升中国影响；加强文化信息安全建设，提升新闻出版广播影视安全保障能力。

表9　2017年党和国家促进电影产业与事业发展的大政方针一览

发文时间	文号	发文单位	文件名	主要内容
3月1日	国发〔2017〕9号	国务院	《"十三五"推进基本公共服务均等化规划》	将"进一步改善农村电影放映条件"列为重点任务。实施农村电影放映工程，继续巩固"一行政村一月放映一场电影"成果。加强少数民族语言广播影视节目译制、制作、播出和传输覆盖能力建设 规定为农村群众提供数字电影放映服务，其中每年国产新片(院线上映不超过2年)比例不少于1/3。为中小学生每学期提供2部爱国主义教育影片
5月7日		中共中央办公厅、国务院办公厅	《国家"十三五"时期文化发展改革规划纲要》	强调要繁荣文化产品创作生产，加快现代公共文化服务体系建设，完善现代文化市场体系和现代文化产业体系，推进文化体制改革创新，完善和落实文化经济政策
9月20日	新广发〔2017〕150号	国家新闻出版广电总局	《国家新闻出版广电总局关于印发〈新闻出版广播影视"十三五"发展规划〉的通知》	梳理发展基础，明确指导思想、基本原则、发展目标、主要任务及保障措施

随后，地方政府也陆续公布了广播影视"十三五"发展规划，充分贯彻落实中央和地方精神，紧跟国家新闻出版广电总局"十三五"规划制定的路线图、时间表、任务书，结合地方特色提出发展目标和具体任务、重点工程，稳步推进地方电影产业发展。

（三）依法行政、简政放权：促进电影产业全面深化改革

1. 依法发展：加强推动《中华人民共和国电影产业促进法》宣贯

2016年11月7日第十二届全国人民代表大会常务委员会第二十四次会议审议通过的《中华人民共和国电影产业促进法》，于2017年3月1日正式施行。作为中国文化产业领域第一部法律，《中华人民共和国电影产业促进法》的出台是以实际行动贯彻落实党中央关于加强文化立法的决策部署，为中国电影产业的繁荣发展提供了制度保障和法律支撑，是推进全面依法治国、建设社会主义法治国家的重要制度成果。

加强《中华人民共和国电影产业促进法》宣传贯彻的工作积极开展。2017年2月，《中华人民共和国电影产业促进法》宣传贯彻座谈会召开。主要通过如下两个方面推动宣传贯彻工作：组织学习培训，在系统内开展不同层次、形式多样的教育培训活动；完善相关制度，做好《电影管理条例》的修订和相关规章、规范性文件的"立、改、废"。

2. 简政放权：进一步释放产业活力

按照《中华人民共和国电影产业促进法》推动简政放权。一是取消《摄制电影许可证》和《摄制电影许可证（单片）》。国产电影在国家新闻出版广电总局网站备案公示后，由国家新闻出版广电总局电影局或各省级新闻出版广电部门发放《电影剧本（梗概）备案回执单》。中外合拍片由国家新闻出版广电总局电影局发放《电影剧本立项回执单》及相关批复文件。二是不再单独发放《电影技术合格证》，《电影片公映许可证》是电影片准予公映的唯一有效证明。在审查电影完成片时，只对主要发行版本进行技术审查，其他发行版本的质量由出品单位、发行单位或其他版权主体负责。

此外，按照国务院关于简政放权、放管结合、优化服务改革的文件精神，2017年12月11日，《国家新闻出版广电总局关于废止、修改和宣布失效部分规章、规范性文件的决定》（国家新闻出版广电总局令第13号）发布，对相关规定进行了修订（见表10）。

表 10　2017 年电影管理简政放权情况一览

文件名	文号	修改条款及修改内容
《中外合作摄制电影片管理规定》	广电总局令第31号	将第八条修改为:“申请中外合作摄制电影片,除应当符合有关法律法规要求外,还应当具备下列条件:(一)中方制片单位原则上需参与出品过两部或者以上获得电影公映许可证的国产电影;(二)中外合作双方均不在因违反《中华人民共和国电影产业促进法》《电影管理条例》而被禁止摄制电影的处罚期内。”将第九条第二项修改为:“(二)中方制片单位参与出品的国产电影的电影公映许可证复印件(两部或者以上)。”
《电影剧本(梗概)备案、电影片管理规定》	广电总局令第52号	将第五条第一款修改为:“拟摄制电影的法人、其他组织(以下简称制片单位)应当在电影拍摄前,按照有关规定向相关电影主管部门申请办理电影剧本(梗概)的备案手续。”删去第六条第四项
《关于解决农村乡(镇)电影放映工作人员工资待遇的通知》	广发干字〔1987〕111号	失效
《关于印发〈国产影片发行放映考核奖励办法〉的通知》	〔2008〕影字358号	失效
《关于印发〈国产影片出口奖励暂行办法〉的通知》	〔2009〕影字83号	失效

3. 规范准入：促进行业有序发展

一是修订与外商投资有关目录。2 月，国家发展改革委、商务部发布《中西部地区外商投资优势产业目录（2017 年修订）》；6 月，《自由贸易试验区外商投资准入特别管理措施（负面清单）（2017 年版）》《外商投资产业指导目录（2017 年修订）》发布，明确外商的电影投资准入范围。

二是规范点播影院、点播院线经营管理。基于点播影院和点播院线蓬勃发展的情况，4 月，《国家新闻出版广电总局关于规范点播影院、点播院线经营管理工作的通知》（新广电发〔2017〕81 号）正式发布，从业务界定、经营主体、监管机制、经营方式等多个方面对点播影院这一电影新业务进行明确规范，对培育电影新业态，形成电影产业新的增长点，规范建立电影市场秩序具有重要意义。6 月，国务院法制办公布《国家新闻出版广电总局关于〈点播影院、点播院线管理暂行规定（征求意见稿）〉公开征求意见的通知》（见表 11）。

表 11　2017 年电影行业发展准入相关政策一览

发文时间	文号	发文单位	文件名	主要内容
2月17日	中华人民共和国国家发展和改革委员会、中华人民共和国商务部令第33号	中华人民共和国国家发展和改革委员会、中华人民共和国商务部	《中西部地区外商投资优势产业目录(2017年修订)》	鼓励海南省、甘肃省电影院的建设、经营(中方控股)
4月21日	新广电发〔2017〕81号	国家新闻出版广电总局	《国家新闻出版广电总局关于规范点播影院、点播院线经营管理工作的通知》	从事点播影院、点播院线电影放映、发行服务,要依法取得电影主管部门核发的许可证

续表

发文时间	文号	发文单位	文件名	主要内容
6月5日	国办发〔2017〕51号	国务院办公厅	《自由贸易试验区外商投资准入特别管理措施(负面清单)(2017年版)》	禁止投资电影制作公司、发行公司、院线公司,但经批准,允许中外企业合作摄制电影。电影院的建设、经营须由中方控股
6月12日		国家新闻出版广电总局	《关于〈点播影院、点播院线管理暂行规定(征求意见稿)〉公开征求意见的通知》	对放映保护期、国产影片放映时长、单厅座位数量、违规处罚作出规定,明确指出,点播影院不得开展电影院放映活动;点播的影院的经营数据纳入电影销售收入统计
6月1日		国家新闻出版广电总局	《关于进一步加强网络视听节目创作播出管理的通知》	按照“同一标准、同一尺度”对网络视听节目的创作播出提出进一步要求,独具部分不合规作品打“擦边球”,拍摄前按院线电影进行备案再转战网络平台上线规避审查的行为
6月28日	中华人民共和国国家发展和改革委员会、中华人民共和国商务部令第4号	中华人民共和国国家发展和改革委员会、中华人民共和国商务部	《外商投资产业指导目录(2017年修订)》	鼓励外商投资产业包括:电影机械制造(2K、4K数字电影放映机,数字电影摄像机,数字影像制作、编辑设备)。限制外商投资产业包括:电影的制作业务(限于合作);电影院的建设、经营(中方控股)。禁止外商投资产业包括:电影制作公司、发行公司、院线公司。2015年3月10日国家发展和改革委员会、商务部发布的《外商投资产业指导目录(2015年修订)》同时废止

4. 强化管理:促进产业各环节协调发展

一是打造“电影市场规范年”,引导形成统一开放、公平竞争的电影市场。具体举措包括:严格执行票务软件产品标准,加大监管力度,实行退出机制;严格规范影院经营行为,严禁票房造假;严格规范电商售票行为,不得对未取得《电影片公映许可证》的电影片进行预售和销售,不得恶意锁场和不得通过不正当手段干预、主导影院排片;加强电影版权意识,依法防范、打击盗录盗播;依法追究违法经营者的法律责任等。3月,全国电影市场专项治理办公室对外通报:对首批查出存在违法经营行为的中影桐乡嘉博影剧院等326家影院实施严厉处罚,温州雁荡、江西星河两家院线公司被责令整改,此举被视为《中华人民共和国电影产业促进法》施行后规范市场的“第一记重拳”。2017年,中国电影发行放映协会共公布4批次68家严重违规影院,违规影院数量较2016年有所增加。同时,各地积极配合“电影市场规范年”相关活动,例如,北京市新闻出版广电局联合北京市文化执法总队开展影院票房治理工作,强化重点整治;浙江省、江西省部署开展电影市场专项整治活动等。但是也应看到,尽管行业监管力度不断提升,偷漏瞒报及票房注水现象依然存在。例如,影片《三生三世十里桃花》“粉丝锁场”事件影响恶劣;部分影片网络售票占比异常,存在通过柜台大量购票嫌疑;部分影片在某家院线或影院投资管理公司旗下的影院排片占比、场均人次存在异常现象。

二是强化影院管理。9月,国家新闻出版广电总局电影局下发《国家新闻出版广电总局电影局关于进一步加强影院放映技术管理的通知》,强化影院放映技术管理。11月,国家新闻出版广电总局批准发布 GY/T 312–2017《电影录音控制室、室内影厅 B 环电声响应规范和测量》、GY/T 311–2017《电影院视听环境技术要求与测量方法》、GY/T 310–2017《数字电影放映模式设置技术规范》、GY/T 309–2017《数字电影数据包（DCP）标题命名与载体标识技术规范》四项行业技术标准。此外，国家新闻出版广电总局电影局高度重视电影安全放映工作，多次发出电影安全放映工作相关通知。

三是规范影视作品网络传播。在《中华人民共和国网络安全法》开始施行的背景下，同时加大对影视作品网络传播管理力度，对腾讯公司、中国联通集团公司、中国移动集团公司、新浪微博、AcFun、凤凰网等网站相关业务进行了全面整改（见表 12）。

表 12　2017 年加强电影产业各环节规范发展相关政策

发文时间	文号	发文单位	文件名	主要内容
3月22日	影字〔2017〕96号	国家新闻出版广电总局电影局	《关于对首批326家违法影院进行处罚的通知》	对首批查出存在违法经营行为的中影桐乡嘉博影剧院等326家影院实施严厉处罚，温州雁荡、江西星河两家院线公司被责令整改
4月1日	影字〔2017〕106号	国家新闻出版广电总局电影局	《关于做好清明、五一期间电影安全放映工作的通知》	要求各单位各部门要充分认识安全工作的重要意义，将安全保卫工作作为首要任务，保持常态化管理；各级电影行政主管部门要按照属地管理原则，落实安全措施，加强部署检查；各院线公司及放映单位要建立健全安全保障机制，排查安全隐患，堵住安全漏洞；各单位要在安全工作上加大投入，做好安全预案，提高对突发事件的应急处理能力，确保电影放映场所的人身安全和财产安全
9月28日	影字〔2017〕378号	国家新闻出版广电总局电影局	《关于进一步加强影院放映技术管理的通知》	加强电影院放映技术标准的学习、宣传与贯彻，严格执行《数字影院暂行技术要求》《数字电影巨幕影院技术规范和测量方法》《数字影院立体放映技术要求和测量方法》《电影院星级的划分与评定》的规定，确保影院银幕亮度、清晰度、色温、均匀度、平整性，以及影厅还音响度与频响技术指标符合标准要求。各影院须加强对放映员的管理，严格操作规程和岗位职责。各影院加强放映机房管理，保持机房环境与放映设备处于清洁状态，避免因温度、湿度、静电、尘土等因素造成放映设备故障。要保证放映机镜头及放映窗口玻璃的洁净，避免因灰尘和污染导致的放映质量受损。各影院要加强对3D眼镜的保洁，主动式的3D眼镜要定期更换电池，不允许将污损或弱电的眼镜交付观众使用。加强对影院放映质量的监管
10月		国家新闻出版广电总局电影局	《关于做好迎接党的十九大及国庆、中秋期间电影安全放映工作的通知》	要求各级电影行政主管部门、院线公司及放映单位将安全检查制度化、长期化，针对电影放映的行业特点，制定安全措施，做好安全预案；在安全工作上加大投入，提高突发事件应急处理能力
11月24日	新广电发〔2017〕245号	国家新闻出版广电总局	行业标准GY/T 312–2017《电影录音控制室、室内影厅B环电声响应规范和测量》	规定了容积在125m^3以上的电影录音控制室(包括配音控制室和混录棚)、鉴定放映室和室内影厅还音系统的B环电声响应技术要求和测量方法

续表

发文时间	文号	发文单位	文件名	主要内容
11月24日	新广电发〔2017〕246号	国家新闻出版广电总局	GY/T 311-2017《电影院视听环境技术要求与测量方法》	规定了电影院的观众厅和放映机房的放映工艺、建筑声学、电声、放映光学等视听环境技术要求和相应的测量方法
11月24日	新广电发〔2017〕247号	国家新闻出版广电总局	GY/T 310-2017《数字电影放映模式设置技术规范》	规定了数字电影放映机放映数字电影数据包(DCP)时的设置要求
11月24日	新广电发〔2017〕248号	国家新闻出版广电总局	GY/T 309-2017《数字电影数据包(DCP)标题命名与载体标识技术规范》	该规定了数字电影数据包(DCP)的影片标题命名规则和载体标识内容

（四）财税扶持，推动电影产业进一步发展

2017年，行政主管部门与相关部门继续出台多项措施，推动电影产业进一步发展繁荣。

1. 财税金融政策支持

专项资金进一步引导国产影片生产发行放映环节协调、影院建设更加完备。5月，开展新闻出版广播影视重大项目征集工作。12月，国家电影事业发展专项资金管理委员会办公室下发《关于奖励放映国产影片成绩突出影院的通知》，对放映国产影片成绩突出的影院继续给予奖励；同时下发《关于支持中西部县城数字影院建设发展的通知》（见表13）。

表13　2017年电影产业财税金融相关政策

发文时间	文号	发文单位	文件名	主要内容
4月21日	财办文〔2017〕25号	财政部办公厅	《关于申报2017年度文化产业发展专项资金的通知》	推动影视产业发展，由国家新闻出版广电总局牵头负责，其中重点影视项目由中宣部负责
5月3日	新广出办发〔2017〕25号	国家新闻出版广电总局办公厅	《国家新闻出版广电总局办公厅关于征集2017年度文化产业发展专项资金新闻出版广播影视重大项目的通知》	强调加快推动影视产业发展：继续支持电影、电视剧、纪录片、动画片等影视内容创作生产，网络原创视听节目生产制作，中国巨幕、激光放映、沉浸式多维声等国产技术应用，影视衍生品和后产品的开发营销，影视产业园区基地建设，城市数字影院建设、信息系统建设和设备升级改造，影视企业“走出去”等
12月11日	电专办字〔2017〕40号	国家电影事业发展专项资金管理委员会办公室	《关于支持中西部县城数字影院建设发展的通知》	对于新建影院，2016年1月1日(含)以后正式营业的、不少于3个放映厅，使用2K以上(含2K)数字放映机，且总座位数不少于200个的，每厅资助10万元，资助总金额不高于30万元。对于改扩建影院，已有1个或2个放映厅的影院，将资助其增加至3个放映厅。每增加一个放映厅资助10万元，资助总金额不高于20万元

续表

发文时间	文号	发文单位	文件名	主要内容
12月11日	电专办字〔2017〕41号	国家电影事业发展专项资金管理委员会办公室	《关于奖励放映国产影片成绩突出影院的通知》	从2017年起，影院全年(即1月1日至12月31日)放映国产影片票房收入占票房收入55%以上的，将按3个档次给予奖励。其中一档，比例66%(含)以上，将按国产影片票房收入上缴到中央的电影专项资金的比例奖励100%；二档，比例60%(含)—66%，将按国产影片票房收入上缴到中央的电影专项资金的比例奖励75%；三档，比例55%(含)—60%，将按国产影片票房收入上缴到中央的电影专项资金的比例奖励50%。新规对影院的奖励份额比2016年开始实施的奖励提高了一倍，且奖励范围也大幅放宽

2. 地方加大扶持政策出台力度

各地因地制宜地制定促进影视产业发展的具体措施。《国务院关于印发中国（陕西）自由贸易试验区总体方案的通知》对“一带一路”倡议下西部电影产业发展具有促进作用。《浙江省人民政府办公厅关于加快促进全省影视产业繁荣发展的若干意见》《重庆市电影扶垚计划管理办法》《佛山市扶持影视产业发展的若干政策》等相关政策，显示出各地对电影产业发展的重视与支持。

各地还纷纷利用财税金融政策，支持电影产业发展。例如，北京市设置北京影视出版创作基金；福建省设置“福建文艺发展基金”、剧本创作扶持资金，播出方面“以奖代补”、电影专项资金等；山西省出台《优秀电影扶持奖励办法》等（见表14）。

表14　2017年推动电影产业化改革相关政策

发文时间	文号	发文单位	文件名	主要内容
3月15日	国发〔2017〕21号	国务院	《国务院关于印发中国(陕西)自由贸易试验区总体方案的通知》	建设中影丝路国际电影城等一批文化产业项目，推出一批具有国际影响力的文化艺术精品
8月1日	佛府〔2017〕55号	佛山市人民政府	《佛山市扶持影视产业发展的若干政策》	扶持政策涵盖产业链的各个环节，打通电影全产业链各个环节和各个要素；推动集聚式发展，扶持影视拍摄基地、取景地以及影视企业集聚的园区；资助不设起点；出品方范围放宽；依托佛山数量庞大的设备制造企业和衍生品开发企业，对影视IP版权交易进行奖励
8月18日	浙政办发〔2017〕88号	浙江省人民政府办公厅	《浙江省人民政府办公厅关于加快促进全省影视产业繁荣发展的若干意见》	要求进一步加快发展影视产业，推动全省影视创作生产从数量扩张为主向质量提高为主转变，影视市场资源配置由国内为主向统筹国内国际转变，影视产业价值链拓展从低端向高端转变
9月7日	赣新广影视字〔2017〕29号	江西省新闻出版广电局	《江西省电影、电视剧精品项目评选办法》	实施电影精品孵化计划，开展影视单位、人才、题材“三库”建设

续表

发文时间	文号	发文单位	文件名	主要内容
9月25日	闽新广〔2017〕624号	福建省新闻出版广电局	《福建省十佳影视创作机构培育扶持管理办法》	鼓励引导本省影视机构积极创作生产，加快培育一批具有较强影视制作经营能力的企业，扩大本省影视文化产业的影响力和知名度
10月25日	闽新广〔2017〕662号	福建省新闻出版广电局	《福建省新闻出版广电局电视短纪录片、电影短片扶持项目管理办法（试行）》	扎实推进电视短纪录片、电影短片创作生产
11月7日	渝文委规〔2017〕15号	重庆市文化委员会	《重庆市电影扶犇计划管理办法》	对本土市民、本土企业、本土院校的电影生产进行扶持，以政府扶持资金撬动社会资本力量，激励生产力提档升级，促进电影业全产业链均衡发展
12月13日	京宣发〔2017〕38号	北京市新闻出版广电局	《北京市多厅影院建设补贴管理办法》	北京五环路以外城区、远郊区乡镇和北京城市副中心的影院建设，将得到重点扶持。采取差别化扶持政策，引导社会力量和资金投入影院建设，重点解决影院布局不合理、远郊特别是农村地区影院建设滞后、部分老旧影院闲置等问题
12月12日		中共上海市委、上海市人民政府	《关于加快上海文化创意产业创新发展的若干意见》	提出建设全球影视创制中心，制定构建影视产业目标体系，优化影视产业扶持机制，提升影视产业链发展能级等
12月14日		山西省财政厅、山西省新闻出版广电局	《优秀电影扶持奖励办法》	对山西省电影精品创作进行扶持，设立“山西优秀电影奖”评选奖励、电影发行放映奖励和电影学术及市场分析研究项目奖励，明确了扶持奖励项目的范围、标准及评选程序等

三、世界电影产业发展情况及中国的定位

（一）2017年中国电影对外交流环境

1. 全方位外交布局利好中国电影对外合作

自2012年以来，中国特色大国外交布局不断完善，全方位外交布局深入展开。全面推进中国特色大国外交，形成全方位、多层次、立体化的外交布局，为电影产业的对外合作发展营造了令人瞩目的外部条件。2017年，国内主办了几场多边外交活动，包括首届“一带一路”国际合作高峰论坛、金砖国家领导人厦门会晤等。在多边外交政策利好导向下，受中国电影市场仍较快速扩大、中国电影市场开放程度不断深入、中国电影市场日益融入世界电影市场影响，2017年中国电影对外合作与交流频次高、内容多、形式新，助力于推动构建新型国际关系，推动构建人类命运共同体。

一是推动“一带一路”沿线国家的电影合作与交流。2017年5月14日，“一带一路”国际合作高峰论坛在北京举行。会议期间，中国政府与黎巴嫩政府签署《中华人民共和国政府和黎巴嫩共和国政府文化协定2017—2020年执行计划》，与突尼斯、土耳其政府分别签署《中华人民共和国政府和突尼斯共和国政府关于互设文化中心的协定》《中华人民共和国政府和土耳其共和国政府关于互设文化中心的协定》。6月，中国与来自印度、匈牙利、希腊等“一带一路”沿线国家代表共同签订了“一带一路”电影文化交流合作机制备忘录、“一带一路”电影节战略合作协议。这些协定的签署，将为进一步拓展“一带一路”沿线国家的电影合作与交流开辟新的领域。在实施共建“一带一路”倡议导向下，中国与沿线国家加强电影合作与交流，与多个沿线国家合作制作优秀电影，在多个沿线国家举办电影

节。此外，上海国际电影节、北京国际电影节、丝绸之路国际电影节等品牌节展国际影响力提升，纷纷设置“一带一路”主题展映、论坛、市场交易等活动。为更加有效地推动中国电影“走出去”，中国亦积极助力沿线亚洲国家进行电影资源的共享和共建，强化技术产业合作，推动广播影视基础设施联通。11 月 2 日，“丝绸之路沿线家庭电影播放系统”海外第一台智能电视在越南落地，开启了海外用户通过智能电视应用程序观看影院热映中国电影之门。

二是推动金砖国家的电影合作与交流。2017 年，金砖国家（巴西联邦共和国、俄罗斯联邦、印度共和国、中华人民共和国和南非共和国）取得丰硕合作成果，五国合作领域从经济向政治、人文等全面拓展，形成全范围、宽领域、多层次的合作架构。6 月，2017 中国成都·金砖国家电影节成功举办，以设立各国电影日的方式，集中展映来自中国、巴西、俄罗斯、印度、南非五个金砖国家新老影片。中国与金砖国家代表签订了《金砖国家电影合作成都共识》，推出了《金砖国家电影合作拍摄 2017—2021 年计划》《金砖国家电影人才交流培养的计划》，发布了《金砖国家电影优秀传统文化传承与青年人才创新发展共同宣言》，等等。这些举措，为加强金砖国家人文交流机制、夯实民意基础做出了重要贡献。可以预见，以中国成都·金砖国家电影节的开幕片《时间去哪儿了》为起点，金砖国家电影人的合作将会日益频繁、日益深入。随着“金砖 +”合作模式的探索，广大新兴市场国家和发展中国家与中国电影的合作交流或将次第展开。

三是按照亲诚惠容理念和与邻为善、以邻为伴周边外交的方针，中国同周边国家的电影合作频率快增、形式多样。中国和日本的电影交流合作亮点多、频率快、范围广、收益大。中韩两国的电影合作也在积极开展中。

四是继续大力搭建电影对外合作框架。伴随大国外交战略的实施，2017 年 3 月，中国与毛里求斯签订了《关于电影合作的谅解备忘录》。这些积极的电影外交举措，进一步推动了多边电影领域的交流、合作与发展。2017 年，中国与希腊、丹麦、哈萨克斯坦、卢森堡、俄罗斯、巴西签署了电影合拍协议。加上此前的加拿大、意大利、澳大利亚、法国、新西兰、新加坡、比利时（法语区）、英国、韩国、印度、西班牙、马耳他、荷兰、爱沙尼亚，中国已与 20 个国家签署了电影合拍协议。此外，与部分其他国家及地区的电影合拍协议也在商讨推进中（见表 15）。

表 15　2017 年中外电影合拍协议一览 ①

序号	签订时间	对象国	协议名称
1	2017年4月27日	希腊	《中华人民共和国国家新闻出版广电总局与希腊共和国文化体育部关于电影合作拍摄的协议》
2	2017年5月3日	丹麦	《中华人民共和国政府与丹麦政府关于合作摄制电影的协议》
3	2017年6月	哈萨克斯坦	《中华人民共和国政府与哈萨克斯坦共和国政府关于合作拍摄电影的协议》
4	2017年6月12日	卢森堡	《中华人民共和国政府与卢森堡大公国政府关于合作拍摄电影的协议》
5	2017年7月4日	俄罗斯	《中华人民共和国政府与俄罗斯联邦政府关于合作拍摄电影的协议》
6	2017年9月1日	巴西	《中华人民共和国政府与巴西联邦共和国政府关于合作摄制电影的协议》

五是积极组织多种电影对外合作与交流。2 月，“中东欧主题影展”集中展映了一批中东欧国家当代和经典影片。5 月，配合中德高级别人文交流对话机制首次会议，德国电影回顾展在北京举行。“海外十大中国品牌电影节等活动渐成气候，让外国民众通过电影进一步了解中国，同时更加有效地拓展

① 数据来源：中国电影合作制片公司（http：//www.cfcc-film.com.cn/polic/content/id/23.html）。

中国电影的国际发展空间。”[①]2017 年，中国在俄罗斯、伊朗、意大利、法国、坦桑尼亚、毛里求斯、摩洛哥、匈牙利、哈萨克斯坦等多个国家举办了电影节展类活动。在戛纳、柏林、东京、多伦多、威尼斯等代表性国际电影节上，也多有中国电影展映宣传。第 42 届多伦多国际电影节上，中国经典默片《奋斗》（1932 年）修复版入选特别放映单元，是中国修复版经典电影首次在世界著名电影节上举行全球首映。

2. 中国与全球电影产业的交流

中国电影抓住“一带一路”机遇，倡导合作共赢，加快“走出去”步伐，加强文明对话和文化交流，国际影响力不断增强。在各种外交机制、人文机制合作框架的背景下，中国电影不断开拓和国外形成合作的新路径和新模式，调整国际化区域布局，积极参与制定市场规则。中国电影文化从“借船出海”到“联合舰队”，再到自主驰骋、扬帆远航，出现了越来越多的亮点，成长显著。

3. 产业参与与国际话语权

2017 年，中国部分优秀影视企业积极拓展国际市场，在国际电影产业中的参与意识与话语权正逐步提高。

中国院线参与创建全球影院联盟。6 月，十一大院线和两大国际行业组织宣布成立全球影院联盟，旨在代表电影放映行业的全球利益。中国万达院线位列其中，与美国的 AMC 和 Cinemark，加拿大的 Cineplex，墨西哥的 Cinépolis，欧洲的 Cineworld，韩国的 CJ–CGV，澳洲的 Event Cinemas，法国的 Les Cinemas Gaumont Pathé，美国的 Regal Entertainment Group，欧洲的 Vue International 及美国影院院主协会（NATO）和欧洲国际影院联盟（UNIC）同为创始成员。

中国企业介入海外票务平台。6 月，阿里影业以近 12 亿卢比、约合 1870 万美元收购了印度第二大互联网售票平台 TicketNew[②] 的大多数股权，首次在中国以外票务领域大规模收购。

（二）中国在全球电影产业发展中的定位

1. 票房增长情况

2017 年，全球电影票房 399 亿美元，较 2016 年的 386 亿美元增幅约 3%。

美国在全球电影市场的龙头地位保持不变，但随着中国电影市场的发展，二者之间的距离仍在不断缩小。中国的票房增速 13.45%，在世界范围内仍处于领先地位，仍是全球电影票房增长的一大动力。日本、韩国等亚洲国家，继续保持本土票房过半水平（见表 16）。

表 16　2017 年部分主要电影国家的票房收入情况[③]

序号	国别	票房	票房（本土货币）	票房同比增幅	本土票房占比
1	北美	110.65亿美元	110.65亿美元	-2.74%	—
2	中国	88.42亿美元	559.11亿人民币	13.45%	53.84%
3	日本	15.07亿美元	2285.72亿日元	-2.9%	54.9%
4	英国	23.58亿美元	16.65亿英镑	4%	
5	韩国	14.69亿美元	16780亿韩元	1.13%	51.8%
6	德国	11.45亿美元	9.23亿欧元	5.3%	25.6%

从照 2016 年的趋势来看，全球分地区电影票房格局变化不大（见表 17）。

① 童刚：《共筑电影强国梦想——中国电影这 5 年》，《人民日报》2017 年 9 月 14 日。

② TicketNew 成立于 2007 年，在印度 300 多个城市提供电影和演出售票服务，其旗舰产品 Box Office 是一款帮助影院优化运营的企业资源规划平台，为影院放映商提供移动应用和网络解决方案定制。

③ 为避免汇率波动引起统计数值偏差，本表中“票房同比增幅”依据本土货币计算所得。

表 17　2016 年全球分地区电影票房收入情况[①]

类别	数量(亿美元)	同比增长
北美	114	2.4%
拉丁美洲	28	-17.6%
欧洲	91	-2.1%
中东、非洲	5	
亚太	149	4.9%

2. 银幕建设

据 IHS 标准规范数据库数据显示，2017 年全球数字影院总数达 35191 家，数字银幕总数为 169274 块，数字化率提高至 98.5%。2017 全年数字银幕净增长 14207 块，与 2016 年（14018 块）基本持平，增幅为 9.1%。

2017 年全球 3D 银幕总数达到 99639 块，逼近 10 万块，占全球银幕总数的 58.9%，较 2016 年的 56.3% 继续小幅上升。就全球层面来看，3D 仍然是推动数字银幕增长的主要动力。

2017 年银幕建设的主力军仍是亚太地区，全年新增数字银幕 11900 块，其中中国占 85%。

中国、印度、美国、俄罗斯、墨西哥、印度尼西亚、韩国、土耳其分别位列 2017 年新增数字银幕数量的前八位，新建银幕多于现有影厅的数字化改造；虽然印度去年数字银幕的建设数量位居全球第二，但其全国数字化率仍然较低，仅为 44.8%。

和 2017 年其他季度相比，第四季度全球数字银幕建设最为积极，共新增 4636 块，在第三季度的基础上增长 44.3%，成为自 2015 年第四季度以来新增银幕数最多的一个时期。第四季度新增银幕中 79.8% 为 3D 银幕，中国仍占绝大多数。

2017 年，中国城市电影银幕数量 50776 块，幕均覆盖人口 2.72 万人。从全球的情况来看，中国的幕均覆盖人口数仍然较大。但若综合考量中国实施的农村电影放映工程，中国电影银幕覆盖情况已经较为乐观。

3. 观影人次

2017 年，在《战狼 Ⅱ》等票房大片的带动下，中国电影观影人次继续快速发展，达到 16.2 亿人，年人均观影 1.17 次。从世界范围来看，韩国保持世界最爱看电影的国家地位不变。中国与韩国、美国之间仍有较大差距，但与世界其他电影大国如日本、德国相差无几（见表 18）。

表 18　2017 年部分主要电影国家的观影人次情况

序号	国别	总人次数(亿人次)	总人口(亿人)	年均人观影次数(次)
1	中国	16.2	13.8	1.17
2	美国	12.34	3.2	3.86
3	日本	1.74	1.3	1.34
4	韩国	2.20	0.5	4.4
5	德国	1.132	0.8	1.42

4. 平均票价

相对较低的电影票价有助于吸引更多的观众走进影院。2017 年，中国电影平均票价 5.33 美元。在全球范围来看，仍处于中等偏低。受汇率波动影响，全球主要电影国家平均票价折合美元价较 2016 年

① 数据来源：Theatrical Market Statistics2016，MPAA。

各有涨跌，但总的来看，都相对平稳（见表19）。日本仍是电影票价较高的国家，随着税率的上涨，未来日本平均票价将更贵。

表19　2017年部分国家平均电影票价情况

序号	国别	2017年平均票价(美元)	2016年平均票价(美元)
1	中国	5.33	4.86
2	美国	8.97	8.65
3	日本	12.04	11.5
4	韩国	6.68	6.69
5	德国	10.11	8.98

支菲娜　国家新闻出版广电总局发展研究中心电影所副所长、副研究员

香港电影市场的“回冷”以及本土化坚守：2017 年香港电影综述

◎ 赵卫防　侯东晓

2017 年是香港回归祖国 20 周年，也是香港与内地签订 CEPA 协议的第 14 年。从总体上来看，2017 年的香港电影进入了后融合时期两地电影交流、互动进一步加强的新阶段。香港电影人争相涌入内地，两地影人合作进一步深化，合拍片的作品也更加趋向精良。与 2016 年香港电影相比，2017 年香港电影票房表现欠佳，没有出现“超现象级”的票房大片。在后融合时期，香港电影类型多元化倾向、合拍片依然是香港电影的主流。被合拍片和好莱坞电影不断压缩的香港本土电影创作在 2017 年有一定反弹。表现香港人现实生活处境以及反映社会问题的影片增多，香港电影的在地性表达和文化保育诉求进一步增强。

一、产业基本情况

2017 年的香港电影总体呈现回冷趋势，全年票房总收入仅 18.54 亿港元，与 2016 年的 19.47 亿港元票房相比下跌 4.81%。2017 年度香港共上映影片 331 部，较 2016 年的 349 部下降了 18 部，减幅为 5.16%。其中共上映香港影片 53 部，非香港影片 278 部。在 53 部香港电影中，港产片占 19 部，32 部是香港与内地合拍电影，还有 2 部是中国香港分别与日本、马来西亚合拍的电影。在 278 部非香港电影之中，16 部是华语片，外语片为 262 部。①

表 1　2017 年香港地区上映影片票房前十名统计②

名次	影片名称(国别)	累计票房(万港元)
1	《美女与野兽(2017)》(美)	6723
2	《蜘蛛侠：强势回归》(美)	6576
3	《雷神奇侠3：诸神黄昏》(美)	5152
4	《坏蛋奖门人3》(美)	4989
5	《神奇女侠》(美)	4778
6	《狂野时速8》(美)	4768
7	《正义联盟》(美)	4359
8	《波士BB》(美)	4176
9	《星球大战：最后绝地武士》(美)	4156
10	《卢根》(美)	3854

从表 1 中可以看出 2017 年香港地区上映的十大卖座电影中，香港电影无一上榜。香港电影票房市场已经呈现出好莱坞影片一家独大的趋势。纵观往年香港电影十大卖座影片，每年平均至少有两部跻身其中。近五年来表现比较突出的如 2016 年的《寒战 Ⅱ》和 2013 年的《激战》分别位列当年香港十大卖座电影的第一位和第三位，体现出了香港电影在后融合时期比较出色的市场竞争力。但是 2017

① 相关数据来自香港电影票房有限公司（香港影业协会及香港戏院协会下属机构）。

② 相关数据来自香港影业协会（香港影业协会及香港戏院协会下属机构）。

年的香港地区十大卖座电影与往年相比表现相对疲软，以6723万港币夺得票房头魁的《美女与野兽（2017）》，在近五年香港地区上映的好莱坞影片最高票房数据排名中仍处于最低位置。好莱坞影片独霸票房榜前十，一方面，展现出了好莱坞影片对香港电影本土市场的巨大威胁；另一方面，纵观榜单，几乎是清一色的超级英雄大片，票房表现疲软也在一定程度上体现了在香港上映的好莱坞影片的“同质化”倾向使香港观众对“超级英雄”类型已产生审美疲劳。

表2　2017年香港地区上映香港影片票房前十名统计①

名次	影片名称	累计票房(万港元)
1	《春娇救志明》(合拍)	3025
2	《拆弹专家》(合拍)	2536
3	《西游2·伏妖篇》(合拍)	2363
4	《追龙》(合拍)	1872
5	《一念无明》	1692
6	《小男人周记3之吾家有喜》	1618
7	《29+1》(合拍)	1524
8	《原谅他77次》(合拍)	1417
9	《西谎极落:太爆·太子·太空舱》(合拍)	1016
10	《杀破狼·贪狼》(合拍)	779

从表2中可以看出，香港电影市场与内地电影市场合作持续深化，合拍片在香港电影市场中已经占据主导地位。但2017年香港电影票房最高的《春娇救志明》与香港地区最卖座电影第十名的《卢根》(即《金刚狼3：殊死一战》）相差近千万港元。2017年香港影片票房前十中只有《杀破狼·贪狼》跌破千万。2017年香港电影票房前十的极差远小于2016年，这体现出2017年香港电影票房相对平稳，没有出现票房强号召力的“超现象级”影片。

与2016年19部港产片、39部合拍片相比，2017年港产片产量与2016年持平，仍为19部，而合拍片则略有跌幅，为34部。与往年两地合拍片主要集中在爱情、喜剧、动作、奇幻等类型不同，2017年的合拍片类型多元化的趋势就续深化，但奇幻、动作、犯罪类影片较往年减少，反映香港人现实处境题材以及青春题材影片增势迅猛。香港电影继续坚持类型多元化探索，同时更加注重影片的现实关怀，特别聚焦当下香港年青一代的生存处境以及当下香港存在的社会问题，也是对香港本土意识的坚守和对香港文化的保育。类型的多元化和题材的现实性，标志着CEPA协议签订之后两地合拍进入深度融合之后的进一步发展。

2017年香港与内地的合拍片票房上整体表现低于2016年。2017年的内地票房前十的影片中，合拍片有《功夫瑜伽》《西游2·伏妖篇》和《追龙》三部。合拍片中票房最高的《功夫瑜伽》有17.48亿人民币，位列榜单的第三名。对比2017年香港本土票房前十影片榜单和内地国产电影前十影片榜单，在两个榜单中同时存在的只有《西游2·伏妖篇》和《追龙》两部影片，这也说明虽然后融合时期两地观众审美趣味不断融合、相互适应，但是仍然存在较大的错位。内地影片在香港本土很难有较大的票房收获。例如2017年《战狼Ⅱ》可以说是口碑、票房双丰收的“爆款”，但是在香港票房仅有549万港币，同样作为香港本土票房冠军的《春娇救志明》在内地票房约为1.7亿人民币。这种不兼容的现象依然是两地电影合拍需要攻克的重要“命题”。香港回归20年来，香港电影人不断摸索内地观众的审美趣味，积极调整港片中的“港味”与内地价值观接轨，创造了一系列成功的案例。但是，内

① 相关数据来自香港影业协会（香港影业协会及香港戏院协会下属机构）。

地影片在香港本土持续遇冷，也敦促内地影人也应对香港电影在内地成功的进行经验借鉴、吸收。两地电影人还应该继续以合拍片为载体，在两地文化和价值观的差异中寻找观众审美上的交叉点，制作出真正适合两地观众的影片，使合拍片达到真正的融合。

2017年国产片票房前十中仅有2部是合拍片，相较于2016年内地片票房前十中有7部合拍片的比例，数量下滑严重。但2017年内地片票房前十中有6部是香港电影人参与制作的，说明香港电影人参与合拍的渠道更加多元与细化。仔细分析进入内地片票房前十的合拍片，可以看出是香港电影传统IP在发力。《西游2·伏妖篇》16.52亿元的票房，显然是与周星驰这块金字招牌密切相关的；《追龙》则是对香港枭雄片《跛豪》和《五亿探长雷洛传》的致敬。这两部电影在内地的成功，都是抓住了人们对黄金时期香港电影的怀旧情绪。

2017年的纯香港本土影片在票房上仍然斩获甚微，但是香港本土电影的社会问题意识、文化保育意识更加凸显。“香港本土电影美学也表现了多元化，促使香港电影人进入了思辨，思考问题深了，不像过去那样纯粹娱乐。”[①] 既有《小男人周记3之吾家有喜》这样的喜剧片，也有《一念无明》这类社会写实片，还有《失眠》这样的恐怖片。香港电影人的集体“北上”对内地市场的偏重，在一定程度上造成了本土电影的失语以及美学上的断层，香港新一代本土影人的成长缺少香港电影“优生态”的产业链土壤，以及对“港式人文理念”的深刻理解，但他们以自己对香港社会的敏锐观察，用电影表达对社会问题的看法，依然充满了在地性色彩。

综上所述，2017年的香港电影票房相较2016年有了轻微的下跌，港产片产量输出稳定，合拍片数量有所减少。好莱坞影片进一步侵占香港电影市场，合拍片在两地表现均不尽人意。在合拍片和好莱坞影片的双重夹击下，香港本土电影也不断进行新的尝试，继续深化多元的类型创作模式。香港回归20周年，香港电影越来越关注香港社会中个体的生存处境，为港式人文理念注入新的现实主义内涵，为香港本土电影的发展拓展新路径。

二、合拍片续集、翻拍大量涌现

2017年是香港回归20周年、CEPA签订第14年，两地的合拍经历了从“水土不服”到互融交汇的过程，带动了两地电影的繁荣与复兴。随着两地合拍进入后融合时期，香港与内地的合拍电影也进行着更多元的尝试，不断更新着两地电影人的创作理念。香港影人试图在合拍片中寻求更多的本土性表述，来抒发香港情怀，具体表现为合拍片中大量出现续集或翻拍、改编旧作，一定程度上合拍片在2017年度是借IP发力。

2017年最受观众期待的是周星驰、徐克联手打造的《西游2·伏妖篇》，影片票房仍旧表现出色。借助《西游记》这一传统IP融入周星驰的无厘头风格和徐克的奇诡想象力为观众呈现了一场视听盛宴。影片以唐僧师徒四人西行路上，降服蜘蛛精、白骨精以及比丘国的九宫真人和红孩儿为叙事线索，以比丘国降妖为主体事件，塑造了唐僧、孙悟空、猪八戒和沙和尚四个反英雄角色。他们不再是正义感十足、无所不能的英雄，而是被生活种种难题所困扰的“人”。凡心未了的唐僧，仍然牵挂着自己心爱的段姑娘，对悟空杀死段姑娘一直心存芥蒂，因此师徒关系一直处于紧张的状态，为影片塑造了另一层情感张力。在叙事上，徐克采取以比丘国为主体事件，拼贴了降服蜘蛛精、白骨精事件，比丘国九宫真人深藏不露欲以白骨精加害唐僧一行人，唐僧巧施反间计的设计看似精彩，但叙事上的转折过于突兀，难以让观众信服。在视听风格上，畸形马戏团以及红孩儿机械朋克的形象设计为观众呈现了一场视觉奇观，但混搭的视觉风格也造成了美学上的断裂。影片荒诞的剧情和台词设计以及周星驰一贯的后现代风格观众依然买账，但周星驰这一金字招牌，也在不断被过度消费。在《西游·降魔篇》（2013，豆瓣评分7.1）、《美人鱼》（2016，豆瓣评分6.7）之后，《西游2·伏妖篇》5.5的豆瓣评分也创

---

① 冯应谦、卓伯棠、李道新、赵卫防、周星：《时代新语境下的香港电影》，《电影评介》2018年第2期。

下了周星驰奇幻系列的最低点。

此外，2017年度另一部由袁和平导演、徐克编剧的奇幻影片《奇门遁甲》也饱受争议。影片翻拍自1982年袁和平自导的同名经典影片，但故事已完全独立。2017版《奇门遁甲》，徐克把故事背景设置在妖邪横生的乱世，人们处在水深火热之中，为拯救苍生，金刀捕快刀宜长、雾隐门上下以及小圆圈共同对付邪魔，最终平息浩劫，拯救世界。影片在视觉效果上虽有徐克的"电影工作室"坐镇，但是特效的大量堆积难掩故事的薄弱，难以引起观众认同反而使观众产生审美疲劳。《奇门遁甲》的失败还在于其过多的类型融合，其中有武侠、功夫、喜剧、悬疑、恐怖还有爱情，太多元素的介入超出了影片的承载力，导演难以把控。

虽然两部影片在口碑上都难以获得认可，但是，从两部影片中我们仍能看到经典香港电影的影子，例如《西游2·伏妖篇》中的周星驰风格，《奇门遁甲》中的功夫喜剧元素，等等，这些元素都是香港情怀的银幕再现。

与奇幻电影在口碑上的失利不同，警匪动作片在2017年取得了不错的成绩。王晶导演的警匪片《追龙》可以说是2017年度最具香港风格的影片，也是2017年度备受关注的香港警匪动作片影片之一。影片致敬了20世纪90年代香港的《跛豪》《五亿探长雷洛传》等系列枭雄片。影片以伍世豪和雷洛两人的发家史为主要线索，跨越六七十年代，展现了香港警察、黑社会沆瀣一气、鱼龙混杂的众生相。影片不仅讲述了警黑合谋贪污、目无法纪，同时也将雷洛与伍世豪之间的兄弟情谊编织其中。相较于《跛豪》的单一主角设置，《追龙》中刘德华和甄子丹的双主角设置使影片剧情更加复杂，人物的命运与香港社会大事件紧密联系在一起，使《追龙》具有了史诗气质。除此之外，导演王晶出色地还原了20世纪六七十年代香港的社会氛围，真实再现了九龙城寨的内部空间以及黑社会的各种规矩，为"追龙"故事的展开提供了非常扎实的社会背景。在细节的处理方面也真实地还原了香港电影黄金时期的影像之感，30年后刘德华再次饰演雷洛风采依旧，引发了两岸观众的怀旧之情。影片在内地获得了五亿多的票房，在香港本土也取得了接近两千万港币的票房成绩，票房与口碑双丰收。而另一部警匪片《黑白迷宫》是王晶"黑白"系列的收尾之作，仍然延续着前两部［《黑白森林》（2003）、《黑白战场》（2005）］"抓内鬼"的路子，视觉影像上对"围村""霓虹夜景""麻将馆"等意象的反复消费以及陈旧的情节设计，也使"黑白"系列难逃烂尾的厄运。同样类型的影片还有在影像风格上走"复古"路线的《毒·诫》。影片请来了当年"慈云山十三太保"之首的陈慎芝做监制，将故事背景设置在20世纪60年代的香港，试图为"慈云山十三太保"树碑立传，但薄弱的社会背景介入以及陈华牵强的人物性格转变都让本片无法复现枭雄片的怀旧质感。《毒·诫》的出现，一方面是创作者试图蹭近几年香港兴起的《扫毒》（2013）、《毒战》（2012）等"缉毒"系列的热度；另一方面也是想利用观众对枭雄片的怀旧之情。然而事实证明，缺少扎实的剧本和气氛营造，观众对悬置的怀旧情怀并不买账，这也导致了《黑白迷宫》《毒·诫》出现了口碑票房上的双失利。

另一部值得关注的动作片是叶伟信的《杀破狼·贪狼》。影片依旧走续集路线。2005年第一部《杀破狼》在香港上映，其独具匠心的动作设计开创了时装警匪动作片新领域。十年之后叶伟信重启"杀破狼"系列，延续了该系列极具审美快感的动作设计、国际化的创作视野，取得了不错的票房成绩。这两部影片的成功为"杀破狼"系列奠定了观众基础。2017年的《杀破狼·贪狼》讲述香港警官李忠志泰国寻女，在泰国警官崔杰帮助下揭露非法贩卖人体器官团伙的故事。《杀破狼·贪狼》中洪金宝的动作设计继承了传统香港动作片的精髓，动作凌厉，极具冲击力，其中融合了散打、泰拳等多种元素，极其重要的动作场景中更是展现出了香港动作影片的癫狂和过火。与紧张刺激的动作线相配合的是崔杰与其泰国妻子之间的感情戏，以及李忠志与处于青春期的女儿之间的情感矛盾。以上两条线索的置入不仅丰满了李忠志和崔杰的形象，也使《杀破狼·贪狼》展现出香港动作片中少有的对生命和人与人之间情感的反思。《杀破狼·贪狼》成功地唤起了观众对香港动作片的怀旧之情。从动作类型上看，类似的影片还有黄轩的转型之作《非凡任务》以及吴宇森的《追捕》，此外还有张晋等主演的

《狂兽》。但是这些影片不是在故事情节设置上问题重重，就是在主题表达上比较薄弱，因此票房上都不理想。

此外，成龙的功夫喜剧《功夫瑜伽》以“寻宝探险模式”创造着国际视野下的动作奇观，成龙以自身强大的国际影响力仍在不断上演着票房神话。另外一部在香港本土广受好评的警匪片《拆弹专家》，以努力打造最安全的香港为主题，与近年来的“寒战”系列打造的廉洁香港形成了互补，最终取得了2536万港币的票房，位列年度香港电影票房第二名。观众对影片中“安全香港”概念的建构产生强烈的认同感，其成功主要也正是因为“反贪、反恐”与香港市民的生活息息相关。

综上所述，2017年的香港合拍片，无论是奇幻片还是动作片都显示出了对香港情怀的回归，其本质都是对香港电影黄金时期“港味”美学风格的复现。在这些类型片中有的在票房上获得成功，如《西游2·伏妖篇》《追龙》《杀破狼·贪狼》等；但也有大量的同类型影片在票房上和口碑上并不尽如人意，如《奇门遁甲》《黑白迷宫》以及《狂兽》等影片。从整体上来看，2017年的香港电影出现的最明显的表征就是对香港电影黄金时代的怀念和致敬，凸显出了香港电影独具特色的在地性体验。但是从另一方面看，两地合拍片中大量续集、翻拍影片的出现，在一定程度上是合拍片的故事原创性不足导致美学风格上的“同质化”。质言之，后融合时期的合拍片平衡两地观众审美趣味，是两地影人创新的基础也是打破“同质化”的内在要求。这些或成功或失败的案例为两地合拍片的进一步发展提供了可供参考的经验。

三、纯港产片的现实透射力

在后融合时期，香港电影更多的是在与内地的互动中表现香港人的身份焦虑和文化失语，以此来思考两地之间的政治、经济、文化等方面的差异。2017年纯港产片更加专注于香港的本土化表述，更具现实透射力度，跳出原先两地的政治、经济、文化语境，聚焦香港底层社会，将镜头对准了香港的社会问题以及边缘个体的生存困境，凸显出香港存在的种种社会矛盾。

2017年度最受瞩目的影片莫过于黄进导演的《一念无明》。影片以躁郁症患者阿东出院后面临的种种非议和歧视，透视香港社会中精神病患者的边缘处境和社会的人情冷漠。影片通过阿东与母亲和父亲之间的复杂关系，深刻探讨了香港底层家庭内部的矛盾情感。父亲早年对家庭责任的逃避，瘫痪在床的母亲对阿东精神上的折磨，最终使阿东精神崩溃。阿东好友路易斯的自杀、未婚妻参与教会组织的忏悔，都体现出了香港人面对巨大社会压力无处宣泄而引发的自毁。因此，导演呼吁大众对精神病患者“不单需要合适的治疗，社区支援，还需要大众去除负面标签，给予谅解和支持，用同理心去感受和关怀”。影片在精神病患者弑母背后着重探讨的是“惨烈凶案背后现实的沉重与人情的凉薄，并经由此检视社会的冷漠兼人性之复杂，吁求社会同理心”[①]。导演利用这部影片想要唤醒大家的同情心，改变对康复后的精神病人的歧视态度，给他们一点生存的空间。《一念无明》仅200万港元的投入，最终在香港本土拿到了1600多万港元的票房成绩，展示出了观众对该片的认可。《一念无明》中对社会边缘人群的关注，体现出了导演对艺术的追求和强烈的社会责任感。该片成为2017年香港小成本电影的代表。

2017年度另一部备受关注的香港本土低成本影片是毛舜筠、凌文龙、吕良伟等主演的《黄金花》。《黄金花》在题材上与《一念无明》类似。影片讲述主角黄金花二十年如一日地照顾患有先天性自闭症加中度智障的儿子，丈夫婚内出轨抛家弃子与小三同居。婚姻危机、生活重担全部压在黄金花一人的肩膀之上。但坚强的黄金花依然相信明天醒来又是崭新的一天，坚强面对残酷的生活。毛舜筠在影片中奉献了精彩的演技，无论是面对丈夫出轨时仔细寻找证据，还是在戳破真相之后既要发泄自己的愤恨又哭着挽留丈夫时的脆弱，都展现出了毛舜筠对角色的深刻理解。毛舜筠在影片《黄金花》中折射

① 杨鹏鑫：《〈一念无明〉：疯癫与文明、传统与当代的多重裂隙》，《电影艺术》2017年第4期。

出的是当代中年女性在现实生活之中遇到的生存困境，“丧偶式婚姻”使她们不得不承担大部分的家庭责任，独自面对生活中的各种困难，这已然是香港女性的普遍困境。片中黄金花的好友同样也是一个丧偶式的中年妇女。她们组成了一个小圈子互相鼓励、帮助共同面对生活的不公。《黄金花》以黄金花这一角色表现了对香港中年女性社会地位和生活困境的现实关怀，获得观众认可。

此外，表现香港社会现实问题的影片还有，张经玮导演的《蓝天白云》，影片改编自2000年纽约华裔女孩弑亲案，导演将故事背景移置到香港。影片展现了香港社会存在的校园霸凌、家庭暴力、援交和少数族裔等社会问题。虽然导演并没有将各类社会问题有机地融合进弑亲案之中，但最重要的是本片展现出了导演对香港社会问题的敏锐嗅觉和对香港社会的责任感。

如果说底层的“升斗小民”面临着种种的生存困境，折射出了香港底层社会巨大的生存压力，那么香港的中产阶层更多的面临的是精神和情感的困境。2017年香港本土反映香港中产阶级情感困境、比较有代表性的是郑丹瑞执导的《小男人周记3之吾家有喜》。本片是陈嘉上一版《小男人周记》的续集，《小男人周记》中的主演郑丹瑞转型成为《小男人周记3之吾家有喜》的导演。影片接续前作，梁宽被妻子抛弃之后，他极尽钻营地讨好自己的老板，成为其身边的红人。虽然获得了物质上的满足，但是他依然不敢面对自己，依然活在已经去世的前妻阿Ann的阴影中。随着女儿喜喜的出现，梁宽的生活节奏也被打乱。梁宽与上司的关系、与现女友Bobo的关系也在发生着变化。最终，梁宽承担起作为父亲的责任，找回自信，重新认识自己。本片批判了香港社会中产阶层的金钱至上主义和人情的冷漠，借梁宽和女儿之间的情感隔阂，展现的是香港中产阶层代际间的情感障碍。而梁宽与Bobo的感情也表现了香港中产阶层的婚姻爱情观，同样体现着对中产阶级情感的现实关怀。对香港中产阶层情感困境精准再现，是《小男人周记3之吾家有喜》能够斩获1600多万港元本土票房的重要因素。

2017年，纯香港电影涌现出了大量关注社会现实的影片。除上述影片外，还有反映香港青少年在管教所中生活的社会写实影片《同囚》，以及香港电影中从未展现过的少数民族在港教育问题的影片《我们的6E班》。2017年度小成本制作的香港本土电影展示了香港本土影人对香港社会比较全面、深入、立体的思考。在合拍片和好莱坞影片双重挤压下的香港本土影片虽然并未实现突围，但是其对现实的透射力度和个体情感体验的关注实际上是对港式人文理念的延续和发展。

四、其他影片：类型的坚守与创新

2017年度香港电影除了上述提及的类型之外，比较小众的类型也有较为精彩的表现，体现出了香港电影的多元性和创造性。这些影片既在类型的融合上呈现出新的态势，又体现出对本土性的坚守。比较有代表性的如文艺片、恐怖片等类型。虽然这些影片在票房或口碑上并不理想，但是其风格的极致化和对港式人文理念的表达，都成为展现香港电影特色和实现“文化保育”的重要窗口。

首先，在文艺片方面，许鞍华的《明月几时有》在艺术性上非常出色。影片以1941年沦陷时期的香港为背景，在日军疯狂残害躲避在香港的文化人时，香港东江游击队与香港人民挺身而出，同心协力帮助滞留香港的文化人撤退。影片一改以往主旋律影片的宏大叙事，以香港小人物甘愿为保卫香港牺牲的精神，展现出港式爱国主义。同样是文艺片的《西谎极落：太爆·太子·太空舱》则聚焦香港底层社会的住房紧缺问题，以周子轩、阿明等五人面临人生的种种困难来展现香港当下年轻人的生存处境，并最终乐观地在影片中喊出“香港人是不容易被打倒的”口号。该片虽然未在内地上映，但是影片受到香港本土观众的追捧，最终获得了1000多万港元的票房。文艺片的坚守在于对“港味”美学风格的坚持，始终以港式人文理念为其题旨，反映着近年来呼声越来越高的“文化保育”诉求。

其次，2017年的香港类型片的坚守还体现在对极致化的追求。2017年一向以“低成本、快制作”出名的邱礼涛有四部影片上映，涉及警匪、爱情、恐怖等多种类型，可以说2017年是“邱礼涛年”。其中，黄秋生主演的恐怖片《失眠》使观众仿佛看到《八仙饭店之人肉叉烧包》的影子，但影片中林惜家试图通过消灭睡眠以提高生产力的设定，缺少更加缜密的逻辑支撑；而后半段生硬的抗日情节的插入使整个影片叙事节奏失衡。但影片中“椰壳装脑”“吃人”等情节体现了邱礼涛暴虐癫狂的美学风格，同时也是香港电影“过火”与“癫狂”的极致化追求，是本土电影对在地性的另类表达方式。香港电影的分级制度使香港的三级片成为香港电影的独特存在，每年产量虽然不多，但是总能给人留下深刻的印象。2017 年新人导演颜米羔的情色片《私人会所》以家境贫寒的大学生 Milo 为主角，她不得已到私人会所工作赚钱，由此与富二代产生了一系列的感情纠葛。去掉情色的噱头，影片仍然关注的是底层小人物面临的生活困境，以及金钱、欲望对人性的扭曲。与《鸭王》系列类似，导演基本是以情色片来透视香港社会中个体的无奈与困惑。

小成本类型影片在 2017 年香港电影中出现了许多新的趋势。这些趋势体现出了香港电影发展优生态的创作链。爱情片一直是香港电影中比较重要的类型。2017 年度爱情类型也取得了不俗的成绩，其取得成功的主要原因是爱情片完全配合内地观众审美的制作策略。首当其冲的是彭浩翔的《春娇救志明》不仅在香港获得了票房冠军，在内地也取得了 1.75 亿元的票房，充分显示出创作者对两地观众的审美趣味的准确把握。《春娇救志明》与前两部《春娇与志明》《志明与春娇》建立起了彭浩翔专属的都市爱情 IP。影片以春娇和志明在一起五年之后展开，两人因生活中的小事而对彼此的未来产生怀疑，虽然磕磕绊绊但最终有情人终成眷属。影片对都市年轻人情感困境的捕捉，对青年人与父辈之间沟通障碍的展现都非常具有普适性，戳到了当下都市青年的痛点。本片也改善了普通爱情片的叙事模式，以一种日常化、琐碎化的叙事策略为爱情片注入现实品质和活力，使其能兼顾两岸的电影市场。采取同样策略的爱情片《原谅他 77 次》作为一部小成本的爱情喜剧在内地和香港也都获得了不错的票房回报。

与《春娇救志明》和《原谅他 77 次》试图兼顾两岸市场不同，2017 年度另一部爱情片《喜欢你》在制作上主要以内地市场为主。影片汇集了内地当红明星周冬雨和香港老牌偶像金城武，这一老幼通吃的明星组合，以及霸道总裁爱上灰姑娘的叙事策略使《喜欢你》在大陆斩获近两亿元票房。2017 年两地合拍的爱情片最大的特点是对观众市场的精准细分，对影片投放市场的选择实际上体现出两地电影人在后融合时期的新探索。

恐怖片一直是最具香港特色的类型之一，僵尸片作为恐怖片的亚类型在林正英去世之后便走向没落。但 2017 年僵尸片出现了创新性表达，2013 年麦浚龙推出向传统僵尸片致敬的《僵尸》，获得了不错的票房和口碑，但之后鲜有僵尸片推出。究其原因，20 世纪八九十年代的僵尸片是难以逾越的高峰，很难打破观众对其的认知定势。2017 年，香港电影有三部僵尸片上映，分别是《救僵清道夫》《今晚打丧尸》和《生化药尸》。《救僵清道夫》在传统僵尸片叙事惯例基础上，融合进青春、爱情和喜剧等元素，创造出一种极具活力的影片类型。同样《今晚打丧尸》和《生化药尸》也在不同程度上融入了喜剧、爱情、亲情、惊悚冒险等元素。僵尸片等恐怖片亚类型的复苏，对香港电影市场具有症候性意义，正所谓社会竞争压力越大，恐怖片越成为社会压力的宣泄窗口，恐怖片也便具有了一定的社会意义。邱礼涛的另一部恐怖片《常在你左右》则可以看作是香港恐怖片“试水”内地之作，完全按照内地审查要求的创作思路使本片完全失去了“阴阳路”系列的“港味”美学特色。但在两地后融合时期的创作背景下，这一选择仍可以看作是为香港低成本恐怖等类型片的创作提供了生存思路。

综上所述，2017 年的香港电影在产业上出现了小幅的下跌；在电影美学上有较为可喜的突破，纯港片跳出两岸政治、文化语境，聚焦香港各式各样的社会问题，展现当下香港社会中个体的生存困境，试图挖掘个体生存困境背后深刻的本土社会、文化根源。这些影片在香港本土取得了不错的票房成绩。两岸合拍片进入互融交汇的新阶段，香港电影人试图在合拍片中加入更多的香港特色，形式上再度复现了香港电影的“港味”美学。大量续集、翻拍影片，一方面，唤起观众的怀旧情感，达到共情的目的；另一方面，也体现出了香港电影在创新性上的不足而引发了同质化的倾向。很明显的现象便是，在某一类型中仅有一部到两部的影片能够取得较好的票房成绩，得到观众的认可，大多为狗尾续貂之作。在文化保育吁求下，如何将港片在地性表达与当下两地合拍内容为王的大环境有效结合，均衡两地观众审美上的错位，是香港电影发展面对的重要命题。

赵卫防　中国艺术研究院电影电视艺术研究所副所长、研究员
侯东晓　中国艺术研究院研究生院博士研究生

2017 年中国动画电影发展研究综述

◎ 张啸涛

2017 年中国电影创作及产业稳步发展，国产动画电影却出现些微波动，无论在作品创作数量上，还是在票房总体收入上都低于 2016 年。据国家电影事业发展专项资金管理委员会办公室统计，2017 年度进入我国主流院线公映的中外动画电影新片 52 部，观影人次突破 1.4 亿次，共获得票房 47.2 亿元。我国动画制片投资企业共制作完成动画电影 32 部，进入主流院线公映的 30 部，少于 2016 年的 41 部。其中，票房过亿元的有 4 部，分别是《熊出没 · 奇幻空间》《十万个冷笑话 2》《大卫贝肯之倒霉特工熊》《赛尔号大电影 6：圣者无敌》，超过 4000 万元票房的动画电影共 9 部（见表 1），票房 500 万元以下的动画电影共 12 部，分别是《大象林旺之一炮成名》获得票房 316 万元、《超能龙骑侠》获得票房 299 万元、《辛巴达与美人鱼公主》获得票房 218 万元、《功夫小兔侠》获得票房 146 万元、《真假森林王》获得票房 200 万元、《蛋计划》获得票房 58 万元、《钟馗传奇之岁寒三友》获得票房 50 万元、《逗逗迪迪 · 美梦年年》获得票房 33 万元、《钢铁飞龙之再见奥特曼》获得票房 14 万元、《大熊猫传奇》获得票房 6.8 万元、《牧野传奇》获得票房 3.4 万元、《水神娃》获得票房 0.2 万元，还有 6 部影片，无法找到票房数据。

表 1　2017 年国产动画电影票房排行前 10 名 ①

序号	片名	制片公司	票房(万元)	上映日期
1	《熊出没 · 奇幻空间》	深圳华强数字动漫有限公司	52100.00	1月28日
2	《十万个冷笑话2》	上海炫动传播股份有限公司、万达影视传媒有限公司奥飞影业投资(北京)有限公司、上海腾讯影业文化传播有限公司伊犁卓然影业有限公司等	13300.00	8月18日
3	《大卫贝肯之倒霉特工熊》	奥飞影业投资(北京)有限公司、奥飞影业(上海)有限公司、哈尔滨品格文化传播有限公司	12600.00	1月13日
4	《赛尔号大电影6:圣者无敌》	淘米动画工作室、爱奇艺、鱼子酱文化、优漫卡通、上影股份	10200.00	8月18日
5	《大护法》	北京光线影业有限公司、天津市好传文化传播有限公司	8687.09	7月13日
6	《昆塔:反转星球》	浙江博采传媒有限公司、浙江蓝巨星国际传媒有限公司等	4975.39	10月1日
7	《猪猪侠 · 英雄猪少年》	广东咏声动漫、乐视影业、芒果TV、深圳佳奇娱乐等	4490.00	1月7日
8	《大耳朵图图 · 美食狂想曲》	上海电影(集团)有限公司、上海美术电影制片厂有限公司、上海上影大耳朵图图影视传媒有限公司等	4252.60	7月28日
9	《钢铁飞龙之再见奥特曼》	蓝弧动画、乐视影业	4032.30	10月1日
10	《玩偶奇兵》	深圳市环球数码影视文化有限公司	3100.08	8月4日

① 根据国家电影事业发展专项资金管理委员会办公室统计。

2017年国产动画电影关键市场指标同比出现下滑，与前两年相比，国产动画电影没有出现《大圣归来》《大鱼海棠》等吸引全民关注的作品。一方面，可以反映出动画电影制作周期较长，因为国产动画电影产业还没有成熟，可以连续制作出引起全民关注的优秀作品的机制还没有构建起来；另一方面，业界对市场过热的期待也出现了理性的回归，国产动画电影步入稳步发展的阶段。

2017年，国产动画电影市场基本上由系列动画电影支撑，《熊出没·奇幻空间》是《熊出没》系列的第6部动画电影，出品方丰富的创作和发行经验，延续了《熊出没》良好的市场表现；网络IP续作《十万个冷笑话2》将网络文化与二次元文化融合，用电影的制作规模，准确定位年轻观众，获得了很好的市场反应；《大卫贝肯之倒霉特工熊》《赛尔号大电影6：圣者无敌》《昆塔：反转星球》等系列动画电影通过多年努力已经建立起品牌的影响力，获得票房成功的作品基本上在原有电视或网络系列动画的基础上提升制作品质，融入新鲜元素，在影片故事的叙述上不断创新，进一步倾向于成人视角的设置，定位于合家欢的观众群，制作品质的提升和准确的受众定位延续了系列动画电影的市场成功。但就题材而言，低幼题材作品的泛滥仍然是制约国产动画电影发展的关键因素。《熊出没·奇幻空间》《大卫贝肯之倒霉特工熊》《大熊猫传奇》《嘻哈英熊》《猪猪侠·英雄猪少年》《三只小猪2》等作品中小熊、小猪的形象设计重复性太高。虽然制作水平整体有所提高，无论从故事开发，还是三维动画技术都高于往年，但总体制作水平依旧不高，关键短板一直没有解决。

2017年，原创动画电影虽然没有出现《大圣归来》《大鱼海棠》等影响力很大的作品，但也不乏亮点，《大护法》《阿唐奇遇》等是其中的代表作品。《大护法》因为其更重视艺术性的独特画风及隐喻式表达，用架空的世界触及现实的价值观呈现，开创了一个"隐喻批判现实主义"的风格，代表了国产动画电影的发展。取材于茶文化的《阿唐奇遇》，将传统文化与人工智能相结合，在故事讲述、视觉特效等方面相较前作《小门神》有明显进步，但因为受众人群定位的不明确及形象设定出现偏差，市场反应并不理想。

就发行而言，绝大部分国产动画片选择长假期发行，寒暑假期间上映的共20部，其余的影片也安排在了小长假时期。这种发行"拥堵"现象导致了恶性竞争，一定程度上影响了票房产出，也是许多低成本影片市场惨败的重要原因。

一、2017年国产动画电影的创作分析

2017年国产动画电影主要有5个创作类型，冒险类占比最高，其余的分别为喜剧类、奇幻类、科幻类和动作类。从创作题材来源上分析，基于电视系列动画或相关节目改编的影片有7部，比较成功的系列电影有《熊出没·奇幻空间》《猪猪侠·英雄猪少年》等；首次改编的是《大耳朵图图·美食狂想曲》；基于网络动画或网络视频改编的有3部，分别是《十万个冷笑话2》《大卫贝肯之倒霉特工熊》和《豆福传》；基于儿童益智社区游戏改编的有1部，为《赛尔号》系列动画电影的第6部《赛尔号大电影6：圣者无敌》；原创动画电影10部，包括《大护法》《阿唐奇遇》《萤火奇兵》《玩偶奇兵》等；改编自名著、神话故事、童话故事或经典故事的有6部，包括《辛巴达与美人鱼公主》《真假森林王》《水神娃》《牧野传奇》《钟馗传奇之岁寒三友》等影片。

国产动画电影基本都是面向儿童市场，导致作品日益趋近单一化、低龄化，成人的情感需求与自我实现需求，很难在动画电影领域找到归属。不思凡执导的《大护法》，可以说是国产成人动画的破冰之作，也是一部典型意义上的新式动画电影。片中光怪陆离的符号和隐喻给观众带来了强烈的视觉冲击，加深了影像的复杂感。影片将背景设置在一个架空的超现实国度里，如此电影的象征性就得以展开，透过旨向现实的对比冲突，引导观众对现实的思考。《大护法》制作历时三年，表现手法充满着独特美感。影片中，刻意拉长扭曲的场景和人物以及充满强烈对比的色彩语言，皆营造出一种怪异荒诞的气氛，令观众感受到故事内在的压抑和紧张。该片的剧情从表面来看并不复杂，影片似乎表现的就是惩恶扬善这一被人反复叙述的主题，主人公在与恶势力斗争的过程中经历千难万险，最终赢得胜利。

但剖开其内核，影片想要讲述的远远不止个人英雄主义那么简单。整部电影无论是角色的设定，还是多次出现的含义颇深的对话，以及艺术意味极强的场景切换，都在试图向观众传达更深层的引申含义。导演在作品里加入的绝不仅仅是行侠仗义的传统武侠观，还有诸多价值观的内容。在美学风格上，该片的大部分背景绘制承袭了传统的水墨风格，带有东方特色的美感与神韵，大片的留白营造出一种悠远的境界。中国传统文化的一脉相承与精神渗透，是《大护法》在画面设计上的一个重要特点，它在很大程度上决定了本片的外在表现形式。为了更好地表现反乌托邦的寓言主题，片中的很多物体都采用了与现实社会截然不同的色彩，如漆黑的大花生、紫色的天空等，超前的色彩搭配让花生镇悬浮在了虚空幻境中，因此，《大护法》所构造的花生世界有着很强的批判性与讽刺意味；水墨的背景与叙事的荒诞派画风构筑了影片内容与形式的统一。隐喻是构成《大护法》叙事的重要元素，片中具有明确指代意义的事物不在少数，如大护法手中的神秘武器、天空中悬浮的黑花生等，但不思凡用意最深的隐喻是花生人脑中的黑石头。这个有着震撼威力的秘密武器是用无数花生人的生命换来的，它象征着无知蒙昧地活着，象征着在迷茫中步步紧逼的死亡，似乎也是花生人被吉安不断培育、利用的理由，更是他们存在的唯一意义。而创作者却将全部的人文关怀赋予了小姜，这个最像“人”的花生人，这个隐喻也随之巧妙地升华了，小姜脑中的黑石头，变成了蓝石头。影片整体的暗色调，使得观众慢慢适应了花生镇本末倒置的世界观，这时蓝石头的微光一闪而过，它精心装点了《大护法》的精神内核，让影片主旨在末尾实现从晦暗到光明的绝地反击。

2017 年票房过亿元的国产动画电影都是以“合家欢”类型取得了票房佳绩，表现为“喜剧 + 冒险 + 奇幻”的叙事形态，《熊出没 · 奇幻空间》以 5.2 亿元的票房成绩成为“儿童向”动画电影的范本。该片由华强方特（深圳）动漫有限公司等联合制作，由丁亮执导，并请尚雯婕、鲍春来、孙建弘等人出演，张伟、张秉君、谭笑配音。尽管在某些方面依旧显得不太成熟，但这部作品却成为国产动画电影商业运作的成功范例。《熊出没 · 奇幻空间》以《熊出没》系列为基础，选取了原作中出场的四名主要人物：熊大、熊二、光头强和大舌头。作品主线讲述了考古队的机器人 COCO 联合三名主角和纳雅对抗坏人，保护金鹿角的故事。从其面向的年龄段来看，现实世界入侵动画世界，将动画世界看作平行宇宙的设定还是颇为有趣的。而这部作品最为引人注目的是其对于组成动画电影的各类元素的合理安排，并没有出现某部分特别缺失的情况，影片每个元素都能成为看点，同时又不喧宾夺主。影片的故事主线一直都比较明显突出，观众能够很容易理解这些人物的行为和意图，特别是考虑到它的主要观众是儿童的情况下。而其关于反派 BOOS 的相关刻画以及一些支线也并没有打破主线所奠定的基调。所以，整体而言，作品在内容上保持了欢乐和轻松的基调。在电影的前半段，内容上的起承转合可谓是极其标准和教科书化的。以悬念—解答—悬念这样的模式为叙事线，能够一直有效地使观者的注意力聚焦在屏幕上。例如，电影开场是人们所熟知的水帘洞，然后反派角色遇见了孙悟空，还夺取了金箍棒。正当观众们一头雾水，以为自己看的是《西游记》时，它却立马解释说，其实相对于现实世界，动画世界是平行宇宙，反派的目的就是破坏夺取这些动画世界的珍宝。动作与叙事紧密配合，整体过程不过几分钟，就完成了一个起承转合的作用。角色设计和背景设计是动画电影的基础工作，好的角色和好的舞台决定了影片的质量。总体而言，该片的人物设计，除却四名老角色之外，其余新角色都各有特色。无论是以真人出镜的坏蛋三人组，还是颇有 20 世纪 90 年代港片风格的 BOOS 都让人印象深刻；而机器人 COCO 和纳雅，尽管有借鉴的痕迹，但依旧让小朋友们喜爱不已。而在背景上，除了主要呈现了人们交口称赞的奇幻森林之外，影片还展现了冰川和虫洞等场景。《熊出没 · 奇幻空间》的受众定位清楚地确定为“合家欢”电影，针对的是普通的儿童观众和他们的父母，准确地说，是看过电视版的《熊出没》的孩子。《熊出没 · 奇幻空间》并没有塞入需要过多的理解能力才能够明白的事物，而是尽可能地以小孩子的眼光来探索小朋友所热衷的世界。正因为如此，片中奇幻森林的猴头菇精灵、开阔大气的绿色植被、冷峻严酷的冰川、丰富夸张的肢体动作和神态表演成了着力表现的环节。而成年人更加关注的诸如世界观的展开等较为理性的事项，则变成了若有若无的背景。影片阐述的价值观乍看起来似乎与商业性并无多大关联，但却是商业作品能否成功的核心要素。《熊出没·奇幻空间》所传达的是简单明了的价值观，绝不表达太超出儿童理解能力的内容；采用强烈的形式表现人间真善美以及人与自然和谐友好这些叙事母题，足以吸引小观众。该片的动作场面和叙事段落安排得张弛有致，避免了拖沓冗长的段落。在视觉特效制作上，创作人员将重点特效场景放在大场面的制作上，例如：奔跑的金鹿群、奇幻森林的大冒险这些段落，观众可以看到出场的众多人物，而近景和特写较少。而在动作场景中，则多用特写和升格镜头，这一安排，比较好地解决了经费的相关限制。尽管《熊出没·奇幻空间》在作品质量上，包括对其他电影的借鉴上，还有微瑕之处，但瑕不掩瑜，影片制作的优良促成了其商业的成功。

《十万个冷笑话》作为高人气原创搞笑漫画和动画，伴随着这些年以来快速崛起的吐槽、弹幕等网络文化，吸收了大量的网络文化元素，融合成为别具风格的动画作品。《十万个冷笑话》系列的两部大电影票房分别超过 1.2 亿元和 1.3 亿元，成为国产动画电影的代表之一。互联网带来的青年亚文化体现出对经典文化的解构，作为网络文化集大成者的动画电影《十万个冷笑话 2》呈现出浓重的后现代主义色彩，典型地反映出对宏大叙事的解构，这表现在影片对传统叙事、文化符号的解构以及对怀旧情结的消费上。比如主人公一行人在南方神拉的星球被捕后，在被禁闭的房间里，房间后面的标语在每一次镜头切换过程中都会变化——“好好学习，天天向上”等许多耳熟能详的标语无规律地随着镜头的切换而不断切换，这样的随意性明显导致叙事真实性的动摇。动画在这样随意和熟悉的“口号”变换中制造出非常多的笑点，深刻体现出对传统叙事真实性的调侃和挑战。与之类似的还有动画中以小狗的形象出现的角色“雷神托尔”，在某些场景中会随着镜头的切换而流露出各种网络流行表情包中的表情，角色的真实性让位于随意性的戏谑。该片不断在叙事过程中刻意变化叙事形式，二次元文化称之为不断地“突破次元壁”。影片强调叙事的虚拟性，将剧本、线稿等形式杂糅到了动画之中，比如说在“脑洞”里的战争，2D 人物都被还原成为线稿，“脑洞”场景中还出现了写着人物台词的剧本。突破“次元壁”，表现出希望将自身的虚构性和真实性杂糅在一起，让观众形成非常陌生化、新颖的观感体验。《十万个冷笑话 2》虽然有一个核心的故事情节（寻找神杖、拯救世界），但组成影片的各个段落却并不一定推动情节的发展。用反讽和戏谑的方式解构经典叙事，以应接不暇的笑点来填充简单的主题，也是二次元文化的典型特征。比如天神拉在死之前要说出神杖的秘密，他不理会其他人对秘密关键的询问，有意讲述很多与秘密无关却煽情的对白，直至讲到关键部分时便立刻咽气。影片中，悬念的制造不是基于构筑复杂的情节，而是为了颠覆观众的期待。情节中还“拼贴”着各种各样的元素，如：社会热点（宙斯对雅典娜的逼婚）和大众广告（某手机品牌和某坚果品牌）等。影片将戏谑以及对传统的对抗作为一种商业资源或创作资本，情节设置甚至以悬念和“留白”的方式，为广告进行铺垫。影片中的“目的地”星球的粒子发射器最终发射的是栗子，同时为某栗子生产商打下广告；小柴犬雷神托尔衣服上留着悬念的第三个按钮竟然是广告台词。传统电影一般对广告植入的处理方式是将商品合理地融入故事情节或角色的行为中，并不破坏影片叙事主体。在二次元文化中，可以将广告直接安排在叙事主体中，所呈现出的作品与资本和商业之间的关系变得十分吊诡。网络文化与资本的关系不再是抵抗或者收编，而是模糊甚至是抹平了文化与商业之间的边界。《十万个冷笑话 2》利用恶搞、拼贴、挪用、戏仿以及对商业的态度等所呈现的戏谑态度，表现出对网络文化元素的集中呈现，有些评论称该片是一次“二次元文化的集体狂欢”。

动画电影《钟馗传奇之岁寒三友》题材的选定和讲述方式都根植于中国传统文化，选择了中国民间传说中能打鬼驱祟的神——钟馗为主角。影片的编剧、导演是年逾古稀的晓寒。影片讲述了一位叫柳楷的书生，擅长作画，伏魔大帝钟馗无意中看到，惊其才气，引为知己。故事中钟馗、柳楷、欧阳一清三友互相协作，和阎王展开了一场阴间和阳间的正义之战。“高山流水遇知音”本就是中国传统文人以高洁的情操结交为友的情感方式，而钟馗这个人物又是具有鲜明的个性和反权威的形象，同时又是深明大义、嫉恶如仇的中国古典英雄人物，因此，创作人员在主角形象的设计上，参考中国古代绘画中钟馗的造型，并采用中国水墨画的方式来还原这一形象。传统绘画中，钟馗的造型就借鉴了佛教文化中金刚菩萨的设计，身材魁伟、金刚怒目，所以能够降服四魔；身着红衣，足穿黑靴，透露出凛然正气。影片中小兰这个角色的形象设计根据唐代绘画中美女的造型，表现出体态丰腴而又肤若凝脂、蛾眉青黛，浅笑轻颦中透着娇媚。片中无论是对书生的形象设计还是对中国爱神“月老”的刻画，都带着浓厚的中国特色。在影片画面的绘制风格上，《钟馗传奇之岁寒三友》明显致敬了中国经典动画电影如《大闹天宫》《天书奇谭》等，配色低调，靠近中国国画的水墨丹青风格，时时留白。这部二维动画电影，全部为纸上手绘，仅画稿就有 70 多万张。该片以中国传统文化元素及思想内涵为创作资源，影片中的三个主要角色被称为“岁寒三友”，是中国传统文人用三种植物比喻心之向往的高洁情操和志向，“三友”为象征常青不老的松、象征君子之道的竹和象征冰清玉洁的梅。松、竹、梅的铮铮傲骨和挺霜而立的品格对应了影片中的三位主人公。影片通过“岁寒三友”合力对抗不公的抗争之路，呈现出中国民间传说中的“天地人三界，人鬼神之间”，并用传说隐喻现实。影片中阴曹地府体系的建构和众多角色的刻画，充满想象的空间，又汲取民间传说的丰富资源。故事中小鬼为了一己之私擅闯阳间，捉鬼大帝钟馗出面缉拿，保护凡人社会的安定和幸福；牛鬼蛇神、黑白无常等传说中的阴间使者先后出现，孟婆、孟婆汤、奈何桥及“投胎”重生的场景等，以充满想象力的视觉化呈现，还原了传统民间对阴阳世界的想象。晓寒编剧、导演的《钟馗传奇之岁寒三友》可谓是 2017 年国产动画电影创作上的一个亮点，影片题材及绘画风格呈现出纯正的中国风，但是因为在题材的选择和故事的建构上对受众群体的定位出现偏差，最终没有获得市场的认可。

《阿唐奇遇》是 2016 年动画电影《小门神》创作团队的又一部精心之作。编剧、导演王微及他的主创团队继续挖掘中华民族深厚的历史文化积淀给予当代创作者们宝贵的资源，利用中国原创动画飞速发展的制作技术水平，打磨出更加吸引观众的好故事，把传统文化精髓融入优秀的动画剧本创作中，汲取与时俱进的动画电影编导技术，将《阿唐奇遇》的制作水平提升了一个台阶。影片讲述的是茶宠阿唐与机器人小来一起出发寻找未来的一段惊险历程。这部作品以中国南方一座小镇作为故事背景，以中国传统茶文化作为切入点，以一群极具民族风格的茶宠和代表现代科技的机器人小来作为片中主要角色，把中国传统哲学思想融入其中，在继承传统文化的基础上，运用现代动画语言超越传统进行创新。《阿唐奇遇》以一座浸润在茶文化滋养中的南方小镇作为故事背景，以茶宠的视角向观众展现出源远流长的茶文化。陶瓷材质的茶宠们是这部影片的一大看点。这群造型迥异、各具特点的小茶宠把我国数千年的传统陶瓷艺术生动地展现在屏幕之上。影片中一口四川腔的金猪是温润且光泽柔和的紫砂质地，恰如导演赋予它的那憨厚而呆萌的性格。美女小香服装上采用了陶瓷烧制过程中窑变产生的结晶釉图案，这种窑变是在烧制过程中由于温度变化而随机产生的，复杂多变且不易控制，这种独特的设计赋予了角色中国传统古典气韵。主角阿唐的造型来源于京剧中的武生形象，并在动作设计中加入了京剧武生的经典动作“飞天十三响”，从而塑造出了一个极具个性的茶宠——小武生阿唐。场景的构建决定一部动画片的整体基调，该片建构出的充满中国特色的南方小镇浸润在传统茶文化的氛围之中，相对于当代人工作、生活中面对的巨大压力，影片营造的生活轻松愉悦，使观众不由心之向往。传统文化的断代和多元文化的交融是当代中国面临的局面。传统文化需要延续，《阿唐奇遇》把传统艺术融入脑洞大开的冒险故事之中，潜移默化地进行审美提升与文化传承，以充满民族风格的角色讲述全新的故事，以一群极具传统特色的茶宠与代表现代科技的机器人小来的相遇带来了传统与现代的碰撞，也带领观众们一起去思考影片中关于过去、现在和未来的问题。

二、2017 年中国动画电影理论研究

2017 年中国动画理论研究的资料来源主要依靠中国学术期刊全文数据库（中国知网），文章检索目标是中文核心期刊（南京大学核心期刊目录和北京大学核心期刊目录）及中国国家数字图书馆等。

（一）动画片生产技术研究

动画片生产技术研究的文章中，有讨论“纯技术”的文章，比如3D技术、分层技术、虚拟技术等；还有讨论“动画技术与商业”的，这一部分的研究主要关心动画技术与商业的关系，有些文章将数字技术理解成了商业发展的主要原因，便有些本末倒置的意味；最后是将动画技术与美学、艺术相结合的讨论，其中梁翔宇的《对三维动画中表现工笔画审美意趣的探讨》① 讨论了三维技术在表现中国平面工笔画时对于“线”和“色”的处理，对于动画片民族风格的技术处理提出了有价值的看法。

（二）动漫产业研究

动漫产业研究的文章可分为两类，一类是对动画片营销及产业模式现状的研究，另一类是对动画产品生产策略及问题的思考。关于动漫营销与现状研究的文章中，对新媒体网络平台的营销以及国内动画片营销中出现的“合家欢”“国庆档”等现象，有不少文章予以关注。陶冶的文章《从2017年暑期档看国产动画电影的“利基”化建构》②，从动画片的盈利模式讨论了一般商业制作和粉丝营销模式的功过得失，较有新意。耿蕊的《中国动画电视对外贸易依存度的实证分析》③ 一文则是从数据分析入手，通过数据来说明问题，得出结论。

动漫生产策略与国家的政治经济文化政策密切相关，因此并不是一个单纯的产业策略问题。在国家新闻出版广电总局副局长田进的讲话《打造精品力作　勇攀动漫高峰——在第十三届中国国际动漫产业高峰论坛上的讲话》④ 中，便指出了中华民族文化、国家意识形态都是与产业发展并行不悖的重要因素。因此从单一因素思考我国动漫产业策略，基本上只能是具有“参考意义”。

（三）动画片创作研究

研究动画片创作的文章可分为5类，其中创作综论类文章对于动画创作的讨论带有综述性。如杨晓林、戚雯悦的文章《2016年国产动画电影创作综论》⑤，总结了2016年中国动画电影的功过成败，指出了当下中国动画电影创作屡屡陷入“叙事不畅的泥沼。大多数作品同化严重、复制严重，缺乏对现实问题的严肃思考，缺乏弘扬正面精神价值的能力”。动画片主题与人物塑造类的文章基本上属于文学研究的范畴，但动画在这方面的研究还远未达到一般文学研究的水准。在主题方面有讨论成长、爱情、生态、探险、英雄主义、女性主义等方面的文章。在人物塑造方面则涉及各种影片中的具体人物，既有我们熟悉的孙悟空，也有国外动画电影中不同的正反面人物，王蓓的《从“汤婆婆”看动画角色的多重指涉与虚拟人格重塑》⑥ 一文，较为深入地剖析了《千与千寻》中汤婆婆这个人物，指出了汤婆婆与钱婆婆这两个人物的共生指涉，以及狠毒与母性人格的复杂重叠。动画片创作中的文化研究类文章主要集中在中、日动画片创作的文化研究，也有个别美国动画创作的文化研究。中国动画片创作的文化研究涉及中国神话、传统美术、民间艺术、古典文化等，陈菲仪的《重探民族形式之路——国产动画艺术形式的解域现状与重构对策》⑦ 一文，指出了当下我国动画创作中对民族化理解的偏差，把形式上的中国元素堆砌当成了民族化的本身，“将民族文化的传统艺术引入到动画作品中，创作者要对民族艺术形式有较为深入的理解。这种感觉与理解属于‘默会知识’（Tacit Knowledge），是一种镶嵌于实践活动之中、只能意会而难以言传的知识和感悟，凭借的是日常的点滴积累，而无法一蹴而就”。中外动画片创作比较文章分别从生态问题、民族化问题和国内动

---

① 梁翔宇：《对三维动画中表现工笔画审美意趣的探讨》，《当代电影》2017年第8期。
② 陶冶：《从2017年暑期档看国产动画电影的“利基”化建构》，《当代电影》2017年第10期。
③ 耿蕊：《中国动画电视对外贸易依存度的实证分析》，《当代传播》2017年第1期。
④ 田进：《打造精品力作　勇攀动漫高峰——在第十三届中国国际动漫产业高峰论坛上的讲话》，《中国电视》2017年第5期。
⑤ 杨晓林、戚雯悦：《2016年国产动画电影创作综论》，《民族艺术研究》2017年第3期。
⑥ 王蓓：《从“汤婆婆”看动画角色的多重指涉与虚拟人格重塑》，《当代电影》2017年第8期。
⑦ 陈菲仪：《重探民族形式之路——国产动画艺术形式的解域现状与重构对策》，《中国电视》2017年第8期。

画片市场三个方面进行了比较。王夏歌、张苏秋的《中国引进动画电影近况及其对国产动画电影的启示》① 以详尽的数据对比了在国内上映的外国和中国动画片情况，对国内动画片发行市场的营销策略以及影片创作质量提出了自己的看法。赵东川的《2016：全球化视野下的动画之思》② 一文，就美、日、中动画片的民族性进行了比较，指出美国的《疯狂动物城》表现了对移民和种族歧视的焦虑，日本动画片《和谐》《来自新世界》等，表现了“对‘静止生活’的恐惧和对侵略战争的反思”，而中国动画片则只有“对展现‘民族性’的企盼与迷茫”。

在动画片作品分析评论文章中，美国动画片最受关注的是《疯狂动物城》，日本动画片最受关注的是《你的名字。》，中国动画片最受关注的是《大鱼海棠》。在有关日本动画片《你的名字。》的评论中，大家都不约而同地注意到了这部影片在一个现代故事中对民俗传统与民族性的凸显。周维、陈隽的文章《解析〈你的名字。〉中日本电影传统元素运用》③ 指出了影片的核心是用传统文化勾连了现代的时空，“虽然影片的主旨是‘你的名字’，但是自始至终于影片之中隐性存在着的就是宫水三叶头上与立花泷腕上的‘红线’，正是这条形诸于日本传统元素的‘红线’的相牵，才使得宫水三叶的生命产生了一种以具象性与形象性所无法表达，亦无从表现的抽象性……从这种意象而言，这又何尝不是一种升华于意象之上的‘结绳系守’”。在我国有关《大鱼海棠》的评论中，特别值得关注的是谢仁敏、陈宇瀚的文章《〈大鱼海棠〉的义利观及其潜在影响——兼谈动漫作品的价值导向问题》④，这篇文章指出了《大鱼海棠》所表现出来的价值观念有其“任性自私”的一面，“在大多数观众看来，椿的行为不免显得任性自私——以牺牲自我来追求道德救赎（或爱情）的行为，这是个人的选择本无可厚非，但如果选择的达成却可能以损害他人、集体的利益为代价，那这样的选择是否妥当就颇值思量……中国伦理价值观较为重视群体精神，强调责任先于自由，注重个人对他人、对所在群体甚至对自然所负有的责任”。

（四）动画片传播研究

有关动画片传播的文章，讨论问题的范围很广，黄恩武的《基于 CiteSpaceIII 国际动画领域研究的可视化图谱分析》⑤ 用了定量分析的方法，试图找出国际上动画研究的热点。王可越的《日本动画跨文化初探——以其在欧美的传播为例》⑥ 一文，介绍了日本动画在欧美传播的情况，指出了日本文化与欧美文化的隔阂。

（五）动画片类型研究

动画片类型研究的文章中，有关一般类型的文章可以区分出严格类型和非严格类型两种，非严格类型的如宋方圆的《儿童画主题改编类动画表现研究》⑦、王海丽的《对我国“绿色动画”的观察与思考》⑧ 以及少数民族题材动画等。相对较严格的类型研究涉及了定格动画、非虚构动画、教育动画、佛教动画、游戏改编动画、动画西部片等。张启忠的《拟境、净化与救度——当代佛教动画传播的悖论》⑨ 一文讨论的佛教动画比较特别，作者提出了一个问题：动画的形象化是否与佛教的“空”观彼此抵牾？“因为佛教强调的是‘空’，由相空、我空到法空，佛教动漫给‘法’拟定了一个‘相’，其本

---

① 王夏歌、张苏秋：《中国引进动画电影近况及其对国产动画电影的启示》，《艺术百家》2017 年第 4 期。
② 赵东川：《2016：全球化视野下的动画之思》，《艺术评论》2017 年第 3 期。
③ 周维、陈隽：《解析〈你的名字。〉中日本电影传统元素运用》，《电影评介》2017 年第 8 期。
④ 谢仁敏、陈宇瀚：《〈大鱼海棠〉的义利观及其潜在影响——兼谈动漫作品的价值导向问题》，《电影新作》2017 年第 2 期。
⑤ 黄恩武：《基于 CiteSpaceIII 国际动画领域研究的可视化图谱分析》，《东南大学学报》（哲学社会科学版）2017 年第 1 期。
⑥ 王可越：《日本动画跨文化初探——以其在欧美的传播为例》，《当代电影》2017 年第 6 期。
⑦ 宋方圆：《儿童画主题改编类动画表现研究》，《南京艺术学院学报》（美术与设计）2017 年第 1 期。
⑧ 王海丽：《对我国“绿色动画”的观察与思考》，《中国电视》2017 年第 4 期。
⑨ 张启忠：《拟境、净化与救度——当代佛教动画传播的悖论》，《当代电影》2017 年第 6 期。

意是通俗化以便于切近大众，但是很多时候，这种‘相’却阻隔了信众在阅读经卷时候的游思万千的灵动。”

（六）动画片美学研究

动画片美学研究的文章大致分成三类：一般美学研究、个人美学风格研究和本体研究。一般美学研究数量最多的文章还是对中国动画审美与风格特点的研究，其中高晨的论文《论动画伦理的超越性本质》① 讨论的是有关动画的伦理问题。文章不是从一般故事内容出发对伦理进行的讨论，而是试图把伦理融入动画形式之中，认为动画伦理具有一种“超越性本质”，其论证似乎还有可以商榷的余地。在有关动画本体的讨论中，主要涉及了三个方面的问题：实验动画、动画概念和动画材料。有关实验动画的讨论一如既往，极力突破所有现成的规范和陈规，在鲁婷婷的文章《动画与反动画》② 中，作者提出了“反动画”的概念，作者宣称“实验动画的传统是固守动画本体论”。聂欣如的《“动画”的概念》③ 一文，梳理了我国从“美术片”到“动画”称谓的演变过程，以及从西文翻译过来的“动画”概念在我国所面临的“水土不服”，以致所有人在使用前都要重新将其定义一番的现状。有关动画材料的讨论肯定了数字技术对于动画的决定性因素，刘书亮的文章《从造型工具到叙事要素——论动画中的材料》④ 认为，动画材料的本身不仅作为动画故事呈现的表层，而且已经渗入了叙事之中，物理材料才是动画片真正的本体。

（七）动画片史论及文化研究

有关动画史论的文章主要是关于早期中国动画片的研究，虞吉、刁颖的《论〈大闹画室〉前的中国动画影片》⑤ 一文，梳理了早期中国动画片相关的文字资料，论证了杨左匋、黄文农等人早期的动画活动。动画片文化研究有别于创作中的文化研究，这里讨论的文化问题更加趋向动画片的整体发展，而创作中的文化研究则倾向于具体的作品。数量最多、讨论范围最大的还是中国动画的文化问题，其中有动画片中戏曲文化的讨论、二次元亚文化的讨论、民族性和民族文化的讨论等。其中最有价值的还是有关中国动画民族文化问题的讨论，夏莹的文章《中国动漫电影的民族性话语构建：困境及其出路》⑥，对当下中国动画电影民族性的缺失提出了批评，文章指出：“民族性话语表达方式并非等同于中国元素”，因此像《大圣归来》这样的影片，无论从结构、造型还是主题来看，与《花木兰》《功夫熊猫》“这些美国人所拍摄的带有中国元素的动漫作品之间并没有本质的区别”，所以，“《大圣归来》仍是一部仅仅带有中国元素的美国式动漫电影”。

（八）动画理论研究著作简介

《中国动画电影发展报告（2016）》编委会编著的《中国动画电影发展报告（2016）》⑦ 将对观众的研究放在重要位置，尤其对业界亟须了解的观众观影心理和观影需求进行了专门分析。报告对动画电影的“非票房”收入部分进行了重点展现，比如针对知识产权方面的法律保护、版权收入和相关授权收入等。孙立军、孙平、牛兴侦主编的《数字娱乐产业蓝皮书：中国动画产业发展报告（2017）》⑧ 通过宏观、中观和微观的多层次研究精准把握中国动画产业发展环境，对中国动画各领域全年发展状况进行分析，对其未来发展趋势进行科学分析和预测判断。全书分为总报告、产业

① 高晨：《论动画伦理的超越性本质》，《上海大学学报》（社会科学版）2017 年第 2 期。
② 鲁婷婷：《动画与反动画》，《当代电影》2017 年第 4 期。
③ 聂欣如：《“动画”的概念》，《文艺研究》2017 年第 8 期。
④ 刘书亮：《从造型工具到叙事要素——论动画中的材料》，《中国电视》2017 年第 2 期。
⑤ 虞吉、刁颖：《论〈大闹画室〉前的中国动画影片》，《艺术百家》2017 年第 3 期。
⑥ 夏莹：《中国动漫电影的民族性话语构建：困境及其出路》，《文艺研究》2017 年第 10 期。
⑦ 《中国动画电影发展报告（2016）》编委会编著：《中国动画电影发展报告（2016）》，中国电影出版社 2017 年版。
⑧ 孙立军、孙平、朱兴侦主编：《数字娱乐产业蓝皮书：中国动画产业发展报告（2017）》，社会科学文献出版社 2017 年版。

篇、分报告、专题篇、国际篇、附录等六个部分，对中国动画产业全年的总体及细分板块、热点问题进行了深入而透彻的分析。书中聚集动画产业，重点关注电视动画、动画电影、网络动画和衍生产品以及品牌授权等细分板块的内容。何威、张伦、陈亦水编著的《中国动画产业与消费调查报告：2015—2016》[①]主要包括了四部分内容：中国动画产业数据分析、中国动画消费调查、关键热点案例分析和中国动画人访谈。全面梳理分析中国动画产业的宏观数据，呈现清晰的行业发展脉络及趋势；国内首次开展大规模的电话拨号调查，通过量化分析，了解全国居民在动画电影、电视动画、网络动画、动漫周边等领域的消费行为与偏好；针对中国动画产业当前代表企业和作品的案例，展开深入分析探讨；收录中国动画人深度访谈实录，呈现鲜活的案例与观点。精准呈现我国居民中动画消费者的规模、人口结构、消费偏好、消费行为和消费趋势等。石德生著《中国动漫产业发展模式创新研究》[②]通过世界先进国家动漫产业发展模式的分析，围绕当前中国动漫产业发展模式存在的问题，研究中国动漫产业发展模式创新问题，并就中国动漫产业组织模式创新、集群与集聚模式创新、商业营销模式创新、科技与人才创新、政策与制度创新、国际化发展模式与战略创新等问题进行了深入分析与讨论。徐坤著《美国电视动画研究及其对中国动画的启示》[③]分为综论篇、专题篇与附录三大部分。综论篇，在梳理了美国电视动画的基本发展脉络与历史阶段的基础上，大致阐述了美国电视动画的整体艺术特点、美学风貌与其所承担的多元化社会功能，其中着重探讨了“戏仿”艺术在重要电视动画作品中的出色表现。专题篇，以《辛普森一家》《南方公园》等电视动画（节目）作品为文本对象，分析了这些颇具代表性的美国电视动画作品在审美教育、艺术表达、市场营销等方面的策略与手段，此外兼及了美国经验对中国本土动画影响的相关讨论，并反思了“中国学派”动画的内涵。陆方著《动画电影符号学》[④]通过对优秀动画作品的表现要素和叙事方式的分析，揭示动画电影表现手法与受众对动画电影辨识度之间的联系机理，帮助中国动画制作者在制作过程中能准确表达动画作品的意义与内涵，为促进中国动画电影产业的发展提供理论支持。郭虹著《上海：中国动画电影的摇篮》[⑤]对上海与动画电影的渊源、中国动画电影的发端、早年我国动画电影人可歌可泣的艰苦历程，进行了尽可能细致地考察、梳理和记述，勾勒出中国近代动画电影在上海起步及发展的历史轨迹，同时完善了中国动画电影史学的相关研究。

日本人津坚信之著，于泳、刘永平译《不可不知的日本动画史：黎明前的关西圈电视动画》[⑥]以采访动画制作人员或动画工作室人员为主要方式，详细介绍日本特定地域——关西地区动画、电视动画和广告的成长、发展、兴衰过程。全书分三部共五章，内容涵盖“京都·电影公司：战后关西动画的出发点”“嵯峨工作室：京都系动画界的中心地”“一光社：大阪系动画界的出发点”“《铁臂阿童木》以后”“京都·大阪／21世纪”，对于更全面地研究日本早期动画具有较高的史学和资料价值。日本人小山昌宏、须川亚纪子著，付奇鑫、周亮亮译《日本动漫研究入门》[⑦]介绍了日本动漫研究的几个主要方面，如文学理论、影像理论、社会性别、声音、历史、观众、艺术、产业等；并从文学理论的角度出发，对《风之谷》《龙猫》等作品进行了剖析，并且通过影像的拍摄角度、镜头数等，对角色形象进行了分析；还针对《宇宙战舰大和号》《机动战士高达》《新世纪福音战士》等作品的角色塑造进行了研究。薛燕平著《蝉噪林愈静：21世纪中国动画访谈录》[⑧]从40余位被采访者中

① 何威、张伦、陈亦水编著：《中国动画产业与消费调查报告：2015—2016》，中国电影出版社2017年版。
② 石德生：《中国动漫产业发展模式创新研究》，中国社会科学出版社2016年版。
③ 徐坤：《美国电视动画研究及其对中国动画的启示》，复旦大学出版社2016年版。
④ 陆方：《动画电影符号学》，科学出版社2017年版。
⑤ 郭虹：《上海：中国动画电影的摇篮》，中西书局2017年版。
⑥ ［日］津坚信之：《不可不知的日本动画史：黎明前的关西圈电视动画》，于泳、刘永平译，化学工业出版社2017年版。
⑦ ［日］小山昌宏、须川亚纪子：《日本动漫研究入门》，付奇鑫、周亮亮译，海洋出版社2017年版。
⑧ 薛燕平：《蝉噪林愈静：21世纪中国动画访谈录》，中国传媒大学出版社2017年版。

选出12位很具代表性的一线创作人、管理者，将200个小时的采访素材精编为一本约20万字的访谈录；内容涵盖主流商业动画（电视动画、动画电影）、非主流独立动画（独立艺术家、学院作品）、动画制片与宣发、动画配音与人才培养等方方面面，试图还原一个真实的21世纪中国动画面貌。马中文著《泛娱乐时代动漫创意人才培养》[①]对“泛娱乐”概念的辨析及“艺术”与“设计”概念的辨析等学术问题进行了讨论。从泛娱乐时代对动漫产业所带来的全新格局、遇到的困难、提出的挑战等角度，对动漫文化的发展与影响，泛娱乐时代对动漫产业的影响，泛娱乐时代动漫创意人才的需求，影响泛娱乐时代动漫创意人才培养的因素，对泛娱乐时代动漫创意人才培养的思考，泛娱乐时代动漫创意人才培养的理念与实践等方面进行深入的分析与论述。提出了立足未来，树立适应泛娱乐时代的跨界教学理念。姚桂萍著《动画创作与民间美术》[②]由七章组成，第一章讲解了中国民间美术的基本概念与语言特征。第二章着重讲解了民间美术的类型与地域特色，通过山西民间美术资源与动漫结合的实例，分析动漫对保护民间美术的作用。第三章讲解了中国民族动画的多种类型，以及中国民间美术观念对动漫创作的影响。第四章讲解了山西剪纸的功能与特点，强调数字技术对于剪纸动画创作的开拓作用。第五章强调了数字技术对于皮影动画创作与传播的拓展。第六章详细分析了动漫艺术对木版年画的借鉴。第七章详细分析了新媒体时代动漫艺术对民间美术的传承与传播的重要作用。美国人乔纳森·莱昂斯著，肖志清、陈云、邹丽译《幽默感：动画艺术的智慧》[③]的作者是一位动画家，本书是一本理论联系实践的著作，少有纯粹理论化的描述，但却有大量引文和对故事电影喜剧的参照援引。尽管该著作有大量实例，但又不是一本通俗读物，该书对案例的援引有着非常个性化的分类。杨晓林、彭俊、符攀婵著《动画大师王树忱、阿达与詹同》[④]从个人生平、动画分类、漫画创作以及中国动画史上的贡献诸方面对三位动画大师进行了研究，涉及作品创作的时代背景、主题、叙事、角色、视听语言、文化特征以及漫画风格等不同侧面的研究，并阐释了三人在中国动画史上的地位。

与往年相比较，2017年发表的关于动画研究的文献平稳发展。过去理论研究中少有的实验动画研究及有关动画本体理论的研究，2017年在文章的数量上有了明显的增长。有关中国动画民族化问题的讨论及动漫产业研究，从发表文献的数量上观察，依然是热点问题。

三、结语

纵观2017年国产动画电影创作，业界对三维技术的热捧普遍降温，开始理性对待二维、三维制作技术的使用，将创制重心重新转移到作品的创意和传递给观众的价值观上。全年度进入主流院线的30部国产动画电影，使用二维动画技术的有17部，二维与三维技术结合的有1部，使用三维动画技术的有12部。其中，《大护法》《十万个冷笑话2》《阿唐奇遇》《钟馗传奇之岁寒三友》等影片在题材选取、艺术塑造、思想内涵的阐释等方面都有新的面貌出现。《大护法》用黑暗美学、暴力主题和内容阐述的哲学深度，使其成为一部具有里程碑意义的作品。一方面，这部作品的画风力求东方意蕴；另一方面，这部作品的复杂隐喻和诡谲设计呈现出鲜明的个性。影片叙事穿透了虚拟与现实的次元壁，使其具备了作者电影的风范。《十万个冷笑话2》携二次元文化的标签又一次卷土重来，用戏仿、恶搞、拼贴、穿越等后现代手法，以“梗”和“脑洞”等二次元亚文化架构起影片的世界观，带给目标非常明确的受众群体，价值观自我认同的极大愉悦。《阿唐奇遇》选取茶宠这一深具传统文化气息的特殊题材，为了在作品质量的提升上给观众一个直观的感受，创作团队投入9个多月的时间进行技术研发，制作出角色鲜明的陶瓷质感形象。《钟馗传奇之岁寒三友》则继承了中国经典动画电影的美学特色。《熊出

---

① 马中文：《泛娱乐时代动漫创意人才培养》，广东教育出版社2017年版。
② 姚桂萍：《动画创作与民间美术》，清华大学出版社2017年版。
③ [美]乔纳森·莱昂斯：《幽默感：动画艺术的智慧》，肖志清、陈云、邹丽译，清华大学出版社2017年版。
④ 杨晓林、彭俊、符攀婵：《动画大师王树忱、阿达与詹同》，同济大学出版社2017年版。

没·奇幻空间》《赛尔号大电影 6：圣者无敌》《昆塔：反转星球》等作品的商业成功，反映出我国动画电影工业体系建设的逐步成熟。依托完整的工业制作和成熟的 IP 模式，这几部优秀的系列动画电影推动着中国动画电影产业的发展。与之相呼应的是，动画电影的理论研究与中国动画电影创作及产业的发展形成了一个良性的互承关系。

张啸涛　中国艺术研究院《中国艺术年鉴》编辑部副研究员

作品

电影

【电影《不成问题的问题》】

导演：梅峰；编剧：梅峰、黄石；制作人：凌雨、伍卫东；主演：范伟、殷桃、张超、王梓桐、蒋中炜、梁霆炜等；出品公司：青年电影制片厂、北京君为文化传播有限公司、北京盛钰影视文化投资有限公司、MARE NOSTRUM PRODUCTIONS，2017 年 11 月 21 日在国内公映。

该片改编自作家老舍发表于 1943 年的同名短篇小说，是一部背景设定在战时重庆的三幕寓言黑白片，讲述的是中国抗日战争时期大后方的树华农场在主任丁务源的管理下走向衰败的故事。

获奖：

1. 第 29 届东京国际电影节最佳艺术贡献奖；
2. 第七届北京国际电影节天坛奖最佳男主角奖（范伟）、最佳编剧奖（梅峰）；
3. 第 20 届上海国际电影节最受传媒关注男配角奖（张超）；
4. 第 25 届北京大学生电影节最佳艺术探索奖；
5. 第 53 届台湾电影金马奖最佳男主角奖（范伟）、最佳改编剧本奖（梅峰、黄石）。

【电影《十八洞村》】

导演、编剧：苗月；制片人：冯克湘；主演：王学圻、陈瑾等；出品公司：潇湘电影集团有限公司、峨眉电影集团有限公司、华夏电影发行有限责任公司。2017 年 10 月 13 日在国内公映。

该片以十八洞村的真实故事为原型，讲述了退伍军人杨英俊在扶贫工作队的帮扶下，带领杨家兄弟立志、立行，打赢一场扶贫攻坚战的故事。

获奖：

1. 第十七届中国电影华表奖优秀故事片奖、优秀编剧奖（苗月）、优秀女主角奖（陈瑾）；
2. 第 34 届大众电影百花奖最佳女主角奖（陈瑾）；
3. 第 25 届北京大学生电影节组委会大奖。

【电影《时间去哪儿了》】

监制：贾樟柯；导演：贾樟柯、沃尔特·塞勒斯、阿历斯基·费朵奇科、贾梅尔·奎比卡、马德哈尔·班达卡；主演：梅芙·金琴丝、爱丽莎·克拉夫索娃、康斯坦丁·埃士恩、赵涛、梁景东、迪萨·恩杜纳；出品公司：北京西河星汇影业有限公司、中共晋中市委宣传部、欢欢喜喜（天津）文化投资有限公司、欢喜传媒集团有限公司、顶智有限公司。2017 年 10 月 19 日在国内公映。

本片由巴西导演沃尔特·塞勒斯、俄罗斯导演阿历斯基·费朵奇科、印度导演马德哈尔·班达卡、南非导演贾梅尔·奎比卡以及中国导演贾樟柯执导的 5 部关于时间阐述的短片组成。

获奖：

第四届丝绸之路国际电影节“金丝路”传媒荣誉单元推荐委员会特别奖。

【电影《嘉年华》】

编剧、导演：文晏；制片人：陈橼；主演：文淇、周美君、史可、耿乐，出品公司：喀什嘉映文化传媒有限公司。2017 年 11 月 24 日在国内公映。

该片聚焦在两个少女的身上，讲述了在一家旅店打工的小米，碰巧成为在旅店发生的一起案件的唯一知情者，为了保住自己的工作，决定保持沉默，一番挣扎与挫折之后，她终于醒悟，说出事情的真相。

获奖：

1. 第 25 届北京大学生电影节评委会大奖；
2. 第 54 届台湾电影金马奖最佳导演奖（文晏）；
3. 第 39 届南特三大洲电影节银热气球奖；
4. 第九届中国电影导演协会年度导演奖（文晏）；
5. 第 23 届华鼎奖中国最佳影片奖；
6. 第 54 届安塔利亚金橙国际电影节最佳影片奖、最佳女演员奖（文淇）。

【电影《冈仁波齐》】

导演、编剧：张杨；制作人：高飞、李丽；主演：尼玛扎堆、杨培、斯朗卓嘎、次仁曲珍、色巴江措、仁青晋美等；出品公司：和力辰光国际文化传媒（北京）有限公司、乐视影业（北京）有限公司、马灯电影有限公司（深圳）、麦颂影视投资（上海）有限公司等。2017 年 6 月 20 日在国内公映。

该片讲述了在西藏腹地古村普拉村，该村的 10 个普通藏族人和一个孕妇一起从家出发前去 2500 公里以外的冈仁波齐朝圣的故事。

获奖：

1. 第七届中国电影导演协会年度评委会特别表彰奖；
2. 第二届意大利中国电影节最佳故事片奖。

【电影《建军大业》】

导演：刘伟强；编剧：韩三平、黄欣、董哲、赵宁宇；制片人：于冬；主演：刘烨、朱亚文、黄志忠等；出品公司：中国电影股份有限公司、博纳影业集团股份有限公司、南昌广播电视台、中国人民解放军八一电影制片厂等。2017 年 7 月 27 日在国内公映。

该片讲述 1927 年国民党“右派”为夺权叛变革命，发动了“清共”行动。由于没有自己的武装力量，成立不足七年的中国共产党在国民党“右派”“清共”行动下，几乎遭遇毁灭性打击。生死存亡之际，毛泽东、周恩来等党内进步分子临危受命，冒着生命危险分赴湖南和江西等地，联合朱德、贺龙、叶挺、刘伯承等一批爱国将领发动起义，誓要组建一支真正属于人民的军队。

获奖：

第 14 届精神文明建设“五个一工程”特别奖。

【电影《村戏》】

导演：郑大圣；编剧：李保罗；制片人：尹剑华；主演：李志兵、梁春柱等；出品公司：上海电影集团有限公司、深圳电影制片厂有限公司、昆山百城映像影视文化有限公司、北京大有天工文化投资管理有限公司。2017 年 6 月 16 日在国内公映。

该片讲述了 20 世纪 80 年代农村包产到户前夕，一个偏僻的小山村里，村民们为了久盼的“分地”而排演老戏所引发的故事。

获奖：

第 31 届中国电影金鸡奖最佳摄影奖（邵丹）。

【电影《芳华》】

导演：冯小刚；编剧：严歌苓；制片人：胡晓峰；主演：黄轩、苗苗、钟楚曦、杨采钰、李晓峰等；出品公司：浙江东阳美拉传媒有限公司、华谊兄弟电影有限公司（中国）、爱奇艺影业（北京）有限公司（中国）等。2017 年 12 月 15 日在国内公映。

该片讲述在充满理想和激情的军队文工团，一群正值芳华的青春少年，经历着成长中的爱情萌发与充斥变数的人生命运。

获奖：

第 9 届澳门国际电影节最佳影片奖、最佳导演奖（冯小刚）、最佳编剧奖（严歌苓）

【电影《相爱相亲》】

导演：张艾嘉；编剧：张艾嘉、游晓颖；主演：张艾嘉、田壮壮、郎月婷、宋宁峰、吴彦姝等；出品公司：北京海润影业有限公司、松泽国际影业股份有限公司；发行公司：天津猫眼文化传媒有限公司。2017 年 11 月 3 日在国内公映。

该片讲述三位不同年龄段的女人的爱情故事。

动画电影

【动画电影《大护法》】

导演、编剧：不思凡；执行导演：阿么肆；制作人：林安儿；配音：小连杀、图特哈蒙、金士杰、幽舞越山等；出品公司：北京光线影业有限公司、天津市好传文化传播有限公司、霍尔果斯彩条屋影业有限公司。2017 年 7 月 13 日在国内公映。

该片讲述奕卫国大护法为了寻找失踪的太子，追到花生镇，发现巨大阴谋的冒险旅程。

【动画电影《阿唐奇遇》】

导演、编剧：王微；制作人：于洲、袁野；配音：石磊、原泽宇、芒莱、季冠霖、洪晃、米粒等；制作公司：追光人动画设计（北京）有限公司。2017 年 7 月 21 日在国内公映。

该片讲述南方一座热闹城市里，一间茶叶店中的一群陶瓷茶宠的历险旅程。

【动画电影《十万个冷笑话 2》】

导演：卢恒宇、李姝洁；编剧：寒舞、卢恒宇、李姝洁、赵聪等；制作人：杨璐、乔雷等；配音：皇贞季、山新、郝祥海、藤新、图特哈蒙、宝木中阳等；出品公司：上海炫动传播股份有限公司、万达影视传媒有限公司、奥飞影业投资（北京）有限公司、上海腾讯影业文化传播有限公司等。2017 年 8 月 18 日在国内公映。

该片是《十万个冷笑话》第二部，讲述了在浩瀚宇宙中凡人少年小金刚联合三大天神雅典娜、河神、雷神共同寻找创世杖的故事。

【动画电影《熊出没・奇幻空间》】

导演：丁亮；编剧：丁亮、徐芸、万秦、崔铁志；制作人：罗拉、李斌等；配音：曾舜晞、尚雯婕、鲍春来、孙建弘、张伟等；出品公司：华强方特影业投资有限公司、优扬（天津）动漫文化传媒有限公司、乐视影业（天津）有限公司等。2017 年 1 月 28 日在国内公映。

该片讲述为了传说中神秘部落的宝物，在幕后 BOSS 的控制下，一支屡屡穿梭平行时空盗取动画世界宝物的邪恶夺宝军团悄然潜入大森林。为保护传说中的宝物，熊大、熊二、光头强和机器人 COCO、神秘少女纳雅与夺宝军团展开激烈争夺，众人在相互了解之中彼此支撑中，化解了动画世界的浩劫。

纪事

节展·评比

【第二届中国动画电影展映评价推介颁布典礼】

2017年4月15日，由中国电影家协会动画电影工作委员会、惠州市文化广电新闻出版局等联合主办的“第二届中国动画电影展映评价推介颁布典礼”在广东省惠州市举行，同时也标志着第二届中国动画电影“天马杯”评价推介活动取得圆满成功。本次活动旨在建立一个鼓励创新、精于品质的动画电影投资、创作机制，提高中国动画电影的艺术品位和技术品质，促进中国动画电影和动漫产业的繁荣发展。

在“天马杯”评价推介活动中，《西游记之大圣归来》一举荣获最佳动画电影、最佳编剧、最佳动作设计、最佳配音四项殊荣，《大鱼海棠》获最佳美术设计、最佳录音两项大奖，最佳导演奖则由《熊出没之雪岭熊风》摘得。此外，《十万个冷笑话》获最佳制片与营销奖，《神秘世界历险记3》获最佳造型设计，《爵迹》获最佳特效与新技术应用奖，《兔侠之青黎传说》获最佳音乐奖，《功夫熊猫3》《摇滚藏獒》《犹太女孩在上海2：项链密码》获特别表彰。

在“天马杯”中国动画电影高峰对话中，专家学者就中国动画电影的发展现状进行了讨论。

【第七届北京国际电影节】

2017年4月16日至23日，由国家广播电影电视总局、北京市人民政府主办的“第七届北京国际电影节”在北京举行。4月8日，第七届北京国际电影节“北京展映”单元在中国电影资料馆开启预映，此后16天将在北京地区的30家商业影院、学术机构及高校进行1000余场放映。这是中国电影资料馆自2015年以来，第三次全面承担北京国际电影节展映工作。此次展映从来自100多个国家和地区的2000多部报名影片中，精选近500部中外佳作，分为18个展映单元进行放映。

4月16日，第七届北京国际电影节开幕式在怀柔国家中影数字制作基地举行，《喜欢你》作为电影节开幕片，巴西电影《复仇》成为“注目未来”单元开幕影片。

本届北京国际电影节“天坛奖”面向全球征集2016年1月1日以后出品的优秀影片。共收到来自6大洲、59个国家和地区的424部影片报名参评，其中境外及中国港澳台地区影片274部、境内影片150部，参评影片题材丰富、类型多样、风格各异。

[“天坛奖”获奖名单]

奖项名称	获奖名单
最佳影片奖	《卢卡》(格鲁吉亚)
最佳编剧奖	梅峰、黄石《不成问题的问题》(中国)
最佳导演奖	卢苏丹·格鲁吉泽《他人之屋》(格鲁吉亚/西班牙/俄罗斯/克罗地亚)
最佳男主角奖	范伟《不成问题的问题》(中国)
最佳女主角奖	戈拉布·阿迪娜《姐姐》(伊朗)
最佳男配角奖	加布里埃尔·阿坎德《约翰之子》(法国/加拿大)
最佳女配角奖	丽娅·卡帕纳德泽《卢卡》(格鲁吉亚)

最佳摄影奖	戈尔卡・戈麦斯・安德鲁《他人之屋》(格鲁吉亚 / 西班牙 / 俄罗斯 / 克罗地亚)
最佳音乐奖	马蒂・厄戈内、西尔万・戈尔德贝格《施毒天使》(法国)
最佳视觉效果奖	雷诺・佩特格《奥托・布鲁姆的一生》(澳大利亚)

【第 24 届北京大学生电影节】

2017 年 4 月 8 日至 5 月 26 日，由北京师范大学等主办的“第 24 届北京大学生电影节”在北京举行。开幕式上，组委会评选的“中国军事题材电影十佳”揭晓，包括《集结号》《南征北战》《红色娘子军》《一个和八个》《高山下的花环》《冰山上的来客》《柳堡的故事》《血战台儿庄》《小兵张嘎》《小花》《归心似箭》，由于有两部影片票数相等，因此评选出 11 部影片。电影节期间，还举办了“亚洲电影的文化想象”学术研讨会、“一带一路”主题影展、“两岸电影展之台湾电影展”、“电影大师面对面”等活动。5 月 26 日，电影节闭幕并揭晓各奖项。本届电影节共有 34 部影片入围，由电影学者和大学生组成的评委共同从中评选出各大奖项。

[获奖名单]

奖项名称	获奖名单
最佳影片奖	程耳《罗曼蒂克消亡史》
评委会大奖	张大磊《八月》
最佳编剧奖	林咏琛、李媛、许伊萌、吴楠《七月与安生》
最佳导演奖	冯小刚《我不是潘金莲》
最佳男演员奖	张译《追凶者也》
最佳女演员奖	万茜《你好，疯子！》
最佳新人奖	苏晓彤《黑处有什么》
最佳处女作奖	王一淳《黑处有什么》
最受大学生欢迎影片奖	《湄公河行动》
最受大学生欢迎导演奖	徐克《西游 2・伏妖篇》
最受大学生欢迎男演员奖	张涵予《湄公河行动》
最受大学生欢迎女演员奖	赵丽颖《乘风破浪》
组委会大奖	雷献禾《老阿姨》
	檀冰《中国推销员》
最佳观赏效果奖	《湄公河行动》
最佳艺术探索奖	《路边野餐》

【“多彩中华”少数民族电影展暨电影藏品展】

2017 年 5 月 23 日，由中国文学艺术界联合会、中国电影家协会、中国文学艺术界联合会电影艺术中心、第 26 届中国金鸡百花电影节执委会联合主办的“‘多彩中华’少数民族电影展暨电影藏品展”在内蒙古自治区呼和浩特市开幕。除了精彩的蒙古族题材电影展映，内蒙古电影博物馆珍藏的一系列电影收藏品，也生动地展示了内蒙古乃至全国电影发展的历史。

【第 20 届上海国际电影节】

2017 年 6 月 17 日至 26 日，由上海市人民政府等主办的“第 20 届上海国际电影节”在上海举行。来自 106 个国家和地区的电影机构共 2528 部影片报名本届电影节，其中包括 47 个国家的 1016 部影片来自“一带一路”沿线国家。经过遴选，32 个沿线国家的 189 部影片进入金爵奖、亚洲新人奖评选和各大展映单元。6 月 17 日，“一带一路”沿线 15 个电影节的代表相聚一堂，共同签订了“一带一路”电影文化交流合作备忘录。随后举行了“一带一路”电影文化圆桌论坛，沿线国家电影节主席和电影机构负责人聚焦各国电影产业发展现状。本届电影节的全球征片数量再创历史新高，经过遴选，500 多部影片在覆盖全市 16 个区的 45 家专业影院展映。

电影节举办了 14 场金爵电影论坛，围绕“一带一路”“中国电影产业”“工匠精神”“供给侧改革”“解读上海电影政策”“沪港电影合作交流”“类型电影”等。

[金爵奖]

奖项名称	获奖名单
最佳影片奖	《三轮浮生》(菲律宾)
评委会大奖	《筹款风波》(伊朗)
最佳导演奖	马赛・皮耶普莱兹卡《我是杀人犯》(波兰)
最佳女演员奖	萨蕾・巴亚特《筹款风波》(伊朗)
最佳男演员奖	黄渤《冰之下》(中国)
最佳编剧奖	《哈尔姆斯》(俄罗斯 / 立陶宛 / 马其顿)
最佳摄影奖	《哈尔姆斯》(俄罗斯 / 立陶宛 / 马其顿)
艺术贡献奖	《故障状况》(罗马尼亚)
最佳动画片奖	《至爱梵高》(英国)
最佳纪录片奖	《当保罗穿越大海》(德国)

[亚洲新人奖]

奖项名称	获奖名单
最佳影片奖	《分贝人生》(马来西亚)
最佳编剧奖	王强《被阳光移动的山脉》(中国)
最佳新导演奖	斋藤工《空白十三年》(日本)
最佳男演员奖	陈泽耀《分贝人生》(马来西亚)
最佳女演员奖	艾德娃・博勒《静默之下》(以色列)
最佳摄影奖	陈克勤《分贝人生》(马来西亚)

[钢铁人称号]

奖项名称	获奖名单
最佳动作片奖	《苏丹》
最佳动作导演奖	林超贤《湄公河行动》
最佳动作男演员奖	斯科特・阿金斯《终极斗士 4》
最佳动作女演员奖	杨幂《逆时营救》
最佳动作新人奖	黄轩《非凡任务》

最佳动作指导奖	李忠志《非凡任务》
最佳动作特技奖	《非凡任务》
最佳打斗场面设计奖	《终极斗士 4》

[电影频道最受传媒关注奖项]

奖项名称	获奖名单
最受传媒关注影片奖	《闪光少女》
最受传媒关注导演奖	徐兵《缉枪》
最受传媒关注编剧奖	鲍鲸鲸《闪光少女》
最受传媒关注男主角奖	刘佩琦《龙之战》
最受传媒关注女主角奖	热依扎《缉枪》
最受传媒关注男配角奖	张超《不成问题的问题》
最受传媒关注女配角奖	刘泳希《闪光少女》
最受传媒关注新人导演奖	王冉《闪光少女》
最受传媒关注新人男演员奖	马布里《我是马布里》
最受传媒关注新人女演员奖	徐璐《闪光少女》
评委会特别荣誉奖	祝希娟《大雪冬至》
组委会特别荣誉奖	《龙之战》《血战湘江》

【2017 中国成都·金砖国家电影节】

2017 年 6 月 23 日至 27 日，由国家新闻出版广电总局和四川省人民政府主办，成都市人民政府、国家新闻出版广电总局电影局、国家新闻出版广电总局国际合作司、四川省新闻出版广电局承办的“2017 中国成都·金砖国家电影节”在四川省成都市举行。6 月 27 日举行的闭幕式上揭晓了“熊猫奖”获奖名单。

[“熊猫奖”获奖名单]

奖项名称	获奖名单
艺术贡献奖	《时间去哪儿了》(金砖国家合拍)
最佳女主角	周冬雨(《七月与安生》中国)
最佳男主角	阿洛克·拉杰瓦德(《海龟》印度)
最佳导演	基姆·德鲁日宁、安德烈·谢罗帕(《潘菲洛夫 28 勇士》俄罗斯)
评委会特别奖	《第二个妈妈》(巴西),《阿扬达与机械师》(南非)
最佳影片	《尼斯：疯狂的心》(巴西)

【第 26 届中国金鸡百花电影节暨第 31 届中国电影金鸡奖】

2017 年 9 月 13 日至 16 日，由中国电影家协会、内蒙古自治区呼和浩特市人民政府等主办的“第 26 届中国金鸡百花电影节”在内蒙古自治区呼和浩特市举行。本届电影节主要有五大主体活动，电影节开幕式及文艺活动、影展活动、学术活动、第 31 届中国电影金鸡奖获提名者表彰仪式、第 31 届中国电影金鸡奖颁奖典礼暨电影节闭幕式。本届电影节的影展活动中，有 30 部国产新片亮相，并确定了来自意大利、伊朗、日本、以色列等18个国家的25部国际影片参展，同时举办“一带一路”中外电影交流研讨会。本届电影节台湾影展单元推出“王童电影作品回顾展”，精选王童在不同时期执导的4部经典影片。港澳影展的香港影展单元举办“成龙电影作品展映”，呈现近几年成龙参演的4部影片。此外，少数民族影展也如期举办。本届少数民族影展以蒙古族导演麦丽丝执导的《一代天骄成吉思汗》作为开幕影片，影展展映20部近两年创作的少数民族题材电影佳作，其中10部为蒙古族题材影片。

9月16日，为期4天的第26届中国金鸡百花电影节在内蒙古自治区呼和浩特市落下帷幕，第31届中国电影金鸡奖各大奖项也最终揭晓。第31届中国电影金鸡奖共有84部候选影片入围。本届金鸡奖由原先的不记名投票制改为实名制投票，以更加严谨、负责任的态度评选出最佳故事片、最佳编剧、最佳导演、最佳男主角、最佳女主角等共计21个奖项。

[第31届中国电影金鸡奖获奖名单]

奖项名称	获奖名单
最佳故事片奖	《湄公河行动》
最佳中小成本故事片奖	《告别》《塔洛》
最佳儿童片奖	《乌珠穆沁的孩子》
最佳戏曲片奖	《穆桂英挂帅》
最佳科教片奖	《首星揭秘》
最佳纪录片奖	《日本战犯忏悔备忘录》
最佳美术片奖	《大耳朵图图之美食狂想曲》
最佳编剧奖	管虎、董润年《老炮儿》
最佳导演奖	冯小刚《我不是潘金莲》
导演处女作奖	文章《陆垚知马俐》
最佳男主角奖	邓超《烈日灼心》
最佳女主角奖	范冰冰《我不是潘金莲》
最佳男配角奖	于和伟《我不是潘金莲》，王千源《解救吾先生》
最佳女配角奖	吴彦姝《搬迁》
最佳摄影奖	邵丹《村戏》
最佳录音奖	黄铮《火锅英雄》
最佳美术奖	韩忠《罗曼蒂克消亡史》
最佳音乐奖	叶小钢《开罗宣言》
最佳剪辑奖	丁晟《解救吾先生》
组委会特别奖	陈力《血战湘江》
终身成就奖	牛犇、刘世龙、玛拉沁夫

【我是一个兵——王晓棠影博·影人专题展】

2017年10月28日，由中国电影博物馆主办的“我是一个兵——王晓棠影博·影人专题展”在北京中国电影博物馆举行。王晓棠，国家一级演员，是新中国电影事业杰出的电影表演艺术家、电影导演和电影事业家。她参演、导演和编剧的电影有16部，代表作品有《野火春风斗古城》《英雄虎胆》等。经她改编、策划、组织拍摄的故事、军教、纪录等精品影片达数十部。

为了让更多观众能够更加直观、全面地了解王晓棠的艺术成就和贡献，本次展览共分为四大部分，分别为“她是明星”“她是艺术家”“她是将军”“她自己说：我是一个兵”，展览详细回顾了王晓棠的电影艺术成就，展出多件珍贵的剧照及文件实物，从多个角度展现了王晓棠为新中国电影事业做出的巨大贡献。

【多彩中华·第二届少数民族电影展映】

2017年10月29日至31日，由中国电影家协会、重庆市黔江区人民政府联合主办的“多彩中华·第二届少数民族电影展映”在重庆市黔江区举行。活动期间展映了《悬赏令》《金珠玛米》《阿婆的槟榔》《屋顶的马奶节》《寻找雪山》《德吉的诉讼》《碧落雪山》《家在水草丰茂的地方》《回乡种田》《照见》等17部优秀少数民族影片。10月31日，“多彩中华·第二届少数民族电影展映”活动闭幕晚会于黔江区濯水镇隆重举行。乘着十九大胜利召开的春风，少数民族电影展映也迎来了第二个年头，本届电影展映参展少数民族电影作品更多，活动规模更大，参与人数更广，民族团结繁荣发展的氛围更加浓郁。在为期三天的展映和主创见面会等活动期间还举办了“电影·旅游·投资”论坛，中国电影评论专家、少数民族电影导演、编剧、制片人和文旅产业投资人士就电影与旅游怎样有效结合各抒己见，为使少数民族电影繁荣与少数民族地区发展相辅相成，促进文化文明、民族精神与经济效益的多方发展提出了意见与建议。

【北京电影学院“第17届动画学院奖”系列活动】

2017年11月2日至4日，由北京电影学院主办的“北京电影学院‘第17届动画学院奖’系列活动”在北京举行。

本次动画学院奖继续延续“本土、艺术、原创”的主题，以鼓励支持以学生为主的青年动画人独立创作出具有实验价值的优秀作品、鼓励推动具有独立精神与创造性的动画创作为目的，旨在不断挖掘与展示动画艺术的多样性，为中国动画的繁荣、青年动画人的培育做出贡献。活动为期3天，涵盖影片展映、高峰学术论坛、学术讲座、企业高新技术展示、企业签约仪式、学生优秀作品展卖、颁奖典礼等活动，为动画电影从业者和爱好者奉献了一场精彩纷呈的动画盛宴。闭幕式暨颁奖典礼上十余个奖项逐一揭晓，其中《识途》获得最佳导演奖，《巨婴》获最佳剧作奖，《成长的蓝》获最佳短片奖，《了》获最佳视觉效果奖，《魔鬼并不存在》获最佳技术应用奖，《猫城》获最佳新人奖，《男孩萨尼》获最佳造型设计奖，《妙手回春》获最佳声音效果奖。

【第四届浙江青年电影节】

2017年11月11日至17日，由浙江省委宣传部、浙江省新闻出版广电局和中国电影基金会主办，东海电影集团承办的“第四届浙江青年电影节”在浙江省杭州市举行。电影节将当代优秀青年电影导演、编剧、制片人等电影人才汇聚起来，通过吴天明青年电影高峰会、论坛、“华语电影新势力”展映单元、大师训练营、科幻电影单元等一系列活动，让世界看到中国青年电影人的无限潜力，让业内关注浙江助推电影产业发展的新力量。

吴天明青年电影高峰会创投活动中，评委们对16个项目进行终极评选，最终选出了5个优胜项目，中国电影基金会将给予孵化奖励。本届电影节还设置了系列论坛，帮助青年电影人把握发展机遇。此外，东海大师训练营建立“制片人训练营”“导演训练营”产业系统，在影片全产业链条中进行实操训练。

【第 13 届中国国际儿童电影节】

2017 年 11 月 15 日，由国家新闻出版广电总局电影局和广州市政府主办，中国儿童少年电影学会、广州市文化广电新闻出版局、广州市教育局等单位联合承办的“第 13 届中国国际儿童电影节”在广东省广州市开幕。本届影节期间有来自全世界范围的 60 多部儿童影片、动画片亮相，近百位名中外嘉宾奔赴到场感受这场电影盛事。

电影节举行期间，中国电影艺术研究中心协助组委会举办了国际儿童电影论坛。来自美国、加拿大、澳大利亚、日本等国家的专家和中国儿童电影工作者分别就儿童电影事业、电影创作、电影教育与研究三个主题进行了现场讨论。

11 月 19 日，第十三届中国国际儿童电影节闭幕。中国影片《天籁梦想》获得最佳儿童片大奖，《摇滚藏獒》（中国）获得最佳动画片奖，玛利亚·诺瓦罗（墨西哥）凭《寻找宝藏》获得最佳导演奖，奥利维亚·林戈尔（法国）和伊芙斯·林戈尔（比利时）凭《想飞的轮椅女孩》获得最佳编剧奖。

【2017 北京国际先进影像大会暨展览会（ICEVE）】

2017 年 11 月 16 日至 17 日，由北京电影学院、中国电影电视技术学会共同主办的“2017 北京国际先进影像大会暨展览会（ICEVE）”在北京举行。为期 2 天的大会中，超过 3000 名专业观众参与了大会的主题论坛、先进影像展览会、先进影像作品奖评选、VR 互动体验区等特色活动。作为 2016 年成立的未来影像高精尖创新中心举办的首个国际学术交流会议，ICEVE2017 在演讲嘉宾级别、讨论主题的前瞻性、学术交流的深度和广度、与产业对接的实用性等方面进行了大幅的提升，致力于通过集聚全球艺术与科技的力量，打造影视技术领域行业合作和技术创新的开放平台，推动先进影像技术为影视、娱乐、传媒等产业带来革命式的创新业态。

【创意无穷：香港电影 1997—2017 电影展映活动】

2017 年 11 月 17 日，为庆祝香港回归祖国 20 周年，由香港特区政府主办的“创意无穷：香港电影 1997—2017”电影展映活动在英国伦敦举行，向英国观众展示香港电影过去 20 年的成就和创意。本次活动于 11 月 19 日闭幕，共展映了 9 部香港电影，其中 3 部在欧洲首映。

【第四届丝绸之路国际电影节】

2017 年 11 月 28 日至 12 月 3 日，由国家新闻出版广电总局、福建省人民政府、陕西省人民政府主办的“第四届丝绸之路国际电影节”在福建省福州市举行。来自丝绸之路沿线的 42 个国家和地区的驻华使领馆官员、电影人等近百名嘉宾参加了盛会，103 部多国别影片将集中轮展。

为期 6 天的电影节共举办了丝路国家影片展映、面向新时代的电影合作论坛、丝绸之路国际纪录片学术论坛等活动。闭幕式上颁发了“金丝路”传媒荣誉。其中，《时间去哪儿了》获评委会特别奖，《一带一路》获 2017 年度纪录片奖。

【第 16 届电影频道电影百合奖颁奖典礼暨 2017 中国电影年度数据发布活动】

2017 年 12 月 31 日，由中央电视台电影频道节目中心主办的“第 16 届电影频道电影百合奖颁奖典礼暨 2017 中国电影年度数据发布活动”在北京举行。这次活动旨在共同见证中国电影成就，迎接 2018 年的到来。晚会颁发了“优秀故事片奖”等 7 个奖项，发布了 2017 中国电影年度数据和系列公益广告片《光荣与梦想：我们的新时代》。

会议·论坛

【影坛翘楚：纪念著名电影导演桑弧诞辰 100 周年座谈会】

2017 年 1 月 4 日，由上海电影（集团）有限公司、上海电影家协会、上海电影评论学会共同主办的“影坛翘楚：纪念著名电影导演桑弧诞辰 100 周年座谈会”在上海举行。电影界人士回忆了桑弧的艺术人生并表达对他的缅怀之情，上海人民出版社出版的《桑弧电影文集》同时首发。

与会专家们认为桑弧是为民族电影工业写下重要一笔的“文华”作者，他是开了多项先河的第二代导演标志性人物。座谈会前，主办方还组织观摩了由桑弧编导的文献纪录片《蔡元培生平》。这部在 1988 年问世的纪录片，独辟蹊径地用张瑞芳、孙道临担任主持串联的方式讲述了蔡元培的一生。桑弧在文华公司期间拍摄的《不了情》《假凤虚凰》《太太万岁》《哀乐中年》等影片形成了其独特的导演风格，也将其导演艺术推向了高峰。两年前，曾散佚海外的由桑弧导演的《假凤虚凰》重归上海，在上海电影博物馆做了两场放映。有评论家认为，“影片平缓却委婉地演绎着凡俗小曲，那是一种市井人生的聪慧，仿佛生活的乐子就在醋翻瓶倒间兜转，在飞短流长间舒展人生的真义”。

【中国电影评论学会网络影视评论委员会成立】

2017 年 1 月 11 日，由中国电影评论学会主办的“中国电影评论学会网络影视评论委员会成立发布会”在北京举行。中国电影评论学会网络影视评论委员会的成立为中国电影舆论生态建设注入了新的活力。近年来网络影评发展如火如荼，已然成为当下影视评论的最主要阵地。为了聚拢优秀网络影评人、引导网络影评健康发展，中国电影评论学会特别设立了网络影视评论委员会。

【电影题材与市场环境建设研讨会】

2017 年 1 月 7 日，中国文艺评论家协会、国家行政学院社会和文化教研部及中国文学艺术界联合会文艺评论中心共同主办的“电影题材与市场环境建设研讨会”在北京举行。会议由中国文艺评论家协会艺术产业委员会、中国文艺评论基地（国家行政学院）与国家行政学院文化政策与管理研究中心联合承办。来自电影行业一线的代表与电影研究的专家学者共同为中国电影市场的繁荣发展出智献策。

与会者从编剧、导演、行销、院线发行及评论研究等不同角度，就当前我国电影存在的题材类型单一、现实题材少、群众关心的热点题材少、题材创新动力不足、题材创新受限、市场环境有待优化等问题，共同探讨了如何提高电影题材管理科学化、法治化水平以及题材与市场环境的关系，发表了对电影题材选择和电影市场发展的意见，产学研结合，为进一步推动电影产业的健康发展建言献策。

【2016 中国电影国际影响力全球调研发布】

2017 年 3 月 16 日，中国文化国际传播研究院（AICCC）与《现代传播》杂志社在北京师范大学联合主办了“2016 中国电影国际影响力全球调研——中国电影在周边国家的传播现状与文化形象构建”数据发布会。中国文化国际传播研究院院长黄会林发布了调研数据。黄会林介绍，“中国电影国际传播”调研，是以外国观众为调研对象、以中国电影国际传播为核心指向的数据调研项目。该项目由北京师范大学中国文化国际传播研究院主持并实施，自2011年启动以来，已连续开展了6届，形成了10万字的调研报告和5部《银皮书：中国电影国际传播年度报告》，为中国电影国际传播的相关研究提供了大量分析数据和研究依据，在国内外电影学界和业界得到了广泛关注。

【第七届北京国际电影节首届电影科技国际论坛】

2017年4月19日，由国家广播电影电视总局、北京市人民政府主办的“第七届北京国际电影节首届电影科技国际论坛”在北京举行。论坛以“科技创新驱动电影提质升级”为主题，国内外7位电影科技领域专家围绕主题进行演讲，演讲内容涵盖电影科技发展趋势与前沿技术应用、数字电影2.0时代的技术演进及标准发展、科技创新驱动内容创作、电影拍摄前沿技术、下一代电影放映与影院技术、家庭影院同步院线发展与应用等话题。来自国内外电影科技领域的专家学者、电影从业人员、北京国际电影节特邀嘉宾、媒体记者共300余人参加了论坛。

【《中国动画电影发展报告（2016）》发布】

2017年4月24日，由国家新闻出版广电总局、浙江省人民政府主办的“第13届中国国际动漫节动画电影高峰论坛”在浙江省杭州市举行，《中国动画电影发展报告（2016）》在论坛期间发布。这是中国国际动漫节上连续第五年发布相关报告，报告由动画领域的多名学者、导演、编剧、会展界和企业界高管联合撰写。

《中国动画电影发展报告（2016）》显示，中国动画电影2016年表现突出，国产动画电影的放映场次、观影人次和票房收入同比均有两位数以上的增长。报告数据显示，全年进入城市影院的中外动画新片达62部，累计放映1235.1万场，观影人次突破2.2亿，产出票房达到70.05亿元，分别同比增长77.5%、70.5%和58.9%。其中，国产动画电影共放映390.9万场，吸引观众7056.7万人次，实现票房23.43亿元，同比增长13.6%、15.3%和14.1%。同期，社会资本对于动画电影的投资热情也显著提高，2016年在国家新闻出版广电总局备案立项的动画电影达182部，同比增长了42部。

报告同时指出，国产动画电影虽然题材类型不断拓展，艺术表现手法诸多创新，特别是对传统文化资源的创意开发成效显著，同时也试图在内容上突破低龄受众人群，但是仍然欠缺精品，普遍存在“不会讲故事”的通病，而宣传发行策略和受众定位也有待加强。

【中国电影美学论坛】

2017年4月26日，由中国电影资料馆主办的“中国电影美学论坛”在北京举行。论坛以“中国电影的美学走向”为主题，围绕“电影美学与创作的方法论”“中国新生代观众电影审美的趋向”两个分论题进行探讨，关注中国电影独特艺术风格与美学学理建构。

【保护创作者权利　推动文化和电影产业发展国际版权论坛】

2017年6月19日，由国家新闻出版广电总局、上海市人民政府主办的“保护创作者权利　推动文化和电影产业发展国际版权论坛”在上海举行。论坛以第20届上海国际电影节为契机，由中国国家版权局与世界知识产权组织（WIPO）共同举办，从国际及国家层面，从立法、执法、政策、技术、管理、运营等不同角度深入探讨版权保护与电影产业发展的广泛议题。

本次论坛聚焦版权保护和电影产业发展，交流国家和国际层面的先进经验，探讨在数字环境下如何通过版权保护与合作来推动电影权益及其他文化创意产业发展。论坛规模为100人左右，邀请世界知识产权组织高层官员、近30个国家版权主管部门代表、驻华使节、著作权涉外认证机构、著作权集体管理组织代表、版权业界专家学者代表参加。

【《中国电影产业研究报告》发布暨中国电影发展论坛】

2017年6月19日，由中国电影家协会与第20届上海国际电影节组委会主办、中国文学艺术界联合会电影艺术中心承办的“《中国电影产业研究报告》发布暨中国电影发展论坛”在上海举行。

《中国电影产业研究报告》是国家专项资金支持的文化产业研究项目，由中国电影家协会、中国文联电影艺术中心产业研究部组织编撰，以产业调研和市场调查为手段，以产业现状和发展战略为内容，聚合业内研究精英，在掌握翔实的年度统计数据的基础上，经过扎实的市场调研，深入研究中国电影产业现状，对产业整体以及产业链的各个环节进行归纳总结，并针对存在的问题和发展机遇提出战略性、建设性建议。

【纪念建军90周年军事题材电影播映暨座谈会】

2017年7月17日至18日，由国家新闻出版广电总局电影局和军委政治工作部宣传局联合主办的“纪念建军90周年军事题材电影播映暨座谈会”在北京举行。“纪念建军90周年军事题材电影播映”活动精选了90部描述中国军队成长和发展的优秀军事题材影片和30部军事题材纪录片。这批影片囊括了描述中国军队在红军时期、抗日战争时期、解放战争时期和新中国成立以后各个不同时期成长和发展的军事题材佳作，凸显了中国军队90年来的光辉历程。这些影片成功地塑造了中国军人发展历史上的英明领袖形象，表现了中国军队战功卓著的军事将领，鲜活地创造了一批家喻户晓的银幕英雄。

【当下主旋律电影的家国情怀与时代精神专题研讨会】

2017年8月14日，由北京市文学艺术界联合会主办的“当下主旋律电影的家国情怀与时代精神专题研讨会”在北京举行。这次研讨会是北京市文联“2017北京文艺评论热点现象研究”系列研讨活动的第五场，旨在通过研讨《战狼Ⅱ》等当下热映的主旋律电影，分析其在类型拓展方面的各种尝试，研究当前电影的商业运作如何与主流价值观呈现相结合，探讨在主旋律电影中如何更好地表现家国情怀和民族精神，如何塑造新的国家形象和民族形象，以此发挥文艺评论的独特作用，增强中国电影发展内生性动力，鼓励和引导更多优秀的主旋律电影创作。

【建构中国电影学派、建设中国特色国家电影智库暨《中国电影批评年鉴·2016》出版研讨会】

2017年9月26日，由北京电影学院主办，未来影像高精尖创新中心和国家电影智库承办的“建构中国电影学派、建设中国特色国家电影智库暨《中国电影批评年鉴·2016》出版研讨会”在北京举行。由国家新闻出版广电总局批准、北京电影学院承建的“国家电影智库”在会上正式揭牌成立。会上，中国广播电影电视社会组织联合会副会长张丕民和北京电影学院党委书记侯光明为国家电影智库揭牌，并向智库首批专家（于冬、明振江、张宏、尹鸿、王彤、陆绍阳、贾磊磊、周星、王一川、陈阳、李道新、周涌、刘浩东、王海洲）颁发聘书。《中国电影批评年鉴》主编贾磊磊研究员向北京地区艺术高校图书馆专业委员会和学校图书馆赠书，北京电影学院图书馆馆长王海洲教授接受赠书。

【第 12 届华语青年影像论坛】

2017 年 9 月 22 日至 26 日，由中国电影家协会主办、《电影艺术》杂志社承办的“第 12 届华语青年影像论坛”在湖北省武汉市举行。本届论坛主体活动包括影像展、年度新锐影人推介盛典、高峰会、“新青年制造·项目创投”。

作为华语青年影像论坛的主体活动之一，影像展面向全球征集华人青年导演优秀作品，旨在积极发掘和培养最新锐的华语电影人才，自 2017 年 4 月开始征片以来，共收到海内外华语电影数百部。

［第 12 届华语青年影像论坛获奖名单］

奖项名称	获奖名单
年度新锐编剧	周申、刘露《驴得水》，陈楚珩《一念无明》
年度新锐导演	赵祥《石头》，詹京霖《川流之岛》
年度新锐男演员	陈泽耀《分贝人生》（马来西亚），丹增晋美《被阳光移动的山脉》
年度新锐女演员	任素汐《驴得水》，瑞玛席丹《强尼·凯克》
年度新锐摄影师	陈麒文《川流之岛》，陈克勤《分贝人生》
年度新锐美术师	林级峰《分贝人生》（马来西亚），王泰思《MRS K》
年度新锐录音师	德格才让《追凶者也》，张文娟、徐莹《驴得水》
年度新锐剪辑师	苏文泰、张慧君《MRS K》，白玉侠《乘风破浪》
年度新锐制片人	李海华《被阳光移动的山脉》，张筑悌《强尼·凯克》
评委会特别关注	《那年八岁》《闪光少女》

【2017“夏衍杯”优秀电影剧本征集活动证书颁授仪式暨电影编剧论坛】

2017 年 11 月 16 日，由国家新闻出版广电总局主办的“2017‘夏衍杯’优秀电影剧本征集活动证书颁授仪式暨电影编剧论坛”在北京举行。此次编剧论坛的主题为“不忘初心，讲好中国故事”。经过遴选、初评、终评，851 部合格剧本最终入选 34 部，其中现实题材作品占到 60%。颁授仪式还为获得“创意电影剧本”“潜力电影剧本”殊荣的编剧颁授了证书。李锋的《巴布迪的翅膀》、刘同吉的《北京没事儿》、毕云鹏的《李春喜相亲记》、程超的《采薇》及陈建峰与柳晴的《您别不爱听》获评优秀电影剧本；《云上春城》等 9 部作品获评创意电影剧本；《Suo Kua（彝语名：英雄）》等 19 部作品获评潜力电影剧本。

【青年电影创作人员专题学习座谈会暨第三届中国电影新力量论坛】

2017 年 11 月 26 日，由国家新闻出版广电总局电影局主办、中共浙江省委宣传部等承办的“青年电影创作人员专题学习座谈会暨第三届中国电影新力量论坛”在浙江省杭州市西溪举行。

座谈会就学习贯彻十九大精神、推进新时代中国电影发展繁荣作出了部署。120 多位活跃在中国电影一线的青年导演、编剧、演员和出品方代表等，共同学习贯彻十九大精神，交流研讨中国电影在新时代的新目标、新任务。

在 2017 第三届中国电影新力量论坛上，举行了全国艺术电影放映联盟加盟影院授牌仪式。全国艺术电影放映联盟是在国家新闻出版广电总局电影局支持下，由中国电影资料馆作为牵头单位，联合国内主要电影院线、电影创作领军人物、网上售票平台等多方面力量，共同发起的长期放映艺术电影的社团组织。该联盟成立运营一年来，已经有全国 145 个城市 433 家影院的 579 个影厅加盟。预计 2018 年春加盟银幕将达到 1000 块。

【第六届中国电影史年会】

2017 年 12 月 2 日至 5 日，由中国电影艺术研究中心和西南大学共同主办的“第六届中国电影史年会”在重庆举行。本次年会主题为“1930 年代的中国电影：艺术追求、文化风貌、家国情怀”。为期 3 天的论坛包括主论坛、分论坛、学术放映等诸多环节，理论研究、影史探析、人物研究等十个主题分论坛对 20 世纪 30 年代的中国电影史展开讨论。年会期间，还安排了 8 部难得一见的早期珍贵影片的学术放映。

人物纪念

【电影演员严顺开逝世】

2017 年 10 月 16 日，电影演员严顺开因病在上海逝世，享年 80 岁。

严顺开，1937 年 6 月 6 日出生于上海市，毕业于中央戏剧学院表演系，1963 年毕业后分配到上海滑稽剧团任演员。1981 年初登银幕，主演剧情电影《阿 Q 正传》，凭借该片获第 6 届大众电影百花奖最佳男演员奖和第 2 届瑞士韦维国际喜剧电影节最佳男演员金手杖奖。1983 年在第一届中央电视台春节联合晚会上表演小品《阿 Q 的独白》；1988 年自编自导自演喜剧电影《阿谭内传》；1993 年在中央电视台春节联欢晚会上表演小品《张三其人》；1999 年再次登上中央电视台春节联欢晚会，并与凯丽合作表演小品《爱父如爱子》；2002 年出演古装电视剧《红楼丫头》；2003 年参演古装推理悬疑剧《大宋提刑官》；2004 年领衔主演剧情电影《银饰》；2005 年执导都市风情滑稽戏《太太万岁》；2007 年严顺开自导自演滑稽戏《独养女儿》；2009 年领衔主演家庭伦理剧《我的丑爹》。

大事记

1月4日，“影坛翘楚——纪念著名电影导演桑弧诞辰100周年座谈会”在上海举行。

1月7日，“电影题材与市场环境建设研讨会”在北京举行。

1月15日，“2017首届中国国际电影工程技术产业论坛”在北京举行。

2月5日至11日，“第二届德国中国电影节”在德国法兰克福和杜塞尔多夫两个城市同时举行。

3月1日，《中华人民共和国电影产业促进法》施行。

3月13日，第21届香港国际影视展广东馆在香港会议展览中心正式开馆。

3月16日，“2016中国电影国际影响力全球调研——中国电影在周边国家的传播现状与文化形象构建”数据发布在北京师范大学举行。

4月15日，“第二届中国动画电影展映评价推介颁布典礼”在广东省惠州市举行。

4月16日至23日，“第七届北京国际电影节”在北京举行。

4月24日，《中国动画电影发展报告（2016）》在浙江省杭州市发布。

4月26日，“中国电影美学论坛”在北京举行。

4月23日至27日，“匈牙利2017中国电影展”在匈牙利布达佩斯举行。

4月8日至5月26日，“第24届北京大学生电影节”在北京举行。

6月19日，“保护创作者权利　推动文化和电影产业发展国际版权论坛”在上海举行。

6月19日，“《中国电影产业研究报告》发布暨中国电影发展论坛”在上海举行。

6月16日至27日，“2017年影视评论研修班”在北京举行。

6月23日至27日，“2017中国成都·金砖国家电影节”在四川省成都市举行。

7月13日，“中国（南昌）军事影视节”在江西省南昌市开幕。

7月17日至18日，“纪念建军90周年军事题材电影播映暨座谈会”在北京举行。

8月14日，“当下主旋律电影的家国情怀与时代精神专题研讨会”在北京举行。

9月13日至16日，“第26届中国金鸡百花电影节”在内蒙古自治区呼和浩特市举行。

9月26日，“建构中国电影学派、建设中国特色国家电影智库暨《中国电影批评年鉴·2016》出版研讨会”在北京举行。

9月22日至26日，“第12届华语青年影像论坛”在湖北省武汉市举行。

10月16日，电影演员严顺开因病在上海逝世，享年80岁。

10月25日，中国电影家协会在北京举行电影界学习贯彻党的十九大精神座谈会。

10月22日至28日，“第16届北京电影学院国际学生影视作品展”在北京电影学院举行。

10月28日，“我是一个兵——王晓棠影博·影人专题展”开幕式在中国电影博物馆举行。

10月29日至31日，“多彩中华·第二届少数民族电影展映”在重庆市黔江区举行。

11月2日至4日，“北京电影学院‘第17届动画学院奖’系列活动”在北京举行。

11月7日，“第五届亚洲微电影艺术节‘金海棠’颁奖典礼”在云南省临沧市举行。

11月16日，“2017‘夏衍杯’证书颁授仪式暨电影编剧论坛”在北京举行。

11月11日至17日，“第四届浙江青年电影节”在浙江省杭州市举行。

11月16日至17日，“2017北京国际先进影像大会暨展览会（ICEVE）”在北京举行。

11月15日至19日，“第13届中国国际儿童电影节”在广东省广州市举行。

11月17日至19日，“创意无穷：香港电影1997—2017电影展映活动”在英国伦敦举行。

11月26日，“青年电影创作人员专题学习座谈会暨第三届中国电影新力量论坛”在浙江省杭州市举行。

11 月 25 日至 12 月 2 日，“第八届中国国际新媒体短片节”在广东省深圳市举行。

11 月 28 日至 12 月 3 日，“第四届丝绸之路国际电影节”在福建省福州市举行。

12 月 2 日至 5 日，“第六届中国电影史年会”在重庆举行。

12 月 5 日至 8 日，“第四届中韩青年梦享微电影展”在北京举行。

12 月 10 日至 16 日，“第二届全国中小学生电影周”在上海举行。

12 月 31 日，“第 16 届电影频道电影百合奖颁奖典礼暨 2017 中国电影年度数据发布活动”在北京举行。

中国艺术年鉴 · 2018

电视艺术卷

分卷主编：张啸涛

年度述评

2017 年度中国电视艺术发展研究报告

◎ 许婧

2017 年，中国电视剧最令人欣慰的变化是寻找到将主流价值观和大众娱乐有创新意识的表达方式，在类型化和思想性之间架起了既取悦受众又实现价值导向的桥梁。而综艺节目经历了“快节奏”的竞技喧闹后，对中国传统文化的礼敬和向往越发深入人心，受到意识形态推崇的新颖综艺节目形态赋予娱乐以理性和诗意的内涵。同时，开始凝视现代社会中倍感压力的人们内心渴望的“慢生活”，以宁静闲适的娱乐方式，为浮躁人生打开一扇调节焦虑的减压途径。

此外，内容生态时代的台网联动，也在围绕着内容、人才、用户进行合理的商业化布局，那种本末倒置地盲目追求大投资、流量明星、大牌导演和畅销 IP 光环的风气在减弱，逐渐回归内容创新本质和经典剧作“性格驱动叙事”的创作方向。虽然产业环境的结构性问题一时难以根除，积重难返的痼疾与雪上加霜的时弊依然在助长产业乱象，但 2017 年优质国产剧集台网叠加的蜂拥出品，带给观众“忽如一夜春风来，千树万树梨花开”的追剧惊喜，不啻给行业注入了一剂“强心剂”，犹如拨开迷雾见阳光。

一、广电监管从问题调控到品质提升

2017 年拉开了中国电视业的严管时代，从国家导向到广电政策发布与行政监管，除旧布新的决心和力度空前，多部委联动割除时弊的管理方式常态化，绩效初显。尤其在规范网生内容的审查标准和管理流程、强化电视台的媒介公益属性和传播先进文化的“喉舌”作用、支持电视剧繁荣发展等方面发布了重要的纲领性文件。从以往对问题或现象的局部调控、补漏，上升到有全局视野的对媒介属性、价值导向和文化内涵的定位，这决定了今后中国电视文艺是否能沿着弘扬中华优秀传统文化、红色革命文化和社会主义先进文化等核心价值观体系的正确方向发展。

（一）广电新政锐意改革的“一盘棋”

国家新闻出版广电总局自 2014 年底首提“线上线下要统一标准”的动议，到 2016—2017 年政策持续收紧，致力于网生内容生产规范化和监管流程的完善，在不同场合反复重申电视剧、网络剧需备案过审后才能播出的标准。2017 年 6 月 1 日再次印发《关于进一步加强网络视听节目创作播出管理的通知》，强调网络视听节目应以培育和弘扬社会主义核心价值观为基本准则，必须与广播电视节目同一标准、同一尺度，禁止在互联网、广播电视等任何平台上以任何形式传播所谓“完整版”“未删减版”“被删片断”。

8 月 5 日，国家新闻出版广电总局下发《关于把电视上星综合频道办成讲导向、有文化的传播平台的通知》，首次以文件形式确立卫视频道的发展定位，强调新闻立台的方针和以中央电视台的节目为标杆的具体要求，发挥公共频道内容制作的公益属性和文化属性。同时，制定了今后卫视黄金时段播剧原则——强化重点时期卫视黄金时段电视剧播出的管控，坚持提前审查和重播重审，原则上不得编排娱乐性较强、题材内容较敏感的电视剧。

9 月 4 日，国家新闻出版广电总局、国家发展和改革委员会、财政部、商务部、人力资源和社会保障部等 5 部委联合发布《关于支持电视剧繁荣发展若干政策的通知》。这项以文件形式正式发布的新政，对历年来困扰电视剧产业发展和行业秩序的重点问题、限令、倡议等进行统筹汇总，前 4 条其实是倡议创作价值内涵和艺术品格相结合、大力弘扬时代主旋律精神的系统精品工程的“一条龙”计划。

从 2017—2021 年的 5 年创作生产规划，到鼓励重点题材和原创、坚守价值导向的剧本资助与推介，再到体现创意和知识价值的优化片酬分配机制与规范购播宣传行为，最后是对网络平台和网络剧在题材均衡、播出格局上提出了与电视剧同样标准的新要求。第 3 条中“严禁播出机构以明星为唯一议价标准”、第 4 条中“每年都要在黄金时段安排播出重大革命历史、农村、少数民族、军事等题材电视剧”、第 5 条中“坚决依法严厉打击收视率造假行为”和“不得将收视率作为购片价格唯一依据”等都是制约产业发展的瓶颈，切中时弊。

《关于支持电视剧繁荣发展若干政策的通知》还在第 6 条中站在媒体融合“一盘棋”的总体思路上，强调对电视剧和网络剧的同一标准管理，强化平台网站的主体责任，鼓励优秀电视剧制作机构积极参与网络剧制作，提升其整体创作水平。表 1 可见 2017 年网络剧相对于电视剧的“黑马”姿态，这并非偶然的横空出世。事实上，精品网络剧背后的专业创作力量，大多来自传统影视队伍，其与电视剧的区别更多是不同平台的合作与播出方式。影视界越来越多知名导演和资深监制加入三大主流视频网站的网络剧制作，演示了网络剧的精品进化路径。电视剧和网络剧的界限由此不断模糊，接近“剧集”概念，跨界整合和资源共享是新旧媒的竞合现状。反过来，以精品网络剧作用于电视剧的艺术演进，推动业界形成良性的内容竞争氛围，给新生代创作力量和演艺新人以施展才艺的舞台，无疑是利在今后的机制换血和人才梯队储备，具有战略意义。

表 1　2017 年电视剧和网络剧的豆瓣口碑 TOP10①

排名	电视剧	评分 / 人次	题材类型	网络剧	评分 / 人次	题材类型
1	《白鹿原》	8.8/51437	名著改编	《白夜追凶》	9.0/200187	罪案悬疑
2	《风筝》	8.6/31060	革命谍战	《一起同过窗 Ⅱ》	8.9/21539	青春校园
3	《琅琊榜：风起长林》	8.5/64158	古代传奇	《你好旧时光》	8.5/60636	青春校园
4	《大秦帝国之崛起》	8.5/23796	古代历史	《夜操场》	8.5/113 人	当代军旅
5	《少林问道》	8.5/4313	古代传奇	《虎啸龙吟》	8.4/37195	古代历史
6	《人民的名义》	8.3/185259	当代反腐	《河神》	8.3/79365	奇幻悬疑
7	《鸡毛飞上天》	8.1/16737	年代商业	《无证之罪》	8.2/55890	罪案悬疑
8	《大军师司马懿之军师联盟》	8.1/67468	古代历史	《杀不死》	8.2/17503	罪案喜剧
9	《情满四合院》	8.1/9454	年代怀旧	《花间提壶方大厨（Ⅰ、Ⅱ）》	7.8/25012	古装言情
10	《射雕英雄传》	7.9/44224	武侠翻拍	《盲侠大律师》	7.8/12800	罪案言情

以上两个新政对电视剧和网络剧的积极指导意义显而易见，不仅首次承认“娱乐性较强的电视剧”，也给予电视剧和网络剧的创作探索和品质提升以更广阔的空间。毕竟，互联网和 IP 贯通了新旧媒体不同艺术样态的各层次观众群，只有回归内容产业植根市场细分和分众化的逻辑基础，才能以多样化的创新意识赋予产业链以旺盛的生命力，既兼顾主流大众，又惠及个性化小众。《白夜追凶》是新政实施后按照电视剧标准过审的首部网络剧。在 2016 年 10 月 16 日至 2017 年 10 月 15 日期间，共有 34 部剧集按照电视剧管理流程立项、审核、获颁《国产电视剧发行许可证》，即以“先网后台”方式播出的电视剧或仅在流媒体投放的“超级剧集”②。“超级剧集”的概念涵盖了媒介融合中大剧策划、生产与传播的现状，尤其是进入卫视晚黄金档的首播、独播大剧和优酷、爱奇艺、腾讯等三大主流视频

① 豆瓣评分和人次统计截至 2018 年 2 月 15 日。
② 《平台分众化 独播付费成主流，总局“2017 网剧网综发展分析报告”出炉》，2017 年 12 月 7 日，国家广电智库（http：//www.sohu.com/a/209098744_247520）。

网站的重头剧。中国已全面步入“流量社会”，随着流媒体业务的扩大和国人常态化的媒介化生存，收视习惯逐渐被改变，直接导致近两年电视观众流失和电视开机率下降。然而，多媒体时代的单一电视端收视低迷已不足惧，网台竞合刺激了差异化内容的创意生产，双屏观剧的优势使优质电视剧跨平台传播的影响力倍增。同时，主流视频网站对电视平台收视的分流，刺激了电视台购剧更加精良；网台合作方式的多样化，扩大了优质电视内容的传播影响力。目前，有着广阔受众覆盖面的电视，仍是大众娱乐生活中的“第一媒介”。

新政锐意改革的高屋建瓴、底线与宽容结合的灵活，与以往种种条令叠床架屋、临时抱佛脚管理的随意性印象有所区别，透露出试图修正传统中国社会利弊互现的“内在多重适应性”在互联网时代的被动局面，以及作为“亚洲伦理工业区”过于倚重人治，却疏于法制、规则的行为约束短板的自觉[①]。新政旨在正本清源，要做到令行禁止，还必须升级管控和监督的科学性，需要解决根本的深层次的大环境问题，推动相关立法和可执行的量化细则，建立行业长期通行的标准，形成事关未来的产业良性运行机制。

（二）网台竞合各美其美的双生与共融

从网台两端播剧、观剧的实践看，虽说是“线上线下”审查标准一致，但网络剧的创作与试错容错空间，相对于照顾更多层次的广域观众群而有较多固守传统的电视剧来说，仍有更为“先锋”“实验”的开放气质，带有鲜明的“网感”，在观念、人设、情节上也多颠覆性，甚至可以容纳超自然现象的呈现，从《鬼吹灯：精绝古城》2016年末从卫视转网播出可见一斑。正是基于反套路的“剑走偏锋”策略，在题材、叙事、节奏上的迥异改良，网感和大片质感的联姻，阴暗与伟大、暧昧与真实交织的复杂人性的描写，善恶与救赎的主题表达等，才让网络剧在近两年杀出一条血路。

同时，电视剧与网络剧也表征着差异中的时代共性。电视剧《警察锅哥》中绰号“神厨”的简凡歪打正着的破案悟性，与网络剧《无证之罪》中貌似玩世不恭兼具痞气灵气的警察严良、《白夜追凶》中白夜双生气质的警察和胞弟，已然都不是传统意义上的警察形象了，包括2015年的《刑警队长》和《后海不是海》，都舍弃了高大全的政府公职人员形象，而是将人物放在“日常光线”下审视其英雄光环背后的窘迫和困境，逼近社会现实中真实的人性，呈现可信可感的喜怒哀乐真性情；只不过网络剧的探索性走得更远，更为触及现实隐秘的极致。同样，网络剧也会充分挖掘环境背景嵌入剧作叙事功能的艺术潜力，与电视剧并无二致，《无证之罪》取景哈尔滨的风格化用意，与谍战剧《悬崖》（2012）属意冰天雪地的凛冽与严酷大致相似；《河神》对津门旧事传说的神秘演绎，与谍战剧《借枪》（2011）的风俗方言和人文地理，形成亦庄亦谐的互文观照（见表2）。

表2　2017年电视剧和网络剧的播放量TOP10[②]

排名	电视剧	播放量（亿）	收视率（%）	IP否	评分/人次	网络剧	播放量（亿）	IP否	评分/人次
1	《楚乔传》	461.3	1.741	IP	4.9/61674	《热血长安》	106.2	否	6.1/7218
2	《三生三世十里桃花》	461.1	1.288	IP	6.2/102201	《九州·海上牧云记》	79.2	IP	7.0/55188
3	《人民的名义》	320.8	3.661	否	8.3/185259	《将军在上》	69.9	IP	5.1/11701

① 杨庆育：《变革中的文化因素与制度制约》，《中国新闻周刊》2014年第43期。

② 播放量来自骨朵网络数据，截至2018年1月20日；CSM52城收视率截至2018年1月10日；豆瓣评分和人次统计截至2018年2月15日。《风筝》和《琅琊榜：风起长林》是跨年剧，截至统计时仅有豆瓣评分，尚无完整播放量数据统计。

续表

排名	电视剧	播放量（亿）	收视率（%）	IP否	评分/人次	网络剧	播放量（亿）	IP否	评分/人次
4	《择天记》	292.5	1.119	IP	4.1/61709	《大话西游之爱你一万年》	63.3	IP	3.2/9072
5	《欢乐颂2》	260.2	1.614	IP	5.4/59906	《白夜追凶》	48.5	IP	9.0/20187
6	《猎场》	210.6	0.908	否	5.4/84116	《双世宠妃》	42.4	IP	6.1/17282
7	《孤芳不自赏》	191.0	1.314	IP	3.1/39789	《天泪传奇之凤凰无双》	31.1	IP	4.1/2674
8	《我的前半生》	159.0	1.876	IP	6.3/91631	《致我们单纯的小美好》	30.9	IP	7.3/52301
9	《那年花开月正圆》	130.4	2.564	否	7.2/56846	《镇魂街》	30.3	IP	5.9/6315
10	《因为遇见你》	116.8	1.930	否	4.6/6923	《无心法师Ⅱ》	28.8	IP	6.3/18344

中国的媒介融合走在了世界前沿，与行政管理与政策指导紧跟中国国情、舆情有关。中国网络剧面向的是开放度、包容性、适应性更强，接受新生事物更多，受众规模相对集中而规整的年轻人。因此，在叙事和人设上强调类型化和节奏，人物塑造真实走心符合生活逻辑，自觉规避显性教化，防止触发逆反心理。这必然影响电视剧传统叙事方式的吐故纳新，增强受众意识，兼顾普遍的接受心理，提升类型化叙事。在题材上，网络剧以悬疑推理、涉案刑侦、灵异神秘、仙侠玄幻、英雄救世、青春成长等见长，恰与电视剧敏感甚至严控的题材“互补”。其中，很多灵感取自野史闲传、武侠文化、地方志和《山海经》等神话传说，部分师承神怪志异小说“谈狐说鬼”的文学传统一脉，在影像叙事和主题表达上追求新颖。此外，也造成了踩线触底等不同以往敏感领域的审查难度，显示了新生事物磨合期的阵痛。电视剧观众覆盖面具有广谱性，多是收视习惯和审美喜好相对保守而传统的年长些的观众，甚至高知人群，有更丰富的社会阅历和人生经验。所以，电视剧中的价值观建构和人物塑造较多地顾及收视经验，避免强烈的颠覆性，至多是温和改良，人物多少会笼罩着一层经验式的美化光环，在经过了艺术抛光后负载更多的价值与文化内涵，更具理想意味和浪漫主义色彩，不可能完全祛魅。表1、表2清晰地显示了两个目标群在题材和趣味上的分野。

这种差异既是市场发展的分众化趋势，又是电视剧和网络剧并蒂双生的存在合理性。政策的制定与出台，认识并有限地尊重了受众多极分化的结构，以丰富大众日益增长的文化娱乐需要，有效疏导不同平台诉求，引导民营和社会资本的影视工业化发展方向。新政对网络剧预留的发展空间有其现实合理性，一定程度上体现了既坚守底线又“把握规律”的开放意识。因为就点击量而言，表2显示网络剧与电视剧网播量相比仍有较大距离。这说明，以年轻人为收看主力的网络剧覆盖面还远不及电视受众的，网络剧目前所拥有的探索余地将是过渡性的。随着台网合作的深入和受众观剧行为的变化，高投入的电影化制作的优质剧集将成为市场的“无冕之王”，并以超乎预料的方式推动新旧媒体融合为“双赢共同体”。2017年出现的两个新名词“网台剧”和“台网剧”，已经超越“先网后台”“先台后网”和“网台联动”的含义，特指一些口碑大剧播出不再受限于电视台或流媒体，采取跨平台跨时段的“传播最大化”推广方式。特别是《琅琊榜：风起长林》首创排播新方式，率先在爱奇艺播出，北京卫视和东方卫视共同周播，稍后错峰在北京卫视黄金档日播。这种优质大剧“多平台多时段多次传播”和不拘时效的多轮“循环播放”，预示了未来内容生态时代的剧集制播趋势：电视剧和网络剧的边界趋于消弭，“线上线下”标准日益一致，大剧首播独播进行信息和口碑的先声酝酿，基于大数据和云计算收视调查体系上的跨屏收视数据将成为衡量剧集综合传播影响力的科学统计指标。

不可否认，如何有效贯彻“线上线下审查标准一致”的原则性，与针对不同传播平台的灵活性结合，发挥政策稳定而积极的实践指导意义仍是课题。电视剧和网络剧在过审后播出又禁播或下架的风波始终未止，暴露了审查机制的问题和漏洞，显示了转型社会价值多元的惶惑。以市场化的方式优胜劣汰，实现产业的机制性换血无疑具有前瞻性。2017 年剧集市场的“大年”特质已经做出回答，一扫网友观剧“鄙视链”技不如人的阴霾，国剧品质让中国观众开始释然并越发自信。

（三）行业联动反应与学界研究动向

针对广电新政，业界反应积极迅速。9 月 7 日召开的全国电视剧工作座谈会，强调了弘扬主旋律传播正能量的时代精神，对现实题材和历史题材创作的导向把握与价值引领、“戏比天大”艺德精神的倡导、电视剧和网络剧的同一标准管理、天价片酬和收视造假等方面展开讨论。少数明星不合理的高片酬现象愈演愈烈，已是广电总局和行业各界关心的焦点。

9 月 22 日，中国广播电影电视社会组织联合会电视制片委员会和中国广播电影电视社会组织联合会演员委员会，与中国电视剧制作产业协会、中国网络视听节目服务协会联合发布《关于电视剧网络剧制作成本配置比例的意见》，意在贯彻落实《关于支持电视剧繁荣发展若干政策的通知》和全国电视剧工作座谈会有关精神的通知。要求各会员单位及影视制作机构把全部演员的总片酬控制在制作总成本的 40% 内，且主要演员不超过总片酬的 70%，其他演员不低于总片酬的 30%。该“意见”能否落实或有困难，如果不能改变资本控制机制，难免治标不治本。一则，电视剧产能过剩和制作成本追高，很大程度上是缺乏专业性的投资方推波助澜，必然“唯收视率”，倾向于投拍粉丝基数庞大的 IP，并以高片酬孤注一掷地选择流量明星确保赢利；二则，电视剧以预售为主的销售模式，促使电视台采取“以貌取人”的方式，以编剧、导演、演员的知名度和团队阵容为参考系降低风险，以致鼓励收视对赌，姑息纵容购买收视率的造假行为；三则，制作成本的不透明、呆账、假账、明星片酬转股权等五花八门的操作手段加大执行难度，绝非一纸倡议能解决实际问题。

业界不乏以德艺双馨作为职业理想和目标追求的演员与优秀团队，他们在自觉抵制不合理高片酬，净化行业风气上起到表率作用。《人民的名义》汇集影视界一众实力派演员，总投资的多半用于制作；行业佼佼者“东阳正午阳光”的出品占据了近年来精品剧的半壁江山，每一部剧都是明星荟萃且制作精良，但明星片酬从未碾压过制作成本；2017 年又取消艺人经纪业务，专注于内容创作这一核心业务。专业优秀的制作团队从来都是“内容至上”，也是真正的 IP 核心资源，显示了以“做好内容”为事业长期经营的诚意，与唯 IP、唯流量明星、唯人脉资源、唯大投入等资本主导的旁门左道有本质的不同。

从学界研究关注的焦点看，基本是围绕文艺与现实、市场、全媒体时代的关系阐述热点话题。紧跟电视媒介传播的热效应和现象级事件，对综艺节目和电视剧具体文本的个案时评、类型研究、研讨批评占据主流。其中，强调艺术发展规律和受众思维与时俱进的结合，在反对“三俗”的雅俗共赏中贯彻文艺作品的“三性”统一，体现了辩证的进步的文艺发展观。尤其是年度电视剧在政治和艺术两个标准上的创新性融合，引起了学界有关专家的注意。而聚焦于技术变革和资本牵引导致内容市场显著变化的学理追踪，则是学界理论与实践结合传统的延续，表现在新旧媒体不断融合的路径辨析，从创作理念到审美趣味的变异思考，从投资主体到播出平台的数据统计，以及从体制内到体制外、从电影到电视的人才流动带给电视节目制作观念的嬗变和内容试错容错纠错空间的转型期探索。资本的涌入和用户思维观念的衍生，提升了电视剧产业发展空间，但中国电视剧的数量激增仍处在粗放发展阶段，短期的数量回落伴随着新问题的层出，也是多年来集结学界问题意识的核心指向。许多文章在反映时代精神的主旋律不够响亮，主流价值观贯彻得不够彻底，正能量作品的创作不够规模，内容传播影响力不均衡，电视剧评价体系建设不够合理公正等五个方面建言献策。此外，对收视率点击率挂帅的数据造假、资源配置失衡、创作导向混乱、购剧播剧功利化等严重影响电视剧行业秩序和产业发展质量的批评声音从未间断。

除了传统专业机构定时出版年度各种电视类年鉴、蓝皮书、发展报告等，第三方大数据监测平台和多家智库发布的电视娱乐指数尤其迅速，相比而言，国家新闻出版广电总局的官方数据发布较为滞后。出版著作日益突出鲜明的文化定位和时代特点，紧跟国家主旋律导向，比如，北京市文联重点抓并资助的“北京青年文艺评论丛书”在2017年出版了第一辑，遴选标准突出文艺工作者的文化使命和学以致用的应用价值，推出了在新时代如何讲好中国故事引导并提高艺术审美鉴赏水平的出版物。国家权威艺术研究机构对艺术与时代的命题，也做了史论研究传统的现代延伸，比如，2017年底中国艺术研究院主办的首届“电影电视评论周”及其高端论坛之一“行业剧与社会价值观建构”，围绕近些年直接映射巨大社会变革和道德转型的行业剧，这一最能体现中国电视剧现实主义创作传统在新时代承继的现象，展开视野开阔的多维角度的深入探讨和互动，涉及类型命名、中外比较、时代意义、价值建构、艺术特点、市场效益，以及创作空间、难点、问题和路径等方面，体现了中国艺术研究院开放、前瞻的学术风气，是对如何讲好中国故事有益而务实的学理探讨。

早在2013年，习近平主席就在外宣工作会议上强调“讲好中国故事，传播好中国声音”。在“文化软实力”日益受到重视的多重语境中，中国电视剧的整体质量水平不仅是一个国家文艺成就的重要衡量指标之一，也是推动中国电视剧“走出去”的关键。加强国际传播能力建设，提升国家文化软实力，更快实现中国从电视剧大国向电视剧强国转变，是中国电视产业改革的方向和目标，也是2017年学界研究的热点。

二、电视节目的价值导向与文化传播

电视节目是承载了民族性格、历史内涵、社会结构和时代心理的文化形态，总能在不同阶段生成“当下”丰富的意义场，紧跟时代变迁和现实话题的即时性呈现，便成为电视节目与观众建立情感共鸣的内容起点。2017年的电视剧、综艺节目在文化内涵和商业逻辑上体现出某种自觉。

相对于网台竞合，中国电视台的互联网化转型和竞争尤其激烈。中央电视台和湖南卫视、东方卫视、浙江卫视、江苏卫视、北京卫视等5家一线卫视，在综艺节目的类型研发制作和电视剧独播、首播、周播上引领着行业风向标。中央电视台凭借得天独厚的平台优势、内容创新能量、对大型公益和文化科博类节目的传播影响力，被国家新闻出版广电总局树为“标杆”。卫视5强以小而美的综艺文化节目源源不断释放着传统文化的魅力，而且基本垄断了年度大剧、热播剧的优质资源，湖南卫视的首轮独播优势和东方卫视综合指数较高的选剧水准较为突出。

（一）“中国特色”的综艺节目新气象

2017年是广电政策监管迄今最为严厉的一年，中央电视台和省级卫视在黄金时段不得再播出海外引进模式的节目。随着“萨德”事件升级，以及韩国国会通过的保护原创内容版权法案，韩式综艺在中国进入冰冻期，原有韩式综艺纷纷更名并改革流程，有的改网播，与韩版模式进行切割，韩国艺人在中国的演艺事业基本终止。中国综艺节目开始转向自主研发，真人秀根据广电政策做出相应的整改，节目审查收紧；文化节目也不例外，正确的价值导向和社会效益第一的原则，是所有类型真人秀不可逾越的底线，东方卫视的《金星秀》和《极限挑战》第三季、湖南卫视的《爸爸去哪儿》第五季、黑龙江卫视的《见字如面》第二季都曾停播整改。同时，有中国特色的文化、科学、博物、民宿等节目出现，中国综艺节目在改头换面中开创了新格局。

2017年的“综N代”头部综艺收视稳定，年度进入百度视频热搜排名前10名的综艺节目是《极限挑战》（第三季）、《爸爸去哪儿》（第五季）、《奔跑吧》、《中国有嘻哈》、《王牌对王牌》（第二季）、《演员的诞生》、《欢乐喜剧人》（第三季）、《快乐大本营》、《向往的生活》、《亲爱的客栈》等[①]。其中有5部“综N代”真人秀，湖南卫视的《快乐大本营》已开办20年，是名副其实的“长寿综艺”，其与

---

① 《百度视频2017年度影视大数据报告新鲜出炉》，2018年1月25日，中国新闻网（http：//www.chinanews.com/yl/2018/01-25/8432823.shtml）。

自身平台其他娱乐节目的互动和借鉴海外流行综艺元素的思路，给更新换代频繁、盛行跟风、竞争激烈的综艺市场以思考。其他节目中，1档专业演员竞技真人秀、1档小众音乐选秀和2档“慢综艺”，显示了电视台推陈出新的品牌竞争意识和观众对娱乐节目专业性的更高诉求。同时，也暴露出问题，不恰当的有崩坏感的话题营销，成为许多真人秀乐此不疲的套路手段。比如《演员的诞生》，一档从嘉宾到选手都是演艺圈内人、本身就自带行业关注度的专业节目，也具备好节目潜质的创意，却偏偏进行话题噱头和卖相难看的营销，从邀请艺人黑幕，到现场点评导师间“扔鞋大战”和“互撕”，始终贡献着微博和热搜的新话题。真正的演员当然不会在综艺中诞生，这档节目的未来在于回归本质。

年度还有一些热门真人秀潜在的消极影响引起的争议和思考，向来是中国综艺节目“娱乐先锋”的湖南卫视较有代表性，比如，其电视剧频道的《小戏骨》栏目“娃娃演大剧”和自开办以来就伴随着口碑与口水的《变形记》。前者在2017年以网络剧播出的《小戏骨：红楼梦之刘姥姥进大观园》和《小戏骨：放开那三国》豆瓣评分高达9.1和8.0，质疑集中在三点：是迎合市场的消费萌娃还是传承文化的致敬经典？神肖毕现的精致模仿是不是演技？栏目的意义与难以摆脱的猎奇嫌疑的思考；后者则是忧虑城乡少年互换生活的“体验”在曲终人散后，“差距”带给乡村孩子的心理阴影和伴随成长的负面影响。一场游戏一场梦，对生活在城市和乡村两极的少年来说，肯定不是同一个“梦”。

进入热搜榜的《向往的生活》在2017年初走红，湖南卫视乘胜制作了《中餐厅》《亲爱的客栈》，也带热了“慢综艺”。东方卫视的《青春旅社》、浙江卫视的《漂亮的房子》、江苏卫视的《三个院子》等，都是在大同小异的节目中看明星闲适的日常生活和友情互动，在一种虚拟戏仿的“向往的生活”场景中，与看客达成心理上的共享。以“民宿”“民俗”为主元素的“慢综艺”，都伴随抄袭韩式综艺的质疑和扎堆跟风的现象，市场反响平平，寿命几何难测。但是，“慢综艺”迎合了人们向往田园生活的怀旧心理，是焦虑的现代人身处快节奏生活和高强度工作压力中，渴望回归往昔“慢生活”的社会心理映射。貌似身心减压的娱乐消遣，其实是一种普遍的休闲诉求，一种平衡工作和生活，寻求真正幸福指标的深切愿望。作为一种文化形态，真人秀从“快”到“慢”，投射的是现代社会中深层次的集体意识，一种人们希望定期进行身心自我整理或调节缓释的需要，和关于“岁月静好”的幸福想象。正如代表淡泊生活方式和达观处事态度的“佛系”一词在2017年的流行，并派生出诸多处境和趣味。“慢综艺”与走向富强的中国社会和大众消费意愿的勾联十分密切，随着国人旅游休闲对农家乐、郊区游、海外游的一路追高，中国民宿市场自2011年起步，规模年年递增，近3年的增长率保持逾60%。[①]电视剧对这股热潮的反映远在综艺节目之前，比如，《马向阳下乡记》（2014）热播后带动了当地乡村旅游，成为最形象的旅游宣传片。今年的《青恋》《索玛花开》除了回乡创业、精准扶贫、脱贫致富的主题外，乡村和少数民族地区的民俗风情也在吸引着旅游和摄影爱好者。

2017年让人惊喜的变化是原创文化节目成为综艺新“时尚”，两档文化节目——明星读信触摸历史的《见字如面》和朗诵美文诗篇感受丰富人生的《朗读者》，引领了这股潮流，与现实社会中不断上升的阅读量和高涨的全民阅读意识遥相呼应。文化节目的流行，激发了人们了解中华传统文化之美的兴趣。中央电视台科教频道的《中国诗词大会》移师综合频道后，从2017年大年初二开始了连续10天的直播，让观众领略了这个时代“腹有诗书气自华”的美好青春。省级卫视也陆续播出一系列文化节目，如湖南卫视的《百心百匠》《中华文明之美》《汉语桥》《诗词天下星》，东方卫视的《诗书中华》《喝彩中华》《唱响中华》，浙江卫视的《向上吧！诗词》《汉字风云会》，北京卫视的《非凡匠心》《中国故事大会》，江苏卫视的《阅读·阅美》《成语中华》，安徽卫视的《耳畔中国》《少年国学派》《家风中华》，山东卫视的《国学小名士》，深圳卫视的《一路书香》，等等。不同类型、体量的文化节目，在2017年绽放出一个文化大国应有的气派，共同打造了一个充满创意、生机勃勃的诗意中国！

---

① 《民宿市场规模突破120亿元 激活乡村经济发展——民宿行业系列观察之二》，新华网（http：//www.xinhuanet.com/fortune/2017-08/25/c_129688545.htm）。

国家新闻出版广电总局树立中央电视台的节目为标杆，更多的是看重其彰显国家媒体平台社会责任的“守门人”和“领头羊”作用，在推广文化、科普和公益事业等方面有着巨大影响力。比如，综合频道播出的融媒体公益寻人栏目《等着我》收视率2.03%，居全国网亚军，自2014年开播至今已是第三季，节目依凭强大的国家力量和多渠道资源，帮助的家庭逾1100个，有1万多人找到失散亲人实现了阖家团圆梦。

科博类节目在2017年的崛起是另一个亮点。年末，中央电视台大型文博探索节目《国家宝藏》整合了故宫博物院、上海博物馆、南京博物院等全国9家顶级文博资源，以多媒体手段和演播室综艺、纪录片、舞台剧等多种艺术形态，再现国宝的“前世今生”。许多传媒普遍在转述这档节目的宣传语“这里有最顶级的国宝，最传奇的故事，最有趣的解读，最忠诚的守护，最惊艳的展览，最骄傲的历史”。“纪录式综艺语态”让沉睡文博的国宝“活起来”，带动了现实中热爱历史文物的热潮。文化部未来将免费开放更多的博物馆，保障并丰富国民的文化权益和精神生活。中华文化在新时代找到了更好地弘扬与传播的联动方式。

随着国际文化艺术交流的深入，每年在戛纳电视节上出现的新节目模式，总能吸引中国电视人的视线并快速接轨。2016年国际电视节目模式掀起“科学娱乐节目热潮”，激发了国人对“科技＋综艺”的科学类节目的制作热情，中央电视台的《加油！向未来》《正大综艺·脑洞大开》《机智过人》《未来架构师》，湖南卫视的《我是未来》，浙江卫视的《脑洞实验室》，辽宁卫视的《奇幻科学城》，深圳卫视的《极客智造》等，打破了游戏、竞技、歌唱、选秀、演艺等娱乐类综艺的定势，将站在时代前沿的“高冷”科技与百姓生活建立起息息相关的内在联系。科普综艺节目是娱乐节目形态的建设性审美开发，融合了俗文化与雅文化，既喜闻乐见又科普启智，巧妙地传递国家强大、科技进步的讯息。科技影响生活，文化改变面貌，是综艺娱乐节目教化人生最为积极而深刻的意义。

文化已成为人们日常生活的基本需求，文本的生产和流通所产生的意义与价值，并非单纯的感性的消费快感，自有其深层的文化意蕴，正是在文本的开放性消费和解读中，才产生了不同个体各取所需的丰富意义。真人秀风靡中国十多年，已是承载当代社会生活重要的意识形态，它通过一种可复制的高度商业化的模式，无限衍生节目价值，建构文化品牌。同时对大众生活方式产生潜移默化的“示范性”诱导，传统文化、核心价值观和主流意识形态诉求也相应地嵌入真人秀这种现代电视节目的娱乐形态中，这是真人秀应该被关注的要义。诚然，中国综艺节目的过度商业化和抄袭、跟风、同质的制作模式，不能脱离中国电视产业的实践语境，模式本身可预见的商业效益，是中国各级电视台在白热化竞争中所无法逃避的诱惑。商业盈利是真人秀模式作为一种文化工业样态的根本诉求，在推动电视节目产业化的过程中，必然在大量互文性的生产中堆积着繁荣的泡沫。

（二）现实主义题材电视剧创作的胜利

2017年是庆祝中国人民解放军建军90周年和香港回归20周年、迎接党的“十九大”召开的年份，国家新闻出版广电总局制定了提升内容品质的16字工作方针：“重点突出、播出调控、把握规律、行业自律”①；并分别于3月底和7月初下发通知，向电视台推荐两批播出参考剧目，每年推介的电视剧通常是兼顾题材和类型的创作均衡与多样化，引导市场进行理性创作。全年圆满实现了电视台播剧的主流地位、主流题材播出的主流地位和题材均衡的播出格局。

国家新闻出版广电总局“2017中国电视剧选集”推荐的23部电视剧中，献礼剧目题材多元，主旋律色彩浓厚，彰显爱国主义和教育意义，有《热血军旗》（无评分）、《深海利剑》（5.3/3163）、《我的1997》（5.2/1817）、《索玛花开》（6.7/173）、《青恋》（6.6/279）等5部；历史题材剧有《于成龙》（6.9/3615）、《白鹿原》（8.8/51437）、《大军师司马懿之军师联盟》（8.1/67468）、《那年花开月正圆》

① 《广电总局电视剧司：影视剧在未取得许可证前，不得在网站播出》，2017年2月21日澎湃新闻转引自微信公众号“国家广电智库”（http://www.thepaper.cn/newsDetail_forward_1623552）。

（7.2/56846）、《林海雪原》（6.4/3922）、《最后一张签证》（5.9/2353）、《爱人·同志》（4.2/650）等7部；现实题材电视剧最多，有《鸡毛飞上天》（8.1/16737）、《人民的名义》（8.3/185259）、《外科风云》（7.3/44938）、《我的前半生》（6.3/91631）、《情满四合院》（8.1/9454）、《继承人》（4.6/3354）、《急诊科医生》（6.2/17122）、《猎场》（5.4/84116）、《生逢灿烂的日子》（6.2/11872）、《亲爱的她们》（6.0/3162）等10部；青春题材1部《我们的少年时代》（4.7/11970）。[①]

从豆瓣评分和人次看，这些剧的艺术品质高低不一，尽管存在一些被忽视的客观因素，但基本上涵盖各类题材和年度现象级的热播剧。除了《我的前半生》在"三观"上值得商榷，其他剧集在弘扬传统文化、致敬革命岁月、礼赞时代变迁、歌颂盛世中国时，体现了对正确历史观、社会主义核心价值观和道路自信、制度自信、文化自信等有意识形态导向的艺术自觉。不少作品对如何用新的表达方式讲述中国故事做了积极有益的探索，年轻编剧申捷的两部作品《白鹿原》和《鸡毛飞上天》，代表了行业未来希望的新生力量；《人民的名义》《于成龙》《情满四合院》《大军师司马懿之军师联盟》《外科风云》《猎场》中关于"价值和道德负重者"的立意格外感染人。

百度视频基于过亿网民观看视频的大数据发布的2017年度影视大数据报告显示，10部登上热搜榜单的电视剧依次是《三生三世十里桃花》《人民的名义》《我的前半生》《欢乐颂2》《楚乔传》《那年花开月正圆》《猎场》《孤芳不自赏》《因为遇见你》《射雕英雄传》等。[②]其中，有5部是现实题材电视剧。对比表2发现，登上热搜榜的10部剧除了一部翻拍剧《射雕英雄传》之外，二者几乎完全一样，只是排名有先后，电视剧热搜和网络播放量基本吻合。说明越是关注度高的剧集播放量也越高，这也是导致岁末年初爆出的"热搜生意"刷榜交易的直接根源，注意力经济时代，热度与流量一样，意味着收益。

此外，未上电视剧热搜榜单的两部剧，一部是"先网后台"播出的《大军师司马懿之军师联盟》，由于业界对"剧集类型命名"的混乱，被统计为热搜网剧第5名。[③]第二季《虎啸龙吟》则是线上播出的网络剧；另一部是跨年播出的古装历史剧《琅琊榜：风起长林》，虽低于第一季《琅琊榜》（2015）的豆瓣评分9.1分，但其艺术造诣并未衰减。排除偶像和审美鉴赏力等主客观因素，单纯从艺术品质的角度看，《大军师》和《琅琊榜》两部历史剧系列堪称"教科书级"的精品创作，都摆脱了狗尾续貂的惯例，续集品质不输前作，各有千秋。这种在专业、情怀、演技、制作上足显诚意并垂范同行的良心巨制，代表了从"高原"走向"高峰"的行业希望。精益求精潜心磨砺的传世佳作，对行业和产业产生的影响与启迪意义深远，是2017年值得铭记的电视剧艺术精品创作大事件。

值得一提的是，《人民的名义》是2017年唯一一部横扫收视率、网播量、豆瓣、骨朵、数太奇、微博、微信、热搜等排行榜前10名的电视剧。该剧自3月28日登录湖南卫视，在单集首播，并且与世界杯预选赛亚洲区12强赛直播撞期的情况下，依然全国网收视率2.41%、份额7.37%，位居同时段第一，收视峰值破7%，创下近10年国产剧收视最高纪录。老戏骨甚至成为流量担当的"网红"，在微博、豆瓣、各种游戏论坛、B站，包括表情包和各种CP，都可见《人民的名义》热播带来的"全民娱乐狂欢"，以及年轻观众对这部主旋律大剧的由衷认可。反腐剧作为一个特殊而敏感的类型，其完整的意义建构不只是策划、创作，还要有受众广泛的阅读参与，《人民的名义》树立了一个新的标杆。

现实主义题材创作不仅是中国电视诞生至今就保有的优良艺术传统，也是国家新闻出版广电总局自确立每年选题规划会开始，就始终鼓励并常抓不懈的方向，是每年的主播类型题材。2017年全年全

① 23部电视剧后面括号内附豆瓣评分和人次统计，截止日期为2018年2月15日。

② 《百度视频2017年度影视大数据报告新鲜出炉》，中国新闻网（http：//www.chinanews.com/yl/2018/01-25/8432823.shtml）。

③ 2017年度十大热搜网剧依次为：《白夜追凶》《河神》《使徒行者Ⅱ》《致我们单纯的小美好》《大军师司马懿之军师联盟》《春风十里不如你》《无心法师Ⅱ》《鬼吹灯之黄皮子坟》《无证之罪》《你好旧时光》，见《百度视频2017年度影视大数据报告新鲜出炉》，中国新闻网（http：//www.chinanews.com/yl/2018/01-25/8432823.shtml）。

国生产完成并获准发行的国产电视剧为 314 部 13470 集，部数、集数达到 2010 年以来最低。相对于历史题材部数、集数在全年总部数、集数中的占比降到 2011 年来最低，现实题材波动不大，年度播剧的主流地位稳固。[①] 此外，对重大革命和历史题材、现实题材及其原创的着重扶持，已成为“中国特色”的电视剧创作传统，在每年的重要时间节点播出献礼或纪念为主题的剧目，形成大力弘扬时代主旋律，意识形态导向鲜明的影视机制。尤其是中央电视台综合频道和电视剧频道，年年在黄金时段安排播出重大革命历史、军事、农村、英模人物、少数民族等题材的电视剧，确保各种题材结构比例合适的播出格局。进入 9 月，中央电视台综合频道黄金档先后播出了多部讴歌英模和时代心声的现实题材电视剧，如反映三名建筑工人北上打拼的奋斗故事《春天里》，根据“千人计划”专家“时代楷模”黄大年感人事迹改编的 6 集电视剧《黄大年》，讲述年轻人回乡创业建设美好家园的《青恋》等；中央电视台电视剧频道播出描写基层干部带领群众脱贫致富的《苦乐村官》，十一期间编播了“战争题材主题”的《爱人・同志》《飞哥大英雄 Ⅱ：飞哥战队》《过界》《枪口》《东风破》等抗战剧目。娱乐性较强的古装剧、玄幻剧、偶像剧和家庭伦理剧，向来是卫视和地方频道拉动收视的剧类型，2017 年 10 月后，省级卫视响应“重点突出”的政策调控，播出了类型多样的行业剧、年代剧、都市剧，如《特勤精英》《碧海雄心》《维和步兵营》《情满四合院》《花儿与远方》《一树桃花开》《国民大生活》《急诊科医生》《猎场》等现实题材电视剧（见表 3）。

表 3 2017 年电视剧收视率 TOP10[②]

排名	电视剧	收视率(%)	播放量(亿)	题材类型	IP否	评分/人次
1	《人民的名义》	3.661	320.8	当代反腐	否	8.3/185259
2	《那年花开月正圆》	2.564	130.4	近代传奇	否	7.2/56846
3	《因为遇见你》	1.930	116.8	当代言情	否	4.6/6923
4	《我的前半生》	1.876	159.0	都市情感	IP	6.3/91631
5	《楚乔传》	1.741	461.3	古装爱情	IP	4.9/61674
6	《欢乐颂2》	1.614	260.2	都市情感	IP	5.4/59906
7	《于成龙》	1.459		古代反腐	否	6.9/3615
8	《东风破》	1.325		革命抗战	否	4.5/288
9	《人间至味是清欢》	1.315	170.0	都市言情	IP	4.4/7384
10	《孤芳不自赏》	1.314	191.0	古装传奇	IP	4.6/6923

结合表 1、表 2、表 3，可以发现 2017 年度电视剧题材创作的四个显著变化：一是题材类型结构多元化，与政策调控初衷吻合；二是 IP 改编剧降温，观众的审美免疫力在提高；三是专业人士操刀的翻拍剧品质相对有保证。在十多部网台翻拍剧中，除了导演郭靖宇监制的《射雕英雄传》以外，其他都口碑扑街，原因出奇一致：功利至上，原样复制，弄巧成拙，所谓“偷鸡不成蚀把米”；四是电视剧收视率、网播量和口碑最高的精品或现象级剧集均与中央电视台无缘。

中国电视剧每年屈指可数的精品数量，在倒逼中央电视台进行购剧改革，2018 年它将从五个方面发力：鼓励制作献礼剧，重大时间节点播出剧目收购价格大幅提升，以获得与“一剧两星”播剧的卫视平台同样的竞争主动权；综合频道播剧不再一刀切地限定在 40 集内，调动制片方积极性，提高优质剧的购买几率；对优秀现象级剧目实行播后重奖机制；购剧后向制片方及时付款；优质剧目可在综合

① 数据来源：国家新闻出版广电总局官网。

② CSM52 城收视率统计截至 2018 年 1 月 10 日，不含跨年剧《风筝》和《琅琊榜：风起长林》。

频道和电视剧频道甚至全频道展播，使重金购剧的传播效益最大化。[①] 此举或许会防止错失类似《人民的名义》《白鹿原》等剧的遗憾。

三、年度创作的类型意识和史诗品格

2017 年作为中国电视剧的“大年”和现实题材创作的“丰年”，几乎所有题材类型都涌现出代表性作品，缔造了年度现象级大剧的艺术矩阵：一向题材敏感却直抵灵魂和政治生态的反腐剧《人民的名义》，从历史角度呼应中国反腐进入深水区的历史剧《于成龙》，在小人物的坎坷人生中勾描义乌商人世代相传精神衣钵的《鸡毛飞上天》，再现老北京骨子里的人情世故和活色生香人物的年代剧《情满四合院》，背负人生阴影依然坚守医者仁心的医疗剧《外科风云》，聚焦职场人格养成的行业剧《猎场》，从形式到内容实现完美影像转化的名著改编剧《白鹿原》，以人性的视角为信仰注入哲学内涵的谍战剧《风筝》，对长林风骨和家国情怀的精英抒写更加酣畅淋漓的历史剧《琅琊榜：风起长林》，以生活化叙事别出机杼地触摸历史的新三国故事《大军师司马懿之军师联盟》，被网友视作“值得用手机流量刷”的《大秦帝国之崛起》，集商战传奇与“玛丽苏情结”之大成的《那年花开月正圆》，改编自炙手可热畅销 IP 的《三生三世十里桃花》和《我的前半生》等剧表现出积极干预现实的现实主义精神、还原历史气质的史诗品格、类型意识中可贵的人性探幽等艺术特色。

（一）现实主义精神和商业策略的隐晦意象

文艺是时代前进的号角，2017 年的现实题材电视剧多类型、多角度地呈现了富有史诗气质的作品，既有《人民的名义》《鸡毛飞上天》《情满四合院》《外科风云》《猎场》等风格化作品，也不乏作为转型中国价值多元语境中另类时代显影的话题剧《我的前半生》《欢乐颂 2》。

《人民的名义》是“2017 反腐第一大剧”，也是一部难得的“政治剧”，揭露反腐而没有处理成“案件剧”。其所涉及的社会政治等改革进程中的敏感“议题”为以往反腐剧少见，毫不避讳地将中国政治和官场生态中的复杂历史成因、人脉资源、现状和困境融入叙事，犀利的锋芒在情节设置、人物塑造和对话上体现得淋漓尽致。被誉为“中国政治小说第一人”的作家、编剧周梅森成功地实践了“艺术地政治”或“政治地艺术”，对时代精神作了较好的审美把握。该剧既是给中共党员上的一堂生动形象的反腐课，又是执政党向人民群众昭示政党刮骨疗毒的决心和成果展演。电视剧还在深层意义上涉及了理论研究中两类典型的腐败案例，对渐进式腐败的“滑坡隐喻”和面对突发而巨大的诱惑失足的“峭崖隐喻”，分别通过祁同伟和高育良这样的典型人物，令人信服地深刻地塑造出来，并印证了最新理论成果：相对于“滑坡”腐败，“峭崖”腐败更为高发。

同样，中央电视台综合频道的开年大戏《于成龙》讲述了被康熙誉为“天下廉吏第一”的于成龙胸怀社稷、心系苍生、淡泊名利、清廉为官的政治生涯。该剧在人设和结构上借用了《西游记》“西天取经”的模式，采用以点带面、画龙点睛的简洁手法构建于成龙为官一生的叙事逻辑线，将其为官大事件串起，勾勒出这位“吏者之师”几起几落的“抛物线”轨迹。

《鸡毛飞上天》被视作“浙商题材三部曲”的第三部，其视野和意境相较前两部更加恢弘，既突出了义乌商人祖辈“鸡毛换糖”的经商传统和历经诚信波折凤凰涅槃的精神品格，又铺展了中国社会发展、改革、转型的三个大时代背景中三代义乌人的不同经商理念和跨国商战的画卷。剧中的经商专业知识和行业发展细节，包括对国际贸易经济壁垒和文化差异的描写比较到位，人物形象塑造扎实饱满，对亲情、友情、爱情的刻画细腻感人，体现出编剧扎根式体验生活的创作诚意。

《情满四合院》以人艺风格地道地呈现了一幅老北京风物人情的鲜活画卷，亲切有趣的京味方言、四合院老少爷们的群居生活、有“舞台感”的议事场景和呼之欲出的各色人物，特别是那个时代人们特有的思维方式、情感交往与人际关系，勾起了很多观众对“80 年代”的回忆。因此，该剧也是一部

① 《央视发布五大购剧新政：鼓励制片公司创制大剧、正剧》，搜狐娱乐（http://www.sohu.com/a/219727593_570245）。

为“老北京人”画像、为地方立志、有年代史诗气质的作品。演员何冰塑造的主人公傻柱形神兼备，成为那个纯真年代北京人的缩影。同题材的《生逢灿烂的日子》显得有些逊色，如同抒怀小品，虽然也有年代质感的道具场景，但停留在故事层面的叙事多少有些貌合神离，并带有情怀营销的意味。剧作存在不少技术性硬伤，情节中不时夹杂捉襟见肘的无聊，主要人物的情感表达方式有些矫情偏执，稍显无病呻吟，缺乏特有年代人物的纯粹气质。演员年龄与实际角色的疏离感，也是多被诟病、令人“出戏”的槽点。

《欢乐颂 2》和《我的前半生》都是口碑低收视高、被热议的大剧。《欢乐颂 2》完全改变了原著的人设，褪去暗黑、批判的气息，转向讨好大众文化无关痛痒的谈情说爱与中产趣味，如同“换了个马甲”的剧版《小时代》。该剧采用浪漫浮夸、非写实的对比手法，把阶层分化及其生活方式人为地悬殊并炫耀，将富人阶层的肆无忌惮和底层人生的困窘焦灼并置。如何界定与现实主义创作方法背道而驰的想象的“现实”，是一个尖锐敏感的话题。显然，创作者并不了解富人和底层，其脱离现实的指数超过了《小时代》。有媒体人指出：“这种嫌贫爱富，反映的并不是真实的富人生活，而像是出于编剧对富人生活的想象。”① 对转型期社会问题的遮蔽混淆与身份标签下貌似中性立场的叙事，更像是有钱通吃且霸道的叙事逻辑下毫无欢乐可言的“金钱颂”（张丰语）。同期播出的《白鹿原》并没有引起如此高的关注度，专栏作家韩浩月语评“看《欢乐颂》长大当然不理解《白鹿原》”。娱乐如果成为导致拒绝触摸传统文化、真实历史和人生温度的推手，这样的艺术视野和格局确实值得怀疑。

亦舒同名小说《我的前半生》本意致敬鲁迅先生的短篇小说《伤逝》，是关于女性独立的跨时代艺术想象，电视剧版《我的前半生》与其说改编，不如说“同人创作”更准确，只是分别撷取两部时代小说中男女主人公的名字、事件缘起，在主题和情节上嫁接当下热点话题和大众流行文化元素，着力多角情感关系的铺展，是离婚后女性独立困境的猎奇叙事。影评人半辈子认为罗子君的人设缺陷在于其标准的“巨婴太太”的定位，她与闺蜜唐晶亲密相处的结果“不是两个女人之间的战争，而是一个婴儿在向一个成年人争宠”。《我的前半生》反映了现实题材电视剧并不鲜见的价值观错位和网文趣味，渗透了 IP 观念下的“同人小说”的创作意识，借经典文本的壳和经年影响，在互联网时代收获新的价值，旧瓶装新酒是该剧成功的关键。如果忠实于原著，无论是鲁迅的还是亦舒的，恐怕都不会有漂亮的数据。

其实，《我的前半生》和《欢乐颂 2》都是一种商业策略的胜利，在社会板结、资源不公、阶层固化等方面传递的丰富社会信息、不良暗示和负面价值是一样的。然而，相对于对中国经济转型和政治生态转型较为深刻而准确的定论，中国社会的转型是艰难、复杂而难以概括的，包容反映时代变迁、社会痛点、人生百态的文化产品的多样化，本身就体现了时代的进步。

2017 年的行业剧题材多元，出现了医疗剧《外科医生》《急诊科医生》、律政剧《继承人》和首部聚焦猎头职业的行业剧《猎场》等。《外科风云》视角新颖，已经接近行业剧的实质内涵，角色的职业感明显增强。剧中明暗交织的情节线索，虽然深埋着复仇、悬疑、爱情、医患冲突、办公室政治、中产精英医者等元素，但各方人物没有绝对的是非好坏对错之别，只有立场分歧和源于私心的一念之差，是三代医者站在不同角度产生的不同观念的碰撞。这是该剧不同于以往医疗剧的特别之处，也是符合时代心理和观众口味的叙事方法。通过庄恕这个美籍华人医生在截然不同的中美医学医疗环境中的亲身经历，将中国式医疗环境和中国式医患矛盾、“会看病的不如会写论文”的职称晋升体系、药商和医院凌驾于患者权益之上的利益、医生的尊严与荣誉面对生命个体的拷问，做了现实主义的表达。《急诊科医生》呈现了国产电视剧少见的紧张繁忙的急诊环境，实力派演员对复杂情感的分寸拿捏精彩到位，只是在人设和情节上预设的道德命题显然超越了医疗行业的现实法则。难得的是，该剧每一集结尾都配有一分钟左右的医疗小常识或医疗观、生命观普及的 VCR，由剧中不同演员进行通俗讲解示范实用

① 张丰：《〈欢乐颂 2〉可别成了〈金钱颂〉》，《新京报》2017 年 6 月 9 日。

性处理方式，这在中国医疗剧中是首次。《继承人》围绕继承法展开叙事，仍是阴谋与爱情、隐私与公正的情节剧模式，身为资深律师的编剧，同样犯了国产行业剧“爱情补偿短板”的通病，“实则还是一部披着律政剧皮毛的狗血言情家族争斗剧”①。

《猎场》与《欢乐颂》《我的前半生》中个别人设身份一样，都涉及以往电视剧鲜见的“人力资源”领域。因执导谍战剧《潜伏》《借枪》而奠定了个人艺术风格的姜伟，同样赋予新作浓郁的“谍战”叙事意味，隐喻了人生如战场的主题和现代人无法把控情感的荒诞性，在形式和内容上有着颇为精巧独到的融合。剧中对人生无常、阴差阳错的情感错位处理，渗透着小资情调和东方式的优雅含蓄，淡淡的忧伤摆脱了都市情感剧直白而浓烈的撕扯感，也中和了高亢的创业激情，大大减弱了励志人物的说教意味，从而形成张弛有度的戏剧性。这种试图探幽人性真实和生活本质的“个性化”艺术风格，体现了创作者不迎合不盲从的艺术观念。同时也挑战了普通观众建立在“类型”上的所有经验，无法理解剧中男女主角郑秋冬和罗伊人面对情感“深爱却不坚守”的游离状态，以及“向左走，向右走”的一次次失之交臂。这种工作处事“三观”极正，个人生活却暧昧飘忽、随遇而安、难见“正能量”的“中间人”，是以往都市剧中少见的复杂形象。该剧最后离题跑偏，类似“楚门秀”的救人情节值得商榷，但其前三分之二的剧情仍展现了一种可贵的“成长”主题和健康人格的养成。有着人生污点的郑秋冬不断“超越自我”，在对理想、诚信、良知的坚守中体现出“信仰”的当代意义，这种“精英养成”的新精英叙事完全超越了物质主义的庸俗成功学的考量。姜伟曾说：“物质生活的改善和提高已经不再是现代人生的根本诠释，精神家园的重建和健康人格的确立，才是这个时代的形象代言。”②该剧剧本是国家新闻出版广电总局2015年度优秀电视剧剧本的扶持对象之一。

（二）还原历史气质的生活视角和庄重格调

2017年，中国电视剧的历史叙事显露了两种稀缺的品质——寓于强烈观赏性中的庄重叙述格调，以及从生活化视角切入“精英叙事”和“信念永恒”的人物形象塑造。从跨年谍战剧《风筝》到历史剧《大军师司马懿之军师联盟》《琅琊榜：风起长林》，都对成长和信仰做了富有艺术感染力的诠释，那些始终不悔地执着于信念的精英个体的价值光芒，辉映了中华民族优秀文化传统中宝贵的人格精神。

年度谍战题材创作有些落寞，然而，却出现了一部极具突破意义的作品《风筝》。这是柳云龙继《暗算》后执导的又一部有人文厚度和哲学深度的“作者剧”，敏感的人物塑造使其延宕四年多才面世，不得不说，它依然是超前的！即便几经修改再修改，留下了些许难以消除的硬伤，还是无法遮蔽从思想到艺术熠熠生辉的价值理性，很难用常规的“精品”盖棺定论这样一部超越了谍战类型框架、自带史诗气质的历史剧。特别是当它以人性的悲悯视角仰望尘封往事中那些曾在血与火的对弈中焕发出至真至诚、至情至性的民族同胞时，可贵地从阶级对立的二元叙事和人物塑造的扁平标签中跳脱开来，升华为一种蕴含善、有神圣意味的崇高美。③《风筝》的命运叙事、“假夫妻”谍战情节模式的反转、绝不丑化矮化国民党特工复归信仰本质的视角、颠覆好坏正反脸谱化图解的国共双方群像的整体成功塑造等，与之前的中国谍战剧创作拉开距离，如同楚河汉界。该剧溢出了人们对谍战剧中隐蔽战线上英雄的所有神往和代入式想象，也超出了审查者的艺术经验范畴，是一部划时代的谍战剧，提供了一个超越类型经验，有着无穷阐释意向的复杂文本，豆瓣评分仅次于《白鹿原》。从另一个方面说，《风筝》虽然生不逢时，播出却正当其时，应和了中国从严治党、重提许党许国担当精神的时代品格，也释放了一种执政党站在民族角度与历史和解的开放包容的信号。

《大秦帝国之崛起》《大军师司马懿之军师联盟》《琅琊榜：风起长林》是2017年历史题材创作的丰

① 匹诺曹：《〈继承人〉：编剧懂法律就该发挥专业，少撒狗血》，《新京报》2017年4月25日。

② 《〈潜伏〉导演新作关注精神家园重建 胡歌〈猎场〉演绎复杂人性》，新华网（http：//news.xinhuanet.com/local/2017-11/05/c_1121908595.htm）。

③ 参见许婧《电视剧〈风筝〉：超越谍战类型自带史诗气质》，《中国艺术报》2018年1月19日。

碑。《大秦帝国之崛起》改编自历史学家孙皓晖的同名小说，是“大秦帝国”系列的第三部，同前两部一样，以创作严谨、尊重史实著称，有年代质感，剧情紧凑节制，叙事详略得当，人物塑造丰满，制作上彰显春秋战国时代的朴拙之风。因参演的某演员吸毒导致相关戏份和战场戏重拍，留下不少“改动”的痕迹，但扎实的剧本、主创的诚意、演员整体精彩的表演和该系列累积的业界口碑，仍然奠定了良好的收视基础。

《大军师司马懿之军师联盟》独辟蹊径地从司马懿这个史料记载中着墨不多、评价却较高、影视剧也少有涉及的生僻冷门人物入手，表现了一个“不一样的三国”。创作者没有默守陈规或囿于套路，而是将以往诸葛亮视角下与曹操、周瑜、司马懿智慧较量的常规叙事，富有创意地反转为司马懿的生活化视角；还贡献了一个意外惊喜，前所未有地还原了一个人性化的乱世奸雄曹操，饰演曹操的演员于和伟同样居功至伟。同时，建立起古典情境中的人物与现代人可以交流产生通感的职场进阶语境，赋予人物以烟火气。在“大事不虚，小事不拘”的历史框架里戏剧化地演绎司马懿的家常生活、惧内护家、智斗朝堂，清新而不幼稚，轻松而不肤浅，是一个全新有趣不乏深刻思考的世俗三国，彻底摆脱了厚重历史枷锁带来的刻板沉重和千篇一律。司马懿在匡扶汉室“夺嫡之争”背后的保家初心，令他的传奇人生，少了励志和主旋律的概念先行，多了份寻常人家的真情实感。既然是司马家事，该剧烟火气息浓郁，司马府的庭院、厨房、做饭、美食等充满生活实感的场景，让观众在大开大合的宫廷故事中感受到了古代人“舌尖上的人生”。该剧有韩剧的生活韵味，有美剧的凌厉节奏，有英剧的诙谐喜感，以及配乐上似曾相识的简短旋律，可谓是“师夷之长”。

有意思的是，两部历史剧《大军师司马懿之军师联盟》和《琅琊榜：风起长林》都不约而同地选取了在亲情爱情友情上建功立业的故事视角，建立起现代人与历史人物产生情感共鸣的生活体验。这种亲情与庙堂、保家与卫国的主题超越以往同类题材，有着不俗的叙事格调和审美品位。艺术创作中一个好的方向是，在正邪不两立的冲突叙事中，正面人物胜出不再是以毒攻毒、以牙还牙、以暴制暴的方式，而是用高尚情操和果敢睿智给出化解困境的精妙情节设置，引人向善，凸显主人公的人格、修养与崇高。《琅琊榜：风起长林》中年轻的怀化将军身陷囹圄，革军权削爵位退居琅琊，依然在国家需要时，再次义无反顾地挺身而出。这种无怨无悔的精神正如《风筝》中的郑耀先所言“国家需要是最大的个人价值”。无论是6集电视剧《黄大年》还是电影《邹碧华》，其实都折射了蕴含时代精神的主旋律。2017年有关历史和现实的“精英叙事”，都产生了非同凡响的艺术感染力，显示出专业编剧的人文修养、艺术思辨与丰富想象，这是大众文化产品彰显创意和格调的最高境界。

从文学到影像的改编，是一场跨形态、跨时空、跨语境的创造性的文化对话，于“二度创作”的再现和保留中激发人们新的兴趣、交流与讨论空间。电影《白鹿原》已被公认为失败的改编，电视剧版《白鹿原》则是部以“工匠精神”打磨的有艺术完整性的史诗巨制。原著作者陈忠实是一位用生命践行自己所信奉的“文学依然神圣”理念的作家，不辞辛苦地奔波在西安周围区县，抄写县志，积累原始素材，才创作出这部20世纪初渭河平原50年变迁的史诗巨著，影视剧改编的难度之大可以想象。电视剧首次“全景式”地还原了白鹿精魂，在土地革命、抗日战争、解放战争的风云变幻中，将白、鹿两大家族祖孙三代曲折的人生轨迹、命运归宿和恩怨纷争铺陈得环环相扣。近20个主要角色、94个重点人物形象栩栩如生地跃然荧屏：朱先生的儒家智慧，白嘉轩的勤劳迂腐，鹿子霖的自私势力，鹿三至死不渝的忠诚，白孝文的情感悲剧，鹿兆鹏的理想主义，鹿兆海的赤子之心，白灵的舍生取义，黑娃的觉醒与覆灭……电视剧把敏感的阶级间的雇佣关系和亲密感情，巧妙而隐晦地传递出来，暗示了传统礼法与现代文明的冲突，弱化了村民贫富、主仆等级和阶层属性的对立，也无意于驻足电影版所钟情的孝子为匪、亲翁杀媳、兄弟相煎、情人反目等猎奇情节。所有的戏剧性都建立在性格和命运的内驱叙事上，在对关中平原上那浓郁的地域风情、文化习俗、宗法礼教、曲艺、建筑、饮食等原生态民族生活的深沉再现中，上演革命岁月的传统洗礼和人生悲欢。《白鹿原》的收视低开高走，临近尾声开始上扬，平均收视率超过1.2%，网络播放量达到67亿，口碑却始终居高不下，是2017年豆瓣评分最高的电视剧。

秦商题材的《那年花开月正圆》是年度热播古装大剧，以清末陕西女首富周莹的传奇一生为原型，但也仅是保留了姓名、性别、地域背景、经商天赋和传奇色彩。叙事上承袭近两年风行的“大女主戏”模式，形象设计反其道行之，舍弃原型与生俱来的身份优越感和文化教养，调和进“假小子”的性别倒错气质和江湖卖艺习性。于是，情节自然叠加了常规商战剧经商之道以外的女性传奇、底层奋斗、励志逆袭、民富国强等元素。该剧原名《大义秦商》，一个可媲美《乔家大院》的素材，相对于情节上的虎头蛇尾，该剧最令人可惜的处置是，完全“去地域色彩”后，又将义商周莹的故事彻底“玛丽苏化”，变成五男爱一女，在吴聘、沈星移、赵白石、王世均、图尔丹等人死心塌地的爱慕或追随中披荆斩棘一生，最终蜕变为一个“加强版玛丽苏”的情感故事。意淫奇巧编织的“爱情神话”，对沉浸于网文的年轻女孩和中年危机缠身的女性来说，都有难以摆脱的吸引力，该剧热播与其女性受众定位分不开。能否以“玛丽苏”情节模式再现地域文化，该剧或许提供了一种参考和选择，年度其他几部地域色彩浓郁的大剧《鸡毛飞上天》《白鹿原》《情满四合院》之所以普遍获得认可，源于对一方水土养一方人的气质性把握，以及有年代质感的史诗品质，精品可以传世的真谛在于对历史和现实的“灵魂再现”。

《三生三世十里桃花》《楚乔传》《择天记》都是年度热播剧。仙侠玄幻剧《三生三世十里桃花》走的是《花千骨》的青春偶像人设和师徒恋人物关系的路数，突出“甜宠”“虐恋”“萌趣”等网文审美趣味，投射了“少女心”的现实欲求，深得18岁至24岁的“迷妹”心理，在追爱的“造梦”情节中，辅以诗情画意的中国山水意境和美轮美奂的电影大片画质。该剧得益于深谙网文爱情模式、精致的影像叙事转换和媒介融合的传播语境。《楚乔传》从吐槽到口碑略升，与其情节注水，导致节奏有失严整紧致而前后反差极大有关，正如有学者指出的“先松后紧”。相反，从商战剧滑向情节剧的《那年花开月正圆》则是在情节上“先紧后松”，人物塑造轨迹在40集后的偏移，对于动辄70集左右的长剧来说，同样是危险的，这也是中国电视剧善始却不能善终的通病之一。

四、精致的艺术平庸和行业灰色地带

“思想精深、艺术精湛、制作精良”是理想化的内容生产，虽然国产电视剧在2017年有着整体的艺术提升，然而，年度亮点并不能抵消行业浮躁。长久以来电视剧生产量与质的失衡，精品剧集如同金字塔尖的微弱占比，并未达到一个行业健康发展的基数。相反，播出市场依然充斥着与生活逻辑背道而驰或无病呻吟或故作深沉地“编故事”的风气，存在大量“热点话题”罗织的“悬浮剧”，不乏以“创新”为名掩饰非专业表达的肤浅与硬伤，大量“段子手”编剧的一剧之本正像编剧束焕的一针见血：“有佳句无佳章。”行业现状是，制作精良相对容易，思想精深比较难，艺术精湛更是凤毛麟角，多见资本长袖善舞的“文化噱头”。在资本热钱、契约精神、职业操守、个体自律等因素中，关键还是专业编剧匮乏，作品的局限源于创作者的局限。

截至2018年2月15日，2017年豆瓣评分低于4.0的电视剧有12部：《极光之恋》(2.6/16536)、《深夜食堂》(2.8/100535)、《鬼吹灯之牧野诡事》(2.9/16190)、《爱，来的刚好》(3.0/2368)、《上古情歌》(3.0/7699)、《不一样的美男子》(3.1/1647)、《孤芳不自赏》(3.1/39789)、《飞刀又见飞刀》(3.2/1587)、《思美人》(3.2/9942)、《那片星空那片海2》(3.5/2227)、《求婚大作战》(3.8/20639)、《独步天下》(4.0/5179)等。这些电视剧集齐了所有题材类型和制播环节的一切典型弊端。

现实题材电视剧中，都市情感剧最舍得在“服化道”和工作、居家的场景上下足功夫，奇装美服、奢侈用品、华丽的办公场所和精致讲究的家居陈设，处处“养眼”，却不见生活实感。从《何以笙箫默》《极光之恋》到《欢乐颂2》《我的前半生》俨然“样板间”风格，全无生动可感的人物和生活应有的面貌。底层人生或工薪阶层的生活几乎是被屏蔽的，没有“蚁族”和租房客们终日为生计操持的样貌、衣着、言行或生存打拼的场景，不见奔波在北上广深一线大城市中年轻人奋斗的压力、生存的焦虑、疲惫的身影等，甚至抽离了中产阶层在个体欲求和道德意识上的真正困窘。今天的都市情感剧基本都在宣扬浮光掠影的中产阶级生活方式，满足各种广告光鲜亮丽的灾难式植入，巧妙地装置“强话题”和“伪场景”，以及各色人物藏有机锋的怼天怼地互怼的热闹台词，一派消解了生活质感的“伪现实主义”图景。资本极富想象力地提供的“意淫消费”，是一场艺术想象力贫乏又欲望深重的消费嘉年华，貌似无害，但温水煮青蛙的结局是注定的。

“历史虚无主义”或情怀冲动下的历史嫁接倾向，在《思美人》和《天下粮田》中最为明显。前者猎奇杜撰爱国诗人屈原的爱情，拍成历史谬误遍布、服饰华丽艳俗、视觉效果“辣眼睛”的言情剧，以致观众呼吁剧组需要整体进行“历史补课”；后者的情怀无可厚非，提出了另一个让人思考的问题：有情怀是不是可以戏说历史，在张冠李戴的史实错位中言志？该剧创作历时15年，以历史正剧的架构表现清朝重臣刘统勋敢于直谏、廉洁奉公、心系苍生的高洁品质。事实上，作为深得乾隆嘉赏并倚重的能臣良吏，历史上的刘统勋在吏治、军事、治理黄河上卓有功绩，唯独与粮食问题无甚关联，与剧中张廷玉的关系好也是无妄之说，刘统勋弹劾张廷玉早有明确历史记载。《天下粮田》的剧作叙事与15年前的《天下粮仓》(2002）相比如东施效颦。此剧与那些任用流量明星出演、以“妆文化”消解历史内涵消费历史人物的媚俗剧作，当然不是一个水准的作品，却代表了另外一种不足取的创作倾向——缺乏足够品质，隐蔽地利用优质人气资源，辅以“情怀”“主旋律”，来消费人设和某种主题，所谓“唯政治正确”遮蔽艺术本质的观念误区，包括“题材决定论”或“主旋律”导向下的片面认知。

2017年掀起了一个翻拍剧的小高潮，总体艺术品质不高，卫视平台播出6部，只有《射雕英雄传》进入年度电视剧口碑排行榜十佳。《夜市人生》翻拍自台湾电视剧，《求婚大作战》《深夜食堂》翻拍自日剧，《漂亮的李慧珍》《亲爱的她们》翻拍自韩剧，都因亦步亦趋地生硬仿制日韩原版，缺乏本土生活气息而成鸡肋。成功的翻拍剧并非简单照搬“依葫芦画瓢”，而是参透原剧神韵进行文化情境的移植，是文化语境和时代精神结合的新作品。《欢乐颂2》从20年前的美剧《欲望都市》中汲取了灵感，样式的肤浅模仿和故事内核的价值观错位，成为该剧的“胎记”。失败的本土化改编，常常会在“拿来”时牺牲本土文化语境，显示出人物与生活的疏离与割裂，这成为2017年翻拍剧的典型症候。

年初《孤芳不自赏》引发的抠像风波、流量明星滥用替身、古装大剧天价片酬和从营销到播出的产业链式数据造假等行业乱象，从年头热议到年尾。网文IP普遍的剧本抄袭越演越烈，热播剧《三生三世十里桃花》《楚乔传》《锦绣未央》等原网络小说无一不陷入抄袭、洗稿等版权风波中。3月底成立的国内第一个影视著作权专家鉴定委员会，是否能为原创版权保驾护航，遏制严重的影视侵权现象，不容乐观。实际情况是，被爆抄袭的电视剧丝毫不影响热播，即便有定论，惩罚措施轻微，不足以警世。

2017年剧播市场的退片、延播、停播、转网、盗版等现象比往年都多。《九州·海上牧云记》是年度最命运多舛的剧，经历了湖南卫视退片，继而“先网后台”播出再遭腰斩的波折，精彩片花与实际剧情的悬殊观感、情节线的庞杂混乱、过多的闪回与缓慢的节奏导致拖沓冗长，让这部七成经费用于制作和特效的良苦用心旁落；《白鹿原》开播一集后停播，延后播出；“大军师司马懿”系列的《军师联盟》和《虎啸龙吟》本是上下部，最后变成“先网后台”播出的电视剧和仅在视频网站播放的网络剧；《人民的名义》引发全民观剧热潮，播出过半时55集“送审样片”被提前盗版在网上流出；《猎场》因制片方与播出方的版权纠纷播出档期多次搁置；备受全年关注的古装巨制《如懿传》《巴清传》，双双失去2018年开年大剧的机会，坊间热议四起却终无定论……遮遮掩掩的信息不透明不明示，暴露了市场和管理的复杂与敏感，对磨合中的官方、制片方和平台方都提出了今后的更高要求。

电视剧长剧现象和剧情注水日益普遍，好剧热播剧也概莫能外，编剧有苦难言。比如，《人民的名义》后面的剧情有些拖沓，编剧周梅森无奈地表示原计划是40集左右，出于商业收益驱使做成55集。如若不改变资本掌控的大环境，电视剧成本居高不下，长剧势必愈演愈烈。中央电视台的购剧改革不再限制集数，难说对错，只有针对题材制定相对规范统一的剧集标准，才会修正中央电视台遭遇的困境，并减少注水剧。类似《白鹿原》这类确实非长不可的情况，可以兼顾原则与灵活区别对待。电视剧的标准化不仅是剧集长度，还包括单集标准时长，电视台播剧随意删减片头片尾，或过多叠加重复剧情抻长剧集，甚至随意删减剧情为广告开绿灯仍然普遍，如何堵住“限广令”后的“擦边球”行为是个问题。立项审批制度也应把好流向市场的“最后一关”，全剧集审查，避免屡屡“事后诸葛亮”的被动，以致产生负面社会影响的“塔西佗效应”。

产业化程度并不成熟的条件下，“互联网＋影视”带来的更多的是泥沙俱下的乱象，伴随发展的新旧问题层出不穷。多元化时代的价值荒芜、产量繁荣下的内容隐忧、类型活跃中的无差别拼凑、题材决定论的投机伪善、网文创作技术性复制与抄袭的原罪、IP改编舍本逐末的唯利是图、“大数据”时代的数据造假、行业法与协会组织的薄弱、电视台生存压力和不良竞争中的公信力缺失、转型社会混乱的审美口味和非常时期的审查标准建设不够，以及产业链从创作、制作到审查、播出等各个环节上的剧集注水、制作取巧、随意删减、长度不一、掐头去尾等有失艺术标准和专业性等不良现象，都应该纳入行政管理的标准化建设和品质化监管中。

许婧　中国艺术研究院电影电视艺术研究所研究员

2017 年中国广播电视产业发展状况综述[①]

◎ 李岚

一、中国广播电视产业稳步增长，产业结构日趋合理

2017 年，广播电视产业实现稳步增长。全年全国广播电视服务业总收入 6070.21 亿元，比 2016 年（5039.77 亿元）增加了 1030.44 亿元，同比增长 20.45%。（见图 1）

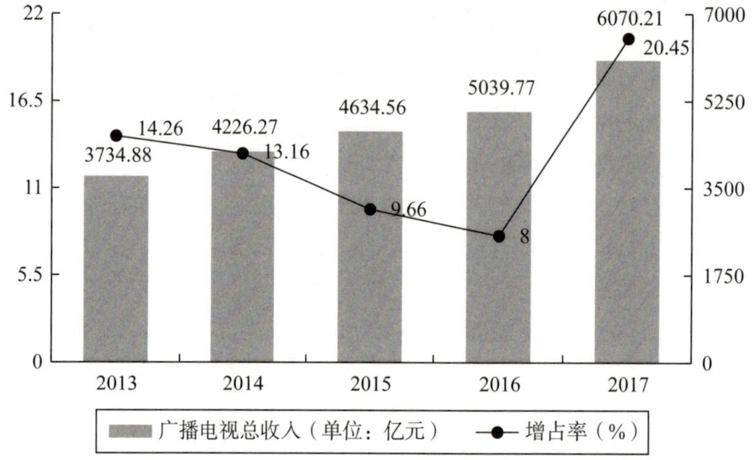

图 1　2013—2017 年全国广播电视行业总收入及增长情况

广播电视产业结构进一步优化。传统广电业务收入占比逐渐收缩，而基于融合业务的新兴产业快速发展，收入不断增长。广告收入构成持续调整，新媒体广告成为新的收入增长点。传统有线电视网络收入下滑。新媒体业务收入 277.66 亿元，占实际创收收入的 5.73%。广播电视节目交易活动活跃，节目销售收入保持高速增长。2017 年节目销售收入 523.54 亿元，同比增长 43.42%，占实际创收收入的 10.81%。

（一）电视剧生产制作活跃，结构更加优化

2017 年电视剧产业进入了提质升级期，产量平稳回落。2017 年制作完成并获得发行许可的电视剧共 314 部 13470 集，较 2016 年减少 20 部 1442 集。电视剧制作逐渐回归理性。题材比例进一步优化，现实题材剧目占总发行部数、集数的 60.51%、56.40%。

（二）电视动画生产制作更加理性

电视动画生产制作由数量规模向质量效益转变，2017 年共发行 244 部 83599 分钟。其中，现实题材动画片备案生产数量同比大幅提升。动画制作企业投资生产更加理性，劣质动画片去库存、减存量，产品结构整体趋向合理。

（三）纪录片市场进一步成熟

国家新闻出版广电总局实施一系列推动纪录片发展的重大政策举措，有效缓解了播出市场需求不

① 本文数据来源：根据国家新闻出版广电总局发展研究中心统计。

足的矛盾。中国纪录片拥有中央电视台科教频道、中央电视台纪录频道、北京电视台纪实频道、上海电视台纪实频道等 4 个覆盖全国播出的专业上星频道。电视上星综合频道调控政策新规使纪录片进入上星综合频道，纪录片播出优质平台需求大幅增长，拉动了纪录片发展，越来越多的纪录片进入卫视黄金档。2017 年，《百心百匠》《茶界中国》《本草中华》等纪录片创下收视纪录，甚至超越热门电视剧和综艺节目。纪录片在网络上同样受到欢迎，《寻找手艺》等“网红”纪录片得到年轻人的“自来水”。

（四）广播电视节目制作机构多种所有制协调发展

截至 2017 年 5 月 16 日，全国持有《广播电视节目制作经营许可证》的合格机构共 14389 家。其中，民营机构数量快速增长，占制作机构总数的 89.8%。

（五）广播电视广告收入总体缓增

全国广告收入持续保持增长，收入构成持续调整，2017 年全国广告收入 1651.24 亿元，电视广告收入继续下降，广播广告收入增幅较大，网络等新媒体广告成为新的收入增长点，网络媒体广告收入占广告收入总额的 18.57%。

（六）有线网络产业发展的总体情况

由于交互式网络电视（IPTV）、网络视听等业务的快速发展，用户收视习惯发生变化，全国有线电视实际用户数继续下降。2017 年，全国有线广播电视实际用户数为 2.14 亿户，同比减少 0.14 亿户、降幅 6.06%。数字电视实际用户占有线电视实际用户数比例为 90.65%，同比提高 2.05%，有线电视数字化率进一步提升。

二、中国广播电视国际传播及中外合作

（一）中央电视台全球化传播迈上新台阶

一是中央电视台与中国国际电视台（中国环球电视网 CGTN）以丰富的内容和专业的品质为全球受众提供了更好的服务。一方面，海外本土化制播水平显著提升。非洲、北美分台日播节目量达到 8 小时，特别是在非洲，CGTN 已成为国际主要媒体中唯一能够在非洲本土每天制作并直播新闻的电视机构。中央电视台发起建立的“丝路电视国际合作共同体”，有 40 多个国家和地区的 80 家媒体机构加入。另一方面，区别于西方媒体，CGTN 始终秉持客观平衡、积极正面的报道理念。非洲分台推出的《非洲遗产》《多哥文化》等系列报道，以多元化视角对非洲文化予以全景式的报道。

二是在传播渠道和方式上不断探索尝试。中央电视台注重开拓海外社交平台作为国际传播的首推平台。推出 CGTN 客户端和移动新闻网，下载量超 356 万，总页面浏览量近 5400 万。CGTN 新媒体成为脸书平台总粉丝量全球第一的新闻媒体主页。央视网海外社交平台粉丝数超 6600 万，CCTV 系列账号脸书平台阅读量近 79 亿次，熊猫频道脸书账号浏览量近 29 亿次。

（二）中国国际广播电台进一步拓展海外传播能力

中国国际广播电台全面推动综合项目本土化建设，提升海外传播实效。截至 2018 年 3 月，ChinaNews、ChinaRadio、ChinaTV 等三个客户端的下载量超过 2800 万。2017 年，中国国际广播电台与“今日俄罗斯”国际新闻通讯社合作推出“中俄头条”双语移动客户端，中俄两国下载量超过 420 万。土耳其项目本土广播品牌“CRI Turk FM”、土耳其文多媒体“CRI Turk 网”“CRI Turk 熊猫”移动客户端和互联网电视在伊斯坦布尔发布；缅甸项目广播频率在仰光、内比都和曼德勒等三大主要城市开播，仰光节目制作室和影视译制基地建设完成，手机广播上线；泰国项目曼谷调频台收听率排名进入前十名，泰语广播在朱拉隆功大学电台落地，节目吸引了大批高端听众；巴基斯坦项目 FM98 调频台开播；葡萄牙项目伊比利亚有线电视频道、互联网电视和 APP 移动客户端上线开播；意大利项目搭建了包括调频广播、网站、双语杂志、移动客户端、社交平台、广播孔子课堂的全媒体平台；南非项目开普敦调频台开播，与南非最大的商业电视台全面展开合拍纪录片的战略合作。

海外媒体传播效果逐步显现。海外整频率电台每天用 47 种语言播出近 3000 小时节目，覆盖 50

多个国家的首都或主要城市的约5亿人口，在当地收听率约24%，排名位居前列，部分电台排名首位。同时，构建多语种海外社交媒体矩阵，有43个语种在境外社交媒体开设账号112个，粉丝数超过6500万。

（三）电视剧国际影响力快速提升

一大批优秀的中国电视剧在国际上掀起“华流”。6集英文精编版《甄嬛传》在美国Netflix播出，成为第一部在美国主流媒体平台以付费形式播出的中国电视剧。《温州一家人》《何以笙箫默》《妈妈的花样年华》等剧成功登陆众多国家和地区。一批国外互联网字幕组翻译社区，主动翻译中国热播剧，如《琅琊榜》《伪装者》等，来自美国、澳大利亚、德国、法国、意大利、匈牙利、希腊等世界各地的中国电视剧爱好者，聚集在字幕组社区，进行“众包”方式翻译，粉丝群体广泛，观剧需求旺盛，评论十分活跃。

（四）民营企业主动投身海外影视传输市场

民营传媒机构充分利用互联网走出去，积极开辟海外影视传输市场，出现了一批有全球影响力的企业。

北京东方嘉禾文化发展股份有限公司是专门从事互联网平台国际传播的民营企业，通过自主研发的核心渠道技术在YouTube、Facebook、Google、Amazon等国际互联网平台上运营1500个精品视频频道，覆盖多个国家和地区，支持50多种语言，每月影响超过1.2亿海外主流用户，月活跃独立用户超过1000万，累计独立用户超过5000万。

蓝海（北京）集团有限公司自建成蓝海云平台，汇集全球4000多家电视、广播、报纸杂志、网络等媒体机构，这些机构可采用蓝海云平台上的视听图文内容并在其媒体中播出，使蓝海电视节目实现了全球同步覆盖。蓝海电视英语频道BONTV通过卫星频道覆盖北美、亚太以及中东、欧洲和北非的120个国家约50亿人口，借助当地主流有线网络进入家庭用户。

四达时代集团积极开拓非洲数字电视市场，通过建立“星地结合、开放安全”的地面无线数字网，开展付费电视和手机多媒体业务，并在各国建立终端产品销售网络，向当地用户提供数字电视和移动多媒体服务。四达时代已在30多个非洲国家注册成立公司，在近20个国家开展运营，每天24小时不间断地为900万非洲家庭提供便宜又好看的数字电视，成为非洲地区主流数字电视运营商。

（五）“中非影视合作工程”扎实推进

“中非影视合作工程”以英语、法语、阿拉伯语、斯瓦西里语、豪萨语、葡萄牙语、西班牙语等7种语言，对近150部5000集中国优秀电视剧、电影、纪录片、动画片等影视作品的译制，并与45个非洲国家的57个主流媒体签订了88份合作协议，基本覆盖全非洲。其中，阿拉伯语版电视剧《父母爱情》在埃及国家电视台播出，收视率高达3.8%，覆盖400万埃及观众。在埃及，阿拉伯语版《金太狼的幸福生活》《媳妇的美好时代》播出后，分别创造了2.8%和3.2%的高收视率。在博茨瓦纳，英语版《金太狼的幸福生活》达到80%的国内观众覆盖率，受到博茨瓦纳总统事务部称赞。斯瓦西里语《媳妇的美好时代》在坦桑尼亚创下52%的收视率并4次重播，此后还在纳米比亚、肯尼亚、乌干达等20个非洲国家热播，很多非洲民众喜欢用剧中女主角的名字“毛豆豆”亲切地代表中国年轻女性。习近平主席第一次访问坦桑尼亚时在演讲中提到了这部电视剧，这个细节赢得了全场的掌声。多语种译制影视作品陆续在非洲多国电视台播出，深受当地观众欢迎，除了连创高收视率，也掀起一股“中国风”。2017年5月31日，中国援建的蒙巴萨—内罗毕标轨铁路（蒙内铁路）通车之际，纪录片《我的铁路我的梦——中国承建蒙内铁路纪实》英文版在非洲同步播出，获得好评。该片在肯尼亚国家电视台黄金时段播出5天后，观看人次超过3000万，占其本国人口的7成左右。

（六）“丝绸之路影视桥工程”稳步实施

“丝绸之路影视桥工程”通过俄语、阿拉伯语、土耳其语、越南语等丝路国家近20种语言，译制了近60部中国优秀影视作品。阿拉伯语版《李小龙传奇》在约旦国家电视台落地播出。同时，与丝路国家媒体加深合作，举办了“丝绸之路沿线国家广播电台大型主题报道活动”“中国—东盟友谊歌会”等，“丝路电视国际合作共同体”成员单位及伙伴单位已扩展至47个国家和地区的85家机构，国内多家省级卫视与哈萨克斯坦、伊朗、印度等丝路沿线国家电视媒体共同发起成立“丝路国际卫视联盟”，国家广播电视总局发展研究中心牵头成立“一带一路”沿线国家广电智库协作机制，广西南宁电视台连续10多年举办“春天的旋律”跨国春节晚会等。

以丝绸之路精神为指引，以打造命运共同体和利益共同体为目标，中国广播影视必将成为中外交流合作、民心相通的桥梁与纽带。

李岚　国家新闻出版广电总局发展研究中心研究员

2017 年中国电视动画综述

◎ 裴旖旎

2017 年是中国共产党第十九次全国代表大会胜利召开之年，在党和国家的发展历程中具有重大的历史意义。习近平总书记在党的十九大报告中明确指出“中国特色社会主义进入新时代”，并深刻阐述了新时代发展中国特色社会主义的一系列重大理论和实践问题，为我国包括文化艺术在内的各项事业发展提供了新的思想引领与行动指南。

作为国家文化艺术领域中的一个重要组成部分，中国动画事业在 2017 年也呈现出创作生产持续繁荣、产业产值快速增长、动画企业稳步发展的特点。

创作方面，中国动画行业涌现出一批具有鲜明中国风格、弘扬时代主题、多种类型并存、社会评价与市场反响俱佳、深受青少年观众喜爱的优秀动画作品，为深入贯彻习近平总书记新时代中国特色社会主义思想和党的十九大精神，进一步扩大优秀作品的影响力和覆盖面，发挥了引领示范带动作用。

产业发展方面，中国动画企业仍处于积极转型和协同融合的探索阶段，逐步摸索出适合国情的多样化商业模式，呈现出多种经营模式并存，多渠道盈利方式互补的特征。同时，动漫行业的产业结构进一步得到调整，精品意识逐年加强，以品牌为核心促进动漫产业发展的战略越来越成为各地政府及企业的共识。围绕品牌培育、品牌授权、品牌维持等方略，借助网络及移动终端等媒介技术发展带来的新机遇，动漫行业产出了更多精品，产业实力不断增强，行业产值达到 1560 亿元（统计维度包括动漫内容开发、生产制作、发行传播及衍生开发）[①]。

一、电视动画创作生产总量稳中有降，内容提质增效

2017 年，在国家出台各项文艺发展新政策、大力推进供给侧结构性改革、实施创新驱动发展战略的背景下，中国电视动画创作生产的重心进一步由数量规模向质量效益倾斜，全年备案作品 350 部 303586.36 分钟，完成发行 244 部 83599 分钟。[②] 在政策调控和市场杠杆的双重引导下，2017 年国产电视动画在总产量稳中有降的基础上，从数量增长向质量提升继续转变，进一步实现科学规划、提质增效。

（一）政策影响

自 2002 年起，为促使国产电视动画的生产力和创作力得到极大解放，国家相关各部委及国家新闻出版广电总局实施以需求拉动增长的战略，相继出台多项利好政策，分别从战略上提升动漫产业在国家整体经济中的地位；在战术上对发展动漫产业的硬件和软件建设给予实施指导意见；在宏观调控上对动画片的播出时间、播出比例、题材规划、发行许可等制定详尽的政策；在具体实施上有效建立激励机制，以行之有效的优惠政策鼓励动画企业的创作和生产。其中，具备代表性意义的政策如下：

2004 年 4 月出台的《关于发展我国影视动画产业的若干意见》，在促进动画产业繁荣、构建国产动画片播映体系、培育影视动画市场、发挥国产动画创作生产主力军的作用、放开参与我国影视动画产业的开发与经营等方面，为国产动画的快速发展奠定了政策导向基础。2005 年 5 月发布的《关于促进我国动画创作发展的具体措施》，提出为扶持国产动画，鼓励各级电视台增加动画播出时段，并在黄金时段播放优秀国产动画片。2006 年 8 月推出的《广电总局关于进一步规范电视动画片播出管理的通

① 数据来源：鲸准研究院《2018 动画行业研究报告》，http：//www.jingdata.com。

② 数据根据国家新闻出版广电总局网站（http：//www.sapprft.gov.cn/）信息整理。

知》，从播出比例上规定在17：00—20：00的黄金时段，各级电视台禁播国外动漫节目，且每日全国动漫播出总量中，国产动漫比例不少于70%，为促进国产电视动画的创作生产、制作发行、播出放映提供了全方位的鼓励与支持。2008年出台的《文化部关于扶持我国动漫产业发展的若干意见》，从扶持民族原创、完善产业链条，完善支撑体系、加快平台建设，改进管理服务、优化发展环境等方面提出了若干具体措施。2010年、2011年和2012年相继推出的《关于金融支持文化产业振兴和发展繁荣的指导意见》《动漫企业进口动漫开发生产用品免征进口税收的暂行规定》《文化部"十二五"时期文化产业倍增计划》，分别从融资、信贷、保险等金融领域和免征进口税收政策等方面，营造了良好环境，国产电视动画产量由此逐年上涨，并于2011年达到顶峰。

但是，在数量上得到迅速增长的电视动画制作却在质量方面凸显出低质粗糙、缺少精品的问题，具备良好口碑、较高知名度和广泛影响力的精品佳作少之又少，甚至出现部分动漫企业变相套取政策补贴的现象。因此，为了突破有产量没质量、有作品无精品的困境，从2014年起，国家新闻出版广电总局相继出台《关于进一步加强和改进电视动画片创作和播出工作的通知》《2015年扶持成长型小微文化企业工作方案》等相关政策，不断提高动画扶持补贴政策的精准性，将动画制作的政策导向和工作重心逐步转移到质量提升和打造精品上，把内容优势作为动画作品的核心竞争力加以强调。从鼓励投入动画制作转向了扶优奖优、扶持高品质精良作品，并鼓励小微文化企业推出原创作品，将提高原创能力作为推动精品创作、品牌搭建的主要着力点和关键突破口，促使国产电视动画生产的目标由数量增长转向质量提升，在稳步发展中逐步向实施精品工程战略转变。

2015年，国家进一步推行国家动漫精品工程、国家动漫品牌建设和保护计划，以及"原动力"中国原创动漫出版扶持计划，为优秀动漫创意和品牌搭建产业化推广平台，组织开展宣传推广活动，大力推荐优秀国产动画片，鼓励原创精品，试图"以品牌为核心促进动漫'全产业链'和'全年龄段'发展"。此外，各级政府部门积极保护知识产权，打击侵权、盗版现象，保护动漫产业及已有品牌的健康发展。

2017年2月，《文化部"十三五"时期文化发展改革规划》中提出：推动中国国际网络文化博览会、中国国际动漫游戏博览会等重点文化产业展会市场化、国际化、专业化发展；支持原创动漫创作生产和宣传推广，培育民族动漫创意和品牌，持续推动手机（移动终端）动漫等标准制定和推广。在上述国家倡导发展二次元产业的政策背景下，网络视频平台迅速崛起，部分动画企业纷纷转向致力于网络动画的创作生产，国产电视动画受到一定冲击，2017年整体备案数量与2016年相比有所减少。但在数量缩减的同时，电视动画也充分显示出精品原创动画的黑马效应和受众粘性效应。在经典IP来源方面，2017年电视动画生产中，精品动画续集和系列片比例增加，本土文化题材作品在历经10多年培育之后，出现了《全职高手》《小鸡彩虹》《少年锦衣卫》等具有民族特色的优秀作品。在政策持续利好的前提下，2017年全国电视动画国内投资额达14.43亿元，比2016年（11.94亿元）增加2.49亿元，同比增长20.85%。①

（二）企业自觉

2017年，国家新闻出版广电总局备案公示的国产电视动画总量为350部，比2016年的425部有所缩减，但总分钟数却由2016年的232135分钟增加为2017年的303586.36分钟，同比增加了31%②，呈现出部数减少分钟数攀升的特点。同时，从投资生产完成率角度考察，2013全年备案公示的国产电视动画剧目数量为465部共计327955分钟，全国制作完成的电视动画片为358部共计204732分钟，在备案数量和生产数量持续下滑的同时，投资生产完成率却创下最高纪录即62.4%；2014年电视动画

① 数据来源：《2017年全国广播电视行业统计公报》，国家新闻出版广电总局网站（http：//www.nrta.gov.cn/art/2018/6/5/art_113_38021.html）。

② 数据根据国家新闻出版广电总局网站（http：//www.sapprft.gov.cn/）信息整理。

生产总量跌幅最大，投资生产完成率为 48.9%；2015 年电视动画生产总量跌幅最小，同比 2014 年生产动画部数多出 55 部，有较明显的回暖态势，投资生产完成率为 45%；2016 年电视动画生产总量延续了近几年较低的下降率，核发发行许可证的数量为 261 部，比 2015 年核发的 273 部少了 12 部①，投资生产完成率为 53.4%②；而根据国家新闻出版广电总局发布的《2017 年国产电视动画发行许可证》目录显示，2017 年电视动画生产总量为 244 部，相比 2016 年数据总量仍有小幅减少，但备案数与实际生产数量相差 106 部，比前一年的投资生产率有所提升。由此可见，虽然 2012 年至 2017 年的生产数量逐年下降，但投资生产完成率近三年却在保持相对稳定中呈现上涨趋势，电视动画年度备案量和实际完成量比例逐年接近，动画生产企业回归理性，对自身定位日趋准确，盲目扩张和粗制滥造有所收敛，专注于实际生产创作能力的发展趋势。（见图 1）

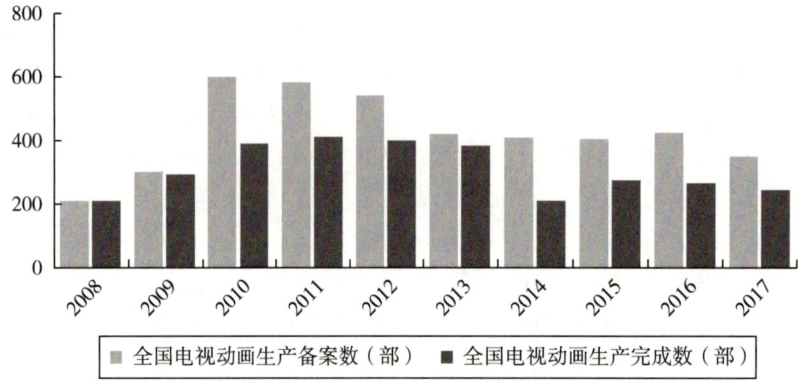

图 1 2008—2017 年国产电视动画备案与实际生产创作对比示意图

形成这一行业态势的原因：第一，在动画产业愈加成熟的市场条件下，国产动画企业盲目投资和开发的尝试性行为有所缩减。近年来，备案企业中有一部分处于新生力量，投资少、规模小，主要依靠地缘优势和政府扶持进行发展（以西北省份和少数民族集中地区为主），其新建项目数量少、体量不大而致使备案数虽多，但实际生产量却达不到备案期望数量，致使实际生产作品的部数有所下降。

第二，近年来，国产电视动画制作数量持续高速增长，促使节目片源累积存量过于庞大，市场无法同步消化作品。备案企业中有实力、发展稳定的大型动画制作企业在作品有价无市的情况下有所自觉调整，不再将数量作为创作的主要目标，而将“少而精”的发展思路提上了日程，致力于集中打造成熟的品牌项目。因此，新项目及大型项目的申报数量有所减少，致使生产部数总量下降。

第三，近年来网络视频蓬勃发展，在为动画产业带来发展机遇的同时，视频平台对网络动画需求量增多，动画企业纷纷将重心转向网络动画的创作生产，对于电视动画的关注度有所下降。

第四，前几年在备案中频繁出现的大体量电视动画项目所承担的风险较大，从剧作、摄制、周期、人员和资金链条等方面都需要强大的支持和完备的制度才能得以最终实现。因此，为了分散风险和压力，多数动画企业纷纷舍弃了大体量的动画片项目，多以系列片为主的形式备案，将每年推出系列中的一至两季优先选择制作，总体态势趋向小而精。与此同时，系列片中部数的增加虽然在总量中并不明显，但由于出现一部动画承载较多集数和较长分钟数的情况，年度分钟数的总量反而相比 2016 年有所上扬。

---

① 数据来源：孙立军、孙平、牛兴侦主编《数字娱乐产业蓝皮书——中国动画产业发展报告（2017）》，社会科学文献出版社 2017 年版，第 94 页。

② 数据来源：姜艳琴《2008—2016 年中国学龄前儿童电视动画发展研究》，《艺术评鉴》2017 年第 15 期，第 132 页。

综上所述，无论是生产部数与分钟数呈反比态势、抑或备案数与实际完成数呈逐年趋近，都充分表明国产动画企业生产心态趋于求稳，对项目的研发和投资力求于谨慎中出精品。

（三）受众需求

受众（消费者）是动漫产业价值实现的客体，即服务对象。他们或基于审美 / 文化价值诉求消费无形动漫产品，或基于效用价值诉求购买有形的动漫衍生品。因此，受众虽并不直接参与动漫产业的开发活动，却对动漫产品具有“一票否决”的权力，直接影响动漫产业开发的目标及效果。2017 年，国产动漫（包括电视动画、动画电影及网络动画）在用户中的渗透率进一步提高，覆盖了近 1.4 亿的用户群体。① 近年来，以“90 后”“00 后”为代表的年轻群体开始成为动画作品的消费主力军，具备较强的消费意识和购买力，在电视动画和网络动画的受众比例中大幅提升；加上“二胎”政策的驱动，2016 年，中国婴幼儿出生数量提升，2017 年，2 岁至 6 岁的学龄前幼儿达到 8221 万人，成为另一大受众组成部分。在受众范围扩大和市场需求攀升的倒逼下，中国动画创作生产在学龄前、少儿、青少年、成人这四类核心年龄段的精细区分愈加明显。相应地，动画作品供给端依据受众需求精准定位，创作趋向品牌化和精品化，即以系列作品塑造经典 IP，通过衍生玩具、品牌授权和主题乐园等方式促动消费，增加消费者粘性。

2001 年至 2014 年是国产动画培育期，大量以获取政府补贴为目的的企业制作了诸多低幼化动画，但其中充斥暴力、三俗等情节成分和道德导向，并不适合幼儿观看。2015 年起，在政策导向和市场选择的背景下，学龄前幼儿动画的创作生产得到明显改善，一批优质动画纷纷上线。2017 年，《小鸡彩虹》、《艾米咕噜》、“阿 U 系列”、《豆小鸭》等高质量原创动画纷纷推出，受到学龄前儿童及家长的喜爱和欢迎。未来几年内，随着资本和平台的介入，受众用户需求的大幅增长，婴童产业的消费升级，早教产业和用户品牌意识的增强等有利条件，学龄前动画将具备更广阔的巨大开发空间。

2006 年，国家开始对进口动漫作品进行管理和控制，一批优质的国产动漫作品逐步涌现。相比于“80 后”幼年记忆动画资源中日漫、美漫的大比例成分，“90 后”“00 后”受众群体在幼年时期已接触大量国产动漫，对国产动画同样具有很深的情怀，支持度逐年提升。而萌芽于 20 世纪 90 年代的中国二次元产业，从 2001 年起拥有长达十年的培育期，于 2014 年逐步活跃起来。2014 年，消费二次元内容的用户仅 468 万人次②，但随即于 2015 年迎来高速发展期。据统计，以动漫为核心的二次元文化主要在“90 后”和“00 后”中迅速传播。目前，中国二次元用户数量已突破 3 亿，伴随着二次元文化扩张的流量红利，国产动漫行业的发展将迎来前所未有的市场机遇。

二、电视动画创作打造多样化中国精品，彰显中国精神

2012 年 11 月，党的十八大正式提出“倡导富强、民主、文明、和谐，倡导自由、平等、公正、法治，倡导爱国、敬业、诚信、友善，积极培育社会主义核心价值观”，要求把培育和践行社会主义核心价值观融入国民教育全过程，落实到经济发展实践和社会治理中，强调要用社会主义核心价值观引领社会思潮、凝聚社会共识。③ 党的十八大以来，国家新闻出版广电总局深入贯彻落实习近平总书记系列重要讲话精神，始终坚持“以人民为中心”的工作导向，紧紧抓住创作生产优秀作品这一中心环节，大力推动国产电视动画发展，着力提高“讲好中国故事”的能力，广泛推动优秀作品传播，积极促进国内外交流，形成政府扶持引导、行业齐心协力、社会广泛参与的良好氛围，涌现出一大批弘扬时代

---

① 数据来源参见雷涛、丁海祥《中国动画连续发力 抢占次元主流阵地——2017 中国动画行业扫描》，《中国广播电视学刊》2018 年第 3 期。

② 数据来源：申万宏源研究《突破次元壁，动漫主流化——新三板二次元系列报告之动漫行业》（https：//mp.weixin.qq.com/s ？__biz=MzA5MjAwNDg0MA%3D%3D&idx=1&mid=2247484075&sn=101ee942e827193c81658c2581a2bd0a）。

③《关于培育和践行社会主义核心价值观的意见》，人民出版社 2013 年版，第 8 页。

主题、具有鲜明中国风格、社会评价与市场反响俱佳、深受青少年观众喜爱的优秀动画作品，形成国产动画行业进一步转型升级、繁荣发展的良好局面。

2017 年，中国电视动画价值引领更加主动，围绕社会主义核心价值观、中华优秀传统文化、“中国梦”时代主题、中国经典民间故事动漫工程等方面，努力进行原创动画创作，推出一批“思想精深、艺术精湛、制作精良”的优秀作品，为青少年的健康成长提供了优质精神食粮，营造了动画领域的绿色空间。2017 年度国产动画发展专项资金获奖作品有 19 部，奖励资金共计 300 万元。其中，一等奖 3 部，为《梦娃》、《棉花糖和云朵妈妈》（第二季）、《豆小鸭》；二等奖 5 部，为《洛宝贝》（第一季）、《智趣羊学堂》、《熊小米系列之小小画家熊小米》、《聪明的顺溜之特殊任务》、《艾米咕噜》；三等奖 11 部，为《翻开这一页》（第三季）、《天天成长记》、《百变马丁》（第二季）、《快乐集结号》、《故事奶奶》、《彩虹宝宝》（2）、《先辈的足迹》、《京剧猫之信念的冒险》、《小鸡彩虹》（第 86—111 集）、《小萝卜头》、《红游记》。可以看出，2017 年动画创作在类型和题材上展示出更加丰富的特点，包含童话、教育、现实、科幻、历史、神话、冒险及其他题材。其中，红色文化和现实题材尤为突出，其他各类题材保持均衡。例如，以中国传统民间艺术泥人张“梦娃”泥塑为素材，弘扬中华优秀文化和传统美德的《梦娃》；有表现儿童多彩生活的《棉花糖和云朵妈妈》《天天成长记》；发散想象、展现孩子奇幻冒险旅程的《百变马丁》《艾米咕噜》；选取普通百姓家庭生活的视角，展现邻居、亲友之间亲情友情的正能量故事《快乐集结号》；以焦裕禄的故事为原型，讲述了艰苦奋斗、无私奉献、鞠躬尽瘁、迎难而上等为民情怀的《先辈的足迹》；经典 IP 衍生的系列片为孩子们传播知识、认识世界的《智趣羊学堂》《阿 U 学科学》；聚焦近现代经典人物故事和中国革命史的《翻开这一页》系列、《红游记》；传统文化与现代形式相结合的《京剧猫》系列；融入多种文化元素、具有国际视野的《熊猫和开心球》等作品，均受到小观众及家长的欢迎，并发挥了引领示范作用。

（一）“中国梦”时代主题动画佳作频现

近年来，国家新闻出版广电总局积极组织实施“中国梦”主题动画创作工程，围绕党和国家重大主题、重大活动、重要节点，组织创作动画精品，唱响主旋律，传播正能量，引导青少年儿童树立正确的历史观、民族观、国家观、文化观，培育青少年的远大理想和对美好生活的追求，拓宽了动画创作的题材范围和内容素材，彻底改变了国产动画以往只聚焦在小花草、小动物、小家庭等狭窄视野的创作主题。2014 年至 2016 年，国家新闻出版广电总局连续组织推出了三个动画“三部曲”，分别是：2014 年的“爱国三部曲”——《戚继光》《英雄冯子材》《翻开这一页》，2015 年的“抗战三部曲”——《地道战·英雄出少年》《鸡毛信》《五子炮·渊子崖保卫战》，2016 年的“庆祝中国共产党成立 95 周年和纪念长征胜利 80 周年”三部曲——《犟驴小红军》《最可爱的人》《翻开这一页》（第二季）。这些优秀作品在全国动画专业频道、少儿频道和上星综合频道进行展播，广泛受到青少年儿童、家长和老师的热烈欢迎和由衷赞赏。在此基础上，2017 年继续推出的《翻开这一页》（第三季）以及建军 90 周年献礼片之红色文化启蒙教育电视动画系列片《红游记》，分别从优秀共产党员的革命故事和中国革命史方面展现爱国情怀、民族气节，重温家国故事，弘扬革命文化，以动画形式探索和创新革命历史题材的表现方式，让革命事件更加形象生动、寓教于乐，大大增强了红色文化的吸引力和感染力，对培养青少年的爱党爱国理念，推动红色基因代代相传发挥了重要的促进作用。

其中，由国家新闻出版广电总局立项、湖南金鹰卡通有限公司承制的《翻开这一页》（第三季）于 2017 年 9 月 30 日 17∶30 在湖南金鹰卡通卫视正式开播。根据其少年儿童的受众定位，分别从课本中精心选取了“我的爸爸李大钊”“一代传奇将领许世友”“革命母亲江姐的红色遗书”“孔繁森的高原赞歌”“竺可桢解读大自然的语言”等五个具有代表性的近现代经典人物故事。与第一、二季相比，第三季的故事内容更为精简，选题数量从以前每季十个以上降到了五个，每个故事由原来的一集扩展为两集来呈现，使内容表达更充分细腻，并用贴近孩子心理的表现形式讲述了五位优秀中国共产党党员在面对“家”与“国”时如何取舍、如何做到对党和国家的绝对忠诚，将家国情怀和忠于国家、忠于党的思想信念浸润到少年儿童的身心成长之中，达到寓教于乐的目的。在制作方面，第三季得到了国家新闻出版广电总局相关专项资金的扶持，不但主题选取继续立足中小学课本精选题材，还专门成立创作组，为编剧和前期美术设定人员搜集故事人物的相关历史资料及各类素材，使剧本从初稿到定稿不断改进完善，美术设定精细推敲并准确定型；同时，第三季增加了制作方面的投入，采用二维手绘动画风格，重点加强“二维＋三维”的动画技术，使角色表演更加真实，表情刻画更加细腻，动作更加流畅。三维场景均在有具体史实资料考证的前提下设计，模拟更逼真，制作更精细；特效画面根据每个镜头的要求、角度、透视等逐一设计制作，确保了制作效果的真实感和临场感。从实际效果来看，第三季品质大幅超越前两季，达到了精品动画的预期，有效提升了该系列的品牌价值。之所以取得如此巨大的成功，除了因人物故事的选题取自中小学课本而与少年儿童的认知十分契合之外，更多是因为采用了小朋友们最喜爱的动画演绎形式，创新运用了“真人＋动画”的互动叙事，表现方式亦极为贴近少儿受众。在第三季中，制作方依然选取由李锐、沈梦辰、杜海涛、小燕子四位明星主持人通过情境式植入与小朋友们进行亲密无间的互动讲述。虽然形式没有明显的变化，但互动内容更好地突出了从“不同时代不同特点，对信仰的追求却一脉相承”的现实视角，让课本中的历史名人故事与孩子们的现实生活在交叉对照、互为呼应中产生“化学反应”，让小朋友们在寓教于乐中潜移默化地得到教育，受到鼓舞。

此外，为隆重纪念中国人民解放军建军90周年，由中共瑞金市委、瑞金市人民政府策划并投资制作的《红游记》，既是一部面向当代少年儿童进行爱国主义教育和革命传统教育的动画故事片，又是一部反映“中国梦”主题，培育社会主义核心价值观，发扬革命传统、传承红色基因的现实主义红色文化启蒙教育片。它精选了26个苏区时期发生在瑞金的重大事件和经典故事，以中国共产党在中央苏区核心地——瑞金的革命斗争历史为背景，设定以“瑞瑞”和“金金”两个来自大城市的儿童在瑞金的经历为主线，用孩子的视角和动画形式，再现毛泽东、朱德、周恩来等老一辈无产阶级革命家在中央苏区的感人故事，展现当年赣南苏区的客家风情和特定时期人们的精神风貌，表现苏区时期干部群众的鱼水深情，诠释苏区群众矢志不渝跟党走的感人事迹。可以说，《红游记》开创了青少年德育教育的新形式，它将《一苏大》《阅兵》《红井》《开天窗》《八子参军》等红色革命故事用动画的方式进行生动表述，以“小动画”表现“大历史”，是弘扬主旋律、传递正能量的创新途径，也是以孩子们喜闻乐见的文艺形式进行爱国主义教育的有益尝试。

（二）融入社会主义核心价值观的动画创作导向正、质量高

习近平总书记在中国文联第十次全国代表大会、中国作家协会第九次全国代表大会上的讲话中指出：“社会主义核心价值观是当代中国精神的集中体现，是凝聚中国力量的思想道德基础。”当代动画创作应坚持最根本的价值引领，要有导向意识，注重社会效益，贯穿融入社会主义核心价值观，以深刻的情节和动人的形象，生动鲜活、潜移默化地反映当代中国人特别是青少年的思想、情感和审美，用有筋骨、有道德、有温度的优秀作品成风化人、凝聚力量，引导广大青少年树立正确积极的人生观、价值观、世界观。

2017年，多部中国电视动画作品将社会主义核心价值观作为创作之魂，使正确积极的价值观与生动的动画艺术巧妙结合，做到有意思更有意义，大力弘扬真善美，传播人间正气。三维动画片《梦娃》以弘扬社会主义核心价值观为核心内容，讲述一个个小故事，用小朋友们易于理解的方式呈现传统文化、弘扬中国精神，使梦娃的成长经历成为孩子们探索世界的自身投射。《梦娃》的每集故事均取材于当代孩子们“自己的事儿”，力求让小观众们在观看时有代入感，产生价值归属感和认同感。主人公梦娃出自天津泥人张的经典泥塑作品，这一人物十分贴合当代小观众，她既有小脾气、小个性、小缺点，但她同时善良、纯真又热心……这种亲切自然、带有生活温度的设定，把人们固定印象中的梦娃形象变得有血有肉、活灵活现，成为萌系形象代表。同时，故事传达出的中华优秀文化和传统美德，引导小朋友们认清对错、美丑、是非，崇尚理想、道德、奋斗，自觉做有自信、尊道德、讲奉献、重实干、求进取的时代新人。

（三）中华优秀传统文化与动画形式完美结合

2017年，为进一步贯彻实行《关于实施中华优秀传统文化传承发展工程的意见》（新华社2017年1月25日公开发表），由国家新闻出版广电总局牵头组织的“中国经典民间故事动漫创作工程”得到进一步深入开展，国内重点动漫机构和国内外专家积极参与，分别在电视动画、动画电影、漫画出版物、移动端动漫等方面组织力量、配置资金，创作出一批精品项目，展现出中国人民吃苦耐劳、勤勉奉公、勇于斗争、坚韧不拔的民族精神，用动画这一生动的艺术语言，弘扬中国精神，讲好中国故事；强调民间故事是所有文艺创作的活源泉，应从挖掘鲜活生动的民间故事开始，产生创作灵感，激活整个文艺创作；积极倡导各级广播电视机构制作播出弘扬中华优秀传统文化的动画片，用优秀传统文化的强大感染力吸引感召青少年儿童增强民族情感。近年来，各动画制作机构相继创作出《小济公》《中国巧姑娘之黄道婆》《孟子学堂》《京剧猫》《飞越五千年》《黄帝史诗》《百鸟衣》《小鸡彩虹》及“秦时明月”系列等聚焦中华民族悠久历史和博大精深传统文化的优秀动画作品，深受青少年儿童欢迎。

由优酷与北京璀璨星空文化发展有限公司联合出品的原创动画《京剧猫》第二季《京剧猫之信念的冒险》于2017年7月10日登录北京卡酷卫视，并同步优酷两集联播。《京剧猫》作为首部将传统文化中的京剧元素与动画相结合的国产原创动画IP，除了备受青少年观众喜爱，更凭借有趣的设定、庞大的格局和高水准的制作俘获了大批成年粉丝，创造了超7亿全网播放量的亮眼成绩。这部以“京剧”为元素、“猫”为主角的功夫奇幻电视动画系列片植根传统文化，参考京剧中的“四功五法”构建了一个分为十二宗的庞大猫土世界，在热血剧情和酷炫动作之中传递着真善美和惩恶扬善的正能量，并把京剧中的“唱”“念”“做”“打”等绝活作为炫酷的功夫技能演变成京剧猫们的各路神功，在构建的“猫土世界”中展开正邪相斗，真正做到“中国题材，国际表达”。通过动画片与京剧艺术的完美结合，传统文化披上了童趣的外衣，使小朋友们更容易接受国粹精华，了解中华传统文化和美学精神。

2017年大热的动画片《小鸡彩虹》则以水墨风格的创作特色、精湛的制作技艺向世界展现了中国传统文化的魅力与当代中国动画人的匠心精神。这部动画片以友谊为主线，讲述了颜色、性格各异的七只彩虹色小鸡在云岛一起成长、一起生活的社交启蒙小故事，将平等、友爱、善良、团结的正能量传递给孩子们，旨在让孩子们在观看中学会社交习惯和社交礼仪。在形式上，这部动画片不是简单传承中国传统的水墨画风，而是在继承中国美学传统的基础上加以创新，将新型动画技术和传统水墨画风结合起来，首创了彩色水墨画风，升级了传统国产动画“拉毛剪纸”的制作工艺，小鸡们可爱的形象借助新水墨画风更突出了毛茸茸的立体感。此外，每一集中的对白均采用音乐对话形式，片尾音乐亦采用朗朗上口的原创儿歌，富有节奏感，使孩子们在观看动画片的同时潜移默化地培养乐感和节奏感。

（四）中外合拍中国主题动画片佳作频现

习近平总书记指出：“社会主义文艺要繁荣发展起来，必须认真学习借鉴世界各国人民创造的优秀文艺。”动画及其衍生品是在世界各国都颇为流行的文化产品，专业化、市场化程度高，国际交流活跃。近年来，国家新闻出版广电总局多次组织动画机构和动画人才开展国际培训、业务交流，支持动画机构参与各类国际动画专业节展，在交流互鉴中看到差距短板，明确努力方向，学习先进经验，取长补短，开拓创新。

由中央电视台少儿频道、央视动画有限公司和俄罗斯瑞奇集团联合制作的大型儿童动画系列片《熊猫和开心球》是2017年中俄双方在儿童动画领域的重要合作项目之一。该动画片共52集，以具有中国传统文化特色的动画明星“熊猫和和”与俄罗斯家喻户晓的动画角色“兔小跳”为主角，通过讲述妙趣横生的玩具店故事，体现两国独特的文化魅力和民族风俗，赞扬两国人民善良、勇敢、包容的良好品德。“熊猫和和”是中国首个动漫类文化交流大使，承载着中国人民仁善、宽厚、谦和的民族气质和文化价值。“兔小跳”则是俄罗斯的明星动画角色，由俄罗斯著名动漫品牌“开心球”塑造，向孩子们传递了和平友谊、热情好客、尊重他人、互帮互助的正能量。这一作品是中俄合拍的首部动画片，是两国少儿媒体领域人文交流的新亮点，它不仅给两国少年儿童留下了共同的美好回忆，也对促进两国文化交流，增进人民的了解与友谊起到了重要的推动作用，是中华文化与世界文化交流与融合的成功范例之一。

三、多样化经营模式并存，电视动画生产企业积极探寻发展之路

2017年，国产电视动画生产企业仍处于转型过渡和协同融合的探索阶段，逐步摸索出适合国情的多样化商业模式，呈现出多种经营模式并存、多渠道盈利方式互补的特征。无论是在巨变的环境中不断转型的传统动画制片企业，还是借助新兴科技迅速崛起的跨界动漫企业，都各自发挥着独特的优势，结合时代相应的变化，努力开创出一条属于自己的创新之路。

（一）坚守优秀传统文化，于借鉴中创新的老牌动画企业

几十年来，上海美术电影制片厂既创造了中国动画的辉煌，也经历了时间的风雨和浮沉，其创造的经典动画，如《黑猫警长》《葫芦兄弟》《大闹天宫》《牧笛》《小蝌蚪找妈妈》《三个和尚》《天书奇谭》《宝莲灯》等成为一代人的深刻记忆。但在收获国内国际一致赞誉的同时，作为动画生产企业却没有迅速成功建立起完善和成熟的生产机制，仅仅依靠几个经典动画形象和作品，在国内外日新月异的动画发展浪潮中浮浮沉沉。

2011年，上海美术电影制片厂动画产量曾雄居全国第一，其后却呈大幅下滑趋势。究其原因，根本在于进入20世纪80年代后，经济体制逐步由计划经济转变为市场经济。这使得上海美术电影制片厂必须为其传统的“美术片”创作自筹资金、为作品自谋出路，对于艰难转制的上海美术电影制片厂来说，并不擅长此类创作和营销方式。同时，经济体制的改变也改变了动画片观众的社会心理、审美需求和消费选择。以往人们观赏动画片多为了接受教育和艺术审美，传统“美术片”能够充分满足这些要求；进入市场经济时代后，动画片本身还增加了娱乐性目的，成为一种消费行为，大大超出“美术片”的定位与功能。此外，市场经济具有竞争机制，上海美术电影制片厂不得不接受来自国内外动画企业及其作品/产品的挑战，在积极探索中遇到种种危机：第一，题材鲜有创新，直接模仿国外动漫作品导致风格混乱，失去原有的风格和特色；第二，企业中人才流失严重，缺乏创新性人才；第三，资金政策支持力度不足；第四，动画作品制作成本过高，但收益甚少而导致亏损。

几年来，面对日趋严峻的创作及经营局面，上海美术电影制片厂立足自身资源，坚守自身特色，针对不足和缺陷积极探求解决方案，力求迎头赶上，重现辉煌。第一，努力在学习中借鉴，在借鉴中创新。2017年8月，出于企业竞争力发展的迫切要求，上海美术电影制片厂制作团队赴美国实地考察，学习并借鉴国外优秀动画制作经验和产业链建设，在技术上缩短与国外动画的距离。第二，传承优秀文化，探索创新创作手法。上海美术电影制片厂曾是中国规模最大的美术电影制片基地。主要以卡通片、剪纸片、木偶片、折纸片为主，其中的卡通片又以水墨动画为主，而剪纸片、折纸片和水墨动画是借鉴于中国民间工艺和国画艺术创立的独特动画样式，多表现中国传统的民间故事、童话、神话、寓言。近年来，上海美术电影制片厂作品在尽力保留原有传统特色——水墨、剪纸、折纸动画的基本元素和神韵的同时，积极融入科技所能创造的新表达方式和手段，力求创作出具备复杂叙事功能和丰富表现力的3D水墨、剪纸、折纸动画。第三，打开国际视野，开拓国际市场。在致力于发展中国民族动画片的同时，上海美术电影制片厂与法国、德国、美国、日本、加拿大、澳大利亚等国合作拍摄了《狐狸列那》《诺亚方舟》《不射之射》《环游地球八十天》《番茄酱》《鸭子侦探》《天才发明家》等影视片，并在播出环节上逐步完善发行网络，多部动画片发行至东南亚和欧美地区。第四，保持开放心态，积极多方合作。近年来，上海美术电影制片厂以动画产业化发展为目标，为社会各界提供影视片、广告片的制作、形象设计、卡通产品的研制开发、制作和动画片创作人才培养等服务。目前，其不但拥有上海亿利美动画有限公司、上海卡通文化发展有限公司、《卡通王》杂志社和上海美术电影专修学

校等实体，还成为融美术片、儿童片的制片、制作、发行、放映项目，以及图书、杂志、音像制品、多媒体产品的出版、发行、销售、版权授权经营与开发，还有儿童卡通服装、玩具、文具礼品开发与销售为一体的综合性影视文化机构，可谓传统动画企业成功转型，走出本土化特色道路的范例之一。

（二）跨界多行业合作，以搭建动漫市场产业链为重心的新兴企业

以当前国内领先的大型动漫企业奥飞娱乐股份有限公司（原广东奥飞动漫文化股份有限公司）为例，这一类型的动漫企业往往以IP为核心，运用强有力的IP运营能力，激发公司多元产业群全面加速发展，同时借助互联网渠道不断优化各业务板块的运营模式，紧紧围绕内容为王、互联网化和走向国际的“泛娱乐”发展战略，构建起泛娱乐产业生态圈。2017年9月，奥飞娱乐股份有限公司发布公告，将以全资子公司香港奥飞娱乐有限公司的名义，投资1620万美元（约1.06亿元人民币）增资韩国动漫公司Funnyflux，交易完成后占目标公司60.02%的股权。据了解，奥飞娱乐股份有限公司旗下的《超级飞侠》点击率已超过100亿，衍生品销售额超60亿元，而韩国Funnyflux正是该动漫IP的创作者。此轮收购完成后，奥飞娱乐股份有限公司将拥有Funnyflux目前和未来开发、创意IP的独占合作权。从玩具制造商，到收购喜羊羊团队，再到收购“有妖气”动漫网站，多个明星收购案下来，作为曾经的制造业玩家，奥飞娱乐股份有限公司频频跨界的成功案例，使其成为融合电视动画、动画电影、玩具、游戏等多行业的动漫企业标杆。2017年，奥飞娱乐股份有限公司营业收入总额为36.41亿元，从营收构成来看，其主营业务为动漫玩具类销售，占总收入的53.69%，动漫影视类仅占16.15%。[①]

奥飞娱乐股份有限公司的前身是1993年注册成立的汕头奥迪玩具实业有限公司，以玩具制造起家，但与代工为主的其他玩具企业不同，奥飞娱乐股份有限公司坚持开发自主品牌的玩具，逐步积累了竞争优势。其后，公司在动漫促动玩具热销的现象中嗅到商机，于2003年开始转型，布局“玩具+动漫”业务，打造了《巴啦啦小魔仙》《铠甲勇士》《火力少年王》等一系列动漫作品。2009年，奥飞动漫在深交所上市，第二年通过收购嘉佳卡通卫视60%的股权成为国内第一家拥有卫星频道运营权的民营企业，涉足媒体行业，完成第二次转型。2013年9月，奥飞娱乐股份有限公司以5.4亿元收购《喜羊羊与灰太狼》品牌与团队，开始第三次转型，提出打造以IP为核心，集玩具、婴童用品、动漫、游戏、影视等为一体的泛娱乐全产业链系统。随后奥飞娱乐股份有限公司以收购和成立子公司的方式陆续开创了奥飞游戏和奥飞影业。据不完全统计，奥飞娱乐股份有限公司上市以来投资收购动作超过30例。2015年，奥飞娱乐股份有限公司以9亿元成功收购了国内作品数量最多的原创动漫网站“有妖气”。“有妖气”由用户生产内容上传到平台，已注册用户超过1900万人，累计2万多位漫画作者，连载漫画超过4.4万部，奥飞娱乐股份有限公司的目标客户人群由此从儿童拓展至全年龄阶段。

随着社会经济的发展，消费者对娱乐体验的要求越来越高，具有独特、核心竞争力的企业将会取得巨大的发展优势。中国泛娱乐产业正处在上升发展期，行业虽然面临一定的波动，但前景广阔、存在大量机会，诸如奥飞娱乐股份有限公司这样的动漫企业，也将进一步制定长远的战略，向多领域、国际化的目标持续迈进，构建一个以IP为核心的大型泛娱乐产业国际化企业。

（三）由代工企业向原创发力，初具成效的本土动画企业

主要从事动画制作外包服务的企业大多处于小、散、弱的局面，并以长期大量的加工收益支撑少量的动漫原创。其中，有的企业致力于动画频道广告代理，有的转向动画电影发行，有的依靠“玩具+动画”的方式成功转型，有的专注于动画配音，有的钻研VR/AR等动漫和科技的结合方面，有的则力推海外发行业务，综合运营和原创能力皆十分有限。因此，它们作为幕后公司，较难有合适的渠道将公司制作的少量原创作品推广出去，多数由于没有知名的原创作品，难以获得融资，制作出属于自己的经典动漫作品。因此，资金有限且无后援支撑的此类小型动画企业发展极其缓慢。但依然有部

① 数据来源：鲸准研究院《2018动画行业研究报告》，http：//www.jingdata.com。

分代工企业凭借多部优质动漫作品的制作能力，在竞争中闯出一片天地。

以 2008 年成立的苏州舞之动画股份有限公司为例，其盈利模式是受投资方委托制作动画电影、动画制作外包服务、舞台剧多媒体设计等，通过收取制作费用获取收入。其按照业务约定内容和流程，以及影片预计档期，合理安排制作资源，独立或者配合第三方完成动画代工业务。截至 2017 年底，苏州舞之动画股份有限公司已累计制作了《赛尔号》《神笔马良》《奥拉星》《黑猫警长之翡翠之星》等 10 部大型动画电影。在动画代工业务的基础上，苏州舞之动画股份有限公司逐渐向原创动画的制作投入大量精力，并已初具成效，其独立策划制作的国内首部仙侠玄幻动画系列片《太乙仙魔录之灵飞纪》两季，已在网络渠道每周连载播放，点击量超过 10 亿。另外，孵化著名 IP 流氓兔的动画短剧，也是新原创业务的进击之举。2017 年，苏州舞之动画股份有限公司的原创动画收入为 833.52 万元[①]，占全年营业收入的五分之一左右，为下一步原创项目的做大做强奠定了一定基础。这一类型的本土动画企业还有北京大千阳光数字科技股份有限公司、北京每日视界影视动画股份有限公司、上海绘界文化传播有限公司、江通动画股份有限公司、广州市拉比豆豆动画设计有限公司、北京寒木春华动画技术有限公司等小型动画企业，它们以自给自足的微薄资金不懈地坚持着原创动画制作，并逐步获得市场认可和收益，虽步伐缓慢，却勇气可嘉。

四、电视动画播出稳步增长，播出渠道传统与新兴并存

播出机构和平台作为中国电视动画的承载体系和传播介质，在动画作品播出和内容管理方面起着至关重要的作用。如何科学有效地发挥播出机构和平台的调节引导功能，使优秀作品及时与受众见面，关系到电视动画的良性发展。2013 年，国家新闻出版广电总局推行选取各少儿动画频道负责人参与优秀动画片评选的新举措，并在评选之后鼓励其购买、播出优秀动画片，初步建立起选优播优、质优价良的良性机制；2014 年起，国家新闻出版广电总局要求每个电视台上星综合频道平均每天 8 : 00 至 21 : 30 间至少播出 30 分钟的国产动画或少儿节目，为国产电视动画片播出开辟了优质平台。若对 2017 年统计出的全国 36 个主要城市收视率前十名的动画片资源进行分析，可以发现，在国产电视动画播出的行政管理方面，国家新闻出版广电总局积极开办少儿频道和上星动画频道，着力构建各级电视台动画栏目构成的动画播映体系，将播出机构与平台的建设作为振兴国产动画产业的强力推手。

2017 年，中国电视动画在播出时长方面仍保持稳步增长，其中经典系列动画品牌继续维持前两年的强劲势头，在收视和市场份额排名上占据了重要位置。可见，优秀动画片源的核心品牌效应、忠实观众群以及内容创作、技术制作达到较高水准是播出和收视同步提升的前提。无论是老牌经典作品，还是产业化后生产的原创动画片，电视动画的故事内容、人物形象和优质口碑才是其获得更多播出机会、延续良性收视的决定性因素。

央视—索福瑞媒介研究对 2017 年 4 岁至 14 岁观众群体 6 : 00—24 : 00 的收视数据显示，在央视 / 卫视收视前 20 名中，湖南卫视金鹰卡通频道、中央电视台少儿频道和北京电视台卡酷少儿频道仍然占据收视前三甲。可见，动画专业频道在这一年龄段群体中具有强势地位。但是，电视播出频道仍面临播出平台单一、播出形式匮乏的局面。近年来，互联网的普及和迅速发展，为动画播出平台的丰富和革新同时带来了机遇和挑战。新世纪以来，互联网尤其是移动互联网的迅猛发展致使网民数量稳步增长，互联网普及率激增。新媒体的出现，极大地拓宽了动画播出的平台和渠道，不仅催生了许多专类动漫平台，如“有妖气”、快看漫画 APP 等。此外，还刺激已有视频网站纷纷布局动漫版块，如爱奇艺、腾讯视频、优酷视频等，通过对全年龄段精品动漫的开发强势占领动漫市场。在政策上，近年来国家新闻出版广电总局要求充分运用互联网、手机、VR 等新兴媒体，不断拓展国产电视动画的传播渠道，形成上星频道和地面频道、专业频道和非专业频道、传统媒体和新媒体共同发展、互为补充的

① 数据来源：鲸准研究院《2018 动画行业研究报告》，http：//www.jingdata.com。

动画播出体系。这也促使了动画制作机构不仅为传统播出媒介生产和创作，同时主动根据互联网等新兴媒体需求有针对性地创作动画节目，为互联网络、移动电视、网络电视、手机终端等新兴媒体提供适合其特性播出的优质动画作品，从而满足不同年龄层次和观看渠道的受众需求。播出渠道的多样化，不仅促使国产动画一往既往地在电视播出频道领域抓牢学龄前儿童用户，同时通过在网络播出平台上的投放形式，扩展了动画作品的播出范围和收视范围，将受众对象范围由学龄前扩展到全年龄段，并通过网络的便捷性和交互性，在动画企业和动画片的相应网站、公众号、微博上和观众形成了互动，进一步拓宽了动画作品的播放空间，延续了口碑效应，从而加大了作品的影响力，为构建核心品牌、培养观众忠诚度提供了有利条件。

裴旖旎　中国艺术研究院研究室副研究馆员

2017 年中国纪录片发展研究综述

◎ 张啸涛

2017 年是召开中国共产党第十九次全国代表大会以及纪念中国人民解放军建军 90 周年的重要年份，因此，2017 年国产纪录片的创作可以感受到热情洋溢的、宣扬步入新时代的中华民族的伟大图景。中央电视台纪录频道和综合频道集中播出了《将改革进行到底》《不忘初心继续前进》《辉煌中国》《法治中国》《航拍中国》《大国外交》《巡视利剑》《强军》等作品。从历史、外交、军事、文化、政策等方面呈现出中国共产党的砥砺前行、锐意进取，特别是党的十八大以来国家建设取得的丰硕成果。其中，表现反腐题材的系列纪录片《巡视利剑》成为年度电视系列纪录片收视第一，该片是由中共中央纪律检查委员会、中央巡视工作领导小组办公室和中央电视台联合制作，在中央电视台播出。由于 2016 年制作播出的《永远在路上》取得了很好的社会反馈，2017 年连续推出《巡视利剑》《打铁还需自身硬》等作品，揭示反贪打虎的艰巨历程。中央电视台携手全国 31 家省级电视台共同制作播出的系列纪录片《还看今朝》，记者足迹遍布全国 300 多个地区，从普通人的点滴生活中，看一城一村的巨大变化，在日新月异的日子里，感受着震撼人心的伟大成就。系列纪录片《航拍中国》取得了非常大的社会反响，该片使用航拍的方式展示我国 34 个省市自治区的自然地理与人文风情。

展现中国的历史文化，是中国纪录片创作比较成熟的类型，也是市场化程度较高的创作领域，一些作品已经形成了系列品牌产品。比较突出的是《传家》第二季、《记住乡愁》第三季等。作为中国传统文化的中草药成为年度创作热点，东方卫视播出了《本草中华》、广东卫视播出了《秘境神草》等。江苏卫视在晚间黄金时段播出了系列纪录片《茶界中国》。天津卫视与中央电视台纪录频道联合制作播出了系列文献纪录片《有个学校叫南开》，该片借南开校史折射百年中国史，讲述了以张伯苓为代表的南开先贤，为了教育理想和救国梦不懈奋斗的历史故事。

作为国家倡导的舆论导向之一的“工匠精神”，依然是纪录片创作的重要组成部分，在这个创作领域，民间资金、民营企业和新媒体平台发挥了重要的作用。系列纪录片《寻找手艺》《了不起的匠人》《手造中国》《百心百匠》等作品在创意和制作上都有新的拓展。

2017 年有关社会现实题材的纪录片创作为广大观众提供了探寻中国社会不同层面，运用不同视角观察社会现实的途径。继纪录电影《生门》之后，东方卫视播出了系列纪录片《生门》；中央电视台纪录频道播出的《00 后》聚焦 7 名“00 后”孩子从幼儿园到中学的成长历程；系列纪录片《希望的田野》第一季《拉林河畔》以及《西藏时光》《极地》等作品将自然风光、人文风俗与现实生活融合呈现。系列纪录片《中国人的活法》第二季、《回家过年》等作品则关注众多普通人的生活，纪录他们的面孔和声音，勾画出时代的面貌。

2017 年纪录电影的创作具有划时代的意义，纪录电影《二十二》进入主流院线并获得 1.7 亿元的票房，开启了国产纪录电影的院线票房时代。

一、2017 年中国纪录片的传播

2017 年中国纪录片的创作呈现规模化发展，而且集中在各地方卫视的黄金时段播出。省级卫视制播纪录片的积极性提升，创作向着系列化、精品化、特色化迈进。随着社会大众对纪录片的关注度日益增强，促使纪录片专业频道调整发展战略，尽快建立全产业链，拓展传统的制播平台。中国纪录片已经形成了以专业纪录频道、卫视综合频道为主要传播平台，新媒体平台逐步赶超的格局。

2017 年全国上星频道在播纪录片共 433 部[①]，其中，中央电视台纪录频道播出集数最多，收获了较好的社会效益，其制播的《航拍中国》第一季获中宣部“五个一工程”奖，此外，还先后制播了《超级工程》第三季《纵横中国》、《自然的力量》第一季、《我们这五年》、《回家过年》、《00 后》、《如果国宝会说话》等社会人文及科学自然类纪录片，中央电视台纪录频道还与 BBC 联合摄制了《蓝色星球》第二季。上海广播电视台纪实频道和北京广播电视台纪实频道都进入上星第四年。上海广播电视台纪实频道重点项目首先是由国家新闻出版广电总局委托制作的十九大献礼片《把梦想点燃：荧屏里的中国》，该片纪录了 2012 年至 2017 年中国社会的发展、人民共同的记忆和普通民众的生活变化；为落实党的十九大精神，制播了纪录片《钟扬》，纪念优秀共产党员钟扬同志；为庆祝中国人民解放军建军 90 周年，与上海亚洲电视艺术中心联合制作出品《百岁女红军——王定国》；还与遵义广播电视台联合制作《遵义行》，与西藏电视台联合制作《西藏，自然之路》等。北京广播电视台纪实频道在“一带一路”国际合作高峰论坛举办期间推出介绍海上丝绸之路文化与景观的人文旅游纪录片《嗨，东盟—— 一带一路之东盟行》，该片使用 4K 技术在 10 个国家拍摄完成。湖南广播电视台金鹰纪实频道制播了系列纪录片《国之利器》，集中展现近 5 年我国在技术创新和知识产权方面所取得的成就，是国内首部表现原创知识产权状况的纪录片。还有表现自然人文的纪录片《湘西》，首部聚焦国人早餐文化的纪录片《日出之食》，以及为庆祝中国人民解放军建军 90 周年制播的纪录片《永不失散》，等等。

根据中国互联网络信息中心（CNNIC）发布的第 41 次《中国互联网络发展状况统计报告》显示，截至 2017 年 12 月，我国网民规模达 7.72 亿，网络视频用户规模达到 5.79 亿，手机网络视频用户 5.49 亿人，付费比例达到 42.9%。[②] 爱奇艺、腾讯视频、优酷的用户规模保持平衡。在全网点击量排名前 10 的纪录片中，宣传文献纪录片 4 部，自然人文纪录片 2 部，而《猎奇笔记》《了不起的匠人》《最美中国》《看鉴地理》则是在新媒体平台获得很高关注度的纪录片（见表 1）。

表 1　2017 年全网纪录片视频点击量前 10 名[③]

序号	名称	视频点击量(次)
1	《猎奇笔记》	177433241
2	《了不起的匠人》(第二季)	146277658
3	《辉煌中国》	117055263
4	《蓝色星球》(第二季)	95080632
5	《最美中国》(第二季)	63865449
6	《大国外交》	51443261
7	《将改革进行到底》	50800450
8	《不忘初心继续前进》	48856364
9	《看鉴地理》	38392676
10	《地球脉动》	38005442

如表所示，纪录片的受众从传统媒体向新媒体转移，“互联网 + 纪录片”模式影响着纪录片的创作、传播和产业的变化。2017 年全网纪录片视频内容流量持续增长，优酷、腾讯视频、爱奇艺、搜狐视频、哔哩哔哩（B 站）等都设置了纪录片板块。传统媒体制播的纪录片为了扩大关注度和收视规模往往需要新媒体平台的传播渠道，这样便扩展了传统媒体制播纪录片的产业空间。新媒体的传播平台

① 张同道、胡智锋主编：《中国纪录片发展研究报告 2018》，中国广播电视出版社 2018 年版，第 50 页。
② 张同道、胡智锋主编：《中国纪录片发展研究报告 2018》，中国广播电视出版社 2018 年版，第 14 页。
③ 数据来源：美兰德视频网络传播监测与研究数据库，截至 2017 年 12 月。

打破了电视台和院线放映的周期限制，扩大了受众群体的范围，降低了纪录片传播的门槛，同时，移动互联网的传播属性拓展了纪录片的传播广度和深度。2017年，新媒体平台继续积极参与制作纪录片，《了不起的匠人》第二季由优酷视频和湖南知了青年文化有限公司联合出品，在新媒体播出后，收获很高的点击量，反而进入传统主流媒体播出。《寻找手艺人》是一部行走式纪录片，表现为3个纪录片的外行人，寻找拍摄199位传统手工业者的故事。因为拍摄方式新颖，打破了纪录片制作的刻板范式，被10多家电视台拒绝后，2017年4月在哔哩哔哩（B站）上线播出，引起很高的关注度，全网点击量超过百万，最终在中央电视台科教频道播出。由此可见，中国纪录片已经进入互相助力、互相渗透的全媒体平台传播时代。

二、2017年中国纪录片创作的类型及美学特征

2017年中国纪录片的创作类型多样，呈现出不同的美学特征和鲜明的社会价值观念。为了宣传中国共产党第十九次全国代表大会的胜利召开以及纪念中国人民解放军建军90周年，诠释国家意识形态，弘扬主流价值观念的文献纪录片配合党和国家的主题宣传，呈现出制作规模宏大、体现时代政治主题、塑造国家形象的特点。《辉煌中国》《法治中国》《不忘初心继续前进》《大国外交》《巡视利剑》等是这一类型的代表作品。

6集文献纪录片《辉煌中国》由中共中央宣传部、中央电视台联合制作。全片以创新、协调、绿色、开放、共享的新发展理念为脉络，全面反映党的十八大以来，在以习近平同志为核心的党中央带领下，全国各族人民砥砺奋进、真抓实干，中国社会经济发展取得的历史性成就，充分展示五年来中国人民更多的获得感、安全感、幸福感、自豪感，提高全党全国人民的凝聚力和自信心。《辉煌中国》采取了“内容众筹”的方式，从创作阶段开始就形成了全民参与、全民互动、全民拍摄、全民接力的“讲辉煌”的互动传播。通过设置“厉害了，我的国”的话题，在微博、腾讯视频等媒体上设置弹幕和贴纸，通过直播、视频展映等方式尽最大可能调动起广大网友的主观能动性。《辉煌中国》虽然具有很强的政治象征性，但其内部也不乏文艺感和美感，以纪实手法拍摄，用讲故事的方式、一系列数据来展示成就，更加直观和有说服力；整个纪录片犹如一幅缓缓展开的画卷，诉说成绩的同时也蕴含着发展的机遇。在展示港珠澳大桥、“天眼”这样的高新技术成就时，除了宏大的全景镜头之外，也用第三方视角展示细枝末节，拉近了与受众的距离，完成了从单一的宏观叙事向多向叙事的转向。《辉煌中国》在中央电视台财经频道播出结束后，“砥砺奋进的五年”大型成就展于2017年9月25日在北京展览馆举办，以实物成果总结党的十八大以来，以习近平同志为核心的党中央团结带领全党全国各族人民取得辉煌成就的大型成就展，这与《辉煌中国》具有同质功能，形成了线上线下联动的展示形式。

6集政论专题片《法治中国》由中国共产党中央委员会组织拍摄，在中央电视台综合频道播出。该片以建设法治中国为主题，以党的十八大以来中央关于全面依法治国重大决策部署和重大成就为主线，内容涵盖法治建设主要方面，既有权威、严谨的理论阐述，突出思想性和理论深度，又有丰富、生动的案例故事，体现人民群众因法治进步而不断增强的获得感和幸福感。《法治中国》紧紧围绕习近平总书记系列重要讲话精神和治国理政新理念、新思想、新战略，全景式反映党的十八大以来以习近平同志为核心的党中央高瞻远瞩、审时度势、统筹谋划，坚持和拓展中国特色社会主义法治道路，将法治确立为治国理政的基本方式，把全面依法治国纳入“四个全面”战略布局，带领13亿中国人民凝心聚力、团结奋斗，在新的历史起点上全面推进法治中国建设的伟大征程。专题片介绍了不少地方的先进经验。这些地方的政法部门工作人员除了感到亲切外，还对发生在自己身边的探索有了新的认识。

7集政论专题片《不忘初心继续前进》由中共中央宣传部、中共中央文献研究室、中共中央党史研究室、国家发展和改革委员会、国家新闻出版广电总局、中央军委政治工作部、中央电视台联合摄制，真实展现了党的十八大后，以习近平同志为核心的党中央继往开来、逐梦前行的勇气、担当和智慧，生动讲述了五年以来打动世界、激荡人心的中国故事，全景展示了中国共产党人不忘初心、砥砺

奋进的壮阔征程。该片正是运用大量习近平总书记生动的故事和温暖的细节，拉近了观众与总书记之间的距离，从探寻“我们当初是从哪里出发的、为什么出发的”到回答“我是谁，依靠谁，为了谁”，展现了以习近平同志为核心的党中央治国理政的伟大实践，梳理了习近平总书记治国理政思想形成的脉络，深刻阐述了决策理念、重要顶层设计酝酿提出的时代背景和深刻内涵。第一集《举旗定向》鲜活地反映了以习近平同志为核心的党中央深刻把握时代特征和内涵；第二集《人民至上》以生动的例证昭告世界，党中央永远把人民对美好生活的向往作为奋斗目标；《攻坚克难》《凝心铸魂》《强军路上》《合作共赢》《永立潮头》这几集，立体展现了党中央统筹推进“五位一体”总体布局，协调推进“四个全面”战略布局的历史性变革和历史性成就。宏大的视野、生动的诠释、壮美的画面、翔实的影像资料、多种影视手段的灵活运用，使该片产生了巨大的冲击力和感染力。

6集政论专题片《大国外交》由中国共产党中央委员会宣传部、新华通讯社、中央电视台联合摄制。该片围绕习近平总书记提出的一系列外交新理念新思想新战略，反映以习近平同志为核心的党中央以大格局、大气魄、大手笔谋划、开拓进取、攻坚克难，引领中国走近世界舞台中心的历程。整部专题片详细剖析了习近平总书记的外交思想，展现了中国如何一步步走近世界舞台中心，成为“世界和平建设者、全球发展贡献者、国际秩序维护者”。《大国外交》项目从酝酿、启动到完成，历时8个月。新华通迅社负责框架设计和脚本创作，中央电视台负责拍摄制作和播出。写作团队梳理了5年来习近平主席历次出访及重要演讲，查阅了大量论文和过往报道。在后续的采访调研阶段，新华通迅社承担了外联和筹备工作，与中央电视台团队一起，走访了中共中央10多个部委，赴国内10多个省份和海外19国采访，回访了不少习主席曾经访问的地方，与当地民众聊他们眼中的习主席；还采访了大量外国专家学者，请他们谈对中国外交的观感。该片通过大量权威访谈和鲜活故事，既勾勒出中国特色大国外交的理论框架，也展现了新时期中国外交波澜壮阔的宏伟实践，构建人类命运共同体、“一带一路”等中国理念。

4集系列专题片《巡视利剑》由中央纪委宣传部、中央巡视工作办公室、中央电视台联合制作。该片反映了党的十八大以来，以习近平同志为核心的党中央把全面从严治党纳入“四个全面”战略布局，把巡视作为党内监督的战略性制度安排，坚持党内监督和群众监督相结合，赋予巡视制度新的活力，有效破解自我监督的难题，探索出一条自我净化、自我完善、自我革新、自我提高的有效途径。专题片摄制组赴全国18个省区市，累计采访15名中央巡视组组长、副组长及相关工作人员，20多名纪检监察干部；拍摄近20名因巡视发现问题线索被查处的官员，其中一些被查处的官员现身说法，发人深省、令人警醒，凸显了巡视的利剑作用。

为了纪念中国人民解放军建军90周年，8集系列纪录片《强军》由中央军委政治工作部和中央电视台联合制作。该片紧紧围绕建设一支听党指挥、能打胜仗、作风优良的人民军队这个主题，全景展现党的十八大以来以习近平同志为核心的党中央建军治军的伟大实践，系统阐述坚持政治建军、改革强军、科技兴军、依法治军，聚焦练兵备战，推进军民融合发展等强军兴军的战略举措和战略布局，充分反映全军官兵深入学习贯彻党在新时期的强军思想，践行强军目标、建设世界一流军队的昂扬风貌，热情讴歌我们党为建设强大人民军队的不懈奋斗。全片共8集，分别为《逐梦》《铸魂》《制胜》《重塑》《浴火》《跨越》《铁律》《伟力》，是对五年来人民军队重整行装再出发，在中国特色强军之路上迈出坚实步伐的权威性、系统性梳理总结。

9集文献纪录片《从胜利走向胜利》由中国共产党中央委员会宣传部、国家新闻出版广电总局、中央军委政治工作部联合出品，军事科学院、八一电影制片厂摄制。讲述了中国人民解放军在革命、建设、改革开放各历史时期的重大决策、历史事件、重大战役和战斗及英雄人物等内容。此外，还有《中国军队》《我为祖国守边卡》等作品。

传统文化的弘扬与传播是国家文化发展战略的重要组成部分。历史人文纪录片依然是中国纪录片创作领域发展相对比较成熟、市场化程度比较高的类型，创作者在视听语言和叙事方式上都能够不断进行新的尝试。

10集系列纪录片《茶界中国》由江苏卫视、北京天润农影视文化传播有限公司联合制作。茶源自古老的东方，是中国的国饮，具有标志性的文化符号特征。摄制组历时3年，行程30万公里，深入中国11个省、市、自治区，走访日本、英国、肯尼亚等茶叶原产地，拍摄近百位茶人，从全新的角度来解读茶叶，重塑大众对茶的认知。该片用影像讲述茶叶的故事，向观众讲述了中国茶叶这一传承千年的古老事物在当下的发展现状、茶叶中所蕴含的悠远中华文明、中国茶叶在全世界的深厚影响。

6集系列纪录片《有个学校叫南开》由中共天津市委宣传部、天津市教育委员会、天津广播电视台、中央电视台纪录频道联合摄制。百年南开的历史折射了百年中国的命运。20世纪初，在民族生与死、存与亡的危机时刻，严修和张伯苓选择了用教育来挽救祖国。在烽火硝烟和颠沛流离之际，他们还将教育的血脉延展到祖国的大西南。一个名叫"南开"的系列学校就这样诞生于国难。这个学校，不仅在于这里走出了两位共和国总理和一批杰出的政治家，造就了三位清华校长和近百位院士，培养了一批科学家、教育家、艺术家。该片的拍摄时间长达两年，工作人员走遍大江南北，远赴美国、英国、日本等地探访当事人、历史见证者、专家学者上百人。纪录片采取了多线叙事结构，把庞杂的百年中国的命运，近代天津的城市命运，学校的命运和严修、张伯苓这一代旧中国知识分子的命运等几条线索交织在一起，齐头并进，参照人类历史长河大坐标系，立体化了近代历史，运用平行蒙太奇等手段，将每一集均用动态化的叙事方式呈现。时尚化的解说语态、明显的时代语汇特征、电影剪辑方式、电影化专业品质等一系列表达手段和方法的立体呈现，都给予了观众多维度的心灵体验。贯穿全片的几个南开现实故事都是用纪实段落呈现的，人物表情丰富，镜头有张力，叙述精炼，给观众印象深刻。情景再现搬演含蓄而生动，弥补了历史影像的缺憾，与历史影像很好地融为一体。而这些时空跳跃的故事和段落之所以能够自然转换、和谐统一，与编导者巧妙利用声音、图片、场景、特技等多种高超的电影化剪辑手段密不可分，尤其与行云流水般动感丰富的镜头语言密不可分。无论在影像表达、思想深度、历史呈现等几个方面的探索，该片都表现出新的探索。

28集系列纪录片《苏州史纪》由中共苏州市委宣传部和苏州市广播电视总台联合出品。苏州的历史源远流长，建城2500多年来，文化积淀十分深厚。在这块得天独厚而又美丽富饶的土地上，世世代代的苏州人在创造物质文明的同时，也创造了灿烂的吴地文化，并以其独树一帜的风格而在华夏文化史上占有着重要的位置。《苏州史纪》第一次以电视形式系统地讲解和记录苏州历史，也是一部大体量的城市影像史。为真实展现历史原貌，制作团队做了大量的功课，奔赴各地走访了80多位权威专家学者，寻访了众多历史遗迹，翻阅现存古籍，撰写了20多万字的文稿，贯穿了"以人带事、以事说史、以史论理"的创作思路，以发展的视角和全国的视野聚焦苏州，全面展示苏州自先秦至辛亥革命的波澜壮阔的历史，揭示了苏州对中国和世界文明历史进程的贡献，彰显了苏州文化的生长肌理、丰富特色和氤氲其间的文化乡愁。

3集系列纪录片《我们的家园》由中央电视台纪录频道制作播出。该片围绕当下中国代表性的地标建筑、民居建筑以及著名建筑师对中国未来建筑的探索和展望等三个板块，以建筑中相关的人物故事为线索，展现中国建筑的历史文化，传播中国建筑的精神内涵，同时唤醒观众对中国有价值的建筑的保护和关注，引发人们对中国建筑未来的系列思考。

16集系列纪录片《行进中的中国光影》由中央电视台科教频道制作播出。该片是全面系统的"电视体"电影评论项目，是对中国电影的赞美诗和启示录，以纪传体形式分别对主旋律电影、青春片、爱情片、历史题材与人物电影、战争片、警匪片、魔幻片、公路片、动画片、少数民族题材电影、武侠片、喜剧片、悬疑片、艺术片、纪录片等15种电影类型在新世纪以来的发展与变迁过程进行了客观详实的描摹，同时也对每一种电影类型的时代特点和创作规律进行了细致地梳理和深入地分析，体现了中国电影多元化的生态格局。《行进中的中国光影》具有中国电影学术巡礼的重要意义，对中国电影的发展具有积极推动作用。

“工匠精神”依然是2017年度纪录片创作的重要类型，制作播出了《寻找手艺》《百心百匠》《手造中国》《了不起的匠人》等引起观众关注的作品。5集系列纪录片《寻找手艺》是导演张景自筹资金在全国范围内寻找、拍摄民间手艺人的系列纪录片，制作完成后被多家电视台拒绝播出。在多家新媒体平台播出后，获得近百万点击量，几万条评论，引起很大关注，然后在中央电视台科技频道等传统媒体播出，成为新媒体影响传统主流媒体的又一个例证。20集系列纪录片《了不起的匠人》第一季是由湖南知了青年文化有限公司制作，组织多个摄制组，远赴全国各地及日本等地，拍摄了20位亚洲匠人的手艺生活，用微纪录的形式展现20件器物及各地的人文风情。5集系列纪录片《手造中国》由良友（北京）文化传媒有限公司制作，历时三年，走访了景德镇近百个瓷器匠人，采用高速高清多机位拍摄，展现中国制瓷工艺的传统及制陶文化的传承。18集系列纪录片《百心百匠》第一季由广州心匠艺百文化传媒有限公司出品，该系列纪录片每一期节目都会出现一位知名人士，他们代表普通观众的视角，观察、参与和体验，从学习的角度进入工匠们的世界。孙冕携手李亚鹏、孙楠、柯蓝、许亚军、李艾、李泉、喻恩泰、吴晓波、老狼、马艳丽等拜师民间非遗匠人，身体力行地感受传统技艺。

社会现实题材的纪录片创作关注社会问题，呈现出社会生活的多维度面貌。《生门》用13集的篇幅呈现出武汉大学中南医院妇产科里的40个家庭和产妇的故事。在妇产科这个展现生与死的窗口，反映的是中国社会的冷暖人间。中央电视台纪录频道出品播出的《00后》是北京师范大学纪录片中心制作，张同道教授担任总导演的5集系列纪录片，是中国第一部连续10年跟踪7名“00后”孩子从幼儿园到中学的成长历程，其中包括二胎问题、教育问题、关爱方式等多重话题。系列记录片《希望的田野》第一季《拉林河畔》共3集，由黑龙江广播电视台制作，以一年时间记录了黑龙江省拉林河畔四家农民的日常生活，从育苗、插秧到秋收，朴实无华。5集系列纪录片《西藏时光》由五洲传播出版社出品，摄制组历时三年，登顶雪山，进入无人区，驻扎冰川，跨越西藏全境，关注生活在西藏的农区、牧区，不同民族，老中青幼各色人等的普通人，涉及宗教、文化、科技、环境、民生、风俗等方面，在这种广泛代表性的基础上，纪录片呈现出故事性和观赏性。中央电视台科教频道播出的系列纪录片《极地》是《第三极》的姊妹篇，是由北京天成嘉华文化传媒有限公司和北京五星传奇文化传媒有限公司联合出品，展现出高耸的雪山、湛蓝的圣湖、苍翠的森林等有电影质感的画面，通过西藏21个不同年龄、不同性别、不同职业的人物叙述故事，将自然风光、人文风俗与现实生活融合起来，人物、故事和环境相得益彰。

纪录电影《二十二》以2014年中国内地幸存的22位“慰安妇”的遭遇作为大背景，以个别老人和长期关爱她们的个体人员的口述，呈现出她们的生活现状，全片无解说、无历史画面，音乐仅片尾响起，旨在尽量客观记录。22位慰安妇都已进入耄耋之年，影片纪录的影像具有珍贵的历史价值。中央电视台社会与法频道出品的纪录电影《镜子》，由《天网》栏目拍摄制作，跟踪拍摄了三个家庭因孩子辍学而陷入困境，父母们无奈将孩子送入一所特殊学校接受“改造”，却意外地让自己接受了一次触及灵魂的启蒙教育的经历，深入探讨了家庭情感教育的心理与人性的盲区。

用广阔的视角展现祖国的自然风景、人文风情和工程奇迹是2017年中国纪录片创作美学比较突出的类型。6集系列纪录片《航拍中国》第一季由央视纪录国际传媒有限公司制作，播出后取得了非常大的社会反响。使用空中俯拍的方式展现我国的地理人文景观，在2009年曾经引起过业界的关注，当年以纪念和庆祝新中国诞辰60周年为契机，中国电视界出现了一个为社会大众所瞩目的重要传播现象——“电视航拍”，使用鸟瞰的角度带给观众新颖的感受，用开阔的视野感知自然和社会；其外观形象、场域特点还有与周边事物的空间关系，都会由此生发出完全不同的全新特点来。这不仅造就了视觉感受的新维度，使事物的形象呈现出更为多维的面貌，也使观众对自然和社会的认知因为异向的观看变得更为全面而深刻，熟悉的事物因为角度和距离，让观众觉得陌生而又如此美丽并富有生机。《航拍中国》采取了更为开阔的鸟瞰视角，给观众呈现出更高、更聚焦式的感受体验，用全新的视野展现出祖国的大好河山，并再次成为现象级传播。

6集系列纪录片《自然的力量》由中央电视台纪录频道制作播出。该片自2012年启动制作，历时五年完成，以国际通行的自然类纪录片的拍摄手法和技术标准进行拍摄制作，拍摄点50多个，囊括中国四大无人区等人迹罕至的地区，行程数十万公里，野外拍摄总时间超过500天。《自然的力量》记录了藏羚羊、雪豹、野牦牛、长臂猿、亚洲象以及中国南海等丰富多彩的生态故事，呈现了中国生态的多样性，阐述了中国的山脉与海洋、不同地区的气候环境、河流、大山中可贵的生命以及藏族地区、蒙古族地区、彝族地区、哈尼族地区等多个少数民族地区的传统生活方式。

5集系列纪录片《超级工程》第三季《纵横中国》由中央电视台制作播出。它从民生角度出发，关注衣、食、住、行这些最基本的需求背后，那些不为人所知的超级工程；从食物供应、能量之源、交通网络、中国制造、城市24小时等五个方面讲述维系国家经济运转的体统工程。

三、2017年纪录片理论研究

2017年纪录片研究方面，既有创作理论研究，也有创作实践总结。朱荣清编著的《电视纪录片创作：理论、观念与方法》[①]详细介绍了纪录片的基础构建、发展史纲、社会属性、创作构思、拍摄和剪辑、叙事与结构，以及纪录片创作的管理与运营、道德困境和伦理风险、纪录片的文化软实力等，理论厚实，观念新颖。而黄会林主编的《工匠·传承·创新：2017看中国·外国青年影像计划》[②]则是一部中外青年跨文化交流和合作生产纪录短片的实践项目集。该书收录了2017年度外国青年在中国12个省、市、自治区拍摄10分钟纪录短片的作品和创作体验。此外，吕松山、孙剑英、刘颖主编的《中外优秀纪录片创作与营销实战经验宝典》[③]还收集了60多位中外纪录片制作人的访谈录，深度挖掘了纪录片创作背后的思考逻辑和团队运行方式，为"中国故事的国际表达"提供了借鉴和参考。

2017年电视纪录片的研究主要集中在纪录片本体理论研究、纪录片产业研究、纪录片创作研究、热门题材及作品剖析、纪录片类型研究、纪录片对外传播研究、纪录片盘点总结七个方面。

（一）纪录片本体理论研究

对于纪录片形态，有学者认为，网络新媒体时代，尤其是进入21世纪后的近些年来，大型主流纪录片结构形态及审美的创新发展，愈加趋向于"微系列""微组合"以及在拍摄视角、分集命名方面的创意出新。[④]有学者对新媒体时代纪录片的身份认知进行了探讨，指出在经济全球化的时代，纪实性随着这种挑战姿态的转身而弱化了其在场、纪实与真实的强烈诉求，代之以数字互联网时代的大众化、碎片化、娱乐化特性。[⑤]同时也有学者认为，纪录片最重要的身份标识还是纪录片和现实之间的指示性关系，只要人与世界之间还有一种摹仿/再现的认识论关系，只要"我们可以在纪录片中看到自己在电影院外看到的人物、地点和事件"，只要拍摄者和被拍摄者保持一定观察距离，纪录片无论是诉诸美学还是诉诸政治，它的身份依然不会改变。[⑥]还有学者对纪录片纪实与虚构的界限进行研究，通过建立艺术作品形成的动态模型，提出影像真实是纪录片构成过程中记录者、影像本文以及受众对客观真实从不同维度上的观照，它与客观真实在纪录片构成过程中的缝隙提供了虚构的手法在纪录片创作中的合法性。[⑦]

（二）纪录片产业研究

关于纪录片的产业发展，有学者做出全面总结，认为2016年的中国纪录片行业政策红利进一步显

---

① 朱荣清编著：《电视纪录片创作：理论、观念与方法》，中国国际广播出版社2017年版。

② 黄会林主编：《工匠·传承·创新：2017看中国·外国青年影像计划》，北京师范大学出版社2017年版。

③ 吕松山、孙剑英、刘颖主编：《中外优秀纪录片创作与营销实战经验宝典》，中国广播影视出版社2017年版。

④ 倪祥保：《新媒体时代纪录片形态的创新发展》，《现代传播》（中国传媒大学学报）2017年第8期。

⑤ 刘洁：《当代纪录片的身份相认与相知》，《北京电影学院学报》2016年第5期。

⑥ 杨击：《视觉技术与感知安全：新媒体语境中纪录片身份再聚焦》，《新闻大学》2017年第6期。

⑦ 王冬冬：《纪实与虚构的界限——由纪录片叙事中记录者、本文与受众的相互关系进行观照》，《当代电影》2017年第10期。

现，市场主体更加多元化；在类型化、跨界合作探索等方面取得初步成果，并逐步走出“叫好不叫座”的困局；互联网和电影院线作为一种重要的平台驱动力开始展现潜力；国际传播力和影响力得到进一步认可；纪录片产业化发展在深层次结构和多重领域发生重要改变。[①] 同时，近年来论及国内纪录片产业发展问题的时候，两个关键性的词语出现的频次居高不下，一个是“政策”，另一个是“融媒体”。这两个因素也成了推动国内纪录片产业发展的根本力量。如何利用融媒体的新环境，再造中国纪录片新生态，是一个具有很强现实意义和长远价值的课题。[②]2016 年的中国纪录片产业规模增幅超过 12%，纪录片产量增长趋缓，行业新增投入向大项目集中；纪录片正在积聚力量，蓄势待发，社会关注度显著提升；纪录片的市场价值尚待认可，亟须突破定价思维，实现有效市场运营；制作与传播国际化已经成为常态，合作双方在资源互补的基础上，形成经济和文化的双重博弈局面。[③] 有学者进一步指出，媒体融合为纪录片行业发展带来诸多机遇，促使纪录片寻找适应新兴媒体发展的出路，纪录片的变化有了更多可能性。纪录片从融资手段，到视听语言创作，再到宣传发行渠道，以及与用户的互动沟通，新媒体从各个环节为纪录片带来一些新思路。[④] 此外，针对近两年纪录片在影院平台初见成效的探索，纪录片“回归”影院是创作回暖、多维发展、时代需求等多种因素共同推动的结果，但目前电影纪录片仍然存在高质量作品偏少、风格样式相对单一、受众热情不高等问题，这需要纪录片创作苦练内功提质量、更新创作理念、寻找自身个性与院线播映契合点等来进一步探索向好之路。

（三）纪录片创作研究

有学者提出纪录片创作主体的“非虚构叙述”影像观念，认为“艺术”地纪实要求艺术家做的就是在这永远发展的故事中，以自我的表达视角于大家视而不见或无机会可见的事物中发现美，纪录片不只是存在的事物的证明，更是一个人眼中所见到的事物的证明。[⑤] 也有学者探讨了纪录片创作中的功利观，指出其遵循人的自由幸福全面发展，一定要摆脱精英化、小众化、边缘化，同时又要防止低俗化，要正确处理个人与社会的关系。[⑥] 很多学者从叙事层面探究了纪录片的创作，有学者指出纪录片叙事的本质是图像叙事，图像具有时间性，但这种时间性往往通过空间性体现出来。空间维度的叙事，有赖于时间维度的推进；时间维度的叙事，得益于空间维度的变化，二者相得益彰。空间为物体存在、事件发生提供了一个活动背景和场所，而记录或再现物体全貌、交代事件经过，这是纪录片叙事的主要任务。[⑦] 也有学者提出“中国叙事”策略，用纪录片“讲好中国故事”，创新“中国叙事”，加快中国纪录片“走出去”，向国际社会展示一个更真实、更立体、更精彩、更生动的中国。[⑧]

在对个案的创作分析中，纪念红军长征胜利 80 周年系列文献纪录片筹备良久，制作精湛，在创作理念与表现手法上大胆创新、与时俱进，成为一部部脍炙人口的佳作。[⑨] 作为国家话语的重要表意与传播方式，重大题材文献纪录片在“纪录”历史和“导向”现实的同时，在创作实践中不断明确和坚持以人为本的叙事主旨。[⑩]BBC 在 2016 年推出《中华的故事》《中国新年：全球最大的盛典》《中国创造》

① 何苏六、韩飞：《2016 年中国纪录片产业发展透视》，《电视研究》2017 年第 3 期。
② 何苏六：《融媒体环境下纪录片生态的思考》，《现代传播》（中国传媒大学学报）2017 年第 6 期。
③ 樊启鹏、任伯杰：《2016 年中国纪录片产业发展研究报告》，《电影艺术》2017 年第 4 期。
④ 何苏六、徐锦：《媒体融合背景下纪录片的新图景》，《中国广播电视学刊》2017 年第 3 期。
⑤ 张烨、高峰：《纪录片创作主体的“非虚构叙述”影像观念之思》，《中国电视》2017 年第 10 期。
⑥ 邹细林、钟媛媛：《浅谈纪录片创作中的功利观》，《现代传播》（中国传媒大学学报）2017 年第 8 期。
⑦ 齐虎、赵艺玲：《纪录片的空间叙事研究》，《电视研究》2017 年第 8 期。
⑧ 刘晶、陈世华：《“讲好中国故事”：纪录片的“中国叙事”研究》，《现代传播》（中国传媒大学学报）2017 年第 3 期。
⑨ 张步中、梁嘉韵：《纪念长征胜利 80 周年系列文献纪录片创作特色探析》，《现代传播》（中国传媒大学学报）2017 年第 2 期。
⑩ 张宏、李有兵：《以人为本：重大题材文献纪录片的叙事策略解析》，《现代传播》（中国传媒大学学报）2017 年第 9 期。

三部有关中国的纪录片，塑造了历史的、文化的、现代的中国形象，是“中国内容”与“西方渠道”的较好结合，对拍好塑造中国形象的纪录片具有一定的借鉴意义。[①]《航拍中国》很好地诠释了中国文化中的禅意，动静结合，以动显静。为了最大程度地营造良好的感官体验，片中大量使用长镜头，严格控制分镜头时长，将长镜头的价值发挥到极致，有效规避了航拍镜头的弊端，营造了一种行云流水般的感官体验。[②]有学者认为，地域纪录片作为纪录片体系中具备丰富文化品格的一种样式，蕴含着深厚的地域特征和文化底蕴，对记录一个地域的文化发展、历史变迁，宣传地域形象，增进国际间的文化交流都起着非常重要的作用。在新的媒介融合形势下，我国纪录片对外传播应当如何发展，对于纪录片创作者和研究者来说都是一个严峻的课题。[③]

（四）热门题材及作品剖析

2016年是红军长征胜利80周年，为了更好地营造缅怀历史、不忘初心、坚定信心、开创未来、走好新的长征的良好舆论氛围，中宣部、国家新闻出版广电总局精心策划组织了一批长征题材的纪录片、电视剧、动画片和相关广播电视节目，涌现出一批优秀作品。中央电视台制作的8集纪录片《长征》是扛鼎之作，史实准确、基调昂扬、气势恢宏、结构精妙，体现了思想性与艺术性的高度统一，具有强烈的现实针对性和历史文献价值。[④]该片具有文献的公信力、艺术的表现力、情感的感染力、思想的震撼力等“四力”的基本特征，创作团队体现出有情怀、有担当、有积累、有方法等“四有”的基本特点。[⑤]

另一个热门题材便是“一带一路”。在“一带一路”倡议的新格局下，中国纪录片的创作及传播方向、路径都将发生新的转向。“一带一路”的构想，让人们能够清晰地站在中华文明的主体位置上，来重新构建属于我们自身的精神大厦。[⑥]纪录片《一带一路》以写实的方式呈现当今世界的种种变化，尤其是展现中国在政治、经济、文化、交通等各方面的实力，在纪录现实的同时又带领人们走进历史，使历史与现实水乳交融，历史因为现实而得以延续、真实，而现实又因为历史而更加丰富、真实。可以说是一种集中展现“一带一路”纲领性思想的大作品，具有里程碑的意义。[⑦]

（五）纪录片类型研究

近年来，随着技术的发展革新，纪录片开始出现新形态。自20世纪50年代起，虚拟现实技术（Virtual Reality，简写VR）随计算机技术日新月异地发展，不断获得长足进步。VR技术对于虚拟现实的建构能力，亦受到纪录片的青睐。VR技术建构起沉浸性、交互性与直觉性的虚拟现实，使观众充分体验到传统纪录片无法与之媲美的震撼效果。[⑧]同时，也有学者探讨交互纪录片的诸多问题，指出交互纪录片是新媒体技术发展下的纪录片新样态，与传统纪录片相比，交互纪录片最大的特点在于交互性，其不仅打破了原本单一的线性叙事模式，呈现为作者、观众与平台三者之间的多维互动，而且赋权给用户，给予观众更广阔的影像表达空间。[⑨]作为纪录片的一种新范式，交互纪录片对研究和理解新媒介环境下纪录片的发展与传播具有重要意义。首先，它让我们思考纪录片在互联网时代应以何种形态生存与发展。其次，它让我们思考纪录片的边界与可能的未来。再次，它还让我们对纪录片所呈现的现

---

① 王宁、倪祥保：《2016年BBC三部中国题材纪录片简评》，《中国电视》2017年第1期。
② 刘蒙之、刘战伟：《“上帝之眼”看中国：纪录片〈航拍中国〉的生产创新与价值内涵》，《现代传播》（中国传媒大学学报）2017年第10期。
③ 于洁、仲呈祥：《黑龙江地域纪录片的跨文化传播研究》，《当代电视》2017年第6期。
④ 高长力：《纪录片〈长征〉纪念长征胜利80周年的扛鼎之作》，《中国广播电视学刊》2017年第2期。
⑤ 胡智锋：《纪录片〈长征〉的“四力”与“四有”》，《中国广播电视学刊》2017年第2期。
⑥ 徐兆寿、巩周明：《大说丝绸之路——新时期以来丝绸之路题材纪录片考察》，《中国电视》2017年第11期。
⑦ 徐兆寿、闫倩：《关于国家理想的“大说”——由纪录片〈一带一路〉说开去》，《现代传播》（中国传媒大学学报）2017年第7期。
⑧ 徐来：《论中国VR纪录片的现实建构与发展趋势》，《电视研究》2017年第6期。
⑨ 于智慧：《技术与美学：探讨交互纪录片的几个问题》，《电视研究》2017年第10期。

实有全新的理解。① 对于人类学纪录片，有学者认为人类学纪录片通过人类学理念与影像技术的融通达成文化的多元化呈现和解读，激发民族文化在影像表达中焕发的生命力；增强叙事在人类学纪录片中的运用，探索适合中国人类学纪录片的叙事表达机制，对挖掘人类学纪录片新的学术品质与文化价值，提高传播效率有着极大的推动作用。② 此外还有学者指出，历史文献纪录片要对接现实，注重观照现实、着眼当下，经得起历史检验，注重艺术手法的运用，用打造传世之作的态度精心打磨作品③；音乐纪录片把纪录片这种影视艺术形态与音乐文化相结合，成为一种特殊的媒介形式，它有着独特的美学价值和内在规律，承载着丰富的文化内涵。乘着音乐的翅膀，音乐纪录片可以跨越种族和地域进行传播，在映照现实的同时，为人们带去风格多元的审美情趣④；述行纪录片具有两个基本原则："当事人立场"和"形而下目的"，这两个原则保证了这类纪录片"以言行事"的特点。⑤

（六）纪录片对外传播研究

在纪录片的国际传播中，有学者指出，一方面要重视"以我为主"的"自我澄清"，"我为我说"；另一方面要重视"以外制外"的"他者塑造"，"别人替我说"，将目光投向借助海外主流的传媒艺术制播力量"替我们说话"。从这个意义上说，在海外热播的西方创作者拍摄的纪录片《即将到来的对华战争》，很好地体现了这一点。该片无论是从亲华反美的逻辑主线、主题挖掘，还是正面呈现的中国遭遇、态度与理念来说，能够登陆西方主流媒体，并被西方受众一手接触、广泛传播，是当下并不多见的案例，也启示着中国形象国际塑造的理念创新。该片使用了对比、冲突、普适等叙事手法来实现主题的有效表达⑥。有学者指出，以纪录片的形式进行对外传播，在促进我国文艺作品寻求世界认同的同时，也有益于对外输出中国价值，展示中国形象，促成文化的多元共享，推动世界的融合共生，实现传播效果的正向性和最大化。纪录片的对外传播需要在"普遍性与特殊性""差异性与共同性""遍在性与离散性"三个层面上，处理好"故事的民族性与表达的世界性""经验的异质性与情感的通约性""传播的跨屏性与接收的碎片性"三组关系。⑦ 而有学者提出，中外合拍的方式则可以保证中国故事通过国际化的传播渠道和表达方式让更多的国外受众理解和接受。为了达到跨文化传播的目的，定位于国内和国外两方面受众（尤其以国外受众为主）的中外合拍中国题材纪录片，在讲述中国故事、传播中国文化、演绎中国精神的过程中，必须在主题聚焦、故事表述和文化传播等方面有所突破。⑧ 比如纪录片《大太平洋》，就是中国电视人将中国话语权在国际上进行良好表达与传播的范本，它迈开了中国电视国际化发展的又一大步。与此同时，《大太平洋》的成功不仅展现了中国电视自身专业性的提升，也探索着国际社会对于中国题材、中国故事的认可途径。⑨ 又如纪录片《大黄山》，它的制作贯彻了跨文化传播理念，在具体策略上充分考虑了全球化的文化接受语境对中国纪录片走出去的制约作用，主要采用了低语境传播的主导策略，通过二次编码、深层内涵的形象化有效降低了信息解码中不确定性的发生。⑩

---

① 李坤：《交互纪录片：一种纪录片的新范式》，《文艺研究》2016 年第 12 期。
② 李文英：《中国人类学纪录片叙事表达机制探微》，《现代传播》（中国传媒大学学报）2017 年第 11 期。
③ 胡占凡：《历史文献纪录片要创新表达观照现实》，《中国广播电视学刊》2017 年第 2 期。
④ 牛光夏、王雅妮：《音乐、记录与叙事——音乐纪录片叙事研究》，《中国电视》2017 年第 6 期。
⑤ 聂欣如：《狮子与老鼠：述行纪录片的观念》，《新闻大学》2017 年第 6 期。
⑥ 刘俊：《从自我澄清到他者塑造：传媒艺术国际传播的理念创新——纪录片〈即将到来的对华战争〉带来启示》，《对外传播》2017 年第 2 期。
⑦ 张红军、刘煜：《论纪录片对外传播中的三个辩证关系》，《中国电视》2017 年第 5 期。
⑧ 赵鑫、朱伟建：《中外合拍中国题材纪录片的跨文化传播策略研究》，《电视研究》2017 年第 4 期。
⑨ 田源：《中外合拍片里中国话语权的强化——以纪录片〈大太平洋〉的摄制为例》，《中国电视》2017 年第 6 期。
⑩ 李鹏飞：《全球化语境下跨文化传播策略研究——以纪录片〈大黄山〉为例》，《当代传播》2017 年第 2 期。

（七）纪录片盘点总结

盘点2016年我国的纪录片创作，不少作品紧扣国家战略与重大主题，立足国际视野，秉持人文情怀，体现出纪录片的历史担当、文化担当与社会担当。在新的传播环境和媒介格局之下，中国纪录片以日益丰富的视听手段提升纪录片的艺术张力，以融合创新的互联网思维延伸传播路径，并通过专业频道深耕，助推纪录片产业的深层次发展，在传承纪录片文化的基础上实现了新的突破。①2016年中国纪录片形成了以专业频道、卫视综合频道为主力、以新媒体为助力的基本格局，全年共播出纪录片约77600小时，首播量为24600小时，生产总投入为34.7亿元，年度产值超过52亿元（只计卫视频道、专业纪录频道）。新媒体在纪录片发展中扮演越来越重要的角色，短视频成为一种产业新形态。②2016年世界纪录片的特征和趋势则表现为老牌公共广播在结构调整中重整旗鼓、商业频道收入减缓被迫战略调整、国家资助模式迎来繁荣局面等③。

近五年来，中国纪录片的快速发展，不仅得益于政策的支持和环境的改善，更离不开纪录片人的坚守和努力，还得益于创作观念的多元化，专题文献、自然纪实、情景再现等交映辉映，呈现出开放的创作格局。但不可否认，我国的纪录片行业还存在着行业标准不够规范、纪录片题材同质化、制作机制松散以及商业价值变现难等问题。解决这些问题还需要纪录片从业者共同努力④。随着"互联网+"时代下媒介融合的深入发展，受众个性化、分众化的趋势日趋凸显，纪录片将迎来新的契机。广电总局宣传管理司司长高长力曾多次表示，现在已经迎来了纪录片高速发展的"夏天"。在这样一个公众时代，纪录片的发展应当努力突破桎梏，通过作品内容、渠道、传播途径等方面的创新与融合，不断满足受众的多元化需求，真正做到与时俱进，从而实现自身的长远发展⑤。

四、结语

总体而言，2017年中国纪录片的创作在意识形态属性、公益属性和市场属性方面发展均衡。在宣传党的政策和国家意志的创作中，叙事美学和影像美学都发展到一个新的高度。历史文化纪录片的创作更注重关照历史角度的开阔性和历史层面的深入性，对文化内涵的理解与呈现，更注重历史与现实的呼应。在社会现实题材的纪录片创作中，在关注社会不同侧面、普通百姓的人生百态里，非常注重富有生活质感的戏剧化表达。几乎所有类型的纪录片创作都无一例外的将关注的焦点聚集在每一个作为生命个体的人身上，使用戏剧性的叙事方法将历史、文化、人性的变迁和社会的发展，铺陈在生活的细节中娓娓道来。

2017年中国纪录片的传播已经进入全媒体时代，传统媒体与新媒体平台互相影响、互相渗透，发挥不同平台的传播优势推动了中国纪录片的整体发展。纪录电影《二十二》获得的票房成功，标志着纪录电影进入中国主流院线时代的到来。

2017年纪录片的理论研究，在发表文献的整体数量上与往年比较，形成平稳发展的趋势。主流意识形态宣传、国家形象与对外传播、纪录片产业发展、媒体融合等研究方向成为理论研究关注的焦点，纪录片理论研究的现状与中国纪录片创作的蓬勃发展，形成了互相推动的局面，一些纪录片研究领域的学科带头人不但在理论研究和作品评论方面推动纪录片的创作，还直接参与纪录片的创作，作品获得了很好的社会效益。

张啸涛　中国艺术研究院中国艺术年鉴编辑部副研究员

① 高晓虹、王婧雯：《传承与突破：2016年优秀国产纪录片创作综述》，《中国编辑》2017年第10期。
② 张同道：《2016年中国纪录片发展研究报告》，《现代传播》（中国传媒大学学报）2017年第4期。
③ 喻溟、张同道：《2016年世界纪录片特征与趋势》，《电影艺术》2017年第4期。
④ 张国涛、孟雪：《近五年中国纪录片的创新与发展》，《中国广播电视学刊》2017年第10期。
⑤ 刘茜：《公众时代的纪录片发展之路探析》，《现代传播》（中国传媒大学学报）2017年第6期。

文件辑录

【国家新闻出版广电总局关于公布2016年度国产动画发展专项资金项目评审结果的通知（新广电发〔2017〕70号）】

各省、自治区、直辖市新闻出版广电局，新疆生产建设兵团新闻出版广电局，中央电视台：

为深入贯彻落实《中共中央、国务院关于进一步加强和改进未成年人思想道德建设的若干意见》（中发〔2004〕8号）、《国务院办公厅转发财政部等部门关于推动我国动漫产业发展若干意见的通知》（国办发〔2006〕32号），鼓励和扶持国产动画原创作品的创作、生产和播映，在财政部的大力支持下，国家新闻出版广电总局设立国产动画发展专项资金项目。经总局季度推荐优秀国产动画片项目初审、总局专项资金项目评审委员会终审并公示，最终确定2016年度国产动画发展专项资金获奖作品18部，奖励资金共计290万元。现将2016年度国产动画发展专项资金评审结果予以公布。

2016年度国产动画发展专项资金项目评审结果

一等奖	奖金30万元
《熊猫和小鼹鼠》	央视动画有限公司
《最可爱的人》	北京广播电视台
《犟驴小红军》	上海炫动传播有限公司
二等奖	奖金20万元
《聪明的顺溜之雄鹰小子》	济南军区政治部电视艺术中心
《小济公》	央视动画有限公司
《泡泡美人鱼》	上海今日动画影视文化有限公司
《成长不烦恼》	无锡广新影视动画技术有限公司
《翻开这一页》（第二季）	湖南金鹰卡通有限公司
三等奖	奖金10万元
《棉花糖和云朵妈妈》	央视动画有限公司
《京剧猫》（21—60）	上海炫动传播有限公司
《中国巧姑娘之黄道婆》	上海炫动传播有限公司
《超级皮皮克》（第二季）	苏州工业园区金笛创意国际文化有限公司
《阿优学科学》	杭州阿优文化创意有限公司
《小鸡彩虹》	宁波市暴风动漫有限公司
《秦时明月伍君临天下》（上）	杭州玄机科技信息技术有限公司
《黄梅谷传奇》	安徽天同人合文化传播股份有限公司
《熊熊乐园》	华强方特（深圳）动漫有限公司
少数民族民间故事动画系列片之《百鸟衣》	广西广电影视传媒发展有限责任公司

国家新闻出版广电总局

2017年4月14日

【国家新闻出版广电总局办公厅关于公布2016年度国产纪录片及创作人才扶持项目名单的通知】

各省、自治区、直辖市新闻出版广电局，新疆生产建设兵团新闻出版广电局，中央三台、电影频道节目中心、中央新影集团，中国农业电影电视中心，中国教育电视台，中央军委政治工作部宣传局：

2016年，国产纪录片涌现出一批思想性、艺术性、观赏性相统一的精品力作，社会影响力、美誉度不断提升。为了进一步从制作、播出、产业、人才等多个环节加大对国产纪录片的扶持引导力度，发挥优秀作品、制作机构、播出机构和创作人才的引领示范作用，国家新闻出版广电总局坚持客观公正、优中选优的原则，经评审委员会评审，并通过总局政府网站及中国纪录片网公示，最终确定11类65个优秀作品、人才、栏目和机构等获评2016年度优秀国产纪录片及创作人才扶持项目，现予公布。

评选结果可在国家新闻出版广电总局政府网站（http：//www.sapprft.gov.cn/）通知公示区中查询，同时可在中国纪录片网（http：//www.docuchina.cn/）和“纪录中国”APP移动平台上查询。

特此通知。

附件：2016年度国产纪录片及创作人才扶持项目评选结果

2016年度国产纪录片及创作人才扶持项目评选结果

一、优秀系列片

1.《永远在路上》，中央电视台制作，中央电视台报送。

2.《超级工程Ⅱ》，中央电视台纪录频道制作，中央电视台报送。

3.《本草中国》，云集将来传媒（上海）有限公司制作，上海市文化广播影视管理局报送。

4.《自然的力量》，中央电视台纪录频道制作，中央电视台报送。

5.《一带一路》，中央电视台制作，中央电视台报送。

6.《人间世》，上海广播电视台制作，上海市文化广播影视管理局报送。

7.《大西山》，北京广播电视台制作，北京市新闻出版广电局报送。

8.《五年规划》，中央电视台财经频道制作，中央电视台报送。

9.《我们的青春》，广东广播电视台制作，广东省新闻出版广电局报送。

10.《中国通史》，电影频道制作，电影频道节目制作中心报送。

二、优秀理论文献片

1.《筑梦路上》，中央电视台纪录频道制作，中央电视台报送。

2.《长征》，中央电视台制作，中央电视台报送。

3.《重生》，陕西广播电视集团制作，陕西省新闻出版广电局报送。

4.《幸存者——见证南京1937》，江苏省广播电视总台制作，江苏省新闻出版广电局报送。

5.《延安十三年》，中央新闻纪录电影制片厂（集团）制作，中央新闻纪录电影制片厂（集团）报送。

三、优秀长片

1.《我在故宫修文物》，杭州潜影文化创意有限公司制作，浙江省新闻出版广电局报送。

2.《绿色中国》，北京三多堂传媒股份有限公司制作，北京市新闻出版广电局报送。

3.《绝壁长廊——凿出来的幸福生活》，广东广播电视台马志丹工作室制作，广东省新闻出版广电局报送。

4.《孔子》，中央电视台科教频道、中国国际电视总公司、英国雄狮公司制作，中央电视台报送。

5.《中国春节——全球最大的盛会》，五洲传播出版社制作，五洲传播出版社报送。

四、优秀短片

1.《红色气质》，新华网股份有限公司制作，新华社报送。

2.《谭派传人》，北京广播电视台纪实频道制作，北京市新闻出版广电局报送。

3.《我从新疆来》，北京典艺文化传播有限公司制作，北京市新闻出版广电局报送。

4.《飞越冬季的少年》，湖南快乐金鹰纪实传媒有限公司制作，湖南省新闻出版广电局报送。

5.《让候鸟飞》，江西网络广播电视台制作，江西省新闻出版广电局报送。

6.《东方的葵》，浙江广播电视集团制作，浙江省新闻出版广电局报送。

7.《秋月的童画》，广东广播电视台制作，广东省新闻出版广电局报送。

8.《津门玩跤人》，天津晟源堂影业创投有限公司制作，天津市文化广播影视局报送。

9.《拍雪豹的人》，北京广播电视台纪实频道制作，北京市新闻出版广电局报送。

10.《雷山锤音》，湖南快乐金鹰纪实传媒有限公司制作，湖南省新闻出版广电局报送。

五、优秀导演

1. 李文举、原媛等，《自然的力量》导演，中央电视台报送。

2. 张伟，《海上丝绸之路》导演，上海市文化广播影视管理局报送。

3. 萧寒，《我在故宫修文物》导演，浙江省新闻出版广电局报送。

4. 刘国君、张春红，《科恩眼里的中国》导演，吉林省新闻出版广电局报送。

5. 周全、秦博等，《人间世》导演，上海市文化广播影视管理局报送。

六、优秀撰稿

1. 王建国、朱翌冉，《筑梦路上》撰稿，中央电视台报送。

2. 李洋，《五年规划》撰稿，中央电视台报送。

3. 段骏，《绿色中国》撰稿，北京市新闻出版广电局报送。

4. 干超，《本草中国》撰稿，上海市文化广播影视管理局报送。

5. 崔文华，《精诚笃爱——孙中山与宋庆龄》撰稿，中央电视台报送。

七、优秀摄影

1. 王路、孙坤等，《自然的力量》摄影，中央电视台报送。

2. 龚卫等，《伟大的一餐》摄影，上海市文化广播影视管理局报送。

3. 陈乾章、蓝云剑等，《美丽西江》摄影，广东省新闻出版广电局报送。

4. 贾利玮、徐欣等，《中国文房四宝》摄影，安徽省新闻出版广电局报送。

5. 祝璇，《手艺》（第六季）之《还原紫砂》摄影，中央电视台报送。

八、优秀栏目

1.《探索·发现》，中央电视台科教频道，中央电视台报送。

2.《影事》，北京广播电视台纪实频道，北京市新闻出版广电局报送。

3.《我的纪录片》，湖南卫视、湖南广播电视台金鹰纪实频道，湖南省新闻出版广电局报送。

4.《纪录片编辑室》，上海广播电视台纪实频道（Docu TV），上海市文化广播影视管理局报送。

5.《博物馆之夜》，中国教育电视台，中国教育电视台报送。

九、优秀制作机构

1. 中央电视台科教频道

2. 中央新闻纪录电影制片厂（集团）

3. 央视纪录国际传媒有限公司

4. 云集将来传媒（上海）有限公司

5. 北京伯璟文化传播有限公司

6. 北京广播电视台纪实频道

十、优秀播出机构

1. 中央电视台纪录频道

2. 中央电视台科教频道

3. 江苏卫视

4. 上海广播电视台纪实频道

5. 中国教育电视台一频道

6. 湖南广播电视台金鹰纪实频道

十一、优秀组织机构（3 个）

北京市新闻出版广电局宣传管理处

江苏省新闻出版广电局宣传管理处

广东省新闻出版广电局宣传管理处

国家新闻出版广电总局办公厅

2017 年 6 月 9 日

【关于支持电视剧繁荣发展若干政策的通知（新广电发〔2017〕191 号）】

各省、自治区、直辖市新闻出版广电局、发展改革委、财政厅（局）、商务厅（委）、人力资源社会保障厅（局）：

为贯彻落实《中共中央关于繁荣发展社会主义文艺的意见》，推出更多思想精深、艺术精湛、制作精良的优秀电视剧，丰富人民群众精神文化生活，现就支持电视剧繁荣发展若干政策通知如下。

一、加强电视剧创作规划。编制 2017—2021 年电视剧创作生产规划，推出一大批讴歌党、讴歌祖国、讴歌人民、讴歌英雄的精品佳作，发挥示范引领作用。

二、加强电视剧剧本扶持。坚持以社会主义核心价值观为引领，着重扶持重大革命和历史题材、现实题材、农村题材，着重扶持原创，着重扶持计划在重要时间节点播出的选题项目，形成价值内涵和艺术品格相统一的优秀剧本遴选、资助、推介机制。

三、建立和完善科学合理的电视剧投入、分配机制。充分尊重和鼓励原创，在投入和分配上体现创意和知识的价值。行业组织出台电视剧成本配置比例指导意见，引导制作企业合理安排电视剧投入成本结构，优化片酬分配机制。规范购播和宣传行为，维护行业健康发展，严禁播出机构以明星为唯一议价标准。综艺节目、网络剧参照电视剧的规定执行。

四、完善电视剧播出结构。中央电视台综合频道和电视剧频道、各省卫视综合频道、从事电视台形态服务的重点视频网站，每年都要在黄金时段安排播出重大革命历史、农村、少数民族、军事等题材电视剧，大力弘扬时代主旋律，形成各种题材结构比例适当的播出格局。

五、规范电视剧收视调查和管理。规范收视调查活动，确保收视率的调查机构具备合法调查资格，坚决依法严厉打击收视率造假行为，切实维护行业秩序。规范收视数据应用行为，不得将收视率作为购片价格唯一依据，不得以收视率作为评价电视剧优劣和对员工进行奖惩的唯一标准。推动建立基于大数据、云计算的中国特色收视调查体系，引导调查机构完善传统抽样调查、大样本收视调查、跨屏收视等收视调查方法和模式。

六、统筹电视剧、网络剧管理。按照媒体融合的总体思路，对电视剧、网络剧实行同一标准进行管理。对重点网络剧创作规划实行备案管理，加强节目上线前在思想性艺术性上的内容把关，进一步强化播出平台网站的主体责任。鼓励优秀电视剧制作机构积极投入网络剧制作，提升网络剧整体创作水平。鼓励各视听节目网站投资制作、购买、播出优质国产电视剧。规范网上播出影视剧行为，未取得新闻出版广电部门颁发许可证的影视剧一律不得上网播放。

七、支持优秀电视剧“走出去”。积极开展影视领域国际交流与合作，加强电视剧国际合作合拍，打造“电视中国剧场”品牌，促进优秀电视剧和相关影视机构“走出去”，提升中国电视剧的竞争力和影响力。完善电视剧出口激励机制，加大对电视剧出口扶持奖励力度。对符合条件的国产电视剧版权购买、译制、国际版本制作等环节给予支持。每年有计划地组织制作机构参加有国际影响力的国际影视节，设立展台并举办节目推介活动。

加强公共信息服务，为电视剧走出去提供重点国别投资与贸易信息，为影视机构了解海外市场提供帮助。支持有条件的各类实施主体通过并购、合资、合作等方式开办中国影视节目播出频道、时段，在境外兴办实体，建立海外制作和传播平台。

八、加强电视剧人才培养。实施电视剧编剧培训计划，由中央和省区市主管部门、文联、作协及影视行业组织举办编剧创作研讨班、写作班等，完善“深入生活、扎根人民”长效机制，着力培养一批骨干编剧。建立电视剧制作机构主要负责人、制片人、导演的人才培养机制，原则上每五年进行一次系统培训。建立国际合作人才培养机制，通过举办专题研修班、组织国内电视剧制作营销骨干人员赴境外研修培训等形式，着力培养国际合作拍摄、制作、营销人才。建立电视剧基础职业技能人才培训机制，发挥高校、影视学院以及相关职业技术学校的积极作用，认定一批影视职业技能人才培养基地，通过校企联合等方式，加强摄影、录音、美术、服装、化妆、道具、烟火、置景等专业人才的培养，形成适应电视剧发展、门类齐全的专业化队伍，提升电视剧从业人员整体素质。

九、保障电视剧从业人员社会保障权益。电视剧企业应按国家有关规定为职工办理社会保险。拍摄期间应为签订劳动合同的剧组人员参加工伤保险，探索通过按电视剧创作项目参加工伤保险的模式，保障参与电视剧拍摄制作农民工等弱势群体的工伤保险权益，可通过购买商业保险切实提高电视剧从业人员职业风险保障水平，切实维护电视剧从业人员合法权益。鼓励社会团体、社会资本等对电视剧拍摄制作人员因工致伤残等特殊人员进行救助，有条件的可以发起设立电视剧从业人员保障公益基金会。

十、明确新的文艺群体职称评审渠道。新的文艺群体中影视人才的专业技术职称评定工作，由文联、作协等人民团体与相关部门协调配合，积极开展。不得以营利为目的开展职称评审，要不断强化服务意识，提升服务水平。加强职称评审监督，严肃评审纪律，强化评审考核，建立倒查追责机制。

十一、加强电视剧宣传评介。统筹各级各类媒体，做好优秀电视剧宣传推介工作。发挥各级文艺评论组织、研究机构、高等院校的积极作用，支持开展激浊扬清、褒优贬劣的电视剧评论。深化电视剧评奖改革，严格审批程序，规范评奖行为，完善改进评奖激励引导机制。

十二、完善支持电视剧发展的财政投入机制。在明晰政府和市场关系的基础上，通过现有资金渠道，完善投入机制，大力支持电视剧繁荣发展。

十三、引导规范社会资本支持电视剧繁荣发展。创新投入方式，引导和规范企业、社会组织参与电视剧创作生产。

十四、加强组织领导。各级发展改革、财政、商务、教育、人力资源社会保障部门，要高度重视，认真落实关于支持电视剧繁荣发展的各项政策。各级新闻出版广电部门要切实强化责任意识，认真抓好具体实施工作，确保取得实效。各级审计机关要依法切实做好政策措施贯彻落实情况的跟踪审计工作。

特此通知。

国家新闻出版广电总局　国家发展和改革委员会　财政部　商务部　人力资源和社会保障部

2017 年 6 月 26 日

【国家新闻出版广电总局电视剧司关于2017年度电视剧精品发展扶持专项资金剧本扶持项目评审结果公示的通知（剧字〔2017〕48号）】

各省、自治区、直辖市新闻出版广电局，中央电视台，解放军总政宣传部艺术局：

根据《电视剧精品发展扶持专项资金项目评选章程（暂行）》（新广电发〔2017〕185号）和《关于2017年度电视剧精品发展扶持专项资金剧本扶持项目申报评审工作的通知》（新广电办发〔2017〕36号）的精神，2017年度电视剧精品发展扶持专项资金剧本扶持项目评审委员会对入围电视剧作品进行了评审，在政治导向、价值导向、审美导向和艺术水平等方面进行审核把关。日前，评审结果已经产生。为保证项目评审结果的客观、公正，现将评审结果予以公示：

档次	序号	作品名称	申报机构
重点扶持	1	《大运河》	山东影视制作股份有限公司
	2	《一马三司令》	中国人民解放军八一电影制片厂
	3	《将军农民》	北京天岳盛丰影视传媒有限责任公司
	4	《第十二村民小组》	新疆大森文化传媒股份有限公司
	5	《云上绣娘》	贵州王马影视传媒有限公司
	6	《西京故事》	西安曲江丫丫影视文化股份有限公司
	7	《阳光法庭》	最高人民法院影视中心
	8	《摘棉花的女人》	河南电视传媒发展有限公司
	9	《急诊科医生》	东阳市乐视花儿影视文化有限公司
	10	《索玛花开》	凉山文化广播影视传媒集团有限公司
	11	《天骄》	蓝色星空影业有限公司
一般扶持	12	《烽火抗大》	世纪长龙影视有限公司
	13	《布衣天下》	河北电影电视剧制作中心
	14	《丝绸之路大国脉》	兰州电影制片厂有限责任公司
	15	《爱国者》	深圳市中汇影视文化传播股份有限公司
	16	《鸿雁》	巴彦淖尔广播电视台
	17	《齐白石》	湖南大唐传媒有限公司
	18	《长河落日》	北京嘉田胜景影视文化传播有限责任公司
	19	《革命者》	重庆电影集团有限公司
	20	《王初一与刘十五》	吉林省影视剧制作集团有限责任公司
	21	《平遥人家》	山西黄河影视社
	22	《迷猎》	上海电影集团影视传媒有限公司
	23	《绽放吧，百合》	安徽广播电视台
	24	《城里的月光》	北京华录百纳影视股份有限公司
	25	《向前进》	北京鑫宝源影视投资有限公司
	26	《百步亭的春天》	湖北长江华晟影视有限责任公司
	27	《都挺好》	东阳正午阳光影视有限公司
	28	《幸福俱乐部》	江西电视剧制作有限公司
	29	《创业时代》	浙江华策影视股份有限公司

续表

档次	序号	作品名称	申报机构
一般扶持	30	《南方有乔木》	上海柠萌影视传媒有限公司
	31	《北部湾人家》	广西电视传媒发展集团有限公司
	32	《破冰行动》	北京欢乐源泉影视传媒有限公司
	33	《断玉》	云南金彩视界影业有限公司

国家新闻出版广电总局电视剧司

2017 年 12 月 6 日

作品

电视剧

【电视剧《白鹿原》】

电视剧《白鹿原》共77集，改编自陈忠实创作的同名长篇小说。导演：刘进；编剧：申捷；制作人：李小飚；主演：张嘉译、何冰、秦海璐、刘佩琦、李洪涛等；出品公司：西安曲江光中影视制作股份有限公司、新丽传媒股份有限公司等。2017年4月16日在国内首播。

该剧以陕西关中平原上有“仁义村”之称的白鹿村为背景，讲述了白姓和鹿姓两大家族祖孙三代之间恩怨纷争的故事，展现出一部20世纪渭河平原50年变迁史。

【电视剧《我的前半生》】

电视剧《我的前半生》共42集，改编自亦舒创作的同名长篇小说。导演：沈严；编剧：秦雯；制作人：李小飚；主演：靳东、马伊琍、袁泉、雷佳音、邬君梅、陈道明等，出品公司：新丽电视文化投资有限公司。2017年7月4日在国内首播。

该剧讲述了生活优越安逸的全职太太罗子君与丈夫陈俊生离婚后一切归零，在闺蜜唐晶及其男友贺涵的帮助下打破困境，进入职场，在自我成长中走向人生下一程的故事。

【电视剧《大军师司马懿之军师联盟》】

电视剧《大军师司马懿之军师联盟》共42集，导演：张永新；编剧：常江；制作人：张坚、徐佳暄等，主演：李晨、刘涛、于和伟、张钧甯、唐艺昕等；出品公司：DMG印纪娱乐传媒股份有限公司、霍尔果斯不二文化传媒有限公司等。2017年6月22日在国内首播。

该剧为《大军师司马懿》上部，以曹魏的权力斗争为主线，叙述了魏国大军师司马懿跌宕起伏的传奇一生，展现了波澜壮阔的后三国时代。

【电视剧《人民的名义》】

电视剧《人民的名义》共52集，改编自周梅森创作的同名长篇小说。导演：李路、闻犇犇等；编剧：周梅森；制作人：李路、高亚麟；主演：陆毅、张丰毅、吴刚、许亚军、张志坚、柯蓝、胡静、张凯丽、赵子琪等；出品公司：最高人民检察院影视中心、江苏省委宣传部、中央军委后勤保障部金盾影视中心、湖南广播电视台等。2017年3月28日在国内首播。

该剧讲述汉东省人民检察院反贪总局侦查处处长侯亮平临危受命，调任地方检察院审查某贪腐案件，与腐败分子进行殊死较量的故事；艺术地再现了新时代、新形势下反腐斗争的惊心动魄，讴歌了反腐勇士的坚定信仰和无畏勇气，揭示了党的领导干部应如何树立正确的权力观这一重要政治主题。

获奖：

第23届上海电视节白玉兰奖最佳男配角奖（吴刚、张志坚）。

电视纪录片

【文献纪录片《辉煌中国》】

文献纪录片《辉煌中国》共6集，由中共中央宣传部、中央电视台联合制作。执行总导演：潘敏；导演：刘娜、侯珍玛、周弈翔、吴民。2017年9月19日在国内播出。

该片以创新、协调、绿色、开放、共享的新发展理念为脉络，全面反映党的十八大以来，在以习近平同志为核心的党中央带领下，全国各族人民砥砺奋进、真抓实干，中国经济社会发展取得的历史性成就，充分展示五年来中国人民更多的获得感、安全感、幸福感、自豪感，真实记录中华民族实现从站起来、富起来到强起来的历史性飞跃。

【系列纪录片《有个学校叫南开》】

系列纪录片《有个学校叫南开》共6集，由中共天津市委宣传部、天津市教育委员会、天津广播电视台、中央电视台纪录频道联合摄制。制作人、导演：祖光；执行导演：张玲；总策划：王贺胜、朱丽萍。2017年12月18日在国内首播。

该片借南开校史折射百年中国史，讲述了以张伯苓为代表的南开先贤，为了教育理想和救国梦不懈奋斗的历史故事。

获奖：

2017年国家新闻出版广电总局优秀国产纪录片奖。

【系列纪录片《航拍中国》第一季】

系列纪录片《航拍中国》第一季共6集，由中央电视台纪录国际传媒有限公司制作，在中央电视台纪录频道播出后取得了非常大的社会反响。总监制：张宁；总导演：余乐；执行总导演：林婕；导演：张晓敏、杨光照、夏萌等；撰稿：黄康源、杨梦嫣、刘汀等；航拍导演：王连明、梁振红、高率、苏永峰等。2017年1月28日在国内首播。

该片是一部以空中视角俯瞰中国的纪录片，第一季选取新疆、海南、黑龙江、陕西、江西、上海六地为拍摄对象。

获奖：

第14届精神文明建设“五个一工程”优秀作品奖。

纪事

节展·评比

【2017春季北京电视节目交易会】

2017年3月19日至22日，由北京市委宣传部、北京市新闻出版广电局等主办的“2017春季北京电视节目交易会”在北京举行。本届交易会呈现五大特色：一是参展节目再创新高。共有国内外电视节目制作机构及相关产业机构超440家2300余人、电视节目播出机构170家近500人、海外来宾22家31人洽谈合作。二是电视剧京榜发布助推行业发展，《少帅》《小别离》等25部优秀电视剧获得表彰。三是主题论坛聚焦热点。举办了2017中国电视剧编剧（北京）论坛和“鲜知灼见——碎片化媒体下的娱乐营销进化论”专项论坛。四是北京影视著作权专家鉴定委员会开启影视版权建设法制化新纪元。北京影视著作权专家鉴定委员会借力交易会的平台正式揭牌启动，该平台项目的启动将填补影视著作权司法鉴定的一项空白。五是搭建平台力促网络文学与电视节目牵手合作。

【第13届中国国际动漫节】

2017年4月26日至5月1日，由国家新闻出版广电总局、浙江省人民政府主办的“第13届中国国际动漫节”在浙江省杭州市举行。今年动漫节继续秉承“动漫的盛会，人民的节日”这一宗旨，设立了1个主会场和16个分会场，围绕会展、论坛、商务、赛事、活动五大板块组织实施了59项活动，吸引了82个国家和地区的企业、机构和专业人士参与其中。据初步统计，共有2587家中外企业、机构，5600多名客商、展商和专业人士参展参会，实际成交及达成签约交易、意向合作的项目共986项，涉及金额130.12亿元，动漫节消费涉及金额23.16亿元，总计153.28亿元。在2016年的第12届中国国际动漫节上，这一指标首次突破150亿元大关，当时为151.63亿元。

本届动漫产业高峰论坛以“温暖·传承”为主题，聚焦社会主义核心价值观和优秀传统文化传承，国家新闻出版广电总局相关司局在会上发布了“中国经典民间故事动漫创作工程”和第二届“社会主义核心价值观动画短片扶持创作活动”信息。今年恢复举办的“金猴奖”大赛集中表彰了一批反映传统文化特色的国产优秀原创动漫作品，如《西游记之大圣归来》《大鱼海棠》《梅花三弄》等，有力引导了中国原创动漫的创作方向。此外，动漫节还通过大数据专业机构发布会、动漫教育人才发展研讨会、动漫大师班讲座等一系列活动，聚焦产业发展的新课题。

【第五届优秀国产纪录片及创作人才扶持项目表彰活动】

2017年6月12日，由国家新闻出版广电总局主办、上海广播电视台纪实频道承办的“因你而真——第五届优秀国产纪录片及创作人才扶持项目表彰活动”在上海举行。一年一度的国产纪录片及创作人才扶持项目表彰活动，旨在检阅我国国产纪录片年度工作成果，表彰在国产纪录片繁荣发展中成绩突出的作品、人员和机构，发挥优秀作品、人才、机构的带动示范作用，促进国产纪录片多出精品、多出人才。

2016年以来，国家新闻出版广电总局从创作、播出、产业等各个环节加大扶持引导，国产纪录片涌现出一批思想性、艺术性、观赏性相统一的优秀作品。此次国际新闻出版广电总局对2016年度创作的优秀纪录片作品及为行业做出积极贡献的纪录片人进行表彰。经过严格评选，共有11类65项国产纪录片、人才、机构入选 2016 年度优秀国产纪录片及创作人才扶持项目。

在本次表彰活动中,《永远在路上》《一带一路》《本草中国》等 10 部作品荣获优秀国产纪录片系列片。《筑梦路上》《长征》《重生》等 5 部作品荣获优秀理论文献片。《我在故宫修文物》《孔子》《中国春节——全球最大的盛会》等 5 部作品荣获优秀国产纪录片长片。《红色气质》《我从新疆来》《让候鸟飞》等 10 部作品荣获优秀国产纪录片短片。李文举、萧寒、周全等荣获优秀国产纪录片导演。夏蒙、段骏、干超等荣获优秀撰稿。王路、孙坤、龚卫、陈乾章等荣获优秀摄影。此外,还有 5 档优秀纪录片栏目、6 家优秀制作机构、6 家播出机构和 3 家优秀组织机构获得表彰。

【第 23 届上海电视节】

2017 年 6 月 12 日至 16 日,由上海电视节组织委员会主办、上海广播电视局承办的"第 23 届上海电视节"在上海举行。推动"一带一路"人文交流的主题活动,成为第 23 届影视节的最大亮点;第 23 届上海电视节的电视展播中,能看到来自俄罗斯、新加坡以及中国等"一带一路"沿线国家的作品。上海电视节白玉兰奖国产剧入围作品,绝大部分是当代题材,反映出创作出现关注时代、直面生活的趋势。今年上海电视节期间举行了 9 场白玉兰电视论坛,主题有"中国电视剧如何体现文化自信""中国电视节目自主创新高峰会""中国网剧'未来式'""现实题材的创新和 IP 改编的出路"等。

6 月 16 日,在上海东方艺术中心举行闭幕式,白玉兰奖颁奖。

[获奖名单]

奖项	奖项人或作品
电视剧类	
最佳中国电视剧奖	《好家伙》
最佳导演奖	沈严、刘海波《中国式关系》
最佳编剧奖	张蕾《中国式关系》
最佳男主角奖	张译《鸡毛飞上天》
最佳女主角奖	殷桃《鸡毛飞上天》
最佳男配角奖	吴刚《人民的名义》
	张志坚《人民的名义》
最佳女配角奖	关晓彤《好先生》
组委会特别奖	《海棠依旧》《彭德怀元帅》
海外电视剧	
最佳海外电视短剧奖	《救赎之路》(德国)
最佳海外电视长剧奖	《古战场传奇》(第二季)(美国)
综艺类	
最佳季播电视节目奖	《朗读者》(第一季)
最佳周播电视节目奖	《开讲啦》
纪录片类	
最佳纪录片奖	《农夫 / 退伍军人》(美国)
最佳系列纪录片奖	《时代:卡列夫·布劳德的故事》(美国)

动画片类

最佳动画片奖	《龙的牙医》（日本）
最佳动画剧本奖	《反叛的童谣》（英国）

【第26届北京国际广播电影电视展览会（BIRTV2017）】

2017年8月23日至26日，由中国广播电视国际经济技术合作总公司主办的“第26届北京国际广播电影电视展览会（BIRTV2017）”在北京举行。BIRTV2017以“融合媒体智慧广电”为主题，展出规模超过5万平方米，汇聚500多家广播影视生产厂家和运营机构，集中展示一年来广电领域的最新发展成果。展览会以内容制作为核心，以技术进步为重点，以服务产业为原则，面向需求展示最新技术，内容涵盖广播影视采集、编辑、制作、存贮、播出、传输、接收和管理等各个环节，高质量高效率的节目制作和媒体融合等方面的内容都将得到集中展示；4K、融媒体、网络全IP化制播、中国数字电影和VR成为本届展会的五大热点。以“展览与论坛并重”的形式来探讨行业发展，多项不同主题的会议论坛和现场活动聚焦广电领域热点。

【第五届北京剧本推介会】

2017年9月27日至29日，由中共北京市委宣传部、北京市文学艺术界联合会、北京市新闻出版广电局共同主办的“第五届北京剧本推介会”在北京举行。本次推介会作为北京市“不忘初心筑梦祖国”迎接党的十九大主题系列重点文化活动之一，围绕迎接党的十九大胜利召开，以“讲好中国故事、传递正能量”为主题，为扶持剧本创作，推出精品力作，提供剧本展示和交易支持的平台。推介活动设置剧本展示区、“互联网+”剧本超市体验区、文联协会、文化院团和影视公司展示区、五年优秀成果回顾区、法律维权区、未来精品创作引领区、编剧小屋等展区，1817部剧本作品在此集中推介，活动内容包括开幕式、签约仪式、主题论坛、剧本宣讲和项目路演等环节。网上剧本超市进一步深化服务，优化市场化对接方式，促进剧本有效转化。

【2017中国（广州）国际纪录片节】

2017年12月12日至14日，由国家新闻出版广电总局和广东省人民政府主办，广州市人民政府和广东省新闻出版广电局承办的“2017中国（广州）国际纪录片节”在广东省广州市举行。

中国（广州）国际纪录片节创始于2003年，是国内唯一具备纪录片投融资、交易功能的国家级专业平台，是中国纪录片产业脉动风向标——国家产业政策和国际发展趋势的官方权威发布平台，专注纪录片节展15载，已形成集评奖、预售、培训、论坛、市场内容为一体的综合文化盛会。

中国（广州）国际纪录片节作为国际八大纪录片专业节展之一，重视国际合作与交流，现已与30多个国际著名纪录片专业电影节与机构建立了友好合作关系，融入到国际纪录片的市场体系中，是国际纪录片产业链上的重要一环。2017年共征集到的作品覆盖全球五大洲共113个国家和地区，共4239部/集作品参评参展，规模一次次刷新亚洲地区纪录片节记录，十多年来培育和扶持了一批在国内和国际崭露头角的中国纪录片新锐导演，逾100部中国纪录片导演的提案通过这个交流平台赢得了国际联合制作融资或引荐机会。

12月14日，“2017中国（广州）国际纪录片节”闭幕式暨“金红棉”优秀纪录片分享会举行。“金红棉”推优项目结果悉数出炉。纪录片《穆希》和《航拍中国》（第一季）成“双料”赢家。《穆希》不仅被授予“优秀纪录长片”荣誉，其导演瑞娜·卡斯泰尔诺沃（以色列）、埃尔特曼·塔米尔

（德国）也被推优为“优秀纪录片导演”。由余乐导演的中国作品《航拍中国》(第一季）则同时被授予“评审团特别推优纪录片”和“组委会特别推优纪录片”。“优秀纪录短片”“优秀系列纪录片”“优秀新人纪录片”则分别由意大利斯班诺·安东尼奥的《内心的我》、中美非合拍的《极速猎杀》、拉胡尔·简导演的《机器》荣获。此外，2016 最受观众喜爱纪录片由干超、郑波、韩芸等联合导演的人文历史纪录片《本草中国》获得。

【2017 中国影视艺术创新峰会暨第五届中国影视产业推介会】

2017 年 12 月 25 日，由国家新闻出版广电总局和中共浙江省委宣传部作为指导单位，中国电视艺术委员会、中国电视艺术交流协会、浙江省新闻出版广电局等共同主办，以“新时代、新使命；大变革、大发展”为主题的“2017 中国影视艺术创新峰会暨第五届中国影视产业推介会”在浙江省杭州市拉开帷幕。本届峰会深入学习贯彻党的精神，解读新时代影视文化产业政策与趋势，重点探讨影视泛娱乐产业转型升级时代，如何激活创新活力，在内容消费升级新风口与深入推动文化走出去的过程中，如何创造和引领新的价值方向；在产业进化的道路上，如何在大融合时代寻找新的价值爆点，跨界共生，驱动文娱产业新的繁荣。

2017 年 12 月 26 日，华策影视、华谊兄弟、爱奇艺等 10 家中国影视企业 2017 中国影视艺术创新峰会上，宣布成立中国电视剧（网络剧）出口联盟。中国电视剧（网络剧）出口联盟依托中国（浙江）影视产业国际合作实验区的平台，以项目为切口，与欧美影视巨头合作，打造一条扩大出口的“文化丝路”。

会议论坛

【2017 中国（宁波）影视编剧高峰论坛】

2017 年 4 月 15 日至 16 日，由中国作家协会影视文学委员会、中国广播电影电视社会组织联合会电视制片委员会、中国电影文学学会、《中国作家》杂志、中共宁波市委宣传部主办的“2017 中国（宁波）影视编剧高峰论坛”在浙江省宁波市举行。论坛上，艾克拜尔·米吉提、张海涛、黄亚洲、程蔚东、高峰、韩志君、温豪杰、余飞、郝岩、海飞、张勇、景宜等专家学者及知名编剧围绕如何增强责任担当、提升编剧原创水平等话题展开研讨，把脉中国影视创作，为推动影视业健康发展提供建设性意见。论坛同期发布《宁波宣言》，向全体影视编剧发出倡导，为弘扬社会主义先进文化，推动影视业持续健康发展做出应有的贡献。论坛还启动了“寻找英雄儿女”系列微电影，促进编剧与影视公司的项目对接，推进具体项目落地。

【《中国纪录片发展研究报告 2017》发布】

2017 年 4 月 17 日，由北京师范大学纪录片中心、北京国际纪实影像产业基地、纪录中国—纪录片产业服务平台联合主办的“《中国纪录片发展研究报告 2017》暨《电影眼文库》发布会”在北京举行。课题组负责人、北京师范大学纪录片中心主任张同道对 2016 年度纪录片行业发展情况进行了盘点。

北京师范大学纪录片中心长期致力于纪录片教学、研究与创作。《中国纪录片发展研究报告 2017》追踪纪录片年度动态，从总体格局、频道与栏目、产业、新媒体等层面分析了 2016 年世界纪录片发展趋势，为纪录片行业提供了前沿状况与专业思考。《电影眼文库》则是历史、美学与产业的权威读本，面向纪录片从业者、研究者与专业学生，由中国广播影视出版社与北京师范大学纪录片中心合作，首批推出六本。据课题组调查显示，2016 年中国纪录片年生产总投入为 34.7 亿元，总产值超过 52 亿元，同比分别增长 15% 和 12%。专业纪录频道和卫视频道全年共播出纪录片约 77600 小时，同比增长 1.6%；全年首播节目总量为 24600 小时，同比增长 2.5%。中央电视台纪录频道与上海纪实频道成为生产主力军，中央电视台综合频道和江苏、浙江等一线卫视的传播力保持较大优势，江苏卫视播出的《本草中国》，成功打造纪录片 IP。

【首届西湖国际纪录片大会】

2017 年 4 月 20 日至 22 日，由浙江省新闻出版广电局与中国美术学院联合主办、中央电视台纪录频道为战略合作伙伴的“首届西湖国际纪录片大会”在浙江省杭州市举行。大会以“我记录事实”为主题，举办了大师传薪推介会、D20 提名作品展映、IDF 论坛等多场特色活动，邀请了 200 余位全球纪录片领域的导演、学者及相关嘉宾出席大会。来自三大洲八个国家的 20 部优秀作品入围“D20 提名”竞赛单元。

【“新视界”2017数字影像与交互创意国际论坛】

2017年6月16日至17日，由江苏省新闻出版广电局指导的“‘新视界’2017数字影像与交互创意国际论坛”在江苏省南京市举行。论坛围绕动画产业与国际交易、国际合作视野下的动画创意与教育等9大专题举行了10余场研讨会。

【中国电视艺术家协会第六次全国代表大会】

2017年9月20日至22日，“中国电视艺术家协会第六次全国代表大会”在北京举行。此次大会上，全国电视艺术界代表聆听了中共中央政治局委员、中央书记处书记、中宣部部长刘奇葆在开幕式上的重要讲话，审议通过了《中国电视艺术家协会第六次全国代表大会工作报告》，修订了《中国电视艺术家协会章程》，选举产生了由146人组成的中国电视艺术家协会第六届理事会和15人组成的第六届主席团。闭幕式上，宣布了中国电视艺术家协会第六届主席、副主席名单；宣读了《关于任命中国电视艺术家协会第六届秘书长、副秘书长的决定》《关于推举中国电视艺术家协会第六届名誉主席和聘请顾问的决定》。

【2017中美影视创新峰会】

2017年10月31日，由中国文学艺术界联合会、中国电影家协会、中国电视艺术家协会联合美国南加州大学美中学院以及国际文化协作促进会等共同主办的“2017中美影视创新峰会”在美国洛杉矶的美国电影艺术与科学学院林伍德·邓恩剧场举行。此次峰会以“新思路”“新视听”“新渠道”为主题，13位中美资深电影人和研究专家围绕“创新”主题，在创新思维、高新科技和新兴渠道等领域展开对话。

峰会上，中方代表与好莱坞资深影视人还就如何让中美合拍片在国际上拥有更大影响力，如何打造符合网络时代潮流的影视IP，如何妥善利用巨幕、前期预览、虚拟现实等科技手段创作出有内容、有市场的作品等具体问题展开研讨。此次峰会由中视视听国际文化交流中心、美国星视听传媒等影视机构承办。

【第三届世界电视日中国电视大会】

2017年11月21日，正值第22个“世界电视日”之际，以“遇见电视的未来”为主题的“第三届世界电视日中国电视大会”在北京举行。会议为期两天，包括主论坛和10场分论坛。大会从产业链各个环节，对电视行业的现状与未来展开深入探讨。

本届大会由中国电影电视技术学会、中国电视艺术家协会媒体融合推进委员会、北京国际广播电影电视展览会组委会、北京电视台、中国传媒大学、凤凰卫视、央视市场研究、中国广视索福瑞媒体研究联合主办，中广互联承办。来自电视领域的行业组织、电视台、有线电视网络、节目制作公司以及大视频领域的各类相关机构近千人参加会议。

电视媒体的发展方向成为业界研究和讨论的热点。大会的10场分论坛专题讨论的议题，包括中国电视媒体融合、广电网络发展战略、媒体云与大数据创新、智能终端与家庭互联、移动视频生态等。

机构

【中国环球广播电视有限公司成立】

2017 年 3 月 9 日，为中国国际电视台（中国环球电视网）运行设立的“中国环球广播电视有限公司”在北京市工商局完成注册手续，正式成立。组建中国环球广播电视有限公司是中央电视台加快外宣旗舰媒体建设的一个重要举措，也是中国国际电视台（中国环球电视网）运行模式的一个重要创新，旨在通过公司机制、市场方式，按照国际化运作要求，全面服务保障于中国国际电视台的建设、运行、发展，包括内容制作、媒体合作、专业人才引进、海外分台建设、海外落地推广等。

【中国电视艺术家协会影视机构委员会挂牌成立】

2017 年 3 月 31 日，为助推中国电视剧艺术创作与产业融合发展，充分整合电视剧原创、生产与播出资源，繁荣国剧艺术，打造经典作品，经中国电视艺术家协会分党组同意，“中国电视艺术家协会影视机构委员会”正式挂牌成立。凤凰卫视集团为影视机构会长单位。中国电视艺术家协会影视机构委员会成立后，第一届理事会将致力于为全国影视机构及其影视创作者搭建中国影视项目投融资平台；助力中国电视剧版权生态化发展；和中国传媒大学影视学院合作建立影视训练营，助推中国电视剧人才发展；建设中国现代戏影视传媒小镇，举办中国电视剧产业博览交易会，助推中国电视剧产业化发展等工作。

【全国电影频道联盟成立】

2017 年 5 月 18 日，中央电视台电影频道节目中心与九大省级电影频道在湖南省长沙市举行会议，成立“全国电影频道联盟”。会上全国省级电影频道联盟在中央电视台电影频道加入后，正式更名为全国电影频道联盟。更名后，全国电影频道联盟由中央电视台电影频道、西部电影频道、峨眉电影频道、长影电影频道、潇湘电影频道、上海东方电影频道、珠江电影频道、河南电视台新农村频道、江西电视台红色经典频道、广西电视台科教频道 10 家专业电影频道组成。全国电影频道联盟将通过电影宣传、资源共享、节目互换、包装明星、全媒体整合等多项合作，共谋电影事业新突破与大发展。

大事记

1 月 11 日，“中国电影评论学会网络影视评论委员会”成立，发布会在北京举行。

3 月 9 日，“中国环球广播电视有限公司”在北京正式成立。

3 月 19 日至 22 日，“2017 春季北京电视节目交易会”在北京举行。

3 月 22 日，“2017 首都文创产业投融资项目推介会网络影视项目路演推介会”在北京举行。

3 月 31 日，“中国电视艺术家协会影视机构委员会”在北京正式挂牌成立。

4 月 15 日至 16 日，“2017 中国（宁波）影视编剧高峰论坛”在浙江省宁波市举行。

4 月 17 日，“《中国纪录片发展研究报告 2017》暨《电影眼文库》发布会”在北京举行。

4 月 17 日，“2017 年中外影视译制合作高级研修班”在北京开班。

4 月 20 日至 22 日，“首届西湖国际纪录片大会”在浙江省杭州市举行。

4 月 26 日至 5 月 1 日，“第 13 届中国国际动漫节”在浙江省杭州市举行。

5 月 18 日，“全国电影频道联盟”在湖南省长沙市成立。

6 月 12 日，“因你而真——第五届优秀国产纪录片及创作人才扶持项目表彰活动”在上海举行。

6 月 12 日至 16 日，“第 23 届上海电视节”在上海举行。

6 月 16 日至 17 日，“‘新视界’2017 数字影像与交互创意国际论坛”在江苏省南京市举行。

8 月 23 日至 26 日，“第 26 届北京国际广播电影电视展览会（BIRTV2017）”在北京举行。

9 月 20 日，“互见 · 互鉴：中秘电视纪录片创作交流研讨会”在秘鲁首都利马举行。

9 月 20 日至 22 日，“中国电视艺术家协会第六次全国代表大会”在北京举行。

9 月 27 日至 29 日，“第五届北京剧本推介会”在北京举行。

10 月 24 日，中国电视艺术家协会在北京举行电视艺术家学习贯彻党的十九大报告座谈研讨会。

10 月 26 日至 27 日，2017 美国亚洲影视节“中国日”暨金橡树奖颁奖盛典在美国纽约曼哈顿举行。

10 月 31 日，“2017 中美影视创新峰会”在美国洛杉矶的美国电影艺术与科学学院林伍德 · 邓恩剧场举行。

11 月 3 日至 9 日，“第 54 届亚洲—太平洋广播联盟大会暨 2017（第十四届）四川电视节”在四川省成都市举行。

11 月 15 日至 16 日，“第三届海峡两岸广电影视文化展”在台湾省台北市举行。

11 月 21 日，“第三届世界电视日中国电视大会”在北京举行。

12 月 12 日至 14 日，“2017 中国（广州）国际纪录片节”在广东省广州市举行。

12 月 25 日，“2017 中国影视艺术创新峰会暨第五届中国影视产业推介会”在浙江省杭州市举行。

中国艺术年鉴·2018

+

美术卷

+

分卷主编：周进生

年度述评

凸显中国当代艺术价值结构——2017 年中国美术述评

◎ 尚辉

有关艺术“当代性”的认知与实践，似乎构成了 2017 中国美术界的主题曲。与西方当代艺术将架上艺术边缘化截然相反，2017 年的中国美术不仅在油画、壁画、雕塑等领域策划组织了一些专题性和回顾性的大型学术展览，而且也因广东百年展、全国画院院展及潘天寿、刘海粟、张仃等纪念展的举办而引发中国画学对百年中西之路的回望与反思。还不止于此，已淡出西方现当代艺术史观照范畴的历史与现实主题性创作，在 2017 年因某些特定历史节点而获得重力加速，宏大叙事与史诗书写似乎依然是造型艺术“当代性”的价值目标；而北京双年展、凤凰艺术年展提出的由各国族艺术互交互鉴的世界全球化艺术观、“超当代”艺术观等，则倡导了一种新的全球当代艺术价值理念。显然，面对 2017 年第 57 届威尼斯双年展、第 14 届卡塞尔文献展对于艺术政治学、艺术媒介学的持续升温，中国美术界更加鲜明地凸显了东方艺术传统与文化思维的当代艺术价值判断。

一、书写新时代的视觉史诗

史诗无疑是对一个国家、一个民族在历史发展的重大转折与艰难蜕变中出现的历史事件和民族英雄的书写与歌颂，也是以诗的情怀对于历史的宏大叙事与艺术再构。通过艺术创作所记录、传诵的这些事件与人物，由此而获得了一种穿越历史限度的永恒性，并成为激发民族斗志、铸造民族灵魂的一种文化象征。史诗无疑也是一个伟大时代民族精神的浓缩，一个伟大民族在一段历史巨变的急流中启航与远行的艺术见证。描绘历史与现实的主题性美术创作，因迎接庆祝建军 90 周年全国美术作品展览、香港回归祖国 20 周年全国中国画作品展和党的十九大召开以“最美中国人”为主题的大型美术作品展以及十位中青年美术家“深扎”主题实践而获得了新的发展机遇。

从年初就开始筹划的香港回归展①，除了广泛发动、精心组织有关香港回归主题的中国画创作，更调动中青年美术精英创作了有关香港从被殖民到回归祖国这浓缩了 170 余年历史的 9 幅历史画巨制。从《英国侵占香港》到《香港人民欢庆新中国成立》，再从《香港回归祖国，特区政府成立》到《不忘初心，坚持“一国两制”，香港的未来一定更美好》，这些用中国画呈现的一幅幅历史瞬间，既再现了历史事件与人物对于香港近现代历史的深刻影响，也探索了中国人物画在还原宏大历史场景中所具有的独特艺术魅力，众多人物形象塑造与恢宏气象营造成为这些画作书写历史的艺术基调。在历史题材创作上，庆祝建军 90 周年全国美术作品展览中的《红军北上》《翻越夹金山》《1936 年 12 月，历史的瞬间》《金戈铁马》《我的父辈》和《八路军大刀队》等，让人们看到了当代美术家对于人民革命战争的真实描绘、对于浴血奋战的英雄形象的塑造；这些创作还让人们看到了美术家追求历史真实的严谨创作态度与通过精湛的艺术语言重构历史的想象与创造，这种历史书写在当下更加鲜明地凸显出英雄主义的精神底蕴。

作为对中国人民解放军建军 90 周年的纪念②，从全国军内外送审的应征作品多达 7000 余件，最终

---

① “庆祝香港回归祖国 20 周年——全国中国画作品展”，2017 年 6 月 23 日至 7 月 4 日在中国美术馆展出，展览由中国美术家协会、中国文学艺术基金会共同主办，展出作品 190 余件。

② “庆祝中国人民解放军建军 90 周年全国美术作品展览暨第 13 届全军美术作品展览”，2017 年 7 月 28 日至 8 月 9 日在中国美术馆展出，展览由文化部、中央军委政治工作部、中国美术家协会联合主办，展出作品 531 件（不含评委及部分经典作品）。

评定的入展作品多达531件，涵盖了中国画、油画、版画、雕塑、装置、水彩画、宣传画和连环画等，可谓气象恢宏。这个大展上最惹人眼目的还是对军队现代化建设与当代军人风采的深沉描绘。与20世纪八九十年代军事题材美术创作往往偏向军人休闲情景的描写不同，本届许多力作如《热血·青春》《训练日志》和《整装待发》等，都以艺术的正面刻画来直呈军训战士的威武形象，并试图通过塑造硬朗阳刚的军人形象，揭示这些钢铁之师所深蕴的富有血性的民族精神，从而展示了和平年代另一种青年形象的社会人生与人性品质。还有许多作品如汤婷婷的《待发》、张蕊的《中国琨行动》和吕宛宣的《南沙天门》等，描写了高科技军事装备下的现代军训场面，这些现代化装备的表现促使了艺术语言的现代性探索，甚至于这些现代化装备与现代军训生活成为军事题材美术创作进行艺术语言变革与艺术观念突破的载体。建军90周年全国美术作品展览对于当代中国军人铁血形象的塑造、对于军队现代化发展的艺术呈现，既有现代高科技军事生活的宽广度，也有家国英雄主义精神的深层发掘，而这些无疑都是对中国当代主题性美术创作的重要开拓。

十九大召开前夕，在中国国家博物馆举行的以“最美中国人”为主题的大型美术作品展①，以中国画、油画的超大幅面形象地展现了以郭毅力、罗阳、高思杰和阎肃等为代表的当代英模形象。围绕这个展览而开展的现实题材绘画创作，再次把当代美术如何塑造英雄形象、如何绘写当代视觉史诗的课题凸显出来。在普遍沉溺日常书写、崇尚消费审美的当下，通过造型艺术重新唤起人们对于理想信念与崇高精神的追求，不只是艺术回到人民的一种真正现实主义创作方法的体现，而且是艺术回归视觉史诗创造的一种时代诉求。客观说，审美地描绘现实生活中那些闪烁着理想主义思想火光的人物形象，在当下是存在某种创作难度的。这种难度显然不是视觉素材的匮乏，而是在驳杂的生活表象中如何萃取真正能够凸显英模人物的精神与品格、又富于造型表现性的那些素材。这里既涉及创作者驾驭造型艺术技艺的能力与水平，更关涉艺术主体是否能够真正与被表现对象的思想情感形成高度的统一。或许，也只有深入被表现人物的精神世界，才能找到表现这个人物的典型形象与典型环境。塑造英模形象，同样需要审美发现与审美创造。

继2015、2016“深扎”主题实践活动的开展，2017所选择的10位中青年美术家的主题实践②，让人们看到了美术家对于现实主义创作当代精神的探索。曾深受欧美现当代艺术影响的中青年美术家，在他们面对中国社会现实与文化现实的长期实践中，逐渐把现代主义主观唯心主义的艺术思想方法转向了以人民为主体的现实主义的创作道路。不过，在表现方法上，他们比前辈们更具备这个图像时代的审美思考，也有益汲取了当代艺术的一些表现方式。“让艺术创造生活”的超现实主义和“让生活本身创造艺术”的新现实主义，都曾给予他们的艺术变革以某种程度的启迪，正是这种启迪使他们在现实主义创作中显现出更加多样与多元的表现方法与呈现方式。如果说，现实主义创作方法与多样表现形态的辩证统一，是当代中国美术处理艺术主客观关系最重要的价值观，那么，“70后”“80后”这批中青年美术家才是这种价值观最忠实的践行者与探索者，正是他们的创作实践，发展并丰富了现实主义的创作内涵与当代性的表现方法。

当代中国美术家对于历史主题书写的浓厚兴趣，无疑体现了民族复兴的当代国家意志，这是继2016年完成的中华文明历史题材美术创作工程热潮的持续发酵，也是迎来新时代国家综合实力再度提速发展、抒发诗史情怀的必然审美诉求。而当代视觉史诗的书写，更是当代美术家的审美担当，当代视觉史诗的书写虽不乏丰富的视觉素材，但由实写而升华的诗写，必然是艺术主体容涵这个时代精神的诗性创造。其实，不论现实题材还是历史题材，视觉史诗的美术创作都离不开真实，但也都不是真

---

① “最美中国人——庆祝中国共产党第十九次全国代表大会胜利召开大型美术作品展”，2017年10月10日至10月29日在中国国家博物馆展出，由中国文学艺术界联合会、中国美术家协会、中国国家博物馆共同主办，展出3米×8米大型创作作品21件。

② “向人民汇报——十位中青年美术家‘深入生活、扎根人民’主题实践活动作品展”，2017年10月11日至16日在北京炎黄艺术馆展出，由中国美术家协会主办。

实的复制，因为它是现实审美诉求的表白与凝缩。

二、守望中国画学现代之路

中国画学从20世纪以来发生的历史性变革是社会转型、西学东渐的产物。岭南画派最早提出“折衷中西，融汇古今”的艺术变革思想，可谓影响了一个世纪中国画学的发展道路。及至今日，中国画应当“缩小距离”还是“拉开距离”，已不再激烈论辩，但一些纪念活动和大型展览，却不断让人们从这种历史的回望与思讨中来反刍当下中国画的发展理念问题。

作为今夏美术界最引人注目的展事，“庆祝香港回归祖国20周年——全国中国画作品展”与“其命惟新——广东美术百年大展”，让人们思考的是广东百年美术与整个中国百年美术、香港水墨画发生与内地现代水墨运动之间构成的某种深刻联系。广东美术百年大展[①]以“其命惟新”为主题，不仅浓缩了广东美术百年变迁与变革的思想主脉，而且隐含了广东美术对20世纪中国美术所具有的启蒙、开创与探索的引领作用。的确，康有为发出的“合中西而为画学新纪元”的思想，几乎整整影响了这一百年中国美术引西而变革中国美术的发展路向；“二高一陈”提出的“折衷中外，融汇古今”的“现代国画”概念，也几乎是中国画现代性转型的基本方法。这一百年，继李铁夫、冯钢百作为中国自主引进西画的先驱之后，不仅有符罗飞、司徒乔、余本、胡一川、罗工柳等直面现实的现实主义代表，而且有林风眠、胡根天、赵兽、丁衍庸等中国现代主义艺术先锋；就是鲁迅先生悉心扶植的新兴版画，也离不开李桦、赖少其、黄新波、古元等这一代最有影响的践行者。引进移植，融合中外，面向现实，张扬个性，这四个主题词所构成的百年中国美术运动，也几乎都可以在广东美术这百年历程里寻绎到先觉的火光、斩棘的路标。

曾作为岭南画家过往与落脚之地的香港，在20世纪六七十年代才逐渐形成独具香江文化特色的现代水墨画形态。香港水墨画的产生是在殖民文化语境下进行文化变种的结果，即水墨画承担着表达多种非汉语文化体系的人文诉求，这种诉求在远离本土文化中心的殖民地获得了一种自然的媒介还原。而回归后香港水墨艺术跨文化的深度实践所呈现出的新转机，一方面表明了香港水墨创作不断滋生于这个多元文化混融的鲜活机体，从而赋予其水墨艺术以不断被刷新的国际视觉文化视野；另一方面则因其与内地文化的互动性与参照性，而形成了香港水墨艺术的文化归属指向。也即，香港水墨艺术不断在跨媒介、跨观念和跨文化的当代性开拓中，都始终和民族文化与现代文化构成一种深广的关联性。也正因如此，“水墨中国”在当下已成为中国画现代性的全球艺术标签，并将成为21世纪中国艺术在全球进行文化辐射的重要艺术媒介。

不论从哪个角度看，粤港文化对于中国画学打开的一个新世界都具有积极的意义；而中国画学在中国文化腹地发生变革的路途却并不平坦。2017年阳春在江苏省美术馆举办的第五届全国画院美术作品展览[②]，305件参展作品覆盖国、油、版、雕、书等美术门类，全面呈现了当下全国画院建设的最新创作成果与学术水准。这一方面体现了全国画院多学科、综合发展的办院理念，另一方面则体现了画院在中国画学承传与探索上所具有的强大优势。选入此展的中国画，让人们较清晰地看到了从20世纪80年代以来，在历经观念更新、媒材实验和语境转换等变革之后，再度回归中国画本体的演变脉络。相对于当代艺术大尺度的颠覆与跨越，画院系统的中国画创作显得扎实而稳健。所谓扎实，即对笔墨、气韵、格调等中国画传统艺术精神深广厚博的研习；所谓稳健，即对西画的有益借鉴、对现代艺术理念和当代视觉经验的适度融入与新锐探索。因而，这些中国画不仅是在“新”上下大气力，更是在

---

① “其命惟新——广东美术百年大展”，2017年7月8日至23日在中国美术馆展出，展览由中共广东省委宣传部、广东省文化厅、广东省文学艺术界联合会、中国美术馆联合主办，广东省美术家协会、广东美术馆承办，展出作品554件。

② “第五届全国画院美术作品展览”，2017年2月26日至3月21日在江苏省美术馆展出，由中国国家画院、江苏省文化厅主办，江苏省国画院、江苏省美术馆、中国国家画院艺术交流部承办，展出作品305件。

“好”上做足功夫。他们力求在当代艺术的语境中更深刻地体现他们对于传统的理解，并于此加入自己对艺术、生活、时代的感悟。

立足传统，或许正是当代中国画家成就自我艺术变革的前提。这种艺术思维模式，其实也正是新中国建立画院体制的基本文化方略。的确，20 世纪 50 年代新中国画院的建立，保全了民国时期形成的京派、海派这一南一北的画学面貌，这使得 50 年代开始的面向现实、以中融西的中国画变革具有了传统画学的基底，新金陵画派的产生其实就是依托江苏省国画家的画师从传统迈向现实的典型创造。的确，七八十年代画院的恢复、兴建，使得传统画学在经历了严寒之后迅速获得了复苏，并在经历新潮美术运动的洗礼而展开轰轰烈烈的中国画大论争大论辩中持变守恒，显现出画院在传统画学断裂后所进行的承传与创新。的确，21 世纪以来的全球化语境使中国当代美术的发展日益呈现多元并举的艺术生态，但多元并不意味着对中国优秀传统文化的消解。

中国画学在中华人民共和国成立以来发生的从“保全与变革”到“承传与创新”，再至“寻根与拓展”的历史兴变，正是对传统中国画学现代人文精神从西而中、从外而内的一种探寻过程。而 2017 年迎来的纪念潘天寿诞辰 120 周年[①]、纪念张仃诞辰 110 周年的系列学术活动[②]以及在中国美术馆举办的刘海粟[③]、宗其香[④]等大型个人回顾展，则从个案研究的角度呈现了他们的艺术思想与变革成就。譬如，中西绘画“拉开距离”的立论，因纪念潘天寿诞辰 120 周年系列学术活动而再度成为美术界的热点话题；潘天寿这一于 20 世纪 60 年代——那个特殊社会环境阐发的中国画学思想，也再历经门户开放的时代变革而于文化自觉的当下语境获得了一种穿越历史的烛照。

现代性转型无疑是 20 世纪中国画变革的主题。对于中国画现代性转型的诉求，一方面来自中国社会在 20 世纪发生的社会制度、生产方式与科学文化等方面的巨大变革，以及由此而折射在人们精神心理与视觉体验上的新变；另一方面则是西画被自主引进，在审美观念、创作方法与语言样式上给予中国画的冲击、参照、介入与改良。不论是以西入中的改良派，还是中西合璧的融合派，抑或全盘接收的西化派，在客观上都对建立怎样的现代中国画起到了不容低估的重要作用。显然，这种现代性转型也在很大程度上漠视了传统自身进入现代性的可能。潘天寿作为身处这样一个中西融汇时代大潮中的画家，能够清醒而鲜明地提出拉开中西绘画距离的主张并进行中国画现代性的探索，这无疑为中国现代美术史打开了一条从传统进入现代性的路径。在笔者看来，拉开中西绘画距离，其实是个文化镜像。也即，富有图像性的西方再现性绘画恰恰是潘天寿反省中国画乃至绘画自身存在价值的一面镜子，正是从这面镜子里，他才一再反对中国画对于西方图像性写实绘画的引用，而在中国画传统的基础上从笔线图形走向了更加自觉的笔墨抽象，在绘画自身特征的探索上缩小了中国画与西方现代主义的距离。

在今天看来，“拉开距离”与“缩小距离”都只是相对的，并共同构成了 20 世纪以来中国画进行现代性探索的方法与路径。我们既不能因长久地关切中西融合命题而忽略“拉开距离”的学术主张，也不必过度夸大“拉开距离”的学术慧识而否定已走过并将继续走下去的文化跨越之路。

三、油画、壁画、雕塑对现代性的再出发

相较于欧美造型艺术的冷淡，油画在当下中国依然显现出强劲的张力。2017 年度，不仅有“中国

---

① “民族翰骨——潘天寿诞辰 120 周年纪念大展”，2017 年 5 月 1 日至 14 日在中国美术馆展出，展览由文化部、中国文学艺术界联合会、浙江省人民政府联合主办，中国美术馆、中国美术家协会、浙江省文化厅、中国美术学院共同承办，展出作品 120 余件。

② “张仃百年诞辰纪念展 1917—2017”，2017 年 10 月 15 日至 11 月 10 日在清华大学艺术博物馆展出，由中国文学艺术界联合会和清华大学联合主办，展出作品近 300 件。

③ “沧海一粟——刘海粟艺术展”，2017 年 11 月 3 日至 26 日在中国美术馆展出，展览由中国美术馆、中共江苏省委宣传部、中共常州市委、常州市人民政府主办，中共常州市委宣传部承办，展出刘海粟书画作品 101 件。

④ “为画而生——宗其香百年诞辰艺术展”，2017 年 11 月 30 日至 12 月 10 日在中国美术馆展出，展览由中国美术馆主办，展出作品 100 余件。

百家金陵油画展”“江南如画——中国油画作品展（2017）”等较具规模的油画专项年度展，而且迎来了“中国油画院十年展”。

以“江南如画”为主题的2017中国油画作品展[①]，是本年中国油画界既富特色也颇见水平的展览。相比于本年度盛大而惹人眼目的“中国北京国际美术双年展”“建军90周年全国美术作品展览”等，这个展览显得相当精小而平实，但也因这种并不十分明确的主题，却给表现中国南部的油画创作带来了一种本真的探索性。油画在中国江南获得的本土化，更鲜明地呈现了现代性特质。这种现代性显然不同于塞尚及印象派之后那些对于绘画性语言独立价值的凸显，也很难简单地把它们归属于法国现代主义某一派别，而是在中国人比较倾向于具象写实的基础上，进行某种程度上的平面化与抽象性因素的探索，从而使这些油画具有现代性的视觉经验与审美趣味。这些具有中国江南地理环境与人文特征的油画，并非一味地进入绝对理念的抽象或心理情绪的表现，而是将画面总体特征控制在某种含蓄内敛的情境内，情境似乎是那些人物、风景与物品所共同呈现的一种审美境界。显然，诗性，是深埋于江南文化之中看不见却可以被深深感受到的一种情愫。

已连续举办了12年的中国百家金陵画展[②]，开始收获了良好的业界反响。以“色彩中华”为主题的2017中国百家金陵油画作品展，不仅呈现出较高的整体水准，而且一些获奖作品也让人过目难忘。当《共享时代》画出了“00后”的纯真，当《微光》画出了这个社会生存的孤守，当《诗和远方》画出了我们的忧伤，我们相信油画这个舶来的古老艺术媒介在当下中国的现实审美诉求中获得了某种审美的穿越。这种穿越，无疑是以本土的现实关怀为基底、以指向未来的当代生活为路标。如果油画就是人类艺术的一种公共媒体，那么，我们坚信，在当下的中国我们分享了这种艺术给我们的生活与思想带来的阳光和色彩，这就是色彩中华的时代共享。这个从历史的深处走来，刻录了欧洲文艺复兴，见证了古典主义、浪漫主义、现实主义和印象主义等兴衰的绘画媒介，在成为我们共享的艺术时，既需要我们深入研习这个媒介所凝固了的技艺传统与审美品质，也需要我们面对当下进行本土的、当代的和个性的创造。它所面临的学术课题，既在于如何运用这种共享媒介通过对当代生活的深入表现而创造新的视觉体验，也在于如何立足于中国文化本土并更深入地研习与转化欧洲油画传统的审美意蕴。

油画在当下中国的火热，还体现在中国油画院的创立与发展上。大概在世界艺术院系范围内，还没有单独以“油画院”命名的学术机构，这个学术机构命名本身就很有中国特色。毕竟在中国的土地上，绘画以国画为主体，油画、水彩、版画等这些舶来的艺术必然存在并不能都平行移植的艰难性，这意味着我们每代人所进行的本土化探索，也都是在重新回到原生语境下对其艺术进行深入研习的过程。自2007年创立的中国油画院，至今已走过十年历程，为此而举办的“中国艺术研究院中国油画院建院十周年庆典暨建院十周年特展”[③]，充分展示了这十年学院师生的创研成果。这个展览更加清晰地呈现了中国油画院以“寻源问道”为校训的教学理念。的确，这所学院几乎荟萃了所有中国当代最具实力的具象写实油画家，他们以自己的才智显现了对西欧油画传统的深入研习，并以此体现当代中国社会语境中的人文情怀与审美创造。他们探究的是西欧油画艺术传统的深厚度，并以此表达油画本土化的艰难性首先就表现在必须以对西欧油画艺术传统的精深理解与高超驾驭为前提。

显然，中国油画院的成立及其10年纪念展是在西方丢弃了写实绘画之际产生的，它在东方文化语境中追问了一个写实绘画在图像时代的价值命题。写实油画在中国获得的复兴，还得益于一些有识之士对中国油画存在的问题始终保持清醒认识而形成的作用力。在大都美术馆藏品展所举办的以“油画

---

① “江南如画——中国油画作品展（2017）”，2017年5月23日至6月23日在江苏省苏州美术馆展出，展览由中国油画学会、江苏省文化厅、苏州市人民政府联合主办，展出作品163件。

② “色彩中华——2017·中国百家金陵画展（油画）”，2017年11月16日在江苏省美术馆展出，展览由中国美术家协会、中共江苏省委宣传部、江苏省文化厅、江苏省文学艺术界联合会共同主办，展出作品100件。

③ “中国艺术研究院中国油画院建院十周年庆典暨建院十周年特展”，2017年9月26日至10月22日在中国艺术研究院中国油画院美术馆展出，展览由中国艺术研究院、中国艺术研究院中国油画院主办。

表现语言与文化创造价值”为主题的学术研讨会上[①]，靳尚谊就一针见血地指出，油画艺术的研究方法不是依据风格流派、观念更新等外部因素，而是基于画种的特点进行技术层面分析来展开的。如对素描造型的研究就基于体积空间、物体结构的表现方法；对色彩的研究就遵循光照下的颜色、色调与油彩的关系。他认为，新时期以来关于美术教育有一种观点，认为重视基础教学没有用处，全都是技术问题。然而，这其中所说的“技术”不仅与科技并不等同，而且它既包括构图、形式、色彩和整体效果的考量，又包括艺术家对生动性、艺术性、精神性的完整表达。“我几十年来研究的都是技术问题，因为技术问题、语言问题不解决，油画水平上不去，光依靠观念是没有用的。”[②]笔者指出，中国在20世纪对西方油画的引进移植过程中，更多关注的是现实主义、现代主义等各种流派的概念和主义，而没有很好地在实践和语言层面解决油画的基本与基础问题。其实，基础决定了高度。从某种意义上来讲，今天中国油画的发展看似流派纷争、多元多样，但总体艺术水准不高，这在很大程度上也制约了中国油画进入世界艺术史的观照视野。[③]

2017年中国美术界对造型艺术热度不减。壁画这个几乎已被边缘到只有在全国美术作品展中通过“架上壁画”得以存在的画种，却于2017年10月在广州美术学院大学城美术馆举办了中国第一个镶嵌艺术展。这个以“镶嵌中国——马赛克艺术邀请展”为展名的大型壁画艺术展[④]，是在玻璃马赛克镶嵌壁画走进大型公共空间与家庭室内装饰的现实需求下策划的，也是市场需求与艺术提升相结合的一次完美尝试。画展中的许多作品虽是对一些著名艺术家原创绘画作品的二次创作，但玻璃马赛克材料的半透光性、色彩的饱和度、不同剪切工艺的分块、不同方式嵌块拼接所形成的肌理痕迹以及各种料器并置所产生的对比，都向人们揭示了马赛克镶嵌壁画艺术的独特魅力。以“镶嵌中国”为主题，不仅暗含了中国镶嵌壁画艺术的复兴，而且是在科技与材料的当代发展中对马赛克材料工艺的点状突破与壁画艺术的纵深挖掘。

中国雕塑的现代性是雕塑自20世纪从西欧引进中国后人们最为关注的一个艺术命题。中国引进西方雕塑的这百年并未完全按照欧美艺术的演进路线，而是根据中国的社会现实与文化语境进行了中国雕塑的现代性发展。因而，中国雕塑的现代性，也便不能完全等同欧美现代主义雕塑的概念。2017年9月由中国美术馆举办的“首届全国雕塑艺术大展”[⑤]，是对20世纪中国雕塑现代性演进轨迹的一次全面梳理。当从李金发、滑田友、刘开渠等这些第一代留欧雕塑家开始的约590件百年名家雕塑荟萃于中国美术馆所有展览大厅时，人们对于中国雕塑的现代性进程也便形成了一种清晰的感性认知。从张充仁的《恋爱与责任》表达的现代社会对人性的启蒙到滑田友的《轰炸》对日军侵华给中国人民带来深重灾难的揭露，从余积勇的《五卅惨案纪念碑》对那些牺牲者形象的抽象概括到《人民英雄纪念碑》通过八块浮雕所浓缩的中华民族从觉醒、抗争到解放的宏大叙事，这些雕塑作品对于民族精神的揭示，是一幅绘画、一部文学作品所不能达到的，也不是去具象的雕塑语言自立、以某种抽象性的现代性雕塑就能够完成的，因而，中国雕塑的现代精神是以表现这个民族、国家的现代精神为内核的，只有那些真正凝固了民族悲剧性的历史瞬间，才能真正揭示中国当代社会民族精神的来源与力量。

---

① “百年油画的轨迹——大都美术馆油画藏品展”，2017年9月9日至20日在山东美术馆展出，展览由山东省文化厅、中共济南市委宣传部、北京大都美术馆主办，山东美术馆、商河县人民政府、北京文化艺术基金会协办，展出油画作品143件。

② 郑石如：《文化没有继承，创新就无从谈起——油画发展要回归本体》，《美术》2017年第10期。

③ 郑石如：《文化没有继承，创新就无从谈起——油画发展要回归本体》，《美术》2017年第10期。

④ “镶嵌中国——马赛克艺术邀请展”，2017年10月29日至11月10日在广州美术学院大学城美术馆展出，展览由中国美术家协会壁画艺术委员会和广州美术学院联合主办。

⑤ “首届全国雕塑艺术大展”，2017年9月6日至17日在中国美术馆展出，展览由中国美术馆主办，长春市人民政府支持，展出作品500余件（套）。

而同期在长春举办的“第五届国际城市雕塑高峰论坛”① 对于世界当代城市雕塑发展的探讨，也再次彰显了中国雕塑的现代精神在中国意象美学与写意语言上的独特价值。显然，进入20世纪90年代以来的中国雕塑，并不完全盲从于以装置、新媒体为代表的后现代主义雕塑概念，而是回到中国文化本体，以意象美学与写意语言探求中国雕塑跨越写实的方法与路径。吴为山提出“文心意写”的写意雕塑概念，是继滑田友、王朝闻等一代雕塑大家之后提出中国雕塑写意论最为明确的艺术主张，也是面对世界以装置代替雕塑的流行趋势而提出中国雕塑现代性发展的基本理念与应对策略。中国雕塑的现代精神既是中国引进西方雕塑百年历程对于民族现代精神的塑造，也是在欧美当代艺术理论中反刍中国意象美学，从而寻求人类雕塑艺术发展新方向的文化思考。

四、构建新的全球当代艺术理念

每十年一遇的两个国际艺术大展——“威尼斯双年展”和“卡塞尔文献展”于2017年夏季相继开幕，并构成了策展理念上富有意味的比对。以“艺术永生”为主题努力回归艺术本体的“第57届威尼斯双年展”②，试图用装置、影像、新媒体艺术来诠释艺术的永恒性，这种对艺术永生的追问与呈现似乎仍只偏执于对艺术不断变革的“当代性”的演绎，而轻视或放弃了人类已有的造型艺术传统。以“以雅典为鉴”为主题的“第14届卡塞尔文献展”③，试图以希腊和卡塞尔这两座城市的展区来探讨曾作为西方文明发源地的希腊在当下面临的文化边缘化与经济、政治双重危机的窘境。不论本届威尼斯双年展对于艺术本体问题的追问，还是本届卡塞尔文献展对区域政治问题的热情，它们都无一例外地把艺术的“当代性”命题设定在装置、影像、行为和新媒体艺术范畴，并以此作为唯一的当代国际艺术，仿佛在此之外的造型艺术与非欧美国家的艺术类型都不是“当代的”，也不具备“国际性的”。与此相反，已连续举办15年的“中国北京国际美术双年展”，以“丝路与世界文明”作为“第七届中国北京国际美术双年展”④ 的策展主题，这或许也最鲜明而精准地传递了这15年来“中国北京国际美术双年展”从创设到繁盛所持守的文化立场与艺术主张。这就是为什么当代艺术的全球化是个由世界各国、各民族的艺术互交与互鉴的结晶，而不是全球艺术被欧美艺术的殖民化与同质化。

当来自102个国家（地区）567位艺术家的601件作品俱陈于中国美术馆所有展厅时，人们强烈地感受到其参与国之多、涵盖种类之全、艺术样态之丰，或许都完美地诠释了本届中国北京国际美术双年展为不同国家、民族的文化艺术进行平等交流、互学互鉴而提供展研平台的丝路精神。以“丝路与世界文明”为主题所调动的全球艺术家创作，无疑是一次富有挑战性的美学重建。它一方面倡导能够体现各国文化特征的艺术创作，另一方面则聚焦各国在艺术当代性上的不同理解与不同创新。其挑战性显然在于，如何从各自民族传统的来路中来理解艺术的当代性开拓，它既同于人类艺术发展的某些共同走向，也依然葆有各国、各民族的文化印记与审美特质。这就是人们在展览现场

---

① “第五届国际城市雕塑高峰论坛”，2017年9月7日在长春雕塑博物馆召开。论坛特邀请原建设部副部长宋春华，中国工程院院士程泰宁，法兰西艺术院通讯院院士迪埃·贝奈姆，白俄罗斯共和国国家美术馆馆长弗拉基米尔·普罗科普佐夫，俄罗斯东方民族艺术博物馆馆长亚历山大·谢多夫，德国波恩文化艺术基金会主席沃尔特·斯麦林，国际动态艺术组织主席拉尔方索，中国美协美术理论委员会副主任尚辉为主讲嘉宾。从不同侧面阐述城市雕塑建设的研究成果和发展方向，介绍各自国家的城雕特色，以及共同关注和解决的问题。

② “第57届威尼斯双年展”，2017年5月11日至11月26日在威尼斯展出，本届威尼斯双年展中国馆以“不息”为主题，由中国对外文化集团公司主办。

③ “第14届卡塞尔文献展”，2017年6月10日至9月17日在德国展区展出，本届的主题为“以雅典为鉴”，展场分别位于：文化火车站（Kulturbahnhof）、弗里德利希阿鲁门博物馆（Museum Fridericianum）、文献厅（Documenta-Halle）、桔园宫（Orangerie）、自然博物馆（Ottoneum Naturkundemuseum）、卡塞尔大学（University of Kassel）等。

④ “第七届中国北京国际美术双年展”，2017年9月24日至10月15日在中国美术馆展出，展览由中国文学艺术界联合会、北京市人民政府、中国美术家协会主办，共有102个国家（地区）567位艺术家的601件作品参展。

观赏到的缤纷多彩的艺术景观，它不仅呈现了许多国际双年展通行的新媒体艺术，而且较多地展现了造型艺术的当代探索；它不仅呈现了一些欧美国家对于当代视觉体验的试验，而且较多地展现了以中国为代表的东方国家对于视觉艺术文化内涵的求索；它不仅呈现了包括抽象、表现和符号表征在内的非现实形象的视觉艺术探寻，而且较多地展现了再现写实或具象超现实的现实形象系统多样表意方式的拓新。

通过对这些作品的深层解读，人们似乎可以触摸到这样一种贯穿于作品之间的创作思想脉络。"丝路与世界文明"为当代艺术创作提供了恢宏而深广的历史背景，不同国家、不同民族的艺术家正是从这个历史穹顶里探寻了连接他们各自文化存在与现实处境的审美通道。远古的丝路遗存与现实的丝路构建，唤醒了他们积蓄已久的艺术想象力与重构当代美学的渴望，而这些想象与渴望正源源不断地转换为他们进行媒体实验、语言探寻和观念寄寓等的创新实践。"丝路与世界文明"还为艺术的全球化提供了这样一种新思维、新参照，这就是从由某种艺术史进化逻辑所推演的当代艺术路线图里解放出来，不以追逐欧美流行的以新媒体取代造型艺术的当代艺术理念为人类艺术当代性发展的唯一方法与路径，而是把世界艺术的展延置于不同国家、不同民族的文化艺术的平等对话与交流互鉴中，促进全球文化艺术的多元与多样性发展。

而另一个来自中国湖南省湘西凤凰镇的"凤凰艺术年展"则举起了"超当代"的策展旗帜。曾在沈从文笔下描绘出的"边城小镇"因为其独特的客家文化、边城景色而成为艺术当代性创作的特定"情境"，并因"凤凰艺术年展"的举办而使这种边缘和世界当代文化中心构成了某种意味的解构现象。以"超当代"为主题的凤凰艺术年展①，给人印象深刻的并不是把装置、影像、观念等新媒体艺术当作当代艺术的独角戏，而是以当代人文精神的表达为内核，从新媒体艺术的视觉化突进和造型艺术本体语言的时代性变革这两个方面予以诠释。"超当代"艺术概念的提出，让人们开始思考艺术有不断"当代性"的一面，也有超越"当代性"的另一面。就人们今天看到的"当代艺术"而言，它是针对当代高科技研发而改变人们生活方式，并根据解构主义理论而新生的一种艺术类型，这是艺术当随时代并具有"当代性"的一种表现。但这并不意味着造型艺术的终结，也不能表明造型艺术不能被赋予"当代性"，更不意味着造型艺术不能在不同国家、民族的文化互鉴中获得新的演变与拓展。因为，这种由人的生理机能所创造的造型艺术体系，是审美的解放人性与人性的审美解放的必然表征，从人的劳动而开始的生产的对象化，也就孕育了审美的对象化；由此而形成并高度发展的造型艺术规律——这个有关人的审美对象化的高级形态，正是造型艺术的本质。

绘画、雕塑等有关人类手的创造性与精神情感表达的高度统一，无疑是一种超自然的人文诉求和人文表达。就此而言，这种对人类审美的人性创造与人性的审美创造而形成的造型艺术及其规律，也具有某种超越"当代性"的永恒性。这正像奥利瓦在谈论 20 世纪 80 年代欧美绘画复兴时所认识到的"手工技巧"的价值那样，"创作过程的愉悦将绘画传统再次引入艺术"②。只不过，包括绘画在内的造型艺术创作与发展在中国从未中断，也从未失去信心；而其所言绘画"创作过程的愉悦"说得还欠缺些底气，人手对于形象的艺术塑造，早已超越"愉悦"层面而进入了更深层的精神创造。

"中国北京国际美术双年展""凤凰艺术年展"释放出的艺术"当代性"的新思维，既体现了中国艺术的主体立场，也表达了中国美术对于人类造型艺术本质及其发展规律的深刻认识。艺术是穿越历

---

① 首届"凤凰艺术年展"，2017 年 9 月 22 日在湖南省凤凰古城开幕，展览以"超当代"为主题，由凤凰艺术年展组委会主办，中国国家画院、《中国美术报》、《中国美术报》网、湘西土家族苗族自治州人民政府为支持单位，展出 19 位各国艺术家创作的 200 余件作品。

② ［美］H.W. 詹森著，戴维斯等修订《詹森世界艺术史·第三十章后现代时代：1980 年至今的艺术·绘画回归》，艺术史组合翻译实验小组译，世界图书出版公司北京公司 2014 年版，第 1090 页。

史与当下、理想与现实的精神隧道，因而，艺术的穿越也总是在变革与守恒之间。

2017年12月2日于北京22院街艺术区

尚辉　中国美术家协会理论委员会副主任，《美术》杂志社长兼主编、编审

2017年度中国美术发展研究报告

◎ 牛克诚　孔德平

2017年度主题性美术创作有四大主题："中华文明历史题材美术创作工程"完美收官，"中国共产党与中华民族伟大复兴——国家重大题材美术创作工程""《中华家园》美术创作项目"正式启动，"一带一路"国际美术工程展示阶段性成果。在重温历史、讴歌时代、致敬大师等多维度美术展览中，"千里江山——历代青绿山水画特展""秦汉文明展"等传统经典作品展成为本年度热点。高校"双一流"的创建，教学成果展、艺术教育论坛和青年作品展的举办，显示了蓬勃的院校和青年力量。随着理论研究和学术探讨的不断深入，美术理论建设稳健发展。中外美术交流不断发展，中国艺术在国际化语境中表现自身独特性，国外艺术展来华展出精品多、规格高，地区和时代跨度大，展览频繁。公共美术机构方兴未艾，公共艺术机构开始重视艺术教育功能，加大馆藏作品的展示力度，以服务于社会；民营美术馆面临生存压力。调整中的艺术市场低中向好，拍卖频创新高。

一、繁盛的主题性美术创作

主题性美术创作是当代中国美术发展的主旋律，通过主题性美术创作所彰显出的不仅是文化传承的需要、时代发展的需要，更是我国文化自信的实际体现。2016年11月30日，习近平总书记在中国文学艺术界联合会第十次全国代表大会、中国作家协会第九次全国代表大会开幕式上讲话强调，文运同国运相牵，文脉同国脉相连。只有始终坚定文化自信，坚持以人民为中心的创作导向，面向历史、面向时代、面向人民，用浓墨重彩记录英雄、塑造英雄、传颂英雄，才能塑造美术作品的史诗品格，才能在高原上铸就美术发展的高峰。要推出更多反映时代呼声、展现人民奋斗、振奋民族精神、陶冶高尚情操的优秀作品，努力铸就中华民族伟大复兴时代的文艺高峰，为我们的人民昭示更加美好的前景，为我们的民族描绘更加光明的未来。

深入贯彻落实习近平总书记系列重要讲话精神，从丰富的传统文化中汲取养分，从鲜活的生活及人民群众的实践中捕捉灵感，从世界各民族文化、各艺术门类的交融中发掘创意，开阔视野，持续创新，创作反映中国人审美追求、体现时代特色、具有中国气派的精品力作，成为2017年度广大美术工作者和艺术家的重要任务。

中华文明数千年历史进程中的每一阶段都有重大主题和生动故事需要深入表现，中华民族近现代百余年的奋斗足迹和不屈精神需要精心描绘，中华人民共和国成立尤其是改革开放的宏伟篇章需要重点书写。无论是悠久历史还是当下现实，都有重大的题材、鲜活的人物和可歌的事迹需要艺术家去表现。主题性美术创作紧扣时代脉搏，立足社会现实，展示时代风采，透射历史情怀，其重要性不言而喻。

近年来，随着几项国家级主题性美术创作工程的陆续推出，全国各地各方面美术创作力量积极响应，出现了一批主题鲜明的精品力作，作为热点关注的主题性美术创作也引发了美术界乃至社会各界的关注。同时，主题性美术创作在创作构思、创作方法、作品质量等方面也暴露出一些问题，主题性美术创作有其题材、语言和审美指向上的规定性，但在艺术创作的热情与投入、艺术家的综合素养和作品的艺术感染力等方面，要求与其他美术创作并无二致。从现在的主题性美术创作情况来看，创作者在对中华文化独特性的深入理解，在重大题材的生动艺术表现和艺术风格的卓然独立，在作品所蕴含的人文关怀和思想深度等方面，均有亟待深入发掘的潜能和亟待解决的问题，在勇攀艺术高峰、创造时代经典方向上还有很大的探索空间。

2017年，主题性美术创作有四大主题：

1.“中华文明历史题材美术创作工程”完美收官

“中华文明历史题材美术创作工程”是为繁荣发展社会主义文艺创作，经中共中央宣传部批准，由中国文学艺术界联合会、财政部和文化部自2011年起联合实施的国家重大文化建设项目。该工程是继2009年完成主要表现1840年以来重大历史题材的“国家重大历史题材美术创作工程”之后，由国家倡导并实施的又一次大规模主题性美术创作活动，作品主要表现中国史前社会、原始社会、奴隶社会、封建社会（1840年以前）所发生的历史事件、杰出人物和文明成果，以绘画、雕塑等视觉艺术形式呈现一批重大历史事件、塑造一批杰出历史人物、展示中华科技文化成果、描绘历代社会风情，集中创作一批具有艺术性、文献性和民族史诗品格，气势恢宏、形式多样、技艺精湛，能够传之久远，并为人民大众喜闻乐见的精品佳作。“中华文明历史题材美术创作工程”和“国家重大历史题材美术创作工程”，以1840年鸦片战争为界分为古代和近现代两部分，共同构成完整的中华文明史的美术画卷。

“中华文明历史题材美术创作工程”由国家以政府采购的方式资助，由中央财政安排“中华文明历史题材美术创作工程专项资金”1.5亿元，结合项目进度逐年到位，主要用于创作资助、作品奖励性购藏等支出。此前，为确保该工程顺利实施，中国文学艺术界联合会、财政部和文化部于2011年联合印发《中华文明历史题材美术创作工程实施办法》，成立工程办公室，经过选题和作者征召公告发布、草图征集、入围评审等环节，于2016年完成作品评审验收工作。2017年3月，该工程按计划正式结束，最终确认收藏作品146件，其中国画61件，油画42件，版画17件，雕塑26件。所有作品用于中国国家博物馆等国家级艺术单位收藏和陈列，并将进行全国巡展和对外交流展出。

2.“中国共产党与中华民族伟大复兴——国家重大题材美术创作工程”正式启动

由文化部主办的“中国共产党与中华民族伟大复兴——国家重大题材美术创作工程”经过一年多的筹备，于2017年7月初正式启动。该创作工程以“坚持以人民为中心的创作导向，坚持文艺‘为人民服务、为社会主义服务’的方向和‘百花齐放、百家争鸣’的方针，坚持创造性转化、创新性发展，聚焦中国梦的时代主题，培育和弘扬社会主义核心价值观，引导广大美术工作者坚定文化自信，坚持服务人民，勇于创新创造，坚守艺术理想，推出更多反映时代呼声、展现人民奋斗、振奋民族精神、陶冶高尚情操的优秀美术作品”为指导思想，紧紧围绕“讴歌党、讴歌人民、讴歌祖国、讴歌英雄”的鲜明主题，旨在推出一批优秀主题性美术作品，培养一批中青年主题美术创作人才，推动主题性美术创作理论。该创作工程以文化部正式公布的选题参考范围为依据，立足现实题材，兼顾历史题材，采取约请创作与公开征集相结合的方式，动员和组织国内优秀美术家进行创作，分阶段推出100件左右的主题性美术作品，与中国美术馆等机构收藏的经典作品一起，将于2019年和2021年分别举行大型主题性美术作品展览。

3.“《中华家园》美术创作项目”正式启动

为创作一批具有鲜明时代特征、思想精深、艺术精湛、制作精良的优秀绘画作品，运用造型艺术形式表现中国56个民族丰富多彩的生活风情、历史风采、时代新貌，表现祖国锦绣河山、历史遗迹、人文风物、当代新姿，讲好中国故事，由国务院参事室、中央文史研究馆、国家民族事务委员会、中国文学艺术界联合会、中国美术家协会共同策划组织并指导实施的“《中华家园》美术创作项目”于2017年5月16日在北京正式启动。该创作项目以向社会公开甄选和专家推荐相结合的形式，邀请全国优秀画家参与创作，以专项财政资助、收藏奖励方式为国家积累一批主题内容鲜明、艺术质量上乘的优秀美术作品。项目共计106个选题，分为两个子项：“《四海一家》——中华民族风情56图”以每个民族作为绘画创作主题，艺术地展现各个民族的历史传统、民俗风情、人文特色、今昔变化、当代风貌，体现56个民族中华一家的主题内涵；“《锦绣河山》——中华人文胜景50图”以中国美景风物为绘画创作主题，艺术地表现祖国美丽河山、人文标志、历史风物、独特风貌，体现中华文明历史悠久、文化积淀丰厚、人文创造多彩的主题内涵。所拟选题旨在为创作者提供创作题材的内容要求，创作者可根据选题收集素材，并以中国画、油画、版画、壁画和综合材料绘画为表现形式，以设色绘画及具象、多样写实风格为主的艺术表现形式，按各自风格语言进行创作。

4. "一带一路"国际美术工程展示阶段性成果

"一带一路"国际美术工程是中国国家画院响应国家"一带一路"倡议的重要举措，于2014年初由中国国家画院申报，文化部批准立项。中国国家画院"一带一路"国际美术工程计划用时5年完成，目前该工程已经进行到第四年。为迎接"一带一路"国际合作高峰论坛，中国国家画院主办的"一带一路"主题美术作品展于2017年5月9日在中国国家画院美术馆开幕，展览展出以"一带一路"为主题的美术作品112件，其中既有"一带一路"沿线地区写生、速写作品，也有参与选题创作作品，展示了中国国家画院研究员参与"一带一路"国际美术工程的阶段性成果。该展览是该美术工程阶段性成果汇报展，也是一次对"一带一路"国际合作高峰论坛的献礼展。同属"一带一路"国际美术工程阶段性成果的还有12月21日在陕西省西安市崔振宽美术馆开幕的"丝路起点·人文西安——中国国家画院'一带一路'主题写生作品展"。

二、多维度的美术展览

（一）重温历史

2017年1月，中共中央办公厅、国务院办公厅印发《关于实施中华优秀传统文化传承发展工程的意见》。该意见分四个方面共18条内容，从理论和实践层面讲明了为什么传承发展、传承发展什么、怎样传承发展的问题。以中央文件的形式专题阐述中华优秀传统文化传承发展工作，在中华人民共和国历史上还是第一次。

为贯彻落实意见精神，充分发挥公共文化机构在传承发展中华优秀传统文化中的作用，国内重点博物馆、美术馆积极举行主题不同、形式各异的国宝展、精品展，馆藏经典、精品纷纷打破"养在深闺人未识"的局面，展现在广大观众面前，对传承优秀艺术传统，彰显民族文化魅力具有积极而重要的推动作用。

各博物馆2017年推出的国宝展和馆藏精品展，从展品年代来看，上自秦汉，下到明清；从展品种类来看，除了最受瞩目的古代书画外，还包括青铜器、玉器、丝织品等类别；从展览举办地来看，涵盖北京、上海、广东、浙江、江苏、辽宁等省市。其中，备受瞩目的展览有故宫博物院的"千里江山——历代青绿山水画特展""赵孟頫书画特展"和中国国家博物馆的"秦汉文明展"，最受瞩目的展品当属北宋王希孟的《千里江山图》。

1. "千里江山——历代青绿山水画特展"引发观展热潮

故宫博物院"千里江山——历代青绿山水画特展"于2017年9月15日至12月14日在北京故宫午门正殿和东西雁翅楼展出，共展出包括敦煌壁画、唐代至清代青绿山水画和20世纪青绿山水画，以及当代徐冰装置青绿山水在内的中国历代青绿山水画86幅（件），是国内第一次系统梳理、展示中国历代青绿山水画发展脉络的大型特展。展品分别来自故宫博物院、上海博物馆、辽宁省博物馆和敦煌研究院的收藏。展览共分五个单元，其中"东晋至宋：金碧辉映"单元展示青绿山水滥觞、成立至完备的过程，展品均为美术史名作，尤其是敦煌莫高窟唐代壁画、展子虔的《游春图》、传赵伯驹的《江山秋色图》、赵伯骕的《万松金阙图》，实为难得一见的珍品。午门展厅单独展出最为核心的"千里江山"——北宋画家王希孟在1113年完成的画作《千里江山图》。该图是中华人民共和国成立以来的第三次展出。该展览的举办，系统展示了中国古代青绿山水画的发展脉络，有助于人们更全面地理解山水画的概念，以及中国艺术的精神。借此展览，可以让民众对故宫博物院所藏包括展子虔的《游春图》、王希孟的《千里江山图》、传赵伯驹的《江山秋色图》和赵伯骕的《万松金阙图》在内的重要作品有直接、具体的认识。同时，该展也是博物院藏品清理、研究深入化的具体体现。

"千里江山——历代青绿山水画特展"引发了持续时间相对较长的热议，激发了更多民众对中国古代山水画尤其是青绿山水画的"好奇"之心和探究欲望。参观人数之多，社会关注度之高，前所未见。

2. "秦汉文明"展展示中华人民共和国成立以来秦汉时期重要考古成果

2017年9月17日至11月30日，由文化部和国家文物局主办的"秦汉文明"展在中国国家博物馆举行。展览展出了从全国30多家文博机构精选出的170件（组）300多件重要文物，包括秦始皇兵马俑、金缕玉衣、长信宫灯、"皇后之玺"玉印等家喻户晓的珍贵文物，也有海昏侯墓和大云山江都王陵等地出土的最新考古成果，基本涵盖中华人民共和国成立以来有关秦汉时期的重要考古成果。该展览融合了美国大都会博物馆的同名展和其他展览，以及部分新征调展品，但与大都会同名展把文物按时间纵向排序不同，该"秦汉文明"展包括"文治武功""长乐未央""事死如生""多元文化""丝路交通"五个主题单元，试图从不同侧面对秦汉文明进行"全景"式解读，以诠释其厚重内涵及深远影响，与广大观众共同感受中华民族发展历史上这一灿烂辉煌的时代记忆。

3. "赵孟頫书画特展"全面展示赵氏书画艺术风貌

2017年9月6日至12月5日，"赵孟頫书画特展"在故宫博物院武英殿举行。该展展出了来自故宫博物院、上海博物馆和辽宁省博物馆等机构的共计107件（组）藏品。展品以赵孟頫作品为主，包括行书《秋兴诗》卷、行书《归去来辞》卷、行书《酒德颂》卷和绘画作品《秋郊饮马图》卷、《水村图》卷等经典之作，同时还展出了受其风格影响的鲜于枢、钱选、黄公望、吴镇、文徵明、董其昌等名家作品，较为全面地展现了赵孟頫书画的艺术渊源和卓越成就，以及对后世的巨大影响，是近十年来展出赵孟頫作品最多、展期最长的一次特展。为配合此次特展，故宫出版社与安徽美术出版社合作推出大型图册《赵孟頫书画全集》（共十卷），汇集了故宫博物院、上海博物馆、天津博物馆、辽宁省博物馆、中国国家博物馆、首都博物馆等12家国内博物馆，以及大都会博物馆、弗利尔美术馆、大英博物馆、克利夫兰艺术博物馆、东京国立博物馆、大阪市立美术馆、普林斯顿大学博物馆等11家海外博物馆和流传有绪的私人收藏的赵孟頫传世书画作品，展现出赵孟頫书画艺术的全貌。该书是目前收录赵孟頫传世书画作品最全的大型图册。

除以上三个大展外，北京画院"中国古代书画研究"系列展于2017年继续举行。8月25日至11月19日，作为该系列展之一的"笔砚写成七尺躯——明清人物画的情与境"，展出明清时期不同题材和风格的人物画作品62件。

2017年11月30日，由上海博物馆与山西博物院共同举办的"山西博物院藏古代壁画艺术展"在上海博物馆开展。展览遴选山西博物院珍藏的北朝和宋、金、元时期的12组89件墓葬壁画作品，分为"天似穹庐""人亦黄土"两部分，彰显了北朝与宋、金、元时期山西地区民族融合的历史轨迹，描绘了民族文化碰击与交融的壮观场面。该展是目前国内规模最大的一次壁画艺术原作展览。

此外，广州艺术博物院的"艺苑撷英——广州艺术博物院藏历代绘画精品展"、辽宁省博物馆的"咫尺江山——中国古代山水画手卷展"、苏州博物馆的"集其大成——苏博藏明末清初各流派山水"展览、故宫博物院的"故宫博物院藏四僧书画展"、南京博物院特展馆的"青藤白阳——陈淳、徐渭书画艺术特展"、上海博物馆的"遗我双鲤鱼——上海博物馆藏明代吴门书画家书札精品展"、江苏省美术馆的"借古以开今——馆藏明清绘画专题展"、浙江省博物馆的"湖上有奇峰——蓝瑛作品及师承影响特展"、浙江美术馆的"瀚海云垂——浙江美术馆馆藏'海派'名家作品展"、中国美术馆的"回眸600年——从明四家到当代吴门绘画特展"、南京大学美术馆的"楮墨留真——南京大学藏金石拓片展"、苏州丝绸博物馆现代馆的"瑞庆祯祥——清代织锦珍品特展"、广州艺术博物院的"石上画卷——中国汉画艺术展"、苏州博物馆的"大邦之梦——吴越楚青铜器特展"也纷纷亮相，一场场重量级的"国宝展"呈现在观众面前，不同的主题、不同的视角，共同掀起了一场"国宝热"。

（二）讴歌时代

2017年是党的十九大召开之年，是中国人民解放军建军90周年，也是香港回归祖国20周年。以

“最美中国人——庆祝中国共产党第十九次全国代表大会胜利召开大型美术作品展”“庆祝中国人民解放军建军90周年全国美术作品展览暨第13届全军美术作品展览”“庆祝香港回归祖国20周年全国中国画作品展”等为代表的一场场美术展览，通过一幅幅围绕重大题材、紧扣时代脉搏的主题性创作，展现了中国精神，反映了时代风貌。

1.“最美中国人——庆祝中国共产党第十九次全国代表大会胜利召开大型美术作品展”展现中国精神

2017年10月18日至24日，中国共产党第十九次全国代表大会在北京召开。这次大会是在全面建成小康社会决胜阶段，在中国特色社会主义进入新时代的关键时期召开的一次盛会。为了迎接党的十九大胜利召开，全国美术界举办了一系列大型展览和活动。其中，由中共中央宣传部指导，中国文学艺术界联合会、中国美术家协会、中国国家博物馆共同主办的“最美中国人——庆祝中国共产党第十九次全国代表大会胜利召开大型美术作品展”于10月10日在中国国家博物馆开幕。该展览以党的十八大以来，中共中央宣传部宣传发布的“时代楷模”“重大典型”等为蓝本，中国美术家协会组织美术家最新创作了21幅油画和中国画，作品表现的人物涵盖社会各行业涌现的先进典型。作品以细节突出主题，以朴素描绘楷模，以平凡展现伟大，在写实与表现中捕捉人物个性、反映时代变迁，努力在主题性与艺术性两方面寻求创新与突破。

2.“美在新时代——庆祝‘十九大’胜利召开中国美术馆典藏精品特展”引起热烈反响

2017年11月17日至26日，中国美术馆举办了“美在新时代——庆祝‘十九大’胜利召开中国美术馆典藏精品特展”。该展览精选中国美术馆馆藏近现代名家作品200余件（套），从晚清赵之谦、何绍基、任伯年、吴昌硕，到现代齐白石、傅抱石、叶浅予、李可染、徐悲鸿、林风眠、庞薰琹、吴作人、吴冠中，众多大师精品齐聚一堂，多角度呈现了中国美术近代以来发生的深层变革，体现出艺术大师由文化自觉和自信所激发的弘道精神和正大、至刚、至中、至正的品质，表现了中国人亲近自然、赞美自然及发现美、创造美的精神。该展览引起社会各界的热烈反响。

3.“庆祝中国人民解放军建军90周年全国美术作品展览暨第13届全军美术作品展览”描绘强军梦

在中国人民解放军建军90周年之际，多场美术展览在全国各地举行。2017年7月28日至8月9日，由文化部、中央军委政治工作部、中国美术家协会联合举办的“庆祝中国人民解放军建军90周年全国美术作品展览暨第13届全军美术作品展览”在中国美术馆和81美术馆开幕，展览以军事题材美术的特有语汇纵情放歌90年，深情礼赞中国共产党领导人民军队走过的奋斗历程、开创的伟大业绩、铸就的精神丰碑，鼓舞激励人民群众和部队官兵为实现中国梦之强军梦而砥砺奋进。

4.“庆祝香港回归祖国20周年全国中国画作品展”“水墨中国·叙事中国——香港回归20周年艺术展”展现中华文化的血脉相连

2017年是香港回归祖国20周年，艺术交流活动先后在北京、香港等地拉开帷幕，将香港与祖国血脉相连的文化以艺术的形式展现出来，显示出中华文化积淀着的中华民族最深沉的精神追求，展示着中华民族的精神基因是全世界华侨华人无法割舍的情感纽带。

2017年6月23日，由中国美术家协会、中国文学艺术基金会共同主办的“庆祝香港回归祖国20周年——全国中国画作品展”在中国美术馆开幕。展览共展出评选作品159幅，并特邀展出32位美术家作品。此外，主办方为展览专门组织创作的10幅作品，反映了自1840年鸦片战争至2017年的重大历史变革，彰显祖国统一和“一国两制”“港人治港、高度自治”方针在香港的成功贯彻落实，展现了香港回归祖国后所取得的伟大成就及中国画在新时代的发展。

6月1日，“水墨中国·叙事中国——香港回归20周年艺术展”在香港会展中心开幕，为期一周的艺术展设有“水墨中国”和“叙事中国”两大展览主题，共展出艺术家的约300件艺术品。85位参展艺术家以丰富的艺术表现力，展现祖国景象和香港风采，为香港各界丰富多样的“回归庆典”活动增姿添彩。

5. 以表现“一带一路”“丝路情怀”和“现实理想”的主题展览在各地举行

应国家“一带一路”倡议，各类以“丝路情怀”和“现实理想”为主题的展览在各地陆续举行。

2017年2月26日，由文化部艺术司支持，中国国家画院和江苏省文化厅主办的“第五届全国画院美术作品展览”在江苏省美术馆开幕。该展览是展示画院系统创作研究成果的重要展览。其前身“全国画院双年展”此前已连续举办了四届，对加强全国画院的交流与合作，促进创作繁荣起到很大作用。本届展览主题为“丝路情怀”与“现实理想”，145件特邀作品和305件征选作品，代表了全国画院系统骨干创作力量的整体实力，显示了画院系统自身建设成就，展示了专业创作和研究的最新成果，体现了画院系统艺术家坚持正确文化方向，坚持主旋律，提倡多样化，以艺术自身规律为重要追求的共识。

2017年6月28日，由中国美术家协会和香港各界庆典委员会联合举办的“风情丝路·彩墨香江——当代名家作品展”在香港开幕。展品包括描绘香港、内地，乃至“一带一路”沿线国家独特景色的传统水墨画作品，和寄语香港、感受“香港情、中国梦”的书法作品。

2017年9月7日，“丝路精神·时代丹青——第四届今日丝绸之路国际美术邀请展”在陕西省美术博物馆开幕。展览分“国际美术作品”“国内美术作品”“书法篆刻作品”“摄影作品”及“丝路——东西文化旅程的想象”五部分，汇集了来自100多个国家和地区1000余位艺术家的1000余件优秀作品，内容丰富、形式多样。

此外，以“一带一路”为主题的展览还有：7月6日在故宫午门东雁翅楼展厅开幕的“一带一路笔墨传情——弘扬丝路精神谱写美丽篇章”展览，展出当代画家以“一带一路”为创作主题的40余件作品；10月17日，由中国国家画院主办的“2017中国国家画院‘一带一路’采风写生作品展”在北京时代美术馆开幕；11月28日，由中国文学艺术界联合会、中国书法家协会、中国铁路文联主办的“辉煌历史：‘一带一路’诗书万里行”暨“深入生活、扎根人民·当代书坛基层采风主题实践活动汇报展”在中国文联文艺家之家展览馆开幕，展出近百幅讴歌“一带一路”成果的原创诗词书法作品；等等。

（三）致敬大师

2017年，许多在中国美术发展中发挥过重要作用的艺术大家迎来周年诞辰。潘天寿120周年诞辰，李可染、叶浅予、李桦110周年诞辰，张仃100周年诞辰，吴昌硕逝世90周年从中国美术馆、中国国家博物馆到各省市的美术馆、博物馆、纪念馆，举行的诞辰纪念活动各具特色，以作品和文献展览、学术研讨和成果出版为主，以最直接的方式回顾大家们的艺术成就，以期让观众更加了解这些已经故去的艺术大家，吸收他们身上优秀的艺术特质，在坚守传统的基础上，推动中国美术健康发展。

1. “民族翰骨——潘天寿诞辰120周年纪念大展”在北京、杭州两地举行

由文化部、中国文学艺术界联合会、浙江省人民政府联合主办的“民族翰骨——潘天寿诞辰120周年纪念大展”于2017年5月和12月分别在中国美术馆、浙江美术馆展出。作为史上最大规模的潘天寿作品展，本次展览展出来自中国美术馆、潘天寿纪念馆、中国美术学院美术馆、中国美术学院国画系、宁海县文物办、西泠印社的潘天寿代表作128件（组）和写生稿36件、文献作品29件，从艺术风骨、教育贡献、画学思想、笔墨成就、传承创新等多个方面出发，全方位、立体式向观众展现作为艺术家、教育家、画学家的潘天寿。

5月1日至14日在中国美术馆的展览，分为“高风峻骨”“一味霸悍”“奇崛明豁”“雁荡山花”“守常达变”和“饮水生涯”等板块，将画作、画论和诗词编织为一体，构成不同主题。2017年12月1日至2018年1月14日，该展作为2017年国家艺术基金传播交流推广项目在浙江美术馆展出。展览整体呈现了潘天寿的师容、师艺、师言和师影，突出其教育形象和教育贡献以及中国画学脉传承的绵延不绝，给人亲切之感。

潘天寿“一味霸悍”的绘画，和他关于“中西绘画拉开距离，两峰独立”的观点，特别是他“振兴民族艺术与振兴民族精神有密切关系”所表现出的一种文化自信和担当，对当下中国画坛乃至文化界有着深刻的启示意义。5 月 2 日至 3 日，“潘天寿与文化自信：潘天寿诞辰 120 周年学术研讨会”在北京召开。研讨会从文化自信、文化视野、艺术问题、现代美术教育、诗词传统等方面，对身处新旧激荡与冲突时代潮流中潘天寿的一生进行多角度阐述，对潘天寿的花鸟艺术绘画在笔墨、章法、意境和格调诸多方面进行专业探讨。

2. “国艺昌硕——吴昌硕绘画作品展暨中国写意绘画名家邀请展”在浙江省杭州市举行

2017 年是吴昌硕逝世 90 周年。由中国美术家协会、中共浙江省委宣传部、浙江省文学艺术界联合会和西泠印社联合主办的“国艺昌硕——吴昌硕绘画作品展暨中国写意绘画名家邀请展”，于 6 月 28 日至 7 月 20 日在杭州浙江省文化会堂（浙江展览馆）举行。展览展出吴昌硕绘画作品 80 件和中国当代写意绘画名家作品 97 件。展览开幕当天，“吴昌硕艺术论坛”在浙江省文化会堂（浙江展览馆）三楼中央大厅举行。《吴昌硕全集》于 11 月 24 日在湖州市安吉县举行首发式。该《全集》包括篆刻、书法、绘画、文献四个分卷，收录作品近 5100 件，其中有相当大的比重为新发现的作品及文献，对推动吴昌硕研究具有重要价值。

3. “纪念李可染诞辰 110 周年——墨天神境·李可染最后十年作品展”在北京举行

“纪念李可染诞辰 110 周年——墨天神境·李可染最后十年作品展”于 2017 年 11 月 30 日至 2018 年 1 月 3 日在中国国家博物馆举行，展览共展出李可染 1979—1989 年创作的绘画及书法精品 162 幅。李可染最后十年是他最辉煌的十年，也是他走向艺术巅峰的十年。展览分为绘画作品和书法作品两个部分：第一部分展出包括李可染晚年集其大成的山水画创作、富有童趣的牧童与牛题材及少量人物画在内的 68 幅绘画作品；第二部分展出 94 幅书法作品，是迄今为止李可染书法的最大规模集中展示。

4. “沧海一粟——刘海粟艺术展”在北京举行

2017 年 11 月 3 日至 26 日，“沧海一粟——刘海粟艺术展”在中国美术馆开幕。展览分三个篇章，展出 101 件刘海粟书画作品。“我欲腾云上天都”篇展出刘海粟 28 幅以黄山为题材的作品，包括 17 幅泼墨泼彩画与 11 幅油画。“今日荷花别样红”篇展出刘海粟 34 幅中国画与 2 幅书法，中国画题材主要为花鸟、山水，运用的艺术手法有水墨、浅绛、泼墨、泼彩等。“神州尽在彩雾中”篇展出刘海粟主要描绘中国各地风景的 37 幅油画作品。

此外，由江苏省美术馆和广州艺术博物院联合主办的“经典·岭南画派：高剑父、高奇峰、陈树人作品展”于 9 月 20 日至 12 月 10 日在江苏省美术馆举行。为纪念李桦 110 周年诞辰，中央美术学院于 2017 年 12 月 20 日至 2018 年 2 月 25 日举行“桃李桦烛：李桦诞辰 110 周年纪念展”，以历史研究的视角和深化认知的宗旨，对李桦先生的艺术人生和不同时期的创作、研究与教学成果做了全面梳理。“关山无限：纪念关山月诞辰 105 周年作品展”于 2017 年 10 月 31 日至 11 月 23 日在中国国家博物馆举行。展览以时间为主要线索，分“笔墨当戈”“漫道寻真”“江山多娇”“辉光日新”四个主题板块，重点呈现关山月艺术生涯中的写生创作，包括抗战画、旅行写生作品等。“它山之石——张仃诞辰 100 周年纪念展”和“时代的刻痕——中国美术馆藏王琦版画作品选展”，于 2017 年 2 月 23 日至 3 月 5 日同时开展。前者以时间为序，通过对张仃中国画创作历程的回顾，向观众呈现其丰富而具开创性的艺术之路。后者甄选作者 2005 年捐赠中国美术馆作品中的个人版画作品举办展览，以表达对艺术家的崇高敬意和缅怀之情。为纪念叶浅予诞辰 110 周年，中国美术家协会于 11 月 11 日在叶浅予家乡浙江省桐庐县举办的“纪念叶浅予诞辰 110 周年——‘潇洒桐庐’全国中国画作品展”开幕，来自全国包括 36 件优秀作品在内的近 200 件作品参加了展览，其中不乏新人新作。

2017 年 9 月 16 日至 29 日，由中国文学艺术界联合会、国家新闻出版广电总局、中国艺术研究院、中央电视台、中国国家博物馆、中共北京市委宣传部联合主办的“百年巨匠——43 位文学艺术大师作品展”在中国国家博物馆举行。展览通过展出大师们大量代表性的书画、手稿、音像、纪念品、出版物等来回望这些画坛巨匠、艺苑大师、文坛泰斗，回望20世纪中国文艺的发展成就，回望波澜壮阔的中国近现代历史。这次展览也是大型人文纪录片《百年巨匠》的一个阶段性成果展示。在展览开幕式当天，还举行了《百年巨匠》纪录片的首映式。

三、蓬勃的院校力量

当代中国美术的创作样态，一定程度上是中国现代美术教育的映像。除了一如既往受到关注的“艺考热”和“毕业季”，创建“双一流”、教学成果展、艺术教育论坛等成为热词，贯穿2017年全年。各高等艺术院校除了不断加强自身学科建设外，院校之间开展的交流活动也比以往更加频繁和多元。各类大学生作品展的举办，展示当代美术教育新成果，在推出新人新作的同时，不断探索美术发展的新空间。

2017年，青春旋风席卷中国美术界，行业协会、艺术院校、媒体舆论纷纷聚焦青年，关注青年，帮助青年。“新青年”似乎不再只是一个名词，而成为一种现象、一种趋势。

1. 艺术院校争创“双一流”成果引发关注

2017年是国家高等教育“双一流”建设的开局之年。“双一流”为中国高等教育的内涵建设与跨越式发展吹响了新时代的号角，“中国特色、世界一流”已然成为中国高等教育事业共同的发展方向。1月，经国务院同意，教育部、财政部、国家发展改革委员会联合印发《统筹推进世界一流大学和一流学科建设实施办法（暂行）》。

2017年9月21日，三部委联合印发《关于公布世界一流大学和一流学科建设高校及建设学科名单的通知》，公布世界一流大学和一流学科建设高校及建设学科名单。中央美术学院的美术学和设计学、中国美术学院的美术学等入选“双一流”建设学科名单。接下来的一段时期，中央美术学院将以美术学、设计学两个一流学科建设为核心，美术学强调“理论与实践、古典与现当代、中国与西方”的交融互通，传承与创新并重，艺术与科技融合，建设具有文化高度、学术深度、影响广度的学科体系；设计学设立“设计战略、科技与设计、设计思维、产业设计、设计史论”五大模块，拓展全新“大设计”教育格局，引领中国设计教育的创新发展。

2017年12月，中央美术学院启动“未·未来”全球教育计划，联合全球重点院校，搭建面向全球的创新教育平台，深度探讨与拓展未来教育议题，重新定义未来艺术设计教育模式，延伸传统教育边界，从而促进中国未来艺术设计教育全新模式的构建，推动全球艺术设计教育可持续发展。

未来，中国美术学院的学科建设总体规划是：建成以东方学为特征的世界一流美术学学科为核心，带动设计学、艺术学理论、戏剧与影视学、建筑学的共同发展，构筑代表中国视觉文化高度的优质特色学科群，构建视觉艺术创造与教育的东方高地。

2017年11月22日，由教育部高等教育司指导，教育部高等学校美术学专业教学指导委员会、中国美术学院主办的“第二届中国艺术教育论坛”在中国美术学院象山校区民艺博物馆报告厅正式启动，70余位全国艺术院校、综合大学艺术院系的院级领导及学报负责人参加了论坛。探讨“双一流”建设新格局下，艺术院校的发展境遇与艺术学科的内涵建设，是本次论坛的主题。论坛从艺术学科自身的优势与特性出发，研究中国艺术学科的创生机制与动力机制，探索中国艺术教育的社会能量与未来发展。论坛除主题报告外，还举行了三场圆桌论坛，主题分别是全国艺术学院学报主编会议、“双一流”建设与艺术学科发展、“双一流”建设与美术学学科发展专题研讨会。

2. “全国大学生美术作品展”展示近年美术院校教学及创作成果

2017年12月14日至24日，由中国美术家协会和首都师范大学联合主办的“全国大学生美术作品展”在中国美术馆举行，来自全国28个省区市的本科生及硕士、博士研究生的299件作品参加展览，较全面地展示了当代中国高等美术教育所持守的造型艺术教学理念与教学、研究、创作所达到的艺术水准。与20世纪八九十年代美术院系学生作品相比，该展览的作品少了改革开放初期艺术教育界普遍存在的对欧美现当代艺术的模仿，少了当时那种封闭与开放、传统与现代剧烈碰撞所形成的艺术思潮激荡，但该展揭示出当代青年艺术学子研习与创作心态的沉稳与平和，增添了对中外艺术传统与现当代艺术研习的深入与自信，致力于将对造型艺术的训练与技巧、技艺的研究掌握结合起来，将对造型艺术基本造型能力的驾驭和不同画种的艺术语言结合起来，与表现青春一代生活感受结合起来，从而体现出沉稳平和之中的敏感反映与新锐创造。作为2017年度国家艺术基金资助项目，本次展览旨在进一步传承和弘扬民族优秀文化，积极促进我国高等美术教育发展和交流，切实提高美术人才培养质量，为全国大学生搭建展示艺术才华的平台。

3.“杏林撷英——全国高等美术院校优秀学生作品邀请展”集中展示美术院校的创作实力

2017年12月26日，由上海大学上海美术学院组织策划的“杏林撷英——全国高等美术院校优秀学生作品邀请展”在上海中华艺术宫开幕。作为“全国高等美术教育成果系列展”中的首展，该展集结了全国48所美术院校的800余件作品参展。邀请展由“展示”与“论坛”两大部分组成，以作品展示为桥梁，梳理、反思和分享中国高等美术教育的自身定位和时代命题。“展示”部分主要定位于相关艺术院校自2000年以来的历届优秀学生作品的展示，以“撷英”为主线，分为“学院聚焦”“经典浓缩”“设计应用”“探索实验”“未来展望”等内容单元，对应当前高等美术教育学科发展格局，营造多元共存的主题体验情境；“论坛”部分，主要通过“主论坛”“本科生教学研讨会”“研究生教学研讨会”三部分活动，围绕“当代中国美术教育的培养目标和发展转型”的论题主线，探讨沟通美术人才培养的教育之道。

4.“青年倾向·第五届全国大学生公共视觉优秀作品双年展”展示大学生青春活力

作为2017上海城市空间艺术季联合展之一，“青年倾向·第五届全国大学生公共视觉优秀作品双年展”于2017年12月23日在上海设计中心开幕。该双年展经过两年的作品征集，评选出全国各地20多所高等艺术院校105位学生的87件（组）优秀作品参加展览。作品评选以“青年倾向”的展览主题，以当代大学生在艺术领域的新探索、新观念、新材料、新技术的综合运用，以公共性、艺术性、学术性并重为评选依据。展览通过公共艺术、雕塑、装置、多媒体艺术作品，呈现当代大学生的艺术创造力，展示了他们的青春活力和创新思维。

5.高等艺术院校校际交流不断加强，教学成果多角度展示

2017年，各高等艺术院校不断加强交流。通过各类交流活动的相继举行，各高等艺术院校从艺术学科自身的优势与特性出发，研究中国艺术学科的创生机制与动力机制，探索中国艺术教育的社会能量与未来发展。

由中央美术学院主办、各高等艺术院校共同参与的“教学相长——第三届学院实验艺术文献展”于2017年1月14日拉开帷幕，“第二届中国学院实验艺术教育大会”同期举行。此次文献展和教育大会以“教学相长”为主题，聚焦实验艺术教学创作领域的师生在教与学过程中的相辅相成与融会贯通。

2017年3月10日，由中国美术学院主办的“画语诠·新语境——全国高等艺术院校花鸟画教学与研创论坛系列学术活动”在中国美术学院美术馆举行。该系列学术活动由三展一会组成，包括“全国高等艺术院校花鸟画在职教师作品交流展”“中国美术学院中国画系文献及系藏花鸟画教学范本展”“中国美术学院中国画系经典教材之卢坤峰《墨兰说》示范图例展”及“全国高等艺术院校花鸟画教学与研创学术研讨会”。

由中央美术学院主办的“为中国画——全国高等艺术院校人物画教学研讨会暨教师、学生写生作品展”于2017年4月8日至5月3日在中央美术学院美术馆举行，该展览展出28所院校107位在职教师及90位在校生提交的近200幅人物写生作品。展览开幕式当天召开了开放性的教学研讨会，同时出版《为中国画——全国高等艺术院校中国人物画写生作品集与教学文集》。

2017年12月6日至14日，由广州美术学院主办的“丹青语境——全国高等艺术院校青绿、重彩山水画教学研讨会暨创作作品展”在广州美术学院大学城美术馆举行，展览梳理了全国24所艺术院校

的青绿、重彩山水画的承传和教学情况，研讨会对中国青绿、重彩山水画教学实践与发展方向及传统文化语境下中国传统山水画的传承与创新问题进行了探讨，对当今高等艺术院校在传统山水画教学思路与创作方向的引领具有积极意义。

2017 年 7 月 5 日至 8 月 27 日，中央美术学院举办第二期“传统的维度：二十世纪五十、六十年代中央美院对民族传统绘画的临摹与购藏”展，是在第一期展陈后再次推出的主题相同、展品更新的馆藏品展览。该展分“走出去”和“收进来”两个板块展示了保存品相良好的壁画摹品和卷轴画计 28 件。“走出去”的壁画临摹板块，展示了叶浅予、邓白、吴作人、刘凌沧、陆鸿年等教师于 1953 年、1954 年在麦积山、敦煌的壁画摹品 10 余件，其中不乏对著名壁画遗存长达数米的长篇临摹。展品不仅构成了中央美术学院于 20 世纪中期在传统中承嬗离合的创作维度和精神维度，而且作为当时教学研究工作的重要组成部分，这些壁画摹品也从另一个角度展示了中央美术学院在一定发展历史阶段的教学研究成果。

作为教学成果展示，还有中国艺术研究院举办的研究生院毕业成果展暨学术研讨会。“时代质感——四川美术学院作品展”于 2017 年 6 月 8 日至 18 日在中国美术馆举行，系统地呈现四川美术学院老一辈艺术教育家到新生代艺术家的开拓精神与丰硕成果，尤其是改革开放以来，在新的历史时期与艺术史语境下的创作谱系。2017 年 11 月 29 日至 12 月 10 日举行的“本体与重构——四川美术学院漆艺术展”，展示了该院建立当代漆艺术表现体系和教学体系的成果。2017 年 12 月 14 日至 24 日举办的“时代精神——西安美术学院作品展”，展现了该院西北特色、中国风格、国际视野融会贯通的“时代精神”。2017 年 11 月 29 日至 12 月 10 日举办的“行进之力——广州美术学院水彩画传承谱系”展，通过前后七代水彩创作者的作品呈现，展示该院教师对水彩语言不同的艺术探索，梳理了广州美术学院水彩画 60 多年的发展脉络。

6.“首届一带一路‘青年创作杯’全国青年教师美术创作展”启动

由中国国际青年交流中心和中国国家画院联合主办的“首届一带一路‘青年创作杯’全国青年教师美术创作展”于 2017 年 10 月 9 日在北京中国国家画院国展美术中心举行启动仪式。作为“一带一路青年文化节”系列活动之一，此次创作展广泛动员海峡两岸及香港、澳门青年教师共同参与，以“一带一路、国际合作”为主题，引导青年教师在教学中通过艺术创作展现中国悠久灿烂的文化，培养以艺术为媒介讲好“中国故事”的青年教育人才，展现民心相通，做“一带一路”倡议的宣传员。展览支持获奖青年教师优秀美术作品在“一带一路”沿线国家举行展览展示，让更多优秀作品“走出去”，提高中国文化软实力。在启动仪式上，还宣布了首届“青年创作杯”全国高校大学生美术创作大赛获奖名单，其中四位优秀获奖大学生已于 2017 年 9 月 28 日至 30 日携个人作品赴吉尔吉斯斯坦参加了国际青年艺术交流活动。

7. 少数民族青年美术家的创作得到重视

对少数民族青年美术家，文化部门给予充分关注。近年来，中国美术家协会从青年美术家拔尖人才培训到西部少数民族青年美术家培养，再到中青年美术家海外研修，已形成一套较为完备的人才培养制度体系。

2017 年 1 月 6 日至 18 日，由中国文学艺术界联合会、中国美术家协会、中国文学艺术基金会、中央民族大学、首都师范大学联合主办的“第五届西部少数民族青年美术家创作展”在中国美术馆举行。该展览展出“西部少数民族美术人才培训发展计划”项目中来自西部 8 省 9 个民族的 19 位美术家最新创作的中国画、油画、版画作品 60 余件，展品题材广泛，形式多样，民族气质独特，也体现了时代特色，展示了西部少数民族青年美术家的使命感和责任感。

2017 年 7 月 3 日，“第六届西部少数民族青年美术家高研班写生作品展”在中央民族大学美术馆开幕。该展览展示了第六届西部少数民族青年美术家高研班来自西部 8 省 11 个民族的 24 位学员在山东省峨庄乡、内蒙古自治区锡林郭勒草原写生采风的 107 件作品。2017 年 12 月 28 日，由中国文学艺术界联合会、中国美术家协会、中国文学艺术基金会、中央民族大学、首都师范大学共同主办的“第六届西部少数民族青年美术家高级研修班创作作品展”在北京 81 美术馆开幕。这些作品既是少数民族青年美术家艺术思考和创作实践的结晶，也是文化部门和教育机构对少数民族青年美术家加强扶持、积极引导和精心培养的成果。

四、稳健的理论建设

1.“2017 中国传统色彩学术年会”在中国艺术研究院举行

由中国艺术研究院美术研究所主办的“2017 中国传统色彩学术年会”于 2017 年 11 月 16 日在中国艺术研究院学术报告厅举行，来自英国、法国、日本，中国海峡两岸各高等院校、博物馆及研究机构的专家学者，以及来自全国各地的 450 多位传统色彩爱好者参加了本次年会。《2017 中国传统色彩学术年会论文集》同时出版。此次年会是继 2016 年首届“中国传统色彩理论研讨会”之后，以中国传统色彩理论研究为主题的第二届年会，本届年会的主题是“中西文化的色彩表情”，即将中国传统色彩放置到世界色彩文化背景中考察，探究中西色彩观念及表现之异同，体认中国传统色彩体系的学术品性，探寻中国传统色彩智慧在当代世界文化体系中的独特价值。年会上，专家们围绕色彩史论、颜色词、绘画色彩、民间色彩、服饰色彩、染织色彩、建筑彩绘、戏剧舞台色彩、颜料工艺及现代色彩应用等各个方面，展开了多视角、多层次的学术研讨，发表了各自的见解与观点。由于更多国外专家学者的参与，使本次年会对中国传统色彩的认知与观照具备了国际视野，体现了中国传统色彩在当代世界语境中的开放性、包容性特征。

2.“美术史在中国——中央美术学院美术史学科创立六十周年国际学术研讨会暨第十一届中国高等院校美术史学年会”在中央美术学院举行

2017 年 11 月 25 日至 26 日，“美术史在中国——中央美术学院美术史学科创立六十周年国际学术研讨会暨第十一届中国高等院校美术史学年会”在中央美术学院美术馆报告厅举行，来自美国哈佛大学、芝加哥大学，德国海德堡大学和印度尼赫鲁大学，以及北京大学、清华大学、中国美术学院等海内外美术史界数百位资深专家和青年学者参加了年会。

1957 年，中国第一个美术史系在中央美术学院成立，60 年来中央美术学院美术史学科的风雨历程，也是美术史在中国发展、完善、拓展与深化的一个缩影。可以说，美术史学科在中国的创立，是现代新文化的产物，是中国高等美术教育走向正规和完善的标志，是中国的美术史论研究事业迈向繁荣兴盛新的起步。本届年会的主题“美术史在中国”，历史地看，既是西方美术史学科四个多世纪以来学科经验的横向移植和引进，更是几千年来中国古典文化血脉的赓续和回响。在全球化的今天，“美术史在中国”的含义，更应该侧重于从中国出发看待世界和自己的新眼光和新方法。

3. 中国艺术研究院美术研究所举办系列学术研讨活动，推进美术学学科和理论研究向纵深发展

2017 年，除了“2017 中国传统色彩学术年会”外，中国艺术研究院美术研究所还举办了一系列学术研讨活动，有力地推进美术学学科和理论研究向纵深发展。

2017 年 10 月 31 日举行的“首次京派学术研讨会”，邀请了国内外 20 余位专家就京派概念及京派相关问题，齐白石及京派其他画家的生平、创作、交游、影像研究等方面展开深入研讨，同时成立京派研究中心。研讨会的举办和研究中心的成立，旨在使京派研究纳入机制化，整合学术资源，团结所内外、国内外相关专家及青年学者，推动对京派这一文化遗产进行全面的抢救、钩沉、梳理与研究。本次研讨会后将出版《京派学术研讨会论文集》。

2017 年 11 月 9 日举行了“文字学与当代高等书法教育学术研讨会”。本次会议是在当代高等书法教育蓬勃发展，而学科体系建设中文字学薄弱，以及当代书法作品中文字错乱现象较突出的背景下举行的，旨在针对现象、解析问题、求真循理，引发当代高等书法教育对文字学的重视，促进书法专业教育的健康发展。与会专家学者围绕高校书法专业中文字学课程的重要性、文字学基础与书法篆刻创

作、文字学与书法研究、高校书法专业文字学课程教学等方面展开讨论，从不同的角度发表了各自观点。2017 年 12 月 8 日举行的“中国设计理论发展百年学术研讨会”，主要围绕“设计中的传统与现代问题”“现代设计与中国产业体制”“本土设计与国际设计”等议题，以专家对谈的形式展开，重点研讨 20 世纪中国社会思潮和设计互动发展的历程。此外，由中国艺术研究院和敦煌研究院共同主办的“敦煌美术学国际学术研讨会”、中国艺术研究院美术研究所主办的“蒋兆和《流民图》之再评价”研讨会也在紧张筹备中。

4.“《千里江山图》暨青绿山水画国际学术研讨会”“赵孟頫书画国际学术研讨会”在北京举行

为配合年度大展“千里江山——历代青绿山水画特展”和“赵孟頫书画特展”，2017 年 11 月 1 日至 3 日故宫博物院主办了“赵孟頫书画国际学术研讨会”和“《千里江山图》暨青绿山水画国际学术研讨会”，来自故宫博物院、上海博物馆、美国大都会艺术博物馆、台湾大学等单位的多位学者围绕赵孟頫书画、《千里江山图》与青绿山水画进行了深入交流和探讨。“赵孟頫书画国际学术研讨会”提交的论文和发言，研究范围涵盖赵孟頫的绘画、书法和碑帖，涉及全球多地博物馆的多件赵孟頫重要作品，既有对赵孟頫作品的本体研究、辨伪和断代，也涉及赵孟頫书画的来源和影响。其中不少研究提供了新的思路。在 11 月 2 日至 3 日召开的“《千里江山图》暨青绿山水画国际学术研讨会”上，肖燕翼、包华石、牛克诚、余辉、吕晓、丁羲元等学者提交的论文聚焦《千里江山图》，许多代表也以该图作为研究对象，在真伪判定、鉴定学依据、研究方法等讨论和相关评议中发表观点。

5.“历史与现状：首届青年艺术理论成果评选与研讨会”在广东省广州市举行

2017 年 11 月 9 日至 10 日，由中国美术家协会、广东省文学艺术界联合会主办的“历史与现状：首届青年艺术理论成果评选与研讨会”在广东美术馆举行。该评选活动历经近两年的策划与筹备，从收到的 164 篇推荐论文中选出 106 篇文章入选《历史与现状：首届青年艺术理论成果评选和研讨会论文集》。入选论文不但涵盖古今中外美术史、美术理论、现状研究与美术批评，而且扩大了研究视野，开拓了新的研究领域，注意了学科跨界与交叉，关注了文化的交流与影响，尝试了新的研究角度和新的研究方法，涉及与传统美术史概念相关又有所不同的非物质文化遗产研究、视觉文化研究，也思考了国家形象塑造问题、新媒体语境问题、生态环保题材问题、知识产权与民间艺人问题、艺术基金会问题等，比较集中地反映了青年美术史论批评家近年研究的新成果与新态势，体现了美术史论批评的拓展和加深，反映了青年美术学者发现新问题、吸收新知识、探索新经验的努力。

6.“首届全国画学文献学术研讨会”在陕西省西安市举行

2017 年 11 月 18 日至 19 日，由陕西师范大学美术学院发起并主办的“首届全国画学文献学术研讨会”在陕西师范大学举行，来自中央美术学院、中国美术学院、中国艺术研究院、北京大学、清华大学美术学院等 40 余家高校和科研机构的 60 余名专家学者参加研讨会。深入开展画学文献与美术史研究，有助于促进文化的深入交流和中国特色学术话语体系的建构，有助于推动对优秀文献与美术史研究的学理认知及对文化遗产的传承和发展。研讨会分为“画学文献整理与研究”“文献与画论研究”“文献与图像”“文献与画史研究”“文献与美术史研究方法”等专题展开研讨。该研讨会汇集了画学文献研究领域的部分最新成果，将对相关研究起到一定推动作用。

7.“全国第十一届书学讨论会”在上海举行

2017 年 12 月 15 日至 16 日，由中国书法家协会主办的“全国第十一届书学讨论会”在上海市浦东新区书院镇书院人家会议中心举行。作为中国书坛最重要的学术活动，全国书学讨论会已成功举办十届，本届讨论会从收到的 1010 篇稿件中评出 75 篇论文参会。全国书学讨论会以其较高的学术标准、严格的评审程序，为广大书学研究者搭建平台，为弘扬学术精神、深化书学研究、推出研究人才做出了贡献。《全国第十一届书学讨论会论文集》将由上海书画出版社编辑出版。

8. 浙江大学“艺术与科学”高峰论坛在杭州举行

2017 年 12 月 2 日至 3 日，由浙江大学主办的“艺术与科学”高峰论坛在浙江大学紫金港校区举行，来自海内外 80 余家高校、科研机构及相关单位的 120 余位正式代表和数百位嘉宾参加论坛。论坛汇聚国内外艺术家、科学家同堂对话，试图为科学与艺术的互相交流与了解架起桥梁，是一次极具前瞻性的融通艺术与科学的时代交响。在两天日程的四场报告会和一场分组交流发言讨论会上，13 位相关领域知名学者围绕“艺术与科学”的主题发表专题演讲。

五、日益发展的中外美术交流

近年来，伴随着我国综合国力持续提高，国际地位不断提升，文化作为国家软实力的重要体现，正越来越凸显其重要作用。中外美术交流呈现新局面，中国艺术“走出去”，在国际化的语境中表现出自身的独特性，向世界讲好中国故事；来华展出的国外艺术精品数量多、规格高，地区和时代跨度大，展览频繁。文化在融合中不断发展，中外艺术交流日益加深，对于促进我国美术的发展具有积极意义。人们可以不走出国门，就看到国外大师们的精品力作，中国艺术家也可以在世界各地展示自我，通过作品向国外观众讲述中国故事。中外交流越来越频繁，体现了我国的文化自信、文化自觉和文化开放。

1.“丝路与世界文明：2017・第七届中国北京国际美术双年展”成功举行

2017 年 9 月 24 日至 10 月 15 日，由中国文学艺术界联合会、北京市人民政府和中国美术家协会联合主办的“丝路与世界文明：2017・第七届中国北京国际美术双年展”在中国美术馆举办。在我国倡导的“一带一路”持续走向深入，越来越多的国家加入合作队伍，彼此在政治、经济、文化交流等领域取得丰硕成果的大背景下，经过一年多的努力，一场百个国家积极参与的国际视觉盛宴隆重登陆中国美术馆。

本届双年展征集到 120 多个国家的万余件投稿，最终共有来自五大洲 102 个国家的 567 位艺术家入选，参展作品共计 601 件。其中包含特展在内的外国作品 411 件，中国作品 190 件，涵盖当代绘画、雕塑、装置、影像及其他多媒体作品。除主题展外，双年展还设有“格鲁吉亚当代艺术特展”“希腊当代艺术特展”“印度尼西亚当代艺术特展”“蒙古国当代艺术特展”“从丁托列托到利兰加的艺术之旅”和“北京双年展历届捐赠作品特展”6 个特展。

本届双年展以“丝路与世界文明”为主题，旨在弘扬丝绸之路精神，提倡世界文明交流互鉴，以当代艺术形式促进“一带一路”建设，促进人类谋求世界和平发展的共同梦想的实现。

2.“2017 香港巴塞尔艺术展”在中国香港举行

1970 年发源于瑞士的巴塞尔艺术展，于 2013 年登陆中国香港。该艺术展每年分别在巴塞尔、迈阿密和中国香港三地举行。作为第五届香港巴塞尔艺术展，2017 年的展览共 242 家来自 34 个国家及地区的顶级艺廊参展，展品涵括亚洲、西方年轻艺坛新秀和当代大师的杰出之作，多家艺廊展出不同种类的油画、雕塑、绘画、装置、摄影及录像等艺术作品，并首度设置“策展角落”展区。

本届展览依然有往届“熟面孔”，如展出来自全球 190 家著名艺廊代理的 20 世纪及 21 世纪的现代、当代艺术作品的“艺廊荟萃”（Galleries），呈现亚洲及亚太区艺术家的策展专案的“亚洲视野”（Insights），为全球新一代当代艺术家提供国际级的展示平台的“艺术探新”（Discoveries），以及“艺聚空间”（Encounters）四大画廊展区、光映现场（Film）、与巴塞尔艺术展对话（Conversations）、沙龙漫谈（Salon）、艺文出版（Magazines）等项目。新增的策展角落（Kabinett）展区将风格迥异的 19 个策展项目分布在展场的不同角落，于独立的空间重点展出专题群展、艺术历史项目或个人展览。

3.“合作・共赢：一带一路国际版画邀请展”在中国甘肃省敦煌市、保加利亚首都索非亚举行

“合作・共赢：一带一路国际版画邀请展”于 2017 年 9 月 1 日在保加利亚国家美术馆开幕。展览展出的 109 件作品分别来自 26 位中国艺术家和 29 位国外艺术家。其中，国外艺术家分别来自“一带一路”沿线的埃及、斯洛文尼亚、匈牙利等 22 个国家。于 2017 年 5 月 11 日正式启动的“合作・共赢：一带一路国际版画交流项目”，是由中国艺术研究院主办的国家级、国际性的版画交流项目，旨在响应国家“一带一路”倡议的号召，以版画这一通用语言为切入点，通过驻留、展览、交流、论坛、

公教等方式为建设“艺术丝绸之路”做出贡献。项目计划历时3年，邀请“一带一路”沿线约65个国家及国内的版画艺术家150人左右，驻留中国艺术研究院深圳观澜创作与教育基地，进行文化与艺术交流，并以版画的形式创作完成与项目主题相关的作品。

2017年9月19日至10月10日，“合作·共赢：一带一路国际版画邀请展暨‘文明的共存’传播的艺术与艺术的传播主题学术论坛”在第二届丝绸之路（敦煌）国际文化博览会主场馆敦煌国际会展中心举办。

4. 中国艺术“走出去”，向世界讲好中国故事

2017年4月3日至7月16日，美国纽约大都会博物馆和中国国家文物局在纽约联合举办“帝国时代：中国秦汉文明特展”，展出来自中国32家博物馆与考古机构，类别包括书法、绘画、雕塑、陶瓷、金银器、漆器、玉器、纺织品和建筑石刻等共计160多件秦汉时期艺术品，其中大部分为首次在西方展出。该展是2017年全美国规模最大的中国文化艺术展览，以深刻丰富的内容、鲜活生动的形式和多姿多彩的文物讲述中国古代艺术的发展历程，展示中国古代艺术家的聪明才智。

2017年7月6日至12月3日，“文明之路：中国与埃及文物展”在柏林新国家美术馆举办。该展览分“文字”“统治形式”“神灵崇拜”“丧葬文化”和“日常生活”五个主题，首次把古代埃及和古代中国的艺术品并肩展出。

为庆祝中德建交45周年，“传神雅聚——中国明清肖像画展”于2017年10月11日在柏林国家博物馆绘画馆开幕。这是欧洲首次举办以中国人物画为主题的大规模展览，展出的百余件作品重点展示了中国明清时期的帝后朝服像、臣僚宦迹图、文人肖像等。

“第57届威尼斯国际艺术双年展中国馆”于2017年5月11日正式拉开帷幕。本届威尼斯双年展的主题是“艺术万岁”，中国馆主题为“不息”。此次双年展中国馆由中央美术学院实验艺术学院院长邱志杰担任策展人，携手当代艺术家邬建安和汤南南、皮影大师汪天稳及苏绣艺术大师姚惠芬四位艺术家参展。

为迎接芬兰独立100周年，“感知中国·艺术与和平——中国当代美术作品展”2017年6月29日在芬兰首都赫尔辛基的芬兰地亚大厦开幕；在中德建交45周年之际，“感知中国·最美中国人——中国美术作品展”于2017年7月5日在德国柏林ME会展中心开幕；在中英建交45周年之际，“艺术与和平——中国当代美术作品展”于2017年8月14日在英国伦敦摩尔美术馆开幕；在中格建交25周年之际，“艺术与和平——中国当代美术作品展”于2017年11月24日在格鲁吉亚首都第比利斯历史博物馆开幕。此外，“西泠创社四君子——丁仁、王禔、叶铭、吴隐书画篆刻作品展暨古韵今声——西泠印社藏历代印章原拓题跋扇面展”在日本兵库县美术馆举行；“华夏文明之光——中国艺术展”在俄罗斯圣彼得堡举行；“艺术与和平——中国当代美术作品展”2017年5月23日亮相意大利罗马。

5. 来华国外艺术展精品多、规格高

2017年1月13日至3月31日，中国国家博物馆和法国卢浮宫博物馆主办的“卢浮宫的创想——卢浮宫与馆藏珍品见证法国历史八百年”展览在中国国家博物馆举行，展览精选来自法国卢浮宫博物馆八大藏品部和欧仁·德拉克洛瓦博物馆的126件（套）珍贵藏品，以审视自己的角度，发掘卢浮宫建筑群的变迁与王室及各个时期权贵、艺术家、收藏家之间的关系，探讨博物馆发展与不断充实藏品的方法，不仅是一次珍藏和艺术品的展示，也是卢浮宫诞生历程的展示。

2017年3月2日至5月31日，在中国国家博物馆举办的“大英博物馆100件文物中的世界史”展览，立意独特，借助文物的视角遨游世界历史。此次展览从大英博物馆800多万件藏品中精选出100件（组）展品，纵横200万年，横跨五大洲，向世界观众讲述人类文明的历程。展览不仅彰显了“以物述史”的独特魅力，而且启迪我们思考自身与人类创造物之间微妙的关系。

2017年6月17日至9月3日，“伦勃朗和他的时代：美国莱顿收藏馆藏品展”在中国国家博物馆展出。该展览分为“肖像画”“历史画”及“风俗画”三大主题70余件展品，其中包含荷兰著名画家

伦勃朗的11幅画作和维米尔首幅在北京展示的作品《坐在维金纳琴旁的年轻女子》，重现了荷兰黄金时代的艺术创造力。

值得一提的是，2017年度国外博物馆和艺术机构来华展览的许多展品都是首次在国内展出。与艺术珍品展出相匹配的严格的运输、展示乃至保护条件，伴随着这些展出，从侧面反映出我国美术馆和博物馆在硬件与软件实力方面的提升。

与此同时，中国美术馆2017年度也举办了“永恒的温度——中国美术馆藏路德维希夫妇捐赠国际艺术作品选展”和“中国美术馆藏俄罗斯油画精品展”，作为中国美术馆“典藏活化”系列展览的组成部分。

六、方兴未艾的公共美术

1.“创新·拓展——2016年全国美术馆公共教育年会”在北京举行

2017年3月24日，在文化部艺术司支持下，由中国美术馆主办的“创新·拓展——2016年全国美术馆公共教育年会”在中国美术馆举行，除了受邀专家外，来自中国美术馆、故宫博物院、中国国家博物馆、首都博物馆、北京大学赛克勒考古与艺术博物馆、清华大学艺术博物馆、中央美术学院美术馆、中国美术学院美术馆、北京画院美术馆等国内约80家美术馆、艺术博物馆的相关管理人员和专业人员及来自北京各高校的研究生、大学生代表参加了年会。在年会主论坛上，与会专家围绕“从公共教育视角看美术馆运营的创新拓展”进行主题发言。其后，黄琛做了题为“馆校合作开发博物馆课程资源的探索与反思”的专家讲座。三个分论坛分别就“美术馆公共教育资源的课程化探索”“面向未成年人的美术馆公共教育项目”“面向成年人的美术馆公共教育项目”展开案例分享与论文发表。

2. 中国美术馆“典藏活化”系列展让藏品服务社会

2017年初，中国美术馆推出“典藏活化”系列之“宝藏经典 活化精神——中国美术馆典藏精品陈列”。中国美术馆“典藏活化”系列展，是自2015年起推出的系列展览，旨在让藏品走出库房，服务社会，让广大美术工作者和人民群众感受经典魅力和传统力量，增加对优秀文化艺术创造的全面认识，在以国家美术典藏引领时代风尚、弘扬中国精神、树立文化自信等方面发挥重要审美引领作用。

3. 公共艺术机构重视艺术教育功能

艺术教育作为美术馆、博物馆与公众之间的桥梁，越来越受到重视。在艺术教育向公众推行的国际大背景下，美术馆、博物馆成为连接艺术与公众的场所。2017年，围绕艺术教育，各机构做出了适合自己的动作。故宫博物院的教育项目更多借助艺术活动来传达博物馆的文物藏品或者建筑信息背后的文化内涵；上海当代艺术博物馆围绕每三个月会更换一次的展览来展开公共教育活动，认为最好的教育是展览本身，通过交互式体验的方式，深度挖掘作品的价值和意义并传递给受众。

4. 民营美术馆面临生存压力

近年来，艺术市场的活跃带动了资本对民营美术馆的青睐，民营美术馆大量涌现，呈现“民营美术馆热”的现状。民营美术馆逐渐成为当代艺术的阵地。整体来看，民营美术馆如今面临冷热不均的现状，一些美术馆人气爆棚，前往观展的观众络绎不绝，而那些缺乏传播力度和展品特色的民营美术馆则因同质化严重，在民营美术馆大潮来临时，难以迅速找到具有足够吸引力的亮点。许多由企业出资赞助的民营美术馆面临着资金支持、团队专业性建设等问题，不堪重负。尤伦斯易主事件反映了当下民营美术馆运营压力及资金匮乏的普遍现状。资金来源相对单一、资金不足，是目前民营美术馆最大的生存压力。由于现有法律在民营美术馆资金投入领域的不成熟，民营美术馆无法吸纳社会资金，获得更多渠道的赞助和支持。

七、向好的艺术市场

近几年来一直处于调整期的中国艺术品市场，2017年也不乏亮点，拍卖平台日趋成熟与多元，“互联网+拍卖”已经实现，微拍活跃，名人手札拍卖异军突进。另外，从单件拍品的成交额来看，中国书画作品拍出“新高度”。调整期中的中国艺术市场也呈现出诸如在稍有回暖的艺术品市场中拍卖销售份额持续下降、艺术品金融亟待深化、评估体系亟待建立、艺术酒店发展趋势明显及民营美术馆生存压力大等问题。

中国艺术品拍卖业在经历了一次次的市场起伏之后，目前进入真正理性时代，市场呈现健康状态。藏家更加理性，市场两极分化严重，高端艺术品受到热烈追捧，大众作品仍处于调整期。备受大藏家和机构热捧的名家巨制成交额都高于2009年至2011年高峰期数倍，足以体现藏家对经典艺术品价值的认知度。

从藏家方面而言，不断崛起的新产业财富阶层开始投入艺术品市场，并且把艺术品收藏作为企业的文化建设，收藏遵循名家、名品的标准。由此可见，新行业、新财富的关注和入市是助推艺术品市场持久发展的驱动力。

藏家越来越专业和年轻化，越来越有自己的想法，倒逼拍卖公司和从业者从专业度上下功夫，更加贴近生活，让艺术真正能够美化生活。

1. 中国艺术品拍价频创新高

2017年7月16日在浙江省杭州市举行的西泠春拍上，举世瞩目的孤品级重器、唯一存世的南宋宫廷旧藏西周重器国宝——兮甲盘，以2.1275亿元人民币成交，创古董艺术品中国拍卖纪录。

2017年12月17日晚，北京保利12周年秋季拍卖会的“震古烁今——从北宋到当代的中国书画”专场拍卖中，齐白石的《山水十二条屏》以8.1亿元落槌，加佣金共9.315亿元成交，成为全球最贵的中国艺术品。当晚，还有4件成交价格过亿元人民币的作品：赵孟頫的《般若波罗蜜多心经》以1.909亿元成交，吴昌硕的《花卉十二屏》拍出2.093亿元，李可染的《韶山·革命圣地毛主席旧居》拍出1.7825亿元，崔如琢的《指墨山水十二条屏》以2.415亿元成交。其中，赵孟頫的《般若波罗蜜多心经》刷新2017年中国古代书画全球拍卖的最高纪录。

2017年，名人手札市场引人注目，收藏热点从宋元明清转向当代，除了社会名流、学人先贤，一般的家书、日记也正在受到关注。早期的手札收藏更注重艺术价值，而当下的手札收藏则从文献、历史、学术、投资等全方面的价值加以考量。

2. 欧美资本纷纷退出中国

经过一年的接洽，关于“尤伦斯谁来接盘”的讨论终于尘埃落定。2017年10月，尤伦斯当代艺术中心确认被上海云月投资公司接盘，其合伙人之一茅矛为尤伦斯当代艺术中心赞助理事。11月5日，尤伦斯当代艺术中心十周年庆典暨慈善拍卖之夜在艺术中心举行。

除了尤伦斯、乌利·希克，还有更多热炒“中国当代艺术原始股”的欧美投资人正在撤出中国。他们的到来曾让中国当代艺术活力四射，但中国当代艺术在欧美资本的推动下逐渐走向畸形发展的道路。如今这些艺术赞助“托拉斯”的离开，让中国当代艺术重新获得了自由呼吸的空间，但能否有更多优秀艺术家和更多的好作品出现，还要看我们自己。中国当代艺术正开启新的历史发展征程。

牛克诚　中国艺术研究院美术研究所所长、研究员
孔德平　中国艺术研究院美术研究所副研究员

文件辑录

【文化部办公厅关于印发《2017 年全国美术馆馆藏精品展出季活动方案》的通知（办艺函〔2017〕27 号）】

2017 年 1 月 20 日，文化部办公厅向各省、自治区、直辖市文化厅（局），新疆生产建设兵团文化广播电视局，中央军委政治工作部宣传局，中国美术馆、中国国家画院印发“关于印发《2017 年全国美术馆馆藏精品展出季活动方案》的通知（办艺函〔2017〕27 号）”。

通知要求，为全面贯彻落实党的十八大和十八届三中、四中、五中、六中全会精神，贯彻落实习近平总书记系列重要讲话特别是在文艺工作座谈会和中国文联十大、中国作协九大开幕式上的重要讲话精神，落实《中共中央关于繁荣发展社会主义文艺的意见》，充分展示国家美术收藏研究取得的成果，促进国家美术藏品资源共享，提升美术馆专业化建设水平，进一步使国家美术收藏惠及广大群众，在总结此前经验的基础上，2017 年文化部将继续组织开展“全国美术馆馆藏精品展出季”活动。现将《2017 年全国美术馆馆藏精品展出季活动方案》印发给你们，请遵照执行。

一、宗旨和目标。坚持“二为”方向和“双百”方针，充分展示国家美术收藏和学术研究取得的成果，加强对当代美术创作的引导，推动美术馆提升研究和收藏水平，全面提高美术馆的公共文化服务质量，进一步引导推动美术馆建立藏品固定陈列，鼓励美术馆之间的合作，促进国家美术资源共享，为人民群众提供更好的公共文化服务。

二、申报单位。全国范围内各级各类国有美术馆，包括美术名家艺术馆（纪念馆）等，以及在民政部门登记注册、在文化行政部门备案的具有民办非企业法人资质的民营美术馆。

三、申报要求。（一）展览内容：各美术馆举办的以自身藏品为基础的展览项目。展览应具有鲜明的学术主题，能够充分体现美术馆发掘藏品资源进行研究、展示和推广的成果。参展作品应以申报单位本馆藏品为主。提倡多家美术馆合作，整合藏品资源，联合策划、举办展览。展览举办同时，需配合展览内容，举办多种形式的学术活动和公共教育推广活动。（二）展览时间及展期：在申报单位馆内举办的展览应于 2017 年 6 月至 9 月期间举办，展览时间不得少于 30 天；在本馆举办展览基础上，继续举办巡展的，巡展活动可在 2017 年至 2018 年期间举办，原则上每站巡展时间不得少于 20 天。（三）鼓励巡展：为进一步加强美术馆藏品资源利用和宣传推广，推动美术馆间藏品资源共享，2017 年全国美术馆馆藏精品展出季活动对于在本馆举办展览的基础上继续举办巡展活动的，将予以重点关注。鼓励各馆根据实际情况积极举办巡展，特别鼓励藏品资源丰富的美术馆通过多种形式到中西部地区或藏品资源相对较少的地区以及深入基层举办巡展。在展出季年度优秀项目评选中，对有巡展计划的项目予以优先考虑。文化部将对优秀项目巡展给予奖励性补贴，对其余入选项目和不举办巡展的优秀项目不再给予奖励性补贴。

四、申报程序。（一）符合本方案要求的美术馆均可自愿参与 2017 年全国美术馆馆藏精品展出季的项目申报。国家重点美术馆必须参与申报，且原则上国家重点美术馆必须有相应的巡展计划，此活动将作为重要指标纳入国家重点美术馆年度考核内容；因客观原因确实无法申报的，须由美术馆提出书面说明，并经所在地区省级文化行政部门审核后报文化部审批。申报单位需认真填写《2017 年全国美术馆馆藏精品展出季项目申报书》（见附件），并根据申报书要求提供相关资料。该申报书电子版可从文化部官方网站（www.mcprc.gov.cn）首页“公告通知”栏目下载。首次参与本活动的申报单位应在申报时提供组织机构代码证书或统一社会信用代码证书等能够证明自身资质的相关证明文件复印件。涉及美术馆联合策展的项目，由 1 家策划实施单位为主进行申报，申报时需提供本单位与相关合作单位签订的合作协议或意向书。各馆可在申报时提供巡展计划或意向，项目入选后，应在验收评审之前，提供与相关合作单位签订的合作协议等证明材料。（二）各省（区、市）文化厅（局）、新疆生产建设兵团文化广播电视局负责本地区展览项目申报的组织工作。按照公平、公正、公开的原则，对各单位申报材料进行严格审核，确保申报材料的真实性和完整性；并组织专家对申报项目进行推荐，出具审核和推荐意见。由各省（区、市）文化厅（局）、新疆生产建设兵团文化广播电视局将推荐的本地区展览项目的申报资料通过邮寄方式统一报送，并将申报资料电子版刻录成光盘或存入U盘，同时寄送。报送日期截至2017年3月31日（以当地邮戳为准）。（三）报送地址：北京市东城区朝阳门北大街10号，文化部艺术司；邮政编码：100020。（邮件外部请注明“展出季申报材料”字样）（四）中央和国家有关部门所属美术馆可直接报送。（五）如未按时报送资料或申报资料不全而影响评选的，责任由各申报单位自负。

五、遴选、实施和验收。（一）遴选。文化部艺术司组织专家对申报项目进行遴选，提出入选项目建议名单报文化部审批，并由文化部向社会统一发布《2017年全国美术馆馆藏精品展出季活动目录》。（二）实施。1. 入选项目实施单位须按照既定的展览计划，认真组织、周密安排展览实施工作，积极开展好公共教育、宣传推广活动，努力提高展览的社会效益，确保入选展览项目高质量完成。在展览举办及相关宣传等活动中，应标注“文化部2017年全国美术馆馆藏精品展出季”标识。文化部不作为该目录中具体展览项目的主办单位。美术馆不得擅自更改已公布的展览信息。如遇特殊情况确需对展览计划做出调整，应经所在地省级文化行政部门审核后及时将调整情况向文化部艺术司备案。2. 各相关省级文化行政部门应当采取有力措施，保障活动的顺利实施，指导并支持相关美术馆做好入选项目的宣传推广工作，督促相关美术馆做好展览的组织筹备、展出和总结工作。3. 文化部将对入选项目进行统一的宣传、推广并对展览成果进行汇集，请各省级文化行政部门及相关美术馆积极做好配合工作。4. 如已列入活动目录的展览最终未能在2017年内实施，将取消该展览的展出季入选资格，责成相关文化厅（局）作出书面说明，并取消有关美术馆下一年度文化部相关活动的申报资格。（三）验收。文化部艺术司将在展出季活动结束后，组织专家对入选项目实施情况进行验收，验收结果经文化部审批后公布。入选项目实施单位应对项目实施情况进行认真总结，并按照相关工作要求（另行通知）参与验收工作。根据验收情况，评选出优秀展览项目，并对在此次活动中组织工作等表现突出的文化厅（局）予以表扬。

通知后附2017年全国美术馆馆藏精品展出季项目申报书（略）。

文化部办公厅

2017年1月20日

【文化部办公厅关于开展2017年全国美术馆青年策展人扶持计划的通知（办艺函〔2017〕71号）】

2017年3月16日，文化部办公厅向各省、自治区、直辖市文化厅（局），新疆生产建设兵团文化广播电视局，中央军委政治工作部宣传局，中国美术馆、中国国家画院印发“关于开展2017年全国美术馆青年策展人扶持计划的通知（办艺函〔2017〕71号）”。

通知要求，为全面贯彻党的十八大和十八届三中、四中、五中、六中全会精神，贯彻习近平总书记系列重要讲话特别是在文艺工作座谈会和中国文联十大、中国作协九大开幕式上的重要讲话精神，落实《关于繁荣发展社会主义文艺的意见》和《关于实施中华优秀传统文化传承发展工程的意见》，加强美术馆人才梯队建设，培养与扶持美术馆青年策展人员，切实提高美术馆自主展览策划能力，促进美术馆专业化建设整体水平的提升，“十三五”期间，文化部组织实施全国美术馆青年策展人扶持计划。现将2017年相关工作安排通知如下。

一、申报工作。（一）申报条件。1. 各级各类国有美术馆、民营美术馆、美术名家艺术馆（纪念馆）均可推荐在本单位任职的1名青年策展人员作为候选人参与申报。候选人年龄应在45岁以下（1971年12月31日以后出生），具有独立策展经验者优先。2. 候选人须提交1份完整的展览策划方案。展览方案要全面贯彻“二为”方向和“双百”方针，坚持以人民为中心的工作导向，大力弘扬社会主义核心价值观。鼓励和倡导中华优秀传统文化传承发展、20世纪中国美术史及美术家个案研究等相关主题的展览方案，特别是基于本馆藏品资源、本地美术资源研究策划的展览方案。已参评文化部2017年全国美术馆馆藏精品展出季活动的展览方案，不再参与本次申报。策展方案应由候选人独立策划，具有原创性，不涉及抄袭等侵犯任何他人的知识产权问题。展览规模适中，经费预算合理，具有可行性。原则上，展览方案能够在2018年3月底之前实施完毕。3. 各单位应对所推荐的候选人提交的策展方案的合理性、可行性进行充分论证，出具推荐意见，并承诺所推荐候选人及其策展方案一旦入选，本单位将提供保障条件，确保其在本馆内按计划实施。（二）申报方式。1. 各省（区、市）文化厅（局）、新疆生产建设兵团文化广播电视局负责动员和组织本地区符合条件的单位参与申报，并应对进行申报的国有美术馆、民营美术馆一视同仁，指导和督促相关单位做好申报工作。中央军委政治工作部宣传局负责动员和组织本系统符合条件的单位参与申报。2. 各级各类美术馆是本次扶持计划的申报主体。各申报单位须填写《2017年全国美术馆青年策展人扶持计划申报书》（可从文化部政府门户网站下载），按照该申报书要求提供相关资料，逐级报送至所在省级文化厅（局）进行审核。军队系统申报单位的申报材料报送至中央军委政治工作部宣传局进行审核。中央和国家机关所属美术馆可直接报送。3. 请各申报单位于2017年4月30日前（以邮戳为准），按照本通知提供的联系方式将申报材料寄送至文化部艺术司（请使用邮政快递EMS），并在邮件封面注明“青年策展人项目申报资料”字样，并同时提交申报材料的电子版文件。4. 由于申报资料不全或逾期未报所造成的不利影响，由申报单位负责。

二、评选工作。评选分为初评和复评，由文化部艺术司聘请相关领域专家、学者组成专家小组开展。初评主要对申报材料进行评审。通过初评的策展人将参加文化部艺术司组织的“全国美术馆青年策展人培训班”，培训采用理论授课与实践指导相结合的方式，对通过初选的策划方案进行修改和完善。复评工作由专家小组结合策展人参加“全国美术馆青年策展人培训班”期间的表现以及修改完善后的展览策划方案等因素评审。相关评审结果将在文化部政府门户网站予以公布。

三、扶持工作。（一）文化部艺术司将组织“全国美术馆青年策展人培训班”，对通过初选的青年策展人进行为期一周有针对性和实效性的培训，切实提升青年策展人的理论水平和实践能力，指导、完善其策展项目的策划方案和实施方案，推动形成一批优秀的展览策划案例，起到示范性和引领性的作用，也藉此加强各美术馆青年策展人之间的学术交流。具体培训时间和地点另行通知，培训费及培训期间食宿费由主办单位负责，学员往返交通费自理。（二）文化部对通过复评的每个扶持项目予以10万元经费补贴，并对项目实施工作提出具体要求。补贴经费将拨付至申报单位，用于补贴项目实施。凡不能按要求完成项目实施工作的申报单位，须退回补贴经费。

四、监督与验收。扶持项目要严格按照文化部艺术司及相关专家指导修订后的方案执行，如有任何改动，要向文化部艺术司做好报备工作。项目实施完毕后，实施单位及策展人须向文化部报送项目总结，由文化部艺术司组织专家对项目实施情况进行验收。验收不合格的单位和策展人，3年内不得再次申报。为加强对青年策展人及扶持项目的宣传推广和有效监督，文化部艺术司将委托相关媒体对扶持项目的策划和实施过程予以监督和报道。各省（区、市）文化厅（局）、新疆生产建设兵团文化广播电视局、中央军委政治工作部宣传局应做好扶持项目实施工作的监督、指导和管理，各相关单位和策展人应积极配合做好宣传、推广等相关工作，并自觉接受媒体及社会各界的监督。

五、联系方式。联系人：文化部艺术司文学美术处；通讯地址：北京市朝阳门北大街10号；邮政编码：100020。

通知后附2017年全国美术馆青年策展人扶持计划申报书（略）。

文化部办公厅

2017年3月16日

【文化部办公厅关于公布 2017 年度国家美术作品收藏和捐赠奖励项目名单的通知（办艺函〔2017〕109 号）】

2017 年 5 月 4 日，文化部办公厅向各省、自治区、直辖市文化厅（局），中国艺术研究院、中国美术馆、中国国家画院印发“关于公布 2017 年度国家美术作品收藏和捐赠奖励项目名单的通知（办艺函〔2017〕109 号）”。

通知要求，根据《国家美术作品收藏和捐赠奖励项目实施办法（暂行）》（文艺发〔2015〕13 号）有关要求，在各单位申报的基础上，经专家小组认真评审，并经我部审核通过，共有 16 个项目被列为 2017 年度国家美术作品收藏和捐赠奖励项目，现将该名单予以公布。请各有关文化厅（局）督促相关单位做好项目执行工作。

通知后附 2017 年度国家美术作品收藏和捐赠奖励项目名单（略）。

文化部办公厅
2017 年 5 月 4 日

【文化部办公厅关于公布 2017 年全国美术馆馆藏精品展出季活动目录的通知（办艺函〔2017〕135 号）】

2017 年 5 月 27 日，文化部办公厅向各省、自治区、直辖市文化厅（局），新疆生产建设兵团文化广播电视局，中央军委政治工作部宣传局，中国美术馆、中国国家画院印发“关于公布 2017 年全国美术馆馆藏精品展出季活动目录的通知（办艺函〔2017〕135 号）”。

通知要求，2017 年全国美术馆馆藏精品展出季活动项目评选工作已经顺利完成。经过专家认真评审，并经文化部审核通过，共有 28 个项目入选《2017 年全国美术馆馆藏精品展出季活动目录》。现将该目录予以公布。

所报项目纳入《2017 年全国美术馆馆藏精品展出季活动目录》的美术馆，应当按照《文化部办公厅关于印发〈2017 年全国美术馆馆藏精品展出季活动方案〉的通知》（办艺函〔2017〕27 号）要求，做好相关工作。在申报时提供巡展计划或意向的美术馆，应积极推动巡展工作计划落实，并在验收评审时提供相关证明材料（验收工作安排另行通知）。

通知后附 2017 年全国美术馆馆藏精品展出季活动目录（略）。

文化部办公厅
2017 年 5 月 27 日

【文化部办公厅关于公布 2016 年度全国美术馆优秀项目评选结果的通知（办艺函〔2017〕136 号）】

2017 年 5 月 27 日，文化部办公厅向各省、自治区、直辖市文化厅（局），新疆生产建设兵团文化广播电视局，中央军委政治工作部宣传局，中国美术馆、中国国家画院印发“文化部办公厅关于公布 2016 年度全国美术馆优秀项目评选结果的通知（办艺函〔2017〕136 号）”。

通知要求，2016 年度全国美术馆优秀项目评选工作已经顺利完成。经过专家小组认真评审，并经文化部审核与公示，共评出优秀展览项目 8 个，优秀公共教育项目 7 个，优秀展览提名项目 25 个，优秀公共教育提名项目 16 个。现将入选名单公布如下。同时，北京市文化局、上海市文化广播影视管理局、江苏省文化厅和广东省文化厅4家单位在此次活动的组织工作方面表现突出，予以表扬。

通知后附2016年度全国美术馆优秀项目名单（略）。

文化部办公厅

2017年5月27日

【文化部办公厅关于2017年动漫企业认定工作有关事项的通知（办产函〔2017〕190号）】

2017年8月19日，文化部办公厅向各省、自治区、直辖市文化厅（局）印发“关于2017年动漫企业认定工作有关事项的通知（办产函〔2017〕190号）”。

通知要求，为做好动漫企业认定管理工作，落实动漫产业税收优惠政策，根据《文化部 财政部 国家税务总局关于印发〈动漫企业认定管理办法（试行）〉的通知》（文市发〔2008〕51号）、《文化部 财政部 国家税务总局关于实施〈动漫企业认定管理办法（试行）〉有关问题的通知》（文产发〔2009〕18号）、《文化部办公厅关于转发〈财政部 海关总署 国家税务总局关于动漫企业进口动漫开发生产用品税收政策的通知〉的通知》（办产函〔2016〕315号）等文件有关要求，现就2017年动漫企业认定工作有关事项通知如下。

一、总体要求。动漫企业认定是落实动漫产业税收优惠政策的基础性工作，各地文化厅（局）要认真研究《动漫企业认定管理办法（试行）》（以下简称《办法》）内容，严格按照《办法》规定的认定范围、认定标准、认定程序开展工作，加强与同级财政、国税、地税、海关等相关部门的沟通合作，充分发挥省级认定机构办公室的作用，完善工作机制，为本地区动漫企业认定工作的顺利开展提供保障。请各地文化厅（局）根据本通知所附申请材料清单组织企业按要求报送材料。计划单列市动漫企业通过所在省文化厅统一上报。

二、动漫企业认定申报工作。各省级认定机构要积极组织本辖区企业申报，认真履行初审职能，对企业的申请材料严格把关，确保申请材料真实、完备（申请材料清单见附件1）。

请各地文化厅（局）于9月30日前将本地区通过初审的动漫企业认定申请材料一式一份报送文化部文化产业司（以寄出日期为准），并附加盖公章的书面推荐函及同级财政、税务部门的书面同意函（或由文化、财政、税务部门共同出具推荐函），逾期不再受理。

三、动漫企业年审工作。各省级认定机构应按照《办法》和有关规定，加强对本地区已认定动漫企业的日常监督检查，认真开展动漫企业年审工作。重点动漫企业年审由省级认定机构提出初审意见后报文化部文化产业司审核（重点动漫企业年审材料清单见附件2）。请各地文化厅（局）于9月30日前将加盖公章的动漫企业年审报告和初审后的重点动漫企业年审材料报送文化部文化产业司，动漫企业年审报告中应分别列明年审合格、不合格动漫企业名单及推荐参加年审重点动漫企业名单。

对企业经营活动发生变化、提供虚假材料、实际生产经营不符合认定标准和违法违规等情况，以及认定工作中出现的其他问题，应及时在年审报告中说明。对于动漫企业认定工作和动漫产业税收政策落实的意见建议，可在年审报告中一并提出。

动漫企业年审不合格的，由各省级认定机构负责收回动漫企业证书，并通报财政、税务等有关部门。动漫企业发生名称变更的，由各省级认定机构核实情况后重新核发证书，报文化部文化产业司备案。重点动漫企业发生名称变更的，由省级认定机构核实情况后报文化部文化产业司审核处理。

请各地文化厅（局）依托年审工作组织本地企业填写《动漫企业享受税收优惠情况汇总表》（附件3），加盖公章后与上述材料一并报送。

根据《财政部 国家税务总局关于动漫产业增值税和营业税政策的通知》（财税〔2013〕98号）第

一项规定，“对属于增值税一般纳税人的动漫企业销售其自主开发生产的动漫软件，按 17% 的税率征收增值税后，对其增值税实际税负超过 3% 的部分，实行即征即退政策。动漫软件出口免征增值税”，此项税收政策将于 2017 年 12 月 31 日到期。为争取相关政策的延续，请各地文化厅（局）依托年审工作，与同级财政、税务部门积极沟通，将此项税收优惠政策的具体执行情况在年审报告中予以体现，内容包括：1. 本地区动漫企业销售自主开发生产动漫软件情况；2. 销售自主开发生产的动漫软件增值税退税情况；3. 动漫软件出口免税情况。

四、动漫企业进口免税资格认定和年审工作。已通过认定的动漫企业可向所在地文化厅（局）提出进口免税资格申请（申请材料清单见附件 4），2016—2017 年获得进口免税资格的动漫企业应及时向所在地文化厅（局）提出年审申请（年审材料清单见附件 5，企业名单见文产函〔2016〕1354 号文件）。请各文化厅（局）按照办产函〔2016〕315 号文件要求，对本地动漫企业进口免税资格申请材料进行初审，于 9 月 30 日前将初审合格企业申请材料和已获得进口免税资格企业的年审材料报文化部文化产业司，并附加盖公章的书面推荐函，列明推荐企业名单。

不提出年审申请的企业，将列入年审不合格企业名单，自下一年度起取消享受进口税收政策的资格。

五、申报方式。2017 年动漫企业认定工作采取纸质材料报送与电子材料在线报送相结合的方式，相关制式表格可在文化部文化产业项目服务平台下载。经所在地文化（厅）局审核同意推荐的动漫企业认定、重点动漫企业年审、动漫企业进口免税资格认定和年审申请，申请企业应及时登录文化部文化产业项目服务平台按要求在线上传相关申请材料。联系人：文化产业司企业发展处；邮寄地址：北京市海淀区中关村大街甲 59 号中国人民大学文化大厦 403（1）室（邮政编码：100872）。

通知后附动漫企业认定申请材料清单（略）、重点动漫企业年审材料清单（略）、动漫企业享受税收优惠情况汇总表（略）、动漫企业进口免税资格申请材料清单（略）、动漫企业进口免税资格年审材料清单（略）。

文化部办公厅

2017 年 8 月 19 日

【文化部办公厅关于公布 2017 年全国美术馆青年策展人扶持计划评选结果的通知（办艺函〔2017〕195 号）】

2017 年 8 月 22 日，文化部办公厅向各省、自治区、直辖市文化厅（局），新疆生产建设兵团文化广播电视局，中央军委政治工作部宣传局，中国美术馆、中国国家画院印发“关于公布 2017 年全国美术馆青年策展人扶持计划评选结果的通知（办艺函〔2017〕195 号）”。

通知要求，2017 年全国美术馆青年策展人扶持计划评选工作已经顺利完成。经过专家小组的初评和复评，并经文化部审核，共评出 10 个入选项目。现将入选项目名单予以公布，文化部对每个入选项目给予 10 万元经费补贴。

请相关单位和人员严格按照《文化部办公厅关于开展 2017 年全国美术馆青年策展人扶持计划的通知》（办艺函〔2017〕71 号）的相关规定，做好入选项目的组织实施工作。各有关文化厅（局）应采取有力措施，加强监督、指导和管理，做好展览内容审核把关；相关美术馆和策展人，根据展览方案做好展览的组织筹备、展出和总结等工作，确保各个项目顺利实施。

通知后附 2017 年全国美术馆青年策展人扶持计划入选项目名单（略）。

文化部办公厅

2017 年 8 月 22 日

【文化部办公厅关于印发《中国文化艺术政府奖动漫奖评奖办法》的通知（办产发〔2017〕10号）】

2017年9月30日，文化部办公厅向各省、自治区、直辖市文化厅（局），新疆生产建设兵团文化广播电视局印发“关于印发《中国文化艺术政府奖动漫奖评奖办法》的通知（办产发〔2017〕10号）”。

通知要求，为贯彻落实中共中央办公厅、国务院办公厅《关于全国性文艺评奖制度改革的意见》（厅字〔2015〕27号）和中央宣传部印发的《全国性文艺评奖改革方案》（中宣发〔2015〕34号），加强和改进中国文化艺术政府奖动漫奖评奖管理，严格评奖标准和程序，切实提高评奖公信力和影响力，我部制定了《中国文化艺术政府奖动漫奖评奖办法》，现印发给你们，请认真贯彻执行。

一、总则。第一条，中国文化艺术政府奖动漫奖（以下简称“动漫奖”）是文化部为繁荣动漫作品创作、培养动漫优秀人才、扩大中国动漫国际影响力、推动动漫产业发展而设立的国家动漫政府奖。第二条，动漫奖评奖以习近平总书记系列重要讲话精神特别是关于文艺工作重要讲话精神为指导，坚持“二为”方向和“双百”方针，坚持以人民为中心的工作导向，坚持以社会主义核心价值观为引领，坚持思想性、艺术性、观赏性相统一，坚持把社会效益放在首位，努力实现社会效益与经济效益有机统一，坚持公平、公正、公开、透明的原则，严格标准、严格程序，突出公信力和权威性，树立精品意识，充分发挥对动漫产业发展的导向作用。第三条，动漫奖每三年评选一次。

二、奖项设置。第四条，动漫奖设6个分项，评奖数量共20个。分别为：最佳动漫作品11个、最佳动漫创作者或团队3个、最佳动漫教育机构2个、最佳动漫国际市场开拓1个、最佳动漫技术1个、最佳动漫形象2个。

三、评奖对象。第五条，动漫奖评奖对象为：在评奖年之前三年内在我国依法播映、出版、演出、传播并具有明确著作权属的我国动漫作品、技术、形象，以及在此期间取得优秀业绩的我国动漫创作者或团队、动漫企业、教育机构。动漫作品包括漫画、动画、网络动漫（含手机动漫）、动漫舞台剧（节）目等。第六条，动漫奖往届获奖作品（或对象）不得重复申报同一奖项。

四、评奖标准。第七条，最佳动漫作品的评奖标准为：（一）聚焦中国梦的时代主题，培育和弘扬社会主义核心价值观，唱响爱国主义主旋律，坚持以人民为中心的创作导向，坚持把社会效益放在首位，努力实现社会效益和经济效益的有机统一；（二）鼓励原创，思想内容健康向上，体现时代文化成就、代表国家艺术形象，思想精深、艺术精湛、制作精良，人民群众喜闻乐见；（三）传承和弘扬中华优秀传统文化，体现民族精神、民族风格和民族特色；（四）充分发挥动漫艺术的特点，运用动漫语言、动漫手法来讲好中国故事，具有较强的艺术感染力；（五）艺术表现创意新颖，角色造型和场景设计独具魅力，故事情节引人入胜，人物个性鲜明生动；（六）拥有自主知识产权，不涉及侵犯其他权利人在境内外的著作权、商标权、专利权、名称权等项权利及其衍生的权利；（七）取得较好市场业绩，市场占有率较高，社会效益与经济效益相统一；（八）创作团队中无有劣迹人员。第八条，最佳动漫创作者或团队的评奖标准为：（一）拥护中国共产党的领导和社会主义制度，遵纪守法，德艺双馨，秉持职业操守，具有良好的社会声誉；（二）坚持正确政治导向，践行和弘扬社会主义核心价值观；（三）深入生活、扎根人民，深受人民群众喜爱，具有较高的动漫艺术创作成就，创作完成的动漫作品在市场上具一定影响力；（四）在同行业中处于领先地位；（五）成员中无有劣迹从业人员。第九条，最佳动漫教育机构的评奖标准为：（一）获得国家级或省级动漫相关教学成果奖项，拥有优秀动漫专业教师队伍和一批动漫类专业优秀毕业生；（二）在动漫教育教学改革创新和培养复合型、创新型人才方面取得显著成效，具有良好的社会声誉和社会影响力。第十条，最佳动漫国际市场开拓的评奖标准为：（一）符合第七条的基本要求；（二）面向海外市场的出口、授权等业绩表现突出，具备一定的国际品牌影响力。第十一条，最佳动漫技术的评奖标准为：（一）取得国家相关部门颁发的知识产权证书；

（二）具备专有性、创新性，在动漫某一专项技术领域处于领先地位。第十二条，最佳动漫形象的评奖标准为：（一）符合第七条第一、二、三款的基本要求；（二）已经注册相关知识产权或商标，具有较强的动漫形象品牌影响力；（三）与相关产业融合发展，衍生产品市场表现突出，深受群众欢迎。第十三条，在各奖项的评选中，鼓励动漫内容与形式的融合创新，鼓励动漫与文学、游戏、影视、音乐等各类内容形式交叉融合，鼓励动漫与传统文化表现形式相融合，鼓励动漫与新技术、新业态、新模式、新媒体有机融合，鼓励动漫与实体经济相融合。

五、评奖机构。第十四条，文化部设动漫奖评奖工作领导小组，下设办公室负责日常工作。办公室设在文化部文化产业司。第十五条，动漫奖评奖坚持专家评委和群众评委相结合，注重评委的代表性和权威性。专家评委按照统筹兼顾、门类均衡的原则产生。群众评委由动漫爱好者、动漫传播机构、工青妇等群众组织代表等组成。

六、评奖程序。第十六条，动漫奖评奖分为申报、评选两个阶段。（一）申报。各省、自治区、直辖市文化厅（局），新疆生产建设兵团文化广播电视局负责本地区动漫奖申报工作。中央和国家机关有关部委所属单位经上级主管部门推荐后直接向文化部申报。文化部直属单位直接申报。（二）评选。动漫奖评选按奖项分项分类，由评委会议以观看作品样片、查阅申报材料、评议讨论等方式，评选出规定数量的入选名单。第十七条，动漫奖评奖结果向社会公示，公示期为 7 天。

七、奖励和推广。第十八条，文化部对动漫奖获奖作品、创作者或团队、单位颁发获奖证书和奖金。第十九条，动漫奖充分发挥文艺评论的作用，通过召开作品研讨会、评议会等形式，积极向各类传播机构推荐，充分听取群众意见，加大对获奖作品、创作者或团队、单位的宣传力度，扩大影响力和辐射面。第二十条，通过新闻媒体、网络新媒体、动漫会展等渠道，利用视频网站、手机动漫等传播形式，对动漫奖获奖作品进行宣传，加强网络展示，持续扩大社会影响。

八、评奖纪律与监督。第二十一条，动漫奖评奖严格执行《关于全国性文艺评奖制度改革的意见》等文件规定，规范评奖程序，严肃评奖纪律，坚决杜绝暗箱操作、利益交换现象，确保评奖工作风清气正。评委和评奖工作人员不得接受参评单位、个人的宴请和请托，不得接受赠送的任何形式的财物礼品，不得借参加参评作品或个人研讨会之机收取高额报酬，不得徇私舞弊。有上述行为者，一经查实，将严肃追究双方当事人的责任，取消有关作品、创作者（团队）、单位的评奖资格、所获奖项，并将有关违纪违法问题线索及时移送纪检部门处理。第二十二条，动漫奖评奖严格执行评委回避、保密等制度。第二十三条，参评单位和个人应按要求如实提交申报材料，不得弄虚作假。如有不实或违规现象，一经查实，将视情节轻重给予通报批评，取消申报资格、参评资格直至所获奖项等处罚。第二十四条，动漫奖评奖工作接受社会监督、舆论监督、群众监督，在评奖过程中接受相关纪检监察机构监督。

九、附则。第二十五条，动漫奖评奖经费由文化部从国家财政申请专项经费予以保障，列入财政预算管理。第二十六条，本办法自印发之日起生效，由文化部文化产业司负责组织实施。每届动漫奖评奖根据本办法制定具体工作方案。

文化部办公厅

2017 年 9 月 30 日

【文化部办公厅关于开展中国文化艺术政府奖第三届动漫奖评选工作的通知（办产函〔2017〕235 号）】

2017 年 10 月 30 日，文化部办公厅向各省、自治区、直辖市文化厅（局），新疆生产建设兵团文化广播电视局，中央和国家机关有关部委办公厅（室），有关中央企业，本部各司局、各直属单位印发

“关于开展中国文化艺术政府奖第三届动漫奖评选工作的通知（办产函〔2017〕235号）”。

通知要求，为激励动漫创作生产，引领动漫产业发展，根据《中国文化艺术政府奖动漫奖评奖办法》（办产发〔2017〕10号，以下简称《评奖办法》），文化部将组织开展中国文化艺术政府奖第三届动漫奖（以下简称“第三届动漫奖”）评选工作。经商扶持动漫产业发展部际联席会议有关成员单位，现将第三届动漫奖评选有关事项通知如下。

一、第三届动漫奖整体工作安排。中国文化艺术政府奖动漫奖于2011年由全国评比达标表彰工作协调小组批准设立，分别于2011年、2014年举办两届。第三届动漫奖的评选工作将深入学习贯彻党的十九大精神，贯彻落实习近平总书记系列重要讲话精神特别是关于文艺工作的重要讲话精神，按照中办、国办《关于全国性文艺评奖制度改革的意见》以及中宣部关于文艺评奖改革、加强文艺评论的工作部署，坚持正确政治导向，落实意识形态责任制，严格执行中央“八项规定”精神和要求；按照规定数量设置奖项；评奖标准突出社会效益优先原则，把握正确政治导向，弘扬社会主义核心价值观；加强文艺评论、吸引群众参与、扩大宣传影响、促进产业发展。

二、奖项设置与申报条件。第三届动漫奖共设奖项20个，分别为：最佳动漫作品11个（统筹兼顾漫画、电视动画片、动画电影、网络动漫、动漫舞台剧等类别），最佳动漫创作者或团队3个，最佳动漫教育机构2个，最佳动漫国际市场开拓1个，最佳动漫技术1个，最佳动漫形象2个。申报主体须为中国公民或在中国依法注册设立的内资法人单位。申报主体可对照《评奖办法》规定条件申报相应奖项，申报范围为2014年4月至2017年9月期间在我国依法播映、出版、演出、传播并具有明确著作权属的我国动漫作品、技术、形象，以及在此期间取得优秀业绩的我国动漫创作者（团队）、动漫企业、教育机构。动漫奖往届获奖作品（或对象）不得重复申报同一奖项。

三、申报程序与要求。各省（区、市）（含新疆生产建设兵团，下同）文化厅（局）负责本行政区域内的申报工作，中央和国家机关有关部委负责本系统内的申报工作。

各类申报主体可访问文化部政府门户网站（www.mcprc.gov.cn）下载填写《中国文化艺术政府奖第三届动漫奖申报表》（附件1，简称《申报表》），按照《申报表》和本通知要求提交申报材料，报送至注册地（法人单位）或户口所在地（个人）省（区、市）文化厅（局）。各省（区、市）文化厅（局）统一汇总本地区各类奖项申报材料后，并可商同级新闻出版广电、工业和信息化、教育、商务等有关部门，研究确定推荐名单，在申报表中填写推荐意见、加盖本单位公章，出具推荐文件、填写中国文化艺术政府奖第三届动漫奖申报项目汇总表（附件2），将申报材料（纸质版和光盘）一式5份报文化部文化产业司。申报最佳动漫作品奖项的，每个省（区、市）原则上不超过3个，申报其他奖项的，每个奖项每个省（区、市）原则上不超过1个，重点动漫企业不占推荐名额。中央和国家机关有关部委所属单位（须经主管部门同意推荐，在申报表中加盖司局级部门公章）、中央企业（须在申报表中加盖本企业公章）、文化部直属单位（须在申报表中加盖本单位公章）直接将申报材料报送文化部文化产业司，每个单位申报奖项原则上不超过1个。

四、申报材料。（一）申报表（样式见附件1）。（二）申报材料PPT简介。要求简洁明了，可根据所申报的奖项体现相应内容，包括但不限于以下内容。1.申报单位或个人介绍；2.动漫作品有关情况（按各项分页介绍）：思想内涵、创作目的、故事梗概、角色介绍、美术风格及造型场景、优势及市场定位；3.数据分析：形象提供授权收入，电视动画片提供收视率，动画电影提供票房数据，漫画提供销售码洋，网络动漫提供相关运营机构点击、下载数据，企业、创作者（团队）提供近3年营业收入、利润、出口额等；4.市场开发和运营推广情况；5.商业模式；6.申报动漫国际市场开拓奖项的动漫产品须提供境外收入数据和市场影响。（三）涉及作品的样片或样书，相关产品、机构的照片、图片、视频介绍。（四）相关许可证明及有关知识产权证明（如：动漫形象著作权登记证书等）。（五）申报人为个人的提供身份证复印件及近3年来无违法违规记录声明，申报人为单位的提供营业执照或其他法人登记证书复印件，单位及主要负责人近3年来无违法违规记录声明。（六）获奖证明复印件及其他相关材料。

五、其他事项。文化部将依据《评奖办法》规定，开展评审和奖励工作，并持续组织宣传推广，不断扩大动漫奖的行业和社会影响，发挥好动漫奖对动漫产业发展的引导示范和激励促进作用。各地对获奖单位和个人可给予地方配套奖励，加强宣传推广。请各省（区、市）文化厅（局）高度重视，做好宣传动员并认真抓紧组织本行政区域内动漫创作者（团队）、企业及有关单位申报。请于 2017 年 11 月 26 日前（以寄出信件邮戳日期为准）按本通知要求完成报送工作，逾期不予受理。请将申报材料统一寄送至北京市海淀区中关村大街甲 59 号中国人民大学文化大厦 403（1）室；联系人：文化部文化产业司企业发展处。

通知后附中国文化艺术政府奖第三届动漫奖申报表（略）、中国文化艺术政府奖第三届动漫奖申报项目汇总表（略）。

文化部办公厅

2017 年 10 月 30 日

【文化部办公厅关于公布 2017 年全国美术馆馆藏精品展出季优秀项目名单的通知（办艺函〔2017〕265 号）】

2017 年 12 月 13 日，文化部办公厅向各省、自治区、直辖市文化厅（局），新疆生产建设兵团文化广播电视局，中央军委政治工作部宣传局，中国美术馆、中国国家画院印发“关于公布 2017 年全国美术馆馆藏精品展出季优秀项目名单的通知（办艺函〔2017〕265 号）”。

通知要求，根据《2017 年全国美术馆馆藏精品展出季活动方案》，2017 年全国美术馆馆藏精品展出季活动验收评审工作已于近日顺利完成。经专家小组认真评审，并经文化部审核，共评选出优秀展览项目 12 个。文化部将对优秀展览项目的巡展给予奖励性补贴，用于支持有关单位开展巡展等相关业务工作。

中国美术馆、中华艺术宫（上海美术馆）利用展出季平台，积极探索设立藏品长期陈列，发挥了国家重点美术馆示范引领作用。同时，浙江省文化厅、广东省文化厅在此次活动的组织工作方面表现突出，被评为优秀组织单位。现将优秀项目名单予以公布。

通知后附 2017 年全国美术馆馆藏精品展出季优秀项目名单（略）。

文化部办公厅

2017 年 12 月 13 日

专题

纪念潘天寿诞辰 120 周年系列美术活动

【概况】

潘天寿是中国 20 世纪杰出的国画家、美术教育家、理论家，现代中国画教学的奠基人之一。2017 年 4 月以来，全国各地举办“纪念潘天寿诞辰 120 周年”系列活动，以缅怀他为中国美术事业作出的卓越贡献。

【海峡两岸共同纪念国画大师潘天寿诞辰 120 周年系列活动】

2017 年 4 月 25 日至 28 日，由国务院台湾事务办公室交流局主办的“海峡两岸共同纪念国画大师潘天寿诞辰 120 周年系列活动”在浙江省宁海县举行。来自海峡两岸的 100 多位官员、学者、潘天寿弟子等重返潘天寿故乡浙江省宁海县，共同纪念国画大师和美术教育家潘天寿诞辰 120 周年。活动以“诗画传两岸、气韵润中华”为主题，富含寻根续脉、继往开来之意，凸显两岸一家亲的理念。60 年前，潘天寿的 70 多位弟子赴台，在两岸隔绝的状态下延续中国画的教育传统，使水墨文化在台湾地区得以传承。开幕式上，两岸潘天寿弟子向潘天寿铜像共献鲜花。本次活动中，潘天寿的 32 幅书画作品真迹同时对外展出。其中，有一幅作品就是潘天寿作于 1949 年的指墨画代表作《耕罢图》。

【纪念潘天寿诞辰 120 周年座谈会】

2017 年 5 月 2 日，由文化部、中国文学艺术界联合会、浙江省人民政府主办，文化部艺术司、中国文学艺术界联合会国内联络部、中国美术馆、浙江省文化厅、中国美术学院承办的“纪念潘天寿诞辰 120 周年座谈会”在北京举行。中共中央政治局委员、国务院副总理刘延东出席座谈会并讲话。文化部党组书记、部长雒树刚，中国文学艺术界联合会党组书记、副主席李屹，文化部党组成员、副部长董伟，中共浙江省委常委、宣传部部长葛慧君，中国文学艺术界联合会副主席、中国美术家协会副主席、中国美术学院院长许江，中央美术学院教授邵大箴，潘天寿之子、中央美术学院教授潘公凯在会上发言。

【民族翰骨——潘天寿诞辰 120 周年纪念大展】

2017 年 5 月 1 日至 14 日，由文化部、中国文学艺术界联合会和浙江省人民政府主办，中国美术馆、中国美术家协会、浙江省文化厅、中国美术学院承办的“民族翰骨——潘天寿诞辰 120 周年纪念大展”在中国美术馆举行。展览展出潘天寿作品 120 余件，从“高风峻骨”“一味霸悍”“奇崛明豁”“雁荡山花”“守常达变”“饮水生涯”六大板块来梳理呈现潘天寿的代表巨作和手稿文献。

展览期间，还举行了 5 场“潘天寿与文化自信”主题学术研讨会：一、国家图式与民族气象——潘天寿的文化自信；二、由“南北”而“东西”——潘天寿的文化视野；三、笔墨、章法、意境、格调——潘天寿的艺术问题；四、两峰挺立，传统出新——潘天寿与中国现代美术教育；五、气可撼天地——潘天寿与中国诗词传统。

【高风峻骨——走进潘天寿的艺术世界专题系列讲座】

2017 年 5 月 13 日、14 日，结合正在中国美术馆展出的“民族翰骨——潘天寿诞辰 120 周年纪念大展”，中国美术馆艺术讲堂特邀张立辰、潘公凯举办“高风峻骨——走进潘天寿的艺术世界”专题系列讲座，解读潘天寿的艺术作品，剖析其作品深处的文化内涵。两位专家分别就潘天寿代表作品中的笔墨、章法、意境、格调等艺术问题，进行深入的解析，探讨潘天寿作品的法与理，带领听众领略潘天寿作品的艺术特色和艺术成就。

庆祝香港回归祖国20周年系列美术活动

【概况】

2017年6月以来，为庆祝香港回归祖国20周年，各地举办一系列书画展览活动，反映香港回归祖国之路的重大历史变革，彰显几代中国人为祖国统一付出的努力和重要贡献，展现香港回归祖国后所取得的经济文化以及社会发展的巨大成就，展现中国画在新时代的新发展。

【庆祝香港回归祖国20周年——全国中国画作品展】

2017年6月23日至7月4日，由中国美术家协会、中国文学艺术基金会主办的“庆祝香港回归祖国20周年——全国中国画作品展”在中国美术馆举行。展览展出从5500余幅征集作品中评选出的159幅作品，并特邀32位美术家参展。主办方专门组织创作9幅（2米×5米）巨幅作品，由徐里、谭乃麟创作的《不忘初心，坚持“一国两制”，香港的未来一定更美好》，李翔、杨文森、张蕊创作的《香港回归二十年发展成就巨大》，刘健创作的《省港大罢工》，刘金贵创作的《香港回归祖国，特区政府成立》，毕建勋创作的《邓小平创造性提出“一国两制”大政方针》，刘泉义创作的《香港与抗日战争》，苗再新创作的《英国侵占香港》，黄骏创作的《香港人民欢庆新中国成立》，陈钰铭创作的《虎门销烟》，王珂创作的《辛亥革命与香港》。此外，还有香港画家萧晖荣创作的《东方明珠》，都是反映自1840年鸦片战争至2017年期间香港回归祖国之路的重大历史变革。

【庆祝香港回归祖国二十周年　关山月美术馆建馆二十周年系列学术展】

2017年6月27日至7月21日，由关山月美术馆等单位主办的“庆祝香港回归祖国二十周年　关山月美术馆建馆二十周年系列学术展”在深圳市关山月美术馆举行。展览包括“关山月与他的时代——20世纪中国山水画研究展”“岭南翰逸——赵少昂、黎雄才、关山月、杨善深岭南画派大师合作画精品展”“关山月美术馆建馆20周年文献展”等活动，全面呈现了关山月美术馆建馆20年来取得的突出成果。其中，“关山月与他的时代——20世纪中国山水画研究展”展出作品近80幅，分为3个专题：“变法——先驱之路（1912—1948年）”“争鸣——时代颂歌（1949—1977年）”“殊途——回归艺术（1978—2000年）”。展出作品中既有齐白石《借山图册》、高剑父《东战场的烈焰》、潘天寿《接天荷叶图》这样的名作，也不乏首次公开展出的艺术家早期代表作，以点带面，从纵向与横向的角度全方位地探索关山月的山水艺术和20世纪中国山水画的发展轨迹。

【风情丝路　彩墨香江——香港回归20周年当代名家作品展】

2017年6月28日至7月4日，由中国美术家协会与香港各界庆典委员会主办的“风情丝路　彩墨香江——香港回归20周年当代名家作品展”在香港中央图书馆举行。此次展出的100件作品分为三大主题：第一部分表现“一带一路”主题，中国美术家们通过出国采风，对“一带一路”沿线国家有了切身的所观所感，立足写生积累，注重笔墨韵味和意境营造，以开阔的创作视野、独具中国文化特色的艺术语言，描绘出和而不同的各国风情，展示中国美术走向世界、表现和传承“丝路精神”的新视角，充分体现中国美术家的大局意识和历史担当；第二部分是20位内地与香港画家共绘香港主题的作品，以画家独特的视角表达了自己心中的东方之珠；第三部分是描绘的祖国的大好河山，这是美术家们深耕细作的创作主题。

【庆祝香港回归祖国20周年——云南省花鸟画作品展】

2017年7月3日至16日，由云南省文化厅主办，云南美术馆、云南画院承办的“庆祝香港回归祖国20周年——云南省花鸟画作品展”在云南美术馆举行。展览展出69幅花鸟画作品。

庆祝中国人民解放军建军 90 周年系列美术活动

【概况】

2017 年 7 月以来，全国各地举办一系列“庆祝中国人民解放军建军 90 周年”美术活动和美术展览，以回顾在中国共产党领导下人民军队的光辉历程，展望国防和军队现代化建设的光明前景，动员全党全军全国各族人民继续奋斗，汇聚起强国强军的磅礴力量，共同为实现“两个一百年”奋斗目标、实现中华民族伟大复兴的中国梦而不懈奋斗。

【纪念建军 90 周年上海油画雕塑院现实主义创作研究系列展】

2017 年 7 月 21 日至 8 月 6 日，由上海油画雕塑院主办的“纪念建军 90 周年上海油画雕塑院现实主义创作研究系列展”在上海油画雕塑院美术馆举行。系列展包括“上海油画雕塑院‘井冈’专题创作暨文献展”“纪念建军 90 周年上海油画雕塑院专题创作展”“上海油画雕塑院院藏油画作品陈列展”3 个展项。“上海油画雕塑院‘井冈’专题创作暨文献展”包含《井冈红旗》《井冈星火》大型组雕艺术文献、历史文献和 9 件《井冈星火》雕塑小稿；周碧初井冈山题材风景画创作；2016 年井冈山专题写生。“纪念建军 90 周年上海油画雕塑院专题创作展”则展出画院创作人员于 2016 年、2017 年创作的与建党、建军、长征等主题相关的油画、雕塑作品 18 件。“上海油画雕塑院院藏油画作品陈列展”共展出上海油画雕塑院艺术家创作于 20 世纪七八十年代的 20 余幅现实主义题材力作。

【我们的队伍——中国美术学院美术馆藏军队题材作品文献展】

2017 年 7 月 21 日至 8 月 21 日，为庆祝中国人民解放军建军 90 周年，由中国美术学院主办的“我们的队伍——中国美术学院美术馆藏军队题材作品文献展”在中国美术学院美术馆举行。中国美术学院美术馆从藏品中精心挑选由历届校友创作的人民军队题材作品 44 件，另外向浙江美术馆及作者、作者家属商借的军队题材作品 7 件，共 51 件作品展出，向观众展现 90 年来人民军队可歌可泣的光辉历程。

【纪念八一南昌起义暨建军 90 周年・中国（南昌）军事美术作品展】

2017 年 7 月 26 日至 8 月 15 日，由中国文学艺术界联合会指导，中国美术家协会、江西省文学艺术界联合会、中共南昌市委、南昌市人民政府联合主办，中国文学艺术界联合会美术艺术中心、中共南昌市委宣传部、南昌市文学艺术界联合会等承办的“纪念八一南昌起义暨建军 90 周年・中国（南昌）军事美术作品展”在江西省美术馆举行。展览从来自全国的 3100 余件参评作品中选出 182 件作品（油画 88 幅、中国画 94 幅）参展。

【庆祝中国人民解放军建军 90 周年全国美术作品展览暨第 13 届全军美术作品展览】

2017 年 7 月 28 日至 8 月 9 日，由文化部、中央军委政治工作部、中国美术家协会联合主办的“庆祝中国人民解放军建军 90 周年全国美术作品展览暨第 13 届全军美术作品展览”在中国美术馆举行。展览展出从报送 7000 多件美术作品中评出的 531 件和特邀作品、评委作品共计 600 余件，涵盖中国画、油画、版画、雕塑、装置、水彩画、宣传画和连环画等画种。

庆祝中国共产党第十九次全国代表大会胜利召开系列美术活动

【概况】

2017年8月以来，全国各地举办一系列“庆祝中国共产党第十九次全国代表大会胜利召开”美术活动和美术展览，以庆祝党的十九大这一在全面建成小康社会决胜阶段、中国特色社会主义发展关键时期召开的一次十分重要的大会。

【喜迎党的十九大——“光辉历程”吉林省美术作品展】

2017年8月29日至9月3日，由中共吉林省委宣传部、吉林省文学艺术界联合会、吉林省美术家协会主办，吉林艺术学院美术馆、吉林艺术学院美术学院、吉林艺术学院新媒体学院、中共长春工业大学党委宣传部承办的“喜迎党的十九大——‘光辉历程’吉林省美术作品展”在吉林艺术学院举行。展览展出中国画、油画、版画、雕塑、水彩·粉画、漫画、宣传画、连环画等作品200多件。

【“迎庆党的十九大——歌唱祖国、礼赞英雄”主题创作成果展】

2017年9月12日至17日，由中共河北省委宣传部、河北省文学艺术界联合会主办的“迎庆党的十九大——歌唱祖国、礼赞英雄”主题创作成果展在中国文艺家之家展览馆举行。展览收到社会各界各类文艺作品来信、来稿近2万件，展出从中挑选的300余件书法、美术、摄影作品。

【红船颂——浙江省迎接党的十九大美术作品展览】

2017年9月14日至10月29日，由浙江省文化厅、浙江省文学艺术界联合会、中国美术学院主办的“红船颂——浙江省迎接党的十九大美术作品展览”在浙江美术馆举行。展览分“不忘初心”“敢为人先”“勇立潮头”3个板块，精选40余件以“红船精神”“浙江精神”为主题的美术作品。

【奋进辽宁　江山如画——喜迎十九大辽宁重大历史文化题材美术创作工程作品展】

2017年9月16日至25日，由中共辽宁省委宣传部、辽宁省文学艺术界联合会联合立项，辽宁省美术家协会具体实施的“奋进辽宁　江山如画——喜迎十九大辽宁重大历史文化题材美术创作工程作品展”在辽宁美术馆举行。展览展出168位艺术工作者、涉及76个选题方向的100件作品，涵盖中国画、油画、版画、雕塑、壁画、连环画、综合材料绘画等。

【扎根人民——湖北省美术院院藏精品展】

2017年9月16日至10月20日，由湖北省美术院创作研究部、湖北省美术院美术馆主办的“扎根人民——湖北省美术院院藏精品展”在湖北省美术院美术馆举行。展览选取湖北省美术院收藏的自中华人民共和国成立以来湖北省老、中、青三代艺术家数幅作品。

【最美中国人——庆祝中国共产党第十九次全国代表大会胜利召开大型美术作品展】

2017年10月10日至29日，由中共中央宣传部指导，中国文学艺术界联合会、中国美术家协会、中国国家博物馆主办，中国文学艺术基金会、中国文学艺术发展专项基金资助的“最美中国人——庆祝中国共产党第十九次全国代表大会胜利召开大型美术作品展”在中国国家博物馆举行。展览展出全国、全军40余位美术名家创作的21幅油画和中国画作品。

【喜迎党的十九大胜利召开暨纪念建军90周年——董希源红色之旅写生作品汇报展】

2017年10月11日至15日，由中国美术家协会、福建省文学艺术界联合会、中共漳州市委宣传部主办，福建省美术家协会、北京时代美术馆协办的“喜迎党的十九大胜利召开暨纪念建军90周年——董希源红色之旅写生作品汇报展”在北京时代美术馆举行。展览展出董希源在红色写生之旅中创作的丈二匹以上作品44件。

【礼敬先贤——鲁艺旧址写生展】

2017年10月19日，在党的十九大召开之际，中央美术学院2017年度干部教师理论培训班（第3、4期）全体学员来到延安鲁迅艺术学院旧址踏访寻根，实地参观学习，并在院长、党委副书记等院领导的带领下，现场组织举办了“礼敬先贤——鲁艺旧址写生展”。参加此次写生活动的有25位专业教师，现场写生创作包括素描、速写、水墨、水彩画、油画、篆刻等多种形式。展览后，写生作品和书法作品全部捐赠给延安鲁艺文化园区。

【庆祝党的十九大胜利召开——四川省美术书法摄影主题展】

2017年10月25日至11月5日，由中共四川省委宣传部、四川省文学艺术界联合会主办的“庆祝党的十九大胜利召开——四川省美术书法摄影主题展”在四川省成都市举行。展览展出160余件美术作品、80余件书法作品和100余件摄影作品。

【庆祝党的十九大胜利召开——“从石库门到天安门”上海美术作品展】

2017年10月28日至11月20日，由中国上海国际艺术节组委会办公室主办的“庆祝党的十九大胜利召开——‘从石库门到天安门’上海美术作品展”在上海中华艺术宫举行。展览选取出生在上海或在上海工作的美术家的96件作品，象征中国共产党96年的光辉历程，包括《曙光——中国共产党成立（上海）》《开路先锋》《万吨水压机》《我们的朋友和同志遍于全世界》等作品。

【美在新时代——庆祝“十九大”胜利召开中国美术馆典藏精品特展】

2017年11月17日至26日，由中国美术馆主办的“美在新时代——庆祝‘十九大’胜利召开中国美术馆典藏精品特展”在中国美术馆举行。展览从中国美术馆馆藏作品中精选近现代名家大师作品200余件（套），其中许多作品首次公之于世。

“一带一路”倡议系列美术活动

【概况】

2017 年 5 月以来，全国各地举办一系列以“一带一路”为主题的美术活动和作品展览，积极响应 2013 年 9 月和 10 月由中国国家主席习近平先后提出的建设“新丝绸之路经济带”和“21 世纪海上丝绸之路”合作倡议。

【中国国家画院一带一路主题美术作品展】

2017 年 5 月 9 日至 16 日，由中国国家画院主办的“中国国家画院一带一路主题美术作品展”在中国国家画院美术馆举行。展览展出美术作品 112 件，其中国画 71 件、油画 11 件、版画 20 件、公共艺术 10 件，既有“一带一路”沿线地区的写生、速写作品，也有参与选题创作的初稿、创作作品等。

【一带一路丝路文化与艺术大展】

2017 年 5 月 28 日，由国家创新与发展战略研究会指导、“一带一路”丝路文化与艺术大展组委会主办的“一带一路丝路文化与艺术大展”在北京雁栖湖国际会展中心举行。该展以“丝路文化”为核心主题，以书画艺术为表现形式，汇聚中国当代 50 位具有代表性的书法家、国画家与油画家的作品多幅。

【一带一路笔墨传情——弘扬丝路精神谱写美丽篇章】

2017 年 7 月 6 日至 26 日，由故宫博物院主办的“一带一路笔墨传情——弘扬丝路精神谱写美丽篇章”展览在故宫博物院举行。展览汇集国内 10 名代表性画家的 40 余件作品，以“一带一路”为创作主题，展出作品兼有工笔、写意，题材包括山水、花鸟、人物等。展览作品按内容划分为 3 个方面：一是以“一带一路”为主题的多位画家联合创作的长卷，主要是部分画家联袂创作的 80 米长、1.9 米高的《敕勒青城图》；二是以体现“一带一路”中国沿线各地域风土人情的写生、创作作品；三是以体现“一带一路”沿线中亚各国风采的写生、创作作品。

【志同道合——“一带一路”大型俄罗斯油画作品展】

2017 年 10 月 10 日至 30 日，由黑龙江省文化厅、民革黑龙江省委主办的“志同道合——‘一带一路’大型俄罗斯油画作品展”在哈尔滨美术馆举行。展览展出俄罗斯风格迥异、流派纷呈的精品油画 150 余幅，其中包括人民画家、功勋画家等俄罗斯艺术大师及国家会员级画家的代表作品。

【丝路拾珍：敦煌文化艺术展——敦煌壁画艺术精品高校公益巡展】

2017 年 10 月 14 日至 11 月 15 日，由敦煌研究院、西北大学主办的“丝路拾珍：敦煌文化艺术展——敦煌壁画艺术精品高校公益巡展”在西北大学博物馆举行。展览展出敦煌彩塑临品2件、敦煌壁画数码输出作品69件、辅助展品17件。

【砥砺奋进中的五年——中国国家画院发展成果文献展（2013—2017）】

2017年10月16日，由中国国家画院主办的“砥砺奋进中的五年——中国国家画院发展成果文献展（2013—2017）”在中国国家画院美术馆举行。展览是中国国家画院近5年来在各个方面取得的丰硕成果的一次集中呈现，展示中国国家画院“创作、研究、教学、收藏、交流”五项职能齐头并举，多层次、全方位的发展方略以及近五年来实施的“一带一路”国际美术工程、国家画院东扩工程、《中国美术报》创刊等重要工程的实施进展。

【2017中国国家画院“一带一路”采风写生作品展】

2017年10月17日至11月6日，由中国国家画院主办的“2017中国国家画院‘一带一路’采风写生作品展”在北京时代美术馆举行。展览展出该院100余位研究员参与“一带一路”国际美术工程采风写生所作的速写、水彩、水墨作品700余件，同时还展出创作草图、初稿、手稿以及在采风中拍摄的影像资料等，涵盖中国画、油画、版画、雕塑、公共艺术等多种艺术类型。2017中国国家画院“一带一路”采风写生作品展研讨会同期举行。

文化传承　丹青力量——中国艺术研究院中青年艺术家系列展

【概况】

“文化传承　丹青力量——中国艺术研究院中青年艺术家系列展”是中国艺术研究院为进一步贯彻落实习近平总书记在文艺工作座谈会上的讲话等系列重要讲话精神，全面展示中国艺术研究院的创作力量所推出的第四次学习贯彻习近平总书记在文艺工作座谈会重要讲话精神系列展。展览为系列双个展，由“守望经典、抱朴含真、图像寓言、消解重构”4个部分组成，分批分期在中国美术馆举行。

【文化传承　丹青力量——中国艺术研究院中青年艺术家系列展：潘缨、潘金玲】

2017年3月8日至19日，由中国艺术研究院主办的“文化传承　丹青力量——中国艺术研究院中青年艺术家系列展：潘缨、潘金玲”在中国美术馆举行。展览展出潘金玲和潘缨两位艺术家创作的中国画作品近100幅，两人分别从不同角度提出并阐释了艺术探索的观点。其中，潘金玲的展览主题是“如梦令”，潘缨的展览主题是“镜中人”。

【文化传承　丹青力量——中国艺术研究院中青年艺术家系列展：孙文刚、郑光旭】

2017年3月22日至4月1日，由中国艺术研究院主办的“文化传承　丹青力量——中国艺术研究院中青年艺术家系列展：孙文刚、郑光旭”在中国美术馆举行。孙文刚的展览主题为“循常”，展出50余幅人物画作品。郑光旭的展览主题为“雪睿”，展出的50余幅油画作品是郑光旭创作于2006年至2017年间的艺术作品。

【文化传承　丹青力量——中国艺术研究院中青年艺术家系列展：李岗、陈海良】

2017年4月19日至5月2日，由中国艺术研究院主办的“文化传承　丹青力量——中国艺术研究院中青年艺术家系列展：李岗、陈海良”在中国美术馆举行。李岗的展览主题为“山川心印”，展出李岗创作的水墨写生作品近50幅。陈海良的展览主题为“素墨原道”，展出陈海良创作的书法作品近30幅。

【文化传承　丹青力量——中国艺术研究院中青年艺术家系列展：桑火尧、杨涛】

2017年5月12日至21日，中国艺术研究院主办的“文化传承　丹青力量——中国艺术研究院中青年艺术家系列展：桑火尧、杨涛”在中国美术馆举行。参展艺术家是中国画家桑火尧和书法家杨涛，展览共展出作品近100幅，两位艺术家从不同角度提出并阐释了自己对艺术的探索和观点。

【文化传承　丹青力量——中国艺术研究院中青年艺术家系列展：姜波、郅敏】

2017年5月25日至6月4日，中国艺术研究院主办的“文化传承　青年力量——中国艺术研究院中青年艺术家系列展：姜波、郅敏”在中国美术馆举行。姜波的展览主题为“视域”，郅敏的展览主题是“天象”。姜波的当代陶艺和雕塑作品，探讨了从平凡到极端的人类行为过程，把想象世界通过艺术手法变为现实。郅敏则将对陶瓷、雕塑、动物、人体等方面的兴趣结合到一起，创作出一系列瓷塑作品，呈现出怪异的美感。

【文化传承　丹青力量——中国艺术研究院中青年艺术家系列展：张见、高茜】

2017年8月12日至20日，由中国艺术研究院主办的“文化传承　丹青力量——中国艺术研究院中青年艺术家系列展：张见、高茜”在中国美术馆举行。其中“见微集”呈现艺术家张见自20世纪90年代中期至今的20余件中国画作品。“花笺记”展出艺术家高茜近10年创作的15组30余件中国画作品。

中国美术馆捐赠与收藏系列展

【概况】

“中国美术馆捐赠与收藏系列展”是得到国家支持，由中国美术馆来组织专家，对全国范围内的艺术家进行评审而举办的系列展。近几年来，中国美术馆持续为一批德高望重、卓有成就的艺术家举办展览。这既是回顾，也是展望。因为，他们中的大多数皆是新中国培养起来的艺术家。

【走向文明的自觉——袁运生艺术展】

2017 年 4 月 4 日至 16 日，由中国美术馆主办的捐赠与收藏系列展“走向文明的自觉——袁运生艺术展”在中国美术馆举行。展览展出袁运生自 20 世纪 60 年代至今创作的水墨、油画、铜版画等 141 件，以及素描、速写等习作 20 余件。袁运生向中国美术馆捐赠《三个枪手》《嫁新娘》《海边太极》《驱鬼图》以及《泼水节——生命的赞歌》壁画原稿等，涵盖其各个时期代表作品 16 件。

【还淳返朴——武永年艺术展】

2017 年 5 月 12 日至 21 日，由中国美术馆主办的捐赠与收藏系列展“还淳返朴——武永年艺术展”在中国美术馆举行。展览第一部分作品主要表现陕北风景、民俗风情等，描绘最平常的生活场景和质朴的劳动人民形象；第二部分为人体作品，主要包括色彩教学习作及素描作品等，体现武永年在油画教学上的贡献；第三部分为人物肖像作品、纸版画及风景类作品。武永年将《信天游》等 24 幅代表作品捐献给中国美术馆。

【风骨有相——朱振庚艺术展】

2017 年 5 月 28 日至 6 月 4 日，由中国美术馆主办的捐赠与收藏系列展“风骨有相——朱振庚艺术展”在中国美术馆举行。展览分“从水墨到重彩”“戏墨人生”“众生相”“速写与白描”4 个部分展出朱振庚的作品 100 余幅。朱振庚家属将其最具代表性的 20 件经典作品捐献给中国美术馆。

【梦里依稀——庄弘醒水彩画艺术展】

2017 年 8 月 10 日至 19 日，由中国美术馆主办的捐赠与收藏系列展“梦里依稀——庄弘醒水彩画艺术展”在中国美术馆举行。展览分为 3 个主题展出庄弘醒不同阶段创作的水彩画作品 100 余件。

【墨韵河山——伍霖生艺术展】

2017 年 8 月 13 日至 21 日，由中国美术馆主办的捐赠与收藏系列展“墨韵河山——伍霖生艺术展”在中国美术馆举行。展览展示伍霖生在安徽、浙江、福建以及东北、西南等地写生和创作的多幅作品。伍霖生家属将伍霖生 29 幅代表作品捐赠给中国美术馆。

纪事

综合展览

【第五届西部少数民族青年美术家创作展】

2017年1月6日至18日，由中国文学艺术界联合会、中国美术家协会、中国文学艺术基金会、中央民族大学、首都师范大学主办的“第五届西部少数民族青年美术家创作展”在中国美术馆举行。展览展出来自西部8省9个民族的19位美术家创作的中国画、油画、版画作品60余件。

【盈藏呈祥——全省美术馆馆藏精品展】

2017年1月6日至2月19日，由浙江省文化厅主办、浙江美术馆承办、全省27家美术馆（艺术馆、纪念馆）参与的“盈藏呈祥——全省美术馆馆藏精品展”在浙江美术馆举行。展览汇集浙江省全省27家美术馆的100件馆藏精品。

【闽彩墨华——福建省画院晋京作品展】

2017年1月10日至17日，由福建省文学艺术界联合会、福建省画院、福建省美术家协会主办的“闽彩墨华——福建省画院晋京作品展”在中国国家画院美术馆举行。展览展出福建省88位艺术家创作的120件作品，作品涵盖中国画、油画、漆画、书法等。

【百年追梦——浙江美术创作精品工程】

2017年1月13日至2月10日，由中共浙江省委宣传部、浙江省文学艺术界联合会组织实施，浙江省美术家协会承办的“百年追梦——浙江美术创作精品工程”在浙江省展览馆举行。展览展出30件表现浙江大地从1840年到1949年近现代历史人物和重大事件的作品，涵盖中国画、油画、版画、雕塑等。

【江苏省美术馆建馆80周年暨陈列馆开馆系列活动】

2017年1月18日，由江苏省文化厅主办、江苏省美术馆承办的“江苏省美术馆建馆80周年暨陈列馆开馆系列活动开幕式”在江苏省美术馆新馆举行。活动推出4场大展：“玄英·五色之约——江苏历代书画大家经典作品特别展”，系统展示六朝至现代江苏美术的发展脉络；“经典·吕凤子：纪念吕凤子先生诞辰一百三十周年特展”，立体、全面地呈现吕凤子的艺术人生；“惠风和畅——江苏省美术馆职工画展巡礼”，展出省美职工精心创作的艺术作品；“80历程——江苏省美术馆馆史文献特展”，全面呈现省美80年的发展历程与辉煌成就。在江苏省美术馆新馆同步展出“感悟生活——江苏省美术馆艺术家作品展”“2016年度江苏省美术馆收藏作品特展”。

【美丽河北·走进太行——河北美术作品展】

2017年1月20日至2月20日，由中共河北省委宣传部、河北省文化厅、河北省文学艺术界联合会主办，河北画院、河北美术家协会承办的“美丽河北·走进太行——河北美术作品展”在河北美术馆举行。展览展出河北画院连续举办8年的“走进太行”活动的130余幅美术作品，囊括河北省中国画、油画、版画、雕塑4个画种的老、中、青三代美术工作者。

【文明的回响·第二部：中华匠作】

2017年1月22日至3月20日，由中央美术学院、北京市总工会主办，中央美术学院丝绸之路艺术研究协同创新中心、太庙艺术馆承办的“文明的回响·第二部：中华匠作”在北京太庙艺术馆举行。展览分为“格物致知”“器宇不凡”“技进乎道”“匠心独运”4个板块，展出83位艺术家约200件（组）作品。展览汇集来自全国各地各种工艺品种，涵盖金属工艺、石雕、玉雕、纺织、印染、造纸、陶瓷、木器、竹器、漆艺、剪纸、泥塑、皮影等。

【美在生活——全国写生艺术展】

2017年1月24日至2月18日，由中国美术馆策划主办的“弘扬中国精神”系列展之“美在生活——全国写生艺术展”在中国美术馆举行。展览分为“数风流人物”“我看青山多妩媚”“待到山花烂漫时”3个篇章展出，涵盖中国画、油画、版画、雕塑在内的400余件作品。

【第五届全国画院美术作品展览】

2017年2月26日至3月21日，由文化部艺术司支持，中国国家画院、江苏省文化厅主办，江苏省国画院、江苏省美术馆、中国国家画院艺术交流部承办的“第五届全国画院美术作品展览”在江苏省美术馆举行。展览分为特邀和征选两部分。特邀作品邀请全国画院系统65岁以上的具有重要影响力与艺术成就的中国画、书法篆刻、油画、版画、雕塑艺术家，及本次展览的顾问和评审委员、港澳台地区艺术家的145件作品入展。征选作品由全国市级以上公立画院选送的1238件作品中评选出305件参展作品，其中中国画186件、书法篆刻26件、油画42件、版画29件、雕塑22件。

【百花迎春——山西省花鸟画作品展】

2017年2月28日至3月19日，由山西省美术家协会、太原美术馆主办的“百花迎春——山西省花鸟画作品展”在太原美术馆举行。展览展出从680余幅参选作品中精选出的入选作品217件。其中中国画作品150件，油画、水彩·粉画、漆画及其他门类作品67件。

【西部少数民族青年美术家作品展巡展（石家庄）】

2017年3月3日至25日，由中国文学艺术界联合会、中国美术家协会、中国文学艺术基金会主办，石家庄文化广电新闻出版局承办的“西部少数民族青年美术家作品展巡展（石家庄）”在石家庄市美术馆举行。展览展出青年美术家最新创作的中国画、油画、版画作品100件。

【清风三月——中国当代女性艺术家作品邀请展】

2017年3月4日至25日，由陕西省美术博物馆主办的“清风三月——中国当代女性艺术家作品邀请展”在陕西省美术博物馆举行。展览展出来自国内当代艺术领域18位女艺术家的65件作品。

【逸香盈素——2017青年女性艺术家作品展】

2017年3月6日至21日，由炎黄艺术馆主办，文化部艺术发展中心、文化部中国文化管理协会、中央美术学院中国画学院、中央美术学院美术馆、北京画院美术馆、清华大学美术学院、中国女画家协会、广东画院青年画院、河北师范大学艺术与设计学院等机构支持的“逸香盈素——2017青年女性艺术家作品展”在北京炎黄艺术馆举行。展览展出由各个艺术机构推选的36位青年女性艺术家的水墨、油画作品多幅。

【“春风伊人”——女·浙江美术馆藏作品展】

2017年3月8日至24日，由浙江美术馆主办的“‘春风伊人’——女·浙江美术馆藏作品展”在浙江美术馆举行。展览展出馆藏女性题材作品和女性艺术家创作的版画、油画、中国画等相关题材作品130件（组）。展览分为4个部分：“女容”为女性肖像；“女姿”为女性人体；“女韵”为当代都市女性形态；“女思”为女性艺术家作品，反映女性思想。

【同行——十四人绘画展】

2017年3月10日至17日，由青岛市市北区文化新闻出版局主办、青岛市市北区第二文化馆承办的“同行——十四人绘画展”在山东省青岛市举行。展览展出来自广州、青岛、温州的14位油画家和水彩画家的作品多幅。

【第22届浙江全省画院作品联展】

2017年3月16日，由宁波市文学艺术界联合会、浙江画院主办的“第22届浙江全省画院作品联展”在宁波画院开幕。展览作为阶段性的集中展示和检阅，汇集浙江画院及杭州、宁波、温州等地27所全省建制内画院参加，展出各类画师作品100余件。

【周而复始——综合材料绘画研究展】

2017年3月18日至4月20日，由中国美术家协会艺术委员会、安徽省美术家协会、芜湖市文化委员会、芜湖市文联主办，安徽省美术家协会综合材料艺委会、安徽省美术出版社、芜湖市博物馆、中央美术学院材料艺术工作室等承办的“周而复始——综合材料绘画研究展”在安徽省黄山市、芜湖市举行。展览展出作品100余幅。7月22日至8月22日，该展巡展在河北省邯郸市举行。

【艺海同舟六十载——丁宁原、孙爱华从艺60周年创作回顾展】

2017年3月18日至4月2日，由山东省文学艺术界联合会、山东师范大学主办的“艺海同舟六十载——丁宁原、孙爱华从艺60周年创作回顾展”在山东美术馆举行。展览展出丁宁原、孙爱华伉俪的中国画、连环画及速写作品247幅，其中包括两位艺术家向山东美术馆捐赠的17件艺术精品。

【雨滴的阅读——西部艺术家文献展】

2017年3月19日至6月3日，由宁夏银川当代美术馆主办的“雨滴的阅读——西部艺术家文献展”在银川当代美术馆举行。展览邀请20位根植于西部的艺术家，通过画作、手稿、视频和文献等不同形式，全面呈现其艺术创作历程。展览通过文献展的呈现，致力西部文献库的建设，构建更好的审美平台，提高人们的欣赏水平和对西部艺术的关注度。

【跨洋三杰——郑月波、王昌杰、刘业昭作品展】

2017年3月22日至4月13日，由浙江美术馆主办的“跨洋三杰——郑月波、王昌杰、刘业昭作品展”在浙江美术馆举行。参展的3位艺术家是杭州国立艺专的早期毕业生，20世纪40年代赴台湾地区，后移居美国。这是浙江美术馆藏品征集“海外回流”系统工程的重要项目，3位艺术家分据3个展厅，他们都有纯粹的笔墨传统，但是各自不同的自然领悟和人生经历又使作品具有鲜明的个人面貌。

【“朝圣·敦煌”——甘肃画院美术作品汇报展】

2017年3月23日至4月6日，由中共甘肃省委宣传部、甘肃省文化厅、甘肃画院主办的“‘朝圣·敦煌’——甘肃画院美术作品汇报展”在甘肃省美术馆举行。展览展出甘肃画院在职与退休画家创作的近100幅作品。

【清孤不等闲——“扬州八怪”书画展】

2017年3月24日至5月21日，由河北博物院、扬州博物馆、扬州文物商店主办的“清孤不等闲——‘扬州八怪’书画展”在河北博物院举行。展览展出江苏省扬州博物馆的藏品近100幅，涵盖书法及人物、山水、花鸟画等。

【“后岭南”与珠三角展】

2017年3月25日至5月20日，由广东美术馆、广东省美术家协会、广东省中国画学会主办的“‘后岭南’与珠三角展”在广东美术馆举行。展览邀请20位“后岭南”成员实现一次15年后的再聚合，并与学者或理论家共同对话。

【境由心造——江苏省美术馆艺术家邀请展】

2017年3月26日至4月9日，由江苏省美术馆主办的“境由心造——江苏省美术馆艺术家邀请展”在江苏省美术馆举行。展览展出18位70岁以上艺术家的150余件作品，创作时间从20世纪60年代至今，涵盖中国画、油画、版画、雕塑等。

【西部少数民族青年美术家作品展巡展（太原）】

2017年3月28日至4月16日，由中国文学艺术界联合会、中国美术家协会、中国文学艺术基金会联合主办的“西部少数民族青年美术家作品展巡展（太原）”在太原美术馆举行。展览展出中国画、油画、版画100件，作品出自第五届西部少数民族青年美术家精品创作班。

【江西省2016—2017年重大主题美术创作工程作品展】

2017年3月29日至4月1日，由中共江西省委宣传部、江西省文化厅、江西省文学艺术界联合会主办的“江西省2016—2017年重大主题美术创作工程作品展”在江西省文学艺术界联合会艺术展览中心举行。展览展出75件绘画作品，涵盖油画、中国画、版画、漆画、雕塑、综合材料绘画等。

【互补与契合——中国留学德国艺术家作品展】

2017年3月29日至4月16日，中国艺术研究院国家当代艺术研究中心、上海市对外文化交流协会、上海市长宁区文化局、刘海粟美术馆、德国路德维希美术馆（科布伦茨）主办的“互补与契合——中国留学德国艺术家作品展”在上海刘海粟美术馆举行。展览展出28位艺术家的70余件作品，作品以新绘画形式涵盖了油画、雕塑、摄影、三维动画、中国画以及装置。

【品物流笔——中国美术学院、新疆师范大学美术学院师生写生作品展】

2017年4月18日至23日，由中国美术学院、新疆师范大学主办的“品物流笔——中国美术学院、新疆师范大学美术学院师生写生作品展”在浙江美术馆举行。展览展出中国美术学院、新疆师范大学师生赴新疆采风的作品116幅，涵盖中国画、油画、版画、水彩画、速写等。

【为中国画——全国高等艺术院校人物画教学研讨会暨教师、学生写生作品展】

2017年4月18日至5月3日，由中央美术学院主办的“为中国画——全国高等艺术院校人物画教学研讨会暨教师、学生写生作品展”在中央美术学院美术馆举行。展览邀请28所院校107位在职教师及90位在校学生所提交的近200幅人物写生作品，以展示当下全国艺术院校中国人物画教学的现状。

【西部少数民族青年美术家作品展巡展（包头）】

2017年4月19日至5月5日，由中国文学艺术界联合会、中国美术家协会、中国文学艺术基金会主办，内蒙古自治区美术家协会、包头市文学艺术界联合会、包头市文化新闻出版广电局、包头市美术家协会、包头美术馆承办的“西部少数民族青年美术家作品展巡展（包头）”在包头美术馆举行。展览展出青年美术家最新创作的中国画、油画、版画作品100余件。

【走进湘西——浙江画院采风展】

2017 年 4 月 21 日至 24 日，由浙江省文学艺术界联合会、湖南省文学艺术界联合会作为指导单位，浙江画院、湖南省画院主办的“走进湘西——浙江画院采风展”在湖南省画院举行。展览展出浙江画院专职画师与工作室研究员、学员的作品 130 余件。

【金陵风骨 其命惟新——2017 江苏省国画院中国画书法作品交流展】

2017 年 4 月 21 日至 27 日，由江苏省国画院、福建省画院、福建省美术家协会主办的“金陵风骨 其命惟新——2017 江苏省国画院中国画书法作品交流展”在福建省画院举行。展览展出江苏省国画院画家、书法家新近创作的中国画、书法作品 100 余件。

【学院的精神·品质——八大美院研究生优秀作品展】

2017 年 4 月 27 日至 30 日，由中央美术学院、中国美术学院主办的“学院的精神·品质——八大美院研究生优秀作品展”在浙江省义乌市举行。展览集学术研究与艺术创新于一体，邀请中国八所美术学院的 200 多位硕士、博士研究生新近创作的 300 余幅作品参展。

【开放的西美——2017 届硕士研究生毕业展】

2017 年 5 月 8 日至 25 日，由西安美术学院主办的“开放的西美——2017 届硕士研究生毕业展”在西安美术学院西部美术馆举行。展览展出西安美术学院 194 位毕业生的 1000 多件毕业作品。

【2017 中央美术学院毕业季】

2017 年 5 月 10 日，2017 中央美术学院毕业季在北京启动，展览以“约定”为主题，整体呈现中央美术学院中国画学院、造型学院、实验艺术学院、人文学院、设计学院、建筑学院、城市设计学院、艺术管理与教育学院 356 名硕士博士毕业生和 858 名本科毕业生的毕业创作，同时开展学术交流和校园文化活动。其中，研究生毕业作品展从 5 月 10 日至 28 日，本科生毕业作品展从 6 月 2 日至 20 日。

【清华大学“2017 届硕士研究生毕业作品展”】

2017 年 5 月 10 日至 29 日，由清华大学美术学院、清华大学深圳研究生院主办，清华大学艺术博物馆协办的“2017 届硕士研究生毕业作品展”在清华大学艺术博物馆举行。本次作品展是清华大学美术学院和清华大学深圳研究生院第一次联合展示研究生培养成果，也是清华大学艺术博物馆开馆后的第一届硕士生毕业作品展。展览在清华大学艺术博物馆和美术学院同时展出美术学院和深圳研究生院 174 名硕士研究生（其中含深圳研究生院艺术硕士 31 人）的 800 余件创作设计作品。

【《西迁赞歌东情路》东北地区西迁民族美术作品北方六省巡展】

2017 年 5 月 11 日至 15 日，由国家艺术基金管理中心主办，沈阳师范大学承办的“《西迁赞歌东情路》东北地区西迁民族美术作品北方六省巡展”在辽宁美术馆举行。展览分为“工业崛起、沃野千里、白山黑水、民风民俗”四个主题展出来自全国30多位画家的100余件作品，包括中国画、油画、水彩·粉画、版画和雕塑等。

【华彩丹青一甲子——北京画院六十年】

2017年5月14日至6月18日，由中共北京市委宣传部、北京市文化局主办的“华彩丹青一甲子——北京画院六十年”展览在北京画院举行。展览从画院7000余件藏品中精选出书画、篆刻、古籍等200余件。此外，展览还以文献展的形式梳理60年来北京画院在创作、研究、教学、展示等方面的多项成绩。

【我们在 我们将——2017湖北美术学院本科生毕业作品联展】

2017年5月17日至6月27日，由湖北美术学院主办、湖北美术学院雕塑系承办的“我们在 我们将——2017湖北美术学院本科生毕业作品联展”在湖北美术学院举行。展览展出本院12个教学系部、34个专业方向的学生以特有的艺术语言展现四年来的学习与创作成果。作品涵盖中国画、书法、油画、版画、插画、壁画、综合材料、雕塑、陶艺、水彩画、动画、影像媒体艺术、视觉传达、摄影、印刷图形设计、环境艺术设计、服装设计、纤维设计、产品设计、展示设计等。

【中国精神·中国梦——全国农民画创作展】

2017年5月18日至24日，由中国文学艺术界联合会、中国文学艺术基金会、中国民间文艺家协会、中国美术馆主办，中国美术家协会工艺美术艺委会、中国农民画研究中心、山东工艺美术学院承办的“中国精神·中国梦——全国农民画创作展”在中国美术馆举行。展览展出全国25个省份及新疆建设兵团、涉及60多个农民画画乡的200幅农民画入选作品。

【时代渐强音：2017王式廓奖暨今日中国当代艺术家提名展】

2017年5月21日至7月2日，由王式廓艺术基金会和今日美术馆主办的“时代渐强音：2017王式廓奖暨今日中国当代艺术家提名展”在北京今日美术馆举行。展览以“时代渐强音”为主题，参展艺术家共有12位。艺术作品涵盖影像、装置、雕塑、现场行为及架上艺术等领域。

【在花园——天津美术学院2017毕业季】

2017年5月22日至6月30日，由天津美术学院主办的“在花园——天津美术学院2017毕业季”在天津美术学院举行，毕业季先后展示1000余名本科、硕士毕业生的4000余件作品。

【艺术为人民——纪念毛泽东《在延安文艺座谈会上的讲话》发表75周年延安鲁艺美术回顾展】

2017年5月23日，由中国美术馆、中共延安市委、延安市人民政府主办，中共延安市委宣传部、延安革命纪念地管理局、延安鲁艺文化园区管理办公室承办的“艺术为人民——纪念毛泽东《在延安文艺座谈会上的讲话》发表75周年延安鲁艺美术回顾展”在延安鲁迅艺术学院旧址开幕。中国美术馆从藏品中精选出83件延安时期美术作品放大复制后作为赠品永久陈列在延安鲁艺。展览作品包括延安鲁迅艺术学院重要美术家的美术作品，既有胡一川、罗工柳、彦涵、古元的经典木刻版画作品，也有曾经在延安产生过很大影响的华君武等的漫画作品，以及鲁迅艺术学院庄言的油画作品。

【中国精神　中国梦：美丽乡村行——写生采风作品展】

2017年5月23日，由中国文学艺术界联合会、中国美术家协会、中国文学艺术基金会主办的“中国精神　中国梦：美丽乡村行——写生采风作品展”在中国文艺家之家展览馆举行。展览展出近百位画家的中国画、油画、水彩画作品124件。

【拓路踏歌行——中国美术学院2017年毕业展】

2017年5月26日至6月15日，由中国美术学院主办的“拓路踏歌行——中国美术学院2017年毕业展”在浙江省杭州市举行。中国美术学院2017届毕业生共2539人，其中本科1792人、硕士402人、博士45人、高职学院300人。展览期间举办3场“艺事听堂”公共教育讲座，主题分别是“关于艺术创作、社会参与性及艺术机制的批判性思考”“国内双/三年展的话语模式及问题”“需要被更新的总体艺术——异议的话语”。

【为了一片蓝天——环保主题展】

2017年5月27日至6月2日，由北京美术家协会、北京女美术家协会、中放文化艺术传播有限公司主办的“为了一片蓝天——环保主题展”在北京81美术馆举行。展览邀请100位女画家的100幅作品参展。

【2017首届中国城市公共艺术展】

2017年5月27日至6月17日，由中国城市雕塑家协会、今日美术馆主办的“2017首届中国城市公共艺术展”在北京今日美术馆举行。展览展出40余位个人和机构的60余件（组）作品。

【“一带一路”第三届中国西安国际少儿美术节】

2017年5月30日，由中国美术家协会少儿美术艺术委员会、中共陕西省委宣传部、陕西省文学艺术界联合会、陕西省教育厅、陕西省妇女联合会、共青团陕西省委、中共西安市委宣传部共同主办的“一带一路”第三届中国西安国际少儿美术节在陕西省西安市开幕。活动持续3个月，其间还举办了“首届全国少儿陶艺作品展”“国际少儿美术教育高峰论坛及少儿美术教师培训”“全国优秀少儿版画作品陕西校园巡回展暨教师研习班”“陕西省第六届少儿美术书法摄影作品大展”“少儿写生创作、少儿广场美术活动”“‘一带一路’网上少儿美术作品展”等多个主题活动。作为“一带一路”第三届中国西安国际少儿美术节第一个展览“草根青青——安康留守儿童版画作品展”30日在陕西省西安市开幕，展览展出了秦巴山区的安康市汉滨区文化馆留守儿童美术服务中心、大竹园小学铁路九年制学校、学房小学、旬阳县金寨镇金寨小学等地的留守儿童创作的88件美术作品。

【开放的六月——2017 四川美术学院毕业创作 / 设计展】

2017 年 6 月 2 日至 22 日，由四川美术学院主办的“开放的六月——2017 四川美术学院毕业创作 / 设计展”在四川美术学院举行。展览展出包括造型、设计、影视、新媒体等近 2000 名毕业生的 4000 余件作品，涉及 22 个本科毕业生 1780 余人，研究生 200 余人。

【天工开悟——当代公共艺术主题展】

2017 年 6 月 3 日至 18 日，由北京文化艺术基金支持，中国传媒大学广告学院、中央美术学院城市设计与创新研究院、中国国家画院公共艺术院主办的“天工开悟——当代公共艺术主题展”在北京中华世纪坛举行。展览的内容包括绘画、雕塑、装置、新媒体交互、VR 虚拟技术、混凝土、景观规划、创意设计等多元跨界内容，集中展示国内公共艺术领域的相关研究机构、工作室、代表人物、典型项目、案例文献和实施方案，探讨公共艺术与艺术城市、特色小镇、美丽乡村、文化社区和科技发展之间的密切关系。

【时代质感——四川美术学院作品展】

2017 年 6 月 8 日至 18 日，由中国美术家协会、中国美术馆、四川美术学院主办的“时代质感——四川美术学院作品展”在中国美术馆举行。展览分为“时代强音”“现实关切”“意象生成”“传统再造”“语言之思”“图像叙事”“实验之维”“历史回望” 8 个部分，共计展出 200 多位艺术家的 300 余件作品。

【鄂博情深——新疆采风写生创作展】

2017 年 6 月 10 日至 15 日，由湖北省美术院、新疆博尔塔拉自治州书画院主办的“鄂博情深——新疆采风写生创作展”在湖北省美术院美术馆举行。展览展出中国画、油画、水彩画、版画、雕塑等美术作品 90 余件。

【时和岁丰——中国艺术研究院研究生院二十四节气主题艺术展】

2017 年 6 月 12 日至 7 月 10 日，由中国艺术研究院研究生院主办、中国艺术研究院研究生院研究生会承办的“时和岁丰——中国艺术研究院研究生院二十四节气主题艺术展”在中国艺术研究院研究生院举行。展览以极具中国特色的“二十四节气”为主题，由 81 名在校研究生围绕这一主题创作了 139 件作品，包括中国画、书法、篆刻、工艺美术、设计、装置六个艺术种类。

【两粒种子，一片森林：2017 第二届学院空间青年美术学作品展】

2017 年 6 月 18 日至 28 日，由湖北省教育厅、文化厅主办，湖北省美术院承办的“两粒种子，一片森林：2017 第二届学院空间青年美术学作品展”在湖北美术院美术馆举行。展览分两部分：一部分是纯艺类作品；一部分是设计类作品。430 件作品系选自全省 70 余所高校的优秀美术作品，涵盖中国画、书法、油画、版画、插画、壁画、综合材料、雕塑、陶艺、水彩画、动画、影像媒体艺术、视觉传达、摄影、印刷图形设计、环境艺术设计、服装设计、纤维设计、产品设计、展示设计等。

【美丽广西·七彩云南——广西、云南美术作品展览】

2017 年 6 月 20 日至 30 日，广西壮族自治区文学艺术界联合会、云南省文学艺术界联合会、广西美术家协会、云南画院主办，广西美术馆、云南美术馆、云南省美术家协会协办的“美丽广西·七彩云南——广西、云南美术作品展览”在广西美术馆举行。展览展出 151 幅美术作品。

【西部少数民族青年美术家作品展巡展（盘锦）】

2017 年 6 月 22 日至 7 月 14 日，由中国文学艺术界联合会、中国美术家协会、中国文学艺术基金会主办，中共盘锦市兴隆台区委员会、盘锦市兴隆台区人民政府承办的“西部少数民族青年美术家作品展巡展（盘锦）”在辽河美术馆举行。展览展出青年美术家最新创作的中国画、油画、版画作品 100 余件。

【2017 北京艺术毕业季暨全国百校联展】

2017 年 6 月 24 日至 30 日，由全国高校艺术教育专家联盟主办的“2017 北京艺术毕业季暨全国百校联展”在北京凤凰国际传媒中心、北京工业大学、北京联合大学、北京印刷学院、中央美术学院（佛山）5 个展区同时举行。全国高校艺术教育专家联盟由中国教育网、中国教育在线与多所艺术院校、社会单位联合发起。参展院校涵盖全国 23 个省份，62 所院校，154 个院系。8282 件展品涵盖造型艺术、环境艺术、产品设计、服装饰品、数字传媒等。活动设立“联盟艺术奖”，按照不同展区主题设立“最佳创意奖”“专业创新奖”“优秀作品奖”。这是我国首次由多所高等艺术院校联合举办的毕业季活动。来自全国艺术院校的领导、教师与学生，以及来自文创资本领域的专家共计 300 余人参加了 6 月 25 日的开幕式活动。“北京艺术毕业季”作为北京国际设计周“2017 天鹤奖国际创新设计大展”的特邀合作版块，2017 年 9 月 28 日至 30 日，“2017 北京艺术毕业季暨全国百校联展优秀作品展”在凤凰国际传媒中心举行。

【中国艺术研究院研究生 2017 年度毕业作品展】

2017 年 7 月 2 日至 8 日，由中国艺术研究院研究生院主办的“中国艺术研究院研究生 2017 年度毕业作品展”在北京炎黄艺术馆举行。展览展出中国艺术研究院研究生院美术学系、设计学系和艺术学系博士、硕士等 110 余位研究生的 300 余件作品，包括中国画、书法、油画、雕塑、陶艺设计，传统技艺研究（MFA）中的刺绣、龙泉青瓷、越窑青瓷、木雕、牙雕等作品以及非物质文化遗产保护实践和书画鉴定与文物保护（MFA）实践图片及视频。

【第六届西部少数民族青年美术家高研班写生作品展】

2017 年 7 月 3 日至 7 日，由中国文学艺术界联合会、中国美术家协会、中国文学艺术基金会、中央民族大学、首都师范大学主办的“第六届西部少数民族青年美术家高研班写生作品展”在中央民族大学美术馆举行。展览展出全体高研班学员的写生作品 107 件，其中油画作品 57 件、中国画作品 50 件。

【传统的维度：二十世纪五十、六十年代中央美院对民族传统绘画的临摹与购藏（第二期）】

2017年7月5日至8月27日，中央美术学院美术馆藏精品陈列展“传统的维度：二十世纪五十、六十年代中央美院对民族传统绘画的临摹与购藏（第二期）”在中央美术学院美术馆举行。展览展出藏品28件，分为“走出去”“收进来”两大板块，其中“走出去”的壁画临摹板块，选陈叶浅予、邓白、吴作人、刘凌沧、陆鸿年等教师于1953年、1954年在麦积山、敦煌的壁画摹品10余件。“收进来”的古代卷轴画板块，未特以名家流派为要，而着重于藏品本身的艺术特色和价值，选自明清大小名头或名不见经传的画家所作山水、花卉和人物卷轴真迹10余件。

【观看的立场——郭绍纲、王肇民、冯健辛与新中国艺术造型的探索展览】

2017年7月6日至8月13日，由广州美术学院主办的“观看的立场——郭绍纲、王肇民、冯健辛与新中国艺术造型的探索”展览在广州美术学院美术馆举行。展览以广州美术学院美术馆馆藏及艺术家家属支持作品为主，展出郭绍纲、王肇民和冯健辛创作于20世纪50年代至90年代在画室内完成的人体、石膏和静物素描，以及深入生活下乡、下厂表现现实生活的速写等作品。

【其命惟新——广东美术百年大展】

2017年7月14日至23日，由中共广东省委宣传部、广东省文化厅、广东省文学艺术界联合会、中国美术馆主办，广东省美术家协会、广东美术馆承办的“其命惟新——广东美术百年大展”在中国美术馆举行。展览分为“勇立潮头——洋画运动在广东”“艺术革命——岭南画派与国画研究会”“匕首投枪——新兴木刻运动及漫画”“激情岁月——为人民服务 为时代讴歌”“弄潮擎旗——改革开放中的广东美术”“百花争妍——创新创造再筑高峰”等6个板块，展出从北京、广东、上海等地调集的554件经典作品。

【美术菁英在深圳——现代书画艺术大家创作影像纪实暨典藏作品展】

2017年8月1日至30日，文化部2017年全国美术馆馆藏精品展出季活动项目，由深圳美术馆主办的馆藏系列专题“美术菁英在深圳——现代书画艺术大家创作影像纪实暨典藏作品展”在深圳美术馆举行。展览以珍贵创作过程实录、历史文献与作品展示相结合的方式，集中展出朱屺瞻、唐云、应野平、启功、赖少其、程十发作品。展览主要分为20世纪80年代深圳美术发展相关背景资料陈列及研究，录像及录像中创作完成的作品，艺术家介绍、画论和作品赏析，艺术家在该馆的其他藏品四部分。

【放歌草原 载梦中国：庆祝内蒙古自治区成立七十周年——内蒙古美术馆开馆系列展】

2017年8月4日至30日，由内蒙古自治区党委宣传部、内蒙古自治区文学艺术界联合会、内蒙古美术馆主办的“放歌草原 载梦中国：庆祝内蒙古自治区成立七十周年——内蒙古美术馆开馆系列展”在内蒙古美术馆举行。展览包括：内蒙古重大历史文化题材美术创作工程作品展、布赫同志书法作品展、内蒙古美术馆馆藏作品展、内蒙古当代美术发展史展等。

【丝绸之路·翰墨通渭——第二届全国中国画油画作品展】

2017年8月16日至22日，由中国美术家协会、中共定西市委市政府主办，甘肃省美术家协会、中共通渭县委县政府、甘肃悦心国际书画有限责任公司承办的“丝绸之路·翰墨通渭——第二届全国中国画油画作品展”在甘肃省通渭县举行。展览展出从6000多件征集作品中评选出的211件，其中中国画109件，油画102件。

【庆祝内蒙古自治区成立70周年：中国梦·2017艺术草原——全国中国画、油画作品展】

2017年8月17日至31日，由中国美术家协会、中国文学艺术基金会、中共内蒙古自治区委员会宣传部、内蒙古自治区文化厅、内蒙古自治区文学艺术界联合会主办的“庆祝内蒙古自治区成立70周年：中国梦·2017艺术草原——全国中国画、油画作品展”在内蒙古自治区呼伦贝尔美术馆举行。展览展出从5135件投稿作品评选出的279幅作品。

【首届江西省综合材料绘画作品展】

2017年8月18日至9月18日，由江西省美术家协会、九江市文化广电新闻出版局、九江市文学艺术界联合会主办，江西省美术家协会综合材料艺术委员会、九江美术馆、九江画院承办的“首届江西省综合材料绘画作品展”在九江美术馆举行。展览汇集国内综合材料绘画领域共34位艺术家的34组作品，其中包括江西本土18位艺术家的综合材料绘画作品。

【北京重大历史题材美术作品展】

2017年8月24日至9月1日，由北京市文史研究馆主办的“北京重大历史题材美术作品展”在中国美术馆举行。展览展出19件画作，共分为三大板块。其中，人物画系列以“定都北京”为主题，从金、元、明、清和新中国选取10个与此有关的重大历史题材，创作了《海陵迁都》《营建大都》《德霈万邦》《午门誓师》以及《换了人间》等10幅作品。8幅山水画以北京名胜北海、香山、长城、颐和园、通惠河等为素材创作而成，延续了传统山水组画中春、夏、秋、冬形式，更彰显北京成为历代都城的区位特征。

【第九届中国体育美术作品展】

2017年8月28日至9月5日，由中华全国体育总会、中国奥委会、中国美术家协会、第十三届全运会组委会主办的“第九届中国体育美术作品展”在天津美术馆举行。展览展出377件作品，其中包括中国画79件、油画77件、版画52件、水彩·粉画52件、雕塑46件、漆画33件、招贴设计38件。

【能量转化——中国雕塑学会成立二十五周年书法、绘画、摄影作品展】

2017年9月7日至10月8日，由中国雕塑学会、长春市人民政府主办的“能量转化——中国雕塑学会成立二十五周年书法、绘画、摄影作品展”在长春世界雕塑公园雕塑艺术馆举行。展览展出中国雕塑学会会员、顾问、特邀理事、理事单位成员等书法、绘画、摄影作品 120 件。

【第三届“朝圣敦煌”全国美术作品展】

2017 年 9 月 20 日至 10 月 10 日，由中国美术家协会、中共甘肃省委宣传部、甘肃省文学艺术界联合会主办的“第三届‘朝圣敦煌’全国美术作品展”在敦煌市国际会展中心举行。展览展出入选作品 231 件，其中中国画作品 115 件，油画作品 116 件。

【首届全国美术教育教师作品展览】

2017 年 9 月 22 日至 10 月 12 日，由中国美术家协会美术教育委员会、中国教育学会美术教育专业委员会、四川美术学院主办的“首届全国美术教育教师作品展览”在四川美术学院美术馆举行。展览展出从 6000 多份投稿作品中评选出的 300 余件入选作品，涵盖中国画、油画、版画、水彩・粉画、雕塑、综合材料、环境艺术设计、视觉传达设计、工艺美术九大门类。

【第十届中国西部大地情——中国画、油画作品展】

2017 年 9 月 22 日至 10 月 29 日，由中国美术家协会、包头市人民政府主办，包头市文学艺术界联合会、内蒙古自治区美术家协会承办的以“壮美内蒙古、亮丽风景线”为主题的“第十届中国西部大地情——中国画、油画作品展”在包头美术馆举行。展览展出从 5769 件投稿作品评选出的 271 件作品，其中中国画 130 件、油画 141 件。

【纸上・2017——中央美术学院教师作品展】

2017 年 9 月 26 日至 10 月 13 日，由中央美术学院、北京时代美术馆主办的“纸上・2017——中央美术学院教师作品展”在北京时代美术馆举行。展览展出 67 位画家的 105 件作品，分别来自中央美术学院油画、版画、雕塑、壁画、造型基础等各个专业。

【2017 云南省美术作品展】

2017 年 9 月 28 日至 10 月 8 日，由云南省文学艺术界联合会、云南省美术家协会联合主办，昆明市博物馆协办的“2017 云南省美术作品展”在昆明市博物馆举行。展览展出从 1733 件美术作品、2000 多件设计作品评选出的 418 件入选作品，涵盖中国画、油画、版画、水彩・粉画、雕塑和设计，其中获奖作品 51 件。

【艺术为人民——翰墨青州・2017 中国书画年会】

2017 年 9 月 29 日至 10 月 5 日，由中国美术家协会、中国国家画院、中国画学会、中央数字电视书画频道主办的“艺术为人民——翰墨青州・2017 中国书画年会”在山东省青州市举行。年会集展览、交易、研讨于一体，以“艺术为人民”为主题，展出书画作品近 3 万幅，共包括六大主题展览、十九项系列展览以及十余项综合活动。

【向人民汇报——十位中青年美术家“深入生活、扎根人民”主题实践活动作品展】

2017年10月11日至16日，由中国美术家协会主办的“向人民汇报——十位中青年美术家‘深入生活、扎根人民’主题实践活动作品展”在北京炎黄艺术馆举行。展览展出参展作品106幅。

【2017学院本色——美术学院学生作品展】

2017年10月14日至28日，由清华大学美术学院美术馆主办、北京文化艺术基金会及北京盛元拓维文化艺术有限公司支持的“2017学院本色——美术学院学生作品展”在清华大学美术学院美术馆举行。展览展出中央美术学院、清华大学美术学院、中国美术学院和四川美术学院四所院校在校生的创作作品约200件（套）。

【第二十届（2017）西湖艺术博览会】

2017年10月26日至30日，由中华文化促进会、浙江省文化厅、浙江省文学艺术界联合会、浙江省文化产业学会主办的“第二十届（2017）西湖艺术博览会”在浙江省杭州市和平国际会展中心举行。本届展会设置当代原创、传统经典、手艺创意三大板块，回顾展、邀请展、主题展、推荐展、机构展、外围展六大专题，以及中国画、油画、版画、雕塑、陶艺、水彩画、装置、手艺、创意九大类别。其中，“艺术西湖·历届名家作品回顾展”精心选取罗丹、达利、赵无极、林风眠、朱德群等20位艺术家的作品，回顾呈现西湖艺术博览会在专业学术建构、发掘美学价值上所做的努力。“变艺·国际艺术大师毕加索版画展”展出毕加索“小丑系列”“三角帽系列”“卡门系列”“斗牛系列”等版画作品50余幅。

【乡风墨韵——全国中国画作品展】

2017年11月9日，由中国美术家协会、山东省文学艺术界联合会、山东省菏泽市人民政府主办的“乡风墨韵——全国中国画作品展”在山东省菏泽市举行。展览展出从6000余件投稿作品中评选出的200件中国画作品。

【大美齐鲁——山东青年美术作品晋京展】

2017年11月10日至17日，由中共山东省委宣传部、山东省文学艺术界联合会主办，山东省美术家协会承办的“大美齐鲁——山东青年美术作品晋京展”在北京民族文化宫举行。展览展出50岁以下的山东青年画家作品280余件，涵盖中国画、油画、水彩·粉画、版画、综合材料等。

【二十四节气——柯城全国农民画作品展】

2017年11月10日至30日，由中国美术家协会主办，浙江省美术家协会、浙江省衢州市柯城区人民政府承办的“二十四节气——柯城全国农民画作品展”在浙江省衢州市举行。展览展出从全国30多个省（市、自治区、特别行政区）1707件投稿作品中评选出的201件入选作品。

【在路上·2017：中国青年艺术家（媒体艺术）作品提名展暨青年批评家论坛】

2017年11月11日至19日，由关山月美术馆、中国美术家协会策展委员会主办的“在路上·2017：中国青年艺术家（媒体艺术）作品提名展暨青年批评家论坛”在深圳市关山月美术馆举行。该提名展暨青年批评家论坛将媒体艺术作为研究和展示的对象，在对国内以“70后”“80后”为主要创作力量在新媒体艺术领域相关的当代艺术现场进行梳理和分析后，最终从16位专家提名的110余位艺术家中挑选了32位在这一领域有着实验性以及有着持续的思考，并且已经形成了自己独特面貌和审美品格的优秀青年艺术家参展，展出的30余件（组）作品也体现了“70后”“80后”的知识结构、审美理念、学术指向。

【第十三届广东省艺术节优秀美术作品展】

2017年11月16日至12月7日，由广东省文化厅主办、广东美术馆承办的“第十三届广东省艺术节优秀美术作品展”在广东美术馆举行。展览展出从672件征集作品中评选出的180余件入选作品，其中金奖作品5件，银奖作品11件，铜奖作品15件，优秀奖作品25件。

【追远历新——广东美术馆建馆二十周年作品展】

2017年11月16日至12月7日，由广东美术馆主办的“追远历新——广东美术馆建馆二十周年作品展”在广东美术馆举行。展览展出从馆藏中遴选出的中华人民共和国成立以来广东地区60余位艺术家的代表作品多幅。

【青年·境界——上海青年文艺家培养计划美术家作品展】

2017年11月17日至24日，由中共上海市委宣传部青年文艺家培养计划办公室、中国上海国际艺术节中心、上海市美术家协会主办的第十九届中国上海国际艺术节参展项目“青年·境界——上海青年文艺家培养计划美术家作品展”在上海市文学艺术界联合会展厅举行。并于同期举办以“都市语境下中青年美术家的文化自信与使命担当”为主题的展览论坛。展览展出5位艺术家三年来创作的100余件作品，并制作5分钟专题纪录片。

【女性与时代·百年中国女性艺术大展——迈向新时代】

2017年11月22日至12月7日，由中国美术家协会、中国女画家协会、中国文学艺术基金会、中国妇女儿童博物馆主办的“女性与时代·百年中国女性艺术大展——迈向新时代”在中国妇女儿童博物馆举行。展览展出来自全国各地的中、青年女性艺术家290余件作品，涵盖中国画、油画、版画、雕塑、装置等。

【第九届上海美术大展开幕式暨第五届白玉兰美术奖颁奖仪式】

2017年11月23日至12月17日，由上海市文学艺术界联合会、上海市美术家协会主办，中华艺术宫协办的“第九届上海美术大展开幕式暨第五届白玉兰美术奖颁奖仪式”在上海中华艺术宫举行。

上海美术大展从2001年启航至今，已成功举办八届。展览展出从1300余件参评作品中评选出的311件入选作品，以及评委作品15件，特邀作品7件。涵盖中国画、油画、版画、雕塑、水彩·粉画、漫画、漆画、综合材料、连环画、农民画等。

【江山如此多娇——当代中国美术的文心与诗意】

2017年11月24日，由中华艺术宫主办的2017年全国美术馆馆藏精品展出季之“江山如此多娇——当代中国美术的文心与诗意”在上海中华艺术宫举行。展览分为“历史之思”“现实之情”“自然之诗”“实验之路”4个部分，展出1978年以来102位艺术家创作的中国画、油画、版画、雕塑、装置艺术作品110件。

【2017·第二届全国（宁波）综合材料绘画双年展】

2017年11月28日至2018年1月7日，由中国美术家协会、浙江省文学艺术界联合会、中共宁波市委宣传部主办的“2017·第二届全国（宁波）综合材料绘画双年展”在宁波美术馆举行。展览展出从2000余件来稿作品中评选出的180件入选作品。

【集善仁美　共享芬芳——中国·成都首届全国残疾人书画名家精品展】

2017年12月5日至7日，由中国残疾人联合会主办，中国残疾人福利基金会、澳门基金会资助，中国残疾人联合会宣传文化部、中国残疾人事业新闻宣传促进会、四川省残疾人联合会、成都市人民政府残疾人工作委员会承办的“集善仁美　共享芬芳——中国·成都首届全国残疾人书画名家精品展”在四川美术馆举行。展览收到全国137名残疾人书画家报送稿件200余幅，从中评选出一等奖6幅，二等奖8幅，三等奖12幅，优秀奖18幅，入展作品85幅。

【写意中国——2017中国国家画院年展（国画、书法篆刻）】

2017年12月13日至22日，由中国国家画院主办，中国国家画院国画院、中国国家画院书法篆刻院承办的“写意中国——2017中国国家画院年展（国画、书法篆刻）”在中国国家画院国展美术中心举行。展览展出一年来该院120位研究员的430件作品，其中国画作品300件，书法篆刻作品130件。

【全国大学生美术作品展】

2017年12月14日至24日，由中国美术家协会、首都师范大学主办的“全国大学生美术作品展”在中国美术馆举行。展览收到全国各艺术专业高校的近7000件投稿作品，作者皆为在校的本科、专科生及硕士、博士研究生。最终评出301件作品入选，其中，中国画96件、油画103件、版画51件、水彩·粉画51件。

【时代精神——西安美术学院作品展】

2017年12月14日至24日，由中国美术家协会、中国国家画院、中共陕西省委宣传部、中共陕西省委高等教育工作委员会、陕西省教育厅、陕西省文学艺术界联合会、西安美术学院联合主办的“时代精神——西安美术学院作品展”在中国美术馆举行。展览展出西安美术学院美术作品近200件。

【第三届“朝圣敦煌”全国美术作品展·深圳站】

2017年12月25日至29日，由中国美术家协会、中共甘肃省委宣传部、甘肃省文学艺术界联合会主办的“第三届‘朝圣敦煌’全国美术作品展·深圳站”在深圳市民中心举行。展览展出中国画、油画作品100件以及福田区美术家协会“大美福田”中国画、油画优秀作品12件。

【第六届西部少数民族青年美术家高级研修班创作作品展】

2017年12月28日至2018年1月5日，由中国文学艺术界联合会、中国美术家协会、中国文学艺术基金会、中央民族大学、首都师范大学主办的“第六届西部少数民族青年美术家高级研修班创作作品展”在北京81美术馆举行。展览展出第六届西部少数民族青年美术家高级研修班25名学员创作的92件作品，其中中国画46件、油画46件。

【翰墨书盛世　丹青颂华章——多彩贵州大型书画作品展】

2017年12月28日至2018年1月8日，由中共贵州省委宣传部、贵州省文化厅、贵州省文学艺术界联合会主办的“翰墨书盛世　丹青颂华章——多彩贵州大型书画作品展”在中国美术馆举行。展览展出多彩贵州大型书画“双百”创作工程一期美术、书法作品112件。

【行走川滇——南方丝绸之路文化交流展】

2017年12月29日至2018年1月12日，由四川省美术家协会主办、云南省美术家协会协办的“行走川滇——南方丝绸之路文化交流展”在四川美术馆举行。展览展出四川省美术家协会和云南省美术家协会选送的作品近100幅，涵盖中国画、油画、版画、雕塑等。

中国画

【重走新安路——安徽省书画院花鸟画作品邀请展】

2017年1月9日至15日，由安徽省书画院主办的“重走新安路——安徽省书画院花鸟画作品邀请展”在安徽省合肥市久留米美术馆举行。展览展出安徽省书画院从全省征集的花鸟画作品350余幅。

【大吉开新——新石湾美术馆岭南名家新春邀请展】

2017年2月25日至3月25日，由广东省文学艺术界联合会指导，广东省美术家协会、佛山市文广新局支持，广东省新石湾美术馆主办的“大吉开新——新石湾美术馆岭南名家新春邀请展”在广东省新石湾美术馆举行。展览邀请36位广东画坛代表性老、中、青三代画家创作的中国画作品72幅，涵盖花鸟、山水、人物等。

【大美新疆·军垦华章——新疆兵团题材美术作品展】

2017年3月18日至29日，由辽宁省人民政府、新疆生产建设兵团、中国美术家协会、中国工笔画学会主办的“大美新疆·军垦华章——新疆兵团题材美术作品展”在中国国家博物馆举行。展览分为“军垦篇”“援建篇”“风物篇”“和谐篇”“赤子篇”5个板块，展出工笔画作品100余幅。

【丝绸之路——杨建果、杨晓阳美术作品展】

2017年3月31日至4月7日，由中共甘肃省委宣传部、甘肃省文学艺术界联合会、中国美术家协会、中国国家画院、中国美术馆、西北师范大学、甘肃省美术家协会主办的“丝绸之路——杨建果、杨晓阳美术作品展”在甘肃国际会展中心举行。展览展出杨建果、杨晓阳父子作品600余件，包括速写（写生）、主题创作、重彩画、水墨画和部分书法作品等。

【随意涉趣——张浩花鸟画展】

2017年4月8日至18日，由浙江省文学艺术界联合会、浙江省美术家协会、浙江画院、浙江展览馆主办的“随意涉趣——张浩花鸟画展”在浙江展览馆举行。展览展出张浩新近创作的数十幅花鸟画作品。

【翰墨迎春——朱理存、马振声迎春书画展】

2017年4月15日至5月3日，由北京文史研究馆、北京市文史研究馆书画院、北京市中山公园管理处主办的“翰墨迎春——朱理存、马振声迎春书画展”在北京中山公园举行。展览集中展出两位艺术家30多幅书画作品。

【咫尺江山——中国古代山水画手卷展】

2017年4月18日至5月18日，由辽宁省博物馆主办的“咫尺江山——中国古代山水画手卷展”在辽宁省博物馆举行。展览通过展示32件中国古代山水画手卷，引领观众透过古人的目光审视祖国的山川美景。在此次展览中，有18件珍贵的清宫散佚作品首次与大众见面。

【劳动者之歌——江苏省美术馆藏中国画作品主题展】

2017年4月20日至5月21日，由江苏省美术馆主办的“劳动者之歌——江苏省美术馆藏中国画作品主题展”在江苏省美术馆举行。展出从馆藏品中挑选的作品60余件，时代跨度从20世纪50年代至今。

【一带一路四海同心——山水画精品展】

2017年4月21日至28日，由中国画学会、北京国宝文投集团有限公司主办的“一带一路四海同心——山水画精品展”在北京炎黄艺术馆举行。展览展出20余位艺术家的100多幅中国画作品。

【新中国美术家系列——重庆市国画作品展】

2017年4月21日至26日，由文化部艺术司指导、中国国家画院、重庆市文化委员会主办的“新中国美术家系列——重庆市国画作品展”在中国国家画院美术馆举行。展览展出重庆市10位优秀老、中、青三代国画家创作的近100幅中国画作品。

【松间明月——陕西辋川画院首展】

2017年4月21日至23日，由陕西省社会组织管理局、陕西省美术家协会主办，陕西辋川画院承办的“松间明月——陕西辋川画院首展”在陕西省西安市举行。展览有48位艺术家参展，年龄跨度从“20后”到“90后”，展出书画作品114幅。

【森林中国·学院新方阵十年展】

2017年4月22日至5月10日，由森林中国、今日美术馆主办的“森林中国·学院新方阵十年展”在北京今日美术馆举行。展览共分为两个学术单元，展出119位以“70后”“80后”艺术家为主的当代水墨作品近300幅。

【无垠：行进中的中国水墨运动——中国当代水墨年度大展】

2017年4月25日至5月28日，由四川美术学院主办的“无垠：行进中的中国水墨运动——中国当代水墨年度大展”在四川美术学院美术馆举行。展览分为“后经典”“幻象”“象外”“尘世”“越界”5个部分，展出37名当代水墨艺术家的100幅作品。

【青春心印——第四届关山月美术馆青年工笔画展】

2017 年 4 月 26 日至 5 月 7 日，由关山月美术馆主办，深圳市青年美术家协会、318 艺术网承办的“青春心印——第四届关山月美术馆青年工笔画展”在深圳市关山月美术馆举行。展览展出当代工笔画作品 130 余幅。

【拈花・大隐回乡师生作品展】

2017 年 5 月 1 日至 7 日，由中国艺术研究院、陕西省山水画研究会、陕西辋川画院主办的“拈花・大隐回乡师生作品展”在西安美术馆举行。展览展出陈绶祥等 5 位艺术家的作品 150 余幅。

【多彩华章——中华民族大团结作品展】

2017 年 5 月 1 日至 15 日，由北京洛源文化传媒有限公司、北京市黄胄美术基金会策划的“多彩华章——中华民族大团结作品展”在北京炎黄艺术馆举行。展览以黄胄创作的反映民族大团结主题创作的作品为主线，邀请黄胄的学生、追随者、“黄胄美术奖”获得者等一些卓有成就的少数民族艺术家，以及来自中央民族大学美术学院、首都师范大学、中央美术学院、中国艺术研究院、国家民族画院、中国美术家协会少数民族艺术委员会等多家机构的 30 位艺术家参展，展出 136 件作品。

【中国梦・笔墨情——2017 畅美扬州全国中国画名家作品邀请展】

2017 年 5 月 10 日至 25 日，由中国画学会、中共扬州市委宣传部主办，中国国家画院提供学术支持，江苏省中国画学会、扬州市文广新局承办的“中国梦・笔墨情——2017 畅美扬州全国中国画名家作品邀请展”在江苏省扬州市美术馆举行。展览展出 29 位国内当代艺术家的中国画作品 100 余幅。

【中国梦・丝路情——陕西省第四届中国花鸟画展】

2017 年 5 月 21 日至 31 日，由陕西省文学艺术界联合会、陕西省美术家协会、陕西省花鸟画研究会主办，陕西省美术馆、陕西汉唐风韵文化发展有限公司承办的“中国梦・丝路情——陕西省第四届中国花鸟画展”在陕西美术馆举行。展览展出花鸟画作品 272 幅。

【百年湖社——天津湖社展览】

2017 年 6 月 2 日至 12 日，由天津美术家协会、天津美术学院主办的“百年湖社——天津湖社展览”在天津美术馆举行。展览展出近 100 幅作品，还特邀近 30 位活跃在津门画坛的老、中、青三代艺术家参展。

【新中国美术家系列——云南省国画作品展】

2017 年 6 月 13 日至 18 日，由文化部艺术司担任艺术指导单位，中国美术家协会提供学术支持，中国国家画院、云南省文化厅主办的“新中国美术家系列——云南省国画作品展”在中国国家画院美术馆举行。展览展出 9 位云南籍代表性艺术家的 56 幅中国画作品。

【第七届云南省中国画大展（青年作品展）】

2017 年 6 月 26 日至 7 月 1 日，由云南省美术家协会主办、云南省美术家协会中国画艺术委员会承办的“第七届云南省中国画大展（青年作品展）”在云南美术馆举行。展览展出从 327 件投稿作品中评选出的入选作品 94 件，其中优秀作品 30 件。

【悲鸿精神——第二届全国中国画作品展】

2017 年 6 月 28 日至 7 月 2 日，由中国美术家协会主办，中国文学艺术界联合会美术艺术中心、江苏省美术家协会、江苏省美术馆承办的“悲鸿精神——第二届全国中国画作品展”在江苏省美术馆举行。展览展出中国画作品 245 件。

【国艺昌硕——吴昌硕绘画作品展暨中国写意绘画名家邀请展】

2017 年 6 月 28 日至 7 月 20 日，由中国美术家协会、中共浙江省委宣传部、浙江省文学艺术界联合会、西泠印社主办，浙江省美术家协会、浙江画院、浙江展览馆承办的“国艺昌硕——吴昌硕绘画作品展暨中国写意绘画名家邀请展”在浙江展览馆举行。展览展出吴昌硕不同时期绘画精品 80 件和 17 位当代写意绘画名家优秀作品 97 件。

【新海派　新徽派——中国画名家邀请展】

2017 年 7 月 12 日至 18 日，由上海市美术家协会、安徽省美术家协会、上海安徽经济文化促进会主办的“新海派　新徽派——中国画名家邀请展”在上海市文学艺术界联合会展厅举行。展览呈现近 60 位艺术家的 140 余件中国画作品。

【凡华·丽影——当代少数民族女性题材（中国画）美术作品全国巡展　北京展】

2017 年 7 月 14 日至 19 日，国家艺术基金 2016 年度传播交流推广资助项目，由内蒙古自治区文学艺术界联合会、内蒙古自治区美术家协会主办的“凡华·丽影——当代少数民族女性题材（中国画）美术作品全国巡展　北京展”在北京民族文化宫举行。展览展出 170 余件中国画作品。

【新中国美术家系列——青海省国画作品展】

2017 年 7 月 21 日至 25 日，由中国国家画院、青海省文化和新闻出版厅主办的“新中国美术家系列——青海省国画作品展”在中国国家画院美术馆举行。展览展出 7 位青海优秀中国画家的 114 幅作品。

【“逐梦·威海卫”2017 全国中国画作品展】

2017 年 8 月 25 日至 9 月 3 日，由中国美术家协会、中共威海市委宣传部等主办的“‘逐梦·威海卫’2017 全国中国画作品展”在山东省威海市举行。展览展出从全国征集的 5000 多件作品中评选出的 194 幅优秀作品，包括人物、山水、花鸟、工笔、写意等。

【花间逸趣·当代花鸟画教学研究系列展】

2017 年 9 月 2 日至 18 日，由中共广东省委宣传部、广东省文学艺术界联合会指导，广州美术学院、广东省美术家协会、当代岭南艺术研究院、广东省中国画学会主办，广州美术学院大学城美术馆承办的“花间逸趣·当代花鸟画教学研究系列展”在广州美术学院大学城美术馆举行。其中，“万物自在——当代中国花鸟画邀请展”邀请 22 位当代全国花鸟画名家参展；“得趣——许晓彬花鸟画小品展”以花鸟小品画为切入点，对艺术家小尺幅佳作进行综合展示；“葳蕤春光——李雪松花鸟画作品展”通过对画家艺术面貌较为完整的呈现，获悉艺术家的花鸟画创作面貌。

【首届“白山黑水·美丽四平”全国中国画作品展】

2017 年 9 月 15 日至 19 日，由中国美术家协会、吉林省文学艺术界联合会、四平市政协主办的“首届‘白山黑水·美丽四平’全国中国画作品展”在吉林省四平市举行。展览以“弘扬中国优秀传统文化，助力中国画技艺传承与发展”为主旨，入选作品题材多样，表现形式丰富，人物、山水、花鸟、工笔、写意无不涵盖其中，表现了当代中国画创作的整体实力。

【文心雕龙——上海山水画邀请展】

2017 年 9 月 17 日至 10 月 7 日，由中华艺术宫主办、澎湃新闻协办的“文心雕龙——上海山水画邀请展”在上海中华艺术宫举行。作为上海史上规模较大的一次山水画邀请展，展览展出包括从 20 世纪 20 年代到 20 世纪 80 年代出生的三代画家 50 多人的 110 余件作品。

【2017 中国·盘锦全国工笔画博览会】

2017 年 9 月 22 日至 24 日，由中国工笔画学会、辽宁省盘锦市人民政府主办的“2017 中国·盘锦全国工笔画博览会”在辽河美术馆举行。博览会设 150 个标准展位、3 个特装展区，来自全国各地的百位工笔画家携作品前来展卖。美术馆内有沈阳、鞍山、铁岭、锦州、盘锦、丹东、营口、大连等地区的画院机构以及艺术家个人展位。参展的作品大多以小幅为主，包含人物、花鸟、山水等工笔画。

【2017 年全国中国画作品展——当代中国画的创作生态与时代走向】

2017 年 9 月 23 日至 12 月 30 日，由中国美术家协会、中共上海市青浦区委宣传部主办，上海美术家协会、上海市青渚美术馆承办的“2017 年全国中国画作品展——当代中国画的创作生态与时代走向”在上海青渚美术馆举行。展览分为“文脉延展”“都市境象”“画域新探”3 个单元板块展出 257 件入选作品。

【万年浦江·全国中国画人物作品展暨浦江·第十届中国书画节】

2017年9月26日至10月8日，由中国美术家协会、浙江省文化厅、浙江省文学艺术界联合会主办的“万年浦江·全国中国画人物作品展暨浦江·第十届中国书画节”在浙江省浦江县举行。展览展出作品196件。书画节安排11项活动，其中有8项书画活动，即“万年浦江·全国中国画人物作品展”、“吴茀之艺术作品展”、“一个人一爿天——贺友直连环画作品展”、“圣湖沾溉——湖上逸风书画展”、“敦煌临摹——新写意人物画展”、“随情·见性——浦江工笔画四人展”、第十二届浦江书画展销周、书画拍卖会。

【第八届浙江花鸟画展】

2017年10月18日至30日，由浙江省美术家协会、浙江省中国画家协会主办的“第八届浙江花鸟画展”在杭州画院美术馆举行。展览展出入选作品346件，特邀作品25件，评选出优秀作品50件。

【重温经典——第三届娄东（太仓）全国山水画作品双年展】

2017年10月20日至11月20日，由中国美术家协会和中共太仓市委宣传部主办、江苏省美术家协会和太仓市文化广电新闻出版局承办的“重温经典——第三届娄东（太仓）全国山水画作品双年展”在太仓博物馆举行。展览展出从3500余幅投稿中评选出的207幅山水画作品。

【高原·高原——第六届中国西部美术展中国画年度展】

2017年10月28日至11月28日，由陕西省美术博物馆主办的“高原·高原——第六届中国西部美术展中国画年度展”在陕西省美术博物馆举行。展览活动分为学术邀请展、团体邀请展、西部人画西部群展及高原展论坛4部分，展出近300件中国画佳作。

【纪念叶浅予先生诞辰110周年——“潇洒桐庐”全国中国画作品展】

2017年11月11日，由中国美术家协会主办，浙江省美术家协会和浙江省桐庐县人民政府承办的“纪念叶浅予诞辰110周年——‘潇洒桐庐’全国中国画作品展”在叶浅予家乡浙江省桐庐县举行。展览从来自全国各地4000多件作品中评选出194件入选作品，其中包括36件优秀作品。

【尚意·2017全国中国画（写意）作品展】

2017年11月22日至29日，由中国美术家协会、中共东营市委宣传部主办的“尚意·2017全国中国画（写意）作品展”在山东省东营市举行。展览展出从近6000件中国画投稿作品中评选出的222件入选作品。

【新时代 新征程——齐鲁画风山东中国画大展】

2017年11月27日至12月2日，由中国美术家协会、中国国家画院、中国画学会提供学术支持，中共山东省委宣传部、山东省文化厅、山东省文学艺术界联合会主办，山东画院、山东省美术家协会承办的“新时代 新征程——齐鲁画风山东中国画大展”在中国国家画院美术馆举行。展览展出从1949年至2017年具有代表性的山东画家的120件优秀作品以及反映近百年来山东中国画发展脉络的5万余字文献资料、100余张图片。

【河山如画图——中国美术家协会河山画会成立三十周年艺术展】

2017年12月12日至22日，由中国美术家协会河山画会、中央数字电视书画频道主办的“河山如画图——中国美术家协会河山画会成立三十周年艺术展”在北京书画频道美术馆举行。展览展出河山画会老、中、青三代美术家的作品100余幅。

【泾上丹青——全国中国画作品展暨当代中国名人名家精品展】

2017年12月19日至25日，由中国美术家协会、安徽省文学艺术界联合会主办的“泾上丹青——全国中国画作品展暨当代中国名人名家精品展”在安徽省泾县中国宣纸博物馆举行。展览展出入选作品255件，其中“当代中国名人名家精品展”作品36件。

【新中国美术家系列——中国国家画院国画作品展】

2017年12月25日至2018年1月14日，由中国国家画院主办的“新中国美术家系列——中国国家画院国画作品展”在北京时代美术馆举行。展览聚焦中华人民共和国成立后出生并成长起来的“新中国美术家”群体，展出46位艺术家的188件艺术作品，涵盖山水、人物、花鸟等题材。

【名城墨韵 悟园雅集——新海派·新徽派中国画名家邀请展】

2017年12月26日至2018年1月1日，由中共合肥市委宣传部、合肥市文学艺术界联合会、上海市美术家协会、安徽省美术家协会、上海安徽经济文化促进会主办的“名城墨韵 悟园雅集——新海派·新徽派中国画名家邀请展”在安徽省合肥市举行。展览展出上海、安徽两地60位代表艺术家如刘海粟、丰子恺、关良、林风眠、陆俨少、程十发、陈佩秋、方增先、张桂铭等人的作品135幅，涵盖山水、人物、花鸟等不同风格和题材。

【第七届大家之路——中国画作品展】

2017年12月27日至2018年1月7日，由中国国家画院主办、北京大家艺术文化发展有限公司承办的“第七届大家之路——中国画作品展”在中国美术馆举行。展览展出7位艺术家的中国画作品近100幅。

【八大山人——全国写意中国画作品展】

2017年12月28日至2018年1月12日，由中国美术家协会主办，中共南昌市委宣传部、青云谱区委区政府、南昌市文学艺术界联合会承办的“八大山人——全国写意中国画作品展”在江西省南昌市举行。展览展出从4000余件参赛作品中评选出的90幅写意中国画作品。

【写意中国——2017 中国国家画院青年画院中国画作品展】

2017 年 12 月 29 日至 2018 年 1 月 4 日，由中国国家画院主办、中国国家画院青年画院承办的“写意中国——2017 中国国家画院青年画院中国画作品展”在中国国家画院美术馆举行。展览展出 80 位青年美术家的中国画作品 160 幅。

油画

【中国梦·实干兴邦——第五届全国（大芬）中青年油画展暨全国中青年油画精品展】

2017年1月6日至17日，由中国美术家协会、中国美术馆、中共深圳市委宣传部、深圳市龙岗区人民政府主办的“中国梦·实干兴邦——第五届全国（大芬）中青年油画展暨全国中青年油画精品展”在中国美术馆举行。展览的绘画形式包括写实、表现、抽象3种，作品包括5年来全国（大芬）中青年油画展的49件优秀作品，119件入选作品，以及中国美术馆馆藏历届全国美术作品展览以及全国青年美术作品展览的中青年获奖油画作品24件。

【言意之间——全国油画名家学术邀请作品展】

2017年1月20日至2月15日，由宁波美术馆主办的“言意之间——全国油画名家学术邀请作品展”在宁波美术馆举行。展览展出靳尚谊、詹建俊、全山石等40余位油画名家的作品120余幅。

【军旅·行旅——孙立新油画作品展】

2017年3月23日至4月1日，由中国美术家协会、中国人民革命军事博物馆、中国油画学会主办的“军旅·行旅——孙立新油画作品展”在中国美术馆举行。展览通过“历史情怀”“一路风光”“故乡的雪”3个部分展出孙立新160余幅油画作品。

【伏尔加河之声——中国美术馆藏俄罗斯油画精品展】

2017年4月2日至5月7日，由中国美术馆主办的“伏尔加河之声——中国美术馆藏俄罗斯油画精品展”在中国美术馆举行。展品从刘迅、路德维希夫妇的国际艺术捐赠以及美术馆以往的收藏中精选，其中包括梅尔尼科夫、特卡乔夫兄弟等人民艺术家或功勋艺术家的作品，也包括一些具有现代主义风格的艺术家作品。

【闪烁如歌——闫平艺术展、正是橙黄桔绿时——王克举艺术展】

2017年4月6日至16日，由中国美术馆主办的中国美术馆学术邀请系列展“闪烁如歌——闫平艺术展”“正是橙黄桔绿时——王克举艺术展”在中国美术馆举行。展览集中呈现闫平近作约30幅，王克举近作20余幅。

【笃真·寻境——美术学院写实油画创作与教学研究展】

2017年5月18日至29日，由首都师范大学主办的“笃真·寻境——美术学院写实油画创作与教学研究展”在首都师范大学举行。展览汇集自2001年以来首都师范大学美术学院各工作室写实油画研究方向的20余位研究生和部分高研班学生，及访问学者的40余件代表作品。

【江南如画——中国油画作品展（2017）】

2017年5月23日至6月23日，由中国油画学会、江苏省文化厅、苏州市人民政府主办的“江南如画——中国油画作品展（2017）”在苏州美术馆举行。展览展出163件入选作品，以及詹建俊、靳尚谊等30余位国内知名油画家的作品共计194件。7月20日至28日，该展巡展在广东美术馆举行。

【文脉传薪——2017中国写意油画学派名家研究展】

2017年6月21日至7月4日，由深圳市关山月美术馆、北京当代中国写意油画研究院、岭南画院主办的“文脉传薪——2017中国写意油画学派名家研究展”在中国美术馆举行。展览展出120余幅油画作品。

【边界——中国当代油画建构与转换研究展（馆藏）】

2017年7月6日至29日，由江苏省美术馆主办、江苏油画雕塑院承办的“边界——中国当代油画建构与转换研究展（馆藏）”在江苏省美术馆举行。展览展出馆藏早期油画家颜文樑、刘海粟、倪贻德、庞薰琹、秦宣夫，及其学生吴冠中、靳尚谊、苏天赐、詹建俊、张华清、徐明华，当代油画家罗中立、陈丹青、杨飞云、沈行工，以及近几年全国重点展览的获奖作品110余件。

【中国精神：第四届中国油画展——真像·当代中国写实油画的新发展研究】

2017年7月15日至8月10日，由中国美术家协会主办，中国美术家协会油画艺术委员会、山东美术馆、中国油画院美术馆、西安美术馆、武汉美术馆、重庆美术馆、包头美术馆承办的“中国精神：第四届中国油画展——真像·当代中国写实油画的新发展研究”在中国艺术研究院中国油画院举行。展览从征集作品中评选出入选作品170件，并展出95名特邀画家的265件作品。

【天唱地和——中国自然之声油画艺术研究院第三届中国风景油画邀请展】

2017年8月24日至9月1日，由中国美术家协会和内蒙古乌海市文化局主办的“天唱地和——中国自然之声油画艺术研究院第三届中国风景油画邀请展”在中国美术馆举行。展览展出40余位画家的作品约140幅。

【百年油画的轨迹——大都美术馆油画藏品展】

2017年9月9日至9月20日，由北京大都美术馆主办的“百年油画的轨迹——大都美术馆油画藏品展”在山东美术馆举行。展览展出从大都美术馆1500件馆藏作品中选出参展作品143件，其中不乏中国油画历史中的经典，不仅包括冯法祀、孙宗慰等老一辈艺术家的经典油画作品，也包括靳尚谊、詹建俊、全山石等前辈的写实油画作品。

【江南意蕴——2017 江苏油画展】

2017 年 9 月 19 日至 25 日，由江苏省文学艺术界联合会、江苏省美术家协会主办，江苏省现代美术馆、江苏省美术家协会油画艺术委员会承办的“江南意蕴——2017 江苏油画展”在江苏省现代美术馆举行。展览展出从 930 多件投稿作品中评选出的 158 件入选作品，其中优秀奖 30 件。

【中国艺术研究院中国油画院建院十周年庆典暨建院十周年特别展】

2017 年 9 月 26 日至 10 月 22 日，由中国艺术研究院中国油画院主办的“中国艺术研究院中国油画院建院十周年庆典暨建院十周年特别展”在中国艺术研究院中国油画院举行。展览展出中国老、中、青三代油画家的作品 220 余件，并以文献与作品相结合的方式全面呈现中国油画院过去 10 年的发展历程、学术理念、研究脉络。

【叙·事——中国重点美术院校油画教学联展暨 2017 年油画系联盟教学会议】

2017 年 10 月 18 日至 26 日，由鲁迅美术学院主办，中央美术学院、中国美术学院、天津美术学院、西安美术学院、四川美术学院、广州美术学院、湖北美术学院、清华大学美术学院协办的“叙·事——中国重点美术院校油画教学联展暨 2017 年油画系联盟教学会议”在鲁迅美术学院举行。展览汇集全国九大美术院校油画系近年来优秀的课堂油画作品 180 余幅。

【妥木斯油画工作室作品展】

2017 年 10 月 28 日至 11 月 5 日，由中国美术家协会油画艺术委员会、中国艺术研究院中国油画院、内蒙古自治区文学艺术界联合会、内蒙古师范大学主办，中国艺术研究院中国油画院美术馆承办的“妥木斯油画工作室作品展”在中国艺术研究院中国油画院举行。展览展出内蒙古地区风土人情题材油画作品 400 余件。

【百年交响——上海外滩百年历史变迁油画作品展】

2017 年 10 月 31 日至 11 月 15 日，由久事集团、上海市美术家协会、上海美术学院等主办的“百年交响——上海外滩百年历史变迁油画作品展”在上海刘海粟美术馆举行。展览展出 80 多位画家的外滩题材油画作品 100 余幅。

【庆祝改革开放四十周年——山东油画作品展】

2017 年 11 月 4 日至 12 月 17 日，由山东省文化厅主办，山东美术馆、山东省油画学会主办的“庆祝改革开放四十周年——山东油画作品展”在山东美术馆举行。展览展出精选的山东美术馆收藏的部分代表作品，以及由山东省油画学会组织的省内外老、中、青代表性油画家新作 130 余件。

【2017 中国写实画派十三周年展】

2017 年 11 月 5 日至 24 日，由中国写实画派、嘉德艺术中心主办的“2017 中国写实画派十三周年展”在北京嘉德艺术中心举行。展览展出中国写实画派的近 30 位艺术家的 100 余件作品，涵盖每位艺术家最经典的代表性作品和最新力作。

【色彩中华——2017·中国百家金陵画展（油画）】

2017 年 11 月 16 日至 30 日，由中国美术家协会、中共江苏省委宣传部、江苏省文化厅、江苏省文学艺术界联合会主办，江苏省美术家协会、江苏省美术馆、江苏省书画院承办的“色彩中华——2017·中国百家金陵画展（油画）”在江苏省美术馆举行。展览展出从 4000 余件全国投稿中评选出的 100 件入选作品，并确定 10 件典藏作品（原金奖作品，由江苏省美术馆收藏）和 10 件收藏作品（由江苏省现代美术馆收藏）。

【中国精神：第四届中国油画展（第三区段）抽象——当代中国非具象油画艺术展】

2017 年 12 月 2 日至 29 日，由中国美术家协会主办的“中国精神：第四届中国油画展（第三区段）抽象——当代中国非具象油画艺术展”在北京今日美术馆举行。展览分为“评委作品”“特邀作品”“海选作品”3 个板块，展出油画作品 103 件。

版画

【画里佳人——深圳美术馆馆藏版画作品特展】

2017 年 3 月 8 日至 21 日，由深圳美术馆主办的“画里佳人——深圳美术馆馆藏版画作品特展”在深圳美术馆举行。展览展出深圳美术馆挑选的 30 余件以“佳人”为主题的馆藏版画作品。

【姑苏繁华录——苏州桃花坞木版年画特展】

2017 年 4 月 6 日至 5 月 7 日，由苏州市公共文化中心主办，山东美术馆、苏州美术馆、苏州版画院（苏州桃花坞年画博物馆）承办的“姑苏繁华录——苏州桃花坞木版年画特展”在山东美术馆举行。展览展出苏州桃花坞年画博物馆藏品 113 件。

【回顾与拓展——周东申、陈川、张白波版画展】

2017 年 4 月 20 日至 5 月 14 日，由山东美术馆、山东艺术学院、山东工艺美术学院、青岛画院、中国观澜版画原创产业基地主办的“回顾与拓展——周东申、陈川、张白波版画展”在山东美术馆举行。展览展出周东申、陈川、张白波版画作品 221 幅。

【时代印迹——河南省美术馆馆藏版画作品展暨 20 世纪河南美术史研究阶段性成果展】

2017 年 5 月 13 日至 21 日，由河南省文化厅主办的“时代印迹——河南省美术馆馆藏版画作品展暨 20 世纪河南美术史研究阶段性成果展”在中国美术馆举行。展览作为河南省美术馆开展 20 世纪河南美术史研究的阶段性成果展示，呈现了刘岘、刘铁华、马基光、沙清泉这四位老一辈版画艺术家在各个时期创作的具有时代精神的版画作品。

【红色记忆——黑龙江省美术馆馆藏经典版画作品展】

2017 年 6 月 1 日至 30 日，由黑龙江省美术馆、黑龙江省版画院主办的 2017 年全国美术馆馆藏精品展出季项目之“红色记忆——黑龙江省美术馆馆藏经典版画作品展”在黑龙江省美术馆举行。展览展出黑龙江省美术馆在馆藏作品中遴选的 100 件黑龙江版画作品。

【2017 第四届中国青年版画展】

2017 年 6 月 16 日至 7 月 16 日，由贵州版画学会、贵阳市美术馆、贵阳群众艺术馆主办的“2017 第四届中国青年版画展”在贵阳美术馆举行。展览收到 700 余位青年艺术家的 7000 余件投稿作品，范围涵盖国内 50 多所院校以及国外 20 多所院校。组委会最终邀请了其中 100 余位艺术家的 300 余幅作品参加展览。

【天工开物——中国美术学院东方版画工作展】

2017年6月22日至7月9日，由中国美术学院、北京画院主办的“天工开物——中国美术学院东方版画工作展”在北京画院美术馆举行。展览向公众展示中国美术学院东方版画工作室创作的大型版画长卷——《天工开物》以及部分版画系师生的代表作品。版画《天工开物》以长卷的形式，在秉承原著内外双线的叙述结构上，借以屏风的形式重现明代著作《天工开物》中百余生产技术的场景，以原作造像风格还原明代社会日常生产之情景。此外，展览借“天工开物”一名所包含的“巧夺天工”“开物成务”之意，实指对于中华传统手工技艺，尤其是对刻版技艺的传承与发展，以及对“手艺精神”的继承。

【实践的力量——第八届中国当代版画文献展】

2017年7月3日至9月15日，由中央美术学院、中国美术家协会版画艺术委员会、南京市文化广电新闻出版局主办，南京书画院、金陵美术馆、南京艺术研究所承办的“实践的力量——第八届中国当代版画文献展”在南京市金陵美术馆举行。展览展出106位版画家的120件作品和部分资料。此外，展览还展出各位画家创作草图、木版原版、出版画册等。

【第二十二届全国版画作品展】

2017年7月28日，由中国美术家协会、通辽市人民政府主办，中国美术家协会版画艺术委员会等单位承办的“第二十二届全国版画作品展”在内蒙古自治区通辽市举行。展览展出299位版画作者的400余件作品。

【锦绣中华——当代新徽派版画作品展】

2017年8月13日至20日，由中共安徽省委宣传部、安徽省人民政府参事室、安徽省文史研究馆、安徽省文学艺术界联合会主办的“锦绣中华——当代新徽派版画作品展”在中国美术馆举行。展览展出作品56件，其中8件是安徽省人民政府参事室、安徽省文史研究馆组织创作的新徽派版画重大题材创作的代表性作品；17件为新徽派版画第一代画家们的优秀作品，部分作品首次面世；31件为当代新徽派版画艺术家的部分优秀作品。

【重庆造——木刻版画中的工业景象展】

2017年8月29日至9月24日，由重庆美术馆策划的“重庆造——木刻版画中的工业景象展”在重庆美术馆举行。展览展出自20世纪50年代至2015年的80余件具有代表性、表现重庆工业的优秀美术作品。

【继往开来——新徽派版画艺术研究展】

2017年9月1日至10月31日，由合肥市赖少其艺术馆策划的“继往开来——新徽派版画艺术研究展”在合肥市赖少其艺术馆举行。展览展出251件古代徽派版画文献图片、29件史料，以及48位现当代新徽派版画家的114件作品与90件资料。

【沙海明珠 奇美奈曼——2017 年奈曼版画作品展】

2017 年 10 月 28 日至 11 月 6 日，国家艺术基金 2016 年度传播交流推广资助项目，由内蒙古自治区通辽市奈曼旗美术馆主办的“沙海明珠 奇美奈曼——2017 年奈曼版画作品展”在深圳市中国版画博物馆举行。展览展出 80 幅版画作品，既有老一辈版画家的精品，亦有中青年版画家的力作，是奈曼版画艺术成就的集中展示。

雕塑

【迹象——第二届广东当代雕塑邀请展】

2017年3月30日至4月16日，由广州美术学院、岭南画院主办，广东省美术家协会雕塑艺术委员会、岭南美术馆承办，广州美术学院雕塑系、广州美术学院雕塑与公共艺术研究所、广州雕塑院、深圳雕塑院、佛山艺术创作院协办的“迹象——第二届广东当代雕塑邀请展”在广东省岭南美术馆举行。展览以学习、生活在广东的“80后”“90后”雕塑家为主体，展出80件雕塑作品。

【“转场”——当代雕塑展】

2017年4月22日至5月21日，由上海云艺术中心主办的“‘转场’——当代雕塑展”在上海云艺术中心举行。展览邀请北京和上海两地的中国当代雕塑艺术家参展，聚焦京沪两地不同艺术家的创作面貌，关注中国当代雕塑的多种创作趋势，试图从诸种形式的变化中提炼出具有代表性的创作思路和语言。

【首届全国雕塑艺术大展】

2017年9月6日至17日，由中国美术馆主办、长春市人民政府支持的“首届全国雕塑艺术大展”在中国美术馆举行。展览以20世纪以来的中国雕塑艺术为切入点，对中国美术馆馆藏及当代创作雕塑作品进行梳理、研究，分为“砥砺铭史”“塑魂立人”“时代丰碑”“匠心着意”“多元交响”“文心写意”“溯源追梦”7个篇章，展出中国百年以来316位雕塑艺术家的作品590件。

【开放的语言——2017广东雕塑邀请展】

2017年9月6日至22日，由广州美术学院、广东省美术家协会主办的“开放的语言——2017广东雕塑邀请展”在广州美术学院美术馆举行。展览通过邀请广东省美术家协会雕塑艺术委员会24位雕塑艺术委员会成员和由他们各自推荐的一名优秀雕塑家的方式，即“一荐一”的方式，遴选艺术家，囊括了广东省雕塑探索中不同年龄层次和不同类型的状态，也可以看到广东省雕塑家梯队的发展与变化。

【“曾竹韶雕塑艺术奖学金”2017年度获奖与入围作品展】

2017年9月23日至11月23日，由中央美术学院、中国雕塑学会、中国美术家协会雕塑艺术委员会、山西省大同市人民政府主办的“‘曾竹韶雕塑艺术奖学金’2017年度获奖与入围作品展”在山西省大同市中国雕塑博物馆举行。本届“曾竹韶雕塑艺术奖学金”收到来自全国20所艺术院校的121位毕业生的作品498件（组），入围参展作品结合声、光、电等现代技术，以及影像、装置等手法。经过评审，选出5名曾竹韶奖、20名提名奖。

【我的十年——“写意中国”2017中国国家画院雕塑院研究员文献展】

2017年12月27日至2018年1月2日，由中国国家画院主办、中国国家画院雕塑院承办的“我的十年——‘写意中国’2017中国国家画院雕塑院研究员文献展”在中国国家画院国际展览中心举行。展览展出30余件来自中国国家画院的17位雕塑研究员的近期作品。

水彩·粉画

【2017中国当代学院水彩名家邀请展】

2017年2月28日至5月7日，由武汉大学万林艺术博物馆主办的“2017中国当代学院水彩名家邀请展”在武汉大学万林艺术博物馆举行。展览邀请10位来自全国的学院派水彩名家展出水彩画作品100幅。

【流光溢彩：2017浙江省水彩画名家走进“在那桃花盛开的地方”——奉化写生采风画展】

2017年3月26日，由浙江省水彩画家协会、宁波市美术家协会水彩画艺术委员会主办的“流光溢彩：2017浙江省水彩画名家走进‘在那桃花盛开的地方’——奉化写生采风画展”在浙江省奉化区举行。展览展出国内水彩画名家30余人深入奉化溪口、岩头古村、谢界山村等地采风写生作品多幅。

【2017全国高等艺术院校（西安）水彩·粉画邀请展】

2017年4月11日至21日，由西安美术学院主办的“2017全国高等艺术院校（西安）水彩·粉画邀请展”在西安美术学院美术馆举行。展览汇聚全国14所高等院校的优秀作品，展现了中国高校在水彩画教学和创作上的整体面貌。同时，还邀请29位当代水彩名家的作品一同展示。展览分3个部分：第一部分为中国当代水彩名家邀请展，邀请曾经为中国水彩·粉画的发展做出贡献的前辈、名家及活跃在当代画坛的优秀画家代表作品进行展示；第二部分为全国高校水彩专业教学成果，遴选出2010年以来培养的优秀学生的代表作品；第三部分为西部水彩·粉画展，借此对西部水彩·粉画专业的发展进行系统梳理及全面展示。

【第三届全国青年水彩画展览】

2017年9月23日至10月29日，由中国美术家协会主办，中国文学艺术界联合会美术艺术中心、中国美术家协会水彩画艺术委员会、山东美术馆承办的“第三届全国青年水彩画展览”在山东美术馆举行。展览展出从1643件投稿作品中遴选出的水彩画作188件，集中呈现出近年来青年艺术创作者在水彩画领域的新探索、新成就、新风貌。

【行进之力——广州美术学院水彩画传承谱系展】

2017年11月29日至12月10日，由广州美术学院主办的“行进之力——广州美术学院水彩画传承谱系展”在中国美术馆举行。展览展出广州美术学院15位艺术家创作的97件作品，展现了广州美术学院水彩创作7代艺术家开创出中国本土水彩的新格局。

壁画、漫画、漆画、岩绘、连环画、唐卡

【天上西藏——西藏唐卡艺术精品汇展】

2017 年 1 月 7 日至 18 日，由中共西藏自治区委员会宣传部、中国美术馆、西藏自治区文化厅、西藏自治区文学艺术界联合会主办的“天上西藏——西藏唐卡艺术精品汇展”在中国美术馆举行。展览展出西藏美术家和唐卡艺术家创作的优秀唐卡艺术作品多幅。

【图墙——中央美术学院壁画系教师作品展】

2017 年 3 月 10 日至 27 日，由中央美术学院主办，中央美术学院壁画系、中央美术学院美术馆承办的“图墙——中央美术学院壁画系教师作品展”在中央美术学院美术馆举行。展览展出由 18 位壁画专业的现任教师带领学生用 7 天的时间在艺术现场共同创作完成全新壁画作品。

【第四届安徽省动漫大赛颁奖仪式】

2017 年 3 月 31 日，由安徽省文化厅、安徽省新闻出版广电局、安徽省教育厅、安徽省科技厅、安徽省经济和信息化委员会、安徽省商务厅主办的“第四届安徽省动漫大赛颁奖仪式”在安徽大剧院举行。大赛以“精彩动漫创意无限”为主题，分社会组和院校组两个组别，设置了影视动画类、应用动漫类、漫画插画类、动漫衍生品类、动漫短片类、游戏类等奖项。组委会从 1067 件参赛作品中遴选出 57 件作品，分门别类地给予不同等次的奖励。其中院校组别中共计评出 28 个奖项。

【山西高平开化寺壁画展】

2017 年 4 月 6 日至 20 日，由山西省高平市人民政府、北京大学考古文博学院主办的“山西高平开化寺壁画展”在北京大学赛克勒考古与艺术博物馆举行。展览以“千年壁画、华彩重生”为主题，分“高平气象”“经典千年”两部分，利用先进的数据采集系统获取壁画高清图像，并邀请专家对壁画内容进行解读，并运用 VR 技术让参观者产生身临其境之感。

【幽默城市・杭州——朱德庸 30 年漫画创作特展】

2017 年 4 月 26 日至 5 月 1 日，第 13 届中国国际动漫节在浙江省杭州市举行。其中，“幽默城市・杭州——朱德庸 30 年漫画创作特展”展出漫画家朱德庸 30 年来的众多漫画创作手稿以及代表作品。此次展览不仅首次公开朱德庸这几年从未发表过的私房画，还带来已经绝版 20 多年的朱德庸第一本漫画《大刺猬》原稿。

【岩彩的从容与担当——四川省首届岩彩画·壁画展暨四川省美术家协会岩彩画·壁画专业艺术委员会成立展】

2017年5月7日至14日，由四川省美术家协会、四川美术馆主办，四川省尚瀚岩彩重彩画院承办的“岩彩的从容与担当——四川省首届岩彩画·壁画展暨四川省美术家协会岩彩画·壁画专业艺术委员会成立展”在四川美术馆举行。展览征集了四川省100余位岩彩艺术家的180余幅岩彩画、壁画作品。

【垂范百世“辽宁好人”连环画展】

2017年7月20日至30日，由辽宁省文学艺术界联合会、辽宁省美术家协会主办，辽宁省美术家协会漫画、动漫、连环画、插图艺术委员会承办的“垂范百世‘辽宁好人’连环画展”在辽宁美术馆举行。画展以讴歌近几年荣获辽宁省“辽宁好人、时代楷模、最美人物和身边好人”荣誉称号的先进人物事迹为主题，运用连环画的艺术形式来生动表现。

【首届中国（宁波·北仑）青年漆画大展】

2017年8月4日至27日，由中国美术家协会主办，中国美术家协会漆画艺术委员会、浙江省美术家协会、宁波市文化广电新闻出版局、宁波市北仑区人民政府承办的“首届中国（宁波·北仑）青年漆画大展”在浙江省宁波美术馆举行。展览展出从857件征集作品中评选出的220件漆画作品。

【抗联之魂大型全景素描艺术综合体首展】

2017年9月8日至15日，由中央美术学院、中国壁画学会、中央美术学院附中主办，由中央美术学院教授侯一民带领30余位画家、雕塑家共同完成的“抗联之魂大型全景素描艺术综合体首展”在北京中华世纪坛举行。该作品全长250多米，高2.4米，由素描、雕塑、实物组合而成。参加此创作的不仅有中央美术学院的知名教授，来自全国的创作人才，更有以中国壁画学会特约“加强班”为创作此大画专程而来的专业骨干。

【般若光华——中国古代唐卡艺术大展】

2017年10月1日至10日，由上海自儒堂艺术品投资有限公司、上海市非物质文化遗产保护协会主办的第三届“般若光华——中国古代唐卡艺术大展”在上海图书馆举行。展览展出11至18世纪吐蕃分治时期、元代、明代和清代不同时期的古代唐卡88幅。

【2017中国（厦门）漆画展】

2017年11月23日至2018年1月11日，由中国美术家协会、厦门市文化广电新闻出版局主办，中国美术家协会漆画艺术委员会、厦门市美术馆承办的“2017中国（厦门）漆画展”在厦门市美术馆举行。展览展出从全国各省、市、自治区的1109件投稿作品中评选出的260件作品。

【本体与重构——四川美术学院漆艺术展】

2017年11月29日至12月10日，由四川美术学院、中国美术家协会漆画艺术委员会主办的“本体与重构——四川美术学院漆艺术展”在中国美术馆举行。展览展出四川美术学院几代漆艺术家创作的60余件（套）作品。

【山西博物院藏古代壁画艺术展】

2017年11月30日至2018年3月4日，由上海博物馆与山西博物院主办的“山西博物院藏古代壁画艺术展”在上海博物馆举行。展览分为“天似穹庐”“人亦黄土”两部分，遴选自山西博物院珍藏的北朝和宋金元时期的12组89件墓葬壁画作品。

【天下常德——常德画墙壁画画稿作品展】

2017年12月3日至23日，由中央美术学院、湖南省常德市鼎城区人民政府主办的“天下常德——常德画墙壁画画稿作品展”在湖南省常德市文化馆举行。展览展出由全国近百名艺术家为常德画墙精心创作的画稿作品。画墙以沅水南岸防洪堤为载体，以中华文化发展历程为线索，以常德特有的“德”文化体系为核心，分为西段“天下溪”、中段“天下谷”、东段“天下式”3个篇章，共118个题材，总长3750米。

【首届全国动漫美术作品展览】

2017年12月15日至2018年4月26日，由中国美术家协会、中共广州市委宣传部、广州市文学艺术界联合会主办的“首届全国动漫美术作品展览”在广东省博物馆举行。此次展览是动漫专业的首次全国性展示，征集了来自中国内地以及中国香港、澳门、台湾的优秀作品，而且以10年为一个年龄段涵盖老、中、青三代动漫艺术家，全面反映了当代中国动漫美术的整体创作面貌。

个人展览

【取诸怀抱——尚涛水墨作品展】

2017年2月24日至3月19日，由中央文史研究馆、中国美术家协会、中国画学会、广东省美术家协会、广东画院、广东美术馆主办的“取诸怀抱——尚涛水墨作品展”在广东美术馆举行。展览展出尚涛中国画作品60幅。

【水墨家园·近观可意——李小可水墨艺术展】

2017年3月2日至4月2日，由中央文史研究馆、中国文学艺术界联合会、全国政协书画室、中国美术家协会、北京画院、李可染艺术基金会主办，关山月美术馆承办的“水墨家园·近观可意——李小可水墨艺术展”在深圳市关山月美术馆举行。展览以“水墨家园”为主线，分为“水墨家园”“雪域藏迹”“山水黄山”“师法自然”4个篇章，展出李小可近年创作的近160幅水墨作品。

【花开敦煌——常沙娜艺术研究与应用展】

2017年3月8日至19日，由中国美术馆、清华大学主办的“花开敦煌——常沙娜艺术研究与应用展”在中国美术馆举行。展览以“守望”“凝萃”“传承”为三大主题，贯穿常沙娜的艺术经历。第一部分“守望”，展示常沙娜在父亲常书鸿引导下与敦煌结下的深厚渊源；第二部分“凝萃”，展示常沙娜对敦煌艺术元素的研究与拓展；第三部分“传承”，展示常沙娜在图案教学中的研习与应用。展览举办之际，常沙娜向国家捐赠了其个人24件艺术作品，由中国美术馆永久收藏。其中，包括5幅以《观无量寿经变》为代表的早年敦煌临摹代表作，18件花卉写生作品，以及1件特意为此次展览重新绘制的《文殊变》。

【隋建国：肉身成道】

2017年3月9日至4月1日，由佩斯北京主办的“隋建国：肉身成道”展览在佩斯北京举行。展览呈现艺术家2016年至2017年的最新创作。此次展出的新作可被视为他过去10年创作的阶段性总结。在其自2006年《时间的形状》以来的艺术探索中，艺术家与雕塑自身的内在关系逐渐显露，并成为其创作思考的主线。

【归去来兮——徐仲偶个人艺术作品展】

2017年3月12日至30日，由中央美术学院、宁波大学主办的“归去来兮——徐仲偶个人艺术作品展”在宁波美术馆举行。展览展出徐仲偶2008年至2011年创作的69幅作品，涵盖版画、书法、装置。

【立象尽意——蔡智中国画展】

2017 年 3 月 13 日至 18 日，由中国画学会、中国国家画院美术馆、广西艺术学院、漓江画派促进会主办的“立象尽意——蔡智中国画展”在中国国家画院美术馆举行。展览展出蔡智大幅花鸟画作品 123 幅。

【丝绸之路——著名画家舒春光西部边塞风情五十年创作回顾展】

2017 年 3 月 14 日至 23 日，由中国美术家协会艺术委员会、中央文史馆书画院、首都师范大学美术学院主办的“丝绸之路——著名画家舒春光西部边塞风情五十年创作回顾展”在北京中华世纪坛举行。展览展出 100 余件舒春光的边塞风情画以及手稿文献记录等。

【为祖国河山立传——穆家善中国画国际巡回展·焦墨写生青岛邀请展】

2017 年 3 月 18 日至 4 月 18 日，由中共青岛市委宣传部、中国艺术研究院中国画院、中国报业协会、青岛出版集团主办的“为祖国河山立传——穆家善中国画国际巡回展·焦墨写生青岛邀请展”在青岛城市艺术馆举行。展览展出穆家善 50 余幅焦墨写生作品。

【江苏名家晋京展——冯健亲油画回顾展】

2017 年 3 月 22 日至 4 月 1 日，由中国美术家协会、中共江苏省委宣传部、江苏省文学艺术界联合会、民革江苏省委、南京艺术学院主办的“江苏名家晋京展——冯健亲油画回顾展”在中国美术馆举行。展览展出冯健亲 1959 年至今创作的油画作品 128 幅。

【骚动的池塘——化建国水墨作品展】

2017 年 3 月 25 日至 4 月 14 日，由今日美术馆、中国国家画院国画院、河南省美术家协会主办的“骚动的池塘——化建国水墨作品展”在北京今日美术馆举行。展览展出艺术家化建国“骚动的池塘”系列作品 30 余件。

【来自“创作室 + 实验室”的美——尹毅绘画艺术创新展】

2017 年 3 月 25 日至 4 月 16 日，由山东省文化厅、山东省文学艺术界联合会、中国美术家协会艺术委员会主办的“来自‘创作室+实验室’的美——尹毅绘画艺术创新展”在山东美术馆举行。展览分“水墨材料 + 审美拓展”“经典图式 + 笔墨再创”“综合性新绘画 + 材料技法之变”3 个板块展出尹毅作品 100 余幅。

【怀城——樊枫作品展】

2017 年 4 月 6 日至 23 日，由中共武汉市委宣传部主办，山东美术馆、武汉美术馆承办的“怀城——樊枫作品展”在山东美术馆举行。展览展出樊枫作品共计 84 幅，其中都市山水作品 50 幅，松系列作品 18 幅，手稿 16 幅。

【《诗书画》特展：悟——武艺水墨近作】

2017年4月8日至5月21日，由中央美术学院、银座美术馆、《诗书画》杂志主办的“《诗书画》特展：悟——武艺水墨近作”在银座美术馆（济南）举行。展览展出武艺创作的菩萨像、飞天、双修等题材20幅，可以从中窥见画家对绘画形式语言的探索。

【“中国精神·中国梦”传承与时代精神名家系列作品展之——有风来：刘海勇中国画新作展】

2017年4月8日至22日，由中国美术学院、浙江省美术家协会主办的“‘中国精神·中国梦’传承与时代精神名家系列作品展之——有风来：刘海勇中国画新作展”在北京举行。展览展出刘海勇册页和手卷作品40余幅。

【西行的风景——巫卫东写生作品邀请展】

2017年4月12日至17日，由甘肃省美术家协会、西北师范大学美术学院、兰州画院主办的“西行的风景——巫卫东写生作品邀请展”在西北师范大学美术学院举行。展览展出巫卫东2015年至2017年西部写生作品100幅。

【务本——陈履生画展】

2017年4月14日至5月10日，由武汉美术馆主办的“务本——陈履生画展”在武汉美术馆举行。展览展出以文人、文心、文采、文思为线索的作品70余件。“文人”作品包括蜡梅、竹子、水仙等题材，表现传统文化的核心价值观；“文心”是陈履生所绘山水系列；“文采”是陈履生对迎春题材的理解和表现上的探索；“文思”主要是对国槐题材的创新和思考。

【书卷江山——刘墉作品展】

2017年4月18日至5月28日，由浙江美术馆主办的“书卷江山——刘墉作品展”在浙江美术馆举行。展览分为“师古篇”“山水园林篇”“花鸟翎毛篇”“现代水墨篇”“写生研究篇”5个部分，展出刘墉绘画作品120组（件）和一批文献资料。

【闽壑烟岚——梁明大泼彩山水画展】

2017年4月19日至26日，由中国美术家协会、福建省文学艺术界联合会、龙岩市人民政府主办的“闽壑烟岚——梁明大泼彩山水画展”在中国美术馆举行。展览分为“闽壑烟岚、梦里家山、境由心造、自然为师”4个部分，展出梁明近年来创作的大泼彩山水画作60幅。

【衍——王衍成艺术展】

2017年4月19日至27日，由中国美术馆主办的“衍——王衍成艺术展”在中国美术馆举行。展览展出旅法华裔艺术家王衍成创作的大尺幅作品20余件，体现了王衍成绘画风格的重要转变。

【源·程向君个展】

2017 年 4 月 20 日至 5 月 6 日，由清华大学美术学院、中国美术家协会漆画艺术委员会主办，工艺美术系、微拍全球协办的“源·程向君个展”在清华大学美术学院举行。展览展出程向君 2017 年新年伊始创作的油画、水墨作品 60 余件。

【醍昂——白明的国度】

2017 年 4 月 22 日至 5 月 22 日，由中国民生银行、北京民生现代美术馆主办的“醍昂——白明的国度”在北京民生现代美术馆举行。展览结构上分为“时”“火”“器”3 个部分，展出艺术家白明多年来创作的陶瓷、油画、水墨和综合材料等代表作品多幅。

【张尔宾画展】

2017 年 4 月 26 日至 5 月 2 日，由北京画院、人民美术出版社主办，北京画院美术馆、民盟中央美术院承办的“张尔宾画展”在北京画院美术馆举行。画展展出张尔宾 20 世纪 70 年代至今 40 余年间的水墨山水作品 50 余件。

【丝路源头 桑陌青青——李子侯作品展】

2017 年 4 月 30 日至 5 月 10 日，由中国美术家协会、中国美术学院、浙江省文化厅、中国工笔画学会主办的“丝路源头 桑陌青青——李子侯作品展”在中国美术馆举行。展览展出李子侯从 20 世纪 60 年代至今的作品 90 件，全面反映了他的艺术探索历程。

【求古寻论——李凤龙中国画展】

2017 年 5 月 4 日至 9 日，由北京画院主办的“求古寻论——李凤龙中国画展”在北京画院美术馆举行。展览分为“智水仁山”“和睦四瑞”“逍遥生机”“金石留痕”4 个主题，展出北京画院专业画家李凤龙近年创作的中国画作品 70 余件。

【醉写山河——张善平美术作品展】

2017 年 5 月 4 日至 17 日，由中国美术家协会、中共武汉市委宣传部、湖北省文学艺术界联合会、武汉市文学艺术界联合会、湖北省美术家协会主办的“醉写山河——张善平美术作品展”在中国美术馆举行。展览展出作品 82 件，其中中国画 42 件、油画 20 件、速写写生 20 件。

【南风北韵——郭志光艺术作品展】

2017 年 5 月 6 日至 17 日，由中共山东省委宣传部、中国美术家协会、中国国家画院主办，山东省文化厅、山东省文学艺术界联合会、大众报业集团、山东工艺美术学院承办的“南风北韵——郭志光艺术作品展”在中国国家博物馆举行。展览展出郭志光近几年来创作的 60 余件大写意花鸟画作品。

【虚构的真实——苏新平作品展】

2017年5月12日至8月12日，由合美术馆主办的“虚构的真实——苏新平作品展”在武汉合美术馆举行。展览以2008年作为艺术家苏新平创作转变的重要节点，展出其近10年创作的《八个东西》《灰色》《肖像》《平仄》《荒原》《十》《擦笔纸》等近20组作品。

【“一带一路”人类文明——卢禹舜作品展】

2017年5月14日，由中国美术家协会、环球人物杂志、中国国家画院、中国国家博物馆、中央数字电视书画频道主办的“‘一带一路’人类文明——卢禹舜作品展”在中国国家博物馆举行。展览展出卢禹舜145幅域外写生作品。

【水色有痕——范保文艺术回顾展】

2017年5月24日至6月4日，由中国美术家协会、江苏省文学艺术界联合会、南京师范大学主办的“水色有痕——范保文艺术回顾展”在中国美术馆举行。展览展出范保文各个时期的代表作品86件，以及11件收藏于中国美术馆的作品。

【吴门馨风——张继馨画展】

2017年5月27日至6月5日，由中央文史研究馆、中国美术家协会艺术委员会、中共江苏省委宣传部、江苏省文学艺术界联合会主办的“吴门馨风——张继馨画展”在中国美术馆举行。展览展出220幅写生作品，其中有194幅作品由苏州市相城区为其建立的张继馨艺术馆提供。

【周韶华捐赠作品展暨周韶华艺术研究所揭牌仪式】

2017年6月2日至11日，由中国国家画院主办的“周韶华捐赠作品展暨周韶华艺术研究所揭牌仪式”在中国国家画院美术馆举行。展览展出周韶华捐赠给中国国家画院的163件作品。既有周韶华1963年的旧作，也有近几年的新作；既有小幅习作、尺牍、手稿，也有长五六米的巨幅鸿制。展览同期举行周韶华学术研讨会。

【申少君艺术展】

2017年6月9日至7月9日，由中国国家博物馆、中国国家画院主办的“申少君艺术展”在中国国家博物馆举行。展览包括“人物”“梅花”“书法”“色彩”“书装设计”5个部分，展出申少君近年来在书法、绘画及书籍装帧设计的成果。

【八十述怀——苏高礼新作展】

2017年6月23日至30日，由中央美术学院美术馆、山西博物院主办的“八十述怀——苏高礼新作展”在中央美术学院美术馆举行。展览展出苏高礼近期创作的15幅作品，分为两组：一组是“家乡组画”，围绕苏高礼出生地晋中地域特有的民宅、院落和街景，体现晋中建筑的艺术审美观。另一组是

“我的太行组画”，描绘了太行山的“大寨”“红旗渠”等典型形象。这批作品在展览结束后正式被山西博物院收藏。

【不朽的胡杨——周尊圣胡杨作品专题画展】

2017 年 6 月 25 日至 7 月 3 日，由中共新疆维吾尔自治区党委宣传部、中国艺术研究院中国画院主办的“不朽的胡杨——周尊圣胡杨作品专题画展”在新疆国际会展中心举行。展览展出周尊圣中国画作品 132 件。

【高怀云岭——范曾八秩之庆艺文展】

2017 年 7 月 5 日至 8 月 5 日，由中国国家博物馆、北京大学、南开大学、中国人民大学、中国艺术研究院、山东大学、南通大学主办的“高怀云岭——范曾八秩之庆艺文展”在中国国家博物馆举行。展览展出范曾自 24 岁至今所创作的 100 余幅画作，诗词、联语创作和历年文、史、哲、艺著述 100 余部。

【吞吐大荒——许钦松山水画展】

2017 年 7 月 12 日至 22 日，由中国文学艺术界联合会、全国政协书画室、广东省人民政府、中共广东省委宣传部、中国美术馆、中国美术家协会、中国艺术研究院、中国国家画院主办，广东省文化厅、陕西省文学艺术界联合会、广东省文学艺术界联合会、陕西省美术家协会等协办的“吞吐大荒——许钦松山水画展”在陕西省美术博物馆举行。展览展出许钦松山水画作品 131 幅。

【杜大恺水墨作品展】

2017 年 7 月 21 日至 8 月 31 日，由清华大学艺术博物馆、清华大学美术学院主办的“杜大恺水墨作品展”在清华大学艺术博物馆举行。展览展出杜大恺近年创作的水墨及水彩作品多幅，作品涵盖风景、人体、静物等题材。

【王璜生：边界 / 空间】

2017 年 8 月 10 日至 9 月 9 日，由中国民生银行、北京民生现代美术馆、中央美术学院、中央美术学院美术馆主办的“王璜生：边界 / 空间”在北京民生现代美术馆举行。展览汇集王璜生近 5 年来创作的近 10 个系列的绘画以及装置影像作品。包含《游 · 象》《线 · 象》《痕 · 象》《箴 · 象》和《墙》等一系列的创作，以及针对北京民生现代美术馆展览空间特意创作的《界》《缠 2》《溢光》《隔空 2》大型装置影像作品。

【陈钧德绘画艺术展】

2017 年 8 月 22 日至 31 日，由中国美术馆、中国美术家协会、上海戏剧学院主办，上海市美术家协会、上海文史研究馆协办，上海鸿美术馆承办的“陈钧德绘画艺术展”在中国美术馆举行。展览是对其数十年艺术历程和艺术轨迹的探索与梳理。同期，陈钧德向中国美术馆捐赠 5 幅作品。

【时代隽美 艺术伉俪——邱瑞敏、吴慧明捐赠作品展】

2017年9月9日，由中华艺术宫主办，上海美术家协会、上海美术学院、上海油画雕塑院协办的“时代隽美 艺术伉俪——邱瑞敏、吴慧明捐赠作品展”在上海中华艺术宫举行。邱瑞敏、吴慧明夫妇作为中华人民共和国成立后上海美专首届毕业生，同年同月生，一同从上海美专毕业，又一同分到上海市油画雕塑室工作。此次展览，邱瑞敏、吴慧明夫妇两人无偿向中华艺术宫捐赠上百件毕生创作的绘画、雕塑原作。

【写生作品化——李洋作品展】

2017年9月10日至14日，由中央民族大学美术学院主办的“写生作品化——李洋作品展”在中央民族大学美术学院举行。展览展出的60幅写生作品，是李洋近年来赴云南省西双版纳傣族自治州、福建省惠安县和广西壮族自治区隆林各族自治县等地的几百幅写生作品。

【水彩·初心——陈希旦艺术作品展】

2017年9月16日至10月22日，由上海中华艺术宫、上海市美术家协会主办的“水彩·初心——陈希旦艺术作品展”在上海中华艺术宫举行。展览展出陈希旦的水彩画作品105件，分为早期水彩创作、外滩百年系列、水乡系列及海外风景系列4部分。

【艺术为人民——鲍加油画作品展】

2017年9月19日至24日，由中国美术家协会、安徽省文学艺术界联合会主办的“艺术为人民——鲍加油画作品展”在中国文艺家之家展览馆举行。展览遴选鲍加各个时期的作品80余件，涵盖从20世纪60年代的《淮海大捷》《毛主席在共青团九大》《激流——刘邓大军挺进大别山》等重大革命历史题材的作品，到80年代后的《大漠千里》《极目楚天》等一批以祖国建设为主题的作品，再到90年代后，鲍加从关注社会转向亲近自然，从宏达场面的渲染转向日常景观的呈现的作品。

【笔墨淡彩新语境——李翔中国画展】

2017年9月28日至10月25日，由中国美术家协会、解放军美术书法研究院、山东省文学艺术界联合会主办的“笔墨淡彩新语境——李翔中国画展”在山东美术馆举行。展览展出李翔人物、山水作品62件。同期，李翔向山东美术馆捐赠中国画作品6件，书法作品4件。

【大匠之作——田世信艺术展】

2017年10月13日至29日，由中央美术学院主办的“大匠之作——田世信艺术展”在中央美术学院美术馆举行。展览对田世信60余年的艺术创作进行研究和梳理，展览分为“汉风唐韵”“民间塑造”“王者之尊”“当代视线”“尊文崇士”5个板块，选取各个历史时期具有代表性的作品展出，同时呈现一系列相关的素描、速写、油画以及手稿文献资料。

【彩云飘过——金田绘画作品展】

2017 年 10 月 19 日至 29 日，由中国油画学会、江苏省美术家协会、江苏省美术馆主办的“彩云飘过——金田绘画作品展”在中国美术馆举行。展览展出江苏省美术馆副馆长金田的油画作品多幅。

【混沌的光亮——刘巨德艺术作品展、寻归自然——钟蜀珩绘画作品展、画我所要——戴士和 2017 油画写意展】

2017 年 10 月 20 日至 29 日，由中国美术馆主办的“混沌的光亮——刘巨德艺术作品展”“寻归自然——钟蜀珩绘画作品展”“画我所要——戴士和 2017 油画写意展”在中国美术馆举行。3 个展览均为中国美术馆学术邀请系列展，也是中华艺文基金会资助项目。其中“混沌的光亮——刘巨德艺术作品展”展出刘巨德近年来的新作 100 余件；“寻归自然——钟蜀珩绘画作品展”展出钟蜀珩历年代表性创作 50 余件；“画我所要——戴士和 2017 油画写意展”展出戴士和的 100 余件近作。

【意象东欧——庄重作品展】

2017 年 10 月 24 日至 29 日，由北京画院主办的“意象东欧——庄重作品展”在北京画院美术馆举行。展览展出北京画院专业画家庄重的油画作品 60 余幅。

【绘事后素——赵胥作品展】

2017 年 10 月 31 日至 11 月 12 日，由北京画院美术馆、北京大学公共考古与艺术中心、北京大学美学与美育研究中心主办的“绘事后素——赵胥作品展”在北京画院美术馆举行。展览展出赵胥水墨作品 40 余件。

【耕织黄土地——周路三十年陕北行版画·摄影展】

2017 年 11 月 2 日至 6 日，由北京炎黄艺术馆、安徽财经大学主办，安徽财经大学艺术学院承办的“耕织黄土地——周路三十年陕北行版画·摄影展”在北京炎黄艺术馆举行。展览展出 61 幅版画作品及 39 幅摄影作品，均以“陕北黄土高原”为主题。其中，大部分版画作品为绝版木刻。

【灵山秀水——刘云中国画作品展】

2017 年 11 月 2 日至 12 日，由中国美术家协会、湖南省文学艺术界联合会主办的“灵山秀水——刘云中国画作品展”在中国美术馆举行。展览展出刘云 60 余幅山水画作品。

【我这 60 年——李秀实艺术回顾展】

2017 年 11 月 2 日至 12 日，由中国油画学会主办的“我这 60 年——李秀实艺术回顾展”在中国美术馆举行。展览分为“60 年经典”“黑龙江金秋”“墨骨油画”3 个部分，展出李秀实油画作品 160 余幅，展示其 60 年来的艺术成果和创作历程。

【永恒的情怀——陆庆龙绘画作品展】

2017年11月2日至12日，由南京大学、中国美术家协会、江苏省文学艺术界联合会主办的“永恒的情怀——陆庆龙绘画作品展”在中国美术馆举行。展览展出陆庆龙近10年各个时期创作的油画、水粉画代表性作品76件。

【空·间的凝视——任哲油画作品展】

2017年11月11日至20日，由中国艺术研究院中国油画院主办的中国油画院青年画家邀请展系列之“空·间的凝视——任哲油画作品展”在中国艺术研究院中国油画院举行。展览通过“美术馆”“城市中”两个部分，展出青年艺术家任哲近几年来的油画创作数十件。

【尽我所能——徐青峰绘画艺术作品展】

2017年11月11日至30日，由中国美术家协会艺术委员会、中央美术学院造型学院、中国艺术研究院中国油画院主办的“尽我所能——徐青峰绘画艺术作品展”在中国艺术研究院中国油画院举行。展览展出89幅作品，其中油画56幅，水墨11幅，素描22幅。

【莲莲吉庆——饶宗颐教授荷花书画巡回展】

2017年11月18日至26日，由中国美术馆、香港大学主办的“莲莲吉庆——饶宗颐教授荷花书画巡回展”在中国美术馆举行。展览围绕饶宗颐所作荷花题材作品，呈现其诸体兼备的书法风韵、泼墨点染下荷花的万千气象。饶宗颐及其家属、饶宗颐学术基金将4件（套）中国画和6件（套）书法，共计10件（套）作品捐赠给中国美术馆。

【岁月如歌·河南省老艺术家美术作品展——陈天然国画作品展】

2017年12月19日，由河南省文学艺术界联合会、河南省美术家协会主办，河南省书画院协办的“岁月如歌·河南省老艺术家美术作品展——陈天然国画作品展”在河南省文学艺术界联合会举行。展览展出陈天然1961年至今创作的山水画作品100幅。

【金石有声——洪涛雕塑邀请展】

2017年12月23日至2018年1月3日，由中国美术馆主办的“金石有声——洪涛雕塑邀请展”在中国美术馆举行。此展主要呈现雕塑家洪涛2008年至今创作的部分雕塑作品。

【走·形——肖芳凯绘画艺术展】

2017年12月28日至2018年1月7日，由清华大学美术学院当代艺术研究所主办的“走·形——肖芳凯绘画艺术展”在中国美术馆举行。展览集中展示肖芳凯近年来的主要创作成果，包括油画、手稿（纸本水彩、纸本木炭、水彩扇面）40余件。

【春风如许——吴悦石作品展】

2017年12月29日至2018年1月14日，由杭州国画院美术馆主办的“春风如许——吴悦石作品展”在杭州国画院美术馆举行。展览展出吴悦石近年创作的艺术作品72件，涵盖花鸟、人物、山水及书法作品。

【大型历史组画·迟连城创作——铭记·1937·南京大屠杀】

2017年12月30日至2018年1月8日，由中国美术家协会艺术委员会、中央数字电视书画频道、中共常州市委宣传部、炎黄艺术馆、常州大学主办的“大型历史组画·迟连城创作——铭记·1937·南京大屠杀”在北京炎黄艺术馆举行。展览展出迟连城创作的12幅组画作品以及组画创作方案设计稿、素描稿和组画创作不同阶段工作的图片。

人物纪念

【油画家刘天呈逝世】

2017年1月5日，油画家刘天呈因病在北京逝世，享年81岁。

刘天呈，1936年出生，河北顺平人，中国美术家协会会员、中国油画学会会员。1953年考入中央美术学院，后被派往中央美术学院华东分院（后更名为浙江美术学院，现为中国美术学院）。毕业后报名支边，历任内蒙古师范大学美术系、天津美术学院教师，解放军艺术学院美术系教授。作品《秋天》获全国美术作品展览优秀奖，《黄巾起义》被中国历史博物馆收藏，《激战天津》被中国人民革命军事博物馆收藏。编辑、出版《世纪素描精品系列》（8本）、《世界素描新选》、《大师名作精选》、《刘天呈油画集》（肖像、静物、风景）、《刘天呈油画艺术》（综合性画集）等。论文有《世纪末中国油画印象》《美学思考的高度》《素描教学问题》《绘画创作长短录》等。

【雕塑家叶毓山逝世】

2017年1月7日，雕塑家叶毓山因病在四川省成都市逝世，享年82岁。

叶毓山，1935年6月2日出生于四川省德阳市，1956年毕业于四川美术学院并留校任教，1963年毕业于中央美术学院雕塑研究生班。任中国美术家协会第四、第五届理事，全国城市雕塑艺术委员会委员，国家级有突出贡献专家，四川省美术家协会副主席，四川美术学院教授、名誉院长。1962年，叶毓山完成第一座雕塑《毛主席全身雕像》，在以后的40多年里，共有100多座雕塑问世，分别摆放在北京、上海等城市的重要场所，如毛主席纪念堂毛主席坐像、重庆歌乐山烈士墓群雕、红军突破湘江纪念碑等。他的《歌乐山烈士纪念碑》获全国城市雕塑最佳作品奖（与江碧波合作）；《杜甫》获第六届全国美展铜牌奖；《大地》获1980年全国美术作品展览优秀作品奖；《春》《夏》《秋》《冬》获1987年全国首届城市雕塑优秀作品奖；《独立·民主·解放·建设》获上海全国评选主题雕像一等奖。叶毓山先后获得全国“五一”劳动模范奖章、中国文联造型表演艺术终身成就奖、中国雕塑学会艺术终身成就奖。出版有《丰碑永铸浩气长存——叶毓山红军长征主题雕塑作品集》、《叶毓山雕塑作品选集》、《歌乐山烈士群雕》专辑、《叶毓山新作介绍》等。

【水彩画家梁培裕逝世】

2017年2月3日，水彩画家梁培裕因病在湖北省武汉市逝世，享年100岁。

梁培裕，女，1918年生于湖南省长沙市，1937年就读于上海美术专科学校，1941年毕业于杭州国立艺专。20世纪40年代，梁培裕先后定居于台湾、香港，曾在台北工业学校任教，也曾在香港从事广告设计工作。1951年，她随丈夫、工艺美术家李一夫从香港返回大陆，先后任教、任职于武昌艺专、华中师范学院、湖北美术学院，成为华中师范大学美术系、湖北美术学院最早的一批教授。出版画册《漫步菲沙河》等。

【油画家徐坚白逝世】

2017 年 3 月 2 日，油画家徐坚白因病在美国逝世，享年 92 岁。

徐坚白，女，生于 1925 年 7 月 4 日，浙江省杭州市人。曾任广州美术学院油画系教授、主任，中国美术家协会会员、广东省美术家协会副主席、广东省文联委员、广东油画会会长。1946 年于重庆国立艺术专科学校毕业后，在南京市立第二女子中学任教。1947 年赴美国留学，先后在肯塔基纳柴累斯学院、芝加哥艺术学院学习。1949 年回国，途经香港时参加人间画会。同年 8 月，到粤、赣、湘边区纵队独立教导营做政治宣传工作。1950 年，到华南文艺学院美术部任教，曾被选为广州市第一届人大代表、妇代会代表。同年，参加两年土地改革运动，与关山月、杨秋人、陈芦狄等合办《土改快报》，在该刊上发表连环画和宣传画。1953 年，任教于中南美专。1958 年，调广州美术学院任教。主要作品有《女解放军》《旧居前的纪念》《革命母亲徐大妈》《红领巾》《东江纵队》《二七铁路工人大罢工》《叶挺同志领导广州武装起义》等。

【漫画家郑问逝世】

2017 年 3 月 26 日，漫画家郑问因病在中国台湾逝世，享年 58 岁。

郑问，本名郑进文，1958 年出生于中国台湾桃源乡，著作有《东周英雄传》《刺客列传》等。郑问自幼喜欢漫画，早期模仿日本的画书练习作画。郑问创作多以武侠、历史故事为题材，曾以《阿鼻剑》创下武侠漫画新典范，成为第一位在讲谈社连载的中国漫画家。1991 年日本漫画家协会颁给郑问“优秀赏”，是 20 年来第一位非日籍得奖者，被誉为“亚洲至宝”。

【美术家林丰俗逝世】

2017 年 5 月 13 日，美术家林丰俗因病在广东省广州市逝世，享年 79 岁。

林丰俗，1939 年出生，广东省潮安区人。1964 年毕业于广州美术学院中国画系。曾在怀集县文化馆任职，1975 年调肇庆地区群众艺术馆，任肇庆地区文联副主席兼群众艺术馆副馆长。1981 年调入广州美术学院国画系任教授、硕士研究生导师、山水画教研室主任。多年来从事中国山水画的教学、研究和创作。曾担任广东画院聘请画家、广东美术家协会常务理事、广东省文史研究馆馆员。

林丰俗作品曾多次入选历届全国美术作品展览及其他国内外的重要展览，20 世纪 80 年代参加阿尔及利亚“阿尔及尔—世界文化荟萃”活动，获集体特别金奖。《美术》《中国美术》《画廊》等刊物曾专题介绍他的艺术特色。代表作品有《公社假日》《石谷新田》《大地回春》《沃土》《木棉》等。出版有《林丰俗画选》《林丰俗画集》《林丰俗花鸟画集》等。

【中国画家宋雨桂逝世】

2017 年 5 月 15 日，中国画家宋雨桂因病在辽宁省沈阳市逝世，享年 78 岁。

宋雨桂，山东省临邑县人，后迁居东北。历任中央文史研究馆馆员、民革中央画院院长、辽宁省美术家协会名誉主席、辽宁美术馆馆长等职，独创北派山水画技法，擅长中国画、版画。1961 年至 1967 年，于鲁迅美术学院版画系学习。1968 年至 1973 年，入伍任部队文化干事。1979 年，调入辽宁画院任专职创作员。2003 年，当选第十届全国政协委员，中国文联委员。2005 年，任民革中央画院院长。2006 年，任中国美术家协会中国画艺术委员会副主任。代表作品有《秋声赋》、《苏醒（之一）》（与冯大中合作）、《菁山行》系列、《芦花吟》系列、《乡水篇》系列等。出版有《宋雨桂国画》《宋雨桂画集》《宋雨桂山水》《中国近现代名家宋雨桂画集》等。

【民间美术研究专家王海霞逝世】

2017年5月18日，民间美术研究专家王海霞因病在北京逝世，终年53岁。

王海霞，女，回族，1963年生于辽宁省本溪市。1985年毕业于中央民族大学中文系。1988年毕业于中国艺术研究院研究生院，获硕士学位。1989年起，在中国艺术研究院美术研究所从事民间美术研究工作，任民间美术研究室主任。2003年3月至2004年10月，任文化部中国民族民间文化保护工程国家中心副主任。2004年11月，继续在美术研究所从事研究和教学工作。2006年9月至2017年，兼任中国艺术研究院民间美术研究中心主任。

主要成果有《世界艺术全鉴——民间诸艺经典》(与王树村合著)、《灿烂的中国文明——年画》、《中国非物质文化遗产丛书——年画》(与王树村合著)、《透视：中国民俗文化中的民间艺术》、《中外传统民间艺术探源》、《中国民间工艺美术》(编著)等。

【美术家孙见光逝世】

2017年5月20日，美术家孙见光因病在广西壮族自治区南宁市逝世，享年90岁。

孙见光，1926年出生于河北省肃宁县，1949考入北京华北大学三部美术科，后保送进中央美术学院美术干部训练班。1951年结业，分配到朝鲜志愿军部队。1956年回国后在中央美术学院油画系学习，1960年毕业分配到广西美术学院任教。曾任中国油画学会会员、广西美术家协会常务理事、广西艺术学院教授。

代表作有《碰头会》《中秋节》《农乐舞》《带枪的人们》等。作品《仇恨》《缝》获1957年“第一届全国青年美展”二等奖。1980年《中秋节》入选“庆祝中华人民共和国成立30周年全国美术作品展”。1984年《三月三》获第六届全国美术作品展览银奖。出版有《孙见光油画集》《孙见光画集》。

【漫画家缪印堂逝世】

2017年7月31日，漫画家缪印堂因病在北京逝世，享年82岁。

缪印堂，1935年出生于江苏省南京市。1956年起先后在《漫画》杂志、中国美术馆、《文艺研究》、《民间文学》等单位工作。1981年调入中国科普创作研究所，为该所研究员、高级工艺美术师。中国美术家协会漫画艺术委员会副主任、全国先进科普工作者，享受国务院政府特殊津贴。

缪印堂20世纪80年代起较多从事科学漫画的探索，作品有《啊，危险》《讲经》《矛盾的统一》。作品《四大发明的反思》获第七届全国美术作品展览银奖。曾获中国漫画最高奖“金猴奖”、国际高血压联盟(WHL)美展的金奖、4次获《读卖新闻》的国际漫画大赛优秀奖及其佳作奖。著作有《缪印堂漫画选》《漫画艺术入门》《科学漫画创作概论》《世界幽默画赏析大观》《儿童益智漫画》等。1992年入选英国剑桥出版的《国际传记词典》。

【美术家傅二石逝世】

2017年7月31日，美术家傅二石因病在江苏省南京市逝世，享年81岁。

傅二石，出生于1936年，中国现代著名画家傅抱石之子。中国美术家协会会员、一级美术师、江苏省国画院山水画创作室主任、傅抱石纪念馆馆长。傅二石擅长山水画和人物画，作品有《峡江烟云》

《待把江山图画》《风雨澜沧江》等。曾多次在海内外举办个人画展，多幅作品为博物馆、美术馆收藏。2006年，在江苏省美术馆、北京中国美术馆相继举办了“傅二石山水画展”。发表有《一半山川带雨痕——谈傅抱石画雨》《醉笔写出画中情》《傅抱石的诗意画》《傅抱石的速写》等系列文章。出版有《傅二石画集》《傅二石作品选》《傅二石山水画选》等。

【漫画家苗地逝世】

2017年10月16日，漫画家苗地因病在北京逝世，享年91岁。

苗地，山西省河曲县人。曾任人民日报《讽刺与幽默》画刊编委、中国美术家协会漫画艺术委员会委员、中国新闻漫画研究会顾问，享受国务院政府特殊津贴。苗地毕业于山西大学文学院教育系，1949年进入华北大学美干班学习，后转入中央美术学院进修，曾受徐悲鸿、蒋兆和、叶浅予等名家指导。1950年毕业后在《人民日报》文艺部美术组工作，历任助理编辑、编辑、高级编辑。在《人民日报》等全国报刊发表大量讽刺画、漫画、风俗画、舞蹈速写、插图等。作品多次获新闻漫画奖、中国美术家协会漫画艺术委员会“金猴奖”。出版有《中国十八人漫画书系苗地卷》《苗地漫画集》《苗地漫画选》《四格漫画选》等。

【油画家哈孜・艾买提逝世】

2017年11月26日，油画家哈孜・艾买提在新疆维吾尔自治区乌鲁木齐市逝世，享年84岁。

哈孜・艾买提，新疆维吾尔自治区喀什市人。1954年毕业于喀什师范学校，1957年毕业于新疆学院（现新疆大学）艺术系，并留校任教。曾任第九届全国人大代表、中国文联委员、中国美术家协会副主席、新疆文史馆名誉馆长、中国维吾尔历史文化研究会和中国油画学会常务理事等职。第九届全国美展总评委、水彩・粉画展区评委会主任。哈孜・艾买提是颇有影响的少数民族画家，早年专攻油画，以表现维吾尔族人民日常生活场景，特别是擅于描绘歌舞及民俗风情的作品。1964年，《罪恶的审判》被中国美术馆收藏。1984年，《木卡姆》在第六届全国美术作品展览上获银奖。1999年，《刀郎魂》成为影响很大的经典作品。哈孜・艾买提曾连续当选为中国美术家协会第五、第六届理事会副会长。1988年被评为国家级有突出贡献的优秀专家。

【油画家胡悌麟逝世】

2017年12月6日，油画家胡悌麟在广东省深圳市逝世，享年83岁。

胡悌麟，1935年生于江苏省镇江市，1954年考入东北美术专科学校油画系。毕业后一直任教于吉林艺术学院。曾任中国美术家协会第四届、第五届理事，吉林省美术家协会第三届、第四届主席，吉林艺术学院副院长。其油画作品在20世纪60至80年代在全国有较大影响，代表作品《杨靖宇将军》获第六届全国美术作品展览银奖。作品曾多次参加全国美术作品展览、中国油画作品展，并被国内重要艺术机构收藏。出版有《胡悌麟的油画艺术》等。

【美术家袁运甫逝世】

2017年12月13日，美术家袁运甫因病在北京逝世，享年84岁。

袁运甫，江苏省南通市人。1949年至1952年在国立杭州艺专（现中国美术学院）学习，1954年毕业于中央美术学院，毕业后分配至人民出版社工作，1956年中央工艺美术学院（现清华大学美术学院）成立后即在该院任教，曾任清华大学美术学院教授、博士生导师，中国国家画院公共艺术院院长。中国美术家协会理事、壁画艺术委员会副主任，首届动漫艺术委员会主任，清华大学张仃艺术研究中心主任。曾任第九届全国政协委员、中国工艺美术协会副理事长、北京市人民政府专业顾问。2007年，获中国文联颁发的“第六届造型表演艺术奖造型艺术成就奖”。

袁运甫主要壁画作品有北京太庙国家礼器《中华和钟》、人民大会堂壁画《千里江山图》、中华世纪坛大厅壁画《中华千秋颂》、北京首都国际机场壁画《巴山蜀水》《万里长城》、北京建国饭店壁画《长江万里图》等。袁运甫出版有《怎样画水粉画》《装饰绘画散论》《袁运甫悟艺集》《有容乃大》等论文集。还出版了《袁运甫画集》《袁运甫线描》《袁运甫彩墨画》《向世界博物馆推荐丛书——袁运甫》等画集。主编了《艺术设计》、《中国当代装饰艺术》、《中国现代美术全集》（部分卷目）等著作。

【商务印书馆成立120周年纪念活动——吴大羽纸上作品展】

2017年1月13日至2月5日，为庆祝商务印书馆创办120周年，由商务印书馆、涵芬楼艺术馆、势象空间主办，维基国际艺术中心协办，吴大羽艺术基金会支持的“商务印书馆成立120周年纪念活动——吴大羽纸上作品展”在北京涵芬楼艺术馆举行。吴大羽一生完成的纸上作品多达2350余幅，展览展出其中蜡彩、水彩画、水墨、彩墨、书法等类别的纸上作品80余幅。

【何要浮名——北京画院藏齐白石精品展】

2017年1月13日至5月7日，由北京画院美术馆主办的“何要浮名——北京画院藏齐白石精品展”在北京画院美术馆举行。展览汇聚齐白石作品80余件（套），涉及齐白石的山水、人物、花鸟、草虫、水族、禽鸟、蔬果、杂画、书法、篆刻等各个品类的代表性作品。

【乡情·湘情——陈白一艺术文献展暨《陈白一》五卷本首发式】

2017年1月14日至3月31日，由湖南省文学艺术界联合会、湖南省文史研究馆、中国工笔画学会、湖南美术出版社、湖南省美术家协会、湖南省画院、谭国斌当代艺术博物馆、湖南省工笔画学会主办的“乡情·湘情——陈白一艺术文献展暨《陈白一》五卷本首发式”在湖南美术出版社美仑美术馆举行。展览展出陈白一的工笔、白描、写意、素材作品100余幅，较全面地展示了其不同时期的艺术风格。

【岁月流痕——宗其香画北京专题展暨《为画而生·宗其香传》首发仪式】

2017年1月17日至20日，由中国美术家协会、中央美术学院、北京商报社主办，北京娱乐信报社、北京出版社、新闻大厦艺术馆协办的“岁月流痕——宗其香画北京专题展暨《为画而生·宗其香传》首发仪式”在新闻大厦艺术馆举行。展览展出宗其香30余幅经典的水彩画作品。

【大美墨言——中国古代书画经典特展】

2017年1月18日至4月18日，由湖南大学、湖南省文学艺术界联合会、中共长沙市委宣传部主办的“大美墨言——中国古代书画经典特展”在湖南省长沙市博物馆举行。展览分为山水、人物、花鸟、书法4个篇章，汇集晋、隋、唐、宋、金、元、明、清各朝书画名家作品77件，其中有顾恺之、王珣、韩滉、唐寅、赵佶、黄庭坚、王希孟、苏汉臣、朱熹、仇英、董其昌等名家的传世之作。

【清寂鹜影——林风眠艺术精品展】

2017 年 1 月 20 日至 3 月 5 日，由中国美术家协会、上海市美术家协会、上海中国画院、中华艺术宫、北京画院主办，北京画院美术馆承办的“清寂鹜影——林风眠艺术精品展”在北京画院美术馆举行。展览汇聚林风眠 20 世纪 40 至 70 年代精品 36 件，作品涵盖静物、花卉、仕女、禽鸟、风景等题材。

【质朴与温度——林毓豪回顾展】

2017 年 2 月 21 日至 3 月 26 日，由广东美术馆主办，广州雕塑院和海南省雕塑艺术学会协办的“质朴与温度——林毓豪回顾展”在广东美术馆举行。展览展出 140 多件作品，包括雕塑、绘画作品及相关文献。

【走向现代——张立国绘画艺术回顾展】

2017 年 2 月 22 日至 3 月 5 日，由清华大学美术学院主办的“走向现代——张立国绘画艺术回顾展”在中国美术馆举行。展览展出张立国各个时期创作的重要作品《打麦场上》《白线上的形态》《天长地久》《升起安宁的曙光》《少年与大海》《旁观者》《空间秘密的持有者》《超越语言的静默》等。展览分为 4 个部分：“我喜欢自然、真实、面向未来”部分展出油画创作系列作品 17 件；“心中的风景——新美学的批判性重建”部分展出油画创作系列 30 余件；“影子——去空间化的表达”部分展出油画创作系列 20 余件；“艺术年表”部分展出素描、油画创作稿，油画及水墨作品共计 50 余件，还包括一些实物文献。

【心香 · 飞梦——傅狷夫的艺术世界特展】

2017 年 2 月 23 日至 3 月 5 日，由浙江省文化厅主办的“心香 · 飞梦——傅狷夫的艺术世界特展”在中国美术馆举行。展览展出从傅狷夫家属所捐赠的作品中遴选出的 84 件藏品。

【时代的刻痕——中国美术馆藏王琦版画作品选展】

2017 年 2 月 23 日至 3 月 5 日，由中国美术馆主办的“典藏活化”系列展之“时代的刻痕——中国美术馆藏王琦版画作品选展”在中国美术馆举行。参展作品选自 2005 年王琦向中国美术馆捐赠的 816 件作品，包括其个人创作的版画、素描、中国画、书法及其多年收集珍藏的抗战版画和国际版画。

【它山之石——张仃诞辰一百周年纪念展】

2017 年 2 月 23 日至 3 月 5 日，由中国美术馆主办的“它山之石——张仃诞辰一百周年纪念展”在中国美术馆举行。展览粹选馆藏张仃的中国画作品 30 余件，以时间为序，通过对张仃中国画创作历程的回顾，呈现其丰富而具开创性的艺术之路。

【漫话寓生：馆藏华君武作品展】

2017年3月9日起，由上海中华艺术宫主办的“漫话寓生：馆藏华君武作品展”在上海中华艺术宫举行。展览展出华君武创作的180余件珍贵漫画作品。

【寻道求变——卢沉艺术研究展】

2017年3月23日至4月23日，由中国美术家协会、中央美术学院、北京画院主办的“寻道求变——卢沉艺术研究展”在北京画院美术馆举行。展览分为“型神”“笔线”“品兴”“墨构”4个单元，展出卢沉从20世纪60年代到21世纪初40余年间的写实人物画、书法、写意人物画等作品70余件。

【中国（徐州）第四届李可染艺术节启动仪式暨李可染和他的徐州师友作品展】

2017年3月26日至4月2日，为纪念李可染诞辰110周年，由中共徐州市委、徐州市人民政府、中共徐州市委宣传部、李可染艺术基金会主办的“中国（徐州）第四届李可染艺术节启动仪式暨李可染和他的徐州师友作品展”在徐州市李可染艺术馆举行。展览展出李可染作品57幅。纪念李可染诞辰110周年研讨会同期举办。

【刀锋民魂——张漾兮先生作品文献展】

2017年3月28日至4月11日，由四川省美术家协会、四川美术馆主办的“刀锋民魂——张漾兮先生作品文献展”在四川美术馆举行。展览展出张漾兮作品100余件，以及大量历史文献。

【江苏省美术馆馆藏李剑晨先生捐赠水彩画作品展】

2017年3月28日至4月22日，由江苏省美术馆主办的“江苏省美术馆馆藏李剑晨先生捐赠水彩画作品展”在江苏省美术馆举行。李剑晨在他100岁前后将其毕生所作绘画精品分3次分别捐赠给了故乡河南省、第二故乡江苏省和南京市。此次展出的102件水彩画均选自李剑晨捐赠给江苏省人民政府、由江苏省美术馆典藏的作品。

【云开华藏——陕西省美术博物馆馆藏王子云作品及文献展】

2017年3月28日至4月23日，为纪念画家、美术史论家、美术考古学家王子云诞辰120周年，由陕西省美术博物馆和浙江美术馆主办的“云开华藏——陕西省美术博物馆馆藏王子云作品及文献展”在浙江美术馆举行。展览展出王子云书信、题字、手稿、壁画临摹、国画写生、速写、油画、文献资料等共180余件。展览分5个部分：东山望西海——崇尚西画和热衷新美术运动的青年时代（1897—1930）、寻游百度回——留学欧洲及其艺术态度的转变（1930—1937）、云开华藏现——率领考察团抢救西北文物古迹的文化担当（1937—1949）、岁寒松后凋——饱经磨难后毅然坚守著述的晚年（1949—1990）、子云一生——影像记录中的王子云。

【内美静参——黄宾虹山水画展】

2017年3月29日至4月21日，由浙江美术馆主办的“内美静参——黄宾虹山水画展”在浙江美术馆举行。展览展出黄宾虹不同时期创作的山水画作品36件。

【椽笔刀耕——罗映球版画艺术纪程】

2017年3月31日至4月15日，由广州美术学院、广东省美术家协会、中共兴宁市委市政府主办的“椽笔刀耕——罗映球版画艺术纪程”展览在广州美术学院美术馆举行。同时展出罗映球中国画作品和他的木刻原版、木刻工具以及创作手稿等实物和文献资料。同期，罗映球家属向广州美术学院捐赠10件代表作品。展览分为4个部分：新中国成立前的版画创作（1936—1949年）、新中国成立后的版画创作（1950—1965年）、“文革”十年的创作（1966—1976年）、改革开放和进入21世纪的版画创作（1977—2006年）。

【赖少其艺术作品与历史文献大展】

2017年4月1日，由中共合肥市委宣传部、合肥市文化广电新闻出版局、广东省文学艺术界联合会艺术馆、香港大学主办的文化部2017年度内地与港澳文化交流重点项目“赖少其艺术作品与历史文献大展”在香港饶宗颐文化馆举行。展览展出赖少其的版画、山水画、花鸟画、油画、速写约60件经典作品以及文献史料。

【梦回新安——汪友农中国画艺术展】

2017年4月4日至16日，由深圳市文学艺术界联合会、关山月美术馆主办的“梦回新安——汪友农中国画艺术展”在中国美术馆举行。近60幅作品展现了艺术家汪友农毕生在中国画领域的研究和创作。

【回望云峰——中国美术馆藏赵望云作品巡展】

2017年4月13日至5月14日，由中国美术馆主办、陕西省美术博物馆协办的“回望云峰——中国美术馆藏赵望云作品巡展”在陕西省美术博物馆举行。展览展出作品为中国美术馆藏赵望云经典作品150余幅。展览分为4个板块：序厅“成就与综评”，陈列有赵望云简介、前言、综合评述，郭沫若、关山月、石鲁的评介书法作品以及赵望云不同艺术创作阶段的代表作品7至10件；第一板块“我是乡间人——农村写生（30至40年代）”展出赵望云晚成庐书画册共计80余幅；第二板块“直面大自然——图开西北（40至60年代）”展出赵望云20世纪五六十年代在大西北各地的写生作品40余件；第三板块“归忆桃花源——梦里家山（60至70年代）”展出赵望云60年代末至去世前的作品20余件。展览另以其“写生”小幅作品贯穿整个展览，形成一条潜在的叙述线索，阐释其“直面生活”的艺术观念是如何具体落实到“生动”与“鲜活”的艺术实践中的。

【娄东艺脉——南京博物院藏娄东画派特展】

2017年4月29日至9月15日，由南京博物院主办的“娄东艺脉——南京博物院藏娄东画派特展”在南京博物院举行。此次娄东艺脉特展分为三个部分：偶像、领袖和传承。展览为观众呈现了以王时敏、王原祁为核心的娄东画派在传承与实践中的绘画风格。

【故宫博物院藏四僧书画展】

2017年5月6日至7月26日，由故宫博物院主办的“故宫博物院藏四僧书画展”在故宫博物院举行。展览展出163件故宫藏“四僧”书画作品。清代宫廷中收藏的“四僧”作品极少，故宫博物院所藏“四僧”的作品都是1949年至今陆续征集的，展览选取院藏“四僧”佳作，以时代为序，将“四僧”最为典型的面貌展示给观众。

【绘心艺魂——黎冰鸿艺术回顾展】

2017年5月17日至24日，由中国美术家协会、中国油画学会、浙江省文学艺术界联合会、中国美术学院主办的“绘心艺魂——黎冰鸿艺术回顾展”在中国美术馆举行。展览展出黎冰鸿油画、水彩、速写等300余件作品。

【学而不厌——杨成寅纪念展】

2017年6月20日至30日，在杨成寅逝世一周年之际，由中国美术学院主办，中国美术学院美术馆、中国美术学院艺术人文学院承办的“学而不厌——杨成寅纪念展”在中国美术学院美术馆举行，“道技圆融——杨成寅学术研讨会”同期举行。展览分为两个部分：“笔耕不息”部分梳理杨成寅自20世纪50年代开始长达60余年的著述生涯。“躬行实践”部分展出杨成寅部分雕塑及绘画作品。

【典·藏——陆俨少书画文献捐赠回顾特展】

2017年6月26日至10月8日，由陆俨少艺术院主办的“典·藏——陆俨少书画文献捐赠回顾特展”在陆俨少艺术院举行。展览展出从陆俨少艺术院数百件馆藏书画文献精品中遴选出的山水精品、杜甫诗意画、诗文杂抄、文献手稿和文房遗物50余件，其中大都是多年来陆俨少生前、其家属以及学生后辈的无偿捐赠。

【共美其香——宗其香百年诞辰纪念展】

2017年6月27日至8月27日，由中央美术学院主办的“共美其香——宗其香百年诞辰纪念展”在中央美术学院美术馆举行。展览分为“民生关切家国情怀”“夜映生辉墨色之光”“风土南国晚来异彩”3个单元板块展出宗其香代表作品，包括水彩、速写、木刻、生平文献等130余件。同期举办的宗其香与20世纪中国画的发展与变革学术研讨会，相关学术专家和宗其香弟子、家属围绕宗其香的艺术与人格展开深入的研讨。

【《白雪石全集》首发】

2017年7月3日，由清华大学美术学院主办的“《白雪石全集》首发暨捐书仪式”在清华大学美术学院举行。为了纪念白雪石百年诞辰，整个全集按作品、写生、速写、文论4个部分分编，每个部分按照征集的作品数量来决定卷数。每卷内容体系为：总序、前言、分卷评述、艺术作品、年表和艺术活动照片、后记。

【庆祝内蒙古自治区成立70周年——世纪风眠：林风眠画传展】

2017年7月8日至31日，由中国美术学院、林风眠美术馆、包头市文化新闻出版广电局主办的“庆祝内蒙古自治区成立70周年——世纪风眠：林风眠画传展”在包头美术馆举行。展览展出全国名家油画、中国画、版画作品34件，林风眠相关影像照片19件。

【心曲人间——黄新波艺术研究展】

2017年7月12日至8月13日，由广州美术学院、北京画院主办的“心曲人间——黄新波艺术研究展”在北京画院美术馆举行。展览分为7个部分，分别呈现黄新波不同历史时期的艺术探索与成就。展出原作百幅，并结合书籍、照片等文献资料立体呈现黄新波长达50年的艺术生涯。

【金刚坡下——傅抱石抗战时期绘画作品展】

2017年7月12日至10月8日，由故宫博物院、南京博物院、重庆中国三峡博物馆主办的“金刚坡下——傅抱石抗战时期绘画作品展”在重庆中国三峡博物馆举行。展览展出傅抱石的《潇潇暮雨》《万竿烟雨图》《日暮归庄图》等80件（套）绘画作品、15枚印章和10册手稿，是傅抱石抗战时期艺术作品的首次集中展览。

【中国动漫奠基人——张光宇漫画展】

2017年7月26日至8月26日，由张光宇艺术基金会和势象空间支持，上海市动漫行业协会、乌镇雅达文化艺术中心主办的“中国动漫奠基人——张光宇漫画展”在浙江省乌镇举行。展览展出张光宇在各个历史时期所创作的经典动漫作品100种，其中包括他的经典作品《西游漫记》《新西游漫记》《朱八戒漫游香港记》《大闹天宫》《神笔马良》《孝行图》《民间情歌》《敲钟男孩》等。

【亦幻亦真——李老十诞辰六十周年艺术回顾展】

2017年8月12日至20日，由人民美术出版社主办、李老十艺术基金会承办的“亦幻亦真——李老十诞辰六十周年艺术回顾展”在中国美术馆举行。展览展出李老十生前创作艺术作品100余件。《李老十全集》同期首发。

【孤帆一片日边来——吴湖帆文献展】

2017年8月25日至9月26日，由上海油画雕塑院、中国近现代美术文献研究中心主办的“孤帆一片日边来——吴湖帆文献展”在上海油画雕塑院美术馆举行。展览通过“但人生要适情耳——文人·吴湖帆”“画屏闲展吴山翠——现实·吴湖帆”“万里江山供燕几——历史·吴湖帆”“待五百年后人论定——当下意义”4个章节展出吴湖帆各个时期的作品、文献、实物、照片、史料等200余件。

【笔砚写成七尺躯——明清人物画的情与境】

2017年8月25日至11月19日，由北京画院联合故宫博物院、上海博物馆、南京博物院、天津博物馆主办的“笔砚写成七尺躯——明清人物画的情与境”在北京画院美术馆举行。展览展出国内4家重要博物馆收藏的明清时期人物画精品62件。展览分为4大板块呈现：性耽贪玩泉与石——雅事、笔端刷却世间尘——写真、画中红袖今安在——蛾眉、色相分明各奇古——道释。其中尤为值得一提的是展览中专门开辟的“蛾眉”板块，将明清时期著名女性画家的作品，以及以女性为主题的画作集中呈现。

【青藤白阳——陈淳、徐渭书画艺术特展】

2017年8月29日至11月28日，由南京博物院主办，天津博物馆、上海博物馆、苏州博物馆协办的“青藤白阳——陈淳、徐渭书画艺术特展”在南京博物院举行。展览通过“活水来”“浩汤汤”“天际流”3个部分展出了73件（套）书画精品，全面展示了“青藤白阳”书画艺术的完整面貌与发展源流。

【吾身通明——杨可扬艺术特展】

2017年8月31日至10月15日，由浙江美术馆主办、上海鲁迅纪念馆协办的文化部2017年全国美术馆馆藏精品展出季项目“吾身通明——杨可扬艺术特展”在浙江美术馆举行。2016年，杨可扬家属向浙江美术馆捐赠杨可扬作品及文献480组（件），展览从中挑选出作品230余件以及相关文献130余件参展。

【硝烟中走出的人民艺术家——李少言作品文献展】

2017年9月2日至17日，由中国美术家协会、中共四川省委宣传部、四川省文学艺术界联合会、四川省文化厅、新华文轩出版传媒股份有限公司主办的“硝烟中走出的人民艺术家——李少言作品文献展”暨《烽火淬铁刀，德馨塑画坛——李少言作品文献集》图书首发式在四川美术馆举行。展览展出李少言重要作品、手稿、书信、照片等珍贵文献数百件。

【赵孟頫书画特展】

2017年9月6日至12月5日，由故宫博物院主办的“赵孟頫书画特展”在故宫博物院举行。展览分为两期，于10月下旬更换部分展品，先后展出赵孟頫100余件珍贵书画。此次展览以赵孟頫的书法、绘画作品作为核心，依次分作“溯本清源——赵孟頫的艺术渊源”“书画交辉——赵孟頫的艺术成就”“松雪遗韵——赵孟頫的艺术影响”“云泥有别——赵孟頫书画辨伪”4部分，通过诸多数百年前的艺术佳作，多层次、多角度地呈现赵孟頫超迈群伦的书画成就，并勾勒出其艺术的渊源和对后世的影响，从而陪伴观众们全方位地了解这位大师的艺术面貌，透过作品感受他迥乎凡人的艺术天分、雍容闲雅的笔墨逸韵。

【明月清风——故宫博物院藏新安八家书画展】

2017年9月8日至10月7日，由故宫博物院主办的“明月清风——故宫博物院藏新安八家书画展”在安徽省中国徽州文化博物馆举行。展览展出故宫博物院收藏的新安画派书画精品146件。

【其香异彩·宗其香百年诞辰纪念展】

2017年9月12日至10月8日，由江苏省美术馆主办的“其香异彩·宗其香百年诞辰纪念展”在江苏省美术馆新馆举行。展览展出20世纪30年代至90年代，宗其香从南京至重庆、北京、广西等几个重要时期的近160幅作品，涵盖中国画、水彩画、速写、木刻等。

【咫尺写江山——黎雄才手卷研究展】

2017年9月13日至10月15日，由岭南画派纪念馆主办的2017年全国美术馆馆藏精品展出季之“咫尺写江山——黎雄才手卷研究展”在广东省岭南画派纪念馆举行。展览分为“西北游踪”“防汛史诗”“革命圣地”“建设新中国”等8个展区，展出黎雄才20世纪40年代回国后各个时期的手卷代表作及大批写生素材，重现他的艺术探索历程与传承、开拓岭南画派艺术之路。

【千里江山——历代青绿山水画特展】

2017年9月15日至12月14日，由故宫博物院主办的“千里江山——历代青绿山水画特展”在故宫博物院举行。展览分前后两期展出文物86件（套）。该展分为5个单元：第一单元“东晋至宋：金碧辉映”展示的是青绿山水滥觞、成立至完备的过程，该单元展示的均为美术史的名作，尤其是敦煌莫高窟唐代壁画、展子虔《游春图》、传赵伯驹《江山秋色图》、赵伯骕《万松金阙图》实为难得一见的珍品；第二单元“元至明中期：墨色清趣”展示的是青绿山水与文人画合流的过程，其中的著名作品如胡廷晖《春山泛艇图》、佚名《东山丝竹图》、文徵明《惠山茶会图》、仇英《玉洞仙源图》等；第三单元为“重点单元：千里江山”，主要展示王希孟的《千里江山图》及乾隆宫廷画家王炳、方琮仿作；第四单元“明晚期至清中期：仿古脱古”展示的是青绿山水在董其昌“南北宗论”和仿古思想指导下突变的过程，重点展示的是董其昌和清初四王的作品；第五单元“近现代：借古开今”展示的是青绿山水在西画和西方文化的冲击下转型的过程。

【赤子之心——司徒乔、司徒杰艺术展】

2017年9月20日至10月30日，由中国美术馆、中华艺术宫主办的中国美术馆典藏活化暨捐赠巡展系列“赤子之心——司徒乔、司徒杰艺术展”在上海中华艺术宫举行。展览分为“司徒乔绘画艺术展”“司徒杰雕塑艺术展”两部分。中国美术馆精选80件馆藏司徒乔作品，以“回眸经典”“明丽之象”“勘灾五省”3个部分呈现司徒乔笔下20世纪上半叶苦难的中国社会现实和以救亡图存为己任的时代诉求下艺术家的担当和作为。司徒杰雕塑作品分为“碑立史魂”“塑以传意”“像自心生”3个部分展出30余件雕塑作品。

【精谨圆融——王培波教授艺术回顾展】

2017年9月25日至10月8日，由清华大学美术学院、中国美术家协会艺术委员会、中国雕塑学会、全国城市雕塑建设指导委员会艺术委员会、中国工艺美术学会雕塑艺术委员会主办的“精谨圆融——王培波教授艺术回顾展”在清华大学美术学院美术馆举行。展览展出王培波的雕塑、金属工艺、绘画、书法、篆刻等200余件作品。

【月是故乡明——潘玉良艺术作品展】

2017年9月26日至12月15日，由江苏省美术馆、安徽博物院主办的“月是故乡明——潘玉良艺术作品展”在江苏省美术馆举行。展览展出安徽博物院藏潘玉良艺术精品80件。

【无边诗境入画来——傅抱石古人诗意画展】

2017年10月1日至2018年4月20日，由南京博物院主办的“无边诗境入画来——傅抱石古人诗意画展”在南京博物院艺术馆举行。展览系统展示傅抱石的古人诗意画作品65件。

【张仃百年诞辰纪念展】

2017年10月15日至11月10日，由中国文学艺术界联合会、清华大学主办的“张仃百年诞辰纪念展”在清华大学艺术博物馆举行。展览共分7个单元展出张仃70余年艺术人生中的历史照片以及漫画、年画、宣传画、工艺美术、电影动画、艺术设计、装饰画、壁画、彩墨画、焦墨山水画、书法等作品近300件。

【关山无限——纪念关山月诞辰105周年作品展】

2017年10月31日至11月23日，由中国国家博物馆主办的“关山无限——纪念关山月诞辰105周年作品展”在中国国家博物馆举行。展览分为“笔墨当戈”“漫道寻真”“江山多娇”“辉光日新”4个板块，展出关山月各时期的代表作品、文献资料100余件。

【沧海一粟——刘海粟艺术展】

2017年11月3日至26日，由中国美术馆、中共江苏省委宣传部、中共常州市委市政府主办的“沧海一粟——刘海粟艺术展”在中国美术馆举行。展览分为“欲腾云上天都”“今日荷花别样红”“神州尽在彩雾中”3大篇章展出101件刘海粟书画作品。刘海粟家属将刘海粟创作的油画《黄山云海》、中国画《满庭芳（泼墨黄山）》、书法《毕竟西郊八月中》捐赠给中国美术馆收藏。

【海上画派绘画艺术特展】

2017年11月3日至2018年3月31日，由南京博物院主办的“海上画派绘画艺术特展”在南京博物院艺术馆举行。此次特展展出海上绘画不同时期的作品，题材广泛，包括雅俗共赏的花鸟、人物画，溯古创新的山水画，情节生动的故事画等。

【回望云峰——中国美术馆馆藏赵望云作品巡展】

2017 年 11 月 11 日至 2018 年 1 月 30 日，由中国美术馆、中华艺术宫主办的中国美术馆典藏活化暨捐赠巡展系列“回望云峰——中国美术馆馆藏赵望云作品巡展”在上海中华艺术宫举行。展览展出赵望云作品 110 余件。

【苏州美术馆建馆九十周年大展——颜文樑文献展】

2017 年 11 月 20 日至 2018 年 1 月 1 日，由中国美术学院、苏州市公共文化中心主办的“苏州美术馆建馆九十周年大展——颜文樑文献展”在苏州美术馆举行。展览分为“巴黎之光”“中西融合”“西风东渐”“沧浪璀璨”4 个章节，展出 200 余件文献和实物资料以及 40 余件颜文樑和苏州美专师生作品。

【回眸六百年——从明四家到当代吴门绘画特展】

2017 年 11 月 30 日至 12 月 10 日，由中国美术馆、中共江苏省委宣传部、江苏省文学艺术界联合会、苏州市人民政府主办的“回眸六百年——从明四家到当代吴门绘画特展”在中国美术馆举行。展览展示古代经典作品及近现代苏州籍绘画大师的精品，较为完整地呈现 600 年来苏州绘画史。

【为画而生——宗其香百年诞辰艺术展】

2017 年 11 月 30 日至 12 月 10 日，适逢宗其香诞辰 100 周年之际，由中国美术馆主办的“为画而生——宗其香百年诞辰艺术展”在中国美术馆举行。展览展出中国美术馆、中国国家博物馆、中央美术学院美术馆、江苏省美术馆以及家属、私人收藏的宗其香各时期代表作 100 余幅。

【纪念李可染诞辰 110 周年——墨天神境·李可染最后十年作品展】

2017 年 11 月 30 日至 2018 年 1 月 3 日，由中国国家博物馆、中国美术家协会、中央美术学院、北京画院、李可染艺术基金会主办的“纪念李可染诞辰 110 周年——墨天神境·李可染最后十年作品展”在中国国家博物馆举行。展览精选李可染从 1979 年到 1989 年间创作的 162 幅绘画作品。

【世纪刻痕——王琦百年诞辰研究展】

2017 年 12 月 8 日至 2018 年 2 月 25 日，由中央美术学院主办的百年辉煌·中央美术学院艺术名家系列展之“世纪刻痕——王琦百年诞辰研究展”在中央美术学院美术馆举行。展览分为“战时青年革命美术”“美院卅载刀笔相济”“林木新颜都市交响”“桑榆非晚彩墨抒怀”4 个学术板块展出王琦各个阶段的艺术作品共计 140 余件，包括版画、素描、彩墨、书法等。展览还梳理了从王琦家属、中央美术学院档案室、王琦美术博物馆等处搜集到的数十种文献。同期，王琦家属将 142 件王琦的木刻原版、作品、文献、实物等捐赠给中央美术学院，由中央美术学院美术馆收藏。

【桃李桦烛——李桦诞辰一百一十周年纪念展】

2017 年 12 月 20 日至 2018 年 2 月 25 日，由中央美术学院主办的百年辉煌·中央美术学院艺术名家系列展之“桃李桦烛——李桦诞辰一百一十周年纪念展”在中央美术学院美术馆举行。展览围绕李桦 3 个不同的文化身份“先锋骁将”“美院先生”“木刻作家”展开，展出版画 80 余幅、木刻原版 140 余块、文献手稿 300 余件（组）。

交流

【爱德华多·纳兰霍作品展】

2017年1月7日至17日，由中国美术馆、西班牙驻中国大使馆、中国国家画院、中国美术家协会主办的“爱德华多·纳兰霍作品展”在中国美术馆举行。展览展出西班牙画家爱德华多·纳兰霍绘画作品70余件。

【卢浮宫的创想——卢浮宫与馆藏珍品见证法国历史八百年】

2017年1月13日至3月31日，由中国国家博物馆、法国卢浮宫博物馆主办的“卢浮宫的创想——卢浮宫与馆藏珍品见证法国历史八百年”在中国国家博物馆举行。展览分为“大卢浮宫计划”“宫殿与王室收藏”“今日卢浮宫”等6个部分展出来自法国卢浮宫博物馆八大藏品部和欧仁·德拉克洛瓦博物馆的126件（套）藏品。

【“汇聚·融合”——第六届“刘开渠奖”国际雕塑大展】

2017年1月14日，由中国雕塑学会、中国美术学院、芜湖市人民政府主办的“‘汇聚·融合’——第六届‘刘开渠奖’国际雕塑大展”在安徽省芜湖市举行。展览收到全球34个国家和地区的430名艺术家的1255件雕塑作品方案。其中国外艺术家60名，国内艺术家370名，不乏一些具有国际影响力的艺术家参展。评委会针对作品方案的独特性与创新性、公众审美与环保性、“在地性”、可实施性、耐久性与安全性等方面对邀请及应征的稿件进行了认真评选，最终选出金奖1名、银奖2名、铜奖3名、评委奖2名、优秀奖22名、特别荣誉奖5名、优秀方案入围奖35名。

【东方物语——亚洲青年艺术邀请展】

2017年2月24日至3月5日，作为2016年全国美术馆优秀青年策展人扶持计划一部分，由中国美术馆策划并主办的“东方物语——亚洲青年艺术邀请展”在中国美术馆举行。展览展出17位亚洲青年艺术家的最新作品20余件，包括绘画、装置、影像、雕塑等。

【第22届醒墨会国际公募美术展】

2017年3月1日至8日，“第22届醒墨会国际公募美术展”在日本东京上野举行。展览展出近200幅作品，涵盖水墨、彩墨、书法、篆刻等。主办方为配合中日邦交正常化45周年，特别策划樱花系列绘画作品与牡丹插花展区，邀请日本花道家假屋崎省吾，以日本传统花道作品与现代新墨彩画对话的形式，展现中日友好和文化交流这一主题。醒墨会由旅日华人画家金醒石创办，自2004年开始每年推出醒墨会画展。中国驻日本大使馆文化处为本次展览提供后援。

【大英博物馆 100 件文物中的世界史】

2017 年 3 月 2 日至 5 月 31 日，由中国国家博物馆、大英博物馆主办的“大英博物馆 100 件文物中的世界史”展览在中国国家博物馆举行。展览从大英博物馆 800 多万件藏品中精选 100 件（组）展品。展览除序言部分外，共分 8 个单元，分别为开端、最初的城市、权力与哲学、仪式与信仰、贸易与侵略、变革与适应、邂逅与连结、我们创造的世界。序言部分仅有 1 件展品，即一套属于古埃及女贵族余盆梅海特的木棺。

【十全十美——第二届中国当代女艺术家作品展】

2017 年 3 月 7 日至 24 日，由柏林中国文化中心、RH 新德意志有限责任公司主办的“十全十美——第二届中国当代女艺术家作品展”在德国柏林举行。展览展出 10 位中国当代女艺术家的 60 余幅作品，不仅包含她们在中国创作的、反映当代中国人生活与追求尤其是当代中国妇女精神面貌的作品，还有在德国创作的写生作品。

【美林的世界在巴黎 · 爱与和平特展】

2017 年 3 月 9 日（当地时间），“美林的世界在巴黎 · 爱与和平特展”在联合国教科文组织总部、巴黎中国文化中心相继开幕。展览延续意大利威尼斯、北京中国国家博物馆展览的整体思路，通过平面、手稿、青铜雕塑、铁艺、陶瓷、紫砂、木雕、影像新媒体等作品形式，结合各展示空间所进行的局部搭建，进一步发挥光线的布局、视频的展现以及导视系统等的综合效能。

【线条与透明——厄瓜多尔绘画展】

2017 年 3 月 21 日至 27 日，由中国文化部、厄瓜多尔驻华大使馆主办，中国对外文化集团公司实施的“线条与透明——厄瓜多尔绘画展”在首都图书馆举行。展览展出厄瓜多尔艺术家米盖尔 · 贝当古的 33 幅水彩画和油画作品。他将当地文化母题与西方艺术特点相结合，围绕树木、建筑、风景、人物等五个主题，集中展现对拉美当地以及周遭生活的细微感受和丰富想象力。

【巴塞尔艺术展香港展会】

2017 年 3 月 23 日，“巴塞尔艺术展香港展会”在香港会展中心开幕。来自 34 个国家和地区的 242 间艺廊参展。展会的主要展区“艺廊荟萃”云集全球 190 家著名艺廊，展出 20 世纪及 21 世纪的现当代艺术作品，涵盖画作、雕塑、装置艺术、摄影、录像及限量印刷作品。“亚洲视野”则呈现 27 家亚太地区艺廊的作品，展出项目包括个展、独有的历史资料及精彩主题式群展，让观者深入了解亚洲艺术的历史。

【新轴线——2017 武汉 CBD · 泛海国际雕塑艺术季】

2017 年 3 月 25 日至 6 月 10 日，由武汉中央商务区管委会主办的以“雕塑”为主题的“新轴线——2017 武汉 CBD · 泛海国际雕塑艺术季”在湖北省武汉市举行。80 位来自国内外优秀艺术家的雕塑作品参展。其中部分作品按照观众和专家在 3 个月展期中的筛选留在中央商务区景观轴广场。

【从酒神赞歌到阿卡迪亚——马库斯·吕佩尔茨作品展】

2017年3月28日至4月28日，由中德双方共同策划，清华大学艺术博物馆主办，德国MAP收藏协办，德国贝尔艺术中心赞助的“从酒神赞歌到阿卡迪亚——马库斯·吕佩尔茨作品展”在清华大学艺术博物馆举行。展览涵盖吕佩尔茨自1968年至2017年各阶段的代表作品104件，包括88件架上绘画和16件雕塑作品。

【大风敦煌——张卫平中国画作品展】

2017年3月29日至4月5日，作为庆祝中德建交45周年文化活动之一，柏林中国文化中心举办了“大风敦煌——张卫平中国画作品展”，展览展出画家张卫平的50幅现实主义题材作品。

【2017悉尼中国当代艺术月】

2017年3月31日至4月29日，由中国文化中心（悉尼）、悉尼大学美术学院、青年艺术100主办的“2017悉尼中国当代艺术月”在澳大利亚悉尼大学美术学院美术馆举行。在1个月的展期中，有10余个展览场地，呈现4个主题展、8个外围展以及多场艺术高峰论坛，国内外70余位艺术家参与其中。作品涵盖油画、雕塑、影像、水墨、装置等艺术门类。

【湖山胜概——西湖主题水印版画展】

2017年4月6日至12日，由浙江省文化厅主办、浙江美术馆承办，日本静冈县县立美术馆协办的“湖山胜概——西湖主题水印版画展”在日本静冈县清水文化会馆举行。展览展出32件（组）水印版画作品。

【浙江省现代讽刺与幽默漫画展】

2017年4月7日至14日，由浙江省文化厅、中国文化中心主办，嘉兴文化广电新闻出版局、嘉兴美术馆承办，中国驻日本国使馆、浙江省漫画家协会、日本漫画家协会、中日友好协会、日中友好会馆等为后援支持的“浙江省现代讽刺与幽默漫画展”在日本东京中国文化中心举行。展览展出62件漫画作品。

【书香湖南·品读大师——毕加索与达利艺术真迹展】

2017年4月7日至6月12日，由湖南省新闻出版广电局、湖南省美术家协会、湖南快乐文化传媒股份有限公司主办，俄罗斯民族艺术馆、长沙纸本艺术馆、大连瑞成文化发展有限公司承办的“书香湖南·品读大师——毕加索与达利艺术真迹展”在湖南省长沙市举行。240余件毕加索与达利的艺术真迹在长沙纸本艺术馆展出。毕加索作品主要包括陶盘系列，尤其是他根据八大山人、齐白石等中国画家绘画技法创作的陶盘作品，绘有公牛、猫头鹰、蚱蜢等鲜明的艺术形象，另有部分版画和陶瓷摆件。达利作品有170余件，包括雕塑《燃烧的女人》《空间维纳斯》以及《时间之舞》系列等，还有达利根据毛泽东《沁园春·雪》等8首诗词创作的8件版画作品。

【岭南画学——广州美术学院教师中国画作品展·新加坡站】

2017年4月8日至28日，由广州美术学院、新加坡中国文化中心主办的“岭南画学——广州美术学院教师中国画作品展·新加坡站”在新加坡中国文化中心举行。展览邀请50多位艺术家参展，展览展出56件作品、文献资料10余份，其中包括中国画大家关山月、黎雄才、杨之光的作品。

【丝路脉动——中毛青年艺术家对话】

2017年4月14日（当地时间），由毛里求斯中国文化中心、北京市青年联合会与毛里求斯青年与体育部等主办的“丝路脉动——中毛青年艺术家对话”在甘地学院举行，多位中国和毛里求斯的艺术家，以及甘地学院美术系师生参加此次论坛。4月15日，“海上丝路——中国当代青年优秀艺术作品展”开幕。展览汇集23位中国青年艺术家的50余件中国画、油画、雕塑作品。

【中国国画精品展】

2017年4月19日（当地时间），由斐济中国文化中心、北京市文史研究馆、北京市对外友好协会主办的“中国国画精品展”在斐济苏瓦开幕。展览展出的35幅作品均由北京文史研究馆画家创作。

【丝路：文明互鉴的见证——敦煌艺术文献展】

2017年4月24日至6月10日，由中国驻韩国大使馆主办，首尔中国文化中心、中外文化交流中心承办的“丝路：文明互鉴的见证——敦煌艺术文献展”在韩国首尔中国文化中心举行。展览包括敦煌粉本、敦煌壁画艺术拓片、莫高窟旧影、朝圣敦煌和视频影像5个类别，共计45件作品。通过灯光设计和布展形式的创新营造出敦煌石窟的神秘气息。4D情景全景互动等科技手段，全方位展示了敦煌艺术文献成果，让参观者身临其境。

【第13届中国国际动漫节】

2017年4月26日至5月1日，由国家新闻出版广电总局、浙江省人民政府主办的“第13届中国国际动漫节”在浙江省杭州市滨江白马湖动漫广场举行。本届动漫节以“国际动漫，拥抱世界”为年度主题，邀请美国、德国、日本、新加坡等82个国家和地区的国际企业和动漫机构来杭州参会、参展、参赛。不仅有迪士尼、东方梦工厂、英国BBC儿童频道等国际动漫领军企业，也吸引了阿里、腾讯、谷歌、脸书等国际著名的互联网企业。在4月26日晚，26部中外优秀动画作品从参展的80多部作品中脱颖而出。金猴奖的参赛作品共有1070件，涵盖国内所有的优秀动画片，也包括票房在5000万以上的优秀动画电影以及网络点击率过亿的漫画连载。

【远方的白桦林——俄罗斯绘画艺术系列展览（一）俄罗斯当代名家风景作品展】

2017年4月27日至5月25日，由上海梅尔尼科夫美术馆、上海市静安区青少年活动中心主办的“远方的白桦林——俄罗斯绘画艺术系列展览（一）俄罗斯当代名家风景作品展”在上海梅尔尼科夫美术馆举行。展览包括“俄罗斯当代名家风景作品展”“俄罗斯当代名家静物动物作品展”“俄罗斯当代名家水彩·粉画作品展”“俄罗斯当代名家人物肖像作品展”。展品均为以世界级大师梅尔尼科夫为代表的列宾美术学院历届优秀师生的作品。

【艺术的纽带·宁波——中日当代艺术交流展】

2017年4月28日至5月14日，以联结中日两国艺术家、启发新艺术动向为主旨的“艺术的纽带·宁波——中日当代艺术交流展”在宁波美术馆举行。来自北京、上海、杭州和宁波等地的14位中国艺术家，注重在全球、国家与地方三者之间找寻平衡点，并据此决定创作的思路、媒介方法以及主题的转变。5位日本参展艺术家均来自东京艺术大学，他们都是日本当代艺术界的代表性人物。

【从莫奈到苏拉热——西方现代绘画之路（1800—1980）】

2017年5月7日至8月31日，由清华大学艺术博物馆主办的“从莫奈到苏拉热——西方现代绘画之路（1800—1980）”在清华大学艺术博物馆举行。展览展出51件风格各异的现代艺术作品。按时间和风格分为6个主题单元：对风景的新感知；西方艺术中的人物与肖像；从立体主义革命到纯粹主义；超现实主义，梦境与无意识；回归物质；在具象与抽象之间。

【丝路·敦煌壁画精品艺术展】

2017年5月8日，2017联合国中文日主题活动“丝路·敦煌壁画精品艺术展”在奥地利维也纳联合国大厅开幕。这是北京举办“一带一路”国际合作高峰论坛前夕，以“丝路文化千年敦煌”为主题的一场国际文化盛会，再现“一带一路”上各民族的人文风貌、历史画卷，也是享誉世界的敦煌壁画首次在维也纳联合国城亮相。展览展出40幅大型数码高清壁画和一比一仿真的莫高窟285号洞窟。

【立陶宛艺术：透过风景的思考】

2017年5月13日至7月2日，由中国美术馆、立陶宛国家美术馆、立陶宛国家画廊、立陶宛共和国驻华大使馆主办的“立陶宛艺术：透过风景的思考”展览在中国美术馆举行。展览分为“画家的视角”“开放的结构”“去浪漫主义色彩”“绘制风景”4个部分展出69件作品，涵盖绘画、雕塑、摄影、物体、装置和影像艺术等。

【斑驳线色——厄瓜多尔绘画艺术展】

2017年5月18日至6月15日，由厄瓜多尔共和国驻华大使馆、江苏省文化厅、中国对外文化集团公司主办的“斑驳线色——厄瓜多尔绘画艺术展”在江苏省美术馆举行。展览展出伏罗希洛夫·巴桑特和米盖尔·贝当古两位厄瓜多尔艺术家的绘画作品64幅。

【艺术与和平——中国当代美术作品展】

2017年5月23日至28日，由中国美术家协会、意大利华人艺术家协会主办，中国国家艺术基金资助的“艺术与和平——中国当代美术作品展”在意大利罗马举行。此次作品展是中国美术家协会品牌巡展“中国美术世界行”的延续，意大利为2017年首站。40件（组）展品中，除历届“中国北京国际美术双年展”遴选出的佳作外，还包括国内美术名家的作品，作品涵盖中国画、油画、版画、水彩画、漆画、铜雕、综合材料等。6月29日至7月3日，该展巡展在芬兰地亚大厦举行；8月12日至20日，该展巡展在内蒙古自治区乌兰察布市举行；11月24日，该展巡展在第比利斯历史博物馆举行。

【征候与变革——中东欧当代艺术展】

2017年5月27日至7月15日，由中华人民共和国文化部、广东省文化厅和广东美术馆主办，斯洛文尼亚共和国卢布尔雅那博物馆协办的“征候与变革——中东欧当代艺术展”在广东美术馆举行。该展览是中华人民共和国文化部主办的“中国—东欧国家文化季”的斯洛文尼亚来华项目之一。展览展出来自中东欧地区的艺术家作品，参展作品的创作者包括南斯拉夫行为艺术家 Marina Abramović 与德国艺术家 Ulay、塞尔维亚艺术家 Rasa Todosijevic、波斯尼亚和南斯拉夫艺术家 Yugoslavian 等。展览还展出过去15年来在国际艺术界初露头角的新一代艺术家作品。

【非线性现实——白俄罗斯现代版画、水彩、素描作品展】

2017年5月31日至6月30日，作为2017白俄罗斯文化日的开幕活动，由中华人民共和国文化部、白俄罗斯共和国文化部主办的“非线性现实——白俄罗斯现代版画、水彩、素描作品展”在清华大学艺术博物馆举行。展览的展品为白俄罗斯国家当代艺术中心所收藏的39位知名艺术家的近百幅作品，以及白俄罗斯国立艺术学院美术系的学生作品。

【2017中国·南亚东南亚国际美术展（纸上作品）】

2017年6月12日至18日，由中共云南省委宣传部、云南省文学艺术界联合会主办，云南省美术家协会、云南艺术学院美术学院承办的“2017中国·南亚东南亚国际美术展（纸上作品）”于昆明市博物馆举行。展览展出作品160件，其中包含国外艺术家作品25件，国内艺术家作品135件。作品涵盖中国画、版画、水彩画、剪纸以及纸质装置等作品。

【伦勃朗和他的时代——美国莱顿收藏馆藏品展】

2017年6月17日至9月3日，由莱顿收藏、中国国家博物馆、荷兰驻华大使馆主办的“伦勃朗和他的时代——美国莱顿收藏馆藏品展”在中国国家博物馆举行。展览展出来自莱顿收藏的荷兰黄金时代绘画大师艺术佳作70余件，伦勃朗·范·莱茵、约翰内斯·维米尔、扬·利文斯等著名艺术家的作品悉数展出。伦勃朗流派的其他知名艺术家，如卡尔·法布里蒂乌斯、科瓦特·富林克和斐迪南特·波尔的作品也一同呈现。

【声东击西——东亚水墨艺术的当代再造】

2017年6月18日至8月20日，由银川当代美术馆等主办的“声东击西——东亚水墨艺术的当代再造”展览在银川当代美术馆举行。展览邀请来自中国及东亚其他国家和地区的27位艺术家，通过装置、绘画、视频等形式展出120余组（件）艺术作品。

【感知中国·最美中国人——中国美术作品展】

2017年7月5日（当地时间），由中国国务院新闻办公室、中国驻德国大使馆主办，中国美术家协会承办的“感知中国·最美中国人——中国美术作品展”在德国柏林ME会展中心开幕。展览展出中国美术家协会从112件征集作品中遴选的76件作品。画中的人物代表中国艺术家和中国人民心中的最美中国人形象。

【破折号——2017青年艺术100启动展】

2017年8月1日至15日，由青年艺术100、今日美术馆主办的“破折号——2017青年艺术100启动展”在北京今日美术馆举行。展览展出来自全球不同国家的120余位青年艺术家的400余件艺术品，参展作品涵盖油画、中国画、版画、雕塑、装置、影像、行为艺术等。

【融合——庆祝中德两国建交45周年中德艺术家作品展】

2017年8月6日至12日（当地时间），由中国驻杜塞尔多夫总领馆、杜塞尔多夫文化局、马卡森斯美术家协会、杜塞尔多夫自由绘画学院、北京慧和天语艺术空间主办的“融合——庆祝中德两国建交45周年中德艺术家作品展”在德国杜塞尔多夫自由绘画学院举办。展览由中德双方13位艺术家参与，旨在通过文化交流，形成更有利于中德两国人民相知相交、和平友好、促进区域合作、实现共同发展的新篇章，用作品来展现中国精神、中国气派和中国境界。

【跨越苍穹的彩虹——中俄蒙国际油画邀请展】

2017年8月12日至20日，由中国美术家协会油画艺术委员会、中共乌兰察布市委宣传部主办，乌兰察布日报社和可汗视界艺术机构承办的“跨越苍穹的彩虹——中俄蒙国际油画邀请展”在内蒙古自治区乌兰察布市举行。展览分为“魅力中国”“那座高原”“深沉俄罗斯”“秘境乌兰巴托”4个主题展出中国、俄罗斯、蒙古国63位油画家的135幅油画作品。

【世界插画大展——国际安徒生奖（终身成就）50周年展】

2017年8月12日至10月29日，由国家图书馆（国家典籍博物馆）、中信出版集团、上海京采文化创意有限公司主办的“世界插画大展——国际安徒生奖（终身成就）50周年展”北京站在国家典籍博物馆举行。展览展出1966年至2014年间25位“国际安徒生奖插画家奖”得主创作的近300幅经典插画作品。

【第五届古代墓葬美术研究国际学术会议】

2017年8月18日至20日，由芝加哥大学东亚艺术研究中心、中央美术学院人文学院、北京大学视觉与图像研究中心主办，湖南美术出版社协办的“第五届古代墓葬美术研究国际学术会议”在芝加哥大学北京中心举行。此次会议延续之前的会议和出版方式，推动古代墓葬美术的交流与研究。会议研究的主题包括宏观的历史趋势以及重要的个案，与此同时也非常注重分析和解释的方法。在为期3天的会议议程中，有20多位来自国内外高校和研究机构的学者，围绕五大主题进行精彩发言。

【银川对话——2017 中国·英国版画作品联展暨中国·英国艺术家对话】

2017 年 8 月 18 日至 9 月 18 日，由中国国家画院版画院、银川市人民政府、英国皇家版画协会主办，银川市文广新局承办的“银川对话——2017 中国·英国版画作品联展暨中国·英国艺术家对话”在银川美术馆举行。展览展出 23 位英国艺术家和 34 位中国艺术家的 171 幅版画作品。

【合作·共赢——一带一路国际版画邀请展】

2017 年 9 月 1 日至 10 月 15 日，由中国艺术研究院主办的“合作·共赢——一带一路国际版画邀请展”在保加利亚国家美术馆举行。这是中国首次在保加利亚国家美术馆举办展览。展览展出 109 件版画作品，作品来自 26 位中国艺术家和 29 位国外艺术家。

【何香凝艺术名作展】

2017 年 9 月 6 日至 15 日，由何香凝美术馆、公益社团法人日本中国友好协会、女子美术大学主办的“何香凝艺术名作展”在日本东京上野之森美术馆举行。展览展出何香凝各个时期代表作品 40 件。

【德国 8——德国艺术在中国】

2017 年 9 月 15 日至 10 月 22 日，由德国波恩艺术与文化基金会、中央美术学院主办的“德国 8——德国艺术在中国”在中央美术学院美术馆举行。“德国 8”是德国当代艺术迄今在中国最大规模的一次展示，涵盖油画、水彩画、素描、雕塑、装置、摄影和新媒体等多种形式，囊括德国 20 世纪 50 年代至 2017 年最具影响力的 55 位艺术家的近 320 组作品。该项目包括 7 个既彼此独立又相互关联的学术主题展和一场学术论坛，分别在中央美术学院美术馆、太庙艺术馆、北京民生现代美术馆、红砖美术馆、今日美术馆、元典美术馆和白盒子艺术馆展出。其中，“艺术之规——德国当代艺术”在中央美术学院美术馆开展，展出 17 位艺术家的近 90 组作品，涵盖油画、水彩画、素描、雕塑、装置、摄影等多种形式。10 月 13 日，还在故宫·紫禁书院举办“艺术无界——德国艺术在中国”学术论坛交流活动。

【第五届中国长春世界雕塑大会】

2017 年 9 月 7 日至 9 日，由长春市人民政府、文化部艺术司、中国美术馆等单位主办的“第五届中国长春世界雕塑大会”在长春世界雕塑公园长春博物馆举行。来自 40 多个国家的著名雕塑家、美术家、理论家、世界雕塑公园代表及各城市规划局、雕塑办代表等 300 余位中外代表赴会交流雕塑文化。本届大会以“世界雕塑看长春”为主题，突出艺术性、学术性、国际性。其间，还举办了主题为“‘一带一路’引领雕塑文化交流”的第五届国际城市雕塑高峰论坛，以及 6 个分论坛、13 项专题展览。

【第四届今日丝绸之路国际美术邀请展】

2017 年 9 月 7 日至 10 月 7 日，作为第四届丝绸之路国际艺术节的重要活动，由文化部、陕西省人民政府等主办的“第四届今日丝绸之路国际美术邀请展”在陕西省美术博物馆举行。展览分为“国际美术作品展”“国内美术作品展”“书法篆刻作品展”“摄影作品展”“丝路——东西文化旅程的想象展”5个部分，展出来自100多个国家和地区的1000余位艺术家的1000余件作品。

【心智地图的异像——马库斯·吕佩尔茨在中国、俯仰天地——周韶华】

2017年9月12日至10月20日，由湖北美术学院、德国贝尔艺术中心、周韶华艺术中心主办的“心智地图的异像——马库斯·吕佩尔茨在中国”“俯仰天地——周韶华”双个展在湖北美术学院美术馆举行。展览分别展出德国新表现主义艺术家马库斯·吕佩尔茨作品104件（包括90件架上绘画和14件雕塑作品）及中国画家周韶华作品92件。

【中国写意——来自中国美术馆的艺术】

2017年9月22日至11月14日（当地时间），由中国美术馆主办的2017“中国希腊文化交流和产业合作年”框架内重要项目“中国写意——来自中国美术馆的艺术”在希腊雅典国家当代美术馆（EMST）举行。展览通过“意笔”“意象”“意境”3个部分展出馆藏作品58件，体现中国美术馆全面推动与深入践行中华优秀文化精神的艺术追求。

【凤凰艺术年展】

2017年9月22日至10月29日，由凤凰艺术年展组委会主办，凤凰古城文化旅游投资股份有限公司、北京易艺科技有限责任公司承办的首届“凤凰艺术年展”在湖南省凤凰古城举行。展览汇聚来自中国、法国、意大利、西班牙、卢森堡、瑞士六国的19名艺术家的200余件作品，展览于9月22晚间举办“凤凰之夜”，评选并颁发“凤凰艺术奖”。9月23日举办题为“文明的重生”凤凰国际艺术高端论坛，意在通过学术性和国际性的展览与论坛，打造中国当代艺术的新高地，树立起中国当代艺术的精神标准，构建“最当代”与“最古典”、“国际性”与“地方性”对话。

【丝路与世界文明——2017·第七届中国北京国际美术双年展】

2017年9月24日至10月15日，由中国文学艺术界联合会、北京市人民政府、中国美术家协会主办的“丝路与世界文明——2017·第七届中国北京国际美术双年展”在中国美术馆举行。展览展出作品600余件，有100多个国家的艺术家参与，其中丝路沿线国家近60个，除主题展外，本届北京双年展还设有“格鲁吉亚当代艺术特展”“希腊当代艺术特展”“印度尼西亚当代艺术特展”“蒙古国当代艺术特展”“从丁托列托到利兰加的艺术之旅”“北京双年展历届捐赠作品特展”6个特展。本届双年展国际研讨会同期举办。

【现代之路——法国现当代绘画艺术展】

2017年9月27日至12月15日，由成都博物馆主办的“现代之路——法国现当代绘画艺术展”在成都博物馆举行。展览展出来自法国圣埃蒂安大都会现当代艺术博物馆的51幅馆藏画作，涉及法国大革命后的现实主义、印象主义、立体主义、野兽主义、超现实主义等十余种艺术流派，其中不乏莫奈、毕加索、马蒂斯、苏拉热等19世纪以来的法国艺术大师杰作。

【国际雕塑创作营联盟·北京展】

2017年9月28日至29日，由国际雕塑创作营联盟及中国太平洋学会海洋雕塑文化分会主办，黑龙江省通河县人民政府协办，古云文化传媒（北京）有限公司承办的“国际雕塑创作营联盟·北京展”在北京798艺术区举行。该展共展出来自12个国家和地区的16位雕塑家的32件架上雕塑作品，展出的大部分作品是各国受邀雕塑家为“2017通河国际雕塑创作营”特别创作，并在为期14天的创作营期间完成。

【2017巴西库里蒂巴双年展中国主宾国系列展览】

由中国文化部、中国驻巴西大使馆、中国驻圣保罗总领馆举办的“2017巴西库里蒂巴双年展中国主宾国系列展览”于2017年9月30日至2018年2月25日开展。其中，“脉动——中国当代艺术展”展出中国38位艺术家（其中9名为女性，2名为自闭症者）的102幅（组）作品，作品种类有摄影、影像、综合材料装置、架上绘画、雕塑、3D打印和素描等；“青春叙事——中国当代青年艺术展”展出中国26位青年艺术家的53件（组）作品，涵盖了油画、雕塑、装置、影像等；“天际线——中国当代建筑展”通过彩色喷绘介绍中国当代建筑中具有代表性的80个项目。

【异想天开·超现实主义大师达利真迹展】

2017年10月1日至12月31日，由厦门文广传媒集团有限公司、More Art晶·艺术、胜大国际文化企业集团主办的“异想天开·超现实主义大师达利真迹展”在福建厦门举行。展览展出达利于20世纪六七十年代所创作的八大系列真迹近百件，涵盖达利艺术创作的重要题材。

【西南中国：茁壮生长的力量——四川美术学院教师作品展】

2017年10月6日至11月6日，由柏林中国文化中心、中外文化交流中心、四川美术学院主办的“西南中国：茁壮生长的力量——四川美术学院教师作品展”在德国柏林中国文化中心举行。展览获“国家艺术基金”支持，展出20位艺术家的30余件当代艺术作品。

【感知中国——中国当代著名美术家作品展】

2017年10月13日至20日，由加拿大多伦多大学图书馆主办，加拿大贾斯汀艺术机构承办，中国画创作研究院、北京梅洛艺术机构协办的“感知中国——中国当代著名美术家作品展”在加拿大多伦多大学图书馆举行。展览展出来自中国的64位代表性画家的167幅作品。

【塑痕·中国记忆——白俄罗斯谢尔盖·谢利哈诺夫和康斯坦丁·谢利哈诺夫雕塑展】

2017年10月20日至29日，时值中白两国建交25周年，由中国美术馆策划主办的“塑痕·中国记忆——白俄罗斯谢尔盖·谢利哈诺夫和康斯坦丁·谢利哈诺夫雕塑展”在中国美术馆举行。展览展出谢尔盖·谢利哈诺夫作品53件，康斯坦丁·谢利哈诺夫作品92件。

【白俄罗斯国家美术馆典藏精品展】

2017 年 10 月 24 日至 12 月 17 日，时值中白两国建交 25 周年，由中国美术馆、白俄罗斯国家美术馆主办的中国美术馆国际交流展系列之“白俄罗斯国家美术馆典藏精品展”在中国美术馆举行。展览展出白俄罗斯国家美术馆典藏精品 57 幅，包括人物肖像画、风景画、静物画、风俗画等。

【绘画的精神：蔡国强在普拉多】

2017 年 10 月 25 日至 2018 年 3 月 4 日，由西班牙国立普拉多美术馆主办的“绘画的精神：蔡国强在普拉多”在西班牙国立普拉多美术馆举行，蔡国强成为首位在普拉多现场创作的艺术家。展览展出蔡国强总计 20 余件火药绘画，其中《昼夜托雷多》《万国大厅》《望云》等作品，是艺术家于展览开幕前一个月，以历史宫殿万国大厅为工作室创作完成。其 18 米长火药绘画《绘画的精神》则是他此次个展的压轴之作。

【臻品・大师原作展——2017 巴比松画派作品展暨 2018 毕加索作品预展】

2017 年 11 月 5 日至 12 月 15 日，由中华世纪坛艺术馆、美国新完美基金会主办的“臻品・大师原作展——2017 巴比松画派作品展暨 2018 毕加索作品预展”在北京中华世纪坛艺术馆举行。展览展出巴比松画派极具代表性的 20 余位艺术家的作品，其中包括巴比松画派领袖人物西奥多・卢梭的《枫丹白露的风景》、苏菲・安德森《甜蜜的梦》、罗莎・博纳尔的《收获归来》等等。展览开幕同时也为 2018 年毕加索展览开启预展，一同展出 9 幅毕加索的原作，如《戴草帽的杰奎琳》。

【2017 第五届湖北美术节暨第三届湖北国际当代艺术节】

2017 年 11 月 7 日至 19 日，由湖北省文学艺术界联合会主办，湖北省美术家协会、武汉大学万林艺术博物馆承办的“2017 第五届湖北美术节暨第三届湖北国际当代艺术节”在武汉大学举行。展览展出来自意大利、德国、美国、冰岛等国家和国内各地区的 678 名艺术家的 1542 件作品。

【国际木口木刻版画及文献展】

2017 年 11 月 7 日至 12 月 3 日，由中央美术学院主办，中央美术学院造型学院版画系、中央美术学院美术馆、国际学院版画联盟承办的“国际木口木刻版画及文献展”在中央美术学院美术馆举行。这是国内首次大规模的、全面的展示木口木刻版画这一传统技艺在当代发展的展览。展览展出中国、英国、美国、比利时、法国、俄罗斯、保加利亚、意大利等 9 个国家 100 多位艺术家的 200 多件作品，涵盖古典部分、现代部分和当代部分。

【第聂伯之会——中乌当代美术交流展】

2017 年 11 月 9 日至 30 日，由中央美术学院、乌克兰国立美术与建筑学院、北京市总工会、中国电力传媒集团主办的“第聂伯之会——中乌当代美术交流展”在北京太庙艺术馆举行。展览展出乌克兰 23 位艺术家的 70 余件（组）作品和中方 24 位艺术家的 100 余件（组）作品。

【容量与张力——2017 上海国际版画展】

2017 年 11 月 16 日至 2018 年 4 月 15 日，由上海市对外文化交流协会、上海市美术家协会主办，中华艺术宫承办，中国国家版画院、中国美术家协会版画艺术委员会、国际院校版画联盟指导的“容量与张力——2017 上海国际版画展”在上海中华艺术宫举行。展览呈现国内外具有探索精神的版画家近作 150 余件，涵盖艺术家在凸版、凹版、平版、孔版、装置、影像、数码以及行为艺术等多方面的探索。

【回归·重塑——布德尔与他的雕塑艺术】

2017 年 11 月 21 日至 2018 年 4 月 30 日，由清华大学艺术博物馆主办，巴黎博物馆联盟、法国布德尔博物馆协办的“回归·重塑——布德尔与他的雕塑艺术”展在清华大学艺术博物馆举行。展览聚焦布德尔 19 世纪末至 20 世纪初的杰作，重新审视布德尔回归古希腊罗马神话题材而创作的作品，包括 38 件青铜雕塑，2 件油画，8 件水彩画、素描及珍贵历史图片等，所有展品均为法国布德尔博物馆的馆藏。

【2017 第八届中国嘉兴国际漫画双年展】

2017 年 11 月 25 日至 12 月 20 日，由中国美术家协会、嘉兴市人民政府主办，中国美术家协会漫画艺术委员会、浙江省美术家协会、嘉兴市文学艺术界联合会、嘉兴市文化广电新闻出版局、中国漫画创作基地办公室承办的“2017 第八届中国嘉兴国际漫画双年展”在浙江省嘉兴市举行。展览展出中国、法国、德国、乌克兰、德国等 23 个国家的漫画家作品 120 件。

【对流——中巴当代艺术展】

2017 年 12 月 9 日至 2018 年 3 月 3 日，由中国民生银行、北京民生现代美术馆主办的“对流——中巴当代艺术展”在北京民生现代美术馆举行。展览主题“对流”来自气象学术语“对流层”，力图超越既定的文化坐标与历史参照，推动中巴之间的当代文化对话。展览展出了中国、巴西两国共 42 位重要当代艺术家的作品。

【巡回展览画派——俄罗斯国立特列恰科夫美术馆珍品展】

2017 年 12 月 15 日至 2018 年 3 月 4 日，由俄罗斯国立特列恰科夫美术馆、上海博物馆主办的“巡回展览画派——俄罗斯国立特列恰科夫美术馆珍品展”在上海博物馆举行。展览展出风俗、肖像、风景、历史等题材的油画代表作品 68 件。

会议 · 论坛

【中国美术家协会综合材料绘画与美术作品保存修复艺术委员会 2017 重庆年会】

2017 年 3 月 9 日，由中国美术家协会综合材料绘画与美术作品保存修复艺术委员会、四川美术学院、重庆市美术家协会主办的“中国美术家协会综合材料绘画与美术作品保存修复艺术委员会 2017 重庆年会”在四川美术学院美术馆举行。年会围绕 2017 年度艺术委员会的整体工作思路、研究、创作和展览工作计划以及各项工作机制等多个议题进行探讨，共同梳理与讨论艺委会的学术理论框架与未来发展方向。通过研讨新的学术定位、策展理念、形态划分和陈展方式，进一步树立综合材料绘画的学术形象。由中国美术家协会综合材料绘画与美术作品保存修复艺术委员会、四川美术学院主办的“未来能见度——全国青年艺术家提名展”和由重庆市美术家协会主办的“游心乘物——重庆市美术家协会综合材料艺术委员会成员作品汇展”同期举行。其中，“未来能见度——全国青年艺术家提名展”展出全国 30 位优秀青年艺术家近 70 件作品；“游心乘物——重庆市美术家协会综合材料艺术委员会成员作品汇展”展出重庆市美术家协会综合材料绘画艺术委员会 16 位成员的 40 余件作品。

【创新 · 拓展——2016 年全国美术馆公共教育年会】

2017 年 3 月 24 日，在文化部艺术司支持下，由中国美术馆主办的“创新 • 拓展——2016 年全国美术馆公共教育年会”在中国美术馆举行。会议宣布中国美术馆公共教育专家委员会名单并向部分国内外专家代表颁发聘书。随后，与会代表在三个分论坛上分别就“美术馆公共教育资源的课程化探索”“面向未成年人的美术馆公共教育项目”“面向成年人的美术馆公共教育项目”展开案例分享与论文发表。

【传承与创新：中国文联澳门艺术人才访学见面活动】

2017 年 3 月 27 日至 4 月 3 日，为推动内地与澳门艺术人才的沟通和交流，由中国文学艺术界联合会港澳台办公室、澳门基金会、中国文学艺术基金会、中国文学艺术界联合会文艺研修院和甘肃省文学艺术界联合会主办的“传承与创新：中国文联澳门艺术人才访学见面活动”在北京和甘肃省敦煌市两地举行。3 月 28 日，见面活动开班仪式在中国文联文艺家之家举行。来自澳门视觉、舞台艺术领域的 14 名校友，与中国文联港澳台办、澳门基金会、中国文学艺术基金会，及中国音乐家协会、中国美术家协会和中国舞蹈家协会的领导一起为活动拉开序幕，并就未来内地与澳门视觉和舞台艺术领域的发展进行了沟通与交流。

【2017 中国文联中华文化走出去视觉艺术策展人高级研修班开班仪式】

2017 年 4 月 10 日，由中国文联文艺研修院主办，中国文学艺术界联合会国际联络部提供专业指导，中国美术家协会、中国民间文艺家协会、中国摄影家协会和中国书法家协会提供艺术指导的 2017 中国文联中华文化走出去视觉艺术策展人高级研修班在北京开班。来自全国相关文艺家协会，各省、自治区、直辖市和计划单列市文联所推荐的策展领域的负责人及骨干，美术馆、博物馆的馆长等42人参加了此次为期21天的研修课程。此次研修班的课程分为跨文化传播、策展能力培养和策展实践三大类，邀请中国文学艺术界联合会、中国国家博物馆、中国美术馆、中国传媒大学、中央美术学院等机构和院校的专家进行授课。此外，为提高培训的针对性和实效性，研修班还将组织学员前往相关视觉艺术机构开展策展驻留交流，近距离了解视觉艺术机构的策展和传播工作。

【罗工柳作品捐赠仪式暨罗工柳青年创作奖签约仪式】

2017年4月14日，由中央美术学院主办的“罗工柳作品捐赠仪式暨罗工柳青年创作奖签约仪式”在中央美术学院学术报告厅举行。家属代表、罗工柳之子罗安向中央美术学院美术馆无偿捐赠了罗工柳先生的作品30件，并出资200万元设立“罗工柳青年创作奖”，支持中央美术学院“青春·足迹”学生主题创作展。

【匠心师承——中国高等艺术院校环境艺术设计专业教学研讨会】

2017年4月15日，由中国美术家协会环境艺术委员会、中国美术学院建筑艺术学院主办，浙江大学人文学院、浙江工业大学艺术学院协办的“匠心师承——中国高等艺术院校环境艺术设计专业教学研讨会”在中国美术学院举行。与会者就各自对教学的理解，研讨“环境艺术设计专业的困境和出路”“基于匠心匠艺传承的专业教学改革”“中国美术学院建筑与艺术学院实验教学展的观后建言”等议题，从创新创业、工匠技能跟国家经济发展的关系，环境艺术专业边界模糊带来的可能性，“先做再说”、生活方式、匠心匠艺的人文教育理念等不同角度，各抒己见，畅所欲言，并提出了提防传统美学与模式化教学陷阱的忠告，也探讨了环境神秘性与社会性、传统智慧与当代技术、学生天性与灵性培养等未来教学方向的可能性，期望建立“中国环艺教育元话语权与教学体系”的美院特色。

【艺术品版权高峰论坛】

2017年4月21日，由中国版权协会主办，中国版权协会艺术品版权工作委员会、雅昌文化集团承办，以“尊重艺术原创，发掘版权价值”为主题的“艺术品版权高峰论坛”在北京举行，中国版权协会艺术品版权工作委员会专家顾问聘任仪式同期举行。基于艺术版权产业现状，本次论坛以保护艺术家版权权益为宗旨，针对艺术界关心话题，交流探讨艺术品版权保护与开发的新趋势、新技术，以对我国艺术版权产业发展起到推动作用。与会代表分别对艺术家版权权益保护、美术作品著作权案例、鉴证备案、版权保护与艺术创作、国际授权行业趋势、工艺美术版权保护等议题进行主题演讲。

【中国中青年美术家海外研修工程成果评审会】

2017年7月31日，第八批“中国中青年美术家海外研修工程成果评审会”在中国文艺家之家举行。研修人员哈斯乌拉、孙岱婵、何振纪、郑弌、张亮、陈瑶、孙梦柔、李京泽向评审会作了汇报。他们的研修报告，梳理了自古以来与我国有密切关系的“一带一路”国家文化、美术史的脉络，调查研究现当代美术发展的现状，展望未来美术发展的前景。中国美术相关研究于此可借鉴良多。

【东亚艺术发展论坛——城市语境与艺术创新】

2017年9月7日至8日，由中央美术学院、青岛市人民政府主办的“东亚艺术发展论坛——城市语境与艺术创新”在山东省青岛西海岸新区举行。该论坛是东亚海洋合作平台黄岛论坛的组成部分。邀请来自日本、美国、德国、英国、中国大陆及台湾地区的专家、学者，围绕“城市语境与艺术创新”主题展开发言和讨论，探索艺术创新如何推动城市文化建设及地区发展，拓展当今艺术在“东亚联通，丝路共赢”背景下的功能性，将艺术、设计、科技、经济、城市重建等要素相结合，探索艺术创新与城市发展的新的可持续之路。

【两宋书画传习与研究国际学术论坛】

2017年9月22日至23日，由中国美术学院主办，中国美术学院中国画与书法艺术学院、美术馆承办，中国美术学院艺术人文学院、中国美术学院研究生处协办的“两宋书画传习与研究国际学术论坛”在中国美术学院举行。论坛旨在为学术研究和艺术创作寻绎画学之根源与新命，探究中国传统书画尤其是五代、两宋时期书画艺术的历史意涵与现代价值。除“两宋书画临摹教学展”之外，还有“宋人的生活与艺术”讲演系列、“两宋书画的传习”研讨会、专题讲座系列。论坛的子项目——“传摹·揣摩：两宋书画临摹教学展”于9月18日在中国美术学院美术馆开幕。

【北京画院齐白石艺术国际研究中心、传统中国绘画研究中心2017工作年会】

2017年9月22日至24日，时逢北京画院建院60周年、两个中心成立5周年，“北京画院齐白石艺术国际研究中心、传统中国绘画研究中心2017工作年会”在北京会议中心举行。两中心分别举行齐白石研究学术研讨会和传统中国绘画学术研讨会，发表最新研究成果，并以“由齐白石艺术看当代中国画写意精神的缺失”和“当代中国人物画创作的发展方向和所面临的困境”为主题，积极展开学术讨论。

【《中国近现代美术经典丛书》出版发行】

2017年10月10日，由中共中央宣传部、文化部等组织相关艺术院校、学术机构、专业编写的《中国近现代美术经典丛书》由高等教育出版社出版发行。丛书分为《翰墨流芳——近现代中国画精选》和《巨擘传世——近现代中国画大家》两部分。这套丛书的编纂出版，是传承中华文化基因、弘扬中华美学精神的重要成果。其中，《翰墨流芳——近现代中国画精选》收录最有代表性的200多件经典作品，分为山水、花鸟、人物三卷。《巨擘传世——近现代中国画大家》从近现代中国美术历史中精选吴昌硕、张大千、齐白石、林风眠、李可染、黄胄等80多位代表性中国画家，并以个案方式展开，每位画家的作品单独成册，深入挖掘各画家的艺术特色和成就。

【第四届中国民族美术发展论坛】

2017年10月21日，由中国美术家协会民族美术艺术委员会、内蒙古艺术学院主办的“第四届中国民族美术发展论坛”在内蒙古艺术学院举行。来自全国不同地区的专家，结合自身的研究领域对民族美术创作或高等教育的现状、民族地区美术资源的挖掘与认识，发表了自己的看法。论坛为今后民族美术事业的发展提供很多启迪和思考。

【第六届全国青年美术作品展览创作班开学典礼】

2017年10月30日，由中国美术家协会主办的“第六届全国青年美术作品展览创作班开学典礼”在北京中国文艺家之家举行。“全国青年美术作品展览”是国家级综合性大展，不仅为青年美术家搭建了展示才华的重要舞台，更通过他们的优秀作品表现了青年一代的创新精神、创作热情和对社会的人文关怀，反映当代中国美术的新发展、新特点。展览旨在反映青年美术特性，倡导艺术创新的多样化，体现民族精神和时代精神，培养和扶持青年美术家，鼓励青年美术家多出精品力作。在借鉴和坚持第五届青年美术作品展览的成功经验基础上，中国美术家协会举办了第六届全国青年美术作品展览创作班，邀请全国具有一定知名度和创作实力的青年美术家，集中在北京进行为期20天的创作研讨和观摩学习，聘请多位专家为学员进行有针对性的指导，组织学员到部队、新机场、地铁建设工地等地参观、写生。

【历史与现状——首届青年艺术理论成果评选与研讨会】

2017年11月9日至10日，由中国美术家协会、广东省文学艺术界联合会主办，中国美术家协会美术理论委员会、广东美术馆、广州美术学院承办的“历史与现状——首届青年艺术理论成果评选与研讨会”在广东美术馆举行。21位青年艺术理论研究者获得“优秀论文”荣誉证书。数位国内专家学者分别做了主旨演讲。论文的推荐工作在2015年12月即已完成，收到推荐论文164篇，经初步筛选共有116篇论文进入终评。理论委员会内外12位专家组成终评评审组，最后106篇文章入选《历史与现状：首届青年艺术理论成果评选和研讨会论文集》。

【2017中国传统色彩学术年会】

2017年11月16日，由中国艺术研究院美术研究所主办的“2017中国传统色彩学术年会”在中国艺术研究院举行。年会的主题是“中西文化的色彩表情”。国内外专家们围绕色彩史论、颜色词、绘画色彩、民间色彩、服饰色彩、染织色彩、建筑彩绘、戏剧舞台色彩、颜料工艺，以及现代色彩应用等各个方面，展开了多视角、多层次的学术研讨。

【美术史在中国——中央美术学院美术史学科创立六十周年国际学术研讨会暨第十一届全国高校美术史学年会】

2017年11月25日至26日，由中央美术学院主办的“美术史在中国——中央美术学院美术史学科创立六十周年国际学术研讨会暨第十一届全国高校美术史学年会”在中央美术学院美术馆举行。来自美国哈佛大学、芝加哥大学，德国海德堡大学，印度尼赫鲁大学，中国北京大学、清华大学、中国美术学院等海内外美术史界数百位资深专家和青年学者参会。美术史年会包括“早期中国美术史和美术考古”“世界美术史”“跨文化的美术史”“美术理论与方法论”“后期中国美术史”“二十世纪美术史”6场学术专题报告。

【文化部国家主题性美术创作项目专家指导委员会会议】

2017 年 12 月 28 日，文化部在北京举行“文化部国家主题性美术创作项目专家指导委员会会议”，并进行第一次草图评审。文化部国家主题性美术创作项目专家指导委员会顾问，专家指导委员会主任、副主任，来自各有关美术机构、部队、中国社会科学院等单位的专家指导委员会委员，以及文化部艺术司、中国美术馆、各文化部国家主题性美术创作研究班举办单位相关负责人参加会议及草图评审工作。为做好国家主题性美术创作项目，充分发挥全国画院、美术院校、部队系统等重要美术创作研究机构的力量，文化部艺术司与中国美术馆、中国艺术研究院、中国国家画院、中央美术学院、中国美术学院、国防大学军事文化学院分别合作举办 5 个文化部国家主题性美术创作研究班，并于 11 月举办了开班仪式及座谈会。

【强国之路——纪念中国改革开放 40 周年全国美术作品展主题创作研讨会】

2017 年 12 月 29 日，由中国文学艺术基金会、中央文史馆书画院等单位主办，时代书画报社承办的“强国之路——纪念中国改革开放 40 周年全国美术作品展主题创作研讨会”在中国文学艺术界联合会举行。会议主要讨论“强国之路——纪念中国改革开放 40 周年全国美术作品展”的主题创作内容及要求，此次展览预计展出中国画、油画约 300 件。此次会议共讨论了 49 个创作主题，其中部分主题是特邀当代知名、高水准的艺术家进行创作，其余的作品将面向全国征集。

机构

【中国美术家协会漆画艺术委员会、综合材料绘画与美术作品保存修复艺术委员会换届】

2017 年 1 月 22 日，“中国美术家协会漆画艺术委员会、综合材料绘画与美术作品保存修复艺术委员会换届大会”在中国文学艺术界联合会举行，会议负责人宣布《中国美术家协会关于第三届漆画艺术委员会成员的聘任决定》《中国美术家协会关于第二届综合材料绘画与美术作品保存修复艺术委员会成员的聘任决定》，并聘任南京艺术学院教授冯健亲为漆画艺术委员会名誉主任，聘任厦门大学艺术学院美术系主任、教授、博士生导师陈金华为漆画艺术委员会名誉主任，聘任中国美术馆副馆长胡伟为综合材料绘画与美术作品保存修复艺术委员会名誉主任。

【中国国家画院美术研究院敦煌艺术研究所成立】

2017 年 4 月 10 日，中国国家画院美术研究院敦煌艺术研究所在北京成立，敦煌研究院美术研究所所长侯黎明受聘为所长。近几年，随着中国国家画院职能建设逐步健全，美术研究工作也在不断推进。敦煌学在国家画院落地生根，填补了研究学科的空白，是国家画院美术研究的一个重要的举措。

【故宫鼓浪屿外国文物馆开馆】

2017 年 5 月 13 日，故宫博物院首家分馆——故宫鼓浪屿外国文物馆在福建省厦门市鼓浪屿开馆。开馆首展“故宫鼓浪屿外国文物馆展”展出藏品 219 件（套）。展览分为“文物来源”“科技典范”“万国瓷风”“生活韵致”“典雅陈设”“异国情调”6 个部分。文物种类涵盖漆器、陶器、瓷器、玻璃器、珐琅器、金属器、织物、绘画、书籍、雕塑、家具、钟表、科技仪器等多种类别，分别产自英国、法国、德国、瑞士、俄罗斯、意大利、奥地利、美国、保加利亚、日本、朝鲜等国家和地区。这些文物来源主要是清宫旧藏，也有部分为民间征集或个人捐赠。时代跨越 16 世纪至 20 世纪初，以 18、19 世纪者居多。

【中国美术家协会版画、平面设计、服装设计、实验艺术委员会换届】

2017 年 5 月 15 日，“中国美术家协会版画、平面设计、服装设计、实验艺术委员会换届大会”在北京会议中心举行。天津美术学院教授姜陆为版画艺术委员会名誉主任，中央美术学院副院长苏新平为版画艺术委员会主任，清华大学美术学院教授何洁为平面设计艺术委员会主任，深圳大学艺术设计学院院长吴洪为服装设计艺术委员会主任，中国艺术研究院副院长谭平为实验艺术委员会主任。

【中国国家画院国家当代艺术档案库成立】

2017 年 5 月 26 日，“中国国家画院国家当代艺术档案库揭牌仪式暨理事会学术委员会推荐展”在北京举行。由中国国家画院当代艺术研究中心、中国国家画院文化艺术产业中心、国家发改委国际合作中心文化产业研究所三个机构共同组织推动的“国家当代艺术档案库”项目于2016年7月经中国国家画院正式批复。该项目作为国家艺术基金支持的重要项目之一，有助于及时、规范地开展中国当代艺术的基础研究工作，旨在收藏及保存中国当代艺术的重要文献，并致力将馆藏开放，增加大众认识，鼓励对话及促进有关的研究及评论，以解决中国当代艺术史各相关史料亟待记录和保存的当务之急。该机构将在国家的指导下，通过专业机构的管理，依靠各方面资金的支持，响应国家发展文化创意产业的指导思想。

【四川省雕塑学会成立】

2017年9月10日，四川省雕塑学会在四川省成都市举行第一次会员代表大会，会上，主管领导宣读了批文，宣布学会正式成立，并通过选举产生了33名理事，理事会推举产生了名誉会长、副会长。四川省雕塑学会是在四川省民政厅核名登记、以四川省文联为业务主管单位的雕塑专业学术团体，该团体由125名个人会员和5个团体会员组成。雕塑学会包括展览部、外联部、发展部等部门。

【中央美术学院中国传统造型研究中心揭牌】

2017年11月3日，“中央美术学院中国传统造型研究中心揭牌仪式”在中央美术学院举行。同期展示由中央美术学院教授袁运生主持的国家重点课题“中国传统雕塑的复制与当代中国美术教育体系的建立”十余年的研究成果，包括复制的中国古代经典雕刻、青铜器30余件，同时还就中国传统造型艺术的传承与发展等问题进行研讨。

【（全国）教育书画协会高等美术教育学会成立】

2017年11月4日，“（全国）教育书画协会高等美术教育学会成立大会”在清华大学举行。高等美术教育学会是隶属于教育部直属（全国）教育书画协会的学术与教育研究团体，是在（全国）教育书画协会各级领导的大力支持与指导下，由清华大学美术学院牵头，联合北京大学艺术学院、四川大学艺术学院等9所综合性大学美术与设计学院共同倡议成立。成立大会之后，学会还举办了“首届全国综合高等院校美术教育研讨会”，与会专家们就学会未来的发展以及高等学校美术教育领域的相关问题展开讨论。

【广州美术学院中国近现代美术研究所揭牌】

2017年11月10日，由中共广东省委宣传部和广州美术学院共建的广州美术学院中国近现代美术研究所在广州美术学院美术馆举行揭牌仪式，并公布研究所聘任的总顾问、所长和首批“特聘研究员”。由广东省美术家协会、广州美术学院主办的“新时代广东美术发展研讨会”同期举行，以薛永年为代表的10余位中国美术家协会理论委员会专家参与研讨，共同为新时代广东美术发展建言献策。

【中国艺术研究院岩画研究院成立】

2017年12月4日，中国艺术研究院岩画研究院在北京中央文化管理干部学院揭牌成立。中国艺术研究院岩画研究院由中国艺术研究院与中国岩画学会合作成立，致力于汇聚岩画研究优势力量，从传承文化艺术、保护遗产的视角，按照“立足中国、借鉴国外、挖掘历史、把握当代、关怀人类、面向未来”的思路，对中国岩画文化进行深入挖掘、潜心研究，加强岩画文化传承发展工作，完成时代和人民赋予的历史使命。岩画研究院成立当天，中国岩画保护利用与岩画新艺术创作人才培养培训班在中央文化管理干部学院开班。

大事记

1月5日，油画家刘天呈因病在北京逝世，享年81岁。

1月6日至17日，“中国梦·实干兴邦——第五届全国（大芬）中青年油画展暨全国中青年油画精品展”在中国美术馆举行。

1月6日至18日，“第五届西部少数民族青年美术家创作展”在中国美术馆举行。

1月6日至2月19日，“盈藏呈祥——全省美术馆馆藏精品展”在浙江美术馆举行。

1月7日，雕塑家叶毓山因病在四川省成都市逝世，享年82岁。

1月7日至17日，“爱德华多·纳兰霍作品展”在中国美术馆举行。

1月7日至18日，“天上西藏——西藏唐卡艺术精品汇展”在中国美术馆举行。

1月9日至15日，“重走新安路——安徽省书画院花鸟画作品邀请展”在安徽省合肥市举行。

1月10日至17日，“闽彩墨华——福建省画院晋京作品展”在中国国家画院美术馆举行。

1月13日，“卢浮宫的创想——卢浮宫与馆藏珍品见证法国历史八百年”开幕式在中国国家博物馆举行。

1月13日，“百年追梦——浙江美术创作精品工程”在浙江省展览馆举行。

1月13日，“商务印书馆成立120周年纪念活动——吴大羽纸上作品展”在北京涵芬楼艺术馆开幕。

1月13日至5月7日，“何要浮名——北京画院藏齐白石精品展”在北京画院美术馆举行。

1月14日，“乡情·湘情——陈白一艺术文献展暨《陈白一》五卷本首发式”在湖南美术出版社美仑美术馆开幕。

1月14日，“教学相长——第三届学院实验艺术文献展”在中央美术学院美术馆开幕，“第二届中国学院实验艺术教育大会”同期举行。

1月14日，“‘汇聚·融合’——第六届‘刘开渠奖’国际雕塑大展”在安徽省芜湖市开幕。

1月17日至20日，“岁月流痕——宗其香画北京专题展暨《为画而生·宗其香传》首发仪式”在北京新闻大厦艺术馆举行。

1月18日，“江苏省美术馆建馆80周年暨陈列馆开馆系列活动开幕式”在江苏省美术馆新馆举行。

1月18日，“大美墨言——中国古代书画经典特展”在长沙博物馆举行。

1月20日，文化部办公厅印发2017年全国美术馆馆藏精品展出季活动方案的通知（办艺函〔2017〕27号）。

1月20日，“清寂鹜影——林风眠艺术精品展”在北京画院美术馆举行。

1月20日至2月15日，“言意之间——全国油画名家学术邀请作品展”在宁波美术馆举行。

1月20日至2月20日，“美丽河北·走进太行——河北美术作品展”在河北美术馆举行。

1月22日，“中国美术家协会漆画艺术委员会、综合材料绘画与美术作品保存修复艺术委员会换届大会”在中国文学艺术界联合会举行。

1月22日至3月20日，“文明的回响·第二部：中华匠作”在北京太庙艺术馆举行。

1月24日至2月18日，“美在生活——全国写生艺术展”在中国美术馆举行。

2月3日，水彩画家梁培裕因病在湖北省武汉市逝世，享年100岁。

2月21日至3月26日，“质朴与温度——林毓豪回顾展”在广东美术馆举行。

2月22日至3月5日，“走向现代——张立国绘画艺术回顾展”在中国美术馆举行。

2月23日至3月5日，“心香·飞梦——傅狷夫的艺术世界特展”在中国美术馆举行。

2月23日至3月5日，“时代的刻痕——中国美术馆藏王琦版画作品选展”在中国美术馆举行。

2月23日至3月5日，“它山之石——张仃诞辰一百周年纪念展”在中国美术馆举行。

2月24日至3月5日，“东方物语——亚洲青年艺术家邀请展”在中国美术馆举行。

2月24日至3月19日，“取诸怀抱——尚涛水墨作品展”在广东美术馆举行。

2月26日至3月21日，“第五届全国画院美术作品展览”在江苏省美术馆举行。

2月28日至5月7日，“2017中国当代学院水彩名家邀请展”在武汉大学万林艺术博物馆举行。

3月1日，“大英博物馆100件文物中的世界史展”在中国国家博物馆开幕。

3月1日至8日，“第22届醒墨会国际公募美术展”在日本东京举行。

3月2日，油画家徐坚白因病在美国逝世，享年92岁。

3月2日至4月2日，“水墨家园·近观可意——李小可水墨艺术展”在深圳市关山月美术馆举行。

3月3日至25日，“西部少数民族青年美术家作品展巡展（石家庄）”在石家庄美术馆举行。

3月4日，“同创辉煌——第三届中菲书画展”在菲律宾中正学院举行。

3月4日至25日，“清风三月——中国当代女性艺术家作品邀请展”在陕西省美术博物馆举行。

3月6日至21日，“逸香盈素——2017青年女性艺术家作品展”在北京炎黄艺术馆举行。

3月7日，“百花迎春——山西省花鸟画作品展”在太原美术馆举行。

3月7日至24日，“十全十美——第二届中国当代女艺术家作品展”在德国柏林举行。

3月8日至19日，“文化传承　丹青力量——中国艺术研究院中青年艺术家系列展：潘缨、潘金玲”在中国美术馆举行。

3月8日至19日，“花开敦煌——常沙娜艺术研究与应用展”在中国美术馆举行。

3月8日至21日，“画里佳人——深圳美术馆馆藏版画作品特展”在深圳美术馆举行。

3月8日至24日，“‘春风伊人’——女·浙江美术馆藏作品展”在浙江美术馆举行。

3月9日（当地时间），“美林的世界在巴黎·爱与和平特展”在联合国教科文组织总部、巴黎中国文化中心相继开幕。

3月9日，“漫话寓生：馆藏华君武作品展”在上海中华艺术宫举行。

3月10日至27日，“图墙——中央美术学院壁画系教师作品展”在中央美术学院美术馆举行。

3月13日至18日，“立象尽意——蔡智中国画展”在中国国家画院美术馆举行。

3月16日，“第22届浙江全省画院作品联展”在宁波画院举行。

3月16日，文化部办公厅印发关于开展2017年全国美术馆青年策展人扶持计划的通知（办艺函〔2017〕71号）。

3月18日，“周而复始——综合材料绘画研究展”在安徽省黄山市、芜湖市举行。

3月18日至23日，“丝绸之路——著名画家舒春光西部边塞风情五十年创作回顾展”在北京中华世纪坛举行。

3月18日至29日，“大美新疆·军垦华章——新疆兵团题材美术作品展”在中国国家博物馆举行。

3月18日至4月2日，“艺海同舟六十载——丁宁原、孙爱华从艺60周年创作回顾展”在山东美术馆举行。

3月18日至4月18日，“为祖国河山立传——穆家善中国画国际巡回展·焦墨写生青岛邀请展”在青岛城市艺术馆举行。

3月21日至27日，“线条与透明——厄瓜多尔绘画展”在首都图书馆举行。

3月22日至4月1日，“江苏名家晋京展——冯健亲油画回顾展”在中国美术馆举行。

3 月 22 日至 4 月 1 日，“文化传承　丹青力量——中国艺术研究院中青年艺术家系列展：孙文刚、郑光旭”在中国美术馆举行。

3 月 22 日至 4 月 13 日，“跨洋三杰——郑月波、王昌杰、刘业昭作品展”在浙江美术馆举行。

3 月 23 日，“巴塞尔艺术展香港展会”在香港会展中心开幕。

3 月 23 日，“笔韵中国 · 第二届全国书画展”开幕式暨颁奖仪式在北京举行。

3 月 23 日至 4 月 1 日，“军旅 · 行旅——孙立新油画作品展”在中国美术馆举行。

3 月 23 日至 4 月 6 日，“‘朝圣 · 敦煌’——甘肃画院美术作品汇报展”在甘肃省美术馆举行。

3 月 23 日至 4 月 23 日，“寻道求变——卢沉艺术研究展”在北京画院美术馆举行。

3 月 24 日至 5 月 21 日，“清孤不等闲——‘扬州八怪’书画展”在河北博物院举行。

3 月 25 日至 4 月 14 日，“骚动的池塘——化建国水墨作品展”在北京今日美术馆举行。

3 月 25 日至 4 月 16 日，“来自‘创作室 + 实验室’的美——尹毅绘画艺术创新展”在山东美术馆举行。

3 月 25 日至 5 月 20 日，“‘后岭南’与珠三角展”在广东美术馆举行。

3 月 26 日至 4 月 9 日，“境由心造——江苏省美术馆艺术家邀请展”在江苏省美术馆举行。

3 月 28 日，“从酒神赞歌到阿卡迪亚——马库斯 · 吕佩尔茨作品展”开幕式在清华大学艺术博物馆举行。

3 月 28 日至 4 月 11 日，“刀锋民魂——张漾兮先生作品文献展”在四川美术馆举行。

3 月 28 日至 4 月 16 日，“西部少数民族青年美术家作品展巡展（太原）”在山西省太原美术馆举行。

3 月 28 日至 4 月 22 日，“江苏省美术馆馆藏李剑晨先生捐赠水彩画作品展”在江苏省美术馆举行。

3 月 28 日至 4 月 23 日，“云开华藏——陕西省美术博物馆馆藏王子云作品及文献展”在浙江美术馆举行。

3 月 29 日至 4 月 1 日，“江西省 2016—2017 年重大主题美术创作工程作品展”在江西省文学艺术界联合会艺术展览中心举行。

3 月 29 日至 4 月 5 日，“大风敦煌——张卫平中国画作品展”在德国柏林中国文化中心举行。

3 月 29 日至 4 月 16 日，“互补与契合——中国留学德国艺术家作品展”在上海刘海粟美术馆举行。

3 月 29 日至 4 月 21 日，“内美静参——黄宾虹山水画展”在浙江美术馆举行。

3 月 31 日，“第四届安徽省动漫大赛颁奖仪式”在安徽大剧院举行。

3 月 31 日至 4 月 15 日，“椽笔刀耕——罗映球版画艺术纪程”展览在广州美术学院美术馆举行。

3 月 31 日至 4 月 29 日，“2017 悉尼中国当代艺术月”在澳大利亚悉尼大学美术学院美术馆举行。

4 月 1 日，“2017 年度内地与港澳文化交流重点项目——赖少其艺术作品与历史文献大展”在香港饶宗颐文化馆开幕。

4 月 2 日至 5 月 7 日，“伏尔加河之声——中国美术馆藏俄罗斯油画精品展”在中国美术馆举行。

4 月 4 日至 16 日，“梦回新安——汪友农中国画艺术展”在中国美术馆举行。

4 月 4 日至 16 日，“走向文明的自觉——袁运生艺术展”在中国美术馆举行。

4 月 6 日至 12 日，“湖山胜概——西湖主题水印版画展”在日本静冈县清水文化会馆举行。

4 月 6 日至 16 日，“闪烁如歌——闫平艺术展”“正是橙黄桔绿时——王克举艺术展”在中国美术馆举行。

4 月 6 日至 20 日，“山西高平开化寺壁画展”在北京大学赛克勒考古与艺术博物馆举行。

4 月 6 日至 23 日，“怀城——樊枫作品展”在山东美术馆举行。

4月6日至5月7日，“姑苏繁华录——苏州桃花坞木版年画特展”在山东美术馆举行。

4月7日，“浙江省现代讽刺与幽默漫画展”在日本东京中国文化中心举行。

4月7日至6月12日，“书香湖南·品读大师——毕加索与达利艺术真迹展”在湖南省长沙市举行。

4月8日至18日，“随意涉趣——张浩花鸟画展”在浙江展览馆举行。

4月8日至28日，“岭南画学——广州美术学院教师中国画作品展·新加坡站”在新加坡中国文化中心举行。

4月10日，中国国家画院美术研究院敦煌艺术研究所在北京成立。

4月11日至21日，“2017全国高等艺术院校（西安）水彩·粉画邀请展”在西安美术学院美术馆举行。

4月13日至5月14日，“回望云峰——中国美术馆藏赵望云作品巡展”在陕西省美术博物馆举行。

4月14日至5月10日，“务本——陈履生画展”在武汉美术馆举行。

4月18日，“为中国画——全国高等艺术院校人物画教学研讨会暨教师、学生写生作品展”在中央美术学院美术馆举行。

4月18日至23日，“品物流笔——中国美术学院、新疆师范大学美术学院师生写生作品展”在浙江美术馆举行。

4月18日至5月18日，“咫尺江山——中国古代山水画手卷展”在辽宁省博物馆举行。

4月18日至5月28日，“书卷江山——刘墉作品展”在浙江美术馆举行。

4月19日（当地时间），“中国国画精品展”在斐济苏瓦举行。

4月19日至26日，“闽壑烟岚——梁明大泼彩山水画展”在中国美术馆举行。

4月19日至27日，“衍——王衍成艺术展”在中国美术馆举行。

4月19日至5月2日，“文化传承　丹青力量——中国艺术研究院中青年艺术家系列展：李岗、陈海良”在中国美术馆举行。

4月20日，“劳动者之歌——江苏省美术馆藏中国画作品主题展”在江苏省美术馆举行。

4月20日至5月6日，“源·程向君个展”在清华大学美术学院美术馆举行。

4月20日至5月14日，“回顾与拓展——周东申、陈川、张白波版画展”在山东美术馆举行。

4月21日至24日，“走进湘西——浙江画院采风展”在湖南省画院举行。

4月21日至26日，“新中国美术家系列——重庆市国画作品展”在中国国家画院美术馆举行。

4月21日至27日，“金陵风骨　其命惟新——2017江苏省国画院中国画书法作品交流展”在福建省画院举行。

4月21日至28日，“一带一路四海同心——山水画精品展”在北京炎黄艺术馆举行。

4月24日至6月10日，“丝路：文明互鉴的见证——敦煌艺术文献展”在韩国首尔中国文化中心举行。

4月25日，“海峡两岸共同纪念国画大师潘天寿诞辰120周年系列活动”在浙江省宁海县开幕。

4月26日至5月7日，“青春心印——第四届关山月美术馆青年工笔画展”在深圳关山月美术馆举行。

4月25日至5月28日，“无垠：行进中的中国水墨运动——中国当代水墨年度大展”在四川美术学院美术馆举行。

4月26日至5月2日，“张尔宾画展”在北京画院美术馆举行。

4月27日，“远方的白桦林——俄罗斯绘画艺术系列展览（一）俄罗斯当代名家风景作品展”在上海梅尔尼科夫美术馆举行。

4月28日至5月14日，“艺术的纽带·宁波——中日当代艺术交流展”在宁波美术馆举行。

4月30日至5月10日，“丝路源头 桑陌青青——李子侯作品展”在中国美术馆举行。

5月1日至7日，“拈花·大隐回乡师生作品展”在西安美术馆举行。

5月1日至14日，“民族翰骨——潘天寿诞辰120周年纪念大展”在中国美术馆举行。

5月1日至15日，“多彩华章——中华民族大团结作品展”在北京炎黄艺术馆举行。

5月2日，“纪念潘天寿诞辰120周年座谈会”在北京举行。

5月4日，文化部办公厅印发关于公布2017年度国家美术作品收藏和捐赠奖励项目名单的通知（办艺函〔2017〕109号）。

5月4日至9日，“求古寻论——李凤龙中国画展”在北京画院美术馆举行。

5月4日至17日，“醉写山河——张善平美术作品展”在中国美术馆举行。

5月6日，“南风北韵——郭志光艺术作品展”在中国国家博物馆举行。

5月6日至7月26日，“故宫博物院藏四僧书画展”在故宫博物院举行。

5月7日至14日，“岩彩的从容与担当——四川省首届岩彩画·壁画展暨四川省美术家协会岩彩画·壁画专业艺术委员会成立展”在四川美术馆举行。

5月7日至8月31日，“从莫奈到苏拉热——西方现代绘画之路（1800—1980）”开幕式在清华大学艺术博物馆举行。

5月8日，“丝路·敦煌壁画精品艺术展”在奥地利维也纳联合国大厅举行。

5月8日至25日，“开放的西美——2017届硕士研究生毕业展”在西安美术学院西部美术馆举行。

5月9日，“中国国家画院一带一路主题美术作品展”在中国国家画院美术馆举行。

5月10日，2017中央美术学院毕业季正式启动。

5月10日至29日，清华大学“2017届硕士研究生毕业作品展”在清华大学艺术博物馆举行。

5月11日至15日，“《西迁赞歌东情路》东北地区西迁民族美术作品北方六省巡展”在辽宁美术馆举行。

5月12日至21日，“还淳返朴——武永年艺术展”在中国美术馆举行。

5月12日至21日，“文化传承　丹青力量——中国艺术研究院中青年艺术家系列展：桑火尧、杨涛”在中国美术馆举行。

5月13日，美术家林丰俗因病在广东省广州市逝世，享年79岁。

5月13日至21日，“时代印迹——河南省美术馆馆藏版画作品展暨20世纪河南美术史研究阶段性成果展”在中国美术馆举行。

5月13日至7月2日，“立陶宛艺术：透过风景的思考”展览在中国美术馆举行。

5月14日至6月18日，“华彩丹青一甲子——北京画院六十年”展览在北京画院举行。

5月15日，中国画家宋雨桂因病在辽宁省沈阳市逝世，享年78岁。

5月15日，“中国美术家协会版画、平面设计、服装设计、实验艺术委员会换届大会”在北京会议中心举行。

5月17日至24日，“绘心艺魂——黎冰鸿艺术回顾展”在中国美术馆举行。

5月17日至6月27日，“我们在 我们将——2017湖北美术学院本科生毕业作品联展”在湖北美术学院举行。

5月18日，民间美术研究专家王海霞因病在北京逝世，终年53岁。

5月18日至24日，“中国精神·中国梦——全国农民画创作展”在中国美术馆举行。

5月18日至29日，“笃真·寻境——美术学院写实油画创作与教学研究展”在首都师范大学举行。

5月18日至6月15日，“斑驳线色——厄瓜多尔绘画艺术展”在江苏省美术馆举行。

5月20日，美术家孙见光因病在广西壮族自治区南宁市逝世，享年90岁。

5月20日，“第二届陕西省山水画论坛及提名展”在西安交通大学城市学院举行。

5月21日至31日，“中国梦·丝路情——陕西省第四届中国花鸟画展”在陕西美术馆举行。

5月21日至7月2日，“时代渐强音：2017王式廓奖暨今日中国当代艺术家提名展”在北京今日美术馆举行。

5月22日，“在花园——天津美术学院2017毕业季”在天津美术学院启动。

5月23日，“中国精神　中国梦：美丽乡村行——写生采风作品展”在中国文艺家之家展览馆举行。

5月23日，“艺术与和平——中国当代美术作品展”在意大利罗马举行。

5月23日至6月23日，“江南如画——中国油画作品展（2017）”在江苏省苏州美术馆举行。

5月24日至6月4日，“水色有痕——范保文艺术回顾展”在中国美术馆举行。

5月25日至6月4日，“文化传承　丹青力量——中国艺术研究院中青年艺术家系列展：姜波、郅敏”在中国美术馆举行。

5月27日，文化部办公厅印发关于公布2017年全国美术馆馆藏精品展出季活动目录的通知（办艺函〔2017〕135号）。

5月27日，文化部办公厅印发关于公布2016年度全国美术馆优秀项目评选结果的通知（办艺函〔2017〕136号）。

5月27日至6月5日，“吴门馨风——张继馨画展”在中国美术馆举行。

5月27日至6月17日，“2017首届中国城市公共艺术展”在北京今日美术馆举行。

5月27日至7月15日，“征候与变革——中东欧当代艺术展”在广东美术馆举行。

5月28日，“一带一路丝路文化与艺术大展”在北京雁栖湖国际会展中心举行。

5月28日至6月4日，“风骨有相——朱振庚艺术展”在中国美术馆举行。

5月28日至8月28日，“‘复制时代’——安迪·沃霍尔艺术展”在北京山水美术馆举行。

5月31日至6月30日，“非线性现实——白俄罗斯现代版画、水彩、素描作品展”在清华大学艺术博物馆举行。

6月1日至30日，“红色记忆——黑龙江省美术馆馆藏经典版画作品展”在黑龙江省美术馆举行。

6月2日至11日，“周韶华捐赠作品展暨周韶华艺术研究所揭牌仪式”在中国国家画院美术馆举行。

6月2日至12日，“百年湖社——天津湖社展览”在天津美术馆举行。

6月2日至22日，“开放的六月——2017四川美术学院毕业创作/设计展”在四川美术学院举行。

6月3日至18日，“天工开悟——当代公共艺术主题展”在北京中华世纪坛举行。

6月8日至18日，“时代质感——四川美术学院作品展”在中国美术馆举行。

6月9日至7月9日，“申少君艺术展”在中国国家博物馆举行。

6月10日至15日，“鄂博情深——新疆采风写生创作展”在湖北省美术院美术馆举行。

6月12日至7月10日，“时和岁丰——中国艺术研究院研究生院二十四节气主题艺术展”在中国艺术研究院举行。

6月13日至18日，“新中国美术家系列——云南省国画作品展”在中国国家画院美术馆举行。

6月16日，“2017第四届中国青年版画展”在贵阳美术馆举行。

6月17日至9月3日，“伦勃朗和他的时代——美国莱顿收藏馆藏品展”在中国国家博物馆举行。

6月20日至30日，“学而不厌——杨成寅纪念展”在中国美术学院美术馆举行。

6月20日至30日，“美丽广西·七彩云南——广西、云南美术作品展览”在广西美术馆举行。

6月20日至7月1日，第七届云南省中国画大展（青年作品展）在云南美术馆举行。

6月21日至7月4日，“文脉传薪——2017中国写意油画学派名家研究展”在中国美术馆举行。

6月22日至7月9日，“天工开物——中国美术学院东方版画工作展”在北京画院美术馆举行。

6月23日至30日，“八十述怀——苏高礼新作展”在中央美术学院美术馆举行。

6月23日至7月4日，“庆祝香港回归祖国20周年——全国中国画作品展”在中国美术馆举行。

6月25日至7月3日，“不朽的胡杨——周尊圣胡杨作品专题画展”在新疆国际会展中心举行。

6月27日至7月21日，“庆祝香港回归祖国二十周年　关山月美术馆建馆二十周年系列学术展”在深圳市关山月美术馆举行。

6月27日至8月27日，“共美其香——宗其香百年诞辰纪念展”在中央美术学院美术馆举行。

6月28日至7月4日，“风情丝路　彩墨香江——香港回归20周年当代名家作品展”在香港中央图书馆举行。

6月28日至7月2日，“悲鸿精神——第二届全国中国画作品展”在江苏省美术馆举行。

6月28日至7月20日，“国艺昌硕——吴昌硕绘画作品展暨中国写意绘画名家邀请展”在浙江展览馆举行。

7月2日至8日，“中国艺术研究院研究生2017年度毕业作品展”在北京炎黄艺术馆举行。

7月3日至7日，“第六届西部少数民族青年美术家高研班写生作品展”在中央民族大学美术馆举行。

7月3日至16日，“庆祝香港回归祖国20周年——云南省花鸟画作品展”在云南美术馆举行。

7月3日至9月15日，“实践的力量——第八届中国当代版画文献展”在江苏省金陵美术馆举行。

7月5日（当地时间），“感知中国·最美中国人——中国美术作品展”在德国柏林举行。

7月5日至8月5日，“高怀云岭——范曾八秩之庆艺文展”在中国国家博物馆举行。

7月6日至29日，“边界——中国当代油画建构与转换研究展（馆藏）”在江苏省美术馆举行。

7月6日至8月13日，“观看的立场——郭绍纲、王肇民、冯健辛与新中国艺术造型的探索”展览在广州美术学院美术馆举行。

7月12日至18日，“新海派　新徽派——中国画名家邀请展”在上海市文学艺术界联合会展厅举行。

7月12日至22日，“吞吐大荒——许钦松山水画展”在陕西省美术博物馆举行。

7月12日至8月13日，“心曲人间——黄新波艺术研究展”在北京画院美术馆举行。

7月14日至19日，“凡华·丽影——当代少数民族女性题材（中国画）美术作品全国巡展　北京展”在北京民族文化宫举行。

7月14日至23日，“其命惟新——广东美术百年大展”在中国美术馆举行。

7月15日至8月10日，“中国精神：第四届中国油画展——真像·当代中国写实油画的新发展研究”在中国艺术研究院中国油画院举行。

7月20日至30日，“垂范百世‘辽宁好人’连环画展”在辽宁美术馆举行。

7月21日至25日，“新中国美术家系列——青海省国画作品展”在中国国家画院美术馆举行。

7月21日至8月6日，“纪念建军90周年上海油画雕塑院现实主义创作研究系列展”在上海油画雕塑院美术馆举行。

7月21日至8月31日，“杜大恺水墨作品展”在清华大学艺术博物馆举行。

7月26日至8月15日，“纪念八一南昌起义暨建军90周年·中国（南昌）军事美术作品展”在江西省美术馆举行。

7月28日至8月9日，“庆祝中国人民解放军建军90周年全国美术作品展览暨第13届全军美术作品展览”在中国美术馆举行。

7月28日，“第二十二届全国版画作品展”在内蒙古自治区通辽市举行。

7月31日，漫画家缪印堂因病在北京逝世，享年82岁。

7月31日，美术家傅二石因病在江苏省南京市逝世，享年81岁。

8月1日至30日，“美术菁英在深圳——现代书画艺术大家创作影像纪实暨典藏作品展”在深圳美术馆举行。

8月4日至30日，“放歌草原　载梦中国：庆祝内蒙古自治区成立七十周年——内蒙古美术馆开馆系列展”在内蒙古美术馆举行。

8月4日至27日，“首届中国（宁波·北仑）青年漆画大展”在浙江省宁波美术馆举行。

8月6日至12日（当地时间），“融合——庆祝中德两国建交45周年中德艺术家作品展”在德国杜塞尔多夫自由绘画学院举行。

8月10日至19日，“梦里依稀——庄弘醒水彩画艺术展”在中国美术馆举行。

8月12日至20日，“文化传承　丹青力量——中国艺术研究院中青年艺术家系列展：张见、高茜”在中国美术馆举行。

8月12日至20日，“亦幻亦真——李老十诞辰六十周年艺术回顾展”在中国美术馆举行。

8月13日至20日，“锦绣中华——当代新徽派版画作品展”在中国美术馆举行。

8月13日至21日，“墨韵河山——伍霖生艺术展”在中国美术馆举行。

8月17日至31日，“庆祝内蒙古自治区成立70周年：中国梦·2017艺术草原——全国中国画、油画作品展”在内蒙古自治区呼伦贝尔举行。

8月18日至20日，“第五届古代墓葬美术研究国际学术会议”在美国芝加哥大学北京中心举行。

8月18日至9月18日，“银川对话——2017中国·英国版画作品联展暨中国·英国艺术家对话”在宁夏回族自治区银川市举行。

8月19日，文化部办公厅印发关于2017年动漫企业认定工作有关事项的通知（办产函〔2017〕190号）。

8月20日，“中国国家画院国家当代艺术档案库揭牌仪式暨理事会学术委员会推荐展”在北京举行。

8月22日，文化部办公厅印发关于公布2017年全国美术馆青年策展人扶持计划评选结果的通知（办艺函〔2017〕195号）。

8月22日至31日，“陈钧德绘画艺术展”在中国美术馆举行。

8月24日至9月1日，“北京重大历史题材美术作品展”在中国美术馆举行。

8月24日至9月1日，“天唱地和——中国自然之声油画艺术研究院第三届中国风景油画邀请展”在中国美术馆举行。

8月25日至9月3日，“逐梦·威海卫”2017全国中国画作品展在山东省威海佳润美术馆举行。

8月25日至9月26日，“孤帆一片日边来——吴湖帆文献展”在上海油画雕塑院美术馆举行。

8月28日至9月5日，“第九届中国体育美术作品展”在天津美术馆举行。

8月29日至9月3日，“喜迎党的十九大——‘光辉历程’吉林省美术作品展”在吉林艺术学院举行。

8月29日至9月24日，“重庆造——木刻版画中的工业景象展”在重庆美术馆举行。

8月29日至11月28日，“青藤白阳——陈淳、徐渭书画艺术特展”在南京博物院举行。

8月31日至10月15日，“吾身通明——杨可扬艺术特展”在浙江美术馆举行。

9月1日至10月15日，“合作·共赢——一带一路国际版画邀请展”在保加利亚国家美术馆举行。

9月1日至10月31日，“继往开来——新徽派版画艺术研究展”在安徽省合肥市举行。

9月2日，“硝烟中走出的人民艺术家——李少言作品文献展”暨《烽火淬铁刀，德馨塑画坛——

李少言作品文献集》图书首发式在四川美术馆举行。

9月2日至18日，“花间逸趣·当代花鸟画教学研究系列展”在广州美术学院大学城美术馆举行。

9月6日至15日，“何香凝艺术名作展”在日本东京举行。

9月6日至17日，“首届全国雕塑艺术大展”在中国美术馆举行。

9月6日至22日，“开放的语言——2017广东雕塑邀请展”在广州美术学院美术馆举行。

9月6日至12月5日，“赵孟頫书画特展”在北京故宫博物院举行。

9月7日，“第五届中国长春世界雕塑大会”在吉林省长春市开幕。

9月7日，“丝路精神·时代丹青——第四届今日丝绸之路国际美术邀请展”在陕西省美术博物馆举行。

9月7日，“第四届今日丝绸之路国际美术邀请展”在陕西省美术博物馆举行。

9月7日至10月8日，“能量转化——中国雕塑学会成立二十五周年书法、绘画、摄影作品展”在吉林省长春市举行。

9月10日，“四川省雕塑学会第一次会员代表大会”在四川省成都市举行。

9月12日至17日，“‘迎庆党的十九大——歌唱祖国、礼赞英雄’主题创作成果展”在中国文艺家之家展览馆举行。

9月12日至10月8日，“其香异彩·宗其香百年诞辰纪念展”在江苏省美术馆新馆举行。

9月12日至10月20日，“心智地图的异像——马库斯·吕佩尔茨在中国”“俯仰天地——周韶华”双个展在湖北美术学院美术馆举行。

9月14日，“红船颂——浙江省迎接党的十九大美术作品展览”在浙江美术馆举行。

9月15日至19日，“首届‘白山黑水·美丽四平’全国中国画作品展”在吉林省四平市举行。

9月15日至12月14日，“千里江山——历代青绿山水画特展”在故宫博物院举行。

9月16日，“奋进辽宁　江山如画——喜迎十九大辽宁重大历史文化题材美术创作工程作品展”在辽宁美术馆举行。

9月16日至10月20日，“扎根人民——湖北省美术院院藏精品展”在湖北省美术院美术馆举行。

9月16日至10月22日，“水彩·初心——陈希旦艺术作品展”在上海中华艺术宫举行。

9月17日至10月7日，“文心雕龙——上海山水画邀请展”在上海中华艺术宫举行。

9月19日至24日，“艺术为人民——鲍加油画作品展”在中国文艺家之家展览馆举行。

9月19日至25日，“江南意蕴——2017江苏油画展”在江苏省现代美术馆举行。

9月20日，“赤子之心——司徒乔、司徒杰艺术展”在上海中华艺术宫举行。

9月20日至10月10日，“第三届‘朝圣敦煌’全国美术作品展”在甘肃省敦煌市举行。

9月22日（当地时间），“中国写意——来自中国美术馆的艺术”在希腊雅典国家当代美术馆（EMST）举行。

9月22日至10月12日，“首届全国美术教育教师作品展览”在四川美术学院美术馆举行。

9月22日至10月29日，“第十届中国西部大地情——中国画、油画作品展”在内蒙古包头美术馆举行。

9月22日至10月29日，首届“凤凰艺术年展”在湖南省凤凰古城举行。

9月23日至10月29日，“第三届全国青年水彩画展览”在山东美术馆举行。

9月23日至11月23日，“‘曾竹韶雕塑艺术奖学金’2017年度获奖与入围作品展”在山西省大同市举行。

9月23日至12月30日，“2017年全国中国画作品展——当代中国画的创作生态与时代走向”在上海青渚美术馆举行。

9月24日至10月15日，“丝路与世界文明——2017·第七届中国北京国际美术双年展”在中国美术馆举行。

9月25日至10月8日，“精谨圆融——王培波教授艺术回顾展”在清华大学美术学院美术馆举行。

9月26日至10月8日，“万年浦江·全国中国画人物作品展暨浦江·第十届中国书画节”在浙江省浦江县举行。

9月26日至10月13日，“纸上·2017——中央美术学院教师作品展”在北京时代美术馆举行。

9月26日至10月22日，“中国艺术研究院中国油画院建院十周年庆典暨建院十周年特别展”在中国艺术研究院中国油画院举行。

9月26日至12月15日，“月是故乡明——潘玉良艺术作品展”在江苏省美术馆举行。

9月28日至10月8日，“2017云南省美术作品展”在云南省昆明市博物馆举行。

9月28日至10月25日，“笔墨淡彩新语境——李翔中国画展”在山东美术馆举行。

9月30日，文化部办公厅印发中国文化艺术政府奖动漫奖评奖办法的通知（办产发〔2017〕10号）。

10月1日至10日，第三届“般若光华——中国古代唐卡艺术大展”在上海图书馆举行。

10月1日至2018年4月20日，“无边诗境入画来——傅抱石古人诗意画展”在南京博物院艺术馆举行。

10月6日至11月6日，“西南中国：茁壮生长的力量——四川美术学院教师作品展”在德国柏林中国文化中心举行。

10月10日，“志同道合——‘一带一路’大型俄罗斯油画作品展”在哈尔滨美术馆举行。

10月10日至29日，“最美中国人——庆祝中国共产党第十九次全国代表大会胜利召开大型美术作品展”在中国国家博物馆举行。

10月11日至16日，“向人民汇报——十位中青年美术家‘深入生活、扎根人民’主题实践活动作品展”在北京炎黄艺术馆举行。

10月13日，“感知中国——中国当代著名美术家作品展”在加拿大多伦多大学图书馆举行。

10月14日至28日，“2017学院本色——美术学院学生作品展”在清华大学美术学院美术馆举行。

10月14日至11月15日，“丝路拾珍：敦煌文化艺术展——敦煌壁画艺术精品高校公益巡展”在西北大学博物馆举行。

10月15日至11月10日，“张仃百年诞辰纪念展”在清华大学艺术博物馆举行。

10月16日，“砥砺奋进中的五年——中国国家画院发展成果文献展（2013—2017）”在中国国家画院美术馆举行。

10月16日，漫画家苗地因病在北京逝世，享年91岁。

10月17日至11月6日，“2017中国国家画院‘一带一路’采风写生作品展”在北京时代美术馆举行。

10月18日至26日，“叙·事——中国重点美术院校油画教学联展暨2017年油画系联盟教学会议”在鲁迅美术学院美术馆举行。

10月18日至30日，“第八届浙江花鸟画展”在杭州画院美术馆举行。

10月19日至29日，“彩云飘过——金田绘画作品展”在中国美术馆举行。

10月20日至29日，“混沌的光亮——刘巨德艺术作品展”“寻归自然——钟蜀珩绘画作品展”“画我所要——戴士和2017油画写意展”在中国美术馆举行。

10月20日至29日，“塑痕·中国记忆——白俄罗斯谢尔盖·谢利哈诺夫和康斯坦丁·谢利哈诺夫雕塑展”在中国美术馆举行。

10月20日至11月19日，“再聚焦：第二届深圳当代艺术双年展——城市（是）美术馆”在广东省深圳市举行。

10月24日至12月17日，“白俄罗斯国家美术馆典藏精品展”在中国美术馆举行。

10月25日，“绘画的精神：蔡国强在普拉多”在西班牙国立普拉多美术馆举行。

10月25日至11月5日，“庆祝党的十九大胜利召开——四川省美术书法摄影主题展”在四川省成都市举行。

10月26日至30日，“第二十届（2017）西湖艺术博览会”在浙江省杭州市举行。

10月28日至11月5日，“妥木斯油画工作室作品展”在中国艺术研究院中国油画院举行。

10月28日至11月28日，“高原·高原——第六届中国西部美术展中国画年度展开幕暨颁奖仪式”在陕西省美术博物馆举行。

10月30日，文化部办公厅印发关于开展中国文化艺术政府奖第三届动漫奖评选工作的通知（办产函〔2017〕235号）。

10月31日至11月12日，“绘事后素——赵胥作品展”在北京画院美术馆举行。

10月31日至11月15日，“百年交响——上海外滩百年历史变迁油画作品展”在上海刘海粟美术馆举行。

10月31日至11月23日，“关山无限——纪念关山月诞辰105周年作品展”在中国国家博物馆举行。

11月2日至12日，“灵山秀水——刘云中国画作品展”在中国美术馆举行。

11月2日至12日，“我这60年——李秀实艺术回顾展”在中国美术馆举行。

11月2日至12日，“永恒的情怀——陆庆龙绘画作品展”在中国美术馆举行。

11月3日，“中央美术学院中国传统造型研究中心揭牌仪式”在中央美术学院举行。

11月3日至26日，“沧海一粟——刘海粟艺术展”在中国美术馆举行。

11月3日至2018年3月31日，“海上画派绘画艺术特展”在南京博物院艺术馆举行。

11月4日，“（全国）教育书画协会高等美术教育学会成立大会”在清华大学举行。

11月4日至12月17日，“庆祝改革开放四十周年——山东油画作品展”在山东美术馆举行。

11月5日至24日，“2017中国写实画派十三周年展”在北京举行。

11月5日至12月15日，“臻品·大师原作展——2017巴比松画派作品展暨2018毕加索作品预展”在北京中华世纪坛艺术馆举行。

11月7日至19日，“2017第五届湖北美术节暨第三届湖北国际当代艺术节”在武汉大学举行。

11月10日，广州美术学院中国近现代美术研究所在广州美术学院美术馆揭牌。

11月10日至17日，“大美齐鲁——山东青年美术作品晋京展”在北京民族文化宫举行。

11月11日至2018年1月30日，“回望云峰——中国美术馆馆藏赵望云作品巡展”在上海中华艺术宫举行。

11月11日，“纪念叶浅予先生诞辰110周年——‘潇洒桐庐’全国中国画作品展”在浙江省桐庐县开幕。

11月11日至19日，“在路上·2017：中国青年艺术家（媒体艺术）作品提名展暨青年批评家论坛”在深圳市关山月美术馆举行。

11月11日至20日，“空·间的凝视——任哲油画作品展”在中国艺术研究院中国油画院举行。

11月11日至30日，“尽我所能——徐青峰绘画艺术作品展”在中国艺术研究院中国油画院举行。

11月16日至30日，“色彩中华——2017·中国百家金陵画展（油画）”在江苏省美术馆举行。

11月16日至12月7日，“第十三届广东省艺术节优秀美术作品展”在广东美术馆举行。

11月16日至12月7日，“追远历新——广东美术馆建馆二十周年作品展”在广东美术馆举行。

11月16日至2018年4月15日，“容量与张力——2017上海国际版画展”在上海中华艺术宫举行。

11月17日至26日，“美在新时代——庆祝‘十九大’胜利召开中国美术馆典藏精品特展”在中国美术馆举行。

11月18日至26日，“莲莲吉庆——饶宗颐教授荷花书画巡回展”在中国美术馆举行。

11月20日至2018年1月1日，“苏州美术馆建馆九十周年大展——颜文樑文献展”在江苏省苏州美术馆举行。

11月21日至2018年4月30日，“回归·重塑——布德尔与他的雕塑艺术”展在清华大学艺术博物馆举行。

11月22日至12月7日，“女性与时代·百年中国女性艺术大展——迈向新时代”在中国妇女儿童博物馆举行。

11月23日至12月17日，“第九届上海美术大展开幕式暨第五届白玉兰美术奖颁奖仪式”在上海中华艺术宫举行。

11月23日至2018年1月11日，“2017中国（厦门）漆画展”在福建省厦门市举行。

11月24日，“江山如此多娇——当代中国美术的文心与诗意”在上海中华艺术宫举行。

11月25日，“美术史在中国——中央美术学院美术史学科创立六十周年国际学术研讨会暨第十一届中国高等院校美术史学年会”在中央美术学院美术馆举行。

11月25日至12月20日，“2017第八届中国嘉兴国际漫画双年展”在浙江省嘉兴市举行。

11月27日至12月2日，“新时代 新征程——齐鲁画风山东中国画大展”在中国国家画院美术馆举行。

11月29日至12月10日，“本体与重构——四川美术学院漆艺术展”在中国美术馆举行。

11月29日至12月10日，“行进之力——广州美术学院水彩画传承谱系展”在中国美术馆举行。

11月30日，“纪念李可染诞辰110周年——墨天神境·李可染最后十年作品展”在中国国家博物馆举行。

11月30日至12月10日，“为画而生——宗其香百年诞辰艺术展”在中国美术馆举行。

11月30日至12月10日，“回眸六百年——从明四家到当代吴门绘画特展”在中国美术馆举行。

12月2日至29日，“中国精神：第四届中国油画展（第三区段）抽象——当代中国非具象油画艺术展”在北京今日美术馆举行。

12月4日，中国艺术研究院岩画研究院在北京中央文化管理干部学院揭牌成立。

12月5日至7日，“集善仁美 共享芬芳——中国·成都首届全国残疾人书画名家精品展”在四川美术馆举行。

12月6日，油画家胡悌麟因病在广东省深圳市逝世，享年83岁。

12月8日至2018年2月25日，“世纪刻痕——王琦百年诞辰研究展”在中央美术学院美术馆举行。

12月12日至22日，“河山如画图——中国美术家协会河山画会成立三十周年艺术展”在北京举行。

12月13日，文化部办公厅印发关于公布2017年全国美术馆馆藏精品展出季优秀项目名单的通知（办艺函〔2017〕265号）。

12月13日，美术家袁运甫因病在北京逝世，享年84岁。

12月13日至22日，“写意中国——2017中国国家画院年展（国画、书法篆刻）”在中国国家画院国展美术中心举行。

12月14日至24日，“全国大学生美术作品展”在中国美术馆举行。

12月14日至24日，“时代精神——西安美术学院作品展”在中国美术馆举行。

12 月 15 日至 2018 年 3 月 4 日，“巡回展览画派——俄罗斯国立特列恰科夫美术馆珍品展”在上海博物馆举行。

12 月 15 日至 2018 年 4 月 26 日，“首届全国动漫美术作品展览”在广东省博物馆举行。

12 月 19 日至 24 日，“岁月如歌 · 河南省老艺术家美术作品展——陈天然国画作品展”在河南省文学艺术界联合会举行。

12 月 20 日至 2018 年 2 月 25 日，“桃李桦烛——李桦诞辰一百一十周年纪念展”在中央美术学院美术馆举行。

12 月 23 日至 2018 年 1 月 3 日，“金石有声——洪涛雕塑邀请展”在中国美术馆举行。

12 月 25 日至 2018 年 1 月 14 日，“新中国美术家系列——中国国家画院国画作品展”在北京时代美术馆举行。

11 月 26 日，油画家哈孜 · 艾买提因病在新疆维吾尔自治区乌鲁木齐市逝世，享年 84 岁。

12 月 27 日至 2018 年 1 月 2 日，“我的十年——‘写意中国’2017 中国国家画院雕塑院研究员文献展”在中国国家画院国际展览中心举行。

12 月 27 日至 2018 年 1 月 7 日，“第七届大家之路——中国画作品展”在中国美术馆举行。

12 月 28 日至 2018 年 1 月 7 日，“走 · 形——肖芳凯绘画艺术展”在中国美术馆举行。

12 月 28 日至 2018 年 1 月 8 日，“翰墨书盛世 丹青颂华章——多彩贵州大型书画作品展”在中国美术馆举行。

12 月 29 日至 2018 年 1 月 4 日，“写意中国——2017 中国国家画院青年画院中国画作品展”在中国国家画院美术馆举行。

12 月 29 日至 2018 年 1 月 12 日，“行走川滇——南方丝绸之路文化交流展”在四川美术馆举行。

中国艺术年鉴·2018

+

摄影卷

+

分卷主编：顾骁瑾

年度述评

2017年度中国摄影发展研究报告

◎ 李树峰　王保国　阳丽君

2017年中国摄影艺术的发展，整体表现为发展中的延续、探索中的沉潜和进步中的积淀。其中理念上的反思、创作上的踟蹰、影像价值上的追寻，状态都比较显著；展览交流活动十分活跃，但令人耳目一新的新作、巨作鲜见，主题深刻的展览也不多，各种问题、现象都是前几年问题的延续、发展。本报告系统梳理为以下几个部分。

一、现象与热点

（一）摄影实现大众化和日常化

摄影实现大众化和日常化，摄影行业技术垄断被破除，影像成为人类在声音、文字之外的第三种工具，影像生产力获得进一步解放。

在传统社会里，有两种人着重使用摄影的话语权：一是记者，他们依靠新闻媒体的优势，以自身的视角和意识形态选择现实世界的切片呈现给公众，公众的观看已经是被过滤后的二度观看；二是照相馆的摄影师，他们以时代流行的款式装扮人，给出特定社会环境下的人类肖像，塑造时代性的审美趣味。由于技术的壁垒，一般公众被排斥在外。近5年来，微单相机技术的进步和手机照相功能的强化使摄影人人可为，少数人操弄摄影的时代一去不复返。

由于获取影像自动化、机型袖珍化、存储便捷化的实现，相机已经成为与笔一样的东西，发挥着记录和表达情感的双重功能，使影像成为人类声音、文字之后的第三种工具。“大众拍大众，百姓拍百姓”，可以说是这个时代的鲜明特征。“为大众拍、大众拍、拍大众”，酝酿着新的视觉风暴。“为大众拍”突破了传统摄影为特定群体或领域服务的局限；“大众拍”冲破了专业摄影人的行业垄断；“拍大众”使过去有意和无意之间被遮蔽的事物进入了视野，在影像记录和传播的平台上，社会上下层之间拉得更平，有了更多的对话和沟通机会。

手机影像每天有难以计数的生产量，而且其中可以遴选出非常多品相够格、角度别致、富有亲切感和活力的，延伸到私人领域或记录突发事件的影像，这些影像可以放大制作展品，达到为业界所接受的标准。更令人吃惊的是，在全世界媒介传播上，影像传播便捷化发展到按键即可，发送就意味着传播。影像大众化就是影像的民主化，对于影像的垄断和用影像述说的权利再也无法被少数人掌握和拥有。

在这样的发展态势下，摄影活动的依托形式也从传统政府体制向各种民间社会形式延伸。与网站相结合的社会化摄影团体，如东北风摄影网站、火烈鸟摄影网站、蜂鸟摄影网站等，在当地的摄影人中形成了公信力，具有相当的组织能力。与报社大批摄影部被撤销、摄影记者被裁减的情况相反，非职业的摄影爱好者大量增加，形成了上千万、各有偏好的庞大摄影群体。

大众化、日常化摄影时代的多元生态，有生生不息的动力；现实与影像双重世界的存在增加了我们的视觉负载；大众的多方位、多角度观看已经实现；而艺术，永远是树立在我们前方的一个目标，它在生活之上，给自身重新定位并写出标准。

“神圣化”与“日常化”是艺术走向的两极。在艺术领域“审美日常生活化”的同时，社会也在实现“日常生活审美化”，这是网络信息时代形成的特征。在手机摄影中，大众化的日常视觉审美比比皆是，几乎达到凡观皆有审美的程度。反过来，作为建立起经典和规范的“摄影式观看”方式越来越多地融进了日常视觉。这真是一个妙不可言的时代，任何“别致”的观看成果都能被记录和保存，我们日常生活中的期盼之一就是能够遇到“别致”的观看。在这样的时代，视觉素养已经成为文化素养的主要组成部分，可以通过“摄影式观看”获得训练，得到提高。

（二）自媒体大量涌现，微信成为影像传播的日常途径

2014 年之后社会媒体最显著的变化是自媒体蓬勃发展。自媒体（英文名称为 We Media）是指公民个人以私人身份自主传播的媒体。与传统纸媒相比，自媒体一般没有规定的出版周期，内容整散不一，可以随时互动，极为快捷，运营成本很低。因以上特点，自媒体成为大众喜爱的最新媒体，其中着力经营内容者成为公众关注热点，也形成品牌效应和聚集群落。

微信在近四年内成为影像传播的日常途径。在手机微信中，影像占据内容的比值越来越大。人们随时随地在微信中发布自己拍摄的照片，微信圈里的人可以随时随地回应，给予评价和转发。微信的主要特点，一是作为单个原子的个人具有了面向全世界发布信息的权利，让个人话语权获得爆炸式的释放，极大地冲击着原本具有话语独占权的传统媒体；二是发布者与终端接受者直接接通，相互反馈，形成实时对话，所有中间环节被省略；三是传播速度以秒计算，微信圈里的人都在信息高速公路上，纸媒发行的传统方式遭受替代性的打击；四是人们借助微信结成了不同的圈子，产生了新的社会组织，这些圈子以职业、工作、爱好、乡缘、同学、战友等为纽带结成，处于流变状态，仿佛涟漪，有波动传递，也有相互交叉影响，作用十分复杂。

从摄影业界看，以微信圈为基础的摄影组织纷纷出现，有的是地域性的摄影组织的信息平台，有的是新结成的摄影同道部落，有的是以现实商业目标为基础结成的部落，情况多样。这样的微信部落和群体，一方面让人类进化到虚拟世界的个人原子状态，现实生活中单个人需要分子般的聚合（家庭、单位、社区、民族等）才能生存，而在虚拟世界里却有另外的聚合方式，而且比较自由；另一方面，虚拟世界的聚合也会对现实世界形成影响，这样的交流也能够促进摄影艺术的发展。

（三）无人机航拍成为热门，“鸟瞰”成为常见观看方式

飞机航拍或动力伞、热气球航拍历史不短，但因为耗资大、高度和灵活性难以控制及安全问题，一直无法普及。随着旋翼无人机的出现和应用，无人机摄影逐步实现。自《中国摄影家》杂志 2014 年在山东邹城首次举办无人机航拍大赛后，无人机摄影迅速为摄影业界所接受和推广，以至于到 2015 年下半年，在全国每一个省份，都能听到无人机航拍的故事和看到相关作品。一个职业的地理或风光摄影师没有无人机会被人认为是一种缺憾，一个广告摄影师或项目摄制组会因为没有无人机航拍而自卑。与此同时，不断出现无人机摄影没有在航空部门获得批准而惹出事端的新闻报道，由此可见无人机航拍的热度。无人机航拍让在地面直视的人能够运用宏观全景视角来观看事物，并且以灵活的高度调整和在小空间里多角度俯视、平视，使对地表存在的横向延展的事物、纵向耸立的事物，都有了更加全面和各个高度上生动、真切的认识，这是人类认识手段方面一个显著的进步。当然，目前无人机摄影存在不少应当改进的地方，如空管部门的支持与制度确立、培训与实施中的技术改进等，虽然已经有不少铺垫，但仍然需要进一步加大支持力度和管理力度。

（四）摄影艺术创作在理念和方法上多元裂变趋势更加显著

1. 传统的风光摄影裂变为两个方向的摄影：自然地理摄影和艺术化的风光摄影

风光摄影分化的一个方向，是自然地理摄影。21 世纪以来，特别是 2010 年以后，“中国人看世界”形成风潮，很多摄影人创作了观看一个个国度、一个个地域的成套作品，即使如南北极、南亚、非洲、南美洲这样的地域，也有很多中国摄影人活跃其间。到 2017 年，这样的作品集有近千种，大都以认知为目的，以艺术作为副线。在这样的格局下，中国风光摄影更多地超越了画意摄影局限，走向了自然地理摄影。

风光摄影分化的另外一个方向，是艺术化的风景摄影成批出现。这其中又有不同类型：第一种类型是在传统诗情画意的道路上继续前行的人，他们试图对现实景象不断“大写”、提纯，或在数字技术上达到比传统黑白更加纯净的意境；第二种类型是在现实中采集影像素材，通过后期合成，生成新的视觉。在这个方向上着力的人很多，也产生不少令人耳目一新的作品，但此类作品一般属于平面设计类影像。特别值得关注的是被称为“景观摄影”的一类作品。这是借用约翰·伯格（John Berger）的中心概念命名的一类作品。中国这类摄影作品主要有五个特征：一是把镜头对准当下自然环境遭受破坏的现实；二是“零度”的拍摄态度，保持冷静，不刻意赞美也不故意贬斥；三是拍摄方法采取归纳法，发现和摄取同类现象；四是在呈现方式上把异质同构的景观并置；五是艺术效果，虽然拍摄时尽可能不动声色，但展示后的效果是批判和警醒。

2. 新闻摄影仍在向前发展，影像常常诞生于非职业记者，影像谬传现象越来越多

对于新闻摄影来说，在场是最重要的，距离事发原点越近越好。而专业记者听闻后赶去的“马后炮式”的拍摄往往拍不到事发时的震撼力，现在只要有人在场，只要有手机，随时都可以拍摄。在近几年的反腐斗争中，很多腐败官员的犯罪情节都是由照片或视频揭发出来的，影像成为第一证据。2013 年后，在网络上点击率最高和传播面最广的照片，大都是在现场的人拍摄的，职业记者受到了强烈的现实挑战。

与此同时，新闻照片在传播过程中经常发生谬传和被歪曲的现象，因为要弄清事件真相，就需要做深入的实地调查。对互联网时代的传播生态，公众越来越清醒地认识到以完整的证据链去伪存真。这两个方面对不同的媒体提出了更高的要求。

3. 纪实摄影在普及

老一辈纪实摄影家在各自专题基础上不懈努力，延伸拍摄，继续撑开作品的时间跨度，有代表性的摄影家如朱宪民、王文澜、解海龙、王福春等。传统的纪实摄影关注对象在扩大，全国各地有很多专心拍摄专题的人，勤勤恳恳盯在自己驻扎地的日常记录和变迁上，发挥着积累历史文献的文化作用。另外，主观性更强的纪实摄影逐步增多，出现了很多不为社会代言，站在个体自然人的角度，拍摄自己周边人物的私生活、夜生活、“野”生活、琐碎生活的人。从文化进步的角度来看，从单一的宏大叙事到增加一些人拍摄凡人琐事，从对社会历史的记录角度也可以看成是某个方面的进步，因为对平凡、微观的日常生活进行灵活的变式观察，有利于接近历史的真实。就像在正史之外，还有笔记小说、稗官野史一样，这些笔记和野史，可以作为正史的补充。影像记录的方式，也在呈现着一般的历史学、社会学规律。

4. 艺术摄影的范畴在扩大，影像艺术的界限更加模糊

艺术摄影作为摄影的一大类别，很久以来一直在画意摄影的方向徘徊。近年来青年影像艺术家以不一样的理念和方式，亲身实践，颇具先锋气质。一是以数字技术进行超现实的探索，在视觉、听觉的结合部用力，营造一个个虚拟世界；二是以前置的主题策划导演进行摄影，呈现戏剧化场景和意境；三是把手工影像作为人类工业结晶体与文化遗产在制作过程中保持影像美学的原始追求。当代影像艺术的诸多实验，标志着影像呈现的无限可能。当代艺术、新锐、先锋等模糊概括的类别体系，正拓展着影像艺术的边界。

5. 关于影像价值的讨论热度不减

近两年，如何提升作品价值成为很多摄影家思考的中心问题。几乎在每个摄影活动中都可以见到对此众说纷纭的场面。相对而言，有作品积累的老一代摄影家和科班出身、需要迅速被社会认可的职业摄影师更加关注这个问题。这个问题的提出，一方面使职业摄影师的生存困境再一次被强调；另一方面也逼迫摄影家从市场价值的终端效益上考虑拍什么、怎么拍的问题。这种讨论的产生既来自摄影本体在新技术冲击下的困惑，也来自摄影师依赖传统纸媒生存方式的削弱，还来自美术作品收藏和拍卖机制的压迫。不管讨论的重点偏向于哪一方，影像价值的研究本身对促进摄影艺术的发展还是有促进作用的。

6. 新技术引发的猜想

光场相机后期可以随时更换焦点，这让以手动聚焦的老摄影家吃惊。而 VR（虚拟现实 Virtual Reality）技术近乎全息的再现代替了我们对机位的选择。此外，纸基影像越来越少地被实现，而屏幕影像越来越多地占据主流。这些技术会消解传承百年的摄影的本体吗？现在还难以判断。

二、政策与导向

（一）学习和贯彻习近平总书记在文艺工作座谈会上的重要讲话、在中国文联第十次全国代表大会上的讲话、在全国哲学社会科学大会上的讲话精神，摄影业界生态发生“水落石出”的重大变化

2014 年 10 月 15 日习近平总书记在北京主持召开文艺工作座谈会并发表重要讲话后三年多来，加上反腐败斗争取得压倒性优势及一以贯之的强大影响，广大摄影工作者认真领会讲话精神，自觉审视当前摄影界和摄影事业发展的现状，找差距、摆问题、付诸行动，努力改变工作作风，使摄影业界的生态发生了很大变化。

一是党员领导干部个人参加摄影采风活动、举办大型展览、出版豪华画册者大为减少，摄影艺术回归自然真实的状态。近十多年来，摄影艺术实现数码化和大众化，大批业余爱好者纷纷走进艺术殿堂，举办展览，出版画册，甚至组织一些要求地方单位接待的大规模的采风活动，参加者除了企业家，还有不少一定级别的领导干部，他们使用昂贵的器材，制作精良的照片，让大批职业摄影工作者目瞪口呆。有以自费形式举办活动的，也有以促进文艺发展的名义用公款举办的。个别人凭借自己的权力，加入专业社团组织并担任领导职务。一时间，摄影业界熙熙攘攘，摄影艺术仿佛失去了应有的标准和尺度。文艺工作座谈会，是一个分水岭，使人们在喧哗与骚动中冷静下来，扫除“雾霾”，找到方向。自此之后，上述摆花架子、追求假轰动效应的问题得到了遏制。

二是摄影人的心静了下来，开始钻研艺术本体。有很长的一段时间，不知多少人纷纷去追逐名利，忘记了创作是文艺工作者的中心任务、作品是文艺工作者的立身之本这个最基本的道理，你追我赶地追逐“诗外”功夫，似乎运作比创作重要，宗派比流派重要，包装和形式比内容、内涵重要，关系和传播比水平、特质重要，文艺在题材、体裁、形式和风格不断丰富的同时，出现了鱼龙混杂的情况。原因在于不少人和机构舍本逐末、急功近利，把传播方式的改变当作内容出新，把材质的转换当成思想原创。

文艺工作座谈会后，很多摄影工作者静了下来，摒弃了大轰大嗡到一个地方扫荡拍片的方式，个人策划选题，自费深入自然深处和社会基层，把基层百姓和群众摆在主人公地位，安安静静地留住时代影像，留住乡愁，拍摄了大批接地气、有温度、有人文精神的作品，为变幻的影像世界充进一股清新扎实的摄影之风。

2016 年和 2017 年摄影生态“水落石出”的现象更加明显。这里所谓“水”，就是一种生态，在这种生态下，摄影创作、展览、出版等方面良莠杂陈，量大而纷乱；摄影创作的目的和类别界限常常模糊不清；作品质量高下不分，有很多自以为是者的自娱、自语与自夸；作者三教九流、五行八作，各显其能，摄影业界总体上呈现漫漶无边、杂草与食粮共同生长的状态。所谓“水落”，是指这种一拥而上的生态在明显退潮，作品有了方向性，艺术纯度提高了。

“水落”自然“石出”，这里所谓“石出”，是指绵延在时间流里，作为摄影艺术本体追求的作品、理论和摄影家越来越显豁地存在，获得了更多的阅读、理解和传播。从《晋察冀画报文献全集》的出版，到一批经典摄影家作品的再梳理和高频率传播，让我们感受到时间的力量和社会氛围的变化，感受到摄影艺术的发展所留下的一条明晰的线索。

（二）在题材内容上，专业摄影领域更加重视对传统文化遗产的拍摄

文化部、中国非物质文化遗产保护中心连续五年委托《中国摄影家》杂志社举办了四届中国非物质文化遗产摄影大展。2017 年在山东济南举办了第五届中国非物质文化遗产博览会。在社会上，以中国的世界遗产、文化遗产、非物质文化遗产为拍摄选题的摄影人越来越多，此类主题的摄影大展也越来越多，不但有政府机构主办的，而且有民间机构主办的，甚至还有个人举办的。从关注深度和广度来看，都在不断延伸和扩展，列入人类非物质文化遗产代表作名录的有人专门拍摄，没有列入该名录的，也有专人拍摄。摄影人的视野扩展到全国各地、各个民族、各个层面，拍摄选题到了查漏补缺的阶段。与此同时，关于遗产拍摄的研究也在不断深入，从对象选择到影像掌控，再到编辑和图文处理，培训班也层出不穷。大家真正认识到，传承优秀传统文化遗产，摄影人责无旁贷。传统文化与摄影艺术相结合，十分有利于在弘扬中华美学精神上发挥摄影独特的功能，传统文化遗产为摄影创作提供了不竭的源泉。

（三）“中国梦”成为影像创作和展示的常态主题

2012 年后，中国梦成为新的历史时期对我们国家和民族一百多年来的共同理想的全新阐释与形象表达。摄影，因其相对的客观性，更容易走进历史；因其直观和快捷，更容易凝练形象；因其现场性，有很强的感染力；因其选择性，能够体现价值走向；因其瞬间性，能摄取事件、人物和发展过程中的典型细节，成为抒写“中国梦”最直接有效的方式。汇聚正能量，抒写中国梦，也是中国摄影家的摄影之梦。2017 年，由中国艺术研究院主办、《中国摄影家》杂志社承办、国家艺术基金支持的“影像中国梦”全国摄影巡展最后两站完成，此展荟萃 1860 年以后中国摄影家、外国摄影家拍摄的百姓生活影像，呈现了各个历史节点百姓生活的方方面面，用一座座“时间的遗址”，折射出中华民族伟大复兴的艰巨历程。

（四）关于“故乡”和“乡愁”的题材，成为热点

在习近平总书记“绿水青山就是金山银山”的生态文明建设思想的指引下，近年来对“乡愁”的关注在摄影业界是具有普遍性的。有两个现象值得瞩目：一是有一批少数民族的青年摄影师，如库尔班江·赛买提、德戈金夫、苏呷此色等，他们的作品的精神指向并不完全相同，创作方法也不一样，但由于都贯穿着对维吾尔族、蒙古族、回族等民族现实生活和历史的思考与呈现，他们的努力与老一代的摄影家如巴义尔等人的作品一起，形成了近乎文化寻根式的创作现象。在当下，中国之所以能够形成这样的摄影创作现象，得益于经济和社会发展，使他们走出各自的生活圈子，有了宏观思考。同时，他们也将时代的命题，如乡村城镇化、经济全球化、文化多样化等融入其中，与汉族当代青年一样经历着转型。二是相当一批离开故土的中青年摄影师，或出于对往昔生活的怀念，或出于对遗产保护的责任感，更加重视乡土题材的拍摄，最终形成了新世纪以来关于此类主题的系列展览。

三、创作、活动与问题

与相对精彩的活动和展览相比，2017 年的摄影创作较为平淡，但平淡中有一个现象引人关注：近 5 年摄影家的跨媒体艺术实践，不再是简单考虑媒体的多样性和花哨效果，而是着重寻求深度叙事能力，一部分摄影师从静态图片拍摄转向了纪录片拍摄，成绩喜人。比如摄影记者出身的焦波，2013 年完成的纪录片《乡村里的中国》，获第 15 届中国电影华表奖纪录片奖等多个奖项；2014 年，同样是摄影记者出身的周浩历时八年完成的纪录片《棉花》，获第 51 届中国台湾电影金马奖最佳纪录片奖、2015 年美国圣丹斯国际电影节评委会特别奖；纪实摄影师出身的王久良，2016 年完成的纪录片《塑料王国》，获阿姆斯特丹纪录片电影节新人单元评委会奖，并对国内环境保护和某些政策的修改产生了良性影响。跨行和跨媒体创作虽然在中国摄影史上多有出现，但达到“现象级”是近年来才有的。这背后至少有两个原因：一是面对复杂的现实，图片摄影的叙事能力与纪录片相比有较大的局限性，摄影师试图通过跨媒体来实现突破；二是技术发展提供了代价低廉的可能性，过去拍摄纪录片需要电影摄影机或高清 DV，现在一般的高档相机不但有视频拍摄功能，而且达到 4K 标准，为纪录片拍摄提供了方便。可以预见，今后将有更多的图片摄影师转向纪录片制作。

2017 年的摄影活动也在向深度发展。由国际摄影艺术联合会（FIAP，简称国际摄联）与山东东方国际摄影艺术促进会等多家单位联合举办的“第五届世界摄影大会”在山东省举办，来自世界42个国家和地区的300余名摄影家走进齐鲁大地，奔赴济南、聊城、枣庄、潍坊、淄博、青岛等地进行创作交流。FIAP授予泰山“国际摄影艺术联合会认定摄影基地”称号，泰山由此成为国际摄联在全球指定的第一个“世界摄影基地”。本次大会的另一重要成果是成立了“丝路国家摄影组织联盟”，通过促进丝路国家之间的文化交流，助力“一带一路”倡议——中国摄影界与国际摄影组织之间如此亲密的深度交流合作，极为罕见。这次大会得到了国际摄联和全体成员的高度评价，为中国争得了荣誉。合作交流的学术方面，深圳（福田）国际城区影像节（由深圳市大乾艺术机构策划执行）历时四个月，与国际著名的玛格南图片社展开合作。双方2016年在深圳大学美术馆举办了“玛格南经典作品与印片小样”大型展览，2017年在深圳合作举办了玛格南驻地实验室、工作坊、讲座、展览等活动，不仅让中国年轻摄影师深入了解这一著名摄影机构的历史、作品、当前变化、摄影理念与经验，更将驻地实验室设置在商场，使摄影创作与编辑过程成为与大众分享的公共文化。整个活动非常流畅，展现了大乾艺术机构出色的策划和执行能力，是中外摄影艺术交流的成功之作。

2017年，中国规模和影响较大、具备一定学术性的摄影活动，主要有以下18项（以举办时间为序）：

1. 上海国际摄影节暨上海第十三届国际摄影艺术展览（2017年2月28日至3月5日，上海）；

2. 深圳国际摄影大展（2017年6月22日至25日，广东省深圳市）；

3. 保持记录——2017西安国际摄影邀请展暨摄影与纪实性学术研讨会（2017年6月24日至7月23日，陕西省西安市）；

4. 中国当代摄影40年（1976—2017）——三影堂10周年特展（2017年6月28日至8月27日，北京）；

5. 第五届世界摄影大会（2017年8月8日至14日，山东省济南市）；

6.2017第七届大理国际影会（2017年8月19日至23日，云南省大理白族自治州）；

7. 深圳（福田）国际城区影像节（2017年8月至12月，广东省深圳市）；

8. 第四届影像上海艺术博览会（2017年9月8日至10日，上海）；

9. 二〇一七第二届宁波国际摄影周（2017年9月9日至17日，浙江省宁波市）；

10. 第十七届中国平遥国际摄影大展（2017年9月19日至25日，山西省平遥市）；

11. 北京国际摄影周（2017年10月12日至22日，北京）；

12.2017丽水摄影节暨第二届国际摄影研讨会、2017第26届全国摄影艺术展览（2017年11月15日至19日，浙江省丽水市）；

13. 集美·阿尔勒国际摄影季（2017年11月25日至2018年1月3日，福建省厦门市）；

14. 连州国际摄影年展（2017年12月2日至2018年1月2日，广东省连州市）；

15.TOP20·2017中国当代摄影新锐展（2017年12月8日至17日，浙江省杭州市）；

16. 西双版纳国际影像展暨“全球化语境下的民族影像表达”论坛（2017年12月12日至16日，云南省西双版纳傣族自治州）；

17. 复相·叠影——广州影像三年展2017（2017年12月15日至2018年3月8日，广东省广州市）；

18. 回路——2000年以来的西南影像实验（2017年12月23日至2018年3月17日，四川省成都市）。

综观2017年全年的创作和活动，有一些新观念、新动态值得特别关注。

（一）在“人类纪”视野之下展开对现代性历程的反思及走出困境的探讨

2017年在中国推出的众多摄影展中，“北京国际摄影周”的国际学术主题展“嘘，人类纪！”有特别的意义，它不仅将“人类纪”时代的艺术观引入中国摄影界，还通过10位国际一流艺术家的作品，以图片、视频、装置等多样化的形式，精彩呈现了对现代性危机的深刻反思及对未来出路的探讨，对当下处于转型期的中国社会和中国摄影艺术都有特殊意义。“人类纪”（anthropocene）本来是一个地质学概念，按照地质学关于宇宙进化的阶段分期，现在的地球处于第四纪的“全新世”，这个时期大约从12000年前开始。但以克鲁岑（Paul Jozef Crutzen）为代表的一批科学家认为，自18世纪末期的工业革命开始，人类的活动已经粗暴地打断了自然演化的过程。人类活动作为主要的地质外营力，对地表形态起到深刻作用，对地球环境产生重大影响，使地球演化改变了原有速率。因此，“全新世”——这个具有超乎寻常的稳定的温和气候、对人类和其他生命形态十分有益的时期其实早已结束，人类已经深刻地、彻底地、永久性地、不可逆地改变了地球的气候、地理、生物及水文环境，从而进入了一个新的地质年代——“人类纪”。

克鲁岑把“人类纪”的起始地质年代确定为1784年，即瓦特发明蒸汽机开始。虽然“人类纪”这一概念提出的时间不过十几年，但由于其巨大的号召力和概括力，今天人类面临的很多问题，特别是生态与环境问题、现代工业化问题、城市化问题、资本主义的宿命问题，乃至人类未来的方向问题，都不断地聚集于这一命题之下。这一命题也成为世界文学艺术，特别是科幻小说和电影、电视关注的重要命题之一。在摄影领域，一批出色的摄影家如加拿大摄影家爱德华·伯丁斯基（Edward Burtynsky）、英国摄影家尼克·勃兰特（Nick Brandt）及参加本次展览的10位艺术家等，自觉地将自己的作品与“人类纪”的命题联系在一起，产生了广泛影响，是国际摄影中的重要动向。中国摄影师王久良的作品《塑料王国》也属于此列。“嘘，人类纪！”展览对现代性的反思，不仅表现于对现代性主导的发展方式、生活方式的批评，更提出了在现代性视野中被定义为“落后、原始”的某些生活方式，实际上蕴含着深刻的哲理，可作为解决现代性危机的借鉴。这从作品《森林权利法》（尤苏拉·毕曼、保罗·塔瓦雷斯）中可见一斑。这部作品精致地呈现了石油公司和矿业公司对厄瓜多尔亚马孙河流域热带雨林地区的觊觎和侵蚀，以及当地盖丘亚土著对自己的权利，特别是对森林的自然权利的捍卫：他们不仅认为森林是他们的财产，犹如城里人的房屋、汽车、股票、存款一样不可侵犯，更认为森林里的一草一木都是有生命的、必须被尊重的法律主体。他们与在森林开钻的石油公司对簿公堂，成为人类为森林生存权打官司并获胜的第一个成功案例。这部作品深刻揭示了“人类纪”这一概念的另一本质：克鲁岑将“人类纪”的起始时间定在1784年瓦特发明蒸汽机的日子，也正是资本主义利用科学技术征服世界的重要节点，恰好证明了“人类纪”的历程与资本主义发展、繁荣的历程同步，二者有强大的内在联系。“人类纪”发生的诸多问题虽为全人类共同面对，但必须清醒地认识到，资本才是造成“人类纪”诸多问题的主要根源（有人说“人类纪”的本质是“资本纪”）。因此，“人类纪”并不仅仅是单一的问题意识、危机意识，更内含了一种社会批判意识和反思意识：人类困境的根源之一，在于资本牟利的天性，同时也在于300余年来推动现代性进程的人文主义价值观本身。这一价值观的核心乃是人类中心论，正是在人类中心论支撑下，人类向自然界攫取无度，将世界也将自己逼入困境。虽然科幻小说和电影提供了各类匪夷所思的解困途径，但现实的出路仅有一条，那就是尽快放弃现代性进程中养成的消费主义生活方式，重过简约素朴的日子。“人类纪”命题提出之后的下一个历史时刻，当是对人文主义价值观的反思和现代性的退场，这已成为许多有识之士的共识。

（二）在“超媒体时代的影像”主题之下，展开对影像艺术未来形态诸种可能性的探索，包括未来影像的生成方式、语言形式、呈现形式及与社会文化和科学技术的关系

“超媒体时代的影像”是“2017丽水摄影节”的主题，是描述当下摄影状态最准确的关键词之一，并延伸至对未来影像可能性的探索。人类图像艺术的历史，如果从洞穴绘画算起，经历了媒体时代、多媒体时代、跨媒体时代、新媒体时代，而今正在步入跨学科、跨领域和高科技时代。“新时代的影像艺术是什么样子”是当代艺术的重要探索方向。通过丽水摄影节的主题展并结合相关国际展览可以看到新时代影像艺术的雏形：它的基础既不是借自传统艺术资源，也不是完全生发于历史或当下社会生活，甚至不是完全出自艺术家的思想和他们所能把控的艺术概念，而是借助高科技，通过人工智能、大数据、新能源、生物技术、互联网技术、数字技术等手段，生成艺术家本身不能完全把控的影像和结果；它可能与艺术家的意图相合，也可能相悖；它呈现的可能是现实的社会状态，也可能是人工现实（AR，artificial reality）或虚拟现实（VR，virtual reality），更可能是一种大数据计算生成的混合现实；它可能不仅超越相框、屏幕、墙体、美术馆、公共空间等传统媒体艺术所依托的物质性、物理性媒介，而且可能会超越"影像"这一传统艺术生产的中心——这样的重大变化，艺术史上前所未有。同时，相关问题也扑面而来：既然新时代的艺术所要处理的很大一块不是艺术与现实的关系，而是与高科技结合、经人工智能和大数据生成的混合现实的关系——这到底是一种什么样的关系？混合现实是否也有现实社会中所存在的三个世界、东方西方、城乡差别、种族歧视、公平正义、伦理等问题？此前艺术史上所形成的处理艺术与现实关系的那套准则是否还有效？在多大程度上有效？或者是否要全部删除？

在观照当下、探索未来的同时，"超媒体时代的影像"这一主题还具有一定的先锋性。哲学家吉尔·德勒兹（Gilles Deleuze）曾指出，消费社会是一种高度编码的社会，而编码的规则是资本利益最大化。社会成员的行为方式看似自由，实际上处在资本导引之下。当下的生活方式和影像资源（从动漫游戏、电影电视到路牌广告）已被消费主义完美劫持，"超媒体时代"所探索的新时代的影像艺术，通过使用大数据、人工智能等高科技手段生成一种混合现实，充满不确定性，以对资本和意识形态所控制的社会现实和编码规则说"不"，导引出一套与未来影像艺术形态相适应的艺术概念、批评规则、技术伦理、新艺术社会学等，开拓出新时代的影像艺术领域——这一领域早已不在现代主义、后现代主义所讨论的范畴之内，而是一场新的影像艺术革命。这正是"超媒体时代的影像"主题展览的先锋意义所在。

（三）"保持记录"——关于当下纪实摄影问题与走向的讨论

这个讨论是"保持记录——2017 西安国际摄影邀请展"附带的两个主题研讨会之一（另一个研讨会的主题是"陕西摄影群体"），讨论的主旨是再次强调了"记录性是摄影的根本属性"。正如该展览的阐述所说："无论在西安本地还是世界各地，都有无数摄影人努力遵循记录摄影的方法。保持记录，既是保持摄影自诞生起的不忘初心，也是保持人类探索世界真相的永恒理想。"在世界摄影史的图谱中，纪实摄影已经是一个强大且明晰的传统，这一传统从创立、发展到不同阶段各国摄影家所做出的贡献，是极易辨认且被经常评论的。在今天的中国摄影界，仍然大规模地讨论类似于常识的问题，这本身就很说明问题。当下，我们仍然需要不断地明晰摄影的常识，如纪实摄影。

就狭义的纪实摄影（documentary photography）来说，它完全是一个美国产品。1935 年，处于大萧条背景下的美国政府推出"新政"，为了争取公众支持，美国农业安全局（FSA）成立了摄影小组，拍摄全国农场和农民的生活。之所以在"摄影"之前加上了"documentary"①，完全是一种偶然。当时，纽约现代艺术馆刚刚成立的电影馆入库一批弗拉哈迪等人的纪录片，其生动、真实和文献价值引起很大的社会影响，让 FSA 摄影小组的创始人罗伊·斯特莱克（Roy Stryker）非常钦羡，他希望自己发起的这个摄影小组能拿出类似弗拉哈迪的纪录片风格、产生强大社会效应的摄影作品，就将这个小组的工作定义为"documentary photography"②。FSA 摄影小组的出色作品将大萧条背景下美国农场、农民和其他社会问题揭示给社会，推动了这些问题的解决和社会进步，由此形成了纪实摄影的一个重要特点：与问题指向和社会变革相关联，并有相当严谨的摄影操守。③但现在的研究表明，其中还含有许多政府

① 此处含义有多种，一种是"纪录片式的""有文献价值的"，同时也含有"像拍摄纪录片那样拍照片"或"拍摄纪录片风格的照片"之意，既是一种价值要求，也含有拍摄方式要求。

② 国内有多种译法，均不恰切，此处且取"纪实摄影"这一译名。

③ 关于纪实摄影之源起，见亲身参与 FSA 项目的摄影师阿瑟·罗思坦所著《纪实摄影：摄影大师及其理念》，李文吉译，广西师范大学出版社 2005 年版。

操控的成分，这一点不为中国摄影界所熟悉。①

纪实摄影的基调就此奠定，但摄影具有与其他艺术一样的自我生长性，此后的摄影实践极大地丰富、扩充了纪实摄影的内涵与外延，从而形成了广义纪实摄影的概念，题材撷取和拍摄手法也更加个人化。美国摄影师道格·里卡德（Doug Rickard）2011 年完成的《新美国影像》（*A New American Picture*），选取了反映金融危机之后美国城乡的谷歌的街景照片，用高像素相机将其从电脑屏幕上翻拍下来展览和出版，也被归为纪实摄影的类别。这说明当下的纪实摄影概念已经非常宽泛，更多地强调了问题指向，但对作品完成方式更为开放。时下纪实摄影的最新时态是作为行动主义的纪实摄影（documentary photography as activism），此处不论。

回到“保持记录”主题研讨会。这个研讨会的召开之所以比较有意义，与中国纪实摄影当下的状态有关，用评论家鲍昆先生的话说，是“要关注当前的中国到底需要什么态度的摄影”。最近十年，中国国内的情况是艺术摄影依托中国经济高速发展和国际市场得了利，新锐摄影得了名，纪实摄影却很失落。中国纪实摄影从 20 世纪 80 年代启蒙，此后 20 年高速发展。2004 年，吕楠的《四季——西藏农民的日常生活》等“三部曲”问世，达到了一个高峰，并形成了良好的社会声誉。纪实摄影因揭露社会问题、推动社会变革、关注生活变迁——这正是这一阶段中国社会内在的急迫要求——而崇高，吸引了大量的摄影实践。但近十年高质量的纪实摄影作品非常稀少，大量摄影师将拍摄的民俗、街头乃至小学生上学、头发结了霜花之类偶发性纪实照片，都归于纪实摄影，表现出了对纪实摄影的理解不够全面，更与已经形成学科的纪实摄影传统不相容。而新锐摄影师群体中从事纪实摄影的人更是寥寥无几。“保持记录”研讨会将这一现象提出来进行讨论，引起人们对纪实摄影本质和走向问题的关注，确实别有意义。

四、研究与学术

相较往年，2017 年摄影艺术研究在同一维度呈现出更深入、更全面、更多元的发展态势。在当代摄影艺术、历史影像、名家名作、摄影基础理论等方面，都呈现了新的研究成果和新的研究方法，为以后的摄影研究走上更学术、更深入的方面提供了值得借鉴的路径和方向。详述如下：

（一）怀旧语境下，老照片持续繁荣，对老照片的重新解读和研究取得了新的高度

近些年，随着电子时代和消费主义的甚嚣尘上，随着手机和多媒体对摄影艺术的不断冲击，在摄影界出现了一股新的风潮，许多摄影家为使自己的作品免于被速朽的命运，寻求摄影的“慢”的传统，回到摄影术诞生之初，在银盐、蛋白、湿版、铂金等传统手工印相术中寻求摄影作品的独特性和唯一性。2015 年出版的《经典手工影像》（钟建明等著，孔耐译，浙江摄影出版社）介绍了史上多种古典手工印相技术，呈现了当今世界具前沿地位的 34 位古典手工影像艺术家的代表作品，可谓应势而生，一出版便获得了正对传统手工影像感兴趣的摄影界的关注，并获得了 2018 年 1 月公布的“第四届中国出版政府奖装帧设计奖”。

一方面是摄影师对传统手工艺的迷恋，另一方面是摄影研究者、收藏家、策展人、出版商，甚至普罗大众对老照片的热爱和追捧。自然，“老照片热”由来已久，自 20 世纪 90 年代末便始见风潮。1996 年，山东画报出版社出版发行了《老照片》丛刊，并迅速成为通俗图书市场中的畅销热门，随之出现了大量的类似出版物。近些年，收藏老照片、出版老照片、展示老照片、消费老照片，在当代艺术范畴对老照片进行再创作、解构、再解读，已是随处可见。

2017 年出版了大量有关老照片的论著、图文书、画册。《慈禧回銮：1901 年的一次特殊旅行》（生活·读书·新知三联书店）的作者杨红林依据其历史学和在国家博物馆藏品部工作的背景，以偶然发现的一套反映辛丑回銮沿途所经地方情形的照片为核心，结合官方史书、当时的媒体报道、当事人回

① John Tagg, *The Disciplinary Frame: Photographic Truths and the Captureof Meaning*, University of Minnesota Press, 2009.

忆录及各类方志对当年慈禧行程的记载，深入发掘照片背后的历史，并通过系列梳理，使人们认识到一个不一样的慈禧，并且从一个独特的视角观察当时岌岌可危的大清王朝。刘阳、翁艺的《西洋镜下的三山五园[①]》（中国摄影出版社），以刘阳发现、收集的400余张三山五园的老照片为基础，结合三山五园的具体景点、建筑和拍摄者等信息，展示兼收并蓄的中华优秀文化的传承变迁和遭受的磨难。《旧影撷珍：费利斯·比托与最早的北京影像》（谢子龙影像艺术中心编，中国摄影出版社）是1860年《北京条约》签订后，费利斯·比托跟随英法联军进入中国所拍摄的系列影像，记录了北京甚至中国其他地区的重要历史影像。《国际视野下的大武汉影像（1838—1938）》（冯天瑜、陈勇编著，人民出版社）围绕汉口开埠、湖北新政、辛亥革命、国民革命、抗日战争这些重要时代主题，精选近500幅图片，编成前后相贯的七章，展示出国际视野下的近代大武汉的若干侧面，构成一部西方人拍摄的晚清民国武汉影像集。其他如徐家宁编著的中国历史影像、早期摄影家作品集《山本赞七郎》《托马斯·查尔德》《海因茨·冯·佩克哈默》（文心出版社），《黑白镜头里的世界史（1850—1979）》（美国不列颠百科全书公司、盖蒂图片社联合出品，金城出版社），《遗失在西方的中国史：老北京皇城写真全图》（［瑞典］喜仁龙著，沈弘、聂书江编译，广东人民出版社），《北京老照片的故事》（刘鹏编著，清华大学出版社），《西洋镜》（第四辑到第九辑，包括《西洋镜：一个德国建筑师眼中的中国1906—1909》《西洋镜：一个德国飞行员镜头下的中国1933—1936》《西洋镜：一个美国女记者眼中的民国名流》《西洋镜：一个英国战地摄影师镜头下的第二次鸦片战争》《西洋镜：中国园林》《西洋镜：清代风俗人物图鉴》，台海出版社），《二战纪实影像图典·日本卷》（张海星主编，重庆出版社），《抗战胜利·民间影像特辑》（同济大学出版社），《史迪威将军与中国战区统帅部影像集》（周勇、徐重宁主编，重庆出版社），《意气风发时（1954—1958）》（解放日报编，上海三联书店）等，诸多各类老照片的影集、图文集，在实践着以影像写史的多种可能性。

绘画与摄影关系密切，画家与摄影扯上关系也在情理之中。2017年顾铮主编的《他们如何接纳摄影：刘海粟美术馆与摄影》（西泠印社出版社）收录了刘海粟的《摄影技谈》、家庭相册，以及顾铮对民国摄影、摄影人的几篇研究文章，如《民国上海的摄影现代性追寻》《他们如何接纳摄影——上海美术专科学校与摄影》《中国革命摄影的奠基人——沙飞》《两个在民国上海的台湾人：刘呐鸥与张才》《“亚努斯”金石声》《1934年，庄学本出入汶川》《“离摄影真谛最近的”——论陶冷月的摄影实践》等。陶冷月的《溯流光——陶冷月民国姑苏写真集》（苏州市档案局编，古吴轩出版社）收集了247张照片，忠实地记录了20世纪20年代江苏省苏州市、常熟市等地的自然风光。

巫鸿收录在其专著《聚焦：摄影在中国》（中国民族摄影艺术出版社2017年12月出版）里的一篇文章《“老照片热”与当代艺术：精英与流行文化的协商》，从“老照片热”和《老照片》丛刊、照片和文本、中国当代艺术中的老照片三个方面研究了老照片顺应当代需要被复制和再现的两段历史情境，为思考艺术与视觉文化的关系提供了具体的例子。并总结了当代艺术中的“老照片”图像与大众文化中的“老照片”出版物之间的五种区别，认为它们是同一历史背景下相互联系的文化实践。

（二）多种方法论下的摄影及摄影史研究

学术研究向来提倡创新性，能对当前摄影的发展提出新的问题、新的理念，带来新的思维方式，这样的成果应该进入大家的视野。如前面提到的“人类纪”的观念，可参看展览同名摄影书籍《嘘，人类纪！》（［英］路易斯·克莱门茨、南无哀主编，人民邮电出版社）。

另一种值得关注的是推陈出新，一个经典学术问题，或一种经典的艺术现象，学术界已经有了相当的公认，但是在新的理论视野和学术框架之下，这个经典学术问题又有了新的研究方式，这在某种程度上，比单纯带来一种新的理念，可能更有难度。陈申的《光社纪事：中国摄影史述实》（中国民族

---

① “三山”指万寿山、香山、玉泉山；“五园”指圆明园、清漪园、静宜园、静明园、畅春园。“三山五园”也是清代北京西郊皇家园林的统称。

摄影艺术出版社 2017 年 12 月出版）便是这样一本摄影史研究的著作。光社是成立在北京的中国第一个民间摄影团体，1923 年至 1937 年在北京活动，成员有 40 多名。光社的这些人，究竟是一个什么样的生活状态，他们是怎么创作的，他们的美学观念是什么样的，展览形式如何，这些问题学术界一直都说不清楚。陈申经过 10 年多的考证，走访了很多老先生，然后从博物馆、20 世纪 30 年代的报刊、台湾的一些资料里，慢慢地把光社 40 多个会员的基本情况研究清楚，把其主要的创作成果，甚至原作都买回来，非常完整地复原了民国时期摄影的基本状况，而且具有相当的真实性。民国时期的摄影是什么样的？陈申通过这本书，以实证和历史还原的方式，非常明晰地阐述了民国摄影的社会机制、文化机制、历史机制及生态状态。陈申把一个经典的学术问题放在新的学术框架之下做出新的阐释，有了新的发现，这对于学术研究来说是非常重要的。

巫鸿《聚焦：摄影在中国》一书用“个案研究”的方法，以跨越时代的若干案例作为砖石来建构一个历史叙事，以经过选择的案例进行近距离的观察和分析，从而补充通论式摄影史对历史发展所做的连续性全面覆盖。其个案研究均始于对影像作品和有关视觉材料的实际调查。在对事实进行仔细检验的基础上，他通过对摄影形式、图像、技术和社会语境的研究，结合近距离视觉分析和广泛的跨学科阐释，在更深层次上理解摄影师及其作品，发掘中国摄影的多元视觉传统，并探讨这些影像如何参与并构成了中国艺术的一个重要部分。书中讨论的 6 位当代摄影家：汪芜生、张大力、莫毅、刘铮、荣荣和缪晓春，为当代摄影艺术的研究提供了新的学术文本。

《陈迹：金石声与现代中国摄影》（金华编，同济大学出版社 2017 年 1 月出版）以中英文双语的形式汇集了中西方权威学者从不同视角研究中国重要早期艺术摄影家金石声的文章。书中选取了金石声从 20 世纪 20 年代末至 90 年代末的内容丰富的摄影作品。文章的作者们将这些作品置于其产生的背景之下，提出金石声在中国摄影史上多层面的意义。

顾铮的《没有美满结局的童话——战争、宣传与图像》（中国摄影出版社 2017 年 3 月出版）所讨论的是跨样式的视觉文化实践研究，可以反观在战争中人们是如何从不同的立场或利益出发使用（或滥用）视觉媒介手段，以及如何克服手段的限制而达到宣传、动员的目标的。全书分“宣传战诸相”“见证战争”和“反思战争，以图像为途径”3 个部分，所讨论的媒介对象包括宣传画、摄影、电影和平面设计，探讨了这些发展路径和艺术特征各有不同的视觉手段如何在战争及相关意识形态的统治下生产与传播，如何发挥宣传或动员的作用。

女性主义是 20 世纪中后期重要的、影响深远的理论，存在着许多流派。从生理心理层面、政治经济层面和语言文化层面，亦发展出多种不同的批评流派。性别和身体的话题在文学、艺术乃至历史、社会和政治领域中获得了较多的讨论，然而，国内摄影和影像领域对此话题的严肃讨论几近于无。施瀚涛主编的《身体·性别·摄影》（《当代摄影文丛》第一辑，上海文化出版社）收录了塚原史的《作为反符号的照片》、阿比盖尔·所罗门－戈多的《伯爵夫人的腿》、扬·阿弗季柯丝的《辛迪·舍曼：纵火焚屋》、黄胤毓的《论三岛由纪夫影像肉体论的内摄与官能燔祭》、殷罗毕的《月份牌与现代乌托邦在东方的日常呈现》、芭芭拉·德简维艾弗的《美国的审查制度，或对艺术的恐惧与憎恨》、郭力昕的《阅读两份女体摄影创作》、石塚洋介的《解读当代日本摄影中的“男性裸体”》、罗伯塔·麦格拉斯的《女性主义、摄影和心理分析的视野》、朱洁树的《一个关于女性寻求身体自主权的图像故事》等文章，从影像的角度探讨性别与身体的关系，有利于进一步拓宽和加深本土摄影研究的视野和内容。同理，日本摄影评论家饭泽耕太郎的《“女子摄影”时代》（中国民族摄影艺术出版社 2017 年 12 月出版）展现了日本著名女摄影家的斗争史，亦可归于此类。

1986 年，摄影家张照堂在完成“百年台湾摄影史料”的整理工作之后，为专栏写作而展开历时三年的台湾前辈摄影家的寻访之旅。于是，便有了《影像的追寻——台湾摄影家写实风貌》（中国民族摄影艺术出版社 2017 年 3 月出版）一书。33 位摄影前行者，400 多张照片，创作年代从 20 世纪 30 年代到 80 年代，该书几乎涵盖台湾写实摄影从萌芽到茁壮的 60 个年头。他们优秀的作品足以显示台湾摄影的成长轨迹，适切地提供了弥足珍贵的创作资产与时代见证。这本书是以写实摄影为创作主体的台湾前辈摄影家，第一次有系谱地列入台湾写实摄影的范畴，受到注视和讨论，对台湾摄影文化和历史影响深远。傅尔得《肌理之下：一个人探寻台湾摄影》（浙江摄影出版社 2017 年 12 月出版）对众多台湾重量级摄影家进行了深度访谈和述评，也对台湾发展链条上的各环节进行了一线的观察和梳理，呈现了当代台湾影像的丰富面貌。阮义忠的“乡愁三种”（《人与土地》《正方形的乡愁》《失落的优雅》3 册套装，九州出版社 2017 年 1 月出版）的出版为 2017 年台湾影像研究提供了有力的影像文本。

还有一些研究者从图像、艺术、互联网等跨学科、跨文化方面对摄影进行探讨。如《世界 3：开放的图像学》（黄专主编，中国民族摄影艺术出版社 2017 年 4 月出版）通过梳理现代图像学的理论脉络和它的开放性影响，展示图像学在当代艺术史中的可能性前景，并借此提倡一种建立在理性批评基础上的开放学风。此外，还有巫鸿和郭伟其主编的《遗址与图像》（中国民族摄影艺术出版社 2017 年 10 月出版）、黎风的《图像文化时代的影像诗学》（清华大学出版社 2017 年 1 月出版）、索久林的《摄影艺术通感》（中国摄影出版社 2017 年 3 月出版）、孙宇龙的《互联网 +：摄影的下一个机遇》（中国摄影出版社 2017 年 8 月出版）等。

引进和译介国外重要摄影理论著作始终是这些年摄影工作的一个重要方面，这些先进的研究方法和多元的理论探讨对本土摄影研究队伍水平的提高、良好学术生态的建立、视野和眼界的拓宽颇有助益。英国吉莉恩·罗斯的《观看的方法：如何解读视觉材料》（原书第 3 版）（肖伟胜译，重庆大学出版社 2017 年 5 月出版）是近 20 年来视觉研究方法领域的权威著作，对研究视觉材料的各式各样的方法进行全面而系统的讨论和评价，书中的主体章节每一章都会讨论一种可用于诠释视觉材料的方法，而每一章要用何种视觉材料来探究这种方法，则取决于它是否能体现这种方法的步骤、长处和不足。第 3 版增加了对受众、民族志、照片文档、照片引谈、摄影小品及视觉伦理研究等视觉方法的讨论，展示了视觉研究及其方法的不断发展的本质。美国乔纳森·克拉里的《观察者的技术》（蔡佩君译，华东师范大学出版社 2017 年 5 月出版），提供了关于 19 世纪视觉文化别开生面的研究视角，更新了我们对视觉现代性与社会现代性等问题的理解。有别于一般的研究方法，作者不是通过对艺术作品和图像的研究来思考视觉问题，相反，他分析的是观察者主体的历史建构。其他如巴西威廉·弗卢塞尔的《摄影哲学的思考》（毛卫东、丁君君译，中国民族摄影艺术出版社 2017 年 12 月出版）、新西兰乔弗里·巴钦的《更多疯狂的念头：历史、摄影、书写》（毛卫东译，中国民族摄影艺术出版社 2017 年 8 月出版）、美国威廉·米切尔的《重组的眼睛：后摄影时代的视觉真相》（刘张铂泷译，中国民族摄影艺术出版社 2017 年 12 月出版）、德国汉斯·贝尔廷的《脸的历史》（北京大学出版社 2017 年 5 月出版）等都是值得关注的摄影理论书籍。

（三）当代摄影艺术研究更深入、更全面

前几年沸沸扬扬、喧嚣闹腾的新锐摄影无疑是摄影界的一个重要现象，几乎成为一个新的摄影流派，无论是三影堂摄影艺术中心、色影无忌网站，还是中国摄影家协会，无不拿出十足的诚意和十二分的精神来评选每年的“新锐”摄影家，《中国摄影家》杂志为此开辟多年的“新锐影像”专栏，《中国摄影》《摄影世界》《中国摄影报》《人民摄影》等一些专业摄影媒体都拿出一定的长期版面报道新锐摄影家，展现新锐摄影作品。这几年，新锐摄影可谓风光无限。然而，热闹过后，无论是摄影媒体、摄影机构，还是评论家、学者都开始慢慢沉静下来，回顾或重新整理“新锐”。《中国摄影家》从 2018 年开始把从 2011 年开设的“新锐影像”栏目改为“青年十问”，不再单提“新锐”，新锐摄影也更多地被划归当代摄影艺术的范畴。当代摄影艺术迄今已近 40 年，关于当代摄影艺术的各种评论、作品集也散见于各处，到 2017 年，在以往的基础上，当代摄影艺术的研究进入更深入、更全面的层面。

由当代重要观念摄影艺术家刘铮主编的《中国当代摄影图录》丛书（浙江摄影出版社 2017 年 8 月出版）旨在呈现众多的个体摄影创作案例，描绘出一幅中国当代摄影创作的全景画卷。该丛书分两批出版，共 20 册，每册呈现一位摄影家。这其中既有成名已久的摄影家，也有近年来引起摄影界关注的新锐摄影家。每位摄影家单独一册，以呈现他们的代表作品为主，辅以图说、访谈、评论、作者自述等文字解读，是中国当代摄影创作的系统梳理、全景呈现，是了解中国摄影的一份重要文献。

《中国当代摄影 40 年——三影堂 10 周年特展》为北京三影堂摄影艺术中心主办的“中国当代摄影 40 年（1976—2017）——三影堂 10 周年特展”同名图录，包括“民间摄影社团和展览的浮起（1976—1979）”“摄影新潮（1980—1989）”“实验摄影（1990—2006）”及“实验性摄影机构的发展（2007 年至今）”4 部分，全景式地展示了 20 世纪 70 年代中期以来一些重要的中国当代摄影家的作品及史料，以梳理中国当代摄影艺术发展的脉络。

《港口与影像：行动中的中国港城影像计划》（宁波中国港口博物馆编，上海文化出版社 2017 年 10 月出版）是中国港口博物馆策划的一个项目，选取了宁波、泉州、广州、南京、上海、大连和香港 7 座港口城市，由当前活跃的年轻摄影师郑川、朱岚清、陈文俊、江演媚、李超瑜、徐浩、黄臻伟、杨圆圆等分别用丰富的视觉媒介探索其各自的特点和时代特征，最终成果整合了摄影、录像、装置、声音和文本，探寻了创作的多种可能性。

唐咸英等著的《无尽的勘探和命名：浙江新摄影》（浙江摄影出版社 2017 年 4 月出版）收录了唐咸英、陈荣辉、李舜、谢桂香、谭荔洁 5 位正崭露头角的浙江籍年轻摄影师的作品。《自然生长：百名 85 后中国摄影师个案剖析》（第一卷）（崔波、黎光波主编，中国摄影出版社 2017 年 1 月出版）从社会、自我和实验三个方面呈现了 50 位“85 后”青年摄影师的访谈及代表作。

（四）重要摄影家的作品集、文集

作为艺术的摄影，作为摄影对象的摄影，重要摄影家的作品集，含有自述、评论、访谈、对话、年表等的摄影画册、文集无疑是摄影研究的重要对象。2017 年，值得我们关注的作品集、文集分别介绍如下：

英国瓦尔·威廉姆斯的《珍藏马丁·帕尔》（唐小佳译，中国摄影出版社 2017 年 1 月出版）。玛格南图片社总裁马丁·帕尔将我们的日常食物、穿着及我们游览过的地方以戏谑的手法表现出来，同时又细致入微地展现了我们的生活方式。他的作品不仅能够用来定义社会观点或者强调文化表达，而且凸显了照片作为静止的二维影像，如镜子一样反映我们生活方式的本质特性。法国米歇尔·赛邦、玛丽·库赞的《四十年新闻摄影：西格玛时代》（方舒译，北京联合出版公司 2017 年 4 月出版）讲述的是创建于 1973 年的法国著名图片社西格玛的故事。该书汇集了 80 幅著名新闻摄影作品，并请它们的拍摄者、西格玛的中流砥柱们及新闻摄影“黄金时代”的见证者讲述作品背后的故事。日本筱山纪信、中平卓马的《决斗写真论》（黄亚纪译，广西师范大学出版社 2017 年 5 月出版）是中平卓马失忆前最后的文字，代表他对摄影最真挚的思考。该书不仅展示了筱山纪信为大众文化熟知的一面，还展示了他拍摄的家乡、巴黎、印度，甚至有幼年时母亲每年为他拍摄的生日纪念照，二者互为影响。日本山内宏泰的《听荒木经惟说：摄影的练习》《听森山大道说：摄影的练习》（中国民族摄影艺术出版社 2017 年 5 月出版），日本荒木阳子、荒木经惟的《我的爱情生活》是了解荒木经惟和森山大道拍摄理念的图文集。美国格雷戈尔·海斯勒的《传奇摄影大师格雷戈尔·海斯勒：50 幅人像杰作背后的奥义》（黄一凯、张弛译，清华大学出版社 2017 年 4 月出版）精选了 50 幅文体巨星、名流政要的代表性肖像，并讲述其创作思路和拍摄技巧。还有美国伊娃·鲁宾斯坦的《照片：伊娃·鲁宾斯坦摄影作品：1967—1990》（浙江摄影出版社 2017 年 8 月出版），美国艾略特·厄威特的《艾略特·厄威特的纽约》（王雨辰译，湖南美术出版社 2017 年 12 月出版），法国阎雷的《迷蝶》（北京联合出版公司 2017 年 3 月出版），英国罗莎蒙德·基德曼·考克斯编著的《荒野之歌：国际野生生物摄影年赛精选》（钱卫译，北京联合出版有限公司 2017 年 8 月出版），法国弗朗西斯·罗卡尔、美国阿尔弗雷德·麦克伊文、法国沙维叶·巴莱尔的《火星》（北京美术摄影出版社 2017 年 5 月出版），林路编著的《与摄影大师 de 对话》（上海人民美术出版社 2017 年 5 月出版）等。

国内摄影家翁乃强的《彩色的中国：跨越 30 年的影像历史》（中信出版社 2017 年 2 月出版）展现

了 1964 年至 1995 年百姓的日常生活、工作的面貌，用生活细节呈现历史变迁，将个人视角和观看方式融入国家、社会的进化之中，用细节和百姓的形象、故事表达自己对于社会的理解。王福春的《火车上的中国人》（北京联合出版公司 2017 年 8 月出版）用黑白纪实摄影反映了 20 世纪 90 年代中国普通老百姓在列车上的旅途生活，展示了流动的社会缩影，是社会历史发展的生活写照。陈锦的《市井中国：20 世纪末街巷里的流年影像》（五洲传播出版社 2017 年 3 月出版）记述了在大时代环境中个人的童年往事及故乡的风俗家事，还原了中国 20 世纪末期原汁原味的市井百姓生活。《真理的慧眼：中国摄影家朱宪民》（中国摄影出版社 2017 年 6 月出版）收录了历年摄影研究者对朱宪民作品的评论文章及朱宪民对摄影历程的回顾与感想。此外，还出版了《中国摄影大师》（中国摄影出版社 2017 年 6 月出版）、《解读方大曾》（冯雪松主编，中国社会科学出版社 2017 年 6 月出版）等。

这些优秀的摄影书籍构成了 2017 年的众声合唱，加上《中国摄影家》杂志“史·论·评”“影史钩沉”“读书”“收藏版”专题栏目（如《雅趣与革命——浙江摄影之风云初记》《为何坝上？》《艺术理论与摄影的碰撞》《走向象牙塔——关于贝歇夫妇摄影的思考》《约翰·伯杰：新社会艺术史的启蒙者》《接纳摄影：被图解的态度》等），以及《中国摄影》杂志专题栏目（如《卢施福，民国摄影人的另一路径》《香江看一看》《托马斯·鲁夫：当代影像的考古学家与探险者》《摄影学院派》等）持续关注摄影艺术研究的深度和广度。散见于各类期刊、报纸的论文、评论文章，见证了 2017 年摄影艺术研究的发展与繁荣。

五、趋势与对策

（一）社会纪实摄影的问题导向和价值需要坚持

社会纪实摄影是以问题为导向、以社会调查为基本方式、以影像为主体、以解决问题为归宿的摄影。从事社会纪实摄影的人近年来有所减少，2016 年和 2017 年让人更加强烈地意识到了这一点。很多人由此认为社会纪实摄影的任务已经终结，作为一种影像存在方式已失去价值。

造成这种现象的原因可能有多个方面，主要可以归结到视频的便捷化和大众日常生活摄影的兴起。其实，如同其他艺术门类一样，作为一种创作方法，社会纪实摄影形式上的创新意义消失不等于内容意义的消失。在中国现代化过程中，在中华民族伟大复兴历程中，在李鸿章曾经言说的“三千年未遇之大变局”中，面对东西南北的巨大差异和社会变革中的精神激荡，地理需要互联，思想需要沟通，人心需要相亲，而社会纪实摄影直面现实的特征与揭示问题的能力，还是不可替代的影像力量。这个道理就如同电视剧《人民的名义》，其批判现实主义创作手法虽然已经过时，但其塑造的典型人物依然有强烈的现实意义和社会影响力。我们现在不能，在今后很长一段时间里仍然不能否定社会纪实摄影的作用。

就目前现实而言，“一带一路”的历史追寻与现实观照，国内精准扶贫工作的世态民心，广袤大地上活跃着的群众创造，都是应该着力拍摄的重点。当然，社会纪实摄影需要对选定题材的专注，需要时间的跨度，需要与拍摄对象相濡以沫的平等和交融，离开了这样的态度和执着，苍白无力是难以避免的。纪实摄影还要努力冲出既有的模式，从更加丰富的角度和机位，发现和凝练更多不可重复的震撼瞬间，需要更好地理解影像之间的关系。

（二）当代影像艺术模式化和价值引导

近年来的新锐摄影、当代影像艺术，已经出现了模式化、公式化现象。概括起来，大致有这样几种：大天地与小人物式的“景观”、玩偶人物植入特定环境、俗艳色彩中粗鄙造型与自然环境的反讽、恍惚动感里对影调的强调、超大广角下逼近拍摄的近景与远山的对照、隐私环境里的自恋与自拍，等等。2016 年、2017 年展示出来的作品雷同者多，模仿者众，能“出格”者寡，能立得住、传得开的作品更少。另外，很多这类作品的作者声称是观念艺术，但其“观念”何在？很多都是对国外作品的模仿，从内容上与中国人的思想情感脱节，从形式上也没有创新，最后沦为小圈子中相互观赏的东西，不能对大众发生作用。中国摄影在当下如何走出自己的道路？中国摄影如何体现自己的哲学认知、心理结构、人性光辉？这是需要时时刻刻研究的大问题。

（三）在自媒体环境下如何做文艺批评

由于自媒体接收和转发非常快捷方便，一时间就可以形成圈子摞圈子、圈子接圈子的强大传播效应。在这样的传播方式下，除了管理部门、服务商进行"云计算"，谁也不知道一个信息传给了多少人，也没有哪个自然人能控制传播速度和范围。在这样的生态境况下，摄影评论工作者如何慎独，如何发声，无疑是需要加以深入研究的。在全国电子信息网络上，每天要产生多少万张照片，这些照片，连同其言论，都给人以汪洋般的感觉。大数据时代使我们在不知不觉间思维方式发生了转变：面对云计算，样本失效了；人们越来越乐于接受复杂性，不再追求精确性；越来越轻视因果关系，而把目光盯在数据相关性和延伸效果上。在这样的转变面前，评论工作者常常表现出失语后的无力状态。是没有平台吗？不是，即使你在一个平台上发声，也会迅速被淹没在喧哗的众声里。是没有立场吗？常常不是，单你的立场代替不了众多的立场。仿佛站了无数人的大广场，人人拿一个大喇叭在叫喊。其实，美就潜藏在百姓和读者的渴望中，闪耀在能够驱散黑暗的文明光辉里。在众声喧哗的环境里，如何让向上、向善的力量获得提升，让颠倒黑白、混淆视听的声音失去听众，亟待有关机构给予重视，并下大力气组织力量策划、编辑内容，搭建平台，发出声音。

（四）在国家实施传统文化振兴和乡村振兴战略中发挥摄影的作用

2017年初，中共中央办公厅、国务院办公厅印发了《关于实施中华优秀传统文化传承发展工程的意见》。2017年下半年，党的十九大已经提出实施乡村振兴战略。在中国特色社会主义新时代，乡村是一个可以大有作为的广阔天地，传统文化最应该是广大摄影工作者关注和重点拍摄的内容题材，我们的工作迎来了难得的机遇，决不可以放弃职责。我们要坚定"四个自信"，紧跟国家和社会前进的步伐，用摄影艺术手段，踏着时代节拍，多角度、多方位地记录现实细节，为人民留下宝贵肖像，为历史留下珍贵影像文献，为民族凝聚和积淀形象化的集体记忆。

李树峰　中国艺术研究院副院长兼研究生院院长、摄影与数字艺术研究所所长，研究员
王保国　中国艺术研究院摄影与数字艺术研究所编审
阳丽君　《中国摄影家》杂志社常务副社长兼主编

专题

迎庆中国共产党第十九次全国代表大会相关主题摄影展览

【概述】

党的十九大高举中国特色社会主义伟大旗帜，作出“中国特色社会主义进入新时代”“我国社会主要矛盾已经转化为人民日益增长的美好生活需要和不平衡不充分的发展之间的矛盾”等重大政治论断。站在新时代，摄影工作者们坚定文化自信，将文化自信融入题材选择、内容确立、影像表达之中，努力用影像讲好中国故事，以此体现摄影人的文化自觉和鲜明的文化立场；摄影人不忘本来、吸收外来、开创未来，与时代紧密相连，与人民紧紧相依，敢于向全世界亮出中国摄影品牌，用摄影助推美丽中国的建设，以崭新气象和创新精神适配新时代。

新时代、新征程、新篇章，有太多的题材值得摄影人去记录。在一系列的展现中国社会建设成就的摄影展览中，摄影人以专业视野、专业方式、专业呈现，真正体现出摄影对新时代的诠释，用图片展示新时代民生、民情、民本的有说服力与见证力的影像。在迎庆党的十九大的展览中，不同省份、不同地区、不同行业用最具特色的影像表述与众不同的新时代特征，用摄影的特色与功能真实可信、真情实感地讲出地域故事、行业故事、身边故事，真正讲好了新时代的中国影像故事。

【大国重器——迎接党的十九大胜利召开摄影展】

2017 年 8 月 19 日，由中国文学艺术界联合会、中国摄影家协会主办，《中国摄影》杂志社承办的“大国重器——迎接党的十九大胜利召开摄影展”在北京民族文化宫展览馆开幕。展览共展出 90 幅摄影作品，再现了近年来我国在多个领域取得的重大成就，讲述了激荡人心的中国创造故事和努力拼搏托举中国梦的奋发历程，为祖国的复兴之梦留下最真切动人的篇章，以影像的方式祝福祖国不断走向繁荣富强，以此献礼中国共产党第十九次全国代表大会。

【喜迎党的十九大——第十届西藏珠穆朗玛摄影展】

2017 年 8 月 21 日，由西藏自治区人民政府和中国文学艺术界联合会主办，西藏自治区党委宣传部、西藏自治区文学艺术界联合会、北京民族文化宫承办，中国摄影家协会支持的“喜迎党的十九大——第十届西藏珠穆朗玛摄影展”在北京民族文化宫开幕。本届展览以“我们的家园”为主题，分“幸福家园”“和谐家园”“美丽家园”3 个单元，展出摄影作品 198 件。其中部分选自第一至十届西藏珠穆朗玛摄影展的入展作品，部分来自摄影展组委会特约供稿。展览通过 100 余位摄影家、摄影爱好者的视角，再现了西藏壮美绮丽的自然风光、绚丽多姿的民族风情和翻天覆地的变化，艺术性地展示了西藏长足发展和长治久安的大好局面，生动地呈现了一个幸福的西藏、和谐的西藏、美丽的西藏。

【“迎庆党的十九大——歌唱祖国、礼赞英雄”主题创作成果展】

2017 年 9 月 12 日，由中共河北省委宣传部、河北省文学艺术界联合会主办的“‘迎庆党的十九大——歌唱祖国、礼赞英雄’主题创作成果展”在北京中国文艺家之家展览馆展出。展览展出的美术、书法、摄影作品共 300 余件，其中摄影作品 60 余幅，展示了河北人民心系祖国、忠于祖国、奉献祖国的家国情怀，展示了河北省喜迎十九大的良好精神风貌。

【党在我心中——全国各民族人民的幸福生活摄影展】

2017年9月15日，由中国文学艺术界联合会摄影艺术中心主办的喜迎十九大“党在我心中——全国各民族人民的幸福生活摄影展”在北京民族文化宫展出。展览从参选的7000余件作品中选出43个民族的单幅作品156幅。

在党的十九大召开之际，中国文学艺术界联合会摄影艺术中心举办此展，旨在通过影像的形式呈现全国各族人民紧密团结在以习近平同志为核心的党中央周围，以创新、协调、绿色、开放、共享的五大发展理念为指引，坚定不移走中国特色社会主义道路而展现团结奋进不断开创美好生活的崭新风貌。

【美丽的高岭——塞罕坝采风创作作品展】

2017年10月10日至15日，为迎接党的十九大胜利召开，由中国文学艺术界联合会、中共河北省委宣传部、中国美术家协会、中国摄影家协会、中国文学艺术基金会共同主办的“美丽的高岭——塞罕坝采风创作作品展”在北京中国文艺家之家展览馆展出。

中国文学艺术界联合会同中国美术家协会、中国摄影家协会于此前组织40多位知名摄影艺术家赴河北省塞罕坝机械林场进行采风创作。此次展览展出了这些摄影艺术家采风创作的优秀成果，以及艺术家们采风创作过程的纪实照片。展览以艺术的视角和形式反映塞罕坝机械林场建设发展的突出成就，展现林场建设者攻坚克难、求真务实、甘于奉献的精神风貌。

【辉煌的五年——“喜迎党的十九大·航拍中国”摄影图片展】

2017年10月12日至22日，由中国新闻摄影学会、北京国际摄影周组委会、光明网联合主办的“辉煌的五年——‘喜迎党的十九大·航拍中国’摄影图片展”在北京中华世纪坛展出。

作为2017年北京国际摄影周重点推出的国家主题展览及重大专题展览板块之一，展览所有作品均来自光明网和中国新闻摄影学会组织的“喜迎党的十九大·航拍中国”活动。展览由“外交盛世”“城市发展”“经济社会”“航空航天”“交通运输”“生态文明建设”“国防科技”“旅游产业”等8个板块组成，并以独立的专题展区在北京中华世纪坛对外开放。100余幅照片以空中视角集中展示了党的十八大以来中国经济建设、政治建设、文化建设、社会建设、生态文明建设的伟大成就。

【喜迎十九大摄影系列展览】

2017年10月13日至31日，在全国人民喜迎党的十九大胜利召开之际，由中国摄影家协会、郑州市人民政府共同主办的“第三届‘文明郑州’全国摄影大展”“庆祝香港回归祖国20周年摄影巡展”“2016中国国际摄影艺术节回顾展”在郑州市升达艺术馆展出。

“第三届‘文明郑州’全国摄影大展”自征稿以来得到了社会各界的大力支持，全国广大摄影工作者和摄影团体踊跃参与。大展共甄选出100幅优秀作品及80幅“影像与文明”手机摄影版块优秀入选作品；“庆祝香港回归20周年摄影巡展”展出的100幅作品中，有少数拍摄于20世纪五六十年代，大部分创作于香港回归之后，从不同角度展现了20年来在全面贯彻“一国两制”、“港人治港”、高度自治的方针政策下，香港这片承载着厚重历史的土地所焕发的迷人光彩；“2016中国国际摄影艺术节回顾展”共收到88个国家和地区11万余幅作品，展览展出2296幅作品，视频展示3954幅作品。此次回顾展展出“聚焦儿童”主题展、国际著名摄影家邀请展、国际高校摄影交流展中的精品。三项展览多角度、全方位地展现了厚重的地域文化，代表了摄影创作的整体面貌和繁荣发展的最新成果。

纪事

综合展览

【第四届中国摄影年度排行榜作品展】

2017年1月1日至2月15日，“第四届中国摄影年度排行榜作品展”在中国丽水摄影博物馆展出。中国摄影年度排行榜是由丽水摄影博物馆发起的一项全国性摄影推荐活动。2016年，主办方通过在全国范围内征集、推荐和终审评选，最终选出10件上榜作品正式发布。本次展览推出的10位上榜艺术家的个人专题展，在一定程度上代表了中国摄影创作领域当前学术语境下的主要趋势和形态，是一年来中国摄影创作前沿的部分样本。

【环球奇镜·四光圈全球摄影展】

2017年1月2日至3月10日，“环球奇镜·四光圈全球摄影展”在上海环球金融中心展出。此次摄影展遴选了8位旅居海外的优秀华人摄影师，分别是：段岳衡、范朝亮、胡亦鸣、刘宇、吴海辰、徐梅、张焰和张志壮。展览共展出96幅作品，在中西文化的交融中，8位华人摄影师将世界前沿的摄影技术和理念介绍到中国，又将中国的摄影师介绍给世界，使该展览成为中西方摄影艺术交流的桥梁。

【中国著名摄影家联展：镜头中的乡土中国】

2017年2月28日至4月20日，“中国著名摄影家联展：镜头中的乡土中国”在北京中国摄影画廊展出。随着城镇化、现代化迅猛发展，乡土、乡村、乡愁的概念也在演变、发展，具有新的内涵和特质。用影像留住最原始、质朴、行将消失与变化的记忆一直是摄影界有识之士的文化自觉与使命担当。展览集合了摄影家王瑶、王玉文、王培权、朱宪民、李伟坤、陈锦的作品，他们用各自不同的方式，留存下这个时代的、中华民族集体的乡土记忆。

【2017汕头摄影周】

2017年3月4日至12日，由中共汕头市委宣传部、汕头市文学艺术界联合会主办的“2017汕头摄影周”举办。活动项目分为展览、名家专家讲座、影友联谊会、摄影进校园、定点限时外拍活动等五大板块。摄影周期间举办了展览“乡土中国”名家邀请展、“‘荷境凡心’——陈翊雄摄影作品展”、“煞有介事：陈焕庭影像·观念展”、“东施效颦：观念·影像展”。

【影像丝绸之路——天水摄影双年展（主题展）北京巡回展】

2017年3月31日至4月12日，由中国摄影家协会、甘肃省文学艺术界联合会、天水市人民政府主办，甘肃省摄影家协会、中共天水市委宣传部、天水市文学艺术界联合会、天水市摄影家协会承办的“影像丝绸之路——天水摄影双年展（主题展）北京巡回展”在北京中国摄影展览馆展出。参展作品197件。

本次展览对宣传展示甘肃省天水市在丝绸之路黄金段的重要地位和厚重历史、灿烂文化，扩大天水在国际和国内的影响力，落实国家“一带一路”倡议，推进华夏文明传承创新区建设，加快文化与旅游深度融合发展，建设幸福美好新天水等方面均具有现实意义和历史意义。

【“一带一路”历史建筑摄影·手绘艺术展】

2017年5月6日至6月30日，由中国建筑学会、北京建筑大学主办的“‘一带一路’历史建筑摄影·手绘艺术展”在北京中国建筑大学举行。

展览旨在传承“和平合作、开放包容、互学互鉴、互利共赢”的丝路精神。展览分摄影和手绘两部分内容，其中摄影部分自2017年2月启动以来，共收到国内外师生及摄影爱好者历史建筑摄影作品3801幅。经过评委会评审，评选出历史建筑摄影作品162幅，包括国内建筑摄影作品91幅，国外建筑摄影作品71幅。

【第十一届中国摄影金像奖摄影作品展】

2017年5月19日至6月20日，由中国文学艺术界联合会和中国摄影家协会联合主办的“第十一届中国摄影金像奖摄影作品展”在北京中国摄影展览馆举行。“第十一届中国摄影金像奖”共产生获奖者20名，包含纪录摄影类获奖者9名、艺术摄影类获奖者8名、商业摄影类获奖者3名。展览展出了获奖者的作品。

【中国当代摄影40年（1976—2017）——三影堂10周年特展】

2017年6月28日，“中国当代摄影40年（1976—2017）——三影堂10周年特展”在北京三影堂摄影艺术中心开幕。展览系统梳理了1976年至2017年中国当代摄影的发展脉络，150多位摄影师集中呈现了中国当代摄影的面貌。

本次展览为三影堂摄影艺术中心创办10周年之际的特设展览，邀请芝加哥大学美术史系和东亚语言文化系“斯德本特殊贡献教授”、东亚艺术中心主任巫鸿策展。本次展览包括“民间摄影社团和展览的浮起（1976—1979）”“摄影新潮（1980—1989）”“实验摄影（1990—2006）”及“实验性摄影机构的发展（2007年至今）”4部分，全景式地展示了20世纪70年代中期以来一些重要中国当代摄影家的作品及史料，并出版相关学术图录，召开了相关研讨会，以梳理中国当代摄影艺术发展的脉络。

【庆祝香港回归祖国二十周年香港摄影家作品展览】

2017年7月1日，由中国摄影家协会主办，香港摄影界大力支持参与的“庆祝香港回归祖国二十周年香港摄影家作品展览”在广东省深圳市文博宫祥山艺术馆开幕。展览展出了94位香港摄影家的100幅摄影佳作，作品从庆祝回归、香港新貌、文体活动、郊野景色等不同角度展现了香港回归祖国20年来的建设发展成就、民俗市井风情。

【向人民汇报——摄影家“深入生活、扎根人民”作品展】

2017年7月3日，由中国文学艺术界联合会、中国摄影家协会主办的“向人民汇报——摄影家‘深入生活、扎根人民’作品展”在北京中国文艺家之家举行。此次展览，主办方在全国“深入生活、扎根人民”主题实践活动中遴选了10位摄影家一年来拍摄的10组主题新作进行展出，共展出作品

150幅。参展摄影家从一线和基层的视角入手，生动展现了近年来中国不同地区、不同行业、不同岗位的劳动者，用努力和拼搏托举梦想的多彩历程。

【中国军事摄影作品邀请展】

2017年7月27日，由中国文学艺术界联合会指导，中国摄影家协会、江西省文学艺术界联合会和中共南昌市委、南昌市人民政府共同主办的“中国军事摄影作品邀请展”在江西省南昌市展出。

本次展览分为“功勋”“荣耀”“追梦”三大篇章，集中展出了老中青摄影家、摄影工作者的历史经典军事摄影作品、当代获奖军事摄影作品和党的十八大以来优秀军事摄影作品。其中，“功勋”篇章展出的46幅历史经典军事摄影作品是老一辈军事摄影家在革命战争年代留下的老照片，真实记录了人民军队从诞生到中华人民共和国成立前不同时期艰苦奋斗、发展壮大的历史瞬间；“荣耀”篇章展出83幅作品，是在历次全国、全军重大摄影展览中涌现的优秀作品，内容涵盖军事斗争、政治工作、后勤装备保障等多个方面，一定程度上展示了中华人民共和国成立初期至党的十八大以前国防和军队建设的辉煌成就；“追梦”篇章的71幅党的十八大以来优秀军事摄影作品，展示了中国人民解放军新时期的高精尖武器装备和国防建设成果。

【镜头里的人民军队——庆祝中国人民解放军建军90周年摄影展】

2017年7月30日，由中国文学艺术界联合会、中国摄影家协会主办，《中国摄影》杂志社承办的“镜头里的人民军队——庆祝中国人民解放军建军90周年摄影展”在北京中国摄影展览馆开幕，军事摄影研讨会同期举行。此次展览共展出作品90幅，从各个角度展示出人民军队在不同历史时期的风采，以及新时期人民子弟兵的精神面貌。从烽烟滚滚的革命战争年代到建设新型人民军队的当下，许多优秀的军事摄影作品既是中国人民解放军成长壮大、光辉历程的见证，更是对人民子弟兵多姿多彩风貌的影像诠释。

【工业之光——浙江镇海工业摄影作品展】

2017年8月21日，由中国电力文学艺术协会、宁波市文学艺术界联合会、宁波市镇海区委宣传部主办的“工业之光——浙江镇海工业摄影作品展”在北京中国文艺家之家展览馆开展。本次展览展出了72幅摄影作品，展现了宁波市镇海区摄影人对工业题材颇具特色的视觉表现。

【新农村建设全国纪实摄影十年精品展暨第七届全国农民摄影大展】

2017年8月25日至9月7日，由中国文学艺术界联合会、中国摄影家协会联合主办的“新农村建设全国纪实摄影十年精品展暨第七届全国农民摄影大展”在北京中国摄影展览馆展出。展览分两个篇章：一部分是精选历届“建设社会主义新农村摄影展”和“全国农民摄影大展”中的优秀作品构成的十年精品展，展出了2006年至2016年间的优秀作品120余幅，涉及诸多题材，形式多样，内容丰富；一部分是2017年举办的“第七届全国农民摄影大展”入选作品首展，展出了从18523件征集作品中精选出的40余幅作品。

【从东北到华北：一个中国军人的历史抉择】

2017年9月12日，由上海交通大学世界反法西斯战争研究中心和上海交通大学人文学院主办的“从东北到华北：一个中国军人的历史抉择”主题展在北京中国摄影展览馆开幕。此次展览以中华人民共和国开国上将、原东北军将领吕正操投身中华民族抗日战争的光辉历程为主线，通过图像史料、档案文献等珍贵资料，向广大观众生动再现了吕正操从东北军爱国军官到中国共产党抗日将领的成长过程，为人们讲述了一代抗日名将的传奇往事。展览内容突出史料的独家性、准确性、多元性，展出的250余幅历史图片和文字资料主要来源于美国国家档案馆、中央档案馆、中国第二历史档案馆、中国人民解放军档案馆等海内外7家文献典藏机构，具有极高的史料价值。

【寻访·铭记·传承——纪念刘邓大军千里跃进大别山70周年摄影展】

2017年10月17日，由中国文学艺术界联合会国内联络部、河南省文学艺术界联合会共同主办的“寻访·铭记·传承——纪念刘邓大军千里跃进大别山70周年摄影展”在北京中国文艺家之家展览馆展出。本次展览是中国文联“深入生活、扎根人民”主题实践活动项目之一。展览共分4个展区：“千里跃进，顾全大局开新局”“寻踪踏访，铁血忠魂再追思”“日新月异，老区明天更美好”“铭记历史，英烈精神代代传”。展览由9位河南摄影家历时1年，沿着当年刘邓大军的行进路线，走过了豫、鲁、皖、鄂4省，行程2.6万公里，走访了100多个村庄，采访了101位村民和有关人士，拍摄了3万多张图片，采集了3000多分钟的采访录音，深入到刘邓大军行军的多个节点现场采访拍摄，呈现了这段光辉历史在当代的记忆和延续。

【2017第三届中国凤凰民俗摄影双年展】

2017年10月28日，由中国摄影家协会、湖南省湘西土家族苗族自治州人民政府主办的“2017第三届中国凤凰民俗摄影双年展”在湖南省凤凰古城开幕。展览主题为“中华传统·湘西文脉”。展览共展出7800多幅中外民俗题材摄影作品。其中，“走进湘西传统古村落”和“打造全域旅游·凤凰乡村游”两项全国摄影大展的200多件入展作品呈现出鲜明的湘西风韵和凤凰特色。100余个邀请展展示了中华大地不同地域的民俗风情和传统文化特色。“湘西文脉”主题亮出30多组由全国各地摄影师拍摄的湘西土家族苗族自治州专题作品。参展作品不仅展示出湘西地区民族风情及多元文化特色、文化传承与保护成果，也同时呈现出其他民族和世界不同国家的现实生活、文化活动、建筑样式和民族风情。

【TOP20·2017中国当代摄影新锐展】

2017年12月8日至17日，由中国摄影家协会和浙江省文学艺术界联合会共同主办，浙江省摄影家协会、《中国摄影》杂志社、中国美术学院跨媒体学院承办的“TOP20·2017中国当代摄影新锐展”在浙江省杭州市举行。

“TOP20·2017中国当代摄影新锐展”评选于10月24日结束。最终评出“TOP20·2017中国当代摄影新锐展”入选摄影师20人/组（其中一组作品的作者为摄影师组合）。本届评选本着“‘新’不代表年龄约束和从业经历，‘锐’并不限定影像主题与视觉形态”的观念，展出的是那些对于摄影语言有着自由创新与探索，对自身和当代世界有敏锐而独特观察和思考的作品。

12月8日下午，举办了“TOP20·2017中国当代摄影新锐展”评委与嘉宾讲座和作品意识与创造力：青年学者与艺术创作者交流会。

【与时代同行——全国摄影艺术展览六十年精品回顾展】

2017年12月22日至2018年1月2日，由中国文学艺术界联合会、中国摄影家协会主办的“与时代同行——全国摄影艺术展览六十年精品回顾展”在北京中华世纪坛开幕。展览精选了过去26届全国摄影艺术展览330余幅优秀作品，再现了中华人民共和国60多年的时代印迹。展览开幕当日，举行了专题研讨会。

【回路——2000年以来的西南影像实验】

2017年12月23日至2018年3月17日，由A4美术馆主办的“回路——2000年以来的西南影像实验”展在四川省成都市展出。展览将A4美术馆近3年针对西南影像的创作生态调研以及个案研究串联，重新审视影像媒介的边界，以及分析如何回到自身文化语境回溯创造与连接的意义，探讨当代影像艺术新的可能性。展览集中呈现11位来自中国西南并活跃于国际国内的影像艺术家最新创作的作品。

个人展览

【“GAO BO 高波 | 谨献 THE OFFERINGS” 摄影展】

2017 年 2 月 7 日，法国巴黎的欧洲摄影博物馆为艺术家高波举办题为“GAO BO 高波 | 谨献 THE OFFERINGS”摄影展。该展是欧洲摄影博物馆方第一次为中国艺术家举办的大型个展，展品包括影像、影像装置和行为艺术作品。

展览分为 4 个部分：“献曼达”“献给蕃巴”“献给消失的面孔”“献给我的母亲”。30 多年来，高波的作品不断游离在摄影、装置以及行为艺术之间，不断扩展摄影媒介的领域。此次展览是对高波作品的回顾和总结。

【心之骛：王新妹的自然观摄影作品展】

2017 年 3 月 8 日，“心之骛：王新妹的自然观摄影作品展”在中国美术馆开幕。本次展览的作品从摄影师王新妹 2014 年至 2017 年拍摄的 5 万余幅照片中选出，以宏大与细腻兼备的镜头层层剖析人与动物之间的关系。

【“和而不同”：傅文俊数绘摄影展】

2017 年 3 月 9 日，由重庆市文学艺术界联合会主办的“‘和而不同’：傅文俊数绘摄影展”在中国美术馆开幕。展览展出了摄影家傅文俊近年创作的 5 个系列 57 件作品。

【袁毅平先生摄影艺术作品展】

2017 年 7 月 6 日至 8 日，由中国摄影家协会和江苏省张家港市人民政府主办的“袁毅平先生摄影艺术作品展”在北京民族文化宫举行。展览展出了袁毅平 150 幅不同时期的摄影作品，浓缩了其从事摄影工作 70 多年的精品佳作。此次展览以袁毅平大幅代表作《东方红》领衔，展出作品涵盖人像、新闻、工业生产、社会生活、风光和民俗等多个系列，与时代紧密相连，与人民息息相关，充分展现了一位老摄影家深厚的传统文化内涵、执着的艺术追求和热爱祖国、热爱人民的崇高品格。

【光影岿然——沙飞的艺术・理念・行动】

2017 年 8 月 18 日，由北京画院主办的“光影岿然——沙飞的艺术・理念・行动”摄影展在北京画院美术馆开幕。本次展览共展出百余幅沙飞摄影作品，展览以“沙飞的行动”为切入点，串联起艺术家在各个时期的艺术理念与摄影创作，多维度地呈现沙飞的艺术人生与成就。

【中国摄影名家作品赏析系列活动・李舸个展】

2017 年 9 月 9 日，由北京晚报官网・北晚新视觉网主办的“中国摄影名家作品赏析系列活动・李舸个展”在北京新闻大厦展出。该展系李舸近年来着力研究的“墨影跨界”的一次集中展示，展出其新作“原乡”“行板”两个系列。其中，“原乡”以社戏舞台为轴，展现原生态风情；“行板”沿“一带一路”行走多国，关注文化聚焦生活。

【在希望的田野上——解海龙纪实摄影 30 年】

2017 年 9 月 29 日，由文化部恭王府博物馆主办的“在希望的田野上——解海龙纪实摄影 30 年”摄影展在北京恭王府开幕。展览共展出摄影家解海龙 30 年来创作的经典摄影作品和珍贵影像资料 200 余幅。展览期间，解海龙向恭王府博物馆捐赠了两幅他的“希望工程”系列题材摄影作品。

【芳华年代——那些挂历上的姑娘】

2017 年 10 月 14 日，81 岁老摄影家贾育平的大型个展“芳华年代——那些挂历上的姑娘”在北京 798 艺术区开幕。展览展出了贾育平在 20 世纪八九十年代拍摄的部分著名挂历照片、原版挂历以及照片底片、原版杂志、拍摄器材等。

【黄锐 + 荣荣：以摄影相伴（1994—2001）】

2017 年 10 月 28 日至 2018 年 2 月 27 日，由三影堂摄影艺术中心主办的“黄锐 + 荣荣：以摄影相伴（1994—2001）”双人展在北京三影堂摄影艺术中心开展。展览以两位处于不同领域却颇有渊源的艺术家的友谊和他们在 1994 年至 2001 年间的艺术交流为线索，展出各自独立或共同创作的作品。展出作品有黄锐的“徘徊”“广场”和“银沙滩”系列，荣荣的“废墟”“碎片”和“婚纱”系列等 10 余组摄影及摄影装置作品。

【于心无悔——于文国摄影作品展】

2017 年 11 月 4 日，“于心无悔——于文国摄影作品展”在北京中国摄影展览馆开幕。此次影展是于文国从事摄影工作 40 年来首次举办的个人作品展。展览展出了于文国 40 年间创作的经典作品 116 幅，呈现了中国改革开放以来的诸多历史瞬间和百姓的真实生活。

国际交流展

【德国制造：从十九世纪到今天的德国摄影】

2017年1月11日至4月2日，上海摄影艺术中心举办了“德国制造：从十九世纪到今天的德国摄影”摄影展。该展览纵览了19世纪50年代至2017年的德国摄影史，其中涵盖众多知名摄影大师的作品，包括利奥波德·阿伦德茨、海因里希·库恩、赫尔穆特·牛顿、伯恩和希拉·贝歇夫妇等。参展作品以时间为序，展现了160年间德国摄影史上一系列重要的时刻，其中包括摄影技术、风格和内容的重要转变，并介绍了许多极具创新视野的摄影师。

【入时：康泰纳仕百年摄影】

2017年1月20日至3月5日，“入时：康泰纳仕百年摄影”图片及影像展在北京尤伦斯当代艺术中心展出。展览展出了康泰纳仕集团旗下包括 *Vogue*，*Vanity Fair*，*Glamour* 和 *Love* 等多本时尚杂志上超过100年的历史照片，由 Nathalie Herschdorfer 从康泰纳仕集团位于美国纽约、法国巴黎、意大利米兰及英国伦敦的资料馆档案挑选而来，包括 Edward Steichen、Irving Penn、Helmut Newton、David Bailey、Guy Bourdin、Tim Walker、Mario Testino 等80多位摄影师的170多幅作品。除了图片作品外，展览还展出了6种时尚杂志拍摄的小影片。

【上海国际摄影节暨上海第十三届国际摄影艺术展览】

2017年2月28日至3月5日，由上海市文学艺术界联合会和上海市摄影家协会主办、上海市对外文化交流协会和31个省（市、自治区）摄影家协会支持的“上海国际摄影节暨上海第十三届国际摄影艺术展”在上海中华艺术宫举行。内容主要包括上海第十三届国际摄影艺术展览作品和上海国际摄影邀请展作品两部分。

“上海国际摄影邀请展”通过国内外摄影机构、专业团体和知名策展人的推荐，向摄影人公开征集作品，经遴选后最终展出来自中国、英国、美国、法国、意大利、巴西等15个国家的摄影家作品。

“上海第十三届国际摄影艺术展览”在中华艺术宫展出的1300余幅作品，分艺术、纪实、商业3个大类。展览题材、形式和风格各异，具有鲜明的时代特征。展出作品反映了近两年国内外摄影艺术的最新发展趋势和水平。

【美丽中国·美丽卡塔尔——中卡文化年两国摄影家作品联展】

2017年4月26日，“美丽中国·美丽卡塔尔——中卡文化年两国摄影家作品联展”在浙江省舟山市开幕。展览的作品由两部分组成，包括中国摄影家刘智宁、包丽霞、黄祖祥、徐新荣在卡塔尔拍摄的作品58件和卡塔尔摄影家艾哈迈德·法赫德、胡莱菲、赛义夫·阿里·马苏德在中国拍摄的作品42件，共计100幅。

【第二届长江国际影像双年展】

2017年4月28日至7月28日，“第二届长江国际影像双年展”在重庆市长江当代美术馆展出。本届展览的主题为“万丈高楼平地起”，邀请崔灿灿、王庆松和尼日利亚策展人 Bisi Silva 组成策划团队。在作品选择上，采用邀请和征集两种方式在全球范围内遴选，最终选出234位来自世界各地的艺术家的上千件观念影像及摄影作品参展，作品内容涵盖人文历史、西方大师肖像及世界各地的自然景象等。

【丝路星空——“一带一路”国际星空摄影展】

2017年5月10日，北京天文馆和天文学家无国界组织（AWB）共同主办的“丝路星空——‘一带一路’国际星空摄影展”在北京天文馆展出，展览共展出37名中外摄影师的56幅星空摄影作品。

【2017第四届中国·南亚、东南亚国家国际摄影作品展】

2017年6月14日至18日，由中共云南省委宣传部、云南省文学艺术界联合会主办，云南省摄影家协会承办的“2017第四届中国·南亚、东南亚国家国际摄影作品展”在云南省昆明市展出。本届展览共有来自中国、印度、巴基斯坦、孟加拉国、尼泊尔、斯里兰卡、缅甸、泰国、老挝、柬埔寨、越南、新加坡、马来西亚、印度尼西亚、文莱等国家68位摄影家的150幅作品参展。

【首届深圳国际摄影大展】

2017年6月22日至25日，由中国摄影家协会、深圳市文学艺术界联合会主办，深圳市摄影家协会承办的“首届深圳国际摄影大展”在深圳会展中心举行。本届大展是《深圳文化创新发展2020（实施方案）》的重要项目之一。大展以“城市姿态”为主题，共设名家邀请展、专题邀请展、征稿作品展、摄影产业展、研讨会与讲座五大板块。专题邀请展呈现了来自中国、英国、法国、意大利、日本、新西兰、芬兰、新加坡的15位优秀摄影师的城市题材作品；名家邀请展展出了36位中国摄影名家的112幅代表作；征稿作品展自启动以来共征集到作品14889件，最终评出295件作品展出；摄影产业展则展示了目前世界上最古老的和最先进的摄影器材，呈现摄影艺术的历史发展。研讨会与讲座板块共举办四场活动，分别为“城市姿态，焦点影像”研讨会，“新西兰摄影师眼中之中国”讲座，“绚彩意象”创作解析——感受努比亚手机的影像魅力，如何将硬盘里的“废片”变成一本画册——画册的选图、编辑和网络制作要诀。

【保持记录——2017西安国际摄影邀请展】

2017年6月24日，由陕西省西安市崔振宽美术馆、水墨长安艺术博物馆主办，陕西省摄影家协会、陕西高校摄影学会、西安理工大学艺术与设计学院、西安美术学院影视动画系、陕西省美术家协会实验艺术委员会协办的崔振宽美术馆当代艺术系列展启动项目“保持记录——2017西安国际摄影邀请展”在崔振宽美术馆开幕。

此次展览共有82位艺术家参展，其中包括16位国际摄影艺术家、10位陕西摄影群体代表人物、28位来自全国各地的摄影艺术家。同时，在面向社会的征集展单元中有28位艺术家入选。

展览分为向“陕西群体”致敬展、保持记录主题展两部分，共展出763件摄影作品。参展艺术家以他们独特的视角记录中国社会变迁及世界各地的人文风貌。

【交汇点——连云港国际摄影展】

2017 年 7 月 22 日至 26 日，由《中国摄影》杂志社、中共连云港市连云区委、连云港市连云区人民政府、连云港市文学艺术界联合会共同主办的“交汇点——连云港国际摄影展”在江苏省连云港市举行。此次摄影展共展出国内外优秀作品 2000 余幅，其中包括国内摄影名家和法国、德国、俄罗斯、西班牙、波兰、瑞士、芬兰等国外摄影名家的作品。本次摄影展共设 5 个展场，展出联展、个展共计 39 个。在 5 天的摄影展期间，还推出了民俗题材拍摄、各类摄影讲座与交流等相关活动。

【2017 深圳（福田）国际城区影像节】

2017 年 8 月至 12 月，“2017 深圳（福田）国际城区影像节”举办。深圳（福田）国际城区影像节历时 4 个月，延续“我是他者”的主题，带来主题单元、摄影单元和公众单元。摄影单元与玛格南 70 周年全球庆祝活动同步，双方合作举办了玛格南驻地实验室、工作坊、讲座、展览等活动，不仅让中国年轻摄影师深入了解这一著名摄影机构的历史、作品、摄影理念与经验，更将驻地实验室设置在商场，使摄影创作与编辑过程成为与大众分享的公共文化。10 月 12 日，影像节主题展“图像的框架”在深圳大学美术馆开幕。展览展示了众多与城市、现代生活相关的专题影像。

【全球摄影界的“奥林匹克”——第五届世界摄影大会】

2017 年 8 月 8 日至 14 日，“全球摄影界的‘奥林匹克’——第五届世界摄影大会”在山东省济南市举行。来自美国、意大利、西班牙、比利时、希腊、荷兰、科威特、新西兰、韩国、印度尼西亚、巴基斯坦、波兰、阿根廷等 42 个国家和地区的 300 余位摄影家走进济南、泰安、曲阜、淄博、潍坊、青岛等地，用镜头记录河流山川、人文历史和发展成就，展现各地亮丽风采，在光与影中交流思想、碰撞文明。8 月 14 日，作为“第五届世界摄影大会”的重要成果——“丝路国家摄影组织国际合作峰会”在青岛召开，宣布成立丝路国家摄影组织国际联盟。

【喜影集】

作为喜玛拉雅美术馆全新推出的视觉影像类联展平台，上海喜玛拉雅美术馆第一季“喜影集”于 2017 年 8 月 12 日揭开帷幕。5 场来自中国和海外艺术家的个展 / 群展联袂登场，其中包括“中立的观看：瓦尔特・博萨特的视觉档案”“颜姐：唐景锋个展”“大国志：严明个展”，以及“‘滚！’在当下：朱青生作品 1994—2004”和群展“移动靶：新算法下的实体、叙事与秩序生产”。首季“喜影集”参展艺术家展呈作品既有宏大历史下的微观审视，也有诗意抒情的个人叙事；既有对媒介信息的质疑与反思，也有对新的媒介语言的拥抱与尝试。展览从不同角度，展现出中国近百年历史变迁，展现出历史变迁的社会风貌和精神状态。

【2017 第七届大理国际影会】

2017 年 8 月 19 日，“2017 第七届大理国际影会”在云南省大理市展出。本届影会以“生活在别处——守望・家园”为主题，有海峡两岸暨中国香港、日本、韩国、挪威、英国、西班牙、德国、法国，以及南亚、东南亚各国和地区的摄影节主席、机构负责人参与影会活动，带来展览 516 个。其中包括国内展 243 个、国际展 125 个、报名展 137 个、画廊展 11 个，展览作品达 2 万多幅，是近年来国内外影会中规模最大的一次。

【第四届影像上海艺术博览会】

2017 年 9 月 8 日至 10 日，“第四届影像上海艺术博览会”在上海展览中心举行。本届“影像上海艺术博览会”有来自 14 个国家和地区的画廊参加，展出逾百位各个年龄段的优秀艺术家的力作。

此次博览会还推出多个精彩的特展和公共板块，其中包括：

“在场”项目：一个独树一帜的实验性平台，通过大型作品探索摄影与装置、录像、行为等其他艺术媒介的关系。

收藏家特展：展出中国最具影响力的藏家如周大为（Cc 基金会）、郑志刚（K11 艺术基金会）、邵忠（现代传播集团）、王津元（复兴基金会）等的收藏力作。

“对话”系列讲座：“影像上海艺术博览会”为观众与参展画廊提供诸多参与系列讲座的机会，包括丰富的对谈和活动项目。摄影和影像领域专业人士及艺术家围绕摄影和艺术影像媒介研讨，特别聚焦收藏艺术，以及私人与公共美术馆在亚太地区摄影市场发展中的角色等议题。

“洞见”展览：从前沿性和实验性视角关注摄影艺术发展的重要时刻。展览重点展示了 20 世纪 70 年代彩色摄影如何被接纳为真正的艺术媒介。

【二〇一七第二届宁波国际摄影周】

2017 年 9 月 9 日，由宁波市文学艺术界联合会主办的“二〇一七第二届宁波国际摄影周”在中国摄影家协会宁波艺术中心举行。本届活动由特邀展、专题展、艺术家个展、“我的结婚纪念册”、“家庭书房”、“家庭会议”、摄影书集市七大板块 26 个子项目组成。参展艺术家超过 270 人，除国内艺术家外，还有美国、俄罗斯、英国、日本、巴西、意大利、阿根廷、新西兰等国家和地区的 15 位艺术家应邀参加。本届活动以“家庭影像”为主题，通过改革开放近 40 年“家庭”照片的变化，展示 40 年中华民族的复兴和腾飞。

【荒木经惟：感伤之旅 / 堕乐园 1971—2012】

2017 年 9 月 15 日至 11 月 12 日，由三影堂厦门摄影艺术中心主办的“荒木经惟：感伤之旅 / 堕乐园 1971—2012”在厦门三影堂摄影艺术中心举行。展览展出了荒木经惟的“感伤之旅”“冬之旅”“春之旅”3 个系列的作品，作品以黑白影像记录了荒木经惟与妻子生活的点滴。

【第十七届中国平遥国际摄影大展】

2017 年 9 月 19 日，“第十七届中国平遥国际摄影大展”在山西省平遥市开幕。本届大展以“回望初心，梦幻未来”为主题，以“反观摄影”为学术主题。分为展览、论坛、交易、评选、教育 5 个板块，共设 9 个展区。有来自 23 个国家和地区的 2640 名摄影师的 17294 幅作品参展，其中有 11 所国际院校和 68 所国内院校组织参加了大展。

【2017 北京国际摄影周】

2017 年 10 月 12 日至 22 日，由文化部与北京市政府主办，中国艺术摄影学会、中国摄影家协会、中国图片集团、北京歌华文化发展集团共同承办的“2017 北京国际摄影周”在北京举行。本次摄影周涵括了 28 个国家的 125 个展览、70 场论坛讲座及活动，聚焦 5 年辉煌、聚焦摄影的本来与未来，用镜头讲述中国故事、塑造中国形象、弘扬中国精神，不断深化中外摄影文化交流互鉴。

本届摄影周主题展定位为“人类纪”，汇集了 9 个国家的 10 位摄影师，从人类学、社会学视角重新思考、定义、探索、展示人类与世界的新型关系。专题展着力聚焦党的十八大以来的辉煌成就，用镜头记录和见证党中央团结带领全党全国各族人民，推动中国特色社会主义事业取得的长足发展、人民生活的显著改善、党和国家事业取得的历史性成就和历史性变革。重大专题展览紧紧围绕五年辉煌成就、“一带一路”、京津冀协同发展以及首都文化中心建设等，包括“辉煌的五年——喜迎党的十九大·航拍中国摄影图片展”“天空之眼瞰祖国”“北京建设和谐宜居之都 京津冀协同发展一盘棋”“2017 梦镜新界——大美中国系列展”等一批专题摄影展，广泛宣传党的十八大以来党和国家事业发展的生动实践、重大成就、宝贵经验，唱响主旋律，弘扬正能量。

【温度——安娜伊思·马田摄影作品展】

2017 年 10 月 28 日至 2018 年 2 月 27 日，由三影堂 +3 画廊主办的“温度——安娜伊思·马田摄影作品展”在北京三影堂 +3 画廊开展。展览通过近 50 幅黑白银盐照片重现 2002 年至 2004 年间，安娜拍摄的“北京地下青年音乐人”这一特殊群体不为人知的幕后故事，表现他们最真实的日常状态。

【2017 丽水摄影节暨第二届国际摄影研讨会】

2017 年 11 月 15 日至 19 日，由中国摄影家协会和浙江省丽水市人民政府主办的“2017 丽水摄影节暨第二届国际摄影研讨会”在丽水市举行。

摄影节围绕“一个主题，十个大家，一百个学术展，一千个平行展，一万个摄影家和摄影爱好者”来展开活动，以“超媒体时代的影像”为主题，坚持学术性、国际性、群众性和品牌性，注重精品、特色、融合、共享、开放。摄影节推出了 1050 个摄影展览，吸引了 50 个国家的 1 万多名摄影师和摄影爱好者及 178 个摄影机构参与。

国际摄影研讨会邀请到来自美国、英国、瑞士、德国、澳大利亚、古巴、立陶宛等国的摄影教育家、摄影文化研究学者、摄影杂志创始人、策展人、摄影家和博物馆馆长等，就各自的影像研究和实践项目，以“超媒体时代的影像”为主题展开学术交流。

【集美·阿尔勒国际摄影季】

2017 年 11 月 25 日至 2018 年 1 月 3 日，由三影堂摄影艺术中心和厦门市天下集美文广传媒有限公司联合主办的“集美·阿尔勒国际摄影季”在福建省厦门市举行。

本届摄影季包括 40 场展览，呈现了 250 名艺术家的作品。参展个人艺术家有乔尔·迈耶罗维茨（美国）、汪芜生（中国）、马蒂厄·佩尔诺（法国）和奥黛丽·塔图（法国）等。参展团体有伊朗 66 名艺术家团体、“空纸”团体（西班牙）以及 Ruang MES 56 团体（印度尼西亚）等。18 场展现中国摄影活力的展览中有 10 个展览被提名“集美·阿尔勒发现奖”。

“集美·阿尔勒国际摄影季”将全球规模最大的摄影节引进中国，为中国年轻摄影师提供交流平台，向法国阿尔勒摄影节介绍中国年轻摄影师，是中法文化合作的成功案例。

【连州国际摄影年展】

2017年12月2日至2018年1月2日，由广东省清远市政府、连州市政府、中国艺术摄影学会主办的“连州国际摄影年展”在广东省连州市举行。

本次年展展出了来自中国、法国、美国、西班牙、加拿大、瑞士、日本、巴西等16个国家和地区的摄影师的8000多幅作品。年展由连州摄影博物馆馆长段煜婷担任总监，王南溟担任年度学术主持，中国当代艺术策展人、艺评人张冰，西班牙策展人、评论家桑德拉·冒纳克，纽约国际摄影中心策展人乔安娜·蕾韩共同担任年度总策展人。

本届“连州国际摄影年展”以“你的自拍杆”为主题，粮仓展区为其主题展区，来自不同国家和地区的20多位艺术创作者用自己的作品，展现了在这个图像民主化的时代，因图像的流动和联通，故事在被以多种角度叙述的同时有了更多层次的阐释和更加丰富的内涵。摄影在这里不只是负责生成图像，它更是连接了人类学、社会学乃至社会经济发展而引发的各种跨学科的媒介。

【2017（第六届）西双版纳国际影像展】

2017年12月12日至16日，由云南省委宣传部、西双版纳州委、西双版纳州人民政府主办，云南省文学艺术界联合会、西双版纳州委宣传部、云南省摄影家协会、西双版纳州摄影家协会、北京798艺术区映画廊承办的“2017（第六届）西双版纳国际影像展”暨“全球化语境下的民族影像表达”论坛在云南省西双版纳州景洪市举行。

本届“西双版纳国际影像展”主题为“一条大河”，以水破题，发起一场与人相关的“自然生态和民族生态”的影像讨论，使之成为一个影像实践空间和融汇不同流派与理念的摄影艺术交流平台。

活动主要内容包括学术研讨、作品展览、学术讲座。学术研讨有：“澜沧江畔——纵论全球化时代的民族影像表达”“摄影在民族生态和自然生态保护中的功能与作用”。展览包括：“云的下面——云南12位优秀少数民族摄影家邀请展”“故乡的路——20位中国少数民族摄影师展”。学术讲座包括人类学专家讲座和摄影理论家讲座两部分。

【复相·叠影——广州影像三年展2017】

2017年12月15日至2018年3月8日，由广东省文化厅指导，广东美术馆主办的“复相·叠影——广州影像三年展2017”在广东省广州市举行。

本届“广州影像三年展”由广东美术馆馆长王绍强担任总策划，亚历杭德罗·卡斯特罗特、鲍栋和曾翰担任策展人。展览以“复相·叠影”（Simultaneous Eidos）为主题，分为主题展和特别展两个部分。邀请了来自中国、日本、新加坡、法国、西班牙、瑞士、巴西、阿根廷、秘鲁、美国等国家和地区58位艺术家的作品参展。

机构

【谢子龙影像艺术中心落成】

2017 年 9 月 16 日，“谢子龙影像艺术中心”在湖南省长沙市落成并正式开馆。该影像艺术中心以弘扬影像艺术、提升城市文化品位为宗旨，为公益影像艺术馆。以近 1000 米的展线展出各类影像艺术经典或代表作品。该中心开放当日，“知了！青年：亚洲匠人手作展”“德国制造：从 19 世纪到今天的德国摄影”“有一种记忆叫禄莱”“初见：菲利斯·比托 1860 之中国影像”“撸起袖子加油干——中国梦·劳动美影像作品展”“塔森出版社收藏级画册展”等 6 个展览同时展出。

活动

【《教科书“法定许可”使用费收转协议》签约仪式】

2017 年 8 月 23 日，中国摄影著作权协会、人民教育出版社举行的“《教科书“法定许可”使用费收转协议》签约仪式”在中国国际展览中心新馆举行。根据协议约定，人民教育出版社需支付 2012 年至 2017 年间该社出版的教科书中使用的部分摄影作品的稿酬，由中国摄影著作权协会向摄影家转付分配。这是双方在 2011 年 8 月首次签署收转协议后的再次签约。

【美英法等国启动中国摄影家版权保护】

2017 年 10 月 2 日，“全球视觉艺术家联盟（CIAGP）理事会”在美国纽约哈佛大学召开。中国摄影著作权协会总干事林涛与美国艺术家版权协会（ARS）主席希尔多、英国视觉艺术家协会（DACS）经理克里斯、法国视觉艺术家协会（ADAGP）总干事马瑞莲、西班牙艺术家版权协会（VEGAP）总干事哈维尔、瑞典视觉艺术家协会（BUS）执行董事麦慈林博、日本美术著作权协会（JASPAR）理事长吉泽昭博和澳大利亚视觉艺术家协会（VISCOPY，版权保护范围包括新西兰）首席执行官雅丹签订了版权保护协议。该协议约定率先由美、英、法、西、瑞、日、澳这 7 个国家先行启动对中国摄影家的版权进行保护，在这 7 个国家的互联网、公共传播领域（包括有线、无线电视和卫星传播）、展览、广告、出版（书籍、报纸、期刊）、租赁、任何类型的复制等多个领域为中国的摄影家收取使用费，并把这些使用费转交给中国摄影著作权协会。

会议

【“互联网＋影像传播与运营发展”经验分享会】

2017年1月20日，由中国摄影家协会新媒体委员会主办的“互联网＋影像传播与运营发展”经验分享会在北京中国摄影家协会举行。

会议由中国文联摄影艺术中心副主任、中国摄影家协会信息资源部主任吴砚华主持。中国摄影家协会高琴，东方IC副总裁、图虫网负责人严志刚，雅昌摄影服务中心总监金俊、新华社领衔编辑陈小波，《中国日报》新媒体中心主编陈琳，五洲传媒出版社文化交流中心媒体资源部主任黄静，《人民画报》编辑部主任王蕾，自媒体“微言薄语”企鹅号创始人薄高鹏，自媒体“相机笔记”微信公众号创始人滕飞，拍电影网主编郝大鹏等，分别结合自身经验做了演讲。

【再现历史深处记忆——国家相册创办一周年研讨会】

2017年8月31日，新华社主办的“再现历史深处记忆——国家相册创办一周年研讨会”在北京举行。专家学者、新闻媒体负责人等围绕《国家相册》微纪录片项目相关问题展开深入研讨。《国家相册》微纪录片项目依托中国照片档案馆收藏的自1892年以来的1000多万张珍贵照片，聚焦中国近现代历史中的重大事件和精彩瞬间，综合运用3D特效、动画模拟、虚拟演播室、数据可视化等技术，讲述中国百年历史。《国家相册》注重将宏大叙事与个人视角结合起来开展叙述，题材涉及抗战胜利、奥运历程、铁路发展、黄河治理、文化传承、文明寻根、百姓生活等。

人物纪念

【摄影家游云谷逝世】

2017 年 5 月 6 日，中国摄影家协会原理事游云谷因病在江西省南昌市逝世，享年 89 岁。

游云谷，1928 年 10 月生于江西省杭州市临川区，中共党员、新华社高级记者。1952 年调新华社工作，先后在新华总社摄影部，新华社西南总分社、四川分社、山西分社、江西分社任摄影记者、主任记者、高级记者。作为新中国培养的第一批摄影记者，游云谷拍摄了大量反映中国社会主义建设及改革开放成就的照片，见证了新中国 60 年辉煌的发展历程，被新华总社采用的底片达数千张，在国际和全国性影展中展出作品 100 多幅。他先后获得“中国摄影艺术节最高奖——金像奖”、“中国摄影艺术四十年精品展一等奖”、“江西省首届新闻一等奖”、“江西省文学优秀成果特等奖”、“中国新闻摄影事业特殊贡献奖”、“当代跨世纪艺术家”称号、“世纪群星”称号等荣誉。他曾担任中国摄影家协会理事和两届江西省文联委员、江西省摄影家协会副主席。

【摄影家康大荃逝世】

2017 年 8 月 30 日，四川省摄影家协会名誉主席康大荃在四川省成都市逝世，享年 75 岁。

康大荃，1942 年 2 月生于北京。1961 年至 1966 年就读于北京电影学院摄影系故事片摄影专业。1966 年 7 月留校参加工作。1973 年 4 月到四川画报社，先后任摄影记者、图片编辑、总编辑、社长等职。1996 年 3 月至 2008 年 2 月，历任四川省摄影家协会副主席、秘书长、主席、四川省文联副主席。康大荃长期从事摄影理论研究及创作组织工作，先后出版了《摄影画面构图的形式规律》《摄影图片编辑学》《彩色摄影曝光技巧》《各类题材摄影》等专著。1998 年由中国摄影家协会授予“德艺双馨摄影家”称号，1999 年获“中国摄影金像奖组织工作奖”，2015 年获得第八届四川省“巴蜀文艺奖——终身成就奖”。

【摄影家张子固逝世】

2017 年 9 月 9 日，福建省摄影家协会原主席张子固因病在福建省福州市逝世，享年 91 岁。

张子固，1926 年 12 月出生于山东省胶南市。1945 年起从事美术宣传工作，1947 年加入中国共产党，同年调入中国人民解放军华东军区政治部《华东画报》社任摄影记者，开始从事摄影事业。曾先后参加潍坊战役、淮海战役、渡江战役、上海战役、福州战役等，进行火线报道。他是当年解放福州历史的见证人、亲历者，是第一代红色摄影名家。1949 年以后，张子固在福建工作，历任福建人民出版社编辑部副主任、副总编辑、编审，中国美术家协会会员、中国摄影家协会常务理事、福建省美术家协会秘书长、副主席，福建省摄影家协会主席、顾问等职。曾主持编写《叶飞画册》。

【摄影家侯波逝世】

2017 年 11 月 26 日，中国文学艺术界联合会委员、女摄影家侯波因病在北京逝世，享年 93 岁。

侯波，1924 年 9 月出生，山西省夏县人。1938 年参加革命工作，同年加入中国共产党。1949 年至1961年担负党和国家领导人的拍照任务，拍摄了大量党和国家领导人在开国大典、党的七届三中全会、全国人大会议、全国政协会议、各地视察、会见各国元首和友好人士、接见全国各界著名人士、访问城乡人民群众、主持党中央的重要会议等活动的照片。侯波自1986年起与爱人徐肖冰在海峡两岸以及日本、英国、美国、法国、德国、荷兰等国举办联展。1989年出版了大型画册《路》，荣获“中国图书奖一等奖”“首届全国优秀美术图书奖金奖”“首届国家图书奖”，侯波2002年荣获文化部造型艺术创作研究基金会颁发的“首届造型艺术创作研究成就奖”，2009年荣获“中国摄影金像奖终身成就奖”。2016年当选中国文联第十届荣誉委员。侯波先后任新华社新闻摄影部记者、中国文学艺术界联合会委员、中国摄影家协会理事、中国女摄影家协会主席。侯波同志的一生都致力于宣传党和人民的革命事业，用手中的照相机真实记录了新中国成立初期这一段重要的历史。她的作品塑造了一代领袖人物的光辉形象，拉近了领袖与人民群众的距离。这些作品最终成为宝贵的历史影像档案，世代留传。

著述选介

【《国际视野下的大武汉影像（1838—1938）》】

著作：《国际视野下的大武汉影像（1838—1938）》

作者：冯天瑜、陈勇编著

出版社：人民出版社

出版时间：2017 年 1 月

该书涉及汉口开埠、湖北新政、辛亥革命、国民革命、抗日战争这些重要历史时期，精选近 500 幅图片，按历史次序编成前后相贯的 7 章，展示出国际视野下的近代大武汉的若干侧面，构成一部西方人拍摄的晚清民国武汉影像集。该书编入了一系列或细致入微、或宏阔壮丽的图像，有清末民国此地的风景名胜、社会风情、政治事变、工商业成就，又有市政街坊建置、各阶层芸芸众生的形态。

【《山本赞七郎》】

著作：《山本赞七郎》

作者：徐家宁编著

出版社：文心出版社

出版时间：2017 年 1 月

该书是中国历史影像、早期摄影家作品集，主要收录了山本赞七郎拍摄的旧北京城的历史风貌以及那个时代的中外知名人士和清廷贵族的历史影像，这些历史影像相当珍贵，对研究那个时代的中国历史有着重要意义，具有重要的社会价值。

【《遗失在西方的中国史：老北京皇城写真全图》】

著作：《遗失在西方的中国史：老北京皇城写真全图》

作者：［瑞典］喜仁龙著，沈弘、聂书江编译

出版社：广东人民出版社

出版时间：2017 年 1 月

1921 年，西方中国艺术史研究第一代领军人物喜仁龙得到民国总统特许，考察了民国政府驻地中南海、北京的城墙与城门，并在溥仪的陪同下，进入故宫实地勘察和摄影。本书正是这次考察的精华集锦。

全书分为上下两册。上册原名《中国北京皇城写真全图》，首版于 1926 年。收录了 14 幅建筑绘图，300 余张照片。全面展现了紫禁城的城门、角楼、殿宇等建筑的结构与装饰特点，如实记录了中南海、北海、圆明园等皇家园林的原貌。下册原名《北京的城墙和城门》，首版于 1924 年。收录了 10 余万字工程勘察记录，50 余幅测绘图，详细考证了北京城墙和城门的建筑构造和历史变迁，并附有 130 余幅极具艺术性和视觉震撼力的照片。这是现存记录老北京城墙和城门很翔实可靠的文献，具有极高的史学、史料价值。

【《西洋镜：一个德国建筑师眼中的中国 1906—1909》】

著作：《西洋镜：一个德国建筑师眼中的中国 1906—1909》

作者：[德] 恩斯特·柏石曼著，徐原、赵省伟编译

出版社：台海出版社

出版时间：2017 年 2 月

该书共包括 426 张照片。其中，288 张照片由恩斯特·柏石曼和他雇用的中国摄影师拍摄于 1906 年至 1909 年间。恩斯特·柏石曼是第一位全面考察中国古建筑的西方建筑师，他穿越中国 12 个省，行程数万里，对中国古建筑进行了全面考察，拍下了数千张皇家园林、宗教建筑和各地风情民居的珍贵照片。照片中 42 处现在是国家级文物保护单位（一部分已被列入世界文化遗产名录或世界自然遗产名录），20 余处为当代复建或曾经落架大修，至少有 60 处现已不存。此外，书中还有 2006 年，徐原夫妇及其同人循着柏石曼足迹，秉着原地点、原角度复拍的原则，奔波 7 省，行程 2 万里，拍摄的 138 张照片，算是“循迹百年恩斯特·柏石曼，重走那条路，重拍老照片”这项民间计划的初步成果。

【《西洋镜：一个德国飞行员镜头下的中国 1933—1936》】

著作：《西洋镜：一个德国飞行员镜头下的中国 1933—1936》

作者：[德] 格拉夫·楚·卡斯特著，赵省伟编译

出版社：台海出版社

出版时间：2017 年 2 月

这是一部有关中国的最早的航拍摄影集，首版于 1938 年。收集了近 200 张罕见的航拍照片。这些照片是卡斯特 1933 年至 1936 年在中国执行飞行任务期间，利用卷帘式莱卡小相机拍摄。附录部分 12 张中国最早的航拍照片为 20 世纪初法国军官利用热气球所拍。

【《西洋镜：一个美国女记者眼中的民国名流》】

著作：《西洋镜：一个美国女记者眼中的民国名流》

作者：[美] 格蕾丝·汤普森·西登著，李晓宇译

出版社：台海出版社

出版时间：2017 年 2 月

该书首版于 1923 年。1922 年至 1923 年间西登游历中国时积极投身社交活动，采访了末代皇后婉容、民国总统黎元洪及其夫人、寓居上海的宋庆龄等众多社会名流。她留下 80 余张罕见民国女性老照片和 29 篇采访札记。附录 40 多张晚清贵族女性照片选自 1908 年由大日本东洋妇人会出版的《清国杂观》，均为难得一见的影像资料。

【《西洋镜：一个英国战地摄影师镜头下的第二次鸦片战争》】

著作：《西洋镜：一个英国战地摄影师镜头下的第二次鸦片战争》

作者：[英] 菲利斯·比托著，赵省伟编译

出版社：台海出版社

出版时间：2017 年 2 月

该书是中国摄影史上极为珍贵的影像资料，收录了 110 余张照片。其中有最早的六联张北京全景

图，还有被焚毁前的圆明园、清漪园的唯一一组照片。1860 年 3 月至 11 月，比托跟随英法联军，途经香港、广州、大连、天津、北京等地，拍摄了中国最早一批战争题材的照片和长卷。这些摄影史上的名作，目前大多收藏在欧美各大博物馆和图书馆。

【《西洋镜：中国园林》】

著作：《西洋镜：中国园林》

作者：[瑞典] 喜龙仁著，赵省伟、邱丽媛编译

出版社：台海出版社

出版时间：2017 年 2 月

该书首版于 1949 年，共收录图片近 400 幅，系统论述了中国园林的艺术特点和发展流变，是世界公认的中国园林研究开山之作。1921 年，喜龙仁得到民国总统的特许，成为少数几个获准进入民国政府办公场所中南海、北海、颐和园等地进行考察和摄影的外国学者之一。其后，遍访苏杭等地私家园林，并获得弗利尔美术馆等海内外馆藏支持，拍摄大量中国园林的名画。这些园林大部分毁于战火或人为破坏，喜龙仁拍摄的图片具有珍贵的历史价值。另附录醇亲王奕譞府邸罕见照片 60 幅，为国内首次印刷。

【《西洋镜：清代风俗人物图鉴》】

著作：《西洋镜：清代风俗人物图鉴》

作者：[英] 乔治・亨利・梅森等著，赵省伟、丁洋洋编译

出版社：台海出版社

出版时间：2017 年 2 月

全书主要包含《中国缩影》《中国刑罚》与附录 3 个部分。《中国缩影》首版于 1834 年，是西方最早介绍中国风俗的代表作之一。其中收录了 20 余张精美的版画与 4 万余字的解说，真实地再现了一个个湮没在历史尘埃中的市井人物。《中国刑罚》首版于 1804 年，开创了中国刑罚研究的先河，从此，中国刑罚及其背后揭示的民族性的研究逐渐成为西方汉学一个主要支派。该书的 22 张彩色版画也成为西方艺术史上的永恒经典。附录部分收录了著名插图摄影师威廉・桑德斯的《修脚》《缅甸大使觐见中国皇帝》《驻法公使曾纪泽》等罕见的彩色影像 30 余张。

【《旧影撷珍：费利斯・比托与最早的北京影像》】

著作：《旧影撷珍：费利斯・比托与最早的北京影像》

作者：谢子龙影像艺术中心编

出版社：中国摄影出版社

出版时间：2017 年 8 月

全书收录了 1860 年《北京条约》签订后，费利斯・比托跟随英法联军进入中国所拍摄的系列影像，是记录北京的重要历史影像资料。

【《抗战胜利・民间影像特辑》】

著作：《抗战胜利・民间影像特辑》

作者：周兆利编

出版社：同济大学出版社

出版时间：2017 年 8 月

该书以第一手的历史影像为线索，呈现 70 多年前抗战胜利的一幕幕场景，包括芷江受降，东京湾密苏里舰投降签字仪式，重庆抗战胜利，南京受降，抗战胜利前后的天津、北平、上海、青岛受降，和遣返日侨、延安抗战胜利、接管张家口等。

【《西洋镜下的三山五园》】

著作：《西洋镜下的三山五园》

作者：刘阳、翁艺著

出版社：中国摄影出版社

出版时间：2017 年 10 月

该书以作者发现、收集的 400 余张三山五园的老照片为基础，结合三山五园的具体景点、建筑和拍摄者等信息，展示中华优秀文化的传承变迁和中华民族遭受的磨难。

【《黑白镜头里的世界史（1850—1979）》】

著作：《黑白镜头里的世界史（1850—1979）》

作者：美国不列颠百科全书公司、盖蒂图片社

出版社：金城出版社

出版时间：2017 年 11 月

19 世纪中叶，相机的发明改变了人类记录历史的方式。从那时起，镜头里所表达的内容几乎涵盖了人类的文化、艺术、宗教、科技、战争等所有历史，很好地诠释了人类文明发展中的进与退，为我们展现了完整开阔的世界。

该书由美国不列颠百科全书公司撰写，并与首席图片机构盖蒂图片社联合出品。书中涵盖了 1850 年至 1979 年这一段以黑白镜头为主要影像记录方式的历史阶段，有近 2000 张珍贵的历史照片和专业词条，不仅从横向囊括了历史的全貌，也从纵深方向提供了关键人物、地点和时间的相关信息，用广博的史实与照片记载了人类近百年来的发展历程。

【《他们如何接纳摄影：刘海粟美术馆与摄影》】

著作：《他们如何接纳摄影：刘海粟美术馆与摄影》

作者：顾铮主编

出版社：西泠印社出版社

出版时间：2017 年 11 月

刘海粟美术馆在十二三年前开始关注摄影。最初刘海粟美术馆将目光投向了正在蓬勃生长起来的日常影像的生产，包括数码拍摄和手机拍摄等。并且结合美术馆的学术定位——扶持青年艺术，在 2013 年上海青年美术大展中开辟了摄影单元。刘海粟美术馆这样的摄影起步得到了摄影界、学术界的大力支持。帮助美术馆在摄影领域建立具有自己特色的摄影展览、摄影研究和摄影收藏。刘海粟美术馆渐渐形成了结合自身学术专长的摄影研究与展览面貌。这些年积累起来的 20 世纪上半叶的上海摄影研究与展览是美术馆宝贵资源。此次这些研究成果由评论家顾铮整理成册，分享 10 余年来的研究

成果。

全书收录了刘海粟的《摄影技谈》、家庭相册，以及顾铮对民国摄影、摄影人的几篇研究文章，如《民国上海的摄影现代性追寻》《他们如何接纳摄影——上海美术专科学校与摄影》《中国革命摄影的奠基人——沙飞》《两个在民国上海的台湾人：刘呐鸥与张才》《“亚努斯”金石声》《1934 年，庄学本出入汶川》《“离摄影真谛最近的”——论陶冷月的摄影实践》等。

【《聚焦：摄影在中国》】

著作：《聚焦：摄影在中国》

作者：巫鸿著

出版社：中国民族摄影艺术出版社

出版时间：2017 年 12 月

该书基于现代学术研究方法，用 10 个个案进行细致的研究，采用“深描”的方式，结合时代的具体社会、经济和政治语境进行逻辑性阐述，从而补充通论式摄影史对历史发展所做的连续性全面覆盖，推进了摄影史研究的深度和广度。其个案研究均始于对影像作品和有关视觉材料的实际调查。在对事实进行仔细检验的基础上，作者通过对摄影形式、图像、技术和社会语境的研究，结合近距离视觉分析和广泛的跨学科阐释，在更深层次上理解摄影师及其作品，发掘中国摄影的多元视觉传统，并探讨这些影像如何参与并构成了中国艺术的一个重要部分。书中讨论的 6 位当代摄影家，包括汪芜生、张大力、莫毅、刘铮、荣荣和缪晓春，为当代摄影艺术的研究提供了新的学术文本。

【《陈迹：金石声与现代中国摄影》】

著作：《陈迹：金石声与现代中国摄影》

作者：金华编

出版社：同济大学出版社

出版时间：2017 年 1 月

该书以中英文双语的形式汇集了中西方权威学者从不同视角研究中国重要早期艺术摄影家金石声的文章。书中选取了金石声从 20 世纪 20 年代末至 20 世纪 90 年代末的内容广泛的摄影作品。文章的作者们将这些作品置于其产生的历史背景之下，提出金石声在中国摄影史上的重要地位。

【《身体·性别·摄影》（《当代摄影文丛》第一辑）】

著作：《身体·性别·摄影》（《当代摄影文丛》第一辑）

作者：施瀚涛主编

出版社：上海文化出版社

出版时间：2017 年 3 月

该书是一本论文选集，讨论的主题均围绕着身体、性别和摄影展开。本书收录了塚原史的《作为反符号的照片》、阿比盖尔·所罗门·戈多的《伯爵夫人的腿》、扬·阿弗季柯丝的《辛迪·舍曼：纵火焚屋》、黄胤毓的《论三岛由纪夫影像肉体论的内摄与官能燔祭》、殷罗毕的《月份牌与现代乌托邦在东方的日常呈现》、芭芭拉·德简维艾弗的《美国的审查制度，或对艺术的恐惧与憎恨》、郭力昕的《阅读两份女体摄影创作》、石塚洋介的《解读当代日本摄影中的“男性裸体”》、罗伯塔·麦格拉斯的《女性主义、摄影和心理分析的视野》、朱洁树的《一个关于女性寻求身体自主权的图像故事》等文章，从影像的角度探讨性别与身体的关系，有利于进一步拓宽和加深摄影研究的视野和内容。

【《没有美满结局的童话——战争、宣传与图像》】

著作：《没有美满结局的童话——战争、宣传与图像》

作者：顾铮著

出版社：中国摄影出版社

出版时间：2017 年 3 月

该书所讨论的是跨样式的视觉文化实践研究，可以反观在战争中人们是如何从不同的立场或利益出发使用（或滥用）视觉媒介手段，以及如何克服手段的限制而达到宣传动员的目标。全书分“宣传战诸相”“见证战争”和“反思战争，以图像为途径”3 部分，所讨论的媒介对象包括宣传画、摄影、电影和平面设计，探讨了这些各有不同发展路径和艺术特征的视觉手段如何在战争及相关意识形态的统治下生产与传播，如何发挥宣传或动员的作用。

【《影像的追寻——台湾摄影家写实风貌》】

著作：《影像的追寻——台湾摄影家写实风貌》

作者：张照堂著

出版社：中国民族摄影艺术出版社

出版时间：2017 年 3 月

1986 年，摄影家张照堂在完成“百年台湾摄影史料”的整理工作之后，为专栏写作而展开历时 3 年的台湾前辈摄影家的寻访之旅。于是，便有了《影像的追寻——台湾摄影家写实风貌》一书。33 位摄影前行者，400 多张照片，创作年代从 20 世纪 30 年代到 80 年代，该书几乎涵盖台湾写实摄影从萌芽到茁壮的 60 个年头。他们优秀的作品足以显示台湾摄影的成长轨迹，适切地提供了弥足珍贵的创作资产与影响记录。这本书是以写实摄影为创作主体的台湾前辈摄影家，第一次有系谱地列入台湾写实摄影的范畴，对台湾摄影文化和历史影响深远。

【《世界 3：开放的图像学》】

著作：《世界 3：开放的图像学》

作者：黄专主编

出版社：中国民族摄影艺术出版社

出版时间：2017 年 4 月

该书从图像、艺术、互联网等跨学科、跨文化方面对摄影进行探讨。通过梳理现代图像学的理论脉络和它的开放性影响，展示图像学在当代艺术史中的发展前景，并借此提倡一种建立在理性批评基础上的开放学风。

【《观看的方法：如何解读视觉材料》】

著作：《观看的方法：如何解读视觉材料》（原书第 3 版）

作者：［英］吉莉恩 · 罗斯著，肖伟胜译

出版社：重庆大学出版社

出版时间：2017 年 5 月

该书是近 20 年来视觉研究方法领域的权威著作，对研究视觉材料的各式各样的方法进行全面而系统的讨论和评价。书中的主体章节每一章都会讨论一种可用于诠释视觉材料的方法，而每一章要用何种视觉材料来探究这种方法，则取决于它是否能体现这种方法的步骤、长处和不足。该书在前两版的基础上增加了对受众、民族志、照片文档、照片引谈、摄影小品及视觉伦理研究等视觉方法的讨论，展示了视觉研究及其方法的不断发展的本质。

【《观察者的技术》】

著作：《观察者的技术》

作者：[美] 乔纳森・克拉里著，蔡佩君译

出版社：华东师范大学出版社

出版时间：2017 年 5 月

全书提供了关于 19 世纪视觉文化别开生面的研究视角，更新了我们对视觉现代性与社会现代性等问题的理解。有别于一般的研究方法，作者不是通过对艺术作品和图像的研究来思考视觉问题，相反，他分析的是观察者主体的历史建构。

【《嘘，人类纪！》】

著作：《嘘，人类纪！》

作者：[英] 路易斯・克莱门茨、南无哀主编

出版社：人民邮电出版社

出版时间：2017 年 11 月

全书汇集了 9 位摄影师的作品，录入了这 9 位摄影师的作品说明与个人简介，以及对摄影师的采访文字。此外，还收录了两位主编对“人类纪”这一展览的详细阐释。

【《光社纪事：中国摄影史述实》】

著作：《光社纪事：中国摄影史述实》

作者：陈申著

出版社：中国民族摄影艺术出版社

出版时间：2017 年 12 月

光社是 20 世纪初在北京成立的摄影艺术团体，是中国一个业余摄影家的艺术联盟，同时也是一个中国知识分子摄影结社团体，它造就并影响了中国一代名副其实的摄影艺术家。作者以史学家的眼光，经年累月地收集光社的历史资料，实地寻访光社主要成员后人，并系统收藏了光社多位成员的 40 余幅原作，掌握了大量第一手资料和讯息，自 2012 年开始写作，6 年数易其稿，最终成就此书。全书以纪事的手法，从光社成立前的社会、文化背景谈起，涵盖了光社主要成员的社会活动和摄影创作情况，对光社影展、艺术成就、历史地位进行了极具考据的综述。本书是一本摄影史研究的著作，作者以实证和历史还原的方式，阐述了民国摄影的社会机制、文化机制、历史机制及生态环境。

【《肌理之下：一个人探寻台湾摄影》】

著作：《肌理之下：一个人探寻台湾摄影》

作者：傅尔得著

出版社：浙江摄影出版社

出版时间：2017 年 12 月

该书作者对众多台湾重量级摄影家进行了深度访谈和述评，也对台湾发展链条上的各环节进行了一线的观察和梳理，呈现了当代台湾影像的丰富面貌。

【《港口与影像：行动中的中国港城影像计划》】

著作：《港口与影像：行动中的中国港城影像计划》

作者：宁波中国港口博物馆编

出版社：上海文化出版社

出版时间：2017 年 10 月

该书是中国港口博物馆策划的一个项目，选取了宁波、泉州、广州、南京、上海、大连和香港 7 座港口城市，由时下活跃的年轻摄影师郑川、朱岚清、陈文俊、江演媚、李超瑜、徐浩、黄臻伟、杨圆圆等分别用丰富的视觉媒介探索其各自的特点和时代特征，最终成果整合了摄影、录像、装置、声音和文本，探寻了创作的多种可能性。

【《中国当代摄影图录》丛书】

著作：《中国当代摄影图录》丛书

作者：刘铮主编

出版社：浙江摄影出版社

出版时间：2017 年至 2020 年

全书呈现了众多的个体摄影创作案例，描绘出一幅中国当代摄影创作的全景画卷。该丛书分两批出版，共 20 册。所收录的既有成名已久的摄影家，也有近年来引起摄影界关注的新锐摄影家。每位摄影家为单独一册，以他们的代表作品为主，辅以图说、访谈、评论、作者自述等文字解读，是中国当代摄影创作的系统梳理、全景呈现，是了解中国摄影的一份重要文献。

【《珍藏马丁·帕尔》】

著作：《珍藏马丁·帕尔》

作者：［英］瓦尔·威廉姆斯著，唐小佳译

出版社：中国摄影出版社

出版时间：2017 年 1 月

该书是一本对玛格南图片社总裁马丁·帕尔职业生涯进行梳理和解读的著作，从马丁·帕尔早期的黑白摄影开始，到标志性的带有过饱和色彩的作品，到对消费主义的经典诠释。

马丁·帕尔将我们的日常食物、穿着及我们游览过的地方以戏谑的手法表现出来，同时又细致入微地展现了我们的生活方式。他的作品不仅能够用来定义社会观点或者强调文化表达，而且凸显了照片作为静止的二维影像，如镜子一样反映我们生活方式的本质特性。

【《彩色的中国：跨越 30 年的影像历史》】

著作：《彩色的中国：跨越 30 年的影像历史》
作者：翁乃强著
出版社：中信出版社
出版时间：2017 年 2 月

该书展现 1964 年至 1995 年百姓的日常生活、工作面貌，用生活细节呈现历史变迁。并且有大量的作者关于历史背景及作品的解说，将其个人视角和观看方式融入国家、社会的进化之中，用百姓的形象和故事表达自己对社会的理解。

【《市井中国：20 世纪末街巷里的流年影像》】

著作：《市井中国：20 世纪末街巷里的流年影像》
作者：陈锦著
出版社：五洲传播出版社
出版时间：2017 年 3 月

该书是作者扎根故乡，拍摄市井生活 30 年创作而成。书中记述了在大时代环境中作者个人的童年往事以及故乡的风俗家事。用影像和文字记录下那些已经消失或即将消失的中国老百姓们的日常生活片段，还原了中国 20 世纪末期原汁原味的市井百姓生活。

【《四十年新闻摄影：西格玛时代》】

著作：《四十年新闻摄影：西格玛时代》
作者：[法] 米歇尔・赛邦、玛丽・库赞编，方舒译
出版社：北京联合出版公司
出版时间：2017 年 4 月

该书讲述的是创建于 1973 年的法国著名图片社西格玛的故事。书中汇集了 80 幅著名新闻摄影作品，并请它们的拍摄者、西格玛的中流砥柱们及新闻摄影“黄金时代”的见证者讲述作品背后的故事。

【《传奇摄影大师格雷戈尔・海斯勒：50 幅人像杰作背后的奥义》】

著作：《传奇摄影大师格雷戈尔・海斯勒：50 幅人像杰作背后的奥义》
作者：[美] 格雷戈尔・海斯勒著，黄一凯、张弛译
出版社：清华大学出版社
出版时间：2017 年 4 月

该书是人像摄影大师格雷戈尔・海斯勒的首部著作，书中精选了 50 幅文体巨星、名流政要的代表性肖像，并讲述了作者的创作思路和拍摄技巧。

【《决斗写真论》】

著作：《决斗写真论》
作者：[日] 筱山纪信、中平卓马著，黄亚纪译

出版社：广西师范大学出版社

出版时间：2017 年 5 月

1976 年，知名摄影杂志《朝日相机》，邀请从事评论并宣布放弃摄影的中平卓马和声势如日中天的摄影家筱山纪信合开专栏。由筱山提供摄影作品和引言，中平撰写深刻而尖锐的评论文字，《决斗写真论》由此诞生。两人透过家、晴天、寺、街区、旅途、印度、工作、风、妻、平日、插曲、巴黎与明星这 13 个主题，对“摄影是什么？”“观看是什么？”“摄影的行为是什么？”“摄影家又是什么？”等相关议题进行深入的探讨与思索。

【《真理的慧眼：中国摄影家朱宪民》】

著作：《真理的慧眼：中国摄影家朱宪民》

作者：赵迎新主编

出版社：中国摄影出版社

出版时间：2017 年 6 月

全书收录了包括王蒙、高占祥、莫言、张贤亮、沈鹏、李媚、陈小波、杨小彦等多达 50 位文化界和传媒领域人士对朱宪民先生的评论、报道，以及朱宪民先生本人的 10 余篇自述文章。

【《火车上的中国人》】

著作：《火车上的中国人》

作者：王福春著

出版社：北京联合出版公司

出版时间：2017 年 8 月

该书用黑白纪实摄影反映了 20 世纪 90 年代中国人旅途生活的真实瞬间，展示了流动的社会缩影，是社会历史发展的生活写照。

【《艾略特・厄威特的纽约》】

著作：《艾略特・厄威特的纽约》

作者：[美] 艾略特・厄威特著，王雨辰译

出版社：湖南美术出版社

出版时间：2017 年 12 月

该书从著名纪实摄影师艾略特・厄威特职业生涯中精选 122 张拍摄于美国纽约的作品，以跨页、单页、留白的形式交错编辑而成，交织出纽约的方方面面：名人和普通人、白天和黑夜、建筑和风景、平静与喧闹、整齐与混沌等，呈现出城市的复杂多样。从厄威特幽默的镜头语言中可以感受到现代性、工业化、城市生活对人的影响。

大事记

1月1日，“第四届中国摄影年度排行榜作品展”在中国丽水摄影博物馆展出。

1月1日，“梦幻黄山 礼仪徽州”摄影展在北京颐和园展出。

1月2日，“环球奇镜·四光圈全球摄影展”在上海环球金融中心展出。

1月11日，“德国制造：从十九世纪到今天的德国摄影”摄影展在上海摄影艺术中心展出。

1月20日，“人时：康泰纳仕百年摄影”图片及影像展在北京尤伦斯当代艺术中心展出。

1月20日，“互联网+影像传播与运营发展”经验分享会在北京中国摄影家协会举行。

2月7日，“2017年影像中国米脂峰会”在陕西省榆林米脂县举行。

2月7日，“GAO BO 高波 | 谨献 THE OFFERINGS”摄影展在法国巴黎欧洲摄影博物馆展出。

2月28日至4月20日，“中国著名摄影家联展：镜头中的乡土中国”在北京中国摄影画廊展出。

2月28日至3月5日，“上海国际摄影节暨上海第十三届国际摄影艺术展览”在上海中华艺术宫举行。

3月4日至12日，“2017汕头摄影周”在广东省汕头市举行。

3月8日，“心之骛：王新妹的自然观摄影作品展”在北京中国美术馆展出。

3月8日，“撸起袖子加油干——‘中国梦·劳动美’影像作品展”在中国国家博物馆展出。

3月9日，“‘和而不同’：傅文俊数绘摄影展”在北京中国美术馆展出。

3月19日，“2017视觉中国摄影师年会暨视觉中国&500px2016年度大赛颁奖典礼”在北京民航国际会议中心举行。

3月31日，“影像丝绸之路——天水摄影双年展（主题展）北京巡回展”在北京中国摄影展览馆展出。

4月26日，“美丽中国·美丽卡塔尔——中卡文化年两国摄影家作品联展”在浙江省舟山市展出。

4月28日，“第二届长江国际影像双年展”在重庆市长江当代美术馆展出。

5月6日，“一带一路”历史建筑摄影·手绘艺术展在北京中国建筑大学展出。

5月6日，中国摄影家协会原理事游云谷在南昌市逝世，享年89岁。

5月10日，“丝路星空——‘一带一路’国际星空摄影展”在北京天文馆展出。

5月19日，“第十一届中国摄影金像奖摄影作品展”在北京中国摄影展览馆展出。

6月14日，“2017第四届中国·南亚、东南亚国家国际摄影作品展”在云南省昆明市展出。

6月22日至25日，“首届深圳国际摄影大展”在深圳会展中心展出。

6月23日，“深入生活·扎根人民——大学生公益摄影作品展”在北京中国摄影展览馆开幕。

6月24日，“保持记录——2017西安国际摄影邀请展”在陕西省西安市崔振宽美术馆展出。

6月28日，“中国当代摄影40年（1976—2017）——三影堂10周年特展”在北京三影堂摄影艺术中心展出。

7月1日，“庆祝香港回归祖国二十周年香港摄影家作品展览”暨“海峡两岸暨港澳地区摄影研讨会”在广东省深圳市举行。

7月3日，“向人民汇报——摄影家‘深入生活、扎根人民’作品展”在北京中国文艺家之家展出。

7月6日，“袁毅平先生摄影艺术作品展”在北京民族文化宫展出。

7月8日，“斑斓大自然、神奇小精灵”昆虫摄影展在北京国家动物博物馆展出。

7月8日，“2017中国摄影图书榜启动仪式暨2016中国摄影图书榜入榜典礼”在北京中国摄影家协会举行。

7 月 22 日，“交汇点——连云港国际摄影展”在江苏省连云港市展出。

7 月 27 日，“中国军事摄影作品邀请展”在江西省南昌市展出。

7 月 30 日，“镜头里的人民军队——庆祝中国人民解放军建军 90 周年摄影展”在北京中国摄影展览馆展出，军事摄影研讨会同期举行。

8 月 8 日，“全球摄影界的‘奥林匹克’——第五届世界摄影大会”在山东省济南市举行。

8 月 12 日，上海喜玛拉雅美术馆第一季“喜影集”开幕，5 场来自中国和海外艺术家的个展、群展联袂展出。

8 月 18 日，“光影肖然——沙飞的艺术・理念・行动”摄影展在北京画院美术馆展出。

8 月 19 日，“大国重器——迎接党的十九大胜利召开摄影展”在北京民族文化宫展览馆展出。

8 月 19 日，“2017 第七届大理国际影会”在云南省大理市举行。

8 月 21 日，“工业之光——浙江镇海工业摄影作品展”在北京中国文艺家之家展览馆展出。

8 月 21 日，“喜迎党的十九大——第十届西藏珠穆朗玛摄影展”在北京民族文化宫展出。

8 月 23 日，中国摄影著作权协会、人民教育出版社举行的《教科书“法定许可”使用费收转协议》签约仪式在北京中国国际展览中心新馆举行。

8 月 25 日至 9 月 7 日，“新农村建设全国纪实摄影十年精品展暨第七届全国农民摄影大展”在北京中国摄影展览馆展出。

8 月 28 日，2017 年“中国影像艺术三十年”学术研讨会在内蒙古自治区兴和县举行。

8 月 30 日，四川省摄影家协会名誉主席、摄影家、教育家康大荃在成都市逝世，享年 75 岁。

8 月 31 日，“再现历史深处记忆——国家相册创办一周年研讨会”在北京新华社新闻大厦举行。

8 月至 12 月，“2017 深圳（福田）国际城区影像节”举行。

9 月 7 日，“丝路精神・时代丹青——第四届今日丝绸之路国际美术邀请展”在陕西省美术博物馆展出。

9 月 8 日至 10 日，“第四届影像上海艺术博览会”在上海展览中心举行。

9 月 9 日，“二〇一七第二届宁波国际摄影周”在中国摄影家协会宁波艺术中心举行。

9 月 9 日，福建省摄影家协会原主席张子固同志逝世，享年 91 岁。

9 月 9 日，“中国摄影名家作品赏析系列活动・李舸个展”在北京新闻大厦展出。

9 月 12 日，“‘迎庆党的十九大——歌唱祖国、礼赞英雄’主题创作成果展”在北京中国文艺家之家展览馆展出。

9 月 12 日，“从东北到华北：一个中国军人的历史抉择”主题展在北京中国摄影展览馆展出。

9 月 15 日，喜迎十九大“党在我心中——全国各民族人民的幸福生活摄影展”在北京民族文化宫展出。

9 月 15 日，“荒木经惟：感伤之旅 / 堕乐园 1971—2012”在福建省厦门市三影堂摄影艺术中心展出。

9 月 16 日，“谢子龙影像艺术中心”在湖南省长沙市落成。

9 月 19 日，“第十七届中国平遥国际摄影大展”在山西省平遥市举行。

9 月 20 日，“中俄国际摄影展”在俄罗斯符拉迪沃斯托克举行。

9 月 29 日，“在希望的田野上——解海龙纪实摄影 30 年”摄影展在北京恭王府展出。

10 月 10 日，“美丽的高岭——塞罕坝采风创作作品展”在北京中国文艺家之家展览馆展出。

10 月 12 日，“2017 北京国际摄影周”在北京举行。

10 月 12 日至 22 日，“辉煌的五年——‘喜迎党的十九大・航拍中国’摄影图片展”在北京中华世纪坛展出。

10月14日，摄影家贾育平个展“芳华年代——那些挂历上的姑娘”在北京798艺术区展出。

10月17日，“寻访·铭记·传承——纪念刘邓大军千里跃进大别山70周年摄影展”在北京中国文艺家之家展览馆展出。

10月28日，“黄锐+荣荣：以摄影相伴（1994—2001）”双人展在北京三影堂摄影艺术中心展出。

10月28日，“温度——安娜伊思·马田摄影作品展”在北京三影堂摄影艺术中心展出。

11月4日，“于心无悔——于文国摄影作品展”在北京中国摄影展览馆展出。

11月15日至19日，“2017丽水摄影节暨第二届国际摄影研讨会”在浙江省丽水市举行。

11月25日至2018年1月3日，“集美·阿尔勒国际摄影季”在福建省厦门市举行。

11月26日，中国文联荣誉委员、女摄影家侯波在北京逝世，享年93岁。

12月2日至2018年1月2日，“连州国际摄影年展”在广东省连州市举行。

12月8日至17日，“TOP20·2017中国当代摄影新锐展”在浙江省杭州市展出。

12月12日至16日，“2017（第六届）西双版纳国际影像展”暨“全球化语境下的民族影像表达”论坛在云南省西双版纳州景洪市举行。

12月15日至2018年3月8日，“复相·叠影——广州影像三年展2017”在广东省广州市展出。

12月20日，“向人民汇报——‘深入生活 扎根人民’当代10位摄影家纪实摄影展”在北京中国文艺家之家展览馆展出。

12月22日，“与时代同行——全国摄影艺术展览六十年精品回顾展”在北京中华世纪坛展出。

12月23日至2018年3月17日，“回路——2000年以来的西南影像实验”展在四川省成都市展出。

中国艺术年鉴·2018

艺术设计卷

分卷主编：丛玲玲

年度述评

2017年度中国工艺美术发展研究报告

◎ 邱春林

一、导言

2017年对于我国工艺美术行业的发展而言，既是振兴图强之时，亦是身处新时代，面对新问题、新挑战，探索新路径之际。

1月，中共中央办公厅、国务院办公厅印发了《关于实施中华优秀传统文化传承发展工程的意见》（中办发〔2017〕5号，以下简称《意见》）。《意见》指出：要推动中华优秀传统文化的传承与发展，增强国家文化软实力，需要着重做好深入阐发文化精髓，贯穿国民教育始终，保护传承文化遗产，滋养文艺创作，融入生产生活，加大宣传教育力度，推动中外文化交流互鉴等方面的工作。由此，国家从战略层面上筑起了我国优秀传统文化大踏步地回归、复兴之路。同月，工业和信息化部、财政部率先发布了《关于推进工业文化发展的指导意见》（工信部联产业〔2016〕446号）。3月12日，国务院办公厅再次签发了由文化部、工业和信息化部、财政部联合筹划的《中国传统工艺振兴计划》（国办发〔2017〕25号），将“工艺”这一自古承载着悠悠中华文化之深韵的重要角色高调地置于全社会关注之下。接着，全国各省、市、自治区都对此做出相应反应，有些省份还结合省情，出台了振兴计划的实施细则。

2017年是涉及传统文化的相关行业充满机遇的一年，无论是从国家政策方面的扶持力度，还是社会媒体、互联网行业的宣传与推广强度，均为其振兴之路助力。

“传统工艺振兴”成为全年度的关键词，非物质文化遗产保护工作的重心也明显偏向传统工艺美术领域，实际上给仍旧处于产业结构性调整期和市场疲软状态的我国工艺美术行业注入一针强烈的兴奋剂。

二、现象与热点

2017年，“如何弘扬工匠精神”这一2016年的热门话题继续得到全社会的关注，并且在行业和学界展开了深度讨论，形成的共识面有所增大。这一话题逐步上升到该如何继承和弘扬传统工艺美术之“道”上，明显超越了前几年过于偏重技艺层面的传承这一认识。

有关传统工艺美术与时尚结合的创意设计得到政府鼓励，尤其在创意人才的培训方面得到国家政策和资金的大力支持。比如2017年国家艺术基金对工艺美术创作、展览和人才培训三方面的投入力度就很大，立项也多。通过国家艺术基金的支持，将技艺精湛的传统工艺传承人、年轻的传统工艺人才及相关的传统工艺机构组织到一起，为年轻人提供了难得的学习机会。

尽管工艺美术从业人员普遍感受到品牌建设的重要性，但暂时还强烈依赖于去争取“大师”头衔等个人荣誉。中国古代工艺美术在国际上有较高声誉，但当前知名的世界级工艺美术品牌十分罕见，致使中国工艺美术在短时间内难以走向世界。5月初，国务院批复国家发改委《关于设立“中国品牌日”的请示》（发改产业〔2016〕2484号），同意自2017年起，将每年5月10日设立为“中国品牌日”。这是首次从国家层面出发，全面鼓励企业发挥品牌影响力，扩大自主品牌的知名度，推进全民品牌教育，发起更加主动的、全面的、彻底的品牌战略。2017年的博鳌亚洲论坛及“一带一路”活动、“金砖四国”峰会中，工艺美术作品频频作为国礼亮相各大国际盛会，表明了国家希望将工艺美术打造成“中国制造”的代表与品牌，作为一种文化与经济的国家象征。虽然不少地区都响应国家号召，在品牌化建设的道路上迈出了第一步，但成就一个品牌并不是一朝一夕就能完成的，对工艺美术从业者而言，要建立品牌谈何容易。目前，工艺美术的个体经营户依然缺乏长远发展的目标，缺乏耐心和恒心，多看重眼前利益。因此，最快捷的形成市场影响力的做法就是去参评“大师”，这是导致“大师”进一步泛滥的社会心理基础。

2017年，工艺美术新材料、新工艺的创新尝试层出不穷，尤其是不同材料工艺的跨界组合催生了许多新产品，引人注目。比如景泰蓝与建筑构件的结合，刺绣与皮具的结合，利用大漆与金属工艺结合而形成的各类首饰，陶瓷与红木家具的有机结合等，都属于这个时代的工艺美术亮点。

各级政府重视打造文化产业示范区，但国内已经建成的大中型工艺美术产业园区普遍不景气；前店后坊的个人工作室反而生存得比较健康；工艺美术大师的个人工作室的景气程度远不如扎实做生活日用品的青年工作室，相关的青年创意集市十分火爆。以景德镇为例，乐天陶社、陶溪川、三宝瓷谷等几个国内驰名的景德镇陶瓷创意市场面向全体陶瓷艺人开放，已经吸引了大量青年陶瓷艺人到景德镇就业。他们每周将自己的陶瓷创意产品拿到这些市场上交易，因为有公平竞争的平台和展示自己文化创意能力的空间，所以他们能够在这个城市里待下去，并且三五年内就拥有自己的前店后厂坊。有些省份利用农村信用合作联社以“三新”扶持传统“三店”的全新理念，在支持传统工艺与特色产业中发挥了金融主力军的作用。通过把小微商户按照“百年老店、创业新店、后厂前店”进行分类管理，制订不同的信贷扶持方案，为传统工艺注入新鲜“血液”，促使“后厂前店”越做越大。这也是“支农惠民、精准扶农”在激活传统工艺生产力上出现的新思路、新做法。

2017年，工艺美术从业人员对大型文博展览会的参与热情有所减弱，工艺美术的销售方式越来越倚重互联网，传统工艺美术从传统营销向网络营销转变，从销售商品向输出文化转变。由于传统工艺美术产品普遍具有特色鲜明、流通方便的特点，互联网正可使之如虎添翼。经过电商培训，仅河北省彭城镇一带，目前借力电商的陶瓷厂就已发展到100多家。互联网思维深入影响传统工艺美术品的设计、生产、销售等多个环节。未来在传统工艺振兴上，可能会打上深深的互联网思维的印记。

2017年，传统工艺美术企业依然是税负和成本的重灾区，对此，行业从业人员的意见较大。为确保《中国传统工艺振兴计划》的实施，文件制定了若干保障措施，如加强统筹协调、支持基础设施建设、加强金融服务等。其中，落实财税支持政策和鼓励社会参与尤具现实意义。目前，工艺美术行业的税额仅占全国年总税额的千分之二左右，适当减免工艺美术增值税十分必要。

2017年，受非物质文化遗产保护工作的推动，加上传统工艺振兴计划等相关政策的导向作用，国家级媒体和自媒体对工艺美术的关注度有增不减。手工艺专题节目受到关注。

2017年，以人工智能为代表的高新技术成为社会关注的焦点，但只有极个别的工艺美术从业人员尝试工艺美术与人工智能的结合，绝大多数人对此还是持观望或排斥态度。现代社会已经进入科技与艺术高度融合的时代，如何利用3D打印等高新技术改进工艺美术产品的形式，缩短新产品开发周期，降低产品的成本，成为传统工艺人难以迈过去的门槛。

以上现象中已经包含了热点，“传统工艺振兴”是2017年最大的热点。全国各省、市、自治区工艺美术的发展极不平衡，工艺丰富、水平高、生产力强的工艺美术主产区分布于广东、浙江、江苏、上海、福建、北京、江西等省市，这些工艺美术主产区都比较重视产业振兴问题，对振兴计划的反应也较为积极和迅速。

以具有示范性质的浙江省为例，2011年至今，为努力打造“浙江手工技艺强省”，浙江省组织开展了“非遗薪传”系列展评活动，目的是激发中青年专业人才的创作热情。为提高非遗传承人群的实践水平和传承能力，从2015年开始，浙江省在贯彻落实文化部、教育部制定的《中国非物质文化遗产传承人群研修研习培训计划（2017）》方面十分积极主动，依托省内3所国家级培训试点院校开办了10个培训研修班，面向全国范围培训传承人共530名。同时，向文化部推荐了26名省级传承人到省外院校参加多个门类的研修活动。随后还研究制定了全省非遗中青年传承人群研修研习培训计划，选择了6所省内高校为试点实施单位，举办了6个方向的培训班。政府组织的如此大规模的针对手艺人的培训活动在十几年来是少见的。浙江省对文化创意园区的建设也走在全国前列，规划建设了如杭州宋城景区、桐乡乌镇景区、东阳横店民居苑等一批非遗主题小镇，已然成为丝绸、青瓷、木雕、根雕、石雕、文房四宝等传统工艺美术文化产业发展的集群。浙江省还成功加入联合国教科文组织“全球创意城市网络”，杭州成为全国首个“工艺和民间艺术之都”。近些年，杭州市相关机构围绕传统工艺行业从业者整体素质不高、产品形态的现代转化不理想、侵犯知识产权时有发生等共性问题，重点在拓宽教育培养渠道、建立非遗活态传承体系、加大政府采购和财政补贴等扶持力度、打造特色街区等方面发力，积极推动创意和传统工艺的深度融合。

三、政策与导向

2017年3月20日，国家林业局依照《国务院办公厅关于有序停止商业性加工销售象牙及制品活动的通知》(国办发〔2016〕103号)要求，发布《分期分批停止商业性加工销售象牙及制品活动的定点加工单位和定点销售场所名录》。自此，各象牙及制品定点加工单位和销售场所须在规定期限内停止加工销售象牙及制品活动。作为第一批被列入“国家级非物质文化遗产名录”的象牙雕刻工艺，在我国有着悠久的发展历史，当前主要的从事牙雕制作的地区有北京、上海、南京及广州等。针对如此境况，这些地区从事牙雕技艺的工匠们面临着来自境内外的舆论和政策压力，是就此放弃，还是转用其他材质来替代牙料？相关工艺美术从业人员和企业负责人对此困惑较大。

2017年1月21日，文化部印发《中国非物质文化遗产传承人群研修研习培训计划(2017)》，全国各省市均展开了一系列非遗传承人、工艺美术人的培训活动。5月12日，在全国非物质文化遗产保护工作会议上，来自全国部分省市的负责人介绍了“传承人群研修研习培训计划”的实施、非遗进校园等相关工作情况。面对我国工艺美术从业人员年龄断层，主要接受传统口耳相授的事实，眼界的拓展及跨区域、跨技术领域之间的相互交流均是新形势下必不可少的提升自我的方式。研习培训计划目的是提升工艺美术从业人员的综合素质，为他们创造接受现代教育、与现代设计师充分交流学习的机会。然而无论是政府机构，还是各大艺术高校，在举办类似培训活动中，把握好“构建中华优秀传统文化传承体系，加强文化遗产保护，振兴传统工艺”的宗旨，真正了解当前束缚工艺美术发展的主要矛盾，严格把握招生的基本门槛，听取工艺美术从业人员的切实要求，合理设置有针对性课程等是关键，需避免相关参与机构为赶任务敷衍塞责，否则不仅违背了发展的初心，更易助长工艺美术从业人员的虚荣、浮躁心态。

《关于推进工业文化发展的指导意见》首次将“工艺美术”列为工业文化产业之列，似乎是想在“工艺美术”与“工业制造”两个不同技术条件、生产模式、管理模式之间建立更为紧密而广泛的联系。工艺美术生产的手工化、个性化、低产量等特性与工业生产的机器化、规范化、高产量等文化特征看似难以相容。工艺美术该如何接受工业化的改造？该如何融入工业文化甚至智能工业文化？抑或问题本身就是历史悖论。1949年以后对工艺美术的社会主义改造其实就是走集体化、工业化、现代化的路子，其结果是差点消灭了手工艺文化。

作为国内极具权威性的工艺美术行业荣誉制度之一，1979年至2012年，中国工艺美术大师评选活动已举行过六届。2017年9月，中国轻工业联合会举行“第七届中国工艺美术大师评选工作座谈会”，标志着新一轮的评审活动即将开始。近几年，工艺美术行业出现了一系列不和谐事件，各类社会团体纷纷自行组织各类“大师”评选，导致“大师”一词遭到民众的唾弃，公信力急剧下降。一时间，不论是业内、学界，还是民间，都有强烈反对评大师的声音出现，然而工艺美术行政主管部门对于这一社会反响极其负面的问题自始至终没有明确态度，更没有出台相关遏制政策。“第七届中国工艺美术大师”的评选是目前少数几个保留的评比制度，以为行业重新建立正确、健康的价值导向为目的，严格评审条件，净化评审环境，使那些静心钻研技艺、传承工艺之道的优秀艺人得到褒奖，为从事传统工艺美术事业的年青一代树立行为典范。

2017年年初和年末，为整治环境、保障生产安全等问题，北京市诸多企业、工厂被要求歇业、停产甚至整顿、关闭，这其中便包括一些通州等地区的工艺美术行业的中小型工厂、作坊。一批从业人员一时间成了待业人员。诸如此类的挑战关乎工艺美术从业人员最基础的利益，也引发了人们的思考。

四、创作与作品

在经历了前几年礼品市场的萎缩态势之后，2017年工艺美术的创作和生产出现回归生活日用的好趋势。陶瓷生产最为丰富的创意设计集中于茶具、香具、餐具、陈设用器等实用性强的方面。目前，景德镇、德化、佛山、宜兴、禹州等地已经形成成百上千家企业聚集的陶瓷创意产区，不仅产品数量大、花色品种多，并且在时尚性方面具有一定的国际水准，这表明工艺美术的生产主流已经由过去的复古礼品型重新回到了创新日用型。草编、柳编、竹编的生产也体现出工艺与艺术、日用与审美的结合，不仅满足了国内中产阶级的生活需求，还拓展了国外市场。随着传统工艺美术顺应生活方式不断变化的能力的增强，它自身也获得了可持续发展的充沛活力。

2017年，工艺美术的发展越来越有审美的自觉性，具体表现在大量作品巧妙融合了传统中国文化韵味与现代生活美学。如2017年5月13日第十三届深圳文博会上揭晓了“中国传统工艺振兴百强榜”，倡导从衣着开始践行现代生活美学的“衡韵雅序”、重现云锦华光的“金文云锦”、从开发夏布产品到打造“夏布+”平台的“壹秋堂”、以服饰之美诠释民俗之美的“孔雀窝”等刺绣织染品牌，已经形成一股助推传统工艺走进现代生活的力量。第十三届深圳文博会上开辟了“拾遗主题展”和“北欧空间——手工与可持续设计展”，其中围绕刺绣织染的展览中展示了将丝麻等天然材质与织染刺绣工艺融入当代设计中，让刺绣织染工艺以全新的质感、美感走入人们的视野，向世人传递“寻生活本源，悟东方美学”的宗旨。

尽管工艺美术品牌建设基础薄弱，2017年还是零星出现了工艺美术的品牌运营。如11月24日第三届上海国际手造博览会中，由吴元新创建的“元新蓝”品牌展示了南通蓝印花布技艺的创新能力，以“环保、健康、家庭与社会和谐”作为品牌理念，大力推动植物染的生活回归。在该博览会上还涌现了一些高级定制的文创品牌，如“色空植染”“小巷三寻”“黎贯宇哈密刺绣”等。特别是“小巷三寻”土布纺织品牌将设计理念植入传统工艺，将手作融入生活体验，将文化导入品牌。

天然、朴实、本真的审美理念贯穿在这些主推植物染文化的工艺美术品牌中。2017年，工艺美术的创作极力挖掘传统文化资源，向经典致敬也是一个创作方向。5月，在威尼斯双年展上展示了苏绣国家级代表性传承人姚惠芬的34幅作品，让苏绣技艺第一次出现在重要国际美术展上，她与当代艺术家邬建安合作的以南宋名画为蓝本绣制的《骷髅幻戏图》备受关注。传统苏绣只会用到五六种绣法，而该作品包含了50多种近乎失传的绣法，打破了传统刺绣习惯，重新组合针法，创造出新的刺绣语言，向世界展示中国刺绣工艺所蕴含的精神与文化，并对刺绣工艺进行了延伸，使其承载起当代艺术的文化内涵。11月，河南省开封市启动了中国汴绣历代名古画刺绣创作工程。传统汴绣极受宋代绘画影响，此举配合当地政府将开封打造为历史文化名城的举措，将进一步彰显汴绣古朴典雅的审美风范。

2017年工艺美术新产品极其丰富，各类基于非遗保护项目的创意产品更是层出不穷。但这类创意产品往往成本过高、工艺不精、同质化严重，加上缺乏品牌影响力，市场反应没有预期的好。

五、活动与交流

2016年12月29日，文化部印发《文化部“一带一路”文化发展行动计划（2016—2020年）》（文外发〔2016〕40号）。该计划提出要逐步健全文化交流合作机制与平台，着力打造以“一带一路”为主题的国际博览会，鼓励和支持各类综合性国际论坛、交易会；打造“一带一路”文化交流品牌，在国内实施“中华优秀传统艺术传承发展计划”；推动“一带一路”文化产业繁荣发展，以工艺美术、文化旅游、演艺娱乐等为重点领域；支持“一带一路”沿线地区实施特色文化产业项目，顺应“互联网+”发展趋势，推进互联网与文化产业融合发展；促进“一带一路”文化贸易合作等重点工作。这一政策为2017年我国工艺美术“走出去”提供了良好契机，同时通过与“一带一路”沿线国家和地区的文明、文化的交流、互鉴与传播，更好地提升本民族文化自觉和文化自信。

2017年6月10日至18日，四川省成都国际非遗博览园举办的第六届“非遗节”系列展览中涉及诸多中国传统工艺美术的展演，将作品与技艺、物与人的和谐相生以新颖方式呈现了出来。其中包括在全国13个地区的20余个非遗项目的代表性传承人参展的“非遗代表性传承人代表作品展”，此项展览分为“非遗代表性传承人代表作品展”与“技艺活态演示”两大板块，通过生动的展示、展演、学术交流和互动参与等方式，展现了传统工艺文化的独特魅力与工匠们精湛的技艺。另外，在此板块中的“中国传统工艺设计暨研培计划成果展”及以“传承发展的生动实践”为主题的“中国传统工艺新生代传承人竞技大赛及作品展”等均突出了此届“非遗节”活动中特别推出的与非遗传承人面对面的互动环节，旨在以“传承·体验·承传”的模式让观众能够更加近距离地感受、体验我国的优秀传统技艺。

2017年6月16日，“杭州国际工艺周暨杭州国际传统工艺创新大会”于浙江省杭州创意设计中心举行。该展会以英国为主题国，特设“英国工艺设计区”，引进多家英国设计品牌及中英合创品牌，同时设立“杭州传统工艺再造区”“杭州创新工艺设计区”“中英工艺跨界设计区”等特色区域，意在真正实现传统工艺创新的主题概念，为各国工艺美术从业人员搭建起学习交流的平台。世界各国均会举办工艺美术相关展览、论坛交流等活动，却很少见到我国优秀的手艺人参与。传统工艺美术的发展不仅需要在本土环境中不断壮大，更需“走出去”，更多地展现中华传统文化的独特魅力，在国际市场上得到认可。

2017年11月20日，中国艺术研究院工艺美术研究所策应国家“实施中华优秀传统文化传承发展工程”“振兴传统工艺计划”的国策，在继承《考工记》核心观念基础上，结合时代要求，创造性地提出“材美、工巧、器韵、时宜，合此四者为中国好手艺”的新标准，并以此为价值导向，在北京成功举办了首届“中国好手艺展”，展出从全国各地、各工艺美术门类严格遴选出的100件好作品。何谓“材美”？指尊天时，重地气，巧用材料。何谓“工巧”？指因材施艺，工契意匠。何谓“器韵”？指形完神足，宛若天成。何谓“时宜”？指制随时变，合宜适用。这个好手艺的标准属于当代中国，它包含优秀文化传统和时代精神，诠释以人工合天工的精妙智慧，尊重个性创造性发挥，融合质朴、清新、雅致、华美等审美格调的多样性追求，确立既便于身，又益于心，用与美相统一的当代工艺美术思想。这一标准的学术展在全国工艺美术行业产生了积极影响，具有鲜明的导向作用。

2017年11月28日至29日，一场主题为“传统文化、未来想象”的“文化+科技”国际论坛于故宫博物院举办，再一次以传统文化在数字化信息时代中新颖的展现方式吸引了大众的目光，让民众感受到了高科技带给传统文化产业的新甜头。

2017年12月9日，“千年青花开生面：邱春林青花瓷艺术研讨会”在中国国家博物馆举行。连辑在会上说：“假如登堂入室是一个文化人所要行进的路径的话，登堂，必须登文化之堂，入室，才能入艺术之室。一定是文化在前，艺术在后，不能绕开文化走后门进入殿堂。后门开着可以进去，但是从后门进艺术殿堂就是艺人或者是匠人。一定要从前堂，按部就班地登文化大雅之堂，然后游于艺，进入艺术之殿。”他提出，意识形态、思想道德、精神文明建设、社会主义核心价值观是当代文化的灵魂。所以想成为艺术家，首先是一个有灵魂的艺术家。文化与艺术两者之间的关系是魂与体的关系，文化或思想为魂，艺术为体，不能抄近道搞艺术，这就是对中国特色社会主义新时代文化的新解读。此论在学界，尤其是工艺美术界产生了很大反响。

六、研究与学术

2017年国家社科基金艺术学重大招标课题是“中国传统工艺的当代价值研究”（中国美术学院、

山东工艺美术学院)。该课题针对悠久而优秀的中国传统工艺在当代社会的生产条件、生活方式与传统全然不同的背景下，如何保其精华、去其糟粕，并通过实践发现新的价值，从而实现对传统工艺延续文化根脉的现代转型展开研究。在当代境遇中寻求发展中国传统工艺价值的任务当前具有十分迫切的现实意义。"中国传统工艺的当代价值研究"分为五个子课题："中国传统工艺的文脉和特质研究""中国传统工艺的现代性与美学价值研究""中国传统工艺的再造与活化研究""中国工匠精神与产业体制研究""传统工艺材料与技术研发平台搭建研究"。基于上述五个维度和视角，对中国传统工艺的内涵进行阐释，从理论和实践的双重通道上探索传统工艺价值在当代转化的路径。同时，思考并解决传统工艺创作在当代社会中的推陈出新与文化综合阐释之间的关系。最终，在普遍意义上形成对中国传统工艺的当代价值的共识，实现传统工艺的当代价值理论和体系建构。

邱春林主编的《工艺美术理论与批评》一书出版，该书收录全国各地的学者的20余篇优秀论文，专论工匠精神的本质和历史嬗变、工匠精神的缺失带来的社会问题及应该如何重新培育工匠精神等问题，是2017年工艺美术理论研究的重要成果之一。

王文章主编、中国艺术研究院主持编撰的大型学术丛书《中国工艺美术大师全集》已经出版发行50余卷，2017年推出《龙从发卷》《毛正聪卷》《柳朝国卷》等10卷本，完整记录了这些中国工艺美术大师的口述史、工艺经验和各个时期的代表作，站在历史高度和当代现实层面分别评价他们的工艺成就，并以个人历史串联起当代工艺美术发展史，是当今重要的工艺美术文化研究成果。

《中国传统工艺全集》历经20年编纂完成。从漆器、陶瓷、丝绸到中药炮制、传统机械，再到制墨制砚，《中国传统工艺全集》收集记载了近600种中国传统工艺，涵盖全部14大类，抢救性记载了多项濒危的传统工艺，堪称《考工记》《天工开物》在当代的补编和续编。

曾宪阳、曾丽撰写的《苗绣》由贵州人民出版社出版。《苗绣》作为一本"无字天书"，从一个看似很女性化的角度，再现了一种特色文化，解读了一个民族隐含着的世界观。

《宜兴紫砂传统工艺》(修订版)是中国紫砂大师徐秀棠用图文并茂的形式，讲述宜兴紫砂传统工艺特色、技巧等，很多资料来源于他对中国紫砂的亲身实践，具有重要的文献价值。

陶瓷产品设计指借助设计的思维或技术手段，对陶瓷产品的功能、原理、结构、造型、色彩、画面、布局等方面进行全面的包装，目的在于提升陶瓷产品的实用性和艺术性。于清华著的《英国陶瓷产品设计》是"中外陶瓷设计艺术丛书"之一种，主要介绍英国的陶瓷产品设计的历史、现状与发展趋势。该书以"文化、工艺机构与设计活动""手工制作""百年品牌""陶瓷打印"为着眼点，从英国人的饮食文化、家居生活及陶瓷涉及的主要城市、工作室、设计师、设计组织、设计品牌等角度展开细致论述，向读者呈现英国陶瓷产品设计的整体特征及其文化气质与陶瓷风格。

郑军、徐丽慧撰写的《中国传统装饰图案》一书以翔实的资料全面而系统地介绍了中国历代装饰图案的兴起、发展、演化、积累与嬗变，分析其艺术表现的时代特征，阐释其装饰思想与风格，是一部架构清晰、内容丰富的装饰艺术史论著。

2017年重要的工艺美术译作有《魅惑的表面：明清的玩好之物》《白瓷之路：穿越东西方的朝圣之旅》等。由美国乔迅(Jonathan Hay)著，刘芝华、方慧译的《魅惑的表面：明清的玩好之物》从个人物品到整体住宅室内布置的各个层面对明清时期中国的装饰艺术进行了介绍，建立了在非宗教性的奢侈装饰背后一个松散变化的、不成文但仍不失连贯的体系。《白瓷之路：穿越东西方的朝圣之旅》一书的作者埃德蒙·德瓦尔(Edmund de Waal)从中国开始，深入探访"发明和再造"了三座世界性瓷都——中国景德镇、德国德累斯顿及英国普利茅斯，以贯穿中西的视角，结合旅游札记、回忆录与历史讲述，追溯瓷器从中国传入欧洲的辉煌历程，描绘出一部数百年中西文明交流史的迷人面貌。英国罗伯特·莱顿(Robert Layton)在《技与艺——基于中国视角的艺术人类学相关理论探讨》一文中指出：盖尔的艺术能动性理论，在门神、灶神等中国民间艺术中得到了很好的印证。不过，能动性理论并不能完全解释山东民间艺术的功能。为了进一步理解中国艺术，有必要从中国美学和哲学的角度进行深入探讨。

中国工艺美术协会主持编撰的《中国工艺美术全集》工程近几年在全国范围（包括港澳台地区）全面展开。该工程分“国卷”和“省卷”，总目标是300多卷，覆盖面广，涉及工艺种类多，调动写作人员100多人，组织协调工作十分繁重。经过几年努力，已经完成近10卷。

中国民间文艺家协会于2017年启动了《中国民间工艺集成》项目编纂工作。该项目以省、区、市为单位立卷，对全国民族民间工艺百态进行记录，集结不同地域的民间特色工艺，全面把握工艺内容，系统辑录工艺面貌，重视发掘工艺思想，关注传统工艺传承、发展、创新和衍生的过程和关系，预计出版成果33卷（含港澳台地区），将于2020年结项。

中国艺术研究院于2017年正式立项“中国手工文化研究系统工程”，实践跨度10年。该工程立足工艺美术研究所的常规科研工作，调动全国工艺美术学界优质的学术资源，以个人专著或集体合作方式，围绕理论研究、历史研究、现状与对策研究、文献整理与翻译、辞典编撰5项工作主题及研究系列，进行全面、深入、系统的学术建设，成果将汇成《中国手工文化研究系统工程》出版。该学术研究工程专业、精深、经典，一改低层次的重复的做法，将荟萃国内工艺美术学术研究的菁华。

七、趋势与对策

（一）大趋势：工艺美术处于历史转型期

中华人民共和国成立以来，一直致力于追赶西方工业化、现代化步伐，对于传统手工业的社会主义改造不仅是针对其私有制度、落后的管理制度，也包括对其纯手工的生产方式进行尽可能地机械化渗入。除农耕之外，社会最主要的生产力是重工业和轻工业，大工业生产为社会积累财富的速度和总量是传统社会手工生产无法望其项背的。进入21世纪以后，数字技术更新换代的速度极快，与此同时，智能化生产也迅速形成生产力，其发展趋势是要取代劳动密集型的大工业流水线的生产方式。在这种形势下，传统工艺美术的生产竞争力正持续下降。

据不完全统计，工艺美术年生产总值超过万亿元人民币，如果去除其昂贵的原材料如宝玉石、珍稀木材、金银贵金属的成本，生产附加值最多只占总额的三分之一。显然，与巨大的国民经济总量相比，工艺美术占国民经济份额的比率很小，并且随着高新技术日益成为我国主要的经济驱动力，工艺美术所占的份额还会持续下降。

但是，我国社会结构经过现代化、工业化、数字化的强力改造之后，传统文化被打散，仅碎片式地存在着。工艺美术是残留的仍然活着的传统文化，它作为一种古老的生产方式绵延至现代社会，保持了一定的生命活力。这一方面说明它作为生产力依然有它的社会作用，另一方面说明工艺美术所携带的传统文化依然有存续的能力。因此，在工业化和数字智能工业化夹缝中生存的工艺美术顽强地前行，它的存在具有一定的象征意义：作为传统生产、生活方式的样板以及传统价值的载体。

总之，中国当前的工艺美术生产正处于由轻工业向文化产业和文化事业的双重社会属性转变，这是工艺美术历史上首次出现的重大转型。

（二）大趋势下的机遇：政府重视和文化消费需求上升

随着工艺美术的社会属性发生转变，手艺人的社会角色也由单纯的产业工人向非物质文化遗产传承人转变，手艺人的上行通道被打开。今天，稍微有点名望的手艺人都可凭借其技艺获得各级政府表彰，在各种平面和数字化媒体上的曝光率也很高。政府在政策导向、资金扶持、人才培训的力度上也很大，不少工艺美术传承人在近十年快速建起了个人工作室、生产工坊、展览展示场所甚至专项博物馆。在全球化时代，保护非物质文化遗产已成为多数国家的共识，尤其是发展中国家对此更为敏感和迫切，我国也将保护传统工艺美术上升到了文化战略高度。弘扬优秀传统文化少不了传统工艺美术的振兴。强大的社会舆论不断引导知识群体的眼光向下看，他们及时记录手艺人的口述史，发掘和总结手工技艺的知识、经验及相关哲学、伦理。这种基于跨文化平等、尊重、分享原则的发展机遇对于中国工艺美术行业来说真是千年一遇！

在开放社会里，全球资源配置和共同市场的形成同样有利于工艺美术的可持续发展。传统工艺美术的生产一直比较依赖本土原材料和本地市场，局限性很大。今天，这一束缚力量被解除，中国的手艺人尽可以只管如何提升自己的创造力，如何赢得更广阔的消费市场。随着中国特色社会主义进入新时代，我国社会的主要矛盾已经转化为人民日益增长的美好生活需要和不平衡不充分的发展之间的矛盾。美好生活需要自然包括文化消费需要，工艺美术的生产可以满足老百姓个性化、艺术化的消费需要。

此外，随着数字化智能机器人生产方式的到来，难免出现心理不适应和失业带来的诸多社会问题。工艺美术劳动是人性比较完满的自由劳动，具有自发性强、灵活性高、分散加工经营的特点，对于解决就业、缓解社会焦虑具有不可替代的作用。因此，从社会大系统看，未来工艺美术还会有发展空间。

（三）大趋势下的挑战：要长期面对生存问题

在传统社会，工艺美术主要为全民提供生活日用品。经过半个多世纪的工业化历程之后，手工生产的日用品的消费空间被工业产品挤压得越来越小，如今已退守到个性化的、文化符号性强的非必需品的生产领域。2012 年以来，曾一度火爆的礼品市场被反腐败制度打压之后，工艺美术品的真正消费市场尚没有提振的气象出现，这几年工艺美术行业普遍出现产能过剩现象。其中，非生活必需品的工艺品的生产锐减程度高，像全国玉雕行业从业人员从百万大军中撤出了五六十万人，陈设瓷的生产也逐渐不再像过去那样遍地开花。

除了来自消费市场萎缩的挑战之外，对手艺人的另一个挑战是社会需求越来越个性化，而工艺美术生产方式对个性化需求的快速反应能力明显不如数字与人工智能相结合的柔性化生产方式。工艺美术讲究慢工出细活，生产周期长导致成本居高不下，工艺质量还有不稳定性。柔性化生产集成数据采集、设计、3D 打样、智能机器人生产几个要素，形成快速、廉价、灵活的生产线，可以较准确地表达消费者的个性化需求。因此，未来工艺美术在生产个性化产品方面需要应对数字与人工智能相结合的柔性化生产方式的挑战。

在工艺美术由轻工业向文化产业和文化事业的双重社会属性转型时期，其整体美誉度亟待提高。改革开放以来，工艺美术与其他行业发展一样经过高速发展，技术和经济跑在精神与文化前面，尤其是工艺美术所关联的传统价值丢失严重，工艺美术领域的浮躁病并不比其他行业轻。国人对本土工艺美术的信任度要低于对日本及主要欧美国家的工艺美术。在一定时期内，中国工艺美术品的主要消费还是靠内需，外销方面因缺乏知名品牌而难以进行市场拓展。面对如此困局，工艺美术行业应该重拾优秀传统文化价值，并尊重现代商业伦理，重塑自身的整体文化形象。

（四）对策之一：体现工艺美术品之用

今天手工生产的制品还有什么用途？换句话说，大的社会需求在哪里？不排除极个别人可能在方方面面都用到工艺美术品，但从社会需求的共性看，工艺美术品的用处不外乎以下几种：

第一，生活日用仍然是最主要的用处，工艺美术可以生产生活日用品，成为大工业化日用产品的合理补充。与大工业生产的日用产品相比，手工制作的日用产品一定要严格遵守手工生产方式，尤其是关键工序必须依靠手工劳动来完成，这样才能体现个性化劳动的痕迹，以及具有个人经验性的美感与肌理感觉。手工制作的日用品不可能在价格、花色品种的多样性及产品标准化、大众化方面做得比工业化日用品更好，因此必须反其道而行之，去生产地域文化鲜明、创意性强、限量而小众的东西。工业化日用品满足人们基本生活需求，所以要突出共性；工艺美术日用品满足人们更富情趣的生活追求，因此要突出差异性。

第二，装饰和陈设之用是现代和未来工艺美术另一个主要用途。工艺美术作为室内外建筑构件上的表面装饰，如各类雕刻，墙面和顶棚的彩绘，有手工工艺处理的金属构件，织绣包裹和垂挂，琉璃、景泰蓝对构件的表面包装等。用于独立器皿上的传统工艺美术完全可以拓展开来，巧妙应用于建筑装饰，为公共环境或民用居所增添民族文化的情致。工艺美术品做陈设之用是我国从古沿袭下来的一大传统，文化趣味不同的人们会选择不同品类的工艺美术品做室内陈设，从陶瓷到泥玩具、屏风，再到家具、小器作等不一而足。好古的人可能会偏爱形制和质地古雅的工艺美术品，求新的人会选择形式新颖、简洁的工艺美术品，这也直接促使陈设类的工艺美术品的生产一直保持着文化的多样化。

第三，工艺美术品还有礼仪之用，包括政府在公共环境的礼仪性陈设器和国与国交往的礼品等。传统中国是个礼仪文化大国，工艺美术的设计、制作和应用与礼仪关系密切，过去如此，今天也如此，未来也需要高端的工艺美术品来彰显民族传统文化的独特性和民族自豪感。

第四，有些依赖贵重而稀缺资源发展起来的精工细作的工艺美术品早已成为收藏界的宠儿。也有一些手艺人凭借其突出的艺术水准和个人声望在社会上与艺术家齐名，他们独立创作的工艺美术品同样具有收藏之用。

第五，也有一些工艺美术品不太具有商品属性，而是满足于非商品性质劳动体验的目的。随着社会节奏越来越快，工艺美术的慢生活吸引不同文化层次的人群前去体验手工劳动，通过短期学艺，靠双手和身体其他部位与材料、工具密切接触，在释放各自的创造力的同时，收获喜悦，缓解精神焦虑。

（五）对策之二：保护工艺美术

对传统工艺美术的保护应该道、技并重。“道”指支撑工艺美术组织生产、流通的伦理，中国工艺美术的哲学、美学及手艺人必须坚守的工匠精神；“技”指与工艺美术相关的通用技术和个性化技艺。《庄子》告诉我们：道通于一，道与技是一，不是二，两者不能割裂。现在的遗产保护情况是重技不重道，无论是文化主管部门还是社会媒体、舆论都把关注点放在传统技艺的保护上，仿佛只要有技术和技艺的传承，能形成一定的生产力，非物质文化遗产就能得到合理保护。

而实际情况是，由于工艺美术之道的传承长期不被重视，导致今天中国工艺美术最缺的不是技术和技艺，而是道德原则、价值立场、文化自觉意识。精、气、神的涣散令行业发展过快、过急，出现产能过剩；各类评比乱象丛生，尚无办法遏制。这种混乱已经影响了工艺美术在国人心目中的美誉度，终究还会严重阻碍中国工艺美术走出国门。

把关注点单纯放在技术和技艺的传承上，其实是重物质、轻精神，重经济、轻文化，重眼前利益、轻文化战略的做法。生产力要不要紧？自然要紧，但我们需要有质量的生产力，尤其对未来工艺美术而言，需要的是文化生产力。历史经验告诉我们，面对技术失传问题，后人要恢复其实不难，只要有社会需求存在，遇到适合的土壤，一些传统技术能够得到恢复和发展。但与技术相关的哲学、文化、伦理的恢复相对而言要困难得多。事实也证明，今天仍旧活着的工艺美术中有很大部分是 1949 年之后逐步恢复生产的，像五大官窑、龙泉窑、吉州窑、沉香雕刻等手工技艺都得到挖掘、整理、恢复和发展，与此相关的文化、美学的复兴却很缓慢，而且丢失的往往是最精微的那部分内容。

从个体手艺人的工作和生活状态中可能更容易观察到道与技的割裂带来的问题的严重性。近年来人们习惯于拿中日两国手艺人的状态来比较，得出的结论是：中国手艺人普遍像商人，日本手艺人才像工匠。中国手艺人在技术掌握上和技艺表现上完全不逊于日本手艺人，在文化多样性上中国工艺美术更是远胜于日本工艺美术，两国的区别在于个体手艺人身上承载的道的不同，我们几十年来过于重技术生产，忽视精神的传承太久了。

（六）对策之三：工艺美术的未来形态

观察今天工艺美术内部的分流形势，可以预判未来五到十年的发展形态。未来中国工艺美术的生产组织形态以生产与观光体验相结合的小微企业为主。这类小微企业有的是家族式的，也有的是突破血缘关系的股份制。不管成员是何关系，纯手工的生产规模以几人或数十人居多，少数工序繁多、需要集众人之力的行业可能过百人。

这类小微工艺美术企业规模虽小，但机构不小，功能全面，可以集传承人工作室、传习所、展览馆、工作坊、体验室等于一体，做到小而精、小而全。所谓小而精，指安排位置精、专业精；所谓小而全，指满足生产、传承、观光、体验、销售多种功能于一体，真正实现工艺美术向文化产业和文化事业并重的社会需求转型。这类小微工艺美术企业还要做到小而美，即工坊美、产品美、工匠美。充分利用历史文化建筑和老街区、古街、古村落的文脉设计好工艺美术的工坊，美化生产环境的目的是让工艺美术文化得到直观呈现。在任何时候，产品美都是关键，好产品背后有好匠人、好灵魂。未来工艺美术的经济很有可能主要靠粉丝经济，这就要求工匠本身要美，即手艺人要守住工匠本分，在工匠本位上做人做事，让自己的言行举止去吸引人、感染人。

这类小微工艺美术企业更要做到小而强。做大不一定能做强，近年来由于礼品市场大滑坡，原先一味做大的工艺美术企业很快遇到寒冬，很多企业资不抵债，纷纷倒闭，说明在今天乃至未来仍然要充分尊重工艺美术发展的历史规律。如何做到小而强？小微工艺美术企业一定要树立品牌意识，逐步建设企业文化，不能完全依靠"大师"头衔来营销。试想，十年乃至二十年后，如果中国各省区都一改有手艺、没名牌的历史，各自出现数十家品牌响亮的工艺美术企业，那么"中国传统工艺振兴计划"才称得上真正实现了。

除了小微工艺美术企业之外，可能出现一种支流：工艺美术行业出现少量大牌艺术家，与法国工艺美术人的工作状态类似，他们的个人创作也是工艺美术的一种形态。

此外，在大都市或文化名镇会出现自由职业的工艺美术人，他们以年轻人居多，往往单兵独战，借助发达的网络宣传和营销平台，既把手艺视作谋生手段，更把手艺视作生活方式。

至于地方政府十分期待并大力推动的工艺美术文化创意产业，必然要走将手工与工业化、数字化、智能化生产方式相结合的路子，这类企业生产的轻工业产品仅仅貌似工艺美术品而已。这种形态的创意文化企业在未来依然会存在，而且颇具规模，但不是真正值得推崇的工艺美术的未来形态。

参考文献

[1] 郭晓东等:《让传统工艺薪火相传》,《金融时报》2017年2月8日第6版。

[2] 朱蒂尼:《传统工艺振兴的浙江样本》,《光明日报》2017年6月11日第8版。

[3] 刘修兵:《回应社会与时代需要　构筑中国传统工艺的当代价值体系》,《中国文化报》2017年10月10日第6版。

[4] 吴建有:《振兴传统手工艺：需减税和加快倾斜政策有效落地》,《中国产经新闻》2017年3月29日第6版。

[5] 王学思等:《传承与回归再生与重塑——专家学者谈〈中国传统工艺振兴计划〉》,《中国文化报》2017年4月6日第1版。

[6] 李亦奕:《工美2017：破立之局》,《中国文化报》2017年12月31日第7版。

[7] 华觉明:《高屋建瓴，擘画传统工艺振兴蓝图》,《中国文化报》2017年3月29日第8版。

[8][英] 罗伯特·莱顿:《技与艺——基于中国视角的艺术人类学相关理论探讨》，李修建，罗易扉译,《民族艺术》2017年第4期。

[9] 李砚祖、潘天波:《工匠精神的社会化传承：一种文化心理学分析》,《南京艺术学院学报（美术与设计）》2017年第6期。

[10] 吕品田:《探索手工艺在城市发展的途径》,《中华手工》2017年第6期。

[11] 刘木森:《探究3D打印技术下设计智造的可能性——以木制家具设计为例》,《装饰》2017年第1期。

[12] 连辑:《千年青花开生面》,《中国艺术时空》2018年第1期。

[13] 邱春林:《中国好手艺的当代构成要素》,《中华文化画报》2018年第2期。

邱春林　中国艺术研究院工艺美术研究所所长、研究员

2017年中国工艺美术产业发展述评

◎ 李砚祖 王星伟 马翔

一、产业推进与文化振兴并驾齐驱

2017年，国家在重视工艺美术产业发展、推进工业文化建设过程中，对工艺美术产业提出了具体目标和任务。自2017年1月6日，工业和信息化部、财政部联合颁发了《关于推进工业文化发展的指导意见》（工信部联产业〔2016〕446号，以下简称《意见》）后，2017年可谓对文件精神的执行年。《意见》明确了工业文化“是伴随着工业化进程而形成的、渗透到工业发展中的物质文化、制度文化和精神文化的总和，对推动工业由大变强具有基础性、长期性、关键性的影响”。这对工艺美术产业振兴与繁荣有积极的推动意义，使之成为工业文化建设的重要组成内容之一。《意见》首次把工艺美术产业列为工业文化产业，并要求“加强对传统工艺美术品种、技艺的保护与传承，推出一批工艺美术珍品。积极引导企业运用新技术、新工艺、新材料、新设计，创新发展工艺美术产业。培育一批示范性创新创业工艺美术特色区域和大师工作室，打造工艺美术特色区域品牌”。这些都是以2017年为始端，在未来几年工艺美术行业产业发展需要贯彻执行的主要任务。

同时，《意见》还强调了传承创新原则，要求充分吸收中华优秀传统文化元素，广泛借鉴世界工业文化精髓，在保护中发展，在传承中创新，推动新时期我国工业文化的全面发展。

随着国家层面与工艺美术行业相关的主要政策出台，地方各省市为响应中央加强对传统工艺美术保护的精神，也颁布了相应的《工艺美术行业发展规划》《工艺美术保护发展资金管理办法》《工艺美术大师评审管理办法》，为区域工艺美术的发展创造更宽阔的公共服务平台和完善的法规体系。在贯彻落实国家产业发展战略方面，上海市经济和信息化委员会和有关部门在2017年11月8日出台了《上海市工艺美术产业发展三年提升计划（2017—2019）》，在支持产业振兴上走在了前列。这一系列的政策，为工艺美术产业和工业文化建设发展指明了方向。

国家及地方政府不但从产业推进方面积极地规划发展，还从传统工艺美术文化的保护振兴方面颁布了重要的指导文件，倡导注重工艺美术经济价值和产业价值的同时注重其文化价值和社会价值的保护利用和弘扬振兴。2017年3月，经国务院批准，由文化部、工业和信息化部、财政部联合发布的《中国传统工艺振兴计划》（国办发〔2017〕25号，以下简称《计划》）明确了十项主要任务：建立国家传统工艺振兴目录，扩大非物质文化遗产传承人队伍，将传统工艺作为中国非物质文化遗产传承人群研修研习培训计划实施重点，加强传统工艺相关学科专业建设和理论、技术研究，提高传统工艺产品的设计、制作水平和整体品质，拓宽传统工艺产品的推介、展示、销售渠道，加强行业组织建设，加强文化生态环境的整体保护，促进社会普及教育，开展国际交流与合作。

为贯彻落实《计划》，受文化部委托，中国轻工业联合会负责组织编写《传统工艺振兴案例汇编丛书》。2017年8月10日，《传统工艺振兴案例汇编丛书》专家组成员及案例主笔人座谈会在中国轻工业联合会举行，来自中国工艺美术协会、中国陶瓷工业协会、中国文房四宝协会、中国少数民族用品协会、中国工艺美术学会、无锡工艺职业技术学院、江苏东海水晶协会等15家单位的16名专家学者参加了会议。参会的各位专家学者对《传统工艺振兴案例汇编丛书》的编撰工作发表了意见，就相关问题进行了讨论，并提出了编撰建议。

2017年，各级政府部门积极响应国家关于扶持传统工艺发展的号召，相继出台了一系列政策推动工艺美术产业的平稳、快速发展。为认真贯彻落实习近平总书记在参加第十二届全国人民代表大会第五次会议四川代表团审议时关于坚定不移打赢脱贫攻坚战的重要讲话精神和省委、省政府关于脱贫攻坚工作系列决策部署，充分发挥工艺美术产业的特点和优势，以“绣花”功夫推进精准扶贫和精准脱贫，助推工业扶贫再拓新领域、再迈新台阶。结合四川省工业产业扶贫总体部署，2017 年 5 月 11 日，四川省经济和信息化委员会组织举行了“百名工艺美术大师扶贫三年行动计划座谈会”，针对四川省的工艺美术情况制定出面向百名工艺美术大师扶贫的政策。

工艺美术作为扶贫驱动力，特别在少数民族聚集地区和边远地区，是有力的文化保护与传承的重要战略。贵州省文化厅 2017 年脱贫攻坚秋季攻势文化行动部署会在贵州省博物馆举行。贵州省文化厅、省文物局以及厅直属企事业单位的代表，部分企业代表、非遗传承培训班学员等 200 余人参加了会议。会上，贵州省委宣传部、贵州省文化厅、贵州银行三方代表签订了“非遗振兴贷”合作协议，旨在通过对非遗传承企业的扶持，探索“培训 + 订单 + 企业”的合作模式，推动企业做大、做强、做出品牌，带动和帮助贫困群众脱贫致富。按照《贵州省文化厅 2017 年脱贫攻坚秋季攻势文化行动方案》工作部署，贵州省文化厅将围绕文化育民、文化励民、文化惠民、文化富民四方面开展一系列脱贫攻坚文化行动：举办“三区”文化人才培训，培养极贫乡镇培训业务骨干、特色文化产业专业技能人才；实施传统手工艺传承人“十百千万”培训工程，开办蜡染制作技艺班、刺绣高级班等；在全省极贫乡镇开展“扶贫攻坚秋季攻势文化励民巡演”，创作以扶贫攻坚为主题的文艺作品；支持深度贫困县文物保护修缮和博物馆展示工程，开展非遗传承手工艺培训。

2017 年 11 月，由江西省文化厅、江西省工业和信息化委员会、江西省财政厅联合制定的《江西省传统工艺振兴计划》(以下简称《振兴计划》) 印发。《振兴计划》立足赣鄱优秀传统文化，发掘和运用传统工艺所包含的文化元素和工艺理念，丰富传统工艺的题材和产品种类，提升设计与制作水平，提高产品品质，以及培育赣鄱工匠和知名品牌。预计到 2020 年，江西省传统工艺传承和再创造能力、行业管理水平和市场竞争力、从业者收入以及对城乡就业的促进作用将得到明显提升。为扩大非物质文化遗产传承人队伍，《振兴计划》指出，优秀中青年传承人申报传统工艺项目“代表性传承人”时，可以适当降低其从业年限要求，鼓励技艺精湛、符合条件的中青年传承人申报并进入各级非遗代表性传承人队伍，形成合理梯队。今后，江西省将积极推行现代学徒制，通过建设一批技能大师工作室，鼓励代表性传承人参与职业教育教学和开展研究，设立研究基地、重点实验室等。支持有条件的学校帮助传统工艺传承人群提升学历水平。同时，江西省还将对具有独特历史意义的省级濒危传统工艺项目加快实施抢救性记录，落实保护与传承措施。此外，《振兴计划》还指出：今后在传统工艺集中的文化生态保护区、非遗小镇、传统村落、非物质文化遗产展示馆、博物馆、文化馆（站)、图书馆、美术馆、古玩场所、文创产业园、精品旅游线路等，设立传统工艺产品的展示展销场所，同时借助新兴媒体开设相关专栏；利用现有资金渠道，对符合规定的传统工艺项目以及特色文化产业传统工艺发展予以适当支持；鼓励传统工艺项目、非物质文化遗产代表性项目和代表性传承人设立传统工艺工作室或传习所，推荐符合条件的传统工艺展示、传习基础设施建设项目纳入“十三五”时期文化旅游提升工程。另外，传统工艺企业如符合现行小微企业和高新技术企业等税收优惠政策条件的，可按规定享受税收优惠政策。

可以说，当前传统工艺的发展已站在一个新的历史起点上，传统工艺振兴迎来了最有利的条件和历史时机。据工艺美术行业相关部门统计，2017 年 1 月至 9 月，工艺美术品制造业企业共有 5346 个，累计完成主营业务收入 8504.93 亿元，实现利润总额 453.63 亿元，分别同比增长 8.8% 和 11.83%。与此同时，包括工艺美术、陶瓷、玻璃、文房四宝、传统家具等行业在内的轻工传统工艺相关行业企业共计 24344 个，累计完成主营业务收入 33581.97 亿元，实现利润总额 2356.06 亿元，分别比 2016 年同期增长了 9.82% 和 17.97%。与轻工传统工艺相关行业主营业务收入和利润分别占到了整个轻工业的 17.7% 和 20%，工艺美术行业已经支撑轻工业成为国民经济重要支柱产业，为国民经济稳增长和满足人民群众美好生活的需求做出了突出贡献。

二、文化交流与奖赛活动精彩纷呈

为了促进工艺美术行业发展、艺术家技艺传承、艺术创新以及文化交流，2017年，工艺美术行业和相关艺术行业，利用社会公共资源和场馆，举办了多次展会、奖赛活动。

为了响应国家文化“走出去”战略，2017年5月中国苏绣艺术亮相于“第57届威尼斯国际艺术双年展”。本届威尼斯双年展总主题是“艺术永生”（Viva Arte Viva），中国馆的主题则是“不息”（Continuum–Generation by Generation）。研究员级高级工艺美术师、国家级非物质文化遗产代表性项目苏绣的代表性传承人姚惠芬的34幅作品亮相此次威尼斯双年展，包括与当代艺术家邬建安合作的《骷髅幻戏图》9幅、《马远水图》12幅、与策展人邱志杰合作的《精卫填海》11幅、与艺术家汤南南合作的大型水墨《遗忘之海》1幅，以及《美女骷髅图》1幅，这是中国刺绣历史上苏绣作品第一次进入威尼斯双年展。通过此次国际性的平台，促进了传统和现代苏绣艺术与世界的对话交流。另外，于2017年6月在国家大剧院展出的“熔古·铸今——2017中国国际当代金属艺术精品展”，更是反映了工艺美术文化艺术的国际交流与新时代探索。来自中、英、日、韩、美5国31位艺术家的诸多力作纷呈亮相。此次精品展由清华大学美术学院、中国工艺美术协会、北京工美集团有限责任公司联合主办，同期举办高端学术论坛，深入探讨金属艺术传统文化、当代理念、审美精神及商业价值，凸显传承性的文化、创新性的作品、学术性的研究、实验性的探索等方面的多维互动。展品既有国家级工艺美术大师、国家级非物质文化遗产传承人的承古力作，也有国内外艺术家、高校学者的创意新作。展品所涉及的工艺多样，包括珐琅、花丝、锻造、錾刻、铸造、象嵌、乌铜走银、3D打印等；材料不仅有金、银、珐琅、铜、铁、锡，也融入漆、石、木、皮等非金属原料，以展现混合材质的独特魅力；形制上突破杯、盘、樽、瓶等“实用器形”的束缚，融入更多时代元素，是有更丰富的“审美”方向的延展。

在地方特色的展览方面，由故宫博物院、安徽省文化厅、黄山市政府主办，故宫博物院驻安徽省黄山市徽派传统工艺工作站承办的“徽匠神韵——安徽徽州传统工艺故宫特展”在故宫博物院举行。特展甄选了进驻传统工艺工作站的黄山市国家级非物质文化遗产代表性项目歙砚、徽墨、徽笔、徽州漆器、万安罗盘、徽州竹雕、徽州三雕20位传承人的85件作品。2017年9月，第十届禹州钧瓷文化旅游节在河南省禹州市举行。禹州钧瓷文化旅游节已成为展示和宣传钧瓷发展成果的绝佳平台。第十届禹州钧瓷文化旅游节期间，钧瓷工业园将把工业设计和工业旅游作为突破口来打造园区的生态，使园区产生“文化引领、旅游带动、产业支撑、产品突破”的内生动力，形成可持续发展的态势。此次活动分为钧瓷工业园的钧瓷艺术品展示区块、技艺大赛现场比赛区块、钧瓷生产区块、钧瓷文化传播区块、钧瓷经典作品展销区块及环境艺术陶瓷展示区块等六大区块内容。

在少数民族工艺美术的交流推广方面，从6月5日开始，由青海省文化和新闻出版厅、青海省黄南藏族自治州人民政府、中国少年儿童文化艺术基金会主办的“热贡艺术全国公益巡展”在上海、广州、香港等重点地区推广。此次有关藏族艺术的展览共展出包括唐卡、雕塑、堆绣等热贡艺术作品218件。汇集了西合道、斗尕、娘本、更登达吉、罗藏旦巴、夏吾角等66名热贡艺术国家级传承人、工艺美术大师和省级传承人、民间工艺师的精美作品。青海省黄南藏族自治州一直致力于热贡艺术这一民族艺术瑰宝的保护与传承，目前已建成非遗综合传习中心28个，每年培养非遗人才1500多名，全州文化产业经营户已达320家，文化从业人员达3万余人。本次展出的作品中，有31幅唐卡和雕塑作品参加5日在金色大厅举办的“2017明星非遗慈善之夜”，拍卖收益捐赠给中国少年儿童文化艺术基金会，用于帮助和扶持非遗传承公益项目。

为了继承和发展中国砖雕文化，促进砖雕材料技术、砖雕艺术和建筑应用的创新，培养砖雕艺术人才，推动中国砖雕艺术走向国际，“2017全国砖雕文化传承与创新峰会暨全国砖雕传统手工技艺大赛”于8月17日在甘肃省临夏市青韵砖雕文化艺术产业园拉开帷幕。来自全国六大砖雕艺术流派的代表、71位砖雕手艺人汇集一堂，比拼传统砖雕手工技艺。大赛旨在探索砖雕传统手工艺在新时期的创意、创新发展，促进砖雕艺术和技艺融入现代生产生活，发掘和弘扬精益求精的工匠精神，全面振兴中国砖雕传统手工艺。大赛作品规模大、专业水准高，既注重传承保护又重视创新发展，并设置了艺术创意奖和砖雕大工匠奖两个奖项。9月，“第二届‘匠心杯’中国（安溪）藤铁工艺现场创作大赛”在福建省安溪中国家居工艺城开幕，创作大赛为个人赛，并要求选手在规定时间、场地内完成竹藤编工艺或铁艺作品一件，36名选手参加比赛决出16个奖项。作为第二届中国（安溪）家居工艺文化博览会的系列项目，“匠心杯”现场创作大赛是全国首个以“藤铁工艺”为主题的大型专业活动。

以“展示文化旅游精品，促进全域合作交流”为主题的“2017中国（贵州）国际民族民间文化旅游产品博览会”于11月10日在贵州举办。内容涵盖“民博赛事、展览展销、招商推介、交流论坛”四个版块，来自美国、澳大利亚、印度、埃及、巴基斯坦、新加坡、荷兰等39个国家和地区的专家学者、工艺美术从业者、企业家共聚一堂。自2015年以来，民博会已成为贵州民族民间文化传承传播创新、对外交流展销的高端平台。本届民博会以图片、文字、实物结合的方式进行，共展出了刺绣、银饰、蜡染、雕刻等七大类别的中国工艺美术大师、工艺美术行业企业优秀作品。

一些传统工艺美术技艺作为非物质文化遗产保护项目，在每年国家和地方级的非物质文化遗产的展会交流活动上，也展现着传统技艺保护与发展的最新成果。2017年9月安徽省人民政府主办，安徽省文化厅、黄山市人民政府承办的“第三届中国非物质文化遗产传统技艺大展”在安徽省黄山市举办。该展将徽州古建筑与活态传承的传统技艺融合，体现了文化生态保护实验区的整体性保护理念，彰显了传统文化的古朴意趣。展览的成功举办，进一步普及了非遗知识，还在促进活态传承、交流保护经验、提升保护水平方面产生了积极的促进作用。传统技艺大展以“为民族传承、为生活创新”为主题，以非遗传统技艺展示和徽派传统工艺振兴论坛为主要内容，以歙砚传统技艺大赛和故宫博物院藏新安八家书画展为活动亮点，在前两届传统技艺大展的基础上，创新运作方式与展示方式，倡导传统工艺走进现代生活、现代设计走进传统工艺。

2017年9月，由浙江省文化厅、杭州市人民政府主办，浙江省非物质文化遗产保护中心、浙江省非物质文化遗产保护协会、杭州市文化创意产业办公室承办的“第九届浙江·中国非遗博览会”在浙江省杭州白马湖国际会展中心开幕。来自全国27个省（市、自治区）的近400位非遗传承人、相关从业人员携作品参加展览。博览会以“非遗让生活更美好”为主题，围绕“非遗三生”即非遗生活化、生产性保护与生态区整体保护等主线，举办了系列活动。众多非遗项目，包括相关衍生品，在博览会现场以展示、展演、展销、互动体验、竞技比赛等方式，共同展现非遗独特魅力，探索实践非遗展会“见人见物见生活”的展陈理念与有效做法。博览会期间还举行了“第二届‘大匠至心’传统工艺振兴杭州（大运河）论坛暨‘竹韵新声’传统竹制技艺拱墅沙龙”，以“非遗让生活更美好”为主题，设“案例分享：生动实践与新时期的传承转化”“学术指导：创新发展与技艺传承能力提升”“设计转化：再造再生与融入生活日用之器”“传播推广：品牌运营与竹制技艺活态保护”等议题，除了传统竹制技艺绝技绝活展示，还进行了相关案例分享、学术研讨、产品发布会等活动。

2017年11月，由中国艺术研究院中国非物质文化遗产保护中心主办，中国艺术研究院工艺美术研究所、“中国好手艺展”组委会承办的首届“中国好手艺展”在北京炎黄艺术馆举行。“材美、工巧、器韵、时宜”即“中国好手艺展”所持“好”的标准。这一标准既强调了对材性之美的发掘、对精湛技艺的呈现，又体现了技法适应生活方式的变化，同时服务于形式、功用和审美的重要性。通过手艺人自荐、专家推荐、专家评审、作品终评等环节，展览组委会从全国征集到的2000余件作品中，最终确定100件（套）入选首届“中国好手艺展”，展品涉及琢玉、雕镌、金工、陶器、织绣、印染、缝纫、编结、彩扎、剪刻、画绘等多种技艺类型。

此外，由中国工艺美术协会主办，携手全国各省、市、自治区工艺美术协会协办的“第十八届中国工艺美术大师作品暨手工艺术精品博览会”，以“文化工艺美术品生活之用为美”的核心理念贯穿展会。11 月 3 日，在国家大剧院举办国家非物质文化遗产“天青——汝瓷艺术展”。11 月 10 日，联合国教科文组织和中国国际文化传播中心共同举办“水墨聚焦·唐卡艺术展”。另外还有一些艺术家个人展览，如 12 月由中国国家博物馆、中国工艺美术协会、中国非物质文化遗产保护协会、浙江省文化厅主办的“丝路华章——陆光正从艺六十年东阳木雕大展”。一些个展也呈现了工匠群体创造的工艺文化的历史，如 9 月由中国国家博物馆、湖南省文化厅主办，湖南省非物质文化遗产保护中心、醴陵市政府协办的“薄施淡染——陈扬龙醴陵釉下五彩瓷技艺传承展”，展出了“薄施淡染”技法创始人陈扬龙（1941—2013）及其传承人陈利、申彬所创作的《小菖兰》《春城之恋》《万紫千红》等近百件精品力作。

行业论坛作为交流的重要途径，也围绕着“工艺美术的当代保护与发展融合”主题。2017 年 3 月，“匠心神韵耀中华——中国非遗艺术设计研究院大师作品双年展暨中国非遗艺术与当代艺术融合高峰论坛”在清华大学美术学院举行。此次展览展出了来自全国各地的 21 位大师的，包括陶瓷、玉器、木雕、紫砂、年画、脸谱、彩塑、寿山石雕、珠宝首饰九个系列 135 件作品。论坛指出，非物质文化遗产及其资源与当代艺术的融合路径具体包括四个主要方面：一、通过当代设计培育非物质文化遗产产业链条，推进非物质文化遗产艺术品与消费品进入当代生活；二、通过市场机制的推动，进一步利用市场交易创新，使非物质文化遗产艺术品、非物质文化遗产艺术进入当代人们的生活；三、通过发掘新的非物质文化遗产的消费需求，推进非物质文化遗产艺术发展的时尚化进程，创造非物质文化遗产新的需求，从而使非物质文化遗产消费进入当代生活；四、通过“互联网 +”使中国非物质文化遗产艺术品推广与传播实现大众化，在与新的生活方式融合过程中，通过跨界、创新、融合，推动非物质文化遗产进入大众生活的进程。

2017 年 7 月，由中国艺术研究院中国非物质文化遗产保护中心主办的“中国非物质文化遗产保护人才培养学术研讨会”在北京举行。研讨会上，参会人员围绕非遗保护人才培养的问题与对策展开了积极探讨。中国艺术研究院常务副院长兼研究生院院长吕品田系统介绍了中国艺术研究院非遗人才培养的有关情况。他指出，中国艺术研究院非遗人才培养工作主要由中国非物质文化遗产保护中心开展的从业人员短期培训、校企合作的企业技术教育，以及研究生院开展的研究生学历教育共同构成。多年来，凭借中国艺术研究院的雄厚师资，并依托中国非物质文化遗产保护中心和联合国教科文组织亚太地区非物质文化遗产国际培训中心的专业力量，研究生院作为艺术教育的实施机构，积极开拓创新，大力开展非遗专业研究生学历教育和培训工作，取得显著成效。

2017 年 9 月 12 日，“2017 文化自信——中华匠心 文脉传承与非遗保护发展论坛”在北京太庙举行。论坛的主题定位是“中华匠心 文脉传承”，专家认为中华匠人是把物质文化遗产和非物质文化遗产结合得最多、最好、最深的一部分人，不论是建筑行当的瓦匠、木匠、泥水匠，还是其他领域如花匠、裱糊匠等，匠人所具备的技艺是非物质遗产的精华。倡导中国匠人精神，就应该把物质文化遗产和非物质文化遗产的保护结合起来。

工艺美术从业者以务实求新的态度和行动力在促进产业发展方面有广泛的交流。“全国工艺美术行业管理座谈会”11 月在贵州举行。工业和信息化部消费品司、人事教育司、办公厅、规划司有关处室负责人，36 个省、自治区、直辖市、计划单列市工信主管部门，中国工艺美术协会、中国工艺美术学会、工业和信息化部工业文化发展中心负责人，15 位国家级工艺美术大师，贵州省各市（州）、贵安新区管委会工信部门负责人以及贵州省工艺美术大师、工艺美术企业负责人共 180 余人参加了座谈会。座谈会上各省、自治区、直辖市、计划单列市就 2017 年各地工艺美术行业重点工作、存在的主要问题和 2018 年重点工作安排进行了交流发言，听取了加强工艺美术行业管理的工作建议，10 余位中国工艺美术大师还就工艺美术行业发展的相关问题进行了交流发言，并提出四点建议：一是加强对国家级工艺美术大师及各地工艺美术大师的规范管理工作；二是建议采取相关措施，减轻传统工艺美术行业企业税费负担，帮助企业有效降低成本；三是建议工业和信息化部设立轻工行业传统工艺特色产业园区专项扶持资金，由中国轻工业联合会牵头落实，支持园区发展；四是建议工业和信息化部加大人才的职业教育和培训力度，加快行业专业管理人才培养，并给予一定资金支持；五是建议同工业和信息化部一起对传统工艺工作站等开展共同命名认定活动。

另外，作为第二届“苏作文创峰会”的系列活动之一，“振兴·联动·产业升级——2017 传统工艺青年论坛”11 月在江苏省苏州工艺美术职业技术学院举行。国家文化部非遗司和江苏省文化厅领导以及来自高校、行业、企业近 200 名专家、青年学者、设计师和非遗传承人分别就“传统工艺发展的理论与实践”“传统工艺振兴案例”“传统工艺与设计”“传统工艺的可持续发展”几个议题进行了交流。

三、专业人才培养机制继续完善

研修培训计划是保护事业针对专业人才培养的一项基础性、战略性工作。自 2015 年 6 月文化部启动“中国非物质文化遗产传承人群研修研习培训计划”试点工作以来，在各地文化和教育行政部门的积极指导下，得到了参与各方的欢迎和支持。文化部办公厅公布了 2017 年度参与中国非物质文化遗产传承人群研修研习培训计划（以下简称“研培计划”）高校名单，北京大学、清华大学、北京服装学院等 78 所高校入选。

2017 年度非遗研培计划的主要任务是着重配合传统工艺振兴计划实施，主要面向传统工艺项目开展，注重覆盖面大量广、有助于带动脱贫增收的传统工艺项目；同时，稳慎探索非遗其他门类的研培工作。2017 年 2 月，为进一步实施“研培计划”提高工作的系统性、规范性、针对性和有效性，教育部、文化部联合制定了《中国非物质文化遗产传承人群研修研习培训计划（2017）》(以下简称《计划（2017）》)。根据《计划（2017）》，2017 年文化部会同教育部委托在全国范围内遴选的 78 所高校和相关单位举办研修、研习和培训班近 200 期，各省级文化行政部门会同本级教育行政部门组织实施本地区的研培计划，加上其他延伸培训，全年培训学员多达 1 万人以上。参加研培计划的学员主要包括列入实施范围的非遗代表性项目的各级代表性传承人，以列入实施范围的非遗项目为主要职业或家庭收入来源的手工艺人，以及以列入实施范围的非遗项目为主要经营内容的小微企业、作坊、合作社的管理、研发人员，其中不包括爱好者和不直接持有传统技艺的研究者。首次参加研培计划的高校需要举办一次试点班，经文化部非遗司组织专家考核合格后，再正式开展研修、研习和培训工作。此外，文化部还将制定考核管理办法，对各级文化行政部门和各参与高校工作情况开展考核，进行动态管理。对工作扎实、研培效果突出的高校或相关单位，授予“中国非物质文化遗产传承人群研修研习培训基地”称号。

作为全国首批入选非遗传承人群研修研习培训计划的 18 家试点院校之一，苏州工艺美术职业技术学院（以下简称“苏州工艺美院”）参与研培计划已有两年半。在两年多的研培实践中，学院坚持“教师傅所不教，教师傅所不能教，师傅能教的由师傅教”的教学理念。通过设置美学原理、美术基础以及材料、设计等相关学科的基础课程，帮助传承人群更加自觉和深刻地认识和把握传统工艺的精髓，更好地学习和掌握精湛技艺，解决创作和生产中的技术瓶颈问题；通过举办各种讲座和实践、考察及同业或跨界交流，帮助传承人群开阔眼界、拓宽知识面，增加对行业动态、社会需求的了解，增强知识产权意识、市场意识和品牌意识。

传统工艺工作站是由文化部支持高校和企业到传统工艺项目集中地，与当地传承人、企业和行业组织合作设立的政校行企多方合作集产学研为一体的综合平台。苏州工艺美院在贵州省建立了传统工艺贵州工作站。以工作站为平台，开展了贵州传统工艺传承人群学历班的建设工作，完成了“研培计划”中国刺绣研修班、贵州非遗传统技艺培训班、贵州非遗管理干部培训班、雕刻技艺培训班、黔东南文化管理干部培训班等项目班级 9 批次，培训非遗传承人 400 余人。

在各期培训班中，教学培训都是与学习成果汇报展览相结合。如 2017 年 5 月“青春非遗，多彩佛山——‘非遗进清华’第五期研修班结业成果展”在广东省佛山市民间艺术研究社举行。此次共展出佛山研修班学员及清华大学美术学院导师的近百套作品，很多作品具有跨界合作的创新性。本活动是

“研培计划”的项目之一，由清华大学美术学院承办，结业展得到佛山市非物质文化遗产保护中心、佛山市民间艺术研究社的支持。展览期间，清华大学美术学院10多位教授在马赛副院长带领下，组队走进佛山，回访研修班学员，为佛山传统工艺发展全面把脉。本次结业展以“青春非遗，多彩佛山”为主题，旨在激发年青一代传承人的文化创造力，展现佛山传统工艺在当代生活中的活力与魅力。展览作品包括学员研发的以佛山传统工艺为基础、以佛山地域文化为特色、在日常生活中有实际用途的产品，以及与导师、其他地区非遗传承人跨界合作的作品，形式多样。开幕当天，清华大学美术学院教授团就佛山传统工艺振兴的议题举行论坛研讨。他们对研修班学员结业创作作品做出点评，研讨佛山传统工艺及相关文创产业发展模式。

从国家专业人才认定与管理政策层面，2017年11月，根据《关于深化职称制度改革的意见》（中办发〔2016〕77号）要求在“工艺美术系列”增设正高级工艺美术师。文件还强调说明了申报资格与条件、评审组织与管理等问题。工艺美术行业职称制度的改革有效地调动了行业从业者的积极性，推动了工艺美术行业的发展。

在此《意见》之前，为推进工艺美术行业人才队伍建设，2017年8月，中国轻工业联合会启动了第七届中国工艺美术大师评审、认定工作。根据《国务院关于取消和下放一批行政审批项目等事项的决定》（国发〔2013〕19号）文件精神，工业和信息化部于2013年7月16日，以《工业和信息化部关于转交中国工艺美术大师评选工作的函》（工信部消费函〔2013〕315号）正式将中国工艺美术大师评选工作的职能转交中国轻工业联合会。同时，国务院对《传统工艺美术保护条例》进行修订，将第十二条修订为“符合下列条件并长期从事传统工艺美术制作的人员，由相关行业协会组织评审，可以授予中国工艺美术大师称号”，国务院明确将这一职能交由中国轻工业联合会负责组织实施。中国轻工业联合会充分认识到做好这次评选工作的重大意义，先后举行四次会长办公会。

与此同时，针对近年工艺美术行业荣誉和资历证杂乱等现状，国家各级政府及协会进一步完善了工艺美术行业内的相关评选机制和人才管理机制，确保了工艺美术领域专业人才成长和队伍发展的科学规范。2017年初，国内媒体关于《“91名陶瓷大师被取消”乌龙背后，千万巨资曾可买“大师”》的报道引发了工艺美术行业及社会各界的广泛关注。针对该事件，2017年5月，国务院国有资产监督管理委员会信息公开办公室在回复信息公开申请时正式表态：今后不再组织中国陶瓷艺术大师评比，并再次重申要严格执行《社会组织评比达标表彰活动管理暂行规定》（国评组发〔2012〕2号）。民政部通报，社会组织未经批准，擅自在保留项目目录以外开展评比达标表彰项目的，其颁发的奖项、荣誉一律无效。

职业教育是工艺美术人才培养的重要方式之一。2017年，中国轻工业联合会组织评审并公布“2016—2017年度中国轻工业职业教育教学成果奖”，其中相关工艺美术的成果奖有：广东轻工职业技术学院的“寓教于研培养高职创新工匠型人才模式的研究与实践”（特等奖）、天津现代职业技术学院的“现代学徒制培养高端制表匠的研究与实践”（一等奖）、苏州工艺美术职业技术学院的“中法共建师资培训体系推动教学改革的创新与实践”（一等奖）、“桃花坞模式的创新与实践”（一等奖），还有“根植传统文化培养动漫原创人才的课程体系构建与实践”（二等奖）、唐山工业职业技术学院的“现代学徒制的人才培养体系构建与探索”（二等奖）、无锡工艺职业技术学院的“现代职教理念下陶瓷传统手工艺的传承人才培养体系的创新与实践”（二等奖）、泉州工艺美术职业学院的“基于非遗传承大师班为主要模式的现代学徒制人才培养改革与实践”（二等奖）。

为促进中国工艺美术专业人才队伍建设、传承与振兴传统工艺美术、推进手工艺设计与旅游的深度融合发展、实现传统技艺和现代设计的完美结合、借鉴国内外人类文明优秀成果、培育一流的中国工匠和知名品牌，2017年7月，由文化部对外文化联络局（港澳台办公室）指导，中国对外文化交流协会、中国文化传媒集团、首都博物馆主办，中国手艺网承办的艺术专业与管理人才国际交流项目“2017年手工艺设计国际高级研修班”在北京首都博物馆举办。为此，中国手艺网在上半年针对主题进行了相关调研工作。调研结果显示，旅游的特色手工艺品市场需求量较大，潜在消费者人数众多。此外，手工艺品吸引消费者的关键点从原先的贵重物品收藏转向更多元、更专业的方向，在做好手艺的基础上，对于如何有效转化提出了更高需求。在本次研修班上，对如何要求手工艺人保证作品质量、开展跨行业合作、提高转化效率、增加附加值等话题展开讨论，旨在协助和促进特色手工艺品的转型、满足市场需求、增加手工艺从业者收入，以求达到“文化助力精准扶贫”。本期研修班围绕上述话题，邀请了美国史密森设计博物馆——库珀休伊特博物馆的策展人玛蒂尔达·麦奎德、前法国国立手工艺行业学院副院长玛丽·阿斯琪耶·梅萨日、日本 IDK 设计研究所株式会社社长喜多俊之、中国香港知专设计学院顾问张西美、中国清华大学美术学院副教授原博等国内外专家，以及文化部非遗司、文化产业司等部门人士开展交流，举办手工艺国际论坛、专家演讲、学术研讨、案例分析等活动。同时举办特色手工艺交流活动。

上海合作组织夏令营是上海合作组织框架内举行的官方文化交流活动，为上海合作组织成员国、观察员国和对话伙伴国青年间的文化交流搭建平台。2017 年 8 月“魅力非遗——第二届上海合作组织夏令营·非物质文化遗产交流体验”活动在北京开营。夏令营以“传承与弘扬”为主题，来自中国、俄罗斯、哈萨克斯坦、白俄罗斯、阿富汗、巴基斯坦、尼泊尔、柬埔寨、土耳其、伊朗等 10 个上海合作组织成员国、观察员国和对话伙伴国的 24 名非物质文化遗产传承人或手工艺者参加本次活动，包括中国的木版水印印刷和内画鼻烟壶、俄罗斯的泥塑手工艺、哈萨克斯坦的冬不拉、尼泊尔的唐卡绘画、土耳其的瓷画和水拓画、伊朗的木雕和珠宝设计等有代表性的传统手工技艺。

为贯彻落实习近平总书记在文艺工作座谈会上的重要讲话精神，进一步推进民间文艺事业的理论研究与传承实践，切实加强对中国传统工艺传承与创新的引导，采取多种形式组织好中青年传承人的学习、研讨和培训工作，繁荣创作、推动创新，培养传统工艺与现代文化创意产业相对接的复合型人才，2017 年 10 月 15 日至 24 日，中国民间文艺家协会在中国文学艺术基金会、中国文联人事部的支持下，联合陕西省文联、陕西省民间文艺家协会、渭南市文联在陕西省渭南华阴市举办“中国皮影雕刻艺术中青年传承人高级研修班暨学员优秀作品展”。研修班邀请多位国内知名的美术理论家、民俗学者、皮影雕刻国家级工艺美术大师开办专题讲座、座谈及作品交流活动，并走访大师工作坊与相关的博物馆、历史古迹和民俗街区。同期举办的展览以百人百件作品反映当代中国皮影雕刻艺术的发展现状。

李砚祖　清华大学美术学院教授
王星伟　工业和信息化部工业文化发展中心职员　清华大学美术学院博士
马翔　工业和信息化部工业文化发展中心主任助理

2017 年度环境设计的研究与发展述评

◎ 汪晓东

生态设计、可持续发展、绿色设计是这几年在环境设计中出现频率比较高的词。目前，关于可持续或者永续发展还是存在很多问题。首先人们忽略了生态危机形成的真正原因，而仅仅关注征兆。可回收材料是有优点，但回收本身并不是永续设计和消费形态的全面性解决方式，它仅仅是大问题整体中的一小部分，甚至可回收利用成为人们过早抛弃使用物的借口。由于没有深入理解人类消费和浪费的真正原因，目前永续性设计只能局限在社会边缘，虽然有潜力却无法成为社会变化的核心。[①]艺术、设计离不开科技的发展，设计是科技物化的载体。新材料、新工具、新技术的出现，往往带来设计的重大变革，尤其在大数据时代的背景下，艺术、设计被重新认识与重构，环境设计亦如此。

一、政策的核心仍然是生态设计

生态设计，也称绿色设计、可持续设计、永续设计等，这几个概念含义基本相同。当然生态设计并非是一种流派或者风格，而是遵循社会伦理规范，考虑人类必须承担的生态伦理的义务和责任。但在具体的设计实践中，往往出现了很大的偏差，一些看起来很“生态”的作品往往披着生态的外衣，大面积种植养护成本很高的草地，以及花费巨资种植名贵树木，或者移植外来物种。在他们看来生态设计就是多种植物，绿色是生态设计最直观的特征。在目前国内的乡村建设中，出现一些啼笑皆非的事情：为了吸引游客，将良田变花海；为了营造主题公园，大面积更换植物的品种。中国的乡村建设仍然存在很多问题，需要逐步解决。

2017 年 1 月 9 日中共中央办公厅、国务院办公厅印发了《省级空间规划试点方案》。该方案首次划定了城镇、农业、生态“三类空间”，取代了之前常用的生产、生活、生态“三生空间”。在目前中国城乡发展的关系上，较之以前还是存在一些转变。众所周知，中国的城市不断地扩大，乡镇城市化加剧，乡村的数量、面积也逐渐萎缩。在一些发达地区，城乡之间“二元”对立逐渐模糊，留住乡村的地景显然比较艰难，乡村中的传统文化、民间传说逐渐演变成文旅项目中的宣传册或纪念品，成为一个地域的象征符号。此外，在一些欠发达地区，乡村基本上都是“空心村”。乡村建设究竟为谁而建？通过乡村旅游是否能够脱贫致富？笔者现在所见到的乡村建设似乎都是朝着单一的方向发展：依照地理环境优势、挖掘地方特色，大面积发展乡村旅游。实际上，在同一个区域，乡村的特色几乎相同，所以我们今天见到的乡村旅游项目大致雷同。乡村旅游若是能够发展起来，确实能够富甲一方，但若是贫困地区，没有进行深思熟虑的前期调研，盲目地发展旅游业，势必雪上加霜。很显然，“三生空间”朝“三类空间”的转变，表明政府将城乡关系纳入考虑的范畴。

关于自然生态保护区，2017 年初，由党中央、国务院有关部门组成中央督查组就甘肃省祁连山国家级自然保护区生态环境问题开展专项督查。2 月 7 日，中共中央办公厅、国务院办公厅印发《关于划定并严守生态保护红线的若干意见》，明确到 2020 年底前，我国将全面完成生态保护红线划定，勘界定标，基本建立生态保护红线制度。自然生态保护区可以说是一个国家的“绿肺”，也是众多生物种群的栖息地，物种的减少与气候的变化、生态保护区的破坏息息相关。

当然，2017 年，关于城市的生态发展，政府也出台了相应的政策与法规。3 月 6 日，住房城乡建

---

① ［英］乔纳森·查普曼：《情感永续设计——产品，体验和移情作用》，卢明明译，东南大学出版社 2014 年版，第 10 页。

设部印发了《关于加强生态修复城市修补工作的指导意见》。该文件要求，各地将“城市双修”作为推动供给侧结构性改革的重要任务，以改善生态环境质量。生态修复指对被破坏的城市自然生态系统的恢复与重建；而城市修补，是促进建筑物、街道立面、天际线、色彩环境更加协调优美。目前，我国的城市生态环境面临很多问题，如自然环境质量下降、人类与自然环境关系对立，仅以能源为例，2020 年中国城市能耗将占全国能耗的 95%（2002 年周宏春等预测）。未来生态修复将朝着生态文明方向发展。

同样，在一些国际论坛中，生态文明仍然是发展主题。5 月 14 日至 15 日，“一带一路”国际合作高峰论坛在北京举行。论坛强调了中国将践行绿色发展的新理念，倡导绿色、低碳、循环、可持续的生产生活方式，加强生态环保合作，建设生态文明，与其他国家一起实现 2030 年可持续发展目标。同时设立生态环保大数据服务平台，倡议建立“一带一路”绿色发展国际联盟，为相关国家应对气候变化提供援助。“中国环境科学学会 2017 科学与技术年会”10 月 20 日在福建省厦门市举行，主题是“创新驱动助推绿色发展”。

2017 年 10 月，在北京举行的中国共产党第十九次全国代表大会，把“人与自然和谐共生”作为新时代坚持和发展中国特色社会主义基本方略的重要内容，将“污染防治”作为到 2020 年决胜全面建成小康社会的三大攻坚战之一，将“建设美丽中国”作为全面建设社会主义现代化强国的重大目标，围绕生态文明建设和生态环境保护提出一系列新理念、新要求、新目标和新部署。建设生态文明是中华民族永续发展的千年大计，要实行最严格的生态环境保护制度，形成绿色发展方式和生活方式。“绿色发展”彰显了推动经济发展方式转变、顺应人民对更加美好生活的追求、实现中华民族伟大复兴的责任担当。

生态文明基于多种多样的生活方式，这些生活方式使相互联结的自然生态和社会生态得以持续。[①]生态文明是人类文明的一种形态，强调人的自觉与自律，强调人与自然环境的相互依存、相互促进、共处共融，既追求人与自然的和谐，也追求人与人的和谐。

二、设计周及高峰论坛探讨设计、艺术与科技的关系

“2017 年巴黎—宁波高峰论坛”中，深入探讨“设计”“艺术”“科技”等相关话题；“2017 年北京国际设计周”继续秉承“设计之都 · 智慧城市”的理念，以“设计 +”为主题，提醒公众要重视设计的价值，突破传统平面设计、造型设计的表面认识，倡导全社会将设计与其他产业融合发展，将设计融入全方位的生活中，与技术、材料、工艺等结合在一起，创造性地解答现实问题，提高人们的生活品质，提升人居环境质量，推动经济的可持续发展；“2017 上海设计之都活动周”的主题是“设计 @ 城市创新 & 消费升级”；“2017 首届中阿国际设计师高峰论坛”于 12 月 9 日在迪拜亚特兰蒂斯酒店举行，论坛的主题为“智慧的室内设计”。

设计的人文价值体现于人与物的交流，设计的艺术性决定了设计不是模仿，而是创造的，设计就是发明。设计、艺术与科技之间其实是紧密联系在一起的，无论过去、现在与将来。在中国古代的设计中，也仍然展现出实用、艺术与科技联系在一起。现代，每一次科技的革命或更新，就会触动或掀起设计上的巨变。如汽车的出现改变了城市的格局，钢筋混凝土与电梯的出现导致高层建筑的出现。事实证明，每一种新技术的发明都能为设计师开拓新的视野。新技术的发展就可能导致新材料的问世，新材料也同样促使设计的创新。《莱奥纳多》期刊主编罗杰 · 马利纳指出，在 20 世纪 50 年代，艺术界与科学界泾渭分明，但在 50 年后，我们开始凭借科技观察这个世界，并且获得艺术创作灵感的资源。可以说，科技的发展为设计奠定了坚实的基础。随着有关大数据的科学成果与作品的出现，许多科学工程与科学探索仍然需要艺术家与设计师的参与。我们需要创造新的方式来描绘通过数据形式观察到

---

① ［美］罗伊 · 莫里森：《生态民主》，刘仁胜，张甲秀，李艳君译，中国环境出版社 2016 年版，第 6 页。

的世界。大数据开始频繁地运用到艺术与设计中，清华大学美术学院教师向帆采用大数据来研究全国美展油画作品、春节联欢晚会、陈式太极拳等，将图像与大数据相结合后进行视觉化呈现。可以肯定的是，向帆研究的还只是艺术、设计、科学相结合的个案，还有大量的空间需要我们去挖掘。宇宙不是一棵树，而是一片森林。我们不能只是通过不同的学科来寻找对客观世界的认识，它应该是一个复杂的整体，所以需要探索在未来的创意活动中如何开展工作。①

艺术、设计与科技具有相似性，都是探知世界的研究性系统，我们纵观世界大师的绘画作品，不难看出，他们的手稿或者设计草图，并非是“艺术作品”，而是实验室的书籍，是对科学探索与技术研究的记录。这些草图又像是艺术创作，因为这些图像又是艺术家所观察现象的那些几乎不被察觉的探索的具体化，如同科学实验室的记录。艺术、设计与科技又都具有普遍性，科技、设计、艺术在某种程度上可以超越眼前的语言或文化的障碍，以最纯粹的形式引起共鸣，能够超越任何翻译上的挑战。②在 2017 年“第十三届全国美术作品展”雕塑展中，一些动态雕塑与其说是雕塑，不如说是一种装置，作品利用了科技进行艺术创作。今天的很多设计作品也是通过高科技来呈现的。

当下科技的发展日新月异，人们对生活的需求也越来越高。中国共产党第十九次全国代表大会报告指出：中国特色社会主义进入了新时代，我国社会主要矛盾已经转化为人民日益增长的美好生活需要和不平衡不充分的发展之间的矛盾。随着物质生活的提高，人们的需求也越来越高，对设计的要求自然也高，如何满足人们对美好生活的需要，设计势必借助于科技的发展，当下应该是“设计、艺术、科技结合的春天”。

三、结束语

回顾 2017 年环境设计专业的发展，其实就是一个主题——“强化生态设计，加强生态文明的建设”。从乡村到城市以及自然生态保护区，国家在这一年发布的政策均涉及生态设计。之所以如此强调生态设计，是因为在城市以及乡村建设存在诸多问题，城市人口过多，乡村人口不断涌入城市，逐渐“挤压”周边的城郊与乡村，乡村普遍成了“空心村”。拥挤的城市与空荡的农村对于设计来说无疑增加了难度，设计毕竟还是为人服务。虽然我们曾经想建设农村，搞活农村经济，留住村里的年轻人，解决“空巢”老人与“留守”儿童的问题。但是，不堪重负的城市如何建设生态文明，“空心村”又如何发展、如何建设？农村其实是地域文化的原发地，笔者以为解决城乡的发展难题其实归根结底是人口分布不均的问题。人口爆炸的城市如何实现生态文明？

在 2017 年设计论坛中，“艺术、设计与科技之间的关系”是主题，虽然这样的主题并非是新鲜的名词，但我们置身于大数据时代，环境设计在这样的环境中将如何服务于大众？如何满足大众的多种需求。在未来几年中甚至是很长的一段时间，关于艺术、设计与科技关系的讨论将会持续。

2017 年环境设计的研究主要是上述这两个主题，深究下去，其实就是一个主题，即“生态文明”。因为研究艺术、设计与科技之间的关系的最终目的还是建设生态文明。

汪晓东　集美大学美术与设计学院副院长、副教授

① ［美］罗杰·马利纳、大卫·罗森伯姆：《我们已经重新设计了艺术，让我们重新设计科学吧！》，《装饰》2018 年第 11 期，第 24 页。

② ［美］戈登·诺克斯：《艺术、科学与大数据 1》，汪芸译，《装饰》2016 年第 1 期。

2017年中国平面设计述评

◎ 陶海鹰

纵观2017年中国平面设计的发展与动态，不难感受到行业、企业、社会对专业发展的重要推动作用。各地区、企业、协会频繁组织的各项平面设计大赛，也显现出平面设计对地区经济发展、文化产业、对外交流、企业品牌宣传的驱动价值。愈来愈活跃的国际大赛、论坛与活动表达了新时期中国平面设计的观点与主张。众所周知，改革开放初期，香港的平面设计极大影响和带动了内地平面设计专业与教育的发展，可以说中国现代设计的确立最初萌发于平面设计领域。2017年是香港回归20周年，香港设计总会等组织在内地、香港分别举办了相关设计成就展，在一定程度上增进了海峡两岸暨香港设计界的交流与互动。今天无论是香港、澳门、台湾还是大陆的平面设计，在逐渐多元化、国际化的蓬勃发展之路上，同时向着本土优秀文化的纵深方向不断探索，许多设计师致力于现代平面设计中民族文化的承载。2017年的诸多学术活动中，关于汉字设计、二十四节气设计、旅游衍生品设计等基于历史、地域文化符号的平面设计研究在不断拓展与深入。

一、政策引领——支持优秀传统文化的创新性发展

在2017年发布的各类政府文件中，首先可以在文化政策中读解出促进繁荣社会主义文化的迫切性。1月25日，中共中央办公厅、国务院办公厅印发并实施《关于实施中华优秀传统文化传承发展工程的意见》，对如何实施中华优秀传统文化传承发展工程做出了具体要求，是指导性文件。5月7日，中共中央办公厅、国务院办公厅印发并实施了《国家“十三五”时期文化发展改革规划纲要》，文件指出：“中华优秀传统文化传承体系基本形成，中华民族文化基因与当代文化相适应、与现代社会相协调，实现传统文化创造性转化和创新性发展。”这足见国家对传统文化发掘与创新的重视程度，此外还明确要“保护和发展传统工艺”以及“推动传统工艺走进现代生活，运用现代设计改进传统工艺，促进传统工艺提高品质、形成品牌、带动就业”。最后，文中还提出了对创意设计、工艺美术、开发文化创意产品等新兴产业优化文化产业结构布局的规划。

3月21日，由文化部、工业和信息化部、财政部制定，国务院同意并发布的《中国传统工艺振兴计划》中更加细致地列出“尊重优秀传统文化、坚守工匠精神、激发创造活力、促进就业增收、坚持绿色发展”的基本原则。在2017年政策红利的引领下，基于传统优秀文化的创意设计项目与活动更加活跃，但是科学、合理的发展观仍不能忽视。针对近年来“特色小镇”建设定位不准、急于求成、盲目发展等问题，国家发展和改革委员会、国土资源部、环境保护部和住房城乡建设部共同发布《关于规范推进特色小镇和特色小城镇建设的若干意见》，明确提出尊重现有格局、传承传统文化的意见。在此文件中，值得平面设计行业关注的是国家发展特色小镇的风向逐渐转向新兴产业、特色产业，更加看重特色小镇的文化IP。

二、异彩纷呈——文化产业背景下活跃的平面设计活动

（一）注入文化基因的展览与赛事

2017年，文化产业在政策和市场双重助力下蓬勃发展，受此影响，平面设计展览与赛事不断，且更多呈现出文化基因的传承、融合与创新的属性。在传统优秀文化和时代风貌结合的探索中，以地域文化为载体的设计活动更加关注多样的文化、创意的生活、良好的市场。平面设计不仅仅只活跃于东南沿海地区，也逐渐深入腹地，挖掘西部地区的“设计智慧”。1月7日，“2017首届新疆旅游纪念品

创意设计大赛”启幕，要求设计作品能够体现新疆维吾尔自治区的地域文化、景区特色和人文特征。1月17日上午，“2016广西首届文化创意产品设计大赛”颁奖仪式在广西壮族自治区南宁中关村双创示范基地举行。本次文化创意产品设计大赛以“文化引领风尚，创意改变生活”为主题，注重生活化、地域化、市场化，以大赛为纽带，汇聚文化创意设计资源，让创意找到市场，让企业发现商机，努力开拓创意创新高地。

此外，海报设计是平面设计领域较为传统的一种形式，在今天依然肩负着传播文化、历史、艺术、思想的社会责任，也活跃于各种国内外平面设计赛事与活动。8月，“深圳市海报设计协会成立大会暨第一次会员（代表）大会”在深圳市关山月美术馆举行。陈平波会长在就职发言中表示：“深圳市海报设计协会作为一个专业性、学术性的社会团体，将弘扬和传播深圳设计精神，在创意设计、竞赛展出、资源共享、行业互助、国内外交流与合作等方面起到积极促进作用。”作为全国首家以“海报设计”命名的协会——深圳市海报设计协会在深圳设计之都的率先成立，在设计教育推广、设计人才培养，促进海报设计的国际交流与合作，鼓励专业设计师及海报设计工作者参与社会公益设计等方面起到重要作用。事实上，公益性海报设计一直以来都承载着传播社会正能量、增强社会服务效果的重要功能。7月27日，中国地震局举办“第二届防震减灾公益设计大赛获奖作品发布暨颁奖仪式”。参赛作品以具体化、形象化、多样化的表现形式，突出体现了防震减灾的宣传教育效果。

书籍设计不仅是平面设计非常传统、非常重要的方向，同时也聚合了较多的文化脉络。改革开放以来现代平面设计的崛起，使得书籍设计的观念发生了质的变化。书籍设计家吕敬人先生在其长达40年的艺术探索中，引领了中国书籍设计的新观念，继承发扬了中华书卷文化，培养了诸多年轻书籍设计师，在国内外产生了重要的影响。11月5日，“书艺问道——吕敬人书籍设计40年”回顾展在北京今日美术馆开幕。5日下午举行学术论坛，杭间、李德庚先生担任学术主持。展览展示吕敬人从事书籍设计40年以来具有代表性的设计作品，同时梳理出经历了活字铅印、平板胶印到数码时代中国印刷技术进步下的创作历程，以及“从装帧到书籍设计观念转换”学术思想的演变，展现出他对“承其魂、拓其体”中国传统书韵与当代审美相融合的理念追求。其设计作品从另一个侧面可以反映出当代中国书籍设计进步的轨迹，触摸改革开放后中国设计观念与手段行进中变化的脉络，感受这一代中国书籍设计家与时俱进的创作愿望和锲而不舍的工作精神。

（二）海峡两岸暨香港

研究中国当代平面设计的发展仅仅关注中国内地显然是不全面的，改革开放初期，香港平面设计的观念、实践、教育对中国内地产生了深远的影响。在此后近四十年的发展过程中，海峡两岸暨香港平面设计届的交流、合作、互动趋于常态化。尤其是2017年是香港回归20周年，与之相关的设计活动颇具年度特色。

4月30日，在香港回归20周年之际，“容・香港回归20周年设计展”在“第三届设计北京博览会”上精彩呈现。该展览以“容”为主题理念，展示20年来内地和香港设计界的知名设计师的经典之作。本次展览上内地和香港的设计师以不同的视角、不同的理念和不同形态的设计展示对“容”的理解。每个设计背后都有设计师关于“容”和内外的反复斟酌，“创有内容之器、造有容华之物”是本次参展设计师的创作原点。8月31日，“20……43香港设计事情”香港回归20周年设计成就展在深圳开展，除深圳外，之后还在上海、杭州、苏州、武汉开展。该展览由香港设计总会和深圳市前海深港现代服务业合作区管理局主办，香港特别行政区政府“创意香港”专责办公室赞助。展览名称中的“20”代表香港回归祖国20周年，“43”代表本次博览会精选出的43个创意设计案例。香港设计总会秘书长、“20……43香港设计事情”首席策展人刘小康表示，中国经济持续发展对设计的需求也大大增加。近年来内地设计界人才辈出，也有不少内地企业看到香港设计师的国际视野，双方的融合进一步加强，此次展出既是回顾也是前瞻。

众所周知，中国台湾的“金点设计奖”是华人地区重要的设计奖项之一。12月7日，“2017金点设计奖”颁奖典礼在台北松烟诚品表演厅举行，揭晓23项“金点设计奖年度最佳设计奖”以及3项“金点概念设计奖年度最佳设计奖”，得奖作品来自中国、日本、德国等地。评审团主席田中一雄表示，此次评奖整体水准较高，许多作品试图从生活中提出创新手法，此外，“社会关怀”的议题在设计领域逐渐受到重视，也反映在今年的概念作品上，不少作品为弱势族群设想，试图改善现有困境。

（三）国际交流

平面设计是改革开放以来中国设计界最早登上国际舞台的领域，在今天仍然活跃于世界平面设计行业，每年都会有新的成员加入国际平面设计联盟（AGI），不仅有诸多“走出去”的设计师，也更加注重“引进来”的国际平面设计展览与活动。

2017年，在平面设计国际活动中，经常可以看到中国设计师的身影，参展、奖项的获得促进了东西方设计文化的交流与沟通，同时也印证了中国平面设计的发展已经融入全球平面设计发展的大格局。10月13日，中国设计师杨超的作品 *My Words* 在法国 Poster For Tomorrow 国际海报设计竞赛中进入前10名并获奖，本届大赛的主题针对欧洲难民危机，希望通过活动来吸引更多人对欧洲难民的生活、居住、言论自由权利等问题的关注。此外，也有不少中国设计师出境参展。5月3日至9日，由伊朗平面设计师协会主办的“2017伊朗平面设计周‘人·公益·地球’海报展”在伊朗德黑兰瓦利晡广场画廊展出。中国设计师一共有8位入选：何立军、李佛君、刘立伟、李明亮、彭军、李书增、张培源、朱碧伟（排名不分先后）。6月29日，“2017第14届斯洛伐克日利纳国际生态海报三年展”在斯洛伐克日利纳开幕，本届海报展共有11名中国艺术家参展，其中设计师李明亮荣获第三名，沙锋荣获斯洛伐克共和国外交和欧洲事务部颁发的荣誉奖。

国内平面设计界非常注重行业的前沿发展、与国际同行的交流及经典设计作品的引入与介绍。7月14日，“波兰设计师托马耶夫斯基海报原作展及论坛”在上海当代艺术博物馆开幕。托马耶夫斯基是波兰平面设计的领军人物之一。他创立了一种生动、独特的设计形式。托马耶夫斯基的海报设计生涯分两个截然不同的阶段。9月15日，“魏因加特的文字设计”中国巡展在中央美术学院美术馆揭开首展序幕。在当代平面设计史中，瑞士学派的沃夫冈·魏因加特是一位里程碑式的人物，其杰出的成就体现在设计实践、设计教学和设计思想等诸多方面，其设计风格至今仍影响世界各地的平面设计师和学生。9月16日，2017年“798设计节暨+86设计嘉年华”在北京开幕。设计节邀请了德国魏玛包豪斯学院的院长贝恩德·鲁道夫，讨论包豪斯设计教育思想的全球影响。10月21日，“2017中国/意大利/厄瓜多尔海报设计双年展”举行，本次展览主要分为两个部分：第一部分主要为从74个国家地区征集后入选的300多件公益及社会海报作品，作品中不乏中国知名设计师及专家的作品，也包含波兰莱赫·玛祖斯基、瑞士 Jean-Benoit Levy、韩国宣炳一等数位 AGI 与国际著名海报设计师作品；第二部分是“中意国际设计周——进化中的丝绸之路”展览，以“进化中的丝绸之路”为题，以传播传统文化为基点，以展示品牌设计理念为内容，最终展出180张优秀作品，“从长安到罗马，从罗马到洛阳，始于丝路，贯之欧亚，继往开来，源远流长”，从不同角度诠释着全世界对丝绸之路的理解。

（四）设计点亮智慧城市

在今天，设计驱动城市在经济、社会、人文、科技、服务等诸多领域的创新力已逐渐得到各界的关注与认同。智慧城市的建设模式、未来发展与设计行业休戚相关。以城市背景为依托的设计活动日益增加，有两年举办一次的“GDC平面设计在中国”，也有为迎接2022冬奥会的会徽设计征集活动，更有参与范围越来越广的城市设计周系列，为城市的传承发展带来更多机遇和可能。

5月20日，“平面设计在中国2017”展览（GDC17）在深圳启动。本届 GDC 核心策展理念为“发声”，视觉形象亦为“声音”这一符号的可视化呈现。四个关键词构成了本届活动的核心议题：“视觉传达”“时代主张”“信息介质”“多维视角”。以“影响中国未来的设计”为宗旨，立意于对新时期平面设计价值声场的搭建。今天，平面设计的疆域已空前拓展，我们必然站在更广阔的声场，探讨时代的演变与设计的价值，通过GDC17，这个时代的声音将得到丰富多元的表达，并与世界共同探讨“影响中国未来的设计”。

12月15日，2022年北京冬奥会会徽和冬残奥会会徽发布，为中央美术学院副教授林存真设计的冬奥会会徽“冬梦”和冬残奥会会徽“飞跃”。其中，“冬梦”将中国传统文化和奥林匹克元素巧妙结合，以汉字“冬”为灵感来源，图形上半部分展现滑冰运动员的造型，下半部分表现滑雪运动员的英姿。中间舞动的线条流畅且充满韵律，代表举办地起伏的山峦、赛场、冰雪滑道和节日飘舞的丝带，增添了节日欢庆的视觉效果，也象征着北京冬奥会将在中国春节期间举行。会徽运用中国书法的艺术形态，将厚重的东方文化底蕴与国际化的现代风格融为一体，呈现出新时代中国的新形象、新梦想。“BEIJING 2022”印鉴在形态上汲取了中国书法与剪纸的特点，增强了字体的文化内涵和表现力，也体现了其与会徽图形的整体感和统一性。

（五）深耕字体设计

毋庸置疑，文字是推动人类文明向前发展的重要载体，文字的设计饱含着文化基因过往、当下、未来的传承与发展。从铅与火开始，印刷字体的设计更是在现代社会的进程中扮演着极为重要的角色，进入21世纪，随着大数据、人工智能技术的出现，屏显字体的设计应用愈来愈趋于广泛而日常。2017年，字体设计领域开展了字体开发、学术论坛、专业展览、课程工作坊等形式多样的研究及推广活动，在专业层面开启字体设计向传统文化和现代语言的双向探索，在公众层面持续推广字体设计、特别是印刷字体设计的价值。

2017年，汉仪字体设计课在北京服装学院、吉林艺术学院等多地开设。当下，无论是从品牌传播的商业价值，还是从文化传承的社会价值去衡量，优秀的字体设计、恰当的字体应用都可以明显优化视觉表达、改变品牌气质、提升文化内涵。因此，字体如何被更好应用，设计师如何以应用为目标去创作、鉴赏字体，就显得格外重要。汉仪“字体设计公开课”从创作、鉴赏、应用三个方面，通过实例解析的讲座分享、具体案例实操的工作坊，以及优秀字体产品展览，以线上、线下相结合的系列课程等形式，帮助设计师在字体应用层面取得更好的工作成果。

首届“China TDC——文字设计在中国”系列活动，于4月23日在深圳市南山博物馆拉开帷幕。China TDC，即Typographic Design in China。目前全球以TDC命名的文字设计专业活动包括美国纽约字体指导俱乐部（New York TDC）、德国TDC和日本东京字体指导俱乐部（Tokyo TDC），它们均在不同层面建立了广泛的影响力。此次活动囊括系列活动“文字设计在中国”邀请展、“中国近现代字体应用”文献展、“超语境——国际文字设计论坛”。文字是传达信息的代码，按一定形式构成。以图造字，从甲骨文时代就开始了。至今，文字的结构依旧符合图形审美的原则。在视觉传达设计中，平面设计师驾驭字体设计、字体应用、文字编排和版式设计的能力，对设计作品的整体艺术性起了至关重要的作用。“文字设计在中国”邀请展收录了海峡两岸暨香港、澳门地区及欧美日韩等约160位活跃于平面设计领域的设计师提供的400多件作品，展现了近几年华人地区乃至国际文字设计的面貌。本次文献展，透过大量的珍贵实物，较为全面地展现中国近现代字体应用方面的风貌，期望能以此作为当代文字在“设计实践”与“应用发展”的前鉴，并为当代文字的探索与发展提供新思路。

5月16日，由深圳出版发行集团主办，深圳市字在文化传播有限公司、深圳书城中心城联合承办的“汉字在行动——汉字创意产品化高峰论坛”活动上，一群热爱汉字文化、推动汉字发展的学者相聚，从设计研究、教学、推广、民间保护、商业发展等各个方面为汉字发声。

9月24日，由华为开发者联盟与方正手迹联合主办，中国文字字体设计与研究中心协办的“字体手护计划”在北京梅地亚中心发布，见证汉字与科技的深度融合，领航互联网时代的汉字书写热潮。9月28日，由汉仪字库、清华大学中国古文字艺术研究中心联合主办的“再造・甲骨——现代设计语境中的远古文字”汉仪陈体甲骨文字体设计展暨发布会在北京751D・PARK时尚回廊举行。本次设计展正式推出“汉仪陈体甲骨文”，以汉字设计发展史为基础脉络，由浅入深地展示甲骨文设计字库的前期研究、成果以及衍生品的开发，特殊的文化衍生设计让甲骨文从远古走进现实，用创意营造真实的文化体验。

11 月 11 日，“方正字库 2017 秋冬新品发布会暨 2016—2017Tokyo TDC 北京选作展”在北京 751D · PARK 时间回廊开幕，集中发布了 24 种不同风格的新字体、字体工具书《中文字体应用手册 I》，并宣布了同期展览 Tokyo TDC 的正式启动。字体是文字的衣裳，饱含了人们对文字之美的表达，也反映出社会每个阶段审美的变化。在很多人眼里，“秋冬新品发布”这样的字眼往往出现在时尚行业中，方正字库从 2017 年 3 月的春夏新字发布会开始，发布了更符合年轻人口味的字体新品。在这次秋冬字体新品发布会上，发布了由方正字库开发的 24 种不同风格的 63 款新字体。值得关注的是，全球第一款三维可变中文字体方正悠黑也正式问世，方正电子在这款字体中定义了粗细、宽窄、高低三个维度的变化，通过可变字体技术，以后设计师就可以随心所欲地挑选需要的字体效果。同期开幕的还有“2016—2017Tokyo TDC 北京选作展”。Tokyo TDC（东京字体指导俱乐部）始创于 1987 年，旨在表现字体设计中文字和语言之间的深刻关联，同时兼顾艺术指导者与企业诉求之间的关系，注重视觉艺术和平面设计的联通。Tokyo TDC 年赛每年从世界各地募集优异的参赛作品，从中选拔出顶尖之作授予 Tokyo TDC 大奖。

事实上，中文字体设计的研究不局限于专业圈、学术圈以及华人圈，其在国际品牌中的价值与应用也非常重要。11 月 19 日，由汉仪字库联合中央美术学院、AhnGrahpics 设计公司、韩国爱茉莉太平洋集团主办的“中文文字设计的品牌身份”设计论坛与主题展览在中央美术学院举办，此次展览通过汉仪字库高级定制项目——阿丽达黑体定制设计的脉络，讲述企业品牌定制字体背后的来龙去脉，与大家共同探讨中文文字设计在品牌中的身份。阿丽达黑体是世界著名化妆品企业爱茉莉太平洋（AMOREPACIFIC）集团与汉仪字库合作定制的一款品牌专用字体，是目前国内为数不多的国际合作字体设计项目。由韩国著名设计师安尚秀、中央美术学院教授王子源指导，汉仪字库高级字体设计师刘宇、张暄设计完成。“亭亭玉立”“自然美丽”“气韵生动”是爱茉莉太平洋集团所追求并塑造的、亚洲经典女性之美的简要概括，这也成为此次品牌字体设计的原则和标准。

11 月 14 日，腾讯发布了“腾讯字体”（TTTGB-Medium），特点是现代、协调、动感。据悉，腾讯字体共收录 6763 个全形汉字，以及拉丁字母、希腊字母、日文平假名及片假名字母、俄语西里尔字母，共同呈现一致的视觉美感。腾讯字体由全球知名字体公司 Monotype 的字体设计师小林章提供指导，字体设计师许瀚文主导中文部分，日文字体设计师土井辽太负责日语假名设计。这再次印证了字体设计对品牌形象提升的意义已经超越了外在的企业形象标准字的设计，深入广告宣传、网站标题及所有带有品牌标识的设计中去。

三、聚焦研究——平面设计著作选介与文献综述

（一）著作选介

2017 年出版的平面设计著作数量很多，有侧重于设计方法、教程的应用型出版物，也有学术性、理论性较强的研究著述，符合平面设计思维、观念更新快的行业特征。《平面广告设计》（丁楠、肖健、赵吉成主编，北京希望电子出版社），包含报刊广告、直邮广告、包装、封面以及其他形式的广告设计的原则与方法，是艺术设计专业“十三五”规划教材；《信息可视化设计》（张毅、王立峰、孙蕾编著，重庆大学出版社）实际上是一本适应新媒体技术背景下平面设计新方法的跨专业的设计教材，书中以大量的优秀案例来演示和佐证信息可视化设计的基础知识和一般性原则，探索新时代、新技术、新思维条件下平面设计的教学与应用；《从设计到印刷：平面设计过程研究》（曹璇著，新华出版社）一书立足于平面设计的整体过程，从设计到印刷对平面设计的整个过程进行了理论研究，实务性与系统性较强。

（二）文献综述

中国艺术研究院刘畅的博士论文《网格化生存——媒介转型与中文信息传播语境下的网格设计研究》借助法国年鉴学派的“长时段”的视角，从信息传播和媒介技术变迁的角度出发，对中文语境下平面设计中的网格设计问题进行了研究。全文围绕汉字的字体设计与网格系统之间关系、以中文排版和版式为核心的网格系统的演变两个主要问题展开。中国美术学院高秦艳的博士论文《文字设计的身份转换与图形语言建构研究》指出，随着时代的进步，文字设计“身份转换”的现象在国际平面设计界持续存在，并且呈现出愈加明显的态势。在具体的设计实践中，“文字”往往是被设计师借用的表现元素，它体现了文字设计中“图形语言”的建构形式，也是促成文字设计“身份转换”的关键因素之一。得益于科技的发展，当代文字设计的创意与表现路径呈现非线性发展，技术的发展与设计理念的革新互相依存、互相制约。南京艺术学院硕士赵文竹的论文《自媒体时代平面设计的价值重塑与创作延展》指出，网络媒介的快速发展和自媒体的到来改变了印刷业的局面，也在很大程度上影响了平面设计的发展方向：一方面，为平面设计提出了更高的要求；另一方面，打破了平面设计自身的限制，向更多元、更广阔的领域发展。此外，不少硕士论文的选题侧重于传统艺术语言在平面设计中的创新性融入，如武汉纺织大学闫芳的《论空白意象在平面设计中的意境与表现》、湖北工业大学田渊文的《中国传统色彩观对现代平面设计的影响研究》、苏州大学丁国凯的《论中国书法艺术元素在现代平面设计中的应用》等，足见平面设计研究逐渐转向本土文化和传统艺术。从2017年发表的期刊论文来看，研究选题呈现出多样与开放的特点，更加突显跨界研究的趋势，且多数论文将研究视角投向新观念、新技术、新媒介视域下的平面设计发展势态，如夏璇、王海峰、夏桂英的《平面设计交互中的艺术通感》（《包装工程》）、胡丽丽的《基于人工智能AlphaGd视角下的平面设计探析》（《艺术研究》）、陶瑶的《数字多媒体传媒形式对平面设计的影响研究》（《景德镇学院学报》）等论文皆从不同角度分析了新时代平面设计的状况与趋势。

四、时代坐标——院校平面设计教育的开展

（一）探索性的院校平面设计活动

院校教育从某种程度上代表着未来平面设计的方向，是未来平面设计界的生力军。设计教育具有探索性和前瞻性，为中国未来设计的发展提供诸多的可能性。对于平面设计专业而言，作品更加接近艺术与观念的表达，更容易从设计思维层面表达对社会、未来、日常的想象。

3月28日，中央美术学院“第四届‘一年·忆年’学生活动海报回顾展开幕式暨颁奖仪式”举行。展览回顾了2014年以来的重要校园文化活动，并在学校图书馆思想者雕像前设置了分展区。

“首届‘东＋西’国际设计周系列展览”于4月6日在湖北美术学院开幕。本届双年展以“未来”（Future）为主题，与青年大学生的人生观、价值观相契合，有助于剖析自身的个性特征，能够激发自由创作的灵感和想象空间。8月29日，由北京时代美术馆和中央美术学院设计学院主办的“‘旋构塔·设计不在’展览开幕式”在北京时代美术馆举行。此次北京时代美术馆与中央美院设计学院策展团队合作，通过艺术展览、社区介入、社区学院等方式，使“设计不在”既是一次设计教改成果的公共呈现，也是一次设计介入社区的有益尝试。在美术馆以及商业综合体展出的40余件作品或许不再是所谓的“设计”作品，但是对设计与社会思辨、技术伦理以及个体意识实验的新鲜成果。

11月24日，“‘未·未来’全球教育计划新闻发布会”在中央美术学院举行。“未·未来”全球教育计划旨在倡导发起全球教育共同体，秉持跨文化、跨领域与跨时空的原则，联合各大院校与社会各界的教育实践者、科技实验者，未来预测者、设计研究者、社会学者、商业精英等，共同开展对未来艺术设计教育的实验性探索，凝聚一个智慧碰撞、多元发声、合作共赢的全球创新艺术设计教育联盟。

11月25日，“腹地智慧：2017全国设计教育学术研讨会暨中国高等教育学会设计教育专业委员会年会”在四川美术学院多功能厅举行。此次活动分为“设计介入精准扶贫”学术论坛、“特色创一流”

设计教育论坛两场进行，来自清华大学美术学院、中国美术学院、腾讯公司等多所高校和企业的专家，就设计如何介入精准扶贫、如何探索特色设计教育等展开了论述和思考。此外，主办方四川美术学院在罗中立美术馆同期举办了“设计介入精准扶贫案例展”。

（二）2017 毕业设计展

毕业设计作品不同于商业设计的主要特征是其承载着青年学子的艺术思想与生活梦想，是超越于当下社会的一种活跃力量，蕴含着无限的可能与想象力。

2017 年高校本科毕业设计展中，美术学院、综合院校设计专业、设计院校等依然各具特色，但从平面设计作品的整体面貌而言，呈现出关注当下、关注社会、关注科技、关注未来的共性特征。

5 月 19 日，2017 广州美术学院本科毕业作品展举行，以革新、现实、兼容的岭南艺术精神为内涵，融艺术、人文、科技于一体。其中，视觉艺术设计学院作品除去一切感官或体验上的自娱自乐和司空见惯，营造了全新的语境与场景，从内容到形式、从艺术到技术、从思维到行为向公众传达出“我会什么”或“我有什么”的现实景象，并由此延伸到“你需要什么（满足）”乃至“你将需要什么（创造）”的不同诉求。5 月 26 日，“拓路踏歌行——中国美术学院 2017 年毕业展”开幕。开幕式主题“拓路踏歌行”，寓意学子们用拓影的方式蓄力成长，用踏歌的方式庆祝学院的毕业季，为即将的远行载歌载舞。而中国美术学院 2017 届设计艺术学院视觉传达设计系毕业设计展的主题为“关怀的维度”，表达毕业生们对当下医疗环境、弱势社群、健康生活等方面的关注、理解与思考。6 月 1 日晚，中央美术学院本科生毕业作品展开幕，展览以“约定”为主题，强调学术回归，着重从学术角度出发，在梳理学校百年发展历程的基础上进一步总结学校教育教学的改革成果，充分展示学校以为国家培养高端艺术人才为根本的办学理念。6 月 3 日，清华大学美术学院 2017 届本科生毕业作品展开幕。展览充分体现了清华大学美术学院的学术底蕴和优良学风，作品中既有探索前瞻的理念呈现，也有基于传统的创新再现，既有寓意深刻的思想表达，也有服务民生的落地设计。6 月 7 日上午，“实验 + 衍生——2017 年南京艺术学院设计学院毕业作品展”开幕，主题为“实验 + 衍生”，标示着设计学院在实验观念、实验技术、实验成果方面的新拓展。南艺设计学院邬烈炎教授阐释了本次展览主题“实验 + 衍生”的含义：“实验，是南艺设计做不完的功课，是我们修习设计的永恒命题。而衍生，是在艺术设计本体基础上创造的新思想、新类型、新样式。从实验到衍生，南艺设计试图打通现代设计与传统手工艺、工艺美术、非物质文化遗产以及文化创意、艺术衍生等多个领域，承传技艺、交流思想、创建品牌。”6 月 13 日，同济大学设计创意学院 2017 级本科毕业设计作品展开幕，以“生于混沌”（dive into chaos）为主题，旨在表达在设计持续向不同的学科和领域整合的当下，设计不再意味着一种固定的专业和职业，而是成了“造物”与“改革”的行为，向不同领域渗透，形成社会变革的力量。设计师是一股整合创新的力量，他们生来带有混沌的属性，他们能将一切人类文明吸纳，并咀嚼碰撞出新的能量，如同一种万能溶剂，把一切融合成真的、善的、美的和新的。此次毕业设计作品的最大亮点是更倾向于关注时代的变化和社会责任。其中，视觉传达设计专业方向有 17 件作品参展，涉及医疗机构视觉形象系统设计、字体设计、设计思维服务设计、民宿设计、社区公共卫生服务的情感化设计和阅读体验设计等主题。

五、小结

纵观 2017 年中国平面设计的发展，人文与科技仍然是不可分割的两面。从宏观层面，设计的渗透式发展可以驱动供给侧结构性改革，在社会生活中，可以通过设计的思考与实践，实现设计介入社区、介入扶贫、介入更加美好的生活方式。设计的创新不仅指向于未来与科技的协同，在地域与族群文化多样性的背景下，也肩负着以设计促进传统工艺美术产业，传承传统文化思想与艺术的重任。

陶海鹰　北京印刷学院副教授、中央美术学院博士后

文件辑录

【纺织服装创意设计试点园区（平台）名单（第一批）公告（2017 年第 3 号）】

按照《工业和信息化部关于印发〈纺织服装创意设计试点示范园区（平台）管理办法（试行）〉的通知》（工信部消费〔2016〕396 号）要求，我们组织开展了 2016 年度纺织服装创意设计试点示范园区（平台）遴选工作。经纺织服装创意设计园区（平台）管理运营机构申报、省级工业和信息化主管部门推荐、专家评审和网上公示等程序，确定纺织服装创意设计试点园区（平台）名单（第一批）。现予公告。

附件：纺织服装创意设计试点园区（平台）名单（第一批）

工业和信息化部

2017 年 1 月 19 日

［纺织服装创意设计试点园区（平台）名单（第一批）］

北京　751D・PARK 北京时尚设计广场
　　　北服创新园
辽宁　兴城泳装创意设计产业园
江苏　常熟纺织服装创意产业园
浙江　余杭艺尚小镇
　　　绍兴市柯桥区纺织工业创意设计基地
山东　迪尚智慧时尚生活方式集成创新平台（平台）
　　　韩都衣舍互联网二级生态品牌运营平台（平台）
湖北　红 T 时尚创意街区
广东　广州轻纺交易园
青岛　纺织谷
厦门　海峡两岸龙山文创园

原载工业和信息化部网站 2017 年 1 月 19 日

【国务院办公厅关于转发中国传统工艺振兴计划的通知（国办发〔2017〕25号）】

各省、自治区、直辖市人民政府，国务院各部委、各直属机构：

文化部、工业和信息化部、财政部《中国传统工艺振兴计划》已经国务院同意，现转发给你们，请结合实际，认真贯彻执行。

国务院办公厅

2017年3月12日

（此件公开发布）

中国传统工艺振兴计划

文化部 工业和信息化部 财政部

为落实党的十八届五中全会关于“构建中华优秀传统文化传承体系，加强文化遗产保护，振兴传统工艺”和《中华人民共和国国民经济和社会发展第十三个五年规划纲要》关于“制定实施中国传统工艺振兴计划”的要求，促进中国传统工艺的传承与振兴，特制定本计划。

本计划所称传统工艺，是指具有历史传承和民族或地域特色、与日常生活联系紧密、主要使用手工劳动的制作工艺及相关产品，是创造性的手工劳动和因材施艺的个性化制作，具有工业化生产不能替代的特性。

一、重要意义

中国各族人民在长期社会生活实践中共同创造的传统工艺，蕴含着中华民族的文化价值观念、思想智慧和实践经验，是非物质文化遗产的重要组成部分。我国传统工艺门类众多，涵盖衣食住行，遍布各族各地。振兴传统工艺，有助于传承与发展中华优秀传统文化，涵养文化生态，丰富文化资源，增强文化自信；有助于更好地发挥手工劳动的创造力，发现手工劳动的创造性价值，在全社会培育和弘扬精益求精的工匠精神；有助于促进就业，实现精准扶贫，提高城乡居民收入，增强传统街区和村落活力。

二、总体要求

（一）总体目标。

立足中华民族优秀传统文化，学习借鉴人类文明优秀成果，发掘和运用传统工艺所包含的文化元素和工艺理念，丰富传统工艺的题材和产品品种，提升设计与制作水平，提高产品品质，培育中国工匠和知名品牌，使传统工艺在现代生活中得到新的广泛应用，更好满足人民群众消费升级的需要。到2020年，传统工艺的传承和再创造能力、行业管理水平和市场竞争力、从业者收入以及对城乡就业的促进作用得到明显提升。

（二）基本原则。

尊重优秀传统文化。尊重地域文化特点、尊重民族传统，保护文化多样性，维护和弘扬传统工艺所蕴含的文化精髓和价值。

坚守工匠精神。厚植工匠文化，倡导专注坚守、追求卓越，树立质量第一意识，推动品质革命，加强品牌建设，多出精品、多出人才。

激发创造活力。保护广大手工艺者个性，挖掘创造性手工的价值，激发因材施艺灵感和精心手作潜能，恢复和发展濒危或退化的优秀工艺和元素。

促进就业增收。发挥传统工艺覆盖面广、兼顾农工、适合家庭生产的优势，扩大就业创业，促进精准扶贫，增加城乡居民收入。

坚持绿色发展。增强生态保护意识，合理利用天然材料，反对滥用不可再生的天然原材料资源，禁止使用非法获取的珍稀动植物资源。

三、主要任务

（一）建立国家传统工艺振兴目录。

以国家级非物质文化遗产代表性项目名录为基础，对具备一定传承基础和生产规模、有发展前景、有助于带动就业的传统工艺项目，建立国家传统工艺振兴目录。实施动态管理，鼓励地方参照建立本级的传统工艺振兴目录。对列入振兴目录的项目，予以重点支持。

（二）扩大非物质文化遗产传承人队伍。

鼓励技艺精湛、符合条件的中青年传承人申报并进入各级非物质文化遗产代表性项目代表性传承人队伍，形成合理梯队，调动年青一代从事传统工艺的积极性，培养高水平大国工匠队伍。各地要通过多种方式，为收徒授艺等传统工艺传习活动提供支持。引导返乡下乡人员结合自身优势和特长，发展传统工艺、文化创意等产业。

（三）将传统工艺作为中国非物质文化遗产传承人群研修研习培训计划实施重点。

依托相关高校、企业、机构，组织传统工艺持有者、从业者等传承人群参加研修、研习和培训，提高传承能力，增强传承后劲。组织优秀传承人、工艺师及设计、管理人员，到传统工艺项目所在地开展巡回讲习，扩大传承人群培训面。倡导传承人群主动学习，鼓励同行之间或跨行业切磋互鉴，提高技艺水平，提升再创造能力。

（四）加强传统工艺相关学科专业建设和理论、技术研究。

支持具备条件的高校开设传统工艺的相关专业和课程，培养传统工艺专业技术人才和理论研究人才。支持具备条件的职业院校加强传统工艺专业建设，培养具有较好文化艺术素质的技术技能人才。积极推行现代学徒制，建设一批技能大师工作室，鼓励代表性传承人参与职业教育教学和开展研究。支持有条件的学校帮助传统工艺传承人群提升学历水平。鼓励高校、研究机构、企业等设立传统工艺的研究基地、重点实验室等，在保持优秀传统的基础上，探索手工技艺与现代科技、工艺装备的有机融合，提高材料处理水平，切实加强成果转化。加强传统工艺的挖掘、记录和整理。对具有独特历史意义的濒危传统工艺项目，加快实施抢救性记录，落实保护与传承措施。鼓励出版有关传统工艺的专著、译著、图册等研究和实践成果。

（五）提高传统工艺产品的设计、制作水平和整体品质。

强化质量意识、精品意识、品牌意识和市场意识，结合现代生活需求，改进设计，改善材料，改良制作，并引入现代管理制度，广泛开展质量提升行动，加强全面质量管理，提高传统工艺产品的整体品质和市场竞争力。鼓励传统工艺从业者在自己的作品或产品上署名或使用手作标识，支持发展基于手工劳动、富有文化内涵的现代手工艺。鼓励传统工艺企业和从业者合理运用知识产权制度，注册产品商标，保护商业秘密和创新成果。支持有条件的地方注册地理标志证明商标或集体商标，培育有民族特色的传统工艺知名品牌。鼓励拥有较强设计能力的企业、高校和相关单位到传统工艺项目集中地设立工作站，帮助当地传统工艺企业和从业者解决工艺难题，提高产品品质，培育品牌，拓展市场。依托乡村旅游创客示范基地和返乡下乡人员创业创新培训园区（基地），推动传统工艺品的生产、设计等和发展乡村旅游有机结合。开展多种形式的传统工艺大赛、技能大赛，发现、扶持传统工艺创意人才。

（六）拓宽传统工艺产品的推介、展示、销售渠道。

鼓励在传统工艺集中的历史文化街区和村镇、自然和人文景区、传统工艺项目集中地，设立传统工艺产品的展示展销场所，集中展示、宣传和推介具有民族或地域特色的传统工艺产品，推动传统工艺与旅游市场的结合。在非物质文化遗产、旅游等相关节会上设立传统工艺专区。举办多种传统工艺博览会和传统工艺大展，为传统工艺搭建更多展示交易平台。鼓励商业网站与相关专业网站设立网络销售平台，帮助推介传统工艺产品。

（七）加强行业组织建设。鼓励地方成立传统工艺行业组织。

行业组织要制定产品质量行业标准，组织或支持开展面向本地区或本行业传承人群的培训和交流等活动，并提供信息发布、权益维护等服务。

（八）加强文化生态环境的整体保护。

鼓励各地对传统工艺集中的乡镇、街道和村落实施整体性保护。结合传统村落、少数民族特色村镇和历史文化街区保护，注意保护传统工艺相关的文化空间和特定的自然人文环境。鼓励研发绿色环保材料，改进有污染的工艺流程，加强生态环境保护。整合现有资源开展非商业性象牙雕刻技艺研究和传承，引导和支持使用替代材料传承以象牙等珍稀动植物资源为原材料的相关技艺。

（九）促进社会普及教育。

继续开展非物质文化遗产进校园等活动。支持各地将传统工艺纳入高校人文素质课程和中小学相关教育教学活动；支持大中小学校组织开展体现地域特色、民族特色的传统工艺体验和比赛，提高青少年的动手能力和创造能力，加深对传统文化的认知。鼓励电视、网络媒体等推出丰富多彩的传统工艺类节目。拍摄和译制传统工艺纪录片、教学片和宣传片，弘扬工匠精神，促进知识传播、普及和技艺交流，方便大众学习传统工艺知识。鼓励有关部门和社会组织积极参与或组织传统工艺相关活动，充分发挥各级公共文化机构的作用，依托公共文化服务场所积极开展面向社区的传统工艺展演、体验、传习、讲座、培训等各类活动，使各级公共文化机构成为普及推广传统工艺的重要阵地，丰富民众文化生活，增强传统工艺的社会认同。

（十）开展国际交流与合作。

通过双边、多边渠道，组织传统工艺传承人、企业和行业组织代表开展国际交流和研修培训，以及技术领域的研究与合作，开阔视野，借鉴经验。

四、保障措施

（一）加强统筹协调。

各级人民政府有关部门要结合发展繁荣文化事业和文化产业、精准扶贫、新农村建设、少数民族传统手工艺及特色村镇保护与发展、传统村落保护、美丽乡村建设、乡村旅游发展等工作，积极探索振兴传统工艺的有效途径。广泛开展面向农村剩余劳动力、城市下岗职工、城乡残疾人、返乡下乡创业创新人员、民族地区群众的手工艺技能培训，鼓励其从事传统工艺生产。引导非物质文化遗产生产性保护示范基地发挥示范引领作用。

（二）落实支持政策。

利用现有资金渠道，对符合规定的传统工艺相关项目以及特色文化产业传统工艺发展予以适当支持。将传统工艺展示、传习基础设施建设纳入“十三五”时期文化旅游提升工程。传统工艺企业符合现行小微企业和高新技术企业等税收优惠政策条件的，可按规定享受税收优惠政策。

（三）加强金融服务。

探索建立传统工艺企业无形资产评估准则体系，支持符合条件的传统工艺企业融资发展。鼓励金融机构开发适合传统工艺企业特点的金融产品和服务，加强对传统工艺企业的投融资支持与服务。

（四）鼓励社会参与。

鼓励社会力量兴办传统工艺企业，建设传统工艺展示、传习场所和公共服务平台，举办传统工艺的宣传、培训、研讨和交流合作等。

原载新华网 2017 年 3 月 24 日

【纺织服装创意设计试点园区（平台）名单（第二批）公告（2017年第41号）】

按照《工业和信息化部关于印发〈纺织服装创意设计试点示范园区（平台）管理办法（试行）〉的通知》（工信部消费〔2016〕396号）要求，我们组织开展了2017年度纺织服装创意设计试点示范园区（平台）遴选工作。经纺织服装创意设计园区（平台）管理运营机构申报、省级工业和信息化主管部门推荐、专家评审和网上公示等程序，确定纺织服装创意设计试点园区（平台）名单（第二批）。现予公告。

附件：纺织服装创意设计试点园区（平台）名单（第二批）

工业和信息化部

2017年10月12日

[纺织服装创意设计试点园区（平台）名单（第二批）]

上海　尚街loft时尚生活园区

浙江　桐乡濮院针织产业园区创意设计平台（濮院320创意广场）

浙江　余杭家纺产业设计园（品牌布艺总部基地）

山东　舒朗国际时尚创意设计平台

广东　红棉国际时装城

陕西　西咸纺织服装创新园

青岛　东方时尚中心

宁波　创客157创业创新园

原载工业和信息化部网站2017年10月16日

【工业和信息化部关于公布 2017 年国家级工业设计中心认定及复核结果的通告（工信部产业函〔2017〕507 号）】

各省、自治区、直辖市及计划单列市、新疆生产建设兵团工业和信息化主管部门，有关行业协会：

根据《国家级工业设计中心认定管理办法（试行）》（工信部产业〔2012〕422 号）和《关于组织开展 2017 年度国家级工业设计中心认定工作的通知》（工信厅产业函〔2017〕186 号），经地方工业和信息化主管部门及有关行业协会组织申报并推荐、专家评审、现场核查、征求意见、公示等工作程序，我部确定了 2017 年国家级工业设计中心名单以及通过复核的 2013 年、2015 年国家级工业设计中心名单，现予以公布。

特此通告。

附件：

1.2017 年国家级工业设计中心名单

2. 通过复核的 2013 年、2015 年国家级工业设计中心名单

工业和信息化部

2017 年 11 月 17 日

［2017 年国家级工业设计中心名单］

一、企业工业设计中心

1. 中车唐山机车车辆有限公司轨道车辆工业设计中心
2. 中国商飞上海飞机客户服务有限公司民用飞机工业设计中心
3. 中芯国际集成电路制造（上海）有限公司设计服务中心
4. 上海晨光文具股份有限公司产品设计中心
5. 江苏苏美达五金工具有限公司工业设计中心
6. 江苏高淳陶瓷股份有限公司工业设计中心
7. 莱克电气股份有限公司设计中心
8. 杭州巨星科技股份有限公司工业设计中心
9. 浙江奥康鞋业股份有限公司鞋类科技研究院
10. 浙江欧诗漫集团有限公司工业设计中心
11. 浙江圣奥家具制造有限公司工业设计中心
12. 杭州老板电器股份有限公司工业设计中心
13. 奇瑞汽车股份有限公司工业设计中心
14. 惠而浦（中国）股份有限公司工业设计中心
15. 安徽合力股份有限公司工业设计中心
16. 合肥美菱股份有限公司创新设计中心
17. 三六一度（中国）有限公司研创服务中心
18. 福建七匹狼实业股份有限公司工业设计中心
19. 厦门盈趣科技股份有限公司创新设计中心
20. 江铃汽车股份有限公司工业设计中心

21. 泰山体育产业集团有限公司工业设计中心
22. 雷沃重工股份有限公司工业设计中心
23. 浪潮电子信息产业股份有限公司工业设计中心
24. 迪尚集团有限公司工业设计中心
25. 鲁泰纺织股份有限公司工业设计中心
26. 威高集团有限公司工业设计中心
27. 许继集团有限公司工业设计中心
28. 武汉高德红外股份有限公司工业设计中心
29. 广汽集团汽车工程研究院概念与造型设计中心
30. 珠海罗西尼表业有限公司工业设计中心
31. 中国赛宝实验室工业产品质量与可靠性设计中心
32. 广州海格通信集团股份有限公司工业设计中心
33. 广西柳工机械股份有限公司工业设计中心
34. 上汽通用五菱汽车股份有限公司工业设计中心
35. 宗申产业集团有限公司创新设计中心
36. 重庆长安汽车股份有限公司工业设计中心
37. 中国航空工业集团公司第一飞机设计研究院工业设计中心
38. 兰州兰石集团有限公司工业设计中心
39. 美克国际家居用品股份有限公司工业设计中心
40. 宁波吉利汽车研究开发有限公司
41. 厦门立达信绿色照明集团有限公司工业设计中心
42. 厦门建霖健康家居股份有限公司工业设计中心
43. 海能达通信股份有限公司工业设计中心

二、工业设计企业

1. 东道品牌创意集团有限公司
2. 阿尔特汽车技术股份有限公司
3. 杭州飞鱼工业设计有限公司
4. 德艺文化创意集团股份有限公司

[通过复核的 2013 年国家级工业设计中心名单]

一、企业工业设计中心

1. 联想（北京）有限公司创新设计中心
2. 天津海鸥表业集团有限公司工业设计中心
3. 际华三五零二职业装有限公司职业装研究院（设计中心）
4. 内蒙古鹿王羊绒有限公司工业设计中心
5. 上海家化联合股份有限公司工业设计中心（技术中心）
6. 好孩子儿童用品有限公司科学育儿用品工业设计中心
7. 江苏金太阳纺织科技有限公司家纺设计研究院
8. 福建恒安集团有限公司卫生用品工业设计中心
9. 金猴集团有限公司工业设计中心
10. 滨州亚光家纺有限公司工业设计中心

11. 九阳股份有限公司工业设计中心
12. 湖南东方时装有限公司服装工业设计中心
13. 广州毅昌科技股份有限公司工业设计中心
14. 美的集团股份有限公司工业设计中心
15.TCL 集团股份有限公司工业设计中心
16. 华帝股份有限公司设计创新中心
17. 重庆锦晖陶瓷有限公司消费品工业设计中心
18. 雷迪波尔服饰股份有限公司工业设计中心
19. 四川长虹电器股份有限公司工业设计中心
20. 泸州老窖集团有限责任公司工业设计中心
21. 海尔集团公司创新设计中心
22. 海信集团有限公司工业设计中心
23. 贝发集团股份有限公司工业设计中心
24. 厦门金牌厨柜股份有限公司厨房工业设计中心
25. 深圳创维—RGB 电子有限公司工业设计研究院

二、工业设计企业

1. 北京洛可可科技有限公司
2. 沈阳创新设计服务有限公司
3. 上海指南工业设计有限公司
4. 泉州迪特工业产品设计有限公司

[通过复核的 2015 年国家级工业设计中心名单]

一、企业工业设计中心

1. 小米科技有限责任公司工业设计中心
2. 天津七一二通信广播股份有限公司工业设计中心
3. 曙光信息产业股份有限公司工业设计中心
4. 徐州工程机械集团有限公司工业设计中心
5. 浙江菲达环保科技股份有限公司诸暨菲达环保装备研究院
6. 浙江泰普森控股集团有限公司工业设计中心
7. 安徽江淮汽车集团股份有限公司工业设计中心
8. 中国电子科技集团公司第三十八研究所工业设计中心
9. 九牧厨卫股份有限公司工业设计中心
10. 山东鲁能智能技术有限公司工业设计中心
11. 三角轮胎股份有限公司工业设计中心
12. 烟台杰瑞石油服务集团股份有限公司油气开发装备工业设计中心
13. 山东如意科技集团有限公司时尚纺织品工业设计中心
14. 中信重工机械股份有限公司工业设计中心
15. 烽火通信科技股份有限公司创新设计中心
16. 中车株洲电力机车有限公司轨道交通装备工业设计中心
17. 广州广电运通金融电子股份有限公司工业设计中心
18. 珠海格力电器股份有限公司工业设计中心

19. 力帆实业（集团）股份有限公司摩托车工业设计中心
20. 甘肃省机械科学研究院工业设计中心
21. 厦门松霖科技股份有限公司工业设计中心
22. 冠捷显示科技（厦门）有限公司工业设计研发中心
23. 中兴通讯股份有限公司中兴通讯终端产品设计中心
24. 飞亚达（集团）股份有限公司创新设计中心

二、工业设计企业

1. 北京全路通信信号研究设计院集团有限公司
2. 秦皇岛玻璃工业研究设计院
3. 山西太钢工程技术有限公司
4. 上海龙创汽车设计股份有限公司
5. 江苏东方创意文化产业有限公司
6. 杭州瑞德设计股份有限公司
7. 厦门市拙雅科技有限公司
8. 东风设计研究院有限公司
9. 大连四达高技术发展有限公司
10. 深圳市浪尖设计有限公司

原载工业和信息化部网站 2017 年 11 月 23 日

专题

2017 北京国际设计周

【概况】

2017 年 9 月 21 日至 10 月 7 日，北京国际设计周举办。活动主题为“设计 +”，旨在连接设计与产业、设计与消费，并使之有机结合，同时推动设计服务与相关产业融合、完善设计服务产业链、建设设计服务要素市场、促进设计消费、引领行业趋势及生活风尚。

活动期间举办近千项创意设计活动，分布在京津冀地区 42 个文化创意场所，涵盖家居、时尚、创意餐饮、设计服务等版块内容，形式包括展览展示、论坛活动、现场互动等。

【2016 经典设计奖铭牌揭幕仪式】

2017 年 9 月 21 日，2017 北京国际设计周举办 2016 经典设计奖铭牌揭幕仪式。作为北京国际设计周的常设奖项，经典设计奖旨在遴选出具有“民族精神、国家战略、科技实力、影响长久、产业促进、升级转型、创新创业”的经典设计，树立中国设计的“风向标”，彰显中国设计的价值导向和精神追求。每年评出的经典设计奖获奖项目制作成青铜铭牌，于下一年度北京国际设计周开幕时永久镶嵌在中华世纪坛南广场青铜甬道的特设区位。

2017 北京国际设计周经典设计奖通过提名、初评、复评、终评四个阶段，由 60 余位来自设计机构、院校、专业媒体的评审专家评选出的 105 件作品进入复评环节，经评审委员会评议，最终产生六项提名奖与一项经典设计奖。

经典设计奖：蛟龙号载人潜水器。

六项提名奖：500 米口径球面射电望远镜工程、宁波博物馆、大疆创新科技无人飞行器、第二代摩拜单车、二十国集团领导人杭州峰会标识等。

【北京国际设计周石景山区模式口分会场】

2017 年 9 月 23 日，北京国际设计周石景山区模式口分会场在北京承恩寺开幕。随后举办“明日城市”论坛活动，邀请中外名家就千年古道、百年老街、城市和文化遗产保护、城市实践、城市批判性思考、未来城市、城市战略和品牌、城市管理和运营等方面进行交流。

设计周活动期间，在模式口举办系列文化传承活动。传统的骆驼走街、沿街叫卖以及非物质文化遗产三皇炮捶拳、三弦、盘扣、中国结、剪纸、京剧脸谱在京西古道间原景重现。

【创意 2030 高峰论坛】

2017 年 9 月 22 日至 24 日，2017 北京国际设计周设计论坛主论坛之一的“创意 2030 高峰论坛”在北京中华世纪坛举行。来自中国、美国、以色列、芬兰、巴西和澳大利亚等 10 余个国家 17 个城市的政府、企业和高校代表参加了论坛开幕式。

围绕北京“设计之都”建设，对接《联合国 2030 年可持续发展议程》，论坛由“创意的力量：连接城市过去与未来”“创意 2030 研讨会”等系列活动组成。论坛围绕遗产和智能社会，以中国发展凝聚合作，用“创意”探索未来城市治理的方案、工具和方法，以及新型的城市创意合作机制，以全球视野为北京城市建设提供智力支持。

“创意 2030”概念的提出是立足于首都城市战略定位，对接国家“一带一路”，促进国际城市间的创意合作，为全球范围的创意设计领域对话与交流提供平台，为全球的可持续发展贡献中国智慧、提供中国方案、传播中国声音。

“创意 2030 高峰论坛”聚焦城市层面的“创意”。其重要板块“创意的力量：连接城市的过去与未来”论坛以创意连接城市建设和提升可持续发展能力为主线，来自设计、文化遗产、建筑、互联网、人工智能等领域的 20 余位国内外官员、专家和产业代表，跨国别、跨领域、跨学科、多角度地分享他们关于创意与城市发展的观点和项目经验。

【新物种设计展】

2017 年 9 月 21 日至 10 月 6 日，由洛可可创新设计集团、洛客共享设计平台、场景实验室共同主办的“2017 北京国际设计周‘新物种设计展’”在北京中华世纪坛一层中心展厅举行。设计展设有“新产品、新想象、新物语”三大主题分区，并以“设计”为核心向广大设计爱好者诠释打造新物种的“匠心、先锋与美”。

本次展览融入“共享设计，众创打造新物种”的概念，在整个展区内分别与摩拜、猫王、谭木匠联合打造 3 个众创区，并在洛可可旗下共享设计平台洛客上发布数十个众创任务，观展者可通过线下扫码参与其中。

【2017 天鹤奖国际创新设计大展暨“设计之星”颁奖盛典】

2017 年 9 月 28 日至 30 日，“2017 天鹤奖国际创新设计大展暨‘设计之星’颁奖盛典”在北京国际设计周凤凰中心分会场举行。

国家新型城镇化试点评估督查执行组长、中国城市文化产业发展联盟主席兼秘书长陈喆，与中央美术学院城市设计学院院长、全国高校艺术教育专家联盟主席王中，代表南昌市青云谱区城中城“文旅产业体验区”项目交换了项目合作意向书，为全国高校艺术教育专家联盟开辟了第一个文创园区的案例。

现场还举行了国际商业美术设计师协会向北京艺术毕业季颁发“商业美术设计师资格证书”仪式。国家版权局为艺术毕业生开辟了“绿色通道”，为此次获奖的同学颁发了作品登记证书。

【2017 北京国际设计周门头沟分会场】

2017 年 9 月 29 日，2017 北京国际设计周门头沟分会场在北京市雁翅镇碣石村开幕。

凭借“设计 + 古村落”项目，门头沟首次入选北京国际设计周分会场。活动通过还原古村风貌，以传统生活雅趣为内容，让古村化身为活的博物馆。

在此次文化提升工程中，设计师用抽象线条将永定河流域有历史价值的古村落、古道、古寺庙，以及重要文化留存，以版画形式绘制在碣石村文化中心的外墙面。

由两位艺术家历时一年对大西山和永定河作图像记录的“凝视西山永定长流——人文地理影像志摄影展”，引导人们重新发现西山永定河文化带的人文风情；“预见 · 匠心——非遗文创产品设计大赛获奖作品展”展示了更多非物质文化遗产项目的“设计+非遗”形态，实现了活态传承与产业化转型。

纪事

项目·活动

【艺·启过年——2017 河北设计艺术节】

2017 年 2 月 12 日至 16 日，由河北省建筑装饰业协会等 16 个行业组织组成的河北设计艺术节组委会主办，河北博物院、智行创意公社、博深国际文化创意产业园联合协办，河北广播电视台新闻综合广播、《河北建筑装饰》杂志、《绿色家居》杂志联合承办的"'艺·启过年'——2017 河北设计艺术节"在主会场河北博物院、分会场博深国际文化创意产业园和智行创意公社举行。

本次艺术节的主题为"传承·交融·跨越"，秉持"让艺术生活化、让生活艺术化"的宗旨，意在展示设计艺术的独特魅力，以学术的眼光聚焦百姓生活，提升生活品质，坚守文化自信、实现产业融合，推动河北文化经济发展，并唤起社会对设计的关注。从而逐步搭建一个交流平台，深度挖掘本土资源，促成文化的交流，增进国际、国内设计师和河北设计师的交流，促成新的设计理念、技术、材料、工艺的导入。

【2017 设计上海】

2017 年 3 月 8 日至 11 日，"2017 设计上海"活动在上海展览中心举行。活动分为当代设计馆、精典设计馆、限量设计馆、厨卫设计馆和办公设计馆五大设计展区。

当代设计馆呈现当代家居设计前沿；精典设计馆集合中西方百年历史和传统工艺的品牌；限量设计馆首次独立成馆，呈现限量版设计和传世之作；首次亮相的厨卫设计馆关注材料、设备及有效利用空间的革新设计；办公设计馆呈现办公空间规划、办公用品的设计。同期举办的活动包括：全新主题展览板块"中国设计趋势"（China Design Trends Gallery），主题为"全球化设计、工艺和制造"（Global Design，Crafts，Manufacturing）的"设计上海·国际设计论坛"，10 组中国最具代表性的新锐设计师以"中国新视野"为主题呈现设计作品的"中国设计新锐平台"。

【2017 年第十七届全国纺织品设计大赛暨国际理论研讨会、2017 年国际防染艺术展——传承与创新、纺织设计作品展】

2017 年 4 月 10 日，由清华大学艺术与科学研究中心主办，中国家用纺织品行业协会、中国纺织服装教育学会、中国流行色协会、清华大学美术学院联合举办，清华大学美术学院染织服装艺术设计系承办的"2017 年第十七届全国纺织品设计大赛暨国际理论研讨会"以及"2017 年国际防染艺术展——传承与创新"开幕式在北京清华大学美术学院美术馆举行。清华大学美术学院、中国美术学院、鲁迅美术学院、广州美术学院、西安美术学院、天津美术学院、北京服装学院等全国近 20 所艺术院校参与活动。

2017 年 4 月 10 日下午，国际理论研讨会在清华大学美术学院染织服装艺术设计系举行。会议以"防染的智慧"为研讨主题，由染织服装设计艺术系贾京生教授担任学术主持，日本东京艺术大学染织系副主任上原利丸教授、韩国淑明女子大学刺绣博物馆馆长郑惠兰女士、清华大学美术学院染织服装艺术设计系贾京生教授等发表演讲。

【首届深圳设计周】

2017 年 4 月 21 日至 28 日，由深圳市政府主办的首届深圳设计周举行，年度主题为“面向未来的设计”。活动邀请伦敦作为主宾城市，来自伦敦、巴黎等 20 多个城市的超过 200 名设计师参与展览、论坛、工作坊等多种设计、创意交流活动；2000 多件作品在深圳 5 个场馆进行展览，覆盖平面、产品、时装、建筑、室内等不同领域。

重点活动包括开幕式、“深圳环球设计大奖”征集公告发布仪式、学术委员会全体会议、伦敦主宾城市活动、全球设计之都专题展、“面向未来的设计”主题展等。本届设计周期间举办创新、生活、交流、视觉、体验五大类 45 场活动。

“设计 / 未来”主题展参展设计作品覆盖平面、产品、时装、建筑等不同领域。该主题设计展特设教育板块，从各角度展示设计师对孩子世界的关注；“设计之都”专题展集中展示底特律、都灵、蒙特利尔等 11 个“设计之都”城市设计师的百余件代表作，中国深圳、香港两地设计师的合作作品，以及设计师和团队近期独立创作的作品。

本届设计周启动了首届“深圳环球设计大奖”的评选，该奖项总奖金为 100 万美元，设全场大奖 1 个、金奖 2 个、银奖 4 个、铜奖 10 个。除面向所有参赛者设立的奖项之外，还专门面向深圳设计机构和个人设立了 10 个相关奖项。

2017 年 4 月 23 日，本届设计周的首届“China TDC——文字设计在中国”系列活动在深圳市南山博物馆开幕。作为深圳设计周的重要单元，其系列活动“文字设计在中国”邀请展、“中国近现代字体应用”文献展、“超语境——国际文字设计论坛”同步在深圳市南山博物馆展开。

深圳是全球第六个获得“设计之都”称号的城市。深圳设计周每年一届，每年 4 月下旬举办，为期一周，永久主题为“设计创造未来”。

【第三届设计北京博览会】

2017 年 4 月 30 日至 5 月 2 日，第三届设计北京博览会在北京农业展览馆举行。其中的“设计北京 2017”活动邀请伦敦设计师罗杰斯与韩国艺术家全丙森（Byeong SamJeon），两位设计师艺术家合作策划推出呼应本届设计北京博览会主题“设计呼吸”的作品。

博览会以“将亚洲市场中心、中国首都北京发展为亚洲设计枢纽”为理念，每届都提出全新的亚洲策划。2017 年，正值香港回归 20 周年之际，联合《设计时代》杂志与中国室内装饰协会，特邀策展人、清华大学艺术博物馆副馆长、清华大学美术学院院长助理杨冬江教授，联合香港和大陆设计师参展。

2017 年 5 月 1 日，“设计北京”联袂《艺术商业》杂志在展会期间举行艺商论坛，邀请 12 位业内人士，探索设计产品最前沿发展动态，共话全球设计未来。《艺术商业》对参与“设计北京”的展商进行报道。

【2017 天津国际设计周】

2017 年 5 月 12 日至 17 日，2017 天津国际设计周在天津北宁文化创意中心举行，中、意、德、荷等多国艺术家及单位参与。本届天津国际设计周为第四届，与北京国际设计周首次合作，举办“751 设计品商店”快闪展览。

本届设计周主题是“未来就是现在”。设有 VR 互动体验、主题展览、天津论坛、中意实验班、设计竞赛等多个板块。主题展览中，德国手工作品展作为该系列世界巡展的其中一站，展出德国家居、餐具、艺术品等手工作品。751设计品商店是设计垂直领域经营的主题商店，除售卖生活方式类设计品、家居、配饰等商品之外，还包括咖啡厅、设计书店、设计沙龙、品牌发布等以设计师产品交易为核心的复合式经营平台。本界设计周期间，以快闪展览的形式，展出200余件精选设计品。此外还有“黑川雅之2017家具新品展”“减霾计划”“米兰三年展回顾展”“未来就是现在”“2017 TDW设计竞赛作品展”“晒上海八”等多个高水平展览亮相。本届设计周还举办了论坛等国际交流活动：“天津论坛”邀请意大利罗马建筑师协会设计师，德国艺术家、企业家等人士，就本届主题进行演讲；“中意实验班”项目中，中意两国高校学生进行了沟通交流、创意创作，同时，设计师对学生的作品进行了指导、评审。

【锦绣中华——中国非物质文化遗产服饰秀】

2017年6月5日至10日，由文化部恭王府博物馆（以下简称“恭王府”）牵头，联合中国纺织工业联合会非物质文化遗产办公室、北京服装学院、苏州市高新区管委会、中央民族大学民族服饰研究所、中国国际时装周组委会等联合推出的“锦绣中华——中国非物质文化遗产服饰秀”系列活动在北京恭王府举行。系列活动包括8场动态服装服饰秀展演、5场静态展览、3场关于传统服装服饰与纺织印染绣技艺传承与保护的学术研讨会。现场观众近4000人，展出服饰400余套，模特300余名，传承人现场展示100余场。

8场服饰秀分别以“水墨姑苏”（苏绣）、“朝花夕拾”（宋锦）、“千年之约”（香云纱）、“度兮—清风徐来”（二十四节气）、“绣梦”（黔西南）、“雅致东方”（莨绸）、“京韵”（京绣）、“中国嫁衣”（潮绣）为主题，NE・TIGER（东北虎）、楚和听香、度兮、依文、雅致东方、D・Rita、名瑞等多家国内服饰品牌及其设计团队，以当代设计介入传统工艺，展示了苏绣、京绣、粤绣、宋锦、云锦、缂丝、香云纱等与现代服饰设计的融合。

2017年6月5日至8日，以苏绣、传统服装服饰、传统纺织印染绣技艺的传承与保护为主题举行研讨会，100余位专家参会。恭王府与中国纺织工业联合会、苏州市高新区管委会、北京服装学院分别签署了战略合作协议，共建协同创新中心，推进“锦绣中华”活动品牌化、机制化，加强传统技艺的创新性发展和创造性转化。

活动开幕式当天，由恭王府与苏州市高新区管委会共同举办的“锦绣中华——苏绣精品展”开幕，展出姚建萍、姚惠芬2位国家级非物质文化遗产苏绣项目代表性传承人、13位江苏省工艺美术大师、8位江苏省工艺美术名人的作品。同时，“巧手神针十指春风——恭王府馆藏中国民间刺绣与课徒针法展”开幕。恭王府还与北京服装学院、名瑞集团、依文集团联合举办“四时有度美兮天成”“中国嫁衣——潮绣服饰”“绣梦——黔西南非物质文化遗产服饰”3场展览；与人民文学出版社共同举办“寻找湮没的时尚——中国古代服饰妆容文化漫谈分享会”，就《云想衣裳》《花想容》两部作品和读者共同探讨中国古代的服饰和妆容。

【中国创新设计文化展暨2017中国（青岛）工艺美术博览会】

2017年6月16日，由中国工艺美术协会中青年人才专业委员会、中国社会经济文化交流协会版权工作专业委员会等共同主办的“中国创新设计文化展暨2017中国（青岛）工艺美术博览会”在山东省青岛国际会展中心举行。博览会主题为“实施版权战略，振兴传统工艺”，突出文化创意与工艺美术等相关行业的跨界融合，首次在全国工艺美术行业展会倡导“版权推动创新”的理念。博览会期间，中国工艺美术协会举办了“金凤凰”创新产品设计大奖赛（青岛赛区）活动。

【首届中国匠人大会】

2017 年 7 月 22 日，由中国民间文艺家协会中国手艺发展研究中心、人民网舆情监测室、浙江省民间文艺家协会、杭州市文化创意产业办公室、杭州市西湖区人民政府主办的“首届中国匠人大会”在浙江省杭州市开幕。大会以“以匠心，致未来”为主题，来自全国各地、各门类的近千名匠人参会，会上发布了国内首份《中国匠人电商生态观察》。

本届大会设置了新时代下的“绝技与科技”“最中国的设计”“玩转有匠人特色的互联网产品”“如何打造匠人的线下体验场景”等四个平行分论坛，蔡志忠、赵普、崔永元、杭间、侯耀华、朱见山、李玉刚、王鸥等嘉宾围绕工匠精神和东方生活美学展开讨论，分析当代匠人发展的现状与未来。

同期举办了“东方匠人精品展”，展品涵盖茶器、家居、服饰、珠宝、传统工艺等各门类。

中国手艺发展研究中心联合人民网发布“大国匠人”战略合作计划；联合艺创小镇、中国乡村儿童联合公益平台，共同启动“艺术助力公益，人文赋能儿童”公益项目。

【2017 上海设计之都活动周】

2017 年 9 月 1 日至 3 日，2017 上海设计之都活动周举行，包括百余场创意设计类活动。设计周以“设计 @ 城市创新 & 消费升级”为主题，传递用“设计”重新定义城市与生活的理念。具体活动包括主场设计展、跨界论坛、系列活动和设计 365 四大板块。

“设计城中城”主场展览区设在上海展览中心，展馆面积约 1.5 万平方米，设有创意现场、创意聚场两个活动场地，以及新造物品牌馆、新模式体验馆、新时尚生活馆、新标签态度馆四个主题馆。

同期举办首届“全球华人创新大奖”；还举办了“设计呐喊吧”活动，由 10 场全国辩论赛、11 场全国设计沙龙、1 场创意训练大师营、1 场国际颁奖典礼和 1 场海外游学等一系列内容组成；延伸项目“设计 365”将设计周优质资源导入线下实体空间，打造“原创 & 跨界”设计力量的商业合作平台，探索建立开放式的跨界合作共赢生态圈。

【第三届中国设计节】

2017 年 9 月 8 日至 10 日，第三届中国设计节在北京市大兴区亦创国际会展中心举行。

开幕式上举行了“中国设计节大奖”“2017 首届南海子文化创意设计大赛”以及首次开设的“设计为人民服务志愿行动”颁奖仪式。

本届设计节展出中国（北京、上海、广州、深圳、浙江、台湾）、韩国等国的 70 多家设计企业的作品，分为会议、展示交易、竞赛和体验四大板块。

设计节首次开设“中国设计名人堂”，主要展示中国设计在新中国成立以来的重要成就，如“两弹一星”、“歼 -20”、红旗轿车及复兴号等

活动开幕式上发布了《2017 中国设计大典》。

【2017 中国室内设计周暨上海国际室内设计节】

2017 年 9 月 11 日至 16 日，由中国室内装饰协会、联合国教科文组织“创意城市”（上海）推进工作办公室共同主办的“2017 中国室内设计周暨上海国际室内设计节”在上海举行。本届主题为“设计・共享”，大力倡导设计服务大众、设计提升相关产业、设计造福人与自然。

在历时一周的活动中，以上海中心大厦、同济大学、世博展览馆为核心会场，各大高校、科研院

所、创意园区联动，在上海举办超过40场系列活动。通过颁奖盛典、国际论坛、国际会议、国际展览、行业交流、系列活动等六大主题板块，集中展示了室内设计与相关产业融合发展的创新成果。其间，中国国际室内设计高峰论坛、亚洲室内设计发展圆桌会议、IFI国际建筑与室内设计团体联盟理事会议吸引了来自美国、英国、法国、加拿大、意大利、瑞士、芬兰、日本、韩国、新加坡、马来西亚、菲律宾等30多个国家，以及中国的香港、澳门、台湾地区的专业设计机构代表和设计师参会。

由中国家具协会主办的“2017中国国际家具展览会/2017摩登上海时尚家居展”同期举行。

【2017年中国（烟台）民间工艺品博览会】

2017年9月22日至25日，由中国民间文艺家协会、山东省委宣传部、山东省文学艺术家联合会、烟台市人民政府主办的“2017年中国（烟台）民间工艺品博览会”在山东省烟台市举行。博览会共设国际标准展台860个，共有来自北京、河南、浙江、安徽、福建、江苏、海南等26个省市区及7个国家和地区的民间艺术家和民间工艺传承人参展。展品涵盖陶瓷、刺绣、木雕、剪纸、端砚、蜡染、紫砂、玉雕、红木家具等当代中国民间工艺品的各个门类的手工艺精品。中国民间工艺的最高奖项“中国民间文艺山花奖·优秀民间工艺美术作品”在展会上进行了初评。

展会期间举行了中国杂技家协会文化惠民专项演出、振兴京剧码头——中国国家京剧院烟台票友会、2017百城旗袍暨爱心使者山东决赛、中国工艺美术学会民间艺术委员会第32届年会、中国民间艺术家公众接待日等系列活动。

【2017北京时装周】

2017年9月22日至28日，由北京服装纺织行业协会、北京时尚控股有限责任公司、《时尚北京》杂志共同主办的2017北京时装周举行。在北京太庙、凤凰中心、中华世纪坛、中国国家博物馆等场所分别举行了品牌流行趋势发布、北京时尚高峰论坛、时尚北京展等系列活动。

2017年9月22日，“2017北京时尚高峰论坛”在中国国家博物馆举行。主题为“文化·科技·消费”，以国际化、品牌化、时尚化、商业化的视角，聚焦品牌方向、科技创新、消费升级、文化融合等时尚产业发展的热门话题，并配合举办了两场沙龙。

“风尚京津冀”主题活动整合京津冀三地时尚资源，发动设计力量，推动三地时尚产业协同发展。在凤凰中心举行的闭幕式上，颁发了“优秀模特奖”“最佳模特奖”“优秀设计师奖”“时尚品牌大奖”“紫禁城品牌大奖”五项大奖。

【2017同济设计周】

2017年10月9日至28日，2017同济设计周举行。设计周主题是“新世界”（New World），这一主题首先是指设计的疆域拓展，另外意味着设计文化的多元化。设计周期间举办学术会议、论坛、讲座、展览、工作坊等20余场学术活动。

“新兴实践”设计研究与教育会议，主题为“社会世界”（The Social World），从社会的视角来探讨复杂的社会技术系统。参加会议的有学者、国际非营利性组织负责人、实践家、艺术家和设计师，以及来自金砖国家和发展中国家的学者，从社会的目标、需求和途径出发，讨论设计如何日益深度介入复杂系统。

设计周还举办了“第六届高校设计研究博士论坛”，由清华大学、江南大学、湖南大学、同济大学、香港理工大学和台湾成功大学六所院校发起，旨在为高校博士生提供一个相互交流和学习的学术平台，提高博士生研究的学术质量和学术水平。

【2017 年度“色彩中国”系列活动】

2017 年 10 月 11 日至 12 日，由中国流行色协会与上海纺织（集团）有限公司主办的 2017 年度“色彩中国”系列活动举行，活动包括高端论坛、大奖评审、品牌流行趋势发布等。

亚洲色彩论坛是亚洲色彩界、设计界、时尚界规模较大的专业活动之一，由中国、日本、韩国三国的色彩机构共同发起。来自欧美、日韩、中国（含港澳台地区）等多地的两百余名嘉宾参会，探索时尚与科技、时尚与社会结合的创新精神。

“中国色彩大奖”2004 年创立，此次评选，经过专家评委会的评选，选出四大类共 39 个奖项。活动同期启动了 2018 “中华杯 · 大学生毕业季服装设计大赛”，大赛自 1995 年起举办，此次以大学生毕业季为主题，以竞赛的形式选拔优秀的服装设计师。

中国流行色协会 1982 年成立，1983 年代表中国加入国际流行色委员会。

【“守艺中华 · 锦绣中国行”活动】

2017 年 10 月 29 日，由中华网、乡村文化保护与发展志愿者协会主办的“守艺中华 · 锦绣中国行”活动启动仪式在北京中华世纪坛举行。

以“走进守艺 2.0 时代”为主题的文化沙龙同期举行，主办方邀请传统手艺人、高校专家学者、文创从业者等嘉宾就如何更好地做好传统手艺的保护与传承进行讨论。

自 2016 年开始，“守艺中华”团队先后走进黔东南、湘西、漳州、泉州等地，通过文字、图片、网络直播等形式将流落乡间的传统手艺进行全面展示。

此次“守艺中华 · 锦绣中国行”活动计划先后赴海南、贵州考察。

【第十二届中国（东阳）木雕竹编工艺美术博览会】

2017 年 11 月 10 日至 13 日，“第十二届中国（东阳）木雕竹编工艺美术博览会”在浙江省东阳市中国木雕城举行，100 多位国家级、省级工艺美术大师，20 多个省区市的工艺美术协会和红木家具行业及采购商代表参会。

活动以“匠心智造，文化中国”为主题，融合传统工艺、非物质文化遗产和国艺，包含木雕根雕、红木家具、古玩字画等跨界联袂展区，为品牌吸取文化营养、企业储备设计人才、市场对接提供渠道。

此外推出“非遗茶坊”“非遗乐园”“非遗市集”；同时，联合景德镇陶溪川举办“心手传承，跨界融合”国艺手作跨界联展及交流活动，引入陶瓷、锡艺等八大传统手艺门类进行展示，促进跨领域、跨区域合作。

【武汉市加入联合国教科文组织创意城市网络“设计之都”授牌仪式】

2017 年 11 月 21 日，武汉市加入联合国教科文组织创意城市网络“设计之都”授牌仪式在法国巴黎联合国教科文总部举行。会上，联合国教科文组织文化助理总干事弗朗西斯科 · 班德林向武汉市委副书记、常务副市长陈瑞峰授牌。

武汉市申报“设计之都”领导小组办公室主任陈劲超主持仪式，陈瑞峰致答谢词。

会上，武汉“设计之都”LOGO 首次亮相。

【传承匠心·百年绣梦——中国传统手工艺文化英国行】

英国伦敦时间 2017 年 12 月 7 日，由中华人民共和国文化部主办、依文·中国手工坊和 B&H 中国文化创意中心承办的“传承匠心·百年绣梦——中国传统手工艺文化英国行”活动在英国伦敦南岸艺术中心举行。

本次活动通过传统手工艺静态展及“传承匠心·百年绣梦”主题时装秀等环节，展示了“中国创意，全球设计”的近百件手工艺术品和 40 套手工刺绣服装。展示的艺术品和服装由中英设计师联手设计、中国西南部贫困山区的少数民族绣娘手绣完成。

活动期间，B&H 中国文化创意中心与贵州省黔东南苗族侗族自治州、广西壮族自治区融水苗族自治县及三江侗族自治县签署合作协议。

【北京 2022 年冬奥会会徽和冬残奥会会徽发布仪式】

2017 年 12 月 15 日，北京 2022 年冬奥会会徽和冬残奥会会徽发布仪式在北京国家游泳中心举行。

北京冬奥会会徽“冬梦”将中国传统文化和奥林匹克元素结合，以汉字“冬”为灵感来源。图形上半部分展现滑冰运动员的造型，下半部分表现滑雪运动员的姿态，中间线条代表举办地起伏的山峦、赛场、冰雪滑道和节日飘舞的丝带。“BEIJING 2022”印鉴在形态上汲取了中国书法与剪纸的特点。

北京冬残奥会会徽设计将中国书法艺术与冬残奥会体育运动特征结合起来，以汉字“飞”描绘奔向胜利的运动员，同时表现了轮椅等冬残奥会特殊运动器械形态。上半部分线条刚劲曲折、下半部分柔美圆润，寓意运动员经过顽强拼搏而获得成功。

《北京 2022 年冬奥会和冬残奥会组织委员会关于北京 2022 年冬奥会会徽和冬残奥会会徽的公告》和《北京 2022 年冬奥会和冬残奥会组织委员会关于特殊标志的公告》同时发布。

【第一届 IAI 国际设计节】

2017 年 12 月 15 日至 17 日，第一届 IAI 国际设计节在上海举办。2017 年 12 月 15 日，“第一届 IAI 国际设计节开幕式暨 IAI 十周年庆典”活动在上海宝山智慧湾科创园举行。开幕式上，IAI 设计奖主席，亚太设计师联盟（APDF）创始人、主席何昌成，中央美术学院建筑学院博士生导师张绮曼致辞。

中央美术学院城市设计学院院长王中教授做了题为“艺术引领城市创新与发展”的演讲；亚太设计师联盟欧洲区主席凯斯发言，表示愿意帮助亚太设计师联盟及 IAI 国际设计节与欧洲设计活动建立合作关系。

IAI 国际设计节每年举办一届。本届 IAI 设计奖大赛收到 2000 余件作品，经过三轮评审产生 22 个奖项。苏州设计师蒋国兴获得最佳创意大奖、最佳设计大奖，上海同济的内里空间设计创研所获得评审团特别大奖，珠海设计师葛凡获得最佳人文关怀大奖，无锡的设计机构上瑞元筑获得最佳杰出设计大奖。此外还颁发了设计之星奖、最佳材料创新大奖等奖项。终身成就奖两年一届，本届由 84 岁高龄的中国工程院院士、东南大学建筑研究所所长齐康教授获得。

教育部全职委主任、亚太设计师联盟名誉主席刘延申教授，中央电视台城市中国栏目主编陈晓明等 300 余位嘉宾参加活动。

【第十一届中国（深圳）国际工业设计周】

2017年12月26日至28日，由深圳市设计联合会主办的第十一届中国（深圳）国际工业设计周在深圳举行。本届工业设计周以“新时代·心设计”为主题，包括国际工业设计高峰论坛、工业设计精品展、“深圳礼物”精品展等十余项活动；共有六个展区，集中展示喷涂工艺、金属塑金、免喷涂材料、UV转印、3D玻璃装饰、陶瓷、前沿材料等最新材料与工艺。

本届设计周适逢深圳市设计联合会成立30周年。开幕式上，深圳市设计联合会发布了新的品牌形象标志，提出“联合创新 设计强国”的新口号，以智慧设计、健康设计、美丽设计为价值观。

开幕式上还举办了“2017年深圳市十佳工业设计公司”颁奖仪式。

展览

【图案人生——中国现代设计教育奠基人雷圭元艺术回顾展】

2016年12月30日至2017年3月31日，由清华大学艺术博物馆与清华大学美术学院主办，中国美术学院民艺博物馆、上海松江程十发艺术馆协办的“图案人生——中国现代设计教育奠基人雷圭元艺术回顾展”在北京清华大学艺术博物馆举行。

展览以“永远的教书匠”和“无界的艺术家”两大板块综合呈现雷圭元先生“为人生而艺术”的设计理想、行知合一的教育理念、一专多能的艺术特色。展览强调综合呈现，注重时代语境，还原历史情境，以作品实物、重点藏书、档案文献、视频图片、仿制设计、著作手稿、经典语录等，系统展现了雷圭元的教育思想和设计思想。

【“文明的回响·中华匠作”艺术展】

2017年1月22日至3月20日，由中央美术学院与北京市总工会联合主办，中央美术学院丝绸之路艺术研究协同创新中心、太庙艺术馆承办，北京市职工技术协会协办的“文明的回响·中华匠作”艺术展在北京劳动人民文化宫举行。

展览展出来自全国各地的各种工艺品种，涵盖金属工艺、石雕、玉雕、纺织、印染、造纸、陶瓷、木器、竹器、漆艺、剪纸、泥塑、皮影等领域，既有古代器物，也有当代传统工艺新作。

展览共分为“格物致知”“器宇不凡”“技近乎道”“匠心独运”四大板块，作品在空间上相互穿插，古代珍宝与当代艺术作品对偶陈列，各板块间并不做明显的划分。

【花开敦煌——常沙娜艺术研究与应用展】

2017年3月8日至19日，由中国美术馆、清华大学主办的“花开敦煌——常沙娜艺术研究与应用展”在北京中国美术馆举行。

作为中国美术馆捐赠与收藏系列展，本次展览包括三部分：“守望”部分，展示了常沙娜在父亲常书鸿的引导下与敦煌结缘，展出30余件敦煌壁画临摹作品；“凝萃”部分，展示了自20世纪50年代以来，常沙娜以敦煌图案为蓝本完成的建筑装饰设计，以及她对敦煌图案的研究与整理；“传承”部分，展示了常沙娜在图案教学中的研习与应用，包括她的花卉写生作品，以及她对敦煌艺术图案的设计应用。

开幕式上，常沙娜向国家捐赠了个人艺术作品24件，由中国美术馆永久收藏。

【“字道2017”展览及论坛】

2017年3月11日至25日，由中国文字字体设计与研究中心、北京北大方正电子有限公司（以下简称“北大方正”）主办，北大方正、东道设计学院、中国广告博物馆承办的“字道2017”展览在北京中国传媒大学中国广告博物馆举行，“字道”论坛于11日至12日在同一地点举行。开幕当天，北大方正集中发布了17种不同风格的58款新字体，并宣布第九届“方正奖”字体设计大赛正式启动。

展览由四部分组成："楷体的故事暨方正字库精品设计展""第 62 届纽约字体指导俱乐部全球巡展""时代精神——柏林海报展及文字的世界""拉丁丛书展"。在"楷体的故事"单元，展出王羲之、欧阳询、颜真卿等多位楷书家的碑帖，以及 100 件与楷体字相关的印刷品、字样、手稿等。

活动拉开"字道 2017"巡展的帷幕，之后在上海、南京、深圳、西安、长沙、昆明等城市展出。

【首届"东 + 西"国际设计周】

2017 年 4 月 6 日至 20 日，首届"东 + 西"国际设计周在湖北美术学院举行。作为武汉申报世界"设计之都"系列活动，本次展览包括第六届"东 + 西"大学生国际海报双年展、2017"东 + 西"设计大师海报邀请展及"东 + 西"国际设计周暨包装创意设计大赛获奖作品展。

"东 + 西"大学生国际海报双年展，作为中国唯一的全球大学生国际海报双年展，十一年间已成功举办五届。本届双年展由中共武汉市委宣传部、湖北美术学院、湖北省美术家协会联合主办，共征集到 11 个国家和地区近百余所设计院校有效参赛作品总计 3940 件（套），参赛作品数量创历史新高。经初评，共有 340 件（套）海报作品进入终评。

【徽匠神韵——安徽徽州传统工艺故宫特展】

2017 年 4 月 10 日至 5 月 31 日，由故宫博物院、安徽省文化厅、黄山市人民政府主办，故宫博物院驻安徽省黄山市徽派传统工艺工作站承办的"徽匠神韵——安徽徽州传统工艺故宫特展"在北京故宫博物院举行。

展览展出进驻安徽省黄山市徽派传统工艺工作站的黄山市国家级非物质文化遗产代表性项目歙砚、徽墨、徽笔、徽州漆器、万安罗盘、徽州竹雕、徽州三雕等 20 位传承人的 85 件作品。

期间启动"徽匠进故宫"中国非物质文化遗产传承人研培计划。该计划在文化部、教育部组织的"中国非物质文化遗产传承人群研修研习培训计划"框架下，故宫博物院为传统工艺工作站提供两期培训，支持工作站开展实践性研修研习，解决工作站所需人才的部分培训需求。参加"徽匠神韵——安徽徽州传统工艺故宫特展"的 20 位传承人参加第一期研培计划。

2016 年 11 月 9 日，故宫博物院与黄山市人民政府合作成立了故宫博物院驻安徽省黄山市徽派传统工艺工作站，并于 2017 年 1 月 7 日与故宫学院（徽州）、故宫博物院博士后科研工作站（徽州）一起揭牌。故宫博物院驻安徽省黄山市徽派传统工艺工作站作为文化部试点，践行"传统工艺走进现代生活，现代设计走进传统工艺"的保护理念，搭建传统工艺与艺术、学术、现代科技、现代设计及当代教育的桥梁。

展览开幕式前，安徽省黄山市代表与故宫博物院签署推进优秀传统文化传承发展合作协议、合作框架协议。

【"坐·境——雅之座"中国椅子艺术展】

2017 年 4 月 28 日至 5 月 4 日，由北京清尚建筑设计研究院、清华大学美术学院家具设计研究所、清华大学美术学院、清尚集团及相关单位主办的"坐·境——雅之座"中国椅子艺术展在北京清华大学美术学院美术馆举行。

展览是国家艺术基金资助项目"中国椅子艺术展"的一部分，由文化部国家艺术基金支持。主办方将成立中国椅子艺术基金会，支持年轻设计师和机构的发展。

展览以"坐·境"为题，39 件参展作品分为雅风、雅室、雅趣、雅事、雅境五大部分。通过生活的不同角度呈现雅致生活的各个方面。

同期在清华大学美术学院举办了中国椅子艺术展学术研讨会。9月20日至10月8日，展览在江苏省苏州市拙政园展出一周；10月23日至31日，展览在广州市岭南美术馆展出并举行颁奖仪式。

【“归来·丝路瓷典”展】

2017年5月13日至6月30日，由中共景德镇市委宣传部主办的“归来·丝路瓷典”展在北京中国国家博物馆举行。

展品以景德镇生产的外销瓷为主，总量近300件（套），涵盖食具、茶具、咖啡具、陈设器、妆具、灯具等不同用途的器具，包括青花、粉彩、斗彩、釉里红、单色釉、窑变釉、白瓷、青瓷、影青瓷、刻花、划花、印花等各种工艺。

【厚积薄发——泥人张第四代张錩雕塑展】

2017年5月15日至25日，由中国民间文艺家协会、浙江省文学艺术界联合会、清华大学美术学院主办，浙江省民间文艺家协会承办的“厚积薄发——泥人张第四代张錩雕塑展”在浙江展览馆举行，展出张錩创作的100余件彩塑、陶瓷雕塑等作品，题材包括《红楼梦》《聊斋》等古典文学题材、民族系列和生肖系列，以及“一带一路”等时代主题。。

张錩为“泥人张”第四代传人，毕业并任教于中央工艺美术学院，同时是清华大学美术学院教授、中国民间文艺家协会顾问。

【2017广州美术学院本科毕业作品展】

2017年5月19日至6月22日，“2017广州美术学院本科毕业作品展”举行，展出该校16个专业35个专业方向、1390余名本科生的1210件（组）毕业作品。

其中设计类作品涵盖视觉传达设计、建筑设计、环境设计、产品设计、服装与服饰设计、数字媒体艺术、动画、实验艺术、展示设计等多个门类。这些作品关注当下、关注民生，以设计服务社会、服务现代生活的特征明显，如建筑艺术设计学院7个工作室、工业设计学院5个本科专业方向14个专业工作室等的作品。

该校2017届研究生毕业作品展同期举行，分为三场，其中第三场于6月9日至18日举行，展出工业设计学院、美术教育学院、建筑艺术设计学院、视觉艺术设计学院设计类全日制硕士研究生、在职硕士研究生的毕业作品。

【2017年四川美术学院毕业创作与设计展】

2017年6月2日至22日，“2017年四川美术学院毕业创作与设计展”举行。展览展出四川美术学院2017届毕业生的4000余件作品，毕业生中有本科生逾1780人、研究人逾200人，展览场地主要集中在重庆大学城校区的四川美术学院美术馆、黄桷坪校区美术馆，并设有多个分展场，展出四川美术学院22个专业的毕业生作品。其中，设计艺术学院和手工艺术学院的本科毕业生作品在四川美术学院美术馆展出，设计艺术学院、手工艺术学院、视觉艺术中心等的研究生毕业作品在重庆虎溪公社展出。

【熔古·铸今——2017 中国国际当代金属艺术精品展】

2017 年 6 月 5 日至 20 日，由清华大学美术学院、中国工艺美术协会、北京工美集团有限责任公司主办的“熔古·铸今——2017 中国国际当代金属艺术精品展”在北京国家大剧院艺术沙龙展厅举行，来自中国、英国、日本、韩国、美国 5 国的 31 位艺术家的作品参展。

参展作品的工艺包括珐琅、花丝、锻造、錾刻、铸造、象嵌、乌铜走银、3D 打印等；材料有金、银、珐琅、铜、铁、锡、漆、石、木、皮等；形制上突破杯、盘、樽、瓶等“实用器形”的束缚。

此次展览为 2017 年“文化和自然遗产日”系列展览之一。

【国之瑰宝——中国景德镇陶瓷文化展】

2017 年 6 月 5 日至 8 月 18 日，由中国人民政治协商会议全国委员会文史馆、中国人民政治协商会议江西省景德镇市委员会主办，中国人民政治协商会议江西省委员会指导的“国之瑰宝——中国景德镇陶瓷文化展”在北京举行。展览分古陶瓷标本、仿古经典器物、现代日用陶瓷、艺术陶瓷和高科技陶瓷五大展区，集中展示了 364 块古瓷片，316 件（套）仿古瓷、现代日用瓷、艺术陶瓷和高科技陶瓷。其中，364 块古瓷片均来自古陶瓷实体器物，来源涵盖全国各地代表性窑口，是国内瓷片标本展出最多最全的一次展览。

展览期间组织了多场学术讲座、理论研讨、艺术交流等活动。开幕当天，故宫博物院研究员王光尧举办了“历代宫廷用瓷鉴赏”讲座，开启了系列学术讲座的序幕。

【实验 / 衍生——2017 年南京艺术学院设计学院毕业设计展】

2017 年 6 月 7 日至 16 日，“实验 / 衍生——2017 年南京艺术学院设计学院毕业设计展”举行，展出毕业作品 500 件（套）。

从实验到衍生，南京艺术学校设计试图打通现代设计与传统手工艺、工艺美术、非物质文化遗产以及文化创意、艺术衍生等多个领域，承传技艺、交流思想、创建品牌。从 2014 年开始，设计学院开始在毕业展中展现实验性教学的成果，本次毕业展主题为“实验 / 衍生”，标示着设计学院在实验观念、实验技术、实验成果方面的新拓展。

【同济大学设计创意学院 2017 级本科毕业设计展】

2017 年 6 月 13 日至 7 月 12 日，“同济大学设计创意学院 2017 级本科毕业设计展”举行。展览以“生于混沌”（Dive into Chaos）为主题，展出工业设计、环境设计、数字媒体设计及视觉传达设计四个专业方向的本科毕业生的 100 余件设计作品。

在 100 余件设计作品中，工业设计专业方向有 41 件作品参展，涵盖医疗卫生设计、人机系统与关爱、交通和出行设计、智能生态校园 / 社区 / 城市、教育培训、数字技术、旧物新做、革新实验等；环境设计专业方向有 26 件作品参展，包括服务与环境设计、生态景观设计、室内环境设计、环境交互体验设计等类型，主题涉及宗教建筑空间创新、创新社区营造、贫民窟新兴平台设计、公租房交互空间设计等；数字媒体设计专业方向有 26 件作品参展，包括动态影像设计、互动装置设计、交互设计和新媒体表演等，主题涉及交互阅读设计、社区空间智能服务体系设计、虚拟现实教具设计等；视觉传达设计专业方向有 17 件作品参展，涉及医疗机构视觉形象系统设计、字体设计、设计思维服务设计、民宿设计、社区公共卫生服务的情感化设计和阅读体验设计等主题。

【华彩初凝——2017 中国学生玻璃作品展】

2017 年 8 月 6 日至 9 月 20 日，由清华大学美术学院、秦皇岛市文化广电新闻出版（版权）局、中国工艺美术协会玻璃艺术专业委员会共同主办，中央美术学院、吉林艺术学院、上海大学美术学院、西安美术学院、中国美术学院等 16 所艺术院校协办，秦皇岛市玻璃博物馆承办的“华彩初凝——2017 中国学生玻璃作品展”在河北省秦皇岛市玻璃博物馆举行。

本次展览共征集到来自中央美术学院、中国美术学院、吉林艺术学院、南京艺术学院、广州美术学院、上海大学美术学院等 14 所艺术院校 61 名学生（含应届毕业生、硕士研究生和博士生）的 76 件作品参加评选。

组委会特邀清华大学美术学院院长助理、中国《装饰》杂志主编方晓风，上海玻璃博物馆执行总裁张琳，上海阆风艺术执行董事郑春玲对报名作品进行网上匿名评审，最终评选出 41 件（套）优秀作品参展，10 件作品分获各类奖项。

【2017 中国西藏雅砻文化节——山南市摄影、唐卡暨民族手工艺展】

2017 年 8 月 15 日，由湖南省文化厅和山南市人民政府共同主办的“2017 中国西藏雅砻文化节——山南市摄影、唐卡暨民族手工艺展”在湖南省文化馆举行。内容包括摄影作品、藏文书法、唐卡、藏式手提包、泥塑、木雕、石锅、木碗、铜铁器工艺品等特色手工艺品。

展览分为“源远流长的历史文化”“旖旎迷人的自然风光”“日新月异的山南新貌”“底蕴深厚的非物质文化遗产文化”“独具特色的民族风情”“弥足珍贵的湘藏情谊”“绚丽多彩的唐卡艺术”七个部分。

【漆韵京华——第三届中华屏风文化展】

2017 年 8 月 18 日至 10 月 18 日，北京金漆镶嵌有限责任公司举办“漆韵京华——第三届中华屏风文化展”，共展出多种工艺、不同形制的各类屏风近千件。此次展览展出的有大型立式座屏、插屏、地屏、折屏，还有精巧典雅的挂屏、桌屏、台屏等。在工艺上，除镶嵌、彩绘、雕填、刻灰等传统工艺作品外，还有少量的漆画屏风、嵌瓷片屏风、高档木雕屏风等。同时展出历届获得中国工艺美术百花奖“金杯奖”及北京传统工艺美术珍品奖的作品。

2017 年 8 月 26 日和 9 月 23 日，分别邀请清宫造办处第五代传人、国家级非物质文化遗产代表性传承人柏德元和“金漆镶嵌髹饰技艺”北京市级代表性传承人万紫，就金漆镶嵌与屏风文化开设“中华屏风文化”专题讲座。

【丝路使者“中国白”再出发——2017 中国国家博物馆德化白瓷艺术展】

2017 年 8 月 20 日至 9 月 1 日，由福建省文化厅、中国国家博物馆、泉州市人民政府联合主办，德化县人民政府承办，泰华宸美术馆协办的“丝路使者‘中国白’再出发——2017 中国国家博物馆德化白瓷艺术展”在北京中国国家博物馆举行。本次展览分为“云端高森”“人间万象”两个主题，展出 106 位德化陶瓷艺术家的 181 件作品。

同期举行《丝路使者“中国白”再出发——2017 中国国家博物馆德化白瓷艺术展作品集》出版发行仪式以及“丝路使者‘中国白’再出发”学术研讨会。

11 月 6 日，“德化白瓷艺术展作品捐赠仪式”在北京中国国家博物馆举行。

【“旋构塔·设计不在”艺术展】

2017 年 8 月 29 日至 10 月 7 日，由北京时代美术馆和中央美术学院设计学院主办的“旋构塔·设计不在”艺术展在北京时代美术馆举行，采用了艺术展览、社区介入、社区学院等方式。

中央美术学院设计学院从 2016 年开始实行毕业创作跨学科导师组制，通过教学资源的开放式选择，使同学们搭建出适合自己的学习架构，同时也在学科共享与师资优化之下，从完整与独立中获得更大的自由。

从 2014 年开始，北京时代美术馆在每年的夏日都会以“旋构塔”作为青年项目的启动仪式，旨在通过艺术展览、社区介入、社区学院等方式，让青年艺术家们与策展人一起共同关注社会问题。

【20……43 香港设计事情——香港回归 20 周年设计成就展】

2017 年 8 月 31 日至 12 月 10 日，由香港设计总会和深圳市前海深港现代服务业合作区管理局主办、香港特别行政区政府“创意香港”专责办公室赞助的“20……43 香港设计事情——香港回归 20 周年设计成就展”在深圳、上海、杭州、苏州、武汉五个城市举行。

展览名称中的“20”代表香港回归祖国 20 周年，“43”代表本次博览会精选出的 43 个创意设计案例。

2016 年，香港特别行政区政府与深圳市政府签署了两地促进创意产业合作的协议，旨在探讨在前海成立文创产业平台，推动两地设计创意领域的合作。

【国宝京粹——景泰蓝艺术与大师精品展】

2017 年 9 月 1 日至 10 月 31 日，中国工艺美术（集团）公司携手北京市珐琅厂有限责任公司在北京中国工美·珍宝馆百盛旗舰店举办“国宝京粹——景泰蓝艺术与大师精品展”。

展览展出近 300 件景泰蓝作品，包括 20 世纪 70 年代至 80 年代出口创汇时期的老货库存商品和当代景泰蓝大师们的作品，如钱美华、张同禄、米振雄、戴嘉林、钟连盛等国家级大师不同时期、不同设计风格的名品，以及丁明鸿、李静等北京市级工艺美术大师和大批景泰蓝设计师的作品，作品器形有炉、瓶、盘、盒等传统造型和动物异形摆件，以及创新的平板景泰蓝作品等。

【瓷韵风华——嵇锡贵陶瓷艺术精品展】

2017 年 9 月 15 日至 10 月 15 日，“瓷韵风华——嵇锡贵陶瓷艺术精品展”在浙江省博物馆举行。

本次展览展出了嵇锡贵创作的兼具艺术价值与历史意义的作品，如越窑青瓷刻花盘《禅意连莲》、越窑青瓷刻花瓶《荷塘月色》和《天竹》、青花斗彩梅瓶《红叶小鸟》、7501 釉下彩梅竹（恢复）《中南海毛主席用瓷》、G20 杭州峰会国宴瓷《繁华盛世》等。

1975 年，嵇锡贵在原轻工业部陶瓷研究所担任釉下组负责人，设计并研制了中南海毛主席用瓷釉下彩餐具《梅竹》（即“7501”餐具）；2016 年，嵇锡贵担任 G20 杭州峰会国宴用瓷的画面总设计师。

嵇锡贵毕业于景德镇陶瓷学院（现景德镇陶瓷大学）美术系陶瓷设计专业，是中国工艺美术大师、国家级非物质文化遗产越窑青瓷烧制技艺代表性传承人。其作品以陶瓷装饰见长，多次获国内外奖项，作品被中国工艺美术馆、中国国家博物馆、浙江省博物馆等机构收藏。

【薄施淡染——陈扬龙醴陵釉下五彩瓷技艺传承展】

2017 年 9 月 22 日至 11 月 25 日，由中国国家博物馆、湖南省文化厅主办，湖南省非物质文化遗产保护中心、醴陵市人民政府协办的“薄施淡染——陈扬龙醴陵釉下五彩瓷技艺传承展”在北京中国国家博物馆举行，展出了陈扬龙大师生前创作和亲笔绘制的作品 78 件，以及他的后人、也是醴陵釉下五彩瓷技艺传承人陈利和申彬的作品 30 件，还有大量写生稿、设计稿和使用工具。

陈扬龙，1941 年出生于湖南省醴陵陶瓷世家，湖南陶瓷研究所的第一批“十艺徒”之一，师从吴寿祺、宋成仁和林家湖等老艺人。

【寄情与木 明志匠心——黄小明木雕艺术展】

2017 年 9 月 26 日至 10 月 29 日，中国国家博物馆举办“寄情与木 明志匠心——黄小明木雕艺术展”。参展作品共分为经典代表作、大型落地屏风系列、木雕挂屏系列、立体木雕系列、木雕台屏系列、立体台屏系列、实景木雕系列、随形雕系列八大类，共约 70 件作品，包含了黄小明从艺近 40 年来不同阶段的代表作品，是其艺术生涯的一次系统梳理。

黄小明，中国工艺美术大师、非物质文化遗产“东阳木雕”代表性传承人。他从 16 岁开始从事艺术雕刻，为黄紫金的第三代传承人，独创“竹简式木雕”“超写实木雕”“速写木雕”和“取景框木雕”。

【设计列阵】

2017 年 10 月 6 日至 17 日，由香港工业总会主办的“设计列阵”展览在中国香港中央图书馆举行，展览为香港首个联校大型设计展览。

展览共展出来自 16 家香港本地设计院校、200 多件应届设计系毕业生与业界跨界协作的作品。多项展品涉及互动体验，如以虚拟现实技术（VR）体验室内设计、智能办公室、帮助长者预防及减轻认知障碍症状的游戏等。

【张仃百年诞辰纪念展、张仃百年诞辰纪念学术报告会】

2017 年 10 月 15 日至 11 月 10 日，由中国文学艺术界联合会和清华大学联合主办的“张仃百年诞辰纪念展”在北京清华大学艺术博物馆举行。

2017 年是画家、书法家、工艺美术家张仃 100 周年诞辰。展览共分七个单元，展出张仃先生 70 余年艺术人生中的历史照片以及漫画、年画、宣传画、工艺美术、电影动画、艺术设计、装饰画、壁画、彩墨画、焦墨山水画、书法等作品近 300 件，全面呈现了张仃一生为中国革命和文艺事业做出的成就和贡献。

2017 年 11 月 1 日，由中国文学艺术界联合会、清华大学主办的“张仃百年诞辰纪念学术报告会”举行。清华大学副校长王希勤、中央工艺美术学院（现清华大学美术学院）前院长常沙娜、清华大学美术学院院长鲁晓波及张仃先生夫人理召等出席。

【文明的回响：致匠心】

2017 年 10 月 17 日至 12 月 17 日，由中央美术学院、景德镇市人民政府主办的“文明的回响：致匠心”展览在江西省景德镇陶溪川美术馆举行。展览由中央美术学院院长范迪安担任学术主持，中央美术学院协同创新办公室主任岳洁琼、中央美术学院设计学院教授吕越、中央美术学院丝绸之路艺术研究协同创新中心副主任张鹏担任策展人。展品包括45位艺术家的玉雕、泥塑、古琴、陶瓷、蜡染、熔铜、服装等作品。

“文明的回响”是中央美术学院发起的致力于探讨传统文化资源与现当代艺术创造关系的系列展览。

【禅趣石韵——郑幼林寿山石雕刻艺术展】

2017年10月21日至29日，由中国民间文艺家协会、福建省文学艺术界联合会、中国民主同盟中央美术院共同主办的“禅趣石韵——郑幼林寿山石雕刻艺术展”在北京中国美术馆举行，共展出郑幼林作品60余件，题材主要为童子、禅意和山水。

寿山石是中国四大印章石之一，是中华优秀传统文化的重要传承载体，有“中国国石”“石帝”之称。寿山石雕源于中国福州，被列入首批国家级非物质文化遗产项目名录。

郑幼林出生于福建省福州市，师承中国工艺美术大师王祖光。他运用圆雕与高浮雕相结合、写意与写实相结合的技法，采用夸张的艺术创作手法，《其乐融融》《搏击》等30多件作品在国家级比赛中获得金奖。

【“书艺问道——吕敬人书籍设计40年”展览】

2017年11月5日，“书艺问道——吕敬人书籍设计40年”展览在北京今日美术馆开幕。

展览展示吕敬人从事书籍设计40年以来有代表性的设计作品400多套、1000多册，同时，梳理出吕敬人从活字铅印、平板胶印到数码时代的创作历程，以及“从装帧到书籍设计观念转换”学术思想的演变，展现出他对“承其魂、拓其体”中国传统书韵与当代审美相融合的理念追求。

【首届中国民间工艺精品展暨第三届浙江工艺美术双年展】

2017年11月10日至14日，由中国民间文艺家协会、浙江省文学艺术界联合会、中国美术学院主办，浙江省民间文艺家协会和宁波市文学艺术界联合会承办的“首届中国民间工艺精品展暨第三届浙江工艺美术双年展”在浙江省宁波市举行。展览展出300多件作品，包括中国民间文艺山花奖入围作品71件、全国各省区市民间工艺品90件、浙江省民间工艺作品160余件；作品内容涵盖石雕、木雕、竹根雕、青瓷、布艺、泥塑等60多个种类；参展作品来自全国26个省区市。

展览期间进行了“第十三届中国民间文艺山花奖·优秀民间工艺美术作品”及“第六届浙江民间文艺映山红奖·优秀民间工艺美术作品”的终评活动，并举办了“中国民间工艺创造性转化和创新性发展”主题研讨会和中国民间工艺高级研修班。

【2017武汉设计双年展】

2017年11月11日至24日，“2017武汉设计双年展”在湖北省武汉市经济开发区创新谷美术馆举行。这是武汉市入选世界“设计之都”后的首场设计大展，也是武汉市首次集中展示各设计门类的大型展览。

本届武汉设计双年展为第四届，主题为“设计明天”，旨在展示多种门类设计的相互融合。展览共30场，包括“设计之都”城市作品展、武汉优秀历史建筑展、“百年亮点”长江主轴优秀摄影作品展、佛罗伦萨设计周获奖作品展、法国圣埃蒂安设计展、武汉工程设计展等。论坛活动20多场，包括第二届创意城市圆桌会议、“建筑产业现代化与未来城市”论坛、武汉停车设施规划设计创新论坛、城市设计与公共生活论坛、长江新城规划国际论坛等。

【玉·见未来——中国当代学院玉雕邀请展暨学术研讨会】

2017年11月11日至26日，由清华大学美术学院雕塑系联合苏州工艺美术学院、苏州市雕塑协会主办的“玉·见未来——中国当代学院玉雕邀请展暨学术研讨会”在江苏省苏州市举行。

此次展览是全国首次“学院玉雕”的专题展览，邀请了40位来自各大美术学院的专家以及在全国玉雕创新方面有代表性和影响力的艺术家，展出70余件玉雕代表作品，如中央美术学院党委副书记王少军，中国工艺美术大师袁嘉骐，以及雕塑家钱步辉、杨曦、潘惊石、卢伟平、钱亮等的作品。

【第三届中国当代艺术陶瓷精品高峰论坛暨中国近、当代艺术陶瓷精品展】

2017年11月11日至26日，由中国收藏家协会陶瓷收藏委员会与中国工艺艺术品交易所联合举办的“第三届中国当代艺术陶瓷精品高峰论坛暨中国近、当代艺术陶瓷精品展”在北京民族文化宫举行。展览展出了1949年以来我国各陶瓷产区的经典作品近300件，包括20世纪60年代专为中南海特制的极品红色官窑笔筒，以及2008年为奥运会特制的奥运会瓷瓶《盛世和瓶》等。

开幕式上，中国汝瓷精品创作中心和中国定瓷精品创作中心宣布成立。

第三届中国当代艺术陶瓷精品高峰论坛的主题为“现代艺术陶瓷的精品之路”，参会代表就“精品的标准”“时代的审美”“造型创新”“工艺提升”等议题做发言。

【有能力不去做——第二届漆言八语实验艺术展】

2017年11月16日至24日，“有能力不去做——第二届漆言八语实验艺术展”在北京清华大学美术学院美术馆举办。展览由白明及王向阳联合策划，以漆画为切入媒介，探讨在现实语境下，单一艺术种类如何避免被无所不在的艺术系统所同化，特别是“漆”文化在当代艺术中是否具有可为性。

展览分为两大板块：一类是从396位投稿艺术家中评选出86位，展出他们以漆为创作媒介的艺术作品；一类是打破展览陈规，在几十份创作及展览提案中甄选出10份与主题契合的作品。展出的作品形式有装置、影像、立体、架上绘画作品等。

【首届中国好手艺展】

2017年11月20日至29日，由中国艺术研究院主办的“首届中国好手艺展”在北京炎黄艺术馆举行。

活动历经一年多的筹备，于2017年6月份开始在全国范围内的行业手工艺、学院手工艺和乡土手工艺作品中征集作品。展出的100件（套）作品是从2000余件经自由申报、专家推荐的作品中筛选而出，涉及琢玉、雕镌、金工、髹饰、陶埏、织绣、印染、缝纫、编结、彩扎、剪刻、画绘等工艺门类，以“材美、工巧、器韵、时宜”作为评判标准。

中国艺术研究院拟从2017年开始，每两年举办一次“中国好手艺展”。

【Between 166X109——深圳国际海报节国际巡展（龙岗站）】

2017年11月24日至12月3日，由深圳市龙岗区文化广电旅游体育局主办，深圳市创龙企业形象设计有限公司承办，深圳龙岗客家民俗博物馆、深圳市海报设计协会（筹）协办的当代海报艺术展“Between 166X109——深圳国际海报节国际巡展（龙岗站）”在深圳鹤湖新居龙岗客家民俗博物馆举行。

本次展览以“Between 166X109”为主题，多维度探讨传统与当代艺术之间的关系。艺术家以平面海报加装置等艺术形式，关注城市文化发展的多元性，以及在传统与现代文化共存关系中的新客家文化发展形态。特邀六位艺术家创作的“之间”（Between）主题海报及“2017深圳国际海报节国际巡展”的精选作品参与展出。

【走近大师——首届长沙景德镇陶瓷艺术大师精品展】

2017年12月2日至20日，“走近大师——首届长沙景德镇陶瓷艺术大师精品展”在湖南省长沙大麓珍宝古玩城举行。景德镇国家一级陶瓷工艺美术师、江西省工艺美术大师张长钧以及王寿霖、夏瑛、邱含等人的100余件陶瓷艺术作品参展。

张长钧具有20多年的艺术实践，作品大多来自生活，描绘乡村房屋、花木、河流等，其创作的高温陶瓷油画具有特色，如《森林之韵》等。

【纪念张仃百年诞辰系列之“锦绣它山”学术活动】

2017年12月5日，由中国工艺美术学会、中国民间文艺家协会主办，山东工艺美术学院、清华大学张仃艺术研究中心、中国工艺美术学会民间工艺美术专业委员会、中国《装饰》杂志社、南通市文学艺术界联合会、山东省民间文艺家协会承办，南通市民间文艺家协会、张謇研究中心协办的纪念张仃百年诞辰系列之“锦绣它山”学术活动在山东工艺美术学院举行。首次展出经张仃夫人理召女士授权、由原南通工艺美术研究所工艺师精心制作的张仃彩锦绣艺术作品及珍贵历史文献。

张仃既是中国杰出的革命文艺家，又是当代著名画家、工艺美术家、设计教育家，是力倡工艺美术当代传承与创新的思想者和践行者，主张艺术来源于生活，取法于民族民间。他不仅承担过国家一系列重要设计工程，还常年深入基层指导并参与各种工艺改革的创新实践。

【寿山石艺——陈礼忠寿山石艺术传承展】

2017年12月8日至2018年1月7日，由中国国家博物馆、中国民间文艺家协会、福建省文学艺术界联合会主办的“寿山石艺——陈礼忠寿山石艺术传承展”在北京中国国家博物馆举行。

陈礼忠是新中国成立后寿山石艺术第三代代表性传承人，师承冯久和。此次展览共展出陈礼忠和他的9位学生创作的近200件作品。陈礼忠将展览中的30多件作品捐赠给中国国家博物馆，其9位学生也向中国国家博物馆捐赠了各自的作品。

【2017“灵”——第三届《薪技艺》国际青年工艺美术展暨学术研讨会】

2017年12月15日至2018年1月10日，由清华大学美术学院和上海工艺美术职业学院共同主办的“2017‘灵’——第三届《薪技艺》国际青年工艺美术展暨学术研讨会”在上海工艺美术职业学院徐家汇校区举行。

本次展览以“灵”为主题，展出了来自全球10个国家50余所院校的240件工艺作品，形式包括陶瓷、金属、纤维、玻璃、漆艺、木器、纸艺等。

开幕式上，本次国际青年工艺美术展“成大国际奖”评审委员会主席、清华大学美术学院周尚仪教授宣布获奖名单。清华大学美术学院金属专业孙秋爽的作品《殖》获得“薪技艺成大国际金奖”及9万元奖金，其他奖项有“薪技艺成大国际银奖”“薪技艺最佳网络人气奖”“薪技艺薪人奖”等。

2017年12月15日下午，学术研讨会在上海工艺美术职业学院嘉定校区举行，两场研讨会主题分别为“传统与现代”及“材料与工艺”。

2015年，清华大学美术学院与海内外同仁共同创办了“薪技艺国际青年工艺作品展暨学术研讨会”学术团体；2015年、2016年该学术团体与上海工艺美术学院、东京艺术大学合作，举办两届巡展。

【西兰卡普——中国土家族织锦文化展】

2017年12月20日至2018年1月20日，由中国民族博物馆和中国妇女儿童博物馆联合主办、湖南省张家界市人民政府驻京办事处协办的“西兰卡普——中国土家族织锦文化展”在北京中国妇女儿童博物馆举行。

中国民族博物馆从全国土家族聚居区征集300多幅藏品，其中挑选156幅精品、120余张土家风情照片和21分钟土家织锦传承人视频，如代表性文物1950年中南军政委员会田心桃代表赠送给毛主席的礼物土家织锦《满天星》、湖南省级传承人叶菊秀主持创作的《民族大团结》巨幅长卷、土家织锦《武陵小康》等。展览分为“五彩斑衣——土家织锦历史回眸”“天工巧织——土家织锦工艺流程”“薪火相传——土家织锦传承人录”及“锦绣武陵——土家织锦品类纵览”四部分，展示了土家织锦的艺术特色与文化价值。

【琉光溢彩——博山琉璃艺术创作优秀作品展】

2017年12月23日至2018年1月8日，由山东艺术学院、山东省淄博市博山区人民政府、文化部恭王府博物馆（以下简称“恭王府”）展览活动部主办，山东艺术学院设计学院、淄博市博山区陶瓷琉璃行业办公室、淄博爱美琉璃制造有限公司、山东金祥琉璃文化艺术有限公司协办的“琉光溢彩——博山琉璃艺术创作优秀作品展”在北京恭王府博物馆举行。

展览展出了“博山琉璃”艺术作品60余件（套），展示了国家艺术基金2016年度人才培养资助项目——博山琉璃艺术创作人才培养的项目成果以及中国当代琉璃艺术作品。

“博山琉璃艺术创作人才培养项目”作为国家艺术基金2016年度人才培养资助项目之一，由山东艺术学院作为项目主体，以高端艺术人才培养研修班的培训形式，采用工作室基础教学、基地实训、考察学习、名师现场创作指导，结合即时网络指导和交流的全方位复合型教学模式，于2017年4月至10月完成了培训内容，30名学员共完成作品390件（套）。

【丝路华章——陆光正从艺60年东阳木雕大展】

2017年12月28日至2018年1月12日，由中国国家博物馆、中国工艺美术协会、中国非物质文化遗产保护协会、浙江省文化厅主办的“丝路华章——陆光正从艺60年东阳木雕大展”在北京中国国家博物馆举行。

展览共展出近百件（套）由亚太地区手工艺大师、中国工艺美术大师、首批国家级非物质文化遗产代表性传承人陆光正创作的以“一带一路”为主题的木雕精品，分三个部分：“序篇——中国梦”“上篇——丝路记忆”及“下篇——复兴路上”。

评奖

【第二届“包豪斯奖”国际设计大赛】

2017年2月18日至19日，由北京包豪斯文化艺术院、包豪斯国际设计协会（BIDA）、“包豪斯奖”国际设计大赛组委会主办的第二届“包豪斯奖”国际设计大赛评审工作会在北京举行。大赛遵循“科学、规范、学术、民主”的评审理念，旨在传承“包豪斯”精神，挖掘设计力量，传播设计价值，推动设计发展，构建设计与市场的沟通平台，促进设计教育观念的革新，加大中国设计师同国际设计领域的交流与合作。

经北京包豪斯文化艺术院专家委员会（顾问团）7位评审专家的评选，共评选出：包豪斯奖（最高奖）10名；专业组金奖15名，专业组银奖25名，专业组铜奖35名；院校组金奖30名，院校组银奖110名，院校组铜奖140名；优秀指导教师奖53名。

【第七届中国国际空间设计大赛（中国建筑装饰设计奖）】

2017年4月12日，由中国建筑装饰协会主办的第七届中国国际空间设计大赛（中国建筑装饰设计奖）终评活动在北京中央美术学院建筑设计研究院举行。

大赛组委会特邀建筑装饰设计行业专家组成终评工作评审委员会，中央美术学院建筑设计研究院院长、教授、博士生导师王铁，清华大学美术学院副院长、教授、博士生导师苏丹，清尚建筑装饰工程有限公司董事长吴晞等参与并指导此次评审活动。

第七届中国国际空间设计大赛（中国建筑装饰设计奖）共收集作品5132套，经过初评、复评，遴选出800多件（套）作品进入终评。评审采取参赛作品及参赛设计师匿名制原则，共有9位专业评审。组委会综合评审的打分情况，确定中国建筑装饰设计奖金奖、银奖、优秀奖等各类奖项的获奖名单。

【首届湖南文化创意设计大赛】

2017年4月14日至15日，由湖南省文化厅、湖南日报报业集团主办，华声在线股份有限公司、湖南大学设计艺术学院承办，湖南省工艺美术研究所、湖南省文化艺术基金会、长沙博物馆、新湖南、湖南华声全媒体传播有限责任公司、华声TV、夸克仓库原创设计创客空间协办的首届湖南文化创意设计大赛系列活动举行。活动包括故宫博物院院长单霁翔专题讲座、大赛总决赛、湖南首届文创高峰论坛、大赛颁奖典礼以及大赛优秀作品展等内容。

大赛以100万元现金大奖面向全球征集优秀文创设计作品，作品总数累计达4023件，来自全国26个省市区、中国香港、中国台湾，以及美、英、法、意等国家的选手参与。大赛终审评审团主席由湖南大学设计艺术学院院长、教授何人可担任，评审团成员包括日本千叶大学教授渡边慎二、中国美术学院设计艺术学院院长吴海燕等。

2017年4月14日，文化部党组成员、故宫博物院院长单霁翔在湖南省长沙音乐厅作了题为“博物馆文化带回家——让故宫文化遗产资源‘活起来’”的文化创意专题讲座，就故宫文创产品开发的案例和经验，对湖南文创发展提出建议。

2017年4月15日上午，大赛举办了以“创·造·生活”为主题的湖南首届文创高峰论坛。文化部文化产业司领导，中国高科技产业研究会副理事长刘延宁，中国传媒大学经管学部学部长兼文化发展研究院院长、文化部文化产业专家委员会主任范周分别作主旨演讲。

2017 年 4 月 15 日晚，大赛颁奖典礼在湖南省长沙音乐厅举行，公布 1 名金奖、6 名银奖、13 名铜奖、网络人气奖及优秀组织奖等获奖名单。

【Car Design News 中国汽车设计大赛】

2017 年 4 月 18 日，2017 年“Car Design News 中国汽车设计大赛”（以下简称“CDN 中国汽车设计大赛”）在上海 800 秀宣布获奖选手名单，马晓凯、邢瀚辰、李兴隆、叶爽、李佩洋等获奖，300 多名全球汽车设计师和中国设计专业学生参加典礼。

本届大赛共收到来自全国 98 所院校的 299 件参赛作品。CDN 中国汽车设计大赛为学生创造机会完成世界汽车制造商出具的真实的设计任务书，并得到国内顶尖汽车设计师的点评。年度总冠军即“年度最佳学生设计奖”的两名获奖者获得全额资助，前往底特律创意设计学院参加为期四周的工作坊活动。

【金辕奖——首届中国“七立方杯”国际个人交通工具创新设计大赛】

2017 年 5 月 6 日，由全国自行车工业信息中心、上海市教育委员会科技发展中心、上海科学技术开发交流中心联合举办的“金辕奖——首届中国‘七立方杯’国际个人交通工具创新设计大赛”颁奖仪式在上海国家会展中心举行。

本届大赛以“设计当下、骑行天涯”为主题，来自全国 22 个省市、172 所高校的设计师和学生参与，共征集作品 1189 件，最终 114 件作品入围。经过 20 余位中外专家的多轮评审，最终评出金辕至尊奖 2 项、金辕之星奖 4 项、金辕最佳商业价值奖 4 项，金辕最佳创意概念奖 4 项，以及金辕奖 21 名。优秀作品在“第 27 届中国国际自行车展览会”上展出。

【2017“杭集杯”国际创新设计大赛】

2017 年 5 月 26 日，由扬州市生态科技新城管理委员会、江苏省杭集高新技术产业开发区主办，七立方科技园承办的 2017“杭集杯”国际创新设计大赛终评典礼在江苏省扬州市生态科技新城举行。本次活动分为终评答辩、颁奖典礼及高峰论坛三个环节。全国工业设计产业创新联盟主席胡志勇，光华设计基金会理事长张琦，世界绿色设计组织、清华大学美术学院、同济大学设计创新学院、复旦大学电子商务研究中心的 20 多位专家学者，以及扬州地方相关领导、专家出席活动。

大赛以“绿色设计、健康发展”为主题，充分运用互联网和资本平台，将设计成果个性化与产业化相融合，将现代化设计思想、文化内涵、时尚元素和独特功能融入日化产品设计之中。

经过 90 多天的作品征集，共收到来自 10 多个国家和地区的 2683 件参赛作品，入围决赛作品 15 件，最终确定优秀奖 8 名，最佳商业价值奖、最佳概念设计奖、最佳产品奖、最佳设计潜力奖、最佳材质应用奖各 1 名，金奖 1 名、至尊奖 1 名。

期间举行“绿色设计健康发展”高峰论坛，汤重熹教授、邵明教授、周立钢先生作了主旨发言。

【“钛墨奖”2017 国际大学生工业设计大赛】

2017 年 7 月 20 日，由 ROOBO 北京智能管家科技有限公司与清华大学艺术与科学研究中心联合举办的“钛墨奖”2017 国际大学生工业设计大赛决赛暨颁奖典礼在北京举行。

本届“钛墨奖”的主题是“*Home Smart Home*”，提倡以智能科技创造美好家居。来自波兰院校的 *Klaudia Golaszczyk* 的 *BellyBean* 作品获得金奖，来自英国院校的 *Arthur Carabott* 的 *The Musician' s Mirror* 获得摘得银奖，来自法国院校的 *Lucas Marques Lima* 和杨萌的 *Vicina Smart Cups* 作品获得铜奖。

【2017“中国制造之美”大奖终评典礼】

2017 年 9 月 14 日，2017“中国制造之美”大奖终评典礼在江苏省南京市举行。

“中国制造之美”大奖赛已连续举办七届，此次大赛共有全国各大制造企业及设计机构报送的 13 个组别 648 件产品进入终评阶段，最终 52 件产品获得“中国制造之美”大奖、优秀奖及单项奖。

【第十二届中国 4A 金印奖】

2017 年 10 月 29 日，第十二届中国 4A 金印奖颁奖典礼在上海外滩 W 酒店举行。

中国 4A 创意金印奖包括：创意工艺类、公关类、公益类、影视广播类、创意整合传播类、户外类、品牌娱乐类、平面类。中国 4A 营销金印奖包括：互动类、移动类、直效类、数字工艺类、创新营销类、数字整合传播类、媒介营销类、公益类，几乎涵盖了广告营销行业的各细分领域。上述各类别都分别设立金、银、铜奖及入围奖，并在此基础上设立创意金印奖全场大奖及营销金印奖全场大奖。合润传媒集团董事长王倩担任创意金印奖终审评审联席评审主席，科达集团股份有限公司副总经理、华邑品牌数字营销 CEO 王艺桦担任营销金印奖终审评审联席评审主席。

创意类评选中有 587 件初审作品，173 件入围终审，其中金奖 9 件、银奖 8 件、铜奖 44 件；营销类评选中有 522 件初审作品，终审入围 134 件，其中金奖 5 件、银奖 16 件、铜奖 38 件。雪芃设计、阳狮广告、灵智广告、Cheil 杰尔广告、W、世纪鲲鹏、凯络中国等公司获得金奖，中国商务广告协会副会长、中国 4A 常务副理事长、MATCH·马马也创意热店创始人莫康孙为金奖获得者颁发奖杯。

本届中国 4A 金印奖还颁出多项年度奖项。

【第二届中国·河间工艺玻璃设计创新大赛】

2017 年 11 月 9 日，由中国工艺美术协会、清华大学美术学院、河间市人民政府主办，清华大学美术学院工业设计系、工艺美术系、河间市科技局承办的“第二届中国·河间工艺玻璃设计创新大赛颁奖典礼”在河北省河间市体育馆举行。

此次大赛的主题是“传承创新·引领未来”，共征集国内外参赛作品 1392 件，其中有 78 件作品来自美国、英国、法国、澳大利亚、捷克等 13 个国家和地区。大赛作品通过评委的两轮评审，选出入围作品 120 件，50 件作品获奖。其中创新作品奖和创意作品奖各 25 件，分设一、二、三等奖和优秀奖。获奖作品在河北省河间市明尚德玻璃博物馆展出。

同期举办“首届中国·河间国际灯工艺术节”。

【“2017 中国最美的书”评选】

2017 年 11 月 13 日，上海市新闻出版局主办的“2017 中国最美的书”评选获奖名单揭晓，来自全国各地 22 家出版社的 25 种图书荣膺 2017 年度“中国最美的书”称号，并代表中国参加 2018 年度的“世界最美的书”评选。

评选报名工作始于 2017 年 6 月，通过单位、个人选送及专家推荐三种途径，共收到参评图书 312 种、624 册。这些图书分别来自全国 94 家出版单位，内容涵盖文学、艺术、科技、教育、历史、生活、儿童等领域，经过评委三轮投票评选产生最终结果。

"中国最美的书" 创立于 2003 年，是上海市新闻出版局主办的书籍设计年度评选活动，邀请海内外书籍设计师担任评委，选出当年度 "中国最美的书" 并送往德国莱比锡参加次年度 "世界最美的书" 评选。14 年中，先后有 14 批 296 种 "中国最美的书" 被选送德国莱比锡，17 种荣获 "世界最美的书" 的奖项，其中 2 项获金奖。

【安徽省第四届工业设计大赛颁奖大会暨第十二届中国工业设计周】

2017 年 11 月 23 日，由安徽省经济和信息化委员会、安徽省教育厅、安徽省科学技术厅等主办的安徽省第四届工业设计大赛颁奖大会暨第十二届中国工业设计周开幕式在安徽省蚌埠市举行。

此次大赛以 "设计引领未来，智造提升品质" 为主题，并纳入 "第十二届中国工业设计周" 活动，相继举办了全国工业设计产业发展高峰论坛暨安徽省工业设计项目对接会、工业和信息化部企业经营管理领军人才 2017 工业设计高级研修班、全国工业设计领军人才创新创业分享会等系列活动。

大赛从 2017 年 6 月 27 日至 9 月 24 日进行作品征集，共收到各类有效投稿数为 4203 件。其中，综合赛作品 3410 件：产品设计类作品 612 件、概念设计类作品 2798 件。专项赛作品 793 件："雪雨卫浴" 专项赛作品 244 件、"青松杯" 专项赛作品 228 件、"手工艺品创意设计" 专项赛作品 321 件。省内投稿数 2718 件，省外投稿数 1485 件。

经过初评、复核和公示，大赛最终确定入围终评作品共计 548 件，其中：产品组作品 249 件、概念组作品 299 件。另外，三个专项赛入围终评作品 53 件。终评邀请来自安徽省内外工业设计专家，着重从作品的创新性、美感、人机工学、产业化的可行性和市场前景等多方面进行了评审和提问，参赛选手现场答辩。通过作品展示与现场答辩的方式，最终评选出一、二、三等奖，并在颁奖大会上为获奖代表颁发了奖杯和证书。

【2017 DiD Award（东莞杯）国际工业设计大赛】

2017 年 11 月 30 日，由东莞市人民政府主办，东莞市经济和信息化局、广东华南工业设计院、东莞广州美院文化创意研究院共同承办的 "2017 DiD Award（东莞杯）国际工业设计大赛颁奖典礼" 在广东现代国际展览中心举行。活动包括 "设计创新" 论坛和大赛颁奖典礼两个主题活动。"设计创新" 论坛由梁又照教授主持，刘曦卉教授和张汉宁先生分别作了 "设计与价值创造" "从产品到产业的设计转型" 的主题演讲；东莞、深圳的两家设计机构的代表作了创新设计的分享、对东莞企业进行设计诊断报告。

出席会议的领导及评委专家对今年 "东莞杯" 国际工业设计大赛获奖者和获奖单位进行了表彰，并向获奖者颁发了金、银、铜奖及大赛优秀奖、组织奖、荣誉提名奖等。本届大赛分概念组、产品组两个组别进行征集和评审。

大赛系列活动包括工业设计进产业集群、工业设计研修班、作品路演，以及设计盛典、优秀作品展示、高峰论坛、大赛颁奖典礼等。

【2017 中国设计红星奖】

2017 年 12 月 9 日，"2017 中国设计红星奖" 颁奖活动在北京天桥艺术中心举行。活动邀请了国家工业和信息化部、国家民族事务委员会、北京市委宣传部、北京市科学技术委员会等十余家单位的领导和设计领域的专家学者，行业组织、设计园区、研究机构和院校、设计公司的获奖企业代表和设计师，以及媒体等近 800 人出席活动。

2006 年在北京市科学技术委员会的支持下设立中国设计红星奖，十二年累计吸引 33 个国家和地区的 5700 余家企业、近 5 万件产品参评。2017 年参评数量突破 1 万件。共收到 2313 家企业的 10044 件产品参评，同比增长 40%，企业设计创新能力大幅提升。

2017 年红星奖参评情况呈现三个显著特点：龙头企业、大院大所及跨国企业汇聚，科技创新成为显著标志，智能化产品大量涌现，科技文化融合设计创意无限。参评产品从最初的以家电家居用品为主，到目前涵盖尖端科技、精工制造、生活创意、人工智能等生产生活各个方面。产品设计也从单纯注重外观，到集成材料、工艺、功能、服务等的全过程创新设计，反映出中国工业设计集成创新的多元化和适用性。

【第十二届设计之都（中国・深圳）公益广告大赛】

2017 年 12 月 12 日，第十二届设计之都（中国・深圳）公益广告大赛颁奖典礼在深圳广电集团举行。

此次大赛共征集到来自全国各地及全球十多个国家参赛作品 11538 件，其中平面作品 8600 件，影视、广播作品 1904 件，新媒体、创意文案作品 1034 件。本届大赛新增文案类作品奖。

经过评审委员会初评和终评，22 件作品获得五类大奖。其中，广州电视台选送的作品《献礼改革开放——新四大发明》获得创意文案类金树奖，中国平安保险（集团）股份有限公司选送的作品《一双眼眸望穿十年》获得新媒体类金树奖，高婵个人作品《车祸现场》获得平面类金树奖，陕西广播电视台交通广播选送的作品《关爱环卫工人（手篇）》获得广播类金树奖，广东卫视频道选送的作品《向器官捐赠者致敬》获得影视类金树奖。

【第十三届（2017）光华龙腾奖】

2017 年 12 月 18 日，“第十三届（2017）光华龙腾奖颁奖典礼”在北京人民大会堂举行。

“发现青年设计人才，树立自主创新楷模”是光华龙腾奖（全称为“光华龙腾设计创新奖”）的创办宗旨。十三年来，北京光华设计发展基金会始终坚持“公益、公开、公正”的评选原则，不收取任何参评费用，通过“光华龙腾奖”发掘、激励广大创新设计人才。清华大学责任教授柳冠中获得“光华龙腾奖・中国设计贡献奖金质奖章”。颁奖典礼上，主办方宣布成立“中国设计名人堂专项基金”。

光华龙腾奖由北京光华设计发展基金会设立，于 2011 年 10 月经国家科学技术奖励办公室正式批准，为中国设计领域第一个国家级奖项。

【靳埭强设计奖——全球华人设计比赛】

2017 年 12 月 23 日，2017 年度靳埭强设计奖——全球华人设计比赛颁奖典礼在广东省汕头大学科学报告厅举行。该奖是由靳埭强先生于 1999 年创办的面向华人设计青年的设计比赛。本届比赛由日本设计师新村则人，设计师、AGI 会员蒋华，汕头大学长江艺术与设计学院教授、AGI 会员吴勇，以及国际平面设计大师、大赛创办人靳埭强教授担任评委。

2017 年度靳埭强设计奖的主题为“缺”，同时接受自由主题作品的投稿。组委会共收到来自海内外华人设计师作品共 5400 件，其中 40 周岁以下专业组 713 件、学生组 4687 件。

2017 年度靳埭强设计奖学生组的“未来设计师大奖”由中国传媒大学的王东鹏同学以《有缺的被子》获得；专业组的“未来设计大师奖”由深圳设计师廖波峰以个展形象设计作品《30 廖波峰个展》获得。年轻设计师余子骥获专业组金、银、铜三个奖项。

同期举办了 2017 年度靳埭强设计奖获奖作品展览。

会议 · 论坛

【2016 中国设计年度人物大会暨 G4 春季论坛】

2017 年 3 月 26 日，由中国建筑装饰协会、中国设计年度人物组委会主办的“2016 中国设计年度人物大会暨 G4 春季论坛”在北京全国政治协商会议礼堂举行。

中央美术学院建筑设计研究院院长王铁成获得“2016 中国设计大师勋章”，朱仁民、何宁、陈林、段晓琴、孙少川等获得“2016 中国设计年度人物”称号。

活动以“文化传承与设计创新”为主题，内容有嘉宾主题演讲、中国建筑装饰行业 G4 春季论坛、大师分享会等环节，突出文化艺术与科学技术的融合，总结及展示建筑空间设计的成果和设计趋势。

【2017 第三届中国用户体验发展论坛】

2017 年 4 月 11 日至 12 日，由中国用户体验联盟、中国电子质量管理协会、中国电子器材总公司主办的“2017 第三届中国用户体验发展论坛”在深圳举行。论坛为“第五届中国电子信息博览会”的配套活动。论坛邀请具有多年实际工作经验的用户体验行业专家，分享智能时代与用户体验结合的思路、方法。

论坛主要议题为“智能时代的用户体验”“大数据和用户体验”“VR 和用户体验”“智能汽车的用户体验”“用户体验标准体系”“2017 中国用户体验行业白皮书信息发布”及“用户体验论文征文信息发布”。中国用户体验联盟专家委员会主席、伊飒尔界面设计有限公司创始人袁小伟，中国电信广东研究院消费者研究室王洪军等做了发言。

【匠心师承——中国高等艺术院校环境设计专业教学研讨会】

2017 年 4 月 15 日，由中国美术家协会环境设计艺术委员会、中国美术学院建筑艺术学院主办，浙江大学人文学院、浙江工业大学艺术学院协办的“匠心师承——中国高等艺术院校环境设计专业教学研讨会”在浙江省杭州市中国美术学院举行。

中国美术家协会环境设计艺术委员会主任张绮曼，副主任蔡强、马克辛、黄建成，副秘书长丁圆，艺术委员会众多委员，以及各艺术与设计高校环境设计专业教师参会。与会者就各自的教学经验以及对环境艺术专业的理解，围绕“环境艺术设计专业的困境和出路”“基于匠心匠艺传承的专业教学改革”和“中国美术学院建筑与艺术学院实验教学展的观后建言”等议题，分享和探讨环境艺术设计专业的传统和创新，针对实验性课题的动机、意义、阶段性成果进行了研讨。

【洞见 2017——中国中产型生活方式与设计研究论坛】

2017 年 4 月 23 日，由清华大学艺术与科学研究中心设计管理研究所主办的“洞见 2017——中国中产型生活方式与设计研究论坛”在北京清华大学美术学院举行。

论坛首次从社会趋势、设计创新、商业模式、生活方式演变等多个层面，以中产型生活方式、价值理念、消费行为等维度，以设计研究为主线开展研讨。蔡军教授主持论坛，九位嘉宾发表演讲，论题涉及生活形态研究、生活美学趋势、设计风格、产品设计、服务设计、商业模式等多个范畴。

研讨会首次发布了由清华大学艺术与科学研究中心设计管理研究撰写的《洞见 2017——中国中产型生活方式研究报告》。该报告包含了大量企业设计研究案例探索，从设计研究角度，对中国中产型生活方式作出综合描述，为中国消费升级趋势下的产品创新与企业转型提供新的视角与解读方式。

【漆器与陶瓷修复技术国际学术研讨会】

2017 年 5 月 21 日，由传统工艺与材料研究文化部重点实验室主办、清华大学美术学院艺术史论系工艺美术系陶瓷艺术设计系协办的“漆器与陶瓷修复技术国际学术研讨会”在北京清华大学举行。

清华大学美术学院陶瓷艺术设计系主任白明主持上半场学术研讨会。韩国东方文化大学权純燮介绍了古代佛像复原研究成果，荆州文物保护中心方北松介绍了出土饱水竹木漆器的保护与修复，日本东京艺术大学岛田文雄展示了传统陶瓷复原研究，北京工业大学钟声探讨了陶瓷修复对于艺术创作的意义，北京大学温建华总结了修复材料及修复观念，扬州博物馆王冰介绍了对出土汉代漆器的变色现象与成因的研究。

清华大学美术学院工艺美术系副主任关东海主持下半场。清华大学材料学院杨金龙介绍了显微结构分析古陶瓷的方法，故宫博物院闵俊嵘阐述了对古代漆器修复理念的思考，故宫博物院纪东歌分类说明了清代宫廷瓷器修补的不同情况，北京城市学院李冰介绍了热释光测年在古陶瓷断代方面的应用，福州漆器行业协会陈天瀛介绍了古漆器修复方面的成果，清华大学美术学院周剑石介绍了漆器修复和复原的经验。

随后举行专家座谈会，与会专家围绕陶瓷、漆器修复人才培养机制进行讨论，并对未来如何借助重点实验室平台展开合作进行了研讨。

【振兴传统工艺学术论坛】

2017 年 6 月 5 日至 8 日，“振兴传统工艺学术论坛”在北京文化部恭王府博物馆（以下简称“恭王府”）举行，主题为“苏绣”“传统服装服饰”及“传统纺织印染绣技艺的传承与保护”。

恭王府副馆长陈晓文，国家级非物质文化遗产苏绣项目代表性传承人姚建萍，中央工艺美术学院（现清华大学美术学院）原院长常沙娜，NE・TIGER（东北虎）品牌创始人、设计师张志峰，中央民族大学民族服饰研究所所长祁春英，北京服装学院教授、设计师郭瑞萍，恭王府传统技艺保护与研究中心主任、研究馆员孙冬宁等参与研讨。

【Chinese CHI 2017 国际华人人机交互大会】

2017 年 6 月 8 日至 9 日，由广东工业大学主办和承办的 Chinese CHI 2017 国际华人人机交互大会在广东省广州市举行。CHI 是 Human - Computer Interaction 的简称，旨在探讨使用者与机器间的互动。

开幕式暨主题演讲包括“计算机辅助协同合作”“用户体验设计”“人类行为模式挖掘”。

主题论坛包括“创新创业论坛”“智能交通与物联网论坛”“虚拟现实与增强现实论坛”“交互艺术与科技论坛”“未来终端人机交互论坛”。设有“用户研究基础”“交互设计基础”“视觉设计规范及技巧入门”“可用性测试”“移动互联网背景及用户体验全流程介绍”等十二个工作坊。

【第一届现代服务业创新国际论坛】

2017 年 6 月 18 日，由清华大学美术学院与国际服务设计联盟（SDN）（北京）联合主办的第一届现代服务业创新国际论坛在北京清华大学美术学院举行。本次论坛的主题为“服务设计与共享经济”，近 300 位国内企业代表、专家学者、行业相关人士参与论坛。

清华大学美术学院院长鲁晓波，北京市人大常委、中国民主同盟北京市委员会专职副主任宋慰祖，清华大学美术学院设计管理研究所所长蔡军教授，工业设计系主任赵超教授分别致辞。国际服务设计联盟主席伯吉特·马赫、腾讯用户研究与体验设计部总经理陈妍、零点有数科技公司 CEO 张军、阿里巴巴国际 UED 总监范荣强做了主题演讲。

无论是商业服务还是公共服务都迫切需要提升服务供给的能力与品质，在互联网和共享经济的环境下，现代服务业呈现出了以“服务思维”替代“制造思维”的新特征。本次论坛呈现了国内企业应用服务设计在创新层面做出的实践和成果。

【2017 服务设计国际论坛】

2017 年 6 月 29 日至 30 日，由工业和信息化部工业文化发展中心、北京工业大学、中国工业文化创新创业基地主办的 2017 首届工业文化活动周的活动之一 2017 服务设计国际论坛在北京中国工业文化创新创业基地举行。

论坛为贯彻落实《中国制造 2025》《发展服务型制造专项行动指南》《关于推进工业文化发展的指导意见》等文件精神，鼓励发展体现中国实力和文化魅力的设计产品和设计服务，探索从生产型制造向服务型制造转型升级的新思路、新动能。论坛重点探讨服务设计理论与实践、解读服务型制造发展政策，并就特定主题通过专题研讨会的形式进行产学研合作交流。

【继往开来，铸就辉煌——中国工艺美术馆划转文化部中国艺术研究院十周年座谈会】

2017 年 9 月 12 日，中国艺术研究院举办“继往开来，铸就辉煌”——中国工艺美术馆划转文化部中国艺术研究院十周年座谈会”。座谈会上，与会专家、学者和工艺美术大师等回顾中国工艺美术馆的发展历程，并建言献策，共同商讨中国工艺美术馆和中国工艺美术的发展大计。

根据《关于中国工艺美术馆变更隶属关系的批复》（中央编办复字〔2006〕132 号），2006 年 11 月 8 日起，中国工艺美术馆划转到文化部中国艺术研究院管理。中国工艺美术馆的划转，标志着国家对工艺美术文化属性的确认，对我国工艺美术事业影响巨大。划转十年中，在文化部统一部署下，中国艺术研究院完成了相关机构和人员的安置工作，还积极筹建中国工艺美术馆新馆。此后，中国工艺美术馆建设项目被列入中央在北京重点项目和《国家“十三五”时期文化发展改革规划纲要》，完成了工艺美术馆从机构划转到事业发展的战略布局。

【中国（上虞）· 越窑青瓷国际学术研讨会】

2017 年 9 月 25 日至 26 日，“中国（上虞）· 越窑青瓷国际学术研讨会”在浙江省绍兴市上虞区举行。来自中国、韩国、日本等的 50 余名古陶瓷领域专家学者和各窑口代表性传承人，就瓷器起源、制瓷技艺传播、越窑青瓷与“一带一路”建设、提升发展青瓷产业等议题进行了研讨。

与会人士普遍认为，上虞是真正意义上成熟瓷器的发源地，东汉中晚期，上虞曹娥江流域就有众多窑场创烧出真正意义上的瓷器，这些窑场烧制技术已臻成熟，产品质量普遍较好。上虞区与清华大学合作共建的“上虞青·现代国际陶艺中心”，已吸引一大批国内外陶艺家到上虞创作，上虞瓷源文化小镇培育创建工作也在推进之中。

上虞境内现有古窑址近400处，时代序列完整清晰，小仙坛窑址群、凤凰山窑址群是国家重点文物保护单位，窑寺前窑址、鞍山龙窑遗址是省级文物保护单位，另有11处窑址属区级文物保护单位。其中被评为“2014年度全国十大考古新发现”的禁山窑址，是目前已发现的早期成熟青瓷窑址中窑炉最多、遗迹最丰富的窑场，出土了大量高质量的成熟瓷器。

【首届中国戈汕红木文化研讨会】

2017年9月28日，由中国文学艺术界联合会民间文艺艺术中心、国家非物质文化遗产家具制作技艺处、苏州中外名人研究会主办的“首届中国戈汕红木文化研讨会”在江苏省常熟市举行。中国红木家具界专家以及苏州红木非物质遗产传承人代表等近300人参加研讨会。

会上，中国民间文艺家协会领导代表中国民间文艺家协会致辞，宣读了成立中国苏作红木文化研究发展中心的批文。“中国苏作红木文化研究中心”和“国家级非物质文化遗产家具制作技艺苏作红木文化艺术传承保护基地”揭牌。

【2017第五届中国用户体验峰会】

2017年11月3日至6日，由工业和信息化部指导，中国用户体验联盟、中国电子质量管理协会主办，UI中国承办的2017第五届中国用户体验峰会在北京举行。工业和信息化部、中国电子质量管理协会等机构的相关领导和专家参会。

会上还举行了“2017年度中国用户体验创新示范企业”颁奖仪式。金蝶软件（中国）有限公司、TCL数字技术有限公司、广州方铭交互信息科技有限公司、广州威纳信息科技有限公司等10家企业被评为“2017年度中国用户体验创新示范企业”。

会上还举行了2017中国用户体验创新大赛颁奖典礼。

【造物——第七届中国设计学青年论坛】

2017年11月4日至5日，南京艺术学院举办“造物——第七届中国设计学青年论坛”。论坛为国家社会科学基金艺术学重大招标项目、南京艺术学院105周年校庆以及南京艺术学院设计学院学术季的重要活动。

此次论坛组织了近50场演讲、讲座、工作坊及演出，包括1个设计史研究外教工作坊、1个首饰设计研究外教工作坊、2场重点讲座、3场重点演出、4场主旨发言、10个发言主题、27场主会场主题演讲、12场分会场主题演讲等。

【全国工艺美术行业管理座谈会】

2017年11月10日，由工业和信息化部主办的全国工艺美术行业管理座谈会在贵州省贵安新区北斗湾开元酒店举行，工业和信息化部、各地相关主管部门、中国轻工业联合会、中国工艺美术协会、中国工艺美术学会等相关领导和专家，以及15位国家级工艺美术大师、贵州省工艺美术大师、龙头企业负责人共180余人参加了座谈会。

中国轻工业联合会领导汇报了2017年前三季度工艺美术行业经济运行情况。2017年1月至9月，包括工艺美术、陶瓷、玻璃、文房四宝、传统家具等行业在内的轻工传统工艺相关行业企业数达到24344个，累计完成主营业务收入33582亿元，实现利润总额2356亿元，分别比去年同期增长了9.82%和17.97%。轻工传统工艺相关行业主营业务收入和利润分别占整个轻工业的17.7%和20%，支撑轻工业成为国民经济第一大支柱产业。

各省、自治区、直辖市、计划单列市就2017年各地工艺美术行业重点工作、存在的主要问题和2018年重点工作安排进行了交流发言，听取了对加强工艺美术行业管理的工作建议。10余位国际级工艺美术大师在就工艺美术行业相关问题进行了交流发言。

【振兴·联动·产业升级——2017传统工艺青年论坛】

2017年11月18日，由文化部非物质文化遗产司、江苏省文化厅指导，苏州工艺美术职业技术学院、苏州市吴中区政府、清华大学美术学院共同主办的“振兴·联动·产业升级——2017传统工艺青年论坛”在江苏省苏州工艺美术职业技术学院举行，主题是“振兴·联动·产业升级”。文化部非物质文化遗产司等相关部门领导，西安美术学院、清华大学美术学院、四川美术学院等高校专家，以及设计师、传承人等约200人参会。

苏州工艺美术职业技术学院手工艺术学院院长赵罡主持论坛开幕，清华大学美术学院艺术史论系主任陈岸瑛致辞。论坛分四场，主题分别为“传统工艺发展的理论与实践”“传统工艺振兴案例”“传统工艺与设计”和“传统工艺的可持续发展”。

论坛上宣读了《关于成立“中国传统工艺振兴联盟”的倡议书》。

【第三届中国人居环境设计教育年会暨学年奖论坛】

2017年11月18日至19日，由清华大学、教育部高等学校设计学类专业教学指导委员会主办，四川美术学院承办，住房城乡建设部高等学校土建学科教学指导委员会、建筑学学科专业指导委员会、城乡规划学科专业指导委员会、风景园林学科专业指导委员会协办的“第三届中国人居环境设计教育年会暨学年奖论坛”在重庆市四川美术学院虎溪校区举行。

清华大学建筑学院院长庄惟敏、重庆大学建筑城规学院黄海静、同济大学创意设计学院院长娄永琪、广州美术学院建筑艺术设计学院许牧川等就“建筑与设计的理论与实践”“跨地域文化的建筑设计教学”“2017年室内设计趋势”“城市空间解读”“设计竞赛”等议题发表了演讲。

组委会为“学年奖”的获奖师生及院校颁奖，并将“中国人居环境设计学年奖”的旗帜交由下一届联合主办方西安建筑科技大学。

同期举办“2017第三届中国人居环境设计学年奖”获奖作品颁奖典礼和展览。本届评奖主题为“空间与文化”，共收到204所院校的1236组作品，134组作品最终入围并参加展览。

【传承·对话·东西部协作——贵州传统工艺振兴工作交流会】

2017年11月22日至25日，由贵州省文化厅、黔东南苗族侗族自治州人民政府、苏州工艺美术职业技术学院联合发起的“传承·对话·东西部协作——贵州传统工艺振兴工作交流会”在贵州省黔东南苗族侗族自治州雷山县举行。国内外百余名传统工艺研究专家学者和手工从业者参会。

交流会围绕“贵州传统工艺发展的可能性”“传统工艺在现代生活中的运用”“雷山传统工艺的现状与发展”“传播非物质文化遗产的重要性”四个主题进行，旨在探索有效的方法与途径，促进贵州传统工艺的振兴发展、成果转化与人才培养。

交流会期间举行了贵州工艺（雷山）学院、苏州工艺美术职业技术学院与黔东南民族职业技术学院对口帮扶签约仪式，并为传统工艺贵州工作站雷山基地、传统工艺贵州工作站堂安基地、传统工艺贵州工作站非物质文化遗产生活都匀研发培训基地等授牌。

【腹地智慧——2017 全国设计教育学术研讨会暨中国高等教育学会设计教育专业委员会年会】

2017 年 11 月 25 日，“腹地智慧——2017 全国设计教育学术研讨会暨中国高等教育学会设计教育专业委员会年会”在重庆市四川美术学院举行。

“腹地智慧”设计论坛是四川美术学院从 2015 年开始设立。来自全国各美术院校及综合性大学艺术学院、高等教育学会设计教育专业委员会、长期探索精准扶贫的设计机构的 20 余名专家学者，全国百余所高校设计专业的教育工作者、学生近千人参与论坛，讨论设计如何介入精准扶贫、拓展当代中国设计视域、探索中国特色可持续设计发展路径、构建中国特色设计教育。

论坛分两场：“设计介入精准扶贫”学术论坛及“特色创一流”设计教育论坛，分别由清华大学美术学院教授、院长助理、《装饰》杂志主编方晓风和中国高等教育学会设计教育专业委员会副主任、广州美术学院委员会主席赵健教授担任学术主持。

【首届清华大学艺术与科技创新峰会暨艺术与科技创新（ATI）基地成立仪式】

2017 年 11 月 26 日，由中国高校创新创业教育联盟指导，清华大学教务处主办，广东省北滘镇政府、广东工业设计城、中国高校创新创业教育研究中心、启迪之星、启迪星桥、启迪协信合作，清华大学美术学院、清华大学艺术与科学研究中心承办的“首届清华大学艺术与科技创新峰会暨艺术与科技创新（ATI）基地成立仪式”在北京清华大学美术学院举行。

本次活动作为“清华大学艺术·设计学术月”及“清华大学创客日”的重要活动，内容除了清华大学艺术与科技创新基地成立仪式以外，还围绕创新人才培养、创业实验平台建设、创业训练营、设计服务和商业模式探讨、设计合伙人等双创领域的重点问题进行讨论。同时，与会人员针对清华大学艺术与科技创新（ATI）基地未来在基金入驻、团队孵化、路演等方面的后续计划进行了深入、广泛的交流。

活动为来自国内外高等院校、科研院所、企事业单位的专家、教授、学者、艺术家提供一个代表国内文化创意及创新行业产、学、研最高水平的信息交流平台，分享有关方面的成果与经验，探讨相关领域所面临的问题与动态。

【第九届清华国际艺术·设计学术月暨 2017 年第七届中国工业设计北滘论坛】

2017 年 12 月 3 日至 8 日，由清华大学艺术与科学研究中心、广东省北滘镇政府、广东工业设计城联合主办的“第九届清华国际艺术·设计学术月暨 2017 年第七届中国工业设计北滘论坛”在广东省佛山市广东工业设计城举行。来自国内外工业设计领域的专家学者、企业与设计师代表、院校师生近 200 人参加讨论。

“北滘论坛”是“清华国际艺术·设计学术月”学术品牌的创新，该活动自 2011 年首次走出清华园，携手广东工业设计城，已连续七届在广东省佛山市顺德区举办。

本次论坛的主题为“中国的设计组织创新”，以知识经济和工业信息化生产为主线，进一步探索中国社会的设计组织创新方式，探讨工业设计在各地设计园区的组织机制与发展机理，带动和辐射设计界的研究内容。

【中国设计理论发展百年学术研讨会】

2017年12月8日，由中国艺术研究院美术研究所主办的“中国设计理论发展百年学术研讨会”在北京举行。与会专家围绕中国工艺史与中国设计史的区别、设计的“现代性”与相邻学科的“现代性”、如何评价20世纪中国设计发展中有影响的“现象”、设计中的传统与现代问题、作为大众文化消费的“设计”等议题展开讨论。

研讨会期间还举行了中国艺术研究院美术研究所研究员曹小鸥新著《中国现代设计思想——生活、启蒙、变迁》首发式。

【设计为人民服务——2017中国（北京）设计学术月主论坛】

2017年12月16日，由工业和信息化部工业文化发展中心、北京市科学技术协会、北京国际设计周组委会办公室等单位主办的“设计为人民服务——2017中国（北京）设计学术月主论坛”在北京服装学院举行。

论坛具体讨论如何通过服务设计、工业设计、服装服饰设计、建筑装饰设计等改变人民的生活品质。演讲嘉宾有北京设计学会会长、中央美术学院教授、博士生导师许平，中国艺术研究院教授朱乐耕，北京服装学院副教授何颂飞，工业设计师李凤朗，北京市建筑设计研究院有限公司中汇国际城市规划与建筑设计院城市规划与城市设计所所长、一级注册建筑师郑天等。

国际交流

【"共享城市：共享经济与城市更新"联合设计教学】

2017年1月12日至4月21日，清华大学建筑学院与新加坡国立大学设计与环境学院共同举办了"共享城市：共享经济与城市更新"联合设计教学活动，这是双方在城市设计方面开展的第一次合作。该课程关注近年来兴起的共享经济对城市发展的影响，以"共享城市"为主题，探讨了在北京和新加坡的城市发展中，如何通过城市更新营造更好的共享城市。

"共享城市"联合设计教学经过了三个阶段：1月12日至14日，清华大学团队和新加坡团队在北京就白塔寺地区的共享城市更新开展了工作营；2月22日至24日，双方团队在新加坡就裕廊东（Jurong East）地段和如切（Joo Chiat）地段进行联合设计；4月19日至21日，在清华大学建筑学院开展了"共享城市：共享经济与城市更新"论坛和双方设计成果的最终评图。

在4月19日的"共享城市：共享经济与城市更新"论坛上，来自新加坡国立大学的助理教授杰弗瑞（Jeffery Chan Kok Hui）发表了题为"共享的哲学"的讲演，前优步（Uber）中国高级市场经理、W工作室（Wstudio）项目负责人高文心分享了"共享经济下的城市共享空间"，新加坡扎奇（Zarch）合作设计公司的负责人兰迪（Randy Chan Keng Chong）解读了"新加坡梦：在意识地理学的景观中漫游"，北京市规划设计研究院、北京市西城区名城委青年工作委员会牵头人赵幸介绍了"东四南历史街区保护更新公众参与项目"。

清华大学的来自12个国家的17名学生与新加坡国立大学的来自3个国家的17名同学参与了此次活动。

【"德意志制造联盟——100年的德国建筑与设计"展览（深圳）】

2017年1月14日至3月5日，由华·美术馆与德国对外关系协会联合主办，深圳华侨城股份有限公司、北京德国文化中心歌德学院、慕尼黑工业大学建筑博物馆共同支持的"德意志制造联盟——100年的德国建筑与设计"展览在深圳华·美术馆举行。展览按照时间顺序分成七个时段，展出德意志制造联盟（Deutscher Werkbund）自1907年成立以来的代表性设计物品（如器皿、家具等），历年展览的海报、出版物、建筑模型、绘画、摄影及影片等。

开幕当天，汕头大学长江艺术与设计学院院长王受之进行"现代设计的起源：德意志制造联盟和包豪斯"主题演讲，同时，华·美术馆执行馆长冯峰主持，中国美术学院副院长杭间、湖南大学设计与艺术学院院长何人可、艺术家舒群和王受之四位嘉宾进行对话。

【清华、米兰理工共建"中意设计创新基地"】

2017年2月22日，在中国国家主席习近平和意大利总统塞尔焦·马塔雷拉（Sergio Mattarella）的共同见证下，清华大学校长邱勇与米兰理工大学校长费卢奇奥·内斯塔（Ferruccio Resta）在人民大会堂签署协议，在意大利米兰合作建设"中意设计创新基地"。这是清华大学在欧洲设立的首个教育科研基地。"中意设计创新基地"位于米兰理工大学的设计校区（Bovisa Campus）。

中意设计创新基地面向全球延揽优秀人才，延续现有双学位硕士项目，合作开展国际研究生项目、高端国际研修和培训项目、合作设计课程等，联合培养设计领域创新人才。基地成为清华大学学生海外实习的实践基地。

在艺术设计原创成果展示发布方面，中意设计创新基地计划通过举办各类高层次的展览、发布会和大型学术活动，打造中国设计产业在米兰的展示中心和中意文化交流中心。

【设计连接世界——第 26 届 IOD 国际设计大会】

2017 年 3 月 6 日至 8 日，“设计链接世界——第 26 届 IOD 国际设计大会”在广东省佛山市南海区举行。本次 IOD 国际设计大会围绕“全球设计 × 中国智造”的融合趋势，邀请来自全球 10 个国家近 30 位跨界设计师，通过主题演讲，探索设计、科技和商业的跨界创新，连接世界前瞻的思想与技术，推动城市升级和社会创新，共创设计经济力新时代。

会议同期举办同主题的国际设计展。

IOD（全称：Ideas on Design）国际设计大会发源于澳大利亚墨尔本，由国际级设计大师 Ken Cato 及 50 位国际设计师组成的顾问组共同开发而成。

【创意改变生活——意大利设计艺术展（北京）】

2017 年 4 月 25 日至 7 月 25 日，由中国国家博物馆、意大利文化遗产活动与旅游部博物馆司、意大利米兰三年展基金会共同主办的“创意改变生活——意大利设计艺术展（北京）”在中国国家博物馆举行。

展览是《中华人民共和国和意大利共和国文化合作机制章程》之下的系列活动之一。参展的 210 件设计作品来自米兰三年展设计博物馆、阿莱西博物馆、卡特尔博物馆、理查德·基诺里博物馆、萨尔瓦托雷·菲拉格慕博物馆等 49 个收藏机构和收藏个人。

展览共分为“为生态而设计”“新技术与新材料应用”“设计与实现”“设计的个性表达”“设计与个性定制”等 11 个单元；暗含四条主线，即“研发设计”“限量设计”“批量设计”和“定制设计”。

【中国文化专场展览（捷克）】

捷克时间 2017 年 4 月 26 日，中国文化专场展览在捷克 Armaturka 文化艺术中心开幕，来自捷克的设计师、当代艺术家、新媒体艺术家、策展人、设计院校的学生参加了开幕式。

此次展览分为“中国戏剧文化展”“中国水墨文化展”两个板块，展示了国内外设计师的作品；由中国和捷克艺术策展人联合发起。

【鲁迅美术学院和英国曼彻斯特索尔福德大学合作办学】

2017 年 6 月 25 日，鲁迅美术学院与英国曼彻斯特索尔福德大学合作办学项目签约仪式在北京人民大会堂举行。英国曼彻斯特索尔福德大学的校长海伦·米歇尔（Helen Marshall）、社会科学学院院长玛格丽特·罗维（Margaret Rowe）、副主席乔治·麦卡锡（John Mc Carthy），以及鲁迅美术学院院长李象群等出席签约仪式。

双方在数字媒体艺术领域的合作办学，标志着鲁迅美术学院国际化办学战略的进一步推进，实现了国内外优势学科和优质教育资源的“强强联合”。

【2017 里斯本国际手工艺博览会“中国日”活动】

2017 年 6 月 25 日，由文化部主办，国家对外文化贸易基地（北京）和中国驻葡萄牙大使馆承办的 2017 里斯本国际手工艺博览会“中国日”活动举行，主题为“手艺之美、传承之道——中国传统工艺的传承与创新”。

中国展台分为“非遗之美”“传统工艺”“创新设计”三个部分。来自深圳非遗生活文化产业有限公司、山西灌木文化传媒有限公司、北京木真了时装有限公司、江西景德镇非物质文化遗产研究保护中心等的 33 个品牌约 320 套展品参展，涵盖手工制瓷技艺、乌铜走银制作技艺、蓝印花布印染技艺、景泰蓝制作技艺等中国非物质文化遗产项目。

里斯本国际手工艺博览会是伊比利亚半岛以“手工艺与多元文化交流”为主题的最大的贸易展，此次为第 30 届。

【2017 手工艺设计国际高级研修班】

2017 年 7 月 31 日至 8 月 4 日，由中国对外文化交流协会、中国文化传媒集团、首都博物馆主办的艺术专业与管理人才国际交流项目“2017 手工艺设计国际高级研修班”在北京首都博物馆举行。

本期研修班围绕手工艺设计与旅游，邀请美国库珀休伊特博物馆策展人兼纺织品部副主任玛蒂尔达·麦奎德、法国国立手工艺行业学院原副院长玛丽·阿斯琪耶·梅萨日、日本 IDK 设计研究所株式会社社长喜多俊之，以及中国香港知专设计学院顾问张西美、清华大学美术学院副教授原博等国内外专家，还有文化部非物质文化遗产司、文化产业司等部门相关领导，举办专家演讲、学术研讨、案例分析等活动，并首次举办特色手工艺交流活动。

本期研修班招收的 68 名交流人员为手工艺设计、艺术创作、艺术品经营及相关管理人员。

【林乐成个展（巴西圣保罗设计周）】

2017 年 8 月 7 日，“林乐成个展（巴西圣保罗设计周）”在巴西圣保罗卡米艺术中心开幕，是圣保罗设计周第一个展览活动，是“BOOMSPDESIGN 2017——建筑、设计与艺术国际展览与论坛”的组成部分。

展览展出林乐成教授的大运河系列、冰荷系列作品，均为“黑与白”的主题表现。

TVCASACOR 电视媒体、巴西 *CLUB-CASA-HOME* 杂志等多家媒体进行了现场采访与报道。清华大学美术学院教授赵萌、北京服装学院教授徐雯、鲁迅美术学院教授吴青林、纤维艺术家于丽敏、江苏工艺美术大师蒋喜等国内艺术家出席了展览开幕式。

【杭州传统工艺创新展（柏林）】

2017 年 9 月 8 日至 25 日，由文化部外联局、杭州市委宣传部、文化部中外文化交流中心和柏林中国文化中心主办的“杭州传统工艺创新展（柏林）”在德国柏林中国文化中心举行。

展品以具杭州特色的铜、竹、丝、纸、瓷五种中国传统材质为主要介质，使用中国传统技艺制作；以中国传统哲学和美学思想为内涵，在设计和制作过程中融入现代元素。展览展示了浙江省杭州市 2017 来在传承和发展传统手工艺方面所取得的成果。

【魏因加特的文字设计中国巡展（北京）】

2017年9月15日至10月8日，由中央美术学院美术馆主办的“魏因加特的文字设计中国巡展（北京）”在北京中央美术学院美术馆举行。

展览由瑞士苏黎世设计博物馆首次策划，以字体排版为主题，透视欧洲20世纪的字体演变过程，呈现魏因加特的设计思想。

展览分为15个展区，内容包括试验性设计、过程手稿、海报经典代表作品、教学作品、立体装置以及相关影像资料。

【中意国际设计周——进化中的丝绸之路（西安）】

2017年9月2日至28日，由意大利中意设计协会主办、西安迈科商业中心协办的“中意国际设计周——进化中的丝绸之路（西安）”在陕西省西安迈科艺术中心巡展举行。本次中意国际设计周主题为“进化中的丝绸之路”，展出作品187件。在重申历史和文化内涵的同时，展现在时代背景下体现的“新丝路”的概念，通过国际化的平台，探索和了解不同文化背景的设计师们对“新丝路”的理解。

【2017欧亚经济论坛——丝绸之路国际创新设计周】

2017年9月21日至29日，“2017欧亚经济论坛——丝绸之路国际创新设计周”在陕西省西安市举行。

设计周以“西安与世界一起创造”为主题，由开幕式暨大会特邀报告会、九场分论坛、一个设计展、四项赛事及相关主题活动组成。丝绸之路国际创新设计周内容涵盖工业设计、建筑设计、军民融合、3D打印、航空航天、绿色设计、大数据、知识产权等创新设计领域和国家新兴产业。

设计周上签约了10余个项目，落地了一批设计成果，成立了丝绸之路创新设计研究院，搭建了协同创新平台，促进西安与丝绸之路沿线国家和地区在设计教育、文化、服务、企业等方面的交流合作和协同创新，以创新设计促进产业发展。此次设计周上，“创新设计”首次作为重要板块纳入欧亚经济论坛。

【首届“中国白”国际陶瓷艺术大奖】

2017年9月26日，由泉州市人民政府、德化县人民政府、英蓝集团和中法文化艺术研究中心主办的“首届‘中国白’国际陶瓷艺术大奖颁奖仪式”在法国里昂汇流博物馆举行。此活动为第二届中法文化论坛系列活动的重要组成部分。

活动征集到来自中国、美国、法国、意大利、葡萄牙、德国等国的241位陶瓷艺术家的600多件（套）作品，入围大奖赛作品共67件（套）。

清华大学美术学院陶瓷艺术设计系主任白明担任评委会主席，法国罗丹博物馆馆长卡特琳·舍维约（Catherine Chevillot）、佳士得中国瓷器及艺术品国际主管热拉尔迪娜·勒南（Géraldine Lenain）、法国赛尔弗国家陶瓷艺术中心主任罗曼·萨尔法蒂（Romane Sarfati）、中央美术学院造型学院副院长吕品昌、中国当代陶艺家赵梦担任委员。中国艺术家蒋颜泽获得一等奖。

【东方·亮——中国光影与红木艺术展（澳大利亚）】

澳大利亚悉尼当地时间 2017 年 10 月 12 日至 25 日，由中国文化传媒集团、悉尼中国文化中心主办的“东方·亮——中国光影与红木艺术展（澳大利亚）”在澳大利亚悉尼中国文化中心举行。

展览是中国文化传媒集团的年度重要海外展览和悉尼中国文化中心“天涯共此时”系列活动之一，展出了来自北京太和木做的宫廷家具和北京故宫乾隆花园宫廷家具修复前后的图片文献，以及来自四川自贡的海天彩灯实物、户外灯艺图片等数十件作品。

【茶境——第五届国际茶文化交流展】

2017 年 10 月 14 日至 17 日，由云南大益茶业集团携手清华大学美术学院主办的“茶境——第五届国际茶文化交流展”在陕西省西安市和北京举行，具体活动包括茶文化交流展（西安，西京学院）、国际茶文化学术交流研讨会（北京，清华大学美术学院）。

2017 年 10 月 12 日，“东方之韵·造境——北京第五届茶境国际茶文化学术交流研讨会”在北京清华大学美术学院举行。研讨会由清华大学美术学院陶瓷系教授、茶道艺术研究所所长郑宁主持。清华大学美术学院院长鲁晓波、东京艺术大学校长泽和树、首尔大学美术学院院长文株等专家学者和师生参加研讨会。鲁晓波院长、泽和树校长、文株院长、李占文副总裁分别做了开幕致辞。

展览征集了近 600 余件来自中国、日本、韩国三国的作品，入围作品 110 余件。展品类别包括常见的器皿，如以陶瓷、金属、玻璃、漆等材质制作的壶、杯、碟、香炉，以及与饮茶环境相关的家具、装饰摆件等。

【2017 第五届深圳国际工业设计大展】

2017 年 11 月 5 日至 7 日，由深圳市人民政府主办的“2017 第五届深圳国际工业设计大展”在深圳会展中心举行。

展览以“全球智造·设计未来”为主题，结合“中国制造 2025”的主攻方向——智能制造，践行深圳在实施“中国制造 2025”中发挥示范和引领作用，致力于智能硬件、可穿戴设备、机器人、无人机、电子竞技、虚拟现实、珠宝、智慧生活、众筹平台、加速器、孵化器等领域的最新设计及技术，集中展示来自全球 30 个国家和地区的 7000 余件创新设计作品，展品数量较 2016 年提升 40%，国际展团数量超过往届，邀请到来自中国、德国、意大利、韩国、荷兰、澳大利亚、丹麦七个国家的八大展团，共计 24 家企业参展。

【第二届亚洲漆艺展】

2017 年 11 月 18 日至 12 月 18 日，由福建省美术家协会、福建省工艺美术学会、福建省拓福文教基金会主办，福建省拓福美术馆、福建省拓福漆艺研究院、福建省美术家协会漆画艺术委员会承办的“第二届亚洲漆艺展”在福建省福州市拓福美术馆举行。展览以“一元复始”为主题，以“传承与教育”为主线，邀请父子、师徒、师生作品进行展览。

展览征集中国、日本、韩国、越南、缅甸五国的漆艺作品共计 58 件，类型涵盖家具、餐具、茶具、文具、花器、首饰、香器、礼器、漆画九类。

【触——香港国际海报三年展】

2017 年 11 月 25 日至 2018 年 3 月 26 日，由康乐及文化事务署与香港设计师协会合办、香港文化博物馆策划的“触——香港国际海报三年展”在香港文化博物馆举行。本届三年展收到来自 42 个国家及地区共 2052 组海报作品。

由挪威的谢尔·艾康、日本的服部一成、中国香港的李永铨、德国的艾丽安·施帕尼尔及瑞士的尼劳斯·特罗勒组成的评审团，选出 191 组入选及得奖作品。

香港文化博物馆自 2001 年起举办“香港国际海报三年展”，此次为第六届。

【第十届中国（深圳）国际工业设计节】

2017 年 12 月 5 日至 22 日，由中国机械工程学会工业设计分会、全国工业设计产业创新联盟、深圳市宝安区人民政府主办，深圳市宝安区文体旅游局、深圳市工业设计行业协会、深圳市宝安创意设计中心承办的第十届中国（深圳）国际工业设计节在深圳举行。

本届设计节以“设计智造·共创未来”为主题，期间举办了 2017 中国国际工业设计高峰论坛、“宝安杯”智能硬件创新设计大赛项目路演、创意工作坊、“宝安设计创新展”、设计·制造交流之旅等系列活动。

2017 年的合作城市是荷兰阿姆斯特丹。在启动仪式上，双方进行了“深圳—荷兰设计战略合作”签约。现场还进行了另外三项国际设计项目签约，引入国外设计资源，带动深圳原创设计国际化水平，共有六家国内外企业达成项目合作。

机构

【北京设计学会机器人设计专委会成立大会暨揭牌仪式】

2017 年 1 月 3 日，北京设计学会机器人设计专委会成立大会暨揭牌仪式在北京尚 8 国际广告园举行。

会议民主选举北京联合大学机电学院院长、北京设计学会副会长程光担任委员会主任，北人集团党委书记、董事长张培武担任副主任，北京联合大学机电学院教师金晓明担任秘书长，北京设计学会副秘书长、尚 8 文化集团总裁史劲松担任副秘书长。

【清华大学美术学院文化传承与创新设计研究所成立仪式】

2017 年 3 月 5 日，清华大学美术学院文化传承与创新设计研究所成立仪式在北京清华大学美术学院美术馆举行。该研究所由清华大学美术学院与一得阁有限公司等中华老字号共同建设。

研究所着力于中华优秀传统传承与设计创新相结合的针对性研究，打造传统文化产业的新形象，同时严抓传统文化设计创新人才的艺术素养教育研究、学位教育与专项教育相结合、培养传统文化行业的领军人物、提高传统文化领域的整体素养以及构建优秀传统文化的传承体系。

【上海交通大学创新设计中心成立仪式】

2017 年 4 月 8 日，上海交通大学创新设计中心成立仪式举行，中心为国家双创示范基地重点建设项目之一，

该中心依托上海交通大学设计学科，特别是“设计科学与工程”交叉学科博士点，按照国家重点实验室标准建设；由上海交通大学相关学科的 60 余位教师组成工作团队，针对科研、培训、人才服务、设计服务、产品服务、设计评奖六个方向开展工作。中心聘请 17 位专家担任学术委员，中国工程院院士徐志磊和中央美术学院教授许平任学术委员会主任，周武忠任中心主任。

该中心主要由六个实验室组成：设计思维实验室、品牌设计实验室、“VR+X”虚拟现实实验室、设计管理实验室、环境创新设计实验室及建筑遗产保护实验室。中心定址于上海零号湾国际创新创业集聚区，占地 2000 平方米，2017 年 10 月建成投入使用。

【江西省高校设计学学科联盟成立】

2017 年 4 月 14 日，江西省高校设计学学科联盟成立暨首届江西省设计学研究生创新创业学术交流研讨活动在江西省景德镇陶瓷大学举行。南昌大学、江西师范大学、江西财经大学等 10 所省内高校设计学科专家学者参加活动，就设计学学科联盟建设与研究生创新创业能力培养等议题开展主题演讲和圆桌论坛。

江西省高校设计学学科联盟为江西省首批设立的 31 个学科联盟之一。

【全国高校艺术教育专家联盟成立大会】

2017 年 6 月 24 日，全国高校艺术教育专家联盟成立大会在北京举行。该联盟由中央美术学院城市设计学院、中央民族大学美术学院、北京电影学院美术学院、北京工业大学艺术设计学院等艺术院校牵头，联合中国教育网、中国教育在线、凤凰艺术等社会单位共同发起。

作为全国艺术教育专家资源团体，该联盟聚集了全国 1500 余所艺术类高等院校的教授、专家，致力于推动专业教学成果转化与发展，开拓学生原创设计的未来市场，组织策划发起文化艺术类活动，推动中国文化艺术教育与文化创意产业对接发展。

与会代表研讨了新时期下艺术教育与文创事业的发展，推选出第一届联盟大会主席团成员，推选出主席、副主席、秘书长等联盟常设职位。

【重庆市美术家协会第一届设计艺术委员会成立大会】

2017 年 7 月 14 日，重庆市美术家协会第一届设计艺术委员会成立大会暨第一次委员工作会议在重庆市文学艺术界联合会举行。

经重庆市美术家协会批准，聘任郝大鹏为重庆市美术家协会第一届设计艺术委员会主任委员，王立端、苏永刚、余强、罗力、胡虹、段胜峰、潘召南为副主任委员。

该委员会整合了工艺美术设计、视觉传达设计、环境艺术设计、室内设计、平面设计、陶艺设计、服装设计、建筑景观艺术设计、工业设计、书籍装帧设计等诸多设计艺术门类。

【中国工艺美术学会传统工艺协同创新中心成立】

2017 年 10 月 23 日，中国工艺美术学会和文化部恭王府博物馆（以下简称“恭王府”）签署协议，共建中国工艺美术学会传统工艺协同创新中心。

中国轻工业联合会副会长、中国工艺美术学会理事长陶小年和恭王府馆长孙旭光代表双方单位签署《中国工艺美术学会传统工艺协同创新中心共建协议》，并为传统工艺协同创新中心揭牌。

【iF（成都）设计中心成立】

2017 年 11 月 10 日，德国 iF 国际论坛设计有限公司执行长拉夫·维格曼（Ralph Wiegmann）与中国共产党成都高新区工作委员会在四川省成都市和签署投资合作协议，在成都高新区设立 iF（成都）设计中心。

“iF”是德国汉诺威工业设计论坛的简称，1953 年发起 iF Design Award（IF 设计大奖），有“设计界奥斯卡”之称。iF（成都）设计中心是德国 iF 国际论坛设计有限公司在中国设立的首家设计中心，建设面积约 4000 平方米，业务范围涵盖中国西部地区。

iF（成都）设计中心计划五年内在成都建设国际一流的设计体验馆，举办 iF 设计奖年度获奖作品展、“by iF”项目获奖作品展等活动，引进或举办国际设计论坛。同时带来及时、准确的国际前沿设计信息，着力推广和支持 iF 设计奖项在中国的活动。

【HCII–DUXU 中国分会成立仪式】

2017 年 11 月 25 日，国际人机交互组织 HCI International 的 HCII–DUXU 中国分会成立仪式在北京举行。

与会理事全体审议并通过了《HCII-DUXU 中国章程》。由 HCII-DUXU 国际大会联合主席批准任命天津美术学院设计学院院长薛明教授、山东工艺美术学院数字艺术与传媒学院院长顾群业教授、北京科技大学工业设计系系主任覃京燕教授、天津大学建筑学院环境设计系系主任董雅教授 4 人为 2018 届中国区联合副主席，孟洋为 2018 届中国区副秘书长，清华大学美术学院信息艺术设计系付志勇副教授等 20 人为 2018 届理事。

【广西振兴传统工艺研究中心揭牌】

2017 年 12 月 2 日，广西壮族自治区振兴传统工艺研究中心在广西民族大学揭牌。广西壮族自治区传统工艺工作站广西民族大学站点同日成立。

为响应《中国传统工艺振兴计划》，广西壮族自治区文化厅在 2017 年的工作规划中提出通过与高校合作的方式共建广西振兴传统工艺研究中心，探索研究振兴路径，提出广西振兴传统工艺方案。2017 年 7 月，广西振兴传统工艺研究中心获批在广西民族大学设立。

大事记

1月3日，北京设计学会机器人设计专委会成立大会暨揭牌仪式在北京尚8国际广告园举行。

1月7日，广佛莞深工业设计企业交流会在广州举行。

1月12日，中国自主品牌发展战略峰会在北京举行。

1月12日至4月21日，清华大学建筑学院与新加坡国立大学设计与环境学院在北京和新加坡两地举办“共享城市：共享经济与城市更新”联合设计教学活动。

1月14日至3月5日，“德意志制造联盟——100年的德国建筑与设计”展览在深圳华·美术馆展出。

1月17日，2016广西首届文化创意产品设计大赛颁奖仪式在广西壮族自治区南宁中关村举行。

1月19日，《纺织服装创意设计试点园区（平台）名单（第一批）公告》（2017年第3号）发布。

1月22日至3月20日，“文明的回响·中华匠作”艺术展在北京劳动人民文化宫举行。

2月12日至16日，“艺·启过年——2017河北设计艺术节”在主会场河北博物院、分会场博深国际文化创意产业园和智行创意公社举行。

2月18日至19日，第二届“包豪斯奖”国际设计大赛评审工作会在北京举行。

2月22日，清华大学与米兰理工大学在人民大会堂签署关于在意大利米兰合作建设“中意设计创新基地”的协议。

2月28日，2017首届新疆旅游纪念品创意设计大赛颁奖仪式举行。

3月5日，清华大学美术学院文化传承与创新设计研究所成立仪式在北京清华大学美术学院举行。

3月6日至8日，“设计连接世界——第26届IOD国际设计大会”在广东省佛山市南海区举行。

3月8日至11日，“2017设计上海”活动在上海展览中心举行。

3月8日至19日，“花开敦煌——常沙娜艺术研究与应用展”在北京中国美术馆举行。

3月11日至25日，“字道2017”展览及论坛在北京中国传媒中国大学广告博物馆举行。

3月12日，国务院办公厅关于转发中国传统工艺振兴计划的通知（国办发〔2017〕25号）。

3月18日，“2017浙江空间设计力量产业发展论坛暨颁奖典礼”在浙江省杭州市举行。

3月26日，“2016中国设计年度人物大会暨G4春季论坛”在北京全国政治协商会议礼堂举行。

3月28日，中央美术学院第四届“一年·忆年”学生活动海报回顾展开幕式暨颁奖仪式举行。

3月31日，“图案人生——中国现代设计教育奠基人雷圭元艺术回顾展”在北京清华大学艺术博物馆闭幕。

4月6日至20日，首届“东+西”国际设计周在湖北美术学院美术馆举行。

4月8日，上海交通大学创新设计中心成立仪式举行。

4月10日，“2017年第十七届全国纺织品设计大赛暨国际理论研讨会”以及“2017年国际防染艺术展——传承与创新”开幕式在北京清华大学美术学院举行。

4月10日至5月31日，“徽匠神韵——安徽徽州传统工艺故宫特展”在北京故宫博物院举行。

4月11日至12日，“2017第三届中国用户体验发展论坛”在深圳举行。

4月12日，第七届中国国际空间设计大赛（中国建筑装饰设计奖）终评活动在北京中央美术学院建筑设计研究院举行。

4月14日，江西省高校设计学学科联盟成立暨首届江西省设计学研究生创新创业学术交流研讨活动在江西省景德镇陶瓷大学举行。

4月14日至15日，首届湖南文化创意设计大赛系列活动举行。

4月15日，“匠心师承——中国高等艺术院校环境设计专业教学研讨会”在浙江省杭州市中国美术学院举行。

4月14日至15日，首届湖南文化创意设计大赛系列活动举行。

4月18日，2017年“Car Design News中国汽车设计大赛”宣布本年度获奖选手名单。

4月21日至28日，首届深圳设计周举行。

4月23日，“洞见2017——中国中产型生活方式与设计研究论坛”在北京清华大学美术学院举行。

4月25日至7月25日，“创意改变生活——意大利设计艺术展（北京）”在中国国家博物馆举行。

4月26日（捷克时间），中国文化专场展览在捷克Armaturka文化艺术中心开幕。

4月28日至5月4日，“坐·境——雅之座”中国椅子艺术展在北京清华大学美术学院美术馆举行。

4月30日，“容·香港回归20周年设计展”在北京举行。

4月30日至5月2日，第三届设计北京博览会在北京农业展览馆举行。

5月3日至5月9日，包含何立军等8位中国设计师作品的2017伊朗平面设计周“人·公益·地球”海报展在伊朗德黑兰展出。

5月5日，东华大学&德国博朗合作启动仪式在上海东华大学举行。

5月6日，“金辕奖——首届中国‘七立方杯’国际个人交通工具创新设计大赛”颁奖仪式在上海国家会展中心举行。

5月10日至21日，“汉字文化创意展”在深圳举行。

5月11日，“汉字创意产品化高峰论坛”在深圳举行。

5月12日至17日，2017天津国际设计周在天津北宁文化创意中心举行。

5月13日至6月30日，“归来·丝路瓷典”展在北京中国国家博物馆举行。

5月15日至25日，“厚积薄发——泥人张第四代张錩雕塑展”在浙江展览馆举行。

5月19日至6月22日，“2017广州美术学院本科毕业作品展”举行。

5月20日，“平面设计在中国2017”（GDC17）在深圳启动。

5月21日，“漆器与陶瓷修复技术国际学术研讨会”在北京清华大学举行。

5月26日，2017“杭集杯”国际创新设计大赛终评典礼在江苏省扬州市生态科技新城举行。

5月26日至6月2日，“拓路踏歌行——中国美术学院2017年毕业创作展”举行。

6月2日至22日，“2017年四川美术学院毕业创作与设计展”举行。

6月5日，“热贡艺术全国公益巡展”在北京饭店开幕。

6月5日至8日，“振兴传统工艺学术论坛”在北京文化部恭王府博物馆举行。

6月5日至10日，“锦绣中华——中国非物质文化遗产服饰秀”系列活动在北京文化部恭王府博物馆举行。

6月5日至20日，“熔古·铸今——2017中国国际当代金属艺术精品展”在北京国家大剧院举行。

6月5日至8月18日，“国之瑰宝——中国景德镇陶瓷文化展”在北京举行。

6月6日，上海视觉艺术学院包装传播设计专业毕业展“寻根记”在上海新天地·新里开幕。

6月7日，第十三届全运会火炬样式发布仪式在天津举行。

6月7日至16日，“实验 / 衍生——2017年南京艺术学院设计学院毕业设计展”举行。

6月8日到9日，Chinese CHI 2017国际华人人机交互大会在广州举行。

6月13日至7月12日，“同济大学设计创意学院2017级本科毕业设计展”举行。

6月16日，“中国创新设计文化展暨2017中国（青岛）工艺美术博览会”在青岛国际会展中心举行。

6月18日，第一届现代服务业创新国际论坛在北京清华大学美术学院举行。

6月20日至23日，“北京科技大学工业设计系15周年作品展”举行。

6月24日，全国高校艺术教育专家联盟在北京举行成立大会。

6月24日至30日，“2017北京艺术毕业季活动暨全国百校联展”在北京凤凰国际传媒中心、北京工业大学、北京联合大学、北京印刷学院、中央美术学院（佛山）五大展区同时举行。

6月25日，鲁迅美术学院与英国曼彻斯特索尔福德大学合作办学项目签约仪式在北京人民大会堂举行。

6月25日，2017里斯本国际手工艺博览会“中国日”活动举行。

6月29日，在“第14届斯洛伐克日利纳国际生态海报三年展”上，11名中国艺术家参展，其中李明亮获第三名、沙锋获荣誉奖。

6月29日至30日，2017首届工业文化活动周的活动之一2017服务设计国际论坛在北京中国工业文化创新创业基地举行。

7月14日，重庆市美术家协会第一届设计艺术委员会成立大会暨第一次委员工作会议在重庆市举行。

7月14日至9月15日，“托马耶夫斯基海报原作展及论坛”在上海当代艺术博物馆举行。

7月20日，“钛墨奖”2017国际大学生工业设计大赛决赛暨颁奖典礼在北京举行。

7月22日，“首届中国匠人大会”在浙江省杭州市开幕。

7月27日，中国地震局举办第二届防震减灾公益设计大赛获奖作品发布暨颁奖仪式。

7月31日至8月4日，“2017手工艺设计国际高级研修班”在北京首都博物馆举行。

8月5日，深圳市海报设计协会成立大会暨第一次会员（代表）大会在深圳市关山月美术馆举行。

8月6日至9月20日，“华彩初凝——2017中国学生玻璃作品展”在河北省秦皇岛市玻璃博物馆举行。

8月7日，“林乐成个展（巴西圣保罗设计周）”在巴西圣保罗卡米艺术中心开幕。

8月15日，“2017中国西藏雅砻文化节——山南市摄影、唐卡暨民族手工艺展”在湖南省文化馆展出。

8月18日至10月18日，北京金漆镶嵌有限责任公司举行“漆韵京华——第三届中华屏风文化展”。

8月19日，全国砖雕文化传承与创新峰会暨全国砖雕传统手工技艺大赛颁奖典礼在甘肃省临夏市青韵砖雕艺术产业园举行。

8月20日至9月1日，“丝路使者‘中国白’再出发——2017中国国家博物馆德化白瓷艺术展”在北京中国国家博物馆举行。

8月29日至10月7日，“旋构塔·设计不在”艺术展在北京时代美术馆举行。

8月31日至12月10日，“20……43香港设计事情——香港回归20周年设计成就展”在深圳、上海、杭州、苏州、武汉五个城市展出。

9月1日至3日，2017上海设计之都活动周举行。

9月1日至10月31日，“国宝京粹——景泰蓝艺术与大师精品展”在中国工美·珍宝馆百盛旗舰店举行。

9月2日至28日，“中意国际设计周——进化中的丝绸之路（西安）”展览在陕西省西安迈科艺术中心举行。

9月8日至10日，第三届中国设计节在北京市大兴区亦创国际会展中心举行。

9月8日至25日，“杭州传统工艺创新展（柏林）”在德国柏林中国文化中心举行。

9月11日至16日，“2017中国室内设计周暨上海国际室内设计节”在上海举行。

9月12日，“继往开来，铸就辉煌——中国工艺美术馆划转文化部中国艺术研究院十周年座谈会”

在中国艺术研究院举行。

9月14日，2017“中国制造之美”大奖终评典礼在江苏省南京市举行。

9月15日至10月8日，“魏因加特的文字设计中国巡展（北京）”在北京中央美术学院展出。

9月15日至10月15日，“瓷韵风华——嵇锡贵陶瓷艺术精品展”在浙江省博物馆举行。

9月16日至24日，2017“798设计节暨＋86设计嘉年华”在北京举行。

9月21日至29日，“2017欧亚经济论坛——丝绸之路国际创新设计周”在陕西省西安市举行。

9月21日至10月7日，北京国际设计周举行。

9月22日，“第二届‘大匠至心’传统工艺振兴杭州（大运河）论坛暨‘竹韵新声’传统竹制技艺拱墅沙龙开幕式”在浙江省杭州市拱墅区手工艺活态展示馆开幕。

9月22日至25日，“2017年中国（烟台）民间工艺品博览会”在山东省烟台市举行。

9月22日至28日，2017北京时装周举行。

9月22日至11月25日，“薄施淡染——陈扬龙醴陵釉下五彩瓷技艺传承展”在北京中国国家博物馆举行。

9月24日，2017“字体手护计划”在北京梅地亚中心发布。

9月25日至26日，“中国（上虞）·越窑青瓷国际学术研讨会”在浙江省绍兴市上虞区举行。

9月26日，“首届‘中国白’国际陶瓷艺术大奖颁奖仪式”在法国里昂汇流博物馆举行。

9月26日至10月29日，“寄情与木 明志匠心——黄小明木雕艺术展”在北京中国国家博物馆举行。

9月28日，“首届中国戈汕红木文化研讨会”在江苏省常熟市举行。

9月28日至30日，“2017北京艺术毕业季全国百校联展优秀作品展”在北京凤凰国际传媒中心举行。

9月28日至10月6日“再造·甲骨——现代设计语境中的远古文字汉仪陈体甲骨文字体设计展暨发布会”在北京751D·PARK举行。

9月29日，钧瓷文化旅游节在河南省禹州市神垕古镇开幕。

9月30日，清华青岛艺术与科学创新研究院三方共建协议签约仪式在山东省青岛市政府举行。

10月6日至17日，“设计列阵”展览在中国香港中央图书馆举行。

10月9日至28日，2017年同济设计周举行。

10月11日至12日，2017年度“色彩中国”系列活动举行。

10月12日，《纺织服装创意设计试点园区（平台）名单（第二批）公告》（2017年第41号）发布。

10月12日至25日（澳大利亚悉尼时间），“东方·亮——中国光影与红木艺术展（澳大利亚）”在澳大利亚悉尼中国文化中心举行。

10月14日至17日，“茶境——第五届国际茶文化交流展”在陕西省西安市和北京举行。

10月15日至11月10日，“张仃百年诞辰纪念展”在北京清华大学艺术博物馆举行。

10月16日，“中国皮影雕刻艺术中青年传承人高级研修班开班仪式暨学员优秀作品展”在陕西省华阴市举行。

10月17日至12月17日，“文明的回响：致匠心”展览在江西省景德镇陶溪川美术馆举行。

10月21日，“2017中国/意大利/厄瓜多尔海报设计双年展”举行。

10月21日至29日，“禅趣石韵——郑幼林寿山石雕刻艺术展”在北京中国美术馆举行。

10月23日，中国工艺美术学会和文化部恭王府博物馆签署协议，共建中国工艺美术学会传统工艺协同创新中心。

10月26日，日本东京艺术大学准教授前田宏智先生日本传统金工象嵌技艺学术讲座在清华大学美术学院举行。

10月29日，“守艺中华·锦绣中国行”活动启动仪式在北京中华世纪坛举行。

10月29日，第十二届中国4A金印奖颁奖典礼在上海外滩W酒店举行。

11月1日，“张仃百年诞辰纪念学术报告会”在北京清华大学举行。

11月3日至6日，2017第五届中国用户体验峰会在北京举行。

11月3日，“天青——汝瓷艺术展”在北京国家大剧院艺术沙龙厅开幕。

11月3日至5日，第一届“未来畅想沟通桥梁——世博语境下的展览创意设计”学术论坛在上海大学举行。

11月3日至15日，“铭记历史·不忘初心——中央工艺美术学院师友作品联展”在江苏省常州市博物馆举行。

11月4日至5日，南京艺术学院举办“造物——第七届中国设计学青年论坛”。

11月4日至5日，“手工业考古·首师大论坛”在北京举行。

11月5日，“书艺问道——吕敬人书籍设计40年”展览在北京今日美术馆开幕。

11月5日至7日，“2017第五届深圳国际工业设计大展”在深圳会展中心举行。

11月6日，“德化白瓷艺术展作品捐赠仪式”在北京中国国家博物馆举行。

11月8日至12月7日，“大器东方——现代漆艺作品展”在北京市西城区广安国韵生活美学馆举行。

11月9日，“第二届中国·河间工艺玻璃设计创新大赛颁奖典礼”在河北省河间市体育馆举行。

11月10，iF（成都）设计中心在成都成立。

11月10日，中国（贵州）国际民族民间文化旅游产品博览会在贵安新区东盟国际会议中心开幕。

11月10日，全国工艺美术行业管理座谈会在贵州省贵安新区举行。

11月10日至13日，“第十二届中国（东阳）木雕竹编工艺美术博览会”在浙江省东阳市中国木雕城举行。

11月10日至14日，“首届中国民间工艺精品展暨第三届浙江工艺美术双年展”在浙江省宁波市举行。

11月11日，“方正字库2017秋冬新品发布会暨2016—2017 Tokyo TDC北京选作展”在北京751D·PARK时尚回廊开幕。

11月11日至24日，“2017武汉设计双年展”在湖北省武汉经济开发区举行。

11月11日至26日，“玉·见未来——中国当代学院玉雕邀请展暨学术研讨会”在江苏省苏州市举行。

11月11日至26日，“第三届中国当代艺术陶瓷精品高峰论坛暨中国近、当代艺术陶瓷精品展”在北京民族文化宫举行。

11月13日，“2017中国最美的书”评选获奖名单揭晓。

11月14日，腾讯发布“腾讯字体”（TTTGB–Medium）。

11月16日至24日，“有能力不去做——第二届漆言八语实验艺术展”在北京清华大学美术学院美术馆举行。

11月17日，《工业和信息化部关于公布2017年国家级工业设计中心认定及复核结果的通告》（工信部产业函〔2017〕507号）发布。

11月18日，“振兴·联动·产业升级——2017传统工艺青年论坛”在江苏省苏州工艺美术职业技术学院举行。

11月18日至19日，“第三届中国人居环境设计教育年会暨学年奖论坛”在重庆市四川美术学院虎溪校区举行。

11月18日至26日，“北京国际首饰艺术展”在北京服装学院中关村时尚产业创新园举行。

11 月 18 日至 12 月 18 日，“第二届亚洲漆艺展”在福建省福州市拓福美术馆举行。

11 月 19 日，“中文文字设计的品牌身份”设计论坛与主题展览在中央美术学院举行。

11 月 20 日至 29 日，“首届中国好手艺展”在北京炎黄艺术馆举行。

11 月 21 日，武汉市加入联合国教科文组织创意城市网络“设计之都”授牌仪式在法国巴黎联合国教科文总部举行。

11 月 22 至 25 日，“传承 · 对话 · 东西部协作——贵州传统工艺振兴工作交流会”在贵州省黔东南苗族侗族自治州雷山县举行。

11 月 23 日，安徽省第四届工业设计大赛颁奖大会暨第十二届中国工业设计周开幕式在安徽省蚌埠市举行。

11 月 24 日，“未 · 未来”全球教育计划新闻发布会在中央美术学院举行。

11 月 24 日至 12 月 3 日，“Between 166X109——深圳国际海报节国际巡展（龙岗站）”在深圳鹤湖新居的龙岗客家民俗博物馆开幕。

11 月 25 日，“腹地智慧——2017 全国设计教育学术研讨会暨中国高等教育学会设计教育专业委员会年会”在重庆市四川美术学院举行。

11 月 25 日，“触——香港国际海报三年展”在香港文化博物馆开幕。

11 月 25 日，HCII–DUXU 中国分会成立仪式在北京举行。

11 月 26 日，“首届清华大学艺术与科技创新峰会暨艺术与科技创新（ATI）基地成立仪式”在北京清华大学美术学院举行。

11 月 27 日，“2017 首届融合设计国际论坛”在杭州电子科技大学举行。

11 月 29 日，“2017 北京设计论坛文萃座谈会”在尚 8 北京设计园区举行。

11 月 30 日，“2017 DiD Award（东莞杯）国际工业设计大赛颁奖典礼”在广东现代国际展览中心举行。

12 月 2 日，2017“设计 +”全国青年设计师创新创客大赛终评评审在浙江树人大学举行。

12 月 2 日，广西壮族自治区振兴传统工艺研究中心在广西民族大学揭牌。

12 月 2 日至 20 日，“走近大师——首届长沙景德镇陶瓷艺术大师精品展”在湖南省长沙大麓珍宝古玩城举行。

12 月 3 日至 8 日，“第九届清华国际艺术 · 设计学术月暨 2017 年第七届中国工业设计北滘论坛”在广东工业设计城举行。

12 月 5 日，纪念张仃百年诞辰系列之“锦绣它山”学术活动在山东工艺美术学院举行。

12 月 5 日至 10 日，“2017 首届中阿国际设计师高峰论坛”在迪拜亚特兰蒂斯酒店举行。

12 月 5 日至 22 日，第十届中国（深圳）国际工业设计节在深圳举行。

12 月 7 日（英国伦敦时间），“传承匠心 · 百年绣梦——中国传统手工艺文化英国行”活动在英国伦敦南岸艺术中心举行。

12 月 7 日，“金点设计奖”颁奖典礼在中国台北举行。

12 月 8 日，“中国设计理论发展百年学术研讨会”在北京举行。

12 月 8 日，“寿山石艺——陈礼忠寿山石艺术传承展”在北京中国国家博物馆开幕。

12 月 9 日，“2017 中国设计红星奖”颁活动在北京天桥艺术中心举行。

12 月 12 日，第十二届设计之都（中国 · 深圳）公益广告大赛颁奖典礼在深圳广电集团举行。

12 月 15 日，北京 2022 年冬奥会会徽和冬残奥会会徽发布在国家游泳中心举行。

12 月 15 日至 17 日，第一届 IAI 国际设计节在上海举行。

12 月 15 日，“2017‘灵’——第三届《新技艺》国际青年工艺美术展暨学术研讨会”在上海工艺美术职业学院徐家汇校区开幕。

12月16日，“设计为人民服务——2017中国（北京）设计学术月主论坛”在北京服装学院举行。

12月18日，“第十三届（2017）光华龙腾奖颁奖典礼”在北京人民大会堂举行。

12月19日，“第三届中国（蓝光杯·漳州）钟表设计大赛颁奖典礼”在福建省漳州市举行。

12月20日，“西兰卡普——中国土家族织锦文化展”在北京中国妇女儿童博物馆开幕。

12月23日，2017年度靳埭强设计奖——全球华人设计比赛颁奖典礼在广东省汕头大学科学报告厅举行。

12月23日，“琉光溢彩——博山琉璃艺术创作优秀作品展”在北京恭王府博物馆开幕。

12月26日，“2017年度深圳市十佳工业设计公司颁奖仪式”在深圳市南山文体中心举行。

12月26日至28日，第十一届中国（深圳）国际工业设计周在深圳开幕。

12月28日，“丝路华章——陆光正从艺60年东阳木雕大展”在北京中国国家博物馆开幕。

中国艺术年鉴·2018

索引

分卷主编：傅秋

人名索引

F

G

J

K

L

S

X

Y

机构索引

K

L

M

W

X

Y

Z

作品索引

C

D

L

P

Q

R

W

X

Y

Z

后　记

《中国艺术年鉴》是一部系统汇辑重要艺术文献信息的综合性专业年鉴，主要反映中国年度各艺术门类、各艺术工作领域概况及成就，立体呈现艺术状况与发展趋势。其力求为艺术研究者、管理者提供总结过去、分析现状、探索未来的资料依据，是一部艺术领域全门类信息的重要工具书。

中国艺术研究院《中国艺术年鉴》编辑部为常设年鉴编辑机构，主要编纂《中国艺术年鉴》与《中国艺术学年鉴》两部年鉴。《中国艺术年鉴》实行分卷主编负责制，首卷为《中国艺术年鉴·2011 年卷》。为保证资料的相对完整性和连续性，编辑部陆续出版了《中国艺术年鉴·2012 年卷》《中国艺术年鉴·2013 年卷》和《中国艺术年鉴·2014 年卷》，以上几卷的标注年份与年鉴记述内容的年份相一致。经过征求中国出版协会年鉴工作委员会领导和专家的指导意见，结合新形势下年鉴编辑出版规范要求，自“2015 年卷”始，将标注年份调整为所载录资料（2015 年度的年鉴数据）的后一年度，即《中国艺术年鉴·2015 年卷》更名为《中国艺术年鉴·2016》。其中，卷本与之前的卷本编目对应，采用分类编排法。编纂体例延续《中国艺术年鉴·2014 年卷》。

《中国艺术年鉴·2018》的编纂工作于 2019 年 10 月启动。全书分为上下两册，共 250 余万字，条目 1400 余条。为保证全书信息的客观性、准确性和学术性，编辑部按照客观记录与学术评价相结合、全面反映与重点突出相协调、活动情况与反响评价相兼顾的思路与原则，对各艺术专业的行业发展信息进行审慎的梳理和筛选，在此基础上，由各分卷主编聘请相关行业专家进行审稿，汲取专家意见并修改后，再次组织业内专家进行审定，经过几轮修改与编辑，《中国艺术年鉴·2018》交付出版社进入编校出版流程。

基于对国家艺术事业发展的忠实记录，编辑部对一些论文、媒体视点等内容进行了全文转载和部分内容摘录。但由于种种原因，编辑部尚缺少部分文章作者的有效联系方式，未能及时联系文章转载费事宜，敬请这部分作者谅解，并请与本编辑部联系，以促进相关费用的落实。

《中国艺术年鉴·2018》的编辑出版工作得到了原文化部、中国艺术研究院各位领导的大力支持，谨在此衷心表示感谢。另外，还要特别感谢中国艺术研究院的相关专家学者：中国艺术研究院副院长兼研究生院院长李树峰研究员，戏曲研究所所长王馗研究员，戏曲研究所李小菊副研究员、张之薇副研究员，话剧研究所所长宋宝珍研究员，音乐研究所李宏锋研究员、金经言译审，音乐研究所《2017 年度中国音乐发展研究报告》课题组全体撰稿人，电影电视艺术研究所所长丁亚平研究员、副所长赵卫防研究员，电影电视艺术研究所许婧研究员、支菲娜副研究员，美术研究所所长牛克诚研究员，美术研究所孔德平副研究员，工艺美术研究所所长邱春林研究员，摄影与数字艺术研究所王保国编审，中国摄影家杂志社常务副社长兼主编阳丽君副编审，文化发展战略研究中心裴旖旎副研究馆员，以及中央文献出版社副总编辑王春明编审，中国社会科学院文学研究所刘平研究员，中国传媒大学艺术研究院王韡副教授，上海歌剧院艺术创作室主任、《歌剧》杂志主编游暐之副编审，国家广播电视总局发展研究中心信息所所长李岚研究员，中国美术家协会理论委员会主任尚辉编审，中国摄影出版社总编辑高杨编审，《装饰》杂志编辑部主任周志副编审，工业和信息化部王星伟、马翔等。还有其他在编纂过程中得到的帮助和支持，由于篇幅所限未能一一列出，在此，谨表歉意并诚挚感谢。

错漏之处，敬请指正。

中国艺术研究院《中国艺术年鉴》编辑部
2020 年 5 月 30 日